ISBN 978-0-332-44664-6
PIBN 10976370

COMICAE

DICTIONIS INDEX.

COMPOSUIT

HENRICUS IACOBI.

PARS PRIOR.

A — I

PRAEMISSA SUNT AD FRAGMENTA COMICORUM ADDENDA ET CORRIGENDA.

BEROLINI.
TYPIS ET IMPENSIS G. REIMERI.
MDCCCLVII.

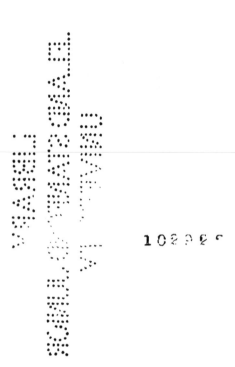

HENRICI IACOBI

AD

AVGVSTVM MEINEKIVM

EPISTVLA

Anno undequadragesimo quum Tu, Vir Clarissime, primum Comicorum Tuorum volumen publici iuris fecisses, inchoatum longo temporis spatio opus intra breve triennium ita absolvisti, ut quod reliquum esset supplementorum et λέξεως volumen, proximi tunc anni fine ad optatam metam perventurum esse sperares. Huius partis curam ut in me conferres benevola Caroli Lachmanni sententia facile adducebaris; nec, quo ardore in susceptam operam incumbebam, futurum videbatur, ut Tuae Te voluntatis poenitere posset. Sed sive infirmitatis humanae ea est natura, sive singularis huius hominis in perficienda opera tarditas et cunctatio, iterum quintus decimus hic annus factus est, quum tandem aliquando foras prodire iubetur liber, desperatus fortasse permultis, nec iam ab huiusmodi editore expectatus. Ipse si laboris difficultates et aerumnas excusare vellem, meomet ipse me gladio iugularem. Nam et recta opus est in suscipiendo suarum cuique virium aestimatione et par requiritur operi artifex: ut quoquo me vertam non effugere videar gravissimam reprehensionem iustissimasque luere cogar culpae poenas. Etenim verissime simul et gravissime dictum est, quod Scaligeri ingenio debemus: 'Si quem dira manet sententia iudicis olim, Damnatum aerumnis suppliciisque caput:

Hunc neque fabrili lassent ergastula massa, Nec rigidas vexent fossa metalla manus; Lexica contexat: nam caetera quid moror? omnes Poenarum facies hic labor unus habet.'

Ingratus sim, ni quidquid poenarum, undecunque erit, in hoc caput conflatum fuerit, facile ferendum putem, memor beneficiorum, quibus me per huius libri opportunitatem insigniter cumulatum esse usque praedicabo. Quum enim in caeteris artibus et disciplinis quicunque ad ipsam aliquam doctrinam aliquando suo Marte profitendam aspirare cupiunt, praeter primae institutionis fundamenta varia deinde neque admodum ludicra illa exercitatione formandi firmandique sint; quum insignium maxime in suo cuiusque genere virorum non intueri solum sed imitari opera, inque minutissimis artificiis ipsius artis exempla suis viribus exprimere doceantur: in hac amplissima liberalis institutionis materia facile fit, ut levissima opera defungi satis habere malimus quam diuturna cura atque studio audiendo imitandoque eo pervenire, ut aliquando nostris 'viribus confisi, quippe nostro in regno, illud ipsum discamus, laborare utiliter'.* Itaque hoc optimum est factum, ut Tui operis gratia Tuaque humanitate haec mihi copia data sit, huius ingenii tenuitatem labore et industria aliquatenus compensandi.

Quodsi omni ex parte recte et uti mihi ipsi satisfacerem hoc officio functus esse viderer, multo iam laetiore animo hoc tandem a me dimitterem volumen: satisfecissem autem aliqua ex parte, si universam harum reliquiarum dictionem plene, accurate, diligenter, intellegenter, omnino autem aequabili ratione et arte tractatam composuissem. Nunc multo aliter evenit: nam et longo demum usu et subinde confirmatis viribus inter ipsum edendi libri studium eo perventum est, ut, quod ab initio factum oportuit, in altera magis litterarum serie ad certam alicuius rationis normam dirigere et diligentissime perpendendis officiorum omnium momentis rem instituere mallem, quam, quum prius erratum esset, in er-

* cf. G. Hermanni opuscula V p. 319.

rore perseverare. Errarem autem, si huiusmodi librum perfunctorie et, modo obiter evolventi prima postrema inesse viderentur, absolvi potuisse putarem. Vetant enim proposita aliquot egregia in hoc genere ad imitandum exempla, vetat horum studiorum qualis hoc saeculo per incomparabiles viros composita et exornata est lex et ratio, vetat Tui libri materia et ars, harum reliquiarum ubertas et copia: ut, nisi singula et universa, maxima minima, gravissimi ponderis vocabula tenuissimasque voculas, undique locorum, ubicunque legantur, sive rationem singulorum assequaris, sive dubia et obscura relinquantur, collegeris disposueris composueris, haud facile sine cura et sollicitatione futurum intellegentissimorum grammaticorum iudicium expectare liceat. Neque tamen vanus hic metus est, ut optimorum virorum de hoc libro expectationi respondeatur: neque ipsius voluminis ambitus cuiquam imponet, quando data opera et inter studiorum continuos labores, quae inesse debere putaverit, omissa, quae suo loco posita, alieno, quae cum vicinis recte composita, vinculis soluta, omnino magnam partem ita administratam invenerit, ut viam ac rationem deesse appareat.

Ipsius libri si quis frontem aspiciat, Comicae dictionis indicem prae se fert: eius vocis quae vis esse videatur, pro varia, qua quis eiusmodi indicis uti voluerit opportunitate, varias explicabit rationes. Nam sive quam vocem, si quod vocabulum, si quid ex fractis graecae comoediae tabulis memorabile alicubi invenerit, quod inesse ipsi operi putet, indicis ope ipso reperto loco contentus erit: sive in Aristophane versatur explorandisque singularibus huius ingenii virtutibus, ecquid peculiare bonum huic poetae tribuendum sit, ecquid commune habeat cum reliquis humanae vitae de scena imitatoribus, indicari hoc libro iubebit: sive universum horum poetarum dicendi usum cognoscere studet, ut vel in minutissimis rebus linguae litterarumque memoriam exhaurire liceat, huius libri indicio uti volet: denique in singulis ipsarum reliquiarum verbis sive examinandis, sive confirmandis mutan-

disve quum auxilium a poetarum dictione petiverit, ab ipso huiusmodi indicis auctore paratam sibi materiam expectabit. Ita fit, ut, quum universis singulorum commodis una servire difficillimus sit labor, non possit sibi non ipse operis auctor talem scribere legem, qualis ipsi rei consentanea sit, ut, modo rei consuluerit, etiam hominibus quod sibi tribui velint datum iri confidat. Ipse autem quid de re sentirem saepe Tibi, Vir praestantissime, coram significavi; nec quanquam promissis a Te semel iterumque sero ita satisfactum iri intellegebas, pro singulari adiuvandorum iuniorum hominum, praesertim pulcri bonique studiosorum, voluntate, quominus id fieret impediebas: hoc est enim, initio facto perque varias vitae et fortunae vicissitudines intermisso opere, postquam excerpendo eligendoque parum profici intellexi, ut tandem sumpto spiritu singulos singulorum vocabulorum locos plenissime et copiosissime exhiberem, diligenter examinatos describerem, cum caeteris ad aliquam continuitatis speciem componerem; ut proposito aliquo primariae, si fieri posset, significationis exemplo reliqua ordine et ratione connecterem; vel ubi per formarum diversitatem una omnia serie explicare datum non esset, ipsas formarum vicissitudines ita collocarem, ut quonam metiri rem modulo placuisset, haud difficile appareret. Nam lubrica admodum res est neque a libidine aliena, si quis ea tantum in medium afferre velit quae graviora sint vel notatu digniora; quum etiam versatissimo in hoc litterarum genere homini, etiamsi omnes omnium locorum voces vocabulorumque coniunctiones probe accurateque memoria tenacissima comprehenderit, vel sic tamen accidere possit, ut (verbis utar Christiani Augusti Lobeckii*) aliquando ad ea obstupescat, quae plus centies legerit, praesertim si quid usus praeter rationem affinxerit. Vniversa autem universae memoriae exempla si quis a principio ordiendi operis colligat, praescripti temporis norma et modulo rem absolvi non licere apparet, nedum in hac ingenii doctri-

* ad Phryn. 354.

naeque infirmitate, in his ipsius orationis diversitatibus, temporum vicissitudinibus, ipsorum testimoniorum multiplici difficultate. Vt, secus quum sit, si inter describendarum paginarum spatia rem aliter atque aliter administrare re ipsa cogare, fieri non possit quin doctorum hominum commodis tempus sumendum sit, quo sero, sed tamen aliquatenus solvatur nomen.

Adumbravi rationes, quibus accidere potuerit, ut e longinqua peregrinatione hic liber redux non sine diversorum, quibus commoratus fuerit, locorum notis et signis, iam tandem in patriam redeat amicosque et familiares quaerat. Horum in adspectum quum forte venerit, si quam currente rota induerit formam examinaverint, non opus erit, quid in prioribus omissum perperamve tractatum sit, multis explicare. Dabitur insuper opera, ut gravissima aliquot peccata supplementis sarciantur: nam et in illis, quae nulla facile arte, sed cura et diligentia indigent, admissa scio, quae nollem commissa; veluti quum ad Atticorum legem ipsa lemmata conformare constituissem, factum est ut exciderent aliquot voces sero in ordinem recipiendae; rursus ut quibusdam formas praescriberem a nullo unquam Atticorum usurpatas, nisi quod grammaticorum usu praeformari solent. Haud pauca sunt, in quibus verborum sententiam oscitanter acceperim, perperamque intellecta loco non suo posuerim. Testimoniorum autem copiam quum plenam ascribere studuerim, factum est aliquotiens neque tamen in gravioribus, ut similis vel aequalis loci memoriam neglexerim. In magna parte, praesertim in prioribus libri paginis, excerptarum formularum ambitum non satis accurate notatum invenies, nec quibus spatiis dirimantur singula ipsorum versuum vocabula per lineolas distinctum, nec, si quid praeter librorum auctoritatem arte ingeniove mutatum sit, usque quaque indicatum. Horum autem signorum et compendiorum facilis, credo, erit ratio. Namque asteriscis singulis quae vocabula correctioni debeantur indicavi, quae coniecturae ope addita, etiam parenthesi comprehensa; lacunosis binos appinxi asteriscos: quae versuum legibus vel orationis usui vel sententiae vim faciant, cruce signata; quae eicienda sint, rectangulis inclusi parenthesium finibus; ubi dubitationi locus sit, interrogationis notam apposui. Lineolis rectis dextrorsum ductis omissas a me in describendo singulorum testimoniorum voces notavi, versuum fines perpendicularibus significavi: ubi binae appositae sunt perpendiculares, totos omisi versus vel singulos vel etiam plures. Poetarum nominibus qui adiecti sunt numerorum priores ipsius operis volumina indicant, alteri paginas, tertius quisque singularum paginarum numeros fragmentorum, quartus versus. Ita, sive quis maioris huius editionis voluminibus utitur, sive altero qui anno quadragesimo septimo editus est libro, effectum spero, ut singulorum vocabulorum locis indicatis singulae facile inveniri possint paginae, vel eiusmodi reliquiarum, ex quibus potiora tantum recepta sunt, modo graviores illas voces in hoc indice evolveris.

Hactenus de ea huius voluminis materia dixi, quae maiorem libri, cui indicis nomen inscripsimus, continet partem. Restat ut quid praeter eam lectores inventuri sint, paucis significetur. Etenim priores centum duodetriginta paginae, anno illae quadragesimo quarto typis descriptae, ea afferunt, quae tunc ad superiora volumina addenda adnotandaque habebas; quibus meas aliquot adnotatiunculas addere licebat. Non ita multo post quum minorem editionem adornasses, ampla succrevit recens addendorum copia, seu novis librorum subsidiis seu doctrinae ope comparata. Haec quum ipsius λέξεως paginae dudum describi coeptae essent, ad absolvendi totius operis finem reservabatur, identidem, si res ita tulisset, augenda et locupletanda. Neque frustra eam spem fuisse, docet insignis doctorum virorum de Graecae linguae studiis bene merendi voluntas, qua ducti Batavorum, Anglorum, Francogallorum, nostratium egregii aliquot viri non solum novos ex bibliothecarum latebris thesauros in lucem attulerunt, sed etiam veteres doctrinae fontes denuo adeundo pridem inde hausta nova luce collustrarunt. Quorum virtutes singillatim laudibus efferre quum non sit huius loci, satis erit in sequentibus hanc praefationem paginis ea commemorare, quae ex novarum copiarum horreis ducenda fuerint. Neque enim omnia exhauriri potuisse videbunt, qui singulos illos libros, veluti Etymologicum Gaisfordi, peculiari cura, et ut verbum verbo conferant, denuo excusserint: alia ne debuisse quidem adhiberi facile concedent, qui ipsius operis originem et rationem et huiuscemodi supplementorum fines examinaverint. Nam addendorum atque etiam addendorum corrigendorum emendandorumve ope librum ipsum ita supplere et constituere, ut pro novo eodemque perfecto omnibusque numeris absoluto haberi debeat, humanarum virium excedit modum. Satis erit eos, qui non alieni sint ab huius artis usu et rationibus, intellegere non defuisse studium, quo quid fieri posset significaretur, ut et communi litterarum utilitati consuleretur, et etiam aliorum industriae reliquum esset, quod suis viribus ad ipsam artem locupletissime exornandam molirentur. Vel nunc quantum aliorum curae et diligentiae debeatur, testes erunt ipsae paginae, quibus amicissime consultum esse Bergkii et Nauckii studiis, horum nomina indicabunt, ut taceam alios permultos, qui voluntate sua et benevolentia nos adiuverunt.

Sed ut redeat, unde deflexit oratio, Tibi iam agendae sunt gratiae, Meineki, quem de me unum omnium maxime meritum esse, neque ipse ignorare voles, et sciunt, quorum haec scire interest. Tibi enim hunc librum debeo, Tibi haec studia, Tibi si quid de litteris aliquando bene meriturus sim. Quantum, ut Tuo nomine haec opera non prorsus indigna esset, laboraverim, amicis cognitum: quorum quum egregia quaedam nomina mors eripuerit, sancta erit memoria; quos divini numinis gratia conservavit, salvos sospitesque esse velit omnique laude florentissimos. Equidem operam daturus sum, ut Caroli Lachmanni piis manibus ea admiratione, ea incomparabilis virtutis, si natura suppeditet, aemulatione iusta facere liceat, quam verae pietatis originem causamque, dum in vivis erat, ipse pronuntiavit. Regimontanorum autem benevolentiam fautorum, in quibus Lobeckium et Lehrsium absentes absens veneror magistros, ut laudibus aequare non sit datum, voluntas certe non deerit strenue adnitendi, ne ignominiae illis sit me suum habere alumnum. Quid Ludovico Friedlaendero, quid Martino Hertzio, quid ei viro debeam, qui et egregiam in adiuvandis litteris operam et insuperabilem huic praesertim libro praestitit patientiam, Georgio Reimero, tacita decet apud animum verecundia colere, non orationis impotentia labefactare. Tu vero vale, Vir Eximie, mihique favere ne desine!

Scribebam Berolini a. d. XVII. Kal. Decemb. a MDCCCLV.

SVPPLEMENTA ADDENDORVM VOL. I.

Praef. p. X de iambicis philosophorum versibus cf. Nauckii progr. gymn. Ioach. a. LV p. 33 sq.

p. XI Crantoris ap. Stob. XCVI 13 versus Critoni comico assignavit Bergkius Lyr. II p. 1081.

p. 6 Aristotelis ap. Erotianum p. 176. 178 memoriam ad p. 953, 10 Bk. pertinere putat Adolfus Bournot phil. IV 274, qui pro *Κωμικοῖς* reponendum suasit *Προβλήμασιν* (XXX 1).

p. 12 de Asclepiade Myrleano peculiari dissertatione anno XLVI exposuit K. Lehrsius Analectorum Gramm. cap. 1 sive Herodiani p. 428 sqq. Ibi et primo a. Ch. n. saeculo Asclepiadem floruisse docuit p. 432: et apud Athen. 501 e *ὁ δὲ Μυρλεανὸς Ἀσκληπιάδης ἐν τοῖς Κρατίνου βαλανειόμφαλοι, φησί, λέγονται ὅτι* — scribendum esse pro *ἐν τοῖς περὶ Κρατίνου* probabiliter coniecit, ut in libro quem de poculo Nestoreo composuit Asclepiades Cratini versum (v. 2, 49, 9) attigisse videatur, p 441. Idemque p. 444 sqq. examinatis scholiorum Aristophaneorum locis sibi non videri dixit Aristophanea cum eo colore convenire, quem in Myrleano interprete Homeri cognoverimus, p. 447.

p. 14 apud Hesych. *Κολακοφοροκλείδης* nulla est Herodici, sed Asclepiadis memoria, quam attigit Lehrsius l. l. 446: cf. Hermipp. 2, 394 (6). ib. l. 6 Süvernii coniectura p. 83 (non 28) comment. de Avibus legitur: cf. Cratin. 2, 154 (10). de Didymi *κωμικῇ λέξει* nuper disputavit M. Schmidt, de Didymo vocabulorum interprete comm. I. Olsn. 1851, zeitsch. f. alterth. 1853, 510 sqq. (Didymi fragm. p. 27—82). de Theone ib. p. 523 sqq. 14, 2 a f. cf. Et. Sorb. *ἐν ὑπομνήμασι Μ.*

p. 16 annot. cf. Polluc. VIII 126 *εἴ τι χρὴ Κρατερῷ πιστεύειν τῷ τὰ ψηφίσματα συνάγοντι*: monuit Nauck A. L. Z. 1848 p. 511.

p. 18, 1 apud schol. Apollon. IV 973 *ἐν τῇ Κωμικῇ λέξει τῇ συμμίκτῳ* est.

p. 20, 18 Pittaci dictum, *Μεγαρεῖς δὲ φεῦγε πάντας· εἰσὶ γὰρ πικροί*, in anonymorum comicorum fragmentis collocatum ed. min. p. 1257 (398): 'quid enim Pittaco cum Megarensibus? Adde quod eodem loco (Anth. Pal. XI 440) etiam aliorum comicorum, Menandri Diphili Philisci, versus afferuntur. Ac fortasse *Πιττακοῦ* ex *Φιλίσκου* corruptum.'

p. 23, 2 a fin. de Ovidii Heroid. XV loco v. Schneidewini disputationem n. rhen. mus. II 138. III 144. cf. Lachmanni prooem. schol. univ. Berol. 1848.

p. 46, 14 cf. ad Apostol. (qui *οὕτως ἔλεγε Κρατῖνος*) VII 69 Leutsch.

p. 53, 11 de Polluc. VII 41 v. vol. 2, 71 (10).

p. 81: Pherecratis *Αὐτομόλους* fabulam suspectam reddit Pollucis II 33 cod. A Bk. *παρακόμους δὲ τοὺς κομῶντας Ἄμφις εἴρηκεν ὁ κωμικός* (v. infra ad 3, 321. 4, 681 suppl.), *Φερεκράτης δὲ ἐν χρῷ κουριῶντας, ἢ ὅστις τοὺς Αὐτομόλους αὐτοῦ διεσκεύασεν* (v. ad 2, 355 suppl.).

p. 84: apud Bekkerum Poll. IX 83 bis, item VII 152, X 45. 89 annotandum est *κραπαταλοῦ* nominis formas et simplici ametabolo et oxytonos scribi: *κραπαταλοί, κραπαταλόν, Κραπαταλοῖς*. Cf. 2, 288 (4) et Lobeckii path. proll. 95.

p. 87, 3 scr. *μόνος ἐκ κεφαλῆς κτἑ.*

p. 88 de *Ἀψευδέσιν* Teleclidis fabula pro spuria habita v. huius voluminis p. 30 sq.

p. 89 de Philoxeni aetate v. 4, 635.

p. 96 Iamborum et Tetrametrorum Hermippi quae feruntur reliquiae ex hoc loco in minorem editionem receptae sunt p. 152 sq. Easdem in Lyricorum editione altera p. 618 sq. exhibuit Bergkius, ubi tertium fr. ita scribendum esse coniecit:

ξύνεστι γὰρ δὴ δεσμίῳ μὲν οὐδενί,
μόνοισι δ' ὑπαγωγεῦσι τοῖς αὐτοῦ τρόποις.

priorem versum eodem modo Godofr. Hermannus dedit ap. Bernh. Suid. v. *ὑπαγωγεύς*, alterum ita: *ὑπό τισι δ' ὑπαγ. τ. αὐ. τρ.* pro *μόνοισι* nescio an eodem iure *αὐτοῖσι* legendum videatur.

p. 97 fr. IV scr. *τῶν Κυλικράνων εἷς ὑπάρχων* p. 98 fr. V, quod et ipsum de Heraclea interpretandum, quomodo scribendum sit v. infra p. 3: vs. 2 quod correctum est *σεσαλακωνισμένην*, debetur Schneidero Lex. Gr. v. *σαλακωνεύω*. vs. 1 *αὐτοστράτηγον* proponebat Bergkius. p. 99 fr. VI idem 'verba, inquit, *τις ὀνομάζεται* fort. grammatici sunt.' fr. VII scr. *Καλλίας ἢ Διοκλῆς ἐν Κ.* fr. VIII *σύνδετον* Schweigh. Bergkius ipsum Hermippi testimonium excidisse suspicatus, quod antea ap. Athen. ex Aristophanis Equitibus (v. Antiph. 3, 57, 2) allatum est exemplum, aptum fore dixit.

p. 100, 19 apud Gaisf. Choerob. 68, 17 eadem nomina ita leguntur *οἷον εὐπαίαν, Τιτανόπαν, Ἑρμόπαν, Εὐήπαν*, rursus p. 271, 3 ut apud Bekk. Caeterum v. ad 2, 419 (3) suppl.

p. 119 Baptarum fabulam et Alcibiadis, quod fertur, facinus in commentatione vernacule scripta 'über wahrheit und dichtung in d. griech. litteraturgeschichte' attigit K. Lehrsius n. rhen. mus. VI 70 sq.

p. 130 de Helotarum fabula eiusque argumento v. quae scripsit Alph. Heckerus philol. V 511.

p. 137, 7 Marpsiae nomen item Alciphroni nuper restitutum v. annot. p. 100, ubi corrige p. 137 (pro 113).

p. 146 extr. quae dicta sunt corriguntor ex iis quae eodem vol. p. 536 annot. retractavit auctor.

p. 160, 4 a fine: Marcellini de Thuc. vita § 29 verba, *συνεχρόνισε δ', ὥς φησι Πραξιφάνης ἐν τῷ περὶ ἱστορίας,*

Πλάτωνι τῷ κωμικῷ κτέ, ad Thucydidem poetam referebat Krügerus de vita Thuc. quaest. p. 61 sq. cf. Westerm. vitar. scriptor. p. 192.

p. 163, 12 *Μυρμήκων*: cf. infra ad Plat. 2, 666 (5) supplem.

p. 165, 2 *πίεται* prima brevi apud Athen. X 446 e (non 456 a): de re v. addend. p. 4 sq. et ad Platon. 2, 616 (1) supplem.

p. 183, 12 scr. *ψήφισμά τε γράφειν*

p. 188, 21: 'quocunque tandem patre usus est': cf. Fritzsch. act. soc. Gr. I 140 sqq.

p. 189, 12: *προβάλλει ὁ Ὁμηρικός* Otto Schneider de schol. Aristoph. font. p. 55. Dindorf. schol. Dübn. Enger.

p. 199, 2 a fine adde Ritschelii de bibl. alex. librum p. 75 sqq. Nauck. Arist. Byz. p. 1.

p. 202 n. 21: cf. Hemsterh. ad Poll. X 171.

p. 215, 14 de Hegemonis causa v. Boeckhii Oec. civ. Ath. I p. 532 ed. II.

p. 218, 13: adde Steph. Byz. (infr. p. 7) v. *φρατρία* p. 670 sq. de Leuconis fabula suam periclitatus est coniecturam A. Schoellius de vita Sophoclis p. 381. cf. Naekium ap. Westerm. biogr. 129. Leutsch. philol. I, 132 n. 21. Caeterum in inscriptione p. 218. 219. 220 Metagenis nomini addatur ARISTAGORAS

p. 221, 1 dele VII p. 327 c, nam quae ap. Ath. 327 d sunt, ad Thuriopers. fragm. I 6 pertinent.

p. 236 sq. Aeliani apud Suidam v. *Θεόπομπος* verba nuper in Gerhardi ephem. archaeol. 'denkmäler und forschungen' 1851 p. 315—320 enarravit Bernhardus Stark, qui 237 l. 10 *καὶ δείκνυται καὶ νῦν ἐπὶ* (hoc cum Kühnio) *λίθῳ Θεόπομπος·* apud Suid. autem (236, 22) *Θεόπομπος, Θεοδέκτου ἢ Θεοδώρου ἐπίκλησιν* (vel *ἐπίκλην*) scribebat, ut ipse intellegeretur Theopompus, qui deum propitium hospitio excepisset idemque dei munere in integrum restitutus esset. Caeterum de p. 237, 7 cf. Lobeckii Aglaoph. 1305 not.

p. 238, 5 cf. quae paullo post disputata sunt p. 289.

p. 239 not. 33. de Polyido cf. quae in addendis allata

sunt p. 7: apud schol. Ω 804 corruptum videtur nomen Bergkio, qui 'fort. *Πολυρρήνιοι*, inquit, vel tale quid legendum',
Lyr. II p. 1009.

p. 247, 22 apud Antiatt. 112, 29 *πέπλυνται τὸ πληθυν-
τικόν* correxit Cobet Var. Lect. Lugd. Bat. 1854 p. 226, 4.

p. 249, 8 de Alcaeo citharoedo cf. ad 2, 540 (8) supplementa, item 4, 636 (127).

p. 253, 5 de Diocle musico cf. 2, 391 (5).

p. 257, 4 de Nicophontis fabulae inscriptione rectiora
v. 2, 853 (3) c. not.

p. 259, 5 *βέδυ* nomen cum similibus attigit Lobeckius
Agl. 883.

p. 262 extr. alterum incertae Polyzeli fabulae fragm. v. 2,
871 (1), de Pollucis loco cf. infra ad 2, 872 (2) suppl.

p. 267, 4 de Agallidis nomine v. infr. p. 8. cf. Nauck.
phil. V 708.

p. 269 extr. cf. ad Men. 4, 171 not.

p. 271 extr. cum Horatianis verbis cf. Tzetziana quae sunt
vol. 2, 1247, 70.

p. 276, 5 a f. *ἀποδεξόμενον*, quod Lycophroni ap. Athen.
555 a restitutum h. l. (cf. in Athen. spec. II p. 25, ubi ad
sequentia ap. Athenaeum verba collatus est Demosth. adv.
Conon. or. 54, 14), nuper etiam Cobetus V. L. 337 reposuit.

p. 295, 16 Menandri ap. Stob. LII 9 fragm. propter ipsam
illam ante *βλέψῃς* correptionem mutatum ibat Cobet mnemos.
IV 241 sq.: v. infra ad 4, 258 (91) supplem.

p. 300, 10: scr. *ὁπόταν Χαιρεφίλου τοὺς κτλ.* de Eu-
polidei versus apud mediae et novae comoediae poetas vesti-
giis cf. Fritzschium de fragmentis Eupolideo versu conscriptis
(Rostoch. 1855) p. 14 sq.

p. 312, 4 a f. in verbis Herodiani *π. μ. λ.* 10, 18 vocem
Ἀνταῖος delevit Lehrsius p. 28.

p. 316, 6 a f. apud Stob. CXV 15 praeter Trinc., qui *Σο-
φοκλέ.* habet, Vindob. cod. Gaisf. *Σοφοῦ* ascripsit; ipsos versus Sophocli vindicabat Bergkius zeitsch. f.d. alt. 1855 p. 110
ita scriptos:

σοφόν γέ τοὔστι πρὸς τὸ βουλεύειν καλῶς
τὸ γῆρας ὡς δὴ πόλλ' ἰδόν τε καὶ παθόν.

vs. 1 καλῶς: ἐστί Trinc. Vind. Arsen. (XV 59ᵇ Leutsch.) vs. 2 παθόν: μαθόν etiam Vind. Arsen.

p. 319, 9 a f. de Antiphanis ap. Irenaeum memoria ad Aristophanem referenda adversatur Schoemannus (de Cupidine cosmogonico 1852), qui p. 15 Grabio assentitur ex Ἀφροδίτης γοναῖς Antiphanis ista derivanti.

p. 324, 4 in argumento Alcestidis παρὰ τῶν τραγικῶν ἐκβάλλεται Cobetus ex Vat. cod. p. 274 Eur. Phoen. ed. Geel L. B. 1846. cf. Schneidew. g. g. anz. 1847 p. 1545. alii παρὰ τοῖς κριτικοῖς v. Welckeri tragod. p. 635. apud Nauck. Eur. vol. I p. IX παρὰ τῶν γραμματικῶν.

p. 325, 13: quod apud Athen. 65 e servatum est fragm. v. in incertis 3, 145 (30).

p. 330 extr. de Tyrrheno v. infr. p. 78. cf. 9.

p. 335, 4 ὀνόματα κεῖσθαι τοῖς αἰσχροῖς de ipso hoc scholiastae Aeschin. 1, 126 loco v. ad Eup. 2, 451 (14) suppl.

p. 336 extr. Choerob. 287, 25 Τύχων Τύχωνος, (ἔστι δὲ δαίμων περὶ τὴν Ἀφροδίτην) Caeterum v. Lob. Agl. 1235. O. Iahn. 'berichte üb. d. verh. d. sächs. ges. d. w.' 1855 p. 72.

p. 338, 4: Athenaei 161ᵃ verba, κἂν τῷ *κυρίως Κωρύκῳ δ' ἐπιγραφομένῳ, explicare studui infra p. 9. de formula εἰς ἰδιότητα comparandus Lehrs. Aristarch. 331; de anonymi (f. ipsius Antiphanis) versu 4, 603 (10), ὥσπερ Φιλάμμων ζυγομαχῶν τῷ *Κωρύκῳ, v. infra p. 118.

p. 340, 5: de Antiphane Bergaeo cf. Vind. Strab. 6. 239.

p. 342, 15: sunt ipsius Aristotelis verba I, 3, 9. ib. 22 ap. Suid. v. ἀποσιμῶσαι τὸ ἐπικῦψαι καὶ τὴν πυγὴν προθεῖναι γυμνὴν Φίλιππος librorum scripturam προθεῖναι defendit Bernhardy II, 2, 1795. ad Alciphronis ep. I 39 5 hanc vocem referebat I. G. Schneider, ubi ὑποσιμώσασα τὴν ὀσφῦν. adde Erotian. p. 242 τὸ ἀποσεσιμωμένον καὶ ἐναντίον τῷ κυρτῷ λορδὸν καλεῖται.

p. 343 annot. 63: Choerob. 116, 24 Ἀραρὼς Ἀραρότος Ἀραρόσιν, ἔστι δὲ ὄνομα υἱοῦ τοῦ Ἀριστοφάνους, ὑποδεδιῶς ὑποδεδιότος ὑποδεδιόσιν, ἔστι δὲ εἶδος ὀρνέου κτλ. cf. ib. p. 202.

p. 354, 3: hunc Epigenem in inscriptione attica Rangabé Ant. Hell. 115 agnoscere sibi visus est E. J. Kiehl mnemos. II 1 p. 80 sq.

p. 360, 3 a fine. Eubuli ap. schol. Plut. 1129 ecloga in minori edit. p. 596 inter Amaltheae fragmenta recepta.

p. 364, 16 apud Gramm. Bk. p. 1189: h. e. Choeroboscum 147, 17, cuius haec est in Marciano Cobeti codice (v. Etym. Gaisf. p. 8) lectio: ἐν Κορυδαλῷ, ἔχει δὲ οὕτως· ἴθι δεῦρο δὴ ἀφέλου λάγνα ταχυποικίλα. quod Schneidewinus sic scripsit, "ἴθι δεῦρ', ἀφελοῦ δὴ λάγνα τάχα (ταχὺ?) τὰ ποικίλα." V. g. g. a. 1848 p. 1795. de forma λάγνα cf. ad Alciphr. p. 91.

p. 366, 19. Novum Eubuleae fabulae titulum ΣΚΥΤΕΥΣ Darembergio Francogallo debemus, v. 'notices et extraits des manuscrits médicaux' vol. I Paris. 1853 p. 215 et infra ad 3, 250 supplem.

p. 370, 5. quae in Etymologici verbis, ἐν Ἐλεγείοις (al. ἐλείοις infr. p. 10), latere visa est 'Ελένης fabulae memoria, eam ad Ionis Chii elegiarum fr. 52 (non 22) Koepk. rectius referri puto. Cf. Athen. II p. 68c. Etymologici autem ex Choerobosco verba turbata videntur hunc fortasse in modum refingenda: ἀρσενικῶς δὲ (int. ὀρίγανος) παρὰ Ἀναξανδρίδῃ ἐν Φαρμακομάντει (3, 193) καὶ Ἴωνι ἐν ἐλεγείοις, οὐδετέρως δὲ *(παρ' Ἀμειψίᾳ) καὶ Ἐπιχάρμῳ ἐν Ἀταλάντῃ. (ex minori edit. p. XVI. cf. Bergk. Lyr. II 464).

p. 373, 7 a fine. 'Anaxandridem – etiam dithyrambicae poesi operatum esse' cf. Fritzsch. ad Ran. p. 184. 191.

p. 374, 6. Stephani verba v. p. 487, 4. cf. ib. p. 720, ubi haec leguntur, 'male haec olim de Alexide, poeta comico, intellexi.' v. infra p. 10.

p. 378, 9. de Epicharmei versus emendatione cf. Mein. philol. in Ath. exerc. I p. 20.

p. 380, 13. de Stobaei loco LXVIII 2 emendando v. ad 3, 519 (34) suppl.

p. 392, 15 scr. Σκείρωνα

p. 398, 11. Atthidis fragmentorum numerum augere licet

Vindob. cod. auctoritate, qui Stobaei locum XXX 8, in incertis 3, 520 descriptum, ἀλεξί' ἐξ ἀνθίδος esse annotavit. ib. corr. Grammat. Seguer. p. 338.

p. 399, 22. scr. IV 171 b. ib. 26 adde quae dicta sunt vol. III p. 517.

p. 400, 4 adde Athen. XV p. 700 a.

p. 404, 14. de hoc argumento cf. Lobeckii commentationem path. proll. p. 500. ib. 28 eadem Olympiodor. ad Plat. Gorg. in Iahn. archiv. vol. XIV 361, ubi μέμνηται ταύτης (Acconem dicit) Ἕρμιππος ἐναθηνᾶς γοναῖς. καὶ ἄμφις, ἐν τῷ ὁμωνύμῳ αὐτῇ δράματι.

p. 411, 8 corr. VI p. 244 b.

p. 412, 17 de Platonis scholiasta v. ad Cratin. 2, 148 (4). Eup. 2, 535 (11) cf. 5, 39. nuper Bergkii priorem coniecturam secutus est C. F. Hermannus Plat. VI p. XXXIII, alteram Urlichs philol. I 557.

p. 413, 14 corr. ὃς ἐκαλεῖτο Πέλεκυς v. vol. IV p. 644.

p. 417 extr. de fabulae Χαλκιδικός, quam eandem Χαλκίδα perhibent, inscriptione v. 3, 533.

p. 419 de Dionysii comici aetate nuper quaesivit Daremberg 'notices' p. 209, cf. infra ad 3, 555 suppl.

p. 420 not. de Λίνῳ fabula cf. 3, 553. infra 5, 94.

p. 424, 17 cf. p. 522. 523 et monatsb. d. akad. 1855 p. 106.

p. 430, 6 scr. 'apud Athen. VI p. 245 c sqq. et IV 165 f sq. ubi Chabriae'

p. 433, 9 a fine. de Γεωργός Timocleae fabulae nomine v. infra 5, 96.

p. 435, 15 iniuria dubitatum esse v. 3, 628.

p. 436, 15 non multum Tzetzianae annotationi tribuendum nec Philistionem apud illum mutandum censuit Bernhardy hist. litt. gr. II p. 924.

p. 443, 1. de Menandri versu v. 4, 284 (226) et infra in supplementis. In Men. et Philem. reliq. ed. pr. 1823 p. 576 'idem (h. e. Dobraeus Aristoph. addend. ad Nub. 518 p. 121), inquit, rectissime monet, fragmentum CCXXVI non revocandum esse ad metrum Eupolideum.' Marii Victor., qui 442 descriptus est, locum nuper examinavit Fritzschius de Eupol. versus reliqq. p. 15. de novae comoediae metris idem disputavit Terent. qu. I. ind. schol. 1849.

p. 445, 6 a f. non reliquit causam suam auctor 'de monodiis Euripideis' I p. 50 sq.

p. 448, 15 μάκᾶρ v. 4, 417. 5, 112. ib. scr. ὄρθριον· ἐκόκκυζ' ἀρτίως ἀλεκτρυών. 5, 112 = fr. 62 ed. min.

p. 449, 12 et annot. 2. de Boedae nomine (quod mutatum ibat Grothe infra p. 11) v. Bergkium comm. p. 165, item Bern. ten Brink philol. VI 215.

p. 450, 3 *Καλλιάδης* cum aliis nobilissimis graecae comoediae nominibus recensetur in inscriptione attica, quam ex ephemeride archaeologica n. 732 edidit M.H.E.Meierus comm. epigr. II part. altera (ind. schol. Halens. hiem. 1854) n. 67. de qua Bergkius nuper scripsit in diar. antiq. stud. 1855 p. 166. v. infra p. XXIV. ib. l. 18 δρᾶμα ἐπιγεγραμμένον *Ἀλείπτρια* habet Voss. a. Gaisf.

p. 451, 6 a fine. Herodiani annotationem v. ap. Lehrsium pros. Il. *Π* 57: fragm. adespoton est ap. Bergkium Lyr. II p. 1052 (44) ἀλλ' ἁ πολυνεικής | δι' Ἑλένα.

p. 453, 8 adde *Δαναΐδες* Erotiani p. 116.

p. 455, 9 a f. *Ὀναγός*, quae in prologo Asinariae Demophilo assignatur, f. Diphili fuit, v. ad 491 suppl.

p. 468, 9 de Etym. Gudiani loco cf. ad Alciphr. p. 172.

p. 473, 3 de Philippideae fabulae ap. Stob. I 13 inscriptione v. praef. Stob. Teubn. I p. III.

p. 475, 5: sed v. ipsum fragm. 4, 475 (2). in annot. l. 7 pro πονηρίαν Bern. schol. Aeschinis 1, 64 πανουργίαν habent. ib. p. 476 cum Photio confer haec Et. m. 11, 6: κρωβύλος (σημαίνει δὲ τὸν πορνοβοσκόν).

p. 477, 4: v. Choeroboscum Gaisf. p. 32, 4. 119, 25.

p. 479 not. 11: cf. Hecker. Callim. comm. p. 5.

p. 480, 4. apud Athen. 242ᵃ est δριμὺ πέφυκε φυτόν. Anthol. Pal. VII 708 θύμον.

p. 482, 12 l. abeam p. 483, 10 triginta ib. 12 l. 661 f. ib. 17 scr. X 22. ib. 4 a f. corr. CXVIII 17.

p. 484, 2: dele '*Φιλοσόφους* .... VII 27' cf. 4, 528. item l. 17 '*βᾶρις* .... p. 154'

p. 487, 6 ante *Κένταυρος* insere *Φιλοδέσποτος*, 11 scr. dederit, 17 praeter G.A.B.Wolffium (v. infra p. 12) nuper Ritschelius parerg. I 272 ea examinavit quae de Theogneti fabula h. l. prolata sunt: idem p. 160 Philemonis *Φάσμα* Plautinae fabulae originem dedisse suspicatur.

p. 488, 1 corr. Iliad. *Α* 216 ib. 19: v. 4, 555 (3). cf. Ritschel. coroll. disp. de bibl. p. 25. l. 21 corr. p. 341.

p. 489, 11. ATHENIO. 'veram nominis huius scripturam esse *Ἀθηνικῶν* recte, ut videtur, statuit G. Dindorfius in Zimmermanni Ephemer. philol. a. 1839 allato titulo a Boeckhio edito Corp. Inscr. II p. 201 16.' Mein. 4, 557. cf. de ea re Lehrsium nov. rhen. mus. II 348. Car. Keilii analect. 232. Lobeck. path. proll. 317. Lehrs. Herod. p. 26: hinc et *Ἀθηνίων* et *Ἀθηνικῶν* et vero etiam *Ἀθηνακῶν* probae erunt formae. apud schol Apollon. I 917 (cf. Lobeckii Agl. 1220) Laurentianus *Ἀθηνίων*, Henr. Keilius *Ἀθηνικῶν* dedit.

p. 490, 10 scr. Aglaoph. p. 438. 27: eundem Clearchum inscriptioni atticae, quam infra p. XXIV descripsimus, restituere quam Meieri Cleomachum agnoscere mavult Bergk. l. c. p. 166: ipse titulus ΚΛΕ ΧΟΣ praebet.

p. 491, 16 adde IX p. 384 c ib. 19 Choerob. Ven. cod. Cobeti 373, 20 *Κρωβύλῳ* ib. l. 25 Demophili ap. Plautum nomen cum Ladewigio ita removit Ritschelius parerg. I 272, ut 'eam Diphilus scripsit, Maccius vortit barbare' reponeret, Demophilum ex superscripta Diphili nomini 'eam' vocula ortum suspicatus. caeterum v. Bergk. 'zeitsch. f. alterth. 1855' p. 166.

p. 492, 3. 'fortasse tamen recte Dalecampius *Ἀχελῷος* fabulae titulum fecit' 4, 570 not. ed. min. p. 1172. ib. 11 corr. 115, 31. 22 scr. Polluce VII 201

p. 493, 5 a f. de Pacuvii Duloreste (Doloreste) v. Ottonis Ribbeckii tragicorum lat. rell. p. 281.

p. 494 de Cercopibus et Anguibus, Menippearum saturarum titulis, v. iam Mein. h. vol. p. 12: adde quae nuper disputata sunt Vindic. Strab p. 234 sq. p. 496, 7 scr. mediocriter

p. 499, 3 a fine. novum neque tamen ignotum plane Timostrati fragmentum Vindobonensis codicis indicio debemus, etenim ad Stob. CXV 12,

τηρεῖν μὲν ἑτέροις (ita Vind.) οἱ γέροντες δυνάμεθα,
ἡμεῖς δ' ἀπολαύειν (ita cod.) ὧν ἔχουσιν οἱ νέοι,

qui versus in anonymis erant (4, 692 n. 351), ille τιμοςρᾶ pro lemmate habet. Photii ζάγρα ad Παρακαταθήκην pertinet.

p. 500 extr. de Herodiani loco v. Lehrsium p. 25.

p. 511 not. scr. 20, 17.

p. 513 not. de Καρκίνος nomine v. infra 5, 13: ubi quae de Κόκκυξ adiecta sunt, ad Herod. μον. λ. p. 11 28 pertinent, cf. anal. alex. 365. adde Lehrs. Herod. p. 34. de Arcadii emendanda scriptura v. Lobeck. pathol. proll. p. 206.

p. 517 de Chaeremonis versibus v. Godofr. Hermannum 'zeitsch. f. alterth.' 1843 p. 637; cf. philol. in Athen. exerc. II p. 33.

p. 522, 13. de Moschione tragico eiusque arte cf. quae in relationibus menstr. acad. Berol. m. febr. 1855 p. 102—114 disputata sunt. quos Clemens p. 745 Pott. Moschioni, comico scilicet (cf. p. 329 Ἰοφῶν ... ὁ κωμικός), assignavit versus a metrica illius arte abhorrere v. ib. p. 109 sq. cf. p. 112.

p. 523, 21. Aristotelis Politicorum numerus est VII (hodie IV) 17 = p. 1336ᵇ 28. ib. v. 2 a f. apud eundem Arcadium τὸ δὲ πλινθοβάψ in μινθοβάψ mutari vult Nauck. progr. schol. 1855 p. 53, ut sit eiusdem Theodori eiusdem significationis, quam habet πελεθοβάψ, varia cognominis forma.

p. 525, 7 a fine pro Ecdoro Isidorum scribi debuisse infra significatum p. 13. de eo poeta v. 'monatsb. d. akademie' 1850 p. 252 sqq. Atque apud Stobaeum XC 9, ubi pro vulg. Ἐκδώρου cod. A habet ΕΚΙΔΩΡΟΥ h. e. (monatsb. 253) ΕΙϹΙΔΩΡΟΥ, Vindobonensis codex Gaisf. hoc ipsum praebet ἑιϲιδώρου p. 898. 857. cf. ad mon. 249. de Serapione v. eandem illam commentationem (monatsb. 1850) p. 254 sq. de Demonactis versu cf. mon. 243.

p. 529 quos Philippidi vindicavit auctor apud Athenaeum p. 699 versus (cf. Bergk. comm. cr. II p. IV), infra in supplementis ad 4, 477 (11) dabimus: v. min. ed. p. XXII.

p. 535, 22 ὧν ἀντιλέγονται δ': v. philol. in Ath. exerc. I p. 49.

p. 540, 7 *συστήσας*: *στήσας* Paris. vol. II p. 1236 et Bernhardy 'jahrb. f. w. krit. 1840' p. 218. ib. 20 *διαφορούμενος*: cf. 2, 1237. 4, 627 (90), item Dübneri schol. Aristoph. p. XVI. 24 *ἔξωθέν τι ἅπτηται* ad 2, 1237. de his et quae sequuntur vide quae Iacobus Bernaysius nuper disputavit ('ergänzung zu Aristoteles poetik') nov. rhen. mus. VIII p. 585 sqq.

p. 544, 11 verba *ὠνομάσθη* ... *τὸ Ἀριστοφάνειον* uncis inclusit Bergkius 2, 1091 not. et in ed. Teubn. p. XXXVII. ib. 20 sqq. de his v. Bergkium in W. A. Schmidt. 'zeitsch. f. gesch.' II 218. caeterum cf. schol. Ran. 404 (infr. 5, 53). ib. 26 haec verba *πάλιν δὲ* usque ad *ζήλῳ Ἀριστοφάνους* removebat Bergk. 2, 1089. item 545, 7 *δι' οὗ καὶ ἐδίδαξε τὸν Πλοῦτον*, quae in ordinem recepit G. Hermannus Ephem. Lips. 1829 p. 1619 ita: *δι' οὗ καὶ ἐδίδαξε τὸν Κώκαλον*. 545, 13: *ἔγραψε δὲ δράματα μ'* Bergk. 2, 902. idem l. 15 *Νίοβος* dedit ed. Teubn.

p. 546, 7 *πατρὸς δὲ Φιλίππου, μητρὸς δὲ Ζηνοδώρας* ex codd. Laur. et Monac. addidit Dind. v. ap. Dübn. schol. p. XXIX.

p. 549, 19 post haec inserenda quae infra p. 114 exhibuimus, *Βάτων — Εὐεργέται*. item 550, 18 (vide infra p. 116) *Εὐάγγελος — Δειπνοσοφισταῖς*.

p. 558, 12: haec cum Schneidewino ad Heliodorum auctorem rettulit Ritschelius de bibl. alex. disput. coroll. p. 55. cf. 2, 1234—1236, 1.

p. 561 apud Pollucem IV 143 Bekk. *ὡς τὸ πολὺ* 4 *ἡγεμὼν πρεσβύτης, πρεσβύτης μακροπώγων ἢ ἐπισείων, Ἑρμώνιος* (ita et in sequentibus), *σφηνοπώγων* 562, 3 *πάππος πρεσβύτατος ἡμερώτατος* 144, 4 *ἔχει* 5 *ἀνατέταται* 7 *ἔχει* 8 *ὁ δὲ Ἑρμώνιος ἀναφαλαντίας, εὐπώγων, ἀνατέταται τὰς ὀφρῦς, τὸ βλέμμα δριμύς. ὁ δὲ σφηνοπώγων ἀναφαλαντίας, ὀφρῦς ἀνατεταμέναι, ὀξ.* 10 *οὐλόκομος*

p. 563, 6 *δεύτερος ἐπίσειστος* 7 *πάγχρηστος ὑπέρυθρος* 10 *νεανίσκος νεώτερος* 12 *καλὸς* (cod. A *μᾶλλον*) *καὶ νέος, ὑπέρυθρος* 13 *ἀνατέταται* 14 *μία. ὁ δὲ* 15 *τρί-*

χες 20 τρίχες, ὥσπερ 24 φαιδρότερός ἐστιν, ὥσπερ ὁ κόλαξ ἀνατέταται κακ. 25 ἐνεσπαρμένας

p. 564, 3 κωμικὰ πάππος 4 κάτω τριχίας ἢ κάτω τετριχωμένος 5 τέττιξ 9 οἷος ὁ ἐν 10 ὁ δὲ κάτω τριχίας ἀναφαλαντίας ἐστὶ καὶ πυρρόθριξ 12 ὁ δ' 14 ὁ δὲ Μαίσων θεράπων φαλακρὸς πυρρός ἐστιν. ὁ δὲ θεράπων τέττιξ φαλακρὸς μέλας, δύο 17 ἐοίκοι ἂν τῷ 18 γρᾴδιον ἰσχνὸν ἢ λυκαίνιον (A λυκώνιον) 19 γρᾴδιον οἰκουρὸν (A οἰκουργὸν)

p. 565, 3 ἔχει τὰς ῥυτίδας 4 οἰκουρὸν γρᾴδιον 5 σιαγόνι ἀνὰ 9 διάμιτρος ἑταίρα, λαμπάδιον, ἅβρα 11 παρεψησμέναι (περιεψησμέναι A) 13 καὶ ὀφρῦς ὀρθὰς μελαίνας 14 χροιᾷ 15 χροιάν 20 δ' ἐστίν. 24 περὶ τῇ κόμῃ. ἡ δὲ διάμιτρος 25 κατείληπται] κατείληται Cobet V. L. 365. 26 ἰδέα τριχῶν πλέγματός ἐστιν εἰς 566, 4 ὑπόσιμον δ' ἐστὶ

p. 569 sqq. ad poetarum indicem cf. atticam inscriptionem, in boreali regione Piraei repertam litterisque exaratam Ionicis in lapide Pentelico, apud Meierum ind. lect. Hal. 1854. 55 (comment. epigr. II n. 67):

Τ ΔΗ \ΟΣ
ΔΗΣΙΙΙΚΛΕ ΧΟΣ
ΣΙΙ ΘΗΝΟΚΛΗ
ΤΙ ΓΥΡ Ι
ΑΛΙ ΩΡΙ
ΣΓΙΙΙ ΤΙΜΟΚΛΗΣ
)ΣΙ ΓΓΟΚΛΕΙΔΗ
ΗΣΙΙΙ ΜΕιΑΝΔΡΟΣ
ΦΗΛΗΜΩ ΙΙ
ΑΓΟΛΛΟΔΩ
ΔΙΦΙΛΟΣΙΙΙ
ΦΙΛΙΓΓΙΔΗΣΙΙ
ΝΙΚΟΣΤΡΑΤΟΣ
ΚΑΛΛΙΑΔΗΣΙ
ΑΜΕΙΝ ΑΣ

vs. 1 multa coniici posse Meierus demonstravit, Bergkius (zeitsch. f. alt.) 1855 p. 166 Δημόφιλος vs. 2 Meierus Κλεόμαχος Bgk. Κλέαρχος 3 Ἀθηνοκλῆς Meier. 4 idem Πυρετίδης Bgk. Πυρῆς (de nominis forma confert Mein. anal. alex. 245). 5 Ἀναχώριστος? Meier. Ἀλκήνωρ Bgk. 15 Meier Ἀμεινίας

p. 569, 5 ΑΓΙΑΣ i. e. Anaxandrides 3, 167. de Amphide v. 5, 85. 570, 10 Ἀδωνιάζουσαι Aristophanis, eadem quae Λυσιστράτη, schol. Lysistr. v. 389: v. hist. crit. 472. ib. 17 Ἄδωνις Platonis cf. ad 2, 616 suppl. ib. 23 post hunc fortasse collocandus ΑΘΗΝΟΚΛΗΣ ex inscriptione modo commemorata. ib. b, 9 Αἰσχρίων Apollod. Gel. 461. de Aethrione Caecilii v. Ribbeck. p. 29. b, 14 Αἰτωλός Philemonis. b, 18 Ἀκκώ Amphidis 404 cf. suppl. p. 571, 13 ante Amipsiae nomen inserendum erit ΑΜΕΙΝΑΣ (Ἀμεινίας) v. inscript. p. XXIV. ib. 22 Ἀμφιάρεως Apollodori Car. 463. item 23. 24. 25 Ἀμφιάρεως ib. 2 a f. insere Ἀναγνωριζομένη Caecilianae, ut Vrsino visum, fabulae (ab aliis Iuventio ascriptae p. 70 Ribb.) titulus ex graeco dramate conversae. b, 2 scr. Ἀνακαλύπτων Philemonis b, 6 de Ἀνανεοῦσα cf. ad 472 suppl. 572, 11 Apollodori Car. ib. 20 ΑΝΤΙΦΩΝ cf. 314 sqq. ib. 29 adde *Ἀπημπολημένη Cratini minoris v. ad 3, 378 (2) suppl. b, 5 Apollodori Car. b, 10 Apollodori Gel. b, 16 Ἀπολείπουσα Apollodori Car. item Gel. 4, 440. 438. b, 18 insere Ἄπολις Philemonis vol. 4, 6. item ΑΠΟΛΛΟΔΩΡΟΣ 466. 4, 450. 573, 11 Ἁρπαζόμενος sive Ἁρπαζομένη Philemonis 4, 7. ib. 19 Ἀρχιστράτη (an Ἀρχεστράτη) Antiphanis ib. 20 Ἀρχίλοχος sive Ἀρχίλοχοι Alexidis b, 3 *Ἀστειολόγος Naevii, si recte Ribbeckius coniecit p. 8. b, 5 *Ἄστυτοι Eubuli cf. 3, 211. 574, 3 Αὐτόμολοι Pherecratis (?) supra p. XIII. ib. 6 adde Αὑτὸν πενθῶν Menandri 4, 93. l. 22 fort. rectius Ἀχελῷος 4, 570. b, 2 imo Βακχίας Epigenis 3, 537. b, 7 a f. Βοιώτιος Diphili 575, 11 a f. Γάμος s. Γαμῶν Philemonis 4, 8. ib. b, 4 Γεωργός Timoclis v. 5, 96. 576, 17 Δᾶος (Davos?) Caecilii p. 33 Ribb. ib. 9 a f. Δεξιδημίδης vel Δεξιμήδης Amphidis cf. 3, 306. b, 9 Δημοποίητος Demostrati an Timostrati b, 17 *ΔΗΜΟΦΙΛΟΣ* 491 suppl. b, 18 *Διάβολος* Apollod. Car. b, 20 *Διαδικαζόμενοι* Dioxippi b, 22 adde *Διαλλαγαί* Aristophanis s. *Λυσιστράτη*. schol. Lysistrat. Rav. v. 1114. ib. 5 a f. *Διαπλέουσαι* (an *Δὶς πλέουσαι*? 3, 406) Alexidis 577, 21 *Διόνυσος* Magnetis v. 2, 9. 10. 'e Cratetis Mallotae libris de dialecto Attica affert Pollux VI 79' ed. min. p. 6. cf. ad 2, 10 suppl. b, 5 *Δὶς ναυαγός* Aristophanis (2, 1103) sive Archippi 209. cf. *Ναυαγός*. b, 6 adde *Δὶς πλέουσαι* (?) Alexidis 3, 406. ib. b, 10 *Δορκὶς ἢ Ποππύζουσα* s. *Ῥόδιος* Alexidis 3, 407. 408. ib. b, 15 adde *Δράματα* Aristophanis 2, 1061. 578, 18 *Εἰρήνη ά* Aristophanis *β'* 2, 1063. ib. 2 a f. scr. *Ἐχυρά* Apollodori Car. ib. b, 8 *Ἑλενηφοροῦντες* (an *Ἑλενηφοροῦσα*?) Diphili b, 10 scr. *Ἐλλεβοριζόμενοι* b, 22 *Ἐννέα* (*Ἐνναία*) Apollodori Car. b, 24 adde *Ἐξ αὑτοῦ ἑστώς* Caecilianae fabulae titulus (p. 35 O. Ribbeckii), si recte Spengelius ita latinum *Exhautuhestos* interpretatus est. b, 26 *Ἑορταί* s. potius *Τόλμαι* Cratetis *Ἑορταί* Menandri non fuit fabula v. ed. pr. p. 59. 565. 579, 3. 6 Apollodori Car. 22 *Ἐπιστολή* Euthyclis 580, 15 *Ἐφεδρῖται* s. *Ἐφεδρίζοντες* Philemonis 4, 10. ib. 19 **Ἔφηβοι* rectius *Συνέφηβοι* Apollodori 21 *Ἔφηβοι* s. *Ἔφηβος* Philemonis cf. 5, 98. b, 3. 5. 7 *Ζωγράφος* Amphidis, item Augeae vel Hagiae: imo Anaxandridis 3, 167. 581, 4 scr. *Ἥρωες* Philemonis ib. 8 scr. *Ἥρως* Menandri ib. 4 a f. *Θεσμοφοριάζουσαι ά* Aristophanis *β'* 2, 1074. ib. 2 a f. **Θεσμοφόροι* vel potius *Φορμοφόροι* Hermippi 92. b, 8 *Θηραμένης* Cratini min. b, 10 Apollodori 468. sed v. 4, 457. b, 7 a f. **Θορίκιοι* (Suid. *Θορύκιον*) Heniochi 582, 10 an *Ἰάδες*? 5, 10. ib. 11 *Ἰάσων* *Antiphanis 316. ib. 16 *Ἰδαῖοι* Cratini. v. *Ἐμπιπράμενοι*. cf. 2, 53 sqq. 5, 17. ib. 18 *Ἱέρεια* Apollodori Car. ib. 22 de *Ἰκάριοι Σάτυροι* Timocleae fabulae titulo cf. 3, 600. ib. 24 *Ἱματιόπωλις* Apollodori Car. ib. 26 **Ἰνώ* ib. b, 10 dele *Ἰπνός* b, 12 scr. *Ἰσθμιονίκης* b, 15 scr. **Ἱστός* Pherecratis, rectius *Ἰπνός* 83 (cf. comm. misc. I 19). 583, 8 adde **Καλλιστώ* Amphidis 3, 320 (11). ib. 23 *Καταχῆναι* *Lysippi 216. cf. 5, 6. ib. 3 a f. **Κατεσθίων* cf. 2, 703 et suppl. ib. b, 13 Κέρκιος vel Κερκυών Anaxandridis b, 18 Menippi cf. 5, 12. 584 b, 4 adde *Κομμώτρια Naevii ap. Ribbeck. com. p. 10, Bothe Κοσμήτρια: v. l. 19. b, 22 Κοτταβίζουσαι nulla Menandri fabula: cf. 4, 156. b, 26 Κραπάταλοι (Bk. Κραπαταλοί v. p. XIII) Pher. 585, 23 Κυνηγίς vel Κυναγίς Philetaeri: v. 3, 294 (ed. min. 642). ib. 26 *Κύπρις Alexidis 3, 436. b, 14 Λάκωνες Cratini? cf. 2, 72. 586, 21 *Λιμός sive potius Λίνος Dionysii, satyricum drama Dionysii tragici. Vide 5, 94 cf. 3, 553 (non 353 ut ed. min.) ib. 26 *Λίνος Dionysii v. Λιμός. ib. 3 a f. adde Λουτροποιός al. Λυροποιός Anaxilae 408. b, 6 a f. est Demetrius grammaticus. 587, 24 de Menippo v. 5, 12. ib. 2 a f. Μεταβαλλόμενος ἢ Μεταφερόμενος Timothei 428. b, 18 scr. Μῆνες Philetaeri 349. b, 24 insere Μιμοψηφισταί al. Μισοψ. Philistionis ap. Suidam. b, 25 *Μίνως (an Λίνος?) Alexidis cf. 3, 445 (2). 5, 89. b, 31 Μισοψηφισταί al. Μιμοψ. Philistionis ap. Suidam. 588 b, 8 Ναγιδώ Naevii Ribb. p. 14, quidquid id est. 589, 3 Νεφέλαι ά 2, 1104 β' Aristophanis. ib. 21 Nothus Nicasio Caecilii apud Ribb. p. 46. ib. 2 a f. Ξάντριαι ἢ Κέρκωπες b, 2 Ξενίζων Heracliti s. potius Heraclidis b, 25 Οἰκέτης nulla Apollodori fabula b, 26 *Οἰκιζόμενος imo Εἰσοικιζόμενος Alexidis 590, 13 adde 'vel Ὀλύνθιοι' Alexidis ib. 16 adde 'vel Ὀλυνθιακός' Philippi ib. 29 'Ὁμολογούμενοι nulla Antiphanis fabula, cf. etiam 3, 158 (81). b, 2 Ὀμφάλη Cratini min. b, 5 Ὀναγός Demophili (an Diphili?) ad 491 suppl. b, 8 scr. Ὄνος eadem quae Ὄνου σκιά Archippi b, 10 adde *Ὀπώρα f. Amphidis fabula 3, 321. b, 24 Ὄφεις Menippi v. 5, 12. 591, 2 insere *Παῖδες Philemonis 4, 17. ib. 5 Παιδίον s. Παῖδες Apollodori ib. 7 *Παιδίον Platonis ib. 24 scr. Πανήγυρις Philemonis b, 11 Παραδιδομένη (an Παρεκδιδομένη?) Euphronis 592, 7 scr. Nicostrati 349. ib. 13 insere Πανσίμαχος Caecilianae fabulae titulus p. 48 Ribb. ib. 19 *Πείσανδρος imo Πάνδαρος Anaxandridis 373. 3, 181 (2). ib. 4 a f. Περιάλγης Platonis cf. 5, 5. b, 12 *Πιτακίς rectius Τιτακίδης Magnetis v. 2, 11. b, 25 Πλοῦτος ά 2, 1130. β' Aristophanis 593, 14 Πολύιδος (Πολύειδος) Aristophanis

2, 1132. b, 14 *Πρόδαμος* non fuit Eupolidis fabula: cf. 2, 431 (11) et suppl. b, 19 scr. *Πρόκρις* ante huius fabulae nomen collocandus fort. *Προκλείδη(ς)* comicus: v. inscriptionem att. p. XXIV descriptam. 594, 4 *Πυθαγορίζουσα* (an *Πυθαγορίζοντες*? 3, 376) Cratini min. 413. ib. 11 *Πυλαῖαι* (an *Πυλαία*? 5, 90) Alexidis 402. ib. 19 **Πυτακίδης* rectius *Τιτακίδης* Magnetis 2, 11. b, 1 *'Ρυτῖνος* *Apollodori non videtur comici esse 468 (non 469). b, 2 *Philippidis 474. 529. b, 25 Theopompi 242. 595, 13 *Σίσυφος* Apollodori Geloi ib. 17 scr. *Σκείρων* Alexidis 392. ib. 18 *Σκλήριαι* sive potius *Σκύριαι* vel *Σκληρίας* Antiphanis, cf. 3, 114. ib. 24 adde *Σκυτεύς* Eubuli v. ad 3, 250 suppl. ib. 4 a f. *Σταλαγμός*: de scripturae formis v. Ribbeckium com. p. 16, qui Stalagmonissa. b, 7 de Menandri fabula *Στρατιῶται* nulla iam erit dubitatio: cf. 4, 202. b, 25 adde *Συναποθνήσκοντες* Philemonis 4, 28. b, 27 *Συνεκπλέουσα* (f. *Συνεκπλέουσαι*) eadem quae *Συμπλέουσαι* Philippidis b, 29 **Συνεργικά* sive potius *Συνεργοί* vel *Συνέριθοι* Timoclis 433 cf. ad 3, 611 suppl. 596, 13 *Σφαττομένη* Apollodori Car. ib. 23 Calliae ib. 31 *Σώτειρα* eadem quae *Σῴζουσα* Dionysii b, 2 *Ταξίαρχοι* nulla Dionysii fabula 143. cf. 2, 526. b, 8 *Τεχνικός* Naevianae fabulae titulus p. 19 Ribb. b, 23 *Τιτανόπανες* sive *Τιτανογίγαντες* (sec. Poll. Bk. II 110) Myrtili 597, 1 *ΤΟΛΥΝΟΣ* cf. 5, 2. ib. 6 *Τριβάκηλος* Ribbeckio Naevianae fabulae elogium p. 20. ib. 7 *Philippidis 474. 529. ib. 13 Cephisodori 268. ib. 14 Cratetis non fuit *Τροφώνιος* 2, 142. ib. 3 a f. *'Υάκινθος Πορνοβοσκός* Anaxilae: rectius fort. Schweighaeus. *'Υάκινθος ἢ Πορνοβοσκός* 409. b, 8 **'Υπεύθυνος* olim fingebatur Phrynichi fabula sec. schol. Ald. Ar. Nub. 556. v. p. 152. b, 15 *'Υποβολιμαῖος* Cratini min. videtur eadem fabula esse quae *Ψευδυποβολιμαῖος* (nisi apud Poll. VII 211 **'Απημπολημένη* scribendum, ut suadet Par. A Bk.) 413 et ad 3, 378 (2) suppl. de Caecilii Hypobolimaeis v. Ribbeckii com. lat. fr. p. 39 sqq. b, 4 a f. **Φαῖδρος* Platonis, rectius *Φάων* 187 (cf. 176) adde 5, 49. 598 b, 1 *Φύλαρχος* Sophili 3, 582 sq. b, 5 [*Φιλέμπορος* Naevii p. 17 Both. Fulgentio debetur.] b, 9 *Φι-*

λέταιρος (sive Δημήτριος ἢ Φιλέταιρος) Alexidis b, 1 a f. scr. Φιλοδέσποτος Theogneti 599, 6 Φιλόκαλος ἢ Νύμφαι. ib. 16 dele Φιλόσοφοι Posidippi 484. cf. 4, 528. ib. 18 Φιλουμένη (Philumena) Caecilianae comoediae nomen p. 49 Ribb. ib. 32 [Φοίνισσαι Cratetis nulla fabula 63. cf. 5, 2. 68] b, 18 Χαλκιδικός (an Χαλκίς? 3, 533) Axionici 417. b, 19 Χαλκίς Menandri 4, 221. b, 24 Χειρογάστορες non sunt Nicocharis 256. 258. 2, 852. 600, 7 Χρυσίον Caecilii cum Antiphanis Chryside comparavit Ribbeckius com. p. 32. cf. Spengel. p. 6. ib. 15 Ψευδαίας Apollodori Gel. b, 5 Ψευδυποβολιμαῖος Cratini min. 413. cf. Ὑποβολιμαῖος. b, 9 adde Ψοφοδεής Menandri 4, 225. b, 10 *Ψυχασταί non fuit Sannyrionis fabula 264.

SVPPLEMENTA ADDENDORVM VOL. II.

P. 3 vs. 3 Crameri cod. B κακῶν γυναῖκες ib. annot. l. 3 ἀπολειπούσης Tzetz. 7 Σουδαρίων gramm. Bk.

p. 4, 13 οὐκ ἔστιν εὑρεῖν οἰκίαν Tzetz. Cram.

p. 6, 8 Χιωνίδης Gaisf. cum A.

p. 7, 10 scr. XIII p. 605 e ib. 25 Quaest. Menandr. p. 34. de fr. II v. infra p. 14. ad fr. III cf. ib. et ad 4, 121 (6) suppl.

p. 8, 11 in min. ed. non recte scriptum κόπτετον — e BP pro AC. ib. fr. IV ita olim fuisse in min. ed. p. 5 suspicatur Mein. ἐπὶ τῶν τραπεζῶν δὲ τιθέασι τυρίον | φυστήν (ita pro φύστην scripsit Dind.) τε καὶ δρυπεπεῖς ἐλάας καὶ πράσα.

p. 9 ΔΙΟΝΥΣΟΣ. de huius fabulae editionibus vide quae nuper Fritzschius disputavit in ind. lect. Rostoch. sem. hib. 1844, h. e. de paropside, p. 10 sq. (cf. qu. Ar. I 240. hist. cr. p. 34). fr. I ita intellexit, ut κακῶν παροψίδες sint 'malorum additamenta.' idem ap. Athenaeum 367 f ante Magnetis commemorationem lacunae signa posuit p. 4 sq. 10. ib. annot. l. 1 scr. ἐπὶ τοῦ σκεύους

p. 10 (2) Magnetis versus quum apud Poll. VI 79 ad Cratetis memoriam referantur, Κράτητος ἡ λέξις, inquit, Fritzschius (de parops. p. 11) Schweighaeuserum secutus Cra-

telis Mallotae de dialecto attica libros intellexit, comprobavit Meinekius ed. min. p. 6. Nauckius in cens. Poll. Bk. (all. l. z. 1848) p. 519 *ΚΡΑΤΗΤΟΣ* vocem ex *ΜΑΓΝΗΤΟΣ* corruptam iudicavit. cf. Dobr. adv. II 313: 'Piersonus... conferens Crateta (sive Magneta) ib. 79.' Lydorum fr. I ed. min. *λούσαντα δεῖ* cum B. cf. infr. p. 15.

p. 11, 6 non assentitur Bernhardy Suid. II 2 1841. *νῦν δή* i. e. *πρὸ μικροῦ* (cf. infr. p. 15) etiam Cobetus coniunctim sed *νυνδή* scribi voluit V. L. (1854) p. 233 comparatis *ἐπειδή, ὁστισδή, δηλαδή* p. 234. ib. 5 a f. scr. *τῶν εὐτελεστάτων· Μάγνης Ποαστρίᾳ*

p. 12 prius fragm. Ddf. ita, *πόδας τ', ἐπεὶ δέοι, πριάμενον καταφαγεῖν | ἐφθοὺς ὑός*, non ut in min. ed. exhibitum, *πόδας τ' ἐπεί | κτλ.*

p. 13, 14 corr. Feliciani 16 Comment. p. 359.

p. 14, 2 scholiastae verba hodie ita scribuntur *Ἀνδροκλέα δὲ Κρατῖνος Σεριφίοις φησὶ δοῦλον καὶ πτωχόν, ἐν δὲ Ὥραις ἡταιρηκότα· Ἀριστοφάνης τὸν αὐτόν. Τηλεκλ. κτλ.*

p. 15 *ΑΡΧΙΛΟΧΟΙ*. de huiusmodi inscriptionibus fabularum cf. Welckeri annotationem opusc. I 323. 339.

p. 17 (3, 1) *οἷ' ἄττα βαΰζει*, ib. (3, 3) *μέν τοι* ed. min.

p. 18, 1 scholiastae Acharn. 671 verba ita correxit Dobraeus Adv. II 189. fr. IV *θᾶκοι πεσσοί τε* ed. min.

p. 20 (6) ex Heringae coni. *Δωδωναίῳ κυνὶ βωλοκόπῳ, τίτθη, γεράνῳ προσέοικας* scriptum ed. min. *Δωδωναίῳ τινὶ β.* Nauck. phil. 6, 413.

p. 22, 14 excidit *ἀωρόλειον* ante *τὸ μειράκιον* ib. 4 a f. cf. vol. IV p. 625 (81).

p. 23 (11). Cum Etymol. 736 47 cf. allatam a Dobr. Adv. I 608, Bergkio comm. 351 Photii annotationem, *Σῦς: ὗς τοὺς Ἱπποκράτους υἱοὺς ἔλεγον καὶ τοὺς Παναιτίου καὶ Μέμνονος, εἰς ὑηνίαν κωμῳδοῦντες* (v. ad Eupol. p. 477 sq.), unde Memnonis memoriam eandem Photio v. *Σαμιακὸν τρόπον* restituebant Dobr. Bergk, accessit Nauck. phil. 6, 413. Nuper Bergkius comm. cr. spec. II p. VIII utrobique Menonis nomen reposuit comparata Hesychii glossa v. *Μενωνίδαι* (com. anon. 4, 645), item Plut. Pericl. 31.

p. 24 (14) apud Iacobitzium Luc. vol. IV p. 139 scholiastae verba ita leguntur Κέρκωπας: οὗτοι ἐν Βοιωτίᾳ διέτριβον Οἰχαλιεῖς ὄντες γένος, Σίλλος καὶ Τριβαλὸς (σύλλος καὶ τριβάλλος Vind. 123. ἕλλος καὶ τρίβαλος Vind. 114. Σώλλος καὶ Τριβαλὸς o. σύλλος καὶ τριβαλὸς V.) ὀνομαζόμενοι, ἐπίορκοι καὶ ἀργοί, ὡς Κρατῖνος 'Ἀρχιλόχοις (ἀρχιλόχος Vind. 123) καὶ Διότιμος

'Σίλλος τε Τριβαλός τε δύω βαρυδαίμονες ἄνδρες.

'σύλλοι τε τρίβαλλοί τε δύο cod. Vtrobique, et apud Cratinum et apud Diotimum, Ὦλος et Εὐρύβατος nomina restituenda esse pro corruptis Σίλλος et Τριβαλλός indicatum ed. min. p. 10. cf. infra p. 15.

p. 25 Diotimi Heraclea apud Athen. 603 d laudatur, non 601 d.

p. 27 (2, 2) τῷ Κλεομάχου scriptum in ed. min. Cleomachea quae ibidem sunt pagina extr. v. ap. Bergk. Lyr. II 959. cf. zeitsch. f. alt. 1855 p. 166.

p. 28, 11 Καλλιμάχειον correxit Gaisf. in indice scriptorum p. 542 Lips.

p. 30, 3 ita descripti sunt versus in ed. min. ib. IV πεπειρᾶσθαι ut in annotatione coniecit auctor.

p. 31, 9 Epist. ad Hemsterh. p. 59 (non 99). ib. 11 de Cratete cogitabat Welckerus opusc. I 333. cf. 338. ib. ΔΗΛΙΑΔΕΣ. fr. I τούτοισι δ' (cum Dobraeo et Herm.) ὄπισθεν ἴτω δίφρον φέρων (φέρων δίφρον Ald. V.) Λυκοῦργος: ita ed. min. cf. Dübneri schol.

p. 33 (2) 6 pro εἶναι τοῦ Dindorfius περὶ τοῦ, quod receperunt Dübnerus et R. B. Hirschig. ib. 8 pro κατάδοντα sim. Valck. καταδείξαντα, probatum Dindorfio, recepit Hirschig. ib. 9 dele parenthesin: v. 2, 276 (6). fr. III nondum emendatum. fr. IV Pors. Phot. 481, 18 ὁ δ' ἐσκάριζε dedit. Caeterum cf. Hipponactis versum Schneidew. phil. 3, 380. Bergk. comm. cr. V p. XII. Lyr. II 596 (32).

p. 35 (10) v. Diogenian. III 70.

p. 36 fr. XIII. XIV v. infra p. 16, sive min. ed. p. 13. Prius quum in Vindob. cod. 21 ita exhibeatur, ἦν ἄρα ἀληθὴς ὁ λόγος δὶς παῖς ὡς ἔστιν ὁ γέρων, Bergkius anapaesticos restituebat numeros ita: ἦν ἄρ' ἀληθής | ὁ λόγος, δὶς παῖς ὡς ἔσθ' ὁ γέρων. Cf. Lyr. II p. 52. ib. 8 a f. corr. ἀρύεσθαι pro ἐρύεσθαι.

p. 37, 10 adversatur Welckerus Tragodum. 1162

p. 38 (2) Ἔνεισιν ἐνταυθὶ ed. min. ib. 15 corr. XXX ib. fr. III in min. ed. interrogationis nota distinctum.

p. 39 (4) Pollucis numerus est VI 12.

p. 41 (6) οὐκ ἀλλὰ Rav. κἄλλα Put. fr. VIII metrum esse Cratineum non credit Cobetus mnem. IV 127, qui 'repone, inquit, ὥσπερ pro ὡσπερεί et purum putum senarium habebis.'

p. 44 apud Poll. IX 98 Bk. τὴν ἑτερόχρων ἀνελεῖν

p. 46 (4) φέρε νύν σοι ad Philem. ed. pr. p. 580, item ap. Iacobs. Ael. A. N. p. 270. fr. V scr. Phot. 658, 14.

p. 47 (6) ἁμάρτοιν; de optativi terminatione cf. Nauckii Ar. Byz. p. V. Schneidew. g. g. a. 1848 p. 812. Firnhaber. phil. 3, 133. Bekker. monatsb. 1848 p. 261. 1853 p. 652. Nauck. philol. 4, 548. progr. Ioach. 1855 p. 51. ib. pro Dracone nominandus est Herod. π. διχρόνων Anecd. Ox. III 284, apud Lehrsium p. 343.

p. 48 (8) Κερκυόνα in min. ed. scriptum. ib. in Etymologici loco cod. D Gaisf. Κερκύονα — ἀποπατοῦντ'

p. 49 (9) de Asclepiade Myrleano v. supra p. XII.

p. 51 (10) ita scribendum coniecit Cobetus mnem. IV 114: "οὗτος, καθεύδεις; οὐκ ἀναστήσει;" βοῶν. l. 3 a f. κρᾶ ἐν δρᾶ D, utrumque om. V.

p. 52 (13) apud Suid. v. ἀνεικάσασθε est: corrige min. ed. vitium ἀνεισασθε. fr. XIV 'scribendum dicerem ὕδωρ παραρρεῖ, nisi alio duceret Photius p. 615, 20. Ὕδωρ παραρρέῃ: ἐπὶ τῶν ἐπαγγελλομένων παντὶ σθένει σπουδάσειν, ὡς κἂν εἰς ῥέοντα πλοῖα ἐμβῆναι οὐκ ὀκνησάντων. Hinc intellegitur Cratinum tale quid scripsisse, πράξω δὲ ταῦτα κἂν ὕδωρ παραρρέῃ.' Mein. ed. min. p. VI.

p. 53 (15) l. μνημονεύει δ' αὐτῆς

p. 54 ad hanc paginam cf. quae dicta sunt infr. p. 17.

p. 55, 7: de Crateri συναγωγῇ ψηφισμάτων iam v. ad Steph. Byz. I 714 sqq. editoris epimetrum.

p. 56 (1) cum Stobaeo νοῦ δὲ τοῖδε καὶ φρενῶν scriptum ed. min.

p. 57, 16 scr. ἐν ξυμποσίῳ Quae eadem pag. ex Tzetzae epist. afferuntur, iam pleniora edita sunt a Theodoro Presselio in Io. Tzetzae epistolis, Tubingae 1851 descriptis, p. 23, ubi ταὐτὸ τούτῳ Φειδίᾳ ποιήσαιμεν et p. 24 στεργομένῳ ἀσύγκριτα, ἥπερ Φειδίᾳ ὁ Ἀγοράκριτος.

p. 58, 8 Δεξώ Cratini fragmentum 438 est min. ed. cf. ad 2, 228 suppl.

p. 59, 1 fort. πεπαρῴδηται ed. min.

p. 60, 1 in Terpandri versu αὖτε ἄναχθ' cum Hermanno scripsit Bekker. cf. Bergk. Lyr. II 631.

p. 61 (1). Cobetus V. L. 372 hoc fragmentum ita composuit:

ὁ σχινοκέφαλος Ζεὺς ὅδε
προσέρχεται τῴδεῖον ἐπὶ τοῦ κρανίου
ἔχων κτέ.

'Insulsum, inquit, erat iocoso nomini addere verum nomen.'

p. 62 (2). Euripideum scholion Cobetus ap. Geelium Phoeniss. p. 256 sq. ex Marc. cod. 471 ita edidit: Κρατῖνος ἐν Θρᾴτταις· πανὶ κακὸν δεῦρο μαστεύων. τίνα ποτὲ χαλκοῦν ἢ ξύλινον καὶ χρύσεον. πρὸς ἣν οὐδαμῶς ξύλινος ἐκεῖνος ἀλλὰ χαλκοῦς ὢν ἀπέδρα πότερον δαιδάλειος ἦν ἤ τις ἐξέκλεψεν αὐτόν. Cf. Fritzschii suspiciones, de fragmentis Eupolideo versu conscriptis, p. 18 sq.

p. 64 (5) apud Pollucem X 67 cum libris ms. πέλιχας dedit Bekkerus.

p. 65 (8) 'Rectius ἀρκυωρός' ed. min. cf. 2, 555 (18). ib. (9) οὕτως Σιμωνίδης. cf. Bergk. Lyr. II 924 (179). B. ten Brink. phil. 6, 42, qui in mnem. II 53 Hesychii glossam II 365, 3, Κυβήκη (cf. Lobeck. path. proll. 299). καὶ Θρηίκη. Βένδιν. ἄλλοι δὲ Ἄρτεμιν, Bergkii (comm. 92) coniecturis adiutus ita explicavit, ut Κυβήβη Θρᾳκία ipsi Cratino adscriberet.

p. 67, 6 'Adde scriptorem in Mai Spicil. Rom. II p. 314 τυρβηνέων (sic) τι καινὸν ἐργαστήριον.' ed. min. Caeterum cf. Nauck. Ar. Byz. 241. Leutsch. paroem. II 212.

p. 68 (1) altero huius fragm. versu Dobraeus συστραφῇ correxit, receptum in min. ed. συστρέψῃ Ald. et Ven.

p. 69 (2). ‘ἐπέδωκε βαλάνων ἄβακα τῶν ἐκ ΦΙΤΤΕΩϹ. Suspicor ΦΗΓΕΩϹ. id loci nomen in Attica prope Marathonem siti, teste Stephano Byz. s. v. Ἁλαὶ Ἀραφηνίδες. ἔστι δὲ ὁ δῆμος τῆς Ἀραφηνίδος μεταξὺ Φηγέως τοῦ πρὸς Μαραθῶνι καὶ Βραυρῶνος. Fagorum feracem fuisse vel nomen indicat, aptissime igitur in illo Cratini versu memoratur.’ ed. min. p. VI. Steph. Byz. p. 67 sq.

p. 69 (4) ‘scribendum videtur ἐκβάλλοντα τοὺς αἰθεῖς πέπλους i. e. τοὺς στασιάζοντας. — Adiectivum αἰθῆς formatum ab αἶθος, ut ψευδῆς a ψεῦδος, fortasse etiam ἀγὴς ab ἄγος. Sed haec sane aliter explicari possunt. V. Lobeck. Parall. p. 164. An dicamus proverbium fuisse Αἴθης πέπλος ab Aetha vetusto nec sane aliunde cognito Deianirae nomine? Ad huius enim πέπλον a paroemiographis proverbium illud refertur.’ Mein. ed. min. p. 23. cf. infr. p. 17.

p. 71 (8) scr. p. 171 b: ib. (9) postrema schol. ita tentavit Engerus, ἔστι δὲ λοιδορίᾳ καθάπτεσθαι ἀπὸ τῶν ῥύπῳ σμωμένων. ib. (10) apud Pollucem καὶ Κρατῖνος ἱπποῦμεν ἐν Κλεοβουλίνῃ recepit Bekkerus.

p. 72. ΛΑΚΩΝΕΣ. ‘Scriptorum loci, quos in illa de poetarum furtis affert Clemens disputatione, maximam partem sunt corruptissimi nec sine meliorum librorum ope sanandi. In altero versu nihil est quod non optimo quoque poeta dignum sit. Poeticis et verbis et formis non raro usus est Cratinus; at *Laconum* nomen sane dubitabile est. Monui haec propter Cobetum Observ. in Platon. com. p. 77.’ Mein. ed. min. 24. ib. Μαλθακῶν fr. (1, 4), ‘ἑρπύλλῳ κρόκοις ὑακίνθοις ἑλιχρύσου κλάδοις, Porsonus metri causa scribebat ὑακίνθοισιν. sed ἑλίχρυσος, quod secunda syllaba correpta efferri nullo, quantum memini, exemplo constat, ad ἕλας potius quam ad ἕλιξ revocandum videtur, ideoque recte illam syllabam producit, meliusque fortasse ἑλείχρυσος scribitur.’ ed. min. p. VI.

p. 73 (1, 6) de supplendo hoc versu cf. quae dicta sunt infra p. 17. apud Poll. VI 106 Bk. edidit καὶ φιλου, ὅπερ ἐν τῆς σμίλακος ἄνθος. in annot. crit. l. 1 corr. 685 b. l. 4 a f. 681 e. septimum versum iterum attigit Athen. 685 f.

p. 74, 2 scr. p. 128 ib. 11 corr. 581 Caeterum examinavit hoc fragmentum nuper Fritzschius fragm. Eup. vers. p. 9. de fr. II cfr. idem ad Ran. p. 4.

p. 75, 7 corr. XXII. ib. 11 de Herodiani loco v. Lehrsium p. 137 sqq. qui p. 139 'Recte haberet: ἔστιν ἐν τισιν ἐν Μαλθακοῖς Κρατίνου· παρεφύλαξε Σύμμαχος. Et sic potius ab Herodiano scriptum putaverim. Cogitavi etiam, si quis gravius peccatum putet, de ἔχον πίστιν ἐν cett. Ad sensum autem quod attinet, orationis tenor eo ducere videtur, ut de Attica aliqua forma, et quidem de γνέφαλλον, Herodianum loqui putem, non de γνάφαλλον, quod praeterea puto non dubitatum et satis frequens fuit. Ergo dicit: sunt etiam grammatici qui non tantum κνέφαλλον Atticis tribuant, sed etiam γνέφαλλον: quod in Cratini Malthacis Codicum auctoritatem invenit.' idem paullo post allato hoc nostro apud Athenaeum loco p. 140 ita pergit: 'Extremum vocabulum in Athenaei codd. traditum κνέφαλλον. Meinekius γναφάλλων ex nostro Herodiani loco confirmari putat. Ego, ut dixi, aliorsum inclino: et si verum est, quod Meinekius coniicit, haec a Doriensi dicta fuisse, eo minus hunc versum fuisse putaverim, de quo his Herodianus cogitaverit, sed ex eadem fabula alium.' de ἐνειθέσει l. 12 cf. infra p. 18, Lehrs. l. c. p. 137 sq. de ἔν τισιν ib. p. 138.

p. 76, 20: adversatur V. D. in zeitsch. f. d. alt. 1846 p. 60.

p. 78 (6). quum in minori editione καὶ ὁ αὐτός (i. e. Hebren) "Ἴβηρος τραγοπώγιον ἐν Μαλθακοῖς εἴρηται Κρατίνου" scribere maluerit auctor, ad Steph. Byz. I 325 idem οὗτος pro αὐτός in Cratini verbis reponendum coniecit; 'nisi forte, inquit, αὐτὸς Ἴβηρος dixit pro αὐτίβηρος, ut αὐτόθαϊς die leibhaftige Thais, αὐτοσκαπανεύς et similia.' αὐτοΐβηρος τραγ. Cobet. mnem. 5, 98. ib. (7) l. 2 scr. κάβον.

p. 79 (8) ad Herodiani verba cf. Lehrsium p. 31.

p. 80 (9) idem Lehrsius p. 21 Herodiani sui Κλαυσαμενός· καταλέγεται δὲ ἐν μαλακοῖς. hac addita annotatione:

'mihi *καλεῖται* offensioni est idque potius mutandum duxi. Caeterum recensum luxuriosorum, in quibus hic Clausamenus fuerit, in ipsis Cratini Malthacis fuisse facile credas.' Nauckius h. a. l. z. 1847 int. n. 58 p. 475 *κεῖται δὲ ἐν Μαλϑ.* cui accessit Schneidew. g. g. a. 1848 p. 1277. ib. (10) Choerob. Gaisf. 592, 21, ubi ad *οἶσϑας* editor '*οἶδας* Bar.'

p. 82 (5) Vs. 1 ex coniectura in annotatione adscripta ita ed. min. *ὥστ' ἐσϑίων τοῖς σιτίοισιν ἥδομαι.* ubi 'nisi praestat *ὥς ποὐσϑίων*' adiecit editor. Fredericus Dübnerus in Theocriteorum schol. ed. Paris. p. 154, 'Iovis Cycni, inquit, esse verba satis apparet, initio corrupta; conjicio,

Ὡς στρουϑίων τοῖς σιτίοισιν ἥδομαι·

quam his passerum cibariis delector! quod, ut sequentia, alludit ad rem libidinosam.' cf. quae idem V. D. in *revue de philol.* II 455 disseruit.

p. 83, 3 corr. Vs. 2. ib. fr. VI in minori editione ita distinctum, ut prior versus *νόμοις,* alter his *βάλλειν μέτωπον* (hoc *μέτωπον* ex Dobraei coniectura) terminaretur: in sequentem versum *τῷ δὲ βαλόντι* (Dobr. *βάλλοντι*) receptum: ad priora adscriptum, 'non expedio.' Caeterum cf. Fritzsche de Daetal. p. 95. Herwerden p. 5 *τοῖς ἐπινεοῦσιν* pro *τὸ κεινέον.*

p. 84 (8) scr. *ἐν τῷ κύφωνι* (al. *κυφῶνι*) *τὸν αὐχέν' ἔχων* (pro *ἔχεις*). fr. IX apud Pollucem est X 186. l. 6 a f. *δ' ἀλέγω σπαρτίδα* om. *καὶ* Kühnii liber habet. ap. Bekkerum prima huius fragmenti vox *σπάρτην* scripta.

p. 85 (10) *μόλ' ὦ Ζεῦ ξένιε καὶ Καραῖε* ita scribendum. cf. etiam Vngeri Theb. paradox. 463. De *Ζεῦ ξένιε* ita existimat I. Zündelius, Bernensis, in litteris olim ad Meinekium datis, ut ipse Pericles exagitari videatur tanquam spuriorum patronus ('beschützer der eindringlinge') eo tempore, quo amissis filiis legitimis iterum dux Atheniensium creatus ad populum tulisset '*λυϑῆναι τὸν περὶ τῶν νόϑων νόμον*', quae sunt Plutarchi Per. 37, praesertim quum idem Plutarchus cap. 29 dixerit, '*καὶ ὅλως διετέλει κολούων* (Cimonis filios), *ὡς μηδὲ τοῖς ὀνόμασι γνησίους, ἀλλ' ὀϑνείους καὶ ξένους, ὅτι τῶν Κίμωνος υἱῶν τῷ μὲν ἦν Λακεδαιμόνιος ὄνομα,* τῷ δὲ Θεσσαλός, τῷ δὲ Ἠλεῖος.' item favere huic coniecturae quod Plutarchus in eadem re νέμεσιν vocem usurperit ita: ἡ παροῦσα, inquit, δυστυχία τῷ Περικλεῖ περὶ τὸν οἶκον ὡς δίκην τινὰ δεδωκότι τῆς ὑπεροψίας καὶ τῆς μεγαλαυχίας ἐκείνης ἐπέκλασε τοὺς Ἀθηναίους, καὶ δόξαντες αὐτὸν νεμεσητά τε παθεῖν ἀνθρωπίνως τε δεῖσθαι συνεχώρησαν ἀπογράψασθαι τὸν νόθον (v. Eup. 2, 461. 462) εἰς τοὺς φράτορας ὄνομα θέμενον τὸ αὑτοῦ. cf. Aelian. V. H. VI 10 'μετῆλθε δὲ ἄρα αὐτὸν ἡ ἐκ τοῦ νόμου νέμεσις.' ib. fr. XI scholiastae verba ita scribenda sunt ut hodie leguntur: ἔζη δὲ ἐπὶ τῆς τῶν Ὀρνίθων διδασκαλίας, οὐχ, ὥς τινες, ἐτεθνήκει. πολλῷ γὰρ ὕστερον Κρατῖνος ἐν τῇ Νεμέσει οἶδεν αὐτὸν ζῶντα.

p. 86 (14) apud Priscianum XVII p. 91 Kr. scribendum μεθυστέρῳ | χρόνῳ ed. min.

p. 88 (4) 'f. παραδεξάμενος scribendum.' ed. min. de altero illo cf. ad Alciphr. p. 141.

p. 89, 6: apud Schneidew. p. 11. ib. (6) Hesychii glossa ita corrigitur ed. min. ἀπελεύσῃ, ἀποφθαρήσῃ.

p. 90 (7) Bergkius γέγραπται vel γέγραψαι annot. l. 5 'anguos alebant pharmacopolae. V. Bekk. Anecd. p. 314, 20.' ed. min. ib. (9) scr. παλαστῆς cf. infra p. 18.

p. 91 (10) est apud Poll. VII 86.

p. 93. ΟΔΥΣΣΗΣ. de huius fabulae argumento cf. Welckeri opusc. I 321 sqq.

p. 94 (3) scr. ἐφεύρῃς. Caeterum cf. Lob. Phryn. 260. p. 95, 2 scr. χειρὸς ἔχοντα.

p. 95 (4) κἀμπιπλάμενοι annot. l. 3 p. 271 Kr. ad ea quae infra p. 18 sq. diximus cf. Lobeckii 'Ρημ. 309 sq.

p. 96, 8. φρύξας καὶ ἑψήσας καὶ ἐπανθρακώσας καὶ ὀπτήσας cod. A Bk. ib. (6) τῇ νυν Cobet. mnem. IV 123. ib. annot. l 2 corr. ἀπεσκοτώθης

p. 97 (7) μάρωνα ib. (8) ita scriptum ed. min. ποῦ ποτ' εἶδες, εἰπέ μοι, | τὸν ἄνδρα, Λαέρτα φίλον παῖδ'; B. ἐν Πάρῳ, | σικυὸν μ. κτλ. V. p. 98. cf. infr. p. 19.

p. 98 (9) οὐκ ἴδι' ἄττα τάδ' οὐκέτ' ὄνθ' οἷα τἀπὶ Χαριξένης ed. min. cf. h. vol. p. 19.

p. 99 (10) ὑπὸ ταῖς κλινίσιν Bk. pro οἱ δ' fort. etiam οὗτοι δ' ed. min.

p. 100 (14) l. 4 μονόφθαλμον: ὡς καὶ Κρατῖνος μονόφθαλμον λέγει τὸν Κύκλωπα gramm. ap. Sturz. Et. Gud. 635, 9: indicavit Nauck. ib. fr. XV σίγα νυν πᾶς, ἔχε σῖγα Cobet. mnem. IV p. 123, idem vs. 4 δίῳ pro θείῳ: cf. p. 101 et infra p. 19.

p. 101, 5 a f. cf. vol. III p. 643. p. 102 (1) l. 6 scr. ἐπικοινωνεῖ ib. 14 fornacis de fr. II v. infra p. 19.

p. 104, 1 v. ap. Gaisf. Choerob. 553, 1: ἀλλοτριογνώμοις ἐπιλήσμοσι μνημονικοῖσιν ms. Bar. (f. 92) ἀλλοτρϊέον ὤμοισ ἐ. Ven. Cob. ἀλλότριον γνώμοσιν ἐπιπλήγμοσι Cf. ad 2, 223 (147) suppl. ib. fr. IV ὡς ἀσχημονῶν ed. min. et Κιμωνείοις

p. 105 (5) intell. schol. Ald. Vesp. 1025. cf. Bachm. anecd. I 324.

p. 106 (6). schol. Nub. 985 v. ap. Dübn. Phot. 160, 19. cf. Bergk. Lyr. II 1065 sq.

p. 108 extr. 'alterum βωλίς forsan delendum' ed. min. p. 109 (5) v. infra p. 20. p. 110 (6) corr. Stobaeus Flor. ib. fr. VII annot. l. 8 βαρυνό|μενοι 'fortasse ξυντυχίαισι' ed. min.

p. 112, 1 εἰστιῶντο ib. fr. II ne nunc quidem versus comici poetae agnoscit Bernhardy Suid. II, 2 p 1790. I. Bekkerus ap. Suid. pro ἀμύναιντο, ἀμύναιεν correxit ἀμύναιν, τὸ ἀμύναιεν item λοιγὸν ἀμύναιν. Cobetus allato Aeschinis in Ctesiphontea testimonio § 154, ubi post alia haec leguntur, ὅτι τούσδε τοὺς νεανίσκους, ὧν οἱ πατέρες ἐτελεύτησαν ἐν τῷ πολέμῳ ἄνδρες ἀγαθοὶ γενόμενοι, μέχρι μὲν ἥβης ὁ δῆμος ἔτρεφε (Cob. ἔθρεψε), νυνὶ δὲ καθοπλίσας τῇδε τῇ πανοπλίᾳ ἀφίησιν ἀγαθῇ τύχῃ τρέπεσθαι ἐπὶ τὰ ἑαυτῶν καὶ καλεῖ εἰς προεδρίαν, his igitur usus Cobetus hanc Cratino medicinam attulit,

*(ὁ Δῆμος)
αὐτὸς ἐπαίδευσέν σ' ἀνέθρεψέ τε δημοσίοισι
χρήμασιν εἰς ἥβην, ἵνα οἱ ποτε λοιγὸν ἀμύναις.

V. mnem. IV 309 sq.

p. 113 (4) ann. l. 4 Pollux IX 103 ἡ δὲ τρόπα καλουμένη παιδιὰ -, οὓς ἀφιέντες στοχάζονται

p. 114 (6) 3 Κρατῖνος Πυλαίᾳ "γλῶσσαν εὐέρων βοτῶν": in bis πυλαιαν (Πυλαιαν) cod. Paris. A Suid. Πυλ. om. Ald. πυλαιαρχωγλώσσαν V. 'in quo κατάρξω γλῶσσαν similemve designationem sacrificii mihi videor agnoscere' Bernh. tum εὐέραν βροτῶν Suid.

p. 115 (12) cf. Paroemiogr. vol. II 170. 437. de sententia v. Bernh. ad Suid. I 2 p. 739.

p. 116 (1) annot. l. 2 αὐτοῦ εἶναι ib. 5 ποιῆσαι (ita Θ) καὶ τῆς ἔχθρας 7 οὐδὲν δὲ χεῖρον

p. 119 (6) in minori editione Cratino haec data:

Οἶνός τοι χαρίεντι πέλει ταχὺς ἵππος ἀοιδῷ,
ὕδωρ δὲ πίνων οὐδὲν ἂν τέκοι σοφόν.

de priori versu adversatur Cobetus mnem. 5, 98: altero idem τέκοις.

ib. (7) cf. Tzetzae epist. p. 69 Pressel: κἂν οὐ καναχῶσι πηγαὶ παρ' ἡμῶν τῶν ἐπῶν τῶν ῥευμάτων, οὐδὲ δωδεκάκρουνον ἔχωμεν στόμα Ἰλισσὸν ῥέον ἐκ φάρυγγος καθά φησι ὁ Κρατῖνος: indicavit Nauck. Chil. VIII 264 καναχῶσι pro κατασχῶσι. A. Vs. 3 σοι om. V. Θ. schol. τί ἂν εἴποιμ' ἔτι; cum Dindorfio ed. min.

p. 123 (9) Cobet. mn. 5, 99 ἠπιότητος ib. XI cf. infra p. 21, pro πολῖται Bergkius scribendum proposuit ποιηταί

p. 125 (13) de Dindorfii (v. ap. Dübn. p. 430) coniectura v. infra p. 21. ap. Suidam v. Κλεισθένους ἀκρ. codd. γράφων αὐτὸν vel αὐτῷ vel αὔτ' p. 126 (14) Rav. et Ven. γράφον. p. 127 (17) receptum in min. ed. ἐντὸς οὐ πολλοῦ χρόνου

p. 129 (18) tolle interrogationis notam: v. infra p. 21. de ἆρα cf. quae Ahrens disputavit de Crasi p. 7. 8. ad ἀραχνίων μεστὴν-τὴν γαστέρα haec apposuit Nauckius: Theod. Hyrtac. in *Notices et Extr.* V p. 730, ἐμοὶ δὲ τὰ ἄγγη κενὰ καὶ ἀραχνίων μεστά. Greg. Naz. in Gallandii Bibl. Patr. VI p. 424 C, μὴ δῷς ἀράχναις τῶν δικαίων τοὺς πόνους.

p. 130 (20) ἀπὸ ποτέρου -; in ed. min. receptum. p. 131 (23) 2 δήμων Θορίκιος

p. 132, 4 scr. CXXXVIII et cf. ad eum locum suppl. praeterea v. ad anon. 4, 622 (66). Seriphiorum fr. I alter versus alteri personae datus.

p. 133 (2, 1) min. ed. p. VII 'Holstenius, valde probabiliter pro Σάκας scripsit Σάβας, ut Σαβαῖοι intellegantur, quemadmodum apud Dionysium Descr. Orbis' 959. ib. annot. l. 6 μὴ δεῖ ταύτας τὰς παραθέσεις 8 ἔστι καὶ χωρίον ἐν Αἰγύπτῳ Δουλόπολις κτλ. ad rem cf. Lehrs. ep. qu. p. 85. ib. (2, 3) Διονυσιοκουρομυρωνῶν ed. min. p. 135 (3) scriptum ed. min., ut in annotatione scribendum coniecit editor. ib. 1 a f. l. itaque ante

p. 136 (4) οὕτω σταθερὸς τοῖς λ. Suidas, ubi (annot. l. 2) ἐπὶ τοῦ ὀξέος ἢ ἰσχυροῦ· ad fr. V cf. Schoemann. ad Aesch. Prom. p. 326. G. Hermann. Aesch. II 124.

p. 137 (7) H. Sauppius ad Isaei fr. 19 allata Harpocrationis glossa 45, 10 (βόθυνος τόπος τις ἰδίως οὕτω καλούμενος ἐν τῇ ἱερᾷ ὁδῷ) Antiatticistae verba ita scripsit: Κρατῖνος Σεριφίοις· "ἀλλ' ἀπίωσιν ἐν χορῷ | ἐς βόθυνον." Ἐς βόθυνον ἰέναι. ἔστι δὲ –

p. 140 (12) est ap. Pollucem X 156. ad fr. XIII cf. de $\bar{\lambda}$ et $\bar{\varrho}$ litterarum vicissitudine ad Steph. Byz. I 76 annotata.

p. 142 (4) κρᾶ M. D. Κρατῖνος Nau. qui σπάθιζε. p. 143 (7) scr. ἀπὸ δ' ἀργύρου ἀργυροκόπος

p. 145. in argumento Acharnensium archontis nomen rectius ἐπὶ Εὐθύνου scribitur: v. inscriptionem atticam editam Hall. allg. l. z. 1838 n. 196 (ibique Rossii annotationem p. 358), item apud Boeckhium, 'über zwei attische rechnungsurkunden', annal. acad. Berol. 1846 m. Iul. ib. verba οὐ σώζονται Elmsleius post Νουμηνίαις transposuit. ib. 4 a f. Ἀγανόν 3 a f. scr. (v. 886) Caeterum cf. VV. DD. ad vs. 1289 Engeri. 1 a f. corr. 'et vs. 3'

p. 147, 11 l. ἢ κρίνον ἢ ῥόδον παρ' οὓς ἐθ. III 1 μιγέντε: cf. Cobeti V. L. 70. 360.

p. 148 (4) receptum in min. ed. Καταπυγοσύνη de schol. Plat. Menex. 235ᵉ cf. 2, 535 (11), infra p. 39, item supra p. XIX. p. 149, 16 Clementis numerus est 619 Pott. Τυϕαινοδαίμονα v. in anon. com. fr. ad 4, 648 suppl. (ed. min. p. 1220).

p. 150 (6) ὄνοι δ' ἀπωτέρω κάθηνται τῆς λύρας ed. min.

p. 152 (8) v. infra p. 22. cf. Hermanni epit. doctr. metr. p. 147.

p. 154 (10) calami errore scriptum et hic et in min. ed. Ἁρμοδίου μέλος: repone

Κλειταγόρας ᾄδειν, ὅταν Ἀδμήτου μέλος αὐλῇ.

in verbis scholiastae Vesp. Dobraeus Adv. II 203 'Malim, inquit, καὶ τὸν Ἄδμητον ἀναγέγραφεν, παραθεὶς τὰ (vel τὸ) Κρατ. Quod praecedit Ἁρμόδιος, vitiosum puto: forsan Ἡρόδικος. Vide Athenaeum. — Ni me omnia fallunt, legendum Ἀρτεμίδωρος ἐν —' Receptum hodie Ἡρόδικος a Dind. Dübn. Hirschig. cf. Dübn. annot.

p. 156 (12) cf. infra p. 22. p. 157 (13) 3 scr. Μενέλεῳ p. 158, 1. 3 scr. λεπαστῇ λεπαστήν ib. 4 scr. IV 131 c

p. 159 (18) βιβλιαγράφον recepit Bekkerus. ib. (19) 9 Photius Lex. 261 8 ib. 12 Sapphonis: Bergk. II 688. p. 160, 6 τὸ μετὰ Λέσβιον ᾠδὸν Eust.

p. 161, 3 v. anon. 4, 667 (281). ib. fr. XXII *(ἐν) ἐτοῖν: 'nisi ἐτέοιν scribendum.' ed. min.

p. 163 (2) est ap. Athen. 638 f. ad dimetros revocanda esse poetae verba in utraque editione significatum, quomodo describenda sint hac ipsa pagina notatum: ignoravit haec Cobetus mnemos. IV 127.

p. 164 (4) ita de coniectura scriptum ed. min. ἀλλ' ἦν ὅτ' ἐν φώσσωνι τὴν ἴσην ἔχων | μετ' ἐμοῦ διῆγε μοῖραν, ἕλκων τῆς τρυγός. aliter Bergkius comm. cr. I (1844) p. 25 sqq. ἀλλ' ἦν ὅτ' ἐν φώσσωνι τὴν οἶφιν ἔχων | μετ' ἐμοῦ διῆγες ὠάριόν θ' ἕλκων τρυγός. Vs. 1 ante Lobeckium erat τὴν οἱ συνέχων. om. versum cod. A Bk.

p. 165 (6) distingue fr. VI^{a} et l. 4 a f. VI^{b}, ubi Cratinus commemorasse videtur τὸ κήτιον. priorem Hesychii explicationem ad κήτειον pertinere apparet: v. annotationem.

p. 166 (7) est ap. Photium 369, 4 sqq. ib. l. 7 scr. schol. Ald. Ar. Vesp. 1025. Bachmann. anecd. I 325. ib.

VIII scriptum cum Dobr. ταῦτ' αὐτὰ πράττω (Dobr. πράσσω) κτλ. ed. min.

p. 167 (11) Cobetus V. L. 208 de usu vocis ἔμβραχυ disserens Cratini verba ita scripsit: ἔδει παρασχεῖν ὅ τι (τί) τις εὔξαιτ' ἔμβραχυ.

p. 168 (12) l. 1 Μυσιχαρφί dat ed. min. item 6 Ἀρχίμαχον l. 12 μυσιχαρφεί l. 4 scr. σκώπτοντος fr. XIII ὁ Πεισίου οὐδὲ περὶ τῆς κτλ.

p. 169 (15) ex Harpocratione 134, 11 sua derivavit Photius. ib. fr. XVI, 4 Photii numerus est 493, 3. p. 170 fr. XIX scr. σκύμνος de fr. XX v. infra p. 22. p. 171, 5 corr. p. 145 p. 172, 2 a f. μεσόκοπον

p. 173 fr. III scriptum in min. ed. ut h. l. coniecit editor.

p. 174 fr. V cf. infra p. 22. 23, unde cum Hanovio in editione min. scriptum ἀφυπνίζεσθαι καὶ δὴ χρὴ πάντα θεατὴν κτέ.

p. 175 fr. VI. de Athenaei loco v. Bergkium Lyr. ed. II 561, qui, quae Cratini fragmentum sequuntur, 'non Cratini, inquit, sed alius comici videntur, Ἀγαθὸς πρὸς ἀγαθοὺς ἄνδρας ἑστιασόμενος ἧκον.' cf. ad anon. 4, 696 (367) suppl. ad corrigenda Cratini verba adhibe ipsius editoris annotationem l. 14. 16. nuperrime Cobetus mnem. 5, 99 ita haec scripsit,

καὶ πῶς ἂν Ἰσχομάχου σὺ γεγονὼς Μυκωνίου
φιλόδωρος εἴης;

p. 176, 5 cod. A habet ὁ δ' Ἰσχόμαχος ὁδὲ τρέφων σε τυγχάνει: v. ad 3, 276 (1) suppl. fr. VII ap. Athen. I p. 23 e Βολβός 'sive Βόλβος' vol. II p. 742 (9). p. 177 fr. IX l. 7 corr. 1398 22. fr. X λαχάνοισιν ed. min.

p. 179 (14) de hoc versu cf. quae infra annotata sunt p. 21. 23: ipsa verba Cobetus V. L. 249. mnem. 5, 99 ita mutavit,

τρίγλην δ' εἰ μὲν ἐδηδοκοίη 'ν τένθου τινὸς ἀνδρός.

annot. l. 2 corr. κόλλα βδέλλα p. 179 (16, 3) ed. min. ἐπονομάζουσ' ἀεί: v. 2, 181. annot. l. 1 scr. Athenaeus XI l. 3 corr. 344 28

p. 180, 18 v. ad Platonis fr. 2, 631 (2) infra p. 44.

p. 181, 2: v. Engerum n. rh. mus. II 238 sq. fr. XVII est ap. Athen. 566 e. fr. XVIII cf. quae infra dicta sunt p. 28. adde hanc minoris editionis annotationem p. VII: 'in Athenaei verbis, ὧν (obeliscorum a Doricha dedicatorum) μέμνηται Κρατῖνος διὰ τούτων, fortasse nihil excidit, sed pro τούτων scribendum Πλούτων, ut XIII 594 d: Φιλήμονος γὰρ ἑταίρας ἐρασθέντος καὶ χρηστὴν ταύτην ὀνομάσαντος διὰ τοῦ δράματος.' cf. Athenaei de Sapphone (Bergk. II 697) verba: Δωρίχαν τε, ἣν ἡ καλὴ Σαπφὼ ἐρωμένην γενομένην Χαράξου τοῦ ἀδελφοῦ αὐτῆς, κατ' ἐμπορίαν εἰς τὴν Ναύκρατιν ἀπαίροντος, διὰ τῆς ποιήσεως διαβάλλει ὡς πολλὰ τοῦ Χαράξου νοσφισαμένην.

p. 182 (21) cod. λάβει τὴν ὅμαιμος λέξιν: Nauck. Ar. Byz. 131 ἔλαβε fr. XXII ed. min. χαῖρ' ὦ χρυσόκερως cum Hephaestione cf. Voss. Etymologici numerus est 183 45.

p. 183, 3 adde Lobeck. Aglaoph. 659 sq. not. fr. XXIII cum Elmsleio τὸ χρωτίδιον ἦν ed. min.

p. 184 (24) Fritzsch. Ran. p. 243 τοῦτον μὲν οὖν καλῶς διεπήνισας λόγον. ib. fr. XXVII ita scribit Cobetus mnem. V p. 99:

δασὺν ἔχων τὸν πρωκτὸν ὥσπερ κυρήβι' ἐσθίων ἀεί.

ib. l. 1 a f. scr. κυρήβια p. 185, 1 a f. vertens *Nomine* p. 186 (30) l. 9 cf. schol. Ar. Eq. 1236: εὔστρα ἡ ὡρίμη κριθή. εἴρηται δὲ καὶ ἀμφίκαυτις παρὰ κωμικοῖς καὶ τραγικοῖς ἀπὸ τοῦ περικεκαῦσθαι.

p. 187. fr. XXXII b est apud Eustath. 1571 46. de Alcaei voce v. min. ed. p. XV sive vol. 2 p. 22. fr. XXXIII a Fritzschius ad Ran. p. 325 Σαννᾶν. XXXIII b συοβαύβαλος ed. min. ib. annot. l. 3 fragm. anon. ἡ δὲ προὐκαλεῖτό με | βαυβᾶν μετ' αὐτῆς v. min. ed. p. 1259 et infra in suppl.

p. 188 (34) l. 1 ἀλλὰ καὶ Ἀρχιλόχοις Κρατῖνος scribendum proposuit Bergkius Lyr. II 570. fr. XXXV v. ap. Bk. anecd. 337 16. de re cf. Lobeckium act. soc. gr. II 301. p. 189 fr. XL v. ap. Bk. 372 10. p. 190 (41) scr. ψεύστης ib. (46) ἀτιμάζεσθαι

p. 191 (49) de hoc fragmento cf. Fritzschii Eupol. vers.

p. 22. ad p. 192 (51, 3) v. infra p. 23. ib. 5 a f. scr. ξύλλογε

p. 196 (56) Βρέα: huius coloniae deducendae documenta publica Athenis reperta nuper edidit et commentatus est Augustus Boeckhius in 'monatsb. d. k. pr. akademie' 1853 m. febr. p. 147 sqq.: 'athenische volksbeschlüsse über die aussendung einer colonie nach Brea.' adde H. Sauppii disputationem, quam dedit in relationib. menstr. soc. reg. lips. a. 1853 m. febr. p. 33—48.

p. 197 (59) scr. apud Athen. IX p. 393 a p. 198, 2 scr. p. 331 53. ib. fr. LXI scribendum cum Salmasio Κορσάτης τράγος: cf. infra p. 23. ed. min. fr. 335: 'de capris Ciliciis v. intpp. Hesychii II p. 258 26.' fr. LXII l. 1 scr. πυρόκνηστιν

p. 199, 4 v. infra p. 23. ib. de fr. LXV cf. Fritzsche ad Ran. p. 168.

p. 200 (68) de altera Photii glossa v. Κυσολάκων v. anon. 4, 642 (151).

p. 202 (77) Cobeto mnem. V p. 100 mulier μηνυτίς non μηνυτής dicta videtur. ib. fr. LXXVIII μισηταί relictum in min. ed. p. 203, 17 Archilochi versus: v. Iacobs annot. ad Anthol. Gr. I p. 169. cf. Schneidew. delect. p. 180. Leutsch. Apostol. p. 602. Bergk Lyr. II 1047 (17).

p. 204, 6 de Aristarcho assentitur Fritzschius Ran. p. 120. ad Chironum fabulam Cratini memoriam referri posse coniectura est Welckeri 'die composition der polygnotischen gemälde in der lesche zu Delphi' 1848 p. 52.

p. 206 (82) apud Suidam πρόσισχε: cf. Lob. ad Buttm. II 189.

p. 207, 2 scr. apud Eustathium p. 1291 45 ib. 4: v. anon. 4, 627 (92). fr. XC τετανὸς

p. 208, 1 apud Stephanum Byz. Cratini nomen ante haec ἐν Νεμέσει transponit Bernhardy ad Suid. v. Ψύρα. idem Eustathii verba ita concinnavit: παρά τε Ψύρα." καὶ παροιμία, τὸ Ψύρα τὸν Διόνυσον ἄγοντες, ἤγουν ὡς οἷον ἐν οὐδενὶ τιθέμενοι τὸν Διόνυσον, διὰ τὴν τῆς νήσου λυπρότητα. Caeterum cf. Schneidewini ex. cr. Brunsv. 1836 p. 14.

Bergk. Lyr. II p. 643 (37). ib. fr. XCV, 2 cf. infra ad Pher. 2, 355 (65) suppl.

p. 209 (98) Pollucis verba II 78 ita scribuntur ed. min. τὸ δὲ ἀπεμύττετο ἔκλυζε τὰς ῥῖνας ἔφη Κρατῖνος. cod. Iung. ὕλιζε, secutus est Bekkerus. alius apud Cramerum liber Anecd. Ox. II p. IV ἔλυζε i. e. ἔκλυζε, 'ut recte Cramerus.' aliter infra p. 23 (a. 1844). ib. fr. CI scr. μετὰ τοὺς μηρούς fr. CII hoc fuisse ex Hesychio coniecit editor (v. infra p. 23) ἡ παῖς γὰρ ἔμπαις ἐστὶν ὡς ἠνδρωμένη. ita ed. min. apud Bk. Pollucis verba haec sunt III 14: φιλόπαις, ἄτεκνος, ἄπαις, φιλότεκνος, μισόπαις, φιλοτεκνία, μισοτεκνία, μισότεκνος, καὶ παρὰ Κρατίνῳ εὔπαις.

p. 210 (103) ἐθελέχθρως (ἐθέλεχθρον δὲ Κρατῖνος λέγει) Bk. fr. CVII οὐδ' non mutavit Porsonus, quem et Bk. sequitur: οὔθ' cod. C.

p. 212 (116) 'legendum ut Bekkerus e codd. edidit τῇ μάστιγι κνάψειν εὖ μάλα, | πρὶν συμπατῆσαι.' ed. min. p. VII.

p. 213 (118) εὐπινής receptum. ib. CXIX scr. στίχον δὲ δένδρων λέγει Ξενοφῶν, καὶ ἐπεργασίας τὸ

p. 214 (127) l. 6 scr. τετμημένου

p. 215 (129) in Cratini versu ὑποτεμῶ τὰς μηχανάς corrigit Cobetus mnem. 5, 100. ad fr. CXXXV cf. infra p. 24. ad Hesiodi Opp. 118 respicere haec coniectura est Marckscheffelii p. 181. Vs. 2 νάπαισιν om. δ' Hermannus. Vs. 3 pro ἄφθονον ed. pr. ἄφθορον.

p. 216 (137a) 'pro ὀρκώτης δ' ἐγώ scribendum videtur ὀρκωτὴς λέγω' Mein. ed. min. p. VII. ib. l. 2 corr. λέγε ἢ διὰ τοῦ ῑ

p. 217 (138) 'recipiendum erat καθεῖλκεν. prior fragmenti pars corrupta est. in Prisciani loco scribendum videtur *Cratinus* ὅστις ἐν Πυτίνῃ' ed. min. p. VII. χαμόθεν Cobeto V. L. 89 vitiosa forma est passim invecta a scribis pro χαμᾶθεν. idem nuper mnem. 5, 101 Cratini locum ita scribendum proposuit... ὃς τὰς πίτυς ἔκαμπτεν | ἑστὼς χαμᾶθεν *(ῥᾳδίως) ἄκρας κόμης καθέλκων, 'quod, inquit, credo, facere dicebatur Sinnis ipse ὁ πιτυοκάμπτης' afferens Ovid. met. VII 440. cf. Mein.

p. 218 (139b) annot. l. 8 ἔργοισι δ' οὐδὲ κινεῖ.

p. 221 fr. CXLII ita redintegrandum videtur Bergkio Lyr. II p. 1083:

καὶ Πολυμνήστει' ἀείδει μουσικήν τ' Οἰωνίχου
μανθάνει

Cf. ipsum schol. Eqq. 1287: Πολύμνηστος δὲ καὶ Οἰώνιχος ὅμοιοι ἀρρητοποιοί. Κρατῖνος "καὶ Πολ. κτλ." ut vulgo hic versus habetur. Affert Bergkius Hesychii glossam haec, Οἰώνιχον. μουσεῖον. τοῦτο δὲ Οἰωνίχου φησὶ μουσεῖον εἶναι. v. Comment. p. 231.

p. 222 fr. CXLIII, 2 in editione minori (cf. infra p. 24) e Suida ita scribitur, Κοννᾶς δὲ φιλοστέφανός σε φιλήσῃ. Nauckius philol. 6, 413 πολυστέφανος retinet. ib. ad fr. CXLIV cf. infra p. 24. l. 3 πυροπίπην hodie cum Taurinensi scribitur. l. 5 Eustathii pagina est 380 12.

p. 223 (146) scr. Βασιλείαν et ἔστι δὲ καὶ παρὰ Κρατίνῳ ἡ Βασιλεία. fr. CXLVII Κρατῖνος δὲ ἐπιλησμόνη: ita Dindf. schol. Nub. 790. cf. infra p. 24. ἐπιλήσμονι Rav. Ald. ἐπιλησμοσύνη Suidas, ubi Gaisf. ἐπιλήσμοσι propter Cratini fragm. 2, 103 (3). ad fr. CXLVIII cf. Cobet. mnem. 5, 100.

p. 224 (150) pro δεῖρε Lobeckius ad Buttm. II 148 ἀττικώτερον scribit δαῖρε. fr. CLI Κράτης legendum proposuit Dobraeus Adv. II 198. fr. CLII ὑπὸ δὲ Ἡρακλέους πεινῶντος ἄγειν ταῦτα καὶ σκώπτοντος, οὐ βοιωτόν ἐστι: ἄγει καὶ σκώπτοντος ταῦτα Rav. ἄγε ταὐ (ταῦτα G.) καὶ σκώπτοντος V. ἄγειν ταῦτα καὶ σκώπτοντος Ald. 'vel ante vel post ταῦτα plura exciderunt' Dübn.

p. 225 (153) v. infra p. 24. fr. CLIV πιεῖν cod. sec. Cobetum. fr. CLV de optativo cf. Krügeri gramm. gr. II p. 247. in alterum versum recepta hodie Schneideri (suppl. lex. gr. 59) correctio γνωμοδιώκτης: v. infra p. 24.

p. 226 (156) annot. l. 3 scr. προτρεπτικόν fr. CLVII ita exhibet minor editio:

ὁ δὲ μετ' Εὐδήμου τρέχων
κώμυθα τὴν λοιπὴν ἔχει τῶν πρωίων.

pro εὐδήμου Geelius εὐδέσμου. Vs. 2 'ἔχων τῶν πρώων Gen. Vat. 4. 5. Nihil nisi λοιπὴν πρώων 3. Quo τῶν πατρῴων significari recte monuit Adert.' Dübn. schol. Theocr. p. 133. in minori edit. πρώων ex Genevensis codicis altera auctoritate, non e Parisino, afferri debuit. fr. CLVIII altera editio, ..νεοτρόφοιο γέννας | χόριά τ' ἐμβρύων τε πλήθη.

p. 227 (160) l. 3 δραπετεύοντα τὸν ἐνύπνιον BL. pro δεῖ Nauckio legendum videtur δηλοῖ Κρατῖνος κτέ. ad. fr. CLXI cf. infra p. 24, ubi ex Crameri libro scribe δωδεκε...

p. 228 (162) cf. Lehrs. prosodia Iliaca Σ 521, qui l. 1 παρά τε τὸ ἀρῶ καὶ ἀρῶμαι ἐκτεινόμενον συστέλλομεν ὄνομα Ἄρην "πιασοκωνίας Ἄρην" Κρατῖνος scribit, servato accusativo Ἄρην. idem de Etymol. p. 140 29 loco dixit ibidem. ad alterum Hesychii locum s. v. κωνῆσαι cf. Vind. Strab. p. 49. fr. CLXIII est apud Stephanum Byz. p. 27 Mein. ubi in fine articuli haec hodie leguntur: ὁ πολίτης Ἀδραμυττηνός, ὡς Ἀρτακηνός Δατηνός Δαυηνός Σεβαστηνός. λέγεται δὲ καὶ Ἀδραμύττιον διὰ τοῦ ῑ, ὡς Κρατῖνος. ad quae haec annotavit editor; "Ἀδραμύττιον AR, Ἀδραμυττῖνος V. id qui coniecerat Salmasius, pro Κρατῖνος scripsit Κραστῖνος. at haec gentilium forma ab Asiaticarum gentium usu aliena. revocavi igitur Ἀδραμύττιον et Κρατῖνος. neque offensioni esse posse, quod scriptor redeat ad formam iam in superioribus memoratam, plurimis exemplis cognitum est." itaque tolle quae infra p. 24 dicta sunt ad P. 228 et minori editioni hanc redde ex Stephano Cratini notitiam p. 76 ita CLXIII[a] (2, 228). ib. haec collocanda sunt ex Hesychio Δεξώ: ὁ Κρατῖνος ὠνοματοποίησεν ἀπὸ τοῦ δέχεσθαι δῶρα. Cf. supra 2, 58 et suppl.

p. 229 (corrige minoris editionis vitium 239) fr. CLXV ἄναλτον: Etymol. Gaisf. ad 71, 10 ex V[b] haec affert: ἐγὼ δὲ εὗρον ἐν τῷ ιβ' τῶν Λουπέρκου ὁ ἅλς ἐπὶ τῆς θαλάσσης ἀρσενικῶς· οἷον "μέλας ἅλς" καὶ "ἁλὸς θεινομένοιο." καὶ ἐν τῷ α ἐπὶ τοῦ ἐδωδίμου ἅλας ὡς Αἴας ἀρσενικῶς *εἴρηται, καὶ Κράτης* "*ἄναλτος χύτρα.*" indicaverunt O. Schneider. z. f. alt. 1848 p. 791. Schneidewinus g. g. a. 1848 p. 1789. ad Cratinum rectius fortasse refert Nauckius. caeterum cf. Timocl. 3, 600 (2, 7) et Bernh. ad Suid. v. *ἄναλτον*.

p. 230 (171) v. infra p. 24. 25.

p. 232 prius fr. attigit Fritzschius Eupol. metr. p. 9. in altero *ἔπειτ' ἀνέθηκεν* (pro *ἔθηκεν*) *ἕνα μολύβδινον* scripsit Cobetus mnem. 5 p. 102. Cratinearum reliquiarum numerum auxit Nauckius a. l. z. 1847 intell. p. 475 addita hac observatione

CLXXIX

464 Porphyrii hom. quaest. c. VIII: *ἰωνικὸν δὲ μᾶλλον ἰδίωμα. πολλὰ γὰρ οὗτοι τῶν ὀνομάτων χαίρουσι θηλυκῶς ἐκφέροντες, οἷον τήν τε λίθον. καὶ τὴν κίονα. καὶ ἔτι τὴν μαραθῶνα. κρατῖνος* "*εὐιπποτάτη μαραθών.*" *νίκανδρος* "*ἐυκτιμένην μαραθῶνα.*"

ib. fort. haec ex min. ed. p. VII collocanda sunt:

CLXXX

455 Poll. VII 161 *κεράμιον οἰνηρόν Ἡρόδοτος καὶ Κρατῖνος.* nisi ad Pytinae fr. VIII p. 122 respexit, cf. X 67.

p. 233 (1) receptum in min. ed. Bergkii supplementum *νῦν μὲν γὰρ ἡμῖν* *(*πᾶσι*) *παιδικῶν ἅλις*: de formula *ὅκως παρ* v. infra p. 25. p. 234 (6) scr. Photius p. 633, 21. ib. pagina extr. de *Dionyso* Magnetis fabula cf. Fritzschii de paropside disputationem p. 10 sq.

p. 235 (1) *ἐμορμολύττετο* scribendum, v. infra p. 25: ita ed. min. ubi haec addita sunt: 'nisi ad tetrametros revocare malis *οὐκ ἀσπίῳ μεντἄρ' ἐμορμολύττετ' αὐτόν, εἴ γε | τάδ' ἔστ' ἀληθῆ.*' ad fr. II et III cf. infr. p. 25. fr. III *ἄνεκας* scribit Schneidew. phil. 3, 118, cf. ad Pher. 2, 357 (80). de ipsis poetae verbis haec addit ed. min. p. 79: 'pro *βλέπων* Bernhardius *τρέπων*. Possis lenius *οἷσ' αὐτοὺς βλέπων*. at forsan imperiose iubentis verba sunt *sursum cervicem*, sc. tolle. simili ellipsi dicitur *μὴ τριβὰς ἔτι.*'

p. 236 (4) annot. *Ἀλτῆρσι* ib. *χρῆσαι* etiam Bk. servat. fr. V scr. *μοι*

p. 237 (1). Cobetus mnem. 4, 114 priores duos versus

uni eidemque personae tribuit: 'quid causae, inquit, erat cur haec ita dissecarentur? nulla, opinor. utrumque hoc admirabundus rogat idem: si alter versus alterius personae fuisset non ἀλλὰ dixisset sed ἆρα δῆτα, ἄρ' οὖν, aut simile quid.' annot. l. 7 corr. debetur 'Vs. 4 malim αὐτῷ' Mein. ed. min. Vs. 10 οὔκουν tenet Cobetus mnem. 4, 109.

p. 238 (2, 1) τἄμπαλιν cum Cas. ed. min. Vs. 4 ὥστε καὶ ῥυήσεται Herwerd. p. 15. Vs. 5 Dindorfium secutus in min. edit. ἐρεῖ δὲ θὔδωρ "ἀνέχετε." Mein. Vs. 7 scriptum αὐτόματος,

p. 239 (3) cf. infra p. 25. Vs. 4 scr. οὐδ' ἐξ ἀγορᾶς οὐδὲ τάκωνας ποιησόμεθ' p. 240, 10 scr. 'pro ὅ τι' ib. ad IV l. 4 scr. Anecd. Ox. p. 241, 6 Philocleo ib. fr. III μανθάνεις, ib. ὀκτὼ ὀβολοί servat Bk. cf. L. Ahrent. de Crasi p. 13. Χρυσέ pro χρυσοῦ Herwerden p. 6.

p. 242 l. 4 γοῦν (δ' οὖν) ed. min. de Ὄρνιθες fabula v. Fritzsch. parops. p. 11.

p. 243, 4 παί|ζει δ' ἐν ἀνδρικοῖς χοροῖσι Bk. de Mantinica γογγύλῃ cf. infr. 25.

p. 245, 5 corr. *frustum* ib. 7 'Vs. 3 πόδην ἐμοί τε B. (h. e. ποδήνεμοί τε) forsan rectius.'

p. 246 ad Samiorum fragmenta haec addenda sunt:

IV

Lex. Seguer. Bachm. I 419 6: χληδός: ὃν οἱ πολλοὶ χλὰς λέγουσιν. καὶ παρὰ Δημοσθένει ἐν τῷ πρὸς Καλλικλέα (orat. 55 § 22). Κρήτης ταμίας (Bernhardy ad Suid. v. χλίδος volebat Κράτης Τόλμαις, quidni Σαμίοις?)

ἥξει δὲ ταχέως ἀργυρίου *χλῆδον (cod. χληδῶν) λαβών· οἷον, πλῆθος καὶ σωρόν. indicavit Gaisfordus: cf. Bernhardy II 2 1642. de χλῆδος Lobeck. path. elem. I 167.

V

Grammaticus Darembergii (*notices et extraits des manuscrits médicaux* 1853) p. 215 de κοχώναις disserens, allatis ex Triphalete Adulatoribus Baptis comicorum exemplis, hoc posuit: καὶ Κράτης ἐν Σαλαμινίοις (Σαμίοις? Dar.) φησίν·

Ἔπαιξαν γυναῖκες ἅτ' ὀρχηστρίδες καλαί,
ἐπὶ [τῶν] κοχωνῶν τὰς τρίχας καθειμέναι.

in editione pr. pro ἅτ' (cf. Schneidew. g. g. a. 1852 p. 424) αἵ τε (cf. Daremb. p. 217 *notices*): Dübnerus (v. g. g. a. p. 426. Daremb. p. 217):

ἔπαιξαν οὖν γυμναὶ καλαί τ' ὀρχηστρίδες
ἐπὶ τῶν κοχωνῶν τὰς τρίχας καθειμέναι.

vel ἔπαιξαν ἄρα. Schneidewinus p. 426 pro καλαί τε ludi alicuius memoriam requirebat. Goettlingius ind. schol. univ. Ien. hib. 1853 p. 5: γυναῖκες ἔπαιξαν, αἱ καλαί τ' ὀρχηστρίδες. Putabam ὀρχηστρίδες γυμναί τ' ἔπαιξαν καὶ καλαί κτλ. ad alterius versus sententiam cf. haec Cassii Dionis LXII 2: τήν τε κόμην πλείστην τε καὶ ξανθοτάτην οὖσαν μέχρι τῶν γλουτῶν καθεῖτο. ib. *ΤΟΛΜΑΙ.* cf. ad Σαμίων fr. IV. fr. I v. infra p. 25. annot. 1 corr. 247 e l. 3 σῖτος.

p. 247 (1) hoc Cratetis incertae fabulae fragmentum in editione min. Antiphani datum p. 571 (68ᴬ). Bergkius Cratetl cynico vindicavit Lyr. II 527 (19). item quod p. 248 (2) est fragm. v. apud Bergkium ib. (18). Vs. 1 τέκτων μὲν σοφός scribendum v. infra p. 25. οὐ γὰρ χρόνος - τέκτων μὲν σοφός Froben. 'lemma in S (h. e. Vind.) ut in Trinc. (?) ubi με pro οὐ.' Gaisf.

p. 248 (3) omissum hoc in min. editione Cratetis fragm. propter Cratinum 2, 183 (23). fr. IV ὡρικωτάτη ed. min. ubi haec annotata sunt: 'forsan πάνυ γάρ ἐστιν ὡρική, τά τε (vel τὰ δὲ) τιτθί' ὥσπερ κτλ.'

p. 249 (5) ποτιβαλῶ τοι ed. min. corruptam vocem ita exhibet Bk. καναπλῆς annot. l. 4 λῇς ap. Bk. Ahrent. dor. dial. 348. ib. fr. IX 'sed μεμνοῖτο - nescio quid esse dicam nisi vestigium priscae scripturae pro μεμνῷτο forte temere relictum.' Lob. Rhem. p. 127. ib. 2 a f. scr. ἀντὶ τοῦ ἀναβιῶναι

p. 251 extr. Cratetis fragmentorum supplementum v. infra ad Eup. 2, 439 (8) suppl.

p. 254 (1, 1) οὔτε Σηπὶς ed. min. cf. infra p. 26. p. 255 8 τὰν τῇ οἰκίᾳ. ib. 19 Moerin p. 18 ad fr. II cf. infra p. 26 et Fritzsch. ind. schol. hib. 1855 p. 6. l. 4 a f. ἂν ἀπορήσῃ τροφῆς

p. 257, 2 scr. Nub. 1197 et ad Philyll. 2, 859 sq. fr.

IV 2: μετὰ δὲ Μέλητα τίς; cum Porsono ed. min. annot. l. 2 Χαῖρις κιθαρῳδός. μνημονεύει R. V. ib. l. 6 pro Toupio scr. Musgravius ap. Pors. ad Toup. p. 481. ib. l. 7 Μέλητος A fr. V 1 'Bergkio comm. crit. I p. 27 aegypliacum nomen excidisse videtur, quod significabat ἐς οἴκους, id alterum reprehendere et dicere, quin οἴκους potius dicas, ne videaris Lycurgi popularis esse.' ed. min. Cobetus V. L. 1854 p. 244, ubi de discrimine vocabulorum πολίτης et πατριώτης disserit, hos versus ita scriptos proponit: οἶμαι δ' αὐτὸν κινδυνεύειν εἰς τὴν Αἴγυπτον [ἰόντα] | *** ἵνα μὴ ξυνέχῃ τοῖσι Λυκούργου πατριώταις. Dindorfius ἄγοντα v. c. supplebat. pro αὐτὸν cod. V αὐτὸ Vs. 2 B. οἴμοι τί λέγεις; ἵνα δὴ συζῇ τ. Λ. π.; Herwerden p. 8.

p. 259 (9) annot. l. 5 οὕτω Φερεκράτης Ἀγρίοις· fr. X βύρσης γλευκαγωγοῦ ex codicibus edidit Bk.

p. 261 Ἀγρίων fragmentis haec addenda: unum v. p. 26:

XIII (5, 26)

γέρροις ἀποσταυροῦνται.

deinde hoc ex Etymol. Gaisf. 753:

XIV (2, 344)

Etymologico M. vulgo p. 753 v. τερθρεία ita legitur: παρὰ τὸ τερθρεύειν. καὶ τερθρευόμενος. Φερεκράτης τερθρία πνοή (v. Pher. inc. fab. 12). quae a Gaisfordo hanc acceperunt formam: παρὰ τὸ τερθρεύειν· καὶ τερθρευόμενος. Φερεκράτης Ἀγρίοις, τερθρία μέντοι πνοή διὰ τοῦ ῑ, ἡ ὀπισθία: pro his παρὰ τὸ... Φερεκράτης cod. D habet hoc π̄ κεν̀ ἑώρʒ. pro vulgatis τερθρία, πνοή cod. V ita: ἀγροῖς τερθρία μέντοι πνοὴ διὰ τοῦ ϊ ἡ ὀπισθία. alter cod. M: ἀγροῖς τερθρῖ μέντοι πνοὴ διὰ τοῦ ῑ ἡ ὀπισθία σοφοκλῆς κή' κενὸν ἑώραʒ. Sophoclis Cedalionem in his agnovit Gaisf. cui accessit Schneidewinus g. g. a. 1848 p. 1786. postremo Nauckii annotationem addo, ex progr. schol. Ioach. 1855 p. 20 petitam, ita scribentis: 'τερθρεία - ἀντὶ τοῦ κενοσπουδία, παρὰ τὸ τερθρεύειν καὶ τερθρευόμενος κενὸν ἑώραʒ φερεκράτης ἀγροῖς τερθρία μέντοι πνοὴ διὰ τοῦ ϊ ἡ ὀπισθία σοφοκλῆς κη̊. iam ἀγροῖς manifestum est cum Gaisfordo in Ἀγρίοις mutandum esse, deinde (quod Dindorfius agnovit) Sophoclis verba esse τεϱθϱία πνοή. Pherecratem dixisse suspicor "τεϱθϱευόμενος κενὸν ὡϱάζει." de verbo ὡϱάζεσθαι disputavit Meinekius Com. 2 p. 557.' de τεϱθϱεύειν Lobeckius path. el. 1, 226.

ib. ΑΥΤΟΜΟΛΟΙ. fr. I recepta sunt in min. ed. G. Hermanni supplementa qualia in maioris editionis annotatione leguntur. idem Hermannus ad Aeschylum vol. II p. 101 versus 2. 3. 5 ita scripsit: Vs. 2 τὸ νομιζόμενον· κἄπειθ' ὑμῖν (αἰσχύνη τοι τὸ κατειπεῖν) Vs. 3 οὐ τὼ μηϱὼ πεϱιλέψαντες μέχϱι βουβώνων κϱέα πάντα Vs. 5 ὥσπεϱ ῥίνῃ ῥινήσαντες νέμεθ' ὥσπεϱ τοῖς κυσὶν ἡμῖν· de ὥσπεϱ καὶ τοῖς κυσὶν ἡμῖν v. ad Alciphron. p. 141. ad annotationis verba cf. infra p. 26.

p. 262 (2) priori versu scriptum ed. min. ἀνιαϱὸν ἄϱ' ἦν cum Dindorfio. in annot. scr. schol. Ald. Aristoph. ib. 2 a f. Athen. III p. 90 a.

p. 263 (4) Vs. 2 σμικϱὸν ὀπτῶσ' ὀϱφὸν ἢ ταϱίχιον scribendum proposuit nuper Bergkius. fr. VI apud alios per interrogationem pronuntiatum.

p. 264 (7) annot. l. 4 μελικῆϱας PVL, quod correxit Schweigh. ib. fr. VIII Porsonus νῖψον, quod placuit Cobeto V. L. p. 86 (cf. ib. 361): 'nescio quis, inquit, petit ab Iove, ut nivem velit immittere satis.'

p. 265 (9) ad Alcibiadem haec refert Fritzschius Eup. metr. fragm. p. 12.

p. 266 ad Αὐτομόλων reliquias haec accedat Pollucis annotatio:

XIII (2, 355)

Pollux Bk. II 33: παϱακόμους δὲ τοὺς κομῶντας Ἄμφις εἴϱηκεν ὁ κωμικός, Φεϱεκϱάτης δὲ ἐν χϱῷ κουϱιῶντας, ἢ ὅστις τοὺς Αὐτομόλους αὐτοῦ διεσκεύασεν. Vulgo haec ita edebantur: παϱακόμους δὲ τοὺς κομῶντας ἔλεγον οἱ κωμικοί (4, 681). Φεϱεκϱάτης δὲ ἐν χϱῷ κουϱιῶντας (v. inc. fab. LXIX). Cf. supra ad 1, 81 suppl. caeterum corrige minoris editionis vitium Pollux II 23 (pro 33) et p. VII ad p. 92 scr. Αὐτομόλων pro Ἀγϱίων.

p. 267 (3) de loco cui ἐν Ἄγρας nomen v. Boeckhium 'monatsb. d. pr. akad.' 1853 p. 573 sq.

p. 268 extr. scr. ἀναθύω διαλαμβάνω ἀναλαμβάνω

p. 269 (1, 1) ὅπως παρασκευάζεται τὸ δεῖπνον εἴπαθ' ἡμῖν ed. min. annot. l. 9 libri ἐγχέλιον

p. 270 (2, 3) cum B scriptum ed. min. ὦ 'γαθέ, in annot. scr. Athenaeus VII

p. 271, 4 v. 2, 93. 3, 539. p. 272, 4 οὐ μόνον γὰρ παρθένοι Ven. Cobeti. 5 idem αὐλῆς quod delendum videtur Cobeto, ἐν τῇ περὶ θεῶν πρώτῃ ed. min. 6 Δουλοδιδασκάλῳ ap. Cob. ib. VIII annot. 5 cf. infra p. 27. l. 8 scr. Photius p. 601 8. 'Versus non sine vitio esse videtur.' ed. min. ib. IX pro senario habenda existimat Fritzschius Eupol. metr. fragm. p. 12: ἀντ' ἀστραγάλων *(δὲ) κονδύλοισι παίζετε. ap. gramm. Seg. in verbis Iliadis Ψ 88 (cf. schol.) ἀστραγάλοισι.

p. 274 (1) pro ὦλεν fortasse ὤφειλεν vel ὤφειλέ σ' scribendum videbatur ed. min.

p. 275, 5 Runkelius εἰς τὸ ib. fr. V ita scribendum proposuit Mein. ed. min.

ὅστις παρέθηκε κρανί' ἢ τραχήλια.

ad annot. adde cod. V ἐν ἐπιστολῇ μονόστις scribi pro Ald. μόνιός τις

p. 276 (1, 1) τί παθόντ' cum Dobr. ed. min. Fritzsch. Eupol. vers. fragm. p. 12: τί δὲ μαθόντ', ἄνδρες, μυροπωλεῖν ἐχρῆν καθήμενον et vs. 3: συνέδριον τοῖς μειρακίοις τοῦ λαλεῖν δι' ἡμ. p. 277, 1. 2 αιναν cf. infra p. 27. ib. ad fr. II v. addenda p. 27, ubi ὑπώδελος leg. Nauckius affert Etymolog. Gud. 585, 31 ὑπόβολον, ὑποκείμενον πρὸς δάνειον καὶ τόκον, Φερεκράτης εἶπεν (Ἰπνῷ?), οὐχ ὁρᾷς τὴν οἰκίαν τὴν πολυτίωνος κειμένην ὑπόβολον;

p. 279, 4 ἐμπολῆσαι pro ἐκποιῆσαι Herwerden p. 9. fr. VII ἤδη μὲν ᾧαν λουμένῳ προζώννυτε ed. min. Bekk. c. Bentl. λούμενος προζώννυται. p. 280 (8) idem περιβόλοις

p. 281 (2, 2) οὐκ ἰσχάδας οἴσεις; τῶν μελαινῶν. μανθάνεις; ed. min. ib. (p. 100) haec annotata: Vs. 3 forsan ἦν scribendum locusque per interrogationem efferendus. Servus enim, patria Mariandynus, pro ficubus ollas apportaverat. ib. fr. III γλίσχρον τέ μοὐστὶ pro quo Dobr. γλισχρόν γε μοὔστι τό σι. idem Cobetus mnem. 4, 119. ib. vs. 4 ἀλλ' ἦ (non εἰ ut ed. min.) λάβω σοι τὴν κοτυλίσκην; Dobr. λάβω κόρη σοι τὴν κοτυλίσκην; Mein. ed. min. λάβ', ὦ Συρίσκε, τὴν κοτυλίσκην. Cobetus l. c. afferens Anaxippi fr. 4, 466, deinde ita pergit: 'tum Corianno — μηδαμῶς μικράν γε, inquit, κινεῖται γάρ εὐθύς μοι χολή, ἐξ οὔπερ ἔπιον ἐκ τοιαύτης φάρμακον. Itaque qui dixerat λάβ', ὦ Συρίσκε, τὴν κοτυλίσκην, ad servulum iterum se convertens ita dicit: εἰς τὴν ἐμὴν νῦν ἔγχεον τὴν μείζονα.' quod ἐμήν νυν scribit.

p. 283, 11 adde 'libri δύο correxit Dindf.' ib. fr. V συμπύκτοις Fritzsch. Ran. p. 283. annot. l. 1 corr. ἀντισπαστικῶν ib. l. 6 Φερεκράτειον ἑφθημιμερές

p. 287. ΚΡΑΠΑΤΑΛΟΙ. ad scripturae formam cf. supra p. XIII. fr. I 3 τὰς μεσημβρίας scr. v. infra 27. τῆς Schweigh. ad vs. 4 cf. vol. III p. 315. fr. II τοὺς ἐρεβίνθους εὐθέως ed. min. fr. IV κραπάταλον καὶ ψωθίαν expuncto τριωβόλου Herwerden p. 10.

p. 289 (6) ἀνέῳγέ μοι θύραν: cf. Cobet. V. L. p. 77. p. 290, 7 scr. Eust. ad Iliad. (quem locum p. 104 editionis minoris omissum p. VII supplevit).

p. 291 (10) scriptum ed. min. ταῦτα νῦν μέμνησό μοι, ut voluit Bernhardy. ταῦτά νυν Herwerden p. 11. Aristophaneum scholion ex Suida duxit Aldina, utrobique σὺ μέμνησό μου. fr. XII corr. κεφαλῇ μου v. p. 27. fr. XIII 3 Herwerden p. 11 ἀνόδοντος, ἀλλ' ἔνθες — vel ἀνόδοντος ὤν; ἀλλ' ἐντίθει. cf. 2, 285 (9). corrige min. ed. vitium ita 'scribendum' fr. XVI attigit Fritzschius prooem. schol. hib. 1855 p. 6.

p. 294 (17) corr. δίψ': ipsum fragmentum ita supplebat Fritzschius Eup. metr. fragm. p. 13:

τῶν θεατῶν δ' ὅστις ἐδίψη, *(παρῆν οἴνου πιεῖν
καὶ) λεπαστὴν λαψαμένοις μεστὴν ἐκχαρυβδίσαι.

p. 295 (18) annot. 5 ζητῶ Suid. B. C. E. ib. ad XIX annotandum in Gudiano etym. 131 23 (quem locum indicavit Nauck.) ita scriptum esse Φερεκράτης ὡς ἄτοπόν ἐστι μητέρ' εἶναι *καὶ γυνήν.* adde Choerob. 328 27: *ἰστέον ὅτι εὑρίσκεται παρὰ Φερεκράτει ἡ αἰτιατικὴ τὴν γυνήν, "ὡς ἄτοπον μητέρ' εἶναι καὶ γυνήν."* alterum fr. (p. 296, 2) v. anon. 4, 622 (68). p. 296, 11 scr. XX. XXI. ad hoc, quod habet Phot. 314 18, cf. Brink. philol. 6, 223.

p. 297 (2) *ἔπειθ' ἕτερα ... κυντερώτερα* ed. min. Caeterum v. infra 27. fr. IV scr. p. 228e

p. 298 fr. V scriptum in min. ed. ita: *ἔστην δὲ κἀκέλευον, ἐγχέασθε νῷν | βρένθειον, ἵνα τοῖς εἰσιοῦσιν ἐγχέω.* atque *εἰσιοῦσιν* iam praebet Ven. Cobeti Orat. p. 127: ipse priora verba ita proposuit, *κἀκέλευον ἐγχέασθαι νῷν μύρον,* altero versu *ἐγχέῃ* servavit. fr. VI apud Poll. VI 105 pro *κυάθιον δὲ (δι') ἀργύρου* Bk. *κυάθιον ἀργυροῦν* (v. Iung.) e Par. A, qui pro *λήροις* habet *μύροις.* de fr. VII v. infra 27.

p. 299 (8) iam *χρῆσται* scriptum ed. min. v. infra 27. illud *χρῆ* (annot. l. 7) 'si satis fidei habet (verba sunt Lobeckii path. proll. 45), non ex *χρεία* sed ex *χρέα* sic ut *νῆ* et alia apud Herod. *π. Μον.* p. 7 contractum videtur, *χρέα* autem a verbo *χρέω* derivatum est, ut *μνέα* (moneta) et *μνεία* a *μνέω* moneo, *μνᾶ* a *μνάω.*' Ahrenti quid videatur ipse exposuit 'über die coniugation auf *μι*' p. 28, de Crasi p. 6, griech. formenl. p. 124. 245. Cf. Nauck. progr. p. 23. *Μεταλλῆς.* fr. I 4 *πομφολυγοῦντες* scriptum ed. min. cf. Bergkium l. c. Vs. 6 *καὐτομάτως* probatum: v. 2, 754 (1). de ea forma v. Cobeti dubitationes V. L. p. 153. Vs. 8 *φῦσκαι* Bk. idem 9 *σίζοντ' ἐκέχυτ'* p. 300 Vs. 12 *ἐγχελύδι' ἐγκεχαλ.* Herw. p. 13. Vs. 17 scr. *καθήμενα.* Vs. 23 *ὀπταὶ κίχλαι γὰρ εἰς ἀνάβραστ' ἠρτυμέναι* Mein. ed. min. Vs. 32 *καὶ τῶνδ' ἑκάστων* ed. min. v. infra 27.

p. 301, 7 scr. III p. 100a. de sequentibus v. p. 27. 2, 842 (1). l. 16 *πλέον* Par. A Bk. 21 idem *θορυβοῦντες* p. 302, 4 *τοῖσι ποταμοῖς ἐξεκέχυντ'* ib. 7 Dobraeus ita: 'lego, *παρὰ τοῖς ποταμοῖσ[ιν,* vel *τοῖσι ποταμοῖς] ἐξεκέχυντ'* — vel *ἐξέκειντ',* quod forsan melius.' ib. 15 v. p. 28. l. 25 *χναυρώτατ' ἐπέκειτ'* Par. A Bk. p. 303, 9 v. p. 28. 11 nihil mutandum: p. 28. l. 15: Vs. 23 quomodo legendus sit supra indicatum. Porsoni emendatio 'ferri non potest, nisi versum excidisse statuas.' l. 21 'Vs. 25 nonne *κεχυμένους*?'

ed. min. p. 305 (2) attigit Fritzschius ind. lect. 1855. '56 p. 4.

p. 306 (3) l. 5 corr. Quaest. sc. II p. 33. ib. 3 a f. ἐξαίφνης: de ipsa particula v. Ahrent. Dor. 385.

p. 307, 12 sed v. 5, 27. p. 309, 2 a f. recte habet 348 (corrige min. ed. vitium). p. 312 (4) annot. l. 8 adversatur Dobr. Adv. I 578. ib. fr. V scriptum ed. min. et apud Bk. Poll. ut pagina extrema coniectum; dubitat Fritzschius Eupol. metr. fragm. p. 22. Caeterum v. infra p. 28.

p. 313. fr. VI compositum ed. min. ut hac pagina significatum est, et primo quidem versu ἆρα προθύμως*** scriptum.

p. 314. fr. IX αἰγὶς αἰγὶς ἔρχεται ed. min. v. infra 28. ibidem cf. de fr. X. p. 315 (12) Μανία θρεπτή Bekkeri Pollux. de fr. XIII cf. infra 28. in verbis Zenobii scr. l. 3 τὸ μὲν γὰρ τρὶς ἓξ hic et in ed. min. ad Persarum fr. I cf. infra 28. Vs. 5 Herwerden p. 15 παρέσονται pro ῥεύσονται.

p. 318 (2) attigit Fritzschius prooem. hib. 1855 p. 4. item p. 319 (3) idem de Eupol. metr. fragm. p. 13.

p. 321, 1 a f. corr. πόθεν ἦλθες; p. 322 (4) pro Μεγάλλιον et Μετάλλειον (Μετάλλου) Cobetus Orat. p. 127 corrigit Μεγάλλειον (et Μεγάλλου). p. 324, 4 a f. 'Correxit Bergkius': cf. Cobet. mnem. IV 312. ibidem scr. 'Vs. 5', ad scripturae varietatem addo: Bothius de Com. gr. p. 14 μέσας δὲ γάστριδας.

p. 325, 8 χελυνοίδης v. anon. 4, 667 (280). ib. 15 scr. XI p. 460c. fr. II 3 καπνοδόκην: ad hanc vocem pertinebunt, opinor, quae Etymologicum Gaisf. ex V[b] ad 111 19 habet, ἀνόπαια: κατά τινας μὲν ἡ καπνοδόκη, ὡς καὶ Φερεκράτης, ἡ ἐπὶ τῆς ὀροφῆς τετρημένη κεραμίς. (cf. Schneidew. g. g. a. 1848, 1789). de ἀνοπαια v. ad Odyss. α 320. fr. III tolle interrogationis notam.

p. 326 (1) correctum fere in min. ed. ut p. 334 propositum est: Vs. 4 ἐν τοῖσι πρῶτος ὅς Vs. 7 ἔμοιγε... πρὸς τὰ νῦν κακά Vs. 8 δέ μ' ὁ κατάρατος Vs. 10 ἀπολώλεχ' οὕτως Vs. 13 ἀλλ' οὖν ἀνεκτὸς οὗτος ἦν ὅμως ἐμοί. Vs. 14 Φρῦνις Vs. 16 ἐν ἑπτὰ χ. Vs. 21 ὁ Τιμόθεος Vs. 22 παρέσχεν οὗτος cf. p. 335. Vs. 23

ἔδων ἐκτραπέλους μυρμηκιάς Vs. 25 *ἀπέδυσε* ad annotationem cf. p. 28. p. 329, 7 a f. scr. 'Vs. 16' p. 333 extr. de transpositione versuum adversatur Bergkius z. f. alt. 1848 p. 439.

p. 335 (3, 3) *θύρας ἐξελθεῖν*: Cobetus mnem. 5, 103 *θύραζ' ἐξ.* idem Vs. 6 *οὐχ ὑπολύσεις αὐτόν;*

p. 336 cf. infra p. 28 sq. 'hos versus (*ἡμῶν δ' ἦν τινά τις κτλ.*) qui me narrat Hesiodo assignavisse Runkelius (Marckscheffel. Fragm. Hes. p. 185) multum errat.' Mein. ed. min. ib. l. 24 v. Lyr. Bergk. II p. 409. fr. IV, 3 recepta est in min. ed. Casauboni correctio *οὓς ὁ καλὸς οὗτος* 'pro *οὓς* forsan *ἅς*.' ibidem. Fritzschius de parops. p. 14 *νὴ τὸν Δί', ὥστε γ' ἥνπερ αἱ παροψίδες* et Vs. 3 *οὓς ὁ καλέσας ἐπαξιοῖ τοῦ μηδενός*, addita hac versione: 'Profecto, inquit: itaque propter condimenta eandem quam obsonia reprehensionem ii incurrunt, quos convivator in nullo habet honore.' p. 337, 17 (item min. ed.) scr. 'Vs. 3'

p. 338. Chironum fragmentum VII supplere mihi videor addito in fine eclogae Stobaei eo Pherecratis versu, quem ex inedito lexico Vindobonensi a se aliquando edendo publici iuris fecit Bergkius z. f. alt. 1851 p. 275, ita:

εἰκῇ μ' ἐπῆρας ὄντα τηλικουτονί
πολλοῖς ἐμαυτὸν ἐγκυλῖσαι πράγμασιν.
ἐγὼ γὰρ ὦνδρες ἡνίκ' ἦ νεώτερος,
ἐδόκουν μὲν ἐφρόνουν δ' οὐδέν, ἀλλὰ πάντα μοι
κατὰ χειρὸς ἦν τὰ πράγματ' ἐνθυμουμένῳ·
νῦν δ' ἄρτι μοι τὸ γῆρας ἐντίθησι νοῦν,
καὶ κατὰ μίτον τὰ πράγματ' ἐκλογίζομαι.

Vs. 3 de *ἦ* h. l. pro *ἦν* ponendo adversatur Nauck. phil. 6, 413. Vs. 7 Bergkio debemus, qui initio addidit *καί*.

p. 339 (8) legitur ap. schol. Ran. 1308: *λεσβιάζειν δὲ τὸ παρανόμως πλησιάζειν. διεβάλλοντο γὰρ ἐπὶ τούτῳ* (V. Θ. *τοῦτο* R. *ἐπ' αἰσχρότητι* Ald.) *οἱ Λέσβιοι.* in verbis Pherecratis *δώσει δέ τοι* V. Θ. *τις* Ald. *σοι* Eust. Vs. 2 *καστρίας* V. p. 340, 2 *ἐν τῷ Χείρωνι*

p. 341 (1) l. 1 perperam Colonicae ed. min. ib. 2 scr. '*ἄνδρες ἡμᾶς, ὦ μέλε;* ib. 6 *τὰ ἀποδεδαρμένα σκύ-*

τη ib. 7 ἄλλως (ἄλλο hodie cum Suida), de altero scholio v. Dübn. Enger. edd. ib. fr. III τ' ἄπλυτος item annot. l. 3 et p. 342, 1.

p. 342 (5) ad sententiam cf. addenda p. 29 et Aeschinis Timarch. § 110. 111. fr. VI recepit ed. min. ἐπήσθι'

p. 343 (10) l. 3 σιναμωρεύματα ed. min. ib. 2 a f. σινδαρωνεύεσθαι (sic) cf. append. Gott. IV 71.

p. 344. fr. XII tolle hinc (item fr. 164 ed. min.) v. supra ad p. 261 (14) suppl. Ἀγρίων. fr. XIV ἦων καὶ ἀχύρων σεσαγμένους Eustath. p. 346 not. cf. Bergk. ad Aristoph. fragm. 2, 1066 sq.

p. 347 (22) cf. Lobeck. path. elem. 1,229. ib. (23) συγγραφικαὶ δὲ αἱ συνθῆκαι v. infra 29.

p. 348, 3. Grammatici Seg. verba 475 14: καὶ ἀχράδων .... Φερεκράτης ad Eupol. fragm. 37 ed. min. (v. infra suppl. 2, 439) ita composuit Meinekius: καὶ "ἀχράδων πρόσφερε" Κράτης. ad Pherecratea καὶ τὰς βαλάνους καὶ τὰς ἀκύλους Bergkius confert Etym. m. 544 50: κύλλοι (Gaisf. κύλοι) οὐ δίζοντο (Bergk. Lyr. II 559 κύλοι οὐδίζοντο)· ὁ δὲ ποιητὴς παρὰ τὸ κύλον. καὶ Ἀττικῶς καὶ τῶν ἀκύλων καὶ τῶν βαλάνων. de περιόντας v. Lob. path. elem. 1, 290. fr. XXIX quomodo emendandum sit v. infra p. 29. p. 349 (31) habet Fritzschius Eupol. metr. fragm. p. 13. fr. XXXII annot. l. 8 v. anon. 4, 621 (63). ad XXXIII cf. infra 29. Gaisf. αἰεί.

p. 350 (34) βριθομένης πάντων ἀγαθῶν ἐπιμ. τρ. ed. min. ut voluit Bergkius.

p. 351 (38) v. infra p. 29. XLII annot. 4 scr. 310 55. ad XLIII v. infra 30.

p. 352 (47) scriptum πλατειάσαι ed. min. p. 353 (50) est Phot. 522, 15.

p. 354 (55) cf. scholion ab Ruhnkenio editum ad Tim. p. 255: διατρίβει ἢ φροντίζει, παρὰ δὲ Φερεκράτει ἡσυχάζει, σημαίνει δὲ καὶ σκευωρεῖται. fr. LIX cf. infra p. 30. fr. LXII scr. 13 30.

p. 355 (65) Φερεκράτης δὲ τὴν γεραιτάτην ὡς ἀφηλικεστάτην Bk. ex A. vulgo: τὴν γεραιτέραν ἀφηλικεστάτην

(ἀφηλικεστέραν Mein.) ib. fr. LXVI ap. Bk. οὐλόκομος μέντοι εἴρηται παρ' Ἀλέξιδι, καὶ παρὰ Φερεκράτει οὐλοκέφαλος. fr. LXVII ad βότρυχος cf. Flor. Alciphr. III 1, 2. fr. LXIX non iam in incertis, v. supra ad Αὐτομόλων fr. XIII (2, 266) suppl. LXXIa τὸν στωμύλον Bk.

p. 356 (74) ἔρκη: 'huc pertinere videtur, quod in anonymorum fragmentis vol. IV p. 629 erat, Eustathii Od. p. 1572 21: ἀλλαχοῦ δὲ ἐγράφη (vide Ael. Dion. p. 969 1) ἔρκη λέγεσθαι παρὰ τοῖς κωμικοῖς καὶ πλεκτά τινα ἐκ τριχῶν.' H. I. ed. min. p. VIII. ad fr. LXXV cf. infra 30.

p. 357 (78) scr. κοτυλίζειν, ἀλλὰ in annot. 'Vulgo καταπλάττειν.' cod. Par. A καταπιπράσκειν. fr. LXXIX pro κλεπτίδης nuper Cobetus κλεπτιδεύς reponebat mnem. 5 p. 103. LXXX ἄνεκας ed. min. cf. Schneidew. phil. 3, 118. annot. l. 2 ἑκάστῳ p. 358 (84) cf. quae ad Platonis fragmenta annotata sunt 2, 694 (59). p. 359 (88) annot. l. 8 scr. Chir. VII.

p. 360 (93) πότε σὺ δῆτ' ἤκουσας αὐτοῦ; receptum ed. min. ib. annot. l. 6 πρωπέρυσιν: 'quod fortasse rectius προπέρυσιν scribitur.' ed. min.

p. 362 annot. l. 15 κατὰ χειρῶν (χειρός) cf. com. dict. p. 1148. Nauck. Ar. Byz. 251 sq. p. 363, 11 cf. infra 30.

p. 364 (4) annot. l. 3 cod. λῶιστοισ fr. V δουλοποιήρων Bergk. fr. VI scholiastae verba ita hodie leguntur: Σύμμαχος ὅτι Διοπείθης ὁ ῥήτωρ ὑπομανιώδης ἦν, ὡς Τηλεκλείδης ἐν Ἀμφικτύοσι δῆλον ποιεῖ.

p. 365 (1) τὰ δὲ τηγάνια σίζοντά σοι μολύνεται ed. min. v. infra p. 30. Bekkerus τὰ δὲ τήγανα | σίζοντά σοι μολύνεται, ut in annotatione h. pag.

p. 366 (3) δρεπτόν: incerti scriptoris verba quae in annotatione apposita sunt, ipsius Teleclidis esse non recte statuerunt Hemsterhusius et Sturzius (cf. g. g. a. 1848 p. 1789). Ἀψευδέσιν item assignandum quod infra p. 30 tractatum est fragm.

IV (5, 30)

de Morycho, ubi notandum est spuriam quibusdam visam esse hanc fabulam. ib. Hesiodorum fr. I quid in cod. legatur

v. infra p. 31, hinc Dübnerus 'quum in hac fabula, inquit, de poetis dixerit Teleclides, *τάλαινα* esse possit Poesis vel musa Aeschyli avi, cui vim fecerit Philocles. Conieci:

ἀλλ' ἡ τάλαινα Φιλοκλέα βδελύττεται,
ὅτι [γύννις] ἐστὶν Αἰσχύλου φρόνημ' ἔχων.'

sed pro *γύννις* aliud vocabulum desiderat idem 'ductibus literarum et praecedentibus verbis *μικρὸς καὶ αἰσχρὸς* accommodatius.' Cf. Cobetum mnem. IV p. 134: '*βδελύττομαι* latere veri simillimum esse arbitror, ut ipsa Poesis vel Musa dixerit: *ἀλλ' ἡ τάλαινα Φιλοκλέα βδελύττομαι.*' ib. II l. 3 scr. 174 6:

p. 367 (5) l. 5 'Proxenidem dicit' ed. min.

p. 368 (1) *ὄντιν' ἀνθρ. ὁρᾷ* (int. canis) Herwerd. p. 18.

p. 369 (6) l. 4 probavit Bergkius Lyr. II 999. ib. fr. VIII e codd. Paris. et Iung. plenius ita edidit Bekkerus:

εὐχροεῖν, ὀρνιθοθηρᾶν, σωφρονεῖν.

priora Par. A ita: *ῥῆμα κυνηγῆσαι ὥσπερ ὀρνιθοθηρευταὶ καὶ τὸ θηρᾶν ὀρνιθοθηρᾶν τηλ.* Caeterum cf. Lobeck. '*Ρημ.* 170. ib. *Στερρῶν* fr. I cf. infra p. 31.

p. 371 (1, 2) *ἐκ βαλλαντίου* scriptum ed. min. cf. ad Ecphantid. 2, 14 (3). ib. Vs. 4 *ὧν δ' ἕκατι τοῦτ' ἔδρασε* Cobetus pro *ἔδωκε*, mnem. V p. 103. de fr. II v. infra p. 31. Fritzsche de retractatis fabulis spec. V (ind. lect. aest. Rostoch. 1852), qui summam disputationis p. 10 comprehendit Laertii Diogenis II 18 verba ita corrigendo: *ἐδόκει δὲ (ὁ Σωκράτης) συμποιεῖν Εὐριπίδῃ· ὅθεν Τηλεκλείδης οὕτω φησίν·*

ὁ Μνησίλοχος δ' ἐκεινοσὶ φρύγουσι (vel *φρύγοντι* p. 4)
δρᾶμα καινὸν
Εὐριπίδῃ καὶ Σωκράτει τὰ φρύγαν' ὑποτίθησι.

καὶ πάλιν (cf. p. 6)·

**(γνώμας) εὐριπιδοσωκρατογόμφους*

καὶ Καλλίας Πεδήταις (p. 5)·

Α. τί δὴ σὺ σεμνῆς καταφρονεῖς οὕτω μέγα;
Β. ἔξεστι γάρ μοι· Σωκράτης γὰρ αἴτιος.

*(*καὶ*) *Ἀριστοφάνης Νεφέλαις* (p. 9)·

Εὐριπίδου δ' ὁ ταῖς τραγῳδίαις ποιῶν
τὰς περιλαλούσας οὗτός ἐστι, τὰς σοφάς.

ut hi, quos postremo posuit, versus Aristophanis Nubibus (2,

1106) vindicarentur, priora duo fragmenta Teleclidi relinquerentur. alterum ipse p. 6 ita interpretatus est, 'sententias Euripidei Socratis clavo compactas', comparat εὐριπιδαριστοφανίζων Cratini et alia ad Toeppel. de Eupol. Adul. p. 63 a se allata. in min. ed. p. 135, secus ac factum prius, τὰς σωκρατογόμφους οὗτός ἐστι τὰς σοφάς Dindorfii exhibuit Mein. alterum retinendum esse suasit Bergkius. Εὐριπίδῃ δ' ὁ τὰς etiam Cobetus Diog. La.

p. 372. fr. IV, 2 ita scribendum (v. infra p. 31. ed. min. fr. 38): λάινα τείχη τὰ μὲν οἰκοδομεῖν, τάχα δ' αὐτὰ πάλιν καταβάλλειν

p. 374, 3 alterum hoc apud Poll. II 41 fragm. edit. min. p. 138 (31) collocatum. ad fr. VII haec annotata ed. min. 'fortasse tamen legendum ξυγγενέσθαι διὰ χρόνου με λιπαρεῖ | ζωμίοις, δρυπεπέσι, μάζαις, καὶ διασκανδικίσαι.'

p. 375 (8) eadem ed. hoc addit: 'sed videtur alia corruptela latere.' οὐδὲ φρόνιμος κτλ. Cobetus mnem. V p. 103. idem fr. XI hoc modo constituit: τῶν δυνατῶν τι κέλευε, τάδ' οὐ παρὰ Κενταύροισι, v. Var. Lect. 1854 p. 359. Leutschius ad Apostolium XVI 2 (p. 656), ubi haec leguntur, τάδ' οὐ παρὰ τοῖσι Κενταύροισι: λεγόμενόν τι ἦν· Τηλεκλείδῃ τισὶ τῶν δυναστῶν, arcte hoc coniungendum censet cum Apostol. XII 12 s. Diogenian. VI 84 et scribendum:

Α. τῶν δυνατῶν τι κέλευε· Β. τάδ' οὐ παρὰ τοῖς Κενταύροις.
Α. νοῦς οὐ παρὰ Κενταύροισι;

τισὶ ex male repetito articulo τοῖσι ortum iudicavit.

p. 376 (12b) adde annotationi: 'vel μομφήν pro μέμφειραν.' fr. XV est apud Bekk. Anecd. 415 26. ad fr. XVI cf. add. p. 31. de fr. XVII cf. ad Eupol. 2, 542 (15).

p. 377 (19) explicare studui p. 31. XX, 3 λυχνοκῶσαν: λυχνοκαυστοῦσαν

p. 378 (24) ὁ Σάτυρος ἢ ὁ Διόνυσος 'prius falsum' ed. min. fr. XXV scr. τοὺς ἀπὸ Εὐτρήσεως infra 31. fr. XXVIa apud Poll. III 70 (non II 76 neque III 76) est, ubi παιδοφίλης ὡς Τηλεκλείδης κτλ.

p. 379 (30) Phryn. Bk. 51 32 μανόν: ... τὴν πρώτην

συλλαβὴν ἐκτείνουσιν. Herod. π. διχρόνων p. 380 Lehrs. μανός. τοῦτο δὲ παρὰ τοῖς Ἀττικοῖς συστέλλεται. 'hinc emendandus Phrynichus Bk.' Lehrs. Cf. infra ad Plat. 2, 696 (71). Lobeck. path. proll. 184. de Aeschyleo fragm. 401 Dind. v. praef. poet. min. p. VI. VII. Herm. Aesch. fr. 434.

p. 380 Hermippi fr. I. 'falsum est quod ait Heerenius cod. A in marg. habere ἀναγενέως Ἑρμίππου, in quo hoc fragmentum praecedenti iungitur. quod si ita legatur in V, non male eum coniecisse arbitror Ἀθηνᾶς γοναῖς pro ἀναγενέως.' Gaisf. p. 87 ed. eclog. Vs. 2 τὰ παρ' ἐν αὐτῷ A.

p. 381 (2) est ap. Etym. 146, 25. ad fr. III. IV de vestium floribus v. infra 31. altero versu πέπλους et λεπτούς transponenda videri indicatum ed. min. 'sed παρατραγῳδεῖν poetam satis apparet' Cobetus inquit, mnem. IV 125.

p. 382 (6) annot. l. 3 διδωνω πολλάς φησι Phot. cod. de schol. Vesp. 795 Dübn. quae mihi viderentur dixi p. 31. de Homerico usu v. Lehrs. Arist. p. 104. Friedlaend. Ariston. p. 299. ad Aristoph. schol. hoc annotavit Dindorfius: 'ἐπὶ μέλλοντος. absurde. videtur in mente habuisse quae de subiunctivo ᾗς ἐπὶ τοῦ μέλλοντος posito praecipit Ammonius p. 67.'

p. 383 (7) cf. ad vol. 1, 404 supra p. XIX. Ἀρτοπωλ. fr. I ἰοῦσ' ἔσω: cod. Vat. Cobeti schol. Med. εἴσω ἰοῦσ Suid. οἴους ἐγώ. Elmsleius (infra p. 32) ἰοῦσ' ἐγώ, quod in min. ed. receptum, hac addita annotatione: 'ἔσω pro εἴσω antiquae comoediae poetae non dixerunt, at dixit Eubulus Com. III p. 225.' Cf. Ellendt Sophocl. lex. I 543, qui 'nec probo tamen, inquit, eundem Elmsleium Hermippi versum corrigentem, ut ἐγώ scribatur pro ἔσω: est enim sententia haud dubie παρῳδικῶς ex aliquo tragicorum desumpta, quo non solum ἰοῦσ' ἔσω ducit, inprimis dilecta illis, ἔσω in fine versus posito, formula, sed et universa oratio — θυμιάσω τοῦ τέκνου σεσωσμένου —, et remotius a vulgari consuetudine ἀγήλω.'

p. 384 (2) edidit ut h. l. correctus est versum Bekk. nisi quod πᾶσι πόρνη scripsit: cf. Lobeck. path. elem. 1, 555. ὡς σαπρὰ πόρνη Bk. cod. A καὶ πάσῃ πόρνῃ B. l. 4

Ἕρμιππος δὲ ἐν Ἀρτοπώλισι IV ἔπαιξε Hesych. ad fr. V Hermanni et Cobeti coniecturas v. p. 32.

p. 385 (1) Pollucis verba Bekkerus ita exhibuit: εἴη δ' ἂν καὶ σύμβολον βραχὺ νόμισμα ἢ ἡμίτομον νομίσματος. Hermippi verba, secus ac visum Dobraeo, nuper ita scribenda proposuit Bergkius:

οἴμοι, τί δράσω, σύμβολον κεκαρμένος;
τοὐμοῦ βίου κεκάρθ' ἔοικε θὤμισυ.

p. 386 ad III scr. Comment. p. 315. ad fr. IV cf. Poll. II 123: ἡ δὲ κωμῳδία λεπτολόγος εἴρηκε καὶ λεπτολογεῖν καὶ λεπτολογίαν, v. Bernh. ad Suid. l. c.

p. 387 (5) αὐτοσχιδὲς v. infra p. 32, itaque Par. A Bk.

p. 389 (1): de huius fragmenti lectione v. infra 32. 33; Godofr. enim Hermannus jen. allg. l. z. 1842 p. 508 ita intellexit: 'es spricht einer, der sich als einen flussgott denkt'. Hinc πινώμεθ' vs. 1 servatum, vs. 2 πρὸς τοῦτ' "οἶνος, ὦ κέρας, γενοῦ" cum Bergk. et Hermanno scriptum, item vs. 4 κεὐθὺς γεγ. pro καὖθις, quod habent VL (non PVL).

p. 390, 1 recte habere Ἑρμίππου Θεῶν ad Nicophontis fr. 2, 853 not. demonstravit editor. fr. V scr. ex Ath. λεπάδας δὲ π. p. 391 (7) apud Steph. Byz. 598 14 editum hodie: καί σέ τι χρὴ παρατωναρίζειν. de quo verbo v. infra p. 33.

p. 392 (8) est ap. Photium 538 21. aliud Θεῶν Hermippi fragmentum reperire sibi videtur Bergkius inc. fab. XVII v. ad 417 (17) suppl.

p. 393 (1) min. ed. βούδια: ad rem cf. Lobeck. path. elem. 1, 282. 463. annot. l. 3 pro Ταναγραίῳ κήτει 'leg. Κητεῖ' ed. min. ib. fr. II 'πανσέληνον ineptum poculi epitheton, nec probari potest virorum doctorum explicatio *plenae lunae instar rotundum*. vide igitur an πανσελήνοις scribendum idque de sacris plenilunii tempore celebratis (Intpp. ad Soph. O. R. 1090) intellegendum sit.' ed. min. p. VIII.

p. 394 (6) annot. l. 3 Ἀσκληπιάδης cf. Lehrs. Herodian. p. 446. l. 4 οὐδὲ τὸ τέλειον l. 10 nihili sunt quae ad fr. 40 scripsi min. ed. p. VIII: vide Dobr. Adv. II 153.

p. 395 (1, 6) παραθηγομένου βρύχεις κοπίδας ed. min,

et *βρύκεις* ib. p. VIII: cf. Hermann. ad Philoct. 745. Ellendt. lex. Soph. I 324. in Plutarchi verbis quum codd. plerique *δολοποιήσαντος Ἑρμίππου* praebeant, Dindorfius chronol. scen. 412 ita illa scripsit, *ὡς τἀνάπαιστα ταῦτα δηλοῖ ποιήσαντος Ἑρμίππου*.

p. 396, 24 *κακομηχανοεργῶν* comment. misc. I p. 18. ib. 25 scr. 'Vs. 3' l. 28 scr. 'Vs. 4.'

p. 397 (2, 3) *κνημὶς δὲ περὶ σφυρὸν ἀρθροῦται* Erfurdti et Porsoni receptum ed. min. Caeterum v. Blomf. gloss. Prometh. 138. Vs. 7 *Μανῆς*: de scriptura vocaboli v. Engerum ad Lysistr. 1212. de *λάταξιν* cf. philol. in Athen. exerc. spec. I p. 49.

p. 399. fr. IV cf. infra p. 33. pro *μύων ξυνέπλαττε Θετταλικὴν τὴν ἔνθεσιν* aliquando suspicabar *μυῶν* scribendum esse, h. e. *παιδικῶν*, comparatis Cratini *μυὸς Ξενοφῶντος* 2, 46, Philemonis *μῦς λευκός* 4, 45, item hoc Hermippi *βασιλεῦ Σατύρων* v. II p. 396. Herwerden p. 19 *μύων ἐνέκαπτε Θετταλικήν τιν' ἔνθεσιν*. annot. l. 6 adde Eustath. 331 14.

p. 400 (5) *οἶσθα νῦν ὅ μοι ποίησον*; de hac imperativi forma legenda sunt quae Iacobus Grimmius disputavit in Aufrechti et Kuhnii 'zeitschrift für vergl. sprachforschung' I 144 sqq.

p. 401 (7) scriptum ed. min. *καὶ δοκεῖ γέ μοι*: vulgo *γὰρ ἦν. νῦν δ' ἐστὶ καὶ δοκεῖ δέ μοι*. Suidas *δ' ἐστί*. V et Θ *δέ ἐστι* Vs. 2 cod. Leid. Suidae *ἔτι* sine *ἐάν* *ἐπιδίδωται* V. *ἐπιδίδοται* G. Θ. Vs. 3 *τοῦ Τερθρέως* addita sunt e Suida, qui *Διαγόρου* omittit. Caeterum v. quae de hoc fragm. dixerunt Fritzschius Ran. p. 186. Herwerden p. 19. 20. p. 402 (1) cf. infra p. 33.

p. 407 (1, 4) *δέρμα βόειον* cf. infra p. 33. ib. 1, 7 *ψώραν Λακεδαιμονίοισιν*: scabiem poeta Lacedaemoniis imprecari videtur, non scabiem a Sitalca Spartae advectam iocari. Ita etiam vs. 10 enumerationis turbatur ordo coniecta in Corcyraeos imprecatione, quae olim lacunae suspicionem movere videbatur: neque septimi versus sententia serio dicentis poetae ingenio conveniret, nisi ille similium rerum enarraaderum taedium eiusmodi aculeis condire voluisset. Cf., ut pauca afferam, Anaxandridae 3, 185 (1, 65). Platonis 2, 673 (1, 22). Aristoph. Plut. 180. fort. etiam fragm. 2, 1078 (6, 3). Scabiem vero etiam Syracosio optat Phrynichus 2, 590 (8) cf. infra p. 41, quem locum bene Orelli ascripsit ad Horatii A. P. v. 417 occupet extremum scabies. adde Eupol. fr. 2, 506 (21). schol. Nicandri Ther. 760 τὸ δὲ ζῷον καλεῖται κρανοκολάπτης, φαλαίνῃ δ' ἐστὶν ὅμοιον, ἣν φάλαιναν νῦν ψώραν καλοῦσιν· ἢ φάλαινά ἐστιν ἡ παρ' ἡμῖν ψυχή. cf. Iacobi Grimmii commentationem 'monatsb. d. k. pr. akad. d. wiss.' 1851 p. 102. ib. (1, 9) αἱ δὲ Συράκουσαι σῦς: v. Athen. XII 540 d ὗς δὲ ἐκ Σικελίας (ed. min.).

p. 410 (2, 1) v. infra p. 33 Hermannum, quem secuta est ed. min. Herwerden p. 20 hoc proposuit: Μενδαῖον (vel Μενδαίου) μὲν ἐνουροῦσιν μάκαρες θεοὶ αὐτοί. idem vs. 4 τούτω ἐγὼ κρίνω πολὺ πάντων εἶναι ἀρίστω. sequentia, partim cum Bergkio, ita distinxit ed. min. 8: ὄζει δ' ὑακίνθου. 9: ὀδμὴ θεσπ. κατὰ πᾶν δ' ἔχει ὑψερεφὲς δῶ. 10: ἀμβροσία καὶ νέκταρ ὁμοῦ τοῦτ' ἐστὶ τὸ νέκταρ.

p. 411 9 scr. 1633, 56. ib. 12 cf. vol. II p. 865. p. 412 (6) apud Poll. VII 89 (corrige min. ed.) Bekkerus recepit ἔπτυσχλοι. cod. A ὕποσχλοι.

p. 413 (8) vide ad Eubul. 3, 212 annotata. p. 415 (6) ann. l. 3 scr. ὅσην κολοκύντην.

p. 415 (7) προδόσεις πίνειν Cobetus mnem. IV 300 comparato Lysiae fr. p. 172, 1 Sauppii: οἱ-κάπηλοι οἱ ἐγγὺς οἰκοῦντες, παρ' ὧν προδόσεις λαμβάνων οὐκ ἀποδίδωσι, δικάζονται αὐτῷ συγκλείσαντες τὰ καπηλεῖα.

p. 416 (8) Herwerden p. 21 σωδάριον Moeridis errori deberi, Hermippum autem κωδάριον dixisse suspicatur. fr. XII Bekkerus Hemsterhusium secutus πωλητῆρα pro πωλητήριον scripsit. fr. XIII ἀκολουθοῦντε: cf. Cobeti V. L. 70. 360.

p. 417 (16) est apud Photium p. 9 23. ad fr. XVII haec nuper commentatus est Bergkius, quae vernaculo sermone exhibemus, ut in schedis dedit auctor. 'λόγχια (inquit) ist verdorben: γχ ist falsch, wie die wortfolge zeigt, ια rührt von Musurus her; ausserdem war die hschr. des Hesychius

sogut wie die des Photius lückenhaft. die worte des Hermippus sind noch erhalten, sie sind nur in den vorhergehenden artikel gerathen, ich schreibe: λολλώ· τὰ παιδία τῶν θεῶν *(βρῶμα)· κέχρηται τῇ λέξει Ἕρμιππος·
λολλοῦν αὐτὸς ἂν ἐστιῷν.
vielleicht aus den Θεοί des Hermippus. den komischen accusativ verlangt das metrum, und Photius hat λολλοῦν· τὰ παιδία τὸν θεόν (l. τῶν θεῶν βρῶμα)· οὕτως Ἕρμιππος. λολλώ ist ein kuchen, den die kinder gern essen, daher in der kindersprache gleich ἀμβροσία. Photius 236 8 λυλω (f. λυλλώ): ἄρωμά (schr. βρῶμά) τι παιδίων ἐν Εὐβοίᾳ, γινόμενον ἐκ γιγάρτων καὶ σύκων κεκομμένων. ib. 238 21: λωλω: σῦκον μετὰ γιγάρτων κεκομμένων ἐμφερὲς παλασίοις. vgl. Hesych. λῶλον u. λωλώ und Pollux VI 76 schr. λωλώ, διακόνιον.' de his v. intpp. Hesych. II 515 8. λῶλον, διακόνιον cum Iungerm. Nauck. h. a. l. z. 1848 518. fr. XIX 'pro ὀξίναν forsan ὄξινον.' ed. min.

p. 418 (1) scr. Eth. Nic. IV 6. caeterum v. Welckeri opusc. I 277. p. 419 (2) scr. οἱ ἥρωες δὲ δυσόργητοι καὶ χ. de Σίγηλος cf. vindic. Strabon. 135. ad Alciphr. 153. fr. III l. 2 ἐλκίδιον (ἐλκίδιον A) ed. min. ὀλοφυτίς cod. Falck. ὀλοφυκτίς Pors. ad Vesp. 57. ὅλον φλυκτίς cod. A Bk. ὀλοφλυκτίς Bk. ὀλοφυκτίς ed. min. Pro ἐν τοῖς τιταναστιᾶσι τοῦ μυρτιλλοῦ cod. Falck. ἐν τοῖς Τιτανογίγασι τοῖς Μυρτίλου Bekkeri Pollux. idem p. 420, 2 παμπόνηρον δὲ καὶ τὸ παρὰ Μυρτίλῳ τῷ κωμικῷ καταφαγάς, κἂν Αἰσχύλος αὐτὸ ᾖ προειρηκώς.

p. 421 (1) in verbis Philonidis παναγὴς γενεά scripsit Cobetus mnem. V 104. Μεγαρεῖς δεινοί, πατραλοῖαι Bk.

p. 423 (2) κατάκειμαι δ', ὡς ὁρᾶτε, δ. ed. min. p. 424 (4) 'pro ὀξίναν forsan ὄξινον. Cf. Lobeck. path. proll. 219' ed. min. fr. V ὦ πολ. πώγ. ap. Bekkerum. fr. VI ibidem τὸ κατὰ χειρὸς ὕδωρ χέρνιβα ἢ χέρνιβον Ὅμηρος, καὶ χερνίψασθαι, Φιλωνίδης δὲ καὶ χερνίμματα. item fr. VII τὸν ἐπιχαίροντα ἐπιχάρτην εἴρηκεν.

p. 425. Philonidis apud Stobaeum versus (cf. infra p. 387) omisit ed. min. Stob. IX 14 δειλὸς δεδοικὼς Vind. A. Trinc. ib. ἀνδρείας Vind. apud Stob. hodie cum A ἀνδρίας scriptum.

p. 426 (1) ad hoc Caprarum Eupolidis fr. cf. p. 34 annotata. Vs. 2 καὶ πρὸς τούτοισί γε θαλλὸν scriptum ed. min. coll. Athenaeo XIII 587 a: θαλλῷ χαίρουσιν αἱ αἶγες, διόπερ οὐδ' εἰς ἀκρόπολιν ἄνεισι (ἀνιᾶσι?) τὸ ζῷον. Vide Harpocr. 130 15. Plut. aud. poet. p. 30 D: ἡ δὲ αἶξ τὸν θαλλόν. Vs. 3 σφάκον cf. Lobeck. path. el. 1, 510. Vs. 4 scribendum κότινον, σχῖνον, μελίαν, πεύκην (cf. p. 34), ἀρίαν, δρῦν, κιττόν, ἐρίκην (v. infra 34). ἀρίαν pro ἁλίαν scriptum (ed. min. p. VIII) cum Lobeckio 'Ρημ. 356. cf. Etym. Gaisf. 139 40, ubi Voss. a: ἐπὶ δὲ τοῦ φυτοῦ γράφεται διὰ τοῦ ῑ καὶ παροξύνεται, ὡς παρ' Εὐπόλιδι "χήτει τοι πρίνης ἀρίας ποιούμεθα γόμφους." v. infra in inc. fab. suppl. Indicavit O. Schneider. zeitsch. f. alt. 1848 p. 788.

p. 428, 18 corr. 'p. 314 ed. Fr.' l. 19 ἐν Αἰξίν. l. 20 μισθόν: v. ad 3, 576. ad fr. II cf. p. 34 h. vol. ὡς ἦν ποτ' αὐτῶν δὴ κάμη τις κτέ Herwerd. p. 22. p. 429, 1 vulg. πριόνοι (περιόνοι) σελάχιον correx. Stephanus. Eustath. fr. V l. 3 scr. ὡς βάψειεν

p. 430 (6) ad ἑψητοί cf. Alciphr. p. 86. fr. VIII μέλλουσιν ABCDQ μέλλουσιν PVL.

p. 431, 2 apud Suid. αἰγιάζων et αἰγιάζειν (αἰγιάζεις) libri. fr. X omisso καὶ ζῆν (v. annot.) ita exhibet ed. min. μεθόστι μηδὲ τάγυρι μουσικῆς. in his μηδὲ codd. D.V.M. Gaisf. non δὲ μή. in Quintiliani verbis *Hippodamus* scribere malit Bergkius.

p. 432 (14) Dindorfius, vide infr. p. 34, γὰρ ἀνὴρ ὁ γλάμων | ἔχει. p. 433 (16) idem ἀνάμεστοι. ad fr. XIX cf. Fritzschium Ran. p. 167. in scholiastae verbis νομίζεσθ' V. αἰγίπυρρον V. Θ. εἶναι om. V.

p. 434 (21) l. 6 εὕρηται δὲ ἀντραῖος ib. (23) l. 5 ὡς ἐν Αἰξὶν Εὔπολις. p. 435, 5 'legendum θει vel ει' XXVII scr. 191 21 et l. 2 Ἕλληνες. attigit hoc Lehrs. op. qu. p. 151 et p. X.

p. 435, 17. Quae in Theocriteis ad idyll. VI (non V) 1 scholiis reperiri visa est Caprarum Eupolidis memoria, eam non ad ἀπὸ κοινοῦ schema neque ad primum sexti carminis versum pertinere, sed referendam esse ad quinti idyllii versum 141 nuper docuit Dübnerus in 'revue de philologie' II p. 454 Paris. 1847. etenim ad verba Theocriti, φριμάσσεο πᾶσα τραγίσκων | νῦν ἀγέλα, quum haec habeant scholia: οὐ κυρίως δὲ τῇ λέξει κέχρηται. φριμαγμὸς μὲν γάρ ἐστι κυρίως ἡ τῶν ἵππων· βλήχη δὲ ἡ τῶν αἰγῶν καὶ προβάτων, cod. L (i. e. Reg. 2831) initio Ἄλλως vocem addit, tum φριμαγμὸς μὲν γάρ ἐστι ἡ τῶν ἵππων praebet, idem tamen in fine post προβάτων ita pergit, 'τῷ αὐτῷ ἁμαρτήματι περιπέπτωκε καὶ Εὔπολις ἐν Αἰξίν.' haec eadem leguntur in Vaticano 4 Sanctamandi (ubi pro περιπέπτωκε scribitur πέπτωκε), 'sed Parisinus sedem ostendit glossae, incertam in notatione Sanctamandi.' ita fere Dübnerus ad Theocr. schol. p. 140^b. Sanctamandus enim haec in Vaticano praeponi argumento V annotavit. itaque Eupolis in Capris vocem φριμαγμός s. φριμάττεσθαι, equis propriam, ad caprarum sonum transtulisse videtur, quod annotare neglexi supra ad 1, 114 suppl.

ib. ΑΣΤΡΑΤΕΥΤΟΙ. fr. I cf. infra p. 34. p. 437 (3) etiam apud Cobet. Diog. Ἑκαδήμου ib. (4) cf. Aristophan. 2, 1123 (17). p. 438 (5. 6) de versuum rationibus nuper disputavit Fritzschius ind. lect. hib. 1855. 56. annot. l. 16 scr. p. 582. l. 20 ξυνεγιγνόμην: cf. ad Alciphr. p. 141. fr. VII apud Et. m. 174 50 cf. gramm. Bk. 468 28 ἀφαδία ἡ ἔχθρα. Hesych. I 633: ἀφαδίαν. τὴν πολεμικὴν ναῦν. διὰ τὸ ἀφανδάνειν. hinc etiam ap. Et. pro ἔχθρα Salmas. et Kust. ἐχθρά et in Eupolideis ναῦν ὁρᾶν ἀφαδίαν scribunt.

p. 439 (8) cf. Vngeri Theb. parad. 457. in ed. min. ita haec redintegranda videbantur: Εὔπ. Ἀστρατεύτοις "ἵν' ἂν πέπειρον ἀχράδα πρὸς τῇ συκίδι | προσέχωσι." καὶ "ἀχράδων πρόσφερε" Κράτης. reliqua v. Pher. 2, 349 (32). IX 4 scr. βοᾶται Εὐπόλιδι novum huius fab. fragm. scholiastae Hephaestionis cod. Saibantianus attulit, v. Heph. Gaisf. 1855 I 158:

XI

τὸ αὐτὸ δ' ἐστὶ καὶ ἐπὶ τῆς αι διφθόγγου, ὡς Εὔπολις ἐν Ἀστρατεύτοις φησίν·

Ἀθηναίων εἰ βούλεταί τις ἐγγράφειν

ἐν δευτέρῳ ποδὶ τὴν αι συνέστειλε. Cf. 2, 871. 5, 58.

p. 440 (1, 2) λοπάδων ἄμβωνας v. infra p. 34. adde Eust. 1636 52: ἐρρέθη δὲ καὶ ἐπὶ μορίου γυναικείου ὁ ἄμβων.

pro περιλείξας Et. Sorb. περιλείχασι, Gud. 43 34 παραλείχουσι.

p. 441 (2) haec addenda ex min. ed. 'C. F. Hermannus dissert. de tempore Xenoph. Conv. I p. 7 εὐθὺ τοῦ 'ρόφου coll. Arist. Lys. 229. displicet hoc propter additum κωλῆνες. praeterea accusativum requirerem, suspensum illum ab ἀνατείνειν similive verbo, ut in loco Aristophanis. εὔθυτος recte de haedo dicitur, ut καλλίθυτος et similia.' nuper autem Ahrenti vocis ἐρίφου aphaeresis displicuit. V. de Crasi p. 28.

p. 442 (5) annot. l. 2 ὡς ἐν Ἐλπίδι Ἐπιχάρμου εἴρηται fr. VI est Poll. X 47. cf. infra p. 35. fr. VIII schol. Pac. 1164 φίτυμα. apud Suidam 'ἀτὰρ ἤγαγε καινὸν A οὐ γὰρ B pro αὐτάρ. καινὸν etiam B. V. cum schol. Aristoph. ἤγαγε καινὸν φίτυ Etym. M..... ἀτὰρ ἤγαγες καινὸν φῖτυ. τῶν βοῶν Parisinus 1807 in Crameri anecd. Paris. I 400.' Bernh. ad Suid. II 2 1505. καινὸν τὸ φῖτυ cum Porsono C. F. Hermann. schol. Plat. p. 370. τι probavit Fritzschius (ind. lect. aest. 1848) p. 9, cui 'ἤγαγες ad Leogoram referri — ex vano haustum esse' videtur. fr. IX pro βδελυρός Porsonus βδελυρῶς. Bernhardy ἀνεκάς σ' ἐπαίρω καὶ βδελυρᾶς (an βδελυρόν? H. I.) σου τὸ σκέλος. ἐπήρω Porto debetur, libr. ἐπαίρω. Schneidew. phil. 3, 118 ἄνεκάς

p. 444 (10) ὅστις pro ὅτι etiam Fritzsch. l. c. de Leogora et Myrrhine idem dubitat, in sequentibus scholiastae Nub. 109 verbis Μυρρίνην cum V Suidae scribit et τὰ χρήματα ἀποβεβληκότα, ut Suidas v. Φασιανοί, 'malim ἀποβεβληκέναι φησίν' Bernh. fr. XII ἄρα σφόδρ' ἐνεούρησεν ἐξώλης γέρων ed. min. scriptum deleta interrogationis nota. apud Cramerum ἐνούρησεν ἐνεούρησεν Ἀττικῶς. Εὐπ. Αὐτ. ἄρα σφόδρ' ἀνεούρησεν ἐξούλης γέρων; Cobetus mnem. V 109 (item Herwerden p. 22) οὐξώλης γέρων: quem Lyconem esse non putat concedendum Meinekio C. F. Hermannus de temp. conv. Xen. I p. 7 n. 15 ad XIV scr. νεφέλας ὠνόμαζον.

p. 445 (15) de ξενίζεσθαι mirari v. infra p. 35, cf. schol. Aesch. Sept. 363 p. 341 Ddf. schol. S. Aiac. 235 p. 204. Antig. 1184 p. 325 Ddf. ad Iliad. Φ 550 ξενισθέντες πρὸς τὸ ἐπίθετον. ad Π 175 εἰ δὲ μὴ ἐμνήσθη αὐτῆς ἐν Ἅιδου, οὐ ξένον. ad Vesp. 947 οὐ ξένον δὲ ὅτι κτλ. adde M. Schmidt de Didymo comm. IV part. 1 (Olsn. 1852). ad fr. XVII adhibe p. 35. XVIII cf. C. F. Hermanni diss. ind. schol. hib. Gott. 1844. 45. aest. 1845 praemissas.

p. 447 (1) Baptarum fragm. I locupletius aliquanto exhibere licebit Darembergii beneficio, qui et in '*archives des missions scientifiques*' fasc. VIII, Paris. 1852, et in '*notices et extraits*' aliquotiens iam hoc supplemento commemoratis, de *κοχώναις* ex grammaticorum horreis etiam haec collocavit exempla (*notices* p. 215): *καὶ Εὔπολις ἐν Κόλαξιν· "οἷς καλῶς μὲν τυμπανίζεις | καὶ ἐπικινεῖς ταῖς κοχώναις | καὶ πείθεις ἄνω σκέλη," καὶ ἐμβάπτεις· "καὶ τὸν Κέκροπά φασιν ἄνωθεν ἀνδρὸς ἔχειν | μέχρι τῶν κοχωνῶν, τὰ δὲ κάτωθεν θυμνίδος."* in his permutata esse fabularum Eupolidis nomina statuit Dübnerus (v. *notices* 216. Schneidew. g. g. a. 1852 p. 426), Baptarum autem hi fuerint versus:

ὃς καλῶς μὲν τυμπανίζεις
καὶ διαψάλλει τριγώνοις
κἀπικινεῖ ταῖς κοχώναις
καὶ τιθεὶς ἄνω σκέλη.

Vs. 1 ita composuit Dübn. qui Vs. 2 *διαψάλλεις* mutavit, alterum retinuit Schneidewin. Vs. 3 *κἀπικινεῖς* Dübn. Schneidew. nostrum Cobetus V. L. 221. Vs. 4 *ποεῖς* Dübn. *τίθεις* Schneidew. (cf. ad Oed. R. 628. Ahrent. formenl. 95). *τιθεῖς* Goettling. (cf. supra p. L) Cobet. l. c. ad fr. III cf. infra p. 35. Fritzsche Euphros. I 2 p. 25 'unum fragm. est sive Aristophanis e Polyido (2, 1135), sive Eupolidis e Baptis: *τρέχω διὰ τῆς ἀγορᾶς ἀναρίστητος ὤν | κοὐδὲν βεβρ.*' *κτλ.*

p. 448 (6) Hermannus epit. doctr. metr. p. 59 *οὐ γὰρ ἀλλά τι προ|βούλευμα κτλ.* fr. VIII v. infr. p. 35.

p. 451 (13) annot. l. 10: quod quo spectet] vide Welckeri opusc. I 217. Schneidew. beiträge 106. Brink. philol. 6, 78. fr. XIV in verbis schol. Aeschin. *δοκεῖ δέ μοι λελέχθαι βάταλος παρὰ τὸ Εὐπόλιδος σκῶμμα· ἐκεῖνος γὰρ ὑπὸ τῶν βαπτῶν ὀνόματα κεῖσθαι τοῖς αἰσχρῶς* (Bk. *αἰσχροῖς* V) *καὶ Τιγράνην βάταλον ὑπ' αὐτῶν καλεῖσθαι*, H. Sauppius *ἐκεῖνος γὰρ πεποίηκε* (vel sim. quid) *ὑπὸ κτλ. καὶ τὸν πρωκτὸν* (pro *Τιγράνην*) *Βάταλον κτέ.* scribendum proposuit. Wieseler adversar. in Aeschyli Prom. (1848) p. 49 Ἀντιγενίδην pro τιγράνην coniecit. Mein. ed. min. ἐκεῖνος γὰρ τὸ τῶν βατάλων ὄνομα κεῖσθαι τοῖς αἰσχροῖς καὶ τὸν πρωκτὸν βάταλον ὑπ' αὐτοῦ καλεῖσθαι. 'quae si vera, inquit, vel vero affinis est emendatio, dubitari potest, num ad Baptas nomen βάταλος referendum sit.' Nauckius h. allg. litt. z. 1847 int. 475: σημείωσαι (pro ἐκεῖνος) γὰρ ἐπὶ τῶν βαπτῶν ὄνομα τοῦτο κεῖσθαι τῶν αἰσχρῶν, καὶ τὸν πρωκτὸν βάταλον ὑπ' Ἀττικῶν καλεῖσθαι.

p. 452. fr. XV cum Laurentiano Henr. Keilii codice scribendum erit:

ὦ ῥύμβε μαστίξας ἐμέ.

ad vocabuli formam cf. Lobeck. Ῥημ. 35. Mein. vind. Strab. 174. p. 453 (16) adde schol. Eqq. 1291: φασί τινες Εὐπόλιδος εἶναι τὴν παράβασιν, εἴ γε φησὶν Εὔπολις "ξυνεποίησα τῷ φαλακρῷ." Fritzsche Eup. vers. fr. p. 9. fr. XVIII ita cum novissima schol. ed. (v. infra p. 35, ubi perperam omissa interrogationis nota) scribendum:

ἐπιχώριος δ' ἔστ' ἢ ξένης ἀπὸ χθονός;

(cf. Herwerd. p. 22). Fritzsch. Ran. p. 197 ἐπιχώριος δ' ἔσθ' ἢ ξένης ἀπὸ χθονός; Archedemum intellegens ut mollem et pathicum femineo genere nominatum. p. 454 (21) ad Antiph. 3, 29 cf. infra p. 74.

p. 456 (1) de Demorum fr. I v. addend. p. 35. 36. H. I. 'formae ἱστάνειν quam anceps sit apud veteres Atticos auctoritas non ignoro equidem.' barbaram dixit Cobetus mnem. V 104, ubi Eupolidea ita scribenda esse coniecit: τοιγὰρ στρατηγὸς ἐξ ἐκείνου τοῦ χρόνου | οὐδεὶς ποθ', ὥσπερ μειαγωγὸς ἑστιῶν, | τῆς τοῦδε νίκης πλεῖον' εἵλκυσε σταθμόν, 'quae de Themistoclis, inquit, victoria Salaminia dici apertum est.' caeterum cf. Fritzsch. ad Ran. p. 283. in annot. l. 5 ser. Blancardus. p. 457 (2) l. 9 scr. 'vidit Elmsleius Med. p. 146.' ad fr. IV cf. addendor. p. 36. in min. ed. vs. 2 ἡ μὲν φύσις τὸ μέγιστον ἦν scriptum. p. 458 (5) de ὅ τί περ κεφάλαιον v. Cobeti annotationem V. L. p. 312. cf. Fritzschii Lucian. quaest. 36 sqq.

p. 458 (6) huius loci imitatores Wyttenbachius S. N. V.

p. 7. 8. 9 et indicatus ab eo Berglerus ad Alciphr. I 38 39 dabunt. adde quae his paginis 459. 460 et infra annotata sunt p. 36. cf. Aristaeneti epist. I p. 6 ἴδοις ἂν τὴν Πειθὼ τοῖς πορφυρείοις αὐτῆς χείλεσιν ἐπικαθημένην. Bast. ep. cr. 259. p. 459, 20 ἐκ δέκα ποδῶν ἧρει λ. τ. ἑ. vide addenda p. 36. item Lobeck. path. elem. 1, 104. l. 5 a f. scr. 'Vs. 5' p. 460, 4 adde Quintil. X 1 82. ib. 7 ἐπεκάθητο τοῖσι χείλεσιν p. 461 (8) sine poetae nomine apud Galenum legi vol. VIII p. 653 et 943 indicavit Nauck. ib. annot. l. 10 corr. p. 337.

p. 463 (10) de proverbiali formula τοῦ πατρὸς τὸ παιδίον sim. cf. Lobeckii Agl. 1048. ib. XI de sententia verborum cf. Herwerden p. 22 sq. idem fr. XII (p. 464) κἀγχλοῆσαι pro καὶ χλοῆσαι. ap. Etym. pro ἅμα βλυσθοινῆσαι codd. D. M. ἅμα βλυσθονῆσαι. Suidae libri quum ποιοῦσι παρόντες (non παίζοντες) praebeant, Bernhardy II 2 1790 παρῳδοῦντες suspicatur, h. e. 'fingere solent cum lusu sonorum.' fr. XIII 2 scriptum ed. min. ἐάσετ' cum Elmsl. (adversante Ellendtio Lex. Soph. II 97). pro κινούμενα f. βινούμενα ib. coniectum scribendum. Vs. 3 τοῖν σφυροῖν receptum. de sententia cf. Fritzsch. Ran. p. 211 sq. p. 465 (14) vs. 2 'f. προσιστάμενα' ed. min.

p. 466 (15) vs. 2 οὕτω σφόδρ' ἀλγῶ τὴν πολιτείαν ὁρῶν παρ' ὑμῖν scripsit Mein. ed. Stob. pro ἡμῖν: idem Herw. 23. Vs. 7. 8 ὅπη-στρατευόμεσθ' Vindob. ὅποι τύχοιμεν: cf. Hermanni opusc. IV 142. p. 467 (16) respicit Eustath. Od. 1401 11. annot. l. 7 scr. Χειρόνιπτρα Caeterum v. infra p. 37 sq. ad fr. XVIII cf. add. p. 36. *(ἐν) κύκλῳ: Aristot. rhet. III 14 p. 1415^b 23: οἱ δοῦλοι οὐ τὰ ἐρωτώμενα λέγουσιν ἀλλὰ τὰ κύκλῳ, καὶ προοιμιάζονται. illud διὰ τῶν χωρίων nonne *specialiter* fuerit interpretandum?

p. 468 (19) 3 corr. Anecd. p. 328 19. in Et. m. Gaisfordus προσαγήλωμεν ἐπελθόντες dedit, προσαγήλομ' ἐπελθόντες D. V^a. χαίρετε πάντες v. Franz. el. epigr. 340. 342. cf. Fritzsch. Ran. p. 110.

p. 469 (20) 9 scr. 'pro τοῖς alii libri τοῖσιν.' dele sequentia. Cf. Fritzsch. Eup. vers. fragm. p. 10. l. 1 a f.

omissum anonymi com. fragm. in supplementis exhibebimus. p. 470, 5. 6 a f. scr. *τὰ ἀρώματα . . . τὰ πέμματα*.

p. 471 (23) corr. *πουλύπους*: ad annotationem pertinent infra p. 36 scripta. fr. XXIV: cf. p. 36. *τῷ δ' αὖ οἶνος εἴη πολὺς πίσει* M. *οἶνον πολὺν πίσειεν* V. in verbis Etym. l. 2 scr. *εἰρημένου αὐτοῦ* l. 5 Gaisf. *ἀλλὰ μήποτ' ἐστιν εἰπεῖν, ὅτι μὴ εἰρῆσθαι εἶπεν ἐν πλάτει: ὅτι* om. V. *εἰρῆσθαι εἶπεν* D. *εἶπεν* om. vulg. *μὴ εἰρῆσθαι ἐν πάτει* Varin. *πίσει* (*bibet*) Lobeck. ad Buttm. II 276 cf. *'Ρημ.* 18. Eupolidis versum hoc modo supplevit Herwerden p. 23: *ὅτῳ δ' ἂν οἶνος ᾖ πολύς, πίσει* *(*πολύν*). p. 473 (29) pro *Δήμοις* Par. A *Θυήμοις* fr. XXX Raspium secutus est Bk. XXXI idem *καυχήσεται*. ad XXXIV scr. *καὶ Εὔπολις-ἀδικούμενος; καὶ ἄλλοι*.

p. 474 (35) de cognomine *Καπνός* cf. ad 3, 358, ubi pro *περαΐτης* scribendum coniecit editor *ἐπαίτης* vel *προσαίτης*. Bernhardy ad Suid. v. *Θεαγένους* in his, quae sunt ap. Suidam (cf. schol. Av. 822), *οὗτος δὲ πένης ὢν μεγαλέμπορος ἐβούλετο εἶναι, ἀλαζών, ψευδόπλουτος*, Eupolidis latere suspicatur verba. Theogenem non recte *Καπνόν* dici, sed ad Aeschinem Selli f. epitheton istud pertinere, mihi non persuasit Nauckius, philol. IV 546 et VI 413. credo enim *πτωχαλαζόνας* omnes *καπνούς* vocari, et quod in Aeschinem et in Proxenidem coniectum est nomen, etiam ad Theogenem referri posse. Cf. *Σέλλου* filios ad Phryn. 2, 585. Hermann. ad Aeschyli II p. 91.

p. 477 (38) ap. schol. Nub. 1001 *εἰς 'Ιπποκράτους* (*ἱπποκράτου* G.) V. *εἰς 'Ιπποκράτους παῖδες* ABVE Suidae v. *ὑΐδεις*. Nauckius *εἶσ' 'Ιπποκράτους* trag. fr. p. 674. L. Dindorfii ap. Suidam *ἐκβόλιμος* tentantis rationes non assequitur Bernhardy. p. 478, 1 Bergk. comm. cr. II p. VIII *καὶ Μένωνος*: v. supra p. XXX.

p. 479 (39) schol. Nub. 1022 quomodo hodie scribatur v. ed. min. fr. XL post verba *μετὰ Σόλωνα ἄρξας·* addenda ex schol. haec *Εὔπολις ἐν Δήμοις*. XLI *βοᾶται Εὐπόλιδι* p. 480 (45) pro *ἥσθημα* Herwerden p. 24 *ἧσμα* ab Eupolide scriptum opinatur. ad fr. XLVI cf. infra p. 37

adde Athen. p. 659 a. *ΔΙΑΙΤΩΝ*. Bekkerus Poll. VII 168 poetae verba ita fere exhibuit, ut priore loco hist. cr. p. 130 scribi potuisse coniecit editor. H. Sauppius ad Philodemi de vitiis libr. X (Lips. 1853) p. 25 et ipse Eupolidis nomen pro corrupto habuit; 'versus autem ipsos, cum locus Philodemi ostendat *συνεμβαίνοντά σοι* restituendum esse', existimat sic redintegrandos esse: *εἰς βαλανεῖον εἰσιών* | *μὴ ζηλοτυπήσῃς τὸν συνεμβαίνοντά σοι* | *εἰς τήν γε μάκτραν*. adde quae nuper Fritzschius dixit Eup. vers. fragm. p. 11 sq.

p. 481 (2) scr. 'disputat de *λαγός*.' cf. Ahrens dor. p. 227. fr. III ita distinctum ed. min. *τὰ Στησιχόρου τε καὶ Ἀλκμᾶνος Σιμωνίδου τε* | *ἀρχαῖον ἀείδειν· ὁ δὲ Γνήσιππος ἔστιν ἀκούειν κτλ.* ibidem non credit editor omnes versus ad eosdem numeros revocandos esse, 'alioqui, inquit, vs. 3 possis haud paullo probabilius *ὃς νυκτερίν' εὕρετο μοιχοῖς*, ut *ἀείσματα* tribus efferatur syllabis.'

p. 482 (6) apud Herod. *μον. λ.* 10 30: *εἴρηται δὲ καὶ Ποτιδᾶς ὡς Κερκιδᾶς*. ad haec Lehrsius p. 29: 'non nihil offensionis habet, quod simpliciter scripsit *Ποτιδᾶς ὡς Κερκιδᾶς*. quam certe facile poterat *τῷ τόνῳ ὡς Κερκιδᾶς*! — tollitur illa offensio, si e. g. sic ab Herodiano scriptum putes: *εἴρηται δὲ καὶ Ποτειδᾶς ὡς Κερκιδᾶς* (sic enim patet nil nisi accentum comparari). *καὶ Ποτίδας, ἔνθεν* - exempli gratia inquam.' ib. annot. 4 *Σώφρων τε τὴν κλητικὴν ἔφη Ποτιδᾶ δροσοχαῖτα*. Lehrs cum Cramero Mus. Cantabr. 637. cf. infra p. 37. in Helotarum fabula 'Corrigi voluerat *τέμενος Ποτίδα ποντίω* Dindorf. in praef. ad Hom. Il. ed. Lips. 1824. II.' Lehrs. p. IX. p. 483, 9 de accentu *Κερκιδᾶς* nominis (v. p. 37) cf. Ahrent. dor. 246. Caeterum ad schol. Ar. Eqq. 1225 *ἐγὼ δέ τυ ἐστεφάνιξα κἀδωρησάμαν: μιμεῖται δὲ τοὺς εἵλωτας, ὅταν στεφανῶσι τὸν Ποσειδῶνα*, Dübnerus adhiberi debuisse hanc notationem scholiastae ad fragm. VI Helotarum. Heckerus philol. V 511: 'monere neglexi, inquit, Eupolidem argumentum comoediae *Εἵλωτες* habuisse videri caedem Helotarum, de qua Thuc. IV 80 *προκρίναντες ἐς δισχιλίους (τῶν Εἱλώτων), οἱ μὲν ἐστεφανώσαντό τε καὶ τὰ ἱερὰ περιῆλθον ὡς ἠλευθερωμένοι,* αἱ δὲ οὐ πολλῷ ὕστερον ἠφάνισάν τε αὐτοὺς καὶ οὐδεὶς ᾔσθετο ὅτῳ τρόπῳ ἕκαστος διεφθάρη.' cf. q. s. Herodiani apud Eustath. p. 297, 36 locum, de quo contra Müllerum (opusc. I 468) infra p. 37 dicturum se pollicitus est auctor, ad Sophoclis Ἡρακλέα ἐπὶ Ταινάρῳ satyricam fabulam referunt: v. Wagnerum p. 262. Nauckium p. 142. fr. VII (p. 483) Herodiani verba, nisi quod Blochii παρὰ τῷ τοὺς Εἵλωτας probavit, intacta reliquit Lehrs. p. 92. 'in fine, inquit, nisi ante ἐπεὶ lacuna est, scribendum putes ἐπεὶ κωμικώτερόν ἐστι. an vero vel comicus μισχοῦν dicere potuerit, e. g. ὀναίμεθ' ἀλλὰ μισχοῦν | καθήμενοι - nescimus.' Bergkius zeitsch. f. alt. 1852 p. 13: παραιτοῦμαι δὲ τὸ βίσχουν κτἑ. βίσχουν καθήμενοι. ἐπεὶ ὀνοματικόν (ita ed. min. pro ὀνοματικά) ἐστι. eam formam pro ἰσχύν positam adverbii loco esse, siquidem βισχύν. ἰσχύν. σφόδρα, ὀλίγον, Λάκωνες Hesychius, idem γισχύν. ἰσχύν (cod. ἡσυχήν) explicet; Theognostus autem Crameri Ox. II 162 19: εἰς υν λῆγον ἐπίρρημα οὐδέν ἐστιν, εἰ μὴ τὸ βίσχυν βαρύτονον μόνον ὄν. quod Helotas aeolica ratione per ου pronuntiasse. idem μίσχουν defendi posse concessit. de ἀθροῦν Antonin. Lib. fab. 24 attulit Nauckius (philol. 6, 414): ἡ Δημήτηρ ἐξέπιε κατὰ τὸ δίψος τὸ ποτὸν ἀθροῦν: v. intpp. In eodem philologo (6, 648) H. L. Ahrens impugnata Bergkii sententia Herodiani locum ita composuit: Ἀθροῦν. οὐδὲν εἰς ουν λήγει ἐπίρρημα, ἀλλὰ μόνον τὸ ἀθροῦν. [Νῦν. οὐδὲν εἰς υν λήγει ἐπίρρημα, ἀλλὰ μόνον τὸ νῦν] ὅπερ καὶ ἐκτάσεσι δεικτικαῖς κέχρηται καὶ παραθέσει ἄρθρου ἑνικοῦ καὶ πληθυντικοῦ. παραιτοῦμαι δὲ τὸ βίσχυν, ὃ εἴρηται παρὰ τῷ τοὺς Εἵλωτας· ἔμην' ἁμᾶ (vel ἁμᾷ) βίσχυν καθήμενος· ἐπεὶ ὀνοματικόν ἐστι. h. e. ἔμεινε πάνυ ὁμοῦ (Xen. Cyr. VI 3 7) καθήμενος.

p. 484. ΚΟΛΑΚΕΣ. Cf. quae 'de Eupolidis Adulatoribus scripsit Ioachimus Toeppel Rostochiensis' Lips. 1846, et ad eum librum 'F. V. Fritzschi emendationes' p. 62 — 75. de schol. Rav. Lysistr. 1189 annotatione v. Rob. Engerum. cf. Toeppel. p. 14. Fritzsch. 65. fr I 13 ἢ 'κφέρεται θύραζε. cum Bergkio ed. min. I 16 scribendum κλῳὸν ib. pro *παρέδωκεν Οἰνεῖ* Bergkius comm. crit. I p. 28 volebat *παρέδωκε κοινῷ*, i. e. *δημοκοίνῳ* Et. m. 265 23. sed v. Meinekii ad Alciphr. p. 152 annotationem: 'quod Oeneo, inquit, tradi iubetur homo importunus, idem est ac si dixisset eum in barathrum detrusum iri. Ciriadae enim demus, in quo barathrum illud fuisse constat, tribus erat Oeneidis. V. gramm. Bk. 219 10: *Ἀθήνησι δὲ (τὸ βάραθρον) ἦν ὄρυγμά τι ἐν Κειριαδῶν δήμῳ τῆς Οἰνηίδος φυλῆς* [cf. Meier. de bon. d. p. 19]. ac probabile est in ipsa barathri vicinia statuam eponymi herois fuisse positam.' p. 485 annot. l. 19 rescriptum ex Poll. *ὁ δ' Εὐπόλιδος πλούταξ πέπαικται.* p. 487 (3) scriptum ed. min. (corr. l. 6 *χαλκὸς*) ut h. l. proposuit Mein. altero versu *οὐδὲ χαλκὸς ἂν εἴργοι* malit Toeppel. p. 22. ad IV cf. Dobr. adv. II 152. Toeppel. p. 28. 29. 'fr. V Fritzschius apud Toeppelium ita scripsit [p. 67. cf. Eupol. vers. fragm. p. 10]:

παρὰ δὲ τῷ γε Καλλιάδου πολλὴ δὴ θυμηδία,
ἵναπερ ἡμῖν καὶ βατίδες καὶ λαγῷ καὶ κάραβοι κτλ.

quae non displicent, nisi quod de Calliade dubito; versu secundo sufficit scribere *ἵνα πάρ' ἡμῖν.*' Mein. ed. min. p. IX. annot. l. 6 *εἰλίποδες* gramm. Herm. p. 489, 2 *γυναῖκας εἰλίποδας διὰ τὴν ἔνδεσιν τῶν μηρῶν* Eust. ib. 10 Hesych. *διὰ τὴν δέσιν τῶν σκελῶν καὶ* (Fritzsch. p. 68 *ἢ*) *πλοκὴν τὴν κτλ.* fr. VI l. 2 *ἐλέγοντο* Phot. 'Fritzschius (p. 68) corrigit: *καὶ αὐλητρίδα πεζὴν Εὔπολις Κόλαξιν.* in prima huius glossae parte malim *ἔλεγον γάρ τινες οὕτως, ὡς Ἀριστοτέλης ἐν τῇ πολιτείᾳ, τὰς χωρὶς ὀργάνων,* quae non ad nomen *μόσχος*, quo Aristotelem usum esse vix credam, sed ad *πεζὰς* spectare videntur. hoc si verum est, efficitur *καί* suo loco esse positum.' ed. min. p. IX. l. 7 cf. vol. IV p. 659. fr. VII *παρ' ἄριστον* requirebat Herwerden p. 25. ib. ann. l. 7: de duobus illis senariis iam aliter iudicat editor: v. ed. min. p. 1260 (417) et infra in suppl. p. 490, 11 *Marpsiae* nomen nuper etiam Alciphroni I 26 1 restituit editor: v. ib. p. 100, ubi corr. p. 137 (pro 113). ib. 16 de Cleocrito cf. Fritzsch. Ran. p. 434. fr. IX apud Poll. X 28 cum Geelio Bk. edidit: *καὶ τὸ μὲν σκεῦος κόρημα* (pro *καὶ* ῥῆμα) ὑπὸ Εὐπόλιδος εἴρηται ἐν τοῖς Κόλαξι fr. X 'primum versum solus servavit Diogenes, reliquos Eustathius l. l. cuius haec verba sunt: καθὰ ἐμφαίνειν Εὔπολις λέγεται τὸν φυσικὸν Πρωταγόραν διακωμῳδῶν ἐν τῷ Ὃς ἀλαζονεύεται κτλ. haec cum versu a Diogene servato coniungenda esse vidit Porsonus, dissentiente Toeppelio p. 39.' Mein. ed. min. p. IX. cf. Fritzsch. ib. p. 70. Illum versum apud Laertium Diog. (cf. Pors. ad Plut. 965) ita exhibuit Cobetus:

ἔνδον μέν ἐστι Πρωταγόρας ὁ Τήιος.

apud Bergk. comm. cr. II p. IX ἐνθάδε scriptum. ὁ Τήιος: v. Steph. Byz. 620. 5 Τήιος. ἀφ' οὗ "Πρωταγόρας ὁ Τήιος." ubi Mein. 'sunt Eupolidis verba.' adde vind. Strab. 221 ubi 'quae urbs (Abdera), inquit, cum Teiorum colonia fuerit et cum metropoli arctissima consuetudine coniuncta, profecto non mirum est eundem hominem ab aliis Teium ab aliis Abderitam perhiberi', vide q. s. ad alterum et tertium versum cf. ex Aristophaneis infra p. 37 collocata, quae Tagenistis tribuenda videntur Toeppelio p. 40. fr. XI ita scripsit Fritzschius p. 72: ὁ Πρωταγόρας ἐκέλευε γὰρ πίνειν, ἵνα | πρὸ τοῦ κυνὸς τὸν πνεύμον' ἔκπλυτον φορῇ. illud ἔκκλυστον (cf. infra p. 37) iam Reiskius coniecit. Macrobius sua ex Plutarcho hausit. fr. XIII praeter Gudianum etiam Paris. 2630 Bk. et Sorb. Gaisf. (Bast. ad Greg. Cor. p. 289) habent. pro σύντομος ἐδωδή scribendum esse σύντονος indicatum ed. min. V. Fritzsch. p. 69, qui de βρυγμός et κοπετός vocabulorum significatione non assentitur Meinekio. idem fr. XIV δραχμῶν ἑκατὸν ἰχθῦς μόνον ἐωνημένος p. 73. fr. XV annot. l. 3 corr. θὲς ἑκατὸν δραχμάς. ἰδού· ex Polluce sua hausit schol. Luc. vol. IV p. 178 Iacobitz. adde Fritzsch. p. 72. de fr. XVI cf. Toeppel. 47. XVII 4 χρέμπτεται δέ γε μῆλα Fritzsch. p. 26. in annotatione l. 12 Toeppelius correxit Athen. XIV p. 629 f. fr. XIX in verbis Pollucis, εἰ μὴ ὑποπτεύεται τὸ δρᾶμα ὡς [Ἀριστοφάνους] οὐ γνήσιον, hoc οὐ Casaubono debetur, Fritzschius μὴ scribebat p. 49, Bekkerus εἰ δὲ ὑπ. scribendum coniecit. τἀργύρια de *pecunia* intellexit Boeckhius oec. civ. I p. 238 ed. II. cf. Toeppel. p. 50. annot. l. 10 inc. fab. fr. CXV intellegi voluit auctor: iam v. infra p. 37 (31). fr. XX 2 Fritzschius ad Ran. p. 217 ita constituit, παραπλήσι' ὄντα σοι γέγραπται τἄπιπλα, totidem numero vasa a te scripta sunt. idem repperit Bekkerus Poll. unde recipiendum suasit Mein. ed. min. p. IX. ipse Fritzschius ad Toepp. p. 69 etiam hanc proposuit coniecturam: παραπλήσι' ὄντως σοι γ. τἄπ. annot. l. 6 vulgo] ita scripsit Hemsterhusius. fr. XXI apud Poll. X 39 l. 5 Fritzsch. p. 75 ἀλλὰ καὶ τυλεῖα παρὰ Σοφοκλεῖ (cf. Nauck. trag. fr. p. 155) ἐν τῷ Οἰκλεῖ λέγοντι "λινορραφῆ τυλεῖα." de mensura vocabuli τύλη cf. ad Antiph. 3, 124. Fritzsch. p. 74. p. 497, 5 Pollucis VI 103 verba ita apud Bk. leguntur: τὴν μέντοι ἐλαιηρὰν ἐπίχυσιν χαλκίον μακρὸν Εὔπολις ὠνόμασεν. fr. XXV: cf. Fritzsch. p. 69. 'post βοῦς fort. alter ingerebat λέγ' ἕτερον vel simile quid.' ed. min. Choerobosci verba apud Gaisf. sunt p. 242 14, ubi λέγω δὴ τῆς τοὺς βοῦς pro τὰς β. fr. XXVI apud Poll. VI 159 'Bekkerus συμβίοτοι edidit; rectius Seberus ad codd. fidem συμβιωταί. Cf. Toeppel. p. 55.' ed. min. p. IX. fr. XXX cf. Fritzsch. Ran. p. 196, qui scholii verba ita scripsit: ὅτι σύνηθες ἦν τὸ αὐτὸ ἐπιλέγειν, et ephymnium intellexit (Ran. 402..408. 413). ἐν τοῖς πρόσθεν '(h. e. infra, ut docuit Lobeckius ad Phryn. p. 11)' ad Ran. 1265 sqq. pertinere voluit. 'ergo ephymnium, inquit, nescio quod Eupolis iteraverat in Adulatoribus.' cf. Toeppel. p. 27. Adulatorum fr. XXXI vide infra p. 37:

φροῦδον τὸ χειρόνιπτρον.

quod olim in incertis erat p. 574 (115) cf. supra ad fr. XIX suppl. Apud Poll. VI 92 (v. infra 37) Bekk. edidit χερόνιπτρον. novum ex Darembergii copiis (v. supra Baptarum supplementa p. LXX) accedat fragmentum:

XXXII

καὶ τὸν Κέκροπα τἄνωθεν ἀνδρός φασ' ἔχειν
μέχρι τῶν κοχωνῶν, τὰ δὲ κάτωθεν θυννίδος.

Gramm. Darembergii notices p. 215 de κοχώναις agens καὶ Εὔπολις, inquit, ἐν Κόλαξιν· "οἷς καλῶς μὲν τυμπανίζεις κτλ." καὶ ἐμβάπτεις (sic)·

καὶ τὸν Κέκροπά φασιν ἄνωθεν ἀνδρὸς ἔχειν
μέχρι τῶν κοχωνῶν, τὰ δὲ κάτωθεν θυμνίδος.

fabularum titulos ita permutavit Dübnerus, ut hoc fr. Adulatoribus, alterum *Βάπταις* ascribendum videretur. Vs. 1 *φασιν τὰ ἄνωθεν* in ed. pr. Dar. (cf. Schneidew. g. g. a. 1852 p. 424). Vs. 2 *θυννίδος* emendavit editor. priora ita concinnavit Dübnerus: *τὸν Κέκροπά φασιν ἀνδρὸς ἔχειν τἄνω μέρη κτέ.* Schneidew. p. 426: *τὸν Κέκροπά τοί φασ' -.* nostrum debetur Nauckio. Goettlingius ind. Ien. schol. hib. 1853 p. 5 ita: *καὶ Κέκροπά φασ' ἄνωθεν ἀνδρὸς σῶμ' ἔχειν | μέχρι τῶν κοχωνῶν τὰ δὲ κάτωθεν θυννιδοῦ,* 'nisi melius est, inquit, *θυννιδῶν.* nam Athenis etiamnum superstes est statua Cecropis desinentis in duos pisces.' caeterum schol. Vesp. 438 attulit Daremberg.

p. 499, 2 ad Laconum fragm. cf. infra p. 37 annotata. 'de Eupolidis Maricante sive de Aristophane accusatore et Eupolide plagii reo' scripsit E. A. Struve. Kiliae 1841. fr. II de prioribus Quintiliani verbis v. 2, 431 (11) et suppl. fr. III est apud schol. Plat. Bk. 379. p. 500, 10 corr. 460 12. p. 501 annot. l. 5 scr. *μαρτυρίαν καὶ παρὰ τῶν* fr. VI annot. l. 5 *ἀπόλλυται,* cf. Xen. Mem. IV 2 33: *τὰ δὲ Παλαμήδους οὐκ ἀκήκοας πάθη; τοῦτον γὰρ δὴ πάντες ὑμνοῦσιν ὡς διὰ σοφίαν φθονηθεὶς ὑπὸ τοῦ Ὀδυσσέως ἀπόλλυται.* p. 502, 7: *λέγουσιν· οὕτως Εὔπολις.* ib. 22: cf. Apostolii II 90 *Ἀντρώνιος ὄνος καὶ Ἀχαρνικοὶ ἵπποι κτλ.* 2, 261. p. 503 (8) l. 2 scr. *συμβάλλεται πρὸς τὸ* (hoc V) *ἐν Μ.* ib. 5 iam legitur: *εἰς ὃ τιθέασιν οἱ ἀρτοκόποι τοὺς ἄρτους ἐπὶ τῷ ξηραίνεσθαι.* ib. 6 *μέντοι* Ald. *μέν τι* Θ. Bk. fr. X *ἁρματωλία*: cf. Fritzsch. de fab. retractatis II p. 9. ad fr. XIII 'cf. fr. inc. fab. CXXXVII' ed. min. Struve p. 43. XIV, 4 scr. p. 691 c (non d, ut ed. min.) p. 506 1 *ταμίαι*: Boeckh. Oec. Ath. ed. II. 1, 236. 706. XIX, 1 *Εὔπολις ἐν Μαρικᾷ οὐ* (ita ed. min.) *κώμην γὰρ λ.* XX *λέγει δὲ ἐπὶ τ. π.* ed. min. verborum sententiam hanc dixit Bernhardy, 'pravis enim obolare pretium statuimus.' caeterum v. ad Antiph. 3, 76. infra p. 77. XXI *ψῶζαν*: v. Lob. path. proll. 359. XXII de temporum rationibus cf. Fritzsch. retract. fab. II p. 5. XXIV *λέγεται καὶ θετταλίζω κτλ.* de vestitu Thessalico cf. ad Steph. Byz. 311 annot. *ΝΟΥΜΗΝΙΑΙ. ἐδιδάχθη ἐπὶ Εὐθύνου ἄρχοντος:* cf. supra p. XL. Dindorf. chron. scen. p. 414. l. 4 scr. *τρίτος Εὔπολις Νουμηνίαις.*

p. 508. *ΠΟΛΕΙΣ.* fr. I plenius iam ascribere licet ex Veneti codicis auctoritate, cui tria postrema vocabula debentur, ita:

Τῆνος αὕτη
πολλοὺς ἔχουσα σκορπίους ἔχεις τε συκοφάντας.

Τῆνος αὕτη Rav. reliqui *Τῆνος δ'* (*δὲ* Θ.) *αὐτή.* ad sententiam comparandus [Demosthenis] adv. Aristog. I (or. 25) § 52 locus: *πορεύεται διὰ τῆς ἀγορᾶς ὥσπερ ἔχις ἢ σκορπίος ἠρκὼς τὸ κέντρον, ᾄττων δεῦρο κἀκεῖσε, σκοπῶν τίνι συμφορὰν ἢ βλασφημίαν ἢ κακόν τι προστριψάμενος καὶ καταστήσας εἰς φόβον ἀργύριον εἰσπράξεται.* fr. II 'vs. 2 forsan alteri interlocutori tribuendus. pro *ἡμῖν* cod. *ὑμῖν*.' ed. min. priorem Herwerden p. 25 ita supplendum coniecit: *τίς δ' ἐστὶν αὐτηί; Β. Χίος, καλὴ πόλις. Πόσειδον* vel sim. quid. fr. III quarto loco est ed. min. ut fr. IV quintum ibi numeratur. Aristophanis memoria ad Lysistr. 150 refertur, aliis est 735. adde quae annotata sunt vol. II p. 76. fr. V in min. ed. est III. ad vs. 1 Cobeti coniecturam v. infra p. 38. hoc auctore alteri versui praescripta est persona *Α.* vs. 3 *ἐβίνουν* Dind. vs. 4 *καξηνό* (δ) cod. V. fr. VI quum Bekkeri codd. ita exhibeant, *ὡς ὑμῖν ἐγὼ πάντως ἀποκρινοῦμαι πρὸς τὰ κατηγορούμενα,* in addendis p. 38 et in min. ed. hoc modo conformata sunt Eupolidis verba: *ὡς ὑμῖν ἐγώ | πάντ' ἀποκρινοῦμαι πρὸς τὰ κατηγορούμενα.* Fritzschius Eup. vers. fragm. p. 20: *ὡς ὑμῖν ἐγώ* (int. *ἀπεκρινάμην*), | *πάντως ἀπόκριναι πρὸς τ. κ.* annot. l. 7 corr. Menandr. p. 259. fr. VII scholion Nub. 587 hodie ita legitur: *ἀποτυχόντος φασὶ Ποσειδῶνος τῆς χώρας τὸ κακῶς βουλεύεσθαι Ἀθηναίοις ἤσκητο· κτλ. καὶ ἦν τοῦτο* (*τὸ* add. V) *λεγόμενον ἐπιχώριον. καὶ Εὔπ. κτἑ.* Cf. Suid. v. *Ἀθηναίων δυσβουλία.* de *οἰνόπταις* cf. Saupp. Lycurg. fragm. 58[b]. fr. VIII ann. l. 3 *ἐν Πόλεσι: πύλεσι* V. ib. l. 7 *τειχίων* v. p. 38. ib. 10

τὸ om. Ald. p. 512 (9) μίκρ' ἄττ' ὀρτύγια, quod haec maior editio in ordinem recepit, prae tradita lectione probavit Cobetus mnem. 5, 105. fr. XI χάμυνίας ed. min. annot. l. 5 scr. 'vulgo μορίῳ' et 6 'cod. Ven. εἵνεκεν.' hos versus aliter composuit Fritzschius, v. ad Ran. p. 448. fr. XII revocanda erit tradita scriptura πάσχειν τοῦτ' ἐμέ. 'postrema τοῦ Πορθάονος ex R accesserunt.' Dübn. XIII pro σοφιστὴς (v. p. 38) ὁ Σίμων num forte legendum νοσφιστής? cf. schol. Vesp. 836. l. 4 διαβάλλων αὐτὸν ἐπὶ τοῖς αὐτοῖς ἐγκλήμασιν ad fr. XIV cf. addend. p. 38. de Philoxenis cfr. Fritzsch. Ran. p. 308. fr. XV 2 ita scribendum iudicabat Herwerden p. 26: πότερος ἀμείνων Ἀμφοτερὸς ἢ Στιλβίδης; ac sane Ven. cod. ἀμφότερος habet pro ἀμφοτέρων. de nominis proprii accentu proprio v. Lehrs. Arist. p. 275 sqq. 282. fr. XVI ita distinctum est apud Hermannum Aeschyl. II p. 271, Ἱερόκλεες βέλτιστε, χρησμῳδῶν ἄναξ, ut in Aeschyleo versu factum. de vocativi forma dictum 2, 465. XVIII. XIX cf. p. 38. XX schol. Luc. p. 47: Κρατῖνος δὲ ἐν Ὥραις ὡς παρελθόντος νέου τῷ βήματι μέμνηται καὶ παρ' ἡλικίαν καὶ Ἀριστοφάνης Σφηξὶ καὶ Εὔπολις Πόλεσι. XXII schol. Plat. Εὔπολις μὲν οὖν ἐν Πόλεσι διὰ τὴν χροιὰν πύξινον αὐτὸν καλεῖ ad annotationem adde Eustath. 812, 55: ἀφ' οὗ πύξινός τις ἔσκωπται ἄνθρωπος παρὰ τοῖς παλαιοῖς. item quae de p. 1105, 17 infra diximus p. 65. XXIII. ad metri rationes cf. Fritzsche 'de numero qui κατ' ἐνόπλιον dicitur' ind. schol. hib. 1848. 49. XXVII[a]: cf. fr. inc. CXXVII. XXIX. grammatici verba quomodo scribenda sint v. infra p. 88, atque ita ed. min. "ἄσπουδος δ' ἀνὴρ σπουδαρχίδου κανίων." XXX. de sententia huius versus v. H. Sauppii dissert. in libro 'berichte über die verhandlungen d. sächs. ges. d. wiss.' 1855 p. 11: 'es ist eine anrede an die richter (Pher. 2, 293), denen die chöre gleichsam rechenschaft abzulegen haben.' cf. ib. p. 14. ad fr. XXXI comparandum hoc apud Strabon. lib. VII fr. 8 "ἐλευθέρα Κόρκυρα, χέζ' ὅπου θέλεις", item hoc Marci Anton. V 12: πρόιθι οὖν καὶ ἐρώτα, εἰ τιμητέον καὶ ἀγαθὰ ὑποληπτέον τὰ τοιαῦτα, ὧν προεπινοηθέντων οἰκείως ἂν ἐπιφέροιτο τὸ τὸν κεκτημένον αὐτὰ ὑπὸ τῆς εὐπορίας οὐκ ἔχειν ὅποι χέσῃ: quem locum qui indicavit Nauckius comici poetae esse voluit ita scriptum 'ὑπ' εὐπορίας γὰρ οὐκ ἔχεις ὅποι χέσῃς.' p. 519 (32) 'cfr. inc. fab. fr. XCI.' ed. min. fr. XXXIII ita exhibuit Bekkerus:

κακὰ τοιάδε

πάσχουσα μηδὲ πρᾶσιν αὐτῷ;

hoc μηδέ de coniectura. fr. XXXV vulgo apud Poll. ita habet: Εὐπόλιδος εἰπόντος ἐν Πόλεσιν "ἄνευ καλαθίσκου καὶ πήρα (al. πόρων) καὶ πηνίον", hodie Bekkeri Par. A hunc versum debemus:

ἄνευ καλαθίσκων καὶ πόρων καὶ πηνίων.

'pro πόρων forsan πόκων.' Mein. ed. min. fr. XXXVI 2 κρατῆρας ὀκτώ, δέκα χύτρας, δύο τρυβλίω: ita iam ed. min. δύο χύτρας c. Salmasio Bk. qui 'δὲ χ. B. ceteri om.' Vs. 3 (ita intellego) 'τε καὶ addit B. an δέκα?' Bk. Πόλεων fragmentis septimo et tricesimo loco hanc Hesychii glossam tribuit A. Nauckius trag. fragm. p. 436: ἀντεμμάσασθαι: ἀνταποδοῦναι. ἐπιπλῆξαι. Εὐριπίδης πολίασιν (ita cod.), quae ἀντεμμάξασθαι .... Εὔπολις Πόλεσιν scribenda censet.

p. 521. ΠΡΟΣΠΑΛΤΙΟΙ. fr. I μήτηρ τις αὐτῷ v. p. 38. II 3 pro γελῶσιν (cf. annot.) Cobetus γελῷ γάρ mnem. 5, 112. p. 522, 22: ὁ δεῖνα cf. infra p. 38. l. 29 iam v. ad Menand. 4, 199: 'πάνυ σφόδρα, quae non dirimi posse male negavi.' ὡς ὁρᾷς v. Dobr. ad Pors. misc. l. c. ad Plut. p. 16. l. 34 scr. 'Nub. 541', de quo loco nuper dixit Fritzschius ad Toeppelii librum p. 62. Caeterum cf. Welckeri opusc. I 277. fr. III l. 7 Monac. ΑΙΠ fr. IV scr. Priscianus XVIII Mon. cod. ΚΑΤΑΚΡΟΑΟΘΑΙ. fr. V vulg. πηλὸς ὀργιάζειν ad fr. VI cf. supra p. XIX. XL.

p. 525. ΤΑΞΙΑΡΧΟΙ. fr. I οὔκουν περιγράψεις—; Cobet mnem. 4, 307. idem ibidem 5, 106 fragm. IV hoc modo componendum dixit: ὡς οὐκέτ' ἂν φύγοιμ' ἐγώ, | ἐν Φορμίωνος στιβάδος ἐξ ὅτου 'φαγον. in verbis scholiastae l. 3 παρ' Εὐπόλιδι ἐν Ταξιάρχοις scripsit mutato ordine. annot. 8 scr. ἐν τοῖς in Eupolideis Suidae cod. A φύγοιμι ut schol. Arist. et ἐξ ὅσου pro ἐξ ὅτου. cf. quae infra p. 38 de coniectura lusi. p. 527, 14: v. Boeckhii Oec. Ath. ed. II vol. I p. 515 et addendor. p. V. p. 528, 12 θυσίαν] f. βωμόν Bergk. ad Ar. 2, 978. fr. VII de coniungendis Pollucis locis adversatur Cobetus mnem. 5, 107, qui priora 'multo, inquit, gravius depravata sunt et mutilata... quam ut unquam sanari queant.' Vs. 4 pro εἶχε idem reponit εἶλκε. fr. IX attigit Fritzsch. Ran. p. 8. fr. XII revocanda erit interrogationis nota. l. 5 Ταξιάρχαις codex. XIII l. 2. 3: οὐ ἐπὶ τῆς εἰκόνος ἐπιγέγραπται σιδηρόφυσα. ita Bekkerus: 'σιδηροφύσσα A, om. BC: vulgo σιδηροφυής.' XIV ita hodie scribitur: Δίδυμος· ὡς τοιαύτην τὴν ὄψιν ὄντος μνημονεύει αὐτοῦ καὶ μέγα ῥύγχος ἔχοντος καὶ ὁ τὰς κτλ. . . . ἐν Ταξιάρχοις. V Ταξιάρχῃ. Ald. Ταξιάρχαις.

p. 532. ΦΙΛΟΙ. fr. II ita expediebat Fritzschius Ran. p. 196: οὐ δεινὸν ἐνταυθὶ μὲν Ἀργείας φέρειν, | σχιστὰς δ' ἐν Ἄργει; aliter Cobetus mnem. 5, 108: οὐ δεινὰ ταῦτα δ' ἐστίν; Ἀργείας φορεῖν | σχιστάς. atque ita fere Herwerden p. 26, nisi quod δή 'στιν–; scripsit, de ἐναργεῖν desperans. annot. l. 6 scr. § 210. l. 9 de Argivis calceis cf. infra p. 38. de fr. III quid indicavit Mein. vide in annotatione maioris huius editionis. cf. Cobetum mnem. 5, 108. 110. fr. IV de καταστάσει iam vide Boeckhii Oec. Ath. ed. II. 1, 354. fr. VI inserenda ἂν particula suppleri posse indicatum ed. min. Herwerden p. 27: ῥέγκειν δὲ τοὺς ὄλμους· "ἰώ μοι τῶν κακῶν." fr. VII Par. A Bk. τιμῆς· εἶπε τις πόση ἡ διαφορά: ipse Bekkerus ita legendum proposuit: ἀλλ' εἰς τί μισθοῖ; ποῖ; πόση τις ἡ φορά; Nauckius (hall. allg. l. z. 1848 p. 520) hoc modo: τίς μισθός; εἰπέ (vel potius εἶπον philol. VI 414)· τίς; πόση νὴ Δία φορά; dubito de affirmandi formula in interrogationibus collocanda, quamvis et περὶ ὕψους librum afferat Nauckius 33, 5: ἢ νὴ Δία Σοφοκλῆς; et alia afferri possint.

p. 535, 5 scr. Φίλοις fr. XI cf. infra p. 38 extr. 'scribendum videtur Κρατῖνος δὲ Ὀμφάλην τύραννον αὐτὴν καλεῖ Χείρωσιν, Ἥραν Εὔπολις Φίλοις, ut fere haec correxi quaest. scen. III p. 47 sive hist. com. p. 412.' ed. min. adde suppl. p. XIX. ad *Φίλων* fabulam etiam hoc Diogeniani IV 55 pertinere suspicatur Badham philol. 10, 339; ubi allatis duobus proverbiis, *ἐν δὲ διχοστασίῃ καὶ Ἀνδροκλέης πολεμαρχεῖ* et *ἐν γὰρ ἀμηχανίῃ καὶ Καρκίνος ἔμμορε τιμῆς* (v. anon. 4, 698. Bergk. Lyr. II p. 1044), quum hoc addat Diogenianus, *αἰπόλει σοί φησιν ἡ παροιμία,* V. D. 'an legendum, inquit, *παρ' Εὐπόλιδος φίλοις ἡ παροιμία*?'

p. 535 *ΧΡΥΣΟΥΝ ΓΕΝΟΣ.* fr. I. II. III ita nuper composuit Fritzschius ind. schol. hib. 1855. 56 p. 5, ut priores duos versus, *ὦ καλλίστη . . . ἔσει,* uni interlocutori tribueret, ab altero deinde unum vel duos versus dictos esse coniiceret; rursum a priore hunc ita pronuntiatum esse voluit, *οὗ δεῖ πρῶτον μὲν ὑπάρχειν πάντων ἰσηγορίαν*, comparato hoc Aristophanis Av. 156: *οὐκ ἄχαρις ἐς τὴν τριβήν· οὗ πρῶτα μὲν δεῖ ζῆν ἄνευ βαλλαντίου.* alterum deinde sic perrexisse: *οὐκοῦν πῶς ἄν τις ὁμιλῶν κτλ.* fr. IV 1 pro *καλὴν* memini Ottonem Schneiderum *κάλην* coniicere comparato Phryn. Bk. 47, 20. vs. 4 *ἑκκαίδεκα* schol. p. 538, 8 corr. 'Vs. 6' ib. 14 cf. Lobeck. path. elem. 1, 588. fr. V *λοιπὸς γὰρ οὐδείς (τυρὸν* int.), *πλὴν τροφαλὶς ἐκεινηί* Dindorfius. annot. l. 1 *σκῖρον* cod. V. p. 539, 9 corr. 'Inc. fab. XXVIII.' l. 2 a f. scr. *τι ἄλλο* p. 540, 11 scr. hic et min. ed. *δὲ μείνας εἰς ὥμιλλαν.* l. 12 adde 'nisi praestat *ἐπὶ δ' εἴσειμ'* vel *εἶτ' εἴσειμ'*, ut sint tetrametrorum reliquiae.' ed. min. fr. VIII l. 4 indidem haec addantur: 'patria hominis (Alcaei citharoedi) fuisse videtur Sicilia; Peloponnesium autem eundem vocat fortasse propter diutinam in Peloponneso commorationem. Cf. Bergkii comm. cr. II p. VIII', qui citharoedum illum ex Peloponneso oriundum plerumque in Sicilia commoratum esse iudicat. de Stephani loco, *ἔστι καὶ ἄλλη Σικελία κατὰ τὴν Πελοπόννησον*, v. Mein. p. 568, 13. fr. IX *ὦ καλαβρὲ κιθαραοιδότατε* (*κιθαραοιδόταν* V *κιθαραοιδότα* G) V. Ald. X l. 1 *χώρα* '(*τοῦ Πόντου*) Steph. Byz. 433, 5. fr. XI ita scriptum ed. min.

οὐκ ἀλλ' ἔθυον δέλφακα νωδὸν Θῃστίᾳ
καὶ μάλα καλήν.

fr. XIV l. 2 Ἡσίοδος: cf. 2, 112. Schneidew. ad Zenob. p. 37. Goettlingius Hesiod. p. LXII ad Heracliti com. Ξενίζοντα haec referri posse existimat. de Platonici proverbii forma cf. Lachmannum in Babrio p. XIX. p. 542 (15) ann. l. 1 αὐτὸ τὸ σκύβ. l. 10 ἀποτράγημα: 'dubito an idem Eupolidis locus significetur.' Bernh. ad Suid. v. ἀποπάτημα. Διδυμίαν Eupolidis cum Andocideo adv. Alcib. § 32 composuit Bergkius ap. Schiller. cf. Oratt. Att. Turic. p. 57. apud Suidam v. Θαρρελείδης in Didymachia Didymi memoria latere visa est Bernhardy. XVI l. 4 cf. Suid. v. ψαμμακοσιογάργαρα, ubi in Eupolideo versu ψαμμακοσίους habet cod. A. fr. XVII quum Venetus cod. praebeat τί σοφῶνος ὦ ῥαψῳδέ; recipienda erit (v. ed. min. p. IX) Nauckii emendatio Eupolidi haec reddentis: τίς ὁ φῶνος, ὦ ῥαψῳδέ; v. philol. 2, 151. Ar. Byz. 207. ad explicandam vocem ille affert Theognostum Cram. II 66 17: φῶνος ὁ μεγαλόφωνος. Lobeckius Ῥημ. p. 287: 'ad coniecturam, inquit, proximum est τίς ὁ σόβος ὦ ῥαψ..... σόβος pro σόβησις.' apud schol. Av. 42 οὐκ εἴρηται μὲν ὁ βάδος ed. min. l. 2 scr. τὰ τοιαῦτα. p. 544, 5 de Arcadii scriptura emendanda cf. Lobeck. l. c. p. 280. fr. XVIII l. 3 χρυσογένει Πανταχλέης σκοπῶν cod. Θ. cf. Fritzsch. ad Ran. p. 335. XIX. Choerobosci pagina apud Gaisf. est 663, 11 ubi κατακλιεῖ plane ut apud Bekkerum et bis apud Cramerum l. c. Pro ἐκχεῶ apud Gaisf. ἐκχέω. ad fr. XXII cf. p. 39, hinc 'Eupolis forsan ἀχυρμός dixerat.' ed. min. fr. XXIV corr. Photius p. 513 5. Χρυσοῦ γένους fragmentis hoc addatur

XXVII

καὶ σκεῦος οὐδὲν εὗρον ἐν τῳκήματι.

schol. Heph. Gaisf. ed. II p. 19: ἔκθλιψιν κρᾶσιν καὶ συναίρεσιν, ὡς παρ' Εὐπόλιδι ἐν Χρυσῷ Γένει, καὶ σκεῦος κτλ. 'sic in plerisque E. S.' Gaisf.

p. 546. INCERT. FAB. fr. I 1 τἀμὰ δὲ ξυνίετε cum Porson. misc. 217 Mein. in ed. Stobaci. Vs. 2 εὐθὺς γὰρ ed. min. cf. infra p. 39. Vs. 7 distinguendum πείθεσθε, πάντω; annot. l. 4 cf. Bergk. Aristoph. fragm. 2, 934. Kock. de Philonide et Callistrato 1855 p. 26. l. 9 παθόντες debetur Valckenario et Wakefieldo. p. 547 (2) quomodo componendum videatur in addendis p. 39 significatum (cf. min. ed.), h. e. ut prior versus personae *A* tribuatur, alter *B* et sic deinceps alternis vicibus. *A* ipsum fortasse Alcibiadem esse. itaque ad vs. 1 in min. ed. 'priora intellegerem, inquit, si ταγηνίζειν de venere muliebri dici posset locusque ita scriptus esset:

A. μισῶ ταγηνίζειν, λακωνίζειν δὲ κἂν πριαίμην.
B. ὀλίγας γὰρ οἶμαι νῦν βεβινῆσθαί γέ σοι γυναῖκας.'

Vs. 3 *A*. τίς ἐστιν ὃς δὲ πρῶτος ἐξεῦρεν τὸ πρῲ 'πιπίνειν; infra p. 39. in min. ed. τίς δ' ἐστιν ὅστις πρῶτος -; ut h. l. p. 548. Vs. 4 *B*. πολλήν γε λακκοπρωκτίαν ἡμῖν ἐπίστασ' εὑρών ed. min. cum Elmsl. in maiore ed. corrige typographi vitium ἐσπίστασ' Vs. 5 scribendum ἀμίδα, item apud Diphilum 4, 395 (2, 34), Epicratem 3, 368 (v. 4). in Athenaei verbis pro τὸ τῆς ἀμίδος ὄνομα in ed. min. scribendum suspicatur Mein. τὸν τῆς ἀμίδος νόμον. ad vs. 3 apponam hanc ex min. ed. p. XXIV editoris annotationem: 'in Eupolidis fragmento inducitur aliquis gloriabundus quod cum alia libidinose fecerit tum vero etiam primus omnium matutinas compotationes instituerit: τίς δ' ἐστιν ὅστις πρῶτος ἐξεῦρεν τὸ πρῲ 'πιπίνειν; suspicatus sum haec Alcibiadem loqui [cf. vol. III p. 368], neque temere suspicatum esse docet Plinius NH XIV 28 143: *Tiberio Claudio principe ante hos annos XL institutum, ut ieiuni biberent potusque vini antecederet cibos .... Gloriam hac virtute Parthi quaerunt, famam apud Graecos Alcibiades meruit.*' Caeterum quum hoc fragmentum ex Adulatoribus repetiverit Bergkius 2, 1151 pariter atque fr. X p. 553 (v. Comment. p. 353), eodemque Meinekius rettulerit fr. XLIV p. 562 propter Adulatorum fragmentum XVIII, adversante Toeppelio p. 49, quid impedit quominus hoc loco collocentur haec Choerobosci:

II[a]

Choeroboscus Gaisf. 124, 11 (Bekk. 1187): *ἔτι δεῖ προσθεῖναι "καὶ χωρὶς τῶν διὰ τὸ μέτρον." ἔστι γὰρ ὁ ζελᾶς τοῦ ζελὰ τῷ ζελᾷ, (οὕτως δὲ λέγεται κατὰ Θρᾷκας ὁ οἶ-*

νος) καὶ τούτου ἡ δοτικὴ εὑρίσκεται παρ' Εὐριπίδῃ (apud Dindf. fr. inc. CXCIII. Wagn. Par. CCLIV) χωρὶς τοῦ ι. συστεῖλαι γὰρ βουλόμενος τὸ ᾱ οὐ προσέγραψε τὸ ι, οἷον "ταὐτὸν ποιεῖ τό τ' Ἀττικὸν τῷ ζελᾷ, σὺν γὰρ κεραννοῖς." haec igitur idem Gaisfordus Etym. praef. p. 7 ex Marciano 489 Cobeti codice ita ex parte descripsit: ὁ ζῆλας τοῦ ζῆλα. οὕτως δὲ λέγεται κατὰ Θρᾶκας ὁ ὄνος, καὶ τούτου εὑρίσκεται ἡ δοτικὴ παρὰ τῷ Εὐπόλιδι χωρὶς τοῦ ι διὰ τὸ μέτρον. ἐκεῖνος γὰρ βουλόμενος τὸ ᾱ συστεῖλαι οὐ προσέγραψε τὸ ι. hactenus Cobeti excerpta, itaque Eupolidis quem nacti sumus versum ita scriptum proponemus:

ταὐτὸν ποιεῖ τό τ' Ἀττικὸν τῷ ζῆλα συγκεραννύς.

in quibus συγκεραννύς pro σὺν γὰρ κεραννοῖς G. Dindorfio l. c. debetur. τῷ ζειλᾷ σ. Nauckius trag. gr. fr. p. XI. de correpta dativi forma (Lob. parall. 184) confero Hipponactis Νίκυρτα (Schneidew. phil. 1, 339) ap. Meinekium 109 sq. Bergk. p. 600. de ζῆλας Thracico vocabulo Hermannus Ebel nuper interrogantem ablegavit ad Miklosicii 'lexicon linguae slovenicae veteris dialecti' p. 50, ubi zelen f. 'ὄμφαξ uva immatura' vocatur. idem amicus Photii notavit gl. 51, 22: ζειλα (om. accent.): τὸν οἶνον οἱ Θρᾷκες, item Hesychii ζίλαι, ὁ οἶνος παρὰ Θρ.ξί. eidemque ζῆλας apud Thraces non quodvis vinum sed ὀμφακίας fuisse videtur. de sententia denique haec annotavit Schneidewinus g. g. a. 1848 p. 1794: 'Eupolis verglich das attische wesen nach irgend einer seite mit der mischung des weins, in einer parabase.' videant alii. Cf. atticum proverbium ἀπώλεσας τὸν οἶνον ἐπιχέας ὕδωρ apud Zenob. II 16 al. (trag. gr. fragm. Nauck. p. 563). fr. III 3 recepta in min. ed. Gaisfordi ad Heph. l. c. coniectura ἀκούσας τοῖν τρόποιν κτλ. in annot. Vs. 3 scr. Gaisfordus τῶν τρόπων vel τοῖν τρόποιν, idem corr. min. ed. vitium Vs. 2 pro Vs. 3. ad fr. IV hodie confert editor Greg. Naz. carm. 30 p. 870: ἦ πολλὰ πολλὰ γίνεται μακρῷ χρόνῳ βροτοῖς. vs. 2 τῶν πραγμάτων v. p. 39 et ad Theop. 2, 818 (10). Gaisf. ad Heph. II 195. p. 550 (5) apud schol. Ran. 1068 περιῆλθον R. ἐς Θ. idem καὶ ἐς τά: cf. ad Poll. IX 47. Ammonii pagina est 62. schol. Pac. 1158 vulgo λέγουσι δὲ ἔνιοι καὶ τὰ ἄλφιτα καὶ τὸν λιβανωτὸν ἀρώματα, ὡς παρ' Εὐπόλιδι "καὶ εὐθὺ τῶν ἀρωμάτων." ubi καὶ τὸν λιβανωτὸν transponenda esse vidit Runkelius. Poll. III 127 Bk. τὰ δὲ πιπρασκόμενα φορτία, ῥῶπος κτέ. p. 551 (7) ita in min. ed. legitur:

ἤδη χορηγὸν πώποτε ῥυπαρώτερον
τοῦδ' εἶδες;

Bk. ex Par. A: εἶδες χορηγὸν πώποτε ῥυπαρώτερον | τοῦδε; Cobetus mnem. 4, 127: ἤδη χορηγὸν πώποτε | ῥυπαρώτερον τοῦδ'. εἶδες; 'quae his proxime inferuntur apud Pollucem θᾶττον ἂν τοῦ αἵματος ἢ χρημάτων μεταδῴη τινί (Par. A μεταδοὺς τινι), frustra in metri speciem coacta ab Hermanno (infra p. 39) Fritzschio aliisque, non Eupolidis verba sunt, sed Pollucis, ad Demosthenis imitationem facta de F. L. § 254 ed. Bkk.' Mein. ed. min. ib. ad VIII 2 ἀνέστησ': 'forsan ἀνίστης, nisi οἰμώξει tertia futuri persona est. Οἰμώξουσα pro οἰμωξομένη dixisse videtur Aristoph. Amphiar. fr. I, ubi Brunckius οἰμώζουσα edidit.' fr. IX Cobetus mnem. 4, 301 δεξάμενος δὲ Σωκράτης τὴν ἐπιδέξι' ᾄδων | Στ. κτέ. Fritzschius ad Toeppel. p. 66: τὴν ἐπίδειξιν ᾠδῆς | Στησιχόρου, πρὸς τὴν κτλ. ad Adulatores haec referri etiamnunc iubet Bergkius neque adversatur Fritzschius. Annot. l. 3 scr. ὑπομνησθῆναι l. 8 ὅμοιον τοῦτο τῷ l. 15 'Comment. p. 353' l. 22 πρὸς τὴν λύραν fr. X 1 ita scriptus in min. ed.

μισῶ δὲ καὶ τὸν Σωκράτην, τὸν πτωχὸν ἀδολέσχην,

addito ad Proculi lectionem καὶ Σωκράτην articulo. Olympiodori locum cf. ap. Wyttenb. Phaedon. p. 175. Bergkius nuper attulit Asclepii in Aristot. metaph. p. 603ᵃ 4 annotationem, de μικρολογίᾳ ita agentis: καὶ πάλιν ὅ φησιν ὁ Ἀριστοφάνης διαβάλλων τοὺς φιλοσοφοῦντας, ὅτι σπεύδουσιν ἴχνη ψυλλῶν μετρεῖν, τῶν δὲ ἄλλων καταφρονοῦσι· "μισῶ δὲ καὶ Σωκράτην τὸν πτωχὸν ἀδολέσχην, ὃς τῶν ἄλλων μὲν πεφρόντικε, πόθεν δὲ φάγῃ, τούτου κατημέληκεν" ὡς τῶν ἐν τῷ βίῳ ὄντων μειζόνων. ὁμοίως δὲ καὶ ὁ Καλλικλῆς φησι πρὸς τὸν Σωκράτην ὅτι οὐ δεῖ περὶ τὰ οὕτω σμικρὰ καταγίνεσθαι καὶ ἐντεῦθεν πειρᾶσθαι παράλογα. annot.

l. 11 corr. 'Curis crit. p. 61.' de loco huius fragmenti cf. supra ad inc. IIa suppl. p. 553 (11) recte ita scribendum erit:

ἀλλ' ἀδολεσχεῖν αὐτὸν ἐκδίδαξον, ὦ σοφιστά.

ut voluit Meinekius: vide etym. Gaisf. 18, 8, qui ex Va: καὶ Σωκράτην "πτωχὸν ἀδολέσχην" ἔφη. Καὶ Εὔπολις "ἀλλ' ἀδολεσχεῖν... ὦ σοφιστά." pro vulg. Εὔπολις· καὶ ἐν ἄλλοις. fr. XII γλῶττα ed. min. caeterum Fritzschius ad Thesm. p. 8: οἷόν γε τοὐστὶ γλ. assentiente Engero p. 8. οἷόν τί που 'στὶ Cobetus mnem. 5, 112. tum cf. Leutschii ad Apostolium XII 42c annotationem, qui ad Bachmanni Homerica scholia remisit, ubi ad l. c. haec leguntur: οἷον γάρ φησι τοὺς (τρόπος Bernhardy hist. litt. Gr. ed. I vol. 1 p. 16), τοῖον καὶ γλῶσσα κἀνθρώπου λόγος κατὰ Εὔπολιν ὁ μὲν γὰρ λέγων, φεύγωμεν, ἀναπτεροῖ, ὁ δὲ, μένωμεν, πείθει. ἅμα δὲ καὶ κτλ. 'quae Eupolidis testimonio inferuntur verba, ὁ μὲν γὰρ λέγων κτλ. non Eupolidis sunt sed scholiastae.' Mein. ed. min. adde Alciphr. I 11. fr. XIII annot. l. 2 scr. ἐπιτηδειέστατον: de hisce comparationum formis v. Nauck. progr. p. 5. de sententia h. l. infra p. 39. ib. v. ad fr. XVI, in quo ἀπετίσαμεν pro ἀπετισάμην scribit Cobetus mnem. 5, 112. fr. XVII ad Phot. 608 17 adde Etym. Gaisf. 771 17. cf. ib. ad 823 45. fr. XIX recte rescribetur τῇ χειρὶ νῶσαι μαλθακωτάτην κρόκην Eustathii, consentiente schol. Hamburg. Odysseae η 104 ap. Preller. Dindorf. vide Cobetum mnem. 5, 112. Etymologici verba secundum Vossianum cod. haec sunt: ἔννη: ἔστι νῶ, τὸ σημαῖνον τὸ νήθω· καὶ ἐπὶ πρώτης ἐστὶν συζυγίας καὶ ἐπὶ δευτέρας. νώμενος ὡς κλώμενος. τοῦ νῶ ὁ παρατατικὸς ἔνων ἔνης ἔνη, ὡς ἔζων ἔζης ἔζη, καὶ πλεονασμῷ τοῦ ν ἔννη. Phot. 298 17 νεῖν (scr. νῆν ex ordine litterarum): νήθειν κρόκην. l. 14 scr. Antiatt. p. 109 23 fr. XX frustra Eupolidis nomen ab scholiastae testimonio repeti notavit Toeppel progr. schol. Novi Brandenb. 1851 p. 8; ibi Luciani verba ita scripsit Fritzschius p. 9: ὡς ὁ κωμικὸς τὸν Κλέωνα· φησὶ δὲ περὶ αὐτοῦ "οἶσθ' ὁπότε Κλέων Προμηθεύς ἐστι; μετὰ τὰ πράγματα." vel οἶσθ' ὅπως Κλέων Προμ. κτλ. comparato Arist. Eq. 346. fr. XXI nuper attigit Fritzschius de retr. fab. II p. 9. idem de emendando Phrynichi ad fr. XXII loco dixit ad Ran. p. 231. p. 557 (23) ὠρᾳζομένη: cf. supra p. LII; Mehlhorn. gr. gr. p. 26 n. 8. Cobet V. L. 74. XXVI. sequentia apud gramm. Anecd. Ox. I 373 verba v. infra p. 40, ubi pro τῆς δὲ αἰτιατικῆς scribendum videri αἰτιᾶται in ed. min. significatum. reliqua deinde collocata sunt vol. IV p. 615 (44). XXIX τῇ νυν v. supra p. XXXVII. pro τῇ quod est apud utrumque gramm. τῇ dedit Bergk. idem κατέδεσθε. XXXI ita distinxit ad similitudinem Pherecratei loci 2, 255 (2) Fritzschius: εἰωθὸς τὸ κομμάτιον | τοῦτο - - - ∪∪ - : v. ind. lect. hib. 1855. 56 p. 7. l. 2 scr. οὕτως ὠνομάσθη. fr. XXXII Bekk. Poll. II 90 ad Meinekii coniecturam ἄνω ῥοθιάζει περὶ τὰ χ. τ. ν. XXXIII apud Pollucem παρὰ δὲ Εὐπόλιδι πόσεως σχῆμα Cobetus mnem. 4, 301. fr. XXXV in min. ed. ita scriptum:

κατεικάζουσιν ἡμᾶς ἰσχάδι.

hac addita annotatione: βολβῷ fortasse ex alio exemplo superest. XXXVI cf. p. 40. XXXVII scribe τὰ λάβδα, de quo admonuit L. Dindorfius. XXXVIII l. 4 schol. Ald. est Vesp. ubi perperam scriptum πρὸς τοῖς σοῖσι π. novum addemus ex Vossiano etymol. fragmentum (cf. ad 2, 426 suppl.)

XXXVIII[a]

χήτει τοι πρίνης ἀρίας ποιούμεθα γόμφους.

Et. m. 139 39: ἐπὶ δὲ τοῦ φυτοῦ γράφεται (ἀρία) διὰ τοῦ ῑ καὶ παροξύνεται, ὡς παρ' Εὐπόλιδι "χήτει τοι πρίνης ἀρίας ποιούμεθα γόμφους." Ita secundum Va Gaisfordi. vulgo om. γράφεται scribitur ἀρία et pro ὡς παρ' Εὐπόλιδι χήτει τοι πρίνης haec sola leguntur χείτης τε πρήνης. cod. M χήτει πρήνης: D χείτη et deinde ἄριας. in versu Eupolidis notanda erit forma πρίνη, O. Schneiderus zeitsch. f. alt. 1848 p. 788 scribendum coniecit: χήτει τῶν πρίνων. ad rem conferendus Theophrastus hist. pl. III 16 3: ὃ δὲ καλοῦσιν οἱ Ἀρκάδες φελλόδρυν τοιάνδε ἔχει τὴν φύσιν· ὡς μὲν ἁπλῶς εἰπεῖν ἀνὰ μέσον πρίνου καὶ δρυός ἐστιν· καὶ ἔνιοί γε ὑπολαμβάνουσιν εἶναι θῆλυν πρῖνον· δι' ὃ καὶ ὅπου μὴ φύεται πρῖνος τούτῳ χρῶνται πρὸς τὰς ἁμάξας

καὶ τὰ τοιαῦτα καθάπερ οἱ περὶ Λακεδαίμονα καὶ Ἠλείαν. καλοῦσι δὲ οἵ γε Δωριεῖς καὶ ἀρίαν τὸ δένδρον· ἔστι δὲ μαλακώτερον μὲν καὶ μανότερον τοῦ πρίνου σκληρότερον δὲ καὶ πυκνότερον τῆς δρυός. adde ib. V 5 1: V 3 3. p. 561 (39) in verbis etymologici ex Vossiano Gaisf. dedit: ἔστι καὶ ἱμάτιον (pro καὶ ῥῆμα), ὡς Εὔπολις. cf. Sorb. Gud. 139, 13 ubi δέριν. item Gud. 137, 1 δέρις. — Εὔπολις δὲ ἱμάτιον παχύ. Sorb. Gaisf. 262 57. Gudiana indicavit Nauck. fr. XL σταῖς: de accentu v. Lobeckium parall. 88. 89 ibique allatum Baroccianum gramm. cf. cum Anecdot. Oxon. III 238 (non 328) 22, ubi haec sola: τὸ μέντοι σταῖς εὕρηται παρὰ Εὐπόλιδι καὶ Ἡροδότῳ fr. XLI est Etym. M. p. 308 30, ubi pro βεβριγωμένης ἐβριγωμένης, quod mutatum utraque com. editione, cod. V habet βεβρωμένος ἐβρωμένος. p. 563 1 scr. 'p. 414' cf. Choerobosc. Gaisf. 549 35: τὸ ἐγλυμένοι (ἐγλυμμένοι Ven.) καὶ ἐβλαστηκότες παρ' Εὐπόλιδι παράλογά εἰσι· γεγλυμένοι (γεγλυμμένοι Ven.) γὰρ δεῖ λέγειν καὶ βεβλαστηκότες. l. 2 scr. εἰσι. fr. XLII perperam maior ed. οἴχεταί μοι, repone

ὡς οἴχεται μὲν τυρὸς ἐξεγλυμμένος.

Eustathii ad Il. p. 759 42 annotavit Gaisfordus, ubi καὶ τὸ ἐβούλευκε καὶ τὸ ἐξεπίακε (v. ad vol. III p. 212) καὶ τὸ "τυρὸς ἐξεγλυμμένος" καὶ ἄλλα μυρία. fragmentorum Eupolidis numerum idem Gaisfordus auxit edito hoc Vossiani testimonio:

XLII[a]

Etym. m. 366 16 ἐπιτήδειος: φίλος καὶ συνήθης. λέγεται δὲ καὶ τὸ ἁρμόττον καὶ ἐπιτήδειον. Εὔπολις· ἔχω γὰρ ἐπιτήδειον ἄνδρα ἐν αὐτῇ. haec Voss. pro vulg. λέγουσι — οὗ τὸ ἐπιτήδειος. Eupolidis versum ita scribit Meinekius:

ἔχω γὰρ ἐπιτήδειον ἄνδρ' ἐν Ἀττικῇ.

aliter Schneiderus zeitsch. f. alt. 1848 p. 789. fr. XLIII αὐτοῦ δ' ὄπισθεν κατέλαβεν τὸν κόντιλον ed. min. cf. infra p. 40. τὸ κόνδυλον hoc versu D. M. in lemmate κοντίλος V. τὸν κόνδυλον aut τὸν κόντιλον Eupolidi vindicavit Sylburg. praetulit τὸν κόνδυλον, alterum Toupius ita τὸν κοντίλον. adde Lehrsii adnotationem ad Herodian. p. 68 'κόντιλος, significans ὄφιν, hinc ut opinor penem per iocum apud Eupolin.' p. 563 (45) τὰ περίσεμνα etiam codd. Brux. Paris. 2636. M, qui τὰ περίσεμν̄ τῇ θεῶν. βάπτε cum Gud. Sorb. Βάπταις etiam Hemst. XLVI repone ὥσπερ γὰρ εἰς ζητρεῖον ἐμπεσών. cod. D ὥσπερ τὸ, de accentu cf. ad 2, 816 (1). annot. l. 1 scr. δούλων δεσμωτήριον. Εὔπολις "Ὥσπερ κτλ. Phot. Suid. ζητρεῖον afferunt ut δούλων κολαστήριον. de fr. XLVII cf. ad 2, 482 (3). XLIX de Sophocleo fr. (Nauck. 1014) cf. vol. 3, 584. fr. L 'forsan ἡ μουσική' ed. min. Eustathii locus est 1422 55. p. 565 1 scr. accedere fr. LIV est schol. Theocr. I 95. fr. LVI pro ἀπιέν' εἰς Nauckius progr. p. 46 not. scribit ἀπιέναι 'ς: H. Sauppius ad schol. Aeschin. p. 38 non quae h. l. posita sunt, sed quae ibidem leguntur, οὗτος *(γὰρ) ἐν τοῖς φρουρίοις κοιτάζεται, Eupolidi vindicabat, ea vero quae sequuntur, καὶ τοὺς περιπόλους ἀπιέναι εἰς τὰ (corrige maioris ed. vitium) φρούρια, ex plebiscito aliquo derivabat. fr. LVII Fritzschius Ran. p. 425 ita scripsit: ἀποφθερεῖς δὲ "δύο κύβω καὶ τέτταρα." annot. l. 2 scr. τέτταρα ib. 5 pro τοῦτο Ven. τις τὸ Fritzsch. τὸν στίχον LX cf. infra p. 40. hinc nihil nisi τορύνη vocabulum Eupolidi datum, adversatur Bernhardy ad Suid. v. τορύνη, qui 'saltem, inquit, tuta sunt extrema ὡς δὴ ξίφος ὑπεζωσμένος.' LXI annot. l. 1 ὡς ἐπὶ V. οὐ λέγεις om. R. l. 8 ὅτι Bk. LXIII cf. Enger. ad Lysistr. l. c. LXIV de emendando Euripideo scholio v. infra p. 40. LXV εὔπο cum compendio M. πρόσηλος M. 'ει ab eadem manu superscripto inter duo puncta' Ddf. Phrynichi locus est p. 14 26, αὐλὴ πρόσειλος: ἡ πρὸς τὸν ἥλιον τετραμμένη. fr. LXVI adde schol. Ven. Vesp. v. 1492 καὶ παρ' Εὐπόλιδι (ἐμπολίδι V) ἐκλακτίζειν. Cf. Nauck. trag. fragm p. 561. LXVIII πεπαγοίην: Ahrentis (v. infra p. 40) sententia non probatur Lobeckio path. el. 1, 155 aoristi formam requirenti, qualis fuerit περιτραγοίην (ad Buttm. gr. II 273), vel πεπαλοίην (ἀμπεπαλών) vel πεπαροίην a verbo duplicato πεπαρεῖν. l. 6 scr. ἐβαρυτονήθη. fr. LXX l. 1 scr. 701 32. de extrema annot. v. ad vol. III 191. fr.

LXXV ἐπὶ τοῦ κακοφώνου τὸν ἐμίαν τίθησιν 'de homine qui non pronuntiet verba sed eructet et vomat' intellexit Nauckius ed. min. p. X. cf. philol. II 150 et Ar. Byz. p. 211. Lehrsio, Herod. p. 42 κακόφωνον idem quod κακέμφατον ipse explicanti, Eustathius ipse quod describeret non intellexisse videtur. Cf. Choerob. Gaisf. 487 15: διὰ τὸ μὴ συνεμπεσεῖν τῷ κακοφώνῳ τῷ ἀπὸ τοῦ χέζω-· οὗτος δὲ ὁ τρόπος, φημὶ δὴ ὁ κατὰ τὸ φορτικόν, τοῖς σώφροσι τῶν ἀνδρῶν ἐπιλιμπάνει, οἱ κωμικοὶ δὲ ἐπιτηδεύουσι λέγειν τὰ κακόφωνα ταῦτα παιγνίου χάριν. p. 571, 1 ὄλεθρος: cf. ad Men. rell. 191. Cobet. V. L. 245 sq. idem Cobetus de Harpocr. 4, 6 dixit ibidem 224. l. 6 scr. ὡς ἀπὸ τοῦ ἀγυιέας fr. LXXXI v. infra p. 40. LXXXIII. ap. Choerob. Bk. l. c. h. e. Gaisf. 261 22 δαμερίππεως, χελιδώνεως ib. 25 δαμαρίππεως καὶ χελιδώνεως, Ven. cod. δαμαρίσπεως et χελιδόνεως bis. apud Pollucem VI, 81, ubi pro vulg. ἀμφαρίστεως Falck. cod. praebet ἀμφαριστίπεως, idem illud δαμαρίππεως restituit Nauck. h. allg. l. z. 1848 p. 519. LXXXV ὄνου γνάθος: cf. 4, 297. LXXXVIII Εὔπολις καὶ Ἀριστοφάνης. XCI l. 3 'fort. Ἀμυρίους. certe s. v. Ὠλίαρος gentile Ἀμύριος memorat noster' Mein. ad Steph. p. 88 15, idem ed. min. 'haec, inquit, forsan ad Vrbes referenda, cuius fabulae vide fr. XXXII.' XCII Ἄτραξ καὶ Ἀτρακία XCIV in lemmate Steph. 630 6 Τραγία, ubi v. lectionis varietatem. fr. C Bekkerus cum ms. dedit Ἀριστοφάνης δ' εἴρηκεν ἄνδρα σάρκινον, Εὔπολις δὲ σ. γ. CV pro μαστιγιᾶν cod. A μαστιγωτιᾶν. CVII scr. Poll. VI 18. l. 6 scr. πασταί CIX γῆν δὲ σμηκτρίδα Bk. idem fr. CX σκύτινα χηλεύει CXIV κλεπτίσκον: cod. A κλεπτίστατον. CXV v. p. 40: huius numeri in locum p. 575, 2 novum dabimus fragm. (418 ed. min.) Poll. II 17 τὰ δ' ἐφεξῆς παιδίσκη, κόριον παρ' Εὐπόλιδι. ita Bekkerus. CXVII οὕτως Εὔπ. CXX λέπει: κατεσθίει ad Antiph. 3, 76. CXXI scr. διαρρύσεις ex Baehm. 291 12. CXXV πρόσισχε cf. supra p. XLIV. CXXVI ἀντὶ τοῦ νάξας infra p. 40. aliter Nauck. phil. 6, 414. CXXVII v. 2, 517 (27ª) cf. ad Suid. CXXIX 'forsan ad Helotas referendum' ed. min. p. 576 2 scr. p. 539 17 CXXXVII ἀναγχιππεῖν cf. Maricantis fr. XIII. CXL scr. p. 228 52.

Eupolidi etiam Euripideum hanc apud Et. m. 112. 537. Eustath. (695.) 903. (1003.) Choerob. in Psalm. p. 60 versum (fr. inc. CL Ddf.), κρήμνη σεαυτὴν (σεαυτὸν) ἐκ μέσης ἀντηρίδος, vindicabat Nauckius trag. gr. fragm. p. 518. idem indicavit Choricii p. 80 Boiss. πρώην ἐγὼ βραχέα περὶ τῶν σῶν πλεονεκτημάτων διαλεχθεὶς καιροῦ δευτέρου καλοῦντος δευτέραν ἐπηγγειλάμην εὐφημίαν ἐκτείνειν, καὶ ταῦτα συνεθέμην οὐ δυοῖν ἢ τριῶν ἀνδρῶν ἐναντίον, οὐδὲ κατὰ τὴν εὔπολιν ἐξ ὁδοῦ τινας ἀγείρας εἰς θέατρον, ἀλλὰ τῶν ἀστῶν τὰ πρῶτα συλλέξας, οὓς παραβαίνειν αἰσχρόν, τοιαύτης λαβόμενος εἰς ἐπίδειξιν ἀφορμῆς. in his nulla Eupolidis memoria latere videtur, neque κατά τιν' Εὔπολιν cum Boissonado mutandum, sed κατὰ τὴν πόλιν. p. 578 de parabasis huius loco Eupolidi vindicando cf. Kockii praef. Equit. p. 27.

p. 580. Phrynichi ΕΦΙΑΛΤΗΣ. fr. I 6 συγκύψαντες ἅπαντας | γελῶσιν cum Seidlero ed. min. annot. l. 4 ad metrorum rationem cf. Anaxand. 3, 166. fr. II ex suis et L. Dindorfii coniecturis ita ed. min. scripsit Meinekius: ὄνομα δὲ τούτῳ γ', ἤν τε σωθῶ γ' ἤν τε μή κτλ. v. annot. et addend. p. 40. sed 'postrema, inquit, non expedio.' ann. l. 2 ἐπίηλεν τάδε cum cod. fr. V ἀπὸ δ' ἀργύρου ἀργυροκόπος ΚΟΝΝΟΣ fr. I κοννωτίδ, τ' ἐνεργ' Dorv. κοννωτίδαιτον ἐνεργὸν P (Par. 2654). fr. II δεῦρ' ἀεί: Porson. adv. p. 239. Mein. zeitsch. f. d. alt. 1843 p. 293. Nauck. trag. fr. p. 375. 678. III scr. ἀντὶ τοῦ ἀμαθής ΚΡΟΝΟΣ fr. II cf. infra p. 40. IV ἀλεκτρυοπώλιον Bk. ἀλεκτροπώλιον ms. Salmas. V v. Godofr. Hermannum Aeschyl. II p. 91 sq. qui pro κεκομμένα πολλάκις scripsit καὶ κωμικοὶ πολλάκις. Bergkius ad Archil. 102 p. 560 ed. II allato Apostolio XV 41, σεσέλλισαι κατ' Αἰσχίνην, Phrynichi verba ita composuit: ἄγαμαι, Διονῦ, σοῦ στόματος, ὡς σεσέλλισαι | κατ' Αἰσχίνην κεκομμέν' ἤδη πολλάκις. sive κεκομμέν' ἤδη πολλάκις κατ' Αἰσχίνην, ut in schedis dedit. p. 585 cf. infra p. 40. Schneidew. beiträge p. 91. ΚΩΜΑΣΤΑΙ.

fr. I 2 *ἔκαεν* pro *ἔκλαεν*: *ἔκλαυσεν* Herwerd. p. 28. Cobet. mn. 5, 182 II scr. Pollux IV 55. *ΜΟΝΟΤΡΟΠΟΣ*. attigit Welckerus opusc. I 340. p. 588, 13 *ἄδουλος*: cf. Antiph. 3, 7 *ἀξυνακόλουθος* et Lobeck. Agl. 1037. II 1. 4 *οἶδ'* et *δειλός* etiam Dobraeus adv. II 214. Vs. 3 *ἀνομέλους* Ald. fr. III 2 *ὁ Λευκονοεύς. Α. ἐγᾦδ', ὁ τὰς κρήνας ἄγων* cum Bergkio ed. min. *Λευκονοιεύς* Ven. schol. *τίς δ' ἐστὶν ὁ μετὰ ταῦτα ταύτης φροντιῶν; Μέτων ὁ Λευκονοεύς, ὁ τὰς κρήνας ἄγων* Dindorfius, fere ut Scaliger. v. Toeppel. progr. p. 10, qui ib. p. 9 *Α. τίς δ' ἔσθ' ὁ μετ' αὐτοῦ ταῦτα φροντίζων; Β. Μέτων | ὁ Λευκονοεύς. Α. οἶδ', οἶδ' ὁ τὰς κρήνας ἄγων.* priorem versum de Fritzschii coniectura scripsit: hic *Φαεινόν* vel potius *Εὐκτήμονα* intellexit, 'qui Metonem, inquit, astronomum adiuvabant.' fr. IV 1 fort. etiam *οὐκ ἀλλ'* ed. min. fr. VIII *αὐτῷ* om. Ven. 'recte anapaesticos tetrametros agnovit' Cobetus, cuius coniectura proposita est p. 41. fr. XI scr. Poll. VII 21. XIII cf. infra p. 41. *Μουσῶν* fr. III post Phrynichi verba cod. Par. A pro editis haec habet: *καὶ φορβὰς τὴν πόρνην λέγει ὥσπερ καὶ μαινὰς καὶ μαχλάς.* *Μυστῶν* fr. II *ἐβουλόμην ἂν ἧμιν* scribendum ut est ap. Eustathium. caeterum v. p. 41. *Ποάστριαι.* fr. IV *ἐξούλης*: cf. Aristid. II p. 133: *εἰ δὲ δεῖ καὶ μῦθον λέγειν, δέδοικα μὲν ἐγὼ μὴ καὶ ταῖς γραυσὶν ἡμᾶς ἐξούλης ὀφλεῖν ἐπισκώπτων φῇ τις ἀνὴρ κωμικός*: v. infra in anonym. suppl. fr. V *αὐτῆς* Monac. *Σατύρων* fr. I v. Cobet. mn. V 182 sq. fr. II *Κορκυραῖαι* cum schol. ed. min. fr. IV *ταῦτα ἐκ τοῦ Πηλέως Σοφοκλέους* cod. V. cf. Nauck. trag. fr. p. 190. 437. V (2, 598) ita corr. ed. min. *ΤΡΑΓΩΙΔΟΙ.* fr. I adde Eustath. Od. 1862 19. IV *αὐτῷ-λαβέ*: cf. Fritzsch. Ran. p. 371. fr. V Bekkerus *ὥς γ' Ἀχιλλεὺς οὐδὲ εἷς*. cf. infra p. 41. fr. VI cf. Spengel. Varr. p. 620. 'vulgarem scripturam, *αἰτίαν ἔχει πονηρὸς εἶναι τὴν τέχνην*, tuentur libri optimi' Nauck. progr. p. 46. *ἐὰν ἐκεῖνος αἰτίαν ἔχῃ | πονηρὸς εἶναι τὴν τέχνην* Herwerd. 27. VII 1. 1 *αὔξεις* gramm. Bk. INC. FAB. fr. I annot. extrema scr. (cf. 5, 41) 'eodem pertinet Philostratus vita Apoll. I p. 20: *ἴαι ἑαυτὸν ἐς ὕδωρ ψυχρόν, γῆρας ἀνθρώπων καλῶν τὰ βαλα-*

νεῖα.' p. 604 (8) scribendum cum Par. A Bk. ἦσαν δὲ καὶ γυναῖκες ἀφήλικες, post γυναῖκες excidisse videtur ἕξ. ('ex min. ed.) fr. IX καὶ φλέγματος γὰρ εἶ πλέως vulg. corrige min. ed. fr. X ad tragicum cognominem referunt Wagnerus et Herwerden p. 28. cf. Nauck. trag. fr. p. 581. fr. XI, cf. infra 44, scriptum ed. min. τρισβόλων ὥσπερ ἠλεάζομαι. fr. XII v. addend. 44. fr. XV cf. Fritzsch. Ran. p. 287. fr. XVII quomodo habeat v. add. p. 41. 42. Bergk. Lyr. II 951. 957. fr. XVIII αὐχμῷς restituit Bekkerus. αὐχμᾶς ed. min. ubi 'falsa, inquit, olim de his docui; αὐχμᾶς ei nominum generi annumerandum, de quo exposuit Lobeckius Phryn. p. 483 sqq. ignorant lexica.' fr. XX pro γενοῦ cod. A habet πάνυ. fr. XXIV μισθώτριαι αἱ γυναῖκες etiam Bk. Ceterum 'iambum quem Phrynicho tribuit Zonaras lex. v. ἐξ ὀφθαλμῶν p. 757,

ἐγὼ δέ, μισεῖ γάρ μ', ἄπειμ' ἐξ ὀμμάτων,

non tragici videri esse, sed comici' Nauckius coniecit, trag. gr. fr. p. XI.

p. 615. Platonis *ΑΔΩΝΙΣ*. fr. I cf. infra p. 42. Vs. 3 ὀλεῖτον: 'nunc accedo Cobeto' v. add. p. 117, item p. 4. fr. III λεπτοτάξιον v. ad Antiph. 3, 71. Cobet. mnem. IV 263. V scr. τυρόκνηστις. VI f. ἀχυρμός v. p. 42. cf. anecd. 4, 629 (100) 'Εκάβην ὀτοτύζουσαν καὶ καιόμενον τὸν ἀχυρμόν, 'quem Platonis comici esse suspicor.' fr. VII huic fabulae ascriptum est inc. fab. LIX Ἀδώνιον (Ἄδωνιν?): cf. ad 694 suppl. de formis Ἄδων Ἄδωνις v. Anthol. gr. delect. p. 95. 160. Deinde min. ed. p. XIII Adonidis fragmentis hoc fortasse adiiciendum videbatur:

VIII

περὶ τῶν δὲ πλευρῶν οὐδεμίαν ὤραν ἔχεις.

Suidas s. v. ὤρα. — ψιλῶς δὲ φροντίς. ἔνθεν ὀλίγωρον λέγομεν τὸν ὀλίγην φροντίδα ἔχοντα. Πλάτων Ἀδώνιδι· περὶ τῶνδε πλευρῶν οὐδεμίαν ὤραν ἔχεις [non ἔχει ut ed. min.]. in his Ἀδώνιδι probabilis est coniectura Gaisfordi. codd. ἀδῶν (ᾀδῶν) καί. nisi id ex ὁ κωμικός corruptum est. *ΑΓΑΘΟΙ Η ΑΡΓΥΡΩΝ*. fr. I ἐκπίεται cf. supra p. 4. nuper Cobetus mnem. IV 127 inserto ἐστὶν Platonis locum ita scripsit: οὐδ' ἐστὶν ὅστις αὐτῆς | ἐκπίεται τὰ χρήματα" p. 617 (2) τοὐπιπόρπημα scribere malit editor p. 42. fr. III Cobetus mnem. V 202: πόθεν λίνον μοι καὶ κάλαμος γενήσεται; fr. IV μαλλωτὰς χλανίδας e codd. scripsit Bekk fr. V 'ante λέπει forsan excidit μάστιγα.' ed. min. *Ἀμφιάρεως*. v. min. ed. ubi 'placet nunc, inquit, Dobraei (adv. II 157) coniectura πάλιν scribentis pro Πλάτων. ita Aristophanis fragmentum fuerit, quod respexisse videri potest Suidas v. Πάμφιλος.' v. hist. cr. p. 168. *Γρῦπες*. fr. I αὐτῷ κανῷ cf. ad Alciphr. I 27. fr. II ἆ ἆ, γελῶν ἐπηκροασάμην πάλαι ed. min. p. 359 et p. XIII. p. 619 4 scr. Photius p. 5 3. *ΔΑΙΔΑΛΟΣ*. cf. p. 42. scholion illud Nub. 663 Ven. et Rav. omittunt, edidit Aldus, apud quem ἐνίοτε πολλαὶ τῶν ἀλεκτρυόνων καὶ ὑπήνεμα τίκτουσιν ᾠὰ πολλάκις. ὁ δὲ παῖς ἔνδον τὰς ἀλεκτρυόνας σοβεῖ. correcta sunt ex Athenaeo 374 c, ubi πολλαὶ τῶν ἀλεκτρυόνων ὑπηνέμια βίᾳ τίκτουσιν ᾠὰ πολλάκις ex Aristophanis Daedalo afferuntur. cf. Phot. Suid. v. ὑπηνέμια. de ἐνίοτε v. mai. ed. et addend. 42; 'alii, in quibus Ernesti, Brunckius et novissime Cobetus Obs. p. 81 et Fritzschius de parops. p 8, ἐνίοτε scholiastae esse crediderunt, ut Plato identidem ἀλεκτρυὼν de gallina usurpasse dicatur. non memini tamen ita dici ἐνίοτε. de βίᾳ i. e. *contra naturam* recte statuit Fritzschius. Vs. 3 Heinsius ὁ δὲ παῖς ὅδ' ἔνδον. Fritzschius ὁ παῖς δέ γ' ἔνδον.' ed. min. *ΕΛΛΑΣ*. fr. I τούτοισι τοῖσι Suidae cod. A. τοῖσι λεπτοῖσιν Photii cod. idem φάλαξ. vs. 1 ἡμῶν οἱ νόμοι et vs. 2 τοῖς ἀραχνίοις proponebat Bernhardy, ἀραχνιδίοις coniecit Mein. ed. min. idem ἅν (sive ἅν i. e. ἃ ἐν) τοῖσι τοίχοις infra 42. fr. II 1 scriptum ed. min. εἰ μὲν οὖν ταύτην σὺ (an σὺ τήνδε? cum Cobeto v. p. XIII) τὴν θάλατταν ἀποδώσεις ἑκών, altero εἰ δὲ μή γε cum Bernhardy. priore versu Eust. ἀποδώσει. fr. IV in utraque editione ita scribendum erat: βούλει τήνδε σοι πλεκτὴν καθῶ | κἄπειτ' ἀνελκύσω σε δεῦρο; p. 623 de Suidae et Etymologici locis v. ἐπιώψατο v. p. 43. fr. VIII (VI) σκώληξ cf. ad Alciphr. p. 168. fr. IX (VII) τάξαι v. Cobeti observ. 194. cf. infra ad inc. fab. I. *Ἑορτῶν* fr. I v. infra p. 43, adde v. 4 euodem Cobetum ὑμῖν reponere. p. 624 (2, 2) ἔνθα τρέφεσθαι cum Cobeto ed. min. item λόγος ἐστίν, quod habet codex. cf. p. 43. de πάλι v. ad Scymn. p. 30. fr. III vs. 3 compositus est in ed. min. ut infra in addendis significatum. fr. V l. 2 τὰς (ita Suid.) ὄμφακας λεγομένας Nauck. phil. 6, 415. fr. VI scr. καὶ πονηρὸς καὶ πολυπράγμων cum Rav. fr. VII ed. min. εὖ γέ σοι γένοιθ', ὅτι | ἔσωσας κτἑ. omisso ἡμᾶς. Cf. Cobetus obs. p. 183. Choerobosci apud Gaisf. pagina est 369, 4: eadem in Ven. cod. ita leguntur: τινὲς ἀναγινώσκουσι ἐν τῇ κωμῳδίᾳ ἔσωσας ἐκ τῶν σιγμάτων καὶ ἐπιφέρεται Εὐριπίδου μὲν . . . κατὰ διάλυσιν ἢ διάστασιν ἀναγινώσκεται οἷον ἔσωσας με ἐκ τῶν σιγμάτων. caeterum cf. ad Eubuli 3, 218. fr. VIII cf. Cobeti obs. 191. p. 628 2 Τὸν ἐγκέφαλον ed. min. fr. X cf. infra 43. *Εὐρώπης* fr. I ita explicatum min. ed. 'videtur aliquis dormientem mulierem, forsan Iupiter Europam, oppressurus esse. id vetat alter. nam, inquit, dormiens mulier ad Venerem ignava est; at vigilans delicatissimis libidinum quasi additamentis, παροψίσι, te beabit, quae vel sola per se incredibilem et vix cogitatione comprehendendam voluptatem afferunt. nonne enim vere paropsis est τὸ μὴ σφόδρ' εἶναι πάνθ' ἕτοιμα, δεῖν δέ τι | ἀγωνιᾶσαι καὶ ῥαπισθῆναί τε καί | πληγὰς λαβεῖν ἁπαλαῖσι χερσίν? haec enim fere, quae Timoclis apud Athenaeum XIII p. 570 f (com. 3, 607) verba sunt, proxime post ἀντιβολῶ σε intulerat poeta. Vs. 2 malim εἰσὶ καὶ παροψίδες. Vs. 3 αὗται μόναι scripsi pro αὗται μόνον. ib. κρεῖττον Schweighaeuserus; libri κρείττους. Vs. 4 ἢ καταλαβεῖν (pro ἠταλλαβεῖν) Fritzschius de parops. p. 6.' Nauck. ἢ τἄλλα λαβεῖν. alia v. infra p. 43. Herwerden p. 30. fr. II in min. ed. receptum εἶλον et ἀφῇχ'. de sententia cf. p. 43. Herwerden l. c. *Ζεὺς κακούμενος*. fr. I vs. 2 cum Cobeto alteri personae, i. e. Herculi, tribuit ed. min. ubi ita descripti sunt sequentes: *B.* πάνυ βούλομαι. | ἀλλ' ἃ νόμος ἐστ'; *A* (i. e. leno). ἀλλ' εἰς θυΐαν (ita p. X ed. min. Vind. Strab. 237) παιστέον. | φέρε τὴν θυΐαν, αἴρ' ὕδωρ, ποτήρια | παράθετε. *B.* παίζωμεν δὲ περὶ φιλημάτων. Vs. 6, cum sequentibus usque ad τὸν κότυλον τὸν σόν lenoni datus, quomodo suppleatur v. p. 691

et infra 44. Vs. 7 (p. 630) τίθημι κοττάβεια cum Cobeto et vs. 8 ἐς αὕτη φορεῖ cum Elmsleio scriptum. Cf. addend. p. 44. ibidem quomodo habeat fr. II indicatum, secuta est ed. min. Athenaei verba fr. III assignata, p. 478 c, in min. ed. v. fr. II. cf. ad Aristophan. 2, 979 (18). fr. IV vs. 3 γλῶτταν ἀγαθὴν τέμνετε pro πέμπετε Bergkius. fr. VII recepta est Cobeti (v. p. 44) emendatio, ὥσθ' ἅττ' ἔχω ταῦτ' ἐς ταρίχους ἀπολέσω. 'futuri formam ἀπολέσω tuetur fr. 21 (h. e. p. 621 mai. ed.). alioqui ὡς scribi possit vel ἀπολέσαι.' Mein. ed. min. fr. VIII om. καί. Bekkerus σκευοφόριον dedit. fr. IX ἐπὶ Μανδροβόλου χωρεῖ τὸ πρᾶγμα. cf. infra p. 44. ad Alciphr. p. 92. etiam ap. Laert. Diog. Μανδρόβολος editur IV 5. schol. Lucian. IV p. 111 ἐπὶ Μανδροβούλου]... ὁ γὰρ Μανδρόβουλος κτλ.

p. 634. ΚΛΕΟΦΩΝ. fr. I 'pro edito ὀρφοῖσι scripsi ὀρφῶσι' ed. min. v. annot. huius pag. Caeterum cf. add. p. 44. fr. II. apud Etym. p. 31 13 vulg. καὶ πτωχίστερον: — Ἀριστοφάνης Πλατανισταῖς, ἵν' ἀπαλλαγῶμεν ἀνδρὸς ἁρπαγιστάτου. priora sic V[a] καὶ πτωχίστερον καὶ ψευδίστερον καὶ ψευδίστατον. Ἀριστοφάνης ἐν Πλούτῳ cum γρ. Πλάτων ἵν' in marg. cod. D πτωχίστερον καὶ ψευδίστατον. ἀριστοφ^α πλ^{αι} cod. P Ἀριστοφ^α Πλ^{ατων} fr. III. Ediderunt nuper F. Th. Welckerus n. rhen. mus. X 256 et Schneidewinus philol. X p. 350 Hamburgensis codicis locum, ubi post alia haec leguntur, quae ita apponemus ut a Schneidewino descripta sunt l. 18 sqq.: τὰ παρὰ | τῇ γραφῇ διαφοροῦμενα· εἰσὶ ταῦτα· | ἀργειφόντης. καὶ τύρος ἐν τηρήσας μέγαν | ἀργύφαν. ἀργιφόντα. εἴκελος ἀστεροπῇ καὶ | τὸ ἴκελος· ἀπόλεια (corr. ἀπώλεια). ἐμ' αὐτὸν (ἐμαυτὸν Gurlitt.) εἰς ἀπώλειαν. | οἰχήσομαι πλάτων. in his παρὰ τῇ γραφῇ non mutaverim, cf. schol. Av. 303 de κεβλήπυρις agentem, ὥστε ἐνθάδε ἢ ἐκεῖ ἡμάρτηται τὸ ἓν παρὰ τῇ γραφῇ. ΑΛΛΩΣ. οὐ δύναται δύο εἶναι κτλ. pro διαφοροῦμενα cum Meinekio et Schneidewino scribendum διφοροῦμενα. de Alcmanis qui sequuntur versibus (Bergk. Lyr. II p. 640) alii viderint, cf. Welckerum l. c. et Schneidewinum p. 349. 352. reliqua ita habent. "εἴκελος ἀστεροπῇ" ('Hes.

Scut. 322' F. W. S cf. Iliad. Ξ 386) καὶ "τῷ ἴκελος" (Ω 758. δ 249. ε 54). ἀπώλεια καὶ "ἐμαυτὸν εἰς ἀπωλίαν οἰχήσομαι" Πλάτων. novum hoc Platonis fragmentum cum veteri Cleophontis apud gramm. Bekk. loco composui, ita suppletum:

αὐτὸς φέρων
ἐμαυτὸν εἰς ἀπωλίαν οἰχήσομαι.
B. ἀλλ' αὐτὸς ἀπαρτὶ τἀλλότρι' οἰχήσει φέρων.

ad φέρων compara haec Xenophanis (Bergk. Lyr. II 380) apud gramm. Darembergii p. 206, ἐγὼ δ' ἐμαυτὸν πόλιν ἐκ πόλεως φέρων ἐβλήστριζον (l. ἐβληστριζόμην cum Meinekio Vind. Strab. p. 217). itaque possis ἐγὼ φέρων, praetuli alterum propter Cleophontis fragmentum a Bergkio emendatum. neque indigna Cleophontis persona aut haec oratio fuerit aut alterius personae responsio. Schneidewinus ἐγὼ δὲ συλλαβὼν | ἐμαυτὸν κτλ. vel ἐμαυτὸν εἰς ἀπ. οἰχ. | δώσων. Vs. 3 αὔτ' ἀπαρτὶ etiam Ruhnkenius hist. cr. orat. p. XLIV. p. 635 (4) probavit Bergkii coniecturam (p. 44) Meinekius, qui 'malim, inquit, πέος ψάθαλλε.' fr. VI ἀργύρια cf. infra p. 4. Toeppel. Eup. Adul. p. 50. fr. VII 'recte Iungermannus σμαράγναν. cf. Cobetus obs. p. 151.' ed. min. ἀμαράγαν etiam AB Bekkeri. postremo Cleophonti assignanda est haec notitia (fr. 62 min. ed.)

VIII (1, 172)

schol. Ran. 681. Πλάτων ἐν Κλεοφῶντι δράματι βαρβαρίζουσαν πρὸς αὐτὸν πεποίηκε τὴν μητέρα. καὶ αὐτὴ δὲ Θρᾷσσα (Θρᾷττα) ἐλέγετο. *ΛΑΙΟΣ*. fragmenta I. II quomodo coniungenda viderentur significavi infra p. 45. v. ed. min. fr. 63. 'versu 2 (verba sunt Meinekii ed. alt.) revocavi γένους, pro quo olim scripseram γένος sequente Cobeto p. 125. cf. Aristoph. Av. 763 φρυγίλος ὄρνις ἐνθάδ' ἔσται τοῦ Φιλήμονος γένους. Sophocles O. T. 1383 τὸν ἐκ θεῶν φανέντ' ἄναγνον καὶ γένους τοῦ Λαΐου.' p. 636 extr. scr. 27 24. p. 637 5 που Aldus habet. caeterum v. infra p. 44. 47. *ΛΑΚΩΝΕΣ*. fr. I v. addend. p. 45; hinc in editione altera priora ita descripta:

ἄνδρες δεδειπνήκασιν ἤδη σχεδὸν ἅπαντες. B. εὖγε.
A. τί οὐ τρέχων σὺ τὰς τραπέζας ἐκφέρεις; ἐγὼ δὲ
νίπτρον παραχέων ἔρχομαι. B. κἀγὼ δὲ παρακορήσων.

Vs. 3 (p. 637) παραχέων nuper etiam Cobetus V. L. 362. Bergk. et h. l. παραχεῶν et vs. 6 παραχεῶν βαδίζω. Vs. 5 priori personae datus et ἐχρῆν ἤδη προχειρίσασθαι scriptum. πρὸ χειρός praeter Hermannum etiam Boissonadus ad Marin. p. 109. de Cobeto v. infra p. 45 et ed. min. ubi ad vs. 6: si recte, inquit, προχειρίσασθαι emendavi, malim προαναφύσα, quod ad tibicinam conversus dicit. de καί sic posito cfr. Sophocl. Antig. 487 καί νιν καλεῖτ.' Vs. 9 ita scriptus ed. min. B. καὶ δὴ κέκρατ'. A. ἔπειτα τὸν λιβανωτὸν ἐπιτίθει σύ.. librorum scripturam exhibet maior editio. 'correxi haec, inquit, nisi malis κέκραται. κᾆτα τόν. quod codices post ἐπιτίθεις habent εἶπε, id ex εἶτ' ἐ[πάγει] corruptum suspicor. cf. Athen. I p. 11 c.' ed. min. fr. II cf. Fritzsch. Ran. p. 104. fr. III ita composuit ed. min.

καὶ μὴν ὅμοσάν μοι μὴ τεθνάναι. B. τὸ σῶμ' ἐγώ,
ψυχὴν δ' ἀνήκειν ὥσπερ Αἰσώπου ποτέ.

scholion Vesp. 1251 (1259) est Aldinum ex Suida v. Αἴσωπος repetitum, ubi ascripta sunt ex altero loco v. ἀναβιῶναι. pro ἀπὸ νίκης Kusterus ἐπανήκειν. alius v. d. ἀνήκειν. Cobetus, v. infra 45, ψυχὴ δ' ἐπανῆκεν. 'id ἐπανῆλθεν dicendum erat. recte autem τὸ σῶμα ad sequentia traxit.' ed. min. fr. IV κιόκρανα v. add. p. 45. fr. VI πλήσας παραφερέτω v. ib. Menelai fr. II hodie ita adornatum: τί δῆτα | Θήβησιν οὐκ ἀπήγξω, | ἥρως ἅπως ἐγίγνου; ad sententiam cf. quae Carolus Keilius dixit inscr. Boeot. p. 153. ΝΙΚΑΙ. fr. I Cobetus mnem. V 203: τουτὶ προσαναβῆναι (vel melius πρὸς ἀναβῆναι) τὸ σιμὸν δεῖ σ' ἔτι. p. 644 1 corr. ad Ach. 377. p. 645 fr. II 'forsan ἐντεῦθεν' ed. min. Ξάντριαι. fr. I παλαιογενῶν Cobetus mnem. V 203. fr. II Photii cod. τευξάντων. Etymol. cod. V in mg. addit ἐξάντης. M. ξάντ' ἦν δὴ V. D. M. fr. III τῶνδε βουλευτὶς πόνων ita Etym. secuti (v. Lob. ad Buttm. II 426) Hermann. Aeschyl. fr. 179. Nauck. fr. 166. Caeterum cf. Fritzsch. ad Ran. p. 417. annot. l. 2 corr. ἐν ταῖς Ξαντρίαις. *Παιδάριον.* p. 647 (1) cf. p. 46. μὲν om. Ven. habet Suidas. Fritzsche Eup. vers. fr. p. 13: εἰ μὴ λίαν, ἄνδρες, ὑφ' ὑμῶν ἐπηναγκαζόμην in verbis schol. l. 1 tolle δὲ τοῦτο l. 6 Ddf. στοῖχοι l. 8 scr. ποιοῦσιν αὐτοὶ fr. II et ipsum ad Eupolideum numerum revocabat Gaisfordus ad Heph. II p. 206 ita: φέρε | τοῦτ' ἐμοὶ δεῖξον τὸ κανοῦν δεῦρο μὴ μάχαιρ' ἔνι. Dobraei coniecturam (adv. II 211) v. infra p. 46, sed postrema ita distinxit δεῦρο· μὴ μάχαιρ' ἔνι; ap. scholiastam l. 3 ἀπὸ τοῦ καίνειν Ven. et Et. m. ad fr. III cf. Fritzsch. l. c. 14. deinde huius fabulae fragmentis haec accedat notitia:

IV

schol. Ran. 308: ὁ -Ἰξίων- ἐν ἔθει εἶναι διασκώπτειν τοὺς ἀκροωμένους, ὡς καὶ Πλάτων ἐν Παιδαρίῳ (Flor. Παιδαρίοις) ποιεῖ. Pisandri fr. II v. add. 46. Vs. 3 ἐὰν δ' ἀνῇς, ὑβριστὸν (Lobeck. path. proll. 399 ὑβριστόν ut infra l. c.) ἐστι χρῆμα κἀκόλαστον ed. min. c. Dobr. qui 'imo, inquit, ἐὰν δ' ἅπαξ ἀνῇς' Herwerden p. 31 ἐὰν δ' ἀνιῇς ἐσθ' ὕβριστον χ. κ. fr. III ὅπου σιδαρέοισι τοῖς νομίσμασιν | χρῶνται ed. min. cf. p. 46. fr. IV de Herodiano v. Lehrs. p. 136 sqq. qui annot. l. 4 κνάφου, ἥτις (i. e. ἡ λέξις). de ἀντιθέσει v. idem p. 138. annotavi Eustath. 756 31. fr. VI v. Cobetus obs. p. 130. fr. VII v. infra p. 4 (Arsenii verba v. paroemiogr. II 305). 46. fr. X annot. v. p. 46. *ΠΕΡΙΑΛΓΗΣ.* v. infra p. 5. 6. de fr. I ib. p. 46. in editione min. priorem versum ita emendavit editor:

ὦ θεῖε Μόρυχε, πῶς γὰρ οὐ δαίμων ἔφυς;

Fritzschius ind. lect. aest. 1848 p. 8: ὦ θεῖε Μόρυχ', αὐτός τ' ἄρ' εὐδαίμων ἔφυς collato Arist. Nub. 1188. de Leogora idem affert Sauppium inscript. Macedon. 1847 p. 8. 10. [cf. Fr. Valeri rerum Andoc. I p. 24 sqq.] fr. II cf. Cobeti obs. 169. *Ποιητής.* fr. I ἐναντίζομαι 'πλάκουντος Ahrens de Crasi p. 21. 27. Porsono assentitur Fritzschius Ran. p. 220. Eustathii pagina est ad Iliad. l. c. Caeterum cf. Berglein. de Philoxeno p. 71. fr. II ita distinctum ed. min. θαυμάζω τοι τηνδὶ πιθάκνην | πότερ' ὀστρακίνην ἢ βίβλον ἔχων | τὴν δήποτε... 'priora correxi.' fr. IV (III). V (IV) quomodo scribenda viderentur infra significatum p. 46. illud etiam hoc modo emendari posse, ὁρᾶτε τόδε διῆρες ὑπερῷον, v. ed. min. p. 655. de fr. VII (VI) cf. Fritzsch. Ran. p. 199. *Πρέσβεις*. fr. I κᾆτ' ἔλαβον pro κατέλαβον Mein. ed. min. et Fritzsch. l. c. 317. Φορμίσιος Schweigh. libri aliter. fr. II* (III) Cobetus V. L. 366 κυάθους ὅσους ἐκλάπτεθ' ἑκάστοτε, nuper mnem. IV 128 idem praetulit ἐκάπτεθ' fr. III εἰς δασύτητα κωμῳδεῖται. *Σκευαί*. ad fr. I cf. p. 47. annot. l. 3 scr. ἐπιτυγχάνων fr. II ita emendatum ed. min.

ἅψαι μόνον σὺ κᾂν ἄκρου τοῦ Μορσίμου,
ἵνα σου πατήσω τὸν Σθένελον μάλ' αὐτίκα.

Cobeti et Dindorfii coniecturas v. infra 47. adde Fritzsche Ran. p. 104. Herwerd. 32. 125. scholiastae verba quomodo habeant v. ap. Dindorf. Hirschig. cod. τῇ μορσίμῳ vs. 2 ἵνα σου πατήσω: Bergkius συμπατήσω. annot. l. 11 vid. schol. Ran. et Equit. l. c. p. 660, 2 v. p. 1213 (189). fr. IV. Moeridis praeceptum ita scribendum proposuit ed. min. ἀναβιῶναι: Ἀττικοί, ὡς Πλάτων Σκευαῖς Ἀναβιῶν ἐκ τῆς νόσου. ἀναβιῶσαι κοινόν. annot. l. 6 Ἀριστοφάνης: Bergk. 2, 1204 (126). fr. VI cf. Fritzsche Ran. p. 194. *Σοφισταί*. fr. I v. infra p. 47. Cobetum nondum poenitet reposuisse τοῦ θαλαττίου θεοῦ: v. mnem. IV 106 sq. Nauck. trag. fragm. p. 506. fr. II compara Euripidea p. 47 apposita (fr. 727 N.) fr. III scholiastae Aeschylei (cf. Dindorf. Oxon. ed. 1851 p. XII. XV) testimonio usus ita p. 47 composuit Meinekius, ὁ γὰρ προμηθεύς ἐστιν ἀνθρώποις ὁ νοῦς: v. ed. min. ubi 'praeterea, inquit, nescio an Plato scripserit ὁ γὰρ Προμηθεύς ἐστι νοῦς ἀνθρώπινος. quae vide an Protagoram dicentem fecerit poeta, quem Promethei fabulam explicantem induxit etiam Plato Prot. p. 320 sq.' p. 663 2: cf. infra p. 5. fr. IX ὀθόνινον πρόσωπον v. p. 47. Lobeck. path. proll. 246 n. 18. *Συμμαχία*. fr. I v. Spengel. Varr. 622, ubi οὕτω ἤρξατο. cf. infra p. 60. ad fr. II pertinent quae ib. dicta sunt p. 47. Eustathius l. c. ita εἴξασι τοῖς κτλ. fr. III ὠτογλυφίδα λαβοῦσ' ἀνασκαλεύεται ed. min. ut h. l. significatum. cf. infra p. 47. fr. V Bergkius et ipse ad Μυρμήκων fabulam referri posse existimat. apud

Athenaeum οὕτως post Κάνθαρος transponendum videri, ut numeri sint choriambici, in editione altera indicatum. p. 666 (6) προσέτι ed. min. apud Athen. 312c Πλάτων δ' ἢ Κάνθαρος ἐν Συμμαχίᾳ fr. X ap. Poll. l. c. Πλάτων δὲ ὁ κωμικὸς καὶ κεναγγιᾶν mss. Salmas. cf. Bergk. 2, 1183 (30). fr. XI παραθήκην v. infra p. 5. fr. XII vide supra p. LXXVI ad Κολάκων VI annotata. Σύρφαξ. fr. I cod. ita παλινδορία, τ. — Πλάτων συρφακίσαι, μνωμοχθῆραι παλινδορία παίσας αὐτοῦ καταθήσω. Porsoni emendatio est ad Hecub. p. LVII fr. II de Grotii coniectura (hist. cr. l. c.) re iterum pensitata aliter iudicat in min. ed. editor: 'similiter, inquit, Plato (2, 662) τὸ ante ῥάμφος corripuit.' fr. III 2 ita ed. min. B. οἶδ', ὦ φίλος Μυνίσκος ἔσθ' ὁ Χαλκιδεύς. Carolus Keilius anal. epigr. p. 210 n. 2 Μυννίσκος. cf. Dindorf. ad schol. Aeschyl. Ox. p. 7 n. 3. ad IV cf. infra p. 5. fr. V κατάστασις v. Boeckhii Oec. Ath. ed. II. 1, 354 sq. ΥΠΕΡΒΟΛΟΣ. de fr. I v. addend. p. 47. 48. Lehrs. Herod. p. 65: vs. 3 ἔφασκε δητώμην (δητώμην Herm. epit. d. m. 212. Mein. ed. min. Schneidew. g. g. a. 1848 p. 1280) Dindorf. Cobet. Lehrs. Vs. 4 ὀλίγον ὀλίον pro ἔλεγεν Lehrsius. apud Etym. 621 54: Πλάτων μέντοι ὁ κωμικὸς διαπαίζει τὴν λέξιν ὡς βάρβαρον· καὶ τὸ ὀγίννος γίννος φησί. τοῦτο δὲ εἴρηκε κτλ. Marcianus codex ὡς καὶ τὸ ὀγεννν γέννος φ^α τ. δὲ εἴρηται. in ed. min. Mein. 'nisi εἴρηται scribendum pro εἴρηκε.' itaque suo iure in altero φησί, item in εἴρηκε Herodianum intellexisse videtur Lehrsius, qui τὸ γίννος ἴννος, Hemsterhusius ap. Gaisfordum ἴννος ut in utraque editione Meinekius. cf. Nauck. Ar. Byz. p. 108. Lobeck. path. el. 1, 92. in postremis Etymologici verbis, τοῦτο δὲ εἴρηκε (vel εἴρηται) τὸ ἐξ ἵππου μὲν μητρός, πατρὸς δὲ ὄνου, genetivi μητρός et πατρός transponendi videntur Nauckio p. 109. Caeterum 'narrari quid in senatu egerit dixeritque Hyperbolus intellexit Cobetus obs. p. 141.' fr. II minore editione in incertis collocatum p. 393 fr. 184 v. infra p. 48. ibi vs. 1 πέπραγε scriptum: Caeterum cf. Cobetum obs. in Platon. p. 140. p. 670, 5 scr. ὁ κωμικὸς εἴρηκε τοῦ 'Υπ. fr. III 3 ἀγαρου codex ib. 5. οὐδέπω γὰρ ἐλευθέρῳ: 'gravius latet vitium' ed. min. καὶ καθαρῶς ἐλευθέρῳ Cobet. mnem. 5, 203. fr. IV 1 μὴ codicis correxit Bekkerus. p. 671, 6 v. p. 48. fr. V τῆς εὐπορίας ἀπολέλαυκεν ὥστε ἀθλιώτατός ἐστι ita cod. V, fere et Suidas, qui ἀθλιωτάτη. Ald. ὥστε αὐχμώτατος. de Dobraei αὐχμότατος cf. infra 48, probavit Hermannus epit. d. m. 212. 'ad sententiam metrumque praestat ἀθλιώτατος. hunc fructum ex vita omnibus bonis affluente Hyperbolum percepisse dicit, ut iam sit miserrimus. id enim fere significare videtur εὐπορία sive εὐπορεία, quod compares cum nostro er sitzt in der wolle. ἀθλιώτατος igitur si verum est, post ὥστε forsan inserendum γέ.' Mein. ed. min. Fritzschius Eupol. vers. fragm. p. 21 hos versus ita descripsit: καὶ τοσοῦτον εὐπορίας | ἀπολέλαυχ' Ὑπέρβολος, ὥστ' | ἀθλιώτατός ἐστιν. in annot. post Πλάτων adde Ὑπερβόλῳ. item fr. VIII post ὁ κωμικὸς inserendum ἐν Ὑπερβόλῳ. ΦΑΩΝ. fr. I vs. 1 ἐγὼ δέ γ' ἐνθάδ' ed. min. item vs. 5 ἥτις ἔστ'. Philoxenum Leucadium intellegendum esse Bergleinio infra p. 48 concessit editor. cf. Bergkii Lyr. II 999. praeterea v. Berglein. p. 73. Fritzsche Ran. p. 308. Vs. 7 'τῆς τελευτῆς, cui non recte Dindorfius cum Casaubono τῆς τελευταίας substituit, videtur interpretatio esse verborum ἐνταυθὶ τάξεως et genuinam scripturam oblilerasse. sententiam requiro fere hanc: οὐκοῦν (δεινὸν ἦν τὸ παρὰ) πολύ | κράτιστον ἐνταυθὶ τετάχθαι τάξεως; articulus enim ad πολὺ κράτιστον necessarius.' Mein. ed. min. ubi recepta est vs. 10 Casauboni emendatio ἀνδρὸς ἀνορθοῖ. p. 673 1 a f. scr. εἶτα μετὰ μ. ad vs. 12 Eustath. ἄριστον: 'ita pro ἄμεινον in suo Athenaei exemplo reperit etiam scriptor ino. apud Cramerum An. Ox. III p. 168: τὰ μὲν γὰρ λοπάδις ἐστί, τὰ δὲ τάγηνα, καὶ οὐθ' ἡ λοπὰς κακόν ἐστι, ἵνα τι καὶ ἀπὸ τῶν Δειπνοσοφιστῶν παραρτύσαιμι, καὶ τὸ τάγανον ἄριστον. quod sequitur οἶμαι Dindorfio delendum videtur.' reliquit ed. min. unde haec annotatio descripta. Vs. 13. 14 (sive 14. 15): de Archestratea horum versuum imitatione cf. philol. in Ath. exerc. II p. 43. Vs. 16 (17) ita correctus ed. min.

πουλύποδος πλεκτὴ δ', εἰ πιλήσεις κατὰ καιρόν,

ubi haec annotantur: 'codd. πλεκτὴ δ' ἂν ἐπιλήψῃ, quod

male in ἐπεὶ λήψῃ mutatum. scribendum πλεκτὴ δ', εἰ πιλήσεις κατὰ καιρόν. Ἂν additum, postquam εἰ πιλήσεις in ἐπιλήψῃ corruptum est. cfr. Ephippus Geryon. II 10 (3, 325) πιλεῖν τε πολλὰς πλεκτάνας ἐπιστρόφως. Aristoph. fr. 189 (2, 1018) πληγαὶ λέγονται πουλύπου πιλουμένου.' Vs. 21 scr. παίσειέ γέ σου p. 674 fr. II v. add. p. 48. 'Vs. 2 aliquid vitii subesse videtur.' ed. min. 'Vs. 10 sustuli distinctionem post δώδεκ'. at ἐπισέληνα λαγῷα, *leporinae carnes in lunularum speciem formatae*, nullam h. l. vim habent. haberent vero ἐπισέλινα, *in speciem muliebrium pudendorum formatae*. Cf. Athen. XIV p. 647 a.' ed. min. Vs. 11 recepta est G. Hermanni emendatio, v. p. 48. Vs. 12 Ὀρθάνῃ cf. O. Iahn. 'berichte d. k. sächs. ges.' 1855 p. 72. Vs. 16 v. Hermannum p. 48. κυνί c. Iacobsio ed. min. ib. κυνηγέταιν Herwerden p. 32. Vs. 21 βινητιᾶν Heringae (cf. p. 48), quod recepit ed. minor, in codice perspicue ita scriptum esse testatur Cobetus V. L. 218. fr. III cum altero eiusdem poetae inc. p. 686 (19) ita coniungendum videbatur Nauckio Ar. Byz. 132 (v. ed. min. p. XIII):

οὐδεὶς ὁμαίμου συμπαθέστερος φίλος,
τὰ δ' ἀλλότρι' ἔσθ' ὅμοια ταῖς παροψίσιν·
βραχὺ γάρ σε τέρψαντ' ἐξανάλωται ταχύ.

τὰ ἀλλότρια 'Fritzschius dissert. de parops. p. 6 recte intellegit de adulteriis.' ed. min. ubi γάρ σε suppletum pro Porsoniano γάρ τι. fr. IV 'malim τρόποις '(ἡρμοσμένον)· ὦ γλυκὺς ἀγκών.' infra p. 49. fr. V utraque editione corrigendus accusativus, Athenaeus habet ὧδ' εἰληφότες. fr. XI delendum v. p. 49. de inc. fab. fr. IV cf. suppl. de alio fragmento v. ad inc. IX suppl.

p. 679. INC. FAB. fr. I 3 'forsan οὓς pro τούς' Mein. ed. min. Annot. l. 4 scr. βωμοειδὲς ad Helladem fabulam haec referebat Sintenisius. fr. II. p. 680, 4 etiam patri nomen allegoricum-inditum fuisse] 'et tale quidem, ex quo conficere potuit Galenus Cinesiam fuisse πυώδη. suspiceris igitur ὁ Πυαγόρου 'κ Πλευρίτιδος. Πυαγόρας formatum ut Διαγόρας, Πυθαγόρας, Πυνταγόρας et similia.' ed. min. l. 20 v. p. 49. de Euryphonte medico v. ibid. annotata, adde

O. Iahn ad Censorinum D. N. p. 18. p. 680 fr. IV (III) annot. l. 1 scr. Eclog. eth. l. 8 'in illo *Phaed.* latet forsan *Paed.* i. e. *Παιδαρίῳ.* ad Perisigen referebat Cobetus Obs. p. 172.' ed. min. l. 16 scr. Antiop. III (3, 210): cf. infra p. 4. ad fr. V (IV) cf. add. 49. ad vs. 3 malim *προσίσταταί μοι*: haec addit ed. min. 'de sequentibus quae olim dixi recte redarguit Cobetus. in *Μαντίλῃ* si viri nomen latet, de Mantia Thoricio cogitare possis, de quo constat e Demosthenis contra Boeotum orationibus. eum si populo gratum hominem fuisse ponas, non inepte comicias Demum Platonicum dixisse: *afferte pelvim et pinnam, vomiturio, nauseam mihi facit Agyrrhius* (aliusve demagogus); *adscende tu in suggestum, Mantia: προσίσταταί μοι. πρὸς τὸ βῆμα, Μαντία.*' *προσίσταταί μοι πρὸς τὸ βῆμα Μαρψίας* Cobetus mnem. 5, 204, primum vocabulum de iis qui adstant aut circumstant in comitiis aut in iudicio intellegens. l. 13 post *κεφαλήν* minor editio haec annotavit: 'nimirum *κέφαλος* etiam piscis nomen est. pro *βόσκει* scribendum videtur *βόσκω.*' fr. VI (V) Cobeti Venetus cod. omittit priora haec *οὗτος ... τί σιγᾷς;* Vs. 3 idem *αὐτόματος*: cf. in Platon. p. 179, infra p. 49. 'Vs. 1 proceleusmatico usus esse videtur consulto.' ed. min. quod min. editio inc. fab. fragmentum ponit VI, de eo v. ad Hyperboli II suppl. fr. VII cf. infra p. 49. *ὥς φασι, Χείρων' ἐξέθρ. Περικλέα;* ed. min. ubi 'ad Sophistas, inquit, haec incerta coniectura revocat Cobetus obs. p. 188.' ad p. 683 imam cf. Fritzsch. Ran. p. 38. Dindorf. schol. Soph. vol. II p. 3. p. 684 7 *κοιμησόμενοι*: 'videtur aliud quid latere.' ed. min. fr. IX 1 scriptum ed. min. quod infra p. 49 propositum est, *λύσασα δ' ἄρτι στάμνον εὐώδους ποτοῦ* Ibidem haec addita annotatio: 'haec forsan ad Phaonem referenda propter eius fabulae fr. II, ubi vide quae adscripsi Athenaei verba.' p. 685 (12) *ποιμενικὸν* pro *ποιητικὸν* cum Kühnio Bekkerus. item Herwerden p. 33. in verbis Platonicis *ὅτι ἂν* cod. A Bk. 'post *συβώτρια* plura exciderunt. sequentia fortasse sic scribenda, *μηδὲν ἀγαθὸν γένοιτό μοι*' ed. min. fr. XIII priorem vocem oxytonon dedit etiam Bk. de fr. XVI v. p. 49. Mureti liber est IX 12. de fr. XVIII v. p. 49. Leutsch. Diogen. IV

18. Cobeti in Plat. obs. p. 199 Fritzsch. retr. fab. IV. p. 7. p. 686 (19) versum priorem quomodo cum *Φάωνος* fabulae fr. III coniungi voluerit Nauckius, v. supra p. CVI. eidem Nauckio (cf. Ar. Byz. 131 s.) prorsus assentitur (min. ed. p. XIII) editor monenti haec verba, *κἂν ᾖ τοῦ γένους μακράν*, non esse Platonis, sed anonymi Byzantini additamentum (aliter olim add. p. 50). fr. XXI corr. *τὸ χρῆμα τοῦτο* ad XXII cf. addend. p. 50 sive ed. min. fr. 199, ubi 'hinc possis *σχοινίον λαβὼν ἄνειρε τὰ κρέα.*' *ἀνάειρε* etiam Va Gaisfordi. fr. XXIII scr. *ἀνακῶς ἔχειν* v. add. 50. *τὰς θύρας*: 'recte *ἀνακῶς ἔχειν* dicuntur fores firmiter occlusae.' ed. min. *τῆς* defendit Cobetus mn. 5, 204. fr. XXIV v. infra p. 50. p. 689, 3 scr. *χειρῖδας* XXVII[b] adde *Πλάτων*. XXVIII ed. min. scriptum fere cum Bergkio (v. p. 50) *αὐτῷ* (sive potius *ἐν τῷ*) *Μελιτέων*: *ἐλλείπει τὸ οἴκῳ .... εἰς ὑποδοχὴν μισθούμενος*. p. 690 (31) hinc, item ex min. editione, tollendum: est enim Platonis philosophi Euthydemo 291 b: cf. Lob. Phryn. 338. gloss. Platon. Turic. 993 20. XXXIV cf. Sauppe fr. oratt. XXV[b]. fr. XXXV[a]: v. Et. Gud. 137 1. 139 14. p. 691 4 cf. ad Steph. 271 13. XXXVII *παρὰ Πλάτωνι τῷ κωμικῷ* Gud. et Sorbon. Gaisf. 588 26. sed v. infra p. 50, ubi huius in locum receptum est Diogeniani proverbium *λύω λέσχας*. fr. XXXVIII scriptum in ed. min. *χρῆσόν γέ μοι τὴν χλαμύδα σου*. fr. XXXIX l. 3 scr. *ἀντὶ τοῦ πρόσωπον* ib. haec addit min. ed. 'idem p. 1627 43: *ὅτι δὲ καὶ ἰσοσυλλάβως ἐκλίθη τὸ γάλα, τοῦ γάλα, ἐν τοῖς τοῦ γραμματικοῦ Ἀριστοφάνους* (v. Nauck. p. 210. Toeppel. progr. 1851 p. 8) *κεῖται, ὅπου φησὶν ἐκεῖνος... ὅτι εὕρηται καὶ ὁ πρόσωπος ἀντὶ τοῦ πρόσωπον. καὶ οὐδέν τι τούτων, φησίν, πεπαιγμένον ἐστίν, ἀλλὰ πάντα ἐσπούδασται*. non igitur e barbari persona locutus est Plato, falliturque Cobetus obs. p. 60.' de fr. XLI v. infra p. 50. item de fr. XLII. (de voce *ἄγγαρος* cf. Nauck. Ar. Byz. 172). fr. XLIV quum Athenaeus non infinitivos habeat, sed *μονοσιτῶν* et *δειπνῶν* (v. p. 51), in altera editione hanc proposuit coniecturam Meinekius, *ὁ δ' οὐχὶ μονοσιτῶν ἑκάστοτ' ἀλλὰ κἂν | ἐνίοτε δειπνῶν — δὶς τῆς ἡμέρας*. fr. XLV Pollucis verba ita exhibent Bekkeri

libri: *καὶ ἀντίπαις, ὡς οἱ νέοι κωμῳδοί. Πλάτων δ' ὁ κωμικὸς καὶ παλλάκια εἴρηκεν·*

παῖδες γέροντες μειράκια παλλάκια,

p. 693 (47) *καὶ παιδοφιλῆσαι* pro *παιδοφιλεῖσθαι* Bekkeri Pollux. fr. L ita scribendum, *τὸ δὲ ᾆσμα καὶ ᾀσμάτιον Πλάτων εἴρηκεν ὁ κωμικός, καὶ ᾀσμόν.* fr. LIV. LV v. infra p. 51. LVII scr. 63 27 et *ᾠδῆς.* de fr. LVIII v. p. 51. fr. LIX in minore ed. ad Adonidis fabulam relatum p. 357; grammatici Seg. glossam nuper ita scripsit Cobetus mnem. V 202: *Ἀδῶνος Φερεκράτης εἶπεν ἀντὶ τοῦ Ἀδώνιδος. λέγει δὲ καὶ τὴν αἰτιατικὴν τὸν Ἀδῶνα.* cfrt Hesych. *Ἀδῶνα: τὸν Ἄδωνιν.* v. ad 2, 616 suppl. fr. LX scr. p. 360 26, fr. LXI grammatici verba ita scripsit Lobeckius 'Ρημ. 275: *ἀκοᾶς ἀντὶ τοῦ ἀκουστικῶς ἔχεις. Πλάτων.* fr. LXV *ἀποθρέξει: ἀποτροχάσεις* Herwerden p. 33. fr. LXIX v. Et. m. 470 34. in verbis Aristophanis ibi *ἅρπαγα τρέφων.* p. 695 extr. *ἑψανόν* omissum propter Ruhnk. Tim. 156 in editione min. ubi nova haec accessit glossa

LXXª (fr. 249)

Phrynichus Bekk. p. 31 17. *γλωττήν: τὸν γνώμαις πολλαῖς καὶ συνεχέσι τοὺς ἀκροωμένους διαμαλάττοντα. Πλάτων.* 'pro *γλωττήν* Piersonus ad Moer. p. 113 et Ruhnk. ad Tim. p. 73 parum recte scribendum coniecerunt *γοητεύοντα.* aptius esset *γνωμοτύπον.* at ne Platonis quidem nomen certum est; sequitur enim continuo apud Phrynichum haec glossa *Γόνιμα ἀγαθά . . . Πολιτείας δευτέρῳ* (p. 367 d). pro *διαμαλάττοντα* forsan *διαμάττοντα.*' p. 696 (71) cf. supra p. LXI. LXII. incertarum fabularum fragmentis hoc addit ed. min. p. XIV:

LXXII

'Pollux IX 66: *τὸ δὲ παρὰ Φιλήμονι τριτήμορον τεταρτημόριον καλεῖ ἐνίοτε Πλάτων,* ubi Boeckhius [in Gerhardi 'archaeol. zeit.' 1847 p. 44] recte *τριταρτημόριον* corrigit et Platonem intellegit comicum.' cf. in Ath. spec. II p. 31. de spuriis Platonis fragmentis v. infra p. 51. ed. min. p. 401, ubi accessit Tzetzes Chil. I 517 (Nauck. fr. trag. p. 377). p. 697 cf. Bergk. Lyr. II 489. 528.

p. 698. Aristonymi Theseus. de *βαπτῶν ἁλῶν* cf. p. 51. Sequentis fabulae fragm. I in ed. alt. cum fr. II coniunctum est. priore versu *βεμβραφύαις* et *καρκινοβάτης* etiam Etymologici codd. D. V. M. apud Athen. PVL *καρκινοβάτης* non *καρκινοβάστης*. Vs. 2 *κακοδαῖμον* Et. cod. M. *σαφῶς* om. V. *ὥστ' οὐκ ἀφύη νῦν ἐστι σαφῶς* (vel *νῦν ἐστιν ἁπλῶς*) *οὔτ' αὖ β. κακόδαιμον* Hemsterh. p. 699 3 a f. scr. *γενέσθαι* p. 700 6 *τετράδι λέγοντες αὐτὸν γεγονέναι, κατὰ τὴν παροιμίαν, ὡς ἄλλοις π.*

p. 701 Amipsiae fr. I 2 *γὰρ οὖν*: 'nisi vs. 3 malis *ἀκολουθήσαις*.' ed. min. fr. II *θὔδατος* et sim. ed. min. adde quae infra leguntur p. 51. fr. III compositum ut voluerunt Schweighaeuserus et Dindorfius. 'forsan praestat *ἐγὼ δὲ Διόνυσος* . . . | *ἅπασιν ὑμῖν εἰμι πέντε καὶ δύο*.' ed. II. fr. IV *ἔγχουσα καὶ ψιμύθιον* cod. D. post *Ἀμειψίας* adde *Ἀποκοτταβίζουσι* p. 703 in fragm. quod habet Athenaeus p. 316b 'ne sic quidem *κατεσθίοντι* placet; magis placeret *κᾆθ' ἑστιῶντι*' ed. min. Conni fr. I *ἥκεις | καὶ σὺ πρὸς ἡμᾶς. καρτερικός γ' εἶ. πόθεν ἄν σοι χλαῖνα γένοιτο;* Cobeti Diogenes Parisinus. idem quartum versum priori personae ascripsit. Caeterum cf. infra p. 51. p. 704 5 *ὀλίγῳ* et *πολλῷ* non Elmsleius sed Dobraeus add. ad Acharn. 270. ad fr. II scholiastae verba quomodo habeant v. ed. min. ib. fr. III receptum est Fritzschii *ἐντευθενὶ δίδοται κτλ.* Vs. 2 *τι πλευρόν* requirebat Herwerden p. 33. In verbis poetae Herodiani cod. *ἱερωσανακωλαῖτο* fr. IV *δρφῶσι* ed. min. *Μοιχῶν* fr. I 'forsan *κᾆτα σὺ μὲν ἀθῷος ἦλθες*' ed. min. de *καββαλών* cf. Lobeck. path. el. 1, 229. *Σφενδόνης* fr. II 'nec *θαλάττιον* scripsi' ed. min. In verbis schol. scr. *ποτοῦ*. ad *ταράξας* cf. Antiphan. 3, 101 (5, 5). p. 709, 8 'Atticum esset *Πλαταιᾶς*' cf. Steph. Byz. 526 11. fr. V codicis lectionem emendarunt Kühnius et Iungermannus. p. 710 (1, 2) Cobetus quomodo corrigat v. p. 52. Vs. 3 'praestat forsan *κᾆτα* scribere. quae sequitur cantiuncula forsan ad creticos numeros revocanda: *οὐ χρὴ (οὐ χρεὼν?) πόλλ' ἔχειν θνητὸν ἄνθρωπον ὄντ', ἀλλ' ἐρᾶν κἀσθίειν*.' ed. min. Cf. Bergk. Lyr. II 1025. fr.

II (p. 711) Antiphanis fragmentum infra supplevimus p. 80 (100). fr. VI ita scriptum ed. min.

εἰ μὲν θανοῦσίν ἐστί τις τιμὴ κάτω,
καταβῶμεν.

fr. VIII *ὁ δὲ κωμικὸς Ἀμειψίας τὸ νεύειν ὀφρυάζειν εἴρηκεν* edidit Bekkerus, ut habet Falck. cf. Pors. adv. 283. XII scr. *τετράδι λέγοντες αὐτὸν γεγονέναι.*

p. 715. Archippi Amphitr. II v. infra p. 989. 991. fr. VII *ἀσκοθύλακον — Ἀμφιτρύωνι δευτέρῳ.* Herculis fr. II *κάπρου σχελίδες* ed. min. ib. fr. III om. *ἄκρας.* p. 718 1 adde Bergk. Anacr. 103. p. 719 7 a f. scr. XCIV 2 *Ἰχθύων* fr. IV *θαλάττιοι;* ed. min. et Steph. Byz. p. 197. ad fr. V scr. Edinb. 1841 N. 37 p. 88 (non 38 ut ed. II). fr. VI *Θαλάσσης τρόφιμος*: de Thalassa dea v. ad Alciphr. p. 85. fr. X rescribe ex Athenaeo *τοὺς μαιώτας καὶ σαπέρδας καὶ γλάνιδας.* fr. XI recepta est in min. ed. Bergkii coniectura, *κῆρυξ μὲν ἐβόησεν βόαξ* fr. XII Cobetus mnem. V p. 93 *ἱερεὺς Ἀφροδίτης* propter fr. IX. fr. XIII cf. ad anon. 4, 632 (112). fr. XIV in utraque ed. corr. Athen. VIII l. 2 *ἰχθύας* l. 3 ante 'Luciani' insere ex min. ed. 'apud Timaeum Athenaei II p. 37 d *ἄνδρες Τρίτωνες,* et' fr. XV scr. Athenaeus VIII ad fr. XVI cf. add. p. 52. *τὴν δὲ ἀρτόπωλιν,* quod om. cod. C, scriptum *ἀρτοπωλίαν.* 'an *παντόπωλιν?*' Bk. *καὶ τὴν παντοπωλίαν* om. Par. A. fr. XVII Bk. *νεκοτιλτοῦντα* fr. XVIII Poll. X 29. p. 724. *Πλούτου* fr. I scr. *εἰρημένη·* eum versum ita afferunt scholia *ἔστιν δέ μοι καλῶς πρόφασις εἰρημένη,* nec mutavit verborum ordinem Porsonus. fr. II 1 *Α. οἴμοι. Β. τί ἐστι; . . . μῶν ἔδακέ τί σε;* ita ed. min. *Α. οἴμοι (τάλας). Β. τί ἐστι; μῶν ἔδακέ σέ τις;* Herwerd. p. 34. Vs. 2 idem *κἀπέβρυξέ με*: hoc *με* cum Dindorfio. Vs. 3 *θεοσεχθρα* V. *θεὸς ἐχθρία* G. cf. infra p. 52. Lobeck. path. el. 1, 311. *θεοισεχθρία* Herwerden. fr. III *νῦν ὡς* etiam Etymologici cod. V. *δημάδου* M. *μήτε πόλιν*] *μήτε πόλεως* Eustathius. fr. IV scriptum in ed. min. uno versu ut h. l. coniecit editor: *ῥαφίδα καὶ λίνον λαβὼν τὸ ῥῆγμα σύρραψον τόδε,* atque ita edidit Bekkerus. p. 726. *ΡΙΝΩΝ.* fr. I Mein. recepit in ed. min. librorum lectionem *ἀπο-*

δοὺς pro Toupii ἀποδύς: 'dici ista, inquit, videntur de homine, qui quum furto surreptam vestem reddidisset impune convivio excedit.' ἀποδύς super probavit Cobetus mnem. IV 235. p. 726 (2) ap. Poll. κοχῶναι καὶ πυγαῖαι προσαγορεύονται hodie editum, idemque πυγαῖαι ap. schol. Eq. 424 restitutum ed. min. Pro προχῶναι cod. A Bekk. προικῶναι. De κοχώναις v. schol. Hippocrat. ap. Daremberg. notices p. 214 sq. p. 727. fr. I (v. Geisfordi annotationem) a Lucretio exprimi II init. 'suave, mari magno turbantibus aequora ventis, e terra magnum alterius spectare laborem' annotavit Nauckius. p. 728 (3) incerti com. fragm. v. 4, 611. fr. V adde Polluc. III 54 Ἄρχιππος δὲ καὶ συμπατριώτας ἔφη. fr. VII Pollucis verba ita habent: παιδοτριβικὴν δὲ τέχνην Ἰσοκράτης εἴρηκεν, τῆς δὲ παιδοτριβίας Ἄρχιππος ὁ κωμικός.

Aristomenes p. 731 (3) propter Xenoph. mem. II 2 9 ita scripsit Cobetus mnem. V 93: μισῶ σ' ὅτιὴ λέγεις με τἄσχατα. fr. IV adde Spengel. Varr. 627. p. 732 (1) Rav. ἔνσταθι, non ut ed. min. ἔσταθι. fr. II scr. ἐπεσθίειν v. p. 52. fr. IV utrobique scr. 384 e. p. 734 (3) ἀριστομάνει C ἀριστοφάνει A. in ed. min. corr. καὶ σφαιρομαχία inc. fr. I cf. Bergk. ap. Zimmermann. annal. 1835 p. 915. Aristophani vindicabat Fritzschius Thesmoph. p. 602. fr. II ap. Poll. VI 167 Par. A φιλακόλουθος λέγει pro ἄρχεται.

p. 735. Calliae fr. priore Leutschius philol. III 570 alteram proverbii partem, ἕλκε μοιχὸν ἐς μυχόν, a poeta usurpatam existimat, totum negat. caeterum cf. infra p. 52. fr. II (p. 736) 'ad καλλιτράπεζος pertinet glossa Phrynichi Bekk. 49, 15' ed. min. p. 737 (7) priorem Calliae commemorationem errori deberi putat Nauckius philol. VI 415, propter gr. Bk. l. c. καὶ παρ' ἄλλοις corrigens. p. 738 (8) cf. add. p. 52. fr. IX scr. ἃ Ὅμηρος ἁματροχιὰς εἴρηκε Πεδῆσαι. fr. I τοὺς Μελανθίου Dindorfius. Nauckius philol. 6, 415 τί δ' ἆρα; τοὺς Μελανθίου τῷ γνώσομαι; idem vs. altero λακκοπρώκτους aptius putabat. fr. II 1 Fritzschius retract. fab. spec. V p. 5. 10 (v. supra p. LX) ita scripsit: Α. τί δὴ σὺ σεμνὴ καταφρονεῖς (hoc cum codd.) οὕτω μέγα; 'interrogatus, inquit, Euripides, cur venerandam deam nescio quam (in tragoedia, ut opinor) tantopere contemnat, huius rei causam a Socrate repetit.' Eur. Hippolyti versum 99 Runkelius ad Cratin. 76 attulit. p. 739 (3) Σάκον Ven. Ald. καὶ Σάκας (vel -αν) ὃν χ. Dobr. adv. II 214. p. 741 (4) μετάλλου στόμιον ap. Bekkerum. fr. VII δύο ἀδελφιδᾶς τούτῳ μοιχῷ Par. A: BC enim om. fr. VIII Pollucis verba ap. Bekk. haec sunt: καὶ μέντοι καὶ δοκησίνους, ὃν καὶ δοκησιδέξιον Καλλίας εἴρηκεν ὁ κωμικός. p. 742 cf. infra 52. fr. X Pluti versus est 1099. in minore editione p. XIV incertis Calliae fragmentis hoc additum:

XIII

Hesychius Μεγαρικαὶ σφίγγες: Καλλίας πόρνας τινὰς οὕτως εἴρηκεν. Cf. Photius p. 252 2: Μεγαρικαὶ σφίγγες: αἱ πόρναι οὕτως εἴρηνται· ἴσως δὲ ἐντεῦθεν καὶ σφίγκται οἱ μαλακοὶ ὠνομάσθησαν. ἢ καὶ ἀπὸ Μαίας οὕτως λεγομένης ἐν Μεγάροις. pro σφίγγες Nauckius φύσιγγες scribendum coniiciebat philol. II 150. VI 415 sq. de alio apud Hesychium fragmento v. infra p. 52. cf. Lobeckii parall. 334. Ahrentis dor. dial. 475. De Callia Syracusano v. Schneidew. nov. rhen. mus. III 82.

p. 743. 'In Hegemonis fragmento nunc (cf. ib. p. 421) malim μάλα ταχέως ἰὼν πρίω μοι πουλύποun. nimirum ἰὼν cum primum in τῶν corruptum esset, postea prono errore in αὐτῶν abiit.' Mein. ed. min. p. XIV. ἀλλὰ ταχέως ἰὼν Cobetus mn. V 93. ib. 5 a f. scr. 699 a. De nominis proprii forma cf. vol. III p. 533. Keil. anal. epigr. 244.

p. 744. Lysippi fr. I l. 6 scr. Adv. p. 68. de anacoluthia (cf. Bergk. de Emped. prooem. p. 25) dubitat Bernhardy in paralipom. syntaxis gr. 1854 p. 16; idem in Cratini fragm. 2, 111 (1) 'integrum, inquit, est membrum οἶδ' αὖθ' ἡμεῖς, ecce denuo huc processimus.' fr. III: nonne πῖλος pro πλεκτός?] recepit in ed. Poll. Bekkerus, 'an πῖλος post πλεκτὸς addendum?' ed. min. fr. V Bk. Poll. καὶ θεῖον δὲ τῶν ὑπουργούντων τῷ κναφεῖ cod. A ἐπιγνάμψας idem σὺ δ' om. ib. VII 37 ἀνακνάψαι plenum fragmentum etiam Poll. VII 77 e Par. A exhibuit Bekkerus cum Falckenburgio: οὐδ' ἀνακνάψας (σὺ δ' ἀναγνάψας AF) καὶ θειώσας τὰς ἀλλοτρίας διανοίας (sic). p. 746 annot. l. 2 scr. βίου διόρθωσιν de anonymi comici versibus his 4—12 v. infra p. 52. 53. ed. min. p. 1198 (48). Naekii disputationem vide in Opusc. I 338 sqq. Vs. 1 (4) ῥόδοις ἴσην Holstenius. Vs. 2 (5) χᾶμ' ἀηδίαν H. Stephanus. cod. καὶ ἁμαληδίαν. Vs. 3 (6) cod. ἀλιειτα μεγάλην εἰσχολὴν ἄγει. H. Stephanus τὰ γὰρ Ἁλίειά μ' εἰς μεγάλην σχολὴν ἄγει. infra p. 52 μὲν μεγάλην σχολὴν ἄγει. Naekius (cf. p. 747) in epimetro (opusc. p. 342) τὰ γὰρ Ἁλιεῖα τὰ μεγάλ' εἰς σχολὴν ἄγει (*denn das sonnenfest, das grosse, musse giebt es schön*). Cobetus V. L. p. XVI τὰ γὰρ Ἁλίεια τὰ μεγάλ' εἰς χολήν μ' ἄγει. Vs. 4 (7) τὸ δ' ἁλιακὸν ἔτνος με μαίνεσθαι ποιεῖ: ita pro ἔθος [quod retinuit Naekius I 342] ed. mai. p. 748 et min. Cf. Bergk. 'beiträge zur monatskunde' p. 69, qui pyanepsia intellegi malit. Vs. 5 (8) λεύκην: cf. C. I. G. vol. II p. 392ᵈ (non 302ᵈ ut infra p. 53). Vs. 7 (10) ὥστε μᾶλλον ἂν θέλοιν: Nauckius philol. IV 548. V 685. Vs. 8 (11) ταῦτ' ἀκούων καρτερεῖν. Vs. 9 (12) cod. τοιούτων ξένων a pluribus correctum. p. 748 fr. III (II) 1 ita ex Sorbonico descripsit Gaisfordus:

ἀλλὰ δᾶδας ἡμμένας μοι ταχὺ δότω τις ἔνδοθεν

μοι om. ταχύ alii, μὴ δότω Gud. ἀκρατεῖς pro ἀκραπνεῖς Par. 2630 Bk.

p. 749 Leuconis fragm. I cum Fritzschio scriptum ed. min. ἀτὰρ ὦ Μεγάκλεες οἶσθά που Παάπιδος κτλ. Caeterum apud schol. Hephaestionis cod. S p. 60 huius fabulae auctor Γλύκων vocatur.

p. 751. Metagenis Αὖραι. cf. Fritzsche Ran. p. 185. fr. I 4 'fortasse scribendum μίσθι' ἔλυσαν' ed. min. fr. III κἄπειτά με πᾶν ἐπερώτα, | ὅ τι ἂν βούλῃ Cobetus mnem. V 94. fr. IV ita scriptum in ed. min. ut in cod. Ven. habet:

Τίς ἡ Κολαινὶς Ἄρτεμις;
ἱερεὺς γὰρ ὢν τετύχηκα τῆς Κολαινίδος.

τίς ἡ om. Ald. in annot. l. 3 scr. ἐν Αὔραις "εἰς ἡ κτέ." p. 753 fr. I scr. Athenaeus VI ad vs. 5 cf. Cobetum mnem. V 94. Vs. 6 adde Athen. VII p. 327 d: μνημονεύει δὲ αὐτῶν (i. e. φάγρων) καὶ Μεταγένης ἐν Θουριοπέρσαις. p. 755

(1, 2) 'excidit forsan ὅστις vel πέρυσι vel simile quid.' ed. min. annot. l. 3 scr. εἰς ξένον l. 6 ὁδὶ προδοὺς Vs. 3 ἀγορᾶς ἄγαλμα: cf. F. Beckmanni prooem. schol. Brunsbergensium hiem. 1852 p. 11. p. 756 (1) Fritzschius de paropside p. 13 (non 9 ut ed. min.) κἀπεισοδίοις μεταβάλλω τὸν λόγον sive etiam ἐπεισοδίοις—' 'et digressionibus, inquit, muto comoediae argumentum, ut secundae mensae epulis novis multisque spectatores excipiam.' caeterum v. vol. II p. 1240 infr. et add. p. 53. p. 758 (2) cf. add. p. 53. τίς πολίτης δ' ἐστὶ νῦν etiam in ed. altera, ubi vs. 2 cum Bergkio πλὴν ἄρ' εἰ pro ἢ Burgessii et Dindorfii. De Calliae νόθῳ v. Fr. Vater. rerum Andoc. I p. 45. fr. III hodie apud Pollucem VI 108 ita habet λύχνου δὲ διμύξου τῶν κωμῳδῶν Φιλύλλιος μνημονεύει, καὶ Μεταγένης

δίμυξον ἢ τρίμυξον ὡς ἐμοὶ δοκεῖ.

p. 761. Aristagorae Mammacythus: Fritzsch. Ran. p. 185. 323. p. 762 5 a f. scr. fabula

p. 763. Strattidis fr. I. cf. infra p. 53. de fabulae inscriptione Fritzsch. Ran. p. 171. Vs. 3 Valic. Cobeti δι' αἴχνεα ὀρέστην ib. 'Ηγέλοχον τὸν Κυντάρου ap. Cobetum. Caeterum v. add. p. 53. fr. II quomodo scribendum videretur ibidem significatum. ed. min. ita dedit:

τῶνδε διδύμων τῶν ἐκγόνων σεμιδάλιδος.

Atalantae fr. I 1 'Ισοκράτους cf. Cobet. V. L. 395. Vs. 2. 3 quomodo Saeppius composuerit v. p. 53, ubi non recte εὑρεῖν με pro ἰδεῖν με, quod volebat Saeppius. p. 766, 6 scr. Anaxandridis Athen. p. 570e, ubi praeeunte Iacobsio Λαγίσκιον scriptum (3, 165). ib. 1 a f. scr. p. 134. fr. VII scholiastae verba quomodo scribantur v. ed. recent. cf. Dindorfii annotationem. p. 767 (1) Callippidae fragm. scriptum in min. ed. ut p. 768 propositum est. Cinesiae fr. I post haec quae certa videntur, τὰ δ' ἄλφιθ' κτλ. usque ad ἐχρῶντο κοφίνῳ; in Par. A ita habetur: ἢ (sequitur novem decemve litterarum lacuna) τοῦτ' αὖθ' ὅτι οἴνου κόφινος, δυνάμενος τρεῖς χόας πυρρῶν ταῖς κοφίναις ταὐτὰ ταῦτα δυνάμενος. ad fr. II σκεῦός τι ἢν πύξινον, ᾧ κτέ. p. 769 (5) l. 9 scr. Inc. fab. fragm. VII. ad fr. VI cf. 2, 808 (3). infra p.

53. Athen. p. 482 c. Aeschin. Tim. § 48: οὕτω γὰρ καθαρὸν χρὴ τὸν βίον εἶναι τοῦ σώφρονος ἀνδρός, ὥστε μὴ ἐπιδέχεσθαι δόξαν αἰτίας πονηρᾶς. adde αἰτιᾶται ad 2, 558 (26) suppl. p. 770 (7) de Dionyso similibusve hominum nominibus v. C. Keilii spec. onomatologi gr. 1840 p. 24 al. anal. epigr. p. 95. inscr. Boeot. 236. Cf. 3, 322. Fritzsch. Ran. p. 245. p. 770 Cinesiae fr. IX vide infra p. 58 sq.:

σκηνὴ μὲν *(ἐστιν ἥδε) τοῦ χοροκτόνου
Κινησίου.

God. Hermannus annal. Vind. CX p. 78: σκευὴ μὲν οὖν χορ. Κιν. Cobeto mnem. IV 106 Strattis videbatur fabulam his ipsis verbis exorsus esse: σκηνὴ μὲν ἥδε τοῦ χοροκτόνου θεοῦ | Κινησίου. comparavit Soph. Electr. v. 6: αὕτη δ', Ὀρέστα, τοῦ λυκοκτόνου θεοῦ | ἀγορὰ Λύκειος. Aliter Strattidea composuit Fritzschius Ran. p. 196. caeterum cf. ad 1, 544 suppl. p. 771 (1) recepta est in min. ed. Fritzschii coniectura γ' ἴσον ἴσῳ κ. fr. II πολλοὺς ἤδη μεγ. ibid. fr. III Χῖος παραστὰς Κῷον οὐκ ἐᾷ λέγειν iterum affert Eustathius p. 1289 64 (Fritzsch. Ran. p. 229. Leutsch. Apostol. p. 724). fr. IV distinctum in min. ed. ut h. l. significatum: ὑποδήματα | σαυτῷ πρίασθαι τῶν ἁπλῶν. Macedonum fr. I 2 τοπείοις etiam Etymologici codd. V. M. ib. ὀνεύοντες cf. Boeckhii inscr. nav. p. 144. Caeterum ad hunc peplum pertinere videntur quae nova protulit Cobetus ex Ven. cod. schol. Eurip. Hecub. 462: ὅτι δὲ κρόκινός ἐστι καὶ ὑακίνθινος (ἀκάνθινος cod.) καὶ τοὺς Γίγαντας ἐμπεποίκιλται δηλοῖ Στράττις. τοῦτον δὲ ἀνιέρουν διὰ πενταετηρίδος ἐν τοῖς παναθηναίοις. fr. II ὑμὲς Cobet. mnem. V 95. ὠττικοὶ (v. infra 54) ed. min. p. 774 (5) annot. l. 4 εἰσὶ δ' VL Vs. 3 ἥδε Μεγακλέους Person. l. c. ἠδὲ Dindf. p. 775 in Myrmidonum fragm. ἐν τοῖσι Toupius emendatt. IV 381, atque ita etiam Bekkerus, qui v. 2 ἀπαξάπασα γῆ στρατιαὶ σιδαρέων. p. 776 (2) scr. ἐγῷδα· Caeterum cf. Cobeti V. L. 90. p. 777 (3) adde Eustathii p. 1240 21: λέγει δέ, φασί, καὶ Στράτις διὰ τοῦ ε, ἐγχέλεων ἀνεψιός. ib. 6 a f. scr. Ποταμίοις p. 778 ap. schol. Vesp. 1346: τὸ λεσβιεῖν ἐπὶ τοῦ *αἰσχροῦ τάττεται* in verbis poetae Dobraeus adv. II 204: *ἐγὼ δέ γ'* vel *δ' ὅπερ-ἅπερ χοἱ Λέσβιοι. ἐγῶδα τοὐπίνικος* V. Meinekius: *ἐγὼ δέ τοὐπίνικος*, 'quo adiutus Ahrens de Crasi p. 21 forsan rectius scripsit *ἐγὼ δέ γ', οὑπίνικος*' ed. min. Apud Cratetem l. c. aphaeresin agnoscere maluit Ahrens p. 21. 26: *ἀλλ' ἀντίθες τοι· 'γὼ κτέ.* p. 778 Troili fr. I 2 *παραδῶς* cod. V. fr. II om. ed. min. interrogandi nota. p. 780, 2 *οὐδὲν κόπρια* Par. A. ad Philoctetam fabulam f. pertinent quae in anon. fragmentis collocata sunt p. 673. Phoenissarum III 3: *ὀπιτθοτίλαν* Lobeckius ad Aiac. p. 144. Vs. 5 *σάκταν*: cf. BD ad Iliad. X 2: *ὅθεν Φρύγες ἀκεστήν τὸν ἰατρόν, καὶ Ἀθηναῖοι ἀκέστριαν* (*ἀκέστορά φασι* D). ibid. *'βέφυραν*: Bergkius in schedis corrigit *βάφυραν*. comparat 'laconicum *βαβύκα* et Hesychium v. *βαρύκαν σφύραν* (l. *γέφυραν*)' ad annot. extr. cf. in Athen. exercit. I p. 44. fr. IV 'probabile est Strattin usum esse proverbio *τυφλότερος* (*κενώτερος, γυμνότερος*) *λεβηρίδος*.' ed. min. Cf. vindic. Strabon. p. 200, ubi etiam ap. Athenaeum l. c. *γυμνότερον* vel *τυφλότερον* pro *κενότερον* scribendum proposuit auctor. p. 784 ad Chrysippi fragmenta utrique editioni addatur hoc:

III

Grammaticus Darembergii '*notices*' p. 215 de *κοχώναις* agens, allatis ex Aristophane Eupolide Cratete exemplis, ita pergit: *μέμνηται καὶ Στράττις ἐν Χρυσίππῳ καὶ Εὔβουλος ἐν Σκυτεῖ.* p. 784 (2) extr. scr. Eustathius ad Od. p. 786 (5) *πῶς ἂν* om. Bekkerus. Caeterum v. Bergkii analect. alex. II p. 17. p. 787 (2) hoc fragmentum in minore editione hoc modo composuit editor:

γαλῆν' ὁρῶ. Β. ποῖ, πρὸς θεῶν, ποῖ ποῖ γαλῆν;
Α. γαλῆν'. Β. ἐγὼ δ' ᾤμην σε γαλῆν λέγειν ὁρῶ.

Aristophanis Ranarum v. 303 scholion est Aldinum ex Euripideis ad Oresten 269 illatum, ubi Ven. cod. Cobeti (p. 262) *ποῖ ποῖ πρὸς θεῶν ποῖ ποῖ· γαλήν' γαλῆνα. ἐγὼ δὲ.* Vat. *ποῖ πρὸς θεῶν ποῖ ποῖ χρῆμεπαρα τον θέλημα ποιεῖν γαλὴν γαλῆνα ἐγὼ δὲ.* idem vs. 2 pro *ὁρῶ* habet *ὁρᾷς*: — in quo scholion finitur. *γαλῆν'* Lobeck. parall. 198 n. 13. Cf. Fritzsche Ran. p. 170. 174. fr. inc. III (p. 788) recepit min.

ed. οἶνος.κοχύζει κτλ. cf. Lobeck. path. elem. 1, 165. p. 789 (6) 'sufficit ἀλλ' εἰ μέλλεις ἀνδρείως | φώζειν ὥσπερ μύστακα σαυτόν, aut media in μύστακα producta, φώζειν μύστακα σεαυτόν.' ed. min. de Antiphanis loco 3, 22 (v. 4) v. infra p. 73. p. 790 (8) cf. Hermannum in Aeschylo II 367. fr. IX cf. infra p. 54. fr. XV τὴν δὲ ὧδε ἔχουσαν διατράμιν (hoc accentu etiam Bk.) Στράττις ὠνόμασεν. fr. XVI προγονάς Bekkerus.

p. 793 Theopompi fr. II l. 5 scr. ἐν Ἀλθαίᾳ ἔφη — ἄκατον τὴν φιάλην εἰρηκότος ib. ex min. ed. haec adde: 'videntur Dorici hominis verba esse et praeterea φιάλαν scribendum.' Quod sequitur fragmentum in duos divisum numeros ed. min. p. 794 (1) ὀβελισκολυχνίου: cf. Poll. VI 103 'τὸ δὲ παρὰ Θεοπόμπῳ τῷ κωμικῷ ὀβελισκολύχνιον (ὀβελισκοελλύχνιον A), τὸ μὲν σκεῦος ἦν στρατιωτικόν, τὸ δὲ ὄνομα ὑπομόχθηρον.' altero Pollucis loco Bk. de coniectura στρατιωτικὸν μέν τι τὸ χρῆμα. p. 795 (4) scr. Athenaeus XIV p. 797 (3) de scholio Pluti v. Ddf. qui etiam apud scholiastam εὐστηρίας ex libris dedit pro εὐπορίας Aldi idemque haec verba εὖ πάνυ λέγεις ex Flor. cod. adiecit. Vs. 1 Dobraeus adv. II 143: φέρε δὴ σὺ vel φέρε νῦν. p. 798 (1) repositum in ed. min. ἥξεις, quum ipse Theseus compelletur. p. 799 (1) scr. Athenaeus VII p. 800, 2 scr. X 180 Καπηλίδων fr. I recepta est in min. ed. Bergkii emendatio Λεόντιος ibid. vs. 2 scriptum εὔχρως πεφάνθαι. Hermannus quomodo scribendum putarit v. infra p. 54. Herwerden p. 35: Λεωτρ. ὁ χρουσίμετρος Λεοντίῳ | εὔχρως πέφανται κ. χ. ὥσπερ νεκρός h. e. 'Leotrophides metrorum corruptor tam bono colore et forma tam venusta visus est Leontio, ut defunctum se videre crederet.' Ad Platonis locum in annotatione allatum cf. Alciphron. p. 147. fr. II reponendum in utraque editione quod apud Pollucem est,

ἐλεφαντοκώπους ξιφομαχαίρας καὶ δόρη

pro ἢ δόρη. p. 801 (5) cf. Schneidewinum philol. III 254. p. 802. ΜΗΔΟΣ. de fr. I cf. add. 54 et ed. min. ubi haec annotata: 'sub Rhadamanthi nomine quis lateat ignoratur, at pro Λύσανδρον legendum λυσάνιον. Cfr. Hesychius, Λυσανίας, ὁ λύων τὰς ἀνίας. καὶ δυσάνιος γυνή, ἡ ἐπὶ τοῖς τυχοῦσιν ἀχθομένη. Ceterum cfr. C. Rehdantz vitae Iphicr. etc. p. 117. adde A. Schaefer. philol. III 577 sqq. p. 803 (2) Bergkius coniicit τὰ λαῖα μειράκια fr. III κυμβίον: v. p. 54. M. Haupt 'berichte d. sächs. ges. d. wiss.' I 412 sq. ΝΕΜΕΑ. vs. 3 φύσεως: v. p. 54. vs. 8 Α. ναί etiam in min. ed. corrigendum. p. 806 (2, 3) Bergkius 'num λεπυχανίῳ?' in quo πυ syllabam correptam esse voluit. fr. III τἄρ' ἐστὶν min. ed. recepit. de Euripide cf. Nauck. trag. fr. p. 508. philol. IV 550. Pamphilae fr. II 3 περίστατον cum Dind. ed. min. p. 809 (3) ἐπιτηθή (ἐπὶ τιθῇ D): ἡ τῆς τηθῆς (τήθης V. M) μήτηρ. ib. Pantaleontis fr. II l. 1 κνέφαλλον hodie, l. 3 γνάφαλλον (Bk. γνάφαλον). Theopompi fragmenta cum Bergkio ita edidit Bekkerus, ut extrema annot. indicatum; κνεφάλλων: cod. C γναφάλλοι. Penelopae fr. I τοῦ νουμηνία cod. p. 811 (2) cf. infra p. 55. fr. III ὑποδοῦ λαβὼν τασδὶ περιβαρίδας Cobetus mnem. V 98. fr. IV φρυγεύς, θυῖα, λήκυθος cum Bk. cf. min ed. p. X. Pollucis verba hodie ita scribuntur: ἀγγεῖον δὲ ᾧ ἐνέφρυγον ὁ φρυγεύς· Θεόπομπος γοῦν ἐν Σ. "φρυγεύς, φησί, θ. λ." p. 812 (2) cum Fritzschio de mercede iudicum p. 19 ed. min.

καί τοι τίς οὐκ ἂν οἶκος εὖ πράττοι τετρωβολίζων

pro vulg. εἰκὸς de fr. III aliter iudicabat Fr. Vater in Iahnii 'archiv' IX 172. item C. F. Hermannus ind. schol. hib. Gotting. 1848 p. 5. Monacensis cod. lectionem ita exhibet Spengelius p. 618: ΘΕΟΤΤΟϹ ϹΤΡΑΤωΤΗϹΙΝΝ ΘΡΑΘΥΜΑΧΟΥ ..... ΚΑΛΟϹ ... fr. IV l. 3 scr. ὁ τούτῳ ὑπεναντίος fr. V 'malim Ἐμβαδᾶν' ed. min. p. XIV. p. 814 9 scr. p. 1753 28. p. 816 5: schol. Soph. Electr. v. ap. Dindorf. p. 244 21. Inc. fab. I Herwerd. p. 36 ὥστε μοι δοκεῖν: idem in etymologici verbis καὶ Ἀχαιοῖς delebat. pro ὥς μοι Marc. cod. ὥσσοι fr. III affert Eustath. 211 12: χρήσεις δὲ τοιούτων λέξεων ἐν τῷ "τρώγουσι μύρτα καὶ πέπονα μιμαίκυλα" fr. IV est apud Ath. p 62e. fr. V Eustathius l. c. habet γέγονας pro γέγονε. p. 818 (7) ex Clemente Alex. sua derivavit Musurus schol. Nub. 1417: v. ad Plut. 2, 666 (18) add. et suppl. ad fr. IX haec annotavit Bergkius:

'ἀνέντατος, vetus corruptela, l. ἀνέντερος.' p. 818 (10) scr. p. 620. de fr. XV et XVII v. infra p. 55. fr. XVI scr. λάβδα ut apud Eupolin 2, 561 (37). fr. XIX scr. Eclog. p. 180. fr. XXV πρὸς βιβλιοπώλας θεύσομαι Cobetus mnem. V 96. fr. XXVI l. 2 προσερράπτετο (προσέρραπτο) Theopompum historicum esse voluerunt Moeridis editores: illum etiam aliis locis (veluti fr. XV. XVI. XVIII. XXI. XXII. XXVII) intellegi posse utrobique significavit Meinekius. Cf. ad fr. XXXVIII. p. 822 (30) apud Poll. II 18 ita distinctum: καὶ ὡς Θεόπομπος ὁ κωμικός "πρεσβῦτις, φίλοινος, μεθύση, οἰνοκάχλη, κοχώνη." Par. A οἰνομάχλη κοχλώνη 'forsan κορώνη' ed. min. fr. XXXI Bekk. et ed. min. παρὰ δὲ Θεοπόμπῳ τῷ κωμικῷ ὑπολογεῖν: cod. B Θεοπέμπτῳ ὑπολέγειν. fr. XXXV hodie τανθαρυστοί Bk. et ed. min. XXXVII pro ὀρνίθων λεκάνην Bekk. dedit ὀρνιθίων λεκάνην, Nauckius ὀρνιθείων (int. κρεῶν) λ. philol. 6, 416. XXXVIII 'hoc quidem nescio an non comico tribuendum sit, quem ubicunque affert Pollux, disertim id indicare solet.' ed. min.

p. 825 Alcaei Ganymedes. fr. I θᾶττον ed. min. fr. III haec sola Alcaei erunt: v. ed. min.

δειπύρους τε θερμούς.

Athenaei autem verba ita habent: Δίπυρον. Εὔβουλος ἐν Γανυμήδει. "διπύρους τε θερμούς." οἱ δίπυροι δέ εἰσί τινες ἄρτοι τρυφῶντες. Ἀλκαῖος Γανυμήδει. Polluc. VII 23: Ἀλκαῖος δὲ ἐν Γανυμήδει "διπύρους τε θερμούς·" οἱ δίπυροι δ' εἰσί τινες ἄρτοι τρυφῶντες. ita Bekkeri cod. pro vulgatis quae in mai. ed. leguntur. fr. IV Choerobosci ap. Gaisf. pagina est 631 26. Cf. Lehrs. Herodiano p. 82, qui in verbis μον. λ. l. 4 a f. pro ἤτοι scripsit ἢ μόνον κωμικῶς πεποιημένος, quod in πεπαιγμένος mutabat Nauck. phil. 2, 151, item Schneidewinus g. g. a. 1848 p. 1280. p. 828, 1 scr. ἐλῶν μῆνας l. 2 Putschius ὀτηγέχελονμῆνας ib. IV extr. cf. infra 55. Callistonis fr. I scr. Athenaeus IX de Comoedotragoediae fr. I v. add. p. 55. fr. II extr. scr. Eustath. 1394 38. p. 831 (1) scr. Athenaeus IX ib. l. 6 scr. Emend. p. 496. de fr. II adeas p. 55. in Athenaei verbis pro χρίσασθαι et μυρίσασθαι in ed. min. χρῖσαι et μυρίσαι conlectam. fr. III scr. Athenaeus IX p. 393 Pasiphaae H reponenda est tradita scriptura: *καὶ ναὶ μὰ Δί' ἄλλα σκευάρι' οἰκητήρια.* apud Pollucem l. c. *Ἀλκαίου τοῦ ποιητοῦ* 'an *κωμῳδοποιητοῦ*?' Bk. Pasiphaae fr. III v. infra p. 56. Inc. fab. I l. 4 scr. *πολύπους*. Caeterum v. Bergkium Lyr. II 735: 'potuit lyricus dicere: *ἔδω δ' ἔμαυτον ὡς* *(*πόδα*)* *πώλυπος.*' idem ib. fr. II 'si lyrici est, inquit, possis coniicere: *μὴ μέγαν σὺ περὶ κνάφον | περστείχην ἕνα κύκλον.*' cf. Ahrent. aeol. p. 254. dor. 540. Gudiani etym. locus est 380 18. fr. III etiam ad trochaicos numeros revocari posse *ἐβίασεν* scribendo indicatum ed. H. fr. V lyricum intellegunt Matthiae. Ahrens. Bergk. fr. 147. fr. VI *ἀλαζών: ὁ ἀλώμενος. οὕτως Ἀλκαῖος.* fr. VIII ad lyricum rettulit Matthiae: cf. Welckeri opusc. 1, 143. Bgk. fr. 143. Hoc loco dabimus quae in min. ed. p. XV scripta sunt. 'ad Alcaei fragmenta etiam haec adnotanda:

IX (2, 22. 187)

Eustathius Od. 1571 43: *τῶν τις δὲ μεθ' Ὅμηρον τὸ μὲν μῆλον δωρίσας εἰς μᾶλον τὴν δὲ ὄψιν εἰς εἶδος μεταλαβὼν καὶ μεταθεὶς τὰς λέξεις, Ἀλκαῖος δὲ ἦν ἐκεῖνος ὁ κωμικός, εἰδομαλίδην ἔφη σκωπτικῶς τινα διὰ τὸ καλλωπίζεσθαι τὰ μῆλα τῆς ὄψεως, ἐρευθόμενον δηλαδὴ κομικώτερον.* Bergkius non praeter rationem *εἰδομαλίδας* vocem contra disertum Eustathii testimonium Alcaeo Lesbio ascripsisse videtur, v. 'beiträge zur griech. monatskunde' p. 15 not. neque aliena fuerit talis confusio ab Eustathii more. cf. Ath. XI p. 469 a: *ἔφηβος. τὸ καλούμενον ποτήριον ἐμβασικοίταν οὕτως φησὶ καλεῖσθαι Φιλήμων ὁ Ἀθηναῖος ἐν τῷ περὶ Ἀττικῶν ὀνομάτων ἢ Γλωσσῶν,* unde Eustathius Il. p. 1299 extr. *τῷ κωμικῷ Φιλήμονι ἐμβαθυχύταν* affinxit: difficilis ergo erit huius rei diiudicatio et patens suspicionibus locus. vide Schneidewinum philol. I p. 360 sq.' H. I. item Bergkii Lyr. II p. 734 (151). idem Bergkius etiam Hesychii gl. *ἄμ' ἡμέρᾳ — ἄμ' ἠοῖ* ad Alcaeum com. referri posse indicabat p. 739 (123), cui Welckerus (l. c. 144) hoc Athenaei ascripsit (Bgk. fr. 140) XI p. 478b: *τὰ μόνωτα ποτήρια κότυ-*

λοι, ἂν καὶ Ἀλκαῖος μνημονεύει. Postremo v. ad Bergkii fr. 152.

p. 835 (2) βαυβᾶν, aliud huius vocabuli exemplum (v. 2, 187. ed. min. p. 1259) infra in anon. com. supplementis invenies. p. 836 inc. fab. I 2 Ἰσθμοῖ cum Cobeto (v. add. 56) ed. min. p. 837 (3) l. 1 πλινθίον πηχυαῖον Bk. pro Κάνθαρος Θρᾳξὶ Par. A habet θραξὶ καθαρῶς.

p. 838. Dioclis fr. II πλύνει Photius. Suidas non τῶν, ut ed. min., sed τὰ omittit. p. 839 (4) ἀσκοθύλακον ib. post Athenaei verba p. 307 d tolle interrogationis notam. Μέλιτται. fr. I cf. infra 56. p. 840 (5) scr. Theognostus Crameri II ... Ἀττικοὶ δὲ τιγγάβαρυ p. 841 (1) γέρων γενέσθαι, περινοησάτω δ' ὅπως | ἔτι νέος ὢν κτλ. ed. min. non spreta priori coniectura, τοῦτο δὲ προνοησάτω | ὅπως νέος ὢν κτἑ. cf. infra p. 56. caeterum cod. vs. 3 ἀγαθῶν 4 καταλύσῃ 5 τρίψῃ: correxit Bk.

p. 843. apud Poll. VII 40 γῆν δὲ σμηκτρίδα Bk. ib. l. 3 cod. C Εὔπολις εἶπεν καὶ ἄλλοι. l. 7 scr. γῆν σμηκτρίδα p. 844 ad Κενταύρου fr. II: apud Stob. 85 21 Vind. cod. τὰς ἀγορὰς in Κρητῶν fragmento τοῖς τρυπάνοισιν ἀντίπαλον ἀπήτιον recepit Bekk. traditas lectiones ὅπερ ἀρχίλιον (vel ἀγχίλιον) memorans. cf. Bergk. Lyr. II 575. idem Bekkerus VII 83 τὰ δὲ ἀπήτια ὅπερ (hoc A: om. caeteri. 'an ἀπέα?' Bk.) ἐν Κρησὶ Νικοχάρης ἐκάλει. p. 845 2 scr. Νικοχάρης ἐν Λάκωσιν. p. 846 inc. fab. fr. III ita scriptum ed. min.

εἰ πεύσομαι τὸν ἀηδόνειον . . .
ὕπνον ἀποδαρθόντ' αὐτὸς αὐτὸν αἰτιῶ.

virorum doctorum coniecturas v. infra p. 56.

p. 848. Nicophontis fr. I. II v. add. p. 56. in illo σέρφους δὲ V. ad alterum 'Nicophon scripserat aut σκυταλίου τοῦδε, aut σκυταλέου τῆς τε διφθέρας.' ed. min. fr. III (p. 849) om. interrogandi signo scr. ἆρ' ἀράχνιόν τι φαίνετ' ἐμπεφυκέναι. Pandorae fr. I ὁ δ' ἐξυφαίνεθ' ἱστόν (ἱστός Bk.), ὁ δὲ διάζεται ed. min. p. 850 (3) ap. Poll. II 11 εἰ καὶ τῶν εἰρ. Bk. ad fr. IV cf. add. p. 56. Sirenum fr. I 2 ἐὰν — εὖνά τις μεσημβρίας | τρωγὼν καθεύδῃ requirebat Cobetus mnem. 5, 96. de fr. II. III cf. Fritzsche parops. p.

15, qui pro ἄλλος scribendum coniecit γαλεὸς μαχέσθω κτλ. II 3 aut κυλινδέτω aut καλινδείτω requirebat Herwerden p. 38: cf. Cobet. V. L. 133. p. 852 (1, 1) ἀχραδοπώλαις cf. p. 56. ad vs. 5 (non 4 ut ed. II) referenda quae p. 854 (8) collocata sunt. fr. II 1 ἐγὼ μὲν ἄρτους: 'loquitur unus operariorum, qui fabulae nomen fecerunt. non recte Pors. . . ἔχω.' ed. min. Caeterum v. p. 56. fr. III 1 γενναῖος ἴσθ', ὦ οὗτος, ὀλίγον ἀνάγαγε ed. min. ut p. 853 propositum. p. 853, 1 ἐγχειογαστόρων V. ἐγχειογάστορα G. VIII (v. ad I 5) om. ed. min.

p. 856 annot. l. 1 scr. ὁπότε τὰ παιδία φιλοίη

p. 857. Philyllii fr. I Stephani verba hodie ita (p. 197 1) leguntur: Φιλύλλιος Αἰγεῖ "ὁ πάππος ἦν μοι γαλεὸς ἀστερίας", ἴσως διὰ τὸ πεποικίλθαι παίζων. de Auge fab. v. add. p. 57. fr. II γαλακτοχρῶτας cf. Lob. parall. 255. fr. III 3 ὁμοῦ δὲ λάλων ed. min. in ordinem recepit. cf. Fritzsche Eup. vers. fr. p. 21. l. 3 a f. πλήθη v. Alciphr. p. 170. Caeterum cf. ad Eubul. 3, 213 suppl. p. 861 ann. l. 4 scr. Athen. III l. 11 corr. 104 f l. 13 'Vs. 2' p. 862 (3) ὅ τι κα λέγῃ ed. min. et Bekk. ut h. l. coniectum. ὅ τι καὶ λέγει Cobetus mnem. V 96. aliter Herwerden p. 38. ad fr. IV scr. Φιλύλλιος γὰρ ἐν Πόλεσι fr. V ἀνθρακοπώλης ex codd. nunc Bekkerus ita: λέγει γοῦν Φιλύλλιος ἐν Πόλεσιν

ἀνθρακοπώλης, κοσκινοποιός, κηπεύς, κουρεύς.

p. 863 (8) 'λιχνοφειδάργυρος v. infra add. p. 57. ad Φρεωρύχου fr. I haec pertinent Et. Gud. 532 35: τορός — σημαίνει δὲ καὶ ἐργαλεῖον φρεωρυχικὸν καὶ σκαφεῖον παραφυλλ' . . v. Et. Gaisf. 2138 ubi haec annotata: δὲ om. D. qui mox σκαφ(εῖον) παραφυλλίω: — παραφυλλίω: — (sic) σκαφείω παραπλήσιον Call. παραφυλλίω. σκαφίον παραφυλλίῳ P. σκαφίῳ. π φυλλίω M. In Sorb. καὶ σκαφίον παρὰ τῷ φυλλίῳ i. e. παρὰ φιλυλλίῳ. p. 864 fr. II scriptum in min. ed. ut h. l. propositum est: ἀμυγδάλαι, καρύδι', ἐπιφορήματα. 'ᾠὰ in praecedenti versu poeta memoraverat. nisi ita distinguere malis ᾤ', ἀμυγδάλαι, | καρύδι', ἐπιφορήματα.' ed. min. annot. l. 3 scr. 640 e l. 8 scr. II p. 52 b. p. 865 (3) 'excidit forsan ὀρφῷ.' ed. II. fr. V 'malim κάμηλον.' ib. et fr. VI (VII) 'forsan *Μενδαῖον ἡδὺν ὥστε μηδὲ κραιπαλᾶν.*' fr. IX (VI ed. II) cum Porsono ita (v. infra 57) in ed. min. scriptum:

καὶ λύχνον δίμυξον οἴσω καὶ θρυαλλίδ', ἣν δέῃ.

cf. Dindorf. ad Ath. 700 f. (ita pro 699 f. infra corr.): 'eas Philyllii versus reliquias esse recte coniecit Schweigh. ex epitomae verbis ad p. 699 d appositis et Polluce.' fr. XIII *ἅλας ἀντὶ τοῦ ἅλες* etiam min. ed. suadet. adversatur Bernh. Suid. II 2 p. 1789. Choerobosci locus est 268 25 Gaisf. cf. Ven. Cobeti qui in Lycaonis verbis: *τὸ ἅλας εὐῶδες ἢ δυσῶδες ὀρύσσεται.*" *καὶ πάλιν* "*ἁλάτων μέδιμνον.*" apud Steph. Byz. 73 1 *ὡς πηγνυμένου ἐκεῖ πολλοῦ ἁλός* ex Eustathio repositum.

p. 867. Polyzelus. l. 2 scr. 261 sq. *Δημοτυνδάρεως*: cf. Fritzsche Ran. p. 232 sq. l 1 Cobetus mnem. V 97: *τριῶν κακῶν ἓν γοῦν ἑλέσθ' αὐτῷ 'στὶ πᾶσ' ἀνάγκη.* aliter infra p. 57. annot. l. 1 scr. 613 4. l. 12 'Vs. 4' fr. III perperam utraque ed. *ἕξει* pro *ἵξει* scripta est vulg. lectio. Gaisf. codd. D. P. M fere sic habent: *ἵξει ᾶ ἐννεάκρουνον ἔνυδρον τόπον.* ed. min. ita dedit:

ἥξεις ἐπ' ἐννεάκρουνον εὔυδρον ποτόν.

verba '*πρότερον Καλλιρρόη ἔσκεν*' ibi Choerili in Persicis fuisse videntur. l. 3 scr. *τὰ λουτρὰ* fr. IV Elmsleius ad Acharn. 1110 ita scribebat: *λεκανίῳ γὰρ ἐναπονίψει πρῶτον, εἶτ' ἐνεξεμεῖ· | εἶτ' ἐνεκπλυνεῖ δέ, κᾆτ' ἐναποπατήσει, Μανία.* Bekkerus ad dimetros revocavit eodem modo quo p. 869 descripti sunt. nuper Cobetus mnem. V 97 hos octonarios restituebat: *ὥσπερ λεκανίῳ τῷδε γὰρ πρῶτον μὲν ἐναπονίψει, | ἐνεξεμεῖς, ἐνεκπλυνεῖς, ἔπειτ' ἐναποπατήσει.* p. 869 (1) *ἱερεὺς γὰρ ὢν τετύχηκας* recepit ed. min. l. 1 scr. *ἐπ' ἄκρας* p. 870 (3) l. 3 cf. Vindic. Strab. p. 170. caeterum Diogeniani epit. Vindob. III 98 proverbium ita scriptum affert: *ὥσπερ Χαλκιδικὴ τέτοκεν ἡ γυνή.* p. 871 (1, 3) de *Ἀθηναίων* voce *βραχυπαραλήκτῳ* cf. supra p. LXVIII. ad Scymn. p. 57. infra p. 58, ubi pro eo quod in marg. dedi *καύναξ* iam reg. pros. 63 *καύαξ* praebuerunt. *διφορεῖται* reg. 31. Eustath. 1220 55. l. 5 a f. scr. 'Vs. 3' p. 872 (2) ita Bekkerus ex Par. A edidit ἀλλ' οὐ τρυγερὰ τὰ φθέγματ' οὐδὲ γλύξιδας.

Poll. II 118: καὶ τρυγεροὺς τὰ φθέγματα, ὡς ἔφη Πολύζηλος ὁ κωμικός "ἀλλ' οὐ τρυγερὰ κτλ." cf. vulg. lect. ed. mai.

p. 873 Sannyrionis fr. I καλεῖτ' ἀσέμνως Cobeto probatur mnem. IV 112. p. 874 (1) in Danaae fr. vs. 1 τί ἂν γενόμενος ed. min. τί οὖν (cf. Fritzsch. Ran. p. 170) Cobetus ex optimis codicibus: v. V. L. 106. idem (v. schol. Eur. p. 262) vs. 2 ζητητέον. φέρ' εἰ γενοίμην " γαλῆ. vs. 3. 4 Cobeti libri ἀλλ' Ἡγέλοχος μ' ἐμήνυεν (μεμήνυεν Ven.) ὁ τραγικός | ἀνακράγοι τ' (ἀνακράγοιτ' Ven.) ἂν οὗτος εἰσιδὼν μέγα. vs. 4 αὖ om. Ven. p. 875, 5 scholion Aldinum est. l. 18 scr. 'vulgo vs. 4' ΙΩ. Σαννυρίων Ἰοῖ, libri ποῖ: v. Elmsl. Acharn. 460. Pors. adv. 89.

p. 877 Demetrii fr. II 1 Voss. Etymol. et ipse κατέβαλεν p. 878 (2, 2) 'legebatur ἀποβλέπουσα sine ἀεί.'

p. 879 Apollophanis fr. I l. 8 scr. Coisl. 99 cf. ad Zenob. III 9. p. 880 (1) ita explebat Cobetus mn. V 97, ut legeretur: πόθεν ἂν κύαθον λάβοιμι τοῖς ὑπωπίοις; annot. l. 1 scr. Rav. Ven. ad fr. II l. 8 cf. infra p. 58. Κρητῶν fr. I 4 τὰς φιβάλεως τὰς πάνυ καλὰς στεφ. ed. min. legebatur τασδὶ (τὰς δὲ AB) φιβάλεως πάνυ. Caeterum confero Polluc. X 69: ἐπεὶ δ' οὖν εἴρηται ὁ τραπεζοφόρος, ἔστι καταχρῆσθαι τῷ ὀνόματι ἐκεῖ ῥηθέντι ἐπὶ τοῦ τὴν τράπεζαν φέροντος, ᾗ ἐπῆσαν τοῖς ἄρχουσιν αἱ μυρρίναι. fr. II receptum in min. ed. δι' ἁμέρας. l. 2 scr. δὲ Κρησί "Καὶ λεπαστά μ' κτλ." libri καὶ λεπαστὰν ἀδύοινον εὐφραίνει. fr. III de Apollophane dubitabat Fritzsche ad Ran. p. 188. θεοῦ ξενικοῦ templum affert attica inscriptio apud Boeckhium 'monatsb. d. pr. akad. d. wiss.' 1853 p. 571, 17. p. 882 (2) κέκνιστο cod. D Gaisf. ἐκέκνηστο τοῦ ἀριστοφάνους V.

p. 884 (2) Cephisodoro utraque ed. restitue ex Polluce:

σανδάλιά τε τῶν λεπτοσχιδῶν,

Vs. 3 ὡσπερεὶ θεράπαιν' probatur Fritzschio Ran. p. 195. p. 885 (4) γῆν δὲ σμηκτρίδα Bk. cf. ad 2, 574. 843 suppl. p. 886 (2) apud Poll. IV 173 Bekk. τὰ δὲ ὀνομαζόμενα σταθμία σταθμά ἐπίσταθμα καὶ στάσιμα ὠνόμασε Κηφισόδωρος ὁ κωμικός. item X 126: στάσιμα δὲ τὰ σταθμία Κηφισόδωρος κέκληκεν. illic quum Par. A haec praebeat, σταθμία ἐστὶ στάθμα στάσιμα ἔνια κηφ. ὠνόμασε, nescio an tale quid reponendum sit: τὰ δὲ ὀνομαζόμενα σταθμία ἐπίσταθμα στάσιμα ἐν Ὑὶ Κηφ. ὠνόμασε.

p. 887 Epilyci fr. I l. 5 τιττιγόνιον Phot. τιγόνιον Bergk. comm. 432. alterum Κωραλίσκου fr. ita composuit Ahrens dor. 482, consentiente Schneidewino philol. III 262, ποττὰν κοπίδ', οἰῶ, σῶμαι. | Ἐνἀμυκλαῖον παρ' Ἀπέλλω | βαράκες πολλοὶ κἄρτοι | καὶ δωμός τις μάλα ἀδύς. ἐν Ἀμυκλαῖον pro ἐς Ἀμ. dictum non esse concessit Bergkius comm. crit. I p. 29. nuper ἐν defendit in 'zeitschr. f. d. alt.' 1852 p. 14, item πάρα Γέλλωσιν: non persuasit Ahrenti, qui philol. VI 656 Epilyci carmen hoc modo scripsit: ποττὰν κοπίδ' οἰῶ σῶμαι. | ἐν Ἀμύκλαισιν παρ' Ἀπέλλω | βαράκες πολλοὶ κἄρτοι | καὶ δωμός τις μάλα ἀδύς. Caeterum de πάρακα (p. 888 19) v. infra p. 58. p. 889 (1) corr. min. ed. 'Athen. I p. 28 e'

p. 892, 3 scr. p. 634 f: l. 12 scr. 'Vs. 4' in Autocratis fragm. inc. ἀγαλακτίας maluit editor add. p. 58 propter Poll. III 50, ubi Bekkerus ex Par. A edidit: τὸ δὲ μὴ ἔχειν γάλα γαλακτιᾶν (non ἀγαλακτιᾶν ut ed. min. ἀγαλακτίαν BC) τινες ὠνόμασαν.

p. 900, 1 scr. Athen. IX item l. 16. p. 902 extr. adde E. A. Struve de Eupolidis Maricante 1841. C. F. Hermanni prooem. Marburg. aest. 1842. Theod. Kock. de Philonide et Callistrato Gubenae 1855. p. 905, 9 a f. scr. Olymp. LXXXVII 1. p. 918 2 a f. ἄνδρα παγκρατιαστήν Cobet. prosop. Xenoph. p. 55. ib. Ἑρμόλυκον propter Herodotum IX 105 retinebat Bergkius p. 978. alium agnovit 'zeitsch. f. d. alt.' 1845 p. 963 n. 8. p. 920 not. πρῴας Bergkius n. rhen. m. I 91.

p. 928 1 sqq. assentitur Beer 'über die zahl der schauspieler bei Aristophanes' p. 19. 33.

p. 943. Aristophanis Aeolosicon. fr. I cf. Fritzsche Ran. p. 150 sq. fr. II apud Suidam Gaisfordus ἀγοράσω λέγουσι. τὸ δ' ἀγορῶ βάρβαρον cum A. B. gramm. Bk. l. c.

cf. Cobetus mnem. V 184. fr. III κόλλυβος latere videbatur Dobraeo adv. II 249. fr. IV scr. δοῖδυξ, θυΐα, τυρόκνηστις, ἐσχάρα: cf. ad Platon. 2, 630 suppl. fr. V et VI quomodo coniungi voluerit Hermannus v. p. 59. p. 945, 8 a f. scr. Athenaeus IX p. 947 (9) Bekkerus κοιτὼν ἁπάσαις εἷς, πύελος μί' ἀρκέσει. fr. XI Cobetus mnem. IV 114 ita scripsit, ut composuit Dindorfius. annot. l. 7 corr. 48 C: fr. XIII cf. Fritzsch. Ran. p. 81. ἀκερματίαν servavit Bekk. idem Poll. X 118 δῆλον ὅτι λύχνια κτλ. ib. X 127 σμηματοφορεῖον: cod. Salmanticensis σμηματοφόρον.

p. 953. Amphiarai fr. I 1 Cobetus in Plat. p. 80: τί τὸ ψοφῆσαν ἦν; de altero versu v. supra p. LXXXVIII. fr. II cf. p. 59. fr. III ὄψον praeferebat Herwerd. p. 38. fr. IV l. 4 scr. p. 70 23. fr. IX Bekkerus τὸ δὲ ἐπεγείρειν αὐτὸ τοῖν χεροῖν ἀναφλᾶν καὶ ἀνακνᾶν Ἀριστοφάνης ἐν Ἀμφιαράῳ λέγει. pro ἀναφλᾶν Par. A ἀναφᾶν habet, om. B. ἀνακνᾶν] ἀνακλᾶν B. καὶ ἀνακνᾶν καὶ ἀνακλᾶν A. p. 956, 7 οἱ δὲ στύειν Gaisf. cum Dorv. ut Hesych. de Platonis loco v. 2, 635 (4) suppl. fr. XIII cf. Macar. III 7. Apostol. Leutsch. X 49. fr. XIV pro φέρε malim φέρει. cum fr. XVII Euripideum, ὦ βδελυρὲ κἀναίσχυντε καὶ τολμηρὲ σύ, comparavit Nauck. trag. fr. p. 379. ad fr. XIX v. p. 59. fr. XX διὰ τοῦ ε ἠντεβόλησε D. M. ἢ ἠντεβόλησε V^b. de alio quodam Amphiarai fragmento v. ad Plat. 2, 618 suppl. (ed. min. p. 358).

p. 961. *ΑΝΑΓΥΡΟΣ*. huius fabulae fragm. Dobraeus adv. II 259 reperire sibi videbatur ap. Et. Gud. 330 52: παραιτητέον δὲ τοὺς γράφοντας κατακνησθείην (Equit. 768) περί τε Ἀριστοφάνους ἀναγνώσεως· ἀλλὰ ῥίμφα δέδοικα μὴ τὰ πράγματα ἡμῶν διακνήσει (Dobraeus, forsan, inquit, καὶ παρὰ τῷ Ἀριστοφάνους Ἀναγύρῳ. Ἀλλ' Ἀριφράδη δέδοικα- | ἡμῶν διακναίσῃ vel διακνήσῃ). p. 961 (1) μὴ κλαίειν etym. Sorb. de fr. II v. add. p. 59, hinc in min. ed. cum Dobraeo scriptum: ψῆχ' ἠρέμα τὸν βουκέφαλον καὶ | τὸν κοππατίαν. Cobetus mnem. IV 127: ψῆχετ' ἠρέμα | τὸν βουκέφαλον καὶ κοππατίαν. ad fr. VIII (sive malis ad 2, 1059 fr. II) confero Poll. VI 51: καὶ ἑψητῶν δὲ λοπὰς εὐτελής τι βρωμάτιον ἦν. fr. IX scr. Athenaeus IX fr. XI cod.

Rav. καὶ μὴ Πέρδιξ χθὲς ἦν χωλός. Nauckius (v. Ar. Byz. p. 241) καὶ μὴν χθὲς παρῆν | Πέρδιξ ὁ χωλός, quod probatum ed. min. p. XI. fr. XIII βροντᾷ (ita corr. p. 59) μάλ' αὖ cum Fritzschio Meinekius. fr. XVII: cf. G. Hermann. 'n. jen. allg. lit. z.' 1842 p. 509. Fritzsch. Ran. p. 305. de fr. XVIII v. Fritzsch. Eup. vers. fragm. p. 11, qui anonymi versum p. 965, 12 (Bergk. Lyr. II 1047. Cf. infra p. 124) ita supplebat ὡς παχυσκελὴς κτλ. v. ib. p. 18. de fr. XIX v. ib. p. 11. annot. l. 6 scr. 1604 18.

p. 973. *ΒΑΒΥΛΩΝΙΟΙ.* l. 5 ὑπὸ Καλλιστράτου: cf. Wolfii prolegg. p. LXIII. Boeckh. de Pind. carm. crisi p. 304. l. 8 haec verba '(scribendum videtur: Ἀρχῖνος Ἀθηναῖος)' l. 7 collocanda sunt post Ἀθηναίοις. l. 16 τὸ δὲ πλάσμα Δούριδος: cf. Hulleman Duridis Sam. p. 161. p. 974 (6) l. 11 scr. 911 63. cf. Porson. Aristophanica p. 246. fr. XI 'cum cod. A ἐπίγνον exhibeat fortasse forma ἐπίγυον restituenda est, ut scripsit Porsonus; cf. Holcad. fr. XXIV.' ed. min. p. 977 (15) haec in Vossiano ita scribuntur: ταράττων καὶ ἐμποδίζων. Ἀριστοφάνης "ἄνθρωπός τις ἡμῖν ἐγκινούμενος." in editione alt. mutati sunt fr. numeri XVI—XXXVII. ad fr. XVI p. 978, 7 de Hermolyco aliter iudicavit editor 'zeitschr. f. d. alt.' 1845 p. 963. p. 980 5 corr. ἅ τινες p. 981 ὄνος εἰς ἄχυρα cf. ad anon. 4, 629. Leutsch. paroem. II p. 125. fr. XXIV adde paroem. II p. 88. ad fr. XXVI cf. add. p. 60. XXVII annot. l. 4 post 'omittunt' haec adde 'et βοιδάριον, ille βοΐδαρ', habent.' fr. XXVIII τοὺς δ' ἀεὶ ῥιγῶντας οἱ παλαιοὶ ῥιγεσιβίους (ῥιγοσιδίους A ῥιγῶσι βίους B) ἔλεγον, οὓς οἱ νῦν δυσρίγους. Ἀριστοφάνης δὲ ἐν Βαβυλωνίοις δύσριγος εἴρηκεν. ad haec Bekkerus: 'Ἀρ. δὲ δυσρ. εἴρηκεν expungit Dindorfius, illa ἐν Βαβυλωνίοις ante ἔφη p. 187 2 reponit.' hoc est in his, θέρμα καὶ πῦρ Ἀριστοφάνης ἔφη· "ὁ δ' ἔχων θέρμαν καὶ πῦρ ἧκεν." v. 2, 1191 (63). ad ὑποκορισμὸν fr. XXX cf. Bernays. n. rhen. mus. VIII 588. adde Anaxandr. 3, 172. Alexid. 3, 446 (2). fr. XXXI scr. p. 414 40.

p. 985. *ΓΕΩΡΓΟΙ.* fr. I traditam scripturam personarumque descriptionem servat Cobetus mn. IV 115. annot. l. 5 scr. ἀφορμάς fr. IV adde Suidam v. κώδεια. εἶδος φυτοῦ, ἡ τῆς μήκωνος κεφαλή. Ὑπερίδης (fr. 280 Saupp.) καὶ Ἀριστοφάνης. fr. VI scr. 634 38. fr. VIII 3 σκάψαιτ' etiam Vindob. ἀποκλᾶσαι τε cod. B. pro διελκύσαι (cf. infra p. 60) Mein. Stob. II p. XXVIII scribendum proposuit σύχν' ἑλκύσαι. Euripidis versus v. apud Nauckium trag. fr. p. 398. p. 990 (12) vulg. apud Priscianum εἴ γε Κιλικίας αἷμα, quae Monacensis codicis (Spengel. 627) ductu εἴρηκεν "ἀλλ' κτλ." scribenda videbantur infra p. 60, ut poetae haec sola relinquerentur: ἀλλ' ἐξολοίμην, φαθὶ λέγων. Comparabam haec Prisciani II p. 182 Kr. (Speng. 623) Πλάτων ἢ Κάνθαρος Συμμαχίᾳ οὕτως ἤρξατο, item τουτέστιν Prisc. II p. 186. Cf. supra p. XLV. fr. XIII. hos versus nuper in tractatu Harleiano attulit Gaisfordus Heph. I p. 333. fr. XV scriptum in min. ed. ut in addendis p. 60 correxit Meinekius. fr. XXI τὴν τράπεζαν: v. Apolloph. fr. 2, 880 (1). fr. XXIV l. 2 scr. ἐπὶ τῶν αἴσια ἀγγελλόντων· ib. l. 5 'at Aristophanes certe καλὰ δὴ πανταγεῖς dixisse videtur' Bergkius, eamque proverbii formam probavit nuper Cobetus mnem. V 183. fr. XXV l. 2 scr. μέμνηται αὐτῆς l. 4 'pro αὐτῷ Μελιτέων malim ἐν τῷ Μελιτέων' Mein. v. ad Plat. 2, 689 (28) suppl.

ΓΗΡΑΣ. p. 997 fr. VI λορδοῦ cum Brunckio scriptum ed. min. fr. VII cfr. Henrici Keilii annot. critica: ἀπόπλει σε τὲ ἐπὶ V ἀπόπλευσε τί ἐπὶ R ἀπέπλευσε τεὸν ἐπὶ P ἀπέπλεις τεὸν ἐπὶ A annot. l. 2 νῦν τὴν ὁδόν, τὴν πεζὴν πορείαν l. 3 παρεισάγει ad ἀποπλεῦσαι pro πορευθῆναι cf. Pherecr. 2, 303 ad vs. 21. infra p. 28. ad fr. VIII cf. add. p. 60. fr. IX annot. l. 3 ἡγῇ μ' p. 999 v. p. 60. ad fr. XI annot. extr. βακτηρία ὀρθή: ἣν καὶ εὐθεῖαν ἐκάλουν Gaisf. c. libr.

fr. XIV. de hoc loco explicatius dixi in add. p. 60. 61, ubi accepta Fritzschii emendatione Segueriani grammatici verba ita composita sunt:

ἀπολογίσασθαι καὶ ἀπολογίζειν τὸ ἐπεξελθεῖν ἕκαστα. ἀπολοπίζειν. Ἀριστοφάνης ἐν τῷ ō Γήραι·

ἐγὼ δ' ἀπολοπίζειν τε κἀτ' ἐπ' ἀνθράκων

post ἀνθράκων excidisse ὀπτᾶν suspicatur Cobetus mnem. IV 108. itaque recte hoc testimonium in caussa sua nuper reiecit Funkhaenel. philol. IV 207. Caeterum cf. Meinekii emendationes vol. IV 683. 719. p. 1000, 20 scr. p. 451. fr. XVII 1 τευτλίον Bekk. idem retinuit περίκομμα, Dindorfius ὑπότριμμα Vs. 2 θρῖον, ἐγκέφαλος cf. Fritzsche Ran. p. 87. καταπυγοσύνη etiam Cobetus Diog. 'hae sunt deliciae turpes ad carnem improbam.' fr. XVIII 1 τίς ἂν φράσει' ὅπου 'στι τὸ Διονύσιον; legebat R. B. Hirschig. phil. 5, 276. fr. XX scr. Antiatt. Bekkeri extr. annot. cf. Fritzsche Ran. p. 277. fr. XXII Eustathii annotatio est 1292 61. p. 1003, 26 στύππαξ: cf. C. Keilii anal. epigr. p. 219. Bergk. 'zeitsch. f. d. alt.' 1847 p. 177. p. 1004 v. infra 62.

ΓΗΡΥΤΑΔΗΣ. p. 1006 (1) ad vs. 2 ἕν' ἀφ' Dindorfius, τῆς τέχνης Toupius. ad vs. 4 οὓς ᾖσμεν ὄντας cf. Cobeti V. L. 382. vs. 11 ὠχεῖσθ' L ᾠχεῖσθ' V cf. Pors. l. c. vs. 12 ἢν 'πολὺς ξυνέλθῃ: cf. Herod. VIII 138 μέγας οὕτω ἐρρύη. adv. Neaer. (or. 59) § 99 ὁ γὰρ Ἀσωπὸς ποταμὸς μέγας ἐρρύη, ibid. ὕδωρ-γενόμενον τῆς νυκτὸς πολύ. Demosth. 18 136: τῷ Πύθωνι θρασυνομένῳ καὶ πολλῷ ῥέοντι καθ' ὑμῶν in hoc Gerytadis fragm. Madvigius philol. 1, 677: τούτους γάρ, ἤν ποτ' ὀξὺς ἔλθῃ, ξυλλαβὼν κτλ. p. 1007, 14 cf. Mein. ad Eupol. 2, 538 not. ad fr. III cf. infra p. 62. fr. VI scr. Etym. M. p. 53 14. fr. VIII Cephisophontem intellegit Fritzsch. Ran. p. 312, qui de fr. IX ibidem dixit p. 104. scholii verba quomodo e codicibus scribantur v. ap. Dind. Dübn. Hirschig. fr. XII ad iambicos tetrametros cum Dindorfio revocabat G. Hermannus 'n. jen. allg. lit. z.' 1842 p. 509: ἦν δὲ | τὸ πρᾶγμ' ἑορτή· περιέφερε δ' ἡμῖν κύκλῳ λεπαστὴν | ταχὺ προσφέρων παῖς, ἐνέχεέν τ' ἐφόδια κυανοβενθῆ: hoc ἐφόδια 'auf die reise' interpretatus. dochmios agnoscebat Herwerden p. 39. p. 1010, 6 scr. τὸ βάθος παρίστησιν ὁ κωμικὸς τοῦ ποτηρίου l. 12 apud Bk. haec ita leguntur: περιέφερε δὲ κύκλῳ λεπαστὴν ἡμῖν ταχὺ προσφέρων παῖς, ἐνέχει τε, hoc τε ex Athenaeo additum. fr. XIV scr. Ἀριστοφάνης Γηρυτάδῃ fr. XVI 1 κατεκοττάβιζον] κατεκοτταβίζοντο Par. A. fr. XVII ita scribendum coniecit Hermannus l. c. p. 510: φημὶ δ' οὖν ἐγὼ βροτῶν ἅπαντ' ἂν ἐκλαπῆναι. Bothius: φήμη 'στὶν ἐξ ᾠῶν βροτοὺς ἅπαντας ἐκλαπῆναι. Cobetus: φήμ' οὖν ἐγὼ 'κ τούτου βροτοὺς ἅπαντας ἐκλαπῆναι v. Orat. p. 151. V. L. 367. de fr. XVIII dixit

Fritzschius Ran. p. 279, qui huc referebat inc. fr. p. 1184 *ὀξυγλύκειάν τἄρα κοκκιεῖς ῥόαν.* idem cfr. de fr. XX ad Ran. p. 44. fr. XXI scr. Athenaeus XIII Harpocration. p. 130 9, *Ναῒς ἑταίρα τις· Λυσίας - καὶ Ἀριστοφάνης Γηρυτάδῃ,* annotavit Nauckius. fr. XXII scr. Etym. M. p. 420 1. XXV, 2 *πασχητιωσῶν* Mein. vol. 4, 386. fr. XXVIII Poll. IV 181 Bekkerus: *ἤ που δὲ καὶ δεσμά, καὶ κατάπλασμα ἐν Γηρυτάδῃ, καὶ ὀθόνιον τὸ ἐπίδεσμον.* fr. XXXI *περίθεσιν* etiam Bekkerus scripsit. XXXIII *ἀντίτεχνοι* Gerytadae vindicabat Fritzschius Ran. p. 279. fr. XXXV (Fritzsch. Ran. p. 200) vide infra p. 62. ed. min. fr. 181. ibi corrige numeros fragmentorum ita XXXIV. XXXV.

ΔΑΙΔΑΛΟΣ. cf. Fritzsche de parops. p. 9 extr. p. 1015 (1) Eustathium contulit Nauckius p. 1864 31: *καὶ Ἀριστοφάνης ἐν Δαιδάλῳ ὑποθέμενος αὐτὸν εἰς πολλὰ μεταβαλλόμενον καὶ πανουργοῦντά φησιν "ἤδη τις ὑμῶν οἶδεν Εὐρύβατον Δία;" ὡς τοῦ Εὐρυβάτου δηλαδὴ ποικίλου ὄντος πονηρεύεσθαι.* hoc *οἶδεν* etiam Dobr. volebat, v. p. 62. apud Suidam Aristophanis versus post haec *πλουτοῦντα καὶ πανουργοῦντα* sequitur, non ut min. ed. post *Εὐρίβατος.* fr. III ita scripsit Fritzschius de parops. p. 7:

πάσαις γυναιξὶν ἐστιν ἐξ ἑνός γέ του
ὥσπερ κτλ.

idem Fritzschius priore Athenaei loco Platonis nomen Aristophani substituit, ut etiam hi versus utriusque fuerint poetae. de fragm. V cf. infra p. 62, ad Plat. p. 359 ed. min. et supra ad 2, 619 suppl. p. 1017, 9 *ἐν ἔθει ἦν τότε* l. 15 consentiebat Dübnerus ad schol. Nub. 663, adversatur Bernhardy Suid. v. *ὑπηνέμια.* l. 18 de hoc Platonis versu v. Fritzsch. l. c. p. 9. fr. VI l. 5 scr. p. 323 C: fr. IX 2 *ὁπότε βούλει τὸν τροχόν | ἕλκειν ἀνεκάς* Cobetus mnem. V 197. alterum *ἄνεκας* scripsit Schneidewinus philol. III 118 sq.

ΔΑΙΤΑΛΗΣ. p. 1021 25 An. Par. IV 181. p. 1028, 8 *Ἀριστοφάνης εἴρηκεν ἐν Δαιταλεῦσιν* l. 9 *μυρεψῶν σπάθην· οὕτως Ἀριστοφάνης.* fr. VI *ταχύ νυν* A. B. V. Suidae *ταχύνυν* Mediol. fr. VII scr. *οὐκ ἀλλὰ τοῦτο κτλ.* cf. vol. III p. 511. IX non est Aristophanis, v. p. 62. hoc loco descriptum est ed. min.

quod in maiore est p 1047 (47). fr. XI cf. infra p. 62. l. 4 scr. Eustathius p. 73 44. fr. XII τί δαί; Toupii est, Elmsleii τῇ θεῷ probavit Cobetus mnem. IV p. 122. cf. Fritzsch. Daetal. p. 31. ad Bergkii κυνίδιον λεπτὸν haec annotavit Dübnerus: 'quod ut perprobabile est, ita nihil cogit ut damnetur λεπρόν.' fr. XIV ὦ προνοία] Dobr. ὦ ἀπονοία v. adv. II 252 (ubi ἀπόνοια). Dindorfius παρανοία, probatum Goettlingio de accentu p. 132, Nauckio philol. 6, 414. fr. XV p. 1032, 13 cod. D ἐμοί ib. l. 33 ad Brunckii τί ποτ' ἐστὶ τὸ εὖ ποιεῖν; Dobraeus Aristoph. (130) 'legendum puto τοὐπύειν.' (cf. adv. II 252). v. infra p. 62, itaque pro 'Dobraeus' scr. 'Dindorfius' fr. XVI vs. 1. 2 σορελλῇ mavult scribere Fritzschius Ran. p. 142 propter Hesychium v. τορελλῇ. alterum versum ita distinxit ed. min. ἰδού, σορέλλη, τοῦτο π. Α. p. 1034, 7 σκώπτει, παρ' Ἀλκιβιάδου κτλ. Καὶ μήν p. 1035, 9 Dindorfius (cf. infra p. 62) καταπλιγήσῃ. Hesychii glossam l. 15 ita constituit Cobetus Orat. p. 152. cf. V. L. 135. mnem. V 200: καταπλιγήσει: κατακρατηθήσῃ (Dindorf. zeitschr. f. d. alt. 1840 p. 72). τὸ βῆμα πλίγμα λέγουσι. τὸ οὖν καταπλίξαι μετάγοντες ἀπὸ τῶν κυλιομένων καὶ τοῖς ποσὶ κατεχόντων οὕτως φασίν. hoc κατεχόντων ex eodem Hesychio v. πλίγμα: βῆμα, ἀπὸ τῶν κυλιομένων καὶ παλαιόντων, ὅταν *περιβάντες τοῖς σκέλεσι κατέχωσιν. l. 23 καταπληγήσῃ. p. 1036 extr. de Thrasymacho Chalcedonio sophista intellexit C. F. Hermannus ind. schol. Gotting. 1848. 49 p. 5. p. 1037, 16 τερατεύεται Dobraeus adv. II 252. Lehrs. Aristarcho p 43 not. nuper Cobetus Orat. p. 153. ad Bergkii τερθρεύεται cf. supra p. LI sq. fr. XVIII κοττάβειον in editione Athenaei Dindorfius, κοτταβεῖον idem fragm. Aristoph. fr. XX cf. infra p. 63. fr. XXIV H. Sauppius ad Lysiae fr. 10: ἐθέλω βάψας πρὸς ναυτοδίκας ξένον ἐξαίφνης σ' ἐπιδεῖξαι. fr. XXV: de annotatione v. add. p. 63. p. 1042, 1: cf. ap. Meier. fragm. lexici rhetor. p. XXXIII. fr. XXVII v. infra 63. fr. XXX apud Pollucem VII 170 Bekkeri editio haec habet: καὶ τὸ καταλλάττειν τὸ νόμισμα, καὶ τὰ κέρματα δὲ καὶ τὸ κερματίζειν τὸ νόμισμα εἴρηται· Ἀριστοφάνης "οὐδ' ἀργύριον ἔστιν κεκερματισμένον." cod. A κατακερματίσματα. Caeterum cf.

infra 63. Teeppel. de Eupol. Adulat. p. 50. p. 1045, 4 Ἦτοι l. 6 ἐν ἀλιπέδῳ fr. XXXVI Cobetus mnem. V p. 191: 'dixit καταβροχθίσαι, inquit, ut et alii passim et ipse alibi loquitur.' fr. XL. XLI v. p. 63. XLII scr. Photius et Suidas XLIV ψυχρολουτεῖν et ἐψυχρολουτήσαμεν dedit Bekk. XLV ὡρικὸν δὲ μειράκιον καὶ ὡρικῶς ἐν Δαιταλεῦσιν αὐτός cum Dobraeo (adv. II 252) scriptum in schol. novum utrique editioni Daetalensium fragmentum addatur hoc:

XLVIII (XLVII)

schol. Hippocr. de fractur. p. 212 Daremberg: σοφιζόμενοι: — τεχναζόμενοι· εἴρηται δὲ παρὰ τὸ σόφισμα, ὡς Ἀριστοφάνης ἐν Νεφέλαις καὶ ἐν Δαιταλεῦσί φησιν· "σοὶ γὰρ σοφίσματ' ἐστίν· ἐγὼ κτησάμην | οὐκ εὐθὺς ἀπεδίδρασκες ἐκ διδασκάλου;" ita haec edita in '*notices et extraits*'; in ed. pr. σοὶ γὰρ σοφίσματ' ἐστίν· ἐγὼ ᾐτησάμην, unde Dübnerus σοὶ γὰρ σοφίσματ' εἴ τιν' εἰσηγησάμην —; ut haec dicta fuerint ad χρηστόν. Schneidewinus g. g. a. 1852 p. 423 ita inter utrumque fratrem divisit orationem: ΚΑΤ. σοὶ γὰρ σόφισμα ποὖστ'; ἐγὼ δ' ᾐσκησάμην. | ΧΡ. οὐκ εὐθὺς ἀπεδ. ἐκ διδασκάλου; Goettlingius: σὺ γάρ, σοφίσματ' εἴ σ' ἔγωγ' ᾐτησάμην, | οὐκ εὐθὺς κτλ. 'i. e. inquit: si postulassem a te (alloquitur autem τὸν χρηστόν) ut sophismata disceres, nonne tu confestim me deseruisses magistrum?' hisce accedat nostra coniectura:

σοὶ γὰρ σοφίσματ' ἔστ'; ἐγὼ δ' ἐκτησάμην·
σὺ δ' εὐθὺς ἀπεδίδρασκες ἐκ διδασκάλου.

de duobus aliis, quae apud Athenaeum reperire visus est Fritzschius, Daetalensium fragmentis v. Ran. p. 300.

ΔΑΝΑΙΔΕΣ. Fritzschius huc revocabat Pollucis IV 111 de parabasi locum: τῶν δὲ χορικῶν ᾀσμάτων τῶν κωμικῶν ἕν τι καὶ ἡ παράβασις, ὅταν ἃ ὁ ποιητὴς πρὸς τὸ θέατρον βούλεται λέγειν, ὁ χορὸς παρελθὼν λέγῃ. ἐπιεικῶς δ' αὐτὸ ποιοῦσιν οἱ κωμῳδοποιηταί, τραγικὸν δὲ οὐκ ἔστιν· ἀλλ' Εὐριπίδης αὐτὸ πεποίηκεν ἐν πολλοῖς δράμασιν. ἐν μέν γε τῇ Δανάῃ (δαναΐδι C) τὸν χορὸν τὰς γυναῖκας ὑπὲρ αὐτοῦ τι ποιήσας παρᾴδειν, ἐκλαθόμενος ὡς ἄνδρας λέγειν ἐποίησε τῷ σχήματι τῆς λέξεως τὰς γυναῖκας. καὶ Σοφοκλῆς δὲ αὐτὸ ἐκ τῆς πρὸς ἐκεῖνον ἁμίλλης ποιεῖ σπανιάκις, ὥσπερ ἐν Ἱππόνῳ. haec igitur quae ad Danaen spectant ita ad Thesmoph. p. 444, nuper Eupol. vers. fragm. p. 16, scribebat Fritzschius: ἐπιεικῶς δ' αὐτὸ ποιοῦσιν οἱ κωμῳδοποιηταί· ἐν μέν γε ταῖς Δαναΐσιν [ὁ Κωμικὸς vel ὁ Ἀριστοφάνης] τοῦ χοροῦ τὰς γυναῖκας ὑπὲρ αὐτοῦ τι ποιήσας παρειπεῖν, ἐκλαθόμενος ὡς ἄνδρας λέγειν ἐποίησε τῷ σχήματι τῆς λέξεως τὰς γυναῖκας. τραγικὸν δὲ οὐκ ἔστιν· ἀλλ' Εὐριπίδης αὐτὸ πεποίηκεν ἐν πολλοῖς δράμασιν. καὶ Σοφοκλῆς δὲ κτλ. De tragicorum quae apud Pollucem dicitur parabasi cf. Meinekii in Ath. spec. II p. 18. Nauck. trag. fr. p. 155. 360. 604.

p. 1047 (1) cf. infra p. 63. fr. IV annot. l. 2 scr. ἕψοντες ὄσπρια ἀπήρχοντο τούτων, l. 5 scr. ἱδρύθη l. 6 ἐρκίου etiam Ven. Pac. ἱδρύνθη cod. G schol. Pluti. βωμὸν ἱδρύσασθαι exemplis ornavit Keilius anal. epigr. p. 20. cf. Meinek. ad Alciphr. p. 115. fr. V v. add. p. 63. fr. VI scr.

κακῶν τοσούτων ξυνελέγη μοι σώρακος

de qua voce v. Lobeckii path. proll. 310 sq. fr. VII δακτύλιον χαλκοῦν φέρων: v. Fritzsch. Ran. p. 73. fr. VIII Cobetus mnem. V 198: πρὸς τὸν στροφέα τῆς αὐλείου σ. κ. κ. ib. σχίνου Meinekius quaest. Menandr. sp. I (1818) p. 37, Gaisfordus ad Suidam, Bergkius l. c. Meinekius ad Cratin. 2, 151, Cobetus: adversantur Dindorfius fragm. p. 124 et Bernhardy ad Suid. propter Harpocr. (v. fr. XVIII); cf. Fritzsch. Euphros. I 2 p. 21. fr. X 'malim cum Dindorfio ἤδη παροινεῖς εἴς με (sive ἔς με) πρὶν δεδειπνάναι.' Mein. ed. min. p. XI. Brunck. εἰς ἐμέ, Cobetus mnem. V 191 ἐς ἐμέ. fr. XII ita distinctum est in min. ed. ut hac pagina coniecerat editor. Caeterum cf. Mein. Pher. 2, 290. Fritzsch. Thesm. p. 239. Eupol. vers. fr. p. 18. p. 1053, 13 scr. σχηματίσαντας. fr. XVI recepit Bekkerus Bergkii coniecturam: τῶν χοίρων μνοῦς ἔρι' ἐστίν. fr. XVIII ἐχῖνος: cf. Phot. p. 46 6. caeterum v. Dindorfium p. 124. Bergkium Comment. p. 239. fr. XXI cf. Bergkii Lyr. II p. 1025.

ΔΡΑΜΑΤΑ. cf. Fritzsche Ran. p. 36. 377. p. 1056

(1) Hermannus παρὰ pro ἐν, Cobetus mnem. V 193 ita rem expediebat:

ἐθέλω δίκην
δοῦναι πρόδικον ἐπὶ τῶν φίλων τῶν σῶν τινος.

ad fr. II cf. add. p. 63. Fritzsche Ran. p. 223. fr. III pro εἰς κάδον non recte ed. min. ἐς κάδον fr. IV ita legitur apud Bekkerum: πτίττω (hoc cum Ddf. πήττω cod. A. πίπτω B.), βράττω, δεύω, μάττω, πέττω, καταλῶ. Bergkius propositum olim in Comment. p. 306 verborum ordinem μάττω, δεύω, καταλῶ, πέττω etiam nunc tuetur. fr. VI recepit Bekkerus Meinekii (v. 2, 298) coniecturam ἐσκρουσαμένους (pro ἐκκρουσαμένους) τοὺς πύνδακας. fr. IX, 5 v. Lehrs. Herod. p. 31.

p. 1059 (2) cf. supra ad Anagyri fr. VIII suppl. fr. IV scriptum in minore editione ut p. 64 corrigebat Bergkius. sed Cobetus Orat. p. 65 hunc locum in Marciano codice ita legi docuit: ἐν δὲ τῷ δευτέρῳ Νιόβῳ προειπὼν λυχνοῦχον οἴμοι κακοδαίμων φησὶ λυχνοῦχος ἡμῖν οἴχεται εἶτ' ἐπιφέρει· καὶ πῶς ὑπερβὰς τὸν λυχνοῦχον οἴχεται εἶτ' ἐπιφέρει καὶ ἔλαθες. ἐν δὲ τοῖς ἑξῆς κτέ. priora igitur ita legit ut evincente sententia recepit Bergkius, reliqua sic:

B. καὶ πῶς ὑπερβὰς τὸν λυχνοῦχον ἔλαθέ σε;

'expunctis quae librarius temere repetiit ex superioribus: οἴχεται εἶτ' ἐπιφέρει καί, quae noluit ipse expungere ne codicis elegantia minueretur.' cf. mnem. V 191 sq. p. 1060, 17 δῆλον ὅτι λύχνια εἴρηκεν, ἀλλ' οὐ λύχνους μικρούς 21 καθηῦδ' cf. infra p. 64. de his et sequentibus v. Fritzsche Ran. p. 393. cfr. Mein. 'zeitsch. f. d. alt.' 1845 p. 1063.

p. 1061 (1) ἑλκύσαι σου τὸν ζυγόν (hoc ζυγόν cum Raspio) Fritzschius Ran. p. 283. σου pro σε cum Ven. Flor. Vs. 2 προστάττωσι Ven. annot. l. 5 ἵστατο, Rav. l. 8 ἀπεδέδοτο Flor. caeteri ἀπεδέδοκτο p. 1062 (2) l. 9 scr. ἔνδοθ' fr. III scr. XI p. 496 A fr. IV cf. Mein. ad anon. 4, 632 (111).

ΕΙΡΗΝΗ. p. 1065 (1) apud Eustathium pro Εἰρήνη fortasse εἴρηκε legendum videbatur Dobraeo adv. II 253. fr. II Stob. LVI 1. versu 1 Vindob. cod. τῆς πᾶσιν quod requirebat Cobetus mnem. V 192. Vs. 4 δή τι Vind. p. 1066, 8 scr. iidem illi fr. IV αἰνεῖτε οἰμολγοι A αἰνεῖτε ἀμολγοὶ B Bekkeri. fr. V annot. l. 4 schol. Ald. Nub. 699 ἐν Ὁλκάσιν Rav. Ven. ἐν τῇ Εἰρήνῃ fere ut Suidas, apud quem codd. V. E. cum schol. Λακεδαίμον: cf. Bernhardy. l. 13 scr. 1573 20.

ΗΡΩΕΣ. p. 1070 (1) Choerobosci apud Gaisf. pagina est 258 extr. cf. Ven. Cobeti ap. Gaisf. Et. m. p. 8. fr. II annot. l. 12: ita scriptus est apud Cobetum Diog. La. Aristophanis versus. fr. III cf. infra p. 64. annot. l. 4 scr. ποδανιπτὴρ fr. V 'correxit Scaliger App. ad Coniect. in Varr. p. 184.' Mein. Steph. Byz. p. 113. priorem versum ita nuper scribebat Cobetus mnem. V 197:

οὐκ ἠγόρευον; οὑτοσί γ' οὐκ Ἀργόλας

fr. VI l. 8 τοῦ αὐτοῦ (i. e. Ἀριστοφάνους) εἰπόντος fr. VIII ἦν καρδοπείῳ περιπαγῇ Fritzsch. Ran. p. 90. ad fr. X cf. add. p. 64. supra p. LXXI. fr. XI v. Sophocl. fr. 13 Nauck. XII Voss. cod. πίωμαι

ΘΕΣΜΟΦΟΡΙΑΖΟΥΣΑΙ Β. p. 1076 (1) cf. infra 64. fr. III 4 Porsoni οὐ φήμ' (οὔ φημ') ἐγώ praeter Dindorfium et Fritzschium probavit Hermannus 'n. jen. allg. l. z.' 1842 p. 510. cf. Fritzsch. Ran. p. 15. Vs. 5 οὐδὲ χόρι', οὐδὲ πυός v. infra p. 64. οὐδὲ χόρι' cum Fritzschio scriptum. idem Fritzschius ad vs. 6 rettulit Pollucis VI 52 ἠτριαῖον δέλφακος. fr. IV 1 οἷον ἐνέπνευσ' Dobraeus, cf. adv. II 254. Cobetus mnem. IV 241. ἐπέπνευσ' Hermannus epit. d. metr. p. XIV. ad vs. 2 v. add. p. 64. fr. V l. 2 Θεσμοφόροις Ald. hodie Θεσμοφοριαζούσαις. Vs. 1 ὅσ' ἦν περίεργ' Hemsterh. apud Dobr. et, ut videtur, V. ὃς ἦν περίεργος Ald. Vs. 2 ὅσαις τε Porsonus et, ut videtur, V. ὅσαι ἔτι Ald. αὐτὰς Toupius. ἑαυτὰς V. Ald. πρόσθε V. haec Dübnerus. fr. VI 2 μίτρας, ἀναδήματα cf. Lachmann. ad Lucret. IV 1129. Vs. 3 ὄλεθρον τὸν βαθύν: cf. supra ad Hermipp. p. LXIV sq. Photius 327 8: ὄλεθρον: τὸ μόριον τὸ (an κοσμάριόν τι?) γυναικεῖον. cf. Mein. IV 402 de Hesychiano βουβάλιον. Vs. 9 sic scripsit Bekkerus:

τὰ μέγιστα δ' αὐτῶν οὐ λέγεις ταῦτ'. εἶτα τί;

quae in min. ed. ita habentur: B. τὰ μέγιστα δ' αὐτῶν οὐ

λέγεις ταυτί; *A.* τί δαί; ut sequentes versus alteri personae tribuantur. τὰ μέγιστα δ' οὐ λέγεις αὐτῶν ταυτά cod. A. τὰ μέγιστα δ' οὐκ εἴρηκα τούτων. εἶτα τί; Clemens Alex. om. BC. Vs. 10 βότρυς? p. 64. atque ita Bk. qui vs. 1 ψαλίδια vs. 3 ἄγχουσαν vs. 7 ἀμπεχόνην annot. l. 10 σιδήριον, κισήριον p. 1080, 14 scr. ad Dionys. Perieg. 7. l. 17 scr. 782 9. l. 6 a f. cf. p. 64. 3 a f. ἕτερά τε ὅσα οὐδεὶς μνημονεύσειε ποτὲ λέγων cod. A. idem 1081, 5 μαλάκια 17 cf. p. 64. 22 ἀμφιδέας: cf. Sauppe ad Lysiae fr. 100. p. 1082, 8 ἄλλα πολλά θ' ὧν | οὐδ' ἂν λέγων λέξαις servavit Bekkerus, cf. Mein. ad Eubul. 3, 223 (1). Alexid. 3, 440 (5, 19). fr. VII O. Iahn. n. rh. mus. IV 638 ita scripsit:

καὶ κατ' Ἀγάθων' ἀντίθετον ἐξυρημένον.

comparat Persianum I 85: *crimina rasis librat in antithetis.* ad fr. VIII ed. min. attulit Crameri An. Par. IV p. 113 18. fr. IX Cobetus V. L. 312 emendavit:

ἄμφοδον ἐχρῆν αὐτῷ τίθεσθαι τοὔνομα.

Herwerd. p. 40: αὐτῷ γε κεῖσθαι τοὔνομα. Annot. l. 4 Etym. m. 92 26 λέγει δὲ Εὐριπίδης ὁ τραγικὸς ἐτυμολογῶν (ita Vb et M) τὸ Ἀμφίων, ὅτι Ἀμφίων ἐκλήθη παρὰ τὸ παρὰ τὴν ἄμφοδον (ita Vb. Cobetus apud Gaisf. 2467 malit παρὰ τὸ ἀμφ' ὁδόν), ἤγουν παρὰ τὴν ὁδόν, γεννηθῆναι. ὁ δὲ Ἀριστοφ. κτλ. Caeterum cf. Valcken. diatr. p. 62 b, Fritzsche Thesm. p. 589. Nauck. Eur. fr. 181. 182. fr. XII οὐ διά R. τοῦ πῶς οὖν δύν. V. σκεύει R. annot. l. 3 scr. cum libris ὡς καὶ ἐν δευτέραις Θεσμοφοριαζούσαις ὁ θεράπων φησίν fr. XIII 2 οὗτος ἀλφάνει πόσον; scripsit C. F. Herm. philol. 2, 434. πρᾶσιν οὗτος ἀλφάνει Bergk. fr. XIV 2 idem nuper τὸν ἀπόδεσμον reponendum coniecit. annot. l. 5 Brunckii οἷς ἐνῆν τὰ τιτθία probatur Cobeto mnem. V 197. fr. XV 1 ἦν μέγα τι ῥῶμ' ἔτι τρυγῳδοποιομουσική Nauck. phil. 6, 414, allata Photii annotatione 493 22: ῥῶμα: τὴν ῥώμην· ὡς γνῶμα, τὴν γνώμην. fr. XVII l. 1 τὸ πρὸ τοῦ πυρετοῦ κρύος. fr. XIX. vel apud schol. Platonis duae sunt huius proverbii formae, una ἀγὼν πρόφασιν οὐκ ἀναμένει pro lemmate, altera in exemplis, ἀγὼν προφάσεις οὐ δέχεται. nuper Leutschius ad Macar. I, 16: ἀγὼν γὰρ οὐ μέλλοντος ἀθληχοῦ μένει | ἀλκήν, 'hunc versum, inquit, ex Aristophanis Thesmophoriazusis secundis petitum esse censeo atque ex scholiis Plat. p. 370 huc relatum.' ad tragoediam pertinere videbatur Schneidewino Ibyc. fr. p. 165. Nauckio trag. fr. p. 689. p. 1088 (26) l. 5 Μελαίνῃ (Ἑλένῃ iam Ruhnkenius auct. Hesych. II 390. cf. add. 64) γὰρ Θησεὺς οὕτως ἐχρήσατο ὡς Ἀριστοτέλης (Ἀριστοφάνης Mein.)

ΚΩΚΑΛΟΣ. p. 1089 cf. Dindorf. chronol. scen. p. 428. p. 1090 δι' οὗ καὶ ἐδίδαξε τὸν Κώκαλον Hermann. ephem. Lips. 1829 p. 1619. p. 1091 de Camiciorum fabula cf. Nauck. progr. p. 19. trag. fragm. p. 159. fr. I l. 7 πάρες ὦ Fritzsch. Euphros. I 2 p. 18. l. 16 scr. p. 962 49. fr. VI scriptum in ed. min. ut infra p. 64 corrigebat Bergkius. Schneidewinus n. rhen. mus. III 143 regii codicis 6371 (corr. min. ed.) saec. XI lectionem hanc descripsit: *ΗΓΕΙΡΕΝΤΑΡΟΙΝΟCΟΥΜΕΙΖΑCΠΟΜΑ*. Cobetus mnem. V 192 praeter ἔτειρεν pro *ΗΓΕΙΡΕΝ* nihil in his se expedire posse professus est: 'neque μιγείς, inquit, pro κραθείς et πόμα pro πῶμα positum neque Ἀχελώιος pro Ἀχελῷος recte habent.' fr. VII. Madvigius philol. I 676 'quoniam, inquit, in huiusmodi fragmentis anapaestos continuare scribendo usque ad numerorum mutationem rectum videtur, sic scribenda haec' proponebat: ἄλλαι δ' ὑποπρεσβύτεραι Θασίου μέλανος μεστὸν κέραμον θέμεναι κοτύλαις μεγάλαις ἔγχεον ἐς σφέτερον δέμας οὐδένα κόσμον, | ἔρωτι βιαζόμεναι. 'pro ἔγχεον ἐς scriberem ἐνέχουν, si forma contracta pro ἐνέχεον in verbo composito satis defenderetur comparato εἰσέφρουν apud Demosthenem (20, 53). ἐγχεῖν cum accusativo vasis, quod impletur, et Sophoclis et Xenophontis auctoritate defenditur.' fr. XI non recte ad *ΚΩΚΑΛΟΝ* relatum, in *ΛΚΑΛΕC* maiore iure *ΟΛΚΑΔΕC* latere visae sunt Hertzio. cf. ad 2, 1126 suppl. de alia quadam Cocali commemoratione cf. infra ad 2, 1112 (10) suppl.

ΛΗΜΝΙΑΙ. fr. I scr. Athenaeus IX p. 366 c. fr. II 2 Brunckianum βράδιστος tuetur Cobetus mnem. IV 315: 'quia haec omnia, inquit, e tragoedia παρῳδῆσθαι palam est.' idem non mutavit τῶν ἐν ἀνθρώποις. fr. IV l. 5 Toup. vol. III

p. 200. fr. V. VI cf. infra p. 65. item de p. 1101. fr. XI χρῆσται v. supra p. LV. fr. XII πενταλίθοισι... παραθραύσμασιν Bekk. cf. ad Hermipp. 2, 392 (9). fr. XIII Et. Sorb. δορύαλον P δορύαλλον de δόριλλος v. Lob. path. proll. 118 sq. de περίαλλος Mein. Alciphr. p. 108. p. 1102, 2 scr. Gudianum p. 150 49 (perperam infra p. 65.) fr. XIX (XVIII) πρῷμος cum Dindorfio Bekk. fr. XXI πᾶν τὸ φαῖνον Rav. Bar. φαῖον Pal.

p. 1104 2 Bekk. 'διοναυαγῶ codices: correctum in Vossiano' int. Δὶς ναυαγῷ

ΝΕΦΕΛΑΙ Α. 'de fabulis ab Aristophane retractatis' commentationibus academicis quinque scripsit nuper F. V. Fritzschius Rostoch. 1849 et in prooemiis scholarum hib. 1850. aest. 1851. hibern. 1851. aest. 1852. Cf. Beerium 'über die zahl der schauspieler bei Aristophanes' Lips. 1844 p. 119 sqq. 124 sqq. fr. I cf. Fritzsch. spec. V p. 10. ἐς τὴν Πάρνηθ' correxit Porsonus ad Ran. 1088. παρὰ τὴν Naekius Choer. p. 54. φροῦδε cod. Λυκαβηττόν cf. infra p. 65. fr. II ita scribebat Fritzschius spec. I p. 21:

κείσεσθον, ὥσπερ πηνί', ὦ κινούμενοι

(sive ὦ βινούμενοι). Galeanus cod. κεισαισθον ὥσπερ πηνίωι κινουμένωι. comparat Fritzschius Homericum illud *Ν* 654 ὥς τε σκώληξ ἐπὶ γαίῃ | κεῖτο ταθείς. p. 1105, 15 τὸν πύξινον v. infra p. 65. cf. Fritzsche spec. I p. 21. fr. III cf. idem V p. 12. fr. V attigit Beerius p. 125. fr. VIII Diogenis verba quomodo constituerit Fritzschius v. supra p. LX; Aristophani haec assignata sunt:

Εὐριπίδου δ' ὁ ταῖς τραγῳδίαις ποιῶν
τὰς περιλαλούσας οὗτός ἐστι, τὰς σοφάς.

fr. IX Aristophanis memoriam ad Suidae glossam οὐ μὴ ληρήσεις (Nub. 366) pertinere suspicatur Bernhardy. fr. X om. ed. min. huius in locum successit, quam infra p. 65 exhibuimus, ἠπίαλος vocis memoria. cf. Fritzsche spec. V p. 13. denique in ed. min. p. XII hoc collocavi:

XI

'quod ex prioribus Aristophanis Nubibus schol. Plat. Axiochi (v. Mein. com. IV p. 876) p. 227 (967) Bait. affert δὶς παῖδες οἱ γέροντες, id certe etiam in superstite editione est v. 1417.' cf. Fritzsche spec. IV p. 7.

ΝΗΣΟΙ. p. 1108 (1) v. infra p. 65. Vs. 2 οἰκεῖν μὲν ἐν ἀγρῷ πρῶτον ἐν τῷ γηδίῳ etiam G. A. Hirschigius, atque ita edidit in Stobaeo LV 7 Meinekius. Vs. 7 ὄψῳ δὲ pro τέ Gaisfordus, qui vs. 10 scribendum coniecit ὑπ' ἰχθυοπώλου χειρὶ π. fr. II l. 2 εἴσεισιν εἰς τὴν σκηνήν. caeterum cf. Dobr. adv. II 254. fr. III l. 4 scr. p. 127. 144. fr. V pro τυγχάνει cod. D τυγχάνουσιν. Eupolidis fragm. ita legendum: ἐπιχώριος δ' ἔστ' ἢ ξένης ἀπὸ χθονός; p. 1112, 3 scr. 'Vs. 3' fr. X ἀργύρια cf. supra p. LXXVII. ad Pollucis III 86: ἀργύρια δὲ κατὰ πλῆθος ἥκιστα λέγουσιν οἱ Ἀττικοί, εἴρηται δέ που [ἐν κωκάλῳ καὶ νήσῳ Ἀριστοφάνους addit Falckenburgius, ex libro IX 89 opinor, ubi *Νῆσοι* et *Κόλακες*: aliter Fritzschius Euphros. I 2 p. 15.] fr. XI ἕψοντες cum Voss. Gaisfordus.

ΟΛΚΑΔΕΣ. p. 1116, 20 scr. Vesp. v. 715. p. 1117, 20. cf. Fritzsche de retract. fab. I p. 16. fr. I addit ed. min. Anecd. Par. IV p. 135 21. fr. III sqq. Bekkerus recepit Bergkii coniecturas Poll. X 173, φαίης δ' ἂν κατ' Ἀριστοφάνην λέγοντα ἐν κτλ. atque παττάλους ἐγκρούειν coniecerat Hemsterh. scripsit Brunckius. eidem Hemsterhusio σμινύας in mentem venerat. σμινύας vel σμινύδια Dobr. adv. II 254. p. 1119, 4 scr. p. 13, 10. fr. VI cf. Cobetus V. L. p. 33. de fr. VIII. IX dixit in quaest. Aristoph. I p. 75 Fritzschius. de fr. XI vide infra p. 65. cf. Fritzsch. Euphr. I 2 p. 23, qui 'Photii, inquit, τὸν ἀθχῶρα significat τὸν ἀχῶρα.' apud Etym. ἀδιεχῆ V. ἀδαχὴ D. P. ἀδαχῆ γ. α. τὸν ἄχορα ἐκλέγετ' ἀ. M. ad fr. XII cf. p. 65. fr. XIII adde p. 66. fr. XIV Cobetus mnem. IV 280 cum Elmsleio διὰ τοῦ Μαραθῶνι τροπαίου. cf. V. L. 201 ad fr. XVI nuper attulit Bergkius Hesychii glossam: Μοσυνοίκια, μαζονόμια· Ποντικὰ ὁ Δίδυμος (M. Schmidt. p 34) ἤκουεν. οἱ γὰρ Μοσσύνοικοι ἐν Πόντῳ εἰσί. λέγει δὲ τοὺς ξυλίνους πίνακας. cf. ad Steph. Byz. 456 13. fr. XVII ann. l. 7 ἐπεγειρομένων pro cod. lectione ἐπειγομένων Bergkii est emendatio. cf. Eupol. fr. 33 ed. min. Sophocl. fr. 804 Nauck. fr. XVIII cf. p. 66. ad fr. XIX haec addit ed.

min. 'alter (apud Athenaeum p. 329 b) versus (καὶ γὰρ πρότερον δὶς ἀνθρακίδων ἅλμην πιών) cum in Vespis non legatur, fortasse ad Holcades pertinet. coniecit ibi C. F. Hermannus δυσανθρακίδων. cf. etiam infra fr. XXI.' fr. XX. καὶ ἐν Ὁλκάσιν schol. Ald. ἐν τῇ Εἰρήνῃ Rav. Ven. et Suidas. Λακεδαῖμον Suidae codd. V. E. atque ita schol. ἄρα om. Ven. annot. l. 6 pro 'schol. Hom.' scribe 'Herodianus prosodia Iliaca' Γ 182. Choerobosci apud Gaisfordum pagina est 438. apud Photium l. c. Cobetus mnem. V 192 προπερισπῶσιν. fr. XXII cf. infra p. 66. addit min. ed. Anecd. Par. IV p. 179 27. fr. XXIV ἐπίγνον revocavit in min. ed. Bergkius, affert Boeckhii nav. inscr. p. 162. fr. XXVI cf. p. 66. 'Ὁλκάδων fragmentis hoc addatur Gellii:

XXIX

Gellius XIX 13: 'νάνους enim Graeci vocaverunt brevi atque humili corpore homines paulum supra terram extantes idque ita dixerunt, adhibita quadam ratione etymologiae cum sententia vocabuli competente et, si memoria, inquit (i. e. Apollinaris), mihi non labat, scriptum hoc est in comoedia Aristophanis, cui nomen est Ὁλκάδες.' ita pro Brunckiano Κώκαλος ex litterarum ductibus scripsit M. Hertzius. cf. ad 2 1095 (11) suppl.

ΠΕΛΑΡΓΟΙ. p. 1129 (8) βαλανεὺς δ' ὠθεῖ etiam Bekk. non ut ed. min. om. particula. ad fr. X cf. Fritzsch. quaest. Ar. I p. 74 sq. fr. XI l. 5 οὐδένα εἴα προσίεσθαι φυλακῆς ἕνεκα κτλ. ita R. et Suidas. εἴα om. Ven. ib. l. 16 Mein. Steph. p. 142 10: ὁ δημότης Ἀτηνεύς "Προκλῆς Ἀτηνεὺς ἐχορήγει καὶ Πανταχλῆς." addita est haec annotatio: 'Προκλῆς PpRV, Πατροκλῆς A. choragici tituli hanc esse particulam monui olim quaest scen. 2 p. 63 sive hist. com. p. 6. ubi haec ita fere redintegranda esse suspicatus sum: ἐχορήγει. [Ἀντιοχὶς ἐνί]κα. Πανταχλῆς [ἐδίδασκεν]. sed ut etiam demi Pantaclis nomen exciderit.'

ΠΛΟΥΤΟΣ Α. p. 1130 (1) cf. add. p. 66. annot. l. 3 ἐγίνετο pro ἤγετο Rav. in verbis poetae πλεῖστον Θ. πλείστων caeleri. l. 5 ἀπὸ τῶν ἀγοραίων: coniecturam in addendis periclitatus sum p. 66. aliter Fritzschius Ran. p. 353.

τύπτουσι πλατείαις χερσὶ τοὺς μὴ τρέχοντας Hesych. v. Κεραμεικαὶ πληγαί. fr. III cf. p. 66. fr. IV l. 2 scr. ἐπαφρίζον fr. VI ἦν δ' ἐγώ: Suidae locus utut habebit, cf. Bernhardy, Choerobosci certe verba ad alium quam ad superstitis Pluti versum 29 (quo rettulerunt Buttmannus et Fritzschius infra p. 66) referri nequeunt. haec enim apud Gaisfordum sunt p. 866, 18: ἔχομεν δὲ τὴν χρῆσιν τοῦ "ἦν ἐγώ" παρὰ Ἀριστοφάνει ἐν Πλούτῳ (28):

ἐγὼ θεοσεβὴς καὶ δίκαιος ὢν ἀνὴρ
κακῶς ἔπραττον καὶ πένης ἦν,

καὶ παρὰ Μενάνδρῳ ἐν τῷ Γεωργῷ· (4, 98)

ἦν δὲ οὐ πονηρὸς οὐδ' ἐδόκουν,

ἀντὶ τοῦ ὑπῆρχον. Cf. ib. p. 536, 17 (Bekk. 1293) ἔστι καὶ ἄλλη τοιαύτη ἀπολογία, ἣν λέγει ὁ Ἡρωδιανὸς (v. Lehrsium Herodiano p. 420) ἐν τῷ περὶ αὐτοῦ μονοβίβλῳ, ὅτι τὸ ἦν εὑρίσκεται καὶ πρώτου προσώπου ἑνικοῦ, οἷον ἦν ἐγώ, ὡς παρ' Ἀριστοφάνει ἐν Πλούτῳ "ἐγὼ θεοσεβὴς κτλ." ἀντὶ τοῦ ὑπῆρχον. item p. 882, 4: "ἦν ἐγώ" λέγουσιν, ὡς Ἀριστοφάνης. "ἐγὼ θεοσεβὴς κτλ." neque Etymologici p. 431 15 alio pertinebit: cf. quae apud Choeroboscum legimus p. 866 10 sqq. cum his Etym. l. c. de Pollucis VII 115 ζυγοποιεῖν, ὡς ἐν Πλούτῳ Ἀριστοφάνης v. Dobr. add. ad Plut. v. 115 (cf. ad Pher. 2, 317).

ΠΟΙΗΣΙΣ. p. 1132 (1) est apud Krehlium p. 241. Spengel. p. 626. Fritzschius Euphros. I 2 p. 24 'iam alibi emendavimus, γυναῖκα δὲ ζητοῦντες ἐνθάδ' ἥκομεν, | ἣν φασὶν εἶναι παρὰ σέ.'

ΠΟΛΥΙΔΟΣ. p. 1132 9: Etymologicorum verba v. ap. Gaisf. Et. m. 1921. cf. An. Par. IV 188. Nauck. trag. fr. p. 172. fr. III cf. supra p. LXX ad Baptarum fr. III. fr. IV ἐλλιμενίζεις ἢ δεκατεύεις; cum superioribus Bekkerus. fr. VII Nauckius philol. 6, 414 anonymi ad Et. Gud. p. 895 probat coniecturam θησειομύζειν legentis.

ΠΡΟΑΓΩΝ. p. 1137, 2 cf. Godofr. Hermannum Opusc. V 204. de fr. II v. add. p. 66. de fr. VII ib. p. 67. annot. l. 1 scr. μέτρον τι καλοῦσι fr. IX l. 3 ἀντλίον diductis litteris scribendum cf. 2, 889 (5).

ΣΚΗΝΑΣ ΚΑΤΑΛΑΜΒΑΝΟΥΣΑΙ. p. 1140 cf. Sauppe 'berichte d. sächs. ges. d. wiss.' 1855 p. 20. l. 7 scr. *Ἴσθμια* p. 1141, 20 *πρὸς τῇ πυκνὶ σκηναὶ ἦσαν* hodie viri docti scribunt: v. Fritzsch. Thesmoph. p. 223. Schneider de schol. fontib. p. 5. Dindorf. ap. Dübn. p. 510. Enger. ad Thesm. 658. idem n. rh. m. II p. 242 sq. cum Schneidero non hanc fabulam, sed Thesmoph. v. 624 intellexit, ubi ad haec *καὶ τίς σοὔστὶ συσκηνήτρια;* scholiasta annotavit: *σκηνὰς γὰρ ἑαυταῖς ἐποίουν πρὸς τὸ ἱερόν.* Dindorfius (v. Dübner. ad vs. 658) 'nunc (conf. fragm. p. 501 a) referre malit ad Pac. 731, *ὡς εἰώθασι μάλιστα περὶ τὰς σκηνὰς πλεῖστοι κλέπται κυπτάζειν καὶ κακοποιεῖν.*' fr. I 2 *τὴν ἑπτακότυλον, τὴν χυτρεᾶν, τὴν ἀγκύλην* cum Lobeckio Bekk. Polluce, apud quem VI 158 *συνθεάτριαν δὲ καὶ συλλήπτριαν Ἀριστοφάνης. ὁ δ' αὐτὸς καὶ συγκοίτας εἴρηκε* pro *συλλήστριαν καὶ σύγκοιτον.* p. 1142, 15: hos versus v. in anon. com. fragm. 4, 676. cf. 5, 121. Nauck. trag. fr. p. 705. fr. IV de Cratini versibus v. 2, 225 (155). infra p. 24. adde suppl. p. XLVI. ad Aristophanea *τοὺς νοῦς δ' ἀγοραίους κτλ.* referendam esse grammatici Seg. annotationem 339 10 significavit Dobraeus adv. II 257. item Meinekius 'zeitsch. f. d. alt.' 1843 p. 293, infra p. 67. grammatici verba haec sunt: *ἀγοραῖος νοῦς: ὁ πάνυ εὐτελὴς καὶ συρφετώδης οὐδὲ πεφροντισμένος· οἱ γὰρ ἀγοραῖοι ἄνθρωποι ἀμαθεῖς καὶ ἀπαίδευτοι. οὕτως Εὐριπίδης,* quod de Euripide, non ab Euripide dictum intellego; neque Aristophanis nomen reposuerim: cf. eiusdem gramm. p. 421 5: *ἀπέλλητοι: ἀνταγωνισταί. οὕτως Αἰσχύλος,* quae Nauckius 'hall. allg. l. z.' 1848 p. 505 *ἀπεριλάλητον: ἀνανταγώνιστον* scripsit comparato Poll. II 125: *ἀπεριλάλητος Αἰσχύλος* (Arist. Ran. 839). Ex ipso Euripide *ἀγοραῖος νοῦς* sumtus esse videbatur Fritzschio Ran. p. 70. cf. ib. 427. fr. VII. VIII cf. Toup. emend. IV p. 244. fr. XI Nauckius philol. VI 414 *οὐ δὴ σῶς κτλ.* sufficere putabat. fr. XIII *τοῖχον μοχλίσκῳ σκαλεύειν* Kühnius et Bekkerus: *καλάνειν* A *καλαύειν* C *κλαύειν* B. Salmasius et Dindf. *καταβαλεῖν.* fr. XIV hodie scribitur: *ὑπὸ τὸ αἰδοῖον, τὸ μεταξὺ τῶν μηρῶν κτλ.* cf. Suid. II 1 p. 367 annot. 8. l. 4

συσπάσαι cod. Θ. fr. XV l. 4 *καὶ τὸ μὲν σκεῦος κόρημα* (v. p. LXXVI) *ὑπὸ Εὐπόλιδος κτλ.* l. 6 *ὡσπερεὶ Καλλιππίδης* Toup. IV 386, atque ita Bekk. *καθέζομαι* Iungermannus et, ut videtur, libri, vulg. *καθέξομαι*. caeterum v. infra 67.

ΤΑΓΗΝΙΣΤΑΙ. p. 1147 (1, 3) *κρείττω 'στὶν* aphaeresin in legitimam crasin mutari vult Ahrens de Crasi p. 28. vs. 4 *ἰστῆς* requirebat Cobetus de oratione artificiali p. 23. cf. Buttm. gr. § 107 annot. 30. de versu sexto et sequentibus v. infra p. 67: Meinekium secuta est ed. min. ita

οὐ γὰρ ἄν ποτε
οὕτω στεφάνοισιν ἐστεφανωμένοι νεκροί

οὕτω στεφανώμενοι Vindob. cod. qui vs. 7 (8) *κατακρινόμενοι*. Cobetus V. L. 127 (mnem. V 196)

προὔκείμεθ', οὐδὲ βακκάρει κεχριμένοι

comparans Magnetis 2, 10 (1). Vs. 11 (12) ed. min. '*ὅτι* scripsi, vulgo *ὅτ'*' Vs. 14 (15) vulg. *αἰτούμεθ' αὐτοὺς δεῦρ' ἀνιέναι τἀγαθά*: *τα* ˙*καλὰ* ˙*γαθὰ* Voss. *τἀγάθ' ἀνιέναι* proponebat Seidlerus Arist. fragm. p. 27 de *ῑ* mensura disserens, cf. Dobr. add. ad Plut. 75. *αἰτούμεθ' αὐτοὺς τὰ καλὰ δεῦρ' ἀνιέναι* Dindorfius et Bergkius. Fritzschius Ran. p. 441:

αἰτούμεθ' αὐτοὺς δεῦρ' ἀνεῖναι τἀγαθά.

quod requirebat Cobetus de oratione artificiali p. 22 sq. (aliter Fritzsch. Euphros. I 2 p. 26). in lemmate Vindob. *ταγηνισῖ* fr. III cf. infra p. 67. *τὸν ἄνδρα τοῦτον βιβλίον διέφθορεν* Brunckius (cf. Cobeti V. L. 313). *τὸν ἄνδρα τόνδ' ἢ βιβλίον διέφθορεν κτλ.* Dindorfius. cf. ad schol. Nub. 360 Hermannum. *διέφθορεν* etiam in Marciano 474 esse videtur, quoniam haec annotata legimus: *διέφθειρεν* G. Ald. et Suidas. fr. IV non recte descriptus in maiore ed. versuum ordo, v. p. 67. fr. VII *οὐ* om. cod. Darmst. Meinekii coniectura infra legitur p. 67, ubi nescio an servari possit tertia persona *ἀπελάγχανεν*. fr. IX cf. quae de fr. XLI in addendis diximus 67 sq. p. 1152, 6 Equit. 645 schol. est Ald. ex Suida v. *ἀφύα* transcriptum. Vs. 1 ap. Suidam v. *ἅλις* cod. C add. *μοι* om. *γάρ*. fr. XI ita scribebat R. B. Hirschig. philol. V p. 288: *τοὔτνος δ' ἐν ταῖς χυλ. κτέ.* fr. XIII cum Bentl. consentit Dobr. adv. II 255. Bergkium secutus est Bekkerus. fr. XIV.

IV. annot. l. 3 librorum scriptura est ἐξελιζομένη. l. 6 Seidlerus p. 21 χθονία σ' Ἑκάτη κτλ. probavit Seidleri coniecturam Hermannus opusc. II 250. Porsonus Aristoph. p. 61: χθονία θ' Ἑκάτη, | σπείρας ὄφ. εἱλιξαμένη, quem secutus est Fritzschius Ran. p. 162 qui σπείρας ὄφ. ἐλελιξαμένη. idem p. 163: 'ceterum, inquit, in Tagenistis, ut recte Hesychius, Hecate in Empusam, non in Hecaten Empusa mutata est; primum enim Hecate et nominatur et vulgari modo describitur, tum eodem nomine appellatur Empusae.' p. 1154, 3 incerti tragici versus apud Nauckium sunt p. 6[illegible]. fr. XVII l. 4 Porsonus adv. p. 281. fr. XIX—XXI cf. Dobr. adv. II 255. fr. XXII Lehrsius Herodiano p. 21: 'aliquid tentandum erat, inquit. putavi Ἀγγρωενός loci nomen esse ut Ὀρχομενός, et videtur festivus sermo fieri de anguilla.' itaque hanc proposuit coniecturam:

γενναίας,
Β[illegible] δ' ἐν τῷ Ἀγγ[illegible]

de prioribus Herodiani versibus s. supra p. XXXI sq. fr. XXIII l. 4 de [illegible] cf. [illegible] p. LXXI . 11 de Phrynichi versibus [illegible] 182 'duo, inquit, exempla [illegible] alterum Aristophanis [illegible]

[illegible]

συσπάσαι cod. Θ. fr. XV l. 4 *καὶ τὸ μὲν σκεῦος κόρημα* (v. p. LXXVI) *ὑπὸ Εὐπόλιδος κτλ.* l. 6 *ὡσπερεὶ Καλλιππίδης* Toup. IV 386, atque ita Bekk. *καθέζομαι* Iungermannus et, ut videtur, libri, vulg. *καθέξομαι.* caeterum v. infra 67.

ΤΑΓΗΝΙΣΤΑΙ. p. 1147 (1, 3) *κρείττω 'στὶν* aphaeresin in legitimam crasin mutari vult Ahrens de Crasi p. 28. vs. 4 *ἱστῆς* requirebat Cobetus de oratione artificiali p. 23. cf. Buttm. gr. § 107 annot. 30. de versu sexto et sequentibus v. infra p. 67: Meinekium secuta est ed. min. ita

οὐ γὰρ ἄν ποτε
οὕτω στεφάνοισιν ἐστεφανωμένοι νεκροί

οὕτω στεφανώμενοι Vindob. cod. qui vs. 7 (8) *κατακρινόμενοι.* Cobetus V. L. 127 (mnem. V 196)

προὐκείμεθ', οὐδὲ βακκάρει κεχριμένοι

comparans Magnetis 2, 10 (1). Vs. 11 (12) ed. min. '*ὅτι* scripsi, vulgo *ὅτ'*' Vs. 14 (15) vulg. *αἰτούμεθ' αὐτοὺς δεῦρ' ἀνιέναι τἀγαθά: τα 'καλὰ 'γαθὰ* Voss. *τἀγάθ' ἀνιέναι* proponebat Seidlerus Arist. fragm. p. 27 de ῑ mensura disserens, cf. Dobr. add. ad Plut. 75. *αἰτούμεθ' αὐτοὺς τὰ καλὰ δεῦρ' ἀνιέναι* Dindorfius et Bergkius. Fritzschius Ran. p. 441:

αἰτούμεθ' αὐτοὺς δεῦρ' ἀνεῖναι τἀγαθά.

quod requirebat Cobetus de oratione artificiali p. 22 sq. (aliter Fritzsch. Euphros. I 2 p. 26). in lemmate Vindob. *ταγηνισῖ* fr. III cf. infra p. 67. *τὸν ἄνδρα τοῦτον βιβλίον διέφθορεν* Brunckius (cf. Cobeti V. L. 313). *τὸν ἄνδρα τόνδ' ἢ βιβλίον διέφθορεν κτλ.* Dindorfius. cf. ad schol. Nub. 360 Hermannum. *διέφθορεν* etiam in Marciano 474 esse videtur, quoniam haec annotata legimus: *διέφθειρεν* G. Ald. et Suidas. fr. IV non recte descriptus in maiore ed. versuum ordo, v. p. 67. fr. VII *οὐ* om. cod. Darmst. Meinekii coniectura infra legitur p. 67, ubi nescio an servari possit tertia persona *ἀπελάγχανεν.* fr. IX cf. quae de fr. XLI in addendis diximus 67 sq. p. 1152, 6 Equit. 645 schol. est Ald. ex Suida v. *ἀφύα* transcriptum. Vs. 1 ap. Suidam v. *ἅλις* cod. C add. *μοι* om. *γάρ.* fr. XI ita scribebat R. B. Hirschig. philol. V p. 288: *τοὔτνος δ' ἐν ταῖς κυλ. κτἑ.* fr. XIII cum Bentl. consentit Dobr. adv. II 255. Bergkium secutus est Bekkerus. fr. XIV.

XV. annot. l. 3 librorum scriptura est ἐξελιζομένη. l. 6 Seidlerus p. 21 χθονία σ' Ἑκάτη κτλ. probavit Seidleri coniecturam Hermannus opusc. II 250. Porsonus Aristoph. p. 61: χθονία θ' Ἑκάτη, | σπείρας ὄφ. εἰλιξαμένη, quem secutus est Fritzschius Ran. p. 162 qui σπείρας ὄφ. ἑλελιξαμένη. idem p. 163: 'ceterum, inquit, in Tagenistis, ut recte Hesychius, Hecate in Empusam, non in Hecaten Empusa mutata est; primum enim Hecate et nominatur et vulgari modo describitur, tum eadem nomine appellatur Empusae.' p. 1154, 3 incerti tragici versus apud Nauckium sunt p. 698. fr. XVII l. 4 Porsonus adv. p. 281. fr. XIX—XXI cf. Dobr. adv. II 255. fr. XXII Lehrsius Herodiano p. 21: 'aliquid tentandum erat, inquit. putavi Ἀγχομενός loci nomen esse ut Ὀρχομενός, et videtur festivus sermo fieri de anguilla.' itaque hanc proposuit coniecturam:

γενναία,
Βοιωτὶς δ' ἦν ἐξ Ἀγχομενοῦ

de prioribus Herodiani verbis v. supra p. XXXV sq. fr. XXIII l. 4 de anecdotorum loco cf. Ritschl. proll. Thom. p. LXVI. l. 11 de Phrynichi verbis v. 2, 597. nuper Cobetus mnem. V p. 182 'duo, inquit, exempla affert ex poetis comoediae antiquae. alterum Aristophanis: Ἀριστοφάνους μὲν οὕτω λέγοντος ἐν τοῖς Ἱππεῦσιν (v. 642)· Εὐαγγελίσασθαι πρῶτος ὑμῖν βούλομαι. Phrynichi alterum: Φρυνίχου δὲ τοῦ κωμῳδοῦ ἐν τοῖς Σατύροις οὕτως· ὁτιὴ πρὶν ἐλθεῖν αὐτὸν εἰς βουλὴν ἔδει καὶ ταῦτ' ἀπαγγείλαντα πάλιν πρὸς τὸν θεὸν ἥκειν, ἐγὼ δ' ἀπέδραν ἐκεῖνον δευριανὸν δεῖ: in quo loco initium vitiosum est et finis, praeterea excidit versiculus ipse in quo esset id, quamobrem locus afferretur. in ὁτιὴ πρὶν quid lateat non expulo. caetera sic restituerim: ἐλθεῖν αὐτὸν εἰς βουλὴν ἔδει | καὶ ταῦτ' ἀπαγγείλαντα πάλιν πρὸς τὸν θεὸν | ἥκειν. ἐγὼ δ' ἀπέδραν ἐκεῖνον δεῦρ', ἵνα | εὐαγγελίσωμαι πρῶτος ὑμῖν τἀγαθά .... perspicuum est in verbis ἐκεῖνον δευριανὸν δεῖ lacunam esse. scriptum olim erat δευρια *** ον δεῖ.' p. 1156, 6 scr. Anecd. I p. 3 20. fr. XXVII pro βαθράδια cum Hemsterh. βαθρίδια dedit Bekkerus. cf. Lobeck. path. el. I p. 281. Fritzschius Ran. p. 79 Pollucis verba ita rescribebat:

βάθρα, βαθρίδια, ὡς** ('deest, inquit, nomen comici et fabulae'), καί, ὡς ἐν Ταγηνισταῖς, σκολύθρια, ἅπερ ἐστὶ μικροὶ κτλ. 'quin ipsa adeo Tagenistarum verba conservasse Hesychius videri potest, σκολύθρων "ταπεινῶν ἀπὸ σκολύθρων" δίφρων.' fr. XXXI. apud Bekkerum Poll. VII 149 ita procedit oratio: τὰ δὲ καρπεῖα ἐν τῷ Γηρυτάδῃ Ἀριστοφάνης εἰπὼν τὸ ἐνκαρπεῖν ἐν Ταγηνισταῖς καρπεύειν λέγει. in quo nihil mutandum videtur. fr. XXXII ἐν Ταγηνισταῖς etiam apud Bk. Fritzschius Euphr. I 2 p. 26 ἐν Ἀναγύρῳ καὶ Ταγηνισταῖς. ad fr. XXXV in min. ed. Bergkius addit Crameri An. Par. IV 52 17 (non 30). fr. XXXVI μελιτηρὸν ἄγγος requirebat Cobetus mn. V 194. ad fr. XXXVIII Dobr. cf. infra p. 68. Meinekii coniectura est quaest. scen. III 38 not. cf. Leutsch. Apostol. p. 599. p. 1158, 2 scr. 'ubi de significatione vocis φήληξ ex Ven. cod. ista leguntur.' de fr. XLI dixi add. p. 67 sq.

ΤΕΛΜΗΣΗΣ. p. 1158. de Carica Telmissensium gente cf. Mülleri de Etruscis libr. II p. 180.

fr. I ita composuit ad Steph. Byz. I p. 613 Meinekius: πῶς ἂν τις ἂν οὖν *(ταῦτ' εἰδείη); τί ποιήσας; ὦ Τελεμησσῆς. idem etiam hanc proposuit scripturam: πῶς ἂν τις ἂν οὖν, ἢ τί ποιήσας *(πείσειεν ἄν), ὦ Τελεμησσῆς; Fritzsch. Euphr. I 2 p. 26: πῶς ἂν τις ἂν οὖν, ἢ τί ποιήσας ὦ Τελεμισσεῖς....; fr. II ap. Mein. ὦ Τελεμησσῆς. de scriptura huius nominis v. quae ib. annotata sunt l. c. fr. VII l. 3 Τελμισσεῦσι Bk. fr. VIII Μεγάλλου utique requirebat Cobetus Orat. p. 127. fr. XI cf. Dobr. infra p. 68, ubi l. 4 scr. scripsisse comicum; atque πυλαωρούς dixisse recte statuit, v. ed. min. Caeterum cf. Mülleri de Etruscis vol. II p. 187. fr. XIII l. 10 pro ἐν Τελμισσεῦσιν Marc. cod. ἐτόλμησεν.

ΤΡΙΦΑΛΗΣ. cf. Fritzsche Ran. p. 232. de fr. I v. infra p. 68, ubi Fritzschius Aristophani haec vindicat:

λάβεσθε· καὶ γάρ ἐστι τοῦ τίκτειν ὁμοῦ.

ibidem Dobraei (adde adv. I 588) et Meinekii sententia affertur. quae apud Harpocr. p. 137 28 ex Menandro apponuntur, ita scripsit Cobetus mnem. IV 295: ἤδη γάρ ἐστιν ἥδε τῷ τίκτειν ὁμοῦ; h. e. 'numnam illa, quaeso, parturit?' idem fr. II 2 κηπεβόλουν scripsit mnem. V 109. vs. 3 ὅπως VL πωλήσει 'ς cf. Ahrent. de Crasi p. 26. fr. III l. 2 scr. ἐπιήλεν ex Ven. qui l. 4 ἂν ἐπιῆλαι μὲν. Aristophanis verba quomodo scribenda putaverit Bergkius v. infra p. 68 et in min. ed. de fragm. VIII. IX. X cf. Fritzsche Ran. p. 292. p. 1106, 1 τὸ ἐθνικὸν Mein. Steph. I p. 324. fr. XI. XII cf. Mein. ad Cratin. 2, 218 not. apud Harpocrationem διὰ μέσου τείχους in lemmate retineri vult H. Sauppius fragm. Antiphontis 38 (p. 141 orator. Tur.) fr. XIII l. 2 cod. περὶ τὸν σφάλητα: hoc παρὰ τοὺς Φάλητας scribebat Fritzschius Euphr. I 2 p. 26. Triphaletis numerum reliquiarum Darembergii locupletavit industria, ex cuius libro hoc apponemus:

XVI

schol. Hippocr. epidem. V § 7 v. κογχώνην (κοχώνην)· οἱ μὲν τὸ ἱερὸν ὀστοῦν· οἱ δὲ τὰς κοτύλας τῶν ἰσχίων, ἐξ ὧν ἐστιν Ἀριστοφάνης ὁ γραμματικός, Γλαυκίας καὶ Ἰσχόμαχος καὶ Ἱππῶναξ, τὰ ἰσχία· οὐ γάρ, ὥς τινες ἔφασαν, αἱ ὑπογλουτίδες εἰσὶ κοχῶναι, ἀλλὰ τὰ σφαιρωμένα (σφαιρώματα Daremb.) καλούμενα, σάρκες δ' εἰσὶν αὗται περιφερεῖς, ἐφ' αἷς καθήμεθα, ὡς καὶ Ἀριστοφάνης ὁ κωμικὸς ἐν Τριφάλη*(τι)·

τίς δὲ εἰς ἐγγύτατα ὁ λοιπὸς τὰς ὀσφύας
ἐπὶ τῶν κοχωνῶν ἀργὸς αὐτὸς οὑτοσί;

ita haec leguntur in 'notices et extraits' p. 214 sq. in ed. pr. (v. gött. g. a. 1852 p. 424) τίς δὲ εἶ ὁ λειποὺς τὰς ὀσφύας κτλ. unde Schneidewinus l. c. p. 425: τίς δ' ἔσθ' ὁ λίσπος, οὑπιθεὶς τὰς ὀσφύας | ἐπὶ τῶν κοχωνῶν, ἀργοναύτης οὑτοσί; ad λίσπος defendendum utitur schol. Eq. 1368 ὑπολίσποις: — νῦν δὲ οἰκείως εἶπεν ἐπὶ τῶν ἐρεσσόντων διὰ τὴν καθέδραν λεπτοπύγων ὄντων. pro illo advocavit Martialis hoc III 67 10: 'non nautas puto vos, sed Argonautas.' offendor accusativo ὀσφύας, neque οὑπιθεὶς satis intellego. Goettlingius ind. schol. hib. Ien. 1853 p. 4: αὕτη τίς ἐστιν εἰλίπους τὰς ὀσφύας, | τίς δ' ἐπὶ κοχωνῶν Ἄργος αὐτὸς οὑτοσί; quae ita interpretatur: 'quae haec est quasi Io bovinis cruribus, quis hic revera Argus est, qui sedet in clunibus?' ipse Darembergius priorem versum ita legi posse suspicabatur p. 216: τίς δ' εἷς ὁ λίσπος ἐγγυτάτω τῆς ὀσφύος, subintellecto ἐπιθείς, quod etiam tertii versus initio collocari posse putabat. ex tantis difficultatibus ne prorsus ἀσύμβολος abeam, accepto quod vs. altero Schneidewinus repperit ἀργοναύτης, hos versus sagacioribus ita affectos relinquo:

τίς δ' ἔστ' ὀλίγας ἐγγύτατα τὰς ὀσφῦς ἔχων
ἐπὶ τῶν κοχωνῶν, ἀργοναύτης οὑτοσί;

de voce κοχώνη v. Lobeckium path. el. I 170 sq.

ΦΟΙΝΙΣΣΑΙ. p. 1167 v. infra p. 68. cf. Fritzsche Ran. p. 23. Euripidis Phoenissarum fragmentum didascalicum ex Veneto codice 468 nuper edidit et explicavit Adolphus Kirchhoff, cuius disputationem Mützellus descripsit in 'zeitschr. f. d. gymnasialwesen 1853 suppl.' unde hic illud apponam quemadmodum a Kirchhoffio compositum est (cf. Eurip. vol. I p. 419): ἐδιδάχθη] ἐπὶ Ναυσικράτους ἄρχοντος [ὀλυμπιάδι.. πρῶτος....,] δεύτερος Εὐριπίδης, [τρίτος...... τελευταίαν δὲ ταύτην] καθῆκε διδασκαλίαν [Ἀθήνησι...............] περὶ τούτου· καὶ γὰρ ταῦτα [........Φοίνισσαι καὶ] ὁ Οἰνόμαος καὶ Χρύσιππος καὶ [.....σατυρικ..· οὐ] σώζεται. de apertis et opertis huius didascaliae legenda sunt ipsius editoris verba. fr. I Iac. Geelio ad Eur. Phoen. p. 207 non integrum esse videbatur: 'attulit enim, inquit, hoc consilio (Athenaeus): ὅτι δὲ ἀρχαῖον ἦν τὸ περὶ τοὺς μονομάχους καὶ Ἀριστοφάνης εἴρηκεν ἐν Φοινίσσαις οὕτως. supplendum igitur hoc fere modo: — ἀγῶνα νῦν ἑστᾶσιν ἀρχαῖον τρόπον.' idem de fragmenti II cum Euripideis similitudine dixit ib. p. 104. fr. IV ex Hermanni sententia ita disposuit Bachmannus anecd. I p. 60: εἰκὸς δή που πρῶτον ἁπάντων ἴφυα φῦναι... | ...καὶ τὰς κρανααὰς ἀκαλήφας. annot. l. 6 scr. Ἀριστοφάνης Φοινίσσαις l. 9 scr. p. 370 20. 'Vs. 3 affertur etiam in Crameri An. Par. IV p. 104' Bergk. ed. min. de scholio Vesp. 879 (884) infra dixi p. 68 sq. item de fr. V (VI ed. min.) μυάγρα v. p. 69.

ΩΡΑΙ. p. 1171 (1) cf. infra p. 69. Vs. 2 ita supplebat Cobetus mnem. IV 100 allato Cratini fr. 2, 72 (1, 2):

στεφάνους ἴων *(ῥόδων κρίνων), κονιορτὸν ἐκτυφλοῦντα.

κρίνων, ῥόδων, Porsonus misc. p. 195. nuper Herwerden p. 41.

caeterum ap. Cratinum Hermannus Elem. p. 580 λειρίοις, ῥόδοισι, κρίνοις scribebat. vs. 4 τέττιγας: de Aristophaneo τέττικος sim. Dindorfius annotavit Herod. Choerob. p. 1428 i. e. 310 13. vs. 8 Porsonus adv. 109. cf. misc. 196: μέγιστον ἀγαθὸν *(εἶπες), et sic Dindf. μέγιστον εἶπας ἀγαθόν Cobetus mnem. IV 99. idem vs. 11 ἐγὼ δὲ τοῦτ' ὀλίγον χρόνον φήνας ἀφειλόμην ἄν. comparat Acharn. 819. 912. 520. 542. φύσας Fritzschius v. p. 69. ibidem cf. de vs. 14. p. 1172 15 post verba ἐν Εἰρήνῃ haec adde: item Eustath. p. 1573 21. fr. II κράτιστον ἡμῖν εἰς τὸ Θησεῖον δραμεῖν Cobetus mnem. V 195. fr. III cf. ad Apollophanis fr. 2, 881 (3) et suppl. fr. VI cum Bekkero scriptum ed. min. ἀπίχθυς· τοὺς μὴ ἐσθιομένους ἰχθῦς. cf. de hoc loco Dindorfium fragm. p. 7. 8, qui apud Eustathium pro Aristophane Euripidis nomen reponebat et τοὐνθένδ' ἀπίχθυς βαρβάρους οἰκεῖν δοκῶ scripsit. cf. ad Eurip. Erechth. fr. I poet. scen. probavit Nauck. Ar. Byz. p. 90 sq. Ex Euripidea fabula Aristophanem mutuatum esse illa verba, coniectura est Fritzschii Euphros. I 2 p. 28. fr. X. attigit haec idem de mercede iudicum p. 7. fr. XI l. 6 scr. τριδούλων

INC. FAB. p. 1175 fr. I ita digessit Cobetus mnem. IV 274: τὴν γυναῖκ' αἰσχύνομαι | τώ τ' οὐ φρονοῦντε παιδίω. fr. II τοῦ μέλιτι κεχρισμένου cf. Lob. ad Aiac. p. 325. κεχριμένου Cobetus mnem. V 195 ut Magnet. 2, 10 (1). Eubul. 3, 250 (1, 3). Aristophan. 2, 1148. Vs. 2 Philostratea V. S. 1, 8 (p. 207 18) bene comparavit Kayserus: ἐπιτηδειότατος μὲν οὖν Ἡρώδῃ τῷ σοφιστῇ ἐγένετο διδάσκαλόν τε ἡγουμένῳ καὶ πατέρα καὶ πρὸς αὐτὸν γράφοντι "πότε σε ἴδω καὶ πότε σου περιλείξω τὸ στόμα;" annot. l. 5 scr. τὸν Ἀριστοφάνην εἰρηκέναι l. 7 φησὶν οὖν Ἀριστοφάνης ὅτι "κηρὸς ἐπεκαθέζετο," ἄλλοι δὲ "Σοφοκλέους τοῦ μέλιτι τὸ στόμα κεχρισμένου." ita haec hodie leguntur: v. Dindorf. schol. II p. 7. 8. Westerm. p. 132. Caeterum cf. ad anon. com. 4, 655. Fritzsche Ran. p. 35. fr. III trimetros aliter composuit Fritzschius Eup. vers. fragm. p. 21: ἐγὼ διὰ ταῦτα, μὴ γέλων ὀφλὼν λάθοι, | περὶ τὴν κεφαλὴν ἐξῆψα πηνίκην τινά. fr. IV cf. p. 69. Fritzsch. Ran. p. 312 sq. annot. l. 4. 5 cod. *Κισιφῶν — συνέζης εἰς τὰ πόλλ' Εὐριπίδου καὶ συνεποίεις φησὶ καὶ τὴν μελῳδίαν.* fr. VI *σχηματίσαντας* v. infra 69. caeterum v. Nauck. trag. fr. p. 65. fr. VII scr. Athenaeus II fr. VIII Dobr. adv. II 297: 'physici alicuius verba esse videntur. obiter moneo legendum *αὐτόματα* vel *αὐτομάτως*, i. e. *αὐτομάτα φύεσι*. — possis quidem, - υ - υ *τοῖσιν ὄρεσιν αὐτόματα μεμαίκυλα | φύεται πόλλ'* -' Bergkius in min. ed. .... *ἐν δὲ τοῖς ὄρεσιν αὐτόματα μιμαίκυλα | φύεται πολλά.* Herwerden p. 41: *ἐν τοῖς ὄρεσιν δ' αὐτόματ' εἰκῇ τὰ μιμ. ἐφύετο πολλά.* fr. XIV p. 1180, 7 ed. min. addit Crameri An. Par. IV p. 246 7. fr. XV *λέλαφας*: cf. Cobet. V. L. 366. fr. XVI Nauckius confert Iuliani epist. 24 p. 390 C: *Ἀριστοφάνει μὲν οὖν δοκεῖ εἶναι πλὴν μέλιτος τῶν ἄλλων γλυκύτερον τὰς ἰσχάδας, καὶ οὐδὲ τοῦτ' ἀνέχεται τῶν ἰσχάδων εἶναι γλυκύτερον, ὡς αὐτὸς ἐπικρίνας λέγει.* fr. XVII Nauck. trag. fragm. p. 595. fr. XVIII cf. Eurip. ap. Stob. flor. 71 7: *γυναικί τ' ἐχθρὸν χρῆμα πρεσβύτης ἀνήρ*, item ib. 8: *πικρὸν νέᾳ γυναικὶ πρεσβύτης ἀνήρ.* (Nauck. trag. fr. p. 361. 489). hinc alii *πικρόν* Aristophani reddunt. fr. XX. XXI cf. p. 69. l. 6 *πυθοῦ χελιδὼν χἄποθ' ἅττα φαίνεται* ap. Bekk. item *ὁπηνίκ' ἅττ' ὑμεῖς κοπιᾶτ' ὀρχούμενοι.* fr. XXII apud Bekkerum ex cod. A hoc est:

ἄλλαι δὲ κυαμίζουσιν αὐτῶν, εἰσὶ δέ
ἤδη πρὸς ἄνδρας ἐκπετήσιμοι σχεδόν.

vs. 2 *εἰς* habet codex pro *πρός.* fr. XXV *ἡ μέντοι κωμῳδία τὴν ἀλετρίδα μυλακρίδα καλεῖ, ζῷόν τι ἐν μύλωνι γινόμενον, ὡς Ἀριστοφάνης λέγει "ἵνα ξ. κτλ."* fr. XXVI etiam Bekkerus: *Ἀριστοφάνης δ' εἴρηκεν ἄνδρα σάρκινον.* fr. XXVII cf. p. 69. fr. XXX attigit Cobetus mnem. V 186. annot. l. 1 *κεναγγιᾶν* ap. Plat. mss. Salm. in Aristoph. versu *παρεκᾶ* Kühnii A *πειρεᾶ* V *Πειρέα* Salm. *Πειραῖα* Iung. fr. XXXI Bekkerus dedit:

τὸν σαπέρδην ἀποτῖλαι χρή
κᾆτ' ἐκπλῦναι καὶ διαπλῦναι.

ut voluit Salmasius; cf. infra p. 69 sq. fr. XXXII idem Bekkerus: *χορδαί, φῦσκαι, παισταί, ζωμός, χόλικες.* fr. XXXIII

l. 3 scr. πυροῦ χλωροῦ fr. XXXV ad Gerytadem referebat Fritzschius Ran. p. 279. adde Dobr. adv. II 256. XXXVI annot. l. 2 scr. 'legebatur ἕψεις' ad hoc fragm. fortasse referendam esse Phryn. Bk. 38 31 annotationem: ἐζωμευμένα κρέα: ἐζωμοποιημένα docuit Nauckius. fr. XXXVII Bekkerus cum Brunckio et Schneidero (v. ap. Ddf. p. 209): ἀνήσω κροκύδα μαστιγουμένη cf. infra p. 70. fr. XXXIX βασκάνιον ἐπικάμινον Bekkerus. ad rem cf. Lobeckii Agl. p. 971. O. Iahn. 'berichte d. sächs. ges. d. wiss.' 1855 p. 67. fr. XL cf. p. 70. Bekk. fere ut Dindorfius: ὥστ' ἀνακύπτων καὶ κατακύπτων τοῦ σχήματος εἵνεκα τοῦδε | κηλωνείου τοῖς κηπουροῖς. fr. XLVIII cf. p. 70. fr. L τῇσδ' ὑπαντὰξ Bergkius p. 70 et in min. ed. adversatur Cobetus mnem. V 196 ὁδοῖ intellegens. fr. LII vulg. ὑπαίρω et προαίρω, ut ap. Thom. M. correxit Valckenarius in Ammon. animadv. p. 219. fr. LV ad Aristophanem grammaticum referunt Dobraeus (v. p. 70). Dindorfius p. 137. Bernhardy Suid. (cf. Preller. Polem. p. 151). Nauck. Ar. Byz. p. 236. ad fr. LVI cf. infra p. 70 annotata. fr. LVII δράσων Meinekius. aliter Cobetus, qui mnem. V p. 198: τί δὲ σὺ δρᾷς, ὦ κακόδαιμον; fr. LIX l. 2 Dobraeus adv. II 214 et Dindorfius ad schol. l. c. καὶ ἕτερος. ** ἔχων λύραν | ἔργον κτλ. fr. LX annot. l. 5 ὡς ἐμβολῇ fr. LXI cf. quae infra p. 37 et in supplementis p. LXXVII dicta sunt. fr. LXIII ita edidit Bekkerus:

ὁ δ' ἔχων θέρμαν καὶ πῦρ ἧκεν

pro ἧκεν cod. A habet εἴρηκεν. cf. ad 2, 982 (28) suppl. fr. LXIV adde quae ex V^a cum anecdotis et Varino (p. 108 Ddf.) congruentia edidit Gaisfordus Etym. p. 267. fr. LXV diu est quod ita scribendum sibi videri significavit mihi Meinekius:

οὕτως τι τἀπόρρητα δρᾶν ἐστιν μέλι.

eademque emendatio nuper in C. F. Hermanni parergis criticis edita est philol. X 244, ubi comparavit Alexidis fragm. 3, 450 (v. 6) ἢ τῶν γὰρ ἀνδρῶν ἐστι πρὸς ἐκείνην μέλι, item Hor. Sat. II 6 32 'hoc iuvat et melli est.' aliter voluerat Cobetus mnem. IV 135, qui ἐστι γλυκύ, conferens Alexideum illud 3, 480 (2, 3) οὕτω τι τἀλλότρι' ἐσθίειν ἐστὶ γλυκύ. fr. LXVI τὰ γράμματα καὶ τὸν ἄλεισον Gaisfordi V^a. p.

1192 2 de litterato illo vasculo v. Franzii elem. epigr. p. 21 sqq. fr. LXVII cum Gaisfordo ad Heph. p. 69 et Hermanno, v. infra p. 70, scriptum in min. ed.

ὁρῶ γὰρ ὡς στόμφακα διασαυλούμενον.

fr. LXVIII. LXIX quomodo coniungi voluerit Dobraeus, v. p. 70. 'L. Dindorfius ἐκμαίνετον coniecit in Thes. Steph. T. III p. 370.' ed. min. atque ita iam Dorv. et Marc. Gaisfordi, apud quem ὅτι οἱ Ἀττικοὶ καὶ ἐν τοῖς τρίτοις προσώποις τῶν δυϊκῶν τοῖς δευτέροις χρῶνται legitur cum Marc. qui τρίτοις προσώποις τῶν δυϊκῶν τοῖς β̄ χρῶνται. fr. LXXI scribendum, quod Dindorfius proposuit (v. p. 70), ex duorum codicum Marcianorum auctoritate:

ἴκτινα παντόφθαλμον ἅρπαγα στρέφων.

ita et Etym. Marcianum Cobeti p. *470 99 Gaisf. et eiusdem Cobeti Marc. cod. Choerobosci (Et. Gaisf. p. 8): etenim in editis ab Gaisf. p. 279, 3 κατὰ μεταπλασμὸν γέγονεν ἴκτινα, ὡς παρὰ Ἀριστοφάνει, "ἴκτινα παντόφθαλμον ἅρπαγας τρέφων" (idem versus affertur p. 278 24. cf. Bekkeri excerpta p. 901 l. c.) ille praebet ἅρπαγα στρέφων. fr. LXXII 'cf. Cram. Anecd. Par. IV p. 75 4.' ed. min. fr. LXXIII est Etym. M. p. 682 52. fr. LXXIV μέλαινα δεινὴ πίττα Βρεττία παρῆν pro γλῶσσα cum Bocharto probavit Meinekius ad Steph. I p. 186 9. cf. Schleusnerum ad Et. m. p. 794 (Gud.). Gaisfordus addit Lex. Seg. 223 18: Βρεττία· μέλαινα πίσσα. καὶ βάρβαρος, ἀπὸ τοῦ Βρεττίων ἔθνους. alterum, γλῶσσα, defendunt Dindorfius fragm. 719. Bergk. 'zeitsch. f. d. alt.' 1851 p. 19. Nauckius philol. VI 415: Α. μέλαινα δεινὴ (vel νὴ Δί) γλῶσσα. Β. Βρεττία γὰρ ἦν (int. γυνή). fr. LXXV. de coniectura h. l. prolata cf. add. p. 14. fr. LXXVII tacite poetae nomine apud Cramerum An. Ox. I 399 18 legi indicavit Nauck.: τὸ δὲ σῶς περισπασθὲν ἐκ τοῦ σόος συνήλειπται· καὶ γὰρ τὸ θηλυκὸν αὐτοῦ εὑρίσκεται σᾶ· "ἡ μάζα (sic) γὰρ σᾶ καὶ τὰ κρέα χῶ κάραβος." fr. LXXXI 1 apud Eustathium ita scribitur:

ἄκων κτενῶ σε, τέκνον, ὁ δ' ὑπεκρίνατο

τέκνον producta priori syllaba revocandum videbatur Meinekio add. p. 70, ex Euripide aliove tragico (Nauck. trag. fr. p. 660) susceptum. adde eiusdem in Athen. exerc. II p. 3. Cobeti mn. IV 125, apud quem ἀπεκρίνατο. cf. Herwerd. p. 42. fr. LXXXII Euripidea v. ap. Nauck. p. 525. fr. LXXXIII. LXXXIV in ed. min. suo loco posita: cf. p. 70. pro his ex dubiis Aristophanis haec accesserunt:

LXXXIII

Photius 342 8: ὁ πίττομαι: οὐ πείθομαι. καὶ τοῦτο Βοιώτιον. Ἀριστοφάνης Ἐκκλησιαζούσαις. cod. ὁπλίττομαι. 'tacite emendavit Alberti ad Hesychii glossam, ὁ πίττομαι: οὐ πείθομαι. Βοιωτοί.' Dind. fragm. p. 245. non persuasit Ahrenti aeol. 176. cf. dor. 517.

LXXXIV

Gregor. Corinth. p. 69: οἱ Ἀττικοὶ τὸ ἀνύειν ἀνύτειν φασίν, ὡς Ἀριστοφάνης ἐν Ὄρνισι·

μάτην ἄρα τὴν ὁδὸν ἀνύτομεν.

quae ex Avium versibus 3. 4 detorta videbantur Dindorfio l. c. fr. LXXXV 'praeterea πέλεθος scribendum videtur.' Bergk. ed. min. fr. LXXXVII annot. l. 2 scr. κάχρυς l. 5 φανερώτερόν fr. LXXXIX στρεψίμελος Ald. καὶ στρεψιμελής τις, τὴν τέχνην Εὐριπίδης Dobr. adv. II 257 (aliter ib. 172). στρεψίμαλλος cod. Θ στρεψίμαλος M στρεψίκαλλος V. cf. Fritzsch. Ran. p. 280. fr. XCI Choerobosci verba apud Gaisf. vide p. 440 25 sqq. fr. XCII scr. Anecd. Oxon. I p. 264 28. fr. XCIII vulg. ἓξ χοινίκων μέτρον. caeterum cf. p. 70. Nauckius philol. VI 415:

ἐκτεὺς τί ἐστιν; B. ἑξαχοίνικον μέτρον.

fr. XCIV scr. p. 1142. ad rem cf. Fritzsche Ran. p. 310. Aristophanis versum agnoscebat Herwerden p. 42. fr. XCVI cf. Fritzsche l. c. p. 101. p. 1200 2 χρησθῆναι τοῦ θεοῦ Clemens, πειρηθῆναι Herodotus. quod tanquam Aristophanis fragmentum hoc numero signatum est CI, tollendum hinc: namque scholia Acharn. 520 haec sola hodie habeant, σίκυον: ἀπὸ εὐθείας τῆς ὁ σίκυος. 'sequentia in Ald. ex Suida s. σίκυος illata sunt.' ubi καὶ αὖθις· "σικύους ἐνταῦθά πῃ φυομένους οὐδενὶ κόσμῳ περιιόντες κατήσθιον", quae Procopii esse B. Pers. II 18, qui κόσμῳ οὐδενί, annotavit Bernhardy. v. Dindf. ad Procop. l. c. fr. CII cf. quae Bernh. annotavit ad Suid. v. χιάζειν. Hermann. ad Nub. p. 128. Fritzsche qu. Arist. I 233. Ran. p. 397. de Democrito Chio v. Mein. ad Eupol. 2, 449. apud Pollucem IV 65 hodie Φιλοξενίδου τοῦ Σιφνίου legitur. denique adde Steph. Byz. v. Σίφνος. — καὶ Σίφνιον ποτήριον καὶ σιφνιάζειν. fr. CIII οὐκ ἔσται κενέβριον ὅταν θύσῃ apud schol. Avium 538 Aldina est lectio, hodie οὐκ ἔσθ᾽ ᾧ editur et ex Erotiano κενέβρειον. Brunckius 'sic autem, inquit, cum Adr. Heringa Observatt. cap. 24 legi potest:

οὐκ ἔσθω κενέβρει᾽· ὁπόταν δὲ θύῃς τι, κάλει με.'

ad formam ἔσθω cf. Dobraei exempla adversariis II 257 apposita. item Cobetum in mnem. V 186, qui: οὐκ ἔσθω κενέβρειον, ὅταν θύσῃς τι κάλει με. fr. CV ἐπέσυσε Gaisfordi codd. E. S. caeterum corr. βροτῶν; fr. CVI cf. Bernhardy ad Suid. l. c. κἀπὸ κιναβευμάτων correxit Kusterus. cf. Hemsterh. ad Poll. X 189, qui κἀναβευμάτων proponebat. adde Schneiderum infra p. 70 et lex. Gr. I 695. idem fragmentum habes apud Apostolium Leutschii II p. 296, ubi πάντα ἀπ᾽ ἀκροφυσίων τῶν ἀπὸ κινναβευμάτων. fr. CVII θύτην reliquit Dindorfius. fr. CIX, cf. add. p. 70, in ed. min. ita dispositum: ἑπτάπους γοῦν ἡ σκιά 'στιν· | ἐπὶ τὸ δεῖπνον ὡς καλεῖ δή μ᾽ | ὁ χορὸς ὁ φιλοτήσιος, hoc χορὸς cum Casaubono, qui etiam χρόνος scribendum coniecit. Nauckius in progr. schol. p. 33, 'vide, inquit, an scribendum sit: ἑπτάπους γοῦν ἡ σκιά· ἤδη καλεῖ μ᾽ ὁ καιρὸς ὁ φιλοτήσιος.' p. 1203 1 παῖς τοῦ Ἐχιδέως cum Reiskio legitur ex Photio. fr. CXII 'eadem Etym. Paris. ap. Cram. An. Par. IV 84 (ita corr.) 18' Bergk. ed. min. cf. Nauck. Ar. Byz. p. 231. Bergk. Lyr. II 657 (118). fr. CXIII adde Leutsch. paroem. II p. 1. de fr. CXIV vide infra p. 71. eius in locum quod successit ex vol. IV p. 655 Hesychii, ἀνθρήνη: εἶδος μελίσσης. Ἀρίσταρχος. παρ᾽ ᾧ καὶ ἀνθρήνια, τὰ μελίσσια, Aristophanis quidem est, cuius nomen pro Aristarcho restituit Meinekius, sed ex Nubibus 947: τὸ πρόσωπον ἅπαν καὶ τὠφθαλμὼ | κεντούμενος ὥσπερ ὑπ᾽ ἀνθρηνῶν | ὑπὸ τῶν γνωμῶν ἀπολεῖται. v. scholia et Suid. v. ἀνθρήνη. hinc tolle ed. min. fr. 685. fr. CXX grammatici Seg. annotationem ita a Cobeto refingi mnem. V 202, Ἀδῶνος Φερεκράτης εἶπεν ἀντὶ τοῦ Ἀδώνιδος. λέγει δὲ καὶ τὴν αἰτιατικὴν τὸν Ἀδῶνα, supra indicatum p. CIX.

fr. CXXIII l. 2 scr. ὡσανεὶ ἀγόνου. fr. CXXVI cf. infra p. 71. de fr. CXXVIII v. Nauckii Ar. Byz. p. 231. fr. CXXIX ita distingue orationem: ἀνεψιαδαῖ Ἀριστοφάνης, καὶ ἀνεψιαδοῦς Φερεκράτης, καὶ Ἕρμιππος ἀνεψιαδοῦν. fr. CXXX cf. p. 71, ubi scribendum: grammaticus Bekkeri ... ἀνοηστίαν (Bachmannus reponebat ἀνοητίαν). apud Poll. II 228 ita hodie procedit oratio: πολύνοια, ἀπόνοια, διχόνοια, μετάνοια, παράνοια, ἀνοησία ὡς Ἀριστοφάνης. cf. cod. A Kühnii. fr. CXXXI cf. Suidam v. ἄπαιρε-. καὶ ἀπαίρειν, ἀντὶ τοῦ παραγενέσθαι. Ἀριστοφάνης. καὶ ἀπαίροντες, μεθιστάμενοι. ubi appositi sunt Aristophanis versus Eccl. 813 (818) μεστὴν ἀπῆρα τὴν γνάθον χαλκῶν ἔχων. Lysistr. 539 ἀπαίρετ', ὦ γυναῖκες, ἀπὸ τῶν καλπίδων. fr. CXXXII. Porsonus Aristoph. p. 246 (Dobr. adv. II 257) ita poetae verba composuit: ἀπάμακτρα τῶν (τε Hermannus) σκυτάλων ἀπεσκοτωμένα. cf. Bernhardy Suid. I 1 552. p. 1206 4 scr. Eustath. p. 953 53.

fr. CXXXVII cf. infra p. 71. fr. CXLVI est p. 55 10 Ritschl. ubi λέγε δὲ ἐπὶ μὲν τῆς εὐθείας τῶν πληθυντικῶν βόες, εἰ καὶ Ἀριστοφάνης κἂν ἀναγκασθεὶς ἅπαξ βοῦς εἶπεν· ἐπὶ δὲ τῆς αἰτιατικῆς βοῦς. fr. CXLIX 3 Et. ἔκθετον item gramm. Bk. 231 7. ἄνθεμα et ἐξέχον Hesych. I 808. fr. CL cod. V Kühnii γεροντεῖαι π. fr. CLI cf. Pherecr. fragm. infra p. 26 (13). fr. CLII. v. intpp. Hesych. ubi affertur Et. m. 241 47: γρίσων ὁ χοῖρος. Ἀριστοφάνης δέ φησι δρομέως ὄνομα. quem ab Aristotele cum Kustero memoratum intellegit Nauck. Ar. Byz. 233. philol. V 681, non ab Aristophane. de nomine illo cf. C. Keilii anal. epigr. p. 165. fr. CLIII τίνες οἱ δασηταί; etiam Blomfieldus gloss. Aesch. Sept. 942, qui Aristoteli reliquit, τινές iam praebuit cod. M: v. Gaisf. fr. CLVI v. ad Zenob. III 14. fr. CLIX cf. add. p. 71. fr. CLXI καὶ πάλιν, ἐπισπαστοῦν τὰς θ. Porson. adv. p. 281. fr. CLXVI Nauckii correctio hodie legitur in Opusc. I 360, idem etiam ἁμίδα scribi posse significabat. fr. CLXVIII cf. infra p. 71. adde Photii glossam 31 15, ubi om. Aristophanis nomen, quod alianum ab hac annotatione putabat Bernhardy. fr. CLXXI v. add. p. 71. cf. Nauck. Ar. Byz. 231. ad fr. CLXXIX v. infra p. 71. fr. CLXXX cf. Lob. path. proll. p. 119. de fr. CLXXXIII mutatam Dindorfii sententiam v. p. 71. adde Fritzsche Ran. p. 89. fr. CLXXXIV. apud Bekk. Poll. II 41 ita haec habent: *καὶ καρηβαρικὸν τὸ πάθος Τηλεκλείδης, τὸ δὲ ὑπὸ μέθης τοῦτο πάσχειν καρηβαριᾶν Ἀριστοφάνης.* Caeterum v. Meinekium 2, 374. fr. CLXXXV scholion Vesparum Musurus ex Suida inseruit. fr. CLXXXVI cf. Fritzschium ad Ran. p. 315, qui fr. CLXXXIX attigit ib. p. 103. fr. CXC cf. add. p. 72. fr. CXCII *κόπρου ἀγωγάς* dedit Bekkerus, *κοπραγωγάς* cod. C. *κοπραγωγεῖν* Dindorfius. idem Bekkerus apud Poll. VI 91 *κρεωστάθμης* sec. cod. A et alios. Iungerm. cod. *κρεοστάθμης*. fr. CXCVI *κροαίνω* v. Nauck. Ar. Byz. p. 234. cf. Archiloch. Bergk. p. 573 (176). fr. CXCVII v. infra p. 72. fr. CCII *λιποταξίου παρὰ Ἀντιφάνει* scribendum coniecit Meinekius ad Antiph. 3, 72. anal. alex. 162. fr. CCVIII *μαγίδες* item CCIX *μάθος* ad Byzantium grammaticum referebat Nauckius 'allg. l. z. intell.' 1847 p. 476. Ar. Byz. p. 206. 207. idem fr. CCXI Photii glossam ita refingebat: *μάμμην: τὴν μαμμίαν· λέγουσι δὲ καὶ μάμμαν· Ἀριστοφάνης* v. philol. I 353. allg. l. z. l. c. p. 476. Arist. Byz. p. 157. de *βλέπος* (v. ad fr. CCIX) dixit Fritzsche Euphr. I 2 p. 29. fr. CCXIII l. 3 *πιέζει* cod. Dobr. Phot. p. 736: *ὅτι μέσον τὸν αὐχένα αὐτῶν περιεβάλλοντο σχοινίον. παρῳδεῖ δὲ κτλ.* 'nempe Philoxeni phrasin de suspensis per collum cadaveribus ad utres per iocum transtulit.' adv. II 259. A. Heckerus philol. V 510: *μεσαύχενας κυνέας· τοὺς ἀσκούς· διὰ τοῦ μ γραπτέον μεσαύχενας, ὅτι μέσον αὐχένα ἀσκοῦ πιέζει τὸ σχοινίον. παρῳδεῖ δὲ τὰ τοῦ Φιλοξένου διασύρων.* Bergkius Lyr. II 996: *Ἀριστοφάνης φησί· ..... μεσαύχενας | νέκυας, ἀσκούς. ...* et deinde *ὅτι μέσον αὐχένα ἀσκοῦ πιέζει ὃ περιεβάλλοντο σχοινίον·* Philoxeni carmen *Σάτυρον* fuisse opinatur. 'veram lectionem, inquit, videtur Pollux servavisse II 135 (ita corr. ed. mai.) *καὶ βυσαύχενας τοὺς ἀσκοὺς Ἀριστοφάνης κέκληκεν*, eaque lectio videtur etiam Hesychio memorata esse, ubi scrib. *ἔνιοι δὲ διὰ τοῦ δ γρά-*

φουσι δεσαύχενες καὶ *(βυσαύχενες)· οὐ καλῶς.' μεσαύχενας Polluci et ipsi restituebat Nauck. 'allg. l. zeit.' 1848 p. 518, nuper Hesychii glossam ὁ βρισαύχην annotavit. fr. CCXX l. 1 scr. οἷς προσήκουσι fr. CCXXII Bekkerus: ἀνδρίζεσθαι δὲ Ἀριστοφάνης εἶπεν, ἀνδροῦσθαι, καὶ ἀνδριζόμενοι Ὑπερίδης (fr. 256 Saupp.). fr. CCXXV cf. ad Pher. 2, 293 (15). de fragm. CCXXVIII v. infra p. 72. εἴρηται πρότερον v. Dindorfii ad schol. vs. 566 annotationem, ubi ita scribebat: Οἴαγρος τραγῳδίας ἐγένετο ὑποκριτὴς γελοιώδης. fr. CCXXXI ὀρογυίας v. add. p. 72. Gaisf. Heph. I p. 45. fr. CCXXXIV l. 4 ἀστῆς ἐλαίας cf. vol. 4, 684 1. fr. CCXXXV lectionis varietatem v. ap. Mein. Steph. I p. 498. de fr. CCXXXVI v. infra p. 72. de fr. CCXXXVIII v. ib. p. 72. in ed. min. hic locus datus est scholio Aeschinis v. infra 72 (252ᵃ): εὕρηται δὲ καὶ παρὰ τῷ Ἀριστοφάνει ὁ σπογγιάς καὶ ἡ σπογγιά, ὥσπερ καὶ ἐνταῦθα. illud Mein. ὁ σπογγίας scribebat, Lobeckius path. proll. 495 ὁ σπόγγος, atque ita Sauppius, qui 'cf., inquit, Elmsl. ad Acharn. 463.' fr. CCXL apud Poll. IV 106 Bk. πρόσχορον δὲ Ἀριστοφάνης τὴν συγχορεύουσαν κέκληκεν κτλ. idem Poll. IV 18 (fr. 242. 243): καὶ πυξίον καὶ πυξίδιον (ἔστι γὰρ παρὰ Ἀριστοφάνει τοὔνομα) καὶ δέλτος. fr. CCXLVI σαλακωνίσαι coniecit Dobr. adv. I 607. Fritzsche Euphr. I 2 p. 30. fr. CCLII cf. ad 2, 1119. de fr. CCLXI dixit Nauckius philol. I 353: 'finxerat, inquit, Aristophanes importunum quendam hominem, qui centenis quaestionibus in alterum irrueret ac novam quamque interrogationem ab v. τάχα ordiretur, dum tandem defatigatus ille et exacerbatus τούσδε τοὺς τάχας (toties iteratum istud τάχα) valere iubet.' fr. CCLXIII v. infra 72. fr. CCLXXI v. ibid. de Apollophane dubitat Fritzschius Ran. p. 188. fr. CCLXXIV scr. Photius p. 617 20. fr. CCLXXV cf. Photius p. 629 22: ὑπόξυλος: κίβδηλος· ὡς ὑπόχαλκος· οὕτως Μένανδρος (v. 4, 188): hinc Dindorfii suspicio. fr. CCLXXX l. 4 μίμημα φωνῆς ὀρνέου c. Voss. Gaisf. Theognost. Cram. An. Ox. II 155 22: σεσημείωται τὸ εἰ, εὐκτικὸν ὂν καὶ ὅρκου δηλωτικόν, διὰ τῆς ει διφθόγγου γραφόμενον· καὶ τὸ φνη παρ' Ἀριστοφάνῃ· ἔστι δὲ καὶ αὐτὸ μίμημα φωνῆς ὀρνέου. fr. CCLXXXV l. 2 ἀποκομματικὸν λεξείδιον ed. min. ἀπόκομμα Ἀττικοῦ λεξειδίου Bernhardy Suid. v. ψόθος. Dobraeus ad Photium p. 735 ψο. '[ubi lege, inquit, πλέω γράσου τε καὶ ψόθου· οἷον, καὶ ῥύπου· Αἰσχύλος Θεωροῖς. (vel οὕτως Αἰσχ.) et intellige, quasi statim post ψο sequeretur Αἰσχύλος]' itaque Aristophanis haec πλέω γράσου κτλ. esse putavit. Aeschylo Dindorfius fr. 74 hunc versum vindicabat πλέω γράσου γε καὶ ψοθοίου καὶ ῥύπου. Nauckius trag. fragm. p. 20 de Aeschylo assentitur Dobraeo, *Aristophanis quae praecedunt, inquit, fortasse sic scribenda*: 'πλέω ψοθοίου καὶ γράσου' καί 'ῥύπου τε καὶ ψόθου'. de ψοθοιός Theognost. Cram. An. Ox. II 53 28. Lob. path. el. 1, 453. de ψο (ψω) v. C. Keilii vindic. onomat. p. 10. Aristophanis fragmentis in ed. min. hoc addidit Meinekius p. XII:

CCLXXXVI

εἰ μὴ Προμηθεύς εἰμι, τἄλλα ψεύδομαι.

schol. apud Bachmannum ad Lycophr. p. 347: ὡς τοῦ Πριάμου πρότερον πυνθανομένου, κατὰ τὸ σιωπώμενον, ὡς Ἀριστοφάνης Εἰ μὴ κτλ. ipse ex Polluce ibidem ascripsi haec:

CCLXXXVII — CCXCIII

Pollux I 231: νεόφυτον (int. φυτόν, vel δένδρον)· εὐτελὲς μὲν γὰρ τὸ ὄνομα, κέχρηται δὲ αὐτῷ Ἀριστοφάνης. ib. II 154: ἐγχειρητὴς δὲ καὶ ἐγχείρησις Ἀριστοφάνης. ita codd. Kühnii, Iungerm., Bekkeri. ib. IV 64: Ἀριστοφάνης δὲ μελῳδὸς καὶ προσῳδὸς εἴρηκε. VI 159: εἴρηκε δὲ καὶ σύμποδα καὶ συνθήκην (int. Ἀριστοφάνης): ita Bekkerus edidit. VIII 28: μεσέγγυον τὴν μείρακα καταθέσθαι Ἀριστοφάνης λέγει. X 17: ὅτῳ δὲ τὰ σκεύη ἐκομίζετο, σκευοφόριον μὲν τοῦτ' Ἀριστοφάνης καλεῖ τὸ ξύλον. Cf. Iungerm. ad Poll. VII 175. accedit aliud ex Aristotele fragmentum:

CCXCIV

ἀγρὸν γὰρ ἔλαβεν

ἀργὸν παρ' αὐτοῦ.

Aristoteles Rhet. III 9 p. 1410 23: παρίσωσις δ' ἐὰν ἴσα τὰ κῶλα, παρομοίωσις δ' ἐὰν ὅμοια τὰ ἔσχατα ἔχῃ ἑκάτερον τὸ κῶλον. ἀνάγκη δὲ ἢ ἐν ἀρχῇ ἢ ἐπὶ τελευτῆς ἔχειν. καὶ ἀρχῇ μὲν ἀεὶ τὰ ὀνόματα, ἡ δὲ τελευτὴ τὰς ἐσχάτας συλλαβὰς ἢ τοῦ αὐτοῦ ὀνόματος πτώσεις ἢ τὸ αὐτὸ ὄνομα. ἐν ἀρχῇ μὲν τὰ τοιαῦτα "ἀγρὸν γὰρ ἔλαβεν ἀργὸν παρ' αὐτοῦ," "δωρητοί τ' ἐπέλοντο παραρρητοί τ' ἐπέεσσιν." ad quae anonymus (εἰς τὴν Ἀριστοτέλους Ῥητορικὴν ὑπόμνημα ἀνώνυμον Paris. per Conr. Neobarium 1539) fol. 62ᵇ: τὸ αὐτὸ δὲ ὄνομα κατὰ τὸν ψόφον· [ἀγρὸν ἔλαβον] τὸ κῶλον [ἀργὸν παρ' αὐτοῦ·] πάρισα δὲ τὰ κῶλα ἔχοντα ἐν τῇ ἀρχῇ τὸ αὐτὸ ὄνομα, ἤτοι ἀγρὸν καὶ ἀργόν· [τὸ αὐτὸ δὲ] κατὰ τὸν ψόφον ἐστίν, ὄνομα τὸ [ἀγρὸν καὶ ἀργόν] ἐκ τοῦ ἀριστοφάνους. v. Brandis philol. IV p. 37. Stephani quod ibidem memoratur Aristophaneum fragmentum (Cram. Anecd. Par. I 272) anonymum est, v. ad 4, 623 (74) suppl. de Suidae glossa v. ἐμβεβλημένα, Harpocr. DE p. 71 9 v. Dobr. adv. II 258. Bernhardy l. c. apud Et. m. p. 31 haec leguntur: οἱ Ἀττικοὶ διὰ τοῦ ισ, ποτίστατον λέγουσι καὶ λαγνίστατον, καὶ ψευδίστατον· post haec addit Va: Ἀριστοφάνης (Thesm. 735) "ὦ θερμόταται γυναῖκες, ὦ ποτίστατοι (sic)". καὶ πάλιν (Plut. 27) "τῶν ἐμῶν γὰρ οἰκετῶν | εὐνούστατον (vulg. πιστότατον) ἡγοῦμαί σε καὶ κλεπτίστατον." tum ita pergunt editiones: καὶ "λαλίστερον εὕρηκά σε." καὶ πτωχίστερον (cf. Acharn. 425), ubi Gaisf. addit καὶ ψευδίστατον (Va καὶ ψευδίστερον καὶ ψευδίστατον cod. D sic: πτωχίστερον καὶ ψευδίστατον. ἀριστοφ^α πλ^ου^.). sequitur Ἀριστοφάνης. Πλάτων κτλ. (v. 2, 634 sq. supra p. XCIX). ut etiam haec λαλίστερον εὕρηκά σε (Dindorf. σ' εὕρηκα) et ψευδίστατον Aristophani ascribenda videantur. cf. Eustath. p. 1441 25.

p. 1228 cf. infra p. 72. item ad p. 1229. p. 1230 28 Σάγρᾳ: de nominativi forma dixit Meinekius vind. Strabon. p. 61. p. 1232, 2 cf. Bergk. Lyr. II p. 747. p. 1233 14 scr. Dissenus ad Pindari Isthm. p. 1234 cf. ad 1, 558 suppl. p. XXIII. Edidit nuper H. Keilius in nov. rhen. mus. VI p. 108—134. 243—257 (cf. 616) 'Ioannis Tzetzae scholiorum in Aristophanem prolegomena' ex Ambrosiano saec. XIII codice descripta, quae duo sunt Tzetzae commentaria, 'quorum summa est et cum iis quae e codice Parisino edidit Cramerus Anecd. Par. I p. 3 sqq. — et in aliqua parte cum scholio Plautino a

Ritschelio edito similitudo.' (Keil. p. 124). Parisinis autem cum non integrum (verba sunt eiusdem editoris p. 125) Tzetzae commentarium, sed excerptum ex hoc a recentiore quodam grammatico nobis oblatum esse appareat: (nam ad Tzetzam haec quoque referenda esse [vide Ritschelii coroll. disp. de biblioth. alex. p. 17], quamvis haesitaret Cramerus An. Par. p. 13, post Ambrosiani codicis testimonium nemo negabit:) eo usque progredi non dubito, ut praeter prima capita reliqua omnia aut ex ipso Ambrosiano libro aut ex iisdem certe prolegomenis, quamvis ex alio codice petita fuerint, ducta esse contendam.' 'sed ἀπορίαν, inquit (p. 126), movent prima codicis Parisini capita, quae in Ambrosiano partim desunt, partim tam diversis verbis, ut hinc petita esse non possint, concepta sunt.' 'probabile sane est (p. 127), aliam quandam Tzetzae scriptionem, quae in historia comoediae indaganda versabatur, sive ab ipso Aristophanis interpretationi praefixam, sive ab alio quodam grammatico in brevius contractam et in hoc loco positam extitisse, e qua non solum haec codicis Parisini pars, sed ea etiam, quae in simili argumento versantia nunc in libris Aristophaneis leguntur, excerpta sint.' idem Keilius de Plautino Caecii scholio quaesivit ib. p. 127 sq. disputationis summam ita comprehendit p. 129: 'itaque, inquit, cum alium habeamus graecum commentarium aliquanto propius quam illum Parisinum ad latinum accedentem, quem in Plautino scholio expressum esse probabile sit, ecquis est, qui Parisinum potius ex Ambrosiano excerptum ei praesto fuisse contendat? imo sua quisque ratione Tzetzianis copiis usus est; qua in re cum maiorem fidem is expetat, qui graeca graece reddidit, at latinus accuratius auctoris sui vestigia pressit.' atque 'id omnino hac disputatione efficere volui, ut nec Parisinum commentarium nec scholium Plautinum iam sequendum, sed ad sola Tzetzae prolegomena e codice Ambrosiano edita, utpote genuinum illorum fontem, recurrendum esse ostenderem.' cf. Welcker. cycl. II 447. p. 1237 cf. vol. I p. 540. suppl. p. XXIII. p. 1238 25 cf. ap. Keilium p. 116. 118. 257. [Ritschl. coroll. p. 49. Roth. n. rhen. mus. VII 137. Ritschl. ib. 138]. p. 1239 1 sqq. cf. ap. Keilium p. 113 extr.

114. ad annot. cf. Bergk. Lyr. II 473. ib. l. 22 cf. Keil. p. 119. p. 1240 14 de Dionysio Keilius dixit p. 130, de Cratete et Euclide p. 131. de Euclide cf. Leopoldi Schmidtii de parodo disput. p. 17. p. 1243 4 scholion Plautinum: cf. Ritschl. coroll. disput. de bibl. alex. 1840 p. 2 sqq. 52 sqq. Keil. l. c. p. 127 sqq. 246 sqq. de Heliodoro (1244 16) p. 133. p. 1244 fuisse falsissimum] ad annot. cf. Lehrsium Herodiano p. 394 sq. p. 1254 IV cf. Bernays. n. rhen. m. VIII 562 sqq. [Egger. 'hist. de la critique chez les Grecs' p. 419] p. 1255 2 ἐξαναλλαγήν v. Bernays l. c. p. 588 sqq. l. 13 φαυλότητα] φαυλότατα cum Bergkio (Arist. I p. V) idem p. 593. l. 15 χρήσει] τμήσει Bernays p. 591.

SVPPLEMENTA ADDENDORVM VOL. III.

Antiphanes. p. 3 (1) de tragoediae imitatione v. Nauck. progr. p. 34 sq. trag. fragm. p. 235. p. 4 (3) ed. min. ὡς δή σύ τι | ποιεῖν δυνάμενος ὀρτυγίου ψυχὴν ἔχων. fr. IV annot. extr. de Hermippi loco v. supra p. LXIV. fr. V f. παιὼν v. ad Antiph. 3, 47 (1, 5). de Harmodio cf. Bergk. Lyr. II 1019 sq. fr. VI scr. Pollux VI 54. apud Poll. IX 9 (v. ad fr. VIII) non recepit ἐπίδημον Bekkerus, qui: καὶ τὸ ἔνδημον πλῆθος· τάχα δὲ καὶ τὸ ἐπιδημεῖν καὶ ἀποδημεῖν, καὶ ἐπιδημία καὶ ἀποδημία κτλ. fr. X καθαρός cf. Cobet. mnem. V 203, supra p. CIV sq. fr. XI extr. adde quae ad Butalionem annotata sunt III p. 39. ad p. 7 cf. add. p. 73. Aeoli fr. I v. Nauck. trag. fr. p. 291 sq. Acestriae fr. I cf. ad Antiph. p. 117. infra 73. in ed. min. vs. 1 ita scriptus: κρέας δὲ τίνος ἥδιστ' ἂν ἐσθίοις; τίνος; atque κρέας pro κρέα, quod non dicitur ultima producta. reliqua omnia personae *B* data: vs. 3. τυρός, ἀρνός v. 4. 5 ποιεῖ, | ἐρίφου· fr. II ita scriptum ed. min.

ἦν γάρ τι ἐργαστήριον τῆς οἰκίας;
B. οὐκ ἦν μὰ τὸν Δί', ἀλλὰ δὴ τὸ κλισίον,
ὃ πρίν ποτ' ἦν τοῖς ἐξ ἀγροῦ βουσὶ σταθμός
καὶ τοῖς ὄνοις, πεποίηκεν ἐργαστήριον.

primum versum ita proposuit Bekkerus, qui vs. 2 οὐκ ἦν μὰ τὸν Δί', ἀλλ' ὁρᾷς; τὸ κλίσιον Vs. 3 πρίν ποτ' pro πρότερόν ποτ' Salmasius et Piersonus l. c. ὃ πρότερον ἦν τοῖς κτλ. (v. mai. ed. et Bk.) praetulit Cobet. mnem. IV 264. p. 11 Ἀκοντιζομένης fragm. cf. infra p. 73. G. A. Hirschigius annot. crit. Trai. ad Rh. 1849 editis p. 1 vs. 4 novae personae tribuit haec, οἶδ' ἐγώ ποτε | πιοῦσα. Ἀλειπτρίας fr. vs. 2 κατακερδῶ B, non ut utraque editione καταπερδῶ. Alciphronis verba III 5 3: τὴν ὀργὴν ἔναυλον ἔχουσα, πλήρη τὴν κακάβην ἀποσπάσασα τῶν χυτροπόδων *(ὀλίγου) ἐδέησέ μου κατὰ τοῦ βρέγματος καταχέαι ζέοντος τοῦ ὕδατος, εἰ μὴ κτλ. ex Antiphaneis colorem duxisse coniecit Meinekius ad Alciphr. p. 126. p. 12, 13 ἐλεύθερον πιοῦσαν οἶνον v. infra 73: Bergkius ἐλευθέριον. idem Cobetus mnem. IV 300. Ἁλιευομένης fr. 1 7 Cobetus mnem. V p. 88: ὦ Ζεῦ τίς ποτε, | ὦ Καλλιμέδων, σε κατέδετ' ἀριστῶν φίλος; ad vs. 18 ἐπιπεφυκὼς cf. infra p. 73. Hirschigius p. 1 sq. utrumque versum: καὶ μὴν ἀληθῶς . . . ἐπιπεφυκὼς λανθάνει obelo notabat, ut qui librarii manum saperet. ad vs. 19 excidit librorum notatio haec: ἀνδρωτάριστον PVL. p. 15, 8 scr. ἀφύας δὲ λεπτάς. p. 16 Ἀνδρομέδα. cf. Lobeck. Phryn. p. 714. Cobetus V. L. p. 325: 'Antiatticista, inquit, tam parum iudicio valet et vitiosis libris tam saepe stulte deceptus est, ut eius fide stari non possit.' p. 17 de tertio versu v. Mein. infra p. 73. cf. ap. Bergk. 'zeitschr. f. d. alt. wiss.' 1845 p. 740. ib. annot. l. 15 scr. 'Vs. 5 βαιὰ L.' Vs. 6 τὴν Ἀκαδήμειαν cum Dindorfio ed. min. p. 18 (1) cf. infra p. 73. fr. II Herwerd. p. 43 πρὸς τῷ Πέρωνι γεν. κατελ. | περὶ τὸ μύρον, μέλλει δὲ συνθεὶς κτλ. illud cum Schweigh. annot. l. 8 scr. 'sequutus sum' p. 19, 7 scr. 'Vs. 4' p. 19 (3) ταῖς δ' ἐνδύτοις στολαῖσι cum Porsono ed. min. et Bk. p. 20 (1) vs. 4 μικρῷ πεποιθὼς ἀθλίῳ νομίσματι: cf. infra p. 73. Herwerden p. 45. Ἁρπαζομένης vs. 1 Cobetus mnem. V 81 λαβὼν ἐπανήξω σύαγρον κτλ. schol. D Iliad. Λ 293, παρὰ μέντοι τῷ κωμικῷ λέγεται ὑφ' ἓν σύαγρος, annotavit Nauck. p. 22 Ἄρχων: cf. infra p. 73. τοὺς μύστακας | μηκέτι φόρει Herwerd. 46. p. 23 vs. 2 ῥίζιον cum Ddf. ed. min. vs. 3 λεπαστῇ p. 24 Αὐλητής cf. add. p. 74. vs. 1

τὴν συναυλίαν; ed. min. vs. 3. 4. 5 cf. p. 25. Cobetus mnem. IV 107:

εἶθ' ἃ μὲν νῦν τυγχάνεις
αὐλῶν πέραινε. δέξεται δὲ τἄλλα σοι
ἤδ'. οὔ τι κοινόν ἐστιν, οὐ χωρὶς πάλιν,
οὐ νεύματ', οὐ προβλήμαθ', οἷς σημαίνετε
ἕκαστα;

p. 25 (1) cf. infra 74. p. 26, 3 scr. Iliad. p. 1339 17 l. 4 ἧς χρῆσεις fr. II. III cf. infra 74. Ἀφροδισίου fr. I 3 ἐκ γαίας ed. min. Vs. 4 Herw. 46 νεογ. ποίμν. δὲ ταύτην π. γ. | ταχ. εἶ. κύουσαν; vs. 8 idem p. 47 θρόμβον, ἐγκαθειμένον | εἰς πλατὺ κτλ. vs. 14 'pro κασιόπνουν legendum videtur ἐδύπνουν' Hirschig. p. 2. annot. l. 7 τροχευρυμασίτευκτον BP. caeterum v. Eustath. Iliad. p. 1167 9, qui v. 7 ξανθῆς μελίσσης νάμασι συμμιγὴς μηκάδων αἰγῶν ἀπόρρους θρόμβος ἐγκαθήμενος ... κόρης. p. 28, 9 scr. 'Vs. 5' fr. II 6 συνδιατρίψαντες Vind. Ἀφροδίτης γοναί. fr. I cf. add. p. 74, secuta est ed. min. quae vs. 7 sqq. vulgatam personarum distinctionem cum Hermanno restituit: B. πλάστιγγα ποίαν; τοῦτο τοὐπικείμενον | ἄνω τὸ μικρόν, τὸ πινακίσκιον, λέγεις; | A. τοῦτ' ἐστὶ πλάστιγξ. οὗτος ὁ κρατῶν γίνεται (ita hae verborum γίνομαι et γινώσκω formae scribuntur in mediae et novae fragmentis comoediae). Hirschig. p. 2: Γ. τοῦτο τοὐπικείμενον | ἄνω τὸ μικρόν. B. τὸ πινακίσκιον λέγεις; | Γ. τοῦτ' ἐστὶ πλάστιγξ. Cobetus mn. IV 115: ὃς ἂν τὸν κότταβον | ἀφεὶς ... ποιήσῃ πεσεῖν | B. πλάστιγγα ποίαν; A. τοῦτο τοὐπικείμενον | ἄνω τὸ μικρόν. B. τὸ πινακίσκιον λέγεις; | A. τοῦτ' ἐστὶ πλάστιγξ, οὗτος κτλ. Vs. 14 Bergkius ᾧ δεῖ λαβεῖν τὸ ποτ. κτλ. Vs. 19 ed. min. οὕτω ποιήσεις; p. 30 annot. l. 17 συνίεις P cf. supra p. LXX τίθεις l. 18 λυχνίον Lob. Phryn. 314. λύχνιον apud Poll. Bk. p. 31, 4 προὔκειτο l. 18 πεσεῖν p. 32, 5 scr. 'cum ἀφήσεις' Βοιωτίας fr. I 6 ed. min. (v. Hermann. 'n. jen. allg. l. z.' 1842 p. 511) B. παρ' Ἑσπερίδων, ὤμην γε. A. νὴ τὴν Φωσφόρον, | φασὶν τὰ χρυσᾶ μῆλα ταῦτ' εἶναι. B. τρία κτλ. quae Bergkius ita mutabat: ταιτί (ταῦτα). B. ναί, τρία, eademque Eripho restituebat. p. 34 (3) ἐν παφοινίσι Pollux. ib. fr. I ἀλφιτηρὸν postulabat Cobetus mnem. V 194. p. 35 (3) cf. add. p. 74. in ed. min. haec ita proposita: δραχμῆς τὰς προσφόρους | ὑμῖν τροφάς κτλ. Vs. 3 hoc modo supplebat Nauck. phil. VI 416: κάππαριν, ἁπαξάπαντα ταῦτ' ἐστὶν δραχμῆς. Βούσιρις. fr. I (cf. add. 74) fabulae nomen om. Athenaeus. eundem versum attulit Eustathius p. 1163 25. fr. II ita scripsit Bekkerus:

τὸ χερνιβεῖον πρῶτον· ἡ πομπὴ σαφής.

annot. l. 2 scr. ἀναγκαῖον ὑπεῖναι καὶ Butalionis fr. vs. 13 sqq. Cobetus mnem. IV 111: ἀνθρωποφάγους, πῶς; Γ. οὓς ἂν ἄνθρωπος φάγοι | δῆλον ὅτι. ταῦτα δ' ἔστιν Ἑκάτης βρώματα | ἅς φησιν οὗτος μαινίδας καὶ τριγλίδας. p. 37, 2 de nomine Πιστός (Πίστος) cf. C. Keil. philol. V 649. p. 39 in Byzantii fr. Par. A πορφύροις ὀκτὼ om. κύκλοι. Γάμου fr. II cf. p. 75. Ganymedis fr. I 1 Cobetus in schol. Eurip. p. 308: τῶν οἰκιῶν *(οὖν, ὧν) ὁρᾷς, ἐν τῇδε μὲν cf. Meinek. p. 41. Vs. 3 pro ἀπ' ὀργῆς Hirschigius p. 2 πανοῦργος. Nauck. philol. VI 416 ἀπογηράς collato Alexid. 3, 512 (15, 2). Herwerden p. 47 δύσοργος. annot. l. 5 codd. R. N. διὰ τὰς τῶν οἰκείων fr. II 8. 9 ἱμάντα ταχέως. Α. ποῖον; Β. οὐκ ἔγνως ἴσως. | Α. ἔπειτα τοῦτο ζημιοῖς με; ita ed. min. cf. mai. p. 42. Vs. 4 Herwerden p. 48: ταχέως σε λέγειν χρὴ πρὶν κρέμασθαι, idem vs. 6 delebat. p. 42, 1 scr. Athenaeus X p. 43, 2 καλυψάμενος τριβωνίῳ διεπαρθένευσα cum Meinekio Bk. . Deucalionis fr. I 3 εὐφροσύναις ὀσμαῖσι ABP, corrige annot. Δίδυμοι. p. 45 (2, 10) v. infra p. 75. Vs. 12 τὸ σιτάρκημα Cobetus mnem. V 81. fr. III 1 προσφέρει 'forsan προσφόρει' ed. min. ib. non sufficere visae sunt vs. 2 pro scripto παιδίον criticorum coniecturae. Διπλάσιοι. fr. I 5 Παιῶνα ed. min. ubi corr. 'Αρμόδιον. p. 47, 6 de Telamone cf. Bergk. Lyr. II p. 1022. fr. II 4 ἐπὶ τὸ πορθμεῖον v. infra p. 75. τὸ πονθεῖον cod. Vindob. Δυσέρωτες. Vs. 3 Mein. ed. min. 'forsan ἀλλᾶσιν', ἵπποις κτλ. Toeppelius in progr. p. 12 cum Leanepio l. c. (cf. Dobr. adv. II p. 133) personas ita divisit: ἐρρῶσθαι λέγων | ἅπασιν, ἵπποις Β. σιλφίῳ Α. συνωρίσιν | Β. καυλῷ Α. κέλησι Β. μασπέτοις Α. πυρετοῖς Β. ὀπῷ. quae in divitem quadrare et parasitum Lennepio concessit idem. cf. ad Eubul. 3, 241 suppl. p. 49 *Δυσπράτου* fr. I plenius ex Epicrateo (3, 368) descriptum est ed. min. (v. infra p. 75) ita:

ὁρᾶν τε κείμενα
ἄμητας ἡμιβρῶτας ὀρνίθειά τε,
ὧν οὐδὲ λειφθέντων θέμις δούλῳ φαγεῖν,
ὥς φασιν αἱ γυναῖκες. ὃ δὲ χολᾶν ποιεῖ,
γάστριν καλοῦσι καὶ λαμυρὸν ὃς ἂν φάγῃ
ἡμῶν τι τούτων.

Vs. 5 *λαμυρόν* cf. Lob. path. proll. 274. Fritzsche Ran. p. 244 sq. p. 50 (2) *ἠκροᾶσο: ἀντὶ τοῦ* (corr. ed. min.) *ἠκροῶ. Ἀντιφάνης Ἐπιδαυρίῳ.* '*ἠκρόασο* credo dixerat, id est *ἠκηκόεις*.' Cobet. V. L. 325. 388. mn. V 87. v. Koppiers. p. 16. p. 51 *Ἐπικλήρου* vs. 4 *δὲ πᾶς*] *δὲ* om. Vindob. qui mox habet *σοφός*. Meinekius: *κακῶς δὲ πᾶς τις, ὃς σοφός, λέγει.* Nauckius 'intell. zur allg. lit. z.' 1847 p. 489: *κακῶς δὲ πᾶς τις, οὐ σοφῶς λέγει.* *Εὐθύδικος.* fr. I *πουλύπους* Schweigh. *πολύπους* etiam Athenaei libri. fr. III scr. VII p. 323 b: p. 52 *Εὐπλοίας* fr. II est ap. Harpocr. p. 134 8. Sauppius ad Lysiae fr. 204 ita scribebat: *τὸν ποικίλ' ὥσπερ ξύστιδ' ἠμφιεσμένον.* de accentu affert Goettlingii librum p. 274. *Ἐφεσίας* fr. I particulas ita disposuit in editione Stobaei Meinekius, ut p. 53 coniecerat. p. 52 extr. scr. 'Versu tertio' Vs. 1 habet Arsenius Leutschii p. 373. p. 53 (2) cf. infra 75. Leutsch. paroem. II p. 30 sq. 402. *ἐν γῇ πένεσθαι κρεῖττον ἢ πλουτοῦντα πλεῖν* mon. 664. *κρείσσων ἐν γῇ πένεσθαι, ἢ πλουτοῦντα πλεῖν* Et. Gud. 233 53, quem locum indicavit Nauck. cf. Dorv. 1187 Gaisf. p. 55 *Θαμύρας*. Vs. 2 *Θρῄκην κατάρδων* ed. min. ad annot. cf. infra 75. *Θεογονία* v. hist. cr. p. 319. cf. supra p. XVII. p. 56 vs. 1 *λοῦται δ' ἀληθῶς; ἀλλὰ τί;* ed. min. Herwerden p. 48: 'pro *λοῦται* exspectaveris, inquit, *ἀλείφεται*: sed plura in eo versu turbata esse apparet.' idem vs. 4 *φοινικίνῳ δὲ τὰς γνάθους τά τε τιτθία.* annot. l. 12 scr. (*χρυσοκόλλῃ* B) p. 57 *Ἰατροῦ* fr. I scr.

ἅπαν τὸ λυποῦν ἐστιν ἀνθρώπῳ νόσος

ἀνθρώπων cod. A. Ἱππεῖς. fr. II ad Hermippum referre malit Bergk. Lyr. II 619 (8) cf. supra p. XIV. fr. III v. p. 75. Καινέως fr. M. Schmidt. de dithyr. p. 109 (cf. ad Clitarch. p. 32) ita scribebat: εἶθ' ἡ θῆλυς (i. e. Caenis) φιάλαν Ἄρεος κτλ. ib. v. de Timotheo, cf. Bergk. Lyr. II 1004 sq. p. 59 Κᾶρες. cf. Eustath. p. 159 42: ἰστέον δὲ ὅτι ἀστείως ὁ κωμικὸς Ἀντιφάνης ἀνάπαλιν πρὸς τὸ ὠρχήσατο σκέλεσιν ἔφη τό "οὐχ ὁρᾷς ὀρχούμενον ταῖς χερσὶ τὸν βάκηλον;" p. 61 de Carines fr. v. infra Hermanni sententiam p. 75 sq. p. 62 Citharoedi fr. II adde Anecd. Par. IV 18 4. 'forsan εἰσδυόμενος δ' εἰς' Mein. ed. min. fr. IV scr. στειλεάν p. 64 Cleophanis fr. quomodo Hermannus correxerit v. add. p. 76. vs. 8. 9 cum Dobraeo et Schweigh. in min. ed. scriptum: ὃ δὲ μὴ γέγονέ πω, | οὐκ ἔσθ' ὥσπερ γέγονεν, ὅ γε μὴ γέγονέ πω· Vs. 12 cum Hermanno: εἰ δ' αὖ ποθέν, πῶς γέγονεν, οὐκ ὄν; Vs. 13 κεῖνοι attigit Krügerus gramm. II 2 p. 247. ad Vs. 14 cf. mea infra p. 76 not. de ἀπιέν' εἰς elisione dubitabat Nauck. progr. p. 45 sq. Vs. 15 ταυτί v. infra p. 76. οὐδ' ἂν ἀπόλλων μάθοι: cf. Mein. vind. Strab. p. 11. annot. l. 9 scr. τὸ σπουδαῖον

p. 66 Κναφέως fr. vs. 1 ὅστις τέχνην πρῶτος κατέδειξε (κατέδειξεν ed. min.) τῶν θεῶν Mein. ap. Stob. cum cod. A. ΚΝΟΙΘΙΔΕΥΣ. fr. I 3 ὁπότε προστάξειέ τις Cobet. mnem. V 81. Vs. 7 ἔγνωχ' v. Cobet. mnem. IV 102 sq. p. 68 cf. add. p. 76. fr. II 1. 2 ἄτοπά γε κηρύττουσιν . . . | κηρύγμαθ', οὗ καὶ νῦν κτλ. ed. min. v. annot. mai. ed. Vs. 6 corrige graphicum sphalma ita:

πωλοῦσι τὸ μέλι σαπρότερον τῶν μεμβράδων.

annot. l. 8 scr. 'Vs. 3 μεμβράδας B.' Κορινθίας fr. vs. 5 ita explebat Herwerden p. 49 ut scriberet: ζῷον μὲν ἐκεῖνο, τοὺς δὲ βοῦς ἠνάγκασεν. Κοροπλάθου fr. (p. 69) ita exhibuit editio min. ut p. 70 proposuerat Mein. ib. vs. 2 τὴν θυῖαν scribe. post τοῦτ' ἔστιν ἡ ἴγδις C addit θυΐα, B θύεια.

p. 70 Κουρίδος fr. I cf. infra 76. fr. II 1 Cobetus mnem. V 81: ὁ μὲν ἐν ἀγρῷ τρεφόμενος Vs. 2 cum Dindorfio ex BV ed. minor: θαλάττιον μὲν οὗτος οὐδὲν ἐσθίει Vs. 4 Cobetus l. c. θύννης τὰ πρὸς γῆς. B. ποῖα; 'lepide enim, inquit, τὰ κάτωθεν ita appellavit per iocum. τὰ πρὸς γῆς dictum est ut τὰ πρὸς ποδῶν, τὰ πρὸς νότου et similia.' Vs. 6 sq. ita scribendos arbitrabar ed. min. p. XV cf. infra 77: τὸ δεῖνα δ', ἐσθίεις | κακόνωτα ταυτὶ χάπαλά; p. 72, 5 ex Aristophane] cf. ad 2, 1214 (202) suppl. Cyclopis I 1 ἔστω δ' ἡμῖν κεστρεὺς κτλ. ed. min. ubi II 6 omissum est lacunae signum. p. 73 extr. scr. 'Circ. I 1' p. 74, 16 scr. 'Vs. 8. 9.... p. 872 11 et Vs. 7 p. 1001 51.' p. 75 Κωρύκου fr. II 4 sqq. ita scribebat Cobetus mn. IV 112:

οἰνάριον, εἶδος, νὴ Δία, σκιᾶς τρόπον.
B. πῶς εἶδος; A. οἷον τοῖς παροῦσι συμφέρει
ἀπαξάπασιν ὀξυβάφῳ ποτηρίῳ.

de πῶς comparavit Alexid. 3, 449 (4). Platon. 2, 670 (3). Antiph. 3, 36. Xenarch. 3, 624 (2). cf. Antiph. 3, 117 (2). Mnesim. 3, 568. p. 76 cf. infra p. 77. Lampadis fr. ita scribendum suspicabatur Nauck. philol. VI 416: τράπεζα, φυστή, μαινίς, ἅλμια, δαίμονος | ἀγαθοῦ μετ. κτλ. Λάμπων. fr. I ed. min. ita exhibet:

κεστρεῖς ἔχων, ἀλλ' οὐ στρατιώτας, τυγχάνεις
νήστεις.

p. 77 fr. II εὐζωρέστερον v. Nauck. progr. p. 5. annot. l. 7 scr. λάβρος. 4 a f. scr. εἰσεφέρετο p. 78 (1, 3) βοτανίων, ὄξους v. infra p. 77. Bekkerus Poll. VI 66 ἐν Λευκαδίᾳ scripsit et βατανίων... ἐλαῶν κτλ. p. 79 (2, 8) Herwerden p. 49 ἐμπιεῖν πολὺν pro ἐκπιεῖν. p. 80 Λύκων. vs. 6 ὀσφρέσθαι cf. Cobet. mn. V 86. annot. l. 11 ᾗπερ τοὶ θεοί. p. 81, 8 hiatum] cf. ad Scymn. p. 28 sq. Μαλθάκης fr. vs. 2 cum Piersono (v. infra 77) ita dedit ed. min. μετέρχετ' αὖ, προσέρχετ' αὖ, μετέρχεται. Herwerd. p. 49: ἔρχεται | μετέρχεται, προσέρχετ', αὖ μετέρχεται Caeterum v. add. l. c. p. 82 not. οὕτως: cf. ad Eubul. 3, 209 (3) suppl. p. 83 Μέλιττα. Mein. in ed. Stob. φρονεῖς μέγα cum Dobraeo. p. 84 Μήδεια. apud Poll. VII 57 Bk. non habet verba ἔστι δὲ καὶ χιτὼν ἀμοργικός. l. 2 ἦν ἐν μηδείᾳ χ. A. l. 3 idem cod. οὑτοσὶν ἄρα. Poll. VII 74 ὁ δὲ ἀμόργινος χιτὼν καὶ ἀμοργὶς ἐκαλεῖτο. cf. Steph. Byz. I p. 86 15. Μητραγύρτου fr. I attigit Lobeck. Aglaoph. p. 639. p. 85 ad Μητροφῶντα annot. l. 3 scr. 'p. 328.' p. 86 *Μισοπονήρου* vs. 4 sqq. Cobetus mnem. V 82 ita composuit:

ἀλλ' οὐχὶ τίτθας εἰσάγουσι βασκάνους,
καὶ παιδαγωγοὺς αὖθις, ὧν μείζων βλάβη
οὐκ ἂν γένοιτο, μετά γε μαίας, νὴ Δία.

de vs. 9 sqq. idem haec annotavit p. 83: 'denique nova lacuna est in fine, ubi Marcianus liber exhibet: εἰ μὴ νὴ δία τουσ ἰχθυοπώλασ τισ βούλεται λέγειν μετά γε τουσ τραπεζίτασ. in his genuina esse suspicor

ΕΙΜΗ
ΝΗΔΙΑΤΟΥΣΙΧΘΥΟΠΩΛΑΣ
. . . .
ΜΕΤΑΓΕΤΟΥΣΤΡΑΠΕΖΙΤΑΣ

τις βούλεται λέγειν Graeculi est hiulcam sententiam utcumque sarcientis additamentum.... deinde editoris temeritate γε additum est.' ad vs. 12 cf. Nauck. trag. fr. p. 704 sq. p. 87 *Μνήματα*. Vs. 1 τῶν Πυθαγοριστῶν cum Elmsleio ed. min. Vs. 2 Nauck. phil. VI 417: τρώγοντες ἅλιμον p. 88 *Μοιχῶν* vs. 8 τῶν νεκρῶν ἀναίρεσιν: cf. Cobet. mnem. IV 302. p. 89 (1, 5) ἐξ ὀξυβαφίων κεραμεῶν etiam Bk. Poll. X 67, cf. infra p. 77. ibid. Mein. vs. 6 τούτων pro τούτῳ coniecit, idem de producta vocis τέκνον paenultima dixit: cf. in Ath. exerc. II p. 3. Nauck. trag. fr. p. 656. p. 90 (2, 4) ὕστατος | ἀπαξαπάντων καὶ λιβανωτὸς ἐπετέθη Cobetus mn. V 83, qui vs. 7 τὸ δὲ μικρὸν αὐτὸ τοῦτ' ἀρέσκον τοῖς θεοῖς. ib. fr. III quomodo Hermannus scripserit v. add: 77: hinc in ed. min. βούλει καὶ σύ, φιλτάτη, πιεῖν; | Β. καλῶς ἔχει μοι. Α. τοιγαροῦν φέρε ... de καλῶς ἔχει μοι recusandi formula dixit Fritzschius Ran. p. 219, item Cobetus mn. V 84, qui sequentia apud Antiphanem tertiae personae, parasito, ut opinabatur, dedit ita: τοιγαροῦν ἐμοὶ φέρε. | μέχρι γὰρ κτλ. p. 91 *Νεανίσκοι*. fr. I 7 scr. τιμῶσι, πήγνυμαι ad fr. II 1 cf. Men. 4, 94 (3) πλοῦτος δὲ πολλῶν ἐπικάλυμμ' ἐστὶν κακῶν. ad vs. 2 hoc Aristophontis 3, 356: σαφὴς ὁ χειμὼν ἐστι τῆς πενίας λύχνος. p. 92 (1, 4) ὀβολοστάτης Nub. 1155. Photius sua ex Harpocr. p. 134 14 duxit. vs. 8 Lobeckius path. el. 1, 584: 'nisi praeferri debet — ὁ τρισμακάριος.' fr. II cf. add. p. 77. annot. l. 1 scr. Athenaeus VI p. 93 "Ὀβριμος. v. infra p. 77. hinc in min. ed. vs. 1 ὁ σταθμοῦχος δ' ἔστι τίς; Vs. 2 Hermanni coniecturam v. p. 77. Dobr. adv. I 578: ἔστι τίς | οὗτος; ἀποπν. σὺ κ. comparat Diph. 4, 393. Bekkerus *(ἀλλ') ἀποπνίξεις γάρ με κτλ. Vs. 3 ed. min. cum Bentl. et Herm. εἰ 'πιτάττοι κτλ. p. 94 vs. 2 φυλλιοτρῶγες probat Bergkius. caeterum v. p. 77. "Ὅμοιοι. fr. I annot. cf. Bergk. Lyr. II 999. aliter Cobetus mnem. V 84 sq. de metri rationibus dixit Fritzschius Ran. p. 260. p. 96 Ὁμοπάτριοι. annot. scr. Athenaeus XIV ad vs. 5 Meinekius haec annotavit Varronis R. R. III 6 2: 'pavonum greges agrestes transmarini esse dicuntur in insulis, Sami in luco Iunonis.' Ὀμφάλης fr. I 2 scr. ἐκ τῆσδε στέγης; p. 99 in fr. Παιδεραστοῦ non recte relictum in ed. min. τῆς δὲ βελτίστης pro τῆς τε βελτίστης κτλ. p. 101 (4) Vs. 3. 4 Hermanni coniecturam v. infra p. 77 sq. fr. V 4 v. p. 78. p. 102 Παρεκδιδομένης fr. vs. 2 ἐξ οὗ τὸ μεθύειν πᾶσιν ὑμῖν γίνεται] 'forsan ἡμῖν' ed. min. p. 103 fr. I 3 κεἴ τι πνίγει βρῶμ' ἔτι proponebat Dindorfius. ad fr. II annot. l. 5 Bekkeri Anecd.] h. e. Choerob. Gaisf. p. 373 cf. Ven. cod. Cobeti p. 8 Et. m. Gaisf. Eustathii v. p. 728. 976. 1761. Πλούσιοι. Vs. 3 Cobetus apud Hirschigium p. 3 (cf. mnem. V 85):

ἐλογίζετ' ἐλθὼν πραγμάτιον οὐκ οἶδ' ὅ τι

idem in πάλαι ὀψοφάγοι τοιοῦτοί τινες 'in tribus prioribus verbis latere adiectivum Comicorum more compositum παλαιοψοφαγοτ' *οἵ τινες' suspicabatur. Vs. 17 Διογείτων cf. infra p. 78. p. 105 Ποίησις. Vs. 2 pro εἴ γε πρῶτον Hirschig. p. 3 ἧς γε πρῶτον κτλ. coniiciebat. Vs. 9 καὶ τὰ παιδία | πάντ' εὐθὺς εἴρηχ': cf. Hyperid. pro Euxenippo orat. p. 11 5, οὐ μόνον αὐτοί (οὗτοι Cobetus mnem. II 325), ἀλλὰ καὶ οἱ ἄλλοι Ἀθηναῖοι ἴσασι καὶ τὰ παιδία τὰ ἐκ τῶν διδασκαλείων p. 106 sq. Ἀλκμέωνα cf. ad Scymn. vs. 462. ib. ad vs. 15 αἴρουσιν ὥσπερ δάκτυλον τὴν μηχανήν: de deo ex machina in indice lect. Rostoch. 1843. 44 disputavit Fritzschius, quem v. p. 11. de schol. Aristidis adversatur idem p. 17. ad vs. 20 τὴν εἰσβολήν cf. Mein. vol. II p. 94. p. 108

Ποντικός. annot. l. 1 scr. Athenaeus VII p. 109 *Πρόβλημα.* Vs. 1 Herwerden p. 52 collato Herodoti loco I 141, *ὡς δὲ ψευσθῆναι τῆς ἐλπίδος, λαβεῖν ἀμφίβληστρον καὶ περιβαλεῖν τε πλῆθος πολλὸν τῶν ἰχθύων καὶ ἐξειρύσαι,* Antiphanea ita rescribenda proposuit: *ἰχθύσιν ἀμφίβληστρον ἀνὴρ πολλοῖς περιβάλλειν | οἰηθείς κτλ.* Vs. 3 Cobetus mnem. V 86 *κᾆτ' αὐτὴν* pro *καὶ ταύτην.* idem vs. 19 *αὐτὰς ἀμφοτέρας ἡ Δημήτηρ ἐπιτρίψαι* ib. p. 85. p. 110 *Προγόνων* vs. 3—7 habet Eustathius Od. 1951 45: *τύπτεσθαι μύδρος εἰμί, τύπτειν κεραυνός, τυφλοῦν τινα ἀστραπή, φέρειν τιν' ἄραντ' ἄνεμος, ἀποπνῖξαι βρόχος, θύρας μοχλεύειν σεισμός, εἰσπηδᾶν ἀκρίς, δειπνεῖν ἀκλήτως μυῖα, μὴ ἐξελθεῖν φρέαρ.* Caeterum v. infra p. 78. Vs. 10 scr. *οἱ νεώτεροι* *Πύραυνος.* v. add. p. 78, hinc in ed. min. ita scriptus est Antiphanis versus:

ἐς κόρακας, ἥξω φέρων γε δεῦρο τὸν Πάρνηθ' ὅλον.

p. 112 Sapphonis fr. I 13—16 in hunc modum restituendos censet Cobetus mnem. IV 102:

Σ. οὐδὲν λέγεις, πῶς γὰρ γένοιτ' ἄν, ὦ πάτερ,
ῥήτωρ ἄφωνος; Β. ἢν ἀλῷ τρὶς παρανόμων.
Σ. παίζεις ἔχων. Β. καὶ μὴν ἀκριβῶς ᾠόμην
ἐγνωκέναι τὸ ῥηθέν, ἀλλ' ἤδη λέγε.

Vs. 16 ed. min. *τὸ ῥηθέν .... ἀλλὰ δὴ λέγε.* iam continuo sequuntur vs. 17 sqq. p. 113, 1 sqq. *ἀπολυομένου — διαλυομένην* cf. Lehrs. Aristarch. p. 205 sq. l. 20 infra p. 78. cf. Mein. Vind. Strabon. p. 148. p. 115, 8 *μεμάθηκ' ἐγκωμάζειν* Ven. perperam ed. min. fr. II cf. Cobet. V. L. 345 sq. caeterum v. Schoemann. de comitiis p. 67. p. 116 (1, 3) Hirschig. p. 3 *ἡ γὰρ εἰσφορά τις ἥρπασεν* pro *ἥρπακεν.* Vs. 14 idem *τοῦθ' ἓν ἀσφαλὲς νόμιζε τῶν ὑπαρχόντων μόνον.* p. 117 (2, 7. 8) Cobetus mnem. IV 112 ita scripsit:

πῶς; ἐάσας τἄλλα γὰρ
ἐρήσομαί σε τοῦθ'; Β. ὅπως; ἠλείφετο

fr. III 1 Hirschig. l. c. *ὡς ἅπαξ τις ζεῦγος ἤγαγ' ἓν μόνον,* probavit Cobetus mnem. V 88 coll. vs. 3, *ἐάν τις ἕνα μόνον ζητῶν ἴδῃ.* *Τραυματίου* fr. I lacunam ita expleri posse putabat Herwerden p. 50 collato anon. 4, 685 (327): *Β. τί* δ' ἐστὶ τοῦτο δή; *Α.* πένης ἐκ πλουσίου | ἄν τις γένηται· παραδίδου δ' ἑξῆς ἐμοί κτλ. παραδιδοὺς δ' ἑξῆς apud Cobetum mnem. V 85 legitur. ad vs. 4 στροφὴ λόγων cf. infra p. 78. ad vs. 7 ἀρκεσίγυιον Philoxeni v. Mein. vol. III p. 645. Bergk. Lyr. II 998. Nauck. trag. fr. p. XI. p. 121, 14 scr. Athen. XI et l. 16 Eustath. p. 1538 42. *Τριταγωνιστοῦ* fr. attigit Cobetus mnem. V 85. v. 3 cf. infra p. 78. p. 122 *Τυρρηνός*: v. add. p. 78. fr. I 3. 4 ita proposuit Cobetus mnem. IV 110 et V 86:

εἰ πράξεται γὰρ μισθὸν ἐκ τοῦ σοῦ λόγου
παρ' οἷς ἐδείπνει προῖκα συλλέξει συχνά.

fr. II Herwerden p. 125 ἓν γάρ τοῦτό μοι | τὸ λοιπόν ἐσθ' ὅτι καὶ κακῶς ἀκούσομαι. cf. ib. p. 51, ubi τῶν | δήμων Ἁλαιεύς ἐστιν reponebat. annot. l. 10 de aspero spiritu v. apud Steph. Byz. p. 67 sq. 32, 7. 282, 8. Preller. Polem. p. 106 sq. Car. Keil. sched. epigr. 1855 p. 7. 8. *Ὑδρία.* fr. I 2 ἐν γειτόνων v. infra p. 79. p. 124 II vid. 3, 115 (1) sq. *Ὕπνος.* 'aliud fragmentum forsan habemus Inc. fab. XIX.' ed. min. *Φάων.* apud Pollucem Bekkerus utrobique "στρώματα κλίνας τύλας" ex Antiphane dedit. Fritzschius apud Toeppelium Eupol. Adul. p. 74: στρώματα, κλίνας, καινάς τε τύλας. p. 125 *Φιλέταιρος.* Nauckius philol. VI 417 pro κρωμακίσκος reponendum suadebat κωραλίσκος, porcellum laute apparatum intellegens. comparat παῖδα χρηστὴν ἔγχελυν Lysistr. 702. Κωπάδων κορᾶν Acharn. 883. παρθένου Βοιωτίας Κωπᾴδος Eubul. 3, 236. νύμφα ἀπειρόγαμος 3, 222. in *Φιλοθηβαίου* fr. I vs. 10. 11 editio minor ita exhibuit, ut p. 127 significavit editor:

κεστρεύς, λεπισθεὶς . . . πασθείς, στραφείς,
χρωσθείς, ὁμοῦ τι πρὸς τέλος δρόμου περῶν,
σίζει κεκραγώς

primum versum Cobetus mnem. IV 108 ita potius refingendum suspicatur:

κεστρεὺς λοπισθείς, ἁλσὶ πασθείς, ἐκστραφείς

reliqua ut Meinekius scripsit, nisi quod in sequentibus παῖς τ' ἐφέστηκε dedit. λοπισθεὶς propter grammaticorum praecepta praetulit infra ascripta p. 61. cf. supra p. CXXIX. idem vs. 15 comparato Platonis in Charmide p. 155 E loco, εἶτ' οὐκ ἐπῳδάς φασιν ἰσχύειν τινές;

correxit p. 110. annot. l. 1 scr. 'p. 622 f.' p. 128, 11 ξανθαῖσιν αὔραις: v. Mein. quaest. Men. I p. 6. ad fr. II rettulerim partem eorum, quae tanquam Sophoclea proposuit Eustathius Od. 1538 13: τοξοποιεῖ γοῦν τὰς ὀφρῦς καὶ δεσμεῖ καὶ συνάγει ὁ σκυθρωπάζων. λέγει δέ που καὶ Σοφοκλῆς τό "τηροῦντα τοὺς λέγοντας καὶ συνάγοντα τὰς ὀφρῦς καὶ τὰς ἀκάνθας ἐπεγείροντα." ad haec Nauckius in progr. p. 13 (trag. fr. p. 283): 'quae Sophocli, inquit, tribuuntur comoediam redolent, Aristophanis esse coniecit Brunckius.' v. Brunck. ad Soph. fr. LXXIX. equidem priora illa τηροῦντα τοὺς λέγοντας ex Philemonis his 4, 38 (13), ὅταν δὲ παρατηροῦντ' ἴδω τίς ἔπταρεν | ἢ τίς ἐλάλησεν ἢ τίς ἐστιν ὁ προϊὼν | σκοποῦντα, ducta opinor, sequentia συνάγοντα τὰς ὀφρῦς Antiphani vindicarim. quae restant, τὰς ἀκάνθας ἐπεγείροντα, nescio an ex Athenaeo colorem duxerint p. 347 d: καὶ τίν' ἂν τῶν μεγάλων οὗτος οὐκ ἰχθύων, ἀλλὰ ζητήσεων ἐπὶ νοῦν λάβοι; ὃς τὰς ἀκάνθας ἀεὶ ἐκλέγει ἑψητῶν τε καὶ ἀθερινῶν καὶ εἴ τι τούτων ἀτυχέστερόν ἐστιν ἰχθύδιον, τὰ μεγάλα τεμάχη παραπεμπόμενος. p. 129 Philoctetes. hos versus Sophocli assignabat Bergkius v. supra p. XVI sq. Nauckius in Antiphonteis posuit, v. trag. fr. p. 615 sq. p. 130 in Philotidis fr. Cobetus mn. IV 115 Schweighaeuseri rationem probavit: οὐκοῦν τὸ μὲν γλαυκίδιον-ἕψειν ἐν ἅλμῃ φημί coniungens, 'quo sensu, inquit, φημί in tali re responderi possit non exputo.' Vs. 3. 4 ἐν ὑποτρίμματι | ζέσαι: librorum scriptura apud Dindorfium haec est: libro VII ἐνυποτριμματίζεσθαι AC et Casauboniani ἐν ὑποτρίμματι ζέσθαι BP ἐν ἀποτρίμματι ζέσθαι VL; libro XIV ἐνυποτριμματίζεσθαι B ἐν ὑποτριμματίζεσθαι A ἐν ὑποτρίμματι (ὑποτριμματὶ V) ζέσθαι PV ἐν ὑποτρίμματι ζέσαι L. p. 131, 18 scr. 'Athen. II p. 49 f.' p. 132 Chrysidis fr. II τέτταρες δ' αὐλητρίδες | ἔχουσι μισθόν cum Caecilianis e Chrysio 'quamquam ego mercéde huc conductús tua | advenio' composuit O. Ribbeckius com. lat. p. 32. p. 133 ann. l. 3 scr. τίς γάρ οἶδ' κτλ. ad annot. extr. cfr. Choerob. Gaisf. 139 29: ὡς παρὰ Ἀριστοφάνει "ὀπτὰς μύκητας πρίνω δύο."

Ven. Cobeti ap. Gaisf. Et. m. p. 7: φάγε δ' ὀπτὰς μύκητας πρινίνους. p. 134 extr. libri ὥσπερ. p. 135, 12 'quem Myiodon vocant' p. 136 annot. l. 5 scr. 'Vs. 5' et l. 7 'Vs. 6' p. 137 (8) ita restituit Cobetus mnem. V 89:

φαινίνδα παίζων νῆστις ἐν Φαινεστίου.

comparat hoc Martialis III 12 3: 'res salsa est bene olere et esurire.' annot. l. 5 Valck. παίσων ᾖεν ἐς. ib. ad fr. IX l. 12 ἧς κόρακας cf. Schneidewin. philol. I 156 sq. ad fr. X v. infra p. 79 annotata. fr. XII vs. 3 Hirschigius p. 4 οἶνον πεπωκὼς εἰς ἔρωτά τ' ἐμπεσών. Herwerd. p. 51: οἶνόν θ' ὑποπιὼν εἰς ἔρωτά τ' ἐμπεσών. Vs. 6 Cobetus mnem. IV 132: ὥστε τοὺς ἀρνουμένους | μάλιστα μάλιστα τοῦτο καταφανεῖς ποιεῖ. priora non mutavit. fr. XIII 1 οἴνῳ *(δὲ δεῖ) τὸν οἶνον ἐξελαύνειν cum Elmsleio ed. min. Vs. 6 v. infra p. 79. p. 140, 2 a f. scr. 781 e. p. 141, 7 scr. 'Vs. 4' p. 143 (21) οὐ' probavit Porson. ad Pac. 414. p. 144 fr. XXIV^b in ed. min. est, quod infra in addendis p. 80 (100) legitur. fr. XXV 'fortasse ἄριστον ἐν ὅσῳ *(δ' ἔνδον) ὁ μάγειρος ποιεῖ, ut Plato fr. 45 1 (2, 680): ἕως ἂν σφῷν ἐγὼ | τὸ δεῖπνον ἔνδον σκευάσω.' Mein. ed. min. p. XV. fr. XXVI συνακρατίσασθαι 'ut haec Graeca sint duae voculae adiiciendae sunt et scribendum: πρὸς τὸ συνακρατίσασθαι πῶς ἔχεις μετ' ἐμοῦ;' Cobetus mnem. IV 304. fr. XXVIII plenius ascribendum esse philol. in Athen. exerc. II p. 3 docuit Meinekius, v. ed. min. ubi haec ita leguntur:

ἔστιν ὄψον χρηστόν, ἐπαγωγὸν πάνυ,
οἶνός τε Θάσιος καὶ μύρον καὶ στέμματα·
ἐν πλησμονῇ γὰρ Κύπρις, ἐν δὲ τοῖς κακῶς
πράττουσιν οὐκ ἔνεστιν Ἀφροδίτη βροτοῖς.

'Vs. 3 Κύπρις prima longa dixit, ut in parodia versus Euripidei (inc. CXII Dind. fr. 887 Nauck.) cf. mon. 159. Vs. 4 libri πράσσουσιν.' ed. min. ad fr. XXX annot. extr. cf. vol. III p. 642. p. 146 fr. XXXI ita supplebat Herwerden p. 53: τί φῄς; τὸ δεῖπνον ἐνθάδ' οἴσεις καταφαγεῖν | ἐπὶ τὴν θύραν, εἶθ' ὥσπερ οἱ πτωχοὶ χαμαὶ | ἐνθάδ' ἔδομαι κατακείμενος; B. τίς ὄψεται; fr. XXXII scr. θυΐαν. fr. XXXIII Hirschigius annot. crit. p. 4 ἀμβλὺς pro ἀμελὴς scripsit. cf.

'zeitschr. f. d. alt.' 1852 p. 312. fr. XXXIV cf. p. 79. fr. XXXVI κατὰ χειρῶν cf. Nauck. Ar. Byz. p. 252. p. 148 fr. XXXIX idem Menandro tribuitur, v. 4, 330 (494). fr. XLI 2 τάσχρὰ in ed. Stob. Mein. fr. XLII^a idem est in monost. 173. in tragicis propter Trinc. collocavit Nauckius Antiphont. p. 616. cf. quae idem in philol. IV 549 de Eurip. fr. 976 (p. 528) dixit. p. 149 (44) vs. 2 τοὐναντίον γὰρ πᾶν ποιοῦσιν οἱ θεοί Herwerd. p. 53 pro νῦν. comparat Antiph. 3, 128 (2, 5). Vs. 3 praeter cod. A etiam Vindob. αὐτοὺς, hinc in ed. Stobaei Meinekius ἐὰν ἐπιορκήσῃ τις αὐτούς, εὐθέως | ὁ διδοὺς τὸν ὅρκον ἐγένετ' ἐμβρόντητος fr. XLV cf. mon. 494. fr. XLVII est mon. 717. fr. XLIX μισθοφόρων etiam Vind. τίς δ' οὐχὶ θανατᾷ μισθοφόρος, ὦ φιλτάτη-; Cobetus mnem. V 87, confert Plat. Phaedon. p. 64 B: τῷ ὄντι οἱ φιλοσοφοῦντες θανατῶσι. adde Alexid. 3, 480 (3). fr. LI ed. min. de mea opinione ita exhibuit: εἴ φησι τοὺς ἐρῶντας οὐχὶ νοῦν ἔχειν, | ἦ πού τίς ἐστι τοὺς τρόπους ἀβέλτερος. cf. ad Theophil. 3, 631. nihil mutavit in ed. Stob. Mein. fr. LIII γυναικὸς προῖκα πολλὴν φερομένης. Anaxandr. 3, 195 (1, 7) ἣν δ' αὖ λάβῃ | μηδὲν φερομένην. cf. Cobet. V. L. 204. fr. LIV tertium versum perperam ad Antiphanea ascriptum iudicabat Herwerd. p. 54. eidem fr. LVI mentiri nomen Antiphanis videbatur. p. 152 (58^c) 'videntur tragici poetae esse': v. ap. Nauck. trag. fr. p. 723. fr. LX 1 scr. ἆρ' ἐστὶ λῆρος πάντα πρὸς τὸ χρυσίον· Vs. 4 τῶν φίλων δὲ τοὺς τρόπους | οὐδέποθ' ὁμοίους ζωγραφοῦσιν αἱ τύχαι: Cobetus mnem. V 89 pro ὁμοίως. Vs. 5 πλοῦτος δὲ βάσανός ἐστιν ἀνθρώπῳ (pro ἀνθρώπου) τρόπων Herwerden p. 53. Vs. 6 Cobetus l. c. ὃς ἂν εὐπορῶν γὰρ αἰσχρὰ πράττῃ πράγματα pro ὅταν. Meinekius ita haec refingebat:

ὅταν εὐπορῶν γὰρ αἰσχρά τις πράττῃ, *(λέγε)
τί τοῦτον ἀπορήσαντ' ἂν οὐκ οἴει ποιεῖν;

'πράγματα, inquit, interpolatoris est.' septimus versus quomodo apud Stobaeum II 3 legatur v. add. p. 79. Ἀντιφάνους nomen in Ven. cod. praeponi testatur Kirchhoffius. fr. LXI^a etiam in Vindob. Antiphanis nomen praescribitur. semel hos versus editio minor dedit in Menandreis fr. inc. LXXXI (4,

256). fr. LXI[b] quomodo Clementis ductu scribendum putarit editor v. infra 79. LXII a. b. in editione min. sunt p. 569 quae in add. p. 80 habemus Cl. CII. fr. LXII 1 est in mon. 300. Vs. 2 scr. ex Stobaeo:

τὸ μὲν γὰρ ἔλεον τὸ δ' ἐπιτίμησιν φέρει.

fr. LXIII 'V. notas ad Men. fr. inc. CLXXV et Alexid. inc. XLI.' fr. LXV scr. ὅταν ἡ μὲν τύχη p. 155 fr. LXVI ἠπιωςευμενῇ Vindob. Caeterum v. add. p. 79. hinc in min. ed. fr. LXVII cum Grotio scriptum ἀνδρὸς δ' ἐνεγκεῖν ἀτυχίαν ὀρθῷ τρόπῳ. fr. LXVIII 3 Cobetus V. L. 164:

πρὸς γὰρ τὸ γῆρας ὡς πρὸς ἐργαστήριον

pro ὥσπερ ἐργαστήριον. ad hoc ἐργαστήριον affert Lysiae or. 24, 20. fr. LXVIII[a] in min. ed. est Crateteum vol. II p. 247. cf. supra p. L. fr. LXIX recte habere videtur edita verborum distinctio, cf. dict. com. p. 814 extr. fr. LXX Cobetus mnem. V 90: ὦ γῆρας, ὅσας ἅπασι - ἀφορμὰς παραδίδως κτλ. pro ὡς ἅπασι. fr. LXXIII vs. 2 τῶν om. ms. λαμβάνειν τιμωρίας eo, quo infra p. 79 putabam, quamquam defendi potest intellectu (v. Elmsl. ad Bacch. 1311. Schaef. ad Pors. Orest. 606), postea tamen oratio argutior fieri visa est, ut tale quid potius ab Antiphane scriptum suspicarer:

τὸ γὰρ πεπαιδεῦσθαι, μόνον ἄν τις τοῦτ' ἔχῃ,
ἀληθές ἐστι, καὶ παρ' ἠδικηκότων
μὴ λαμβάνειν τὰς ἀξίας τιμωρίας,
ἐλεεῖν δὲ πάντως.

Cobetus V. L. 16: τῶν ἀδικημάτων μὴ λ. τ. ἀ. τ. ἐλεεῖν δέ τι πάντως. improbat eiusmodi humanitatem Menander 4, 249 (51) ἡ νῦν ὑπό τινων χρηστότης καλουμένη | μετέθηκε (v. suppl.) τὸν ὅλον εἰς πονηρίαν βίον· | οὐδεὶς γὰρ ἀδικῶν τυγχάνει τιμωρίας. cfr. Demosthenes Mid. or. 21, 12 (Elmsl. Bacch. l. c.): ὑμεῖς μὲν τοίνυν ὦ ἄνδρες Ἀθηναῖοι πάντες εἰς τοσοῦτον ἀφῖχθε φιλανθρωπίας καὶ εὐσεβείας, ὥστε καὶ τῶν πρότερον γεγενημένων ἀδικημάτων τὸ λαμβάνειν δίκην ἐπέσχετε ταύτας τὰς ἡμέρας· Μειδίας δ' ἐν αὐταῖς ταύταις ταῖς ἡμέραις ἄξια τοῦ δοῦναι τὴν ἐσχάτην δίκην ποιῶν δειχθήσεται. idem tamen Menander alias laudavit hanc χρηστότητα: v. 4, 127 (3) ὁ χρηστός, ὡς ἔοικε, καὶ χρηστοὺς ποιεῖ· | ἐλεεῖν δ' ἐκεῖνος ἔμαθεν εὐτυχῶν μόνος. ita enim haec scribenda videntur. cf. mon. 681. anon. 4, 602 (7). p. 157 (76) πεντάκτενα Bk. annot. l. 3 χιτωνίσκοι παρὰ τὴν ᾤαν πορφυροῖ, πέντε κτένας ἐνυφασμένοι. fr. LXXVII v. Aristophan. 2, 1208 (150). LXXVIII κάθεμα cum Hesychio Bk. LXXXIV om. ed. min. v. infra p. 80. LXXXV annot. l. 3 scr. Coisl. p. 484. p. 159 v. add. 80. fr. LXXXVIII l. 3 scr. 'de Antiph. p. 248' cf. Saupp. Antiphont. fr. 157. fr. XCI cf. Antiatt. p. 114 26. fr. XCIII ἀλουργίδιον commendabat Bernhardy ad Suid. idem XCIV Ἀντιφῶν malit cum Hemst. de fr. XCVIII v. add. p. 80. fr. C (ed. min. fr. 250 p. 563) v. ibid. et ad Amips. 2, 711 (2). ἤδη τι v. Mein. in Athen. spec. I p. 41. II p. 44. Vind. Strabon. p. 16 not. fr. CI. CII (ed. min. p. 569 fr. 291. 292) v. add. p. 80, ubi alterum ita afferendum erat:

πενία γάρ ἐστιν ἡ τρόπων διδάσκαλος.

de duobus aliis, quae extrema hac pagina significantur, fragmentis alterum est in Aristophanicis 2, 1181 (19), alterum v. ed. min. p. 571 fr. 300.

Anaxandrides. p. 161 (1) priora ita in min. ed. scribuntur: τίνα δὴ παρεσκευασμένοι | πίνειν τρόπον νῦν ἐστε; λέγετε. τίνα τρόπον; | B. ἡμεῖς τοιοῦτον οἷον ἂν καὶ σοὶ δοκῇ. infra in add. p. 80 maioris editionis scriptura vs. 3 erat ἡμεῖς τοιοῦτον κτλ. Cobetus mnem. IV 115. 116 priores tres versus scripsit ut in maiore editione habentur, reliquos ita:

A. βούλεσθε δῆτα τὸν ἐπιδέξι', ὦ πάτερ,
λέγειν ἐπὶ τῷ πίνοντι; B. τὸν ἐπιδέξια
λέγειν, Ἄπολλον, ὥσπερ ἐπὶ τεθνηκότι.

βούλεσθε δῆτα ut Av. 1689. Ran. 416. idem ib. p. 301 ἐπὶ τῷ πιόντι dedit. p. 162 (3) Vs. 1 ἡ τράπεζ'· εἰσήγετο Mein. ed. min. p. XV. Vs. 3 Hirschigius p. 4 ὅσα – οὐδ' εἰ γέγονεν (pro οὐδ' ἔνδον ὄντ') ᾔδειν ἐγώ. comparat Demosth. Mid. or. 21, 78. Isocr. 12, 70 περὶ νησύδρια τοιαῦτα καὶ τηλικαῦτα τὸ μέγεθος ἐξαμαρτεῖν, ἃ πολλοὶ τῶν Ἑλλήνων οὐδ' (εἰ γέγονεν) ἴσασιν. ita haec correxit Hirschigius p. 45. cf. Cobet. mnem. IV 303. Vs. 4 οὕτως cum A ed. min. ubi in annot. Χρῆστε scriptum pro Χρηστέ. cf. Lehrs. Arist. p.

291. p. 163 (1, 6) Herwerden p. 54 ita refingebat: τὸν γὰρ οἴακα στρέφει | δαίμων ἑκάστοτε, 'nam fortuna identidem flectit gubernaculum.' *Αἴσχρα*. Vs. 3 Τιμόθεος ἔφη ποτ': Bergk. Lyr. II 1005 (15). p. 164 *Ἀντερῶν*. Hirschigio p. 4 περιστέρια παρεισάγων καὶ στρουθία scripsisse videtur poeta. p. 165 (2) 'forsan πολὺ δή γε πονοῦμεν' Mein. ed. min. ad Aristotelis ὁ τὴν δοκὸν φέρων cf. infra annotata p. 80. adde Lucian. Herod. c. 5: ἑτέρωθι δὲ τῆς εἰκόνος ἄλλοι Ἔρωτες παίζουσιν ἐν τοῖς ὅπλοις τοῦ Ἀλεξάνδρου, δύο μὲν τὴν λόγχην αὐτοῦ φέροντες, μιμούμενοι τοὺς ἀχθοφόρους, ὁπότε δοκὸν φέροντες βαροῖντο. Caeterum ad hunc *Γεροντομανίας* locum gramm. Bekk. p. 782 verba rettulit Ian. Ger. Hullemanus in disputatione critica de Anaxandrida Delpho (Trai. 1848), vide F. W. Schneidewinum in g. g. a. 1848 p. 1716: Φοινίκεια δὲ τὰ γράμματα ἐλέγοντο, ὥς φησιν —Ἀλέξανδρος (Ἀναξανδρίδης) — ὁ Ῥόδιος ἀπὸ Φοίνικος τοῦ Προνώπου (Προνάπου Schneidew.) καὶ Εὐρώπης, εὑρόντος αὐτὰ ἐν Κρήτῃ, ὃν ἀπέκτεινε Ῥαδάμανθυς φθονήσας. 'dass Anaxandrides (verba haec sunt Schneidewini) auch andre erfindungen alter zeit dort erwähnt hatte, lehren schon die dem verse (τὸν ἀσύμβολον κτλ.) vorausgeschickten worte des Athenaeus.' p. 167 *Ἑλένης* vs. 2 ἀβελτερείου cum G. Dindorfio ed. min., alterum intactum reliquit. de alio illo fragmento ad hanc fabulam revocato cf. quae supra p. XVIII diximus. *Ζωγράφοι*. fr. I v. add. p. 80. p. 168, 2 scr. *Ἀγίας* fr. II Choerobosci Bk. 1208 apud Gaisfordum est p. 373 25, ubi Ven. Cobeti cod. παρὰ Ἀναξάνδρῳ *Ἡρακλῆς*. vs. 3 Bothius ἔνια pro ἐν. ad annot. cf. add. p. 80. p. 169 *Θησαυρός*. fr. I 2 cf. infra l. c. Bergk. Lyr. II 1019 (8). p. 170 not. scr. An. Par. I p. 291. Thesei fr. I etiam Cobetus Diog. ὥσπερ καὶ Πλάτων. p. 171 *Κανηφόρος*. v. infra p. 80. in annot. scr. Ecl. eth. p. 172 not. Herodiani verba apud Lehrsium sunt p. 345 sq. cf. Nauck. Ar. Byz. p. 184. Philoxenea v. ap. Bergk. Lyr. II 990 v. 35. ad vs. 3 ψηττερίοις cf. Lob. path. proll. 354. path. el. 1, 281. qui de κωβιδίων dixit ib. p. 282. cf. Fritzsche Ran. p. 393. p. 173, 1 ad Menandr. p. 181: v. ib. p. 572. *Μελί-*

λωτος. fr. I "nisi malis, οὐχὶ μανία 'στ'" Mein. ed. min. Νηρεύς. fr. I 2 Dobraei ἀμύμονος ('homerice loquitur') probavit Cobetus V. L. 359. Nereidum vs. 3 omissa est in min. ed. alterius personae nota. Ὀδυσσεύς. fr. I 2 κρεμαμένοις θαυμάζεται, Bergkius. Vs. 3 αὕτη δ' ἀσέμνως ἐκ λοπάδος ἁρπάζεται Hirschig. p. 5. σεμνῆς Bothius. Vs. 5 ἐπὶ τίνα δῆτ' ἄλλην Bergkius. de versibus 15 sqq. coniecturam periclitatus est Herwerden p. 55. p. 177, 4 cf. ad Apollod. 4, 455. fr. II 4 cf. add. p. 81. in editione min. Schweighaeuseri lectionem ita scr. ἐξελήλυθ', εὐθὺς ὅλολυς οὗτός ἐστι. p. 179. Ὁπλομάχου I v. infra 81. Πάνδαρος. fr. I 3 ἄγκυρά τ' ἐστὶν ἄντικρυς τοῦ σχήματος Hirschig. p. 5, confert Ar. Eccl. 150. p. 181. Vs. 11 ὡς ἔοικεν: Dindorfius ὡς ἔοικ', ita in min. ed. scribendum erat. p. 183 Protesilai I 5 καίτοι φασίν | βουβαύκαλα ταῦτα γενέσθαι Mein. in add. p. 81. cf. in Ath. exerc. II p. 7. atque ita nunc ed. min. Vs. 22 in iisdem add. unice probabatur μεταβάλλοντας. Vs. 23 φερνάς scribendum videtur cum Athenaeo. v. Herod. μον. λ. 33 29 (p. 114 sq. Lehrs.) Arcad. 110 23. Men. 4, 317 (425). Cf. Nauck. Ar. Byz. p. 225 sq. Vs. 27. 28 Dobraeus adv. II 304: 'transpone κέγχρων τε σιρόν, βολβῶν τε χύτραν δωδ.' probavit transpositionem Mein. infra 81. ib. v. de vs. 29. Vs. 45—49 (50) in editione min. descripti sunt ut p. 189 propositum est. Vs. 62 (63) ὀρνιθαρίων ἀφάτων v. infra p. 81. p. 187, 2 Λακρατείδης cum Bentleio adversante Elmsleio. cf. Rossii inscr. dem. p. 45 40: Λακρατείδης Σωστράτου Ἰκαριεύς. Keil. 'zwei gr. inschr. aus Sparta u. Gytheion' p. 7. p. 188, 11 apud Pollucem κέγχροι dedit Bekkerus. de metathesi dixit Lobeckius path. el. 1, 507. γραῦς ἀνακορτήσασα (v. Lob. p. 500) probavit Leutsch. vol. II p. 20. apud Stephanum v. Δώτιον recte habere βρόντησε infra significatum p. 81. cf. quae ad Stephanum Byz. I p. 257 15 annotavit Meinekius. ib. l. 17 scholiastae Demosth. (or. 8 45) haec sunt: σιροῖς: τὰ κατάγεια. Θεόπομπος καὶ Σοφοκλῆς ἐν Ἰνάχῳ (p. 151 Nauck.) σιροὶ κριθῶν. οἶμαι δὲ λέγειν αὐτὸν φοσσία, *καὶ μελίνην τὴν κέγχρον· ἄλλοι δὲ ὅμοιον κέγχρου. adde Eurip. Phrix. fr. IV (824 N.). quae sequuntur l. 18 ita in utraque editione scribenda sunt: 'praeterea σιρὸν et χύτραν transponebat Dobraeus (v. supra ad vs. 27. 28). possis etiam βολβῶν et κέρχνων transponere; alterutrum necessarium.' p. 189, 5 a f. scr. 'Vs. 65' p. 190 (2) de Callistrato et Melanopo v. H. Sauppii oratt. fragm. p. 218 (XIX. XIX^a). l. 6 a f. scr. 'Rhetor. I 14' p. 191 Σαμία. annot. l. 3 scr. Ἀναξανδρίδης ἐν Σαμίᾳ p. 192 (1) de Polyeucto Sphettio non assentiebatur Boehnecke 'forschungen auf d. gebiete d. att. redner' p. 648, qui de Polyeuctis cognominibus dixit. cf. Sauppium oratt. fragm. p. 273. 298. indic. nomin. p. 117. Schneidewin. Hyperid. Euxenipp. p. 34 sqq. ad fr. II in illis quae sequuntur apud Athenaeum Chamaeleontis verbis (p. 374 a. b) haec 'λέγεται δ' εἶναι τὸ γένος Ῥόδιος ἐκ Καμείρου' perperam locum habere arbitrabatur Halbertsma mnem. IV 231, utpote ex Suida male illata. fr. III ὠνομασμένη desponsata esse videbatur infra p. 81, dubitat Herwerden p. 55. Vs. 2 μύροις Μεγαλλείοισι corrigebat Cobetus Orat. p. 127. mnem. IV 261. articulum requirebat Herwerden p. 56 ita: Μεγαλλείοις τὸ σῶμ' ἀλείφεται. p. 193 Ὕβρις. apud Athenaeum p. 700a οὔκουν diserte in Marciano codice scriptum esse testatur Cobetus V. L. 219. Φαρμακόμαντις. fr. I in min. ed. corrige Athenaei p. 261 f. p. 194 v. quae infra annotata sunt p. 81. l. 3 cf. Anecd. Par. IV 12 31. p. 195 (1). Vs. 4—7 ita contraxit Herwerden p. 56: ἢ γὰρ πένης ὢν τὴν γυναῖκα χρήματα | λαβὼν ἔχει δέσποιναν· ἣν δ' αὖ μηδὲ ἓν | λάβῃ φερομένην, δοῦλος αὖθις γίνεται. Vs. 7 αὐτὸς γίνεται Vind. cod. p. 197 (5) vs. 3 Herwerd. p. 57 παρὰ τἀνδρός pro παρ' ἀνδρός. ἤ τις etiam Vindob. fr. VI 3 cf. infra p. 81. τὸ βάρος, διασκεδᾶτέ τε τὸ προσὸν νέφος Herwerd. l. c. p. 199, 8 scr. 'p. 40, 16'. fr. IX 1 est in monost. 578. fr. X Meinekius in ed. Stobaei ita scripsit:

> Ἔρως σοφιστοῦ γίνεται διδάσκαλος
> Κείου πολὺ κρείττων πρὸς τὸν ἀνθρώπων βίον.

addita hac annotatione: 'Κείου i. e. Prodici, cuius sapientia vel in proverbium abiit; ineptissimum est σκαιοῦ'. pro κρείττων πρὸς τὸν idem scribendum coniiciebat κρείττων τῶν πρὸς fr. XI cod. πρᾶττε fr. XII cum Vindob. scribe

τὸ συνεχὲς ἔργον παντὸς εὑρίσκει τέλος.

v. infra p. 81. Nauck. trag. fr. p. X. de sententia cf. Naekii Choer. p. 170 sq. p. 200 fr. XIII cf. add. p. 81. Steph. Byz. I p. 600 1: Φρύνιχος δὲ ἐν σοφιστικῇ παρασκευῇ (προπαρασκευῇ? Mein.) καὶ ἐπὶ τῶν κακῶν φησι τὸ ταμιεῖον. ubi haec annotavit Mein. 'respiciebat locos qualis est Anaxandridis fr. 64 (ed. min.) sive Diphili fr. 115 (4, 426). adde Democritum apud Plutarch. Mor. p. 500e (Mullach. p. 181).' quae apud Stephanum praecedunt, ὡς Ἀριστοφάνης καὶ ἰπνὸς καὶ ἄλλοι, haec Nauckius philol. II 147 ita corrigebat: ὡς Ἀριστοφάνης καὶ ἰπνὸν (Vesp. 837) καλεῖ. Caeterum ταμιεῖον πικρόν, quod πικρῶν quis scribere malit, recte habere videtur: similiter Philemon ἔργον καθεῖλες πλούσιον πτωχῷ λόγῳ dixisse videtur, vol. 4, 40 suppl. ad fr. XV cf. eiusdem appendicis § 31: Ἀπολλώνιος Νουμηνίῳ. οὐ παρὰ πολλοῖς ἡ χάρις τίκτει χάριν. fr. XVI. etiam apud Cyrillum omisso poetae nomine Euripidea verba, ἡ φύσις ἐβούλεθ' κτλ. afferuntur: v. Nauck. trag. fr. p. 516, ubi Aristaenet. p. 145 apponitur, item Aeliani A. N. 9, 1. Sexti Emp. locum v. infra p. 81. ἐβουλεύετο duo habent Bekkeri codd. p. 201, 9 v. anon. 4, 603 (9). p. 202, 3 ἀκολαστάσματα: v. Lobeck. parall. p. 416.

Eubulus. p. 204 Anchisae fr. I ὅτι δὲ καὶ πτίλοις τὰ κνέφαλλα ἀνεπλήρουν Bk. v. mss. Amaltheae fr. II in ed. min. p. 596 est quod in mai. legitur p. 216, ἐν Δαμαλείᾳ, v. suppl. de fr. I 4 πικραῖς παροψίσι assentitur Fritzschius (de paropside) p. 14 sq. Vs. 9 idem ad Ran. p. 366 probavit Dindorfii priorem coniecturam ἀκροκώλιόν τε γεννικόν, ὀπτὸν δέλφακα, | ἁλίπαστα τρία scribentis. 'nimirum ad verba ἀκροκώλιον γεννικόν, inquit, e superiori versu supplendum est ἑφθόν, siquidem ἀκροκώλια semper fuerunt cocta, nusquam assa. denique non erat, quod Eubulus diceret ἀκροκώλιον ὕειον vel δελφάκειον. etenim ἀκροκώλιον sive, ut plerumque dicuntur, ἀκροκώλια vel per se significant trunculos suillos.' p. 207 Ἀνασῳζομένων vs. 4 ἄθρους ed. min. p. 208 Antiopae fr. I quomodo H. L. Ahrens scripserit v. add.

p. 82. is Eustathio assentitur a Boeoto haec dici putanti, probavit Hirschigius p. 5. in editione min. priora cum Ahrente ita dedit Meinekius:

πώνειν μὲν ἀμὲς καὶ φαγεῖν μέγ' ἀνδρικοί
καὶ καρτερεῖμεν

quamquam ib. p. XVI πονεῖν vs. 1 servari posse visum est. ἀμὲς Ahrens ex B. eidem Ahrenti καρτερεῖμεν τοίδε Θηβαῖοι· λέγειν | καὶ μικρὰ φαγέμεν τοῖς Ἀθηναίοις μέτα scribenti favere ABP, sed aliud quid latere iudicabat Meinekius. a sciolo addita haec verba, τοὶ δὲ Θηβαῖοι μέγα, videbantur Hirschigio l. c. fr. II Toeppelius in progr. p. 14 vs. 1 cum Fritzschio ἐλθὼν pro ἐλθεῖν, vs. 2 κέλευε scribebat. idem vs. 4 Grotii recipiebat ὁ δ' ὀξύπεινος. ad Antiopen haec recte relata assentiebatur: 'sunt enim, inquit, verba Iovis ad Mercurium, solliciti de sorte filiorum, quos ex Antiopa susceperat, Zethi et Amphionis.' de Euripideis v. Nauck. progr. p. 41 (trag. fr. p. 338), qui a Mercurio haec in fabulae exitu dicta suspicatur: Ζῆθον μὲν ἐλθόνθ' ἁγνὸν ἐς Θήβης πέδον | οἰκεῖν κελεύω, τὸν δὲ μουσικώτατον | κλεινὰς Ἀθήνας ἐκπερᾶν Ἀμφίονα. ad Eubuli vs. 7 cf. add. p. 82. p. 209, 8 scr. 'Vs. 4' fr. III 1 Nauckius Ar. Byz. p. 170 ita supplebat: Καλλίστρατός τίς ἐστιν οὕτως· οὗτος οὖν κτλ. de particula οὕτως in narrationibus exordiendis frequentari solita ad Meinekium remittit Antiph. III p. 82 annot. Vs. 4 τοὺς ἐκδρομάδας verba num poetae sint dubitat Nauckius. de Callistrato cf. Mein. vol. IV p. 700. Boeckh. Oec. civ. Ath. I p. 321 ed. II. p. 211, 17 apud Et. m. 19 16 Ἀδωνηίς scribendum v. Mein. anal. alex. p. 285. cod. V^b Gaisf. et annot. p. 212 Αὔγης fr. vs. 9 'forsan κρανί' scribendum' Mein. ed. min. cf. Herwerden p. 58. annot. l. 2 ἔπη] cod. B εἶπεν cf. in Athen. exerc. sp. I p. 45. l. 8 Eustath. p. 1163 27 ἀναλογία δὲ τοῦ ἐνωγάλισται κατὰ τὸ κέκτηται ἔκτηται (v. Lobeck. path. el. 1, 105) -καὶ τὸ ἐκπέπηξε ἐφέπηξε (addita est infra p. 119 nova coniectura) παρὰ τῷ κωμικῷ, καὶ τέθλασται ἔθλασται. ad ea quae l. 16 ex Eustathio apposita sunt exempla cf. Mein. in Scymn. p. 19 'etiam Hesychium, inquit, commemorare debebam: ἐγύμνασμαι ἐγυμνήτευσα, quod ex ἐγυμνασάμην corruptum esse addita interpretatio indicare videtur.' caeterum de ἐξεγλυμμένος, ἐβλαστηκότες Eupol. 2, 561 sq. cf. supra p. XCI (Lobeck. l. c.). p. 213, 9 de proverbio illo cf. Leutsch. Diogen. VI 20. paroem. vol. II p. 121. l. 14 de Auge cf. Hermannum opusc. V 190. Fritzschium Ran. p. 349, qui Philyllii vel Eubuli verba hoc modo componebat: Σκυθῶν βαθείας καὶ πυκνάς | ἕλκουσι τὰς ἀμύστιδας. adde Nauck. trag. fr. p. 347. p 214, 1 scr. Somnum Endymionis amatorem l. 3 scr. ἐρᾶν τοῦ Ἐνδυμίωνος caeterum cf. Bergk. Lyr. II 985. zeitsch. f. d. alt. 1848 p. 441 sq. Ganymedis fr. II haec sola Eubuli erunt verba:

δυπύρους τε θερμούς

reliqua, οἱ δίπυροι ... τρυφῶντες, grammaticis relinquenda, v. supra ad Alcaei 2, 826 (3) suppl. p. CXX. p. 215, 4 de aphaeresi cf. Lob. path. el. 1, 126. de σκαμωνία, ἀσκαμωνία, σκαμμωνία ib. p. 13. 14. fr. II. dixit de hoc loco Welckerus opusc. I 366 sqq.: 'ein stoff der alten attischen komoedie.' Vs. 1. 2 v. paroemiogr. I p. 464. II p. 728. proverbium σὺ δ' ᾠὸν χρυσοχοήσειν v. apud Mein. Theocr. p. 465. p. 216 Daedali fr. I vulgo ita habetur: ἐθέλει δ' ἄνευ μισθοῦ παρ' αὐτοῖς καταμένειν | ἐπισίτιος, quod probavit Cobetus mnem. IV 128. fr. III sunt ipsius Aristotelis verba p. 406^{b} 18 ubi ἐγχέαντ' ἄργυρον χυτόν. addit Nauckius Philopon. in Ar. de anima d, 4. ΔΑΜΑΛΕΙΑ. in ed. min. relatum est hoc fragm. ad Amaltheam fabulam cum Hemsterhusio, v. ib. p. 596 (2). dixit de hoc loco in mantissa de Lenaeis atticis comm. p. 8 sq. Fritzschius, qui vs. 1 καὶ πρός γε τοὺς ἀσκοὺς θέατρον εἰς μέσον κτλ. Mein. ed. min. in fine versus pro τάχα etiam μέγαν suppleri posse coniecit, quod ignorabat Herwerden p. 58. ἀσκὸν Suidae A. V. ἀσκῶν C. Vs. 3 ἀπορρέουσιν Ven. schol. qui addit ἀποκεκλεύσματα. de καχάζειν cf. Lob. Aiac. p. 155. parall. 553. Ellendt lex. Soph. I 941. Dionysii fr. I 3 ἑαυτὸν εὐόργητος in ed. min. cum Casaubono et Dind. scriptum. Vs. 2 ita componebat Hirschigius p. 6: καὶ τοῖς κόλαξι πᾶσι, τοῖς σκώπτουσι δέ | εἰς αὑτὸν εὐόργητος. conferebat Nicol. fr. 4, 580 (vs. 31) ἔπειτα δεῖ σκωπτόμενον ἐφ' ἑαυτῷ γελᾶν, apud Eubulum vs. 4 τούτους μόνους hoc unum hominum genus respici intellegens. ad fr. III cf. addend. p. 82. annot. l. 6 codd. παρθενεύεις ἕξεις μ. χ. ad Platonis fragm. v. suppl. p. XCVIII. l. 13 Marklandus σ' εἴσῃ μοι χ. Euripidea v. apud Nauckium fr. p. 317. p 219, 9 v. Schneidewinum de Laso Hermionensi, Gottingae 1842, qui 'ne Lasum quidem Hermionensem aversatum esse' scribi debuisse dixit p. 14. p. 220 Dolonis fr. I 3 ὑπεδησάμην correctum infra p. 82 et in min. ed. p. 221, 12 λέγεται e Photio p. 91 10 Gaisf. λ' D. M. Etym. Gud. 261 56 (corrige ed. min.) Θηρίκλειον, σημαίνει τὸ Θηρικλέους ποτήριον, ὡς φησὶν Εὔμυλος (Εὔβουλος Marckscheffel v. add. p. 82). ib. 262 1: Θηρίκλειον, εἶδος ποτηρίου ἀπὸ τοῦ ποιήσαντος αὐτὸ Θηρικλέους, ὡς φησὶν Εὔβουλος, ὁ τῆς μέσης κακίας (κωμῳδίας Sturz.) ποιητής. l. 18 v. Welckeri opusc. III p 514 sq. fr. III apud Poll. II 29 Bk. ἔλεγον δὲ καὶ πρὸς φθεῖρα κείρεσθαι τ. π. κ. p. 222 Ἠχώ. Vs. 1 νύμφα ἀπειρόγαμος revocandum v. infra p. 82. annot. l. 3 scr. ἀρχαίοις ad p. 223 cf. infra p. 82. ad Ionis fr. I annot. l. 7 ὡς ἕτερον ὃν παρὰ τὴν λοπάδα τοῦτο τῷ σχήματι cum Iungermanno Bekkerus. fr. II 2 λιμνοσώματοι] λιπαροσώματοι Hirschigius p. 6, λειοσώματοι cum Valckenerio Cobetus mnem. V 90 componens Aristophanis 2, 1039 (20) λεῖος ὥσπερ ἔγχελυς. cf. Eupol. 2, 565 (52). 'Vs. 3 malim παρῆσαν' Mein. ed. min. de ἐμπίμπλαται fr. III dixit Cobetus l. c. p. 93 sq. p. 225 1 ἔσω: cf. supra p. LXII. in Campylionis fr. I Cobetus mnem. IV 107 'cuius lacerae tantum, inquit, laciniae ex antiquo codice describi potuerunt, suspicor olim non λοπάδα τοῦ θαλαττίου γλαύκου lectum fuisse sed τοῦ θαλαττίου θεοῦ Γλαύκου.' p. 226 (2) annot. l. 8: Welckeri opusc. III 511. ad fr. III cf. Eustathii p. 987 25: διὸ καὶ Εὔβουλος οὐ κατὰ μῦθον μέν, ἄλλως δὲ σεμνότερον, ἀποστερεῖ πτερῶν τὸν Ἔρωτα, ὡς οὔτε κοῦφον οὔτε ῥᾴδιον ἀπαλλαγῆναι τῷ φέροντι τὴν νόσον, βαρὺν δὲ κομιδῇ. fr. IV 2. 3. 4 Herwerden p. 59 requirebat singularem numerum. p. 228 (6) Ἀνιοκκάς Lobeck. path. proll. p. 308 (ubi Zenobii locus est VI 10. Mein. choliamb. p. 151). Suidae glossam Περίμανως ex ordine removerunt Gaisfordus et Bernhardy. *Κατακολλωμένου* fr. I scr. *ἐξ οἴνου συχνούς.* fr. V Eubulus *διατοιχεῖν* videtur dixisse, modo recte rettulerim ad hunc auctorem quae Bekkeri Pollux I 114 habet *ἐρεῖς δὲ καὶ*

διατοιχεῖν ἔδει.

deerat *ἔδει.* ad fr. VI scr. Aeschyli Pers. 382. *Κερκώπων* fr. II 3 *πλήρει βορᾶς* Herwerden scribendum proponebat p. 59, afferens Arist. Eq. 416. Ephipp. 3, 338 (v. 3). Vs. 5 num *πολλὰ δὲ βδέων ἀνὴρ* scriptum fuerit? Attigit h. l. Fritzschius Ran. p. 113. de *Κορυδαλοῦ* fragmento dictum supra p. XVIII. p. 231 *Κυβευτῶν* fr. I 2. 3 vide infra addend. p. 82. Hermann. 'n. jen. allg. lit. z.' 1842 p. 512. pro *παρά* vs. 2 *πάτερ* scribendum suspicatur Herwerden p. 67. ad extr. paginam cf. Welckeri opusc. III 509. p. 232 (2, 2) *κήρυνος*] in ed. min. haec annotavit Meinekius: 'forsan *Κήρυκος*, quod viri nomen est apud Stephan. Byz. v. *Γέρασα* et Theognostum Crameri II p. 60 15.' Photium p. 134 5: *Κάρυννος: βόλων ὀνόματα (βόλου ὄνομα)* Nauckius attulit philol. VI 417. ib. *κυνωτός* Mein. ed. min. *κυνῶτες* Bk. l. 3 a f. apud Theognostum Cram. II 21 22 Lobeckius path. proll. 263 '*κυνώτας βόλου ὄνομα,* quod Pollux testatur.' de *ὄνομα* vocis in *ὄνος* corruptione cf. Mein. Vind. Strab. p. 74. adde Etym. m. 659 39 *ὁ πελίας ὄνος*, Gaisf. cf. cod. V: *ὁ Πελίας ὄνομα*, idem Nauck. Ar. Byz. p. 223. *ὁ πελίας ἄνθρωπος* Havn. cod. 1971, h. e. *ανος*. hinc corrige Wilhelmi Papii lex. vol. II v. *πελιάς*. p. 233, 3 'vulgo legitur *ἁρματίαι*' ad fr. III cf. Fritzsche Ran. p. 229. p. 235 (3, 4) *παρ' ὑμῖν.* p. 236 ad Medeae fr. Toeppelius progr. p. 15 recte attulit Euripidea ex Oreste 37: *ὀνομάζειν γὰρ αἰδοῦμαι θεάς Εὐμενίδας.* p. 237 ad Mysorum fr. scr. 'Athenaeus X' *Ναννίου* vs. 3 scr. *ἥλιον* | *γυμνὰς* vs. 8 *λαθραίαν κύπριν, αἰσχίστην νόσων* 'tragoediae imitatio ex metro apparet' Nauck. trag. fr. p. 674. annot. l. 3 vide hist. cr. p. 342. p. 239 *Νεοττίδος* fr. vs. 3 ita scripsit Cobetus Orat. p. 65:

ἔχων φιάλιον τῷδε B. πολλὰ γίγνεται
ὅμοια.

v. mnem. IV 116, ubi illud fragmentum 'intelligi non potest, inquit, nisi haec verba sic distribuantur, ut pater dicat: ἀτὰρ ὡς ὅμοιον οὑμὸς υἱὸς ᾤχετο ἔχων φιάλιον τῷδε, deinde alius nascentem suspicionem avertens aut elevans respondeat: πολλὰ γίγνεται ὅμοια.' Xuthi fr. ita supplebat Cobetus mnem. V 83:

τί ποτ' ἔσθ' ἁπαξάπαντα διαπεπρισμένα
ἡμίσε' ἀκριβῶς ὥσπερεὶ τὰ σύμβολα;

annot. l. 1 scr. Med. 600. p. 240 Vlixis vs. 1 scr. ὁ δ' ἱερεὺς εὐηγορῶν v. infra p. 82. ad annotationem in ima pagina ascriptam cf. Mein. de Moschione 'monatsber. d. k. pr. akad.' 1855 p. 105. Nauck. trag. fr. p. 633 sq. p. 241 Olbiae fr. inter duas personas divisit orationem Toeppel. p. 12: σῦκα, B. κλητῆρες, A. βότρυς, | γογγυλίδες, ἄπιοι, μῆλα, B. μάρτυρες, A. ῥόδα, | μέσπιλα, χόρια, σχαδόνες, ἐρέβινθοι, B. δίκαι, | A. πυός [ita ed. min. cf. infra p. 18. supra p. XXXVII], πυριάτη, μύρτα, B. κληρωτήρια, | A. ὑάκινθος, ἄρνες, B. κλεψύδραι, νόμοι, γραφαί. p. 242, 2 πυριάτη cf. Mein. ad Alciphr. p. 168. Ὀρθάνης. fr. I 8 cf. infra p. 82. annot. l. 4 scr. 'Vs. 2' p. 243, 14 ὑπὸ ζυγοῦ defendit Krügerus gr. gr. II 69 77 4 (68 43 1). l. 18 scr. 'Miles. I 16.' extr. annot. de ᾱ et ε̄ vocalium μεταλήψει cf. Mehlhornii gramm. gr. p. 116. de πιάζω Herod. μ. λ. 44 i. e. p. 153 Lehrs. Lobeck. Ῥημ. 223. fr. II 2 μαγνῆτις γάρ | λίθος ὡς ἕλκει τοὺς πεινῶντας. hunc locum Meinekius annotavit commemorari potuisse a Salmasio Exerc. Plin. p. 775 et Buttmanno in museo antiq. stud. II p. 6 sqq. 'utpote in quo manifesto μαγνῆτις λίθος idem sit lapis quem nos magnetem vocemus.' Caeterum cf. Leutsch. paroem. II p. 172. Zenob. IV 22. Diogen. V 2. Euripideum fragmentum apud Nauckium est p. 425. p. 244, 4 scr. 'Campyl. Fragm. IV 2.' fr. II corr. καρῖδα καθῆκα in annot. corr. cod. B lectionem ita καθήκατω p. 245, 1 ad Pamphili fragm. cf. add. p. 82. annot. l. 1 corr. Athenaeus XI l. 4 ad vs. 6 haec nuper annotavit Cobetus mnem. IV 134: 'homines docti δή expunxerunt, ut metri ratio constaret scilicet. at nihil sic profecimus: superest δή ex antiquo compendio, quo δηλονότι significari solebat, vide Bast. comment. palaeogr. p. 725. nempe ad ξηραίνεται adleverat Graeculus δηλονότι κενὸς ὤν, quibus omnibus Eubulus melius carebit.' l. 6 scr. 'cod. Hurald.' hic et min. ed. Παννυχίδος fr. hoc modo ex ipso Athenaeo supplebat Cobetus mnem. V 90:

ἢ τὰς φιλῳδοὺς κερμάτων παλευτρίας
οὐκ οἶσθα πώλους Κύπριδος;

ad annot. cf. infra p. 83 et vol. III p. 574. p. 247 in Procridis fr. I vs. 1 οὔκουν ὑποστορεῖτε et vs. 6 propositum a Meinekio p. 248 ἀλείψετ' pro ἀλείψατ' restituebat Toeppelius in progr. anni 1851 p. 15. 16, quemadmodum utrumque etiam Cobetus mnem. IV 307 scribi iussit, qui eodem vs. 6 τῷ Μεγαλλείῳ μύρῳ reponebat ib. p. 261. ad vs. 3 ξυστίδα cf. supra Antiph. 3, 52 suppl. Vs. 4 εἶτα χόνδρον v. infra 82. p. 248 fr. III cf. p. 83. annot. l. 1 scr. (δεδειπνάμεν) caeterum v. add. l. c. p. 249 annot. l. 1 scr. Athenaeus II l. 9 scr. 'ὁ δ' ante ὄγδοος addidit Casaubonus.' ad ea quae sequuntur cf. Hermanni elem. d. metr. p. 134 sq. p. 250 (3) cf. infra annotata p. 83 de ἐπιπόλαιον vs. 2, de γλυκεῖαν item de μηρία vs. 3. vide min. ed. ubi vs. 3 hic est: οὐκ ἐσθίω γλυκεῖαν οὐδὲ μηρία. G. Hermanno Eubuli versus ita scribendi videbantur Aeschyli vol. II p. 101:

πρῶτον μέν, ὅταν ἐμοί τι θύωσίν τινες,
θύουσιν αἷμα, κύστιν· οὐ μὴ καρδίαν,
μηδ' ἐπιπόλαιον. οὐκ ἐγὼ γὰρ ἐσθίω
γλύκιον οὐδὲν μηρίων;

novum Eubuleae fabulae elogium h. l. apponemus ex Darembergii libro 'notices et extraits' p. 215 petitum:

ΣΚΥΤΕΥΣ

schol. Hippocr. epidem. V § 7 de κοχώναις agens allatis ex Aristophane Eupolide Cratete testimoniis ita orationem conclusit: μέμνηται καὶ Στράττις ἐν Χρυσίππῳ, καὶ Εὔβουλος ἐν Σκυτεῖ. cf. gött. g. a. 1852 p. 424, ubi ex pr. ed. Εὔβουλος ἐκ Σκυτειῶν (σκυτέων Daremb) affertur. p. 251, 13 Ionis fragm. v. ap. Nauck. trag. fr. p. 574. ad fr. II 1 cf. infra p. 83. vs. 2 Hirschig. p. 7. vs. 3 Cobet. V. L. 130. p. 252 (3, 3) pro γρυπότατον Hirschig. p. 7 ὑγρότατον. annot. l. 4 Photio disertior Harpocratio p. 130 13. p. 253 cf. infra

83. fr. V *Εὔβουλος* Casaubonus, libri *Εὔπολις*. p. 254 (8) *μανθάνεις*, ed. min. Caeterum scribendum 'Herodianus pros. Iliaca *Π* 234.' p. 255 v. add. 83. annot. l. 8 scr. 'Vs. 2' vs. 17 sqq. cf. Eustathius Il. p. 1343 18: *γέρων οὐ μόνον ἡλικίας ὄνομα τῆς κατ' ἄνθρωπον, ἀλλὰ καὶ ἀκάνθης ἐπάνθημα κατὰ τὸν δειπνοσοφιστήν, ἐφ' ᾧ καὶ αἴνιγμα ἦν τό "κἂν γέρων ᾖ, ἄπτερος ὢν κούφως πέτεται." διὸ καὶ χαίρουσιν αὐτῷ παῖδες φυσῶντες ὡς πέτεσθαι. ὁ δὲ τοιοῦτος γέρων ἀστείως καὶ πάππος ἐκλήθη "λευκῆς γήρειον ἀκάνθης" ὢν κατὰ τὸν Ἄρατον* (v. 921). cf. ib. 565 10. p. 257 (2, 3) corr. *ἀμαρακίνοισι* pro *τὸν ἐμόν* Herwerden p. 60 *τὸν ἁβρόν*. p. 259 (4) v. infra 83. ad Titanum fr. scr. Athenaeus VI cum verbis *λοπὰς παφλάζει βαρβάρῳ λαλήματι* Nauckius comparat Eur. Hippol. 1210 *ἀφρὸν* | *πολὺν καχλάζον ποντίῳ φυσήματι*, item Timocl. 3, 602 (3, 3). p. 260 in Chrysillae fr. vs. 2 *ὅστις γυναῖκα δεύτερος* | *ἔγημε* scribendum videri infra dictum p. 83. cf. ed. min. Hirschig. p. 7. Cobet. V. L. 205. Vs. 9 idem mnem. V 91 'corrigendum est, inquit, *Πηνελόπη δέ γε*. in codice enim diserte scriptum *πηνελόπη δὲ μέγα πρᾶγμα*, non *πηνελόπημα δέ*, ut perhibent.' vs. 13 ita distinguebat: *χρηστή-τίς ἦν μέντοι; τίς; οἴμοι δείλαιος*. annot. l. 5 Phaedri pagina est 236[d] Steph. inc. fab. fr. I cf. infra 83. Vs. 8 scr. *ἥκειν*, p. 262 annot. l. 4 adde: 'Vs. 4 *μεγάλους* delet Bothius' 'Vs. 5 idem *ὅν φασί ποτε κληθέντα πρὸς φίλον τινός*' fr. II 6 *πικρὰν στρατείαν δ' εἶδον* (adde vs. 4) infra tuetur Mein. p. 83. cf. ad Mosch. III 111. ad fr. IV. V cf. add. p. 83. p. 264, 1 scr. 'p. 23 a' p. 265 (7) adde Eustath. p. 1167 8: *οὕτω δὲ κατ' Εὔβουλον καὶ τὰ Κνίδια κεράμεια καὶ τὰ Μεγαρικὰ πιθάκνια*. ad annot. imae paginae cf. Mein. in Athen. exerc. I p. 17. annot. l. 11 supra] v. 3, 228. p. 266 (10) Chaeremonis versus v. apud Nauck. trag. fr. p. 611 (17). fr. XII annot. l. 5 scr. 'p. 49 c' l. 12 scr. *γενήσομαι*. fr. XV[a] vs. 8 vulg. *κύλικας εὐζωρεστέρους*: 'forsan *εὐζωρεστέρου*' Mein. ed. min. illud exemplis comparativorum minus mobilium adstruxit Nauckius philol. IX 176 sq. de formatione cf. quae idem in progr. schol. p. 5 sq. composuit. fr. XV[b] vs. 2 Herwerden p. 60 pro *διάπαττε τὴν*

ὀδόν scribendum suspicabatur: διάπαττε τήνδ' ὅλην i. e. τὴν κύλικα. annot. l. 9 scr. Anecd. Ox. l. 10 scr. διαπάττει V. fr. XVI vs. 4 'forsan ὑπογαστρίων' Mein. ed. min.

fr. XVIII Cobetus mnem. V 90 'vitiosum, inquit, est μηρόν, pro quo repone καὶ μηρί' ὥσπερ, ut solent μηρία in sacrificiis commemorari.' V. Godofr. Hermannum ad Aeschyl. II p. 98 sqq. caeterum cf. Thebaidis cycl. fr. p. 551 (3) Welck.

fr. XIX στόρνυται Bk. item ed. min. fr. XX scr. Anecd. Ox. (corr. ed. min.). poetae verba cum Nauckio ita scripta ed. min.

καὶ μὴν οἴκαδε
πολλοστιαῖος ἀποτρέχω, γύναι.

fr. XXII scr. ἀντὶ τοῦ ἀπορία. fr. XXVI p. 272, 1. 2: ita haec distinxit Dobraeum secutus Gaisf. ad fr. XXVII cf. add. p. 84. Toupii emendatt. II 168 attulit Sturzius. fr. XXIX hodie apud Bekkerum ita habet: Εὔβουλος δὲ ὁ κωμικὸς τὸ λαθρίδιον γέννημα προανάσυρμα παρθένου καταγελάστως ὠνόμασεν. 'quod edito multo praestat.' Mein. ed. min. p. XVI.

de Philippo comico (ed. min. p. XVI) v. 3, 216 (3). 238. supra p. XVII. 4, 274. 471. 474. cf. hist. cr. p. 340 sqq.

p. 274 Ararotis fr. Caenei II Platonis loci sunt p. 151 e 161 a 210 b HSt. fr. III annot. l. 3 'similiter dicitur ἀδελφίζειν ... Apolloph... p. 880' supra p. CXXV annotari poterat gramm. Cram. An. Par. IV 94 31, ἀδελφίζειν: ἀντὶ τοῦ ἀδελφὸν καλεῖν, οὕτως Ἰσοκράτης καὶ ὁ Μιλήσιος Ἑκαταῖος καὶ Ἀπολλοφάνης ἐχρήσαντο. fr. IV ἐκεῖνος Campylionis I 3. 4 cf. Eustath. p. 1220 54: εἴρηται γοῦν ἐκτεταμένως τό "χαρῖδες ἐξήλλοντο δελφίνων δίκην εἰς σχοινόπλεκτον ἄγγος." fr. II annot. l. 1 βαυκὸν ἔλεγον Πανὸς γοναί. fr. I Mein. ed. min. 'nisi haec, inquit, ad dimetros trochaicos revocanda sunt.' annot. l. 1 scr. 'p. 175 f' p. 276 Hymenaei fr. I 2 Bothius corrigebat:

ὁ δ' Ἰσχόμαχος ὁδὶ τρέφων σε τυγχάνει.

cf. Cobetum Orat. p. 66, qui 'non διατρέφων sed διάτρέφων legitur in codice et librarius dare voluerat ὁδὶ τρέφων.' adde mnem. V 91. ibidem fr. II ita scripsit Cobetus: ὅπως δὲ τὴν νύμφην ἐπειδὰν καιρὸς ᾖ κτλ. p. 277 in ed. min. p. XVI haec annotavi: 'Ararotis fragmentis adde hoc:

IV

Pollux III 75: ἔργον δὲ δουλικὸν Ἀραρώς. ita Bekkeri libri.' vulgo abest poetae nomen.

p. 280 Nicostrati ex Antyllo fr. II 7 quomodo Dobraeus adv. II 303 (non 302) scripserit v. p. 84. Hirschigius p. 7 comparato Antiphane 3, 147 (34) Nicostratea ita corrigebat: τριῶν κατεσθίοντες ὄντες δώδεκα. idem Cobetus mnem. IV 133 afferens Hermippi fr. 2, 399 (3, 3). Ar. Vesp. 693. Eq. 270 ita scriptum, ὡσπερεὶ γέροντας ὄντας καὶ κοβαλικεύεται. Acharn. 224. idem in codice testatur esse ἤδη κατεσθίοντεσ· οὐδεδωκάγε. 'futiliter aliquis, inquit, ἤδη inseruit, caeteraque, quum vetus scriptura non satis appareret, conformavit ut potuit.' fr. III 2 de forma καθαρείως sim. dixit Cobetus Orat. p. 126. mnem. IV 261 sq. p. 281, 5 etiam apud Strabon. l. c. καθαρείως edidit Meinekius, cf. Vindic. Strab. p. 28. 238. fr. IV annot. l. 1 scr. ταγηνιστὰς σηπίας Ἀπελαυνομένου vs. 3 apud Cobetum mnem. IV 245 est μηδ' αὐτὸν κτλ. p. 282 Βασιλέων vs. 1 etiam λιτή pro λοιπή scribi posse Mein. ed. min. significavit. Vs. 2 εὐπαρύφου: cf. Poll. IV 148. VII 46. Διαβόλου vs. 2 τουτὶ γὰρ ἐὰν πύθωμ' ἔτι cum Iacobsio Cobetus mnem. V 91. p. 283 Ἑκάτης fr. I Pollucis VII 162 verba haec sunt: στάμνοι σταμνίσκοι, ὅθεν εἴρηται ἐν τῇ μέσῃ κωμῳδίᾳ κατασταμνίζειν τὸν οἶνον τὸ κατερᾶν. p. 284. Κλίνης fr. I 2 Mein. ed. min. λευκός· τὸ δὲ πάχος ὑπερέκυπτε τοῦ κανοῦ, hoc cum Hanovio, vs. 4 ipse ita correxit:

ἄνω 'βάδιζε καὶ μέλιτι μεμιγμένη

fr. II δυσχερὴς λάγυνος: cf. Mein. in Ath. exerc. spec. II p. 29. Μαγείρου vs. 2 θρῖον δὲ καὶ κάνδαυλον: attigit haec Fritzschius Ran. p. 88. p. 285 Οἰνοπίωνος fr. cf. infra p. 84. Πανδρόσου fr. I in min. ed. ita scriptum, ut ex Dobraei coniectura hac pagina proposuerat editor. Vs. 3 παρ' Ὠκίμου Cobetus mnem. V 92 allatis Anaxandride 3, 190 (2). Cratino 2, 73 (1, 8). Cratino min. 3, 379 (3). Theophrast. char. IV καὶ τῆς αὐτῆς ὁδοῦ παριὼν κομίσασθαι παρ' Ἀρχίου τοὺς ταρίχους. fr. II 3 de crasi cf. Ahrent. p. 13. Vs. 4 Chaeremonis memoriam v. apud Nauck. trag. fr. p. 607. p. 286 Πατριῶται. Vs. 1 οὐκ τῶν γειτόνων: cf. Sauppii epist. crit. p. 106 sq. p. 287 Τοκιστοῦ vs. 2 κατὰ χειρός h. l. de lavatione post coenam data intellegit Cobetus mnem. IV 100. dixit de hisce formulis praeter Cobetum etiam Nauckius Ar. Byz. p. 251 sq. Ψευδοστιγματίου vs. 2 Bergkius 'malim ποιοῦ.' p. 288 inc. fab. I Meinekius pro σωφρονέστεραι in Stobaeo suo dedit ἐμφρονέστεραι, eidem pro ἐλέγοντ' fortasse ἐγένοντ' scribi posse videbatur ad Mosch. III 38:

ἐγένοντ' ἂν ἡμῶν ἐμφρονέστεραι πολύ.

fr. II 1 v. monost. 697. Philippid. 4, 472. Nauck. Eur. fragm. p. 447. fr. IV cf. add. p. 84. p. 289 (5) ἆρ' οἶσθ' ὅτι '(τὸ) τῆς πενίας ὅπλον ed. min. cum Hermanno v. p. 84. fr. VII annot. l. 9 scr. 'Etym. m. p. 206 15.' p. 290 cf. infra 84. l. 2 scr. ἔνδοθι fr. IX Cobetus corrigebat βλοσυρὰν γε τὴν τέχνην ἔχεις. v. mnem. IV 258: 'lena erat, inquit, ut suspicor.' p. 291 (13) Σωσιφάνης ὁ τραγικός: v. ap. Nauck. trag. fr. p. 638. pro Nicostrato Heckerus philol. V 428 Νικοκράτης restituebat: de quo scriptore cf. Westermann. ad Voss. hist. gr. 475. Iahn. ad Censor. p. 88. n. rhen. mus. VI 636.

Nicostrati fragmenta

XV. XVI

vide infra p. 84. alterum στρῆνον (ita apud Photium προπερισπᾶται) ex Etymol. m. 730 21 attulit Stiehle philol. X 170: στρηνόν· οἱ μὲν τὸ ὀξὺ καὶ ἀνατεταμένον· Νικόστρατος δὲ τὸ τραχὺ καὶ προσαντες τῇ ἀκοῇ φθέγμα. Nicostratum autem musicum intellegit Stiehlius propter fragm. Censorino ascriptum p. 87 ed. O. Iahn. ubi v. editorem. cf. n. rhen. mus. VI 636. στρηνές explicat Lobeckius path. el. 1, 132. de accentu v. Arcad. 63 18. Steph. Byz. 587 1.

Philetaerus. p. 292 cf. infra p. 84. Ἀσκληπιοῦ fr. I annot. scr. μετανιπτρίδι fr. II corr. Athenaeus VIII Atalantae vs. 1 κἂν δῇ: cf. Fritzsche Ran. p. 152 sqq. Vs. 3 ὑπερδραμῶ plane deletum vult Herwerden p. 60: 'e versu praecedente, inquit, cogitando suppleas ὑπερβαλῶ.' p. 293 Ἀχιλλέως fr. vs. 1 ita distinguebat Meinekius ed. min. p.

XVI: Πηλεύς· ὁ Πηλεὺς δ᾽ ἐστὶν ὄνομα κεραμέως: 'ludit, opinor, inquit, Euripidem Iphig. Aul. 701: Πηλεύς· ὁ Πηλεὺς δ᾽ ἔσχε Νηρέως κόρην.' Vs. 2 Κανθάρου: 'vereor ne Athenaeus male intellexerit poetam; κάνθαρος pauperculi hominis fuisse videtur convicium. consors erroris Hesychius.' Mein. ed. min. adde Polluc. VI 96. Welckeri opusc. III 510. Vs. 3 ἀλλ᾽ οὐ τυράννου μὰ Δία ed. min. p. 294 Κυναγίδος I 2 ἀηδὴς Τέλεσις pro ἀειδὴς scribebat Herwerden p. 61. Vs. 6 Κορώνας cf. ad Ephipp. 3, 335 (1, 13). annot. l. 1 scr. p. 587e. p. 295, 2 scr. Hesiod. Theogon. 244. fr. II annot. l. 3 scr. VII p. 280c. l. 9 Φορμίσιον cf. Fritzsche Ran. p. 317. p. 296 Meleagri fr. οὐ πρὸς γυναικὸς ὁ καιρός Hirschig. p. 8. annot. l. 4 scr. ἀμπαλίνωρον p. 297, 4 a fine scr. 1156 48. p. 298 annot. l. 7 Πιθακνίων: vulg. Πιθακίων, cf. Lob. path. proll. 317. C. Keil. 'n. jahrb. f. philol. u. paedag.' LXVIII p. 67. Terei fr. I annot. l. 5 scr. τὸν κατὰ δύο καὶ τρεῖς ἀκράτου. p. 299, 12 de Eubulo cf. add. p. 83. Φιλαύλου vs. 1 αὐλούμενον 'tibiae cantu delinitum' annot. l. 4 scr. Apollod. Caryst. Ath. VII p. 280 f. adde Xenoph. Anab. V 9 11 (Athen. I p. 16ᵃ). Cyrop. IV 5 7. Platon. Legg. 791ᵃ. Aristot. probl. XIX 1 διὰ τί οἱ πονοῦντες καὶ οἱ ἀπολαύοντες αὐλοῦνται; Theophr. char. XI (p. 8 41) Dübn. Aelian. V. H. 3 14. cf. καταυλεῖν. καταυλεῖσθαι. Bernhardy synt. 342. Iacobs. ad Ael. A. N. 12 44. Pflugk. ad Herc. fur. 871. p. 300 (1) Emperii coniecturas v. infra p. 84. creticos latere suspicabatur Cobetus mnem. IV 126: 'priora, inquit, manca et mutila sunt: caetera sic dispono (p. 127):

οὐ καθήσεις, τάλαν,
μηδ᾽ ἀγροίκως ἄνω τοῦ γόνατος ἀμφιεῖ;'

p. 301 Amphidis Athamas. Vs. 1 corr. min. ed. vitium εὐνοϊκώτερον Vs. 3 καταφρονοῦσ᾽ sumto spiritu exemplis munivit Meinekius Vind. Strab. p. 65. Vs. 4 ita legendum arbitrabatur Cobetus mnem. IV 246:

ἡ δ᾽ οἶδ᾽ ὅτι ἤτοι τοῖς τρόποις ὀνητέος
ἄνθρωπός ἐστιν ἢ πρὸς ἄλλον ἀπιτέον.

ad Alcmaeonem fabulam referendum videtur quod in anonymorum poetarum reliquiis erat (4, 681) Pollucis II 33 *παρακόμους δὲ τοὺς κομῶντας Ἄμφις εἴρηκεν ὁ κωμικός*. ita haec edidit Bk. p. 362 (1, 4) *αὐτὸν λέληθε παραπλέων τὰς σ.* in Stobaeo suo nunc edidit Mein. in Amphicrate Cobetus mnem. IV 116: 'verba *πρόσεχε δή*, inquit, non servuli sunt, sed heri respondentis, et quod ille nesciat aperire parantis.' atque ita in editione Diogen. scripsit. p. 303 *Γυναικοκρατίας* fr. *παῖζε* obscoeno sensu accipiendum esse iudicat Herwerden p. 61. idem *Γυναικομανίας* vs. 5 *τὼ-νόματα τῶν δώδεκα θεῶν* requirebat p. 62. Vs. 2 *βίον ἀληλεμένον*: ex Thucydide huius formae exemplum infra v. p. 84. alterum ex anonymi Oecon. p. 1350ᵇ 9 addidit Krügerus. Herodoto VII 23 eandem restituebat Cobetus V. L. 132, qui apud Athenaeum 'in unico, inquit, codice antiquo Marciano est *βίον ἀληλεμενον αἱ τοῦτεκεινὲςιν*.' p. 304, 14 Eustathii verba haec sunt: *ἐξήνεγκε παροιμίαν τὴν ἀληλεσμένον βίον ζῇ ἐξ ἀγρίου καὶ ἀκανθώδους τοῦ πρότερον· ὃν δηλοῖ τὸ "οὐ γὰρ ἄκανθαι."* cf. Leutsch. ad Zenob. I 21. paroem. II p. 95. fr. II l. 2 a f. scr. 'p. 402 12.' p. 305 in *Δεξιδημίδου* fr. 'scribendum *ὡς οὐδὲν ἦσθα πλὴν σκυθρωπάζειν μόνον*. ita enim haec apud Suidam v. *σκυθρωπάζειν* scripta sunt. vide Bernhardium ad Suidae verba.' Mein. ed. min. p. XVII. *ἦσθα* apud Diog. La. Cobetus. p. 306 *Διθυράμβου* fr. I 6 *διὰ τί δ' οὐκ ἄγεις | εἰς τὸν ὄχλον αὐτόν;* scripsit ex B in ed. min. Meinekius. ad vs. 8 haec annotata: '*πάντ' ἀνατριαίνωσι* PV, *πάντα πράγματ' ἀνατριαίνωσι* L. in quibus *πράγματα* e Casauboni coniectura fluxisse videtur: *ἀνατριαινώσει* recte scripsit Dindorfius. forsan *ὅτι πάντα πάντως ἀνατριαινώσει κρότος*, in quo *κρότος* verum puto.' *πάνθ' ὁ γίγγρας ἀνατριαινώσει κρότοις* coniecit Bergkius. p. 307 (2) vs. 2 *ὡραῖον φιλῶν* ed. min. cf. infra p. 85. in *Ἑπτά* fabula scr. *κρανίων μέρη* annot. l. 2 *Γλαῦκοι* p. 308 *Ἐρίθων* fr. I 3 *ἐπίσταμαι* etiam Vindob. qui vs. 4 *σαφῶς*, quod in Stobaeo suo reliquit Mein. idem fr. II *συχνοῖς* recepit ed. min. *Ἰαλέμου* fr. I 2 Herwerden p. 62: *ἂς εἰ φάγοι τις κἀντὸς ἑξήκοντ' ἐτῶν* 'vel sexagenario minor.' Vs. 4 *στρέφοιθ'*: de optativo cf. Krügeri gr. gr. II p. 247. p. 309, 20 Herodiani apud Lehrsium pagina est 359. l. 21 scr. 'p. 195 7' p. 310 *Κυβευταί.* apud Poll. *σκιράφια· καὶ τὸν σκιραφευτὴν Ἄμφις εἴρηκεν ἐν τοῖς Κυβευταῖς* Bk. de Stephano Byz. v. Mein. I p. 575, ubi *τὸ σκιραφεῖον* edidit et ad **σκίραφος* haec annotavit: 'nisi malis *σκιροφορ[ιών. καὶ ὁ σκίραφ]ος* cll. Strab. 9 p. 393: *ἀφ' οὗ* (Sciro) *Ἀθηνᾶ τε λέγεται Σκιρὰς καὶ τόπος Σκίρα ἐν τῇ Ἀττικῇ καὶ ἐπὶ Σκίρῳ ἱεροποιία τις καὶ ὁ μὴν ὁ Σκιροφοριών.*' p. 311, 3 *ἐν ἱεροῖς ἀθροιζόμενοι ἐκύβευον.* l. 9 de schol. Av. 1297 v. infra p. 85. cf. Dindf. l. c. Phot. 350 14. 23. schol. Plat. p. 387 Bk. *Ὀδυσσέως* vs. 2 *Μεγαλλείῳ* Cobetus Orat. p. 127. mnem. IV 261. p. 312. *Οὐρανός.* priorem Porsoni coniecturam, *εἰς τὴν ἑσπέραν χορτάζομεν | ἅπασιν ἀγαθοῖς,* a Dindorfio receptam nuper probavit Cobetus mnem. IV 128. annot. l. 1 scr. 'p. 100 a' in *Πανὸς* fragmento ed. min. ita habet:

ἀτελὲς δὲ δεῖπνον οὐ ποιεῖ παροινίαν.

p. 313 *Πλάνου* fr. I 6 *ἔκυψεν ὥσπερ Τήλεφος*: cf. infra p. 85. Nauck. trag. fr. p. 35. 531 (996). Vs. 10 cf. p. 314, sed pro iis quae sunt l. 25 in ed. min. haec proposuit Meinekius:

ἔκρουσε πουλύπουν τίν'· ὁ δὲ ἐπρήσθη . .
. . . . οὐ λαλῶν ὅλα-

ad annotationem ima pagina ascriptam cf. de epanalepsi illa Friedlaenderi Aristonicum p. 113. *Ζ* 64. *Φ* 349. Sophoclea v. in dubiis Nauckii p. 285. Vs. 12 ita cum libris dedit ed. min.

ὀβολῶν γένοιτ' ἄν· ἡ δὲ κέστρα; κτὼ ὀβολῶν·

confert Ahrent. de Crasi p. 13. p. 315, 6 scr. 'δ' B.' l. 8 scr. 'ibidem' pro 'Vs. 13' l. 14 *ταρτημόριον*: cf. in Athen. exerc. II p. 31. supra p. CIX. fr. II cf. infra 85. p. 316 *Φιλαδέλφων* fr. I 3 *ἐν τῷ μετώπῳ νοῦν ἔχειν* cf. ea quae ad Eupol. 2, 465 annotata sunt. Fritzsch. Ran. p. 211. Stob. ecl. eth. II p. 28: *ἰδών τινα Πλάτων φαῦλα μὲν πράττοντα, δίκας δὲ ὑπὲρ ἑτέρων λέγοντα εἶπεν 'οὗτος νοῦν ἐπὶ γλώσσῃ φέρει.'* annot. l. 4 scr. 'Vs. 2' ad fr. II cf. add. p. 85. *Φιλεταίρου* vs. 1 *καθαρείως* Cobet. mnem. IV 261. 262. inc. fab. fr. I ita dedit ed. min.

ποδαπὸς εἶ; φράσον.
. . . . Β. Ἀκάνθιος. Α. εἶτα πρὸς θεῶν

Vs. 2 'forsan excidit *B.* *ὁποδαπός εἰμ'*;' ad vs. 4 *τῶν πολιτῶν* v. add. 85. item ad fr. II 3 vide ibidem annotata. p. 318 fr. IV annot. l. 3 scr. *γινομένου* fr. VI 1 Cobetus mnem. V 92 cum Athenaeo *ὁ συκάμινος συκάμιν'*, *ὀρᾷς*, *φέρει* apud Pollucem I 233 verba *κρανία*, *μέσπιλα* ab Amphideis segregarunt Bekkerus, Nauckius 'allg. l. z.' 1848 p. 504. p. 320, 11 *vexaretur Dianae* p. 321 ad Amphidis fragmenta in min. ed. accessit Pollucis II 33 notitia, quam supra ad Alcmaeonem referebam. alterum fragm. idem Pollux habet III 36 *διαπαρθένια δῶρα* v. infra p. 85. auctoris nomen Kühnii, Iungermanni, Falckenb. codd. *ἀμφίας* scribunt, *ἀγίας* Par. A. *Ἄμφις* Iungermanni edidit Bk.

p. 323 Ephippus. in Geryonis fr. I 2 fort. *οὐ δὴ μέτριον* scribi posse in add. significatum p. 85. Vs. 6. 7 in min. ed. cum Schweighaeusero datum: *καὶ περιοίκους εἶναι ταύτῃ* | *Σίνδους κτλ.* de accentu v. Meinekii ad Steph. Byz. I 569 27 annotationem. Vs. 10 sqq. ita compositi in min. ed. *καὶ προσάγοντας*, | *καθόσον πόλεως ἕστηκεν ὅρος* | *τῆσδ'*, *ὑποκάειν*, *λίμνην δ' ἐπάγειν κτλ.* Vs. 19. 20 pro eo quod in annot. propositum est, *ψυχρὸν τουτί·* | *παύου φυσῶν*, Cobetus V. L. 265 scribere malit: *ψυχρὸν τουτί.* | *παῦ' οὖν φυσῶν*: 'nusquam alibi, inquit, apud veteres legi *παύου*, quo soli Graeculi sequiores abutuntur.' Vs. 21 Bothius *μὴ προσκλαύσῃς*. p. 325 fr. II 9. 10 corr. *τευθίσιν σηπίδια*, | *πιλεῖν τε πολλὰς κτλ.* de *πιλεῖν* cf. supra p. CV. CVI. p. 326 (3) *συναγώγιμον* | *συμπόσιον ἐπιπληροῦσιν*: cf. Mein. ad Men. reliq. p. 58. *Ἐμπολῆς* fr. I 1 'malim *ἔπειτα δ'* vel *ἔπειτ' ἂν*' Mein. add. p. 85: 'loquitur enim de eo quod solet fieri.' ed. min. ib. vs. 5 *τοῖσι στρουθίοις* | *χανοῦσ' ὁμοίως*, *ἧσε* correctum. 'similiter, inquit, Bothius *χαίνουσα*, qui *εἷσε* coniicit pro *ἧσε*.' p. 328 (2) annot. l. 1 scr. Athenaeus XI p. 329 (3) annot. l. 3 *ζωρότερον δὲ κέρασε* hodie scribitur. Cydonis fr. I 2 *κεφάλου*, *πέρκης*, ed. min. v. h. l. annot. p. 330. Vs. 4 *φάγρος* annot. l. 9 scr. 'Vs. 4—7 *μύλλος* usque ad *ὀρφώς* habet etiam Mnesimachus' v. 3, 570 (v. 40—43). p. 331, 25 est fragmentum Demadis (p. 315 7. 20 Saupp.), *παρέλαβον τὴν πόλιν οὐ τὴν ἐπὶ τῶν προγόνων* τὴν 'Μαραθωνομάχον (Cobet. V. L. 182), ἀλλὰ γραῦν σανδάλια ὑποδεδεμένην καὶ πτισάνην ῥοφοῦσαν. l. 28 Διὸς ἐγκέφαλος cf. Fritzsch. Ran. p. 85 sq. p. 332 Ναυαγοῦ vs. 2 ὑπὸ Πλάτωνα καί] ὑποπλατωνίκων infra coniectum p. 85. 'forsan ὑποπλατώνικος. cf. Timo Sill. 19 3 ὑπάττικος εἰρωνευτής de Socrate.' Mein. ed. min. Vs. 3 'fortasse tertius casus Βρυσωνοθρασυμαχειοληψικερμάτῳ restituendus.' Mein. ibid. annot. l. 1 scr. Ναυαγῷ p. 333, 3 Aristotelis p. 1400b 18 haec sunt: καὶ ὡς Κόνων Θρασύβουλον θρασύβουλον ἐκάλει, καὶ 'Ηρόδικος Θρασύμαχον "ἀεὶ θρασύμαχος εἶ" καὶ Πῶλον "αἰεὶ σὺ πῶλος εἶ." de Thrasymacho Chalcedonio sophista C. F. Hermannus scripsit ind. schol. hib. Gotting. 1848. 49: v. p. 3. 7. 8. 9. ib. l. 2 a f. Phaedri Platonici pag. est 239D H.St. ubi ἀλλοτρίοις χρώμασι καὶ κόσμοις χήτει οἰκείων κοσμούμενον: illud χρώμασι καὶ σχήμασιν Plutarchus, cf. Ruhnk. Tim. p. 275. p. 334. 'Ομοίων fr. I vs. 2 Cobetus apud Hirschig. p. 8, item mnem. IV 314 ita scripsit: B. φράζε δέσποτα pro δή (δέ) ποτε. quae sequuntur, in min. ed. ita distincta: A. μὴ πολυτελῶς, ἀλλὰ καθαρείως. ὅ τι ἂν ᾖ, | ὁσίας ἕνεκ' ἀρκεῖ. τευθίδια σηπίδια (cf. add. p. 86) κτλ. Vs. 7 sqq. ita ib. scripsit Meinekius:

ἐγχελύδια
7 Θήβηθεν ἐνίοτ' ἔρχεθ', ἐν τούτων λαβέ,
ἀλεκτρυόνιον, φάττιον, περδίκιον,
τοιαῦτα. δασύπους ἂν τις εἰσέλθῃ, φέρε.

ac versum septimum de coniectura mutavit, vs. 9 Personum secutus est. Iacobsii ἔρχεται, τούτων λαβέ nuper Cobetus probavit mnem. IV 314, qui ad vs. 9 'neque ἐπέρχομαι, inquit, neque εἰσέρχομαι in ea re habet locum. requiritur simplex, requiritur perfectum: ecce emicat:

δασύπους ἂν τις ἐληλύθῃ, φέρε.'

p. 334 extr. scr. 'antepaenultima - producta' p. 335 fr. II 1 εἰ δράματ' ἐκμαθεῖν δέοι | καὶ Δ. ed. min. p. 336 cf. add. 86. l. 6 Dionysii reliquias tragoediarum v. ap. Nauckium trag. fr. p. 616—619. p. 337, 1 scr. τὰ αὐτὰ ταῦτα de fr. II vs. 1 v. infra p. 86, ubi 'possis igitur, inquit, οὐ Μενεκράτης μὲν ἔφασκεν εἶν' ὁ θεῶν θεός;' atque ita Bothius cens. com.

gr. p. 46. adversatur de *εἶναι* elisiōne Nauckius progr. p. 46 not. qui *εἶναι θεῶν θεός* probabilius corrigi posse putabat. Vs. 2 *ἀργεῖος* Dindf. pro eo quod legebatur *ὁ Ἀργεῖος*. ad fr. III haec annotavit Mein. ed. min. 'nisi malis *χίππων*' p. 338 *Φιλύρας* fr. I vs. 3 Elmsleii *ποιῶ σοι;* pro *ποιήσω;* probatur infra p. 86. annot. l. 2 scr. *ἐν Φιλύρᾳ δράματι* p. 339 (2, 2) Meinekii *κᾆτ' ἀγοράσαι* recipiendum suasit Cobetus mnem. IV 274. inc. fab. I *φιλῶ γε πράμνιον οἶνον Λέσβιον* (cf. Bolh. p. 46) ed. min. ubi haec annotatio est: 'forsan *φιλῶ γέ τοι πράμνειον*.' fr. II *ἄγαν* om. ed. min. p. 340 (3) annot. l. 8 apud Ath. II 47 d ex Antiphane hic versus ascribitur: *βότρυς, ῥόας, φοίνικας, ἕτερα νώγαλα,* item apud Eustathium 1163 26: *βότρυς* (non *κάρυα*), *ῥοιάς, φοίνικας, ἕτερα νώγαλα*: quae sunt Antiphanis v. 3, 35 (1) et suppl. incertis Ephippi fragmentis in utraque editione addatur hoc:

VI

ὡς ἐγὼ σκιρτῶ πάλαι
ὅπου ῥοδόπνοα στρώματ' ἐστὶ καὶ μύροις
λοῦμαι ψακαστοῖς.

Athenaeus II p. 48 b: *τοιοῦτος ἦν καὶ Παθυμίας ὁ Αἰγύπτιος. Ὡς ἐγὼ σκιρτῶ κτλ. φησὶν Ἔφιππος.* Vs. 2 *μύροις λοῦμαι* Boissonadius. libri *λούομαι μύροις*.

p. 341 Anaxilae *Αὐλητοῦ* fr. I. II in min. ed. ita scripsit Meinekius:

ὕδατός τε λακκαίου. Β. παρ' ἐμοῦ τουτί γέ σοι
νόμιζ' ὑπάρχειν.
ἴσως τὸ λακκαῖόν γ' ὕδωρ ἀπόλωλέ σοι.

Vs. 1 *το τι γε σοι* B. *τό τί γε σοι* P. 'indicavi, inquit, personarum vices; *ὕδατος* pendet a superioribus, in quibus *δεῖ* adfuisse suspicor.' Vs. 2 *νόμιζε ὑπάρχειν* AB. 'versu 3 (verba sunt Meinekii) addidi *σοι*, cuius elementa supersunt in sequentibus verbis Athenaei *ὁ Ἀπολλόδωρος δ' ὁ Γελῷος*, in quibus articulus ante *Ἀπολλόδωρος* praeter Athenaei morem illatus est.' p. 342 *Βοτρυλίωνος* fr. I 'forsan *οὐκ ἂν ἐμοὶ τουτὶ γένηται*.' Mein. ed. min. cf. Ahrent. de Crasi p. 11. ad fr. II l. 3 scr. 'Mar. V 5.' p. 343, 3 *παλάθας* cf. ad Alciphr.

p. 132. Lobeck. path. proll. 363. Calypsonis fr. II rescribendum erit τοῦ ποτοῦ pro πότου. item in annot. 'Athenaeus IV' ad Circes fr. I scr. 'p. 374e' l. 2 ἐπὶ τοῦ τελείου p. 344, 5 scr. 'ibid.' pro 'Vs. 2' l. 12 scr. 'Vs. 3' p. 345 Λυροποιοῦ fr. II non recepit ἐξηρτυόμην ed. min. p. 346 (4) l. 2 scr. λουτῆρας, ἐν Λουτροποιῷ λέγων: atque ita Polluc. X 46. cf. hist. cr. p. 408. de Μαγείρων fragmento v. add. p. 86. Vs. 4 in min. ed. ita scribi potuisse suspicabatur Meinekius: ὅσον | ἀκροκώλι' ἕψειν ἐστὶ κρεῖττον, ῥυγχία, | πόδας. p. 347, 3 scr. 'Pancrat. I 2' ibid. Μονοτρόπου annot. l. 8 de Antiphane v. III p. 105. Νεοττίδος fr. I 3 πύρπνοος cod. P. ed. min. v. infra 86. Vs. 4 Σκύλλα, ποντία κύων cf. Lob. 'Ρηματ. 276. Vs. 7 pro οὐκ ἔνεσθ' Hirschig. p. 8 scribebat: οὐδ' ἓν ἐσθ' comparato vs. 30 συντεμόντι δ' οὐδὲ ἓν | ἔσθ' ἑταίρας ὅσα περ ἔστι θηρί' ἐξωλέστερον. Vs. 25 cf. infra p. 86, hodie Meinekius ita scribendum existimat:

εἶτα τετράπους μοι γένοιτο, φησίν, ᾖ προσῇ θρόνος·

de coniunctivo cf. ad Oed. Col. 395 intpp. v. Pher. 2, 294 (17). Men. 4, 256 (83). p. 349, 3 scr. 'μόνος δὲ B' l. 5 a fine scr. 'τὴν πρὸς scriptum in B' p. 350 (2) cf. Herwerden p. 63. infra p. 86. p. 351 in Nerei fr. Herwerden l. c. οὐ γὰρ ἄν ποτε | ἔπινον ἂν τρί' ὕδατος, οἴνου δ' ἓν μόνον, vel: ἔπινον ἂν τρεῖς ὕδατος, οἴνου δ' ἕνα μόνον collato Alexidis fr. 3, 487 (1, 2). Πλουσίων fr. I ed. min. haec addit: 'an δειπνῶν τις, οὐ μὴ Κτησίας μόνος?' annot. l. 3 scr. 'V. H. I 27' p. 352 'Υακίνθου fr. I per interrogationem efferendum videtur propter πρὸς θεῶν formulam: de interrogationis forma cf. fragm. inc. IV: καὶ πῶς γυνή, ὥσπερ θάλαττα, νῆσον ἀμφιέννυται; ad fr. II. III scr. 'p. 385 f' p. 353 Χρυσοχόου vs. 1 quomodo distingui voluerit editor, v. infra p. 86, secuta est ed. min. p. 354 inc. fab. fr. III scr. σικυὸς fr. IV scr. Pollux VII 52. 53. p. 355 fr. V Herodiani praeceptum v. apud Lehrsium p. 365. de Dracone cf. ib. p. 402 sqq. ad fr. VI. haec apud Bk. ita habent: ἐκαλεῖτο δέ τις καὶ 'Εκτόρειος κόμη, περὶ ἧς φησὶν 'Αναξίλας 'τὴν 'Εκτόρειον κτλ.' Τίμαιος δὲ τὴν κουρὰν ταύτην προσστάλθαι (προσεστάλθαι? Bk.) μὲν δεῖν περὶ τὸ μέτωπον λέγει, τῷ δὲ τραχήλῳ περικεχύσθαι. fr. VII apud Bk. haec leguntur: ἐκτενισμένοι μὲν εἴρηκεν Ἀρχίλοχος (fr. 165 Bergk.), καὶ Ἀναξίλας

ἡμεῖς δέ γ' ἐκτενίζομεν Τελέσιππον οἰκόσιτον.

fr. XI praeter Suidam habet gramm. Bk. p. 408 9 ἀντίκρισις κτλ.

p. 356 in Aristophontis ex Babia fragmento 'mirum est neminem vidisse praeter distinctionem nihil mutandum esse:

σαφὴς ὁ χειμὼν ἐστι τῆς πενίας λύχνος·
ἅπαντα φαίνει τὰ κακὰ καὶ τὰ δυσχερῆ.

monuit me Ludovicus Friedlaender Regimontanus.' haec Meinekius ed. min. p. XVII. cf. Amphid. 3, 308 (1, 4): ἄστυ δὲ θέατρον ἀτυχίας σαφοῦς γέμον. ascribam praeterea Schilleri nostratis de motu Belgico verba p. 800ᵃ (1840): 'ietzt — sahen sie sich auf einmal dem mangel blossgestellt, der um so empfindlicher schmerzte, ie mehr ihn die glänzende lebensart des wohlhabenden bürgers ins licht stellte.' Δίδυμοι: cf. infra p. 86. annotationis l. 3 Πυραύνῳ cum Kühnio Bk. et ed. min. p. 358 Ἰατροῦ fr. II Nauckius apud Mein. praef. Stob. I p. XVII: αἱ τῶν ἑταιρῶν διοπετεῖς γὰρ οἰκίαι κτλ. p. 359 Καλλωνίδου fr. κακὸς κακῶς γένοιθ': v. annot. et addend. p. 86. Cobetus ἀπόλοιθ' pro γένοιθ' postulabat V. L. 205. mnem. IV 314, ubi 'quod supererat, inquit, **ΟΙΘ Graeculus inepte explevit.' Vs. 5 scr. προὔπτον Παρακαταθήκης fr. in Vindob. deest lemma. idem fragm. in Menandreis est 4, 183 (3). de sententia verborum ita iudicabat Cobetus mn. IV 136: 'non hoc, inquit, turpe est, sed si quis corpore robusto valet et stipem colligere quam opus facere mavult: itaque a poeta est πτωχὸν εὐσθενῆ θ' ἅμα.' Pirithoi fr. annot. l. 1 ἐπῄνουν δὲ τῶν θύννων p. 360, 1 corr. Eustath. p. 1108 21 l. 4 τοῦ θύννου μὲν οὖν etiam apud Cobetum mnem. IV 277. Πλάτωνος vs. 3 fortasse ὀλίγαις ἡμέραις scribi posse indicatum ed. min. p. 361 (1) Pythagoristae vs. 3 sqq. ita componebat Herwerden p. 64 sq.

ἀπολαῦσαι θύμων
4 λαχάνων τε κάμπη, πρὸς τὸ μὴ λοῦσθαι ῥύπον
8 κονιορτός, ἀνυπόδητος ὄρθρου περιπατεῖν
9 γέρανος, καθεύδειν μηδὲ μικρὸν νυκτερίς,
5 ὑπαίθριος χειμῶνα διάγειν κόψιχος,
6 πνῖγος ὑπομεῖναι καὶ μεσημβρίας λαλεῖν
7 τέττιξ. [ἐλαίῳ μήτε χρῆσθαι μήθ᾽ ὁρᾶν.]

ad vocabula: πρὸς τὸ μὴ λοῦσθαι ῥύπον κονιορτός confert Anaxandridis hoc 3, 177 (2, 6): χαίρει τις αὐχμῶν ἢ ῥυπῶν, κονιορτὸς ἀναπέφηνεν. postrema vs. 7, ἐλαίῳ μήτε χρῆσθαι μήθ᾽ ὁρᾶν, vix Aristophonte digna esse iudicat, et a correctoribus, ut κονιορτός haberet, quo referretur, ficta opinatur. p. 362, 7 scr. ἀποκοπῆναι μὲν τὰ πτερά l. 9 τῇ Νίκῃ φορεῖν ad fr. III haec annotavit in min. ed. p. XVII Meinekius: 'Aristophontis fr. initium non credo vitii immune esse. primum enim antiqui illi et genuini Pythagorae sectatores non Pythagoristae dicebantur; tum ne verum quidem esse constat illos immundo cultu et habitu fuisse, quod nisi de novitiis Pythagoricae disciplinae asseclis dici non potuit. cf. schol. Theocr. XIV 5: οἱ μὲν Πυθαγορικοὶ πᾶσαν φροντίδα ποιοῦνται τοῦ σώματος, οἱ δὲ Πυθαγορισταὶ περιεσταλμένῃ καὶ αὐχμηρᾷ διαίτῃ χρῶνται. de his autem loqui Aristophontem totius fragmenti sententia docet apertissime. denique etiam oratio habet in quo offendas, si quidem οἱ πάλαι ποτὲ οἱ Πυθαγορισταὶ γενόμενοι nihil aliud significare potest nisi *veteres illi qui Pythagoristae facti sunt*. non igitur dubitandum est, quin hic aliquid turbatum sit, id quod etiam lectionis varietas indicat. Epitome enim ante οἰόμεθα inserit verba τί πώποτε, pro quo τί ποτε scriptum est apud Eustathium ad Hom. p. 1553 29. praeterea Pal. οἰώμεθα habet et τοὺς ante Πυθαγοριστάς omittit; denique γενομένους ex Grotii coniectura editum est pro γινομένους. vide igitur an ita locus constitui possit:

πρὸς τῶν θεῶν, τί πώποτ᾽ οἰόμεσθα δή
τοὺς Πυθαγοριστὰς λεγομένους οὕτως ῥυπᾶν —'

fr. IV vs. 1 ita editur apud Cobetum Diog. La.

ἔφη καταβὰς ἐς τὴν δίαιταν τῶν κάτω

ibidem vs. 5 pro εὐχερῆ θεὸν λέγεις legitur: δυσχερῆ θεὸν λέγεις 'immundum commemoras deum.' fr. V vs. 10 τῶν νεωτέρων non agnoscebat Nauckius, qui ita potius scribendum suspicabatur philol. VI 418:

οὐδεὶς ἂν ὑπομείνειε τῶν ἐνεωτέρων.

'ἐνεώτεροι (inquit) ist hier aus dem mund der Pythagoristen genommen. sie sind die σοφοί: ἐνεοί sind die laien, die nicht zu ihrem verein gehören und ihre sublimen speculationen wie ihre eigenthümliche lebensweise nicht adoptieren.' annot. l. 2 scr. ξυνών. l. 7 γὰρ κατέδονται om. A. B. V. Suidae, qui iidem vs. 9 τρίβωνα τήν τ': at E. Med. τρίβωνας τήν τ'

Epicrates. p. 365 Antilaidis fr. I 1 τὰς μὲν γὰρ ἄλλας cum Schweigh. ed. min. Versus tertii lacuna sic probabiliter expleri videbatur Cobeto mnem. IV 129:

*(Ἑρμοῦ νόμον, Πανὸς νόμον), Διὸς νόμον·

Vs. 11 hodie receptum in ordinem ἤδη τότε *(θεῶν) Vs. 20 Herwerden p. 66: ἰδεῖν μὲν αὐτὴν ῥᾷόν ἐστιν ἢ πτύσαι 'i. e. vel facilius est eam videre quam spuere.' Vs. 24 scriptum ed. min. ὦ φίλτατε, annot. l. 7 adde 'Διὸς νόμον add. AB om. PVL.' l. 3 a f. scr. γὰρ οὖν ὁπότ' ἦν νεοττός B, qui γοῦν in versu praecedenti omittit. p. 367, 1 νεοττὸς καὶ νέα v. infra p. 86. ib. l. 5 recentiores Platonis editores non mutarunt δολιχόν. Caeterum cf. epigramma inscriptionis Smyrnaeae apud Gerhardum 'archaeol. anz. 1854' p. 437: τέσσαρα καὶ δέκ' ἔτη δόλιχον βιότου σταδιεύσας. l. 14 cf. add. p. 86. item l. 18. p. 368 Δυσπράτου vs. 4 scr. ἀμίδα de sequentibus cf. infra p. 87 et ad 3, 49 suppl. ad vs. 8 λαμυρόν cf. supra p. CLXV. p. 369 Ἐμπόρου vs. 2. 4 οὔτε Σικελία — οὐκ Ἦλις: exempla ad οὔτε particulam respondentis οὐ v. apud Schaeferum ad Bos. Ellips. p. 228 sq. cf. Nauck. philol. VI 419. in ed. min. οὔτ' Ἦλις scriptum.

ib. Χοροῦ vs. 1 fortasse τελέως δέ μοὐπῆλθ' scribi posse indicatum vol. IV p. 27. cf. Ahrent. de Crasi p. 4. inc. fab. fr. I cf. infra p. 87, ubi de vs. 7. 10. 32. 33. 37 dictum. ac vs. 7 λέξον πρὸς τᾶς γᾶς. ed. min. ad vs. 11 de formis Ἀκαδήμεια sim. v. Cobet. mnem. IV 261. vs. 16 sqq. cf. hoc

Heniochi 3, 562 vs. 2 ὅσῳ διαφέρει σῦκα καρδάμων, item vs. 7 ἔτνος κυάμινον διότι τὴν μὲν γαστέρα | φυσᾷ, τὸ δὲ πῦρ οὔ; Alexid. 3, 382: συγγενῶς τρέχων | Πλάτωνι, καὶ γνώσει λίτρον καὶ κρόμμυον, ubi v. Mein. Vs. 24 ἔτι κυπτόντων | καὶ ζητούντων hoc [τῶν μειρακίων] male repetitum ex vs. 10 iudicabat Herwerden p. 66. p. 372, 7 scr. 'Vs. 28' ad fr. II annot. l. 6 de κυμβίοις v. Haupt. 'berichte d. sächs. ges. d. wiss.' 1847 p. 412. p. 373 fr. III Bk. ἐφ' ὧν καὶ τὸν πρῶτον καθίζοντα πρωτόβαθρον Φερεκράτης εἴρηκεν ὁ κωμῳδοδιδάσκαλος.

Cratinus minor. p. 374 in Gigantum fr. I 1 Cobetus, mnem. IV 315 scriba Marciani libri 'non intelligebat, inquit, legendum esse ἐνθυμεῖ δέ, quia secundas personas in -ει exeuntes ἀττικιστί Graeculi ignorabant. praeterea recipiendum erat εὐωδέστατος a Bergkio commendatum.' Vs. 2 in min. ed. pro interrogationis nota stigme revocata. annot. l. 1 scr. Athenaeus XIV p. 375 fr. II Σωχάρης ed. min. v. infra 87. annot. l. 2 scr. Κρατῖνος ὁ νεώτερος Γίγασιν l. 9 Bk. Σωχὶς ἡ καὶ Αἰγυπτία. Ὀμφάλης fr. I pro μάχης δ' ἄλλοισι καὶ πόνου μέλοι, quod voluit Porsonus, πολέμου proponebat Hirschig. p. 9. Bergkianum πόνος probavit Nauckius philol. V 692. caeterum cf. ad Eupol. 2, 549 (4). p. 377 de Titanum fr. v. p. 87, hinc in min. ed. εἰ μή σοι νομιεῖς αὐτὸν μηδὲν καταλείψειν, Vs. 3 μετὰ τούτου πώποτε δαίσῃ | τοῦ Κορύδου annot. l. 5 scr. 'Sat. I 9 31.'

Chironis vs. 5 τὰ τέλη τελῶ: cf. Boeckh. Oec. Ath. ed. II 1, 650 sq. 660. p. 378, 6. 8. 11 scr. ἐνεγράφη Ψευδυποβολιμαίου fr. I vs. 1 om. interrogatione Cobetus. ad fr. II haec addit ed. min. 'nisi Ἀπεμπολημένῃ (Ἀπημπολημένῃ) scribendum, ut habet Par. A.' intell. pro 'Ὑποβολιμαίῳ. inc. fab. I adde Greg. Cypr. Leid. vol. II p. 70 Leutsch.

p. 379 (2) κιχθύδια v. ad Euphor. p. 58. annot. l. 7 Archilochium v. ap. Bergk. Lyr. II 564 (118). l. 8 scr. Quintil. III 1 14: l. 10 'Dicaearchi nomen mentitum' h. e. Dionysium Calliphontis, quem Lehrsii agnovit acies. cf. Meinekii editionem p. 140. adde χίππων ad Ephipp. 3, 337 (3) suppl. Caeterum cf. I. F. Lobeck. de synaloephe p. 40. 44. Krügeri gramm. gr. II p. 27.

p. 381 Ophelionis inc. fab. III. IV cf. infra p. 87. de Hesychiana v. Ἶσις annotatione cf. Meinekium in 'monatsb. d. k. pr. akad.' 1850 p. 254.

p. 382 Alexis. 'selecta Alexidis comici fragmenta' in diss. XIII. Mart. 1840 Lugduni Bat. edidit G. A. Hirschig. Ancylionis fr. I 'συγγενῶς suspectum' ed. min. p. 383 Ἀγωνίς. ad fr. II cf. infra p. 87. p. 384, 11 utrobique haec ita scribenda: 'Vs. 7 pro δέ, quod Schweigh. restituit, libro XI legebatur τε. libro VI abest particula a codicibus. pro δύ' vs. 7 recte libro VI δέχ'.' fr. III inter duas divisit personas Hirschig. diss. p. 31. 57. cf. annot. p. 385. Cobetus mnem. IV 117 'sycophantam ridebat, inquit: ad ficuum mentionem subridens aliquis interponit: ἀλλ' ἔχαιρε καὶ ζῶν τοῖς τοιούτοις.' fr. IV (Welcker. opusc. III 506 sq.) pro ὑπερθύουσαν Herwerden p. 67 ὑπερζέουσαν tentabat. Ἀδελφῶν fr. Hirschig. annot. cr. p. 9 ἐγὼ οὐκ ἔδωκα γάρ τι ταύταις; postulabat. p. 386 in fr. Aesopi vs. 4 pro οὐ γὰρ ῥᾴδιον idem requirebat οὐ γὰρ ὤνιον. Vs. 7. 8 Herwerden p. 67 sq. hoc modo rescribi voluit: τῶν δ' ὠνουμένων | προνοούμενοι τὸ τὰς κεφαλὰς ὑγιεῖς ἔχειν | κἀκραιπάλους. Vs. 8 τοῦτ' ἔσθ' iam olim correctum p. 87. p. 387 Αἰχμαλώτου l. 2 scr. Pollux VI 161. de Euclide praeter hist. cr. p. 269 cf. ad Menand. 4, 171. in Athen. exerc. II p. 27. Bergk. Lyr. II 530. Ἀμφωτίδος fr. I ἀλέκτονας Bekkeri cod. A, ipse ἀλέτωνας. cf. ad Pyraun. fr. IV (corr. annot. l. 7) 2 suppl. p. 389 ad Ἀπεγλαυκωμένου fr. I corr. min. ed. numerum ita 3, 389. caeterum v. infra 87. p. 392, 4 scr. 'Vs. 11 τοσουδὶ Dobraeus' p. 394 Ἀσωτοδιδασκάλου fr. tractavit Hirschig. diss. p. 19. 46 sqq. 60. annot. l. 11 de anonymi fragm. v. IV p. 676 (305) infra p. 121. Nauck. trag. fr. p. 705. l. 20 Odei portas] v. infra p. 88. p. 397 Ἀτθίδος fr. II (ubi non recte add. p. 88 μᾶλλον μᾶλλον; v. annot.) pro ἐπινεφεῖ Cobetus V. L. 135 ἐπινέφει reponi voluit. tertium huic fabulae restituemus fragmentum hoc:

III (3, 520)

ὅστις ἥδεται γὰρ ἐσθίων
ὁσημέραι, δεῖ καὶ ποιεῖν τῶν σιτίων
ἐπάξιόν τι, μηδὲ περινοστεῖν σχολὴν
ἄγοντα, τῷ ζῆν πολεμιώτατον κακόν.

Stobaei Flor. XXX 8 Vindob. cod. ἀλεξι ἐξ ἀτθίδος habet pro vulgato Ἀλέξιδος, unde in inc. fab. fragmentis habebatur. V. p. 520 (36). Vs. 3 τοι pro τι Vindob. Ἀχαΐδος fr. I cf. Chaerem. Nauckii p. 612 (22). Vs. 1 ἅπαντα τὰ ζητοῦμεν' ed. min. alterum non mutavit in ed. Stobaei Meinekius. Vs. 4 τοσοῦτο τῷ τόπῳ | ἀπέχοντες cum Bothio ed. min. non item in Stob. Teubneriano. τοσοῦτον Hirschig. annot. cr. p. 10. p. 398, 1 adde Ἀλέξιδος Ἀχαιίδι. Vs. 6 κοινῶν καί Vind. Vs. 7 Grotius maluit συγγενῶν. p. 399, 12 μέγας ἐν βουλαῖς: cf. epigramma anecd. Bk. p. 768. caeterum v. add. p. 88. p. 400. Galateae fr. I 6 ἀκολαστίᾳ scriptum ed. min. ad p. 401 v. add. p. 88. fr. III apud Pollucem VI 38 Bekkerus: Ἄλεξις δὲ εὐοψωνίαν εἶπεν. fr. IV νομικόν: cf. ad Antiph. 3, 23. p. 402 Γυναικοκρατίας fr. II 2 Nauckius philol. VI 419: ὀζωμοτάριχος scribendum proponebat, h. e. 'entweder *nach poekelfisch riechend*, oder besser den *poekelfisch witternd*.' p. 403 Δακτυλίου fr. II 'Antiatticistae verba ita intellegenda sunt, ut Alexis non ἐκκόψαι, sed ἐκκόψαι κύβοις dixerit.' Mein. ed. min. p. XVII. ad Demetrii fr. I Turpilii versus apud Ribb. com. p. 75 (5). fr. V pro τοὔψον - τοῦτο τἀπεσταλμένον Hirschig. annot. cr. p. 10 τοὐπεσταλμένον reponi voluit. p. 405, 3 scr. Eustathius ad Od. fr. VI annot. l. 4 tolle haec: 'et apud Eustathium p. 1449 24.' l. 9 apud Stobaeum ἀφυβρίσαι τ' A. B. Voss. Gesn. marg. ἀφυβρίσαιτ' Vind. ('ni fallor' Gaisf.) p. 406 Διδύμων fr. II Bergkius στεφάνων δὲ τούτων τῶν χύδην πεπλεγμένων pro vulgato τουτωνί. fr. III ap. Bk. ἐν Διδύμαις cf. codd. p. 407, 11 librorum scriptura haec est, τοῖς ἤθεσιν γὰρ τοῖς ὑπηρετοῦσι καὶ κτλ. Wyttenbachius τὤνδ' ὑπηρετοῦσα. Δορκίδος fr. I 2 de aeneis simulacris v. C. Keilii anal. epigr. p. 22 sq. p. 408 (3) τρεῖς φιλοτησίας et προπίνων legitur apud Cobetum mnem. IV 301. p.

410 *Εἰσοικιζομένου* fr. I 2 pro *γινόμενον ἀεί, χρονικόν* Hirschigius annot. cr. p. 10 scribendum suspicabatur *γενόμενον ἤδη χρονικόν*. Vs. 4 Herwerd. p. 68 *εἰς οὐχὶ ταὐτὸν μὰ Δία τὸν μέγαν* (pro *τὴν αὐτὴν*) *μύρον*, cf. Ar. Nub. 1239. annot. l. 6 scr. *τέσσαρας*. l. 8 v. Nauck. trag. fr. p. 458. p. 411 (3) cf. infra p. 88. de quarto quodam huius fabulae fragmento v. p. 517 ad inc. fr. XXIX. *Ἐκπωματοποιοῦ* fr. I annot. l. 2 scr. *Ἐκπωματοποιῷ* fr. II cf. Polluc. III 86 *λέγοιτο δ' ἂν κόψαι νόμισμα, ἐνσημήνασθαι, τυπῶσαι, ἐντυπῶσαι, ἐντυπώσασθαι. τὸ δὲ τοιοῦτον ἀργύριον ἐπίσημον ἐλέγετο, ὡς τὸ ἐναντίον ἄσημον*. p. 412 *Ἑλένης ἁρπαγή*. fr. I cf. apud Spengel. Varr. p. 624. infra p. 88. *Ἑλένης μνηστῆρες*. fr. III adde Meinekii in ed. min. p. XVIII annotationem hanc: 'ad Alexidis fr. 74, *ῥόαν γὰρ ἐκ τῆς χειρὸς αὐτῶν*, non negligendus erat, quem opportune Leutschius in Schneidewini Phil. I p. 159 attulit, Arsenius Viol. p. 391 (paroem. II p. 578) *οὐδὲ ῥοιὰν γλυκεῖαν ἐκ τῆς δεξιᾶς δέξαιτο ἄν: ἤγουν παρὰ πονηρῶν οὐδὲ χρηστὰ λαμβάνειν*. scribendum igitur:

οὐδὲ ῥόαν γλυκεῖαν ἐκ τῆς δεξιᾶς
δέξαιτ' ἂν αὐτῶν.

nam *οὐδ' ἂν ῥόαν*, quod Leutschius voluit, non necessarium est.' p. 413 *Ἐπιδαυρίου* fr. vs. 2 sqq. Hirschigius annot. cr. p. 10 ab Alexideis segregavit: 'scripserat, inquit, Athenaeus *οὓς καὶ Τιμοκλῆς ἰδὼν ἐπὶ τῶν ἵππων ἐν τοῖς ΣΑΤΥΡΟΙΣ ἔφη δύο σκόμβρους εἶναι.*' 'Vs. 1 pro *δ' υἱεῖς* forsan *ποιεῖν*.' Mein. ed. min. ad vs. 2 'nihil opus est ut scribatur *εἰσήγαγον*' v. infra p. 88. p. 414 *Ἐπικλήρου* fr. I 4 v. annot. *δεῖ δ' ἐπάν κτλ.* Hirschig. p. 11. Vs. 6 idem diss. p. 34. 58 *ὃν πρῶτον ἂν δ' ἴδῃ πένητα* fr. II annot. l. 1 scr. *γάρ φησι* *Ἐπιστολή*. l. 2 Photius *προσέπαισεν*.
p. 416 *Ἐπίτροπος*. cf. Nauck. trag. fr. p. 691 (259). p. 417 extr, cf. Bergk. Lyr. II p. 330 sq. p. 418 Hesionae fr. II vs. 1 *ὡς δ' εἶδε* et vs. 3 *εἰς ἔμ' ἔβλεπεν* Fritzsche de parops. p. 4. genetivum *κόσμου βρύουσαν* tuetur Ellendt. lex. Soph. I 325. tertium casum requirebat Bergkius. *Θεοφορήτου* I annot. l. 2 scr. Midone p. 419, 2 scr. Eustathius

p. 1571, 11. ad fr. II cf. add. p. 88. Θεσπρωτῶν fr. Cobetus mnem. IV 315 sq. unice probat Casauboni νεκρῶν προπομπέ. Θηβαίων vs. 1 Hirschig. annot. p. 11: 'si cur Athenaeus, inquit, haec citaverit, observamus, corrigemus ὁ νέος οὗτος, sed hoc non certum; sequenti versu πάντας scripsi pro πάντες.' Plauti consimilem ex Capt. II 2 27 lusum apposuit in min. ed. Meinekius: 'quó de genere gnátust illi Phílocrates? Polyplúsio, Quód genus illist únum pollens átque honoratíssumum.' in Thrasonis fr. οὔτε τρυγόνα om. extremis Hirschigius diss. p. 12. 39. Cobetus 'non potuit, inquit, poeta τὴν κωτίλην χελιδόνα in hoc grege avium loquacium omittere, quam solam nominasse erat satis.' itaque Alexidea ita scripsit et apud Hirschig. annot. cr. p. 11 et in mnem. IV 129:

οὐ κίτταν, οὐκ ἀηδόν', οὐ χελιδόνα,
οὐ τρυγόν', οὐ τέττιγα.

Meinekius ad Moschum III 38 p. 440: 'luscinia, inquit, quamvis propter continuum cantum πολυκώτιλος a Simonide dicta sit, nemo sanus tamen pro molestae loquacitatis exemplo utetur... at hirundinis garrulitatem in proverbium abiisse praeter Aristophanem Ran. 681 docet Nicostratus [v. 3, 288 fr. I et suppl.] Cf. Philem. IV p. 64 [fr. CXIV et suppl.]. in fragmento Alexidis ..σοῦ δ' ἐγὼ λαλιστέραν οὐ πώποτ' εἶδον οὔτε κερκώπην, γύναι, οὐ κίτταν, οὐκ ἀηδόν' οὔτε τρυγόνα, item scribendum οὐ χελιδόν', eodemque modo Libanii locus... corrigendus est.' de τρυγών cf. ad Alciphr. p. 157. p. 421 de prioris fabulae titulo cf. hist. cr. p. 391. adde infra p. 10. ad Ἱππέως fr. I 5 cf. add. p. 88. annot. l. 10 Ἀπόλλων τάδ' ἦν cf. Cobet. V. L. 66. 359. p. 422 Ἰσοστασίου fr. I 5 Hirschigius annot. crit. p. 12: εὐθὺς ἀναπλάττουσιν αὐτάς, superiora perperam scripta opinatus. Vs. 11 Bergkius: ὑπενέδυσ' ἐρραμμέν', αὐτῆς ὥστε τὴν εὐπυγίαν κτλ. de εὐπυγίᾳ cf. Goettling. ad Hesiod. Opp. 373 (371). ad vs. 13 compara Aristophan. fragm. 2, 1084 (14). de sequentibus v. infra p. 88. item Bergk. 'zeitsch. f. d. alt.' 1840 p. 1079. ὧν ἔχουσ' οἱ κωμικοί: v. Mein. Alciphr. p. 162. Vs. 17 συμβέβηκ' εἶναι μέλαιναν: cf. Leutsch. philol. III p. 572, infra ad 3, 459 suppl. Diphil. 4, 418 (6) *μέλαινα δ' οὕτως ὥστε καὶ ποιεῖν σκότος.* annot. l. 2 scr. *καὶ τὰς δι' ἐπιτ.* l. 8 scr. 'Vs. 2' p. 424, 3 scr. *φελλὸς* p. 425, 1 *ξυλύδριον* 'quod vereor ne ob epalleliam illam probari non possit.' Lob. path. proll. 299. p. 426 *Καύνιοι.* cf. infra p. 88. ibid. v. de p. 427. *Κλεοβουλίνη.* annot. l. 6 Phot. *σινωπίσαι*: vulg. *σινωπῆσαι.* illud reponendum suadent (v. Nauck. philol. V 552) Hesych. v. *σινωπίσαι.* Suidas *Σινώπη.... σινωπίσαι. τοῦτο πεποίηται παρὰ τὴν ἑταίραν Σινώπην. ἐκωμῳδεῖτο γὰρ ἐπὶ τῷ κατασχημονῆσαι, καθάπερ Ἄλεξις ἔφη.* quae eadem apud Photium leguntur. Harpocratio v. *Σινώπη* non habet fere nisi quae apud Suidam priora leguntur. ad *σινωπίσαι* cf. append. Gotting. IV 72. Apostol. XV 50 Leutsch.: *σινωπίζεις: ἀντὶ τοῦ ἀκολασταίνεις· τοῦτο πεποίηται παρὰ τὴν ἑταίραν Σινώπην· ἐκωμῳδεῖτο γὰρ ἐπὶ τῷ κατασχημονῆσαι, καθάπερ Ἄλεξις.* p. 428 *Κουρίδος* fr. I vs. 1 'fortasse *ἐνθάδ'* addendum.' Mein. ed. min. Vs. 2 'forsan *προσιόντων, ὡς καλῶν τε κἀγαθῶν*' idem ib. Vs. 4 *κακῶς*? cf. infra p. 89. fr. II 3 *ἤτοι Τιμοκλῆς* scribebat Bergkius. annot. l. 7 scr. 'Eustathius ad Od.' in Crateuae fr. I 12 'pro *τινάς* forsan *κτένας*' ed. min. annot. l. 7 utrobique corr. 'vulgo *φυκίοισιν.*' p. 431 annot. imae pag. cf. Choliamb. gr. p. 142 sq. Bergk. Lyr. II 580. fr. II 2 nonne *εἰσὶν κόραι | θυγατέρες αὐτῷ;* p. 433 ad fr. IV cf. add. p. 89. *Κυβερνήτου* fr. I 3 sqq. ed. min. fere cum Dobraeo ita composuit:

Ν. θάτερον ζητῶ γένος,
. σεμνοπαράσιτον ἐκ μέσου καλούμενον.
Α. σατράπας παρασίτους καὶ στρατηγοὺς ἐπιφανεῖς,

Dobraeus etiam quartum versum priori personae tribuit. eum versum Herwerd. p. 69 ita scribebat:

σεμνοπαράσιτον ἐμμέτρως καλούμενον.

affert Platonis Cratylum p. 395 c: *δοκεῖ δέ μοι καὶ τῷ Πέλοπι τὸ ὄνομα ἐμμέτρως κεῖσθαι.* Hirschigius diss. p. 51 cum Grotio vs. 4 *σατράπ. κτλ.* post vs. 8 collocabat. Caeterum cf. Wieseler. in 'denkmaeler u. forschungen' 1855 p. 96. Vs. 7 Herwerden p. 69 ita legendum coniecit:

χιλιοταλάντους τ' ἀνακυλίνδων οὐσίας.

propter suspectam apud veteres (Cobet. V. L. 133) formam *κυλίω*. Vs. 14 reposita est in min. ed. vulgata verborum distinctio: *ἆρά γε διδάσκω, Ναυσίνικ', οὐκ ἀστόχως;* illud Herwerden ita scribendum iudicabat p. 70: *ἆρ' εὖ σε διδάσκω κτέ.* p. 435 *Κυβευτῶν* fr. 'fortasse *σχεδόν τι, Δήμεον, ἕξ'* Mein. ed. min. p. 436 *Κυπρίου* fr. II scr. *δ' ἄρτου μνημονεύει* B. fr. III *διπλάσαι* cf. Lobeck. Aiac. p. 195. ad *Λαμπάδος* fr. v. Dobraeum infra p. 89 (ubi corr. p. 436 pro 434). p. 437 *Λέβητος* fr. I 3 *συρέχοις*: de fluxo et instabili corbis cophinique nomine v. Lobeckii pathol. proll. p. 337. elem. I 121. eodem versu scr. *πωλοῦντας* fr. II cf. Hirschig. diss. p. 36 sqq. p. 438, 4 cf. ad Eubul. 3, 211. Vs. 3 Bk. Poll. VI 66 *ὀρθῶς γε. πρῶτον μὲν λάβ' ἐλθὼν σήσαμα.* ib. Vs. 5 *μάραθα* Bk. cod. A qui vs. 7 *γήτιον*, ibi Bk. *ἄννισον*, om. A. de variis huius nominis scripturis cf. Lobeck. path. proll. 400. fr. III vs. 7 *ἵνα δεδοικότες* | *τῆς ἀξίας ἀγαπῶσιν* (intellego *πωλοῦντες*), *ἢ τῆς ἑσπέρας — ἀποφέρωσιν οἴκαδε.* genetivum attigit Bernhardy syntax. l. gr. p. 175. *ἵνα ... τῆς ἀξίας πωλῶσιν* Hirschig. annot. cr. p. 12. p. 439 (5) Vs. 1. 3 'legendum videtur *ἕψειν μοὔδόκει* et vs. 3 *προσκέκαυκα.* monuit Hirschig.' Mein. ed. min. p. XVIII. cf. Hirschig. diss. p. 39. huius perfecti exemplum non fugit Lobeckium de praec. euphon. parall. p. 8. Vs. 7 scr. *εἰς τοὔξος ἐνθῆς* cf. Goettl. accent. p. 51. Vs. 17 Cobetus mnem. IV 117 comparato Nicostrati fr. 3, 284 (1) Alexidi hoc restituit:

ἀλλ' ἄνω βαδίζει καταφυγών.

Vs. 19 'Hirschig ... postrema eclogae verba *ὃ λέγεις οὐ λέγεις* etc. personae *B* tribuit hoc sensu: nugaris, quod dicere vis non dicis, nostramque egregiam artem contemtui habes, quasi non longe maior eruditio ad hanc artem quam ad illam istorum *λογογράφων* requiratur.' Mein. ed. min. p. XVIII. v. Hirschig. diss. p. 11. 39. Cf. Cobet. mnem. IV 117. annot. l. 12 scr. 'Vs. 5 ... *ἡνεὶς* B.' p. 441, 3 pro 'ibidem' scr. 'Vs. 5' l. 10 *ἀπεξηραμμένα* cf. Cobet. V. L. 227. l. 11 *ἀτρεμεί* v. Fritzsche Ran. p. 179. l. 20 *λογογράφος* cf. Hoelscherum de Lysia p. 43. p. 442 *Λευκαδίας* fr. I ed. min. ita exhibuit:

χορδαρίου τόμος ἧκεν καὶ περικομμάτιον.
fr. II Bergkius: οἴνου γεραιοῦ χείλεσιν μέγα σκύφος. ad *Λεύκης* vs. 5. 6 cf. Herwerd. p. 70 sq. annot. l. 9 ed. min. 'Vs. 6 ἡδὲ suspectum; possis εἶτ' ὀριγάνῳ. sed aliud latere videtur.' *Λίνου* fr. I 1. 2 Hirschigius annot. p. 12: βιβλίον | ἐντεῦθεν ὅ τι βούλει προσελθὼν λάμβανε, comparato Antiph. 3, 33 (1, 2). Vs. 6 ed. min. cum Hermanno:

Χοιρίλος, Ὅμηρος, ἔστ' Ἐπίχαρμος, γράμματα
παντοδαπά.

γράμματα i. e. συγγράμματα, cf. Sext. Emp. 609 9 sqq. Xen. Mem. IV 2 1. 8. Vs. 8 ed. min. ἐπὶ τί μάλισθ' ὥρμηκε pro ὥρμησε. ad vs. 10. 11 cf. add. p. 89. παρεὶς τοιαῦτα γράμματα i. e. 'argumenti tam serii' Hirschig. l. c. annot. l. 4 nonne pro κελευσθέντα ἀπὸ βιβλίων πολλῶν παρακειμένων λαβόντα ἐντυχεῖν scribendum fuerit ἐντυχόντα λαβεῖν? ad p. 445 cf. add. 89. p. 446 *Μανδραγοριζομένης* fr. I 4 Hirschigius in diss. p. 18 ita distinxit: ἔχοντες οὐδέν, εὐποροῦμεν τοῖς πέλας, cf. Grotium. aliter haec intellexi com. dict. p. 416 v. Mein. annot. p. 447. Vs. 5 ἐράνους φέροντες οὐ φέρομεν ἀλλ' ἢ *κακοῖς* pro κακῶς scribi iubebat I. G. Patakis philol. VIII 524. Vs. 10 χιόνα πίνειν i. e. vinum nive refrigeratum, cf. Dexicrat. 4, 571. Euthycl. 2, 890. Athenaeum h. l. adde Telet. Stob. V 67 (p. 124 4 Mein.) ἢ πεινᾷ τις πλακοῦντα ἢ διψᾷ χιόνα; annot. l. 1 scr. καὶ χιόνας ἔπινον ad vs. 7 cf. add. p. 89. ad vs. 15. 16 cf. Hirschig. diss. p. 46. p. 448 (2) vs. 2. 4 τρύβλιον v. Mein. 3, 535 (3). Vs. 4 ed. min. ἂν δὲ "πτισάναν καὶ τρύβλιον", θαυμάζομεν. v. Lobeckium infra 89. Herwerden p. 71 sq. haec ita tentavit: ἂν δὲ "πτισάνας" καὶ "*τρουβλίον*", θαυμάζομεν. annot. l. 14 scr. 'fab. inc. I 28.' ad vs. 5 cf. Bergk. 'zeitschr. f. d. alt.' 1840 p. 1079. l. 19 Euphronis locum v. 4, 489. p. 449 fr. IV 1 num ἥξω φέρων σοι pro φέρουσα? de fr. V vide add. p. 89, unde ed. min. ita scriptum:

κακῶς ἔχεις, ὦ Στρούθι', ἀκαρὴς νὴ Δία
πεφιλιππίδωσαι.

librorum scriptura ita afferenda erat: κακῶς ἔχει· στρουθὶς ἀκαρὴς νὴ Δί' εἰ p. 450 *Μάντεων* fr. ed. min. ὦ δυστυ-

χεῖς ἡμεῖς μὲν οἱ [*ἡμεῖς ὅσοι* Hirschig. annot. p. 12 coll. Antiph. 3, 148 (41)] *πεπρακότες | τὴν τοῦ βίου παρρησίαν καὶ τὴν τρυφὴν | γυναιξὶ δοῦλοι ζῶμεν ἀντ᾽ ἐλευθέρων.* Vs. 4 'pro *τιμὴν* forsan praestat *ποινήν.*' ed. min. Vs. 8 Hirschigius l. c. *αὗται δ᾽ ἀδικοῦσι* (pro *ἀδικοῦσαι*) *καὶ προσεγκαλοῦσ᾽ ἔτι.* p. 451 *Μεροπίδος* vs. 3 *κοπιῶ τὼ σκέλη* Cobetus Diog. La. ad Midonem annot. l. 2 scr. 'Eustathius ad Od.' *Μιλησίας.* fr. I 2 pro *οὐκ ἀρχιτέκτων* Herwerd. p. 73 *οὐχ ἁρχιτέκτων* reponebat propter vs. 3 *τῶν χρωμένων.* idem post vs. 10 excidisse putat versum, cuius initium fuerit *ἢν πρότερος ἔλθῃ.* a versu 14 Hirschigio annot. p. 10 'novum fragm. incipit; perierunt Athenaei interiecta verba.' annot. l. 4 *τοὔψον* cf. Fritzsche de parops. p. 12. tum l. 5 scr. 'Vs. 16 *Ἡφαίστου*' l. 8 *καίεταί μοι τὸ πῦρ ἤδη* ad *κύων* vocis usum haec addit ed. min. 'cf. Hesychius *κύων*: *ὁ ἐλαυνομένου τοῦ σιδήρου τοῦ ἀργοῦ ἐξαλλόμενος σπινθήρ.*' ad extremae paginae annotationem cf. G. Hermann. Aeschyl. II p. 207 sqq. p. 453 fr. II annot. l. 1 *Ἀλέξιδος Μιλησίων* cod. A, tum *εἶτ᾽ οὐ* etiam Vindob. ad *Μίλκωνα* annot. l. 5 bis scr. *κἂν μὴ παραθῶσι*: 'forsan *παραθῶ σοι*' Mein. ed. min. p. 454 *Ὀδυσσέως ὑφαίνοντος* fr. I Hirschig. diss. p. 26. 53: *καὶ τί μάντεώς σε δεῖ;* annot. l. 2 scr. *ὡς Ἄλεξις ἐν Ὀδυσσεῖ ὑφαίνοντι μαρτυρεῖ κτλ.* l. 5 'cfr. Epicharmus Athenaei II p. 36 c.' Mein. ed. min. p. 455 fr. II cf. quae in add. p. 90 dicta sunt, hinc ed. min. vs. 4 ita scriptum:

B. οὗτος πρότερον κεφάλαιον εἰ θύννου λάβοι,

Olympiodori vs. 3 in min. ed. personae *B* datus, cf. infra p. 90. ita etiam Diogen. Cobeti, ubi vs. 2 *ἐξῇξε* annot. l. 7 *τοῦτο δ᾽ αὖ βλέπει* Cobetus schol. Eur. p. 306. *τὸ μὲν τέθνηκε σώματος, τὸ δ᾽ ἀμβλέπει* Nauck. progr. p. 54 (trag. fr. p. 532). p. 456 extr. scr. 'MSS Casauboni' p. 457, 24 scr. 'Aglaoph. p. 703.' p. 458 ad fr. III scr. *Ἀλέξιδος* in *'Ὁμοίας* fr. vs. 4 'Bothius *τῶν νυμφῶν* (*τῆς νύμφης*) *λέχος.*' ed. min. ib. vs. 7 de mea coniectura (infra 90) scriptum est ita:

τοῖς δὲ κεκαρυκευμένοις
ὄψοισι καὶ ζωμοῖσιν ἥδωμ᾽ ὦ θεοί;

cf. Cephisodor. 2, 883 (1, 5): *βάκχαριν τοῖς σοῖς ποσὶν | ἐγὼ πρίωμαι;* ad *ὦ θεοί* comparabo Chionid. fr. vol. II p. 7. p. 459 *Ὀπώρας* fabulae Leutschius philol. III 572 sq. vindicabat hunc apud Macarium IV 8 (p. 167 Gotting.) versum, ita emendatum:

ἐρρέτω μέλαιν' Ὀπώρα· πᾶσι γὰρ χαρίζεται.

cod. *μέλαινα.* cf. supra ad Alexid. 3, 423 (1, 17) suppl. 'ad Alexidis Oresten fortasse referenda sunt haec Aristotelis A. P. 13, 13 [p. 1453 36] *ἐκεῖ γάρ (ἐν τῇ κωμῳδίᾳ), ἂν οἱ ἔχθιστοι ὦσιν ἐν τῷ μύθῳ, οἷον Ὀρέστης καὶ Αἴγισθος, φίλοι γενόμενοι ἐπὶ τελευτῆς ἐξέρχονται, καὶ ἀποθνήσκει οὐδεὶς ὑπ' οὐδενός.'* Mein. ed. min. p. 731. p. 460 *Ὀρχηστρίδος* fr. Hirschigius diss. p. 60 vs. 3 sqq. ita legendos proposuit (cf. Pierson. Moer. p. 353):

ἔσται καὶ μάλα
ἡδύς, πολιός, ὀδόντας οὐκ ἔχων, σαπρός
ἤδη, γέρων τε δαιμονίως.

Bothius ad Sophocl. fragm. p. 89 ita opinabatur: *ἡδύς γ', ὀδόντας οὐκ ἔχων, ἤδη σαπρός | λέγειν, γέρων γε δαιμονίως. Α. ἀσπάζομαι | γραῦν σφίγγα. Β. πῶς σφίγγ'; Α. ὡς λέγεις αἰνίγματα.* equidem infra p. 90 *λέγων* explicare conatus sum; ad *οἶνος πάμφωνος* cf. Eustath. p. 1770 9. *εὔγλωσσον οἶνον* Anth. Pal. IX 403. intpp. Horat. Epist. I 5 19. annot. l. 4 scr. *ὡς* BP l. 5 ad Odyss. l. 6 *Θάσιος οἶνος* l. 8 *γέρων δαιμονίως.* *Παλλακῆς* fr. *τοναίας*: cf. Lob. parall. 314 sq. p. 461 *Παγκρατιαστοῦ* fr. de allatis h. l. nominibus cf. C. Keilii Boeot. inscr. p. 36. philol. IV 738. l. 4 scr. Isost. II 3. p. 462 *Παννυχίδος* fr. I 7 *ποίει λευκά*: cf. ad 3, 486 (4, 9) suppl. vs. 11 *πυόν* cum libris ed. min. vs. 13 pro *χόριον* Bergkius malebat *θρῖον*: an vs. 6 pro *ἔρια* reponendum fuerit *θρῖα*? vs. 17. 18 ex Dobraei coniectura, v. p. 464, ita proposuit ed. min.

τοὺς σοὺς δὲ κανδαύλους λέγων καὶ χόρια καὶ
βατάνια πᾶσαν ἀφανιεῖς τὴν ἡδονήν.

p. 463, 6 *οὐδεπώποτε* Pierson. Herod. p. 461. l. 17 scr. 'Dindorfius ex BL *πάνυ· πολὺν δ' ἐγώ.'* p. 464 fr. II 9 sqq. ita constituebat Cobetus mnem. IV 131:

ἐγὼ δὲ πρῶτος. τοῖς γὰρ ἑστιωμένοις
τὸν καιρὸν ἀποδίδωμι τῆς συγκράσεως.
B. οὐ πρὸς θεῶν ἔμ' ἔθυσας, ἀλλὰ τὸν ἔριφον,
μὴ κόπτ' ἔμ', ἀλλὰ τὰ κρέα.

Vs. 11 ed. min. non recepit Schweighaeuseri supplementum, qui σὺ δὲ πρὸς θεῶν ἔθυσας ἤδη τὸν ἔριφον; neque ἤδη initio versus scripsit, sed in fine pro τὸν ἔριφον mutari posse ἑκὸν ἔριφον coniecit Mein. Vs. 14 μή μοι δῆλον displicuit C. F. Hermanno philol. VIII 570 sq. p. 465, 11 κόπτειν cf. ad Alciphr. p. 113 sq. l. 12 Anaxippus 4, 460 (v. 23) ἐμὲ κατακόψεις, οὐχ ὃ θύειν μέλλομεν. Sosip. 4, 482 (v. 20) ἆρα σύ με κόπτειν οἷος εἶ γε, φίλτατε. cf. infra p. 542.

Vs. 14 ἔχει PL. ἔχειν V. in editione min. bis scriptum oportuit, non solum ad vs. 15. fr. III 6 ed. min. οὐ σίραιον, οὐχὶ γήθυον, cf. p. 466, ubi l. 5 pro μόνον Gaisf. dedit μονογενῆ: cf. quae ap. Etym. sequuntur. l. 10 'Vs. 8 ξύλ' B' Dindf. fr. IV annot. l. 2 ed. min. Ἐρίθοις scriptum. fr. V Bergkius scribendum proponebat εἶτεν τρικότυλον κτλ. Vs. 2 PVL πλέον οἶκον: non recte habet ed. min. p. 467 Parasiti fr. I 3 ἄφωνος Τήλεφος: cf. infra p. 85. Nauck. trag. fr. p. 35. Vs. 4 ἐπερωτῶντάς τι, ὥστε: de hiatu cf. ad Antiph. 3, 81. Vs. 5 τοῖς Σαμόθρᾳξιν εὔχεται scriptum ed. min.

p. 468 (2) Bergkius malit χρῆμα δ' ἐστί μοι μέγα | φρέατος κτλ. μέγα Toupius, μέτα VL, μετὰ P. p. 469 Poetriae fr. annot. l. 1 scr. ἐπὶ τὸ πλῆθος p. 470 Πονήρας I 1 ed. min. ὅμως λογίσασθαι πρός γ' ἐμαυτὸν βούλομαι p. 471 (2, 3) τὸ τρῖμμ' respicere videtur Pollux VI 18: τὸ δὲ τρῖμμα πόμα ἦν μετ' ἀρωμάτων παρὰ τοῖς νέοις κωμικοῖς. adde Athen. I p. 31 e. caeterum v. infra p. 90. ad fr. III annot. l. 3 scr. utrobique 'σηπίαι τόσους ABP' p. 472, 3. 4 scr. Casauboni. fr. IV 1 'malim κρεΐσκιον' Mein. ed. min. pro κρεΐσκον. huius generis deminutiva alias fere in σκος et σκη exire ad Hipponactem annotavit Chol. gr. p. 105. Bergkius Lyr. II 649 'antiquitus, inquit, haec (de θριδακίσκα agit) neutrius sunt generis, nulla ratione principis vocis habita, ut est apud Hippon. fr. 18 ἀσκερίσκον et σαμβαλίσκον, cf. etiam μελίσκον apud Alcman. fr. 58.' τόν-σανδαλίσκον apud Aristoph. habemus Ran. 405. τοῖν σκελίσκοιν apud Ar. Eccl. 1168 num ὁ σκελίσκος primam formam dicamus an τὸ σκελίσκον? cf. Spohn. extr. Od. p. 128. Vs. 3 ὅταν ᾖ τι προσφέρων cum Porsono ed. min. fr. V a Clemente Alex. Paedag. p. 209 Pott. afferri annotavit Nauckius phil. V 554: καθὰ καὶ ὁ κωμικός φησί που· "μύροις | ὑπαλείφεται τὰς χεῖρας, ὑγείας μέρος | μέγιστον ὀδμὰς ἐγκεφάλων χρηστὰς ποιεῖν". hoc ποιεῖν etiam Athenaeus praebet altero loco p. 687 d: hinc Nauckius Alexidea ita scripsit:

μύροις
ὑπαλείφεται τὰς ῥῖνας, ὑγιείας μέρος
μέγιστον, ὀσμὰς ἐγκεφάλῳ χρηστὰς ποιεῖν.

cf. philol. VI 419. ad vs. 2 ὑπαλείφεται (ἐναλείφεται) τὰς ῥῖνας Brinkius philol. VI 48 comparavit Hipponacteum 40 Bgk. βακκάρει δὲ τὰς ῥῖνας | ἤλειφον. p. 473 ad Ποντικοῦ fr. annot. l. 3 scr. Κάραβον δὲ ἐπικαλούμενον, κωμῳδῶν, ἣν κτλ. p. 474 Πρωτοχόρου fr. annot. l. 3 corr. Ἐπιπονώτερον Pythagorizusae I 1 Herwerden p. 73 ἂν δ' ὠμὸν πίῃς requirebat. p. 475 fr. III repone ex Athenaeo ἔδει θ' ὑπομεῖναι pro δ' ὑπομεῖναι, item annot. l. 3. l. 5 utrobique corr. ὁποῖον οὖν AP. Πυλαῖαι (Πυλαία v. infra p. 90). Vs. 4 nuper ita refingebat Cobetus mnem. IV 131: πῶς ποτ' οὐχὶ πλούσιοι | ἅπαντές εἰσι λαμβάνοντες βασιλικοὺς

φόρους. B. φόρους μόνον; οὐχὶ δεκατεύουσι γὰρ κτέ.

caeterum v. infra p. 90. p. 476 Πυραύνου fr. I 4 πέτεται γὰρ οὐχ οἷον βαδίζει τὰς ὁδούς: cf. Phryn. Lob. 372. Mein. hist. cr. 380. Herwerden p. 74: πέτεται γὰρ οὗτος, οὐ βαδίζει τὰς ὁδούς. p. 477 fr. IV 2 πάλαι περιπατῶν ἀνδριάς, ἀλετὼν ὄνος Mein. ed. min. scripsit, comparavit Alexid. 3, 387 (1). ἀνδριάς: cf. Hipponact. 590 (10) ed. Bergk. Horat. epist. II 2 83: 'statua taciturnius exit.' de Sicyonii fr. cf. infra p. 90. Fritzsche Eupol. vers. fragm. p. 14. p. 478 Σπονδοφόρου annot. l. 2 λαρκία Bk. ΣΤΡΑΤΙΩΤΗΣ (ita corr. ed. mai.). priora ed. min. sic exhibuit: ἀπόλαβε. B. τοῦτο δ' ἐστὶ τί; A. ὃ παρ' ὑμῶν ἐγώ κτλ. quae in add. ib. p. XVIII ita scribi posse coniecit editor:

ἀπόλαβε.
B. τοῦτο δὲ τί ἐσθ'; Α. ὅ τι ἐστίν; ὃ παρ' ὑμῶν ἐγὼ κτλ. cf. p. 742, ubi Hermanni probabat coniecturam epit. doctr. m. p. XVII hoc tentantis: ἀπόλαβε | τουτί. B. τί τοῦτο δ' ἔστιν; Α. ὃ παρ' κτλ. Vs. 6 (5) pro οὐ δεδώκαμεν Hirschigio scribendum videbatur οὐδ' ἐδώκαμεν diss. p. 54. Mein. ed. min. p. XVIII. οὐκ ἐδώκαμεν Mein. infra p. 91. ed. min. p. 742. Hirschig. annot. cr. p. 9. 30. Συναποθνησκόντων fr. I 4 Ahrens de Crasi p. 9: οὐδ' ἂν ἀδικοῖ γ' οὐδὲν οὐδεὶς οὐδ' ὑβρίζοι τἂν ἑκών. annot. l. 6 scr. Eust. ad Od. p. 480 fr. III Hirschigius annot. cr. p. 13 corrigebat:

ὅστις δὲ πλεῖ θάλατταν ἢ μελαγχολᾷ κτλ.

idem Cobetus mnem. IV 316. cf. V. L. 121. Vs. 2 θανάτα τούτων τῶν τριῶν Vindob. Συντρέχοντες. fr. I cf. Herwerd. p. 74. p. 481 (2) ad vs. 2. 3 Eustathii memoriam attulit Nauckius (philol. VI 419) p. 1770 12: συμφωνεῖ δὲ τῇ Ὁμηρικῇ περὶ οἴνου γνώμῃ καὶ τό "ἐπειδὰν δειπνῶμέν που, τότε πλεῖστα λαλοῦμεν ἅπαντες" (Metag. 2, 752 ubi annotari haec poterant). συντελεῖ δέ τι καὶ τό "οἶδε Διόνυσος τὸ μεθύσαι μόνον, εἰ δὲ νέον ἢ παλαιὸν οὐ πεφρόντηκε." p. 482, 7: v. anon. 4, 604 sq. ad Συρακόσιον annot. l. Ἀλέξιδος p. 483 Ταραντῖνοι. fr. I. II. cf. add. p. 91. Vs. 7. 8 λόγοι | λεπτοὶ διεσμιλευμέναι τε φροντίδες | τρέφουσ' ἐκείνους: cf. Plat. Rep. p. 607 C: οἱ λεπτῶς μεριμνῶντες ὅτι ἄρα πένονται, quae ex comoedia derivavit Bergk. Lyr. II 1072 (140). Vs. 11 sq. sic constituebat Cobetus mnem. IV 317:

δεσμωτηρίου
λέγεις δίαιταν. πάντες οὕτως οἱ σοφοί
διάγουσι καὶ τοιαῦτα κακοπαθοῦσί που;
Α. τρυφῶσιν οὗτοι πρὸς ἑτέρους. ἆρ' οἶσθ' ὅτι κτἑ.

Vs. 16 Φᾶνος ed. min. v. infra 91. annot. l. 4 in min. ed. scr. 'Vs. 4' pro 'ibidem' ad imae paginae annot. cf. Mein. delect. anthol. p. 121. de Ananio adversatur Bergk. Lyr. II 617. p. 484 extr. cf. Bergk. ib. fr. III vs. 5 τὸ καλούμενον ζῆν τοῦτο διατριβῆς χάριν | ὄνομ' ἐστίν, ὑποκόρισμα κτλ. ita ed. min. p. 485 vs. 14 pro ὃς δ' ἂν πλεῖστα γελάσῃ καὶ πίῃ Hirschigio annot. p. 13 legendum videbatur ὃς δ' ἂν πλεῖστα φάγῃ τε καὶ πίῃ, conferebat Alexid. 3, 518 (31). fr. IV 4 ἂν οἴνου μόνον | ὀσμὴν ἴδωσιν: de hoc quidquid est metaphorae cf. Nitzsch. ad Hom. Od. I p. 152 not. ὀσμὴν πίωσιν Herwerd. p. 75. Vs. 7. 8 ἐπὰν δὴ τὸν γόητα Θεόδοτον | καὶ (pro ἢ) τὸν παραμασύντην ἴδω τὸν ἀνόσιον scribebat Hirschig. annot. p. 14 (cf. diss. p. 40 sq.), 'de uno enim, inquit, Theodoto sermo est.' v. Mein. annot. p. 486. Vs. 9 τὰ λευκά τ' ἀναβάλλονθ' Hirschig recte de oculis lascive motis interpretatus est in diss. p. 41, cf. annot. cr. p. 14. vide quae infra p. 91 et in Athen. spec. II p. 24 Meinekius dixit. τὠφθαλμὼ παραβάλλεις Ar. Nub. 362. ὀφθαλμὸν ἐπιβάλλειν Alexid. 3, 492 (3). huccine pertinuerit eiusdem Alexidis ποίει λευκὰ καὶ βλέπ' εἰς . . 3, 462 (1, 7), alii iudicent. Vs. 10 Dobraeus l. c.

ἥδιστ' ἂν ἀναπήξαιμ' ἐπὶ ξύλου λαβών.

cf. Hirschig. diss. p. 13. 41. annot. cr. 14, qui ἀναπήξαιμ' ἄν, quod non necessarium. annot. l. 3 scr. 'Vs. 1' l. 4 'Vs. 3 εὐθέως AB.' l. 15 scr. ἁβρά p. 487 Τιτθῆς fr. I 4. 5 διατριβήν cf. Fritzsche Ran. p. 224. annot. l. 6 scr. 'Eust. ad Od.' p. 488 extr. cf. ad Diph. 4, 408. p. 489 fr. III Cobetus mnem. IV 317 ἀλλ' ἔγχεον | αὐτῷ Διός ἔτι (pro γε) τῆνδε σωτῆρος, 'namque haec, inquit, omnium ultima ἐγχεῖται κύλιξ e convivio abituris.' annot. extr. cf. Cobet. Orat. p. 106. p. 490 Τραυματίου fr. II 5 ed. min. εὐπόρους | ἐν τοῖς ἀπόροις, βλέποντας ἀθλ. v. infra p. 91. adde quae Patakis philol. VIII 523, Herwerden p. 76 tentarunt. de Trophonii fr. I cf. Fritzschii Eupol. vers. fragm. p. 14, qui vs. 3 ὡς ἀνίκητοί τε βοᾶν εἴτε (i. e. εἴητε) καὶ πίνειν μόνον. 'pro ἀκίνητοι, inquit, cum Sylburgio ἀνίκητοι et pro πονεῖν cum Palmerio Exerc. Cr. p. 513 πίνειν corrigendum est.' πίνειν etiam Hirschigio probatum annot. p. 5. annot. l. 10 de Eubulo cf. 3, 208 (1) suppl. p. 492 (3) Photius et Suidas non habent fabulae nomen, iidem θεάσασθαι praebent et οὕτως, quod om. Antiatticista. Τυνδάρεω fr. vs. 1 Herwerden aut ἄνθρωπος εἶναί μοι Κυρηναῖος δοκεῖ scribi potuisse opinabatur p. 77, aut producta prima syllaba, ἄνθρωπε, Κυρηναῖος εἶναί *μοι δοκεῖς.* p. 493, 8 Hermesianactis versu Hermannus opusc. IV 251: *ἄνδρα δὲ Κυρηναῖον ἔσω πόθος ἔσπασεν Ἰσθμοῦ.*

Ὕπνου fr. I 4 aliter scribebat Patakis l. c. Vs. 8 *τίς οὖν τοιαύτην παῖς ἔχων ἔστιν φύσιν;* Herwerden p. 78. p. 494 (2) vs. 4 *πωλεῖν ἀδείπνοις ἃ παρέθηκ' αὐτοῖς ἰδεῖν* scribendum videri infra significavit Mein. p. 91 et in min. ed. cf. Hirschig. annot. p. 14. fr. III Cobetus mnem. IV 317 'demonstrat *ἦν*, inquit, scripsisse poetam *ἐπεδείπνει* pro *ἐπιδειπνεῖ.*' de Hypobolimaeo cf. add. p. 91. Vs. 3 *τῆς τοῦ βασιλέως ταῦτ', ἀπνευστί τ' ἐκπιών* cum Dindorfio ed. min. *τοῦ βασιλέως τοσαῦτ'* Bergkius. annot. l. 1 scr. *χυτρῖδες:*

p. 495 Phaedri I 8 Herwerden p. 79 pro tradita scriptura *συννενηγμένος* restituendum indicat *συμμεμιγμένος* | *πανταχόθεν* Vs. 13 non recte ed. min. exhibet *ἀδάματος* pro eo quod erat: *ὁ δὲ πόνος* | *ἀδάμαντος.* ad vs. 16 cf. add. p. 91. annot. l. 3 scr. 'ad Iliad.' fr. II 3 corr. *ἐποίησε* ad annot. adde infra p. 91. Vs. 4 *οὕτω* L et Eustathius: neutra ed. recte habet. *συνεστρόγγυλεν*: cf. Cobet. V. L. 376. p. 498 cf. infra p. 91. ib. v. Dobraei et Hermanni ad Philiscum coniecturas. p. 499 *Φιλοτραγῳδοῦ* fr. *εὖ φέρειν* etiam Vindob. *Φιλοῦσα.* fr. I 3. 4. 5 Hirschigio annot. p. 15 'sunt Athenaei verba paucis mutatis et additis in senarios redacta.' p. 500 (2) v. infra p. 91. p. 502 inc. fab. fr. I nescio an ad Hesionam referendum sit. vs. 7 *τὸ τοῦ πόλου τοῦ παντὸς ἡμισφαίριον* attigit Gerhardus in comm. acad. 'Archemoros und die Hesperiden' 1838 p. 40. vs. 13 *τὸ πέρας οὐκ ἀνῆχ' ἕως κτλ.* ascribam totum Eustathii 1348 extr. locum: *δῆλον ἀπὸ λοπάδος, ἣν σεμνύνων τις παρὰ τῷ δειπνοσοφιστῇ ἀστείως ἔφη τό "παρετέθη ὑπερήφανος ὄζουσα τῶν ὡρῶν λοπάς, τὸ τοῦ πόλου παντὸς ἡμισφαίριον", ὃ καὶ* (p. 1349) *κατασκευάζων ἐξ ὁμωνυμίας ἀστέρων πρὸς ζῷα ἐδώδιμα λοπάσιν ἑψόμενα φησὶν ὡς "ἅπαντ' ἐκεῖ ἐνῆν τὰ οὐράνια καλά, ἰχθῦς, ἔριφοι, σκορπίος·" ἃ δηλαδὴ καὶ ἐν οὐρανῷ εἰσίν. εἶτα εἰπὼν ὡς "ὑπέφαινεν ᾠῶν ἡμίτομα τοὺς ἀστερίας," ἐπάγει "περὶ ταύτης ὁ πᾶς ἀγὼν ἐπ' ἐμὲ κατήντα. τὸ πέρας (ἤγουν ὕστερον) οὐκ ἀνῆκα, ἕως τὴν λοπάδ' ὀρύττων ἀποδέδειχα κόσκινον."*

κτλ. annot. l. 2 scr. γενόμενος οὗ τὸ κτλ. l. 4 scr. 'Vs. 1' l. 7 scr. Eustathium l. 8 'Athen. VI' caeterum cf. Mein. ad Scymn. praef. p. XIX. ad Euangel. 4, 573. l. 22 scr. ὄζουσα τῶν Ὡρῶν. de Theocrito v. Mein. ed. III p. 199. p. 504 annot. l. 10 scr. 'Vs. 7' p. 505 (6, 6) cf. add. p. 92. de immunitate illa cf. Boeckhii ad Oec. civ. Ath. ed. II add. p. VII.

p. 506 (7, 4) Hirschigio annot. p. 15 reponendum videbatur: οὗ μήτε πράττεται τέλος | μηδεὶς παρ' ἡμῶν. Dobraeus Aristoph. p. 30: οὗ μήτε πράττοιτ' ἂν τέλος | μηδεὶς ἂν ἡμᾶς, μήτε τιμὴν δόντα δεῖ | ἑτέρῳ λαβεῖν. p. 507 (8) vs. 4 ὧν μὲν πεπόρικεν ed. min. v. infra p. 92. cf. ad Alciphr. p. 123. vs. 8 fort. ἀφείλεθ' ὅσα δεδωκὼς ἦν πάλιν, v. add. l. c. Hirschigius l. c. p. 16 vs. 1 τοὺς εὐτυχοῦντας πολυτελῶς (pro ἐπιφανῶς) | δεῖ ζῆν propter Athenaei verba huic eclogae praemissa. Vs. 3 articulum inserebat Cobetus mnem. IV 317: ὁ γὰρ θεὸς ὁ δεδωκὼς τἀγαθά Vs. 4. 5 Hirschigius: τούτους μέν, ὧν πεποίηκεν, οἴεται χάριν | ἔχειν ἑαυτῷ· τοὺς δ' ἀποκρυπτομένους τε καί | πράττειν κτλ. Vs. 7 'sub ἀνελευθέρως latere videtur, inquit, εὐτελῶς, sed non expedio.' fr. IX in min. ed. ita scriptum cum Hermanno epit. doctr. metr. p. XIX:

μὴ ὥρασι μέν
τὰ τῶν κακῶν ἴκοιθ' ὁ τοὺς θέρμους φαγών,

Vs. 6. 7 Eustathius habet ad Od. 1863 58: λέπος· οἷον "οὐδενὸς γὰρ πώποτ' ἀπέβαλεν ὀσπρίου λέπος." p. 508 fr. X 2: de Erfurdti et Hermanni sententia v. infra 92. Cobetus mn. IV 132 ita scribebat:

ὁρᾷς, δυοῖν τούτων ἔχειν δεῖ θάτερον.

de vs. 3 στρατεύειν et vs. 6 τρίχες λυποῦσιν ἡμᾶς v. add. 92. annot. l. 19 scr. 'Eustathius ad Od.' p. 510 (12) cf. add. 92. annot. l. 8 scr. 'Vs. 5' p. 511 (13) Hirschig. annot. p. 16 scripsit ὅση 'στι (pro ὡς ἔστι) κατακεῖσθαι πρὸ δείπνου συμφορά· annot. l. 2 verba ἐπὶ τῆς τραπέζης non sunt Athenaei, sed Suidae v. ἀνακεῖσθαι. κατακεκλίσθαι. p. 512 (14) annot. l. 5 scr. 'p. 1422 48' fr. XV 2 ὁ μὲν ἀπογηράσκων ἀηδὴς γίνεται ed. min. v. infra p. 92. alterum probavit Nauck. philol. VI 416. l. 1 a f. scr. πίνοντας αὐτόν.

p. 513 (18) vs. 3 ἄν τίς Coraes, vulgo ἄν τις (cf. Herwerd. p. 80). 'malim τοιαῦτα. τουτωνὶ τίς ἂν εὕροι φάρμακα..' Mein. ed. min. p. XVIII. 'Vs. 4 forsan ἐρῶν γ'.' ib. p. 761. p. 514 (20) annot. l. 1 scr. ἐθαυμάζετο δὲ καὶ fr. XXI annot. l. 8 τὸ διορίζεσθαι ἀβεβαίως ed. min. 'id ut per crasin coalescat.' p. 515 fr. XXII est Athen. I p. 34 c. d. ad XXIV l. 6 adde: cod. D Harpocrat. p. 181 Bk. l. 3 a f. cf. Lobeck. 'Ρημ. p. 18. p. 516, 10: idem Cobetus V. L. 379. p. 517 (29) l. 11 scr. ἐν caeterum v. ad 3, 411 suppl. fr. XXX 5 cf. Steph. Byz. I 283 20: Εὔβοια, νῆσος μία τῶν ἑπτά. annot. l. 2 scr. 'servavit etiam Stephanus ap. Constantinum ... et e Stephano, ut videtur, omisso' etc. p. 518, 13 scr. 'vs. 6 ἑσχάτην pro ἑβδόμην.' fr. XXXII l. 4 scr. διαφερόμενον τυγχάνει. fr. XXXIII cf. Fritzsche Ran. p. 111. 112. p. 519, 2 hodie μάλα χαῖρε fr. XXXIV 1. 2 iam ita scribit Meinekius:

τίς δῆθ' ὑγιαίνων νοῦν τ' ἔχων τολμᾷ ποτε
γαμεῖν προδιαπραξάμενος ἥθεον βίον;

h. e. 'ein junggesellenleben.' p. 520, 9 scr. habet B fr. XXXVI supra Vindob. codicis auctoritate ad Atthidem relatum, v. p. CCIII. fr. XXXVIII 2 pro ἄλλος Nauckius proponebat μᾶλλον philol. VI 419. p. 521 fr. XXXIX in altera editione ita scriptum:

οὐκ ἔστ' ἀναισχυντότερον οὐδὲν θηρίον
εἰσορᾶν γυναικός· ἀπ' ἐμαυτῆς ἐγὼ τεκμαίρομαι.

εἰσορᾶν suprasc. p. m. Vindob. cf. Arsen. Leutsch. II p. 584. fr. XL cf. Leutsch. ib. 589. Nauck. trag. fr. p. 361. fr. XLI οἱ δὲ Μενάνδρου om. Vind. p. 522 fr. XLVI τοῦ φρονεῖν Gaisf. fr. XLVIII Bk. Poll. 'Υπερίδης δὲ καὶ γηροβοσκὸν εἴρηκε, καὶ Ἄλεξις γηροβοσκεῖα. fr. XLIX οὐλόκομος Bk. p. 523 fr. L ib. δακρυρροοῦντα ad fr. LIV adde Poll. II 197: καὶ πτερνίδες ἐν τῇ μέσῃ κωμῳδίᾳ καλοῦνται οἱ πυθμένες τῶν ἰατρικῶν λεκανίδων. p. 524 (62) M. Schmidt. de dithyr. p. 260: τὸ παναρμόνιον τὸ καινὸν ἐντείνων, τέκνον. p. 525, 1 scr. poterat l. 2 ἔρειξον fr. LXVII^b om. ed. min. v. infra p. 92. fr. LXVIII ἐπιλησμόνη v. ib. cf. supra p. XLVI. fr. LXIX ex his quae sunt apud Cram. An. Ox. I 224 sq. unum φορμὶς ἰσχάδων Alexidi datum ed. min. p. 526 fr.

LXXIX ἐπὶ Σάγρᾳ: cf. Mein. Vind. Strabon. p. 61. p. 527 Alexideis in ed. min. hoc additum:

LXXXII

Eustathius ad Iliad. 863 29: καὶ Ἄλεξις ὁ κωμικὸς λευκόπυγον ἔφη τὸν ἄνανδρον. cf. app. prov. Gott. III 62.

Antidotus. p. 528 Πρωτοχόρου I 1 'malim κατὰ στάσιν, ut sit *confertim, denso coetu.*' Mein. ed. min. p. 529 inc. fab. 'forsan Θάσιον ἔγχει δὴ λαβών· | ὁτιοῦν γὰρ ἄν μου.' ibid. apud Pollucem VI 100, ὁλκαίου δὲ Ἀντίοχος· ἔστι δὲ ὁλκαῖον ᾧ τὰ ἐκπώματα ἐναπονίπτουσιν, fortasse Antidoti nomen reponendum esse in hist. cr. p. 416 dictum: cf. Bergk. Lyr. II 575.

Axionicus. p. 530 Tyrrheni fr. I annot. l. 13 scr. 'Vs. 4' et l. 15 ἀποτυμπανιστῇ. Bothius ἀποτυμπανίστης. p. 531, 4 Aeschyli fr. 56 vs. 10 τυπάνου δ' εἰκών addidit Nauck. Ar. Byz. p. 147. ad fr. II cf. add. 92. Phileuripidis fr. I 6 φέρων pro φέρω Iacobsius. p. 532 vs. 13 Μοσχίων: cf. Mein. 'monatsb. d. k. pr. akad.' 1855 p. 111. annot. l. 21 τὰ δὲ ταρίχη μήποτε καὶ ὡς αἰσχροποιοῦντος. p. 533 afferendum erat, quod in hist. cr. p. 417 descriptum est, Phileuripidis fragmentum

II

οὕτω γὰρ ἐπὶ τοῖς μέλεσι τοῖς Εὐριπίδου
ἄμφω νοσοῦσιν, ὥστε τἄλλ' αὐτοῖς δοκεῖν
εἶναι μέλη γιγγραντὰ καὶ κακὸν μέγα.

Athenaeus IV p. 175 b: καὶ Ἀξιόνικος ἐν Φιλευριπίδῃ Οὕτω γὰρ κτλ. Vs. 3 γίγγρατα BP. γίγαρταBergk. Φίλιννα. annot. l. 5 cf. C. Keil. anal. epigr. p. 244. p. 534 Χαλκιδικοῦ fr. I cf. add. 93. p. 535 fr. II 3 cum Emperio (v. infra p. 93) ed. min. scriptum:

συντιθείς, οἴνῳ διαίνων, ἔντερ' ἀλὶ καὶ σιλφίῳ

fr. III 1 scr. ἁμίς Vs. 2 θυΐα Vs. 3 omissa est alterius personae nota. p. 536 inc. fab. I in min. ed. Grotii exhibuit lectionem editor: ἀνὴρ δικαίως τὸν τόκον λύπας ἔχει. ibidem hanc proposuit coniecturam: δίκαιός ἐστι τὸν τόκον λύπας ἔχειν. Nauckius philol. VI 419: αὐτῶν δικαίως τὸν τόκον λύπας ἔχει. Iacobsius lect. Stob. p. 42: δίκαιος ἀντὶ τῶν τόκων λύπας ἔχειν, quod nuper ad Stob. I p. IX probavit Meinekius.

Epigenes. p. 537, 4 scr. fragmentum alterius fabulae inscriptionem ed. min. p. 1284 *ΒΑΚΧΙΑΣ* fecit editor, in singulis Athenaei testimoniis ἐν Βακχίᾳ scripsit. p. 538 (3) iam infra 93 correctam: τὸ σκύφος ἔχαιρον δεχόμενος. Ἡρωίνης fr. I 3. 4 in min. ed. ita exhibiti ut in annot. huius pag. significavit editor. annot. l. 1 scr. Athenaeus XI p. 539 fr. II 4 ἡθμὸν scriptum. Μνηματίου vs. 3 scr. τί καθ' ἕκαστον δεῖ λέγειν; p. 540, 1 apud Arrian. I 23 7. 8 hodie Πιξώδαρος cum A scriptum: cf. de his nominum formis C. Keilium philol. V 657. zeitschr. f. d. alt. 1852 p. 271. ad annot. infra ascriptam cf. Nauck. philol. V 678. (aliter haec componebat Stiehle ib. p. 154). in Ποντικοῦ fr. Bk. Poll. et ed. min. τρεῖς μόνους | σκώληκας ἔτι τούτους μ' ἔασον καταγαγεῖν, ut hac pag. proposuerat Mein. δέ μ' ἔασον Par. A. postremo loco in min. ed. allatum est ex Hesychio διαπίνειν: προπίνειν. *Ἐπιγένης, v. infra p. 93. apud schol. Apollonii l. c. hodie recepta est Lobeckii emendatio.

Dromo. p. 541 Psaltriae fr. I vs. 5 Herwerden p. 80 reddebat 'interpolatori iocum non ita obscurum explicanti.' fr. II vs. 2 idem requirebat ἀφεῖλε τὰς τραπέζας pro περιεῖλε comparato Philyll. 2, 857 (1). p. 542, 7 scr. 'et XIV'

Diodorus. p. 543 Ἐπικλήρου vs. 2 Hirschigio annot. p. 16 propter vs. 21 scribendum videbatur: ὡς σεμνόν ἐστι τοῦτ' ἀεὶ νενομισμένον p. 544 (v. 11) pro συγκατακλιθεὶς Herwerd. p. 81 συγκατακλινείς: cf. Cobetum mnem. II 323. Vs. 15 scr. εὐτρεπεῖς Vs. 29 δυναστῶν] δυαστῶν BP; Cobetus Orat. p. 61 'nulli erant Athenis, inquit, δυνάσται. vera lectio latet in lectione codicis, olim depravata in reliquis apographis, δυαστῶν, nam poeta dederat δύ' ἀστῶν.' cf. mnem. IV 317. Aristot. polit. p. 1278 34. Vs. 35 pro οἷς ἐπειδὴ προσερύγοι Herwerden 'necessaria mutatione' rescribebat οἷς ἐπεί τις προσερύγοι, | ῥαφανῖδας ... καταφαγών, | ἴα καὶ ῥόδ' ἔφασαν αὐτὸν ἠριστηκέναι. p. 545 (vs. 40) ed. min. ἔδειτ' αὐτοῦ φράσαι, | πόθεν τὸ θυμίαμα τοῦτο λαμβάνει. p. 546 inc. fab. vs. 5 τὴν ἐσομένην καὶ ταῦτα μέτοχον τοῦ βίου, quamquam defenditur exemplis a Dobraeo ad Plut. add. vs. 546, Fritzschio Ran. 704 allatis, cf. Mein. Vind. Strab. p. 185. 186, nuper tamen idem Diodori verba sic potius scribenda putavit:

τὴν ἐσομένην μετὰ ταῦτα μέτοχον τοῦ βίου.

Dionysii Θεσμοφόρος. p. 548 (v. 28. 29) cf. infra p. 93. quod in annot. p. 550 proposuit Mein. ἃ τῶν ἰδιωτῶν ἐσθ᾽ ἕνεκα γεγραμμένα, Nauckio philol. VI 420 fortasse ἃ τῶν βεβήλων scribendum videbatur: v. ad Sophoclis fragm. p. 130 (148). Vs. 29 'fortasse κενὰ μᾶλλόν ἐστιν ἢ οὐδέπω' Mein. ed. min. Vs. 34 sq. Hirschigius p. 17 propter vs. 35 τὸν τῆς τέχνης | καιρὸν δ᾽ ἀπολέσῃς, προσαπόλωλεν ἡ τέχνη. de vss. 41 sqq. cf. add. 93. Vs. 42 librorum lectionem ἀγωνίαις Mein. ad Men. p. XVII ἀγωνίας scribebat, atque ita infra p. 93. in min. ed. corr. annot. l. 27 'ἀγωνίαις libri, ἀγωνίας conieci' etc. p. 552 Ὁμωνύμων fr. I 10 κἂν τέμαχος ἐκκλέψῃς τι Herwerden p. 81. Vs. 11 scr. ἐμόν. de vs. 15 sq. cf. infra p. 93. vs. 18 Nauckius philol. VI 420 postulabat: τί δεῖ λέγειν τὰ πολλά κτλ. annot. l. 1 scr. Athenaeus IX p. 553 supra scr. ΟΜΩΝΥΜΟΙ. fr. II 2 τῇ σχολῇ ... καταχρώμενον Herwerd. l. c. vs. 5 Emperii coniecturam v. add. 93. Mein. ed. min. 'ipse tentaverim, inquit, ἥσυχα καθιέναι δ᾽ ἐπὶ τῇ βακτηρίᾳ. de καθιέναι cfr. Lobeck. ad Aiac. v. 250.' ΛΙΜΟΣ vel potius ΛΙΝΟΣ fabulae titulus cur loco suo motus sit ed. min. v. infra p. 94. cf. Nauck. trag. fr. p. 617. p. 554 Σῳζούσης fr. I 2 cf. Welckeri opusc. III 507. Vssing. vas. gr. nom. p. 155. p. 555 (2) v. infra 94.

inc. fab. vs. 1. 2 cf. Nauck. trag. fr. p. 617. 618. Vs. 3. 4 idem inter tragicorum adespota recepit p. 720. Vs. 5 αὐτὸς πενόμενος τοῖς ἔχουσι μὴ φθόνει Hirschigius annot. p. 17. ita in monost. 43 legitur. cf. Mein. Stob. vol. II p. VII. Nauck. trag. fr. p. 618, qui Vs. 6 in adesp. p. 721 collocavit. ad Dionysium comicum hanc scholiastae Hippocratis notitiam Darembergius referebat 'notices et extraits' p. 209: ἐπιμυλάδα· Βακχεῖος ἐν β′ καὶ Πασικράτης ἐν τῷ ἐξηγητικῷ τοῦ Μοχλικοῦ ἐπιγονατίδα· Διονύσιος δὲ Ψικάτορα τὸν κατὰ Σέλευκον ἱστορῶν φησιν·

τάδ' εἰς τοὔμπροσθεν ἀδυνατεῖ μύλης ὕπο·

καὶ Ὅμηρος (Od. η 104 v. schol. cf. Daremb.) "*αἱ μὲν ἀλετρεύουσι μύλης ἐπιμυλάδα καρπόν.*" ἐμοὶ δὲ δοκεῖ τὸ ἐπικείμενον τῇ ἐπιγονατίδι δέρμα ἐπιμυλάδα εἰρηκέναι, διὰ τὸ ἐπὶ τῇ μύλῃ εἶναι. ἔνιοι δ' ἐπιμυλάδα φασὶν εἶναι τὰς πλατείας ἐπιφύσεις· ἐπιγουνὶς δὲ τὸ ἀνώτερον μέρος τοῦ γόνατος "*οἵην ἐκ ῥακέων ὁ γέρων ἐπιγουνίδα φαίνει*" (σ 74). in ed. pr. (v. Schneidew. g. g. a. 1852 p. 427) *Διονύσιος δὲ κομψικάτοννα τὸν κατὰ σέλα ἱστορῶν φησίν· "τὰ δ' εἰς κτλ.*" quae cum Dübnero ita refingebat: *κομψικώτατα τὸν κατασκελῆ ... "τὰ δ' εἰς τὰ πρόσθεν ἀδυνατεῖ μύλης ὕπο.*" ad quae Schneidewinus 'zu bemerken wäre nur, inquit, dass auf jeden fall in *μύλης ὕπο* eine obscene dilogie liegt, wie *ἀλεῖν*, molere, *μύλλειν* u. dgl. aehnlich gebraucht werden.' in altera ed. *Διονύσιος δὲ Νικάνορα* (Diod. XIX 92 vel etiam *'Υψικράτορα* s. *'Υψικράτην*) ... *φησίν·*

τάδ' (τὰ δ') εἰς τὸ πρόσθεν ἀδυνατεῖ μύλης ὕπο.

ibidem de Dionysii aetate quaesivit, quam cum Clintono circa a. 320 posuit. de Archestrati (hist. cr. 419) temporibus cf. Mein. in Ath. exerc. II p. 43 sq.

Eriphus. p. 556 Aeoli annot. l. 4 proverbialem versum habet Macar. VI 25. Meliboeae I 6 ed. min. *B. παρ' Ἑσπερίδων, ᾤμην γε. A. νὴ τὴν Ἄρτεμιν, | φασὶν τὰ χρυσᾶ μῆλα ταῦτ' εἶναι. B. τρία κτλ.* v. supra ad Antiph. p. CLXIII, ubi Bergkii ascripta est coniectura. Vs. 14 Hirschigio p. 17 legendum videbatur *εἶχεν* i. e. arbor. ad annot. l. 10 cf. add. 94. p. 558, 1 scr. Athenaeus II l. 3 scr. *δὲ ἦν καὶ* fr. III infra ita scribendum conieci: *ταῦτ' ἄρα πένητες κτλ.* cf. Ar. Pac. 617 *ταῦτ' ἄρ' εὐπρόσωπος ἦν, | οὖσα συγγενὴς ἐκείνου.* Men. 4, 101 (2) *σὺ δὲ μικρολόγος *(ἄρ') οὐ θέλων καινὰς πρίασθαι.* adde Alexid. 3, 494 (3) *διὰ ταῦθ' ὁ πόρνος οὗτος οὐδὲ τῶν πράσων—ἐπιδειπνεῖ-· τοῦτο δ' ἦν ἵνα κτλ.* fr. IV Cobetus mnem. IV 318 (cf. Orat. 106) ita redintegrabat comparato Eubulo 3, 203:

ἐκπεπήδηκας πρὶν ἀγαθοῦ πρῶτα δαίμονος λαβεῖν,

πρῶτα δαίμονος Dindorfii est, libri *πρῶτον δαίμονος*, Mein. cur. crit. p. 74 *δαίμονος πρῶτον.*

Eubulidis Comastae. p. 559 vs. 1 δέῃ ante Dindorfium. ad vs. 2 cf. add. p. 94. annot. l. 4 scr. ἐν δράμασι Κωμασταῖς

Heniochus. p. 560 Γοργόνες. annot. l. 1 scr. 'Ἡνίοχος Γοργόσι Πολύευκτος. ὁ βοῦς ὁ χαλκοῦς cf. infra p. 94. adde Bergk. in 'zeitschr. f. d. alt.' 1845 p. 979 sqq. qui de Heniochi aetate ib. dixit p. 981. p. 561, 6 a f. scr. utramque 3 a f. scr. 'Vs. 5' p. 562 de Trochili fr. cf. Bergk. l. c. 981 sq. Vs. 3 ed. min. σὺ δέ | Παύσωνι φῂς τὸ δεῖνα προσλελαληκέναι; Vs. 6 Nauckius philol. VI 420 καὶ γὰρ οὐκ ἀγέλαιόν ἐστ' ἴσως i. e. 'non quotidianum.' Vs. 10 cf. infra 94. Bergkius l. c. 982: ὡς δ' ἀεί ποτε | περὶ τοὺς κυάμους ἔσθ' οὗτος ὁ σοφιστὴς τέως. annot. l. 9 scr. 'AB προσλελαληκέναι.' l. 12 cf. infra 94. p. 563 inc. fab. vs. 1 cum libris ed. min. ἐγὼ δ' ὄνομα τὸ μὲν καθ' ἑκάστην αὐτίκα | λέξω: pro illo Grotius ὀνόματα μὲν. καθ' ἑκάστης etiamnunc in praef. Stob. II p. XI de coniectura propositum. Vs. 16. 18 Mein. ib. 'συνοῦσαι] συνόντε, inquit, requireret Cobetus V. L. p. 70 et δι' ὧ' p. 564, 14 ἐλευθέρια Vind. l. 26 ἐταράττετον. attigit hoc fragmentum Bergkius l. c. p. 981.

ad Heraclitum comicum p. 566 f. referri posse Goettlingius Hesiod. p. LXII opinabatur illud Zenobii II 19, αὐτόματοι δ' ἀγαθοὶ ἀγαθῶν ἐπὶ δαῖτας ἴενται: οὕτως Ἡράκλειτος ἐχρήσατο τῇ παροιμίᾳ. v. Schneidewinum p. 37. Mein. 2, 112. ad 2, 542 (14) suppl. p. LXXXV.

Mnesimachus. p. 567 Alcmaeonis fr. Cobeti Diog. La. ὡς Πυθαγοριστὶ θύομεν τῷ Λοξίᾳ. ad Busiridis fr. cf. add. p. 94. p. 568 Δυσκόλου vs. 3. 4 ed. min. B. πῶς ἔτι | μετριώτερ', ὦ δαιμόνιε, πῶς; A. σύντεμνε καί κτλ. Hirschigius p. 17 ita scribebat: πῶς ἔτι | μετριώτερ' ὦ δαιμόνι'; A. ὅπως; σύντεμνε καί | ἐπεξαπάτα με. idem Cobetus mnem. IV 113, qui vs. 6 cum Dawesio (misc. p. 214) scripsit ἰχθύδι', ὄψον: v. Mein. ed. mai. p. 569 'Ἱπποτρόφου vs. 22 χάσκεις οὗτος; Cobetus mnem. IV 318. p. 571, 3 apud Photium] v. Harpocr. p. 86 5. p. 573, 18 ἠλακατήνος B (non C ut ed. min.) p. 574, 3 item in min. ed.

scr. 'pro πολυποδίου' l. 12 ἄρκτος (an ἄρκος) v. infra p. 95. ibidem dictum de p. 576, 11 βᾶρος. ad Ἰσθμιονίκου fr. ed. min. confert Athen. VII p. 282 d. p. 578 Φιλίππου fr. II 4 nescio an om. interrogatione ita sit scribendum: ἄρά που | ὀπτὴν κατεσθίουσι πόλιν Ἀχαϊκήν. fr. IV scr. Athenaeus VIII p. 579, 5 ita illa in C leguntur, Eustathius haec habet: ἐξ αὐτῆς (φύσης) δὲ καί τις ὀψοφάγος λοπαδοφυσητὴς ἐσκώφθη.

Philisci inc. fab. I p. 580 cf. infra 95. Nauck. trag. fr. p. 637. fr. II ὁ Πειραιεὺς de paenultimae correptione cf. vol. IV p. 538. de quinto quodam apud Pollucem fragmento v. add. p. 95. hoc loco apponenda ex hist. cr. p. 424 haec:

SIMYLVS

ΜΕΓΑΡΙΚΗ

Pollux X 42: τάχα δὲ καὶ περιστρώματα· εἴρηται γὰρ παρά τε Φιλίστῳ ἐν τῇ ἕκτῃ καὶ ἐν τῇ Σιμύλου Μεγαρικῇ.

Sophilus. p. 581 Παρακαταθήκης fr. vs. 2 Cobetus V. L. 123: 'in unico, inquit, codice Marciano est χαρίεν οὐχὶ Β̄ et ὑποχεικωμάσαι: in his latet ὑποχεῖς κωμάσαι (non satis distinctis ut saepe Κ et ΙC), in illis οὐχὶ ΙΒ̄ id est:

οὐχὶ δώδεκα
κυάθους, ἀνεβόησέν τις, ὑποχεῖς;'

de ὑποχεῖν v. Mein. annot. p. 582. vs. 4 κατακλινεὶς Herwerd. p. 81. cf. supra CCXIX. p. 582, 9 scr. Τάναγρα. Συντρέχοντες. 'forsan ὁ πορνοβοσκὸς μὲν ὑπὸ κνισολοιχίας.' Mein. ed. min. sed BP teste Dindorfio non habent γὰρ μὲν sed γάρ με. Φυλάρχου fr. I στρηνιῶ: cf. ad Diph. 4, 429 (48).

fr. II p. 583 Nauckius philol. VI 420 ita disposuit ὀψοφάγος εἶ | καὶ κνισολοῖχος. p. 584, 10 cf. infra p. 95. l. 21 hos versus Nauckius habet in trag. adesp. 225. 226; Διὸς ὄλβιον τέκος ap. Gaisf. ad Ecl. p. 718. quae Athenaeus p. 68 a ex Sophocle attulit:

ἐγὼ μάγειρος ἀρτίσω σοφῶς,

v. in dubiis Sophocl. p. 283 Nauckii, ubi ad Sophilum haec rectius referri posse assentitur Valckenario et Meinekio.

Sotades. p. 585 Ἐγκλειόμεναι. I 9. 10 cf. infra p. 95. vs. 29 ἐνέκρυψά θ' ὥσπερ δαλὸν εἰς πολλὴν τέφραν:

cf. Odyss. ε 488 ὡς δ' ὅτε τις δαλὸν σποδιῇ ἐνέκρυψε μελαίνῃ. p. 588 Παραλυτρουμένου vs. 2 etiam τοῦτον explicari posse in ed. min. dixit editor, v. Fritzsche de parops. p. 12. cf. Plauti Trin. 368: 'sapienti aetas condimentum, sapiens aetati cibust.' v. Haupt. nov. rhen. mus. VII 477.

Timotheus. p. 589 Κυνάριον. Vs. 1 Cobetus mnem. IV 235 'requiritur, inquit, ὑποδύντ' ἐς: namque ὑποδῦναι est furtim se ex hominum turba proripere.' inc. fab. fr. de auctore cf. Meinekii dubitationes infra p. 95. Bergkius Lyr. II p. 1004 (13) Τιμοκλέους in lemmate scribendum suspicabatur. Vs. 1 οὖθ' ὁ πτερωτὸς cum Bergkio ed. min. Vs. 2 Κύπριδος receptum.

Timocles. p. 591 Δήλου s. Δηλίου fr. vs. 9 οὐψοφάγος scribendum proposuit Bergkius. annot. l. 9 scr. εἶτ' εἴληφε ACP. p. 592, 2 scr. 'quos Alexander' Δημοσατύρων fr. Bergkius ἐπὶ τρὶς scribebat. Διονυσιαζουσῶν fr. vs. 1 ed. min. cum Stobaeo ἥν τί σοι δοκῶ λέγειν. Vs. 4 ib. cum Dindorfio ἀνεύρετο annot. l. 11 Ennius: Ribbeck. trag. p. 46. Vahlen. Ennio p. 138. l. 16 Ἀλκμένωνα etiam Vindob. de forma Ἀλκμέων cf. Nauck. trag. fr. p. 302. supra p. CLXIX.

p. 594 Διονύσου fr. quomodo scribendum videatur v. infra p. 95 sq. dixit de hisce versibus Bergkius 'beiträge zur griech. monatskunde' p. 69. Δρακοντίου fr. p. 595 vs. 13 scr. μακρολογῶ vs. 19 προσαγορευτέα ed. min. v. infra p. 96. annot. l. 4 scr. ἥκιστα. οὐδὲν p. 596 Epistularum fr. I 4 Nauck. ἀσυμβόλους | κινεῖν ὀδόντας. p. 597 fr. II 1 ante Dindorfium αὐτῷ annot. l. 6. 7 scr. ᾤετ' V, ᾤετο BP, ᾤεθ' L.

l. 10 scr. 'tentabat τοῦτ' οὐκ ἔστ' ἀνάξιον μόνον,' p. 598 Ἐπιχαιρεκάκου fr. vs. 5 ed. min. ἦν δὲ τὸ πάθος γελοῖον. οἴμοι τέτταρας κτλ. Bergkius γελοῖον οἶμαι. 'Vs. 6 malim ἄνθρωπος' Mein. ed. min. Vs. 7 ibid. ἐγχέλεις ὁρῶν | θύννεια νάρκας καράβους ἡμωδία. Pomponii (p. 201 Ribb.) fr. v. infra p. 96. Heroum fr. I 1. 2 ita Cobetus distinxit Orat. p. 64. mnem. IV 117. 118:

οὐκοῦν κελεύεις νῦν με πάντα μᾶλλον ἢ
τὰ προσόντα φράζειν; B. πάνυ γε. A. δράσω τοῦτό σοι.

occupavit Elmsleius Ach. 963, qui non ascripsit personarum

notas. Vs. 4 infra p. 96 et in min. ed. cum Dobraeo scriptum: ὀργιζόμενος. *Α.* ὁ ποῖος; *Β.* ὁποῖος; ὁ Βριάρεως. de Briarei nomine cf. Leutsch. ad Apostol. II p. 483. p. 600 Ἰκαρίων fr. II 6 corr. καὶ σύνεστι σαπέρδαις δυσίν: de saperdis i. e. stultis Meinekius 'zeitschr. f. d. alt.' 1845 p. 737 confert Varron. sat. LVI 2 Oehl. 'omnes videmur nobis esse belli, festivi, saperdae cum simus σαπροί.' Vs. 7 ἀνάλκεσιν; cf. ad Cratin. 2, 229 suppl. p. XLVIII. p. 601, 24 de Alexide cf. suppl. p. CCIV. p. 602, 7 a f. scr. 'redintegrabat' p. 604, 23 ex poeta aliquo comico] v. anon. 4, 607 (21ᵃ). p. 606 Λήθης fr. vs. 7 ἐπόππυσ' ed. min. annot. l. 1 scr. 'p. 407 d' p. 607 Μαραθωνίων fr. supra ad Plat. 2, 629 (1) suppl. p. XCVIII usus est Mein. annot. l. 2 pro ὅσον legebatur θεόν] cf. Cobeti V. L. 357 sq. l. 4 δέ τι Porsonus. p. 608, 4 scr. ἐν Νεαίρᾳ (πρόκειται τὸ μαρτύριον). Ὀρεσταυτοκλείδου fr. I 4 pro Κοναλλίς fortasse Κοβαλίς scribendum videbatur ed. min. p. 610 Πύκτου fr. vs. 3 λέπειν pro λέγειν receptum ed. min. annot. l. 12 de cantilena ithyphallica cf. in Athen. exerc. I p. 44. l. 20 ζυγομαχεῖν τῷ κωρύκῳ: v. anon. 4, 603 (10). infra p. 117. de athletarum κωρύκῳ cf. Osann. in Gerhardi 'denkm. u. forschungen' 1852 p. 447. p. 611, 2 scr. κιθαριστὰς ὡραίους. — in Τιμοκλέους Συνεργικά aut Συνεργοί aut Συνέριθοι latere visa est fabulae inscriptio ed. min. ubi ΣΥΝΕΡΓΟΙ indicem fecit Mein. Vs. 2 τοῖς ζῶσι δ' ἕτερον ἀνοσιώτατον φθόνος: criticorum coniecturas v. infra p. 96. Meinekio ed. min. p. XIX ita haec scribenda videbantur:

τοῖς ζῶσι δ' ἔφεδρος ἀνοσιώτατος φθόνος.

ad vs. 1 ἔλεος ἐπιεικὴς θεός cf. Sext. Emp. p. 430: εἰ ὁ ἔρως θεός ἐστι, καὶ ὁ ἔλεος ἔσται θεός· ἀμφότερα γάρ ἐστι ψυχικὰ πάθη, καὶ ὁμοίως ἀφωσίωται τῷ ἔρωτι καὶ ὁ ἔλεος· παρὰ Ἀθηναίοις γοῦν ἐλέου βωμοί τινες εἰσίν. annot. l. 3 Ἀρχιλόχου cf. Bergk. Lyr. II 550. Φιλοδικαστοῦ vs. 4, κατὰ τὸν νόμον τὸν καινὸν ὅπερ εἴωθε δρᾶν, delendus videbatur Hirschigio p. 18. de γυναικονόμοις dixit Boeckhius 'über den plan der Atthis des Philochoros' p. 24 sq. p. 612, 1 scr. Athenaeus VI inc. fab. II 2 ita scribendum videtur Meinekio:

ὅστις δὲ μὴ ᾽χει μηδ᾽ ἔχων ἐχρήσατο,

p. 613 fr. IV l. 1 scr. ʻp. 845 bʼ fr. V ex fabula *ΓΕΩΡΓΟΣ* derivandum idemque ita scribendum videbatur add. p. 96:

σῦκ᾽ ἔλαιον ἰσχάδας μέλι.

B. σὺ μὲν εἰρεσιώνην, οὐ γεωργίαν λέγεις.

ad fr. VI cf. add. l. c.

Xenarchus Butalione. p. 614 vs. 4 pro *κοὖτε* Nauckius trag. fr. p. 728 scribendum suspicatur *κοὔτι*. p. 615, 28 scr. *πῶς οὖν* l. 29 *σοῦ δὲ* infra correctum p. 97. p. 616 *Διδύμων* fr. I 2 Cobetus Orat. p. 105 ʻvix credas, inquit, ... in codice liquido scriptum esse: *ὡσεύποτινυςάζειν γεκαυτοσάρχομαι ητάγαθοῦ δαίμονοσ σύνεσιωεμεάκρατοσἐκποθεῖσα*: unde legendum:

*ἡ τἀγαθοῦ *(γὰρ) δαίμονος συνέσεισέ με*

*ἄκρατος ἐκποθεῖσα φιάλη παντελῶς.*ʼ

annot. l. 2 scr. *εὔποτι νυστάζειν*. p. 617, 4 *πίμπλη*: v. Pierson. Moer. p. 208. *κρήμνη* supra p. XCIV. *Πεντάθλου* fr. I 12 scr. *μηδ᾽* Vs. 18 Nauckius philol. VI 420 sq. legendum proponebat: *ὥς δ᾽ οὔτ᾽ ἰδεῖν ἔστ᾽ οὔθ᾽ ὁρῶντ᾽ ἴλλειν* (h. e. *ἰλλώπτειν*) *σαφῶς*, vel etiam *ἀθρεῖν σαφῶς*. Vs. 22 scr. *Δρακοντείων νόμων* p. 618, 2 corr. *παραπλησίως* l. 35 sqq. de parechesi quae allata sunt exempla infra editor auxit p. 118 (ad p. 619). adde supra ad Nicostr. Antyll. suppl. p. CLXXXIX. p. 619, 8 scr. ʻAiac. p. 105ʼ l. 9 sqq. *ἀπφάρια* cf. Nauck. Arist. Byz. p. 156. l. 20 *τετρεμαίνοντα* VL. p. 620 fr. II *ἐλευθέριον πιοῦσαν οἶνον* Bergkius et Cobetus, v. supra ad Antiph. 3, 12 suppl. annot. l. 8 hodie recte habere videtur Casauboni explicatio ʻutinam, priusquam moriar, libertatem possim consequi!ʼ fr. III *εἰς οἶνον γράφω*: cf. ad Men. mon. 25 p. 312 ed. pr. Leutsch. paroem. I 344. II 379. 387. Nauck. trag. fr. p. 245. p. 621 *Πορφύρας* I 15 f. *ἀκαρὲ* infra p. 97. p. 622, 3 corr. ʻa Iacobsioʼ fr. II 2 cum Dobraeo ed. min. *ἐν μὲν παγούροις τοῖς θεοῖς ἐχθροῖσι καί*: de *παγούροις* Mein. confert Lycophr. 419 *κουροτρόφον πάγουρον* h. e. *τὸν Φοίνικα—· τὸν τραχὺν κατὰ τὸν πάγουρον, διὰ τὸ γῆρας.* annot. l. 12 scr. *αἰχματάς*· ib. lyricus incertus: v. adesp.

91 p. 1063 Bgk. l. 1 a f. ἀνὴρ ἁλιεύς Hesiod. scut. 214. fr. III *(ὅν) σὺ κάπτεις Toup. emend. III 197. *Πριάπου* fr. vs. 2 ed. min. εἰς τὸ βαθὺ δ' ἐπανάγωμεν, quod in mai. ed. proposuerat Meinekius. p. 624 *Σκυθῶν* fr. I scriptum fere min. ed. ut h. l. significatum est. fr. II 2 ita supplevit Cobetus mnem. IV 112:

B. τί λέγεις; καπάνας, πῶς; *A.* καπάνας Θετταλοί de vocibus ἀπῆναι καπᾶναι cf. Mein. in Athen. spec. II p. 19. Lobeck. path. el. I 103 sqq. p. 625, 4 scr. 'Athenaeus XV' Theophili *Ἀπόδημοι*. p. 626 vs. 3 δι' ὧν εἶδον νόμους | Ἕλληνας, cf. Fritzsche Ran. p. 270. 'malim ἔγνων.' Mein. ed. min. p. 627 *Βοιωτίας* fr. vs. 1 κεραμεᾶν τινα? cf. infra p. 528. Vs. 2 τῶν Θηρικλείων, πῶς δοκεῖς, κεραυνύει ed. min. *Ἰατροῦ* fr. p. 628, 7 πρὸς αὐτὸν suprascr. αὐτῷ? Dobr. l. 8 in advers. l. c. παρατέθηκε, correctum ed. min. Neoptolemi I 1 'malim σύμφορον' Mein. add. 97. ed. min. Vs. 3 pro οὐδὲ μικρὸν πείθεται | ἐνὶ πηδαλίῳ Herwerden p. 82 reponebat τῷ πηδαλίῳ. p. 629 ad fr. II l. 6 scr. καὶ μητέρα om. PV. p. 630 *Παγκρατιαστοῦ* fr. II hodie scribitur εἶτ' ἐν χάρακι κτλ. caeterum v. Diph. 4, 429 (51). Criton. 4, 537. p. 631 *Φιλαύλου* I 9 v. add. p. 97. annot. l. 10 scr. γυναικείους Ὁμηρικοὺς ἐπαίνους fr. II 5 Athenaei non Theophili haec hodie videntur Meinekio, ἢ Νάννιον (Νannάριον) ἢ Μαλθάκην. de Theophilo cf. ad 4, 690 (346) suppl.

p. 635 sqq. cf. infra 97 annotata. p. 636 sq. cf. Bergk. Lyr. II p. 990 sqq. p. 637 extr. v. ibid. p. 1006 sq. cf. in Athen. exerc. II p. 34. p. 639 extr. Lyr. II p. 989. p. 642, 4 ibid. p. 988. p. 643 extr. ibid. 992 (4). p. 644, 24 ib. p. 989 κεφάλαια πόδας τε p. 645, 6 v. ib. p. 992 (5). l. 19. 21 v. ib. p. 998 (16. 17). l. 1 a f. Ὀρτυγίην pro ὠρυγῇ Bergk. comm. cr. I p. 13. p. 673 *Σεμέλης* I 3 scr. alterum sibi vindicant p. 679 *Πλάνος*. pro V scr. I p. 683 scr. *NEOTTIΣ* p. 719, 10 scr. *rabidus* p. 720, 22 damnatum p. 721, 13 asyndeton 197. 83. l. 20 adde ἀτρεμεί 441. p. 728, 1 scr. Gaditana p. 730, 10 adde λογογράφοι 441. p. 731, 15 scr. 211. 438. p. 738, 5 a fin. τριβαλλομαμμόθρεπτος

SVPPLEMENTA ADDENDORVM VOL. IV.

praef. p. VIII, 7. 8 hos versus Gregorii Nazianzeni esse vol. II p. 590 ed. Bened. annotavit Nauck. l. 16 sqq. cf. infra p. 124 (389). p. IX extr. scr. Stob. Flor. CXVI 6. v. ap. Nauck. trag. fr. p. 543. p. X extr. cf. Mein. vind. Strab. p. 135. p. XI, 4 de Aeschyli versu cf. Hermann. 'n. jen. allg. l. z.' 1842 p. 513. Mein. Theocr. p. 188. aliter Schneidewin. philol. IX 139 et ad Agamemn. vs. 413. l. 8 sqq. v. ap. Nauck. trag. fr. p. 724 et in Mein. ed. Stob. vs. 4 Nauckius ὅπερ διέστρεψ' vs. 7. 8 Mein. ἐν ταπεινῷ τις τύχης | μέρει φερέσθω vs. 12 Nauck. πρὸς γὰρ τὸ λαμπρὸν ὁ φθόνος βιβάζεται, Philemo. p. 3 Ἀγροίκου fr. de formarum diversitate 'cf. Lob. Ai. p. 116' ed. min. Ἀγύρτου fr. 'I. II.' ed. min. vs. 1 πῶς οὐ πονηρόν ἐστιν κτἑ. Hirschig. annot. cr. p. 18. 'a tertio versu novum fragmentum indicavi, quod Philemonis an alius poetae sit incertum est.' Mein. ed. min. Vs. 4 'malim ἀλλ' ἤ' idem ib. atque ita apud Stob. scripsit, οὐδὲ μικρὸν ἀλλ' ἢ σχήματι p. 4 Ἀδελφῶν fr. I cf. infra 98. vs. 11 sq. removendae sunt ex huiusmodi formulis condicionalibus interrogationum notae: ascribam aliquot huius parataxeos comicorum exempla: Plat. (?) 2, 697 (vs. 5. 6). Theop. 2, 813 (v. 2). Anaxand. 3, 177 (2). 195 (1). Aristophont. 3, 357 (1). Alexid. 3, 423 (1, 7 sqq.). Axionic. 3, 534 (1, 9 sqq.). Timocl. 3, 593 (v. 13 sqq.). Philem. 4, 41 (22). Men. 4, 181 (1). 5, 109 (518). Diph. 4, 381 (1, 7). 389 (1, 24). 394 (2, 10 sqq.). Anaxipp. 4, 460 (v. 31 sqq.). Machon. 4, 497. Nicol. 4, 580 (v. 33. 37). cf. Krügeri gramm. gr. I 2 p. 179. 250. C. F. Hermann. prooem. schol. Gott. 1850: 'de protasi paratactica'. Vs. 12 Bentleii supplementum non iam in ordinem receptum, cf. Dobr. infra p. 98. p. 5 Ἀνακαλύπτων: annot. l. 3 Ἀνακαλυπτομένη, cf. ad Euangel. 4, 572 not. p. 6 Ἀπόλιδος vs. 2 Hirschig. annot. p. 18 ἀπέχοντες πολὺν ἀπ' ἀλλήλων τόπον pro χρόνον. Turpilii versum 213 p. 96 comparavit Ribbeckius: sóla res est quaé praesentes hómines absentés facit. 'nam de epistula, inquit, apud utrumque sermo est.' p. 8 *Γάμου* fr. I corr. (v. p. 98) ὀλκεῖον εἶδον ἐπὶ τραπέζῃ κείμενον κτλ. Vs. 2 de postposito τι cf. ad Scymn. p. 29. fr. II Cobetus mnem. IV 118 scribere malit:

ἐν Καρὶ τὸν κίνδυνον. B. οἶδα, δέσποτα.

annot. l. 1 scr. ἐν τῷ Καρὶ ὑμῖν ὁ κίνδυνος. *Ἔμπορος.* l. 1 scr. *Graece haec vocatur Emporos Philemonis, Eadem latine Mercator Macci Titi.* 'ita enim correxit Ritschelius.' ed. min. vide parerg. Plaut. Terent. I p. 21. p. 9 *Ἐξοικιζομένου* vs. 2, ἄνθρωπος οὗτός ἐστιν, ἂν ἄνθρωπος ᾖ, Lobeckius parall. 556 hoc comparavit (mon. 562) ὡς χαρίεν ἐστ' ἄνθρωπος ὅταν (ὃς ἂν) ἄνθρωπος ᾖ. non recte, credo, C. F. Hermannus n. rhen. m. V 609 ἂν ἄνθρωπος ᾖς. Euripi fr. μηλωτήν scriptum hodie: v. infra p. 98. item p. 10 fr. I ψιάθιον | ἴσως παλαστῆς, hoc cum Photio, cf. ad Cratin. 2, 90 (9) add. *Ἐφήβου* I 7. 8 ἤτοι πνεῦμα γάρ | αὐτοὺς τὸ σῶζον ἧκεν ἢ ἐφάνη λιμήν. ita Nauck. Stob. Teubn. p. 11 (2) haec apud Steph. Byz. I 386 14 ita habent: Κρομμύων πόλις, πόλις πλησίον Ἀσκάλωνος. Φιλήμων ἐν Ἐφήβοις. κτλ. cf. Vind. Strabon. p. 234. infra p. 98. *Ἥρωες.* l. 2 scr. ἐπὶ τῶν τὰ αὐτὰ ποιούντων κτλ. *Θηβαῖοι.* Vs. 2 τούτου δὲ καὶ σοῦ κτλ. in Stobaeo suo Mein. Vs. 3 scr. φόβος· Vs. 6. 7 Mein. Stob. cum Dobraeo ὧν δὲ μείζονα· | οὕτως ἀνάγκη πάντα δουλεύειν ἀεί. cf. add. p. 98. aliter C. F. Hermannus l. c. 609. p. 12 *Θησαυροῦ* fr. παραλογίζεσθ' cum Bentleio Mein. ed. min. 'praeterea ἀληθές, inquit, corruptum. forsan οὐκ ἔστ', ἄλαστε, παραλογίζεσθ' οὐδ' ἔχειν ὀψάρι' ἄχρηστα.' *Θυρωροῦ* fr. ἐς τὴν corrupta videbantur ed. min. (aliter infra 98). nuper Cobetus mnem. IV 318 scripsit:

ἐγὼ γὰρ ὡς τὴν χλαμύδα κατεθέμην ποτέ
καὶ τὸν πέτασον.

i. e. 'postquam excessi ex ephebis, ut Terentius dixisset.' comparat Antidoti fr. 3, 528 (1), ubi v. Mein. p. 13 *Κοινωνοί.* cf. infra 98: sed in Etym. M. integrum fere Menandri affertur fragm. inc. CCXX. ad Philemonis Corinthiam

Nauckius referebat anon. fr. CXLVII, vide ad 4, 642 suppl. *Μετιόντος* fr. I 2 C. F. Hermannus ἀκήκοας; priori interlocutori tribuebat. Hirschigius p. 19: *B.* χρηστὸς ἦν (vel simile quid). *A.* ἀκήκοας; | *B.* ἅλμη τε λευκὴ καὶ παχεῖ' etc. p. 14 (2) vs. 3 verba τί ἐποίει; cum Clerico (v. infra p. 98) alteri personae data ed. min. vide ad Men. 4, 234 (10, 6) suppl. annot. l. 4 corr. Eustath. p. 1283 37. *Μοιχοῦ* fr. vs. 2. 3 ita refingebat Herwerden p. 84: *B.* ὁ δὲ νάβλας τί ἐστιν; '(εἰπέ μοι.) | *A.* '(νάβλας ὅ τι ἐστ') οὐκ οἶσθας, ἐμβρόντητε σύ; illud cum Casaubono. annot. l. 5 corr. 'Porsonus Adv. p. 73 et Seidlerus V. D. p. 398.' p. 15 ad *Νεαίρας* fr. annot. v. 4 utrobique ita scribenda erat: τρυγέρανον AP. τριγέρανον BVL. p. 16 *Νυκτὸς* fr. scr. τὸ κανοῦν δ' ὁ παῖς περίεισι τηνάλλως ἔχων. de τηνάλλως v. Lobeck. path. elem. I 582. *Παγκρατιαστοῦ* fr. I 2 χρή addidit Grotius. Vs. 3 ὤν: cod. A ὢ Vs. 5 καὶ om. A. V. annot. l. 1 scr. 'Ecl. eth.' fr. II πρό: cf. F. Beckmanni prooem. schol. lycei Hosian. hib. 1852. 53 p. 9 n. 46. *Παιδάριον.* Ἕλλην γυνή cf. Lob. parall. 263 sq. *Παλαμήδης.* Vindob. cod. ἐκ παλαμήδους. 'videtur ex Euripidis Palamede esse.' Mein. Stob. I p. XX. v. Philisci fr. apud Nauck, trag. fr. p. 637. p. 18 *Πανηγύρεως* fr. I cum Bentleio Bk. μόνῳ scripsit pro μόνον. fr. II *Αἰγύπτιος* θοἰμάτιον ἠρδάλωσέ μου: ita haec scribuntur apud Eustathium Od. 1761 29 (Nauck. Ar. Byz. 203). ἠρδάλωκέ μου habet Etym. M. l. c. p. 19 *Πιττοκοπουμένου* fr. I cf. Boeckh. Oec. Ath. 1, 168. fr. II ann. l. 1 scr. IX 67 4 scr. τριημιωβολίαι l. 6 συντεταμένον τῷ πιεῖν ἄντικρυς δηλοῖ κτλ. p. 20 *Πτερυγίου* fr. I 3. 4 in ed. Stob. ita exhibiti: ἀργύριόν ἐστι· τοῦτ' ἐὰν ἔχῃς, | λέγ' εἴ τι βούλει, πάντα σοι γενήσεται, Vs. 5, φίλοι βοηθοὶ μάρτυρες συνοικίαι, pro συνοικίαι Meinekio reponendum videtur συνήγοροι, tum ἀγρὸς οἰκίαι adiunctum fuisse suspicatur comparato Menand. 4, 234. p. 21 *Πτωχῆς* I 2 ὦ πότνι': cf. Nauck. philol. VI 401. annot. l. 3 corr. 'Vs. 2' fr. II cf. ad Diph. 4, 397 (2). p. 22 *Πύρρου* vs. 3 τί ἐστι τἀγαθόν· οὐ δὲ εἷς εὕρηκέ πω | τί ἐστιν Stob. Teubn. annot. l. 8 πάντα pro vulgato ταῦτα AB etc. *Πυρ-*

φόρου vs. 3 ἀλήθει' in ed. Stob. ubi p. XXXV Porsoni supplementum ita scribitur: οὔτ' ὄφελός ἐστ' οὔτ' εὖ γεγραμμένης γραφῆς, apud Gaisf. οὐδ' εὖ γεγραμμ. γρ. p. 23 Sardii fr. I cf. infra p. 98. Vs. 7 apud Plutarchum Cobetus V. L. 371 τί οὖν πλέον ποιοῦμεν; ἡ λύπη δ' ἔχει eiecto οὐδέν. Herwerden p. 85 'aut omnia me fallunt, inquit, aut verba: οὐδέν·... δάκρυον tribuenda sunt domino, cur lacrimetur, egregie se excusanti.' p. 24 fr. II 2 σὺ δέ γ' ἐμοὶ τριτήμορον Bk. et ed. min. ubi 'fortasse tamen praestat, inquit, σὺ δὲ τριτημόριον ἐμοί. certe τριτημόριον h. l. legisse videtur non modo Pollux, sed etiam Harpocratio.' ad quae in add. ib. p. XIX 'atque ipse adeo Pollux l. l. 66: τὸ δὲ παρὰ Φιλήμονι τριτημόριον τεταρτημόριον καλεῖ ἐνίοτε Πλάτων. ita enim est in Par. A, vulgo τριτήμορον.' cf. supra p. CIX (72). annot. l. 10 pro Φιλόξενος apud Etym. l. c. Gaisf. cod. P Φίλων, M φι̂λ, D φιλ. Σικελικοῦ fr. I 5 εἶτ' ἐὰν παίσωσί τι ed. min. et Stob. Teubn. ubi vs. 7 recepta est Brunckii coniectura: ἕτερον τό τ' ἀλγεῖν καὶ τὸ θεωρεῖν ἐστ' ἴσως. p. 25 (2, 1) receptum cum Dobraeo ed. min. τῇ Σικελίᾳ fr. III ib. νόμιζ' ὁρᾶν scriptum, Cobetus in schol. Eur. p. 296 ἐνόμιζ' ὁρᾶν edidit. Στρατιώτης. p. 27 annot. l. 6 sqq. cf. Ahrent. de Crasi p. 4. p. 28, 2 scr. utrobique παρετίθει κοὐ PVL. l. 21 adde 'Vs. 23 ante Schweighaeuserum ὁ Ποσειδῶν.' ad vs. 26 ὅταν μόνον Casaubonus, non ut ed. min. Bentleius. ὅταν παρ Porsonus teste Dobraeo adv. II 288. Mein. ed. min. 'fortasse, inquit, τοὺς ἤδη νεκροὺς ὄντας, ὅταν etc.' p. 29 de Phasmate cf. Ritschl. parerg. I 160. de fragmento h. l. apposito v. infra p. 99, hinc in min. ed. ita emendatum:

ἔπιεν ἡ Ῥόδη
κυμβίον ἀκράτου· κατασέσειχ' ὑμᾶς 'κάτω.

p. 30, 9 apud Cobetum hi versus eodem ordine leguntur quo apud Clementem scripti sunt. 'Philemonis ΧΑΡΙΤΕΣ apud Etym. M. 376 40 latere videbantur Maur. Schmidtio de Dithyr. p. 69 [v. philol. IV 637]. verba Etym. haec sunt: ἑρμίς, ὁ κλινόπους· ἐπειδὴ ἐν αὐτοῖς ἔγλυφον ἀγάλματα Ἑρμοῦ, ὡς ἐφόρου ὕπνου καὶ ὀνείρων, καὶ φιλοξένης, χάϱισιν.' haec in add. min. ed. p. XIX scripsit Mein. hodie apud Gaisf. postrema illa cum Marciano cod. leguntur καὶ φυλακῆς χάϱιν. cf. annot. cr. et Bergk. Lyr. II 999.

Philemonis inc. fab. fragm. p. 30 (1) vs. 1 ἂν ὀκνῇς γὰϱ (pro τὸ) μανϑάνειν Cobetus mnem. IV 258. Mein. τι μανϑάνειν proponebat. vs. 6. 7. 8, ἀλλὰ χϱήματ' ἔστιν ἡμῖν .... εἰς τὴν αὔϱιον, in sua Stobaei editione Dobraeum secutus post οὐκ ἔχει σωτηϱίαν vs. 12 collocavit idem. ibi vs. 10 (7) ἀσφαλείας οὕνεκα scripsit. ad vs. 14 εὔχου μὴ λαβεῖν πεῖϱαν φίλων cf. Eur. fr. 988 p. 529 Nauck. annot. l. 6 recte habet Dobraei nomen, corr. ed. min. p. 31 (2) vs. 2, cf. infra p. 99, οὐδ' αὖ ποιήσων ed. min. Vs. 8 ἐν ὑμῖν πᾶσιν οὐκ ἔστιν τόπος | οὗ μὴ 'στιν ἀὴϱ cum Heerenio infra p. 99 distinctum. aliter ed. min. et Gaisf. priore Stobaei loco. de Platonis comici apud Etym. M. memoria cf. addenda l. c. p. 32, 18 scr. 'persona' fr. III vs. 1—5 apud Nicephorum in Synes. p. 404 A Euripidi tribui annotavit Nauck. v. progr. p. 9. vs. 5 hodie λαγῴ receptum in ed. Stobaei. Hirschigius hunc versum ita emendabat annot. p. 19 collato vs. 9:

δειλοὶ δ' ἁπαξάπαντες εἰσὶν οἱ λαγῴ.

p. 34 fr. VI 1 Meinekius: ἤκουσα τοῦτο καὐτός, idem vs. 4 καὶ ϑεωϱῆσαί *(τί που) in ordinem recepit ed. min. C. F. Hermannus καὶ ϑεωϱῆσαι λόγους p. 609. Vs. 3 ϑύμιος.... λέγειν τι καὶ ms. p. 35 (7) vs. 4 συμπλοκάς (pro συλλογάς) τε τοῦ βίου coniecit Nauckius. Vs. 5 in ed. Stobaei Meinekius:

εἶτα μετὰ ταῦτ' εὐϑὺς *(τις) εὑϱέϑη ϑανών,

Vs. 7 πένεσϑαι μᾶλλον ἡδέως ϑέλω (pro ἔχω) Nauckius. ad vs. 10 μεγάλα κεϱδαίνει κακά i. e. compendifacit cf. add. p. 99. Nauck. philol. V 558 (trag. fr. p. 669). Cobet. V. L. p. 261. 379. annot. l. 5 Comparatio φϑόνον τε ἐπήϱιον p. 36 (8) vs. 5 corr. ἐπακτόν, fr. IX 2 ἐγὼ πϱότεϱον τοὺς μὲν πένητας ζῆν μόνους in ed. Stobaei Mein. item vs. 6 δαπανήμασιν νὴ τὸν Δί' εἰσοϱῶ μόνον, annot. l. 1 scr. 'Vs. 2' p. 37 (10) vs. 1. 2. cf. mon. 638. 639. 'Boissonadii anecd. III p. 467' Nauck. vs. 8 cf. Hermannum Aeschyli vol. II p. 316. p. 38 (12) vs. 4 Stob. λαχάνων ἄγει τι] λαχάνου A, fort. λαχάνου τ' Mein. Stob. vol. II p. XXIX. Vs. 6 αὐτὰ ταῦτα cf. ad anon. 4, 679 (310). fr. XIII vs. 1. 2. Eustathii p. 1538 13 verba huc referebam supra p. CLXXII. annot. l. 4 scr. 'Anecd. Ox.' p. 39 (14[a]) cum vs. 1. 2 comparavit ed. pr. quae sunt in Euripideis fr. 174 p. 325 N. fr. XIV[b], in quo τύχην Comparatio, est apud Stob. ecl. I p. 202 Χαιρήμονος: ἅπαντα νικᾷ καὶ μεταστρέφει τύχη, | οὐδεὶς δὲ νικᾷ μὴ θελούσης τῆς τύχης. Nauckius progr. p. 29 'non cohaerent hi versus, inquit: Chaeremonis prior est [trag. fr. p. 611], alter poetae comici.' fr. XV vs. 2 κἂν σοφὸς ὑπάρχῃ κἂν λέγῃ τὸ (non τι) συμφέρον Comparatio. recepit hos versus 2—6 inter tragicorum adespota p. 668 Nauckius.

idem fr. XVI 2 οὐδέποτ' ἐπείσθην, οὐδὲ νυνὶ (pro νῦν) πείθομαι scribendum proponebat. p. 40 (17) vs. 1 cf. infra 99. 'videntur versus esse politici.' Mein. ed. min. neque quae sunt in fr. XVIII Attici poetae esse videbantur. priores duo versus cum Grotio ita legendi:

καλῶς ποιήσας οὐ καλῶς ὠνείδισας·
ἔργον καθεῖλες πλούσιον πτωχῷ λόγῳ.

vide Bothium cens. p. 73. cf. supra p. CLXXX. p. 41 (19) vs. 2 ὅταν πονηρῷ περιπέσῃ τῳ (pro τῷ) γείτονι Hirschig. annot. p. 20. Vs. 4 δ' non est apud Rutg. fr. XX 3 τὸ ante πεπρωμένον addidit Rutg. fr. XXI 4 cf. infra p. 99, 'necdum tamen haec persanata sunt' ed. min. cf. C. F. Hermann. l. c. 609. fr. XXII 2. 3, τέθνηκέ τις, μὴ δεινὸν ἔστω τοῦτό σοι. | κεκύηκέ τις, οὐ κεκύηκέ τις· ἠτύχηκέ τις, ita refingenda censebat C. F. Hermann. p. 610: τέθνηκέ τις, κεκύηκέ τις, ἠτύχηκέ τις, cfr. Nauckius 'zeitschr. f. d. alt.' 1855 p. 117 qui:

τέθνηκέ τις, οὐ κέκληκέ τις, ἠδίκηκέ τις·

omissis uterque caeteris. Vs. 4 ἡ φύσις φέρει | ἅπαντα ταῦτα cf. inc. fab. XIII 6 τὰ πράγμαθ' ὡς πέφυκεν οὕτως γίνεται. p. 42 (25). 'gratum nuper fecit v. d. [Dübnerus] qui in Parisino annali *Revue de Philologie*, vol. II p. 238—240, regii codicis 1773, cui partem Comparationis Menandri et Philem. debemus, lectiones aliquot et additamenta nobiscum communicavit, quae horum fragmentorum emendationem partim confirment partim adiuvent. haec suo quaeque loco annotabuntur.' H. I. in min.

ed. p. XIX. fr. XXV 5 (in min. ed. p. XIX corr. 'fragmento 111') quem in codice additum V. D. dicit versum, ψυχῆς γὰρ πόνος ὑπὸ λόγου κουφίζεται, de hoc vide Meinekium ad 4, 63 (112). Vs. 4 εὐκαίρως Compar. correxit Rutg. p. 43 (26) annot. l. 1 corr. 'ecl. eth.' l. 4 scr. 'pro βούλου est παιρῶ.' ad fr. XXVII^b v. quae infra annotata sunt p. 99. p. 44 (28) vs. 1 scr. ἀνθρώποις ἀγρός vs. 5 ἐς τοὺς τραγῳδοὺς - ἐς τὸν βίον Stob. Mein. annot. l. 3 libri τἀργυρώματα δ' fr. XXX 1 corr. Σύρα, Σύρα. B. τί ἐστι; p. 45 (31) vs. 4 C. F. Herm. tentabat: ἐκ τοῦ πλαγίου τε παρακολουθοῦντ' ἄν τινα | ταύτῃ κατιλλώπτειν. poterat παρακολουθοῦντάς τινας, nam ἄν particula quo spectet haud facile intellexeris. p. 46 (33) annot. l. 4 scr. 'Vs. 4 αὐτοῦ 'στιν Brunckius. αὐτοῦ 'στι B. scribebatur αὐτοῦ ἐστι.' fr. XXXIV^a corr. βουνὸν ἐπὶ ταύτῃ καταλαβὼν ἄνω τινά. annot. l. 3 corr. κεχρημένος, σημαίνεται de βουνός voce, quae apud Dium Pythagoreum Stob. 65 17 vineam significat, cf. F. Beckmanni prooem. schol. Brunsberg. hib. 1852. 53 p. 11. ad fr. XXXIV^b scr. Theophil. p. 47 (36) 'tertius versus aut graviter corruptus est, aut non sunt poetae verba.' Mein. ed. min. fr. XXXIX 'post vs. 2 regius liber quinque novis auget, quos cum vulgatis ita ascribemus ut in ordinem redegit Dübnerus:

κἂν δοῦλος ᾖ τις, σάρκα τὴν αὐτὴν ἔχει·
φύσει γὰρ οὐδεὶς δοῦλος ἐγενήθη ποτέ
[ἀπὸ τοῦ πάλαι πλάσαντος ἀνθρώπων γένος.
ἴσην δὲ πάντων διάθεσιν τοῦ σώματος
ἐποίησεν οὗτος ὡς ἐλευθέρου γένους.
ἐλευθέρους ἐποίησε πάντας τῇ φύσει,
δοῦλον δὲ μετεποίησεν ἡ πλεονεξία.]
ἡ δ' αὖ τύχη τὸ σῶμα κατεδουλώσατο.

vs. 3 cod. τὸ ἀνθρώπινον γένος 4 διάθεσεν 5 ἐποίησεν ὄντως ὡς ἐλεύθερον γένος 6 ἐλευθέρους οὖν ἅπαντας ἐποίησε 7 δοῦλον τὲ postremum versum, ἡ δ' αὖ τύχη κτλ., num idem codex exhibeat non annotavit editor. hoc vel solo, ut taceam de prava verborum compositione et tautologiis, novitiam istorum versuum originem evinci non est quod multis ostendatur, ut in vulgatis acquiescere possimus.' ita haec scripsi min. ed. p. XIX. cf. p. 39 fr. XV. p. 48 fr. XL[a] non legitur in Comparatione Men. et Phil. de vita Euripidis v. p. 140. 137 sq. West. p. XXXVIII sq. ed. Nauck. fr. XL[b] vs. 3 ὧν λέγει ABP. ὥσπερ λέγει VL. fr. XL[c] vs. 3 εὖ addidit Gaisfordus. p. 49 fr. XLI vs. 1 'οἷς ἔχομεν τούτοισι scripsi, rectius tamen Porsonus (miscell. 255) οἷς μὲν ἔχομεν, τοῖσδε' Mein. Stob. I p. XXIV. annot. l. 2 scr. 'Stob. Flor. XVI 1' l. 8 δι' ἑαυτούς: de αὑτῷ pro ἐμαυτῷ cf. C. Keil. phil. III 315. Versus 4. 5. 6. 7 apud Stobaeum XVI 4 ex Euripidis Antiopa afferuntur. eos cum Philemonianis male coaluisse dixit Nauckius 'hall. allg. l. z. intell.' 1847 p. 489. trag. fr. p. 333. Vs. 5 apud Stob. μηδὲν δόμοισι pro μηδὲν δ' ὅμως τι Vs. 6 αὐτὸν οὔποτ' Stob. A. B. m. s. M. ap. Nauck. Vs. 7 εὐδαίμονα suspectum fuit Nauckio l. pr. p. 489. Hermannus l. c. 610 φύλακα δὲ μᾶλλον χρημάτων εὐδαιμόνων. fr. XLII 4 ὅσα μ' οὗτος ἠνάγκαζεν, ἐποίουν ταῦτ' ἐγώ. cf. infra p. 100. Vs. 5, ὁ πονηρὸς οἶνος οὗτός ἐστι, Νικοφῶν, in Vindob. suum habet lemma τοῦ αὐτοῦ, unde confirmatur Meinekii coniectura. eum versum cum sequenti apud Stobaeum fragmento (h. e. Philemonis 4, 62 fr. XCIX) ita coniungebat Nauckius:

A. πονηρὸς οἶνος οὗτός ἐστι, Νικοφῶν.
B. ἅπας πονηρὸς οἶνος ὁ πολύς ἐστ' ἀεί.

idem ἁπλῶς pro ἅπας in schedis coniiciebat. cf. apud Mein. Stob. I p. XXV. annot. l. 1 scr. XVIII 6. 7. p. 50 fr. XLVI[a] pro ἂν εὖ σκοπῇς Vind. cod. αν κοπησ idem vs. 2 αὐτοῦ αὐτὸς p. 51 (47) vs. 3, v. infra p. 100, Gaisfordus τοῦτό με τὸ τηροῦν ἐστι κἄνθρωπον ποιοῦν. fr. XLVIII 2 scr. ταὐτόματον annot. l. 1 in ed. min. scr. 'p. 726 Pott.' fr. XLIX aliter tentavit Hermannus l. c. 610. p. 52 extr. (cf. infra p. 100). probavit nuper hanc coniecturam Gaisfordus Eclog. p. 848, atque ita in Teubneriana ed. p. 67 Mein. ἠγωνισμένου γάρ ποτε αὐτοῦ καὶ ἀπηλλαχότος ἀστείως p. 53 fr. LII[a] vs. 2 τὰ γὰρ μαθήματ' εὐπορεῖ τὰ χρήματα ita intelleximus ut εὐπορεῖν esset praebere, cf. Alexid. 3, 446 (1, 4) οὐδὲν εὐποροῦμεν τοῖς πέλας. nuper Hirschigius annot. cr. p. 20 sic scribebat: τὰ γὰρ μαθήματ' ἐκπορίζει χρήματα, tum, qui haec tamquam Alexidea proferebat, Badhamus Anglus ad Eur.

Ion. 1119 ita:

τὰ γὰρ μαθήματ' ἐκπορεῖ τὰ χρήματα.

fr. LII[b] φάνῃς: cf. Lobeck. Aiac. p. 225. annot. l. 2 scr. μὴ 'κφάνῃς. fr. LIII 2 pro ἵν' ἐγκρατὴς ᾖ infra p. 100 ἵν' ἐγκρατήσῃ coniectum. Cobetus Diog. La. ita edidit:

ἵν' ὡς Κράτης ᾖ, τοῦ δὲ χειμῶνος ῥάκος.

'sed hieme pannos, alter ut Crates foret.' p. 54 fr. LVI 2 in utraque editione reponendum:

πάσας ἐδίδαξεν ὁ χρόνος, οὐχ ὁ διδάσκαλος.

fr. LIX[b] in Stobaeo suo sic scripsit Mein. cum libris, habet etiam Vindobonensis, v. I p. XXVI:

τὸ γὰρ κατασχεῖν ἐστι τῆς ὀργῆς πόνος.

cf. vind. Strab. p. 211. 177. p. 55 (62) apud Leutschium mant. prov. II p. 767 haec ita leguntur: πολλά με διδάσκεις ἀφθόνως διὰ φθόνων | ὅπως ἀκούων πολλὰ μηδὲ ἓν μάθω· Φιλήμονος. ἐπὶ τῶν φθόνων (Leutsch. διὰ φθόνον πολλὰ) διδασκόντων. hinc Nauckius 'zeitschr. f. d. alt.' 1855 p. 117 ἀφθόνως δι' ἀφθόνων scribebat, praeter sententiam et dicendi morem poetae, credo, quem attigit Meinekius 4, 875 sq. Vs. 2 ἀκούων τὰ πολλὰ A, unde Nauckius κλύων τὰ πολλὰ κτλ. p. 56 (69) in Vindob. cod. bi versus cum sequenti, ἔρημός ἐστ' ἄνθρωπος ἠπορημένος (anon. 4, 692 fr. CCCLIII), cohaerent. tria diversi loci fragmenta sunt in ed. Stobaei, ubi priorem vs. ita dedit Mein. ὅστις πένης ὢν ζῆν παρ' ὃ ζῇ βούλεται ... non diversum hunc a Menandreo 4, 193 (5, 1) ὅστις πένης ὢν ζῆν ἐν ἄστει βούλεται κτλ. putabat C. Volckmarus Ilfeldensis philol. IX 586. p. 57 fr. LXXII non est apud Rutgersium. Grotius Excerpt. p. 992 'haec ex manuscripto, inquit, putavimus non indigna quae adderentur.' Vs. 1 traditam scripturam μὴ λέγε τί δώσεις compares cum fr. LXXXIV[a]: μὴ λέγε *τίς ἦσθα πρότερον; ἀλλὰ νῦν τίς εἶ. Herwerden p. 85: μὴ λέγ' ὅτι δώσεις· οὐ δίδωσι γὰρ *(ὁ) λέγων, | καὶ τὴν ὑπ' ἄλλων ἐμποδίζεται δόσιν. Vs. 2 Grotius 'in manuscripto, ἐμπόδιζε τι δώσεις.' fr. LXXIII in cod. 1773 '*est écrit tel que M. Meineke l'a donné, en partie d'après Hugo Grotius.*' Dübn. *revue de philol.* II p. 240. mutabat Hermannus l. c. 610 sq. idem fr. LXXVI ἐὰν γυνὴ γυναικὶ κατ' ἰδίαν λαλῇ pro ὁμιλεῖ. annot. l. 1 ser. 'Comparatio ... p. 363.' p. 58 fr. LXXIX Mein. in min. ed. 'non videtur, inquit, Philemonis esse, ut nec duo sequentia.' fr. LXXX regius liber στεφάνους. fortasse igitur: στεφάνους σεαυτῷ ζῶν παράσχου καὶ μύρα. fr. LXXXI idem liber pro κἂν μέχρι νεφέων habet ἐὰν γὰρ μέχρι νεφῶν, scribe:

ἂν γὰρ μέχρι νεφῶν τὴν ὀφρὺν ἀνασπάσῃς,

quae vulgatis non uno modo praestant. caeterum cf. Polluc. II 49: τὰς ὀφρύας ἀνασπῶν ἢ αἰωρῶν ἢ ἀνέλκων, ἢ ἀνατείνων ὑπὲρ τὰ νέφη. v. Dobr. ad Plut. 756. advers. I 578. adde Euripidis fr. 1027 p. 536 N. p. 59 fr. LXXXII 'καί omittit ms. Par. iam ab Heinsio expunctum: hinc Dübnerus θάνατον φυγὼν μὴ λέγ' ὅτι φεύξομαι πάλιν proponebat, ipse ita potius scribendum suspicabar: μὴ λέγε φυγὼν τὸν θάνατον ὅτι φεύξει πάλιν.' H. I. min. ed. p. XX. fr. LXXXIV[a] annot. l. 2 scr. 'legebatur μὴ λέγε πρότερον τίς ἦς, ἀλλὰ νῦν τίς ἦ.' ad fr. LXXXV l. 2 scr. 'in fine πεδεῖν.' ad fr. LXXXVI l. 3 ser. 'Ecl. eth. II p. 8.' p. 60 (91) ἓξ ἔχων praebent Gaisf. codd. V. M. ad rem cf. Boeckh. Oec. Ath. I p. 40. p. 61 (95) Photius, Suidas, Apostol. II p. 638 ποτέ pro γύναι. cf. Leutsch. Zenob. V 100. Bergk. Lyr. II p. 501. fr. XCVI Χαιρήμονος cod. A. v. Nauck. trag. fr. p. 612. ad fr. XCVII cf. infra p. 100. p. 62 (99) ἅπας πονηρὸς οἶνος κτλ. v. ad p. 49 (42, 5) suppl. fr. CIII annot. l. 1 scr. 'eho tú, tua uxor quid agit? inmortális est.' l. 3 scr. Trin. p. XXVI fr. CV γαμεῖν ὁ μέλλων Stob. Mein. idem fr. CVI ἂν γυναῖκα μὴ λάβῃς. Nauck. cfrt. mon. 468 ubi τρέφῃς. p. 63 fr. CVII cf. infra p. 100. Stob. βούλου γονεῖς πρώτιστον ἐν τιμαῖς ἔχειν. sequitur apud Stob. 31 Χαιρήμονος. βεβαιοτέραν ἔχε τὴν φιλίαν πρὸς τοὺς γονεῖς. quae Philemoni vindicabat Mein. comm. misc. p. 30 (hist. cr. p. 519) ubi βεβαιοτάτην. lemmata 30. 31 transponebat Nauckius trag. fr. p. 613. hodie quae sunt apud Stob. 79 31 Meinekius 'fortasse, inquit, nec Chaeremonis nec Philemonis sunt, sed scriptoris prosaici. Vindob. enim et Trinc. habent τὴν φιλίαν ἔχε. pro βεβαιοτέραν autem malim omnino βεβαιοτάτην.' fr. CIX θανεῖν ἄριστον (κράτιστόν) ἐστιν ἢ ζῆν ἀθλίως cf. Nauck. progr. p. 15.

Meinekius: θανεῖν κράτιστόν ἐστιν ἢν (εἰ) ζῇς ἀθλίως. fr. CX v. mon. 383. fr. CXI[b] δεσπότου Compar. p. 64 (113) in ed. Stob. III p. 215 22 πλοῦτον μεταλήψεσθ' ἕτερον κτλ. ad fr. CXIV, ἡ μὲν χελιδὼν τὸ θέρος, ὦ γύναι, λαλεῖ, Cobetus mnem. IV 130 'sententia quae fuerit, inquit, apertum est, nempe huiuscemodi: ἡ μὲν χελιδὼν τὸ θέρος, ὦ γύναι, λαλεῖ, | σὺ δὲ δι' ἔτους, aut σὺ δὲ πάντα τὸν ἐνιαυτόν, aut aliud quid in eandem sententiam, quod praecedentibus opponatur.' Meinekius nuper probata Dobraei ratione Philemonis verba ita fere scribenda existimabat ad Mosch. III 38 p. 440 [cf. supra p. CCV]:

ἡ μὲν χελιδὼν αὐτὸ *(τὸ) θέρος, ὦ γύναι,
λαλεῖ, *(σὺ δὲ καὶ χειμῶν' ὅλον προσλαμβάνεις).

fr. CXV annot. scr. χρῆσις τοῦ παιγνίου τοῦδε (τοῦ διαγραμμισμοῦ) fr. CXVI scr. μεμίσθωταί με fr. CXVII [πάνθ' ὁ χρόνος ὁ μέγας μαραίνει] Sophocli relinquendum erit. apud Stob. Ecl. I 8 23 Σοφοκλέους Αἴαντι ea sunt, quae in Aiace leguntur vs. 646—649, sed cod. A Φιλήμονος esse scribit. idem vs. 3. 4 a praecedentibus separat, addit in marg. Σοφοκλέους Αἴαντι. sequitur sect. 24 πάνθ' ὁ χρόνος | ὁ μέγας μαραίνει, cui nihil lemmatis ascriptum. hinc eiusdem poetae erit cuius sect. 23 est. Huius in locum sufficias aliud apud eundem Stobaeum fragmentum:

χρόνος μαλάσσει πάντα κἀξεργάζεται.

legitur hoc Stob. Ecl. I 8 33 cum lemmate Φιλήμονος. 'sic A, ἀδέσποτον est in Cant. Chaeremoni tribuit Grotius.' Gaisf. 'utrius poetae sit versus, haud facile dirimas.' Nauckius inquit, trag. fr. p. 612. fr. CXVIII ἀλλ' ἀπόλλυμαι | κατὰ μυὸς ὄλεθρον: magis Graeca haec futura opinatur Herwerden p. 85 expuncta praepositione κατά. p. 65 (119) l. 3 'pro χρηστὴν malim Χρήστην' Mein. Men. 4, 334 (516). fr. CXX[a] in fine adde καὶ ἕτεροι. cf. codd. DE Harpocrationis p. 45. fr. CXXII Choerobosci apud Gaisfordum verba sunt p. 252 35. εὔνους ὄντες τῷ δήμῳ τῷ Ἀθηναίων inscr. att. apud Curtium de portub. Athenarum p. 46 l. 10. cf. Lobeck. parall. 174. fr. CXXIII v. apud Gaisf. Choerob. 82 25. p. 66 (126) l. 2 pro διαπέπλευκε apud Photium διαπέπλακεν ἂν corrigebat Cobetus V. L. 121. ἀναπέπλακε praeferebat Nauck. trag. fr. p. XIV. l. 3 scr. ὀπτώπας: ἤτοι. l. 6 Φιλήμων ὀπτάπουν

p. 67 ex Menandreis hoc loco annotandum est hoc fragmentum:

CXXXII (4, 242)

ἂν μὲν πλέωμεν ἡμερῶν που τεττάρων,
σκεπτόμεθα τἀναγκαῖ' ἑκάστης ἡμέρας.
ἂν δῇ δὲ φείσασθαί τι τοῦ γήρως χάριν,
οὐ φεισόμεσθ' ἐφόδια περιποιούμενοι;

Stobaeus Flor. XV 5. Φιλήμονος hodie est in Teubneriana editione secundum codd. auctoritatem: v. mai. ed. accessit nuper Vindob. Vs. 1 που cf. Mein. ad Alciphr. p. 166, ubi scr. 'Apollonius adverb.' Cobetus mnem. IV 275 ita corrigebat:

ἂν μὲν πλέωμεν ἡμερῶν πλοῦν τεττάρων,

adde Herwerden p. 93. Vs. 3 ἂν δῇ: cf. Fritzsche Ran. p. 153. 154. apud Stobaeum ἂν ᾖ reliquit Meinekius. Philemonis spur. I 5 v. mon. 179. Nauck. trag. fr. p. 705, ubi ab uno Iustino haec Philemoni, Diphilo ab reliquis tribui annotavit. cf. infra p. 100. ad vs. 6. 7 cf. Nauck. ib. p. 286. fr. II vide in spuriis Euripidis p. 552 Nauck. Clementis pagina est 20 Sylb. 59 Pott.

p. 68 Philemonis iun. fr. II cum Gaisfordo τίς οὗτός ἐστ'; ed. min. οὗτός ἐστιν; Stob. Teubn. cf. infra p. 100.

p. 69 Menander. de hoc poeta nuper apud Francogallos scripsisse dicuntur: 'Benoît essai historique et littéraire sur la comédie de Menandre, avec le texte de la plus grande partie des fragments du poëte. Paris. 1854.' item ibidem 'Ditandy études sur la comédie de Menandre.' Ἀδελφοί. annot. l. 4 addit ed. min. 'et qui eandem quaestionem subtiliter tractavit Guilelmus Ihne quaest. Terent. p. 25 sqq.' fr. I C. F. Herm. p. 611: ὦ μακάριόν μ'· οὐ γὰρ γυναῖκα λαμβάνω.

fr. II, quod 'incerta coniectura' ad Adelphos se retulisse Mein. ed. min. dixit, hodie hanc fuisse mensuram opinatur: οὐ λυποῦντα - υ μὰ Δία δεῖ κτλ. p. 70 (3). de huius fragmenti cum Terentianis similitudine dubitabat Ihnius p. 28. fr. IV in min. ed. octavo loco legitur. Ihnius haec p. 29 in scena III 4 aut post vs. 8 aut post vs. 54 collocanda censebat. Vs. 2 εἰ δὲ μή γ', ἄνω κάτω cum Bernhardy in ed. Stobaei scripsit Meinekius. de fr. V (IV) nuper Dübnerus scripsit in 'Iournal de l'Instruction publique' d. 31 m. Martii 1855. graeca verba Benoît ita composuerat: αἰσχρὸν τοῦτό σοι, | τοιχωρύχ', εἰς τὸ γρῶνον οἰκέτην λαβών... Dübnerus graecae scripturae et emendationis suae hanc proposuit speciem:

Ms. ΑΙΓΟϹΤΗΠΟΙωΝ[..]ΤΟΙΓΟ
Corr. ΜΑϹΤΙΓΙΠΑΙωΝΕΝΤΟΝωϹ
Ms. Ε.Ρ.ΠΑΤΟΤΟΝΓΡωΝΟΝ....
Corr. ΕΥΡωϹΤΟΤΑΤΟΝΑΡωΓΟΝ....

h. e. 'μάστιγι παίων ἐντόνως (?), | εὐρωστότατον ἀρωγὸν οἰκέτην λαβών.' in annot. l. 3 ante γρωνον in utraque editione excidit τον. caeterum cf. Ihnii p. 33 not., p. 71 fr. VII (VI) de Micione dubitabat Ihne p. 30. annot. l. 5 articulum addit etiam Vindob. fr. IX Cobetus mnem. IV 256 'male coaluisse, inquit, suspicor duo Menandri fragmenta... nam quae causa affertur scilicet, quamobrem pauperes *ad contumeliam omnia accipiant magis et propter suam impotentiam se semper credant ludier* ab ea re aliena est, et verba ὁ γὰρ μετρίως πράττων περισκελέστερον τἀνιαρὰ φέρει non conveniunt loco Terentiano in Adelphis IV 3 14, qui illinc sumtus esse putatur.' idem p. 257 περισκελέστερον non χαλεπώτερον significare arbitratur, sed σκληρῶς aut στερρῶς, ut in mon. 480 στερρῶς φέρειν χρὴ συμφορὰς τὸν εὐγενῆ. Meinekius in ed. Stobaei vs. 3 novam fecit fragmentum. fr. X l. 1 scr. 'dormienti haec tibi confecturos deos?' l. 3 'Menandri v..sus est in illo loco que..... ΓΥΜΝΑΤϴΡΑΝ... ΤΤΑΛΟΝ ab et h... sensum ut' etc. p. 72 fr. XI annot. l. 1 haec κατασείειν δὲ ἔλεγον κτλ. apud Athen. sequuntur Menandri memoriam. 'Benfeius apud Athenaeum Ἁλιεῦσι suspicabatur.' ed. min. fr. XII l. 1 'nam vetus verbum hoc quidem est' etc. l. 4 Μένανδρος ἐν Ἀδελφοῖς β'. cf. Ritschl. parerg. I p. 271 qui 'hiezu kommt, inquit, dass Grauert.. p. 137 wohl das wahre gesehen hat, wenn er β' als rest weggefallener worte nahm. (ganz ebenso auch Könighoff: de ratione quam Terentius in fabulis Graecis lat. convertendis secutus est, Colon. 1843, s. 62).' ad fr. XIV cf. p. 90 (6). ad mon.

434 p. 370. Fr. Beckmanni prooem. schol. Brunsb. lycei Hosiani aest. 1855 p. 4. Nauck. trag. fr. p. 533. p. 73, 15 'de hoc loco v. Ihnium p. 31.' ed. min. l. 18 Mein. ib. 'nec male qui in gnomis mon. (696) legitur versus, οἴμοι, τὸ γὰρ ἄφνω δυστυχεῖν μανίαν ποιεῖ, interpretes Terentii compararunt cum II 1 43: minime miror qui insanire occipiunt ex iniuria.' *Ἁλαεῖς.* l. 3 τῆς Κεκροπίας φυλῆς: Κεκροπίδος Westerm. 'Κεκροπίας dictum ut Ἀντιγονία et Δημητρία φυλή ap. schol. Aristid. p. 331 Dind.' .. ἐν τῷ δράματι Μενάνδρου] 'fortasse addendum οὕτως ἐπιγεγραμμένῳ. .... postrema huius tmematis verba, ὅς ἐστι τόπος Ἀττικῆς, nisi ab aliena manu accesserunt, ostendere videntur omnia illa inde a δασύνεται grammatici alicuius, fortasse Herodiani, verba esse.' Mein. ad Steph. I p. 67. 68. p. 74 *Ἁλιεῖς.* fr. I ἔκειτ' ἐπὶ στόμα cf. Hermann. Aeschyl. II p. 367. fr. III ἴδιον ἐπιθυμῶν μόνος μοι θάνατος οὗτος φαίνεται | εὐθάνατος: de constructione (v. Men. et Phil. ed. pr. p. 11) cf. Nicol. 4, 579 (v. 7) ἄφνω δὲ πληγεὶς εἰς μέσην τὴν γαστέρα | ἔδοξεν αὑτῷ γεγονέναι τἄνω κάτω. de Platonicis anacoluthis v. Engelhardti spec. III p. 40. in min. ed. 'Vs. 3 nonnihil corruptum videtur.' adde C. F. Hermann. n. rhen. mus. V 611. fr. IV. ad vs. 3 fortasse pertinere fr. inc. CDXXXIV, Μένανδρος δέ πού φησι καὶ ποτήριον τορνευτὸν καὶ τορευτά, coniecit Bergkius. p. 76 fr. VI v. mon. 750. fr. VIII 3 pro τουτὶ γὰρ οὐ πᾶσαν ποιῶ | τὴν γῆν Herwerd. p. 85 requirebat τινὰ γῆν. fr. IX ὡς δὲ τὴν ἄκραν | κάμπτοντας ἡμᾶς εἶδον, ἐμβάντες ταχὺ | ἀνηγάγοντο. cum his componi poterunt latina p. 100 vs. 22 Ribb. 'conténdit oculos, dérepente abit celox.' p. 77 fr. XI δύ' οἰκίας | φηλῶν γερόντων cum schol. Aristoph. Pac. 1165 scribebat Hemsterh. ad Polluc. IX 135, 'non φηλοῦν, tanquam si verbum sit, sed φηλῶν, *fallacium*.' Vide Bernhardy ad Suid. 'φηλοῦν] φηλῶν *A. V. Photius et schol. Aristoph... quod probat Hemsterh... videndum etiam ne corrigendum sit ὡς λέγουσ'.' cf. Nauck. 'zeitschr. f. d. gymnasialwesen' X p. 505, qui δύο σκιὰς φηλῶν γερόντων legendum coniecit.

p. 78, 1 ἄλλοις ἀναπετῶ retinuit Cobetus V. L. 324. fr. XV ἀμφιβλήστρῳ περιβάλλεται: 'fuisse videtur περιβάλληται vel περιβέβληται, numeris anapaesticis.' Mein. ed. min. Ἀνατιθεμένῃ. l. 11 scr. οὐδὲν γὰρ ἀκόλουθον αὑτῷ λέγει. fr. I postrema verba, ἤντλουν λέγειν δεῖ, καὶ κάδους οὐ δεῖ λέγειν, ἀλλ' ἀντλιαντλητῆρας, grammatico relicta in min. editione. p. 79 (3) με proponebat Hemst. fr. V Apostolius: v. Leutsch. II p. 304 sq. p. 80, 12 alterum proverbium Ἀράβιον ἐξεύρηκα σύμβουλον in incertis collocatum p. 331 (502). fr. VI l. 3 ἐπὶ τῶν ζ λαχόντων 'i. e. ἀπολαχόντων.' ed. min. fr. VII. Harpocrationis p. 127 7 verba haec sunt: ὅτι δὲ καὶ οἱ δοῦλοι ἀφεθέντες ὑπὸ τῶν δεσποτῶν ἐτέλουν τὸ μετοίκιον, ἄλλοι τε τῶν κωμικῶν δεδηλώκασι καὶ Ἀριστομένης. Μένανδρος δ' ἐν Ἀνατιθεμένῃ καὶ ἐν Διδύμαις πρὸς ταῖς ιβ' δραχμαῖς καὶ τριώβολόν φησι τούτους (i. e. δούλους ἀφεθέντας, non metoecos omnes, v. Boeckh. Oec. Ath. ed. II 1, 447) τελεῖν. fr. VIII Ψύλλος: v. infra p. 100. Herod. μον. λ. 11 19 sqq. p. 32 Lehrs. p. 81 Andria. l. 16 adde 'Ihnii quaest. Terent. p. 5 sqq.' fr. I nuper Mein. in Stobaeo suo vs. 2 ita scripsit:

ἅπασιν, ὡς ἔοικε, καὶ τοῖς εὖ λόγων
καὶ τοῖς κακῶς ἔχουσιν.

annot. l. 4 scr. 'Nam inceptio est amentium haud amantium.' fr. II scr. τὸ νεόττιον ut apud Diph. 4, 427 (40). p. 82 (3) annot. cf. infra p. 100. ad fr. V annot. l. 13 Dübn. ad schol. Theocr. p. 127: 'διεκορήθησαν confirmant codd. Can. Vulc. qui vitiose ἀξιοῦσαι, et cum Vat. 5 ἐπικαλεῖσθαι, ut scribendum videatur αἱ κυΐσκουσαι εἰώθασιν ἐπικαλεῖσθαι vel alio verbo quod exciderit.' p. 83 (7) τω εληνιCμON MH λιTANEK EMNMACOR fr. VIII scr. III 4 13: fr. X scr. IV 3 11: l. 2 'KOΔEξIAC CYMYPPYNAC XXHCΔIeTeINe': quae quomodo scribenda viderentur infra p. 100 significatum. de ara Apollinis cf. Nauck. philol. V 681.

p. 84 fr. XIII annot. l. 4 scr. 'p. 301 c' et l. 7 'IV 5 10' cum iis quae sunt l. 14 de sobrinis et consobrinis Nauckius 'allg. l. z. intell.' 1847 p. 490 coniungebat Poll. III 29: v. ad 4, 314 (406) suppl. p. 85 Ἀνδρογύνου fr. V nescio an πλήσας παρέφερεν scribendum fuerit comparato Platonis fr. 2, 641 (6) infra p. 45. annot. l. 1 scr. Λάμια. l. 6 Arsenius: v.

Leutsch. vol. II p. 498. p. 86 *Ἀνεψιοί*. fr. II *εὐδαιμονία* etiam nunc Meinekius, genetivum tuebatur Bernhardy synt. p. 166. ipsos versus inter duas personas ita dividebat Nauckius 'allg. l. zeit. intell.' 1847 p. 490: *εὐδαιμονία τοῦτ' ἔστιν υἱὸς νοῦν ἔχων.* | *B. ἀλλὰ θυγάτηρ; A. κτῆμ' ἐστὶν ἐργῶδες πατρί.* p. 87 (3) scr. *Μενάνδρου Ἀνεψιοί.* ad fr. V '*φῶς ποιεῖν* dixit inc. Anth. Pal. IX 381 4.' Mein. ed. min. *Ἄπιστος*. p. 88, 5 Dobraeus Advers. II p. 278. cf. Sicyonii fr. 4, 201 (3). *Ἀρρηφόρου* fr. I 3 Cobetus mnem. IV 260 *διὰ τοῦτο σοὶ παραινῶ κτλ.* Vs. 4 *ἀνερρίφθω κύβος*: in ed. prim. Meinekius attulit Dorv. ad Char. p. 252. Valck. Phoen. p. 375 b. adde Leutsch. paroem. I p. 383. II p. 113. 144. Vs. 5 *νῦν* etiam Cobetus cum sequentibus coniungebat, ut voluit Iacobsius: *πέραινε, σωθείης δέ. νῦν ἀληθ.* alterum tuetur anonymi comici in Coislin. cod. (v. Diogenian. Leutschii VI 90) fragmentum, quod Meinekius nuper ad Theocr. p. 457 ita restituit: *νῦν δὲ σωθείην, ἵνα* | *διδάγματ' ᾖ μοι ταῦτα τοῦ λοιποῦ χρόνου.* utrumque comparaverat Bernhardy ad Suid. v. *νῦν σωθείην.* Vs. 7 ita supplebat Cobetus mnem. IV 260: *οὐ Λιβυκόν, οὐδ' Αἰγαῖον,* *(*οὐδὲ Σικελικόν*). de Libyco mari cf. Mein. ad Alciphr. p. 93. annot. l. 1 scr. 559 d. l. 4 *αὐτὸν* PV. l. 6 scr. deleto *ἐμβαλεῖς.* fr. II 3 Herw. p. 122: *ὅλην ἐπίνομεν* | *τὴν νύκτα νὴ Δία καὶ σφόδρ' ἄκρατόν μοι δοκῶ.* ad *μοι δοκῶ* cf. vind. Strab. p. 171. p. 89, 4 *παρὰ Μενάνδρῳ παίζει κατὰ* fr. III 2 traditam scripturam revocabat Cobetus mnem. IV 255: *πέρας ποιεῖ* | *λαλιᾶς.* '*πέρας*, inquit, Graecis est *τὸ ἑκάστου ἔσχατον*, id quod in quaque re *extremum* est quo perveniri potest et quo non est progredi ulterius.' Vs. 3 *χαλκίον*: cf. Mein. vind. Strab. p. 91. annot. l. 1 Steph. Byz. v. I p. 250 Mk. p. 90 fr. IV 3 *βίου δ' ἔνεστι μί' ἀσφάλει' ἐν ταῖς τέχναις* in Stobaeo suo non mutavit Mein. *μί' ἀσφ.* etiam Vindob. annot. l. 5 scr. *τ' αὐτά* fr. V 2 de coniectura in min. ed. scriptum *πάλιν πάλιν νῦν πῖθι· κτλ.* C. F. Hermann. p. 612 volebat: *B. πέρυσιν. A. πάλιν νῦν π.* Cobetus mnem. IV 118: *B. ἅπαξ. A. πάλιν νῦν πῖθι,* fr. VI cf. quae a Meinekio ad mon. 434 annotata sunt p. 370, item ad 4, 72 (14) suppl. p. 91 (9)

l. 2 scr. ἐπὶ τὸ πολὺ Ἀσπίς. fr. II 'male haec Menandro historico tribuit Niebuhrius p. 443.' Mein. ed. min. fr. III pro στρατιώτην Hirschigius p. 21 reponebat στρατιώτῃ .. σωτηρίας | ἔστ' ἔργον εὑρεῖν πρόφασιν. p. 92 fr. IV 2 ἀλόγιστος ἔσται τῆς ἀληθείας κριτής cum libris Mein. Stob. fr. V cum Cobeto mnem. IV 260 in ed. Stobaei ita scripsit Meinekius, cf. II p. XXV:

ὦ τρισάθλιοι,
οἳ πλέον ἔχειν ζητοῦσι τῶν ἄλλων· κτλ.

Patakis in philol. VIII 523 hoc modo rem componebat: ὦ τρισάθλιοι, | οἳ πλέον ἔχειν δοκοῦσι τῶν ἄλλων, βίον κτλ. fr. VI v. Steph. Byz. I 324 16 sq. ἀπὸ τῆς Ἴβηρος γενικῆς novum Ἀσπίδος fabulae fragmentum Hertzio debetur:

IX

'βρύειν Μένανδρος τὸ μεθύειν ἐν τῇ ἀσπίδι, unde Romani ebrius dicunt.' ita haec leguntur in fragm. gramm. ad calcem libr. V Prisciani vol. I p. 193 Hertz. p. 93 Ἀφροδισίων fr. I 2 τανώνητον Vindob. p. 94 (3) annot. l. 1 scr. ἀληθῆ καὶ τὰς ἀληθείας p. 95 Γεωργός. cf. infra p. 101. fr. I (p. 96) vs. 1 de formula ὅστις ἔσθ' cf. Blomf. ad Agamemn. gloss. 155. Fritzsche quaest. Luc. p. 194. ad vs. 4 τὸ τῆς τύχης γὰρ ῥεῦμα μεταπίπτει ταχύ: adde schol. L Iliad. Δ 396. cf. allatum ab Hirschigio p. 20 anon. fr. 4, 692 (355). annot. l. 3 scr. 'Anecd. Oxon.' ad fr. III annot. l. 2 scr. 'idem XX 22.' p. 97 (4) vs. 4 cf. infra p. 101. δίκαιος ἀποδέδωχ' ὅσας legi posse in ed. pr. indicaverat Mein. p. 36. cf. ad Stob. II p. XXIX. ὅσας ante Porsonum Bentleius, qui δίκαιος ἀποδίδωσ' ὅσας ἂν καταβάλω. fr. V vs. 1 Cobetus mnem. IV 257:

εἰμὶ μὲν ἄγροικος, καὐτὸς οὐκ ἄλλως λέγω,

pro ἄλλως ἐρῶ. p. 98 (8) Choerobosci verba, ἔχομεν δὲ τὴν χρῆσιν τοῦ "ἦν ἐγώ" παρὰ Ἀριστοφάνει ἐν Πλούτῳ [cf. supra p. CXLII] . . . καὶ παρὰ Μενάνδρῳ κτλ. v. ap. Gaisf. p. 866 18 sqq. fr. IX ad scholion Pluti cf. infra p. 101 annotata. verba οἱ Ἀθηναῖοι add. Θ et Ald. Menandrea omisso fabulae titulo affert Suidas v. πράγματα. pag. extr. 'inter anonymorum comicorum fragmenta' v. infra p. 123 (393) cum

suppl. ed. min. p. 1236 fr. 332. p. 99 *Δακτυλίου* fr. I cf. infra p. 101. annot. l. 3 *Μένανδρος ἐν Δακτυλίῳ Ἐπὶ τοῦδ' αὖθις*] Cobetus apud Hirschigium p. 20 monuit 'in codice Marciano 620 saec. XV legi *ἐπὶ τοῦ δάου τισ γὰρ αὑτοσὶ κακοδαίμων ἔφυ; ὃσ οὐκ ἂν ἐκδοίη θυγατέρ' ἀσμένοσ καὶ ταῦτα π. π. ἐ.*' idem Cobetus mnem. IV 139 Marcianorum codicum a se collatorum has proposuit scripturas: *μένανδρος ἐν δακτυλίῳ ἐπὶ τοῦ δάν οὑτοσί*, aut *μένανδρος ἐν δακτυλίῳ ἐπὶ τοῦ δάου· τίς γὰρ οὑτοσὶ κακοδαίμων ἔφυ ὃς οὐκ ἂν κτἑ.* unde elicuit *ἐπὶ τοῦ Δαναοῦ*: 'itaque Ammonius, inquit, sic scripserat: *παῖς δὲ ἡ δούλη. Μένανδρος ἐν Δακτυλίῳ ἐπὶ τοῦ Δαναοῦ*, et sic comici verba subiunxerat.' in quibus 'multa coniicias, inquit, quibus sententia et metrum probabiliter sarciantur, veluti:

τίς γάρ ποθ' οὕτω τι κακοδαίμων ἦν, ἔφη,

vel *τίς γάρ ποθ' οὕτως ἐστὶ κακοδαίμων, ἔφη,*

vel simile quid.' e. q. s. fr. III annot. l. 3 postrema verba '*τὰ δίχα σπέρματος ἄρρενος*' Suidae sunt, non Photii. p. 100 Dardani fr. III Spengelius Caecil. Stat. p. 5 'Priscianus, inquit, more suo integrum attulit senarium cuius litterae in vett. codd. ita exaratae sunt, ut sine magna difficultate poetae manus investigari possit.' librorum scripturas v. apud Hertzium Prisc. I p. 240, qui hanc in ordinem recepit lectionem: 'Menander quoque in Dardano: *Δρία παῖ, δειπνοποιεῖσθαι τί δεῖ; παῖ Δρία* dixit pro *Δρίαν.*' ipse *Δρύα* scribendum proponebat. cf. Choerob. p. 31 5. 95 13. Spengelius l. c. ex codd. Tegerns. Burghus. Polling. indiciis hunc Menandro reddidit versum:

Δρία, Δρία παῖ, δειπνοποιεῖσθαι τί δεῖ;

comparavit Philemonis 4, 44 (30). p. 100 *Δεισιδαίμων.* ad hanc fabulam Herwerden p. 86 referebat Men. inc. fr. V (4, 230). anon. XL (4, 612). fr. I p. 101 vs. 3 Cobetus mnem. IV 135 ita scripsit: *νῦν δ' οὐκ ἔχεις. κενὸν ἄρα καὶ τὸ φάρμακον | πρὸς τὸ κενόν κτλ.* Herwerden p. 85: *νῦν δ' οὐκ ἔχων τὸ φάρμακον κτλ.* Vs. 7 Lobeckius Agl. 632 *περίρραναι βαλὼν ἅλας, φ.* annot. l. 7 corr. 'Vs. 6' fr. II 1 *πολύτιμοι*: cf. infra p. 101. grammaticorum de *πολύτιμος* et *πολυτίμητος* vocabulorum discrimine praecepta v. ap. Mein. ed. pr. p. 43. cf. Lobeck. parall. 460. nuper Cobetus mnem. IV 241 Menandrea sic constituebat:

ἀγαθόν τί μοι
γένοιτο. B. τί δ' ἔστιν; A. ὦ πολυτίμητοι θεοί.

idem vs. 4 *σαθρὸς γάρ ἦν* pro *σαπρός*, 'corrigia enim, inquit, aut lorum non putrescit, sed usu detritum disrumpitur.' cf. V. L. p. 229. Vs. 5 Hirschigius p. 21 *σὺ δὲ μικρολόγος ἄρ' οὐ θέλων | καινὸν πρίασθαι*, pro *καινάς*, quas *ἐμβάδας* esse intellexeram. annot. l. 5 scr. 'Anecd. Ox.' non 'Par.' ut ed. min. p. 102 (3) vs. 1 *οὐ δεῖ γὰρ ἀδικεῖν τοὺς ἱκέτας*] '*οἰκέτας* Trinc. Gesn. mg. Arsen. A. ubi tamen nescio an *ἱ* suprasc.' Gaisf. *ἱκέτας* Vind. Cobetus mn. IV 136 'verum esse, inquit, arbitror *οὐ δεῖ γὰρ ἀδικεῖν οἰκέτας*.' Vs. 2 idem probavit Pflugkii *μετ' ἀγνοίας* (v. infra p. 101). Vs. 3 Meinekius Stob. *αἰσχρὸν τοῦτο τἄρ' ἐστὶν πάνυ* cum Gaisfordo. annot. l. 3 vulgo *μετ' εὐνοίας τινὸς μὴ πονηρῶς*] *οὐ πονηρᾶς* A. *μὴ πονηρῆς* Vind. fr. IV 3 Herwerden p. 122 tentabat: *διά τινα | ἄτοπον* (pro *αὐτῶν*) *ἀκρασίαν* p. 103 *Δημιουργός*. fr. I annot. l. 7 *καὶ τὰς νῦν λεγομένας ὑπονυμφίδας, τουτέστι τὴν παρεστῶσαν τῇ νύμφῃ γυναῖκα. ὅθεν ἐστὶ καὶ Μενάνδρῳ Δημιουργός.* cf. Bernh. ad Suid. l. 11 nonne igitur vs. 2 *πέμματα*?] 'quamquam schol. Ar. Ach. 1092 *ἴτρια δὲ καπυρώδη πλάσματα*.' Mein. ed. min. Moer. 199 33: *ἴτρια πλάσματα λεπτὰ σησαμῇ πεπλασμένα.* fr. II vs. 1 est in mon. 340. p. 104 fr. III. Poll. VII 22: *καὶ παρὰ Μενάνδρῳ ληνός.* ib. 179: *Μένανδρος δὲ τὴν κάρδοπον καὶ ληνὸν κέκληκεν.* *Δίδυμαι.* fr. I. II. quae ad fr. II ascripta sunt Diogenis verba, *καὶ θυγατέρα ἐξέδωκε μαθηταῖς αὐτοῦ* ('absunt hae voces — *μαθηταῖς αὐτοῦ* — ab editione Basil. et Stephan. et codice reg.' Menag. p. 264. cf. Arundel. cod. ib. p. 562), *ἐκείνοις ἐπὶ πείρᾳ δοὺς τριάκονθ' ἡμέρας, ὡς ὁ αὐτὸς ἔφη* (ed. min.), in libris optimis Cobetus mnem. IV 138 testatur sic scripta esse: *ἐξέδωκε κείνοις* (vel *ἐξέδωκ' ἐκείνοις*) *ὡς αὐτὸς ἔφη ἐπὶ πείρᾳ δοὺς τριάκονθ' ἡμέρας. Μαθηταὶ αὐτοῦ κτἑ.*' v. Diogen. Cobeti p. 155. Menandri versus Grotius hos proposuit:

συμπεριπατήσεις γὰρ τρίβων' ἔχουσ' ἐμοί,
ὥσπερ Κράτητι τῷ κυνικῷ ποθ' ἡ γυνή.
καὶ θυγατέρ' ἐξέδωκε κεῖνος, ὡς ἔφη
αὐτός, ἐπὶ πείρᾳ δοὺς τριάκονθ' ἡμέρας.

non probavit Meinekius ed. pr. p. 47. Cobetus in sua Diogenis editione eodem modo Menandrea scripsit, nisi quod vs. 3 ἐξέδωκ' ἐκεῖνος dedit et in fine capitis μαθηταὶ δ' αὐτοῦ. sequitur cap. VI: *ΜΗΤΡΟΚΛΗΣ*. adde quae Bergkius tentavit Lyr. II 529. fr. V non metoecos omnes intellegendos esse, sed δούλους ἀφεθέντας v. ad Men. 4, 80 (7) suppl. l. 7 a fin. scr. V. VI. p. 105 *Δὶς ἐξαπατῶν*. cf. infra p. 101 (Ritschl. parerg. I 405 sqq.). Meier. ind. schol. Hal. hib. 1852. 53 p. IV. ad hanc fabulam inc. fragm. DI referri posse nuper coniecit Bergkius. de fr. III v. Ritschl. parerg. p. 407 ita illud explicantem: 'nullus (Ephesi) Megabyzus fuit, qui aedituus esset Dianae, aut quod multo magis placet: non Megabyzus aliquis fuit, qui aedituus Dianae Ephesiae esset? h. e. ut arbitror, cui crederetur pecunia?' interrogandi signum in fine posuit etiam Bernhardy. fr. IV est in mon. 425, ubi ὃν γὰρ κτλ. p. 106 *Δύσκολος*. cf. add. p. 101. l. 17 scr. ἠθικῆς παράδειγμα p. 107 (2, 3) cum Gaisf. ad Stob. I p. XXIV εἰς πάντα τὸν χρόνον Mein. Vs. 4 pro αὐτὸς ὢν δὲ κύριος Herwerd. p. 86 scribebat αὐτὸς ὢν γε κύριος, 'quippe qui ipse sis eorum dominus.' Vs. 5 εἰ δὲ μὴ σεαυτοῦ etiam Vindob. Porsonus ἃ δὲ μὴ σεαυτοῦ (corr. annot. l. 6) Vs. 8 παρελομένη σοῦ hodie ut Gaisf. Vs. 9 in Stob. cum Tyrwh. ἔγωγέ φημι Vs. 12 ib. ὡς ἂν δύνῃ κτλ. Vs. 15. 16 in Vindob. cohaerent cum praecedentibus. p. 108 (3) vs. 5 τὴν ὀσφὺν ἄκραν: cfr. Wieseler. in Prometh. et Av. p. 16 sqq. idem in philol. X 387 sq. annot. l. 13 Gudian. Etym. 273 16 attulit Nauckius. fr. IV 3 apud Athenaeum legitur quod identidem requirebat Meinekius:

ἱεροπρεπής πώς ἐστιν ἡμῶν ἡ τέχνη.

non ἡμῖν. p. 109 fr. VI Cobetus mn. IV 257 reponebat: Ἐλευθερῶν ἀπῆλθεν εὐθὺς *ὡς τάχος* (pro ταχύ). fr. VIII δεῖν habet Rav. p. 110 fr. X Platonis de Rep. est p. 420 C. cf. G. Hermanni opusc. V 208 sqq. *Δυσκόλου* fragmentorum numerum Cobeti beneficio augere licebit: primum

XI

schol. Eurip. Androm. 957 (975) ἔκτοθεν δ' οὐ ῥᾴδιον: καὶ γὰρ "ἀνδρὸς κακῶς πράσσοντος ἐκποδὼν φίλοι" (mon. 32 ubi v. annot. cf. Leutsch. paroem. I p. 29. II p. 7. 8. Sophocl. fr. Nauck. p. 232). τὸ δὲ συγγενὲς κατὰ φυσικὴν ἀνάγκην δοῦλον, ὡς καὶ ἐν Δυσκόλῳ φησὶ Μένανδρος·

οὐκ ἔνεστί σοι φυγεῖν
οἰκειότητα, δᾶερ.

haec ex codd. Vaticano et Marciano edidit Cobetus p. 291 Geel. Vat. οὐκ ἔνεστ' ἴσως οἰκεῖν. idem δάει. Ven. δαερ.
alterum fragmentum est hoc:

XII

Choerob. Gaisf. p. 163 11 (p. 1190 Bk.): ἐπειδὴ ἐπὶ τῶν ἐπιθέτων παρ' αὐτοῖς ὁμόφωνός ἐστιν ἡ κλητικὴ τῇ εὐθείᾳ, οἷον ὁ δυστυχὴς ὦ δυστυχής, ὡς παρὰ Μενάνδρῳ "ὦ δυστυχής, τί οὐ καθεύδεις;" pro his in Marciano Cobeti cod. 489 apud Gaisf. Et. m. p. 8 haec leguntur: ὡς παρὰ τῷ Μενάνδρῳ ἐν τῷ Ἥρωι "ὦ δυστυχής, εἰ μὴ βαδιῇς." (v. ad 4, 130 suppl.) καὶ παρὰ τῷ αὐτῷ ἐν Δυσκόλῳ·

ὦ δυστυχής, τί οὐ καθεύδεις;

itaque non recte haec relata olim ad Μισουμένου fr. X: v. ad 4, 172 suppl. Schneidewinus in g. g. a. 1848 p. 1795 calami errore dedit εἰ μὴ καθεύδεις. Ἑαυτὸν τιμωρουμένου fr. I Cobeto V. L. 200 δαιμονᾷς tam durum et contumeliosum visum est verbum, ut ab hac prima inter Chremetem et Menedemum notitia alienissimum esse videretur. reponebat δαιμόνιε, 'o bone.' p. 111 (2) quomodo suppleverim v. infra p. 101. annot. l. 4 scr. 'vestiant?' fr. IV Ihnius p. 42 n. 17 (corr. min. ed. v. ib. p. 1284) ex hac fabula desumptum esse negat. idem ille n. 18 de fr. V iudicat.
μῶρος: v. infra p. 646. fr. VI οἴκοι μένειν χρὴ καὶ μένειν ἐλεύθερον, | ἢ μηκέτ' εἶναι τὸν καλῶς εὐδαίμονα: h. e. 'domi manere et libertate sua frui oportet, aut e beatorum illorum numero recedere.' ita haec intellegenda arbitror, non ut apud Grotium est 'aut potius mori.' etenim οἴκοι μένειν δεῖ (χρὴ) τὸν καλῶς εὐδαίμονα in proverbio erat, v. Aeschyli fr. p. 78

Sophocl. fr. Stob. 39 14 p. 262 Nauck.: itaque qui domi manere noluerit, is, quoniam sui arbitrii esse non poterit, neque in fortunatis illis numerabitur. de amissa libertate cf. Sophocl. fr. 788 N. de usu verborum *τὸν καλῶς εὐδαίμονα* v. quae infra allata sunt exempla p. 411 (ubi scr. *οἴκοι μένειν χρὴ — ἢ μηκέτ' εἶναι τὸν καλῶς εὐδαίμονα*). de *ἢ* particula hoc modo usurpata cf. ib. p. 439 composita. adde Nauckii ad Aeschyli l. c. annotationem, qui aliter de hoc Menandri fragmento iudicaverat 'hall. allg. l. z. intell.' 1847 p. 490 sq. p. 112, 4 scr. *μένειν χρὴ* l. 7 scr. Diogenianus VII 35, qui cum Apostolio p. 553 Leutsch. *οἴκοι μένειν δεῖ τὸν καλῶς εὐδαίμονα.* solus Stobaeus LIII 1 Menandri priorem versum iterum apposuit. fr. VII Dobraeus adv. II 273 '*ἀμυγδάλας | παρέθηκ' ἐγὼ τῶν* — sed qu.' Cobetus mnem. IV 257 partem fragmenti ita scripsit: *ἀμυγδαλᾶς ἐγώ | παρέθηκα καὶ τῶν ῥοιδίων ἐνετράγομεν.* de fr. VIII *ἦν* cf. Fritzsche Ran. p. 423. Photii verba in min. ed. p. XX ita scribenda proponebam: *ἦν δασέως, ὅταν *αἰτιατικῶς λέγηται· οἱ δὲ παλαιοὶ ἐν Μενάνδρῳ Αὐτὸν τιμωρουμένῳ τὸ ψιλὸν ἀντὶ τοῦ ἰδού "ἀλλ' ἦν χιτών σοι."* p. 113 *Ἐγχειριδίου* fr. II *τοῦδ' ἄρα* ed. min. Apud Steph. Byz. I 402 6 *τοῦ δ' ἄρ' ὁ Κωρυκαῖος ἠκροάζετο* cum Rehd. *ἠκροάσατο* AV. confert Strabon. XIV p. 644. fr. IV schol. Plat. (Theaet. 153 d) p. 359 *παροιμία, ἄνω κάτω πάντα, ἐπὶ τῶν τὴν τάξιν μεταστρεφόντων. Μένανδρος Ἐγχειριδίῳ, καὶ ἐν Χήρᾳ* (v. 4, 221). fr. V *ὑπὲρ ὄνου σκιᾶς*: v. infra p. 101. p. 114 *Ἐμπιπραμένη.* apponam h. l. Cobeti annotationem ex mnem. V 93 sq. petitam. 'Attici, inquit, *ἐμπιμπράναι* dicebant et *ἐμπίμπλασθαι*, quae formae ubique invitis libris restituendae sunt, metro saepe iubente, semper permittente, nam a Graeculis demum fictae sunt formae *ἐμπίπρημι* et *ἐμπίπλαμαι*. critici non satis sibi constant.' fr. II Apostolius: v. Leutsch. II 692 annot. crit.

p. 115 *Ἐπαγγελλόμενος.* fr. II 1 Cobetus mnem. IV 257 *τὰ γὰρ τολμηρὰ τῶν ἔργων ἔχει* pro *ὄχλων ἔχει.* Vs. 3 *ἂν λάβῃς τὸν καιρὸν εὖ* comparato fr. III. Vs. 4 idem p. 259 '*ἀπροσδόκητον τὴν τύχην προσλαμβάνει* v. c., aut simile verbum, namque *ἐξηύρατο* et *ἐξεύρετο* lectiones sunt nihili.' Meinekius in ed. Stobaei versum 1 non mutavit, Vs. 2 ἐν τοῖς λόγοις μὲν τὰς ἐπιδείξεις δ. dedit, Vs. 3 λάβῃς et Vs. 4 τύχῃν in ordinem recepit, pro ἐξηύρατο scribendum proposuit ἐκτήσατο. annot. l. 2 μὲν τὰς etiam Vind. ib. scr. 'Vs. 4 ἐξηύρατο A. ἐξεύρατο Vind.' fr. III 1 Herwerden p. 122 τοῖς ἀπαιδεύτοις βοηθεῖ pro ἀναιδέσιν. p. 116 Ἐπίκληρος. de argumento cf. infra p. 102 (Spengel. rhetor. I 432 20 sqq.). l. 6 διὰ τὸ τὴν εὔνοιαν προϋπάρχειν fr. I apud Spengel. II p. 92. 88. Vs. 1 in ed. min. omissa est interrogationis nota: ἆρ' ἐστὶ πάντων ἀγρυπνία λαλίστατον. cf. Ahrent. de Crasi p. 8. annot. l. 2 scr. διηγήσασθαι l. 3 καὶ παρὰ Μενάνδρῳ l. 4 χρηστῇ Ἐπικλήρῳ: cf. O. Ribbeckium ad Turpilii Epiclerum com. p. 78. p. 117 fr. III 2 cf. infra p. 102. fr. IV 1 pro ἤ δεῖ μόνον etiam ἤ σε δεῖ μόνον scribi posse videtur Meinekio, qui 'Vs. 2 γενόμενον (cod. A γενομένων) necessarium est.' cf. annot. p. 118. p. 118 (5) scr. ἀφ' ἡμῶν; ut vulgo. cf. infra p. 102 et ed. min. fr. VII κάποστα: cf. Nauck. Ar. Byz. p. 211. fr. VIII scr. ὄρον. adde Phot. 349 17. Suid. qui omittunt fabulae nomen. fr. IX scr. p. 1198 P. 242 Kr. caeterum v. infra p. 102. Ἐπιτρέποντες. cf. infra p. 102 (Spengel. rhetor. I 432 11 sq.). p. 120 fr. III 1 Nauckius ἐλευθέρῳ τὸ καταγελασθῆναι πολὺ κτλ. sequitur apud Stob. 89 6 τοῦ αὐτοῦ (Vind. μ^ε) "οὐκ ἐλευθέρου φέρειν | νενόμικα κοινωνοῦσαν ἡδονὴν ὕβρει." quod in supplementis dabitur. fr. V annot. l. 5 Davides: οἴμαι τοσαύτην πρὸς θεοὺς ἄγειν σχολήν, non recte ed. min. de vs. 2 cf. infra p. 102. p. 121 fr. VI legitur etiam apud Cramerum Anecd. Par. IV 248 9. 10: καὶ Μένανδρος ὁμοίως φησι, "ἐπέπασα (ἐπείτασα cod.) ἐπὶ τὸ τάριχος ἅλας, ἂν οὕτω τύχῃ." Menandri Ἐπιτρέπουσιν Bergkius ad Aristoph. 2, 1193 (75) item tribuebat fragmentum illud, quod vulgo in Chionideis habetur vol. II p. 7 (3), Athenaei p. 119 e verba ita scripsit: ἡ δὲ δοτικὴ ταρίχει, ὡς ξίφει. Μένανδρος Ἐπιτρέπουσιν·

ἐπὶ τῷ ταρίχει τῷδε τοίνυν κόπτετον·

(ita AC. κοπτέον PVL) καὶ ἐπὶ αἰτιατικῆς "ἐπέπασα ἐπὶ τὸ τάριχος ἅλας, ἐὰν οὕτω τύχῃ." V. infra p. 14, ubi corr.

Anecd. Par. IV p. 248 (pro 250) 6. fr. VII ita tentabat Herwerden p. 86: πρόσειμι *(δὲ) πρὸς ἐκείνην, *(ἣν) λέγεις, | ἄρτι γὰρ νοῶ. p. 122 fr. VIII est etiam apud Plutarchum tranq. an. cap. 17: καθόλου δ' ἐπεὶ τῶν ἀβουλήτων τὰ μὲν φύσει τὸ λυποῦν καὶ βαρῦνον ἐπιφέρει, τὰ δὲ πλεῖστα δόξῃ δυσχεραίνειν ἐθιζόμεθα καὶ μανθάνομεν, οὐκ ἄχρηστόν ἐστι πρὸς ταῦτα μὲν ἔχειν ἀεὶ τὸ τοῦ Μενάνδρου πρόχειρον· "οὐδὲν πέπονθας δεινόν, ἂν μὴ προσποιῇ." ad huius fabulae reliquias haec adde ex Gaisfordianis copiis fragmenta:

XII

ad Pherecratis (2, 283) apud Hephaestionem p. 62 ἐξευρήματι καινῷ] haec nuper attulit ex Saibantiano codice Gaisf. ἰστέον οὖν ὅτι τινὲς εὕρημά (εὕρεμά) φασιν, ὅπερ οὐ δεῖ· εὕρηται μὲν γὰρ καὶ εὕρησις καὶ εὕρεσις· καὶ Ἀττικοί τινες ἑκατέρως φασίν· ἔστι γὰρ σύγγραμμα παρὰ Θεοφράστῳ περὶ εὑρέσεως· ἀλλὰ διὰ τοῦ ε ἐν ἰάμβῳ·

οὐχ εὕρεσις τοῦτ' ἔστιν, ἀλλ' ἀφαίρεσις.

ἐν τοῖς Ἐπιτρέπουσι, καὶ εὕρημα διὰ τοῦ η. "εὕρημα δ' οὐκ οἶσθ' οἷον εὕρηκας τόδε" (Eur. Med. 716). οὐ μὴν διὰ τοῦ ε εὕρεμα. 'Vide Lobeck. ad Phrynich. p. 445.' Gaisf.

XIII

Gaisf. schol. Heph. p. 156 ex eodem codice correptae οι diphthongi exempla affert: ἀλλὰ καὶ Μένανδρος ἐὰν (ἐν) Ἐπιτρέπωσιν (ουσιν)·

οἱ τηλικοῦτοι καὶ τοιοῦτοι τῷ γένει·

τὴν τοι ἐν τετάρτῳ ποδὶ συνέστειλε. vide Choerob. p. 143 25 Gaisf. (1175 Bk.) καὶ παρὰ Μενάνδρῳ "οἱ τηλικοῦτοι καὶ τοιοῦτοι τῷ γένει." unde in incertis erat 4, 287 (240), ubi ascripta est Photii annotatio p. 585 9, τηλικοῦτος: ἐπὶ ἡλικίας τίθεται· οὕτως Μένανδρος. p. 124 Eunuchi fr. IV e Stobaeo οἱ σοφώτεροι in ordinem recepit ed. min. ad fr. V annot. l. 6 ed. min. 'III 5 48': sed de Grauerto v. anal. p. 160. fr. VI. Poll. IX 44 καὶ ὁπλοθῆκαι ἦσαν, ἵνα τὰ ὅπλα ἀπέκειτο, καὶ δὴ καὶ θησαυροὶ καὶ ταμιεῖα, ἵνα τὰ χρήματα καὶ οἱ πυροί. (45) ἐν δὲ Μενάνδρου Εὐνούχῳ καὶ σιτοβόλια (al. σιτοβολεῖα v. codd.). l. 2 recte II 3 18. de ῥίσκος Pollucis X 137 cf. infra p. 102. in editione min.

etiam ad Menandri Eunuchum respexisse videbatur Pollux. p. 125 Ἐφέσιος. ad fr. I pertinere videtur Pollux VII 11: καὶ κύκλοι δὲ ἐν τῇ νέᾳ κωμῳδίᾳ καλοῦνται ἐν οἷς πιπράσκεται τὰ ἀνδράποδα, ἴσως καὶ τὰ λοιπὰ ὤνια. p. 126, 5 leg. 'Vs. 4' et 6 'ibidem' Ἡνίοχος. fr. I vs. 1 εἰς προκόλπιον cum Schneidewino C. F. Herm. n. rhen. m. V 612. Vs. 2 οὐδ' ἔδωκεν Vs. 3 ἀλλ' ἐπιβολὴν ἔδειξεν εὐπορίας τινός κτλ. Prellerus philol. III 521: πόρον εἰσβολήν τ' [πόρον ἢ 'σβολὴν Nauck. philol. VI 421] ἔδειξεν εὐπορίας τινός. probavit Prelleri rationem Bergkius, qui vs. 4: ἣν ἂν παρῇς, μηκέτι τὸ θεῖον αἰτιῶ. annot. l. 7 scr. requirerem p. 127 fr. II attigit Lobeckius Agl. p. 253. annot. l. 6 scr. [μητραγύρτης]. fr. III vs. 1 Prellerus l. c. ἐλεεῖν δ' ἐκεῖνος ἔμαθεν εὖ τυχὼν πόνον. Herwerd. p. 86 ἐλεεῖν δ' ἐλεινοὺς ἔμαθεν ἀτυχῶν [ἀτυχιῶν?] μόνος. equidem mutato versuum ordine:

ὁ χρηστός, ὡς ἔοικε, καὶ χρηστοὺς ποιεῖ·
ἐλεεῖν δ' ἐκεῖνος ἔμαθεν εὐτυχῶν μόνος.

vide supra ad Antiph. p. CLXXV sq. ita et ἐκεῖνος quo referatur habebit, neque articulus requiretur, neque εὐτυχῶν mutandum erit. tertium versum, in quo τὸν ἄτοπον quid esset ad mon. 339 p. 368 docuit Meinekius, idem nuper annotavit respici a Proculo Platonico de epistulico charact. p. 10 17 Westerm. εἰ καλὸς ἦσθα, πολλοὺς ἂν εἶχες φίλους γνησίους, νῦν δ' ἐπεὶ φαῦλος ἔφυς, εἰκότως οὐδένα κέκτησαι φίλον· ἕκαστος γὰρ τῶν ἐμφρόνων ἀνδρῶν σπουδὴν ποιεῖται "τὸν ἄτοπον φεύγειν ἀεί." fr. IV hodie ita scribendum videtur Meinekio:

ὧν δὲ μή 'στιν αἴτιος τρόπος
τό τ' ἀπὸ τῆς τύχης φέρειν δεῖ γνησίως τὸν εὐγενῆ.

'was wir nicht selbst verschulden und was vom schicksal komt, muss der edle tragen.' p. 128 (5) annot. l. 3 vulgo τὸν παῖδα δ' οὐ δίδομεν. fr. VI cf. infra p. 102. Ἥρως. p. 129 fr. III Hirschig. p. 21: ὡς οἰκτρόν, ἢ τοιαῦτα δυστυχῶ μόνη, | οἷα κτλ. fr. VII apud Gaisf. Choerob. p. 457 33 sqq. p. 130 eiusdem Choerobosci Marcianus codex 489: ὁ δυστυχὴς ὦ δυστυχής, ὡς παρὰ τῷ Μενάνδρῳ ἐν τῷ Ἥρωι "ὦ δυστυχής, εἰ μὴ βαδιῇς." unde novum accedit huic fabulae fragmentum:

VIII

ὦ δυστυχής, εἰ μὴ βαδιεῖ.

ut recte scripsit Schneidewinus g. g. a. 1848 p. 1795. cf. ad Δυσκόλου fr. XII suppl. de aliis fragmentis fortasse huc referendis v. infra p. 102 et ad 4, 299 (306) suppl. Θαΐς. annot. l. 3 scr. 'Epist. II 4 143 (§ 19 Mk.)' l. 24 scr. 'II 6 3' pag. extr. Dionys. Hal. lib. XVII 6. p. 131 (1) Vs. 1 θεά: cf. Cobet. mnem. IV 122. Vs. 4 μηθενὸς ed. min. p. 132 (2) φθείρουσιν ἤθη κτλ. est in mon. 738. Nauck. trag. fr. p. 534. fr. III ἡ παροιμία λέγει "κατὰ μυὸς ὄλεθρον." Aelian. cf. paroem. II p. 469. ad Philem. 4, 64 (118) suppl. p. 133 Θεττάλη. cf. infra p. 102. l. 15 εἰς ἰδιότητα τεθέν: attigi haec infra p. 9 et in suppl. p. XVII. fr. II l. 1 scr. Θεττάλη. ad III cf. infra p. 102 sq. (in min. ed. scr. Cram. A. P. IV p. 113). p. 135 Θεοφορουμένης fr. II 13 recte iam habere videtur: ἔστιν, ὁ δ' ἀγεννὴς καὶ δέδιε τὸν κρείττονα. Vs. 14 χρηστός, εὐγενής, σφόδρα | γενναῖος, p. 136 fr. III ita scribebat Cobetus mnem. IV 259:

καὶ ταχὺ τὸ πρῶτον περισόβει ποτήριον
αὐτοῖς ἀκράτου.

'ineptissime πάλιν, inquit, e vicinis irrepsit.' annot. l. 1 scr. 'Athen. XI p. 504 a.' fr. IV cf. infra p. 103. fr. VI de deo ex machina cf. supra p. CLXIX. Θησαυρός. p. 137, 12 scr. 'fragm. inc. CDLXII b.' fr. I ita in Stobaei editione dedit Mein. ut h. l. cum Tyrwhitto (adversante Hermanno 'n. jen. allg. l. z.' 1842 p. 513) proposuit. Vs. 1 ἔρως reliquit. Vs. 9 Hirschig. annot. p. 21 οὗτοι προσαποτίνουσι τἀρχαίῳ τόκους, annot. l. 12 corr. τόκους. p. 138 (3) pro ἐρῶντος Grotius scribebat ἔρωτος. fr. V etiam Photius Κανθάρου μελάντερος. cf. Bernh. ad Suid. Θρασυλέων. p. 139 ad fr. II Grotius (ap. Gaisf.) attulit Eustath. p. 1453 18: εἴγε δεύτερος πλοῦς λέγεται, ὅτε ἀποτυχὼν τις οὐρίου, κώπαις πλέει κατὰ Παυσανίαν. itaque non dubitavit Gaisfordus recepto Grotii οὐρίου alterum versum sic scribere:

ἂν ἀποτύχῃ τις οὐρίου κώπαισι πλεῖν.

idque etiam ab aliis repertum (v. Mein. ad Men. ed. pr. p. 84) nuper probarunt Cobetus mnem. IV 269 et Meinekius in ed. Stobaei. cf. Diogenian. Vindob. II 45 (Leutsch. paroem. II p. 24) ubi Philemoni haec assignantur. v. Leutsch. l. c. coll. paroem. I p. 359 sq. fr. III ita in Orat. p. 149 scripsit Cobetus: φιλοσοφεῖ δὲ τοῦθ', ὅπως | κατάπράξεταί *(σοι) τὸν γάμον. annot. l. 4 scr. 'Anecd. Ox.' fr. IV ab Eustathio 1854 7 afferri annotavit Dindorfius: ὀκνηρὸς πάντα μέλλων σιτόκουρος, ὅ φησι Μένανδρος, ὡς ὁ Ἀθήναιος ἱστορεῖ.

p. 140 (5) v. infra p. 103. in min. ed. 'Menandri nomen, inquit, addi non opus est. fortasse scribendum: καὶ Θρασυλέοντι γ̄ (cf. ἀνέῳχας) "Ἤδη δ' ἀνέῳγε τὴν θύραν." 'Ἱέρεια. p. 141 (2) Vs. 2 τὴν αὐλίαν ut glossema removebat Cobetus mnem. IV 260. idem cum B, Harpocratione, Bentleio αὔλειος tuebatur, quod nuper recepit apud Stobaeum Meinekius. Nauckio priora ita scribenda videbantur: ὅρους ὑπερβαίνεις, γύναι, | τοὺς τῆς γαμετῆς· πέρας γὰρ αὔλειος θύρα κτλ. in mnem. V 198 de αὔλειος disputans ὅρος γὰρ αὔλειος θύρα dedit Cobetus. p. 142 Ἰμβρίων fr. II 3 recepto apud Stobaeum Bentleii βουλῆς rectius visum est in praef. p. X Porsoni σύμβουλος· ὁ λογισμῷ διαφέρων 'Ἱπποκόμου fr. I 2 ἀδοξότατος ed. min. Vs. 3 Hirschigius p. 22 'verbis, inquit, πήρας μὲν οὖν τρεῖς, interpellat persona B priorem usitatis vocibus μὲν οὖν: dein pergit persona A: ἀλλ' ἐκεῖνος κτἑ.' Cobetus mnem. IV 277: 'libri meliores, inquit, has scripturas exhibent: ἀδοξότερος μικρῷ δέ, ὁ τὴν πήραν ἔχων, quae sanissima sunt. lege: Μόνιμός τις ἦν, ἄνθρωπος, ὦ Φίλων, σοφός | ἀδοξότερος μικρῷ δ'. B. ὁ τὴν πήραν ἔχων; | A. πήρας μὲν οὖν τρεῖς.' .. 'erat enim gibbosus utrimque.' atque ita in ed. sua Diogenis scripsit. item vs. 6 cum libris ὑπὲρ δὲ ταῦθ' ὁ προσαιτῶν καὶ ῥυπῶν, 'superavit haec mendicus ille et sordidus.' v. mnem. IV 278. annot. l. 7 scr. 'sed tres peras' p. 143, 1 ῥῆμά τι cum Flor. cod. scriptum, v. Menag. et Men. p. 89 ed. pr. Κανηφόρου fr. I τὸ γὰρ προθύμως μὴ πονήσαντας τυχεῖν | εὐδαιμονίας Pflugkius, v. infra p. 103. Hirschig. annot. cr. p. 22. Mein. Stob. v. I p. XXVIII. Vs. 2 lemma omittit Vind. et hunc locum cum superiore (vs. 1) coniungit. pro ὑπερηφανίας in ed. min. et ad Stob. ὑπερηφανίαν scribendum coniecit Mein. ὑπερηφάνους Hirschig. l. c. caeterum εὐτυχεῖν genetivo iunctum attigit Funkhaenel 'zeitschr. f. d. alt.' 1845 suppl. p. 132. de fr. II dixit C. F. Hermannus n. rhen. mus. V 613.

p. 144 (5) l. 7 scr. 'Comment. p. 84.' *Καρίνης* fr. II 3 τὸ κρατοῦν γὰρ νῦν νομίζεται θεός: ita haec in Stobaeo suo servavit Mein. hac addita II p. V annotatione: 'Artemidorus, inquit, ut Com. Gr. IV p. 145 indicavi, τὸ κρατοῦν γὰρ νῦν [ita in maiore com. ed.] δύναμιν ἔχει θεοῦ, quod praefert Cobetus [qui πᾶν pro νῦν] Var. L. 119 iterumque mnemos. IV p. 269. non assentientur qui meminerint νομίζειν θεοὺς esse deos publica lege receptos colere; recte etiam et fere necessarium νῦν. eo scilicet iam ventum est ut penes quem potestas est pro deo colatur. quae omnia non insunt in ieiuno illo ac ne vero quidem πᾶν κρατοῦν δύναμιν ἔχει θεοῦ.' τὸ κρατοῦν γὰρ πᾶν νομίζεται θεός volebat Hirschig. p. 22. cum repetitione hac, εἰ θεὸν καλεῖν σε δεῖ. | δεῖ δέ, Nauckius philol. VI 387 comparavit Sophocleum (sive Euripideum) p. 263 fr. 856 14 εἴ μοι θέμις, θέμις δὲ τἀληθῆ λέγειν, item Soph. Trach. 809: εἰ θέμις δ', ἐπεύχομαι· | θέμις δ', ἐπεί μοι τὴν θέμιν σὺ προὔβαλες. p. 145 fr. III περὶ τὸν τράχηλον ἁλύσιόν τίς μοι δότω nuper proposuit Bergkius. *Καρχηδονίου* fr. I ed. min. τῷ Βορέᾳ κρεάδιον cum Dobraeo. 'praeterea malim ἐπεὶ θυσιάσας' Mein. ib. Bentleii rationem probavit Cobetus mn. IV 276 sq. de λιβανιδίῳ afferens Alciphr. III 35: ὁ δὲ ἔτι πενέστερος (συνεισηνέγκατο) λιβανωτοῦ χόνδρους εἴ μάλα εὐρωτιῶντας. fr. II 1 ita legendum videbatur Cobeto ib. p. 238:

αὐτὸν γὰρ οὐδεὶς οἶδ' ὅτου ποτ' ἐγένετο,

p. 146 fr. III in maiore editione non recte ἐκ μακροῦ χρόνου datum pro eo quod in App. Flor. est:

ἔργον ἐκ πολλοῦ χρόνου κτλ.

fr. V idem Stobaeus om. fabulae nomine affert flor. XLIII 24.

fr. VI Καρχηδονίῳ utique necessarium videbatur Nauckio 'hall. allg. l. z. intell.' 1847 p. 497. annot. l. 6 Euripidis versum v. p. 459 Nauck. p. 147 *Κεκρύφαλος*. fr. I annot.

l. 3 scr. εἰ ὁ κατὰ νόμον ἐστί, p. 148 (3) in ed. min. om. interrogatione sic scriptum: ἡδὺ τὸ μύρον, παιδάριον. B. ἡδύ· Cobetus mnem. IV 120 ita distinxit:

ἡδὺ τὸ μύρον, παιδάριον, ἡδύ. B. πῶς γὰρ οὔ;

fr. VIII scr. ἀπὸ μηχανῆς θεὸς ἐπεφάνης. p. 149 *Κιθαριστής*. fr. I vs. 5 ἀλλὰ τῶν πτωχῶν τινα Hirschigio p. 23 'librarii sunt misera ratione erasa vel omissa supplentis.' Herw. 87: ἀλλὰ τὸν πτωχὸν μόνον. Mein. ὕπνον καθεύδειν μᾶλλον ἢ πτωχῶν τινα. Vs. 8 ἆρ' ἐστὶ κτλ. per interrogationem efferri nolebat Ahrens de Crasi p. 8. Nauckius 'imitatur, inquit, Io. Gazaeus ecphr. prooem. lib. I: ἆρ' ἔστι συγγενές τι μόχθος καὶ λόγος;' Vs. 10 Hirschigius ἐνδόξῳ βίῳ | πρόσεστιν pro πάρεστιν. p. 150 (3) τίσιν ἂν βοηθήσοιμεν in Stobaeo suo non mutavit Mein. fr. VI annot. l. 8 ultimam in εἶναι ... elidi (cf. Mehlhorn. gramm. § 106) adversatur Nauckius progr. p. 45 sq. p. 151 (8) vide infra p. 103. fr. IX l. 3 scr. σκοῖδον Διόνυσον λέγει. *Κνιδία*. fr. II 2 cod. A πολλοὺς pro πολλά, itaque nescio an haec sic scribenda sint: ταὐτόματόν ἐστιν ὡς ἔοικέ που θεός, | σώζει τε πολλοὺς δι' ἀοράτων πραγμάτων. *Κόλαξ*. Timachidae in Colacem commentarium ex gramm. An. Par. IV p. 25 eruit Meinekius infra p. 103 et in ed. min. (ubi Nauckius philol. VI 421 recte annotavit κάτω κάρα corrigi debere). eundem nuper ex Et. Sorb. attulit Gaisfordus ad Et. m. 490 38: Τιμαχίδης ἐν τῷ τοῦ *Κόλακος* ὑπομνήματι λέγει ὅτι σύνθετόν ἐστι τὸ *κατωκάρα*. ἐπιφέρει τὸ καραδοκεῖν. παρατίθεται δὲ ἐν ἄλλοις Δίφιλον ἔχοντα ἐν Ἐμπόρῳ "τὴν νύκτα ἐκείνην. δι' ἐκείνην διεκαρανομηκεῖν." cf. Mein. ad Diph. 4, 391. infra p. 111. de κατωκάρα v. Lobeckii path. el. 1, 589. p. 152 de Naevii et Plauti Colace F. Ritschl. parerg. I 99 sqq. Ribbeck. com. p. 9. l. 11 adde 'et Ihnium qu. Terent. p. 15 sqq.' fr. I 3 Cobetus mnem. IV 245 scripsit:

τρὶς μεστὸν ἐξέπιον. B. Ἀλεξάνδρου πλέον κτλ.

annot. l. 1 scr. p. 434 b. c. l. 2 ἀπὸ τῆς μέθης l. 7 cf. ad Alciphr. p. 139. p. 153, 11 v. add. 103. de ἐμπεριπατῶν ib. p. 124. fr. III 1 Cobetus mnem. IV 259: δίδου σὺ σπλάγχν', *ἀκολουθε*· Vs. 2 idem: σπονδή. φέρ' *οἶνον*,

Σωσία· Vs. 3 'quod Piersonus, inquit, pro *εὔχου* reposuit *ἔγχει* quamquam id in ea re satis tritum est, haud scio tamen an non poeta *ἐγχοῦ* dederit, quod facillime in *ΕΥΧΟΥ* potuit depravari.' p. 154 (4) vs. 2 repone ex Athenaeo:

καὶ Ναννάριον ἔσχηκας ὡραίαν σφόδρα.

eum versum alteri interlocutori tribuebat C. F. Hermann. p. 613. annot. l. 4 *Ἀντίκιρραν*: cf. Mein. vind. Strab. p. 144. fr. VI 1 cf. mon. 688. annot. l. 3 scr. 'Menandri nomen intellegendum et' fr. VII in min. ed. ita scriptum:

ἀλλ' οὐδὲ γεννητὴν δύναμ' εὑρεῖν οὐδένα
ὄντων τοσούτων, ἀλλ' ἀπείλημμαι μόνος.

v. annot. mai. ed. Vs. 1 *γεννητὴν* et vs. 2 *ἀλλ'* pro *καί* confirmant Darembergii codices: v. Schneidew. g. g. a. 1852 p. 430. *ὄντων* Luzacii est. Herwerden p. 122 *καὶ καταλέλειμμαι μόνος*. *Κωνειαζόμεναι*. p. 156 (2) *ἂν τὰ πράγματα* | *εἰδῇς* (pro *ἴδῃς*) *τὰ σαυτοῦ* Cobetus mnem. IV 272. Meinekius praef. Stob. I p. XXVII. annot. l. 9 scr. *μέμνηται ἐν ταῖς Κ.* *Κυβερνῆται*. fr. I 8 *μήτ' αὐτός* Stob. Teubn. Vs. 11 *τοῖσιν ἔργοις* pro *τοῖς ὁρῶσιν* requirebat Herwerd. p. 88. p. 157 fr. II 3 *ἀνθρώπου φύσιν* habet Stobaeus. Vs. 5 *τὴν θύραν* Plut. tranq. an. p. 158 (4) Cobetus mn. IV 272 'hoc tantum video, inquit, pro *πότε ἀξιοῦσι πέρας* rescribendum *τί ποθ' ἕξουσιν πέρας;* *quo tandem evadent?*'

Λευκαδία. Harpocrationis v. *Λευκάς* p. 119 22 verba: *διείλεκται δὲ περὶ τῆς ἀκτῆς ἀκριβέστερον Στράβων ἐν τῷ ι'* (p. 452) *τῶν Γεωγραφουμένων. ἐν μέσῳ δὲ καὶ τὸ Μενάνδρου δρᾶμα ἡ Λευκαδία*, haec igitur cum aliis quibusdam (p. 120 12) grammatico invito intrusa arbitrabatur Mein. vind. Strab. p. VIII. fr. I Meinekius ed. min. p. XX 'egregie, inquit, placet ingeniosa Wordsworthi ad Theocr. III 25 coniectura, *ῥῖψαι πέτρας* | *ἀπὸ τηλεφανοῦς ἅλμα κατ' εὐχὴν* | *σήν, δέσποτ' ἄναξ*, ut subdubitare liceat an non recte Bentleio auctore reliqua ab Hesychio servata Strabonianis iuncta sint. caeterum *ῥίπτειν* per se recte dici ostendit Arrianus Anab. II 4 7.' adde III 18 9. 'ad *ἅλμα ῥῖψαι* compares quod Euripides Phoen. 640 dixit *πέσημα δικεῖν.*' Mein. vind. Strab. p. 172. Cobetus V. L. 277 corrigebat: *ῥῖψαι πέτρας κατὰ* τηλεφανοῦς pro ἀπό. cf. Herwerd. p. 89. 125. v. Mein. Theocr. p. 272. in altero fr. εὐφημείσθω | τέμενος πέρι Λευκάδος ἀκτῆς scriptum vind. Strab. p. 172. v. infra 103. p. 159, 24 de Turpilii Leucadia dixit O. Ribbeckius in 'n. jahrb. f. philol.' LXIX p. 34 sqq. Com. lat. p. 84 sqq. l. 26 ser. 'p. 174' l. 27 *ferrent me* l. 31 cf. infra p. 103. p. 160 (4) cum Turpilianis fr. XV comparavit Ribbeck. fr. VII apud Choerob. (p. 357 21. 22) Ven. Cobeti cod. πάμφωνε tum ἐλκαδία pro Λευκαδίᾳ. illud Lobeckius ἐπτάφωνε scribebat Agl. 1039. Schneidewin. g. g. a. 1848 p. 1796 'warum sollen wir nicht glauben, inquit, dass Menander seiner Sappho (oder auch ihrem Phaon) den vers in den mund gelegt habe: πάμφων' οὐρεΐα χέλυς?'

p 161 Λοκροί. l. 8 v. Steph. I p. 55 3. 171 14. 387 2. Arcad. 16 24. Μέθης fr. I vs. 5 cum Porsono adv. p. 108 Mein. ed. pr. p. 108: Μενδαῖον, ἐγχέλεις, Θάσιον, τυρόν, μέλι, probavit Nauck. phil. VI 421. aliter Dobraeus adv. II 321. Vs. 6 sq. Cobetus mnem. IV 263: 'γίγνεται τὸ κατὰ λόγον, inquit, non eum praecedentibus coniungenda sunt, sed referenda ad ea, quae sequuntur: si iam maligne sacra facimus — et luxuriae instrumenta tam magno emimus γίγνεται τὸ κατὰ λόγον δραχμῶν μὲν ἀγαθὸν ἄξιον λαβεῖν δέκα ἡμᾶς κτέ.' Dobraeus l. c. allato Demosthenis loco pro Cor. 18 231: ἆρά σοι ψῆφοις ὅμοιος ὁ τῶν ἔργων λογισμὸς φαίνεται; ἢ δεῖν ἀντανελεῖν ταῦτα —; apud Menandrum vs. 9 τούτων δὲ πρὸς ταῦτ' ἀντανελεῖν τὴν ζημίαν scripsit probante Meinekio p. 162. τούτων, τοσαύτην δ' ἀνθελεῖν τὴν ζημίαν; Pflugk. sched. cr. p. 22. aliter C. F. Hermannus p. 613, qui et ipse ἀνθελεῖν reponebat. Vs. 11 Herwerden p. 89 ὧν ἂν θεός. p. 162, 9 ser. ἀγαθῶν PVL. fr. II Hirschig. p. 23 ἐμὲ γὰρ ἐπέτριψεν ὁ κτλ. Vs. 5 infra p. 103 et in min. ed. repositum τὰ τῆς θεοῦ quod habet Athenaeus. p. 163 Μηναγύρτου fr. II θηρικλείαν ed. min. cum Dindorfio. v. infra p. 103. p. 164 Μισογύνου fr. I 2 ser. ἐπαριστέρως Vs. 3 λυπήσαντά σε v. infra 103. Vs. 6 εὕροις δ' ἂν οὐδὲν —

ἀγαθόν, ὅτῳ τι μὴ πρόσεστι καὶ κακόν.

pro ὅπου τι Gesnerus apud Gaisf. Stob. 69 4, indicante Meinekio, nuper certatim Hirschig. annot. p. 23, Meinekius, Cobelus mnem. IV 272, Herwerden p. 122. Vs. 7 Meinekius:

γυνὴ πολυτελής ἐστ', ὀχληρός, οὐδ' ἐᾷ κτλ.

Vs. 8 ἀλλ' ἔνεστί τοι | ἀγαθὸν ἀπ' αὐτῆς in Stobaeo suo Mein. ἔν ἐστί τι cum A infra 104. p. 165 fr. IV ἐπιτρίβουσι δ' ἡμᾶς apud Strab. p. 167 (9) C. F. Hermannus n. rhen. mus. V 614: Γ. καὶ σὺ πόλλ'. Δ. ὅσῳ χρόνῳ | ὁρῶ σε. Cobetus mnem. IV 272 sq. χαῖρ', ὦ Γλυκέριον. Γ. καὶ σύ γε. Δ. πολλοστῷ χρόνῳ | ὁρῶ σε. de fr. X v. Mein. ad Leucon. 2, 750 (3). ad fr. XI cf. add. p. 104. Μισουμένος p. 168. l. 11 scr. quam amabat l. 18 v. anon. 4, 685 (330). fr. I l. 26 schol. Ambros. et Harl. p. 169 fr. III 2 ed. min. ὃν πώποτ' οὐδεὶς τῶν πολεμίων. est hoc fr. apud Arrian. IV 1 19. annot. l. 15 scr. στρατείας; p. 170 (5) propter Plutarchum ita scribebat Cobetus V. L. 152. mnem. IV 138:

παρ' ἐμοὶ γάρ ἐστιν ἔνδον, ἔξεστιν δέ μοι
καὶ βούλομαι τοῦθ', ὡς ἂν ἐμμανέστατα
ἐρῶν τις, οὐ ποιῶ δέ.

annot. l. 7 scr. καίπερ ἐν ἐξουσίᾳ ἔχων τὴν ἐρωμένην, διὰ τὸ μισεῖσθαι ἀπέχεται αὐτῆς. fr. VII cf. infra 104. p. 171 de Euclidis erotico v. Mein. in Ath. exerc. spec. II p. 27, ubi in verbis ad marg. huius pag. scriptis φιλίας παρασκευαστικὸν λέγων εἶναι τὸν ἔρωτα κτλ. tragica duo apud Hermiam fragm. v. in adesp. Nauckii p. 678. fr. IX l. 11 scr. 'Suid. s. v. ἀπαμφιέσαντες et gramm. Seg. p. 415 8.' adde infra p. 104.

p. 172 fr. X sic habet:

τί οὐ καθεύδεις; σύ μ' ἀποκναίεις περιπατῶν.

ita haec scribuntur apud gramm. Bk. et apud Suidam l. c. Vesparum scholion Aldinum est, ex Suida illatum. Choerobosci memoria ad Δύσκολον fabulam referenda teste Cobeti Veneto codice, cf. supra ad 4, 110 suppl. hinc ὦ δυστυχής a Μισουμένου fragmento aliena. fr. XII κλείς ἐστι κοὐ περιοιστέα fortasse verum esse videbatur min. ed. προσοιστέα pro περιοιστέα Bergkius. Cobetus ipsa verba ita describebat mnem. IV 128: Λακωνικὴ κλείς ἐστιν ὡς ἔοικέ μοι | περιοιστέα. p. 173 (13) ἀπεκτάγκασι formam attigit Cobetus mnem. IV 239. p. 174 Ναυκλήρου fr. I 2 *εἰς καλόν* ed. min. v. infra p. 104. annot. l. 12 scr. Eustath. 1773 30. l. 14 scr. 'Vulgo *κείνην* (*κεινὴν* L) *ναῦν καλλικλῆς ἐποίησε.*' p. 175 (3) *ὁ δὲ Πολυνείκης* ed. min. p. 176 *Ξενολόγου* fr. I 1 pro *ἐκτεθραμμένος* Hirschig. annot. p. 23 reponebat *εὖ τεθραμμένος* Vs. 2 in editione min. correctus est calami error *ἰδὼν* ita:

οὐκ ἐξ ὑπαρχόντων, ὁρῶν ᾐσχύνετο
τὸν πατέρα μίκρ' ἔχοντα· κτλ.

Vs. 4 Spengelius rhet. II p. VI: '*χάριτος* ante *καλὸν* addit Camerarius, malim post *εὐθύς.*' annot. l. 1 scr. *παρὰ τοῖς τοιούτοις* fr. II 3 *καθ' οὓς κρίνει πράγματα* apud Gaisf. p. 177 cf. infra p. 104. *Ὀλυνθίας* fr. II v. infra 104. Nauck. trag. fr. p. 565. 607. l. 3 scr. p. 770. p. 178 *Ὁμοπάτριοι.* fr. II *χρηστοῖς νομιζομένοις* cum Grotio apud Stob. edidit Mein. Cobetus mnem. IV 273: *χρηστοὺς νόμιζε μόνους κτλ.* 'forte *τρόπους*, inquit, excidit, ut *χρηστοὶ τρόποι* dicantur esse *ἐφόδιον ἀσφαλὲς εἰς πάντα καιρόν.*' comparat Men. 4, 209 (1). ad fr. III v. Bernhardy ad Suid. l. c. *Ὀργῆς* fr. I 8 corrige: *οὐ γὰρ οὖν τὴν γῆν μόνην* pro *μόνον.* p. 179, 5 scr. Porsonus ad Ar. Eq. 713. fr. III 1 'Graecum est *οὗτος ὄντως ἐσθ' ἑταῖρος*' Cobetus mn. IV 254, qui vs. 4 pro *τετάρτην* requirebat *τετράδα.* p. 180 (5) vulgo *οὐκ ἔστι μοιχοῦ πρᾶγμα* ** | *ἀτιμότερον· θανάτου γάρ ἐστιν ὤνιον.* ad annot. cf. Nauck. trag. fr. p. 535. fr. VII *οὐ μὰ τήν*: cf. ad Alciphr. p. 128. p. 181 *Παιδίον.* fr. I vs. 1 post Grotium apud Gaisf. Stob. 62 27 certatim restituebant Orelli ad Hor. Sat. II 7 2 et Nauck. 'zeitschr. f. d. alt.' 1855 p. 117 sq. allato Philone I p. 473: *θαυμάσιοι δὲ ἀρεταὶ ἥ τε εὐτολμία καὶ ἡ ἐν δέοντι παρρησία πρὸς τοὺς ἀμείνους, ὡς καὶ τὸ κωμικὸν ἀψευδῶς μᾶλλον ἢ κωμικῶς εἰρῆσθαι δοκεῖν* "*ἂν πάνθ' ὁ δοῦλος ἡσυχάζων μανθάνῃ, πονηρὸς ἔσται· μεταδίδου παρρησίας.*" hinc apud Stob. Mein. *ἂν πάντα δουλ. ὁ δ. μανθάνῃ,* Vs. 3 idem cum Iacobsio et aliis (accessit praeter Nauckium Cobetus mnem. IV 264) *βελτίον'* pro *βέλτιστον.* ad fr. II l. 1 scr. *ἀλεξητήρια* fr. III ita ex Alciphrone p. 123 supplevit nuper Meinekius:

ἀλύσιον
χρυσοῦν ἐπόρισας· εἴθε λιθοκόλλητον ἦν·
καλὸν ἦν ἂν οὕτως.

p. 182 (6) ἀπόστα cf. Nauck. Ar. Byz. p. 211. Παλλακῆς fr. III 2 Cobetus ita supplebat mn. IV 273: ἠγόρακά σοι περιστέρια *(ταδὶ) λέγων. Vs. 1 Herm. l. c. 614 tuetur μικρὸν ἐπέμεινας, προστρέχει κτλ. ad fr. IV l. 4 scr. 'Adv. I p. 620.'
p. 183 Παρακαταθήκης I, οὐχ ἑταίρων — ἀλλ' ἑταιρῶν, cf. Alciphr. p. 158. Men. ed. pr. 134. Vs. 3 τὴν προσαγόρευσιν: cf. Cobeti V. L. 38. fr. III supra etiam in Aristophonteis habuimus 3, 359, cf. suppl. p. CXCVIII. Cobeti coniecturam in Stobaeo suo secutus est Meinekius ita scribentis:

αἰσχρὸν γενέσθαι πτωχὸν εὐσθενῆ θ' ἅμα.

aliter olim add. p. 104. fr. IV 1 εὔπειστον Stob. Mein. fr. VI pro δεκατάλαντον iam ed. pr. δέκα τάλαντα Mein. dederat, nuper Bekkerus. v. Cobet. mn. IV 273. p. 184 fr. IX repone imperativum συνακολούθει μεθ' ἡμῶν. fr. X add. p. 104.
Περικειρομένη. p. 185 fr. I Περικειρόμενοι lemma est. pro οὕτω ms. τω. p. 186, 16 scr. ἀλλ' αἰχμαλώτου ἐρωμένης l. 28 scr. p. 57 35 . . . "ὁ δ' ἀλάστωρ ἐγώ | καὶ ζηλότυπος ἄνθρωπος." p. 187 Περινθία. ad imae paginae annot. adde Ihnii quaest. Terent. p. 5 sqq. primo fragmentorum loco nominandus erat Harpocratio p. 160: προστάτης. οἱ τῶν μετοίκων Ἀθήνησι προεστηκότες προστάται ἐκαλοῦντο· . . . Ὑπερίδης ἐν τῷ κατ' Ἀρισταγόρας. μέμνηται καὶ Μένανδρος ἐν ἀρχῇ τῆς Περινθίας. indicavit ad Hyperidis fr. 26 Sauppius. fr. I 4 Cobetus apud Hirschig. p. 23 et mnem. IV 264 pro τόν ποτε ἀβέλτερον reponebat: τὸν πρότερον ἀβέλτερον. fr. II vs. 1 vide in mon. 411. Vs. 2 de οἶκον pro ὄγκον corrigendo non assentiebatur Cobetus V. L. 195: 'sententia, inquit, fere eadem fuit olim in Soph. Aiace v. 648 . . . χὠ δεινὸς ὅρκος . . ubi assentior iis qui ὄγκος correxerunt.' Nauckio philol. VI 422 scribendum videbatur εἰς τὸν ἴσον ὄγμον (i. e. τὴν ἴσην τάξιν). fr. IV in min. ed. corr. annot. l. 3 ἁμαξῶν p. 188 (5) Ihnii (v. infra p. 104) coniectura improbatur ed. min. adde Cobet. mn. IV 301. fr. VII ὑπόξυλος: Photius 629 22, ὑπόξυλος· κίβδηλος· ὡς ὑπόχαλκος·

οὕτως Μένανδρος. cf. supra ad Aristoph. 2, 1222 (275) suppl. p. CLVII. p. 189 (8) cf. add. p. 104. Πλόκιον. fr. I scripturae auctoritates cognoscendae sunt praeter Spengelii Caecilium p. 87 ex M. Hertzii editione Gellii, Ribbeckii com. fr. p. 51 sq. Hauptii ind. schol. Berol. hib. 1855. 56 p. 3 sqq. Vs. 1:

ἐπ᾽ ἀμφότερα *νῦν *ἡπίκληρος ἡ κ*(αλή)

νῦν Scaliger. ἡπίκληρος ἡ καλή certatim restituerunt Ribbeckius et Hauptius. Vs. 6 Hauptius ex Vaticano libro haec elicuit: *ἡ τ᾽ εὔγνωστος *οὖσ᾽ ἐμὴ γυνή | δέσποινα. reliqua sic expediebat: καὶ τὴν ὄψιν ἣν ἐκτήσατο | ὄνος ἐν πιθήκοις τοῦτο δὴ τὸ λεγόμενον | ἔστιν. σιωπᾶν βούλομαι τὴν νύκτα τὴν | πολλῶν κακῶν ἀρχηγόν. Nauckius progr. p. 52 'certum est, inquit, nonnullos versus aliter ac vulgo fit digerendos esse. scribendum enim: τὴν νύκτα τὴν πολλῶν κακῶν | ἀρχηγόν. οἴμοι Κρωβύλην λαβεῖν ἐμέ | καὶ δέκα τάλαντΑΓΕΙΝΕΣΟΥΣΑΝΠΗΧΕΩΣ. hinc sagaciores critici genuinam lectionem fortasse indagabunt.' Ribbeckius p. 52 vs. 14 λαβεῖν ἔμ᾽, ἑκκαίδεκα τάλαντα ταλάντατον | γύναιον οὖσαν πήχεως. Vs. 15 παιδισκάριον θεραπευτικὸν δὲ καὶ λόγου codd. Vat. Vrbin. annot. l. 1 in min. ed. scr. II 23: p. 190, l. 2 'nihil dicam ego, quantum differat: versus utrimque eximi iussi et aliis ad iudicium faciundum exponi.' l. 9 sqq. annotavit Spengelius Caecil. p. 40 non Donati sed 'Calphurnii esse in illam fabulam commentarium. sed ne huius quidem esse adnotationem, inquit, inde apparet quod frustra in vet. libris invenies . . .; est igitur recentioris alicuius commentum, ex latina versione quae antiquis Gellii editionibus adhaeret, translata.' cf. Haupt. l. c. p. 4. l. 18 ἀποβλέπωσι et Κρωβύλης libri, v. ap. Haupt. p. 5. l. 19 Κρεωβύλης. ad vs. 6 cf. infra p. 104. l. 23 ad τοῦτο δὴ τὸ λεγόμενον cf. Spengel. p. 41. l. 26 ὄνος ἐν πιθήκοις: τὸ λεγόμενον Leutschii mant. prov. II p. 765. l. 31 cf. Spengel. p. 41: hinc infra εἶτ᾽ ἐστὶ τό | φρύαγμά πως ὑπόστατον; conieci, recepit Mein. ed. min. idem C. F. Hermann. p. 614. l. 33 cf. infra p. 104. fr. II (p. 191) annot. l. 10 scr. 'ex codd.' ut testatur Hertzius. idem fr. III (p. 192, 4) cum Vat. scripsit γυνὴ κυεῖ δέκα μῆνας; fr. IV 4. 5 Mein. Stob. μήτ' ἄν, ἀτυχήσας εἰς τὰ κοινὰ τοῦ βίου, | ἐπαμφιέσασθαι τοῦτο δύναται χρήμασιν. hodie mallt ἐπαμφιέσαι δύναιτο τοῦτο χρήμασιν Vs. 8 τῶν δ' ἀγαθῶν οὐδὲν μέρος· v. infra p. 105. p. 193, 2 pigra istaec omnia l. 4 quod acciderat l. 6 Vs. 1. 2 Galli codd. ὅστις ὢν πένης ἀνήρ | καὶ παιδοποιεῖ. l. 9 μηϲ αν ατειχηϲη Vat. ειμητοανατειχηϲη Vrbin. adde Speng. p.39. fr. V. cf. ad Philem. 4, 56 (69) suppl. p. 194 fr. VI 3 τῆς μερίδος ὢν τῆς οὐδαμοῦ τεταγμένης: 'τεταγμένος?' ed. min. ad annot. cf. add. p. 105. item ad fr. VII. fr. VIII annot. l. 4 scr. Themist. or. XXII p. 267. addit Nauckius Choric. p. 23: οὕτως ὁ παλαιὸς λόγος ἐστὶν ἀληθής, ὡς οὐδὲν ἄκρατόν ἐστι τῶν κακῶν, ἀεὶ δέ τι παραπέφυκεν ἀγαθόν. item Pseudo-Callisth. p. 13: πληροῦται τὸ ἐν τοῖς Ἕλλησι παροίμιον, ὅτι ἐγγὺς ἀγαθοῦ πέφυκε κακόν. fr. IX 2 μικρὸν τὸν τοῦ βίου καὶ στενὸν ζῶμεν χρόνον cod. A. 'videtur prosaici scriptoris locus esse.' Mein. p. 195, 1 scr. poetarum l. 3 'sed is Euripidis esse videtur versus.' Mein. ed. min. fr. X οὐκ ἔστιν εὑρεῖν βίον ἄλυπον οὐδενός. ita cum Orione ed. min. v. mon. 419. annot. l. 1 Euripidi: v. Nauck. trag. fr. p. 505. fr. XI scr. Anecd. Ox. IV p. 144 sq. (non 544 sq. ut ed. min.) annot. l. 5 de Euripide v. Nauck. trag. fr. p. 490 sq. fr. XIII scr. H. A. XII 10. Plocii fragmentis haec addere licet ex Darembergii et Gaisfordi copiis:

XIV

μεστὰς τρίχας φθειρῶν τε καὶ ῥύπου, διδοὺς
πιεῖν, ἀνηδαξᾶτ' ἄν, ὥστε μὴ πιεῖν.

schol. Hippocr. aphor. III 25 p. 205 Daremb. ἀδαξυσμοὶ ἢ ὀδαξυσμοί· ἔν τισι γὰρ τῶν ἀντιγράφων οὕτως εὕρομεν· εἰσὶ γὰρ κνησμοὶ μετ' ἐρεθισμοῦ, ὡς καὶ Μένανδρος ἐν Πλοκίῳ (Πλοκία cod.) φησίν· "τὸ μὴ τὰς τρίχας αἴρων καὶ τὸν ῥύπον διδοὺς | πιεῖν, ἀνεδέξατο ὥστε μὴ πιεῖν [U.]. pro ἀνεδέξατο Daremb. reponebat ἀνηδαξᾶτο. Dübnerus maiorem huius fragmenti partem ita legebat: . . . διὰ τὸν ῥύπον, διδοὺς | πιεῖν ἂν ἠδαξᾶτ', *(ἔμ') ὥστε μὴ πιεῖν, quae de domino illo intellegebat fr. VI memorato. Schneidew. g. g. a. 1852 p. 422: ὁ δὲ μεστὰς *(τὰς) τρίχας | ἐρίων ἔχων διὰ τὸν ῥύπον διδοὺς ἐμοί | πιεῖν ἂν ἡδαξᾶτ' ἄν, ὥστ' ἐμὲ μὴ πιεῖν. in principio τρίχας σαίρων, capillos verrens seu purgans, Eggerus; αἰρῶν, lolii, voluit Daremb. denique Goettling. ind. schol. hib. 1853. 54 p. 6: τῷ τὰς τρίχας μὴ ὁρῶντι τὸν ῥύπον διδούς | πιεῖν, ἀνηδαξᾶθ' ὅς, ὥστε μὴ πιεῖν. comparabat Aristophanis fr. 2, 1029 (10). hisce criticorum curis adiutus scripsi hos versus, ut supra proposui. cf. Aristophontis fr. 3, 363 (4. 5): εὐχερῆ θεὸν λέγεις, | εἰ τοῖς ῥύπου μεστοῖσιν ἥδεται ξυνών. || φθεῖρας δὲ καὶ τρίβωνα τήν τ' ἀλουσίαν | οὐδεὶς ἂν ὑπομείνειε τῶν νεωτέρων.

XV

schol. Hephaest. cod. S p. 29 Gaisf. ed. 1855. εὑρέθησαν πολλὰ μέτρα εἰς μέρη λέξεως ἀπαρτίζοντα καὶ ἀπὸ τοῦ ἄλλου μέρους τῆς λέξεως ἀρχόμενα· καὶ φέρει μὲν ὁ τεχνικός τινα παραδείγματα. εἰσὶ δὲ καὶ ἄλλα πολλά, οἷον παρὰ Καλλιμάχῳ ἐν Ἐπιγράμμασιν [Anth. Pal. XII 73] "ἥμισύ μοι ψυχῆς ἐπὶ [ἔτι] τὸ πνέον, ἥμισυ δ' οὐκ οἶδ' | εἴτ' Ἔρος εἴτ' Ἀίδης ἥρπασεν ἐκ μετώπων." ('an ἐκ μελέων?' Gaisf.) καὶ Μένανδρος ἐν Πλοκίῳ. "λεπτὸν μεθ' ἑτέρας ἱστὸν ὑφαίνει." καὶ ἐξαιρέτως παρὰ Σοφοκλεῖ· (Oed. T. 332) "ἔγωγ' οὔτ' ἐμ' αὐτὸν οὔτε σ' ἀλγυνῶ· τί ταῦτ' | ἄλλως ἐλέγχεις· οὐ γὰρ ἂν πύθοιό μου." ὥστε καλεῖσθαι τὸ εἶδος Σοφόκλειον καὶ ἐπισυναλοιφὴ διὰ τὸ ἐπισυνάπτεσθαι τὸ σύμφωνον τῷ ἑξῆς ἰάμβῳ ἤτοι τῷ στίχῳ. Menandreum ἀποσπασμάτιον ad anapaesticos numeros revocare quum suas habeat difficultates, Meinekius ita scribere malit:

λεπτὸν μεθ' ἑτέρας ἱστὸν ὕφαιν', εἰ . .

ut in fine huius trimetri excidisse videatur illud ipsum quod ἐπισυναλοιφῆς exemplum esset. Προγάμων fr. Hirschigius p. 24 τυφλόν τι καὶ δύστηνόν ἐστιν ἡ τύχη scribebat comparato fr. 4, 289 (248). Herwerd. p. 123: τυφλόν γε κἀνόητον κτλ. τυφλὸν δὲ καὶ δύστηνον ἀνθρώποις τύχη mon. 718. cf. Stob. 98 11: τυφλόν γε καὶ δύστηνον ἀνθρώπου βίος.

annot. l. 1 scr. Stobaeus . . . p. 212. l. 4 προτέλεια καὶ προγάμια p. 196 Προεγκαλῶν. fr. I ἀσφαλέστατον | δούλῳ ποιεῖν cum Grotio et Gaisf. Mein. Stob. Πωλουμένων fr. I 1 Cobetus mnem. IV 273: οἴμοι τάλας. ἕστηκας κτλ. 'tragicorum, inquit, est ὦ τάλας dicere: comici ὦ τάλαν mulieres inducunt dicentes aut inter se aut ad viros.' fr. II 2 propter Calliae 2, 740 (1) ita supplebat Herwerd. p. 91: καὶ συμμανῆναι δ' ἔνια δεῖ *(μεμηνόσιν). ad annot. adde infra p. 105. p. 197. 198 Ῥαπιζομένης fr. I Badhamo in phil. X 340 Menandri duo fragmenta in unum conflata videbantur:

ὁ μὴ δεχόμενος τῶν θεῶν τὸ σύμφορον
αὐτῷ διδόντων, ἕνεκα τοῦ ζῆν βούλεται;

'et si recte, inquit, memini,

τὸ δ' ἀτυχεῖν τιν' ἢ τὸ μὴ
θεὸς δίδωσιν, οὐ τρόπου 'σθ' ἁμαρτία.'

annot. l. 1 scr. 'Ecl. eth. II 7 (8) p. 340.' item ad fr. II 'Ecl. eth. II 7 (8) p. 338.' fr. III hodie ad trochaicos numeros revocatum:

ἔρχεται τἀληθὲς εἰς φῶς ἐνίοτ' οὐ ζητούμενον.

fr. IV πᾶσι πλείστων αἰτία | ἡ σύνεσις prae Orionis lectione ἀξία (v. infra p. 105 et ed. min.) unice probavit Cobetus mn. IV 264. fr. V τοὐμὸν θυγάτριον, πάνυ γὰρ κτλ. Vs. 2 Cobetus l. c. 132 ita supplebat comparato Ar. Thesm. 1211:

πρᾶον φιλάνθρωπόν τε παιδάριον σφόδρα.

p. 199 fr. VII adde Etym. V[a] Gaisf. 266: ἀνέσπακε: — ἔστι δὲ καὶ ἀντὶ τοῦ εἴληφεν· οἷον, "πόθεν γάρ, ὦ θεοί, τούτους ἀνεσπάκασι τοὺς λόγους." fr. VIII annot. l. 1 scr. οὐδενὸς ἄξιον. caeterum cf. Bernhardy ad Suid. Σικυώνιος. p. 200, 3 a f. scr. ὅτε μέλλει γαμεῖν p. 201 (3) vs. 2 ταύτῃ omnes codices. annot. l. 4 ἐλευθέρᾳ. ad fr. V l. 4 scr. Diogenian. V 89. fr. VII l. 7 cf. Nauck. Ar. Byz. p. 175 sqq.

p. 202, 7 v. Alciphr. p. 38. 120. Στρατιῶται. fr. II vs. 1 οὐδεὶς ξύνοιδεν-ὅσον (pro πόσον) | ἁμαρτάνει τὸ μέγεθος Mein. nuper scribendum proposuit ad Stob. I p. XII. Συναριστῶσαι. p. 203 (2) verba ἀλλ' ἡ βάρβαρος κτλ. alteri interlocutori dabat Cobetus mnem. IV 120. fr. III annot. l. 2 φιλοφροσύνην Suid. φιλοφρόνησιν gramm. Bk. p. 204 (8) scr. pridie commanducatum (semen). caeterum v. infra p. 105. ex Caecilii inc. p. 65 (15) affinia Ribbeck. p. 58 arbitrabatur iis quae apud Menandrum sunt fr. IV: Ἔρως δὲ τῶν θεῶν κτλ. cf. intpp. Cic. Tusc. IV 68. Spengel. p. 56. Nauck. Eurip.

fr. p. 348 (271). p. 205 *Τιτθῆς* fr. I C. F. Hermannus p. 614 ἤδη τις ὑμῶν κτλ. fr. II 3 σκέψῃ σὺ περί του, δυστυχὴς ὅταν τύχῃ; apud Stob. Flor. relictum. Vs. 5 τοὐναντίον ita B m. s. et Ecl. phys. p. 200. τἀναντία ap. Stob. editum. *Τροφωνίου* fr. I 1 ξένου τὸ δεῖπνόν ἐστιν ὑποδοχή cum Dobraeo ed. min. annot. l. 5 scr. ed. mai. p. 179 sq. l. 17 cf. Lob. Phryn. p. 73. p. 207 *Ὑδρίας* fr. I 4 Hirschigius p. 24 ante ἐκ articulum requirebat, h. e. οὐκ τῶν ὄχλων δὲ ζῆλος, quod verum videtur. annot. l. 1 'ad ἐρημία om. τρόπους' p. 208 fr. II 1 τῶν θ' αὐτοῦ cum AB ed. min. τῶν αὐτοῦ ed. Stob. fr. III annot. l. 6 ἀνορωρυγμένην fr. V in ed. min. post οἱ Θρᾷκες Λιβύτρωες indicata est lacuna. Cobetus mnem. IV 119 ita scripsit:

οἱ Θρᾷκες, Λίβυ,
Τρῶες καλοῦνται. πάντα νῦν ἤδη 'σθ' ὁμοῦ.

'Λίβυς, inquit, servile nomen est, ut Θρᾷξ, Σύρος, Σύρα, Συρίσκος, Δᾶος, Τίβιος, Λυδός, Καρίων, Γέτας, alia.' p. 209 *Ὑμνίδος* fr. I 1 hodie scribere malit Meinekius:

νὴ τὴν Ἀθηνᾶν, μακάριόν τι χρηστότης

Vs. 5 repone πρὸς τοῦτ' ἂν εἴποι τ. p. 105. annot. l. 1 scr. Μενάνδρου ad vs. 7 cf. Spengel. Caecil. p. 8 sq. p. 210 (4) vs. 2 cf. Bernhardy synt. l. gr. p. 274. nescio an scribi possit: εὕρηκε πρότερον ἢ σὲ τὸν ἐμὲ τουτονί. fr. V adde Antiatt. p. 81 18. fr. VI scr. Etym. Gud. 321 28. l. 4 cod. Bar. cf. Cram. Anecd. Ox. II p. 454 21. Et. Sorb. Gaisf. 1464 G, ubi Μένανδρος ἐν Ὕμνισι. p. 211 *Ὑποβολιμαῖος*. fr. I annot. l. 3 codd. πέμποντας ἐμοσχίων. fr. II 8. 9 hodie Mein. πανήγυριν νόμισόν τιν' εἶναι τὸν χρόνον, | ὅν φημι, τοῦτον, τὴν ἐπιδημίαν ἄνω. p. 212 vs. 13 idem ὁ προσδιατρίβων δὲ κοπιάσας ἀπελύθη. Vs. 15 ed. min. ηὗρ', annot. l. 7 cf. Bernh. infra p. 105, ed. II p. 35. l. 13 Vind. τ ἐπιδημίαν ἄνω l. 14 idem πρῶτος ἀπίῃς infra p. 105 ἂν πρῶτον ἀπίῃς καταλύσεις recte habere videbatur. Prellerus philol. III 522: ἂν πρῷος ἀπίῃς et vs. 9 Εὔφημε pro ὅν φημι, Nauck. Ὀνήσιμε, l. 19 ηὗρ': cf. Vind. p. 213 (3, 9) haec a prioribus separat A, secutus est Gaisf. p. 214 (7) apud Stob. ἐν παντὶ καιρῷ· relictum. p. 215 (9) μετὰ μαρτύρων ἀτυχεῖν, παρὸν λεληθότα proponebat

bat Nauck. fr. X ἔσθ' ἡ τύχη mon. 660. fr. XI annot. l. 4 scr. 415 e. fr. XII Hirschigius p. 24 ita corrigebat:

ὡς μηδὲν ἀποκρινουμένου δ' οὕτω λάλει.

cf. Cobet. mn. IV 242. ad fr. XIII cf. Poll. II 78: ἤδη δέ τινες τῶν κωμικῶν τὸ ἐπὶ κέρδει ἐξαπατᾶν ἀπομύττειν εἶπον. Spengel. Caecil. p. 17. Mein. ad Alciphr. p. 141. p. 216 (15) de Caecilio v. Ribbeck. p. 39 sqq. p. 42. p. 217 *Φανίου* fr. I annot. cf. add. p. 105. de fr. III cf. Bergk. Lyr. II 333, qui Euripidi haec vindicabat et ὁποῖα pro οἷα scripsit. adde Nauckii trag. fr. p. 645. Orionis locum VIII 11 1, quem ad hanc fabulam referebat Schneidewinus p. 92, v. ap. Nauck. trag. adesp. p. 692. p. 218 *Φάσμα*. fr. I καθάρειος Cobetus Orat. p. 126. mnem. IV 262. p. 219 *Φιλάδελφοι*. v. infra p. 105 (Ritschl. parerg. I 274 sqq.) fr. I Ritschl. p. 277 ἤδη δ' ἐπιχύσεις proponebat pro ἐπίχυσις. in min. ed. corr. λαβρώνιοι, annot. l. 5 παράστηθι ἐνθάδε. p. 220 fr. V ὡς ἡδὺ τὸ ζῆν, εἰ μεθ' ὧν *κρίνῃ τις ἄν. Cobetus mnem. IV 270: 'nugae hae sunt, inquit, quibus nos olim sciolus ludificatur. supererat: ὡς ἡδὺ τὸ ζῆν ***, quae Graeculus supplevit. bonum factum quod ipsa Menandri verba aliunde nobis innotuerunt: ὡς ἡδὺ τὸ ζῆν ἄν τις ὡς δεῖ ζῆν μάθῃ [anon. 4, 599 sq.]. quae iterum ineple depravata sunt in gnom. monost. 756: ὡς ἡδὺς ὁ βίος ἄν τις αὐτὸν μὴ μάθῃ.' v. ad mon. 756 suppl. *Χαλκεῖα*. fr. I l. 2 scr. Χαλκείοις Caecilii Chalcia v. Ribb. p. 32. cum huius fr. II comparaverim Men. inc. 4, 280 (208ᵇ). p. 221 *Χῆρας* fr. I Nauckius 'hall. allg. l. z. intell.' 1847 p. 497 omisso φασί ita scribebat: τὸ λεγόμενον τοῦτ' ἔστι νῦν, τἄνω κάτω | τὰ κάτω δ' ἄνω. Meinekius in mai. ed.: τὸ λεγόμενον | τοῦτ' ἔστι νῦν τἄνω κάτω, τὰ κάτω δ' ἄνω, probatum nuper Cobeto mn. IV 128. p. 222 (4) l. 2 corr. τὴν σεαυτῆς θυγατέρα ad *Χῆρας* fab. fragmenta in ed. min. accessit:

V (4, 876)

schol. Plat. Axiochi p. 967 31 Turic. δὶς παῖδες οἱ γέροντες] . . . μέμνηται δὲ αὐτῆς Κρατῖνος ἐν Δηλιάσι . . καὶ Πλάτων ἐν Νόμων α' "οὐ μόνον ἄρα, ὡς ἔοικεν, ὁ γέρων δὶς παῖς γίγνεται ἀλλὰ καὶ ὁ μεθυσθείς" (p. 646ᵃ) καὶ

Μένανδρος Χήρᾳ καὶ Ἀριστοφάνης Νεφέλαις α' (Nub. 1417). Fritzsche de retract. fab. IV p. 7. p. 223 Pseudoherculis fr. I 16 in ordinem recepta Porsoni emendatio *δειπνεῖ μελίπηκτα τὰς κίχλας.* p. 224 (3) vs. 1 *δυεῖν* Bernhardy cum ABD. *τοῖν ἀδελφαῖν τοῖν δυοῖν | τούτοιν*: v. Cobet. V. L. 70. annot. l. 5 apud Eustathium: *τρέφει παλλακή τις τοῦ πατρὸς αὐτάς, ἅβρα τῆς μητρὸς αὐτῶν γενομένη.* fr. IV 3 *ἕκτην ἐπὶ δέκα | βοηδρομιῶνος ἐνδελεχῶς ἄξεις ἀεί*, Cobetus mnem. IV 109. p. 225 (6) repositum in min. ed. *οὐκ ἐπείρα Νάννιον;* l. 11 octavo loco in min. ed. est Plutarchi memoria, ubi *χαῦνόν τι πλάσμα καὶ διάκενον* ut Menandrea scripta sunt. cf. Herwerd. p. 91. attigit haec nuper Hauptius ind. schol. Berol. hib. 1855. 56 p. 6, referens ad hanc fab. inc. fr. 4, 296 (297) ita emendatum:

ἐλεύθερόν τι τολμήσει ποιεῖν,
θηρᾶν λέοντας, ῥόπαλα βαστάζειν.

v. ad 4, 296 suppl. *Ψοφοδεής.* cf. infra p. 105. ad I l. 7 scr. Harpocrat. p. 70 13. fr. II l. 1 *ἡ δ' ὅλη παροιμία*: v. Leutsch. philol. III 567. p. 226 fr. III ex Harpocratione p. 144 23 sua derivarunt Photius et Suidas. *ψοφοδεεῖ* Valesius, *ψηφώσεσιν* A, *ψηφώδεσσι* C, *ψηφώδεσιν* B Harpocrationis. apud Herodianum *μον. λ.* 42 11: *νοῦθος κύριον· ψόφος ἐν οὔδει· Ἡσίοδος ἐν τρίτῳ κτλ.* Schneidewinus, v. infra p. 106. ed. min. fr. 514, *Ψοφοδεεῖ* agnoscere videbatur, Lehrsius Herod. p. 147 reposuit: *Νοῦθος κύριον, καὶ ψόφος, ἣν οἶδεν Ἡσίοδος κτλ.*

Menandri incertarum fabularum fragmenta. fr. I duorum versuum est in min. ed. in his *χρὴ μὴ γαμεῖν γάρ* Nauckius scribebat, qui sequentes sedecim versus cum Piersono al. inter tragicorum adespota recepit p. 722 sq. cf. philol. VI 395. Vs. 3 (1) *δεῖ πυνθάνεσθαι γάρ σε νῦν χἠμᾶς σέθεν* Nauckius. Vs. 6. 7 Cobetus mn. IV 142 ita corrigebat: *ἐρᾷ γὰρ ἥτις τῆς θύραθεν ἡδονῆς | ἐν ἀφθόνοισι τοῖσδ' ἀναστρωφωμένη ... ἀπήλλακται κακῶν.* Vs. 11 (9) *ὅστις δὲ μοχλοῖς καὶ διασφραγίσμασι* cum A Mein. *διασφαλίσμασι* Nauck. Vs. 18 *ἀχρεῖος* infra correctum p. 106. p. 227 fr. II 2. 3 Hirschigius p. 24 legere malebat: *ἀφ' ᾧ τε διὰ τέλους |*

πράττειν ἃ βούλει καὶ διευτυχεῖν ἀεί κτἑ. Vs. 12 ed. min. *οὐθὲν* Vs. 15 est *ὅταν πέσῃ δέ*, non *φύσει, μεγίστοις κτλ.* (hinc corr. p. 228, 8. 10. 12 'Vs. 14 pro' 'Vs. 17 vulgo' 'Vs. 18 pro *δή*'). Vs. 18 *καὶ τὸ νῦν λυποῦν φέρε* Grotius, v. ed. pr. p. 189. *καὶ τὸ λυποῦν δὴ φέρε* Cobet. mn. IV 265. fr. III (p. 228) vs. 2 pro *ὡς ὠνήμεθα* cum Hirschigio p. 25 et Cobeto V. L. 158 in Stobaeo suo scripsit Meinekius:

γαμεῖν ἔδει | ἅπαντας, ὦ Ζεῦ σῶτερ, ὡς ὠνούμεθα.

h. e. 'ut in emendo solemus, id est non unde sit sed quale sit spectare potissimum' interprete Cobeto. Vs. 4 *τηθὴ* ap. Stob. Mein. *τιθὴ* A et Vind. Vs. 7 C. F. Hermannus p. 612 et Hirschig. l. c. *οὐδ'* (pro *ἀλλ'*) *ἐπὶ τράπεζαν μὲν φέρειν τὴν προῖχ'*, quod horum versuum sententiae adversari puto. Vs. 11 Cobetus mnem. IV 274 'vitiosum est, inquit, *δοκιμάσασθαι*, nam *δοκιμάζειν* Graecum est, non *δοκιμάζεσθαι*: facili negotio vitium sic tolles ut rescribas:

μὴ δοκιμάσαντα μηδὲν ἀλλ' εἰκῇ λαβεῖν'

quod secutus est Mein. Stob. Vs. 14 sq. *οἱ βουλόμενοι ταύτην λαβεῖν | ἀθρεῖτε* pro *λαλεῖτε* scribebat Herw. p. 92. alterum si verum esset 'requireretur, inquit, saltem *προσκοπεῖσθε δὲ πηλίκον κτἑ.*' Mein. Stob. *λαλεῖτε, προσκοπεῖσθε δ' ἡλίκον κακόν | λήψεσθ' κτλ.* annot. l. 9 scr. LXXXIX. fr. IV (p. 229) vs. 1 *εἰ φιλεῖς τί με* pro *εἰ φιλεῖς ἐμέ* Herwerden p. 92. Mein. Stob. 86 6. Vs. 8 cum Salmasio et Grotio *οἳ μὴ λέγειν δ' ἔχουσι τούτους* pro *εἰ μὴ κτλ.* Mein. qui vs. 10 pro *τί τῶν λεγόντων* scribere malit *τῶν ἐχόντων εἰσὶ δυσγενέστεροι;* p. 230 fr. V vs. 5 *τούτῳ* '(*δὲ*) *κακὸν δι' αὑτὸν οὐδὲν γίνεται* Cobetus requirebat mnem. IV 266. Vs. 6 idem retinebat *αὑτῷ* et sic ap. Stob. Mein. *ἃ δ' ἡ φύσις δέδωκεν αὑτῷ ταῦτ' ἔχει.* Vs. 12 *νόμοι*: cf. Philem. 4, 36 (8, 8).

p. 231 (6) vs. 5 sqq. *γυναῖκας ἔπλασεν, ὦ π. θεοί, | ἔθνος μιαρόν. γαμεῖ τις ἀνθρώπων, γαμεῖ; | λάθριοι τὸ λοιπὸν ἄρ' ἐπιθυμίαι κακαί*: ita ed. min. ubi haec annotata: 'Vs. 6 Bothius *ἔθνος μιαρὸν γάρ· εἴ τις ἀνθρώπων γαμεῖ.* malim *ἔθνος μιαρόν· εἰ γάρ τις ἀνθρώπων γαμεῖ.*' caeterum v. infra p. 106. ad vs. 9 in min. ed. scr. *εἶτ' ἐπιβουλαί*, recte ed. mai. utrobique adde '*νόσων* Grotius, *νόσοι* libri.' fr. VII 2 Spengelio rhet. III p. IV pro *εὑρεῖν* etiam *εἰπεῖν* scribi posse videbatur. v. Porsoni adv. p. 294. Vs. 4 *στρόβιλος ἐν *ὅσῳ συστρέφεται, προσέρχεται, | *προσέβαλεν . . . αἰὼν γίνεται.* ed. min. cum Porsono advers. l. c. misc. p. 253 sq. Spengelius pro *ἐν ᾧ* proponebat *ὃς ἐν ᾧ κτλ.* fr. VIII (p. 232) vs. 6 cum Kramero apud Strabonem *δώδεκά τ' ἢ πλείους τινάς* edidit Mein. p. 233, 3 de Thracum *ἀκολασίᾳ* cf. Steph. Byz. I 344 15: *καὶ συμφωνεῖ καὶ ἡ τοῦ γάμου ἐλπὶς τῶν Θρᾳκῶν ἀκολασίᾳ,* ubi Mein. annotavit, 'quem Stephanus secutus est', scholiastam Il. *N* 363: *Κάβησα δὲ πόλις Ἑλλησποντίς, ἡ νῦν Κάβασα. οἱ δὲ Θρᾴκης, καὶ συνᾴδει ἡ ἀκολασία τοῦ γάμου.* ad fr. IX l. 2 *ὡς* Mein. in 'monatsber. d. k. pr. akad.' 1852 p. 584 *τοπικῶς* dici intellegebat. l. 6 scr. 'fortasse *αὐτοῖς* pro *αὐτῶν*' fr. X 4 *χρησίμους εἶναι θεούς | τἀργύριον ἡμῖν καὶ τὸ χρυσίον *(μόνους)* Cobetus supplebat mnem. IV 266. Vs. 6 (p. 234) *εὔξαι τ' εἰ* Vind. h. e. *εὖξαι τί,* ac nescio an *τί βούλει;* servari possit, modo interrogatio per se posita intellegatur: *εὖξαι· τί βούλει; πάντα σοι γενήσεται,* 'opta, quid tandem? (quid vis tibi? quidvis) omnia iam suppetent.' cf. Varr. sat. LIII 8: 'et Diogenes *ὁ κυνικός,* qui ab Alexandro rege iussus optare quid vellet se facturum'. non dissimilis certe, etsi non idem, aliis in locis illius *τί βούλει;* est usus, velut his: Antiph. 3, 57 (1): *ὁ δὲ καλὸς πῖλος καλός | ψυκτήρ· τί βούλει; πάντ', Ἀμαλθείας κέρας.* Eubul. 3, 254 (1, 9) *δασύς, | λεῖος· τί βούλει; πνευμάτων πολλῶν φύλαξ.* de interposita interrogatione cf. Philem. 4, 14 (2) "*χαῖρε πάππα φίλτατε*" | *εἴπας, τί ἐποίει; τὸν πατέρα κατήσθιεν,* ubi non posuerim alterius personae notam. Eubul. 3, 261 (2, 13) *χρηστὴ - τίς ἦν μέντοι; τίς; κτλ.* ubi v. quae annotata sunt. Bernhardy syntax. p. 443. cf. Cobet. mnem. V 91. de *τίς* pro *ὅστις* usurpato v. Mein. anthol. del. 94 (Lachmann. N. T. vol. I p. XLIII). Nauck. philol. IX 177. Vs. 8 Mein. *φίλοι, βοηθοί* (pro *δικασταί*), *μάρτυρες.* comparat Philem. 4, 20 (1, 5). fr. XI vs. 2 *πᾶν ἂν γένοιτο* et vs. 4 *τὸ σῶμ' ὑγιαίνειν* apud Stobaeum Mein. p. 235, 6 scr. *οὐδὲ καθεύδειν δυναμένους, ἀλλ' ἐκπηδῶντας τοῦ ὕπνου, καὶ τοῦτ' ἂν εἴη* *κτλ.* fr. XII 3 in praef. Stob. II p. VII *πάντα τὰ λυμανούμεν'* scribendum proponebat Mein. vel cum Dobraeo (adv. II 281) *πᾶν τὸ λυμαινόμενον.* idem Dobraeus altero loco *πάντα τὸ λυμαινόμενον* malebat. aliter Herwerd. p. 92. fr. XIII 1 *τοῖς εἰρημένοις* | *-κακῶς* notavit Cobetus mnem. IV 239. p. 236. Vs. 4 non probavit nuper Meinekius Porsonum *δεῖ* pro *καὶ* initio versus scribentem. 'excidit, inquit, potius post *γελώμενον* huius sententiae versus:

παραμύθιον μέγ' ἐστὶ τῷ λυπουμένῳ·

fr. XIV 1 cum Vindob. et B codd. apud Stobaeum flor. LXIII 34 *τίνι δεδούλωνται ποτε;* Mein. idem vs. 8 cum Dorvillio (V. Crit. 246. v. Men. ed. pr. p. 200) *ὁ πληγεὶς δ' ἔνδοθεν τιτρ.* scripsit. hodie *αὐτόθεν* praeferendum putat, h. e. 'sua sponte, ohne äussern anlass.' cum *ἔνδοθεν* Cobetus mn. IV 267 conferebat fr. XII 3. annot. l. 3 ita apud Stob. scripsit Mein. *ἄξιον γὰρ εἶναι θ. φήσας* (hoc cum Iacobsio) *τὸ περὶ τοὺς ἐρῶντας, ὥσπερ ἐστὶν ἅμα λαλεῖ·* 'h. e., inquit II p. XXXIII, simul quomodo id se habeat dicit; nil mutandum.' p. 237 fr. XV 1 in tradita lectione *ἀδικοῦντα μὲν ὡς* 'latet potius *ἀδικοῦντ' (ἐπι)μελῶς* vel simile quid; *ἀσμένως* non recte dictum.' Mein. Stob. II p. XI. fr. XVI *μεναῦ* [δ] Ven. Cobeti. idem vs. 1 *νουνεχῶς.* fr. XVII 3 in pr. Men. ed. *καὶ παραινέσας πέπωκεν* proponebat Mein. Herwerd. p. 93: *καὶ παραινεῖ τοῖσι παισίν.* p. 238 (18) annot. l. 2 scr. *Ἅπαντι* k 11 *δαίμων ἀνδρὶ παρίσταται* (al. *συμπαρίσταται*) *εὐθὺς γινομένῳ* schol. Theocr. fr. XIX Nauckius philol. V p. 555 om. auctoris nomine apud Boissonadum anecd. I p. 126 annotavit ita legi: *ἄνθρωπος ὢν μηδέποτε ἀλυπίαν αἴτει παρὰ θεοῦ, ἀλλὰ μακροθυμεῖν χρή. ἐπὰν δὲ ἄλυπος διὰ τέλους εἶναι θέλῃς, ἢ γάρ σε θεὸν εἶναι δεῖ, ἢ τάχα νεκρόν.* hinc vs. 2. 3. 4 hoc modo scribebat Nauckius:

αἴτει παρὰ θεῶν, ἀλλὰ μακροθυμεῖν σε χρή.
ἐὰν δ' ἄλυπος διὰ τέλους εἶναι θέλῃς,
ἢ δεῖ θεόν σ' εἶναι γὰρ ἢ τάχα δὴ νεκρόν.

quid si quinque hi versus hoc ordine procedant? *ἄνθρωπος ὢν μηδέποτε τὴν ἀλυπίαν* | *αἴτει παρὰ θεῶν, ἀλλὰ μακροθυμεῖν σε χρή.* | *παρηγόρει δὲ* (vel *παρηγορεῖν τε*) *τὰ κακὰ* δι' ἑτέρων κακῶν. | ἢ δεῖ θεόν σ' εἶναι γὰρ ἢ τάχα δὴ νεκρόν, | ἐὰν ἄλυπος διὰ τέλους εἶναι θέλῃς. Vs. 4 Bernhardy encycl. 157: ἢ τἄρα δεῖ σ' εἶναί τινα θεὸν ἢ νεκρόν. p. 239 (20) vs. 1 Herwerd. p. 93: ὅταν τις ἡμῶν μὲν ἀμέριμνον ἔχῃ βίον, p. 240 (22) cf. Cobet. mn. IV 140. fr. XXIII 1 est in mon. 326. Vs. 3 λέγουσι δ' αὐτὸν οἱ πάλαι σοφώτατα Herwerd. l. c. pro σοφώτατοι. ad annot. cf. infra p. 106. p. 241 (24) vs. 3 οὐ (pro οὗ) περιττὸν κτλ. Grotius, 'quo factum est ut totum locum per interrogationem efferret.' Mein. ed. pr. p. 206. eandem rationem secutus est Cobetus V. L. 380. mnem. IV 274 πάτερ; οὐ περιττὸν-φίλου σκιάν; 'nonne quaerimus-? nonne quisque putat-?' p. 241 (25) vs. 3 'supplendum est τὸν εὖ φρονοῦντα. differunt enim φρονεῖν et εὖ φρονεῖν-. illud est ratione praeditum esse, hoc sapere.' Cobetus l. c. idem ib. p. 271 fr. XXVII[a] vs. 2 ita transponendo sanabat: χάριν κομιεῖσθαι παρὰ γυναικός; occupavit Bothius cens. p. 84. p. 242 fr. XXVIII Philemonis est: v. supra p. CCXXXIX. fr. XXX 1 καὶ τοῦτο a poetae verbis separata sunt in min. ed. Vs. 2 τὴν ἐμὴν συνοικίαν in ordinem receptum, item vs. 3 παρέλειπον. Vs. 4 cum Bothio παρ' αὐτῶν scriptum pro αὐτῷ. Herwerden p. 94: ἐγώ, τὸ σώζειν *(τοὺς θεοὺς) τὴν οἰκίαν, | ἀλλὰ παρέχειν τῶν οἰκετῶν εἶναι στάσιν | ἔνδον παρ' αὐτῷ κτλ. p. 244, 2 ἀκολουθεῖν cf. vol. IV p. 533. adde infra p. 106. l. 4 scr. Epist. I 8 4. fr. XXXIV 3 affert Stob. ecl. eth. II p. 262: καὶ τὸ τῆς ψυχῆς κάλλος εἴη ἂν δι' αὐτὸ αἱρετόν, κάλλος δὲ ψυχῆς ἐστιν ἡ δικαιοσύνη, τὸ γὰρ μηδὲν ἀδικεῖν καὶ καλοὺς ἡμᾶς ποιεῖ. annot. l. 1 scr. Hypot. l. 8 de Stobaeo IX 20 idem iudicavit Cobetus mnem. IV 269. cf. Mein. praef. I p. XIX sq. fr. XXXV 3 scr. ᾑρούμεθα; p. 245 (36) Παμφίλῃ et apud Cyrillum et apud Palladium legitur. cf. Porson. adv. 291. Dobr. l. c. fr. XXXVII Κόλακος esse fabulae suspicabatur Cobetus V. L. 317, qui 'narrat haec, inquit, ipse κόλαξ, ὁ Στρουθίας, cuius verba ἐγὼ μὲν δεικνύω ἐσπουδακώς non sunt ab interprete intellecta, qui vertit: promte simul ostendo vulnus: dicit δείκνυμι ὅτι ἐσπούδακα, serium vultum ostendo quasi his omnibus habeam fidem, quod adulatoris est.' annot.

l. 2 scr. κολακεύοντες αὐτοὺς l. 7 v. apud Walzium VIII p. 759. p. 246 (38) scriptum in min. ed. ut l. 7. 8 significatum. Hirschigius p. 26 vs. 1. 2 requirebat εὐωχούμενος | κομπάσμαθ' vel simile quid. fr. XXXIX annot. l. 5 ἤδη et δηλαδή om. An. Ox. ubi οὗτος πάρεστι. p. 247, 5 adde infra p. 106. fr. XL 1 Nauckius trag. fr. p. 678 confert πένητος ἀνδρὸς οὐδὲν ἀθλιώτερον, quod est apud Greg. Naz. vol. II p. 210. Vs. 3 etiam μεταλάβῃ κτῆσίν τ' ἔχῃ scribi posse in ed. min. coniectum. caeterum cf. Cobet. mnem. IV 140. fr. XLII annot. l. 1 scr. 236. p. 248, 1 scr. 'ecl. eth.' fr. XLV 1 μηδὲν ἔμπλεων Nauck. philol. VI 422. fr. XLVI 3 Glycerae tribuebat Hirschig. p. 26 φιλτάτη ... | B. ὀμώμοκας καὶ πρότερον ἤδη πολλάκις. vide Alciphr. II 3 1: ἐγὼ μὰ τὰς Ἐλευσινίας θεάς, μὰ τὰ μυστήρια αὐτῶν, ἅ σοι καὶ ἐναντίον ἐκείνων ὤμοσα πολλάκις, Γλυκέρα, μόνος μόνῃ .. ad quae Meinekius p. 112 'dura, inquit, et impedita videri potest haec dicendi ratio, omisso verbo ὄμνυμι, quod si addidisset scriptor, similior etiam locus evasisset Menandreo, quem manifesta imitatione expressit.' annot. l. 1 scr. XVIII p. 249 fr. XLVII 3 Nauck. Eur. fr. p. 392 (435). fr. XLVIII 1 Mein. Stob. ita scripsit:

σὺ μὲν παραινεῖς ταῦτά πως ἅ σοι πρέπει·

Vs. 3 ὁ δ' ἴδιος πείθει τρόπος infra correctum. fr. XLIX 3 repositum ed. min. ex Stobaeo:

ἢ παντάπασι παιδαρίου γνώμην ἔχει.

pro ἔχων. fr. LI 2 pro μεθῆκε Hirschig. p. 26, item nuper Cobetus mnem. IV 271 scripserunt: μετέθηκε τὸν ὅλον εἰς πονηρίαν βίον· atque ita apud Stobaeum edidit Meinekius.

p. 250 (53) Vs. 1 Nauckius philol. VI 422 tentabat: τί διακονήσεις pro τί διακενῆς εἶ κτλ. Vs. 2 αὐτὸς ἀπολάπτει Iacobsii apud Stob. scripsit Mein. fr. LIV vs. 1 apud schol. Iliad. I 400, πατρῷα ἔχειν δεῖ τὸν καλῶς εὐδαίμονα, legi annotavit Nauckius. annot. l. 2 scr. 'Vs. 2 editur τὰ δὲ μετὰ γυναικός. correxit Porsonus Adv. p. 289.' altero Stobaei loco omissa est particula. p. 251 fr. LVII 2 Cobetus pro τὰ μετὰ γυναικὸς κτλ. scribebat: μετὰ τῆς γυναικὸς ἐπιδέχηται χρήματα mnem. IV 271. fr. LVIII 2 προσηνήν etiam Vindob.

eum versum cum Bentleio in ed. pr. p. 217 ita dedit Mein.

ἤτοι προσηνὴς ὄψις ἢ χρηστὸς τρόπος.

hoc unice probavit Cobetus mnem. IV 246: 'comici, inquit, qui sexcenties ἤτοι - ἤ componere solent, numquam γε addiderunt.' fr. LXI idem Cobetus p. 271: 'κατὰ λόγον, inquit, non significat εὖ vel ὀρθῶς. corrige ἂν σκοπῇ τις κατὰ τρόπον, nam prorsus idem significant κατὰ τρόπον et ὀρθῶς.' recepit κατὰ τρόπον apud Stob. Mein. qui vs. 3, πενίαν τ' ἄλυπον μᾶλλον ἢ πλοῦτον πικρόν, 'τ' omittunt omnes, inquit; fortasse igitur hic versus a reliquis separandus, praecedere poterat apud poetam θέλοιμ' ἔχειν.' fr. LXIV 1 C. F. Hermannus p. 615 et Mein. Stob. 1 p. XXVI:

ὀργῇ πάρα λογισμός ποτ' οὐδεὶς φύεται.

Vs. 2. 3 Cobetus mnem. IV 272 'emenda, inquit, ἂν δὲ μικρὸν παρακμάσῃ | κατόψεταί τί μᾶλλόν ἐστι συμφέρον, quod satis confirmabit ipse Menander alio loco (4, 176 fr. II 2): τὸ συμφέρον τί ποτ' ἐστὶν ἀνθρώπου βίῳ.' fr. LXV 1 διατεθειμένῳ: cf. Cobet. l. c. 239. p. 253 fr. LXVI idem ib. p. 259 sq.: 'periisse nonnulla indicio est ἑκάτερον in versu tertio et lectio optimi codicis A οὐδ' αὖ in secundo, unde apparet poetam dixisse aliquid huiusmodi: ὅταν ᾖ γέρων τις ἐνδεής τε τὸν βίον, | οὐκ ἔστι τὸ ζῆν αὐτὸ καθ' ἑαυτὸ γλυκύ | οὐδ' αὖ τὸ θνήσκειν δεινόν, κτἑ. vivas tum an moriaris perinde est, inquit: id solum discrimen facit utrum eorum bene et honeste possit fieri. si honeste vivere datur, vita est potior: non datur, satius est mori.' p. 253 (69) scr. Eustath. p. 742 59. de φερνίῳ cf. ad Alciphr. p. 88. p. 254 (70) v. infra p. 106. fr. LXXII annot. l. 1 in ed. min. scr. τὸ δ' εὖ φ. fr. LXXIV scr. 'ecl. eth.' p. 255 (77) annot. ἀλόγιστος: ἄλογος AB, ἄλογός τις proponebat Gaisf. ad fr. LXXVIII ante Salmasium πιθανώτερον. Hirschig. p. 26 πιθανωτέρους λόγους reponebat. fr. LXXIX receptum apud Stob. τὸ καλῶς ἀκούειν ταχὺ ποιεῖ πάσχειν κακῶς. p. 256 (82) τοῦ ποτοῦ fr. LXXXV Herwerd. p. 95 οὐδεὶς ἐφ' ἑαυτοῦ pro αὐτοῦ. p. 257 fr. LXXXVII Menandri nomen obelo notatum in ed. Stobaei. vide adesp. trag. p. 720 N. Cobetus mn. IV 233: 'sententia, inquit, postulare videtur: αἰσχρόν γ' ὅταν τις ἀξίωμ' ἔχων μέγα, aut aliquid huiusmodi.' cf. ib. p. 269. etiam quod sequitur fr. LXXXVIII a Menandro hodie abiudicatum, v. praef. vol. IV p. XIII. ed. Stob. II p. VI. Nauck. progr. p. 54 (Eur. fr. p. 537): 'quam coniecturam verissimam esse nunc docet cod. Vindob., ubi insequenti Euripidis loco non Εὐριπίδου, sed τοῦ αὐτοῦ Δικτύος praefigitur. iam igitur patet hos versus Euripideos esse, Menandri locum excidisse.' ἐκ χερὸς μεθέντα καρτερᾶς (pro καρτερὸν) λίθον scribebat Cobetus mn. IV 237. improbant Nauckius et Meinekius, qui Stob. II p. VI 'μεθιέναι λίθον ἐκ χειρός, inquit, non est lapidem manu iaculari sed missum facere.' pro ῥᾷον (cf. Nauck. progr. p. 54) Meinekius coniiciebat ἐλαφρόν. Plutarchi locum mor. p. 507 A in min. ed. ascripsit idem. Nauckio trag. p. 537 'χερῶν ἀφέντα legisse videtur Plut.' p. 258 (91) Cobetus mn. IV 241 sq. vitiose secundam ante βλέψῃς corripi iudicans Menandri verba hoc modo sanabat: μὴ τοῦτο μέμψησθ' εἰ νεώτερος λέγω | ἂν εὖ φρονοῦντος τοὺς λόγους ἀνδρὸς λέγω. de correptione ista certissimis exemplis apud mediae novaeque poetas comoediae firmata Meinekius in hist. cr. p. 295 et in add. p. 8 dixit, cf. ad Theocr. annot. p. 331. Vs. 2 in Stobaeo suo cum Bentleio scripsit:

ἀλλ' εἰ φρονοῦντος τοὺς λόγους ἀνδρὸς φέρω.

fr. XCIII 1 in ed. min. cum L. Dindorfio scriptum: δεῖ τούς γε πενομένους μέχρι ἂν ζῶσιν πονεῖν. v. infra p. 106. nuper in editione Stobaei veterem suam coniecturam secutus est Mein. δεῖ τοὺς πενομένους, μέχρι ἂν οὖ ζῶσιν, πονεῖν. v. add. l. c. ad imae paginae annotationem cf. Herm. Aeschyl. II p. 592. p. 259 (98) vs. 2 οὐκ ἔστιν οὐδὲν κτῆμα κάλλιον βίῳ infra correctum p. 106. fr. XCIX apud Stob. ὅταν φύσει τὸ κάλλος ἐπικοσμῇ τρόπον χρηστόν (vel τρόπους χρηστούς) scribendum proposuit Mein. p. 260 (104) ἑτέρων γαμούντων αὐτὸς ἀπεχέσθω γάμου cum AB scriptum ed. min. fr. CVI annot. l. 2 περιπέττωσι: cf. Dobr. Plut. 159. Cobeti V. L. 190. ad fr. CVII Platonis pagina est 61 D H. St. p. 261 (108) Nauckius malit ὁ σκληρότερος idem trag. fr. p. 602 Dicaeogeni vindicabat quae apud Stobaeum 75 9 Menandri sunt fr. CIX, ubi vs. 2 κεὐτυχοῦντ' pro καὶ φρονοῦντ' scripsit Meinekius, Herwerd. p. 95 κεὐποροῦντ' malebat. fr. CX inter duas dividebat Nauckius personas 'allg. l. z. intell.' 1847 p. 490. fr. CXII 2 οἶδεν ὄνθ' apud Stobaeum dedit Mein. Cobetus mnem. IV 238: 'potuit haec, inquit, Euripides in aliqua fabula satyrica posuisse, potuit haec dixisse Menander, sed ut ab utroque iisdem verbis idem dictum sit, id vero fieri non potuit.' v. Mein. vol. IV p. 707: 'nisi forte apud Stobaeum — in nomine erratum est.' scholiorum in Odysseam, δ 387. α 215, testimonia v. apud Nauckium trag. fr. p. 532.

p. 262 (113) Meinekius de μέγα ἀγαπᾶν dubitans hodie ὁ πλεῖστον ἀγαπῶν scribendum proponit, vel etiam: ὁ πλεῖστ' ἀγαπῶν καὶ δι' ἐλάχιστ' ὀργίζεται. fr. CXVI 2 τύχην 'margo Gesneri ed. 1559. et sic recte edidit Grotius.' Gaisf. fr. CXVIII cum A τοὺς εὖ γεγῶτας edidit Mein. Cobetus mnem. IV 233 tragico vindicabat, secutus est Nauckius adesp. p. 723.

p. 263 (119) πλοῦτός τ' apud Stobaeum dedit Mein. fr. CXXI 2 ἄλγημα μεῖζον τῶν ἐν ἀνθρώπου φύσει scriptum apud Cobetum mn. IV 272. fr. CXXII Nauckius delebat philol. VI 422. 395. fr. CXXIII 1 τοῖς πᾶσιν ἀνθρώποις Clericus, vulgo ἀνθρώπων. 'respicit Plutarchus Cons. Apoll. p. 102 B.' ed. min. cf. infra p. 99. p. 264 (125) ἐπὶ γήρως ὅρῳ vel ὅροις Meinekio legendum videtur pro γῆρας ὁδοῦ (γήρως ὁδῷ). ad fr. CXXVI cf. Nauck. fr. Sophocl. p. 158. fr. CXXIX versu 1 nunc Meinekius malit:

ἥδιστόν ἐστιν ἆρα τοῖς ἐπταικόσιν κτλ.

aliquando eidem μέγιστόν ἐστι χάρμα scribendum videbatur.

p. 265 (132) ἀνδρίᾳ cum A apud Stob. dedit Mein. Vs. 2 διατηρῶν κρίσει infra correctum. fr. CXXXIII in utraque editione νῦν δ' ἔρρ' ἀπ' οἴκων τῶνδε propositum. cf. Cobet. mnem. IV 126. ad annot. imae paginae cf. Nauck. trag. fr. p. 551. Herwerd. p. 95 ἔρρε: ἴθ' εἰς φθοράν Photio restituebat. fr. CXXXIV μικρὰς τίθημι συμβολὰς ἀκροώμενος. Cobetus V. L. 204: 'lepor, inquit, loci Menandrei periit, at potest elici ex his verbis Pollucis VI 12: ἀσύμβολοι, ἀπὸ συμβολῶν, ἀφ' ὧν οἱ Ἀττικοὶ μακρὰς διδόναι συμβολὰς ἔλεγον ἀντὶ τοῦ μεγάλας.' idem in mnem. IV 275 attulit Machonis apud Athen. p. 580 e: μακρὰς δὲ πράττειν εἰς τὰ λοιπὰ ξυμβολάς. hinc Menandrum ita emendabat:

μακρὰς τίθημι συμβολὰς ἀκροώμενος.

fr. CXXXV apud Strabon. p. 486 Cas. annot. l. 4 κωνειάζεσθαι καὶ τοῦ διαρκεῖν τοῖς ἄλλοις τὴν τροφήν. p. 266 (137) Herwerd. p. 96 ἐγὼ μὲν οὖν τις pro δ' ἀνόητος legendum coniecit. fr. CXLI idem ibidem excidisse iudicat σύ, quod oppositum fuerit pronomini ἐγώ, ipse scribebat: εἰ μὲν οὖν | σύ τινα πόρον ἔχεις [σὺ πόρον ἔχεις τιν'?]· εἰ δὲ μή, κτλ. caeterum Parisini cod. 2766 scholion illud v. apud Cram. An. Par. III 274, quod annotari poterat supra p. XCVII ad Platon. 2, 621 (2). p. 267 (142). in Compar. legitur αἰτῶν. de Euripidis imitatione Mein. dixit vol. IV p. 707 (14). cf. Nauck. trag. fr. p. 525, qui num Menandro haec tribuenda sint dubitat. fr. CXLIII 2 Comparatio γίνεται. fr. CXLIV notavit Cobetus mnem. IV 140. annot. l. 1 scr. p. 358. l. 3 scr. p. XXVIII. fr. CXLV. CXLVI. CXLVII. CXLVIII. v. Cobet. l. c. fr. CXLIX (p. 268) δουλογενεῖ δὲ δοῦλε Comp. fr. CL ἐλεύθερος Heinsii iam praebet cod. reg. 1773. fr. CLI 'non videtur antiqui poetae esse.' ed. min. quae idem iudicabat de fr. CLII. p. 269 fragm. CLIII 'uno versu auctum habet ms. Par. (1773):

μέλλων τι πράττειν μὴ προείπῃς μηδενί·
τὰ γὰρ τισὶν λεχθέντα καὶ μὴ γενόμενα
εἴωθε πλείστων (sic).

quod vulgo altero versu legitur, neque in Parisino deesse videtur, ἅπαντα μεταμέλειαν ἀνθρώποις φέρει, neque seorsum positum nec cum sequenti versu coniunctum satis probabilem offert sententiam: iam vero, etsi verba praestare non audeam, novo versu et quod superest multo probabilior fieri videtur oratio hanc fortasse in formam redigenda:

μέλλων τι πράττειν μὴ προείπῃς μηδενί·
τὰ γάρ τισιν λεχθέντα καὶ μὴ γενόμενα
εἴωθε πλείστην μεταμέλειαν εἰσφέρειν,
μόνη σιωπὴ μεταμέλειαν δ' οὐ φέρει.'

ita haec proponebam in min. ed. p. XX sq. fr. CLV improbat Cobetus mn. IV 140. annot. l. 1 καὶ ψόγων πολλῶν γέμει recte codex. fr. CLVI et ipsum displicuit Cobeto l. c. p. 141.

fr. CLVII 1 *μὴ κλᾶε* infra p. 107. p. 270 (158) ms. Par. *τί τῷ θανόντι δῶρα λαμπρὰ προσφέρεις*, quod merito praeferebat Dübnerus. fr. CLX 1 idem codex *ὀνειδίσῃς*, quod emendaverat Mein. caeterum cf. Leutsch. paroem. II p. 40. fr. CLXII reiecit Cobetus mn. IV 140. *ὅταν θέλεις τὸν πλησίον* cod. Boissonad. anecd. III 472. annotavit Nauckius. idem aut *τὸν πέλας κακηγορεῖν* aut *τῶν πέλας κατηγορεῖν* scribendum proponebat, cf. Ar. Byz. p. 180. aliter visum infra p. 107. fr. CLXIII scriptum in min. ed. ut add. conieci l. c.

μηδέποτε πειρῶ στρεβλὸν ὀρθῶσαι κλάδον,
φύσιν δ' ἐνεγκεῖν οὗ φύσις βιάζεται.

comparavit anonymi comici apud Galenum VIII p. 656 fragm. (Leutsch. Diogen. VI 92) Nauckius philol. IV 360. v. infra suppl. adde Philem. 4, 54 (54): *δένδρον παλαιὸν μεταφυτεύειν δύσκολον.* Walther v. d. vogelweide p. 101 23: 'selbwahsen kint, dû bist ze krump: sît nieman dich gerihten mac (dû bist dem besmen leider alze grôz, den swerten alze kleine), nû slâf unde habe gemach.' p. 271 (165) notavit Cobetus mn. IV 140. fr. CLXVI Compar. habet *ἐάν*. fr. CLXVII 1 est p. 359 Compar. Vs. 2 *ἐπεὶ κριθήσει* Nauckius.

p. 272 (168) vs. 1 est Compar. p. 359. a Menandro haec abiudicabat Cobetus l. c. 141. fr. CLXX Meinekius vol. IV p. XIII Critiae tribuit, Menandro autem quae Critiae nomine apud Stobaeum ecl. I p. 228 sequuntur:

ὁ χρόνος ἁπάσης ἐστὶν ὀργῆς φάρμακον.

Cobetus mn. IV 237 e satyrico dramate illa derivabat et corrigebat: *ὦ δέσποτ' ἄναξ, ἔξεστι τοῖς σοφοῖς βροτῶν κτἑ.* cf. Nauck. ad Critiae trag. fr. p. 600. fr. CLXXI Cobetus mn. IV 275 comparato Timocl. fr. 3, 590 ita scripsit:

ἐπὰν ἐν ἀγαθοῖς ὁμολογουμένοις τις ὤν κτλ.

fr. CLXXII. vid. Diph. 4, 422 (20). p. 273 (173) Menandro tribuit Vindob. Diphilo in ed. Stob. relictum. cf. 4, 422 (17).

fr. CLXXVI 1 Dübnerus 'revue de phil.' II p. 239: 'le ms. *κἂν μυρίων γῆς κύριος πηχῶν ἔσῃ*, leçon favorable au texte de M. Meineke.' reprehendit hoc fragm. Cobetus mn. IV 140.

fr. CLXXVII 2 *πονηρίας πλείστο* ex ms. Hercul. enotavit Dobraeus l. c. Nauckius *πλείστου* scribebat philol. IX 177.

p. 274 post fr. CLXXVIII utrique editioni adde:

CLXXVIII*

ἐπίσχες ὀργιζόμενος. Β. ἀλλὰ βούλομαι.
οὐδεὶς γὰρ ὀργῆς χάριν ἀπείληφεν, πάτερ.

Stobaeus Flor. XX 6, cui Vindob. ascripsit μ' 'i. e. μενάνδρου' Gaisf. cf. Menandri ed. pr. p. 246. 575. Nauck. 'zeitschr. f. d. alt.' 1855 p. 19. fr. CLXXX 2 Cobeto mn. IV 141 est versus politicus. fr. CLXXXI cod. Par. confirmavit Meinekii coniecturam: αὐτὸς (sic) πέφυκε τοῦ γέλωτος κατάγελως. 'itaque etiam prior istius fragmenti versus metro et sententiae parere iubendus erit ita fortasse:

ἂν μὴ γέλωτος ἄξιος γὰρ ᾖ γέλως,
αὐτοῦ πέφυκε τοῦ γέλωτος κατάγελως.'

ita haec in ed. min. p. XXI scripsi. confirmat prioris versus scripturam Heinsius apud Rutgersium p. 409 in marg. codicis ascriptum docens: ἂν μὴ γέλωτος ἄξιος ᾖ γέλως. alterius versus lectionem Dübnerianam e cod. 2720 a Boissonado ad Psellum p. 211 annotatam esse monuit Nauckius 'hall. allg. l. z. intell.' 1847 p. 497, qui pro τοῦ γέλωτος κατάγελως requirebat τοῦ γελῶντος. non mutaverim, cf. Aristot. rhet. III 18: δεῖν ἔφη Γοργίας τὴν μὲν σπουδὴν διαφθείρειν τῶν ἐναντίων γέλωτι τὸν δὲ γέλωτα σπουδῇ. mon. 88 γέλως ἄκαιρος ἐν βροτοῖς δεινὸν κακόν. de repetitione comica iam Heinsius ex multis ascripsit Plaut. Capt. II 2 5. p. 275, 1 scr. p. 366. l. 5 scr. legebatur ἐστιν οὗτος ἀπό. ad fr. CLXXXIII l. 2 'sed nec hoc placet.' ed. min. l. 3 scr. τύχης. fr. CLXXXIV 'si quid corrigendum, coniiciam τἀγαθὰ τὰ λίαν ἀγαθά, cll. Scymno Per. 345: τἀγαθὰ τὰ λίαν μὴ μαθόντες εὖ φέρειν.' Mein. ed. min. et ad Scymn. l. c. fr. CLXXXV 2 Dobr. ad Ach. 254 (corr. ed. mai.) δίδωμί σοι 'γὼ (pro σοί γε) τὴν ἐμαυτοῦ θυγατέρα. quod ignorabat Cobetus mn. IV 245. Apuleii locum, quo Porsoni in priore versu confirmatur emendatio, et infra uberius tractavit Meinekius p. 107 et in min. ed. cf. O. Iahn. n. rhen. m. III 480. de solemni formula ἐπὶ παίδων ἀρότῳ γνησίων sim. v. Men. ed. pr. p. 248 sq. intpp. Aristaeneti p. 501 sq. Preller. in 'Demeter und Persephone' p. 355 sq. Mein. ad Alciphr. I 6 1 p. 90 sq. schol. Marc. Eur. Andr.

4 παιδοποιός) γνησίων ἐπὶ σπορᾷ | παίδων, quae Cobeto 'videtur esse lacinia Euripidea', in adespotis collocavit Nauck. p. 707 sq. qui Procopii in Mali class. auct. vol. IV p. 256 locum apposuit: παίδων ἐπ' ἀρετῇ γνησίων, ἡ κωμῳδία φησί. p. 276 (188) πτωχὸς ἦσθα καὶ νεκρός: cf. Hesych. κρίνον· τὸ ξηρόν· τάσσεται καὶ ἐπὶ πτωχοῦ, καὶ νεκροῦ καὶ ἐκπεπτωκότος. Pollux VI 197: ἔνιοι δὲ πένητα τὸν πτωχὸν καὶ πτωχείαν τὴν πενίαν. οἱ δὲ τὸν οὕτω πράττοντα καὶ γυμνὸν καὶ κρίνον ὠνόμαζον. v. Mein. ad Alciphr. p. 98 sq. fr. CLXXXIX. ad vs. 721 Apollonii Laurentianum scholion hoc est: ἀστείως δὲ οὐ πολεμικῇ σκευῇ χρώμενον εἰσάγει, ἀλλ' ἐσθῆτι κοσμούμενον, πρῶτον μὲν ὅτι ἀπόλεμον αὐτὸν ἐκάλει, ἔπειτα ὅτι καὶ γυναικῶν μόνων ἡ πόλις, αἳ μάλιστα τοῖς τοιούτοις χαίρουσι. καὶ ὁ Μένανδρος "εὐκαταφρόνητος κτλ." in quo ταῦτα cod. 'videntur haec ab aliquo male vestito dici eamque ob causam mulierum coetum intrare verenti.' Mein. ed. min. idem ad fr. CXCIII (p. 277) haec in min. ed. annotavit: 'forsan igitur . . . ἀμήχανον δέ, Φανία, μακρὰν | συνηθίαν ἔστ' ἐν βραχεῖ λῦσαι χρόνῳ. Ita etiam numeri evadunt correctiores; συνηθία autem formatum ut εὐηθία apud Menandrum' i. e. 4, 255 (76). ad fr. CXCIV scr. Anecd. Ox. cum fr. CXCVI cf. trag. adesp. p. 716 μόνη ἐστὶν ἀπαραίτητος ἀνθρώποις Δίκη. p. 278 (199) annot. l. 7 Cobetus mn. IV 305 scribebat: καίτοι πλεῖστον θεῶν αὐτῇ Ἀφροδίτης μετεῖναι κτἑ. l. 9 Kayserus ad Philostr. V. S. p. 250 ascripsit eiusdem Philostrati V. Apollon. V 21 204: καίτοι πλεῖστον Ἀφροδίτης ἔχων ἐν τῷ αὐλῷ. ad fr. CC annot. l. 5 scr. Eustath. p. 1573 62, ubi τὸν θάτερον τῶν Διοσκούρων. p. 279 (204) in min. ed. cum schol. Apollonii scriptum:

ὁμοῦ δὲ τῷ τίκτειν παρεγένεθ' ἡ κόρη.

annot. l. 6 Aristophanis: cf. supra p. CXLVI. fr. CCV num per interrogationem efferendum? p. 280 fr. CCVI ita auctum ed. min. ἕκαστος . . . | κύψας καθ' ἑαυτὸν τῶν τραγημάτων ἔφλα. Porsonus Aristoph. p. 177 (cf. advers. 292. 295) etiam sequentia apud Plutarchum adiiciebat, v. l. 8. Herwerden p. 123 ita: φυλαττόμενός τε κἀμβλέπειν φοβούμενος | αὐταῖσιν. fr. CCVII τὸν Λοξίαν | τοῦτον καταλαβὼν vol. IV p. 710 coniecit Mein. ubi hunc locum accuratius tractavit. fr. CCVIII[b] Suidas: ἀλλ' ἐψόφει καί τις τὴν θύραν ἐξιών. Scholia: ἐψόφηκε τὴν θύραν ἐξιών. Kusterus: ἀλλ' ἐψόφηκε τὴν θύραν τις ἐξιών. Cobetus V. L. p. 217: 'ψοφῶ τὴν θύραν, inquit, barbarum est et insulse ἐξιὼν additur, quasi vero posset concrepare ostium, praeterquam quum quis egreditur foras. quid multa? haec est vera scriptura:

κόψω τὴν θύραν.
ἀλλ' ἐψόφηκεν ἡ θύρα, τίς οὐξιών;'

caeterum cf. Caecil. Chalcia p. 32 vs. 20: 'numquid nám fores | fecére soniti?' fr. CCIX, ὦ παῖ σιώπα κτλ., a Menandro (cf. ed. pr. p. 256) abiudicarunt Nauckius philol. VI 422 (trag. fr. p. 116). Leutsch. Apostol. p. 737. Cobet. mn. IV 237. p. 281 (210) scr. Ammonius... p. 22 sq. fr. CCXI: Nonius p. 120. fr. CCXII 'G. A. Schroeder progr. schol. (Mariaeins. 1845) μαρτυρεῖ· Ναὶ μὰ τὸν Ἀπόλλω' ed. min. fr. CCXIII ed. min. ἓν γάρ τι τούτων τῶν τριῶν ἔχει κακῶν, sed Photius et Suidae B. V. E κακόν (corr. ed. min. l. 5). annot. l. 1 scr. τῶν τριῶν κακῶν ἕν: λεγόμενόν τί ἐστι κτλ. ad quae in min. ed. haec annotavit Mein. 'aut in Photii verbis τρία scribendum pro δύο, aut quod malim in Menandri versu δυοῖν pro τριῶν. hinc est quod παίζων dicit.' cf. Fritzsche Ran. p. 445. p. 282 (216) 'in πίστευε vitium latere videtur. Bothius Κορινθίῳ 'πίστει τε.' Mein. ed. min. sed idem ib. p. XXI: 'malim, inquit, Κορινθίῳ πίστευε μηδὲ χρῶ φίλῳ, i. e. μὴ πίστευε μηδὲ χρῶ, noto dicendi usu, ut apud Theocr. epigr. VI 6: τῆνας ὀστέον οὐδὲ τέφρα λείπεται οἰχομένας.'

ad fr. CCXVIII annot. l. 9 scr. Etym. M. p. 318 54. l. 13 'si ὑμῶν scriptum esset, e prologo petitum suspicarer.' Mein. ed. min. Bergkius nuper attulit Himerii orat. XIX 3: Νίκη χρυσοπτέρυγε, Νίκη Διὸς τοῦ μεγάλου παῖ, εὐπατέρεια καὶ φιλόγελως (τούτοις γάρ σε τοῖς ὀνόμασιν ἀγάλλει ἡ ποίησις), ἵλεως εἴης κτέ. p. 283 ad fr. CCXIX haec annotata ed. min. 'locus corruptus; Trinc. et duo codd. ἕξειν pro ἔχειν: in iisdem inter πλουτεῖν et ὅπως lacuna est circiter decem litterarum, annotante Gaisfordo.' fr. CCXX l. 3 cod. Par. 346 Bk. habet τοιοῦτον. Varini p. 166 31 Ddf. οἱονεὶ οὐδεὶς πώποτε annotavit Sturz. ἐδεδράμηκα Et. Sorb. fr. CCXXI annot. l. 1 ἀπιόντος Et. ἐπιόντος Sylb. l. 2 ἢ θᾶττον ἢ βραδέως ed. min. fr. CCXXII annot. l. 1 ante καὶ Μένανδρος insere ex Etym. λέγεται καὶ ἐπὶ τῆς καθέδρας — fr. CCXXIV 'pro Κρωβύλη fortasse Κρωβύλε scribendum, id ut in fine praecedentis versus positum fuerit.' Mein. ed. min. annot. l. 3 scr. 'Anecd. Ox.' p. 284 (225) οὐ pro οὐδέ V^a. annot. l. 2 scr. Anecd. Ox. ubi οὔτε λόγον ὑμῶν οὔτ' ἐπιστροφὴν ἔχει. schol. Dionys. ἔχων. schol. Oppian. Halieut. I 649: λόγος λέγεται καὶ ἡ φροντίς, ὡς καὶ παρὰ Μενάνδρῳ "οὐδὲ λόγον ὑμῶν οὐδ' ἐπιστροφὴν ἔχω." fr. CCXXVI Cobetus mn. IV 276:

ὁρᾷς; παρ' ἀκαρῆ γὰρ ἀπόλωλας ἀρτίως.

de mensura huius versus cf. Fritzsche Eup. vers. fr. p. 15. supra p. XIX ad 1, 443 1. fr. CCXXIX etiam τοὺς τρόπους legi posse in ed. min. indicatum. fr. CCXXX Cobetus Menandri versum sic corrigebat mnem. IV 276:

ἐδεξάμην, ἔτικτον, ἐκτρέφω, φιλῶ.

ita scriptum inter adespota tragica recepit Nauckius fragmentum p. 668, sed ut fortasse comici poetae esse diceret. Euripidi vindicare volebat 'hall. allg. l. z. intell.' 1847 p. 498. p. 285, 2 scr. ἀναγινώσκουσιν l. 4 de ἐδεξάμην v. infra p. 107. ib. v. ad fr. CCXXXI. fr. CCXXXII in min. ed. ita scriptum:

ἐν γειτόνων οἰκῶ γάρ, ὦ τοιχωρύχε.

illud cum Sauppio, v. infra p. 108. alterum οἰκῶ γάρ, a Porsono correctum, confirmatur Veneto Cobeti. fr. CCXXXIII annot. l. 2 scr. tamen et primae et secundae l. 4 τουτέστιν οὐκ ἐμαυτῷ caeterum cf. supra p. CCXXXV.- p. 286 (234) annot. l. 2 pro altero οὐχὶ in ed. min. οὐδὲ propositum. l. 3 scr. VI 3 11. p. 287 (238) ἔγημε θαυμαστὴν γυναῖχ' ὡς σώφρονα: de comparatione periphrastica h. l. cf. Mein. ed. pr. p. 262. Lentz. 'zeitschr. f. d. alt.' 1855 p. 32. Cobetus V. L. 216: ἔγημε θαυμαστῶς γυναῖχ' ὡς σώφρονα. fr. CCXL οἱ τηλικοῦτοι κτλ. hodie in fragmentis Ἐπιτρεπόντων collocatum, v. supra p. CCLI (13). ad CCXLI l. 3 scr. ἡ 'ταίρα.

p. 288 (243b) Appiani, Arriani, Ciceronis, Gregorii Naz., Socratis, Nicephori Callist. testimonia v. apud Nauck. trag. fr. p. 525 sq. (philol. IV 360. 551). fr. CCXLIV ita scriptum est apud Rutgersium p. 361:

νόμον φοβηθεὶς οὐ ταραχθήσῃ νόμῳ.

fr. CCXLV ascriptum in Vindob. μεʹ. p. 289 (248) Herwerden p. 123 tentabat: '(ἡ τύχη) | τυφλόν τι κἀνόητον κτέ. fr. CCXLIX cum Gaisf. infra et in min. ed. scriptum:

χρηστοῦ πρὸς ἀνδρὸς μηδὲν ἐννοεῖν κακόν.

v. Gaisfordi lectionis varietatem. fr. CCLV λυπεῖ με δοῦλος μεῖζον οἰκέτου φρονῶν: 'den sklaven hass ich, der nicht diener bleiben will.' aliter Grotius, cui obversabatur mon. 323, λυπεῖ με δοῦλος δεσπότου μεῖζον φρονῶν. v. ed. pr. p. 265. cf. Nauck. 'n. jahrb. f. philol.' LXV p. 248. p. 290 (257) cf. mon. 585: τοῦτ' ἔστι τὸ ζῆν μὴ σεαυτῷ ζῆν μόνῳ. fr. CCLIX scriptum in min. ed. cum optimis codd. (consentit etiam Vindob.) δυσάνιον. quod sequebatur fr. omissum ed. min. v. infra p. 108. p. 291 fr. CCLXV πειρῶ τύχης ἄνοιαν ἀνδρείως φέρειν, cf. mon. 707. hunc vs. Chaeremonis esse volebat Dobr. adv. II 360, Menandri autem quae apud Stobaeum sunt CVIII 3 ex Euripidis Antigona: μὴ οὖν θέλε λυπεῖν σαυτόν, εἰδὼς πολλάκις | ὅτι τὸ λυποῦν ὕστερον χαρὰν ἄγει, | καὶ τὸ κακὸν ἀγαθοῦ γίνεται παραίτιον. quod sequitur apud Stobaeum Chaeremonis, οὐδεὶς ἐπὶ σμικροῖσι λυπεῖται σοφός, Euripidis Antigonae assignabat Dobraeus, ut πειρῶ τύχης ἄνοιαν κτλ. Chaeremoni vindicaretur, postrema ἄνδρα τὸν ἀληθῶς κτλ. Menandro relinquerentur. verissima videbatur haec suspicio in progr. schol. Nauckio, qui p. 38 Menandro hos versus restituebat:

μὴ οὖν ἔθελε λυπεῖν σαυτὸν ἐξειδὼς ὅτι
πολλοῖς τὸ λυποῦν ὕστερον χαρὰν ἄγει
καὶ τὸ κακὸν ἀγαθοῦ γίνεται παραίτιον.

cf. trag. fr. p. 325. 614. Vs. 1 μὴ οὖν ἔθελε Grotius. vulgo θέλε. ἐξειδὼς ὅτι | πολλοῖς Hermannus ad Soph. El. 355. cod. B εἰδὼς τοῦθ' ὅτι πολλάκις. A M S. Trinc. εἰδὼς ὅτι πολλάκις. possis μὴ | λύπει σεαυτόν, τοῦτο γινώσκων ὅτι κτλ. cf. Philem. 4, 39 (14a) et Gaisf. fr. CCLXVIII Nauckius

Ar. Byz. 242: φοβούμενοι τὸ θεῖον ἀπὸ τοῦ σοῦ πάθους. idem in progr. p. 41 fr. CCLXX (p. 292):

κρεῖττον λέγεσθαι ψεῦδος ἢ ἀληθὲς κακόν.

recepit Mein. vulgo δ' ἐλέσθαι, particulam om. libri. ψευδὲς pro ψεῦδος requirebat Herwerden p. 97. tolle fr. CCLXXV: Vindob. codex Pindaro assignavit. cf. Bergk. Lyr. II p. 1080. p. 293 (279) corr. 'Comparat. . . p. 360 ubi ἐλευθέρῳ.' fr. CCLXXXI annot. l. 4 ita schol. rec. Aiac. 1365. Laur. αὐτὸς ὑπόκειμαι τῇ ὁμοίᾳ τύχῃ τῇ ἀνθρωπίνῃ. Vs. 2 χρή: δεῖ A. Voss. Vindob. m. vet. Vs. 3 δεῖ: χρή Vind. cf. A. Voss. fr. CCLXXXII scr. IX 10. fr. CCLXXXIII est in mon. 13. adde Nauck. trag. fr. p. 158. infra p. 108. p. 294 (284) habet Arsenii A Leutsch. spec. II p. 7, ubi quae praecedit ecloga, δεινὸν τοὺς μὲν δυσσεβεῖς κτλ., Sophocli a Stobaeo ascripta (v. p. 121 N.), Menandri esse dicitur. fr. CCLXXXVI νῦν] δή Voss. fr. CCXC εἰς τὰ καθάρεια: assentitur Cobetus mnem. IV 262 (V. L. 82). p. 295 (291) adde anon. ad Aristot. p. 93 b 33: ὡραΐζεται ἡ τύχη εἰς τοὺς βίους. fr. CCXCII annot. l. 5 Dobraeus . . καὶ σωθεῖμεν pro σωθείημεν: v. Mein. ed. pr. p. 272. 577. Fritzsche Ran. p. 439. καὶ σωθεῖμεν unice probatum Cobeto V. L. 328. fr. CCXCIV Eustathii p. 1350 memoria in min. ed. ad fr. CCCVIII ascripta: v. ad p. 299 (308) suppl. horum in locum successerunt quae infra habemus p. 110 (520. 521):

φιλῶ σε, Ὀνήσιμε, καὶ σὺ περίεργος εἶ.
οὐδὲν γὰρ γλυκύτερον ἢ πάντ' εἰδέναι.

priorem versum quomodo corrigendum putaverit editor v. infra l. c. alterum ex Cicerone et Themistio (non Libanio, ut add. p. 110 annot. l. 5) in anonymorum fragmentis habuimus vol. IV p. 610 ita scriptum: οὐδὲν γλυκύτερόν *(ἐστιν) ἢ πάντ' εἰδέναι. quod nuper probavit Cobetus mn. IV 276. Meinekio in min. ed. scribendum videbatur: οὐκ ἔστι γὰρ γλυκύτερον ἢ πάντ' εἰδέναι. p. 296 (295) l. 1 Zenobius: ταῦτά σοι καὶ Πύθια καὶ Δήλια, non inverso ordine, ut h. l. et infra p. 108. hinc Menandrea ita distincta in min. editione:

ταῦτά σοι καὶ Πύθια
καὶ Δήλι' *(ἔσται).

l. 14 corr. utrobique 'Dobr. Adv. I p. 607.' fr. CCXCVII de producta prima ὅπλα vocis syllaba in min. ed. dubitabat Meinekius, de Menandri et Nausicratis comicorum simultate Hauptius ind. schol. Berol. hib. 1855. 56 p. 6, qui ad Ψευδηρακλέα fabulam haec referebat ita correcta:

ἐλεύθερόν τι τολμήσει πονεῖν,
θηρᾶν λέοντας, ῥόπαλα βαστάζειν.

cf. supra ad p. 225 (8) suppl. 'videtur igitur (Hauptii sunt verba) falsus ille Hercules austeram vitam, qualem scilicet ipse ageret, commendasse et praecepisse ut iuvenes magna ingenuisque digna auderent Herculemque et priorem illum et se alterum imitarentur.' cf. Diod. XVI 44 (Mein. Men. ed. pr. p. 183): ἐμιμεῖτο τὸν Ἡρακλέα κατὰ τὰς στρατείας, καὶ λεοντῆν ἐφόρει καὶ ῥόπαλον ἐν ταῖς μάχαις. Lucian. salt. 27 (Cobet. V. L. 254). annot. l. 3: εἰ Dindfii cod. M. ποεῖν (pro πονεῖν) MH. ποιεῖν R. p. 297 (300) l. 2 adde quae eadem pag. l. 40 habet Etym. τὸ δὲ εἶπον βαρύνεται παρὰ Μενάνδρῳ. vide Choerob. p. 755 17. 18; 610 4. 5; 613 31. 32; 627 4. 5; 752 11. 12. l. 3 Anecd. Ox. IV 202: φυλάττουσι τοὺς αὐτοὺς τόνους, ὡς παρὰ Μενάνδρῳ· "τί δὲ ποιεῖν μέλλετε;" ἀντὶ τοῦ εἰπέ. p. 298 (302) τί γὰρ ἐγὼ κατελειπόμην; annot. 'Pyrrh. Hyp. I 189.' fr. CCCIII ἐγάμησεν: non persuasum Cobeto mn. IV 253 sq. 'Menander, inquit, ut omnes, ἔγημα dicebat.' fr. CCCIV annot. l. 3 ἐξείραντες V. ἐξήραντες G. p. 299 (306) l. 2 quod superest, caeli menses l. 6 Bergkius: 'Menandri Ἡνιόχῳ· Τηρῶ τὸν Δία | ὕοντα.' fabulae nomen in fine scribi potuisse opinor. fr. CCCVII παλαιὸν ἐντραγεῖν Dindf. ex Ven. Flor. (corr. infra p. 108). ἀλλ' ἐῶν Ald. πάλιν M. fr. CCCVIII scholion Av. 1258 in min. ed. ita compositum: εὐρὰξ πατάξ—ἔπλασεν ἐπίφθεγμα παρὰ τὸ εὐρέως—καὶ τὸ πατάξαι. ὅθεν καὶ χαμαιτύποι (-τύπαι?) αἱ πόρναι παρὰ Μενάνδρῳ πρώην . . . ἄρας ἐπάταξα. hinc Eustathii p. 1350 verba (v. ad p. 295 fr. CCXCIV suppl.) huc relata: κρίζειν, οὗ ἡ χρῆσις παρὰ Μενάνδρῳ, οἷον "ἀλλὰ καὶ χαμαιτύπη | κρίζει τις." de πρώην v. ed. mai. *ἄρας ἐπάταξα cum Dindorfio ad Eq. 1130 relata. 'qui locus an respiciatur (verba haec sunt Dobraei add. ad Lysist. 800) in schol. Av... an potius comicus Luciani Amor. 53 .. non liquet.' Luciani haec dicit: εἶτ' ἀπὸ μηρῶν προοιμιασάμενος κατὰ τὸν κωμικὸν αὐτὸ ἐπάταξεν. quae Cobetus mnem. IV 278: 'apparet, inquit, ... emendanda esse in ἄρας ἐπάταξεν, et Menandri .. esse per iocum et risum ex Aristophanis Equitibus 1130 huc translata.' p. 300 fr. CCCX annot. l. 1 ὁ ἐπιλήναιος ἀγὼν fr. CCCXI εἰς ἀγορὰν ὑφαίνειν: cf. Cobet. mn. IV 279. fr. CCCXII 2 Ἀβροτόνιον requirebat C. Keil. 'zeitschr. f. d. alt.' 1852 p. 253. cf. Meier. de vita Lycurgi p. LXIV. Vs. 3 ἔγημ' ἔναγχος: cf. Cobet. l. c. 280. annot. l. 3 scr. ἔναγχος; l. 6 scr. VIII 496. p. 301 (313) l. 2 postrema, 'καθάπερ που καὶ Μένανδρος ἔφη' a Strabone abiudicavit Mein. vind. Strab. p. 219. fr. CCCXVIII hodie φοβοῦμαί σ' ἐσχάτως, v. infra p. 108. fr. CCCXIX p. 302, 3 Στρεψίαδες Choerob. Gaisf. p. 147 23: τὸ γὰρ Στρεψιάδης Στρεψιάδου ὦ Στρεψιάδη, καὶ Ἡρακλείδης Ἡρακλείδου ὦ Ἡρακλείδη γενόμενα, Στρεψίαδες καὶ Ἡράκλειδες παρὰ τοῖς κωμικοῖς παιγνίου χάριν ἐλέχθησαν. huc pertinebit quod habent Gellii apud Hertzium libri 15 20 10 Εὐρίπιδες, cf. Lobeck. parall. 182. l. 7 scr. apud Theocritum XVII 26, de quo loco (cf. infra p. 108) v. ed. III p. 316: 'Heraclidem poeta dicit sine dubio auctorem regii generis Caranum, ut recte statuit I. Scaliger ad Eusebium p. 64.' fr. CCCXXIII l. 2 Kusterus: Ἀλλὰ χρή. B. ἔξεστιν. p. 303 (326) Voss. cod. ἔνδοθι δὲ πρίεται. fr. CCCXXVII cf. Lobeck. Agl. 1305. l. 4 scr. ἔγωγ' pro ἐγὼ δ' fr. CCCXXIX l. 2 'ut in verbis esset' p. 304 (330) cf. infra p. 108. adde Suidam v. ἀρτικροτεῖσθαι. (Men. ed. pr. p. 279). ἠρτικρότει τὸν στόλον Strabo p. 700 C. v. Kramer. vol. III p. 205. 683. annot. l. 4 scr. Adv. I p. 593. fr. CCCXXXII Aristophanis verba haec sunt: Ὑμὴν ὦ, Ὑμέναι' ὦ. scholion v. infra p. 108. p. 305 (336) l. 5 βασίλιννα codd. B. V. E. l. 7 βασίλινναν 'Tricorysiam reginam autem poeta dixisse videtur de muliere Tricorysia superba et fastu elata.' Mein. ed. min. fr. CCCXXXVIII v. infra p. 108. fr. CCCXXXIX annot. l. 1 μύρα καὶ κρόμυον p. 306 (340) scr. Eustathius p. 1799. adde schol. Harl. Od. π

175 (Anecd. Par. III 498): *ὡς Εὔπολις, καὶ τὸ οὐδέτερον Μένανδρος εἴρηκε "μελαγχρὲς μειράκιον."* fr. CCCXLI l. 7 'scelus esse contextum.' fr. CCCXLII de Eueno cf. Bergk. Lyr. II 476. fr. CCCXLIV scr. N. Π. XXXVI 5, ut recte habet ed. min. p. 307 (351) cf. vol. IV p. 876. infra p. 108. nuper in min. ed. p. XXI allato Luciani conscr. hist. cap. 41 (*τοιοῦτος οὖν μοι ὁ συγγραφεὺς ἔστω . . . ἐλεύθερος, παρρησίας καὶ ἀληθείας φίλος, ὡς ὁ κωμικός φησι, τὰ σῦκα σῦκα, τὴν σκάφην δὲ σκάφην ὀνομάσων*) Meinekius Menandri fragm. hoc modo constituit:

Ἔλεγχος οὗτός εἰμ' ἐγώ
ὁ φίλος ἀληθείᾳ τε καὶ παρρησίᾳ,
τὰ σῦκα σῦκα καὶ σκάφην σκάφην λέγων.

cf. anon. com. fr. 4, 653 (199). p. 308 fr. CCCLII l. 8 '*Ἑλένης γάμον* Welckerus append. de trilog. p. 304. (trag. fr. p. 137 Nauck.) fr. CCCLIV. Anecd. Ox. *Μενάνδρου. ὕβρις καὶ οἶνος ἀποκαλύπτειν εἰώθασι φίλοις τὰ ἤθη τῶν φίλων.* cf. Apostol. p. 697 Leutsch. p. 309 (360) Phot. *κατατικον* (sic): *χιτωνίσκου γένος κτλ.* fr. CCCLXII Photius, *κνύειν: ξύειν καὶ οἱονεὶ θεῖν·* (f. *οἷον κνήθειν·* ed. min.) *Μένανδρος.* p. 310 (364) *θεοῦ γυναικείας Κιλικίου· οὕτω Μένανδρος.* fr. CCCLXV *μάγαρον.* cf. Lob. Agl. 59. 830. fr. CCCLXVIII Photius *τῆς Εὐβοίας ὅρμος.* cf. vind. Strab. p. 165. p. 311 (372) l. 2 *ὅτι οὐ κυρίως* Phot. v. apud Nauck. Arist. Byz. p. 129. p. 312 (387) *σπαρτοπόλιος ὠμόγραυς.* v. quae infra p. 108 sq. dicta sunt, ubi scr. Pollux IV 153. p. 313 (390) *στραγγαλᾶν εἴρηκέν που Μένανδρος.* fort. *στραγγαλιᾶν.* cf. Mein. ad Alciphr. p. 176: 'quo desiderativo, inquit, Menander de servo nequam et strangulatione digno uti potuit.' fr. CCCXCIII *παρακατακείμενός τινι* fr. CCCXCIV ap. Bk. *ὀψωνισμός.* fr. CCCXCVIII *φαῦλος ὁ Μενάνδρου νουθετισμός.* fr. CCCXCIX *Μένανδρος δέ τινας καλεῖ λῃστοσαλπιγκτάς.* p. 314, 2 *εὕρεταί* fr. CD *ὡς Μένανδρος, σημεῖον ὠνομάζετο* fr. CDI l. 2 *οἴεται, ἀλλ' Ἀριστοφάνης ὁ κωμῳδοδιδάσκαλος τὰ τοιαῦτα πιστότερος αὐτοῦ* fr. CDIII l. 2 *ἀκροατής.* fr. CDVI l. 2 *τούτῳ δὲ τῷ ὀνόματι οὐ πάνυ τετριμμένῳ κέχρηται Μέναν-*

δρος. Nauckius Ar. Byz. p. 144 'me iudice, inquit, nec Menander neque alius quisquam nepotes ἀνεψιῶν aut dixit ἐξανεψίους aut potuit dicere. nam ἐξανέψιοι non possunt esse nisi οἱ ἐξ ἀνεψιῶν γεγονότες i. e. filii ἀνεψιῶν.' cf. 'allg. l. z. intell.' 1847 p. 490, ubi haec ad ea referebat, quae de sobrinis consobrinorum filiis dicuntur supra p. 84. p. 316 (418) adde Bernhardy ad Suid. II 2 1776. fr. CDXIX τὸ καταπλήττεσθαι Et. M. fr. CDXXI σημειοῦνται fr. CDXXII l. 5 An. Ox. l. c. νιτάριον. p. 317 (425) φερνήν, de accentu cf. supra p. CLXXVIII. fr. CDXXVI νουνεχόντως, cf. Lob. path. el. 1, 558. fr. CDXXVIII apud gramm. Bk. ita scribendum proposuit ed. min. καὶ σκεῦος καὶ εἴτι ἄλλο· ἀλλὰ καὶ ῥήματα ἀττικουργῆ φησί που Μένανδρος. fr. CDXXX l. 3 ἡ συνήθως ξύστρα, καθὼς καὶ Μένανδρος κέχρηται Nauckio scribendum videbatur philol. V p. 562. fr. CDXXXI Σαβοῦς ed. min. al. Σάβους: cf. ad Suid. II 2 648. p. 318 (432) l. 1 Alexiph. vs. 221. fr. CDXXXIII l. 1 scr. 136 'in marg. L. ζ~, id est ζήτει.' Dindf. fr. CDXXXIV. ad Men. 4, 74 (4, 3) haec referebat Bergkius. fr. CDXXXV scholion ita habet: σησαμῆ: (παρὰ τὸ ἐν τοῖς γάμοις ἔθος. ἐδόκουν γὰρ ἐν τοῖς γάμοις σήσαμον διδόναι, ὅς ἐστι) πλακοῦς γαμικὸς ἀπὸ σησάμων πεποιημένος, διὰ τὸ πολύγονον, ὥς φησι Μένανδρος. cf. infra p. 109. p. 319 (440) v. Eurip. fr. p. 509 Nauck. de imitatione Euripidis v. Mein. IV p. 708. fr. CDXLI omissum in ed. min. de scholiasta Apollonii I 1126 et de Maeandrii Milesiacis (C. Keil. vindic. onomat. p. 9 sqq.), non Menandri de mysteriis opere, dixit Meinekius philol. in Athen. exerc. II p. 15 sq. apud Henr. Keilium Apollonii scholion hoc est: περὶ τῶν Ἰδαίων Δακτύλων καλουμένων πρώτους *(τούτους) φησὶν εἶναι καὶ παρέδρους τῇ μητρὶ τῶν θεῶν, ἀκολουθῶν Μαιανδρίῳ (cod. μαιάνδρῳ) λέγοντι Μιλησίους, ὅταν θύωσι τῇ Ῥέᾳ, προθύειν Τιτίᾳ καὶ Κυλλήνῳ. ascripsit H. Keilius C. Mülleri fragm. hist. gr. II p. 334. cf. IV 448. huius in locum min. ed. recepit Arsenii annotationem (infra p. 109 fr. DXIX): Μένανδρος τὸν φθόνον πρόνοιαν τῆς ψυχῆς εἶπεν. Nauckius πονηρίαν τῆς ψυχῆς proponebat propter ipsius Menandri p. 235 (12, 8): φθόνος - ψυχῆς πονηρᾶς δυσσεβὴς παράστασις. equidem comparaverim Socratis illud: ὁ αὐτὸς τὸν φθόνον ἔφη τῆς ψυχῆς εἶναι πρίονα, Maxim. Conf. II p. 658 Combef. (Orelli opusc. sent. I p. 22), pro quibus Stobaeus Flor. 38 48 habet: ἕλκος εἶναι τῆς ψυχῆς. ad πρίονα Nauckius confert Anth. Pal. XII 18: ψυχῆς ἐστιν Ἔρως ἀκόνη. fr. CDXLV Steph. Byz. I p. 614 10: Τέμβριον, πόλις Φρυγίας. Χάραξ δὲ Τύμβριον (corrige utramque ed.) αὐτήν φησι. Μένανδρος δὲ Τεμβρίειον φησὶν ὡς Γορδίειον. ibi Ἀλέξανδρος scribendum videbatur Meinekio, uti ib. p. 356 16: ὁ κτιστὴς Καππάδοκος εἴρηται ὑπὸ Μενάνδρου (Ἀλεξάνδρου?). p. 320 (446) l. 3 scr. τινι τῶν ἀρχαίων. fr. CDXLVII adde eiusdem Phrynichi p. 416, ubi λήθαργος et μεσοπορεῖν notantur, item p. 415 πορνοκόπος. p. 321 fr. CDLII secuta est ed. minor Nauckium non κέπφος vocem sed quae sequuntur apud Aristoph. Boissonadii Menandro vindicantem. V. de Aristoph. gramm. fragm. Paris. p. 40—42. Ar. Byz. p. 84 sq. 172: ἄγγαρος· ὁ ἐκ διαδοχῆς γραμματοφόρος, ὡς Ἡρόδοτος ἐν ὀγδόῳ· καὶ οἱ εὐτελεῖς δὲ καὶ ἄφρονες οὕτως ὠνομάζοντο, ὡς Μένανδρος. 'ἄγγαρος (Nauckius inquit) primum eam vim accepit ut esset id quod ἐργάτης, ὑπηρέτης, ἀχθοφόρος, deinde proclivi flexu ad stupidum quemlibet hominem et inertis ingenii baiulum translatum est.' fr. CDLIII[a] κεφάλαιόν ἐστι: cf. fragm. 4, 227 (2, 10). p. 322 (456) l. 5: ἔνθα λέγει τοὺς Ἀττικοὺς.. μεταποιεῖν, τὸ δυοῖν κτλ. fr. CDLVII v. Choerob. p. 671 27 Gaisf. item p. 854 7, ubi βούλει τί Κνήμων εἰπέ (Bar. εἶπον) μοι. annot. l. 5 scr. 'ex Choerobosci excerptis edidit' fr. CDLVIII v. Gaisf. p. 585 11. l. 2 scr. ἤιειν διὰ τοῦ η κτλ. apud eundem Choerob. p. 872 3. 4 ὡς παρὰ Μενάνδρῳ, "ἀπήει τῶν τόκων τόκους ἔχων", atque ita in excerptis Anecd. Ox. l. c. fr. CDLIX v. Choerob. p. 268 sq. l. 4 ψευδὲς Bekkeri confirmat Marcianus Cobeti Et. Gaisf. p. 8. in Menandri verbis Gaisfordi Coisl.: οὐκ ἔχων οὔτε ἅλς οὔτε ὄξος οὔτε ὀρύχανον. Cobeti liber: οὐκ ἔχω οὔθ' ἅλας. ο. ο. ὀρίγανον. in iis quae praecedunt apud Choerob. p. 268 25 sqq. (Bk. 1314) παρὰ Λυκάωνι τῷ Τρωάδῃ (Λύκωνι τῷ Τρωαδεῖ Gaisf.) legimus: is Meinekio ad Steph. I p. 721 non dubium videbatur quin idem esset Lyco, de quo agit Diogenes Laert. V c. 4. quod annotare debebam supra p. CXXIV. p. 323 (460) v. Choerob. Gaisf. p. 655 30. 31. annot. l. 3 scr. Barocc. cod. ap. Cram. An. Ox. fr. CDLXI v. Choerob. Gaisf. p. 241 15. 16 ubi Ven. Cobeti ἀπεσχόμενον, quod recipiendum suasit Schneidewinus g. g. a. 1848 p. 1796: τὸν χόα | ἀπεσχύμενον. fr. CDLXII^b l. 3. 4: 'ad Menandri fabellam, in qua Cilvenses thesaurum terra absconderant, haec spectare videntur.' ed. min. cf. Orelli ad Horat. l. c. p. 324 (463) apud Stobaeum Flor. LX 3 haec Hermodoto tribuuntur, v. Mein. in Ath. exerc. II p. 41. Bergk. Lyr. II 1043. fr. CDLXVI vs. 2 cod. δεικνύουσιν αὐτὸν τὸν τρόπον κτλ. Meinekius: δεικνύουσιν αὐτοῖς τὸν τρόπον τοῖς ῥήμασιν. annot. l. 1 scr. 'p. 198' fr. CDLXVII vs. 1 Meinekius: ὁ μὲν λόγος σου καὶ (pro καί) κατ' ὀρθὸν εὑρίσκεται κτέ. p. 325 fr. CDLXX in ed. min. p. XXI Meinekio duobus fragmentis constare videbatur, quorum alterum ita scribebat: μήποθ' ὁ πονηρὸς κατασχέσει χρηστοῦ τόπον. Nauckius: μηδ' ὁ πονηρὸς κτλ. annot. l. 2 scr. monost. 40. fr. CDLXXI αὐτὴν ἔχει] 'sic clare ms. ut Iacobs. e coni.' Gaisf. ed. II p. 721. fr. CDLXXII in min. ed. videntur duo fragmenta esse. Vs. 1 in mon. 34 ἀχάριστος scribitur. Vs. 2 in mon. 645. 2. 3 ab Isidoro Pelus. epist. V 75 respici indicavit Mein.: λίαν σοι μέμφομαι ὅτι τέθνηκε παρὰ σοὶ ἡ χάρις, ἣν δεόμενος τότε ἀθάνατον ἕξειν διεβεβαιοῦ. p. 326 fr. CDLXXIII μανθάνειν (cf. infra p. 109) ex sequenti Euripidis versu (σοφοῦ παρ' ἀνδρὸς χρὴ σοφόν τι μανθάνειν) illatum videtur Meinekio. fr. CDLXXIV περιβεβλῆσθαι de tertiae syllabae correptione v. infra p. 8. ad Scymn. p. 9. ad Theocr. p. 331. fr. CDLXXV, τοὐμὸν οὐ μαθὼν ἴσει, Cobetus Mn. IV 247 οὐ μαθὼν ἄπει scribebat; Meinekius: τοὐμὸν οὐκ εἴσει μαθών, 'h. e. οὐ μαθὼν οὐκ εἴσει.' p. 327 fr. CDLXXVIII vs. 1 pro νῦν Meinekio scribendum videtur νοῦν. ad fr. 1005—1007 in min. ed. scr. p. 76 18—20. fr. CDLXXX annot. l. 2 Μιμνέρμῳ: cf. Bergk. Lyr. II 393. 329. l. 5 cod. μιμηέρμῳ. ceterum cf. Dindorfium ad schol. Nub. 542. fr. CDLXXXI φρυγῶν μυσῶν cod. ad fr. CDLXXXII (p. 328, 2) ἦ .. ἤτοι cf. Nauck. progr. p. 35 (ad

Soph. fr. 103). fr. CDLXXXIII τὸν δὲ Θίμβιν ὁ Μένανδρος συνεχῶς Τίβιον ὀνομάζει l. 7 Τίβειον et l. 8 'Leuconis' fragm. infra correcta. ad fr. CDLXXXV scr. Syrianus p. 329 (490) l. 5 Ἄργουρα: adde Lob. path. proll. 272. Lehrs. Herod. p. 40. Mein. vind. Strab. p. 158. fr. CDXCI cf. infra p. 109. fr. CDXCIII v. Choerob. Gaisf. 278 31 sqq. ubi Coisl. cod. ἀλλὰ προσέδωκας τάλαντον εἶναι παρ' ἡμῖν τὸν ἴκτινα. Ven. Cobeti (Et. m. p. 8): προσεδόκας pro προσέδωκας et in fine τὸν ἰχθύν. Schneidewino haud contemnendum videbatur προσεδόκας, g. g. a. 1848 p. 1796. p. 330 fr. CDXCV annot. l. 2 scr. Misog. V 3. ad fr. CDXCVII cf. add. p. 109. Theophylact. Boiss. p. 48: πεπαύμεθα πενίᾳ μαχόμενοι δυσνουθετήτῳ θηρίῳ καὶ δυσκόλῳ, quem indicavit Nauck. philol. V 558. v. in anon. suppl. fr. CDXCVIII est schol. Aeschin. or. III § 95. fr. CDXCIX Sauppius . . φιλόνεικος δ' ἐστὶ κάγρεία γυνή | αἰς μῆνιν. p. 331 fr. DI l. 3 ὡς ὁ παρὰ Μενάνδρῳ Δημέας τὴν Κράτειαν: ita haec in ed. Berol. leguntur, atque defendit hanc scripturam C. Keilius in philol. I 552 allatis nominis Κράτεια exemplis. adde ib. III p. 316. Choerob. 324 5. Mein. 'monatsber. d. k. pr. akad.' 1852 p. 581. ad Δὶς ἐξαπατῶντα fab. hanc notitiam referebant Dübnerus et Bergkius, cf. Keil. l. c. I 552. fr. DIV 'cf. Diphili fr. inc. XL' ed. min. Mein. ad Alciphr. p. 98 sq. p. 332 fr. DV schol. Aristid. p. 541 Dind. οὐχ ἅμα τῷ καταβαλεῖν] ἀντὶ τοῦ σπείρειν (σπόρου D). καὶ Μένανδρος "τἄλλα δ' ἄν τις καταβάλῃ." BD. ap. Frommel. p. 205: τὰ δ' ἄλλ' ἄν (Schneidew. ἐάν) τις καταβάλῃ." apogr. Mon. τἄλλα θ' ἄν τις καταβάλῃ. fr. DVI cf. Plat. Lys. 205e: ἃ δὲ ἡ πόλις ὅλη ᾄδει περὶ Δημοκράτους κτλ. eandem vocem aliquando Aristophani restituebam Av. 600 (ad Calliae 2, 736 fr. II): οὔτοι γὰρ ἴσασ'· ᾄδουσι δέ τοι τάδε πάντες. fr. DVIII l. 2 ἐδίδοσαν fr. DIX l. 2 Μένανδρος ὠνόμασεν. fr. DX l. 2 τὰ ὑποκοριστικὰ fr. DXI l. 1 scr. An. Ox. IV 412 25, sunt Choerobosci v. p. 906 25 Gaisf. idem Choeroboscus est fr. DXII (p. 333) v. ap. Gaisf. p. 907. l. 2 scr. τὸν παρῳχημένον, l. 3 apud Cram. ἤραρον, ἤρων ἁρμολογῶ καὶ νῦν δ' ἐρῶ παρὰ Μενάνδρῳ, quae apud Gaisfordum egregie ita procedunt:

ἥρων γάρ, ἥρων, ὁμολογῶ· καὶ νῦν δ᾽ ἐρῶ,

παρὰ Μενάνδρῳ. caeterum cf. Men. fr. 4, 248 (46). fr. DXIV l. 3 scr. ἀλλόκοτον p. 334 cf. infra p. 109. ex iis, quae ibi allata sunt, fragmentorum additamentis haec DXVIII. DXXII v. ed. min. p. 1038. fr. DXIX supra habuimus ad p. 319 (441) suppl. ed. min. p. 1028. fr. DXX. DXXI v. ed. min. p. 1015 sq. supra ad 4, 295 fr. CCXCIV suppl. nova nuper haec accesserunt:

DXXIII (DXX)

ἐν νυκτὶ βουλάς, ὅπερ ἅπασι γίνεται,
διδοὺς ἐμαυτῷ.

Etym. Gud. 222 40: εὐφρόνη, ἡ νύξ, παρὰ τὸ εὖ φρονεῖν ἐν αὐτῇ, ὡς Μένανδρος. ἐννυκτ.˜ . . . βουλας, ὅπερ ἅπασι γίνεται διδοὺς ἐμαυτῷ. indicavit A. Nauck. philol. IV 360, comparato mon. 150: ἐν νυκτὶ βουλὴ τοῖς σοφοῖσι γίνεται. cf. Et. m. 399 51: καὶ ὁ χρησμός "νὺξ καὶ βουλή." ad quae Gaisf. 'latent fortasse quae profert Etym. Sorb. ὡς Μένανδρος Ἐν νυκτὶ βουλή.' adde paroem. I p. 82. II p. 25. 'Liban. IV p. 878.' Nauck.

DXXIV (DXXI)

schol. Il. *B* 80 Par. cod. 2556 apud Cram. An. Par. III 148 (Matrang. anecd. p. 457): ζητεῖται διατί κόλακα τὸν Νέστορα παρεισάγει Ἀγαμέμνονος λέγοντος (λέγοντα Piccolos suppl. anthol. gr. p. 234) "εἰ μέν τις τὸν ὄνειρον Ἀχαιῶν ἄλλος." ῥητέον οὖν, ὅτι φιλοσόφου ἐνθυμήματι χρῆται πιστεύσας τῷ ὀνείρῳ, ὁποῖόν τι Μένανδρος ἐπεφώνει εἰπών "ἃ γὰρ μεθ᾽ ἡμέραν τις ἐσπούδασε, ταῦτ᾽ εἶδε (εἶδεν ap. Matr.) νύκτωρ." quae Meinekius ita scribit:

ἃ γὰρ μεθ᾽ ἡμέραν τις ἐξεσπούδακεν,
ταῦτ᾽ εἶδε νύκτωρ.

Mehler. in mnem. I p. 145: ἃ γὰρ μεθ᾽ ἡμέραν πάνυ τις ἐσποίδακε κτλ. Piccolos p. 234: τις ἐσπούδαζ᾽ ἔχων, κτέ. caeterum cf. Philem. 4, 56 (70). anon. 4, 669 (286).

DXXV (DXXII)

Marcianus cod. Choerob. p. 335 20: καὶ Μένανδρος "φίλη πειθοῖ." abest vulgo poetae nomen.

DXXVI (DXXIII)

τὸν νοῦν ἔχων ὑποχείριον
εἰς τὸν πίθον δέδωκα.

Galenus vol. V p. 412 K. *καὶ μὲν δὴ καὶ ὅταν μνημονεύῃ τοῦ Μενανδρείου ἔπους, ἐν ᾧ φησι, τὸν νοῦν ὑποχείριον ἔχων εἰς τὸν πίθον δέδωκα, φανερῶς κἀνταῦθα μαρτυροῦσαν ἀπόφασιν τῇ παλαιᾷ δόξῃ παρατίθεται.* indicavit et disposuit Bergkius.

DXXVII (DXXIV)

οὐκ ἐλευθέρου φέρειν
νενόμικα κοινωνοῦσαν ἡδονὴν ὕβρει.

Stobaeus Flor. LXXXIX 6 *τοῦ αὐτοῦ* (praecedit *Μενάνδρου Ἐπιτρέποντος*) vel ut in Vind. est *μ'*.

DXXVIII (DXXV)

τὸν τῇ φύσει
οἰκεῖον οὐδεὶς καιρὸς ἀλλότριον ποιεῖ.

Stobaeus Flor. LXXXIV 2 *Εὐριπίδου.* cui male tributum exemit Meinekius com. anon. IV p. 690 (347). 'pertinet forte lemma ad locum sequentem, ut haec sententia sit Menandro tribuenda. deest locus A.' Gaisf. idem ad Ecl. p. 894: 'Menandro tribuere videtur S.' unde huc translata. cf. Nauck. trag. p. XI. (Arist. Byz. p. 130).

DXXIX (DXXVI)

Aristid. vol. II p. 73 Dind. *ἢ μανίᾳ τινὶ παρελήρησεν ἐπὶ τῆς μύλης*] ad quae schol. p. 410: *Μανίας τινὸς οὕτω καλουμένης εἰσαχθείσης ὑπὸ Μενάνδρου ἐν μύλωνι δεδεμένης καὶ φλυαρούσης.* indicavit Nauckius 'hall. allg. l. z. int.' 1847 p. 490. ad Alciphronea, quae p. 334 extr. allata sunt, exempla (cf. infra p. 109: *τὸ πρόσωπον* cod. Θ Seiler. Mein. *μέτωπον* Bergl. Wagn.) addas ex Meinekii Alciphrone p. 173 'I 4 3: *οὐκ ἔστι τοῦτο σωφρονεῖν οὐδ'* (pro *οὐδὲ*) *ἀγαθὰ διανοεῖσθαι.* admonui, inquit, de numeris horum verborum, quae non incredibile est e Menandro aliove comico ducta esse. numerosa item et iambico trimetro inclusa etiam haec sunt II 1: *πέφρικα καὶ δέδοικα καὶ ταράττομαι* [cf. Ar. Nub. 1133. Mein. ad Diph. 4, 404]. II 4 10: *ἀπιστίας κλαίουσα καὶ ποτνιωμένη.* II 3 17: *ἀκαιροτέραν. Δήμητερ, ἵλεως* γενοῦ. III 70 1: εἰ τῶν κατ' ἄστυ πραγμάτων ἀπαλλαγείς. mitto alia eiusdem generis. talia optimis quibusque scriptoribus exciderunt saepe invitis, multumque falluntur, qui ubicunque verba metricam speciem referunt, scribentes ea e poeta aliquo derivasse censent.' cf. ib. p. 145 ad III 59 3: 'scripsi ἀπολάψομεν. videtur autem Alciphro ex nescio quo poeta comico haec traduxisse;' ecce enim optimum trimetrum: καλὴν καλῶς ἀπολάψομεν τὴν πλησμονήν, bonam bene abliguriemus copiam.' adde ad III 63 2 p. 157. Menandri epigrammata etiam Bergkius in Lyricorum syllogen recepit, v. II p. 529. in imae paginae annot. scr. 'p. 147—152.'

p. 336 vs. 14 hodie ἐρεύγεται Mein. Vs. 16 τῶν ἄνω καὶ τῶν κάτω ap. Boiss. Vs. 19 corr. μή μ' p. 337 vs. 37 βλέψῃς φίλον, Vs. 49 κἂν p. 338 annot. l. 12 κυλίνδεται: cf. Cobeti V. L. 133. p. 339, 7 sequatur l. 10 'inc. fab. CXLVII.'

p. 340—362 Menandri gnomae monost. cf. Nauck. philol. V 554. VI 422 sq. trag. fr. p. 759. vs. 1 φρονεῖν ἀνθρώπινα Nauck. trag. p. 690 ex V. Aesopi p. 46 8. vs. 4 adesp. trag. p. 661. vs. 7 πάντα γὰρ καιρῷ ἰδίῳ ἔχει χάριν V. Aesop. 47 22. vs. 8 trag. fr. p. 643. vs. 10 Nauckius composuit Io. Dam. ap. Gaisf. Stob. ecl. p. 720 9: ἔστι δὲ ἀχάριστος οὐ μόνον ὃς εὖ παθὼν δρᾷ κακῶς ἢ λέγει, ἀλλὰ καὶ ὁ σιωπῶν καὶ ἀποκρύπτων τὰς χάριτας. vs. 13 v. ad Men. 4, 293 (283) suppl. vs. 14 adesp. trag. p. 717. vs. 18 confert Nauck. Diodor. exc. Vat. p. 33: εὔηθες—τὰ φανερὰ ἀγαθὸν ζητεῖν ἀφέντα τὸ φανερόν. vs. 19 apud Doxop. Walz. II p. 288. V. Aesop. 46 19. vs. 24 cf. Georgid. Boiss. An. I p. 12: ἀνδρὸς πανούργου φεῦγε τὰς ὁμιλίας. monost. Flor. ap. Piccolos 'suppl. à l'anthol. gr. Paris. 1853' p. 230: ἀνδρὸς πανούργου φεῦγε τὰς ξυναυλίας. vs. 25 εἰς ὕδωρ γράφε: cf. Nauck. tr. fr. p. 245. vs. 26 append. Stob. p. 763 ed. II. vs. 28 Eurip. fr. p. 356. vs. 31 cf. Sophocl. fr. p. 139. vs. 32 cf. supra p. CCXLVIII ad fr. XI. vs. 34 v. Men. fr. 4, 325 (472) ubi ἀχάριστον. vs. 35 ἀνὰ προφάσεως Flor. vs. 38 cum vs. 32 fort. coniungendus: ἅπαντας εὖ πράττοντες ἥδομεν φίλους, | ἀνδρὸς δὲ κακῶς πράττοντος ἐκποδὼν φίλοι. vs. 42 v. Nauck. fr. Sophocl. p. 265. vs. 43 v. ad Dionys. suppl. p. CCXX. Vit. Aesop. 47 2 West. vs. 45 est apud Gellium XVII 21 31. vs. 46. 47 v. trag. fr. p. 587. vs. 48 cf. 76. vs. 49 πονηρία Brunck. πανουργία Bothe. vs. 50 Nauck. affert Greg. Naz. II p. 16 B: ὄντως ἀσ. ἢ πον. vs. 52 Mein. ed. min. p. XXI: ἀνὴρ δίκαιος πλοῦτον οὐκ ἔχειν ποθεῖ. [vs. 53 cf. Flor. syll. p. 228 Ricc. ἀρχὴν ἁπάντων καὶ τέλος ποιοῦ θεόν.] vs. 56 cf. vs. 595. vs. 58 = 599. vs. 62 ἦν δίκαιος ᾖς Gesn. Stob. Flor. IX 1. vs. 68 Nauckius Basil. exhort. 18 annotavit, ubi βουλῆς ἀρίστης. vs. 69 v. Eur. Alcest. 782. vs. 72 βούλου γονεῖς κτλ. cf. supra p. CCXXXVII. vs. 76 cf. 48. vs. 78 μὴ στρέφης Bothe coll. mon. 468. cf. supra p. CCXXXVII. vs. 79 nonne transponendo verborum ordine recte habebit? ἔμψυχος εἰκών ἐστι βασιλεία θεοῦ. al. (v. Men. ed. pr. p. 345) εἰκὼν δὲ βασιλεύς ἐστιν ἔμψ. θ. in Rosettana inscr. § 3 habemus: εἰκόνος ζώσης τοῦ Διός. caeterum cf. Men. 4, 307 (348). Diph. 420 (40). vs. 80. 81 v. ap. Bergk. Lyr. II 528. Nauck. trag. p. 643. 642. ad vs. 80 Westerm. confert V. Aes. 46 21: τῆς δὲ γλώσσης σου ἐγκρατὴς γίνου. vs. 88 Soph. Aiac. 293, γύναι, γυναιξὶ κόσμον ἡ σιγὴ φέρει, comparavit Nauck. vs. 89 Eurip. fr. v. p. 332 N. mon. 539. 668. Flor. Picc. p. 231 χρόνος πάντα τίκτει καὶ πάλιν [πάντα] κομίζεται. vs. 92 σὺ τὰ χρυσία: Polluc. VII 103 'εἴρηται δέ που καὶ τὰ χρυσία παρὰ τοῖς κωμικοῖς ἐπὶ τῶν γυναικείων κοσμημάτων'. vs. 95 in appen. 4, 690 (348). Chaerem. p. 613 N. vs. 110 Flor. γεγονὼς pro γενόμενος. vs. 112 idem: γλώσσης δ' ἀγαθῆς ἔργα πονηρὰ τυγχάνει. illud v. in adesp. trag. p. 690. vs. 114 Nauck. philol. V 554 malebat δίκαιος εἶναι μᾶλλον ἢ δοκεῖν θέλε, coll. Blomf. Aesch. Sept. 589. vs. 117 v. annot. p. 364 (Eur. fr. p. 499). vs. 119 ap. Gesn. Stob. IX 1 δίκαιος ἴσθ', ἵνα καὶ δικαίων δὴ τύχης (δικαίων τυγχάνῃς?). vs. 120 Bothius cens. p. 88: δυνατοὺς τὸ πλουτεῖν καὶ φιλανθρώπους ποιεῖ. vs. 125 Eurip. fr. p. 335 apposuit Nauck. vs. 129 Eur. (v. annot.) p. 489 N. vs. 130 'Eur. Iph. T. 1032.' ed. min. vs. 131 Westerm. comparavit V. Aesop. 46 18: πάντα δεινὸν ἄνδρα φεῦγε. vs. 133 cf. vs. 413. vs. 137 recepta in min. ed. editoris correctio: δίωκε δόξαν κἀρετήν, φεῦγε ψόγον. Flor. p. 230: δίωκε δόξαν, ἀρετήν, φεῦγε φόγον. vs. 140 δικαίῳ etiam Flor. Hirschig. p. 26: ἔργον δίκαιον καρπὸν εὐθέως φέρει. vs. 141 ἀνδρί γ' ἐσθλὰ

Bothius. vs. 142 cf. 155. vs. 147 Nauck. comparat Eur. Or. 666: ἐν τοῖς κακοῖς χρὴ τοῖς φίλοισιν ὠφελεῖν. vs. 149 v. Eur. fr. p. 375 N. vs. 150 ἐν νυκτὶ βουλὴ κτλ. v. supra ad p. 334 fragm. suppl. DXXIII. vs. 155 cf. 142. pro πρᾶξαι et hic πράξειν scribebat Hirschig. p. 27. vs. 156 ἔρωτα παύει λιμὸς ἢ χαλκοῦ σπάνις: Flor. p. 230 χρυσοῦ σπάνις, illud recte habet, cf. vs. 365 μαστιγίας ἔγχαλκος. adde βίου σπάνις vs. 77. caeterum v. Bergk. Lyr. II 527 (17). vs. 159 cf. supra p. CLXXIII. vs. 164 in inc. trag. p. 690. cum vs. 166, item vs. 325 (683), Piccolos comparavit mon. Flor. ἐχθροῦ παρ' ἀνδρὸς μὴ δέχου συμβουλίαν. vs. 167 οὐ καταφρονητός reponebat Hirschig. p. 27. vs. 169 v. add. p. 110 (Eur. fr. p. 437, ubi cum Pors. ἡμπειρία τε τῆς ἀπειρίας κρατεῖ). 'vs. 170 et 171 recte ad unum fragmentum coniunxit Bothius.' Mein. ed. min. p. XXI. vs. 173 v. in Antiphontis trag. fr. p. 616. vs. 179 v. ad Philemonis spur. supra p. CCXXXIX. vs. 182 num ἔστιν τι κἂν κακοῖσιν ἡδονῆς μέτρον? vs. 183 v. infra p. 110. adde ad Men. 4, 183 (4) suppl. vs. 187 ms. Flor. καλλίστων εὐδοξίαν. vs. 188 cf. 199. vs. 193 v. Aeschyli fr. p. 91 N. vs. 195 in adesp. trag. p. 690. vs. 197 v. trag. fr. p. 644 (3). οὐκέτ' ἂν ἐλεύθερος ms. Flor. vs. 199 cf. vs. 188. vs. 205 cf. vs. 220. vs. 208 est in Dionysii tragici (al. Euripidis) fr. p. 617 N. adde Spengel. Caecil. p. 8. vs. 212 Bothius contulit vs. 602, ubi ἡ δ' ἀργία πέφυκεν ἀνθρώποις κακόν. hinc ἀπραξία (Both. ἀπραγία) fort. restituas. cf. Men. 4, 258 (93). [vs. 216 est Euripidis Phoen. 406]. vs. 221 de ἦ voculae usu cf. vs. 680. vs. 222 est in Euripidis fr. p. 526, ubi τοῖς σοφοῖσιν ἀπόκρισις coniecit Nauckius, vid. philol. IV 544 sq. de σιωπῇ cf. Mein. Alciphr. p. 157. vs. 229 πράξεις κατὰ τρόπον cum Boissonadii anecd. scriptum ed. min. vs. 231 θάλασσα καὶ πῦρ καὶ γυνὴ κακὸν τρίτον ap. Cramer. An. Par. IV 320 legi annotavit Nauck. vs. 232 in ms. Flor. θέλων κακῶς ζῆν μετὰ τῶν φαύλων πρᾶσσε. vs. 235 idem: θησαυρός ἐστι τοῦ βίου τὰ γράμματα. v. mon. 404. vs. 240 θέλω τύχης σταλαγμὸν ἢ φρενῶν πίθον: v. apud Orelli opusc. sent. II p. 118. et multorum testimonia apud Nauck. Diogen. fragm. trag. p. 628 sq.

vs. 242 cf. 252. apud Stob. XXX 6: θεὸς δὲ τοῖς ἀργοῦσιν οὐ παρίσταται. 'Menandro tribuere videtur S.' Gaisf. v. Nauck. ad Soph. fr. 287. adesp. p. 720. vs. 245 (vs. 574) Piccolos comparat Flor. p. 228: θυμὸν χαλίνου, μὴ φρενῶν ἔξω πέσῃς, 'legitur in sent. mon. Greg. Naz. 8 (ed. Colon. II p. 186)' Westerm. V. Aes. 47 5, ubi θυμοῦ κράτει, μὴ φρενῶν ἔξω πέσῃς. vs. 247 adesp. trag. p. 691. vs. 249 cf. Apostol. p. 289 Leutsch. vs. 250 θεοῦ γὰρ οὐδεὶς χωρὶς εὐτυχεῖ βροτῶν ms. Flor. alia scripturae testimonia v. annot. p. 367. Nauck. progr. p. 54. trag. fragm. p. 534. vs. 251 v. ap. Nauck. Soph. fr. p. 267. vs. 252 cf. 242. vs. 255 θεῶν ὄνειδος in min. ed. recepit Mein. θεῷ 'στ' ὄνειδος Hirschig. p. 27. cf. Nauck. trag. adesp. p. 691. vs. 259 cf. 672. vs. 262 ἱκανὸν τὸ νικᾶν ἐστι τῷ γ' ἐλευθέρῳ Bothius. vs. 263 = 678. vs. 271 scripserim: ἰδών τι κρυπτὸν μηδὲν ἐκφάνῃς ὅλως, cf. mon. 418. 225. Men. 4, 248 (44). vs. 274 (cf. 475) v. adesp. trag. p. 691. Nauckius contulit Greg. Naz. vol. II p. 159 A ed. Col. vs. 276 adesp. trag. p. 691. vs. 280 cf. 470. v. Nauck. philol. VI 423, qui Medeae attulit vs. 1018: κούφως φέρειν χρὴ θνητὸν ὄντα συμφοράς. vs. 283 cf. 608. Corp. Inscr. v. infra p. 110. vs. 288 cf. 301. vs. 291 (non 290 ut infra et ed. min.) cf. Corp. Inscr. v. add. p. 110. Nauckii adesp. tr. p. 712. vs. 292 est Eur. Med. 618 annotante Nauckio. vs. 297 Aeschyli fr. v. p. 91 N. Vit. Aesopi 47 7 contulit West. vs. 298 Flor. καρπὸς δ' ἀρετῆς ἐστιν εὐκαιότατον. vs. 299 cf. 608. vs. 300 est Antiphanis fr. 3, 154 (62). apud Greg. Naz. vol. II p. 239 D κρεῖσσον pro μᾶλλον legi annotavit Nauck. ad vs. 301 idem contulit Eurip. Cycl. 312: πολλοῖσι γὰρ | κέρδη πονηρὰ ζημίαν ἠμείψατο. caeterum v. mon. 288. vs. 309 cf. 312. vs. 310 in adesp. trag. p. 691. vs. 312 cf. 309. vs. 313 recepit Meinekii coniecturam λόγῳ μ' ἔπεισας Nauckius adesp. p. 691. vs. 315 idem comparavit Nicet. Eugen. 1, 269. vs. 317 cf. V. Aes. 47 16 West. vs. 318 Nauck. affert Floril. Leidens. Brink. philol. VI 583 (ubi λιμὴν μὲν πλοίῳ ὅρμος, βίῳ δ' ἀλυπία). cf. ib. IX 369. vs. 319 v. Men. fr. 4, 252 (65, 3). vs. 320 et 321 inter se cohaerere annotatio est Nauckii. vs. 323 cf.

anecd. p. 368. v. Men. 4, 289 (255) cum suppl. vs. 325 = 683. cf. ad 166 suppl. vs. 326 = Men. 4, 240 (23, 1). cf. mon. 577. 674. ad vs. 328 ascribam ex Flor. ms. p. 230: λαλεῖν μὲν οἶδας, τὸ λαλεῖν δ' οὐκ αἰσθάνῃ, quae ita refinxerim: λαλεῖν μὲν οἶσθα, τί δὲ λαλεῖς οὐκ αἰσθάνῃ. vs. 330 cf. 611. vs. 332 Euripidis fragm. p. 511 Nauck. cf. Spengel. Caecil. p. 8. vs. 335 Bothius p. 88: μὴ πάντ' ἀπαιρέως πᾶσι πιστεύειν ἀεί. vs. 336 Flor. et Nilus Boiss. IV 438: μὴ μιμοῦ κακὸν τρόπον. caeterum cf. V. Aesop. 47 21 West.

vs. 338 v. Stob. Mein. tit. 29 25ᵃ. Nauck. Eur. fr. p. 461.

vs. 339 = Men. 4, 127 (3, 3) cf. suppl. p. CCLII. vs. 340 = Men. 4, 103 (2, 1). vs. 347. incerti poetae apud Stob. ecl. I p. 228, μετὰ τὴν σκιὰν τάχιστα γηράσκει χρόνος, inter trag. adesp. p. 718 recepit Nauck. vs. 351 v. adesp. p. 725 Nauck. vs. 352 Flor. χρηστὸν ὅτ' εἴπῃ λόγον. Bothius: μισῶ, πονηρὸς χρηστὸν ὅταν εἴπῃ λόγον. vs. 357 μακάριος ὅστις ἔτυχε γνησίου φίλου V. Aesopi 48 2. 3. vs. 363 τέκνα καὶ γυνή Nauckius ex Eurip. fr. p. 420. vs. 364 Mein. ed. min. p. XXI sq. μὴ πρὸς τὸ κέρδος εἰσαεὶ πειρῶ βλέπειν.

vs. 365 μαστιγίας ἔγχαλκος, h. e. dives, v. Hecker. in Anthol. p. 317 (Mein. vind. Strab. 72). cf. χαλκοῦ σπάνις vs. 156. adde anon. com. 4, 614. vs. 368 v. adesp. trag. p. 718.

vs. 372 v. fr. Sophocl. p. 263. ad vs. 373 cf. Soph. fr. p. 225 (Nauck. philol. IV 541). vs. 375 cf. 387. vs. 380 cf. 580 ubi νόμοις ἕπεσθαι. vs. 383 v. Philem. 4, 63 (110).

vs. 387 cf. 375. vs. 396 Bothius: ξενίας ἀεὶ φρόντιζε μὴ καθυστερεῖν. vs. 397 ξένον ἀδικήσῃς in min. ed. scriptum.

vs. 400 Westerm. confert Aesopi vit. p. 47 sq. ξένους ξένιζε καὶ προτίμα καὶ παραδίδους τίμα, μήποτε καὶ σὺ ξένος γένῃ. adde vs. 618. vs. 405 ἀγνοοῦντας Flor. vs. 407 Nauckius confert Soph. Oed. Col. 309: τίς γὰρ ἐσθλὸς (legit ἔσθ' ὃς) οὐχ αὑτῷ φίλος; vs. 409 Flor. ὅπου βία πάρεστιν, οὐ σθένει νόμος, quod edito praestat. vs. 412 v. adesp. trag. p. 695. vs. 413 cf. 138. cum vs. 416 Nauckius comparavit Eur. fr. p. 534: οὐκ ἔστιν ἀρετῆς κτῆμα τιμιώτερον. mon. 482 σοφία δὲ πλούτου κτλ. vs. 419 cf. supra p. CCLXIII. vs. 420 respicit Varro Sat. VII 1 Oehl.

'non mirum si oneculis: aurum enim non minus praestringit oculos, quam ὁ πολὺς ἄκρατος.' v. Mein. 'zeitschr. f. d. alt.' 1845 p. 737. vs. 421 Euripidis fr. v. p. 374 N. vs. 427 οἶνος γὰρ ἐμποδίζει] 'τὸ συμφέρον addit cod. Par. 396 teste Boisson. anecd. nov. p. 45, qui ἐμποδίζεται coniecit.' Nauck.

vs. 431 οὐδεὶς ἐπιχειρεῖ τοῖς *δεδυστυχηκόσιν: quod ultimum ita esset! interim aut οὐ δεῖ σ' ἐπιχειρεῖν scribere poteris collato vs. 145: ἐπ' ἀνδρὶ δυστυχοῦντι μὴ πλάσῃς κακόν, aut quod multo praestat: οὐ δεῖ σ' ἐπιχαίρειν τοῖς δεδυστυχηκόσιν, ut etiam Hirschigio visum p. 27 comparanti Men. fr. 4, 264 (127): ταῖς ἀτυχίαισι μὴ 'πίχαιρε τῶν πέλας. vs. 432 cf. Piccol. p. 229. vs. 434 cf. ad Men. 4, 72 (14) suppl. p. CCXL sq. vs. 439 ita emendavit M. Hauptius philol. III 545: οὐδεὶς πυρετοῦ χρήματα διδοὺς ἐπαύσατο. aliter Cobetus, qui οὐδεὶς πυρέττων χρήματα δοὺς ἐπαύσατο, mnem. IV 276. vs. 440 pro ἐστὶν ἐν τοῖς πέλας Paris. cod. 1696 teste Boiss. in Pachym. p. 2 habet ἐστὶν ὕπουλος, Nauckio legendum videtur ἐστὶν αἱμύλος λύκος. vs. 446 'imo vero, Cobetus inquit, πολλοὺς ὁ καιρὸς οἰκέτας ποιεῖ φίλους.' mnem. IV 136. vs. 448 πρᾶττε τὰ σεαυτοῦ Mein. ed. min. p. XXII ut Dübnerus. Flor. ms. πράττων τὰ σαυτοῦ μὴ τὰ τῶν ἄλλων σκόπει. vs. 450 cf. Men. 4, 330 (497). vs. 451 = 701. vs. 452 'Nauckius ad fidem cod. Vind. 2 ita corrigit ὁ γάρ σε θρέψας κοὐχ ὁ γεννήσας πατήρ.' ed. min. p. XXII. vs. 456 cf. mon. 34. Men. 4, 325 (472): num ἅπας πονηρός ἐστιν ἀχάριστον φύσει?

vs. 459 scriptus in min. ed. ut p. 370 proposuit editor: πάντ' ἀνακαλύπτων ὁ χρόνος εἰς τὸ φῶς φέρει. cf. mon. 592: χρόνος τὰ κρυπτὰ πάντα πρὸς *(τὸ) φῶς ἄγει. V. Aesop. 48 5: πάντα δὲ τὰ καλυπτόμενα ὁ χρόνος εἰς φῶς ἄγει. vs. 462 cf. Eur. fr. p. 433 extr. Nauck. vs. 464 Cobetus mn. IV 276: πρὸς εὖ λέγοντά σ' οὐδὲν ἀντειπεῖν ἔχω. vs. 468 cf. mon. 78. Philem. 4, 62 (106) c. suppl.

vs. 470 cf. 280. Nauchius annotavit Eur. Or. 1024: φέρειν ἀνάγκη τὰς παρεστώσας τύχας. vs. 471 est Eur. Alcest. 1078. Stob. Flor. 114 5. Orion. VIII 24. vs. 473 ms. Flor. ῥύου σεαυτὸν ἐκ παντὸς κακοῦ τρόπου. vs. 474 σέβου τὸ θεῖον V. Aesop. 46 7. vs. 475 cf. 274. vs. 476 cf. ἐχθροῦ παρ' ἀνδρὸς μὴ δέχου συμβουλίαν ms. Flor. vs. 478 = 629. vs. 480 Nauckius composuit Eurip. fr. p. 309. vs. 482 cf. 416. vs. 488 Westerm. comparat V. Aesop. 46 15: τοὺς δὲ φίλους κατὰ πάντα εὐτυχεῖν θέλε. vs. 489 cf. Chaerem. fr. p. 611 N. vs. 490 annotari poterat supra ad Men. 4, 76 (8, 4). vs. 494 v. Antiph. 3, 149 (45) ubi τῆς ἐπιμελείας δοῦλα πάντα γίνεται. vs. 495 v. Agathonis fr. p. 593 N. vs. 496 'Bothius τὰ μικτὰ κέρδη. probabilius est, in fine versus, qui hunc antecedebat, fuisse πολλάκις.' Mein. ed. min. p. XXII. vs. 497 = Eur. fr. p. 533. vs. 498 'possis τέθνηκ' ἐν ἀνθρώποισι πᾶσα δὴ χάρις, sed videtur versus esse politicus.' Mein. ed. min. p. XXII. num ita scribendum: τέθνηκ' ἐν ἀνθρώποισι πᾶσιν ἡ χάρις? vs. 499 Eur. fr. 1015 p. 534 N. ms. Flor. αὐθαιρέτως. vs. 500 Sophocl. Alead. p. 118 N. vs. 502 Westerm. confert V. Aesop. 48 4: οὐδεὶς γὰρ κακῶς πράσσοντι γίγνεται καλὸς φίλος. vs. 504 Nauckius philol. VI 423 (trag. p. 662): τὸ γὰρ θανεῖν οὐ δεινόν (pro οὐκ αἰσχρόν), ἀλλ' αἰσχρῶς θανεῖν. interim cf. mon. 291: καλὸν τὸ θνήσκειν οἷς ὕβριν τὸ ζῆν φέρει. mon. 666: ζῆν αἰσχρόν, οἷς ζῆν ἐφθόνησεν ἡ τύχη. vs. 507 cf. 510. 502. 'vs. 508 est Aeschyli Prom. 44.' Nauck. vs. 509 = 731. vs. 510 cf. 507. 502. vs. 516 cf. ad 744. vs. 522 recte ὑγιεία. vs. 523 'forsan ὕπνος *(δ' ἄκαιρος) δεινὸν ἀνθρώποις κακόν.' Mein. ed. min. p. XXII. sed recte Hirschigius p. 27 admonuit mon. 732, ubi haec ita leguntur: ὑπόνοια δεινόν ἐστιν ἀνθρώποις κακόν. vs. 525 υἱῷ μέγιστον ἀγαθὸν *ἐστ' εὔφρων (pro ἔμφρων) πατήρ Mein. in min. ed. scripsit. Nauckius philol. VI 423 legendum suspicabatur: ἀγαθὸν εὖ φρονῶν πατήρ. idem etiam εὔφρων ὢν πατήρ scribi posse opinatur. vs. 526 hoc modo sui dissimilis factus in ms. Flor. φίλους ἔχων σπούδαζε ἢ πολὺν πλοῦτον. v. Piccol. p. 227 sq. vs. 530 φίλος με βλάπτων, item vs. 15 τὰ πολλὰ βλάπτονται, de correpta ante βλ syllaba v. hist. cr. p. 295. ad Theocr. p. 331. vs. 532 = Alexid. 3, 522 (44). vs. 535 cf. 742. vs. 538 num χρυσὸς δ' ἀνοίγει πάντα καὶ χαλκᾶς πύλας? cf. mon.

Flor. 29 p. 231: χρόνος δ' ἀνοίγει πάντα καὶ χαλκᾶς πύλας. vs. 539 cf. 668. ad 89 suppl. vs. 541 Flor. χωρὶς γυναικῶν — οὐ γίνεται. vs. 544 cf. Soph. fr. p. 261 N. vs. 545 Stobaei (v. p. 372) Escorialensis cod. Sophocli tribuit: Nauck. p. 266. vs. 546. Rhesi vs. 206 σοφοῦ παρ' ἀνδρὸς χρὴ κτλ. annotavit Nauck. vs. 550 similes comicorum versus v. com. dict. p. 585 sq. cf. ad Aeschyl. Prom. 380 intpp. Nauck. fr. dub. p. 98 sq. Boisson. ad Pachym. p. 222. vs. 552 v. annot. cf. Callisthen. ap. Plut. parall. c. V (Stob. Flor. VII 69).

vs. 554 comparat Piccolos Flor. vs. ψεῦδος μίσησον, τὴν δ' ἀλήθειαν λέγε. vs. 558 = Eur. fr. 465 2 p. 399. vs. 562 scriptus in min. ed. ὡς χαρίεν ἔστ' ἄνθρωπος ὃς ἂν ἄνθρωπος ᾖ. v. annot. p. 372. caeterum cf. supra p. CCXXIX.

vs. 572 cf. Eurip. ap. Stob. Ecl. I 3 47 (Nauck. trag. p. 345). Chaerem. p. 611. vs. 574 cf. Flor. θυμὸν χαλίνου, μὴ φρενῶν ἔξω πέσῃς, v. ad 245. vs. 576 'Demonacti tribuitur in Boissonad. anecd. I p. 118.' Nauck. v. trag. fr. p. 643. vs. 577 cf. 326. vs. 578 = Anaxand. 3, 199 (9, 1). vs. 580 cf. 380. vs. 583 = 703. vs. 584 cf. 730, ubi πανταχοῦ 'στι pro πᾶσίν ἐστι vs. 585 cf. Men. 4, 290 (257). vs. 586 = 719. Nauck. confert Soph. Ant. 326: τὰ δειλὰ κέρδη πημονὰς ἐργάζεται. vs. 587 Bothius ἀνὴρ ὕπουλος. 'hunc iambographi versum esse ostendit mensura nominis ἀνήρ. idem de vs. 588 paucisque aliis statuendum.' Mein. ed. min. p. XXII.

vs. 592 v. Philem. fr. 4, 61 (97). supra ad vs. 459. vs. 595 cf. 56. vs. 597 cf. 654. vs. 599 = 58. vs. 602 cf. ad 212. vs. 603 cf. 243. vs. 604 scriptus ed. min. ut apud Boissonadium legitur: ἴσχυε μέν, μὴ χρῶ δὲ συντόνως θράσει. vs. 608 cf. 283. vs. 611 cf. 330. vs. 614 Nauck. confert Eurip. fr. p. 539 (1043), ubi εὐτυχεῖ γάμον λαβών. vs. 618 cf. 400 c. suppl. et 527. vs. 622 in min. ed. ita scriptus: ὁ λόγος ἰατρὸς τῶν κατὰ ψυχὴν σοφός. sed ib. p. XXII: 'non diversus, inquit, est a vs. 674, ex quo corrigendum τῶν κατὰ ψυχὴν παθῶν.' vs. 623 ed. min. cum vs. 694: ὅπου γυναῖκές εἰσι πάντ' ἐκεῖ κακά. vs. 627 cf. 708. vs. 629 = 478. vs. 630 ed. min. μηδὲ πειρῶ scriptum. vs. 631 cf. 715. vs. 635 cf. 747. vs. 636 'fort. ψυχῆς ἀκεραίας οὐδέν ἐστι γλυκύτερον.' Mein. ed. min. p. XXII. vs. 638. 639 cf. supra p. CCXXXII, ubi Boissonadii annotata anecd. III p. 467: ἀνὴρ δίκαιος καὶ καλός ἐστιν οὐχ ὁ μηδὲν ἀδικῶν, ἀλλ' ὅστις ἀδικεῖν δυνάμενος οὐ βούλεται. vs. 648 v. annot. p. 362. p. 359 corr. inscriptionem pag. ΜΟΝΟΣΤΙΧΟΙ. vs. 651 Nauckius εἰς τὰ τῶν πέλας κακά. vs. 654 cf. 597. vs. 659 de σιωπῇ cf. ad Alciphr. p. 157. supra vs. 222. vs. 662 ἔσται, v. Eur. fr. Aegei p. 290 (5). vs. 663 ἐν δ' εὐπροσηγόροισιν ἔστι τις χάρις; Eur. Hippol. 95 annotavit Nauck.

vs. 664 cf. ad Antiph. 3, 53 (2) supra p. CLXV. vs. 665 cf. Diph. 4, 421 (14, 1). vs. 668 v. 539. ad 89 suppl. vs. 671 cf. Leutsch. paroem. II p. 174. Bergk. Lyr. II 938. Nauck. trag. p. 383. adesp. p. 714 (396). vs. 672 cf. 259. vs. 673 = 263. vs. 674 cf. ad 622 suppl. V. Aesopi 48 2 West. ὁ ἀγαθὸς λόγος ἰατρός ἐστι τῶν κατὰ ψυχὴν πόνων. vs. 680 ἢ cf. 201. vs. 681 cf. supra p. CLXXV sq. vs. 683 = 325. vs. 687 est Eurip. fr. p. 346 (261). vs. 692 cf. Sophocl. fr. p. 265 (861). vs. 694 = 623 suppl. vs. 695 cf. adesp. trag. p. 716. vs. 696 v. supra p. CCXLI. vs. 697 praeter Nicostratum 3, 288 (2) v. Philippid. 4, 472. Eur. fr. p. 447 N. vs. 701 = 451. vs. 703 = 583. vs. 707 Menandri (v. annot.) 4, 291 (265), ubi v. suppl. vs. 708 cf. 627. vs. 715 cf. 631. vs. 716 v. adesp. trag. p. 691. ms. Flor. p. 231 vs. 25: παντὶ βροτῷ θνήσκοντι πᾶσα γῆ τάφος. vs. 717 = Antiph. 3, 150 (47). vs. 718 cf. infra p. 110. supra p. CCLXIV. vs. 719 = 586. vs. 724 adesp. trag. p. 691. vs. 725 Chaerem. fr. p. 607 (2). vs. 727 Eur. Phoen. 393 annotavit Nauck.: τὰς τῶν κρατούντων ἀμαθίας φέρειν χρεών.

vs. 730 cf. 584. vs. 731 = 509. vs. 732 v. ad 523 suppl.

vs. 735 cf. Flor. vs. 28: ὑπὲρ σεαυτοῦ καὶ φίλου μάχου πόνο. vs. 738 v. supra p. CCLIII. vs. 742 cf. 535. vs. 744 cf. 516. Flor. vs. 1 p. 227 ὑπὲρ σεαυτὸν τοὺς πέλας καλῶς θέλε (Picc. λέγε). vs. 747 cf. 635. vs. 752 Piccolos comparat Flor. vs. 19: τὸ μικρὸν οὐ μικρόν, ὅταν ἐκφαίνῃ μέγα. vs. 756 ὡς ἡδὺς ὁ βίος, ἄν τις αὐτὸν μὴ μάθῃ. propter Leidense florilegium (philol. VI 587), unde haec enotata, ὡς σεμνὸς ὁ βίος, ἤν τις αὐτὸν ζῆν μάθῃ, Nauckius in philol.

III 370 etiam hunc versum ita scribebat, ὡς ἡδὺς ὁ βίος, ἄν τις αὐτὸν ζῆν μάθῃ. conferebat anonymi com. fr. 4, 599 (2), ὡς ἡδὺ τὸ ζῆν, ἄν τις ὡς δεῖ ζῆν μάθῃ, ut Meinekius constituit. Cobetus in mnem. IV p. 270 ex hoc ipso anonymi versu et monostichon illud depravatum putabat, et quod in Philadelphorum fragmentis habuimus (4, 220 fr. V), ὡς ἡδὺ τὸ ζῆν εἰ μεθ' ὧν *κρίνῃ τις ἄν. v. supra p. CCLXVII. Meinekio plena Menandri oratio talis fuisse videtur: ἂν μεθ' ὧν κρίνῃ τις ἄν | *(βίον διαγάγῃ), neque monostichi vituperandam censet sententiam, ὡς ἡδὺς ὁ βίος, ἂν τις αὐτὸν μὴ μάθῃ: 'h. e. dulcis est vita, nisi quis vitam, i. e. vitae curas et sollicitudines cognorit.'

p. 362 annot. l. 9 Nili sent. Boiss. anecd. IV 438 vs. 14 ἄγει τὸ θεῖον τοὺς πονηροὺς εἰς δίκην. l. 11 scr. Anecd. I p. 153. l. 14 ἀνδρῶν δ' ἀπίστων om. ὅρκον. l. 25 cf. Senecae controv. I pr. 'sed cum multa iam mihi ex me desideranda senectus fecerit, oculorum aciem retuderit, aurium sensum hebetaverit, nervorum firmitatem fatigaverit' e. q. s. l. 28 Aldina vs. 648. l. 30 Doxopater p. 363, 23 Euripidis. v. Alcest. 782. l. 24 Philem. fab. inc. CVII cf. supra p. CCXXXVII. l. 26 scr. 'e Chatele' p. 364, 2 a Stobaeo Flor. 35 6. l. 3 cum vs. 102 cf. ὦ γῆρας ἀνθρώποισιν εὐκταῖον κακόν: v. gnom. 71 ap. Leutsch. de Arsen. cod. archet. spec. I p. 8. l. 22 cum vs. 119 Leutsch. l. c. p. 4 componebat Nili versum quartum. l. 28 Stob. Flor. 71 1. l. 29 Eurip. Iph. T. 1032. l. 34 scr. ad Menandri p. 268. Boisson. Anecd. I p. 154 post ἄλλῳ (non ἑτέρῳ) addit σύ. p. 365, 4 Boiss. Anecd. νέος ὢν ἐφόδιον εἰς *(τὸ) γῆρας κατατίθου. l. 23 εὔπειστον Stob. Mein. l. 27 vs. 186 cf. Leutsch. spec. I p. 4. l. 33 scr. Flor. 67 13 Euripidi tribuit, 68 24 Hippothoo. l. 34 vs. 200 Par. Leutschii p. 8: ζῶμεν ἀνέντως μὴ προσδοκῶμεν θανεῖν. l. 1 a f. scr. tit. 87 p. 366, 3 vs. 221 ἡδὺ σιωπᾶν κτλ. etiam Nilus Boiss. an. IV 438. l. 10 corr. Boissonadi p. 367, 1 scr. οὐδείς. l. 4 Anecd. I p. 155. l. 10 'Vs. 257 ὑπερβάλλῃς τύχῃ' l. 11 Paris. Leutschii p. 6 κἂν ὑπερέχῃς πλούτου. l. 27 Nilus: καλὸν τὸ μὴ ζῆν ἐστιν ἢ ζῆν ἀτίμως. l. 33 scr. 'vol. III p. 154.' p. 368, 3 scr. ἔπεισας φαρμάκῳ l. 10 in utraque editione scr. Serm. CXIIII 14. l. 33 alibi (h. e. Stob. ecl. I p. 236. v. Nauck. philol. V p. 554). l. 35 τοῖσιν ἐγχώροις cum Grotio apud Stob. Mein. cf. Nauck. trag. fr. p. 263. Leutsch. paroem. II p. 545. p. 369, 8 vs. 378 Arsenius Sophocli tribuit. v. Leutsch. II p. 546. l. 9 vs. 379 Nilus τοὺς γονεῖς θεοὺς εἶναι. l. 11 vs. 391 Nilus τοῖς ἴσοις λάβοις τότε. vs. 393 ξίφος τιτρώσκει σάρκας gnom. cod. Par. v. Leutsch. de Arsen. sp. I p. 6. l. 15 scr. erat ἀδικήσεις. l. 18 cod. καὶ σὺ γάρ ποτε ξένος ἔσῃ. l. 22 v. supra ad ipsum vs. 409 annotata. l. 24 "ubi est φιλούντων ὀλίγον" p. 370, 1 vs. 423 οὐκ ἔστιν οὐδὲν χρῆμα βέλτιον φίλου gnom. Par. cod. Leutsch. I p. 7. l. 14 ad vs. 439 v. supra annotata. l. 17 vs. 441 Nilus ὅρκον ἔκφευγε, κἂν δικαίως ὀμνύῃς. l. 31 vs. 453 π. ἄ. μηδέπω κτήσῃ φίλον Par. Leutschii I p. 7. p. 371, 1 idem vs. 476 σοφοῦ παρ' ἀνδρὸς προσδέχου συμβουλίαν. l. 5 ad vs. 495 adde Aristot. eth. Nic. VI 4. l. 10 ad vs. 498 v. supra ad hoc mon. annotata. l. 12 ad vs. 501 Boiss. cod. τὸν εὖ ποιοῦντα l. 14 scr. ἀρετῆς ἐστι σωφροσύνη μόνη. l. 17 scr. Dobraeus Adv. II p. 280. l. 18 ad Alexandrum p. 554. l. 19 scr. 'Vs. 518' l. 22 ad 525 v. supra. l. 33 scr. An. I p. 160. p. 372, 2 vs. 549 gnome Par. cod. Arsen. ψυχῆς χαλινὸς νοῦς ἐχέφρων καὶ θεῖος. v. Leutsch. spec. I p. 8. vs. 550 ib. ψυχῆς νοσούσης φάρμακον ἡδὺς λόγος. l. 6 ad vs. 562 Nauckius philol. V 553 attulit: gramm. Herm. p. 465, ὡς χαρίεν τὸ ἀνθρώπινον ἀνθρώποισιν. item Aen. Gaz. p. 26 2: ἐσπουδασμένον δέ τι χρῆμα καὶ χάριεν ἄνθρωπος, ὅταν ἄνθρωπος ᾖ. l. 8 Etym. cod. V χαρίσοιτ'] γρ. χάριεν 'sic Choerob.' psalm. 43 6: ὡς χαρίεν τ' ἄνθρωπος ἀνθρώποισι. cod. D χαρίσοι. l. 32 ad vs. 604 v. supra annotata. p. 373, 8 legitur ἀτυχῶν σώζεθ' ὑπὸ τῆς ἐλπίδος. l. 13 scr. Flor. LXXXIIII 10. l. 18 editur κοινὸν ἀγαθόν ἐστι τοῦτο. l. 33 ed. min. addit: Plin. N. H. 29 5: hinc illa infelicis monumenti inscriptio "turba se medicorum perisse." p. 374, 2 τοὺς νόμους Par. cod., v. Leutsch. spec. I p. 7, Arsen.

Diphilus. p. 376 Ἀδελφῶν fr. I 2 καὶ τῶν δυναμένων λαγύνιον ed. min. ubi Mein. 'post hunc versum fortasse lacuna indicanda.' v. infra p. 110. Vs. 3 λαγύνιον | ἔχοντα βαίνειν tentabat Herwerd. p. 123. annot. l. 3 scr. τὸ δὲ λαγύνιον (Δίφιλος λέγει) ἐν Ἀδελφοῖς. p. 377 Αἱρησιτείχους fr. I annot. l. 19 Ionis fragmentum ita emendandum proposuit Mein. ad Alexid. 3, 516 (24), nuper Cobetus V. L. 379. fr. II 'Diphili verba attulit Eustathius p. 1571 20.' Dindorf. p. 378, 8 σέλας πυρός, Ἄμαστρις. l. 5 'ipsum Ἀσίαν ante Ἀθηναίαν excidisse suspicabatur Meierus de gentil. Att. p. 49.' Bernh. Suid. II 2 p. 1782. Ἀνασῳζομένων fr. II (p. 380) l. 4 πιστόν: cf. Lob. rhemat. p. 131. Ἀπλήστου vs. 3 'in unico codice perspicue scriptum inveni βαιτοῖς.' Cobetus V. L. 218. p. 381 Ἀπολιποῦσα. fr. I 5 Hirschig. p. 27: τῆς τέχνης | ἡγούμενον γάρ ἐστι ταύτης κτλ. hoc ἐστι ταύτης cum Mein. Vs. 12 Cobetus mnem. IV 318 'ineptum est, inquit, γε et metri fulcrum: rescribe ἅττ' ἂν παρατιθῇς.' p. 382 ad vs. 10 μυρίνην suprasc. altero ρ cod. B. ad vs. 12 'pro vulgato σφοῖῳ δεῦσον.' p. 383, 1 Etym. locum v. in anon. suppl. (p. 1256 fr. CCCXC ed. min.). l. 7 κάθαλον cf. Posidipp. 4, 513 (vs. 7). ad fr. II annot. l. 6 περισισθήσεται V. p. 384 fr. III 3 cum Bentl. ed. min. οὐκ ἐκδραμεῖ λαβὼν τόδε καὶ δώσεις ἐμοί | παρακ. Vs. 1 Bk. εἶτα μαλάκ' ὦ δύστην' ἔχεις Vs. 2 ἀργυρίδιον; Vs. 3 cum Hanovio et Mein. οὐκ ἐκδραμεῖ λαβὼν τοδί ('malim, inquit, ταδί'), δώσεις τ' ἐμοί π. Βαλανεῖον. fr. I annot. l. 6 obliviscere attigit haec Preller. 'archaeol. zeitung' 1845 p. 105 sq. p. 385 Βοιωτίου fr. Herwerd. p. 97 ita fere a poeta scriptum opinabatur: οἷος ἐσθίειν πρωῒ ἦμαρ καὶ πάλιν πρὸς ἡμέραν, comparato Simonid. iamb. fr. VII vs. 47. p. 386 Δαναΐδες. l. 1 scr. p. 114. 116. p. 387 Ἑκάτης fr. II l. 3 'Athenaeus XI' p. 388 Ἑλενηφοροῦντες. vs. 4 cf. Nauck. philol. VI 404. Ἐμπόρου fr. I 3. 4 πόθεν | ζῇ καὶ τί ποιῶν: de Atheniensium legibus v. Boeckh. Oec. Ath. ed. II 1 p. 623. 342 sqq. C. Fr. Hermanni antiq. gr. vol. III 59 7. p. 389 vs. 24 λαγώς τις εἰσελήλυθ', εὐθὺς ἥρπασας pro ἥρπακας Hirschig. p. 28. cum vs. 25 Meinekius in 'zeitschr. f. d. alt.' 1845 p. 737 et in min. ed. comparavit hoc Varronis sat. 86 11: 'propter phagones ficedulcem pinguem aut turdam nisi volantem non video.' p. 390 fr. II 4 πολὺ τῶν θεῶν ἂν ἦσθα πλουσιώτατος, quod pro πλουσιώτερος proponebat Meinekius, recepit Dindorfius, nuper probatum Cobeto mnem. IV 315. p. 391 fr. IV Et. Sorb. Gaisf. Τιμαχίδης ἐν τῷ τοῦ Κόλακος ὑπομνήματι λέγει ὅτι σύνθετόν ἐστι τὸ κατωκάρα. ἐπιφέρει τὸ καραδοκεῖν. παρατίθεται δὲ ἐν ἄλλοις Δίφιλον ἔχοντα ἐν Ἐμπόρῳ "τὴν νύκτα ἐκείνην. δι' ἐκείνην διεκαρανόμηκεν. cf. infra p. 111. supra p. CCLVI. in verbis Diphili Barocc. 50 Bk. τὴν νύκτα ἐκείνην διεκαρανόμηνεν (corrige p. 391 et infra p. 111). Et. Par. 2631 Cram. An. Par. l. c. τὴν νύκτα ἐκείνην δι' ἐκείνην διεκαρανόμηνεν. Bar. 50 Anecd. Ox. II 455: τὴν νύκτα ἐκείνην ἐκαρανόμηνεν. ib. Ἐναγισμάτων fr. I 2 ὁ τοῦ Χαβρίου Κτήσιππος Bergkius. ad vs. 5 (p. 392) cf. infra p. 111. adde ad Nicomach. 4, 588 (2). fr. II scholion Equitum 964 Aldinum est 'ex duabus Suidae glossis ψωλόν et ἀπεσκολλυμμένος compositum —. Suidas autem sua — ex Photio sumpsit.' Dindf. ad imae pag. annotationem cf. Lobeckii path. el. 1, 127 sq. l. 2 a f. Hesych. σκολοδέφης (cod. -δέτης). p. 393, 3 Bernhardy Suid. II 2 1724: 'grammatici, inquit, nihil opinor apud Diphilum invenerant praeter formulam ridiculam ἄχρι τοῦ λάρυγγος.' Ἐπιδικαζομένου vs. 3 Cobetus mn. IV 308 scribebat ὥσπερ εἰ | λέγοις ἀορτάς, comparato Ar. Av. 282. p. 394 Ζωγράφου I 3. 4 in min. ed. ita scripti:

λοπάδων παρατεταγμένη φάλαγξ
ὀπτῶν ἐπῆγε σωρὸν ἀπὸ τοῦ τηγάνου.

vs. 5 scr. θυΐαις (θυίαις ABP) cf. suppl. p. XCVIII. fr. II 2 διατελεῖς attigit Cobetus V. L. 242. p. 395 vs. 20 cf. infra p. 111. v. Boeckhium Oec. Ath. ed. II vol. I p. 189: 'τριταῖος heisst nicht, er sei vor drei tagen angekommen, sondern er habe drei tage zur fahrt gebraucht, was eine grosse schnelligkeit ist.' vs. 23 Prellerus philol. III p. 522 ita emendabat:

ὑπὸ τοῦτον ὑπέκυψ' εὐθὺς ἐκβεβηκότα,

adde Herwerden p. 98 sq. qui apposuit Ar. Vesp. 553: κἄπειτ' εὐθὺς προσιόντι | ἐμβάλλει μοι τὴν χεῖρ' ἁπαλήν, τῶν δημοσίων κεκλοφυῖαν· | ἱκετεύουσίν θ' ὑποκύπτοντες.

vs. 34 scr. ἁμίδα cf. supra p. LXXXVI. p. 396, 19 τὰ καῦλα cf. Fritzsche Ran. p. 155 sqq. δάνει' ἐρυγγάνων: cf. ad Nicomach. 4, 588 (2). Boeckh. Oec. Ath. ed. II 1, 189. l. 27 scr. Diogen. Laert. I 81. l. 36 ad Casauboni ἀποσάξεις in min. ed. Meinekius apposuit Boeckh. Corp. Inscr. I p. 289. adde Cobet. mn. IV 318, qui 'ἀποσάξεις, inquit, est exonerabis, quod quam bene furaci coquo conveniat, qui cibis ingurgitatus sinum furtis repletum retulerit domum satis perspicuum opinor esse.' p. 397 Herculis fr. scriptum ed. min. ut h. l. coniectum: ἐμὲ μὲν οὖν ὁρᾷς πεπωκότα κτλ. Vs. 3 τονδὶ δὲ ναστόν, Ἀστίωνος μείζονα, κτἑ. p. 398 Ἥρωος fr. l. 3 καὶ τὰ τεῦτλα p. 399 Θησέως fr. II l. 4 εἰπεῖν ὁ σίδηρος Diod. p. 400 Κιθαρῳδοῦ I l. 1 ἀμφιτάπητες. p. 401 ad Lemnias l. 3 scr. IV p. 156 B (perperam infra p. 111). Μαινομένου fr. vs. 1 τοίνυν retinet Mein. infra p. 111. Vs. 3 ἀλλὰ τὸν (pro καὶ) κύκλον malit Herwerd. p. 123. annot. l. 6 Epist. ad Hemst. p. 45. 51. l. 11 scr. Athenaeum XIV et cf. ad Timocl. 3, 610 annot. p. 402 Μνηματίου l. 1 scr. Athenaeus III l. 4 scr. p. 866 26. Παλλακῆς fr. φορήματα habet cod. V. Parasiti fr. I 1 pro πόλλ' Hirschigius de Alexid. p. 54 et annot. cr. p. 98 scribebat τοῦτ': εὖ γ' ὁ κατάχρυσος εἶπε τοῦτ' Εὐριπίδης Euripidis fr. v. p. 515 Nauck. postremi duo huius fragmenti versus, κοὐ προστίθημι τἄλλα κτἑ., Hirschigius annot. p. 28 vehementer dubitat Diphiline sint an ipsius Athenaei. p. 404 fr. II 6 Nauckius philol. VI 402 cum Dobraeo Adv. II 310 legendum proponebat: χαίρω τε καὶ γέγηθα καὶ πτερύττομαι. caeterum v. infra p. 111. p. 405, 10 κνισοτηρητὴν anon. 4, 665. fr. III annot. l. 14 de exsecrationibus cf. append. prov. Gotting. I 61. p. 407 Πλινθοφόρου fragm. v. infra p. 112 ad 421 add. hinc in min. ed. scriptum:

καὶ νὴ Δί' ὄντως εὐθὺς ἐξέπεμπέ με
ὄρθριον· ἐκόκκυζ' ἀρτίως ἀλεκτρυών.

Πολυπράγμονος fr. I 13 comparavit Cobetus mnem. II 324 Hyperidis Euxenipp. p. 313 (p. 9 10 sqq. Schneidew.): εἰ δὲ μὴ προσηκόντως εἶχον αὐτό, ἀλλὰ τοῦ θεοῦ ὄν, διὰ τί τὰς ἄλλας φυλὰς ἔγραφες αὐταῖς προσαποδιδόναι ἀφγύριον (Cobet. τἀργύριον); ἀγαπητὸν γὰρ ἦν αὐταῖς εἰ τὰ τοῦ θεοῦ ἀποδώσουσι καὶ μὴ προσαποτίσουσιν ἀργύριον. p. 408, 16 scr. 'vs. 13 recte' caeterum cf. Boeckhii metrol. p. 82 sq. p. 410 Σχεδία. annot. l. 3 cum Dorv. conspirat fere Marcianus. 'καὶ δίφιλος ἐν σχεδίᾳ μ. ms. Par. 2654 a Cramero inspectus.' Gaisf. cf. Anecd. Par. IV p. 18 1 cod. 2720. p. 413 Συνωρίδος fr. IV scr. ἕλκ' ἐς μέσον τὸν φιμὸν ὡς ἂν ἐμβάλῃ. v. annot. et Suidae *V. ὡς ἂν ἐμβάλῃς Bernh. ad Suidam, Herwerd. p. 99. fr. V omisit ed. min. interrogationis notam. annot. l. 7 στρουθίζειν v. anon. 4, 625 (82). p. 414 Τιθραύστης. Vs. 1 cf. Athen. XI p. 784 a: βατιάκιον, λαβρώνιος, τραγέλαφος, πρίστις, ποτηρίων ὀνόματα. Vs. 2 in min. ed. fortasse sufficere videbatur quod cum Dalecampio edidit Dindorfius ἀνδραποδίων δή. annot. l. 1 scr. Athenaeus XI Φρέαρ. Vs. 1 Hirschig. annot. p. 28 scribebat φαῦλος τεχνίτης comparato Poll. VII 7, de quo Meinekius dixit hist. cr. p. 266. ad p. 415 cf. infra p. 112. inc. fab. fr. I annot. l. 1 scr. Athenaeus II fr. II 1 τεχνίον ed. min. v. add. p. 112. p. 416 (3) annot. l. 6 apud Sextum (p. 658 7 Bk.) Πολύανθος est. cf. Mülleri hist. gr. fragm. IV p. 479. p. 417 annot. v. infra p. 112. l. 16 Ἀντικύραν: cf. vind. Strab. p. 144. fr. IV in ed. Stobaei descriptum ut ima pagina proposuit editor. Vs. 3 κανοῦν ὁμοῦ τι πάντ' ἐνεσκευασμένον cum Vind. pro ἀνεσκευασμένον. p. 418 (5) vs. 4 scriptum ed. min. cum Valck. Hippol. p. 313 d:

ἀπέλυσε τοὺς ἔχοντας ἀναπαύσας ὕπνῳ.

pro ἀνέπαυσε. fr. VI v. apud Walz. rhet. VIII p. 746, ubi appositae scripturae auctoritates. Spengelius III p. 199 ἦν cum Tryphonis oratione coniunxit. Vs. 3 μέλαινα cf. supra p. CCV sq. p. 419 (7) vs. 2 συμπτυκτόν ABP: cf. Fritzsche Ran. p. 283. σύμπυκτον vel σύμπτυκτον Dobr. l. c. Vs. 4 Δούρειον χῆνα cf. infra p. 112. p. 420 (11) annot. l. 3: ἔταττον οὖν τὸ μὲν κρίνον οἱ ἀρχαῖοι ἐπὶ τοῦ τεθνηκότος: cf. Mein. Alciphr. p. 98 sq. cui hoc restituit, ἐπειδὴ κρίνον αὐτῷ ὁ γεννήσας ἐγένετο, I 21 2. adde suppl. p. CCLXXX. p. 421 fr. XII ad Πλινθοφόρον relatum in ed. min. cf. infra

p. 112 et ad 4, 407 suppl. hinc mutati fragmentorum numeri XIII—XXVII^b ita XII—XXVII. fr. XIII (XII) Vind. αἰσχροκερδία et πρὸς τῷ κτλ. Arsen. cod. A, v. Leutsch. spec. II p. 7: αἰσχροκέρδεια et πρὸς τὸ fr. XIV (XIII) vs. 2 ἀφῆς Vind. Arsen. p. 422 fr. XVII (XVI) Menandro tribuit Vindob., lemma om. Arsen. uterque vs. 1 ἐπίσταται. cf. add. p. 112.

fr. XX (XIX) λαμπρῶς μὲν ἔνιοι ζῶσιν etiam apud Stobaeum edidit Mein. p. 423 fr. XXII (XXI) idem vs. 1 hodie ἰσχυρότατον ad vs. 2 cf. add. p. 112. item ad fr. XXIII.

p. 424 (24) apud Stob. 96 9. 10 lemmata transposuit Brunckius, v. Sophocl. fr. p. 264 N. atque ita in suo Stobaeo Mein.

fr. XXV (XXIV) αὐτὸ (cf. add. p. 112) etiam Vindob. fr. XXVI (XXV) vs. 2 etiam ὑποχέασα scribi posse in min. ed. indicatum. fr. XXVII^a (XXVI). XXVII^b (XXVII): 'de alterius versus auctore ampliandum.' Nauck. trag. fr. p. XI. p. 425 fr. XXIX in min. ed. unius est versus: οὐκ ἔστ' ἀναιδοῦς (Arsen. spec. II p. 5 οὐκ ἔστιν αἰδοῦς) ζῷον εὐθαρσέστερον. alterum vide in adesp. trag. p. 720 Nauck. ad fr. XXX confero Philodem. p. 61 26 Goettl. δεῖ δὲ τὸν μέλλοντα καὶ συνάξειν τι καὶ τὸ συναχθὲν φυλάξειν μὴ τὸ παρὸν εὖ ποιεῖν κατ' Ἐπίχαρμον (Bernhardy ad Suid. II 2 p. 1171 15) οὐ μόνον δαπάνης ἀλλὰ καὶ τοῦ προφανέντος κέρδους ἁρπαστικὸν γινόμενον, προνοεῖν δὲ καὶ τοῦ μέλλοντος. fr. XXXI ἡδίων: cf. Mein. ad Theocr. I 95 p. 192. p. 426 fr. XXXIV vide in Anaxandrideis 3, 200 (13) cf. suppl. p. CLXXX. fr. XXXVII: εὐμετάβολός ἐστιν ἀνθρώπων βίος. 'possis ὡς praefigere; nisi fuit tetrameter trochaicus.' ed. min. fr. XXXIX eadem in ordinem recepit: τὸ μὲν Ἄργος ἱππών. p. 427 (40) recte Suidas v. νεοττός. annot. l. 2 scr. Ὠιῶν fr. XLI l. 2 χρωμένους τῇ λέξει διέσυρον. l. 3 πρὸς ὃν δυσχεραίνων ὁ ἑταῖρός φησιν l. 8 pro ἔσο Herwerd. p. 100 ἔσταθι.

p. 428 (42) cf. infra p. 113. fr. XLIII Herwerd. p. 99 scribi posse opinatur: μόνος γὰρ ἦν λέγων | ἄκουσμα τἀκρόαμα.

p. 429 (51) cf. Theophil. 3, 630. Criton. 4, 537.

p. 431 Hipparchi Ἀνασῳζόμενοι. Vs. 4 Πέρσας ἔχον: cf. Theophr. char. XXI (V), καὶ πίθηκον θρέψαι δεινός, καὶ τίτυρον κτήσασθαι, καὶ Σικελικὰς περιστεράς, καὶ θορκαδείους ἀστραγάλους, καὶ Θουριακὰς τῶν στρογγύλων ληκύθους, καὶ βακτηρίας τῶν σκολιῶν ἐκ Λακεδαίμονος, καὶ αὐλαίαν ἔχουσαν Πέρσας ἐνυφασμένους (Cobetus V. L. 180 αὐλαίαν Πέρσας ἐνυφασμένην). ad γρῦπας cf. Hesych. v. ἱππαλεκτρυών. Ζωγράφου vs. 3. 4 ed. Stob. ita dedit:

τὰ μὲν γὰρ ἄλλα καὶ πόλεμος καὶ μεταβολή
τύχης ἀνήλωσεν, τέχνη δὲ σώζεται.

ἀνάλωσε τέχνη etiam Vindob.

p. 433 Lyncei Centauro vs. 16 ed. min. κατέπασα γὰρ τὸ χεῖλος, οὐκ ἐνέπλησα δέ, ut infra p. 113 coniecerat Meinekius. idem vs. 20 retinuit librorum scripturam ὀκτὼ ὀβολῶν: cfr. Ahrens de Crasi p. 13. p. 434, 9 v. Posidipp. 4, 524 (2).

p. 435 Archedici Διαμαρτάνων. annot. l. 8 scr. 'C habet σκότῳ,' Θησαυροῦ fr. I 3 Herwerd. p. 100: "τοὔψον οὐκ οἴσεις λαβών;" de vs. 5 v. infra p. 113. in ed. min. 'praestat fortasse (Hermanni rationi πανταχοῦ vel πανταχῇ scribentis), inquit, τὸν ἄνθρακα scribere, sensu collectivo.' Herwerden p. 100: τὰς λοπάδας ἐπιθεὶς ἐπὶ τὸ πῦρ, τούς τ' ἄνθρακας, | ῥάνας ἐλαίῳ πανταχῇ, ποιῶ φλόγα. p. 436 de annotatione v. p. 113. l. 21 scr. 'quo pacto vs. 12' ib. 'τρίκλινον neutro genere dixit, ut Anaxand. fr. 70' ed. min. v. 3, 201 (19). fr. II 2 καὶ τακεροχρῶτα τεμάχια legendum coniiciebat Herwerd. p. 124. Vs. 3 ὦ ταλ. β. ed. min. Vs. 8 (p. 437) Herwerd. p. 101 δεδιακόνηκεν cum cod. P. annot. l. 20 v. Clement. p. 182 Pott.

p. 439 Apollodori Geloi Φιλάδελφοι. cf. Welck. opusc. III 502.

Apollodori Carystii Ἀπολιποῦσα. p. 441, 14: Poll. IV 119 τῇ δὲ τῶν δούλων ἐξωμίδι καὶ ἱματίδιόν τι πρόσκειται λευκόν, ὃ ἐγκόμβωμα λέγεται ἢ ἐπίρρημα. p. 442, 3 a f. scr. τί τὸ κακόν ποτ' ἢ κτλ. p. 443, 23 μεταβαλόντες L (pro P). ad vs. 19, non ad 21, pertinent quae infra 113 scripsi. p. 444, 4 'Bibl. p. 533 b 23 sqq.' ib. VL inseruit τοῦτ' ἦν. Διάβολος. fr. I Nauckius κατακλείεσθ' (pro καὶ κλείεσθ') ἡ θύρα μοχλοῖς. 'Εκυρά. de inscriptione fabulae cf. quae idem dixit Arist. Byz. p. 134: 'qui 'Εκυράν inscripsit fabulam, quam debebat opinor Πενθερῷ.' fr. I Cobetus mnem. IV 319 cum Bentleio ἀπαίρεις, Σύρα, scribit. idem fr. II (p. 445) haec elicuit scripturam:

σύ με παντάπασιν ἥγησαι λίθον.

fr. III l. 6 scr. ΔCICOYNIEC TON χPω CNOΘ κτλ. Cobetus l. c. 'adiutus, inquit, Terentii versione haec exsculpsi:

οἱ γὰρ ἀτυχοῦντες τὸν χρόνον κερδαίνομεν
ὁπόσον ἂν ἀγνοῶμεν ἠτυχηκότες.

fr. IV Mein. in min. ed. haec addidit: nisi malis διὰ τὰ πράγματ' ἦν ἄρα –'. Nauckius philol. VI 423: οὕτως ἕκαστος διὰ τὰ πράγματα σεμνὸς ἦν | ἢ καὶ ταπεινός. Cobetus mn. IV 319: 'vera lectio, inquit, ex Terentii verbis haec esse colligitur:

ἡμῶν ἕκαστός ἐστι παρὰ τὰ πράγματα
ἢ σεμνὸς ἢ ταπεινός.

quis enim nescit eo sensu παρά dici oportere?' fr. V (ed. min. p. 1105) v. infra p. 113, ubi ita scribendum: 'quod proprium Myconiis est. — unde etiam proverbium Graecum: Μυκόνιος φαλακρός.' Ἐπιδικαζομένου fr. II (p. 446) l. 2 NΔΙΚΕΙS in fine annotationis ed. min. ascripsit: 'i. e. συνεπεμελούμεθα.' p. 447 (8) l. 4 scr. 'pro ἐγὼ γάρ εἰμι μόνος τῶν ἐμῶν ἐμός.' l. 7 adde 'Priscian. XII 2. XVII 26.'

p. 451 Apollodori Διαμαρτάνοντος fr. II scr. 'p. 467.' Κιθαρῳδός. huc relatum in min. ed. Tertulliani quod infra appositum est (p. 124) testimonium: 'Comici Phrygas timidos illudunt.' p. 452 Λακαίνης fr. I 5. 7 Cobetus mn. IV 320 requirebat οὐ γέγονας καὐτὸς νέος; et οὐ γέγονας καὐτὸς γέρων; comparato Menandri fr. 4, 178 (1): καίτοι νέος ποτ' ἐγενόμην κἀγώ. fr. II descriptum in min. ed. ut p. 453 significaverat Mein. Παιδίου fr. II cum Vindob. ed. Stob. Ἀπολλοδώρου Παιδίου. Συνεφήβων fr. in min. ed. interrogationis nota distinctum. caeterum cf. vindic. Strabon. p. 44. p. 454 inc. fab. fr. I 2 verba πρὸ τοῦ λεγομένου in praef. min. ed. p. XXII ita interpretabar, ut πρότερον ἢ τὸ λεγόμενον significarent: 'necesse est, inquit, priusquam ad ipsam alicuius orationem (examinandam) accedas, vitam oratoris considerare.' ad rem facit Aeschines Tim.

§ 180 (Gellii XVIII 3). cf. Herwerd. p. 101, qui vs. 4 ἐκ παιδὸς εὐθὺς scribebat pro ἐκ παιδὸς αὐτοῦ. Mein. in ed. Stob. ἐκ παιδὸς αὐτοῦ πρός τι κατατεθειμένος 'scripsi, inquit, dubitanter.' II p. XVII. Vs. 5 post φύλαξ commate distinxit. Vs. 7 οὐδὲν γὰρ αἰσχρόν ἐστιν *αὐτοῖς ἀποτυχεῖν | πράττουσι πάντα: cf. infra p. 113. Vs. 9 καθ' ἑτέρας θύρας: v. ibidem annotata. Vs. 10 cum Halmio ἀπηρυθριακότως scriptum. Vs. 14 pro δὲ μαλακὸς ad Stob. δ' ὁ μαλακὸς scribendum proposuit Mein. 'sed priora, inquit, insanabiliter corrupta.' Vs. 15 cum Iacobsio in Ath. p. 25 apud Stob. scriptum: ἐπεὶ κατὰ μέρος τὰς πόλεις, ὦ φίλε; θεῷ (pro θεῷ)· Vs. 16 ὑπὸ λαισποδιῶν γάρ εἰσιν ἀνατετραμμέναι infra p. 113 et in min. ed. cum Iacobsio scriptum pro εἰσὶν γάρ. Hirschigius p. 28: ὦ φίλε Θέων, | ὑπὸ λαισπ. ὥς εἰσιν ἀνατετραμμέναι, | σκόπει· annot. l. 15 νέων καταλόγων B m. pr. fr. II 5 ed. min. ἔσανε p. 456 fr. III 4 διότι δυστυχεῖ συνδυστυχεῖ; hodie editum, cf. add. p. 114. annot. l. 8 σὺν τύχῃ etiam Vind. qui n. 3 apud Stob. omittit τοῦ αὐτοῦ, 'quo confirmatur, inquit Meinekius, quod dixi, non comici poetae haec esse sed scriptoris prosaici.' v. Stob. I p. XXIV. fr. IV 1 Hirschigius in Stob. emend. p. 17, annot. cr. p. 29 οὐκ οἶδ' ὅπως πέποιθας ἀργυρίῳ, πάτερ scripsit pro ὅτῳ πέποιθας κτλ. atque ita Cobetus mn. IV 320. fr. V 1 Vind. τύχησι p. 457 (6) cf. hist. cr. p. 468. fr. VII ἀπολλοδό Vind. qui vs. 1 et ipse λάβῃς βραχύν. ἂν pro ἐὰν Mein. l. 1 a f. cf. infra p. 114. apud Cramerum l. c. haec ita leguntur: τῷ δὲ Φηριππίδῃ ἔστι πατὴρ κύμινον καὶ μόνον οὐ ταριχεύων τοὺς θαλλοὺς τῶν κραδῶν. de Alciphrone (p. 458, 3) cf. Meinekii annot. p. 172 Alciphronis. caeterum v. ad anon. com. fr. CXLII p. 641.

Anaxippus Ἐγκαλυπτομένῳ. p. 459 vs. 6 scr. θυΐαν: v. supra p. XCVIII. 'Vs. 9 pro ἐχρᾶτο, quod barbarum est, requiro ἐχρῆτο.' Herw. p. 101. ad vs. 11 καινήν cf. p. 114. vs. 26 (p. 460) Meinekius in Athen. spec. II p. 9 ita emendavit:

οὐδὲν Διοδώρου διαφέρω τἀσπενδίου.

vs. 29 scr. πρὸς τὸν βίον· vs. 41 ad ὅταν ἐγγὺς ᾖ δ' ὅδ' ὕστερος, Cobetus mn. IV 321: 'satis apparet, inquit, eum dicere voluisse ὅταν ἐγγὺς ᾖ τὸ χρεών, ὁ θάνατος et hac εὐφημίᾳ usum arbitror ut dixerit ὅδ' ἕτερος.' Vs. 48 Herwerd. p. 102: ἰδὼν τὸ πρόσωπον γνώσομ' οὐ χρῄζει (pro ζητεῖ) φαγεῖν | ἕκαστος ὑμῶν. p. 461, 12—15 ad Vs. 9 annotata post ea collocanda sunt quae leguntur l. 15. 16. 17. l. 25 tolle haec 'pro καινὴν . . praestet.' p. 462, 5 a f. scr. 'ad Toup. IV p. 429.' ad Κεραυνοῦ fr. I (p. 464) annot. l. 11 scr.: σοι-; l. 19 scr. p. 862 9. fr. II (p. 465) Herwerden p. 102 scribebat: ἐν τοῖς λόγοις φρονοῦντας εὑρίσκω μόνοις, | ἐν τοῖσι δ' ἔργοις ὄντας ἀνοήτους σφόδρα. ad fr. III l. 3 scr. Phryn. p. 764. Citharoedi fr. I 2 scr. θυΐαν, τυρόκνηστιν pro παιδικὴν Nauckius phil. VI 423 reponebat πελλίκην. Herwerd. p. 103: παῖ δίδου. idem vs. 4 requirebat οὐ δὴ πρότερον οἴσεις κτλ. annot. l. 3 scr. φέρ' · οἴσ' l. 4 Eustath. τυρόκνηστις p. 466, 17 occupavit Hesychii emendationem Piersonus ad Moer. p. 352, v. Cobeti V. L. p. 140. mnem. V p. 200. (Badham. phil. X p. 339).

Philippides. p. 467 Ἀδωνιαζουσῶν I l. 2 Bekkerus ἀναμασχαλιστῆρας Φιλιππίδης legendum coniecit. p. 468 Ἀνανεώσεως I 3 in min. ed. ita scripsit Mein.

ἡ δ' ἀνδροφόνος Γνάθαιν' ἀναγελάσασα δή

annot. l. 5 in verbis Eustathii scr. καὶ οἱ ὄρχεις νεφροὶ κληθῆναι fr. II 4 cum cod. A apud Stobaeum edidit Mein. διὰ πλειόνων αὐτὸν προβάλλειν πραγμάτων. p. 469 (corrige inscriptionem paginae ΑΡΓΥΡΙΟΥ ΑΦΑΝΙΣΜΟΣ) annot. l. 2 δ' habet etiam Vindob. idem φίδυλε et παραβάλλειν. ad fr. III de inscriptione v. ed. Stob. I p. III. p. 470 Λακιαδῶν fr. I eodem modo scripsit Bekkerus. item fr. II (p. 471) ὁδοιπεπορήκαμεν. Ὀλυνθίας vs. 5 Nauckius phil. VI 424: ἔστιν ἕτερόν τι τοῦ λέγειν τὸ πεπονθέναι. p. 472, 1 scr. p. 382 et l. 4 p. 297. Συμπλεουσῶν I annot. l. 4 scr. p. 1571 13. fr. II in min. ed. de Bekkeri coniectura ita scriptum:

ὅ τι ἂν ἔχῃς,
παραγώγιόν σ', ἂν ἐκφέρῃς, εἰσπράξομαι.

de verborum sententia dixit Boeckhius Oec. Ath. I p. 442 ed. II. Cobetus mnem. IV 321 Philippidis verba ita componebat:

ὅταν ἐξίῃς,
παραγώγιον, ὧν ἂν ἐκφέρῃ, σ' εἰσπράξομαι.

Φιλαδέλφων vs. 3 v. in mon. 697. Nauck. trag. fr. p. 447 sq. p. 473 *Φιλαθηναίου* fr. hoc modo supplebat Herw. p. 103: τὸ πρόσωπόν ἐστι καταπεπλασμένη. *Φιλαργύρου* fr. cf. infra p. 114. *Φιλευριπίδου* fr. I ed. min. omisit alterius personae notam. Dobraeus l. c. 'Α. πόσην ὑφοδώσει (vel -σεις), παιδάριον; Β. ῥ. τ. | ὁ γὰρ σ. οὗτος ἦν Λαυίησι που. vel ad hunc sensum.' Bekkerus: πόστην ὑφοδώσεις παιδάριον ῥύμην; τρίτην· | ὁ γὰρ στενωπὸς οὗτος ἐν Ἀθήνῃσιν ἦν. ad quae Meinekius ed. min. 'memorabile est, inquit, in attico scriptore ἐν Ἀθήνῃσιν.' annot. l. 1 scr. τάχα δ' ἂν εὕροις κτλ. p. 474 (2) Cobetus mn. IV 128 extr. 'numerosius, inquit, ita diviseris: οὗτος οἴεται περισπάσειν | κερμάτιον αὐτοῦ.' annot. l. 4 *Φιλιππίδου* dedit Bekkerus. inc. fab. fragm. I. II in unum coniunxit ed. min. unde mutati caeterorum numeri. ad I annot. l. 12 scr. 'εἰσαγαγὼν pro vulgato εἰσάγων.' p. 475 (2, 2) ita scripsit Cobetus mn. IV 125:

δι' ὃν ἀσεβοῦνθ' ὁ πέπλος διερράγη μέσος.

fr. III annot. l. 7 attigit Grauertus anal. p. 331. fr. IV (III) vs. 1. 2 ita apud Stobaeum edidit Mein.

οὐκ ἔστιν "ἐμεθύσθην πάτερ" λέγοντα *(καί)
"ἥμαρτον" ὡς τὸ πρόσθε συγγνώμης τυχεῖν.

ὡς τὸ πρόσθε (ἔμπροσθε) scribi posse in min. ed. significaverat. idem eruit Cobetus de oratione artificiali p. 23 sq.

fr. VI (p. 476) inter duas Herwerden p. 103 ita dividebat personas: αἰσχρὰν γυναῖκ' ἔγημας. Β. ἀλλὰ πλουσίαν. | Α. κάθευδ' ἀηδῶς ἡδέως μασώμενος. equidem paratacticam priori versu contineri intellegebam protasin, ut in fine ἀλλὰ πλουσίαν commate distinguerem. cf. exempla p. CCXXVIII apposita. p. 477 (10) annot. l. 5 incerti poetae: v. anon. 4, 650 (186). fr. XI (X) 'Philippidi quos vindicabam apud Athenaeum XV p. 699 versus, ne quid desideretur integros ascribam: φι . . . της δ' ἐν Τριόδοντι ἢ Ῥωπωπώλῃ προειπών

λαβὲ τριόδοντα καὶ λυχνοῦχον

ἐπιφέρει .

ἐγὼ δὲ δεξιᾷ γε τόνδ' ἔχω τινά,
σιδηρότευκτον ἐναλίων θηρῶν βέλος,
κερατίνου τε φωσφόρου λύχνου σέλας.'

Mein. ed. min. p. XXII. cf. supra p. XXII extr. p. 478 fr. XIII (XII) est apud Phryn. p. 363. fr. XIV deletum in min. ed. v. infra p. 114. fr. XVII l. 2 scr. τρυφῆς ἀπόδειξις; fr. XVIII l. 4 scr. ἐπέπασα ἐπὶ τὸ τάριχος ἅλας. Φιλιππίδης τυρούς τε καὶ ταρίχους.

Hegesippus. p. 480 annot. l. 3 scr. Βέλτιστε pro Μάγειρε

Sosipater. p. 482 Καταψευδομένου vs. 10 Hirschigio p. 29 post τρεῖς excidit δ' idem 'versu 12, inquit, interrogationi τί φής; non responderi solet ἐγώ. versus 17 videtur postponendus versui decimo quarto; hic stare nequit; etenim sensum nullum hoc loco praebet, tum cf. vs. 26 ubi primum de ἀστρολογία disserit persona A, dein vs. 36 de ἀρχιτεκτονική, vs. 44 de στρατηγική, περὶ φύσεως separatim ne verbum quidem: quae probant vers. 17 non emendandum esse sed suo loco motum.' p. 483 vs. 28 Herwerd. p. 104 requirebat: ἐπὶ τὴν μακρὰν καὶ τὴν βραχεῖαν ἡμέραν idem vs. 34 τούτων ἑκάστοις ὡς προσήκει χρήσεται recipiebat ex C. cf. Mein. p. 485. Vs. 38 in ed. min. Mein. recepit Dindorfii ἐγῷδα θαυμάστ'. Iacobsio assentiuntur Dobraeus adv. II 321 et Hirschig. p. 30. qui post vs. 44 intercidit versum in hunc fere modum scriptum opinatur Herwerd. p. 105: εἶναι δέ φημι δεῖν στρατηγικώτατον | ἔγωγε τὸν μάγειρον. p. 484 annot. l. 3 scr. λέγων ὧδε l. 7 cf. Lobeck. path. proll. p. 137. 122. ib. Vs. 3 πέπλυται: libri πέπαυται: cf. Cobeti V. L. p. 225. XII. Mein. Theocr. p. 199. l. 10 τὰς δυνάμεις alimentorum cum Casaubono intellegit Herwerd. p. 105 comparato Nicomacho 4, 583 (v. 19) τῶν ἰχθύων-τὰς δυνάμεις καὶ τὰς τύχας l. 11 ante Dindorfium Βοΐδιον l. 19 κόπτειν, enecare: v. Alexid. 3, 465 et suppl. p. CCXI. p. 485, 4 utrobique scr. 'vs. 32 ex B'

Euphro. p. 486 ad vs. 5 cf. infra p. 114. Vs. 8 Herwerden p. 106 post vs. 9 collocabat, idemque vs. 10 in Ἀρίστων latere suspicabatur εὗρ' et nomen proprium aliquod v.

c. Ἵππων. Vs. 27 (p. 487) pro ἔκυπτον scribendum iudicabat ἐλυποῦνθ' οἱ παρόντες ἀποβολῇ. Vs. 34 post ἠσθόμην distinguebat: ἠσθόμην· | ἐκεῖνο δρᾶμα κτέ. annot. l. 7 Ἄγρις PV. corrige ed. min. p. 490 Δίδυμοι. fr. I Εὐφρονος διδύμων Vind. p. 492 Μουσῶν vs. 7 optativum attigit Krügerus gr. gr. II p. 247. τάχ' ἂν οὐδὲν Herwerd. p. 107. idem Συνεφήβων vs. 9 (p. 493) οἱ δὲ νῦν βαδίζομεν cum Dindorfio malebat pro οὗ, de quo v. infra p. 735. annot. l. 19 Ionis fragm. v. p. 571 N. (p. 32 Koepk.) p. 494 inc. fab. I annot. l. 8 ad Menandrum (corr. ed. min.) p. 495, 5 scr. Acharn. 300. l. 9 scr. est. Porsonus l. 12 ἔγλυσε V.

Macho. p. 496 Ἀγνοίας vs. 1 scr. ματτύης. Vs. 3 πάντες vitiosum iudicat Herwerd. p. 124. p. 497 de Ἐπιστολῆς fr. vs. 11 cf. infra p. 114, Hermanni sententia legitur in 'n. jen. allg. lit. z.' 1842 p. 513 sq. cf. quae Herwerden tentavit p. 107 sq. annot. l. 15 v. infra p. 667. l. 2 a f. ἐπιτεῖναί γ' p. 498, 5 utrobique scr. AB δοκῆς l. 14 Νικολάδας cf. Mein. del. anthol. p. 114. l. 18 exempla: Dobraei Aristophanica p. (111) annotavit Hermannus l. c. cf. Hanov. exerc. cr. p. 155. Enger. Lysistr. p. XVII.

Bato. p. 499 ad Αἰτωλοῦ fr. cf. Orion. VIII 11 et Schneidewini annot. p. 92. Vs. 2 διὰ βίου: cf. Men. 4, 228 (3, 10). mon. 382. Metrodor. Stob. 16 20: ἑτοιμάζονταί τινες διὰ βίου τὰ πρὸς τὸν βίον, ὡς βιωσόμενοι μετὰ τὸ λεγόμενον ζῆν. Ἀνδροφόνου I 1 Herwerd. p. 108 ἐνταυθὶ scribit, item vs. 4 κἀν ταῖς διατριβαῖς Vs. 8 in min. ed. recepit Meinekius Dobraei αὑτοῦ τέθεικας κτλ. Herwerd. p. 109 συχνῷ τέθεικας Vs. 14 (p. 500) Bergkius: ὥστε περιφέρειν | ὡρολόγιον δόξεις τι, οὐχὶ λήκυθον. annot. l. 2 'Vs. 3. 4' v. p. 502 (1, 14. 15). p. 501 Εὐεργετῶν fr. vs. 2 Cobetus mnem. IV 321: 'quid sit ἀναγεγράμμεθα, inquit, noli quaerere, nam nihil reperies sani. quin potius legis mecum οὐδ' ἀναπεπαύμεθ', est enim ἀναπαύεσθαι in usu de iis, qui quamquam somnum non capiunt requiescunt tamen et quiete recreantur et fessum corpus reficiunt, et coniunguntur nonnumquam καθεύδειν et ἀναπαύεσθαι. perfectum ἀναπεπαῦσθαι optime de eo dicitur, qui intermisso labore aliqua quiete fruitur ad vires reficiendas, quemadmodum et simplex πέπαυμαι saepius pro quiesco ponitur.' annot. l. 5 ὀψοποιικῶν p. 502 ΣΥΝΕΞΑΠΑΤΩΝ I (nam fr. II est p. 504 III, v. infra p. 115). Vs. 10 Herwerden p. 124: ἐκ δὲ τοῦ ζῆν παγκάλως | ἴσως ἅπαντας εὐτυχεῖν δώσεις ἐμοί. 'sensus est, inquit, fortasse dabis (i. e. concedes mihi) τὸ ζῆν παγκάλως omnibus parere felicitatem. ἴσως tamen fortasse non sufficit.' Vs. 18, καὶ τὴν κεφαλὴν ζητοῦσιν ὥσπερ πράγματος, Hirschigius p. 30 Batonis non esse suspicatur sed librarii cuiusdam additamentum. 'poeta, inquit, dicit οὕτως ἴσασι — ὥστ' ἐκπεπλῆχθαι πάντας, quod est internum argumentum vs. 18 spurium esse; neque graece dici potest καὶ τὴν κεφ. ζητοῦσιν ὥσπερ πράγματος pro ὥσπερ εἰ ἦν πρᾶγμα.' p. 503, 1 scr. p. 103 b: l. 19 priore loco γοῦν. l. 24 ὡς περὶ πρ. p. 504 (3) v. infra p. 115.

Epinicus. p. 505. Μνησιπτόλεμος. Vs. 1 pro ἐπ' ἀλφίτου πίνοντα Cobetus mn. IV 322 scribebat:

ἐπαλφιτοῦντα τοῦ θέρους ποτέ

Vs. 7 Herwerden p. 110 tentabat νασμὸν μελίσσης τῆς ἀκραχόλου γλυκύν, eandemque vocem etiam Euripidi restituebat Bacch. 710 νασμοὺς γάλακτος, i. e. lactis fontes s. latices. Vs. 10 cum Schweighaeusero malebat κατησίμωσε pro κατησίμωκα, 'nam ipsum regem Seleucum, inquit, loquentem inductum fuisse, nequaquam est verisimile.' annot. l. 4 Cobetus p. 322 cum Stephano et Schneidero scribit ἐπηλφίτωσε, γράψας κτλ. 'inducit hominem, inquit, suis ipsius verbis ineptientem: nam ταῖς ἐκείνου φωναῖς χρώμενος de Mnesiptolemi oratione dici, non de Seleuci, — perspicuum est.' p. 506 Ὑποβαλλομένων fr. vs. 4 ἐλέφαντα περιάγει: 'corrigunt περιάγεις.' ed. min. adde Herwerd. p. 111. quae sequuntur ita inter duas dividebat personas Hirschigius p. 31:

B. ἐλέφαντα περιάγει; A. ῥυτόν
χωροῦν δύο χόας. B. οὐδ' ἂν ἐλέφας ἐκπίοι.
A. ἐγὼ δὲ τοῦτό γ' ἐκπέπωκα πολλάκις.
B. οὐδὲν ἐλέφαντος γὰρ διαφέρεις οὐδὲ γρῦ.

hoc οὐδὲ γρῦ pro οὐδὲ σύ scribebat comparato Antiph. 3, 104 (v. 13). Men. 4, 179 (2): διαφέρει Χαιρεφῶντος οὐδὲ γρῦ |

ἄνθρωπος ὅστις ἐστίν. annot. l. 3 περὶ δὲ τοῦ τρίτου (pro φυτοῦ) λέγων φησίν Dobraeus adv. II 335. p. 507, 11 Eustath. p. 1286 28. l. 23 τοῦτό γ' ἐκπέπωκα p. 508, 5 cf. Nauck. progr. p. 29.

Eudoxi p. 508 Ναυκλήρῳ Bekkeri cod. A ψηφοπλάστης. l. 2 scr. τῶν νέων κωμῳδῶν

Phoenicidis p. 509 priori fragm. Cobetus mnem. IV 322 ita scribebat: ὥστε τοὺς τὰς διαλύσεις | συντιθεμένους τούτους κεκραγέναι δοκεῖν. caeterum cf. add. p. 115. inc. fab. fr. p. 511 vs. 4 φίλον ἔσχον τινά e Damasc. scripsit Mein. in od. Stob. Vs. 6 cum Grotio ἐδείκνυ δ' Vs. 19 ap. Gaisf. εἰ δέ τ' αἰτοίην. Damasc.: οὐδὲν ἐδίδου γάρ· ταῦτ' ἀλλ' ἂν αἰτῶντι. intactum reliquit in ed. Stob. cf. Nauck. philol. VI 424. Cobetus mnem. IV 322: εἴ τι δ' αἰτοίην pro αἰτοίμην comparato Menandri 4, 131 (1, 3). annot. l. 2 Pythias: v. Orelli ad Horat. A. P. 238. caeterum cf. add. p. 115. p. 512, 15 incertus: v. anon. 4, 618 (50). l. 22 'vulgo εἰ δέ τ' αἰτοίην.' l. 23 εἰ δ' ἂν αἰτοίην.

Posidippus. p. 513. Ἀναβλέπων. Vs. 1 cf. infra p. 115. Hirschig. p. 31: ἕν' ἐγὼ μάγειρον λαμβάνων ἀκήκοα | τὰ τῶν μαγείρων πάνθ' ἃ καθ' ἑκάστου κακά | ἀντεργολαβοῦντες ἔλεγον, ὁ μὲν ὡς οὐκ ἔχοι κτέ. de vs. 4. 5 sq. cf. add. l. c. Cobetus V. L. 188 sq. ὁ δ' ὅτι τὸ στόμα | πονηρόν, ὁ δὲ τὴν γλῶτταν εἰς ἀσχήμονας ἐπιθυμίας ἐμίαινε τῶν ἡδυσμάτων.

Longinus IX p. 560 Walz. (I p. 306 Speng.): πεφύλαξο δὲ τοῖς λίαν ἀρχαίοις καὶ ξένοις τῶν ὀνομάτων καταμιαίνειν τὸ σῶμα τῆς λέξεως καὶ τὴν ὑφὴν τῆς παρασκευῆς. ad vs. 7 cf. Cobeti V. L. 256. p. 514 Ἀποκλειομένη. l. 1 Strato v. Anth. Pal. XII 193. ad fr. I annot. l. 5 ed. min. haec annotavit: 'quibus verbis abusus est Th. Ladewigius in Schneidewini Philol. I 2 p. 288.' p. 515 Γαλάτου fr. I Pollucis oratio ita procedit: ἣν Ὅμηρος μὲν εἴρηκε κορώνην οἱ δὲ νῦν κόρακα, οὕτως ὠνόμασε καὶ Ποσείδιππος ἐν Γαλάτῃ εἰπών "κόρακι κλείεθ' ἡ θύρα." (ita ex X 22 correxit Bk. cod. A κλείεται θύρα). ἔστι μὲν οὖν οὐ κεκριμένη τοῖς νέοις ἡ φωνή, ληπτέον δὲ καὶ τὰ σπάνια, εἰ καὶ μὴ παρ' αὐτῶν εἴη χρηστέα (Bk. εἰ μὴ παρ' ἄλλων εἴη χρηστά?). aliorum librorum scripturas habet ed. mai. p. 516 Ἑρμαφρόδιτος cf. Arsen. Leutsch. II p. 700. Ἐπιστά-θμου annot. l. 2 'Iungermannus λάχανα' p. 517 Ἐφεσίας fr. vs. 4 βλάπτειν *(δὲ) δοκοῦσα Bergkius. Vs. 5 τὴν Ἡλιαίαν εἴλε περὶ τοῦ σώματος libri. 'fortasse sufficit εἶχε scribere cum Schweighaeusero.' Mein. ed. min. Cobetus mn. IV 323: τὴν Ἡλιαίαν εἴδε, comparat Acharn. 613 εἴ-δέν τις ὑμῶν τἀκβάταν' ἢ τοὺς Χαόνας; ut Bergkius pro vulgato οἶδεν scripsit ad fragm. Aristoph. 2, 991. p. 518, 8 τραχήλους. cf. infra p. 115. l. 3 a f. μακροβιότητι legitur ap. Meibomium. μακαριότητι Kühnius. p. 519 Μύρμηκος fr. I εὐθανασίας etiam Vindob. fr. II 'πολύπουν κακὸν corruptum sine dubio.' Hirschig. p. 31. Meinekius ad Stob. l. e. οὕτω πολύπονον scribendum proposuit. cum Ὁμοίων fragmento Nauckius confert Euripideum hoc, ἀεί τι καινὸν ἡμέρα παιδεύεται, trag. p. 521. p. 521 Χορευουσῶν vs. 21 Cobetus, ut velebat fere Erfurdtus, ita scripsit mn. IV 123:

τούτων γυναῖκές εἰσ' ἱέρειαι τῇ θεῷ.

cf. Mein. ed. min. qui 'tale quid, inquit, si requiritur, possis suspicari τούτων γυναῖκες ἱέρωνται τῇ θεῷ.' τῇ θεῷ etiam Grotius. p. 522, 5 scr. λαλεῖν L. l. 13 scr. ἢ add. ABCL. om. PV. l. 16 λιμούς: eadem vox fortasse Heraclito restituenda incred. c. 2, εἶχε παρασίτους λοιμούς (f. λιμούς) τε καὶ κυνώδεις. Hereher. philol. VII 605 λιμβούς. l. 24 de Platonis fr. v. supra p. CI. de re cf. Lobeck. path. elem. I p. 606. p. 523 inc. fab. fr. I 9. 10 ita scribebat Cobetus mnem. IV p. 101:

ὀρμῆς μεστός, ἐκκεκαυμένος,
τηρῶν ὁπότε κατὰ χειρὸς οἴσει τις.

p. 524, 3 ἔφη... inserit L. fr. II 3 Cobetus mnem. IV 296 cum Salmasio al. (ef. Buttm. p. 34) scripsit: ἡνίκ' ἂν φωνὴν λέγῃς | σαυτοῦ τιν' annot. l. 4 Heckerus philol. V p. 420: μεμφόμενος Ἀθηναίοις ὅτι τὴν αὐτῶν φωνὴν κοινὴν ὅλης φασὶ τῆς Ἑλλάδος εἶναι. p. 525 (3) annot. l. 7 scr. p. 173 d. ad rem cf. add. p. 115. fr. IV 3 ἔμεινεν ἀτυχῶν Mein. infra p. 116 (Nauck. philol. VI 424. Herwerd. p. 124). pro πάλιν

M. Fuhr. de Dicaearcho p. 262 scribebat *πάνυ*, ut servaretur *εὐτυχῶν*. Gaisfordus tentabat *οὐδ' εἴ γε μέχρι τέλους ἔμεινεν εὐτυχῶν*. p. 526 fr. VI *διὰ τὴν τύχην μὲν γνωρίμους ἐκτησάμην πολλούς* apud Stobaeum edidit Mein. pro *τέχνην*: putaveram haec coquum aliquem dicere, veluti 4, 520 (1). Cobetus mnem. IV 258 'poterat, inquit, homo *κουρεὺς εἶναι τὴν τέχνην*, et hinc *γνωρίμους* permultos habere.' fr. VII idem Cobetus p. 274 restituit:

οὐκ ἔργον ἐστὶν εὖ λέγειν, ἀλλ' εὖ φρονεῖν·

pro *ἀλλ' εὖ ποιεῖν*. sequutus est Meinekius. p. 527 (14) Photius 459 3: *προσέκοψεν τῷ ἀνθρώπῳ*: fr. XV est in Epimerismis Hom. annot. l. 1 utrobique scr. 'Anecd. Ox. I' in min. ed. non mutatum *ἐλαίας*. p. 528 (17) l. 1 *παρὰ Θουκυδίδῃ* (III 67) fr. XVIII l. 3 *λεπτὰ* *(*παρὰ*) *Ποσειδίππῳ* Bk.

Damoxenus. p. 529. *Αὑτὸν πενθῶν*. annot. l. 6 cfr. Silligius ad Vergil. Cul. p. 59 vol. IV Wagn. l. 7 scr. p. 1286 29 p. 530, 3 scr. H. N. IV 18. ib. *προὔπιεν* donavit: cf. Iacobi Grimmii 'über schenken und geben' dissertationem 'philol. u. hist. abh. d. k. pr. akad.' 1848 p. 126 sq. *Σύντροφοι*. Vs. 6 Hirschigius annot. p. 32 'in verbis, inquit, corruptis *ΟΥCΗΔΕΙΘΕΟΙ* videtur latere *ὦ γῆ καὶ θεοί*. personae ita distinguendae, ... *Α. καθήγισα,* | *μάγειρος ἦν κἀκεῖνος. Β. ὦ γῆ καὶ θεοί* | *ποῖος μάγειρος; Α. ἡ φύσις κτἑ.*' cf. Cobeti in mnem. IV 120 disputationem, qui haec ita disposuit: *Α. καθήγισα.*

Β. μάγειρος ἦν κἀκεῖνος, ὦ γῆ καὶ θεοί.
Α. ποῖος μάγειρος; ἡ φύσις πάσης τέχνης
ἀρχέγονόν ἐστ'. Β. ἀρχέγονον, ὠλιτήριε.

p. 531 vs. 39 Herwerd. p. 112 *λαβὼν* | *ἕκαστον αὐτῶν κατὰ μέρος πρόσπαρδε σύ* pro *προσπαρδέτω*. Vs. 50 idem Dobraei probabat coniecturam *ὁμάλιζε τοῖσι τάχεσιν* scribentis. fortasse ad utramque imperativi formam facit Nicostrati exemplum 3, 286 (3, 2) *ἀπενεγκάτω*. p. 532 vs. 59 *ἐνίοτε δ' ἐφεστὼς* pro *ἀφεστὼς* proponebat Herwerden. Vs. 63 Cobetus mnem. l. c. pro *εἶδε* requirebat *οἶδε τἀγαθὸν μόνος* | *ἐκεῖνος οἷόν ἐστιν*. Vs. 67 idem *οὐ καὶ σοὶ δοκεῖ;* comparato Vesparum vs. 933. p. 532 annot. l. 13 scr. 'Vs. 8' pro Vs. 6 p. 533, 22 addit Nauckius philol. VI 424 Eustath. Od. 1623 8: χρῆσις δὲ αὐτοῦ γνωμικὴ ἐν τῷ "αἱ μεταβολαὶ γὰρ αἵ τε κινήσεις κακὸν ἠλίβατον. ἔντ' ἀνθρώποις ἀλλοιώματα ἐν ταῖς τροπαῖς ποιοῦσιν." confert Nauckius Leutschii ad append. prov. III 9 annotationem. ad vs. 22 cf. Engeri in Lysistr. praef. p. XVII. p. 534, 4 οἱ παιδείας ἐντός: cf. Lehrs. Herod. p. 399 extr. l. 8 scr. δέσμην, p. 535, 14 οὐκ ἀγνοεῖς l. 23 scr. Polum. p. 196 .... Hypob. p. 214. l. 26 cf. Hermann. epit. d. m. p. 57. p. 536, 8 scr. 'Vs. 67' ad δοίησαν cf. Krügeri gramm. I § 36 7 1. inc. fab. vs. 3 scr. Κῷος· Vs. 9 Cobetus mnem. IV 256 'corrige, inquit, πέρας ἐστὶ κάλλους et sic loqui solent qui quid calidius admirantur.'

Crito. p. 537. Αἰτωλοί. annot. l. 4 scr. εἶτ' ἐν Φιλοπράγμων. p. 538 vs. 5 ἀκούων διότι: cf. Apollod. 4, 456 (3). Telet. Stob. flor. 95 21 (p. 253 9 Gaisf.). Diog. La. IV 44. hinc apud anon. 4, 669 (287) διότι pro ὅτι scripsi. annot. l. 9 'fortasse tamen praestat κἀκφορτιῶσαι.' Mein. ed. min. caeterum Κράντωνος (Max. Conf. II 571 Κράτωνος) apud Stob. XCVI 13 versus nuper Bergkius Lyr. II 1081 Critoni comico assignabat, Crantori Mein. hist. cr. p. XI. ad Stob. III p. XXXV.

Demetrius. p. 539. Ἀρεοπαγίτης. Vs. 5 de Agathocle cf. Meier. ind. schol. Halens. hib. 1852. 53 p. VI. Vs. 6 τὴν addidit Casaub.

Dioxippi Ἱστοριογράφος p. 541. annot. l. 1 scr. p. 100 e p. 542 Φιλαργύρου fr. I 1 τῆς Θηρικλείας cum Dindorfio infra probatum p. 116. fr. II (p. 543) in ed. min. 'post ἐξ aliqua excidisse et verba τοὺς δύο in fine versus posita fuisse videntur.' de Olympichi nomine cf. Fritzsche de locis aliquot difficilioribus Trinummi prooem. lect. Rostoch. 1849. 50 p. 8.

Strato Phoenicide p. 545. Cobetus comm. de artificiali oratione p. 14 vs. 3 scribebat ὧν ἂν λέγῃ συνίημι. Vs. 7. 8. 10 (cf. infra p. 116) in min. ed. scriptum Μέροπας pro μέροπας. Vs. 10 Cobetus l. c. ἔτι κατάλοιπον pro ἔστι. Vs. 18 ed. min. ut infra p. 116: εἰ μὴ κέκληκα Λαιτυμόνα. καινὸν πάνυ. Vs. 22 sqq. Cobetus l. c. et in mn. IV 132 ita supplebat:

"οὔκουν", ἔφη,
"τὰ μῆλα πρόβατα;" μῆλα πρόβατ'; οὐ μανθάνω·
ἔγωγε τούτων οὐδὲν οὐδὲ βούλομαι.

Vs. 26 (p. 546) Cobetus priore loco dedit: Ὅμηρον οὖν οὐκ οἶσθα λέγοντα; Vs. 31 οὕτω λαλεῖν εἴωθα recte ed. min. ubi vs. 32 cum B οὕτω pro οὕτως. Vs. 44 Cobetus mnem. l. c. σκοπεῖν ἕκαστον (pro ἕκαστα) τί δύναται τῶν ῥημάτων· annot. l. 2 ἀγῶνα ἀναδησαμένων Κόροιβος p. 547, 1 scr. Φοῖνιξ, l. 4 scr. Vs. 7 ... μελαγχολᾷς l. 6 pro 'ibidem' scr. 'Vs. 8' l. 11 scr. 'Hist. crit. p. 427' l. 23 ἔγωγε μήν. l. 31 διανοῇ-. l. 34 τῷ μαγείρῳ' l. 35 βούλοιτ' ὦ μάγειρ' Coraes. p. 548, 3 τὰς οὐλοχύτας φέρε δεῦρο... κριθαί Eustath. l. c. l. 16 'Vs. 38 al. φησίν.' l. 39: libri ἱκετεύω γ'. cf. Fritzsche Ran. p. 342.

Theogneti Phasma. p. 549 vs. 6 scr. συνῴκισεν. Vs. 8 pro ἀντέστροφεν Hirschig. p. 32 reponebat: ἀνατέτροφέν σου τὸν βίον τὰ βιβλία. cf. Cobetum mnem. IV 323. de perfecti forma v. Buttmanni gramm. I p. 410 sq. annot. l. 6 ed. min. 'οὐθεὶς ABP, quod fortasse tenendum erat.' l. 15 ib. 'in eo etiam cum Matthiae falsus, quod ... dicunt.' p. 550, 10 scr. Callim. eleg. p. 209. Vs. 10 οὐθέν PVL. Φιλοδεσπότου vs. 1 Herwerden p. 124 partim cum Bergkio αὐτὸς ἀστὸς ὢν ξένους pro αὐτὸς αὐτοὺς τοὺς ξένους Vs. 3 ἐπικραιπάλα: cf. Eubul. 3, 266 (9). de anonymi quodam fragmento ad Theognetum fortasse referendo v. 4, 690 (346).

Alexandri Διόνυσος. p. 553 verba τί χρῆ τούτῳ; ab Eustathio ad Iliad. l. c. afferri annotavit Nauck. Ἑλένη. l. 1 scr. Antiatt. p. 96 33. p. 554 Πότου fr. est Ath. IV p. 170 e. Τιγόνιον. annot. l. 3 Ἀλέξανδρος Ἀντιγόνῃ scribebat Wagnerus philol. II p. 480. l. 6 cf. supra p. CXXVI. - inc. fr. II p. 555 cf. infra p. 116. fr. III l. 2 υἱὸς ἦν Κλειτοῦς ὁ Εὐρ. adde ad 1, 488 suppl. p. XXI. fr. IV l. 5 haec addit ed. min. 'ignoravit G. M. Schmidt. diatr. de dithyr. p. 57, qui recte idem proverbium restituit Dionysio Hal. Comp. Verb.

I 8, cuius verba ita scribenda sunt: *συμβάλλομαί σοι μέλος εἰς τὸν ἔρωτα τὴν περὶ συνθέσεως τῶν ὀνομάτων πραγματείαν.'* cf. vind. Strabon. p. 9. Bergk. Lyr. II 994. l. 2 a f. scr. vel Alexidis

Chariclidis *Ἅλυσις* p. 556. 'quod Athenaeus ... ex Chariclide, comico ut videtur poeta, profert ... non ab ipso poeta videtur profectum, sed ex populari cantilena adscitum:

Δέσποιν' Ἑκάτη τριοδῖτι,
τρίμορφε θεά, τριπρόσωπε,
τρίγλαις κηλευμένα ...'

Bergkius inquit Lyr. II p. 1038. annot. l. 5 *καὶ τὸ εἰς αὐτὴν ἐπίγραμμα* l. 9 *Τριγλαθήνη* (sic)

Athenio p. 557. de nomine poetae v. supra p. XXI suppl. *Σαμοθρᾴκων* fr. vs. 44 sq. (p. 558) ita restituebat Cobetus mnem. IV 121, ut in *ἄφες* codicis *σαφές* crederet latere. 'ut se expediat (is qui coquum conduxerat), *ὑπὲρ εὐσεβείας οὖν σαφές*, inquit, et quia ante addubitaverat *παῦσαι λέγων, ἥμαρτον* addit. quod in codice sequitur *ἀλλὰ δεῦρο συνέσθιέ μοι* Dobraeus sic refinxit *δεῦρο σὺ ξυνείσιθι ἐμοί* optime instituta sed non perfecta emendatione, namque verum esse arbitror *ἀλλὰ δεῦρο νῦν συνείσιθι ἐμοὶ τά τ' ἔνδον εὐπρεπῆ ποίει λαβών.* satis verborum, inquit: nunc mecum ingredere domum et coenam intus para.' p. 559, 4 scr. 'cum servo enim eo loquitur' l. 9 Moschionem in Pheraeis: cf. Meinekii de Moschione disputationem 'monatsb. d. k. pr. akad.' 1855 p. 102 sqq. Nauck. trag. fr. p. 632. l. 10 scr. Ecl. phys. I 8 38. l. 19 *μεμνημένη* B. ad vs. 19 *ἅλας οὐ προσάγοντες*: de huius loci difficultatibus nuper disputavit Antonius Eberz. in 'zeitschr. f. d. alterth.' 1854 p. 325 sqq. l. 25 *ὡς ἤρεσαν* in min. ed. p. 560, 21 scr. 'Epist. vs. 11.'

Callippi *Παννυχίς* p. 561. cf. infra p. 116. (in ed. min. p. 1168, 2 scr. *ἔλεγον.*)

Clearchi *Κιθαρῳδός* p. 562. ad fr. I annot. l. 4 scr. *τὰ λειπόμενα ἰαμβεῖα πιὼν ἐρῶ* p. 563 (2) annot. l. 3 *Γόγγρων κτλ.* *Κορινθίων* vs. 3 restituta in min. ed. recta distinctio: *τὸν ἄκρατον, ἡμῶν οὐδὲ εἰς ἔπινεν ἄν.* annot. l. 1 scr. p. 613 b: *Κλέαρχος δ' ὁ* (cum B, legebatur *τε ὁ*)

κτλ. p. 564 inc. fr. servari posse μοι δοκῶ pro ἐποίησεν scribendo ἐξεποίησεν in min. ed. indicatum.

Crobyli Ἀπολιποῦσα p. 566. fr. I Herwerden p. 124 'est in membranis, inquit, ΤΘΘΛΙΦΘ. dele lineolam in litera Λ, et emerget vera scriptura ΤΘΘΑΙΦΘ. scribe igitur: πάλαι γ' ἡ τοῦ βίου | ὑγρότης μέ σου τέθλιφε κτέ.' sed τοῦ σοῦ servari posse videtur. p. 567 Pseudohypob. fr. II annot. l. 7 scr. Metanira p. 568, 5 καὶ καπρίσκους καταφαγοῖ L. inc. fab. fr. I annot. l. 2 Ἀρχύτου: Mein. anal. alex. p. 354. F. Beckmann. de Pythagor. reliq. prooem. p. 32. l. 5 scr. Suidas II p. 94. tertium versum Suidas duobus reliquis in locis apposuit. p. 569 fr. III Choerobosc. p. 373 19 Gaisf. cod. Ven. Cobeti κρωβύλω-ῶς ἀπὸ et μέντοι pro μέλιτι. fr. IV. 'de quarto quodam loco v. Hist. crit. p. 491.' ed. min.

Demonicus p. 570. in min. ed. Ἀχελῷος cum Dalecampio fabulae index factus. Vs. 3 Cobetus mnem. IV 98: 'vitium est, inquit, in ΠΕΡΙΓΡΑΦΕΙΠΑΣ, in quo male latet ΠΕΡΙΕΓΡΑΨΕΙΠΑΣ, ut poetae manus sit:

τὸ γοῦν κατὰ χειρὸς περιέγραψ' εἴπας ὅτι
μετὰ δεῖπνον αὐτῷ τοῦτο γίγνεται λαβεῖν.

in his perspicuum est ὅτι ὁ Ἡρακλῆς ξενίζεται, qui omnis morae impatiens τὸ κατὰ χειρός ante coenam ut inutile περιέγραψ' εἴπας ὅτι κτέ.' annot. l. 3 ed. min. Ἀχελῴῳ l. 5 Aristophanis: v. Nauck. Ar. Byz. p. 251.

Dexicrates. p. 571. ΥΦ ΕΑΥΤΩΝ ΠΛΑΝΩΜΕΝΟΙ. in min. ed. scriptum ut hac pag. significavit editor:

εἰ δὲ μεθύω καὶ χιόνα πίνω καὶ μύρον
ἐπίσταμ' ὅτι κράτιστον Αἴγυπτος ποιεῖ.

post Dexicratis fragmentum hoc addas:

DIOPHANTVS

ΜΕΤΟΙΚΙΖΟΜΕΝΟΣ

(1, 492)

Antiatticista p. 115 31: φέρειν τὸν οἶνον: ἐπὶ τοῦ νήφειν. Διόφαντος Μετοικιζομένῳ.

Euangeli Ἀνακαλυπτομένη p. 572. Vs. 2 pro μηδενί fortasse praestare μηδενός in min. ed. significatum. Vs. 5 Herwerd. p. 113 ita tentabat: τῶν μὲν ἄλλων ἄφελε πάνθ'

ὅσ' ἂν θέλῃς γε νὴ *(Δία), vel hoc modo: τῶν μὲν ἄλλων ἄφελε πάντων ὅσα γε βούλει νὴ *(Δία). annot. l. 8 AB εἶπας οἱ p. 573, 1 'Vs. 2 ante Dindorfium τὸ δὲ δεῖπνον' l. 19 adde: 'Vs. 9 vulgo ἐστι, correxit Dind.' l. 22 scr. Aristoph. Lys. 953. caeterum cf. infra p. 116.

Laonis Διαθῆκαι p. 574. cf. infra p. 116.

Nausicratis Ναυκλήρων fr. I p. 575 Cobetus mn. IV 103 de ἔγνωκας disputans probat Porsoni supplementum ἐπώνυμοι. Vs. 5 γλαῦκον cf. Leutsch. ad append. Gotting. II 72. annot. l. 6 scr. schol. Aristoph. Ran. (704 Dind.) fr. II 4 de forma θεὰν tragicis sublecta dixit Cobetus l. c. 122. idem vs. 6 sq. ita scripsit p. 121: Β. τρίγλας λέγεις... | Α. γαλακτοχρῶτα Σικελὸς ὃν πήγνυσ' ὄχλος. | Β. ῥόμβος. 'Athenaeus, inquit, e Nausicrate sola aenigmata excerpsit et pauca verba, quibus quodque solvitur, caetera media omisit. vel metrica ratio verba sic esse describenda arguit.' p. 577, 13 scr. Α. ἔγνωκας.. p. 578, 1 cf. infra p. 116. Περσίς. cf. Haupt. ind. schol. Berol. hib. 1855. 56 p. 6: 'putabimus potius Nausicratem non tetigisse Menandrum, sed propter aliam causam illa scripsisse.'

Niconis ex Citharoedo fr. (p. 578) est apud Athen. XI l. 4 apud Poll. cod. A πατριώτιδα δὲ μανὴν λάβε l. 7 προπίνω κτέ. cum Heringa Cobetus mnem. IV 301.

Nicolaus p. 579 sq. Vs. 25 διὰ τοὺς ἀνοδίᾳ τἀλλότρια μασωμένους apud Stobaeum edidit Mein. cf. infra p. 116. Vs. 29 γνάθον | ἀκάματον εὖ τε (pro εὐθὺς) δυναμένην πληγὰς φέρειν Herwerden p. 113. Vs. 33 βλάπτεται apud Stob. reliquit Mein. ita etiam Vindob. 'βάπτεται A ex em. et sic B.' Gaisf. Vs. 36 ἐπ' ὀλέθρῳ: v. infra p. 117. Hirschig. p. 33 'parasitus suam ipse, inquit, artem laudibus extollens dicere non potest πρὸς χάριν ὁμίλει τοῦ τρέφοντος ἐπ' ὀλέθρῳ quae boni librarii esse verba vidit C. G. Cobet.' cf. mnem. IV 134. Vs. 38 Mein. in Stobaeo δειπνῶν v. p. 582. Vs. 41 πάντα γὰρ πρόσεστί μοι | ὅσα περ ἔχειν τἀλλότρια τὸν δειπνοῦντα δεῖ: Hirschigius l. c. τὸν τἀλλότρια δειπνοῦντα δεῖ reponebat. Cobetus p. 135: 'aut hoc erit, inquit, restituendum, aut τἀλλότρια δειπνήσοντα δεῖ.' Vs. 43 pro γαστήρ, ἀργία 'legendum esse γαστριμαργία me monuit C. Badham' Hirschig. annot. l. 1 'Vs. 1 recte legitur ἐξεῦρεν γένος, ut apud Athen. IV p. 154 d: τῶν μονομαχούντων εὑρετὰς ἀποφαίνει Μαντινεῖς.' Mein. ed. min. p. 581, 8 terrae motum: cf. infra p. 116. l. 11 ἐπιπλῆξαι etiam Vindob. l. 13 'forsan παθών.' ed. min. l. 14 νύξηκασ Vind. l. 17 idem.. ηλοῖς l. 20 Diod. Sic. I 24. l. 25 οὐδὲ νῦν ἔτι recte habere videbatur infra p. 116. de ἅπαντα cf. ib. l. 30 ἀνοδίᾳ v. ib. ἄνω· διαταλλότρια Vind. p. 582, 2 notissimo proverbio: cf. Dindorf. ad Ar. fr. p. 246. Nauck. Ar. Byz. p. 238. comici esse dixit Cobetus mn. V 201. l. 9 ἔντονον vel εὔτονον scribi posse in min. ed. significatum. l. 13 ad vs. 36 annotatio l. 16 collocanda. l. 17 παράττεται Vind. l. 28 δειπνῶν probavit Cobetus mnem. IV p. 135. l. 32 τῷ πράγματι etiam Vindob.

Nicomachi Ilithyia p. 583. cf. infra p. 117. in ed. min. vs. 7-10 descripti sunt ut in addendis proposuerat editor. Vs. 16 cf. l. c. τινα τέχνης vs. 32 Eustathii ad Od. p. 1753 48 apposuit Nauckius phil. VI 424: κατὰ τὸν εἰπόντα ὡς ἐπὶ τὰ ἀλλότρια δεῖπνα-πᾶς γίνεται ὀξύχειρ, οὐκ ἐγκρατής. Vs. 34—39 ita scribebat Hirschig. p. 33 sq.:

34 τοῖς δὴ τοιούτοις βρώμασιν τὰ φάρμακα
35 εὕρητ' ἐκεῖθεν. μεταφορὰ δ' ἐστὶν τέχνης
37 παρὰ τακτικῆς, ἕκαστα ποῦ τεθήσεται.
38 ἀριθμητικῆς, ἀριθμῷ τὸ πλῆθος εἰδέναι.
36 ἤδη τὸ μετὰ νοῦ καὶ τὸ συμμέτρως ἔχον
39 οὐδεὶς ἕτερός σοι πρὸς ἐμὲ καὶ γραφήσεται.

'postremum verbum γραφήσεται, inquit, emendare mihi non contigit.' Vs. 39 οὐθεὶς et vs. 41 μηθὲν in min. ed. reliquit Mein. Vs. 40. 42 Cobetus mn. IV 324: 'in ΜΙΚΡΑΔΙΑΚΟΥΣΟΝ latere, inquit, suspicor μικρ' ἀντάκουσον et pro διαγενοῦ scripserim δίαγε νῦν.' p. 585, 19 de anon. com. fr. v. suppl. l. 28 scr. 'ibid. verba' l. 33 sq. cf. add. p. 117. p. 586, 3 scr. 'ibid. pro ταὐτὰ BP' l. 9 scr. 'Atque' l. 12 Dobraeus: 'lege γεωμετρικήν, ἰατρικήν, ἀστρολογικήν. vel ἰατρ. γεωμ. mox enim ἐντεῦθεν est ἐκ τῆς ἀστρολ.' p. 587, 1 δεῖ προειδέναι τὸν μάγειρον. Ναυμαχίας fr. εὖ βίου βεβηκότα scribi posse infra indicatum p. 117. 'titulus fabulae fortasse e Polluce expediendus.' ed. min. inc. fab. fr. I vs. 1 Cobetus V. L. 375 scripsit: οὐσίδιον γὰρ καταλιπόντος τοῦ πατρός, idem vs. 2 probavit συνεστρόγγυλα: v. Mein. annot. l. 5. p. 588 fr. II annot. l. 3 'χρυσόκλυστα scripsi pro χρυσοκλαῦστα': ad Alciphr. p. 139 cum χρυσοκλαύστης comparavit Meinekius Ψυχοκλαύστης, servata huius versus scriptura: ὦ χαῖρε χρυσοκλαῦστα καὶ χρυσοῦς ἐμῶν. ib. scr. 'Curis crit. p. 28.' pag. extr. 'de aliis duobus fragm. Nicomachi' cf. Nauck. trag. fr. p. 591.

Philostephani Δήλιος p. 589. Vs. 3 τὸν καλούμενον τέρας pro Πέρας Bergk. Cob. mn. IV p. 255 (v. supra CCXLIII): 'πέρας, inquit, Graecis est τὸ ἑκάστου ἔσχατον, id quod in quaque re extremum est quo perveniri potest et quo non est progredi ulterius.' idem p. 256: 'iocosius etiam ipse artifex πέρας dicebatur.'

Poliochi inc. fab. p. 590 annot. l. 10 deminutiva in αριον: cf. Lobeck. path. proll. p. 258.

Sosicratis inc. fragm. I p. 592 cf. Eurip. fr. p. 537 N.

Theogenidis Δικασταί. p. 593 apud Photium p. 600 (518).

Timostrati Παρακαταθήκη. p. 595 l. 5 scr. Et. m. p. 408 12, ubi v. Voss. Φιλοδεσπότης. ἀφελοῦμαι cf. infra p. 117. p. 596 ad inc. Timostrati fragmentum Vindobonensis codicis auctoritate alterum nuper accessit, cf. supra p. XXI sq.:

II (4, 692)

A. τηρεῖν μὲν ἑτέροις οἱ γέροντες δυνάμεθα.
B. ἡμεῖς δ' ἀπολαύειν ὧν ἔχουσιν οἱ νέοι.

Stobaeus Flor. CXV 12 τιμοςρα̅ Vindob. pro lemmate, ubi ἑτέροις pro ἑτέρους et ἀπολαύειν Scaligeri pro ἀπολαβεῖν. inter duos collocutores Meinekius distribuit, qui 'senex frugi dicit: servare aliis rem familiarem nos senes possumus; cui respondet adulescentulus nequam: nos iuvenes vero uti iis quae illi habent.' tolle fragm. anon. CCCLI sive fr. 431 ed. min. postremo loco etiam hic ascribemus Suidae v. χάραξ notitiam (hist. cr. p. 500): Δημόστρατος Δημοποίητα (Kust.

Δημοποιήτῳ) "*οἱ μὲν προσέφερον τὸν χάρακα πρὸς τὴν ἄκραν.*"

anonymorum com. fr. p. 599 sqq. fr. I in min. ed. nominativos exhibuit Mein. *πόρνοι μεγάλοι Τιμαρχώδεις*. annot. l. 6 *ἀλλ' εἰς σὲ πάντες*. fr. II[a] annot. l. 3 scr. *ὡς ἔχει τὰ τοιαῦτα* p. 600, 1 sqq. cf. supra p. CCLXVII. CCCII sq. fr. II[b] addit ed. min. anon. in Aristot. p. 93[b] 24: *διαπορητικόν, ὅ ἐστιν ἐρώτησις αὐτοῦ πρὸς αὐτόν, ὥστε τό "Δάος προσῆλθε τί ποτ' ἀγγελῶν ἄρα;"* l. 5 scr. *ἀγγέλλων ἄρα;* l. 6 scr. 'pro *τί* quod Spengelius reponi voluit *τίνα* (ita utrobique corr.), etsi defendi potest (v. Aristoph. Acharn. 1084), puto tamen aliud scriptum fuisse.' ed. min. *τί δέ ποτ' ἀγγελῶν ἄρα;* infra Mein. proponebat p. 117. fr. III 1 'reliqua eius versus incerta medela est.' ed. min. p. 601 fr. IV 1. 2 Et. Gud. 221 51: *γήμαντος αὐτοῦ εὐθὺς ἔσομ' ἐλεύθερος. καὶ ὡς τοῦτ' εἶδεν, εὐθὺς ἦν τὰ ἄνω κάτω*, unde confirmari Meinekii *τἄνω* annotavit Nauck. philol. VI 424. fr. V scr. *ἀλλὰ θῦε τοὺς κέδρους*. ita Ammonius et Etymol. codd. DM. annot. l. 2 scr. *ἀρσενικῶς δὲ ὁ καρπός*. apud Etym. *οὐδετέρως δὲ ὁ καρπός. "ἀλλὰ θύε τὰς κέδρους."* fr. VI 3 scr. *τρισαθλίῳ* p. 602, 1 *παραδίδωσιν ὁ* Aldus om. fr. VII Heckerus philol. V 438 ita scribebat:

χρηστοῦ δὲ δεῖγμ' εὐηθίας κτλ.

de *χρηστότητι* supra nonnulla composui p. CLXXV sq. fr. VIII descriptum in min. ed. ut hac pagina emendaverat editor. annot. l. 5 *ἐπιτέμνει τὸν εἰπόντα σχολαστής* in ed. Stob. p. 603 fr. IX est apud Aristot. p. 1412 b 24. l. 1 scr. *ἢ τὸ πρὸς ὃν λέγεται* pro *ἔδει* in sententia comici etiam *δὲ δεῖ* scribi posse in min. ed. annotavit Mein. fr. X. XI ed. min. ita dedit Meinekius:

ὥσπερ Φιλάμμων ζυγομαχῶν τῷ Κωρύκῳ.

et *ὥσπερ σέλινον οὖλα τὰ σκέλη φορεῖ.*

de priore versu v. infra p. 117 sq. in altero *φορεῖ* Aristot. p. 1413 12, *φορεῖν* ib. l. 27. ad fr. XII l. 1 scr. *ξένος*. p. 604 fr. XIII apud Aristot. p. 166 35 (cap. IV § 7). praeter Theonem I p. 179 habet Doxopater II p. 224 indicante Nauckio. Herwerden p. 114: 'e tragoedia potius quam e comoedia, inquit, desumptum esse hunc versum crediderim. etenim socco dignior foret versus huiusmodi: ἐγώ σ' ἐποίησα δοῦλον ἀντ' ἐλευθέρου.' annot. l. 13 cf. Schneidewin. philol. IV 746. l. 14 Archilochus: v. p. 563 (113) Bergk. p. 605 fr. XVI 12. 13 Nauckius in progr. p. 36: 'si reputaris, inquit, μανίαν maius esse damnum quam παράλυσιν, ac si memineris τὸν ἄκρατον dici μαινόμενον θεόν, non τὸν ἴσον ἴσῳ κεκραμένον, facile concedes scribendum esse:

ἂν ἴσον ἴσῳ δέ, παράλυσιν τῶν σωμάτων,
ἐὰν δ' ἄκρατον προσφέρῃ, μανίαν ποιεῖ.

nam quod δέ versu priore traiecimus, rhythmo flagitatur: semper ΙΈΣΟΝ ΙΣΩ'Ι poetae dixerunt, nunquam ΙΣΟ'Ν ΙΣΩΙ.'

fr. XVII e satyrica fabula repetebat Cobetus mn. IV p. 143 sq. cf. Nauck. trag. fr. p. 663. p. 606 (18) l. 5 scr. 'p. 158 c'

fr. XIX[a] 'mihi nunc tragici potius poetae quam comici versus esse videtur.' Mein. ed. min. Cobeto mnem. l. c. satyrici dramatis esse videbatur, Nauckio adesp. trag. p. 663 (66). ἀκρότητα i. e. δυσκρότητα, v. Lobeck. path. elem. 1, 33.

fr. XIX[b] scr. Athenaeus IX p. 607 fr. XX[b] 2 τοὔψ' ἡμέραν cum Casaubono ed. min. tragici cuiusdam, fortasse Euripidis, versus esse suspicabatur Porson. adv. p. 101. 'temulenti haec philosophia est ex aliquo satyrico dramate' Cobetus inquit mnem. IV 144. v. adesp. Nauck. p. 663. annot. l. 4 scr. 'Vs. 4 ἐπαυρέσθαι' fr. XXI[a] scr. Athenaeus IX fr. XXII—XXVI p. 608 in min. ed. duo accesserunt versus (fr. 33. 34), unus Athenaei p. 458 c:

σοφός ἐστιν ὁ φέρων τἀπὸ τῆς τύχης καλῶς.

in quo τῆς additum a Porsono adv. 123. alter eiusdem Athenaei ibid. d: ὠρθωμένην πρὸς ἅπαντα τὴν ψυχὴν ἔχω. v. infra p. 118. annot. l. 3 scr. 'Vs. 2 χὠ Dindf. pro καὶ ὁ.' l. 8 scr. 'antepenultima producta' fr. XXVII[a] (XXVIII[a]) scr. τὸν ἁβρόν annot. l. 1 Athenaeus XIII p. 574 d. sequitur in min. ed. XXVIII[b] Σικελίας αὔχημα τροφαλίς, quod infra exhibitum p. 118. fr. XXVII[d] (p. 609) vs. 4 νικήσεις etiam Fritzschius Ran. p. 100. fr. XXIX annot. l. 5 tolle alterum Ἀποθευσόμεθα l. 6 scr. ἡμέτερος ὁ πλοῦς.

l. 7 ante Ἀπόδυθι ταχέως Cobetus mnem. IV 294 lacunae

signum posuit: 'excidit, inquit, nomen comici et fabulae.' p. 610 fr. XXX est apud Choerob. p. 88 11 Gaisf. fr. XXXI annot. l. 2 scr. περίστασις fr. XXXII Menandri est: v. infra p. 110. 118. supra p. CCLXXXIV. fr. XXXIII Cobetus mnem. IV 125: 'male ad comoediae, inquit, reliquias referunt senarium, quo bis Cicero utitur . . . inserto νῦν ante Θεοπρόπε. color orationis et numeri e tragoedia sumtum arguunt.' l. 3. XVI 6: ἢ δεῦρ' ὁδός σοι τί δύναται; fr. XXXIV l. 3 φαρύγων καὶ φοιτητῆς pro φαρύγγων καὶ φοιτητὴς Klotz. ἐπὶ δεῖπνον Palat. ἐπίδειπνον Reg. p. 611 fr. XXXV 2 ed. min. ἀμίδες, annot. l. 2 scr. τὴν ἀκοσμίαν τὴν περὶ τὰ συμπόσια l. 9 scr. 'vulgo post οὐδὲν ἄλλ' ἢ additur κῶμος', delevit Porson. adv. p. 300 sq. in fine annotationis min. ed. adiecit: 'quod probarem si omisisset πότος.' fr. XXXVI 2 σμάραγδος, annot. l. 1 ἀμέθυσοι codd. nov. reg. l. 3 τιμηέστατον: l. Flor. Lobeck. philol. V p. 244 scribendum suspicabatur τιμαλφέστατον vel τιμιώτατον, Nauck. progr. p. 6 (adesp. p. 666) τιμιέστατον. fr. XXXVII annot. l. 1 scr. p. 95 Sylb. l. 2 ἀποκειρόμενοι fr. XXXVIII 2 κατακεκλασμένως ed. min. cum Klotzio ex codd. Reg. Bodl. pro κατακεκλασμένος Vs. 4 κιναίδους attigit de mensura primae syllabae agens Mein. Theocr. p. 232. p. 612, 9 scr. XXXIII p. 26. fr. XL 3 pro vulgato ἐὰν ἀπὸ ἑσπέρας scriptum in min. ed. ἂν ἐφ' ἑσπέρας | ᾄσῃ: correxit V. D. in Zimmermanni 'zeitschr. f. d. alt.' 1835 p. 91 comparato Arist. Vesp. 100: τὸν ἀλεκτρυόνα δ', ὃς ᾖδ' ἐφ' ἑσπέρας, κτλ. ubi Rav. et Ven. sec. Cobetum ἀφ' ἑσπ. ut edidit Bergkius. Vs. 4 Cobetus mnem. V p. 195: 'verum esse, inquit, suspicor: τιθέμεθα τοῦτο σημεῖόν τινος, portendere hoc aliquid credimus.' idem ib. p. 194 appositum a Porsono Theophrasti locum char. XVI ita corrigebat: καὶ ἐὰν μῦς θύλακον ἀλφιτηρὸν διατράγῃ, πρὸς τὸν ἐξηγητὴν ἐλθὼν ἐρωτᾶν τί χρὴ ποιεῖν.

p. 613, 10 οὐχ εὑρὼν ὅ τι φάγῃ; fr. XLI vs. 1 μῶρος cf. infra p. 17. ἀνειμένως etiam Hermannus Aeschyl. II p. 101, Nauck. adesp. p. 668. Vs. 5 ἀπαρχῇ probavit Hermannus. annot. l. 15 scr. 'Dysc. III 6.' p. 614, 3 cf. Lobeck. de antiphrasi p. 290. 301. l. 8 H. N. XXVII 65. l. 10 ἅπαντας, non ut ed. min. ἅπαντας. fr. XLI[a] annot. l. 9 cf. mon. 365: μαστιγίας ἔγχαλκος ἀφόρητον κακόν. Nauckius annotavit Procopii epist. 30 in Maii class. auct. vol. IV p. 224: ὡς δὲ λαμπρὸς ἤρθη καὶ γέγονε μέγας, ἀφόρητός ἐστιν εὐτυχῶν καὶ τῶν πρῴην ἐκείνων ἐπιλανθάνεται. fr. XLIII apud Cramerum legitur p. 299 31. p. 615 fr. XLIV priora haec ita scribit Lehrsius Herodiano p. 82: ἢ παρὰ τὸ πεσῶ, ἔνθεν τὸ πέσημα·

καταπεσεῖν τι βούλομαι
τραγικὸν πέσημα.

fr. XLVI ed. min. ita scribendum suspicabatur Mein. ἐσπάτην γνάθοιν (γνάθοις) εὔκρατον, vel ἄκρατον. fr. XLVII annot. l. 2 scr. Σύγγνωθί μοι κτλ. fr. XLVIII in min. ed. est hoc: αὕτη πόλις ἔσθ' Ἑλληνὶς κτλ. quod olim in Lysippi fragmentis habebatur 2, 746. v. infra p. 52. suppl. p. CXIV. in maiore editione h. l. descripta est Dionis Chrys. vol. I p. 665 ecloga (ed. min. p. 1255 fr. 467): δῆμος ἄστατον κακὸν κτλ. Vs. 3 (p. 616) ed. min. cum Kaysero:

καὶ γαληνὸς ἢν τύχῃ, πρὸς πνεῦμα βραχὺ κορύσσεται,

ἂν τύχῃ Herwerden p. 124. Mein. ed. min. 'aliud quid, inquit, latere codd. indicant, quorum plerique ἄντ' ἤχῳ habent, ἐντείχω M, ἐντ' χώρᾳ B.' καὶ γαληνὸς ὢν τύχοι Emperius. 'non comici poetae, sed iambographi, Solonis, hos versus esse statuit Bergkius comm. crit. 3 p. X, cui sententiae adversantur ultimi versus numeri, quales neque Solon, neque alius opinor iambographus fecit.' ita Mein. ed. min. Bergkio assentiebatur Schneidewinus philol. III 113 sq. cf. Bergkii anal. lyr. II p. V sq. (Lyr. II 1047) Solonis vel Archilochi haec esse suspicantis. servavit uterque has formas θαλάσσῃ, (ὁμοῖον), κορύσσεται (quae κορύττεται scribenda videbatur ed. min.). Vs. 4 κἤν τις ἀντίος (hoc cum Geelio) γένηται τῶν πολιτέων κατέπιεν Bergkius et Schneidewinus, quae iniuria testari videbantur Meinekio. 'ad antiquam comoediam non pertinere hoc fragm. apparet ex voc. ἄστατος vs. 1' Herwerd. fr. XLIX vs. 1 ed. min. ita exhibuit:

δέσποιν' ἁπασῶν, πότνι' Ἀθηναίων πόλι,

'δέ, inquit, Dionis est.' Hirschigio p. 34 reponendum videbatur: *δέσποιν᾽ ἄνασσα, πότνι᾽ Ἀθηναίων πόλις, κτέ.* Vs. 3 fortasse ab Arriano respici Epictet. III 24 73, *ἵν᾽ ἴδῃ ποτὲ τὸν Πειραιᾶ τὸν καλὸν καὶ τὰ μακρὰ τείχη καὶ τὴν ἀκρόπολιν*, annotavit Nauck. phil. VI 424. annot. l. 8 Cobetus V. L. 147 *οἵ γε λοιμώττουσι* pro *λιμώττουσι*. p. 617, 4 'Reiskius *ὡς πάγκαλον.*' l. 10 *ὡς Πριαμίδαισιν ἐμφερὴς ὁ β.* v. ad 4, 619 (53). l. 18 pro *γυνή* Valck. ad Hippol. vs. 210 *γύη*, 'quod ferri non potest.' ed. min. l. 24 *γιγνόμενον* Emperius. Euripidis fr. v. p. 527 Nauck. p. 618 fr. L vs. 3 v. infra p. 118. Vs. 7. 8 Hirschig. p. 34 '*ἐπέτυχες* utroque loco, inquit, sine dubio corruptum, quod quomodo adhiberi possit, docet v. c. Diphilus (4, 426) . . . *γυναικὸς ἀγαθῆς ἐπιτυχεῖν οὐ ῥᾴδιον.* poeta scripsisse videtur *εἴτ᾽ ηὐτύχεις — εἴτ᾽ οὐκ ηὐτύχεις.*' comparat Eur. Stob. 69 3. coll. 13. 17. annot. l. 1 utrobique scr. Diodorus XII 14 . . . ne quis novercam de fr. LI vide quae nuper disputavit Th. Roeper. philol. IX p. 1 sqq. Vs. 1 articulum inserendum putabat *(ὁ) κερατίνας ἐρωτῶν* p. 5. Vs. 2 *ψευδαλαζόσιν* edd. Diogenis, Suidae. cf. *πτωχαλαζών* Phryn. 2, 582 (4). *μισαλαζών* Lucian. Pisc. c. 20. *κυλίων* formam Atticorum esse negat Cobetus V. L. 133. *ψευδαλαζόσιν λόγοις τοὺς ῥήτορας κυρίττων* scribebat Herwerden p. 114, ut alluderetur ad *κερατίνας*. Vs. 3 pro *ἀπῆλθ᾽* Roeper. p. 5 cum Suidae cod. H praeferebat *ἐπῆλθ᾽* (cod. G *ἐλπίδ᾽*): idem huic comici fragmento recte restitutam iudicabat ex Plutarcho *ῥωποπερπερήθραν*, sed apud Laertium Diogenem l. c. reponebat *τὴν ῥωποστωμυλήθραν* et in sequentibus: *ἐῴκει γὰρ αὐτοῦ καὶ Δημοσθένης ἀκηκοέναι καὶ ῥωπικώτερος ὢν παύσασθαι*, quemadmodum legendum proposuerat, non probaverat Menagius. Fritzschius Ran. p. 301 'versus, inquit, nondum persanatus est. nam coniecturae *Δημοσθένους τὴν ῥωποπερπερήθραν* et Plutarchus et Eustathius repugnant.' Eustathii haec dicit p. 927 56: *ἐκ τούτου δὲ καὶ ῥωποπερπερήθρα τις προσερρήθη ἐπὶ χυδαιότητι καὶ φλυαρίᾳ σκωπτόμενος, οὗ ἡ παραγωγὴ κατὰ τὸ δακτυλήθρα καὶ τὰ ὅμοια* [cf. O. Schneider. philol. II p. 234]. Hermannus epitomae p. 24 *τὴν ῥομβοστωμυλήθραν* neglegentia quadam excusabat. annot. l. 3 *σωρείτην* al. l. 4 scr. *φα-*

λακρόν. p. 619 (annotata p. 118 quo pertineant, supra indicatum p. CCXXVI ad p. 618 extr.). fr. LII extr. cf. Bergk. Lyr. II 528, qui 'versus, inquit, restitui nequeunt.' fr. LIII cum Sexto Emp. infra p. 118 et in min. ed. ita scriptum est:

ὡς Πριαμίδαισιν ἐμφερὴς ὁ βουκόλος.

πριαμίδεσιν Vratisl. idem Sextus p. 302 28: Πριαμίδῃσιν ἐμφερὴς ὁ βουκόλος. Welckero tragod. p. 468 haec non, ut Clintono visum (mus. philol. I 80), ex Sophoclis Alexandro, sed e comoedia potius derivata videbantur. ad Euripidis aliusve poetae tragici Alexandrum referebat Wagnerus anon. trag. fr. CLXXXIX. cf. Nauck. adesp. p. 672. Cobetus mn. IV 143 'Euripidis est, inquit, senarius .. ὡς Πριαμίδῃσιν ἐμφερὴς ὁ βουκ. de Paride, ut credo, dictus, qui ignotus suis cum pastorum grege bubulcus in urbem rure venerat ἐν τῷ Ἀλεξάνδρῳ.' p. 620 fr. LIV Nauckio haec εἶτα, φίλ', ὃς ex sequentis versus Πάμφιλος repetita videntur, ut comici haec fuerint:

ἔχεις γυναῖκα σχοινίων πωλουμένων;

Dobraeus ad Pors. misc. p. 304: 'haec (int. εἶτα φιλὸς) an recte descripserim nescio.' annot. l. 3 scr. huiusmodi sententiae: ΕΙΤΑ ΦΙΛΟϹ ΕΧΟΙΟΙωΝ ΠωΛΟΥΜΕΝΟΝ l. 7 scr. Antiphanis versum (3, 52): πλεῖς κτλ. fr. LVI. LVII. LVIII ex Herodiani περὶ διχρόνων libro repetenda sunt. fr. LVI Herod. Cram. An. Ox. III p. 295 apud Lehrs. p. 366: τὰ δὲ δι' ἑαυτῶν (μεγεθυνόμενα) τὰ τοιαῦτα, ψιλός, χυλός, δαλός, βαλός (al. libri μαλός), οὕτως ὁ βαθμὸς καὶ ἐν τῇ τραγῳδίᾳ καὶ ἐν τῇ κωμῳδίᾳ. v. reg. pros. Herm. p. 444 n. 105. Dracon. l. c. fr. LVII apud Herod. Cram. p. 292, Lehrs. p. 361: τινὲς δὲ ἐκτείνουσι τὸ "ὅδ' ἀγοράζει κλεῖδ' ἔχων" · τουτέστιν ἐν ἀγορᾷ διατρίβει, πρὸς ἀντιδιαστολὴν τοῦ ἑτέρου, λέγω δὲ τοῦ ὠνεῖσθαι. Dracon. l. c. gramm. Herm. p. 441 n. 94. Lehrs. π. μον. λ. p. 76. fr. LVIII Herod. Cram. p. 290 (Lehrs. p. 355): στάντος στάν, βάντος βάν. ποιητικῶς γὰρ ἐκτέτατο "ἵνα μὴ τὸ γῆρας ἐπαναβὰν αὐτὸν λάθῃ." Dracon. l. c. omisit ed. min. de mutanda scriptura coniecturam. cf. Herwerd. p. 115. p. 621 [fr. LIX ἀπεψίαν πέπονθεν ἐξ ἀπληστίας ex ordine removendum docuit Nauck., quum sit Georg. Pisidae hymn. in Christi resurr. vs. 55. idem annotavit Plut. tuend. sanit. p. 125e: εἶτα κακῶς διατεθέντες ἀπίασιν εἰς τὴν ὑστεραίαν ἐφόδιον τῆς ἀπληστίας τὴν ἀπεψίαν ἔχοντες]. fr. LX ἀβροείμονες, κατηγλαϊσμένοι ex Gudiano enotavit Gaisf. tragicum agnoscebat Cobetus mnem. IV 143. fr. LXI annot. l. 3 cod. V[a] καὶ αἰγέρων fr. LXII ad Diphilum 4, 387 (1) referebat Hemsterh. fr. LXIII annot. l. 3 'ad Pherecr. p. 349.' in fine addit ed. min. 'si tamen recte haec comico assignavi.' fr. LXIV l. 2 καὶ βαῦ (βαυκαλίζειν Sylb. καταβαυκαλίζειν Herwerd. p. 115) τὸ κατακοιμίζειν p. 622 fr. LXVI ὕδωρ δὲ πίνει κτλ. ad Euripidem referebat Hemsterh. cf. ad schol. Hesiod. Opp. 586 Gaisf. Cobetus ex satyrico dramate repetebat mn. IV 144. Nauckio p. 674 adespoton est. annot. l. 1 scr. 'p. 197 32.' fr. LXVIII est ap. Etym. M. p. 243 25. Choerob. p. 328 27 sqq. supra p. LV. fr. LXIX l. 2 οἱ δὲ κωμικοὶ καὶ οἱ νεώτεροι — τὴν ἑσπ. Et. Sorb. fr. LXX addit Nauckius (phil. VI 424) Photium p. 192 10: κυσινοχωλος καὶ ἐνκυσινοχωλος (κυσόχωλος καὶ ἐγκυσίχωλος Nauck.): ὁ ἀπὸ τοῦ κατὰ τὸν κυσὸν τόπου χωλός. p. 623 fr. LXXI annot. l. 3 συντόμως, οἷον ὅστις . . . ἡγήσεται σου Voss. Cobetus mn. V 196 ὅστις τῆς ὁδοῦ | ἡγήσεταί σοι τὴν ὑπαντάξ scribebat comparato Aristoph. fragm. 2, 1187 (50) supra p. CLI. 'ἡ ὑπαντὰξ (ὁδός) quo sensu dicatur, inquit, perspicuum est, ἡ ἐπιτάξ de via dictum quid sit expulare non valeo.' 'μακρῶς interpretatio non sufficit (Nauckius inquit, progr. p. 42): ἐπιτάξ est idem fere quod ἐφεξῆς, continua serie, hintereinander, aneinander, cf. Arat. 380: ἐπιτὰξ ἄλλῳ παρακείμενος ἄλλος.' eamque vocem Euripidi restituit fr. 294 p. 355. fr. LXXII adde Suid. v. ἐξάντη: ὑγιῆ καὶ ἔξω ἄτης. "ὦ Ζεῦ γενέσθαι με τῆσδ' ἐξάντη νόσου." unde ἐξάντη etiam Etymologico restituebat Kusterus. με τῆσδ' cod. Dorv. Et. annot. l. 2 ἀβλαβὴς καὶ ὑγιής. l. 3 fortasse tragicus versus est] v. Wagner. fr. anon. LXXXVII. Nauck. p. 674.

fr. LXXIII[a] quomodo habeat v. infra p. 118 (ed. min. p. 1193 fr. 34). fr. LXXIV ita in Stephani ad Aristot. rhetor.

I 12 (p. 1373 23) commentariis scribitur: κοτταβίζειν· παίζειν εἰς χαλκᾶς φιάλας· καὶ φησὶν ὁ κωμικός "συνεπίνομέν τε ἀλλήλοις καὶ συνεκοτταβίζομεν." v. Cram. Anecd. Par. I p. 272 28—30. ἀλλήλοις interpolatum videtur. haec Aristophani tribui non recte scripsit Ch. A. Brandis philol. IV 37. cf. supra p. CLIX. p. 624 fr. LXXVI[a] Κυσθονεφέλη quod l. 5 scribendum proposuerat Mein. in Vossiano legitur. Μυρτονεφέλη coniiciebat Herw. p. 115. fr. LXXVIII annot. l. 3 κατὰ τὸν κωμικόν: dubitabat Nauckius philol. IV 559. l. 5 corr. ὀφρῦς post fr. LXXIX in min. ed. collocatum est fr. 96, quod infra habemus p. 119 fr. CXLIV. p. 625 fr. LXXX adde Polluc. I 21: δεισιδαίμων καὶ δεισίθεος· κωμικὸν γὰρ ὁ βλεπεδαίμων. adde Hesych. βλεπεδαίμων. Nauckius comparabat Hesychianum βλεκέμυξος, quod βλεπέμυξος scribebat 'allg. l. z. intell.' 1847 p. 498. caeterum cf. Mein. ad Alciphr. p. 139. ad fr. LXXXI additum in min. ed. Etym. m. 151 35, ἀρχολίπαρος: ὁ λιπαρῶν ἵνα ἀρχῆς τύχῃ· ἢ ἐκ τοῦ ἄρχειν λιπαινόμενος (Hesych. I 564 19). — ἀρχογλυπτάδης: ὁ ὡσπερεὶ γλύφων τὰς ἀρχάς. fr. LXXXIII annot. l. 3 scr. orationi l. 5 adde ex min. ed. 'latet idem ab editoribus non animadversus apud schol. Arist. Acharn. 1164: ἠπιαλῶν δὲ εἶπε καὶ βαδίζων ἀντὶ τοῦ ἠπιαλοῦντες καὶ βαδίζοντες. ἀντὶ τοῦ βαδίζοντα κατὰ τὸ ἀρχαῖον σύνηθες, ὡς τὴν ἐρωμένην ἔχων ἀντὶ τοῦ ἔχοντα. cuius scholii qui primam partem scripsit, in Aristophanis loco legerat αὐτοῦ, non, quod alterius partis auctor in suo codice reperit, αὐτόν. pro ἠπιαλοῦντες enim et βαδίζοντες restituendum ἠπιαλοῦντος et βαδίζοντος.' ib. p. XXII ex Apollonio syntax. p. 331 3 annotatum: ἐξὸν καθεύδειν. fr. LXXXIV καταγελᾶν: de constructione dixit Cobetus mnem. IV 293 sq. Herwerden p. 125: 'hic tamen, inquit, fort. hic usus excusationem habet, quum Aetoli verba esse constet. sin minus, suspicari possis: μὴ κἀγγελᾶτε τοῖς κτἑ. ut ἐγγελᾶτε sit subiunctivus pendeatque oratio a praecedentibus.' annot. l. 1 ex Aristophane grammatico: v. Nauck. p. 207 sqq. p. 626 fr. LXXXV non παππίζειν sed ἀποδέχεται, v. infra p. 118 (ed. min. fr. 479 p. 1257). fr. LXXXVI l. 2 scr. κατὰ παλαιὰν κωμῳδίαν εἰπεῖν φειδός. ad fr. LXXXVIII adde Eustath. 1542 50: μετ' ὀλίγα λέγει ὅτι 'τριπέδων ὁ τρίδουλος, καὶ ὥς που προεγράφη τρίπρατος. item (v. Nauck. Ar. Byz. p. 177) Eustath. 1405 7: τῆς βολῆς ἔργον καὶ ὁ παλίμβολος, οὐ μόνον ὁ κοινότερον οὕτω λεγόμενος, ἀλλὰ καὶ ὁ ἐπὶ δούλου ἐν τῷ "παλίμβολος τρίπρατος" καὶ πολλάκις ἀπημπολημένος. p. 627 fr. XCI ad Eustathii verba haec annotavit in min. ed. Mein. 'fugerunt haec de Molonibus disputantem Fritzschium ad Arist. Ran. 55. quae olim de hoc loco dixi, nunc reiicio.' fr. XCII annot. l. 1 scr. 'p. 1291 45' et l. 3 Οὖτοι (ap. Eust. οὔ τοι) fr. XCIII οὐχ ὁρᾷς; fr. XCIV ed. min. τὸ γνῶμα γοῦν βέβληκεν ὡς οὖσ' ἑπτέτις pro ἑπτέτης cum Fritzschio Ran. p. 197. annot. l. 1 v. Nauck. Ar. Byz. p. 99 sqq. p. 628 (95ª): ὅτι δὲ τὰ τοιαῦτα θέατρα θάλασσα κοίλη ἐλέγοντο Παυσανίας δηλοῖ. l. 3 scr. ἡ χειμέριος fr. XCV^b χρόαν δὲ τὴν σὴν κτλ. Cobetus mnem. IV 144 satyrico dramati assignabat, v. Nauckii adesp. p. 675, qui pro λάμπων requirebat λαμπρᾷ φλογί annot. l. 1 scr. 1484 27. l. 3 sequitur apud Eustath. καὶ κακοτροπεύεσθαι, ὡς ὁ κωμικός φασι Κρατῖνος δηλοῖ (p. 186 fr. XXXIIª). l. 4 ἡλίου φοίβῃ φλογὶ fr. XCVI ἀπωσάμην: cf. Thuc. II 84 2 Krüg. et Dind. Ar. Vesp. 1085. annot. l. 2 καὶ ὅτι ἐπὶ λογικῆς τινος γραφῆς ἐστιν ὅτε τίθεται p. 629, 1 scr. 1535 22. fr. XCVIII repositum ex Eustathio ἕξιππα καὶ τέθριππα καὶ ξυνωρίδας pro nominativo. deinde omissa in min. ed. Eustathii notitia p. 1572 fr. XCIX (ubi l. 2 corr. ἐκ τριχῶν): v. supra p. LIX ad Pherecr. p. 356 (74). hunc in locum successit hoc eiusdem Eustathii: ὁ μέν τις ἀμπέλους | τρυγῶν, ὁ δ' ἀμέργων '(τὰς) ἐλάας, infra p. 122 (391). ad fr. C annot. l. 13 scr. ἀχυρμόν p. 630 fr. CI annot. l. 3 fort. tragici poetae] Cobet. mnem. IV 143. adesp. Nauck. p. 675. fr. CII l. 3 συντιθείς ad fr. CIII haec adiecit ed. min. 'nisi malis εἰς πόλιν ἀπάξεις, vel ἐσάξεις cum Bothio.' l. 2 addit Eustathius: ὄνομα δὲ βοτάνης ἡ ὄνωνις, δι' ἧς ἐπ' ἀλογίᾳ ἴσως ὁ κωμικός τινα σκώπτει καὶ ῥᾳθυμίᾳ, ὡς τοῦ ὄνου καὶ νωθροῦ ὄντος. fr. CIV l. 4 ἄλλη κωμῳδία l. 6 κύνειρα cf. infra p. 119. Eustath. p. 527 sq. ἡ δ' αὐτὴ (comoedia) καὶ παρὰ τὸν κύνα παίζει τὴν κύνειραν, περὶ ἧς ἀλλαχοῦ δηλοῦται. fr. CV l. 2 καὶ συνθέτως κυμινοπρίστης, ἔτι δὲ καὶ λιμός, (haec apud Posidippum habebamus l. c.) καὶ εἴ τι τοιοῦτον, ἀλλὰ καὶ Μυκόνιος ἀνήρ (omisit ed. min. propter Cratini fragm.) ... καὶ λιμοκίμβιξ δὲ ὁ αὐτὸς καὶ κυμινοκίμβιξ διὰ σμικρότητα. nec Photii annotationem (Dobr. adv. I 596) recepit ed. min. p. 631 ad fr. CVI. CVII cf. Nauck. in 'allg. l. z. intell.' 1847 p. 498 extr. Arist. Byz. p. 168 sq. σποδησιλαύρα Eustathius p. 1088 37: διὰ τὸ χαμαὶ κεῖσθαι καὶ οὕτω σποδεῖσθαι κατὰ τὴν κωμῳδουμένην σποδησιλαύραν. cf. Schneidewin. philol. I 154. χαμαιτύπη: v. Timocl. 3, 607. Men. supra p. CCLXXXV. λεωφόρος ab Suida v. μυσάχνη et Eustathio p. 1329. 1088 Anacreonti ascribitur, v. Bergk. p. 268 (Lyr. II 804). πανδοσία et ipsa l. c. Anacreontis esse dicitur. χαλκιδῖτις: cf. Eustath. p. 1329, ἄλλος δέ τις χαλκιδίτην (χαλκιδῖτιν), δι' εὐτέλειαν, φασί, τοῦ διδομένου νομίσματος. ibid. πολύυμνος Anacreonti datur, v. Bergk. l. c. μανιόκηπος Eustath. p. 1572 13: ὅς δὴ κῆπος μεταληφθεὶς ὑπὸ κωμικοῦ σκῶμμα ἐποίησε. γυναῖκα γάρ τις μανιόκηπον εἶπε τὴν μεμηνυῖαν περὶ μίξεις. p. 536. 1516 anon.; ap. Suidam Anacreontem habet auctorem, v. Bergk. l. c. ἀνασεισίφαλλος, quod p. 1413 37 e comoedia derivatur, ab eodem Eustathio p. 1329 Hipponacti tributum (Welcker. p. 93. Bergk. Lyr. II p. 611). μύζουρις Eustath. 1821 52: παλαιὰ δὲ χρῆσις οὐρὰν παίζει καὶ τὸ ἀνδρεῖον αἰδοῖον· ὅθεν καὶ γυνὴ μύζουρις ἡ αἰσχροποιός. quod sequitur ἀνασύρτολις, apud Suidam ἀνασυρτόπολις est ex Hipponacte, v. Welck. p. 92. Bergk. II p. 611. σατύρα et εἰλίπους comicorum, hoc Eupolidis, v. γυναῖκες εἰλίποδες 2, 488 (5). γεγωνοκώμη, cf. Eustath. p. 909 pr. Nauck. Ar. Byz. 169.

annot. l. 6 scr. p. 1413 37 ἀνασεισίφαλλοι φερωνύμως λέγονται παρὰ κτλ. l. 8 'adiectivum νώθουρος testatur Hesychius II p. 695, ubi male νωθουρός scribitur.' Nauck. Ar. Byz. p. 168. l. 13 postremo loco nominatur βορβορόπη. Eustath. p. 1329 33: λεχθείη ἂν καὶ βορβόρου ὀπή, ὅπερ κατὰ παλαιὰν ἱστορίαν συνθεὶς ὁ βαρύγλωσσος Ἱππῶναξ βορβορόπην ὕβρισε γυναῖκά τινα, σκώπτων ἐκείνην εἰς τὸ παιδογόνον ὡς ἀκάθαρτον. apud Suidam v. μυσάχνη: Ἱππῶναξ δὲ βορβορόπιν καὶ (Nauck. p. 169 ἢ) ἀκάθαρτον ταύτην φησίν. cf. Welckerum p. 92 sq., qui cum Toupio (opusc. II p. 501) βορβορῶπιν scribebat. 'dicitur βορβορωπὸς et βορβορῶπις, ut βλοσυρωπὸς et βλοσυρῶπις, εὐωπὸς et εὐῶπις' Toupius inquit. Cobetus Orat. p. 38: 'qui cum Hesychio v. βορβορωπόν. αἰσχρόν, βορβόρῳ ἐμφερές, conferet Suidam in μυσάχνη et βορβόροπιν κῆπον, nullo negotio restituet Hipponacti suum: βορβορωπὸν κῆπον, quo convicio homo acer spurcam meretricem insectabatur.' Bergkius iterum Lyr. II 611 cum Kustero βορβορόπην scripsit. fr. CVIII attigit Fritzschius de mercede iud. p. 22. l. 5 scr. 122. l. 11 ad Cratinum p. 171. fr. CX ἀντὶ ('hoc est ad imitationem' ed. min.) τοῦ δι' Ἅρματος. p. 632, 2 annotatur Eustathius p. 266 40. ad fr. CXI annot. l. 8 scr. p. 580. fr. CXIII v. Nauck. trag. fr. p. 560 (10. 11). l. 10 τὸ ἐκ τῶν Φοινισσῶν p. 633 fr. CXV l. 3 non improbandam esse alteram huius nominis flexionem docet inscriptio Delph. 20 Curt. Εὐ[κράτ]ης Καλλίκωνος, ab Lehrsio Herod. p. 27 apposita, et Ἡράκωνος genetivi apud Keilium anal. epigr. p. 231 sq. Curtium anecd. delph. p. 93. Keil. 'zeitschr. f. d. alt.' 1852 p. 263 exempla. cf. Lob. path. proll. 316. 521. accedat Ἀπελλίκωνος Plut. Sull. c. 26 (Nauck. progr. p. 31. cf. W. Ribbeck. 'n. jahrb. f. phil.' LXVI p. 4). l. 7 schol. 363: μή σύ γε, Θειόγενες, κόψῃς χέρα Καλλικόωντος: ita Suidas s. πονηροῖς. Καλικόωντος Ven. Κιλλικόωντος Rav. de duplici huius hominis appellatione Καλλικῶν et Κιλλικῶν v. Leutsch. ad Zenob. I 3. Lehrs. Herod. p. 27. atque emendari poterit Ammonius apud schol. l. c. Aristoph. οὐδὲν πονηρόν, ἀλλ' ὅπερ καὶ Κιλλικῶν: RV. ὅτι πονηρός. ἄδηλον δὲ πότερον κύριον ὄνομα ἢ ἐπώνυμον [cf. Lobeck. path. proll. 327]. Ἀμμώνιος δὲ ὄνομα [v. O. Schneider. de font. p. 92] ἀναγράφει, καί φησιν ὅτι ' Καλλικῶν (vulg. Λάκων) καὶ Κιλλικῶν ἐκαλεῖτο, ὃς προδέδωκε Σάμον· οἱ δὲ Μίλητον. non dissimilis videtur nominis Καλλικύριοι et Κιλλικύριοι varietas. v. Welckeri proll. Theogn. p. XIX sq. p. 634 (118) scr. διαναρῥίπτεται. p. 635 (122) l. 10 Athenienses: v. Reinesium et Bernh. II 2 p. 1480. de nominum illorum confusione Mein. ib. p. 1834. ad fr. CXXIII ed. min. annotavit Fritzschium de merc. iud. p. 13. p. 636 (125) l. 3 ἐμφορούμενον habet Hesychius, cf. ad Alciphr. p. 87. ad fr. CXXVII l. 4 scr. p. 249. adde supra p. LXXXIV. p. 637 (130ª) adde paroem. vol. II p. 172. de annotatione ad marg. ascripta ib. II p. 169. fr. CXXX[b] l. 3 Dor. II p. 425 ed. II. ib. scr. 'editum χυτρόπωλιν λέγει.' l. 7 Bekkeri cod. A χυτροπωλεῖον. l. 11 ad formam χυτρόπωλιν cf. add. p. 119, ubi scr. V 181 10. de imae paginae annotatione cf. supra p. CXI: pro ἀρτόπωλιν Bekk. παντόπωλιν legendum suspicabatur. p. 638 (131[b]) l. 3 Etym. p. 453 25, Zenobius l. c., Suid. θολερῶς προβαίνεις, Phot. 93 9: θολερὸς προσβαίνεις. fr. CXXXII annot. l. 2 οἱ Πυθαγορικοὶ l. 3 αὐτοὺς καὶ ἐμπυρισθῆναι. p. 639 (136) l. 3 τὸ γὰρ ζῷον αὐτὸ λαίμ. fr. CXXXVII Hesychii annotatio prior quomodo scribenda, in altera Heraclides quinam intellegendus sit, v. infra p. 119. cognomen hominis Βαῦς, quod noctuam interpretatur Dindorfius, a canis latratu derivavit Bergkius anal. lyr. II n. 28 (Lyr. II p. 1048), ut idem significetur quod κύων. p. 640 (138) κνάπτειν κελεύω γλῶσσαν ad satyricam fabulam relatum infra p. 119. cf. Herwerdi p. 115. (Nauck. adesp. p. 682). ad fr. CXL extr. ascribam Hesychii glossam, κοννόφροσιν· ἄφροσιν, 'quod si non ex Amipsiae Conno, certe ex comico poeta petitum est' Mein. hist. cr. p. 202. fr. CXLI l. 2. 3 pro ἑταῖραι scr. γυναῖκες. ipsam glossam Nauckius 'allg. l. z. intell.' 1847 p. 499 Κορίνθιαι πεζαί scribere malebat conferens anon. 4, 659 (228).

p. 641, 4 cf. supra CCCXII. ad imae paginae annotationem (scr. Athen. III p. 74c) adde Fritzschii de deo ex machina disp. p. 7. 8, ubi 'nobis enim, inquit, κράδη comicae machinae esse videtur comica appellatio, ex eo illa quidem petita, quod machina, qua vehuntur, de unco similiter pendeat, atque de ficu arbore (κράδη) ii pendent, qui vitam laqueo finiunt.' ad fr. CXLIII l. 5 εἴ τις κολακεύει παρὼν (παριὼν 2, 1188) καὶ τὰς κροκύδας ἀφαιρῶν. fr. CXLIV non κρουσιδημῶν est, sed Eustathii annotatio p. 1163 27: καὶ τὸ ἐκπέπηξε ἐφέπηξε παρὰ τῷ κωμικῷ. v. infra p. 119 (ed. min. p. 1204 fr. 96). fr. CXLV l. 6 κυμβαλικὸς τρόπος apud Hesych. fr. CXLVI quomodo in cod. legatur v. infra p. 119. 'legendum κὐν' ἔσπασαν, et pro ἐξέδεισαν fortasse ἐξέλυσαν.' ed. min. p. 642, 3 scr. Pollux II 176. fr. CXLVII hoc modo tentabat Nauckius 'allg. l. z. int.' 1847 p. 490: Κυνόφαλλοι· Κορίνθιοι, Φιλήμων, quae ad Corinthiam Philemonis referebat: cf. Ar. Byz. p. 238. ad fr. CXLVIII l. 3 Archilocho: fr. p. 540 Bgk. cf. Mein. in Athen. exerc. I p. 41. l. 5 eiusdem poetae: v. Lyr. II p. 560. l. 11 τὸν Κλεινίου hic et apud Photium (l. 16 pro κλινίας) scripsit Ruhnk. auct. Hesych., cod. Κλινίαν. l. 14 scr. δεσμοῦ. cf. κυσοδόχη ad Alciphr. III 72 2 p. 163. l. 17 λακωνίζειν cf. ad Aristophan. 2, 1088 (26). supra p. CXXXVIII. p. 643 (154) Ἀλκμέωνα: cf. ad Antiph. 3, 106. suppl. p. CCXXIV. fr. CLVI (ita corrige numerum CCLVI) Λάμιαν (ed. min. Λαμίαν) cod., Λάμιον Mus. de Demetriis quae in margine dicta sunt, infra correxit Mein. p. 119 sq. cf. Et. Gaisf. p. 766. p. 644, 10 Mnesitheus sive Gnesitheus fr. CLVIII est Κήπιδος σκέλος, v. ed. min. et add. p. 120. fr. CLIX infra l. c. delentur haec "in Pnyce . . . p. 613." quae sequitur Photii annotatio ex Harpocratione p. 120 27 derivata est, ubi pro εἰρήκασιν οὖν Ἀθηναῖοι scribitur ἐοίκασι δ' Ἀθηναῖοι κτλ. uterque Demosth. adv. Cononem oratione § 26 utitur, cf. Schoemanni 'd. attische process' p. 676 n. 57. Pollucis VIII 86 verba Bergkius emendavit, v. infra (ubi tolle voculam ἤ) et in comm. cr. II p. VIII. pro συμφυλάξειν, quod φυλάξειν scribebat Bergkius, praetulerim ἦ μὴν φυλάξειν. Aristotelis memoriam attigit Schneidewinus ad Heraclidem p. 45. p. 645, 1 cf. infra p. 120. fr. CLXI l. 8 Bergkius comm. cr. II p. VIII Menonem intellegebat artificem esse, qui Phidiam accusavit, Plut. Pericl. 31. cf. supra ad Cratin. suppl. p. XXX. apud Hesychium pro εὐφήμων scribendum proponebat εὐήθων, Meinekius ἐπιφανῶν et εὐσήμων. fr. CLXII cod. χρόνου πολλοῦ νόστου προμαχόντες. p. 646, 3 Leutschius: cf. paroem. II p. 162 sq. de Sophocleis v. Nauck. progr. p. 17 (trag. fr. p. 133). fr. CLXV l. 1. 3 scr. ὀνοστύπτα l. 7. 8 κάχρυς

l. 10 φανερώτερόν φησι fr. CLXVII 'Aeschylum auctorem indicat Phot. lex. (p. 353 17) his verbis: ὀστράκων· τῶν τοῦ ᾠοῦ. Αἰσχύλος. cf. Hemsterh. ad Luciani deor. dial. ultimum p. 281' Alberti ad Hesych. Hermannus Aeschyli fr. 336. Nauck. trag. fr. p. 81. cf. Cobet. mn. IV 143. l. extr. scr. πυγῇ. p. 647 (171) l. 1 scr. ξυρήσομαι l. 4 ξυρίας ἐστίν. fr. CLXXII 'nisi potius Πτέρων et Στρουθίας scribendum, ut sint hominum libidinosorum nomina.' ed. min. cf. infra p. 120. de scholio Aeschineo ima pagina ascripto v. ib. p. 72. suppl. p. CLVII (ad fr. CCXXXVIII). adde infra p. 120. ad fr. CLXXIII l. 3 scr. οὐκ ἔστι δέ. fr. CLXXIV annot. l. 2 ἀντὶ τῆς ῥαφανίδος p. 648 (176) l. 2 ἐν τῷ ἐννάτῳ fr. CLXXVII l. 2 cod. Φίλιτα fr. CLXXVIII 2, τέχνης γὰρ οὐχ ἥμαρτες, in adesp. trag. p. 685. sequitur in min. ed. p. 1220:

*CLXXIX^a (2, 149) 197

Hesychius Τυραννοδαίμονα: ἣν οὐκ ἄν τις τύραννον μόνον εἴποι, ἀλλὰ καὶ δαίμονα. Aspasiam dicere videtur. cfr. hist. cr. p. 412. Cratini fr. 2, 148 sq. Eupol. 2, 535 (11). suppl. p. LXXXIII extr. fr. CLXXIX (CLXXIX^b) cf. add. p. 120, ubi legendum suspicatur Mein. Φοίνιχ' ἑλικτὴν s. ἑλικτόν, allata altera Hesychii glossa: Φοινικέλικτον: ἀπατηλόν. hinc in superiore annotatione Herwerden p. 116 delebat verba καὶ κάπηλον, utpote variam lectionem. inter tragicorum adespota p. 686 Nauckius servato φοινικελίκτην recepit hunc versum, idemque Theognosto p. 25 31 pro φοινικεληκτης ὁ ἀπατηλός restituebat φοινικελίκτης. p. 649 (181) utrobique et apud Hesychium et apud Suidam χρεμψιθέατρον tradita scriptura est, illud mutavit Palmerius. 'quas explicationes Suidas commemoravit, earum neutra probabilis est ... videtur theatrum frequentissimum dici, quod spectatores quasi evomat' Bernh. Suid. II 2 1659. fr. CLXXXII scr. Ἀμυνίαν... ἡμῖν; pro quo Gaisfordi C. P. S habent ὑμῖν. caeterum cf. schol. Heph. p. 174 (186), ubi πτωχὸν ὄνθ' ἕν' ἡμῶν. fr. CLXXXIII adde schol. Heph. p. 175 (187). Dobraeus Adv. I 381 coniiciebat: τῶν ποιητῶν, ὦ 'νδρες, ὑμᾶς δημιουργοὺς ἀποφανῶ. vel πολιτῶν ἡμᾶς, i. e. τοὺς ποιητάς. δημιουργοὺς om. Fl. fr. CLXXXIV Heph. p. 81 ed. II: θυμελικὰν ἴθι μάκαρ καὶ τὰ ἑξῆς] ἐκ τῶν καλουμένων δελφικῶν ἐστιν ἡ προκειμένη χρῆσις, μὴ ἐχόντων τὸ ὄνομα τοῦ ποιητοῦ cod. S. p. 650 (185) annot. l. 4 ὑμᾶς ἀπέπεμπ' (ἀπέπεμπε' cod. C) probavit Fritzschius de Eupol. versu p. 8 et in fragm. p. 10, ex Eupolideae fabulae parabasi hunc versum repetitum esse coniiciens. l. 7 ἑκάστοτε 'vel simile quid' ed. min. fr. CLXXXVI in min. ed. cum Bothio cens. p. 107 ita exhibuit Mein.

ἀνάπιπτ'. B. ἀνδριάντας ἑστιᾷς;

fr. CLXXXVII est cap. 34 vol. III p. 440 sq. Walz. (II p. 453 sq. Speng.) l. 3 'τὰ δὲ ἐκ τοῦ βίου male inserta esse, ex eo quod nullum huius generis apparet exemplum, demonstratur.' Speng. p. XIX. sed v. Mein. p. 651. de βίος cf. ad Greg. Cor. p. 289. fr. CLXXXVIII (p. 651) Nauckius 'allg. l. z. int.' 1847 p. 500 simplex φρές num quisquam usurparit dubitat, itaque tale quid e litterarum ductibus eliciebat: ἔνθ', ὠγάθ', εἴσφρες μ' ὡς τὸ μειρακύλλιον, 'quamquam prima vox nondum videtur persanata', inquit: philol. II 151. idem proferebat nuper Herwerd. p. 116. Lehrsius Herodiano p. 85: ἐνθάδ' εἴσφρες μ' ὡς τὸ μειρακύλλιον. 'secutus sum, inquit, Dindorfium. prope abest: ἐνταῦθ' ἄγ'· εἴσφρες, sed illud placet.' fr. CXC l. 3 ἔστι δὲ κἂν τῇ κωμῳδίᾳ. de ἀπορρέξαι cf. Lob. rhemat. p. 79. fr. *CXCI l. 3 scr. ἔν τε τῇ ἀρχαίᾳ κωμῳδίᾳ fr. CXCII cf. Anaxand. 3, 167. 177 (2, 7). p. 652 (194) 'lenonis aut lenae verba esse videntur.' Herwerd. p. 117. fr. CXCV βαῦ βαῦ κτλ. 'comici poetae an iambographi sit incertum est.' Mein. ed. min. idem inter choliambos recepit p. 177 fr. VII non mutato accentu ἴεις. cf. Bergk. Lyr. II p. 1048 (27), qui 'Atticis, inquit, canes latrant αὖ αὖ, vid. Aristoph. Vesp. v. 903, Ionibus βαῦ βαῦ, unde etiam Heraclides Clazomenius . . fortasse βαῦς dictus id est κύων.' ad annot. extr. cf. infra p. 18. 47. fr. CXCVI Parisinus cod. ἀργὸν ἔσχα ἐλάττω γῆν. ἔχον γὰρ στολῆς. 'correxit Fr. Portus addito Λακωνικῆς. Faber postremum vocabulum σκυτάλης esse putavit.' Spengel. I p. XIX. in min. ed. Mein. 'magis tamen placeret, inquit, ἀγρὸν ἔσχ' ἐλάττω 'πιστολῆς Λακωνικῆς.' annot. l. 6 sq. δειλότερον δὲ λαγὼ

Φρυγός: de Phrygum timiditate cf. Apollodor. 4, 451 suppl. p. CCCXL. p 653 (197) annot. l. 2 scr. *τὴν ὤτων καὶ γλώττης συγγένειαν·* l. 6 p. 203 l. 7 scr. producere videtur, ad fr. CXCIX alium Luciani conscr. hist. cap. 41 ed. min. apposuit locum: *παρρησίας καὶ ἀληθείας φίλος, ὡς ὁ κωμικός φησι, τὰ σῦκα σῦκα, τὴν σκάφην δὲ σκάφην ὀνομάσων*, quo ad Menandri fragm. inc. CCCLI usus nuper Mein. v. supra p. CCLXXXVII. cf. C. F. Hermann. ad Luc. conscr. hist. p. 248, qui Philippi dictum ascripsit Plut. apophth. p. 178 B: *σκαιοὺς ἔφη φύσει καὶ ἀγροίκους εἶναι Μακεδόνας, καὶ τὴν σκάφην σκάφην λέγοντας*, 'ubi, inquit, Wyttenb. p. 1063 adhibuit Iulian. orat. VIII p. 208 A, *κατὰ τὸν κωμικὸν τὴν σκάφην σκάφην λέγοντα*.' ipse Hermannus *τὰ σῦκα* de sycophantis, *τὴν σκάφην* de metoecis interpretabatur. ad *παρρησίας καὶ ἀληθείας φίλος* (vel *φίλος ἀληθείᾳ τε καὶ παρρησίᾳ*) Nauckius apposuit hoc, *οὐδ' ὑποπτήσσεις φίλος ὢν ἀληθείας καὶ παρρησίας*, Io. Chumni in Boisson. anecd. nov. p. 211. p. 654 fr. CCIII ita scribendum erat:

ἤδη δὲ λέξω τὸν λόγον τοῦ δράματος.

ita legitur in excerptis gramm. (non apud Michaelem Syngelum) Cram. l. c. et om. *δὲ* apud Bekkerum ad Dionys. gramm. p. 839 26: hinc in ed. min. delenda haec verba: "*δράματος* pro *πράγματος* scripsi e", scribe: "*ἤδη λέξω* Bekkeri" e. q. s. annot. l. 4 attigi supra: h. e. ad Antiph. 3, 106 (v. 2).

fr. CCV posthac afferendum erit ex Et. Voss. Gaisfordi p. 1227 ad Et. m. 430 8 apposito. [tolle fr. CCVI *χειμῶνος ὄντος τρεῖς σισύρας ἀφείλετο*, uti pro *ὑφείλετο* ex Philemone scriptum ed. min. est versus Aristophanis Eccl. 421: *ἢν δ' ἀποκλείῃ τῇ θύρᾳ | χειμῶνος ὄντος, τρεῖς σισύρας ὀφειλέτω*. vide schol. Arist. Ran. 1459 (Suid. II 2 771) *σισύρα: χλαίνης εἶδος εὐτελοῦς, οἷον ἐξωμίδα ἢ ἁπλοΐδα* (*ἐξωμὶς ἢ ἁπλοῒς* Ald. *ἢ διπλοῒς* Suid.) *ἤ τι τοιοῦτον. καὶ ἀλλαχοῦ* "*χειμῶνος ὄντος τρεῖς σισύρας ἀφείλετο.*" correctum hodie *ὀφειλέτω*, illud etiam Suidas habet. 'Philemo qui fertur descriptus ex Phavorino. qui si Apuleio Pseudographo et Draconi Stratonicensi idem dixerit quod Dionysius tyrannus amicis Pythagoreis apud Schillerum, non poterunt detrectare,' Lehrsius inquit Herodiano p. 439 sive anal. gramm. p. 16]. fr. CCVII cf. Bergk. ad Archiloch. fr. 103 p. 561 Lyr. II: 'Archilochi hunc locum, inquit, respicit Eustath. p. 1148 38: *μήτινα τῖμον εἰσενεγκών, εἰπεῖν κατ' Ἀρχίλοχον, ἀλλὰ δηλονότι ἀσύμβολον δεῖπνον εὑρών. καὶ ἔστιν ὁ τῖμος κατὰ τὸ ὠνὴ ὦνος, χολὴ χόλος*. igitur non est multum tribuendum eidem Eust. 563 27: *τιμὴ τῖμος παρὰ τῇ κωμῳδίᾳ τὸ τίμημα* (eadem Philemon, adde Eust. 1222 28), certe non abutendum, ut priores hos versus Archilocho abiudices.' caeterum v. Lobeck. path. proll. p. 9.

p. 655 (208) l. 4 pro *μένον* corr. *μόνον*, fr. CCIX annot. l 4 'quem utrumque apis nomine celebratum esse constat.' l. 8 Aristophanem: cf. supra p. CXLIX. l. 15 *Ἀριστοφάνης*: cf. supra p. CLIV. fr. CCX l. 1 *τὰ ὅμοια* caeterum cf. Goettling. de accentu p. 132. p. 656 ad CCXII scr. Adv. I p. 592. fr. CCXIV l. 4 scr. NH XXXI 12 l. 14 Pollux II 229. cf. II 16. l. 15 *Κέσκον οἰκεῖς*: l. 1 a f. 'malim *Κεσκέων*' ed. min. p. 657, 2 *Κεσκέων πόλις*, l. 5 utrobique scr. Adv. I p. 595. addit ed. min. (cf. ad Theocr. p. 462): 'proverbii *εἰς Νοῦν ἐλθεῖν* exemplum habes in oraculo apud Oenomaum Eusebii P. E. V p. 226a, *Ἀρχίλοχ' εἰς νοῦν* (*Νοῦν*) *ἐλθὲ καὶ ἐν πενίᾳ μὴ ὀδύρου*.' caeterum v. Bernhardy Suid. II 2 1836: 'comici, inquit, *Κέσκος* et *νοῦς* perinde habebant: itaque fatuus is dicebatur, cui *Κέσκος οὐκ ἦν*.' fr. CCXV l. 4 cf. paroem. II p. 36. 179. l. 10 v. supra p. XLIV. fr. CCXVII cf. Dind. thes. l. gr. fr. CCXVIII v. Harpocrat. p. 127 15. fr. CCXIX cf. ad Aristoph. 2, 958 (17). supra p. CXXVII. p. 658 (220) *μῶρον*: cf. Lob. *Ῥηματ.* p. 342. fr. CCXXII recte Dobraeus Adv. I 605 et Cobetus mn. V 201: *οὐκ ἂν φθάνοιμι* (pro *φθανοίμην*) *τὴν μάχαιραν παρακονῶν*: Dobr. 'parata est victima.' quae sequuntur CCXXIII. CCXXIV Photii annotationes om. ed. min. v. Cratet. 2, 235 (1) et Ar. Lysistr. 37. huius in locum p. 120 successit *νεοπένης* (*νεοπεινής*): v. ed. min. p. 1256.

fr. CCXXV — CCXXIX ibi sunt CCXXIII — CCXXVII. fr. CCXXVI (CCXXIV) l. 2 *ἡμίκυκλον*, Fritzschius Eupol. vers. fragm. p. 22 Eupolideum versum e parabasi depromptum his verbis contineri censet: '*εἰς τὴν ὀρχήστραν· ἔτι γὰρ τὴν* θέαν ᾤκειτ' ἐκεῖ.' p. 659 (227) v. Phot. p. 383 16. fr. CCXXVIII (CCXXVI) παῦσαι μελῳδοῦσ', cf. Nauck. philol. VI 403, idem de πεζῇ μοι φράσον disputavit 'allg. l. z. int.' 1847 p. 499. l. 6 adde Suidam v. πεζῇ ab Hemst. ad Et. m. ascriptum. Leutsch. proverb. II p. 609. l. 8 Et. codd. D. M ἐπίσταται. l. 9 scr. Athenaei III p. 91 c. l. 11 παῦσαι μελῳδῶν ex Euripidis Antiopa (p. 331) derivabat Nauck. progr. p. 40. l. 14 pro πεζῷ γόῳ Ellendtius lex. Soph. II 538 scribebat πεζῷ λόγῳ. p. 660, 1 apud Sophoclem: p. 263 sq. Nauck. (philol. IV 542). l. 5 ἀνθάπτεται? 'an v. squ. πνοὴ pro ψυχή?' Mein. Stob. II p. XXXII. fr. CCXXX [sunt Lysiae verba fragm. p. 172ᵃ 25 Saupp., p. 127 Hoelscher. horum in locum infra p. 120 inserta ex] Etym. 372 (non 373) 24 'ὑπερείδοντα (cod. D ὑπηρείδοντες) τοὺς νεανίας, v. ed. min. p. 1256. fr. CCXXXI. CCXXXII in min. ed. sunt CCXXVIII—CCXXXIIᵃ. fr. CCXXXIII l. 2 scr. p. 65. fr. CCXXXIV cf. Bernhardy Suid. II 2 1040 sq. Leutsch. Apost. II p. 660. pro Ταντάλου τάλαντα ταντα λίζεται (ταλαντίζεται Arsen.) 'memoranda fuit, Bernhardy inquit, vox τὰ Ταντάλου τάλαντα, qua Menander usus est in Κυβερν. fr. I.' τὰ om. cod. Phot. fr. CCXXXV adde Suidam v. τρύχνον. Mein. ad Theocr. X 38 ἁ φωνὰ δὲ τρύχνος: 'comparationem ... illustrat incerti comici versus ἤδη γάρ εἰμι μουσικώτερος τρύχνου, quod de stridula voce interpretatur Lobeckius path. I p. 131.' cf. Ῥηματ. p. 343. p. 661 (238) l. 4 Bernh. apud Suid. φαρυγγίνδην cum Zon. fr. CCXL Dobraeus Adv. I 619 'lege αἰσχυνόμενος δὲ vel γάρ. senarius comicus.' addit gramm. Bk. 359 4, ubi item om. particula, neque aliter habet Suidas I p. 663. fr. CCXLI in min. ed. Mein. 'possis etiam cum Bothio (cens. p. 107) θερμολουσίαισιν, ut sit versus trochaicus.' Eupolideum malebat Fritzschius Eup. vers. fragm. p. 17, qui 'haud indignus, inquit, fuerit Cratini fabula Μαλθακοί inscripta.' caeterum Nauckius philol. VI 425 annotavit reperiri haec verba etiam apud gramm. Bk. p. 415 27. Suidam v. ἁπαλοὶ θερμ. κτλ. ubi v. annot. append. Gotting. I 34 ἁπαλοὶ θερμολουσίαις. adde paroemiogr. II p. 101. 295.

fr. CCXLII l. 1 ἀντὶ τοῦ ἀνόητος κτἑ. ad tragoediam hunc

versum referebat Cobetus mn. IV 143: 'nam ἐπιτάσσειν, inquit, tragicorum est, comici προστάττειν dicebant.' p. 662 (243) praeter anecd. p. 4 14 vid. 425 15. Suid. [fr. CCXLV ἀνεβόησεν οὐράνιον ὅσον Aristophanis Ran. 779. 781 esse annotavit Nauck. 'allg. l. z. intell.' 1847 p. 498. v. Fritzsche Ran. p. 281, qui apposuit etiam συναγωγῆς Bk. p. 400 33: ἀνεβόησεν οὐράνιον ὅσον: Ἀριστοφάνης. σημαίνει κτέ. adde Suidam ἀνεβόησεν οὐράνιον Bernh. et οὐράνιόν γ' ὅσον]. fr. CCXLVI Nauckius philol. VI 425 composuit eiusdem Phrynichi 27 13: ἀνασπᾶν βούλευμα καὶ ἀνασπᾶν γνωμίδιον. fr. CCXLVII habet etiam Suidas, ubi αὐτόκακον ἔοικε τῷδε. ἄκρως καὶ καθ' ὑπερβολὴν ἔοικε τῷδε εὔνους. [fr. CCXLVIII loco movendum esse dixit Nauckius 'allg. l. z.' l. c. utpote non diversum ab Aristophaneo Ran. vs. 901 sq.: τὸν μὲν ἀστεῖόν τι λέξαι | καὶ κατερρινημένον, v. Fritzsche p. 299. Suid. v. ἀστεῖα et κατερρινημένοις Bernhardy. annot. l. 5 κατερρινημένον εἰπεῖν]. p. 663 (251) l. 2 πρὸς τὸ πάσχειν ὀργᾶν fr. CCLIII, ἄψυχον ἄνδρα κτλ., in adespotis trag. p. 693 Nauck. [fr. CCLIV ad Aristophanis Thesm. 392 haec annotatio pertinebit, τὰς μοιχοτρόπους, τὰς ἀνδρεραστρίας καλῶν, v. Fritzschium]. fr. CCLV scr. p. 22 33. fr. CCLVI cf. Leutsch. paroem. II p. 100. imae pag. annot. ῥήματα pro χρήματα apud Theogn. l. c. proponebat Matthiae, adversante Bekkero p. 127. p. 664 (261) l. 2 λευκά εἰσιν. pro γέρων στύππινος Nauckius phil. VI 425 malebat Diogeniani VIII 14: στύππινον γερόντιον: ἀσθενές (Apost. II p. 645 Leutsch.). append. Gott. IV 69: σήπινον γερόντιον. fr. CCLXII scr. δειπνοπίθηκος: fr. CCLXIV ἐλαφρὸν παραινεῖν κτέ. tragoediae vindicabat Cobetus mn. IV 143. v. adesp. p. 693 Nauck. cf. Aesch. Prom. 271 cum Blomfieldi annotatione. cod. τῷ ante κακῶς om. l. 2 scr. κοῦφον. p. 665 (265) l. 4 scr. 'φθέγγεται. compara ψοφεῖ λάλον τι καὶ πυρορραγές' fr. CCLXVI l. 3 scr. μεταρραπτόντων. fr. CCLXVII l. 1 Κρονοθήκη et l. 4 Κρονοδαίμων v. ed. min. p. 1241 (311b). fr. CCLXVIII κυψέλαι φρονημάτων: cf. allatum a Nauckio Photium p. 193 24. Dobr. Adv. I 597. 619. fr. CCLXIX 1 [κυνοκοπῆσαι om. ed. min. v. infra p. 121]. l. 4 scr. ἐπί τινος γυναικὸς l. 7

κνισοτηρητής cf. ad Eupol. 2, 488 et *καπνοσφράντης* anon. 4, 630 (102). p. 666 fr. CCLXXI l. 4 inter adespota trag. recepit Nauck. p. 694, ubi adiecit Macar. VI 76. fr. CCLXXII *ὀνόγαστρις* cf. ad Theop. 2, 794 (1). ib. l. 4 Herwerden p. 117 'sensus, inquit, huic proverbio inerit, si mecum rescripseris: *οὐδ' εἰς ἕν' ὀδόντ' ἔχει φαγεῖν.*' fr. CCLXXIV l. 3 ed. min. *προβυνούντων* p. 667 fr. CCLXXVI l. 4 scr. Arcadius p. 102 19, ubi Lobeckius Aiac. p. 144 *ποντοκύκη* scribebat, 'nisi Phrynichus, inquit, ipse falsam lectionem pro *παντοκύκη* interpretatus est.' fr. CCLXXVII l. 5 scr. Adv. II p. 152. fr. CCLXXVIII l. 1 [*τὰ νεῦρα τ. τ.* om. ed. min. v. infra p. 121. Fritzsche Ran. p. 294]. ib. l. 4 *τοκοπράκτωρ*: *ἀλλὰ καὶ τοκογλύφος* om. ed. min. fr. CCLXXIX l. 2 *ὑποσακίζεται τὰ χρήματα*: cf. Fritzsche ad Thesm. p. 602. fr. CCLXXX *οἰκοῦσ' ἀρεταὶ* Dobr. Adv. I 619. ad tragoediam hoc nuper rettulerunt Cobetus mn. IV 143. Nauck. adesp. p. 694. l. 3. 4 *χελυνοίδης* . . *πεοίδης*: cf. ad Pher. 2, 325, ubi apponitur Eustath. p. 1684 28: *εὕρηται παρὰ τοῖς παλαιοῖς καὶ ἰσχιοίδης ὁ μεγάλα ἰσχία ἔχων, οὕτω δὲ καὶ γαστροοίδης* (*γαστροίδης* Mein.) *τις καλεῖται ὑπὸ Ἀττικῶν, καὶ ὠμοίδης δὲ ὁ τοὺς ὤμους ἐξοιδηθεὶς καὶ πεοίδης ὁ τὸ πέος.* fr. CCLXXXI 2 scr. *οὐράνιον αἶγα* p. 668, 5 *εἰ μὴ Πολιάγρου τοῦ κυρτοῦ μαλακώτερός ἐστι τὰ τοιαῦτα Λυσικλῆς*: v. Mein. Alciphr. p. 156. fr. CCLXXXII 4 pro *τάλαντον ἀργυροῦν* infra p. 121 et min. ed. *ἀργύρου* scribendum proponebat Mein. annot. l. 1 scr. p. 18e ad fr. CCLXXXIII l. 1 scr. p. 18c: l. 5 corr. *μιμεῖται* pro Batracho Nauckius 'allg. l. z. int.' 1847 p. 475 reponendum suspicabatur *Βάταλον*. fr. CCLXXXIV non dubitabat Cobetus mnem. IV 143 quin esset reddendum tragico. v. adesp. p. 696 Nauck. cf. ib. p. 710 (377) *καὶ παιδὶ καὶ γέροντι προσφέρων τρόπους.* p. 669 (285) vs. 3 scr. *σπογγιᾶς* fr. CCLXXXVI *νυστάζοντά μ'* fr. CCLXXXVII de mea coniectura scriptum ed. min. *εἶτ' εἰ μὲν ᾔδεις, διότι* (pro *ὅτι*) *τοῦτον τὸν βίον*, | *-ζῶν διευτύχησεν ἂν κτλ.* ad *διότι* comparabam Criton. 4, 538 (v. 5) *πάντων ἀκούων διότι παρασίτῳ τόπος* | *οὗτος τρία μόνος ἀγαθὰ κεκτῆσθαι δοκεῖ.* v. supra CCCXXI. Schoemann.

Isaeo p. 254. Krüger. Herodot. II 43. ᾔδεις v. Lob. Phryn. p. 237. Bothius cens. p. 107: εἶτ' εἰ μὲν ᾔδεις, τοῦτον ὅτιὴ τὸν βίον κτέ. Vs. 2 Herwerden p. 117 ὃν οὐ βεβίωκε reponebat. p. 670 (288) annot. l. 5 de crasi cf. I. Fl. Lobeck. de synaloephe p. 21. ib. scr. Vesp. 602. fr. CCLXXXIX priorem versum in min. ed. ita composuit Mein.

ὅ τι μόνον ἡμῖν προῖκ' ἔδωκαν οἱ θεοί,

p. 671 (291) vs. 2 scr. παραβλέπεις; annot. l. 8 scr. Ecl. etb. fr. CCXCIII 2 scr. λύχνε· annot. l. 2 μνήμην τινὰ τῶν ἐρωμένων ἀναδιδόντας, l. 6 scr. λύχνε, p. 672, 2 Vs. 3 cum Boissonadio anecd. V 492 et Nauckio philol. VI 425 ita scribendus erit:

καὶ τῶν θεῶν μέγιστος εἶ, ταύτῃ δοκεῖν.

Reiskius: 'loco καὶ aut σὺ leg. est, aut κ' εἶ, et es.' pro ἢ ταύτῃ δοκεῖς Salm. Reisk. εἰ ταύτῃ δοκεῖς: 'et es deorum maximus, si ei, Bacchidi, is esse videris.' sequitur in min. ed. fr. CCXCIII^a, quod infra est p. 123 (393), εἶτά μοι σκάπτων ἐρεῖ κτλ. ubi in annotat. l. 2 scr. οὐδὲ τὸν αὐτομάτως ἐρχόμενον ἐκ πόλεως λόγον ἡδέως προσδέχεται λέγων κτλ. additur de garrul. c. XVIII: ὁ δὲ Ἀττικὸς (οἰκέτης) ἐρεῖ τῷ δεσπότῃ σκάπτων, ἐφ' οἷς γεγόνασιν αἱ διαλύσεις. fr. CCXCIV cf. mon. 268: ἰατρὸς ἀδόλεσχος ἐπὶ νόσῳ νόσος. fr. CCXCV^b Herwerd. p. 118 alteri personae hos versus dabat: ζητοῦντε πῦρ, βαλανεῖον, ἱμάτιον, στέγην, | οὐχ ὕομενοι καθήμεθ' οὐδὲ κλάομεν. fr. CCXCV^c καὶ πάντα *(ἐπιπόνως) ἔχειν Reisk. Cobetus V. L. 359 'aliquanto, inquit, facetius dixerat scurra Atticus πάντ' ἔχειν ὅσων οὐ δεῖ.' fr. CCXCVI^a tragico assignabant Bergkius Lyr. II 1076. Nauck. adesp. p. 701. p. 673, 4 scr. CCXCVI^b τὰ δ' Ἴσθμι' fr. CCXCVII οἰκειότητος ἐμβλέπων ὠλίσθανον Plut. cod. Par. E. οἰκειότητα δ' Hermannus apud Winckelm. p. 235, ubi ὠλίσθανον. et vs. 2 καλός, distinctum. fr. CCXCIX annot. l. 9 ex Strattidis Philocteta cum Matthiae alii repetiverunt, v. Schneidew. philol. IV 661 sq. Nauckius in adespotis trag. collocavit p. 654. p. 674, 2 append. prov. Gotting. cf. ad Macar. II 97 Leutsch. nuper ad Theocr. p. VI Meinekius: 'paulo plus honoris caprifico habetur in alio proverbio, sive potius comioi poetae versu ..γέρων (leg. πέπων) ἐρινὸς εὐφρανεῖς τοὺς γείτονας, putris grossi instar alios delectabis, cuius explicatio e Plinii l. l. (XV 21) petenda est.' fr. CCCII respicere ad Sophocleum γερονταγωγῶ κἀναπαιδεύω πάλιν annotavit Nauck. philol. IV 541. trag. fr. p. 189. fr. CCCIII Μήτιχος formam post Elmsleium (v. p. 675 not.) multi probarunt: v. Mein. scen. quaest. III p. 21. Boeckh. C. I. vol. I p. 725. Leutsch. append. Gott. I p. 434. Keil. anal. epigr. p. 91 (Schoemann. opusc. I 224). inscr. Boeot. p. 88. cf. Lobeck. path. proll. 343. elem. I 315. Vs. 1 pro γάρ, quod inseruit Porsonus, etiam νῦν scribi posse coniecerunt Schoemannus et Ahlwardtus l. c. Vs. 2 ἐποπτᾷ, quod in ἐποπτεῖ mutabant Reiskius et Elmsleius, Schoemannus ridiculi causa scriptum a poeta opinabatur pro eo, quod exspectares, ἐποπτεύει. idem duo hemistichia, quae priorem et alterum versum claudunt, locum inter se mutare iubebat. L. Dindorfius thes. III 1925 (v. Schneidew. beitr. z. krit. d. lyr. p. 90) 'aptum ad linguam, inquit, et sententiam est ἐπωπᾷ, quamvis supra comoediam assurgat.' v. Blomf. ad Aesch. Choeph. 681. cf. Herwerd. p. 118 sq. Vs. 3 πάντα ποιεῖ pro ποιεῖται Reiskius proponebat, item Ahlwardtus l. c. p. 270, Bernhardy, Bergkius. idem Ahlwardtus p. 271 etiam τὸ πᾶν ποιεῖται scribi posse suspicabatur, Bothius cens. p. 107 δὲ πᾶν ποιεῖται 'omnia sibi vindicat.' πάντα κεῖται Pet. Ald. Bas. cf. Reisk. annot. l. 6 scr. εἰς χλευασμὸν ὑπονοστεῖ καὶ γέλωτα. p. 675, 1. 2 de his Archilochi versibus cf. Schneidew. 'beiträge' p. 90 sq. Bergk. Lyr. II 551. pro Λεωφίλου δ' ἀκούεται, codd. AB λεώφιλε δὲ ἄκουε, CD λεώφιλος δ' ἄκουε, Nauckius: Λεώφιλος δὲ μακκοᾷ. adde Spengel. rhet. vol. III p. IX. p. 676 fr. CCCV Fritzschio de Lenaeis mant. p. 16 ex aliquo dramate satyrico videtur repetitum esse, in quo fortasse Dionysia parva vel Saturnalia depingebantur. ad satyricam poesin haec nuper rettulerunt etiam Cobetus mnem. IV 144, Herw. p. 40. ipse Bergkius ad Tagenist. fr. XLI p. 1158 'nunc tamen, inquit, non putaverim ab antiquae comoediae poeta istos versus profectos esse.' in adespotis trag. p. 705 locum his fecit Nauckius. Vs. 1 infra p. 121 et in min. ed.

scribendum suspicabatur Mein. sequente Nauckio:

κλίθητι καὶ πίωμεν· οὐ καὶ σιτία
πάρεστιν; ὦ δύστηνε, μὴ σαυτῷ φθόνει.

post *πάρεστιν* infra l. c. dele *ἡμῖν* Vs. 5 *ὑμνεῖτο δ' αἰσχρῶς* cum Petav. Reiskius. in min. ed. sic distinctum: *ὑμνεῖτο δ' αἰσχρῶς κλῶνα πρὸς καλὸν δάφνης | ὁ Φοῖβος, οὐ προσῳδά.* quod ib. p. XXII ita defendebam: 'Phoebus ut sit scolii vel alius cantiunculae nomen, ne sic quidem scripturae mutatione indigeamus: hoc autem dicit, turpiter canebatur Phoebus et immodulate; ut *προσῳδά* dictum sit adverbialiter, de quo usu confer Lobeckium ad Aiac. p. 95. 155. 246. universa autem huius fragmenti oratio quum solenne quid et tragicum sonet, dorica postremi versus forma tolerari posse videtur.' *ἐξέκλαγξε* Reiskius, Fritzschius l. c., Bothius cens. p. 107, Nauckius. annot. l. 17 *τί καὶ κάθῃ; πίωμεν· οὐ καὶ σιτία* etiam apud Fritzschium. *τί κάθῃ σύ, παῖ; κτέ.* Herwerden. p. 677, 4 *ἐναύλιον* (cf. infra p. 121), Reiskius: 'ianua extima, inquit, non est *ἐναύλιος* sed *αὔλειος* vel *αὔλεια*: neque *ὠθεῖν τὴν αὔλειον*, sed *κρούειν*, dicitur pro ianuam pulsare. quare coniicio: *τήν τε γ' ἀθλίαν ὠθῶν τις ἐξέκλαγξε σ. φ.* et misera concubina impulsa [ut aut nataret, aut caderet] clarum et sonorum edidit clangorem.' l. 6 cf. Cobet. mnem. IV 260: 'non aliter, inquit, Graece dici potest quam *ἡ αὔλειος θύρα*, neque *θύρα* omitti potest et *αὔλιος* plane est barbarum.' adde ib. V p. 198. l. 8 Valck. opusc. I 377. fr. CCCVI annot. l. 3 *πειθαρχεῖν* adde infra p. 121. p. 678, 12 sequitur in min. ed.

351 *CCCVIIII^a (2, 148)

Plutarchus Pericl. c. 24: *ἐν δὲ ταῖς κωμῳδίαις Ὀμφάλη τε νέα καὶ Δηιάνειρα καὶ πάλιν Ἥρα προσαγορεύεται* (Aspasia). cf. ad Cratin. 2, 148 sq. supra p. XL. fr. CCCIX l. 8 scr. p. 101 e: priore Athenaei loco Ptolemaei convivium commemoratur. l. 10 apud Cram. Anecd. Ox. II 239 13 *Λοίμια κτλ.* cf. Ranke de Hesych. p. 46 sq. ad imae pag. annot. cf. Etym. m. 555 54 Gaisf. l. 16 scr. Agam. 674. p. 679, 1 *καὶ τοῖς σπ.* fr. CCCX scriptum ed. min. ut annot. l. 17. 18 proposuerat Mein. fr. CCCXI (CCCXI^a) vs. 2 hodie cum Bodl.

ἀπέχω πάλιν (pro πάλαι) . . . τὴν χάριν· Vs. 3 Nauckius phil. VI 425 servato ἕνεκεν scribebat: τούτου γὰρ αὐτὴν ἕνεκεν ὥς σὲ κατεθέμην. attigit haec Cobetus V. L. 188. annot. l. 3 utrobique 'vulgo ἀπέχω πάλαι φιλεῖν ἐπαλλάσσου χάριν.' p. 680 (311^b) l. 2 οἱ νέοι κωμῳδοί ap. Bk. l. 3. 4 πρεσβύτερος Κόδρου (pro Κρόνου) ap. Bk. cf. Choerob. (Et. m. 524 38) Cram. II 230 20. τυμβογέρων cf. Osann. Philem. p. 125. Nauck. Ar. Byz. p. 98. l. 7 hodie ita haec habent: ὑπὲρ τὰς ἐλάφους βεβιωκώς, ὑπὲρ τὰς κορώνας, ταῖς νύμφαις ἰσῆλιξ, om. postremis. l. 10 ser. καινότερον τοῦ ἡλικιώτης. l. 13 Κρονοδαίμων et Κρονοθήκη, quae ed. min. h. l. habet, in maiore v. p. 665 (267). fr. CCCXII l. 1. 2 ita ed. min. 'Poll. II 35: καὶ ἐψήσασθαι δὲ τὴν κόμην τὸ καταχρῶσαι ἔλεγον, καὶ τὴν κόμην ἠψήσατο, καὶ ἑφθὴν τὴν κόμην ξανθίζεται. ita Bekkerus correxit cod. lectionem ἕφθην τὴν κόμην ξανθίζεσθαι.' cf. Bergk. Lyr. II p. 1075. l. 4 ὃν ἡ ἀρχαία (i. e. Arist. Eqq. 232) σκευοποιόν (dele ἐκάλει). l. 6 pro 'libri .. σκευοποιούς' ser. 'cod. Iung. σκηνικοὺς οἱ παλαιοὶ ὠνόμασαν.' fr. CCCXIII τὰς μέντοι συνεστραμμένας μετὰ ῥύπου τρίχας ἡ κωμῳδία στόρθυγγας καλεῖ. compara Lob. path. el. 1, 140. quod sequitur p. 681, 2 Poll. II 33 παρακόμους Amphidis est, v. supra p. CXCII, 1. cf. CXCIV, 8. fr. CCCXIV Poll. II 42 etiam Bekkerus οἱ ποιηταί dedit. idem Pollux VI 9: καὶ ποτίκρανον δὲ οἱ κωμικοὶ τὸ προσκεφάλαιον ἢ τὸ ὑπηρέσιον. l. 6 v. infra p. 121: ἰλλώπτειν (ἰλλωπεῖν cod. A) ἐν τῇ κωμῳδίᾳ τὸ παραβλέπειν. fr. CCCXVI l. 4 Mein. ed. min. 'cfr. Helladius chrest. apud Photium bibl. p. 533 28: καὶ τὸν ὠλε . . . προφέρουσιν· ἡ δὲ συνήθεια διὰ τοῦ ᾱ. quae ita corrigo: καὶ τὸ ὠλέ[κρανον διὰ τοῦ ω] προφέρουσιν. ἡ δὲ συνήθεια διὰ τοῦ ο̄.' cf. 'zeitschr. f. d. alt.' 1849 p. 416 ubi: τὸ ὀλέκρανον διὰ τοῦ ο̄ προφέρουσιν· ἡ δὲ συνήθεια διὰ τοῦ ω̄. l. 5 ἠτριαῖα: cf. Aristophan. 2, 1077 (3, 6). l. 6 scr. 176 l. 7 ἡ δὲ νέα κωμῳδία καὶ ὀστοθήκην καὶ ὀστοκόπον λέγει. Bk. fr. CCCXVII l. 1 τῶν νέων κωμῳδῶν τινες l. 4 ὁ γὰρ ἄψυχος ἰδιωτικόν, καὶ ὁ πτάκις σφόδρα κωμικόν: cf. Lob. path. proll. 507. l. 6

μοχθηρὸν γὰρ τὸ μεσοπέρδειν (Bk., al. μέσον πέρδειν: cod. A μέσον ἔρδειν) ἐν τῇ κωμῳδίᾳ σχῆμα παλαίσματος. p. 682 (318) l. 5 ποδοστράβη ἢ τὰ στρέμματα κατευθύνουσα ἐν τῇ κωμ. l. 7 ἐκάλουν οἱ νέοι κωμῳδοὶ ἐν οἷς ἀπέσχαζον ἢ ἔσχαζον (cf. Lob. ῥηματ. 84. path. el. 1, 128): Herwerden p. 116 οἷς κατέσχαζον scribebat. fr. CCCXIX 'horum pleraque ad Pherecratis Λήρους et Aristophanis Thesmophoriazusas alteras spectant.' ed. min. fr. CCCXX l. 2 καὶ τὴν τοῦ τοιούτου γαστέρα φαγεσωρῖτιν Bekkerus dedit. l. 4 scr. πυρῆνας l. 5 ἐν τῇ κωμῳδίᾳ, l. 9 addit ed. min. fr. CCCXX^a, Poll. VI 159: ἡ δὲ κωμῳδία καὶ συγκηδεστήν. fr. CCCXXI p. 683, 2 scr. VI 185: haec apud Bekk. ita leguntur: χλιδᾶν. τὸ γὰρ θερμερύνεσθαι λέγει μὲν ἡ κωμῳδία πολλαχόθι, ἐμοὶ δὲ οὐκ ἀρέσκει. cod. F θερμερύνεσθαι, cod. Iung. καὶ κιχλοιδιᾶν add., om. Parisini. cf. Lobeck. path. el. 1, 157: 'suspectum, inquit, habeo ... κιχλιδιᾶν, quippe dissimile ceteris; ille fortasse χλιδιᾶν scripsit.' fr. CCCXXII addit ed. min. fr. 389 (CCCXXII^a), Pollux VI 188: ἑταιριζόμενος (οὕτω γὰρ οἱ κωμικοὶ ὀνομάζουσι τὸν περὶ τὰς ἑταίρας ἔχοντα). fr. CCCXXIII l. 1—5: ἐπίρρημα, sive ἐπίρραμμα (vel ἐπίρριμμα Mein. ed. min.), ex scenico comoedorum apparatu, non ex dictione comica desumptum puto propter ipsius Pollucis IV 119 enarrationem et tragici σύρματος oppositum. cf. de ἐμβάταις IV 115 et VII 91, item εὐπάρυφον Pollucis VII 46 cum IV 148. huius numeri in locum suffice aliam Pollucis annotationem IX 149: χλευαστής, χλευαστικός· ὁ γὰρ χλεῦαξ κωμῳδικώτερον. ita cod. V Kühnii et Bekkerus, vulgo ὁ γὰρ χλεῦαξ, κωμῳδικώτερος. (ex min. ed. p. XXIII). l. 7 scr. ibid. 132: φόρτακας κτλ. fr. CCCXXIV l. 4 κωμῳδοδιδάσκαλοι ὠνόμαζον, τὸ ὄνομα Β. ἦν, l. 8 ed. min. addit fr. 397, Polluc. VIII 81: Σκυρίαν δὲ δίκην ὀνομάζουσιν οἱ κωμῳδοδιδάσκαλοι τὴν τραχεῖαν, ἣν οἱ φυγοδικοῦντες ἐσκήπτοντο εἰς Σκῦρον ἢ εἰς Λῆμνον ἀποδημεῖν. p. 684, 1 scr. ἡ δὲ κωμῳδία καὶ ἀστῆς ἐλαίας εἴρηκε τῆς ἐν πόλει. cf. Aristoph. 2, 1217 (294). fr. CCCXXV l. 1 scr. X 123: l. 2 scr. architecti instrumenta fr. CCCXXVI annot. l. 12 cf. Bergk. Lyr. II 1046.

Schneidewin. 'beiträge' p. 92. fr. CCCXXVII vs. 2 Cobeti Ven. (p. 260 Geel.) οὐχ ὑγιαίνει δέσποτα εἰς: Vat. οὐχ ὑγιαὶ δὲ ποσῶς ἐκ Vs. 3 Ven. γλυκύτατ' ἀνάπασις: Vat. γλυκεῖα ἀνάπαυσις p. 685 vs. 4 Ven. καὶ τὰ τοιαῦτα· ἦν δὲ εἰς: Vat. καὶ τὰ τοιαῦτα. ἦν δὲ ἐκ Vs. 5. 6 apud Cobetum ita scripti: πτωχὸν γενέσθαι μεταβολὴ μέν, ἡδὺ δ' οὔ. | ὥστ' οὐχὶ πάντων ἐστὶ μεταβολὴ γλυκύ: — hac addita annotatione: Ven. ἡδὺ δ' οὔ. οὕτως οὐχὶ πάντων ἐστί. Vat. ἡδὺ δὲ οὔ. ὥστε οὐχὶ πάντων ᾖ. Vs. 4 etiam min. ed. καὶ τἄλλα δὴ τοιαῦτ' κτλ. Hermannus philol. II 134: καὶ τἄλλα τά γε τοιαῦτα· τὸ δέ σ' ἐκ πλουσίου | πτωχὸν γενέσθαι κτλ. haec ut apud Cobetum. Nauckius philol. V 527. VI 425: καὶ τἄλλα τὰ τοιαῦτ'· ἦν δέῃ δ' ἐκ πλουσίου | πτωχὸν γενέσθαι κτλ. annot. l. 2 προσυπακουστέον l. 14 haec Veneto cod. confirmata. fr. CCCXXIX annot. l. 2 παιᾶνι τὴν Τροίαν προσορμισάμεναι. fr. CCCXXX p. 686, 2 περί τινος ἀλαζόνος l. 3 ἃ πρὸς ἑκάστην l. 8 scr. XVII 165 l. 10 Ven. μεταίχμια l. 15 'fortasse καὶ ναὶ κτλ.' cf. infra p. 121. Hermann. 'n. jen. allg. l. z.' 1842 p. 514. fr. CCCXXXI non est ap. schol. Eqq. l. c. v. infra p. 121, sed hoc:

ὦ μόνοι ὦτοι τῶν Ἑλλήνων.

Eustath. p. 1522 56: καὶ ὦτοι δὲ οἱ αὐτοὶ (οἱ εὐήθεις) ἀπὸ ὀρνέου μιμηλοῦ καὶ εὐεξαπατήτου, ὡς ἀλλαχοῦ σαφῶς δηλοῦται. διὸ καὶ ἡ κωμῳδία σκώπτουσα τοὺς Ἀθηναίους "ὦ μόνοι ὦτοι τῶν Ἑλλήνων" ἔφη, λοιδοροῦσα ἐκείνους ὡς ῥᾷον ἀπατωμένους οἷς ἀκούουσιν. respicit Athenaeus loco p. 121 citato. addit ed. min. p. 1259 fr. 489 Aelium Dionysium apud Eustath. p. 561 5: ὦτος, ὄρνεον ὃ περὶ τὰ ὦτα ἔχει πτερύγια. τοῦτο ἐπαινούμενον καὶ ἀντορχούμενον ὥσπερ ὁ νυκτικόραξ ἁλίσκεται, διὸ τοὺς χαύνους καὶ κενοδόξους ὤτους ἐκάλουν. plura v. ap. Nauck. Ar. Byz. p. 171.

fr. CCCXXXII ... CCCXXXV[b] in min. ed. sunt CCCXXXI ... CCCXXXV. fr. CCCXXXII cum Ravennate et Suidae cod. A mg. Fritzschius: καὶ ναῦλος ἡμῖν τῆς νεὼς ὀφείλεται, Ran. p. 155 sq. 'ὁ insererem, inquit, scriberemque χὠ ναῦλος, si opus esse videretur articulo.' fr. CCCXXXIII p. 687, 4 'Vulgo. πῇ συγκεχωρῆσθαι κτλ.' l. 9 τοῖς τῶν ἀρχαίων A. V. fr. CCCXXXIV scr. Φοῖνιξ 'vulgo abest δέ, quod addidit Hemst. ad Ar. Plut. p. 447 . . . γίνομαι Heynius dedit e Gott.' Boeckh. fr. CCCXXXV^a scr. B 423: ad κνῖσος cf. Lob. Ῥημ. 297. fr. CCCXXXV^b annot. l. 2 οὐχ ἑτέρων ὑπ' ἐμὲ ἐρχομένων κτλ. est Lysiae fr. 130 Saupp. l. 3 ἀνδρογύνης καὶ ἔτ' ὀλίγα τραύματα ἐξόπισθεν ἔχων κτλ. pro καὶ ἔτ' ὀλίγα Nauckius ed. min. p. XXIII. n. rhen. mus. VII 305. philol. IV 359 scribebat καὶ τὸ λεγόμενον: cf. trag. fr. p. 709. Prellero philol. III 522 scriptum videbatur: Μένανδρος Ἀνδρογύνῃ ἢ Κρητί· "ὅλωλα τραύματ' ἐξόπισθ' ἔχων κτέ."

p. 688 (336) annot. l. 4 apud Suidam: ἀλλ' ἐπέσχε ταχέως· δειλινὸς γὰρ ἤρξατο ἀλγεῖν. fr. CCCXXXVII l. 3 γραφὰς σε' πεφευγὼς vel γραφὰς πολλάκις πεφευγὼς scribendum coniiciebat Sauppius Hyperid. fr. 44 collato Aeschine Ctes. § 194. l. 8 Hist. crit. orat. p. XLV et Arnold. Schaeferum in Schneidewini philol. I 188 sqq. 211. fr. CCCXXXVIII^a apud Dindorf. schol. Aristid. p. 458. fr. CCCXXXVIII^b cf. infra p. 121 sq. l. 3 προσάπτηται Bergk. Aristoph. I p. V. de re dixit Bernays. n. rhen. mus. VIII 587. l. 4 κατὰ ἐξαλλαγὴν ὡς τὸ "ὦ Βδεῦ δέσποτα." v. Bernays. p. 588. 590. l. 6 Μώμαξ vel Μίμαξ καλοῦμαι Μειδίας, hoc probavit Dindorfius, alterum βώμαξ suspicabatur esse. ad Μίμαξ cf. Bergk. l. c. fr. CCCXXXIX attigit Cobetus mn. IV 305. annot. l. 1 scr. IX 188 (p. 430 Bk.): εἰ δὲ ὁ ἔλεος θεός ἐστι, καὶ ὁ φόβος p. 689 fr. CCCXL est ap. Sextum XI 122 (p. 570).

l. 1 scr. προειληφὼς l. 10 iambographi: v. Mein. choliamb. gr. p. 174. Brink. philol. VI 69. Bergk. Lyr. II 1049. caeterum cf. φακῇ δὲ κἂν χειμῶνι κἂν θέρει φακῇ: Macar. VIII 71. fr. CCCXLI v. Steph. Byz. p. 174 5, καὶ Βοιωτίδιον ἐκ Βοιώτιος: 'ἐκ Βοιωτίδος Gavelius. monet scriptor Βοιωτίδιον, quod media producta dicitur, non ad Βοιωτός sed ad Βοιώτιος revocandum esse.' Mein. l. 2 scr. (872) l. 3 κολλικοφάγε . . . "βοιωτιάζειν ἔμαθες." fr. CCCXLII καὶ τὸ κωμικὸν Ταρταρίτης. fr. CCCXLIII^b Stob. 29 27: adesp. trag. p. 720 N. p. 690 (344) vs. 2 χρήσιμον Vindob. fr. CCCXLVI 1 παραπλήσιον πρᾶγμ' ἐστὶ κτλ. Vs. 3 ὅταν δὲ τύχωμεν: 'malim δ' ἔχωμεν' Nauck. annot. l. 2 Theogneto haec vel Theophilo vindicari posse videbantur vol. IV p. XIII. cf. Nauck. trag. p. 626 (13) annot. [fr. CCCXLVII τὸν τῇ φύσει κτλ. hinc eximendum: v. Menandrea supra p. CCXCIII fr. DXXVIII]. fr. CCCXLVIII cf. mon. 95, Chaerem. p. 613 (33). fr. CCCXLIX ὅταν γὰρ ἄλοχον κτλ. ad tragoediam referebat Cobetus mnem. IV 143: 'quattuor, inquit, sunt certa indicia sermonis artificialis: comicus enim populari lingua debebat dicere: ὅταν γὰρ ἀνὴρ γυναῖκα ἄγηται οἴκαδε vel εἰς τὴν οἰκίαν.' cf. Herwerd. p. 121 dissertationis, h. e. 'observ. critt. in fragm. comicor. Gr.' L. B. 1855. Vs. 3 Nauckio ad Theodect. p. 626 ὁμοῦ δὲ τῇδ' ἔτ' εἰσκομίζεται λαβών sufficere videbatur: cf. philol. IV 557. Meinekius in ed. Stobaei 'male, inquit, olim [poetae nomen] suspectavi.' p. 691 fr. CCCL in min. ed. est quinque versuum: ab sexto versu novum exorsus est fragm. Mein. CCCLI. atque ita in ed. Stob.

Vs. 7 correctus iam in min. ed. scribentis error δώδεκα ita:

ἔσπειρα μὲν κριθῶν μεδίμνους εἴκοσιν,

ad κριθῶν cf. add. p. 122. Vs. 8 τούτων δ' ἀπέδωκεν in min. ed. et ad Stob. proponebat editor. Vs. 9 οἱ δ' ἔστ' ἐπὶ Θήβαις ap. Stob. cum A. Vs. 10 σῆμα διατηρεῖ Vind. hinc apud Stobaeum traditam lectionem ita emendavit Mein.

τὸ τῶν γυναικῶν ῥῆμα διατηρεῖ μόνον
"ὀνησιφόρα γένοιτο." τοῦτο γίνεται·
ὃ γὰρ φέρει νῦν οὗτος, εἷς ὄνος φέρει.

'ῥῆμα, inquit, scripsi, nimirum ipsum illud quod sequitur ὀνησιφόρα γένοιτο, quod mulieres religiosae in ore gerebant; errores sunt quae critici de hoc loco commenti sunt.' p. 692, 2 cf. Dobraei adv. II 289: 'ter peccat, inquit, Bentleius. miror eum non legisse ῥῆμα. omen verterat Gesnerus.' l. 9 bellum mihi inferrent, l. 11 ὀνησιφόρα ita etiam Vindob.

[fr. CCCLI τηρεῖν μὲν κτλ. ex anonymorum numero in Timostrati fragmentis collocatum p. CCCXXVII. quod in maiore ed. sequitur CCCLII, Philemonis est 4, 56 (69) cf. supra p. CCXXXVI]. fr. CCCLIII scr. Flor. XCVI 8, caetera delenda.

fr. CCCLIV ... CCCLXXI in min. ed. sunt CCCLIII ... CCCLXX.

cum fr. CCCLV compara Men. 4, 96 (1, 5). fr. CCCLVI (p. 693) scr. εὔστοχόν τι fr. CCCLVII ita habet:

ἐπηρεαστικόν γέ τι
ταὐτόματόν ἐστι τῷ βίῳ.

corrige utramque edit. fr. CCCLVIII 1 ἐπισκοποῦσ' ἀεί nuper etiam Gaisf. proponebat. annot. l. 3 tragici poetae: v. Nauck. adesp. p. 718. fr. CCCLIX 'ὁ πολὺς] ὁπ̈όπολὺς A. ubi in marg. pro lemmate ἀναγενέους.' Gaisf. cf. ad Hermipp. fr. I supra p. LXII. annot. l. 1 scr. Ecl. phys. I p. 238. ib. apud Gaisf. Νικοφῶν editur. fr. CCCLX 1 Mein. nunc malit: πᾶς τὸ (pro ὁ) καθ' ἑαυτὸν τεχνολογῶν θαυμάζεται, annot. l. 1: p. 696 ed. II Gaisf. fr. CCCLXI annot. l. 1 apud Strab. p. 388 Cas. hodie ita legitur: ἐξ ἐκείνων ἔτι τῶν χρόνων, ἐξ ὧν εἰς τὴν προσαγορευθεῖσαν Μεγάλην πόλιν αἱ πλεῖσται συνῳκίσθησαν. νυνὶ δὲ καὶ αὐτὴ ἡ Μεγάλη πόλις τὸ τοῦ κωμικοῦ πέπονθε, καὶ "ἐρημία μεγάλη 'στὶν ἡ Μεγάλη πόλις·" v. Kramerum. alterum Strabonis locum (p. 738 C) infra p. 122 addidit Mein., unde de ipsa Megalopoli haec intellegenda esse discimus. etiam apud Eustathium opusc. p. 305 76, οὐκ ἂν δέ τις ἐπ' αὐτῆς ἀφυῶς εἴποι, καὶ ἐρημίαν μεγάλην εἶναι τὴν Μεγαλόπολιν, Nauckius philol. V 554, legebat τὴν μεγάλην πόλιν. de verborum compositione v. Lobeckium Phryn. 604. path. el. I 562. p. 694 (363) οἶνός μ' ἔπεισε κτλ. ap. Walz. VIII 739 (III p. 195 Speng.). Nauck. adesp. p. 727. latini poetae versum v. infra p. 122 (Ribbeck. com. p. 106), Spengel. 'zeitschr. f. d. alt.' 1834 p. 710. annot. l. 6 scr. 'idem fragm. C:' ib. l. 8 'inc. fragm. IV' l. 9: ὡς τὸ πρόσθε συγγνώμης τυχεῖν, v. supra p. CCCXIV. p. 695, 1: 'persuasit nox, amor, vinum, adulescentia.' l. 7 Carcinus: p. 621 Nauck. l. 18 incerti poetae: adesp. p. 703 N. ad fr. CCCLXIV (CCCLXIII) ed. min. 'obscura verba, inquit, non expedio, nec sufficit Bernhardy emendatio.' p. 696 (365) annot. l. 1 ἤ τινος ἐστερήθησαν. fr. CCCLXVI annot. l. 1 αἰτιατικῇ delebat Bernhardy II 2 1800. l. 2 in fine addit Suidas: φησὶν ὁ κωμικός. unde apud Dindorfium in Aristophanicis erat fr. 714. afferunt V. D. gramm. Bk. p. 453 10: ἀσπαζόμεθα, καὶ σὺν τῷ σ "ἀσπαζόμεσθ' ἐρετμά." correxit Mein. ad Men. reliq. p. 160. fr. CCCLXVII adde Apostol. Leutsch. II p. 537: Μυκωνείων (Μυκωνίων Arsen. Walz.) δίκην ἐπεισπέπαικεν εἰς τὰ συμπόσια: ubi Leutsch.: 'ex Archilocho, inquit, fluxit.' confert ad Zenob. V 21 annotationem. Heckero philol. V 483 Athenaei (l. 4 sqq.) verba, ὅτι περὶ Περικλέους φησὶν Ἀρχίλοχος ὁ Πάριος ποιητὴς κτλ., in ipso Athenaei opere ita lecta fuisse videbantur: περὶ Περικλέους φησὶ Κρατῖνος ἐν Ἀρχιλόχοις κτἑ. eademque sanissima epitomatoris culpa corrupta. Bergkius Lyr. II 561 allatis Cratini verbis, πῶς ἂν Ἰσχομάχου γεγονὼς Μυκονίου φιλόδωρος ἂν εἴης; 'iam quae sequuntur, inquit, non Cratini, sed alius comici videntur: Ἀγαθὸς πρὸς ἀγαθοὺς ἄνδρας ἑστιασόμενος ἧκον· κοινὰ γὰρ τὰ τῶν φίλων. "Πολλὸν δὲ πίνων ... ἀναίδειαν" Ἀρχίλοχος φησίν. ambigas utrum priora quoque verba ex ipso Archilocho petita sint, ut is primus hoc proverbio usus sit, an potius Athenaeus hoc proverbio adhibito sententiam tantum Archilochi illustrare voluerit: hoc mihi quidem veri similius videtur, et Aristophanes comicus videtur obversatus esse Athenaeo, cuius versum Suidas v. Μυκώνιος γείτων servasse videtur, ubi est: καὶ παροιμία· "Μυκονίων δίκην | ἐπεισπέπαικεν εἰς τὰ συμπόσια ..." contra Archilochi fortasse est illud... ἀκλητὶ κωμάζουσιν ἐς φίλους φίλοι.' p. 697 (369) Themistii p. 298 10: οἶμαι αὐτοὺς μικρὸν διαφέρειν ἀνθρακέως τινὸς ἢ σιδηρέως, καπνοῦ γέμοντος καὶ μαρίλης, ap. Bernh. annot. l. 3 probavit idem II 2 1839. fr. CCCLXX addunt Suidam v. πταίειν. προσκρούειν· καὶ παροιμία· μὴ πολλάκις πρὸς τὸν αὐτὸν λίθον πταίειν, ἔχοντα καιρὸν ὁμολογούμενον, ubi Polybii Kusterus annotavit verba (XXXI 19: ὁ δὲ παρεκάλει μὴ δὶς πρὸς τὸν αὐτὸν λίθον πταίειν, ἀλλ' ἐν ἑαυτῷ τὰς ἐλπίδας ἔχειν καὶ τολμᾶν τι βασιλείας ἄξιον· πολλὰς γὰρ ὑποδεικνύειν ἀφορμὰς τοὺς ἐνεστῶτας καιρούς), quae in alterum locum ab lectoribus invecta opinabatur Bernhardy II 1 835. pro μὴ πολλάκις Hirschigius requirebat οὐ π. p. 35. fr. CCCLXXI probavit hanc proverbii formam Leutschius paroem. II p. 124. Mein. in min. ed. παρὰ τὸν βωμὸν dedit. annot. l. 1 βωμὸν βαστάζειν Par. l. 2 βουλεύεσθαι, ἀλλὰ πρὸ τῶν πραγμάτων· l. 4 Diogen. habet: περὶ τὸν βωμὸν τὰς ἐπινοίας. fr. CCCLXXII [non est ἂν ἢ *λεοντῆ κτλ.* v. infra p. 122. cf. Leutsch. philol. III 573 sq. paroem. II p. 101], sed: *τουτὶ μὲν ᾔδειν πρὶν Θέογνιν γεγονέναι* (ed. min. p. 1256 fr. 473). p. 698 fr. CCCLXXIII...CCCLXXXVIII in min. ed. CCCLXXI... CCCLXXXVI. fr. CCCLXXIV annot. l. 6 v. apud Leutsch. vol. II p. 164. Bergkius Lyr. II 1044 etiam hunc (Zenob. l. c.) versum comico alicui assignabat: *ἐν γὰρ ἀμηχανίῃ καὶ* *(ὁ) *Καρκίνος ἔμμορε τιμῆς*. fr. 453 in min. ed. scr. *CCCLXXIII (4, 698) fr. CCCLXXVI probavit supplementum Leutsch. paroem. II p. 27. dubitabat Hermannus 'n. jen. allg. l. z.' 1842 p. 514. annot. l. 6 v. trag. fr. p. 340 N. p. 699 (378) l. 1 *οὗτος ὁ Κορυδεὺς ἐπὶ δυσμορφίᾳ ἐκωμῳδεῖτο, καὶ οἱ παῖδες αὐτοῦ, ὧν ἕνα τὸν Ἀρχέστρατον φασίν*. fr. CCCLXXX annot. l. 1 *γέροντι μηδέποτε μηδὲν κτλ.* l. 3 cantiunculam: cf. Bergk. Lyr. II 1038. l. 8 adde Suid. II 1 822. Apostol. II p. 528 L. l. 9 scr. Flor. LXIX 17. fr. CCCLXXXI annot. l. 2 dele *τινά* p. 700, 3 scr. 'fuerint.' dubitabat Leutschius Apost. II p. 464. Horatii Epist. I 17 20, 'equus ut me portet, alat rex', apposuerunt interpretes. fr. CCCLXXXIV l. 7 *Παρνόπης* Lobeckius v. infra p. 122. *Παρνόπη* Boeckhius Oec. Ath. I p. 321 ed. II. p. 701 (385) extr. Carionem coquum habemus Euphron. 4, 492. p. 702 (388) l. 4 *δεῖν γίνεσθαι* Et. Sorb. *δεῖν γενέσθαι* Choerob. Cram. Ox. II 194 1. caeterum cf. Lob. path. el. 1, 475. quod sequitur in min. ed. fr. 467 v. 4, 615 sq. supra p. CCCXXXI. ib. fr. 468. 469 infra in add. p. 120 fr. CCXXX. CCXXIV. fr. 470. 471. 472 ex ed. min. p. 1256 h. l. supplebimus:

470 CCCLXXXVIII^a

Et. m. 183 25: *ἀψίνθιον, εἶδος βοτάνης πικρᾶς, ὡς καὶ τὸ ἀβρότονον· ἔνιοι δὲ τῶν κωμικῶν ἀπίνθιον καλοῦσι.* cf. Etym. Gud. p. 102 7 et Dorv. hoc *ἀσπίνθιον* correxit Mein. ad Diph. 4, 383. cf. Lob. path. el. 1, 491.

471 *CCCLXXXVIII^b

Phryn. Bk. 53 2: *εὑρίσκομεν δὲ ἐν τῇ ἀρχαίᾳ κωμῳδίᾳ τὸ οὐδέποτε καὶ ἐπὶ παρῳχημένου χρόνου, οὐδέποτε προδέδωκέ με.* Mein. *δέ* supplebat. caeterum v. ad Men. et Phil. ed. pr. p. 400.

CCCLXXXVIII^c 472

Hesychius: *ὗν τετραστίαν κατεαγὲν Σαλàμίνιος.* cod. *σαλαμήνιος.* 'A. Nauckius *ὗν τετραστῆραν κατέφαγεν Σαλαμίνιος*, in quibus de *κατέφαγεν* non dubitandum videtur. pro *τετραστίαν* Sopingius *τεραστίαν*, quod ferrem, si legeretur *τεραστίαν ὗν.*' Mein. ed. min. cf. coniecturae suae rationem reddentem Nauckium 'allg. l. z. int.' 1847 p. 500 sqq. fr. 473 ed. min. *τουτὶ μὲν ᾔδειν κτλ.* v. infra p. 122. fr. CCCLXXXIX *πρὸς καππάριον ζῇς δυνάμενος πρὸς ἀνθίαν* (ed. min. fr. 474) v. add. p. 122 (scr. *τὸ στιχίδιον τοῦτο*). item fr. CCCXC (ed. min. fr. 475) *μισθοῦ γὰρ ἀνθρώπων τις ἄνθρωπον φιλεῖ.* 'videtur Menandri esse.' ed. min. infra p. 122 scr. *ἐν τοῖς θεάτροις* accesserunt in min. ed. haec tria fragmenta:

CCCXC^a 476

ἅτερος πρὸς τὸν ἕτερον
ὑπαλείφεται τῷ χειρί θ' ὑποκονίεται.

Plutarch. V. Pomp. 53: *ἐπεὶ δὲ ἀνεῖλεν ἡ τύχη τὸν ἔφεδρον τοῦ ἀγῶνος, εὐθὺς ἦν εἰπεῖν τὸ κωμικὸν ὡς Ἅτερος πρὸς κτλ.* Cobetus V. L. 130 priora, *ὡς ἅτερος πρὸς τὸν ἕτερον*, Plutarcho dedit, reliqua Aristophane et Cratino digna censuit.

*CCCXC^b (2, 373) 477

Plutarch. V. Pericl. 16: *τὴν δύναμιν αὐτοῦ . . . κακοήθως παρεμφαίνουσιν οἱ κωμικοί, Πεισιστρατίδας μὲν νέους τοὺς περὶ αὐτὸν ἑταίρους καλοῦντες, αὐτὸν δ' ἀπομόσαι μὴ τυραννήσειν κελεύοντες, ὡς ἀσυμμέτρου πρὸς δημοκρατίαν καὶ βαρυτέρας περὶ αὐτὸν οὔσης ὑπεροχῆς.*

CCCXC^c 478

Μεγαρεῖς δὲ φεῦγε πάντας· εἰσὶ γὰρ πικροί.

Vide supra p. XIII. sequitur in min. ed. fr. 479, *ἀποδέκται*, quod infra habemus p. 118 extr. deinde fr. 480 *παράδεισος*, v. add. p. 124 (399), utrobique scr. Plut. de adul. et am. p. 57 a. novum etiam hoc:

CCCXC^d 481

'Varro Sat. XXXII ed. Oehl. p. 128 e Nonio s. v. subducere: "ego unus scilicet antiquorum hominum subductis superciliis dicam, *γαμήσεις νοῦν ἔχων;*" codd. *ταμησιονουν ἔχων.*

Oeblerus γαμήσω νοῦν ἔχων. confer quae dixi in Bergkii annal. antiq. stud. 1845 p. 737.' Mein. ed. min. cf. Men. 4, 88 (1, 1) οὐ γαμεῖς, ἂν νοῦν ἔχῃς. et hoc:

482 CCCXC^{e}

Pollux II 108: γλωττογάστορες παρὰ τοῖς κωμικοῖς οἱ ἀπὸ τῆς γλώττης βιοῦντες. cf. Arist. Av. 1702. fr. 483. 484. 485 v. infra fr. CCCXCVI—CCCXCVIII p. 123. 124, ubi ad fr. CCCXCVI l. 4 scr. τὸν φυλὴν μὴ ἔχοντα. in min. ed. ib. l. 6 'habeat παρημπολιμένον,' ad fr. CCCXCVIII mai. ed. l. 3 scr. καρυάτιδες, ad *ἔνστροφον cf. in editionibus annotata. additum in min. ed.:

486 CCCXC^{f}

'Pollux VII 69: τὸ δὲ ἄκναπτον ἱμάτιον ὀρεινὸν οἱ μέσοι κωμικοί, ὥσπερ εἰργασμένον τὸ ἐγναμμένον. pro εἰργασμένον scribendum videtur ὠργασμένον. ὀρεινὸν non expedio.' Mein. ed. min. ibidem haec duo adiecit:

487 CCCXC^{g}

ὀκνεῖς λαλεῖν; οὕτω σφόδρ' εἶ τηθαλλαδοῦς;

Eustath. p. 971 39: καὶ ὡς ὁ τηθαλλαδοῦς καὶ σκῶμμα εὐηθείας ἔχει, ὡς τῶν ὑπὸ τοιαύταις τεθραμμένων εἰς εὐήθειαν ἐπιδιδόντων διὰ τὸ ἀνημένον τῆς τροφῆς· διὸ καὶ ὁ εἰπὼν ἐρωτηματικῶς τό "ὀκνεῖς λαλεῖν; κτλ." ὀνειδίζων κέχρηται τῇ λέξει παίζων εἰς ἀνδραποδώδη τινά - καὶ οἷον γραοτρεφῆ. v. Lobeck. Phryn. 299. Fritzsche Ran. p. 324. Nauck. philol. I p. 360. Ar. Byz. p. 139 sqq. 'pro ἀνημένον malim cum H. Stephano ἀνειμένον quam ἀμενηνὸν cum A. Nauckio.' Mein. ed. min.

488 CCCXC^{h} (2, 187)

ἡ δὲ προὐκαλεῖτό με
βαυβᾶν μετ' αὐτῆς.

Eustath. p. 1761 27: λέγει (Aristoph. gramm.) δὲ καὶ λαπίζειν παρὰ Σοφοκλεῖ τὸ συρίζειν (fr. 954 Nauck., qui ὑβρίζειν), καὶ βαυβᾶν (Lob. ῥηματ. 326) τὸ κοιμᾶσθαι, οἷον "ἡ δὲ προὐκαλεῖτό με κτλ." 'non recte haec Dindorfium Sophocli tribuisse monuit A. Nauckius.' Mein. ed. min. v. Nauck. philol. II p. 149. IV p. 542. Ar. Byz. p. 202. ad satyricam poesin nuper referebant Cobetus mn. IV 144 et ipse Nauckius adesp. p. 675 sq., ubi *βαυβᾶν μεθ' αὑτῆς*. editionis minoris fr. 489, *ὦ μόνοι ὦτοι κτλ.*, supra habuimus ad 4, 686 (331) suppl. fr. CCCXCI infra p. 122, *ὁ μέν τις ἀμπέλους κτλ.*, in min. ed. est fr. 116, v. supra p. CCCXXXVI.

fr. CCCXCII *μετὰ τὴν ἀποβολὴν τοῦ Κλέωνος κτλ.*, quod est fr. 490 min. ed., v. infra p. 123, ubi annot. l. 1 scr. 1304.

l. 2 *τοῦ Κλέωνος εὐθέως ὑπερέβαλεν ὑπὲρ τ.* 'Y. l. 4 scr. Hist. cr. p. 190. fr. CCCXCIII, *εἶτά μοι σκάπτων ἐρεῖ κτλ.*, infra p. 123, editio minor habet p. 1236. v. supra ad 4, 672 suppl. fr. CCCXCIV, *οὐκ ἐκεῖνος, ἀλλ' ἐκείνη κτλ.*, infra p. 123 sive min. ed. fr. 491. pro *ταυτότητα* Ven. Cobeti cod. habet *πρᾳότητα*, quod *παρισότητα* vel *περισσότητα* scribebat Nauckius. fr. CCCXCV infra p. 123 sive min. ed. fr. 492: *ἔχει τελευτήν, ἥσπερ οὕνεκ' ἐγένετο.* hunc vs. in codice F Aristotelis p. 194 30 *εὐριπίδης ὁ ποιητής*, in caeteris *ὁ ποιητὴς* scripsisse dicitur: cf. Nauck. trag. praef. p. X. fr. CCCXCVI. CCCXCVII. CCCXCVIII in min. ed. (cf. supra) sunt fr. 483. 484. 485, infra p. 123. 124 (ita corr. numerum pag. 241).

fr. CCCLXXXXIX *παράδεισος*, infra p. 124, ed. min. fr. 480 est, v. supra. fr. CD [Phrygum memoria ed. min. ad Apollodori fr. 4, 451 relata: v. supra p. CCCXI et ad 4, 652 suppl.] hoc loco apponemus ex min. ed. p. 1260:

CD CDI 493. 495

Ὁ δρῶν τὰ τοῦ μέλλοντος οἴχεται φέρων.
Τόλμα τι, κινδύνευε, πρᾶττ', ἀποτύγχανε,
ἐπίτυχε· πάντα μᾶλλον ἢ σαυτὸν προοῦ.

Polybius XXXI 21: *γενομένων δὲ πάντων κατὰ τὸ συνταχθέν, λαβὼν ὁ Δημήτριος ἐπανέγνω. τὸ δὲ πιττάκιον περιεῖχε τὰς γνώμας ταύτας Ὁ δρῶν κτλ.* primum versum fortasse tragici esse coniiciebat Nauckius adesp. p. 707. qui sequebatur (fr. 494) *ἴσον φέρει νύξ, τοῖς δὲ τολμῶσιν πλέον*, Euripidis Phoen. 726 (738) esse idem annotavit. postremo loco erat (fr. 496) Epicharmeus versus: *νῆφε καὶ μέμνησ' ἀπιστεῖν· ἄρθρα ταῦτα τῶν φρενῶν*, quem pro exemplo posuit ed. min. ne caeteros quidem aliunde quam e scenicis poetis depromptos esse. sequuntur in eadem ed. haec ibidem:

497 CDII

γαστὴρ ὅλον τὸ σῶμα, πανταχῇ βλέπων
ὀφθαλμός, ἕρπον τοῖς ὀδοῦσι θηρίον.

Plutarch. ad. et am. p. 54 b: οὕτως ἄπειρος ἦν κόλακος ὁ νομίζων τὰ ἰαμβεῖα ταυτὶ τῷ κόλακι μᾶλλον ἢ τῷ καρκίνῳ ("imo τῷ καρκίνῳ μᾶλλον ἢ τῷ κόλακι" Mein.) προσήκειν Γαστὴρ κτλ. 'haec, quae olim ex aenigmate quodam derivabam (ad Eupol. 2, 489), iam rectius ad comoediam referenda videntur. monuit nuper etiam Toeppelius de Eup. Adul. p. 31.' ed. min. cf. ib. p. XXIII. Bergk. Lyr. II p. 1033 (26).

498 CDIII

τί ποτ' ἐστὶ χλωρόν, ἀντιβολῶ, τὸ χρυσίον;
B. δέδοικ' ἐπιβουλευόμενον ὑπὸ πάντων ἀεί.

schol. Arist. Pluti v. 204: καί τις τῶν κωμικῶν φησι "τί ποτ' ἐστὶ κτλ." πρόχλωρον γὰρ δοκεῖ εἶναι. bene Hemsterhusius Diogenis attulit dictum, qui apud Laertium Diog. VI 51 (corr. ed. min.) ἐρωτηθεὶς διὰ τί τὸ χρυσίον χλωρόν ἐστιν, ἔφη, Ὅτι πολλοὺς ἔχει τοὺς ἐπιβουλεύοντας. respicit Eust. p. 812 56: τὸ ῥηθῆναι ὠχρὸν εἶναι τὸν χρυσὸν διὰ τὸ πολλοὺς ἔχειν τοὺς ἐπιβουλεύοντας. haec in min. ed. annotavi. adiecit nuper Nauckius Boisson. anecd. III 469: διὰ τί τὸ χρυσίον ὠχρόν ἐστιν; ὅτι πολλοὺς ἐπιβούλους ἔχει.

absoluto opere in min. ed. haec addita p. XXIII. XXIV:

499 CDIV

schol. Aesch. Pers. 933 (938): αὐλοὶ δέ εἰσι Μαριανδυνοὶ ἐπιτηδειότητα ἔχοντες εἰς τὰς θρηνῳδίας. καὶ τὸ περιφερόμενον "αὐλεῖ Μαριανδυνοῖς καλάμοις κρούων Ἰαστί." ad quae Meinekius: videntur haec, inquit, comici poetae esse, qui scripsit opinor:

αὐλεῖ Μαριανδυνοῖς καλάμοις *(θρηνῳδίαν)
κρούων ἰαστί.

500 CDV

Apollonius synt. p. 4 15: ἀλλὰ καὶ συλλαβή, λέλεγες, πάμπαν. ἀλλὰ καὶ λέξις "Μῶσ' ἄγε Μῶσα λίγεια." "βαρὺς βαρὺς σύνοικος." 'priora cuius poetae sint satis constat; alterum exemplum comici poetae esse videtur, in qua opinione me confirmavit eiusdem χρήσεως scriptura, quam Io. Siceliota apud Walzium rhet. vol. VI p. 338 servavit ἐπαναδιπλώσεως exemplum afferens hoc: βαρὺς σύνοικος, ὦ φίλοι, βαρύς.' addit Nauckius Phoebamm. Walz. VIII p. 516: ἡ δὲ ἐπίζευξις τὸ αὐτὸ παρονομάζει συνημμένως, ὡς τὸ "Ἄρες Ἄρες βροτολοιγὲ μιαιφόνε." καὶ τὸ "βαρὺς βαρὺς σύνοικος." idemque inter trag. adesp. recepit p. 656 ita scriptum: βαρὺς βαρὺς σύνοικος, ὦ φίλοι, βαρύς.

CDVI — CDXVIII 501—513

Pollux II 109: οἱ δὲ κωμικοὶ καταγλωττίζειν ἐν φιλήματι καὶ καταγλωττισμός, καὶ ἐπιγλωττωμένων οἷον λοιδορουμένων, καὶ παλίγλωσσον τὸν δύσφημον, καὶ οὐκ ἐπιγλωττήσομαι ἤγουν οὐ λοιδορήσομαι. ib. 168: καὶ ὑπεγάστριζε τὸ ἐχόρταζεν ἡ κωμῳδία. ib. 184: λισπόπυγοι, ἐφ' ᾧ μάλιστα Ἀθηναῖοι κωμῳδοῦνται. cf. Mein. ad Plat. com. 2, 680. Ed. Müller. in 'zeitschr. f. d. alt.' 1845 p. 390. III 74: φαυλοτάτη δὲ καὶ ἡ παρὰ τοῖς νέοις κωμῳδοῖς ἀπφία καὶ ἀπφίον καὶ ἀπφάριον, νέας δεσποίνης ὑποκορίσματα. VI 189: μισητὸν μέντοι τὸν τοιοῦτον οἱ κωμικοὶ καλοῦσι, καὶ μισητὴν τὴν μάχλον. VII 8: ἐν δὲ τῇ κωμῳδίᾳ ὁ πώλης ὥσπερ καὶ ὁ πρατίας εἴρηται. X 22: Ποσείδιππος - ἐν Γαλάτῃ φησί -. παρὰ δὲ τοῖς νεωτέροις τούτοις καὶ ἀντίκλειδες εἴρηνται· παρὰ δὲ Ἀριστοφάνει - κατάκλειδες -. ib. 39: τὰ μὲν οὖν τυλεῖα καὶ τὰ κνέφαλλα οὐ μόνον παρὰ τοῖς κωμῳδοῖς ἔστιν -. 96: τὰ - δημιόπρατα οὐ μόνον τοὔνομα παρ' Ἀριστοφάνει -, ἀλλὰ καὶ παρὰ τοῖς ἄλλοις κωμῳδοδιδασκάλοις. 127: καὶ πτερὸν δὲ τὸ σκιάδιον οἱ κωμῳδοποιοὶ καλοῦσιν. cf. Mein. ad Strattid. 2, 786. habes minoris editionis additamenta: ad quae utrique editioni haec addantur:

CDXIX 514

Dio Chrys. XXXIII p. 31: εἶτα ἐξύρων μέχρι τῶν παρειῶν· οὐδὲ τοῦτό πω δεινόν· ἀλλ' ὅμως ὁ κωμικὸς καὶ τοῦτον ἐκέλευσε κατακαίειν "ἐπὶ φαλήτων συκίνων ἑκκαίδεκα." indicavit Nauck. phil. IV 360. ad Demos Eupolidis haec referri posse videbantur Meinekio, v. 2, 469 sq.

CDXX 515

Aristides vol. II p. 133 Dind. εἰ δὲ δεῖ καὶ μῦθον λέγειν,

δέδοικα μὲν ἐγὼ μὴ καὶ ταῖς γραυσὶν ἡμᾶς ἐξούλης ’*ὀφλεῖν* (ante Dind. *ὄφλειν*) *ἐπισκώπτων φῇ τις ἀνὴρ κωμικός*. indicavit Nauck. cf. supra p. XCV.

516 CDXXI

Diog. La. IV 20: *ἦν δὲ καὶ φιλοσοφοκλῆς* (Polemo), *καὶ μάλιστα ἐν ἐκείνοις ὅπου κατὰ τὸν κωμικὸν τὰ ποιήματα αὐτῷ κύων τις ἐδόκει συμποιεῖν Μολοττικός*. adde Suidam v. *κύων Μολοττικός*. ad Aristophanem referebat Bergk. comm. p. 377. indicavit Nauck. phil. VI 425.

517 CDXXII

Etym. Sorbon. p. 774 36 (Gaisf. 2168): *ἰστέον δὲ ὅτι τὸ ὑγεία* (*ὑγίεια*) *τετρασυλλάβως ὡς καὶ ἐν τῇ κωμῳδίᾳ* "*αὗται γὰρ ἐπιθυμοῦσιν ὑγιείας φαγεῖν.*" cf. Herodian. Herm. p. 307, ubi "*αὗται γὰρ ἐπιθυμοῦσιν ὑγιείας τυχεῖν.*" caeterum v. Mein. ad Philem. ed. pr. 379.

518 CDXXIII

Eustath. p. 1689 41: *ἰστέον δὲ ὅτι ἐκ τοῦ κηλεῖν καὶ γλωσσοκηλόμπης* (Nauck. phil. VI 425 *γλωσσοκηλοκόμπης*) *κωμικώτερον παρὰ τοῖς παλαιοῖς ὁ γλώσσῃ κηλῶν. καὶ κόμποις*.

519 CDXXIV

ad Diogeniani VI 92, *ξύλον ἀγκύλον οὐδέποτ’ ὀρθόν*, haec annotavit Leutschius: ‘usurpat Galenus de puls. diff. p. 656 T. VIII Kühn. *ἐκείνοις μὲν οὐδὲν ἀποκρινόμενοι, πρὸς δὲ ὑμᾶς αὐτοὺς λέγοντες τὸ τοῦ κωμικοῦ ὡς οὔτε στρεβλὸν ὀρθοῦται ξύλον οὔτε γεράνδρυον μετατεθὲν μοσχεύεται.*’ apposuit idem mon. 531. adde paroem. II p. 108. cf. supra p. CCLXXVIII. versus hos componebat phil. IV 360 Nauckius: *ὡς οὔποτ’ οὔτε στρεβλὸν ὀρθοῦται ξύλον | γεράνδρυον οὔτε μετατεθὲν μοσχεύεται.*

520 CDXXV

αἰσχρὸν δὲ κρίνειν τὰ καλὰ τῷ πολλῷ ψόφῳ.

Clemens Alex. Strom. V p. 655 P. *γνωμικώτερον δὲ ὁ κωμικὸς ἐν βραχεῖ· αἰσχρὸν δὲ κτλ.* cf. Men. 4, 277 (195).

521 CDXXVI

Choricius Boisson. p. 121: *πολλὴ μὲν οὖν ἐν ὑαλίνοις ἀγγείοις ἡ φλὸξ πανταχοῦ περιλάμπουσά τε τὴν νύκτα καὶ* παρέχουσα ταύτῃ πρὸς τὴν ἡμέραν ἐρίζειν. τοιγαροῦν εἰ κωμῳδίαν ἐπηγγειλόμην (sic), εἰσῆγον ἂν ἐν εἴδει γυναικὸς ἑκατέραν, ὥσπερ τὴν νύκτα τῶν κωμικῶν τις, καὶ βασκαίνουσαν τῇ νυκτὶ τὴν ἡμέραν ἐποίουν, πυρὸς ἀπολαυούσης τοσοῦτον καὶ δυναμένης πρὸς αὐτὴν ἐκ φωτὸς ἁμιλλᾶσθαι. indicavit haec Nauckius.

CDXXVII 522

Athenaeus VII p. 278 f.: διὸ καὶ οἱ τῆς κωμῳδίας ποιηταὶ κατατρέχοντές που τῆς ἡδονῆς καὶ ἀκρασίας ἐπικούρους καὶ βοηθοὺς βοῶσιν (Mein. vind. Strab. p. 228 Ἐπικούρους καὶ Βοήθους βοῶσιν). sequuntur apud Athenaeum Batonis et Hegesippi de Epicuro eclogae, sed Boethum non commemorant. Epicuros habet Alciphro II 2 6.

CDXXVIII 523

ἐγὼ ποιήσω πάντα κατὰ Νικόστρατον.

Append. prov. Gott. II 9ᵃ: ἐγὼ ποιήσω κτλ. ὁ Νικόστρατος τραγικὸς ὑποκριτὴς δοκῶν κάλλιστα εἰρηκέναι. adde Macar. III 46. Suid. I p. 675. dictum ἐπὶ τῶν ὀρθῶς πάντα ποιούντων prov. Coisl. 124. Macar.; comici poetae versum agnovit Mein. hist. cr. p. 347.

CDXXIX 524

ἢ χρὴ τραγῳδεῖν πάντας ἢ μελαγχολᾶν.

ἐπὶ τῶν μήτε λυπεῖσθαι μήτε χαίρειν δυναμένων. Diogenian. V 13. Apost. vol. II p. 755. cf. Suid. e comoedia derivabat Nauck. philol. IV 360 admonens Horatii Sat. II 7 117: aut insanit homo aut versus facit.

CDXXX 525

θύραζε Κᾶρες, οὐκέτ' Ἀνθεστήρια.

Zenobius IV 33 al. εἴρηται δὲ ἡ παροιμία ἐπὶ τῶν τὰ αὐτὰ ἐπιζητούντων πάντοτε λαμβάνειν. cf. Mein. vol. IV p. 676.

CDXXXI 526

εἶμι γάρ
ἐπ' αὐτὸν ἤδη τὸν κολοφῶνα τοῦ λόγου.

Greg. Cypr. Leid. II p. 69 Leutsch. qui hoc proverbium comoediae vindicabat philol. III 573 idemque τἄρ' scripsit pro γάρ, ut versus esset trochaicus. cf. app. II 15: εἶμι γὰρ ἤδη ἐπ᾽ αὐτὸν τὸν κ. τ. λ. ἐπὶ μεγάλων καὶ ἀναντιρρήτων καὶ μεγάλην ἰσχὺν ἐχόντων.

527 CDXXXII

νῦν δὲ σωθείην ἵνα
διδάγματ᾽ ᾖ μοι ταῦτα τοῦ λοιποῦ χρόνου.

Coisl. prov. 353 apud Leutsch. ad Diogen. VI 90: νῦν σωθείην ἵν᾽ ᾖ μοι διδάγματα ταῦτα τοῦ λοιποῦ χρόνου: παρὰ τὸν μῦθον εἴρηται τοῦτο τῆς μανθανούσης χελώνης ἵπτασθαι παρὰ τοῦ ἀετοῦ καὶ πεσούσης· ὅμοιον τῷ "ῥεχθὲν δέ τε νήπιος ἔγνω." Meinekius ad Theocr. p. 457: 'quis monitus, inquit, dubitet quin haec comici poetae verba sint ita scribenda,' ut supra correxit. cf. Suidas: νῦν σωθείην, ἵν᾽ ᾖ μοι δίδαγμα τοῦτο τοῦ λοιποῦ χρόνου, ubi Bernh. σωθείην δὲ νῦν, ἵν᾽ ᾖ δίδαγμα τοῦτο τοῦ λ. χρ. comparato Menandro v. supra p. CCXLIII. 'aliorum conatus protulit Knoch. in Babr. p. 176.' adde Lachm. Babr. p. X.

528 CDXXXIII

ἡ γλῶττ᾽ ἀνέγνωχ᾽, ἡ δὲ φρὴν οὐ μανθάνει.

ἐπὶ τῶν ἀμαθῶν. append. Gott. II 100. Macar. IV 36, ubi Leutschius: 'fluxit . . versus, inquit, sine dubio e comoedia.'

529 CDXXXIV

πᾶς ἐστι δούλῳ δεσπότης μονοσύλλαβος.

Demetr. de eloc. c. VII: καὶ τὸ μὲν ἐπιτάσσειν σύντομον καὶ βραχύ, καὶ πᾶς δεσπότης δούλῳ μονοσύλλαβος, τὸ δὲ ἱκετεύειν μακρὸν καὶ τὸ ὀδύρεσθαι. anon. ap. Walz. VII p. 64: καὶ παρὰ τοῖς ἀρχαίοις εἴρηται· πᾶς δεσπότης δούλῳ μονοσύλλαβος. Max. Plan. ib. V p. 366, ubi π. δ. δ. μονοσύλλαβον. adde Apostol. XIV 9 Leutsch. senarium composuit Spengel. art. scr. p. 104, ad comoediam referebat Nauck. idem indicavit haec fragm.:

530 CDXXXV

ὅστις ἐπὶ δεῖπνον ὀψὲ κληθεὶς ἔρχεται,
ἢ χωλός ἐστιν ἢ οὐ δίδωσι συμβολάς.

schol. Theocr. VII 24: οἱ γὰρ κεκλημένοι σπεύδουσιν. ἐπὶ δὲ τῶν βραδυνόντων παροιμία "ὅστις ἐπὶ δεῖπνον κτλ." ὀψὲ κληθεὶς Dübneri cod. L 'ut correxerat Erasmus. legebatur κληθεὶς ὀψέ.' vide Mein. ad Men. rell. p. 129. com. 4,

179: Plut. sympos. p. 726 B; Apollon. syntax. p. 106: *καὶ ὡς ἐν τῷ "ὅστις ἐπὶ δεῖπνον ὀψὲ κληθεὶς ἔρχεται."* Leutsch. paroem. II p. 577.

CDXXXVI 531

Suidas I 189: *ἀνδρὶ πεινῶντι κλέπτειν ἔστ' ἀναγκαίως ἔχον: ἐπὶ τῶν ἐξ ἀνάγκης τι ποιούντων.* Macar. II 14. 'versus trochaicus. leg. *ἀνδρὶ γὰρ πεινῶντι κλ.* ex comico quodam.' Burn.

CDXXXVII. CDXXXVIII 532. 533

Photius p. 358 1: *οὐδὲν φρονεῖ δίκαιον ἐσκυκὼς ἀνήρ.* cf. Suid. I p. 874. II p. 731. Eustath. p. 455 40. Apostol. II p. 587 L. (v. ib. vol. I p. 442). Diogen. IV 1. Macar. III 12: *γυνὴ στρατηγεῖ καὶ γυνὴ στρατεύεται: ἐπὶ τῶν παραδόξων* (*δειλῶν* Diogen.). duo proverbia, *γυνὴ στρατηγεῖ καὶ γυνὴ στρατεύεται,* hoc modo coniungebat Nauck. caeterum v. Leutsch. I p. 233. II p. 107.

CDXXXIX 534

Photius p. 390 22: *παράστασις: ἡ διδομένη δραχμὴ ὑπὲρ τοῦ εἰσαχθῆναι τὴν δίκην· "ἄνδρες Ἑλλήνων ἄρισται καταβαλεῖν παράστασιν."* ad comoediam referebat Nauck. philol. VI 425.

CDXL—CDXLII 535—537

Clemens Alex. paed. III p. 274 P. *ὁ ἵππος αὐτοῦ πεντεκαίδεκα ταλάντων ἐστὶν ἄξιος ἢ τὸ χωρίον ἢ ὁ οἰκέτης ἢ τὸ χρυσίον, αὐτὸς δὲ χαλκῶν τιμιώτερος τριῶν:* ita haec in comoedia scripta fuisse opinabatur Nauck. phil. IV p. 359, vulgo *χαλκῶν ἐστι τ. τ.* idem ib. p. 253 P.: *πόρνη δὲ ἀντ' αὐτῆς καὶ μοιχαλὶς τῆς ψυχῆς κατείληφε τὸ ἄδυτον τό τε ἀληθινὸν θηρίον ἐλεγχθήσεται ψιμυθίῳ πίθηκος ἐντετριμμένος,* quae et ipsa ex comoedia repetebat Nauck. l. c. idem p. 244: *οὐκ ἴσασι τὸ πλημμέλημα οἷόν ἐστι δεσμὰ ἑαυταῖς περιθεῖσαι πλούσια μυρία· καθάπερ καὶ "παρὰ τοῖς βαρβάροις | φασὶν δεδέσθαι τοὺς κακούργους χρυσίῳ."* vix versus hi esse videbantur Klotzio. Nauckius annotavit Dion. Chrys. or. LXXIX 3. Suid. v. *Καιάδας.* 'intpp. Herodoti III 23.' Bernh.

538 CDXLIII

Demetr. de eloc. c. 126: διὰ τοῦτο δὲ μάλιστα καὶ οἱ κωμῳδοποιοὶ χρῶνται αὐτῇ (i. e. τῇ ὑπερβολῇ), ὅτι ἐκ τοῦ ἀδυνάτου ἐφέλκονται τὸ γελοῖον, ὥσπερ ἐπὶ τῶν Περσῶν τῆς ἀπληστίας ὑπερβαλλόμενός τις ἔφη, ὅτι πεδία ἐξέχεζον ὅλα, καὶ ὅτι βοῦς ἐν ταῖς γνάθοις ἔφερον. apposuit Nauckius comparato c. 161: ἐκ δὲ ὑπερβολῶν χάριτες μάλιστα αἱ ἐν ταῖς κωμῳδίαις, πᾶσα δὲ ὑπερβολὴ ἀδύνατος, ὡς Ἀριστοφάνης (Ach. 85) ἐπὶ τῆς ἀπληστίας τῶν Περσῶν φησιν ὅτι ὤπτουν (ὤπτων) βοῦς κριβανίτας ἀντὶ ἄρτων· ἐπὶ δὲ τῶν Θρᾳκῶν ἕτερος, ὅτι Μηδόκης ὁ βασιλεὺς βοῦν ἔφερεν ὅλον ἐν γνάθῳ. cf. comicorum apud Athenaeum eclogas IV p. 130 sq.

539 CDXLIV

M. Antonin. V 12: πρόιθι οὖν καὶ ἐρώτα, εἰ τιμητέον καὶ ἀγαθὰ ὑποληπτέον τὰ τοιαῦτα, ὧν προεπινοηθέντων οἰκείως ἂν ἐπιφέροιτο τὸ τὸν κεκτημένον αὐτὰ ὑπὸ τῆς εὐπορίας οὐκ ἔχειν ὅποι χέσῃ. comici haec esse ipse auctor supra indicavit, versum latere suspicatur Nauckius huiusmodi: ὑπ' εὐπορίας γὰρ οὐκ ἔχεις ὅποι χέσῃς. cf. p. LXXXI sq.

540 CDXLV

Theophylacti epist. 29 p. 48 Boiss. περισκιρτῶσιν αἱ αἶγες ἐπὶ ταῖς εὐτυχίαις ὥσπερ γηθόμεναι· πεπαύμεθα πενίᾳ μαχόμενοι "δυσνουθετήτῳ θηρίῳ καὶ δυσκόλῳ." indicavit Nauck. phil. V 558, idem annotavit Isidor. Pelus. 4 89 p. 460 D: τῷ δυσνουθετήτῳ θηρίῳ μαχόμενος τῇ πενίᾳ, Procopii epist. 80 Maii class. auct. IV p. 258: πενίαν προσφέρεις ἐμοὶ καὶ θηρίον ἐξωλέστατον εἶναί σοι τὸ χρῆμα δοκεῖ. cf. supra ad Men. suppl. p. CCXCI.

541 CDXLVI

πλέον δυοῖν σοι χοινίκων ὁ δεσπότης
παρέχει.

Choerob. p. 312 6: χοῖνιξ χοίνικος πανταχοῦ συστέλλει τὸ ῐ, οἷον (Od. τ 27) "ὅστις ἐμῆς γε | χοίνικος ἅπτεται" (ἅπτηται), καὶ πάλιν "πλέον δυοῖν σοι (σε Ven.) χοινίκων ὁ δεσπότης | παρέχει". comico anonymo ascripsit Gaisfordus vol. III p. 217.

CDXLVII 542

Hieroclis et Philagrii *Φιλόγελως* p. 314 Boisson. *λιμόξηρος κωμῳδίας ὑποκριτὴς τὸν ἀγωνοθέτην πρὸ τοῦ εἰσελθεῖν ἄριστον ᾔτει. τοῦ δὲ ἐπιζητοῦντος διὰ τί προαριστῆσαι θέλει,* "*ἵνα*" *ἔφη* "*μὴ ἐπιορκοῦντες λέγωμεν· ἠρίστησα, νὴ τὴν Ἄρτεμιν, | μάλ' ἡδέως.*" Cobetus mnem. IV 104: 'Ita corrige, inquit: *ἵνα μὴ ἐπιορκῶν λέγω·*

ἐγὼ μὲν ἠρίστησα, νὴ τὴν Ἄρτεμιν,
μάλ' ἡδέως.'

CDXLVIII 543

οὗτος πατὴρ τοῦ παιδός· εἰ γὰρ ὤφελεν.

Etym. Voss. a p. 26 50 (Gaisf. p. 66): *ἔστι γὰρ εἰ ὃ σημαίνει τὸ εἴθε· οἷον οὗτος πατὴρ τοῦ παιδός· εἰ γὰρ ὤφειλεν.* in aliis om. prioribus, *οὗτος πατὴρ τοῦ παιδός,* haec sola habentur, *εἰ γὰρ ὤφελεν.* indicavit W. Ribbeck.

CDXLIX 544

Aristides vol. I p. 521 Dind. *ἔτι δ' αὐτοῦ μέλλοντος ἐρεῖν τὴν ὑπερβολὴν ὑπολαβὼν ὁ Κοδρᾶτος, ἀλλ' ἢ τὸ τῆς παροιμίας, ἔφη, ἐρεῖς, ἢ τοιαύτην χρὴ γαμεῖν ἢ μὴ γαμεῖν;* ubi Dindorfius: 'est Menandri, inquit, ni fallor, versus *ἢ γὰρ τοιαύτην' κτλ.* Cobetus mnem. IV 246: 'viden, inquit, comicum dixisse:

ἤτοι τοιαύτην χρὴ γαμεῖν ἢ μὴ γαμεῖν.'

CDL 545

Orionis gnomol. Ritschl. p. V 27: *ἔδει γὰρ ἡμᾶς τῷ θεῷ θύειν ὅταν | γυνὴ κατορύττηται τάφῳ, οὐχ ὅταν γαμεῖν.* ad quae Ritschl. p. VII: 'senarii, inquit, e comoedia petiti, ut videtur,' idemque etiam haec, *οὐχ ὅταν *γαμῇ,* comico dedit. Nauckius priora tantum huic fragmento vindicabat. idem annotavit fragm. hoc:

CDLI 546

Procopii epist. 76 apud Maium class. auct. IV p. 255: *ἑάλως δ' οὖν ὅμως ὦ βέλτιστε ὀψέ ποτε τὰ τῶν ἐρώντων μανθάνεις τοξεύματα.*

CDLII 547

Suetonii Tiber. c. 53: nurum Agrippinam post mortem mariti liberius quiddam questam manu adprehendit, graecoque versu si non dominaris, inquit, filiola, iniuriam te accipere existimas?' Meinekius haec ita composuit:

εἰ μὴ κρατεῖς, θυγάτριον, ἀδικεῖσθαι δοκεῖς;

548–551 CDLIII — CDLVI

περὶ μεγάλων '(*γὰρ*) *πραγμάτων σκοπουμένοις*
εὐνουστάτη σύμβουλος ἡ παρρησία.
Παρρησίαν δὲ παντὸς ὠνοῦ χρυσίου.
Ὁ '(*δὲ*) *βίος ἔστ' ἀλαζονείας δεόμενος.*
Φύσιν ἔχειν ἄριστόν ἐστι, δεύτερον δὲ '(*μανθάνειν*).

servati sunt priores tres versus apud Io. Damasc. p. 718 22. 23 ed. II Gaisf. indicavit Meinekius, qui vs. 1 *γὰρ* addidit et *σκοπουμένοις* pro *σκοπουμένη* (*σκοπουμένῃ*) scripsit. Vs. 4 ib. legitur p. 696 om. *δέ*, quod addidit Mein. Vs. 5 ib. p. 728: hunc addito *μανθάνειν* supplevit Meinekius, ad sententiam comparans Eupol. 2, 457 (4).

552 CDLVII

Clitonymus apud Plut. de fluv. c. III 4 (Mülleri hist. fr. IV p. 367): *ἐκ δὲ τοῦ ῥεύσαντος* (Orphei) *αἵματος ἀνεφάνη βοτάνη Κιθάρα καλουμένη. τῶν δὲ Διονυσίων τελουμένων αὕτη κιθάρας ἀναδίδωσιν ἦχον· οἱ δ' ἐγχώριοι νεβρίδας περιβεβλημένοι καὶ θύρσους κρατοῦντες ὕμνον ᾄδουσιν· "καὶ τότε φρονήσεις, ὅταν ἔσῃ μάτην φρονῶν."* Hauptius *μὴ τότε φρονήσῃς*. attigit hunc versum ad Men. reliq. p. 205 Meinekius de *ἐὰν* sim. futuro iunctis dicens, indicante Nauckio. possis et hic *ἂν γένῃ μάτην φρονῶν*. Nauckius etiam haec annotavit:

553 CDLVIII

Lucian. Asin. 11 p. 586: *καὶ ὀλίγον ἐκπεριελθὼν ἔκρινα τοῦτο δὴ τὸ τοῦ λόγου "παλινδρομῆσαι μᾶλλον ἢ κακῶς δραμεῖν."*

554 CDLIX

Liban. epist. 254: *ἔπειτα ἐν ταῖς φοραῖς "μὴ μεῖζον ἔστω τῆς νεὼς τὸ φορτίον." μηδ' ὁ μὲν παρὼν καὶ πλουτῶν ἧττον, ὁ δὲ ἀπών, εἰ καὶ μὴ πλουτεῖ, φερέτω πλέον.*

555 CDLX

Clemens Alex. protr. p. 35 P. *ἐνταῦθα δὴ τὸ παροιμιῶδες ἐπιφθέγξασθαι ἁρμόττει· "πατὴρ ἀνουθέτητος παῖδα νου-*

θετεῖ." Nauckius n. rhen. mus. VI 470 (philol. IV 358): *ἀνουθέτητος παῖδα νουθετεῖ πατήρ*, comici an tragici sit versus incertum relinquit.

CDLXI 556

Erotianus p. 336 *σκύτα: τὸ μεταξὺ τῶν τενόντων καὶ τοῦ τραχήλου. ὡς Πετρώνιος ἐν κάρῃ φησίν, αἰγάδες ὑπέκνεον* (v. l. *ὑπέκνιον*). *καὶ πάλαι "τὰ σχήματα εὐθὺς ἰδὼν καὶ τὰ σκύτα.*" haec, utcunque corrupta et lacunosa sunt, Nauckius ad comoediam pertinere opinabatur 'allg. l. z. int.' 1847 p. 499, ita fortasse scribenda: *τὰ σχήματ' εὐθὺς εἰσιδὼν καὶ τὰ σκύτη*. 'priora, inquit, non expedio.' Archilochea quae sequuntur v. ap. Bergk. Lyr. II 565.

CDLXII 557

Apollonius de synt. p. 70 24 sqq. *εἰς τὸ γίνεσθαι οὖν ἢ γενέσθαι ἡ πρόσταξις γίνεται, ἀποφασκομένη ἀπὸ τῆς τοῦ μέλλοντος ἐννοίας, εἰς μὲν παράτασιν "σκαπτέτω τὰς ἀμπέλους," εἰς δὲ συντελείωσιν "σκαψάτω τὰς ἀμπέλους.*" etiam haec comicorum adespotis assignavit Nauckius.

CDLXIII 558

gramm. Bk. p. 465 8, *αὐτοβοᾷς ὅμοιος ὢν τῷδε: Ἀττικῶς πάνυ συμπέπλεκται. σημαίνει δὲ οἷον αὐτὸς ἑαυτῷ μαρτυρεῖς κεκραγὼς ὅμοιος εἶναι τῷδε.* idem Suidas I p. 384. Apostol. p. 319 L. Cobetus V. L. 259: 'emenda, inquit, *αὐτὸς βοᾷς*, quod iocose comicus nescio quis effinxit ex proverbio *αὐτὸ βοᾷ*.' de quo annotatur Kühn. ad Polluc. VIII prooem.

CDLXIV 559

Aristides I p. 321 Dind. *ἔθος τοῖς πλέουσι καὶ ὁδοιποροῦσιν εὐχὰς ποιεῖσθαι καθ' ὧν ἂν ἕκαστος ἐπινοῇ. ποιητὴς μὲν οὖν ἤδη τις εἶπε σκώψας εὔξασθαι κατὰ χρυσόκερω λιβανωτοῦ.* Cobetus mnem. IV 277: 'mireris, inquit, Reiskium, eruditorum lepidissimum, non animadvertisse poetam *ταῦρον χρυσόκερων* per iocum in *χρυσόκερων λιβανωτὸν* convertisse.'

CDLXV 560

Herodianus *περὶ ἀκυρολογίας* p. 267 (Boisson. anecd. III): *τὸ μὲν φωλεὸς ἐπὶ τῶν ἑρπετῶν ζώων τάσσεται, κοίτη ἐπὶ ἀνθρώπων–. ὁ γοῦν λέγων νοσσιὰν* (*νοττιάν?*) *τέκνων ἀκυρολογεῖ.* ex comoedia petitem videbatur Nauckio: idem apposuit Ammon. p. 145, ubi *νοσσιὰν τῶν τέκνων*, item Et. Gud. p. 560 31.

661 CDLXVI

Herodian. *π. διχρόνων* p. 344 Lehrs. *σημειούμεθα — ἔχοντα φύσει μακρὰν τὴν παραλήγουσαν καὶ συστέλλοντα τὸ α, εἰσὶ δὲ ταῦτα κύρια ὀνόματα, καὶ τὸ σαῦσαξ, φασὶ δὲ εἶναι τοῦτο ὄσπρεον.* ad *σαῦσαξ* Lehrsius haec annotavit: 'sic A et B, item regg. Herm., D *σάνσαξ*, Draco p. 19 2 *σαύταξ ἢ σαύσαξ.* apud Choerob. p. 305 20 (Lasc.) est *σῦαξ φασηλοειδὲς ὄσπριον*, fortasse rectius: v. Lob. (parall. p. 276). certe *σαυσακας* (scribitur ibi *σαυσάκας*) Hesych. aliter explicat *τυροὺς ἁπαλούς, εὐτρόφους, καὶ δοκοῦσι δὲ οὗτοι εὐεπιφόρους ποιεῖν πρὸς συνουσίαν.* quamquam fieri potest, ut hoc cibi genus apud comicum, ubi inventum erat (videtur enim ex comico), ab aliis aliter explicaretur.'

662 CDLXVII

Cicero ad Att. XVI 15 3: 'Leptae litterarum exemplum tibi misi, ex quo mihi videtur *στρατύλλαξ* ille deiectus de gradu.' indicavit Meinekius. vide quae de h. l. disputavit Ritschelius ind. schol. Bonn. 1856 aest. p. III sq.

663—670 CDLXVIII — CDLXXV

Hesychius: *ἀγροῦ πλέων. ἀγροικίας πλήρης.* ubi annotatur Catullianum (36 19) 'pleni ruris et inficetiarum.' *ἀποφθάρηθί μου. ἀπαλλάγηθί μου. ἀρραβῶνα Σίφνιον. διαβεβλημένον. ὡς τῶν Σιφνίων ἀσελγῶν ὄντων. *γλῶσσαν (γλῶτταν) οὐκ ἐμπήξεται. οὐκ ἂν διαφάγοιτο, οὐκ ἂν γεύσοιτο. ἐνόρχην λαόν. τὸν ἐπὶ ἥβης· ἀφ' οὗ καὶ τὸ *ὀρχηδόν. *ναιδαμῶς. ἐναντίον τῷ οὐδαμῶς. τρυμαλῖτις. Ἀφροδίτη. χιαστὶ τίλλειν. ὡς τῶν Χίων κατεαγότων καὶ παρατιλλομένων.* haec omnia comoediae ascribebat Nauckius.

671—674 CDLXXVI — CDLXXIX

Hesychius: *βοῦς ἐν πόλει. χαλκοῦς· ὑπὸ τῆς βουλῆς ἀνατεθείς.* [*ἐπὶ τῶν θαυμαζομένων* paroemiographi]. ex comoedia ductum videbatur Bergkio 'zeitschr. f. d. alt.' 1845 p. 980. cf. Mein. in Athen. exerc. I p. 29. Leutsch. paroem. II p. 63 sq.

idem *Οἰώνιχον. μουσεῖον. τοῦτο δὲ Οἰωνίχου φησὶ μουσεῖον εἶναι.* Bergkius comm. p. 231: 'certe scribendum, inquit, *Οἰωνίχου μουσεῖον*, qua quidem appellatione comicus aliquis poeta lasciva Oeonichi carmina notavisse videtur.' cf. supra p. XLVI. idem *Ταναγραίων φυὴν κήτει ὁμοιότητα. Ἔφορος λέγει εἶναί τινα ἐν Τανάγρᾳ παχύτατον, ὃς ἐλέγετο Κητεύς.* Mein. in Ath. sp. II p. 25: 'quorum verborum priora, inquit, ita corrigenda videntur *Ταναγραίῳ φυὴν Κητεῖ ὁμοιότατος*, vel si comici poetae verba sunt, *Κητεῖ προσόμοιος.* fuit igitur Ceteus praedives quidam Tanagraeus idemque corporis obesitate insignis.' idem ib. nomen Athenaeo restitutum, v. supra p. LXIII. idem *φάσακες. συκοφάνται*, e comoedia annotavit Passovius.

CDLXXX — CDLXXXIII 575—578

Phryn. Bekk. p. 70 5, *φορμοκοιτεῖν: τὸ ἐπὶ φορμοῦ καθεύδειν . . . τάττεται ἐπὶ λυπρῶς καὶ κακῶς κοιμωμένων, οὐκ ἐχόντων κνάφαλλον.* comici poetae hoc verbum Meinekio videbatur ad Chionid. 2, 5 (1). Nauckius etiam haec ex comica dictione repetebat: Phryn. 67 20, *Ὑπερθεμιστοκλῆς: καινοτάτη ἡ φωνή. σημαίνει οἷον ὑπὲρ Θεμιστοκλέα τῇ σοφίᾳ. ὅμοιον Ὑπερπερικλῆς καὶ Ὑπερσωκράτης καὶ εἴ τι τοιοῦτον. ἀλλὰ κἀπὶ τοὐναντίου Ὑπερευρύβατος ὁ ὑπερβάλλων Εὐρύβατον πονηρίᾳ.* idem 63 14, *σωρὸν κρεῶν: εἰς ἀνόητόν τινα καὶ μηδὲν ἄλλο ἢ σάρκας ἔχοντα.*

CDLXXXIV. CDLXXXV 579. 580

Photius p. 202 9, *λαιλαι: κατὰ ἀποκοπὴν ἐπὶ τῆς αἰσχρολογίας.* idem p. 204 14, *λακκοσκαπέρδαν: ἀντὶ τοῦ λακκόπρωκτον ἢ μέγαν σκάπερδον.* utrumque attulit Nauckius.

CDLXXXVI 581

Eustathius p. 862 43: *ὁ δὲ τοιοῦτος ἀνὴρ καὶ ἄστυτος ἐλέγετο, καθὰ καὶ "οἶκος ἄστυτος"* (Xenarch. 3, 614) *ὁ μὴ ἔχων ἄνδρα, ὃς ἔχοι ἂν λέγειν τὸ "στύομαι τριέμβολον"* (Av. 1256), *ἀλλὰ μᾶλλον τό "Ἀστυάναξ γέγονα."* idem p. 849 54: *ὁ κατὰ τοὺς παλαιοὺς εἰπεῖν ἄστυτος γέρων ἢ Ἀστυάναξ, ὃς δηλαδὴ οὐκ εἶχε στύεσθαι τριέμβολον.* p. 656 extr. *εἰ καί τις παλαιὸς παίζων κωμικώτερον ἑτέρῳ λόγῳ Ἀστυάνακτα ἑαυτὸν ἔφη που ὡς μὴ στύοντα.* adde p. 1283 25. debentur haec Nauckio Ar. Byz. p. 168.

582 CDLXXXVII

Pollux VIII 121 de Atheniensium iudiciis agens: τὸ Μητίχου κάλλιον, οὗ μνημονεύει Ἀνδροτίων. . . . τὸ δὲ Μητίχου δικαστήριον μέγα, οὕτω κληθὲν ἀπὸ ἀρχιτέκτονος Μητίχου. v. Bergkium, qui comm. p. 18: 'scribo, inquit, τὸ Μητίχου καλιόν.'

583 CDLXXXVIII

χαλεπὸν γενέσθαι λιμὸν ἐπὶ τῷ δράγματι.

Iulian. misop. p. 369 B: εἰ δὲ τοσαῦτα μέτρα θέρους ἦν παρ' ὑμῖν τοῦ νομίσματος, τί προσδοκᾶν ἔδει τηνικαῦτα, ἡνίκα, φησὶν ὁ Βοιώτιος ποιητής, "χαλεπὸν γενέσθαι τὸν λιμὸν ἐπὶ τῷ δράγματι;" ita haec in Vossiano cod. leguntur, articulum om. Par. 2964 teste Boiss. anecd. nov. p. 187. indicavit Nauckius: de Boeotio poeta alii viderint.

Quod apud Harpocr. p. 28 14 est, δεινότατος ἀπομάκτης τε μεγάλων συμφορῶν, ex Sophoclis Captivis repetiverunt Brunckius et Dindorfius fr. 32. Nauckius trag. fr. p. 109 ad comoediam referebat. apud Pollucem VII 167: Αἰσχύλος δ' ἂν ἐοίκοι τὰ βαλανεῖα λουτήρια λέγειν· [λοῦταί γε μὲν δὴ λουτρὸν αὖ τὸ δεύτερον.] ἀλλ' ἐκ μεγίστων εὐμαρῶς λουτηρίων. uncis inclusa diversum ab altero apud Aeschylum occupare locum visa sunt Hemsterhusio; quae ad Glaucum Pontium revocabat Hermannus opusc. II 69, cf. fr. Aesch. 332. ad comoediam pertinere opinatur Nauck. progr. p. 13 (cf. trag. fr. p. 86). αὖ τὸ Bekk. pro vulg. αὐτό. Eustathii p. 1538 13 locum, unde haec, τὰς ἀκάνθας ἐπεγείροντα, comoediam redolere iudicat Nauckius, v. supra p. CLXXII. in eo, quem servavit Pollux VII 193, versu, βλέφαρα κέκληταί γ' ὡς καπηλείου θύραι, haec ὡς καπηλείου θύραι fortasse comici esse suspicabatur Nauckius trag. fr. p. 227 (progr. p. 27); Sophocli vindicabat E. Müllerus 'zeitschr. f. d. alt.' 1845 p. 388 sq. de schol. Aeschyli Pers. 181 cf. Nauck. trag. p. 255. ex eodem libro hoc loco exhibebimus quae leguntur p. 604: 'Athenaeus X p. 411 A:

ἀλλ' ὥσπερ δεῖπνον γλαφυροῦ ποικίλην εὐωχίαν
τὸν ποιητὴν δεῖ παρέχειν τοῖς θεαταῖς τὸν σοφόν,
ἵν' ἀπίῃ τις τοῦτο φαγὼν καὶ πιὼν ᾧπερ λαβὼν
χαίρει τις καὶ σκευασία μὴ μί' ᾖ τῆς μουσικῆς.

Ἀστυδάμας ὁ τραγικὸς ἐν Ἡρακλεῖ σατυρικῷ, ἑταῖρε, φησί, Τιμόκρατες. φέρε εἴπωμεν ἐνταῦθα τοῖς προειρημένοις τὰ ἀκόλουθα, ὅτι ἦν καὶ ὁ Ἡρακλῆς ἀδηφάγος. ἀποφαίνονται δὲ τοῦτο σχεδὸν πάντες ποιηταὶ καὶ συγγραφεῖς. Ἐπίχαρμος μὲν ἐν Βουσίριδι κτἑ. versus Eupolideos supra allatos non Astydamantis esse sed poetae comici verissime iudicavit Casaubonus: utrum Athenaeus errarit an librarii, non ausim decernere; sed probabile est de voracitate Herculis Astydamantem testem allatum fuisse.' haec Nauckius. attigerunt h. l. Meinekius in Ath. sp. II p. 18, Fritzschius Eupol. vers. fragm. p. 17. cf. supra p. CXXXIV.

Bergkius Lyr. II 1077: 'ex comoedia, inquit, petitum, quod exhibet Apostol. XVIII 8: *Α.* χαίροις Ὑψιπύλη φίλη. | *Β.* τοὺς ἐμοὺς πλέκω κορύμβους. | *Α.* οὔ σοι λέγω περὶ τούτου. | *Β.* οὑμὸς ἀκοίτης ἐνταῦθα. vulgo κορύμβους πλέκω et vs. 4 ἄκοιτις vel ἥκοι τις legitur.' comicae dictionis quae apud Alciphronem latere videantur vestigia supra p. CCXCIII sq. notavimus. ex eodem genere Nauckius etiam hoc derivabat III 49 4: καὶ ἄνευ ἡμῶν ἀνέορτα πάντα καὶ συῶν οὐκ ἀνθρώπων πανήγυρις, in quo versum agnoscebat hunc: ἀνέορτα πάντα καὶ συῶν πανήγυρις. idem philol. IV 359 apud Hipparchum Pythagoreum Stob. Flor. 108 81 hosce indicabat trimetros, "πλευρίτιδες, περιπνευμονίαι, φρενίτιδες, | στραγγουρίαι, δυσεντερίαι, ληθαργίαι, | ἐπιληψίαι, σηπεδόνες, ἄλλα μυρία," deleto quod vulgo post φρενίτιδες legitur ποδάγραι. apud Dicaearchum vel potius Athenaeum descr. Graec. fr. I p. 104 Geogr. gr. min. vol. I ed. Paris. haec habemus: ἱστοροῦσι δ' οἱ Βοιωτοὶ τὰ κατ' αὐτοὺς ὑπάρχοντα ἴδια ἀκληρήματα λέγοντες ταῦτα· τὴν μὲν αἰσχροκερδίαν κατοικεῖν ἐν Ὠρωπῷ, τὸν δὲ φθόνον ἐν Τανάγρᾳ, τὴν φιλονεικίαν ἐν Θεσπιαῖς (Θεσπεσίαις cod.), τὴν ὕβριν ἐν Θήβαις, τὴν πλεονεξίαν ἐν Ἀνθηδόνι, τὴν περιεργίαν ἐν Κορωνείᾳ (Κορωνίᾳ cod.), ἐν Πλαταιαῖς τὴν ἀλαζονείαν (-νίαν cod.), τὸν πυρετὸν ἐν Ὀγχηστῷ (Ὀσχήστῳ cod.), τὴν ἀναισθησίαν ἐν Ἁλιάρτῳ. τάδ' ἐκ πάσης τῆς Ἑλλάδος ἀκληρήματα εἰς τὰς τῆς Βοιωτίας πόλεις κατερρύη. quae comici alicuius ingenio deberi suspicabatur Nauckius, v. philol. VI p. 426. adde quae infra p. 124 Mein. annotavit. ib. l. 4 a f. cf. Bergk. Lyr. II 1047 (21). Fritzsche Eup. vers. fr. p. 18. supra p. CXXVIII.

p. 705 v. infra p. 125. p. 707, 27 v. Nauck. Eur. fr. p. 525 (960). p. 709, 10 scr. VII (VI) 17. p. 711, 6 λέοντος 10 κρεῖσσον ἀκμαίων νεβρῶν. l. 14 Ἱπποθόωντος: cf. ad Stob. praef. vol. III p. III. fragmenta v. apud Nauck. trag. p. 643 sq. l. 23 duo fragmenta: v. adesp. trag. p. 721 N. l. 25 κεῖνον ἀνθρώπων κακῶς, l. 30 συμπαθὴς γυνή. v. Nauck. Eur. fr. p. 324. Hippothoontis p. 644 (3). p. 712, 15 Bergk. Lyr. II 702. l. 24 εἰρήν' Vindob. l. 32 Bergk. l. c. l. 33 σιγαῖ Vindob. p. 713 extr. v. Mein. chol. p. 128. Fritzsche Ran. p. 257. Bergk. Lyr. II 616. p. 714, 7 Hipponactis versus: v. apud Bergk. II p. 605. Vs. 2 ad Stob. III p. X, 'si tragici est', Mein. scribere malit χρηστὸν ἐς δόμους ἄγειν. a versu quarto novum ibi incipit fragmentum. l. 3 a f. τετρυμένη cum Vindob. edidit Mein. Stob. p. 715, 23 v. Bergk. Lyr. II 551 (69). l. 26 ἀμηχάνοισι κήδεσιν ad imae pag. annot. priorem cf. add. p. 125. Bergk. Lyr. II 584. p. 716, 12 δὲ πάντα p. 717, 10 ἐς νέωτ' ib. l. 16 cf. infra p. 125 annotata. adde Schneidew. 'beiträge' p. 16 sq. 101. Bergk. Lyr. II 577. p. 718, 16 Leonidae: v. del. anth. p. 39 et quae ib. p. 124 annotavit Mein. l. 22 cf. Bergk. Lyr. II 351.

p. 720, 13 alio loco dixi: v. comment. miscell. I p. 56. adde 'monatsber. d. k. pr. akad.' 1852 p. 585 (Westerm. paradox. p. 217). ad Theocr. ed. III p. 311. p. 721, 21 comparatio Telemachi ollam gestantis cum novis mancipiis: cf. Bergk. 'beitr. z. gr. monatsk.' p. 69. p. 722 de parasceniis cf. Fritzsche Thesmoph. p. 252 sqq. de deo ex machina p. 7.

l. 5 scr. διασκευάζω l. 14 'p. 1096 B:' pag. extr. 'a. 1822'

p. 724, 4 scr. IX 44: l. 27 scr. p. 503 30: p. 725, 21 Herod. VIII 95. l. 30 Σιληνίαι αἰγιαλὸς Σαλαμῖνος, πλησίον τῆς λεγομένης Τροπαίου ἄκρας, ὡς Τιμόξενος ἐν τῷ ς' (τοῖς Mein.) περὶ λιμένων. ita Med. cod. p. 860, 1 adde 680.

l. 35 scr. 450. 542 (pro 451. 541). p. 867, 20 Metichus 675.

AVGVSTI MEINEKII

AD IV PRIORA HVIVS LIBRI VOLVMINA

ADDENDA ET CORRIGENDA

TYPIS DESCRIPTA

ANNO MDCCCXLIV

Addenda et Corrigenda ad Vol. I.

Praef. p. IX. In Aristonis ecloga Vs. 1. recte Grotius scripsit πᾶσι τοῖσιν ἀξίοις. Vs. 9. Hermannus in [illegible] operis nostri Ephemer. Jenens. 1842 n. 121—124 corrigit τὸ λυσιτελές τε καὶ τὸ καθ᾽ ἑαυτοὺς μόνον [illegible] ἑλομένους.

P. X, 3. corr. ἐνίους

P. XI, 4. corr. [illegible]

P. XII. In Galeni loco ἕτερον [illegible] Hermannus; ἐνδεικνύμενα pro ἐνδεικνύμενος iam Bakius Posid. p. 229.

P. XIII, 4. corr. [illegible] et 10 „[illegible]"

P. XIV, 3 sq. ita scribenda erant: „Alter huius poetae locus servatus est in cod. Flor. Parallelorum sacrorum Joannis Damasceni. Eum primus edidit Wyttenbachius." De primis loci versibus vide quae dixit Hermannus.

P. XV. In Simyli versibus recte Sintenis e codd. scripsit ἡ δ᾽ ἀγχοῦ Τάρπεια

P. 9, 5 a fin. dele [illegible]

P. 13. De Cratete cfr. Anonym. de Comoedia, quem exhibui vol. II. p. 1240.

P. 14, 9. corr. [illegible]. l. 12. [illegible]

P. 14. De Telepho Pergameno, qui sub Hadriano et [illegible]tonino vixit, cfr. Preller. de Polem. p. [illegible].

P. 16 et 17. Locis in quibus [illegible] nassensis ἱστορία μουσική laudatur adde Schol. [illegible] Diod. p. 537 cuius verba posui in [illegible] sq. Ex Dionysii opere [illegible] in tractatu de Comoedia quem [illegible]

Addenda et Corrigenda ad Vol. I.

Praef. p. IX. In Aristonis ecloga Vs. 1. recte Grotius scripsit *πᾶσι τοῖσιν ἀξίοις*. Vs. 8. Hermannus in censura operis nostri Ephemer. Jenens. 1842 n. 121 — 124 inserta corrigit *τὸ λυσιτελές τι καὶ τὸ καθ' ἑαυτοὺς μόνον*, scil. *ἑλομένους*.

P. X, 3. corr. *ἐνίοις*

P. XI, 4. corr. *κατάγελως*

P. XII. In Galeni loco *ἕτερον ἑτέρῳ* iure tuetur Hermannus; *ἐνδεικνύμενα* pro *ἐνδεικνύμενος* iam Bakius Posid. p. 229.

P. XIII, 4. corr. *Στωικοῦ* et 10 „admissum"

P. XIV, 3 sq. ita scribenda erant: „Alter huius poetae locus servatus est in cod. Flor. Parallelorum sacrorum Joannis Damasceni. Eum primus edidit Wyttenbachius." De primis loci versibus vide quae dixit Hermannus.

P. XV. In Simyli versibus recte Sintenis e codd. scripsit *ἡ δ' ἀγχοῦ Τάρπεια*

P. 9, 5 a fin. dele *Caeco*

P. 13. De Cratete cfr. Anonym. de Comoedia, quem exhibui vol. II. p. 1240.

P. 14, 9. corr. *κωμῳδουμένων*. l. 19. disputantur

P. 14. De Telepho Pergameno, qui sub Hadriano et Antonino vixit, cfr. Preller. de Polem. p. 178.

P. 16 et 17. Locis in quibus Rufi et Dionysii Halicanassensis *ἱστορία μουσική* laudatur adde Schol. Aristidis ed. Dind. p. 537 cuius verba posui in indice Hist. com. p. 608 sq. Ex Dionysii opere item ea derivata sunt quae leguntur in tractatu de Comoedia quem exhibui Com. Vol. II. p. 1240

P. 17, 8. In loco Etym. p. 145, 44 ὥς φησι Παλαμήδης ἱστορικὸς ὁ τὴν κωμικὴν λέξιν συναγαγών, paullo audacius Boeckhius scripsit Ἐλεατικός. Scribendum potius ὥς Παλαμήδης ἱστορεῖ. Error ex scripturae compendio fluxit.

P. 18, 4 post „Aristophanis" adde: Pac. 950.

P. 22. De Maesone accurate egit Schneidewin. in Coniect. crit. p. 120 sqq.

P. 26, 10 a fin. dele verba „cuius — potest."

P. 26, 22. De nomine Εὐέτης cfr. Keil onomat. spec. p. 61.

P. 38. De aetate Tellenis ex carmine Leonidae Tarentini nil colligi potest. In loco Etymologi nil mutandum.

P. 39, 3. Τέλληνος reponi voluit etiam Geelius.

P. 40 sq. De Syracosii lege ceterisque quae huc pertinent disseruit Cobetus Obs. crit. in Plat. com. p. 37 sqq.

P. 44 ult. In loco Diodori nil mutandum, nec pugnat ille cum Thucydide.

P. 45. De Aristophanis Pac. 700. ubi Cratinus obiisse dicitur ὅθ' οἱ Λάκωνες ἐνέβαλον, peringeniosam coniecturam tentavit Cobetus Observ. crit. in Plat. com. p. 89. Lacones de Platonica fabula intellegens. Vera tamen haec non esse docebit, qui unus omnium recte Aristophanis verba intellexit, Fritzschius. In Anonymi testimonio Cobetus recte tuetur editam scripturam μετὰ τὴν πε Ὀλυμπιάδα. G. Dindorf. chron. scen. p. 437 μετὰ τὴν πέμπτην καὶ ὀ Ὀλυμπιάδα.

P. 49. Grammaticis qui de Cratino commentati sunt forsan addendus Aristarchus. Vide Com. gr. Vol. II. p. 168.

P. 51, 16 corr. ῥειμάτων.

P. 54, 5 a fin. post σύνδουλος excidit κ. τ. λ.

P. 57, 3 a fin. corr. Δραπέτιδες.

P. 63, 5 a fin. 'Accepta quam ad Vol. II. p. 1169 proposui coniectura removebitur fort. Cratetis in Phoenissas commentarius.' H. I.

P. 64, 18. Pro Magnetis lege Cratetis

Ib. l. 5 a fin. corr. pro Cratino Cratetis

P. 67, 3 pro ὅτι lege τὴν οἰκίαν cfr. Vol. II. p. 277.

P. 68, 6 l. χειρότερον Iliad.

P. 74, 6. pro Equ. corrige Ran.
P. 76, 23 corr. abiudicaverat
P. 90, 15 pro „Cleomachum" lege „Gnesippum"
P. 92, 6 a fin. l. Ol. LXXXVII. 2.
P. 94, 4 corr. videre
P. 95, 2 corr. fabulam
P. 97, 7 corr. *λευκερίνεως*

P. 98, 11 corr. *συναγωγῇ*. Hermippi locum nunc ita corrigo: *ὕστερον δ' αὐτὴν στρατηγῶν οὖσαν εἰλωτισμένην καὶ κασαλβάζουσαν εἶδον καὶ σεσαλακωνισμένην*. In quo *εἰλωτισμένην* satis vindicat quod Suidas annotavit participium *κατειλωτισμένος*. Ad constructionem conf. Aristoph. Ran. 721 *κεκιβδηλευμένοις οὖσι*.

P. 102. De Tynnichi aetate vide Schneidew. Diss. de Laso p. 4.

P. 106, 19 corr. *Λευκῆς*
P. 108 not. 56 corr. 'Carcinum tragicum'
P. 112, 12 corr. *κιθαραοιδότατος* 19 corr. *πλούταξ*
P. 113, 18 corr. 828 pro 162.
P. 115, 20 corr. nominum
P. 116, 5 corr. *ἐπίσταμαι*.
P. 117, 4 a fin. l. Panathenaca 9 a fin. corr. 322 pro 466.
P. 118, 12 corr. II 3 46
P. 119. De epigrammate *Βάπτες μ' ἐν θυμέλῃσιν* etc. vide Vol. II. p. 1239 not.

P. 132, not. 76. Non Callias sed Alcibiades populum Atheniensem opum suarum heredem scripsit.

P. 134, 3 a fin. pro Theopompus scribe Metagenes

P. 139. Non quarto anno Ol. LXXXIX sed tertio Maricam in scenam commissam esse recte monuit Cobetus Observ. crit. in Plat. com. p. 143.

P. 146, 18 corr. *μετίῃ*
P. 147, 10 a fin. corr. *ἐγγενέσθαι*
P. 155, 12 a fin. corr. *παλαμναίῳ*

P. 160. De Platone comico egregie disseruit C. G. Cobetus Observ. crit. in Platon. com. reliqu. Amstel. MDCCCXL.

P. 161, 5. De aetate fabulae, in qua hos versus posuerat Plato, dixit Cobetus p. 153.

P. 162, 15. Ante „necessario" adde „ambiguitatis vitandae causa." Nam per se quidem nominativus nihil offensionis habet. De re ipsa vide copiose et acute disserentem Cobetum I. l. p. 102 sqq. qui eam, quam ego olim sequutus eram, sententiam amplexus est, ut Plato ista non de se ipso sed de Aristophane dixerit. Fateor tamen virum cl. mihi non persuasisse. Minime autem ex illo φησὶν in Eustathii loco (Hist. crit. p. 163 not. 92) colligere debebat Cobetus p. 109., ipsa Platonis verba afferri; illud φησὶν enim more suo interposuit Eustathius, ut se Pausaniae verba afferre indicaret: ex huius enim lexico rhetorico totum illud de proverbio Ἀρκάδας μιμεῖσθαι derivatum est.

P. 164, 10 a fin. corr. πρὸ χειρὸς εἶναι. De dictione Platonis quae disserui, in gravem Cobeti (p. 57 sqq.) vituperationem incucurrerunt, qui ut alia recte ab insolentiae suspicione liberavit, ita de aliis disputavit iusto cupidius. Nec bona ubique fide mecum egit vir alias candidissimus. E. c. fragm. Adon. I, 3. ita attulit quasi ego hanc scripturam in ordinem verborum recepissem: δύο δ' αὐτὸν δαίμον' ἐλεῖτον. Ego vero Jacobsii coniecturam receperam ὀλεῖτον, in notis autem fortasse ἐλεῖτον praestare dixeram. De ἀργύριον quae dixi, ea ipse tacite correxeram ad Fragm. p. 636. Porro notaveram verbum κολλοπεύειν. Id Cobetus p. 58 ita tuetur ut substantivi κόλλοπες admoneat; eo ipso autem ante Eubulum nullus unquam Atticus scriptor usus est. Cetera persequi nunc non vacat; unum tamen addam. Dixeram labentis atticismi indicium esse correptionem antepenultimae syllabae in πίομαι quam permisisse sibi Platonem Fragment. Αἱ ἀφ' ἱερῶν I. p. 616.

οὐδ' ὅστις αὐτῆς ἐκπίεται τὰ χρήματα.

Quid igitur Cobetus? Revocat ista vir doctissimus p. 62 ad trochaicos numeros:

οὐδ' ὅστις αὐτῆς
ἐκπίεται τὰ χρήματα —

Qua versuum descriptione grave vitium poetae verbis intulit. Nec magis concedo de Fragm. Syrph. 4. καὶ πίεσθ' ὕδωρ πολύ, quod contra expressam Athenaei admonitionem ita distinguit ut πολύ in sequentis versus initio ponatur. Ceterum exemplis, quibus Platonem ab aliorum antiquae comoediae poetarum usu descivisse intellegitur, addenda est correptio ante ζάμφος Fragm. Sophist. 5. ususque vocis παραθήκη pro παρακαταθήκη Fragm. p. 667. XI.

P. 165, 12 a fin. corr. Med. V. 140.

P. 169. Daedalum a Platone scriptam fuisse negavit Cobetus Observ. crit. p. 80 sqq. Eandem Dobraei fuisse sententiam docet eius emendatio in schol. Arist. Nub. 665. facta. Neque ego a Cobeti sententia me alienum esse fateor; vellem tamen docuisset quo auctore Suidas v. Πλάτων et Andronicus Bekkeri Anecd. p. 1461. Daedalum in Platonicarum fabularum recensu commemoraverint.

P. 170, 4 corr. θαλαττοκρατίᾳ
7 - εἴξασιν

P. 174, 10 cf. Baiter ad Isocr. Paneg. p. IX. sq.

P. 175, 4 pro 695 b. corr. 665 b
17 corr. p. 590 pro 510
21 corr. Lys. 288.
25 Διτρέφης.

P. 177, 22 scribe: quae fabula circa Olymp. LXXXVIIII acta est.

P. 181. "Photius v. Περιαλγης sic scribendus videtur: Περιάλγης, ὡς Περιήρης (Il. Λ. 177. Thuc. VI. 4. al.) τῷ τόνῳ κατὰ τοῦ δράματος τοῦ Πλατωνικοῦ: ut quidam huius vocabuli accentum in inscriptione dramatis Platonici velut nominis proprii (κἂν τῷ κυρίως Κωρύκῳ δ' ἐπιγραφομένῳ Ath. p. 161. vide add. ad hist. cr. p. 338) retraxisse dicantur. Quae distinctio adiectivi περιαλγής a proprio quod volebant Περιάλγης quamquam abhorret aliquantum ab analogia exemplorum ab Herodiano pros. Il. Λ. 57 coll. Lehrs. qu. ep. p. 150 (Aristarch. p. 288) prolatorum: ad rem ipsam tamen quam spectabant aptissimum videbitur paradigma Περιήρης. Pro κατά f. expectaveris ἐπί: utrumque tamen ad eundem adhibetur usum. Moer. p. 211 32 φαῦλον καὶ φλαῦρον 'Αρκατὰ τοῦ αὐτοῦ σημαινομένου (cf. Arcad. 10, 24). = Harpocr. p. 44, 6 πολὺ δ' ἐστὶ τοὔνομα ἐπὶ τούτου τοῦ σημαινομένου. p. 60, 23 πολὺ δ' ἐστὶ κἀν τῇ ἀρχαίᾳ κωμῳδίᾳ τοὔνομα ἑ. τ. τ. σ. Cfr. Lob. ad Phryn. p. 272 not. crit. et Papium lex man. I, 1138 a. Sext. Emp. p. 609, 1. Bk. Caeterum Photianae annotationis rationem recte intellexit Cobet. p. 167. in emendanda eadem parum felix." H. I. Cum titulo Platonicae fabulae Περιάλγης aptissime comparari possunt Diphili et Theopompi fabularum inscriptiones Αἱρησιτείχης et Ἡδυχάρης.

Ibid. l. 9 a fin. dele Sebinus et l. 8 pro Ran. 430 corr. Av. 1297.

P. 182, 12 corr. Ran. 430.

P. 185, 13 corr. VI. 17. 31.

P. 186, 6. Aeschyli actorem] vide tamen Vol. II. p. 668.

P. 196, 6 a fin. corr. VII. p. 284 e et 287 d.

P. 199, 12 l. ὑπόψυχρον

P. 203, 13 corr. παράγων cll. II. 704 not.

P. 204, 7 a fin. scr. eorum

P. 206, 4 a fin. corr. ῥίνας

Ib. lin. 4 annot. ad verba 'qui frater Melanthii fuit' cf. Clintonem F. H. p. XXXIV not. z. Kr.

P. 207, 1 corr. 'Εκήρυξεν

l. 19 corr. μάντεων

Ib. l. 3 a fin. corr. Ath. XIII. p. 586 a.

P. 208, 10 corr. XI. p. 499 b.

Ib. lin. 23. Zenob. VI. 28, cll. Phot. p. 338.

lin. 25. Photius p. 335.

P. 209, 3 corr. πλατυπόρφυρα

Ib. lin. 9 pro „quadringentorum" corrige „triginta virorum" Cfr. Sauppe Epist. crit. ad Herm. p. 147.

P. 210, 9 corr. Athenaeum lin. 10 corr. 499 b.

lin. 19 leg. σχελίδες

P. 213, 21 corr. minimum

P. 214, 11 corr. VII. p. 306 a.

P. 216, 4. De inscriptione didascalica vide Böckh. C. I. n. 229 coll. p. 351 sq. Cf. Clint. F. H. ad a. 434.

P. 216, 3 infr. corr. Ἐρατοσθένης.

P. 218, lin. 10 corr. Paroxytonon lin. 13 adde Stephan. Byz. v. φατρία.

P. 219 in. Haec ita corrige: „Aristagorae Αὖραι, sed ubique Μαμμάκυθος."

P. 221, 18. Corrige: „laudat Athen. X. p. 469 c. cll. Poll. X. 88. et iterum"

P. 222, 8. De nomine Στράττις cf. Lehrsii Aristarch. p. 280 not.

P. 224, 8 infr. leg. non Euripides ridetur,

P. 227, 3 corr. 656 b

P. 228, 13 infr. corr. deprehendere

P. 230, 6 infr. corr. teterrimis

P. 232, 15 ante Aeliani insere 'Schol. Luc. ap. Cram. V. Vol. II. p. 1212 et Platonis p. 203. Bait.' H. I.

P. 234, 14 corr. p. 676 16 περιγεγραμμένοι

P. 236, 5 corr. Photium Lex. p. 215.

P. 239, 10 corr. 553 f. Ib. 15 Bathonis] l. Machonis.

P. 239, not. 33. Polyidum poetam memorat etiam titulus Boeckhii C. I. II. p. 641. Ad eundem poetam refero hoc apud Schol. Ven. Iliad. ω 804. Ἀττικοὶ τὸ περίδειπνον τάφον λέγουσι. Πολύϊδος δὲ τὸ μνημεῖον.

P. 241 extr. 153 f.] corr. 183 f.

P. 242, 13. Dele Pollucis locum VII. 190 coll. Vol. II. p. 823 (38).

Ib. lin 10 corr. ὑπό-μνημα

P. 244, 6 ῥαχιστής

P. 245, 20 corr. editorem ad 229.

P. 246, 13 dele verba „σμυρίζειν — 691. b." Mox de ἀγρόθεν v. Add. ad Vol. II. p. 830.

P. 248, 8 dele verba „quo loco — κ. τ. λ."

P. 249, 22 lege ὑπερδι-σύλλαβα βαρύνεται

P. 251, 9 'Pollucis locus ad ea pertinere videtur quae sunt lin. 13.' H. I.

P. 252, 7 infr. corr. 589 17

P. 255, 12 corr. Olymp. LXXXXVIII

P. 260, 2 corr. ad Athenaeum III. p. 110 f.

P. 260, 8 infr. adde quae sunt Vol. II. p. 860.

P. 262, 22 corr. Zenobius I. 47,

P. 267, 4 'Δαλίδος nomen in 'Αγαλλίδος (Athen. p. 14 d) mutavit G. Dindorfius ap. Zimmerm. annal. antiq. stud. 1837 fasc. XI.' H. I.

P. 268, 3 infr. corr. nonnulla

P. 269, 1. Haec ex Vol. II. p. 884 corrigenda.

P. 279. Philammonem Delphum Latonae et Dianae et Apollinis natales carmine celebrasse intellegitur e Plutarcho de Mus. p. 1132 B.

P. 281, 4 centum filiarum] vide tamen Vol. II. p. 871.

P. 284, 12 corr. Sol frigens

P. 285, 12 corr. XI. p. 482 e.

P. 287, 5 infr. pro 23 corr. 29,

P. 289, 5 infr. pro 22 corr. 26

P. 290, 9 corr. τίνος ἐστὶ γένους·

P. 291, 5 inf. ἡδίστης θεῶν.

P. 295. Exemplis correptae syllabae ante βλ adde Menandrum Fragment. inc. 474 p. 326 ἢ πολλὰ φαύλως περιβεβλῆσθαι πράγματα.

P. 296, 17 corr. δαπάνῃ

P. 297, 17 corr. μετὰ τοῦτον lin. 25 corr. μακάρεσσι λίθον,

Ib. lin. ult. Nutricibus] l. inc. fab. fort. in Echo III. p. 269 sq.

P. 299, 14 scr. cum creticis et dactylicis

P. 301, 11 corr. τοῖσδε τόποις

P. 303, 11 dele 'II. p. 107 a.'

P. 304, 8 infr. στῇ corr. ϛῇ

P. 309, 6 '168 d] num 161 e κατὰ τὸν ἥδιστον 'Αντιφάνη?' H. I.

P. 314, 10 corr. μήτραν

P. 316, 6 corr. ἐν 'Αντιφάνους Μελεάγρῳ

P. 318, 6 post philosophiae insere historia

P. 322 ult. ex Athenaeo corr.

P. 323, 11 corr. X. 40.

P. 323 not. 58 'cf. quae dixit Dindorfius ad Aristoph. a. 1830. p. 330.' H. I.

P. 324, 20 corr. Floril. CXXIV. lin. 26 corr. p. 95 32.

P. 325, 22 corr. VII. 211 pro 24

P. 327, 2 corr. adv. Demosth.

P. 328, 4 corr. Anton. 69. Ib. l. 13 corr. 344 32.

P. 329, 6 infr. Boeotium habemus apud Ath. III. p. 84 a] ibi est Boeotia.

P. 330, 14 545 c] corr. 445 c.

Ib. lin. 4 a fin. sic lege: 'Denique Zacynthius ap. Athen. XII. 553 c, Tyrrhenus quae laudatur' Vide p. 580.

P. 331, 10 X. p. 455] corr. 445

P. 332, 16 corr. *οἱ κωμῳδοδιδάσκαλοι*

P. 334, 15 memini] Vide tamen III. p. 32.

Ibid. 20. Eadem leguntur apud Etym. M. p. 191, 29.

P. 336, 16 corr. Flor. XCIX. 31. Lin 27 pro 379 e corr. 397 a.

P. 337, 17 corr. Pollucem X. 152 'apud Athenaeum p. 95 a est *ἐν Γάμοις*' H. I.

P. 337, 7 a fin. corr. CXVI. 23, lin. 6 a fin. scr. 134 8.

P. 338, 4 '*κἂν τῷ κυρίως Κωρύκῳ δ' ἐπιγραφομένῳ* de fabula proprio nomine (*κατὰ κυριολεξίαν* Eustath p. 1494. *εἰς ἰδιότητα τεθὲν* ad Men. 4. p. 133.) *Κώρυκος* inscripta intellego, ut *κυρίως* vocabulum cum *ἐπιγραφομένῳ* potius quam cum *κώρυκος* coniungendum videatur. Cfr. simile quid add. ad I. p. 181.' H. I.

P. 339, 19 corr. X. p. 446 a. Ib. lin. 21 corr. XIV. p. 622 f. lin. 25 *διδάσκαλος*

P. 341 not. 60 corr. p. XLVI.

P. 342, 21 corr. *ἀποσιμῶσαι*

P. 343, 5 corr. CVIII. 10.

P. 344, 3 corr. p. 109 pro 101.

P. 347, 7 corr. Sympos. VI. 3

P. 349, 5 variantem] adde 'Praeterea laudantur Nicostrati *Πατριῶται* ab Athenaeo XV, p. 700 b' vide p. 592.

Lin. 23 nisi legendum ibi *Φιλιππίδης*] 'at legitur ibi *Φιλιππίδης* nulla dubitationis apud Bekkerum addita significatione, ut et hoc loco et p. 570 et Vol. IIII. p. 292 Philetaeri Adoniazusae tollendae videantur.' H. I.

P. 350, 14 *Κυνηγίδος* cf. Vol. III. p. 294.

P. 353, 1 corr. Zenob. II. 42.

P. 355, 15 Cf. Vol. III. p. 537.

P. 356, 4 corr. VIII. p. 340 d.

P. 357, 19 dele 'postrema-separanda esse' V. III. p. 244.

P. 368 not. leg. p. 149.

P. 370, 6. In loco Etym. M. pro *ἐλεγείοις* Etym. Par. apud Cram. A. P. I. p. 12, 33 habet *ἐλείοις*.

P. 371, 9 '*Αγίας*] V. III. p. 168.

P. 372, 6 a fin. l. campidoctor

P. 374, 6 Stephani locum Westermannus ex codd. ita edidit: *ἐξ Οἴου Ἄλεξις ᾿Αλέξιδος ἐξ Οἴου Λεοντίδος*. Quibus verbis num comicus poeta fignificetur incertum est.

P. 374, 10 pro VIII 17 corr. VII 17. L. 16 corr. III 27. 28

P. 375, 1 pro 471 d scr. 421 d.

P. 376, 8 a fine scr. p. 344 c.

P. 380, 7 de *ἀπογηράσκων* v. Vol. IV. p. 423. Ib. 12 de *ἄχρηστος* cf. III. p. 507.

P. 381, 8 pro 127 corr. 135. Ibid. 23 dubitari potest] vide tamen III. p. 454.

P. 386, 12 l. Polluc. VII. 58. Ib. 18 pro Piscatoribus corr. Piscatrice

P. 387, 4 pro 127 scr. 153. Ibid. 11 scr. p. 153, lin. 20 scr. 104 d

. P. 390, 17 scr. XIV. p. 644 b lin. 21 Athen. XIII. p. 586 a.

P. 391. In Antiatt. loco *Ἄλεξις ᾿Ιάσιδι* Alphonsus Heckerus Comm. Callim. p. 20 corr. *᾿Ιάσιν*, comparatis aliarum fabularum titulis *Λοκρίδες Δηλιάδες* etc.

P. 392, 8 de Minoe vide Vol. III. p. 445. cll. quaest. scen. 3 p. 35.

Ibid l. 3 a fine p. 612 d. corr. 642 d.

P. 394, 11 a fine p. 173 corr. 183

P. 395, 18 Olymp. CXIV. corr. CXV. cf. Clint. p. 178.

P. 397, 7 scr. Athen. III. p. 117 c. e.

P. 401, 11 a fine apud Athenaeum] corr. Pollucem.

P. 403, 15 scr. XIII. p. 577 c.

P. 404, 8 vide iam Vol. III. p. 167 sq.

P. 405, 14 pro VII. 177 corr. VII. 170.

P. 406, 6 a f. scr. Serm. XCIX. 24.

P. 407, 4 sq. 'Quod ex Antiatticista p. 96 repetitur Anaxilae Theseus error est: commemoratur ibi Anaxandridis Theseus. inde et fabularum indici eximendus erit Θησεὺς Anaxilae p. 581.' H. I.

P. 408, 15 scr. Fast. Hell. p. 153.

P. 411, 1. De Theophili loco v. praef. Vol. I. p. IX. sq.

P. 414, 15 scr. Ol. LXXXIX. Ib. l. 19 scr. Eudocia pag. 166.

P. 416, 10 corr. Ecl. p. 196

Ib. ad l. 23 cf. Vol. III. p. 168.

P. 417, 9 corr. Tzetzes lin. 21 corr. 341 sq.

P. 419, 7 scr. histrionibus usus Aristomacho et Cephisio

P. 420, 18 corr. p. 143.

P. 422, 3 pro 296 scr. 396

P. 423, 19 scr. Athenaeus

P. 425 in. de his vide praef. Vol. I. p. XIII. sqq.

lin 25. καλῶς corr. σοφῶς

P. 428, 15 scr. Sosipater

P. 430 not. 97 scr. 115 Bekk.

P. 435, 15 cf. tamen III. p. 628.

lin. 21 scr. Batonem item P. 438 14

P. 438, 3 de Timaeo historico] 'Non Diphili sed Plutarchi in Timaeum esse animadversionem docet Bernhardi in annal. Berol. crit. 1840. II. 239. Vide iam Vol. IV. pag. 426.' H. I.

443, 1 vide addenda ad ed. princ. p. 576 et Vol. IV. p. 284.

445, 18 corr. respondisse

448, 4 corr. VII. 292 b. lin. 8 corr. Flor. LVII. 2.

449, 12 'de his cfr. Grothe de Socrate Aristoph. p. 7, 31 sqq. cui Boedae nomen corruptum videtur f. in Βίωνα immutandum, ut sit Borysthenita: affert Diog. La. IV 47.' H. I.

P. 450 extr. corr. §. 23.

P. 451 extr. corr. scribenda

P. 454, 7 pro 440 corr. 490. lin. 12 dele scholiastae memoriam, cui ex Photio et Suida intrusa. L. 15 corr. p. 96.

P. 455, 11 adde 'Κιθαρῳδός ap. Polluc. X. 38. 62.' L. 18 pro 168 b. corr. 156 b. L. 19 Lemnias scripserunt etiam Aristophanes Nicochares

P. 456, 5 corr. XIV. 80.

P. 457, 7 corr. κεχαρακτήρικε.

P. 458, 2 cf. p. 490. L. 4 corr. 647.

P. 459, 17 corr. XI. p. 467.

P. 460, 2 corr. XVI. 11. Ib. lin. 14 verba 'V. Ruhnkenius — p. 76' loco non suo posita, transfer in l. 13 ante 'Ἱέρειαν. Ib. 1 a fine scr. ad Polluc. X. 93. item l. 11 a fine. L. 13 a fine scr. ἀργυροθήκην

P. 463, 2 a fine corr. 152

P. 464, 24 scr. Epidicazomenen

P. 468, 11 a fine corr. p. 98. 13 a fine scr. 401. L. 18 a fine X. 161 pro 165

P. 469, 5 corr. CXIII. 7. L. 9 corr. VII. 200. 10 a fine adde Helladium Photii Bibl. p. 533, 25.

P. 472, 16 dele verba 'De Philetaeri — egimus.'

P. 473, 2 a fine corr. Hesych. II.

P. 474, 6 corr. CVIII 10. L. 3 a fine corr. ἀκαλήφας 7 a fine κερμάτιον pro κέρμα 12 a fine corr. 363.

P. 475, 3 scr. corrigendum

P. 481, 18 nescio quo sive mentis sive calami errore scripserim CXX — CXXX. pro CXL — CL.

P. 487. Quod dixi Plauti Mostellariam ad Theogneti fab. Φάσμα ἢ Φιλάργυρος inscriptam factam fuisse, in dubitationem vocavit Wolffius Prol. ad Plauti Aulul. p. 19.

P. 494. Quod Suidas scripsit, Μένιππος κωμικός. τῶν δραμάτων αὐτοῦ ἐστι Κέρκωπες (Eudocia addit καὶ Ὄφεις) καὶ ἄλλα, vereor ut recte expediverim ita, ut Menippum pro Hermippo nominatum existimarem. Menippus ille forsan est Gadarenus et pro κωμικὸς scribendum κυνικός; quae confunduntur etiam apud Phot. Lex s. v. σοβαρός. Ita Cercopes et Angues Menippearum Satyrarum tituli fuerint.

P. 505 6, a fine corr. Xenoclem pro Philoclem

P. 512 'Vs. 9 a fine sic scripsit Pflugkius:

λυπρὸν γὰρ αὐτοῖς κτῆμα τοῖς κεκτημένοις.

vide Zimmerm. annal. antiq. stud. 1841 p. 923.' H. I.

P. 513 ad not. 11). De Herodiani loco fallitur sine dubio Welcker. Trag. gr. p. 1017, quem miror non recordatum esse notissimorum nominum *Κόραξ*, *Χοιρίλος*, *Φρῦνις* et *Φρυνίχος*, *Μῦς*, *Βάτραχος*, *Ἰκτῖνος* multorumque aliorum, quibus adde quod ex Herod. de Dict. sol. p. 21 28 elici potest *Κόκκυξ*. Ceterum v. Lobeckium Pathol. p. 201. not. 3.

P. 515, 19 pro Philocle scr. Xenocle et l. 30 Xenocles item P. 516, 4 Xenoclem.

P. 519, 15. De his cf. add. ad Vol. II. p. 697.

P. 520, 6 a fine dele 'loco.'

P. 524, 2 scr. Vol. I. In Hesychii glossa ex cod. scribendum *τῇ ἑαυτοῦ ὥρᾳ χρησαμένου.*

P. 525, 5 a fine dele XXI, 8. Pro Ecdoro scribere debebam Isidorum, ita enim vocatur a Stobaeo XXII, 2 . Eodem ducit cod. A in altero loco XC, 9. De Hippothoonte plura dixi Vol. IV. p. 711.

P. 540 not. Fortasse *Μειδίας*] 'Vide addenda ad Vol. IV. p. 688.' H. I.

P. 546, 2 *διδόμενον* 'l. *ᾀδόμενον* et cf. II. p. 1256.' H. I.

P. 550 'suo loco insere *Ἐπικράτης κωμικός· τῶν δραμάτων αὐτοῦ Ἔμπορος καὶ Ἀντιλαΐς.*' H. I.

P. 552. Ante *Λύκις* inserenda haec: *Λυγκεύς, Σάμιος, γραμματικός, Θεοφράστου γνώριμος, ἀδελφὸς Δούριδος τοῦ ἱστοριογράφου τοῦ καὶ τυραννήσαντος Σάμου. σύγχρονος δὲ γέγονεν ὁ Λυγκεὺς Μενάνδρου τοῦ κωμικοῦ, καὶ ἀντεπεδείξατο κωμῳδίας καὶ ἐνίκησε.* Post *Λύκις* insere haec: *Λίσιππος. τῶν δραμάτων αὐτοῦ ἐστι Βάκχαι, ὡς Ἀθήναιος λέγει ἐν γ' Δειπνοσοφιστῶν, καὶ ἐν τῷ ή. καὶ ἕτερα αὐτοῦ δράματα, Θυρσοκόμος.*

P. 560 ad not. *) De verbo *πράττεσθαι* copiose dixit Cobetus Observ. crit, p. 56.

P. 569. Insere *Ἀγύρτης* Philemonis.

P. 570. Dele "*Ἀδωνιάζουσαι* Philetaeri 349."

P. 578 post *Ἐπαγγελλόμενος* insere: *ΕΠΙΓΕΝΗΣ* 354.

P. 581. Dele "*Θησεύς* Anaxilae 407."
P. 590. Post '*Ὁμολογούμενοι* insere "'*Ὁμολογοῦσα* incerti poetae. III. 158."
P. 594. corr. "*Πύραυνος* Aristophontis" pro Anaxilae.
P. 595. *ΣΤΡΑΤΩΝ* corr. 426.
P. 596. *Τιτακίδης* Magnetis 35.

Addenda et Corrigenda ad Vol. II. P. 1.

P. 5. Chionidis fragm. Hermannus ita refingere tentavit:

πολλοὺς ἐγῷδα κοὐ κατὰ σὲ νεανίας
φρονοῦντας ἀτέχνους κἂν σάμακι κοιμωμένους.

In quo *ἀτέχνους* non intellego.

P. 6, 13. Femininum *ἡ ἄγνος* legitur etiam in versu proverbiali apud Plutarch. Quaest. Conv. II 7 2. *ἧτ' ἄγνος ἀνθεῖ χὼ βότρυς πεπαίνεται.* Ita enim legendum pro *ἡ ἄγνος*, nisi praestat *ἣν ἄγνος ἀνθῇ*.

P. 7, 21 corr. commemoratur. Chionidis fr. II. servavit item Grammaticus Crameri Anecd. Par. IV. p. 250, 6. *οἱ Ἀττικοὶ τὸ τάριχος προφέρουσιν, ὡς καὶ Χιονίδης φησὶν Ἆρ' ἂν φάγοιτε τάριχος ὦ θεοί.* Fragmentum tertium in quo Hermannus *κόπτετον* de pulsandis foribus interpretatur, dubitari potest an non potius Menandro assignandum sit. Quum enim Athenaei locus in libris ita scriptus sit: *καὶ ἐπὶ δοτικῆς, ἐπὶ τῷ ταρίχει τῳδε τοίνυν κόπτετον. ἡ δὲ δοτικὴ ταρίχει, ὡς ξίφει. Μένανδρος Ἐπιτρέπουσιν Ἐπέπασα* etc. non incredibile est haec ita potius cum Bergkio ad Aristoph. fragm. p. 1193 constituenda esse: *ἡ δὲ δοτικὴ ταρίχει, ὡς ξίφει. Μένανδρος Ἐπιτρέπουσιν Ἐπὶ τῷ τ. τ. τ. κόπτετον· καὶ ἐπὶ αἰτιατικῆς Ἐπέπασα* etc.

P. 8. Chionidae fragmentis adde hoc:

Πυθοῦ χελιδὼν πηνίκ' ἄττα φαίνεται:

Harpocr. p. 39, 17. *ἐνιαχοῦ δὲ παρέλκει τὸ ἄττα· Χιονίππου Πυθοῦ — φαίνεται.* Ita haec edidit ex libris Bekkerus, nisi quod *Χιονίππου* ex Philem. p. 30 recepit, pro quo codd. Harpocr. habent *χίονί που*, *χίωνί που*, *χιωνιοιπου*. Recte Sturzius ad Etym. M. p. 772 correxit *Χιωνίδου*. Omisso auctoris nomine praeter alios eundem versum habet Schol. Plat. Bekk. p. 371 qui etiam hunc addit: *ὁπηνίκ' ἄτϑ' ὑμεῖς κοπιᾶτ' ὀρχούμενοι*. Qui item Chionidae videtur. V. Bergk. ad. Arist. fr. p. 1181.

P. 10. In Magnetis versu *λούσαντα χρὴ* (vel *δεῖ*) *καὶ βακκάριδι κεχριμένον*, nihil corruptum videtur.

P. 11, 16. De *νῦν δὴ* i. e. *πρὸ μικροῦ* cfr. Pollux I, 72. Lin. 16 pro Equ. corr. Pac. Bernhardii coniecturam Magnetis fabulae inscriptionem fuisse *Τιταχίδης* confirmat quodammodo Etym. M. p. 760, 33. *τὸ δὲ Τιταχίδαι καὶ Θυργοῦνδοι* (leg. *Θυργωνίδαι*) *φρατρίαι τινὲς καὶ γένη ἄδοξα, εἰς γὰρ εὐτέλειαν ἐκωμῳδοῦντο, οὐχὶ δὲ δῆμοι, ὥς τινες οἴονται.*

P. 13, 5. Probat haec Hermannus, nisi quod Vs. 2 bene scripsit *ᾆσμ' ᾖδον, εἰ μὴ ᾐσχυνόμην*.

P. 14, 1 corr. *Ἀνδροκλέα*

Ib. 8 proverbialem versum ex ipso Cratino repetiit Leutschius.

P. 16, 2 a fine scr. *διφάω* pro *ἀναδιφάω*

P. 17, 13 scr. *ἐπιϑετικῶς*

P. 17. Tertium versum, *οὐ μέντοι παρὰ κωφὸν ὁ τυφλὸς ἔοικε λαλῆσαι*, non ad Archilochum, sed ad eum, quem Archilochus laeserat, spectare indicant particulae *μέν τοι*.

P. 22, 9 a fine scr. 389 et l. 10 a fine *ἐπιϑετικῶς*

P. 23. Verba *εὕδοντι πρωκτὸς αἱρεῖ* nunc de ignavo interpretor, quem prostrata pudicitia ditaverat. Ceterum de *κύρτος* adde Oppian. Hal. III. 85 sqq.

P. 24. Fragm. XIV. Cum in Diotimi versu manifesto errore *ΣΙΛΛΟΙ ΤΕΤΡΙΒΑΛΛΟΙΤΕ* scriptum sit pro *ΣΙΛΛΟC ΤΕΥΡΥΒΑΤΟCΤΕ*, valde probabile est etiam in prima scholii parte pro *Τρίβαλλος* scribendum esse *Εὐρύβατος*.

P. 26, 10 inter *χορὸν* et *ἔλαβεν* excidit *οὐκ*.

P. 28. Cleomachum pugilem patria fuisse Magnesium e

Strabonis loco non efficitur. V. Salmas. ad Tertull. de Pall. p. 303 sq.

P. 29, 15 scr. non denegavit

P. 36. Fragmentis Deliadum Cratini adde haec:

XIII.

Ἦν ἄρ' ἀληθὴς ὁ λόγος ὡς δὶς παῖς γέρων.

Schol. Ms. apud Bastium in Boettigeri kleine Schriften III. p. 197. ad Platonis Axioch. p. 367 B. quod est etiam apud Baiterum Plat. XXI, 227. *δὶς παῖδες οἱ γέροντες. ἐπὶ τῶν πρὸς τῷ γήρᾳ εὐηθεστέρων εἶναι δοκούντων. μέμνηται δὲ αὐτῆς Κρατῖνος ἐν Δηλιάσιν λέγων ἦν ἄρα ἀληθὴς ὁ λόγος ὡς δὶς παῖς ἐστιν γέρων.* Ita codex; correxit Bastius. Fuisse qui in hoc proverbio *δίσπαις* vel *δίσπαιδες* scriberent ex Eustath. ad Hom. p. 1706, 3 intellegitur.

XIV.

Aristoteles Eth. Nicom. ed. Bekk. p. 1098, 18. *μία γὰρ χελιδὼν ἔαρ οὐ ποιεῖ.* Ad haec schol. a Cramero editus Anecd. Par. I. p. 182, 24. *κέχρηται τῇ παροιμίᾳ Κρατῖνος ἐν Δηλιάσιν.*

P. 39 penult. De Clementis loco rectiora vide Volum. IV. p. 610.

P. 41 (6) "*κῳσπωτὴν* scribendum videtur quemadmodum et libri habent plerique et Arcadius praescribit p. 114, 14 *τὸ μέντοι μηλωτή, κερωτή* (l. *κηρωτή*), *ὀξύνεται, καὶ τὸ οἰσπωτὴ* (l. *οἰσπωτή*) *ὁ ῥύπος. οἰσπώτη* recte habere dicit Dübnerus Schol. Ar. p. 502. Iam vide Lob. Pathol. 393." H. I.

P. 41. Fragm. VII. Bergkius ad Aristoph. Fragm. p. 1181. probabiliter corrigit *ἐν σαργανίσι νάξω.*

P. 43 not. scr. Meier

P. 44, 12. Ad Cratini verba *τρίγλῃ δὲ κἂν μάχοιτο* conf. Plutarchum Mor. p. 995 d. *ὠμῷ πολύποδι διαμαχόμενος.*

P. 48 not. l. 3. corr. 'Ubi *Κερκυὼν* ab altero Parisino abest.' H. I.

P. 50, 9 corr. *φιάλαι* l. 19 umbonibus

P. 51 extr. corr. 336 15

P. 52, 13 corr. 396 24

P. 52, 6 a fine corrige εἴκασμα pro εἴκισμα

P. 53. Idaeos et Empipramenos Cobetus Observ. crit. in Platonis com. reliqu. p. 77. fictos ab Aristobulo Cratinearum fabularum titulos esse existimat. De Aristobulo fallitur proculdubio.

P. 54 et 55. In corrigendis scholiis Aristoph. Eccl. 1081 (1134) eandem propemodum rationem iniit G. Dindorfius, cuius scholiorum Aristophanis edit. Oxon. 1838 demum anno 1840 in Germaniam perlata est. Quam ibidem in iisdem schol. ad eandem fabulam 1052 (999) proposui coniecturam τὴν οὐσίαν δημοσίαν εἶναι, confirmatam nunc video a cod. Rav. Pro Καννώνυυ in Aristophanis loco scribendum Καννωνοῦ. Vide Theognostum Crameri An. Ox. II p. 68, 19.

P. 59 l. 5 et 6 a fine corr. ἀπαμειβόμενος

P. 61, 11 scr. 1838 pro 1828

Ib. l. 4 a fine ἐντὸς

P. 62, 12 pro προτύποις corrige προτομαῖς. Mox in Fragm. II, 1. Scaliger ad Eusebium pro μαστάω tacite scripsit μαστεύω

P. 67, 8 scr. impetuoso

P. 69, 5 Sed recte Bentleius] negat H. Sauppius ep. cr. pag. 64. H. I.

Ibid. Fragm. IV. Non αἴθης sed αἰθὴς genuinam huius adiectivi scripturam esse monuit etiam Fixius, quod didici ex Leutschii annotatione ad Zenobii Cent. I, 33. Bergkius autem ad Pindar. p. 41. αἰθῆς illud adiectivum scribendum esse existimat, et in Cratini versu corrigit: ἐκβάλλοντες αἰθῆντας πέπλους.

P. 73. Sextus versus Fragment. I Malthacorum fortasse ita supplendus est:

ἀνθρύσκου φόβηισί τε μίλῳ τε καὶ θρυαλλίδι.

Pollux l. l. μέμνηται — Κρατῖνος ἐν Μαλθακοῖς — καὶ κοσμοσανδάλου καὶ μίλου. Vs. 3 scripsi ἀνεμωνῶν. Apud Athenaeum ἀνεμώνων.

P. 74. In Fragm. II. Vs. 2 scribendum μῶρον pro μωρόν. Eam enim atticam esse τόνωσιν unanimi consensu tradunt grammatici.

P. 75, 16. Recte habere *ἀντίθεσις* monui Vol. II, p. 650 not. Cfr. Lehrs. Mus. Rhen. nov. II p. 345 sq.

P. 77 et 78. Non credideram quae hoc loco de epicarum formarum usu in versibus anapaesticis disserui, iis quemquam obloquuturum esse; et tamen fecit Cobetus Observ. crit. in Platonis com. reliqu. p. 176. Exemplis a me allatis adde *κυνέη* ex Aristoph. Nub. 287. *Τριτογενείης* ib. 989. *Ἀθηναίῃ τῇ τῆς πόλεως μεδεούσῃ* ex Equ. 763. *αἰὲν ἰοῦσιν* ex Av. 689. *χρυσέαις* trisyllabum e Nub. 272, quod forsan etiam Av. 615 reddendum. *αὖτε* e Cratini Pyl. I p. 111. Eodem referendus est hiatus *οἱ δ' αὖ ἐκεῖθεν* apud Platonem Symmach. II, 3. et correptio antepenultimae verbi *ἀνίησιν* in eodem Platonis loco Vs. 4. cll. Hom. Od. IV. 568. Vide infra Addenda ad Vol. II. 665. Nec *γραΐδιον* Plut. 536 in alio versuum genere quam in anapaestis Aristophanem dicturum fuisse credo.

P. 79 extr. 'Non recte existimo Arcadii allatam auctoritatem: ibi enim p. 56 23 de trisyllabis agitur et in Havniensi est *διρκύλος*.' H. I.

P. 88, 26 corr. p. 100.

P. 90 ult. Photius *παλαστή* habet, non *παλαιστή*. Hinc etiam in Cratini versu restituendum videtur *παλαστῆς*.

P. 95. Fragm. IV. *Πῦος* an *πυός* scribendum esset] 'Arcadius p. 121, 20: *Τὰ εἰς ον καθαρὸν παραληγόμενα τῷ υ βαρύνεται, πτίον, βρίον, πύον τὸ ἔμπυον, τὸ καὶ πύος κ. τ. λ.* Ex hoc epitomes loco primum discimus *πυον* genere neutro esse barytonon; et quod idem *μακροπαραληκτεῖ* (Draco p. 77, 16: meliorem auctoritatem non praesto habeo) *πῦον* scribendum erit ubicunque neutro opus est. Deinde quod *πῦον* idem dicitur esse quod *πυος*, id eiusmodi est ut coniunctum cum scholiastae Aristophanei testimonio Pac. 1146 Bk. (1150 Dübn.) Herodiani sententiam optime illustret. Ita enim scholiasta: *Ὁ πυὸς ὀξυτόνως καὶ ἀρσενικῶς ἐν τῷ ιε´ τῆς καθόλου φησίν.* Repone *ἐν τῷ ιγ´*: is enim est liber apud Arcadium: et invicem Arcadio restitue *τὸ καὶ πυός*. Ergo ex Herodiani mente erit *πῦον τὸ ἔμπυον, τὸ καὶ πυός*: h. e. masculinum oxytonon, neutrum barytonon; cui distinctioni non repugnant scripti libri. Quod enim ad comicorum fragmenta attinet, in hoc Cratini loco πῦον scribatur an πυὸν perinde est, nec de Pherecrate p. 300 (1, 19). Aristophane p. 1171 (1, 4). Eubulo 3, 258, (1) diiudicari res poterit. Sed quod Alexidi dant libri πυόν quidni retineatur 3, 463 (1, 11)? Eubul. 3, 241 libri habent πυός, nec repugnant quin Thesmoph. sec. p. 1077 Vs. 5 cum Dindorfio (fragm. Ar. p. VI) scribamus πυός.' H. I.

P. 95. Fr. V. versu 2 corr. φρύξας, ἑψήσας

P. 96, 16 sq. corr. Fragm. XI.

P. 97. In Cratini fragm. VIII. pro φίλον Cobetus l. l. p. 19. scripsit φίλος, qua vocativi forma dubito num Attici usi sint. Cfr. quae dixi Vol. IV. p. 187. De metro non dubitasse videtur Cobetus quin sint versus trochaici, in quo fallitur. At recte idem Cyclopem et Ulixen de oraculo, quod ille maxime reformidabat, colloqui coniicit.

Ib. l. 25 corr. σπερματίαν pro στερμ.

P. 98. Fragment. IX. Probavit Hermannus meas de hoc fragm. coniecturas, nisi quod οὐκ ante ἴδια delet:

ἴδι' ἅττα τάδ', οὐκέτ' ὄνθ'
οἷα τἀπὶ Χαριξένης.

P. 99, 17 corr. perterriti

P. 101, 12 dele verba „Pro θείῳ — videtur."

P. 102. Fr. II. corr. Κρανία item p. 103 2.

P. 103. Fragm. II. Quod bicipites illos Panoptas finxit Cratinus, egregie illustratur pictura vasculi ab O. Jahnio descripti in Bulletino dell' Inst. di Corr. Archeol. No. III. di Marzo 1839 p. 21. Jahnii verba haec sunt: Mercurio si precipita con nudo gladio sopra d' Argo, il quale è caduto per terra e si distingue per due teste barbate. Neque omittendus ad fabulae inscriptionem Heraclitus de Incred. 37 p. 95. τοῦτον (Ἄργον) πάντα βουλόμενον ἀκούειν καὶ ὁρᾶν ἐν παντὶ τῷ σώματι ὀφθαλμοὺς ἔχειν ἐπλάσαντο. ὅθεν ἔτι καὶ νῦν τοὺς τοιούτους Πανόπτας καλοῦμεν. Atque hinc explicandum est, quod Antiphanes medicus librum in quo curiose de partibus humani corporis disseruerat *Πανόπτην* inscripsit. V. Cael. Aurel. m. chr. VIII, 112. Ceterum Hesiodus Fr. IV, 2. quatuor oculos Argo tribuit.

P. 103. Fragm. III. pro *μνησικακοῖσιν*, qui calami error est, corr. *μνημονικοῖσιν*. Idem error p. 104, 2.

P. 104. 'Fr. IV. Sauppius act. soc. gr. II. p. 433 sic scripsit:

'Αριστόδημος ὡς ἀσχημονεῖ
ἐν τοῖς Κιμωνίοις ἀρῶν ἐρειπίοις.

Idem ex scholio his versibus olim addito Hesychii glossam *Κιμώνεια ἐρείπια·* (sic enim correxit) *ἔνθα ἠσχημόνουν περαινόμενοι* derivavit et *Κιμώνεια ἐρείπια* non de Cimonis monumentis, in quibus etiam post bellum peloponnesiacum Thucydidem sepultum esse constet, sed de ruinis intellexit aedium Cimoniarum temporum invidia collapsarum.' H. I.

P. 105, 1 "pro *'Ηροδότου* Sauppius l. c. p. 430 restituit *'Ολόρου*" H. I. Ib. l. 3. In verbis schol. Sophoclis Oed. Col. 489 (sic enim corrige pro 480) *ἐκτὸς τῶν ἐννέα πυλῶν*, nihil corruptum vel obscurum est. Cfr. Suidas s. v. *ἄπεδα. καὶ ἠπέδιζον τὴν ἀκρόπολιν, περιέβαλλον δὲ ἐννεάπυλον τὸ Πελασγικόν.*

P. 109. Fragm. V. ex Rav. ita edendum erat: *ἄρξει γὰρ αὐτοῖς διποδία καλῶς.* Ante *καλῶς* excidisse *καλή* etiam nunc credo.

P. 110. ad Fragm. VI. *Αὐτόματα δ' αὐτοῖς* etiam Dobraeus correxit Advers. II. p. 360.

P. 111 ad Pylaeam. Ad mercatum Pylaeae referenda sunt verba Theophrasti H. P. IX. 10, 2.

Ibid. Fragm. I scribendum *Οἱ δ' αὖθ' ἡμεῖς,*

P. 114. Fragm. VI corr. *αὐχμότατος* Fragm. VII. pro *Πισίου* scribendum *Πεισίου.*

P. 115. *Ζωπύρου τάλαντα.* De his meliora docuit ad Suidam s. v. Bernhardius.

P. 116. In Pytinae Fragm. I, 3. Bentleius pro *κακάς* scribebat *κακῶς*

P. 119, 14. Haec ita corrige: Convenit item Epicharmi versus *οὐκ ἔστι διθύραμβος ὄχχ' ὕδωρ πίῃς* apud Diogen. Prov. VII. 39.

P. 121, 35 adde: Dindorfius εἴποιμ' ἔτι;

P. 124. Cum vix credibile sit Cratinum Archilochi versum integrum et immutatum in usus suos convertisse, pro πολῖται aliud quid ab eo scriptum esse suspicor. Certius est ex eodem Archilochi loco etiam Cratini fragmento addendum esse ῥήματ'.

P. 125. Pytinae fragm. XIII. Dindorfius Addendis ad Schol. Aristoph. Vol. III. p. 405 ita constituit:

λῃρεῖς ἔχων· γελοῖος ἔσται Κλεισθένης κυβεύων
ἐν τῇδε τῇ κάλλους ἀκμῇ· γράφ' αὐτὸν ἐν σποδείῳ.

Ita enim, non τῇδε τοῦ κάλλους, Bentleius correxit. Ingeniose sane Dindorfius: nisi quod de σποδείῳ dubito, quod non video quo pacto aliud quid significare possit quam acervum cinerarium.

P. 126, 22 corr. 'Quae argumentis neque refelli neque confirmari possunt'

P. 129. Recte opinor fragm. XVIII. edidi ἆρ' ἀραχνίων, quo qui sententiam corrumpi dicit Cobetus Observ. crit. p. 61. non videtur vim particulae ἆρα satis cognitam habuisse. Interrogationis nota post γαστέρα me imprudente irrepsit.

P. 130, 16 'χιάζειν non crediderim Fritzschii esse, habet enim iam Bekkeri editio: λεσβιάζειν, quod Hemsterhusius coniectura comperit, praebet Ven. 475' H. I.

P. 140. XII. scr. δελεάστραν

P. 141. Ad eandem Trophonii partem ex qua Fragm. I. ductum est forsan Inc. fab. Fragm. V. referendum coniicias τρίγλη δ' εἰ μὲν ἐδηδοκοίη τένθου τινὸς ἀνδρός, qui versus eodem metro quo Fragm. I. scriptus est. Monuit hoc iam Bergkius Comment. p. 217.

P. 143. De Phormione Crotoniata a Cratino memorato dixi Vol. II. p. 1229 sqq.

P. 145. In Chironum Fragm. I. βροτοῖσι cum secundo versu coniungendum.

P. 147, 12 scr. παρὰ χερσὶ δὲ μῆλον

Ibid. Chironum Fragm. III. μέγιστον in secundum versum transferendum.

P. 151 med. corr. κατορύττειν

P. 152. Fragm. VIII, 1 recte Porsonus πρῶτον Vs. 2 corrige Πεισίαν

P, 153, 7 a fine pro „Turnebus" lege „Turnebi codex."

P. 154, 8 corr. nomine

P. 155, 10 a fine scr. Schol. Aristoph. Av. 521. lin. 9 a fine δωδεκάτῳ

P. 156. Chironum Fragm. XII. Cobetus Observ. crit in Platon. p. 26. ita interpretatur: artem musicam, i. e. comoediam, malis civibus acerbam fore et metuendam, sed eandem bonis favere semper et gratificari solere. Ceterum vide Add. ad Fragm. Cratini inc. V.

P. 159, 1 corr. Πανδελέτου

P. 161, 16 et 19 ἑτοῖν pro ἔτοιν

P. 162, 8 scr. Fragm. V.

P. 164, 9. Haec ita corrige „Versum Cratini exhibui ut legitur in cod. Turn. et ut editus est a Gaisfordo."

P. 169. Fr. XVII. Φελλέα. De hoc vocabulo vide Sauppii ad G. H. ep. cr. p. 60 sqq.

P. 171, 9 corrige opprobrium

P. 172, 10. Antiatticistae verba apud Bekk. ita scripta sunt: p. 116 20 Ψυχρὸς ἄνθρωπος: ἀντὶ τοῦ δυσκίνητος. Blomfield. autem in Edinburgh. Rev. XLII. 1813 p. 333 addit ex cod. Par. Κρατῖνος Ὥραις. Hoc amplexus est Welckerus l. l. et rursus Tragoed. graec. II. p. 1028. Apud Bekkerum autem ista verba sequenti articulo addita leguntur: Ψήφισμ' ἔθηκεν: ἀντὶ τοῦ ἔγραψε. Κρατῖνος Ὥραις, Πλάτων Ποιητῇ. Uter erraverit quum nisi inspecto codice diiudicari non posset, rogavi amicum Parisiis versantem ut inspecto codice hanc disceptatiunculam dirimeret; is vero renunciavit mihi omnia in codice ita perscripta esse ut leguntur apud Bekkerum.

P. 173, 4 a fine ἐναμίξας] corr. ἐμμίξας

P. 174. Fragm. V. ad Chirones referre voluit Cobetus Observ. crit. p. 22. quod fieri non potest nisi Aristidem negligentissime loquutum esse credere velis. Itaque valde incerta est viri acutissimi de tempore Chironum coniectura. Lacunam idem explebat insertis verbis τοῖς ὑμετέροισι χοροῖς, collato illo Aristophanis ἐξίστασθαι τοῖς ἡμετέροισι χοροῖσι. Quo tamen non evincitur recte dici ἀφυπνίζεσθαι χοροῖς. Unice nunc probo Hanovii rationem. Ad sententiam conveniunt quae dixit Pherecrates Fragm. inc. fab. XXXI. p. 349. ἵν' ἀφυπνισθῆτ' οὖν ἀκροᾶσθ' ἤδη γὰρ καὶ λέξομεν.

Ib. l. 17 corr. ἑτοῖν

P. 179. Cratini versus τρίγλη δ' εἰ μὲν ἐδηδοκοίη τένθου τινὸς ἀνδρός, non est dactylicus hexameter. Cfr. Add. ad p. 141.

P. 181. Rhodopidis verua a Cratino Fragm. XVIII. memorata, commemorari videntur etiam ab Epicharmo apud Athenaeum VIII. p. 362 b. de quo loco dixi Exercitt. in Athen. I. p. 28.

P. 183, 2 a fine corr. p. 82

P. 184, 6 corr. accommodatius

P. 185, 18 scr. Aristoph. Vesp. 925.

Ibid. Fragm. XXIX. μηδὲν ἐπὶ χεῖρας φέρων. Eadem dictione usus est Theophanes Cont. ed. Bonn. p. 199.

P. 188, 1 corr. Eustratius

P. 192. Fragm. LI, 3 pro ψόφησις cod. Flor. ψόφησιν. quod commendat V. D. in Notitt. litt. Monac. 1842 p. 143.

P. 193, 18 scr. sagacitatis

P. 198. Fragm. LXI. Recte Salmasius correxit κορσάτης, quod Didymus ad κόρση, alii ut videtur ad Corsas Ciliciae urbem revocabant. Cfr. ad Fragm. Com. Anon. p. 657. Fortasse igitur in Hesychii glossa inter κόρσης et Κόρσαι aliquid excidit, e. c. ἄλλοι δὲ Κιλίκιος. Fatendum tamen de Corsis Ciliciae oppido aliunde nihil constare. Cfr. Lobeck. Path. pag. 314.

P. 199, 4. Haec ita scribe „In Hesychii glossa pro λέγειν scribendum γελᾶν vel ᾄδειν, deletis verbis μασχάλην αἴρειν ἀντὶ τοῦ κωθωνίζειν."

P. 204, 8 corr. Ὄκνου pro ὄνου l. 13 scr. Phoc. 29 2

P. 209. Fragm. XCVIII. Pollucis verba forsan ita scribenda τὸ δὲ ἀπεμύττετο ὑλίζετο τὰς ῥῖνας ἔφη Κρατῖνος.

Ibid. Fragm. CII. Integrum Cratini versum servavit opinor Hesychius, Ἠνδρωμένη: ἀνδρὸς πεπειραμένη Ἡ παῖς γὰρ ἔμπαις ἐστὶν ὡς ἠνδρωμένη. De quo admonui Vol.II. p. 1230.

P. 211, 11 ᾠνωμένοι scr.

P. 212, 9 scr. Aiac. 1415.

P. 215. Fragm. CXXXIII. Io. Alex. locus est p. 36, 25. Ibid. Fragm. CXXXV. Vs 1 Phrynichi ed. princ. αὐτομάτην. Pro αὐτό recte Hermannus αὐτῷ. Vs. 2 corrige typothetae errorem et repone ἐνηβᾷ·

P. 220 lin. ult. corr. p. 167 sqq.

P. 222 lin. 4 corr. Menandrum Fragm. CXLIII, 2 scribendum ex Suida φιλοστέφανός σε φιλήσει. In annotatione ad Fragm. CXLIV pro Iulii rectius scripsissem Iuliae, ut Ἰουλίου apud Aristophanem sit a recto casu Ἰουλίας, quod nomen ad ἴουλος revocandum videtur. Ita concidunt dubitationes Dindorfii.

P. 223, 9 a fine. Corrige cum Dindorfio accentum ἐπιλησμόνη. Cui multa similia habet sermo graecus, e. c. ἡγεμόνη, εὐφρόνη, Μνημόνη, quod nescio an non recte Aristophani Lys. 1248. ereptum iverit Ahrens noster Dial. dor. p. 76.

P. 224, 3 a fine corr. Acharn. 884.

P. 225. Ad Fragm. CLIII respicit forsan Plutarchus Mor. p. 995 e. quo de loco vide ad Fragm. Menandri IV. p. 297. Ibid. l. 5 corr. ὗες Ib. Fragm. CLV, 2 apud Bekk. editur γνωμιδιώτης. Alius cod. apud Seidl. de Fragm. Arist. p. 22 γνωμιδιώκτης. Recte Schneiderus γνωμοδιώκτης.

P. 227. Ad Fragm. CLXI. Cfr. Crameri Anecd. Oxon. III. p. 245, 15. σεσημειωμένον καὶ τὸ ἀγκυλοχείλης καὶ τὸ παρ' Ἀττικοῖς δωδεκ . . . ὀφείλει δωδεκέψ. Corrige δωδεκέται, ὀφείλει δωδεκετεῖς.

P. 228. Fragm. CLXIII. delendum. Recte enim Salmasius Κραστῖνος correxit.

P. 229. Fr. CLXIX post λαβεῖν αὐτόν additur utrobique ἔστι δὲ παρὰ Κρατίνῳ.

P. 230. 'Fr. CLXXI Bernhardi in Suida (corrige typothetae errorem ὀνοματοποίησις) et Leutschius ad Append. IV. 1 proverbii formam hanc habent Ναίσων Ναυκράτη. Bodleiani locum ita constituit Leutschius: Ναύσων Ναυκράτη — Κρατῖνος ὠνοματοποίησε τὸ Ναύσων παρὰ τὴν ναῦν καὶ τὸ Ναυκράτη παρὰ τὸ ναυκρατεῖν. Ac probabile est etiam ap. Hesychium Ναυκράτη per viciniam simillimorum vocabulorum Ναύσων et Κρατῖνος obliteratum esse glossamque ad similitudinem Bodl. prov. refingendam.' H. I.

P. 233. "Οκως περ dixit Heraclitus apud Plutarch. tranqu. an. pag. 474 A. ὅκωσπερ λύρης καὶ τόξου, et apud Diog. Laert. IX, 2. ὅκως περ τείχεος. Ita enim scribendum. V. Delect. Anth. p. 173. Adde Democritum apud Stob. Flor. 104, 21.

P. 234, 5 a fine corr. 'εἰ cum coniunctivo'

P. 235. In Cratetis Heroum Fragm. I. scribe ἐμορμολύττετο, ut nullum in hoc exemplo formae μορμολύττειν praesidium sit. Cf. IV. p. 658.

Ib. Fr. II scr. τρύβλιον Fr. III. Bernh. ad Suid. εἰς αὐτοὺς τρέπων pro βλέπων proponit.

P. 239 l. 9 a fine corr. fragm. p. 94. Versum quartum Fragm. III. ex Cratetis Θηρίοις Cobetus Observ. in Platon. com. p. 229, ita corrigere tentavit οὐδ' ἐξ ἀγορᾶς οὐδὲ τάκωνας ἔτ' ὠνησόμεθ' οὐδ' ἀλλᾶντας, numeris non optimis. Mihi ποιεῖσθαι ἐξ ἀγορᾶς dici posse videbatur pro sibi parare ex foro. Ceterum confer quae dixi Add. V. III, p. 371.

P. 241, 11 corr. 'ex Cratete derivatum sit.'

P. 243 ad 'Ρήτορας. Mantinicam γογγύλην memorat etiam Clemens Alex. Paed. p. 61 pr. Sylb.

P. 246. 'Fr. I ita composuit Bergkius apud Zimmermann. annal. Vol. VII. p. 847:

ποιμαίνει δ' ἐπίσιτον·
ῥιγῶν δ' ἐν Μεγαβύζου
δέξει δῆτ' ἐπὶ μισθῷ
σῖτον.

In annotationis l. 5 corr. Megabyzum' H. I.

P. 248. In Cratetis Fr. II. scribendum omnino ὁ γάρ χρόνος μ' ἔκαμψε, τέκτων μὲν σοφός, ut habet cod. Voss. Tempus τέκτονα σοφὸν dixit etiam Critias apud Plutarch. plac. phil. p. 879 F. χρόνου καλὸν ποίκιλμα, τέκτονος σοφοῦ.

P. 250 7 a fine 'eandem Herodiano adhibuit medicinam Bergkius de fr. Sophocl. p. 31.' H. I.

P. 251. Fr. XIV "Pollucis et editio habet ἡμίλουτοι et cod. ἡμιμάσητοι" H. I.

P. 253. Fr. II est ap. Athen. p. 685 b.

P. 255, 6. De Σηκὶς servili nomine cfr. Epicharmus apud Schol. Arist. Pac. 185.

τίς ἐστι μάτηρ; Σηκίς ἐστι. τίς πατήρ;
Σηκίς. τίς ἀδελφός; Σηκίς.

Ita enim haec scribenda sunt, non ut edidit Ahrens Dial. dor. p. 449 (84.) Ib. l. 20 corr. XVIII 2

P. 255. Pherecratis Fragm. II. ex Agriis Hermannus ita constituit:

ἐνθρύσκοις καὶ βρακάνοις
καὶ στραβήλοις ζῆν, ὁπότ' ἂν δ' ἤδη πεινῶσ', ὡσπερεὶ
πολύποδας νύκτωρ περιτρώγειν αὐτῶν τοὺς δακτύλους.

Quid verum sit non prius diiudicari potest, nisi quam mensuram vox βράκανον habeat alio exemplo intellectum fuerit; πολύπους autem pro πουλύπους non credo ullum unquam Atticum dixisse, nisi ubi multipedem significat, velut in loco Posidippi apud Stob. Flor. XCIX, 29.

P. 261. Fragmentis 'Αγρίων adde hoc:

XIII.

Schol. Luciani Vol. IV. p. 220 Iacob. Γέρρα — καὶ 'Αριστοφάνης ὡς ἐπὶ φυλακῆς τινος καὶ μοχλοῦ τροπικῶς παρέλαβε τὴν λέξιν. τοιοῦτόν ἐστι καὶ τὸ ἐν τοῖς 'Αγρίοις Φερεκράτους· γέρροις ἀποσταυροῦνται.

P. 261. Fragm. I, 4 pro σπόνδυλον repone σφόνδυλον, quae attica forma est.

P. 262, 9 corr. farra sunt 14. In scholiastae verbis θηλύματα non mutandum esse ostendunt sequentia.

P. 263, 12 corr. Hist. crit. p. 81.

P. 265. Fr. IX. scr. πεπληθέναι l. sq. scr. 330 19.

P. 268, ult. et l. 17 corrige χρόνου pro χρόνον.
lin. 13 a fine corr. ἀνανεάζειν

P. 270, 7 corr. ψυχοφάγος — καρδίαν
lin. 16 corr. „Proverbialiter"

P. 272, 16. In Hesychii glossa non ἀποῤῥυήσεις legitur sed σοβήσεις. At idem: Λιβάξει: ἀποῤῥυήσει — ἀποφθείρει, ubi λιβάξεις scribendum videtur.

P. 276, 9 scr. πυρετοῦ. 17. In Erotiani loco pro ἄρδαλον scribendum ἄρδαν

P. 277, 26. Cum μαγείραινα et ἰχθυοπώλαινα, quae comice ficta sunt, compares κηρύκαινα apud Aristoph. Eccl. 718. Cfr. Steph. Byz. p. 675. καὶ Σκυθὶς τὸ θηλυκόν, καὶ Σκύθαιναν, ὡς Κυρίκαιναν. Scribe κηρύκαιναν.

Ibid. Fragment. II recte explicat Clarisse de Epocha Thuc. belli Pelop. p. 90. Formam ὑπώβολον tuetur etiam quod Epicharmus dixit ὀπώδελος apud Athen. VIII. p. 362 b. Cfr. Exercitt. philol. in Athen. I. p. 28.

P. 284, 10 corr. Ποιμαίνει

P. 287. Fragm. I, 3 revocanda codicis lectio τὰς μεσημβρίας cll. Aristoph. Lys. 966.

P. 290, 16 corr. certamine 20 scr. testimonium

P. 291. Fragm. X. recte Bernhardius μοι.
Fragm. XI. corr. ἐν Κραπατάλοις
Fragm. XII. Pollux habet κεφαλῇ μου λάσανα

P. 294, 6 a fine corr. proxime cum

P. 295, 10 corr. Ἀθη-ναῖοι

P. 296, 9 corr. affertur

P. 297. Fragm. II. pro ποιοῦντα forsan πονοῦντα scribendum.

P. 298. Fragm. VII. Dobraeus Adv. I. p. 578. corrigit: λαβοῦσα μέντοι χοίνικα |τὸν πύνδαξ' εἰσέκρουσεν.

P. 299. χρῆσται non χρῆσθαι in hac formula scribendum esse nunc recte statuisse credo Hermannum in altera editione Sophoclis Oed. Col. 504.

P. 300, 32 corrige ἕκαστος. Sed volebam ἕκαστον ex Elmsleii coniectura. Nunc malim ἑκάστων aut ἑκάστοθ'. Dobraeus Adv. II. p. 313 ἕκασθ' ὅσ'.

Ib. lin. ult. scr. 'ex versu unet-vicesimo

P. 301, 8. Dele verba „quod qui praeter — novi neminem." Satis frequens enim apud Atticos hic usus participii εἰργασμένος.

P. 302, 15. *Διεφθ' ἀκροκώλια* dixit etiam Philoxenus Athenaei IV. p. 147 (p. 853 v. 30 Bgk.)

P. 302 ult *Πύου* an *πυοῦ*] vide supr. p. 18 sq.

P. 303, 5 corr. debemus

P. 303, 9. Ut *κολυμβᾶν* Pherecrates comice dixit pro *ἀπελθεῖν*, ita *νήχεσθαι* usurpavit Timon Phliasius apud Diog. Laert. IV, 33 *νήξομαι εἰς Πύῤῥωνα*. In sequenti versu nunc nihil muto. Post vs. 22 plures versus videntur excidisse.

P. 304, 14 corr. antecedentibus

P. 307, 4 corr. iudex pro index

Ib. l. 7 a fine corr. nihil habeant

P. 312. Fragm. V. Bentleius Epist. ad Hemst. in Opusc. ed. pr. p. 61 ita corrigere tentavit: *ἀλλ' ἐν κοίταις ἔνι γ' οὐδ' ἀπόβληθ', ἀμέλλομεν ἀριστήσειν*. lin. 5 a fine corr. *ἀποκεῖνθ' ἃ μέλλομεν* et lin. 8 a fine *μέλλομεν*

P. 314. Fragm. IX recte Fritzschium *αἰγὶς αἰγὶς* scripsisse docent Suidae codices.

Ibid. Fragm. X malim nunc *ὕστερον ἀρᾶται κἀπιθειάζει πατρί*.

P. 315. Fragm. XIII *ἢ τρὶς ἓξ ἢ τρεῖς κύβοι*. Eodem proverbio usus est Epicharmus apud Stob. Fl. 69, 17.

P. 315. In Persarum Fr. I, 1 corrige calami errorem *ἀρότων* pro *ἀροτῶν*. Vs.5 *τοῦ Πλούτου* corrigas.

P. 316, 10 pro *φυλλοροήσει* Bergkius ap. Zimmerm. a. 1840 pag. 1078 *φυλλοχοήσει*, quod non credo probari posse, quum recte quidem arbor dicatur *φυλλοχοεῖν χορδάς*, non item *φυλλοχοεῖν χορδαῖς*.

P. 317, 5 a fine pro 'Pherecratis (Metall. I.)' corr. 'Teleclidis (Amph. I. 12)'

P. 318, 22. Dele verba 'Eandem pro vulgato etc.

P. 329, 15 corr. *ἀνεκτὸς* (v. Lob. Parall. 480 sq.) quod habet Emperius etiam ap. Zimmermann. annal. 1835 p. 9 not.

P. 329, 31 corrige *ἑπτὰ* pro *ἕπτα*

P. 330, 11 corr. Hanovius

P. 334. Versu 10 fragmenti corr. *ἑπτὰ* V. 18 *ἀνεκτὸς*

P. 336, 4 dele verba l. 4 — 12 „*ἔτι δὲ* — audacius factum." De Athenaei loco *μεγάλων Ἠοίων καὶ μεγάλων*

Ἔργων optime disseruit I. Caesar in Zimmerm. Ephem. phil. 1838 n. 65. et Marckscheffel Fragm. Hesiodi p. 187 sqq.

P. 337, 20 corr. *ἄξιος*

P. 338, 4 scr. 653 e

P. 339. Fr. VIII lin. 7 annot. corr. *Λεσβίων*

P. 340. Primum Pseudoherculis versum Piersonus ad Moer. p. 16 male pro Athenaei verbis habuit.

P. 341. Fragm. III Athenaeus habet *ῥαφανίς τ'*

P. 342. Ad fragm. V ubi de Alcibiade *ἀνὴρ ἁπασῶν τῶν γυναικῶν ἐστι νῦν*, compara non minus acerbum Curionis de Iulio Caesare dictum omnium mulierum virum et omnium virorum mulierem apud Sueton. V. Caes. 52. Cfr. Cicero Verr. II, 78 vir inter mulieres, impura inter viros muliercula.

P. 344. XIII Vs. 4 corr. *πασσάλου*

P. 345. 'XVII nonne *ζειάς* scribendum coll. Arcad. p. 98, 15 Aristoph. fr. p. 1122 (15)?' H. I.

P. 346, 13 *πτισσάνη* corr.

P. 347. Fragm. XXIII. Verba Grammatici Bekker. p. 368, 22 *συγγραφικαὶ δὲ αἱ συνθῆκαι*, quae Vol. II. p. 649 not. explicare conatus sum, ad disparium graduum coniunctionem refert Lobeckius Paral. pag. 41. Bernhardi annal. crit. Berol. a 1838 mens. Sept. p. 330 sq. ita intellexit 'die guten autoren häufen gern die sinnverwandten wörter.'

Ibid. XXIV, 4 corr. apud Hermippum Fragment. Stratiot. VII, 2.

P. 348. XXVIII, 3 corr. *ἀνεψιαδοῦν*

Ibid. ad Fragm. XXIX. Pherecratis verba *οἷον αὐτόπνιγος ὡς ἀσελγής*, ita corrigo: *οἷον αὖ τὸ πνῖγος, ὡς ἀσελγές*, ut sint trochaici tetrametri reliquiae.

P. 349. 'XXXIII. In verbis Etymologi l. 2 a fine corrigam *καὶ ἀεὶ* (vulg. *εἰ*) *μὲν παρεζευγμένον εὑρήσεις τὸ ποῖ τῷ κῆχος*: ratio aperta est.' H. I.

P. 351, 10. In Photii et Hesychii glossa *ἐττημένα* nunc aut ex *ἡττημένα* corruptum aut ex ionico scriptore derivatum suspicor. V. Exercitt. in Athen. Spec. I p. 11.

Ib. XLII annotationis l. 3 scr. '*Ἀεί ποθ'*

'Fr. XLIII nonne ad Crapatallorum fragmentum XII pag. 291 referendum est?' H. I.

P. 353. L corr. ἄξιος

P. 354, 8. pro LVI — XLI scr. LVI — LXI

Ibid. 13. In Photii glossa "Υφος: ὑφεύς, Φερεκράτης, pro ὑφεὺς ὑφή scribendum videtur.

P. 356, 22. In Pherecratis verbis forsan praestat ex cod. Kuhn. scribere καττύομεν

Ib. in annot. scr. corrigiarum

P. 358 LXXXV annot. 2 scr. ἄνευ τοῦ ἀναπ.

P. 362 lin. 3 comment. scr. Ἀμφικτύοσι

In not. pro 252 corr. 552. Homeri versus est 487.

P. 363, 11. Vir doctus in Ephem. Monac. a. 1842 p. 150 tentabat ἂν παισὰ cll. Athen. XIV p. 646 f.

P. 365. In Teleclidis versu, τὰ δὲ τήγανα ζέοντά σοι μολύνεται pro τήγανα ζέοντα, cod. Falck. habet τηγανίζοντα, unde Hemsterhusius τήγανα σίζοντα, Bentleius Epist. ad Hemst. p. 62. τηγάνῳ σίζοντα, qui quod non lances sed cibos in lancibus σίζειν dici contendit, id refutat praeter alios Clemens Alex. Paed. II, 1 p. 240 b. ταγήνοις σίζουσι περιηχούμενοι. Idem nostrae linguae usus est. Nec placet τὰ τηγάνῳ pro τὰ ἐν τηγάνῳ. Scribendum videtur τὰ δὲ τηγάνια σίζοντά σοι μολύνεται, et pro μολύνεται forsan μωλύεται. Cfr. Lobeck. Pathol. p. 345.

P. 366, 7. Hoc loco inserenda haec: Ad hanc Teleclidis fabulam referenda esse suspicor quae leguntur apud schol. Aristoph. Vesp. 506 ζῆν βίον γενναῖον ὥσπερ Μόρυχος] πρὸς (Ven. add. τὸ) τοὺς ἀψευδεῖς ποιήσαντάς τι τὸν Μόρυχον τῶν πολιτικῶν πεποίηκε (adde μετέχοντα c. Dind.) πραγμάτων, ἀγνοήσαντας ὅτι τρυφερὸς καὶ ἡδύβιος κωμῳδεῖται. In his ἀψευδεῖς Dindorfius e Μεταλλεῖς, quae Pherecratis fabula est, corruptum putabat. Respicit potius ad Teleclidis Ἀψευδεῖς: scribendum igitur πρὸς τὸν τοὺς Ἀψευδεῖς ποιήσαντα, ὅτι τὸν Μόρυχον τῶν πολιτικῶν πεποίηκε μετέχοντα πραγμάτων, ἀγνοήσας ὅτι τρυφερὸς καὶ ἡδύβιος κωμῳδεῖται. Simul ex his intellegitur Ἀψευδεῖς pro spuria Teleclidis fabula fuisse habitam; unde suspicor ad eandem referendum esse Inc. fab. fragment. XVI. De praepositione *πρὸς* sic posita v. Dobraeum Adv. II p. 268.

P. 366. 'In Hesiodorum primo fragmento codicem literis prope obliteratis pro *β δεν* Bekkeri habere *λελυθημαι ὅθεν* Dindorfius testatur.' H. I.

P. 367, 1 pro 446 f. corr. 436 f.

P. 369. 'Fragm. I. corr. *οὔθαρ φορῶ*: nam *φέρω* altero est Athenaei loco p. 656 e.' H. I.

P. 371. De Teleclidis fragm. II. conf. Welckerum Trag. graec. II p. 453 sqq.

P. 372. Frustra adhuc viros doctos exercuit Teleclidis versus Fragm. inc. fab. IV, 2. *λάϊνα τείχη τὰ μὲν οἰκοδομεῖν, τὰ δὲ αὐτὰ πάλιν καταβάλλειν.* Scribendum *τάχα δ' αὐτὰ πάλιν καταβάλλειν.* Ceterum cfr. Stobaeus Flor. CV, 61. *Αἴσωπος ἐρωτηθεὶς ὑπό τινος τῶν ἐν ἐξουσίᾳ ὄντων τί οἱ θεοὶ πράττουσιν, τὰ μὲν οἰκοδομεῖν ἔφη τὰ δὲ πάλιν καταβάλλειν.*

P. 376. Fr. XVI corr. *ἐπὶ τοῦ ὕειν*: caeterum cf. addenda ad p. 366.

P. 377. Ad Fragm. XIX. 'Photii locus num ita corrigendus *'Ιβύ: μέγα. ἀπὸ τῶν ἀναφθεγξαμένων?* h. e. *ἀπὸ τῶν ἰβὺ ἀναφθ.*' H. I.

P. 378, 11. Pro *Εὔτρης* in Hesychii glossa non *Εὐτρησίων* scribendum, sed *Εὐτρήσεως*, de quo admonuit Dindorfius.

P. 381. Hermippi Fragm. III et IV *ἀνθέων ὕφασμα* et *πέπλοι ἀνθέων γέμοντες* videntur esse vestes quibus flores intexti sunt. Cfr. Anthol. Pal. V, 158, 2. *ζωνίον ἐξ ἀνθῶν.* Plato Rep. VIII p. 557 c. *ἱμάτιον πᾶσιν ἄνθεσι πεποικιλμένον.*

P. 382. "Fr. VI. Non crediderim Scholiastam Aristophanis Vesp. 791 (795 Dübn.) respicere ad Hermippi locum: sic enim ille *ἦ δ' ὅς λέγων: ἀντὶ τοῦ ἔφη. καὶ ἔστιν ἀπὸ τοῦ ἠμί. κέχρηται δὲ αὐτῷ συνεχῶς ὁ Πλάτων ἐπὶ μέλλοντος μόνου· οἱ δὲ κωμικοὶ καὶ ἐπὶ τῶν ἄλλων χρόνων.* In his *ἐπὶ μέλλοντος* idem videtur esse quod apud Schol. Il. *Ε* 533 (Od. *θ*. 186) *προτάσσεται τῷ ῥηθησομένῳ λόγῳ* oppositum illi ἐπὶ προειρημένοις λόγοις ἐπιλέγεται. Posteriorem hunc usum praevalere apud Homerum frequens ἦ, καὶ sim. demonstrat orationi subiectum; apud Platonem formula ἦ δ' ὅς plerumque sub initium orationis sequentibus etiam pluribus locum habet, quamquam est etiam in fine responsionis, velut Rp. in. pag. 327 b ἀλλὰ περιμενοῦμεν, ἦ δ' ὃς ὁ Γλαύκων (Phot. p. 61, 26): apud Aristophanem duobus in locis altero postpositum est ἦ δ' ὅς: Vesp. 795 ταχὺ γοῦν καθέψεις ἀργύριον, ἦ δ' ὃς λέγων. Lysistratae 514 interpositum orationi τί δέ σοι ταῦτ'; ἦ δ' ὃς ἂν ἀνήρ, οὐ σιγήσει;" H. I.

P. 383. Hermippus Artop. I φέρε νῦν ἀγήλω τοὺς θεοὺς ἰοῦσ' ἔσω. Elmsleius praefert ἐγώ. Sed vide Vol. III. pag. 225.

P. 384. V. Hermippi locum Hermannus ita scribebat:

ἐνέβαινε σιγῇ *** Πείσανδρος ὁ μέγας αὔτως,
ὥσπερ Διονυσίοισιν οὑπὶ τῶν ξύλων. „ὅδ' Αἴας,"
ἐρεῖς ὄνον κανθήλιον.

Quibus Homericam Aiacis cum asino comparationem respici putat. Probabiliora Cobetus Observ. crit. in Plat. com. p. 128 proposuit:

ἀναβαίνει σῖγα Πείσανδρος μέγας
ὥσπερ Διονυσίοισιν οὑπὶ τῶν ξύλων.
β'. ἐγέλασ'. α'. ἐρεῖς τιν' ὄνον ὁρᾶν κανθήλιον.

Idem τὸν ἐπὶ τῶν ξύλων, quem ego consentiente Hermanno de sedilium in theatro praefecto interpretatus sum, phallum dici existimat, quales in Dionysiorum pompa perticis suspensi gestabantur.

P. 387, 7 corrige αὐτοσχιδὲς

P. 389. Hermippi fragmentum Hermanno ita scribendum videtur:

Ἐπειθ' ὅταν πινώμεθ' ἢ διψώμεθα,
εὐχόμεθα πρὸς τοῦτ', οἶνος, ὦ κέρας, γενοῦ.
κᾆς τοῦ καπήλου 'γὼ φέρω παίζων ἅμα,
κεὐθὺς γεγένηται τοῦτο πέντε καὶ δύο.

Κεὐθύς, inquit, ist von Herrn Bergk, dessen übrige Coniecturen über diese Verse ganz unstatthaft sind. Atqui Bergkius fragmentum hoc plane ita ut Hermannus constituit, nisi quod primo versu πεινώμεθα scripsit pro πινώμεθα, quod bene tuetur Hermannus, dici haec ab aliquo monens, qui se fluvii deum esse simulat.

P. 390. Fr. V Athen. habet Λεπάδας δὲ πετρῶν —

P. 391. In Fragm. VII. παραταιναρίζειν comparandum cum verbo παρασαβάζειν.

P. 394. VI l. 2 corr. κωμῳδοῦσιν lin. 11 pro 1146 scr. 1046.

P. 399. In Hermippi Fragm. III Vs. 3 corrige typographi errorem οἰκουρεῖν

Ib. Fr. IV. μύων ad socordiam Iovis sive malis Periclis spectat. cf. vol. III. p. 4.

P. 402. Hermippei loci Vs. 3 sqq. Hermannus l. l. p. 508 ita emendari voluit:

τὰ μέν γε πρὸς ὄψιν εἰ
δοκεῖτε μάλ' οὐ κακῶς
ἔχειν ἀπὸ σώματος.

P. 403. Fr. II δ' non habet Schol. Ar.

P. 404. Fragm. V, 2 corrige typothetae errorem ῥοδιάξῃς pro ῥοθιάζῃς.

P. 406. 'IX ἀνερίναστος εἶ mutavit Schneidewinus ex Hes. Suid. Et. Idem l. 6 pro σφῆνας restituit φήληκας ex Et.' H. I.

P. 407. Fr. I 13 λαβανωτόν typographi est error, scr. λιβανωτόν

P. 408, 19. Bubula tergora ex Libya advecta esse constat ex Hesychio, Δέρμα Λιβυκόν: ὡς κάλλιστον. Ubi vide interpretes.

P. 409 12 Thucyd. calami est error: scr. Herod.

P. 410. Fragm. II versum primum Hermannus l. l. p. 508. ita refingit Μενδαῖον, τοῦ μὲν καὶ ἐνουροῦσιν θεοὶ αὐτοί.

P. 416. Inter X et XII repone XI pro edito IX.

P. 425, 8. Scribe „a Stobaeo". Versus ille, quem Philonidae tribuit Stobaeus, κρεῖττον σιωπᾶν ἐστιν ἢ λαλεῖν μάτην, legitur etiam in Menandri monost. 290. Mox pro συνιεῖς forsan praestat συνίῃς scribere.

P. 426 'l 2 corrige *πτόρθους* quod et libri servant et Arcad. 49 5 commendat.' H. I.

P. 426. In Caprarum Fragm. I, 2 pro *ἔτ' ἀλλ' οἷον* cod. Par. *εταλλοην*, in quo *καλαμίνθην* latere videbatur Schneidewino in Th. Bergkii Ephem. phil. vol. I. p. 476. Vs. 3 cod. Par. *κύτισον*. Et ita etiam Camerarius; *κύτισου* (sic) apud Pont. operarum error est. Pro *συκῆν*, quod Camerarius ex cod. scripsisse mihi videbatur, etiam Par. habet *πεύκην*. V. Schneidew. Mox cod. Par. *ἐρίκην*. Ceteras discrepantias omitto.

P. 428. Eupolidis fragmentum ex Capris Cobetus Observ. ad Platon. com. p. 150 ita scribendum coniicit.

. . *αὐτῶν ἣν κάμῃ τις, εὐθέως πρὸς αὐτὸν*
ἐρεῖ· πρίω μοι σελάχιον. B. τί δ' ἣν ἴδῃ λύκον τις;
A. κεκράξεται φράσει τε πρὸς τὸν αἰπόλον [*δραμοῦσα*].

P. 431 4 corr. oc-calluisse

P. 432 'Fr. XIV *γλάμων* restituit iam a. 1830 Dindorfius v. eius edit. Ar. p. 292.' H. I.

P. 435 19 repone Olymp. LXXXIX

Ibid. De Fragm. I ex Eupolidis Astrateutis dixit Cobet. Obs. crit. p. 127 corrigens ille *κἀνταῦθα πάσης τῆς στρατιᾶς κάκιστος ἦν*, eiecto *ἀνήρ*. Recte locum emendasse Porsonum docent codices, qui *σῆς* post *τῆς* omittunt.

P. 436. De accentu nominis *Σπάρτωλος* adde Herodianum apud Stephan. Byz. s. *Αἰτωλία*.

Ib. II. corr. Ol. LXXXIX 3 et not. **) 'pro Ol. LXXXIX 2' muta in 'pro ante Ol. LXXXIX 3.'

P. 439. Eupolidis Fr. VIII corrigere tentavit Ungerus Parad. Theb. I.

P. 440. Eupolidis versum *πῶς ὦ πολλῶν ἤδη λοπάδων τοὺς ἄμβωνας περιλείξας*; grammatici quos attuli ita interpretantur, ut *ἄμβωνας λοπάδων* proprio et vulgari sensu de patellarum oris intellegant. Eos sequutus Bergkius Comment. p. 347 impudentem parasitum castigari existimavit. Mihi his verbis idem opprobrium contineri videtur, quod aliis verbis expressit Aristoph. Equ. 1282. Sunt igitur *τὰ χείλη τῶν γυναικείων αἰδοίων*. Cfr. Eustath. ad Hom. p. 1539, 33.

P. 441. Fr. IV corr. *δίφρον δ' ἂν εἴποις*

P. 442. Fr. VII l. 7 corr. Hell. II 3 46.

P. 442 ad Fragm. VI. Thessalicae sellae formam optime indicat Erotian. Lex. Hipp. p. 154 *πᾶς δίφρος ἀνακλισμὸν ἔχων Θεσσαλικὸς παρὰ τοῖς παλαιοῖς λέγεται.* Cfr. Foesium Oecon. Hipp. s. *ἕδος Θεσσαλικόν.*

P. 443, 8 *τὸ*] corr. *τι*

P. 444, 7 Scr. Scholiasta Aristoph. Nub. 109

P. 445, 4. Post *θατέρῳ* ipsum potius Eupolidis testimonium excidisse et *ξενίζεσθαι* esse mirari, vere monuit L. Dindorfius Thes. L. G. v. *ἱστιᾶν.* Cfr. Walzii Rhet. VII 175. *ἵνα μαθόντες μὴ ξενισθῶμεν ἐν ταῖς ἄλλαις στάσεσιν αὐτὸν εὑρόντες.* Athen. XIV. p. 658 e *πολλῶν ξενιζομένων ἐπὶ τῷ κηρύγματι.*

P. 445 ad fragm. XVII. Dele verba „Rectius pro *Εὔτρησις* etc.

P. 447. III. 'Athenaeus II. p. 47 c, *ἀναρίστητον δὲ εἶπεν Εὔπολις*, hunc locum in animo habuisse videtur.' H. I.

P. 448, IV, 3 corr. *ἡ λέξις* pro *λέξει*

P. 449. In Hesychii glossa scribendum *Βάστας Χῖος.* In titulo enim illo *Βάστα Κάρας* etc. Caras rectus casus est, *Βάστα* autem genitivus, quemadmodum *ἱππότα φηρός* pro *ἱππότου* dixit Aratus Phaen. 664 cfr. Eustath. ad Hom. p. 1457, 23. Attigit etiam, ni fallit memoria, Scholiastes Euripidis.

P. 451, 3. a fin. pro *Τιγράνην* Baiterus ad Schol. Aesch. p. 22 corr. *τὸν πρωκτόν.* Ib. ante *γὰρ* Sauppius inserit *πεποίηκε*

P. 452. In inscriptione paginae scr. EUPOLIDIS pro PHILONIDIS

Ib. XV annot. l. 1 corr. *τροχί-σκιον*

P. 453. 'Fr. XVIII *ἐπιχώριος δέ ἐστι καὶ* est Aldinae, *δέ ἐστι ἢ ξένης* Rav. praebet, *δέ ἐστιν ἡ ξένης* (*ὁ ξένος* Ven. 475) Ven. 474. *δὲ ἢ ξένης* Flor. Hinc *ἐπιχώριος δ' ἔστ' ἢ ξένης ἀπὸ χθονός* noviss. schol. ed.' H. I.

P. 456, 20. De *τοιγαροῦν* quod dixi nihili est.

"Fr. I. *ἑστιῶν* versu secundo non videtur recte habere,

requiritur ponderandi vocabulum, id cum commode praebeat Apollodorus Harp. vs. 13, Eupolidis versus sic refingam:

Τοιγαροῦν οὐδεὶς στρατηγὸς ἐξ ἐκείνου τοῦ χρόνου
ἐδύναθ' ὥσπερ μειαγωγὸς ἱστάνων τὰ πράγματα
τῷ ζυγῷ τῆς τοῦδε νίκης πλείον' ἑλκύσαι σταθμόν.

Formae *ἱστάνειν* quam anceps sit apud veteres Atticos auctoritas non ignoro equidem, sed favet quod et Apollodorus eo ipso in loco eam habet, nec plane expulsum ex oratoribus *καθιστάνειν*. Vide ap. H. Saupp. ep. cr. p. 17. adde Isae. 2, 29." H. I.

P. 457. Fragm. IV. *ἡ μὲν φύσις τὸ μέγιστόν ἐστι.* Cfr. Euripides Stobaei Flor. XC, 6. *μέγιστον ἄρ' ἦν ἡ φύσις.*

P. 458. Fragm. VI, 5. Cfr. Anonymus V. Soph. ed. Schn. p. 154. *φησὶν οὖν Ἀριστοφάνης ὅτι κηρὸς ἐπεκαθέζετο τοῖς χείλεσιν αὐτοῦ (Σοφοκλέους).* Cogitavit de hoc ipso Eupolidis loco. Cfr. Bergk. ad Aristoph. Fragm. p. 1176.

"Ib. quod versu 3 coniectura repperit Grotius *ἐκ δέκα ποδῶν* pro *ἐκκαίδεκα ποδῶν*, id ipsum servavit ad Il. *P* 463 schol. Ven. 453 *ἥρει τὸ κατελάμβανεν, ὡς τὸ "ἐκ δέκα ποδῶν ἥρει λέγων τοὺς ῥήτορας"* H. I.

P. 462 pr. corr. extime-sceret

Ib. 25. Ol. LXXX 3

P. 467. Fragm. XVIII, 1 pro *γε παύσομαι* Pierson. ad Moer. p. 293 scripsit *πεπαύσομαι.*

P. 471, 12. Post *σοφιστής* adde "nisi malis *παλαιστής* cum viro docto in Ephem. litter. monac. 1842. p. 152." Ad Fragm. XXIV cfr. Crameri Anecd. Par. IV p. 15, 33 ubi legitur *τῷ δ' ἄρ' οἶνος εἴη πίσει.*

P. 471 not. 'Etymologi verba *ἀλλὰ μήποτ' ἔστιν εἰπεῖν ὅτι μὴ εἰρῆσθαι ἐν πλάτει* f. tueare similium exemplorum auctoritate, quale est schol. Ran. 1093 *τοῦτο δέ φησιν Εὐφρόνιος, ὅτι-τοὺς ὑστάτους τρέχοντας-τύπτεσθαι-ὑπὸ τῶν νεανίσκων.* Aliam rationem habent loci a Schneidewino collecti coni. cr. p. 16 not.' H. I.

P. 473 9 corr. non alio consilio Ib. 16 corr. *πιθῶνες ὡς*

P. 476, 25. Pro *ἀνδρώνυμον* corrige *ἀνδρωνύμιον*. De Alcmaeone v. Vol. IV p. 643.

P. 480, 13. Antiatticistae verba H. Iacobi ita interpretatur: *Θηρία* Atticistae nonnisi de bestiis dici volunt, equum vero mulumve domesticos nominari: adversatur Eupolis Demis: is igitur equum vel mulum *θηρίον* vocasse putandus est.

P. 482, 17 scr. *χε-λῶναι* Ib. 'l. ult. Sophro num *Ποτιδᾶ πρασοχαῖτα* scripsit, quod et Ahrensius proposuit dial. dor. 466?' H. I.

P. 483, 10. De *Κερκίδας* et *Κερκιδᾶς* cfr. Anal. Alex. p. 388. De Eustathii loco ad Fragm. VII adscripto, quem falso huc traxit Müllerus, dicam in Exercitt. philol. ad Athen. Spec. II.

P. 490. Ad Eupolidis Fr. X. *ἀλαζονεύεται περὶ τῶν μετεώρων, τὰ δὲ χαμᾶθεν ἐσθίει*, compara Aristoph. Fragm. inc. LXI ex Achille Tat. Isag. p. 121. *ὃς τἀφανῆ μεριμνᾷ τὰ δὲ χαμᾶθεν ἐσθίει.* Nisi per errorem Achilles Aristophanem pro Eupolide nominavit, quod etiam aliis accidisse constat. V. Hist. crit. p. 118.

P. 491, 16. Recepit meam coniecturam *ἔκκλυστον* Dübnerus in Plutarchi editione Parisiensi.

Ib. 4 a fin. corr. canis.

P. 492 18 corr. *συντόμῳ*

P. 493 5 corr. *ἑτέραν*

P. 494 10 de ipso Callia

P. 495 XX 4 corr. *κούφη*

P. 496 7 omisit

P. 497 8 corr. *ἐλαιηρὰν*

P. 498 14 corr. *ἐπαινῶ*. Laconum fragm. Lobeck. Pathol. p. 391 ita corrigit *τὰ φυτάρι' ἐξεποίησε μυττωτὸν πολύν.*

Ib. 'Adulatorum fragmentis quid obstat quominus addamus etiam hoc.

XXXI.

Pollux X 90 *ῥητέον δ' αὐτὸ καὶ χειρόνιπτρον, Εὐπόλιδος εἰπόντος ἐν Κόλαξι, φροῦδον τὸ χειρόνιπτρον*: neque obscurum quo pertinuerint haec in fabula Adulatorum. Iam vero delendum videbitur quod in incertis est p. 574 n. CXV. Sed quod idem Pollux VI 92 citat *καὶ τὸ συναμφότερον* (i. e. *πρόχουν* et *λεβήτιον*), *ὡς Εὔπολις, χειρόνιπτρον*, hoc ad Demorum locum p. 467 XVI respicere potest, potest etiam ad Adulatores.' H. I.

P. 503. VIII 11 corr. τυγχάνει

P. 510. Fragm. V, 1. eleganter Cobetus Observ. crit. in Plat. com. p. 189 corrigit ἡ δ' ὑστάτη τίς ἦδε; B. Κύζικος πλέα στατήρων. Sequentia idem primae personae tribuit.

Ibid. Fragm. VI Bekkeri codices ita scriptum habent: ὡς ὑμῖν πάντως ἐγὼ ἀποκρινοῦμαι πρὸς τὰ κατηγορούμενα. Itaque corrigendum videtur:

ὡς ὑμῖν ἐγὼ
πάντ' ἀποκρινοῦμαι πρὸς τὰ κατηγορούμενα.

Non igitur ex parabasi locus petitus est.

P. 511. Fragm. VIII, 2 τειχίων pro τειχέων Dobraei emendatio est.

P. 514. Fragm. XIII 2 corr. σοφιστὴς De Fragm. XIV v. Berglein Comm. de Philox. Cyth. p. 74.

P. 515. XVIII corr. Schol. Ar. Lysistr. 270.

P. 516, 3 a fin. corr. V. p. 298. l. 5 scr. II. 3 30

P. 518 ad Fragm. XXIX. Grammatici Bekker. locus Anecd. p. 453 ita scribendus est: Ἄσπουδος: ὁ μὴ σπουδαρχίδης. οὕτως Εὔπολις Πόλεσιν

. . . ἄσπουδος δ' ἀνὴρ σπουδαρχίδου κακίων. Ita et metrum et sententia restituitur.

Ib. Fr. XXX corr. μέμνηνται

P. 520, 10 sq. Pro 'Schoemannus de Comitiis' corr. 'Meierus de iudiciis'

P. 521. Fr. I. corr. Μήτηρ τις αὐτῷ

P. 522, 23. ὁ δεῖνα heus tu, habes etiam apud Machonem Athenaei VI, p. 246 B.

P. 526. "Fragmentum IV. ad plenos revocetur numeros si pro φύγοιμι reddas λίποιμι τάξιν: ὡς οὐκέτ' ἂν | λίποιμι τάξιν, στιβάδος ἐξ ὅτου 'φαγον. Possis etiam ὡς | οὐκέτ' ἂν λίποιμι τάξιν, στιβάδος ἐξ ὅτου 'φαγον" H. I.

P. 532, 3 a fin. Argivos calceos memorant etiam alii. V. Alberti ad Hesychium I. p. 514, 18.

P. 534 6 corr. Tim. p. 34.

P. 535 ad Fragm. XI. In Scholiastae Platonis loco pro

Χείρων forsan *Ἥραν* scribendum. Ita enim Eupolis Aspasiam dixit. V. Fragm. inc. LXXXI.

P. 536 14. scr. p. 267 ed. Bckh.

P. 537 lin. 6 comm. corr. Vs. 1

P. 538 14 scr. apud B. p. 624. 644

P. 539 19 corr. detonsurum

P. 540 3 scr. p. 146 l. 17 corr. p. 249

P. 543 ad Fragm. XVII. Eupolidis verba in cod. V. ita scripta sunt *τί σοφῶνος ὦ ῥαιψῳδέ.*

P. 544 11 a fin. corr. disputavit Buttmannus

P. 545 ad Fragm. XXII. De Aristophanis Vesp. 1301. meliora dixi vol. IV. p. 629.

P. 546. Fragm. I, 2 nunc non dubito quin scribendum sit *εὐθὺς*

P. 547. Fragm. II Vs. 1—3 ita scribendi videntur:

Α. Μισῶ λακωνίζειν, ταγηνίζειν δὲ κἂν πριαίμην.
Β. ὀλίγας γὰρ οἶμαι νῦν βεβινῆσθαί γέ σοι γυναῖκας.
Α. τίς ἐστιν ὅς δὲ πρῶτος ἐξεῦρεν τὸ πρῴ 'πιπίνειν;

Personam *Α* suspicor esse Alcibiadem.

P. 549 12 corr. *διάθεσις*

Ibid. Fragm. IV, 2. recte Schneidewinus addidisse videtur articulum.

P. 551. Fragm. VII. Hermannus ita sanare conatus est:

Ἤδη χορηγὸν πώποτε ῥυπαρώτερον
τοῦδ' εἶδες, ὅστις θᾶττον ἂν τοῦ γ' αἵματος
ἢ χρημάτων ἄλλῳ τι μεταδοίη τινί;

P. 552 16 a fin. scr. *ἐκπιὼν*

P. 554. Fragm. XIII Athenas dici docet Demosth. Epist. p. 1486. *εὐτυχεστάτην πασῶν πόλεων τὴν ὑμετέραν νομίζω καὶ θεοφιλεστάτην.* Aeschyl. Eum. 831 *χώρας μετασχεῖν τῆσδε θεοφιλεστάτης.*

P. 555. Ad Fragm. XVI respicere videtur Hesychius, *Κατ' ἀντιβολίαν: κατ' ἀντίβλησιν.*

Ib. XVII. commentarii l. 4. 8. *τροχῷ* 10. *ἱππότροχος*

P. 556 Fr. XXI. Bekkerus in Moeride 213 33 edidit *πρώτως*

P. 558 ad Fragm. XXVI. Non negligere debebam sequentia Grammatici verba quamvis corrupta: τὸ μὲν πρότερον ὀξύνοντες, τὸ δὲ ἐπὶ τῆς προμνηστρίας τὸ δεύτερον βαρυτονοῦντες. τῶν μὲν γὰρ τοὺς τρόπους ὁριζόμενος ὁ δῆμος, τῆς δὲ αἰτιατικῆς ὡς ἐν λοιδορίᾳ τὴν τύχην.

P. 560 XXXVI ἀναβάλλει codex, ἀναβαλεῖ Porsonus.

P. 562. Fragm. XLIII recte Sylburgius κόντιλον scripsit, docente Etym. Par. apud Cramerum Anecd. Par. IV p. 76, ubi praeterea ὄπισθε legitur.

P. 565 7 corr. Διέφθορεν

P. 567 LX ult. corr. docebit Dindorfius. Vide ap. Dübn. p. 414.

P. 568. Schol. Eurip. Med. 517 ad Fragm. LXIV allatum Hermannus ita constituit: ἡ διστιχία τοῦ χοροῦ ἐστὶν ἰαμβεῖα δύο. κατὰ δὲ τούτους τοὺς χρόνους ἤδη τὰ τῶν χορῶν ἠμαύρωτο. τὰ μὲν γὰρ ἀρχαῖα διὰ τῶν χορῶν ἐπετελεῖτο. ὅθεν καὶ Εὔπολίς φησιν „τίς χορὸς οὗτος; κλάειν εἴπωμεν ἀθυρμάτι' ἄττα τοιαῦτα". Quae egregia est corruptissimi scholii emendatio, nisi quod in Eupolidis versu non nihil offensionis habet caesurae insolentia.

P. 569 ad Fr. LXVIII. πεπαγοίην Ahrens Dial. dor. p. 330 Eupolin in Helotibus laconice dixisse censet pro attico πεπηγοίην.

P. 571. De fragm. LXXXI cfr. Add. ad p. 535.

P. 574. 'Dele fragm. CXV coll. add. ad p. 498' H. I.

P. 575. In numeris fragmentorum corr. CXVII — CXXI

Ibid. 20. In Photii glossa. Σάξας: ἀντὶ τοῦ ἁμάξας, forsan νάξας scribendum pro ἁμάξας. Similiter Hesychius σάξει per νάξει explicat.

P. 576 3 corr. Idem p. 553 6.

P. 580. comm. 4. corr. Vers. dochmiac.

P. 581. Phrynichi fragm. Ephialt. II easdem correctiones adhibuit L. Dindorfius apud Dübner. ad Schol. Arist. ed. Paris. p. 461. Idem recte primo versu ἥν τε σωθῶ γ' ἥν τε μή.

P. 583. Fragm. II κείνῃ fortasse incorruptum est; fieri enim potest ut haec verba Phrynichus Ionicum hominem dicentem introduxerit. Cfr. Aristoph. Pac. 48.

P. 585, 20 sqq. Haec fugerunt Bergkium Lyr. gr. p. 886, 26.

P. 586 14 corr. Porsonus ad Phoen. 412. 22 corr. assiduité

P. 590 10 scr. eam ob caussam

P. 590. Phrynichi Fragm. VIII ita restituere conatus est Cobetus observ. crit. in Platon. com. p. 39:

ψώρα δὲ Συρακόσιον κατέχοι, τρυγικοῖς ἐφάνη γὰρ ἅπασιν μέγα πῆμα χοροῖσιν, ἀφείλετο γὰρ κωμῳδεῖν οὓς ἐπεθύμουν.

P. 591. Fr. X. scr. Θηλάζει:

P. 592. Fragm. XIII Cobetus l. l. p. 43 ad eandem Monotropi orationem refert ex qua Fr. I ductum est. Minus probo quod eiecto γέρων scripsit τηλικοῦτος ὤν, ἄπαις ἀγύναικος. In quo Valckenarii temeritatem imitatus est, qui apud Phalar. p. 46 οὐκ ἄρα παίσῃ — τῆς ἀκρασίας τηλικοῦτος γέρων, postremam vocem abiecit. Quasi non recte dici possit tam provectae aetatis senex.

P. 592. De Phrynichi Musis conf. Welckerum Trag. gr. I. 259 sq. 'contra quem disputasse fertur C. Fr. Hermannus in ind. lect. aest. 1840 Marburg.' H. I.

P. 595 4 pro Ran. repone Av.

Ibid. 5. Luciani sunt non comici poetae versus.

P. 598 VI Scr. Φρύνιχος — κεκτημένον ὠνόμασεν

P. 600. 'Fragm. V. fort. ita scribas:

Σὺ δὲ τιμιοπώλης ὡς Ἀχιλλεὺς οὐδενός

h. e. rei quae nihili est.' H. I.

Ib. l. 7 corr. libris

P. 602 24. Haec ita scribe: Eodem pertinet Philostrati dictum frigidam aquam ἵππων γῆρας esse dicentis Vit. Apoll. I. p. 20.

P. 604 IX. Pollux IV 181:

P. 605. Phrynichi Fr. XI (pro ὑπὲρ scribendum erat ὕπερ) Hermannus apud Dübnerum ad Schol. Arist. Par. p. 452 ita corrigit τριώβολόν γ' ὅσουπερ ἡλιάζομαι. Fr. XII συβαριασμὸς scripsi ex Ven. pro συβαρισμός, quod primam corripit. Hinc συβαριάζειν pro συβαρίζειν scribendum puto ap. Aristoph. Pac. 343.

P. 607 ult. 'Scholiasta Ar. Nub. 967 in Rav. et Ven. haec habet: Ἀρχὴ ᾄσματος Φρυνίχου, ὡς Ἐρατοσθένης φησί.

Φρύνιχος δὲ αὐτοῦ τούτου τοῦ ᾄσματος μνημονεύει Λαμπροκλέους ὄντος,

Παλλάδα περσέπτολιν κληΐζω πολεμαδόκον (*πολεμοδόκον* V.) *ἁγνάν* (*ἁγνὴν* G.)

παῖδα Διὸς μεγάλου

παῖδα-μεγάλου desunt in iis quae Bekkerus et Hermannus ex Ravennate ediderunt. *δαμάσιππον* post *μεγάλου* addidit Dindorfius ex Schol. Ald. quem de caeteris varietatibus vide p. 441 sq. Dübn. Phrynichi memoria repetitur eadem in ea scholiorum parte quae vs. 52 Dübn. ab *Ἄλλως* incipit, sed absunt haec ab Rav. et Ven.' H. I.

P. 608. Fragm. XXIII est ap. Pollucem IV. 185.

Addenda et Corrigenda ad Vol. II. P. 2.

In indice poetarum haec corrigas: Aristomenes 730 Autocrates (non Autocles) 891. Aristophanes 893.

P. 615, 13 Pro Baccho Adonidis amatore Apollinem nominat Ptolemaeus apud Photium bibl. p. 151 5.

P. 616 ad Fragm. VI. Quum in Aristophanis loco nunc recte legatur *ἀχυρμόν*, non *ἀχυρόν*, eadem forma forsan etiam Plato usus est.

P. 617. In Platonis fragmento II nescio an *τοὐπικόρπημα* scribendum sit.

P. 618. I. Ipsum *ἀνηρπάκασ'* est in Bodl.

P. 619. IV. Corr. Harpocr. p. 154 1 (cll. Moer. 206 23)

Ibid. Platonis nulla fuisse videtur fabula *Δαίδαλος* inscripta. Vide Add. ad Vol. I. p. 169. Fragm. I pro *ἐνίοτε*, quod *ἔν ἴστε* scribebat Porsonus, forsan *εὖ ἴστε* reponendum. Caeterum corrige *πολλαὶ τῶν* et Vs. 2 *τίκτουσιν*

P. 620 11 corr. *ὑπηνέμια*. Mox in Helladis fragm. vs. 2 pro *ἄν* rectius scribitur *ἅ'ν* i. e. *ἃ ἐν*. Cfr. Arist. Ran. 938 ubi item scribitur *ἅν*.

P. 622 15 pro p. 384 repone 170

P. 623*) Nollem Piersonum sequutus Platoni comico tribuissem quae incerti scriptoris verba sunt, ὁ βασιλεὺς ἐπιώψατο ἀρρηφόρους, in quibus frustra Piersonus metri vestigia sibi cernere visus est. Platonis autem memoria spectat ad Legg. XII p. 947 c. Monuit Bernhardius.

P. 624. Ἑορτῶν Fragm. I. Vs. 1 non credo vitii immunem esse, τῶν γὰρ τετραπόδων οὐδὲν ἀποκτείνειν ἔδει. Vs. 2 Cobetus Observ. in Plat. p. 191 pro ἡμᾶς corrigit ὑμᾶς, ut ipsas bestias poeta Cratetis exemplo loquentes induxerit, cll. fragm. VIII. Ea valde probabilis coniectura est. Fragm. II, 1 miror Cobetum non intellexisse veritatem emendationis nostrae πάνυ. At reliqua idem p. 192 rectissime ita correxit: ἔνθα τρέφεσθαι τὰς κανθαρίδας τῶν ἀνθρώπων λόγος ἐστὶν οὐδὲν ἐλάττους.

P. 625. Fragm. III, Vs. 3. fortasse ita scribendus ἰχθῦς ἀσίτους καὶ πονηροὺς ἧγέ σοι, et alteri personae tribuendus est.

P. 626 11 corr. p. 335 14 pro 635 14

P. 627 14 scr. p. 1169 lin. 20 Explicat.

P. 628 X 6 corr. capitis. 'Caeterum ἀμφίκολλον πυξίνην Beckerus Char. II 116 eandem intellexit quam παράπυξον Cratini, h. e. buxo tectam' H. I.

P. 629. Europae fragm. I Cobetus l. l. p. 193 ita constituit:

αὗται λόγου κρείττόν τι χρῆμ' εἰς ἡδονήν.
* * * * * * * οὐ γάρ; Β. τίνες
παροψίδες εἰσίν, ἀντιβολῶ σε;

Hermannus autem, sublato post Vs. 2 commate, ita:

αὐτὸ μόνον οὐ κρείττους· πολὺ χρῦμ' εἰς ἡδονὴν
εἰς κάλλος εἰς ἐσθῆτα λαβεῖν. οὐ γάρ τινες
παροψίδες ταῦτ' εἰσίν, ἀντιβολῶ σε;

Ibid. Fragm. II. Hermannus recepto quod ego conieceram, εἶλον et ἀφῆκα, pro ἀνδράχμη scripsit ἁδρὸν ἄχνῃ, de oratore haec dici existimans, quem pisci poeta comparaverat.

---

*) Ita corrige paginae numerum.

P. 630. I. Priores versus Cobetus ita distinguit, ut παίζειν a verbo θέλεις, quod in superioribus positum fuerit, suspensum sit. Tum verba πάνυ βούλομαι alteri personae i. e. Herculi tribuit. Vs. 6 supplet ἰδοὺ φιλημάτων. Vs. 7 scribit τίθημι κοττάβεια, quod verum est, et Vs. 8 αὕτη. Non servum autem, sed lenonem cum Hercule colloqui existimat. Male cessisse Herculi ludum, idem recte coniicit ex Athenaei verbis, ἐν ᾗ ἐξίσταντο καὶ τῶν σκευαρίων οἱ δυσκυβοῦντες, eoque refert Fragm. IX. et VII.

P. 631 ad Fragm. II. Probabilis est Cobeti coniectura Platonis verba fuisse non illa μὴ σκληρὰν ἔχειν etc. sed priora ἀγκυλοῦντα δεῖ σφόδρα τὴν χεῖρα εὐρύθμως πέμπειν τὸν κότταβον. Quae ita disposuit:

ἀγκυλοῦντα δεῖ σφόδρα
τὴν χεῖρα, πέμπειν εὐρύθμως τὸν κότταβον.

Atque ita iam Dobraeus Adv. II. p. 351.

P. 633. VII. Verissime Cobetus l. l. p. 101 ὥσθ' ἅττ' ἔχω ταῦτ' ἐς ταρίχους ἀπολέσω.

Ibid. ad Fragm. IX: ἐπὶ Μανδραβούλου χωρεῖ τὸ πρᾶγμα. Veram huius nominis scripturam non Μανδράβουλος esse, sed Μανδρόβολος, et metrum docet (est enim trimetri initium) et codicum lectiones ostendunt. V. Gaisford. ad Suidam v. ἐπὶ τὰ Μανδροβόλου et Iacobs. ad Aelian. H. A. XII, 40. Quibus adde Diog. Laert. IV, 5. ubi vulgo Μανδράβουλος, at cod. Mon. Μανδρόβυλος, et Alciphronis Epist. I. 9. ubi item librorum lectio revocanda est. Comparanda item similia nomina Μανδρόλυτος, Μανδροκλῆς, Μανδρόδωρος, Μανδρογένης, Μανδρόπολις, Μανδροκράτης.

P. 634. De primo Cleophontis fragmento v. Cobetum p. 149. Qui ad eandem fabulam etiam Inc. fab. fragm. V. rettulit.

P. 635. Fr. IV ita scripsit Bergkius ad Arist. p. 956 πέος ἐψάθαλλε λεῖος ὤν.

P. 636 3 corr. ἡ γραφή

Ibid. Laii fabulae nomen Cobetus p. 126 etiam Polluci II. 83 restitui voluit. V. Add. ad p. 666. Eius fabulae fragm. I, 2 corr. γένους

'Praeterea in eam incidi coniecturam ut hoc fragmentum cum altero quod est ap. Schol. Pluti 179 coniungendum videatur hunc fort. in modum:

Οὐχ ὁρᾷς ὅτι
ὁ μὲν Λέαγρος, Γλαύκωνος ὢν μεγάλου γένους,
ἀβελτεροκόκκυξ ἠλίθιος περιέρχεται,
σικυοῦ πέπονος εὐνουχίου κνήμας ἔχων;
Φιλωνίδην δ' οὐ τέτοκεν ἡ μήτηρ ὄνον —;

Credibile enim est scholii auctorem ut sententiae integritatem aliquatenus servaret initium orationis apposuisse omissis quae ad Philonidem nil facerent. Ita etiam importuno illo *που* liberemur.' H. I.

P. 637. De Laconum fragmento primo disseruit Cobetus p. 90 sqq. qui verissime monuit in duo id fragmenta disiungendum esse, quorum alterum orditur vs. 10. Personarum vices disposuit fere ut facturus erat Schweighaeuserus. Vs. 1 corr. *δεδειπνήκασιν* Vs. 3 Cobetus scripsit *νίπτρον παρέξων ἔρχομαι*. Vs. 5 iusto audacius ita correxit *τὴν παῖδα τοὺς αὐλοὺς ἐχρῆν ἔχειν πάλαι προχείρους*. At hoc non est emendare sed ipsum versus facere. Ego nondum repudio quod praeeunte Hermanno recepi *ἤδη πρὸ χειρὸς εἶναι*. Vs. 6 scripsit *προαναφυσᾶν*.

P. 638 10 comment. corr. Vs. 3.

P. 640. Tertium fragmentum probabiliter Cobetus l. l. p. 95. ita scripsit:

καὶ μὴν ὀμοσόν μοι μὴ τεθνάναι. B. τὸ σῶμά γε,
ψυχὴ δ' ἐπανῆκεν ὥσπερ Αἰσώπου ποτέ.

Reliquorum conatus consulto omitto.

P. 641, 9. Quadrisyllabam formam *κιόκρανον* tuetur etiam titulus Atticus apud Boeckh. C. I. I p. 262, 29 et Strabo IV, 4, 6. In Fragm. VI nunc corrigo *πλήσας παραφερέτω* pro *πάσας*, qui frequens error est. Similiter *κατέπασα* pro *κατέπλησα* reddendum Lyncei Cent. 16. in Com. gr. IV, p. 433.

P. 642. fr. II. Photius p. 590.

P. 643, 4 a fin. *Βαβυλωνίοις*

P. 644. III. 4 corr. p. 446.

P. 646. l. 6 corr. p. 192 Ib. II. scr. Phot. p. 583 *τευτάζειν*

P. 647, 16. Verba *ὑπὸ τοῖδ'* etiam Bergkius ad Aristoph. fragm. p. 1015 supplevit, Aristophanem carpi statuens. Cfr. Cobetus l. l. p. 111. qui *κρατερῶς* aut simile quid excidisse putat. Fragm. II. Dobraeus scripsit *φέρε τοῦτο δή | δεῖξον τὸ κανοῦν μοι δεῦρο, μὴ μάχαιρ' ἔνι.* Ven. (non Rav.) *μοι* omittit.

P. 648. Fragm. II, 3 scribendum cum Dobraeo Adv. I. p. 620. *ἐὰν δ' ἀνῇς, ὑβριστόν ἐστι χρῆμα κἀκόλαστον.* Quamquam ipse praefert *ἐὰν δ' ἀνῇς ἅπαξ, ὕβριστον.* Respicere huc videtur Suidas s. v. *ἀκόλαστον.* De *ὕβριστος* et *ὑβριστός* v. Lobeck. Paral. p. 40 sq.

P. 649. Fragm. III, 2 restituendum omnino *ὅπου σιδαρέοισι τοῖς νομίσμασι χρῶνται.* Quod enim apud Grammaticum Hermanni legitur *Ἀριστοφάνης Βυζάντιοι σιδήρῳ νομίζουσι*, in eo pro Aristophane Aristidis nomen reponendum esse vere monuit Dindorfius ad Schol. Aristoph. l. l. et nunc etiam Cobetus p. 129. Annotationis l. 8 corr. sed. nota subiecta l. 3 pro „verborum" scribe „diversorum graduum" V. Lobeck. Paral. p. 41.

P. 650 Fragm. IV codex habet *νεφάλλων*

P. 651. Ad Fragm. VII *Ἀρκάδας μιμούμενοι* vid. Cobetus p. 109. Platonis verba ita constituens: *αὐτὸς κωμῳδίας | ποιῶν εἶτ' ἄλλοις παρέχων Ἀρκάδας μιμούμενος.* V. Addenda ad vol. I 162.

P. 651. Verba Eudociae ad Fragm. X adscripta ex Philostrato derivata esse monui Hist. cr. p. 180.

P. 652. I. 'Aristophaneum scholium notandum est abesse ab Rav. et Ven. unde ad Suidae potius quam ad Aldini exemplaris fidem remittimur: is vero cum habeat *ὦ θεῖε Μόρυχε, τέως γὰρ εὐδαίμων ἔφυς* (nec Aldinum *τε νῦν* aliud videtur esse quam *τενῦν*): nescio an fragmenti et fabulae ratio melius servetur scribendo *ὦ θεῖε Μ. πῶς γὰρ εὐδαίμων ἔφυς;*' H. I.

P. 655. Fragm. IV malim *ὁρᾶτέ τοι τὸ διῆρες ὑπερῷον [τόδε].* Fragm. V. ita distingue *τὸν δέλφακα | ἀπῆγε σιγῇ.*

P. 658, 10 corrige σχάζειν pro σχίζειν.

P. 659. Fragm. I. ὥστ' εἴ τις ὀρχοῖτ' εὖ θέαμ' ἦν, soloecum videtur Cobeto p. 51. scribitque cum Bergkio ὠρχεῖτ'. De soloecismo fallitur. V. Elmsleium ad Eurip. Med. 1185. Fragm. II, 1. Cobetus p. 184 corrigit ἅψαι μόνον τῷ δακτύλῳ τοῦ Μορσίμου. Similiter Dindorfius ἅψαι μόνον ἄκρῳ δακτύλῳ τοῦ Μορσίμου. Sed praestat abstinere ab emendatione loci corruptissimi.

P. 661 6 corr. σκώπτει

Ibid. Fragm. I corrige Ξενοκλῆς ὁ δωδεκαμήχανος. Vs. 2. Cobetus p. 185 τοῦ θαλαττίου θεοῦ.

P. 662. Ad Fragm. II τὸ Σπογγίλου κουρεῖον ἔχθιστον τέγος, compara Euripid. apud Schol. Arist. Pac. 527 ἀπέπτυσ' ἐχθροῦ φωτὸς ἔχθιστον τέκος. Fragm. III servavit etiam Schol. Ms. Aeschyli ad Prom. 114. apud Cobet. p. 190. καὶ Πλάτων ἐν τῇ παλαιᾷ κωμῳδίᾳ φησὶν ἐν Σοφισταῖς· Προμηθεὺς γάρ ἐστιν ἀνθρώποις ὁ νοῦς. Hinc suspiceris Platonis versum fuisse ὁ γὰρ προμηθεύς ἐστιν ἀνθρώποις ὁ νοῦς. De προμηθεύς sapientia cfr. Anall. Alex. p. 99.

P. 663. Fragm. IX (l. 1. Pollux habet ἔστω, non ἔστι) legendum cum Hoeschelio ὀθόνινον πρόσωπον, persona lintea.

P. 664. Ad Fragm. XIV confer Cobet. p. 186 sq.

P. 665. Quod in Symmachiae Fragm. II, 4 conieci εἰς μέσον ἑστὼς ἀνίησιν, Cobetus p. 176. graviter sed sine idonea caussa exagitavit. Vide quae dixi vol. IV p. 652 et supra in Add. ad vol. II p. 78. Quod idem de πίπτῃσι addit, nullo pacto id ferri in versu anapaestico posse „quidquid dicat Meinekius", id opinor vir optimus aliquando μεταθήσει. Fallitur autem quum illud πίπτῃσι ex coniectura me intulisse existimat.

Ib. 13 a fin. corr. ἀπο-δάσσομαι

P. 666 ad Fragm. III. In Pollucis loco Cobetus p. 126 corrigit ἐν Συμμαχίᾳ καὶ ἐν Λαΐῳ.

P. 667 2 a f. inter παλινδρια et αὐτοῦ insere παίσας

P. 668. III. annot. extr. corr. Hist. cr. p. 186.

P. 669. Parcas recte invocari profecto non docendus

eram; res enim est satis trita. At in Platonis loco quare Musas invocari existimarim, Cobetus discere poterat ex iis quae p. 669 dixi. Alciphronis locus, quem p. 139 attulit, nihil huc facit. At recte idem statuit de δητώμην, quod Hyperbolus pro διητώμην dixerat. ('Bernhardi ἔφασκ' ἐδῃτώμην' H. I.) Secundum 'fragmentum iniuria a me ad Hyperbolum tractum esse idem vere monuit. 'Pro ὁ δ' οὐ γὰρ ἠττίκιζεν in hist. gr. litt. 1, 336 ὁ δ' οὐ παρηττίκιζεν —; scripsit Bernhardi.' H. I.

P. 671, 6. Nihil excidisse intellexit Cobetus p. 137. Ibid. l. 25 si sanum est αὐχμότατος, commodius etiam quam χρυσότερος comparari potest ὀγκότατος et similia. V. Iacobs ad Anth. Pal. p. 774. cuius exemplis adde δημότερος apud Stephan. Byz. v. δῆμος, et, καιρότερος apud Hesychium, Καιρότερον: ἐνωρότερον. 'Αχαιός. Cod. Ven. ἀθλιώτατος

P. 672. Phaonis fragm. I. Vs. 7 corr. ἐπὶ θύννον ib. Vs. 11 scr. θαλάσσης. Philoxenum, qui his versibus ridetur, non Cytherium esse, sed Leucadium probabiliter ostendit Berglein Comment. de Philox. Cyth. p. 69 sqq.

P. 674. Fragm. II, 4 Hermannus distinguit: ἐν τῷ καπήλῳ, νοῦς ἐνεῖναί μοι δοκεῖ, hac interpretatione addita: Bei euch ist keineswegs, wie das Sprichwort sagt, bei dem Weinschenken, Verstand zu finden. Der Weinschenk hat nämlich Verstand, wenn er den Wein mit Wasser verdünnt. Vs. 7 de Κουροτρόφῳ cfr. Lobeck. Aglaoph. p. 630 not. k. Vs. 10 et 11 recte Hermannus scribit τἄλλα δέ | ἤδη τάδ' ἐντελέσταθ' ἔστ'. ἄκουε δή. Idem Vs. 16 tentat περκνὴ γιγαρτὶς κυσί τε καὶ κυνηγέταις cll. Hesychio, γιγαρτίς: σταφίς, et Arist. Ach. 274 ubi καταγιγαρτίσαι est subigere.

P. 675 5 a f. corr. ἐς τὰ μάλιστα Ib. 13 a f. corr. II p. 26.

P. 676, l. 11 'Photius habet μύρτον, τὸ σχῆμα τ. γ αἱ. quod nescio an retinendum sit' H. I. Ib. 29 corrige τὸ pro τά. Recte vero Heringa βινητιᾶν, quod de mulierum pruritu dixit Arist. Lys 715 et Machon apud Athen. XIII p. 583 c.

P. 677. Fragm. IV malim τρόποις [ἡρμοσμένον]· ὦ γλυκὺς ἀγκών. Sunt amatoris verba ad puellam.

P. 678 ad Fragm. XI. Antiatticistae verba Lobeckius ad Phryn. p. 590 ita corrigit: Ἐπιτροπίαν, ἀντὶ τοῦ ἐπιτροπήν. Πλάτων Φαίδρῳ, cll. Platonis Phaedr. 16. Recte; itaque dele hoc fragmentum.

P. 680, 20. Dele verba „ceterum pro ἄπυιος possis etiam ἄγυιος coniicere." De Euryphonte medico v. Cobetum p. 196. Adde Caelium Aurel. Morb. chr. III, 8, ubi antiquissimus vocatur.

P. 681. Satis probabili coniectura Cobetus p. 152 sqq. haec tria fragmenta Platonis ad Cleophontem fabulam rettulit. In μαντίλῃ idem demagogi nomen latere vidit. 'Winckelmannus in Zimmerm. eph. 1840 p. 1281 alterum fragmentum sic composuit

τοῦτ' ἐμοὶ προσίσταται·
λεκάνην φέροι τις πρὸς τὸ βῆμα καὶ πτίλον.' H. I.

P. 682. Fragm. VI, 3 scribendum cum Cobeto p. 179 αὐτόματος pro αὐτομάτως.

P. 683. Fragm. VII 2 Cobetus p. 188 σὺ γάρ, ὥς φασι, Χείρων.

P. 684. Fragm. IX, 1 Hermannus λύσασα δ' ἀργήν. Sed non intellego quid sit ἀργὴ στάμνος, quod R. Merkelius ad Ouidii Fast. p. 319 comparat cum Ovidii cado niveo Fast. I, 186. Id Atticus λευκὴν στάμνον dixisset. Scribendum videtur λύσασα δ' ἄρτι στάμνον εὐώδους ποτοῦ.

P. 685. Fragm. XIII corrige ἀνακογχυλίαστον Fr. XIV τοῖς οἰκέταις Fr. XV στίλβην τίν'

P. 686. Fragm. XVI Cobetus p. 197 rectius ita constituit οὐδ' οἱ γείτονες | σφόδρ' αἰσθάνονται. Quamquam hoc quoque incertum. Fragm. XVIII delendum est. Sunt enim Platonis philosophi verba, docente Schol. Plat. Ms. cuius verba adscripsi vol. IV p. 876: μέμνηται αὐτῆς Κρατῖνος ἐν Δηλιάσι λέγων Ἦν ἄρ' ἀληθὴς ὁ λόγος ὡς δὶς παῖς γέρων. καὶ Πλάτων Νόμων α΄ (p. 646). Οὐ μόνον ἄρα, ὡς ἔοικεν, ὁ γέρων δὶς παῖς γίγνοιτ' ἄν, ἀλλὰ καὶ ὁ μεθυσθείς. καὶ Μένανδρος Χήρᾳ καὶ Ἀριστοφάνης Νεφέλαις α΄. Recte igitur Platoni philosopho haec tribuit Clemens Alex. Str. VI p. 626 a. Ei Platonem comicum pessime substituit Musurus ad Aristophanis Nub. 1421. Musurum enim, non veterem aliquem grammaticum huius ad Aristophanem scholii auctorem esse facile doceri potest. Ingenti enim errore lapsus est Cobetus, qui Clementem, sive, ut ipse sibi temere persuasit, Aristobulum sua ex illo Aristophanis scholio derivasse statuerit. Sed hac de re et de tota illa Cobeti opinione alio loco dicam explicatius.

P. 686. Fragm. XIX non delendum τοῦ, sed versus a fine et initio mancus est.

P. 687. Fr. XXI corr. calami errorem τὸ χρῆμα τοῦτο Fragm. XXII. Adde Etym. Par. apud Cramer. An. Par. IV. p. 113. Ἀνείρειν: τὸ ἀναπείρειν. πλάτος σχοινίου λαβὼν ἀνάειρε τὰ κρέα. Scribendum igitur ἄνειρε. Ad Fragm. XXIII. cfr. Plutarch. V. Thes. 33 ἀνακῶς ἔχειν φαμὲν τοὺς ἐπιμελουμένους ἢ φυλάττοντας ὁτιοῦν. "In ipso fragmento ἀνακῶς ἔχειν scriptum ap. Bekkerum: Piersonus dedit ἔχων" H. I.

P. 688 ad Fragm. XXIV. In Hesychii verbis, ἀσελγόκερων δὲ αὐτὸν εἶπε Πλάτων ὁ κωμικὸς καὶ συναριθμεῖ αὐτῷ τόν γε Δούριον ἵππον, cod. non γέ habet sed τέ. Itaque suspicor post ἵππον addendum esse καὶ τὸν χαλκοῦν βοῦν. V. Exercitat. crit. ad Athen. I. p. 29 sq.

P. 689. De Fragm. XXVIII vide Bergkium ad Fragm. Arist. p. 994.

P. 691. Fragm. XXXVII delendum est; Minois enim memoria ad philosophum Platonem spectat. Eius in locum insere hoc: Diogen. VI, 32. Δύο λέσχας: Πλάτων φησὶ λέγεται ὁπόταν ἐπὶ τὰ ἔργα ἐξήρχοντο. Fr. XL est in Vita Anton. 70.

P. 692. Ad Fragm. XLI. Aristotelis verba Cobetus p. 198 argute corrigit: ἐπιδέδωκε τῇ πόλει τὸ ὁμολογεῖν πονηρὸς εἶναι, hanc fuisse Archini ἐπίδοσιν, ut palam improbum se esse fateretur. Spengel autem Synag. techn. p. 20 ita: ἐπιδέδωκεν ὁμολογεῖν ἐν τῇ πόλει | εἶναι πονηρούς. Cfr. de eodem loco Gros. Philod. p. XIII.

Ibid. ad Fr. XLII. In loco Sexti non intellego postrema καθάπερ τινὰς ἀγγάρους, quae vereor ne corrupta sint. In

Fragm. XLIV Platonis verba apud Athenaeum ita scripta sunt: *οὐ μονοσιτῶν ἑκάστοτε ἀλλὰ κἀνίοτε δειπνῶν δὶς τῆς ἡμέρας*. Quae frustra corrigere conatus sum.

P. 693. Fragm. LIV ap. Polluc. est VII 134 Fr. LV ib. VII 94.

P. 694 ad Fragm. LVIII. Phrynichi verba Bekkerus fortasse rectius ita corrigit. *ὁ δὲ Πλάτων ἰδίως ἐπὶ ὅτου ὕδωρ ψυχρὸν πίνοντος τίθησιν*. Fr. LX est in Anecd. p. 360.

P. 695. Fr. LXIV ib. p. 400 28.

P. 696, 2 a fin. Quem tanquam Platonis comici versum affert Grotius, *ἡ δ' ἡδονὴ πάντων ἀλαζονέστατον*, a Grotio ex Platonis Philebo (p. 65 C. ubi Stallb. *ἀλαζονίστατον* ex codd. et Eustath.) effictum esse monuit post Gatakerum Cobetus p. 199. De alio fragmento quod ibidem attigi vide quae dixi Vol. IV p. 875. lin. 2. corr. Tim. 156

Addam verba scriptoris inc. apud Cramerum An. Par. I. p. 167. *Ἆρ' οὖν οὐ μόνον ὁ οἶνος γίνεται* (leg. *μίγνυται*) *τοῖς τρόποις τῶν χρωμένων, ἀλλὰ καὶ πλοῦτος καὶ δόξα, καὶ τῶν* (*τις*) *τοῦ Διονύσου χορευτῶν, Πλάτων* [*δὲ*] *ὁ κωμῳδοποιὸς ἔλεγε, τὸν οἶνον μίγνυσθαι τοῖς τῶν πινόντων τρόποις*. Atqui is Chaeremonis versus est, de quo dixi Hist. crit. p. 519. Quae apud Athen. VIII p. 365 b. leguntur *τοῖς τὸ σύνδειπνον ποιησαμένοις*, Platonis philosophi esse videntur, quamquam sedem horum verborum indagare non licuit.

698 lin. 2 corr. 197 sqq. In Theseo Aristonymi *βαπτοὶ ἅλες*, nisi *λεπτοὶ* legendum, esse videntur *ἅλες εἰς οὓς βάπτεται*.

P. 701 9 a f. corr. 804 q. Ib. 4 a fin. *ἡ λεκάνη*

P. 702 13. 'Elmsleius contrarium praecepit „*τοῦ ὕδατος* non fit *θοὔδατος*, sed *θὔδατος*" cf. ad Vs. 56 not. z. *θοὔδατος* Lob. Ai. v. 9. Buttm. Gr. 1, 120.' H. I.

P. 703. *Κατεσθίοντος* fr. est ap. Ath. p. 316 b. Ad Conni Fragm. I, 1. Cobetus p. 189 explicat qui superas virtute paucos, vanitate plurimos.

P. 704 7 corr. p. XXXVI

P. 706 10 a fine corr. Oed. Tyr. 1357 *πα-τρός*

P. 707 muta inscriptionem paginae *ΣΦΕΝΔΟΝΗ*

P. 709 1 scr. ὄνυξιν Ib. 18 pro p. 30 corr. 327.

P. 710. Fragm. I, 2 Cobetus p. 62 corrigit audacissime σὺ δ' ᾆδε, τήνδ' ἐγὼ τέως ἐκπίομαι.

P. 712, 5. Recte legitur συνήθεια.

P. 718 2 corr. Advers. In Ἰχθύων primo fr. scr. v. 3 τοὺς λάβρακας

P. 723 ad Fr. XVI. Pro ἀρτόπωλιν in Pollucis loco scribendum ex cod. ἀρτοπωλίαν. Vide vol. IV. p. 637 not.

P. 725. Fragm. II tractavit Hermannus ad Eurip. Iphig. Taur. 192. Pro θεοσεχθρία forsan θεοεχθρία praestat.

P. 726 3 a fine corr. παρα-τηρητέον

P. 729 X 4 corr. 'fab. inc. XIV.'

P. 732. Fragm. II, 2 corrige operarum errorem ἐπεσθίειν.

P. 734 Fr. II est ap. Poll. VI 167

P. 735. Calliae versum ex Atalanta Clarisse Annot. ad Thuc. B. P. epoch. p. 137 ita corrigit: κέρδος αἰσχύνης ἄμεινον· ἕλκε μοιχὸν ἐκ μυχοῦ.

P. 737 IV. corr. δείπνων

P. 738. Metrum fragm. VIII ita facile restituas κεχαλκεῦσθαι ταυτὶ ἐφ' ἑσπέρας.

Fr. IX l. 2 scr. ἁρματοτροχίας

P. 742 X 6 scr. exeuntium ad XI p. 245, 12 dein corr. fragmenti numerum sequentis XII.

Ibid. Calliae fragmentis forsan addenda glossa Hesychii, Σκανα ... ντα, ἐπιχαλκ .. π' Σωφρονίωσκανὰς πορείσῃ ἐν τῇ ἀσπίδι. Καλλίας δὲ σκεῦος. Ita codex. Nisi Hesychius eum Calliam dicit, qui de Agathocle scripsit.

P. 743. Versu secundo corrige τηγάνου

P. 746. Duodecim versus, quos post primum Lysippi fragmentum apposui, rectius inter anonymorum poetarum fragmenta exhibuissem. Eos Lysippi esse ne verbo quidem dixit Dicaearchus; et manifestum est, eos pessime subiungi praecedentibus, in quibus de Athenarum laudibus agitur. Vs. 6 post σχολὴν addendum ἄγει, quod Marxio in Creuzeri Melet. III. p. 183 deceptus a cod. abesse credideram. Versus igitur iste ita potius scribendus: τὰ γὰρ Ἀλεεῖα μὲν μεγάλην σχολὴν ἄγει, i. e. affert. Quamquam nec hoc verum puto. Vs. 11 corrige operarum errores τοῦτ' ἀκούειν pro ταῦτ' ἀκούων.

P. 748, 7. De populea corona cfr. Corp. Inscr. II p. 302 d.

Fr. III l. 4 annot. μου] corr. μοι

P. 749 6 a fine corr. θάπτειν et 1695

P. 754 1. corr. CXXXV

P. 756 inscribe ΦΙΛΟΘΥΤΗΣ.

P. 757. Episodium quid dictum fuerit in comoedia rectius Hermannus explicuit in Ien. A. L. Z. 1842. no. 122.

Ib. 15 corr. πολυπαθὲς

P. 758. Fragm. II lenius corrigas τίς πολίτης ἔστ' ἔτι.

P. 763. Ad Strattidis locum de Hegelocho referendus est versus Lucilii apud Priscian. X p. 511 Krehl. rausuro tragicus qui carmina perdit Oreste. Indicavit mihi Lachmannus. Minus recte Naekius Opusc. I. p. 105. Pacuvii Dulorestem respici putabat.

P. 764, 3. Haec ita corrige: Nominis Κίνναρος exemplum habes in proverbio ἁρπαγὰ τὰ Κιννάρου apud Zenob. I. 31. Fragm. II ita scribendum videtur:

Τωνδὶ διδύμων τῶν ἐκγόνων σεμιδάλιδος.

Quod σεμιδάλιδος Strattis dixit pro eo quod usus postulat σεμιδάλεως, ex eo repetendum videtur, quod de farina tanquam de persona loquitur. Fuit enim Σεμίδαλις nomen proprium, v. Alexis Com. gr. III p. 424. 461.

Atalantae fragm. I. Sauppius ad Vit. Isocr. p. 4 ita corrigit:

Καὶ τὴν Λαγίσκαν τὴν Ἰσοκράτους παλλακὴν
εὑρεῖν με συκάζουσαν εὐναίαν ἔτι,
τόν τ' αὐλοτρύπην αὐτὸν εἶθ' ἥκειν ταχύ.

P. 769. ad Fragm. VI. Recte legi apud schol. εἶχε περὶ τὰς κνήμας αἰτίας τινάς docet praeter alios Hesychius s. v. λεσβίσαι.

P. 770, 20 corr. n. 193 pro p. 193.

Ibid. Fragmentis ex Cinesia Strattidis servatis adde Schol. Arist. Ran. 404. Χρόνῳ δ' ὕστερον οὐ πολλῷ τινι καὶ καθάπαξ περιεῖλε Κινησίας τὰς χορηγίας. ἐξ οὗ καὶ Στράττις ἐν τῷ εἰς αὐτὸν δράματι ἔφη σκηνὴ μὲν τοῦ χοροκτόνου Κινησίου. Quae ita fere corrige, ἔφη. Σκηνὴ μὲν [ἐστιν ἥδε] τοῦ χοροκτόνου | Κινησίου. Dindorfio in verbis ἐφῆ σκηνῆ μὲν verbum μέμνηται vel simile quid latere videbatur.

P. 773. Fragm. II, 2 recte Schweighaeuserus ὠττικοὶ .

P. 774 4 a fine corr. τιθασοὺς

P. 777. II. 1 repone συνάπτεις 3. λίνον λίνῳ

P. 784. Fragm. I. corr. ἐν τῷ φρέατι

P. 787. scr FABULIS

P. 789, 12 corr. Reisigius

P. 790 ad Fr. IX. De Chalcedone fluvio cfr. Eustath. Opusc. p. 44, 90 et Boeckh. Inscr. II. p. 662.

P. 791. Fr. XV. 3 corr. 'vide supra ad fragmenta' Ibid. 7 a fin. pro πίπτειν scribe πέττειν

P. 792 2 a fin. l. μαγειρικοῦ

P. 793 3 a fin. p. 295

P. 796 6 corr. Particulam

P. 800. Hermannus, probato quod ipse conieceram πεφάνθαι, primum Καπηλίδων fragmentum ita corrigit:

Λεωτροφίδης ὁ τρίπεδος, ὡς Λεοντίῳ
εὔχρως πεφάνθαι καὶ χαρίεις ὥσπερ νεκρός.

P. 801. IV. 'Proverbium ap. Zenob. et Diogenianum et al. Ἰατίᾳ (v. Ἰατίᾳ, Ἑστίᾳ) θύει habet, non θύεις.' H. I.

P. 802. 6 corr. superstitionibus 12 corr. ΜΗΛΟΣ. Ad Fragm. I. Droysenus υἱας Ἀχαιῶν de ipsis Achivis se intellegere et Lysandrum vs. 4 memoratum eum sibi videri mihi indicavit, quem habes apud Xenoph. Hell. VII, 1, 45 sqq. Sed haec etiam coniectura magnas habet difficultates. Fortasse λύσανδραν adiectivum est, id ut cum κώθωνα coniungatur.

P. 803 ad Fragm. II. Athenaeus de voce κυμβίον agit, eamque Nicander Theopompum de poculo nullis ansis instructo dixisse dicit.

P. 804, 1. Corrige φίαιος De hac forma in trimetris iniuria dubitat Hermannus ad Arist. Nub. 1076. Cfr. Eubulus Fragm. inc. II, 8 (vol. III. p. 263) τῆς πόλεος ἀπεχώρησαν et apud Athen. XIII. p. 569 a. (vol. III. p. 238) ὕβρεος αὖ πόθου χάριν. Vs. 8 corr. πειρᾷς με; A. ναί

P. 810. Fr. I. corr. ἀγαλοῖμεν

P. 811 3 corr. ὑπήτρια καλεῖ Ib. ad Fragm. II. Malim κρουμάτι' οἷα. V. ad Cratin. p. 98. Cobetus Observ. crit. in Plat. com. p. 20 κρουμάτι' ἄττα τἀπὶ Χαριξένης. Quod non video cur meae rationi praeferam.

Ib. l. 5 a fin. corr. ἐπίφρυγον l. 3 a fin. corr. X 109.

P. 812. 'Primum fragmentum nonne in fine orationis interrogandi signum habeat, quod est in exemplari Athenaei?' H. I. Ib. 6 a fin. corr. Eustathium

P. 815. In annotatione fragmenti I. corr. Ἀκέστορα

P. 816. Fragm. I, 2 corrige κατακείμενοι

P. 817. Fr. VI. scr. Δεσπότου

P. 819. 12 a fine corr. Theopompi pro Platonis

P. 820. 'Fr. XV. Λοπάδα: τὴν θεόν. f. τὴν θήκην h. e. σορόν. cf. Hesych. I. 1710. Praeterea dele fragmentum XVII, quod est Theopompi historici ex libro quinquagesimo. cf. Harpocr. p. 168 21 unde sua hausit Photius.' H. I.

P. 822 3 corr. Ἱππεῦσιν Ib. fr. XXX. est ap. Poll. II. 18 fr. XXXIII. est Poll. III. 75.

P. 823 ad fr. XXXVIII. scr. Poll. VII. 190

P. 826 6 a fin. corr. κα τέχεσον

P. 828 ad Fragm. IV. Suidae locus, in quo Gorgias medicus memoratur, est in v. Θεσσαλός.

P. 830. Alcaeus verba ἐτύγχανον μὲν ἀγρόθεν ex Eurip. Orest. 864 derivavit. Pro πλείστους Hermannus ναστοὺς tentabat, et sequentia ita scripsit εἰς τὴν ἑορτὴν καθοσιώσων εἴκοσιν. In cod. Par. apud Schneidew. in Th. Bergkii Ephemer. phil. vol. I. p. 471 scriptum est οσσονοιοῖν. Bene Schneidew. ὡς ἄν, οἶομ', εἴκοσι.

P. 831 ad Fragm. II. Fortasse scribendum μυρίσασα συγκατέκλινεν ἀνθ' αὐτῆς λάθρᾳ. Videntur haec de muliere dici, quae aliam pro se mulierem amatori subdebat. Post Athenaei verba Ἀλκαῖος ἐν Παλαίστραις et hic et in Hist. crit. p. 246 calami errore excidere verba διὰ τούτων. Itaque postremam partem annotationis „Praeterea — p. 246" dele.

Ad fr. III. 3 scr. ἕψειν

P. 832. Ad Alcaei Pasiphaen spectat haud dubie haec

Hesychii glossa, *Σαρδώ*: *ἐν Πασιφάῃ τὸ σαρδόνιον ἡ σφραγὶς εἴρηται*. Cod. *Σαρδῶ*, quod non suspectum fuit Salmasio Exerc. Plin. p. 128 D. Mihi neque *Σαρδῶ* nec *Σαρδώ* de gemma dictum videtur, sed insulae nomen posuit grammaticus, eique aliena de *σαρδονίῳ* subiecit.

P. 834 7 corr. ad Pherecr. p. 296. Ib. ult. XVI, 60

P. 835 II. corr. *Μηδείᾳ*

P. 836 ad Fragm. inc. fab. I. Recte Cobetus Observ. crit. p. 179 scripsit *'Ισθμοῖ.*

P. 839 I. Illud ipsum *ἀθέλβεται* est Anecd. 353, 2

P. 841. Fragm. I, 3 *ἔτι νέος* iam Dobraeus Adv. I. p. 620 cetera se expedire negans.

Fr. II. corrige numerum 589, 17

P. 843. infr. corr. inscriptionem *ΗΡΑΚΛΗΣ*

P. 846. Fragm. III. Dobraeus Adv. I. p. 620 ita corrigit:

εἴ τι πείσομαι τὸν ἀηδόνων
ὕπνον ἀποδαρθών, αὐτὸς αὐτὸν αἰτιῶ.

Ib. 'L. 4 a fin. Lobeckius Ai. p. 118 *αὐτὸς σὺ σαυτὸν αἰτιῶ*. aliter Boissonadius ap. Bachm. Anecd. I. p. 36 n. 20.' H. I. L. ult. corr. *ἀποδαρθὼν*

P. 848. Fr. I. corr. *ἀκρίδας* Fragm. II, 1 repone *τῷ* pro *τὸ*. Vs. 2 possis etiam minori mutatione *ἀπὸ τοῦ σκυταλίου τοῦδε καὶ τῆς διφθέρας*. Falsa docuisse scholiasten etiam nunc credo.

P. 849 2 corr. *διφθέρας*

P. 850 IV. 'Apud Antiatticistam rescribendum videtur *δεύτερον αὐτόν*, quod et per se verisimile est et firmatur Herodoti exemplo a Meinekio apposito: ibi est *δευτέρην αὐτήν*.' H. I.

P. 852. Fragm. I. Pro *ἀκρατοπώλαις* possis etiam *ἀνθρακοπώλαις*, sed praestat tamen *ἀχραδοπώλαις*. Ad vs. 5. *ἐγκριδοπώλαις* fortasse Fragm. VIII. referendum est. Ib. annot. ad fr. II. corr. *'Επιχύτων Νικοφῶν* et l. sq. 'Legebatur *Νικοχάρης*, quod correxi Q. sc. II. p. 60.'

P. 853 V. corr. *'Αλλ' ἴθι* VI 2 corr. Idem alias

P. 857. "Aegei fragmentum I. num f. ita scribendum *ὁ πάππος ἦν μοι (σοι?) χαλκὸς ἀστερίας ἴσως*" H. I.

P. 857. Versus ex Auge servati comparandi sunt cum Platonis loco e Lacon. p. 637. Ceterum ad Philyllii Augen aliusve poetae comici qui idem argumentum tractaverat respexit forsan Moses Chosroenus Progym. MS. apud Ang. Maium ad Euseb. ed. Mediol. p. 294. ex graecis poetis Augae fabulam his verbis exponens: Dum in Arcadiae quadam urbe festum Minervae celebraretur, cum eiusdem sacerdote Augea (sic) Alei filia, choreas in nocturnis sacris agitante rem Hercules habuit, qui et huius furti testem reliquit ei anulum. illa ex eo gravida Telephum peperit, quod nomen ex eventu adhaesit. Iam Augeae pater stupro cognito excandescens Telephum quidem deserto loco abiici, ubi is a cerva nutritus est, Augeam autem abysso submergi mandavit. Interim Hercules ad eam regionem delatus, deque re gesta sua ex anulo admonitus, et puerum ex se genitum eripuit, et parentem ipsam ab instante mortis discrimine expedivit. Praeterea dicitur Teuthras ex oraculo Augeam deinde uxorem duxisse Telephumque in filii loco habuisse. Vides totius fabulae argumentum haud inscite descriptum.

862, 12 pro „ct" scribe „ut" l. 8 corr. tibicinem

P. 863 ad Fragm. VIII. Cod. Hesychii non *Φιλόλαος* habet, sed *Φιλύλαιος*. Pro *λιχνοφυλάργυρος*, quae codicis lectio est, Musurus edidit *λιχνοφιλάργυρος*. Scribendum videtur *λιχνοφειδάργυρος*, quod ipsa firmat explicatio Hesychii, *ὁ λίχνος μὲν φειδωλὸς δέ*,

P. 866. Ad Fragm. IX. ex Polluce VI, 103. *λύχνου διμύξου τῶν κωμῳδῶν Φιλύλλιος μνημονεύει.* Ad hoc ipsum Philyllii fragmentum pertinere videtur lacunosus locus Athenaei XV. p. 699 f. *...σω καὶ θρυαλλίδ' ἣν δέῃ.* Quae Porsonus Adv. p. 140 acute ita supplevit: *δίμυξον δὲ λύχνον εἴρηκε Φιλύλλιος·*

καὶ λύχνον δίμυξον οἴσω καὶ θρυαλλίδ' ἣν δέῃ.

P. 867. In Polyzeli loco neque vs. 1 neque 4 quidquam novandum. Pro *ἅ σοὶ* corrige *ἅ σοι*

P. 868. Fr. IV. Herodoti locus est II. 172

P. 869. V. corr. Tim. 30.

P. 870, 23 pro Methonae corr. Metopes L. 25 scr. 72 pro 74.

P. 871, 1 ἑπτά Ib. fr. IV. Poll. VI. 168

P. 872, 3. 'Quod inter 'Ἀθηναίων et μακαρίζεται in codice intersertum est αἶδι, illud ipsum indicare videtur, quod hic ex Pherecrate Aristophane demonstratum est, ᾱι esse ancipiti mensura: ᾱι δι(φορούμενον) credo *). Exemplorum numerum auxit in Zimmermanni annal. vol. VIII. 543 God. Hermannus ex Append. epigr. 348. C. Inscr. n. 406.' H. I.

P. 874. "Danaes fr. I. versum alterum f. ita expleas φέρ' εἰ γενοίμην (διὰ τάχους ἐγὼ) γαλῆ" H. I.

P. 875, 9 corr. 728 in. Ib. 5 a fin. corr. 661

P. 877, 13 corr. alio loco

P. 880 ad Fragm. II. Milesius ille est Hecataeus, ut discimus ex Harpocratione.

P. 881 III. extr. corr. n. 478

P. 887. Fragm. II, 4 scribe δωμός τις

P. 888, 19. In titulo dorico (testamento Epictetae), quem Boeckhius C. I. II. p. 371 edidit, non erat cur pluralem βάρακας requirerem. Ac forsan etiam πάρακα servari potest. V. Boeckhium in Addendis. In Epilyci fr. vs. 2 Ahrens Dial. Dor. p. 482 corrigit 'Εναμυκλαῖον (sive potius τὸν 'Αμυκλαῖον) παρ' 'Απέλλω.

P. 892. In Autocratis fragmento scribendum ἀγαλακτίας. Pollux III, 50. τὸ δὲ μὴ ἔχειν γάλα ἀγαλακτίαν τινὲς ὠνόμασαν.

P. 904 extr. συκοφαντητέα ἦν τὰ τοιαῦτα.

P. 909, 13 εὐλαβής P. 919, 9 πρωκτὸν P. 920, 12 τῆς χώρας

P. 940, 14 extr. inter τῆς κωμῳδίας et μέλη insere τὰ χορικὰ

P. 941, 3 κωμῳδιῶν scr non κωμῳδῶν

P. 945. 'Hermannus ephem. litt. Lips. a. 1829 fragmentum V, cum VI. hunc in modum coniunxit;

---

*) "Herodian. π. διχρόνων. An. Ox. III. 281 13 (Dracon. 19 2) καὶ τὸ κιύναξ (κιύναξ Spohn. de extr. Od. p. 122) διφορούμενον· τοῦτο γὰρ ποτὲ μὲν συστέλλει τὸ υ, ποτὲ δὲ ἐκτείνει αὐτό." H. I.

Καὶ μὴν τὸ δεῖν', ἀκροκώλιά γέ σοι τέτταρα ἥψησα ταχερά· δεύτερον δὲ γι,θύων κτλ.' H. I.

L. 2. a fin. *σκο-ροδόμητον* legebatur.

P. 951, 18 corr. *κατεκοίμησε*

P. 953 l. corr. *Γύναι τί τὸ ψοφῆσάν ἐσθ'*;

In fragm. II. *ἔρειξον* proposuit et Dobr. Adv. II. 249. *πίσοις* et Fritzschius Euphr. p. 17. L. 9 a fin. corr. *δεξιόν* 11 a fin. v. 811

P. 956. XII. corr. p. 82 15 XIII. est p. 244

P. 958. Fragm. XIX. tolle *τὸ* ante *κωμῳδικὸν*

P. 960, 8 *ἀπέλαβε*] *ἀπέβαλε* correxit Leutsch. ad Diog. III. 31.

P. 961. Fragm. II. Rectius Dobraeus Adv. II. p. 250 ad anapaesticos numeros revocat: *Ψῆχ' ἠρέμα τὸν βουκέφαλον καί | τὸν κοππατίαν.* Malim tamen *ψήχειν ἠρέμα τὸν βουκέφαλον | καὶ κοππατίαν*, ut infinitivus pro imperativo positus sit. V. Bergk. p. 955 Fr. V. est ap. Poll. X. 54

P. 962, 1 corr. IV. p. 133 l. 7 mulierem

P. 963, 3 *ὅτι χωλὸς οὗτος*

Ibid. Fragm. XIII. scribendum *κάβροντᾷ μάλ' αὖ.* Atque ita iam Fritzschius Euphr. I, 2 p. 18.

P. 964. XVI. 2 corr. *Μῶν τις* Ib. l. 2 a fine cf. Dobr. ad Plut. 166.

P. 965, 7 corr. *'Ιππέας κακὸς* Ib. fr. XXI. est Polluc. VII. 164.

P. 966, 6 "pro *πλησίον* l. cum Leutschio (Append. III. 35) *καταπληκτικόν* l. 15 corr. actam" H. I.

P. 967, 10 *οἱ σύμμαχοι*

P. 968, 9 a fin. Diodor. XII. et l. 11 a fin. corr. ab-erat

P. 969, 3 *Οὗτος οὖν κ,* — *καὶ παραχθεὶς* l. 4. *περὶ τῆς*

P. 970, 17 *Θυμοιτίδα* 21 *ταὖθ' ὑφαίνεται*

P. 971, 4 Lama-chum Ib. lin. ult. corr. aliam Diotimi legationem

P. 974, 11 corr. Plut. 322

P. 975, 21 scr. Militt. V. 2 pro v. 2.

P. 977. corr. numerum fragmenti XV ^

P. 978, 1 ἀπεμίσθωσεν 'l. 4 corr. III. 7 et cf. Mein. II. 524 l. 13 corr. X. 11 6.' H. I.

P. 979, 2 corr. ἡγητέον

P. 981. corr. in fr. XXIV Τὴν αὑτοῦ σκιὰν

Ibid. Fragm. XXVI. Cobetus Observ. ad Platon. p. 128 ἢ δωροδοκῶν ἀρχὴν

P. 983. XXXII. corr. p. 199.

P. 984, 16 corr. παραχθείς

P. 985. l. scr. ἀφῆτε.

P. 987. Fragm. VIII, 3 Bergkius nunc λουσαμένῳ διέλξαι. Sed hac aoristi forma Attici non usi videntur.

P. 988, 10 a fine corr. ἀντιβολῶ

P. 990. XII. "Graeca Prisciani verba f. ita refingas φαθὶ λέγων. Ἀριστοφάνης Γεωργοῖς εἴρηκεν "ἀλλ' ἐξολοίμην, φαθὶ λέγων." H. I.

Ibid. Fragm. XV. ita scribendum erat:

Ἐξ ἄστεως νῦν εἰς ἀγρὸν χωρῶμεν· ὡς πάλαι δή
ἡμᾶς ἔδει τῷ χαλκίῳ λελουμένους σχολάζειν.

Vulgo πάλαι δι' ἡμᾶς ἐκεῖ· Porsonus πάλαι δεῖ ἡμᾶς ἐκεῖ. At pro δεῖ necessario requiritur imperfectum.

P. 998, 4. Ἀριστοφάνης Γήρᾳ proposuit iam Seidlerus p. 25. cf. Dobr. Adv. II. 258. Ib. 25 corr. ἔτει

P. 999, 16 pro ἔφη Reisigius in Nieb. Rh. mus. II. 456 scripsit Σφηξί Ib. 19 cf. Fritzschium Euph. 2 p. 19.

P. 1000. 'Apud gramm. Seguer. p. 430 15 haec leguntur Ἀπολογίσασθαι καὶ ἀπολογίζειν τὸ ἐπεξελθεῖν ἕκαστα (cf. Suid. I. 618 Bernh.) Ἀριστοφάνης ἐν τῷ θ γήρᾳ·

ἐγὼ δ' ἀπολογίζειν τε, κἀτ' ἐπ' ἀνθράκων.

Apertum est in versu Aristophanis nullum locum habere ἀπολογίζειν, optimeque correctum est ab Fritzschio ἀπολοπίζειν, quod hic a Bergkio receptum, quemadmodum in Antiphane Εὔθυνος ... ἀπολοπίζων III. 70. Illud ἐν τῷ θ autem de ordine fabulae intellegi nec potest (nullum enim in ordinem quadrare videtur) nec debet: nam quotcunque exempla collecta habeo (sunt autem ex Phrynichi ecloga, Lexico Seg., Photio, Moeride supra triginta) in omnibus de scriptura vocabuli per hanc vel illam litteram significatur, plane eodem usu quem habet διά. Cf. modo Phryn. Lob. p. 39 'Αλκαϊκὸν ᾆσμα, δι' ἑνὸς ι οὐ χρὴ λέγειν, ἀλλ' ἐν τοῖν δυοῖν — sim. p. 45. 85. 110. Lex. Seg. 379 28 ἀλοάσαντα ἐν τῷ α. — τὸ δὲ συγκόψαι πληγαῖς ἐν τῷ η. Phot. p. 8 1 ἀδαξῆσαι τὸ κνῆσαι· οὐκ ἐν τῷ ο ὀδαξῆσαι = Lex. Seg. p. 340, 28: et quae sunt reliqua. Ita nec ap. Phot. 426 12 aliud praecipitur quam πέτευρον apud Aristophanem (hodie est Il. 1218) per ε scribi non per α (cf. Poll. X. 156). Hunc igitur si tenemus usum, etiam ap. grammaticum de quo cummaxime agitur ἐν τῷ ϑ de scriptura vocabuli accipiendum erit. At enimvero neque ἀπολογίζειν, neque ἀπολοπίζειν quidquam cum ϑ commune habet, habet autem cum ο, quoniam et altera forma est ἀπολεπίζειν. Ac commode affertur Phryn. Bk. p. 25 26 ἀπολοπίζειν διὰ τοῦ ο τὴν τρίτην, οὐ διὰ τοῦ ε. cf. Phot. p. 230 10 λοπίζειν: οὐ λεπίζειν. Quotiens autem ϑ littera et ο confundantur non opus est exemplis probare, praesertim cum eadem utriusque litterae olim fuerit forma Θ. Ergo tota iam grammatici Segueriani annotatio sic scribenda videtur p. 430 15

'Απολογίσασθαι καὶ ἀπολογίζειν τὸ ἐπεξελθεῖν ἕκαστα.
'Απολοπίζειν. 'Αριστοφάνης ἐν τῷ ο Γήρᾳ·
ἐγὼ δ' ἀπολοπίζειν τε, κἆτ' ἐπ' ἀνθράκων.

Et haec quidem hactenus: sed restat illud ἔστι δὲ λε in didascalia Avium, quod et ipsum de loco accipitur quem Aves in ordine fabularum habuerint, sive is secundum litteras sive ad temporum rationes institutus fuerit. Verum et abest illa annotatio ab codice Ravennate, et addita demum in Aldina videtur: facileque ita explices ut corrupta sit ex εἰς δὲ Λήναια κτέ. quod est in altero argumento. Ita et Fritzschium explicare gaudeo, quaest. Arist. I. 178, nec dissentire O. Schneiderum video de schol. font. p. 52. Sed gravissimum est contra vulgarem opinionem argumentum quod omnino in codice deest illud ἔστι δὲ λε, quod scire non poterat Schneiderus p. 51 not. 1.' H. I.

Ib. l. 8 corr. X. 156

'In fr. XVII. nonne scribendum τευτλίον? Vs. 2. corr. ἐγκέφαλος. Tertio versu Diogenes habet καταπυγοσύνῃ' H. I.

P. 1003, 15 a fine corr. εὐκαίρως

P. 1004, 1 ἐκείνου 7 τριάκοντα et ἔλαττον δύνασθαι
Ibid. l. 12. 'ex quonam pago fuerit Nicias Nicerati fil. v. ap. Boeckhium proll. ad inscr. nav. p. 246 sq. Vater. de reb. Andoc. I. praef. p. 6' H. I.

P. 1006, 9 a fine Στι-νωπὸς 12 a fine διάρρου

Pag. 1007. Ad Fragm. III. τὴν μάλθαν ἐκ τῶν γραμματείων ἤσθιον respicit Hesychius, Μάλθαν, κηρὸν ἁπαλόν, ἤσθιον. Monui vol. IV. 304 not.

P. 1008 V. corr. πόστην

P. 1011, 14 scr. παίζων-ὑποπτεύειν ut est ap. Poll.

P. 1012. Ad Fragm. XX. cfr. Schol. Luciani ed. Iacob. T. IV. p. 222. Ib. XIX. scr. μίσημα

P. 1013. XXV. 4 corr. Δαναΐσι

P. 1014. 'Gerytadis fragmentorum numerum augere licet ex schol. Ven. Ran. 436. Ibi enim ad vs. Aristophanis ἀλλ' ἴσθ' ἐπ' αὐτὴν τὴν θύραν ἀφιγμένος haec habet schol. Ven. 474 τὸ ὅμοιον καὶ ἐν Γηρυτάδῃ' H. I.

P. 1015, 9 corr. 331 ed. Bk. Ib. fr. I. Dobr. Adv. II. 251 ὑμῶν οἶδεν

P. 1016. Ad Fragm. V. cfr. Cobet. Obs. in Plat. Reliq. p. 80.

P. 1020, 1 corr. XIV. l. 9 corr. πώ μοι 13 scr. ἤδ'

P. 1028, 9 post σπαθίδα Photius habet οὕτως Ἀριστοφάνης. Ibid. VI, 3 corr. πέτου καὶ 10 γίνεται

P. 1029 ad Fragm. IX. Non Aristophanis haec verba sunt, sed Theophyl. Simoc. Hist. V, 5. ut iam Toupius monuit. Itaque dele hoc fragmentum. Ib. X. corr. χόνδρον

P. 1030. Ad Fragm. XI. (corr. Ath. p. 119 C.) conf. Cram. An. Par. IV. p. 248, 11.

Ib. 2 a fine corr. τῇ ἰδίᾳ ταύτῃ

P. 1032, 3 a fine. Dobraeus Adv. II. 252 τοὐπνίειν latere suspicatur, Dindorfius τί καλοῦσιν ὀπυίειν

P. 1033, 5 a fine an καλοκἀγαθεῖν? H. I.

P. 1034, 2 corr. Ἀλλ' εἰ

P. 1035. 'Cum iis quae Dindorfius ap. Zimmermannum annal. philol. 1839 p. 1128 dixit cf. additamenta quae sunt annali 1840 p. 72.' H. I.

P. 1036, 8 a fin. corr. Alcad.

P. 1038, 7 scr. ἀνηρεῖτο 22 corr. p. 527

Ib. 2 a fine corr. subdititia

P. 1039. Ad Fragm. XX. cfr. Crameri An. Par. IV. p. 246, 23. Gramm. Hermanni p.321.

Ib. 4 a fin. Athenaeus I. p. 4 D γυργάθους ι φ ι-σμάτων φέροντες citat ex Aristophane. l. 3 fin. corr. cupiditate

P. 1040, 4 a fin. Pro plane scribe πάλιν l. 14 a fine corr. ἀποδεδομένα

P. 1041. XXV. 3 Brunckius ἦν μή habet.

P. 1042 'lin. 1 sic corrigebam grammatici verba ὥστε μὴ ἐξεῖναι μήτε γράψασθαι παρανόμων, μήτε φαίνειν: atque ita omnino apud Hermannum scripta antiqq. §. 144 n. 1.' H. I. Ad Fragm. XXVII. cfr. Cram. An. Par. IV. 97 29. Dobraeus Adv. II. 252. τὸν 'Ερεχθέα με καὶ τὸν Αἰγέα κάλει 'i nunc et me irride'.

Ib. XXVIII. nonne λαγὼν? XXIX. est ap. Phot. p. 537.

P. 1043 ult. corrige VII. 170. Ad fr. XXX. cf. quae Fritzschius dedit Euphros. p. 15.

P. 1045, 13 corr. πρωκτὸς

P. 1046 XL. 'Photius scriptum habet νεβλάρετοι (cf. Lob. Agl. 1332 not.) περαίνει, unde Dobraeus νεβλᾶραι: τὸ περαίνειν, quod probavit Fritzschius Euphros. p. 15.' H. I.

Ib. 16 a fin. corr. ὑπορχουμένων 14 a fin. Photius habet ὀρτυγοκόμον.

P. 1047. XLVI corr. ὅτι δὲ

Ib. Fragm. I. Bergkius nunc corrigit κατὰ τὸν Πετόσιριν.

P. 1049. Fragm. V. πρᾶγμ' ἐλέγξαι iam Dobraeus correxerat Adv. II. 253. Praeterea corrige κακοῦ τού μοι et l. 8 scr. p. 596 14.

P. 1050, 6 a fin. corr. 352, 25 Ib. 15 a fin. scr. XX. 39.

P. 1051 XI. an λαγὼν?

P. 1053, 6 a fin. corr. 645 E. l. 7 a fin Μή τἄρ'?

P. 1056 II. cf. Fritzsch. Euphr. p. 22. ἄνοιγέ τις τὰ δώματ' Dobr. Adv. II. 253.

P. 1057, 13 a fin. corr. ἄκανθαι

P. 1058, 11 corr. p. 11, 16

P. 1059. Fragm. IV. corrige ἀποῤῥαίσας λυχνοῦχον κἄλαθες;

P. 1060, 8 corr. herus 10 substituere 21 καθεῦδ' scribunt Brunckius, Fritzsch. Euphr. p. 22.

P. 1061, 5 a fine τὸν ζυγόν] sic et Fritzsch. l. c.

P. 1062, 5 a fin. corr. 167, 22

P. 1069, 9 scr. ὁ Διιτρέφης l. 12 a fin. corr. Ἀθηναῖοι

P. 1071, 14 ἀπόνιπτρον θύραζ' ἐκχεῖται | μηδὲ vulg.

P. 1072. Fragm. VII. δεουσῶν pro δὲ οὐσῶν mea fuit coniectura V. vol. II. p. 534 not.

P. 1073. Fr. X. ῥύμβον? cf. II. p. 452 not.

P. 1074, 4 corr. Polluc. X. 188

P. 1076. Ad Fragm. I. addit nunc Bergkius Schol. Thesm. 299. Καλλιγενείᾳ· δαίμων περὶ τὴν Δήμητρα ἣν προλογίζουσαν ἐν ταῖς ἑτέραις Θεσμοφοριαζούσαις ἐποίησεν. Cfr. Photius p. 127, 9.

Ib. l. 23 corr. κἀστεμφύλοις Fr. III. 2 ἢ τῶν

P. 1077, 22 corr. requiritur, ubi intestina. De accentu voc. πυος v. add. ad II. 95.

P. 1078, 12. Φασκώλιον i. φορεῖον] haec desunt ap. Bekkerum. φάσκωλος scribendum proposuit et Fritzschius.

P. 1079. vs. 10 'num βότρυς scribendum cum Fritzschio p. 612?' H. I.

P. 1080 6 a fin. 'τρύφημα cf. Polyzel. p. 871. item

P. 1081, 17 ad χλίδωνα l. 19 corr. χλίδων cf. Lob. Ai. p. 168: adversatur Fritzschius p. 612' H. I.

P. 1082, 11 corr. ταρφέα

P. 1087, 2 a fin. corr. p. 88 28

P. 1088, 13 pro Μελαίνῃ II. 200 correctum Ἑλένῃ

P. 1091, 14 corr. Subditilio 22 corr. p. XLV

P. 1092, 14 scr. extinctum

P. 1094. Fragm. VI. Bergkius nunc ita corrigit:

Ἤμουν γὰρ ἄγριον βάρος·
ἤγειρέ τοί μ' οἶνος οὐ μιγεὶς ποτῷ
Ἀχελῴῳ.

"Equidem aliquando ita coniiciebam scribendum esse:

Ἤμουν ἄγριον | βάρος· ἤγειρεν γάρ τοί μ' οἶνος | πρόσθ' οὐ μιχθεὶς Ἀχελώῳ" H. I.

Ib. l. 2 et 8 a fine corr. *ὑποπρεσβύτεραι γρᾶες*

P. 1097, 10 a fine corrige probabiliora et lin. 9 a fine videantur

P. 1099, 13 corr. *στοά* Fr. V. et VI. coniungere voluit et Dobraeus Adv. II. 254.

1100 VIII. 2 *Θρᾴκιος γάρ*

P. 1101 scr. *ΛΗΜΝΙΑΙ* lin. 11 corr. p. 109. XI *ποιεῖν;* l. 18 Oed. Col.

P. 1102, 2 corr. p. 159.

P. 1104 l. nonne *Λυκαβηττόν*? Arcad. 77, 4. H. I.

P. 1105, 17. 'Quod *Χαιρεφῶντα τὸν πύξινον* ad hunc e prioribus Nubibus locum spectare dicit, non videtur recte factum: cf. enim schol. Plat. 331. Mein. Eupol. II. 516' H. I.

P. 1107. 'Hisce fragmentis nonne undecimum locum addere liceat ex schol. Vesp. 1038 *ἠπίαλος τὸ* *(*πρὸ* Fritz.) *τοῦ πυρετοῦ κρύος. Ἀριστοφάνης Νεφέλαις* ('Nubes intelligit priores' Fritz. p. 621) *καὶ Θεσμοφοριαζούσαις*.' H. I.

P. 1108. In Fragm. I. (v. 1 corr. *ταῦτα πάντ'*) 2 non offendo in verbis *ἐν ἀγρῷ* et *ἐν τῷ γῃδίῳ*. Aliud *ἀγρός* aliud *γῄδιον*. Malim igitur *οἰκεῖν μὲν ἐν ἀγρῷ πρῶτον* (pro *τοῦτον*) *ἐν τῷ γῃδίῳ*.

Ibid. l. 7 corr. *ὄψῳ δὲ χρ.*

P. 1109, 1 corr. LV. 7

P. 1111, 3 corr. 621

P. 1113 extr. pro *φανερῶς* corr. *καθαρῶς*

P. 1116, 8 a fine corr. *ἐξητάζοντο | πικρῶς οἵ τε πολῖται*

P. 1118, 3 a fine *Γονῶν — ἀποίσεις*

P. 1119, 3 a fine *σπαταγγῶν*

P. 1120. Ad Fragm. XI. Pro *ἀχῶρα* restituendum esse *ἄχορα* iam Toupius indicavit; atque ita codd. Suidae et Etymologi M. Vs. 2 pro *τοῦ Διός* recte Dobraeus *τουδί*, sc. *τοῦ Δήμου*.

P. 1121 XII. Fritzschius act. soc. gr. I. 143 *Παῖδές δ' ἀγένειοι Κλεισθένης τε καὶ Στράτων*.

P. 1121 ad Fragm. XIII, 2. Rectius Elmsleius ad Arist. Acharn. 669 Bk. τοῖς παλαιοῖς supplevit.

P. 1123, 18 corr. ἐπειγομένων κεραίδος Ad Fragm. XVIII. respicit Pollux VI. 48. cf. vol. III. 573.

P. 1124, 13 corr. γ 182

P. 1125, 10 "Zonerae verba facile ad similitudinem reliquorum grammaticorum restituas: abhorret enim nimium ab caeteris interpretationibus ὤκλασεν, scribendum igitur ita videtur 'Αριστοφάνης ἀντὶ τοῦ ἀπεσπάσθη 'Ολκάσιν" H. I.

Ibid. XXVI. 'nonne ὕρχας οἴνου cum Lobeckio Parall. p. 34?' H. I.

P. 1128, 10 corr. σημειοῦσθαι

P. 1130. Fragm. I. fortasse ex systemate iambico petitum est:

τῶν λαμπαδηφόρων τε πλεί-
στων αἰτίαν
τοῖς ὑστάτοις πλατειῶν.

Ita vulgatus verborum ordo servari potest. 'In verbis scholiastae ἀπὸ τῶν ἀγοραίων f. in ἀπαγορεύοντας mutandum.' H. I.

Fr. II. est p. 78 11.

P. 1131. Fragm. III. pro βλάκες rectius βλᾶκες. 'nonne et φύγεργοι?' H. I.

Fr. V. est ap. Antiatt. p. 95 29

'Fr. VI. ad superstitis Pluti versum 29 retulerunt Buttmannus gramm. I. 552. Fritzschius qu. Ar. I. 264 not.' H. I.

Fr. VII. est ap. Antiatt. p. 113 11

P. 1132 l. 2 scr. παρὰ σέ.

P. 1133, 6 a fin. scr. 'Αριστοφάνους Πολυΐδῳ.

P. 1134 7 corr. Stob. LXVIII. 17. ib. 4 a fin. corr. observatas

P. 1135, 4 corr. Pindar. Pyth.

P. 1138. Fragm. II. „Ridetur haud dubie Euripides, v. Schol. Vesp. 61." Bergkius. 'Alterum fragmenti versum ita scripserim:

πῶς ἐσθίω τὸ ῥύγχος ἔτι κεκαυμένον;

ἔτι h. e. praeterea v. Alexid. 3, 498 τράγημα δαιτέον ἔτι' H. I.

P. 1139 VII. 2 Dobraeus Adv. II. 255 *κ. δ. ἐκτέα λογίζεται.*

P. 1142. Fragm. IV, 2 *τοὺς νοῦς δ' ἀγοραίους*. Respicit Gramm. Bekk. p. 339, 10 ubi pro *Εὐριπίδης* scribendum *'Αριστοφάνης*. Non igitur recipi debebat in Fragm. Eurip. ed. Matth. p. 429.

P. 1144 VIII. scr. *ὁρᾷς*

P. 1145 XII. est Poll. X. 114.

'Fragmento XV. nonne *ἐν Καλλιππίδου*? cf. Elmsl. ad Ach. 1182 Bk.' H. I.

P. 1146, 1 fine corr. 95 1 l. 5 a fine corr. venit

P. 1147, 21 corr. X. 99. Fr. I. vs. 1 scr. *Πλούτων* et 4 *ἱστᾷς*

P. 1148. Tagenistarum fragm. I. inde a vs. 6 Antiphani tribuit Porsonus ad Eurip. Phoen. 1334. Versu 6 recte Bergkius addidit *νεκροί*. Sed initium loci ita potius exhibendum erat:

Οὐ γὰρ ἄν ποτε
οὕτω [στεφάνοισιν] ἐστεφανωμένοι νεκροί

Ibid. 9 a fine corr. praetermisit,

P. 1149 III. Versum 1 correxit iam Hermannus.

'Ibid. ult. *ὑποδουμένους*] l. *ὑποδυομένους* et cf. II. p. 553.' H. I.

P. 1150. 'Fragmento IV. nescio quo errore perturbatus sit versuum ordo: repone

Α. Τί πρὸς τὰ Λυδῶν δεῖπνα κ. τ. Θ.;
Β. Τὰ Θετταλικὰ μὲν π. κ.' H. I.

P. 1151. Fragm. VII. malim *οὐ μὴν ὁ σός γ' ἀδελφὸς ἀπελάγχανον* i. e. *οὐ ἀπελάγχανον*.

'Ad fragmentum IX, non ad aliud quid, respicere videtur Athenaeus VI. 269 E: *Τί δεῖ πρὸς τούτοις ἔτι παρατίθεσθαι τὰ ἐκ Ταγηνιστῶν τοῦ χαρίεντος 'Αριστοφάνους;* Lautae enim et opiparae dapes in hoc libri III. fragmento describuntur: *παρατέταμαι γὰρ τὰ λιπαρὰ κάπτων*, cf. *ὥστε παρέσται κοπιᾶν ὑμῖν | ὑπὸ τῶν ἀγαθῶν* Av. 734. Ac plane eodem modo Athenaeus sexto libro Metallensium fragmentum vicinum dedit illi Tagenistarum commemorationi, quemadmodum in tertio libro longiori Tagenistarum eclogae praemisit versus quosdam ex Metallensibus. Verum quamquam non nego potuisse et debuisse hanc beati saeculi in Tagenistis commemorationem pluribus versibus celebratam esse, tamen non fecerim singularem fragmento alicui XLI, quod p. 1158 factum est, locum.' H. I.

P. 1152, 9 a fin. corr. 'esse locutionem'

P. 1154 XVIII. πέρκην corrige.

P. 1157, 7 a fine corr. παρὲξ Caeterum παρεξόρουσον coniecit et Dobraeus Adv. II. 255.

P. 1158, 10 corrige XLI. pro LXI.

P. 1159. extr. ὥσπερ

P. 1161. XI. 'Apud Hesych. lemma Πύλαι delendum videtur Dobraeo Adv. II. 255 ut sequentia ad praecedens Πυλαγόροι referantur: idem non Πυλαγόρους sed Πυλαωροὺς dixisse comicos suspicatur.' H. I.

P. 1162, 5 infr. corr. nequaquam 14 a fine Διαδοχαῖς 15 a fine πάππου

P. 1163. Fragm. I. 'Haec Fritzschius Euphros. p. 27 cum iis in unum coniunxit quae Harpocr. Phot. Suidas v. ὁμοῦ Menandro tribuunt: ἤδη γάρ ἐστι τοῦ τίκτειν ὁμοῦ: coniunxit autem hunc in modum:

λάβεσθε· καὶ γάρ ἐστι τοῦ τίκτειν ὁμοῦ.

Caeterum illa quae habent lexicographi v. ὁμοῦ etiam Dobraeus Adv. II. 256 et Meinekius IV. 279 Aristophani assignant.' H. I.

P. 1164, 8 corr. illorum 12 οἱ δ' 14 pro 68 scr. 65

Ibid. Fragm. III. Bergkius nunc ita corrigit: κοὐδὲν ἂν δράσειας ἄτοπον οὐδ' ἂν ἐπιήλαιμεν ἄν.

P. 1167, 10 a f. 'haec hodie ita leguntur ap. Dübnerum ἡ δὲ *Ἀνδρομέδα ὀγδόῳ ἔτει *προεισῆλθεν. ἀλλ' οὐ *συκοφαντητὰ ἦν τὰ τοιαῦτα.' H. I.

P. 1169, 19 corr. 370 20 'Quae ibidem l. 28 ex schol. Vesparum 879 (884 Dübn.) afferuntur vix sana esse possunt. Τὴν ἀκαλήφην μεταφορικῶς τὸ τραχὺ καὶ δηκτικόν, ἣν καὶ ἀκαλήφην λέγεσθαί φησι Κράτης Φοινίσσαις. Quid hoc est? urticam de aspero et mordaci usurpari, quam et articam appellari dicat Crates Phoenissis? In Vespis simpliciter irae patris ut urtica dematur rogat filius: hanc urticam scholii auctor translate accipiendam esse annotavit de aspero ingenio, eamque in rem Cratetis auctoritate utitur, qui in libro aliquo (credibile est in attica dialecto: Schneider. de font. 88) docuerit Aristophanem Phoenissis urticam, non ἀκαλήφην, sed κρανα'ὴν (an κραναὰν?) ἀκαλήφην vocasse. Repone igitur apud scholiastam ἣν καὶ κραναὴν ἀκαλήφην λέγεσθαί φησι Κράτης Φοινίσσαις. Caeterum cf. addenda ad vol. I. p. 63.' H. I.

Ibid. Fragm. V. 'Plenus Pollucis locus hic est: Γαλεάγρα· τὸ δὲ ὄνομα ἐν τοῖς ἐπιγραφομένοις Δημοσθένους πρὸς Ἀριστογείτονα· καὶ μυάγρα· Ἀριστοφάνης δὲ ἐν Φοινίσσαις κέχρηται τῷ ὀνόματι· ἐν δὲ Πλούτῳ εἰπὼν τὴν μυάγραν καλεῖ. Cf. Bentl. ad Plut. 815. Aristophanes ergo non γαλεάγρα sed μυάγρα dixisse videtur.' H. I.

Ibid. VI. corr. ὁ θέαν ἀπομισθῶν

P. 1171. De hoc fragmento cf. Dobr. Adv. II. 256.

Versu 14 τιὴ τί;] 'Nec τίη τί in fragmento ex Horis apud Athenaeum vitio caret' Herm. ad Nub. 754 cf. Lehrs. ep. qu. p. 65. H. I.

Versu 11 φύσας correxit et Fritzschius Euphr. p. 28.

P. 1174. extr. corr. ἀποπαρδεῖν. sic Ald. ἀποδάτειν Ven. hodie editur ἀποπατεῖν

P. 1177. IV. 'Versu altero Hermannus Opusc. V. 202 sq. σὺ δὴ συνέζης scribit: idem Seidleri ταλάνταται unice probavit.' H. I.

Ibid. 'Fr. VI. σχηματίσαντες soli errori deberi videtur, Athenaeus habet σχηματίσαντας: hoc an illud scribatur non perinde est.' H. I.

P. 1181, 9 corr. inusitata

Ibid. de fragmentis XX. XXI. cf. add. ad II. 8. l. 21 pro πιᾶτε corr. κοπιᾶτε

P. 1182. ad fr. XXII. corr. Ἀριστοφάνης

P. 1183. Fragm. XXVII. scribendum videtur φθέγξαι σὺ τὴν φωνὴν ἀνατειχίσας ἄνω, pro ἀνατειχήσας.

P. 1184, 6 in Pollucis loco exciderunt inter χρὴ et καὶ

haec καὶ καταπλύναι. Caeterum aliter haec conformavit Dobr. Adv. II. 256.

P. 1185. Fragm. XXXVII. malim cum Schneidero Sax. μαστιγουμένη.

P. 1186. ad Fragm. XL. Non credo ἀνακύπτων et κατακύπτων corrupta esse.

Ibid. Fr. XLI. corr. VII 161 pro 164.

P. 1187. XLVIII. φάρυγα Suidae habet cod. A.

Ibid. Fragm. L. Bergkius nunc τῆσδ' ὑπαντὰξ corrigit.

P. 1189. LV. Dobraeus Adv. II. 257 de Aristophane grammatico cogitavit.

Ibid. Fragm. LVI. εἰς Γέλαν pro εἰς τὸ γελᾶν iam Xylander, ὑπὸ τοῦ γέλωτος pro ὑπὸ γέλωτος Elmsleius ad Acharn. 606.

P. 1190. LXI. Cf. add. ad II. 490.

Ibid. 8 a fine corr. ὁ Τήιος

P. 1191, 6 a fine corr. γραμματικόν 5 a fine p. 784 D 3 a fine Πρώτιστον;

P. 1192. LXVII. ὡς στόμφακα Hermannus.

Ibid. fr. LXIX. et LXVIII. hunc in modum coniunxit Dobr. Adv. II. 257:

ἐκβαίνετον ὡς τὸν πατέρα τοῖς ὀρχήμασι
καταντιβολεῖτόν τ' α. υ.

P. 1193, 2 ἅρπαγα στρέφων proposuit iam Dindorfius.

P. 1194. Fragm. LXXXI. revocandum videtur quod habet Eustathius ἄκων κτενῶ σε, τέκνον, quae ex Euripide aliove tragico Aristophanes suscepit.

P. 1195 sq. Fragm. LXXXIII. sq. vide in Anonymorum fragmentis comicorum IV. p. 628. 630

P. 1198. XCIII. δέ γ' ἐστὶν proposuit et Fritzschius.

P. 1201. Fr. CVI. pro κιναβευμάτων scribendum esse καναβευμάτων vidit Schneiderus ad Arist. HA. vol. II. p. 138.

P. 1202, 13 a fin. corr. constituendus 10 a fin. ἑπτάπους σκιὰ fortasse etc. Hoc fragmentum Hermannus ita adornavit:

ἑπτάπους γοῦν ἡ σκιά 'στιν·
ὡς καλεῖ μ' ἤδη 'πὶ δεῖπνον
ὁ χορὸς ὁ φιλοτήσιος.

P. 1203. 'Dele fragmentum CXIV: sic enim Suidas ἀγκύρισμα, εἶδος παλαίσματος. καὶ ἀγκυρίσας ἀντὶ τοῦ καταπαλαίσας, ἢ τῇ ἀγκύρῃ καταβαλών. Ἔστι δὲ ἀγκύρισμα καὶ σκεῦος ἀγρευτικὸν σύκων. Ἀριστοφάνης·

διαβαλών, ἀγκυρίσας,

εἶτ' ἀποστρέψας τὸν ὦμον αὐτὸν ἐνεκολάβησας.

Omnis igitur Aristophanis memoria ad Equit. v. 262 pertinet.' H. I.

P. 1204. CXXIV. 2 περὶ παλαίστραν

Fr. CXXVI. Aristophanis memoriam ad Ran. versum 177 rettuli vol. II. p. 660.

P. 1205. 'CXXX. ἀνοητίαν habet codex Iungermanni. cf. Lob. Phryn. 506. Grammaticus Bekkeri 406 16 ἀνοητίαν· τὴν ἄνοιαν. Ἀριστοφάνης.' H. I.

P. 1206. CXXXVII. corr. Acterianus l. 5 a fin. natura virili corr. Fritzschius Euphr. p. 14 ex Serv. ad Aen. II, 632

P. 1209. CLVII. corr. Thucyd. II. 38.

'Quod CLIX. receptum est ex Hermanni et Crameri Gramm. vocabulum, id recipiendum suaserunt Lobeckius Parall. p. 112. Dobr. Adv. II. 258. Quod idem Lobeckius ad Ai. p. 210 citavit Ἀμφήκης γνάθος, id nullo modo reperiri poterat.' H. I.

P. 1210, 13 corr. μὴ τὸν κατὰ φ.

Ib. CLXVIII. scr. Εὐθετῆσαι. 'Diadorfius ipsum illum Pollucis locum II. 31 apposuit, Phrynichum non commemoravit.' H. I.

P. 1211 in. Fortasse praeter accentum nil mutandum: ἢ ποθέν· ἀμόθεν. ' et est ap. Photium ἤ ποθεν· ἀμόθεν.' H. I.

Ib. 10 dele εἶπε

'Quod CLXXIX. inter fragmenta scholio Ach. 106 peculiaris datus est locus adversatur et Engerus, cuius rationes vide ap. Zimmerm. 1841 p. 940.' H. I.

P. 1212. 'Κάνδυλος hodie Diadorfius ad schol. Pac. 123 dubitat an non debuerit inter fragmenta Aristophanis ponere propter scholiastae annotationem Δημήτριος ὁ Ζηνοδότειος μεταγράφει κάνδυλον: int. pro κόνδυλον ap. Ar. Pac. 123' H. I.

Ib. CLXXXIV. scr. Pollux II. 41.

P. 1213. 'CXC. κνημοπαχὲς reponendum docuerat Lobeckius Phryn. 535.

Ad fr. CXCVII. Brunckius contulit Acharnensium versum 1199 τῶν τιτθίων, ὡς σκληρὰ καὶ κυδώνια.

P. 1216, 2 corr. II. 135

P. 1217. CCXXVIII. Neque haec inter fragmentorum numerum recipi debere docuit Engerus l. c. p. 940. aliter Bernhardi Eratosth. p. 207' H. I.

Ib. l. 12 scr. p. 339 15

Ib. l. 15 'Haeccine vero ex solo Aristophanis Av. 1131 ἑκατοντορόγυιον desumpta videantur?' H. I.

P. 1218, 5 "'Ἀριστοφάνης ἐν τῷ ε̄. cf. addenda ad p. 1000" H. I.

Ib. dele fragmentum CCXXXVIII. de quo dixi IV. 592.

Fr. CCXL. sq. est Polluc. IV. 106.

P. 1219. Post fragmentum CCLII. adde

CCLII[a]

Schol. Aeschin. πρεσβ. p. 245 Bk. παρὰ τῷ Ἀριστοφάνει ὁ σπογγίας καὶ ἡ σπογγιά. De quo admonui IV. 647 not.

P. 1220. CCLXIII. 'Et de his vide Engerum ap. Zimmerm. 1841 p. 941' H. I.

P. 1221, 9 a fine. Dindorfius ad Horas p. 201 probat nostram coniecturam Ἀπολλοφάνης.

P. 1222, 5 a fine scr. 651 4

P. 1227, 4 a fine scr. domum

P. 1228. Cum Sparta Epimenidi nonnihil necessitudinis fuisse, ex eo intellegitur quod cutis mortui apud Lacedaemonios servari ferebatur. V. Diogen. Prov. VIII, 10. Quin etiam monumentum viri sepulcrale Spartae ostendebatur, Pausan. II, 11.

P. 1229. Ad Batti libros de divinatione forsan referenda sunt haec Fulgentii Myth. X, 3. in aruspicinis aliud est fibrarum particularumque inspectio, aliud secundum Battiadem eventuum immutatio. Nisi haec ad Callimachum spectant.

Addenda et Corrigenda ad Vol. III.

P. 3, 3 a fin. corr. Diplas l. 4 et l. 6 a fin. corr. Ran. 1170

P. 6, 7 corr. Av. 1549 5 a fine corr. 367 15

P. 7, 13 cf. Lob. Aglaoph. 1037 not.

P. 9. Fragm. I, 1 fortasse distinguendum κρέα δὲ τίνος ἥδιστ' ἂν ἐσθίοις, τίνος; B. εἰς εὐτέλειαν. V. ad Antiph. Στρατ. II, 8 p. 117. Ad eandem normam conformanda oratio Luciani Paras. 1.

P. 11. In fragm. 'Ακοντιζομένης vs. 4 malim οἶδ' ἐγώ. Sed in hoc fragm. etiam alia sunt corrupta.

P. 12, 13 corr. ἐλεύθερον πιοῦσαν οἶνον

P. 13. Vs. 18 pro ἐπιπεφυκὼς forsan ἐπικεκυφὼς scribendum. Vide vol. III. p. 611 et IV. p. 640.

P. 14, 19 corr. Vs. 13.

P. 17. Vs. 3 φαιὸς χιτωνίσκος καλός. Integritatem lectionis ostendit etiam hoc, quod ne ephebi quidem, quorum nota est φιλοκαλία, pullam chlamydem aspernabantur. Varro apud Nonium s. v. pullum p. 368. Nitidi ephebi veste pulla candidi. Quem morem Herodes demum Atticus mutavit candidam pullae chlamydem substituens, si fides Philostrato V. S. p. 550.

P. 18. Fragm. I, 5 σεμίδαλις ἐκ πολλῆς σφόδρ' ἐξητετημένη. Ita ex cod. scripsi. Verte farina ex magna farinae copia subtiliter cribrata. V. Exercitt. phil. ad Athen. I. p. 11.

P. 19, 6 a fin. corr. II. p. 407.

P. 20. ad Fragm. I. Versum quartum, μικρῷ πεποιθὼς ἀθλίῳ νομίσματι, L. Dindorfius Thesaur. L. G. v. μικρός ab aliena manu illatum esse suspicatur.

P. 22. In Archontis fragm. Vs. 4 corrige τοῦ ζωμοῦ. Quae sequuntur verba τοὺς βύστακας μὴ καταφρόνει, iniuria et mihi et aliis suspecta fuere: μὴ καταφρόνει cum accusativo iunctum significat μὴ ἐπιζήτει. Ita nihil loco difficultatis inest. Exempla alio loco afferam.

P. 24. In fragmento ex Auleta Emperius Mus. Rhen. nov. I, 3 p. 458 probat ἡδέτην. Tum vs. 2. sq. Dindorfii meisque emendationibus adiutus ita scribit ἐπιστάσεσθέ (?) γ' ἀλλήλοιν ἅπι| μαθόντες, ὧδε· πρῶτα τοὺς αὐλοὺς σύ τε| αὕτη τε λήψεσθ'· εἶθ' ἃ μὲν etc. monens μανθάνειν ἐπί τινος esse discere aliquo tanquam exemplo. Vs. 6 coniicit ἤδη τι κοινόν ἐστι· σοῦ χωρὶς πάλιν| συννεύματ' οὐ προῤῥήμαθ', οἷς σημαίνεται | ἕκαστα. Apertum est ne sic quidem corruptissimum fragmentum persanatum esse.

P. 25, 10. Dele verba „Praeterea — corruptam est." Fragm. I. pro λινοσάρκους Lobeck. Path. p. 111 reponit λιτοσάρκους, quod de exili potius quam de tenera carne dici posse crediderim.

P. 26, 16 corr. στεφάνου 19 scr. Pollux X. 152

P. 29 ad Fragm. I. Versu 2 (ubi ᾠὰ scribendum) et 3 recepi Casauboni supplementum, rectius facturus si indicata lacuna locum ad codicis fidem ita exhibuissem:

τὸ λυχνίον ἐστί. πρόσεχε τὸν νοῦν * *
* * * πέντε νικητήριον.

In his πέντε satis tuetur consimilis locus Eubuli Ancyl. III, 3 p. 203. θήσω δὲ νικητήριον τρεῖς ταινίας καὶ μῆλα πέντε καὶ φιλήματ' ἐννέα. Vs. 4 περὶ τοῦ; γελοῖον, κοτταβιεῖτε τίνα τρόπον; Hermannus: Der Lernende ist mit der Sache noch ganz unbekannt, und der ganze Apparat kommt ihm lächerlich vor, indem er nicht begreifen kann, wodurch man sich den angegebenen Preis erwerben könne. Idem vs. 7 — 9 recte revocavit vulgatam personarum distinctionem.

P. 35. Fragm. III, 3 inter κάππαριν et πάντα Dobraeo excidisse videtur ἄνηθον vel ἐλαίας Idem priora τὰς προσφόρους ἡμῖν τροφὰς Athenaei esse putat. In eadem annotatione corr. ὠνήσασθαι.

Ib. l. 9 a fin. adde 'nisi quod Ephippus pro βότρυς habet κάρυα.'

P. 38, 4 a fin. corr. „Simylus in Append. Flor. ad Stobaeum p. 433 Lips."

P. 39. Fragm. II, 2 scribendum τρύβλιον pro τρυβλίον. In not. scr. p. 337 pro 324.

P. 44, 12 corr. p. 373 a

P. 45. ad Fragm. II, 10. Dele annotationem de ἐρωτικός, quod neque hic neque apud Theocritum de amabili dicitur.

P. 47. Fragmento II. Valckenarius retinuit ἐπὶ τὸ πορθ.

P. 48. ad fragmentum Δυσέρωτος. Dissimilia consulto coniungit, ἵππους et σίλφιον, συνωρίδας et καυλόν, κέλητας et μάσπετα, πυρετοὺς et ὀπούς. Cfr. Aristoph. Plut. 189.

P. 49. ad Δύσπρατον. Non hos tantum versus, sed totam eclogam, quam p. 368 in Epicratis Δυσπράτῳ posui, Epicratem ex Antiphanis fabula sumpsisse docet quintus Epicratei fragmenti versus, ὃ δὲ χολᾶν ποιεῖ, collatus cum Antiphanis Fragm. inc. fab. LXXXIV. ex Antiatt. p. 116, 8. Χολᾶν: ὀργίζεσθαι· Ἀντιφάνης.

P. 50. ad Fragm. II. Scribe ἠκροῶ.

P. 51, 4 a fin. corr. 323 c.

P. 53 ad Fragm. II. Corrige calami errorem τοῦ Λεσβίου pro τοῦ Ἐφεσίου. 'pro μᾶλλον Stob. 59 15 habet κρεῖττον.' H. I.

P. 54. Heniochi vs. 3 corr. ἤνεγκεν

P. 55, 20. In Hesychii glossa εὐφραίνειν non tentandum: κατάρδειν enim figurate dici potuit.

P. 58. Καπαῖον Δία poetam ludibundum dixisse pro Καραῖον parum probabilis coniectura est.

Ib. l. ult. corr. XXII.

P. 61. De fragmentis Carinae haec Hermannus disseruit: „Das erste Fragment schildert offenbar einen dem Trunke Ergebenen und ist vermuthlich so abzutheilen:

τρίποδα καὶ κάδον παραθέμενος
ψυκτῆρά τ' οἴνου * * * μεθύσκεται.

Das zweite enthält Worte dieses Menschen, wie Athenaeus selbst andeutet. Da aber dieser Mensch gerade das Gegentheil vor dem, was man erwarten sollte, seinem Diener befiehlt, so scheint es sein Sohn zu sein, der, wenn der Vater dem Trunke ein Ende zu machen gebietet, alle Trinkgeschirre hinauszutragen Befehl gibt, um den Vater zu täuschen, was wahrscheinlich so ausgedrückt war:

πότος ἔσται δ' ἴσως
σφοδρότερος. οὐκοῦν, εἰ φράσει τις, οὐκ ἔτι
ἔξεστι κυαθίζειν, ...
τὸν δὲ κάδον ἔξω καὶ τὸ ποτήριον λαβὼν
ἀπόφερε· τἄλλα πάντ' ἔα.

Das nach κυαθίζειν stehende γὸρ oder καὶ sind vermuthlich von den ausgefallenen Worten übrig gebliebene Buchstaben."

P. 62. Fragm. IV. corrige στειλεάν pro στειλεά.

P. 63, 5 a fin. corr. XVII. 62

P. 64. Priores Antiphanis versus ex Cleophane Hermannus ita corrigit:

Τόδ' ἢ τυραννεῖν ἐστιν ἢ
τί δήποτε τὸ σπουδαστόν;

Existimat enim haec philosophi verba esse irridentis hominem qui summum bonum in imperio positum existimaret. Vs. 6 et 7 idem ita constituit:

οὐδ' ἔστι γάρ πω, γιγνόμενον, ὃ γίγνεται.
οὐδ' εἰ πρότερον ἦν, ἐστιν, ὅ γε νῦν γίγνεται.

Vs. 9 scribit οὐκ ἔστιν, ἕωσπερ γέγονεν, ὅ γε μὴ γέγονέ πω. Vs. 11 sqq. ita scripsit:

εἰ δ' αὖ ποθέν, πῶς γέγονεν, οὐκ ὄν; ἔστ' ἄρ' οὐκ
οὐδέν ποτ'· ἢ πόθεν γενήσεται τό γ' οὐκ
ὂν εἰς ὄν; εἰς οὐκ ὂν γὰρ οὐ δυνήσεται.*)

Postremo versu τουτί scripsit pro ταυτί, quod videtur ferri posse. V. Heindorf. ad Plat. Gorg. p. 212.

P. 66. Scribendum ΚΝΟΙΘΙΔΕΥΣ. Idem vitium p. 67.

P. 68. corrige primum hunc numerum, dein vs. 1. scr. ὅπως ὁ χρησμὸς εἰς τοῦτο ῥέπει.

P. 70. 'Κουρίδος fragmento I. tertium versum f. ita expleas κἂν οὕτω τύχῃ | Εὔθυνος *(αὐτὸς) ἀπολοπίζων αὐτόθι Fragmenti II. vs. 6 sq. difficili πλοῖα liberemur fortasse ita scribendo:

---

*) 'Vs. 13 sq. f. ita scribas εἴ ποθεν γενήσεται | οὐκ ὄντ', ἐς οὐκ ὄντ' ἀπιέν' οὐ δυνήσεται. de ἀπιέν' v. ad. Eupol. II. 566' H. I.

A. τὸ δεῖνα δ', ἐσθίεις
ταυτὶ κακόνωτα χάπαλά; *Γ.* Κωπᾴδας λέγεις.'

cf. Strattid. II. 779 κωπᾴδων ἁπαλῶν τεμάχη. De caesura confero Ach. 165 οὐ καταβαλεῖτε τὰ σκόροδ'; Θ. ὦ μοχθηρὲ σύ.' H. I.

P. 76, 5. Cfr. Hesychius, Δέκα τοὐβολοῦ: ἐπὶ οὐδενὸς ἀξίου. βέλτιον δὲ εἰς μικρότητα τίθεσθαι αὐτό.

Lin. 15 corr. ἠχυρωμένην

P. 77, 19 corr. p. 313

P. 78 l. 3 Athenaeus pro βατανίων habet βοτανίων.

P. 79, 5 corr. δεδείπναμεν

P. 81. In Antiphanis fragmento Hermannus tertium versum ante secundum transponit, recepta Piersoni ad Moer. p. 337 emendatione μετέρχετ' αὖ, προσέρχετ' αὖ, μετέρχεται. Ultimo versu idem tentat ἂν δὲ μή γ', ἀπάγχεται. Vs. 5. λοῦται pro λούεται etiam Piersonus.

P. 82. not. l. 4 corr. μειρακίσκος pro νεανίσκος

P. 83. extr. scr. σπονδὰς ποιεῖ. P. 85 6 corr. p. 88 24

P. 86, 11 'ita expleverim τούτους δὲ μετά γε τοὺς τραπεζίτας' H. I.

P. 89. I, 5 H. Iacobi ἐξ ὀξυβαφίων κεραμεῶν, confert Lob. ad Phryn. p. 147. Vs. 6 forsan τούτων scribendum. Videtur autem Antiphanes totum hunc versum nescio cui tragico poetae sublegisse, unde explicanda productio primae vocabuli τέκνον.

P. 90. Fragm. III. Probabiliter Hermannus:

Βούλει καὶ σύ, φιλτάτη, πιεῖν;
β'. καλῶς ἔχει μοι. ά. τοίγαρ οὖν φέρ' ἐγὼ πίω.

P. 92. Fr. II, 2 corr. ἀπέλαβεν. In annotatione l. 8 scr. „Vs. 2" et l. 9 corr. „Ibid." pro „Vs. 2."

P. 93. Hermannus cum Bentleio ὁ σταθμοῦχος, et vs. 3 εἰ 'πιτάττοι. Idem vs. 2 νὴ Δί' ἀποπνίξεις με καινήν.

P. 94, 20 dele verba 'nisi quod scripsit ὗς'

P. 95, 4 corr. δεξιτερᾷ

P. 96, 12 corr. Menodotum 2 a fine ποτ' ἐκ τῆσδε

P. 98, 13 a fine scr. utroque Athenaei loco legitur

P. 99, 2 corr. Τῆς τε

P. 101. Fragm. IV. Hermannus ita corrigit, ὡς ἄν τις

ἄλλοις ἐξενεχθεὶς ἐκ πότου | μὴ διαβάλῃ τὴν κραιπάλην Ἑλληνικῶς, cll. Alexidis fragm. p. 386, V. 8.

Fr. V. 4 'ἀρνεῖα Lobeckius tuetur Parall. p. 323 not.' H. I.

P. 102, 4 corr. adiiciunt

P. 104. ad vs. 17. Διογείτων prima producta forsan retineri potest, si a nomine Δῖος deducas.

P. 105, 8 corr. p. 49 15

P. 109. Vs. 1 corr. ἀμφίβληστρον

P. 110. In Progonorum vs. 5 legendum φέρειν τίν' ἄρας, quod pudet me non vidisse. Monuit Lobeckius Aglaoph. p. 1307. V. 3 corr. τοιουτοσί

P. 111. vs. 10 corr. οἱ νεώτεροί

Ibid. In fragm. ex Pyrauno cod. Rehd. post φέρων addit τε et pro Πάρνηθ' habet Πάρνηθος. Fortasse scribendum:

Ἐς κόρακας, ἥξω φέρων γε δεῦρο τὸν Πάρνηθ' ὅλον.

Sententia loci cum titulo fabulae optime convenit. Pro Ἐμφανής cod. Rehd. Ἐνφανής.

P. 113, 20 corr. aut ἤπειρον διὰ πᾶσαν.

P. 114, 7 scr. VII. 211.

P. 116. Vs. 10 scr. τύχῃ l. 7 a fine corr. ἄκρου

P. 117, 7 a fine corr. συχνοῦ

P. 118. In Timonis fragm. vs. 1 corr. ἀγοράσας

Lin. 3 scr. p. 397 l. 8 Ἀντιφάνη ib. l. ult. corr. 327 pro 325

P. 119. Traumat. I, 4 στροφὴ λόγων παρελθέτω τις. Clemens Alex. Str. VI. p. 775 ἐπίσταται στροφὰς λόγων καὶ λύσεις αἰνιγμάτων, ubi Pottcrus laudat Vet. test. Sap. VII, 17, 18.

P. 121 in Tritagon. vs. 3 Bergkius coniicit ἰδίοισι κοὺ κοινοῖσι.

P. 122. Antiphanis et Axionici fabulae Τυρρηνὸς inscriptae argumentum quo spectaverit fortasse ex Athenaei verbis elici potest XIII. p. 607 f. οἶδα δὲ καὶ Πολύστρατον τὸν Ἀθηναῖον, μαθητὴν δὲ Θεοφράστου, τὸν ἐπικαλούμενον Τυρρηνόν, ὅτι τῶν αὐλητρίδων τὰ ἱμάτια περιέδυεν i. e. quoniam tibicinas vestibus nudabat. Is enim mos fuit Tyrrhenorum, ut constat ex Timaeo apud Athen. XII. p. 517 d.

P. 123. In Hydriae Fragm. I, 2 scribendum ἐν γειτόνων. Monuit Sauppius Epist. crit. ad Hermannum p. 107.

P. 126. Vs. 24 corr. ὥστε γ'

P. 138, 6 a fin. 'Dindorfii rationem probavit Hermannus ad Antigonae locum, qui Antiphanea sic conformavit:

τὸ δὲ ζῆν εἰπέ μοι
τί ἐστιν; B. ὅ, τι ἔστιν; τὸ πίνειν, φήμ' ἐγώ.' H. I.

P. 139. XIII, 6 corr. δίκῃ δίκην et p. 140 11 'Idem vs. 6 δίκῃ δίκην'

P. 147. Versu 2 scr. ὑμᾶς quod habet Athenaeus.

P. 148, 6 a fine corr. XVI. 12

P. 152, 16 corr. ultima brevi

P. 153 'Apud Stob. II. 3 septimus eclogae versus ita legitur:

τί τοῦτον ἀπορήσαντα πράξειν προσδοκᾷς;' H. I.

Ibid. Fragm. LXI, b. Clementis ductu fortasse ita scribendum:

ὁ δὲ πλοῦτος ἡμᾶς, καθάπερ ἰατρὸς κακός,
πλέον τι θατέρου (χἀτέρου) βλέποντας παραλαβὼν
τυφλοὺς ποιεῖ.

P. 154, 20 corr. inc. XLI.

Ib. Fr. LXV. pro φύσις corr. τύχη

P. 155. Fragm. LXVI. ita potius scribendum videtur τἀπὸ (vel πάντα) τῆς τύχης φέρειν δεῖ γνησίως τὸν εὐγενῆ. In sequenti Fragm. recte Grotius ὀρθῷ τρόπῳ. C. F. Halmius Lect. Stob. p. 56 tentabat πράως δ' ἐνεγκεῖν ἀτυχίαν ὀρθοῦ τρόπου.

P. 156. 'Fragmentum LXXIII. ita correxerim:

Τὸ γὰρ πεπαιδεῦσθαι, μόνον ἄν τις τοῦτ' ἔχῃ,
ἀληθές ἐστι, κἀπὸ τῶν ἀδικημάτων
μὴ λαμβάνειν τὰς ἀξίας τιμωρίας κτέ.

Nam ea demum institutio vera est (cf. κακὸν ἀληθές Menandri 4, 100) si quis nec ab iniuria incommodum capiat, idem tamen omnino vincat.' H. I.

P. 157, 16 corr. p. 228

P. 158. Fragm. LXXXIV. delendum. V. supra ad p. 49.

P. 159, 12 corr. Polluc. I. 82 Ib. 17 corr. Philotheb. II. Fragm. XCIII. scr. Ἀλουργιαῖον l. sq. corr. 380 14

P. 160, 6 corr. p. 50 sq. 9 corr. ἀπέκτεινεν 11 scr. p. 565.

Ibid. Fragm. XCVIII. malim ita distinguere: μελετήσας κύων | σαρκῶν ἀπογεύεσθαι φυλάττειν οὐκέτι | δύναιτ' ἂν ἀγέλην.

Fragmentis Antiphanis adde haec:

C.

Μονοφαγεῖς ἤδη τι καὶ βλάπτεις ἐμέ.

Athenaeus I. p. 8 e. ὅτι τὸ μονοφαγεῖν ἐστιν ἐν χρήσει τοῖς παλαιοῖς. Ἀντιφάνης Μονοφαγεῖς κτλ.

CI. CII.

Ἅπανθ' ὁ λιμὸς γλυκέα πλὴν αὐτοῦ ποιεῖ.
Πενία γάρ ἐστιν ἡ βίου διδάσκαλος.

Stobaeus Flor. XCV, 1. cum lemmate Ἀντιφάνους. Alterum versum incerto tribuit Grotius.

P. 161. Fr. I. vs. 3 corr. ἡμεῖς τοιοῦτον

P. 162, 2 a fine corr. ὦ 'γάθ'

P. 166, 17. In Aristotelis loco (Rhet. III, 12) ἐὰν γάρ τις ταῦτα μὴ ὑποκρίνηται, γίνεται ὁ τὴν δοκὸν φέρων, rarissimi proverbii exemplum habemus, quod Photius s. v. ὑπέρου περιτροπή p. 623, 5 in iis paroemiis memorat, quae dicebantur ἐπὶ τῶν ταὐτὰ ποιούντων καὶ μηδὲν περαινόντων. Hinc simul intellegitur me recte interpretatum esse ea quae Aristoteles de metabole dixit.

P. 167. Fragm. I. corrige λαβὼν κάθου.

P. 168, 5. fin. Haec ita scribe: De Arga musico vide ad Alexidis fragm. p. 388.

P. 169, 14 a fine corr. Schneidewinum. In Thesauri fragm. vs. 2. probabiliter Bergk. ad Lyr. poet. p. 874 corrigit ἄριστον ὄν.

P. 171, 3 corr. κοὐκ ἴσμεν οὐδέν.

P. 172. In annotatione ad Lycurgi fragm. vs. 2 scribe „producit" pro „ducit."

P. 174, 2 corr. 460 e.

P. 177. Fragm. II, 4 scribendum videtur *λαμπρός τις ἐξελήλυθ', ὑμῖν ὅλολυς οὗτός ἐστι.*

P. 179. Fragmentum ex Hoplomacho ita corrigendum videtur: *Μαγάδι λαλήσω μικρὸν ἅμα σοι καὶ μέγα.*

P. 181 7 corr. *τρόφιμοι.*

P. 183. In Protesilao vs. 5 fortasse corrigendum *βουβαύκαλα ταῦτα γενέσθαι*, de quo dicam Exercitt. philol. Spec. II. Vs. 22 nunc unice probo *μεταβάλλοντας*. Vs. 27 et 28 recte Dobraeus *χύτραν* et *σιρὸν* transponit. Vs. 29 *πουλυπόδων* iam Valcken. Diatr. p. 218. Vs. 62 recte legitur *ὀρνιθαρίων ἀφάτων*. Cfr. Dio Cass. XLV, 17 *ἰχθῦς ἀμύθητοι.*

P. 186, 14 a fine corr. *παρέργως* 8 a fine *ζωμόν*

P. 188, ad notam. In Dionysii loco recte cod. Coisl. *καὶ κενεὸν βρόντησε.*

P. 189, 12 corr. *θυννίδες ὀπταί*

P. 191, 7 a fin. corr. p. 570 pro 696.

P. 193, 5. Haec unice vera est interpretatio verbi *ὠνομασμένη.*

P. 194, 17. Nec Sextus Emp. c. Gramm. I. p. 642, 16 formam *τάριχον* memorat. Ibid. ult. dele verba In his — *'Αναξανδρίδῃ.* V. Athen. p. 184 b.

P. 196, 5 corr. *δυσκόλως ἔχει* l. 6 scr. CXVII, 2

P. 197. Fragm. VI, 3 *διασκεδᾷ τε* sc. *ἡ ῥάφανος* Bernhard. Synt. p. 468.

P. 199. Fragm. XII. scribendum suspicor: *τὸ συνεχὲς ἔργου* (pro *ἔργον*) *παντὸς εὑρίσκει τέλος*, cf. Eur. Archel. 35.

P. 200. Anaxandridis fr. XIII. *κόρης ἀπαλλαττόμεθα ταμιείου πικροῦ*, a Stobaeo Flor. LXXVII, 8 tribuitur Diphilo, cuius inter fragmenta recepi vol. IV. p. 426.

Ibid. ad Fragm. XV. corr. „Append. Flor. Stob." pro „Io. Damascenus."

Ibid. ad Fragm. XVI. cfr. Sext. Emp. c. Math. XI. p. 576, 12 *οὐχ ἡμᾶς αἰτιᾶσθαι δεῖ — ἀλλὰ τὴν φύσιν, ᾗ νόμων οὐδὲν μέλει.*

P. 201, 2 a fine corr. 367 20

P. 203, 11 a fine scr. πεμμάτιά τινα

P. 208. Antiopae Fr. I. Ahrens. Dial. dor. p. 524 ita corrigit:

Πώνειν μὲν ἀμὲς καὶ φαγεῖν μέγ' ἀνδρικοί
καὶ καρτερεῖμεν τοίδε Θηβαῖοι· λέγειν
καὶ μικρὰ φαγέμεν τοῖς Ἀθηναίοις μέτα.

Vide ipsum correctionum rationes reddentem. Mox Antiop. II, 7 κάπτοντες αὔρας ἐλπίδας σιτούμενοι, comparandum cum Aeschyl. Agam. 1653 φεύγοντας ἄνδρας ἐλπίδας σιτουμένους.

P. 209, 6 corr. ἐνθένδ'

P. 215, 17 corr. πλῆθος τὸ Ἀθηναίων

P. 218. De Eubuli fragmento III. cfr. Fritzsch. ad Aristoph. Thesm. p. 501. qui vs. 3 corrigit τὰ σίγμα συλλέξαντες ὡς αὐτὸς (Euripides) σοφοί. P. sq. l. 10. esse

P. 220. In Dolonis fragm. I. vs. 3 corr. ὑπεδησάμην.

P. 221, 11 Cf. Marckscheffel. comm. Hesiod. p. 217.

P. 222, 11 a fin. corr. inc. XVI. In Ἠχοῦς fragmento nescio an non recte δὲ post Νύμφα addiderim. Apud Homerum quidem quotiescunque Νύμφα legitur, vocativus est. Itaque recte legi videtur Νύμφα ἀπειρόγαμος.

P. 223. Fr. I. 1 scr. Τρύβλια II. 3 ἐγχέλεις l. 8 a f. scr. p. 73.

P. 228. l. 2 Athenaeus habet οἴνου συχνούς.

P. 231. Fragm. I, 3. κωθωνόχειλον correxit etiam Lobeckius Paral. p. 209 et prior utroque nostrum Ahlwardtus in Seebodii Bibl. crit. a. 1821 no. 5, qui vs. 2 pro παρὰ scripsit πέριξ. Voc. ψηφοπεριβομβήτριαν utrum sic an penacute scribas perinde est; illud substantivum, alterum adiectivum est.

P. 233 corrige hunc numerum in margine pagellae.

P. 235, 8 corr. παρ' ὑμῖν.

P. 240. In fragmento ex Ulixe Eubuli pro εὐήγορος legendum εὐηγορῶν. V. Exercitt. phil. I. ad Athen. XI. p. 478 c.

P. 241. In Olbiae fragmento v. 3 corr. γογγυλίδες

P. 242. In Orthanae fragm. vs. 8 pro τηγάνου cod. A habet πηγάνῳ. Scribe igitur τηγάνων.

P. 244. Fragm. IV. corrige καθῆκα

P. 245, 1 corrige ἐπετήρουν. Ibid. Athenaeus Dindorfii vitiose habet τροφὴν

P. 246, 9. Haec ita corrige: „Versu quarto libri ὑμέσιν. Correxit Porson. Misc. p. 243. Idem οἵας mutabat in ὅσας."

P. 247. In Procr. I, 4 corr. calami errorem κᾆτα pro εἶτα

P. 248. Fragm. III. ὃν χρὴ δεδειπνάναι πάλαι. Nonne χρῆν? Ibid. Tolle asteriscum pone ΚΥΚΝΟΣ et transfer ad ΔΙΟΝΥΣΟΣ. In annotatione corr. p. 363

P. 249, l. 7 corr. ἐστ᾽

P. 250. In Eubuli fragm. III. quod legitur ἐπιπόλαιον, fortasse incorruptum est. Hesychius, Ἐπιπόλαιον: τὸν ἐπίπλουν, ὑμένα. Vs. 3 pro γλυκεῖα Arsenius Viol. p. 299 habet κοιλία, quae ipsius Arsenii correctio est. Legendum esse γλυκεῖαν i. e. fel docui vol. IV. p. 613 sq. Pro μηρίαν leg. μηρία.

P. 251. Fragm. II. ὦ μάκαρ ἥτις. Add. Aristoph. Av. 1723 μάκαρι σὺν τύχᾳ.

P. 253, 4 corr. XIII. p. 582 f. 7 corr. p. 127

P. 255, vs. 26 sq. Emperius in Museo Rhen. nov. I. p. 459 corrigit οἱ δὲ πλανῶνται| αὐτὸς ἕκαστος ἔχων αὐτόν, κόλπῳ δὲ φυλάττει. Vs. 27 corr. φυλάττειν.

P. 259. IV. Καρῖδάς τε τῶν

P. 260. In Chrysillae fragm. I. scribendum videtur δεύτερος pro δεύτερον. Cfr. Aristophontem in Callonide p. 359 κακὸς κακῶς γένοιθ᾽ ὁ γήμας δεύτερος| θνητῶν· ὁ μὲν γὰρ πρῶτος οὐδὲν ἠδίκει. Versu 10 corr. μέγα

P. 261. Fragm. I, 5 corr. φίλον pro φίλος.

P. 262. I. Vs. 9 sic distingue μετρεῖν ἀνέχοντος· μακροτέρας δ᾽ οὔσης ἔτι | πλεῖν — σκιᾶς·

P. 263, 10. Pro „Ibidem" scribe „Vs. 4" Quod Vs. 6 εἶχον scribendum conieci, nunc repudio. V. Iacobs. Animadv. ad Anth. Gr. I, 2 p. 108.

P. 263, 8 a fine corr. νεκταροσταγῆ.

Ibid. Postrema verba Fragm. V. exhibui ut correxit Hanovius Exercitt. crit. p. 45. Vulgo πέπωκ᾽ ἐγὼ μὰ Δία Μενδαῖον.

P. 264, 7 corr. 292 59

P. 267, 2 a fine corr. γόγγρος δέκ᾽ ὀβολῶν.

P. 269, 1 corr. *Σπίνοι*

P. 270. XVII. est ap. Stob. LXII. 32.

P. 272. ad Fragm. XXVII. De hoc usu vocis *φοινικιστὴς* adde Schol. Aristoph. Pac. 883 *ὡς φοινικιστὴς λοιδορεῖται ὅπερ καὶ ἐκ τοῦ προσπεσὼν δηλοῖ.*

P. 274 IV. corr. *ὅτ' ἐκεῖνος*

P. 279, 7 pro Archestrato corr. Matrone

P. 280. Fragm. II. 7 Dobraeus Adv. II. p. 302 ita corrigit *τριῶν ἂν ἐσθίοντες οὐδὲ δώδεκα.*

P. 285, 3 Athenaeus p. 31[c]: *Ἀμφίας δὲ οἶνος ὁ φαῦλος καλεῖται παρὰ Σωσικράτει.*

P. 288. Fragm. IV. *δυσαρεστότερον* Heerenii est correctio. Cod. *δυσαρεστότατον.* Canterus *δυσάρεστον.*

P. 289. Fragm. V, 1 scribendum *ὅτι τὸ τῆς πενίας* Monuit Hermannus

P. 290, 6 corr. p. 62 f. ib. fr. X. scr. Phot. p. 54 9.

P. 291. Nicostrati fragmentis adde hoc ex Crameri Anecd. Par. IV. p. 114, 10. *Νικόστρατος· Εἰπέ μοι τίνι ἐδιακόνεις;* 'Item ut videtur hoc: Photius 543 13 *Στρῆνον: οἱ μὲν τὸ ὀξὺ καὶ ἀνατεταμένον. Νικόστρατος δὲ τὸ τραχὺ καὶ πρόσαντες τῇ ἀκοῇ φθέγμα.*' H. I.

P. 292, 3 sq. v. add. ad I. p. 349.

P. 293, 5 corr. Atticistae

P. 294, 4 scr. fragm. III.

P. 297, 3 a fine corr. p. 229 3.

P. 299, 8 Pollux II. 224 lin. 8 a fin. corr. Apollodor. Caryst.

P. 300. Philetaeri fragmentum Emperius in Mus. Rhen. nov. I., p. 459 ad creticos cum dochmiis copulatos revocat: [*σὺ δ'*] *ἀμφὶ στέρνοις* | *φᾶρος οὐ καθήσεις τάλαν·* | *μηδ' ἀγροικῶς ἄνω γόνατος ἀμφέξει.* Non credo hoc metri genus tali sententiae aptum esse.

P. 304, 5. Exemplum formae *ἀληλεμένος* habet Thucyd. IV, 26.

P. 305, 4 corr. Phyl. fragm. II.

P. 306. Dithyr. I, 1 corr. *σοφώτατον.* Versu 6 *ὄχλον αὐτό;*

P. 307. Fragm. II, 2 recte Iacobsius *ὡραῖον φιλῶν*, quod recipiendum erat.

Ib. 6 a fine corrige calami errorem *μέλη* pro *μέρη*

P. 308. I. 2 corr. *ἀνθρώποις*

P. 311, 9 'Apud scholiastam Aristophanis pro *ἐν πυρῷ* Paul. Leopard. emendat. II. 5 restituit *ἐν γύρῳ*, in idem incidit Beckerus in Charicle I. 386. Cf. Polluc. IX. 102' H. I.

P. 313. Amphidis locum, in quo piscarius propter silentium cum Telepho *ἀνδροφόνῳ* comparatur, optime Welckerus Trag. graec. I. p. 56 illustrat collato Schol. Aeschyli Eum. 272: *οἱ ἐναγεῖς οὔτε ἐν ἱερῷ προσῄεσαν οὔτε προσέβλεπον, οὔτε διελέγοντό τινι. καὶ παρ' Εὐριπίδῃ· τί σιγᾷς; μῶν φόνον τιν' εἰργάσω;* De Telephi caede cfr. Append. proverb. Goett. II. 85.

P. 314 penult. corr. *αὐτὸς | δ' ἐκ δ.*

P. 315. Fr. II. *παραδεδειπνημένοι* sunt coena frustrati.

P. 316. Fr. II, 2 malim *ἐφ' ἅπασίν τε δυσχερῶς ἔχων.*

P. 317. Fragm. I, 4. Haec rectius ita explices, ut is, cui illa dicuntur, ideo *τῶν πολιτῶν ἤθη* habere negetur, quoniam Acanthium vinum, cuius ille *πολίτης* dicebatur, lenissimum erat. Fr. II. Dobraeus *σφόδρα* cum *ταχὺ* coniunxit.

P. 318. Fragm. IV, 1 corr. *Θουρίοις*

P. 319. IX. corr. Stob. XXXIII. 6

P. 320. XII, 1 corr. p. 78 pro 60

P. 321, 5 corr. etesiarum Fragmentis Amphidis fortasse ex Polluce III, 36 addendum: *διαπαρθένια δῶρα*, de quo loco dixi Hist. crit. p. 404.

P. 323. In Geryonis vs. 2 pro *οὐχ ἡμέριον* forsan *οὐ δὴ μέτριον* scribendum.

P. 325, 7 corr. *καλὲ*

Ibid. II, 9 pro *μαινίσιν* corr. *τευθίσιν*

P. 326. In *Ἐμπολῆς* fragm. I. in. malim *Ἔπειτα δ'* vel *Ἔπειτ' ἂν*

P. 330, 2 pro *φάργος* corr. *φάγρος*,

P. 332, vs. 2 corrupta videntur verba *ὑπὸ Πλάτωνα καί*. Forsan *ὑποπλατωνικῶν*.

P. 333, 3 Cononis] l. Herodici Ib. 5 de rep. p. 415 l. 336.

P. 334, I, 4 libri habent τευθίδια σηπίδια

P. 336, 5 corr. ‘εἰ μαθεῖν δέοι pro ἐκμαθεῖν δέοι.’

Ib. 23 corr. ab Alexide

P. 337, 1 corr. p. 347 b: lin. 12 corr. p. 58. lin. 24 corr. p. 183. In Peltastae fragm. II. 1 εἶναι Ζεὺς θεός Schweighaeuseri est emendatio. Libri εἶναι ὁ θεός. Possis igitur οὐ Μενεκράτης μὲν ἔφασκεν εἶν' ὁ θεῶν θεός; Magis tamen placet quod Schweighaeuserus coniecit.

P. 338. Fragm. I, 3 recte, ut videtur, Elmsleius ad Arist. Acharn. 301. pro ποιήσω scripsit ποιῶ σοι.

P. 344, 2 corr. p. 637 Ib. 5 a fine corr. Eccl. 919

P. 346. In fragm. ex Μαγείροις recte Dobraeus correxit πολὺ μεῖζον. Postrema forsan ita legenda sunt: ὅσον| κρεῖττον ἀκροκώλι' ἐστὶν ἕψειν, ῥυγχία,| πόδας. Ib. in not. corr. 409.

P. 347. I. 3 scribendum Χίμαιρα πύρπνοος, quemadmodum est vol. IV. p. 506 ap. Epinicum (vs. 10).

P. 348, 25. Hermannus κλισμὸς ἢ θρόνος.

P. 350. II. 6. ‘Nescio an νοῦν scribendum sit pro γοῦν.’ H. I.

P. 353. In Fragm. ex Χρυσοχόῳ vs. 1 ita distinguendum suspicor:

Ἤδη σχεδόν τι πάντα σοι· πλὴν Κτησίου

Videtur enim post primum versum alius excidisse.

P. 356, 3 a fin. scr. Πυραύνῳ item l. 8 a fine. Pollucis locus est IX. 70.

P. 358, 19 corr. IV. 72.

P. 359. ad Fragm. Callon. 1 κακὸς κακῶς γένοιτο. Plura huius loquutionis exempla attulit Lobeck. Paral. p. 151.

P. 361, 10. Dele „non"

P. 366 vs. 15 recte coniungi νεοττὸς καὶ νέα docent similis abundantiae exempla apud Lobeck. Paral. p. 61.

Ibid. 21 nihil mutandum. Nec probo Hermannum που μόνη scribentem pro πιομένη, quod recte dici posse videtur de Laide convivium aditura. Vs. 24 nunc unice placet φίλτατε.

P. 368. De Epicratis *Δυσπράτῳ* cfr. Add. ad p. 49. Partem fragmenti apposuit ex Athenaeo Eustath. p. 1885, 38.

P. 370. Fragm. I, 7. Cobetus Observ. crit. in Platon. com. p. 121 parum probabiliter corrigit *λέξον πρὸς Ἀθηνᾶς*. Unice nunc probo *πρὸς τᾶς γᾶς*. Vs. 10 idem delet *μειρακίων*, quod inutile esse dicit additamentum. At quis ferat simplex *ἀγέλην*? Vs. 32 et 33 idem tentat *τοιαῦτόν τι ποιεῖν*, scilicet ne *ποιεῖν* in thesi positam penultimam producat, de quo dixit v. cl. Observ. p. 191. Sed huius legis vanitatem satis ostendit Aristoph. Nub. 335. 374. 895. Ran. 1044. Pac. 979. Vesp. 382. Eccl. 594. Plut. 576. 583. Vs. 37 ingeniose Emperius Mus. Rhen. nov. I. p. 460 tentat *ἐπέταξε πάλιν κορδὴν αὐτοῖς | ἀφορίζεσθαι*. Ceterum in tota hac ecloga Platonicae dictionis vestigia sunt manifesta. Ex hoc genere est *διατρίβειν, διερευνᾶσθαι, λόγοι ἄτοποι, ἀφορίζεσθαι, διαχωρίζειν, διαφροντίζειν, διαιρεῖν*. Locos ipsos indicabit Astii lexicon Platonicum.

P. 374, 3 a fine pro 'e Philotide' corr. 'e Dysprato'

P. 375. Fragm. II, pro *Σώχαρις* scribendum *Σωχάρης*, de quo v. Delect. Anth. gr. p. 115. De Paamyle adde Wyttenb. ad Plutarch. p. 355 e. Pro *σφοδρῶς* possis etiam *σφόδρ' ἐστ'*.

P. 377. In Titanibus recte Hermannus probat Porsoni emendationem. Emperius l. l. p. 460 maluit *ἤ μή σοι νομίσῃς*. Ib. 10 a fine corr. *κρείττω*

P. 378, 2 a fin. corr. *ἀνῃρέθην*

P. 381. Pro altero II. scribe III. et sequenti fragmento numerum redde IV. Fragm. III. *ἀλείφεται* alterum versum incipiebat.

P. 383. Fragm. II. malim: *ἀπήντων τῷ ξένῳ. | εἰς τὴν κατάλυσιν ἦγον. ἦν αἴθων ἀνήρ*.

P. 384, 13 corr. recte libro VI.

P. 386. Aesopi versu 8 corr. *τοῦτ' ἔσθ'*

P. 387, 7 corr. *λώτῳ*

P. 389. l. 11 corr. *οἶσθας*

P. 390. ad vs. 4 Athen. III. p. 117 c. *ὠμοτάριχον δέ τινα κέκληκεν Ἄλεξις Ἀπεγλαυκωμένῳ*

P. 393, 9 corr. Eratosth. p. 100. Ib. II. 2 corr. *προπίνων*

P. 395. fin. Odeum philosophos frequentasse diserte testatur Plutarchus de Exil. c. 14 p. 605. B. *ἀναπέμπασαι τὰς (σοφὰς σχολὰς καὶ διατριβὰς) ἐν Λυκείῳ, τὰς ἐν Ἀκαδημίᾳ, τὴν Στοάν, τὸ Παλλάδιον, τὸ Ὠιδεῖον.* Add. Diogen. Laert. VII. 184 ubi habemus Chrysippum *ἐν Ὠιδείῳ σχολάζοντα.* Iudicia quoque in Odeo habita esse docet Arist. Vesp. 1109.

P. 397. II. 2 scr. *μᾶλλον μᾶλλον;*

P. 398. II. est Anecd. p. 338, 8

P. 399, 12. Adde Eurip. Med. 1134. *πολλὰ πολλάκις γένοντ' ἐς ὀρθὸν ὄμμασι σκοπουμένη.*

P. 400. Quod Galat. I, 9 proposui *τὴν δ' ἀρτυσίαν συνήρπασεν,* commendat etiam locus Anonymi apud Cramer. An. Ox. III. p. 168 *ὁπόσα οὐδ' ὁ τρυφηλότατος τῶν φιλοσόφων Ἀρίστιππος κατηρτύσατο.* Idem *ὀψοποιὸς* dicitur Luciano Auct. vitt. 13.

P. 409. III. est p. 171 b.

P. 411. De fragm. III. Porsonus Adv. p. 146 non minus fallitur quam quem affert Piersonus ad Moer. p. 160.

P. 412, 11. In verbis *τὴν δὲ πολιὰν τὴν* etc. hoc postremum *τὴν* dele.

P. 414, 8. Nihil opus est ut scribatur *εἰσήγαγον.*

P. 418, 5 corr. utrem ad bibacitatem,

P. 419. Fragm. II. possis etiam *λάβ' ὦ Πτολεμαῖε.*

P. 421. In *Ἱππέως* fragm. I. 5. eleganter Dobraeus corrigit *ἐρρίφασιν* pro *ἔρρειν φασὶν.* Idoneam tamen mutationis causam non video.

P. 423, vs. 14 sqq. Emperius l. l. ita corrigere tentavit: *ὧν ἔχουσ' οἱ κωμικοί | ὀρθά. προστιθεῖσα τοῦτο τοὔνδυτον τῇ κοιλίᾳ, | ὥσπερεὶ κοντοῖσι τοὔπισθ' εἰς τὸ πρόσθ' ἀπήγαγεν.*

P. 425, 3 corrige p. 132

P. 426. In Cauniorum fragm. pro *ἐνὸν* fortasse *ἐνῆν* scribendum.

P. 427 bis scribe *ΚΙΘΑΡΩΙΔΟΣ* Ib. lin. 6 corr. p. 586 a. Ib. 3 a fine corr XI. p. 500 e.

P. 428. In primo *Κουρίδος* fragmento vs. 4 nescio an praestet *κακῶς πεπραγόσιν* pro *καλῶς π.* Dicere enim videtur adolescentes in aleae similive ludo pecunia emunctos.

P. 430. Versu 22 corr. *δειπνοῦντας*

P. 433. Fragm. IV, 3 edendum erat *στρώματά τε καὶ γύλιον αὐτοῦ.*

P. 434. Fragmentum ex Lampade Dobraeus Adv. II. p. 349 ita corrigit:

Καταφαγεῖν αὐτὸς τοσοῦτον ἀργύριον οὐκ εἶχον ἄν,
οὐδ' ἂν εἰ λαγὼς μὰ τὴν γῆν καὶ ταὼς κατήσθιον.

Priora sane corrupta videntur; neque enim sufficit quod dicebam *καταφαγεῖν* indignantis esse infinitivum; sed *γάλα λαγοῦ* non credo vitiosum esse.

P. 440, 4 a fine corr. Vs. 5 et p. 441, 5 pro tertium scr. quintum.

P. 442, 7 a fine corr. *ἀκοντίων*

P. 444, vs. 10 et 11 distingue: *φιλόσοφός τις εἶ, εὔδηλον, ὃς παρεὶς* etc.

P. 445, 10 a fine corr. LXII. 14 a fine pro Hist. cr. p. 392 scribe Qu. Scen. III. 35

P. 447, 10 a fin. inverte ordinem praepositionum post et ante

P. 448, ll. 2 et 4 scr. *τρύβλιον* Fragm. II, 3 recte Lobeckius ad Aiac. p. 136 coniunxisse videtur „*πτισάναν καὶ τρύβλιον*," Ita nihil mutandum fuerit

Ibid. l. 4 a fin. pro schol. Dion. Thr. l. Apollon. Coni.

P. 449. Fragm. V. scribendum suspicor: *κακῶς ἔχεις, ὦ Στοῦθ'. ἀχαρὴς νὴ Δία πεφιλιππίδωσαι.* v. IV. 600 not. Libri *κακῶς ἔχεις· στρουθὶς ἀχαρὴς νὴ Δί' εἶ. πεφιλιππίδωσαι.* In quo *στρουθὶς* ineptissimum. *Στρουθίας* vel *Στρούθιος* parasiti nomen est apud Menandrum aliosque. V. vol. IV. p. 152 sq. Mox in annotatione pro 522 scribe 552. Quae ibidem de *ἀχαρής* dixi, iis adde Alciphron. Ep. III, 7. *ἐρρύσατό με ἀχαρῆ μέλλοντα παρὰ τοὺς πλείονας ἰέναι*, ubi cave *ἀχαρεὶ* reponas. Hierocles apud Stobaeum Serm. XXXIX, 36. *ὡς ἀχαρὴς οἴχοιτο πνιγείς.*

P. 451, 15 corr. Thor.

P. 455. Fragm. II, 4 libri habent οὗτος πρότερον κεφαλὴν εἰ λάβοι θύννου. Legendum igitur οὗτος πρότερον κεφαλαῖον εἰ θύννου λάβοι. Hoc enim dicit: iste olim, si thynni caput habebat, praeclare se obsonari existimabat. Thynni enim caput ceteris partibus privatum in vilissimis cibis habebatur. V. Matronem Athenaei IV. p. 135 e, cuius de loco dixi in Exercitt. phil. I. p. 15. Probabant autem in thynno maxime τὰ ὑπογάστρια et τὰς κλεῖδας. V. Athen. VII. p. 302 d et p. 303 b. Pro κεφαλαῖον εἰ possis etiam κεφαλὴν ἐπεὶ coniicere, vel κεφαλήν τιν' εἰ, ut voluit Dobraeus Adv. II. p. 318 ceterum male corrigens κεφαλήν τιν' εἰ λάβοι θύμου, Athenaeum falsa lectione deceptum ratus. Nec melius Hermannus, cui sequente versu, praeeunte Dalecampio, κοὐ θύννους scribendum videbatur.

Ibid. In Olympiodori fragmento verba ταῦτ' οὐ σχολὴ Πλάτωνος; forsan alteri interlocutori tribuenda sunt.

P. 458. In Homoeae vs. 7 bene H. Iacobi correxit ζωμοῖσιν ἥδωμ'; ὦ θεοί. quo omnis loci difficultas sublata est.

P. 459, 8 dele θεοῖς.

P. 460. "οἶνος λέγων eadem translatione usurpatum videtur qua Philoxenus Athenaei p. 35 d dixit οἶνος πάμφωνος, nos 'der wein spricht aus ihm'. Cf. Menandri fragm. IV. 116 ἆρ' ἐστὶ πάντων ἀγρυπνία λαλίστατον et quae sequuntur." H. I.

P. 464, 4 corr. Vs. 13 6 scr. γινόμενα

Ibid. 5 a fine περιθεὶς

P. 467. Ad Parasit. I, 3 vide supra p. 313 addend.

P. 471, 11 corr. tonitru

Ibid. 16. corr. σπούδησον. Ibid. Fragm. III, 2 scrib. τῶνδε pro τῶν δέ.

P. 475. Nunc non dubium mihi est quin Πυλαία Alexideae fabulae titulus sit, non Πυλαῖαι. Vs. 4 Hermannus tentabat φόρους μονόλυκοί γ'. οὐχὶ etc. cll. Plutarcho V. Demosth. 23.

P. 478. In Alexidis versu οἱ βαβαὶ βαβαί non dicuntur qui omnia impense admirantur, sed homines magnifici et superbi. V. Exercitt. phil. in Athen. I. p. 18.

P. 479, 2 malim *οὐκ ἐδώκαμεν* pro *οὐ δεδώκαμεν*.

P. 481, 9 a fine corr. *Ὡς ἡδὺ*

P. 483. De Fragm. I, 4 v. Add. ad p. 497. 'Fr. II. v. 16 *Φᾶνος* scribendum c. Lehrsio Ar. 291. Lobeckio Parall. 342. ad Buttm. gr. II. 312.' H. I.

P. 485, 9 a fine corr. XXXI. 14 a fine corr. 166

P. 486, 2 *τὰ λευκὰ ἀναβάλλειν* recte interpretatur H. Iacobi ex Polluc. II. 60 '*Κτησίας δέ φησιν, ἀναβάλλειν τὰ λευκὰ τῶν ὀφθαλμῶν τὸν Σαρδανάπαλον.*'

P. 490. Ultimos versus Traumatiae fragm. II. Hermannus probabiliter ita corrigit:

πονητικούς, ἰταμούς, προθύμους, εὐπόρους
ἐν τοῖς ἀπόροις, βλέποντας ἐν ἀλαωτάτοις.

Postremum hoc eodem tempore repperit etiam Emperius l. l. p. 462. Sed *πονητικούς*, pro quo libri *ποιητικούς* habent, ferri non potest propter superiora *πονεῖν τε δυναμένους τοῖς σώμασιν*. Itaque malim *νοητικούς*.

P. 493, 8 l. Athenaei XIII. p. 599 b.

P. 494. Fragm. II, 4 scribendum videtur *ἅ παρέθηκ' αὐτοῖς ἰδεῖν* pro *ἅπερ ἔθηκ'*. De Hypobolimaei fragmento vide quae nuper disseruit Droysenus in Th. Bergkii Ephem. philol. vol. I. p. 55 sq. qui chronologicis rationibus evincere studuit Hypobolimaeum ab Alexide scribi non potuisse.

P. 496, vs. 16 Emperius l. l. p. 462 corrigit *ἐγγύς τ' εἰμὶ τοῦ νοήματος*.

P. 497, 9. Adde Plutarch. Exil. p. 607 a. Quod in eiusdem fragmenti vs. 2 Eustathii ductu scribendum conieci *ἐπεὶ Χαρίδης*, probavit Alph. Heckerus Comment. crit. de Anthol. gr. p. 266, qui eandem correctionem adhibuit Alexidis Tarent. I, 4 p. 483 ubi tamen voci *ἐπεὶ* similive particulae nullus locus est.

P. 498, 10 s. dele verba 'Timocles — *οἴκαδε*' coll. p. 598.

Ibid. In Philisci fragmento Dobraeus corrigi voluit *ἀρτέος τράπεζ'*. Hermannus *ἀποψᾶσθαι* pro *ἀπονίψασθαι*.

P. 500. Fragm. II. eleganter Iacobsius correxit *ἔγωγέ που τὰ δέοντ' ἔχων*. Sed recte Emperius l. l. p. 465 genitivum ex voce *περιττὰ* suspendit. Cfr. Xenoph. Ages. IX, 3 τὰ περιττὰ τῶν ἱκανῶν. Ibid. l. 9 a fine corr. Ath. XIV. p. 613 b.

P. 503, 12 a fine corr. Hist. cr. p. 380.

P. 505. Fragm. VI. Dobraeus Adv. II. p. 295 corrigit Βρόμιός ἐστ' ἀτέλειαν, quod verum videtur.

P. 506, 14 scr. Ἀριστοφάνειος

P. 507. Fragm. VIII, 4 pro ὧν μὲν πεποίηκεν scribendum haud dubie ὧν μὲν πεπόρικεν. Vs. 8 pro πάλαι malim πάλιν, id ut cum ἀφείλετο coniungatur. V. vol. IV. p. 680 not.

P. 508. Fragm. X, 2 consulto omisi Erfurdti coniecturam ὁρᾷς δυοῖν τούτων ἔχει τι θάτερον, quoniam τι θάτερον quid esset non intellegebam; at probavit eam Hermannus. Idem vs. 3 tuetur στρατεύειν. Spectare enim haec ad hominem mollem et rasum, qui in bello desidem se praestiterit. Ad vs. 6 respicit forsan Clemens Alex. Paed. III. p. 106, 30 τὰς δὲ τοῦ γενείου (τρίχας) μηδέν τι παραλυπούσας οὐκ ἐνοχλητέον.

P. 510, 15 l. aequiparandus Ad Fr. XII, 5 Poculum Διὸς σωτῆρος inscriptum memoratur in titulo apud Boeckh. n. 2852, 43 κέρας ἐπιγεγραμμένον Διὶ σωτῆρι ἕν.

P. 512. Fragm. XV, 2 posthabita Elmsleii coniectura ita potius scribendum erat ὁ μὲν ἀπογηράσκων ἀηδὴς γίγνεται. Vide quae dixi vol. IV. p. 423 ubi calamo excidit φαίνεται.

P. 513, 11 a fine corr. εὕροι 17 a fin. corr. eius fabulae I.

P. 517, 12 corr. Eustathius

P. 518, 4 corr. calami errorem „Rhodium" pro „historicum"

P. 525. Fr. LXVII b hic omittendum erat: est supra p. 403. Fragm. LXVIII. pro ἐπιλήσμη scribe ἐπιλησμόνη. V. Add. ad II. p. 223.

P. 530, 6 a fine periurissimum

P. 531. Fragm. II. Emperius l. l. p. 462 ita tentabat Οἶνος οὐκ ἔνεστ' ἔτι | αἰτεῖσθ' ἑταίρους πρόφασιν ἐπὶ κωμόν τινα. Fr. I. 4 γλαῦκός corr.

P. 533. Excidit nescio quo casu Phileuripidis Fragm. II.

ab Athenaeo IV. p. 175 b servatum, quod apposui Hist. crit. p. 417.

P. 534, 6 a fin. Dele verba „Fortasse ὑπέμεινον" Quae unde irrepserint mihi incompertum est.

P. 535. Fragm. II, 3 egregie Emperius l. l. p. 463 συντιθείς, οἴνῳ διαίνων —

P. 538, III. corr. ἔχαιρον

P. 539, 14 corr. 93.

P. 540. Epigenis fragmentis adde hoc ex Hesychio, Διαπίνειν προπίνειν. Περιγένης. Corrige Ἐπιγένης. Quorum nominum frequens est permutatio. V. Lobeck. Aglaoph. p. 341 cll. Schol. Apoll. Rh. III. 1378.

P. 541, 2 a fine corr. coronantur autem

P. 544. v. 15 corr. εὐτρεπεῖς.

P. 548. Dionysii locum vs. 28 sq. Emperius l. l. p. 463 ita tentavit:

τῶν γὰρ βιβλίων ἴσθ' οὕνεκα τὰ γεγραμμένα
κενὰ μᾶλλόν ἐστιν οὐδέπω γεγραμμένων.

Ludere enim poetam in ambiguitate vocis κενός, quae librum et vacuum et inutilem significet. Sed ut alia mittam βιβλίον prima correpta dici non potest. "Quid si ita scribatur:

τῶν βιβλίων ἔστ' ἐνίοτε τὰ γεγραμμένα
κενὰ μᾶλλον ἔτι τῶν οὐδέπω γεγραμμένων?" H. I.

Vs. 41 sqq. Emperius corrigit:

ἐξ ἀντλίας δ' ἥκοντα καὶ γέμοντ' ἔτι
φορτηγικῶν μοι βρωμάτων ἀγωνίαις,
οὐ μὴ ποιήσω νυστάσαι παροψίδι.

Quae ita interpretatur: Impediam quominus obdormiscat i. e. efficiam ut acriter mandat. Recte scripsit ἀγωνίαις (vel ἀγωνίας) ut ipse iam feceram Praef. Menandri p. XVI. ubi etiam Hesychii glossam emendavi, Ἀγωνία: ἀηδία pro Ἀγωγία. Sed οὐ μὴ probari non potest.

P. 552. Dionysii vs. 15 sq. Emperius ita corrigi voluit: ταῦτ' εὐφρανάτω | τὰ λάφυρα· πυλωρῷ παντάπασι μεταδίδου.

P. 553. Fragm. II, 5 Emperius ἥσυχα κατιέναι δ' ἐπί τε τῇ βακτηρίᾳ. In quo κατιέναι sine dubio verum est.

P. 553. Fabulae huius titulum non *Λιμός* fuisse sed *Λίνος* mihi ne dubitari quidem posse videtur; neque magis mihi nunc dubium est, quin satyricum drama fuerit, quamvis negante Welckero Trag. graec. III. p. 1606. qui tragoediam fuisse existimat, in quo vereor ut alios consentientes habeat vir egregius. Idem drama respicit forsan Aristides de quatuor v. T. II. p. 209. *ἤδη τις καὶ Σάτυρος τῶν ἐπὶ σκηνῆς κατηράσατο τῷ Ἡρακλεῖ, εἶτά γ' ἔκυψεν προσιόντος κάτω.* Quamquam Herculis etiam in aliorum poetarum Satyris partes fuerunt.

P. 555, 5 l. Hist. crit. p. 420. Dionysio tragico hoc fragmentum assignavit Welckerus l. l. p. 1233. Comici poetae esse ex numeris intellegitur.

P. 556 ult. pro *Φωσφόρον* scribe *Ἄρτεμιν*. Ib. litteras *Γ* et *Β* permuta.

P. 557, 18 ita corrige: *τὸ* AB habent *ἠλίθοντο*. P *ἢ λίθοντο*. Tum *λέγει* B. Ib. 19 corr. *Φωσφόρον* Antiphanes pro *Ἄρτεμιν*.

P. 558. 'Fragm. III. v. 1. fort. scribendum *Ταῦτ' ἄρα πένητες, οὐκ ἔχοντες κτλ.* ergo pauperes sunt, non habentes unde comparent quae nec superos aspernari credo.' H. I.

P. 559. In Comastarum fragmento Emperius l. l. p. 464 tentat *οὐκ ἀδείπνῳ σὺν τρυφῇ.*

P. 560 lin. 7 annot. corr. Aleat. p. 231

P. 561, 6. De bovis aenei signo in Athenarum arce posito dixi in Exercitt. philol. in Athen. IX. p. 396 d.

P. 562. In Heniochi loco vs. 10 Emperius l. l. p. 465. corrigit *ἔσχ'* pro *ἐσθ'*.

Ib. 6 a fine corr. Vs. 8. lin. 9 corr. *ναί, πρᾶγμ' ἐπ.*

P. 563, 6 corr. *ἐγὼ δ' ὄνομα τὸ μὲν καθ' ἑκάστην αὐτίκα*

P. 565. Fragmentum est Ath. p. 532 e

P. 566, 5 corr. *δέδιε*. De *ὄρνις γενναία* adde Teletem Stobaei Flor. V. p. 141 Lips.

P. 567. In Busiri Emperius *ὀλίγα μὲν λαλῶν, ἀναγκαῖ' αὐτά, πολλὰ δ' ἐσθίων.*

P. 569. Vs. 13 corr. *ἐξῄρηται*

P. 571, 21 corr. *δίφρον* 23 corr. Vs. 12.

P. 574, 10 pro *ἐκ Μυτιλήνης* corr. *ἡ Μυτιλήνη*

P. 574, 12 adde: Id unum dubitari potest ἄρκτος corrigere praestet an ἄρκος, de qua forma v. Bekkeri Anecd. p. 445, 17. Eadem ex codd. restituenda Suidae s. v. παραδείγματα, nec sollicitanda erat apud Hesychium v. τυφλότερος. Nota item est insula ab ursorum multitudine Ἀρκόννησος dicta, de qua cfr. Stephan. Byz. v. Ἀρκόννησος. Neque alia forma obversabatur iis qui Arcadiae nomen ad ἄρκτος revocabant. Ib. 2 a fine corr. musicorum

P. 576, 11 'Genitivi βάρου primus casus non βᾶρον sed βᾶρος fuisse videtur cll. Herod. π. μον. λ. p. 35, 28. itaque statuit Lehrsius nov. rhen. mus. II. 348.' H. I. Cf. Lob. Path. 515.

P. 580. Fragm. I. fortasse tragici poetae est.

Ibid. 11 a fine corr. Πειραϊκοῖς. Fragmentis Philisci fortasse addendus est locus Polluc. III, 56 τὸ πολιτογραφεῖν Φίλιστος, ubi in Falck. cod. σκ scriptum est super στ. Non utitur tamen Pollux alias auctoritate Philisci; at frequens apud eum Philisti memoria.

P. 584, 10. Cum nomine Ἀρχάγαθος i. e. Ἀγάθαρχος compares Νικόστρατος quod pro Στρατόνικος dixit Stephanus Byz. s. v. Ἄσσος.

P. 585. In Sotadis vs. 9. Emperius l. l. p. 465 post χλόη comma et vs. 10 post ὀπτανά punctum ponit, hoc sensu: postquam dedit (ὁ λάβραξ) quae assanda sunt, i. e. resectis iis partibus, quae melius assantur.

P. 588, 2 corr. Vs. 32 et 33.

P. 589. Prioris fragmenti versu 2 corr. εἰς ἑπτάκλινον

Ibid. Quod ex incerta fabula attuli fragmentum Timotheo Milesio assignavit Bergkius Lyr. gr. p. 863 qui primo versu scripsit οὐδ' ὁ πτερωτός. Num comici poetae versus sint ipse me dubitare dixi; lyrici esse non credam, nisi Timotheum etiam carmina trimetris iambicis concepta scripsisse doceri potest.

P. 591, 6 a fin. corr. CXIII. 4

P. 594. Fragmentum e Timoclis Dionyso ita scribendum est:

A. Ὁ δ' Ἀχαρνικὸς Τηλέμαχος ἔτι δημηγορεῖ;
B. οὗτος δ' ἔοικε τοῖς νεωνήτοις Σύροις.

A. πῶς ἢ τί πράττων; βούλομαι γὰρ εἰδέναι.
B. θάργηλον οὗτος ἀγκάλῃ χύτραν φέρει.

De hoc admonui vol. IV. p. 720 sq.

P. 595, 19. Possis etiam προσαγορευτέα.

P. 596, 16 corr. Id iste Ib. in Epistolarum versu 3 corr. Κόρμος

P. 597, 17 Toupius volebat τοῦτ' οὐκ ἔστ' ἀνάξιον μόνον

P. 598. Ad Timoclis fragmentum Piersonus ad Moer. p. 179 apposite comparat Pomponii locum apud Nonium s. v. revortit: Coenam quaeritat; si eum nemo vocat, Domum revortit moestus ad maenam miser. Mox in Heroum fragm. vs. 4 alterum ὁ ποῖος recte Dobraeus scripsit ὁποῖος.

P. 599, 7 corr. p. 24 Ib. II. 1 corr. ἡρμένη

P. 600, 15 corr. p. 36 sq. Ib. II. 6 Athenaeus habet δυσίν

P. 603, 5 corr. Ol. CXIII. 4 l. 9 corr. Theopompus

P. 604, 3 corr. Thudippi l. 19 corr. p. 111.

P. 607, 1 corr. Phidippo l. 10 a fine corr. p. 73.

P. 610, 17 corr. Hesychium

P. 611. In loco ex Timoclis Synerithis C. F. Halmius Lectt. Stob. p. 57 tentat τοῖς ζῶσι δ' ἑταῖρος ἀνοσιώτατος. Emperius l. l. p. 466. τοῖς ζῶσι δὲ τέρας ἀνοσιώτατον. Quorum neutrum probo.

P. 613. Fragm. V. ita exhibendum erat:

Σῦκ' ἔλαιον ἰσχάδας μέλι.
B. σὺ μὲν εἰρεσιώνην οὐ γεωργίαν λέγεις.

Clemens Alex. Strom. IV. p. 204 Sylb.: οἱ στρωματεῖς ἡμῶν κατὰ τὸν γεωργὸν Τιμοκλέους τοῦ κωμικοῦ σῦκ' ἔλαιον ἰσχάδας μέλι προσοδεύουσι, καθάπερ ἐκ παμφόρου χωρίου. δι' ἣν εὐκαρπίαν ἐπιφέρει· σὺ μὲν εἰρεσιώνην οὐ γεωργίαν λέγεις. Videtur poeta Γεωργίαν in scenam produxisse. Eius habitum qui describebat, ficus olivas aliosque fructus manibus eam gestare dicebat, ad quae alter tu vero, inquit, εἰρεσιώνην describis. De εἰρεσιώνη v. Ilgenium Opusc. I. p. 129. Fabulam, ex qua haec derivata sunt, nunc non dubito quin Γεωργὸς inscripta fuerit. Hesychii locus ad Fragm. VI. adscriptus in cod. ita legitur: Ἀπυξῖνος, ἀπονεύῥ, Τιμοκλέους. Quae lubens aliis expedienda relinquo. Stephanus tentabat ἀπεξίνου et ἀπενεύρου.

P. 614. Butalionis versu 10 corr. πίμπλησι

P. 615, 8 a fin. scr. σοῦ δὲ

P. 617. V. 22 corr. τῶν Δρακοντείων νόμων

P. 618, 10 a fin. corr. ad Eupolidis

P. 621. In Xenarchi Porphyrae Fr. I, 15 pro ἀκαρῆ forsan praestat ἀκαρί.

P. 628. In Neoptol. I. malim σύμφορον.

P. 629 ult. corr. p. 628

P. 630. Proetid. v. 1 corr. κύλικα

P. 631. In Philauli fragm. I, 9. Emperius l. l. p. 466 pro ἔχουσιν scripsit ἐκοῖσιν.

P. 636. vs. 18 corr. πλαθανίτας

P. 638, 10 corr. accipiendum 13 corr. Athenaei

P. 639, 7 scr. Pseudohypob.

P. 642, 6 a fine corr. κενεώτερον ἄλλο.

P. 644, 8 corr. Athen. IV. l. 24 λευκοφορινοχρόους

P. 653 corr. ΚΛΕΟΦΑΝΗΣ

P. 660 pro II. corr. III.

P. 661 scr. ΦΙΛΟΠΑΤΩΡ.

P. 667, 11 a fine corr. cibum

P. 672. In Campylione sic pone numeros III. IV. II.

P. 673. Semeles fragmentum quod altero loco est signa numero III.

P. 677 II. 6 corr. res

P. 700 corr. ΣΥΝΑΠΟΘΝΗΣΚΟΝΤΕΣ

Ib. l. 2 corr. incitet

701 pro II. scr. III. Ib. l. 8 corr. mala 4 a fine corr. docuit

705 sq. Quae post XXXI. sunt fragmenta iis hi inscribendi sunt numeri XXXIV. XXXV. XXXVI. XXXVII. XXXVIII. XXXIX. XXXX. XLI. XLII. XLIII. XLIV. XLV. XLVI.

P. 708, 19 corr. optimatibus

P. 709, 8 corr. dabunt

Addenda et Corrigenda ad Vol. IV.

P. VIII. De Photii glossa *Παράδεισος* etc. v. quae infra in Supplementis com. anonymorum dixi.

P. 4. corr. *ΑΔΕΛΦΟΙ*. Vs. 2 Dobraeus Adv. II. p. 343 parenthesi includit, ut *πρᾶγμα* pendeat ab *εὕρις*. Idem vs. 11 sq. coniicit *τυγχάνεις ἔχων· ἴσως σπασμός τις ἔλαβεν. ἡ θύρα* etc.

P. 5, 9 a fine corr. XCIX. 3

P. 7, 8 fine corr. p. 87

P. 8, 6 corr. *ἐπὶ τραπέζῃ*

P. 9, 3 et 4 a fine '*μηλωτὴν* videtur scribendum. cf. add. ad II. 41 (6)' H. I.

P. 10, 3 nonne *ψιάθιον*? H. I.

P. 11. Fragm. II. In Stephani loco cod. Vrat. *Ἐφήβοις*. Itaque incertum est utrum *Ἔφηβος* an *Ἔφηβοι* fabula inscripta fuerit. Mox in Thebanorum fragmento vs. 6 et 7 Halmius Lectt. Stob. p. 53 corrigit *ὧν δὲ μείονα, τούτοις ἀνάγκη ταῦτα δουλεύειν ἀεί*, quibus autem subiecta sunt, his ea servire necesse est. Quae etsi lenior correctio est, elegantius tamen et Philemonis acumine dignius est quod Dobraeus reposuit.

P. 12, 15 corr. 107. 111.

Ibid. In *Θυρωροῦ* fragmento verba *γὰρ ἐς* corrupta sunt.

P. 13, 6 'cf. Buttm. gr. II. 308 ed. nov. Lob. Phryn. 619 ubi haec afferuntur ex Et. M. 316, 45, *ἐξ οὗ καὶ τὸ παρὰ Μενάνδρῳ δεδράμηκα*' H. I.

P. 14. Fragm. II. 3 recte Clericus verba *τί ἐποίει;* alteri personae assignavit. Ib. 4 a fine corr. 398.

P. 16, 10 a fine *δ' ὁ παῖς* habet Photius.

P. 22, 9 a fin. corr. Vs. 10.

P. 23. Sardii I. 7. 8 habet Stob. Flor. CXXII. 12

P. 24, 3 corr. Inc. XII. 5

P. 25, 19 corr. Bentleius

P. 26, 6 corr. *δυοῖν* l. 13 corr. p. 227

P. 27. vs. 25 νεκρούς

P. 28, 4 corr. vol. III.

P. 29, 13 scr. Στοιχεῖον 14 Ὑποβολιμαίῳ

Ibid. In Phasmatis loco cod. Par. recte habet ἔπιεν ἡ Ῥόδη κυμβίον ἀκράτου. Idem cetera omittit. Schneidew. in Th. Bergkii Ephem. phil. vol. I. p. 473 tentat: ἔπιεν ἡ Ῥόδη κυμβίον ἀκράτου, κατασέσειχ' ὑμᾶς ἄνω, quod Artemidori verbis interpretatur ἄνωθεν ἐπίκειται καὶ καθιππάζεται. Id quo pacto verbum κατασείειν significare possit non intellego equidem. Fortasse κάτω pro ἄνω scribendum et κατασείειν in eam sententiam accipiendum qua legitur apud Menandr. Adelph. XI, 2 ἕως κατέσεισε φιλοτιμούμενος. Nos unter den Tisch trinken. Ad κατασείειν κάτω cfr. Aristoph. Plut. 238 κατὰ τῆς γῆς κάτω.

P. 30, 19 corr. p. 276.

P. 31. De Fragm. II. quod Cobetus Observ. crit. p. 180 Platoni comico vindicare conatus est, dixi vol. IV. p. 875. Vs. 2 recte Wakefieldus οὐδ' αὖ ποιήσων. Vs. 5. corr. θεοῦ 'στιν et vs. 8 tolle hypostigmen ante οὐκ ἔστιν.

P. 34, 5 a fin. τἀγαθόν

P. 35. Philemon. VII, 10 πᾶς γὰρ πένης ὢν μεγάλα κερδαίνει κακά. In his notandus rarissimus usus verbi κερδαίνειν, compendifacere, effugere, sich ersparen. Ita Palladas Anth. Pal. X. 59 τοῦτο δὲ (θανάτου προσδοκίαν) κερδαίνει θνητὸς ἀπολλύμενος. Diogenes Laert. VII. 14 κερδαίνοντα τὸ γοῦν ἕτερον μέρος τῆς ἐνοχλήσεως.

P. 40. Fragm. XVII, 1 recte habet πρὸς τὸν φίλον.

P. 41. Fragm. XXI, 4. De futuro πλεύσω cfr. quae dixi Anal. Alex. p. 267. Pro κτήσομαι, quod vix aptum ad hunc locum, forsan στήσομαι scribendum.

P. 42, 2 corr. λύπας Fr. XXIV. 4 ἐπάν τις

P. 43 ad Fragm. XXVII. b Respicit haec Plutarch. Cons. Apoll. p. 102 B. πολλῶν γὰρ ὄντων ψυχικῶν παθῶν ἡ λύπη χαλεπωτάτη πέφυκεν εἶναι πάντων. διὰ λύπην γάρ φασι καὶ μανίαν γίνεσθαι πολλοῖς καὶ νοσήματ' οὐκ ἰάσιμα· αὑτούς τ' ἀνῃρήκασι διὰ λύπην τινές. Quae tum ex hoc Philemonis loco tum ex Menandri Fragm. inc. fab. 123 p. 263 expressa sunt.

P. 44, 1 corr. ἀνῃρήκασι
Ibid. 6 corr. ἀνθρώποις Ib. 22 corr. εὑρὼν l. 16 p. 87.

P. 45, 6 rectius Πλαταϊκοῦ,

P. 46. Fragm. XXXIV, 1 typothetae error est παραλαβών. Recte apud Phrynichum καταλαβών.

P. 48. ult. corr. monuit

P. 49. l. 10 corr. XVI. 1. Fragm. XLII, 4 recte Stobaeus habet ἠνάγκαζεν, ἐποίουν.

P. 50, 3 a fine corr. XLII. 2

P. 51. XLVII. 3 Gaisfordius τοῦτό με τὸ τ.

P. 52 not. 3 a fin. ἄστεως Gaisf.

P. 53. Fragm. LIII. forsan corr. ἐγκρατήσῃ, i. e. ἐγκαρτερήσῃ.

P. 55, 1 a fin. corr. LXXIX. 8 11 a fine scr. CXXVII.

P. 56. Fragm. LXIX. est Stob. XCVI. 6

P. 61. ult. adde „et 592."

P. 63. CVII. Stobaeus habet πρώτιστον. πρὸ παντὸς est monost. 72.

P. 64, 3 corrige XCVII. 31 Ib. Fr. CXVII corr. πάνθ'

P. 66. Fr. CXXVIII. est Athen. p. 476 f.

P. 67. l. 13 βίον pro βίου habet Clemens qui hanc eclogam Diphilo ascripsit.

P. 68. Fragm. II. 1 scribendum ex codd. Par. τίς οὗτός ἐστιν;

P. 73, 8 a fine corr. p. XV. 12 a fin. corr. Κεκροπίδος

P. 76, 3 corr. LXXVII. 6

P. 77, 20 corr. Dalecampius

P. 80. Fragm. VIII. Psyllus apud Menandrum lenonis nomen fuisse videtur. V. Anth. Pal. VII. 403.

P. 82, 7 'νινῦ καὶ nonne Ἑλληνικῶς olim fuerit? cf. ad fr. VII. τῷ ἑλληνισμῷ (sed de hoc rectius iudicavit, opinor, Ihne Terent. quaest. p. 6 not. 1.) et p. 111 (5) graece' H. I.

P. 83. Fragm. X. ita videtur corrigi posse: ἀπὸ Λοξίᾳ σὺ μυρρίνας τασδὶ λαβὼν ἱπότεινε. Vide quae dixi in Epimetr. ad vol. IV. p. 710.

P. 84, 13 a fine corr. *παροιμιαζόμενοι*

P. 94, 6 a fine corr. *Βοιωτίᾳ*

P. 95. Menandri dramata Romae actitata esse praeter Quint. XI. 3 intellegitur etiam ex Crinagorae carmine in Anthol. Gr. IX. 513:

Δράμασιν ἐν πολλοῖσι διέπρεπες, ὅσσα Μένανδρος
ἔγραφεν ἢ Μουσέων σὺν μιῇ ἢ Χαρίτων.

P. 97. Ad Fragm. IV. cfr. quae dixi ad Menandri Fragm. inc. fab. DV. p. 332. 14. Cyropaediae locus est VIII. 3 38.

P. 98. IX. 'Scholium Aristophaneum in Rav. Ven. Flor. hoc est: *Σαφῶς νῦν τὰ πράγματα χαλεπὰ καὶ ἀνιαρά. ἀκριβῶς δὲ δεδήλωκεν ὅτι ἐπὶ κακῷ ἔλεγον οἱ Ἀθηναῖοι τὰ πράγματα.* quae sequuntur *ἰδοὺ διεσάφησεν* addidit Aldina. Menandri verba absunt ab Rav. et Ven.' H. I.

P. 99. I. 'Sententiam loci assequare fort. ita scribendo:

εἰ (f. et *καὶ*) *ποῦ τις οὕτως ὡς σὺ κακοδαίμων ἔφυ,*
ὃς οὐκ ἂν ἐκδοίη θυγατέρ' ἂν ἄσμενος,
καὶ ταῦτα πεντήκοντα παιδίσκας ἔχων' H. I.

P. 101, 7 corr. *Μένανδρος* Ib. 5 a fin. *ὦ πολύτιμοι* habent MS. Par. ed. Flor. (Klotz 4, 245)

P. 102. Fragm. III, 2 pro *εὐνοίας* fortasse cum Pflugkio Sched. crit. p. 19 *ἀγνοίας* scribendum.

Ibid. 13 a fine corr. *χρόνων*

P. 103, 12 a fine corr. *Μενάνδρῳ*

P. 105. E Menandrea fabula *Δὶς ἐξαπατῶν* inscripta Plauti Bacchides expressas esse acuta est Ritschelii coniectura in Disput. de Bacch. p. 9 sqq.

P. 106, 7 corr. *ἄκαρτος* Ib. 3 a fine inter *Δυσκόλῳ* et *Νομίζετ'* Parisina scholiorum editio inseruit *τῆς Ἀττικῆς*

P. 107. Vs. 13. corr. *τύχης* In annotatione l. 2 scr. forsitan

P. 111. 'Fragmentum II. fortasse ita expleatur:

Λουτρὸν θεραπαίνας στρώματ' ἀργυρώματα' H. I.

P. 113. V. 'Zenobius VI. 28 *ὑπὲρ ὄνου σκιᾶς: μέμνηται ταύτης ἐν τῷ Ἐγχειριδίῳ Μένανδρος.* Haec in Aldinam scholiorum Aristophaneorum migrarunt, nam absunt a codicibus. v. ap. Dübn. p. 451' H. I.

P. 115, 1 corr. Ἐμπεπρημένη

P. 116. Ad argumentum Epicleri non negligendus Alexander nuper editus in Notices des Manuscrits grecs de la Bibl. du roi Vol. XIV. p. 188. ἐν τῇ Ἐπικλήρῳ δικαζομένων τοῦ τε ἀνδρὸς καὶ τῆς γυναικὸς καὶ τοῦ παιδίου δικάζοντος, οὐκ ἔθηκεν οὐδετέρῳ προοίμιον διὰ τὸ τῆς εὐνοίας προϋπάρχειν τοῦ ἀνδρός. ὁμοίως δὲ κἂν πρὸς τὴν γυναῖκα τὴν ἰδίαν διαλεγώμεθα. Ib. l. 15 corr. absolutae

P. 117. Fragm. III, 2 forsan ὅπου χοὶ ζῶντες

P. 118. Fragm. IX. malim interrogative: Οὔπω σοι πεπίστευμαι; 'Nonne et in sexto fr. interrogationis signum ponendum?' H. I. Ib. 9 a fin. corr. 1198.

P. 119, 9. Adde Alexandrum l. l. καὶ Μένανδρος ἐν τοῖς Ἐπιτρέπουσι τὴν δίκην ἄνευ προοιμίων πεποίηκεν.

Ibid. 11 corr. II, 4 144 lin. 16 corr. οἱ μάγειροι L. 26 corr. IX. 12

P. 120. V. 2 'Fort. ὡς τό τε κακὸν —?' H. I.

P. 121, 10 a fine dele 7.

P. 124, 15 corr. κατοικιδίοις Ib. 3 a fin. 'ad verba novae comoediae] cf. tamen Pollucem παρὰ δὲ τοῖς νεωτέροις, ῥίσκος, ὡς Ἀντιφάνης ἐν Κυβευταῖς, Ῥίσκος ἦν ὅν εἶπεν.' H. I.

P. 126, 9 a fin. corr. Schneidewinus

P. 128. VI. Phrynichus habet σαυτόν

P. 129. Fragmentis Ἥρωος forsan addendum Fragm. inc. fab. CCLXXXIX.

P. 132, 11 a fine corr. p. 127, 25. 7 a fin. corr. fabulae 2 a fin. corr. subtilitati

P. 133, 3 corr. Stobaeum LXIII. 34

Ad Thessalam Menandri potissimum spectare videtur Apuleius Apol. p. 455. memorassem Theocriti paria et alia Homeri et Orphei plurima, et ex comoediis et tragoediis.

Ib. 2 a fin. 'post Θρασυλέοντι omissum γ'. hoc dicit grammaticus: in Thrasyleonte per γ scribi ἀνέῳγε, in Thettale per χ ἀνέῳχας.' H. I.

P. 134. Fragm. III. Adde Etymol. Par. apud Cramer.

Anecd. Par. IV. p. 113 καὶ ἐν Θετταλίᾳ καὶ τὸ κεράμιον ἀνέῳχας. Ib. 5 a fine scr. b pro 6.

P. 135, 13 recte legitur ἐστίν, ὁ δ' ἀγεννής l. 8 a fin. corr. Menandri

P. 136. Fragm. IV. nunc malim Θηρικλείαν cum Dindorfio. Ib. l. 11. corr. ἐκ Θεοφορουμένης

P. 138. V. corr. Κανθάρου

P. 140, 8 'Post Θρασυλέοντι retineri poterit γ', cf. ad p. 133.' H. I.

P. 143, 3 corr. adv. Log.

Ibid. Fragm. I. recte Pflugkius Sched. crit. p. 34 μὴ πονήσαντας τυχεῖν εὐδαιμονίας.

P. 144, 10 corr. p. 9.

P. 146, 4 a fine scr. VII. VIII. 7 a fine pro σοφόν corr. κακόν

P. 149. In annotatione ad Fragm. I. pro „Postrema" corrige „Media"

P. 150, 12 corr. p. 511 a

P. 151. Fragmentum VIII. est etiam in monostichis 758.

Ibid. Ad Colacem Menandri forsitan spectant haec apud Cramerum Anecd. Par. IV. p. 25, 17. Τιμαχίδης δὲ ἐν τῷ τοῦ κόλακος ὑπομνήματι λέγει ὅτι σύνθετόν ἐστι τὸ κάτω κάρα ἐπιφέρει (fort. ἐπιφέρων) τὸ καραδοκεῖν. Ubi nescio an ἐν τῷ τοῦ Κόλακος ὑπομνήματι scribendum sit, ut Timachidae Rhodii commentarius in hanc fabulam intellegendus sit.

P. 153, 11 dele verba 'fort. συμπεριπατῶν'

P. 158, 17 corr. p. 1183. Ib. l. 6 Bernhardi Synt. p. 259 τέμενος πέρι scribit.

P. 159, 6 a fine adde: Haec enim recte ad Leucadiam rettulisse videtur Bothius.

P. 162, 21 corr. p. 135 Ib. 5 a fine corr. Τὰ τῆς θεοῦ et cf. Lob. Agl. 981 not.

P. 163. Fragm. II. nunc probo Dindorfium Θηρικλείαν coniicientem.

P. 164. l. 3 corr. λυπήσαντά σε item l. 5 a fine scr. λυπήσαντα

Addenda et Corrigenda ad Vol. IV.

104

P. 164. Fragm. I. 8 malim nunc ἂν ἐστι ex cod. Par. A.

P. 165, 10 a fine corr. 187

P. 167, 9 a fin. corr. VII. 79; in fine annotationis adde Pollux. X. 162 ἡ δὲ καυσία πῖλος Μακεδονικὸς παρὰ Μενάνδρῳ.

P. 169, 18 corr. servulas.

P. 170. Fragm. VII. distinguendum cum Bentleio νυνὶ γάρ — ἀλλὰ ποῦ θεοὺς etc. In annotatione corr. κἂν pro κάν.

P. 171, 3 a fin. corr. VI. 65 et Polluce III. 82

Ibid. 13 a fine corr. 415 8

P. 172, 8 dele schol. Ar. Vesp. 679

P. 173, 6 corr. ἔργον Lin. 10 scr. XIII. L. 15 corr. apud

P. 174. In Naucl. I. 2 cod. Par. Macrobii εἰς καλὸν, ut Dindorfius edidit. Recte hoc probavit Schneidew. in Th. Bergkii Ephem. philol. vol. I. p. 475.

P. 177, 4 corr. CXI. 10 Ib. 6 τοῦτ' οὐ πείσομαι bis eadem pagina habet Plutarchus sicut Stobaeus l. c.

Ib. in annot. ad Ol. II. permuta Aristarchi et Chaeremonis nomina.

P. 178, 9 corr. XXXVII 10.

P. 179, 12 a fine corrige 'de syntaxi' pro de pronom.

P. 183. Fragm. III. fort. ἐχθρὸν pro αἰσχρόν.

P. 184. X. corr. p. 139 20 Ib. XI. scr. p. 71.

P. 186, 6 a fine corr. ζηλότυπος

P. 187, 15 corr. CXXIII. 2

P. 188. Fragm. V. 2. G. Ihne Quaest. Ter. p. 5 coniicit ἀλλ' ἔπιεν αὐτὴν κύκλῳ. Fr. VI. est apud Ath. p. 301 b.

P. 189, 6 adde: ἀνέπαφα σώματα Menander dixisse videtur servitia libertate donata, quo sensu ἀνέφαπτα σώματα habes in titulis apud Boeckh. Corp. Inscr. 1704 et 1705 aliisque. Pro οὐδέλη forsan οὐδὲ ληπτέα.

Ibid. l. 6s. 'f. ὡς εὔγνωστον ἡ γυνή μ' ἔχει | δέσποινα καὶ τὴν ὄψιν ἣν ἐκτήσατο. Vs. 12 corr. πήχεως. Sequentia f. ita restituas εἶτ' ἐστὶ τό

φρύαγμά πως ὑπόστατον; μ. τ. Δ.

Vs. 15 παιδισκάριον θεραπευτικὸν δὲ τοῦ λόγου | θᾶττον ἀπάγοι τις ἢ 'τέραν ἂν εἰσάγοι.' H. I.

P. 192, 8 corr. similemve Ib. IV. 8 corr. *ἀγαθῶν οὐδὲν*

P. 194, 6. Antiphanis locus legitur 3, 154 (63). Quod ad Fragm. VII. dixi, eosdem versus legi apud Apuleium, falsum est. Vide Add. ad p. 275.

P. 195. X. *οὐκ ἔστιν εὑρεῖν βίον* habet Orio.

P. 196, 5 a fine corr. *ἁρμόττει*

P. 197, 10 adde monost. 691 ubi *οὐ πανταχοῦ δ' ὁ φρόνιμος ἁρμόττειν δοκεῖ.*

Ibid. In nota dele verba „I. e. *σαμβυκιστρίας*" temere repetita.

P. 198. IV. *πᾶσι πλείστων ἀξία* habet Orion.

P. 199, 14 a fine corr. *εἰλήφασιν*

P. 202, 16 corr. usus est

P. 203, 6 a fine scr. LXXXIII. 7

P. 204. Fragmentis *Συναριστωσῶν* fortasse adiiciendum incert. fab. fragm. DXVII. p. 334.

P. 207, 3 a fine scr. LVIII. 8. P. 208, 5 corr. CIV. 2.

P. 209. Hymnidis vs. 5 *πρὸς τοῦτ'* habet Stob.

P. 210, 10 corr. Grammaticus Bekkeri p. 923.

Ib. 2 a fine corr. Hesychius 4 a fin. *ἀνάγωγος*

P. 211. II. 5 "*ταῦτα πάντῃ κἂν ἑκατὸν βιοὺς ἔτη* scribit Bernhardi hist. litt. gr. I. 29. Idem septimum versum uncis inclusit ita scriptum: *σεμνότερα τούτων ἕτερ' ἄρ' οὐκ ὄψει ποτέ*" H. I.

P. 212. Vs. 11 recte habet *ἂν πρῶτον ἀπίῃς καταλύσεις.*

P. 217, 7 'Phrynichus l. c. haec tantum habet *τόλμη καὶ τόλμα πρύμνη καὶ πρύμνα, νάρκη δὲ διὰ τοῦ η.*' H. I.

Ibid. 14 corr. p. 171 a.

P. 219. Philadelphos Menandri sagaciter Ritschelius detexit in didascalia Plautina. V Museum Rhen. nov. I. p. 45,

P. 220 extr. *οὐκ ἔστ'* corrigendum.

P. 221. extr. corr. p. 808

P. 222, 13 corr. veniam

P. 225, 12 a fin. corr. *Ἐπίσημον* pro *Ἐπίδημον*. Ad idem fragmentum forsan referendum fragm. inc. CDXI.

P. 226. Fragmentis Psophodeis addendum videtur nomen

P. 164. Fragm. I. 8 malim nunc ἕν ἐστι ex cod. Par. A.

P. 165, 10 a fine corr. 127

P. 167, 9 a fin. corr. VII. 79; in fine annotationis adde 'Polluc. X. 162 ἡ δὲ καυσία πῖλος Μακεδονικός παρὰ Μενάνδρῳ'

P. 169, 18 corr. servulas.

P. 170. Fragm. VII. distinguendum cum Bentleio νυνὶ γάρ — ἀλλὰ ποῦ θεοὺς etc. In annotatione corr. κἂν pro κάν.

P. 171, 3 a fin. corr. VI. 65 et Polluce III. 82

Ibid. 13 a fine corr. 415 8

P. 172, 8 dele schol. Ar. Vesp. 679

P. 173, 6 corr. ἔργον Lin. 10 scr. XIII. L. 15 corr. apud

P. 174. In Naucl. I. 2 cod. Par. Macrobii εἰς καλὸν, ut Dindorfius edidit. Recte hoc probavit Schneidew. in Th. Bergkii Ephem. philol. vol. I. p. 475.

P. 177, 4 corr. CXI. 10 Ib. 6 τοῦτ' οὐ πείσομαι bis eadem pagina habet Plutarchus sicut Stobaeus l. c.

Ib. in annot. ad Ol. II. permuta Aristarchi et Chaeremonis nomina.

P. 178, 9 corr. XXXVII 10.

P. 179, 12 a fine corrige 'de syntaxi' pro de pronom.

P. 183. Fragm. III. fort. ἐχθρὸν pro αἰσχρόν.

P. 184. X. corr. p. 139 20 Ib. XI. scr. p. 71.

P. 186, 6 a fine corr. ζηλότυπος

P. 187, 15 corr. CXXIII. 2

P. 188. Fragm. V. 2. G. Ihne Quaest. Ter. p. 5 coniicit ἀλλ' ἔπιεν αὐτὴν κύκλῳ. Fr. VI. est apud Ath. p. 301 b.

P. 189, 6 adde: ἀνέπαφα σώματα Menander dixisse videtur servitia libertate donata, quo sensu ἀνέφαπτα σώματα habes in titulis apud Boeckh. Corp. Inscr. 1704 et 1705 aliisque. Pro οὐδέλη forsan οὐδὲ ληπτέα.

Ibid. I. 6s. 'f. ὡς εὔγνωστον ἡ γυνή μ' ἔχει | δέσποινα καὶ τὴν ὄψιν ἣν ἐκτήσατο. Vs. 12 corr. πήχεως. Sequentia f. ita restituas εἶτ' ἐστὶ τό

φρύαγμά πως ὑπόστατον; μ. τ. Δ.

Vs. 15 παιδισκάριον θεραπευτικὸν δὲ τοῦ λόγου | θᾶττον ἀπάγοι τις ἢ 'τέραν ἂν εἰσάγοι.' H. I.

P. 192, 8 corr. similemve Ib. IV. 8 corr. ἀγαθῶν οὐδὲν

P. 194, 6. Antiphanis locus legitur 3, 154 (63). Quod ad Fragm. VII. dixi, eosdem versus legi apud Apuleium, falsum est. Vide Add. ad p. 275.

P. 195. X. οὐκ ἔστιν εὑρεῖν βίον habet Orio.

P. 196, 5 a fine corr. ἁρμόττει

P. 197, 10 adde monost. 691 ubi οὐ πανταχοῦ δ' ὁ φρόνιμος ἁρμόττειν δοκεῖ.

Ibid. In nota dele verba „I. e. σαμβυκιστρίας" temere repetita.

P. 198. IV. πᾶσι πλείστων ἀξία habet Orion.

P. 199, 14 a fine corr. εἰλήφασιν

P. 202, 16 corr. usus est

P. 203, 6 a fine scr. LXXXIII. 7

P. 204. Fragmentis Συναριστωσῶν fortasse adiiciendum incert. fab. fragm. DXVII. p. 334.

P. 207, 3 a fine scr. LVIII. 8. P. 208, 5 corr. CIV. 2.

P. 209. Hymnidis vs. 5 πρὸς τοῦτ' habet Stob.

P. 210, 10 corr. Grammaticus Bekkeri p. 923.

Ib. 2 a fine corr. Hesychius 4 a fin. ἀνάγωγος

P. 211. II. 5 "ταῦτα πάντῃ κἂν ἑκατὸν βιοὺς ἔτη scribit Bernhardi hist. litt. gr. I. 29. Idem septimum versum uncis inclusit ita scriptum: σεμνότερα τούτων ἕτερ' ἄρ' οὐκ ὄψει ποτέ" H. I.

P. 212. Vs. 11 recte habet ἂν πρῶτον ἀπίῃς καταλύσεις.

P. 217, 7 'Phrynichus l. c. haec tantum habet τόλμη καὶ τόλμα πρύμνη καὶ πρύμνα, νάρκη δὲ διὰ τοῦ η.' H. I.

Ibid. 14 corr. p. 171 a.

P. 219. Philadelphos Menandri sagaciter Ritschelius detexit in didascalia Plautina. V Museum Rhen. nov. I. p. 45.

P. 220 extr. οὐκ ἔστ' corrigendum.

P. 221. extr. corr. p. 808

P. 222, 13 corr. veniam

P. 225, 12 a fin. corr. Ἐπίσημον pro Ἐπίδημον. Ad idem fragmentum forsan referendum fragm. inc. CDXI.

P. 226. Fragmentis Psophodeis addendum videtur nomen

Νοῦθος ex Herodian. Dict. solit. p. 42 11. *Νοῦθος κύριον Ψοφοδεεῖ.* Ita enim bene Schneidewinus in Notitt. litt. Goett. a. 1842 p. 525 correxit editum: *νοῦθος κύριον ψόφος ἐν οὐδει.* Menandri nomen addi non necesse est.

Ib. l. 18 corr. *ἀχρεῖος*

P. 228, 17 corr. Septuaginta. Damnatur

P. 229. IV. 13 corr. *'Ανάχαρσις* Ib. l. ult. altero

P. 231. Fragm. VI. 6 et 7 Boissonad. ad Philostr. Epist. p. 198 tentat *γαμεῖ τις ἀνθρώπων; γάμει λάθριος· τὸ λοιπὸν* etc. quod non sufficit. Versu 10 corr. *μεθ' οὗ*

P. 240, 6 a fine pro *ψυχῶν* cod. V. habet *ψυχῆς*

P. 241. infr. scr. XXVII. a b. et in annotatione LXXIII. 40.

P. 242, 8 corr. fragm. XXXIX.

P 243. Fr. XXXII. 3 *ὁ δ' ἐπηκολούθησεν* Bernhardi Synt. l. gr. p. 98.

P. 247, 5. Coniunctivus *δῇ* forsan restituendus Anth. Pal. XIV, 10, 9 ubi editur *σιγῶσ' ὅταν δεῖ.*

P. 249. Fragm. XLVIII. 3 pro *λόγος* corr. *τρόπος*

P. 250, 5 corr. XLV. 8. Ib. lin. ult. corr. LXII. 34.

P. 251, 10 a fine corr. LXXIX. 14.

P. 252, 2 corr. *πλοῦτον πικρόν*

P. 253, 1 corr. CXIII. 14 L. 19 corr. *κεκρυμμένη* L. 3 a fine corr. *ἐπριάμεθ'*

P. 254, 2 corr. *πολέμιος καθίσταται*

P. 256. LXXXII. scribendum *τοῦ ποτοῦ*

P. 258. Fr. XCIII. Probabiliter L. Dindorfius ad H. Stephani Thes. v. *μέχρι* corrigit *δεῖ τούς γε πενομένους.* Ipse *μέχρι ἂν οὗ* conieceram, cuius loquutionis exemplum habes etiam apud Teletem Stobaei Flor. 97, 30 (p. 522 Gaisf.) ubi est *ἕως ὅτου*

P. 259. XCVIII. corr. *κάλλιον βίῳ*

P. 260. CIV. corr. *γάμου* pro *γάμων*

P. 261, 4 scr. LXXXIII. 4 L. 5 a fine corr. LXXV. 8

P. 263. Ad Fragm. CXXIII. cfr. supra ad p. 43 sq.

P. 264, 5 a fine corr. p. 135. 6 a fine corr. CXV.

P. 265, 3 scr. *διατηρῶν κρίσει* pro *δίκῃ* L. 2 a fine 'Quod apud Photium sequitur *ἔρριον: τάχιον* nonne ad eiusdem coniecturae similitudinem ita scribendum: ἔρ' ἰών: τάχυνον?' H. I. L. 7 a fin. corr. τοῖς ἄλλοις

P. 269, 2 a fine corr. κλᾶε pro κλαῖε.

P. 270. Fragm. CLXII, 1 recte habet τὸν πέλας. Fragm. CLXIII, 2 scribendum cum H. Iacobi φύσιν δ' ἐνεγκεῖν οὗ φύσις βιάζεται.

P. 271, 14 corr. Ante γνώμην Gr.

P. 273. CLXXVI. corr. πήχεων

P. 275. Priora verba Fragm. CLXXXV. παίδων ἐπ' ἀρότῳ γνησίων leguntur etiam apud Apuleium Apol. p. 576 ibi et ille celeberrimus in comoediis versus de proximo congruit *Πωαω Νεπα ΡΟΓΟΗΙ ΗΙCΙΟΝe ΗΙCΝΟΡeΙ.* Ita haec leguntur in cod. Flor. quorum loco Lindenbrogii excerpta habent *ΠωλωΝεπω ΡΟΓΟΝΙΝΙΕΙΟΝ e ΝΙCΝΟΡΘΙ.* Alii libri quum graeca plane omittant, Casaubonus lacunam illo Menandri loco supplevit, quem in Plocii fragm. VII. p. 194 exhibui: Ἆρ' ἐστὶν ἀρετῆς καὶ βίου διδάσκαλος ἐλευθέρου τοῖς πᾶσιν ἀνθρώποις ἀγρός. Atqui haec sententia ab Apuleii mente alienissima est. Itaque recte ex parte quidem Peerlkamp Bibl. crit. nov. I. p. 96 correxit· παίδων ἐπ' ἀρότῳ γνησίων τε καὶ σπόρῳ. Neque dubium est quin vidisset hunc ipsum illum Menandri locum esse, quem tractamus, si eius emendationem Porsonianam cognitam habuisset. At alterum illud τε καὶ σπόρῳ infeliciter excogitatum est. In codd. ductibus manifesto latet παίδων ἐπ' ἀρότῳ γνησίων ἐπὶ σπόρῳ, in quo ἐπὶ σπόρῳ nihil aliud esse videtur nisi glossema praecedentis ἐπ' ἀρότῳ. Nisi forte ἐπισπόρων legendum coniicias.

P. 277, 2 a fine pro 91 corr. 93

P. 280. L. 12 corr. VII. 5 pro VI. 5. De Fragm. CCVII. quod ita scribendum videtur καθεδοῦμαι δ' ἐνθαδὶ τὸν Δαξίαν | αὐτὸν καταλαβών, dixi vol. IV. p. 709 sq.

P. 284. Fragm. CCXXX. ἐδεξάμην me recte interpretatum esse docet Pollux II. 6, ex quo ὑποδέξασθαι eodem sensu dictum esse intellegitur.

P. 285, 19 corr. γέγονε τούτου. In Fragm. CCXXXII.

scribendum ἐν γειτόνων οἰκῶ γὰρ ὦ τοιχωρύχε. Vulgo ἐκ. Vide Sauppium Epist. crit. ad Herm. p. 107.

P. 286, 4. XXX. 4

P. 288, 13 corr. ἰχνοσκοποῦντι

P. 289, 7. Non omisit Gaisfordus, cuius vide Stobaeum IX. 9 2, ubi χρηστοῦ πρὸς ἀνδρὸς μηδὲν ἐννοεῖν κακόν.

Fragm. CCLIII. est Stob. LVI. 9

P. 290. Fragmentum CCLIX b delendum; est enim Euripidis.

P. 292, 9 a fine corr. CXXVI. 2

P. 294, 1 scr. VII. p. 98. Omisit L. 11 corr. XXVIII. 7

P. 296, 7. Menandrea verba ita potius concipienda sunt:

ταῦτά σοι καὶ Δήλια
καὶ Πύθι' ἔσται.

P. 299. ad Fragm. CCCVII. Pro ἀλλ' ἐῶν Dindorfius ex codd. V. et R. edidit παλαιόν, quod non minus corruptum est.

P. 300, 2 ἀλλ' omittit Rav.

P. 301, 8 Φοβοῦμαί σ' habet Photius.

P. 302. Quin recte Theocriti locum interpretatus sim, non dubito; nec tamen ideo alter versus eiiciendus est. L. 12 corr. κάπροι.

P. 303. Fragm. CCCXXVII. ῥινᾶν in alterius versus initio positum erat.

P. 304. Fr. CCCXXX. est etiam Lex. Seg. 447, 20. CCCXXXII. Schol. Rav. ita habet: εἴρηται περὶ τούτου ἐν τοῖς Μενανδρείοις ὅτι ἐν τοῖς γάμοις ᾔδετο.

P. 305, 6 ἔστι habet cod. et Suidas. Fr. CCCXXXVIII. est Lex. Seg. p. 373 10 ubi ἀκούσας ἥκειν scribitur

P. 306, 6 a fine est N. H. XXXVII. 5

P. 307. ad Fragm. CCCLI. Menandri verba, de quibus etiam vol. IV. p. 876 dixi, fuisse videntur haec:

Ἔλεγχος οὗτός εἰμ' ἐγώ,
ὁ φίλος ἀληθείᾳ τε καὶ Παρρησίᾳ
θεός.

P. 309, 8 a fine legitur κατάτικον

P. 312. ad Fragm. CCCLXXXVII. Photii glossa ita corrigenda: Σπαρτοπόλιος: ὡς ἡμεῖς. καὶ Μένανδρος σπαρτο-

πόλιος ὠμόγραυς. Ita enim dicebantur quorum capillis iam cani adspersi erant. Quod optime convenit cum sequente *ὠμόγραυς*. Apposite Pollux IV. 152 de personis comicis: *ἡ δὲ σπαρτοπόλιος λεκτικὴ δηλοῖ τῷ ὀνόματι τὴν ἰδέαν, μηνύει δὲ ἑταίραν πεπαυμένην τῆς τέχνης*. Cfr. Schol. Ven. Hom. Il. 13, 361 *μεσαιπόλιος ὁ λεγόμενος σπαρτοπόλιος, ᾧ διεσπαρμέναι εἰσὶν αἱ πολιαί, ὁ μεσῆλιξ*.

P. 314. CDII. est Polluc. II. 78

P. 316, 3 a fine *ἀπόστασις οἴνου* dixit Philippides.

P. 318. CDXXXV. 'Priora scholiastae verba usque *ὅς ἐστι* cum absint ab Ravennate quaeritur quid potissimum usurparit Menander, *σησαμῆ* an *σήσαμον*' H. I.

P. 322, 18 corr. *ἠΐειν*

P. 326. in. *Μανθάνειν* ex alio fragmento, quod periit, relictum videtur. Itaque delendum puto.

P. 328, 7 corr. *Τίβειον*. 8 corr. 'ad Leuconis fragm.'

P. 329, 18 rectius *Βορυσθενείτης*. Pro *διεμέριζε* quod quis suspicari possit *διεμήριζε*, Menandri verecundiae repugnarct.

P. 330, 10 a fine *δειλότατον θηρίον* paupertatem vocat Arist. Plut. 439.

P. 331, 5 corr. p. 118 pro 115. Ib. 2 a fine corr. *καρπὸν* 4 a fine *κολοκύντην* habent Prov. Coisl.

P. 332, 6 a fine corr. *ἀναγκαιότητα* 10 a fine corr. X. 123 11 a fine corr. VI. 11 pro VII.

P. 334. Fr. DXVII. est Plin. XIX. 34. Quod l. extr. est ex Alciphrone fragmentum (III. 55 11) ibi ita scribitur *ῥυσότερον βαλλαντίων | ἔχων τὸ μέτωπον*.

Ibid. Menandri fragmentis adde haec:

DXVIII.

Τύχην ἔχεις, ἄνθρωπε, μὴ μάτην τρέχε.
εἰ δ' οὐκ ἔχεις, κάθευδε, μὴ κενῶς πόνει.

Servavit Orion Ritschelii p. VI, 9. Cfr. Boissonade ad Philostr. Epist. p. 211. Apertum est Menandrum haec non scripsisse.

DXIX.

Arsenius Viol. ed. Walz. p. 507. *Μένανδρος τὸν φθόνον πρόνοιαν τῆς ψυχῆς εἶπεν.*

DXX. DXXI.

Φιλῶ σε Ὀνήσιμε, καὶ σὺ περίεργος εἶ.
Οὐδὲν γὰρ γλυκύτερον ἢ πάντ' εἰδέναι.

Anonymus apud Cramer. Anecd. Par. IV. 418. *ὡς δηλοῖ τὸ ἐκ παίδων φιλομύθους ἡμᾶς εἶναι καὶ χαίρειν ἐν* (*ἐπὶ*?) *τῇ περιεργίᾳ, ὥς φησι Μένανδρος φιλῶ — εἶ. καὶ πάλιν Οὐδὲν γὰρ — πάντα εἰδέναι.* Horum versuum alterum ex Ciceronis Epist. ad Attic. et Libanio edidi inter Anonym. com. fragm. p. 610. Primus versus ita corrigendus videtur: *φιλῶ σ' Ὀνήσιμε, καὶ σὺ γὰρ περίεργος εἶ*, sive malis *φιλῶ σ' Ὀνήσιμε· ναὶ σὺ περίεργός τις εἶ.*

DXXII.

Io. Lydus de Mens. ed. Haas. p. 277 *ἐν τῷ κατ' αὐτὸν* (*Κρόνον*) *ἱερῷ, ὥς φησι Φύλαρχος καὶ Μένανδρος, οὔτε γυνὴ οὔτε* [*κύων οὔτε*] *μυῖα εἰσῄει.* Nisi Menandrum dicit historicum. Pro Saturno Herculem nominandum fuisse statuit Lobeckius Aglaoph. p. 1995 sq.

P. 335, 4 pro *τέκος* corr. *γένος*.

P. 344, 155 corr. *πρᾶξαι*

P. 345. Gnom. monost. 169 *ἐμπειρία γὰρ τῆς ἀπειρίας κρατεῖ.* Euripidis est ex Peleo Fragm. V. 3.

Ibid. 183. Possis etiam *εὔπιστόν ἐστι δυστυχὴς λυπούμενος.*

P. 347, 255 scr. *εὐδαιμονεῖν*

P. 348. Monost. vs. 283 et 290 inscripti repèriuntur, in titulo Eumeniano apud Boeckh. C. I. vol. III. p. 29 No. 3902 r. et Welcker Spicil. Epigr. in Museo Rhen. nov. 1843 p. 268. *Καλὸν τὸ γηρᾶν καὶ τὸ μὴ γηρᾶν* [*τρὶς λέγω*] *καλόν, κακὸν τὸ θνήσκειν οἷς τὸ ζῆν ὕβριν φέρει.* Mon. 331. *πρόνοιαν*

P. 354, 6 corr. *εὐτυχοῦντα* 522 corr. *ὑγίεια*

P. 360. 718 Apud Stob. 98 11 haec sunt ex Menandro *τυφλόν γε καὶ δύστηνον ἀνθρώπου βίος.* cf. et Men. p. 195.

P. 363, 12 a fin. corr. Inc. 106. 13 a fine corr. CVII.

P. 365, 1 corr. Vs. 146.

P. 373, 13 corr. LXXXIII. 10.

P. 376. In Adelphorum fragmento primo post vs. 2 lacunam indicandam suspicor.

P. 377, 5 a fine corr. ἐκπώματος 10 a fine scr. Ion pro Xenophane.

P. 378, 8 a fine 307] scr. 441.

P. 381. not. 1 repone vol. III. p. 571.

P. 382, 4 Il. 9 sqq.

P. 383, 11 Bernhardius Eratosth. p. 142 coniungenda esse statuit ἀπὸ θερμοῦ ἀποζέσας. Quo nihil lucramur.

P. 385. Fr. I. 3 λόγῳ κακούργῳ

P. 388. ult. corr. ἀπολαύειν.

P. 391. ad Fragm. IV. In verbis Etymol. corrige typothetae errores φέρειν pro ἐπιφέρειν et διεκαρανόμηκεν pro διεκαρανόμημεν. Diphili versus in Etymol. Par. apud Cramer. An. Par. IV. p. 25 ita scriptus est τὴν νύκτ' ἐκείνην δι' ἐκείνην διεκαρανόμηνεν. Cfr. eiusdem Anecd. Oxon. II. p. 455.

P. 392. 'Fr. I. vs. 5. num κατ' ἐνιαυτὸν ἕν' ἐρυγεῖν λίθον? Ibid. Fr. II. de scholii Aristophanei auctoritate vide Dindorfium.' H. I.

P. 394. l. 3 scr. παντοδαπά, in annotatione lin. 6 ad Phoen. p. 211. l. 11 παντοδαπόν.

P. 395, 20 περιχαρὴς εἰς δέκ' ἐπὶ τῇ μνᾷ γεγονέναι καὶ δώδεκα. Nauticas usuras dicit (Boeckh. Oec. Att. I. 148 not.) Diogenes Laert. VI. 99 φησὶ δ' Ἕρμιππος ἡμεροδανειστὴν αὐτὸν (Menippum) γεγονέναι καὶ καλεῖσθαι. καὶ γὰρ ναυτικῷ τόκῳ δανείζειν καὶ ἐνεχυριάζειν, ὥστε πάμπλειστα χρήματα ἀθροίζειν. Idem de Zenone VII. 13 φασὶ δ' αὐτὸν ὑπὲρ χίλια τάλαντα ἔχοντα ἐλθεῖν εἰς τὴν Ἑλλάδα καὶ ταῦτα δανείζειν ναυτικῶς. Ib. vs. 23 ἐκβεβηκότα

P. 396, 21 scr. Vide ad Eubulum p. 210.

P. 398, 6 Τουδὶ δὲ ναστόν,

P. 400, 4 Manifestas 10 corr. inc. XXII. pro XX.

P. 401, 9 Athenaei pagina est 155 b. Ib. Μαινομένου vs. 1 τοίνυν non tentandum Ib. l. 4 a fine Piersonus ὥστ' οὐ correxit p. 442.

P. 402. Paederastae vs. 3 corr. ὑδαρὲς

P. 404, 7 a fin scr. Epist. II. 1 pro I. 4. lin. 8 a fin. Aristophanes scripsit δέδοικα καὶ πέφρικα καὶ βδ. l. 10 a fine corr. p. 179 a.

P. 405, 6 ἀναίμακτον 7 cap. V. 9 Midian. p. 61.

P. 407. Ad Πλινθοφόρον referendum esse Fragm. inc. fab. XII. docebunt Addenda ad p. 421.

P. 415. Philadelph. fragm. II. scr. Ὀξίνην οἶνον Ib. inc. I. 2: σοφώταθ', ὡς 'Fr. II. 1 nonne τεχνίον? cf. Buttm. gramm. II. 441 ed. alt.' H. I.

P. 416. Fragm. III. 7 nunc dubito an recte habeat Ἀντίκυραν, ut ultima arseos vi producatur quemadmodum vs. 6 in μάκαρ.

P. 417, 5 corr. et Odyss. τ' 434 l. 10 scr. fab. inc. II. 4. Ib. Fr. IV. 3 ὥσπερ κανοῦν μοι

P. 419. Ut Diphilus Fragm. VII. 4 de ansere farciminibus referto δούρειον χῆνα dixit, ita Romanos guleones porcum aliis animalibus gravidum dixisse porcum Troianum docet Macrobius Sat. II. p. 383. Titius obiecit saeculo suo, quod porcum Troianum mensis inferant: quem illi ideo sic vocabant, quasi aliis inclusis animalibus gravidum, ut ille Troianus equus gravidus armatis fuit. Ceterum nescio an apud Diphilum duo colloquantur coqui, quorum alter alterum iactantia superare conantur; φύσημα de fastu et arrogantia dictum non sine exemplis est.

P. 420, 3 a fine Valckenarii pagina est Diatr. 16.

P. 421. Fragm. XII. ita potius corrigendum est:

Καὶ νὴ Δί' ὄντως εὐθὺς ἐξέπεμπέ με
ὄρθριον· ἐκόκκυζ' ἀρτίως ἀλεκτρυών.

Quo minus dubitari potest quin haec ad Diphili Plinthophorum referenda sint.

P. 422. Fragm. XVII. possis etiam coniicere ὃς οὖν (vel ὅστις οὖν) οὔτ' ἐρυθριᾶν ἐπίσταντ' οὔτε δεδιέναι etc. annot. lin. 7 scr. omisit.

P. 423, 4 corr. LXXXIV. Mox Fragm. XXII. 2 Halmius Lectt. Stob. p. 56 pro τέμνεται tentat δάμναται, quod vereor ut atticus sermo admittat. Ib. annot. fr. XXIII. l. 4 corr. p. 29 pro 92. Ib. 4 a fine ἀηδὴς γίγνεται non φαίνεται.

P. 424. Fragm. XXV. 1 τοῦτο δ' αὐτὸ correxeram ad Menandr. ed. mai. p. 398.

P. 426. Fr. XXXIV. est Stob. LXXVII. 8.

P. 427, 2 est §. 52 Bk.

P. 428, 10. Cum *Χαρίσιος* et *'Αρτεμίσιον* antepenultima producta Lobeckius Paral. p. 163 comparat *θαλύσια* et *νεκύσια*. Adde quae idem dixit Pathol. p. 424.

P. 429, 4 scr. CXVI. 26. Ib. 6 est Antiatt. p. 109.

P. 433. In Lyncei Thes. 16 *κατέπλησα γὰρ τὸ χεῖλος, οὐκ ἐνέπλησα δέ*, pro *κατέπλησα* legendum *κατέπασα*. Hoc plane est illud *χείλεα μέν τ' ἐδίην', ὑπερώην δ' οὐκ ἐδίηνεν.*

P. 435. Fragm. I. 5 Hermannus *πανταχοῦ* vel *πανταχῇ ποιῶ φλόγα*. De Aristoph. Pac. 417, quem in annotatione attigi, meliora docuit M. Haupt Observ. crit. p. 57. In Arist. Acharn. 884 pro *τυίδε* rectius scr. *τείδε*.

P. 436. II. 3 corr. *ὦ ταλ. β.*

P. 440. extr. pro 460 scr. 463.

P. 442. Versu 11 repone *νεκρούς* 'Versu 21 nonne *ἅπαντας τοὺς μέχρι κτλ.*?' H. I.

P. 443, 7 a fine *πρὸ λαμπρᾶς*

P. 445. post Fragm. IV. insere haec:

V.

Terentius III. 4 26 Callidemidem describens: M a g n u s r u b i c u n d u s c r i s p u s c r a s s u s c a e s i u s. Ad quae Donatus: i m p e r i t e T e r e n t i u m d e M y c o n i o c r i s p u m d i x i s s e a i u n t, c u m A p o l l o d o r u s c a l v u m d i x e r i t, q u o d p r o p r i u m M y c o n i i s e s t. Myconiorum calvitiem fuisse proverbialem nemo ignorat.

P. 446 3 a fine *τῶν ὤτων* 6 a fine *auribus teneo*

P. 450. Adelph. vs. 4 *ὦ ταλαιπώρου βίου.*

P. 453. *Παραλογ.* fragm. est Flor. XCIX. 17.

P. 454. Fragm. I. 7 pro *αὐτὸν* Gesnerus a Gaisfordo neglectus *αὐτοῖς*, quod nescio an meae coniecturae praeferendum sit. Vs. 9 *καθ' ἑτέρας θύρας*. Hoc proprie de porta aedium postica dictum fuisse videtur. Cfr. Plutarchus Symp. p. 645 e. *τὴν διὰ τῶν ὤτων ἀποκλείει τροφὴν καὶ τὴν ἡδυπάθειαν τῇ αὐλείῳ, κατὰ τὰ ὄμματα καὶ τὰς ῥῖνας, ὥσπερ καθ' ἑτέρας θύρας, ἐπεισάγων τῇ ψυχῇ.* Adde Aristoph. Vesp. 398. Vs. 10 pudet reliquisse *ἀπερυθριακότως*, quod *ἀπηρυθριακότως* scribendum esse monuit Halmius Lectt. Stob. p. 52. Vs. 16 corr. *γάρ εἰσιν ἄν.*

P. 456. Fragm. III. 4 non iniuria Halmius Lectt. Stob. p. 56 praefert δυστυχεῖ συνδυστυχεῖ.

P. 457. ult. post τῷ insere δὲ e Crameri Anecd. Par. IV. p. 77.

P. 458, 10 scr. IX. 8 1.

P. 459. Vs. 11 recte legitur καινήν.

P. 466, 9 a fine corr. ἐνθάδε

P. 468. 'Ανανεωσ. fr. I. 3 ἀνδροφόνος Fr. II. 2 scr. δ' ἐστὶ τοῦτο

P. 470, 7 scr. inc. fab. V. et IX.

P. 473. Fragm. Philarg. ap. Athen. scribitur Πλακοῦντες, ἐπιδ.

P. 474. Inc. fab. fragm. I. est V. Demetr. 26.

P. 476. Fr. V. annot. l. 4 corr. τοιαῦτα

P. 477. XI. 4 scr. Athen. XV. p. 699.

P. 478. Dele fragm. XIV. est enim Philippides (sive Phidippides) cursor Herod. VI. 105. quemadmodum et cod. Iungerm. habet: Φιλ. ὁ ἡμεροδρόμος. Ib. fr. XVII. annot. extr. scr. inc. fab. VIII. pro VII.

P. 481, 4 est ad Phoen. p. 304. lin. 11 corr. Eustathius

P. 484. Versu 55 scr. ἐξετάζεται

P. 486. Agis Rhodius ab Euphrone vs. 5 memoratus idem esse videtur quem in scriptoribus ὀψαρτυτικοῖς memorat Athenaeus XII. p. 516 c. Eundem perstringit Hedylus poeta apud Athen. VIII. p. 345 a.

P. 490. Didym. fragm. II. est Stob. XCVIII. 12.

P. 497, 11 Hermannus corrigit εἴσαγε σὺ διὰ πασῶν ἃ Νικολαΐδας | ὁ Μυκόνιος, notam illis temporibus historiolam de Nicolaida respici ratus, sive ille meretrices seu parasitos in convivium induxerit. Ea mihi haud quaquam probabilis coniectura videtur. Accedit quod comicus poeta non Νικολαΐδας sed Νικολᾴδας dixisset.

P. 499. 'In historia crit. p. 549 post Αὐτοκράτης insere, quod iam supra p. 13 vol. huius annotari debebat, haec ex Suida: Βάτων κωμικός. δράματα αὐτοῦ, Συνεξαπατῶν, 'Ανδροφόνος, Εὐεργέται.' H. I.

P. 500. annotationis l. 2. dele numerum 2. l. 6 scr. Vs. 8 pro 5.

P. 501, 8 scr. peccata Ib. Euerg. vers. 7 scr. *ποῖα ταῦτα;*

P. 503, 21 *ἀποδεδρακότα*

'In eandem paginam referendum, ut sit *Συνεξαπατῶντος* fragmentum II., quod pag. 504 in incertis exhibitum loco III.' H. I.

P. 504, 11 Valckenarius Diatr. p. 258 A.

P. 507, 3 corr. 497 e. 26 pro Vs. 9. scr. 8.

P. 509. De primo huius paginae fragmento nuper Droysenus dixit N. Rhen. mus. II. 411 sq.

P. 510, 8 a fine corr. Menander p. 215.

P. 511, 4 a fine scr. p. 587 c.

P. 512, 3. Huius legis verba pleniora sunt apud Harpocrationem 132 7. l. 4 scr. Athenienses l. 15. pro XII. 15 scr. XII. 14.

P. 513. In Posidippi vs. 1 recte Hermannus tuetur Coraae emendationem *ἕνα λαβὼν*, et vs. 4 Iacobsii *ὅτι τὸ στόμα*. Sequentia idem ita corrigit:

ὁ δὲ τὴν γλῶτταν εἰς εὐσχήμονα
ἐπιθυμίαν ἔνιά τε τῶν ἡδυσμάτων.

hac addita explicatione: Einer sagt, dass dieser Koch ein schlechtes Maul, ein Anderer, dass er eine schlechte Zunge für haut goût und einige feine Gerichte habe.

P. 516, 5 scr. *θύρα* 12 *Νεανισκεύεται* 15 *Υἱὸν* 17 Flor. LXXVII. 7

P. 517, 5 corr. *βλάβας* 12 Meierus 13 scr. p. 305

P. 518. De *τραχήλοις* adde Plutarch. Demetr. cap. XI. *ἐγκεφάλους καὶ τραχήλους* coniungentem.

P. 520, 2 a fine corr. fab. VIII.

P. 522, 13 a fine *προσαναφυσᾶν* 14 a fine Mant. vs. 8 p. 450.

P. 525. Posidippi verba Fragm. III. *τὸ Σαράβου κλέος* Müllerus Aegin. p. 77 de cauponaria Plataeensi interpretatur; Sarabum enim fuisse Aeginetam suspicatur. Haud minori iure propter ipsum illud Posidippi testimonium hominem illum Plataeas patriam habuisse coniicias.

P. 526, 9 adde: nisi malis ἔμεινεν ἀτυχῶν.

P. 542. Fragm. I. 1 corrigendum cum Dindorfio τῆς θηρικλείας.

P. 545. In Phoenicidis loco vs. 7 et 10 corr. Μέροπας, et vs. 18 Δαιτυμόνα.

P. 555 ad Fragm. II. Pro Ἀλέξανδ. Lobeckius Pathol. p. 25, n. 14 corrigit Ἀλεξανδρεῖς.

P. 561. De Callippi fragmento nunc ita statuo, ut τὸν πυραμοῦντα utpote e glossemate ortum eiiciendum, cetera autem ita scribenda putem:

Ὁ διαγρυπνήσας λήψεται
τὰ κοττάβια καὶ τῶν παρου-
σῶν ἣν θέλει φιλήσει.

Athenaeus, cuius verba subobscura sunt, docere voluisse videtur, Callippum κοττάβια etiam de pervigilii praemiis dixisse. Idque eo rectius fieri poterat, quum placentulae, quae τοῖς διαγρυπνήσασι concedebantur, etiam iis qui in cottabi ludo victores extitissent praemii loco data fuerint. Cfr. Etymol. M. p. 533, 20. καὶ ἆθλα οἱ νικῶντες ἐλάμβανον πλακουντίσκους, πυραμοῦντας ἢ σησαμοῦντας, ἅπερ κοττάβια ἔλεγον.

P. 572. 'Euangeli apud Suidam memoria excidit in excerptis quae sunt hist. cr. 550. Ante Εὔβουλος igitur insere haec: Εὐάγγελος. κωμικός. τῶν δραμάτων αὐτοῦ ἐστιν Ἀνακαλυπτόμενος, ὡς Ἀθήναιος ἐν τοῖς Δειπνοσοφισταῖς.' H. I.

P. 574. In Laonis loco recte legitur εἰκόνος.

P. 578, 1 post εἶτα περὶ adde γλαύκου

P. 580, vs. 34 corr. ἡλικίαν

P. 581, 10 De illo terrae motu, quo Sipylus concussus est ipsis Tantali temporibus v. Strab. I. p. 58 Cas. Vs. 23 ἅπαντα ante Porsonum iam Iacobs. ad Brunckii Anal. III. 1 p. 154. Ibid. οὐδὲ νῦν ἔχει sanum videtur. Vs. 25 recte mihi correxisse videor ἀνοδίᾳ pro codd. lectione ἄνω δία. In contrariam sententiam ὁδῷ πράττειν dicuntur qui quod agunt recte et decenter agunt. V. Gatakerum ad Marc. Ant. I. 9.

Vs. 36 ἐπ' ὀλέθρῳ idem esse videtur quod alias dicitur πάσῃ τέχνῃ.

P. 583. In Nicomachi fragm. vss. 7 sqq. ita scribendi sunt:

B. εἴσομαι δέ γ' ἂν λέγῃς.
A. τὸ γὰρ παραλαβόντ' ὄψον ἠγορασμένον,
πάτερ, ἀποδοῦναι σκευάσαντα μουσικῶς
διακόνου 'στ' οὐ τοῦ τυχόντος, Ἡράκλεις.
ὁ μάγειρός ἐσθ' ὁ τέλειος etc.

In his πάτερ scripsi pro πότερον, quod non recte Dobraeo praeeunte in πότερα mutavi, interrogationis signo post τυχόντος posito. Vere enim Hanovius monuit alteram personam nonnisi breviter paucisque verbis nugas loquacis coqui interpellare. Πάτερ autem, quod in eadem versus sede Menander Inc. fab. XXIV. 3. posuit, h. l. blandientis est, ut apud Machonem Athenaei XIII. p. 581 c. Diphilum 'Ἀπολιπ. I. 5. Βαλαν. I. 2 et apud Anaxippum 'Εγκαλ. 11.

P. 585, 4 a fine ita corrigendum: "intercidisse earum artium memoriam, quas ad pictoriam opus esse dixerat." Monuit Hermannus, qui vs. 16 recte corrigit δεῖ τινα τέχνης.

P. 587. In Naumachiae fragmento possis etiam εὖ βίου βεβηκότα coniicere.

P. 595. ult. Futurum ἐλοῦμαι habemus item apud Philippum Anth. Pal. XI. 33. (ἐλεῖται enim leg. pro ὀλεῖται) et in titulo dorico apud Boeckh. vol. II. p. 366 διελεῖ. De Platonis com. loco nunc accedo Cobeto Observ. crit. p. 57. Eadem forma Aristophanem Equ. 290 usum esse crediderunt veteres grammatici, ut ex schol. intellegitur; at recte Elmsleius correxit περιελῶ σ' ἀλαζονείας, nisi malis σἀλαζονείας i. e. σου ἀλαζονείας.

P. 600. Fragm. II. 6. scribendum videtur: Δᾶος πάρεστι· τί δέ ποτ' ἀγγελῶν ἄρα;

P. 602. Fragm. VIII. a Stobaeo servatum minus recte tractavit Halmius Lectt. Stob. p. 18.

P. 603. Philammon Fragm. X. memoratus, ὥσπερ Φιλάμμων ζυγομαχῶν τῷ κωρύκῳ, notus ille athleta est, de quo vide Christodor. Ecphr. 229. Themist. Or. XXI. p. 303. Dind.

et quos affert Dissenus ad Demosth. pro Cor. p. 451 Olympiade vicit CV. teste Grammat. Seguer. I. p. 314, 25. In eodem versu pro κωρύκῳ scribendum videtur Κωρύκῳ, ut sit viri nomen, cuius exemplum praebet, opinor, fabula Antiphanis Κώρυκος inscripta v. vol. III. p. 75. Ita demum hoc exemplum Aristotelis menti respondet; e vulgari enim scriptura nihil ambiguitatis hic versus haberet, quoniam κωρύκῳ proprie dicto vel maxime athletae utuntur. Fortasse autem ad hanc ipsam Antiphanis fabulam hoc fragmentum referendum est.

P. 610. Fragm. XXXII. Menandri est; v. supra Add. ad p. 334. Eius in locum pone hoc:

Σικελίας αὔχημα τροφαλίς.

Athenaeus XIV. p. 658 a ἐπεὶ δὲ καὶ Σικελίας αὔχημα τροφαλίς ἥδε ἐστι, φίλοι, λέξωμέν τι καὶ περὶ τυρῶν.

P. 618. Fragm. L. 3. ὁ παισὶν αὑτοῦ μητρυιὰν ἐπεισάγων, etsi insolens est penultimae in voce μητρυιὰν correptio, non tamen credo probari posse quod Hermannus coniecit: ὁ παισὶ μητρυιὰν ἐπεισάγων ἀνήρ. Potius crediderim poetam μητρυὰν dixisse, quemadmodum Nicander Ther. 216 ὀργυόεντα dixit pro ὀργυιόεντα. Ac habemus etiam exemplum quamvis mali poetae apud Cramer. An. Par. IV. p. 340 κρέσσονα μητρὸς ἔχειν μητρυὰν ἐλπομένη.

P. 619. in. de γέροντος ὄντος adde Euripidem Bacch. 189 ἐπιλελήσμεθ' ἡδέως γέροντες ὄντες, et Diogen. Laert. VII. 6.

Ibid. Fr. LIII. est etiam apud Sext. Emp. adv. Log. p. 303, ubi recte Πριαμίδαισιν legitur.

P. 621. Fragm. LIX. 1 corr. πέπονθεν

P. 623. Fragm. LXXIII. a. delendum. Euripidis versum esse ex Alcestide monuit Hermannus. Eius in locum suffice hunc versum ab Athen. X. p. 458 d. servatum:

ὠρθωμένην πρὸς ἅπαντα τὴν ψυχὴν ἔχω.

P. 626. Fragm. LXXXV. pertinet ad Aristoph. Vesp. 609 ubi hodie legitur παππάζουσι, pro quo παππίζουσι scribendum, quod praeter Eustathium l. l. habet Ven. et Suidas v. ἐκκαλαμᾶται. In locum fragmenti insere hoc ex Harpocr. p. 27, 1. Ἀποδέκται: ἀρχή τίς ἐστι παρ' Ἀθηναίοις ἧς πολλάκις μνημονεύουσιν οἱ ῥήτορες καὶ οἱ κωμικοί.

P. 627 ad Fragm. XCI. Dele postremam annotationis partem de athleta Molone. Cogitabam de Milone.

P. 630. Fragm. CIV. recte habere videtur κύνειρα.

P. 631 13 a fine Eratosth.

P. 637. ad Fragm. CXXX. b adde: μυρόπωλιν tamen dixit Asclepiades Anth. Pal. V. 181, 11 et λεκιθόπωλιν Arist. Plut. 427.

P. 639. ad Fragm. CXXXVII. In prima Hesychii glossa pro οὔτω corrige οὗτοι, in altera forsan scribendum Κλαζομένιος, ὁ καὶ βαῦς καλούμενος. Heraclidem illum patria Clazomenium fuisse intellegitur ex Platonis Ion. p. 541 c. Φανοσθένη τὸν Ἄνδριον καὶ Ἡρακλείδην τὸν Κλαζομένιον, οὓς ἥδε ἡ πόλις ξένους ὄντας, ἐνδειξαμένους ὅτι ἄξιοι λόγου εἰσίν, καὶ εἰς στρατηγίας καὶ εἰς τὰς ἄλλας ἀρχὰς ἄγει. Adde quos Bergkius mihi indicavit Athen. XI. p. 506 et Aelian. V. H. XIV. 5. Idem pro βαῦς vel βαΰς, ut vulgo legitur, corrigit βοῦς et de spurca Clazomeniorum libidine affert Ausonii Epigr. 131. et teris incusas pumice Clazomenas. Βοῦς Cleonis citharoedi cognomen habemus apud Machon. Athenaei VIII. p. 349 d. Non credo tamen nomen βαῦς, quo noctua significari potuit, corruptum esse.

P. 640. ad fr. CXXXVIII. Verba κνάπτειν κελεύω γλῶσσαν nunc satyrici dramatis fragmentum esse arbitror.

P. 641. Fragm. CXLIV. delendum. Pertinet enim χρουσιδημῶν ad Aristoph. Equ. 855. In eius locum suffice hoc: Eustathius ad Hom. p. 1163. καὶ τὸ ἐκπέπηξε ἐφέπηξε παρὰ τῷ κωμικῷ. V. ad Eubuli fragm. vol. III. p. 212, ubi incertam coniecturam periclitatus sum ἐκπεπίακε ἐξεπίακε. Addo non minus incertam ἐκτέτηκε ἐξέτηκε. Fr. CXLVI. Hesychii glossa in cod. ita legitur: Κυνέπασαν, ἐξέδεισαν ἔνιοι κυνέπασαν τὸ αἰδοῖον ἐπιτάνοπον (δον) οἷον ἐπέπασαν. Quae num recte Musurus emendaverit vehementer dubito.

P. 643. ad notam*). Demetrius ille Πέλεκυς dictus nil commune habuit cum Demetrio Πύκτῃ, qui fuit grammaticus libro quem de dialectis composuit clarus, Etym. M. p. 592, 53. Eundem memorat Apollon. Lex. Hom. p. 121, 24. Pyctae cognomen illi inditum fuisse videtur propterea quod vel pugnis placita sua tutari ferebatur. Quo spectat Etymol. M. p. 266, 5 annotatio quamvis manca: Δημήτριος ὁ Πύκτης: τοιοῦτοι δὲ καὶ εἰσὶν οἱ πύκται.

P. 644. Dele Fragm. CLVIII. De Hesychii glossa meliora vide apud Schneidewinum Dissert. de Laso Herm. p. 18. In eius locum repone hoc ex eodem Hesychio: Κήπιδος σκέλος, παροιμιῶδες ἣν κατὰ τὸ Πέρδικος σκέλος. V. Exercitt. philol. in Athen. I. p. 2. In annotatione ad Fragm. CLIX. dele verba „In Pnyce — p. 613." In fine adde haec: Eundem illum lapidem memorat Demosth. Orat. c. Con. §. 26 sive apud Harpocr. s. v. λίθος p. 120, 27. τῶν τε παρόντων καθ' ἕνα ἡμῖν οὑτωσὶ καὶ πρὸς τὸν λίθον ἄγοντες καὶ ἐξορκοῦντες. Quo loco hodie pro λίθον legitur βωμόν. Adde Pollüc. VIII. 86: ὤμνυον δὲ οὗτοι (archontes) πρὸς τῇ βασιλείῳ στοᾷ, ἢ ἐπὶ τοῦ λίθου, ἐφ' οὗ τὰ τόμια, φυλάξειν τοὺς νόμους. Ita enim recte Bergkius Epist. crit. ad Schill. p. 131 emendavit cod. lectionem ὑφ' οὗ τὰ ταμιεῖα.

P. 645, 1 Verum videtur quod cod. Hesychii habet ἐπιρρίψεως.

P. 647. Fragm. CLXXII. pro πτερῶν scribe πτέρων. Etymol. M. p. 226, 38. τὰ εἰς ρων λήγοντα διαύλλαβα μὴ ὄντα συγκριτικὰ φυλάσσει τὸ ω. Φάρων Φάρωνος, πτέρων πτέρωνος, Ἄκρων Ἄκρωνος.

Ibid. in not. corr. παραπρεσβ. et 1836 pro 1815.

P. 648. Fragm. CLXXIX. Fortasse scribendum Φοίνιχ' ἑλικτήν, sive malis ἑλικτόν, quo alia Hesychii glossa ducit: φοινικέλικτον: τὸν ἀπατηλόν. Notum est Euripidis de Lacedaemoniis dictum ἑλικτὰ κοὐδὲν ὑγιές.

P. 658. Dele Fragm. CCXXIV. Respicitur Aristoph. Lys. 37. Pro eo repone haec: Cram. Anecd. Par. IV. p. 186, 16. Νεοπεινής: ἐν τῇ κωμῳδίᾳ ὁ νεωστὶ πεινῶν. Corrige νεοπένης cll. Phrynicho Bekk. p. 52, 18. Νεόπλουτος: τὸ δὲ νεοπένης σπάνιον.

P. 660. Fragm. CCXXX. delendum. V. Athen. XIII. p. 612 f. ibique Casaubonum. Eius in locum insere haec: Etymol. M. v. ἐρείδω p. 373, 24. ὑπερείδω, ἐξ οὗ καὶ τὸ

Ὑπερείδοντα τοὺς νεανίας, si modo recte haec comici poetae verba esse conieci; editur vulgo ὑπερείδοντας.

Ibid. 3 a fine corr. Τρύχνον

P. 663 ult. corr. Ῥήματα pro Χρήματα.

P. 665. ad Fragm. CCLXIX. Dele κυνοκοπῆσαι τὸν νῶτον. Est Aristophanis ex Equitibus 289.

P. 667 ad Fragm. CCLXXVIII. Verba τὰ νεῦρα τῆς τραγῳδίας sunt Aristophanis ex Ranis. Itaque dele.

P. 668. In Fragm. CCLXXXII, 4. scribendum videtur τάλαντον ἀργύρου pro τάλαντον ἀργυροῦν, quod non credo ferri posse, quamquam scio Epicharmum apud Polluc. IX. 82 dixisse πεντόγκιον ἀργύρεον.

P. 673, 5 corr. Τὰ δ' Ἴσθμι'

P. 676. Fragm. CCCV. 1 et 2 forsan ita corrigendi sunt:

Κλίθητι καὶ πίωμεν· οὐ καὶ σιτία
πάρεστιν ἡμῖν;

Apud Plutarchum legitur τί κάθῃ καὶ πίωμεν. Vides lenissima syllabarum transpositione ex ΤΙΚΑΘΗΙΚΑΙ factum esse ΚΑΙΘΗΤΙΚΑΙ. Iisdem verbis, κλίθητι καὶ πίωμεν, usus est Euripides Syl. IV. In eiusdem fragm. vs. 6 ἐναύλιον forsan rectius intellegas de ianua, ut ὠθῶν sit cum vi impellens.

P. 677, 5 a fine corr. Sintenis pro Siebelis. Eundem errorem tolle ex annotatione ad Fragm. CCCVI.

P. 681, 10 Adde: Pollux II. 52 ἰλλώπτειν ἐν τῇ κωμῳδίᾳ. cf. supra vol. IV. p. 45.

P. 686, 15 Volebam καὶ ναὶ μὰ Δία. Probabiliter Hermannus καὶ νὴ Δί τρίτον ἔτος γε μετὰ Κινησία. Fragm. CCCXXXI. delendum. Recte Dindorfius. Eius in locum insere haec: Athenaeus p. 391 a ἀνθρωποειδὴς δέ ἐστι (ὁ ὦτος) τὴν μορφὴν καὶ πάντων μιμητὴς ὅσα ἂν ἄνθρωπος ποιῇ. διόπερ καὶ τοὺς ἐξαπατωμένους ῥᾳδίως ἐκ τοῦ τυχόντος οἱ κωμικοὶ ὦτους καλοῦσιν.

P. 688, 6 a fine Fortasse comicus ita locutus est:

Μώμαξ καλοῦμαι *(καὶ) Μίδας;

Midam intellego non divitem illum, sed qui contra omnium vel intellegentissimorum iudicium sapiat. Ovid. Metam. XI. 172 sqq.' H. I. 11 a fine corr. II. p. 1237.

P. 690, 9 corr. πρᾶγμ' ἐστὶ

P. 691. Fragm. CCCL. 7 fort. κριθῆς, nisi κριθὴν ex cod. scribendum.

P. 693. ad Fragm. CCCLXI. De ipsa Megalopoli haec intellegenda esse docet Strabo XVII. p. 272 Lips. ἔφη τις τῶν κωμικῶν ἐπὶ τῶν Μεγαλοπολιτῶν. τῶν ἐν Ἀρκαδίᾳ Ἐρημία μεγάλη 'στὶν ἡ μεγάλη πόλις.

P. 694. Fragm. CCCLXIII. οἶνός μ' ἔπεισε δαιμόνων ὑπέρτατος. Transtulit poeta inc. apud Festum v. metonymia: persuasit animo vinum, deus qui multo est maximus.

P. 697. Fragm. CCCLXXII. non est poetae comici. V. intpp. Zenobii l. l. Eius in locum suffice hoc:

Τουτὶ μὲν ᾔδειν πρὶν Θέογνιν γεγονέναι.

Plutarch. de princ. philos. p. 777 c. τὸ δὲ λέγειν ὅτι δύο λόγοι εἰσίν — ἕωλόν ἐστι καὶ ὑποπιπτέτω τῷ Τουτὶ μὲν — γεγονέναι. Is versus alio loco, ni fallit memoria, disertim a Plutarcho comico poetae assignatur. Theognin intellego Megarensem.

P. 700. Pro Παρνοπίς, quod ego volebam, Lobeckius Pathol. p. 387 maluit Παρνόπης.

P. 702. Anonymorum comicorum fragmentis adde haec:

CCCLXXXIX.

Πρὸς καππάριον ζῇς δυνάμενος πρὸς ἀνθίαν.

Plutarchus Symp. IV. 4, 2. ὁ δὲ τὸ στιχίδιον ποιήσας Πρὸς — ἀνθίαν, τί ποτε βούλεται;

CCCXC.

Μισθοῦ γὰρ ἀνθρώπων τις ἄνθρωπον φιλεῖ.

Plutarchus de am. prol. p. 495 a. θαυμάζεται γὰρ ἐν θεάτροις ὁ εἰπὼν Μισθοῦ — φιλεῖ, κατ' Ἐπίκουρον· ὁ πατὴρ τὸν υἱόν, ἡ μήτηρ τὸ τέκνον, οἱ παῖδες τοὺς τεκόντας.

CCCXCI.

Ὁ μέν τις ἀμπέλους
τρυγῶν, ὁ δ' ἀμέργων τὰς ἐλάας.

Pausanias apud Eustath. ad Il. p. 838, 55 ἀμέργειν ἤγουν καρπολογεῖν, οἷον Ὁ μέν τις κτλ.

CCCXCII.

Μετὰ τὴν ἀποβολὴν τοῦ Κλέωνος εὐθέως
[μέγ'] ὑπερέβαλλεν ὁ κεραμεὺς Ὑπέρβολος.

Schol. Arist. Equ. 1301. *κεραμεὺς δὲ ὁ Ὑπέρβολος. μετὰ δὲ τὴν ἀποβολὴν τοῦ Κλέωνος ὑπερέβαλλεν ὑπὲρ τοῦ Ὑπερβόλου.* Comici poetae fragmentum in his latere ostendit vel lusus in vocabulo *βάλλειν.* Correxi locum hist. crit. p. 100.

CCCXCIII.

Εἶτά μοι σκάπτων ἐρεῖ
ἐφ' οἷς γεγόνασιν αἱ διαλύσεις· ταῦτα γάρ
πολυπραγμονῶν νῦν ὁ κατάρατος περιπατεῖ.

Plutarch. Curios. p. 519 a. *ὁ μὲν γὰρ ἀληθινὸς ἐκεῖνος γεωργὸς οὐδὲ τὸν αὐτομάτως ἐρχόμενον ἐκ πόλεως προσέρχεται λέγων Εἶτά μοι κτλ.* Dixi de his versibus ad Menandr. ed. pr. p. 38.

CCCXCIV.

Schol. Euripidis Orest. 730. *οὐκ ἐκεῖνος, ἀλλ' ἐκείνη κεῖνον ἐνθάδ' ἤγαγεν] κωμῳδεῖται ὁ στίχος διὰ τὴν ταυτότητα.*

CCCXCV.

Ἔχει τελευτὴν ἧσπερ οὕνεκ' ἐγένετο.

Aristoteles phys. ausc. II. 2. *διὸ καὶ ὁ ποιητὴς γελοίως προήχθη εἰπεῖν Ἔχει κτλ.*

CCCXCVI.

Pollux III. 56: *τὸν δὲ τοιοῦτον (τὸν παρεγγεγραμμένον πολίτην) καὶ ὑπόξυλον ὠνόμαζον οἱ νέοι κωμικοί, καὶ ὑπόχυτον δὲ οἱ παλαιότεροι τὸν κακῶς γεγονότα, καὶ παρεμπεπολημένον, ὡς ἀποφύλιον τὸν μὴ ἔχοντα φυλήν.* Pro *παρεμπεπολημένον* libri habent *παρημπολημένον*, quod reponendum; nisi forte, quum unus cod. *παρημπολιμένον* habeat, *παρεμπεπολισμένον* scribendum, id ut idem sit quod *παρεγγεγραμμένος.*

CCCXCVII.

Pollux V. 93 de verbis coitum significantibus dicens: *τὰ τεθρυλημένα, ἃ δὴ παίζουσιν οἱ κωμικοί, ληκεῖν, δρυμάττειν, φλᾶν, σκοροδοῦν, σποδῆσαι, σπλεκοῦν.* Hesychius, *Δρυμάξεις — χρῶνται καὶ ἐπὶ τοῦ συνέσῃ καὶ προσομιλήσεις.*

CCCXCVIII.

Pollux V. 97 de inauribus dicens: ἐκαλεῖτο δὲ παρὰ τοῖς κωμῳδοῖς καὶ ἐγκλαστρίδια, καὶ στροβίλια, καὶ βοτρύδια, καὶ πλάστρα, καὶ καρυατίδες, καὶ ἱπποκάμπια, καὶ κενταυρίδες, καὶ ἔνστροφον, καὶ τρίπους. Probabile est horum nonnulla e Pherecratis Λήροις derivata esse.

CCCLXXXXIX.

Photius Lex. p. 383, 2. Παράδεισος.. τὸ ἐνεστώς. σημαίνει οἷον τὸ ἐμπεριπατεῖσθαι τεθειμένως διὰ τὴν ἀναισθησίαν. ὁ γὰρ παράδεισος ἐπὶ τοῦ περιπάτου δένδρα καὶ ὕδατα ἔχοντος. καὶ χρῶνται συνεχῶς οἱ κωμικοὶ τιθέντες τὸν παράδεισον ἐπὶ τῶν ἀναισθήτων. Hanc glossam, de qua Praef. ad vol. IV. p. VIII. dixi, nunc ita interpretor: nomine παράδεισος significari hominem cui propter stuporem impune insultatur. Corrigendum enim videtur σημαίνει οἷον τῷ ἐμπεριπατεῖσθαι ἐκτεθειμένον, vel simili quodam modo. Nam quum παράδεισος idem sit quod περίπατος ambulacrum, factum est ut comici poetae hoc nomine uterentur de homine, cui quivis inambularet i. e. insultaret. Ita verbo ἐμπεριπατεῖν usus est etiam Plutarchus de adul. et am. p. 57 b. ὅλῳ τῷ μυκτῆρι χρῆται, καθάπερ ὁ Στρουθίας ἐμπεριπατῶν τῷ Βίαντι καὶ κατορχούμενος τῆς ἀναισθησίας αὐτοῦ, ubi vide Wyttenbachium, cuius annotatio me fugit ad Menandri Fr. vol. IV. p. 153. Prolusit huic notioni quodammodo Sophocles Aiac. 1146 πατεῖν παρεῖχε τῷ θέλοντι ναυτίλων.

CCCC.

Tertullianus de Anim. p. 279 B. vulgata iam res est gentilium proprietatum. Comici Phrygas timidos illudunt.

Possem his plura addere, velut ea quae attigi Exercitt. philol. in Athen. I. p. 2. Alia sciens praetermisi, e. c. versum a Plutarcho servatum, καὶ παχυσκελὴς ἀλετρὶς πρὸς μύλην κινουμένη, qui mihi iambographi potius quam Aristophanis esse videtur, cui eum attribuit, ni fallit memoria, Bergkius; item illa prosarii scriptoris verba apud Etymol. M. p.

149, 24—27, quae infelicibus coniecturis Sauppius Epist. ad Herm. p. 134 in trimetros coegit non trimetros.

P. 705, 6 corr. „arcessiverunt". Spartanis propter Pausaniae caedem pestem immissam fuisse tradit scriptor quo usus est Suidas v. *Παυσανίας*. Plutarchi verbis eandem emendationem adhibuisse Siebelisium, sero vidi ex Schubarti Praef. ad Paus. vol. II. p. XXXI. qui ipse coniicit *Φιγαλίας*.

P. 707, 19 scr. *πένης* pro *φίλῳ*. Ib. 4 a fine *μακρὸν χρόνον βίου* et 6 a fine *καὶ πολὺν χρόνον βίου*.

P. 714, 14 lege „quarto" pro „tertio".

P. 715. in nota*) pro „meminis" lege „memini". Lobeckius, qui de illo Simonidis versu ad Buttmanni Gramm. II. p. 5 not. dixit, tentavit *καὶ τῆς ὄπισθεν ὀρσίδρης διηλσάμην*, cui emendationi nescio an ipsa Etymologi verba adversentur. Quod ego conieci *ὀρσοθύριδος* nuper etiam ab alio coniectum memini. Non credo tamen hoc verum esse. Cogitabam aliquando de *ὀροθύρης διηλσάμην*. Sed video quid obverti possit.

P. 716, 18 pro „deleatur" corrige „deleas."

P. 717. 'Apud Stobaeum XCVIII. 16 cum constanter editum sit *οὐδ' ἐπ' ἄλγεσι | κακοῖς ἔχοντες θυμόν*, non *ἐν ἄλγεσι*, quod a Brunckio propagatum: nescio an acquiescere debeamus in librorum scriptura. *ἄλγεσι κακοῖς ἐπέχειν θυμόν* autem erit animum dirigere (attendere) ad malos dolores: cf. similia apud Papium lex. man. I. 754 b.' H. I. Sane *ἐπ' ἄλγεσι* revocandum; nihilominus Simonidem scripsisse puto *ἔδοντες θυμόν*.

P. 721, 9 corrige *καρποί*.

Index

rerum et scriptorum ad Addenda et Corrigenda.

COMICAE DICTIONIS INDEX

COMPOSVIT

HENRICVS IACOBI

A.

*ἃ ἅ Plat. 2, 618 (2).
ἅαν θα Aristophan. 2, 1208 (112).
ἀβάκιον, ψῆφον· λέγε Alexid. 3, 389 (1, 3).
Ἀβαντιάδης: Προῖτον Ἀβαντιάδην Diph. 4, 416 (3).
ἄβαξ: ἐπέδωκε βαλάνων ἄβακα Cratin. 2, 69 (2).
ἄβατος: οἰκίαι ἄβατοι τοῖς ἔχουσι μηδὲ ἓν Aristophont. 3, 358 (2). ἀβάτους ποιεῖν τὰς τραπέζας Anaxipp. 4, 464 (1).
ἀβέβαιος: ἀβεβαιότατον ὃν κεκτήμεθα (int. πλοῦτος). Alexid. 3, 520 (37). περὶ χρημάτων, ἀβεβαίου πράγματος Men. 4, 107 (2).
ἀβεβαίως: v. βεβαίως. ἀβεβαίως τρυφᾷ Men. 4, 96 (1).
ἀβελτέριον: *ἀβελτερίου † ταμιευκοῦ Anaxand. 3, 167.
ἀβελτερόκοκκυξ: *ἀβελτ. ἠλίθιος περιέρχεται Plat. 2, 686 (1).
ἀβέλτερος: τοὺς τρόπους ἀβέλτερος Antiph. 3, 150 (51) = Theophil. 3, 630 (1). ἐσμὲν πρὸς τὰ θεῖ' ἀβέλτεροι Anaxand. 3, 171. ὕδωρ πίνοντες εἰσ' ἀβέλτεροι Amphid. 3, 318 (5). οὔτ' ἀβέλτερος οὔτ' αὖθις ἔμφρων Alexid. 3, 495 (1, 7). γερόντων ἀβελτέρων Men. 4, 77 (14). ἐκαβελτερώσας τόν *ποτ' ὄντ' ἀβέλτερον Men. 4, 187 (1). οἱ τὰς ὀφρῦς αἴροντες ὡς ἀβέλτεροι Men. 4, 205 (2). ἄνθρωπός τις οὐκ ἀβέλτερος Athenion. 4, 557 (v. 10).
ἀβίωτος: ἀβίωτος ὁ βίος Philem. 4, 34 (5). ἀβίωτον ζῶμεν βίον Philem. 4, 36 (6).
ἄβολος: οὐχ ὁρᾷς ὅτι *(ἔτ') ἄβολός ἐστι; (int. ὁ πῶλος) Strattid. 2, 788 (2).
ἀβουλία: διέφθορεν αὐτὰς ξενίζουσ' ἀβουλία Henioch. 3, 563 (v. 14). ἀβουλίᾳ βλάπτονται βροτοί monost. 15.
ἄβουλος: ἀνὴρ ἄβουλος monost. 51. 55.
ἀβούλως: οὐκ ἀβούλως, ἀλλὰ πόρρωθεν κατεσκευασμένως Phot. 2, 824 (1, 6).
ἄβρα: θεράπαιναν ἄβραν ἔσεσθαι Men. 4, 87. ἄβραν ἀνούμενος ἐρωμένην Men. 4, 201 (3). παλλακὴ ἄβρα τῆς μητρὸς γενομένη Men. 4, 224 (3).
ἀβροείμονες anon. 4, 621 (60).
ἁβρός: Ἰώνων ἁβρὸς ἡδυπαθὴς ὄχλος Antiph. 3, 50. Ἀλκιβιάδην τὸν ἁβρόν anon. 4, 608 (37ᵃ). *μαλθακευνέταις ἁβροί anon. 4, 661 (241).
Ἀβροτόνιον: *Ἀ. τὴν ψάλτριαν Men. 4, 300 (312).
*ἀβροφόρητος: v. ἀεροφόρητος.
ἄβρωτος: ὀστᾶ ἄβρωτα ἐπιθέντες Men. 4, 108 (3).
Ἀβυδηνοκόμης v. Ἀβυδοκόμης.
Ἀβυδηνὸν ἐπιφόρημα Eudox. 4, 508.
*Ἀβυδοκόμης (legeb. Ἀβυδηνοκόμης) Aristophan. 2, 1203 (118).
Ἄβυδος: τὴν Ἄβυδον ὡς ἀνὴρ γεγένηται Hermipp. 2, 402 (1, 7). ἕτερος δ' ὅπως εἰς Ἔρεσον, οἱ δ' εἰς Ἄβυδον Aristophan. 2, 1164 (2).

ἀβυρτάκη: ἀβυρτάκην τρίψαντα Pher. 2, 359 (89). καρδάμων καὶ πράσων ἀβυρτάκη Theopomp. 2, 798 (1). εἰς ἀβυρτάκην χλόης Antiph. 3, 78 (1). ἐπὶ ταῖς ἀβυρτάκαισι-ἐκβακχεύομεν Alexid. 3, 447 (1, 13). ἀβυρτάκη Men. 4, 148 (9).

ἀβυρτακοποιὸς παρὰ Σέλευκον ἐγενόμην Demetr. 4, 539.

ἀγαθίς: ἀγαθῶν ἀγαθῖδες anon. 4, 662 (249).

Ἀγαθοκλῆς: παρ' Ἀγαθοκλεῖ τῷ Σικελιώτῃ Demetr. 4, 539.

ἀγαθός: ἀγαθοῦ δαίμονος v. δαίμων. ἅπαντα ἀγαθὸν εἶναι τὸν θεόν Men. 4, 238 (18b) αὐτομάτους ἀγαθοὺς ἰέναι ἐπὶ δαῖτα Cratin. 2, 111 (1). αὐτόματοι ἀγαθοὶ δειλῶν ἐπὶ δαῖτας ἴασιν Eup. 2, 542 (14). οὐ μεθύειν τὸν ἄνδρα χρὴ τὸν ἀγαθόν Herm. 2, 413 (1). ἀγαθὸς ἀνὴρ ὁ φέρων τἀγαθά anon. 4, 607 (22). ἀγαθὸς δ' ἂν εἴη χὠ φέρων καλῶς κακά ib. (23). ὀργὴν ἐνεγκεῖν ἀγαθός Antiph. 3, 45 (2, 9). ἀγαθὴ ἡ λύπη ἀναπλάσαι κακά Philem. 4, 57 (71). ἀγαθοὶ τὸ κακὸν ἐσμὲν ἐφ' ἑτέρων ἰδεῖν Sosicrat. 4, 592 (1). ὥσπερ *ἀγαθοὶ δρομῆς Eup. 4, 456 (6). ἀγαθὸς βαφεὺς ἔνεστιν ἐν τῷ παιδίῳ Diph. 4, 410. ἀγαθὸς ἂν γένῃ κύων Men. 4, 135 (2, 10). τοῖς ἀγαθοῖς φάγροισιν Eup. 2, 438 (6). χόνδρος ἀγαθὸς Μεγαρικός Antiph. 3, 18 (1). ταριχοπώλου πάνυ καλοῦ τε κἀγαθοῦ Nicostr. (Philetaer.) 3, 280 (2). ὡς τῶν καλῶν τε κἀγαθῶν ἐνθάδε συνόντων Alexid. 3, 428 (1). ὦγαθὲ δειπνῶμεν *(πρῶτον) Metag. 2, 752 (3). ὦγάθ' Anaxandr. 3, 162 (1). ἄκουσον ὦγαθέ Sosip. 4, 483 (v. 24). λάβ' ὦγάθ' Clearch. 4, 563. **ἀγαθή**: ὦγαθή Pher. 2, 270 (2). γυναῖκα μάλα καλήν τε κἀγαθήν Eup. 2, 472 (26). Ἀθηναίαν καλήν τε κἀγαθήν Canthar. 2, 836 (1). γλῶτταν ἀγαθὴν πέμπετε Plat. 2, 632 (4). γλώττης ἀγαθῆς ib. (5). *ἐπ' ἀγαθαῖς τύχαις Theopomp. 2, 794 (1). φέρε *τύχἀγαθῇ Nicostr. 3, 285 (2). ἀγαθὴν ἐλπίδα πρόβαλλε σαυτῷ Men. 4, 248 (47). †συβώτρια μηδ' ἀγαθὴ γένοιτό μοι Plat. 2, 685 (12). τελέει (l.-ειν) ἀγαθὴν ἐπαοιδήν Aristophan. 2, 955 (8). ἀγαθήν γε κωδίαν Aristophan. 2, 986 (4.) ῥύθαρ ἀγαθῆς χθονός Aristophan. 2, 990 (13). ἀγαθὴν ἅλμην ποιεῖς Philem. 4, 13 (1). **ἀγαθόν**: ἀγαθόν γ' ὁ κίθαρος Pher. 2, 270 (2). ἀγαθὸν φάρμακον Phryn. 2, 604 (6). ἀγαθόν τι τῇ ψυχῇ παθών Diocl. 2, 841 (1). ἀγαθόν τί μοι γένοιτο Men. 4, 101 (2). τί δ' ἂν ἔχοι νεκρὸς ἀγαθόν Men. 4, 117 (3). ἴσως ἀγαθοῦ τοῦτο πρόφασις)

δραχμῶν ἀγαθὸν λαβεῖν δέκα Men. 4, 161 (1

πρόνοιαν αἰτίαν κρίνων Men. 4, 214 (6). οἷς

οἰκεῖον προὖργου Men. 4, 229 (4). περιττὸν οἴετ'

4, 240 (24). τοὺς ἀγαθὸν αὐτοῖς οὐ διδόντας

οὐδὲν οἶσθας ἀγαθὸν σύ γ' Philem. 4, 14. Μαραθῶνος ἐπ' ἀγαθῷ μεμνημένοι Hermipp. 2, 413 (2). μέγιστον ἀγαθόν, εἴπερ ἐστι-ὅτου τις ἐπιθυμεῖ λαβεῖν Aristophan. 2, 1171 (1, 8). ὀφθαλμιῶν ἓν ἀγαθὸν πάσχει μόνον Antiph. 3, 151 (55). οὐ πλήρει *βροτῷ οὐκ-ἐστι μεῖζον ἀγαθόν Kubul. 3, 230 (2). τὸ δ' ἀγαθὸν ὅ τι ποτ' ἐστίν, ἧττον οἶδα-ἢ τὸ Πλάτωνος ἀγαθόν Amphid. 3, 302. τἀγαθὸν *Πλάτων ἁπανταχοῦ φησ' ἀγαθὸν εἶναι Alexid. 3, 453. τὸ Πλάτωνος ἀγαθὸν-ἐστὶ τοῦτο Philippid. 4, 468 (2). ζητοῦσιν τί ἐστιν ἀγαθόν (l. τί τἀγαθόν ἐστι) Philem. 4, 22 (v. 3). *λέγουσι πάντα μᾶλλον ἢ τί τἀγαθόν ib. (v. 5). τί τὸ κακόν *ποτ' ἢ τί τἀγαθόν ἐστ' ἀγνοοῦσα Apollod. Car. 4, 441 (v. 6). ὅ τι ποτ' ἐστὶ τἀγαθόν, ὃ διὰ τέλους ζητοῦσιν, εἶπεν (Epicur.) ἡδονήν. ‖ τοῦ γὰρ μασᾶσθαι κρεῖττον οὐκ ἔστ' -ἀγαθόν· πρόφασιν, ἡδονὴ γὰρ τἀγαθόν. Hegesipp. 4, 481. ὁ φρόνιμός ἐστι *(τοῦτο), τοῦτο τἀγαθόν Baton. 4, 500 (2). ὁ Ἐπίκουρός φησιν εἶναι τἀγαθὸν τὴν ἡδονήν Baton. 4, 502 (1, 7). cf. εἶδε τἀγαθὸν μόνος οἷόν ἐστιν Damox. 4, 532 (v. 63).

ἔφη οὐκ ἀγαθὸν εἶναι τἀργύριον Phoenicid. 4, 511 (v. 20). μέγιστον ἀγαθόν ἐστι μετὰ τοῦ χρηστότης Men. 4, 268 (246c). ἀγαθὸν μέγιστον ἡ φρόνησις monost. 12. cf. δ' μέγιστον ἡμῶν ἀγαθὸν ἔσχεν ἡ φύσις Crobyli 4, 566 (2). τὸν οἶνον θνητοῖς καταδεῖξαι ἀγαθὸν μέγιστον anon. 4, 606 (16, 8). ὑστεροῦμεν τἀγαθοῦ Clearch. 4, 563. τὸ κακὸν ἀφαιρεῖ τἀγαθὸν δὲ λαμβάνει Philem. 4, 34 (5). ἐν τῷ τό τε κακὸν εὖ φέρειν καὶ τἀγαθόν Philem. 4, 56 (67). τὸ κακὸν καὶ τἀγαθὸν νέμειν ἑκάστῳ Men. 4, 120 (5). εὕροις δ' ἂν οὐδὲν ἀγαθόν, ὅπου τι μὴ πρόσεστι καὶ κακόν Men. 4, 164 (1). οὐκ ἔστιν ἀγαθὸν φυόμενον ἐκ ῥίζης μιᾶς, ἀλλ' ἐγγὺς ἀγαθοῦ παραπέφυκε καὶ κακόν, ἐκ τοῦ κακοῦ τ' ἤνεγκεν ἀγαθὸν ἡ φύσις Men. 4, 194 (8). ὦ γῆρας, ὡς οὐδὲν ἀγαθόν, δυσχερῆ δὲ πόλλ' ἔχεις Men. 4, 241 (28). ἀγαθὸν *μέγ' ἕξεις, ἂν λάβῃς μικρὸν κακόν (mulierem) Men. 4, 260 (192). ἡ τύχη ἓν ἀγαθόν, ἐπιχέασα τρί' ἐπαντλεῖ κακά Diph. 4, 424 (26). κακά, ἃ καλῶς ; ὅταν ἐνέγκῃς ἀγαθὰ γαννῆσεται Philem. 4, 56 (66). καὶ τἀγαθὰ καὶ τὰ κακὰ δεῖ φέρειν Men. 4, 264 (126). αὐτόματα θεὸς ἀνίει τἀγαθά Cratin. 2, 110 (6). ἥκει φερόμεν' αὐτόματα πάντα τἀγαθά Diph. 4, 360. ἐν πᾶσιν ἀγαθοῖς εἰργασμένα Pher. 2, 299 (1, 2). πάντ' ἀγαθὰ γέγονεν ἀκρίσιν Theopomp. 2, 807 (1). *χορταζόμεσθα πᾶσιν ἀγαθοῖς Amphid. 3, 312. ὅσ' ἀγάθ' δεῦρ' ἤγαγε νηῒ Herm. 2, 407 (1, 3). βριθομένης ἀγαθῶν τραπέζης Pher. 2, 350 (84). *ἕξεις ἀγαθὰ πολλά Eup. 2, 453 (17). πολὺ πλεῖστα παρέχειν καὶ πολὺ μέγιστ' ἀγαθά Eup. 2, 486 (2). ἀγαθὰ μεγάλα τῇ πόλει φέροντας Aristophan. 2, 1083 (11). πολλὰ κἀγάθ' οἱ θεοὶ δοῖεν Antiph. 3, 89 (1, 6). τί γὰρ ἐκλείπει δόμος ἡμέτερος ποίων ἀγαθῶν; Anaxandr. 3, 184 (1, 36). ἀγαθῶν ἁμάξας Alexid. 3, 461 (2). μετὰ δεῖπνον θαυμαστὸν ὅσ' ἔστ' ἀγαθῶν πλῆθος Mnesimach. 3, 570 (v. 51). ὁμίχλη πάντων ἀγαθῶν ἀνάμεστος ib. (v. 65). σωτηρίαν, ὑγίειαν, ἀγαθὰ πολλά, τῶν ὄντων τε νῦν ἀγαθῶν ὄνησιν πᾶσι Men. 4, 153 (8). ἀγαθά, τὰ λίαν ἀγαθά Men. 4, 275 (184). *τῆς χθὲς τἀγαθά *Men. 4, 334. τραπεζοποιῶν ἐν ἀγαθοῖς πολλοῖς χύδην Diph. 4, 394 (2, 3). ἀγαθῶν ἀγαθῖδες anon. 4, 662 (249). τῶν πόνων πωλοῦσιν ἡμῖν τἀγαθά †Plat. 2, 698. ἐκ τῶν πόνων τἀγάθ' αὔξεται monost. 149. τῶν ἀγαθῶν τὸν πλοῦτον ὕστατον τίθει Alexid. 3, 520 (37). παρέχει δὲ φροντίδας καὶ τἀγαθά Men. 4, 234 (11). παρασίτῳ τόπος οὗτος τρία ἀγαθὰ κεκτῆσθαι δοκεῖ Criton. 4, 538 (v. 6). ὁ μὴ φέρων εὖ τι τῶν ἐν τῷ βίῳ ἀγαθῶν Men. 4, 255 (77). ἐν ἀγαθοῖς εὐνοούμενος ὢν Men. 4, 272 (171). ὃς ἂν εὖ γεγονὼς ᾖ πρὸς τἀγαθά Men. 4, 229 (4). ἀγαθὰ καὶ λάλει καὶ μάνθανε monost. 565. de usu humanorum bonorum Men. epigr. 4, 335.

Ἀγάθων: Aristophan. 2, 1012 (20). *κατ' Ἀγάθων' ἀντίθετον ἐξευρημένον id. 1082 (7). πεύκας κατ' Ἀγάθωνα φωσφόρους id. 1150 (17).

ἀγαλακτία: βληχάζουσιν ὑπ' ἀγαλακτίας (al. -λαξίας cf. 5, 58) Autocr. 2, 892.

ἀγαλαξίαι v. ἀγαλακτία.

ἀγάλλω: φέρε νῦν ἀγήλω τοὺς θεούς Herm. 2, 383 (1). σε ἀγαλματίοις ἀγαλοῦμεν ἀεί Theop. 2, 810 (1). ξανθαῖσιν αὔραις σῶμα πᾶν ἀγάλλεται Antiph. 3, 126 (1, 22). σὺ ἀμφὶ σῦκα καὶ [ἀμφὶ] τάριχ' ἀγάλλει Axionici 3, 532 (1, 15).

ἄγαλμα: *ἀγορᾶς ἄγαλμα ξενικὸν ἐμπορεύεται Metag. 2, 755 (1). κύων Ἑκάτης ἄγαλμα γενήσομαι Aristophan. 2, 1195 (82). *τοσουτουὶ δύ' ἀγάλματ' ἀγοράσαι Anaxand. 3, 173 (1). ἄγαλμα βεβηκὸς ἄνω, τὰ κάτω δὲ κεχηνός Eubul. 3, 255 (1, 23).

ἀγαλμάτιον: σε ἀγαλματίοις ἀγαλοῦμεν καὶ δάφνῃ Theop. 2, 810 (1).

ἄγαμαι: ἄγαμαι *κεραμέως Eup. 2, 573 (90). ἄγαμαι *σοῦ στόματος Phryn. 2, 584 (5). ἄγαμαι Ξανθία (al. -θίου) Cephisod. 2, 883 (1, 2).
ἀγάμητος anon. 4, 681 (317).
ἄγαμος: βίον ἄγαμον Phryn. 2, 587 (1).
ἄγαν: ἀκρατὴς ἄγαν Anaxand. 3, 197 (4). πολλὴ στιγμὴ ἐκπίνεται [ἄγαν] Ephipp. 3, 339 (2). ἐπίταττέ μοι μὴ πόλλ' ἄγαν Mnesimach. 3, 566. κἂν ἄγαν ψευδηγορῇ Philem. (?) 4, 39 (15). οὔτ' ἄγαν ὁποῖσιν οὔτ' ἐφθοῖς ἄγαν-χαίρων anon. 4, 671 (292).
ἀγανακτῶ: ἀγανακτῶν Ἄδραστος ἥξει Antiph. 3, 106 (v. 11). ὀρθῶς ἀγανακτεῖς Men. 4, 227 (2). σφόδρ' ἠγανάκτησ' — εἰ μὴ κέκληκα Straton. 4, 545 (v. 17).
ἀγανός: σεμναὶ αὐλῶν *ἀγαναὶ φωναὶ Mnesimach. 3, 570 (vs. 56).
ἀγανόφρων: ἄνδρες ἀγανόφρονες Cratin. 2, 145 (1).
ἀγάπημα: λίχνων ἀνδρῶν ἀγάπημα Axionici 3, 531 (1).
ἀγαπησμός: τὸν ἐπὶ κακῷ ἀλλήλων ἀγαπησμόν Men. 4, 203 (3).
ἀγαπητός: υἱῷ ἀγαπητῷ Antiph. 3, 152 (59). προδοὺς τὸν ἀγαπητὸν δεσπότην Theophil. 3, 626. ἠγορασμένον δραχμῶν προβάτιον ἀγαπητὸν δέκα Men. 4, 161 (1). θαπίδιον ἓν ἀγαπητόν Hipparch. 4, 431.
ἀγαπητῶς: ἓν ὀνάριον μοι καταβαίνει ἀγαπητῶς Diph. 4, 417 (4).
ἀγαπῶ: ἠγάπησεν ἂν τὸ ῥῆμα τοῦτο περιλαβών Antiph. 3, 92 (2). ἀγαπῶν τε κἂν ἐρρητὸν ἐπι-ἴδῃ Eubul. 3, 248. ὅστις ἑταίραν ἠγάπησε πώποτε Anaxil. 3, 347 (1). ἵνα τῆς ἀξίας ἀγαπῶσιν Alexid. 3, 438 (3, 7). ὁ *μέγιστον ἀγαπῶν δὲ ἐλάχιστ' ὀργίζεται Men. 4, 262 (113). οὐδεὶς ἀγαπῶν αὐτὸς ἀμελεῖθ' ἡδέως Men. 4, 282 (215). τοὺς παρακύψαντας ἠγάπα (Euripides) Diph. 4, 411 (1).
ἀγγαρεύω: ἐὰν ἔχῃ τι μαλακόν, ἀγγαρεύεται Men. 4, 201 (4).
ἄγγαροι: v. Plat. 2, 682 (42).
ἀγγεῖον: ἀγγεῖα τὰ περὶ τὸν πότον Cratin. 2, 122 (3, 5). ἀγγεῖον ἀλφιτήριον Antiph. 3, 84 (1). ὅτι λέγεις ἀγγεῖον οἶδα Antiph. 3, 99 (1). πολὺς εἰς ἓν μικρὸν ἀγγεῖον χυθεὶς Eubuli 3, 249 (1, 11). σιδηροῦν ἀγγεῖον Alexid. 3, 407. γαστρός, εἰς ἣν πρῶτον (f. βρωτὸν) ἐμβαλεῖς (ἅπαν) ἀλλ' οὐχ ἕτερον ἀγγεῖον (f. εἰς ἄγγος) Diph. 4, 403 (1, 3).
ἀγγέλλω: cf. ἐγγελῶ. ἀγγέλλοντα τὸν περιστερόν Plat. 2, 266 (2). τούτοις-ἄγγελλ' ὅτιὴ ψυχρὸν τοὔψον Mnesimach. 3, 569 (v. 9). τὰ θνητῶν ἀγγέλλειν πάθη Nausicr. 4, 575 (1). Δᾶος πάρεστι · τί *(δ') ποτ' ἀγγελῶν ἄρα; anon. 4, 602 (2b) cll. 5, 117.
ἄγγελος: Ἀράβιον ἄγγελον Men. 4, 79 (5).
ἄγγος: v. ἀγγεῖον. ἄγγη μυρηρά Aristophan. 2, 1027 (5). μελιτήριον ἄγγος Aristophan. 2, 1157 (36). σχοινόπλεκτον ἄγγος Arar. 3, 274 (1).
ἀγελαῖος: ἀγελαῖαι ἰσχάδες Eup. 2, 570 (74). ἀγελαῖοι ἄρτοι Plat. 2, 642 (3). βοῦς ἀγελαῖος Antiph. 3, 73 (2).
ἀγέλαστος: βίον ἀγέλαστον Phryn. 2, 587 (1).
ἀγέλη: *φυλάττειν οὐκέτι δύναιτ' ἂν ἀγέλην Antiph. 3, 160 (98) cf. 5, 80. δύο μὲν-ἵππων ἀγέλας, αἰγῶν τ' ἀγέλην Anaxand. 3, 183 (1, 24). ἀγέλην μειρακίων Epicrat. 3, 370 (1, 9).
ἀγέλοιος: οὐκ ἀγέλοιόν ἐστ' ἴσως Heniochi. 3, 562 (vs. 6).
ἀγένειος: παῖδες ἀγένειοι Aristophan. 2, 1121 (12). ἀγενείῳ μειρακυλλίῳ Epicrat. 3, 368. τοῖς ἀγενείοις ἔπεστί τις χάρις Alexid. 3, 485 (4). ἀγένειος ἁπαλὸς καὶ νεανίας καλὸς anon. 4, 673 (297).
ἀγεννής: ὁ δ' ἀγεννὴς (int. ἀλεκτρυὼν) καὶ δέδιε τὸν κρείττονα Men. 4, 135 (2, 13).
ἀγεννῶς παίζειν Plat. 2, 630 (1, 6).
ἀγερσικύβηλις (al. ἐγερσ.) Cratin. 2, 51 (11).

ἄχευστος: ἄγ. 'ἐνιαυτῷ ὁμάπλεφαντος Plat. 2, 654 (1).

ἄγιος: ἄγιος detestabilis Cratin. 2, 166 (35). οὗτος † ἐσθ' (f. τι) ἅγιον
τὸ θηρίον (anguilla) Antiph. 3, 80. ἀπὸ γᾶς ἁγίας (f. Ἀσίας,) ἀλίας
Συρίας Mnesim. 3, 570 (v. 59).

Ἄγις Ῥόδιος ἀπτηκεν ἰχθῦς-ἄκρως Euphron. 4, 486 (vs. 5).

ἀγκάλη: θάργηλον- ἀγκάλῃ χόιρκην φέρει Timocl. 3, 594 cf. 5, 96.
πελαγίοις ἐν ἀγκάλαις Nausicrat. 4, 575 (1).

ἀγκαλίς: ἀγκαλίδας (Εὔλων) Aristophan. 2, 1118 (5). στῆσαί τινας
ἀγκαλίδας ἔχοντας Nicostr. 3, 287.

ἀγκύλῳ: ἀπ' ἀγκύλης ἵησι λάταγας Cratin. 2, 179 (16). ἀγκύλην τῆς
ἐμβάδος Alexid. 3, 398 (2).

ἀγκύλος: πρᾶγμ' ἐστὶ βαθύ τι καὶ καμπύλον (f. κάγκύλον) Eup. 2, 564
(50). κερώτινον σκευοφοραῖον [καὶ] καμπύλον (f. et κάγκύλον) Plat. 2,
633 (8). λήκυθον τὴν καλὴν (f. ἀγκύλην) Aristophan. 2, 1141 (1).

ἀγκυλῶ: ἀγκυλοῦντα σφόδρα τὴν χεῖρα Plat. 5, 44.

ἄγκυρα: ἄγκυρα, λέμβος, σκεῦος ὅ τι βούλει Anaxand. 3, 167. ἄγκυρά
τ' ἐστὶν τοῦ σώματος (?) Anaxand. 3, 180 (1). ἐβάλετ' ἄγκυραν καθάψας Philem. 4, 31 (1, 10).

ἀγκυρίζω: ἀγκυρίσας ἐρρηξεν Eup. 2, 528 (6).

ἀρικών: ὁ γλυκὺς, ἀγκών Plat. 2, 677 (4).

ἀγλαΐζω: v. ἐπαγλαΐζομαι. ἐλαίῳ ῥάψανον ἠγλαϊσμένην Eubul. 3, 268
(15º) = Ephipp. 3, 335 (2, 6).

ἄγλωττος: Aristophan. 2, 1203 (115). ἔστι λαλῶν ἄγλωσσος Eubul. 3,
254 (1). οὗτος αὐτός ἐστιν ἀγλωττος, λάλος ib. (1, 7).

ἀγνεύσω: ἀγνεύῃς ἔτι Alexid. 3, 389 (1, 6).

ἀγνίζω: Προσίδας ἀγνίζων χρύσας Diph. 4, 416 (3).

ἄγνοια: v. εὔνοια.

ἄγνος: ἄγκου ἐν χεράδρῳ πεφυκότος Chionid. 2, 6 (2).

ἁγνός: Παλλάδα- ἀγνάν Phryn. 5, 42. ἀγνῆς παρθένου Δηοῦς κόρης
Antiph. 3, 27 (1, 9). ἀγνὰν ἐς Θήβης πέδον Eubul. 3, 205 (2). οἷας
Ἠριδανὸς ἀγνοῖς ὕδασι κηπεύει Eubul. (Philipp.) 3, 237 (v. 6) = 246.

ἀγνοῶ: 'Β. γελοῖον. Α. ἀγνοεῖς. Antiph. 3, 68. ἰχθῦν. '(Β. τίν' ἰχθῦν;
Α.) τὴν θυλίαν ἀγνοεῖς; Antiph. 3, 69. ἠγνοηκότας τοὺς γραφεῖς ἔχοντι
πτέρυγας ζωγραφεῖν Alexid. 3, 393 (1). δοκοῦσιν ἀγνοεῖν οἱ ζωγράφοι
τὸν Ἔρωτα Alexid. 3, 495 (1). τὰ πολλὰ δ' ἠγνόηκε κοὐθ' ἓν ἴδεν
Dionys. 3, 548 (vs. 26). τύχης μεταβολὰς οὐκ ἀγνοεῖς, ὅτι- Philem.
4, 31 (1, 7). ἂν ἀγνοῶν τι παρά τινος θέλῃς μαθεῖν Men. 4, 274 (180).
ἀγνοοῦντα μανθάνειν monost. 405. ἀγνοεῖς ἐν ταῖς ἀραῖς ὅ τι ἐστιν-;
Diph. 4, 405 (3). ἀγνοεῖς πρὸς ὃν λαλεῖς Hegesipp. 4, 480 (v. 28). τί
τὸ κακὸν ἢ τί τἀγαθόν ἐστ' ἀγνοοῦσα (int. τύχη) Apollod. Car. 4, 441
(v. 7). ὁ ἀγνοῶν ταῦτ' - ευντελάζεται Sosip. 4, 483 (v. 35). ὃ γ' οὐκ
ἔχουσιν, ἀγνοοῦσι δέ, οὐδ' ἂν ἑτέρῳ δοίησαν Damox. 4, 532 (v. 67).
τοὺς ξένους τοὺς τ' ἀγνοοῦντας αὐτὸν ἐπλάτα Theognet. 4, 550.

ἀγνωμονῶ: πρὸς τὸν υἱόν, 'ἂν ἀγνωμονῇ Apollod. 4, 452 (1, 6).

ἀγνωμόνως: ὃς ἂν φέρῃ ἀγνωμόνως αὐτῷ (i. e. γήρας) Anaxand. 3,
196 (2, 3).

ἀγνώμων: ἀγνώμον', ὀργίλην, χαλεπήν Men. 4, 228 (3). Ἕλληνές εἰσιν
ἄνδρες οὐκ ἀγνώμονες Men. 4, 291 (267). †ἡ πενία ἀγνώμονας ποιεῖ
monost. 227.

Ἄγνων: Eup. 2, 516 (19).

ἀγνώς: ἴ ad Philem. 4, 42 (22).

ἄγομφιος: ἀγόμφιον αἰῶνα τρίβει Diocl. 2, 841 (1, 4).

ἄγονος: παίδων ἀγόνων γόνον ἐξαγανίζων Eubul. 3, 254 (1, 11).

ἀγορά: ἀγορά de merce Nicoch. 2, 844 (2). ἐξ ἀγορᾶς οὐδὲ τάχιστας ποιησόμεϑ' Cratet. 2, 239 (3, 4). ἐξ ἀγορᾶς ὠνήσομαι λύχνον Herm. 2, 392 (8). ἐξ ἀγορᾶς ὠνήσομαι στίλβην Plat. 2, 685 (15). εἰς ἀγορὰν ἐλθόντες ὀψωνοῦσιν-φάγρους Stratt. 2, 779 (1). περιμένειν ἐξ ἀγορᾶς ἰχθύδια Aristophan. 2, 1108 (1, 8). πρὸς ἀγορὰν δ' ὅταν ἔλθω πεπίστευκ' Antiph. 3, 91 (1). καταβροχθίζειν ἐν ἀγορᾷ τὰ τεμάχη Antiph. 3, 104 (vs. 6). εὔοψος ἀγορά Anaxand. 3, 175 (1, 10). ἀγορὰν ἰδεῖν εὔοψον Timocl. 3, 597. εὔοψον ἀγοράν (Deliorum) Criton. 4, 538 (v. 7). πρὸς τοὺς ἰχθυοπώλας ἐν ἀγορᾷ Amphid. 3, 313 (1, 4). δραμὼν εἰς τὴν ἀγορὰν καταγοράσαι μοι Ephipp. 3, 339 (2). οὐκ οἶσθας τὴν ἀγοράν, ὅτι κατεδηδόκασι τὰ *λάχαν' αἱ τρωξαλλίδες Alexid. 3, 389 (1, 11). ἐπὰν ἐκνεφίας καταιγίσας τύχῃ ἐς τὴν ἀγοράν Alexid. 3, 403 (1). γυναικεία ἀγορά Men. 4, 204 (7). εἰς ἀγορὰν ὑφαίνειν Men. 4, 300 (311). ἐν ὅσῳ προσέρχετ' ἐξ ἀγορᾶς ὁ παῖς Sosip. 4, 483 (v. 21). *ἰὼν εἰς τὴν ἀγορὰν ἔργον λαβεῖν Amips. 2, 701 (1). κατ' ἀγορὰν ἐργάζομαι Posidipp. 4, 520 (1). κύκλον ἐκ τῆς ἀγορᾶς ὀρθὸν βαδίζειν Diph. 4, 401. πωλῶ τοῦτον ἐν ἀγορᾷ Philem. 4, 38 (13). πρὶν ἀγορὰν πεπληθέναι Pher. 2, 265 (9). ἐξελαύνω εἰς ἀγοράν Eup. 2, 484 (1, 7). οὐκ εἶδον, εἰ μὴ-ἑστῶτ' ἐν ἀγορᾷ Eup. 2, 500 (5, 2). ἡδυλογοῦσιν-κατὰ τὴν ἀγορὰν περιόντες Phryn. 2, 580 (1, 4). εἰν ἀγορῇ νείκεα Plat. (?) 2, 697 (1). ἀγορᾶς ἄγαλμα ἐμπορεύεται Metag. 2, 755 (1). τῶν κατ' ἀγορὰν πραγμάτων Aristophan. 2, 1108 (1, 3). διὰ τῆς ἀγορᾶς *τρέχων Aristophan. 2, 1135 (8). δι' ἀγορᾶς μέσης ἄγεις Alexid. 3, 514 (20). πᾶσι τοῖς κήρυξιν ἐν ἀγορᾷ φράσαι Antiph. 3, 151 (57). μακάριος ἐν ἀγορᾷ νομίζεται Men. 4, 157 (2). ὄχλος, ἀγορά, κλέπται, κυβεῖαι Men. 4, 212 (2, 10). συκοφαντεῖν κατ' ἀγοράν Diph. 4, 389 (1, 16). ἀγορᾷ κέχρηνται Anaxand. 3, 163 (1). τὴν ἀγορὰν μυληκόρῳ Archipp. 2, 723 (18). ἐν ἀγορᾷ πλάτανον διαφυτεύσομεν Aristophan. 2, 990 (14). κατὰ τὴν ἀγορὰν ὑπεστρῶσθαι *στρώματ' ἁλουργῆ Anaxand. 3, 183 (1, 6). στεῖχ' εἰς ἀγορὰν πρὸς τοὺς Ἑρμᾶς Mnesimach. 3, 568 (v. 2). μικρὰ Παναθήναια-δι' ἀγορᾶς πέμποντά σε Men. 4, 211 (1).

ἀγοράζω: cf. καταγοράζω. ἀγοράσω ἁπαξάπανθ' ὅσ' ἂν κελεύῃς Aristophan. 2, 944 (2). *τοσουτονὶ δύ' ἀγάλματ' ἀγοράσαι Anaxand. 3, 173 (1). τί οὖν ἀγοράζω; Β. μὴ πολυτελῶς, ἀλλὰ καθαρείως, δασύποδα, — ἀγόρασον καὶ νηττία Nicostr. (Philetaer.) 3, 280 (3). ἀγοράζων ὄψον Amphid. 3, 311. ὀψάριον ὑμῖν ἀγοράσω Anaxil. 3, 352 (2). ἀγοράσας οὐδὲ ἓν ἔμψυχον Alexid. 3, 398 (1). ὅστις ἀγοράζει ὄψον πολύ Alexid. 3, 414 (1). πότε δεῖ καὶ τίν' ἰχθὺν ἀγοράσαι Dionys. 3, 548 (v. 20). οὐκ ἔχοντες ἀγοράσαι ὑπογάστριον Eriphi 3, 558 (3). τρίγλας καλὰς ἠγόρασα Sotad. 3, 585 (1, 11). ἀγοράζειν πάντα, μηδὲ ἓν δ' ἔχειν Diphil. 4, 409 (f. Philem. 4, 26). ἠγόρασα νῆστιν κεστρέ' ὀπτόν Philem. 4, 28. θεράπαιναν εὐθὺς ἠγορασμένην ἅβραν ἔσεσθαι Men. 4, 87. ἠγορασμένον δραχμῶν προβάτιον δέκα Men. 4, 161 (1). ἠγόρασά σοι περιστέρια Men. 4, 182 (3). τοὺς ὄφεις καλῶς γέ μοι ἠγόρασας Men. 4, 184 (6). Θρᾷξ πρὸς ὕλας ἠγορασμένος Men. 4, 281 (214). εἴ τι χρηστὸν ἀγοράσαιμ' ἀπωλλύμην Archedici 4, 437 (2, 10). εὑρητὸν ἀγοράζειν τινά Posidipp. 4, 515 (2). ὄψον ἠγορασμένον Nicomach. 4, 583 (v. 8). ἀποστερητὴν ἀγοράσας ἀγρόν anon. 4, 691 (350). σὺ δ' ἀγοράσεις ἡμῖν Antiph. 3, 36 (1, 2). ἄλλως οὐκ ἐπίσταμαι χρηστῶς ἀγοράζειν ib. (1, 4). πολυτελῶς ἀγοράσας εἰς τοὺς γάμους Antiph. 3, 118. ἀγόρασον εὐτελῶς Ephipp. 3, 334 (1). ἀγοράσουσι κατὰ τρόπον Alexid. 3, 439 (3, 10). ἀγοράζει (ᾱ) κλεῖδ' ἔχων anon. 4, 620 (57). μῆλον ἕκαστος ἔχων σκίπωνά τ' ἠγόραζον Cratin. 2, 147 (2). κἀγοράζειν κίθαρος ὤν Pher. 2, 270 (2).

ἀγοραῖος: Κολωνὸν οὐ τὸν ἀγοραῖον Pher. 2, 321 (1). τοὺς νοῦς ἀγοραίους ἧττον ποιῶ Aristophan. 2, 1142 (4). ὀψάριον ἀγοραῖον Diph. 4, 395 (2, 31).

ἀγορανομῶ: ἀγορανομήσεις-σύ Alexid. 3, 497.

ἀγορανόμος: ἔργον τυράννων, οὐκ ἀγορανόμων Alexid. 3, 497.

ἀγορασία: τῆς ἀγορασίας Telecl. 2, 378 (27).

ἀγόρασμα: ἀγοράσματ' οὐ συμπόσιον εἴρηκας Alexid. 3, 461.

ἀγοραστής: μέτριος ἀγοραστής Men. 4, 217 (2).

ἀγορεύω: ἐφθῇ κλαίειν ἀγορεύω Plat. 2, 673 (1, 18). νῦν-ὑμῖν ἀγορεύω αὐλητρίδας Metag. 2, 751 (1, 2). Aristag. 2, 761 (1, 2). οὐκ ἠγόρευον; οὗτος — Aristophan. 2, 1071 (5).

Ἄγρα: ἐν Ἄγρας Pher. 2, 267 (3).

ἀγράμματος: μάγειρον ἀγράμματον Damox. 4, 530 (v. 12).

ἀγρεύω: κοχλίας *ἠγρευέτ' ἄν, καὶ λάχανα-θλαστή τ' ἐλάα Polioch. 4, 590 (v. 6).

ἄγριος: ὀρνιθάρια τῶν ἀγρίων τούτων συχνά Nicostr. (Philetaer.) 3, 280 (3). θηρῶν ἀγριωτέρα γυνή monost. 248. ἄγριος κυβευτής Men. 4, 305 (335). ἤμουν ἄγριον βάρος Aristophan. 2, 1094 (6). τῆς ἀγρίας ἅλμης *πάσμασι Axionic. 3, 532 (1, 9) ἐπίταττέ μοι μὴ πόλλ' ἄγαν, μηδ' ἄγρια λίαν Mnesim. 3, 568.

ἀγρίως: τὸ δεῖνα δ' ἐσθίεις; — Γ. ἀγρίως γε Antiph. 3, 71 (2, 3).

ἀγροβόας Cratin. 2, 188 (36).

ἀγρόθεν: ἀγρόθεν φέρων εἰς τὴν ἑορτὴν Alcae. 2, 830 (1).

ἄγροικος: *(ὢν) ἄγροικος ἕστηκε πρὸς τῷ μύρῳ Eup. 2, 543 (11). ὡς σκαιὸς εἶ κἄγροικος αἰσχροεπῶν Ephipp. 3, 339 (3). ἐγὼ δ' ἄγροικος, ἐργάτης, σκυθρός Men. 4, 72 (13). ἄγροικος καὶ τῶν κατ' ἄστυ πραγμάτων οὐ-ἔμπειρος Men. 4, 97 (5). ἄγροικος εἶναι προσποιεῖ Men. 4, 269 (253). κἂν τοῖς ἀγροίκοις ἐστὶ παιδείας λόγος monost. 308. ἐπιστατεῖ τις τοῦ βίου τύχη ἄγροικος —; Apollod. Car. 4, 441 (v. 5). ἔλεγχ' ἄγροικον οὖσαν τὴν τύχην id. 442 (v. 14). ἄγροικος τὴν σκάφην σκάφην λέγων anon. 4, 663 (199). ἀγροικότερός εἰμ', ὥσθ' ἁπλῶς μοι διαλέγου Straton. 4, 546 (v. 25).

ἀγροίκως: † μηδ' ἀγροίκως ἄνω γόνατος ἀμφέξει Philetaer. 3, 300 (1).

ἀγρός: *φλόμον ὥστε παρεῖναι πᾶσι τοῖς *ἀγροῖσιν Cratin. 2, 215 (136). ἐκ τῶν ἀγρῶν ἥκουσιν ἐβλαστηκότες Eup. 2, 501 (41). ἐνεγκεῖν ἐξ ἀγροῦ τῶν *ῥοῶν Antiph. 3, 34 (2). οὐδὲ φύεται ὥσπερ ἐν ἀγρῷ θύμος Philem. 4, 36 (6). † ἓν ὀνάριον ἐξ ἀγροῦ μοι καταβαίνει Diph. 4, 417 (4). τοῖς ἐξ ἀγροῦ βουσὶ καὶ τοῖς ὄνοις Antiph. 3, 10 (2). θὲς νῦν ἀγροὺς καὶ πρόβατα Eup. 2, 497 (25[a]). κυρίαν τῆς οἰκίας καὶ τῶν ἀγρῶν Men. 4, 191 (2). ἀγρός, οἰκίαι, θεράποντες Men. 4, 234 (10). ὁ πατὴρ τοῦ ζῆν ἐστιν ἀγρός Amphid. 3, 308 (1). τὸν ἀγρὸν ἰατρὸν ἔχων Philem. 4, 36 (12). δικαιότατον κτῆμ' ἐστὶν ἀγρός Philem. 4, 44 (28). ἀγρὸν εὐσεβέστερον γεωργεῖν οὐδένα Men. 4, 97 (4). πάνυ *δίκαιος ὢν ἀπέδωχ' (ager) ib. ἀρετῆς διδάσκαλος ἀγρός Men. 4, 194 (7). ἱκανὸν κτῆμ' ἀγρὸς τρέφων καλῶς Men. 4, 207 (1). ἀποστερητὴν ἀγοράσας ἀγρὸν anon. 4, 691 (350). ἐν ἀγροῖς κυμάτων ἅλις Plat. (?) 2, 697 (8). *γεωργῶ τὸν ἀγρόν, οὐχ ὅπως τρέφῃ αὐτός με anon. 4, 691 (350). τρέφω ἐν ἀγρῷ χωρίον Anaxil. 3, 346 (3). ἐν ἀγρῷ διατρίβων τήν τε γῆν σκάπτων Philem. 4, 29 (v. 6). ἀγρὸν ἐλάττω γῆν ἔχοντ' ἐπιστολῆς anon. 4, 652 (166). οἰκεῖν ἐν ἀγρῷ ἐν τῷ γηδίῳ Aristophan. 2, 1168 (1, 2) cll. 5, 65. ἐξ ἄστεως εἰς ἀγρὸν χωρῶμεν Aristophan. 2, 990 (15). εἰς τὸν ἀγρὸν ἐξιὼν μνήματα παρελθών † Philem. 4, 41 (21). εἰς ἀγρὸν ἦλθεν ἰχθυοπώλης Antiph. 3, 36 (1, 6). ἀγρῷ τρεφόμενος θαλάττιον οὐδὲν ἐσθίει Antiph. 3, 70 (2). ἐν ἀγρῷ

οἰκῶν οὐ σφόδρ' ἐξηλέγχετο Men. 4, 198 (6). ἐπὶ τοῦτ' ἀπέστειλ' ἐξ
ἀγροῦ μ' ὁ δεσπότης Alexand. 4, 554. κατ' ἀγρούς Cratin. 2, 232 (178).
κατ' ἀγρόν Amphid. 3, 305.

ἄγρυκτος: τί δ' ἔπαθες; B. ἄγρυκτα κάλεκτ' Pher. 2, 346 (20).

ἀγρυπνία: πάντων ἀγρυπνία λαλίστατον Men. 4, 116 (1).

ἀγρυπνῶ: τὴν νύκτα ἠγρυπνήκαμεν Men. 4, 103 (1). ἅπαντα μοχθεῖ
κἀγρυπνεῖ κἀργάζεται Men. 4, 247 (40).

ἀγρώστης: ἀγρώστας λόχους Anaxil. 3, 343 (1).

ἀγυιεύς: ὦ δέσποτ' Ἀγυιεῦ Pher. 2, 291 (10). cf. Eup. 2, 571 (79).
ἀγυιεύς Cratin. 2, 191 (50). Men. 4, 315 (410).

ἀγύναικος: γέρων ἀγύναικος Phryn. 2, 592 (13).

ἄγυνος: Aristophan. 2, 1203 (116).

Ἀγύρριος: Plat. 2, 681 (6). Sannyr. 2, 875 (2). μέλλω στρατηγὸν χει-
ροτονεῖν Ἀγύρριον Plat. 2, 681 (5). Ἀγύρριος τὸν πατέρα (carabum)
κατήσθιεν Philem. 4, 14 (2).

ἀγύρτης: de Lampone Lysipp. 2, 745 (6). σφάλλων, ἀγύρτης, οἴστρος
Babul. 3, 232 (2).

ἀγχαακε Pher. 2, 347 (22).

Ἀγχομενός: † Βοιώτιος ἐν Ἀγχομενοῦ Aristophan. 2, 1155 (22).

ἄγχουσα v. ἔγχουσα.

ἄγχω: καὶ ἐκεῖνον, ἄγχ' ἐκεῖνον Cratet. 2, 244 (1, 5). *ἄγχειν (libr.
ἄρχειν), φονεύειν, μαρτυρεῖν Antiph. 3, 111 (v. 8).

ἄγω: ἐν σαργανίαισιν ἄξω (l. τάξω 5, 16) ταρίχους Cratin. 2, 41 (7). τὰ θερμὰ
λουτρὰ ἄξω τοῖς ἐμοῖς Cratet. 2, 238 (2, 2). ὁ τὰς κρήνας ἄγων Phryn.
2, 589 (3). τοῦτον πανταχοῦ ἄγω ἐπὶ μισθῷ ξένον Pher. 2, 288 (1). ὅσσ'
ἀγάθ' ἀνθρώποις δεῦρ' ἤγαγε Herm. 2, 407 (1, 3). ἤγαγες κακόν *τι
ἡμῖν Eup. 2, 442 (8). ὅ τι περ κεφάλαιον ἤγαγες Eup. 2, 458 (5.) ἰχθῦς
πονηρούς ἄγε μοι (l. σοι 5, 43) Plat. 2, 625 (3). καλὰ δὴ πεπαγεὶς
(al. πάντ' ἄγεις) Aristophan. 2, 994 (24). πῦειν ἐκεῖθεν κακκάβην
Aristophan. 2, 1029 (8). ἐπὶ πῦρ πῦρ ἄγων Aristophan. 2, 1134 (2).
εἰς *(τὴν) πόλιν ἄξεις τήνδε τὴν ὀνωνίδα; Aristophan. 2, 1198 (84) —
anon. 4, 630 (103). ἐπὶ τὸ πορθμεῖον ἄγει Antiph. 3, 47 (2). τὸν
πτωχὸν ὡς ἅπαξ τις ζεῦγος ἤγαγεν Antiph. 3, 117 (3). ἄγουσ' ὑπ' αὐτὰς τὰ σώματ' ἀρίστου πύλας Anaxand. 3, 176 (1, 17). τοῖς παισὶ δύο
γὰρ ἤγον οἴκοθεν Alexid. 3, 388 (2). τοῖς θεοῖς ἄγει προβάτων Men.
4, 161 (1). ἀπεκήρυξεν αὐτὴν ἀγαγών (l. ἀπαγαγών) Men. 4, 301 (317).
οὗ νῦν δ' ἄγω, πορνεῖόν ἐστι Diph. 4, 395 (2, 38). Νικοστράτην μὲν
ἤγαγον γραῦν Archod. 4, 435. θεοῦ μισθὸν ἥκει δεῦρ' ἄγων (te coque)
Philosteph. 4, 589. ὅταν ἄλοχον εἰς δόμους ἄγῃ πόσις anon. (?) 4, 690 (349).
πρόπης πέντε στατήρας εἶχε (l. ἥγε) Eup. 2, 529 (7). μὴ καγχάζειν
ἄγειν Aristophan. 2, 1183 (30). θνητοῖς ἄγει τὴν τόλμαν εἰς τὰ πρόσθε τῆς εὐβουλίας Antiph. 3, 8 (1). κακῶς πράττων τὸ λυποῦν ἄγχ'
εἰς παράστασιν Antiph. 3, 54. τὸ λυπεῖσθαι ἐπὶ τὸ ῥῆμ' ἄγει τοῦτ'
τὸν λυπούμενον Philem. 4, 5. εἰς τὰ βαθὺ † δὲ πάλιν ἄγωμεν (l. δ'
ἐπανήγωμεν) Xenarch. 3, 622. τὰ κρυπτὰ † εἰς φάος ἄγει Philem. 4, 61
(97). ἄγει πρὸς φῶς τὴν ἀλήθειαν monost. 14. πρὸς τὰ φῶς ἄγει monost.
593. ἄγει πρὸς τὴν δίκην mon. 14. κεῖς λήθην ἄγει mon. 545. ἡ γλῶσσα πολλοὺς εἰς ὄλεθρον ἤγαγεν mon. 205. τὴν εὐτραπελίαν εἰς καρδίαν
ἄγεις Posidipp. 4, 524 (2). ἡμᾶς ἤγαγ' εἰς τάξιν τινὰ Athenion 4, 557 (v. 6).
βέβαιον ἕξεις (f. ἄξεις) τὸν βίον Aristophan. (?) 2, 1161 (19). ἄλυπον
ἕξεις τὸν βίον monost. 56 — ἄξεις ἀλύπως τὸν βίον 595. ἡσυχίαν ἄγε
Sosip. 4, 484 (v. 57). τοσαύτην τοῖς θεοῖς ἄγειν σχολήν Men. 4, 120 (5).
τὰ *Ἀλεῖτα μεγάλην σχολὴν ἄγει anon. (cf. 5, 52) 2, 746 (2). ὁ βίος

ἑσπέραν ἄγει Alexid. 3, 468 (3). *Ἀδώνι' ἄγομεν Pher. 2, 338 (88). Ἀφροδίσι' ἦγε ταῖς ἑταίραις Alexid. 3, 499 (1). πολυτελῶς Ἀδώνια ἄγουσ' ἑταίρα Diph. 4, 395 (2, 40). ἀεί τινα ἄγειν ἑορτήν Men. 4, 165 (4). *Πυανέψια πορδὴν ἑορτὴν ἦγε anon. 4, 607 (21ᵃ). ἄγουσιν ἑορτὴν οἱ κλέπται anon. 4, 608 (27ᶜ). Ψύρα τὴν Σπάρτην ἄγεις Cratin. 2, 64 (7). Ψύρα τὸν Διόνυσον ἄγοντες Cratin. 2, 207 (92). τἀκπώματα ἦγεν δύο δραχμάς Alexid. 3, 383 (2). ποτήριον χρυσοῦς διακοσίους ἄγον Hipparch. 4, 432. πίνακος ἄγοντος μνᾶν Philippid. 4, 469. τρυβλίῳ ἄγοντι πεντήκοντα δραχμάς ibid. ἄγε δὴ ἴστω Cratin. 2, 151 (7). ἄγε *νυν κάταξον Aristophan. 2, 1179 (9). ἄγε δὴ πότερα βούλεσθε —; Eup. 2, 548 (3). ἄγε δὴ τίς ἀρχὴ γενήσεται; Cephisod. 2, 886 (1).

ἀγωγεύς: προσλαβὼν τὸν ἀγωγέα βραχύτερον Stratt. 2, 763 (2).

ἀγών: μείζων ἀγὼν τῆς Ἰσθμιάδος Plat. 2, 630 (1, 10). οὐ τίθεμεν τὸν ἀγῶνα τόνδε τὸν τρόπον Aristophan. 2, 1159 (3). μονομάχου πάλης ἀγῶνα Aristophan. 2, 1167 (1). *τραγῳδῶν ἦν ἀγὼν Διονύσια Men. 4, 300 (310). τὸν γ' ἀγῶν' ἀκήκοας (int. Phrynae) Posidipp. 4, 517 (v. 3). διὰ πάντων ἀγών Cratin. 2, 106 (8). ἀγὼν πρόφασιν οὐ δέχεται Aristophan. 2, 1087 (19). κολακείας ἀγών Alexid. 3, 484 (1, 10). πᾶς δ' ἀγὼν ἐπ' ἐμὲ κατήντα Alexid. 3, 503 (1, 12). ἀγών de conventu. Aristophan. 2, 1208 (137).

ἀγωνία: γέμοντ' ἔτι βρωμάτων ἀγωνίαις Dionys. 3, 549 (v. 42) cf. 5, 93. ἀγωνίαι, δόξαι, φιλοτιμίαι Men. 4, 230 (5).

ἀγωνίζομαι: λόγῳ — *ἠγωνιζόμεσθ' Aristophan. 2, 1160 (4). πρὸς τὸν Ἀργεῖον πέμψαι σ' ἀγωνιούμενον Anaxand. 3, 168.

ἀγωνοθετήριος: τὴν κύλικα τὴν ἀγωνιστηρίαν Anaxipp. 4, 465 (1).

ἀγωνιῶ: δεῖν τι ἀγωνιᾶσαι καὶ ῥαπισθῆναι Timocl. 3, 607. ἀγωνιῶσα εὐτρεπεῖς τὰς ἱμονιὰς *πεποίηκα Apollodor. Gel. 4, 438.

Ἀδαῖος: προὔπιεν — ἐν Κυψέλοις Ἀδαῖος Damox. 4, 529.

ἀδάμας: ὁ πόνος (Amoris) ἀδάμαντος Alexid. 3, 494 (1, 13).

ἀδαχῶ: ἀδαχεῖ αὐτοῦ τὸν *ἄχορ' Aristophan. 2, 1120 (11).

ἄδδιξ: ἀλφίτων ἄδδιχα Aristophan. 2, 1208 (138).

ἄδειπνος: ἄδειπνος *ηὐλιζόμην Eup. 2, 558 (28). *κωμάζειν ἄδειπνος Antiph. 3, 114 (1). τὰ πόλλ' ἄδειπνος περιπατεῖ Anaxand. 3, 177 (2, 8). πολλοῖν ἀδείπνοις ἅπερ ἔθηκ' (?) αὐτοῖς ἰδεῖν Alexid. (Antiph.) 3, 494 (2). Χοῶν οὐκ ἀδείπνων ἐν τρυφῇ Eubulid. 3, 559. τὰς τῶν ἀδείπνων ἐξετάζειν οἰκίας Timocl. 3, 611. ἄδειπνος Men. 4, 180 (6). ἐντὸς πολλῶν *γὰρ ἂν μένων ἄδειπνος ᾖ Posidipp. 4, 520 (1).

ἀδελφή: Εἰρήνης θυγάτηρ, ἀδελφή Aristophan. 2, 1065 (2). παῖς ὢν μετ' ἀδελφῆς ἀφικόμην Antiph. 3, 91 (1). Πτολεμαίου τοῦ βασιλέως τῆς τ' ἀδελφῆς τῆς τοῦ βασιλέως Alexid. 3, 494. πρὸς τὴν ἀδελφὴν ἀνάλογον τῶν χρημάτων Men. 4, 222 (3). ἔχουσα δ' *ἀδελφὴ ποιήσει Men. 4, 222 (4). μήτηρ τέθνηκε ταῖν ἀδελφαῖν ταῖν δυοῖν ταύταιν Men. 4, 224 (3).

ἀδελφίδιον: †δυοαδελφίδιον (l. δύ' ἀδελφίδι' ἐν) ταὐτῷ μυχῷ Callias 2, 741 (7).

ἀδελφίζειν: Stratt. 1, 226? Apolloph. 2, 880 (2).

ἀδελφός: ἐμὸς οὗτος ἀδελφός Aristophan. 2, 1081 (15, 3). ὁ σὸς ἀδελφός Aristophan. 2, 1151 (7) cf. 5, 67. ἡδύ γ' ἐν ἀδελφοῖς ἐστιν ὁμονοίας ἔρως Men. 4, 290 (262). νόμιζ' ἀδελφοὺς τοὺς φίλους mon. 377.

ἀδεῶς: τοῦτο *ἑκάστην ἔστιν ἀδεῶς, εὐτελῶς Xenarch. 3, 617 (1, 16.) ἵν' ἔχων οἰκονόμον ἀδεῶς περιπατῇ anon. 4, 692 (8).

ἄδηλος: ἀδήλους τὰς μεταπτώσεις ἔχει monost. 581.

ᾅδης: ἐν Ἅιδου Pher. 2, 288 (4) *2, 296. τούτοις ἐν ᾅδου μόνοις ἐξουσία ἀφροδισιάζειν Philetaer. 3, 299. ἔστι κἀν Ἅιδου κρίσις †Philem.

4, 67 (1). οὐ δώσω δὲ κἀν ᾍδου δίκην —; anon. 4, 668 (282). κατ' ᾍδην δύο τρίβους νομίζομεν † Philem. 4, 67 (1). ὕπνος ᾍδου Phryn. 2, 601 (1). κοινὸν τὸν ᾅδην ἔσχον Men. 4, 233 (9). χρυσοῖς ἀνοίγει χαλκόδου (f. κἀν ᾍδου) πύλας monost. 538.
ἀδηφαγεῖν: Herm. 2, 417 (16).
ἀδηφάγος: ἀδηφάγοι (equi) Pher. 2, 354 (30). Aristophan. 2, 1204 (119). λύχνοι ἀδηφάγοι Alcae. 2, 830 (2). ἀδηφάγον τὸ ζῷον (philosophum int.) Anaxipp. 4, 460 (v. 39).
ἀδιάλεκτος: βίον ἀδιάλεκτον Phryn. 2, 587 (1).
ἀδιάφθορος: (puella) Men. 4, 308 (337).
ἀδίκημα: τὸ μὴ συνειδέναι ἀδίκημα Antiph. 3, 149 (42[b]). τῶν ἀδικημάτων τὰς ἀξίας τιμωρίας Antiph. 3, 156 (73). ἀτύχημα κἀδίκημα διαφορὰν ἔχει Men. 4, 198 (2). νομίζων ἴδιον εἶναι τὸ ἀδίκημα Men. 4, 237 (15). πολλοὺς τρέφειν εἴωθε τἀδικήματα monost. 445.
ἀδικία: εὖ λέγουσιν ἀδικίας χάριν Philem. 4, 48 (40[a]).
ἀδικομήχανος: ἀδικομηχάνῳ τέχνῃ Aristophan. 2, 1201 (104).
ἄδικος: δίκαιος ἄδικος Archipp. 2, 728 (4). ἦν ἐν ἄνδρ' ἄδικον *διώκῃς Aristophan. 2, 1128 (5). ἄδικός ἐστιν ἢ ἀχρεστής — ὁ μὲν διὰ κέρδος ἄδικος· ὁ δὲ — Anaxand. 3, 197 (4). κρίσις ἄδικος Men. 4, 164 (7). πεῖραν ἀδίκου τύχης δίκαιος εἰληφὼς τρόπος Men. 4, 254 (125). ἀδίκοις φίλοισιν — μὴ συμπλέκου monost. 54. πολλοῖσιν ἀδίκοις ἡ τύχη παρίσταται monost. 624. ἄδικον: οἴμοι τάλας, ὡς ἄδικον ὅταν — Antiph. 3, 154 (65). ὡς ἄδικον ὅταν — Men. 4, 177 (1). τοῦ δικαίου τοῦ τ' ἀδίκου παντὸς κριτής Men. 4, 250 (56). ὅταν — ἀδίκοις περιπέσῃ συμπτώμασιν Men. 4, 252 (63). κέρδος ἄδικον ὄν monost. 6. ἄδικα μὴ πειρῶ ποιεῖν monost. 702.
ἀδίκως: ἀδίκως κρίνειν Pher. 2, 293 (16, 3). ἀδίκως εὐτυχεῖ κακῶς τε πράττει Men. 4, 135 (2, 7). ἀδίκως *τι κατ' ἑτέρου ζητῶν κακόν Men. 4, 268 (147). ὅρκον φεῦγε καὶ δικαίως κἀδίκως monost. 441.
ἀδικότροπος: Cratet. 2, 249 (7).
ἀδικοχρήματος: Cratet. 2, 249 (7).
ἀδικῶ: ὥσπερ Βουζύγης ἀδικούμενος Eup. 2, 474 (34). σφόδρ' ἠγανάκτησ' ὥσπερ ἠδικημένος Straton. 4, 545 (v. 17). ὅ τι ἂν τύχῃ *(ὁ) μάγειρος ἀδικήσας Philyll. 2, 862 (2). μάγειρον ἀδικήσας Men. 4, 108 (4). εἴ τί σ' ἠδίκηκ' Aristophan. 2, 1066 (1). ὁ μηδὲν ἀδικῶν Antiph. 3, 148 (39) = Men. 4, 330 (494). τὸ μηδὲν ἀδικεῖν ἐκμαθεῖν Men. 4, 150 (4). τὸ μηδὲν ἀδ. καὶ φιλανθρώπους ποιεῖ Men. 4, 207 (2) = τ. μ. ἀδ. καὶ καλοὺς ἡμᾶς ποιεῖ Men. 4, 244 (34.) τὸ μηδὲν ἀδ. πᾶσιν — πρέπει Men. 4, 293 (262). ὁ — γὰρ πρῶτος (int. γήμας) οὐδὲν ἠδίκει Aristophont. 3, 359. *οὔτ' ἂν ἀδικοῖτ' οὐδὲν οὐδείς Alexid. 3, 479 (1). οἱ τῶν πέλας οὐδὲν ἀδικοῦμεν οὐδέν Alexid. 3, 484 (3). ἀδικεῖσθαι πλεῖστ' ἐπίσταται ἐγκρατῶς Men. 4, 96 (3). ἀδικεῖν καὶ παραβαίνειν τὸν νόμον Alexid. 3, 397 (1, 9). ἀδικεῖ τὸν Ἔρωτ' ἐμφανῶς Alexid. 3, 411. κειμένων ἰχθυδίων οὐδὲ ἓν ψήσας ἀδικήσειν Alexid. 3, 429 (1, 8). οἱ μὲν συγγνώμην ἔχουσ' ἀδικούμενοι, αὗται δ' ἀδικοῦσαι καὶ προσεγκαλοῦσ' ἔτι Alexid. 3, 450. συκοφάντης εὐθὺς καλεῖται, κἂν ἀδικούμενος τύχῃ Men. 4, 96, (2). ἀνὴρ δίκαιός ἐστιν οὐχ ὁ μὴ ἀδικῶν, ἀλλ' ὅστις ἀδικεῖν δυνάμενος μὴ βούλεται Philem. 4, 37 (10) = monost. 639 sq. δίκαιος ἀδικεῖν οὐκ ἐπίσταται τρόπος monost. 136. ὁ ἠδικηκὼς τὴν — πενίαν κακοδαίμων ἔσθ', ὅτι τοῦτ' ἠδίκηκεν, οὐ τυχὸν μεταλήψεται Men. 4, 98 (1). οὐ δεῖ ἀδικεῖν τοὺς ἱκέτας Men. 4, 102 (3). ξένον ἀδικήσεις μηδέποτε monost. 397. εἰ τοὺς ἀδικηθέντας ψοφοῦμεθα Men. 4, 150 (3). οἴμοι ἀδικῶ γυναῖχ' * Men. 4, 186 (4). ἀδικοῦσιν, ἀποκλείουσιν, αἰτοῦ-

σων πυκνά Men. 4, 231 (1). εἴπερ τὸν ἀδικοῦντ' ἠμύνετο ἕκαστος Men. 4, 237 (15). οὐδεὶς γὰρ ἀδικῶν τυγχάνει τιμωρίας Men. 4, 240 (51). ἀντιβλέπειν ἐκεῖνον οὐ δυνήσομαι *ἀδικῶν Men. 4, 251 (59). *ἐμὲ δ' ἀδικείτω πλούσιος καὶ μὴ πένης Men. 4, 253 (68). σαυτὸν ἀδικεῖν Men. 4, 262 (116). ἐμαυτὸν ἀδικῶ χοὐμέτ' εἰμὶ *θεοσεβής Diph. 4, 422 (18). τί τηλικοῦτον ἀδικεῖς τοὺς θεούς; Baton. 4, 499 (1, 6). κάπηλος ἠδικημένος ὑπ' οἰνοπώλου Diph. 4, 376 (1). γαμείτω· καὶ γὰρ ἠδίκησέ με anon. 4, 620 (55).

ἀδμής: ὡς παρθένος, ὡς πῶλος ἀδμής Epicrat. 3, 369.

Ἄδμητος: Ἀδμήτου λόγον Aristophan. 2, 1127 (3).

ἀδολέσχης: *Σωκράτην, τὸν πτωχὸν ἀδολέσχην Eup. 2, 553 (10). ἢ Πρόδικος ἢ τῶν ἀδολεσχῶν εἷς γέ τις Aristophan. 2, 1149 (3, 2). οὐδ' ὀψοφάγος οὐδ' ἀδολέσχης Cephisod. 2, 885 (3).

ἀδολεσχία: ἰδίαν τιν' αὐτῷ θέμενος ἀδολεσχίαν Theognet. 4, 550.

ἀδόλεσχος: ἰατρὸς ἀδόλεσχος monost. 268.

ἀδολεσχῶ: ἀδολεσχεῖν αὐτὸν ἐκδίδαξον Eup. 2, 553 (11). ἀδολεσχεῖν κατὰ μόνας Alexid. 3, 468 (3).

ἄδολος: ἄδολον γνησίαν τ' ἔχων φύσιν Philem. 4, 37 (10).

ἀδοξία: ἔχειν *πατρίδ' ἀδοξίαν πενίαν τ' anon. 4, 619 (52).

ἄδοξος: ἦν ἄνθρωπος σοφός, ἀδοξότερος (al. — τατος) Men. 4, 142 (1).

ἄδουλος: βίον *ἄδουλον (legeb. ἄζυγον) Phryn. 2, 587 (1).

ἀδοφοίτης: *οὓς ᾔσμεν ὄντας ἀδοφοίτας — Α. εἰσὶ γάρ τινες ἄνδρες — ἀδοφοῖται; Aristophan. 2, 1005 (1, 4. 6).

Ἀδραμύτειον (al. ττ.) Eup. 2, 576 (135).

ἀδρανής: αἱ παλαιαὶ — ἀδρανέες Plat. (?) 2, 697 (v. 8).

Adrastea et Nemesis diversae. Nicostr. 3, 291 (14). Men. 4, 316 (418).

Ἄδραστος: ἀγανακτῶν Ἄδραστος εὐθέως ἥξει Antiph. 3, 106 (v. 11).

ἀδράφαξυς: ἀδράφαξυν ἕψουσ' Pher. 2, 285 (10).

ἁδρός: ἁδρούς — μεγάλους τε φάγρους Stratt. 2, 779 (1). κωβιὸν πέμψαι με δεῖ· ἁδρὸς γάρ ἐστιν Antiph. 3, 13 (1, 21). ἰχθῦς ἁδρούς Alexid. 3, 461 (1). ἰχθὺς ἁδρός Dionys. 3, 552 (1, 9). διὰ τὴν ἐπικαρπίαν τῶν ἁδρῶν (ovis et caprae) Antiph. 3, 9 (1). τῶν *ἁδρῶν τούτων τινὰ κάνθαρον Alexid. 3, 433 (4). τοὺς κανθάρους ἐκείνους τοὺς ἁδρούς Epigen. 3, 538 (1). μάνην κεραμεοῦν, ἁδρόν Nicon. 4, 578. χελιδονείων ἁδρὸς πινακίσκος Epigen. 3, 537 (1). κοιλίαν ἁδρὰν ἔχει Alexid. 3, 423 (1, 12). ἁδρὸν γελάσαι Antiph. 3, 79 (2, 6). πιεῖν ἁδρότερον Diphil. 4, 377 (1).

ἀδύνατος: ἀδυνατώτατος λέγειν Eup. 2, 461 (8). ἕν τι — ἀδύνατον ἦν ἄρα εὑρεῖν Men. 4, 234 (11). ἀδύνατον ὡς ἐστίν τι σῶμα τῆς τύχης Men. 4, 247 (43). ἀδύνατον τἀληθὲς λαθεῖν Men. 4, 326 (477). βούλομαι (edere) κἀκεῖνο καὶ τοῦτ', ἀλλ' ἀδύνατα βούλομαι Lyncei 4, 433 (v. 12).

ἀδύοινος: *λεπαστά — ἀδύοινος Apolloph. 2, 881 (2).

ἁδύς: *δαμός τις μάλα ἁδύς Epilyci 2, 887 (2).

ᾄδω: cf. διέειμι. κακῶς ᾄδοντος ἀκούειν Pher. 2, 262 (2). *(ᾄδων) Στησιχόρου πρὸς τὴν λύραν Eup. 2, 552 (9). αὔλει μοι μέλος, σὺ δ' ᾆδε *πρός Amips. 2, 710 (1). πίνειν, ἔπειτ' ᾄδειν κακῶς Aristophan. 2, 1038 (19, 2). Ἀρχῆν δ' ᾄδειν Anaxand. 3, 183 (1, 17). ὥσπερ τῶν χορῶν οὐ πάντες ᾄδουσ' Men. 4, 117 (2). ἀλεκτρυὼν *ἂν ἀφ' (leg. ἐφ') ἑσπέρας ᾄσῃ anon. 4, 612 (40). Κλειταγόρας ᾄδειν Cratin. 2, 154 (10). ᾖδεν Ἀδμήτου λόγον Aristophan. 2, 1127 (3). *σκόλιον ᾄσεται Plat. 2, 638 (1, 11). ᾆσον δή μοι σκόλιόν τι Aristophan. 2, 1080 (13). *ᾖδεν μέλος Ἰωνικόν τι Plat. 2, 638 (1, 14). οὐδεὶς ταὐτὸν ᾄσεται μέλος Theophil. 3, 629 (2). ᾄδωμεν εἰς τὸν δεσπότην ἐγκώμιον Aristophan. 2, 1150 (5). παιᾶν' ᾖδετο Antiph. 3, 6 (5). ᾄδονται λαμπρῶς Men. 4,

346 (4). χρησμοὺς *διδόασ᾽ ᾄδειν Amipsias 2, 704 (2). † ἄγειν (l. ᾄδειν) ἐκτραπέλους μυρμηκιάς Pher. 2, 327 cf. 334 (1, 23). ποῖον ᾖδε τὴν συναυλίαν ταύτην; Antiph. 3, 24. ἡ πόλις ὅλη ᾄδει τὸ κακὸν Men. 4, 332 (506).

Ἀδώνια: διδάσκειν εἰς Ἀδώνια Cratin. 2, 27 (2). *Ἀδώνι᾽ (legeb. Ἀδωνίαν) ἄγομεν Pher. 2, 358 (84). πολυτελῶς Ἀδώνι᾽ ἄγουσ᾽ ἑταίρα Diphil. 4, 395 (2, 39). Samiae puellae γρίφους sibi proponunt Adoniis Diph. 4, 399 (2).

† Ἀδωνίαν v. Ἀδώνια.

† Ἀδώνιον v. Ἄδωνις.

Ἄδωνις: † Ἀδώνιον (f. Ἄδωνιν) Cratin. 2, 188 (37). Pher. (?) 2, 347 (21). Plat. 2, 694 (59). Aristophan. (?) 2, 1204 (120). τὸν Ἄδωνιν κλάομεν Pher. 2, 358 (84). ἐν τῷ λαχάνῳ τούτῳ τὸν Ἄδωνιν προὔθηκεν Κύπρις Eubul. 3, 210. Ἀδώνιος (gen.) Pher. 2, 347 (21).

ἀεί: ὁ χρόνος ὃν ἀεὶ λανθάνειν ἀμηχανῶ Antiph. 3, 156 (72). ἐπ᾽ ἀριστέρ᾽ ἀεὶ τὴν ἄρκτον ἔχων Cratin. 2, 94 (3). πίνουσ᾽ — *ἐπονομάζουσ᾽ ἀεὶ ἵησι λάταγας Cratin. 2, 179 (16, 3). παίζειν τοὺς καλοὺς φιλοῦσ᾽ *ἀεί Cratet. 2, 242 (2). *ξυνεγιγνόμην ἀεὶ τοῖς ἀγαθοῖς φάγροισιν Eup. 2, 428 (6). ἱματίω *τούτω οἷν μεταλαμβάνων ἀεὶ θάτερον Eup. 2, 484 (1, 6): ὀστακὸν — ἀεὶ τὸν θεράποντ᾽ ἐπευθέειν Aristom. 2, 732 (2). σε τῇ νουμηνίᾳ ἀγαλοῦμεν ἀεί Theop. 2, 810 (1). χωρεῖ ἄκλητος ἀεὶ δειπνήσων Aristophan. 2, 1057 (5). τῶν θαλαττίων ἀεὶ — ἓν *ἔχομεν Antiph. 3, 75 (2). μισῶ γραμματικὸν *ἔκπωμ᾽ ἀεί Eubul. 3, 239. τὸν οἶνον εὐδοκιμεῖν ἀεὶ παρὰ ταῖς ἑταίραις τὸν παλαιόν Eubul. 3, 268 (3). ἕκαστος λαμβάνει τὴν πεπαστάτην ἀεὶ Alexid. 3, 390 (1). τοὺς τὰ σῦκ᾽ ἑκάστοτε πωλοῦντας οὐ κάτωθε τὰ σκληρὰ ἀεὶ τιθέασιν Alexid. 3, 437 (1). ἀεὶ παρ᾽ ἕκαστον ἐνδελεχῶς τὸ ποτήριον (bibere) Diodor. 3, 543. *ἔπειτ᾽ ἐπὶ δέκα ἐνδελεχῶς ἕξεις ἀεί Men. 4, 224 (4). εἴ τις ἐμπέσοι λόγος, τὸ τεχνίον ἀεὶ — μοι κατέπινεν το Antidot. 3, 528 (1). ἀεὶ στραγγαλίδας ἐσφίγγετε Pher. 2, 266 (12). ἀεί πού — ἐγκιλικίζουσ᾽ Pher. 2, 361 (42). ὡς δ᾽ ἀεί ποτε περὶ τοὺς κυάμους ἐσθ᾽ Henioch. 3, 562 (v. 9). ἀεί ποτ᾽ εὖ μὲν ἄκακος εὖ δὲ θύλακος Alexid. 3, 417 (1). πρὸς τοῖσι βωμοῖς πανταχοῦ ἀεὶ λοχῶντες Pher. 2, 325 (2). πάντες ἐμβάλλουσιν ἀεὶ μάραθον Herm. 2, 413 (2). εὔχετ᾽ — πάντας εὐτυχεῖν ἀεί Antiph. 3, 45 (2, 4). ἀεὶ βοῦν τοῖς ἀκλήτοις προκατακόπτειν πανταχοῦ Antiph. 3, 134 (5, 5). μεθύοντες ἀεὶ τὰς μάχας πάσας μάχονται Ephipp. 3, 322. τοιγαροῦν φεύγουσ᾽ ἀεί ibid. πάντα μὲν λήψει σχεδὸν ἀεὶ — οὐκ ἀεὶ δὲ τὴν *χάριν ἕξεις ὁμοίαν Dionys. 3, 548 (v. 22). ἀεὶ τὰ σεμνὰ πάντα κέκτηται φθόνον Dionys. 3, 555 (v. 3). εἰ πάντες ἐβοηθοῦμεν ἀλλήλοις ἀεί Men. 4, 254 (74). οὐ ταὐτὰ προσάγω πᾶσιν ἀεὶ βρώματα Anaxipp. 4, 460 (v. 28). διαμένειν εἴωθ᾽ ἀεὶ τὸ χρῶμα ταὐτό Antiph. 3, 152 (60). ὅπερ ποιεῖν εἴωθε — ἀεί Axionici 3, 531 (2). διατελεῖν πράττων — καὶ διευτυχεῖν ἀεί Men. 4, 227 (2). τῆς διὰ βίου δ᾽ ἔνδον καθεδουμένης ἀεί Men. 4, 228 (3). δεῖ μ᾽ ἀεὶ καινὸν πόρον *εὑρεῖν Antiph. 3, 143 (24). ἀεί τι καινὸν κατ᾽ ἐνιαυτὸν *θηρίον τίκτει Anaxil. 3, 352 (1). ἡ δ᾽ ἡμέρα ἀεί τι καινὸν φέρει Posidipp. 4, 519. ἐκήσοι πρόσιτ᾽ ἀεί Cratin. 2, 35 (6). τὸ τοιοῦτον ἀεί πως μέρος ἐμπαίζεται Alexid. 3, 462 (1, 14). εἰδέναι πολὺ δεῖ — ἀεὶ πρότερον Dionys. 3, 547 (v. 8). ἀεὶ τὸ λυπεῖσθαι μεῖζον γίγνεται Philem. 4, 10 (1, 11). κατὰ μικρὸν ἀεὶ φύονται φρένες Philem. 4, 35 (6). μηδενὸς ἐρῶσαν, προσποιουμένην δ᾽ ἀεί Men. 4, 131 (1). δεῦρ᾽ ἀεί (huc usque) Phryn. 2, 582 (2). ἀεί (ᾱ) Herm. 2, 413 (2). Theop. 2, 810 (1). Aristom. 2, 732 (2). Antiph. 3, 156 (72). Alexid.

3, 462 (1, 14). Antidot. 3, 528 (1). Ephipp. 3, 322. Dionys. 3, 547 (v. 3). Philem. 4, 35 (6). Anaxipp. 4, 460 (v. 28). Men. 4, 169 (4). 213 (4). monost. 376.

ἀειδής: ἡ Λιοπείθους ἀειδὴς Τέλεσις Philetaer. 3, 294 (1, 2).
ἀείδω: Πολυμνήστεἰ ἀείδει Cratin. 2, 221 (142). τὰ Στησιχόρου ἀρχαῖον ἀείδειν Eup. 2, 481 (3). ἐμοὶ ἄειδε τοιαύτην, θεά Men. 4, 131 (1).
ἀείνως: γλῶτταν καλῶν λόγων ἀείνων anon. 4, 609 (27ᵈ).
ἀεἰταν: Aristophan. 2, 1204 (121).
ἀείφρουρος: τῷ ἀειφρούρῳ μελιλώτῳ Cratin. 2, 73 (1, 7).
ἀέκων: μηδένα ἀέκοντα μένειν κατέρυκε Pher. 2, 335 (3, 8).
ἀερίοικος: ἀνιπτόποδες χαμαιευνάδες ἀερίοικοι Eubul. 3, 269 (16).
Ἀερόπη: πρὸς *Ἀερόπην ἐλθοῦσα Nicostr. 3, 286 (1).
ἀεροφόρητος: στρούθιον ἀεροφόρητον (l. ἀβροφ.) Eubul. 3, 251 (2).
ἀετός: πεπονθέναι ταὐτὰ τοῖς ἀετοῖς (de Laide) Epicrat. 3, 365 (2, 8).
ἄζειν: Nicoch. 2, 846 (2).
ἀζημίως: ἔχειν καὶ κρατεῖν ἀζημίως Philem. 4, 37 (10).
ἄζυγος: βίον †ἄζυγον (l. ἄδουλον) Phryn. 2, 587 (1).
ἄζυξ: Eup. 2, 572 (88).
ἀηδής: ἀπογηράσκων ἀηδὴς γίγνεται Alexid. 3, 512 (15). cll. 5, 92. ἀηδής μοι δοκεῖς εἶναι σφόδρα Men. 4, 222 (1). ἀηδῶς: μὴ πόλλ' ἀηδῶς, ὀλίγα δ' ἡδέως ἔχειν Men. 4, 252 (61). κάθευδ' ἀηδῶς ἡδέως μασώμενος Philippid. 4, 476 (6).
ἀηδία: εὐωδίαν ἔχουσα *χἄμ' ἀηδίαν anon. (cf. 5, 52) 2, 746 (2, 5). ἀηδία γάρ ἐστιν ἀττική; Lync. 4, 433 (v. 4). τί τὴν εὐτραπελίαν εἰς ἀηδίαν ἄγεις; Posidipp. 4, 524 (2).
ἀηδόνειος: τὸν ἀηδόνειον ὕπνον Nicoch. 2, 846 (3).
ἀηδών: ἀηδόνων ἠπίαλος Phryn. 2, 601 (1). οὐ κίτταν, οὐκ ἀηδόν', *οὔτε τρυγόνα Alexid. 3, 420.
ἀήρ: τὸν ἀέρ' ἕλκειν καθαρόν Philyll. 2, 864 (1). τὸν αὐτὸν ἀέρα *ἀπέφαισεν ἕλκεις Philem. 4, 43 (23ᵃ). εἰ δὲ — ἔσπασας τὸν ἀέρα τὸν κοινόν Men. 4, 227 (2). ὦ γῆς ἰσόμοιρος ἀήρ Pher. 2, 357 (82). Ἀήρ, ὃν ἄν τις ὀνομάσειε καὶ Δία Philem. 4, 31 (2) cf. 4, 875. μάκαρ Ἀὴρ — διάπεμψον Diph. 4, 416 (3, 6). τὸ δ' ἀθάνατον (corpus) ἐξῆρε πρὸς τὸν ἀέρα Alexid. 3, 455. οὐκ ἔστιν τόπος, οὗ μή ἐστιν Ἀήρ Philem. 4, 31 (2). τὴν φύσιν ἵνα διεγείρας πνευματῶ τὸν ἀέρα Anaxipp. 4, 460 (v. 47).
ἀθάλαττος: Ἀρκαδικὸς ἀθάλαττος Men. 4, 206 (1).
ἀθανασία: ὁ λιμός ἐστιν ἀθανασίας φάρμακον Antiph. 3, 47 (2). ἀθανασίαν εὕρηκα Philem. 4, 27 (v. 25). ἀθανασίας δ' οὐκ ἔστιν (pretium solvere) Men. 4, 156 (1).
ἀθάνατος: *ἀθάνατος ὁ θάνατός ἐστιν Amphid. 3, 303. σῶμα — ἐμοῦ — τὸ ἀθάνατον ἐξῆρε πρὸς τὸν ἀέρα Alexid. 3, 455. ὁ Πυθόμαλλος ἀθάνατος περιέρχεται Alexid. 3, 457 (2). οὐ θνητὸς οὐδ' ἀθάνατος Alexid. 3, 493 (1). ἀθάνατος δόξα Philem. (?) 4, 17. ἀθάνατον κακὸν ἀναγκαῖον Philem. 4, 62 (103). εὐπόρους ποιεῖν — τοῦτο γὰρ ἀθάνατόν ἐστι Men. 4, 107 (2, 13). ἡ χάρις, ἣν ἀθάνατον εἶναι ἔφη Men. 4, 325 (472). ἀθάνατον ἔχθραν monost. 4.
ἄ
ἀ
Cratet. 2, 235 (2). ποταμοὶ ἀθάρης ἀθάρης, ἄλφιτα Nicoph. 2, 852 (2). Anaxand. 3, 184 (1, 42).

ἀθελδόμενος: *διὰ τετρημένων ἀθέλδεται (f. -βεται) τύλων Diocles 2, 839 (1).

***Ἀθερίνη:** τὴν *Ἀθερίνην αὐλητρίδα Archipp. 2, 719 (2).

ἄθετος: Posidipp. 4, 527 (11).

Ἀθηνᾶ: νὴ τὴν Ἀθηνᾶν Nicostr. 3, 288 (2). Alexid. 3, 475. Philem. 4, 26 (v. 3). Men. 4, 209 (1). 231 (7). μὰ τὴν Ἀθηνᾶν Men. 4, 152 (1). πρὸς τῆς Ἀθηνᾶς Men. 4, 110 (1). Baton. 4, 504 (1, 7). μὰ τὸν Δία τὸν Ὀλύμπιον καὶ τὴν Ἀθηνᾶν Alexid. 3, 489 (2). Men. 4, 189 (1, 14). ὀμνύω σοι τὸν Δία τὸν Ὀλύμπιον καὶ τὴν Ἀθηνᾶν Men. 4, 248 (46). μὰ τὴν Ἀθηνᾶν καὶ θεούς Alexid. 3, 496 (1, 14). Ἀλέας Ἀθηνᾶς Men. 4, 323 (462ª). γυμνὴν ἐποίησε *(τὴν) Ἀθηνᾶν anon. 4, 607 (21ᵇ).

Ἀθῆναι: εἰ μὴ τεθέασαι τὰς Ἀθήνας Lysipp. 2, 746 (1). ταῖς ἄλλαις πόλεσι — πλὴν *Ἀθηνῶν Aristophan. 2, 1171 (1, 12). Αἴγυπτον τὴν πόλιν πεποίηκας ἀντ' Ἀθηνῶν ib. (1, 15). ἐν Ἀθήναις γλαῦκας Antiph. 3, 96. μύρον ἐξ Ἀθηνῶν Antiph. 3, 139 (11, 5). πάνθ' ὁμοῦ πωλήσεται ἐν ταῖς Ἀθήναις Eubul. 3, 241. ἰσχάδες, τὸ παράσημον τῶν Ἀθηνῶν Alexid. 3, 436 (2). κλεινὰς Ἀθήνας ἐκπερᾶν Eubul. 3, 208 (2). κομψόν γε τοῦτ' ἔστιν ἐν ταῖς Ἀθήναις δεξιῶς θ' εὑρημένον Alexid. 3, 386 (v. 2). ἐν ταῖς Ἀθήναις ταῖς καλαῖς Alexid. 3, 485 (4). ἐλλείχοντα τῶν Ἀθηνῶν anon. 4, 636 (125). νεωστὶ τὸ σπέρμα τοῦτ' ἀφιγμένον εἰς τὰς Ἀθήνας ἐστί Antiph. 3, 34 (1, 5). Eriphi 3, 556 (1, 5). εἰς Ἀθήνας ἐνθάδε ἀφικόμην Antiph. 3, 91 (1). Κηφισόδωρον — τίν' ἐν Ἀθήναις γενέσθαι Dionys. 3, 553 (2). ἐνταῦθ' ἐν Ἀθήναις, ἐν Πάτραις, ἐν Σικελίᾳ Philem. 4, 31 (2). οὐξ Ἀθηνῶν Χαριάδης Euphron. 4, 486 (v. 7). μετὰ Θίβρωνα τὸν ἐξ Ἀθηνῶν Philosteph. 4, 589.

Ἀθηναία: Ἀθηναίαις καὶ ταῖς ξυμμάχοις Pher. 2, 267 (4). γυναῖκ' Ἀθηναίαν Canth. 2, 836 (1). τὰς Ἱππονίκας τάσδε καὶ — καὶ — τὰς Ἀθηναίας λέγω Philem. 4, 20 (2). Ἀθηναία ξένη (de Themistoclis filia) Diph. 4, 378.

Ἀθηναῖος: ἄρχων εἰμὶ Ἀθηναίοις Cratin. 2, 186 (53). ἣν ἀρέσκῃ ταῦτ' Ἀθηναίοις Eup. (?) 2, 577 (v. 20). ἄνδρες τῆς Ἀθηναίων χθονός Ephipp. 3, 332 (v. 13). τοὺς Χαιρεφίλου υἱεῖς Ἀθηναίους (fecerunt) Alexid. 3, 413. de lege quadam Atheniensium. Alexid. 3, 527 (81). πότνι' Ἀθηναίων *πόλις anon. 4, 616 (49). μάλα συχνοὺς ἐδείπνισεν Ἀθηναίων Heraclid. 3, 565. πίνειν Ἀθηναίους ἅπαντας — ἐξιέναι Apollod. Car. 4, 442 (v. 19). τί δ' ἔστ' Ἀθηναίοισι — ἀπώμοτον; Eup. 2, 517 (25). ὁ Διονύσιος παρ' Ἀθηναίων μακαρίζεται Polyzel. 2, 871 (1). μή μοι Ἀθηναίους αἰνεῖτ' Aristophan. 2, 1066 (4). τοὶ δ' Ἀθηναῖοι λέγειν καὶ μικρὰ φαγέμεν Eubul. 3, 208 (1). γελᾶσθαι μάλιστ' Ἀθηναίων πολύ Alexid. 3, 469 (2).

Ἀθήνησιν: Ἀθ. καταπεχρημένον *ἤδη 'στί Amphid. 3, 306 (1, 4). τοὺς ἰχθυοπώλας εἶναι πονηροὺς τοὺς Ἀθήνησιν μόνους Diph. 4, 407 (1).

ἄθικτος: de virgine Ararot. 3, 275 (2).

ἀθλητής: ἑαυτοὺς *ἰδέρεν παρέχοντες ἀθληταῖσιν Timocl. 3, 610.

ἄθλιος: τῶν Πυθαγορικῶν ἄθλιοί τινες Antiph. 3, 87. παρακδο ς ἄθλιοι τοῖς ἰχθυοπώλαις (pisces) Antiph. 3, 87 (infr. v. 4). ἃ δίδωσιν ἡμῖν ὁ τόπος ἄθλι' ἀθλίοις Antiph. 3, 133 (1, 5). πῶς οὐχὶ πάντων ἐστὶν ἀθλιώτατος; Eubul. (Philipp.) 3, 237 (v. 2). ἐγὼ μὲν αὐτοὺς ἀθλίους εἶναι λέγω Philetaer. 3, 297 (1). ἐν τοῖς ἀπόροις βλέποντας ἀθλιωτάτους (an βλέποντας ἐν ἀλαστάτοις? 5, 91) Alexid. 3, 490 (2). πολλοὺς ἐποίησεν ἀθλίους Men. 4, 75 (5). ἀργὸς — τοῦ πυρέττοντος πολὺ — ἀθλιώτερος Men. 4, 119 (2). ἀνθρώπων τίν' ἀθλιώτερον *ἑόρακας;

Men. 4, 170 (6). *οὐδὲν αἴσθας ἄθλιε Men. 4, 174 (1). οὐ θύω βοῦν, ἄθλιε Straton. 4, 545 (v. 20). σιτόκουρον, ἄθλιον Men. 4, 196 (1). γέρων ἄθλιος λέμφος Men. 4, 215 (13). προὔπινεν αὐτοῖς ἀθλίους (ἀθλίως?) *ἀπολλύων Men. 4, 220 (2). ἐρῶντος ἀθλιώτερον οὐδὲν γέροντος ib. (3). πῶς οὗτος οὐκ ἔστ' ἄθλιος; ibid. ἀνυμέναιος, ἄθλιος, ἄνυμφος Men. 4, 232 (8). τῶν μονομαχούντων ἀθλιώτεροι Posidipp. 4, 520. ἄθλιον καὶ ταλαίπωρον βίον Men. 4, 193 (5). ἄθλιον: μικρῷ ἀθλίῳ νομίσματι Antiph. 3, 20 (1). μαλακῶς καθεύδειν ἄθλιον δεδοικότα Antiph. 3, 102. ἀγορὰν ἰδεῖν εὔοψον ἂν ἀπορῇ τις ἀθλιώτατον Timocl. 3, 597. πολύ γ' ἐστὶ πάντων ζῷον ἀθλιώτατον ἄνθρωπος Philem. 4, 33 (4). οὐκ ἔστιν οὐδὲν ἀθλιώτερον πατρός Men. 4, 281 (110). κενῆς δόξης οὐδὲν ἀθλιώτερον monost. 289.

ἀθλίως: νυκτερεύσας ἀθλίως Timocl. 3, 603 (4). ζῆν ἀθλίως Philem. 4, 63 (109) = monost. 296.

ἀθλοθετία: Aristophan. 2, 1204 (122).

ἀθροίζω: *ῥαχίαν ἠθροισμένην Posidipp. 4, 523 (1, 11). ὄχλος ἠθροίζετ' Athenion. 4, 558 (v. 37).

ἀθρόος: ἑστῶτας ἄθρους Aristophan. 4, 1194 (79).

ἀθρόας: καταπιεῖν ἄθρους τεμαχίτας Eubul. 3, 207. *κινεῖ ἀθρόος (vulg. ἀθρόως) οὗτος (i. e. ὄχλος) Posidipp. 4, 523 (1, 7).

ἄθυμος: ἀθυμότερον ἑαυτὸν ἐπιθυμεῖ ποιεῖν Men. 4, 193 (5).

ἀθυμῶ: μηδεὶς πράττων κακῶς λίαν ἀθυμήσῃ Men. 4, 155 (1). οὐδέποτ' ἀθυμεῖν τὸν κακῶς πράττοντα δεῖ Apollod. 4, 453 (1).

ἄθυρμα: νεοχμόν τι ἄθυρμα Cratin. 2, 101 (16). ἀνδρόγυνον ἄθυρμα anon. 4, 663 (250).

ἀθυρμάτια: v. 5, 40.

ἀθύρωτος: ἀθύρωτον στόμα Phryn. (?) 2, 606 (15).

ἀθῷος: *(ἀθῷος) ἦλθες Amips. 2, 706 (1). ἀθῷος ἀπέρχεται Archipp. 2, 726 (1). οὐδὲ εἷς ἀθῷος διέφυγεν Men. 4, 108 (4).

αἶ: *καὶ τὺ λῇς Cratet. 2, 249 (5).

†αἶ αἶ: cf. Plat. 2, 618 (2).

Αἴας: Αἴαντος πόλιν Cratin. 2, 149 (4).

Αἰγαῖος: πέλαγος οὐ Λιβυκόν, οὐδ' Αἰγαῖον Men. 4, 88 (1). Αἰγαῖον ἁλμυρὸν βάθος Men. 4, 174 (1).

αἴγειρος: αἰγείρου θέα, παρ' αἴγειρον θέα, ἀπ' αἰγείρου θέα Cratin. 2, 189 (38). Ἀνδροκλέα τὸν ἀπ' αἰγείρων anon. 4, 631 (108).

αἴγερος: *κἂν αἰγέρων ἔφυσαν εὐγενέστεραι anon. 4, 621 (61).

Αἰγεύς: τὸν Ἐρεχθέα μοι καὶ τὸν Αἰγέα κάλει Aristophan. 2, 1042 (27).

αἰγιάζω: σὺ δ' αἰγιάζεις *Eup. 2, 430 (9ᵇ).

αἰγίδιον: ὥσπερ τῶν αἰγιδίων ὄζειν Pher. 2, 264 (7). τῶν δ' *αἰγιδίων ἃ μὴ τυρὸν ποιεῖ Antiph. 3, 9 (1). Αἰγίδιον, σὺ δὲ τόνδε φορήσεις στέφανον Eubul. 3, 252 (3).

αἰγίθαλλος: ἔοικεν αἰγιθάλλος διακωλύειν Alcaei 2, 825 (2).

Αἴγινα: δό' ἀπ' Αἰγίνης *νήσου χωρεῖ Telecl. 2, 373 (5).

Αἰγιναῖος: μᾶζαι Αἰγιναῖαι Cratin. 2, 168 (2). τἀργύριον ἐπράξατ' Αἰγιναῖον Diphil. 4, 407 (1, 12).

Αἴγιον: Αἰγίου αὐλητρίδες Antiph. 3, 188 (11).

αἰγίπυρος: Eup. 2, 434.

αἰγίς: αἰγὶς αἰγὶς ἔρχεται Pher. 2, 314 (9) cf. 5, 28.

αἴγλη: Cratin. 2, 229 (164).

Αἴγλη: Herm. 1, 96 (1).

αἰγυπτιάζω: αἰγυπτιάζειν Cratin. 2, 186 (32ᵃ). χρόαν ἥλιος †αἰγυπτιάσει (l. αἰγυπτιώσει) anon. 4, 628 (95ᵇ).

Αἰγύπτιος: *τὸ μύρον Αἰγύπτιον* Plat. 2, 638 (1, 7). *μύρῳ Αἰγυπτίῳ* Antiph. 3, 56. *μύρῳ - οὗπερ ἀπέδοτο πολυτελοῦς Αἰγυπτίου* Anaxand. 3, 190 (2). *μύρον Αἰγύπτιον* Ephipp. 3, 327 (1). *Αἰγυπτίῳ ψάγδανι* Eubul. 3, 253 (6). *Αἰγύπτιος τῶν ἰχθύων κάπηλος, Ἕρμαιος* Archipp. 2, 718 (1). *Δεινίας Αἰγύπτιος* Stratt. 2, 775 (1). *τἆλλα δεινοὺς τοὺς Αἰγυπτίους εἶναι* Antiph. 3, 60. [*ἰχνεύμων Αἰγύπτιος* Eubul. 3, 254. vs. 12.] *Αἰγύπτιος θοἰμάτιον ἠρδάλωσέ μου* Philem. 4, 18 (2).

αἰγυπτιῶ: v. *αἰγυπτιάζω*.

Αἰγυπτιώδης: Cratin. min. 3, 375 (2).

Αἴγυπτος: Lynceus Aegypti filius Aristophan. 2, 1049 (3). **κινδυνεύειν εἰς τὴν Αἴγυπτον**** Pher. 2, 257 (5). *Αἴγυπτον τὴν πόλιν πεποίηκας* Aristophan. 2, 1171 (1, 15). *τὰξ Αἰγύπτου χρυσία* Cratin. 2, 63 (3). *ἐκ δ' Αἰγύπτου τὰ κρεμαστὰ ἱστία* Herm. 2, 407 (1, 12). *μύρον κράτιστον Αἴγυπτος ποιεῖ* Dexicrat. 4, 571.

αἰδοῦμαι: *ὀνομάζειν αἰδοῦμαι θεάν* Eubul. 3, 236.

ἀΐδρυτος: *ἀΐδρυτον κακόν* Cratin. 2, 135 (8).

αἰδώς: *κακὴ αἰδὼς ἔνθα *τἀναιδὲς κρατεῖ* Diph. 4, 425 (29).

αἰεί: *ἐφόδιον εἰς τὸ γῆρας αἰεὶ κατατίθου* monost. 154.

αἰέλουρος: *τὸν αἰέλουρον κακὸν ἔχοντ'* Anaxand. 3, 181 (v. 12). *αἰελούρου βωμός* Timocl. 3, 590.

αἰετός; **αἰετὸς ἐν νεφέλῃσι* Aristophan. 2, 1044 (31).

αἰζηός: *κταμένοις ἐπ' αἰζηοῖσι* Cratin. (?) 2, 72.

†*αἴθη*: †*τῆς αἴθης πέπλους* v. 2, 69 (4).

αἰθήρ: **ἱππόκαμπος ἐν αἰθέρι* Men. 4, 281 (211).

αἰθής: **τοὺς αἰθεῖς πέπλους* Cratin. 2, 70 (4). cf. 5, 17.

Αἰθίοψ: *κἂν Αἰθίοψ ᾖ - ἔστιν εὐγενής* Men. 4, 229 (4).

αἴθρα: *κασιόπνουν αὔραν δι' αἴθρας* Antiph. 3, 27 (1, 14). *φέρονθ' ὑψοῦ πρὸς αἴθραν* Anaxil. 3, 348 (1, 30). *ᾄττουσιν κούφως πρὸς αἴθραν* Alexid. 3, 452 (1, 17).

αἰθρία: *ἐξ αἰθρίας* (ῑ) *ἀστράψω* Cratin. 2, 46 (4).

αἴθριος: **αἴθρια στέφη* Cratin. 2, 34 (5)

αἴθων: *δηχθεὶς αἴθωνι Κλέωνι* Herm. 2, 395 (1, 7). *αἴθων ἀνήρ* Alexid. 3, 383 (2).

αἰκῶς: Plat. 2, 694 (60).

αἷμα: *θᾶττον ἂν †τοῦ αἵματος* (f. *γὰρ θαἵματος*) *μεταδφῇ* Eup. 2, 551 (7). *τἀργύριόν ἐστιν αἷμα καὶ ψυχὴ βροτοῖς* Timocl. 3, 612 (2). *τὸ δ' αἷμα λέλαφας τοὐμόν* Aristophan. 2, 1180 (15). *αἷμα, κύστιν* Eubul. 3, 250 (3). *τὸ δεῖπνον ἀλλ' οὐδ' αἷμ' ἔχει* Diph. 4, 404 (2, 8).

αἱμασιολογῶ: *αἱμασιολογεῖν ἠπίστατο* Theopomp. 2, 819 (11).

αἱματῖτις: *χορδήν τιν' αἱματῖτιν* Sophili 3, 582.

αἱματῶ: *ἡματῶσθαι* Eriphi 3, 558 (5).

†*αἵμην* Eup. 2, 483 (7).

αἱμορρυγχιῶ: *τὸ πρόσωπον *αἱμορρυγχιᾶν* (legeb. - *χίαν*) *ποιήσω* Herm. 2, 414 (3).

αἱμυλοπλόκος: Cratin. 2, 189 (39).

αἱμυλόφρων: Cratin. 2, 189 (39).

αἱμωδιῶ: *ἡμωδία* Timocl. 3, 598 (vs. 7).

αἴνιγμα: *χαίρεις* (? f. *παίζεις*) *μ' αἰνίγμασιν* Alexid. 3, 493 (1, 6).

αἰνιγμός: *λαλοῦσ' - ἐν αἰνιγμοῖς τισίν* Anaxil. 3, 348 (1, 22).

αἰνῶ: *τὸν αὐτὸν αἰνεῖν καὶ ψέγειν* monost. 506.

αἴνω, αἰνῶ: *τὰς κριθὰς αἴνειν, ἀλέσαι* Pher. 2, 345 (18). **αἴνειν μολγόν* Aristophan. 2, 966 (9). *μή μοι Ἀθηναίους αἰνεῖν'* (al. *ἀνεῖν*) Aristophan. 2, 1066 (4).

αἴξ: αἶξ οὐρανία Cratin. 2, 160 (21). Antiph. 3, 78 (2, 4). οὐράνιον μέγα πλουτοφόρον anon. 4, 667 (281). βουκολεῖσθαι αἶγας Eup. 2, 485 (25). μηκάδων αἰγῶν ἀπόρρουν θρόμβον Antiph. 3, 27 (1, 8). αἰγῶν ἀγέλην Anaxand. 3, 183 (1, 24). ἡνίκ' ἂν πωλῶσιν αἰγῶν κρανία Alexid. 3, 423 (1, 24). οἰός, κάπρου, αἰγός Mnesimach. 3, 570 (v. 48).

Αἰξωνεῖς: γραῦς κακολόγος ἐκ δυοῖν Αἰξωνέοιν Men. 4, 144 (5).

Αἰξωνικός: κλύδων Αἰξωνικός Nausicr. 4, 575 (2).

Αἰξωνίς: Αἰξωνίδ' ἐρυθρόχρων-τρίγλην Cratin. 2, 141 (1).

αἰολίας: ὀρφώ, αἰολίαν, συνόδοντα Plat. 2, 672 (1, 13). σπάρος, αἰολίας, θρίττα Ephipp. 3, 330 (1, 5). σπάρος, αἰολίας, θρᾶττα Mnesim. 3, 570 (v. 40).

αἰπόλος: ποιμὴν αἰπόλος Cratin. 2, 182 (20). φράσει πρὸς τὸν αἰπόλον Eup. 2, 426 (2, 3). βασιλεῖς ἐγένοντο χοἱ πρὶν ὄντες αἰπόλοι anon. 4, 614 (42).

αἰπολῶ: ἐπίσταμαι αἰπολεῖν, σκάπτειν, νεᾶν Eup. 2, 430 (9ᵃ).

αἶρα: ζείας αἴρας ἀκεάννους Pher. 2, 345 (17). ζειάς, αἴρας, σεμίδαλιν Aristophan. 2, 1122 (15).

αἵρεσις: τοῖνδε δυοῖν ἑνὸς αἵρεσις Plat. (?) 2, 697 (v. 9). τὸ μὲν διὰ τύχην - τὸ δ' αἱρέσει Men. 4, 198 (2). ἡ τῶν ὁμοίων αἵρεσις Men. 4, 324 (465). αἵρεσιν τίνα *ζηλοῖς; Nicolai 4, 579 (vs. 29).

αἱρετιστής: τὸν *αἱρετιστὴν τῶν αὐτοῦ τρόπων Philem. 4, 50 (48).

αἱρετός: v. παλιναίρετος. αἱρετώτερος mon. 193. 477.

αἰρόπινος: κόσκινον αἰρόπινον Aristophan. 2, 1145 (12).

αἱρῶ: cf. v. Ἠλιαία. de forma ἑλῶ sim. cf. 5, 4. 117. εὕδοντι δ' αἱρεῖ πρωκτός Cratin. 2, 23 (10). πάντας ἑλὼν ὑμᾶς καταπρώξομαι Cratin. 2, 95 (5). ᾕρει λέγων τοὺς ῥήτορας Eup. 2, 458 (6, 3). μὴ λαμβάνειν τὰς ἀξίας τιμωρίας, ἑλεῖν δὲ πάντως Antiph. 3, 156 (78). τοῦτ' ἔσθ' ἑκάστῳ μεῖζον ἢ Τροίαν ἑλεῖν Eubul. 3, 205 (v. 2). τῆς *πόλεος ἧς εἶλον τότε Eubul. 3, 263 (2). τούτῳ δ' ὁπόταν ἰχθύν τιν' ἕλωσ' Ephipp. 3, 328 (1, 2). ἀνέπαφα σώματ' *οὐδ' ἕλῃ (f. et οὐδὲ ληπτέα 5, 104) Men. 4, 189 (8). αἱροῦμαι: αἱρούμενοι καθάρματα στρατηγούς Eup. 2, 466 (15, 6). οὓς οὐκ ἂν εἵλεσθ' οὐδ' ἂν οἰνόπτας Eup. 2, 510 (7). αἱρουμένους ἐπιστάτας ἀποδοκιμάζειν Archipp. 2, 720 (3). *ἓν' ἀφ' ἑκάστης *(τῆς) τέχνης εἱλόμεθα Aristophan. 2, 1005 (1, 3). τινὲς παρασίτους ἑλόμενοι Diodor. 3, 544 (v. 32). τῶν πολιτῶν προστατεῖν αἱρούμενον (pass.) Men. 4, 250 (52). χορηγὸς αἱρεθείς Antiph. 3, 116 (1, 5). ἀκούσας τὸν τρόπον ὃν ἂν δοκῇ μοι βαστάσας αἱρήσομαι Eup. 2, 549 (3). τριῶν κακῶν ἢν ἕλεσθ' αὐτῷ τι ἀνάγκη Polyz. 2, 867 (1). ὅ τι βούλει δ' ἑλοῦ Men. 4, 135 (2, 5) ὅτ' οὐ ταῦτ' ἀλλ' ἐκεῖν' ᾑρούμεθα Men. 4, 244 (25). ἑλέσθαι ψεῦδος Men. 4, 292 (270). ἰσότητα δ' αἱροῦ monost. 672. τὸν βίον ἅπαντα τοῦτο δρᾶν αἱρούμεθα Antiph. 3, 66. ἑλέσθαι τοῦτον ἂν ζῆν τὸν βίον ἢ τὴν Σελεύκου-ὑπεροχήν Antiph. 3, 102. ὥστ' ἔγωγ' ἂν εἱλόμην που - Men. 4, 219 (2). πένης ὢν καὶ γαμεῖν ἑλόμενος Men. 4, 251 (57). τἀλλότρια δειπνεῖν ἑλομένους Nicol. 4, 579 (v. 16).

αἴρω: ἄνω τὴν μασχάλην αἴρωμεν Cratin. 2, 198 (63). αἴρουσιν ὥσπερ δάκτυλον τὴν μηχανήν Antiph. 3, 106 (v. 15). φέρειν τιν' †ἄραντ' (l. ἄρας) ἄνεμος Antiph. 3, 110 (v. 5). τὸν οἶκον ἄρας εἰς ἕτερον πορεύεται Philem. 4, 41 (19). τοῖχον ἄρας *στήσομαι (5, 99) Philem. (?) 4, 41 (21). αἴρ' ὕδωρ Plat. 2, 630 (1, 4). αἴρω ποθεινὴν μᾶζαν Antiph. 3, 8 (1). μεγάλην ἄκατον ἦρέ τις Antiph. 3, 3 (5). οὐδ' ἂν Αὐτοκλῆς οὕτως εὐρύθμως *ἄρας ἐνώμα Theophil. 3, 627. [ἄρας ἐπάταξα Men. 4, 299 (308)]. δεινόν ποτ' ἦρεν - ἐν τῷ σκότῳ Arched. 4, 435. τὰς τραπέζας αἴρετε Men. 4, 147 (2). ἅμα τῇ τραπέζῃ καὶ τὸν οἶνον ἄρασ' ἀφ' ἡμῶν

Men. 4, 263 (2). ἤρετο τράπεζα Eubul. 3, 258 (2). ἀρτέον τράπεζαν Alexid. 3, 498. ὡς δ' ἦν ἠρμένη τράπεζα Timocl. 3, 599 (2). οἱ τὰς ὀφρῦς αἴροντες Men. 4, 82 (4). 205 (3). τὸν τὰς ὀφρῦς αἴροντα Diph. 4, 415 (1). αἴρομαι: ἔγχελυς χλιαίνετ', αἴρεθ', ἵεται Antiph. 3, 125 (1, 4). ἐπεὶ δ' ὁ τρίπους ἤρθη Antiph. 3, 147 (36). ἄνω ὥσπερ κοττάβειον αἴρομαι Eubul. 3, 213. εὐθὺς εἰσιν ἠρμένοι καὶ φέρονθ' ὑψοῦ πρὸς αἴθραν Anaxil. 3, 348 (1, 29). *κυλίκια αἶρου τὰ μείζω Epicrat. 3, 372 (2). κρατῆρα αἶρου anon. 4, 605 (17). οὐ σῖτον ἄρασθ' Cratin. 2, 141 (2). †αἶρετ' ἀνθρακίδας Philyll. 2, 861 (1). τιν' ἄρασθαι μέσον Aristophont. 3, 357 (1, 3). Κλέωνι πόλεμον ἠράμην Plat. 2, 658 (2).
αἰσθάνομαι: οὐδ' οἱ γείτονες αἰσθάνονται Plat. 2, 686 (16) cll. 5, 49. ᾔσθου τὸν Ἄβυδον ὡς ἀνὴρ γεγένηται; Herm. 2, 402 (1, 7). τραγήματ' αἰσθάνομαι ὅτι νομίζεται παρέχειν Alexid. (Antidot.) 3, 458. ῥύγχος φορῶν ὕειον ᾐσθόμην Anaxil. 3, 343 (1). ἂν μὴ τὸν αἰσθησόμενον ἡ τέχνη λάβῃ Philem. 4, 22. ἂν τοῦτ' αἰσθάνῃ, ἐμὸς εἶ μαθητής Euphron. 4, 493 (v. 10). χρήσῃ αὐτοῖς αἰσθόμενος μεθ' ἡδονῆς Philem. 4, 58 (80). ἵν' οὕτως ᾔσθετο οἷον παραλαβὼν ἀγαθὸν οὐκ ἐφείσατο Men. 4, 175 (2). ᾐσθόμην ἐκεῖνο δρᾶμα, τοῦτο δ' ἐστὶ παίγνιον Euphron. 4, 487 (v. 34).
αἴσθησις: κωφὴν ἀκοῆς αἴσθησιν Antiph. 3, 112 (1, 5). εἰ οἱ τεθνηκότες αἴσθησιν εἶχον Philem. 4, 48 (40ᵃ).
αἰσθητήριον: τῶν πρεσβυτέρων ἀναστομοῖ *τἀσθητήρια Diphil. (Sosipp.) 4, 383 (2, 6). ἐπὰν ᾖ καθαρὰ τἀσθητήρια Machon. 4, 497 (vs. 5).
αἰσθητικός: αἰσθητικὴν γραῦν Alexid. 3, 409 (1).
†αἰσχοῦν Eup. 2, 483 (7).
αἰσχροεπῶ: ὡς σκαιὸς εἶ κἄγροικος αἰσχροεπῶν Ephipp. 3, 339 (8).
αἰσχροκερδία: ἆρ' ἐστιν ἀνοητότατον αἰσχροκερδία Diph. 4, 421 (13).
αἰσχρός: cf. ἐχθρός. ἀνδρῶν νεοπλουτοπονήρων, αἰσχρῶν Cratin. 2, 133 (2, 3). ὄνειδος αἰσχρὸς βίος Men. 4, 282 (217). αἰσχίστην νόσον Plat. 2, 681 (5ᶜ). λαθραίαν κύπριν, αἰσχίστην *νόσων πασῶν Eubul. (Philipp.) 3, 238 (v. 8). ἔλαβεν αἰσχράν· οὐ βιωτόν ἐστ' ἔτι Anaxand. 3, 195 (1, 9). αἰσχρὰν γυναῖκ' ἔγημας Philippid. 4, 476 (6). αἰσχρόν: καλὸς-πεινῶν ἐστιν αἰσχρὸν θηρίον Anaxand. 3, 169 (1). τὸ τίμιον καὶ τὸ καλὸν αἰσχρόν ἐστι νῦν Diodor. 3, 545 (v. 42). ὅπερ [τοῦ αἰσχροῦ τάττεται] Stratt. 2, 778. αἰσχρὸν μηδὲν πρᾶττε μηδὲ μάνθανε monost. 28. ἰδὼν-αἰσχρὸν πρᾶγμα μὴ συνεκδράμῃς monost. 272. χαίρειν ἐπ' αἰσχροῖς πράγμασιν monost. 544. ὅταν αἰσχρὰ πράττῃ πράγματα Antiph. 3, 153 (60, 6). λέγεις με *τἀσχρὰ Aristom. 2, 731 (3). ἐπίπροσθε ταἰσχρὰ φαίνετ' εἶναι τῶν καλῶν Antiph. 3, 148 (41). τὰ αἰσχρὰ κέρδη mon. 586 = 719. *αἰσχρὸν δὲ-πονηρὸν αὐτὸν εἶναι Cratin. 2, 173 (3). αἰσχρὸν *ἀλογίου στ' ὀφλεῖν Eup. 2, 557 (24). αἰσχρὸν (an ἐχθρὸν 5, 104) γενέσθαι πτωχὸν ἀσθενῆ θ' ἅμα Aristophont. (?) 3, 359 = Men. 4, 183 (3). ὑπεραισχυνόμην μέλλων ἀσύμβολος δειπνεῖν· πάνυ αἰσχρὸν γάρ Dromon. 3, 541 (1). αἰσχρὸν *ἐστι τοῦτο γὰρ πάνυ (int. ἀδικεῖν ἱκέτας) Men. 4, 102 (3). αἰσχρόν γ' ὅταν τις-ματαίους ἐξακοντίζῃ λόγους Men. 4, 257 (87). οὐδὲν αἰσχρόν ἐστι τἀληθῆ λέγειν Men. 4, 326 (476). οὐκ ἔστιν αἰσχρὸν ἀγνοοῦντα μανθάνειν monost. 405. οὐκ ἔστι σιγᾶν αἰσχρόν monost. 417. ὡς αἰσχρὸν ἀνθρώποισίν ἐστ' ἀπληστία mon. 561. ὡς αἰσχρὸν εὖ ζῆν ἐν πονηροῖς ἤθεσιν mon. 564. ζῆν αἰσχρόν, οἷς ζῆν ἐφθόνησεν ἡ τύχη monost. 666. οὐδὲν αἰσχρόν ἐστιν *αὐτοῖς ἀποτυχεῖν Apollod. 4, 454 (1, 7). αἰσχρὸν δοῦλον εἶναι σκώμματος Nicol. 4, 580 (v. 32). ἐλευθέρῳ τὸ καταγελᾶσθαι πολὺ *αἴσχιστόν ἐστι Men. 4, 120 (3). τὸ θανεῖν οὐκ αἰσχρόν, ἀλλ' αἰσχρῶς θανεῖν monost. 504. τῶν χρεῶν ἀπέβρυκεν αἰσχρῶς Eubul. 3, 227 (4). ὑμνεῖτο δ' αἰσχρῶς

anon. 4, 676 (305). *αἴσχιστα πενίαν* *(*ἄν*) *φέροις* Men. 4, 291 (264). *διακέχναιχ' αἴσχιστα* Pher. 2, 327 (1, 20).

Αἰσχύλος: *Αἰσχύλου φρόνημ' ἔχων* Telecl. 2, 366 (1). *ἐν τοῖσι συνδείπνοις ἐπαινῶν Αἰσχύλον* Aristophan. 2, 1009 (10). de Aeschylo id. 2, 1202 (110). *τῶν Αἰσχύλου πολὺ μᾶλλον* (scr. *μεῖζον* 5, 86) *εἶναι-ἰχθύδι' ὀπτᾶν* Anaxil. 3, 346.

αἰσχύνη: *αἰσχύνη τὸ κατειπεῖν* Pher. 2, 261 (1). *κέρδος αἰσχύνης ἄμεινον* Calliae 2, 735. *τοῦ πατρὸς κρατεῖν αἰσχύνην φέρει* Antiph. (?) 3, 152 (58c). *ὁ δίαυλός ἐστιν αἰσχύνην ἔχων* Anaxand. 3, 197 (5). *τὴν αἰσχύνην πᾶσαν ἀπολωλέκασι* Apollod. 4, 454 (1, 8).

αἰσχύνομαι: †*αἰσχύνομαι* (v. 5, 15) *τὸ δρᾶμα Μεγαρικὸν ποιεῖν* Kephant. 2, 12. *ἀλλ' αἰσχύνομαι λέγειν* Philem. 4, 45 (32). *αἰσχύνομαι πλουτοῦντι δωρεῖσθαι φίλῳ* Men. 4, 267 (142). *οὐκ αἰσχυνοῦμαι πλύνων* Aristophan. 2, 1030 (11). *οὐχ ὁρᾷς ὀρχούμενον ταῖς χερσὶ-; οὐδ' αἰσχύνεται* Antiph. 3, 59. *αἰσχύνεται* **πελιτνὸν ὂν* (int. *ἠπάτιον*) Alexid. 3, 429 (1, 17). *αἰσχυνόμενον ἧπαρ* **καπρίσκου* Crobyli 4, 567 (2). *αἰσχυνόμενος αἴσχιστα πενίαν* *(*ἄν*) *φέροις* Men. 4, 291 (264). *τό γ' οἰνάριον ἦν ὀξὺ-ὥστ' ᾐσχυνόμην* Apollod. Car. 4, 448. *αἰσχυνόμενος περιπλέκει τὴν συμφοράν* anon. 4, 661 (240). *ἀλλήλους αἰσχυνόμενοι* Pher. 2, 261 (1, 6). *αἰσχύνομαι τὸν Κόρυδον* Alexid. 3, 404 (2). *ὅστις φοβεῖται τὸν πατέρα κᾀσχύνεται* Timocl. 3, 612 (1). *ἰδὼν ᾐσχύνετο τὸν πατέρα μίκρ' ἔχοντα* Men. 4, 176 (1). *αἰσχύνομαι τὸν πατέρα μόνον* Men. 4, 251 (59). *ὅστις αὑτὸν οὐκ αἰσχύνεται ‖ πῶς τόν γε μηδὲν εἰδότ' αἰσχυνθήσεται;* Philem. 4, 53 (51d) = Diphil. 4, 421 (15). *αἰσχύνεται οὐδέν* (int. *πόρνη*) Men. 4, 245 (36). *τὴν γυναῖκα δέ αἰσχύνομαι* Aristophan. 2, 1175 (1).

Αἴσωπος: *ψυχὴν* **ἐπανήκειν ὥσπερ Αἰσώπου ποτέ* Plat. 2, 640 (3).

αἰτία: *πλείστων αἰτίαν πλατειῶν* Aristophan. 2, 1130 (1). *πολλῶν τοῖς πᾶσιν αἰτία κακῶν λύπη* Philem. 4, 43 (27b). *οὐ παντὸς ἀγαθοῦ τὴν πρόνοιαν αἰτίαν κρίνων* Men. 4, 214 (6). *προσάπτει τῇ τύχῃ τὴν αἰτίαν* Men. 4, 239 (20). *ἡ γλῶσσα πολλῶν ἐστιν αἰτία κακῶν* monost. 220. *προπέτεια πολλοῖς αἰτία κακῶν* monost. 706. **κἂν τις αἰτία γένηται τὸν πολίτην κατέπιεν* anon. 4, 616 (48). *τὴν αἰτίαν ἔχουσ' ἀπὸ τῶν ἡδυσμάτων* Pher. 2, 336 (4). **αἰτίαν ἔχει πονηρὸς εἶναι* Phryn. 2, 600 (6). *αἰτίαν ἔχειν ἐκεῖνον ἄλλως* Alexid. 3, 393 (1). *τὸ γῆρας πᾶσαν αἰτίαν φέρει* monost. 209. *πυθοῦ διὰ τίν' αἰτίαν* Men. 4, 321 (455). *λέγω τὰς αἰτίας καὶ τἀποβαῖνον* Damox. 4, 531 (v. 47).

αἴτιος: *ἔξεστι γάρ μοι. Σωκράτης γὰρ αἴτιος* Calliae 2, 739 (2). *ὅς ἂν φέρῃ ἀγνωμόνως αὔθ'* (i. e. *γῆρας*), *οὗτός ἐστιν αἴτιος* Anaxand. 3, 196 (2, 3). *ὧν μὴ αἴτιος τρόπος* Men. 4, 127 (4). *ἀσχημοσύνης γίγνετ' ἐνίοις αἴτιος* (int. *πλοῦτος*) Men. 4, 163 (1). *αἰτιώτατος* Men. 4, 321 (454).

αἰτιῶμαι: *ὅταν αὐτὰς αἰτιώμεθ' ἐκπιεῖν* Pher. 2, 324 (1, 8). †*αὑτὸν αἰτιῶ* (l. *αὐτὸς σεαυτὸν αἰτιῶ*) Nicoch. 2, 846 (3). *ἢ σεαυτὴν αἰτιῶ* Eubul. 3, 210. **μηκέτ' αἰτιῶ θεόν* Men. 4, 126 (1).

Αἴτνη: *μέγα* **πάνυ τὴν Αἴτνην ὄρος εἶναι* Plat. 2, 624 (2). *Αἴτνη ἄνθρωπος* anon. 4, 663 (255).

αἰτῶ: cf. *ἵστημι*. *οὐκ ἔδωκ' αἰτοῦντι Σοφοκλέει χορόν* Cratin. 2, 27 (2). *οὐδὲ πρᾶσιν* **αἰτοῦσιν* Eup. 2, 519 (33). *δῶρ'* **αἰτῶν* Aristophan. 2, 981 (26). *ᾔτουν χρήματ'* Aristophan. 2, 1040 (23). *ᾔτουν τὰς γυναῖκας ἀργυρίδιον* Aristophan. 2, 1164 (4). *δημιουργοὶ μέλιτος αἰτοῦσαι σκάφας* Antiph. 3, 132 (2). *ᾔτησε κύλικα* Alexid. 3, 417 (1). *τὴν μείζον' ᾔτουν* Sophili 3, 581. *μηδ' ἣν αἰτῶ παραθῇς μοι* (piscem) Pher. 2, 311 (2). *εἴσω δραμὼν αἴτησον* Theop. 2, 818 (8). *ἄν σ' ἐπαινῶ μᾶλλον, αἰτήσεις* **μέ τι* Alexid. 3, 434 (1, 15). *δεῖπνον αἰτήσεις με σύ* Alexid. 3, 465

(3). τὴν ἀπόδειξιν - αἰτῶ σ' ἐγὼ Dionys. 3, 551 (1, 4). αἰτῶ δ' ὑγίειαν πρῶτον, εἶτ' εὐπραξίαν Philem. 4, 56 (68). ὁ γῆρας αἰτῶν παρὰ θεῶν Philem. 4, 60 (87). μὴ διδοὺς αἰτεῖν δοκῶ Men. 4, 287 (142). οὐχὶ τὴν αὐτὴν *(ἔχει) διάνοιαν αἰτῶν καὶ λαβὼν Men. 4, 325 (471). ᾔτησεν εἰς ὀψώνιον τριώβολον Thugenid. 4, 593 (1). ἀδικοῦσαν, ἀποκλείουσαν, αἰτοῦσαν πυκνὰ Men. 4, 131 (1). ἐδίδουν ὁπόσον αἰτήσειέ με Diph. 4, 390 (2). τὸ μισθάριον ἂν ἀπαιτῇς ‖ πάλιν ᾔτησας - Diph. 4, 395 (2, 36). μισθὸν διδόντας ὅσον ἂν *αἰτήσῃς Euphron. 4, 493 (v. 8). δοὺς μισθὸν ὃν *(μ') ᾔτησας Philosteph. 4, 589. οὐ πῦρ αἰτῶν οὐδὲ λοπάδ' αἰτούμενος Men. 4, 110 (9) = 210 (5). παιδίον ᾔτησατ' ἢ κέχρηκεν Men. 4, 205 (1). αἰτεῖσθαί τιν' ἡμῶν ἑκατὸν εἰς Καλχηδόνα Eup. (?) 2, 577 (v. 12). αἰτούμεθ' αὐτοὺς τὰ καλὰ ἀνιέναι Aristophan. 2, 1148 (1, 14). μηδέποτε τὴν ἀλυπίαν αἰτοῦ παρὰ θεῶν Men. 4, 238 (19). ποιήσω πάνθ' ὅσα αἰτεῖται παρ' ἡμῶν Alexid. 3, 415 (2). οὐδὲν ἐδίδου -· εἴ *τι δ' αἰτοίμην, ἔφη - Phoenicid. 4, 511 (v. 19). αἰτεῖσθαι (pass.) ἅμα τι προσδοκᾷ Men. 4, 71 (8).

αἰχμάλωτος: αἰχμάλωτον γενέσθαι Men. 4, 320 (450).

αἰχμητής: *ἀμφικέφαλλος, αἰχμητής Eubul. 3, 254 (1, 11).

Αἰχμίας: μετὰ *Καλλα- καὶ μετ' *Αἰχμία anon. 4, 685 (330).

ἀΐω: Μανῆς οὐδὲν λατάγων ἀΐει Herm. 2, 398 (2, 7).

αἰών: αἰῶνα πάντα συνδιατρίψειν Cratin. 2, 15 (1). ἀγόμφιον αἰῶνα *τρίψει Diocl. 2, 841 (1, 5). ἐν *ὅσῳ συστρέφεται, προσέρχεται - αἰὼν γίγνεται Men. 4, 231 (7). μακρὸς αἰὼν συμφορὰς πολλὰς ἔχει monost. 351.

αἰωροῦμαι: ὥσπερ κυλιστὸς στέφανος αἰωρούμενος Alexid. 3, 478.

Ἀκαδήμεια: v. Ἀκαδημία.

Ἀκαδημία: αὐτὴν ὁρᾶν τὴν Ἀκαδημίαν (an Ἀκαδήμιαν) δοκῶ Antiph. 3, 17. εὔστοχος νεανίας, τῶν ἐξ Ἀκαδημίας τις Ephipp. 3, 332 (v. 2). ἀγέλην μειρακίων ἐν γυμνασίοις Ἀκαδημίας (?) Epicrat. 3, 370 (1, 11). Λύκειον, *Ἀκαδήμειαν, Ὠιδείου πύλας Alexid. (?) 3, 394. τοῦτ' ἔστιν *Ἀκαδήμεια, τοῦτο Ξενοκράτης; Alexid. 3, 421 (1).

Ἀκάδημος: ἐν δρόμοισιν Ἀκαδήμου (al. Ἑκαδήμου) θεοῦ Eup. 2, 437 (3).

ἀκάθαρτος: ἀκάθαρτε Baton. 4, 502 (v. 2).

ἄκαιρος: γέλως ἄκαιρος monost. 88.

ἄκακος: εἰς ἄκακον ἀνθρώπου τρόπον Anaxil. 3, 353 (1).

ἀκαλαρρείτης: ἀκαλαρρείταο βαθυρρόου Ὠκεανοῖο Diph. 4, 416 (3).

ἀκαλήφη: ἀκαλήφαις ἐστεφανῶσθαι Pher. 2, 262 (2). ἀκαλῆφαι Eup. 2, 446 (20). τὰς κραναὰς ἀκαλήφας Aristophan. 2, 1169 (4). ἀκαλήφας *(καὶ) λεπάδας παρέθηκέ μοι Philippid. 4, 468.

ἀκάλυπτος: ἐν ἀκαλύπτῳ καὶ ταλαιπώρῳ βίῳ Men. 4, 192 (4).

ἀκάματος: χεῖρα - χαλκῆν, ἀκάματον Cratin. min. 3, 377. γνάθον ἀκάματον Nicolai 4, 580 (v. 29).

ἄκανθα: οὐ γὰρ ἄκανθαι Aristophan. 2, 1057 (5). 1144 (11). τὸν Σινώπης γόγγρον παχυτέρας ἔχοντ' ἀκάνθας Antiph. 3, 13 (1, 13). [πάππος ἀπ' ἀκάνθης Eubul. 3, 255 (v. 19)]. ὑπ' ἀκάνθης μηδὲ ἓν παθεῖν Alexid. 3, 404 (3) = 429 (1, 11). περικόψας τὰς ἀκάνθας τὰς κύκλῳ (int. σαύρου) Alexid. 3, 443.

Ἀκάνθιος: ποδαπὸς *σύ; - Β. Ἀκάνθιος Amphid. 3, 317 (1).

ἀκανθυλλίδας Eubul. 3, 268 (14).

ἀκαρής: ἀκαρὴς περιλιππίδωσαι Alexid. 3, 449 (5) cll. 4, 600 not. ἀκαρῆς παραπόλωλας Men. 4, 284 (226). κατέπεσον ἀκαρὴς anon. 4, 600 (3). τοῦ μὲν ἀκαρῆ (f. ἀκαρὶ 5, 97) παντελῶς κατέχει Xenarch. 3, 621 (1, 15). οὐδ' ὅσον ἀκαρῆ τῆς τέχνης ἐπίσταμαι anon. 4, 600 (3).

ἀχαρί: v. ἀχαρής.
Ἀκαρνάν: Σόφων Ἀκαρνάν Anaxipp. 4, 459 (v. 1).
ἄκαρπος: ἄκαρπος ἀπὸ ῥίζης κλάδος Men. 4, 274 (182). σκληρόν, ἄκαρπον anon. 4, 672 (298ᵃ).
ἄκασκα: ἄκασκα προβῶντες Cratin. 2, 88 (5).
ἀκάτιον: κατάβαλλε τἀκάτια καὶ κυλίκια αἶρου Epicrat. 3, 372 (2).
ἄκατος: φιάλην· Τελέστης δ' *ἄκατον ὠνόμαζέ *νιν Theopomp. 2, 798 (2). μεγάλην Διὸς σωτῆρος ἄκατον Antiph. 3, 5 (5). ὥσπερ ἄκατος οὐδὲ μικρὸν πείθεται ἑνὶ πηδαλίῳ Theophili 3, 628 (1).
ἀκέαννος: ζείας, αἶρας, *ἀκεάννους Pher. 2, 345 (17).
*ἀκερματιᾶν: Aristophan. 2, 949 (18).
Ἀκέστωρ: Ἀκέστορα εἰκὸς λαβεῖν πληγάς Cratin. 2, 68 (1). Ἀκέστορ' - τὸν στιγματίαν Eup. 2, 455 (1, 14). τὸν Μύσιον Ἀκέστορ' Theop. 2, 815 (1). de Acestore Metag. 2, 758 (2).
ἀκίβδηλος ἀνήρ Phryn. (?) 1, 159.
ἀκίνητος: ὡς ἀκίνητοι †νῦν εἶναι (de Boeotiis) Alexid. 3, 491 (1).
ἀκίς: ἐπιφέρει τραγήματα ἀκίδας Κρητικάς Mnesimach. 3, 577 (1). Ἔρως, ἡ φρενῶν ἀκίς Timoth. (?) 3, 589.
ἀκκίζομαι: τὰ γύναια τἄλλ' ἠκκίζετο Philippid. 4, 468 (1).
ἀκκισμός: οὐδὲ εἷς ἀκκισμὸς οὐδὲ λῆρος Philem. 4, 4 (1, 14).
Ἀκκώ: Herm. 2, 383 (7).
ἀκληρία: Antiph. 3, 6 (1).
ἄκλητος: ἄκλητος φοιτᾷς ἐπὶ δεῖπνον Cratin. 2, 38 (3). χωρεῖ ἄκλητος δειπνήσων Aristophan. 2, 1057 (5). δειπνεῖν ἄκλητος μυῖα Antiph. 3, 111 (v. 7). ἐπὶ δεῖπνον ἐλθὼν Χαιρεφῶν ἄκλητος Alexid. 3, 480 (2). καινόν - Χαιρεφῶντ' ἄκλητον εἰσδεδυκέναι Apollod. Car. 4, 447. πέτονται δεξιῶς ἐπὶ *ταῦτ' ἄκλητοι Antiph. 3, 134 (5, 3). βοῦν τοῖς ἀκλήτοις προκατακόπτειν ib. (5, 7). Κόρυδος ἄκλητος γενόμενος Timocl. 3, 598. κἂν μὴ καλῶ, ἄκλητος ἥξει Apollod. Car. 4, 449.
ἄκλωστος: ἄκλωστοι στήμονες Plat. 2, 698 (53).
ἀκμή: ἐν τῇδε τοῦ κάλλους ἀκμῇ Cratin. 2, 125 (13). νεαλὴς αὐτὴν τὴν ἀκμήν Aristophan. 2, 1100 (10). ἃ δ' εἴς τ' ἐδωδὴν καὶ ῥώμης ἀκμήν Eubul. 3, 205 (v. 6). ὅστις αὐτῆς *(τῆς) ἀκμῆς τῶν σωμάτων ἐρᾷ Alexid. 3, 411. τὴν ἀκμὴν ἐκ παιδὸς πρός τι *κατατιθέμενος; Apollod. 4, 454 (1, 3). ἀκμὴ οὐδὲν ἄνθους διαφέρει monost. 642. κρέα πυρὸς ἀκμαῖς ἠνθισμένα Epicrat. 3, 369. ἂν ὑστερίζῃ τῆς τεταγμένης ἀκμῆς Alexid. 3, 452 (1, 10). τὴν τῆς ἅλμης ἀκμήν Arched. 4, 436 (1, 9).
ἄκμων: ἄκμων καὶ σφῦρα νεανίᾳ Cratin. 2, 69 (3). ὑπομένειν πληγὰς ἄκμων Aristophont. 3, 357 (1, 6).
ἀκοή: de aure Pher. 2, 347 (24). ἀπεσθίει μου τὴν ἀκοήν Herm. 2, 405 (7). ἀφανίζει γῆρας ἀκοήν, ὅρασιν, κάλλος ad Men. 4, 262. κωφὴν ἀκοῆς αἴσθησιν ἔχουσιν Antiph. 3, 112 (1, 5).
ἀκολασία: ἀκολασίᾳ (f. ἀκολαστίᾳ) τῶν γεγονότων διαφέρων Alexid. 3, 400 (1, 6).
ἀκολασταίνω: ἀκολασταίνει νοῦς μειρακίων Mnesim. 3, 569 (v. 19).
ἀκολαστάματα: (an ἀκολαστάσματα?) Anaxand. 3, 201 (24).
ἀκολαστία: v. ἀκολασία.
ἀκόλαστος: ὑβριστόν ἐστι χρῆμα κἀκόλαστον Plat. 2, 648 (2) cf. 5, 46. ἀκόλαστός ἐστι Alexid. 3, 412 (1). ἀκόλαστον ἔσχε γλῶσσαν Nicol. 4, 579 (v. 4).
ἄκολος: τὴν ἔνθεσιν δ' ἄκολον (vocatis) Stratt. 2, 781 (3, 7).
ἀκόλουθος: *ὅτοισι παῖς ἀκόλουθός ἐστιν Eup. 2, 484 (1, 3). ἐξαιρέσεις καὶ τἄλλα τἀκόλουθ' Dionys. 3, 552 (1, 12).

ἀκολουθῶ: ἕπεται κἀκολουθεῖ Cratin. 2, 117 (3). ταδὶ τὰ δένδρα - ἀκολουθοῦσί μοι Eup. 2, 475 (37). νῆστις καθάπερ κεστρεὺς ἀκολουθήσεις ἐμοί Amips. 2, 701 (1). εἰ παιδαρίοις ἀκολουθεῖν δεῖ Aristophan. 2, 1002 (19). ὄπισθεν ἀκολουθεῖ κόλαξ *τῳ Anaxand. 3, 177 (2, 7). μόνην θεράπαιναν κατόπιν ἀκολουθεῖν Philem. 4, 45 (31). ἀναπέπεικεν ἀκολουθεῖν ἅμα Theopomp. 2, 815 (1). ἀκολουθεῖν μετὰ σοφιστῶν Antiph. 3, 64 (1, 2). λυπουμένῳ ὅταν τις ἀκολουθῶν λέγῃ χαῖρ' Philem. 4, 5. δίδου σὺ σπλάγχν' ἀκολουθῶν Men. 4, 153 (3). ὁ δέ μ' ἠκολούθησεν μέχρι τοῦ πρὸς τὴν θύραν Men. 4, 243 (32). ἀκολούθει τοῖς νόμοις monost. 394.

ἄκομψος: ἄκομψον καὶ φαῦλον Phryn. (?) 1, 160.

ἀκόνη: ἀκόνῃ σκληρᾷ παραθηγομένης Herm. 2, 395 (1, 5).

ἀκόντιον: τῶν πλατυλόγχων ἀκοντίων Aristophan. 2, 1144 (7. 8). cf. ad Alexid. 3, 442 (3). τῶν ἀκοντίων συνδοῦντες τρία Antiph. 3, 57 (2).

ἀκονῶ: πλείστας ἀκονῶν μαχαίρας Aristophan. 2, 1179 (11). τὰ ξίφη δειπνοῦμεν *ἠκονημένα Mnesim. 4, 577 (1).

ἄκοος (l. ἀκοός): Plat 2, 694 (61).

ἄκοπος ἀνήρ Amips. 2, 713 (14).

ἀκόρεστος: †ἀκορέστους ἐπιφέρειν ὀργάς Cratin. 2, 156 (12).

ἄκοσμος: †δέμας οὐδὲν ἄκοσμον Aristophan. 2, 1094 (7).

ἀκοῦμαι: ἱμάτιον ἀκούμεθα Men. 4, 287 (242).

ἀκούσιος: ἀκουσίῳ (an ἀκουσίως?) δίφρῳ περιπεσών Nicol. 4, 579 (v. 4).

ἄκουσμα: ἀκούσματ' εἰς τρυφὴν παιδεύεσθ' Men. 4, 150 (6). λέγων ἄκουσμα κἀκρόαμα Diph. 4, 428 (43). οὐκ ἔστ' ἄκουσμ' ἥδιον ἢ - Men. 4, 262 (115).

ἀκουστής: Men. 4, 314 (403).

ἀκούω: ἀκούετε λεῴ Susar. 2, 3 (1). ἄκουε, σίγα, πρόσεχε τὸν νοῦν Cratin. 2, 189 (40). ἄκουε τὴν ἐπιστολήν Cratin. 2, 231 (172). ἀλλ' ἀκούσαθ' ὡς ἐσμὲν - κομψοί Eup. 2, 484 (1, 2). ἄκουε νῦν Πείσανδρος ὡς ἀπόλλυται Eup. 2, 501 (6). ἄκουε δὴ σκεύη Eup. 2, 495 (20). καὶ τάδε ἄκουσον *ἃν λέγω σοι Eup. 2, 516 (23). ἀκούετ' - τἄμὰ καὶ ξυνίετε ῥήματ' Eup. 2, 546 (1, 1). ἐπίδειξον αὐτὴν (artem) Α. ἄκουε δή Plat. 2, 672 (1, 5). τἄλλα δὲ ἤδη *τάδ' εὐτελέστατ' ἐστ'. ἄκουε δὴ Plat. 2, 674 (2, 11) cf. 5, 48. ἄκουσον θυμοῦ δίχα καὶ κρῖνον αὐτὴ Aristophan. 2, 1143 (5). ἄκουσον ἤν τί σοι μέλλω λέγειν Timocl. 3, 592. ἄκουσον ὠγαθέ Sosip. 4, 483 (v. 24). μὴ πάντ' ἄκουε Dionys. 3, 548 (v. 27). ἃ μὴ προσήκει μήτ' ἄκουε μήθ' ὅρα monost. 39. ἄκουε πάντων, ἐκλέγου δ' - mon. 566. Μύλλος πάντ' ἀκούων Cratin. 2, 70 (5). τὴν διάθεσιν ᾠδῆς ἀκούειν Eup. 2, 548 (3). ἐγὼ δ' ἀκούσας τὸν τρόπον ὃν ἂν δοκῇ μοι αἱρήσομαι id. 549 (ib.). δρᾶμ' ἀκοῦσαι Antiph. 3, 86 (3). ὁ δὲ Γνήσιππος ἔστιν ἀκούειν Eup. 2, 451 (3, 2). ἀκούεις ὡς στήνει; anon. 4, 665 (328). *τὸ δεῖν' (vel ὁ δεῖν') ἀκούεις; †Myrtil. 2, 418 (1). Eup. 2, 521 (2, 1). οὐκ ἀκήκοας; Aristophan. 2, 968 (9). μιαρὸς ἦν. ἀκήκοας; Philem. 4, 13 (1). ἠκούσατ' ἐπ' αὐτοφώρῳ Νικίαν εἰλημμένον; Eup. 2, 501 (5, 5). ἤδη πότ' ἤκουσας βίον ἀληλεμένον; Amphid. 3, 303 (1). ἀκήκοας *ἤδη πώποτε τὸ θυμίαμα τοῦτο; Amphid. 3, 311. οὐκ ἐδήδοκα *(κάνδαυλον) οὐδ' ἀκήκο' *οὐδεπώποτε Alexid. 3, 462 (1, 3). ἀκήκοα τὰ τῶν μαγείρων πάντα κακά Posidipp. 4, 513. τόν γ' ἀγῶν' ἀκήκοας Posidipp. 4, 517. ἔλεγεν ἄλλα ῥήματα ἃ οὐδὲ εἷς ἤκουσεν ἄν Straton. 4, 546 (v. 41). οὔτ' ἀκήκοα οὔθ' *ἑόρακα τοιαύτην χάριν Damox. 4, 536 (v. 9). οὐκ ἔστ' ἀκούειν οὐδὲν *αὐτὸν οὐδ' ὁρᾶν Philem. 4, 54 (58). τοῖς δ' *οὐδὲ παροῦσιν ἀκούειν ἔξεστιν Antiph. 3, 112 (1, 4). πλησίον κάθηται ὁ δῆμος οὐδὲν οὔτ' ἀκούων οὔθ' ὁρῶν ib. (1, 12). πλησίον ἑστὼς ἀναγιγνώσκοντος οὐκ ἀκούσεται ib. (1, 21). ὡσεὶ προσέχων οὐδὲν οὐδ' ἀκηκοώς Amphid. 3, 313 (1, 9). μᾶλλον θέλειν ἀποκαρτερεῖν ἢ ταῦτ' ἀκούων καρτερεῖν anon. (v. 5, 52) 2, 746 (2, 11). ἀλλ' ἠκούσαμεν καὶ τοῦτο οἶκοι πόθ' ὡς - Eubul. 3, 235 (3). ὅπως ἀκούων πολλὰ μηδὲ ἓν μάθω Philem. 4, 55 (62). ὁ προκαταγιγνώσκων πρὶν ἀκοῦσαι σαφῶς Men. 4, 258 (90). τί δή ποτ' ἀκούσω; Men. 4, 83 (8). ἀκούσας ἥκειν Men. 4, 305 (388). ὡς ἀκήκοα Philem. 4, 22. ἔτι *ταῦτα προσετίθην ἀκηκοώς Philem. 4, 25 (2). κακῶς ᾄδοντος ἀκούειν Pher. 2, 262 (2). ἀκούειν *προβατίων βληχωμένων τρυγός τε φωνήν Aristophan. 2, 1108 (1, 5). ἤκουσα λόγων ἀφάτων Epicrat. 3, 370 (1, 12). ἤκουσα τούτων αὐτός Philem. 4, 34 (6). ἐκ τοῦ λέγειν τε καὶ ἑτέρων ἀκούειν ib. ἀκούειν τῶν γεραιτέρων mon. 384. πάντων ἀκούων διότι - Criton. 4, 538 (v. 5). τοιαῦτ' ἀκοῦσαι δεῖ τὸν διψῶντά τι Amphid. 3, 313 (1, 13). κακῶς ἀκούσομαι Antiph. 3, 123 (2). τὸ καλῶς ἀκούειν ταχὺ ποιεῖ πᾶσιν (?) κακῶς Men. 4, 255 (79). κακῶς ἀκούων ὅστις οὐκ ὀργίζεται Men. 4, 273 (177). καλῶς ἀκούειν μᾶλλον ἢ πλουτεῖν monost. 285. ἐὰν δὲ "σεῦτλον", ἀσμένως ἠκούσαμεν Alexid. 3, 448 (2).

ἄκρα: ἰχθύων γένη περὶ τὴν ἄκραν παίζοντα Henioch. 3, 561. τὴν ἄκραν κάμπτοντας ἡμᾶς Men. 4, 76 (9).

ἀκραιφνής: κόρους *ἀκραιφνεῖς μυρρίνης *Lysipp. 2, 748 (3). ἀκραιφνὲς ὕδωρ Aristophan. 2, 956 (10).

ἀκρασία: διά τινα ἀκρασίαν - οἰδοῦσιν Men. 4, 102 (4).

ἀκρατεύεσθαι: Men. 4, 320 (449).

ἀκρατής: ἀκρατὴς γάμων (al. γάμου) Phryn. (?) 1, 160. ἄδικός ἐστιν ἢ ἀκρατὴς ἄγαν· ὁ μὲν διὰ κέρδος ἄδικος· ὁ δὲ τούτου δίχα ἀκρατής Anaxand. 3, 197 (4).

ἀκρατίζομαι: ἀκρατιοῦμαι μικρόν Aristom. 2, 734 (1). οὐκοῦν ἀκρατισώμεθ' αὐτοῦ Canth. 2, 836 (1). ἢ κοκκύμηλ' ἠκρατίσω; Aristophan. 2, 1183 (29).

†ἀκρατοπώλαις v. ἀχραδοπώλης.

ἄκρατος: ἴσον ἴσῳ μάλιστ' ἀκράτου Cratin. 2, 179 (16). ἄκρατος ἐδίδοτ' ἴσον ἴσῳ Sophili 3, 581. τὸν κατὰ δύο καὶ τρεῖς ἀκράτου Philetaer. 3, 298 (1). λεπαστή -, ἣν ἐκπιοῦσ' ἄκρατον ἀγαθοῦ δαίμονος Theop. 2, 808 (1). προχείρως τοὺς (f. τὰς) ἀκράτους πίνομεν Alexid. 3, 500 (1). κἀκ πιθῶνος ἤρυσαν ἄκρατον Pher. 2, 323 (5). ἄκρατον χοῦ τεταργανωμένον ἔπινε Plat. 2, 684 (9). †μέλανος οἴνου ἀκράτου Aristophan. 2, 1094 (7). ὡς κεράννυται, οὔθ' ὑδαρὴς οὔτ' ἄκρατον Antiph. 3, 11. ἐπεχεάμην ἄκρατον Antiph. 3, 45 (3, 2). μεστ' ἀκράτου κυμβία Anaxand. 3, 162 (2), κυμβίον ἀκράτου Philem. 4, 29. ἀκράτῳ κρούε - αὐτόν Eubul. 3, 228 (1). οἶνον Ψίθιον ἡδὺν ἄκρατον Eubul. 3, 264 (6). οὕτως ἄκρατον πίει; Ephipp. 3, 329. μεστὴν ἀκράτου θηρίκλειον Alexid. 4, 385 (4). ἐν τοῖς συμποσίοις οἱ πίνετε ἄκρατον id. 386. τέτταρα χυτρίδι' ἀκράτου Alexid. 3, 494. ἀκράτου δώδεκα κοτύλας Theophil. 3, 629 (1). ἐπίνομεν τὴν νύκτα καὶ σφόδρ' ἄκρατον Men. 4, 88 (2). τὸ πρῶτον περισσοβεῖ ποτήριον ἀκράτου Men. 4, 136 (3). ἄκρατον, ἐβόων Men. 4, 220 (2). ὁ πολὺς ἄκρατος ὀλίγ' ἀναγκάζει φρονεῖν mon. 420. ἀλγεῖν τὴν κεφαλὴν πρὸ τοῦ πιεῖν τὸν ἄκρατον Clearch. 4, 563. ἐὰν δ' ἄκρατον, παράλυσιν τῶν σωμάτων anon. 4, 605 (16, 13). κραιπάλη, βαλανεῖ', ἄκρατος anon. 4, 611 (35).

ἀκράχολος: τῆς ἀχέρδου τῆς ἀκραχολωτάτης Pher. 2, 349 (32). κύων ἀκράχολος Aristophan. 2, 1195 (82). μελίσσης τῆς ἀκραχόλου Epinici 4, 505. - *ἀκράχολον - *(τι) φθέγγεται anon. 4, 661 (239).

ἀκριβής: οὕτως φειδωλὸς οὐδ' οὕτως ἀκριβὴς τοὺς τρόπους Men. 4, 137 (1).

ἀκριβῶς: ἀκριβῶς ἐγνωκέναι τὸ ῥηθὲν Antiph. 3, 112 (1, 15). οἶδ' ἀκριβῶς Anaxand. 3, 177 (2). νῦν δ' οἶδ' ἀκριβῶς τὴν τύχην Philem. 4, 6. εὖ ἴσθ' ἀκριβῶς Men. 4, 249 (48). τῶν ἀκριβῶς εἰδότων Nicomach. 4, 583 (v. 4). ὁρῶν τοὺς νόμους λίαν ἀκριβῶς Men. 4, 257 (89). διαπεπρισμένα *ἡμίσε' ἀκριβῶς Eubul. 3, 239.

ἀκρίς: σκώληκας, ἀκρίδας, πάρνοπας Nicoph. 2, 848 (1). εἰσπηδᾶν ἀκρίς Antiph. 3, 110 (v. 6).

ἀκροάζομαι: v. ἀκροῶμαι.

ἀκρόαμα: λέγων ἄκουσμα κἀκρόαμα Diph. 4, 428 (43).

ἀκροατής: ἀκροατὴς ἀσύνετος καθήμενος Philem. 4, 46 (34b). οὐκ οἰκοσίτους τοὺς ἀκροατὰς λαμβάνεις Men. 4, 150 (5). τὸν ἀκροατὴν καὶ συνετὸν κριτὴν Apollod. 4, 454 (1, 1).

ἀκροβελίδες: ὕπαγε τὰς ἀκροβελίδας [ἄκρας] Archipp. 2, 717 (3).

ἀκροθώραξ: πεπωκότα ἤδη τ' ἀκροθώραχ' ὄντα Diph. 4, 397.

ἀκροκώλιον: δίεφθ' ἀκροκώλια Pher. 2, 300 (1, 14). ἀκροκώλια *(δίεφθα) Telecl. 2, 876 (13). ἀκροκώλι' ἕψειν Anaxil. 3, 346. ἀκροκώλια τέτταρα ἥψησα τακερά Aristophan. 2, 945 (5). ὁ γόγγρος ἑφθός, τὰ δ' ἀκροκώλι' οὐδέπω Alexid. 3, 466 (4). χοίρων ἀκροκώλια Archipp. 2, 717 (2). κἀκροκώλιον ὕειον Stratt. 2, 766 (2). κἀκροκώλιον ὕειον Ἀφροδίτῃ Antiph. 3, 68. ἀκροκώλιον γεννικὸν Eubul. 3, 205 (v. 9). ἀκροκώλι', ἄρτοι, κάραβοι Aristophan. 2, 1008 (κ). κατησίμωται πάντα τἀκροκώλια Eubul. 3, 211 (v. 6). ἠριστηκότων ἡμῶν ἐξ (f. ἓξ) ἀκροκωλίου τινός Alexid. 3, 435. κήρυκας, ᾠ', ἀκροκώλια Alexid. 3, 513 (18).

ἀκρολίπαροι: Alexid. 3, 473 (7).

ἀκρόπολις: οἱ τὰς ἀκροπόλεις κεκτημένοι Men. 4, 92 (5). ὁ τὴν ἀκρόπολιν πανδοκεῖον ὑπολαβὼν Philippid. 4, 474 (1).

ἄκρος: ἄκρας τῆς κόμης καθέλκων Cratin. 2, 217 (138). ἐπ' ἄκρων τῶν κροτάφων Plat. 2, 645 (2). τὴν ὀσφὺν ἄκραν Men. 4, 108 (3). ὀσφὺν δ' ἐξ ἄκρων διακίγκλισον Aristophan. 2, 955 (8). ῥινὸς ὑπεροχὰς ἄκρας Ephipp. 3, 325 (2, 3). ἐξ ἄκρου ἡ γλῶττα - ἐστι τετρυπημένη anon. 4, 653 (197). †ἄκρῳ τῇ Μορσίμῳ Plat. 2, 659 (2). τὰς ἀκροβελίδας [ἄκρας] Archipp. 2, 717 (3). *ὀνεύοντες εἰς ἄκρον τὸν *ἱστόν Stratt. 2, 772 (1). ἕνεκα νηστείας ἄκρας Diph. 4, 401. συμφορὰν *ἄκραν Alexid. 3, 485 (4). ἄνδρες Ἑλλήνων ἄκροι Alexid. 3, 410 (1). ἁλιεὺς †ἄκρος σοφίαν Xenarch. (Timocl.) 3, 622 (2). ἄκρως: ὤπτηκεν ἰχθὺν μόνος ἄκρως Euphron. 4, 486 (v. 5).

ἀκροσφαλές: Phryn. (?) 1, 159.

ἀκροτελεύτιον ἔπος Phryn. (?) 1, 160.

ἀκρότητος: κἀκρότητα κύμβαλα anon. 4, 606 (19a).

ἀκροφύσιον: ῥήματα - πάντ' ἀπ' ἀκροφυσίων Aristophan. 2, 1201 (106).

ἀκροῶμαι: πρόσεχε τὸν νοῦν κἀκροῶ Pher. 2, 340. στάντες ἀκροάσασθέ μου Antidot. 3, 528 (1). ἵν' ἀφυπνισθῆτ' οὖν ἀκροᾶσθ' Pher. 2, 349 (31). τὸ κέντρον ἐγκατέλειπε τοῖς ἀκροωμένοις Eup. 2, 458 (6, 7). μικρὰς τίθημι συμβολὰς ἀκροώμενος Men. 4, 265 (134). ἠκροᾶσο Antiph. 3, 50 (2). ὄνος ἀκροᾶται (f. ἀκροᾷ) σάλπιγγος Eup. 2, 530 (10). τοῦ δ' ἄρα Κωρυκαῖος ἠκροάσατο (al. ἠκροάζετο) Men. 4, 113 (2). ἐν ὅσῳ δ' ἀκροῶμαί σου Antiph. 3, 74 (1).

ἀκταινῶσαι: Plat. 2, 678 (9).

ἀκτή: Σαρπηδονία ἀκτή Cratet. (?) 2, 250 (13). Λευκάδος ἀκτῆς Men. 4, 158 (1). τὸ πολὺ μὲν ἀκτή (de Plataeis) Posidipp. 4, 525 (3).

ἀκτή: Δήμητρος ἀκτῇ γεφυρώσας Kpinici 4, 505.

ἀκτίς: ἐξηρασμένος ἀκτῖσι θείαις Antiph. 3, 125 (1, 14).

ἀκύκλιος: Plat. 2, 695 (62).
ἄκυλος: Διονυσίοις ἀκύλοις παίζουσ' Cratin. 2, 113 (4). καὶ τὰς βαλάνους καὶ τὰς ἀκύλους Pher. 2, 342 (25). ὁ πρῖνος ἀκύλους (fert) Amphid. 3, 318 (6).
ἀκύμων: cf. ἀμύμων. ἀκύμων θάλασσα Aristophan. 2, 1204 (123).
ἄκων: λέξω μὲν οὐκ ἄκουσα Pher. 2, 326 (1, 1). ἐξεισιν *ἄκων δεῦρο Pher. 2, 337 (5). ἄκων κτενῶ σε τέκνον (cf. 5, 70) Aristophan. 2, 1194 (81). τοὺς γλιχομένους κατασπᾷ ἄκοντας ὁ Χάρων Antiph. 3, 47 (2). σῴζεται δ' ἄκων μόνος Anaxilae 3, 348 (1, 28). εἰσήνεγκα διαμαρτὼν μίαν ἄκων περιφοράν Dionys. 3, 547.
ἀλαβάστιον: λῦε τἀλαβάστια Eubul. 3, 253 (7).
ἀλάβαστον: Men. 4, 318 (436).
ἀλάβαστος: ἀλάβαστος ἥξει μύρου αὐτόματος Cratet. 2, 238 (2, 6). οὐ-ἐμυρίζετ' ἐξ ἀλαβάστου Alexid. 3, 410 (1). τὰς ταινίας καὶ τοὺς ἀλαβάστους συμβολὰς καλοῦσι Alexid. 3, 449 (4).
ἀλαβαστροθήκη: ἀλαβαστροθήκας τρεῖς ἔχουσα Aristophan. 2, 1164 (5).
ἀλάβαστρος: μύρου ἀλάβαστρος Aristophan. 2. 1216 (218).
ἀλαζονεία: ἀλαζονείᾳ καὶ ψόφοις ἁλίσκεται Men. 4, 277 (195). ἀλαζονείας οὔτις ἐκφεύγει δίκην monost. 21. τῶν ἡδυσμάτων κράτιστον ἐν μαγειρικῇ ἀλαζονεία Posidipp. 4, 521 (v. 5).
ἀλαζονεύεται περὶ τῶν μετεώρων Eup. 2, 490 (10).
ἀλαζών: Cratin. 2, 190 (44). errans. Alcae. 2, 833 (6). ὅτι εἴμ' ἀλαζών, τοῦτ' ἐπιτιμᾷς; Anaxand. 3, 193 (1). οἷος δ' ἀλαζών ἐστιν *ἀλιτήριος Men. 4, 246 (38). ἀλαζὼν καὶ θεοῖσιν ἐχθρός Men. 4, 300 (309). ὡς ἀλαζὼν ὁ κατάρατος Euangeli 4, 572 (7). οὐδ' Ἰταλιώτης οὐδ' ἀλαζὼν anon. 4, 638 (132). λόγων ἀλαζόνα anon. 4, 648 (179).
Ἁλαιεύς: δήμου δ' Ἁλαιεύς ἐστιν Antiph. 3, 128 (2).
ἀλαλάζω: οἱ δ' εὐθὺς ἠλάλαξαν anon. 4, 676 (305).
ἀλαλητός: τῶν πλακούντων ἦν ἀλαλητός Telecl. 2, 362 (1, 13).
ἀλαός: v. ἄθλιος.
ἀλάστωρ: ἀλάστωρ Σφίγξ Nicoch. 2, 847 (4). ἀλάστωρ εἰσπέπαικε Πελοπιδῶν Xenarch. 3, 614. ὁ δ' ἀλάστωρ ἐγὼ καὶ ζηλότυπος ἄνθρωπος Men. 4, 186 (5). ἄνθρωπ' ἀλάστωρ Baton. 4, 499 (1, 5).
ἀλγεινός: τἀλγεινὰ παραμυθούμενος Men. 4, 273 (174).
ἄλγημα: οὐκ ἔστι λύπης ἄλγημα μεῖζον Men. 4, 263 (121).
ἄλγος: λιμὸς μέγιστον ἄλγος monost. 320.
ἀλγύνω: τοὐμὸν ἀλγυνεῖ κέαρ Eup. 2, 457 (2).
ἀλγῶ: ἀλγῶ τὴν πολιτείαν ὁρῶν Eup. 2, 466 (15). ἕτερον τό τ' ἀλγεῖν καὶ θεωρεῖν ἔστ' ἴσως Philem. 4, 24 (1). οἱ νοσοῦντες ἀλγοῦντες σφόδρα, τὸν ἰατρὸν ἂν ἴδωσιν οὐκ ἀλγοῦσ' ἔτι Philem. 4, 42 (24). ἀλγεῖν τὴν κεφαλήν Clearchi 4, 563. ὑπὲρ ἑνὸς *ἀλγῶν ἅπαντας νουθετῶ Men. 4, 192 (4). εἰ καὶ σφόδρ' ἀλγεῖς, μηδὲν πράξῃς προπετῶς Men. 4, 241 (25).
Ἀλέα: Ἀλέας Ἀθηνᾶς Men. 4, 323 (462a).
ἀλεαίνω: ἀλεαίνη (?) πρὸς τὸ πῦρ καθημένη Men. 4, 286 (235).
ἄλειμμα: ἀλείμματα παρὰ τῆς θεοῦ λαβοῦσαν Antiph. 3, 84 (1).
ἀλειπτήριον: ἐν τῷ βαλανείῳ κεκλεισμένον τἀλειπτήριον Alexid. 3, 426.
ἄλεισος: τὸν ἄλεισον καὶ τὰ γράμματα Aristophan. 2, 1191 (66).
ἀλειφόβιος: Aristophan. 2, 1204 (124).
ἀλείφω: σεαυτὸν *ἁλσὶ πάσεις ἀλείφων Cratet. 2, 237 (1, 10). τοὺς πόδας ἐκέλευ' ἀλείφειν Antiph. 3, 84 (1). μύρῳ τῷ νῦν ἀλείφει τοὺς πόδας Καλλιστράτου Anaxand. 3, 190 (2). τοὺς πόδας ἀλείψατ' - τῷ Μεγαλλείῳ μύρῳ Eub. 3, 247 (1) cf. Amphid. 3, 311. ἀλείψας τὴν τράπεζαν τῇ χολῇ

Diph. 4, 412 (2). ἀλείφομαι: ἀλείφεσθαι τὸ σῶμά μοι πρίω μύρον Cephisod. 2, 883 (1). κοσμεῖτ', ἀλείφετ' Antiph. 3, 51. ἠλείφετο τοιούτῳ μύρῳ *σύχν' Antiph. 3, 117 (2, 8). μύροις Μεγαλλείοισι σῶμ' ἀλείφεται Anaxand. 3, 192 (3). ἐλαίῳ Καρικῷ ἀλείφεται Ophelion. 3, 381 (3). ἠλειφόμην *ὑόμενος ἰρίνῳ μύρῳ Alexid. 3, 410 (1).

ἄλεκτος: τί δ' ἔπαθες; B. ἄγρυπνα κἄλεκτ' Pher. 2, 346 (20).

ἀλεκτρυόνιον, φάττιον, περδίκιον Ephipp. 3, 334 (1, 8).

ἀλεκτρυοπωλητήριον: Phryn. 2, 584 (4).

Ἀλεκτρυών: Antiph. 3, 160 (96). Ἀλεκτρυόνα τὸν τοῦ Φιλίππου κατέκοψεν Heraclid. 3, 565.

ἀλεκτρυών: Λήδα-δεῖ σ' ὅπως εὐσχήμονος ἀλεκτρυόνος μηδὲν διοίσεις Cratin. 2, 82 (2). πολλαὶ τῶν ἀλεκτρυόνων ὑπηνέμια τίκτουσιν ᾠὰ Plat. (? 5, 5) 2, 619 (1). Aristophan. 2, 1016 (5). ἀλεκτρυόνα τίκτουσαν ᾠὰ πάγκαλα Theop. 2, 795 (3). ᾠὸν τέτοκεν ὡς ἀλεκτρυών Aristophan. 2, 1016 (4). κοκκύζειν τὸν ἀλεκτρυόν' Cratin. 2, 186 (21). κοκκύζειν τοὺς ἀλεκτρυόνας (?) Diph. 4, 407 cf. ἐξέπεμπέ με †ὀρθριοκόκκυξ ἀλεκτρυών Diph. 4, 421 (12) cll. 5, 112. ἀλεκτρυών τις ἐκκεκράγει μέγα Men. 4, 115 (5). ἀλεκτρυὼν *ἂν ἀφ' (l. ἐφ') ἑσπέρας ᾄσῃ anon. 4, 612 (40). *ἀλεκτρυὼν τὴν κύλικα καταβέβληκεν Aristophan. 2, 953 (1). τὰς ἀλεκτρυόνας σοβεῖ Plat. 2, 619 (2). τὸν ἀλεκτρυόνα δ' ὀρτάλιχον (vocatis) Stratt. 2, 781 (3, 4). αἱ δ' ἀλεκτρυόνες ἅπασαι καὶ τὰ-τέθνηκε Stratt. 2, 784 (2). ὀχευομένους τοὺς κάπρους καὶ τὰς ἀλεκτρυόνας θεωροῦσ' Anaxand. 3, 192 (2). ἀλεκτρυὼν γενναῖος ἐν ἑτέρᾳ τροφῇ ἐστίν Men. 4, 135 (2, 12). τὴν ἀλεκτρυόνα μοι δοὺς Men. 4, 328 (487). ἀλεκτρυόνος, νήττης, κίττης Mnesim. 3, 570 (v. 48).

ἀλέκτωρ: ὁ Περσικὸς *ὀλόφωνος (an. ὀλόφ.) ἀλέκτωρ Cratin. 2, 182 (1). κοκκύζων ἀλέκτωρ Plat. 2, 687 (20).

Ἀλέξανδρος: παρ' Ἀλεξάνδρου ἐκ Θετταλίας Ephipp. 3, 322. Ἀλεξάνδρου πλέον τοῦ βασιλέως πέπωκας Men. 4, 162 (1).

Ἀλεξανδρώδης: ὡς Ἀλεξανδρῶδες ἤδη τοῦτο Men. 4, 246 (39).

ἀλεξιφάρμακος: Ἐφέσια λέγων ἀλεξιφάρμακα Men. 4, 181 (2).

ἀλετῶ: τοὺς ἀλετῶντας ὄνους Alexid. 3, 387 (1). ἀλέτων (scr. ἀλετῶν) ὄνος Alexid. 3, 477 (4).

ἄλευρον: τρεῖς χοίνικας ἢ δύ' ἀλεύρων Phryn. 2, 593 (4). πλὴν ἀλεύρου καὶ ῥόας Aristophan. 2, 962 (10). ἐμόλυν' ἀλεύρῳ τοιούτῳ τινὶ Sotad. 3, 586 (1, 24).

†ἀλήθει Pher. 2, 285 (9).

ἀλήθεια: κάλλος τοιοῦτον, οἷον ἡ ἀλήθει' ἔχει Philem. 4, 22. τὸ ψεῦδος ἰσχὺν τῆς ἀληθείας ἔχει ἐνίοτε μείζω Men. 4, 235 (78). Ἔλεγχος ὁ φίλος ἀληθείᾳ τε καὶ παρρησίᾳ θεός Men. 4, 307 (351). all. 4, 876. τραπέζης οὐκ ἀληθείας φίλοι monost. 708. ἄγει πρὸς φῶς τὴν ἀλήθειαν monost. 11. χρόνῳ σκοπεῖσθαι τῆς ἀληθείας πέρι Men. 4, 272 (170). ἐάν τις τὴν ἀλήθειαν σκοπῇ Men. 4, 260 (105). ἀλόγιστος τῆς ἀληθείας κριτής Men. 4, 92 (4). ἅπασαν τὴν ἀλήθειαν φράσαι Timocl. 3, 608. ἀναπλάσαι διπλάσια τῆς ἀληθείας κακά Philem. 4, 57 (71). ἀλήθειαι: εἰ ταῖς ἀληθείαισιν αἴσθησιν εἶχον Philem. 4, 48 (40ᵃ). εἰ τὰς ἀληθείας τίς σοι λέγοι Men. 4, 94 (3). τοὺς λέγειν ὀκνοῦντας τὰς ἀληθείας ἀεὶ Men. 4, 266 (138).

ἀληθής: ἆρ' ἦν ἀληθὴς ὁ λόγος Cratin. 5, 18 (13). νυνὶ δὲ τοῦτ' ἔγνωχ' ὅτι ἀληθὲς ἦν Antiph. 3, 67 (1, 8). ἐπεὶ τάδ' ἔστ' ἀληθῆ Cratet. 2, 235 (1). τὸ πεπαιδεῦσθαι ἀληθές ἐστι (?) Antiph. 3, 156 (73). οὐκ ἔστ' ἀληθὲς παραλογίσασθ' (?) Philem. 4, 12. εἰ μέν τι κακὸν ἀληθὲς εἶχες *ζητεῖν ἀληθὲς φάρμακον-σ' ἔδει Men. 4, 100 (1). *ἓν ἔστ' ἀληθὲς φίλτρον Men. 4, 259 (160). κρεῖττον ἑλέσθαι ψεῦδος ἢ ἀληθὲς κακόν Men. 4, 292 (270). ἀληθὲς εἶναι δεῖ τὸ σεμνόν Men. 4, 327 (478). ἀληθὲς οὐδὲν ἀπειλεῖν Men. 4, 262 (117). ἀληθὲς οὐδὲ ἓν λέγειν id. 4, 278 (198). πένης λέγων τἀληθὲς Men. 4, 292 (277). μεθύοντάς φασι τἀληθῆ λέγειν Ephipp. 3, 340 (4). ἀεὶ κράτιστόν ἐστι τἀληθῆ λέγειν Men. 4, 214 (7). οὐδὲν αἰσχρόν ἐστι τἀληθῆ λέγειν Men. 4, 326 (476). ἐλευθέρου ἐστὶ τἀληθῆ λέγειν monost. 162. ἀδύνατον τἀληθὲς λαθεῖν Men. 4, 326 (477). ἔρχεται τἀληθὲς εἰς φῶς - οὐ ζητούμενον Men. 4, 198 (3). τἀληθὲς ἀνθρώποισιν οὐχ εὑρίσκεται monost. 511. ἀληθέστερα τῶν ἐπὶ Σάγρᾳ Alexid. 3, 526 (79). Men. 4, 79 (4).

ἀληθῶς: εἰδὼς *τὴν ἀληθῶς μουσικήν Antiph. 3, 121 (v. 6). κηδεμόν' ἀληθῶς, οὐκ ἔφεδρον ἕξεις Men. 4, 70 (3). ἱερὸν ἀληθῶς ἐστιν ἡ συμβουλία monost. 236. Ἕλλην ἀληθῶς οὖσα Apollod. Car. 4, 442 (v. 10). τὸν καλούμενον θεῶν ἀληθῶς βίον ib. (v. 16). τρυφὴ καὶ βίος ἀληθῶς ib. (v. 26). Λάμια ἑλέπολις ἀληθῶς anon. 4, 678 (309). ἄφρων γ' ἀληθῶς Amphid. 3, 307 (2). *ἄνδρα τὸν ἀληθῶς εὐγενῆ Men. 4, 264 (126). ἆρ' ἀληθῶς τοῖς ξένοισιν ἔστιν ἐκεῖ θοινᾶσθαι καλῶς; Cratin. 2, 107 (1). λοῦται δ' ἀληθῶς *(;) Antiph. 3, 56. καὶ μὴν ἀληθῶς ὡς σφόδρα ἐπιπεφυκὼς (cf. 5, 73) λανθάνει Antiph. 3, 13 (1, 17). ἆρ' ὡς ἀληθῶς ἐστι γοῦν ἁπλῆ τις; Anaxil. 3, 350 (2). τὴν δύναμιν τὴν ὡς ἀληθῶς συντελοῦσαν τῷ βίῳ Alexid. 3, 518 (31).

ἀληθινός: ἰχθύων ἀληθινῶν Amphid. 3, 311. ἀληθινὸν εἰς πέλαγος - πραγμάτων Men. 4, 88 (1). τοὺς ἀληθινοὺς φίλους monost. 377. μάγειρον ἀληθινόν Sosip. 4, 482 (v. 6). cf. ἂν ἀληθινὸν σαυτὸν παραβάλλῃς Posidipp. 4, 521 (v. 13).

ἀληθινῶς: ἀληθινῶς γεγάμηκεν -; Antiph. 3, 130. πεπλασμένως - κοὐκ ἀληθινῶς Baton. 4, 504 (1, 6).

Ἀλῆτις: Plat. 2, 688 (25).

ἀλία: ἀλία πυξίνη Archipp. 2, 718 (6). ἕτερόν (?) τε λεπτὸν ἐν ἀλίᾳ κεκομμένον Stratt. 2, 768 (2).

ἁλιακός: τὸ ἁλιακὸν †ἔτος (f. ἔτνος) anon. (cf. 5, 52) 2, 746 (2, 7). ἁλιακὸν στέφανον ibid. (2, 9).

ἀλιβάνωτος: *ἐνιαυτίζομ᾽ἀπλάκουντος ἀλιβάνωτος Plat. 2, 654 (1).

Ἁλιεῖα: τὰ *Ἁλιεῖα μεγάλην σχολὴν ἄγει anon. (5, 52) 2, 746 (2, 6).

ἁλιεύομαι: ἁλιευόμενός ποτ' - εἶδον Plat. 2, 629 (2).

ἁλιεύς: ἁλιῶς Pher. 2, 348 (27). ἁλιεὺς φέρων μοι κεστρέας Plat. 2, 625 (3). *Μάτων συνήρπακεν τοὺς ἁλιέας Antiph. 3, 104 (v. 17). *(τὴν) τέχνην τὴν τῶν ἁλιέων Anaxand. 3, 175 (1, 15). αὐτοί τ' ἐπὰν ληφθῶσιν ὑπὸ τῶν ἁλιέων Alexid. 3, 413. τοὺς ἁλιέας εἰς τὸ βάραθρον ἐμβαλῶ Alexid. 3, 455 (2). ἁλιεὺς †ἄκρος σοφίαν Xenarch. (Timocl.) 3, 622 (2). ὁ προσιὼν γέρων ἁλιεύς Men. 4, 253 (69).

ἅλιμον: ἐν τῇ χαράδρᾳ τρώγοντες *ἅλιμα Antiph. 3, 87.

ἅλιος: ἁλίαν δρῦν Eup. 2, 426 (1, 4). τῆς περικλύστου ἁλίας Κρήτης Ephipp. 3, 323 (1, 3). ἁλίας Συρίας Mnesim. 3, 570 (v. 59).

ἁλίπαστος: ὀστακὸν ἁλίπαστον Aristom. 2, 732 (2). ἁλίπαστα παρατίθημι *(κρέα) id. 733 (2). †ὀπτὰ δελφάκια ἁλίπαστα *τρία Eubul. 3, 295 (v. 10).

ἁλίπεδον: †ἐν ἁλιπέδῳ (l. ἐπ' ἁλιπέδῳ) Aristophan. 2, 1045 (34).

ἅλις: ἡμῖν παιδικῶν ἅλις - ἐστὶ Cratet. 2, 238 (1). καμάτων ἅλις Plat. (?) 2, 697 (v. 3). ἅλις ἀφύης μοι Aristophan. 2, 1151 (9). *ἅλις ἐλαδίῳ δυεῖς Sotad. 3, 586 (1, 27).

ἁλίσκομαι: cf. ἀναλίσκω. πουλύπους, ἁλοὺς *βρόχων πλεκταῖς ἀνάγκαις Xenarch. 3, 614. τῷ μὴ ἀποχρῆν ἀποθανεῖν αὐτοῖς (i. e. pisci-

bus) ἁλοῦσιν Antiph. 3, 87 (v. 3). εἴποις γ' ἂν αὐτοὺς ἀρτίως ἡλωκέναι Xenarch. 3, 621 (1, 17). ἣν μὴ ** ἁλῷ τρὶς παρανόμων Antiph. 3, 112 (1, 14). πλέων ἥλωκέ ποι Antiph. 3, 116 (1, 7). οὐχ ἁλώσομ' ἐκφέρων κρέας Posidipp. 4, 514 (1). μειρακύλλιον ποίαις ἐπῳδαῖς ἁλίσκεται; Anaxand. 3, 175 (1, 13). διπλασίως ὁ προσιὼν ἁλίσκεται Men. 4, 259 (99). ὑφ' ἡδονῆς οὐχ ἁλίσκεται monost. 518. ἀλαζονείᾳ καὶ ψόφοις ἁλίσκεται Men. 4, 277 (195). τοῖς ἐλμίοις οὐ πάνυ ἁλίσκετ' Men. 4, 206 (1). Ἀρκαδικὸς ἀθάλαττος ἐν (f. ὢν) τοῖς λοπαδίοις ἁλίσκεται ibid.
v. ἁλωτός.

ἀλιτήριος: ὁ Βουζύγης *ἀλιτήριος Eup. 2, 460 (7). Πρωταγόρας *ἀλιτήριος Eup. 2, 490 (10). φιλάργυρος δὲ κἀλιτήριος Eubul. 3, 247 (1). οἷος δ' ἀλαζὼν ἐστιν *ἀλιτήριος Men. 4, 246 (35). ἀλιτήρια Damox. 4, 530 (v. 8).

Ἀλκαῖος: Ὠλκαῖε Σικελιῶτα Eup. 2, 540 (8). σκόλιον Ἀλκαίου κἀνακρέοντος Aristophan. 2, 1030 (13).

Ἄλκηστις: Ἄλκηστιν ἀντέθηκα χρηστήν Eubul. 3, 260 (2, 11).

Ἀλκιβιάδης: Ἀλκιβιάδης ἀνὴρ ἁπασῶν τῶν γυναικῶν ἐστι νῦν Pher. 2, 342 (5). Ἀλκιβιάδης ἐκ τῶν γυναικῶν ἐξίτω Eup. 2, 494 (18). Ἀλκιβιάδην τὸν ἁβρόν anon. 4, 608 (27a). παρ' Ἀλκιβιάδου τοῦτο *τἀποβύσεται Aristophan. 2, 1033 (16, 6). Alcibiadis filius. Archipp. 2, 727 (3).

ἄλκιμος: ἅπαντες οἱ λέοντές εἰσιν ἄλκιμοι Philem. 4, 32 (3).

Ἀλκμαίων: ἐν πάλιν εἴπῃ τις Ἀλκμαίωνα Antiph. 3, 106 (v. 9). ὁ νοσῶν τι μανικὸν *Ἀλκμέων' ἐσκέψατο Timocl. 3, 593 (v. 12).

Ἀλκμάν: τὰ Στησιχόρου τε καὶ Ἀλκμᾶνος Eup. 2, 481 (3).

Ἄλκων: ῥυτόν ‖ Ἄλκωνος ἔργον Damox. 4, 529.

ἀλλά: ἀλλ' αὖ Plat. 2, 645 (4). ἀλλὰ-γ' Eup. 2, 450 (12). ἀλλ' ὅμως Susar. 2, 3. πέμψαι με δεῖ·-ἀλλ' ὅμως οὐ γεύσεται Antiph. 3, 18 (1, 21). ἐγὼ δ' ἐθαύμασ' *(;) Α. ἀλλ' ὅμως ἐγὼ φράσω Sosip. 4, 483 (v. 38). ἀλλ' οὖν ὅμως οὗτος μὲν ἦν ἀποχρῶν Pher. 2, 326 (1, 6). ἀλλ' *οὖν ἀνεκτὸς χοὖτος ἦν ὅμως id. 327 (1, 13) cll. 334 (1, 18). ἀλλ' οὖν ἔμοιγε χοὖτος ἦν ἀποχρῶν id. 327 (1, 17) cll. 334 (1, 11). ἀλλ' οὖν-δεῖ πιεῖν Cratin. 2, 225 (154). †ἀλλ'-οὖν Telecl. 2, 366 (1). ἀλλ' οὖν ἔγωγέ σοι λέγω Eup. 2, 509 (4). κὠμνύουσι μὴ 'κπιεῖν ἀλλ' ἢ μίαν Pher. 2, 324 (1, 9). οὐ φέρομεν ἀλλ' ἢ κακοῖς Alexid. 3, 446 (1, 5). οὐδαμόθεν-ἀλλ' ἢ σανίδιον ἐν Hipparch. 4, 431. οὐκ ἀλλὰ βόλιτα χλωρὰ πατεῖν Cratin. 2, 41 (6). ποτήρια τοίχους οὐκ ἔχοντ' ἀλλ' αὐτὸ τοὔδαφος μόνον Pher. 2, 324 (1, 2). ὁ στρεβλός*; Β. οὐκ ἀλλ' ὁ μέγας Eup. 2, 501 (6). *οὐκ ἀλλ' ἔθυον- Eup. 2, 540 (11). οὐκ ἀλλὰ *τοῦτό γ' ἐπίχυσις Aristophan. 2, 1028 (7). οὐκ ἀλλ'-δεῖ ἕλκειν ἀπνευστί Antiph. 3, 41 (2, 13). πότερ' ἔπεμψέ τις; Α. οὐκ ἀλλ' *ἔθυσεν ἡ γυνή Ephipp. 3, 334 (1, 12). δέδωκα; Β. οὐκ ἀλλ' ἀπέδωκας Alexid. 3, 385. οὐκ ἀλλὰ καὶ τῆς νυκτός ἐστι-ἔνδον Mnesim. 3, 578 (4). οὐκ ἀλλ' Diph. 4, 412 (2). οὐκ ἀλλὰ τὸ πέρας *εὑρηκέναι νόμιζε Hegesipp. 4, 479 (v. 4). οὐκ ἀλλ'-μικρὰ διακινήσω σε Sosip. 4, 483 (v. 21). οὐδὲ μικρὸν ἀλλὰ σχήματι (differt) Philem. 4, 3. οὐ δῆτ'· ἀλλ' ἐγὼ τούτους πρότερον Pher. 2, 260 (11). †μή τί γ' ἀλλὰ γλυκύ Pher. 2, 292 (14). ἀλλ' οὐχὶ δυνατόν *ἐστιν· οὐ γὰρ *ἀλλὰ- Eup. 2, 448 (6). ὁ δ' οὐ γὰρ ἠπίσταζεν,-ἀλλ'- Plat. 2, 669 (1). ἀλλ' οὐ γὰρ *ἔμαθε ταῦτ'-, ἀλλὰ μᾶλλον πίνειν Aristophan. 2, 1038 (19). ἀλλ' *οὐ μόνη γὰρ τὰς συνουσίας ποιεῖ; Anaxand. 3, 175 (1, 9). οὐκ ἔστι τούτων οὐδέν· ἀλλ' ἐξ ἀνάγκης Aristophont. 3, 362 (3). ἀλλὰ θεὸς οὐδεὶς εἰς τὸ προκόλπιον φέρει-ἀλλ' ἔδωκεν εὔνους Men. 4, 126 (1). ἀλλ' οὐκ ἐλούμην τότ'· ἀλλὰ νῦν. οὐδὲ χλανίδ' εἶχον· ἀλλὰ νῦν. οὐδὲ μύρον εἶχον·· ἀλλὰ νῦν Men. 4, 178 (1).

*ἀλλὰ - οὐ τρεῖς ἐκεῖνοί γ' εἰσίν, ἀλλὰ τέτταρες Pher. 2, 258 (7). οὐδεὶς κατεδήδοκεν, ἀλλ' οὐδὲ κατεμώρανεν Antiph. 3, 156 (71). ἀλλ' οὐδ' ἂν εἰπεῖν τὸ μέγεθος δύναιτό τις Anaxand. 3, 167. τί - ἕστηκας ἔτι, ἀλλ' οὐ βαδίζεις; Eubul. 3, 211. ἐστὶν ὄνομα κεραμέως ἀλλ' οὐ τυράννου Philetaer. 3, 293. οὐκ ἐτὸς ἑταίρας ἱερόν ἐστι πανταχοῦ, ἀλλ' οὐχὶ γαμετῆς οὐδαμοῦ Philetaer. 3, 293 = 295 (6). εἰς ἣν *βρωτὸν ἐμβαλεῖς ἅπαν ἀλλ' οὐχ ἕτερον ἀγγεῖον (f. εἰς ἄγγος) Diph. 4, 403 (1). ἀλλ' οὐ ter repetitum ib. κεστρεῖς ἔχων †ἄλλους (f. ἀλλ' οὐ) στρατιώτας Antiph. 3, 76 (1). τὸ δεῖπνον ἀλλ' οὐδ' αἷμ' ἔχει Diph. 4, 404 (2, 8). ἰχθὺ βάδιζ'. ἀλλ' οὐδέπω - ὀπτός εἰμι Cratet. 2, 237 (1, 9). τῶν γὰρ προτενθῶν ἐσμεν· ἀλλ' οὐκ οἶσθα σύ Pher. 2, 256 (3). αἴτησον. B. ἀλλ' οὐκ ἐκφορά Theopomp. 2, 818 (8). τί ληρεῖς; ἀλλὰ φωνὴν οὐκ ἔχειν ἰχθύν γέ φασι Pher. 2, 311 (3). ἄγρυκτα κἄλεκτ', ἀλλὰ βούλομαι μόνῃ αὐτῇ φράσαι σοι Pher. 2, 346 (20). ἀναρίστητος ὢν - ἀλλὰ γὰρ στέφανον ἔχων Eup. 2, 447 (8). καὶ δὴ δεδειπνήκασιν -· ἀλλ' ἀφαιρεῖν ὥρα 'στὶν ἤδη Philyll. 2, 857 (1). φέρ' εἰ γενοίμην - γαλῆ, ἀλλ' Ἡγέλοχος - με μηνύσειεν *(ἂν) Sannyr. 2, 874 (1). οὐ πάνυ τούτων ἐδεστής. ἀλλὰ κίθαρος οὑτοσί Antiph. 3, 13 (1, 15). καὶ περὶ μὲν ὄψου γ' ἠλίθιον τὸ καὶ λέγειν -. ἀλλὰ ταυτὶ λάμβανε Antiph. 3, 83 (1). Eriph. 3, 556 (1). καὶ καλοῦσί μ' - σκηπτόν· ἀλλ' οὐδὲν μέλει Antiph. 3, 111 (v. 11). ἀλλ' ἐγὼ μὲν οὐκ ἂν ἐφικοίμην -. A. ἀλλὰ μάνθανε Antiph. 3, 30 (1, 19). περιπλοκὰς ἐρωτᾷς. B. ἀλλ' ἐγὼ σαφῶς φράσω Antiph. 3, 41 (2). οὐδὲν λέγεις γάρ. A. ἀλλ' ἐγὼ σαφῶς φράσω Antiph. 3, 109 (v. 6). φέρ' αὔτ' - B. ἀλλ' ἐστὶ πενθηρὸν πάνυ Anaxil. 3, 355 (5). λέξον - B. ἀλλ' οἶδα λέγειν Epicrat. 3, 370 (1, 8). ἐπίστασαι -; B. ἀλλ' ἂν διδάσκῃς Alexid. 3, 442. δηλονότι. A. μή μοι δῆλον. B. ἀλλ' ἔχει κάπνην Alexid. 3, 464 (2, 14). λοῦται δ' ἀληθῶς *(; B.) ἀλλὰ τί; Antiph. 3, 56. Εὐριπίδης γὰρ τοῦτ' ἔφασκεν; B. ἀλλὰ τίς; Antiph. 3, 120 (1, 8). ἐγὼ γὰρ - οἰκ εἰσέρχομαι. B. ἀλλὰ τί; Damox. 4, 531 (v. 46). τοῦτ' ἐπιτιμᾷς; ἀλλὰ *τί; νικᾷ γὰρ - Anaxand. 3, 193 (1). ἀλλ' ἔλαβεν αἰσχράν, οὐ βιωτόν ἐστ' ἔτι, ‖ ἀλλ' ἔλαβεν ὡραίαν τις· οὐδὲν γίγνεται μᾶλλόν τι τοῦ γήμαντος Anaxand. 3, 195 (1). ἀλλ' ἴσως Φαίδραν ἐρεῖ κακῶς τις· ἀλλὰ - χρηστὴ τίς ἦν μέντοι, τίς; Eubul. 3, 260 (2, 11 s.). τίνι δεδούλωταί ποτε; ὄψει; φλύαρος ‖ ἀλλ' ἡδονή τις ἐπάγεται -; Men. 4, 236 (14). νυνὶ γάρ - ἀλλὰ ποῦ θεοὺς οὕτως δικαίους ἐστὶν εὑρεῖν; Men. 4, 170 (7). δοῦλον οὐδὲ εἷς κεκτήσετ' - *(B.) ἀλλ' αὐτὸς αὑτῷ δῆτ' - διακονήσει; Cratet. 2, 237 (1). *ἀλλ' ἃ νόμος ἐστ'; A. ἀλλ' εἰς θυσίαν παιστέον Plat. 2, 630 (1, 3). θερμούς, ὦ τέκνον. A. ἀλλ' ἢ παραφρονεῖς; Aristophan. 2, 996 (2). *ἀλλ' εἰ σορέλλη (f. ἀλλ' ἢ σ;) Aristophan. 2, 1033 (16). τί τὸ κακόν; ἀλλ' ἢ κοκκύμηλ' ἠκρατίσω; Aristophan. 2, 1183 (29). *ἢ καρδιώττεις; ἀλλὰ πῶς χρῆσται ποιεῖν; Aristophan. 2, 1101 (11). ἀλλὰ - *ἀποβάλω, φησί, τὴν προαίρεσιν; Straton. 4, 546 (v. 32). ἀλλ' Ἡρακλεῖδαι καὶ θεοί Men. 4, 301 (319). ἀλλ' *Ἡράκλεις αὐλεῖ τις anon. 4, 665 (329). †ἀλλὰ μὴν δαίμονος ἀγαθοῦ μετάνιπτρον Antiph. 3, 76. εὖ *γ' - εὖ σφόδρ'· ἀλλὰ μὴν τῇ ματτύῃ οὕτω διαθήσω Nicostr. 3, 282. ἀλλὰ μήν, νὴ τὼ θεώ, ἔσται γ' Alexid. 3, 459. ἀλλ' *ἐξολεῖς με καὶ μὰ - Eup. 2, 449 (7). νὴ τὴν Ἀθηνᾶν, ἀλλ' ἐγὼ τεθαύμακα Alexid. 3, 475. Ἄπολλον, ἀλλὰ σκαιὸν οὐ μετρίως λέγεις Men. 4, 215 (9). ἀλλ' ὦ φίλε Ζεῦ Eup. 2, 541 (13). ἀλλ' ὦ θύγατερ Aristophan. 2, 954 (7). ἀλλ' ὦ - πλείστας ἀκονῶν Φοῖβε μαχαίρας Aristophan. 2, 1179 (11). ἀλλ' ἐστίν, ὦ πάτερ, μεσημβρία Aristophan. 2, 1093 (2). ἀλλ' εἴσιθ' εἴσω Cratin. 2, 211 (111). ἀλλ' εἴσιθ' Aristophan. 2, 1049 (5). ἀλλ' ἄντιθές τοι Cratet. 2, 238 (2). ἀλλ' ὡς τάχιστα ποίει Pher. 2, 312 (4). ἀλλ' ὦ περιστέριον πέτου Pher. 2, 322 (2). ἀλλ' ὦ λῷστοι παύσασθε Telecl. 2, 364 (4). ἀλλὰ δίαιταν ἣν ἔχουσ' - λέξομεν. ἀλλ' ἀκούσαθ' Eup. 2, 484 (1, 1). ἀλλ' ἀκούετ' ὦ θεαταί Eup. 2, 546 (1). ἀλλ' ἐμοὶ πείθεσθε ib. (1, 7). ἀλλὰ δᾷδας - δότω τις *Lysipp. 2, 748 (3). ἀλλ' ὠγαθὲ δειπνῶμεν Metag. 2, 752 (3). ἀλλ' ἔντραγε Theop. 2, 794 (2). ἀλλ' ἴθι προσαύλησον Nicoph. 2, 853 (5). ἀλλ' ἄνυσον Aristophan. 2, 944 (2). ἀλλὰ πάντας χρὴ παραλοῦσθαι Aristophan. 2, 965 (19). ἀλλ' εἰ δοκεῖ χρὴ ταῦτα δρᾶν Theop. 2, 818 (10). *ἀλλὰ χρὴ κἄξεστιν Men. 4, 302 (323). ἀλλὰ τάδ' ἔστ' ἀνεκτέον Cratin. 2, 231 (173). ἀλλ' εἰς κάδον - τιν' οὔρει Aristophan. 2, 1057 (3). ἀλλ' ἱμάντα μοι δός Aristophan. 2, 1118 (2). ἀλλὰ στεφάνωσαι Aristophan. 2, 1149 (2). ἀλλὰ παραλαβὼν ἀκράτῳ κροῦε Eubul. 3, 223 (1). ἀλλ' ἐγχέασα - ἀπενεγκάτω μοι τὴν τράπεζαν Nicostr. 3, 286 (3). ἀλλ' ἀγόρασον εὐτελῶς Ephipp. 3, 334 (1). ἀλλὰ δὴ λέγε Antiph. 3, 112 (1, 16). σὺ δ' ἀλλὰ πῖθι Antiph. 3, 88 (1). ἀλλ' ἡ μὲν Εἰλείθυια συγγνώμην ἔχει Theop. 2, 815 (2). ἐγὼ κεχόρτασμαι μὲν - οὐ κακῶς, ἀλλ' εἰμὶ πλήρης Eubul. 3, 220 (1). *(ἦν·) ἀλλ' ἐγὼ φιλέταιρον εἶχον ἦθος Cratin. min. 3, 379 (1). *εὐδαιμονία - ἔστιν υἱὸς -. ἀλλὰ θυγάτηρ κτῆμ' ἐστὶν ἐργῶδες Men. 4, 86 (2). κρεῖττον ἢ πολλὰ φανερῶς, *ἀλλὰ μετ' ὀνείδους λαβεῖν Men. 4, 263 (120). αἰσχρὰν γυναῖκ' ἔγημας, ἀλλὰ πλουσίαν Philippid. 4, 476 (6).

ἀλλᾶς: οὐδὲ τάκωνας - οὐδ' ἀλλᾶντας Cratet. 2, 239 (3, 4). ἀλλάντων τόμοι Pher. 2, 299 (1, 8). σεμνὸς ἀλλᾶντος τόμος Eubul. 3, 211 (v. 7). ἀλλᾶντος - προστετμημένον Antiph. 3, 39 (1). ἀλλᾶντα τέμνω Axionic. 3, 535 (2). τόμος ἀλλᾶντος, τόμος ἠνύστρου Mnesim. 3, 569 (v. 14). ῥεῖ ἀλλᾶσι καὶ περικόμμασιν Metag. 2, 753 (1, 7). χορδή, πνεύμων, *ἀλλᾶς τε Eubul. 3, 234 (1). ἀλλᾶντας Ἀφθόνητος (apparabat) Euphron. 4, 486 (v. 9).

ἀλλάττω: μορφὴν κριβάνοις ἠλλαγμένους (panes) Antiph. 3, 96 (1). ἠλλαττόμεσθ' ἂν δάκρυα Philem. 4, 23 (1).

ἀλληλοφαγία: ἡμᾶς ἀπολύσασα τῆς δυσχεροῦς ἀλληλοφαγίας Athenion. 4, 557 (v. 6). ἀλληλοφαγίας καὶ κακῶν ὄντων συχνῶν ib. (v. 9).

ἀλληλοφάγος: παύσασθε δικῶν ἀλληλοφάγων Telecl. 2, 364 (4).

ἀλλήλων: στάσις καὶ Κρόνος ἀλλήλοισι μιγέντε Cratin. 2, 147 (3). ἀλλήλους αἰσχυνόμενοι Pher. 2, 261 (1, 6). ἀλλήλαις ξυνελθεῖν τὰς τριήρεις εἰς λόγον Eup. (?) 2, 577 (v. 9). ἀποδοῦναι δ' ὅσα ἔχομεν ἀλλήλων Archipp. 2, 719 (2). Τελαμῶνος οἰμώζοντες ἀλλήλοις μέλη Theop. 2, 816 (2). ὑμεῖς ἀλλήλους ἀεὶ χλευάζετ' Anaxand. 3, 177 (2, 1). ἀπ' ἀλλήλων δὲ διέχουσιν πολύ (mores) Anaxand. 3, 181 (v. 3). ἀπέχοντες πολὺν ἀπ' ἀλλήλων χρόνον Philem. 4, 6. τὸν ἐπὶ κακῷ γιγνόμενον ἀλλήλων ἀγαπησμόν Men. 4, 203 (3). τὴν ὁμόνοιαν τὴν πρὸς ἀλλήλους ποιεῖ Men. 4, 251 (58). μισῶμεν ἀλλήλους Men. 4, 266 (141). τί - ἐπιμελεῖσθε τοῦ κακῶς ποιεῖν ἀλλήλους; Apollod. Car. 4, 441 (v. 3).

allium edentibus quomodo extinguatur odor Men. 4, 334 (517).

ἀλλοιῶ: ἐγκέφαλος (ὁ κέφαλος?) ἠλλοίωτο Euphron. 4, 492 (v. 5).

ἀλλοίωμα: ἀλλοιώματα ἐν ταῖς τροφαῖς ποιοῦσι Damox. 4, 530 (v. 22).

ἀλλόκοτος: ἀλλοκοτώτατον. ἀλλοκοτώτερον Plat. 2, 695 (63). ἀλλοκότως: Pher. 2, 343 (26).

ἅλλομαι: ἅλλεται δ' ὑφ' ἡδονῆς κεστρεύς Diocl. 2, 839. οἷα κίγκλος ἅλλεται Autocr. 2, 891 (1, 9).

ἄλλος: ἕτερος σεμνὸς λόγος ἄλλος Cratet. 2, 242 (1). οὐχ *ἄλλ' ὁ τιοῦν ἕτερον Men. 4, 163 (3). ἄλλα τε τοιαῦθ' ἕτερα μυρί' Aristophan. 2, 1085 (15, 4). λάχανόν τις ἔφη - εἶναι, ποίαν δ' ἄλλος, δένδρον δ' ἕτερος Epicrat. 3, 370 (1, 28). τις κορίσκη-μελίζεται, *κἄλλην τρίγωνον εἶδον ἔχουσαν Plat. 2, 638 (1, 13). ἄλλος(?) μαχέσθω παροψίδι Nicoph. 2, 851 (3). †ἄλλος δ' εἰσέφερε-ἄρτων θρύμματα Aristophan. 2, 1010 (13). ἄλλος ἐπὶ τούτῳ μέγας ἥξει τις εὐγενής Antiph. 3, 99 (1). πρὸς ἄλλον ἀπιτέον Amphid. 3, 301. ἀνεβόησ' ἐνεγκεῖν θερμόν, ἄλλος μετάκερας Amphid. 3, 303. ἀφῆκα τοῦτον, λαμβάνω δ' ἄλλον τινά, ἰατρὸν Phoenicid. 4, 511 (v. 11). κύτος πλαστὸν ἐκ *γαίης, ἐν ἄλλῃ μητρὸς ὀπτηθὲν στέγῃ Antiph. 3, 28 (1, 3). τούτων φάγοις ἄν; Φ. κἂν τις ἄλλος μικρὸς ᾖ Antiph. 3, 36 (1, 10). ἄλλου *δεῖ τινος; Antiph. 3, 77. λέγ' ἄλλο τι Eubul. 3, 267 (12). λέγ' ἄλλο Theophil. 3, 629 (1). ἄλλο μοι λέγε anon. 4, 654 (202). πάρα δ' ἄλλ' ὅ τι χρῄς Cratin. 2, 87 (2). τί ἐστι; B. τί δ' ἄλλο γ' ἢ- Lysipp. 2, 744 (1). τί ἄν τις ἄλλ' ἢ τῇ τύχῃ μέμφοιτο; Apollod. 4, 456 (3). οὐδέν ποτ' ἄλλο Stratt. 2, 781 (3, 2). οὐδέν ποτ' ἄλλο Theop. 2, 804 (1, 4). εἶτ' ἔστιν ἡδίων τέχνη, ἢ πρόσοδος ἄλλη τοῦ κολακεύειν-; Antiph. 3, 79 (2, 2). τοῦ γάρ τις ἄλλου οὕνεκα εὔξαιτο πλουτεῖν ἢ-; Antiph. 3, 133 (4). ἐπὶ τίνα δ' *(ὦδ') ἄλλην τέχνην τὰ στόματα *κατακάετ'-; Anaxand. 3, 175 (1, 5). τί ἄλλο; καὶ ἠπάτιον προσέλαβον Alexid. 3, 396 (1, 6). ὀψοποιός-ἐστιν-, ὁ δὲ μάγειρος ἄλλο τι Dionys. 3, 548 (v. 18). εὐνοῦχος ἄλλο θηρίον τῶν ἐν βίῳ(?) mon. 185. ἄλση τίς πω τοιάδ' ἔσχ' ἄλλη *πόλις; anon. 4, 616 (49). ἰχθὺς ἄλλος οὐδεὶς ἢ (f. οὐδὲ εἷς) βόαξ Pher. 2, 311 (3). οὐ γὰρ †ἄλλο (l. ἀλλὰ) προβούλευμα βαστάζουσι Eup. 2, 448 (6). οὐ Χῖον, *οὐδὲ Θάσιον οὐδ' ἄλλον ὅστις *ἐπεγερεῖ Aristophan. 2, 1076 (1, 3). ἐρριπίζετο ὑπὸ τῶν περιστερῶν, ὑπ' ἄλλου δ' οὐδενός Antiph. 3, 117 (2, 6). καταλείπετ' οὐδὲν ἄλλο πλὴν τεθνηκέναι Theophil. 3, 630 (1) cf. Antiph. 3, 150 (51). οὐδὲ μίαν ἄλλην ἑταίραν *εἶδέ τις, ἑαυτοὺς δ' ἔδεφον Eubul. 3, 262 (2, 4). ὀρχεῖσθαι μόνον βλέποντες, ἄλλο δ' οὐδέν Alexid. 3, 425 (2). σκευάσαι χρηστῶς μόνον δεῖ, ἄλλο δ' οὐδέν Alexid. 3, 452 (1, 7). οὐκ ἔχω ἄλλ' ὅ τι εἴπω ἄξιον Alexid. 3, 460. οὐδ' ἄλλ' οὐδὲν ὧν σὺ νῦν ποιεῖς Alexid. 3, 464 (2, 8). οὔτ' ὄψον οὔτ' ἄλλ' οὐδὲ ἓν ἔμψυχον Alexid. 3, 483 (1, 2). οὐκ ἔστιν ἄλλος οἶνος ἡδίων Alexid. 3, 505 (4). ἆρά γ' ἔνδεκα Διὸς σωτῆρος; A. οὐκ ἄλλου μὲν οὖν Alexid. 3, 510 (12). οὐκ ἔστι παιδαγωγὸς ἔρωτος οὐδεὶς ἄλλος ἐπιμελέστερος Alexid. 3, 520 (38). ποτήρι'-ἄλλο δ' οὐδὲ ἓν βλέπει Dionys. 3, 554 (1). γίγνετ'-λαμπάς, ἄλλο δ' οὐδὲ ἓν ἀγαθόν Men. 4, 231 (6). τί λοιπόν; οὐδὲν ἄλλο Sotad. 3, 586 (1, 34). γνώσει σεαυτὸν ἄλλο μηδὲν πλὴν σκιάν Philem. 4, 31 (1, 15). οὐδὲν πλέον-νοῦς ἐστιν *ἄλλο τῆς τύχης Men. 4, 212 (3). πλεῖον οὐδὲν ἄλλο τοῦ ζητεῖν ἔχεις Philem. 4, 43 (26). οὐ τῶν ἀναγκαίων μόνον ‖ ὄξους, ἐλαίου, μείζονος δ' (al. τ') ἄλλου τινός Men. 4, 156 (1). οὐκ ἔστιν ὀργῆς φάρμακον ἄλλ' ἢ- Men. 4, 256 (84). ὧν ἔστι τὸ ζῆν οὐδὲν ἄλλ' ἢ κραιπάλη anon. 4, 611 (35). κἂν μηδὲν ἄλλ' ἔχων διατράγῃ *θύλακον anon. 4, 612 (40). ἐπὶ δεῖπνον ἐρχόμεσθ' ἄλλυδις ἄλλος ἡμῶν Eup. 2, 485 (1, 11). ἡμᾶς ἀπόπεμπ' οἴκαδ' ἄλλον ἄλλοσε anon. 4, 650 (185). ἄλλος ἄλλον (h. e. ἀλλήλους) παρεκάλει Arar. 3, 273 (2). ἄλλος κατ' ἄλλην δαιμονίζεται τύχην Philem. 4, 62 (98). *ἄλλῳ πονοῦντι ῥᾴδιον παραινέσαι Philem. 4, 24 (1). γίγνωσκε καὶ τὸ συμπαθεῖν. καὶ σοὶ γὰρ ἄλλος συμπαθήσεται Philem. 4, 52 (51ᵃ). κοινῇ τὸν ἄλλον συνδιατρίψοντες χρόνον Antiph. 3, 29 (2, 6). ὅστις αὐτῆς *(τῆς) ἀκμῆς ἐρᾷ, τὸν ἄλλον δ' οὐδὲ γιγνώσκει λόγον Alexid. 3, 411. τὸ δ' ἄλλο σῶμα κατατεμὼν πολλοὺς κύβους Alexid. 3, 471 (3). τὸ δ' ἄλλο σῶμ' ὑπόξυλον (f. λοι) Alexid. 3, 473 (7). τί πλέον ἔχουσι †τῶν (f. δημοτῶν) ἄλλων; Men. 4, 92 (5). τὸ γνῶθι τοὺς ἄλλους Men. 4, 139 (1). πάντων ἄριστον τῶν ἄλλων οἰνων μετ' - Herm. 2, 410 (2, 5). ταῖς ἄλλαις πόλεσι *δρῶ ταῦτα πλὴν *Ἀθηνῶν Aristophan. 2, 1171 (1, 12). *τοῖς δέκα ταλάντοις προστιθεὶς ἄλλ' ἄττα πεντήκοντα Pher. 2, 339 (9). μειρακίων πινόντων, ὁμοῦ † δ' ἄλλων (f. δὲ λάλων) γραδίων *(πλήθη) Philyll. 2, 858 (3). ἄλλαι δὲ κυαμίζουσιν αὐτῶν * * Aristophan. 2, 1182 (23). τοὺς μὲν ὑμῶν -, τοὺς δὲ -, ἄλλους Anaxil. 3, 343 (1). μάχαι δ' ἄλλοισι - *μέλοι Cratin. min. 3, 375 (1). πλυνεῖ, ἑτοιμάσει, σπονδὰς ποιήσει, τἄλλ' ὅσα τούτῳ προσήκει Antiph. 3, 83. ἐάσας τἄλλα γάρ ἐρήσομαί σε τοῦτο Antiph. 3, 117 (2, 7). ὄντως ἑταίρας· αἱ μὲν ἄλλαι τοὔνομα βλάπτουσι τοῖς τρόποις γάρ Antiph. 3, 124 (1, 6). γλαύκου πρόσωπον, τοῦ τ' - δέμας θύννου τά τ' ἄλλα βρώματ' ἐξ ὑγρᾶς ἁλός Anaxand. 3, 174 (1). Χαρώνδαν ἔν τινι νομοθεσίᾳ τά τ' ἄλλα καὶ *ταυτὶ λέγειν anon. 4, 618 (50, 2). σποδὸς δὲ τἄλλα, Περικλέης, Κόδρος, Κίμων Alexid. (?) 3, 395 (v. 12). τἄλλα καὶ φιλώμεθα anon. 4, 660 (233). ἄριστος τἄλλα πλὴν ἐν ἀσπίδι anon. 4, 678 (309b). ἐξ ἀλουσίας δ' ὕδωρ (dulce), καὶ *(τἄλλα δὴ) τὰ *τοιαῦτ' anon. 4, 685 (327). ἄν τις ἕνα καλῇ, πάρεισιν ὀκτωκαίδεκ' ἄλλοι Alexid. 3, 492. υἱὸς ἢ μήτηρ ἢ ἄλλων τῶν ἀναγκαίων τις Philem. 4, 34 (5).

ἄλλως: cf. ἁπλῶς. ἄλλως γὰρ οὐκ ἐπίσταμαι χρηστῶς ἀγοράζειν Antiph. 3, 36 (1, 3). † ὡς ἄν τις ἄλλως ἐξενεχθεῖσιν ὅπου τοῦ διαβάλοι κραιπάλην ἑλληνικῶς Antiph. 3, 101 (4). πρᾶγμα τρυφερὸν ἄλλως *τ' ἄπιστον Antiph. 3, 117 (2, 5). αἰτίαν ἔχειν ἄλλως Alexid. 3, 393 (1). ὑπὲρ μήτρας ἑφθῆς *προσεῖτ' ἂν ἄλλως ἀποθανεῖν Alexid. 3, 473. ἄλλως οὖν βοῷς Philem. 4, 50 (45). εἰμὶ ἄγροικος, καὐτὸς οὐκ *ἄλλως ἐρῶ Men. 4, 97 (5). εἰ μή τις ἄλλως ὀνόμασιν χαίρει κενοῖς Men. 4, 213 (3, 11). ἄλλως τε καὶ Men. 4, 102 (3).

ἄλλοσε: ἀπόπεμπ' οἴκαδ' ἄλλον ἄλλοσε anon. 4, 650 (185).

ἄλλοτε: τὸ γλαυκίδιον ὥσπερ ἄλλοτε ἕψειν ἐν ἅλμῃ Antiph. 3, 130. δασύς, ἄλλοτε λεῖος Eubul. 3, 254 (1, 2).

ἀλλοτριόγνωμος: ἀλλοτριογνώμοις ἐπιλήσμοσι μνημονικοῖσιν Cratin. 2, 103 (3).

ἀλλότριος: παῖς ἀκόλουθός ἐστιν ἀλλότριος Eup. 2, 484 (1, 4). θειώσας τὰς ἀλλοτρίας ἐπινοίας Lysipp. 2, 745 (5). σχῆμ' ἀξιόχρεων - ἀλλότριον, οὐκ οἰκεῖον Ephipp. 3, 332 (v. 12). ἐρῶμεν ἀλλοτρίων, παρορῶμεν συγγενεῖς Alexid. 3, 446 (1, 3). πρὸς ἀλλοτρίῳ ψυχαγωγηθεὶς πάθει Timocl. 3, 592. πολυπραγμονεῖν ἀλλότρια κακά monost. 583 = 703. οἰμώζειν λέγ', ἀλλοτρία 'στί σοι Philem. 4, 4 (1, 16). οὐδείς ἐστί μοι ἀλλότριος ἂν ᾖ χρηστός Men. 4, 185 (2). τὸν - οἰκεῖον οὐδεὶς καιρὸς ἀλλότριον ποιεῖ anon. 4, 690 (347). ἐλθεῖν εἰς βίον ἀλλότριον αὐτοῦ Baton. 4, 502 (v. 3). "ἀλλότριόν ἐσθ' ὁ πλοῦτος ἀνθρώπῳ" Theognet. 4, 549. ἐμπλέκοντες ἀλλότρια μέλη Antiph. 3, 121 (v. 9). τἀλλότριον κακὸν ὀξυδορκεῖς anon. 4, 671 (291). τἀλλότρι' οἰχήσει φέρων Plat. 2, 635 (3). τὰ δ' ἀλλότρι' ἔσθ' ὅμοια ταῖς παροψίσιν Plat. 2, 676 (3). τἀλλότρια δειπνεῖν Theop. 2, 806 (3, 2). Antiph. 3, 143 (23). Eubul. 3, 240. Nicol. 4, 579 (v. 16). οἳ δειπνοῦσιν ἐσφυδωμένοι τἀλλότρι' Timocl. 3, 610. τἀλλότρια δειπνοῦντα monost. 157. τοὺς *ἀναιδῶς (? cf. 5, 116) τἀλλότρια *μασωμένους Nicol. 4, 580 (v. 25). ὅσα περ ἔχειν τἀλλότρια τὸν δειπνοῦντα δεῖ (v. 42). δειπνῶν πᾶς τἀλλότρια γίγνετ' ὀξύχειρ Nicomach. 4, 584 (v. 33). τἀλλότρι' ἐσθίειν Alexid. 3, 480 (2). ἀλλοτρίων κτεάνων παραδειπνίδες Eubul. 3, 269 (16). ἀλλότριον ὄψον ἐσθίειν Ephipp. 3, 338. τὰ πατρῷα ποιεῖ καιρός ποτε ἀλλότρια Men. 4, 90 (4). τὰ δ' ἴδια προστιθέασι τοῖς ἀλλοτρίοις (?) Men. 4, 243 (31). λαλεῖν τἀλλότρια ex Men. 4, 330 (496).

ἀλλόφυλος: μᾶζαν ἐπ' ἀλλόφυλον Eup. 2, 485 (1, 12).

ἄλλυδις: ἐπὶ δεῖπνον ἐρχόμεσθ' ἄλλυδις ἄλλος ἡμῶν Eup. 2, 485 (1, 11).

ἁλμαία: ἁλμαίαν πιών Aristophan. 2, 1124 (21).

ἁλμάς: ἐμβάλλουσιν - μάραθον εἰς τὰς ἁλμάδας Herm. 2, 413 (2). κρόμμυον καὶ τρεῖς ἁλμάδας Eup. 2, 526 (3). τὰς ὑποπαρθένους, ἁλμάδας ὡς ἐλάας Aristophan. 2, 997 (5). ἁλμάδες καὶ στέμφυλα Aristophan. 2, 1111 (8). θλαστὰς εἶναι *κρεῖττόν ἐστ' ἢ γ' ἁλμάδας ib. (9).

ἅλμη: εἶδες τὴν Θασίαν ἅλμην -; Cratin. 2, 17. εἰς ἅλμην τε καὶ ὀξάλμην κᾆτ' ἐς σκοροδάλμην Cratin. 2, 95 (5, 3). ἐν ἅλμῃ τριχίδων Aristophan. 2, 1123 (19). ἅλμης τι περιφέρειν ποτήριον Antiph. 3, 41 (2, 10). τὸ γλαυκίδιον ἕψειν ἐν ἅλμῃ Antiph. 3, 130 (v. 2). λάβρακά θ' ἑφθὸν ἅλμῃ Eubul. 3, 225 (1). λίμνην ἐπάγειν ὕδατος μεστὴν εἰς τὴν ἅλμην Ephipp. 3, 323 (1, 13). τῆς ἀγρίας ἅλμης *πάσμασι Axionic. 3, 532 (1, 9). ὡς *(ἐν) ἅλμῃ θερμῇ τοῦτο φάγοι ib. (1, 12). τοῦ δ' ἐν ἅλμῃ παρεόντος ὄψου (1, 16). κρέας ἐξ ἅλμης ἐξήρηται Mnesim. 3, 569 (v. 13). δι' ἅλμης ἑφθὸς ἐν χλόῃ Sotad. 3, 585 (1, 9). ἅλμῃ λιπαρᾷ παρατίθημ' ὀρίγανον (1, 13). κατέπνιξ' ἐν ἅλμῃ εὐανθεστέρᾳ (1, 21). ἅλμη λευκὴ καὶ παχεῖ Philem. 4, 13 (1). ὡς ἀγαθὴν ἅλμην ποιεῖς ib. τοὺς χυμοὺς τήν τε τῆς ἅλμης ἀκμήν Arched. 4, 436 (1, 9). πιών τιν' ἅλμην ἀπέθανεν Anaxipp. 4, 459 (v. 17). *ἅλμην (legeb. ὀσμὴν) ἐξ ἰχθύων ὑπεναντίων *αὐτοῖσι ποιοῦντας μίαν Damox. 4, 531 (v. 36).

ἅλμιον: τοῖς ἁλμίοις οὐ πάνυ ἁλίσκετ' Men. 4, 206 (1, 5).

Ἁλμυρίδες: ἐκβληθεῖσαν εἰς Ἁλμυρίδας Aristophan. 2, 997 (8).

ἁλμυρός: ἁλμυρόν θ' ὕδωρ Stratt. 2, 768 (2). Αἰγαῖον ἁλμυρὸν βάθος Men. 4, 174 (1). μήθ' ἁλμυρὸν εἶναι μήτε μωρὸν anon. 4, 658 (220).

ἀλογίου: *ἀλογίου - ὀφλεῖν Eup. 2, 557 (24).

ἀλόγιστος: ἀλόγιστος τῆς ἀληθείας κριτής Men. 4, 92 (4). ὡς ἀλόγιστός ἐστ' ἀνήρ, ὃς - Men. 4, 192 (4). ἀλόγιστός ἐστιν *οὐχὶ μακάριος Men. 4, 255 (77). ἀλογίστου τρόπου ἀτύχημα Men. 4, 143 (2). ὀργῆς ἀλογίστου κρατεῖν Men. 4, 241 (25). πλοῦτος ἀλόγιστος Men. 4, 268 (119).

ἀλογίστως: τοὺς τὸν ἴδιον δαπανῶντας ἀλογίστως βίον Men. 4, 255 (79). ζῶμεν ἀλογίστως monost. 200.

ἄλοξ: ἱδρὼς ἄλοκα μιλτώδη ποιεῖ Eubul. 3, 250 (1, 6).

ἁλουργής: μίτραν ἁλουργῆ Pher. 2, 296 (1). *στρώμαθ' ἁλουργῆ Anaxand. 3, 183 (1, 7).

ἁλουργιαῖον: Antiph. 3, 159 (93).

ἁλουργός: στρωμνὰς ἁλουργοὺς anon. 4, 672 (295[a]).

ἀλουσία: φθεῖρας δὲ καὶ τρίβωνα τήν τ' ἀλουσίαν Aristophont. 3, 363 (5). σιωπήν, στυγνότητ', ἀλουσίαν Alexid. 3, 475 (3). ἐκ κόπου *γλυκεῖ' ἀνάπαυσις, ἐξ ἀλουσίας δ' ὕδωρ anon. 4, 684 (327).

ἀλουτία: πιναρὸν - *ἀλουτίᾳ χάρα Eup. 2, 529 (7, 2).

ἄλουτος: *ἀλούτους σηπίας Antiph. 3, 12 (1, 4).

ἄλοχος: [λίαν φυλάσσειν ἄλοχον Men. 4, 226.] ὅταν ἄλοχον εἰς δόμους ἄγῃ πόσις anon. (?) 4, 690 (349).

ἀλοῶ: ὑποζυγίοις ἀλοάσαντ' Pher. 2, 278 (3). ἀλοᾶν τὰς γνάθους Aristophan. 2, 1199 (96).

ἅλς: 1) mare: τά τ' ἄλλα βρώματ' ἐξ ὑγρᾶς ἁλός Anaxand. 3, 174 (1). 2) sal: ἅλα (al. †ἄλλω) Philyll. 2, 866 (13). *ἔντερ' ἀλλ καὶ σιλφίῳ σφενδονῶν Axionic. 3, 535 (2). σήσαμα, κήρυκες, ἅλες Anaxand. 3, 184 (1, 59). ἅλες (al. ἅλας) ὀρίγανον ὕδωρ Antiph. 3, 130. εἰς ὄξος ἢ ξηροὺς (al. λευκούς, λεπτοὺς) ἅλας Aristophan. 2, 1000 (9). κρόμμυ', ἅλας, ἔλαιον Antiph. 3, 39 (2). *ἔχομεν, διὰ τέλους δὲ *τοῦθ' ἅλας Antiph. 3, 75 (2). τοὺς δ' ἅλας αὐτῷ ζεύγη προσάγειν ἑκατὸν Ephipp. 3, 323

(1, 14). οὐ πῦρ, οὐ κύμινον, οὐχ ἅλας Alexid. 3, 465 (3). χλόην, κύμινον, ἅλας, ὕδωρ Sotad. 3, 585 (1, 7). ὕδατι *περίρραν' ἐμβαλὼν ἅλας, φακοὺς Men. 4, 101 (1). ἐπέπασα ἐπὶ τὸ τάριχος ἅλας Men. 4, 121 (6). οὐκ ἔχω †οὔτε ἅλας οὔτε ὄξος οὔτ' ὀρίγανον Men. 4, 322 (459). ἔλαιον ἐπιχέας, ἅλας δοὺς μουσικῶς Euphron. 4, 494 (1, 9). ἅλας οὐκ ἔχει, προσένεγκ' Machon. 4, 497 (v. 7). ἅλας φέρε. τοῦτ' ἔστι πηγός*(;) Straton. 4, 546 (v. 39). τὰ σπλάγχνα - ὀπτῶσιν φλογὶ ἅλας οὐ προσάγοντες Athenion. 4, 558 (v. 19). καὶ τοὺς ἅλας προσάγουσιν ἤδη (v. 22). Θρᾷξ πρὸς ἅλας ἠγορασμένος Men. 4, 281 (214). κόγχος βαπτῶν (?) ἁλῶν Aristonym. 2, 698 cf. 5, 51. ἀσταφίδος, ἁλῶν, σιραίου Antiph. 3, 78 (1). οὐκοῦν σεαυτὸν *ἁλσὶ πάσεις ἀλείφων; Cratet. 2, 237 (1, 10). κορίαννον *εἰς τί λεπτόν; B. ἵνα τοὺς δασύποδας ἁλσὶ διαπάττειν ἔχῃς Alcaei 2, 829 (1). τυρῷ σάξον ἁλσί τ' ἠδ' ὀριγάνῳ Alexid. 3, 443. σμήσας λεπτοῖς ἁλσί Alexid. 3, 471 (3).

ἄλσος: ἄλση τίς πω τοιάδ' ἔσχ' ἄλλη *πόλις; anon. 4, 616 (49).

ἀλτήρ: *ἀλτῆρσι θυλάκοισι χρῆται Cratet. 2, 236 (4).

ἀλυκόν: Aristophan. 2, 976 (13).

ἀλύπητος: Theop. 2, 821 (27).

ἀλυπία: μηδέποτε τὴν αλυπίαν αἰτοῦ παρὰ θεῶν Men. 4, 238 (19). ἀλυπία δ' ὅρμος βίου monost. 318.

ἄλυπος: ἀμύμονα Χῖον ἄλυπον Herm. 2, 410 (2, 5). ὅταν ἄλυπος διὰ τέλους εἶναι θέλῃς Men. 4, 238 (19). πενίαν ἄλυπον Men. 4, 252 (61). βίον ἄλυπον Men. 4, 195 (10) = monost. 419. ἄλυπον ἄξεις τὸν βίον mon. 56. = ἄξεις ἀλύπως τὸν βίον mon. 595. βιοῦν ἀλύπως mon. 58 = 599. ζῆν ἀλύπως mon. 202. τὸ ζῆν ἀλ. mon. 509 = 731. πλέκειν ἀλύπως τοῦτον (i. e. βίον) Euphron. 4, 490 (2). οὐδεὶς ἀλύπως τὸν βίον διήγαγεν Posidipp. 4, 525 (4). θεωρήσας ἀλύπως Men. 4, 211 (2). ἀλύπως ἀποθανεῖν Men. 4, 75 (5).

ἄλυρος: φθόγγους ἀλύρους Alexid. 3, 456 (1, 6).

ἀλύσιον: περὶ τὸν τράχηλον ἀλύσιον Men. 4, 145 (3). ἀλύσιον τετταράκοντ' ἄγον δραχμάς Philippid. 4, 477 (9).

ἅλυσις: σφραγῖδας, ἁλύσεις, δακτυλίους Aristophan. 2, 1079 (6, 12). ἁλύσεις, καθετῆρας, δακτυλίους Nicostr. 3, 289 (7).

ἀλυσιτελής εἰ τῇ πόλει Baton. 4, 499 (1, 9).

ἀλυσκάζω: ἀλυσκάζουσιν ἐπὶ (f. ὑπὸ) ταῖς κλινίσιν Cratin. 2, 99 (10).

ἀλύω: οἱ μὲν εὐποροῦμεν οἱ δ' ἀλύομεν Alexid. 3, 434 (1, 13).

ἀλφάνω: ὅ τι ἂν ἀλφάνῃ Eup. 2, 531 (12). οὗτος ἀλφάνει Aristophan. 2, 1084 (13). †ἦν δῆλον οὔ τι νυμφίος τε ἀλφάνει Men. 4, 178 (3).

ἀλφιτήριος: ἀγγεῖον ἀλφιτήριον Antiph. 3, 34 (1).

ἄλφιτον: ἐπ' ἀλφίτου πίνοντα Epinici 4, 505. ὁ βοῦς χὴ μαγὶς καὶ τἄλφιτα Cratin. 2, 31. λευκοῖσιν ἀλφίτοισιν ἐντετριμμένοις (f. - νος) Herm. 2, 389 (2). †ζωμῶν ἀλφίτων μέτρα (f. ζωμὸς ἀλφίτων μέτα) Eup. 2, 574 (108[a]). τὰ δ' ἄλφιθ' - πῶς ἐπώλουν; Stratt. 2, 768 (1). νιφέτω ἀλφίτοις Nicoph. 2, 851 (2). ἀλφίτων τρεῖς χοίνικας Aristophan. 2, 1139 (7). ἀλφίτων μελάνων ἄδδιχα Aristophan. 2, 1203 (118). δειπνοῦσι - ἀλφίτων κοτύλην μίαν Alexid. 3, 483 (2, 17). πέλανον καλοῦμεν, ἃ καλεῖτε - ἄλφιθ' ὑμεῖς Sannyr. 2, 873 (1). μᾶζαν, ἀθάρην, ἄλφιτα Nicoph. 2, 852 (2). οὐδὲ Κόρμος ἱμάτιον λαβεῖν (ita gestiebat), οὐ Νεῖλος ἄλφιτ' Timocl. 3, 596 (1). ἄρτων, ἀλφίτων, ὄξους, ἐλαίου Men. 4, 156 (1). οὔτ' ἀλφίτοισι χαίρομεν anon. 4, 606 (18). Μητίοχος δ' ἄρτους ἐποπτᾷ, Μητ. δὲ τἄλφιτα anon. 4, 674 (303).

ἀλφιτοπώλης: ἀλφιτοπώλαις, μυστριοπώλαις Nicoph. 2, 852 (1, 3).

ἀλφιτόχρως: ἀλφιτόχρωτος κεφαλῆς Aristophan. 2, 1161 (10).

†ἄλω v. ἅλς.
ἀλῶ: ἤλουν τὰ σιτία Pher. 2, 254 (1). αἴνειν, ἀλέσαι, μᾶξαι Pher. 2, 345 (18). βίον ἀληλεμένον Amphid. 3, 303 (1) cll. 5, 84.
ἀλωπεκίας: κίττης, πέρδικος, ἀλωπεκίου Mnesim. 3, 570 (v. 49).
ἀλώπηξ: ὑμῶν εἷς ἕκαστος ἀλώπηξ δωροδοκεῖται Cratin. 2, 87 (3). ἀποπάτημ' (al. ἀποτράγημ') ἀλώπεκος Eup. 2, 542 (15). οὐκ ἔστ' ἀλώπηξ ἡ μὲν εἴρων-ἡ δ' αὐθέκαστος Philem. 4, 32 (3). ἐὰν τρισμυρίας ἀλώπεκάς τις *συναγάγῃ ibid.
ἁλωτός: ἁλωτὰ-ἐπιμελείᾳ καὶ πόνῳ ἅπαντα Men. 4, 109 (5b).
ἅμα: πλέομεν δ' ἅμ' Ὀδυσσεῖ Cratin. 2, 100 (15). παρόνθ' ἅμ' ἡμέρᾳ Eubul. 3, 262 (1, 12). παρῆν ἅμ' ἡμέρᾳ Men. 4, 179 (2). ἅπανθ' ἅμα τῇ τύχῃ ῥέοντα anon. 4, 692 (355). ῥαφάνους ἕψουσι-ἔτνος *θ' ἅμ' αὐτοῖς (f. -ταῖς) Antiph. 3, 101 (5, 7). *ἀφύαν θ' ἅμ' αὐτῇ παρέλαβον Sotad. 3, 586 (1, 30). ἅμα τῇ τραπέζῃ καὶ τὸν οἶνον ἄρασ' Men. 4, 203 (2). *κἀς τοῦ καπήλου φέρω παίζων ἅμα Herm. 2, 389 (1). καὶ *περιὼν ἅμα-ἐπριάμην Plat. 2, 685 (14). τῷ μὲν διδοὺς ἔχαιρε, τὸν δ' ἔφευγ' ἅμα Antiph. 3, 136 (7). ἅμα δὲ λαβοῦσ' ἠφάνικε Eubul. 3, 245 (3). παρέκειθ' ἅμα μᾶζα Eubul. 3, 258 (2). ἀποθανεῖν βινοῦνθ' ἅμα Philetaer. 3, 295 (2). δειπνούντων ἅμα ἐπὶ τὸ τάγηνον φέρω Alexid. 3, 471 (3). ἔλεγεν, *ἐδείκνυ' ἅμα λέγων τὰ τραύματα Phoenicid. 4, 511 (v. 6). παρέθηκε κἀσθίονθ' ἅμα ἐποίησε πηδᾶν Euphron. 4, 492. κλέπτειν τὰ *κοίν' ἅμα τε συκοφαντεῖν Plat. 2, 618 (1). εὐωδίαν ἔχουσα *χἄμ' ἀηδίαν anon. (5, 52) 2, 746 (2, 5). ἔβρυχέ (f. κατέβρυξέ) τε πάνθ' ἅμα Stratt. 2, 767 (1). φέρε κνέφαλλον ἅμα καὶ προσκεφάλαιον Aristophan. 2, 967 (14). ἐμοὶ λαλῶν ἅμα καὶ διανεύων ἠσχολεῖτο Alexid. 3, 503 (1, 12). μεθ' ἡδονῆς ἀπῆλθε παιδευθεὶς *(θ'?) ἅμα Timocl. 3, 593 (v. 7). ἅμα σεσηρὼς καὶ γελῶν anon. 4, 661 (236). ἅμ' ἠλέηται καὶ τέθνηκεν ἡ χάρις Men. 4, 325 (472) = monost. 645. κἄστιν φίλος γενναῖος ἀσφαλής θ' ἅμα Antiph. 3, 45 (2, 7). ἅμα τ' ὀξύπεινον ἄνδρα καὶ Βοιώτιον Demonic. 4, 570. πτωχὸν ἀσθενῆ θ' ἅμα Aristophont. (?) 3, 359 = Men. 4, 183 (3). *οἷς τὸ γίγνεσθαί θ' ἅμα καὶ τὴν τελευτὴν-συνῆψέ τις θεσμός Alexid. 3, 452 (1, 17). μάντις *τ' ἄριστός ἐστι σύμβουλός θ' ἅμα Men. 4, 134 (1). μάγαδιν λαλήσω μικρὸν ἅμα σοι καὶ μέγαν Anaxand. 3, 179 (1) cf. 5, 81. *ταδὶ δ' ἅμα χοίρων ἀκροκώλια-τ'-τε Archipp. 2, 717 (2). θρασεῖαν, ὡραίαν δὲ καὶ πιθανὴν ἅμα Men. 4, 131 (1). ἅμα μὲν τὸ γῆρας ἅμα δέ μοι *Μέθη δοκεῖ-Cratin. 2, 116 (1, 4). ἅμα μὲν πρίασθαι πολλὰ-ἅμα δ' εἴ τι χρηστὸν ἀγοράσαιμ' ἀπωλλύμην Arched. 4, 437 (2, 9. 10). φύσει-ἔρως-κωφόν· ἅμα δ' οὐ ῥάδιον νεότητα νικᾶν Men. 4, 86 (1). ἅμα δ' ἠπίαλος Aristophan. 2, 1086 (17). ἀκολουθεῖν ἅμα Theop. 2, 815 (1).
†ἀμαθὰ γὰρ αὐτίκαν-ἐγένετο Polyz. 2, 868 (2).
ἀμαθής: ἀμαθὴς σοφός Archipp. 2, 728 (4).
ἀμάθητος: Phryn. 2, 583 (3).
ἀμαθία: ἵνα πλείω διὰ τὴν ἀμαθίαν μὴ προσλάβῃς (mala) Diph. 4, 376 (2).
†ἀμαληδίαν v. 2, 747.
Ἀμάλθεια: Ἀμαλθείας κέρας Antiph. 3, 57 (1). τὸ τῆς Ἀμαλθείας-κέρας Philem. 4, 20 (1).
ἀμαμηλίς: ὁ Χῖος ἀμαμηλίδας ποιεῖ Aristom. 2, 733 (1).
ἅμαξα: πωλοῦσιν ἐν ταῖς ἁμάξαις εὐθέως κεκραμένον Alexid. 3, 386. παραφέρων ἀγαθῶν ἁμάξας Alexid. 3, 461 (2). ἐπὶ τῶν ἁμαξῶν εἰσι πομπεῖαί τινες Men. 4, 188 (4).

ἀμαξιαῖος: ἵνα λίθον ἀμαξιαῖον Diph. 4, 392 (1). ἀμαξιαῖα χρήματα et ῥήματα anon. 4, 663 (256).
ἀμαξοτροχία: Calliae 2, 738 (9).
ἀμαράκινος: μύρῳ - ἀμαρακίνῳ Antiph. 3, 56. ἀμαρακίνοισι *μύροις Eubul. 3, 257 (2).
ἀμάρακον: ὦ φιλῶν ἀμάρακον Pher. 2, 318 (2, 3).
ἁμαρτάνω: ποδαπὰς εἶναι φάσκων οὐκ ἂν ἁμάρτοιν; Cratin. 2, 47 (6). ὡς λύχος χανὼν καὶ τῶνδ' ἁμαρτὼν Eubul. 3, 212 (v. 12). τέχνης οὐχ ἥμαρτες anon. 4, 648 (178). ὥστ' οὐδαμῶς κακοῦ γ' ἁμαρτεῖν γίγνεται Anaxand. 3, 195 (1, 13). ὅστις ἀσφαλές τι κτῆμ' ὑπάρχειν λογίζεται, πλεῖστον ἡμάρτηκεν Antiph. 3, 116 (1, 3). ὁ γῆρας αἰτῶν παρὰ θεῶν ἁμαρτάνει Philem. 4, 60 (87). πολὺς οἶνος πόλλ' ἁμαρτάνειν ποιεῖ Alexid. 3, 416. ἐμέθυον· ἱκανὴ πρόφασις εἰς θἀμαρτάνειν Philem. 4, 62 (100). "ἐμεθύσθην πάτερ" λέγοντα ** "ἥμαρτον" Philippid. 4, 475 (4). ὑβρίζειν, οὐχ ἁμαρτάνειν δοκεῖ id. 476 (4). ἥμαρτον Athenion. 4, 558 (v. 45). ἡ γλῶσσ' ἁμαρτάνουσα τἀληθῆ λέγει mon. 228. ἁμαρτάνοντας εἰς ὃ μὴ προσῆκον ἦν Philem. 4, 4 (1). μὴ νουθέτει γέρονθ' ἁμαρτάνοντά τι Philem. 4, 54 (54). οὐδεὶς ξύνοιδεν πόσον ἁμαρτάνει τὸ μέγεθος Men. 4, 202 (2). αὐτοὶ δ' ἁμαρτάνοντες οὐ γιγνώσκομεν mon. 47. μηδὲν εἰς φίλους ἁμαρτάνειν mon. 279. τὸ πολλὰ τολμᾶν πόλλ' ἁμαρτάνειν ποιεῖ mon. 724. ὅταν δ' ἁμαρτάνῃς τι χαῖρ' ἡττώμενος Philippid. 4, 469 (3). ἅπανθ' ὅσ' ὀργιζόμενος ποιεῖ λάβοις ἂν ἡμαρτημένα Men. 4, 274 (178). θεὸς ἁμαρτάνουσιν οὐ παρίσταται mon. 252. [τοῖς ἁμαρτάνουσι πρὸς μῆκος βίον δίδωσι Philem. 4, 67 (1)].
ἁμάρτημα: τί τούτων διάπτωμ' ἐγένετ' ἢ 'μάρτημα τί; Philem. 4, 18(1).
ἁμαρτία: *(τοῦ μὴ διδόντος,) οὐ *τρόπου 'σθ' ἁμαρτία Men. 4, 198 (1). τὴν ἐν ἑτέρῳ κειμένην ἁμαρτίαν Men. 4, 249 (50).
ἀμαρτύρητος: ἀμαρτυρήτους Antiph. 3, 159 (94).
ἁμαρτωλία: (an ἁρματωλία?) Eup. 2, 504 (10).
ἀμαυρῶ: χρόνος δ' ἀμαυροῖ πάντα monost. 545.
ἀμάχαιρος ἐπὶ βόεια νοστήσω κρέα -; Pher. 2, 292 (13).
ἄμαχος: ῥαγδαῖος, ἄμαχος Antiph. 3, 5 (7). εἰσὶν - τῶν κεκλημένων δύο - ἄμαχοι Eubul. 3, 261 (1). πρᾶγμ' ἄμαχον λέγεις Men. 4, 191 (2).
*ἀμβλυστονῆσαι (s. σθ) - τὴν πόλιν Eup. 2, 464 (12).
ἀμβλυωπῶ: ἀμβλυωπούντων ἀνδρῶν Men. 4, 329 (488).
ἀμβροσία: ἀμβ. καὶ νέκταρ ὁμοῦ Herm. 2, 410 (2, 10). διαπίνω τ' ἀμβροσίαν Anaxand. 3, 198 (7).
ἄμβων: ὦ πολλῶν λοπάδων τοὺς ἄμβωνας περιλείξας Eup. 2, 440 (1) cf. 5, 34. περιπλεῖν δ' ἐπὶ τοῖς ἄμβωσιν - πέντε κέλητας Ephipp. 3, 323 (1, 16).
ἀμείβω: ἐπεὶ δὲ σηκῶν περιβολὰς ἠμείψαμεν Eubul. (?) 3, 266 (10). λόγοις ἀμείβου τὸν λόγοις πείθοντά σε mon. 311.
ἀμεινόνως: Aristophan. 2, 1087 (21).
ἀμείνων: πότερος ἀμείνων ἀμφοτέρων; Eup. 2, 514 (15). οὐδὲ λοπὰς κακόν ἐστιν· ἀτὰρ τὸ τάγηνον ἄμεινον Plat. 2, 672 (1, 12). ἀλλ' ὅλον - παράθες· πολλὸν γὰρ ἄμεινον id. 673 (1, 15). γνῶμαι ἀμείνους εἰσὶ τῶν γεραιτέρων mon. 101. *πολλῷ γ' ἀμείνων ἦσθ' ἄρα λογογράφος ἢ μάγειρος Alexid. 3, 440 (5, 18). κέρδος αἰσχύνης ἄμεινον Calliae 2, 735. οἰστέον ἄμεινον ταῦτα Men. 4, 227 (2).
Ἀμειψίας: v. Ἀμυνίας.
ἀμέλει: ἀμέλει κλαύσεται Eup. 2, 513 (11). *πότερ' εἰκόσορος - ἢ κύκνος ἢ κάνθαρος; B. ἀμέλει κυκνοκάνθαρος Nicostr. 3, 282. αἰσχρὸν γάρ. B. ἀμέλει· τὸν T. γοῦν - Dromon. 3, 541 (1). πρότερον δὲ - ἦν - ἰδεῖν

ἐργῶδες. *B.* ἀμέλει τοῦτο μὲν καὶ νῦν ἔτι Philippid. 4, 469. ἀμέλει ταδὶ-πρῶτον ἀμπίσχου anon. 4, 615 (43b).

ἀμελής: φιλοπότης κἀμελής Eup. 2, 512 (10). συνεχῶς ἐμπιπλάμενος *ἀμελὴς γίγνεται Antiph. 3, 146 (33). τὸν ἀμελῆ-ἐπιθυμοῦντα δὲ σχολῆς anon. 4, 602 (8).

ἀμελῶ: ὧν δ' ἄρχειν ἐχρῆν ἀμελοῦσιν Alexid. 3, 450. οὐδεὶς ἀγαπῶν αὐτὸς ἀμελεῖθ' ἡδέως Men. 4, 252 (215). ἀμελοῦντα τοῦ ζῆν mon. 646.

ἄμεμπτος: ἂν τἄλλα δ' ᾖς ἄμεμπτος Men. 4, 224 (4).

ἀμενηνός: ἀμενηνὰ κάρηνα Aristophan. 2, 1031 (15, 2).

ἀμέρα: v. ad Apolloph. 2, 881 (2).

ἀμέργω: ἀμέργων *(τὰς) ἐλάας anon. (391) 5, 122.

ἀμέριμνος: οὐκ ἀμέριμνος ἔσσεαι Plat. (?) 2, 697 (v. 5). νέμεται δ' ἀμέριμνος (int. ὁ κοχλίας) Philem. 4, 41 (19). κἀμέριμνον ζῇν βίον Philem. 4, 35 (7, 8). ὅταν-ἀμέριμνον ἔχῃ τὸν βίον Men. 4, 239 (20).

ἀμεταχείριστος: ἀμεταχειρίστων τῶν κοινῶν Aristophan. 2, 1204 (125).

ἄμης: ἄμητας ἡμιβρῶτας ὀρνίθειά τε Antiph. 3, 49 (1) = Epicrat. 3, 368. ἄμητας καὶ λαγῷα καὶ κίχλας Alexid. (Antidot.) 3, 458. ἄμητες, ἄμυλοι Antiph. 3, 148 (38). ἄμητες, οἶνος ἡδύς, ᾠά Amphid. 3, 308 (1). πυραμοῦς, ἄμης, ᾠῶν ἑκατόμβη Ephipp. 3, 327 (1). ἐλᾶαι, στέμφυλ', ἄμητες Anaxand. 3, 184 (1, 55). τὸν ἄμητα-*οὐκ ἐᾷς πέττειν τινά Men. 4, 215 (11).

ἀμητίσκος: ὀπταὶ κίχλαι μετ' ἀμητίσκων εἰσεπέτοντο Telecl. 2, 362 (1, 12) cf. ad Pher. 2, 317.

ἀμήχανον: v. ad Men. 4, 277 (193).

ἀμηχανῶ: ἠμηχάνουν Plat. 2, 680 (3). ὁ χρόνος ὃν ἀεὶ λανθάνειν ἀμηχανῶ Antiph. 3, 156 (72).

ἀμία: ὅτε δ' *ἤσθες ἀμίας (f. Ἀμίας) Archipp. 2, 721 (7). ἀμίαν χήραν, θηρίον καλὸν σφόδρα Sotad. 3, 586 (1, 26).

ἄμικτος: δράκαιν' ἄμικτος Anaxil. 3, 347 (1, 3).

ἅμιλλα: χὠπόταν ἅμιλλ' *ᾖ τῶν νεῶν Plat. 2, 679 (1, 4).

ἀμίς: ἀμίδα *παῖ Eup. 2, 547 (2, 5). ἀμίδα μοι ἔνεγκε πρῶτον Diph. 3, 395 (2, 34). τὴν ἀμίδα φέρειν Epicrat. 3, 368. ἄκρατος, ἀμίδες, ἀργία, πότος anon 4, 611 (35). ὀξίς, χοῦς, ἀμίς Axionic. 3, 535 (3).

ἄμμες: Eubul. 3, 208 (1).

ἀμνημονῶ: ἀμνημονεῖ ταῦρος ἀργήσας ζυγοῦ Men. 4, 268 (149). ὅστις εὖ παθὼν ἀμνημονεῖ monost. 10.

ἄμνιος: τὴν διάλεκτον καὶ τὸ πρόσωπον ἀμνίου ἔχειν Herm. 2, 381 (2).

ἀμνός: ἀμνοὶ δὲ βληχάζουσιν Autocr. 2, 892.

ἄμοιρος: τροφαί, ὧν οὐκ ἄμοιρος ἥδε χεὶρ ἐγίγνετο Eriphi 3, 559.

*ἀμοργῆς: v. ad Antiph. 3, 41.

ἀμόργινος: χιτὼν ἀμόργινος Antiph. 3, 84. ἀμόργινοι (?) Eup. 2, 509 (4).

ἄμοργις: v. ἀμοργός.

ἀμοργός: *ἀμοργὸν βρυτίνην νήθειν (f. ἄμοργιν βρ. ἤθειν) Cratin. 2, 75 (4). ἀμοργοί Cratin. 2, 140 (13).

ἄμορφος: ἀμορφότατος τὴν ὄψιν-φόβος anon. 4, 688 (339).

ἄμουσος: χρεία διδάσκει κἂν ἄμουσος ᾖ σοφόν Men. 4, 146 (6).

ἀμπαλίνορος: οἴκαδ' ἄπιθ' ἀμπαλίνορος (f. ρρ) Philetaer. 3, 296.

ἄμπελος: Ναξίων ἀπ' ἀμπέλων Eup. 2, 525 (2). προσειπεῖν τὰς ἀμπέλους Aristophan. 2, 1065 (2, 6). ἐκεῖ μόνον *οὐχὶ φύετ' ἄμπελος Antiph. 3, 32. τοὐμὸν (int. χωρίον) δὲ καὶ τὰς ἀμπέλους (fert ὀξαλείους) Apollod. Car. 4, 448. δι' ὃν ἀπέκαυσεν ἡ πάχνη τὰς ἀμπέλους Philippid. 4, 475 (2). ἀμπέλους τρυγῶν anon. (391) 5, 122.

ἀμπερέως: *ἐκ τᾶς πινακίδος δ' ἀμπερέως (libr. διαμπερέως) ἑρμήνευε Philyll. 2, 862 (3).

ἀμπέχομαι: ἐγχέλεις θεαὶ τεῦτλ' ἀμπεχόμεναι Eubul. 3, 223 (2). *(τεῦτλ' ἀμπεχομένης) παρθένου Βοιωτίας Eubul. 3, 236. †μηδ' ἀγροίκως ἄνω γόνατος ἀμφέξει Philetaer. 3, 300 (1).

ἀμπεχόνη: ἐν ἀμπεχόναις τριχάπτοις Pher. 2, 300 (1, 28).

ἀμπέχονον, τρύφημα *παρυφές Aristophan. 2, 1079 (6, 7).

ἀμπίσχω: ταδί μοι - ἀμπίσχου λαβών anon. 4, 615 (43b).

ἀμυγδάλη. ἀμυγδαλή. ἀμυγδαλῆ. ἀμύγδαλον: ἀμυγδάλας καὶ μῆλα Pher. 2, 338 (6). Ναξίας ἀμυγδάλας Eup. 2, 525 (2). Ναξίαν ἀμυγδάλην Phryn. 2, 603 (4). ἀμύγδαλα (f. -δάλαι), καρύδι', ἐπιφορήματα Philyll. 2, 864 (2). ᾠά, κάρυα, ἀμυγδάλαι ib. (3). πρὸς ἀμυγδάλας (al. -δαλᾶς) πῶς ἔχεις; Antiph. 3, 77. οὐ θρῖον, οὐκ ἔλαιον, οὐκ *ἀμυγδάλας Alexid. 3, 465 (3, 5). μετ' ἄριστον ὡς ἀμυγδαλὰς παρέθηκα Men. 4, 112 (7). ναὶ μὰ τὴν ἀμυγδαλῆν Eup. 2, 449 (7). ἀμυγδαλῆ τῆς βηχὸς φάρμακον Phryn. 2, 604 (6). τὰς ἀμυγδαλᾶς λαβὼν - κάταξον Aristophan. 2, 1176 (9). ἀμυγδαλῆ παιζέτω παρ' ἀμυγδαλῆν Xenarch. 3, 616 (2). μυρτίδες, πλακοῦς, ἀμύγδαλα (al. -δαλαῖ et -λαί) Diph. 4, 413. ἀμύγδαλα σιγαλόεντα Herm. 2, 408 (1, 20).

ἀμύθητος: τὸ πλῆθος ἀμύθητον Mnesim. 3, 570 (v. 46).

Ἀμυκλαῖον: *ποττὰν κοπίδ' - σῶμαι ἐν Ἀμυκλαῖον Epilyci 2, 887 (2).

ἀμύλιον: κάνδυλον, ᾠά τ', ἀμύλιον Euangeli 4, 572 (v. 6).

ἄμυλος: ἄμυλος ἐγκύμων Plat. 2, 674 (2, 8). ῥαφανῖδος, ἀμύλου, *λεκίθων Metag. 2, 759 (1). λαγῴοις ἐπ' ἀμύλῳ καθημένοις Telecl. 2, 370 (2). πλευρὰ - ἐπ' ἀμύλοις καθήμενα Pher. 2, 300 (1, 17). ἄμυλοι περινέουσιν ἡμῖν Metag. 2, 753 (1, 11). ἄμητες, ἄμυλοι Antiph. 3, 148 (36). μαζῶν ὄψεις, ἄρτων, ἀμύλων Anaxand. 3, 184 (1, 38). ἀμύλων παρόντων ἐσθίουσ' - ἄνηθα καὶ σέλινα Eubul. 3, 222.

ἀμύμων: μετ' ἀμύμονα Χῖον ἄλυπον Herm. 2, 410 (2, 5). τοῦ τ' *ἀμύμονος (libr. ἀκύμονος) δέμας θύννου Anaxand. 3, 174 (1).

Ἀμυνίας: Cratin. 2, 138 (8). *Χἀμυνίας ἐκεῖνος - κλαύσεται Eup. 2, 513 (11). *Ἀμυνίαν (legeb. Ἀμειψίαν) - πτωχὸν ὄντ' anon. 4, 649 (182).

ἀμύνομαι: ἵνα οἵ ποτε λοιγὸν ἀμύναιντο (f. -ναιντ') Cratin. 2, 112 (2). ἀμύνεσθαι περὶ δείπνου Metag. 2, 759 (2). εἴπερ τὸν ἀδικοῦντ' ἀσμένως ἠμύνετο ἕκαστος Men. 4, 237 (15). ἐχθροὺς ἀμύνου mon. 152.

Ἄμυροι: Eup. 2, 573 (91).

ἀμυστί: (f. ἄμυστιν) Pher. 2, 358 (85).

ἄμυστιν πιεῖν Cratin. 2, 225 (154). τὴν ἄμυστιν λάμβανε Amips. 2, 710 (1, 3). cf. ἀμυστί.

ἀμυχή: μεγάλας ἀμυχὰς καταμύξαντες Phryn. 2, 580 (1, 6).

ἀμφαρίστερος: Aristophan. 2, 1156 (25).

ἀμφί: ἀμφὶ - *στέρνοισι φᾶρος οὐ καθήσεις Philetaer. 3, 300 (1). ἀμφὶ σῦκα καὶ [ἀμφὶ] τάριχ' ἀγάλλει Axionic. 3, 532 (1, 15).

ἀμφιανακτίζειν: Cratin. 2, 59 (4). Aristophan. 2, 965 (20).

Ἀμφίας: vinum. Nicostr. 3, 285. Sosicrat. 4, 592 (2).

ἀμφίβληστρον: ἰχθύσιν ἀμφίβληστρον - πολλοῖς ἐπιβάλλων Antiph. 3, 109 (v. 1). ἀμφιβλήστρῳ περιβάλλεται Men. 4, 78 (15).

ἀμφίβολος: οἰνάριον ἀμφίβολον Polioch. 4, 590 (v. 8).

ἀμφιδέαι: περόνας, ἀμφιδέας, ὅρμους Aristophan. 2, 1079 (6, 11).

Ἀμφιδρόμια: Ἀμφιδρομίων ὄντων Ephipp. 3, 325 (2, 4) = Eubul. 3, 268 (15a).

ἀμφίδυσις: Anaxand. 3, 202 (25).

ἀμφιέννυμαι: cf. ἀπαμφιέννυμι. †ποικίλον ἠμφιεσμένον vid. ὑφαίνω. καὶ πῶς γυνή - νῆσον ἀμφιέννυται; Anaxil. 3, 354 (4). γυνὴ δέρριν ἠμφιεσμένη Eup. 2, 561 (39). Ἀριστογείτονα λάρκον ἠμφιεσμένον Alexid.

3, 478. ὑποβολιμαίαν σύνεσιν ἠμφιεσμένος anon. 4, 693 (360). τροφαλὶς σχῖρον ἠμφιεσμένη Eup. 2, 538 (5). *ὄστρεια φῦκος ἠμφιεσμένα Alexid. 3, 429 (1, 2).

ἀμφίκαυστις: Cratin. 2, 186 (30).

ἀμφίκειμαι: εἶχε-ἄφυλλον στέφανον ἀμφικείμενον Xenarch. 3, 625.

*ἀμφικέφαλλος: ἀττελεβόφθαλμος-*ἀμφικέφαλλος (libr. -φαλος) Eubul. 3, 254 (1, 10).

Ἀμφικλῆς: τὴν στοὰν *διεξέπαιεν Ἀμφικλῆς Dioxipp. 4, 541.

ἀμφίκολλος: κλίνην ἀμφίκολλον πυξίνην Plat. 2, 628 (10).

*ἀμφιμασχαλιστήρ: v. ἀναμασχαλιστήρ.

ἀμφιμάσχαλος: Plat. 2, 689 (26).

ἀμφίπολος: νῆς ἀμφιπόλοιο Aristophan. 2, 947 (8).

ἀμφιπτολεμοπηδησίστρατος: Eup. 2, 569 (70).

ἀμφίστομος: διότι *δ' ἔστ' ἀμφίστομος, κεντεῖ κάτωθεν, τοῖς δὲ χείλεσιν δάκνει Eubul. 3, 254 (1, 15).

ἀμφιτάπης: ἀμφιτάπητα Alexid. 3, 421. τὸν ἀμφιτάπητα συστορέσας Diph. 3, 400 (1).

ἀμφιτίθημι: φέρων στέφανον ἀμφέθηκέ τις anon. 4, 676 (305).

ἀμφιφῶν: ἀμφιφῶντ' ἔχων Pher. 2, 342 (6). ἀμφιφῶν Diph. 4, 387 (1). Ἄρτεμι-τοῦτόν σοι φέρω-ἀμφιφῶντα Philem. 4, 21 (1). ἀμφιφῶντας ἰτρία anon. 4, 621 (62).

Ἀμφίων: τὸν μουσικώτατον Ἀμφίονα Eubul. 3, 208 (2).

Ἄμφοδος: Ἄμφοδον-τοὔνομα Aristophan. 2, 1088 (9).

ἀμφορεαφόρος: *φῦλον ἀμφορεαφόρων Eup. 2, 507 (25). ἀμφορεαφόρος τις ἀποφορὰν φέρων Men. 4, 199 (6).

ἀμφορεαφορῶ: μίσθου σαυτὸν ἀμφορεαφορεῖν Aristophan. 2, 1072 (6).

ἀμφορεύς: σοὶ τήνδ', ἀμφορεῦ, δίδωμι τιμήν-ἔχειν ὄνομα μετρητήν Philyll. 2, 859. ἀμφορέα κενὸν λαβών Aristophan. 2, 1072 (6). ἀμφορεὺς ἐξοστρακισθείς Aristophan. 2, 1189 (57).

ἀμφότεροι: πότερος ἀμείνων ἀμφοτέρων Eup. 2, 514 (15). ἀμφοτέρων *εἰς μέσον ἑστὼς Plat. 2, 664 (2, 4). ἴσον δέ γ' εἰσὶν ἀμφότεροι *κακοί Anaxand. 3, 197 (4). ἢ δειπνοῦσιν ἀμφότεροι συχνά; Anaxil. 3, 353. αὐτὰς ἀμφοτέρας ἡ Δημήτηρ ἐπιτρέψει (?) Antiph. 3, 109 (v. 19). [ἐξ ἀμφοτέρων τούτων κεκεραμευμένος Nicostr. 3, 282.]. ἀμφότερα μηνύει-ἀπὸ τῶν βλεμμάτων-ταῦθ' Antiph. 3, 189 (12). ἀμφότερ' ἐρεῖς Eup. 2, 549 (3). κατ' ἀμφότερα τὴν καταλλαγὴν ἔχει Diph. 4, 407 (1, 13). ἀμφότερα δ' οἰωνίζομαι Epinici 4, 506 (v. 3). τυχεῖν αὐτῶν ἀμφοτέρων σπουδάζομεν anon. 4, 690 (346). ἐπ' *ἀμφότερα μέλλει καθευδήσειν Men. 4, 189 (1). ἀμφότερον οὗτος εὐτυχεῖ τε καὶ φρονεῖ Philem. 4, 42 (23).

ἄμφω: κοινωνὸς ἀμφοῖν, τῆς τύχης καὶ τοῦ βίου Antiph. 3, 45 (2). μετεῖχε δ' ἀμφοῖν τοῖν ῥυθμοῖν Alexid. 3, 408 (1). οὕτω-ἐπὶ τοῖς μέλεσι-ἄμφω νοσοῦσιν Axionici 1, 417. [παραπλησίαν ὀσμὴν ἀμφοῖν Cratin. min. 3, 374 (1)].

ἀμφωτίδες: Plat. 2, 693 (56).

ἄν potentialis: ἆρ' ἂν φάγοιτ' ἂν καὶ ταρίχους Chionid. 2, 7 (2). πῶς τις αὐτόν, πῶς τις ἂν-παύσειε-; Cratin. 2, 122 (8). πῶς *(οὖν) ἂν Ἰσχομάχου γεγονὼς φιλόδωρος ἂν εἴης Cratin. 2, 175 (6). †ὡς παρασκευάζεται πῶς ἂν εὖ πάθ' ἡμῖν Pher. 2, 269 (1). πῶς οὖν οὐκ ἄν τις-χαίροι Eup. 2, 536 (3). πῶς ἂν (?) κομίσειέ μοι τις (?)-ἐσχάραν; Stratt. 2, 786 (5). πόθεν ἄν σοι χλαῖνα γένοιτο; Amips. 2, 703 (1). πόθεν ἂν λάβοιμι-φιδίων; Aristophan. 2, 954 (4). πόθεν ἂν λάσανα γένοιτό μοι; Aristophan. 2, 1138 (3). δεῖ διακοσίων δραχμῶν. B. πόθεν οὖν (cod. ἂν) *γένοιντ' ἄν; Aristophan. 2, 979 (18). πῶς - Σθενέλου φάγοιμ' ἂν ῥήματα; Aristophan. 2, 1009 (9). πῶς γὰρ ἄν τις εὐγενὴς γεγὼς δύναιτ' ἂν ἐξελθεῖν ποτ' Antiph. 3, 96 (1). πῶς γὰρ γένοιτ' ἂν ῥήτωρ ἄφωνος, ἢν μὴ ἁλῷ -; Antiph. 3, 112 (1, 13). πῶς ἂν οὖν ἔχοι πτερά -; Eubul. (Arar.) 3, 226 (3). ὑμεῖς γὰρ λάβοιτ' ἂν ἄνδρ' -; Eup. 2, 500 (5, 8). ἐγὼ γὰρ ἂν κώθωνος ἐκ στρεψαύχενος πίοιμι; Theop. 2, 812 (1). τίς ἂν γενόμενος ἐνδύσομαι; - ἀλλ' Ἡγέλοχος - με μηνύσειεν *(ἄν) *ἀνακράγοι τ' ἂν εἰς ἐχθρούς Sannyr. 2, 874 (1). καὶ τίνες ἂν εἶεν; Aristophan. 2, 1005 (1, 8). εἶτ' οὐκ ἂν εἴποις; ὕπαγε Antiph. 3, 99 (1). τοῦ γάρ τις ἄλλου - οὕνεκα (f. οὕνεκ' ἄν) εὔξαιτο πλουτεῖν - ἢ -; Antiph. 3, 133 (4). τί τοῦτον ἀπορήσαντ' ἂν οὐκ οἴει ποιεῖν; Antiph. 3, 153 (60, 7). τίς ἂν λάβοιτο τοῦ σκέλους - μοι; Eubul. 3, 218. τούτων *ἂν τίς (legeb. ἄν τις) εὕροι - χρησιμώτερα *(;) Alexid. 3, 513 (18). οὐχ ὅθεν ἀπωλόμεσθα σωθείημεν ἄν; Men. 4, 295 (292). τίς δ' ἄν σε νύμφη, τίς δὲ παρθένος νέα δέξαιτ' ἄν; anon. 4, 678 (299). τί δ' ἄν τις ἄλλ' ἢ τῇ τύχῃ μέμφοιτο Apollod. 4, 456 (8). ὡς αὖ (al. οὖν, f. ἂν) τίν' ἔλθω δῆτα -; Eup. 2, 514 (15). τί δῆτ' ἄν; εἰ μὴ τὸ σκαφίον παρῆν; Eup. 2, 441 (4). τί παθὼν ἂν εἶδεν εἰ μὴ προὐδίδου; Eup. 2, 509 (5, 4). πόθεν Πλούτων γ' ἂν ὠνομάζετο, εἰ μὴ - ἔλαχεν; Aristophan. 2, 1147 (1). εἴποι τις ἄν -· ἐγὼ δ' ἂν ἀντείποιμι Pher. 2, 340. τάρων *βολῶν γένοιτ' ἂν Amphid. 3, 313 (1, 12). οἶνον πίοις ἂν ἀσφαλέστερον πολὺ ὑδαρῆ Ephipp. 3, 329. θᾶττον ἂν †τοῦ αἵματος ἢ χρημάτων μεταδῴη Eup. 2, 551 (7). εἶδες δ' ἂν αὐτῆς φαρυνίβαζον θᾶττον ἂν Epicrat. 3, 366 (2, 17). ἧττόν τ' ἀποσταίην ἂν - ἢ Καλλιμέδων - πρόοιτ' ἂν κρανίον Antiph. 3, 43. *τρώγοιμι καὶ ᾠὸν δὲ καταπίνοιμ' ἂν (f. τρώγοιμι, ναί. Α. ᾠὸν δέ; Β. καταπίνοιμ' ἄν.) Antiph. 3, 77. τί φής - ἀνθρωποφάγους; πῶς; Π. *ὧν γ' ἂν ἄνθρωπος φάγοι Antiph. 3, 36 (1, 13). †ὡς ἄν τις ἄλλως - τοῦ διαβάλοι τὴν κραιπάλην Antiph. 3, 101 (4). εἰ τάδε προσοίσετ', εἰσέλθοιτ' ἂν Plat. 2, 675 (2, 20). εἰ πρῶτος ἔλθοις κἂν καθίζεσθαι λάβοις Cratin. 2, 231 (177). τρίγλῃ δὲ κἂν μάχοιτο Cratin. 2, 43 (2). βουλοίμην κἂν ἀκαλήφαις - ἐστεφανῶσθαι Pher. 2, 262 (2). ταγηνίζειν δὲ κἂν πριαίμην Eup. 2, 547 (3, 1). κἂν ἐπὶ ῥιπὸς πλέοις monost. 671. κἄνιοτ' *(ἂν) ἀπεκοιμᾶτ' ἂν - κἂν Ἐλπινίκην καταλιπὼν Eup. 2, 512 (10). ἀποκναίσειεν ἂν *κἂν ὁστισοῦν μου λαβόμενος Antiph. 3, 137 (9). ὃς ἂν ληφθῇ δ' ἀποστέλλων κἂν κύαθον Alexid. 3, 505 (6). εἴσελθε κἂν νῦν Men. 4, 172 (11). *κἂν αἰγείρων ἔφυσαν εὐγενέστεραι anon. 4, 621 (61). †κἂν ὀξυβάφῳ χρῆσθαι Phryn. 2, 593 (4). cf. ἐν. ὅ τι κἂν (f. κα) *λέγῃ (libr. λέγοι) - ἑρμήνευε Phillyl. 2, 862 (3). ὃν οὐκ ἂν ἠξίουν ἐμοὶ διδάσκειν οὐδ' ἂν εἰς Ἀθάνια Cratin. 2, 27 (2). †ἀλλ' οὐκ ἂν εἴποις Pher. 2, 327 (1, 13). correct. 334 (1, 18). οἷς οὐκ ἂν εἵλεσθ' οὐδ' ἂν οἰνόπτας Eup. 2, 510 (7). οὐδὲν *κενὸν τρύπημ' *(ἂν) ἐν ταῖς οἰκίαις ἂν *εὕροις Eup. 2, 562 (44). αὐτὸν οὐκ ἂν ἐξελθεῖν -· τοὺς δ' ἀντιβολεῖν ἂν ὁμοίως Eup.(?) 2, 577 (v. 7). cf. Tel. 2, 361 (1, 7. *11. 14). οἶνον πιεῖν οὐδ' ἂν εἷς δέξαιτο θερμὸν Stratt. 2, 784 (1, 2). ὧν οὐδ' ἂν λέγων λέξαις (cf. 3, 441) Aristophan. 2, 1079 (6, 15). κοὐδ' ἂν λέγων λέξαιμι Eubul. 3, 223 (1). οὐ γὰρ ἄν ποτε (cf. 5, 67) οὕτω - ἐστεφανωμένοι προὐκείμεθ' οὐδ' ἂν κατακεχριμένοι Aristophan. 2, 1148 (1, 6). οὐ γὰρ ἄν ποτε ἔπινον ἂν τρὶς ὕδατος Anaxil. 3, 351. *κοὐδὲν ἂν δράσειας ἄτοπον οὐδ' ἂν ἐπιψήλαιμεν ἂν Aristophan. 2, 1164 (3) cll. 5, 68. εἰ μὴ γὰρ ἦν, οὐκ ἂν ἐπεθύμουν, οὐδ' ἂν ἐδαπανῶντο. Β. ἐγὼ δὲ τοῦτ' - *φύσας ἀφειλόμην ἂν Aristophan. 2, 1171 (1, 10. 11). οὐκ ἄν γέ μοι τουτὶ γένοιτο (al. οὐκ ἄν γε μή πού τι γένηται) Anaxil. 3, 342 (1). *οὔτ' ἂν ἀδικοῖτ' οὐδὲν οὐδεὶς οὐθ' ὑβρίζοιτ' †ἂν ἑκὼν

(f. ἂν θέλων) Alexid. 3, 479 (1). †οὐκ ἂν γένοιο μᾶλλον ἢ σε δεῖ ξένος ξένος anon. 4, 603 (12). ὃς ἂν ὀπτότατός μοι φαίνηται κατατρώξομαι Cratin. 2, 95 (5, 4). τὸν τρόπον ὃν ἂν δοκῇ μοι - αἱρήσομαι Eup. 2, 549 (3, 4). καὶ τάδε νῦν ἄκουσον *ἂν λέγω σοι Eup. 2, 516 (23). οὐ θᾶττον - ἀποκηρύξει τις ὅ τι ἂν ἀλφάνῃ Eup. 2, 531 (12). ὅ τι ἂν τύχῃ μάγειρος ἀδικήσας, τὸν αὐλητὴν λαβεῖν πληγάς Phityll. 2, 862 (2). *(ὅσ') ἂν ὁ μάγειρος ἐξαμάρτῃ, τύπτεται *αὐλητής Eubul. 3, 235 (3). ἐπεράινα, ὅ τι αν βούλῃ Metag. 2, 752 (3). μὴ πολυτελῶς, ἀλλὰ *καθαρείως ὅ τι ἂν ᾖ Eubul. 3, 258 (1). Ephipp. 3, 334 (1, 4). τῷ γνώσομαι; B. οὓς ἂν μάλιστα λευκοπρώκτους εἰσίδῃς Calliae 2, 738 (1). γάστριν καλοῦσι - ὃς ἂν φάγῃ ἡμῶν τι τούτων Epicrat. 3, 368. οὐδεὶς (int. edet) ὃς ἂν μὴ κατατιθῇ τὰς συμβολάς Antiph. 3, 12 (1, 8). ὃς ἂν φέρῃ ἀγνωμόνως - οὗτός ἐστιν αἴτιος Anaxand. 3, 195 (2). †καθ' ὅσον ἂν τὸν κότταβον - ποιήσῃ πεσεῖν ‖ - οὗτος ὁ κρατῶν γίγνεται Antiph. 3, 29 (1, 5). πρᾶτθ' *ὁτιοῦν ἄν σοι δοκῇ Anaxand. 3, 199 (11). κεραμεύων *ἂν - ἑκατὸν *(ἂν) τῆς ἡμέρας *ἔκαεν - κανθάρους Phryn. 2, 586 (1). πλείστους (?) φέρων - *ὡς ἄν, οἶομ', εἴκοσιν Alcaei 2, 830 (1) cll. 5, 55. πουλύποδος πλεκτὴ δ' †ἄν, ἐπεὶ λήψῃ κατὰ καιρόν, - πολὺ κρείττων Plat. 2, 673 (1, 16). ἧττόν †γ' ἂν (l. γὰρ) οὖν ἀκολουθήσεις ἐμοί Amips. 2, 701 (1). ὃν οὐδὲ εἷς λέληθεν - ποιῶν, οὐδ' ἂν (l. αὖ 5, 99) ποιήσων Philem. 4, 31 (2).

οὐκ ἂν γενόμενον οὐδέποτέ γ' *ᾤμην πρᾶγμα λέγειν Antiph. 3, 67 (1, 5). ὃς μήτ' ἂν ἀτυχήσας ἐπαμφιάσαι δύναιτο τοῦτο χρήμασιν Men. 4, 192 (4). οὐ παντὸς - αἰτίαν κρίνων ἂν ὀρθῶς ὑπολαβεῖν τίς μοι δοκεῖ Men. 4, 214 (6). ἐσπουδάκει ὡς ἂν *ἑστιῶν ὀξύπεινον ἄνδρα Demonici 4, 570. ὁ πάντα βουληθεὶς ἂν - πονεῖν *πάντ' ἂν γένοιτο Men. 4, 234 (11). ὄμνυμι - ἦ μὴν ἑλέσθαι τοῦτον ἂν ζῆν τὸν βίον ἢ - Antiph. 3, 102. ἐγὼ γὰρ ἂν *εἰ - φάγοιμί *(τι), μύκητας ὠμοὺς ἂν φαγεῖν *(ἐμοὶ) δοκῶ Antiph. 3, 103 (1). ὡς πολὺ ἀπεῖχ' ἕκαστος τοῦ φαγεῖν ἂν ἔτι νεκροῦ Athenion. 4, 558 (v. 35). τῶν φιβάλεων μάλιστ' ἂν Herm. 2, 406 (10). †οἷα παίζουσιν - κοῦφα πηδῶσαι - κάλλιστ' ἂν (codd. καλλίσταν) Autocr. 2, 891. †ὡς ἄν τις ἂν οὖν *ᾖ, τί ποιήσας -; Aristophan. 2, 1159 (1). ὅστις ὁμόλογόν τι μὴ ποιεῖ πατρί, πάντων ἂν - κατεφρόνησε (καταφρονήσαι?) τῶν θεῶν Antiph. 3, 152 (58^b).

ἄν. κἄν **condicionales**: cf. ἂν pot. ἐάν. ἤν. ἂν (f. ἢν) δ' ἔλθῃ ποτέ ἀνιώμεθ' Cratet. (Antiph.?) 2, 247 (1). †ἂν δὲ (l. ἐὰν δέ γ') ἀποκριθῶ Pher. 2, 275 (4). †ἂν (l. ἢν) ἐγὼ πάθω τι Herm. 2, 400 (6). ἂν - ἀρνῇ (?) Phryn. 2, 600 (6). †ἂν (l. ἢν) - ἀποθάνῃ εἷς τις πονηρός - Plat. 2, 680 (4). Frequentis apud mediae et novae comoediae poetas voculae unum alterumque apponetur exemplum. στρατιώτης ἀγαθὸς - ἂν ᾖ τὸ σιτάρχημα δεῖπνον Antiph. 3, 45 (2, 12). τί οὖν ἐνέσται τοῖς θεοῖσιν; B. οὐδὲ ἕν, ἂν (legeb. ἐὰν) μὴ κεράσῃ τις Antiph. 3, 46 (1). στρατιώτην ἔργον λαβεῖν ἐστιν διευτυχηκότ', ἂν μὴ δειλὸς ᾖ Apollod. 4, 450. ὅταν γὰρ ἀπορῆταί τις, ἂν μὲν ἀργὸς *ᾖ - ἀπεκινδύνευσεν -, ἡμεῖς δ' - Antiph. 3, 66. Οἰδίπουν γὰρ *ἂν μόνον φῶ (f. γὰρ ἄν γε φῶ, καὶ) τἄλλα πάντ' ἴσασιν Antiph. 3, 105 (v. 5). ἂν πάλιν εἴπῃ τις Ἀλκμαίωνα, καὶ τὰ παιδία πάντ' εὐθὺς εἴρηχ' 106 (v. 8). προσφάτους μὲν ἂν τύχῃ πωλῶν τις ἰχθῦς - ἐὰν σαπροὺς κομιδῇ δέ - Antiph. 3, 128 (2). ἂν μὲν γὰρ ᾖ τις εὐπρεπής - ἐὰν δὲ μικρὸν παντελῶς ἀνθρώπιον - Anaxand. 3, 177 (2, 2). ὑφείλετ' ἄρνα - Ἀτρεὺς ἐκλήθη· ἐὰν δὲ κριὸν Φρίξος· *ἂν (libr. ἐὰν) δὲ κῳδάριον Ἰάσων ib. (2, 11). ἀλλ' ὃς ἂν φέρῃ ἀγνωμόνως - οὗτός ἐστιν αἴτιος· ἂν δ' εὐκόλως - Anaxand. 3, 196 (2). μόνον ἄν τις τοῦτ' *ἔχῃ, ἀληθές ἐστι (?) Antiph. 3, 156 (73). ὃν ἂν ἴδῃ τὰς χεῖρας οὐκ ἀφέξεται Antiph. 3, 13 (1, 16). οὓς ἂν ἐπερωτήσῃ τις - ἔκυψεν ὥσπερ Τήλεφος Amphid. 3, 313 (1, 5). οἷς ἔνοχος, . εἰς τὸ γῆρας ἂν ἔλθῃς, ἔσει Apollod. 4, 452 (1). εἰς τοὺς καλοὺς δ' ἄν τις βλέπῃ Anaxand. 3, 177 (2, 9). ἄν τ' οἶνον, ἄν τε φανὸν ἀποδῶταί τινι ἄν τ' ὄξος, ἀπέπεμψ' - δοὺς ὕδωρ Nicostr. 3, 286. τῷ χρόνῳ σέσηρεν, ἄν τε βούλητ' ἄν τε μή Alexid. 3, 423 (1, 26). πρὸς τὸν στρατιώτην τάξατε, ἂν μὴ ποιήσω πέπονα -, ἂν μὴ ποιήσω σπογγιᾶς μαλακώτερον anon. 4, 669 (285). οὐκ οἶσθ'. Β. εἴσομαι δέ γ' *ἂν (cf. 5, 117) λέγῃς Nicomach. 4, 583 (v. 7). ἐπίστασαι -; Β. ἀλλ' ἂν διδάσκῃς Alexid. 3, 442. τὸ δ' εὖ φέρειν ἔστιν τοιοῦτον, ἂν δύνῃ μόνος φέρειν, καὶ μὴ 'πίδηλον - ποιῇς Men. 4, 254 (72). *ἂν μῦς διορύξῃ βωμὸν - κἂν μηδὲν ἄλλ' ἔχων διατράγῃ *θύλακον, ἀλεκτρυὼν - *ἂν *ἐφ' ἑσπέρας ᾄσῃ, - anon. 4, 612 (40). κἂν ᾖ γαλεός, κἂν λειόβατος, κἂν ἔγχελυς Plat. 2, 682 (4). ταῦτα κἂν ἑκατὸν ἔτη *βιῷς ἀεὶ ὄψει παρόντα, κἂν ἐνιαυτοὺς σφόδρ' ὀλίγους Men. 4, 211 (2). υἱὸν τρέφει πᾶς κἂν πένης τις ὢν τύχῃ, θυγατέρα δ' ἐκτίθησι κἂν ᾖ πλούσιος Posidipp. 4, 516. ἡγεῖται *δὲ δὴ τούτους μόνους ἐλευθέρους, κἂν δοῦλος ᾖ Eubul. 3, 217 (1). ἀγαπῶν τε κἂν ἑψητὸν - ἴδῃ Eubul. 3, 248. εἶτα καὶ νῦν - τούτων φάγοις ἄν; Φ. κἄν τις (f. et κεἴ τις) ἄλλος μικρὸς ᾖ Antiph. 3, 36 (1, 10). κἂν μὴ κατεσθίωσι καὶ τοὺς δακτύλους, ἐθέλω κρέμασθαι Aristophont. 3, 362 (3). κἂν ζητῶ τινα, - οὗτος παρέσται· κἂν διελθεῖν - *δῇ τόπον τίν', οὗτος ἔσται μοι βατός Men. 4, 246 (39). κἂν *δῇ, τροχάζω στάδια πλείω - Philetaer. 3, 292. *εἴσειμ' - κἂν μὴ μετίῃ Eup. 2, 539 (7). κἂν γὰρ μὴ καλῶ, ἄκλητος ἥξει Apollod. Car. 4, 449. δίφρον εὐθέως ἔθηκε, κἂν μηδεὶς λέγῃ μηδέν Apollod. 4, 455 (2).

ἀνά: *καταφύλλους ἀνὰ κήπους - βαίνετ' Stratt. 2, 787 (1). ἀνὰ μέσον Antiph. 3, 6 (2). ἀνὰ μέσον - φέρε Men. 4, 227 (2). κοτύλη δ' ἀνὰ χοίνικα μάττει Stratt. 2, 785 (3). τῶν *ἀν' ὀκτὼ τοὐβολοῦ θέρμους μαλάξας Timocl. 3, 604.

ἀναβαίνω: ἀνάβαινε μᾶζα Cratet. 2, 237 (1, 8). ἀναβὰς ἐπὶ *(τὸ) βῆμ' Eup. 2, 511 (8). ἀναβῆναί τι πρὸς κλιμάκιον Aristophont. 3, 357 (1, 5). ἐπὶ κλίμακα πρὸς τεῖχος ἀναβαίνων Men. 4, 245 (37). ἀναβαίνειν ἐπὶ τοὺς ἵππους καὶ καταβαίνειν Mnesim. 3, 568 (v. 6). ἀναβῆναι (recedere? f. ἀναδῦναι) Antiph. 3, 7. ἀναβῆναι τὴν γυναῖκα Aristophan. 2, 1082 (8).

ἀναβάλλω: οὐ πάνυ ταχὺ - *ἀναβαλεῖς τὸ κρητικόν; Eup. 2, 560 (36). βαυκιζόμενον τὰ λευκά τ' *ἀναβάλλονθ' Alexid. 3, 486 (4, 9) cf. 5, 91.

ἀναβιβάζω: ἀναβιβῶμαι (fut.) Amips. 2, 713 (10).

ἀναβιῶναι: ἀναβιῶν (f. ἀναβιῶν') ἐκ τῆς νόσου Plat. 2, 660 (4). ἀναβιῴν (? cf. 5, 71) Aristophan. 2, 1204 (126). οὕτως ἀνεβίω κομιδῇ τεθνηκώς Timocl. 3, 604. ἀνεβιωσάμην Cratet. 2, 249 (10).

ἀναβολή: εἰς τὸ γῆρας ἀναβολὰς ποιούμενοι Men. 4, 137 (1). τοῖς δακρύοις ἐμποιεῖ ἀναβολὴν τῷ πάθει *Men. 4, 237 (16).

ἀναβοῶ: ἀνεβόησ' ὕδωρ ἐνεγκεῖν θερμόν Amphid. 3, 303. ὀκτώ τις ὑποχεῖν ἀνεβόα καὶ δώδεκα κυάθους Men. 4, 72 (11). δύο κυάθους ἀνεβόησέν τις ὑπόχει Sophil. 3, 581. ἀνεβόησεν οὐράνιον ὅσον anon. 4, 662 (245). τὴν εὐπυγίαν ἀναβοᾶν τοὺς εἰσιδόντας Alexid. 3, 423 (1, 12).

ἀνάβραστος: κίχλαι - ἀνάβραστ' ἠρτυμέναι Pher. 2, 300 (1, 23). κίχλαις ἀναβράστοις Pher. 2, 316 (1, 10). ἀναβραστὰ κρέα Aristom. 2, 732 (4).

ἀναβράττω: πτίσσειν, φρύγειν, ἀναβράττειν Pher. 2, 345 (18).

ἀναγιγνώσκω: πλησίον ἑστὼς *ἀναγιγνώσκοντος οὐκ ἀκούσεται Antiph. 3, 112 (1, 21). βιβλίον λαβέ, ἔπειτ' ἀναγνώσει Alexid. 3, 444 (1, 3).

ἀναγκάζω: εἰ μὴ - ἠναγκαζόμην στρέψαι δεῦρ' Plat. 2, 647 (1). ὁ δ' αὐτὸν (αὑτὸν?) ἠνάγκαζεν Ἁρμοδίου μέλος (int. ᾄδειν) Aristophan. 2,

1127 (3). σκατοφαγεῖν ἀπεῖρξε τὸ ζῷον - τοὺς δὲ βοῦς ἠνάγκασεν Antiph. 3, 68. ἀσύμβολον κλίνειν ἀναγκάζει φύσιν Anaxand. 3, 176 (1, 18). βότρυς τρώγειν ἀνάγκαζ' αὐτόν Eubul. 3, 228 (1). *κοτύλας τέτταρας ἀναγκάσας ἔμ' - σπάσαι Alexid. 3, 514 (20). πιεῖν ἀναγκάσω τὴν ἱερόσυλον πρῶτα Men. 4, 113 (3). οἴνου σε πλῆθος πόλλ' ἀναγκάζει λαλεῖν Ephipp. 3, 340 (4). ὅσα μ' οὗτος (i. e. οἶνος) ἠνάγκαζεν ἐποίουν ταῦτ' ἐγώ Philem. 4, 49 (42). μάθοις δ' ἂν - διδάσκει - οἷ' ἀναγκάζει θ' ὅσα (venter) Alexid. 3, 479 (1). ὀλίγ' ἀναγκάζει φρονεῖν (merum) monost. 420. ὀργὴ πολλὰ δρᾶν ἀναγκάζει κακά monost. 429. ἐκείνῳ (Amori) πάντ' ἀναγκασθεὶς ποιεῖ Men. 4, 128 (1). ἑτέρους πορίσασθαι δύ' ἐρίφους ἠνάγκασας Euphron. 4, 487 (v. 22). *κἀφ' ὅρμον ὦσαι ναῦς ἀναγκάσας (nauclerum) Criton. 4, 537.

ἀναγκαῖος: τῇ χειρὶ τρίβων τὴν ἀναγκαίαν τύχην(?) Amphid. 3, 308 (1, 6). ἔχοντας τὴν ἀναγκαίαν φύσιν (iuvenes) Philem. 4, 4 (1). ἀθάνατον - κακὸν ἀναγκαῖον γυνή Philem. 4, 62 (103). ἀναγκαῖον κακόν (int. τὸ γαμεῖν Men. 4, 260 (105). κτώμεθ' αὐτὰς (i. e. mulieres) ὡς ἀναγκαῖον κακόν monost. 305. ἰατρὸς τῶν ἀναγκαίων κακῶν χρόνος Men. 4, 264 (131). χωρὶς τῶν ἀναγκαίων κακῶν ἕτερα προσπορίζομεν Men. 4, 230 (5). ἵν' αὐτὰ τἀναγκαῖα δυστυχῇς μόνον Diph. 4, 376 (2). τοὺς δ' ἀναγκαίους (int. χειμῶνας) φέρε Men. 4, 123 (2). σκεπτόμεθα τἀναγκαῖ' ἑκάστης ἡμέρας Men. 4, 242 (28). cf. 156 (1). ἔχων οὐδὲ τἀναγκαῖα νῦν Philem. 4, 44 (29ᵃ). υἱὸς ἢ μήτηρ ἢ - ἄλλων τῶν ἀναγκαίων - τις Philem. 4, 34 (5). ὃς μήτε φυλακὴν τῶν ἀναγκαίων ἔχει Men. 4, 192 (4). λέγειν - τὰς ἀληθείας - τοῖς ἀναγκαίοις Men. 4, 266 (138).
†αἱ νέαι φιλίαι ἀναγκαῖαι μέν, αἱ δὲ παλαιαὶ ἀναγκαιότεραι ex Antiph. 3, 160 (99).

ἀναγκαίως: ἣν πᾶσιν ἐλθεῖν ἔστ' ἀναγκαίως ἔχον Antiph. 3, 29 (2, 3). ἀναγκαίως ἔχει ἢ λωποδυτεῖν ἢ Diph. 4, 389 (1, 13). τοιαῦτα πόλλ' ἀναγκαίως ἔχει πάσχειν anon. 4, 657 (216).

ἀνάγκη: ἃ δ' ἀνάγκα 'σθ' ἱερεῦσιν καθαρεύειν φράσομεν Phryn. 2, 606 (14). ἣν ἐλέσθ' αὐτῷ τι πᾶσ' ἀνάγκη Polyz. 2, 867 (1). ἐπεὶ - ἀποθνῄσκειν ἀνάγκη γίγνεται Antiph. 3, 150 (48). ὁ θεὸς ἀνάγκης (int. ἐστίν) Philem. 4, 11. τούτοις ἀνάγκη ταῦτα δουλεύειν ἀεί ibid. ἀνάγκης θεσμὸς οὐχ ὁρώμενος Alexid. 3, 452 (1, 19). αὐτῶν κρείσσονας ἀνάγκη ποιεῖ monost. 22. ὑπὸ τῆς ἀνάγκης πολλὰ γίγνεται κακά monost. 524. ὑπὸ τ. ἀ. πάντα δουλοῦται ταχύ monost. 733. πολλοὺς δι' ἀνάγκην πονηροὺς ὅταν ἀτυχήσωσιν γεγονότας Men. 4, 254 (71). ἐξ ἀνάγκης ἔστ' ἀποστραφέντι μοι λαλεῖν Antiph. 3, 91 (1). ἐξ ἀνάγκης - ὅρους ἔπηξαν τοῖς πένησι χρησίμους Aristophont. 3, 362 (3, 5). ἐξ ἀνάγκης δεῖ γελᾶν Alexid. 3, 423 (1, 20). ἐξ ἀνάγκης οὗτος οἰμώζειν λέγει Philem. 4, 5. ἀναστὰς νεανίας πληγεὶς ἀνάγκῃ Ephipp. 3, 332 (v. 4). τὸν οἶνον τὸν νέον *πολλή 'στ' ἀνάγκη - ἀποζέσαι Alexid. 3, 405 (6). μετέχειν ἀνάγκη τῶν κακῶν γίγνεται Philem. 4, 17. τὸν ζῶντ' ἀνάγκη πόλλ' ἔχειν ἐστὶν κακά Philem. 4, 50 (45). ἀνάγκη - γυναῖκ' εἶναι κακόν Men. 4, 229 (3, 16). ἀεί τινα ἄγειν ἑορτήν ἔστ' ἀνάγκη Men. 4, 165 (4). *βρόχων πλεκταῖς ἀνάγκαις Xenarch. 3, 614. ἢ κατὰ τοὺς νόμους, ἢ ταῖς ἀνάγκαις, ἢ - ἔθει τινί Men. 4, 114 (2). ἐν ταῖς ἀνάγκαις χρημάτων κρείττων φίλος mon. 143. τὰ ψηφίσματα καὶ τὴν ἀνάγκην Aristophan. 2, 1186 (43).

ἀναγκόσιτος: Cratet. 2, 249 (6). μειράκιον *κατάγεις ἀναγκόσιτον (libr. κατὰ γῆς ἀναγκοσιτῶ) Nicostr. 3, 289 (6).

†ἀναγκοσιτῶ: v. ἀναγκόσιτος.

ἀναγνάπτω: v. ἀνακνάπτω.

ἀναγράφω: οὐ καθεύδομεν, οὐδ' ἀναγεγράμμεθ' (coqui) Baton. 4, 501.
Ἀναγυράσιος ὀρφώς Plat. 2, 668 (3).
Ἀναγυρουντόθεν τοὺς *Κορακίωνας Archipp. 2, 719 (2).
ἀναγχιππεῖν: Eup. 2, 576 (137).
ἀνάγω: ὀλίγον ἄνκγε *(δή) ἀπὸ τῆς διφροφόρου Nicoph. 2, 852 (3). ἐμβάντες ταχύ ἀνηγάγοντο Men. 4, 76 (9).
*ἀναγωγία: v. 3, 549 cll. 5, 93.
ἀναδενδράς: Alexid. 3, 388 (1). ὑπ' ἀναδενδράδων ἀσπαλάθους πατοῦντες Pher. 2, 305 (2).
ἀνάδημα: ὢ χρυσοῦν ἀνάδημα Plat. 2, 677 (4). ὀχθοίβους, μίτρας, ἀναδήματα Aristophan. 2, 1078 (6, 2).
ἀναδιφῶ: οἷον σμῆνος ἀνεδιφήσατε Cratin. 2, 16.
ἀνάδοχος: ἀδελφὴν ἀνάδοχον τῶν χρημάτων Men. 4, 222 (3).
ἀναδῦναι: v. ἀναβαίνω.
ἀναζυγῶ: τὴν θύραν ἀναζυγώσας Aristophan. 2, 1205 (127).
ἀνάθημα: τὰ γάρ τ' ἀναθήματα δαιτός Herm. 2, 408 (1, 21).
ἀναθολοῦμαι: ἀνεθολοῦθ' ἡ καρδία Pher. (?) 2, 313 (8).
ἀναθύω: αὖθις ἀναθύουσιν (an ἀναθυῶσιν) αἱ γεραίτεραι Pher. 2, 268 (5).
ἀναθυῶ: v. ἀναθύω.
ἀναίδεια: ὦ μεγίστη τῶν θεῶν νῦν οὖσ' ἀναίδει' Men. 4, 144 (2). τὰ πρῶτα πάσης τῆς ἀναιδείας ἔχει Men. 4, 278 (173) = Diph. 4, 422 (17).
ἀναιδεία: ὢ *πορνεία καὶ ἀναιδεία Aristophan. 2, 1031 (14).
ἀναιδής: τρία κνώδαλ' ἀναιδῆ Cratin. 2, 152 (8). ὄργανα εὑρημέν' ἀνθρώποις ἀναιδέσιν Men. 4, 140 (I). οὐκ ἔστ' ἀναιδοῦς ζῷον αὐθαδέστερον Diph. 4, 425 (29). κακὴ-αἰδὼς ἔνθα τἀναιδὲς κρατεῖ ib. τοῖς ἀναιδέσιν λόγοις Men. 4, 115 (3). τοὺς *ἀναιδῶς (f. ἀνοδίᾳ cf. 5, 116) τἀλλότρια *μασωμένους Nicol. 4, 580 (v. 25).
ἀναίνεσθαι: de re amatoria Plat. 2, 678 (7). Men. 4, 201 (6).
ἀναίρεσις: τῶν νεκρῶν ἀναίρεσιν Antiph. 3, 88 (v. 8).
ἀναιρῶ: ἄρδην ἀνεῖλε (paupertas) καὶ κατέστρεψεν βίον Diph. (?) 4, 424 (24). εἰς ἐγγύας τρεῖς εἰσπεσὼν ἀνηρέθην Cratin. min. 3, 378 (1). αὑτοὺς τ' ἀνῃρήκασι διὰ λύπην τινές Philem. 4, 44 (27). τούτων ἀνελεῖν (?) τὴν ζημίαν Men. 4, 161 (1, 9). ἀναιροῦμαι (med.): μῶν τις αὔτ' (int. pecuniam) ἀνείλετο; Aristophan. 2, 964 (16). ῥίψας λόγον τις οὐκ ἀναιρεῖται πάλιν mon. 710.
ἀναίσθητος: ἀναισθήτῳ γεγονότι καὶ νεκρῷ Men. 4, 269 (157).
ἀναίσχυντος: οὐκ ἔστ' ἀναισχυντότερον οὐδὲν εἰσορᾶν γυναικός Alexid. 3, 521 (39).
ἀνακαθαίρω: τῶν ἐσθιόντων ἀνεκάθηραν τοὺς πόρους Anaxipp. 4, 459 (v. 16).
ἀνακαλύπτω: cf. ἀνακάμπτω. πάντα ἀνακαλύπτων ὁ χρόνος mon. 450.
ἀνακαλῶ: Μούσας ἀνακαλεῖν Aristophan. 2, 1066 (16).
ἀνακάμπτω: ἀνακάμψει Antiph. 3, 6. οἶστρος, ἀνακάμπτων (libr. ἀνακαλύπτων), δορεύς Eubul. 3, 232 (2).
ἀνάκειμαι: ἐγὼ δ' ἕως-τινος ἀνεκείμην-B. ἀνάκεισο Diph. 4, 427 (41). δειπνῶν ἀεὶ ἀνακείμενος παρ' αὐτόν Philippid. 4, 477 (10). φιάλην ἣν ἀνακειμένην ἰδεῖν ἐργῶδες Philippid. 4, 469.
ἀνακές: Eup. 2, 435 (27). ἀνακῶς ἔχων Plat. 2, 687 (23).
ἀνακλίνομαι: ὡς εἰσῆλθε τὰ γερόντια-εὐθὺς ἀνεκλίνετο Eubul. 3, 258 (2).
ἀνακλῶ: πίοιμι τὸν τράχηλον ἀνακεκλασμένη Theop. 2, 812 (1).
ἀνακνάπτω: ἀνακνάψας (al. ἀναγν.) καὶ θειώσας τὰς ἀλλοτρίας ἐπινοίας Lysipp. 2, 745 (5).
ἀνακογχυλίαστον ἐχθοδοπόν τι Plat. 2, 685 (13).

ἀνακογχυλίσασθαι: Eup. 2, 534 (5).
ἀνακραγεῖν: *ἀνακράγοι τ' ἂν εἰς ἐχθροὺς μέγα Sannyr. 2, 874 (1). ἀνέκραγον "οὐ δώσει τις ἡμῖν ματτύην;" Alexid. 3, 477 (5). παρέθηκε (apuam fictam) - ὥστε πάντας ἀνακραγεῖν Euphron. 4, 494 (1, 5). ἂν γλαὺξ ἀνακράγῃ δεδοίκαμεν Men. 4, 230 (5).
Ἀνακρέων: σκόλιον Ἀλκαίου κἀνακρέοντος Aristophan. 2, 1030 (13).
ἀνακρίνω: τοῦτον ἀνακρίνειν πόθεν ζῇ Diph. 4, 388 (1, 8).
ἀνακρούω: κἀνακρούουσαι †χεροῖν Autocr. 2, 891 (1, 4).
ἀνακυκῶ: ἀνακυκῆσαι τὰς ἀπίους Pher. 2, 259 (8).
ἀνακυλίω: *ἀνακυλιόν τ' οὐσίας (genus parasitorum) Alexid. 3, 434 (1, 7).
ἀνακύπτω: *ἀνακῦπτον καὶ *κατακῦπτον (libr. - πτων v. 5, 70) - κηλώνειον Aristophan. 2, 1185 (40).
ἀνακωδωνίζω: τὸν ῥόμβον (ῥύμβον?) ἀνακωδώνισον Aristophan. 2, 1073 (10).
ἀνακῶς: v. ἀνακές.
ἀναλαμβάνω: εἶ - τι κἀξήμαρτεν αὖθις ἀνέλαβεν Pher. 2, 327 (1, 18) cf. 334 (1, 12). Ἄρτος δ' ἀναλαβὼν ἐξένισεν ἡμᾶς Demetr. 2, 876 (1, 3). ἀναλαβὼν μόναυλον ηὔλουν Anaxand. 3, 170 (2). ἀνέλαβον καινὰς ἑταίρας Alexid. 3, 422 (1, 4).
ἀναλέγειν: eligere Archipp. 2, 716 (5).
ἀνάληψις: ὅτ' ἦν ὁ λιμός - ἀνάληψιν ἐποίησ' εἰσενέγκας κάππαριν Demetr. 4, 539.
ἀναλίσκω: τούτων δραχμὰς δώδεκα - ἀναλώσασιν *ὀσφρέσθαι μόνον Antiph. 3, 80. ἀναλίσκειν πολλὰ χρήματα Antiph. 3, 104 (v. 12). πάμπολλ' ἀναλίσκων ἐφ' ἑκάστῳ - ἀπεκλειόμην Timocl. 3, 607 (1). τὰ - ἄλλα καὶ πόλεμος καὶ μεταβολαὶ τύχης ἀνήλωσ' Hipparch. 4, 431. φρόνημα λιπαρὸν οὐδαμῶς †ἀναλίσκεται (f. ἁλίσκεται) mon. 536.
†αναλκεις συνεπιμελομεθα Apollod. Car. 4, 446 (2).
ἀνάλλομαι: κούφως ἀνήλλετο Arar. 3, 275 (1).
ἀναλογίζομαι: κατ' ὄνομ' ἀνελογιζόμην Straton. 4, 545 (v. 14).
ἀναλογισμός: ἐν τῷ πρὸς αὐτὸν ἀναλογισμῷ Men. 4, 203 (1).
ἄναλτος: Cratin. 2, 229 (165). ἀνάλτοις καὶ πλατυρρύγχοις τισίν (int. σαπέρδαις) Timocl. 3, 600 (2).
ἀναλύτης: ὀνειρομάντεσιν ἀναλύταις Magnet. 2, 10 (2).
ἀναλύω: *ἀπέδυσε κἀνέλυσε χορδαῖς δώδεκα Pher. 2, 327 (1, 25) vid. 334 (1, 28). πόλεις τὰς μὲν δεῖν τὰς δ' ἀναλύειν Telecl. 2, 372 (4). *πεφαρμάκευσ' - ἀναλυθεὶς μόλις Men. 4, 129 (4).
ἀναλφάβητος: Philyll. 2, 857 (2).
ἀναλῶ: εἰς τὰς τριήρεις - ἀναλοῦν, εἰς οἵ ἀνάλουν οἱ πρὸ τοῦ τὰ χρήματα Aristophan. 2, 1040 (22). ἀναλοῦν Arar. 3, 275 (3). περὶ τοῦτο - αὐτοῖς πολὺς ἀναλοῦται χρόνος Philem. 4, 22 (v. 2).
ἀνάλωμα: ταῦτ' ἐστὶ τἀναλώματ' Plat. 2, 675 (2, 19). λῆμμα et ἀνάλωμα Anaxand. 3, 172. οὐσίαν - ἧς αἱ πρόσοδοι λύουσι τἀναλώματα Diph. 4, 388 (1, 5).
ἀνάλωτος: ἀδοξίαν πενίαν τ', ἀνάλωτα τῇ τύχῃ anon. 4, 619 (58).
ἀναμασχαλιστήρ: (an ἀμφιμ.) Philippid. 4, 467 (1).
ἀναμένω: γαυριῶσαι δ' ἀναμένουσιν - τράπεζαι Cratin. 2, 177 (9). λέκιθον ἕψουσ' ἢ φακῆν ἀναμένει Pher. 2, 263 (4). ἀναμενῶ σε (al. ἀνάμεινόν με) πρὸς τοὔλαιον Men. 4, 305 (339).
ἀνάμεστος: σφυράδων - ἀναμέστη Eup. 2, 433 (16). ὁμίχλη πάντων ἀγαθῶν ἀνάμεστος Mnesim. 3, 570 (v. 65).
ἀναμετρήσασθαι τάδε Aristophan. 2, 1188 (51).

ἀναμίγνυμι: *τιγγάβαρι καὶ μίλτος ἀναμεμιγμένη* Diocl. 2, 840 (5). Clymenum medicum Morsimo *ἀναμεμῖχθαι* Aristophanes dixit 2, 1213 (169).

ἀναμιμνήσκω: *τῶν Δρακοντείων νόμων ὁπόταν ἀναμνησθῶσι* Xenarch. 3, 617 (1, 23). *τῶν αὐτοῦ κακῶν ἐπαγόμενον λήθην ἀνέμνησας πάλιν* Men. 4, 208 (2). *ἄνθρωπον ὄντα σαυτὸν ἀναμίμνησκ'* mon. 16.

ἀναμισθαρνῶ: **κἀναμισθαρνεῖν διδούς* anon. 4, 674 (302).

ἀναμολύνω: *ἀνεμολύνθη τὴν ὑπήνην* Pher. 2, 342 (4).

ἀνανδρία: *ἀνανδρία τὸ μὴ δύνασθαι καρτερεῖν λυπούμενον* Philem. 4, 51 (46b).

ἄνανδρος: *οὕτως ἄνανδρος γέγονας;* Philem. 4, 51 (46b).

ἀνανεοῦσθαι: Cratin. 2, 110 (8).

ἄναξ: *κισσοχαῖτ' ἄναξ* Kephant. 2, 13 (2). Cratin. 2, 194 (52). *ἄναξ Ἄπολλον* Cratin. 2, 119 (7). *Ἡράκλεις ἄναξ* Antiph. 3, 12 (1, 1). **ὦναξ Μιλτιάδη καὶ Περίκλεες* Eup. 2, 464 (13). *βέλτιστε χρησμῳδῶν ἄναξ* Eup. 2, 515 (16). *ὦναξ δέσποτα* Aristophan. 2, 1180 (15). *δέσποτ' ἄναξ* Men. 4, 158 (1). *ὦ δέσποτ' ὦναξ* Men. 4, 272 (170). *ἄναξ ὑπήνης Ἐπίκρατες* Plat. 2, 657 (3). *ὁ Λυδῶν τῶν πολυχρύσων ἄναξ* Nicolai 4, 580 (v. 44). *ὦ ἄνα* Eup. (?) 2, 577 (v. 8).

ἀνάξιος: *πέπραχε-αὐτοῦ καὶ τῶν στιγμάτων ἀνάξια* Plat. 2, 669 (2). *ἀνάξι' αὐτῶν ἔργα ποιεῖν* Timocl. 3, 609. *ἄλλῳ τυχὸν ἀναξίῳ τινὶ-πάντα προσθήσει πάλιν* Men. 4, 107 (2, 7).

†ἀνάπαιστα (f. *ἂν ψαιστὰ*) *παρῆν* Telecl. 2, 362 (1, 11).

ἀνάπαιστοι: *συμπτύκτοις ἀναπαίστοις* Pher. 2, 283 (5, 3).

ἀνάπαυσις: *ἀνάπαυσις-τῶν κακῶν ὕπνος* mon. 596. *ἀνάπαυσις τῶν κακῶν ἀπραξία* monost. 644. *ἐκ κόπου *γλυκεῖ' ἀνάπαυσις* anon. 4, 684 (327).

ἀναπαύω: *ἀναπαύου κακῶν* Cratin. 2, 211 (111). *νὺξ ἀναπαύει* (f. *ἀναλύει*) mon. 385. *τούτων ὁ θάνατος-ἀνέπαυσε* (f. *ἀπέλυσε*) *τοὺς ἔχοντας ἀναπαύσας ὕπνῳ* Diph. 4, 418 (5).

ἀναπείθω: *Ἀκεστορ' ἀναπέπεικεν ἀκολουθεῖν ἅμα* Theop. 2, 815 (1). *†ἀναπεῖσαι* (l. *ἀνασεῖσαι*) Canth. 2, 836 (3). **ἅπαντας ἀναπέπεικεν ὡς αὑτὸν φέρειν* Antiph. 3, 164 (v. 18).

ἀναπειρία: v. *ἀναπηρία*.

ἀναπετάννυμι: *ἀναπετῶ τουτὶ προσελθών* Men. 4, 77 (14). *ἀναπετῶ* Men. 4, 204 (2). 328 (484).

ἀναπήγνυμι: **ἥδιστ' ἂν ἀναπήξαιμ' ἐπὶ τοῦ ξύλου* (hominem) Alexid. 3, 486 (4).

ἀναπηδῶ: *ἀναπηδᾶν ἐν δήμῳ* Cratin. 2, 214 (124). *ὡς *ἥψατ' αὐτοῦ τῶν ποδῶν-ἀνεπήδησεν* Antiph. 3, 84 (1). *ἀνεπήδησε κἀκρευγεν κύκλῳ* Philem. 4, 27 (v. 15).

ἀναπηρία (al. *ἀναπειρία*): v. Cratin. 2, 111 (9). Aristophan. 2, 1190 (2).

ἀνάπηρος: *ἀνάπηρα βοίδια* Herm. 2, 393 (1). *ἀνάπηρος πορνοβοσκός* Myrtili 2, 419 (1).

ἀναπίμπλημι: *ἀνέπλησα τὠφθαλμὼ πάλης* Pher. 2, 279 (5). *τῶν ἐκ τῆς στοᾶς λογαρίων ἀναπεπλησμένος* Theognet. 4, 549.

ἀναπίπτω: *ῥοθίαζε κἀνάπιπτε* Cratin. 2, 176 (8). *ἀναπεσεῖν αὐτὴν παρ' ἐμέ* Alexid. 3, 516 (26). *ἀνάπιπτε. B. *(πότερον) ἀνδριάντας ἑστιᾷς;* anon. 4, 650 (186).

ἀναπλάττω: *εὐθὺς ἀναπλάττουσι ταύτας* (i. e. *ἑταίρας*) Alexid. 3, 422 (1, 5). *ἀναπλάσαι διπλάσια τῆς ἀληθείας κακά* Philem. 4, 57 (71).

ἀνάπλεως: *αἱ τρίχες-ἀνάπλεῳ ψιμυθίου* Kubul. 3, 250 (1, 8).

ἀναπνέω: *ἀναπνέων ὑάκινθον* Pher. 2, 318 (2).

ἀναπνοή: *ἀναπνοὴν ἔχει "Ζεῦ σῶτερ" εἰπεῖν* Men. 4, 231 (7, 6).

ἀναπτερῶ: ἀνεπτερῶσθαι τὴν ψυχήν Cratin. 2, 229 (166). ὁ λέγων φεύγωμεν ἀναπτεροῖ ad Eup. 2, 554 (12).
ἀναρίθμητος: ἕλκουσ᾽ - ἄνδρες ἀναρίθμητοι Stratt. 2, 772 (1).
ἀναρίστητος: ἀναρίστητος ὢν κοὐδὲν βεβρωκώς Eup. 2, 447 (3). ἀναρίστητος ὢν Aristophan. 2, 1135 (3). Timocl. 3, 608 (2). ἀναρίστητος κιθαριεῖ Antiph. 3, 78 (2). πάντως ἀναρίστητος Alexid. 3, 489 (4).
ἀνάριστος: Men. 4, 329 (492).
ἀναρπάζω: ἀνηρπάκασ᾽ ἁπαξάπαντ᾽ Plat. 2, 618 (1). κατεδήδοκεν τὸ κρανίον ἀναρπάσας Μάτων Anaxilae 3, 347. ἐκ τῶν ὀρῶν πρόβατ᾽ ἐσθίουσι - μετέωρ᾽ ἀναρπάζοντες (int. οἱ ἀετοί) Epicrat. 3, 365 (2, 10).
ἀναρριπίζω: ἐπαίρουσαι δὲ μικρόν - οὕτως ἀνερρίπιζον (columbae) Antiph. 3, 117 (2, 16).
ἀναρρίπτω: ἐγώ σοι πᾶς ἀνέρριμμαι κύβος Aristophan. 2, 1199 (97). ἀνερρίφθω κύβος Men. 4, 88 (1).
*ἀναρροθιάζω: *ἀνερροθίαζε περὶ τὰ χείλη Eup. 2, 559 (32).
ἀναρρύω: ἀναρρύει Eup. 2, 576 (136).
ἀναρύτω: θριάμβους ἀναρύτουσ᾽ Cratin. 2, 36.
ἀνασειράζω: φλόγ᾽ ἀνασειράζεις Aristophan. 2, 1168 (2).
ἀνασεισίφαλλος: anon. 4, 631 (106).
ἀνασείω: v. ἀναπείθω.
ἀνασηκῶσαι: Aristophan. 2, 1205 (128).
ἀνασκαλεύω: ὠτογλυφίδα λαβοῦσ᾽ †ἀνασκάλλεται (f. ἀνασκαλεύεται) Plat. 2, 666 (3).
†ἀνασκάλλεται: v. ἀνασκαλεύω.
ἀνασκευάζω: ὀνάριον - ὥσπερ κανοῦν πάντ᾽ ἀνεσκευασμένον (?) Diph. 4, 417 (4).
ἀνασκιρτῶ: ἀνεσκιρτημένας Eup. 2, 435 (28).
ἀνασκυζᾶν: anon. 4, 663 (251).
ἀνασπῶ: κάδους ἀνασπῶν Pher. 2, 358 (86). καρῖδα καθῆκα - κἀνέσπασ᾽ αὖθις Eubul. 3, 244 (4). τοὺς στρατηγοὺς τὰς ὀφρῦς ἐπὰν ἴδω ἀνεσπακότας Alexid. 3, 391 (2). κἂν μέχρι νεφέων τὴν ὀφρὺν ἀνασπάσῃς Philem. 4, 58 (81). οὐκ ἄνω (f. ἐάν) ἀνασπάσας τις τὰς ὀφρῦς οἴμοι λαλεῖ (f. λαλῇ) Men. 4, 242 (29). πόθεν τούτους ἀνεσπάκασιν - τοὺς λόγους; Men. 4, 199 (7) cf. ad Thugenid. 4, 594. ἀνασπᾶν γνωμίδιον anon. 4, 662 (246).
†ἀναστοιχήσας v. ἀνίστημι.
ἀναστομῶ: ταῦτα τῶν ἡδυσμάτων ἀναστομοῖ *τἀσθητήρια Diph. (Sosipp.) 4, 383 (2, 6). τραυλὴ μέν ἐστιν, ἀλλ᾽ ἀνεστομωμένη Calliae 2, 741 (3).
ἀναστρέφω: *ἀνέστροφέν (libr. ἀντέστροφέν) σου τὸν βίον τὰ βιβλία Theognet. 4, 549 (v. 8). ὁ δυνάμενος κἀν πράγμασιν ἀναστραφῆναι Dionys. 3, 548 (v. 13).
ἀναστροφή: αὐλοί, παννυχίδες, ἀναστροφή Posidipp. 4, 521 (v. 22).
ἀναστρωφῶμαι: [ἐν ἀφθόνοισι τοῖσδ᾽ ἀναστρωφωμένη Men. 4, 226.]
ἀναστῦψαι: anon. 4, 681 (316).
ἀνάσυρμα: παρθένου ἀνάσυρμα Eubul. 3, 272 (29).
ἀνασύρτολις: anon. 4, 631 (106).
ἀνασύρω: v. ἀνευρίσκω.
ἀνασχετός: δεινὸν κοὐκ ἀνασχετόν Eup. (?) 2, 577 (v. 14). δεινὰ δεινὰ κοὐκ ἀνασχετά Xenarch. 3, 617 (1). ὡς οὐ βιωτόν ἐστιν οὐδ᾽ ἀνασχετόν - Antiph. 3, 104 (v. 10).
†ἀνατειχήσας: v. ἀνίστημι.
ἀνατειχίζω: τὴν φωνὴν *ἀνατειχίσας (v. 5, 69) ἄνω Aristophan. 2, 1183 (27).

ἀνατίθημι: ἀναθῶμεν τούτοις τὰς εἰρεσιώνας Eup. 2, 468 (19). τὴν ἀσπίδ' εἰς τὴν στοὰν ἀνέθηκαν Men. 4, 225 (1). ἂν - ἀναθῇ τις (phialam) εὐθὺς ἕτερος ἥρπασεν Philippid. 4, 469. τὴν νύμφην μετέωρον ἐπὶ τὸ ζεῦγος *ἀναθήσεις φέρων Arar. 3, 276 (2). τοὺς ῥηθέντας ἀναθέσθαι λόγους Men. 4, 93 (2).

ἀνατοιχεῖν: v. διατοιχεῖν.

ἀνατρέπω: ἂν ἀνατραπῇ πλοῖον Alexid. 3, 413. Σίπυλον - τοῦτον ἀνατετράφθαι τὸν τρόπον Nicol. 4, 579 (v. 9). τὸν ὅλον ἀνατρέπει βίον monost. 466. ὁ κόλαξ καὶ στρατηγὸν καὶ δυνάστην καὶ φίλους καὶ τὰς πόλεις ἀνατρέπει Diph. 4, 385 (1). ὁ τοιοῦτος ἀνατρέπει πᾶσαν πόλιν Apollod. 4, 454 (1, 6). †οὐ πόλιν ὅλην φυλὴν δὲ μαλακὸς ἀνατρέπει ib. (1, 14). ὑπὸ *λαισποδιῶν γάρ εἰσιν ἀνατετραμμέναι (int. πόλεις) ib. (1, 16).

ἀνατρέχω: πρὸς τὸ σιμὸν ἀνατρέχειν Dionys. 3, 553 (2). ἀνατρέχω (i. q. ἀναλύω) Men. 4, 309 (355).

ἀνατριαινῶ: πάντα πράγματ' ἀνατριαινώσει κρότοις Amphid. 3, 306 (1, 8).

ἀναυδής: πάντες ἀναυδεῖς τότ' ἐπέστησαν Epicrat. 3, 371 (1, 20).

ἀναφαίνω: πόλεων ὁπόσας ὁ Ζεὺς ἀναφαίνει anon. 4, 604 (15). κονιορτὸς ἀναπέφηνεν Anaxand. 3, 177 (2, 6).

ἀναφαίρετον κτῆμ' mon. 2.

ἀναφέρω: ἄφωνος ἐγένετο, ἔπειτα πάλιν ἀνηνέχθη Theop. 2, 819 (12).

ἀναφλᾶν: Aristophan. 2, 955 (9).

ἀναφλασμοί: Eup. 2, 446 (21).

ἀνάφορον: τὸν ἱμάντα καὶ τἀνάφορον Aristophan. 2, 1168 (3).

ἀναφῦναι: δύ' ἀνέφυσαν ῥήτορες Plat. 2, 680 (4).

ἀναχαιτίζω: μέστ' ἀκράτου κυμβία - ἀνακεχαίτικεν (nos) Anaxand. 3, 162 (2).

Ἀνάχαρσις: ὁ δ' Ἀνάχαρσις οὐ Σκύθης; Men. 4, 229 (4).

ἀναχάσκω: ἀνέχασκον - ἐμφερέστατα ὀπτωμέναις κόγχαισιν Aristophan. 2, 976 (15). cf. ἄγχασκε.

ἀναχύρωτος πηλός Aristophan. 2, 965 (21).

ἀναψηφίζομαι: κἀναψηφίσασθ' ἀποδοῦναι Pher. 2, 271 (6).

ἀναψύχω: ἀνέψυξα (= ἀνεπαυσάμην) Diph. 4, 415 (1). *κἀμαρτύρησας ψεῦδος, ὥστ' *ἀνεψύχης Amips. 2, 706 (1).

Ἀνδοκίδης: A. ζητητής Plat. 2, 658 (5).

ἀνδραγαθία: ἀνδραγαθίας οὕνεκα Phryn. 2, 581 (2).

ἀνδρακάς: Cratin. 2, 30 (5).

ἀνδραπόδιον: *ἀνδραπόδι' ἤδη ταῦτ' Diph. 4, 414.

ἀνδραποδιστικώτατα: Eup. 2, 574 (104).

ἀνδράποδον: τίς ἔσθ' ὁ πωλῶν τἀνδράποδ'; Herm. 2, 405 (8). ἀνδράποδ' ἐκ Φρυγίας Herm. 2, 408 (1, 19). ἀνδράποδα *πέντε Alcaei 2, 828 (1).

ἀνδραποδώνης: Aristophan. 2, 1073 (14).

†ἀνδράχμη Plat. 2, 629 (2).

ἀνδρεία: ἀνδρείας κρίσις Philonid. (?) 2, 425. καλὸν - βασιλεὺς τῇ ἀνδρείᾳ κρατῶν Men. 4, 265 (132). τοῦτον καλοῦσί σοι δι' ἀνδρείαν Κεραυνόν Anaxipp. 4, 464 (1).

ἀνδρεῖος: λαφυγμὸν ἀνδρεῖον Eup. 2, 492 (12). τὰ κακῶς τρέφοντα χωρί' ἀνδρείους ποιεῖ Men. 4, 87 (3). ἀνδρείως: ἡγούμεσθ' εὖ κἀνδρείως Plat. 2, 653 (3). εἰ μέλλεις *(εὖ κ)ἀνδρείως φφζειν - *σαυτόν Stratt. 2, 789 (6). οἱ δ' - ὕδρευον ἀνδρειότατα Men. 4, 78 (1). τύχης ἄνοιαν ἀνδρείως (mon. 707 εὐχερῶς) φέρειν Men. 4, 291 (265).

ἀνδρεράστρια γυνή anon. 4, 663 (254).
ἀνδρία: μεταχαράττον τὴν μὲν ἀνδρίαν(?) μελῶν εἰς *τἀπρεπές Men. 4, 239 (21).
ἀνδριαντοποιός: οὔτε ζωγράφος οὔτ' ἀνδριαντοποιός Philem. 4, 22.
ἀνδριάς: de quovis simulacro Antiph. 3, 54. cf. Men. 4, 110 (10). ἀνδριάντος καλῶς πεπλασμένου Philem. 4, 22. ἐλάνθανον περιπατῶν ἀνδριάς Alexid. 3, 477 (4). πότερον ἀνδριάντας εἱστία; Philippid. 4, 477 (10). *(πότερον) ἀνδριάντας ἑστιᾷς; anon. 4, 650 (186).
ἀνδρικός: ἐν ἀνδρικοῖς χοροῖσιν Cratet. 2, 242 (2). †πονεῖν μὲν ἄμμες καὶ φαγεῖν μὲν ἀνδρικοί Eubul. 3, 208 (1). μάλ' ἀνδρικὴν τῶν θηρικλείων εἷλκον Eubul. 3, 231 (1).
ἀνδρικῶς: *ἐμασώμεθ' οὕτως ἀνδρικῶς ὅσ' εἴχομεν Ephipp. 3, 328 (1).
ἀνδρίον: μὴ φθονερὸν ἴσθ' ἀνδρίον Eup. 2, 554 (15).
ἀνδρογύνης(?) ad anon. 4, 687 (335b).
ἀνδρόγυνον ἄθυρμα anon. 4, 663 (250).
Ἀνδροκλῆς: Ecphant. 2, 14 (3). Telecl. 2, 367 (8). *Aristophan. 2, 1173 (5) cf. ad Cratin. 2, 171 (22). ἀνδρῶν νεοπλουτοπονήρων, αἰσχρῶν, Ἀνδροκλέων Cratin. 2, 133 (2). Ἀνδροκλέα τὸν ἀπ' αἰγείρων anon. 4, 631 (108). καὶ Ἀνδροκλέης πολεμαρχεῖ anon. 4, 698 (374).
Ἀνδροκολωνοκλῆς: Cratin. 2, 171 (22).
Ἀνδρομέδα: δελεάστρα Cratin. 2, 140 (12).
ἀνδροῦμαι: ἔμπαις ἐστὶν ὡς ἠνδρωμένη Cratin. 2, 209 (102) cf. 5, 23. ἀνδροῦσθαι Aristophan. 2, 1216 (222).
ἀνδροφόνος: ἅπαντες ἀνδροφόνοι - εἰσιν (piscarii) Amphid. 3, 318 (1, 8). οὗ νῦν βαδίζομεν, εἰς τοὺς γάμους, ἀνδροφόνον (supple εἶναι δεῖ) Euphron. 4, 493 (1, 10). ἀνδροφόνος Γνάθαινα Philippid. 4, 468 (1).
ἀνδρών: πόσους ἔχει στρωτῆρας *ἀνδρὼν -; Aristophan. 2, 979 (10).
ἀνεγείρω: ὀκτώπουν ἀνεγείρεις Cratin. 2, 65 (10).
ἀνεγκλήτι: Plat.(?) 2, 695 (64).
ἀνεικάσασθε Cratin. 2, 52 (13).
ἀνειλίττω: θερμοὺς ἐσχαρίτας ἀνειλίττοντα Antidot. 3, 529 (2).
†ἀνειλωτημένην v. εἱλωτίζω.
ἄνειμι: θαλάσσης δ' ἐς τέκν' ἄνειμι Plat. 2, 672 (1, 11).
ἀνεῖν: v. αἴνω.
ἀνείρω: ἄνειρε (cf. 5, 50) τὰ κρέα Plat. 2, 687 (22).
ἀνεκάς: ἀνεκὰς - βλέπων (cf. 5, 25) Cratet. 2, 235 (3). ὡς ἀνεκὰς τὸ κρόβαλον Pher. 2, 357 (80). ἀνεκάς τ' *ἐπήρω τὸ σκέλος Eup. 2, 443 (9). τὸν τροχόν *ἐλῶν ἀνεκάς (libr. ἐᾶν κἀνεκάς) Aristophan. 2, 1019 (9).
ἀνεκλογίστως: ὅπως ἀνεκλογίστως - ἐκποθῇ Pher. 2, 324 (1, 7).
ἀνεκτός: *ἀνεκτὸς χοὔτος ἦν ἐμοί Pher. 2, 334 (1, 18).
ἀνελεύθερος: διάλεκτον - ἀνελεύθερον ὑπαγροικοτέραν Aristophan. 2, 1199 (98). ἓν νομίζω τοῦτο τῶν ἀνελευθέρων εἶναι Alexid. 3, 506 (7). ἀνελεύθεροι - εἰσιν οἱ φιλάργυροι mon. 36. ἀνελευθέρως ζῶντας Alexid. 3, 507 (8).
ἀνελκτός: ἀνελκταῖς ὀφρύσι Cratin. 2, 214 (123).
ἀνέλκω: κεὐθὺ τοῦ καρχησίου ἄνελκε τὴν γραῦν Epicrat. 3, 372 (2). βούλει - ἀνελκύσω σε; Plat. 2, 622 (4). [κὰκ βυθοῦ πλάνης εἰς φῶς ἀνέλκων Plat. 1, 196 (1, 4)].
ἀνεμιαῖος: ἀνεμιαῖον ᾠόν Arar. 3, 274 (2). ἀνεμιαῖον ἐγένετο Men. 4, 99 (8).
ἄνεμος: ἀνέμου - ἀσελγοῦς γενομένου Eup. 2, 558 (25). ἀνέμῳ νότῳ διαβάλομεν Demetr. 2, 876 (1). ὁ - Ἐπίχαρμος τοὺς θεοὺς εἶναι λέγει ἀνέμους, ὕδωρ, γῆν Men. 4, 233 (10). ὧν (int. χρημάτων) ἐστι - ἐνίοτ'

ἄνεμος κύριος Antiph. 3, 83. δῆμος - ὑπ' ἀνέμου ῥιπίζεται anon. 4, 615 (48). φέρειν τιν' †ἄριαντ' (l. ἄρας) ἄνεμος (int. εἰμί) Antiph. 3, 110 (v. 5). ἄνεμος καὶ ὄλεθρος ἄνθρωπος Eup. 2, 570 (78). οἰκείων ἀνέμων ταμίας Eubul. 3, 254 (1).
ἀνεμώνη: ἀνεμωνῶν (cf. 5, 17) κάλυξί τ' ἠριναῖς Cratin. 2, 72 (1). ὑπὸ μυρρίναισι κἀνεμώναις Pher. 2, 300 (1, 25).
ἀνέντατος: ἀσθενὴς ἀνέντατος Theop. 2, 818 (9).
ἀνεξέταστος: ἀνεξέταστον μὴ κόλαζε mon. 17.
ἀνεξικώμη: Cratin. 2, 196 (54).
ἀνεπάγγελτος: ἀνεπαγγέλτων *φοιτησάντων ἐπὶ δεῖπνον Cratin. 2, 39 (4).
ἀνέπαφος: ἀνέπαφα σώματ' Men. 4, 189 (8).
ἀνεπιβούλευτος: Διογένους ἀνεπιβουλεύτου φθόνῳ anon. 4, 619 (52).
†ἀνεπιηλαι v. ἐπιάλλω.
ἀνεπικούρητος: ἀνεπικούρητον τὸν βίον ποιῶν Philem. 4, 30 (1).
ἀνεπίπληκτος: Eup. 2, 576 (139).
ἀνερέσθαι: τάχ' ἄν τις ὑποκρούσειεν - *κἀνέροιτο Henioch. 3, 563 (v. 5).
ἀνερίναστος: v. ἀνερίνεος.
ἀνερίνεος (an ἀνερίναστος 5, 33) εἰ Herm. 2, 466 (9).
ἀνέρρω: ὡς μόλις ἀνήρρησ' Eup. 2, 517 (27ᵃ).
ἀνερωτίζω: ἀνηρώτιζεν Telecl. 2, 376 (14).
ἀνεσία: Cratin. 2, 30 (6).
ἄνευ: οἰκεῖν οἰκίαν ἄνευ κακοῦ Susar. 2, 3. ἄνευ κακῶν οἰκίαν οἰκουμένην Men. 4, 252 (62). ζῆν ἄνευ κακοῦ τινος Diph. 4, 389 (1, 12). ἀποτηγανίζειν ἄνευ συμβολῶν Phryn. 2, 590 (1). ἄνευ μισθοῦ καταμένειν ἐπισίτιος Eubul. 3, 216 (1). τἀλλότρια δειπνεῖν - ἄνευ πόνου Nicol. 4, 579 (v. 16). ἱστᾶσιν οὐκ ἄνευ πόνου Archipp. 2, 724 (1). ἄνευ καλαθίσκου Eup. 2, 520 (35). διὰ τί μὴ κωμάσω ἄνευ λυχνούχου -; Alexid. 3, 495.
ἀνευρίσκω: ὁ τὴν Θεοδέκτου μόνος ἀνευρηκὼς τέχνην Antiph. 3, 59. πολὺ ἄριστ' ἀνευρήκασιν ὀψαρτυτικήν Timocl. 3, 613 (3). παραψυχὰς φροντίδων ἀνεύρετο (libr. ἀνεύρατο) Timocl. 3, 592. *ἀνευρίσκουσ' ἀεὶ πρόφασίν τιν' (int. γῆ) Philem. 4, 33 (4, 10). ἐνέβαλεν εἰς τὸν κέραμον †ἀνευρημένα (f. ἀνασεσυρμένα int. μειράκια) Diph. 4, 395 (2, 29).
ἄνευρος: ἄπνους ἄνευρος Theop. 2, 818 (9).
ἄνεφθος: v. ἑφθός.
ἀνέχω. ἀνέχομαι: θὔδωρ *ἀνέχεται Cratet. 2, 238 (2, 5). ἄνεχε Theop. 2, 821 (24). σὺ δ' οὐκ ἀνεῖχες αὐτόν Aristophan. 2, 1191 (64). ἕωθεν εὐθὺς ἡλίου ἀνέχοντος Eubul. 3, 262 (1, 9). ἀνέχομαι: κοκκύζειν τὸν ἀλεκτρυόν' οὐκ ἀνέχονται Cratin. 2, 186 (31). τάδ' ἔστ' ἀνεκτέον Cratin. 2, 231 (178). τοιαῦτ' οὐκ ἀνέχομαι Philonid. 2, 422 (4). ταῦτ' ἐσθίων τὰ φαῦλ' ἀνέχομαι Antiph. 3, 9 (1). ὁ σοφὸς εὐτελείας ἀνέχεται mon. 458. ἀναπετῶ τουτὶ - κοὐκ ἀνέξομ' οὐκέτι Men. 4, 77 (14).
ἀνεψιάδαι (l. ἀνεψιαδαῖ) Aristophan. 2, 1205 (129).
ἀνεψιαδοῦς Pher. 2, 348 (28). ἀνεψιαδοῦν Herm. 2, 417 (14).
ἀνεψιός: ἐγχέλεων ἀνεψιός Stratt. 2, 777 (3).
ἀνήδομαι: ταῦτα νῦν ἀνήδομαι Herm. 2, 415 (5).
ἄνηθον: ἄνηθα καὶ σέλινα καὶ φλυαρίας Eubul. 3, 222. μάραθρον, ἄνηθον, νᾶπυ Alexid. 3, 437 (2, 5). οὐκ ὄξος, οὐκ ἄνηθον, οὐκ ὀρίγανον Alexid. 3, 465 (3).
ἀνήκεστος: εἰ δ' ἤνεγκεν ἄν - ὁ βίος τι τῶν ἀνηκέστων anon. 4, 670 (287).
ἀνήκοος: εὐχῆς δικαίας οὐκ ἀνήκοος θεός mon. 146.
ἀνήκω: Amips. 2, 713 (15). τὸ πέρας οὐκ ἀνῆχ' (?) Alexid. 3, 503 , 13).
ἀνηλεήμων: Nicoch. 2, 547 (5).

ἀνήρ: ἐν τοῖς Κιμωνίοις ἀνὴρ ἐρειπίοις Cratin. 2, 104 (4). οὐκ ὢν ἀνὴρ Ἀλκιβιάδης - ἀνὴρ ἁπασῶν τῶν γυναικῶν ἐστι νῦν Pher. 2, 342 (5). ἤσθου τὸν Ἄβυδον ὡς ἀνὴρ γεγένηται Herm. 2, 402 (1, 8). τῆς στρατιᾶς κάκιστος ἦν ἀνήρ Eup. 2, 435 (1). πάλαι γ' ἂν ἦν ἀνήρ, εἰ μὴ τὸ τῆς πόρνης ὑπωρρώδει κακόν Eup. 2, 461 (9). ἥτις ἀνδρῶν ἆσσον οὐκ ἐληλύθει Eup. (?) 2, 577 (v. 15). τὸ γὰρ δέμας *ἀνέρος ὀρθοῖ (bulbos dicit) Plat. 2, 672 (1, 10). αἳ - ἀνδρῶν φορτηγῶν ὑπὸ γούνατα - ἔλυσαν Metag. 2, 751 (1) = Aristag. 2, 761 (1). πᾶσι κακοῖσιν ἡμᾶς φλῶσιν - ἄνδρες Aristophan. 2, 948 (11). ἄλλαι - πρὸς ἄνδρας εἰσὶν ἐκπετήσιμοι σχεδόν Aristophan. 2, 1182 (22). ὡς τὸν πατέρ' ἀπελθεῖν παρ' ἀνδρός Anaxand. 3, 197 (5). λάγνης γυναικός ἐστιν οὐκ ἀνδρὸς τόδε Anaxand. 3, 199 (9). εὐδοκιμεῖν παρὰ ταῖς ἑταίραις - ἄνδρα - μὴ τὸν παλαιὸν ἀλλὰ τὸν νεώτερον Eubul. 3, 263 (3) = Alexid. 3, 512 (14). τὸν οἶνον τὸν νέον - καὶ τὸν ἄνδρ' ἀποζέσαι Alexid. 3, 465 (6). ἡ τόλμα (Amoris) - ἀνδρός, ἡ δὲ δειλία γυναικός Alexid. 3, 496 (1, 10). ἐν ταῖς γυναιξὶ λαμπρὸς οὐκ ἐν ἀνδράσιν Timocl. 3, 592. δι' ἃς (i. e. τρίχας) ἀνὴρ ἕκαστος ἡμῶν φαίνεται Alexid. 3, 509 (10). οἰκεῖον οὕτως οὐδέν ἐστιν - ὡς ἀνήρ τε καὶ γυνή Men. 4, 259 (101). τὴν ἡγεμονίαν τῶν ὅλων τὸν ἄνδρ' ἔχειν Men. 4, 213 (4). τέτταρας τραπέζας τῶν γυναικῶν - ἓξ δὲ τῶν ἀνδρῶν Euangeli 4, 572 (v. 2). διώβολον *φέρων ἀνὴρ τρέφει γυναῖκα Theop. 2, 812 (2). μυροπωλεῖν τί μαθόντ' ἄνδρ' ἐχρῆν -; Pher. 2, 276 (1). οὐ - μεθύειν τὸν ἄνδρα χρὴ τὸν ἀγαθόν Herm. 2, 413 (1). τὰ μειράκια προϊστάμενα τοῖς ἀνδράσιν Eup. 2, 465 (14). ἀνδρὸς διαφέρει τοῦτ' ἀνήρ Antiph. 3, 54. ἐνταῦθ' ἀνὴρ - ἐστιν ἀνδρὸς διάφορος Philem. 4, 56 (67). *ἄνδρα τὸν ἀληθῶς εὐγενῆ - δεῖ πταίοντα γενναίως φέρειν Men. 4, 264 (126). ἀνδρὸς τὰ προσπίπτοντα γενναίως φέρειν Men. 4, 293 (283) = mon. 13. ἀνδρὸς δ' ἐνεγκεῖν ἀτυχίαν ὀρθοῦ τρόπου (l. ὀρθῷ τρόπῳ 5, 79) Antiph. 3, 155 (67). "οὐκ ἔστιν ὅστις πάντ' ἀνὴρ εὐδαιμονεῖ" Nicostr. 3, 288 (2). monost. 697. Philippid. 4, 472. ὅταν ἀνὴρ δίκαιος ἀδίκοις περιπέσῃ συμπτώμασιν Men. 4, 252 (63). βλάπτει τὸν ἄνδρα θυμὸς εἰς ὀργὴν πεσών mon. 71. ἐν τοῖς πολεμίοις ὑπερέχειν τὸν ἄνδρα δεῖ Men. 4, 259 (96). ἀνὴρ - ἄνδρα σώζει mon. 29. χαλκίδα κικλήσκουσι θεοί, ἄνδρες δὲ κύβηλιν *Cratin. 2, 198 (62). ἄνδρες ἀγανόφρονες Cratin. 2, 145 (1). ἄνδρα φίλον καλέσας ἐπὶ δαῖτα Pher. 2, 335 (2). κακὸς γὰρ ἀνὴρ τόδε ῥέζει ibid. οὐ γὰρ - τοιαυτὶ λέγομεν δειπνίζοντες φίλον ἄνδρα; ib. (3, 10). φίλ' ἄνερ Men. 4, 115 (1). ἀνδρὸς φίλου καὶ συγγενοῦς Diph. 4, 423 (21). φίλος γὰρ ἀνὴρ Telecl. 2, 371 (1, 5). πόλιν δούλων, ἀνδρῶν νεοπλουτοπονήρων Cratin. 2, 133 (2). τένθου τινὸς ἀνδρός Cratin. 2, 179 (14). κρουπεζοφόρον γένος ἀνδρῶν Cratin. 2, 225 (153). ἀνὴρ γέρων Cratet. 2, 237 (1, 2). Pher. 2, 284 (7). 285 (9). 292 (13). ἀνδρὸς πρεσβύτου Aristophan. 2, 955 (8). πρεσβύτης ἀνήρ 2, 1180 (15). ἀνὴρ πολίτης (?) Eup. 2, 471 (23). τιν' - ἄνδρα μοχθηρὸν πολίτην Eup. (?) 2, 577 (v. 13). ἄνδρες ἑταῖροι Eup. 2, 438 (5). χαίρετ' ἄνδρες συμπόται Alexid. 3, 432 (3). ἄνδρες λογισταί Eup. 2, 518 (30). ἄνδρες ἰχθύες Archipp. 2, 723 (14). *ἀνδρῶν ἄριστον κωβιόν Antiph. 3, 13 (1, 19). κεστρεύς, ἀνήρ, μελάνουρος Antiph. 3, 109 (v. 5). ἀνδρῶν κεστρέων ἀποικία Aristophan. 2, 1007 (4). ἀνδρὸς χαλκέως Aristophan. 2, 1185 (39). ἀνὴρ πεδήτης Aristophan. 2, 974 (6). εἰσὶ γάρ τινες ἄνδρες - ᾠδοφοῖται; Aristophan. 2, 1005 (1, 6). ἄνδρας *βουτυροφάγας, αὐχμηροκόμας μυριοπληθεῖς Anaxand. 3, 183 (1, 8). ἀνδρὸς ταριχοπώλου Nicostr. (Philetaer.) 3, 279 (2). ἀνὴρ παράσιτος Timocl. 3, 595 (v. 5). ἰδιώτην ἄνδρα Alexid. 3, 509 (11). ἄνδρας (al. ἄνδρες) ὑμῖν δημιουργοὺς ἀποφανῶ anon. 4, 649 (183). Κυπρίων ἀνδρῶν δυσυπραάκτων Plat. 2, 615 (1). παλαιογόνων ἀνδρῶν θεατῶν παντοσόφων Plat. 2, 646 (1). ἀνδρῶν γάργαρα Aristom. 2, 730 (1). ἀνδρῶν ἀρίστων - γαργαίρει Cratin. 2, 221 (141) cf. ἀνδρῶν ἐπακτῶν κτλ. Aristophan. 2, 1099 (4). ἀνδρῶν ἄριστος Archipp. 2, 716 (1). ἄνδρες πάλαι †οψοφάγοι τοιοῦτοί (f. ποτ' ὀψοφαγίστατοί) τινες Antiph. 3, 104 (v. 5). Βοιωτῶν ἀνδρῶν ἀρίστων ἐσθίειν Eubul. 3, 222. Θήβης πέδον - ἀνδρῶν ἀρίστων ἐσθίειν Eubul. 3, 237. χέζητιῶν μακρὰν βαδίζων, πολλὰ δ' *ἐσθίων ἀνήρ Eubul. 3, 230 (2). δειπνίζειν ἄνδρα Θετταλόν Alexid. 3, 480 (1). ὡς ἐν ἅλμῃ τοῦτο φάγοι - ἀνὴρ Μοσχίων φίλαυλος Axionici 3, 532 (1, 13). ἀνδρῶν ἁπάντων πλεῖστα δυνάμενος φαγεῖν Theophil. 3, 627. μετ' ἀνδρῶν Ἑλλήνων συνάγειν Sophili 3, 581. ἀνδρῶν βασιλέων καὶ τυράννων καὶ σοφῶν Men. 4, 233 (9). Βοιωτὸν ἄνδρα στέργε Laon. 4, 574. ἡμεῖς ποτ' ἄνδρας (f. ἄνδρες) Κεκροπίδας ἐπείσαμεν - ἐξελθεῖν Eubul. 3, 215 (2). "ἄνδρες τῆς Ἀθηναίων χθονός" Ephipp. 3, 332 (v. 13). ἄνδρες Ἑλλήνων ἄκροι Alexid. 3, 410 (1, 7). ἄνδρες πρόσσχετε τὸν νοῦν Pher. 2, 283 (5). ἄνδρες (voc.) Eup. 2, 505 (13). Plat. 2, 670 (4). Diocl. 2, 841 (1). Antiph. 3, 102. Anaxand. 3, 163. Eubul. 3, 220 (1). Nicostr. 3, 281. Apollod. 4, 453 (1). Damox. 4, 536 (v. 9). Nicol. 4, 579 (v. 1). ἄνδρες γλυκύτατοι Men. 4, 205 (1).

ὦ *δαιμόνι' ἀνδρῶν μὴ φθονερὸν ἴσθ' ἀνδρίον Eup. 2, 554 (15). ὦ φίλτατ' ἀνδρῶν Phryn. 2, 605 (10). ἀνδρῶν βέλτιστ' ὀλίγων Ameips. 2, 703 (1). ὁ κομψότατος ἀνδρῶν Χαιρεφῶν Men. 4, 162 (2). τίς ὧδε μῶρος καὶ - εὔπιστος ἀνδρῶν -; anon. 4, 613 (41). ἐν ᾧ - αἱ τῶν παροψίδων τὸν ἄνδρα δριμύτητες εὐφραίνουσί *μοι Arched. 4, 436 (1, 7). τὸν ἄνδρ' ἀπωσάμην anon. 4, 628 (96). sim. τῶν ἐχόντων ἀνέρων (?) Eup. (?) 2, 577 (v. 6). πάντ' ἀγαθὰ γέγονεν ἀνδράσιν ἐμῆς ἀπὸ συνουσίας Theop. 2, 807 (1). πέμπει ναῦς μακρὰς ἄνδρας θ' Eup. 2, 509 (2).

φακῆς κατ' ἄνδρα τρύβλιον μεστόν Diph. 4, 406. οὐ παντὸς ἀνδρὸς ἐπὶ τράπεζάν ἐσθ' ὁ πλοῦς Nicol. 4, 580 (v. 26). εἷς ἀνήρ, οὐδεὶς ἀνήρ anon. 4, 698 (373).

ἄνηστις: φοιτᾷς ἐπὶ δεῖπνον ἄνηστις Cratin. 2, 38 (3).

ἄνθεμα: παντοίοις - ἀνθέμοις ἐρέπτομαι Cratin. 2, 72 (1). σανδάλια - ἐφ' οἷς τὰ χρυσᾶ ταῦτ' ἔπεστιν ἄνθεμα Cephisod. 2, 884 (2).

ἀνθέρικος: νάπαισι δ' ἀνθέρικος ἐνηβᾷ Cratin. 2, 215 (135). φλόμον, ἀνθέρικον, φηγόν Eup. 2, 426 (1, 5).

ἀνθεσιπότατα μέλεα Antiph. 3, 121 (v. 8).

Ἀνθεστήρια: οὐκέτ' Ἀνθεστήρια ad anon. 4, 676.

ἀνθήλιος: Theop. 2, 821 (23).

ἀνθηρός: τὸ δειπνάριον ἀνθηρὸν ἦν - ‖ B. πρώτιστον οὐκ ἀνθηρόν Diph. 4, 406.

ἀνθίας: v. Diph. 4, 406 (v. 5). δυνάμενος (int. ζῆν) πρὸς ἀνθίαν anon. (889) 5, 122.

ἀνθίζω: κρέα κάλλιστ' - πυρὸς ἀκμαῖς ἠνθισμένα Epicrat. 3, 369.

ἀνθινός: τριμμάτιον ἀνθινόν Sotad. 3, 585 (1, 17).

ἄνθος: μισάνθρωπον ἄνθος ἥβης Phryn. 2, 580 (1). ἀκμὴ - οὐδὲν ἄνθους διαφέρει monost. 642. φέρει - ὅσα θεοῖς ἄνθη καλά Men. 4, 97 (4). στέφανον πολυποίκιλον ἀνθέων Eubul. 3, 252 (3). ἀνθέων Aristag. 2, 762 (4). *καιροσπάθητον ἀνθέων ὕφασμα Herm. 2, 381 (3). πέπλους ἀνθέων γέμοντας ibid. (4). τῶν ἀνθῶν τῶν παντοδαπῶν *κατάγωμεν Pher. 2, 271 (7).

ἀνθοσμίας: οἴνου μέλανος ἀνθοσμίου Pher. 2, 300 (1, 30). οἶνος ἀνθοσμίας Aristophan. 2, 1076 (2). ἀνθοσμίᾳ καὶ πέπονι νεκταροσταγεῖ 2, 1202 (108).

ἀνθρακηρός: λάρκον - τῶν ἀνθρακηρῶν Alexid. 3, 478.
ἀνθρακιά: *κἀπ' ἀνθρακιᾶς ὀπτήσας (an κἀπανθρακίσας κὠπτήσας) Cratin. 2, 95 (5).
ἀνθράκιον: ἀνθράκιον - σείσων τε Alexid. 3, 443.
ἀνθρακίς: †αἶρετ' ἀνθρακίδας, τρίγλη, σαργός Philyll. 2, 861 (1).
ἀνθρακοπώλης: Philyll. 2, 863 (5).
ἄνθραξ: ὀπτωμέναις κόγχαισιν ἐπὶ τῶν ἀνθράκων Aristophan. 2, 976 (15). *ἀπολοπίζειν τε κἀτ' ἐπ' ἀνθράκων (f. καὶ τοὐπ' ἀνθ.) Aristophan. 2, 999 (14). ἔρριψα ταύτας ἐπὶ τὸν ἄνθραχ' ὡς ἔχει Sotad. 3, 585 (1, 12). πυρωτοῖς ἀνθράκων ῥαπίσμασιν Antiph. 3, 126 (1, 21). ἀνθράκων ἔπι πηδῶσι Ophel. 3, 380. ζωπύρει τοὺς ἄνθρακας Men. 4, 90 (7). τοὺς ἄνθρακας ἔρραν' ἐλαίῳ Arched. 4, 435 (1, 4). κατεσθίοντα καὶ τοὺς ἄνθρακας Euphron. 4, 493 (v. 14).
ἀνθρήνιον: Μουσῶν ἀνθρήνιον anon. 4, 655 (209).
ἄνθρυσκον: ἀνθρύσκου φόβῃ (f. et φόβησι 5, 17) Cratin. 2, 73 (1, 6). κἀνθρύσκου - λείμακα Pher. 2, 305 (2).
ἀνθρώπειος: πρὸς τὸ γῆρας ἅπαντα τἀνθρώπεια προσφοιτᾷ κακά Antiph. 3, 155 (68). τἀνθρώπει' ὁρῶντα πράγματα Philetaer. 3, 295 (2, 7). εἶναι μανιώδη πάντα τἀνθρώπει' Alexid. 3, 484 (3, 9).
ἀνθρωπίζεται: Aristophan. 2, 956 (12).
ἀνθρώπινος: ἀτυχίας ἀνθρωπίνης παραμύθιον Amphid. 3, 302 (1). ὑποχόρισμα τῆς ἀνθρωπίνης μοίρας Alexid. 3, 484 (3, 5). [τάφους ἀνθρωπίνους Philem. 4, 41 (21)]. σωμάτων ἀνθρωπίνων Men. 4, 239 (21). ἀνθρώπινος νοῦς Men. 4, 212 (3). τὰς τῶν θεῶν τιμὰς ποιοῦντ' ἀνθρωπίνας Philippid. 4, 475 (2). τὸ δ' ὀδυνᾶσθ' ἀνθρώπινον Men. 4, 120 (3). φρονεῖν τἀνθρώπινα mon. 1. ἀνθρωπίνως τὰς τύχας φέρειν Men. 4, 293 (281b). ἀνθρωπίνως λαλεῖν Straton. 4, 546 (v. 46).
ἀνθρώπιον: μικρὸν παντελῶς ἀνθρώπιον Anaxand. 3, 177 (2, 3).
ἄνθρωπος: ἄνθρωπος λυπησίλογος Cratin. 2, 190 (42). οἷόν γέ πού 'στι γλῶσσα κἀνθρώπου λόγος Eup. 2, 554 (12). κράτιστος ἀνθρώπων λέγειν Eup. 2, 458 (6). ἄνθρωπος ἀποφρὰς Eup. 2, 557 (22). ὄλεθρος ἄνθρωπος Eup. 2, 570 (78). ἀνωφέλητος ἄνθρωπος Eup. 2, 572 (87). ἄνθρωπος ὑδατοπότης Phryn. 2, 601 (1). οὐδεὶς φιλοπότης *ἐστὶν ἄνθρωπος κακός Alexid. 3, 512 (16). εὖ μὲν ἀσκὸς εὖ δὲ θύλακος ἄνθρωπός (f. ἄνθρ.) ἐστι Alexid. 3, 417 (1). Αἴτνη ἄνθρωπος anon. 4, 663 (255). ὀνόγαστρις ἄνθρωπος anon. 4, 666 (272). Λάκης τίς ἐστιν ὄντιν' ἀνθρώπων ὁρᾷς Telecl. 2, 368 (1). βῶλος, ἄροτρον, γηγενὴς *ἄνθρωπος Alexid. 3, 428 (2). ἄνθρωπε Alexid. 3, 462 (1, 7). ἄνθρωπ' ib. (1, 16). Theognet. 4, 549. ἄνθρωπε Men. 4, 247 (41). 276 (188). mon. 603. Nicol. 4, 579 (v. 17). ἄνθρωπ' ἀλάστωρ, διὰ τί νήφεις; - τί τἀργύριον, ἄνθρωπε, τιμιώτερον - τέθεικας -; Baton. 4, 499 (1, 5. 7). ἄνθρωπε χαῖρε Athenion. 4, 558 (v. 39). ὦ κράτιστ' ἄνθρωπε καὶ σοφώτατε Hegesipp. 4, 481. ἄνθρωπε βασκανώτατε anon. 4, 671 (291). στρατιῶτα, κοὐκ ἄνθρωπε Philem. 4, 55 (63a). γενήσομαι Κτήσιππος, οὐκ ἄνθρωπος Men. 4, 178 (1). κάμινος οὐκ ἄνθρωπος Crobyli 4, 568 (1). Κολχὶς ἄνθρωπος πάροινος Antiph. 3, 80. ἄνθρωποι πέντε καὶ γυναῖκες τρεῖς (?) Alexand. (?) 4, 555 (2). ἄγαλμα - ἀνθρώπους τίκτον κατὰ τὴν πυγὴν ἕν' ἕκαστον Eubul. 3, 255 (1, 25). οἱ ἄνθρωποι πίονες ἦσαν τότε Telecl. 2, 362 (1, 15). τὸ γένος τῶν ἀνθρώπων τῶν νῦν Herm. 2, 399 (3). τὰς κανθαρίδας τῶν ἀνθρώπων - οὐδὲν ἐλάττους Plat. 2, 624 (2). γάργαρ' ἀνθρώπων Alcaei 2, 830 (1). ἀνθρωποφάγους; πῶς; Π. *ὃν γ' ἂν ἄνθρωπος φάγοι Antiph. 3, 36 (1, 13). ὡς μὲν ἀνθρώπων λόγος Cratin. 2, 149 (5). παῖς σοι κάλλιστος ἔφυ - πάντων ἀνθρώπων Plat. 2,

615 (1). τίς ἦν ὁ γράψας πρῶτος ἀνθρώπων -Ἔρωθ' ὑπόπτερον; Eubul. (Arar.) 3, 226 (3). ὅστις ἀνθρώπων ἑταίραν ἠγάπησε πώποτε Anaxil. 3, 347 (1, 1). οὐδέν γ' ἔοικ' ἄνθρωπος οἴνῳ τὴν φύσιν Alexid. 3, 512 (15). "οὐ χρὴ πόλλ' ἔχειν θνητὸν ἄνθρωπον-" Amips. 2, 710 (1, 4). ἀλλότριόν ἐσθ' ὁ πλοῦτος ἀνθρώπῳ Theognet. 4, 549. θρυμματίς - καὶ λοπάδες, ἀνθρώπων φθοραί Antiph. 3, 101 (5, 5). ὅστις μεῖζον ἢ κατ' ἄνθρωπον φρονεῖ Antiph. 3, 20 (1). πλοῦτος βάσανός ἐστιν ἀνθρώπου (al. -ποις) τρόπων Antiph. 3, 153 (60, 5). τρέφει με - ἄνθρωπος βαρύς, πλουτῶν Eubul. 3, 247 (1). πόσῳ κάλλιον - τρέφειν ἄνθρωπον ἐστ' ἄνθρωπον - ἢ χῆνα - Eubul. 3, 260. τοῖς τρόποις ὠνητέος ἄνθρωπός ἐστιν Amphid. 3, 301. μισθοῦ ἀνθρώπων τις ἄνθρωπον φιλεῖ anon. (390) 5, 122. εἰ μὴ - ὢν ἄνθρωπος ἀνθρώπου τύχαις ὑπηρετήσω - Alexid. 3, 453 (2). οὐδεὶς δι' ἀνθρώπου θεὸς σώζει - ἑτέρου τὸν ἕτερον Men. 4, 140 (1). εἰ - ἐβοηθοῦμεν ἀλλήλοις - οὐδεὶς ἂν ὢν ἄνθρωπος ἐδεήθη τύχης Men. 4, 254 (74). *ἂν γνῷς τί ἐστ' ἄνθρωπος, εὐδαίμων ἔσει Philem. 4, 41 (22). cf. Diph. 4, 425 (31). ἄνθρωπος εἶ δήπουθεν Philem. 4, 42 (23). οὐκ ἂν δύναιο μὴ γενέσθαι - ἄνθρωπος ὢν ἄνθρωπος Philem. 4, 50 (45). ἄνθρωπος ὢν τοῦτ' ἴσθι Philem. 4, 62 (101). ἄνθρωπον ὄντα σαυτὸν ἀναμίμνησκ' ἀεί mon. 16. ὡς χάριέν ἐστ' ἄνθρωπος, ὅταν ἄνθρωπος ᾖ mon. 562. ἄνθρωπός εἰμι, τοῦτο τῷ βίῳ πρόφασιν εἰς τὸ λυπεῖσθαι φέρει Diph. 4, 424 (25). ἄνθρωπος, ἱκανὴ πρόφασις εἰς τὸ δυστυχεῖν Men. 4, 291 (263). τὸ δὲ κεφάλαιον τῶν λόγων, ἄνθρωπος εἶ Men. 4, 227 (2, 10). ἀπέθαν', ἄνθρωπος γὰρ ἦν Philem. 4, 34 (5). ἄνθρωπος ὢν ἔπταικας Baton. 4, 499. οὐδεὶς ἀλύπως τὸν βίον διήγαγεν ἄνθρωπος ὢν Posidipp. 4, 525 (4). πολύ γ' ἐστὶ πάντων ζῷον ἀθλιώτατον ἄνθρωπος Philem. 4, 33 (4). ἅπαντα τὰ ζῷ' ἐστι *μακαριώτερα ἀνθρώπου Men. 4, 230 (5). ἔσει δ' ὅ τι ἂν βούλῃ, κύων, πρόβατον - ἄνθρωπος Men. 4, 135 (2, 3). ἅπαντα μᾶλλον - ποίει με πλὴν ἄνθρωπον ib. (2, 7). ἄνθρωπος ἂν ᾖ χρηστός - οὐδὲν ὄφελος ib. (2, 14). οἴει τι τῶν ἄλλων διαφέρειν θηρίων *(ἄνθρωπον); Philem. 4, 3. de pravitate humani generis ex Men. 4, 306 (341). χρηστὸν ἄνθρωπον ἐάν τις ἕνα μόνον ἴδῃ Antiph. 3, 118 (3, 3). εἶτ' οὐ περίεργόν ἐστιν ἄνθρωπος φυτόν -; Alexid. 3, 446 (1). σὺ καλεῖς ἐν ἀνθρώποισιν ὡς ἄνθρωπος ὢν -; Philem. 4, 43 (27a). ἄνθρωπος ὢν σκέψει τί περὶ τοῦ; Men. 4, 205 (2). *Προμηθία - ἐστιν ἀνθρώποις ὁ νοῦς Plat. 2, 662 (3) cll. 5, 47. ἄνθρωπος εἶ - καὶ ψυχὴν ἔχεις; Cratin. min. 3, 378 (1). τοῦτο *(τό) με τηροῦν ἐστι (i. e. τὸ φρονεῖν) κἄνθρωπον ποιοῦν Philem. 4, 51 (47). τὰ προσπεσόντα προσδοκᾶν - δεῖ ἄνθρωπον ὄντα Men. 4, 85 (4). οὐκ ἔστι λύπης ἄλγημα μεῖζον τῶν ἐν ἀνθρώποις Men. 4, 263 (121). οὐδὲν ἧττον ἄνθρωπος - ἐστιν, ἂν ἄνθρωπος ᾖ (servus) Philem. 4, 9. ὥστε μήτ' ἐν ἀνθρώπου μέρει μήτ' ἐν θεοῦ ζῆν Alexid. 3, 493 (1). ἐστιν - οὔτε θεὸς οὔτ' ἄνθρωπος (Amor) Alexid. 3, 495 (1, 7). ὃν οὐδὲ εἷς λέληθεν - οὔτε θεὸς οὔτ' ἄνθρωπος Philem. 4, 31 (2). ὅπου γὰρ εὑρήκασιν ἄνθρωποί τινες μέρος τι τῶν θείων - τί δύναιτ' ἂν ἄνθρωπον φυγεῖν; Alexid. 3, 397 (1). εἰ - ἕλκει τὸν θεὸν τοῖς κυμβάλοις ἄνθρωπος εἰς ὃ βούλεται - ἐστὶ μείζων τοῦ θεοῦ Men. 4, 140 (1). θεὸς ἐν ἀνθρώποισιν ἦν ἐκεῖνος Antiph. 3, 121 (v. 5).

ἀνθρωποφαγος: *ἀνθρωποφάγους ἰχθῦς. *Α.* τί φῄς, - ἀνθρωποφάγους; πῶς; *Π.* *ὧν γ' ἂν ἄνθρωπος φάγοι Antiph. 3, 36 (v. 12 s.) cf. 3, 70 (2, 6).

ἀνθῶ: ἤνθει τότε *Λαγίσκιον Anaxand. 3, 165 (1). ἀνθοῦσι τοῖς νέοισιν ἠρεθισμένος Timocl. 3, 610. κόλακος βίος μικρὸν χρόνον ἀνθεῖ Alexid. 3, 502 (2).

ἀνία: ὑπὸ τῆς ἀνίας ἀνεθολοῦθ' ἡ καρδία Pher. (?) 2, 313 (8).
Ἀνιακκάς: Eubul. 3, 228 (6).
ἀνιαρός: ἀνιαρόν *(γ') ἦν τὸ - ἀκοῦσαι Pher. 2, 262 (2). περισκελέστερον ἅπαντα τἀνιαρὰ φέρει Men. 4, 71 (9). τῶν ἀνιαρῶν ἔχων τὸ μέρος ἁπάντων Men. 4, 192 (4). cf. ἀνιηρός.
ἀνίημι: cf. ἀφίημι. αὐτόματα θεὸς ἀνίει τἀγαθά Cratin. 2, 110 (6.) τὰ καλὰ δεῦρ' ἀνιέναι Aristophan. 2, 1148 (1, 14). ἀνήσεις κροκύδα Aristophan. 2, 1185 (37) cf. 5, 70. ὄστρακον *αὐτοῖς ἀνίησιν (νι cf. 5, 47) Plat. 2, 664 (2). ἀνῆκέ με χαλαρωτέραν τ' ἐποίησε Pher. 2, 326 (1, 4). ἐὰν δ' ἀνῇς ὑβριστόν *(ἐστι, 5, 46) χρῆμα (int. mulier) Plat. 2, 648 (2). ὥσπερ πυρετὸς ἀνῆκεν Alexid. 3, 389 (1, 17). τὸ πῦρ ποιεῖτε μήτ' ἀνειμένον ‖ μήτ' ὀξύ Philem. min. 4, 68 (1). τίς ὧδε - λίαν ἀνειμένος (f. - νως) εὔπιστος ἀνδρῶν; anon. 4, 613 (41). †ἀκύλοις παίζουσ' ἀνέμενοι τρόπα Cratin. 2, 113 (4).
ἀνιηρός: ἦν δ' ἀπορῇς, ἀνιηρόν Plat. (?) 2, 697 (v. 5).
ἀνιπτόποδες χαμαιευνάδες ἀερίοικοι Eubul. 3, 269 (16).
ἄνισον: γήτειον, ἄνισον (f. ἄννισον), θύμον Alexid. 3, 437 (2, 7).
ἀνίστημι: *οὐκ ἀναστήσεις βοῶν Cratin. 2, 51 (10). ὅτιή μ' *ἀνίστης (libr. ἀνέστησ') ὠμόυπνον Eup. 2, 551 (8). ἐμὲ - ἀναστήσασα (int. ἀγρυπνία) Men. 4, 116 (1). τοῦ δ' ἐξέκρουσε (int. σφαῖραν), τὸν δ' ἀνέστησεν πάλιν Antiph. 3, 136 (7). φωνὴν †ἀναστοιχήσας (al. ἀνατειχήσας f. ἀναστήσας an ἀνατειχίσας 5, 69) ἄνω Aristophan. 2, 1183 (27). ἀνίστω Theop. 2, 714 (16). νύκτωρ ἀναστάς Antiph. 3, 8 (1). ἀνίσταμαι τέτταρας κεφαλὰς ἔχων Men. 4, 88 (2). cf. ad Diph. 4, 427 (42). *ἔπειτ' ἀναστὰς (legeb. ἐπεὶ καταστὰς) - νεανίας - ἔλεξεν Ephipp. 3, 332 (v. 1).
ἀνιῶ: ἄν(?) δ' ἔλθῃ ποτέ (int. γῆρας), ἀνιώμεθ' Cratet. (Antiph.?) 2, 247 (1). εὐδαίμων, ὅτ' οὐκ ἀνιάσεται Aristophan. 2, 1148 (1, 11). ὡς δυσάρεστόν ἐστ' ἀνιώμενος ἄνθρωπος Amphid. 3, 316 (2).
ἄννισον: v. ἄνισον.
ἀνοδία: cf. ad Nicol. 4, 580 (v. 25) coll. 5, 116.
ἀνόδοντος: ἀνὴρ γέρων ἀνόδοντος Pher. 2, 285 (9). 292 (13).
ἀνοησία (cod. ἀνοητία): Aristophan. 2, 1205 (130). cf. 5, 71.
ἀνοηταίνω: ἀνοηταίνουσι πολὺν ἤδη χρόνον (civitates) Heniocb. 3, 563 (v. 3).
ἀνοητία: v. ἀνοησία.
ἀνόητος: v. ὄνος. ἀνόητος ὁ διδούς, εὐτυχὴς δ' ὁ λαμβάνων Timocl. 3, 591. καὶ τοὺς φρονεῖν δοκοῦντας ἀνοήτους ποιεῖ (int. πλοῦτος) Men. 4, 263 (119). ἐν τοῖσι δ' ἔργοις ὄντας ἀνοήτους Anaxipp. 4, 465 (2). Λειβηθρίων ἀνοητότεροι *Thugenid. 4, 594 (3). ἐγὼ δ' ἀνόητος, εὐτελὴς ὑπερβολῇ Men. 4, 266 (137). ἆρ' ἔστιν ἀνοητότατον αἰσχροκερδία Diph. 4, 421 (13). τυφλόν τι τἀνόητον εἶναι Men. 4, 289 (248). ἀνόητά γ' εἰ τοῦτ' ἦλθες ἐπιτάξων anon. 4, 661 (242).
ἄνοια: ὑμῖν - οἶνον γενέσθαι τὴν ἄνοιαν εὔχομαι Plat. 2, 674 (2, 2). ἀπαρυθέντα τὴν ἄνω ταύτην ἄνοιαν ἐπιπολάζουσαν Alexid. 3, 405 (6, 7). ἡ δ' ἄνοια (Amoris) μανίας Alexid. 3, 496 (1, 11). ὑπὸ - ἀνοίας οὐχ ἑαυτὸν μέμφεται Philem. 4, 46 (34b). ἐκ μακροῦ χρόνου ἄνοιαν μεταστῆσαι Men. 4, 146 (3). cf. ἄνοιαν ἐν μικρῷ μεταστῆσαι χρόνῳ Men. 4, 219 (3). ἄνοια - δυστύχημ' αὐθαίρετον Men. 4, 262 (116). οὐκ ἔστ' ἀνοίας οὐδὲν - τολμηρότερον Men. 4, 277 (194). τύχης ἄνοιαν Men. 4, 291 (265) = mon. 707.
ἀνοίγω: οὐδεὶς - *ἀνέῳγει (libr. ἀνέῳγέ) μοι θύραν Pher. 2, 289 (6). ἀνέῳγον (ἀνέῳγεν) Amips. 2, 706 (2). *ἤδη δ' ἀνέῳγε τὴν θύραν Men.

4, 140 (5). *ἣν οὐκ ἀνέῳξα Eup. 2, 517 (26). ἀνοιγέτω τις δώματ' Aristophan. 2, 1056 (2). ἄνοιγ' ἄνοιγε τὴν θύραν Alexid. 3, 477 (4). ἀνοίγετ' ἤδη τὰς θύρας Timocl. 3, 611. ἡ θύρα 'στ' ἀνεῳγμένη Philem. 4, 4 (1). ἐπὰν ἴδω ‖ τὴν θύραν ἀνεῳγμένην Diodor. 3, 544 (v. 16). οὐδὲ νῦν ἔτι ἀνεῳγμένην δυνάμεθα τὴν θύραν ἰδεῖν Nicol. 4, 580 (v. 24). ἐπὰν δ' ἀνοίξῃ τὰς θύρας, τρισάθλιος Men. 4, 157 (2, 5). ἀνοίγειν λανθάνουσαν ἀτυχίαν Men. 4, 264 (128). χρυσὸς δ' ἀνοίγει πάντα monost. 538. †κοὐκ ἀνοίξεις τάφον mon. 362. τὸ κεράμιον ἀνέῳχας Men. 4, 133 (3).

†ἀνόκαιον v. ἀνάγεων.

ἄνοργοι: Cratin. 2, 190 (43).

ἀνορύττω: τὸν ἀνορωρυγμένον Men. 4, 208 (3).

ἀνόσιος: ὑπερβολαίους - ἀνοσίους Pher. 2, 334 (1, 24). ἀνόσιοι λάρυγγες Eubul. 3, 269 (16). τὰν παραμασύντην - τὸν ἀνόσιον Alexid. 3, 485 (4). τῶν ἰχθυοπωλῶν - γένος οὐδὲν μᾶλλον ἀνόσιον Xenarch. 3, 621 (1, 5). ἀνόσια πάσχω ταῦτα Eup. 2, 451 (13). τοῖς ζῶσι δ' ἕτερον (?) ἀνοσιώτατον φθόνος Timocl. 3, 611.

ἀνουθέτητόν ἐστιν ἡ παρρησία mon. 49.

†ἀνουρεῖν: v. ἐνουρῶ.

ἀνοψία: ἔφερον δεινῶς τὴν ἀνοψίαν Antiph. 3, 104 (v. 8).

ἄνπερ: †ἄνπερ (l. ἤνπερ) φρονῇς εὖ Pher. 2, 343 (7). *ἄνπερ ὀρθῶς τις σκοπῇ Men. 4, 263 (121). ἄνπερ νοῦν ἔχῃς mon. 244. 245. 307. ἄνπερ δυνατὸς ᾖ mon. 278. ἐπιπλῆξαι βούλομ', ἄνπερ παρρησίαν μοι δῶτε Nicol. 4, 579 (v. 14).

ἀνταγωνιστής: τῶν ἀνταγωνιστῶν μέ τις ἐδόκει στεφανοῦν Alexid. 3, 504 (2, 3).

ἀνταχαῖος: τάριχος ἀνταχαῖον Antiph. 3, 43 (1). 100 (3). ὁ δὲ κόγχας δέκα, ὁ δ' ἀνταχαίου μικρόν Lync. 4, 433 (v. 9).

ἀντακούω: ἂν (f. ἄν) εἴπῃς ἅπαξ εὐθὺς ἀντήκουσας Alexid. 3, 454 (1).

ἀντάλλαγος: ἐκλελάκτικεν - ἀλλ' ἀντάλλαγος Men. 4, 77 (10). χρῆσαι τὴν θυγατέρα ἀντάλλαγον Men. 4, 143 (2). ἀντάλλαγόν *γ' ἔξουσα τούτῳ διδομένη Men. 4, 222 (4).

ἀνταναγνῶναι: Cratin. 2, 190 (44).

ἀντάξιος: πολλῶν φλυάρων καὶ ταῶν ἀντάξια Stratt. 2, 774 (7).

ἀνταπόδοσις: χάριτος ἀνταπόδοσις mon. 330.

ἀνταποπαίζειν: anon. 4, 664 (259).

ἀνταυγῶ: μάλ' ἀνδρικὴν τῶν θηρικλείων - στίλβουσαν, ἀνταυγοῦσαν Eubul. 3, 231 (1).

Ἄντεια: ἦν ἐκείνη τις φίλη Ἄντεια Anaxand. 3, 164 (1).

ἀντειπεῖν: ἐγὼ δ' ἂν ἀντείποιμι Pher. 2, 340. οὐδὲν ἀντειπεῖν ἔχω mon. 464. λιμῷ - οὐδέν ἐστιν ἀντειπεῖν ἔπος mon. 321. cf. ἀντίφημι.

ἀντεισάγω: †ἀπαγέσθω δέ τις ἢ ἄρ' ἀντεισαγάγοι Men. 4, 189 (1, 16).

ἀντεργολαβῶ: *ἀντεργολαβοῦντες ἔλεγον ὁ μὲν - ὁ δ' Posidipp. 4, 513.

ἀντερῶ: ἀντερώμενος Eup. 2, 574 (103).

ἀντέχω: Ζεῦ σῶτερ - ἀντέχου τῶν σχοινίων Men. 4, 232 (7).

ἀντήλιος: Men. 4, 220 (1).

ἀντί: ἀνθ' ὧν πάντας ἑλὼν - κατατρώξομαι Cratin. 2, 95 (5). οὐδ' ὅσα δέδωκας, οὐδ' ὅσ' ἀντ' αὐτῶν ἔχεις Antiph. 3, 109 (v. 12). ἀνθ' Ἑρμιόνος Aristophan. 2, 981 (25). κόμποι κενοὶ ψοφοῦσιν ἀντ' ὀνειράτων Alexid. (?) 3, 395 (v. 9). φῦσαι - ἐκέχυντ' ἀντ' ὀστράκων Pher. 2, 299 (1, 9). βακτηρία Περσὶς ἀντὶ χαμπύλης Aristophan. 2, 999 (11). γυναιξὶ δοῦλοι ζῶμεν ἀντ' ἐλευθέρων Alexid. 3, 450. στρατιώτης γέγονας ἀντ' ἐλευθέρου Apollod. 4, 453 (2). ἀντὶ ποικίλου πιναρὸν ἔχοντ' - κάρα Eup.

2, 529 (7). *συγκατέκλεισεν* (an *συγκατέκλινεν*? 5, 55) *ἀνθ' αὐτῆς λάθρᾳ* Alcaei 2, 831 (2). *ἀντὶ ῥαφάνων ἑψήσομεν βαλάνιον* Nicoch. 2, 846 (1). *Αἴγυπτον τὴν πόλιν πεποίηκας ἀντ' Ἀθηνῶν* Aristophan. 2, 1171 (1, 15). *ἀνθ' ἑνὸς τρέφειν δύο* Anaxand. 3, 195 (1, 8). *ἀντὶ τῶν τόκων ἔχει λύπας* Axionici 3, 536 (1). *ἑαυτοὺς ἀντὶ κωρύκων *δέρειν παρέχοντες* Timocl. 3, 610. *φρόνησιν ἀντ' ὀργῆς ἔχων* mon. 669. *ἀντὶ *ῥαφανῖδος ὀξυθύμι' εἰσορῶν* anon. 4, 647 (174). *ἀντ' ἀστραγάλων κονδύλοισι παίζετε* Pher. 2, 272 (9). *τοῖς συκαμίνοις ἀντὶ τοῦ φύκους* Philippid. 4, 473. *ἀντὶ τῆς ὑπουργίας τῇ χειρὶ τρίβων τὴν ἀναγκαίαν τύχην* Amphid. 3, 308 (1).

ἀντιβλέπω: *ἀντιβλέπειν ἐκεῖνον οὐ δυνήσομαι* Men. 4, 251 (59).

ἀντιβολία: *κατ' ἀντιβολίαν - ἀπετισάμην* Eup. 2, 555 (16).

ἀντιβολῶ: *κίχλαι - ἀντιβολοῦσαι καταπιεῖν* Pher. 2, 300 (1, 24). *τοὺς δ' ἀντιβολεῖν ἂν ὁμοίως* Eup. (?) 2, 577 (v. 8). *ἠντεβόλησε* Aristophan. 2, 959 (20). *κἠντιβόλουν προσκείμενοι* Aristophan. 2, 1163 (2). *λέξον, ἀντιβολῶ* Plat. 2, 683 (7). *οὐ γάρ τινες παροψίδες εἰσ' ἀντιβολῶ σε;* Plat. 2, 629 (1, 5). *ἔστι δ', ἀντιβολῶ σε, τοῦτο τί;* Plat. 2, 672 (1, 3). *ἀντιβολῶ σ'* Mnesim. 3, 568.

Ἀντιγενίδας: *αὐλεῖν δ' αὐτοῖς Ἀντιγενίδαν* Anaxand. 3, 183 (1, 16).

Ἀντίγονος: *Ἀντιγόνου τοῦ βασιλέως νίκης* Alexid. 3, 432 (3).

ἀντίθετον: **κατ' Ἀγάθων' ἀντίθετον ἐξευρημένον* Aristophan. 2, 1082 (7). *κᾆτ' ἐὰν τοῖς ἀντιθέτοις, τοῖς πέρασι* Cratin. min. 3, 376. *οὐδὲ πώποτε ἀντίθετον εἰπὼν οὐδέν* Timocl. 3, 598 (1).

ἀντίκρισις: Anaxil. 3, 355 (11).

ἀντικρύ: *κατ' ἀντικρὺ τῆς οἰκίας* Eubul. 3, 244 (1).

ἄντικρυς: *ἄγκυρά τ' ἐστιν ἄντικρυς τοῦ σώματος* (?) Anaxand. 3, 180 (1). *κυρίαν τῆς οἰκίας καὶ τῶν ἀγρῶν καὶ πατρῴων ἄντικρυς* ad Men. 4, 191 (2, 3).

Ἀντίκυρα: *Ἀντίκυραν* (f. *Ἀντίκιρραν*), *Ἰσχάδα, καὶ Ναννάριον* Men. 4, 154 (4). *διὰ τῶν νεφέων διάπεμψον Ἀντικύραν* (cf. 5, 112. int. *ἐλλέβορον*) Diph. 4, 416 (3, 7).

ἀντιλαμβάνομαι: *ὃς δ' ἂν πλεῖστα γελάσῃ καὶ πίῃ καὶ τῆς Ἀφροδίτης ἀντιλάβηται* Alexid. 3, 485 (3, 15).

ἀντιλέγω: **οὐ γὰρ σῶς ἀντέλεγες τούτῳ τῷ δειπνίῳ* Aristophan. 2, 1144 (11).

ἀντιμαρτυρῶ: *ἀντιμαρτυροῦσι δώδεκα τοῖς ἑτέροις ἐπισίτιοι* Aristophan. 2, 1128 (5).

Antimachus foenerator: Eup. 2, 479 (39).

ἀντίπαις: anon. 4, 680 (311b).

ἀντίπαλος: *τοῖς *τρυπάνοισιν ἀντίπαλον ὀπήτιον* (?) Nicoch. 2, 844.

ἀντιπαρατάττω: *ἡ δημιουργὸς ἀντιπαρατεταγμένη κρεάδι' ὀπτᾷ* Men. 4, 222 (1).

ἀντιπαρατίθημι: *ἂν δ' ἐκλέγῃ ἀεὶ τὸ λυποῦν, μηδὲν ἀντιπαρατιθεὶς τῶν προσδοκωμένων* Men. 4, 164 (1, 15).

ἀντιπέμπω: *τῷ Σελεύκῳ - τι - ἀντιπέμψαι θηρίον* Philem. 4, 15.

ἀντιποιεῖσθαι: *τῆς θαλάττης ἀντιποιεῖσθαί τινας* Antiph. 3, 104 (v. 11).

ἀντιπράττω: *εἰ μή τι ταύτας* (h. e. *θρίξὶν*) *ἀντιπράττεσθ' ὑπονοεῖς* (*ἐπινοεῖ*?) Alexid. 3, 509 (10, 8).

ἀντίρροπος: *ἀφύας λεπτὰς Θεανοῖ - ἀντιρρόπους* Antiph. 3, 18 (1, 24).

ἀντιστρέφω: v. *ἀναστρέφω*.

ἀντιτάττω: *οὐ τοῖς πονηροῖς ἐπιτρέπειν, ἀλλ' ἀντιτάττεσθ'* Men. 4, 70 (4).

ἀντιτείνω: *τὰ δ' ἀντιτείνονθ'* (int. *δένδρα*) *αὐτόπρεμν' ἀπόλλυται* Antiph. 3, 138 (10, 6).

ἀντίτευχος: Λάκωνες, ἀντίτευχος, Ἀργεῖος (iactus talar.) Eubul. 3, 232 (2).
ἀντιτίθημι: ἀλλ' ἀντίθες τοι Cratet. 2, 238 (2). ἐρεῖ τις ὡς Κλυταιμνήστρα κακή· Ἄλκηστιν ἀντέθηκα χρηστήν Eubul. 3, 260 (2, 11).
ἀντίφημι: οὐδ' αὐτὸν ἡμῖν τοῦτον ἀντερεῖν ἔτι Nicostr. 3, 281.
Ἀντιφῶν: Lysidonidis fil. Cratin. 2, 130 (21). Rhamnusius Plat. 2, 651 (10).
ἀντλία: ἐξ ἀντλίας ἥκοντα Dionys. 3, 549 (v. 41).
ἀντλιαντλητήρ: v. ad Men. 4, 78 (1).
ἀντλίον: Epilyci 2, 889 (5). Aristophan. 2, 1140 (9).
ἀντλῶ: πλήρεις κύλικας οἴνου - ἤντλουν διὰ χώνης Pher. 2, 300 (1, 31). [ἤντλουν λέγειν δεῖ Men. 4, 78 (1)].
ἀντραῖος: v. 2, 434.
Ἀντρών: ex Pher. 2, 260 (12).
Ἀντρώνιος ὄνος Pher. 2, 260 (12).
ἀντωνοῦμαι: ἅβραν ἀντωνούμενος Men. 4, 201 (3).
ἀνυδρεύομαι: κἀνύδρευσαι τὸν κάδον Pher. 2, 286 (11).
ἀνυμέναιος, ἄθλιος, ἄνυμφος Men. 4, 232 (8).
ἄνυμφος: v. ἀνυμέναιος.
ἀνυπέρβλητος: ἄνθρωπος ἀνυπέρβλητος εἰς πονηρίαν Antiph. 3, 92 (1, 5).
ἀνυπόδητος ὄρθρου περιπατεῖν Aristophont. 3, 361 (1, 8).
ἀνυπόπτως: ὀλίγ' - χρήματ' ἀνυπόπτως ἔχειν Men. 4, 263 (120).
ἀνυπόστατος: φρύαγμα - ἀνυπόστατον (?) Men. 4, 189 (1, 13).
Ἄνυτος: Anthemionis fil. sutor Archipp. 2, 724 (19). Ἐμβάδας vocatur Theop. 2, 813 (5). Ἄνυτος ὁ παχύς Timocl. 3, 600 (1).
ἀνύτω: ἄνυσόν ποτ' ἐξελθών Pher. 2, 271 (5). ἀλλ' ἄνυσον· οὐ μέλλειν ἐχρῆν Aristophan. 2, 944 (2). φέρ' αὔτ' ἀνύσας Anaxilae 3, 355 (5).
ἄνω: ἄνοις Phryn. (?) 1, 159.
ἄνω: cf. ἀνασπῶ. τοὐπικείμενον ἄνω Antiph. 3, 29 (1, 8). περιπλεῖν δ' ἐπὶ τοῖς ἄμβωσιν ἄνω πέντε κέλητας Ephipp. 3, 323 (1, 16). τὴν ἄνω ταύτην ἄνοιαν ἐπιπολάζουσαν Alexid. 3, 405 (6). μήκωνος ἐπιπάσας ἄνω κόκκους - δώδεκα Euphron. 4, 494 (1, 10). τὸ πνεῦμ' ἔχοντ' ἄνω Men. 4, 74 (3). γίγνεται τὸ πνεῦμ' ἄνω Sosicrat. 4, 591. †μηδ' ἀγροίκως ἄνω γόνατος ἀμφέξει Philetaer. 3, 300 (1). ἄνω τὴν μασχάλην αἴρωμεν Cratin. 2, 195 (63). †τὸ δ' αὖ εἰς ἄνω ἐξαίρουσα Autocr. 2, 891 (1, 8). τὴν φωνὴν *ἀναστήσας (an ἀνατειχίσας? 5, 69) ἄνω Aristophan. 2, 1183 (27). ἄνω - ὥσπερ κοττάβειον αἴρομαι Eubul. 3, 213. ὀσμὴ δὲ ἐβάδιζ' ἄνω Nicostr. 3, 284 (1). *ἀτμός - ἄνω μάλ' εἰσι καταφυγεῖν Alexid. 3, 440 (5, 17). ἄνω σπεύδοντα πρὸς τὸ τελώνιον Posidipp. 4, 517. ἄγαλμα βεβηκὸς ἄνω, τὰ κάτω δὲ κεχηνός Eubul. 3, 255 (1, 23). τὰς φλέβας - τὰς ἄνω καὶ τὰς κάτω *τεταμένας Antiph. 3, 20 (1). παρ' αὐτόν, ὑπὲρ αὐτόν, κάτω, ἄνω Antiph. 3, 136 (7). τἄνω κάτω - τὰ κάτω δ' ἄνω Men. 4, 221 (1). ἔδοξεν αὐτῷ γεγονέναι τἄνω κάτω Nicol. 4, 579 (v. 8). φληναφῶν ἄνω κάτω Alexid. (?) 3, 394. ἄνω κάτω - περιπατοῦσ' Alexid. 3, 451. εὐθὺς ἦν ἄνω κάτω anon. 4, 601 (4). πάντ' ἄνω κάτω Men. 4, 113 (4). μεταφέρει ἕκαστος *ταὔτ' ἄνω τε καὶ κάτω Xenarch. 3, 621 (1, 3). παντελῶς *ἐστραμμένον τἄνω κάτω Antiph. 3, 140 (15). εἰ δὲ μή, τἄνω (f. μή γ', ἄνω) κάτω - λήσει μεταστραφεὶς ὅλος Men. 4, 79 (4). στρεφομένους ἄνω κάτω Men. 4, 149 (1). διὰ τὸ ποιεῖν τἄνω κάτω (in exercenda terra) Philem. 4, 33 (4). πάντες δ' ἔνδον τὰ κάτωθεν ἄνω Mnesim. 3, 569 (v. 20). κυμβίον - κατασέσειχ' ὑμῖν ἄνω Philem. 4, 29 vid. 5, 99.
ἀνώγεων (libr. ἀνόκαιον) Antiph. 3, 158 (86).

ἄνωθεν: v. ἔωθεν. ἄνωθεν ἐς τὸ φρέαρ - καθεικέναι Lysipp. 2, 744 (1). τεμάχη δ' ἄνωθεν - εἰς τὸ στόμ' ᾄττει Metag. 2, 753 (1, 9). ὁρῶ δ' ἄνωθεν γάργαρ' ἀνθρώπων Alcaei 2, 830 (1). ἄνωθεν δ' ἐπιβαλεῖτε ξυστίδα Eubul. 3, 247 (1, 3). οὐδ' ἄνωθεν ἐξηνθισμένον (piscem) Philem. 4, 26 (v. 6). ἄνωθεν ἐνεκομβωσάμην Apollod. Car. 4, 440.

ἀνώμαλος: *ἀνωμάλους εἶπας πιθήκους Phryn. 2, 588 (2).

†ἀνωρροθία v. 2, 559 (32).

ἀνωφέλητος ἄνθρωπος Eup. 2, 572 (67).

ἀξία: ἵνα δεδοικότες τῆς ἀξίας ἀγαπῶσιν Alexid. 3, 438 (3, 7). νέμουσ' ἑκάστῳ τὴν κατ' ἀξίαν τύχη μερίδα anon. 693 (358).

ἄξιος: ἐφ' οὗ πότ' ἦν ὁ πυρὸς ἄξιος Pher. 2, 279 (6). ἀξιωτέρους πωλοῦσιν - τοὺς ἄρτους ἐκεῖ Eubul. 3, 206 (2). ἄξιος λαβεῖν ὁ μισθός Cratin. 2, 229 (169). τὴν ἀξίαν *ἔδει γαμεῖν τὸν ἄξιον anon. 4, 603 (9). πέπραχε τῶν τρόπων μὲν ἄξια Plat. 2, 669 (2). πρὶν θανάτου δρᾶν ἄξιον Anaxand. 3, 200 (18). μὴ πρᾶττε θανάτου ἄξια mon. 194. τῶν ἀδικημάτων μὴ λαμβάνειν τὰς ἀξίας τιμωρίας Antiph. 3, 156 (73). ὡς σεμνὸν σφόδρ' εἰ - κτῆμα πολλοῦ τ' ἄξιον Men. 4, 175 (2). ἐστὶν ἀγαθῶν πᾶσι πλείστων ἀξία ἡ σύνεσις Men. 4, 198 (4). ἄξιον - τοῦ κλέους τοῦ τῆς ἑορτῆς Antiph. 3, 89 (1, 3). ἄξιον θαύματος amoris principium ex Men. 4, 236 (14). ὁ μὴ γέλωτος ἄξιος - γέλως Men. 4, 274 (18). εἶπον, ἄξιον γὰρ εἰδέναι Nicol. 4, 579 (v. 19). τοῦ - εὐτυχεῖν ἀεὶ πάρεχε σεαυτὸν - ἄξιον Men. 4, 156 (1). ἀρχῆς τετευχὼς ἴσθι ταύτης ἄξιος mon. 44. πυρετὸς - οὐκ ἄξιος τριωβόλου Nicoph. 2, 850 (1). ὅ τι εἴπω τοναίας τηλικαύτης ἄξιον Alexid. 3, 460. ἐπριάμην *τελτὸν μέγιστον, ἄξιον δραχμῆς, δυοῖν ὀβολοῖν Nicostr. (Philet.) 3, 280 (2, 5). κικίννους ἀξίους λίτραιν δυοῖν Diph. 4, 409 (f. Philem. 4, 26). δραχμῶν μὲν ἀγαθὸν ἄξιον λαβεῖν δέκα ἡμᾶς Men. 4, 161 (1, 7). †καὶ μὴν ἔτι τοῦτ' ἔστιν ἄξιον μόνον Timocl. 3, 597 (2, 5).

ἀξιόχρεως: σχῆμ' ἀξιόχρεων ἐπικαθεὶς βακτηρίᾳ Ephipp. 3, 332 (v. 11).

ἀξιῶ: ὃν οὐκ ἂν ἠξίουν ἐγὼ ἐμοὶ διδάσκειν - Cratin. 2, 27 (2). τί σαυτὸν ἀποτίνειν ἀξιοῖς; Pher. 2, 289 (7). οὐκ ἠξίωσα καταλιπεῖν τὴν μητέρα Alexid. 3, 519 (35). τί λέγων ἀποτρώγειν ἀξιώσει νῦν ἐμοῦ τὸ μισθάριον; Men. 4, 158 (3). ὅταν ἐρῶντα νοῦν ἔχειν τις ἀξιοῖ Men. 4, 93 (1). ἀξιώσαντός τινος εἰπεῖν πρὸς αὐτὸν ὅ τι ποτ' ἐστὶ τἀγαθόν Hegesipp. 4, 481. *αὐτοῖς ἅπαντες ἠξίουν συζῆν Athenion. 4, 558 (v. 36). ταῦτ' ἀξιῶ Nicostr. 3, 279 (2). υἱῷ τἀξιούμενον ποιῶν Men. 4, 70 (3). †οὓς ὁ Καλέτας ἀξιοῖ τοῦ μηδενός Pher. 2, 336 (4). †ἀξιοῦσι πέρας Men. 4, 158 (4). ἀξιωθῆναι λόγου Amphid. 3, 313 (1).

*ἀξυνακόλουθος, ξηρός, αὐτολήκυθος Antiph. 3, 7.

ἀξύνετος: ἀξύνετα ξυνετοῖσι λέγων Eubul. 3, 254 (1, 3).

ἀόρατος: ἀόρατος ὄψιν Alexid. 3, 493 (1). σώζει πολλὰ τῶν ἀοράτων πραγμάτων Men. 4, 151 (2).

ἀορτή: λόγχην, ἀορτήν, ἱμάτια Men. 4, 167 (11). κανδύταλις - B. ὥσπερ εἰ εἴποις ἀορτάς Diph. 4, 393. ὄχους, ῥίσκους, ἀορτάς Posidipp. 4, 516.

ἀορτήρ: Pher. 2, 269 (6). ad Men. 4, 167 (11).

ἀπαγριῶ: ὑπὸ τῶν στατήρων ἦν ἀπηγριωμένη Epicrat. 3, 366 (2, 16).

ἀπάγχομαι: τί οὐκ ἀπήγξω; Plat. 2, 642 (2). ἂν δ' ἔχῃ τι ἀπάγχεται Antiph. 3, 81. τριηραρχῶν ἀπήγξατ' Antiph. 3, 116 (1, 7). ἀπηγξάμην ἂν ὥστ' ἰδεῖν Εὐριπίδην Philem. 4, 48 (40ª). ὃν ἔχω τοῦτον (i. e. τράχηλον) ἂν - ἀπηγξάμην Archedici 4, 437 (2, 7).

ἀπάγω: παρὰ ναυτοδικῶν ἀπάγω τρία κνώδαλ' Cratin. 2, 152 (8). ἀπάγειν λαβόμενον εἰς τὸ δεσμωτήριον Alexid. 3, 415 (1). εἰς τὸ δεσμωτήριον - ἀπάγεσθαι τοῦτον Alexid. 3, 438 (3, 6). †ἀπαγέσθω δέ τις ἢ ἄρ' ἀντεισαγάγοι (puellam) Men. 4, 189 (1, 16). τὸν δέλφακα ἄπαγε σιγῇ Plat. 2, 655 (5). cf. 5, 46. ὥσπερεὶ κοντοῖσι - εἰς τὸ πρόσθ' ἀπήγαγον Alexid. 3, 423 (1, 15). δάκρυα καὶ πταρμὸν - ἀπὸ τῆς τραπέζης καὶ σίαλον ἀπήγαγον Anaxipp. 4, 459 (v. 15). ψυχρός ἐστιν, ἄπαγε, φησί Timocl. 3, 627.

ἀπαθής: εἰσπέπλευκεν - τριταῖος, ἀπαθής, εὐπορηκώς Diph. 4, 395 (2, 19).

ἀπαίδευτος: ἀπαιδευτότερος εἰ Φιλωνίδου Nicoch. 2, 843 (2). ἂν ἀπαίδευτος μετάσχῃ πνεύματος Philem. 4, 31 (1, 11). ἀπαιδεύτῳ βίῳ Alexid. 3, 512 (16). ἀπαιδεύτῳ τύχῃ δουλεύομεν Apollod. Car. 4, 442 (v. 26). οὐκ ἀπαιδεύτως ἔχων Alexid. 3, 519 (35).

ἀπαίρω: ἀπαίροντες Aristophan. 2, 1205 (131).

ἄπαις: γέρων ἄπαις Phryn. 2, 592 (13). ἄπαις βίος Plat. (?) 2, 697 (v. 7).

ἀπαιτῶ: τὸ μισθάριον - ἂν ἀπαιτῇς Diph. 4, 395 (2, 34).

ἀπακριβῶ: ἀπηκριβωμένως λιμῷ παρελθεῖν Alexid. 3, 480 (1).

ἀπαλλάττω: ἀπαλλάξας Cratin. 2, 190 (45). ἄριστ' ἀπαλλάττεις ἐπὶ τούτου τοῦ κύβου Diph. 4, 411 (1). ἵν' ἀπαλλαγῶμεν ἀνδρὸς ἁρπαγιστάτου Plat. 2, 634 (2). κόρης ἀπαλλαττόμεθα Anaxand. 3, 200 (13) = Diph. 4, 426 (34). ἐπίπαιζε· μόνον ἀπαλλάγηθί μου Alexid. 3, 462 (1, 16). ὅπως τάχιστα τῶν κακῶν ἀπαλλαγῆναι Polyz. 2, 867 (1). ἀπαλλαγέντα τῶν - πραγμάτων Aristophan. 2, 1108 (1, 3). ἀπηλλάγημεν πολυχέσου νοσήματος anon. 4, 696 (365). ἔστιν - οὔτε ῥᾴδιος ἀπαλλαγῆναι τῷ φέροντι τὴν νόσον (amorem int.) Eubul. (Arar.) 3, 226 (3). *ὥστ' ἀπαλλαγεῖσι ταύτης ἐστὶ διπλάσιον κακόν Anaxil. 3, 348 (1, 14). [τὴν ὄψιν *ἐμπλήσασ' ἀπήλλακται κακῶν Men. 4, 226 (1, 9)]. ἡμᾶς δ' ἀπαλλαχθέντας - ὀβελισκολυχνίου Theop. 2, 794.

ἁπαλός: οἶμ' ὡς ἁπαλὸς καὶ λευκός (int. οἰνίσκος) Cratin. 2, 117 (3). ἀγένειος ἁπαλὸς καὶ νεανίας καλός anon. 4, 673 (297). γυναικὸς ἐπιφερούσης δακτύλους ἁπαλούς Alexid. 3, 404 (3) = 429 (1, 11). πληγὰς λαβεῖν ἁπαλαῖσι χερσίν Timocl. 3, 607. *θερμολουσίαις ἁπαλοί anon. 4, 661 (241). *σαρκία ἁπαλώτατ' Diph. 4, 380. δελφακίων ἁπαλῶν κωλαῖ Aristophan. 2, 1026 (1). ἰχθὺς ἁπαλὸς οἷος γέγονέ μοι Philem. 4, 26 (v. 4). τευθιδίοις ἁπαλοῖς Pher. 2, 316 (1, 10). *Κωπάδων ἁπαλῶν τεμάχη Stratt. 2, 779 (1). δύο μὲν ἁπαλοὶ καὶ καλοί ... (γλαῦκοι) Nausicrat. 4, 575 (1). ἁπαλὸν σισύμβριον Cratin. 2, 146 (2). ἁπαλὰς ἀσπαλάθους Pher. 2, 305 (2). πτόρθους ἁπαλοὺς Eup. 2, 426 (1, 2). πιλίδιον ἁπαλόν Antiph. 3, 17. τὴν ἔνθεσιν ἄρδονθ' ἁπαλὴν καταπίνειν Telecl. 2, 361 (1, 10). οὕτως ἁπαλὸν - καὶ πρᾷον τὸ πῦρ Philem. 4, 26 (v. 8). ἁπαλὸς εἴσπλους Cratin. 2, 214 (126). ἁπαλῶς: πτερύγι' ἁπαλῶς (legeb. ἁπλῶς) ὠπτημένα Sotad. 3, 585 (1, 16).

ἀπαμείβομαι: τὸν δ' ἀπαμειβόμενος Cratin. 2, 59 (5).

ἀπαμφιέννυμι: *στέρν' ἀπημφιεσμένας (libr. στέρνα τ' ἠμφιεσμ.) Xenarch. 3, 617 (1, 5). ἀπαμφιεῖ - τὸ κατάπλαστον τουτό *σου - ἡ μέθη ποτέ Men. 4, 171 (9).

ἀπανθῶ: οἶνον τὸν νέον - καὶ τὸν ἄνδρ' - *ἀπανθήσαντα (al. ἀποινήσαντα) σκληρὸν γενέσθαι Alexid. 3, 406 (6, 4).

ἁπανταχοῦ: τἀγαθὸν *Πλάτων ἁπανταχοῦ φησ' ἀγαθὸν εἶναι Alexid. 3, 453. ὁ - παρὼν ἁπανταχοῦ πάντ' ἐξ ἀνάγκης οἶδε Philem. 4, 31 (2). ἐν παντὶ δεῖ καιρῷ τὸ δίκαιον ἐπικρατεῖν ἁπανταχοῦ Men. 4, 119 (1). ἡ τάξις σοφόν ἁπανταχοῦ - ἐστι κἂν πάσῃ τέχνῃ Sosip. 4, 483 (v. 46).

ἀπαντῶ: ἀπήντων τῷ ξένῳ Alexid. 3, 383 (2). ἐξιόντι - ἁλιεὺς ἀπήντησεν - μοι Plat. 2, 625 (3). νύκτωρ ἀπαντῆσαι καλῶς (f. κακῶς 5, 89) πεπραγόσιν ὑμῖν Alexid. 3, 428 (1). τοὺς ἀπαντῶντας ποιεῖ γυμνοὺς ἅπαντας

Alexid. 3, 414 (1). οἶμαί * γ' ἐπιτιμᾶν τῶν ἀπαντώντων τινάς ἡμῖν Alexid. 3, 418 (1).

ἅπαξ: δὸς πιεῖν ἅπαξ μόνον Herm. 2, 400 (5). τήνδ' - μεστὴν * ἅπαξ-προπίομαι Clearch. 4, 562 (1). ἐγὼ δ' ἅπαξ ἀψάμενός εἰμι * καὶ φιλήσας ἐν βυθῷ Men. 4, 232 (7). πρὸ τοῦ πολέμου - τριχίδας ὠψώνησ' ἅπαξ Eup. 2, 493 (16). πλὴν ἅπαξ ποτ' - ἔφαγον Eup. 2, 429 (3). ὡς ἅπαξ τις ζεῦγος ἤγαγεν μόνον - πλείους εἰσὶ νῦν τῶν ὀρτύγων Antiph. 3, 117 (3). ὡς δ' ἅπαξ - ἐμπειρίαν τίν' ἔλαβον - ἐπὶ πλεῖον ηὖξον Athenion. 4, 557 (v. 14). * ἀθάνατος ὁ θάνατός ἐστιν ἂν ἅπαξ τις ἀποθάνῃ Amphid. 3, 303. ἂν (f. ἂν) εἴπῃς ἅπαξ εὐθὺς ἀντήκουσας Alexid. 3, 454 (1). ἂν δ' ἅπαξ λάβῃς, φέρειν - δεῖ Men. 4, 226 (1). ἂν - * τοὐπτάνιον ἁρμόσωμ' ἅπαξ ‖ - ὄψει Hegesipp. 4, 479 (v. 19).

ἁπαξάπας: περιτρέχων την γῆν ἁπαξάπασαν Herm. 2, 380 (1). προκέλευθος ἡμέρα ἁπαξάπασα (?) Stratt. 2, 775. τοῦ μὲν ἀκαρῆ - κατέχεε, κατὰ τῶν ἰχθύων δ' * ἁπαξάπαν Xenarch. 3, 621 (1, 16). λαθεῖν ἁπαξάπαντας γενομένους παλιναιρέτους Archipp. 2, 720 (3). τοῖς παροῦσι - ἁπαξάπασιν Antiph. 3, 75 (2, 6). κατέδομαι καὶ τοὺς λίθους ἁπαξάπαντας Men. 4, 178 (1). μίαν φύσιν ἁπαξαπασῶν ὄψεται (int. ἀλωπέκων) Philem. 4, 32 (3). ἀνηρπάκασ' ἁπαξάπαντ' Plat. 2, 618 (1). ἀγοράσω ἁπαξάπανθ' * ὅσ' ἂν κελεύῃς Aristophan. 2, 944 (2).

ἀπαράλεκτος: Pher. 2, 355 (70).

ἀπαρηγόρητος: μόνος ἔστ' ἀπαρηγόρητον - ἔρως Men. 4, 277 (196).

ἀπαρκῶ: οὐκ ἀπήρκει Aristophan. 2, 1136 (8).

ἀπαρνοῦμαι: οὐκ ἀπαρνοῦμαι δ' ὅμως Alexid. 3, 404 (2).

ἀπαρτί: ἀπαρτὶ μὲν οὖν ἐμοὶ μὲν εἰκός ἐστ' ἐρᾶν Pher. 2, 284 (6). ἀπαρτὶ δήπου προσλαβεῖν - ἔγωγε μᾶλλον Pher. 2, 289 (7). ἀλλ' αὐτὸς ἀπαρτὶ τἀλλότρι' οἰχήσει φέρων Plat. 2, 635 (3). φρόνιμος - ὢν ἀπαρτὶ ταύτης τῆς τέχνης Telecl. 2, 375 (8). ἀπαρτί Plat. 2, 663 (10).

ἀπαρύτω: ἀπαρυθέντα τὴν ἄνω ταύτην ἄνοιαν ἐπιπολάζουσαν Alexid. 3, 405 (6).

ἀπαρχαιοῦσθαι: μηδὲν τῶν ἀπηρχαιωμένων τούτων περάνῃς Antiph. 3, 46 (1).

ἀπαρχή: ὀστῶν καὶ χολῆς χαίρειν * ἀπαρχαῖς anon. 4, 613 (41).

ἀπάρχομαι: τοὺς ἱερέας εἶναι ἀπηργμένους Anaxand. 3, 181 (v. 11).

ἅπας: σιγάν νυν ἅπας ἔχε Cratin. 2, 100 (15). θώρακα δ' ἅπας ἐμπερονᾶται Herm. 2, 397 (2). ἅπας (?) πονηρὸς οἶνος ὁ πολύς ἐστ' ἀεί Philem. 4, 62 (99). ἅπας - ἐστιν οἰκεῖος τόπος ὑπὲρ τέχνης λαλεῖν τι Posidipp. 4, 521 (v. 2). οἷς ἦν μέγιστος ὅρκος ἅπαντι λόγῳ κύων Cratin. 2, 155 (11). οἴνῳ 'ἅπασ' ἔρρει χαράδρα Telecl. 2, 361 (1, 4). κατεβρόχθισεν ἂν τὴν Πελοπόννησον ἅπασαν Herm. 2, 399 (3). ἅπασα ποθοῦμεν ἡ κλεινὴ πόλις Eup. 2, 463 (11). ἐὰν ποιήσῃς τὴν χολὴν ἅπασαν ὥσπερ καλλιωνύμου ζέσαι Anaxipp. 4, 463. βρύκει ἅπαν τὸ παρόν Cratin. 2, 43 (2). ἅπαν τὸ λυποῦν ἐστιν - νόσος Antiph. 3, 57 (1). ἀγόρασον εὐτελῶς. * ἅπαν γὰρ ἱκανόν ἐστι Ephipp. 3, 334 (1). φέρων ἅπαν τὸ ληφθέν Alexid. 3, 403 (1). τὸ πόπανον τοῦτ' ἔλαβεν ὁ θεὸς ἐπὶ τὸ πῦρ ἅπαν ἐπιτεθέν Men. 4, 108 (3). τὸ ὑδαρὲς ἅπαν τοῦτ' ἐστὶ τῇ ψυχῇ κακόν Diph. 4, 402. ἡδυλογοῦσιν ἅπασιν ἀεὶ et * συγκύψαντες ἅπαντες γελῶσιν Phryn. 2, 580 (1). βροτῶν ἅπαντας ἐκλαπῆναι (?) Aristophan. 2, 1011 (17). ἅπασι τοῖς ζητοῦσί σε ψέγειν Antiph. 3, 155 (70). μάταιός ἐστιν * ἕν γ' ἐμοὶ καὶ τοῖς σοφοῖς κριταῖς ἅπασιν Amphid. 3, 309 (2). ἅπερ ἡμῖν μόνα ἅπασιν ἀρχὴ γέγονε τῆς σωτηρίας Athenion. 4, 558 (v. 24). ὅταν τις εὕρῃ καινὸν ἐνθύμημά τι, δηλοῦν ἅπασιν Anaxand. 3, 196 (3). καὶ γραῦς καὶ γέρων καὶ παιδίον πεμφθεὶς ἅπαντες ἀγοράσουσι κατὰ τρόπον Alexid. 3, 489 (3, 10). πάντες μὲν οἱ Θρᾷκες, μάλιστα δ' οἱ Γέται ἡμεῖς ἁπάντων Men. 4, 232 (8). πολύ γ' ἐστὶ πάντων κτῆμα τιμιώτατον ἅπασιν ἀνθρώποισιν Hipparch. 4, 431. *ἑόρακας σὺν φιλόσοφον-μεθύοντα; B. ἅπαντας Baton. 4, 502 (v. 13). ἀνὴρ ἁπασῶν τῶν γυναικῶν Pher. 2, 342 (5). κοιτὼν ἁπάσαις εἷς, πύελος δὲ μί' ἀρκέσει Aristophan. 2, 947 (9). ἅπαντα δ' εἶναί μοι δοκεῖ ῥοδωνιά, καὶ μῆλα καὶ σέλινα Cratin. 2, 82 (5). πλύνων ἅπασιν ὅσα σύνοιδ' αὑτῷ κακά Aristophan. 2, 1030 (11). μόλις πάνυ ὑπεδησάμην ἅπαντα δρῶν τὰς ἐμβάδας Eubul. 3, 220 1). πρὸς ἕω πρῶτον ἁπάντων ἴστω Cratin. 2, 151 (7). -πρῶτον ἁπάντων ἴφυα φῦναι Aristophan. 2, 1169 (4). εἰρήνη μὲν πρῶτον ἁπάντων ἦν ὥσπερ- Telecl. 2, 361 (1, 2). ἐπὶ τούτοις ἅπασιν †ὕστατος πάντων (f. ὕστατον πόπανον ἁπάντων) ἐπετέθη Antiph. 3, 89 (2). εἶτ' οὐχ ἁπάντων ἐστὶ τὸ μεθύειν κακὸν μέγιστον -; Alexid. 3, 403 (1). βούλομαι ‖ *ἁπλῶς ἅπαντα μᾶλλον ἤ - Diph. 4, 416 (2). φεύγειν ἁπάντων τὰς ὑπερβολὰς ἀεί Alexid. 3, 481. εὕροις δ' ἂν οὐδὲν τῶν ἁπάντων-ἀγαθόν, ὅπου τι μὴ πρόσεστι καὶ κακόν Men. 4, 164 (1). τῶν ἀνιαρῶν ἔχων τὸ μέρος ἁπάντων Men. 4, 192 (4). ἤδη πώποτ' ἔπιες; B. *ἅπασι Men. 4, 90 (5). ἅπαντ' ἐρίζεις Philonid. (?) 2, 425. Ἡράκλεις ἄναξ, ἅπαντα τεθολώκασιν Antiph. 3, 12 (1, 2). *ἄγχειν, φονεύειν, μαρτυρεῖν-ταῦτ' ἀπροσκέπτως ποιεῖν ἅπαντα Antiph. 3, 111 (v. 10). ἐρρῶσθαι λέγων ἅπασιν, ἵπποις, ἀδελφῷ - Antiph. 3, 48. ἐφ' ἅπασιν - δυσχερῶς *ἔχων (5, 85) Amphid. 3, 316 (2). ἅπαντα δουλεύειν ὁ δοῦλος μανθάνει Men. 4, 181 (1). τὰ ποτήρι' ἂν ἴδης τὰ παρεσκευασμένα, ἅπαντα χρυσᾶ Philippid. 4, 476 (5). ὠρθωμένην πρὸς ἅπαντα τὴν ψυχὴν ἔχω anon. (73ᵃ) 5, 118. ἅπαντα δ' ἀγαθὸν εἶναι τὸν θεόν Men. 4, 238 (18ᵇ).

ἀπασκαρίζω: ἀπασκαρίζειν ὡσπερεὶ πέρκην χαμαί Aristophan. 2, 1154 (18). ἀπασκαριῶ-γέλωτι Men. 4, 288 (243).

ἀπατῶ: ἀπατήσει Telecl. 2, 376 (15).

ἄπαυστος: ἕλκουσι-ὁλκοῖς ἀπαύστοις Antiph. 3, 140 (15).

ἀπειλή: ἀποκτίννυσι ταῖς ἀπειλαῖς Cratin. 2, 29 (8).

ἀπειλῶ: ἠπείλουν, ἐσυκοφάντουν Aristophan. 2, 1040 (23). πατὴρ δ' ἀπειλῶν οὐκ ἔχει μέγαν φόβον Men. 4, 203 (5). ἀληθὲς οὐδὲν-υἱῷ πατὴρ *εἴωθ' ἀπειλεῖν Men. 4, 262 (117).

ἄπειμι absum: †τὴν ἀποῦσαν μητέρα Stratt. 2, 789 (7). τῶν τοιούτων μηδὲν ἀπέστω Antiph. 3, 72 (1, 8). ἀπόντι μᾶλλον εὐχαριστίαν ποίει Men. 4, 267 (146).

ἄπειμι abeo: πάντα τυχὼν ἄπει Eup. 2, 523 (3). ἄπει γεγονὼς μάγειρος ἐκ τῆς οἰκίας Euphron. 4, 486 (v. 3). ἂν δ' ἀληθινὸν σαυτὸν παραβάλλῃς καὶ προσεκδαρεὶς ἄπει Posidipp. 4, 521 (v. 14). Ἄδραστος εὐθέως ἥξει πάλιν τ' ἄπεισι Antiph. 3, 106 (v. 12). μνᾶς δύο λαβὼν ἄπεισιν ἀρνίου μαλακώτερος Philippid. 4, 476 (7). ἀπῄειν τῶν τόκων ἔχων τόκους Men. 4, 322 (458). †ἀπιέναι (f. ἀπιέν') εἰς τὰ φρούρια Eup. 2, 566 (56). *ἐς τὸ δεῖπνον ἀπιέναι Timoth. 3, 589. εἰς τὸ βαλανεῖον ἀπιέναι τοὺς συμμάχους Apollod. Car. 4, 442 (v. 24). προδοὺς ἀπιέναι τὸν δεσπότην Theophil. 3, 626. οἴκαδ' ἄπιθ' ἀμπαλίνορος (f. ῥῥ) Philetaer. 3, 296. ὠνητέος ἄνθρωπός ἐστιν ἢ πρὸς ἄλλον ἀπιτέον Amphid. 3, 301. ἂν πρῶτον ἀπίῃς καταλύσεις Men. 4, 212 (2, 11). †ἀλλ' ἀπίωσιν ἐν χορῷ Cratin. 2, 137 (7).

ἀπεῖπον αὐτῷ τοῦτο μὴ ποιεῖν ἔτι Diph. 4, 389 (1, 8). ἀπείρηται τοῦτο τῷ νόμῳ Xenarch. 3, 621 (1, 7). ὅταν ἀπειρήκωσιν ἐν τοῖς δράμασιν Antiph. 3, 106 (v. 14).

ἀπείργω: τὸν οὐ-ψῆφος δύναται δείπνου φίλων ἀπείργειν Cratin. 2,

43 (1). οὐ πῦρ - † εἴργει (f. ἀπείργει) μὴ φοιτᾶν ἐπὶ δεῖπνον Eup. 2, 487 (3). σκατοφαγεῖν ἀπεῖρξε τὸ ζῷον Antiph. 3, 68.

ἀπείρηκα: v. ἀπεῖπον.

ἀπειρία: τοὺς τρόπους ῥυπαροὺς ἔχοντες μουσικῆς ἀπειρίᾳ Philetaer. 3, 299. ἐμπειρία - τῆς ἀπειρίας κρατεῖ mon. 169. ἡ - ἀπειρία τῶν νῦν μαγείρων Damox. 4, 531 (v. 34).

ἀπειρόγαμος: νύμφα ἀπειρόγαμος Eubul. 3, 222.

ἄπειρος: ἦν ἄπειρος τῶν τρόπων τῶν τοῦ θεοῦ Eubul. (s. Arar.) 3, 226 (3). ὁ μὲν - ἦν ἄπειρος τοῦ κακοῦ Eubul. 3, 260 (1, 3). *ὅτου δ' ἂν ἔργου τυγχάνῃς ἄπειρος ὤν Men. 4, 326 (473). ὁ γραμμάτων ἄπειρος mon. 438. οὐκ ἀπείρῳ προσέβαλεν anon. 4, 666 (272).

ἀπείρων: δακτύλιον ἀπείρονα Aristophan. 2, 1049 (7).

ἀπελεύθερος: ἀπελευθέρων ὀψάρια Alexid. 3, 455 (2). ἀπελευθέρα Men. 4, 200 (10).

ἅπερ: v. ὀρχοῦμαι.

ἀπέρρω: οὐκ ἀπερρήσεις σὺ θᾶττον; Cratin. 2, 89 (6). ἄπερρ' · ἐγὼ δ' ὑμῖν - φράσω Plat. 2, 670 (4).

ἀπερυγγάνω: τὴν κραιπάλην ἀπερυγγάνω *Men. 4, 334.

ἀπερυθριῶ: ἀπερυθριᾷ πᾶς, ἐρυθριᾷ δ' οὐδεὶς ἔτι Men. 4, 294 (287). ἐπιχειρεῖ πάντ' *ἀπηρυθριακότως Apollod. 4, 454 (1, 10).

ἀπέρχομαι: προσαγήλωμεν ἀπελθόντας (al. ἐπελθόντες) Eup. 2, 468 (19). παραδείξας ἐμοί - ἀπελθὼν αὐτὸς ἡσυχίαν ἄγε Sosip. 4, 484 (v. 57). ἀθῷος ἀπέρχεται οἴκαδε Archipp. 2, 726 (1). οὐθ' ὑπεργέμων ἀπέρχομαι νῦν οὔτε κενός Alexid. 3, 481. ἀπέρχετ' οἴκαδ' οὐ καταβαλὼν οὐσίας Diodor. 3, 544 (v. 13). ἀπέρχομ' οἴκαδ' ὥσπερ ὁ Ζεὺς ὁ φίλιος (v. 20). ὡς τὸν πατέρ' ἀπελθεῖν οἴκαδε παρ' ἀνδρός Anaxand. 3, 197 (5). ἥδιστ' ἀπῆλθεν οἴκαδε Alexid. 3, 485 (3, 17). ὅστις θεωρήσας - ἀπῆλθεν ὅθεν ἦλθεν ταχύ Men. 4, 211 (2, 3). βελτίονα ἐφόδι' ἔχων ἀπῆλθες 212 (2, 12). οὐκ εὐθανάτως ἀπῆλθεν ἐλθὼν εἰς χρόνον (2, 16). οὐδὲν πέπονθεν, ἀλλ' ἀπῆλθε καταγελῶν Men. 4, 236 (14). εἶθ' ὁ μὲν γνοὺς ταῦτ' ἀπῆλθεν εὐθὺς Anaxil. 3, 348 (1, 27). ὁ νοῦς μεθ' ἡδονῆς ἀπῆλθε παιδευθεὶς ἅμα Timocl. 3, 593 (v. 7). *'Ελευθερῶν ἀπῆλθεν εὐθὺς Men. 4, 109 (6). ἀπῆλθ' ἔχων Δημοσθένους τὴν - anon. 4, 618 (51).

ἀπεσθίω: ἀπέδομαι τοὺς δακτύλους Herm. 2, 388 (1). ἀπεσθίει μου τὴν ἀκοήν Herm. 4, 405 (7). ἀπηδέσθη τὸ ῥάμφος Plat. 2, 662 (5). τὰ πετραῖα τῶν ἰχθυδίων ἀπέσθιε (noli comedere) Theop. 2, 813 (1, 3).

ἄπεφθος: ὕδατος ἀπέφθου Alexid. 3, 474 (1). *χρυσί' - ἄπεφθα anon. 4, 695 (364).

ἀπεχθάνομαι: ὅτε σὺ - ἀναρύτουσ' ἀπηχθάνου Cratin. 2, 36.

ἀπέχω: ἀπέχω πάλαι *παρὰ σοῦ τὴν χάριν anon. 4, 679 (311). ἄνθρωποί τινες τοσούτῳ τῷ τόπῳ ἀπέχοντες Alexid. 3, 397 (1). ἀπὸ θαλάττης - δώδεκα ὁδὸν ἀπέχοντι - ἡμερῶν Euphron. 4, 494 (1, 3). ἀπέχοντες πολὺν ἀπ' ἀλλήλων χρόνον Philem. 4, 6. ὡς πολὺ - ἀπεῖχ' ἕκαστος τοῦ φαγεῖν ἂν ἔτι νεκροῦ Athenion. 4, 558 (v. 35). ἀπέχομαι: ἡμῶν ἀπο χεῖρας ἔχεσθαι Cratet. 2, 239 (3). ὃν ἂν ἴδῃ τὰς χεῖρας οὐκ ἀφέξεται Antiph. 3, 13 (1, 16). ὃς τὰ μικρὰ λαμβάνειν ἀπέσχετο Philem. 4, 37 (10). ἑτέρων γαμούντων αὐτὸς ἀπεχέσθω γάμου (pauper) Men. 4, 260 (104).

ἀπεψία: ἀπεψίαν πέπονθεν (5, 118) anon. 4, 621 (59).

ἀπήνη: καπάνας Θετταλοί - καλοῦσι τὰς ἀπήνας Xenarch. 3, 624 (2).

ἄπιος: πρὶν ἀνακυκῆσαι τὰς ἀπίους Pher. 2, 259 (8). ἀπίους παρακειμένας ἐν ὕδατι *πολλῷ Alexid. 3, 396 (1). ἀπ' Εὐβοίας ἀπίους Herm.

2, 468 (1, 16). πωλεῖ κίχλας, ἀπίους, σχαδόνας Aristophan. 2, 1171 (1, 3). γογγυλίδες, ἄπιοι, μῆλα Eubul. 3, 241.
ἀπιστία: βλέπων ἀπιστίαν Eup. 2, 557 (22). *πρόσεστι - τῷ πένητι · ἀπιστία (?) Philem. 4, 39 (15). περιφέρουσ' ὑπ' ἀπιστίας τὰς οἰκίας Anaxilae 3, 354 (2).
ἄπιστος: πρᾶγμα τρυφερὸν ἦν ἰδεῖν ἄλλως *τ' ἄπιστον Antiph. 3, 117 (2, 5). ὁρῶ θαῦμ' ἄπιστον Heniocb. 3, 561. οὐκ ἔστ' ἄπιστον οὐδὲν ἐν θνητῷ βίῳ Men. 4, 247 (42). ἀδικεῖ τὸν Ἔρωτ' - ἄπιστον αὐτὸν τοῖς ἄλλοις ποιῶν Alexid. 3, 411. ἄπιστος ἡ γυναικεία φύσις mon. 560. ἀπιστότερος εἶ τῶν κοχλιῶν Anaxil. 3, 354 (2).
ἀπιστῶ: τὰ δ' ἄλλ' ἀπιστῶ πάνθ' (mulieri) Antiph. 3, 151 (54). ἐχθροῖς ἀπιστῶν mon. 164.
ἀπισχναίνω: δέδοικα μὴ λίαν ἀπισχναίνων με ποιήσῃ νεκρόν Philem. 4, 38 (12).
ἀπιχθύς (l. ἀπίχθυς de contemtis piscibus) Aristophan. 2, 1173 (6).
ἄπιχθυς: ἀπίχθυς βαρβάρους Aristophan. 2, 1174 (7).
ἀπλάκουντος: *ἐνιαυτίζομἀπλάκουντος Plat. 2, 654 (1).
ἄπλατος: κυψέλην ἄπλατον anon. 4, 609 (28).
ἀπλήγιος: οὐ πολυπράγμων ἀλλ' ἀπλήγιος Eup. 2, 518 (27[b]).
ἀπληγίς: τρεῖς ἀπληγίδας ποιῶν Aristophan. 2, 964 (18).
ἄπληκτος: ἄπληκτος ἵππος Eup. 2, 509 (2).
ἀπληστία: ὑπὸ τῆς ἀπληστίας διακόνιον ἐπῆσθεν (?) Pher. 2, 342 (6). κακὸν μέγιστον ἀπληστία mon. 277. ὡς αἰσχρὸν - ἐστ' ἀπληστία mon. 561. ἀπειψίαν πέπονθεν ἐξ ἀπληστίας anon. 4, 621 (59).
ἄπληστος: περὶ ὄψου - λέγειν ὥσπερ πρὸς ἀπλήστους Antiph. 3, 33 (1, 2). Eriphi 3, 556 (1, 2). ἄπληστός ἐστι γάρ (Pythionice) Timocl. 3, 600 (2).
ἅπλους: ναύκληρον ἐν τῷ λιμένι ποιήσας ἅπλουν Criton. 4, 537.
ἁπλοῦς: ὑποδήματα - τῶν ἁπλῶν Stratt. 2, 772 (4). *ἆρ' ὡς ἀληθῶς ἔστι γοῦν ἁπλῆ τις; Anaxil. 3, 350 (2). ἁπλᾶ καὶ σαφῆ λέγω μαθεῖν Alexid. 3, 493 (1, 7). ἁπλοῦν ἦν τὸν μὴ δυνάμενον ζῆν ἀλύπως ἀποθανεῖν Men. 4, 75 (5).
ἁπλῶς: cf. ἀπαλῶς. οὔτ' ἀφύη νῦν ἐστι σαφῶς (al. ἐσθ' ἁπλῶς) οὔτ' - Aristonym. 2, 699 (2). ἁπλῶς οὐδὲ ἓν συνίημι Philem. 4, 48 (40[b]) = Straton. 4, 545 (v. 2). βούλομαι ‖ *ἁπλῶς (legeb. ἄλλως) ἅπαντα μᾶλλον ἢ - Diph. 4, 416 (2). οὐδὲ εἷς δυνήσεται ἁπλῶς διελθεῖν Hegesipp. 4, 480 (v. 23). ἁπλῶς εἶναι δίκαιον Euphron. 4, 493 (v. 8). λαλοῦσ' ἁπλῶς μὲν οὐδέν Anaxil. 3, 348 (1, 23). ἁπλῶς μοι διαλέγου Straton. 4, 546 (v. 25). εἰ τὰς ἀληθείας ἁπλῶς τίς σοι λέγοι Men. 4, 94 (3).
ἄπλυτος: ῥαφανίς - ἄπλυτος Pher. 2, 341 (3). ῥαφανῖδες ἄπλυτοι Eup. 2, 563 (48). ῥαφανῖδας ἀπλύτους Antiph. 3, 143 (21). ἄπλυτον πώγωνα anon. 4, 662 (243).
ἀπνευστί: ἕλκειν ἀπνευστί Antiph. 3, 41 (2, 14). ταῦτ' ἀπνευστί - ἐκπιών Alexid. 3, 494.
ἄπνους, ἄνευρος Theop. 2, 818 (9).
ἄπο: v. ἀπέχομαι.
ἀπό: v. ὑπό. ἀπὸ γλώττης φράσω Cratin. 2, 86 (1). ἀπὸ στόματος ἅπαντ' ἐρῶ Philem. 4, 16. *ἀφ' Ἑστίας Cratet. 2, 251 (17). ῥήματα - ἐπιδεικνύναι πάντ' ἀπ' ἀκροφυσίων *κἀπὸ κιναβευμάτων Aristophan. 2, 1201 (106). *καχάζετε - ἀπὸ κελεύσματος Eubul. 3, 216. ἀπὸ συμβολῶν ἔπινον Alexid. 3, 425 (2). ἀπὸ συμβολῶν συνάγοντα Diph. 4, 395 (2, 28). ἀπὸ σ. συνάγουσιν *ἀρίστων πόρους Euphron. 4, 486 (v. 10). ἀπὸ μηχανῆς πωλοῦντες Alexid. 3, 439 (4, 19). ἀπὸ μηχανῆς θεός

Men. 4, 136 (6). 148 (8). τά γ' ἀπὸ τῆς τύχης φέρειν Men. 4, 127 (4). τὰ (f. τἀπὸ) τῆς τύχης φέρειν Antiph. 3, 155 (66) cf. 5, 79. ὁ φέρων τἀπὸ τῆς τύχης καλῶς anon. Athenaei p. 458 c. πηδᾷ χορεύει, πῶλος ὡς ἀπὸ ζυγοῦ Eubul. 3, 242 (1, 6). Ἀνδροκλέα τὸν ἀπ' αἰγείρων anon. 4, 631 (108). τὸν ἀφ' ἱερᾶς γραμμῆς Men. 4, 147 (4). Μέλητον τὸν ἀπὸ Ληναίου νεκρόν Sannyr. 2, 873 (3). *ἕν' ἀφ' ἑκάστης *(τῆς) τέχνης εἱλόμεθα Aristophan. 2, 1005 (1, 2). Σαννυρίων ἀπὸ τῶν *τρυγῳδῶν, ἀπὸ δὲ τῶν τραγικῶν χορῶν Μέλητος, ἀπὸ δὲ τῶν *κυκλίων Κινησίας ib. (1, 9. 10). διδασκάλους-τριάκοντ' ἀφ' ἑνὸς ἐργαστηρίου Alexid. 3, 476 (8). *κἀπὸ τῆς Διιτρέφους τραπέζης Aristophan. 2, 1071 (4). ἀπὸ Συρίας λιβανωτόν Herm. 2, 407 (1, 18). ἀπ' Εὐβοίας ἀπίους 408 (1, 17). ἀπὸ δ' Ἀρκαδίας ἐπικούρους (1, 18). ξένης ἀπὸ χθονός Eup. 2, 453 (18). τῆς τρυφερᾶς ἀπὸ Λέσβου σεμνοπότου σταγόνος Antiph. 3, 95 (1, 5). ἰατρός τις Σικελᾶς ἀπὸ γᾶς Epicrat. 3, 371 (1, 27). κούραν (f. κούρα) κασίας ἀπὸ γᾶς ἁγίας Mnesim. 3, 570 (v. 59). τόν-γῆς ἀπ' Ἀτθίδος ἑσμόν Epinici 4, 505. τὰκ τῆς Ἀσίας καὶ τἀπὸ Θρᾴκης λήμματα ἕλκουσι δεῦρο Antiph. 3, 112 (1, 9). τὸ πολλαγόρασσον κἀπὸ πολλῶν *τηλιῶν Pher. 2, 320 (7). ἀπὸ τηγάνου ἀφύας φαγεῖν Pher. 2, 297 (4). δὸς καταφαγεῖν κἀπὸ τηγάνου γόνον Hegemon. 2, 743. ἀπὸ τοῦ ταγήνου τ' εὐθέως ἀφανίζεται (int. ἁλιευτικὴ) Anaxand. 3, 175 (1, 4). σηπίαν ἀπὸ τηγάνου-φαγεῖν Nicostr. (Philetaer.) 3, 281 (4). *ὅσ' ἐστὶν ἀπ' ὀβελίσκων ὀπτανά Sotad. 3, 585 (1, 10). ὀπτῶν ἐπῆγε σωρὸς ἀπὸ τοῦ τηγάνου Diph. 4, 394 (1). δὸς ἀπὸ θερμοῦ τὴν μεγάλην σπάσαι Diph. 4, 381 (1, 8). βοσκόμεθ' ὕλης ἀπὸ παντοδαπῆς Eup. 2, 426 (1, 1). οἶνον πίνειν Ναξίων ἀπ' ἀμπέλων Eup. 2, 525 (2). [πάππος ἀπ' ἀκάνθης Eubul. 3, 255 (1, 19)]. ἀπὸ κρουνῶν τριῶν ὕδατι *περίρραν' Men. 4, 101 (1). ποταμοὶ-ἀπὸ τῶν πηγῶν ῥεύσονται Pher. 2, 316 (1, 5). ἀπὸ τῶν τεγῶν ὀχετοὶ-ὀχετεύσονται ib. (1, 7). κοὐδὲν ἀφ' ὑὸς γίγνεται πλὴν- Plat. 2, 624 (1). ἀπὸ τῶν ὀφθαλμῶν ὑδρορρόαι δύο ῥέουσι μέλανος Eubul. 3, 250 (1, 4). πάντ' ἀγαθὰ γέγονεν ἀνδράσιν ἐμῆς ἀπὸ συνουσίας Theop. 2, 807 (1). ἀπὸ Θηραμένους δέδοικα τὰ τρία ταυτί Aristophan. 2, 1165 (8). ἀπὸ τῶν ἐκείνου καὶ τὰ κυνταίτατα Eubul. 3, 246 (2). περιφανὲς σκῦλον ἀπὸ τῶν πολεμίων Aristophont. 3, 361 (2, 9). τὴν ἀπ' ἄλλων ἐμποδίζεται δόσιν Philem. 4, 57 (72). ἔνεστί τι ἀγαθὸν ἀπ' αὐτῆς, παῖδες Men. 4, 164 (1). ὅσον ἀπὸ ταύτης τῆς τέχνης εἴργασμ' ἐγώ Demetr. 4, 539. ἀπὸ τίνων δογμάτων ὁρμώμενος τολμᾷς παρασιτεῖν; Nicol. 4, 579 (v. 21). τί ποτ' ἀφ' ἑκάστου πράγματος συμβήσεται Amphid. 3, 316 (1, 8). ἀπ' ἀγκύλης-ἵησι λάταγας Cratin 2, 179 (16). τὸν γέροντ'-, ἀφ' οὗ τὸ λίνον ἦν (?) Pher. 2, 312 (4). ἀπὸ τῆς τραπέζης τὸν στήμονα ἅπτεσθ' Herm. 2, 382 (5). ἀπὸ προτέρου (f. ποτέρου)-ἀριθμήσεις Cratin. 2, 130 (20). ῥῖψαι πέτρας ἀπὸ τηλεφανοῦς Men. 4, 158 (1). ἔστιν ἀπὸ τοῦ Πηγάσου τὴν-χίμαιραν εἰσηκοντικώς Epinici 4, 506 (v. 9). ἀπὸ γλώσσης λόγον (int μεθέντα κατασχεῖν) Men. 4, 257 (88). οὗ-ἀπὸ στόματος-ὄζει ἴων- Herm. 2, 410 (2, 7). ἄκαρπος-ἀπὸ ῥίζης κλάδος Men. 4, 274 (182). ἀπὸ τῶν ἐτῶν κλέπτει τις Nicol. 4, 580 (v. 33). εἰ δεκάτην ἐλάμβανες αὐτῶν ἀπὸ τῆς τιμῆς Diph. 4, 390 (2). πῶς τις αὐτόν, πῶς τις ἂν ἀπὸ τοῦ πότου παύσειε-; Cratin. 2, 122 (8). τὸν ἱδρῶτα-ἀπ' ἐμοῦ σπόγγισον Pher. 2, 276 (7). ἐξελθεῖν ἀπὸ τῆς σιπύης Eup. (?) 2, 577 (v. 7). εἴ τις ἀφέλοι τοῦτ' ἀφ' (f. ἄρ') ἡμῶν τὸ μέρος ἀπὸ τοῦ σώματος Alexid. 3, 479 (1). *ἀπὸ Λοξία μυρρίνας τασδὶ λαβών Men. 4, 83 (10). cf. 5, 100. οὐ σοβήσετ' ἔξω τὰς ὄρνιθας ἀφ' ἡμῶν Men. 4, 118 (5). τὸν οἶνον ἄρατ' ἀφ' ἡμῶν Men. 4,

203 (2). ἀπὸ πλειόνων ὀδυνᾶτ', ἐγὼ δ' ἀπ' οὐδενός Men. 4, 157 (2). τὴν αἰτίαν ἔχουσ' ἀπὸ τῶν ἡδυσμάτων Pher. 2, 336 (4). τὰ μὲν πρὸς ὄψιν μαλακῶς ἔχειν ἀπὸ σώματος, κόμῃ τε - *σφρίγει τε - Herm. 2, 402 (1). κατανοεῖς τίς ποτ' ἐστὶν οὑτοσί -; B. ἀπὸ τῆς μὲν ὄψεως Ἑλληνικός Antiph. 3, 17. μηνύει - ἀπὸ τῶν βλεμμάτων καὶ τῶν λόγων Antiph. 3, 139 (12). πάνυ γε διασκοπῶν (libros) ἀπὸ τῶν ἐπιγραμμάτων Alexid. 3, 444 (1, 4). γέρων †ἀπ' ὀργῆς (f. ἀμοργῆς) Λαομέδων καλούμενος Antiph. 3, 40 (1). ἔστι δὲ σκοπεῖν ἀπ' ἀρχῆς πρῶτα μὲν - Anaxil. 3, 347 (1, 8). ᾄδοντα - ἀπ' ἀρίστου τέως Men. 4, 146 (4). ἀφ' οὗ - μορμολυκεῖον ἔγνων Aristophan. 2, 958 (19). ἀφ' οὗ παρασιτῶ Alexid. 3, 474. ἀφ' οὗ τοιοῦτος γέγονεν Men. 4, 244 (34). ἀπὸ τούτου πᾶν τὸ δεῖπνον εὐτρεπές Anaxipp. 4, 459 (v. 13). ἀλεκτρυὼν *ἂν ἀφ' (l. ἐφ') ἑσπέρας ᾄσῃ anon. 4, 612 (40).

ἀποβαδίζω: ἔχουσα γαστέρα μεστὴν βοάκων ἀπεβάδιζον οἴκαδε Aristophan. 2, 1143 (6).

ἀποβαίνω: λέγω τὰς αἰτίας καὶ τἀποβαῖνον Damox. 4, 531 (v. 48). †ἀποβάνθ' v. ἀπόκειμαι. ἀποβήσεται v. ἀποβύω.

ἀποβάλλω: τὸ δόρυ μετὰ τῆς ἐπιχάλκου - ἀπέβαλεν Amips. 2, 708 (3). τὴν ἀσπίδ' ἀποβέβληκεν - τοῦ βίου Nicostr. 3, 289 (5). ναύκληρος ἀποβαλὼν τὸν ἱστόν Diph. 4, 394 (2, 10). ἀλλὰ - *ἀποβάλω τὴν προαίρεσιν; Straton. 4, 546 (v. 33). οὐδενὸς - πώποτε ἀπέβαλεν ὀσπρίου λέπος Alexid. 3, 507 (9). ἕστηκεν ἐν τῷ σπέρματι· ὅταν δ' ἀποβάλῃ τοῦτο, πέτεται κοῦφος ὢν (int. πάππος) Eubul. 3, 255 (1, 21).

ἀποβάπτω: ὅστις ἐν ἅλμῃ - τριχίδων ἀπεβάφθη Aristophan. 2, 1123 (19). περιστερὰς ἀποβεβαμμένας εἰς οὐχὶ ταὐτὸν - τὴν αὐτὴν μύρον Alexid. 3, 410 (1).

ἀπόβασις: †τἀποβάσεις v. ἐναποπατῶ. †ἀπόβασιν ad Aristophan. 2, 1152.

ἀπόβλεμμα: Phryn. 2, 608 (19).

ἀποβλέπω: εἰς τὸ κέρδος μόνον ἀποβλέπουσ' ἀεί (nequitia) Demetr. 2. 878 (2). οὐ προσέχει - οὐδ' ἀποβλέπει εἰς ταῦτα Philem. 4, 23 (1). ἵν' *ἀποβλέπωσι (libr. ἐπιβλέπωσι) πάντες εἰς τὸ *Κρωβύλης πρόσωπον Men. 4, 189 (1, 5).

ἀποβολή: ἔκυπτον οἱ παρόντες ἀποβολῇ (renis) Euphron. 4, 487 (v. 27). μετὰ τὴν ἀποβολὴν τοῦ Κλέωνος anon. (392) 5, 123.

ἀποβροχθίσαι: Aristophan. 2, 1046 (36).

ἀποβρύκω: τῶν κρεῶν ἀπέβρυκον αἰσχρῶς Eubul. 3, 227 (4).

*ἀποβύω: *ἀποβύσεταί σοι - τὰ ῥήματα. B. παρ' Ἀλκιβιάδου τοῦτο *τἀποβύσεται (legeb. ἀποβήσεται et τἀποβήσεται) Aristophan. 2, 1033 (16, 5 s.).

ἀπογαλακτίζω: ὥσπερ τὰ παιδί' αὐτὸν ἀπογαλακτιεῖ Diph. 4, 412 (2).

ἀπογεύομαι: κύων μελετήσας σαρκῶν ἀπογεύεσθαι ex Antiph. 3, 160 (98). ἑκάστου μικρὸν *ἂν ἀπεγεύεθ' Eubul. 3, 227 (4).

ἀπογηράσκω: ἀπογηράσκων ἀηδὴς γίγνεται (homo) Alexid. 3, 512 (15) cf. 5, 92.

ἀπογιγνώσκω: οὐδενὸς χρὴ πράγματος ὅλως ἀπογνῶναι Men. 4, 109 (5a).

ἀπογλάφω: τὸν ἄνδρ' - ἀπεγλαψάμην anon. 4, 628 (96).

ἀπογραφή: τοῦτ' ἔσθ' ἡ τέχνη, οὐκ ἐξ ἀπογραφῆς οὐδὲ δι' ὑπομνημάτων Sotad. 3, 586 (1, 35).

ἀπογράφω: παρὰ τοῖς γυναικονόμοις ἀπογεγράφθαι πάντας μαγείρους Men. 4, 147 (1).

ἀποδάκνω: φῦσκαι κατακρέμανται, τοῖσι πρεσβύταισιν ἀποδάκνειν ὀδάξ; Cratin. 2, 107 (1). ἄρτου δὶς ἢ τρὶς ἀποδακών Aristom. 2, 734 (1).

ἀποδαρθάνω: τὸν ἀηδόνειον ὕπνον † ἀποδαρθέντας (l. ἀποδαρθόντα σε) Nicoch. 2, 846 (3).

ἀποδείκνυμι: φημὶ - πλεῖστα παρέχειν - ἀγαθά· ταῦτα δ' ἀποδείξομεν Eup. 2, 486 (2). ἀπόδειξον ταῦτα τῇ γυναικὶ *σου Men. 4, 185 (3). ἀφεῖλε πᾶν αὐτοῦ τὸ λυποῦν κἀπέδειξεν ἵλεων Ephipp. 3, 328 (1). ἐσθίει - ἕως ἂν ὥσπερ πυρὸν ἀποδείξῃ κενόν (hominem) Anaxilae 3, 353 (1). σφαῖραν ἀπέδειξε τὴν - οὐσίαν Alexid. 3, 427. τὴν λοπάδ' ἀποδέδειχα κόσκινον Alexid. 3, 503 (1, 14). ὁ λιμὸς Φιλιππίδου λεπτότερον ἀποδείξει νεκρόν Men. 4, 180 (4). ταυτὶ δευσοποιὰ - τὰ σπάραγνα ἀποδέδειχεν Diph. 4, 410.

ἀπόδειξις: ἀπόδειξιν δοῦναι Aristonym. 2, 699 (3). τὴν ἀπόδειξιν τῆς τέχνης αἰτῶ σ' ἐγώ Dionys. 3, 551 (1, 4).

ἀποδέκται: anon. (85) 5, 118

ἀπόδεσμος: ἀποδέσμους, ὀλίσβους, σάρδια Aristophan. 2, 1079 (6, 13). τῶν ἀποδέσμων, οἷς ἐνῆν τιτθίδια Aristophan. 2, 1084 (14).

ἀποδημία: ἀποδημίας - τυγχάνειν ἡμᾶς ἀεὶ Alexid. 3, 484 (3, 10).

ἀποδημῶ: ἀπεδημηκότες Herm. 2, 413 (8).

ἀποδιδράσκω: ἀλλὰ χαλκοῦς ὢν ἀπέδρα Cratin 2, 62 (2). τί οὐκ ἐπανεχώρησα - κἀπέδραν; Pher. 2, 279 (4). ἐγὼ δ' ἀπέδραν ἐκεῖνον *Aristophan. 2, 1155 (23). *δευρὶ δ' ἂν οὐκ ἀπέδραμεν Aristophan. 2, 1155 (24). ἀπέδραν μόνος Men. 4, 134 (4). τὸν φρόνιμον ζητοῦντας (p. 502 ζητοῦντες) - ὥσπερ ἀποδεδρακότα Baton. 4, 499 (1, 4) et 502 (v. 15).

ἀποδίδωμι: cf. ἀπόδοσις. ἀποδύω. ἀποδοῦναι πάλιν τὰ χρυσία Pher. 2, 271 (6). εἰ τὴν θάλασσαν ἀποδώσεις ἑκὼν Plat. 2, 621 (3). ἀποδοῦναι δ' ὅσα ἔχομεν ἀλλήλων Archipp. 2, 719 (2). μὴ σύγε δῷς, ἀλλ' ἀπόδος Anaxil. 3, 342. ἐγὼ δέδωκα -; Β. οὐκ ἀλλ' ἀπέδωκας Alexid. 3, 385. οὐ δεδώκαμεν. Α. τί *δαί; Β. ἀπεδώκαμεν Alexid. 3, 479. ὃν αὐτὸς ἀπέλαβον παρὰ τοῦ πατρός, δεῖ τοῦτον (i. e. ἔρανον) ἀποδοῦναί με σοί Alexid. 3, 522 (47). τοὺς ἓξ ἀποδοὺς τοὺς πέντε χαλκοῦς ἀπόλαβε Philem. 4, 24 (2). λαβὼν ἀπόδος mon. 317. παιδευθεὶς εὖ τὸν καρπὸν εὐθὺς ἀπεδίδου χάριτος καλόν Men. 4, 176 (1). τὸ δὲ ληφθὲν καθ' ὥραν ἀποδίδωσι τὴν χάριν Damox. 4, 531 (v. 24). *ἀπέδωχ' (ager) ὅσας ἂν καταβάλω (int. κριθάς) Men. 4, 97 (4). ὁ δὲ (i. e. ager) λαμβάνει μέν, ἀποδίδωσι δ' οὐδὲ ἓν anon. 4, 691 (350). ἀπέδωκεν οὐδ' ὅλους τρισκαίδεκα (modios) ibid. ἂν δ' αὐτὸν δέῃ κέρματ' ἀποδοῦναι Diph. 4, 407 (1, 18). παραλαβόντ' ὄψον - ἀποδοῦναι σκευάσαντα μουσικῶς Nicomachi 4, 583 (v. 9). ἑφθὸν τὸν ἰχθὺν ἀποδίδωμ' Arched. 4, 436 (1, 8). ἀποδοὺς *ὅσ' ἐστὶν ἀπ' ὀβελίσκων ὀπτανά Sotad. 3, 585 (1, 10). τοῖσιν ἑστιωμένοις τὸν καιρὸν ἀποδίδωμι τῆς συγκράσεως Alexid. 3, 464 (2, 10). ὅταν ἡ φύσις ἀποδῷ τι σεμνόν Men. 4, 177 (1). τὸν κάραβον πρὸς τὰς μαινίδας ἀπόδος Antiph. 3, 12 (1, 6). ἀποδόσθαι: μύρφ - οὗπερ ἀπέδοτο ἐχθὲς Μελανώπῳ Anaxand. 3, 190 (2). ἄν τ' οἶνον ἄν τε φανὸν ἀποδῶταί τινι ἄν τ' ὄξος Nicostr. 3, 286. ἐρίν' ἀπέδοτο σῦκα πωλεῖν ὀμνύων Alexid. 3, 437 (1). ὅστις ἂν ἰχθύν - ἀποδῶτ' ἐλάττονος ἧς εἶπε τιμῆς Alexid. 3, 438 (3, 4). τὰ δ' Ἴσθμι' ἀποδοίμην ἂν - ὅσου - anon. 4, 673 (296).

ἀποδικεῖν: Antiph. 3, 159 (88).

ἀποδιώκω: ἀεὶ τὸ λυποῦν ἀποδίωκε τοῦ βίου Men. 4, 194 (10) cf. mon. 3 ubi ἐκδίωκε.

ἀποδοκιμάζω: αἱρουμένους πραγμάτων ἐπιστάτας ἀποδοκιμάζειν Archipp. 2, 720 (3). τίς ἥρως ἀποδοκιμάζει τὴν τοιαύτην διατριβήν; Timocl. 3, 595 (v. 12).

ἀπόδοσις: †βραχεῖαν ἀπόδοσιν ἐγκαταστρέφει (f. βρ. ἀπόδος· ἐγκαταστρέφου) Antiph. 3, 136 (7). λόγος εὐχάριστος ἀπόδοσις καλή mon. 611.
ἀποδύρομαι: ἀποδύρασθαί τι μὴ γελώμενον Men. 4, 236 (13).
ἀποδύω: †ἀπέλυσε (l. ἀπέδυσε) κἀνέλυσε χορδαῖς δώδεκα (musicam) Pher. 2, 327 (1, 25) cf. 334 (1, 28). ἐὰν *πένητα γυμνὸν ἐνδύσῃς-μᾶλλον ἀπέδυσας αὐτόν, *ἂν ὀνειδίσῃς Philem. 4, 59 (83). ἄθῷος *ἀποδὺς (libr. ἀποδοὺς) θοἰμάτιον ἀπέρχεται Archipp. 2, 726 (1). *ἀποδύντ' ἐς (libr. ἀποδόντες) τὸ δεῖπνον ἀπιέναι Timoth. 3, 589. ἀπόδυθι ταχέως anon. 4, 609 (19).
ἀποζέω: οἶνον τὸν νέον-καὶ τὸν ἄνδρ' ἀποζέσαι ἀφυβρίσαι τ' Alexid. 3, 405 (6, 3). ἀποζέσας σίλουρον ἢ λεβίαν Diph. 4, 381 (1, 9). ἀποζέσας, ἔλαιον ἐπιχέας, ἅλας δοὺς Euphron. 4, 494 (1, 9).
ἀποθεῶ: Γανυμήδης ἀποθεούμενος Nicol. 4, 580 (v. 35).
ἀποθλίβω: τὰ κράσπεδ' ἀποθλίβοντα (int. μειράκια) Diph. 4, 395 (2, 30).
ἀποθνήσκω: πολὺν χρόνον βιοὺς ἀπέθανεν εὐδαίμων ἀνὴρ Phryn. 2, 592 (1). *ἦν ἀποθάνῃ εἴς τις πονηρός, δύ' ἀνέφυσαν ῥήτορες Plat. 2, 680 (4). †ἀωρὶ θανάτῳ ἀπέθανεν Aristophan. 2, 1207 (139). *οὐδεὶς πώποτε ἀπέθαν' ἀποθανεῖν πρόθυμος ὢν Antiph. 3, 47 (2). ἐπεὶ-ἀποθνήσκειν ἀνάγκη γίγνεται, τὸ προῖκ' ἀποθανεῖν ἐστὶ φανερὰ ζημία Antiph. 3, 150 (48). ἕνεκα τοῦ ζῆν ἔρχετ' ἀποθανούμενος ib. (49). καλόν γ' ἀποθανεῖν πρὶν θανάτου δρᾶν ἄξιον Anaxand. 3, 200 (18). *ἀθάνατος ὁ θάνατός ἐστιν, ἂν ἅπαξ τις ἀποθάνῃ Amphid. 3, 303. εἰ πάντες ἀποθανούμεθ' οἷς μὴ γίγνεται ἃ βουλόμεσθα, πάντες ἀποθανούμεθα Philem. 4, 21 (3). ἀπέθαν', ἄνθρωπος γὰρ ἦν Philem. 4, 34 (5). βροτοῖς ἀποθανεῖν ὀφείλεται mon. 69. ἐμφύντ' ἀποθανεῖν anon 4, 673 (298). ὃν οἱ θεοὶ φιλοῦσιν ἀποθνήσκει νέος Men. 4, 105 (4). cf. mon. 425. τὸν μὴ δυνάμενον ζῆν ἀλύπως ἀποθανεῖν Men. 4, 75 (5). ἡδύ τ' ἀποθνήσκειν ὅτῳ μὴ ζῆν πάρεσθ' Men. 4, 288 (245). *γενόμενον πατέρα παίδων ἀποθανεῖν Men. 4, 117 (4). ἐπὰν ἀποθάνῃς αὖθις ἐξ ἀρχῆς ἔσει Men. 4, 134 (2). *ἀποθανεῖ καὶ ταῦτα (an πάντα?) καταλείψεις τισίν Men. 4, 156 (1). γυναικὶ ἕν τι πιστεύω μόνον, ἐπὰν ἀποθάνῃ μὴ βιώσεσθαι πάλιν, τὰ δ' ἄλλ' ἀπιστῶ πάνθ' ἕως ἂν ἀποθάνῃ Antiph. 3, 151 (54). ἀτυχοῦντι συμπαρέμεινεν, ἀποθανόντα τε ἔθαψε (uxor) Men. 4, 164 (1). τὸν Ἄδωνιν ἀποθανόντα προὔθηκεν Κύπρις Eubul. 3, 210. οὐχὶ Λαΐς-τελευτῶσ' ἀπέθανεν βινουμένη-; Philetaer. 3, 294 (1, 4). ἀποθανεῖν βινοῦνθ' ἅμα, ὥσπερ λέγουσιν ἀποθανεῖν Φορμίσιον Philetaer. 3, 295 (2). καλόν γ' *ἐστ' ἀποθανεῖν αὐλούμενον Philetaer. 3, 299. ἐλεύθερον πιοῦσαν οἶνον ἀποθανεῖν Xenarch. 3, 620 (2). ὑπὲρ πάτρας ἀποθνήσκειν et ὑπὲρ μήτρας ἐφθῆς ἀποθανεῖν Alexid. 3, 473. εἰ μὴ καθήγιζέν τις ἅμα τὴν ἔγχελυν, ἵνα Καλλιμέδων ἀπέθανεν Men. 4, 164 (1, 14). ἀποκτείνειν μὲν ἀποθνήσκειν δὲ μὴ (medico et caussidico solis licere) Philem. min. 4, 68 (3). †νόσον σώζων αὐτὸς ἀποθνήσκει νοσῶν Men. 4, 270 (161). πιὼν τιν' ἅλμην ἀπέθανεν Anaxipp. 4, 459 (v. 17). τῷ μὴ-ἀποχρῆν ἀποθανεῖν αὐτοῖς (i. e. piscibus) ἁλοῦσιν Antiph. 3, 87 (2).
ἀποθύω: ἀποθύει-εὐχὴν Diph. 4, 394 (2, 10).
ἀποίητος: νῦν ἔτι ἀποίητα πάμπολλ' ἐστὶν ἡμῖν Men. 4, 103 (1).
ἀποικία: οὐκ *ἀπολιβάξεις εἰς ἀποικίαν τινά; Eup. 2, 518 (28b). ἆρ' ἔνδον ἀνδρῶν κεστρέων ἀποικία; Aristophan. 2, 1007 (4).
ἀποινήσαντα v. ἀπανθῶ.
ἀποινῶ: τί καλοῦσιν *ἀποινᾶν; (al. *ὀπυίειν; libr. εὖ ποιεῖν;) Aristophan. 2, 1031 (15, 4).
ἀποκαθεύδω: ἀποκαθεύδουσιν Eup. 2, 576 (138).

ἀποκαίω: *ἀπέκαυσεν ἡ πάχνη τὰς ἀμπέλους* Philippid. 4, 475 (2).

ἀποκαλῶ: *Τιθύμαλλον - καὶ παράσιτον ἀποκαλῶν* Timocl. 3, 605.

ἀποκαρτερῶ: *μᾶλλον - θέλειν ἀποκαρτερεῖν ἢ ταῦτ' ἀκούων καρτερεῖν* anon. (5, 52) 2, 746 (2, 11). *οὐκ ἀπεκαρτέρησε γάρ - ἀλλ' ἐκαρτέρησ'* Timocl. 3, 604.

ἀπόκειμαι: *ἀποκεῖσθαι πόρρω* Cratin. 2, 190 (46). *†κοίτας τὰς ἐν ἐμοὶ ἀποβάνθ'* (f. *κοίταις ἐν ἐμαῖσιν ἀπόκειθ'*) Pher. 2, 312 (5). *ἀποκεῖσθαι ἕωλον ἔνδον ἀργύριον* Philetaer. 3, 295 (2, 9).

ἀποκείρω: *'ἀποκαρτέον* Eup. 2, 573 (97).

ἀποκηρύττω: *οὐ θᾶττον αὐτὴν - τῶν τοξοτῶν ἄγων ἀποκηρύξει τις* Eup. 2, 531 (12). *ἀπεκήρυξεν αὐτὴν ἀγαγών* Men. 4, 391 (317). *σκευάρια - *ἀπεκήρυξ' ἐκφέρων* Plat. 2, 657 (4).

ἀποκινδυνεύω: *ἐλθὼν ἀπεκινδύνευσεν ἡμέραν μίαν* Antiph. 3, 66.

†ἀποκινναβευμάτων v. 2, 1201 (106) cf. 5, 70.

ἀπόκινος saltationis genus: Cratin. 2, 86 (13). Cephisod. 2, 883 (2) Aristophan. 2, 1058 (10).

ἀποκλείω: *τῆς θύρας ἀπεκλειόμην* Timocl. 3, 607 (1). *ἀδικοῦσαν, ἀποκλείουσαν, αἰτοῦσαν πυκνά* Men. 4, 131 (1).

ἀποκληρῶ: *εἰς τὰς θυσίας ταύτας παρασίτους τῷ θεῷ οὐ πώποτ' ἀπεκλήρωσεν* Diodor. 3, 544 (v. 26).

ἀποκλῶ: *σκάψαι *κἀποκλάσαι* Aristophan. 2, 987 (8).

ἀποκναίω: *ἀποκναίσειεν ἂν *κἂν ὁστισοῦν μου λαβόμενος τοῦ δέρματος* Antiph. 3, 137 (9). *σύ μ' ἀποκναίεις περιπατῶν* Men. 4, 172 (10).

ἀποκνίζω: *τούτων* (i. e. pisciculorum) *ἀποκνίσας τὰ κρανία* Sotad. 3, 586 (1, 23).

ἀποκοιμῶμαι: *ἀπεκοιμᾶτ' ἂν ἐν Λακεδαίμονι* Eup. 2, 512 (10).

ἀποκόπτω: *λεπάδας - πετρῶν ἀποκόπτοντες* Herm. 2, 390 (5). *ἀποκόψαντες αὐτοῦ τὰ πτερά* Aristophont. 3, 361 (2, 5).

ἀποκραιπαλῶ: *σχεδὸν ἀπεκραιπάλα τὰ πλεῖστα* Theognet. 4, 550.

ἀποκρίνω: *πρώτιστ' ἀποκρίνετε **τὸ νομιζόμενον *** Pher. 2, 261 (1).

ἀποκρίνομαι: *ὑμῖν *πάντ' ἀποκρινοῦμαι πρὸς τὰ κατηγορούμενα* Eup. 2, 510 (6) cf. 5, 38. *κἂν μὲν σιωπῶ - *ἐὰν δέ γ' ἀποκριθῶ -* Pher. 2, 275 (4). *ὁ δ' ἀποκρινεῖται, κἂν ἐγὼ λέγοιμί σοι* Men. 4, 144 (4). *ὡς μηδὲν ἀποκρινουμένῳ λαλεῖν* Men. 4, 215 (12). *οὗτος ἀποκρίνετ', ἂν ἐρωτήσῃς πόσου ὁ λάβραξ, δέκ' ὀβολῶν* Diph. 4, 407 (1, 9).

†ἀποκριπάμενος Cratin. 2, 191 (47).

ἀπόκρισις: *λαβεῖν ἀπόκρισιν *(ὧν) ἂν ἐπερωτᾷ τις* Amphid. 3, 312 (1). *ἡ σιωπὴ τοῖς σοφοῖς ἐστ' ἀπόκρισις* mon. 222.

ἀποκρύπτω: *τοὺς ἀποκρυπτομένους καὶ *πράττειν μετρίως φάσκοντας* Alexid. 3, 507 (8).

ἀποκτείνω: *τῶν τετραπόδων οὐδὲν ἀποκτείνειν ἔδει - τὸ λοιπόν* Plat. 2, 624 (1) cf. 5, 43. *βοιδαρίων τις ἀπέκτεινε ζεῦγος* Aristophan. 2, 982 (27). *τὸν αἰέλουρον - ἥδιστ' ἀποκτείνας δέρω* Anaxand. 3, 181 (v. 13). *κύνας κατεσθίει - Α. ἀποκτείνας *μὲν οὖν* Alexid. 3, 483 (1, 5). *Ἡράκλεις ἀποκτενεῖς *ἄρά μ'* Antiph. 3, 26 (1, 5). *ὅτι μανεὶς ἀπέκτονεν τὴν μητέρ'* (Alcmaeo) Antiph. 3, 106 (v. 10). *ἀποκτείνειν μὲν ἀποθνήσκειν δὲ μή* (medicis et caussidicis licere) Philem. min. 4, 68 (3). **μισοῦσι μὲν Θράσων', ἀπεκτάγκασι δ' οὔ* Men. 4, 173 (13).

ἀποκτίννυμι: *ἀποκτίννυσι ταῖς ἀπειλαῖς* Cratin 2, 29 (3).

ἀπολαγχάνω: *ὁ σὸς ἀδελφὸς οὐ ἀπελάγχανον* (f. *ἀπελάγχανον* 5, 67). Aristophan. 2, 1151 (7).

ἀπολαμβάνω: cf. *ἀπολαύω*. *πάντα τὰ παρὰ τοῦ πατρὸς ἀπέλαβεν ὥσπερ ἔλαβεν* Antiph. 3, 92 (2). *ἀπόλαβε. Β. τοῦτο δ' ἐστὶ τί;* Alexid.

3, 478. ὃν αὐτὸς ἀπέλαβον παρὰ τοῦ πατρός (int. ἔρανον) Alexid. 3, 522 (47). χαλκοῦ μέρος δωδέκατον οὐκ ἂν ἀπολάβοις Alexid. 3, 389 (1, 2). τοὺς ἓξ ἀποδοὺς τοὺς πέντε χαλκοῦς ἀπόλαβε Philem. 4, 24 (2). ἐγκωμιάζων τοῦτον ἀπέλαβον χάριν Axionici 3, 534 (1, 13). ἀπείλημμαι μόνος Men. 4, 155 (7).

ἀπολάπτω: v. ἀπολαύω.

ἀπολαύω: τοσοῦτον εὐερίας *ἀπολέλαυχ' Plat. 2, 671 (5). ἀπολαύειν ἰχθύων ἀληθινῶν Amphid. 3, 311. ἀπολαῦσαι θύμων λαχάνων τε Aristophont. 3, 361 (1, 3). ἀπόλαυε τοῦ ζωμοῦ, *ῥόφει Antiph. 3, 22. ἀπέλαυσα πολλῶν καὶ καλῶν ἐδεσμάτων Antiph. 3, 44 (1). πάντων ἀπολαύσας τῶν παρατεθέντων Diodor. 3, 544 (v. 19). ἀπολαύοντα μηδὲν ὧν ἔχει Antiph. 3, 153 (61 a) = Men. 4, 256 (81). *(εἰ γὰρ) ὁ δεσπότης αὐτὸς ἀπολαύει (f. ἀπολάπτει) πάντα Men. 4, 250 (53). ἐᾶν ἀπολαύειν τοῦτον ἤδη τὸν βίον Diph. 4, 388 (1, 6). ὃς ἀπολαύειν βούλεθ' ὧν ἀπολείπεται Men. 4, 220 (3). *ὑμεῖς δ' ἀπολαύειν (legeb. ἀπολαβεῖν) ὧν ἔχουσιν (senes) anon. 4, 692 (351). ἀπέλαυσαν - σέβοντες ὑμᾶς Aristophan. 2, 1171 (1, 14).

ἀπολείβω: v. ἀπολείπω.

ἀπολείπω: ἀπέλιπεν ἡ γυνὴ τὸν ἄνδρα ex Men. 4, 317 (427). *ἴχνη ὥραν *ἀπολείβει (legeb. ἀπολείπειν) καὶ τρυφήν anon. 4, 612 (39). ὃς ἀπολαύειν βούλεθ' ὧν ἀπολείπεται διὰ τὸν χρόνον Men. 4, 220 (3).

Ἀπόληξις: Plat. 2, 664 (14).

ἀπολιβάζω: οὐκ ἀπολιβάζω (an ἀπολιβάξεις-;) τριγώνους Pher. 2, 272 (8). οὐκ ἀπολιβάζεις (l. ἀπολιβάξεις) εἰς ἀποικίαν τινά; Eup. 2, 518 (28).

†Ἀπολλόδωρε v. Ἀπόλλων.

ἀπόλλυμι: cf. ἐξόλλυμι. ὁ καδίσκος - ὁ - ἀπολλύς Phryn. 2, 593 (2). ζητῶν πρὸς ἐμαυτὸν τί ταχέως ἀπολλύει Men. 4, 231 (7). προὔπινεν αὐτοῖς ἀθλίους (an -ως) ἀπολλύων Men. 4, 220 (2). διανοεῖ μ' ἀπολλύναι; Straton 4, 546 (v. 30). οἴμ' ὡς ἀπολεῖς μ' Pher. 2, 300 (1, 20). ἀπολεῖ μ' οὑτοσί (interrogando) Antiph. 3, 130 (v. 8). Alexid. 3, 464 (2, 15). ἄνθρωπ', ἀπολεῖς με Theognet. 4, 549. ἀπολεῖ με τὸ γένος (commemoratio generis) Men. 4, 229 (4). ἐφ' ᾧ φρονεῖς μέγιστον ἀπολεῖ τοῦτό σε Men. 4, 114 (3). Κινησίας †δὲ - ἀπολώλεκέ μ' (f. δέ μ' - ἀπολώλεχ' 2, 334) οὕτως - Pher. 2, 327 (1, 10). ταῦτά *σ' ἀπολώλεχ' ὦ πονηρέ Men. 4, 307 (349). ἀπολώλεκας τὸ μειράκιόν μου παραλαβών Baton 4, 502 (v. 1). ταῦτα πάντα συντριαινῶν ἀπολέσω Plat. 2, 621 (2). ὅσα Ποσειδῶν ἀπολέσαι Antiph. 3, 108. ἡ τοῦ σωτῆρος Διὸς - ἀπώλεσε *ναύτην Xenarch. 3, 616 (1). πολλοὺς ὁ πόλεμος ἀπώλεσεν mon. 443. πολλῶν ἰατρῶν εἴσοδός μ' ἀπώλεσεν mon. 699. ἅττ' ἔχω ταῦτ' *ἐς ταρίχους ἀπολέσω Plat. 2, 633 (7) cf. 5, 44. ἀπολεῖς τὰ μείζονα mon. 172. τῆς πενίας ὅπλον παρρησία - ταύτην ἐάν τις ἀπολέσῃ Nicostr. 3, 289 (5). ἐὰν τὸν τῆς τύχης καιρὸν δ' ἀπολέσῃς Dionys. 3, 548 (v. 35). ἅπαντα τἀκ τῆς οἰκίας ἀπώλεσεν Philem. 4, 44 (29b). ὁ προσδιατρίβων δ' *ἐκοπίασεν ἀπολέσας (int. ἐφόδια) Men. 4, 212 (2, 13). σὺ δ' οὔθ' ὑπερβάλλοντα - ἀπώλεσας ἀγαθά Men. 4, 227 (2). οὐδεὶς πώποτε ταύτην (i. e. σοφίαν) λαβὼν ἀπώλεσ' Theognet. 4, 549. ἄχθομαι δ' ἀπολωλεκὼς ἀλεκτρυόνα Theop. 2, 795 (3). τοῦ βίου τὸν ἥμισυν ἀπολωλεκέναι Alexid. 3, 510 (11). τὴν αἰσχύνην πᾶσαν ἀπολωλέκασι Apollod. 4, 454 (1, 9). ἀπόλλυμαι: ἄκουε - Πείσανδρος ὡς ἀπόλλυται Eup. 2, 501 (6). τὰ δ' ἀντιτείνονθ' (int. δένδρα) - αὐτόπρεμν' ἀπόλλυται Antiph. 3, 138 (10, 7). κατεδήδοκεν τὸ κρανίον - ἐγὼ δ' ἀπόλλυμαι Anaxil. 3, 347. ἀπόλλυμαι. τρέφω γὰρ ἐν ἀγρῷ χωρίον Anaxil. 3, 346 (3). ἀπόλλυμαι κατὰ μυὸς ὄλεθρον Philem. 4, 64 (118). ἀπόλλυμ' ὑπὸ τῶν ἐνυπνίων anon. 4, 669 (286). τὸ περίκομμ' ἀπόλλυται Alexid. 3, 466 (4). "χρήματ' ἐστὶν ἡμῖν." ἅ γε τάχιστ' ἀπόλλυται Philem. 4, 30 (1, 6). οὐ τῶν τριάκοντ' οὐκ ἀπόλλυται τρία πλοιάρια Men. 4, 88 (1). ἀνδρὸς δικαίου καρπὸς οὐκ ἀπόλλυται mon. 27. οὐδὲν κακὸν - ῥαδίως ἀπόλλυται anon. 4, 666 (271). εἴ τι χρηστὸν ἀγοράσαιμ' ἀπωλλύμην Arched. 4, 437 (2, 10). οἱ κακῶς ἀπολούμενοι Pher. 2, 263 (3). τοῖς ἰχθυοπώλαις τοῖς κακῶς ἀπολουμένοις Antiph. 3, 87 (v. 5). τοὺς ἰχθυοπώλας τοὺς κάκιστ' ἀπολουμένους Alexid. 3, 391 (2). ταῖς κάκιστ' ἀπολουμέναις Antiph. 3, 108. ἐν ταῖς θριδακίναις ταῖς κάκιστ' ἀπολουμέναις Amphid. 3, 308 (1). κάλει ὀψάριον. ἥδιον γὰρ ἀπολοῦμαι πολύ Mnesim. 3, 568. ὁ μῦθος ἀπώλετο Cratin. 2, 52 (12). Cratet. 2, 241 (4). χρηστὰ *λέγων ἀπωλόμην Phryn. 2, 581 (2). δίκῃ τις περιπεσὼν ἀπώλετο Antiph. 3, 116 (1, 4). ὁ Πολυνείκης πῶς ἀπώλετ' Men. 4, 175 (3). *οἶκος ἐν ᾧ τὰ πάντα πρωτεύει γυνή οὐκ ἔστιν *ὅστις πώποτ' οὐκ ἀπώλετο Men. 4, 213 (4). οὐχ ὅθεν ἀπωλόμεσθα σωθείημεν ἄν; Men. 4, 295 (292). ἔα μ' ἀπολέσθαι anon. 4, 670 (290). νὴ Δί' ἀπολοίμην ἄρα Eubul. 3, 260 (2, 7). *ἐνθένδ' ἀποφυγὼν οὐκ ἂν ἀπολοίμην ποτέ Men. 4, 83 (9). κακὸς κακῶς ἀπόλοιθ' ὅστις - Eubul. 3, 260 (1). ἐξώλης ἀπόλοιθ' ὅστις ποτέ - Men. 4, 114 (1). ἀπόλωλα Aristophan. 2, 1042 (28). οὐκ ἔτ' ὄψομαι, *ἀπόλωλ' Philem. 4, 34 (5). εἴ σε λήψομαι νῦν μὴ κατεσθίοντα καὶ τοὺς ἄνθρακας, ἀπόλωλας Euphron. 4, 493 (v. 15). τὸ λακκαῖον ὕδωρ ἀπόλωλε Anaxil. 3, 341 (2). πῶς οὖν ἕτερος ταύτην ἔχων οὐδὲν πέπονθεν - ἕτερος δ' ἀπόλωλε; Men. 4, 236 (14).

Ἀπόλλων: Ἄπολλον Anaxand. 3, 161 (1). Eubul. 3, 247 (1, 4). Amphid. 3, 316 (2). Alexid. 3, 440 (5, 13). 464 (2, 6). Theophil. 3, 629 (1). Men. 4, 170 (6). Men. 4, 191 (2). Men. 4, 215 (9). Sosip. 4, 483 (v. 24). Damox. 4, 531 (v. 52). ἄναξ Ἄπολλον Cratin. 2, 119 (7). *Ἄπολλον Ὦρε (libr. Ἀπολλόδωρε) καὶ Σαβάζιε Theophil. 3, 629 (1). πρὸς Ἀπόλλωνος Pher. 2, 270 (2). *(ναὶ μὰ) τὸν Ἀπόλλω *τουτονὶ καὶ τὰς θύρας Men. 4, 281 (212). οὐδ' ἂν ἀπόλλων μάθοι Antiph. 3, 64 (1, 15). αὐλούσας Ἀπόλλωνος νόμον Epicrat. 3, 365 (1, 2). de oraculis Apollinis Aristophan. 2, 1074 (19). Apollinis Delii (al. cassii) ara Men. 4, 83 (10).

ἀπολογίζω: v. ἀπολοπίζω. χοίνικας εἴκοσ' ἀπολογίζεται Aristophan. 2, 1139 (7).

ἀπολογοῦμαι: πρὸς ὑμᾶς ἀπολογήσομαι, ὅτι *παθόντες - λέγετε Eup. 2, 546 (1, 2). ἀπολογηθῆναι Alexid. 3, 388 (2).

ἀπολοπίζω: ἐγὼ δ' *ἀπολοπίζειν (legeb. ἀπολογίζειν) τε κἀτ' ἐπ' ἀνθράκων Aristophan. 2, 999 (14). κἂν οὕτω τύχῃ Εὔθυνος - *ἀπολοπίζων (legeb. γιζ.) Antiph. 3, 70 (1).

ἀπολύω: cf. ἀναπαύω. ἀποδύω. ὁ καδίσκος ὁ - ἀπολύων Phryn. 2, 593 (2). τοῦ θηριώδους βίου ἡμᾶς ἀπολύσασα καὶ τῆς ἀλληλοφαγίας Athenion. 4, 557 (v. 5). *ὄστρεια - ἔλαβον ἐχίνους τ'· τούτων δ' ἀπολυθεὶς - ἐπριάμην γλαῦκον Alexid. 3, 429 (1, 5).

*ἀπόμακτρ' ἀπεσκοτωμένα Aristophan. 2, 1205 (132).

ἀπόμισθος: λευκή με θρὶξ ἀπόμισθον ἐντεῦθεν ποιεῖ anon. 4, 674 (301).

ἀπομύζουρις: anon. 4, 631 (107).

ἀπομυθοῦμαι: ἀπεμυθήσω Stratt. 2, 791 (14).

ἀπομύττομαι: ἀπεμύττετο (? 5, 23) Cratin. 2, 209 (98). γέρων *ἀπεμέμυκτ' Men. 4, 215 (13).

ἀπονέμω: τοῖς ἥρωσι τὰ ψαίστ' ἀπονέμων Antiph. 3, 118.

ἀπονίζω: † ἀπονίψεις v. ἐναπονίζω. ἀπονίζων τὴν κύλικα Pher. 2, 270 (4). κἀπονίψει κατὰ τρόπον τὰς χεῖρας Antiph. 3, 21. φέρειν ἀπο-

νίψασθαι Antiph. 3, 74 (1). ἀπονίψασθαι δοτίον Alexid. 3, 498. νίμματα ἐπέχει τις, ἀπενιζόμεθα Dromon. 3, 541 (2).
ἀπόνιπτρον: v. ποδάνιπτρον.
ἀπόνοια: λιμός, ἀπόνοια, τόλμα Nicol. 4, 580 (v. 43).
ἀπονυχίζειν: Men. 4, 329 (489).
ἀπόνως: τάριχος ἐλεφάντινον- ἀπόνως παραβεβλημένον Aristophan. 2, 1085 (15, 3).
ἀποξηραίνω: τὰ *κρεάδι' ἔσται τ' οὐκ ἀπεξηραμμένα Alexid. 3, 440 (5, 11).
ἀποπαρδακᾶ (f. ἀποπάρδακα) anon. 4, 631 (109).
ἀποπάτημα: ἀποπάτημ' (al. ἀποτράγημ') ἀλώπεκος Eup. 2, 542 (15).
ἀποπέμπω: ἀπόπεμψον-τὸν περιστερόν Pher. 2, 266 (2). ἀπέπεμψ' ὁ κατάρατος δοὺς ὕδωρ Nicostr. 3, 286. θᾶττον ἀποπέμψουσι τοὺς ὠνουμένους Alexid. 3, 439 (4, 18). ἀπέπεμψε-ὁ ἀνὴρ τὴν γυναῖκα ex Men. 4, 317 (427). εὐφράνας ἡμᾶς ἀπόπεμπ' (an ἀπέπεμπ') anon. 4, 650 (185).
ἀποπέρδομαι: ὁ δ' ἠσκάριζε κἀπέπαρδεν Cratin. 2, 33 (4). ἐπεὶ δ' ἀποπάρδοι μετά τινος κατακείμενος Diodor. 3, 545 (v. 38).
ἀπόπλανος: κυκᾶν τοῖς ἀποπλάνοις Cratin. min. 3, 376.
ἀποπλέω: *ἀποπλευστέ' οὖν (vulg. ἀπέπλεις τεόν) ἐπὶ τὸν νυμφίον Aristophan. 2, 997 (7).
ἀπόπληκτος: ὥσπερ ἀπόπληκτοι στάδην ἑστῶτες Plat. 2, 659 (1). ἔνδον κάθητ' ἀπόπληκτος Amphid. 3, 310 (1). τί οὖν, ἀπόπληκτε, περιπλοκὰς λέγεις; Straton. 4, 546 (v. 35).
ἀποπνίγω: τὸν Κερκύονα-ἀπέπνιξα Cratin. 2, 48 (8). γάρῳ βάπτοντες ἀποπνίξουσί με Plat. 2, 686 (17). ἀποπνίξεις-με-λαλῶν (?) Antiph. 3, 93. ἵν' ὥσπερ οἱ μύκητες ἀποπνίξαιμί σε Ephipp. 3, 340 (5). ἀποπνῖξαι βρόχος (int. εἰμί) Antiph. 3, 110 (v. 5). δύ' ἀποπνίξασ' ἑταίρους Anaxil. 3, 348 (1, 16). ἐπὰν ἴδω-ἀποπνίγομαι Alexid. 3, 391 (2). τρώγων ἐρεβίνθους ἀπεπνίγη Pher. 2, 341 (2). ἀλλ' οὐκ ἀπεπνίγη καταφαγών Alexid. 3, 507 (9).
ἀποπροσωπίζομαι: ἀποπροσωπίζεσθε κυάμοις Pher. 2, 259 (9).
ἀποπυρίας: ἀποπυρίαν ἔχω *ζυμίταν Cratin. 2, 74 (3).
ἀπορησία: Eubul. 3, 271 (22).
ἀπόρθητος: οὐκ ἐφύσων οἱ Λάκωνες ὡς ἀπόρθητοί ποτε-; Antiph. 3, 63.
ἀπορία: τῆς ἀπορίας οὐκ ἔχει σωτηρίαν Philem. 4, 31 (1, 12). κἂν ταῖς ἀπορίαις ἔσθ' ὁ χρηστὸς χρήσιμος Men. 4, 327 (479). ὑπὸ τῶν κακῶν καὶ τῆς ἀπορίας Alexid. 3, 495 (1).
ἄπορος: ἀπόρῳ συγκαταγηράσκει βίῳ Men. 4, 149 (1). εὐπόρους, ἐν τοῖς ἀπόροις βλέποντας (f. εὐπόρους ἐν τοῖς ἀπόροις, βλ. 5, 91). Alexid. 3, 490 (2).
ἀπορραίω: *ἀπορραίσας (cod. ἐπιρρασας an ἐπιρράνας?) λυχνοῦχον Aristophan. 2. 1059 (4).
ἀπορρέξαντες anon. 4, 651 (190).
ἀπορρήγνυμι: τὸ πεῖσμ' ἀπορρήξασα (femina ut ἄκατος) Theophil. 3, 628 (1). *τὸν ἱμάντα τῆς ἐμβάδος ἀπέρρηξ' (libr. διέρρηξα) Men. 4, 101 (2). ἀπερρώγειν ὁ πούς anon. 4, 609 (27[e]).
ἀπόρρητος: ἀπόρρητα Pher. 2, 321 (8). τἀπόρρητα δρᾶν *ἐπημέλει Aristophan. 2, 1191 (65).
ἀπόρρους: αἰγῶν ἀπόρρουν θρόμβον Antiph. 3, 27 (1, 8).
ἀπορῶ: ἀπορεῖν καὶ σφακελίζειν Cratin. 2, 191 (48). ἦν δ' ἀπορῇς, ἀνιηρόν Plat. (?) 2, 697 (v. 5). ἀγορὰν ἰδεῖν εὔοψον-ἂν ἀπορῇ τις ἀθλιώτατον Timocl. 3, 597. κύαθον κλέψας ἀπορῶν κεῖται Stratt. 2, 785

(3). *τί τοῦτον ἀπορήσαντ' ἂν οὐκ οἴει ποιεῖν;* Antiph. 3, 153 (60, 7) cf. 5, 79. *ἀπορεῖ τὰ πλεῖστα διὰ τέλους* Philem. 4, 33 (4, 4). *ἀπορεῖν πεποίηκε διὰ τί τοῦθ' οὕτως ἔχει* Alexid. 3, 468 (1). *τί ἐστι τοῦτο; Α. τί ἀπορεῖς;* Eubul. 3, 254 (1, 5). ἀπορουμαι: *ὅταν - ἀπορῆταί τις -* Antiph. 3, 66. *ἀπορούμενος - τἄλλα πρὸς τοῦτ' εὐπορεῖ* Alexid. 3, 414 (1). *ἀπορουμένους ἀνθρώπους ἐλευθέρους* Philippid. 4, 469. *ἄνθρωπος ἠπορημένος* anon. 4, 692 (353). *ἀπορουμένη ἄνω κάτω τε περιπατοῦσ'* Alexid. 3, 451.

ἀποσάττω: *ἀποσάττεσθαι ὅλην τὴν ἡμέραν* Philem. 4, 21 (2). *σαυτὸν †ἀποτάξεις* (l. *ἀποσάξεις*) *τόν τε κόλπον* Diph. 4, 395 (2, 41).

ἀποσβέννυμι: *Ὑπέρβολον δ' ἀποσβέσας* Cratin. 2, 126 (14). *χορδῆς ὀβελίσκους ὠμοὺς εἰς τὸ πῦρ ἀποσβέσας* Euphron. 4, 487 (v. 33).

ἀποσείω: *οὐχὶ σείειν* (aquam) *ἀλλ' *ἀποσείειν αὐτόθεν* Men. 4, 87 (4).

ἀποσημαίνω: *ἀπεσημηνάμην τὰς οἰκίας* Aristophan. 2, 1128 (4).

ἀποσιμῶσαι: Philippi 1, 342.

ἀπόσιτος: *ἀπόσιτος ὢν τοιαῦτ' οὐκ ἀνέχομαι* Philonid. 2, 422 (4).

ἀποσκοτῶ: **ἀπόμακτρ' ἀπεσκοτωμένα* Aristophan. 2, 1205 (132).

ἀποσοβῶ: *ἀποσοβῶμεν* Men. 4, 315 (416).

ἀποσπῶ: *ἑστήξετ' ἀχανής - ἄχρι ἂν ἕτερός τις - ἀποσπάσῃ* Hegesipp. 4, 480 (v. 27).

ἀπόστασις: Philippid. 4, 471.

ἀποσταυρῶ: *γέρροις ἀποσταυροῦνται* Pher. 5, 26 (13).

ἀποστέλλω: *ἐπὶ τοῦτ' ἀπέστειλ' ἐξ ἀγροῦ μ' ὁ δεσπότης* Alexand. 4, 554. *εἰς ἑτέραν ἀποστέλλων πόλιν κἂν κύαθον* Alexid. 3, 505 (6). *ὄρνιθας ἀποστέλλει* Men. 4, 104 (4). *τοὔψον τοῦτο τἀπεσταλμένον* Alexid. 3, 404 (5).

ἀποστερητής: *ἀποστερητὴν ἀγοράσας ἀγρόν* anon. 4, 691 (350).

ἀποστερῶ: *ἀποστεροῦντα - ἑαυτὸν τοῦ φρονεῖν* Crobyli 4, 566 (2). *ἀπεστέρησε τῆς τέχνης τὴν ἡδονήν* Alexid. 3, 452 (1, 13). *τοὺς τόκους ἀποστερεῖ* Philem. 4, 33 (4). [*ἅρπαζ' - κλέπτ', ἀποστέρει* Philem. 4, 67 (1)].

ἀποστρέφομαι: *ἀποστραφέντι μοι λαλεῖν πρὸς αὐτούς* Antiph. 3, 91 (1, 5). *ἀποστρεφομένης τὴν κορυφὴν φιλεῖς μόλις* Philippid. 4, 475 (3). *ἀπὸ τῆς τραπέζης ἀπεστράφη* Nicol. 4, 579 (v. 6).

ἀποσυκάζω: *ἀποσεσύκασται* Amips. 2, 714 (17).

ἀποσφακελίζω: *ἀπεσφακέλισεν* Aristophan. 2, 1125 (22).

ἀποσχάζω: *†κανναταλὴς ἀποσχάσω* Cratet. 2, 249 (5). *ἀπέσχαζε* Plat. 2, 658 (7).

ἀποταγηνίζω: **ἀπεταγήνισα* (legeb. *ἀπετήγαν.*) *ταύτας ἁπάσας* (i. e. *καρῖδας*) Sotad. 3, 585 (1).

ἀπόταχτος: *ἓν τοῦτ' ἀπόταχτον αὐτὸ τοὺς τυροὺς ποιεῖν* Philem. 4, 25 (2).

ἀποτάττω: v. ἀποσάττω.

ἀποτέμνω: *ἀποτεμῶ τὰς μηχανάς* Cratin. 2, 215 (129).

ἀποτηγανίζω: cf. ἀποταγηνίζω, ad Alexid. 3, 463. *σὺ δ' ἀποτηγανίζεις* Pher. 2, 310 (1). *ἀποτηγανίζειν ἄνευ συμβολῶν* Phryn. 2, 599 (1).

ἀποτίλλω: *τὸν σαπέρδην ἀποτῖλαι χρή* Aristophan. 2, 1184 (31). *φασιανὸς ἀποτετιλμένος καλῶς* Mnesimach. 3, 578 (3). *οὐχὶ Σειρήν ἐστιν ἀποτετιλμένη;* Anaxil. 3, 348 (1, 20). *ἀποτιλῶ σε τήμερον* Cratin 2, 89 (6).

ἀποτίνω: *τί - ἀποτίνειν τῷδ' ἀξιοῖς;* Pher. 2, 289 (7). *κριὸς τροφεῖ' ἀπέτισεν* Men. 4, 304 (333). *φωνῆς ἀπότισον - καταλλαγήν* Euphron. 4, 489. *ταχέως ἀπετίσατο* Cratin. 2, 17. *δέκα τάλαντ' ἀπετισάμην* Eup. 2, 555 (16).

ἄποτος: *ἄποτ' ἔστ'* Pher. 2, 282 (4).

ἀποτράγημα: ἀποτράγημ' (al. ἀποπάτημ') ἀλώπεκος Eup. 2, 542 (15).
ἀποτρέχω: ἀποθρέξεις Plat. 2, 695 (65). εἰ δ' εὐαρεστῶν ἀποτρέχεις Lysipp. 2, 746 (1, 3). οἴκαδε πολλοσταῖος ἀποτρέχω Eubul. 3, 271 (20). σαυτὸν *ἀποσάξεις τόν τε κόλπον ἀποτρέχων Diph. 4, 395 (2, 41). ὁ πριάμενος πτωχὸς εὐθὺς ἀποτρέχει Alexid. 3, 413. κεστρεὺς νῆστις οἴκαδ' ἀποτρέχω Alexid. 3, 500 (2). ἀπέτρεχ' εἰς τὰς μεμβράδας Timocl. 3, 598.
ἀποτρόπαιος: ἀποτρόπαι', οὐ δῆτ' — ἄρξει Eup. (?) 2, 577 (v. 16).
ἀπότροχος: *ἐβάδιζέ μοι — ἐξ ἀποτρόχων Aristophan. 2, 1197 (88).
ἀποτρώγω: πτόρθους ἀποτρώγουσαι Eup. 2, 426 (1, 2). ἀποτρώγειν ἐμοῦ τὸ μισθάριον Men. 4, 158 (3).
ἀποτυγχάνω: τούτων τριῶν ἑνός-ἀποτυχεῖν τοὐλάχιστον Alexid. 3, 480 (3). οὐκ ἔστ' ἀποτυχεῖν κακοῦ Philem. 4, 36 (8). ἂν ἀποτύχῃ τις πρῶτον, ἐν κώπαισι πλεῖν Men. 4, 139 (2). οἱ θέλοντες προσλαβεῖν ἀποτυγχάνουσι πολλάκις νικώμενοι Men. 4, 243 (31). οὐδὲν αἰσχρόν ἐστιν *αὐτοῖς (5, 113) ἀποτυχεῖν Apollod. 4, 454 (1, 7). χαιρέτω· μή μοι λέγε· ἀπέτυχον Phoenicid. 4, 511 (v. 3). ἀποτετύχηται Anaxipp. 4, 465 (3).
ἀποτυλοῦν: Pher. 2, 356 (71c).
†ἀποτυμπανισχάς Axionic. 3, 530 (1).
ἀποφαίνω: καπνοὺς ἀποφαίνει καὶ σκιάς Eup. 2, 444 (14). *ἰσχνότερον αὐτὸν ἀποφανῶ Φιλιππίδου Aristophont. 3, 360. ἐρυθρότερον καρίδος ὀπτῆς σ' ἀποφανῶ Anaxand. 3, 171. ἄνδρας ὑμῖν δημιουργοὺς ἀποφανῶ anon. 4, 649 (183).
ἀποφέρω: οὐκ-τὼ χεῖρ' ἀποίσεις ἐκποδὼν ἀπὸ τοῦ σκυταλίου —; Nicoph. 2, 848 (2). ἀπενεγκάτω μοι τὴν τράπεζαν ἐκ ποδῶν Nicostr. 3, 286 (3). λαβοῦσ' ἀπένεγκε ταύτην ἐκ ποδῶν ibid. ἀπόφερε τἄλλα πάντα Antiph. 3, 61 (2). ἐνέχυρον ἀποφέροντά *σου (int. poculum) Antiph. 3, 41 (2, 12). τῆς ἑσπέρας σαπροὺς *ἅπαντας (pisces) ἀποφέρωσιν οἴκαδε Alexid. 3, 438 (3, 8). οὐ γὰρ ἄν ποτε θοἰμάτιον ἀπενέγκαιμι Alexid. 3, 428 (1). ὃ παρ' ὑμῶν ἐγὼ παιδάριον ἔλαβον ἀποφέρων ἥκω πάλιν Alexid. 3, 478. ἀποίσειν (vulg. ποιήσειν) σοι γραφὴν κακώσεως Men. 4, 166 (6). χρυσοῦς *ἓξ ἔχων ἀποίσεται Philem. 4, 60 (91). εἰς τὰς *ῥοδιακὰς ὅλος ἀπηνέχθην ἐγώ Steph. 4, 544.
ἀποφεύγω: *ἐνθένδ' ἀποφυγὼν οὐκ ἂν ἀπολοίμην ποτέ Men. 4, 83 (9).
ἀπόφημι: cf. ἀπεῖπον. ἀπέφησεν (i. e. contradixit) Men. 4, 316 (417).
ἀποφθείρω: ἀποφθαρεὶς δύο κύβω καὶ τέτταρα Eup. 2, 566 (57).
ἀποφορά: ἀμφορεαφόρος τις ἀποφορὰν φέρων Men. 4, 199 (6).
ἀποφράς: ἄνθρωπος ἀποφρὰς καὶ βλέπων ἀπιστίαν Eup. 2, 557 (22).
ἀποφρέω: ἀπέφρησαν Cratin. 2, 66 (11).
ἀποφύλιος: anon. (396) 5, 123.
ἀπόχρη: ἦν ἀποχρῶν ἀνὴρ ἔμοιγε πρὸς τὰ νῦν κακά Pher. 2, 326 (1, 6). ἔμοιγε χοὖτος ἦν ἀποχρῶν ἀνήρ Pher. 2, 327 (1, 17) v. 334 (1, 11). ἡλικίαν ἀποχρῶσαν Aristophan. 2, 1149 (2). τῷ μὴ-ἀποχρῆν ἀποθανεῖν αὐτοῖς ἁλοῦσιν — σήπονθ' Antiph. 3, 87 (v. 2).
ἀποχρήσασθαι: τοὺς ἄνδρας ἀπεχρήσαντο Aristophan. 2, 1098 (3).
ἀποχρώντως: τοῖς θεωμένοισιν ἀποχρώντως ἔχει Antiph. 3, 106 (v. 16).
ἀποχωρεῖν: εὐρυπρωκτότεροι πολὺ τῆς *πόλεος ἀπεχώρησαν Eubul. 3, 263 (2).
ἀποψηφίζω: ἔστ' ἀπεψηφισμένος ὑπὸ τῶν θεῶν τῶν δώδεκ' - Ἔρως Aristophont. 3, 361 (2).
ἀποψύχω: τὰ μὲν θερμὰ παραθεῖναι, τὰ δ' ἐπανέντα-τὰ δ' ὅλως ἀποψύξαντα Sosip. 4, 484 (v. 53).
ἀπράγμων: δεσπότην ἀπράγμονα καὶ κοῦφον Men. 4, 187 (1). ξένος

ὢν ἀπράγμων ἴσθι mon. 399. ἀπραγμόνως ζῆν ἡδύ· μακάριος βίος-ἂν ᾖ μεθ' ἑτέρων ἀπραγμόνων Apollod. 4, 450. ἀπραγμόνως διαγενοῦ τὴν ἡμέραν Nicomach. 4, 584 (v. 42).
ἀπραξία: ἀπραξία λιτὸν οὐ τρέφει βίον Men. 4, 258 (93). ἀνάπαυσις-τῶν κακῶν ἀπραξία mon. 644.
ἀπρασίαι Eup. 2, 446 (25).
ἀπρεπής: τὸ—τοιαυτὶ ποιεῖν *ἀπρεπές Epicrat. 3, 371 (1, 33). μεταχαράττον τὴν-ἀνδρίαν μελῶν εἰς *τἀπρεπές Men. 4, 239 (21).
ἄπροικος: λαβεῖν γυναῖκ' ἄπροικον Diodor. 3, 546. νύμφη-ἄπροικος mon. 371.
ἀπροσδόκητος: ἀπροσδόκητον τὴν τέχνην *ἐξηύρατο Men. 4, 115 (2). ἀπροσδόκητον οὐδὲν ἀνθρώποις πάθος Diph. 4, 397 (3).
ἀπροσκέπτως: ταῦτ' ἀπροσκέπτως ποιεῖν ἅπαντα Antiph. 3, 111 (v. 9).
ἀπρόσοδος: βίον ἀπρόσοδον Phryn. 2, 587 (1).
ἀπρόστομος: ἀπρόστομον ξίφος Magn. 2, 11.
ἀπροφάσιστος: συνεραστὴς ἀπροφάσιστος Timocl. 3, 595 (v. 6).
ἄπτερος: ἄπτερος ὢν κούφως πέτεται Eubul. 3, 254 (1, 18).
ἀπτήν: ἀπτῆνα, τυτθόν anon. 4, 646 (167).
ἅπτομαι: ὡς *ἥψατ' αὐτοῦ τῶν ποδῶν Antiph. 3, 84 (1). ἅψαι-†ἄκρῳ τῇ Μορσίμῳ Plat. 2, 659 (2). πόθεν ἅπτει; τί τούτῳ μιγνύειν μέλλεις; Damox. 4, 532 (v. 60). ἴσασιν οὐ δεῖ πρῶτον ἅψασθαι τόπου (int. γλαυκίσκου) Baton. 4, 502 (v. 17). πλακοῦντος ἁπτέον Alexid. 3, 498. οὕτως παρέργως ἅπτεται (int. τῶν ἁλμίων) Men. 4, 206 (1). εἶθ' ὁ λιμὸς ἥπτετο Timocl. 3, 603 (4). ἅπαξ ἀψάμενός εἰμι *καὶ φιλήσας ἐν βυθῷ Men. 4, 232 (7). †ζωγραφίας ἧφθαι Nicomach. 4, 583 (v. 15). cf. ἅψω.
ἅπτω: *οὔκουν-ἅψεις μοι λύχνον Anaxand. 3, 193. ἅψαντες λύχνον Diph. 4, 376 (2). δᾷδας ἡμμένας *Lysipp. 2, 748 (3). δᾷδα χρηστὴν ἡμμένην χρηστῷ πυρί Antiph. 3, 145 (29). δᾷδας ἡμμένας καταπίνομεν Mnesimach. 3, 577 (1).
ἄπυγος: σκελετός, *ἄπυγος (legeb. ἄπυιος) Plat. 2, 679 (2, 3).
†ἄπυιος: v. ἄπυγος.
†ἀπυξῖνος Timocl. 3, 613 (6) cf. 5, 96 sq.
ἀπύρετος: τοιοῦτος ὁ βίος, ἀπύρετος Antiph. 3, 133 (1, 6).
ἀπύρηνοι ῥόαι Aristophan. 2, 986 (3). 1011 (18).
ἄπυρος: πινακίσκον ἄπυρον Aristophan. 2, 1160 (7).
ἀπφάριον: ἐπικαλούμεναι-τοὺς δ' ἀπφάρια, τοὺς νεωτέρους Xenarch. 3, 617 (1, 15).
ἀπωθῶ: τὸν ἄνδρ' ἀπωσάμην anon. 4, 628 (96).
ἀπωλεσίοικον μειράκιον anon, 4, 664 (257).
ἀπώμοτος: πρᾶγμ' ἀπώμοτον Eup. 2, 517 (25).
ἀπωνοῦμαι: ἀπωνηθήσεται Theop. 2, 823 (34).
ἀπωτέρω κάθηνται τῆς λύρας Cratin. 2, 150 (6).
ἆρα.τἆρα: τίς ἄρ' ἐρῶντά μ' οἶδεν Cratin. 2, 74 (2). †τίς ἄρα (l. πῶς ἄρα) τοὺς Μελανθίους τῷ γνώσομαι; Calliae 2, 738 (1). τίς ποτε,-σὲ *κατέδετἆρα (libr. κατέδετ' ἄρτι) τῶν φίλων; Antiph. 3, 12 (1, 7). τίς ἦν ὁ γράψας ἄρα-Ἔρωθ' ὑπόπτερον; Eubul. (Arar.) 3, 226 (3). τί ἄρα πρὸς ταύτην βλέπεις; Eup. 2, 518 (28). τί ἄρα *πείσει τήμερα Aristophan. 2, 1068 (5). 1124 (20). καὶ τί ποτ' ἄρ' ὡρίσαντο-; Epicrat. 3, 370 (1, 18). πάρεστι· τί *(δέ) ποτ' ἀγγελῶν ἄρα; anon. 4, 600 (2b) cf. 5, 117. οὐκ ἄρ' *ἔτ' οὐδὲν κρέας-ἐδόμεσθα-; Cratet. 2, 239 (3). οὐ γαλαθηνὸν ἄρ' ὗν θύειν μέλλεις; Pher. 2, 263 (6). οὐδ' ἄρα παρέσται δαιτυμὼν-; ‖ οὐδ' ἄρα θύεις ἐρυσίχθον'; Straton. 4, 545 (vs. 11. 19). τί φῄς; λαθεῖν ζητῶν τι πρὸς *γυναῖκ' ἄρα (vulg. γυναῖκα) ἐρεῖς; An-

tiph. 3, 151 (57). οὐκ εἴρηκά σοι τοῦτ'; εἶτ' ἄρ' οὐχί; Men. 4, 191 (2). τίς πολίτης δ' ἐστὶ-πλὴν *ἄρ' ἢ Σάκας-; Metag. 2, 758 (2). πλὴν ἕν τι τῶν πάντων ἀδύνατον ἦν ἄρα Men. 4, 234 (11). οὐδὲ πρὸς εἶδος ἄρ' ἦν-προσιδόντι τεκμαρτόν Cratin. 2, 164 (3). οἷον τὸ γενέσθαι πατέρα-ἦν *(ἄρα) Men. 4, 196 (2). ὡς ὀλιγόσιτος ἦσθ' ἄρ' Pher. 2, 252 (1). ὡς σφόδρ' ἐπὶ λεπτῶν ἐλπίδων *ὠχεῖσθ' ἄρα Aristophan. 2, 1005 (2). σὺ δὲ μικρολόγος *(ἄρ') οὐ θέλων καινὰς πρίασθαι Men. 4, 101 (2). *ταῦτ' ἄρα f. Eriph. 3, 558 (3) vide 5, 94. λέξεις ἄρα ὥσπερ τὰ παιδί' Aristophan. 2, 1110 (4). ἀπέλαυσαν ἄρα σέβοντες ὑμᾶς Aristophan. 2, 1171 (1, 14). ἀεὶ δὲ πρὸς Μούσαισι-πάρει (f. ἄρ' εἶ) Antiph. 3, 143 (22). ἐνῆν ἄρ', ὡς ἔοικε, κἀν οἴνῳ λόγος Amphid. 3, 318 (5). *πολλῷ γ' ἀμείνων ἦσθ' ἄρα λογογράφος Alexid. 3, 440 (5, 18). μάτην *(ἄρ') οἱ γέροντες εὔχονται θανεῖν Men. 4, 271 (164). ἦν ἄρα τοῖνδε δυοῖν ἑνὸς αἵρεσις Plat. (?) 2, 697 (v. 9) βάκχαριν ἐγὼ πρίωμαι; λαικάσομ' ἄρα Cephisod. 2, 883 (1, 5). εἶτ' ἐγὼ *κακῶς ποτε ἐρῶ γυναῖκας, νὴ Δί' ἀπολοίμην ἄρα Eubul. 3, 260 (2, 7). ἐπομνύουσα- ‖ ὡς πῶλος ἀδμής· ἡ δ' ἄρ' ἦν μυωνία Epicrat. 3, 369. εἰ δ' ἦν-τοὺς μὲν ἄρ' ἄλλους οἰκουρεῖν χρῆν, πέμπειν δὲ — Hermipp. 2, 399 (3). πουλύποδος πλεκτὴ †δ' ἂν ἐπεὶ λήψῃ (f. δ' ἄρ', ἐπὴν ληφθῇ) κατὰ καιρόν-πολὺ κρείττων Plat. 2, 673 (1, 16). ἐὰν δ' ἄρα στρέφῃ με-Antiph. 3, 97 (2). *ἐὰν μὲν ἄρα πέπερι φέρῃ τις Antiph. 3, 141 (17).

τἄρα: βοάσομαι *τἄρα Phryn. 2, 598 (4). ὀξυγλυκεῖάν τἄρα κοκκιεῖς ῥόαν Aristophan. 2, 1184 (35). ἐπὶ Παλλαδίῳ *τἄρ', ὦ πάτερ, δώσεις δίκην Aristophan. 2, 1194 (81). οὐκ ἀσκίῳ μεντἄρ' *ἐμορμολύττετο Cratet. 2, 235 (1). Εὐριπίδου †τ' ἄριστον (f. τἄρ' ἐστὶν) οὐ κακῶς ἔχον Theop. 2, 806 (2). *μὴ τἄρ' εἶναί μ' (legeb. μήθ' ἅρμα εἶναι) ἐγχριδοπώλην Aristophan. 2, 1053 (14). Cf. ἆρα.

ἆρα: 1) interrogantis. ἆρ' ἀληθῶς-ἔστιν-θοινᾶσθαι; Cratin. 2, 107 (1). *ἆρ' ὡς ἀληθῶς ἐστι γοῦν ἁπλῆ τις; Anaxilae 3, 350 (2). ἆρ' οἴσει τρία; Cratin. 2, 117 (3). ἆρά γε, ὦ τᾶν, ἐθελήσετον; Cratin. 2, 223 (145). ἆρά γε διδάσκω-; Alexid. 3, 434 (1, 14). τὰ γράμματ'. B. ἆρά γ' ἕνδεκα Διὸς σωτῆρος; Alexid. 3, 510 (12). *ἆρά ποθ' ... (cod. ἄρα ποθ') Pher. 2, 313 (6). ἆρ' ἀκούεις ἅ με λέγει-; Pher. 2, 285 (8). ἆρ' ἔνδον-κεστρέων ἀποικία; Aristophan. 2, 1007 (4). ἆρ' (i. e. ἆρ' οὐκ) ἐστὶ πάντων ἀγρυπνία λαλίστατον; Men. 4, 116 (1). ἆρ' οἶσθ' ὅτι τῆς πενίας ὅπλον παρρησία; Nicostr. 3, 289 (5), ἆρα σφόδρ' *ἐνεούρησεν [;] Eup. 2, 444 (12). †ἆρα κυψέλη ἔνεστιν (f. ἆρ' ἐν ὠσὶ κυψέλη); Eup. 2, 515 (17). τά τε κυμβία *(ἆρ') ἦν πρόσωπ' ἔχοντα χρυσᾶ-; Alexid. 3, 422 (3). τί ποτ' ἐστίν ἆρα-; Philem. 4, 42 (24). μῆλα θυσιάζεις ἆρα; Straton. 4, 545 (v. 21). μάχαιραν ἆρ' ἐνέθηκας; Pher. 2, 292 (13). ἀνθρώπων τίν' ἀθλιώτερον *ἑόρακας; ἆρ' ἐρῶντα δυσποτμώτερον; Men. 4, 170 (6). ἆρ' ἀράχνιόν τι *φαίνετ' ἐμπεφυκέναι; Nicoph. 2, 849 (3). ἆρ' ἀράχνι'-; Pher. 2, 325 (3). 2) exclamantis. *(ἆρ') ἀραχνίων μεστὴν ἔχεις τὴν γαστέρα Cratin. 2, 129 (18). ἆρ' ἂν φάγοιτ' ἂν καὶ ταρίχους Chionid. 2, 7 (2). ἆρ' εἰ κάτοπρον *φύσεος Theop. 2, 804 (1). ἆρ' ἦν εὐτυχής τις νὴ Δία (?) Antiph. 3, 67 (1, 15). ἆρα σύ με κόπτειν οἷος εἶ γε Sosip. 4, 482 (v. 20). ἆρ' ἔστι λῆρος πάντα- Antiph. 3, 152 (60). ἆρ' ἐστὶ τοῖς νοσοῦσι χρήσιμος λόγος Philem. 4, 42 (25a). ἆρ' ἐστὶ θυμοῦ φάρμακον λόγος mon. 87. ἆρ' ἐστὶ συγγενές τι λύπη καὶ βίος Men. 4, 149 (1) = mon. 640. ἆρ' ἐστὶν ἀρετῆς διδάσκαλος ἀγρός Men. 4, 194 (7). ἆρ' ἐστὶν ἀγαθῶν — πλείστων ἀξία ἡ σύνεσις Men. 4, 198 (4). ἆρ' ἔστιν ἀνοητότατον αἰσχροκερδία Diph. 4, 421 (13). ἦν ἆρ' ἀληθὴς ὁ λόγος Cratin. 5, 16 (13). ἀποκτενεῖς *ἆρά μ' (libr. ἄρα μ') εἰ μὴ φράσεις Antiph. 3, 26 (1, 6). Ἀράβιον ἄρ' ἐγὼ κεκίνηκ' ἄγγελον Men. 4, 79 (5). τοῦ δ' ἄρα Κωρυκαῖος ἠκροάσατο Men. 4, 118 (2). μέγιστόν ἐστιν ἄρα τοῖς ἑπταικόσιν Men. 4, 264 (129). οὐκ *ἄρα φροντίζει τις ἡμῶν ἢ- Men. 4, 276 (187).

Ἀρά: Ἀρᾶς ἱερόν Aristophan. 2, 1174 (8).

ἀρά: ἀγνοεῖς ἐν ταῖς ἀραῖς ὅ τι ἐστίν-; Diph. 4, 405 (3).

Ἀράβιος: Ἀράβιον χορόν Canth. 2, 835 (1). Ἀράβιον ἄγγελον Men. 4, 79 (5). Ἀράβιον σύμβουλον Men. 4, 331 (502).

ἄρακοι: ἀράκους, πυρούς, πτισάνην Aristophan. 2, 1122 (15).

Ἀραρώς: πρᾶγμα μέγα φρέατος ψυχρότερον Ἀραρότος Alexid. 3, 468 (2).

ἀράχνης: ὥσπερ †ἀραχνικὸς (f. ἀράχναι) - προφορουμένω Calliae 2, 737 (7).

†ἀραχνικός: v. ἀράχνης.

ἀράχνιον: ἆρ' ἀράχνιόν τι φαίνετ' ἐμπεφυκέναι; Nicoph. 2, 849 (3). ἆρ' ἀράχνι' ὥσπερ ταῖς σιπύαισι-; Pher. 2, 325 (3). ἀραχνίων μεστὴν τὴν γαστέρα Cratin. 2, 129 (18). τοῖσι λεπτοῖς ἀραχνίοις Plat. 2, 629 (1).

ἀργαλέος: οὐκ ἀργαλέα δῆτ' ἐστὶ πάσχειν ταῦτ' ἐμέ-; Eup. 2, 513 (12). ἅπασι δ' ἀργαλέα 'στίν (Lamia) Men. 4, 191 (2).

Ἀργᾶς: πρὸς τὸν Ἀργᾶν - πέμψαι σ' ἀγωνιούμενον Anaxand. 3, 168. Ἀργᾶν δ' ᾄδειν Anaxand. 3, 183 (1, 17). τί πρὸς τὸν Ἀργᾶν οὗτος; Alexid. 3, 388.

Ἀργεῖος: Ἀργεῖοι φῶρες Aristophan. 2, 965 (22). μ' ὄντα Τιρύνθιον Ἀργεῖον Ephipp. 3, 322. Νικόστρατος Ἀργεῖος Ephipp. 3, 337 (2). παλαιστὴν νόμισον *Ἀργεῖόν μ' ὁρᾶν Aristophont. 3, 357 (1, 4). ἀντίτευχος, Ἀργεῖος, δάκνων (iactus talar.) Eubul. 3, 232 (2). Ἀργείας φέρειν σχιστάς Eup. 2, 532 (2).

ἀργία: ἡ ἀργία πέφυκεν - κακόν mon. 602. τόλμα, γαστήρ, ἀργία Nicol. 4, 580 (v. 43). ἄκρατος, ἀμίδες, ἀργία, πότος anon. 4, 611 (35).

Ἀργόλας: οὗτός ἐστ' οὐκ Ἀργόλας Aristophan. 2, 1071 (5).

Ἄργος: [λάθοι δ' ἂν Ἄργου τὰς πυκνοφθάλμους κόρας Men. 4, 226.]

Ἄργος: Πελασγικὸν Ἄργος Cratin. 2, 182 (22). τὸ - Ἄργος ἵππος (an ἱππών?) Diph. 4, 426 (39). ἐξ Ἄργους λέβης Antiph. 3, 138 (11). ἢ 'ξ Ἄργους (Amphiloch.) κάπρον Philem. 4, 27 (v. 21).

ἀργός: †ἀργὴν στάμνον Plat. 2, 684 (9) vide 5, 49.

ἀργός: ἀργὸς ὑγιαίνων Men. 4, 119 (2). πένητας ἀργούς mon. 460. ζῆν ἡδέως οὐκ ἔστιν ἀργὸν καὶ κακόν monost. 201. θεὸς τοῖς ἀργοῖσιν οὐ παρίσταται mon. 242. λευκὸς ἄνθρωπος, παχύς, ἀργός Sosicrat. 4, 591. γυνὴ καθεύδουσ' ἐστὶν ἀργόν Plat. 2, 629 (1). Λαῒς ἀργός ἐστι καὶ πότις Epicrat. 3, 365 (2, 5). ἀργοὶ κάθηνταί μοι γυναῖκες anon. 4, 652 (194). κἀργοὺς ἔχειν μηδέποτε τὰς σιαγόνας Alexid. 3, 469. ἂν μὲν ἀργὸς (h. e. artis vel opificii expers) *ᾖ Antiph. 3, 66.

Ἄργουρα: Men. (?) 4, 329 (490).

ἀργυρίδιον: συμψήσασα τἀργυρίδιον Eup. 2, 479 (42). ᾔτουν τι τὰς γυναῖκας ἀργυρίδιον Aristophan. 2, 1164 (4). σκευάριον, ἐκπωμάτιον, ἀργυρίδιον Diph. 4, 384 (3).

ἀργύριον: ἀργύριον (de tenui moneta) Aristophan. 2, 1054 (17). ἐξ Ἡρακλείας ἀργύριον ὠφείλετο Eup. 2, 514 (13). προδοὺς Ναύπακτον ἀργύριον λαβών Metag. 2, 755 (1). σακίον ἐν οἷσπερ τἀργύριον ταμιεύεται Aristophan. 2, 1083 (10). ἀγοράσεις ἡμῖν λαβὼν ἀργύριον Antiph. 3, 36 (1, 3). τἀργύριον ἐκ τῆς χειρὸς ἤδη λαμβάνει Epicrat. 3, 366 (2, 25). ἐὰν τἀργύριον αὐτῷ καταβάλῃς Diph. 4, 407 (1, 11). οἱ τἀργύριον μὴ κατατιθέντες (?) Antiph. 3, 67 (1, 14). ἀποκεῖσθαι ἕωλον ἔνδον ἀργύριον Philetaer. 3, 295 (2, 10). οὐκ οἶσθ' ὁτιὴ τἀργύριόν ἐστ' *ἰσάργυρον Ephipp. 3, 339 (2). καταφαγεῖν τοσοῦτ' ἀργύριον Alexid. 3, 426. - ἵνα εἰ τἀργύριον καλόν ἐστι δοκιμαστὴς ἴδῃ Men. 4, 228 (3, 8). προσέχεις τι τούτῳ-; *ποῦ δ' ἔχει ἀργύριον οὗτος; Hipparch. 4, 431. οὐκ οἶδ' ὅτῳ πέποιθας ἀργυρίῳ Apollod. 4, 456 (4). τί τἀργύριον τιμιώτερον τέθεικας-; Baton. 4, 499 (1, 7). παραμενεῖν αὐτῷ δοκῶν τἀργύριον Timocl. 3, 597 (2). τἀργύριόν ἐστιν αἷμα καὶ ψυχὴ βροτοῖς Timocl. 3, 612 (2). ἀργύριόν ἐστι *(τοῦτο? int. cornu copiae) Philem. 4, 20 (1). χρησίμους εἶναι θεοὺς τἀργύριον ἡμῖν καὶ τὸ χρυσίον Men. 4, 233 (10). τἀργύριον οὐ τῶν ἀναγκαίων μόνον τιμὴν παρασχεῖν δυνατόν Men. 4, 156 (1). θεὸς οὐδεὶς εἰς τὸ προὔκολπιον φέρει ἀργύριον Men. 4, 126 (1). οὐκ ἀγαθὸν εἶναι τἀργύριον Phoenicid. 4, 511 (v. 20). ἀργύρια (?) Plat. 2, 636 (6). *ἀργύρι' (legeb.-ριον)-*κατακεκερματισμένα Aristophan. 2, 1043 (30). ἀργύρια Aristophan. 2, 1112 (10). τἀργύρια πορθεῖται Eup. 2, 495 (19).

ἀργυρίς: ποῖ τὴν ἀργυρίδα φέρεις; Pher. 2, 320 (6). πίνειν ἐξ ἀργυρίδων χρυσῶν Anaxilae 3, 355 (8).

ἀργυροθήκη: Antiph. 3, 85.

ἀργυροκοπιστῆρες λόγων Cratin. 2, 143 (7).

ἀργυροκόπος: Phryn. 2, 582 (5).

ἄργυρος: vide ἀργυροῦς.

ἀργυροῦς: τρεῖς *(ἀργυροῦς) τρίποδας *Cratin. 2, 232 cll. 1230. πινακίσκος ἀργυροῦς Plat. 2, 656 (1). ἐπ' ἀργυροῦ πίνακος ἄγοντος μνᾶν Philippid. 4, 469. ἐν τρυβλίῳ ἄγοντι πεντήκοντα δραχμὰς ἀργυρῷ ib. ἐν ἀργυρῷ τρυβλίῳ Antiph. 3, 79 (1). δεῖνον ἦρεν ἀργυροῦν Arched. 4, 435. κύαθος ἀργυροῦς Alexid. 3, 383 (2). *κύαθον ἀργυροῦν (libr. δι' ἀργύρου, ἀργύρου, κύαθον ἀργυροῦν) Pher. 2, 298 (6). ἐν ἀργυρῷ ποτηρίῳ πετάχνῳ τινί Alexid. 3, 408 (1). κρατῆρες ἀργυροῖ Philippid. 4, 476 (5). ἠθμὸν (an ἠθ.) ἀργυροῦν Epigen. 3, 539 (2). ἐν θυείαις ἀργυραῖς Diph. 4, 394 (1). μηκέτ' ἔγχει-εἰς *(τ)ἀργυροῦν Xenarch. 3, 623. τάλαντον ἀργυροῦν (an ἀργύρου? 5, 121) anon. 4, 668 (282).

ἀργυρῶ: ῥύπος ἠργυρωμένος monost. 469.

ἀργύρωμα: χαμηλους, στρώματ', ἀργυρώματα Antiph. 3, 131 (1, 3). ἐφεξῆς στρώματ' ἀργυρώματα Apollod. Gel. 4, 439 (1). λουτρὸν θεραπαίνας ἀργυρώματα Men. 4, 111 (2) cf. 5, 101. ἀγρός, οἰκίαι, θεράποντες, ἀργυρώματα Men. 4, 234 (10). γυλιόν τιν' ἀργυρωμάτων Philem. 4, 12 (1). τὰ δ' ἀργυρώματ' ἐστὶν-εἰς τοὺς τραγῳδοὺς εὔθετ' Philem. 4, 44 (28). τἀργυρώματα λαβεῖν βουλόμενος Men. 4, 210 (3).

ἀργῶ: ταῦρος ἀργήσας Men. 4, 268 (149).

ἄρδα: τὴν ἄρδαν (al. ἄρδαλον al. ἀρδαλίαν) ἀπ' ἐμοῦ σπόγγισον Pher. 2, 276 (7).

ἀρδαλία: v. ἄρδα.

ἄρδαλος: v. ἄρδα.

ἀρδαλῶ: θοἰμάτιον ἠρδάλωσέ μου Philem. 4, 18 (2).

ἀρδεία: v. ἀρδεύω.

ἀρδεύω: ἀρδεύειν (f. ἀρδείαν) Antiph. 3, 156 (87).

ἄρδην: ἄρδην ἀνεῖλε-βίον Diph. (?) 4, 424 (24).

ἄρδω: τὴν ἔνθεσιν ἄρδοντ' Telecl. 2, 361 (1, 10). μισθωτὸς ἄρδει πεδία τοῦ δεδωκότος Timocl. 3, 602 (3). ἡμῶν πᾶσα δύναμις *ὑδάτων ἄρδεται Eubuli (?) 3, 266 (10).

Ἀρεσίας: *Ἀρεσία (codd-σίαν-σίας) Eubuli 3, 245 (3).

†ἀρέσκειαν v. ἀρέσκω.

ἀρέσκω: ἣν δ' ἀρέσκῃ ταῦτ' Ἀθηναίοις Eup. (?) 2, 577 (vs. 20). οὐκ ἀρέσκει σοι τρέφειν; Alexid. 3, 478. οὐδέποτ' ἀρέσκει ταὐτὰ τούτῳ τῷ

θεῷ (int. χρόνῳ) Nicostr. 3, 288 (4). ἦλθεν φέρων πότ' - μαινίδας - καὶ-ἤρεσεν σφόδρα ἡμῖν ἅπασιν Antiph. 3, 36 (1, 8). ὡς δ' ἤρεσ' αὐτοῖς (f. ἤρεσαν τοῖς) ὕστερον, καὶ τοὺς ἄλας προσάγουσιν ἤδη Athenion. 4, 558 (v. 21). οὐκ ἠρέσαμεν *αὐτοῖσιν Men. 4, 301 (316). ἄρεσκε πᾶσι καὶ σὺ μὴ σαυτῷ μόνῳ mon. 48. cf. βούλου δ' ἀρέσκειν πᾶσιν μ. σ. μόνον mon. 76. τὸ κολακεύειν νῦν *ἀρέσκειν (legeb. ἀρέσκειαν) ὄνομ' ἔχει Anaxand. 3, 191. στακτὴ-οὐκ ἀρέσκει μ' οὐδαμῶς Antiph. 3, 131. οὐδείς μ' ἀρέσκει περιπατῶν ἔξω θεός Men. 4, 127 (2).
ἀρεστός: τὸ μικρὸν-ἀρεστὸν τοῖς θεοῖς Antiph. 3, 90 (2, 7).
ἀρετή: *ἀρετὴ τὸ προῖκα-ὑπηρετεῖν Antiph. 3, 122 (1). μί' ἐστὶν ἀρετὴ τὸν ἄτοπον φεύγειν ἀεί Men. 4, 127 (3) = monost. 339. ἦθός τι χρυσοῦν πρὸς ἀρετὴν κεκτημένης Antiph. 3, 124 (1, 5). ἐμοὶ-δὲ ἀρετὴν τῶν θηρικλείων ἀσπίδα-ἔδωκεν Aristophont. 3, 363. ἀρετὴν καὶ φρόνησίν φασιν (esse summum bonum) Philem. 4, 22 (v. 4). ἴσχυε σοφίᾳ κἀρετῇ mon. 606. ἀρετῆς καὶ βίου διδάσκαλος ἐλευθέρου-ἀγρός Men. 4, 194 (7). ὅπλον μέγιστόν ἐστιν ἡ ἀρετή mon. 433. ἀρετῆς ἁπάσης σεμνὸς ἡγεῖται λόγος mon. 594. βραβεῖον ἀρετῆς mon. 653. ταμιεῖον ἀρετῆς Alexandri 4, 554 (1). καρπὸς ἀρετῆς mon. 298. δίωκε *δόξαν κἀρετήν mon 137. ἀρεταὶ δὲ πρεσβεῖαί τε καὶ στρατηγίαι Alexid. (?) 3, 395 (v. 8). χωρὶς *οἰκοῦσ' ἀρεταὶ τῶν ἡδονῶν anon. 4, 667 (280).
Ἄρης: *πισσοκωνίας Ἄρης Cratin. 2, 227 (162). ἐς Οἰδίπου *παῖδε Ἄρης κατέσκηψ' Aristophan. 2, 1167 (1). καλῶ δ' *Ἄρη Νίκην τ' ἐπ' ἐξόδοις ἐμαῖς Apollod. Car. 4, 449. Ἄρη βλέπων Timocl. 3, 598 (1). Ἄρεος νεοττός Plat. 2, 651 (6). Ἄρεος παιδίον Anaxand. 3, 181 (2). φιάλην *Ἄρεος (legeb. Ἄρεως) Antiph. 3, 58. φιάλαι Ἄρεος Anaxand. 3, 201 (22).
ἀρθριτικός: ποιεῖ τὸν φαγόντ' ἀρθριτικόν Damox. 4, 531 (v. 32).
ἀρθρῶ: *κνημῖδε περὶ σφυρὸν ἀρθροῦται Hermipp. 2, 397 (2).
ἀριθμητική: cf. ad Nicomach. 4, 587 (v. 38).
ἀριθμητός: ὀφθαλμοὶ δ' οὐκ ἀριθμητοί Cratin. 2, 102 (2).
ἀριθμός: ἀριθμῷ διδόασι τὰ κρέα Dionys. 3, 551 (1, 6). ἀριθμῷ τὸ πλῆθος εἰδέναι Nicomachi 4, 584 (v. 38). ἡμῶν ὅσα τὰ σώματ' ἐστὶ τὸν ἀριθμόν Philem. 4, 32 (3). μήκωνος ἐπιπάσας κόκκους τὸν ἀριθμὸν δώδεκα Euphron. 4, 494 (1, 11). οὐ γιγνώσκων ψήφων ἀριθμούς Ephipp. 3, 336 (1). τὸν ἀριθμὸν αὐτῶν σύγχεον Dionys. 3, 551 (1, 8). οὔτ' ἀριθμὸν οὔτ' ἔλεγχον ἐφ' ἑαυτῶν ἔχει ib. (1, 13). *τὸν ἀριθμὸν λαμβάνειν τῶν ἑστιωμένων Timocl. 3, 611. ἄφωνοι-παρεστήκασι-εἰς τὸν ἀριθμόν Men. 4, 117 (2).
ἀριθμῶ: ἀπὸ *ποτέρου τὸν καῦνον ἀριθμήσεις; Cratin. 2, 130 (20). ἀριθμεῖν θεατὰς ψαμμακοσίους Eup. 2, 543 (16). ;ἀριθμοῦσιν-τοὺς πάππους ὅσοι Men. 4, 229 (4).
ἀρίς: τῆς πατρικῆς ἀρίδος Calliae 2, 739 (5).
Ἀρίσταρχος: Ἀρίσταρχον στρατηγοῦντ' ἄχθομαι Eup. 2, 442 (7). τοὺς Ἴβηρας τοὺς Ἀριστάρχου Aristophan. 2, 1165 (9).
ἀριστερός: ἐπ' ἀριστέρ' *ἀεὶ τὴν ἄρκτον ἔχων Cratin. 2, 94 (3). τῆς ποιήσεως-ἀριστέρ' αὐτοῦ φαίνεται τὰ δεξιά Pher. 3, 327 (1, 12) vide 334 (1, 17). μέσος ἀριστεροῦ Cratin. 2, 138 (9). ἡμίκραιρ' ἀριστερά Amips. 2, 705 (3). ἀριστερὸν εἰς ποδάνιπτρα Aristophan. 2, 1188 (55).
ἀριστεροστάτης: Cratin. 2, 138 (9).
ἀριστητικός: Eup.
Aristides: Eup. 2,
ἀριστίζω: ἀριστίσας ... ών, *πιών Diodor. 3, 544 (v. 12).
Ἀρίστιππος: Ἀ ... 400 (1, 4).
†Ἀριστίων ad

Ἀριστογείτων: Ἀριστογείτονα τὸν ῥήτορ' Alexid. 3, 478.

ἀριστόδειπνον: Alexid. 3, 516 (25). Men. 4, 180 (6).

Ἀριστόδημος: Aristophan. 2, 1045 (35). Ἀριστόδημος † ὡς ἀσχημονῶν Cratin. 2, 104 (4).

ἀριστοκρατία: γυναῖκε δύο-τῇ δ' ἀριστοκρατίᾳ θατέρᾳ (nomen est) Heniochi 3, 563 (v. 17).

ἄριστον: † ὅταν Διοσκούροις ἄριστον προτιθῶνται Chionid. 2, 8 (4). τῶν μετ' ἄριστον φίλων Eup. 2, 489 (7). διατρίβειν ἡμῶν ἄριστον (f. δήμων ἄριστον) ἔοικεν Aristophan. 2, 1153 (12). ἀστεῖόν γε ἄριστον Antiph. 3, 100 (2). ἄριστον ἐν ὅσῳ ποιεῖ Antiph. 3, 144 (25). ἄγουσ' ὑπ' αὐτὰ τὰ σώματ' ἀρίστου (?) πύλας Anaxand. 3, 176 (1, 17). μετ' ἄριστον ὡς ἀμυγδαλὰς παρέθηκα Men. 4, 112 (7). ἐπ' ἀρίστῳ λαβὼν ὀψάριον Men. 4, 125 (2). ἄριστον ἐκλελεγμένον εἴ τι νέον Diph. 4, 394 (1). συνάγουσιν *ἀρίστων πόρους Euphron. 4, 486 (v. 10). ᾄδοντα Λιτυέρσην ἀπ' ἀρίστου τέως Men. 4, 146 (4).

Ἀριστόνικος: τοῦ πλουσίου Ἀριστονίκου Alexid. 3, 438 (3). οὐ γέγονε κρείττων-Ἀριστονίκου νομοθέτης 439 (4).

ἄριστος: πάντ' ἀρίστῳ τῶν Πανελλήνων *πρόμῳ Cratin. 2, 15 (1). κριτὴς ἄριστε πάντων Cratin. 2, 192 (5). Κηφισοφῶν ἄριστε καὶ μελάντατε Aristophan. 2, 1177 (4). τοῦτον κρίνω πολὺ πάντων εἶναι ἄριστον (int. οἶνον) Hermipp. 2, 410 (2, 4). γυναῖκας πάντων ἄριστον κτημάτων Eubul. 3, 260 (2, 8). δείπνου πρόδρομον ἄριστον Eubul. 3, 242 (1, 13). ἀνδρῶν ἀρίστων γαργαίρει Cratin. 2, 221 (141). ἀνὴρ ἄριστος οὐκ ἂν εἴη δυσγενής mon. 30. ἄνδρ' ἄριστον Eup. 2, 501 (5, 8). ἀνδρῶν ἄριστος Archipp. 2, 716 (1). *ἀνδρῶν ἄριστον κωβιόν Antiph. 3, 13 (1, 19). ἀνδρῶν ἀρίστων ἐσθίειν Eubul. 3, 222 = 237. ἀνὴρ ἄριστος τἄλλα πλὴν ἐν ἀσπίδι anon. 4, 678 (309b). ῥήτωρ γάρ ἐστι νῦν τις —; Β. ὁ Βουζύγης ἄριστος Eup. 2, 460 (7). λαλεῖν ἄριστος Eup. 2, 461 (8). ἡ τρὺξ ἄριστόν ἐστιν εἰς εὐβουλίαν Theop. 2, 813 (1). προσεδρεύειν ἀρίστους τῷ πόθῳ Alexid. 3, 490 (2). εἷς οἰωνὸς ἄριστος Metag. 2, 759 (2). γνώμην ἀρίστην τῇ γυναικὶ μὴ λέγε Men. 4, 269 (156). τὸ ὑγιαίνειν πρῶτον ὡς ἄριστον ἦν (f. ὃν 5, 80) ὠνόμασεν ὀρθῶς Anaxand. 3, 169 (1). ἀκούων ἄριστα Eup. 2, 570 (77).

ἀριστοσαλπιγκταί: Men. 4, 313 (399).

Ἀριστοτέλης: μετ' Ἀριστοτέλους τέτταρας τῆς ἡμέρας ὀβολοὺς φέρων Men. 4, 177 (3).

Ἀριστοφάνης: V. Cratin. 2, 123 (10). Eup. 2, 445 (16). 446 (19). Plat. 2, 644 (3), Aristonym. 2, 699 (6). Sannyr. 2, 874 (7). Amips. 2, 713 (12). Caeterum cf. ad Cratin. 2, 53 sqq. Cratin. 2, 225 (155). Eup. 2, 453 (16). Aristophan. 2, 1175 (1).

Ἀριστοφῶν: Azeniensis anon. 4, 688 (337).

Ἀρίστυλλος: Aristophan. 2, 1162 (13).

ἀριστῶ: ἠριστάναι Herm. 2, 406 (11). ἠρίσταμεν Theop. 2, 799 (2). καλῶς ἠρίσταμεν Aristophan. 2, 1154 (17). ἃ μέλλομεν † ἀριστῆσιν (f. ἀριστήσειν) Pher. 2, 312 (5). εἰς ἅμιλλαν ἀριστήσομεν; Eup. 2, 525 (1). [ἐν] Ἰσθμῷ (scr. Ἰσθμοῖ 5, 56) ἀριστήσομεν Canthar. 2, 836 (1). ἀριστῆσαι Arar. 3, 275 (5). δεῖ γὰρ ἠριστηκότας πάσχειν Antiph. 3, 126 (1, 25). ἠριστηκότων ἡμῶν ἐξ (f. ἒξ) ἀκροκωλίου τινός Alexid. 3, 435. ναστὸν ἤδη δωδέκατον ἠριστηκότα Diphil. 4, 397. ἐπεὶ δὲ θᾶττον ἦμεν ἠριστηκότες Dromon. 3, 541 (2). ἵα καὶ ῥόδ' ἔφασαν αὐτὸν ἠριστηκέναι Diodor. 3, 545 (v. 37).

†Ἀρίστων v. ad Euphron. 4, 488.

Ἀρκαδία: ἀπὸ δ' Ἀρκαδίας ἐπικούρους Herm. 2, 408 (1, 18). ἢ 'ξ Ἀρκαδίας-ὀρίγανον Plat. (Canthar.) 2, 666 (5).
Ἀρκαδικός: Ἀρκαδικός-ἀθάλαττος Men. 4, 206 (1).
Ἀρκάς: Ἀρκάδας μιμεῖσθαι Plat. 2, 651 (7).
ἀρκεῖν: ἀρκεῖ μία σκόνυζα Pher. 2, 353 (51). ἀρκεῖ τευθίδια, σηπίδια Ephipp. 3, 334 (1, 4). κἂν κάραβός τις ἢ λαβεῖν, εἷς ἀρκέσει ib. (1, 5). γυναιξὶ δ' ἀρκεῖ πάντ' ἐὰν οἶνος παρῇ Alexid. 3, 459. κοιτὼν ἁπάσαις εἷς-ἀρκέσει Aristophan. 2, 947 (9). † οὐδ' ἂν κολυμβᾶν (f. —βῶν) εἰς κολυμβήθραν μύρου-ἀρκεῖσθαι Alexid. 3, 516 (28).
ἀρκεσίγυιος: παραδίδου-ἐμοὶ *τὸν (vulg. οἶνον) ἀρκεσίγυιον Antiph. 3, 120 (1, 7).
ἀρκτῆ: ἀρκτῆ, λεοντῆ, παρδαλῆ Anaxand. 3, 200 (14).
ἄρκτος: ἐπ' ἀριστέρ' *ἀεὶ τὴν ἄρκτον ἔχων λάμπουσαν Cratin. 2, 94 (3). καλεῖ τὴν ἄρκτον ἄρτον *Aristophan. 2, 1195 (83) = anon. 4, 628 (97). ὑπεστρῶσθαι στρώμαθ' - μέχρι τῆς ἄρκτου (?) Anaxand. 3, 183 (1, 7). κεστρεύς, σκορπίος, ἔγχελυς, *ἄρκτος (piscis, cod. ἄρτος) Mnesim. 3, 570 (v. 45). ἄρκτοι de virginibus Aristophan. 2, 1102 (14).
ἄρκυς: Cratin. (?) 2, 65 (8).
ἀρκυωρός: Cratin. (?) 2, 65 (8).
ἀρκυωρῶ: τὰ καλώδια-ἀρκυώρει Eup. 2, 555 (18).
ἅρμα: v. ἄρα. *ἅρμ' ὑπερβάλλον πόδας (iactus tal.) Eubul. 3, 232 (2). δέκα ἅρματα συνωρίδες τε πεντεκαίδεκα Alexid. 3, 492. πέμποντά σε ἑώρα-ἐφ' ἅρματος Men. 4, 211 (1).
† ἁρματία v. ἄρτια.
*ἁρματωλία v. ἁμαρτωλία.
ἁρμογή: ταύτην ἐγὼ 'ζήτουν-τὴν ἁρμογήν Eup. 2, 432 (13).
Ἁρμόδιος: Ἁρμοδίου μέλος Cratin. 2, 154 (10). Aristophan. 2, 1127 (3, 2). Ἁρμόδιος ἐπεκαλεῖτο Antiph. 3, 5 (5). μηδὲν τῶν ἀπηρχαιωμένων -, τὸν Τελαμῶνα, μηδὲ τὸν παιῶνα, μηδ' Ἁρμόδιον Antiph. 3, 46 (1).
ἁρμόζω: *ἂν-*τοὐπτάνιον ἁρμόσωμ' ἅπαξ Hegesipp. 4, 479 (v. 19). ὥσπερ λύραν *ἐπιτείν' ἕως ἂν ἁρμόσῃ Machon. 4, 497 (v. 9). πρὸς τὴν παροῦσαν-ἁρμόζου τύχην Philem. 4, 59 (84b). cf. ἁρμόττω.
ἁρμονία: ἐτραπίζοντες τὰς ἁρμονίας Pher. 2, 265 (10). ἐν δ' ἁρμονίαις χιάζων Aristophan. 2, 1200 (102). τὰς ἁρμονίας μεταβάλλειν (f. μεταβάλλοντας 5, 81) Anaxand. 3, 183 (1, 22). ἐν πέντε (an ἑπτὰ) χορδαῖς δώδεκ' ἁρμονίας ἔχων Pher. 2, 327 (1, 16) cf. 334 (1, 10). τὰς ἁρμονίας διαχαλᾷ τοῦ σώματος Epicrat. 3, 366 (2, 19).
ἁρμονικός: ἁρμονικός, οὐ μάγειρος Damox 4, 531 (v. 49).
ἁρμοστῆρες: Plat. 2, 658 (8).
ἁρμοστός: μοι λέγειν τοῦτ' ἐστὶν ἁρμοστόν Philem. 4, 4 (1).
ἁρμόττω: τοῖς τρόποις ἁρμόττον ὥσπερ περὶ πόδα Plat. 2, 660 (3). ὦ τοῖσιν ἐμοῖς τρόποις *(ἁρμόττον, an ἡρμοσμένον 5, 49) Plat. 2, 677 (4). οὐ πανταχοῦ τὸ φρόνιμον ἁρμόττει παρόν (al. ἁρμόττειν δοκεῖ) Men. 4, 196 (2) cf. mon. 691.
ἁρμῶ: Pher. 2, 306 (4).
ἀρνακίς: Aristonym. 2, 699 (4).
ἄρνειος. ἀρνεῖος: *ἄρνειον (vulg. ἀρνεῖον, f. ἀρνίου) κρέας Pher. 2, 269 (1). ἡδύσμασιν *ἄρνεια (legeb. ἀρνεῖα v. 5, 78) κατασπεπλησμέν' Antiph. 3, 101 (5, 4). σπλάγχνοισιν ἀρνείοισι συμμεμιγμένη Eubul. 3, 242 (1, 5).
ἀρνίον: cf. ἄρνειος. *παρεγκέκαπται τ' ἀρνί' (?) ἐννέ' ἢ δέκα Eubul. 3, 212 (v. 9). παχέων ἀρνίων στηθύνια Eubul. 3, 268 (15a) = Ephipp. 3, 325 (2, 7). ἄπεισιν ἀρνίου μαλακώτερος Philippid. 4, 476 (7).

ἀρνός: ὑφεῖλετ' ἄρνα ποιμένος Anaxand. 3, 177 (2, 10). ἄρν'-*συμπτυκτόν, ὠνθυλευμένον Diph. 4, 419 (7). τῶν προβάτων οἷς ἔνι μήτ' ἔρια μήτε τυρός. Α. ἀρνός, φίλτατε Antiph. 3, 9 (1). κρεάδι' ἀρνὸς πίονος Alexid. 3, 396 (1, 5). χοίρου, βοός, ἀρνός Mnesim. 3, 570 (v. 47). ἀρνῶν γαλαθηνῶν Cratet. 2, 233 (1). κεφαλάς-ἀρνῶν Aristophan. 2, 1128 (6). κρανία τ' ἀρνῶν Eubul. 3, 234 (1). βοῦς *ὤπτων, σῦς, ἐλάφους, ἄρνας Antiph. 3, 94. ὑάκινθος, ἄρνες, κλειψύδραι Eubul. 3, 241.

ἀρνοῦμαι: †ἐὰν ἐκεῖνον ἢ πονηρὸς (f. ἐὰν ἐκεινονὶ πονηρὸν) εἶν' ἀρνῇ Phryn. 2, 600 (6). τοὺς ἀρνουμένους-τούτους καταφανεῖς ποιεῖ Antiph. 3, 139 (12).

ἀρότης: τίς-τῶν σῶν ἀροτῶν ἢ ζυγοποιῶν ἔτι χρεία-; Pher. 2, 315 (1).

ἄροτος: παίδων *ἐπ' ἀρότῳ γνησίων Men. 4, 275 (185) cf. 5, 107.

ἄροτρον: βῶλος, ἄροτρον, γηγενὴς *ἄνθρωπος Alexid. 3, 428 (2).

ἄρουρα: Βοιώτιον οὖθαρ ἀρούρης Cratin. 2, 142 (3).

ἁρπάγη: τράπεζαν, ἁρπάγην, κάδον Men. 4, 281 (210).

ἁρπαγή: τῆς ἁρπαγῆς τοῦ παιδός Antiph. 3, 41 (2, 3. 6). ἁρπαγὴν αὐτῷ (puero) κατασκευάζομεν Men. 4, 128 (5). ἡ δ' ἁρπαγὴ μέγιστον-κακόν monost. 212. λύπας, μερίμνας, ἁρπαγάς Diph. 4, 418 (5).

ἁρπάζω: πρὶν ἀνακυκῆσαι τὰς ἀπίους ἁρπάζετε Pher. 2, 259 (8). ἁρπαζέτω τὰς ἐγκρίδας Pher. 2, 287 (3). αὐτίκα δ' ἥρπασε τεμάχη Stratt. 2, 767 (1). σπλάγχν' ὀπτᾶται, *χναῦμ' ἥρπασται (f. ἤρτυται) Mnesimach. 3, 569 (v. 12). ἁρπάσας τούτων (i. e. κυάμων) ἐνέτραγον Timocl. 3, 603 (4). καὶ δύ' (int. ὄρχεις) ἁρπάσασα κατέπιεν Philippid. 4, 468 (1). ὄρνις ὁπόταν ἁρπάσῃ τοῦ καταπιεῖν μεῖζόν τι Philem. 4, 26 (v. 10). οἱ μὲν ἥρπασάν τι γάρ, οἱ δ' οὐδέν, οἱ δὲ πάντα ib. 27 (v. 17). τίς ἐκ μέσου τὰ θερμὰ δεινὸς ἁρπάσαι; Euphron. 4, 492 (v. 5). λαγώς τις εἰσελήλυθ', εὐθὺς ἥρπακας Diphil. 4, 389 (1, 24). ἂν ἀναθῇ τις (phialam), εὐθὺς ἕτερος ἥρπασεν Philippid. 4, 469. φοροῦσιν, ἁρπάζουσιν ἐκ τῆς οἰκίας τὸ χρυσίον Eup. 2, 495 (19). εἰσφορά τις ἥρπακεν τἄνδοθεν πάντ' Antiph. 3, 116 (1, 3). τὴν τράπεζαν ἁρπάσαι κειμένην ἄν τις προσελθών ib. (1, 11). [ἅρπαζ'-κλέπτ', ἀποστέρει Philem. 4, 67 (1, 9)]. οἱ δ' ἁρπάσαντες τοὺς κάδους-ὕδρευον Men. 4, 78 (1). ἁρπάσας μόναυλον εὐθὺς κούφως ἀνήλλετο Arar. 3, 275 (1). αὕτη (piscatoria ars) ἐκ λοπάδος ἁρπάζεται Anaxand. 3, 175 (1, 3).

Ἅρπαλος: τὴν Πυθιονίκην οἶσθα καὶ τὸν Ἅρπαλον Philem. 4, 7.

ἅρπαξ: ὁ μὲν κλέπτης, ὁ δ' ἅρπαξ Myrt. 2, 419 (1). ἔκτινα παντόφθαλμον ἅρπαγα Aristophan. 2 1192 (71). πάντες εἰσὶν ἅρπαγες (Oropii) Xenon. 4, 596. ἀνδρὸς ἁρπαγιστάτου Plat. 2, 634 (2).

ἁρπαξομίλης: anon. 4, 664 (258).

Ἅρπυια: πτηνά θ' Ἁρπυιῶν γένη Anaxil. 3, 347 (1, 5).

ἀρραβών: ἀρραβῶνα-εὐθὺς καταβαλεῖν Men. 4, 283 (223). ἔχοντες ἀρραβῶνα τὴν τέχνην τοῦ ζῆν Antiph. 3, 66. τοῦ δυστυχεῖν-ἀρραβῶν' ἔχειν Men. 4, 268 (148).

ἀρρενώπας: Cratin. 2, 187 (32b).

ἄρρην: ὅτι ἄρρην ὑπὸ θηλειῶν κατεκόπης Anaxand. 3, 192 (1). ὁμώνυμος ἄρρενι θῆλυς Eubul. 3, 254 (1, 1). ἔστιν γὰρ οὔτε θῆλυς οὔτ' ἄρρην Alexid. 3, 495 (1, 6). Σφίγγ' ἄρρεν' Philem. 4, 48 (40b) = Straton. 4, 545. στῦλος οἴκου παῖδές ἄρρενες monost. 713. [ἐκπυνθάνεσθαι τἀρσένων Men. 4, 226 (1, 3). τό-ἄρσεν ἀεὶ τοῦ κεκρυμμένου λίχνον ib. (1, 10)].

ἀρρησία: Nicoph. 2, 854 (3).

ἀρρύθμως: τὸ βαδίζειν ἀρρύθμως ἐν ταῖς ὁδοῖς Alexid. 3, 506 (7).

ἀρρωστήμων: Eup. 2, 446 (24).

ἀρρωστῶ: τρέφει οὗτος ὥσπερ ἀρρωστοῦντά με Philem. 4, 36 (12).

ἄρσην: v. ἄρρην.
ἄρταμος: τρέφειν τοιοῦτον ἄρταμον κατ' ἰχθύων Epicrat. 3, 369.
Ἄρτεμις: τρίγλη-παρθένου Ἀρτέμιδος ἔφυ Plat. 2, 673 (1, 20). ἐπομνύουσα τὰν Κόραν, τὰν Ἄρτεμιν, τὰν * Φερσέφατταν Epicrat. 3, 369. νὴ τὴν Ἄρτεμιν Eriphi 3, 556 (1, 6) = νὴ τὴν Φωσφόρον Antiph. 3, 33 (1, 6). Ἄρτεμι, φίλη δέσποινα Philem. 4, 21 (1). Ἐφεσίαν παρ' Ἄρτεμιν Autocrat. 2, 891 (1, 5). Diana Ilithyia Men. 4, 82 (5). de Iove sub Dianae specie Callistonem comprimente Amphid. 3, 320 (11).
Ἀρτεμίσιον: κεφαλὰς ἔχοντες (?) τρεῖς ὥσπερ Ἀρτεμίσιον (μι) Diph. 4, 427 (42).
ἀρτήρ: Pher. 2, 269 (6).
†ἀρτηρία: τὴν δ' ἀρτηρίαν (f. ἀρτυσίαν) συνήρπασεν Alexid. 3, 400 (1).
ἄρτι: cf. ἄρα. ἀρτίως. νῦν δ' ἄρτι μοι τὸ γῆρας ἐντίθησι νοῦν Pher. 2, 338 (7, 6). ἄρτι γὰρ νοῶ Men. 4, 121 (7). ἄρτι χνοαζούσας αὐλητρίδας Metag. 2, 751 (1, 3) = Aristag. 2, 761 (1, 3). ἄρτι γυμνὸν ὀστράκων anon. 4, 646 (167). * οὗ μὲν ἦμεν ἄρτι (al. ἀρτίως) - ἐξ ὀξυβαφίων-ἐπίνομεν Antiph. 3, 89 (1, 4). ἄρτι μὲν μάλ' ἀνδρικὴν τῶν Θηρικλείων-εἷλκον Eubul. 3, 231 (1). παρὰ Γναθαινίῳ-ἄρτι κατέφαγον (panem) Eubul. 3, 247 (2), * λύσασα δ' ἄρτι (legeb. λύσας δὲ ἀργὴν) στάμνον-ἵησιν εὐθὺς- Plat. 2, 684 (9) cf. 5, 49.
ἀρτικροτεῖσθαι: * ἠρτικροτοῦντο δ' οἱ γάμοι Men. 4, 304 (330).
ἄρτιος: εὐδαίμων, * κυνῶτας, ἄρτια [ἁρματία] Eubul. 3, 232 (2).
ἀρτίως: cf. ἄρτι. ἡβῶντ' ἀρτίως οἰνίσκον Cratin. 2, 117 (3). ἀρτίως ἠβυλλιῶσαι Pher. 2, 309 (1, 28). ἀρτίως κατέλιπον αὐτὴν σμωμένην Aristophan. 2, 1190 (9). ἐπαίζομεν-ἀρτίως τοῖς ἀστρίχοις Antiph. 3, 50 (1). ἐξεπήδησ' ἀρτίως πέττουσα Eubul. 3, 203 (2). ἐμοὶ μὲν ἀρτίως-ἀσπίδα προσφέρων ἔδωκεν Aristophont. 3, 363. ἀρτίως τεττάρων δραχμῶν ἐπώλει κωβιοὺς Men. 4, 125 (3). * ἐκόκκυζ' ἀρτίως ἀλεκτρυὼν Diph. 4, 421 (12) cf. 5, 112. οἷον-ἀρτίως εἴδετε, τοιοῦτος γέγονεν Alexid. 3, 428 (2). ἐπεὶ εἶπ' ἀρτίως * * * Dionys. 3, 548 (v. 31). τουτονὶ δ' ὃν ἀρτίως ἔφης- ib. (v. 36). εἰ δ' ἔλαβον * ἀρτίως (libr. ἄρτι) σκάρον Philem. 4, 27 (20). τὸν αὐτόπυρον ἄρτον ἀρτίως φαγὼν Alexid. 3, 436 (2). καταλαμβάνομεν - κατὰ χειρὸς ἀρτίως εἰληφότας Nicostr. 3, 287. ἀρτίως ἀφιγμένη Pher. 2, 315 (11). ἀρτίως διηρτάμηκε Anaxand. 3, 163. αὐτοὺς ἀρτίως ἠλωκέναι Xenarch. 3, 621 (1, 17). ἀχαρὴς παραπόλωλας ἀρτίως Men. 4, 284 (226).
ἀρτοκοπεῖν (al. ἀρτοποπεῖν) Phryn. 2, 591 (11).
ἀρτοποιία: Aristophan. 2, 1074 (15).
ἀρτοποπεῖν: v. ἀρτοκοπεῖν.
ἀρτοπωλία: v. ἀρτόπωλις.
ἀρτοπώλιον: Θεαρίωνος ἀρτοπώλιον Aristophan. 2, 946 (7). 1009 (11).
ἀρτόπωλις (l. ἀρτοπωλία 4, 637) Archipp. 2, 723 (16).
Ἄρτος: Ἄρτος-* ἐξένισεν ἡμᾶς καλῶς Demetr. 2, 876 (1).
ἄρτος: cf. ἄρκτος. καλεῖ τὴν ἄρκτον ἄρτον * Aristophan. 2, 1195 (63) = anon. 4, 628 (97). ἀγελαῖοι ἄρτοι Plat. 2, 642 (3). κλιβανίτης ἄρτος Amips. 2, 702 (5). ἄρτοι τρυφῶντες Alcaei 2, 826 (3). Eubul. 3, 214 (2). ἄρτον ὀπτῶν ὀβελίαν Aristophan. 2, 989 (10). ὀβελίαν σποδεῖν, ἄρτου δὲ μὴ προτιμᾶν Pher. 2, 274 (1). ὀβολίας ἄρτους Aristophan. 2, 1129 (8). ἄρτους λευκοσωμάτους Antiph. 3, 96 (1). παριππεῦσαι Κυπρίους ἄρτους Eubul. 3, 243 (2). αὐτοπυρίταισι-ἄρτοις Phryn. 2, 595 (1). τὸν αὐτόπυρον ἄρτον Alexid. 3, 436 (2). ἄρτους σποδίτας κρησερίτας Diph. 4, 387. ἄρτους πριάμενος μὴ τῶν καθαρύλλων Plat. 2, 644 (1). ἄρτον λιπαρὸν-φέροντι Aristophan. 2, 987 (8). ἄρτος καθαρὸς εἰς ἑκατέρῳ

Alexid. 3, 483 (2, 10). εἷς ἄρτος, ὄψον ἰσχάς Philem. 4, 29. οὐκ ἂν δυναίμην ἐμφαγεῖν ἄρτον τινά Eubul. 3, 247 (2). ξηρὸν φύραμ', ἄρτοι ξηροί Mnesimach. 3, 569 (v. 11). μᾶζαι-ἄρτοις ἐμάχοντο Telecl. 2, 361 (1, 4). ὅτε τοῖς ἄρτοις ἠστραγάλιζον, μᾶζαι δ' — Cratin. 2, 108 (2). νιφέτω-ἀλφίτοις, ψακαζέτω δ' ἄρτοισιν Nicoph. 2, 851 (2). ἄρτους, μᾶζαν, ἀθάρην Nicoph. 2, 852 (2). *βάρακες πολλοὶ κἄρτοι Epilyci 2, 887 (2). μαζῶν ὄψεις, ἄρτων, ἀμύλων Anaxand. 3, 184 (1, 38). ἄρτων, ἀλφίτων, ὄξους Men. 4, 156 (1). οὔτ' ἀλφίτοισι χαίρομεν· πλήρης γὰρ ἄρτων ἡ πόλις anon. 4, 606 (18). κόλλικα φαγὼν κρίβανος ἄρτων Ephipp. 3, 322. ἀκροκώλι', ἄρτοι, κάραβοι Aristophan. 2, 1008 (6). τὸ μέλι, τοὺς ἄρτους, τὰ σῦκα Antiph. 3, 98. ἀξιωτέρους πωλοῦσιν-τοὺς ἄρτους ἐκεῖ Eubul. 3, 208 (2). τοῖς ἄρτοις ὅσας ἱστᾶσι παγίδας Alexid. 3, 409 (2). Μητίοχος δ' ἄρτους ἐποπτᾷ anon. 4, 674 (303). ἄρτου δὶς ἢ τρὶς ἀποδακών Aristomen. 2, 734 (1). † ἄρτων περίλοιπα θρύμματα Aristophan. 2, 1010 (13). ἐν πήρᾳ φέροις ἄρτους ἄν, ἀλλ' οὐ ζωμόν Diph. 4, 403 (1, 6). ὁ μὲν ἄρτος ἡδύ, τὸ δὲ φενακίζειν προσὸν ἔμβαμμα τοῖς ἄρτοις πονηρόν Theop. 2, 795 (2). παρ' ἧς τὸν ἄρτον ἡ κύων οὐ λαμβάνει Diph. 4, 418 (6).

ἀρτοσιτεῖν: Plat. 2, 672 (7).

ἀρτοστροφεῖν: Aristophan. (?) 2, 1206 (133).

ἄρτυμα: τὰ παλαιὰ καὶ θρυλούμενα ἀρτύματ' Anaxipp. 4, 459 (v. 5). οἷς ὁ Κρόνος ἀρτύμασιν ἐχρᾶτο (v. 8).

ἀρτυσία: v. ἀρτηρία.

ἀρτύω: cf. ἁρπάζω. γλαῦκον-ἀρτῦσαι Cratin. 2, 178 (12). ὄψῳ πονηρῷ πολυτελῶς ἠρτυμένῳ Eup. 2, 564 (49). κίχλαι ἀνάβραστ' ἠρτυμέναι Pher. 2, 300 (1, 23). ἀρτύω φακῆν Anaxipp. 4, 460 (v. 41). οὐδ' ἧττον οὔτε μᾶλλον οὔτε διὰ μέσου ἠρτυμένοισι † χαίρων anon. 4, 671 (292).

ἀρύβαλλος: Theop. 2, 822 (28). ἀρύβαλλοι de crumenis Antiph. 3, 26 (3).

ἀρύστιχος: κύλιχ' ἀρύστιχον Phryn. 2, 595 (2).

ἀρύταινα: ὠθεῖ ταῖς ἀρυταίναις Aristophan. 2, 1129 (8). κατασκευάσωτὴν μεγίστην ἀρύταιναν ὑμῶν-ζέοντος ὕδατος Antiph. 3, 11.

ἀρύτω: ποταμοὶ-ῥεύσονται, σφῷν ἀρύτεσθαι Pher. 2, 316 (1, 5). κὰκ πιθῶνος ἤρυσαν ἄκρατον Pher. 2, 323 (5).

Ἀρχάγαθος: *Ἀρχάγαθον-γεγραφέναι ῥοφοῦντ' Ὀρέστην Sophili 3, 583 (2).

ἀρχαϊκός: ἐν τοῖς δ' ἐκείνων ἤθεσιν ἴσθ' ἀρχαϊκός Antiph. 3, 22.

ἀρχαῖος: ἀρχαῖος de simplici Pher. 2, 354 (62). τὰ Στησιχόρου-ἀρχαῖον ἀείδειν Eup. 2, 481 (3). οἶδα-ἀρχαῖόν τι δρῶν Aristophan. 2, 958 (16). οὕτω σφόδρ' ἦν ἀρχαῖος Antiph. 3, 144 (27). τὸν ἀρχαῖον τρόπον (musices) Eup. 2, 548 (3). λόγος τίς ἐστ' ἀρχαῖος οὐ κακῶς ἔχων Eriphi 3, 556. πάλιν χρόνῳ τἀρχαῖα καινὰ γίγνεται Nicostr. 3, 288 (3). ψυχῆς † ἀρχαίας monost. 636.

ἀρχέγονος: ἡ φύσις πάσης τέχνης ἀρχέγονόν ἐστ', ἀρχέγονον Damox. 4, 530 (v. 8).

Ἀρχέστρατος: *χοὖτοι μὲν *εἰσ' ἑκκαίδεκ' εἰς Ἀρχέστρατον Eup. 2, 537 (4, 4). cf. ad anon. 4, 699 (378). Ἀρχέστρατος γέγραφέ τε καὶ δοξάζεται Dionys. 3, 548 (v. 24).

Ἀρχεφῶν: παρ' Ἀρχεφῶντος ἡδυπότια Cratin. min. 3, 379 (3).

ἀρχή: cf. χάρις. Λυκαμβὶς ἀρχή Cratin. 2, 92 (12). οὐκ ἐᾷ ἀρχὴν λαχόντας ἄρχειν τῶν πέλας Alexid. 3, 519 (34). σύνταγμα τῆς ἀρχῆς ex Men. 4, 330 (498). ἀρχῆς τετευχὼς ἴσθι ταύτης ἄξιος mon. 44. δέχονται-*ἀρχαὶ τὰ πρυτανεῖ' Aristophan. 2, 1106 (10)? ἐάν με τῶν ἀρχῶν ἀφῆτε Aristophan. 2, 985 (1). εὐθὺς ἐξ ἀρχῆς πάλιν Pher. 2, 300 (1, 33). αὐτίκ' ἐρῶ σοι πάλιν ἐξ ἀρχῆς Mnesim. 3, 569 (v. 24). λέξω τοίνυν-ἐξ ἀρχῆς Telecl. 2, 361 (1, 1). σκοπεῖν ἀπ' ἀρχῆς Anaxil. 3, 347 (1, 8). λαλεῖν ἀπ' ἀρχῆς πάντα τὸν-βίον Men. 4, 116 (1). αὖθις ἐξ ἀρχῆς ἔσει Men. 4, 134 (2). δείπνου-ἀρχήν, τελευτὴν δ' ἔμαθεν οὐδεπώποτε Anaxil. 3, 351 (1) cf. 3, 353. τελευτὴν οὐδεμίαν οὐδ' ἀρχὴν ἔχει Herm. 2, 390 (1, 5). ἀρχῆς γενομένης ἐπὶ πλεῖον ηὔξον τὴν τέχνην Athenion. 4, 557 (v. 15). τίς ἀρχὴ τῶν λόγων γενήσεται; Cephisod. 2, 883 (1). πολλῶν-κακῶν ἐστιν ἀρχὴ τῷ βίῳ (int. γαμεῖν) Anaxandr. 3, 195 (1). ἅπερ ἡμῖν μόνα-ἀρχὴ γέγονε τῆς σωτηρίας Athenion. 4, 558 (v. 24). ἀρχὴ μεγίστη τῶν-κακῶν ἀγαθά Men. 4, 275 (184). τοῦ κακῶς λέγειν ἀρχὴ γίγνετ' (int. σκῶψις) Alexid. 3, 454 (1). ἀρχὴν πολέμου πορίσειεν Aristophan. 2, 981 (26). [† ἀρχὴν-τὸν θεὸν φοβεῖσθαι monost. 53.]

ἀρχηγέτης: ἥμει παρὰ τοὺς ἀρχηγέτας Aristophan. 2, 996 (3).

ἀρχηγός: τὴν νύκτα τήν | πολλῶν κακῶν ἀρχηγόν Men. 4, 189 (1, 10). τῆς τέχνης ἀρχηγὸς ἦν Sosip. 4, 482 (v. 14).

Ἀρχίβιος: v. Ἀρχῖνος.

† ἀρχιλόχειον: Nicoch. 2, 844.

Ἀρχίλοχος: Ἀρχίλοχε, δέξαι τήνδε τὴν μετανιπτρίδα Diph. 4, 409 (1). Archilochus et Hipponax Sapphonis amatores ib. (2).

Ἀρχῖνος: Plat. 2, 661 (6). Sannyr. 2, 875 (2). Ἀρχίβιος (f. Ἀρχῖνος) Plat. 2, 691 (42).

ἀρχιτεκτονεῖν: Aristophan. 2, 1019 (11). ἐδίδασκεν ἡμᾶς (cocos)-ἀστρολογεῖν-ἔπειτα-εὐθὺς ἀρχιτεκτονεῖν Sosip. 4, 482 (v. 16).

ἀρχιτεκτονική: τὸ περὶ τῆς ἀρχιτεκτονικῆς-τί τῇ τέχνῃ συμβάλλεται Sosip. 4, 483 (v. 36).

ἀρχιτέκτων: οὐκ ἀρχιτέκτων κύριος τῆς ἡδονῆς μόνος καθέστηκ' Alexid. 3, 451 (1, 2).

ἀρχογλυπτάδης: anon. 4, 625 (81).

ἀρχολίπαρος: anon. 4, 625 (81).

ἄρχω: cf. ἄγχω. μηκέτ'-ἐάσατ' ἄρχειν μειράκια Eup. 2, 464 (13). γυναικὶ-ἄρχειν οὐ δίδωσιν ἡ φύσις monost. 100. ἄρχων εἰμὶ-Ἀθηναίοις Cratin. 2, 195 (53). ἕκαστός ἐστι τῷ λογίσασθαι ἄρχων, στρατηγός, ἡγεμὼν Men. 4, 142 (2). Μακεδὼν ἄρχων Ephipp. 3, 323 (1, 20). Εὐκλείδην τὸν ἄρξαντα Archipp. 2, 719 (2). ἄρξαντος ἀνδρὸς δημόσια τὰ χρήματα anon. 4, 624 (79). οὐ δῆτ' ἐμοῦ γ' ἄρξει Eup. (?) 2, 577 (v. 16). ὧν οὐκ ἐχρῆν ἄρχουσιν, ὧν δ' ἄρχειν ἐχρῆν ἀμελοῦσιν Alexid. 3, 450. οὐκ ἐᾷ ἀρχὴν λαχόντας-ἄρχειν τῶν πέλας Alexid. 3, 519 (34).
ἄρξει αὐτοῖς δίποδία Cratin. 2, 169 (5) cf. 5, 20. ἐμοὶ-ἦρξε τῶν κακῶν Pher. 2, 326 (1, 3). ἄρξομαι ἐκ βολβοῖο Plat. 2, 672 (1, 6). φιλακόλουθος ἄρχεται Aristom. 2, 734 (2). νυστάζειν γε καὐτὸς ἄρχομαι Xenarch. 3, 616 (1). λαβὼν τὴν κύλικα πρῶτος ἄρχεται λόγου Men. 4, 237 (17). ἐσθίειν πρὸ ἡμέρας ἀρξάμενος Diphil. 4, 385. δειλινὸς ἤρξατο anon. 4, 688 (336).

ἀρχωνίδας Plat. 2, 689 (27^a).

ἀρῶ: κολοκύντας ὁμοῦ ταῖς γογγυλίσιν ἀροῦσιν Aristophan. 2, 1171 (1, 6).

ἀρωγός: ἀσκοπυτίνην-δίψους ἀρωγόν Antiph. 3, 82.

ἀρῶμαι: ἀρᾶται κἀπιθεάζει τῷ (f. κἀπιθειάζει 5, 29) πατρί Pher. 2, 314 (10).

ἀρώματα: κεῦθυ τῶν ἀρωμάτων Eup. 2, 550 (5).

ἀσάμινθος: ἐξ ἀσαμίνθου κύλικος λείβων Cratin. 2, 157 (13).

ἄσαρκος: ὀστῶν ἀσάρκων anon. 4, 613 (41).

ἄσβολος: τὰς ὀφρῦς ζωγραφοῦσιν ἀσβόλῳ Alexid. 3, 423 (1, 16).

ἀσεβής: [τὴν μὲν δικαίων χἀτέραν ἀσεβῶν ὁδόν Philem. 4, 67 (1). εἰ δίκαιος κἀσεβὴς ἕξουσιν ἕν ib.]

† ἀσέβιον-ἔτριβες v. ἀσεβῶ.

ἀσεβῶ: † ἀσέβιον-ἔτριβες (f. ἀσεβῶν βίον-ἔτριβες) Eup. 2, 440 (1). οὐδὲν ἀσεβεῖς οὐδέπω (in ratione reddenda) Alexid. 3, 389 (1, 5). ἀσεβεῖς τὸν οὐ θέλοντα μανθάνειν θέλων Philem. 4, 59 (86). δι' ὃν ἀσεβοῦντα-ὁ πέπλος ἐρράγη Philippid. 4, 475 (2). εἰς τοὺς ὁμολογουμένους θεοὺς ἀσεβοῦντες Timocl. 3, 590. ἠσεβηκὼς εἰς τάλαντον ἀργυροῦν anon. 4, 668 (282).

ἀσελγής: οἷον-*τὸ πνῖγος, ὡς ἀσελγές Pher. 2, 348 (29) cf. 5, 29. ἀνέμου-ἀσελγοῦς Eup. 2, 558 (25). σκῶμμα-εἶπ' ἀσελγές Eup. 2, 485 (1, 15). τοῦτ' ἔστι σοι τὸ σκῶμμ' ἀσελγές [Myrt. 2, 418 (1)] Eup. 2, 521 (2).

ἀσελγῶς: τοὺς ἀσελγῶς χρωμένους (iat. τῷ καλῷ) Diodor. 3, 545 (v. 41).

ἀσελγόκερως: κριὸς ἀσελγόκερως Plat. 2, 668 (24).

*ἀσέμνως: v. σεμνῶς.

ἄσημον: de pecunia. Alexid. 3, 411 (3).

ἀσθενής: ἄνευρος ἀσθενὴς ἀνέντατος Theop. 2, 818 (9). πτωχὸν ἀσθενῆ θ' ἅμα Aristophont. 3, 359 = Men. 4, 183 (3). τὸν ἀσθενῆ τολμᾶν τι (συμπείθεις int.) Diph. 4, 415 (1). ὁ-εἰς τὸν ἀσθενῆ βίᾳ τι-ποιῶν Philippid. 4, 476 (4). προὔδωκεν αὐτὸν ὁ τόρος· ἦν γὰρ ἀσθενής Philyll. 2, 863 (1). ἅπαντα-ἐργαζόμενος ἀσθενέστερα (int. χρόνος) Cratet. 2, 248 (2). ἀσθενέστατον ὂν φύσει (homo) Men. 4, 227 (2).

ἀσθενῶ: τὴν-γραῦν τὴν ἀσθενοῦσαν πάνυ πάλαι Antiph. 3, 23. νὴ τὸν Δί' ἠσθένουν γάρ Eubul. 3, 258 (3).

Ἀσία: cf. ἄγιος. τὰκ τῆς Ἀσίας καὶ τἀπὸ Θρᾴκης λήμματα Antiph. 3, 112, (1, 9).

ἄσιτος: ἰχθῦς ἀσίτους Plat. 2, 625 (3). ἄσιτος ἡμέραν καὶ νύχθ' ὅλην κεστρεύς Antiph. 3, 125 (1, 9). σοφιστῶν-λεπτῶν ἀσίτων συκίνων Antiph. 3, 64 (1, 4). ἀσίτων ἡμῶν ὄντων Alexid. 3, 456 (1, 8). ἄσιτος ἑπτὰ μῆνας Men. 4, 138 (4).

ἀσκαρίζω: ὁ δ' ἠσκάριζε κἀπέπαρδεν Cratin. 2, 33 (4).

ἄσκεπτος: οὐκ ἄσκεπτα δυνάμενος λέγειν Ephipp. 3, 332 (v. 5).

ἄσκη: Plat. 2, 693 (48).

ἀσκίον: οὐκ ἀσκίῳ-*ἐμορμολύττετο (cf. 5, 25) Cratet. 2, 235 (1) cf. anon. 4, 656 (223).

Ἀσκληπίειον: (an Ὀλυμπίειον) Aristophan. 2, 1217 (229).

Ἀσκληπιός: de Aesculapii prole Herm. 1, 96 (1). Ἀσκληπιὸς κατέβρεξεν (int. τὴν καρδίαν) Antidot. 3, 529. μὰ τὸν Ἀσκληπιὸν Alexid. (Antidot.) 3, 458. Men. 4, 94 (4)

ἀσκοθύλακος: Archipp. 2, 716 (7). Diocl. 2, 839 (4). Aristophan. 2, 1013 (24).

ἀσκοπήρα: Aristophan. 2, 1174 (9). *σίγυνον, ἀσκοπήραν, θύλακον Diph. 4, 401.

ἀσκοπυτίνη: Men. 4, 146 (7). ἀσκοπυτίνην τινὰ δίψους ἀρωγὸν Antiph. 3, 82.

ἀσκός: ἀσκὸν εἰς μέσον-καταθέντες εἰσάλλεσθε Eubul. 3, 216. τοῦτον-ἀσκὸν καλοῦσι πάντες Antiph. 3, 8 (2). εὖ μὲν ἀσκὸς εὖ δὲ θύλακος ἄνθρωπός ἐστι Alexid. 3, 417 (1).

ᾆσμα: Μεγαρικῆς κωμῳδίας † ᾆσμα Ecphant. 2, 12. τίνων ποιητὴς ᾀσμάτων Alexid. 3, 389. νυκτερίν' εὗρε μοιχοῖς ἀείσματ' Eup. 2, 451 (3).

ἄσμενος: ἀσμενός σ' ἰδὼν Aristophan. 2, 1065 (2, 6). θεωροῦσ' ἄσμενοι Anaxand. 3, 192 (2). ἄσμενος ἔχοις ἂν-ἃ νῦν ἔχεις (mala) Philem. 4, 13 (1). ὡς οὐκ ἂν *ἐκδοίη γε θυγατέρ' ἄσμενος Men. 4, 99 (1).

ἀσμένως: ἀσμένως ἠκούσαμεν Alexid. 3, 448 (2). ἀσμένως σε δέξεται Timocl. 3, 600 (2). εἴπερ τὸν *ἀδικοῦντ' ἀσμένως ἠμύνετο Men. 4, 237 (15).

ἄσμηκτος: ἄσμ. ἀπαράλεκτος Pher. 2, 355 (70).

† ᾆσμος (l. ᾀσμός) Plat. 2, 693 (50).
ἀσόλοικος: κρέας βόειον ἑφθὸν ἀσόλοικον Eubul. 3, 205 (v. 8).
ἀσπάζομαι: τί με καλεῖς σύ-; *Α.* *ἵν' ἀσπάσωμαι Theop. 2, 804 (1, 6). τοῦτον ἀσπασάμενος ἡδέως πάνυ Timocl. 3, 606. διὰ χρόνου πολλοῦ σ' ἰδὼν | ἀσπάζομαι Men. 4, 76 (8). ἀσπάζομαι γραῦν σφίγγα Alexid. 3, 460. ἀσπαζόμεσθ' *ἐρετμία anon. 4, 696 (366).
ἀσπάλαθος: ἁπαλὰς ἀσπαλάθους πατοῦντες Pher. 2, 305 (2). ἀσπάλαθος (mascul.) Aristophan. 2, 1206 (134).
ἀσπάραγος: ἀσπάραγος *ἐπηγλαΐζετ' Antiph. 3, 148 (37). † ἀσπάραγον, πίτταν, ῥάμνον Aristophont. 3, 364 (2). κάππαριν, θύμον, ἀσπάραγον Philem. 4, 38 (12).
Ἀσπασία: Ἥραν-Ἀσπασίαν Cratini 2, 148 (4). Aspasia Ὀμφάλη dicta ib. Ἑλένη ap. Eup. 2, 524 (6). τύραννος (f. τυραννοδαίμων) ap. *Eup. 2, 535 (11) cf. 5, 38 sq. Aspasia Periclis magistra ap. Calliam 2, 740 (9).
Ἀσπένδιος: οὐδὲν † χονδρεύουσι (f. κιθαριστοῦ) διαφέρω-Ἀσπενδίου Anaxipp. 4, 460 (v. 26).
ἀσπίδιον: ἴσον ἀσπίδιον ὀγκίῳ Herm. 2, 386 (2). ἀσπίδιον-τι καὶ μαχαίριον Men. 4, 284 (227).
ἀσπίνθιον: v. ἀψίνθιον.
ἀσπίς: ὧδ' ἔχων τὴν ἀσπίδα Eup. 2, 528 (5). τὴν ἀσπίδα ἐπίθημα τῷ φρέατι Aristophan. 2, 1066 (3). ἀσπίδας δὲ προσκεφάλαια καὶ θώρακας ἔχομεν Mnesimach. 3, 577 (1, 7). ἔχων τὴν ἀσπίδα συντετριμμένην Men. 4, 91 (1). ἐπίσημον-τὴν ἀσπίδ' ἀνέθηκαν Men. 4, 225 (1). τὴν ἀσπίδ' ἀποβέβληκεν-τοῦ βίου Nicostr. 3, 289 (5). ἄριστος τἄλλα πλὴν ἐν ἀσπίδι anon. 4, 678 (309b). ἵστασθ'-ἐπὶ τρεῖς ἀσπίδας Aristophan. 2, 975 (8). καθάπερ ἐν ταῖς ἀσπίσιν ἀριστερ' αὐτοῦ φαίνεται τὰ δεξιά Pher. 2, 327 (1, 11) vide 2, 334 (1, 16). τῶν Θηρικλείων εὐκύκλωτον ἀσπίδα (int. poculum) Aristophont. 3, 363.
ἀσπίς: (de angue) ἀσπίδι-φοβερᾷ Men. 4, 269 (154). ἰὸς-ἀσπίδος κακὴ γυνή monost. 281.
ἄσπλαγχνος: ἄσπλαγχνος *ἐνιαυτίζομἀπλάκουντος Plat. 2, 654 (1).
ἄσπουδος-ἀνήρ Eup. 2, 518 (29).
ἆσσον: ἥτις (navis) ἀνδρῶν ἆσσον οὐκ ἐληλύθει Eup. (?) 2, 577 (v. 15).
ᾄσσω: ὀσμὴ πρὸς μυκτῆρας-ᾄσσει Eubul. 3, 242 (1, 10). cf. ᾄττω.
ἀστακός: κάραβον, ἀστακόν, *ὄστρειον Philyll. 2, 861 (1).
ἄστατος: δῆμος ἄστατον κακὸν anon. 4, 615 (48).
ἀσταφίς: ἡ Ῥόδος ἀσταφίδας (fert) Herm. 2, 407 (1, 16). ἀσταφίδος, ἁλῶν, σιραίου Antiph. 3, 78 (1). ἀσταφίδα κεκομμένην Alexid. 3, 437 (2, 4).
ἀστεῖος: νῦν οὖν (f. ἂν) γένοιτ' ἀστεῖος οἰκῶν ἐν πόλει Alcae. 2, 832 (1). διάλεκτον-ἀστείαν ὑποθηλυτέραν Aristophan. 2, 1199 (98). ἦθος ἀστεῖον-καὶ πρᾶον Nicomach. 4, 583 (v. 1). ἀστεῖον εἰπεῖν καὶ κατερρινημένον anon. 4, 662 (248). *ἆρ'-ἐστι-ἁπλῆ τις; *B.* ἀστεία μὲν οὖν Anaxilae 3, 350 (2). ἀστεῖος (fem.) εἶ. δραχμὴν ὑπόθες Diph. 4, 411 (1, 2). κραμβίδιον-χάριεν ἀστεῖον πάνυ Antiph. 3, 5 (6). ἀστεῖον ἑφθὴ τευθὶς ὠνθυλευμένη Sotad. 3, 585 (1, 15). ἀστεῖον ὁ σιλουρισμός Diph. 4, 381 (1, 11). ἀστεῖόν γε ἄριστον Antiph. 3, 100 (2). κρεῖσσον ἀστεῖον πάνυ θεῖον Alexid. 3, 472 (4). ἀργυρῷ ποτηρίῳ ἀστειοτάτῳ τὴν ὄψιν Alexid. 3, 408 (1). ἀστεῖον ἐπιτήδευμα-τῷ βίῳ Men. 4, 150 (4). ἀστεῖον τὸ μὴ συνάγειν γυναῖκας Men. 4, 202 (1). ἀστεῖον εἶναι φάρμακον (int. τὸν λόγον) Men. 4, 240 (23). συμβαίνει-τι νῦν μοι-ἀστεῖον Posidipp. 4, 514 (1).
ἀστεμφής: † ποιηταῖς σκληροῖς καὶ ἀστεμφέσι Aristophan. 2, 1202 (108) cf. 1078.

ἀστερίας: γαλεὸς ἀστερίας Philyll. 2, 857 (1).
ἀστή: ἀστῆς ἐλαίας anon. 4, 684 (324). ἑταίρας-ἀστῆς, ἐρήμου δ' ἐπιτρόπου καὶ συγγενῶν Antiph. 3, 124 (1, 4).
ἀστήρ: cf. ἄστρον. ὑπέφαινεν φῶν ἠπίτομα τοὺς ἀστέρας Alexid. 3, 502 (1, 10). τοὺς θεοὺς εἶναι-γῆν, ἥλιον, πῦρ, ἀστέρας Men. 4, 238 (10).
ἀστικός: *προποιήσεις ἀστικὸν σαυτόν Men. 4, 294 (259).
ἄστικτος: ἄστικτον χωρίον Men. 4, 302 (322).
Ἀστίων: ναστὸν Ἀστίωνος μείζονα Diph. 4, 397.
ἀστοργία: ἀστοργίαν ἔχει τιν' ὁ σκληρὸς βίος Men. 4, 224 (5).
ἀστός: cf. ἀστή. ὦ πάντων ἀστῶν λῷστοι Telecl. 2, 364 (4). ἐν μέσοις αὐτοῖσιν (f. ἀστοῖσιν) ἑστώς Eubul. 3, 240.
ἀστόχως: ἆρά γε διδάσκω-; N. οὐκ ἀστόχως Alexid. 3, 434 (1, 14).
ἀστραβεύειν: Plat. 2, 628 (13).
ἀστραγαλίζω: ὅτε τοῖς ἄρτοις ἠστραγάλιζον Cratin. 2, 108 (2). μήτρας τόμοις οἱ παῖδες ἂν ἠστραγάλιζον Telecl. 2, 362 (1, 14).
ἀστράγαλος: ἀντ' ἀστραγάλων κονδύλοισι παίζετε Pher. 2, 272 (9). διάσειστοι ἀστράγαλοι Men. 4, 197 (5).
ἀστραγαλωτὴ μάστιξ Cratet. 2, 246 (3).
ἀστραπή: ἐκτυφλοῦν τιν' ἀστραπή (sum) Antiph. 3, 110 (v. 4).
ἀστράπτω: καταπυγοσύνην-ἀστράψω Ξενοφῶντος Cratin. 2, 46 (4). ἀστράψῃ διὰ πυκνός anon. 4, 631 (110).
ἄστριχος: ἐπαίζομεν-ἀρτίως τοῖς ἀστρίχοις Antiph. 3, 50 (1).
ἀστρολογική: ἀστρολογικήν, *γεωμετρικήν, ἰατρικήν Nicomach. 4, 583 (v. 18).
ἀστρολογῶ: ἐδίδασκεν ἡμᾶς (coquos) ἀστρολογεῖν Sosip. 4, 482 (v. 15).
ἄστρον: ἄστρων ἐπιτολάς, δύσεις, τροπάς Alexid. 3, 397 (1). τάς τε τῶν ἄστρων δύσεις καὶ τὰς ἐπιτολάς Sosip. 4, 483 (v. 26). τὸν ἥλιον τὸν κοινόν, *ἄστρ' (vulg. ἀστέρα), ὕδωρ, νέφη Men. 4, 211 (2, 4).
ἄστυ: ἐξ ἄστεως-εἰς ἀγρὸν χωρῶμεν Aristophan. 2, 990 (15). καλεῖ ‖ τὸ δ' ἄστυ σῦκα Aristophan. (?) 2, 1195 (83) = anon. 4, 628 (97). ὁρῶ κιναίδους ἐνθάδε πολλοὺς ἐν ἄστει anon. 4, 611 (38). ὅστις πένης ὢν ζῆν ἐν ἄστει βούλεται Men. 4, 193 (5). ἄστυ θέατρον ἀτυχίας σαφοῦς γέμον Amphid. 3, 308 (1). τῶν κατ' ἄστυ πραγμάτων Men. 4, 97 (5).
Ἀστυδάμας: σαυτὴν ἐπαινεῖς ὥσπερ Ἀστυδάμας Philem. 4, 61 (95).
ἄστυτος: ἄστυτος οἶκος Xenarch. 3, 614.
ἀσυλλόγιστος: ἀσυλλόγιστον ἡ τύχη ποιεῖ τὸ συμφέρον τί ποτ' ἐστὶν Men. 4, 176 (2). ἀσυλλόγιστόν ἐστιν ἡ πονηρία monost. 50.
ἀσύμβολος: τὸν ἀσύμβολον γελοῖα λέγειν Anaxand. 3, 165 (2). ὅστις μὴ τοὐλάχιστον τρεῖς ἀσυμβόλους τρέφει Diph. 4, 411 (1, 8). τοὺς ἀσυμβόλους τἀλλότρια δειπνεῖν ἑλομένους Nicol. 4, 579 (v. 15). μέλλων ἀσύμβολος δειπνεῖν Dromon. 3, 541 (1). ἀσύμβολος κινεῖν ὀδόντας Timocl. 3, 596 (1). ἀσυμβόλου δείπνου Amphid. 3, 318 (3). πορίζεται τὰ δεῖπν' ἀσύμβολα Alexid. 3, 501. δείπνων ἡδοναῖς ἀσυμβόλοις Timocl. 3, 595 (v. 19). ἀσύμβολον χεῖρα προσβάλῃ βορᾷ Ephipp. 3, 338. ἀσύμβολον κλίνειν ἀναγκάζει φύσιν Anaxand. 3, 176 (1, 18).
ἀσύνετος: ἀκροατὴς ἀσύνετος καθήμενος Philem. 4, 46 (34b).
ἀσύντακτος: ἡ πρόνοια τυφλόν τι κἀσύντακτόν ἐστιν Nicostr. 3, 285 (2).
ἀσύστατος: *ἀσυστάτοισι δεσποτῶν τύχαις Xenarch. 3, 614.
ἀσφάλεια: cf. ἀφέλεια. ἐβάλετ' ἄγκυραν ἀσφαλείας εἵνεκα Philem. 4, 31 (1, 10). βίου δ' *ἔνεστιν ἀσφάλει' ἐν ταῖς τέχναις Men. 4, 90 (4). τοῦτ' ἐγὼ παρεγγυῶ εἰς ἀσφάλειαν τῷ βίῳ πλεῖστον μέρος Men. 4, 214 (7).
ἀσφαλής: φίλος γενναῖος ἀσφαλής θ' ἅμα Antiph. 3, 45 (2, 7). οὔτ' ἀσφαλῆ τὴν κτῆσιν οὔθ' ἱλαρὰν ἔχει Men. 4, 250 (54). κτῆσις ἀσφα-

λεστάτη mon. 743. γνώμη γερόντων ἀσφαλεστέρα νέων mon. 107. ἀσφαλῆ βάσιν στήσας Alexid. 3, 435. ἀσφαλές τι κτῆμ' ὑπάρχειν Antiph. 3, 115 (1, 2). ἐφόδιον ἀσφαλές εἰς πάντα καιρόν Men. 4, 178 (2). τό γε φρονεῖν ἀσφαλέστερον ποιεῖ (tempus) Men. 4, 264 (130). τὸ φράζειν τοῖς *ἀκούουσιν ἀσφαλές (?) Philem. 4, 39 (15). τοῦτ' ἐν ἀσφαλεῖ νόμιζε Antiph. 3, 116 (1, 14). τὸ δ' εὖ κελευόμενον-ἐστιν ἀσφαλέστατον *δοῦλον ποιεῖν Men. 4, 196 (1). κράτιστόν ἐστι τἀσφαλέστατον mon. 650. βουλῆς-ὀρθῆς οὐδὲν ἀσφαλέστερον mon. 68. ἀσφαλῶς: ἀσφαλῶς ἐπράττομεν Eup. 2, 446 (15, 7). βεβαίως ἀσφαλῶς τ'-πρίασθαι-τὴν ἡδονήν Eubul. 3, 246 (v. 6). ἀσφαλῶς ζῆν τὸν βίον Philem. 4, 30 (1). ἀσφαλῶς ἐπίσταται mon. 412. ἀσφαλῶς βουλεύεται mon. 415. οἶνον πίοις ἂν ἀσφαλέστερον πολὺ ἄκρατον Ephipp. 3, 329.

ἄσφαλτος: ἀγνίζων- ‖ θείῳ τ' ἀσφάλτῳ τε Diph. 4, 416 (3).

ἀσφάραγος: ἀσφάραγον κύτισόν τε Cratin. 2, 215 (135). ἀσφάραγον σχῖνόν τε *τεμών Anaxand. 3, 193 (2). οὐ σχῖνος οὐδ' ἀσφάραγος Amips. 2, 711 (3). ἰδὼν ἀσφάραγον ἐν θάμνῳ τινί Theop. 2, 817 (4).

ἀσχημονῶ: Ἀριστόδημος †ὡς ἀσχημονῶν Cratin. 2, 104 (4). στρόφοι καὶ πνευμάτια-ἀσχημονεῖν ποιοῦσι Damox. 4, 531 (v. 27). ἑτέρου δ' ἀσχημονοῦντος ὄψεται Men. 4, 256 (85).

ἀσχημοσύνη: ἀσχημοσύνης-αἴτιος (int. πλοῦτος) Men. 4, 163 (1).

ἀσχήμων: ἀσχήμονας ἐπιθυμίας Posidipp. 4, 513 (v. 5). μηδὲν ποιῶν-ἄσχημον Philem. 4, 5 (2). ὀργῇ-πόλλ' ἔνεστ' ἀσχήμονα mon. 687.

ἀσχολία: μικρὸν ὀψιαίτερον δι' ἀσχολίαν ἥκειν Eubul. 3, 262 (1, 12).

ἀσχολῶ: ἀσχολεῖ Philem. 4, 66 (129). ἀσχολοῦμαι. ἀσχολεῖται. ἀσχολεῖσθαι. Men. 4, 315 (415). ἐπειδὰν ἀσχολουμένους λάβω Alexid. 3, 477 (5). ἐμοὶ λαλῶν ἠσχολεῖτο Alexid. 3, 503 (1, 12).

Ἀσωπόδωρος: Telecl. 2, 376 (17).

ἀσωτεῖον: εἰς *ἀσωτεῖον τραπέσθαι Stratt. 2, 783 (1, 2).

ἀσωτία: τὴν ἀσωτίαν ὑγρότητα προσαγορεύουσαν Crobyli 4, 566 (1).

ἄσωτος: ὁ *δ' ἄσωτός ἐστι, πολυτελής Men. 4, 266 (137).

ἀτάκτως: τοῖς μὲν ὀρθῶς χρωμένοις-τοῖς δ' ἀτάκτως (vino) anon. 4, 605 (16, 3).

ἀταλαιπώρως: οὕτως αὐτοῖς ἀταλαιπώρως ἡ ποίησις διέκειτο Aristophan. 2, 1053 (13).

ἀταξία: [εἰς φῶς ἀνέλκων ἐκ μακρᾶς ἀταξίας Plat. 1, 198 (v. 4).]

ἀτάρ: ἀτὰρ ἐννοοῦμαι δῆτα τὰς μοχθηρίας Cratin. 2, 123 (9). ἀτὰρ ἤγαγες καινόν *(τι) φῖτυ Eup. 2, 442 (8). ἀτὰρ ἐκ-ἀχύρων-τετρύγηκας anon. 4, 699 (379). ἀτὰρ ὁ (f. ὦ) Μεγάκλεες *οἶσθ'- Leucon. 2, 749 (1). μισῶ-, ἀτὰρ ὡς ὅμοιον-υἱὸς ᾤχετο ἔχων φιάλιον Eubul. 3, 239. ἀτὰρ τὸ τάγηνον ἄμεινον Plat. 2, 672 (1, 12). ἐξόλοι'. ἀτάρ πόσους φέρεις; Alexid. 3, 436 (1). *ἀτὰρ οὐ λαχὼν ὅμως ἔλαχες Plat. 2, 670 (3). ἀνδρῶν ἄριστος-ἀτὰρ παρ' ἐμοιγ' ὧν εἶχεν οὐδὲ σύμβολον Archipp. 2, 716 (1).

ἀτάσθαλός γ' εἶ, πρέσβυ Straton. 4, 546 (v. 38).

ἄτε: cf. ἄττα. δασὺν ἔχων τὸν πρωκτὸν ἅτε κυρήβι' ἐσθίων Cratin. 2, 184 (27).

ἀτέλεια: τὴν (?) ἀτέλειαν Λεσβίου ποιῶν-εἰσάγουσιν Alexid. 3, 505 (6).

ἀτελής: ἀτελές (al. εὐτελές)-δεῖπνον Amphid. 3, 312.

ἀτενής: ἀτενὲς-τηρῶ-τὸν καπνόν Diph. 4, 404 (2, 4).

ἀτεχνῶς: φρουροῦντας ἀτεχνῶς Chionid. 2, 5 (1). ὡς οὐχὶ τουτὶ ῥύγχος ἀτεχνῶς ἔσθ' ὑός Pher. 2, 297 (3). ἀτεχνῶς μὲν οὖν-σκύτη βλέπει Eup. 2, 541 (12.) ἀναπλάσαι ἀτεχνῶς διπλάσια-κακά Philem. 4, 57 (71).

ἄτη: τὰ γράμματα τὴν ἐγγύην ἄτην *(λέγουσ') Cratin. min. 3, 378 (1).

ἀτηρίας Plat. 2, 678 (8).
Ἀτθίς: γῆς ἀπ' Ἀτθίδος Epinici 4, 505.
ἀτιμάζω: μή μ' ἀτιμάσας γένῃ Phryn. 2, 605 (10).
ἀτιμία: ὠμολίνοις-ἀτιμίας πλέως Cratin. 2, 20 (8).
ἄτιμος: ἄτιμον εἶναι μᾶλλον ἢ γυναῖκ' ἔχειν Alexid. 3, 519 (34, 4). πενία δ' ἄτιμον καὶ τὸν εὐγενῆ ποιεῖ monost. 455. τοὺς ἀτίμους οὐκ ἐᾷ | -ἄρχειν τῶν πέλας Alexid. 3, 519 (34, 5).
ἀτμίζω: ἀκροκώλια ἥδιστον ἀτμίζοντα Pher. 2, 300 (1, 15).
ἀτμίς: cf. ἀτμός. μέλιτι **μεμιγμένη ἀτμίς τις Nicostr. 3, 284 (1).
ἀτμός: *ἀτμὸς (libr. ἀτμὶς)-οὐχὶ προσπηδήσεται ταῖς ῥισίν Alexid. 3, 440 (5, 16).
ἄτομος: *ὑποκαθεὶς ἄτομα πώγωνος βάθη Ephipp. 3, 332 (v. 7).
ἄτοπος: τὸν ἄτοπον (i. e. τὴν ἀτοπίαν) φεύγειν ἀεί Men. 4, 127 (3) = monost. 339. ἤκουσα λόγων ἀφάτων ἀτόπων Epicrat. 3, 370 (1, 12). οὔτ' ἄτοπος ἦν ἂν οὔτε μοιχὸς οὐδὲ εἷς Baton. 4, 500 (2). ἄτοπος (?) ὁ μυρίνης Posidipp. 4, 526 (8). ἄτοπόν *γε κηρύττουσιν-*κήρυγμ' Antiph. 3, 68 (2). ἄτοπόν γε τὸν μὲν οἶνον εὐδοκιμεῖν ἀεί (Alexid. σφόδρα) -τὸν παλαιόν κτλ. Eubul. 3, 263 (3) = Alexid. 3, 512 (14). ὡς ἄτοπόν ἐστι μητέρ' εἶναι καὶ γυνήν Pher. 2, 295 (19). *κοὐδὲν ἂν ἕδρας ἄτοπον Aristophan. 2, 1164 (3) cf. 5, 68. ἔστι γάρ *(σ') ἐψευσμένος ἄτοπόν τε πεποίηκ' Men. 4, 217 (2).
ἀτόπως: ἀτόπως καθίζων Pher. (?) 2, 348 (30) cf. *ἔμαθον-ἀτόπως καθίζων Eup. 2, 499 (3).
Ἄτραξ: εἰς Ἄτραγα νύκτωρ Eup. 2, 573 (92).
ἀτραπίζω: ἀτραπίζοντες τὰς ἁρμονίας Pher. 2, 265 (10).
ἀτραπός: τὴν ἀτραπὸν κατερρύην Aristophan. 2, 963 (14).
ἀτρέμα: cf. ἀτρεμεί. ἔχ' *ἀτρέμ', ἐγῷδα Pher. 2, 257 (4). ἀτρέμα προσλαβὼν τὸν ἀγωγέα βραχύτερον Stratt. 2, 783 (2). πάνυ γε διασκοπῶν-ἀτρέμα τε καὶ σχολῇ Alexid. 3, 444 (1, 4).
ἀτρεμεί: ἔγχυλα-ἀτρεμεὶ (al. ἀτρέμα) καὶ δροσώδη (int. τὰ κρεάδια) Alexid. 3, 440 (5, 12).
Ἀτρεστίδας τις Μαντινεύς Theophil. 3, 627.
Ἀτρεύς: ὑφείλετ' ἄρνα ποιμένος-, Ἀτρεὺς ἐκλήθη Anaxand. 3, 177 (2, 10).
ἀτρύφερος: οὐκ ἀτρύφερος οὐδ' ἄωρος Eup. 2, 448 (4).
ἄτρωτος: ἐὰν τρώσῃ τις ἄτρωτος Eubul. 3, 254 (1, 4). τρωτός, ἄτρωτος, δασύς, λεῖος ib. (1, 8).
ἄττα: ἅττ' αὐτὸς ἐπιθυμεῖς ἔχεις Plat. 2, 632 (6). ἅττ' ἔχω ταῦτ' †ἐστί (vide 5, 44) Plat. 2, 633 (7). Δημοφῶντος *ἅττ' (vulg. ἅτ') ἐποίησεν εἰς *Κότυν Ephipp. 3, 335 (2). μὴ *γεύεσθε-ἅττ' ἂν-καταπέσῃ Aristophan. 2, 1070 (2). [τά τ'] ἄλλ' ἅττ' ἂν ἐπιτύχῃς Eubul. 3, 268 (14).
ἄττα: οἱ ἄττα βαΰζει Cratin. 2, 17 (3). οὐχ ἴδί ἄττα Cratin. 2, 98 (9). †ἄλλα-ἄττα (f. ἄλλ' ἄττα) πεντήκοντα Pher. 2, 339 (9). *μίκρ' ἄττα (legeb. μικρά γ') ὀρτύγια Eup. 2, 512 (9). *κρεάδι' ἄττα, ποδάρια, ῥύγχη τινά Alexid. 3, 429 (1, 15). κωβίδι' ἄττα καὶ πετραῖα δή τινα | ἰχθύδια Sotad. 3, 586 (1, 22). πηνίκ' ἄττα φαίνεται Chionid. 5, 14 cf. ad Aristophan. 2, 1181 (20). *ὀπηνίκ' ἄτθ' ὑμεῖς κοπιᾶτ' ib. 1181 (21) f. Chionid. 5, 15.
ἀτταγᾶς: ἀτταγᾶς ἥδιστον-κρέας Aristophan. 2, 1127 (2).
ἀτταγήν: κοὐδὲν ἦν τούτων πρὸς ἀτταγῆνα συμβαλεῖν τῶν βρωμάτων Phoenicid. 4, 509.
ἀττελεβόφθαλμος-*ἀμφικέφαλλος Eubul. 3, 254 (1, 10).
Ἀττική: ὦ πόλι φίλη Κέκροπος, αὐτοφυὲς Ἀττική Aristophan. 2, 990 (13, 1). ἐς κόρακας ἔρρειν ἐκ τῆς Ἀττικῆς Alexid. 3, 421 (1). τῆς Ἀττικῆς-εἶναι τὸν τόπον φυλήν Men. 4, 106 (1). ἐν τῇ Ἀττικῇ τίς εἶδε πώποτε

λέοντας-; Nausicr. 4, 578. *ἢ 'κ τῆς Ἀττικῆς γλαυκίσκον* Philem. 4, 27 (v. 20). Caeterum cf. *Ἀττικός.*

ἀττικηρῶς: *οὐκ ἀττικηρῶς οὐδ' ἀπηκριβωμένως λιμῷ παρελθεῖν* Alexid. 3, 480 (1).

ἀττικίζω: *οὐ γὰρ ἠττίκιζεν* Plat. 2, 669 (1). *σὺ μὲν ἀττικίζεις* Posidipp. 4, 524 (2).

ἀττικιστί: *κέστραν ἀττικιστὶ δεῖ λέγειν* Antiph. 3, 51 (3). *μετ' Ἀττικιστὶ δυναμένου λαλεῖν* Alexid. 3, 474.

Ἀττικός: *Κινησίας-ὁ κατάρατος Ἀττικός* Pher. 2, 326 (1, 8) = 334 (1, 13). *τὸν Κρῆτα, τὸν μόγις Ἀττικόν* Plat. 2, 626 (6). *ὔμμες ὠττικοί* (l. *ὠττικοὶ* 5, 51) Stratt. 2, 773 (2). *πότερ' Ἀττικοὶ | ἅπαντες ἢ κἀκ *τοὐμπορίου τινές;* Diphil. 4, 381 (1, 2). *τοῦτ' εἴτε-Μακεδόνες τοῖς Ἀττικοῖς κατέδειξαν ἡμῖν* Machon. 4, 496. *μίμημα χειρὸς ἀττικῆς* Antiph. 3, 96 (1). *αὔρας ἀττικῆς* Dionys. 3, 548 (v. 40). *οὐδέτερος-ἥδεται τοῖς ἀττικοῖς δείπνοις.* *(*B.*) *ἀηδία γάρ ἐστιν ἀττική* *(;) Lyncei 4, 433 (v. 3 sq.) *Ἀττικὸν-ὕδωρ* Antiph. 3, 98. *ἀττικὸν μέλι* Men. 4, 270 (160). *ἂν-δέῃ κέρματ' ἀποδοῦναι, προσαπέδωκεν *Ἀττικά* Diph. 4, 407 (1, 13).

ἀττικουργής: *ἀττικουργῆ* *(*ῥήματα?*) Men. 4, 317 (428).

Ἄττις: *κολάσομαί γέ σε καὶ τὸν σὸν Ἄττιν* Theop. 2, 801 (5).

ἄττομαι: *τὸν στήμονα | ἄττεσθ'* Herm. 2, 382 (5).

ἀττῶ: **ἠττημένα* (legeb. *ἑσσημένα*) Pher. 2, 351 (38) cf. 5, 29.

ᾄττω: *τεμάχη δ' ἄνωθεν-εἰς τὸ στόμ' ᾄττει* Metag. 2, 753 (1, 10). *πυκνοὶ-ᾄττουσιν Ἡφαίστου κύνες κούφως πρὸς αἴθραν* Alexid. 3, 452 (1, 16).

ἀτυφία: † *εἰς τὴν πονηρίαν ἀτυφίαν νομίσαντες* Men. 4, 158 (4).

ἀτύχημα: *ἀλογίστου τρόπου ἀτύχημα* Men. 4, 143 (2). *ἀτύχημα κἀδίκημα διαφορὰν ἔχει* Men. 4, 198 (2). *κοινὰ πάντα τἀτυχήματα* mon. 369. *ἅπαντα-τὰ μείζον'-ἀτυχήματ' ἄλλοις γεγονότ'* Timocl. 3, 593 (v. 18).

ἀτυχής: *τύχην συνοῦσαν ἀτυχεῖ σώματι* Apollod. 4, 456 (3). *οὐδὲν θηρίον τῶν ἰχθύων ἀτυχέστερον* Antiph. 3, 87 (v. 2).

ἀτυχία: *ἐνεγκεῖν ἀτυχίαν* Antiph. 3, 155 (67). *ἔνεγκ' ἀτυχίαν καὶ βλάβην εὐσχημόνως* Men. 4, 242 (29). *ἀτυχίας ἀνθρωπίνης παραμύθιον* (ars) Amphid. 3, 302 (1). *λιμὴν ἀτυχίας-τέχνη* monost. 309. *ἄστυ-θέατρον ἀτυχίας σαφοῦς γέμον* Amphid. 3, 308 (1). *ἀνοίγειν λανθάνουσαν ἀτυχίαν* Men. 4, 264 (128). *ἐλεεινότατον-ἀτυχία φίλου* monost. 180. *ταῖς *ἀτυχίαισι μὴ 'πίχαιρε τῶν πέλας* Men. 4, 264 (127). *ἐν ταῖς-ἑτέρων-ἀτυχίαις τρυφᾶν* Euphron. 4, 495 (2). **ἕκαστος ἐν ταῖς ἀτυχίαις ἥδιστα *πρὸς τοὺς ὁμοπαθεῖς ὀδύρεται* Apollod. 4, 452 (2).

ἀτυχῶ: *λέγ' -* κοὐδὲν ἀτυχήσεις ἐμοῦ* Eup. 2, 472 (25). *τὸ-ἀτυχῆσαι παντὸς εἶναί μοι δοκεῖ* Antiph. 3, 155 (67). *ἠτύχηκέ τις· ῥήττει τις· οἰμώζει τις· ἡ φύσις φέρει ἅπαντα ταῦτα* Philem. 4, 41 (22). *ἀτυχεῖν θνητὸς ὢν ἐπίστασο* Diph. 4, 376 (2). *ἀνὴρ-ἀτυχῶν σώζεται ταῖς ἐλπίσιν* mon. 643. *ὅταν ἀτυχεῖν σοι συμπέσῃ τι-Εὐριπίδου μνήσθητι* Philippid. 4, 472. *γέρων τις ἀτυχεῖ, κατέμαθεν τὸν Οἰνέα* Timocl. 3, 593 (v. 16). *ἐπὶ τἀτυχεῖν τ' ἤγειρας* (senem) Men. 4, 208 (2). *οὐδὲ *μέχρι τοῦ τέλους-ἔμεινεν *ἀτυχῶν* (libr. *εὐτυχῶν* cf. 5, 116) int. homo. Posidipp. 4, 525 (4). *εὔπιστον ἀτυχῶν ἐστιν ἄνθρωπος* Men. 4, 183 (4). *ὁ μὴ δεχόμενος τῶν θεῶν τὸ συμφέρον-διδόντων-*βούλεται-ἀτυχεῖν* Men. 4, 197 (1). *βούλετ' ἀτυχεῖν μακάριος καλούμενος* Men. 4, 250 (55). *ἀτυχοῦντι συμπαρέμεινεν* (uxor) Men. 4, 164 (1). *οὐδεὶς γὰρ ἂν τοιοῦτος ἠτύχει ποτέ* Alexid. 3, 522 (43). *ἐν οἷς ἂν ἀτυχήσῃ τις τόποις* (fugit) Amphid. 3, 302 (2). *οὐχ ὅθεν ἂν ᾤμην *ἠτύχηκα* Men. 4, 112 (1). *ὃς μήτ' ἂν ἀτυχήσας-ἐπαμφιάσαι δύναιτο τοῦτο χρήμασιν* Men. 4, 192 (4). *πολλοὺς πονηροὺς-ὅταν ἀτυχήσωσιν γεγονότας* Men. 4, 254 (71).

οὐδεὶς παράσιτος εὔχετ' ἀτυχεῖν τοὺς φίλους Antiph. 3, 45 (2, 3). μετὰ μαρτύρων ἀτυχεῖν Men. 4, 215 (9). *οἱ ἀτυχοῦντες **τὸν χρόνον διευτυχηκότες Apollod. Car. 4, 445 (3).

αὖ: ἐκ μὲν-ἐκ δ'-ἐκ δ' αὖ- Herm. 2, 407 (1, 6). ἐκ δ' Αἰγύπτου-ἀπὸ δ' αὖ Συρίας- ibid. (1, 13). οἱ μὲν ἐκεῖθεν-οἱ δ' αὖ ἐκεῖθεν Plat. 2, 664 (2, 3). πουλύποδος πλεκτὴ δ' -τρίγλη δ' -σκορπίος αὖ Plat. 2, 673 (1, 21). τῇδὶ δ' ἀφύαισι, τῇδε δ' αὖ ταγηνίαις Metag. 2, 753 (1, 8). ὁ μὲν-ἀναπτεροῖ· ὁ δ' αὖθις (f. αὖ)- ad Eup. 2, 554 (12). τοῖν ἰσχίοιν †τὸ μὲν κάτω τὸ δ' αὖ εἰς ἄνω ἐξαίρουσα Autocr. 2, 891. μέλπειν δ' ᾠδαῖς τοτὲ μὲν Σπάρτην-, τοτὲ δ' αὖ Θήβας Anaxand. 3, 183 (1, 21). πρῶτα μὲν τὴν Πλαγγόνα ‖ οἱ Σινώπῃ δ' αὖ συνόντες- Anaxil. 3, 348 (1, 12). ἐν ἀγορᾷ δ' αὖ πλάτανον-διαφυτεύσομεν Aristophan. 2, 990 (14). ὁ δ' αὖ Σοφοκλέους-περιέλειχε τὸ στόμα Aristophan. 2, 1176 (2). ταχέως γέ μ' αἱ χρησταὶ-ἐπέλιπον, τῶν δ' αὖ πονηρῶν ἔτι λέγειν πολλὰς ἔχω Eubul. 3, 261 (2, 15). ἢ γὰρ-χρήματα λαβὼν ἔχει δέσποιναν-ἣν δ' αὖ λάβῃ μηδὲν φερομένην- Anaxand. 3, 195 (1, 6). τήνδε-μὴ δίδου, ἐκ δὲ τοῦ κέρατος αὖ-δὸς πιεῖν Herm. 2, 400 (5). φύσει-οὐδεὶς δοῦλος-, ἡ δ' αὖ τύχη-κατεδουλώσατο Philem. 4, 47 (39). οὔτ' ἀφύη-οὔτ' αὖ βεμβρὰς- Aristonym. 2, 699 (2). οὐ πάνυ | ἐσπούδακ', οὐδ' αὖ συνέτεμον Antiph. 3, 101 (4). ὃν οὐδὲ εἷς λέληθεν-ποιῶν, οὐδ' ἂν (l. αὖ 5, 99) ποιήσων Philem. 4, 31 (2, 2). μὴ-†μήθ' ὁ (f. μηδ' αὖ) Men. 4, 325 (470). τίνες αὖ πόντον κατέχουσ' αὖραι; Cratin. 2, 94 (1). ὡς αὖ (? al. οὖν f. ἂν) τίν' ἔλθω δῆτα-; Eup. 2, 514 (15). οἷον *αὖ τὸ πνῖγος Pherecr. 2, 348 (29) cf. 5, 29. φθονερὸν ἀνθρώποις τόδ' αὖ (?) Cratin. 2, 72. ἐπίσημον αὖ τὴν ἀσπίδ' -ἀνέθηκαν Men. 4, 225 (1). ἀλλ' αὖ Plat. 2, 645 (4). αὖθις αὖ Cratin. 2, 232 (178). Stratt. 2, 788 (2). Sannyr. 2, 874 (1, 5). χειμέρια βροντᾷ μάλ' εὖ (f. αὖ 5, 59) Aristophan. 2, 963 (13). οὐδὲν κωλύει τοὺς μελιτοπώλας αὖ λέγειν-ὅτι- Antiph. 3, 68 (2, 5). πολὺ γὰρ αὖ γένος μιαρώτατον τοῦτ' ἐστὶν Antiph. 3, 86 (vs. 8). †αὖ ἥκειν vide ἐπανήκειν.

αὑαίνω: ηὑαινόμην θεώμενος Aristophan. 2, 1187 (47).

αὐγή: τίς ἀφείλετο λαμπάδος αὐγάς; *(Cratin.) 2, 101. ὥσπερ αὐγὴ τῆς κρόκης (f. τῇ κρόκῃ) κεκραμένη Men. 4, 244 (33).

αὐδῶ: ὁ παραμασήτης ἐν βροτοῖς αὐδώμενος Alexid. 3, 492 (2).

αὐθάδης: ἔστι τοῖς σεμνοῖς-αὐθαδέστερος Eubul. 3, 217 (1).

αὐθαδία: αὐθαδίαν αὐθαδίᾳ (expellere) Antiph. 3, 139 (13, 4).

αὐθαίρετος: αὐθαίρετος λύπη mon. 641. αὐθαιρέτοις-συνέχεται λύπαις Men. 4, 254 (70). ἄνοια-δυστύχημ' αὐθαίρετον Men. 4, 262 (116). τὰ πλεῖστα τῶν κακῶν αὐθαίρετα monost. 499. ἀτύχημα φεύγειν ἐστὶν οὐκ αὐθαίρετον Men. 4, 143 (2).

αὐθέκαστος: οὐκ ἔστ' ἀλώπηξ ἡ μὲν εἴρων-ἡ δ' αὐθέκαστος Philem. 4, 32 (3). αὐθέκαστος (i. q. simplex) Posidipp. 4, 527 (13). πικροῦ γέροντος αὐθεκάστου Men. 4, 284 (229).

αὐθημερινός: αὐθημερινῶν ποιητῶν λῆρον Cratin. 2, 174 (5).

αὐθιγενής: οἶνοι-**γλυκὺς αὐθιγενής Anaxand. 3, 185 (1, 70).

αὖθις: cf. αὖ. αὖθις αὖ Cratin. 2, 232 (178). Stratt. 2, 788 (2). Sannyr. 2, 874 (1). πάλιν αὖθις ἀναθύουσιν Pher. 2, 268 (5). αὖθις ἐξ ἀρχῆς ἔσει Men. 4, 134 (2). νῦν δ' αὖθις ἐρυγγάνει Cratin. 2, 43 (2). *οὐ τιτθὰς εἰσάγουσι-καὶ παιδαγωγοὺς αὖθις Antiph. 3, 86 (5). εἶ-τι κἀξήμαρτεν αὖθις ἀνέλαβεν Pher. 2, 327 (1, 18) sive 334 (1, 12). καθῆκα κάτω κἀνέσπασ' αὖθις Eubul. 3, 244 (4). οὔτ' ἀβέλτερος οὔτ' αὖθις ἔμφρων Alexid. 3, 495 (1, 8). ἣν δ' αὖ λάβῃ μηδὲν φερομένην, δοῦλος αὐτὸς (f. αὖθις) γίγνεται Anaxand. 3, 195 (1, 7). κἀς ταὐ καπήλου 'γὼ

φέρω-καὖθις γεγένηται-πέντε καὶ δύο Herm. 2, 389 (1, 3). οὔποτ' αὖθις σηπίαν-τολμήσαιμι φαγεῖν Nicostr. (Philetaer.) 3, 281 (4).
αὐλαία: οἶνον, αὐλαίαν, μύρον Men. 4, 279 (201).
αὔλειος: πρὸς τὸν στροφέα τῆς αὐλείας Aristophan. 2, 1050 (8) cf. ad Men. 4, 141 (2).
αὐλή: τὴν αὐλὴν κόρει Eup. 2, 490 (9). αὐλὴ πρόσειλος Eup. 2, 569 (65). αὐλὰς θεραπεύειν Men. 4, 307 (348). Diph. 4, 420 (10).
αὐλητήρ: τὸν αὐλητῆρα, τὸν Σαβάζιον Aristophan. 2, 1173 (3).
αὐλητής: συβαριασμὸς αὐλητῶν Phryn. 2, 605 (12). τὸν αὐλητὴν λαβεῖν πληγὰς Philyll. 2, 862 (2). τύπτεται-*αὐλητὴς (vulg. αὐλητὴς) παρ' *ὑμῖν Eubul. 3, 235 (3). Bacchylides Opuntius auleta Plat. 2, 663 (13).
αὐλητικός: δακτύλους αὐλητικοὺς Plat. 2, 685 (12).
αὐλητικῶς: αὐλητικῶς-καρκινοῦν τοὺς δακτύλους Antiph. 3, 30 (1, 15).
αὐλητρίς: αὐλητρίδα πεζὴν Plat. (Canth.) 2, 667 (12). ἄρτι χνοαζούσας αὐλητρίδας Metag. 2, 751 (1) = Aristag. 2, 761 (1). τέτταρες δ' αὐλητρίδες-καὶ μάγειροι δώδεκα Antiph. 3, 132 (2). εἰς αὔριόν με δεῖ λαβεῖν αὐλητρίδα Alexandri 4, 554. στεφάνους, λιβανωτόν, αὐλητρίδα λαβέ Nicostr. 3, 287. μύρον, στέφανος, αὐλητρίς Amphid. 3, 303 (1). αὐλητρίδας καὶ μύρον καὶ ψαλτρίας Men. 4, 161 (1). ἔδει παρεῖναι-αὐλητρίδ' ἢ νάβλαν τίν' Philem. 4, 14. τὰς μὲν-ἄλλας ἔστιν αὐλούσας ἰδεῖν αὐλητρίδας πάσας Ἀπόλλωνος νόμον Epicrat. 3, 365 (1, 2). τὴν *Ἀθερίνην αὐλητρίδα Archipp. 2, 719 (2). Αἰγίου-αὐλητρίδες Antiph. 3, 138 (11).
αὐλίζομαι: ἑσπέρας *ηὐλιζόμην Eup. 2, 558 (28).
αὔλιον: βοῦς ἐν αὐλίῳ Cratin. 2, 35 (10).
αὔλιος: ὑπερβαίνεις-τὴν *αὐλίαν· πέρας γὰρ αὔλιος θύρα-οἰκίας Men. 4, 141 (2).
αὐλός: γύναι, πρὸς αὐλὸν ἦλθες Antiph. 3, 69. τῇ παιδὶ τοὺς αὐλοὺς ἐχρῆν-πρὸ χειρὸς εἶναι Plat. 2, 638 (1, 5). αὐλοὺς ἔχουσά τις κορίσκη ib. (1, 12). ὥστε τοὺς αὐλοὺς σύ τε *αὐτή τε λήψεσθ' Antiph. 3, 24. αὐλοῖς καὶ *λύραισι κατατέτριμμαι Aristophan. 2, 1037 (17). *αὐτοῖς αὐλοῖς ὁρμᾷ καὶ γλωττοκομείῳ Lysipp. 2, 745 (4). *ἡ ἐν τοῖσιν αὐλοῖς μουσική Ephipp. 3, 327 (2). σεμναὶ δ' αὐλῶν *ἀγαναὶ φωναί Mnesim. 3, 570 (v. 56). κορύβαντες, αὐλοί, παννυχίδες Posidipp. 4, 521 (v. 22). ἔλυμοι αὐλοί Calliae 2, 740 (7). Cratin. min. 3, 375. καλάμινοι αὐλοί Aristophan. 2, 909 (12). *γίγγροι αὐλοί Antiph. 3, 57 (1).
αὐλοτρύπης: τὸν αὐλοτρύπην (al. αὐλότρυπον) αὐτόν (Isocratem int.) Stratt. 2, 764 (1).
αὐλωπίας: μελανούρους, σηπίας, αὐλωπίας Henioch. 3, 561.
αὐξάνω: ἐπίσταντ' αὐξάνειν αὐτήν (calumniam) τινες Men. 4, 94 (1).
***αὐξίκερως**: ταύρου-αὐξίκερω φλογίδες Archipp. 2, 717 (2).
αὐξίς: τέμαχος αὔξιδος (videtur αὐξίδος) Phryn. 2, 600 (7).
αὔξομαι: κισσὸς ὅπως καλάμῳ περιφύεται †αὐξόμενος ἔαρος Eubul. 3, 251 (2, 6). οὐκ ἂν ἐπὶ πλεῖον τὸ κακὸν ἡμῖν ηὔξετο Men. 4, 237 (15). ἐκ τῶν πόνων-τἀγαθ' αὔξεται βροτοῖς mon. 149.
αὔξω: ὁ χρόνος οὐ μόνον τὰ σώματα αὔξει βαδίζων Philem. 4, 54 (56). οὐχ ὁ λόγος αὔξει τὴν τέχνην Men. 4, 324 (463). ἐπὶ πλεῖον ηὖξον τὴν τέχνην Athenion. 4, 557 (v. 16). ἐπὶ πλεῖον αὔξειν τὴν-τέχνην ib. 558 (v. 26).
αὖος: σφάκον-*αὖον Cratin. 2, 216 (135, 1). κορίαννον-αὖον Alexid. 3, 437 (2, 6). αὐταῖσι (? αὔαισι) ταῖς κνήμαισιν ἀκολουθοῦσί μοι Eup. 2, 475 (37). σῶμα-ἐμοῦ τὸ θνητὸν αὖον ἐγένετο Alexid. 3, 455.
αὔρα: τίνες αὖ πόντου κατέχουσ' αὖραι; Cratin. 2, 94 (1). ἀρκνεῖ μετέωρος ὑπ' αὔρας Cratin. 2, 182 (1). κάπτοντες αὔρας Eubul. 3, 208 (2).

κασιόπνουν αὔραν δι' αἴθρας Antiph. 3, 27 (1, 14). ξανθαῖσιν αὔραις σῶμα ἀγάλλεται Antiph. 3, 126 (1, 22). δεῖπνον ὄζον αὔρας ἀττικῆς Dionys. 3, 548 (v. 40).

aureum saeculum Aristophan. 2, 1158 (41).

αὔριον: τὸ μοσχίον-αὔριον δειπνήσομεν Ephipp. 3, 334 (1, 13). βεβρωκὼς τέμαχος ἑφθὸν τήμερον αὔριον ἕωλον τοῦτ' ἔχων Axionici 3, 534 (1, 15). πολλάκις ἔχων τις οὐδὲ τἀναγκαῖα νῦν αὔριον ἐπλούτησ' Philem. 4, 44 (29ª). θησαυρὸν εὑρὼν σήμερον-αὔριον ἅπαντα-ἀπώλεσεν ib. (29ᵇ). εἰς αὔριον ἑψήσομεν βαλάνιον Nicoch. 2, 846 (1). εἰς αὔριον δὲ *(μηδὲ) φροντίζειν *ὅ τι ἔσται Philetaer. 3, 295 (2, 8). εἰς αὔριόν με δεῖ λαβεῖν αὐλητρίδα Alexandri 4, 554. εἰς αὔριον σὲ κἀμὲ τοῦτ' *εὐφρανάτω Dionys. 3, 552 (1. 15). νῦν μέν εἰσιν οὐκ ἐλεύθεροι, εἰς ταὔριον δὲ Σουνιεῖς Anaxand. 3, 163 (1). εἰς τὴν αὔριον πωλεῖν ἀδείπνοις Alexid. (Antiph.) 3, 494 (2). τίθησι πτωχὸν εἰς τὴν αὔριον Philem. 4, 31 (1, 8).

αὐτάρ: ἡ Λιβύη δ'-ἡ Ῥόδος-αὐτὰρ ἀπ' Εὐβοίας-Herm. 2, 408 (1, 17).

αὖτε: οἱ δ' αὖθ' ἡμεῖς Cratin. 2, 111 (1). ὑμῖν ὀρχηστρίδας εἶπον-νῦν δ' οὐχ (f. αὖθ') ὑμῖν ἀγορεύω-Metag. 2. 751 (1) = Aristag. 2, 761 (1).

αὐτίκα: αὐτίκ' οὐδεὶς οὐδὲ μαγείραιναν εἶδε πώποτε Pher. 2, 277 (1, 4). αὐτίκα δ' ἥρπασε τεμάχη Stratt. 2, 767 (1). τὸ θανεῖν αὐτίκα τικτόμενον Plat. (?) 2, 697 (v. 10). ἐλθοῦσα πέμψαι στρώματ' αὐτὴν *(αὐτίκα) κέλευε Nicostr. 3, 285 (1). λούσατ' αὐτὴν *αὐτίκα (libr. ὅδιστα) Men. 4, 83 (6). ἐγὼ δ' ὄνομα-καθ' ἑκάστην αὐτίκα λέξω Enioch. 3, 563 (v. 1). ἵνα σοι πατήσω τὸν Σθένελον μάλ' αὐτίκα Plat. 2, 659 (2). αὐτίκ' ἐρῶ σοι πάλιν ἐξ ἀρχῆς Mnesim. 3, 569 (v. 24).

αὖτις: οὐχ † ὑπολύσεις σαυτόν; (f. οὐχ ὑπολύσεαι αὖτις;) Pher. 2, 335 (3, 6).

αὐτίτης: Telecl. 2, 365 (9). † αὐτίταν πᾶσί τε θεοξενίης ἐγένετο Polyzel. 2, 868 (2).

αὐτόθεν: εἰ δ' αὐτόθεν *πῃ γέγονεν Antiph. 3, 64 (1, 12). *κοτύλας τέτταρας ἀναγκάσας-ἔμ' αὐτόθεν σπάσαι Alexid. 3, 514 (20). οὐχὶ σείειν ἀλλ' *ἀποσείειν (aquam) αὐτόθεν Men. 4, 87 (4).

αὐτόθι: ταχεροὺς ποιῆσαι τοὺς ἐρεβίνθους αὐτόθι (al. εὐθέως) Pher. 2, 287 (2). αὐτόθι-*περιμένων Antiph. 3, 70 (1). ἐμβλέπων-*αὐτόθι τοῖς (libr. αὐτοῖς) ἰχθυοπώλαις Antiph. 3, 91 (1, 3). οὐ γὰρ γίγνεται τοῦτ' αὐτόθι Philem. 4, 15.

αὐτόκακος Theop. 2, 799 (4). αὐτόκακον ἔοικε τῷδε anon. 4, 662 (247).

† αὐτοκάρδαλον (scr. αὐτοκάβδαλον) Eup. 2, 505 (16).

Αὐτοκλῆς: οὐδ' ἂν Αὐτοκλῆς οὕτως εὐρύθμως-*ἐνώμα (poculum) Theophil. 3, 627.

αὐτολήκυθος: *ἀξυνακόλουθος, ξηρός, αὐτολήκυθος Antiph. 3, 7. αὐτολήκυθοι Men. 4, 99 (4). 128 (7).

Αὐτόλυκος: Autolyci victoria Eup. 2, 445 (18).

αὐτόματος: χύτισος αὐτόματος-ἔρχεται Cratin. 2, 73 (1, 8). ἥκει-αὐτόματα πάντα τἀγαθά Diph. 4, 380. αὐτόματα θεὸς ἀνίει τἀγαθά Cratin. 2, 110 (6). αὐτόματ' ἦν τὰ δέοντα Telecl. 2, 361 (1, 3). ἀλάβαστος ἥξει αὐτόματος Cratet. 2, 238 (1, 7). αὐτόματοι-ποταμοὶ-ῥεύσονται Pher. 2, 316 (1, 3). τεμάχη-αὐτόματα πεπνιγμένα εἰς τὸ στόμ' ᾄττει Metag. 2, 753 (1, 9). αὐτόματα τὰ πράγματ' ἐπὶ τὸ συμφέρον ῥεῖ κἂν καθεύδῃς Men. 4, 205 (2). Ἑρμῆς-ξύλινος βαδίζων αὐτομάτως (l. αὐτόματος 5, 49) ἐλήλυθα Plat. 2, 682 (6). ὥστ' εὐμαρῆ γε καὐτομάτην (rectius αὐτομάτως 2, 754) τὴν ἔνθεσιν χωρεῖν Pher. 2, 299 (1, 6). οὐδὲ φύεται αὐτόματον (f. —τος) νοῦς ὥσπερ ἐν ἀγρῷ θύμος Philem. 4, 34 (8).

κἂν ζητῶ τινα, αὐτόματος οὗτος παρέσται Men. 4, 246 (39). αὐτομάτους ἀγαθοὺς ἰέναι-ἐπὶ δαῖτα Cratin. 2, 111 (1). αὐτόματοι δ' ἀγαθοὶ-ἴασιν Eup. 2, 542 (14). αὐτομάτη-φέρει τιθύμαλλον (f. αὐτόματον 2, 754) Cratin. 2, 215 (135). καταφέρει μάζας-αὐτομάτας (al. -τους) μεμαγμένας Metag. 2, 753 (1, 2). ἐν τοῖς ὄρεσιν αὐτομάτοισιν-*ἐφύετο Aristophan. 2, 1178 (8). ταὐτόματον-προσαγορεύεται τύχη Philem. 4, 51 (48). ταὐτόματόν ἐστιν-που θεός Men. 4, 151 (2). ταὐτόματον ἡμῖν-συλλαμβάνει Men. 4, 148 (4). ἔστι καὶ ταὐτόματον ἔνια χρήσιμον Men. 4, 214 (6). ταὐτόματον-κάλλίω βουλεύεται mon. 726. ἐστὶν εὔστοχόν τι βουλευτήριον ταὐτόματον anon. 4, 693 (356). ἐπηρεαστικόν γέ τι ταὐτόματόν ἐστιν ib. (357).

† αὐτόπνιγος ὡς ἀσελγής Pher. 2, 348 (29) vide 5, 29.

αὐτόποκος: αὐτόποκον ἱμάτιον anon. 4, 683 (322).

αὐτόπρεμνος: τὰ δ' ἀντιτείνονθ'-αὐτόπρεμν' ἀπόλλυται (int. δένδρα) Antiph. 3, 138 (10, 7).

αὐτόπτης: πάντα δ' αὐτόπτης ἐρῶ Euangeli 4, 572 (v. 3).

αὐτοπυρίτης: αὐτοπυρίταισι-ἄρτοις Phryn. 2, 595 (1).

αὐτόπυρος: τὸν αὐτόπυρον ἄρτον Alexid. 3, 436 (2).

αὐτός: cf. αὖος. αὐτόθι. αὑτοῦ. οὗτος. † ἡ αὐτή (l. ἡδύ τοι) Antiph. 3, 119 (1). † αὐτὸς Ἴβηρος τραγοπώγων Cratin. 2, 78 (6). † Πείσανδρος μέγας αὐτός Herm. 2, 384 (5). † δοκεῖ οὐδέποτ' αὐτοῦ πρότερον Cratin. 2, 116 (1, 5). † αὐτὸν στρατηγὸν-εἶδον (f. αὐτοῦ στρατηγῶν-εἶδον, sed v. 5, 8 ubi αὐτὴν στρατηγῶν-) Hermipp. 1, 99 (5). αὐτῷ † μελητέον Plat. 2, 689 (28) f. αὐτῷ Μελιτέων ad Aristophan. 2, 994 (25). † αὐτὸν (f. αὐτὸς σεαυτὸν) αἰτιῶ Nicoch. 2, 846 (3). ὁ μὲν ᾖδεν Ἀδμήτου λόγον-ὁ δ' αὐτὸν (f. αὐτὸν) ἠνάγκαζεν Ἁρμοδίου μέλος Aristophan. 2, 1127 (3). ἐν αὐτῇ (l. αὑτῇ)-*κύουσαν Antiph. 3, 26 (1, 4). ἢν δ' αὖ λάβῃ μηδὲν φερομένην, δοῦλος αὐτὸς (f. αὖθις) γίγνεται Anaxand. 3, 195 (1, 7). ὁ δ' ἱερεὺς-ἐν μέσοις αὐτοῖσιν (f. ἀστοῖσιν) ἑστὼς Eubul. 3, 240. † αὐτὸ δ' ἕκαστος ἔχων αὐτόν, καλέω δὲ φυλάττειν Eubul. 3, 255 (1, 27) cf. 5, 83. τότ' αὐτόν (f. τόθ' αὐτόν) ἐστ' ἰδεῖν ὡς ἄθλιον ζῇ-βίον Men. 4, 193 (5). *ἀλλ' οὐδὲν αὐτῶν (f. αὐτοῖς) τῶνδ' ἐπήρκεσεν χρόνος (f. χρόνον) Men. 4, 233 (9). ὁ τοιοῦτος ἀνατρέπει πόλιν· οὐδὲν γὰρ αἰσχρόν ἐστιν αὐτὸν (f. αὐτοῖς 5, 113) ἀποτυχεῖν Apollod. 4, 454 (1, 7). ἀβάτους ποιεῖν-τὰς τραπέζας-αὐτόν, κατασκήπτοντά γ' αὐταῖς (f. ταύταις) Anaxipp. 4, 464 (1). τασδί-τὰς κρηπῖδας, ἃς αὐτὴ (l. αὕτη 5, 44) φορεῖ Plat. 2, 630 (1, 8). ὁ Πανταλέων αὐτὸς αὐτοὺς (?) τοὺς ξένους τούς τ' ἀγνοοῦντας αὐτὸν ἐπλάνα Theognet. 4, 550. ἐξ αὐτῆς (h. e. statim) Cratin. 2, 36 (11). αὐτὸ δείξει Cratin. 2, 114 (9). δεύτερον *(αὐτόν) Nicophont. 2, 850 (4) cf. 5, 56. ἐκεῖνος αὐτὸς ἐκμεμαγμένος Cratin. 2, 165 (5). αὐτὰ *τἄμπαλιν τὰ θερμὰ λουτρὰ-ἄξω Cratet. 2, 238 (2, 1). αὐτὸ τοὔμπαλιν λέγεις anon. 4, 662 (244). πρόσεισιν αὔθ' ἕκαστον τῶν σκευαρίων Cratet. 2, 237 (1, 4). *γεωργῶ τὸν ἀγρὸν οὐχ ὅπως τρέφῃ αὐτός με, παρ' ἐμοῦ δ' ἵνα τροφὴν προσλαμβάνῃ anon. 4, 691 (350). αὐτὸς αὑτῷ-γέρων διακονήσει; Cratet. 2, 237 (1, 2). οἱ δ' ἰχθύες ἐξοπτῶντες σφᾶς αὐτοὺς Telecl. 2, 361 (1, 7). τοῖς μὲν ἀνδράσιν- ‖ *σφίσι δέ γ' αὐταῖσιν Pher. 2, 324 (1, 4). ἀλλότριος τὰ πολλά, μικρὸν δέ τι *κἀμὸς αὐτοῦ Eup. 2, 484 (1, 4). ἐμὸν αὐτῆς ἴδιον Phryn. 2, 596 (5). τὰς αὐτὸς αὑτοῦ συμφορὰς ἧττον στένει Timocl. 3, 593 (v. 19). ἰατρὸς οὐδὲ εἷς-τοὺς αὐτὸς αὑτοῦ βούλεθ' ὑγιαίνειν φίλους Philem. 4, 50 (46[a]). αὐτὸς τὰ σαυτοῦ-ἐπισκέπτου κακά Men. 4, 270 (162). λεπομένους ὁρᾶν αὑτοὺς ὑφ' αὑτῶν Apollod. Car. 4, 442 (v. 11). αὐτὸς δ' ἐφ' *αὑτοῦ 'στιν πονηρός (bulbus) Philem. 4, 46 (33). πίνακά μοι τούτων παραθήσεις αὐτὸν ἐφ' ἑαυτοῦ μέγαν Lyncei 4, 433 (v. 18). αὐτὸς γὰρ αὐτὸν ἐπριάμην ib. (v. 20). αὐτὴ δ' ἐκείνη πρότερον ἐξηπίστατο Theop. 2, 809 (3). *ὁδὶ γὰρ αὐτός ἐστιν Alcaei 2, 831 (1). σοὶ-δίδωμι τιμήκτοῦτ' αὔτ' ἔχειν ὄνομα μετρητήν Philyll. 2, 859. τοῦτ' αὐτὸ πράττω, δύ' ὀβολὼ-ὑπὸ τῷ 'πικλίντρῳ. B. μῶν τις αὔτ' ἀνείλετο; Aristophan. 2, 964 (16). τουτὶ-αὐτὸ-δ σὺ ποιεῖς παθεῖν Antiph. 3, 54. ὡς τἄλλα-δαπάνην ματαίαν οὖσαν αὐτῶν (h. e. hominum) οὕνεκα, τὸ δὲ μικρὸν αὐτὸ τοῦτ' ἀρεστὸν τοῖς θεοῖς Antiph. 3, 90 (2). ἐὰν ἔχῃ τις ὁπόθεν. ἀλλὰ δεῖ σκοπεῖν τοῦτ' αὐτό Philetaer. 3, 295 (2, 7). ἄνθρωπός εἰμι, τοῦτο δ' αὐτὸ-πρόφασιν μεγίστην εἰς τὸ λυπεῖσθαι φέρει Diph. 4, 424 (25). ὥστ' οἴομαι | οὐδ' αὐτὸν ἡμῖν τοῦτον ἀντερεῖν ἔτι Nicostr. 3, 281 ἓν τοῦτ' ἀπότακτον αὐτὸ τοὺς τυροὺς ποιεῖν καλούς Philem. 4, 25 (2). κάππαριν, θύμον, ἀσπάραγον, αὐτὰ ταῦτα (haec sola) Philem. 4, 38 (12). ἃ δ' ἡ φύσις δέδωκεν *αὐτὰ ταῦτ' ἔχει Men. 4, 230 (5). †μόνα τ' αὐτῶν ἤσομαι (l. αὐτὰ ταῦτ' ὠνήσομαι) anon. 4, 679 (310). διψάριον αὐτὸ τοῦτο παραθήσεις μόνον, ἵνα ταὐτὰ πάντες Lyncei 4, 433 (v. 21. 22). ποτήρια, τοίχους οὐκ ἔχοντ', ἀλλ' αὐτὸ τοὔδαφος μόνον Pher. 2, 324 (1). Καλλιμέδοντος εἰκόνα στῆσαι ‖ ὡς αὐτὸν ὄντ' αὐτοῖσι τῆς τέχνης μόνον σωτῆρα Alexid. 3, 407 (1). τοὔνομ' αὐτὸ τῆς πατρίδος ἐν τοῖς τρόποις ἔχεις Amphid. 3, 317 (1). βούλομαι μόνη αὐτῇ φράσαι σοι Pher. 2, 346 (20). πλείτω χωρὶς αὐτός Eup. (?) 2, 577 (v. 23). αὐτοὶ θύομεν Aristophan. 2, 1012 (23). λοιπὸν τὸν σφόνδυλον αὐτὸν-ῥινήσαντες ἐνέμεθ'-ἡμῖν Pher. 2, 261 (1, 4). ὅστις αὐτῆς (h. e. μόνης) *(τῆς) ἀκμῆς τῶν σωμάτων ἐρᾷ Alexid. 3, 411. παρ' αὐτὼ τὼ πόδε Metag. 2, 753 (1, 10). νεαλής-αὐτὴν τὴν ἀκμήν Aristophan. 2, 1100 (10). κατ' αὐτὴν ἣν βλέπεις τὴν εἴσοδον Aristophan. 2, 1109 (2). παρ' αὐτὴν τὴν συκῆν Antiph. 3, 114. ἐπ' αὐτὴν τὴν θύραν ἀφιγμένος (?) Aristophan. 5, 62 (35). ἐπ' αὐτὸν ἥκεις τὸν βατῆρα Amips. 2, 711 (5). αὐτὴν ὁρᾶν-τὴν *'Ακαδημίαν δοκῶ Antiph. 3, 17. ἐπανάξω σύαγρον τῆς νυκτὸς αὐτῆς Antiph. 3, 21. αὐτὸν τὸν θεὸν ἐξ οὗ τὸ μεθύειν-*γίγνεται Antiph. 3, 102. αὐτὸς εὐθέως ὁ διδοὺς τὸν ὅρκον, ἐγένετ' ἐμβρόντητος Antiph. 3, 149 (44). ἄγουσ' ὑπ' αὐτὰ τὰ σώματ' ἀρίστου πύλας Anaxand. 3, 176 (1, 17). κρείττω τοῦ πυρὸς αὐτοῦ Cratin. min. 3, 377. οὐχὶ πικρότερ' ἐστὶν αὐτῆς τῆς χολῆς; Alexid. 3, 391 (2, 12). ὡσπερεὶ *τὰ ποτήρια αὔτ' (f. et αὐτὰ τὰ ποτήρι',) οὐ τὸν οἶνον πιόμενοι Epigen. 3, 538 (1), σώζει (?) δ' αὐτά που τὰ σώματα Men. 4, 90 (4). αὐτὰ κοσμεῖ τὴν τέχνην τὰ πράγματα Men. 4, 324 (463). αὐτοὺς παρασίτους τοῦ θεοῦ τοὺς Δηλίους Criton. 4, 538 (v. 8). οἶνος ὃν αὐτὸς ἐποίησεν ὁ Μάρων Clearchi 4, 564. *(ὁ θάνατος) αὐτὸς σοῦ γέγονεν εὐνούστερος anon. 4, 670 (287). ὁ δ' ἄχθεται αὐτὸς ὁ θύων Pher. 2, 335 (3, 6). πόλεων τε φόρους αὐτάς τε πόλεις Telecl. 2, 372 (4). 'Αθηναίαις αὐταῖς τε καὶ ταῖς συμμάχοις Pher. 2, 267 (4). αὐτοῖς δὲ τοῖς θεοῖσι τὴν κέρκον μόνην-θύετε Eubul. 3, 270 (18). αὐτὰ καὶ τὰ φίλτατα anon. 4, 663 (252). αὐταῖσι (αὔαισι ?) ταῖς κνήμαισιν ἀκολουθοῦσί μοι Eup. 2, 475 (37). ἔρρεον αὐταῖσι μυστίλαισι Pher. 2, 299 (1, 5). ἀνηρπάκασ' ἀπαξάπαντ' αὐτῷ κανῷ Plat. 2, 618 (1). †αὐτοῖσιν αὐλοῖς ὁρμαὶ (l. αὐτοῖς αὐ. ὁρμᾷ) Lysipp. 2, 745 (4). αὐτοῖς σταθμοῖς ἐξέβαλε τὰς σιαγόνας Aristophan. 2, 1062 (2). τὸν-ναύκληρον-καταπέπωκ' αὐτῷ σκάφει Anaxilae 3, 348 (1, 19). γαστέρας αὐταῖσι μήτραις anon. 4, 606 (19[b]). φέρει τιθύμαλλον καὶ σφάκον πρὸς *αὐτῷ (5, 24) Cratin. 2, 215 (135). †Μενδαίῳ-ἐνουροῦσιν καὶ θεοὶ αὐτοί Herm. 2, 410 (2, 1). τούτῳ *πρόπιθ', ἵνα *καὐτὸς ἄλλῳ Alexid. 3, 406 (1). ὡς-νυστάζειν γε καὐτὸς ἄρχομαι Xenarch. 3, 618 (1). καὶ γὰρ αὐτὸς εὔχομαι ἐκεῖθεν εἶναι Men. 4, 232 (6). καὐτὸς ἐκβήσῃ

κακός mon. 274 cf. mon 475. φίλοισι χαριζόμενον πονηρὸν αὐτὸν εἶναι Cratin. 2, 173 (3). ἀλλ' *αὐτὸς ἀπαρτὶ-οἰχήσει φέρων Plat. 2, 635 (3). ἐν τῇδε-τῇ πόλει-*(ἐγώ) ποτ' αὐτὸς | *γυναῖκ' ἐκίνουν-καὶ παῖδα καὶ γέροντα Eup. 2, 510 (5). ἐκ τῶν λόγων ἄττ' αὐτὸς ἐπιθυμεῖς ἔχεις Plat. 2, 632 (6). τοῖσι χοροῖς αὐτὸς τὰ σχήματ' ἐποίουν Aristophan. 2, 1177 (5). αὐτὸς δείξας Aristophan. 2, 1200 (102). οὐκ οἶδε δεδωκώς | οἷσι δέδωκ', οὐδ' αὐτὸς ἔχων ὧν οὐδὲν ἐδεῖτο Antiph. 3, 109 (v. 8). δοκεῖ-ὀμόσας αὐτὸς ἐπιωρκηκέναι Antiph. 3, 149 (43). τὰ σῖγμα συλλέξαντες ὡς αὐτοὶ σοφοί Eubul. 3, 218 (3). τουτὶ-ἐὰν *πύθωμ' ὅ τι, αὐτὸς *περανῶ τὰ πάντ' Nicostr. 3, 282. βούλομαι δ' αὐτῷ (f. αὐτὸς) προειπεῖν οἷός εἰμι Aristophont. 3, 357 (1). λέγ' αὐτή, γλυκυτάτη Apollod. Car. 4, 442 (v. 13). ὑμεῖς μὲν ὠνειδίσατ'-οὐ γέγονας αὐτὸς νέος; τῷ δὲ πατρὶ-οὐκ ἔστιν εἰπεῖν, οὐ γέγονας αὐτὸς γέρων; Apollod. 4, 452 (1, 5. 7). αὐτὸς εὕρηκας δὲ τί; Baton. 4, 501. οὐ γὰρ ἦν-οὐδενὶ δοῦλος, ἀλλ' αὐτὰς ἔδει μοχθεῖν Pher. 2, 254 (1). ὥρα βαδίζειν ἐπὶ τὸν δεσπότην· ἤδη γὰρ αὐτοὺς οἴομαι δεδειπνάναι Aristophan. 2, 1139 (6). ἐστὶ-*τὰν θαλάττῃ πολέμι' ἡμῖν θηρία. ‖ αὐτοί τ' ἐπὰν ληφθῶσιν-τεθνεῶτες ἐπιτρίβουσι τοὺς ὠνουμένους Alexid. 3, 413. κακὸν φυτὸν-γυνή, καὶ κτώμεθ' αὐτὰς- mon. 305. οὐ χαλεπόν ἐστι-εἰπεῖν τιν'-· αὐτὸν μάχεσθαι δ' οὐκ ἔτ' ἐστὶ ῥᾴδιον Philippid. 4, 471. τὴν ἐν ἑτέρῳ κειμένην ἁμαρτίαν *δεῖ μέμψιν ἰδίαν αὐτὸν λαβεῖν Men. 4, 249 (50). ὁ συνιστορῶν αὐτῷ τι-ἡ σύνεσις αὐτὸν δειλότατον εἶναι ποιεῖ Men. 4, 257 (86). τὴν ἀκμὴν ἐν παιδὸς αὐτοῦ πρός τί *κατατιθέμενος; Apollod. 4, 454 (1, 4). πέπεικας ἐλθεῖν εἰς βίον ἀλλότριον αὐτοῦ Baton. 4, 502 (v. 3). πότε εὔκαιρον αὐτῶν ἐστι τῶν ὄψων τὰ μὲν θερμὰ παραθεῖναι, τὰ δ'- Sosip. 4, 484 (v. 52). τί τἀργύριον-τιμιώτερον αὐτοῦ τέθεικας ἢ πέφυκε τῇ φύσει; Baton. 4, 499 (1, 8). οὗτοι τὸ γῆράς ἐστιν-τῶν φορτίων μέγιστον, ἀλλ' ὃς ἂν φέρῃ ἀγνωμόνως αὔθ', οὗτός ἐστιν αἴτιος Antiph. 3, 196 (2, 3). φέρ' αὔτ' ἀνύσας Anaxilae 3, 355 (5). παρεσκευασμέναι αὔθ', ὅπως ἀνεκλογίστως πλεῖστος οἶνος ἐκποθῇ Pher. 2, 324 (1, 7). ἵν' αὐτὸν μὴ λέγῃ ὡς ἔφυ- Telecl. 2, 371 (1). ἐπίδειξον αὐτὴν ἥτις ἐστίν Plat. 2, 672 (1, 5). αὐτοῦ παραλαβὼν τὼ χαλκίω τὸν ἰὸν ἐκ τῆς χειρὸς ἐξεσπόγγισεν Eubul. 3, 245 (4). τῆς ποιήσεως-ἀριστέρ' αὐτοῦ φαίνεται τὰ δεξιά Pher. 2, 327 (1, 12). αὐτοῦ δ' ὄπισθεν κατέλαβεν Eup. 2, 562 (43). οἷ-ἑστᾶσ', αὐτῶν οἱ μὲν ἐκεῖθεν-οἱ δ'- Plat. 2, 664 (2, 3). ὅσοι ζῶσιν κακῶς-ἐγὼ μὲν αὐτοὺς ἀθλίους εἶναι λέγω Philetaer. 3, 297 (1). ὅταν τις αὐτῶν-εἴπῃ-πνίγομαι οὕτως ἐπ' αὐτοῖς anon. (5, 52) 2, 746 (v. 8. 10). θύομεν αὐτοῖσι-ὥσπερ θεοῖσι καὶ-αἰτούμεθ' αὐτοὺς Aristophan. 2, 1148 (1, 12. 14). ὅτι δοκεῖ τοῦτ' ἔργον εἶναι μεῖζον-αὐτὸ μὲν μηδέν, παρ' αὐτὸ δ' ἄλλα συστρέφειν πυκνά Antiph. 3, 27 (1, 17). ἔξω, μακράν, παρ' αὐτόν, ὑπὲρ αὐτόν, κάτω Antiph. 3, 136 (7). ἀποκόψαντες αὐτοῦ τὰ πτερά ‖ δεῦρ' αὐτὸν ἐφυγάδευσαν Aristophont. 3, 361 (2). ὅν φασίν *ποτε κληθέντ'-εἰπόντος αὐτῷ τοῦ φίλου ‖ ἥκειν ἕωθεν αὐτὸν εὐθὺς ἡλίου μετρεῖν ἀνέχοντος Eubul. 3, 261 (1). Adde Eubul. 3, 262 (2, 3. 5). †Antiph. 3, 109 (v. 18). ὁ χορὸς δ' αὐτοῖς εἶχεν δάπιδας ῥυπαράς Pher. 2, 290 (9). τὰ καταχύσματα | αὐτοῖσιν ὄξος οὐκ ἔχει Philonid. 2, 424 (3). *αὐτὸς δ' ἀνὴρ πωλεῖ κίχλας, ἀπίους- Aristophan. 2, 1171 (1, 3). οὗτος γὰρ αὐτός ἐστιν ἄγλωττος, λάλος- Eubul. 3, 254 (1, 7). μένει χρῆμ' οὐδὲν ἐν ταὐτῷ ῥυθμῷ Eup. 2, 549 (4). † δυαδελφίδην (f. δύ' ἀδελφίδ' ἐν) ταὐτῷ μυχῷ Calliae 2, 741 (7). τὸν αὐτὸν αἰνεῖν καὶ ψέγειν ἀνδρὸς κακοῦ mon. 506. πέμπω ταῖς χαρίσι τὴν αὐτὴν ὁδόν Sotad. 3, 586 (1, 25). ὅθεν ἔξω πάλιν οὐ ῥᾳδίως ἔξειμι τὴν αὐτὴν ὁδόν Antiph. 3, 62 (3). περιστερὰς *ἀποβεβαμμένας εἰς οὐχὶ ταὐτὸν-τὴν αὐτὴν μύρον, ἰδίᾳ δ' ἑκάστην* Alexid. 3, 410 (1). *τὴν αὐτὴν ὁδόν, ἣν πᾶσιν ἐλθεῖν ἔστ' ἀναγκαίως ἔχον, προεληλύθασιν.* — *εἰς ταὐτὸ *καταγωγεῖον αὐτοῖς ἥξομεν* Antiph. 3, 29 (2). *κἂν δοῦλος ᾖ τις σάρκα τὴν αὐτὴν ἔχει* Philem. 4, 47 (39). *τὸ δ' ἐγχέλειον; Β. ἅλες, ὀρίγανον, ὕδωρ. Α. ὁ γόγγρος; Β. ταὐτόν.* Antiph. 3, 130. *ὅμοιον ἐγένετ', ὄρνις ὁπόταν ἁρπάσῃ-. ταὐτὸν ἦν* Philem. 4, 26 (v. 13). *οὐ ταὐτόν ἐστιν ἁλμάδες καὶ στέμφυλα* Aristophan. 2, 1111 (8). *ὅρκος *(δ') ἑταίρας ταὐτὸ καὶ δημηγόρου* Diph. 4, 421 (16). *ὥσπερ οἱ κύβοι· οὐ ταὔτ' ἀεὶ πίπτουσιν, οὐδὲ τῷ βίῳ ταὐτὸν διαμένει σχῆμα* Alexid. 3, 399 (2). *οὐ ταὐτὸ δ' ἐστὶ τοῦτο* Dionys. 3, 547 (v. 10). *ἐκεῖθεν ἔσται ταὐτὸ τοῦτό σοι πάλιν* Men. 4, 107 (2, 14). *ἐκ ταὐτοῦ μεθ' ἡμῶν πίεται ποτηρίου* Eup. (?) 2, 577 (v. 2). *ἐν τῷ γὰρ αὐτῷ πάνθ' ὁμοῦ πωλήσεται ἐν ταῖς Ἀθήναις* Eubul. 3, 241. *ἢ μήποτ'-εἰς *ταὐτὸν* (legeb. *ταὐτὸ*) *μόλῃς* Stratt. 2, 778 (1). *οἷα σύ | εἴωθας εἰς ταὐτὸν καρυκεύειν* Men. 4, 222 (1). *δὶς ἐξαμαρτεῖν ταὐτόν* mon. 121. *ὅπερ-ἐγένετο, καὶ νῦν ταὐτὸ τοῦτ' ὄψει πάλιν* Hegesipp. 4, 450 (v. 21). *οὐδέποτ' ἀρέσκει ταὐτὰ τούτῳ τῷ θεῷ* Nicostr. 3, 288 (4). *τῶν δ' *αἰγιδίων κατὰ *ταὖθ'* (vulg. *ταὐτὰ*) *ἃ μὴ τυρὸν ποιεῖ* Antiph. 3, 9 (1, 4). *ταὐτὰ* (f. *κατὰ ταὐτὰ*) *καὶ μαγειρικῆς πρότερον μαθεῖν δεῖ* Nicomach. 4, 583 (v. 15). *πεπονθέναι *ταὐτὰ* (libr. *ταῦτα*) *τοῖς ἀετοῖς* Epicrat. 3, 365 (2, 7). *μεταφέρει ἕκαστος αὐτῶν *ταὔτ' ἄνω τε καὶ κάτω* Xenarch. 3, 621 (1, 3).

αὐτόσε: *ἑφθῶν βατίδων εἱλυομένων *αὐτόσε* (vulg. *αὐτόθεν*) Metag. 2, 753 (1, 4). *σφενδόνῃ | οὐκ ἂν ἐφικοίμην αὐτόσ'* Antiph. 3, 30 (1, 20).

αὐτόσιτος: *παράσιτον αὐτόσιτον* Crobyli 4, 565 (1).

αὐτοσχεδίασμα: Plat. 2, 645 (5).

†*αὐτοσχεδὶς* (l. *αὐτοσχιδὲς*) *ὑπόδημα* Herm. 2, 387 (5).

αὐτοσχιδές: v. *αὐτοσχεδίς*.

αὐτοῦ adv.: *ἐπίσχες αὐτοῦ* Cratin. 2, 60 (6). † *αὐτὸν στρατηγὸν* (f. *αὐτοῦ στρατηγῶν* sed vid. 5, 3) Herm. 1, 98 (5). *τις τῶν ἐνθάδ' αὐτοῦ* Eup. 2, 546 (1, 4). *σὲ παλινῳδίαν παίσας αὐτοῦ καταθήσω* Plat. 2, 667 (1). *ἀκρατισώμεθ' αὐτοῦ* Canth. 2, 836 (1). *αὐτοῦ* (f. *αὐτὸν*) *λέληθε παραπλέων τὰς συμφοράς* Amphid. 3, 302 (1).

αὑτοῦ: cf. *αὐτοῦ*. 1. de tertia persona. *ξύνεστι-τοῖς αὑτοῦ τρόποις* Herm. 1, 97 (3). *πέπραχε τῶν τρόπων μὲν ἄξια, αὑτοῦ δὲ καὶ τῶν στιγμάτων ἀνάξια* Plat. 2, 669 (1). *τὴν αὑτοῦ σκιὰν δέδοικεν* Aristophan. 2, 981 (24). *τὸ μὴ συνειδέναι-*αὑτοῦ* (vulg. *αὐτοῦ*) *τῷ βίῳ ἀδίκημα μηδέν* Antiph. 3, 149 (42^b). *ἀνδρὸς συγγενοῦς οἰκίαν αὑτοῦ νομίζειν δεῖ τὸν συγγενῆ* Diph. 4, 423 (21). *αὑτοῦ προδότης κακός τε τῆς ὥρας φύλαξ* Apollod. 4, 454 (1, 5). *πεφροντικὼς *αὑτοῦ-οὐκ ἔσται κακός* Machon. 4, 497 (v. 4). *ὁ παισὶν αὑτοῦ μητρυιὰν ἐπεισάγων* anon. 4, 618 (50). *ἅπανθ' ὁ λιμὸς γλυκέα πλὴν αὑτοῦ ποιεῖ* Antiph. 5, 80 (101). *αὐτὸς αὑτῷ-διακονήσει* Cratet. 2, 237 (1, 2). *ἐντὸς ἔχων τὰ † παρ' ἑαυτῷ* (f. *πάντ' ἐν αὑτῷ*) Herm. 2, 380 (1). *πόλλ' ἐν αὑτῷ-ἔχον καδίσκια κυμινοδόκον* Nicoch. 2, 842 (1). *αὑτῷ βαδίζει καὶ λαλεῖ καὶ πτάρνυται ἕκαστος ἡμῶν* Philem. 4, 38 (13). *ὅστις-αὐτὸς αὑτὸν οὐκ αἰσχύνεται συνειδόθ' αὑτῷ φλαῦρα διαπεπραγμένῳ* Philem. 4, 53 (51^d) = Diph. 4, 421 (15). *οὐδεὶς ὅστις οὐχ αὑτῷ φίλος* mon. 407. *συναγανακτοῦνθ' ὁπόταν οἰκείως ὁρᾷ ἕκαστος αὑτῶν* (f. *αὑτῷ*) *τὸν παρόντα* Men. 4, 236 (13). *ὠρχεῖτ'-διαμασχαλίσας **αὑτὸν σχελίσιν* Aristophan. 2, 1052 (12). *ὁ δ' αὐτὸν* (f. *αὑτὸν*) *ἠνάγκαζεν Ἁρμοδίου μέλος* Aristophan. 2, 1127 (3). *ἐπεκράτει τῆς συμφορᾶς κατεῖχέ θ' αὑτόν* Antiph. 3, 8 (1). *εἰς προὖπτον αὑτὸν ἐνέβαλεν κακόν* Aristophont. 3, 359. *τῇ τύχῃ διὰ πλειόνων αὑτὸν παραβάλλειν πραγμάτων* Philippid. 4, 468 (1). *ὅμοιον πᾶσιν* αὐτὸν ὄψεται Antiph. 3, 20 (1). ἀναπέπεικεν ὡς αὐτὸν φέρειν Antiph. 3, 104 (v. 18). ὑπώμνυτο ὁ μὲν οἶνος ὄξος *αὐτὸν εἶναι γνήσιον, τὸ δ' ὄξος οἶνον *αὐτὸ μᾶλλον θατέρου Eubul. 3, 236. ἐν τῷ πρὸς αὐτὸν ἀναλογισμῷ Men. 4, 202 (1). τούτῳ κακὸν δι' αὐτὸν οὐδὲν γίγνεται Men. 4, 230 (5). περιβόητον *(ποιεῖ) αὐτόν anon. 4, 601 (6). περιτρώγειν αὐτῶν τοὺς δακτύλους Pher. 2, 255 (2). τοὺς ἀγαθὸν αὐτοῖς οὐ διδόντας Baton. 4, 499 (1, 2). συγκατέκλεισεν ἀνθ' αὐτῆς λάθρα Alcaei 2, 831 (2) cf. 5, 55. ἡ μὲν αὐτῆς οἶδεν υἱόν, ὁ δ' οἴεται Men. 4, 261 (112). βρέφη σώζουσ' ὑπὸ κόλποις αὐτῆς Antiph. 3, 112 (1, 2). βρέφη δ' ἐν αὐτῇ διατρέφει τοὺς ῥήτορας ib. (1, 7). βρέφη δ' ἐν αὐτῇ περιφέρει τὰ γράμματα ib. (1, 18). ποίμνης ἐν *αὐτῇ-εἴδη κύουσαν Antiph. 3, 26 (1, 4). περιπέττουσιν *αὐτὰς προσθέτοις Aristophan. 2, 1078 (5). τὰ ὄψα καὶ τὰ βρώματα ‖ ἑτέραν ἐν *αὐτοῖς λαμβάνει τὴν ἡδονήν Sosip. 4, 483 (v. 32) cf. 485. 2. de prima et altera persona. παρέλιπον οἰκετῶν εἶναι στάσιν ἔνδον παρ' *αὐτῷ (i. e. ἐμαυτῷ) Men. 4, 242 (30). ἵν' οὐχ *αὐτῷ παρετράφην Men. 4, 285 (233). αὐτοὶ δι' αὐτῶν ἕτερα προσπορίζομεν Men. 4, 230 (5). εἰς πέλαγος αὐτὸν ἐμβαλεῖς πραγμάτων Men. 4, 88 (1). μὴ 'πὶ μικροῖς αὐτὸς αὑτὸν ὀξύθυμον δείκνυε Men. 4, 291 (269). αὑτὸν τρέφων *συνερανιστὸς εἶ Crobyli 4, 565 (1). ἡνίκ' ἂν φωνὴν λέγῃς αὐτοῦ *τίν' Posidipp. 4, 524 (2). γυμνοῦθ' αὐτοὺς θᾶττον ἅπαντες Alexid. 3, 491 (1). 3. αὐτῶν κτλ = ἀλλήλων: οὐκ ἠρέσαμεν *αὐτοῖσιν Men. 4, 301 (316). εὗρε πῶς λαλήσομεν *αὐτοῖς Philem. 4, 6. πρὸς δ' αὐτὰς πολλὰ λαλούσας Antiph. 3, 109 (v. 18). ληρεῖν πρὸς αὐτοὺς ἡδέως Alexid. 3, 388. *αὐτοὺς μὲν οὐκ ἐμασῶντο Athenion. 4, 557 (v. 13). *αὐτοῖς ἅπαντες ἠξίουν συζῆν ib. 558 (v. 36). *ἅλμην-ἐξ ἰχθύων ὑπεναντίων αὐτοῖσι ποιοῦντες μίαν Damox. 4, 531 (v. 37). ἔστιν *αὐτοῖς ἃ διὰ τεττάρων ἔχει κοινωνίαν 532 (v. 55). Cf. ἑαυτοῦ.

αὐτόφορτοι: Cratin. 2, 160 (20).

αὐτοφυής: ὦ πόλι-, αὐτοφυὲς Ἀττική Aristophan. 2, 990 (13).

αὐτόφωρον: ἐπ' αὐτοφώρῳ Νικίαν εἰλημμένον Eup. 2, 501 (5, 6).

αὐτόχειρ: Theop. 2, 822 (29).

αὐτόχθων: λάχανα τῶν αὐτοχθόνων Polioch. 4, 590 (v. 6).

αὐχένιοι: Antiph. 3, 157 (79).

αὔχημα: Σικελίας αὔχημα τροφαλίς anon. (32) 5, 118.

αὐχήν: τὸν αὐχέν' ἐκ γῆς ἀνεκάς Cratet. 2, 235 (3). ἐν τῷ κύφωνι τὸν αὐχέν' ἔχεις Cratin. 2, 84 (8). καρδοπείῳ περιπαγῆ τὸν αὐχένα Aristophan. 2, 1072 (8). συστρέφει τὸν αὐχένα Eup. 2, 566 (54). ἑρπυλλίνῳ (int. λοῦται)-τὸ γόνυ καὶ τὸν αὐχένα Antiph. 3, 56.

αὐχμᾶς (cod. αὐχμᾶν) Phryn. 2, 606 (18).

αὐχμηροκόμης: ἄνδρας *βουτυροφάγας, αὐχμηροκόμας μυριοπληθεῖς Anaxand. 3, 183 (1, 9).

αὐχμός: πρόφασίν τιν' αὐχμὸν ἢ πάχνην Philem. 4, 33 (4).

αὐχμός: ὥστ' *αὐχμότατός ἐστι Plat. 2, 671 (5).

αὐχμῶ: χαίρει τις αὐχμῶν ἢ ῥυπῶν Anaxand. 3, 177 (2, 6),

αὐχῶ: ηὔχουν-αἰῶνα πάντα συνδιατρίψειν Cratin. 2, 15 (1).

αὔω: med. αὐόμενος Aristophan. 2, 1206 (135).

ἀφαδία: ὁρᾶν ἀφαδίαν Eup. 2, 438 (7).

ἀφαιρῶ: ἀφαιρεῖν ὥρα 'στὶν τὰς τραπέζας Philyll. 2, 857 (1). ἀπὸ λασάνων ἀφαιρήσω χύτραν Diocl. 2, 840 (3). τοὐπίθημα τῆς χύτρας ἀφελών Hegesipp. 4, 479 (v. 14). εἴ τις ἀφέλοι τοῦτ' ἀφ' (?) ἡμῶν τὸ μέρος ἀπὸ τοῦ σώματος Alexid. 3, 479 (1). τὰς κροκύδας ἀφαιρῶν Aristophan. 2, 1188 (53). *ἀφαιρεῖ τρίχας ib. (54). τῶν-ἐλαιῶν (?) ἄφελε πάνθ' ὅσ' ἂν βούλῃ γένη Euangeli 4, 572 (v. 5). ἀφεῖλον (int. τέμαχος) ἐπιγανώσας σιλφίῳ Alexid. 3, 470 (1, 10). τὸ παραθεῖναι κἀφελεῖν τεταγμένως ἕκαστα Sosip. 4, 483 (v. 48). σίλφιον, τυρόν, κορίαννον-*πάντ' ἀφεῖλον (ex arte culinaria) Anaxipp. 4, 459 (v. 9). *ἂν τις ἀφέλῃ *(τὴν) τέχνην τὴν τῶν ἁλιέων Anaxand. 3, 175 (1, 14). συλλαβὴν ἀφελών Amphid. 3, 313 (1, 11). τοῦτο τοῦ μήκους ἀφεῖλεν Alexid. 3, 423 (1, 10). εἰ-ἀφέλοι τις τοῦ βίου τὰς ἡδονὰς Antiph. 3, 150 (51) = Theophil. 3, 630 (1). λύπην τ' ἀφαιρῶν, ἡδονήν τε προστιθεὶς Anaxand. 3, 196 (2, 6). ἀφεῖλε πᾶν αὐτοῦ τὸ λυποῦν Ephipp. 3, 326 (1). τὸ κακὸν ἀφαιρεῖ τἀγαθὸν δὲ λαμβάνει Philem. 4, 34 (5). εἰ τἄλλ' ἀφαιρεῖν ὁ πολὺς εἴωθεν χρόνος ἡμῶν Men. 2, 264 (130). ὅταν ἐρῶντος τόλμαν ἀφέλῃς Men. 4, 138 (3). ἀφαιροῦμαι: ἀφελοῦμαι Timostrat. 4, 595 cf. 5, 117. ἀφελοῦ-*ὦ λάγνα ταχὺ τὰ ποικίλα Eubul. 3, 230. γυνὴ λινουργὸς-ἀφείλετο Alexid. 3, 399. ἐγὼ δὲ *τοῦτ' ὀλίγον χρόνον *φύσας ἀφειλόμην ἂν Aristophan. 2, 1171 (1, 11). τίς ἀφείλετο λαμπάδος αὐγάς; *Cratin. 2, 101. †ἀφείλετο γὰρ κωμῳδεῖν Phryn. 2, 590 (8). ὅλας δ' ἀφαιροῦνται (int. τὰς οὐσίας piscarii) Alexid. 3, 475. ἃ σοι *τύχη κέχρηκε, ταῦτ' ἀφείλετο Men. 4, 247 (41). οἷς μὲν δίδωσιν, οἷς δ' ἀφαιρεῖται τύχη mon. 428. (argentum) *ὁ καιρὸς ὁ τυχὼν τοῖς μὲν-ἔδωκε, τῶν κεκτημένων δ' ἀφείλετο Apollod. 4, 456 (4). τοὺς ἀποκρυπτομένους- ‖ λαβὼν ἀφείλεθ' ὅσα δεδωκὼς ἦν Alexid. 3, 507 (8).

ἀφάκη: κυάμους †φακῆν (f. ἀφάκην) ζείας Pher. 2, 345 (17).

ἀφανής: κρεῖττόν ἐστιν ἐμφανὴς φίλος ἢ πλοῦτος ἀφανής Men. 4, 107 (2, 16). ἀφανεῖς γεγόνασιν αἱ σπάθαι Men. 4, 169 (4). ταὐτόματον ἡμῖν ἀφανὲς ὂν συλλαμβάνει Men. 4, 148 (4). τὰ *ἀφανῆ μεριμνᾷ Aristophan. 2, 1190 (61). μὴ δίωκε τἀφανῆ mon. 18.

ἀφανίζω: τὰ χρώματα-ἀφανίζουσιν ἐκ τοῦ σώματος Antiph. 3, 52 (1). ἅπαντ' ἀφανίζει γῆρας ad Men. 4, 362 = mon. 648. πόλεις-ἠφάνισε διαβολή mon. 626. τὸν γόνον *καταγνύει, ἔπειτ' ἀφανίζει Eubul. 3, 254 (1, 15). ἠφάνικε πηλίκον τινά | οἴεσθε μέγεθος; Eubul. 3, 245 (3). κεραννύουσιν ἀφανίζουσί τε Alcaei 2, 829 (2). ἐν ὅσῳ δ' ἐσθίω, ἕτερος ἐκεῖν'-τοῦτ' ἐγὼ ἠφάνισα Lyncei 4, 433 (v. 11). τὴν θυείαν ἠφάνισαν ἐκ τοῦ μέσου Anaxipp. 4, 459 (v. 6). ἄπτερος ὢν κούφως πέτεται καὶ γῆν ἀφανίζει Eubul. 3, 254 (1, 18). ἀπὸ τοῦ ταγήνου-εὐθέως ἀφανίζεται (piscatorum ars) Anaxand. 3, 175 (1, 4).

ἄφατος: ὀρνιθαρίων ἀφάτων πλῆθος Anaxand. 3, 184 (1, 62). ἤκουσα λόγων ἀφάτων ἀτόπων Epicrat. 3, 370 (1, 12).

ἀφέλεια: τῆς συμμετρίας καὶ τῆς ἀφελείας (al. †ἀσφαλείας) οὕνεκα Antiph. 3, 89 (1, 8). ἀφελείας exempla ex Menandro afferuntur 4, 333 (515).

ἄφευκτος: τὸ πεπρωμένον-οὐ μόνον *βροτοῖς ἄφευκτόν ἐστιν Philem. 4, 41 (20).

†ἀφεῦσαν (f. ἀφεῖσαν) Herm. 2, 417 (15). Plat. 2, 695 (66).

ἀφή: τῆς ἰδιότητος-συμπλεκομένης οὐχὶ συμφώνους ἀφάς Damox. 4, 531 (v. 42).

ἀφῆλιξ: ἀφήλικα γέροντα Cratin. 2, 208 (95). *ἀφηλικεστέραν (libr. ἀφηλικεστάτην) Pher. 2, 355 (65). γυναικῶν (f. γυναικαρίων) ἀφήλικες Phryn. 2, 604 (8).

Ἀφθόνητος: ἀλλᾶντας Ἀφθόνητος (om. verbo) Euphron. 4, 486 (v. 9).

ἀφθονία: ἀφθονία τὴν ἔνθεσιν ἦν-ἁπαλὴν καταπίνειν Telecl. 2, 361 (1,

10). τοῖς μὲν ἡ τύχη τούτων (malorum) δίδωσιν ἀφθονίαν Men. 4, 252 (62).

ἄφθονος: φλόμον ἄφθονον Cratin. 2, 215 (135). ἔχοντες ἄφθονον βίον Philetaer. 3, 297 (1). [ἐν ἀφθόνοισι τοῖσδ' ἀναστρωφωμένη Men. 4, 226 (1, 7)]. πόλιν ἀφθονεστάτην χρήμασιν Eup. 2, 554 (13). πάντ' ἔχοντας ἀφθόνως Antiph. 3, 47 (2). πολλά με διδάσκεις ἀφθόνως Philem. 4, 55 (62).

ἀφίημι: cf. ἀφεῦσαι. τὸν κότταβον ἀφεὶς ἐπὶ τὴν πλάστιγγα Antiph. 3, 29 (1, 6). οἶνόν τε ἐγχέαι (al. ἐγχέας)-ἔπειτ' ἀφήσεις ib. (1, 17). τέτταρας περιστερὰς ἀφῆκεν Alexid. 3, 410 (1). ἀφῆκεν †ὅτι ἦν βόας Plat. 2, 629 (2). εἰς τὴν τράπεζαν τὴν χολὴν ἄφες Nicol. 4, 580 (v. 39). εἰς ἐμὲ σὺ τὴν κραιπάλην μέλλεις ἀφεῖναι πᾶσαν Eubul. 3, 266 (9). εἶτ' ἐλευθέραν ἀφῆκε Aristophont. 3, 363. ἐάν με τῶν ἀρχῶν ἀφῆτε Aristophan. 2, 985 (1). ὥσπερ εἰς πανήγυρίν τινα ἀφειμένους ἐκ τοῦ θανάτου-εἰς τὴν διατριβὴν Alexid. 3, 484 (3, 13). τὸν χρόνον τοῦτον ὃν ἀφεῖται ib. 485 (3, 16). ἄφες τὸν ἄνθρωπον Men. 4, 204 (1). ἀφῆκα τοῦτον, λαμβάνω *(δ') ἄλλον τινὰ Phoenicid. 4, 511 (v. 11). πότερ' οὖν *ἀφεῖσαι; Posidipp. 4, 520 (1). μάγειρον ὅταν ἴδῃς ἀγράμματον ‖ -*μινθώσας ἄφες Damox. 4, 530 (v. 15). ναύκληρος ἀποθύει τις ‖ ἀφῆκα τὸν τοιοῦτον Diph. 4, 395 (2, 13). ἀπὸ-βλεφάρων-ποιητῶν λῆρον ἀφέντα Cratin. 2, 174 (5). ἀφεὶς τὰ φανερὰ mon. 18. ἀφεὶς σκοπεῖν τὰ δίκαια Diph. 4, 421 (14). ἀφῶμεν οὖν τὰ λοιπὰ Damox. 4, 532 (v. 68). ὑπὲρ εὐσεβείας οὖν ἀφεὶς παῦσαι λέγων Athenion. 4, 558 (v. 44). ὀξὺ τὸ περίκομμ', ἄφες (l. ἄνες) Damox. 4, 531 (v. 48).

ἀφικνοῦμαι: ἐς Συρίαν δ' ἐνθένδ' ἀφικνεῖ Cratin. 2, 132 (1). εἶτα Σάκας ἀφικνεῖ-ἔς τε πόλιν δούλων Cratin. 2, 133 (2). εἰς τὸ Κυλικρανωνσπληνόπεδον (?) ἀφικόμην Herm. 1, 97 (4). ὑπὸ τοῦ γέλωτος εἰς *Γέλαν ἀφίξομαι Aristophan. 2, 1189 (56). ξένη ἀρτίως ἀφιγμένη Pher. 2, 315 (11). νεωστὶ τὸ σπέρμα τοῦτ' ἀφιγμένον εἰς τὰς Ἀθήνας ἐστί Antiph. 3, 33 (1, 4). Eriph. 3, 556 (1, 4). παῖς ὢν-εἰς Ἀθήνας ἐνθάδε ἀφικόμην Antiph. 3, 91 (1). βασιλέως υἱὸν-λέγεις ἀφῖχθαι; Epigen. 3, 539. ἐλευθέρι' ἀφίκοντο θύσουσαί ποτε Henioch. 3, 563 (v. 10). ἐπ' αὐτὴν τὴν θύραν ἀφιγμένος (?) Aristophan. 5, 62 (35). ἑταίρας εἰς ἔρωτ' ἀφίκετο Antiph. 3, 124 (1, 3). τίς γὰρ ‖ εἰς ὑπερβολὴν ἀφῖκται τοῦ καταπτύστου γένους; Anaxil. 3, 347 (1, 6).

ἀφιλοκαλία: Eup. (?) 2, 482.

ἀφίσταμαι: ἀφεστήκασι πλεῖν ἢ δύο δόχμα anon. 4, 627 (92). ἀφεστὼς παρακελεύομαι Damox. 4, 532 (v. 59). κἀπόστα βραχὺ Men. 4, 118 (7). ἀπόστα μικρὸν Men. 4, 182 (6). ἧττόν τ' ἀποσταίην ἂν ὧν προειλόμην ἢ- Antiph. 3, 43.

ἄφνω: τὴν κατάστασιν λαμβάνων ἄφνω πρὶν- Eup. 2, 533 (4). εἰς συμπόσιον εἰσελθὼν ἄφνω Alexid. 3, 485 (4). εἶθ' ὁ Καλλιμέδων ἄφνω προσῆλθεν Timocl. 3, 609. τὸ προσπεσεῖν ἄφνω λύπην τιν' Amphid. 3, 317 (2). τὸ-ἄφνω δυστυχεῖν mon. 696. ἄφνω-πληγεὶς εἰς-τὴν γαστέρα Nicol. 4, 579 (v. 7).

ἀφοδεῦσαι: Plat. 2, 616 (4).

ἄφοδος: εἰς ἄφοδον ἐλθὼν Antiph. 3, 20 (1, 5).

ἀφόρητος: ἀφόρητός ἐστιν εὐτυχῶν μαστιγίας anon. 4, 614 (41a). cf. ἀφόρητον κακόν mon. 365.

ἀφορίζομαι: περὶ φύσεως ἀφοριζόμενοι Epicrat. 3, 370 (1, 18). πάλιν ἀφορίζεσθαι τίνος ἐστὶ γένους ib. 371 (1, 38).

ἀφορμή: πέμπειν τοὺς εἰς ἀφορμὴν Aristophan. 2, 1208 (186). πάντων

ἀφορμὴ τῶν καλῶν εὑρίσκεται Philem. 4, 39 (14ᵃ). ἅπασι-ἀφορμὰς παραδίδως τοῦ πράγματος Antiph. 3, 155 (70).

ἀφορῶ: οὗτοι δὲ *(πρὸς) τὰ δεῖπνα-ἀφορῶσι Antiph. 3, 134 (5, 2). παριόντα-πάνυ-πόρρωθεν ἀπιδὼν τὸν παχὺν Timocl. 3, 606.

ἀφρίζω: θηρίκλειον ὄργανον ‖ πλῆρες, ἀφρίζον Antiph. 3, 95 (1, 6). κρατὴρ θηρίκλειος-νέκταρος-πλήρης, ἀφρίζων Alexid. 3, 435.

Ἀφροδίσια: Ἀφροδίσι' ἦγε ταῖς ἑταίραις ἡ πόλις Alexid. 3, 499 (1). ἀφροδίσι' ὑπὸ κόλλοψι μαστροποῖς ποιῶν Diph. 4, 395 (2, 22).

ἀφροδισιάζω: τούτοις ἐν ᾅδου-μόνοις ἐξουσία ἀφροδισιάζειν ἐστὶν Philetaer. 3, 299.

Ἀφροδίτη: Ἀφροδίτης-Κυθηρίας Archipp. 2, 722 (12). τὴν Ἀφροδίτην ἐν Κύπρῳ δένδρον φυτεῦσαι τοῦτο-ἓν μόνον Kriphi 3, 557 (1, 11). de nobili quodam Ἀφροδίτης simulacro ligneo *Eubul. 2, 216 (3). οἶνος Ἀφροδίτης γάλα Aristophan. 2, 1179 (13). ἔπειτα κάκροκώλιον ὕειον Ἀφροδίτῃ Antiph. 3, 68. λευκὸς Ἀφροδίτης περιστερὸς Alexid. 3, 481 (2). Φίλας Ἀφροδίτας (int. Antigoni uxorem) Alexid. 3, 432 (3). νὴ τὴν Ἀφροδίτην Nicostr. 3, 290 (9). μὰ τὴν Ἀφροδίτην οὐκ ἂν ὑπομείναιμ' ἔτι-ἑταιρεῖν Phoenicid. 4, 511 (v. 1). δς δ' ἂν-τῆς Ἀφροδίτης ἀντιλάβηται Alexid. 3, 485 (3, 15). τῆς Ἀφροδίτης τυγχάνειν Alexid. 3, 518 (31). ὦ νύξ, σὺ γὰρ πλεῖστον Ἀφροδίτης-μετέχεις μέρος Men. 4, 278 (199).

Ἀφρόδιτος: Aristophan. 2, 1206 (137).

ἀφρόνως: v. ἄφρων.

ἀφρός: βακχίου παλαιγενοῦς ἀφρῷ Antiph. 3, 140 (15). κύλικα-κεραννύει-ἀφρῷ ζέουσαν Theophil. 3, 627.

ἀφροσύνα: πατρίδα-ῥύσαθ'-ἀφροσύνας Men. epigr. 4, 335.

ἄφρων: αἱ νεότητες ἄφρονες Plat. (?) 2, 697 (v. 8). ἄφρων γ' ἀληθῶς Amphid. 3, 307 (2). μή μ' ἄφρονα κρίνῃ Men. 4, 267 (142). ἄφροσιν μὴ χρῶ φίλοις, ἐπεὶ *κεκλήσῃ καὶ σὺ-ἄφρων Men. 4, 271 (167). ἀφρόνως ἅπαντα καὶ προπετῶς συμπείθεται Demetr. 2, 878 (2).

ἀφυβρίζω: ἀποζέσαι-ἀφυβρίσαι τ' Alexid. 3, 405 (6). νῦν ἀφύβρισον. *B. ἦν ἀφύβρικα Men. 4, 182 (4).

ἀφύδιον: *τὰ μικρὰ τάδ' ἀφύδια Aristophan. 2, 1152 (10).

Ἀφύη: v. ἀφύη.

ἀφύη: οὔτ' ἀφύη νῦν ἐστι-οὔτ' αὖ βεμβρὰς κακοδαίμων Aristonym. 2, 699 (2). τὴν ἀφύην (f. Ἀφ.) καταπέπωκεν-ἑψητός (f. Ἑψ.) Archipp. 2, 721 (8). οὐδ' ἀφύην κινεῖν δοκεῖς Herm. 2, 386 (3). πρὸς τῆς ἀφύης τῆς ἡδίστης Calliae 2, 737 (5). ἀφύας λεπτὰς τάσδε-* Θεανοῖ-ἀντιπρόπους Antiph. 3, 13 (1, 23). ἅλις ἀφύης μοι Aristophan. 2, 1151 (9, 1). λεκίθου, σκορόδων, ἀφύης, σκόμβρου Anaxand. 3, 184 (1, 41). βεμβράδ', ἀφύην, ἑψητὸν Nicostr. 3, 283. *ἀφύαν (f. -ην) θ' ἅμ' αὐτῷ παρέλαβον Φαληρικὴν Sotad. 3, 586 (1, 30). ἀφύης ἐπιθυμήσαντι χειμῶνος μέσου παρέθηκε Euphron. 4, 494 (1, 4). τὴν ὄψιν αὐτῆς τῆς ἀφύης μιμούμενος ib. (1, 8). ἀφύης-ἔλεγε-ἐγκώμιον ib. (1, 14). ἀπὸ τηγάνου-ἀφύας φαγεῖν Pher. 2, 297 (4). ῥεῖ-τηδὶ δ' ἀφύαισι, τῇδε δ' αὖ ταγηνίαις Metag. 2, 753 (1, 8). κωβιός, ἀφύαι, βελόναι Ephipp. 3, 330 (1, 8). ἔσχαρος, ἀφύαι, βελόναι Mnesim. 3, 570 (v. 44). ἀφύαι, κρεάδι', ἐντερίδι' Alexid. 3, 416.

ἄφυλλος: φιλύρας-ἄφυλλον στέφανον Xenarch. 3, 625.

ἀφυπνίζομαι: ἀφυπνίζεσθαι χρὴ πάντα θεατὴν Cratin. 2, 174 (5). ἵν' ἀφυπνισθῆτ', οὖν ἀκροᾶσθ' Pher 2, 349 (31).

ἄφωνος: ἄφωνος ἐγένετο Theop. 2, 819 (12). *(ὄντα) δ' ἄφωνα βοὴν ἵστησι γεγωνόν Antiph. 3, 112 (1, 2). πῶς γὰρ γένοιτ' ἂν-ῥήτωρ-ἄφωνος; ib. (1, 14). ἄφωνα δ' ὄντα-τοῖς πόρρω λαλεῖ ib. (1, 19). δειπνεῖἄφωνος Τήλεφος Alexid. 3, 467 (1). ἄφωνοι δύο τινὲς ἢ τρεῖς παρεστήκασι (int. τοῦ χοροῦ) Men. 4, 117 (2). ἑστήξετ' ἀχανής, προσπεπατταλευμένος ἄφωνος Hegesipp. 4, 480 (v. 26).

Ἀχαϊκός: ὀπτὴν κατεσθίουσι πόλιν Ἀχαϊκήν Mnesim. 3, 578 (2).

Ἀχαιός: ἐκήλησεν Καλλίστρατος υἷας Ἀχαιῶν Theop. 2, 802 (1). ἰχθὺν δ' Ὅμηρος ἐσθίοντ' εἴρηκε ποῦ *τίνα τῶν Ἀχαιῶν; Eubul. 3, 262 (2).

ἀχανής: ἑστήξετ' ἀχανής, προσπεπατταλευμένος, ἄφωνος Hegesipp. 4, 480 (v. 25).

ἀχάριστος: οὕτως ἐσμὲν ἀχάριστοι φύσει Cratet. (Antiph. ?) 2, 247 (1). *ἀχαρίστους (libr. ἀχρήστους) ὁρῶν ἀνελευθέρως τε ζῶντας Alexid. 3, 507 (8). *ἀνὴρ ἀχάριστος μὴ νομιζέσθω φίλος Men. 4, 325 (470) = mon. 40. ὁ σωθεὶς ἐστιν ἀχάριστον Men. 4, 325 (472) = mon. 34, ubi ἀχάριστος. ἀχάριστος ὅστις εὖ παθὼν ἀμνημονεῖ mon. 16. † πονηρός ἐστι πᾶς ἀχάριστος mon. 456.

Ἀχαρναί: (?) Pher. 2, 261.

Ἀχαρνεύς: πρὸς τὰν χρηστὸν-Τηλέμαχον Ἀχαρνέα Timocl. 3, 603 (4).

Ἀχαρνῆθεν: Κηφισόδοτον τὸν Ἀχαρνῆθεν Anaxand. 3, 183 (1, 18).

Ἀχαρνικός: Ἀχαρνικοὶ ἵπποι Pher. 2, 262 cf. 2, 502. ὁ Ἀχαρνικὸς Τηλέμαχος Timocl. 3, 594.

ἀχαρνώς: λινεύς, ἀχαρνὼς οὑτοσί Calliae (Diocl.) 2, 735 (1).

Ἀχελῷος: οἶνος † οὐ μιγεὶς πόμ' (cf. 5, 64) Ἀχελῴῳ (h. e. aqua) Aristophan. 2, 1094 (6).

ἄχερδος: τῆς ἀχέρδου τῆς ἀκραχολωτάτης Pher. 2, 349 (32).

ἀχερδούσιος: † τὴν γνώμην ἀχερδούσιος anon. 4, 621 (63).

ἀχηνία: φίλων ἀχηνίᾳ Aristophan. 2, 954 (6).

ἀχθηρός: εἶθ' ὅταν παρῇς, ἀχθηρόν (de senectute) Antiph. 3, 51 (v. 3).

ἄχθομαι: μηδὲ σύγ'-ἄχθου ὁρῶν παρεόντα Pher. 2, 335 (2). ἀχθόμεθ' ἢν ἔλθῃ ib. (3, 2). ἄχθεται τῷ κατακωλύοντι ib. (3, 6). Ἀρίσταρχον στρατηγοῦντ' ἄχθομαι Eup. 2, 442 (9). ἄχθομαι δ' ἀπολωλεκὼς ἀλεκτρυόνα Theop. 2, 795 (3). αὔριον ἕωλον τοῦτ' ἔχων οὐκ ἄχθομαι Axionici 3, 534 (1, 15).

Ἀχίλλειος: Ἀχιλλείοις μάζαις Pher. 2, 316 (1, 4).

Ἀχιλλεύς: τιμιοπώλης ὡς Ἀχιλλεὺς οὐδείς (?) Phryn. 2, 600 (5). Φθιῶτ' Ἀχιλλεῦ Stratt. 2, 769 (5).

ἀχόρταστος: ἔλεγχος τῆς ἀχορτάστου τύχης Men. 4, 267 (144).

ἀχραδοπώλης: *ἀχραδοπώλαις (legeb. ἀκρατοπ.), ἰσχαδοπώλαις Nicoph. 2, 852 (1).

ἀχράς: βολβός, τέττιξ, ἐρέβινθος, ἀχράς Alexid. 3, 456 (1, 13). τὰς ἀκύλους καὶ τὰς ἀχράδας Pher. 2, 347 (25). ἀχράδας οὐ φιλῶ Telecl. 2, 370 (2). πεπείρους ἀχράδας Eup. 2, 439 (8). ἕρπυλλος, μήκων, ἀχράδες Anaxand. 3, 184 (1, 54).

ἀχρειόγελως ὅμιλε Cratin. 2, 192 (51).

ἀχρεῖος: ἀνήρ τ' ἀχρεῖος χὴ γυνὴ διοίχεται Men. 4, 226 (1, 18)].

ἀχρήματος: οὔτ' εὔρυθμος γάρ ἐστιν οὔτ' ἀχρήματος (?) Timocl. 3, 597 (2, 7).

ἄχρηστος: cf. ἀχάριστος. σιτόκουρον, ἄθλιον, *(ἄχρηστον) Men. 4, 196 (1). εἰσηγησάμην νόμον τίν' οὐκ ἄχρηστον Diph. 4, 392 (1). ἄχρηστα παντελῶς *τὰ σπαρτία Philippid. 4, 470 (1).

† ἀχρί: v. 4, 302 (322).

ἄχρι: ἄχρι γήρως διευτυχηκότ' Apollod. 4, 450. ἄχρι τοῦ νῦν Timostrat. 4, 595. ἔδακνεν ἄχρι τῆς καρδίας anon. 4, 653 (196). ἑστήξετ' ἀχανής-ἄχρι ἄν-ἕτερός τις-ἀποσπάσῃ Hegesipp. 4, 480 (v. 26).

ἄχυρα: ἠῶν κἀχύρων σεσαγμένος Pher. 2, 344 (14). ῥάβδον-ἐν τοῖς ἀχύροισι κυλινδομένην Herm. 2, 397 (2, 6) = 403 (2). εἰς ἄχυρα καὶ χνοῦν Aristophan. 2, 980 (23). μᾶζα κεχαρακωμένη ἀχύροις Antiph. 3, 133 (1). ἐν ἀχύροισιν εἰσενεχθῆναι τέχνῃ Xenarch. 3, 617 (1, 12). εἰς ἄχυρα τραγημάτων Philem. 4, 61 (93). ἐκ καθαρῶν ἀχύρων τετρύγηκας anon. 4, 699 (379).

ἀχυρμός: v. ἀχυρός.

ἀχῡρός: ὄνος εἰς ἀχυρόν (l. ἀχυρμόν 4, 629) Eup. (?) 2, 545 (22). †ἀχυρός (l. ἀχυρμός 5, 42) Plat. 2, 616 (6). *κπόμενον τὸν ἀχυρμόν (legeb. ἀχυρόν) anon. 4, 629 (100).

ἀχυροῦν: μᾶζαν ἠχυρωμένην Poliochi 4, 590.

ἄχωρ: ἀδαχεῖ-αὐτοῦ τὸν *ἄχορ' Aristophan. 2, 1120 (11).

ἀψάλακτος: Cratet. 2, 250 (11).

ἀψευδοῦντες: Aristophan. 2, 1207 (138).

ἀψίνθιον: ἀψινθίῳ κατέπασας ἀττικὸν μέλι Men. 4, 270 (160). ἀψινθίῳ (f. ἀσπινθίῳ) σπόδησον Diph. 4, 381 (1, 12).

ἀψοφητί: f. Men. 4, 155 (6).

ἄψυχος: ἄψυχον ἄνδρα anon. 4, 663 (253).

ἅψω (vinciam): Cratin. 2, 196 (55).

ἀωρί: † ἀωρὶ θανάτῳ (f. ἀωροθάνατος) ἀπέθανεν Aristophan. 2, 1207 (139). ἀωρὶ κοκκύζοντα Heraclid. 3, 565.

*ἀωροθάνατος: v. ἀωρί.

ἀωρόλειος: Βάθιππε τῶν ἀωρολείων Cratin. 2, 22 (9).

ἄωρος: 1) οὐκ ἀτρύφερος οὐδ' ἄωρος Eup. 2, 448 (4). πότ' ἄωρός ἐσθ' ἕκαστος (piscis) ἢ πόθ' ὥριμος Nicomach. 4, 584 (v. 21). 2) τοὺς ἀώρους ἠλέουν Apollod. 4, 451 (1). 3) τοὺς ἀώρους πόδας πρίασθαι Philem. 4, 52 (51ᵃ).

Β.

βᾶ: Herm. 2, 388 (9).

βαβαί: τῶν βαβαὶ βαβαί Alexid. 3, 477 cf. 5, 90. ὅσον τὸ μεταξὺ-βαβαί Timocl. 3, 607.

βαβαιάξ: Plat. 2, 630 (1, 9).

βαβάκτης: χρυσόκερως βαβάκτα κήλων Cratin. 2, 182 (22).

Βαβυλών: *βασίλισσ' ἔσει Βαβυλῶνος Philem. 4, 7.

Βαβυλωνιακός: νάρδος Βαβυλωνιακή Alexid. 3, 523 (55).

βάδην: θᾶττον ἢ βάδην Men. 4, 283 (221). πότε δεῖ πυκνότερον ἐπαγαγεῖν καὶ πότε βάδην Sosip. 4, 484 (v. 50).

βαδίζω: βαδίζου Cratin. 2, 229 (167). ὡς ἐβαδίζομεν (f. ἐκαθεζόμην) ἐν Ἄγρας Pher. 2, 267 (3). ἐβάδιζεν ὡς πρὸς Ὠφέλην Pher. 2, 274 (3). εἰς τὸ Κυλικράνων βαδίζων σπληνόπεδον ἀφικόμην Herm. 1, 97 (4). τὸ μύρον † παράχεον βαδίζων (f. παραχέων βαδίζω) Plat. 2, 638 (1, 6). † βαδίζει διακεχλιδώς Archipp. 2, 728 (3). βαδίζειν ἐπὶ τὸν δεσπότην Aristophan. 2, 1139 (6). βάδιζ' ἐπὶ δεῖπνον εἰς τὰ *φιλίτια Antiph. 3, 22. τί-ἕστηκας-ἔτι, ἀλλ' οὐ βαδίζεις; Eubul. 3, 211 (v. 2). χεζητιῶν μακρὰν βαδίζων Eubul. 3, 230 (2). πέτεται-οὐχ οἷον βαδίζει τὰς ὁδοὺς Alexid. 3, 476 (1). τὸ βαδίζειν ἀρρύθμως ἐν ταῖς ὁδοῖς Alexid. 3, 506 (7). οἴκαδε βαδίζουσ' Eubul. 3, 249 (1, 6). οἴκαδε βαδίζειν ᾤχετ' Timocl. 3, 597 (2). μέμνησο τῶνδε καὶ βάδιζε δεῦρ' ἅμα Dionys. 3, 552 (1, 20). βαδίζεις εἰς ἄχυρα τραγημάτων Philem. 4, 61 (93). βαδίζειν εἰς τὰ γεύμαθ' Diph. 4, 376 (1). οὐ νῦν βαδίζομεν, εἰς τοὺς γάμους Euphron. 4, 493 (v. 9). οὐ-βαδίζω πρότερον *ἂν μὴ δοκιμάσω τίς ἐσθ' ὁ θύων Diph. 4, 394 (2, 4). ἐβάδιζες ἔξω τῶν πυλῶν μάγειρος ὤν; Posidipp. 4, 520 (1). *ἐβάδιζέ μοι-ἐξ ἀποτρόχων Aristophan. 2, 1197 (88). ἐκ τῶν μαγειρείων βαδίζων Antiph. 3, 118 (4). κἂν ἐντύχῃ πού μοι βαδιζούσῃ μόνῃ Pher. 2, 327 (1, 24). κοὐχ ὑποταγεὶς ἐβάδιζεν Phryn. 2, 603 (3). ὡς-κύψασα-καὶ ξυννενοφυῖα βαδίζει Aristophan. 2, 1110 (3). ἢ βαδίζων ἢ καθεύδων κατακέκοφθ' Antiph. 3, 116 (1, 8). αὐτῷ βαδίζει καὶ λαλεῖ καὶ πτάρνυται ἕκαστος Philem. 4, 38 (13). βάδιζε τὴν εὐθεῖαν mon. 62. ἐφ' ὅσον βαδίζεις, ἐφ' ὅσον ἥξειν μοι δοκεῖς (Impudentia) Men. 4, 144 (2). Ἑρμῆς ξύλινος βαδίζων αὐτομάτως Plat. 2, 682 (6). ὁ χρόνος οὐ μόνον τὰ σώματα αὔξει βαδίζων Philem. 4, 54 (55). τὸ ῥέπον κάτω βαδίζει Aristophan. 2, 1148 (1, 5). ὀσμὴ-ἐβάδιζ' ἄνω Nicostr. 3, 284 (1). ἰχθὺ βάδιζ' Cratet. 2, 237 (1, 9). ἡ τρομαλὶς ἐφ' ὕδωρ βαδίζει Eup. 2, 538 (5). ὥσπερ πρόβατον-βαδίζει Cratin. 2, 40 (5). *οὐ στρατιώτην ἀλλὰ καὶ κύκλον ὀρθὸν βαδίζειν Diph. 4, 401.

βαδισματίας: Cratin. 2, 110 (105).

Βάθιππος: Ἐρασμονίδη Βάθιππε Cratin. 2, 22 (9).

βάθος: κοίλης λαγόνος εὐρύνας βάθος Eubul. (Arar.) 3, 226 (2). Αἰγαῖον ἁλμυρὸν βάθος Men. 4, 174 (1). *ὑποκαθιεὶς ἄτομα πώγωνος βάθη Ephipp. 3, 332 (v. 7).

βαθράδια: Aristophan. 2, 1156 (27).

βάθρον: βάθρα Aristophan. 2, 1156 (26). ἐπὶ τοῖς βάθροις ὅταν ὦσιν Phryn. 2, 580 (1, 5).

βαθύκομος: ὄρεα βαθύκομα Aristophan. 2, 1201 (105).

βαθύπλουτος: εἰρήνη βαθύπλουτε Aristophan. 2, 987 (8).

βαθύρροος: ἐξ ἀκαλαρρείταο βαθυρρόου Ὠκεανοῖο Diph. 4, 416 (3).

βαθύς: βαθείας κύλικας Pher. 2, 324 (1, 4). εἰς τὸ βαθὺ *δὲ πάλιν ἄγωμεν (f. δ' ἐπανάγωμεν bibendo) Xenarch. 3, 623. ὄλεθρον τὸν βαθὺν Aristophan. 2, 1178 (6, 3). μουσικὴ πρᾶγμ' ἐστὶ βαθύ τι Eup. 2, 564 (50). ὁ βαθὺς τῇ φύσει στρατηγός Posidipp. 4, 523 (1, 4). βαθύς (i. q. πονηρός) Men. 4, 315 (414).

βαίνω: βαῖν' ἐκ θαλάμων-ἔξω, Μάνη Mnesim. 3, 568 (v. 1). παρ' αὐτὸν ἴσα βαίνουσ' ἑταίρα Men. 4, 284 (228). κοσμοσάνδαλα βαίνει Pher. 2, 318 (2, 4). καλλαβίδας βαίνει Eup. 2, 494 (17). πρασοκουρίδες, αἳ πεντήκοντα ποδῶν ἴχνεσι βαίνετ' Stratt. 2, 787 (1). *εὖ βίου βεβηκότα f. Nicomach. 4, 587 vide 5, 117. ὁ δὲ λιπὼν βέβηκε πρότερος (int. ad inferos) Cratin. 2, 15 (1, 6). ἄγαλμα βεβηκὸς ἄνω, τὰ κάτω δὲ κεχηνός Eubul. 3, 255 (1, 23).

βαιός: βαιὰ τράπεζα Antiph. 3, 17. σῦκα βαιά Polioch. 4, 590.

βάκηλος: ὀρχούμενον ταῖς χερσὶ τὸν βάκηλον Antiph. 3, 59. βάκηλος Men. 4, 211 (9).

βάκκαρις: βακκάριδι κεχριμένον Magn. 2, 10 (1). βάκκαρίς τε καὶ σάγδας ὁμοῦ Epilyci 2, 889 (4). οἷον *ἔπνευσεν-τοῦ μύρου καὶ βακκάριδος Aristophan. 2, 1078 (4).

βακτηρία: βακτηρία Περσὶς ἀντὶ καμπύλης Aristophan. 2 999 (11). εὔρυθμος βακτηρία Antiph. 3, 17. σχῆμ' ἀξιόχρεων ἐπικαθεὶς βακτηρίᾳ Ephipp. 3, 332 (v. 11). †συγκαθεῖναι τῇ 'πὶ τῇ βακτηρίᾳ Dionys. 3, 553 (2). ἐὰν ἐγὼ φῶ-ἔχειν βακτηρίαν χρυσῆν Men. 4, 327 (478). βακτηρία-παιδεία βίου mon. 652.

βακτήριον: πτωχικοῦ βακτηρίου Aristophan. 2, 999 (10).

βάκχαρις: τοῖς ποσὶν-πρίω μοι βάκχαριν. Β. -βάκχαριν-ἐγὼ πρίωμαι; *λαικάσομ' ἄρα· βάκχαριν; Cephisod. 2, 883 (1).

βακχεύω: *λαιμὰ βακχεύει Men. 4, 190 (1).

βάκχιος: βακχίου παλαιγενοῦς ἀφρῷ Antiph. 3, 140 (16).

Βακχίς: Βακχὶς θεόν σ' ἐνόμισεν-λόχνε anon. 4, 671 (298).

Βακχυλίδης: Opuntius auleta Plat. 2, 663 (12).

βαλανειόμφαλος: *φιάλας βαλανειομφάλους* Cratin. 2, 49 (9).

βαλανεῖον: *ἐκ τοῦ βαλανείου δίεφθος ἔρχομαι* Pher. 2, 281 (3). † *εἰς βαλανεῖον εἰσελθὼν* Eup. 2, 480. *κάμινος βαλανείου* Aristophan. 2, 1212 (182). *ἐν τῷ βαλανείῳ μήτε πῦρ ταῖς ἐσχάραις ἐνόν* Alexid. 3, 426. *εἰς τὸ βαλανεῖον ἀπιέναι τοὺς συμμάχους* Apollod. Car. 4, 442 (v. 24). *τὸ βαλανεῖον καὶ τὸ *Σαράβου κλέος* (ap. Plataeenses) Posidipp. 4, 525 (3). *ἐν †τοῖς βαλανείοις προκέλευθος ἡμέρα* Stratt. 2, 775. *κραιπάλη, *βαλανεῖ', ἄκρατος* anon. 4, 611 (35). *ἐν τοῖς βαλανείοις οὐ τίθεται λουτήρια* Anaxil. 3, 346 (4).

βαλανεύς: balneatorum cantilenae Cratet. 2, 247 (5). *βαλανεὺς ᾠθεῖ ταῖς ἀρυταίναις* Aristophan. 2, 1129 (8).

βαλανεύω: *ὁ Ζεὺς ὕων οἴνῳ-κατὰ τοῦ κεράμου βαλανεύσει* Pher. 2, 316 (1, 6). *τὸ γλωττόκομον βαλανεύεται* Timocl. 3, 590.

βαλάνιον: *ἑψήσομεν βαλάνιον ἵνα νῷν *ἐξάγῃ τὴν κραιπάλην* Nicoch. 2, 846 (1).

βάλανος: *βαλάνων ἄβακα* Cratin. 2, 69 (2). *καὶ τὰς βαλάνους καὶ τὰς ἀκύλους* Pher. 2, 347 (25). *τὰς Διὸς βαλάνους* Herm. 2, 408 (1, 20).

βαλαντίδια: (rectius *βαλλ.*) Eup. 2, 434 (28).

βαλάντιον: *ἔφυ τῇ μητρὶ-ἐκ βαλαντίου* Telecl. 2, 371 (1, 2). **ποὺς βαλαντίου* Aristophan. 2, 982 (29). *καὶ θυλακίσκον καὶ τὸ μέγα βαλάντιον* Aristophan. 2, 1165 (6). cf. *βαλλάντιον*.

βαλαντιοτόμος: v. *βαλλ.*

βαλανῶ: *βεβαλάνωκε τὴν θύραν* Aristophan. 2, 1054 (20).

βαλλαντίδια: vide *βαλαντ.*

βαλλάντιον: **ῥυσότερον *βαλλαντίων τὸ μέτωπον* *Men. 4, 334. *μεγάλου κύριον βαλλαντίου* Criton. 4, 537. *βουλιμιᾷ τὰ *βαλλάντια* anon. 4, 664 (260).

***βαλλαντιοτόμος** (legeb. *βαλ.*) Ecphant. 2, 14 (3). Telecl. 2, 367 (8).

βαλλισμός: *καλῶς* (f. *κακῶς* 5, 89) *πεπραγόσιν ὑμῖν περὶ τὸν βαλλισμόν* Alexid. 3, 428 (1).

Βαλλίων: *ὁ Πυθόδηλος-ὁ Βαλλίων ἐπικαλούμενος* Axionici 3, 530 (1).

βάλλω: *†τὸ κεινέου ὀξυβάφοις βάλλειν μὲν τῷ πόντῳ δὲ βάλλοντι νέμω πλεῖστα τύχης* Cratin. 2, 83 (6). *κἂν τις τύχῃ πρῶτος δραμών* (al. *βαλών*) Eup. 2, 467 (16). *πῶς ἂν βάλοιμ' Εὐριπίδην;* Diph. 4, 411 (1, 3). *βάλλ' ἐς κόρακας* Aristophan. 2, 1138 (3). *δέκατος* (crater)-*μανίας, ὥστε καὶ βάλλειν ποιεῖ* Eubul. 3, 249 (1, 10). *δρόσον βάλλων-ταγηνίας* Cratin. 2, 90 (8). *οὐ βαλεῖς πάλιν εἰς τὴν θάλατταν;* Antiph. 3, 12 (1, 2). *(*τὸ*) *γνῶμα βέβληκεν* anon. 4, 627 (94). *ἐβάλετ' ἄγκυραν καθάψας* Philem. 4, 81 (1, 10). cfr. *ἐκβάλλω*.

βαπτίζω: *ἐλευθέραν ἀφῆκε βαπτίσας ἐρρωμένως* Aristophont. 3, 363. *τετάρτην ἡμέραν βαπτίζεται* Eubul. 3, 238.

βαπτός: *βαπτῶν* (?) *ἁλῶν* Aristonym. 2, 698 cf. 5, 51. *τὰ βάπτ' ἔχοντες* Hegesipp. 4, 479 (v. 13).

βάπτρια: Eup. 2, 574 (111).

βάπτω: **βάπτειν τὰ κάλλη* Eup. 2, 563 (45). *καὶ βάψομαι καὶ παρατιλοῦμαι* Men. 4, 178 (1). *ἀπὸ τῶν ἐτῶν κλέπτει τις ἢ καὶ βάπτεται* Nicol. 4, 580 (v. 33). *σαπρῷ γάρῳ βάπτοντες* Plat. 2, 686 (17). *τούτους* (i. e. *ἐσχαρίτας*) *ἀνειλίττοντα βάπτειν εἰς γλυκύν* Antidot. 3, 529 (2). *κατασκεδῶ-ἀρύταιναν ὑμῶν ἐκ μέσου βάψασα τοῦ λέβητος* Antiph. 3, 11. *βάψας πρὸς ναυτοδίκας* Aristophan. 2, 1041 (24).

βάραθρον: *τοὺς ἁλιέας εἰς τὸ βάραθρον ἐμβαλῶ* Alexid. 3, 455 (2). *χιτῶνα, βάραθρον, ἔγκυκλον* Aristophan. 2, 1079 (6, 8).

Βάραθρον: ἐμπεσεῖν εἰς Λαΐδα ‖ ἢ Βάραθρον ἤ- Theophil. 3, 631 (2).
*βάρακες πολλοὶ κάρτοι Epilyci 2, 887 (2).
βαρβαρικός: ὀρχοῦνται τὸν βαρβαρικὸν τρόπον Metag. 2, 754 (2).
βαρβαριστί: κεκράξονταί τι βαρβαριστί Aristophan. 2, 974 (7).
βάρβαρος: βαρβάροισι βουκόλοις Cratin. 2, 206 (82). ἐν τοῖς Μαριανδυνοῖς-βαρβάροις Pher. 2, 281 (2). ἀπίχθυς βαρβάρους Aristophan. 2, 1174 (7). πυρπολεῖ τοὺς βαρβάρους Anaxilae 3, 347 (1, 9). τοιοῦτόν ἐστι τοῦτο; Α. πάνυ γε, βάρβαρε Athenion. 4, 557 (v. 3). ἡ βάρβαρος-καὶ τὸν οἶνον ᾤχετο ἄρασ' Men. 4, 203 (2). βαρβάρῳ λαλήματι Eubul. 3, 259 (al. βαρβάροις λαλήμασιν Pher.)
βαρβιτίζειν: Aristophan. 2, 1207 (141).
βάρβιτος: βαρβίτους τριχόρδους (f., τρίχορδον), πηκτίδας Anaxilae 3, 345 (2).
βαρβός: Aristophan. 2, 1087 (22).
βᾶρος (an βᾶρον? cf. 5, 95): στύρακος, *βάρου, λίνδου (legeb. καὶ βαρολίνδου) Mnesim. 3, 570 (v. 62).
βάρος: ἦμουν ἄγριον βάρος Aristophan. 2, 1094 (6). ἐὰν-ῥάφανον-ἐντράγητε, παύσετε τὸ βάρος Anaxand. 3, 197 (6). χαλεπὸν τὸ γῆρας-βάρος mon. 746.
βαρύνομαι: ξυντυχίᾳ βαρυνόμενοι Cratin. 2, 110 (7).
βαρύς: οὐδὲν βαρύτερον τῶν φορτίων γυναικός Antiph. 3, 151 (53). πενίας βαρύτερον οὐδέν ἐστι φορτίον mon. 450 cf. paupertas βαρύτατον θηρίον ex Men. 4, 330 (497). ὦ γῆρας βαρύ (?βαθύ) Men. 4, 241 (26). βαρὺ καὶ κοπῶδες (int. ὠμὸν ὕδωρ) Alexid. 3, 474 (1). βαρὺς δὲ κομιδῇ (Amor) Eubul. (Arar.) 3, 228 (3). Θετταλός τις, ἄνθρωπος βαρύς Eubul. 3, 247 (1). οἶδ' ἐγὼ ὃς νέος ὢν ἐστὶν βαρύς Eubul. 3, 254 (1, 17). δέκ' ὀβολῶν, φησίν· βαρύ Alexid. 3, 391 (2, 9).
βαρύσταθμον: Canth. 2, 835 (3).
βαρυφωνία: Alexid. 3, 523 (51).
βαρύφωνος γέρων Men. 4, 238 (17).
βασανίζω: ἰχθύδια-βεβασανισμένα ἐπ' ἰχθυοπώλου χειρί Aristophan. 2, 1108 (1, 9).
βασανισμός: ὁ-Κορίνθιος (int. οἶνος) βασανισμός ἐστι Alexid. 3, 515 (28).
βασανιστήριον: εἶναι τὸ πρόθυρον τοῦτο βασανιστήριον Theop. 2, 816 (1).
βάσανος: πλοῦτος βάσανός ἐστιν ἀνθρώπου τρόπων Antiph. 3, 153 (60, 5). ἤθους-βάσανος-χρόνος mon. 219.
Βασιλεία: Cratin. 2, 223 (146).
βασιλεία-εἰκὼν-θεοῦ mon. 79.
βασίλειος: βασιλείου μύρου Cratet. 2, 234 (2). βασίλεια σῦκα Philem. 4, 66 (130a).
βασιλεύς: οἷς δὴ βασιλεὺς Κρόνος ἦν Cratin. 2, 108 (2). Πανδιονίδα πόλεως βασιλεῦ Cratin. 2, 44 (3). βασιλεῦ Σατύρων Herm. 2, 395 (1). Pisistratus βασιλεύς Eup. 2, 474 (33). ὦ Κινύρα, βασιλεῦ Κυπρίων Plat. 2, 615 (1). ἐρριπίζετο ὑπὸ τῶν περιστερῶν-ὁ βασιλεύς (Cypri) Antiph. 3, 117 (2, 7). ἐκεῖ (in Cypro) -ὑπό τιν' ἦν τῶν βασιλέων Men. 4, 169 (2). Ἀλεξάνδρου πλέον τοῦ βασιλέως πέπωκας Men. 4, 152 (1). τοῦ γλυκυτάτου βασιλέως διμοιρίαν Antiph. 3, 45 (3, 5). βασιλεύς με τρέφει anon. 4, 699 (381). τὴν Σελεύκου τοῦ βασιλέως ὑπεροχὴν Antiph. 3, 102. πίνοντα-ἰδὼν Σέλευκον ἡδέως τὸν βασιλέα Epinici 4, 505. Ἀντιγόνου τοῦ βασιλέως Alexid. 3, 432 (8). Πτολεμαίου τοῦ βασιλέως-τῆς τ' ἀδελφῆς τῆς τοῦ βασιλέως Alexid. 3, 494. παρὰ τοῦ βασιλέως γράμμαθ' ἥκει σοι, Μάγα Philem. 4, 51 (50). ὁπόταν βασιλεὺς (Geryones) ἕψῃ τὸν μέ-

γαν ἰχθύν Ephipp. 3, 323 (1, 9). βασιλέως υἱὸν *** δηλαδή, Πιξώδαρον (Carem) Epigen. 3, 539. κατέλαβον παρὰ τοῦ βασιλέως-δωροδοκήματα Plat. 2, 656 (1). τὸ σπέρμα-ἀφιγμένον εἰς τὰς Ἀθήνας ἐστὶ παρὰ τοῦ βασιλέως Antiph. 3, 33 (1, 5). Eriph. 3, 556 (1, 5). βασιλεύς Aristag. 2, 761 (3). μεγάλῳ βασιλεῖ παρέθηκε κάμηλον Antiph. 3, 94. δωρεὰν ἔφη τινὰ παρὰ τοῦ βασιλέως λαμβάνειν Phoenicid. 4, 511 (v. 8). τούτῳ προέπιεν ὁ βασιλεὺς κώμην τινά Steph. 4, 544. τὴν πλατεῖάν σοι-ταύτην πεποίηκεν ὁ βασιλεύς; Philem. 4, 18 (1). δοῦλοι βασιλέων εἰσίν, ὁ βασιλεὺς θεῶν Philem. 4, 11. καλόν γε βασιλεὺς τῇ-ἀνδρείᾳ κρατῶν- Men. 4, 265 (132). βασιλεῖς ἐγένοντο χοἱ πρὶν ὄντες αἰπόλοι anon. 4, 614 (42). *ὀστᾶ τε καὶ κούφη κόνις ἀνδρῶν βασιλέων καὶ τυράννων καὶ σοφῶν Men. 4, 233 (9).

βασιλικός: τὴν βασιλικὴν-μίνδακα Amphid. 3, 311. λαμβάνοντες βασιλικοὺς φόρους Alexid. 3, 475.

βασίλιννα: Τρικορυσία βασίλιννα Men. 4, 305 (336).

βασιλίς: οἷα νύμφη βασιλὶς ὠνομασμένη Anaxand. 3, 192 (8).

βασίλισσα Alcaei 2, 827 (5). *βασίλισσ' ἔσει Βαβυλῶνος Philem. 4, 7.

βάσις: ἀσφαλῆ βάσιν (crateris) στήσας Alexid. 3, 435.

βασκαίνω: ὁ λαγώς με βασκαίνει τεθνηκώς Pher. 2, 348 (8). εἰσίν τινες-οὓς τὸ βασκαίνειν τρέφει Dionys. 3, 555 (v. 6).

βασκάνιον: βασκάνιον ἐπὶ κάμινον ἀνδρὸς χαλκέως Aristophan. 2, 1185 (39).

βάσκανος: φίλος-οὐ μάχιμος, οὐ πάροξυς, οὐχὶ βάσκανος Antiph. 3, 45 (2, 8). ἄνθρωπε βασκανώτατε anon. 4, 671 (291). τετθὰς βασκάνους Antiph. 3, 86 (v. 4).

βαστάζω: δόρυ βαστάζειν Herm. 2, 395 (1). ὅπλα βαστάζειν Men. 4, 296 (297). προ-βούλευμα (?) βαστάζουσι (deliberant) Eup. 2, 448 (6). τὸν τρόπον (int. ᾠδῆς) ὃν ἂν δοκῇ μοι βαστάσας αἱρήσομαι Eup. 2, 549 (3). περὶ τὸν βωμὸν βαστάζειν τὰς ἐπινοίας anon. 4, 697 (371).

Βάστας Χῖος Eup. 2, 449 (8) cf. 5, 35.

Βάταλος (an βάταλος): Eup. 2, 451 (14).

βατάνιον: cf. βοτάνιον. πατάνιον. βατάνιον Hipparch. 4, 432 (2). πουλύπους ἐν βατανίοισιν (al. πατ.) ἑφθός Antiph. 3, 51 (1). Σικελικὰ (f. Σικελὰ) βατάνια (al. βοτάνια) Eubul. 3, 265 (7) f. Antiph. cf. 3, 141 (16). βατάνια καὶ κακκάβια καὶ λοπάδια Eubul. 3, 223. τοὺς δειπνοῦντας εἰς τὰ βατάνι' (al. πατ.) ἐμβαλεῖν τοὺς ὀδόντας Alexid. 3, 394. ταρίχους ἰχθύων κρεῶν βατανίων Alexid. 3, 462 (1, 9). κανδαύλους λέγων καὶ χόρια καὶ βατάνια ib. (1, 18.)

βατήρ: ἐπ' αὐτὸν-τὸν βατῆρα τῆς θύρας Amips. 2, 711 (5).

βατιάκη, λαβρώνιον Diph. 4, 414.

βατιάκια (?) Philem. 4, 30.

βατίς: εἰ-βατὶς αὐτῶν ἡγεῖτ' ὀπτὴ μεγάλη Herm. 2, 399 (3). κίθαρος ὀπτὸς καὶ βατίς Calliae (Diocl.) 2, 735 (1). βατίς τε καὶ σμύραινα Plat. (Canth.) 2, 666 (6). οὐδὲ βατίς; Aristophan. 2, 1076 (3, 4). βατίδος νῶτον Antiph. 3, 72 (1, 6). ἡ βατίς; Β. χλόη Antiph. 3, 130. τὴν βατίδα τεμάχη κατατεμὼν ἕψω Ephipp. 3, 338 (1). τευθίδες, *σπίναι, βατίς Alexid. 3, 416. ὑποδέχεσθαι καὶ βατίσι καὶ τηγάνοις Philonid. 2, 422 (2). κάραβοι καὶ βατίδες καὶ λαγῴ Eup. 2, 488 (5). κῦμα ναστῶν καὶ κρεῶν ἑφθῶν τε βατίδων Metag. 2, 753 (1, 4). ὦ βατίδες Sannyr. 2, 873 (2). ὄνοι, βατίδες, ψῆτται Anaxand. 3, 184 (1, 50). γαλεοὺς καὶ βατίδας Timocl. 3, 591.

βάτος (ὁ): Aristophan. 2, 1207 (140).

βατός: κἂν διελθεῖν-διὰ θαλάττης *δῆ τόπον τίν', οὗτος ἔσται μοι βατός Men. 2, 246 (39).
βάτραχος: 1) βατράχοισιν οἰνοχοεῖν Pher. 2, 282 (4, 5). ὕδωρ-πίνειν βάτραχος (int. εἰμί) Aristophont. 3, 361 (1, 3). 2) βατράχου γαστήρ Antiph. 3, 72 (1, 5). ψυκίδες ἑφθαί, βάτραχοι, πέρκαι Anaxand. 3, 184 (1, 49). βάτραχος, πέρκη, σαῦρος Mnesim. 3, 569 (v. 37).
Βάτραχος: *Βάτραχον (libr. β.) τὸν πάρεδρον τὸν ἐξ Ὠρεοῦ Archipp. 2, 719 (2). Βάτραχος leno anon. 4, 668 (283).
βαὺ βαύ: anon. 4, 652 (195).
βαυβαλίσαι: Alexid. 3, 488 (4).
βαυβῶ: βαυβήσομεν Canth. 2, 835 (2).
βαΰζω: εἶδες τὴν Θασίαν ἅλμην οἷ' ἄττα βαΰζει; Cratin. 2, 17 (3).
βαυκίδες: Aristophan. 2, 1087 (23). φελλὸς ἐν ταῖς βαυκίσιν ἐγκεκάττυται Alexid. 3, 423 (1, 7).
βαυκίζομαι: *βαυκιζόμενον (libr. καυκ.) τὰ λευκά τ' ἀναβάλλονθ' ἅμα Alexid. 3, 486 (4).
βαυκός: βαυκά, μαλακά, τερπνά Arar. 3, 275 (2).
βαφεύς: ἀγαθὸς βαφεὺς ἔνεστιν ἐν τῷ παιδίῳ Diph. 4, 410.
βδελλολάρυγξ: τῶν βδελλολαρύγγων-† φοιτήσας ἐπὶ δεῖπνον Cratin. 2, 39 (4).
βδελυγμία: μῶν βδελυγμία σ' ἔχει; Cratin. 2, 165 (6).
βδελυρεύομαι: v. βδελυρός.
βδελυρός: καὶ † βδελυρὸς σὺ (f. κἀβδελυρεύσω) τὸ σκέλος Eup. 2, 443 (9). βδελυρὸν τὸ πρᾶγμα anon. 4, 650 (187).
βδελύττομαι: ὅστις τοιοῦτον ἄνδρα μὴ-βδελύττεται Eup. (?) 2, 577 (v. 1). τί οὖν ἑτέρους λαλοῦντας εὖ βδελύττομαι; Men. 4, 209 (1).
Βδεῦ: ὦ Βδεῦ δέσποτα anon. 4, 688 (338b).
βδέω: cf. ad Timocl. 3, 603 (4).
βδόλος: τὸν βδόλον-ὑποστῆναι anon. 4, 622 (65).
βέβαιος: βέβαιος ἴσθι καὶ βεβαίοις χρῶ φίλοις mon. 61. φίλον βέβαιον mon. 533. *ἐραστὴς-βέβαιος Apollod. Car. 4, 444 (1). βέβαιον ἕξεις (an ἄξεις) τὸν βίον Aristophan. (?) 2, 1181 (19). οὐ βέβαιον οὐδέν ἐστι Antiph. 3, 116 (1, 9). βέβαιον οὐδέν ἐστιν ἐν-βίῳ mon. 57 = Diph. 4, 424 (27a) cf. mon. 655. ὅρκος βέβαιός ἐστιν ἂν νεύσω μόνον Alexid. 3, 420. μέγας θησαυρός ἐστι καὶ βέβαιος μουσική Theophil. 3, 628.
βεβαίως: βεβαίως ἀσφαλῶς τ' ἔξεστί σοι πρίασθαι τὴν ἡδονήν Eubul. 3, 246 (v. 6). τὸ † διορίζεσθαι βεβαίως (f. διορίζεσθ' οὐ βεβ. an διορίζεσθὰ-βεβαίως) -τὰ γράμματα Alexid. 3, 514 (21).
βέδυ: ἕλκειν τὸ βέδυ σωτήριον Philyll. 2, 864 (1).
βέλεκος: καὶ τῶν βελέκων (legeb. βελέκκων) Aristophan. 2, 1207 (142).
Βελλεροφόντης: ὁ Β. ἐστιν ἀπὸ τοῦ Πηγάσου τὴν χίμαιραν εἰσηκοντικώς Epinici 4, 506 (v. 9).
βελόνη: 1) στίξω σε βελόναισιν τρισίν Eup. 2, 530 (11). 2) ἐσχάραις βελόναις τε τοῖς κτεσίν τε Archipp. 2, 721 (5). κωβιός, ἀφύαι, βελόναι Ephipp. 3, 330 (1, 8). ἔσχαρος, ἀφύαι, βελόναι Mnesim. 3, 570 (v. 44).
βελονίς: βελονίδες (vulg. † βελοπώλιδες) Herm. 2, 401 (8).
† βελοπώλιδες: v. βελονίς.
βέλος: ξυστόν-βέλος Antiph. 3, 58.
βέλτιστος: Ἱερόκλεες βέλτιστε χρησμῳδῶν ἄναξ Eup. 2, 515 (16). Σώκρατες ἀνδρῶν βέλτιστ' ὀλίγων Amips. 2, 703 (1). βέλτιστε Antiph. 3, 148 (42a). *βέλτιστε (libr. βίε) Men. 4, 133 (2). βέλτιστε, μὴ τὸ κέρδοςσκόπει mon. 59. βέλτιστε, πολλοῖς πολλὰ περὶ μαγειρικῆς εἰρημέν' ἐστὶν Hegesipp. 4, 479 (v. 1). ὦ βέλτιστ' Anaxand. 3, 180 (1). Alexid. 3, 475 (2).

ὦ βέλτισθ' Posidipp. 4, 523 (1, 2). ὦ βέλτιστε Philem. 4, 34 (6). ὦ βέλτιστε σύ Eubul. 3, 258 (3). Damox. 4, 530 (v. 17). *βέλτιστε σύ Lyncei 4, 433 (v. 11). βέλτιστον αὐτὸν (servum) τοῦτο ποιήσει πολύ Men. 4, 181 (1). τῆς βελτίστης-θυννάδος Βυζαντίας Antiph. 3, 99. τὰ βέλτιστ' ἔλαχεν (Pluto) Aristophan. 2, 1147 (1, 2).

βελτίων: ἡ σύνεσις ἂν ᾖ πρὸς τὰ βελτίω σοφή Men. 4, 198 (4). τὰ βελτίω προσδοκᾶν ἀεί (infelicem) Apollod. 4, 453 (1). βελτίονα ἐφόδι' ἔχων ἀπῆλθες Men. 4, 212 (2, 11).

βεμβράς: cf. μεμβράς. οὔτ' ἀφύη νῦν ἐστι-οὔτ' αὖ βεμβράς Aristonym. 2, 699 (2). βεμβράδ' (al. βαμβράδ'), ἀφύην, ἑψητόν Nicostr. 3, 283. χρυσοκέφαλοι βεμβράδες θαλάσσιαι Phryn. 2, 599 (2). ταῖς πολιόχρωσι βεμβράσιν Aristophan. 2, 1000 (16). Ἡράκλεις τῶν βεμβράδων Plat. 2, 658 (6). βεμβράδας φέρων ὀβολοῦ Aristomen. 2, 732 (3). βεμβράδων (al. μεμβ.) τρόπους Hegesipp. 4, 479 (v. 9). φακῆν παρατιθείς-καὶ βεμβράδας (al. μεμβ.) ib. (v. 17).

βεμβραφύη: ταῖς *βεμβραφύαις (libr. μεμβρ.) προσέοικεν Aristonym. 2, 698 (1).

†βέρβεια πολυτίμητε Eriph. 3, 557 (1, 13).

*βέφυρα: *βέφυραν (libr. βλ.) τὴν γέφυραν Stratt. 2, 781 (3, 5).

βῆ: βῆ βῆ λέγων βαδίζει Cratin. 2, 40 (5). κελεύει βῆ λέγειν Aristophan. 2, 1201 (107).

βῆμα: ἀναβὰς ἐπὶ *(τὸ) βῆμ' ὑλακτεῖ Eup. 2, 511 (8, 3). †προσίσταται-πρὸς τὸ βῆμα μαντίλη Plat. 2, 681 (5^b). περὶ τὸ βῆμ' ἐπέρδετο Timocl. 3, 603 (4).

βήξ: τῆς βηχὸς φάρμακον Phryn. 2, 604 (6).

betae radice tosta allii odorem extingui Men. 4, 334 (517).

βήττω: μὴ βήττων καταπίνῃ Aristophan. 2, 1184 (33). ἠτύχηκέ τις· βήττει τις· οἰμώζει τις· ἡ φύσις φέρει ἅπαντα ταῦτα Philem. 4, 42 (22).

βία: cf. εἷς. βίᾳ ὑπηνέμια τίκτουσιν ᾠά Plat. 2, 619 (1). Aristophan. (?) 2, 1016 (5). βίᾳ δέρων ῥίνας-πωλεῖ Archipp. 2, 718 (1). εἰς τὸν ἀσθενῆ βίᾳ τι-ποιῶν Philippid. 4, 476 (4). βίος κέκληται-ὃς βίᾳ πορίζεται mon. 66. ὅπου βία †πάρεστιν οὐδὲν ἰσχύει νόμος mon. 409. ποῦ Κόρυδος-ἢ Νείλου βία; Euphron. 4, 492 (v. 6). †δι' ἃς μέλιτι προσπαίζειν βία (al. δέδοται) Antiph. 3, 77.

βιάζω: ἐβίασέ μου τὴν γυναῖκα (f. τὴν γε μου) Alcaei 2, 833 (3). βιάζομαι (pass.): νόσῳ βιασθεὶς Aristophan. 2, 954 (6). †ἔρωτι βιαζόμεναι Aristophan. 2, 1094 (7). (med.) κατεσθίω μόλις πένθ' ἡμιμέδιμν' ἐὰν βιάζωμαι Pher. 2, 252 (1). πολλοὺς ἡ πενία βιάζεται ἀνάξι' αὐτῶν ἔργα-ποιεῖν Timocl. 3, 609. αὗται βιάζονται-εἰσέλκουσί τε Xenarch. 3, 617 (1, 13). ἧς-πιεῖν κυάθους *ἕκαστον ἐβιάσω σὺ δώδεκα Crobyli 4, 567 (1). *φύσιν ἐνεγκεῖν οὐ φύσις βιάζεται Men. 4, 270 (163) cf. 5, 107.

βίαιος: τῶν †βιαίων Dionys. 3, 548 (v. 28).

βιασμός: Eup. 2, 446 (26).

βιβάζειν de homine Alcae. 2, 830 (2).

βιβλιαγράφος: Cratin. 2, 159 (18).

βιβλιδάριον: Aristophan. 2, 1207 (143).

βιβλίδιον: βιβλιδίου κόλλημα Antiph. 3, 88.

Βίβλινος: †Θάσιον, Βίβλινον, Μενδαῖον Philyll. 2, 865 (6). τὸν Βίβλινον στυγεῖ anon. 4, 622 (66).

βιβλιογράφος: Antiph. 3, 114 (2).

βιβλιοθήκη: Cratin. min. 3, 378 (2).

βιβλίον: οὗ τὰ *βιβλί' ὤνια Eup. 2, 550 (6). τουτὶ διελθεῖν βούλομαι τὸ βιβλίον Plat. 2, 672 (1, 2). τοῦτον-ἢ βιβλίον διέφθορεν ἢ Πρόδικος

Aristophan. 2, 1149 (3). *βιβλίον Πλάτωνος ἐμβρόντητον* Ophelion 3, 381 (2). *ἀνέστρεψέν σου τὸν βίον τὰ βιβλία* Theognet. 4, 549 (v. 8). *βιβλίον-ὅ τι βούλει προσελθὼν-λαβέ* Alexid. 3, 443 (1). *τὰ παλαιὰ-ἀρτύματ' ἐξήλειψαν ἐκ τῶν βιβλίων* (coqui) Anaxipp. 4, 459 (v. 5). *ἐν ταῖς χερσὶν ὄψει βιβλία ἔχοντα* ib. 460 (v. 24). **κάεται λύχνος καὶ *βιβλί' ἐν ταῖς χερσί* Baton. 4, 501. philosophi libros *διορύττοντες* ib. 504 (3). *τῶν τοῦ Φιλητᾶ λαμβάνοντα βιβλίων* Straton. 4, 546 (v. 43). *τοῖς βιβλίοις εἴξασι* anon. 4, 651 (189).

βιβλιοπώλης: Aristomen. 2, 732 (5). *τοὺς βιβλιοπώλας λεύσομαι* (f. *πεύσομαι*) Theop. 2, 821 (25). *βιβλιοπώλαις, κοσκινοπώλαις* Nicoph. 2, 852 (1, 4).

βίβλος: †*βίβλον ἔχων τὴν δήποτε* Plat. 2, 655 (2).

βιβρώσκω: *ἀναρίστητος ὢν κοὐδὲν βεβρωκώς* Eup. 2, 447 (3). *γλαύκου βεβρωκὼς τέμαχος ἑφθόν* Axionic. 3, 534 (1, 14).

βῖκος: *φοινικίνου βῖκός τις ὑπανεῴγνυτο* Ephipp. 3, 327 (1).

βινῶ: cf. *κεντῶ*. *ἀποθανεῖν βινοῦνθ' ἅμα* Philetaer. 3, 295 (2, 2). *ἃς πῶς ποτ'-βινεῖν δύνανται-;* Xenarch. 3, 617 (1, 22). **ὀλίγας-νῦν βεβινῆσθαί *(γέ σοι γυναῖκας)* Eup. 2, 547 (2) cf. 5, 39. *κελεύσεσθαι ὥσπερ πηνίῳ κινουμένῳ* (al. *βιν.*) Aristophan. 2, 1104 (2). *οὐχὶ Λαῒς-τελευτῶσ' ἀπέθανεν βινουμένη-;* Philetaer. 3, 294 (1, 4).

βίος: *μακάριος ἦν ὁ πρὸ τοῦ βίος* Cratin. 2, 145 (1). *ἔχοντες εὐπαθῆ βίον* Cratet. 2, 240 (4). *λέξω βίον-ὃν ἐγὼ θνητοῖσι παρεῖχον* Telecl. 2, 361 (1, 1). †*ἀσέβιον* (f. *ἀσεβῶν βίον*) *ἔτριβες* Eup. 2, 440 (1). *ζῶ Τίμωνος βίον* Phryn. 2, 587 (1). *ζῇ θαλάττιον βίον* Antiph. 3, 52 (1). *ἑλέσθαι τοῦτον ἂν ζῆν τὸν βίον* Antiph. 3, 102. *κἀμέριμνον ζῆν βίον* Philem. 4, 35 (7, 8). *ὅταν ἀμέριμνον ἔχῃ τὸν βίον* Men. 4, 239 (20). *βιοῖ οὐδεὶς ὃν προαιρεῖται βίον* mon. 65. *εἰ τοῦτον ἔζων πάντες ὃν ἐγὼ ζῶ βίον* Baton. 4, 500 (2). *ἄπαις βίος* Plat. (?) 2, 697 (v. 7). *ἵνα ξυνῶσιν ᾧπερ ἥδεσθον βίῳ* Aristophan. 2, 1183 (25). *ἐπὶ κακότροπον ἐμόλετον βίον* Aristophan. 2, 1201 (104). *ἔστιν πολυτελὴς τῷ βίῳ τις* Antiph. 3, 45 (2, 5). *ἡμῖν μετὰ γέλωτος ὁ βίος* Antiph. 3, 79 (2, 6). *κόλακος βίος* Alexid. 3, 502 (2). *βίος θεῶν γάρ ἐστιν* Antiph. 3, 143 (23). *τὸ ζῆν *τὸν καλούμενον θεῶν ἀληθῶς βίον* Apollod. Car. 4, 442 (v. 16). *εἰ μεταβαλόντες τὸν βίον διήγομεν* ib. (v. 18). *τρυφὴ καὶ βίος ἀληθῶς* ib. (v. 26). *μακάριος βίος καὶ σεμνός* Apollod. 4, 450. *μακάριος *ὁ βίος* Antiph. 3, 143 (24). *τοιοῦτος ὁ βίος, ἀπύρετος* Antiph. 3, 133 (1, 6). *νῆστιν κεστρέως τρίβων βίον* Eubul. 3, 238. *ἔχοντες ἄφθονον βίον* Philetaer. 3, 297 (1). *βίον ἀληλεμένον* Amphid. 3, 303 (1). *ἐπαινῶ μᾶλλον-τὸν βίον τὸν τῶν φιλοποτῶν* Amphid. 3, 316 (1). *θατέρου βίου, ὃν πάντες εἰώθασιν ὀνομάζειν ὑγρόν* Alexid. 3, 476 (3). *διδασκάλους-οὐ λέγω βίου* ib. *ἡ τοῦ βίου ὑγρότης-τοῦ σοῦ* Crobyli 4, 566 (1). *οὐ χαίρεισυνών-ἀπαιδεύτῳ βίῳ* Alexid. 3, 512 (16). *διαπραξάμενος* †*ἥδιον βίον* (ante nuptias) Alexid. 3, 519 (34, 2). *τὰς εὐθύνας-ἐφημερινὰς τὰς τοῦ βίου κεκτήμεθα* ib. (34, 9). *βίον ὡς οἰκτρὸν ἐξαντλοῦσιν* Men. 4, 92 (5). *ἆρ' ἐστὶ συγγενές τι λύπη καὶ βίος* (= mon. 640) *τρυφερῷ βίῳ σύνεστιν, ἐνδόξῳ βίῳ πάρεστιν, ἀπόρῳ συγκαταγηράσκει βίῳ* Men. 4, 149 (1). *ἐφήμερον δὲ καὶ προπετῆ βίον* (militia praebet) Men. 4, 183 (2). *ἀστοργίαν ἔχει τιν' ὁ σκληρὸς βίος* Men. 4, 224 (5). *χρηστὸς τρόπος εἰς χαλεπὸν συγκεκλεισμένος βίον* Men. 4, 263 (124). *βίου δικαίου-τέλος καλόν* mon. 67. *ἴσος ἴσθι πᾶσι κἂν ὑπερβάλλῃς βίῳ* mon. 257. *βίον κτήσῃ καλόν* mon. 527. *βίος οὐδεὶς σκαιὸν ἔργον εἰσφέρει* mon. 598. *ἐᾶν ἀπολαύειν τοῦτον-τὸν βίον* Diph. 4, 388 (1, 6). *ἐκ τῶν λόγων μὴ κρῖνε-τὸν βίον ἐξέταζ' ἀεί* Philem. 4, 48 (40°). *τὸν βίον διασκοπῶν,* ποῖός τις ὁ λέγων Apollod. 4, 454 (1, 2). λαλεῖν ἀπ' ἀρχῆς πάντα τὸν ἐμαυτοῦ βίον Men. 4, 116 (1). τεταγμέν' εὐθύς ἐστί μοι (int. τὰ βρώματα) πρὸς τὸν βίον Anaxipp. 4, 460 (v. 29). ἐλθεῖν εἰς βίον ἀλλότριον αὐτοῦ Baton. 4, 509 (v. 2). τοῦ θηριώδους καὶ παρασπόνδου βίου | ἡμᾶς ἀπολύσασα-τουτονὶ περιῆψεν ὃν νυνὶ βίον ζῶμεν Athenion. 4, 557 (v. 4. 7). οὐ γαμεῖς-τοῦτον καταλιπὼν τὸν βίον Men. 4, 88 (1). βίος (victus) Eup. 2, 434 (24). Men. 4, 104 (4). ὧν οἱ μὲν μοίρας ἔλαχον βίου Eub. 3, 255 (1, 26). τρέφειν ἄνθρωπον-ἄνθρωπον, ἂν ἔχῃ βίον Eubul. 3, 260. αὐτῆς τὸν βίον παρείλετο· πάντα τὰ σκεύη γὰρ ἕλκων ᾤχετ' Anaxil. 3, 348 (1, 10). τὰ μέρη-ἡμῶν χἠ σύνταξις τοῦ βίου Alexid. 3, 456 (1, 10). συλλογὰς-τοῦ βίου Philem. (?) 4, 35 (7). εὐτυχῶν καὶ βίον κεκτημένος Philem. 4, 49 (41). χώραν κατέχουσι, ζῶσι δ' οἷς ἔστιν βίος Men. 4, 117 (2). ἔστι τόλμης καὶ βίου ταῦτ' ὄργανα ‖ εἰς καταγέλωτα τῷ βίῳ πεπλασμένα Men. 4, 140 (1). οὐδὲ τὰ βίου-φροντίσαι Men. 4, 167 (10). ὅταν ᾖ γέρων τις ἐνδεής τε τὸν βίον Men. 4, 253 (66). οἷς χαλεπώτερον τοῦ περιποιήσασθαί τι τὸ φυλάξαι βίον Men. 4, 272 (172) = Diph. 4, 422 (20). τοὺς τὸν ἴδιον δαπανῶντας ἀλογίστως βίον Men. 4, 255 (79). βίον πορίζου πάντοθεν mon. 63. βίος κέκληται ὃς βίᾳ πορίζεται mon. 66. βίος βίου δεόμενος οὐκ ἔστιν βίος mon. 74. βίου σπάνις mon. 77. συναγαγεῖν ἐκ δικαίων τὸν βίον mon. 196. εὖ βίον κεκτημένος Diph. 4, 411 (1, 7).

ἐπὶ τοῦ βίου τριχίδας ὠψώνησ' ἅπαξ Eup. 2, 493 (16). τὸν βίον ἅπαντα τοῦτο δρᾶν αἱρούμεθα Antiph. 3, 66. ἅπαντα τὸν βίον τὴν τέχνην ἐξήτακα Hegesipp. 4, 479 (v. 7). ἃ-ἡμεῖς τὸν βίον ἅπαντα κατατρίψαντες Nicol. 4, 579 (v. 22). τὸ μετὰ ταῦτ' ἔστι τοῦ βίου πικρόν Men. 4, 117 (4). τῆς διὰ βίου δ' ἔνδον καθεδουμένης ἀεί Men. 4, 228 (3). δοῦλος εἶναι διὰ βίου mon. 382. ἐν τῷ βίῳ τέρας ἐστὶν εἴ τις ηὐτύχηκε διὰ βίου Baton. 4, 499. τὰ τῶν ἰατρῶν τοῦ βίου τεκμήρια Antiph. 3, 20 (1, 6). δι' ὧν ὁ θνητὸς πᾶς κυβερνᾶται βίος ib. (1, 8). θνητὸς ὁ βίος Amphid. 3, 303. τέθνηκε πᾶς ὁ τῶν ζώντων βίος Philem 4, 22 (v. 12). μικρόν τι τὸ βίου ζῶμεν Men. 4, 194 (10). ὁ βίος ουμὸς ἑσπέραν ἄγει Alexid. 3, 488 (3). τὸν ὕστατον δίαυλον τοῦ βίου Alexid. 3, 490 (1). τὸ περίδειπνον τοῦ βίου Anaxipp. 3, 460 (v. 42). διεχώριζον ζῴων τε βίον δένδρων τε φύσιν Epicrat. 3, 370 (1, 15). τὸ γίγνεσθαί θ' ἅμα καὶ τὴν τελευτὴν τοῦ βίου (scintillarum) Alexid. 3, 452 (1, 18). συντόμως γε τὸν βίον ἔθηκας εἰς στίχον Nicostr. 3, 288 (2). βέβαιον ἕξεις τὸν βίον δίκαιος ὢν Aristophan. (an Antiph. 3, 160) 2, 1181 (19). ἀσφαλές τι κτῆμ' ὑπάρχειν τῷ βίῳ Antiph. 3, 115 (1, 2). ἀνεπικούρητον σεαυτοῦ τὸν βίον ποιῶν Philem. 4, 30 (1). ἀσφαλῶς ζῆν τὸν βίον ib. ἀβίωτος ὁ βίος Philem. 4, 34 (5). ἀβίωτον ζῶμεν βίον Philem. 4, 36 (8). οὐκ ἔστ' ἄπιστον οὐδὲν ἐν θνητῷ βίῳ Men. 4, 247 (42). βέβαιον οὐδέν ἐστιν ἐν θνητῷ βίῳ mon. 57 = Diph. 4, 424 (27[a]). *ὁ παρασιτός ἐστιν-κοινωνὸς ἀμφοῖν τῆς τύχης καὶ τοῦ βίου Antiph. 3, 45 (2). οὐκ ἐκ πότων-ζητοῦμεν ᾧ πιστεύσομεν τὰ τοῦ βίου Men. 4, 240 (24). τὴν ἐσομένην μέτοχον τοῦ βίου Diodor. 3, 546. οὐκ ἔστιν οὐδὲν κτῆμα (servo fideli) κάλλιον βίῳ Men. 4, 259 (98). τοιοῦτος ὁ βίος ἐστὶν ἀνθρώπου Philem. 4, 56 (65). οὐκ ἔστι βίος ὃς *οὐχὶ κέκτηται κακά Diph. 4, 418 (5). τοῦτο τῷ βίῳ πρόφασιν μεγίστην εἰς τὸ λυπεῖσθαι φέρει Diph. 4, 424 (25). *(ὡς) εὐμετάβολός ἐστιν ἀνθρώπων βίος Diph. 4, 426 (37). οὐδὲ τῷ βίῳ ταὐτὸν διαμένει σχῆμα Alexid. 3, 399 (2). ὦ ταλαιπώρου βίου Arched. 4, 436 (2). Apollod. 4, 450. τυφλόν γε καὶ δύστηνον ἀνθρώπου βίος Men. 5, 110. ἐπιστατεῖ τις τοῦ βίου-τύχη ἄγροικος ἡμῶν Apollod. Car. 4, 441 (v. 4). πολλῶν ὄντων ἐν τῷ βίῳ ἐφ' οἷς θορυβούμεθα Baton. 4, 503 (1). οὐδεὶς ἀλύπως τὸν βίον διήγαγεν Posidipp.

4, 525 (4). ὅτι τοῦτον τὸν βίον, ὃν οὐκ ἐβίωσε, ζῶν διευτύχησεν ἄν, -εἰ δ' ἤνεγκεν ἂν | οὗτος ὁ βίος τι τῶν ἀνηκέστων anon. 4, 669 (287). ἡδέως ζῆν τὸν βίον καθ' ἡμέραν Philetaer. 3, 295 (2, 5). βίου τεθήνη-τράπεζα Timocl. 3, 599 (2). εἰ-ἀφέλοι τις τοῦ βίου τὰς ἡδονάς Antiph. 3, 150 (51) = Theophil. 3, 630 (1). παραπέτασμα τοῦ βίου (int. πλοῦτος) Antiph. 3, 154 (63) = Alexid. 3, 521 (41) = Men. 4, 273 (175). ὅστις μὴ τῷ βίῳ ζητεῖ τι τερπνὸν προσφέρειν Amphid. 3, 309 (2). ὁ μὴ φέρων εὖ τι τῶν ἐν τῷ βίῳ ἀγαθῶν Men. 4, 255 (77). ὡς ἡδὺς ὁ βίος ἄν τις αὐτὸν μὴ μάθῃ mon. 756. ῥοπὴ 'στιν ἡμῶν ὁ βίος mon. 465. *σφόδρ' ἐστὶν ἡμῶν ὁ βίος οἴνῳ προσφερής Antiph. 3, 155 (68). διδάσκαλος (Amor) πρὸς τὸν ἀνθρώπων βίον Anaxand. 3, 199 (10). τόλμης ἐφόδιον μεῖζον βίου Men. 4, 289 (251). τὴν ἀσπίδ'-τοῦ βίου (int. παρρησίαν) Nicostr. 3, 289 (5). οἱ πεπρακότες τὴν τοῦ βίου παρρησίαν καὶ τὴν τρυφήν Alexid. 3, 450. τοῦ βίου τὸν ἥμισυν ἀπολωλεκέναι Alexid. 3, 509 (11). καταφθαρεὶς ἐν ματρυλείῳ τὸν βίον Men. 4, 120 (4). τοιαύταισι παγίσι τοῦ βίου Amphid. 3, 310 (1). τὴν σχολὴν εἰς τοῦτο τὸ μέρος τοῦ βίου καταχρώμενον Dionys. 3, 558 (2). τὸν βίον περίεργον εἰς τὰ πάντ' ἔχων Philem. 4, 33 (4). οὐκ ἔστιν οὐδὲν ἀτυχίας παραμύθιον γλυκύτερον ἐν βίῳ τέχνης Amphid. 3, 302 (1). βίου δ' *ἔνεστιν ἀσφάλει' ἐν ταῖς τέχναις Men. 4, 90 (4). τοῦτ' ἐγὼ παρεγγυῶ εἰς ἀσφάλειαν τῷ βίῳ πλεῖστον μέρος (h. e. veritatem) Men. 4, 214 (7). κοινόν ἐστι τῷ βίῳ (iustitiae studium) Men. 4, 119 (1, 4). cf. ἀστεῖον ἐπιτήδευμα τῷ βίῳ Men. 4, 150 (4). τὸ μὴ συνειδέναι *αὐτοῦ τῷ βίῳ ἀδίκημα μηδέν Antiph. 3, 149 (42b). δαίμων μυσταγωγὸς τοῦ βίου ἀγαθός Men. 4, 238 (18a). κακὸν-δαίμον'-βίον βλάπτοντα χρηστόν ib. πανήγυριν νόμιζε τόνδε τὸν βίον mon. 444. cf. 4, 211 (2, 8). βίος ἐστὶν ἄν τις τῷ βίῳ χαίρῃ βιῶν mon. 656. ἐν τῷ βίῳ βεβιωκότα (f. εὖ βίου βεβηκότα 5, 117) Nicomach. 4, 587. ἐπὶ τοῖς παροῦσι τὸν βίον †διάπλεκε anon. 4, 608 (25). ὥρα τὰ πάντα τοῦ βίου κρίνει καλῶς mon. 753. τὸ συμφέρον τί ποτ' ἐστὶν ἀνθρώπου βίῳ Men. 4, 176 (2). ἄρδην ἀνεῖλε καὶ κατέστρεψεν βίον Diph. (?) 4, 424 (24). *ἀνέστροφέν σου τὸν βίον τὰ βιβλία Theognet. 4, 549 (v. 8). τί τῶν ἐν τῷ βίῳ ξυνῆκας; Nicol. 4, 579 (v. 18). **βίοι**: (γένος) ὑποκρινόμενον εὖ τοῖς βίοις Alexid. 3, 434 (1, 6). ὥσπερ ἐπὶ τῶν βίων-τοὺς μὲν ἡ τύχη-μεγάλοις προσένειμε τοὺς δ'- ib. (1, 11). ὡραΐζεθ' ἡ τύχη πρὸς τοὺς βίους Men. 4, 295 (291). βλάπτειν δοκοῦσα τοὺς βίους μείζους βλάβας Posidipp. 4, 517. τοιαύτης-παχεξίας ἐν τοῖς βίοις παρὰ πᾶσιν ἐζηλωμένης Nicol. 4, 579 (v. 13).

βίοτος: ποίην τις βιότοιο τάμοι τρίβον; Plat. (?) 2, 697 (v. 1). μικροῦ-βιότου ζῶντ' ἐπαυρέσθαι anon. 4, 607 (20b).

βίτταкоς: βιττάκους καὶ σπίνια Eubul. 3, 268 (14).

βιῶ: βιοῖ-οὐδεὶς ὃν προαιρεῖται βίον mon. 65. βιοῦν ἀλύπως mon. 58 = 599. ἄν τις τῷ βίῳ χαίρῃ βιῶν mon. 656. ἱκανῶς βιώσεις mon. 270. τοῦτον τὸν βίον, ὃν οὐκ ἐβίωσε anon. 4, 669 (287).

βιῶναι: ταῦτα κἂν ἑκατὸν ἔτη *βιῷς ἀεὶ ὄψει παρόντα Men. 4, 211 (2, 5). δὶς βιῶναι γάρ σε δεῖ Men. 4, 135 (2, 4). πολὺν χρόνον βιούς Phryn. 2, 592 (1). ἔχοντας οὐσίας, καλῶς βεβιωκότας Diodor. 3, 544 (v. 30). ἐν βίῳ βεβιωκότα (f. εὖ βίου βεβηκότα 5, 117) Nicomach. 4, 587. ὑπὲρ τὰς ἐλάφους βεβιωκώς sive τὰς κορώνας anon. 4, 680 (311b). ἐπὰν ἀποθάνῃ μὴ βιώσεσθαι πάλιν Antiph. 3, 151 (54). ἂν πάθῃς τι, πῶς ἐγὼ βιώσομαι; Alexid. 3, 476 (2). τὸν τρόπον αὐτῆς τῆς γαμουμένης, μεθ' ἧς βιώσεται Men. 4, 228 (3). **βιωτόν**: ὡς οὐ βιωτόν ἐστιν οὐδ' ἀνασχετόν seq. acc. c. inf. Antiph. 3, 104 (v. 10). ἀλλ' ἔλαβεν αἰσχράν, οὐ βιωτόν ἐστ' ἔτι Anaxand. 3, 195 (1, 9).

βλαβερός: κακὸν μέγιστον καὶ βλαβερώτατον Alexid. 3, 403 (1).

βλάβη: ἡδονὴν φέρουσαν ὕστερον βλάβην Alexid. 3, 522 (44) = mon. 532. ἡ παράκαιρος ἡδονὴ τίκτει βλάβην mon. 217. κέρδος ἄδικον ὂν φέρει βλάβην mon. 6. ἔνεγκ' ἀτυχίαν καὶ βλάβην εὐσχημόνως Men. 4, 242 (29). ἔνεγκε λύπην καὶ βλάβην mon. 151. ἐχθροῖς ἀπιστῶν οὔποτ' ἂν πάθοις βλάβην mon. 164. ἀμύνου μὴ 'πὶ τῇ σαυτοῦ βλάβῃ mon. 152. βλάπτειν τοὺς βίους μείζους βλάβας Posidipp. 4, 517.

βλάξ: βλάκες φυγεργοί (an βλᾶκες φύγεργοι 5, 66) Aristophan. 2, 1131 (3).

βλάπτω: τοὔνομα βλάπτουσι τοῖς τρόποις Antiph. 3, 124 (1, 7). μονοφαγεῖς-καὶ βλάπτεις ἐμέ Antiph. 5, 80 (100). φίλος με βλάπτων mon. 530. κακὸν-δαίμον'-βίον βλάπτοντα χρηστόν Men. 4, 238 (18ᵃ). βλάπτειν τοὺς βίους μείζους βλάβας Posidipp. 4, 517. βλάπτει τὸν ἄνδρα θυμὸς εἰς ὀργὴν πεσών mon. 71. ὁμολογῶν εὐθέως οὐ βλάπτομαι Axionic. 3, 534 (1, 11). ἀβουλίᾳ-βλάπτονται βροτοί mon. 15.

βλαστάνω: ἐκ τῶν ἀγρῶν ἥκουσιν ἐβλαστηκότες Eup. 2, 561 (41). ὄνῳ μιγείσης μητρὸς *ἔβλαστεν (lib. ἔβλαστε τῇ) πόλει Theop. 2, 793 (1).

βλάστη: ἔμμητρον *ἂν ᾖ τὸ ξύλον, βλάστην ἔχει Antiph. 3, 129.

βλασφημία: τὴν εἰς τὸ θεῖον ἐκμελετᾷ βλασφημίαν Men. 4, 272 (169).

βλαύτη: βλαύτης-λευκῆς Herm. 2, 397 (2). βλαύτῃ, κοθόρνῳ Lysipp. 2, 744 (2). βλαύτας σύρων Anaxil. 3, 345 (1).

βλέμμα: μηνύει-ἀπὸ τῶν βλεμμάτων καὶ τῶν λόγων ταῦθ' Antiph. 3, 139 (12). ὡς τακερόν-καὶ μαλακὸν τὸ βλέμμ' ἔχει Philetaer. 3, 293. βλέμμα καὶ φωνὴ γυναικός Anaxil. 3, 348 (1, 21).

Βλεπαῖος βούλετ' εἶναι.— πλουτεῖ γὰρ ὁ Βλεπαῖος Alexid. 3, 487 (2).

βλεπεδαίμων: anon. 4, 625 (80).

βλέπω: κρόμμυον *λέποντα (legeb. βλέποντα) Eup. 2, 526 (3). σκότη βλέπει Eup. 2, 541 (12). βλέπων ἀπιστίαν Eup. 2, 557 (22). ἔρημον ἐμβλέπειν (f. βλέπειν) Aristophan. 2, 1135 (5). Ἄρη βλέπων Timocl. 3, 598 (1). ὡς δὲ καὶ γλίσχρον βλέπει Euphron. 4, 493 (v. 16). ὀρχεῖσθαι μόνον βλέποντες, ἄλλο δ' οὐδέν Alexid. 3, 425 (2). ποτήρι' ἡ γραῦς, ἄλλο δ' οὐδὲ ἓν βλέπει Dionys. 3, 554 (1). δεῖπνον ἕτερον εἰς τρίτην βλέπει Men. 4, 179 (3). †πρὸς τὸ κέρδος βλέπειν mon. 264. [βλέπουσά τ' εἰς πᾶν (ὄψις) καὶ παροῦσα πανταχοῦ Men. 4, 226 (1, 8)]. βλέψον εἰς τοὺς γείτονας mon. 103. βλέπων εἰς τὰ τῶν πολλῶν κακά mon. 651. μὴ τοῦτο βλέψῃς εἰ νεώτερος λέγω, ἀλλ' Men. 4, 258 (91). ζῆθι-ὡς μακρὰν ἐγγὺς βλέπων mon. 191. τοὐπίσω πειρῶ βλέπειν mon. 249. πρὸς θεὸν βλέπων ἀεί mon. 589. τὰ δυσχερῆ ὁρᾷς ἐν αὐτῷ, τὰ δ' ἀγάθ' οὐκέτι βλέπεις Men. 4, 164 (1). τὸν αὐχέν'-ἀνεκὰς εἰς αὐτοὺς βλέπων (cf. 5, 25) Cratet. 2, 235 (3). οὐκέτ' εἰς ἐμὲ βλέπων Alexid. 3, 418 (2). ποίει λευκὰ καὶ βλέπ' εἰς *(ὃ δεῖ) Alexid. 3, 462 (1, 7). ἂν πορεύηταί τις εἰς τὴν γῆν βλέπων Philem. 4, 5 (2). τί πρὸς ταύτην βλέπεις; Eup. 2, 518 (28). εἰς τοὺς καλοὺς δ' ἄν τις βλέπῃ Anaxand. 3, 177 (2, 9). δεῦρο βλέπε Antiph. 3, 30 (1, 17). βλέψον *δευρί Mnesim. 3, 569 (v. 23). δίδου σὺ σπλάγχν'-. ποῖ βλέπεις; Men. 4, 153 (3). κατ' αὐτὴν ἣν βλέπεις τὴν εἴσοδον Aristophan. 2, 1109 (2). *ἐξειλυβλέπω-μόνην θεράπαιναν κατόπιν ἀκολουθεῖν Philem. 4, 45 (31). παρόντας τοὺς συναλγοῦντας βλέπειν Men. 4, 264 (129). ἅπανθ' ὅσα ζῇ καὶ τὸν ἥλιον βλέπει Men. 4, 266 (139). οὐδεὶς ὃ ποιεῖς μὲν οἶδεν, ὃ δὲ ποιεῖς βλέπει mon. 424. πάντα βλέπει θεός mon. 698. τοὺς ἰχθυοπώλας κάτω βλέποντας Alexid. 3, 391 (2). τῷ δ' ἄρα βλέπουσι χωρὶς καὶ δοκοῦσιν αἱ κόραι Timocl. 3, 609. κρίσιν τὸ βλέπειν ἴσην ἔχει

Men. 4, 236 (14). βλέποντας *ἐν ἀλαωτάτοις (5, 91) Alexid. 3, 490 (2). οὐ βλέπει βλέπων mon. 433. βλέποντας παραλαβὼν *τυφλοὺς ποιεῖ Antiph. 3, 153 (61b) cf. 5, 79.

βλέφαρον: ἀπὸ-βλεφάρων-ποιητῶν λῆρον ἀφέντα Cratin. 2, 174 (5).

†βλέφυρα: v. βέφυρα.

βληχάζω: ἀμνοὶ-βληχάζουσιν Autocr. 2, 892.

βληχητός: βληχητὰ τέκνα Eup. 2, 477 (38).

βληχώ: κάππαριν, βληχώ, θύμον Aristophont. 3, 364 (2).

βληχῶμαι: ἀκούειν *προβατίων βληχωμένων Aristophan. 2, 1166 (1, 5).

βλιμάζω: ἐβλίμαζον αὐτήν Cratin. 2, 183 (23). Cratet. 2, 248 (8).

βλιτάδες γυναῖκες *Men. 4, 307 (346).

βλίτον: cf. Men. 4, 307 (346). πέπερι καὶ καρπὸν βλίτου Antiph. 3, 141 (18). τοῖς βλίτοις διαχρῶ τὸ λοιπόν Theop. 2, 813. οὐδὲν τοῖς ἐμοῖς *βλίτοις ὅμοια πράγματ' Diph. 4, 380.

βλιχανώδης: πάντες βλιχανώδεις εἰσί (Byzantii) Diph. 4, 381 (1, 15).

βλοσυρός: βλοσυράν γε τὴν ψυχὴν ἔχεις Nicostr. 3, 290 (9).

βλώσκω: μόλ' ὦ Ζεῦ Cratin. 2, 85 (10). *ἤ μήποτ'-ἐς *ταὐτὸν μόλῃς Strattt. 2, 778 (1). τί γὰρ ἐπὶ κακότροπον ἐμόλετον βίον; Aristophan. 2, 1201 (104). ἵμερός *μοὐπῆλθε-λέξαι μολόντι Philem. 4, 26.

βοά: τὰν ὑπέρτονον βοάν Phryn. 2, 598 (4).

βόαξ: Pher. 2, 311 (3, 3). Plat. 2, 629 (2). *ἐκήρυξεν (f. et κῆρυξ μὲν ἐβόησεν) βόαξ Archipp. 2, 722 (11). ἔχουσα γαστέρα μεστὴν βοάκων Aristophan. 2, 1143 (6). ἐνίοτε κρείττων θύννου βόαξ Nicomach. 4, 584 (v. 23). τοὺς βόακας-λευκομαινίδας καλεῖν Polioch. 4, 589.

βοεικός: ζευγάριον *βοεικόν (libr. βοϊκόν) Aristophan. 2, 987 (8).

βόειος: περὶ σιαγόνος βοείας Cratin. 2, 109 (4). βόεια κρέα Pher. 2, 292 (13). δέρμα βόειον Herm. 2, 407 (1, 4). πλευρὰ βόεια ib. (1, 6). κρέας βόειον ἑφθὸν ἀσόλοικον Eubul. 3, 205 (v. 8). πόδα βόειον Diph. 4, 428 (44).

βοή: ἀφ' ὑὸς-ὕστριχες καὶ πηλὸς-καὶ βοή Plat. 2, 624 (1). ὄντα δ' ἄφωνα βοὴν ἵστησι γεγωνόν Antiph. 3, 112 (1, 2). ὁ δὲ πέμπτος (crater) βοῆς Eubul. 3, 249 (1, 7).

βοηδρομιών: *ἕκτην ἐπὶ δέκα βοηδρομιῶνος-ἕξεις ἀεί Men. 4, 224 (4).

βοήθεια: τὸν βοηθείας τινὸς δεόμενον Men. 4, 71 (8).

βοηθός: φίλοι, βοηθοί, μάρτυρες Philem. 4, 20 (1). βοηθὸς ἴσθι τοῖς καλῶς εἰργασμένοις mon. 73.

βοηθῶ: τοὺς Ἴβηρας-βοηθῆσαι δρόμῳ Aristophan. 2, 1165 (10). *φίλοις (f. σιφλοῖς) ἑφθὸς βοηθῶν (bulbus) Xenarch. 3, 614. τοῖς ἀναιδέσιν βοηθεῖ-λόγοις τοῦθ' ἓν μόνον Men. 4, 115 (3). ἧς (i. e. πενίας) γένοιτ' ἂν εἷς φίλος βοηθήσας ἰατρὸς ῥᾳδίως Men. 4, 149 (2). τίσιν ἂν βοηθήσαιμεν ἄλλοις ῥᾳδίως; Men. 4, 150 (3). εἰ πάντες ἐβοηθοῦμεν ἀλλήλοις ἀεί Men. 4, 254 (74).

βοηλατεῖν: Aristophan. 2, 1207 (144).

βόθυνος: ἐς βόθυνον ἰέναι Cratin. 2, 137 (7).

βοιδάριον: βοιδαρίων ζεῦγος Aristophan. 2, 982 (27).

βοίδης: Men. 4, 318 (437).

βοίδιον: ἀνάπηρα-θύουσιν-*βοίδια (fals. βούδια, βοΐδια) Herm. 2, 393 (1).

Βοιδίων καὶ Χαριάδης Sosip. 4, 482 (v. 11).

†βοϊκόν: v. βοεικός.

Βοιωτία: φεῦγε τὴν Βοιωτίαν Pher. 2, 343 (7). τὴν Βοιωτίαν μὴ φεῦγ' Laon. 4, 574.

βοιωτιάζειν ἔμαθες anon. 4, 689 (341).

Βοιώτιος: ἅμα τ' ὀξύπεινον ἄνδρα καὶ Βοιώτιον Demonici 4, 570. εἰμὶ γὰρ Βοιώτιος πολλὰ-ἐσθίων Mnesim. 3, 567. *(συῶν?) γνάθους ἔχουσι (de Boeotiis) Men. 4, 297 (299). οὕτω σφόδρ' ἐστὶ τοὺς τρόπους Βοιώτιος (vorax) Eubul. 3, 224 (3). ἵνα μὴ παντελῶς Βοιώτιοι φαίνησθ' εἶναι Alexid. 3, 490 (1). *πῶς οὐ Βοιώτιόν ἐστιν (libr. βοιωτόν ἐστι) Cratin. 2, 224 (152). Βοιώτιον οὖθαρ ἀρούρης Cratin. 2, 142 (3). ἔγχελυν Βοιωτίαν Aristophan. 2, 1099 (6). ἡ-συνώνυμος τῆς ἔνδον οὔσης ἔγχελυς Βοιωτία Antiph. 3, 125 (1, 2). παρθένου Βοιωτίας Κωπάδος Eubul. 3, 236. *Βοιώτιαι-ἐγχέλεις Antiph. 3, 108. *ἐγχέλεις Βοιώτιαι Antiph. 3, 139 (11). αἵ τε-Βοιώτιαι-ἐγχέλεις θεαί Eubul. 3, 223 (2). †βοιώτιος ἐν Ἀγχομενοῦ Aristophan. 2, 1155 (22).

Βοιωτός: cf. Βοιώτιος. Βοιωτῶν πόλιν ἀνδρῶν ἀρίστων ἐσθίειν Eubul. 3, 222. Βοιωτὸν ἄνδρα στέργε Laon. 4, 574.

Βολβός (an Βόλβος) Cratin. 2, 176 (7). Calliae 2, 742 (9).

βολβός: ἄρξομαι ἐκ βολβοῖο Plat. 2, 672 (1, 6). βολβοὺς σποδιᾷ δαμάσας ib. (1, 9). σιλφιωτά, βολβός, τευτλίον Aristophan. 2, 1000 (17). καὶ βολβὸς εἷς τις καὶ παροψίδες τινές Antiph. 3, 133 (1, 3). βολβὸν ἐν ὑποτρίμματι Nicostr. 3, 278 (1). βολβός, τέττιξ, ἐρέβινθος, ἀχράς Alexid. 3, 456 (1, 13). οὐ βολβόν, οὐ πῦρ, οὐ κύμινον Alexid. 3, 465 (3). βολβός, ἐλάα, σκόροδον Mnesim. 3, 569 (v. 29). γηγενὴς βολβός Xenarch. 3, 614. τὸν βολβὸν σκόπει | ὅσα δαπανήσας εὐδοκιμεῖ Philem. 4, 46 (33). κατεικάζουσιν ἡμᾶς βολβῷ (?) Eup. 2, 560 (35). ἄρτοι, κάραβοι, βολβοί Aristophan. 2, 1008 (6). κήρυκας, κτένας, βολβούς Alexid. 3, 461 (1). βολβούς, κοχλίας, κήρυκας Alexid. 3, 513 (18). βολβῶν τρί' ἡμιεκτέα Plat. 2, 674 (2, 12). βολβῶν σαπρὸν (l. χύτραν 5, 81) δωδεκάπηχυν Anaxand. 3, 183 (1, 28). πολφοὺς δ' οὐχ ἧψον ὁμοῦ βολβοῖς Aristophan. 2, 1184 (33). παρατίθησιν ἐν παροψίδι βολβούς Antiph. 3, 34 (3). βολβοί, καυλοί, σίλφιον Anaxandr. 3, 184 (1, 57). οὐ καυλοῖσιν οὐδὲ σιλφίῳ οὐδ' ἱεροσύλοις-παροψίσι βολβοῖς τ' Eubul. 3, 205 (v. 5). βολβοὺς τρώγων Anaxilae 3, 345 (1).

βολεῶνες: Philem. 4, 65 (120[a]).

βόλιτον: βόλιτα χλωρὰ-πατεῖν Cratin. 2, 41 (6).

βολός: v. ὀβολός.

βορά: σὺ-*(τίς, ὦ) γραῦ, συγκατῴκισεν-*ὀρφῶσι-βοράν; Plat. 2, 634 (1). ὀρφοῖσι βορά Amips. 2, 705 (4). ἀσύμβολον-χεῖρα προσβάλῃ βορᾷ Ephipp. 3, 338.

βορβορόπη: anon. 4, 631 (107).

βόρβορος: ἰχθῦς ποταμίους ἐσθίοντας βόρβορον Philem. 4, 27 (v. 19). ἐν βορβόρῳ κάθησαι anon. 4, 658 (200).

βορβορώδης: θάλαττα βορβορώδης Men. 4, 77 (12).

Βορεάδης: παρασπεῖν-τῷ Πηγάσῳ ἢ τοῖς Βορεάδαις Alexid. 3, 476 (1).

Βορέας: *ἐπιθυμιάσας τῷ Βορέᾳ λιβανίδιον Men. 4, 145 (1).

βορέας: τὸν βορέαν δὲ πῶς; (int. arceam) anon. 4, 672 (296[b]).

βόρειον τεῖχος: Aristophan. 2, 1166 (12).

βορρᾶς: ὅταν βορρᾶς καταπνεύσῃ Cratin. 2, 132 (1). εἰ πνεύσειε βορρᾶς ἢ νότος-λαμπρός Alexid. 3, 403 (1). βορροῦ Aristonym. 2, 700 (1). de Aquilone cf. Amphid. 3, 320 (12).

Βορυσθενίτης: διεμέρεζε-ὁ Βορυσθενίτης (l. —νείτης 5, 109) Men. 4, 329 (491).

βόσκημα: βοσκήματ', ἔρια, μύρτα Antiph. 3, 98. τὰ βοσκήματα θύοντες ὥστερ Athenion. 4, 557 (v. 13).

βόσκω: βόσκει δυσώδη *Κέφαλον Plat. 2, 681 (5[c]). ταῶν ἀντάξια, οὓς βόσκεθ' ὑμεῖς Stratt. 2, 774 (7). αἱ δ' ἐλπίδες βόσκουσι τοὺς κενούς Mon. 42. βοσκόμεθ' ὕλης ἀπὸ παντοδαπῆς Eup. 2, 426 (1, 1).

βοστρυχίζω: ἐβοστρύχιζον Anaxilae 3, 355 (10).

βοτάνιον: cf. βατάνιον. βοτανίων, ὄξους, ἐλαῶν (al. βατανίου, ὄξους, ἐλαίου) Antiph. 3, 78 (1, 3).
βοτάν: γλῶσσαν εὐέρων βοτῶν Cratin. 2, 114 (6).
βοτρύδιον: βοτρύδιόν τι Alexid. 3, 462 (1, 13). βοτρύδια (de iasuribus) anon. (898) 5, 124.
βότρυς: 1) ὀχετοὶ βοτρύων Pher. 2, 316 (1, 7). κὰξ οἴνου βότρυς Pher. 2, 368 (6). βότρυς τρώγειν ἐξ οἴνου συχνούς Eubul. 3, 228 (1). σικυούς, βότρυς, ὀπώραν Aristophan. 2, 1171 (1, 1). βότρυς, ῥόας, φοίνικας Antiph. 3, 35 (1). εἶτα θρῖον καὶ βότρυς Men. 4, 222 (1). σχαδόνες, βότρυες, σῦκα Anaxand. 3, 184 (1, 52). *σῦκα, κληῆρες, βότρυς Eubul. 3, 241. 2) πλάστρα, μαλάκιον, βότρυν (an βότρυς? 5, 64) Aristophan. 2, 1079 (6, 10).
βότρυχος: ξανθοτάτοις *βοτρύχοισι Pher. 2, 355 (67).
βουβάλια: δακτυλίους, βουβάλι᾽,ὄφεις Nicostr. 3, 289 (7). βουβάλια καρπῶν-* φορήματα Diph. 4, 402.
βουβαύκαλα: f. Anaxand. vid. 5, 81.
βουβών: βουβὼν ἐπήρθη τῷ γέροντι Men. 4, 98 (7). τὼ μηρὼ περιλάμψαντες μέχρι βουβώνων Pher. 2, 261 (1, 3).
βουβωνιᾶν: Callimc 2, 741 (6).
βούγλωττος: γέροντα βούγλωττον Xenarch. (Timocl.) 3, 622 (2).
†βούδια v. βοίδιον.
Βούδιος: Κύων-τις ἐβόα-ὥσπερ Βούδιος Lysipp. 2, 748 (4).
Βουζύγης: ὁ Βουζύγης-*ἀλιτήριος Eup. 2, 460 (7). ὥσπερ Βουζύγης ἀδικούμενος Eup 2, 474 (34).
Βοῦθος: Βοῦθος περιφοιτᾷ Cratin. 2, 158 (16).
βουκέφαλος: ἐγώ σοι βουκέφαλον ὠνήσομαι Aristophan. 2, 961 (1). *ψῆχ᾽ (an ψήχειν 5, 59) -τὸν βουκέφαλον καὶ κοππατίαν ib. (2).
βουκολεῖσθαι αἶγας Eup. 2, 435 (25).
βουκόλος: ποιμὴν-αἰπόλος καὶ βουκόλος Cratin. 2, 182 (20). χηνοβοσκοί, βουκόλοι Cratin. 2, 42 (12). βαρβάροισι βουκόλοις Cratin. 2, 206 (62). Πριαμίδαισιν (5, 118) ἐμφερὴς ὁ βουκόλος anon. 4, 619 (53).
βουκόρυζα: Men. 4, 315 (413).
βούλευμα: v. προβούλευμα.
βουλευτήριον: ῥυσὰ βουλευτήρια Theop. 2, 817 (6). εὔστοχον βουλευτήριον anon. 4, 698 (356).
βουλευτὶς πόνων Plat. 2, 648 (3).
βουλεύω: βουλεύειν ὀλίγου *λαχεῖς Plat. 2, 670 (3). τῶν μυρρινῶν-ἃς θαυμασθῶμ᾽ ὅταν τι βουλεύειν δέῃ Apolloph. 2, 880 (1). σοφόν-τι πρὸς τὸ βουλεύειν ἔχει τὸ γῆρας Antiph. 3, 129. βουλεύομαι: ὅστις γαμεῖν βουλεύετ᾽, οὐ βουλεύεται ὀρθῶς, διότι βουλεύεται χοὔτω γαμεῖ Anaxand. 3, 195 (1). τί φημι καὶ τί δρᾶν *βουλεύομαι; (cod. βούλομαι) Theophil. 3, 628. γυνὴ-τὸ συμφέρον οὐ βουλεύεται mon. 106. οὐδεὶς μετ᾽ ὀργῆς ἀσφαλῶς βουλεύεται mon. 415. ταὐτόματον-κάλλιον βουλεύεται mon. 726. ὁρῶν τι βούλευσαι κατὰ σαυτὸν γενόμενος Men. 4, 202 (1). κακῶς ὁ δεσπότης βεβούλευται πάνυ Men. 4, 193 (6). †οὐδεὶς ἑαυτῷ ὃ θέλει βουλεύεται Philem. 4, 47 (38).
βουλή: †τὴν πέρυσι βουλὴν ἐφεστώς Cratin. 2, 64 (6). Ὑπερβόλῳ βουλῆς-ἐπέλαχον Plat. 2, 670 (4). †πόρνης βουλὴν ἔδειξεν Men. 4, 126 (1). βουλῆς-ὀρθῆς οὐδὲν ἀσφαλέστερον mon. 68. βουλὴ πονηρὰ mon. 869. βουλὴν προλάμβανε mon. 70. ἐν νυκτὶ βουλὴ-γίγνεται mon. 150.
βουληφόρως τὴν ἡμετέραν προκατέλαβες δρᾶσιν Men. 4, 105 (1).
βουλιμία: ἰατρὸς ἐκλύτου βουλιμίας Timocl. 3, 590 (2).
βουλιμιῶ: βουλιμιᾷ τὰ *βαλλάντια anon. 4, 664 (260).

βούλιμος: βούλιμός ἐσθ' *ἄνθρωπος Alexid. 3, 444 (1, 17).

βούλομαι: παραστάδας καὶ πρόθυρα βούλει ποικίλα Cratin. 2, 42 (9). τῶν μυρρινῶν ἐπὶ τὴν τράπεζαν *βούλομαι, ἃς διαμασῶμ' Apolloph. 2, 880 (1). στεφάνους ἴσως βούλεσθε-τῶν μυρτίνων βουλόμεθα *τουτωνί Eubul. 3, 252 (4). ἢ σαφῶς πλακοῦντα φράζω σοι; B. πλακοῦντα βούλομαι Antiph. 3, 27 (1, 11). τάριχος ἀντακαῖον εἴ τις βούλετ' Antiph. 3, 43 (1). βούλεσθε δήπου τὸν *ἐπιδέξι'; Anaxand. 3, 161 (1). ἀλλ' εὐθύς, ὡς βούλει σὺ *χὤν βούλει τρόπον Philem. 4, 4 (1, 15). †λέγε πρὸς τοῦτ' εἰ βούλει (l. λέγ' εἴ τι βούλει), πάντα σοι γενήσεται Philem. 4, 20 (1). πάντες οἷς μὴ γίγνεται ἃ βουλόμεσθα Philem. 4, 21 (3). ὃ βούλεται μόνον ὁρῶν καὶ προσδοκῶν Men. 4, 92 (4). πονηρὰ βούλεται Men. 4, 159 (2). *εὔξ' εἴτι βούλει, πάντα σοι γενήσεται Men. 4, 234 (10). βούλει τι, Κνήμων; Men. 4, 322 (457). γυνὴ-οὐδὲν οἶδε πλὴν ὃ βούλεται mon. 87. μή μοι γένοιθ' ἃ βούλομ' ἀλλ' ἃ συμφέρει mon. 366. βούλομαι-κἀκεῖνο καὶ τοῦτ', ἀλλ' ἀδύνατα βούλομαι Lyncei 4, 433 (v. 11 sq.). ἔξεστιν δέ μοι καὶ βούλομαι τοῦτ', οὐ ποιῶ δέ Men. 4, 170 (5). εἰς τὸ μεταπεῖσαι-ἃ βούλεται Philisci 3, 579. ἐξέβαλε τὴν λυποῦσαν ἣν ἐβούλετο Men. 4, 189 (1, 4). ἐγάμησεν ἣν ἐβουλόμην ἐγώ Men. 4, 298 (303). ἔτυχεν ὧν ἐβούλετο Antiph. 3, 8 (1). τοῖς πόρρω λαλεῖ οἷς βούλεθ' Antiph. 3, 112 (1, 20). *μηδὲ ἓν πλέον ὧν βούλεται δρῶν Amphid. 3, 308 (1). γενόμενος οὗ τὸ πρᾶγμ' ἠβούλετο Alexid. 3, 502 (1). ἐξελθεῖν βουλόμεθ' αὐτόν Pher. 2, 335 (3, 3). †εὖ πράττειν σε βούλομαι Aristomen. 2, 730 (2). ἰατρὸς οὐδὲ εἷς-τοὺς αὐτὸς αὑτοῦ βούλεθ' ὑγιαίνειν φίλους Philem. 4, 50 (46ᵃ). βουλοίμην κἂν ἀκαλήφαις-ἐστεφανῶσθαι Pher. 2, 282 (2). τοὺς στασιάζοντας καὶ βουλομένους τινὰς εἶναι Cratin. 2, 46 (5). καλλιτράπεζος καὶ βουλόμενος-ζωμὸν καταπίνειν Amips. 2, 707 (1). ἤντλουν τοῖσι βουλομένοις πιεῖν Pher. 2, 300 (1, 31). ὑποτριμματίων δ' ὀχετοὶ-τοῖς βουλομένοισι παρῆσαν Telecl. 2, 361 (1, 9). βουλομένη δ' ἕπεται πέρκη μελανούρῳ Antiph. 3, 109 (v. 4). παρέτρεψεν τὸν βουλόμενον Timocl. 3, 597 (2). ὧν τὸν μαθεῖν βουλόμενον ὀρθῶς οὐκ ἔνι ταύταις προσελθεῖν εὐθύς Nicom. 4, 583 (v. 13). οἱ βουλόμενοι ταύτην λαβεῖν, λαλεῖτε Men. 4, 228 (3, 14). τὸ κατάπλαστον τοῦτό *σου καὶ λανθάνειν βουλόμενον Men. 4, 171 (9). ὁ πάντα βουληθεὶς ἂν ποιεῖν *πάντ' ἂν γένοιτο Men. 4, 234 (11). πρὸς κότταβον παίζειν-πάνυ βούλομαι Plat. 2, 630 (1, 2). γένος μιαρώτατον τοῦτ' ἐστίν, εἰ μὴ-τοὺς ἰχθυοπώλας βούλεταί *γέ τις λέγειν Antiph. 3, 86 (v. 10). ὅστις ἀδικεῖν δυνάμενος μὴ βούλεται Philem. 4, 37 (10) = mon. 639. βουλόμεθα πλουτεῖν ἀλλ' οὐ δυνάμεθα mon. 64. ὅτῳ ζῆν μὴ πάρεσθ' ὡς βούλεται Men. 4, 288 (245). οὐ μανθάνω τούτων οὐδέν, οὐδὲ βούλομαι Straton. 4, 545 (v. 24). βδελυρὸν τὸ πρᾶγμα κοὐκ ἂν ἐβουλόμην λαχεῖν· ἐπειδὴ δ' ἔλαχον, οὐκ ἂν ἐβουλόμην anon. 4, 650 (187). ἐβουλόμην ἂν ὑμῖν-Phryn. 2, 594 (2). τῷ χρόνῳ σέσηπεν, ἄν τε βούλητ', ἄν τε μή Alexid. 3, 423 (1, 26). γεύσω δ', ἐὰν *βούλῃ, σε τῶν εὑρημένων Anaxipp. 4, 460 (v. 27). λαμπροὺς γενέσθαι βουλόμεσθα τοὺς γάμους Euangeli 4, 572 (v. 3). ζῶν ἔχειν τι βούλομαι Laon. 4, 574. τί γὰρ μαθὼν-βούλει παρασιτεῖν; Nicol. 4, 579 (v. 18). πρόσαιρε τὸ κανοῦν, εἰ δὲ βούλει, πρόσφερε Pher. 2, 323 (7). τὸν βολβόν, εἰ βούλει, σκόπει Philem. 4, 46 (33). οἷον τὸ κατὰ τοὐμπόριον, εἰ βούλει, γένος Diph. 4, 394 (2, 9). πλείτω ἐς κόρακας, εἰ βούλεται Eup. (?) 2, 577 (v. 23). δασύποδα-ἀγόρασον καὶ νηττία, ὁπόσα σὺ βούλει Nicostr. (Philetaer.) 3, 280 (3). ἐπερώτα ὅ τι ἂν βούλῃ Metag. 2, 752 (3). ἄγκυρα, λέμβος, σκεῦος ὅ τι βούλει λέγε Anaxand. 3, 167. ἐξῆν δ' *βούλοιτ'-αὐτῷ λέγειν Straton. 4, 546 (v. 27). οὐχὶ ἐρεῖς σασοφώτερον ὃ βούλει μοι λέγειν ib. (v. 37.). ὅ τι βούλει (quid velis) λέγε Alexid. 3, 444 (1, 17). ὁ δὲ καλὸς πῖλος καλὸς (f. κάδος), ψυκτήρ· τί βούλει; πάντ' Antiph. 3, 57 (1). τρωτός, ἄτρωτος, δασύς, λεῖος· τί βούλει; πνευμάτων-φύλαξ Eubul. 3, 254 (1, 9). βούλει δραμὼν-*καταγοράσαι μοι; Ephipp. 3, 339 (2). βούλει-μεταδράμω; Phryn. 2, 583 (1). βούλει κάθω; Plat. 2, 622 (4). εἴτ' ἔστιν εἴτ' οὐκ ἔστι μὴ βούλου (al. πειρῶ) μαθεῖν Philem. 4, 43 (26). πολυπραγμονεῖν τἀλλότρια μὴ βούλου κακά mon. 583 = 703. κέρδος πονηρὸν μηδέποτε βούλου λαβεῖν mon. 288. βούλου γονεῖς-ἐν τιμαῖς ἔχειν Philem. 4, 63 (107) = mon. 72. βούλου-εὐσεβεῖν πρὸς τὸν θεόν mon. 567. βούλου δ' ἀρέσκειν πᾶσι mon. 76. ἡ πόλις ἐβούλεθ' Anaxand. 3, 200 (16). τί βούλομαι τραγικὸν καταπέσημα; (?) anon. 4, 615 (44). τὸ δὲ προσκεφάλαιόν φησιν ἅμα σοι βούλομαι (?) 4, 684 (326).

βουνός: Philem. 4, 16 (1). βουνὸν-καταλαβὼν ἄνω τινά. B. τίς ἐσθ' ὁ βουνός; Philem. 4, 46 (34[a]).

βοῦπαις: Eup. 2, 573 (95).

βοῦς: ὁ βοῦς ἐκεῖνος χὴ μαγὶς καὶ τἄλφιτα Cratin. 2, 31. †ζωμὸν-οὐκ ἐποίει Ὅμηρος θύων βοῦς Antiph. 3, 144 (27). βοῦν προσκυνεῖς, ἐγὼ δὲ θύω τοῖς θεοῖς Anaxand. 3, 181 (v. 4). τὸ θῦμα βοῦς Posidipp. 4, 521 (v. 10). "βοῦν δ' εὐρυμέτωπον;" οὐ θύω βοῦν Straton. 4, 545 (v. 20). ὅλους βοῦς *ὤπτων Antiph. 3, 94. βοῦν τοῖς ἀκλήτοις προκατακόπτειν Antiph. 3, 134 (5, 7). βοῦς ἀγελαῖος Antiph. 3, 73 (2, 3). χοίρου, βοός, ἀρνός Mnesim. 3, 570 (v. 47). διεφθ' ἀκροκώλια-καὶ χόλικες βοός Pher. 2, 300 (1, 15). χόλικές τε βοός Eubul. 3, 234 (1). πόδας τέτταρας ὑείους-βοὸς δὲ τρεῖς Theophil. 3, 629 (1). διδόασιν ἵππων καὶ βοῶν πίνειν γάλα Antiph. 3, 85. ἀγροὺς καὶ πρόβατα καὶ βοῦς Eup. 2, 497 (25[a]). πωλικὸν ζεῦγος βοῶν Alcaei 2, 828 (1). ζευγάριον οἰκεῖον βοοῖν Aristophan. 2, 1108 (1, 4). καινόν *(τι) φῖτυ τῶν βοῶν Eup. 2, 442 (8). βοῦς ἐν αὐλίῳ Cratin. 2, 35 (10). *βοῦς ἐμβαίνει μέγας Stratt. 2, 790 (8). ὁ βοῦς *(ὁ) χαλκοῦς Henioch. 3, 560. f. et Plat. 2, 688 (24) cf. 5, 50. οἷον γράφουσιν οἱ γραφεῖς κέρας βοός Philem. 4, 20 (1). εἰ μὴ δύναιο βοῦν *(ἐλᾶν) ἔλαυν' ὄνον anon. 4, 698 (376). ἦν τοῖς ἐξ ἀγροῦ βουσὶ σταθμὸς καὶ τοῖς ὄνοις Antiph. 3, 10 (2). σκατοφαγεῖν ἀπεῖρξε τὸ ζῷον * * * τοὺς δὲ βοῦς ἠνάγκασεν Antiph. 3, 68. βοῦς ἕβδομος Euthycl. 2, 890. βοῦς nom. plur. Aristophan. 2, 1208 (146).

βουτυροφάγας: δειπνεῖν ἄνδρας *βουτυροφάγας Anaxand. 3, 183 (1, 8).

βοῶ: βόησον Cratin. 2, 229 (168). σφακέλιζε καὶ πέπρησο καὶ βόα Pher. 2, 287 (1). ἄλλως οὐν βοᾷς Philem. 4, 50 (45). τὼ δ' οὐκ ἐβοάτην anon. 4, 615 (45). οὐκ ἀναστήσεις *βοῶν Cratin. 2, 51 (10). ἐκήρυξεν (f. κῆρυξ μὲν ἐβόησεν) βόαξ Archipp. 2, 722 (11). τοὺς μελιτοπώλας-λέγειν βοᾶν θ' ὅτι πωλοῦσι- Antiph. 3, 68 (2, 5). ἐξελαύνειν-τῷ κήρυκι τὸν βοῶντα Antiph. 3, 139 (13, 2). κύκλῳ-περιτρέχειν καὶ βοᾶν, ἄν του δέωμαι Alexid. 3, 465 (3). βοᾷ δέ τις, ὕδωρ ὕδωρ Xenarch. 3, 621 (1, 13). ἄκρατον, ἐβόων, τὴν μεγάλην Men. 4, 220 (2). ἐῶ βοᾶν· πληγὰς γὰρ ἔνι προσλαμβάνειν Diph. 4, 395 (2, 32). Κύων-ἐβόα ὥσπερ Βούδιος Lysipp. 2, 748 (4). περιστατὸν βοῶσα τὴν κώμην ποιεῖ Theop. 2, 808 (2). βοῶν ποιείτω τὴν πόλιν διάστατον Men. 4, 221 (2). ἢ που δεινῶς ὠργίσθησαν χλευάζεσθαί τ' ἐβόησαν; Epicrat. 3, 371 (1, 31). βοᾶν καὶ πονεῖν καὶ δειπνεῖν ἐπιστάμενοι Alexid. 3, 491 (1). τὸ συμφέρον οὐχ ὁρᾶται τῷ βοᾶν Men. 4, 202 (1). ἐβόων ἅπαντες, ὡς ἀγαθὴν ἅλμην ποιεῖς Philem. 4, 13 (1). ἢ ῥάφανος ἣν ἐβοᾶτε (admirabamini) Alexid. 3, 389 (1, 7). τί γὰρ ἐβοᾶμεν; ib. (1, 9). ὃς ἐπεί ποτε ἐμβλέψειε τοῖς καθημένοις-ἅμα πάντες ἐβόῶμεν Damox. 4, 536 (v. 6). ῥῆμα οὐδὲν ἐμφερές-τῷ γνῶθι σαυτόν, οὐδὲ τοῖς βοωμένοις τούτοις Men. 4, 142 (1). βοάσομαι τὰν-βοάν Phryn. 2, 598 (4). Χάριτας βοᾶν εἰς χορὸν Aristophan. 2, 1056 (16). βοᾶ-ὄνειδος ἴδιον Axionici 3, 532 (1, 14).

βοῶπις: Eup. 2, 571 (81).

βραβεῖον: βραβεῖον ἀρετῆς-εὐπαιδευσία mon. 653.

βραγμός: vid. βράχος.

βραγχία: ἐξελὼν τὰ βραγχία (int. τοῦ σαύρου) Alexid. 3, 442.

βραδύς: Θόας *βραδύτατος ὢν-δραμεῖν Aristophan. 2, 1098 (2). βραδὺς πρὸς ὀργὴν mon. 60.

βράκανον: ἐνθρύσκοισι καὶ βρακάνοις καὶ στραβήλοις ζῆν Pher. 2, 255 (2).

βράττω: βράττω, μάττω, δεύω Aristophan. 2, 1057 (4).

Βραυρών: Βραυρῶνος ἱεροῦ θεοφιλέστατον τόπον Diph. 4, 388.

βραχίων: *σφρίγει-βραχιόνων Herm. 2, 402 (1, 6). σισυμβρίνῳ (int. μύρῳ λοῦται) -τὸν ἕτερον βραχίονα Antiph. 3, 56.

†βράχος: σησαμίδες, βράχος (f. βραγμός), βρυγμός Ephipp. 3, 330 (2).

βραχύς: μακρὰν συνήθειαν βραχεῖ λῦσαι χρόνῳ Men. 4, 277 (193). δοὺς χρόνον τοῦ ζῆν βραχὺν Euphron. 4, 490 (2). ἂν βραχεῖς αὐτοὺς (i. e. λόγους) ποιῇ τις Men. 4, 115 (3). τὴν μακρὰν τε καὶ βραχεῖαν ἡμέραν Sosip. 4, 483 (v. 28). βραχεῖαν †ἀπόδοσιν ἐγκαταστρέφει (f. ἀπόδοσ' ἐγκαταστρέφου) Antiph. 3, 136 (7). βραχὺ τάλαντον Diph. 4, 379. πνεῦμα βραχὺ anon. 4, 616 (48). βραχὺ -*(τι) τέρψαντ' Plat. 2, 676 (3). κἀπόστα βραχύ Men. 4, 118 (7). προσλαβὼν τὸν ἀγωγέα βραχύτερον Stratt. 2, 783 (1).

βραχύωτος: βραχύωτον κώθωνα Henioch. 3, 560.

Βρέα: Cratin. 2, 196 (56).

βρέγμα: οἶσθ' ᾧ προσέοικεν-τὸ βρέγμα σου; Stratt. 2, 776 (2).

βρένθειος: v. βρένθιον.

βρένθιον (f. βρένθειον) -μύρον Pher. 2, 298 (5).

βρέτας (de stupido homine) Anaxand. 3, 166.

Βρέττιος: γλῶσσα Βρεττία Aristophan. 2, 1193 (74).

βρέφη: φύσις θήλεια βρέφη σώζουσ' ὑπὸ κόλποις αὐτῆς Antiph. 3, 112 (1, 1). βρέφη δ' ἐν αὐτῇ διατρέφει τοὺς ῥήτορας ib. (1, 7). βρέφη δ' ἐν αὐτῇ περιφέρει τὰ γράμματα ib. (1, 18). ἰχθῦς φρονοῦντας- μὴ μοι βρέφη Ephipp. 3, 339 (2).

βρέχω: βρέχειν (i. q. ὕειν) Telecl. 2, 876 (16). δσα δένδρων ἀεὶ-βρέχεται Antiph. 3, 138 (10, 5). χλωρῷ τρίμματι βρέξας Axionici 3, 531 (1, 8.) δεῖ φαγόντας δαψιλῶς *βρέχειν (f. βρέχεσθαι) Antiph. 3, 147 (35). βεβρεγμένος ἥκω καὶ κεκωθωνισμένος Eubul. 3, 268 (5).

Βριάρεως: Δημοσθένης-ὁ Βριάρεως Timocl. 3, 598 (1). ὅστις ἂν θώραχ' ἔχῃ φολιδωτὸν-ἐφάνη Βριάρεως Posidipp. 4, 521 (v. 9).

βρίγκος: σπῦρος, φυκίς, βρίγκος Ephipp. 3, 330 (1, 3). σαῦρος, τριχίας, φυκίς, *βρίγκος (libr. βρίγχος) Mnesim. 3, 569 (v. 38).

βρίγχος: v. βρίγκος.

βρίθομαι: βριθομένης ἀγαθῶν ἐπίμεστα τραπέζης Pher. 2, 350 (34).

βρίκελοι: Cratin. 2, 140 (11).

βρομιάς: βρομιάδος-ἱδρῶτα πηγῆς Antiph. 3, 27 (1, 12).

Βρόμιος: Telecl. 2, 378 (24). ποδαπὸς ὁ Βρόμιος; Alexid. 3, 468 (1). ἡδὺς *(γ') ὁ Βρόμιος Alexid. 3, 505 (6). ὁ διμάτωρ Βρόμιος Alexid. 3, 512 (16).

βροντῶ: χειμέρια βροντᾷ μάλ' εὖ (αὐ 5, 59) Aristophan. 2, 963 (13).

βρότειος: βροτείων παυστὴρ πόνων Alexid. 3, 493 (1, 9).

βρόταχος: Aristophan. (?) 2, 1208 (145).

βροτός: cf. βρόχος. οὐ πλήρει *βροτῷ (vulg. βροτῶν) οὐκ ἔστι μεῖζον ἀγαθόν Eubul. 3, 230 (2). θεοῦ πληγὴν οὐχ ὑπερπηδᾷ βροτός mon. 251. πέλανον καλοῦμεν ἡμεῖς οἱ θεοί, ἃ καλεῖτε - ἄλφιθ' ὑμεῖς οἱ βροτοί Sannyr. 2, 873 (1). κἂν βροτοῖσι *καὶ θεοῖς Philem. (?) 4, 17. μᾶζαν ἣν - *Δηὼ βροτοῖσι - δωρεῖται Antiph. 3, 3 (1). τὸ πεπρωμένον - οὐ μόνον *(τοῖσιν?) βροτοῖς ἄφευκτόν ἐστιν Philem. 4, 41 (20). οἱ ταλαίπωροι βροτοί Alexid. 3, 409 (2). κοινὸν τὸν ᾅδην ἔσχον οἱ πάντες βροτοί Men. 4, 233 (9). βροτῶν ψῆφος φλεγυρά Cratin. 2, 43 (1). μακάριος ἦν ὁ πρὸ τοῦ βίος βροτοῖσι - ὃν εἶχον ἄνδρες - βροτῶν περισσοκαλλεῖς Cratin. 2, 145 (1). †βροτοῖς - σώφροσιν Cratin. 2, 156 (12). φημὶ - βροτοῖσι πλεῖστα παρέχειν ἀγαθά Eup. 2, 456 (2). †βροτῶν ἅπαντας ἐκλαπῆναι Aristophan. 2, 1011 (17). τίς ἐπέσυτο βροτῶν; Aristophan. 2, 1201 (105). τίς δὲ συνδειπνεῖ βροτῶν; Anaxand. 3, 175 (1, 10). ὃς μόνος βροτῶν δύναται καταπιεῖν ἄθρους τεμαχίτας Eubul. 3, 207. ὁ παραμασήτης ἐν βροτοῖς αὐδώμενος Alexid. 3, 492 (2). τἀργύριόν ἐστιν αἷμα καὶ ψυχὴ βροτοῖς Timocl. 3, 612 (2). τῇ γῇ δανείζειν κρεῖττόν ἐστιν ἢ βροτοῖς Philem. 4, 52 (51[c]). ἐν φήμαις βροτῶν Antiph. 3, 55. σὲ - τοῦτ' ἰδεῖν πρῶτον *(βροτῶν) de Solone. Philem. 4, 4 (1). τοῖς σοφοῖς βροτῶν Men. 4, 272 (170). τοὺς κενοὺς βροτῶν mon. 42. ἐν βροτοῖς mon. 88. 619. 277. Cf. mon. 15. 518. 314. 2. 69. 149. 216. 250. 275. 312. 433. 654. 658. 721.

βροχθίζω: *γόγγρων τοῖς κολλάβοισι βρόχθιζε Clearch. 4, 563 (2).

βρόχος: ἀποπνῖξαι βρόχος (int. εἰμί) Antiph. 3, 110 (v. 5). ἁλοὺς *βρόχων (vulg. βροτῶν) πλεκταῖς ἀνάγκαις Xenarch. 3, 614.

βρυάζω: vid. βρύω.

βρυγμός: ὅσος *(δ') ὁ βρυγμὸς Eup. 2, 492 (13). σησαμίδες, †βρόχος, βρυγμός Ephipp. 3, 330 (2).

βρύκω: βρύκει γὰρ ἅπαν τὸ παρόν Cratin. 2, 43 (2). cf. βρύχω. τὰ πατρῷα βρύκει καὶ σπαθᾷ Diph. 4, 395 (2, 27).

***Βρυσωνοθρασυμαχειολημψικερμάτων** Ephipp. 3, 332 (v. 3).

βρυτικός: τὴν γραῦν τὴν ἀσθενοῦσαν -, τὴν βρυτικήν Antiph. 3, 23.

βρύτινος: *ἄμοργιν βρυτίνην ἠθεῖν Cratin. 2, 76 (4).

βρύχω: *βρύχεις κοπίδας (an βρύκεις κ.) Herm. 2, 395 (1, 6). †ἔβρυχε (f. κατέβρυξε) τε πάνθ' ἅμα Stratt. 2, 767 (1).

βρυχῶμαι: βρυχᾶται Men. 4, 318 (432).

βρύω: ἀμολίνοις κόμη βρύουσ' (f. κόρη βρυάζουσ') Cratin. 2, 20 (8). καλ' ἀνδρικὴν τῶν θηρικλείων - κισσῷ *κάρα βρύουσαν (libri καταβρύουσαν) Eubul. 3, 231 (1). τὴν τράπεζαν ποικίλων παροψίδων κόσμου βρύουσαν Alexid. 3, 418 (2).

βρῶμα: βρῶμα χάριεν Plat. (Canth.) 2, 667 (7). μέγα τι βρῶμ' (comoedia) vid. χρῆμα. κεἴ τι πνίγει βρῶμά τι (f. βρωμάτων) Antiph. 3, 103 (1). νεκύων βρῶμα Eubul. 3, 210. σεμνὸν τὸ βρῶμα Aristophont. 3, 359. παρὰ δ' ἐμοὶ τρέφει τὸ προσφερόμενον βρῶμα Damox. 4, 531 (v. 28). οὐδὲν εἰκῇ παρατίθημι βρῶμ' ib. (v. 54). Ἑλένης (al. Ἑκάτης) βρώματα Antiph. 3, 36 (1, 14). μεταλλάξαι *διάφορα βρώματα Antiph. 3, 140 (14). ἡ τράπεζ' ἐπήγετο, τοσαῦτ' ἔχουσα βρώμαθ' Anaxand. 3, 162 (3). τά τ' ἄλλα βρώματ' ἐξ ὑγρᾶς ἁλός Anaxand. 3, 174 (1). *φορτηγικῶν βρωμάτων Dionys. 3, 549 (v. 42). ὑποβινητιῶντα βρώματα Men. 4, 206 (1, 11). οὐ ταὐτὰ προσάγω πᾶσιν ἀεὶ βρώματα Anaxipp. 4, 460 (v. 28). τὰ - ὄψα πάντα καὶ τὰ βρώματα Sosip. 4, 483 (v. 30) cf. p. 485. κοὐδὲν ἦν τούτων - πρὸς ἀντάγειν συμβαλεῖν τῶν βρωμάτων Phoenicid. 4, 509. οἷων ἐπιθυμεῖ βρωμάτων, ὡς μουσικῶν Dioxipp. 4, 541. τῶν βρωμάτων πνευματικὰ καὶ δύσπεπτα καὶ ... ἕνι' ἐστιν Nicomach. 4, 584 (v. 30). τοῖς τοιούτοις βρώμασιν τὰ φάρμακα εὕρητ' ἐκεῖθεν ib. (v. 34).

βρώσιμον: Diph. 4, 380 (2). ἃ καὶ κυσὶν πεινῶσιν οὐχὶ βρώσιμα anon. 4, 613 (41).

βρωτός: v. πρῶτος.

†βυβακάλους αὐτὰ (f. βουβαύκαλα ταῦτα 5, 81) γενέσθαι Anaxand. 3, 183 (1, 5).

βύβλος: τὰ κρεμαστὰ ἱστία καὶ βύβλους Herm. 2, 407 (1, 13).

Βυζάντιον: πάντας μεθύσους τοὺς ἐμπόρους ποιεῖ τὸ Βυζάντιον Men. 4, 88 (2). ἕτερος εἰσπέπλευκεν ἐκ Βυζαντίου Diph. 4, 395 (2, 18).

Βυζάντιος: χαλεπῶς ἂν οἰκήσαιμεν ἐν Βυζαντίοις Plat. 2, 649 (3). ἂν Βυζαντίους (invitaveris), αἰψινθίῳ σπόδησον.*ὅσα γ' ἂν παρατιθῇς Diph. 4, 381 (1, 11). Βυζαντίας θυννάδος Antiph. 3, 43 (1). τῆς-βελτίστης θυννάδος Βυζαντίας Antiph. 3, 99. Βυζάντιόν *(τε) τέμαχος Nicostr. (Philetaer.) 3, 279 (1).

βυθός: ἅπαξ ἀψάμενός εἰμι *καὶ φιλήσας ἐν βυθῷ Men. 4, 232 (7). κἀκ βυθοῦ πλάνης εἰς φῶς ἀνέλκων Plat. (?) 1, 190 (v. 3). κοίλοις ἐν βυθοῖσι καικάβης Antiph. 3, 125 (1, 3).

βύρσα: βύρσας γλευκαγωγούς Pher. 2, 259 (10). Βύρσα de Athenis Aristophan. 2, 1062 (4).

βυρσόκαπος (f. βυρσοκάπηλος): anon. 4, 632 (111).

βυσαύχην: βυσαύχην θεᾶς Δηοῦς σύνοικος Xenarch. 3, 614. βυσαύχενες vid. μεσαύχενες.

βύσμα: βύσμα τῷ πρωκτῷ φλέων Aristophan. 2, 954 (4). ἀμφορέα καὶ βύσμα καὶ γευστήριον Aristophan. 2, 1072 (6, 2). Στίλπωνός ἐστι βύσμαθ' ὁ Χαρίνου λόγος *Diph. 4, 386 (2).

βύσταξ: τοὺς βύστακας μὴ καταφρόνει Antiph. 3, 22.

βύστρα: Anaxand. 3, 171. βύστραν τίν' ἐκ φύλλων τινῶν Antiph. 3, 96.

βύω: βεβυσμένος τὴν ῥῖν' Hegesipp. 4, 480 (v. 26).

βωλοκόπος: βωλοκόπῳ γεράνῳ Cratin. 2, 20 (6).

βωλοκοπῶ: βωλοκοπεῖν Aristophan. 2, 1208 (147).

βῶλος: βῶλος, ἄροτρον, γηγενὴς ἅνθρωπος Alexid. 3, 428 (2). μᾶζαι βώλοις κομῶσαι Cratin. 2, 108 (2).

βωμολοχεύομαι: καταπαίζεις ἡμῶν καὶ βωμολοχεύει Aristophan. 2, 1010 (14).

βωμολόχος: ἵνα μὴ πρὸς τοῖσι βωμοῖς-λοχῶντες βωμολόχοι καλώμεθα Pher. 2, 325 (2).

βωμός: χύτρας, μεθ' ὧν ὁ βωμὸς-ἱδρύθη Aristophan. 2, 1048 (4). τὴν κρατίστην δαίμον' ἧς νῦν θερμός ἐσθ' ὁ βωμός Aristophan. 2, 1169 (7). σῶφρον-ἐπὶ τὸν βωμὸν ἐπιθεῖναι Men. 4, 161 (1). τίν' αἰελούρου βωμὸς ἐπιστρέψειεν ἄν; Timocl. 3, 590. *ἂν μῦς διορύξῃ βωμὸν ὄντα πήλινον anon. 4, 612 (40). περὶ τὸν βωμὸν βαστάζειν τὰς ἐπινοίας anon. 4, 697 (371). τὸ γῆρας ὥσπερ βωμός ἐστι τῶν κακῶν Antiph. 3, 155 (69). πρὸς τοῖσι βωμοῖς-ἀεὶ λοχῶντες Pher. 2, 325 (2).

βῶσον: vide βοῶ.

†β δεν Telecl. 2, 366 (1) cf. 5, 31.

Γ.

γᾶ: δαμάζετ' ἐν *πυριχτίτοισι γᾶς Anaxand. 3, 168. λέξον πρὸς *(τᾶς 5, 87) γᾶς Epicrat. 3, 370 (1, 7). ἰατρός τις Σικελᾶς ἀπὸ γᾶς ib. 371 (1, 28). ἀπὸ γᾶς *ἁγίας (f. Ἀσίας) ἀλίας Συρίας Macaim. 3, 570 (v. 59).

Γάδειρικός: τάριχος-Γαδειρικόν Eup. 2, 506 (23). τάριχος ἀντακαῖον-ἢ Γαδειρικόν Antiph. 3, 43 (1). Γαδειρικόν θ᾿ ὑπογάστριον Nicostr. (Philetaer.) 3, 279 (1).

γαῖα: ἥξει-Μήδων γαῖαν Theop. 2, 798 (1). ἐρῶ-ὄμβρου γαῖα Men. (?) 4, 819 (440). μήτηρ ἁπάντων γαῖα mon. 617. κεραμικὴν γαῖαν Sannyr. 2, 874 (4). ὦ γαῖα *κεραμί Eubul. (Arar.) 3, 226 (2). κοιλοσώματον κύτος πλαστὸν ἐκ γαίης (f. γαίας) Antiph. 3, 26 (1, 3).

γάλα: χορταζόμενοι γάλα λευκόν Cratin. 2, 95 (4). χόνδρος γάλακτι κατανενιμμένος Pher. 2, 300 (1, 18). χόνδρον δεύσετε γάλακτι χηνός Eubul. 3, 247 (1, 5). ἵππων καὶ βοῶν γάλα Antiph. 3, 85. recens natis lacte opus esse Men. 4, 332 (508). γάλα, κανναβίδες, κόγχαι Ephipp. 3, 330 (2). γάλα λαγοῦ-καὶ ταὼς Alexid. 3, 436. ὀρνίθων γάλα Mnesim. 3, 578 (3). οἶνος Ἀφροδίτης γάλα Aristophan. 2, 1179 (13). τοῦ γάλα Plat. 2, 691 (39).

γαλαθηνός: ἀρνῶν-γαλαθηνῶν Cratet. 2, 233 (1). γαλαθηνὸν ὗν Pher. 2, 263 (6). γαλαθηνὸν τέθυκε τὸν χοῖρον Henioch. 3, 560. γαλαθήν᾿ οὐ τέλεα Pher. 2, 270 (3). γαλαθηνοῦ μυός Alcaei 2, 831 (1). κρεμαχίσκος γαλαθηνός Antiph. 3, 125.

γαλακτοθρέμμων: v. γαλατοθρ.

γαλακτοχρώς: γαλακτοχρῶτας κολλάβους Philyll. 2, 858 (2). γλαῦκον *γαλακτοχρῶτα Nausicrat. 4, 577.

*γαλατοθρέμμων: νεογενοῦς ποίμνης-*γαλατοθρέμμονα (libr. γαλακτοθρ.) -*εἴδη Antiph. 3, 26 (1, 4).

γαλεός: κἂν ἡ γαλεὸς κἂν λειόβατος Plat. 2, 662 (4). γαλεὸς ἀστερίας Philyll. 2, 857 (1). ἡ νῆστις ὀπτᾶτ᾿, ἡ γαλεός-; Aristophan. 2, 1076 (3). τὸν γαλεόν; Β. ἐν ὑποτρίμματι *ζέσαι Antiph. 3, 130 (v. 3). γαλεός, κόκκυξ, θρίσσαι Anaxand. 3, 184 (1, 51). θύννου τεμάχη, γλάνιδος, γαλεοῦ Ephipp. 3, 329 (1). Mnesim. 3, 569 (v. 32). †γλαῦκός τις ἐν πόντῳ γαλεοὺς-σῖτον Axionici 3, 531 (1, 4). γαλεὸς εἴληπται μέγας Sotad. 3, 585 (1, 2). γαλεοὺς καὶ βατίδας Timocl. 3, 591. δέρων βόνας γαλεούς τε πωλεῖ Archipp. 2, 718 (1). γαλεοί γε-μάντεων σοφώτατοι Archipp. 2, 720 (4).

γαλεώτης: γαλεώτης γέρων Men. 4, 124 (3).

γαλῆ: ποῖ ποῖ γαλῆν; -ᾤμην σε γαλῆν λέγειν ὁρῶ Stratt. 2, 789 (2). φέρ᾿ εἰ γενοίμην-γαλῆ; Sannyr. 2, 874 (1). ἐκ κυμάτων-γαλῆν ὁρῶ ib. (1, 5). γαλῆ χιτώνιον Stratt. 2, 790 (11). γαλῆν καταπέπωκεν Aristophan. 2, 1208 (148). θύραν, δι᾿ ἧς γαλῆ καὶ μοιχὸς οὐκ εἰσέρχεται Apollod. Car. 4, 444 (1).

γαληνά: *(ἐκ κυμάτων-γαλῆν᾿ ὁρῶ.) Β. -ποῖ ποῖ γαλῆν; Α. *γαλῆν᾿. (libr. γαληνά). Β. -ᾤμην σε γαλῆν λέγειν ὁρῶ Stratt. 2, 789 (2).

Γαλήνη: *Κοσσύφας-καὶ Γαλήνας καὶ Κορώνας Philetaer. 3, 294 (1, 6).

γαληνίζω: αὐτὸν (int. parasitum) -λῆξαι πνέοντα καὶ γαληνίσαι ποτέ Alexid. 3, 467 (1).

γαληνός: γαληνὸς †ἐντ᾿ ἠχῷ anon. 4, 616 (48).

Γαληψός: Eup. 2, 571 (82).

γαλιδεύς: Cratin. 2, 170 (19).

γαμετή: ἑταίρας ἱερόν ἐστι πανταχοῦ ἀλλ᾿ οὐχὶ γαμετῆς Philetaer. 3, 293=295 (3). εἶτ᾿ οὐ γυναικός ἐστιν εὐνοϊκώτερον γαμετῆς ἑταίρα; Amphid. 3, 301. τοὺς τῆς γαμετῆς ὅρους ὑπερβαίνεις Men. 4, 141 (2).

γαμήλιος: οὐδ᾿ ἐν νεκροῖσι πέττεται γαμήλιος Philetaer. 3, 297 (1). γαμήλια λουτρά Men. 4, 86 (2). 216 (14). γαμηλίῳ λέχει Men. 4, 231 (6).

γάμος: εὐκτότατον γάμον Eup. 2, 576 (142). ἔχεις γάμον Plat. (?) 2, 697 (v. 5). ὅπως *καταπράξεται τὸν γάμον Men. 4, 180 (3). ἑτέρων γαμούντων αὐτὸς ἀπεχέσθω γάμου (pauper) Men. 4, 260 (104). †εἰ. ὁ γάμος ἦν ὁ σώζων-νόσον Men. 4, 270 (161). ἄλυπον ἄξεις τὸν βίον χωρὶς γάμου mon. 56. = ἄξεις ἀλύπως κτλ. mon. 595. γάμος εὐκταῖον κακόν mon. 102. παραπλήσιον πρᾶγμ' ἐστὶ γῆρας καὶ γάμος anon. 4, 690 (346). ἀκρατὴς γάμων (γάμου) Phryn. (?) 1, 160. ἄν-ᾖ τις εὐπρεπής, ἱερὸν γάμον καλεῖτε Anaxand. 3, 177 (2, 2). ἱερὸν γάμον φάσκων ποιήσειν Men. 4, 162 (2). ταῦτα μὲν οὕτω φασὶ ποιῆσαι γάμον Ἰφικράτει Anaxand. 3, 183 (1, 31). γάμοι καὶ πότοι νεανικοί Antiph. 3, 104 (v. 20). πολυτελῶς ἀγοράσας εἰς τοὺς γάμους Antiph. 3, 118. οὐχ ὅτι ἐν τοῖς γάμοισιν-εὐωχήσομαι, ἀλλ' ὅτι διαρραγήσομ' Alexid. 3, 489 (2). τῶν γάμων κρείττω γεγονέναι τὴν ὅλον ἡμέραν Axionici 3, 535 (2). τοὺς ἐν τοῖς γάμοις διακονοῦντας μαγείρους Men. 4, 147 (1). οἱ κεκλημένοι εἰς τοὺς γάμους Diph. 4, 381 (1). καινόν-Χαιρεφῶντ' ἐν τοῖς γάμοις ὡς τὸν Ὀφέλαν ἄκλητον εἰσδεδυκέναι Apollod. Car. 4, 447. ἔνδοθέν τις διέδραμε γαργαλισμὸς ὡς ὄντων γάμων Hegesipp. 4, 479 (v. 16). οὐ νῦν βαδίζομεν εἰς τοὺς γάμους, ἀνδροφόνον (eum oportet) Euphron. 4, 493 (v. 10). λαμπροὺς γενέσθαι τοὺς γάμους Euangeli 4, 572 (v. 3). οἰκοσίτους τοὺς γάμους πεποιηκέναι Men. 4, 202 (1). *ἠρτικροτοῦντο δ' οἱ γάμοι Men. 4, 304 (330). διακονοῦμεν νῦν γάμους Posidipp. 4, 521 (v. 19). ὑπερήμεροι τῶν γάμων αἱ παρθένοι Anaxand. 3, 200 (17). μάτην *ποθουμένους γάμους Men. 4, 97 (6). ζευχθεὶς γάμοισιν mon. 197. γάμους, ἑορτάς, συγγενεῖς, παῖδας (pacis dona) Philem. 4, 22 (v. 9).

γαμῶ: τὸ γῆμαι καὶ τὸ μὴ γῆμαι κακόν Susar. 2, 3 (1, 5). τὸ γαμεῖν κακὸν μέν ἐστιν ἀλλ' ἀναγκαῖον κακόν Men. 4, 260 (105.) κακοδαίμων-ὅστις γαμεῖ γυναῖκα Antiph. 3, 32. ὡς ἔστι τὸ γαμεῖν ἔσχατον τοῦ δυστυχεῖν Antiph. 3, 151 (52). ὅστις γαμεῖν βουλεύετ', οὐ βουλεύεται ὀρθῶς, διότι βουλεύεται χοὔτω γαμεῖ Anaxand. 3, 195 (1). οὐδὲν γίγνεται μᾶλλόν τι τοῦ γήμαντος ἢ τῶν γειτόνων ib. (1, 12). γαμοῦ γέρων καὶ τοῖς γείτοσιν anon. 4, 673 (300). τίς δῆθ' ὑγιαίνων τολμᾷ ποτε γαμεῖν; Alexid. 3, 519 (34). ἐπὰν δὲ γήμῃς, οὐδὲ σαυτοῦ κύριον ἔξεστιν εἶναι ib. (v. 7). γαμεῖν ὁ μέλλων (Philem. † δς ἐθέλει 4, 69) εἰς μετάνοιαν ἔρχεται mon. 91. οὐ γαμεῖς, ἂν νοῦν ἔχῃς-γεγάμηκα γὰρ αὐτός· διὰ τοῦτό σοι παραινῶ μὴ γαμεῖν Men. 4, 88 (1). γήμας δ' οὐδὲ εἷς σέσωσθ' ὅλως ib. ἐπιτρίβουσιν ἡμᾶς οἱ θεοὶ μάλιστα τοὺς γήμαντας Men. 4, 165 (4). γαμεῖ τις ἀνθρώπων; γαμεῖ; λάθριοι *(τὸ) λοιπὸν-ἐπιθυμίαι *κακαί Men. 4, 231 (6, 7). γυναῖκα θάπτειν κρεῖσσόν ἐστιν ἢ γαμεῖν mon. 95. = anon. 4, 690 (348). †μὴ γάμει γυναῖκα mon. 362. γήμας δοῦλος εἶναι διὰ βίου mon. 382. ὁ μὴ γαμῶν-οὐκ ἔχει κακά mon. 437. γαμεῖν κεκρικότα δεῖ σε γιγνώσκειν ὅτι- Men. 4, 260 (102). μηδέποτε γήμῃ μηδὲ εἷς εὔνους ἐμοί mon. 694. ἔλεγον ἐγώ σοι μὴ γαμεῖν Philippid. 4, 468 (2). *γαμεῖ; γαμείτω· καὶ γάρ ἠδίκησέ με anon. 4, 620 (55). γεγάμηκε δήπου. B. *τί σὺ λέγεις; ἀληθινῶς γεγάμηκεν-; Antiph. 3, 130. ἀπόλοιθ' ὅστις γυναῖκα δεύτερον (ap. δεύτερος 5, 83) ἔγημε Eubul. 3, 260 (1, 3). κακῶς γένοιθ' ὁ γήμας δεύτερος θνητῶν Aristophont. 3, 359. ἀπόλοιθ' ὅστις ποτὲ ὁ πρῶτος ἦν γήμας, ἔπειθ' ὁ δεύτερος, εἶθ' ὁ τρίτος, εἶθ' ὁ τέταρτος, εἶθ' ὁ μεταγενής Men. 4, 114 (1). εἶτ' ἐπέτυχες-γήμας τὸ πρότερον, εὐημερῶν κατάπαυσον anon. 4, 618 (50, 7). ὦ τρὶς κακοδαίμων, ὅστις ὢν πένης γαμεῖ Men. 4, 192 (4, 1) = mon. 757. πένης ὢν καὶ γαμεῖν-ἑλόμενος Men. 4, 251 (57). ἑτέρων γαμούντων αὐτὸς ἀπεχέσθω γάμου (pauper) Men. 4, 260 (104). γέρων μὴ γάμει νεωτέραν mon. 110. δέσποινα γαμοῦντι νυμφίῳ γυνή mon. 129. σὺ γ' οὖν ὡς γαμεῖν ἔχεις τάλας anon. 4, 673 (299). οὐ γαμένεις, ζῇς ἔτ' ἐρημότερος Plat. (?) 2, 697 (v. 6). ἢ μὴ γαμεῖν γάρ, ἂν δ' ἅπαξ λάβῃς, φέρειν Men. 4, 226 (1). ἢ μὴ γαμεῖν-ἢ γαμῶν κράτει mon. 215. τοῦτον ἡμᾶς τὸν τρόπον γαμεῖν ἔδει-οὐκ ἐξετάζειν-τίς ἦν ὁ πάππος ἧς γαμεῖ-τὸν δὲ τρόπον αὐτῆς τῆς γαμουμένης-μήτ' ἐξετάσαι μήτ' *εἰσιδεῖν Men. 4, 228 (3). γάμει-μὴ τὴν προῖκα, τὴν γυναῖκα δέ mon. 98. ἦθος προκρίνειν χρημάτων γαμοῦντα mon. 211. αἰσχρὰν γυναῖκ' ἔγημας, ἀλλὰ πλουσίαν Philippid. 4, 476 (6). δύ' ἔσθ' ἃ κρῖναι τὸν γαμεῖν μέλλοντα δεῖ Men. 4, 251 (58). γάμει τὴν συγγενῆ Men. 4, 283 (224). γαμεῖν-μέλλων βλέψον εἰς τοὺς γείτονας mon. 103. δεῖ γαμεῖν τὸν *ἐπιμελῆ-*B. τὸν ἀμελῆ μᾶλλον anon. 4, 602 (8). τὴν ἀξίαν *ἔδει γαμεῖν τὸν ἄξιον anon. 4, 603 (9). Ἐφέσια τοῖς γαμοῦσιν-λέγων ἀλεξιφάρμακα Men. 4, 181 (2). γαμεῖ-ἡμῶν οὐδὲ εἷς *εἰ μὴ δέκ' ἢ ἕνδεκα γυναῖκας-. ἂν τέτταρας δ' ἢ πέντε γεγαμηκὼς *τύχῃ καταστροφῆς τις, ἀνυμέναιος-ἐπικαλεῖτ' Men. 4, 232 (8). ἐγάμησεν ἣν ἐβουλόμην ἐγώ Men. 4, 298 (303). οὐχ ὁ τρόφιμός σου-ἔγημ' ἔναγχος; Men. 4, 300 (312). εἰ μὴ γαμεῖ γάρ, ἔσχατον νόμιζέ με Μυσῶν Men. 4, 327 (481). γήμαντος αὐτοῦ δ' εὐθὺς ἔσομ' ἐλεύθερος anon. 4, 601 (4). ἐπὶ τὸν νυμφίον, ᾧ γαμοῦμαι τήμερον Aristophan. 2, 997 (7). *σὺ δ' οὐκ ἐγήμω; Aristophan. 2, 998 (9). ἐγημάμην de viro dictum Antiph. 3, 24.

Γανυμήδης: ἔστω Γανυμήδης οὗτος ἀποθεούμενος Nicol. 4, 580 (v. 35).

γάρ: ἐγὼ γὰρ ὑμῖν νῦν φράσω (initio orationis) Plat. (Canth.) 2, 664 (1). ὅδε γὰρ αὐτός ἐστιν Alcaei 2, 831 (1). ἐγᾦδα· συντρίψω γὰρ αὐτοῦ τοὺς χόας Cratin. 2, 122 (8). οὐ δῆθ'· ὁδοιποροῦντα γὰρ-ποιήσω Cratet. 2, 237 (1, 3). ἀλλ' ἀντίθες τοι· ἐγὼ γὰρ-ἄξω Cratet. 2, 238 (2, 1). μὴ θαυμάσῃς· τῶν γὰρ προτενθῶν ἐσμεν Pher. 2, 256 (3). ἀκροᾶσθ', ἤδη γὰρ καὶ λέξομεν Pher. 3, 349 (31). ὡς ὀλίγα λοιπὰ-. B. ὁ γὰρ θεοῖσιν ἐχθρὸς αὐτὰ κατέφαγεν Plat. 2, 641 (1). ὡς δ' ὀρθοπλήξ. B. πέφυκε γὰρ δυσγάργαλις Aristophan. 2, 961 (3). *τί δὴ σὺ *σεμνοῖ; B. ἔξεστί γάρ μοι. Σωκράτης γὰρ αἴτιος Calliae 2, 739 (2). οὐκ ἐτός-πᾶσι κακοῖσιν ἡμᾶς φλῶσιν-; *(B.) δεινὰ γὰρ ἔργα δρῶσαι λαμβανόμεσθ' ὑπ' αὐτῶν Aristophan. 2, 948 (11). πῶς αὖ δέχονται-; B. ὅπερ οἱ προτένθαι γὰρ δοκοῦσί μοι παθεῖν Aristophan. 2, 1106 (10, 3)? τούτους φάγοις ἄν; Γ. τοὺς γὰρ ἄλλους νενόμικα ἀνθρωποφάγους Antiph. 3, 70 (2, 5). ἆρ' ἦν μετὰ ταῦθ' ἡ ῥάφανος; A. *ναί· χρηστὴ γὰρ ἦν Alexid. 3, 389 (1, 7). τί τοῦτο-; διακονικῶς γὰρ-προελήλυθας. B. καὶ· πλάττομεν γὰρ πλάσματα Men. 4, 103 (1). σὺ δ' ἀγοράσεις ἡμῖν λαβὼν ἀργύριον. B. ἄλλως γὰρ οὐκ ἐπίσταμαι-ἀγοράζειν Antiph. 3, 26 (1, 3). διαρραγήτω χἄτερος-μὴ Κτησίας μόνος. B. τί γάρ σε κωλύει; A. δείπνου γὰρ οὗτος-τελευτὴν ἔμαθεν οὐδεπώποτε Anaxil. 3, 351 (1). cf. 3, 353. οὐ πίνετε ἄκρατον. Σ. οὐ γὰρ ῥᾴδιον· πωλοῦσι γὰρ... Alexid. 3, 386 (v. 4). οὐκ ἀρέσκει σοι τρέφειν; A. οὐκ ἔστι γὰρ ἡμέτερον Alexid. 3, 478. οὐπώποτ' ἠράσθης-; Γ. οὐ γὰρ ἐνεπλήσθην Men. 4, 170 (8). ἄπερρ'· ἐγὼ δ' ὑμῖν-φράσω· Ὑπερβόλῳ γὰρ-ἐπέλαχον Plat. 2, 670 (4). ἔστιν δέ μοι πρόφασις-τὸν γὰρ γέροντα διαβαλοῦμαι Archipp. 2, 724 (1). μηδαμῶς· *Ἰσθμοῖ γὰρ ἀριστήσομεν Canth. 2, 836 (1). προστίθημι-σοί τὸν δῆμον αὐτῶν· εἰσὶ γὰρ Φαληρικαί Antiph. 3, 119 (v. 7). δήμου δ' Ἁλαιεύς ἐστιν. B. ἓν γὰρ τοῦτό μοι τὸ λοιπόν ἐστι καὶ κακῶς ἀκούσομαι Antiph. 3, 123 (2). ἓν νόσημα τοῦτ' ἔχει· ἀεὶ γὰρ ὀξύπεινός ἐστι Antiph. 3, 142 (20). ἀλλὰ *τί; νικᾷ γὰρ αὕτη τὰς τέχνας πάσας Anaxand. 3, 183 (1). τίνι δεδούλωταί ποτε; ὄψει; φλύαρος· τῆς γὰρ αὐτῆς πάντες ἂν ἤρων Men. 4, 236 (14). πῶς; ἢ τί πράττων; βούλομαι γὰρ εἰδέναι Timocl. 3, 594. μαθητὰ Λεύκων-· ἅπας γάρ ἐστιν οἰκεῖος τόπος- Posidipp. 4, 521 (v. 2). οὐκ ὄψεται· οἰμώξεται γὰρ νὴ Δί' Alexid. 3, 430 (1, 19). τὴν κακκάβην γὰρ *κᾶε Aristophan. 2, 1144 (10). δόλιον γὰρ ἄνδρα φεῦγε mon. 131. ποίαν, φράσον γάρ, ᾖδε τὴν συναυλίαν; ἐπίσταται γάρ Antiph. 3, 24. ἢ λόγοις ἁλίσκεται τίσιν, φράσον γάρ-; Anaxand. 3, 175 (1, 14). τί οὖν ἀγοράζω; φράζε γάρ Nicostr. (Philetaer.) 3, 280 (3). ἐν τίνι τόπῳ μάλιστα; λέγε γάρ Antiph. 3, 117 (2, 3). τί δεῖ ποιεῖν; σὺ γὰρ εἶπον Euphron. 4, 489. λέξον-σὺ γάρ-ἐξέθρεψας Περικλέα; Plat. 2, 683 (7). οὐ γὰρ τοιαυτὶ λέγομεν-; Pher. 2, 335 (3, 9). οὐ γάρ τινες παροψίδες εἰσ'-; Plat. 2, 629 (1). μάντεις εἰσὶ γὰρ θαλάσσιοι; Archipp. 2, 720 (4). εἰσὶ γάρ τινες-ἀδοφοῖται; Aristophan. 2, 1005 (1, 5). ἔστι γὰρ κρουνεῖα; Epigen. 3, 539. ἀηδία γάρ ἐστιν ἀττική* (;) Lyncei 4, 433 (v. 4). ῥήτωρ γάρ ἐστι νῦν τις-; Eup. 2, 460 (7). ἐγὼ δέδωκα γάρ τι ταύταις; Alexid. 3, 385. ὑμεῖς γάρ, ὦ φρενοβλαβεῖς, λάβοιτ' ἄν-; Eup. 2, 501 (5, 7). ἐγὼ γὰρ ἄν-πίοιμι-; Theop. 2, 812 (1). Εὐριπίδης γὰρ τοῦτ' ἔφασκεν; Antiph. 3, 120 (1, 8). ἀλλ' οὐ μόνη γὰρ τὰς συνουσίας ποιεῖ εὔοψος ἀγορά; Anaxand. 3, 175 (1, 9). ὅστις λέχη γὰρ σκότια νυμφεύει-πῶς οὐχὶ-ἐστὶν ἀθλιώτατος; Eubul. (Philipp.) 3, 237. ὁ γὰρ τὸν ἴδιον οἰκονομῶν κακῶς βίον, πῶς οὗτος ἂν σώσειε-; Euphron. 4, 490 (1). †ὡς (l. πῶς γὰρ) ἐγένου δίκαιος; Eup. 2, 457 (4). ὦ θεῖε Μόρυχε, †νῦν γὰρ (f. πῶς γὰρ 5, 46) εὐδαίμων ἔφυς; Plat. 2, 652 (1). πῶς γὰρ ἄν τις-δύναιτ' ἄν-; Antiph. 3, 96 (1). πῶς γὰρ γένοιτ' ἂν ῥήτωρ-ἄφωνος-; Antiph. 3, 112 (1, 13). τὴν Λαΐδ' οἶσθα; B. πῶς γὰρ οὔ; Anaxand. 3, 164 (1). πόσου χρόνου γὰρ συγγεγένησαι Νικίᾳ; Eup. 2, 500 (5). τίς γὰρ οἶδ' ἡμῶν τὸ μέλλον-; Antiph. 3, 133 (3). τίς γὰρ ἢ δράκαιν'-ἢ χίμαιρα-εἰς ὑπερβολὴν ἀφῖκται-; Anaxilae 3, 347 (1, 3). σοὶ γὰρ τίς ἐστιν, εἰπέ μοι, παρρησία; Philem. 4, 43 (27ᵃ). ἐν τῇ γὰρ Ἀττικῇ τίς εἶδε πώποτε λέοντας-; Nausicrat. 4, 578. τί γὰρ ἡ τρυφερὰ-Ἰωνία *εἴφ' (f. εἶπον) ὅ τι πράσσει Calliae (Diocl.) 2, 736 (2). τί γάρ ἐστ' ἐκεῖνος; Eup. 2, 542 (15). τί δεῖ γὰρ ὄντα θνητόν, ἱκετεύω, ποιεῖν; Philetaer. 3, 295 (2, 4). τί γὰρ τοῦτ' ἐστίν; Men. 4, 149 (2). περὶ τοῦ γὰρ ὑμῖν ὁ πόλεμος νῦν ἐστι; Aristophan. 2, 1019 (10). τοῦ γάρ τις ἄλλου-οὕνεκα εὔξαιτο πλουτεῖν-; Antiph. 3, 133 (4). τί γὰρ ἐπὶ κακότροπον ἐμόλετον βίον; Aristophan. 2, 1201 (104). τί γὰρ ἐβοῶμεν; Alexid. 3, 369 (1, 9). τί γὰρ ἐγὼ κατελειπόμην; Men. 4, 298 (302). †τίς γὰρ (l. τί γάρ;) αὐτὸν ἔχουσα φιλήσει Eubul. 3, 252 (3). κἀγὼ γὰρ ηὔχουν-συνδιατρίψειν Cratin. 2, 15 (1). κἀγὼ γὰρ οὐ καυλοῖσιν-ἐμαυτὸν χορτάσων ἐλήλυθα Eubul. 3, 205 (v. 3). ἀλλὰ τάδ' ἐστ' *ἀνεκτέον· καὶ γὰρ *ἡνίκ' εὐθένει Cratin. 2, 231 (173). οὐδὲ ταῦτα σφόδρα τι· καὶ γὰρ τὴν τράπεζαν ἁρπάσαι-ἄν τις προσελθὼν Antiph. 3, 116 (1, 11). καὶ γὰρ ἑψητοί τινες παρῆσαν Alexid. 3, 392 (3). γίγνωσκε *καὶ τὸ συμπαθεῖν· καὶ σοὶ γὰρ ἄλλος συμπαθήσεται παθών Philem. 4, 52 (51ᵇ). μάλιστα δ' οἱ Γέται- (καὶ γὰρ αὐτὸς εὔχομαι ἐκεῖθεν εἶναι-) Men. 4, 232 (8). γαμείτω· καὶ γὰρ ἠδίκησέ με anon. 4, 620 (55). καὶ γὰρ μετὰ *Κάλλα γέγονα καὶ-καὶ-καὶ anon. 4, 685 (330). φιλῶ σ'-καὶ σὺ *(γὰρ) περίεργος εἶ Men. 5, 110 (520). καὶ γὰρ εἰ νεωτέρα-εἶ, τόν γ' ἀγῶν' ἀκήκοας Posidipp. 4, 517. καὶ τοῖς ποτοῖς γὰρ-κεράννυται, καὶ τοῖσιν ἑλκωθεῖσιν ὠφέλημ' ἔχει anon. 4, 605 (16, 7). Cfr. καί.

οὐκ ὢν ἀνὴρ γάρ-ἀνὴρ ἁπασῶν-ἐστι Pher. 2, 342 (5). οὐ γὰρ *ἀλλὰ προβούλευμα (?) βαστάζουσι Eup. 2, 448 (6). οὐ γὰρ μὰ τὴν-μάχην-τοὐμὸν ἀλγυνεῖ κέαρ Eup. 2, 457 (2). οὐ γὰρ *κατάξει τῆς κεφαλῆς τὰ ῥήματα Eup. 2, 559 (30). οὐ γὰρ λέλειπται-οὐδ' ἔγκαφος Eup. 2, 565 (53). σὺ γὰρ ἐγχανεῖται Eup. (?) 2, 577 (v. 22). ὁ δ' οὐ γὰρ ἠττίκιζεν

Plat. 2, 669 (1). *ὅτι πονηρῷ καὶ ξένῳ ἐπέλαχες ἀνδρί, *μηδέπω γὰρ ἐλευθέρῳ* Plat. 2, 670 (3, 5). *τῷ *μὴ γὰρ* (libr. *γὰρ μὴ*) *ἀποχρῆν ἀποθανεῖν- σήπονθ'* Antiph. 3, 87 (v. 2). *ἀλλ οὐ γὰρ *ἔμαθε ταῦτ'* — Aristophan. 2, 1038 (19). *ἀλλὰ γὰρ οὐδ' ἐκεῖνος οὐδὲν εἶχε* Timocl. 3, 603 (4). *ἀναρίστητος ὢν- ἀλλὰ γὰρ στέφανον ἔχων* Eup. 2, 447 (3). **οὐ γὰρ σῶς ἀντέλεγες-τῷ δειπνίῳ· οὐ γὰρ ἄκανθαι* Aristophan. 2, 1144 (11). *οὐ γὰρ ἄκανθαι* Aristophan. 2, 1057 (5). *Μισγόλας γὰρ οὐ πάνυ τούτων ἐδεστής* Antiph. 3, 13 (1, 14). *οὐκ ἔτι ἔξεστι κυαθίζειν γὰρ*** Antiph. 3, 61 (2). *οὐδ' ἔστι γάρ πω *γιγνόμενον δ *γίγνεται* Antiph. 3, 64 (1, 6). *πῶς ἐγένετ' ἐξ οὐκ ὄντος; οὐχ οἷόν τε γάρ* ib. (1, 11). *ἔθνος τούτου γὰρ οὐδέν ἐστιν ἐξωλέστερον* Antiph. 3, 86 (v 12). *οὐκ οἶδ' ὅ τι λέγεις· οὐδὲν λέγεις γάρ* Antiph. 3, 109 (v. 6). *οὔθ' οἱ τρόποι γὰρ ὁμονοοῦσ', οὔθ' οἱ νόμοι* Anaxand. 3, 181 (v. 2). *οὐκ ἀπαρνοῦμαι δ' ὅμως· οὐδὲ γὰρ ἐκεῖνος* Alexid. 3, 404 (2). *στέφανον ἔχοντα χρυσοῦν· οὐ γὰρ ἐπίτηκτόν τινα* Alexid. 3, 421 (2). *οὐ συμποσίαρχος ἦν γὰρ* Alexid. 3, 393 (2). *ἀρνός- οὐ ζῶντος· οὐχ οἷόν τε γάρ* Alexid. 3, 396 (1, 6). *οὐ τοῖς γὰρ ὀμνύουσι τὸν φρονοῦντα δεῖ -πιστεύειν* Alexid. 3, 458 (3). *ἐκεῖ μόνον γὰρ *οὐχὶ φύετ' ἄμπελος* Antiph. 3, 32. *μόνον οὐχὶ δεκατεύουσι γάρ* Alexid. 3, 475. *οὐ μήτε πράττεται τέλος μηδεὶς γὰρ ἡμᾶς* Alexid. 3, 506 (7). *εἰ μὴ γαμεῖς γάρ, ἔσχατον νόμιζέ με Μυσῶν* Men. 4, 327 (481). *εἰ μὴ γὰρ ἦν, οὐκ ἂν ἐπεθύμουν* Aristophan. 2, 1171 (1, 10). *οὐκ εἰς ἡμέραν χειμάζομαι μίαν γάρ* Philem. 4, 10 (1). *οὐκ εὐψυχία τοῦτ' ἐστὶν ὃ ποιεῖς νῦν γάρ* Philem. 4, 51 (46b). *οὐ πῦρ γὰρ αἰτῶν* Men. 4, 110 (9) = 210 (5). *οὐχὶ παρακληθέντας ὑμᾶς δεῖ γὰρ ἡμῖν εὐνοεῖν* Men. 4, 286 (236). **ἄνδρας οὐ γὰρ γυμνάσεις* mon. 104. *οὐδὲν ἡδέως ποιεῖ γὰρ οὗτος* Diph. 4, 395 (2, 14). *ταλαιπωρότερον οὐδέν ἐστι γάρ* Diph. 4, 403 (1, 3). *πρὸς τῷ λαβεῖν γὰρ ὢν ὁ νοῦς-οὐχ ὁρᾷ* Diph. 4, 421 (13). *οὔτε στόματα γὰρ οὔτε χείλη πέντ' ἔχω* Lyncei 4, 433 (v. 13). *οὐ δεῖ λέγειν *(γὰρ) μακάριον* Apollod. 4, 453. *οὐδεὶς εἶχέ σοι κωβιὸς ὅλως γὰρ ἧπαρ* Euphron. 4, 492 (v. 4) *πεφροντικὼς *αὐτοῦ γὰρ οὐκ ἔσται κακός* Euphron. 4, 497 (v. 4). *οὐδὲν ἐλέφαντος γὰρ διαφέρεις οὐδὲ σύ* Epinici 4, 506 (v. 7). *οὐδὲν ἐδίδου γάρ* Phoenicid. 4, 511 (v. 19). *οὐ τοῖς φίλοις θύω γάρ* anon. 4, 679 (310). *οὐ γάρ τοι* Cratin. 2, 38 (3). *γάρ τοι* Aristophan. 2, 1094 (6). *διὰ ταῦτα γάρ τοι καὶ καλοῦνται μακάριοι· πᾶς γὰρ λέγει-* Aristophan. 2, 1148 (1, 9). *τὰ γάρ τ' ἀναθήματα δαιτός* Herm. 2, 408 (1, 21). *βολβοὺς-διάτρωγε· τὸ γὰρ δέμας *ἀνέρος ὀρθοῖ* Plat. 2, 672 (1, 10). *ἀλλ' ὅλον ὀπτήσας παράθες· πολλὸν γὰρ ἄμεινον* ib. 673 (1, 15). *γὰρ ὅμως* Cratin. 2, 68 (1). **γὰρ οὖν* (legeb. *γ' ἂν οὖν*) Amips. 2, 701 (1). *πρῶτα μὲν ἐμοὶ γὰρ κουροτρόφῳ προθύεται* Plat. 2, 674 (2, 7). *ἡ μὲν φύσις γὰρ ἣν λέγεις ἐστὶν πόλις* Antiph. 3, 112 (1, 6). *τοῦ μὲν πιεῖν γὰρ καὶ φαγεῖν τὰς ἡδονάς ἔχομεν ὁμοίας* Antiph. 3, 134 (4, 5). *ἂν μὲν γὰρ ᾖ τις εὐπρεπής, ἱερὸν γάμον καλεῖτε-* Anaxand. 3, 177 (2, 2). *ὁ μὲν γὰρ ἦν ἄπειρος- ὁ δ'* Eubul. 3, 260 (1, 4). *ὁ μὲν γὰρ πρῶτος οὐδὲν ἠδίκει· οὔπω γὰρ εἰδὼς-ἐλάμβανεν-* Aristophont. 3, 359. *τὰ λοιπὰ μὲν γὰρ ὀξαλείους χωρία-φέρει, τοὐμὸν δὲ-* Apollod. Car. 4, 448. *νικᾷ-τὰς τέχνας πάσας-μετὰ τὴν κολακείαν. ἥδε μὲν γὰρ διαφέρει* Anaxand. 3, 193 (1). *τὸ μὲν γὰρ ἕτερον λουτρόν ἐστιν, οὐ πότος* Alexid. 3, 386 (v. 11). *δεινὸν μὲν γὰρ ἔχονθ' ὑός ῥύγχος-* Anaxilae 3, 344 (2). *εἰ γὰρ ἐμοὶ γένοιτο σκάψαι* Aristophan. 2, 987 (8). *εἰ γὰρ ἐπίδοιμι τοῦτο-· νυνὶ γὰρ ἀλλὰ ποῦ θεοὺς οὕτως δικαίους ἐστὶν εὑρεῖν-;* Men. 4, 170 (7). *†ἐπιφανὴς γὰρ αὐτῷ καὶ μέγα τύχοι* Phryn. 2, 590 (8). *Ἥλιε, σὲ γὰρ* *δεῖ προσκυνεῖν πρῶτον θεῶν* Men. 4, 265 (136). *ὦ νύξ, σὺ γὰρ δὴ*- Men. 4, 278 (199). *τὸ γάρ | ὕδαρὲς ἅπαν τοῦτ' ἐστὶ-κακόν* Diph. 4, 402. *ὡς εἰσῆλθε γάρ | εὐθύς μ' ἐπηρώτησε* Straton. 4, 545 (v. 4). *ταῦτα γάρ | πολυπραγμονῶν-περιπατεῖ* anon. (393) 5, 123. *ἢ τὸ πνεῦμα γάρ | - *ἧκεν* Philem. 4, 10 (1). *οἱ μὲν ἥρπασάν τι γάρ, οἱ δ' οὐδέν* Philem. 4, 27 (v. 17). *τὴν γυναῖκα γάρ | τὴν σώφρον' οὐ δεῖ* Men. 4, 265 (133). *διὰ τὴν ἐπικαρπίαν γὰρ τῶν ἀδρῶν-ἀνέχομαι* Antiph. 3, 9 (1). *ἐπὶ τὸ τάριχός ἐστιν ὡρμηκυῖα γάρ* Antiph. 3, 13 (1, 22). *ὅλως αὐτὴν ὁρᾶν γὰρ τὴν *Ἀκαδημίαν δοκῶ* Antiph. 3, 17. *πολὺ τῶν θεῶν γάρ ἐστι τιμιωτέρα* Antiph. 3, 80. **οὐ μὲν ἦμεν ἄρτι γάρ*- Antiph. 3, 89 (1, 4). *ταῖς εὐτελείαις οἱ θεοὶ χαίρουσι γάρ· τεκμήριον δ'· ὅταν γάρ*- Antiph. 3, 89 (2). *αἱ μὲν ἄλλαι τοὔνομα βλάπτουσι τοῖς τρόποις γάρ* Antiph. 3, 124 (1, 7). *ἀμφότερα μηνύει γὰρ ἀπὸ τῶν βλεμμάτων* Antiph. 3, 139 (12). *μετὰ τὴν ὑγίειαν γὰρ τὸ πλουτεῖν δεύτερον* Anaxand. 3, 169 (1). *ἐν τῷ λαχάνῳ τούτῳ γάρ-τὸν Ἄδωνιν -προὔθηκεν Κύπρις* Eubul. 3, 210. *παρὰ τὴν φύσιν γὰρ τὸ ποτὸν ἦν* Anaxipp. 4, 459 (v. 18). *ἐν ταῖς γὰρ ἑτέρων βούλετ' ἀτυχίαις τρυφᾶν* Euphron. 4, 495 (2). *ὅστις λόγους παρακαταθήκην *γὰρ λαβὼν ἐξεῖπεν, ἄδικός ἐστιν* Anaxand. 3, 197 (4). *ἀσυμβόλου δείπνου γὰρ ὅστις ὑστερεῖ* Amphid. 3, 318 (3). *ὅστις ἥδεται γὰρ ἐσθίων*- Alexid. 3, 520 (36). *νὴ τὸν Δί' ἠσθένουν γάρ* Eubul. 3, 258 (3). *ἀγόρασον-ὀρνιθάριά τε-συχνά· χάριεν γάρ* Nicostr. (Philetaer.) 3, 280 (3). *κατ' ἐκεῖνον πρόσεχε καὶ τὰ λοιπά μοι. *Ὁμηρικὸς γάρ* Straton. 4, 546 (v. 30). *πιὼν δ' ἐρῶ τὰ λοιπά· πνίγομαι γάρ* Clearch. 4, 562 (1). *ἀπενεγκάτω-· ἱκανῶς κεχόρτασμαι γάρ* Nicostr. 3, 286 (3). *εἶτ' οὐ δικαίως ἔστ' ἀπεψηφισμένος-Ἔρως; ἐτάραττε κἀκείνους γάρ* Aristophont. 3, 361 (2). *δύσκολον *πρᾶγμ' ἐστι γάρ* Men. 4, 248 (44). **ἐν γειτόνων οἰκῶ γάρ* Men. 4, 285 (232). *τούτοις ἐν ᾅδου γὰρ μόνοις ἐξουσία-ἐστίν* Philetaer. 3, 299. *ἅπαντες ἀνδροφόνοι γάρ εἰσιν* Amphid. 3, 313 (1, 8). *οὕτως ἐξελαύνει γὰρ *(ταχύ)* Amphid. 3, 317 (2). *αἱ τῶν ἑταιρῶν γὰρ διοπετεῖς οἰκίαι γεγόνασιν ἄβατοι* Aristophont. 3, 358 (2). *ὁ δεσπότης οὑμὸς περὶ λόγους γάρ ποτε διέτριψε* Alexid. 3, 400 (1). *βιβλίον ἐντεῦθεν ὅ τι βούλει προσελθὼν γὰρ λαβέ* Alexid. 3, 443 (1, 2). *τραγήματ' αἰσθάνομαι γὰρ ὅτι νομίζεται*- Alexid. 3, 458 (3). *λευκὸς Ἀφροδίτης εἰμὶ γὰρ περιστερός* Alexid. 3, 481 (2). *ἅπαντ' ἐνῆν τἀκεῖ γὰρ ἐν ταύτῃ*- Alexid. 3, 502 (1, 8). *τὸν μάγειρον εἰδέναι πολὺ δεῖ γὰρ ἀεὶ πρότερον* Dionys. 3, 547 (v. 3). *πάντα μὲν λήψει σχεδὸν ἀεὶ γάρ* ib. (v. 22). *τοῦτο δεῖ γὰρ εἰδέναι* Damox. 4, 530 (v. 16). *κωμάσαι πρὸς τὴν Ταναγρικὴν δεῖ γάρ* Sophil. 3, 581. *μετέχειν ἀνάγκη τῶν κακῶν γὰρ γίγνεται* Philem. 4, 17. *τοὺς ἐν τῇ πόλει μάρτυρας ἔχω γάρ* Philem. 4, 18 (1). *διὰ λύπην καὶ μανία γὰρ γίγνεται πολλοῖσι* Philem. 4, 43 (27b). *ὧν ἡ φύσις δεῖται γὰρ ἐπιμελῶς φέρει* Philem. 4, 44 (28). *ψυχῆς *πόνος γὰρ ὑπὸ λόγου κουφίζεται* Philem. 4, 63 (112). *πρὸς ἅπαντα δειλὸν ὁ πένης ἐστὶ γάρ* Men. 4, 71 (9). *θεός ἐστι τοῖς χρηστοῖς ἀεὶ ὁ νοῦς γάρ* Men. 4, 72 (14). *ἀληθινὸν εἰς πέλαγος αὐτὸν ἐμβαλεῖς γὰρ πραγμάτων* Men. 4, 88 (1). *ὃ βούλεται γὰρ μόνον ὁρῶν* Men. 4, 92 (4). *εἰ καὶ σφόδρ' εὐπορεῖ γάρ* Men. 4, 96 (1). *ὑποδούμενος τὸν ἱμάντα *(γὰρ)* Men. 4, 101 (2). *αἰσχρὸν *ἐστι τοῦτο γὰρ πάνυ* Men. 4, 102 (3). *τοῖς ἀναιδέσιν βοηθεῖ γὰρ λόγοις*- Men. 4, 115 (3). *τὸ μηδὲν ἀδικεῖν ἐκμαθεῖν γάρ*- Men. 4, 150 (4). *διαφέρει τῷ μαγείρῳ τοῦτο γάρ* Men. 4, 205 (1). *πολλοὺς δι' ἀνάγκην γὰρ πονηροὺς οἶδ' ἐγὼ-γεγονότας* Men. 4, 254 (71). *ὁ μὴ φέρων γὰρ εὖ τι* Men. 4, 255 (77). *ἡ πόλις ὅλη γὰρ ᾄδει* Men. 4, 332

(506). καιροῦ τυχὼν γὰρ πτωχὸς ἰσχύει μέγα mon. 281. φίλος φίλῳ γὰρ συμπονῶν αὐτῷ πονεῖ mon. 741. ἀνδρὸς φίλου καὶ συγγενοῦς *γὰρ οἰκίαν αὐτοῦ νομίζειν δεῖ Diph. 4, 423 (21). παρέθηκε πίνακα γὰρ μέγαν Lyncei 4, 433 (v. 5). ἐπεὶ κατὰ μέρος τὰς πόλεις, ὑπὸ *λαισποδιῶν γάρ εἰσιν ἀνατετραμμέναι, σκόπει Apollod. 4, 454 (1, 16). πρόσεστιν *ἡδονῇ γὰρ τἀγαθόν Hegesipp. 4, 481. τοῦ θηριώδους καὶ παρασπόνδου βίου ἡμᾶς γὰρ ἀπολύσασα- Athenion. 4, 557 (v. 5). τὴν ἀσωτίαν ὑγρότητα γὰρ νῦν προσαγορεύουσιν Crobyli 4, 566 (1). ἀμορφότατος τὴν ὄψιν εἰμὶ γὰρ φόβος anon. 4, 688 (339). εἶτ' ἐπέτυχες γὰρ-γήμας-εἶτ' anon. 4, 618 (50). ἐκ τοῦ γὰρ εἶναι γέγονεν Antiph. 3, 64 (vs. 10). ἡ τῶν γὰρ ἀνδρῶν ἐστι-μέλι Alexid. 3, 450. τὸ τῆς τύχης γὰρ ῥεῦμ'- Men. 4, 96 (1). τοῦτο γὰρ (ironice) -ἔστι κατάλοιπον Μέροπας-καλεῖν Straton. 4, 545 (v. 10). καινὸς γάρ ἐστιν (f. πάρεστιν) οὑτοσὶ Παλαίφατος (interrumpentis oratio) Athenion. 4, 558 (v. 27).

γαργαίρω: ἀνδρῶν ἀρίστων-γαργαίρει πόλις Cratin. 2, 221 (141). ἀνδρῶν ἐπακτῶν πᾶσα †γάργαιρ' ἑστία Aristophan. 2, 1099 (4).

γαργαλισμός: ἔνδοθέν τις ἐν τῷ σώματι διέδραμε γαργαλισμός Hegesipp. 4, 479 (v. 16). γαργαλισμός (an γάργαλος) Aristophan. 2, 1013 (25). Diph. 4, 386.

γάργαλος: vid. γαργαλισμός.

γάργαρα: ἀνδρῶν γάργαρα Aristomen. 2, 730 (1). γάργαρ' ἀνθρώπων Alcaei 2, 830 (1). Cf. ad Aristophan. 2, 1099 (4).

γάρος: ὁ τάλαρος-διάπλεως ἔσται γάρου Cratin. 2, 178 (11). ἀνεμολύνθητῷ γάρῳ Pher. 2, 342 (4). σαπρῷ γάρῳ βάπτοντες Plat. 2, 686 (17).

γαστήρ: ἀραχνίων μεστὴν-τὴν γαστέρα Cratin. 2, 129 (18). τὴν γαστέρ' ἤων κἀχύρων σεσαγμένος Pher. 2, 344 (14). γαστέρα μεστὴν βοάκων Aristophan. 2, 1143 (6). κοπραγωγοὶ γαστέρες Plat. 2, 693 (54). ἔτνος κυάμινον διότι τὴν-γαστέρα φυσᾷ Henioch. 3, 562 (v. 7). τί μου στρέφει τὴν γαστέρα; Aristophan. 2, 1138 (3). ἐὰν στρέφῃ με περὶ τὴν γαστέρ' Antiph. 3, 97 (2). τοὺς πόδας καὶ γαστέρα οἰδοῦσιν Men. 4, 102 (4). πληγεὶς εἰς μέσην τὴν γαστέρα Nicol. 4, 579 (v. 7). τῇ γαστρὶ μᾶλλον τοῦ δέοντος προσαγαγών (int. τὸν λύχνον) Alexid. 3, 426. οὐδέν ἐστι τοῦτο πρὸς τὴν γαστέρα Lyncei 4, 433 (v. 15). σῇ γαστρὶ δίδου χάριν Cratin. 2, 222 (143). γαστρὸς οὐδὲν ἥδιον Alexid. (?) 3, 395 (v. 6). οἷον ἀνθρώποις κακόν *ἐστιν ἡ γαστήρ Alexid. 3, 479 (1). γαστρὸς-πᾶσαν ἡνίαν κρατεῖν mon. 81. γαστρὸς κἀπιθυμίας κρατεῖν mon. 607. "νικᾷ-ἡ ταλαίπωρος-μου γαστήρ." ταλαιπωρότερον οὐδέν ἐστι γάρ | τῆς γαστρός Diph. 4, 402 (1). πρόσεστί μοι-τόλμα, γαστήρ, ἀργία Nicol. 4, 580 (v. 43). βατράχου γαστήρ Antiph. 3, 72 (1, 5). *κατηλόπται γαστρὸς ἐν μέσῳ κύκλος Eubul. 3, 211 (v. 5). γαστήρ τε λαγῴ Eubul. 3, 234 (1). (avium) γαστέρας αὐταῖσι μήτραις anon. 4, 606 (19b).

γάστριον: τὸ περιστέριον, τὸ γάστριον Nicostr. 3, 279 (2). γαστρίον: γαστρίον-ὠνθυλευμένον Athenion. 4, 558 (v. 28). γαστρίον τακερόν τι anon. 4, 608 (27b).

γάστρις: γάστριν καλοῦσι καὶ λάμυρον Epicrat. 3, 368. οὐδείς-ἀνὴρ γαστρίστερος Plat. 2, 685 (11).

γαστρισμός: γαστρισμὸς ἔσται δαψιλής Sophil. 3, 582 (1).

γαστροειδές: κύλικας-λεπτάς, μέσας γαστροειδας (? l. γαστροΐδεας) Pher. 2, 324 (1, 5).

γαστροχάρυβδις: Cratin. 2, 215 (130).

γαυλός: γαυλοὺς ὁλοχρύσους. *Β. πλοῖα; Α. τοὺς κάδους μὲν οὖν καλοῦσι γαυλούς Antiph. 3, 132 (1, 5. 6).

γαυριῶ: γαυριῶσαι-ἀναμένουσιν-φαιδραὶ τράπεζαι Cratin. 2, 177 (9).

γέ: cf. γάρ. καὶ μὴν μὰ τὸν Δί' οὐδὲν ἔτι γέ μοι δοκῶ ἄγνου διαφέρειν Chionid. 2, 6 (2). ἀλλὰ μὰ *Δί' οὐ τρεῖς ἐκεῖνοί *γ' εἰσίν Pher. 2, 258 (7). νὴ τὴν Δήμητρ' ἀνιαρόν *γ' ἦν Pher. 2, 262 (2). καὶ νὴ Δί' εἰ Πάμφιλόν γε φαίης- Plat. 2, 618. *καὶ νὴ Δί' ἐκ τοῦ δωματίου γε νῷν φέρε Aristophan. 2, 957 (14). νὴ Δία μάλιστά γ' Aristophan. 2, 1005 (1, 7). οὗτός ἐστ' οὐκ Ἀργόλας. B. μὰ Δί' *οὐδέ γ' Ἕλλην Aristophan. 2, 1071 (5). παχύς γε, νὴ Δί' Antiph. 3, 12 (1, 6). *μεῖζον *(κακόν οὐκ ἔστιν οὐδέν, μετά) γε μαίας νὴ Δία· αὗται δ' ὑπερβάλλουσι, μετά γε νὴ Δία τοὺς μητραγυρτοῦντάς γε Antiph. 3, 88 (v. 6—8). εἰ μὴ νὴ Δία τοὺς ἰχθυοπώλας βούλεταί *γέ τις λέγειν, μετά γε τοὺς τραπεζίτας ib. (v. 10. 11). ἀστεῖόν γε νὴ τὴν Ἑστίαν ἄριστον Antiph. 3, 100 (2). νὴ τὴν Ἀθηνᾶν συντόμως γε-τὸν βίον ἔθηκας εἰς στίχον Nicostr. 3, 288 (2). νὴ τὴν Ἀφροδίτην-βλοσυράν γε τὴν ψυχὴν ἔχεις Nicostr. 3, 290 (9). ὦ Ζεῦ, καλόν γ' *ἔστ' ἀποθανεῖν αὐλούμενον Philetaer. 3, 299. νὴ τὴν Ἀθηνᾶν, ἡδύ γ' ἔστ' εὐημερεῖν Philem. 4, 26. σχολῇ γε, νὴ τὸν ἥλιον, σχολῇ λέγεις Alexid. 3, 496 (2). τέθνηκεν υἱὸς ἢ μήτηρ ἢ νὴ Δί' ἄλλων τῶν ἀναγκαίων γέ τις Philem. 4, 34 (5). νὴ τὴν Ἀθηνᾶν, μακάριόν *(γ') Men. 4, 209 (1). ὀρθῶς γε νὴ Δί' Diph. 4, 359 (1, 18). πέρδικα δ' ἢ κίχλην γε νὴ Δί' οὐκ ἔτι ἔστιν-ἰδεῖν ib. (1, 25). εὐζωρότερόν γε νὴ *Δί'-δός Diph. 4, 402. Ἄπολλον, ἐργῶδές *(γ') Sosip. 4, 483 (v. 24). μετὰ *Κάλλα γέγονα καὶ-καὶ-καὶ †ναί γε μὰ Δία τρίτον ἔτος (f. νὴ Δί τρίτον ἔτος γε) μετὰ Κινησία anon. 4, 685 (330) cf. 5, 121. ἀποτρόπαι', οὐ δῆτ' ἐμοῦ γ' ἄρξει ποτ'-οὐδὲ Ναυφάντης γε οὐ δῆτ', ὦ θεοί, εἴπερ ἐκ πεύκης γε κἀγὼ καὶ ξύλων ἐπηγνύμην Eup. (?) 2, 577 (v. 16—19). οὐ γὰρ ἡμῶν γε στρατηγῶν ἐγχανεῖται τῇ πόλει ib. (v. 22). ἦ πολλά γ' ἐν μακρῷ χρόνῳ γίγνεται Eup. 2, 549 (4). οἷόν γέ πού 'στι γλῶσσα Eup. 2, 554 (12). σκορπίος αὖ-B. παίσειέ γε σοῦ τὸν πρωκτὸν Plat. 2, 673 (1, 21). Ἄρτος-*ἐξένισεν ἡμᾶς καλῶς. ξένος γε χαρίεις ἦν ἐκεῖ Demetr. 2, 876 (1). τὴν κύλικα καταβέβληκεν. A. *οἰμώζουσά γε Aristophan. 2, 953 (1). ταυτὶ λάμβανε-τὰ μῆλα. B. καλά γε. A. καλὰ δῆτ', ὦ θεοί Antiph. 3, 33 (1, 3). Eriph. 3, 556 (1). ἀφιγμένον-ἐστὶ παρὰ τοῦ βασιλέως. B. παρ' Ἑσπερίδων, ᾤμην γε ib. (1, 6). τί φῄς-ἀνθρωποφάγους; πῶς; Π. *ὧν γ' ἂν ἄνθρωπος φάγοι Antiph. 3, 36 (1, 13). οἶσθ' οὖν ὅπως δεῖ τοῦτό σ' ἐκπιεῖν; A. ἐγὼ κομιδῇ γε Antiph. 3, 41 (2, 12). τὸ *δεῖνα δ' ἐσθίεις;-Γ. ἀγρίως γε Antiph. 3, 71 (2, 8). ὡς μικρολόγος εἶ. A. σὺ *δέ γε λίαν πολυτελής Ephipp. 3, 334 (1, 10). Βλεπαῖος βούλετ' εἶναι. *B. νοῦν γ' ἔχων Alexid. 3, 467 (2). οὐδεὶς πάρεστιν. A. εὖ γε δρῶντες Mnesim. 3, 578 (2). οὐκ ἔλαττον, οὔ-Σ. μέγα γε Men. 4, 152 (1). δώσει-γυναῖκας ἑπτὰ Λεσβίδας. B. καλόν γε δῶρον Pher. 2, 339 (8). ἥψέ μοι δοκεῖ πνικτόν *τι ὄψον δελφάκειον. B. ἡδύ γε Alexid. 3, 439 (5, 2). ἡδύς *(γ') ὁ Βρόμιος Alexid. 3, 505 (6). ἡδύς *γε πίνειν οἶνος Aristophan. 2, 1179 (13). ἡδύ γε μετ' ἀνδρῶν ἐστιν Ἑλλήνων ἀεὶ συνάγειν Sophili 3, 581. γέ in responsionibus Eup. 2, 547 (2, 4. 6). Alexid. 3, 440 (5, 18). ὁρᾷς; B. ἥκιστά γε. Diph. 4, 414. οὐκ οἶσθ'. B. εἴσομαι δέ γ' *ἂν λέγῃς Nicomach. 4, 583 (v. 7). μάντεις εἰσὶ γὰρ θαλάσσιοι; B. γαλεοί γε-μάντεων σοφώτατοι Archipp. 2, 720 (4). τί ἔστι-; B. τί δ' ἄλλο γ' ἢ-Lysipp. 2, 744 (1). ἀλλὰ τί; ἐκ χρυσοκολλήτου γε κάλπιδος μύρῳ Αἰγυπτίῳ μὲν-φοινικίνῳ δὲ-Antiph. 3, 56. **ὥστε γ' εἴσιθι· μὴ μέλλε, χώρει Antiph. 3, 126 (1, 24). εἶτ' οὐ-ἐστὶν εὐνοϊκώτερον γαμετῆς ἑταίρα; πολύ γε καὶ μάλ' εἰκότως Amphid. 3, 301. σὺ-προσδοκᾷς πείσειν ἐμέ, ὡς ἔστ' ἐραστὴς-τὴν ὄψιν παρείς; ἄφρων *γ' ἀληθῶς Amphid. 3, 307 (2).

εἶτ' οὐχὶ κρεῖττόν ἐστι-; πολλῷ γε Alexid. 3, 519 (34). ἔπειτ' ἐγὼ ἐπιτρέψω-; ἥκιστά γ' Timocl. 3, 594. γέροντα-δὲ μὴ ταχέως-συναρπάσομαι; καλόν γ' ἂν εἴη Xenarch. (Timocl.) 3, 622 (2). "ἀλλὰ χρήματ' ἐστὶν ἡμῖν." ἅ γε τάχιστ' ἀπόλλυται Philem. 4, 30 (1, 6). πότερα-ἐπιστατεῖ τις τοῦ βίου-τύχη ἄγροικος ἡμῶν-; οἶμαί γε Apollod. Car. 4, 441 (v. 9). ἆρα σύ με κόπτειν οἷος εἶ γε Sosip. 4, 482 (v. 20). ἆρά γε, ὦ τᾶν, *ἐθελήσετον; Cratin. 2, 223 (145). ἔχον κύκλῳ τὰ γράμματ'. B. ἆρά γ' ἕνδεκα-; Alexid. 3, 510 (12). ἀνόητά γ' εἰ τοῦτ' ἦλθες ἐπιτάξων ἐμοί anon. 4, 661 (242). ἀγαθήν γε κωδίαν Aristophan. 2, 966 (4). *ἄτοπόν γε κηρύττουσιν-*κήρυγμ' Antiph. 3, 68 (2). ἄτοπόν γε (al. δὲ) τὸν μὲν οἶνον εὐδοκιμεῖν ἀεί-τὸν παλαιόν Eubul. 3, 263 (3). χαλεπόν *(γ') ἀκροατὴς ἀσύνετος Philem. 4, 46 (34b). χαλεπόν γε τοιαῦτ' ἐστιν ἐξαμαρτάνειν Men. 4, 254 (75). ἔργον γε λύπην ἐκφυγεῖν Posidipp. 4, 519. πολύ γ' ἐστὶ-διάφορος ὁ Φιλόξενος Antiph. 3, 121. κομψός γε μικρὸς κρωμακίσκος Antiph. 3, 125. καλόν γ' ἀποθανεῖν πρὶν-Anaxand. 3, 200 (18). οἴμοι δείλαιος, ταχέως γέ μ' αἱ χρησταὶ-ἐπέλιπον Eubuli 3, 261 (2, 14). τοὺς ὄψεις καλῶς γέ μοι ἠγόρασας Men. 4, 184 (8). ταχύ γε στρατιώτης γέγονας Apollod. 4, 453 (2). ἀγαθόν γ' ὁ κίθαρος Pher. 2, 270 (2). πόλιν *(γε) θεοφιλεστάτην οἰκοῦσιν Eup. 2, 554 (13). ὁ πατήρ γε τοῦ ζῆν ἐστιν-ἀγρός Amphid. 3, 308 (1). φιλῶ γε Πράμνιον οἶνον Λέσβιον Ephipp. 3, 339 (1). κόνδυ-τρὶς ἐξέπιον μεστόν γ' Men. 4, 152 (1). εὖ γέ σοι *(γένοιθ'), -ὅτι Plat. 2, 626 (7). εὖ γ' *ἐξεκολύμβησ' Aristophan. 2, 975 (11). εὖ *γ' ἄνδρες, εὖ σφόδρ' Nicostr. 3, 281. εὖ γ'-εἶπε πόλλ' Εὐριπίδης Diph. 4, 402 (1). κρούων γε μὴν-ἐωνούμην Eup. 2, 505 (15). ἀλλὰ μὴν-ἔσται γ'-, ἔσται καὶ μάλα ἡδύς γ', -γέρων γε δαιμονίως Alexid. 3, 460 καὶ μὴν χθές *γ' ἦν Πέρδιξ Aristophan. 2, 962 (11). καὶ μὴν πόθεν Πλούτων γ' ἂν ὠνομάζετο, εἰ μή-; Aristophan. 2, 1147 (1, 1). καὶ μὴν ῥαφάνους γ' ἕψουσι λιπαράς Antiph. 3, 101 (5). καὶ μὴν διέφθαρταί γε τοὔψον παντελῶς Aristophont. 3, 359. καὶ μὴν ἁπλᾶ γε-λέγω· μαθεῖν Alexid. 3, 493 (1, 7). καὶ μὴν *ἐνύπνιον οἴομαί γ' *ἑορακέναι νικητικόν Alexid. 3, 503 (2). οὐ μὴν ὅ γε σὸς (f. ὁ σός γ') ἀδελφός Aristophan. 2, 1151 (7) cf. 5, 67. ἀλλὰ φωνὴν οὐκ ἔχειν ἰχθύν γέ φασι Pher. 2, 311 (3). ἀλλὰ τὰς κοίτας γ' ἔχουσι πλουσίως σεσαγμένας Eup. 2, 460 (12). οὐκ ἀλλὰ *τοῦτό γ' ἐπίχυσις Aristophan. 2, 1028 (7). ἀλλ' ἔγχεον αὐτῷ Διός γε τήνδε σωτῆρος Alexid. 3, 489 (3). ἀλλ' ὅμως ἔχει γέ τι τοιοῦτον Alexid. 3, 496 (1, 15). ἀλλὰ τούς γε φιλοσόφους ἐν τοῖς λόγοις φρονοῦντας εὑρίσκω μόνον Anaxipp. 4, 465 (2). καὶ πάλαι γ' ἂν ἦν ἀνήρ Eup. 2, 461 (9). καὶ λέγουσί γε τὰ μειράκια Eup. 2, 465 (14). καὶ θύομέν *(γ') αὐτοῖσι-καὶ χοάς *γε χεόμενοι αἰτούμεθ' Aristophan. 2, 1148 (1, 12. 13). καὶ πρός γε τούτοις Aristophan. 2, 1198 (91). καὶ πρός γε τούτοις-εἰσάλλεσθε Eubul. 3, 216. πλέω γράσου τε καὶ ῥύπου γε καὶ ψόθου Aristophan. 2, 1223 (285). καὶ δικαίως τοῦτό γε Amphid. 3, 313 (1, 7). καὶ διατριβήν γε ποιῶμεν Alexid. 3, 487 (1). καὶ παρατίθει γ' αὐτά-ἐψυγμένα Alexid. 3, 440 (5, 14). εἶτ' οὐ μέγιστός ἐστι-καὶ τιμιώτατός γε-; Men. 4, 137 (1). καὶ τοὐρανοῦ γ' ὥς φασιν ἐστιν ἐν καλῷ anon. 4, 616 (49). κοὐ δημοτικόν γε τοῦτο δρᾷ Antiph. 3, 104 (v. 19). κοὐδαμῶς *γε σοῦ τρόπου ad Eup. 2, 478. *κοὐδέποτέ γ' ἴσχει θύρα Eup. 2, 535 (9). οὐκ ἂν γενόμενον οὐδέποτέ γ' *ᾤμην πρᾶγμα λέγειν Antiph. 3, 67 (1, 6). ἐπεὶ ἕψοντά γ' οὐ πεποίηκεν αὐτῶν οὐδένα Eubul. 3, 262 (2, 3). ἀτελές *γε δεῖπνον οὐ ποιεῖ παροινίαν Amphid. 3, 312. μηδαμῶς μικράν γε Pher. 2, 282 (3, 5). † μή τί γ' ἀλλὰ γλυκύ Pher. 2, 292 (14). χρηστόν *(γε) μὴ κατὰ Μειδίαν Plat. 2, 653 (4). πλὴν τό *(γ') οἰνάριον πάνυ ἦν ὀξύ Apollod. Car. 4, 448. οὐκ οἶδα· πλὴν *γ' ὅτι- Machon. 4, 498. ὅμως δ' ἦλθες οὐ πρίν γε δεῖν Cratin. 2, 144 (10). ὅ γέ τοι Σικελὸς τοῖς *βεμβραφύαις προσέοικεν Aristonym. 2, 698 (1). σοφόν γέ τοί τι-ἔχει τὸ γῆρας Antiph. 3, 129. τοὺς δὲ παρασίτους ἠγάπα. λέγει γέ τοι- Diph. 4, 411 (1, 6). καί τοι πολύ γε πονοῦμεν Anaxand. 3, 165 (2). καί τοι πολύ γ' ἔσθ' ἥδιον Anaxil. (f. Anaxand. 1, 407) 3, 351. καὶ τοῦ μὲν *(ἐν) κύκλῳ γε παύσομαι λόγου Eup. 2, 467 (18). καί περὶ μὲν ὄψου γ' ἠλίθιον τὸ καὶ λέγειν Antiph. 3, 33. Eriph. 3, 556 (1). ὁ μέν γε *δειλός, ὁ δὲ κόλαξ Phryn. 2, 588 (2). *νῦν δέ γ' εἰσὶ καὶ φιλοργικώτεροι Pher. 2, 258 (7). πρὸς δέ γ' αὐτοῦ τῷ τάχει πειθώ τις ἐπεκάθιζεν Eup. 4, 458 (6). νῦν δὲ ῥύπου γε δύο τάλαντα Eup. 2, 529 (7). ἐγὼ δέ γε στίξω σε βελόναισιν Eup. 2, 530 (11). ἐγὼ δὲ χαίρω πρός γε τοῖς σοῖς παιδικοῖς Eup. 2, 561 (38). ἔστιν δ' αὐτοὺς *(γε) φυλάττεσθαι-χαλεπώτατον ἔργον Phryn. 2, 580 (1). ἔδει δέ γέ *σ' ἐκβληθεῖσαν- μὴ παρέχειν σε πράγματα Aristophan. 2, 997 (8). δέ *(γ') Aristophan. 2, 1198 (93). πλησίον δέ γε | ταύτης ἄσιτος-κεστρεύς Antiph. 3, 125 (1, 8). οὐκ ἐσθίεις ὗει', ἐγὼ δέ γ' ἥδομαι μάλιστα τούτοις Anaxand. 3, 181 (v. 7). δύναται παρ' ὑμῖν μυγαλῆ, παρ' ἐμοὶ δέ γ' οὔ· ib. (v. 14). ἴσον δέ γ' εἰσὶν ἀμφότεροι *κακοί Anaxand. 3, 197 (4). ἐγὼ δέ γ' εἰμὶ τῶν μελαμπύγων ἔτι Eubul. 3, 234 (2). †σύ τ' ἄλλα (f. σὺ δέ | τά γ' ἄλλα) πώλει πάντα πλὴν- Eubul. 3, 252 (4). ἡμεῖς δέ γε κτενίζομεν Τελέσιππον Anaxil. 3, 355 (7). ἡ τοῦ δὲ σωτῆρος Διὸς τάχιστά γε ἀπώλεσε- Xenarch. 3, 616 (1). ἐγώ σοι πέντε χαλκοῦς, σὺ δέ *(γέ) μοι τριτήμορον Philem. 4, 24 (2). τοῦ δέ γ' εὐτυχεῖν ἀεὶ πάρεχε σεαυτὸν ἄξιον Men. 4, 156 (1). ἰσχυρότερον δέ γ' οὐδέν ἐστι mon. 258. ἐγὼ δὲ ταῦθ' ἥδιστά γ' ἐπιδορπίζομαι Diph. 4, 413. *ἐγὼ δὲ τοῦτό γ' ἐκπέπωκα πολλάκις Epinici 4, 506 (v. 6). τοῖς μὲν ἀνδράσιν-πλατέα-. *σφίσι δέ γ' αὐταῖσιν βαθείας- Pher. 2, 324 (1). σὺ δέ *(γε?) φρόνιμος αὐτὸς ὤν- Telecl. 2, 375 (8). ἀτὰρ παρ' ἐμοί γ' ὢν εἶχεν οὐδὲ σύμβολον Archipp. 2, 716 (1). κολάσομαί γέ σε καὶ τὸν σὸν Ἄττιν Theop. 2, 801 (5). καὶ σοῦ γ' ἐπώνυμός τις-ποταμός Antiph. 3, 55. μάταιός ἐστιν *ἔν γ' ἐμοὶ καὶ τοῖς σοφοῖς κριταῖς ἅπασιν Amphid. 3, 309 (2). δίδωμι σοί γε τὴν ἐμαυτοῦ θυγατέρα Men. 4, 275 (185). ἐκκορηθείης σύ γε Men. 4, 303 (328). αὐλεῖ γὰρ σαπρὰ αὕτη γε κρούμαθ' Theop. 2, 811 (2). διά γε τοῦτο τοὖπος οὐ δύναμαι- Aristophan. 2, 1084 (12). ὕδατός τε λακκαίου παρ' ἐμοῦ τουτί γέ σοι νόμιζ' ὑπάρχειν Anaxil. 3, 341 (1). ἴσως τὸ λακκαῖόν γ' ὕδωρ ἀπόλωλε ib. (2). εἰ τἄλλ' ἀφαιρεῖν-εἴωθεν-τό γε (an δὲ?) φρονεῖν ἀσφαλέστερον ποιεῖ Men. 4, 264 (130). οὐ διὰ τοῦτό γ' (f. δ'), ἀλλ' ἐστιγμένος- Diph. 4, 407 (1, 7). καὶ γὰρ εἰ νεωτέρα-εἰ, τόν γ' ἀγῶν' ἀκήκοας Posidipp. 4, 517. τῶν φίλων ἑνός γέ του Pher. 2, 286 (13). ἐξ ἑνός γέ του τρόπου Aristophan. 2, 1016 (3). ἢ Πρόδικος ἢ τῶν ἀδολεσχῶν εἷς γέ τις Aristophan. 2, 1149 (3). πλευρόν, ἢ γλῶτταν, ἢ *σπλῆνα *(γ') ἢ νῆστιν Aristophan. 2, 1151 (9). ἤτοι *προσηνῆ γ' ὄψιν ἢ χρηστὸν τρόπον Men 4, 251 (59). θλαστὰς-εἶναι κρεῖττόν †ἔστιν ἁλμάδος (l. ἔστ' ἢ γ' ἁλμάδας) Aristophan. 2, 1111 (9). βέλτιόν ἐστι σῶμά γ' ἢ ψυχὴν νοσεῖν mon. 75. ἀεί γ'- τιν' εὑρίσκει τέχνην· καὶ νῦν πορίζεταί γε (?) τὰ δεῖπν' Alexid. 3, 501. ὡς *ὑπό τι νυστάζειν γε κaὐτὸς ἄρχομαι Xenarch. 3, 616 (1). ποιεῖν γέ τι (f. τ' ἔτι) ἀδρότερον Diph. 4, 377 (1). ἐγγύς, ἡμερῶν γε τεττάρων Pher. 2, 349 (33). ἔγωγε *μίκρ' ἄττ' (legeb. μικρά γ') ὀρτύγια Eup. 2, 512 (9). τὴν ὄψιν εἴπω τοῦ ποτηρίου γέ *σοι-; Alexid. 3, 5'0 (12). ῥήτωρ γάρ ἐστι νῦν τις, ὃν γ' ἔστιν λέγειν; Eup. 2, 460 (7). ὅστις γ' αὐτοῖς παρέδωκα- Pher. 2, 289 (8). ἐστίν- μεσημβρία, ἡνίκα *γε-δειπνεῖν χρεών Aristophan. 2, 1098 (2). μόνος οἶδ' ὡς *γ' ἐμοὶ (legeb. γέ μοι) κεράννυται Antiph. 3, 11. οὐδ' εἰ πρότερον ἦν, ἔστιν ὅ γε νῦν γίγνεται Antiph. 3, 64 (1, 7). *πῶς γὰρ γέγονεν ὅ γε μὴ γέγονέ πω; ib. (1, 9). τυφλὸς ὁ Πλοῦτος- ὅστις γε παρὰ ταύτην μὲν οὐκ εἰσέρχεται- Amphid. 3, 310 (1). οὐδ' ὅς γε ταῦτα πάντα διατηρεῖ μόνον Philem. 4, 37 (10). εἶτ' οὐχ ὅμοια πράττομεν-; ὅπου γε- Men. 4, 161 (1). ἀψινθίῳ σπόδησον *ὅσα γ' ἂν παρατιθῇς Diph. 4, 381 (1, 12). οὐκοῦν ὅ γ' οὐκ ἔχουσιν, ἀγνοοῦσι δέ, οὐδ' ἂν ἑτέρῳ δοίησαν Damox. 4, 532 (v. 66). ὥστ' εὐμαρῆ γε καὐτομάτην -χωρεῖν Pher. 2, 299 (1, 6). ὥστ' οὐδαμῶς κακοῦ γ' ἁμαρτεῖν γίγνεται Anaxand. 3, 195 (1, 13). ἐὰν δέ *γ' ἀποκριθῶ Pher. 2, 275 (4). ἐὰν δέ γ'-σῦκα- τρώγων καθεύδῃ Nicoph. 2, 850 (1). οὐκ ἦν φυλάττῃ γ'- Eup. 2, 528 (5). εἰ μηδὲ χέσαι γ' αὐτῷ σχολὴ γενήσεται Stratt. 2, 783 (1). εἰ νῦν γε διώβολον *φέρων-τρέφει γυναῖκα Theop. 2, 812 (2). μακάριόν ἐστι-εἴ γε-οἱ λόγοι-εἰσιν ἐγνωρισμένοι Antiph. 3, 105 (v. 2). *εἰ δεῖ γε Alexid. 3, 490 (2). οὐκ *ἐὰν-ἀλλ' ὅς τά *γ' αὐτοῦ πράγματ' ἐγκρατῶς φέρει Men. 4, 242 (29). Οἰδίπουν γὰρ ἂν *γε φῶ, *(καὶ) τἄλλα-ἴσασιν Antiph. 3, 105 (v. 5). οὐκ ἄν γέ μοι τουτὶ γένοιτο (al. οὐκ ἄν γε μή- γένηται) Anaxil. 3, 342 (1). εἴποις γ' ἂν αὐτοὺς ἀρτίως ἡλωκέναι Xenarch. 3, 621 (1, 17). εἰ μὴ συνήθης Φαιδίμῳ γ' ἐτύγχανεν-εἰσηγησάμην Diph. 4, 391 (1). ἐγὼ μὲν οὖν ὤν *γ' ὁ (libr. γε) θεὸς οὐκ εἴασα-ἄν- Men. 4, 161 (1). ἔπειτά γ' εἰσιόντ' ἐκολάκευσεν Ephipp. 3, 326 (1).

γέγηθα: γέγηθα τὸν ἄνδρα Cratin. 2, 106 (9). γέγηθα καὶ χαίρω τι Diph. 4,404 (2, 6),

γεγωνοκώμη: anon. 4, 631 (106).

γεγωνός: βοὴν ἵστησι γεγωνόν Antiph. 3, 112 (1, 2).

γεῖσα (al. γείσας) Aristophan. 2, 1208 (149).

γείτων: τόν-κότυλον-*ἤνεγκ' ἐνέχυρον τῶν γειτόνων Herm. 2, 390 (4). οὐδ' οἱ γείτονες αἰσθάνονται Plat. 2, 686 (16) cf. 5, 49. οὐδὲν γίγνεται μᾶλλόν τι τοῦ γήμαντος ἢ τῶν γειτόνων Anaxand. 3, 195 (1, 12). γαμεῖν-μέλλων βλέψον εἰς τοὺς γείτονας mon. 103. γαμῶ γέρων-καὶ τοῖς γείτοσιν anon. 4, 673 (300). ὀπτῶν ὀλλύεις τοὺς γείτονας anon. 4, 687 (335ᵃ). γείτων ἐστί τις κάπηλος Antiph. 3, 11. ὁ κάπηλος οὐκ τῶν γειτόνων Nicostr. 3, 286. ἐκ (l. ἐν 5, 79) γειτόνων αὐτῷ κατοικούσης τινός-ἑταίρας Antiph. 3, 123 (1, 2). *ἐν γειτόνων οἰκῶ Men. 4, 285 (232) cf. 5, 108. ὅταν πονηρῷ περιπέσῃ τῷ γείτονι (int. κοχλίας) Philem. 4, 41 (19). ἐὰν πονηροῦ γείτονος γείτων ἔσῃ || ἐὰν ἀγαθοῦ δὲ γείτονος γείτων ἔσῃ Men. 4, 240 (22).

Γέλα: ὑπὸ τοῦ γέλωτος εἰς *Γέλαν (legeb. τὸ γελᾶν) ἀφίξομαι Aristophan. 2, 1189 (56). ἐν Γέλᾳ φακοί Amphid. 3, 318 (4).

γελάσιμον: Stratt. 2, 790 (10).

γελασίνη: Anaxand. 3, 171.

γέλγη: περιῆλθον εἰς τὰ σκόροδα-καὶ περὶ τὰ γέλγη Eup. 2, 550 (5).

γελγόπωλις: Cratin. 2, 42 (10).

γελγοπωλῶ: Herm. 2, 385 (6).

*Γέλλωτες: *πάρα Γέλλωσιν βάραχες πολλοὶ Epilyci 2, 887 (2).

γελοῖος: γελοῖος ἔσται Κλεισθένης κυβεύων Cratin. 2, 125 (13). ἐρωτικός, γελοῖος, ἱλαρὸς τῷ τρόπῳ Antiph. 3, 45 (2, 10). γέλοιον ἄνδρα μου μὴ φροντίσαι μηδὲν Plat. 2, 645 (4). *τράγημα νικητήριον. B. περὶ τοῦ; γελοῖον (?) Antiph. 3, 29 (1, 4). ἔπειτα κἀκροκώλιον ὕειον Ἀφροδίτῃ. *B. γελοῖον Antiph. 3, 68. γελοῖον, ὃς κόρης ἐλευθέρας εἰς ἔρωθ' ἥκων σιωπᾶς Men. 4, 97 (6). ἦν τὸ πάθος γελοῖον Timocl. 3, 598. γελᾷ κἂν τι μὴ γελοῖον ᾖ mon. 108. τὸν ἀσύμβολον εὗρε γελοῖα λέγειν Anaxand. 3, 165 (2). γελοῖ' ἀεὶ λέγειν Alexid. 3, 469 (2). τὰ γελοῖ' εἰθισμένος λέγειν Alexid. 3, 487 (2).

γελῶ: cf. Γέλα. γελῶντα καὶ χαίροντα Pher. 2, 313 (7). †γελᾷς, ὁρᾷς (l. γελῶσιν, ὡς ὁρᾷς) τὰ παιδία [Myrt. 2, 418 (1)]. Eup. 2, 521 (2). γελῶν ἐπηκροώμην *(σου) πάλαι Plat. 2, 618 (2). ἂν σκώπτῃς, γελᾷ Antiph. 3, 45 (2, 9). ὁπότε προστάττοιτό τις ‖ ἐγέλων νομίζων λῆρον Antiph. 3, 67 (1, 5). παίζειν καὶ γελᾶν Antiph. 3, 128 (2, 4). τὸν μὲν γελᾶν, τὸν δ' ἕτερον οἰμώζειν μακρά ib. (2, 6). ἐξ ἀνάγκης δεῖ γελᾶν Alexid. 3, 423 (1, 20). ἂν δὲ μὴ χαίρῃ γελῶσα ib. (1, 22). ὃς δ' ἂν πλεῖστα γελάσῃ καὶ πίῃ Alexid. 3, 485 (3, 9). γελᾷ-ὁ μῶρος mon. 108. τὸν τὰς ὀφρῦς αἴροντα συμπείθεις γελᾶν Diph. 4, 415 (1). ἐποίησα τοὺς δακρύοντας γελᾶν Hegesipp. 4, 479 (v. 14). ἀπεκραιπάλα τὰ πλεῖστα τοῦ γελάσαι χάριν Theognet. 4, 550. ἅμα σεσηρὼς καὶ γελῶν anon. 4, 661 (236). ἡ δ'- Γνάθαινα γελάσασα **καλοί γε, φησίν, οἱ νεφροί Philippid. 4, 468 (1). γελῶν ἱπποσέλινα Pher. 2, 318 (2). ἁδρὸν γελάσαι Antiph. 3, 79 (2, 8). τὸ γελᾶν *δὲ κριδδέμεν (vocatis Thebani) Stratt. 2, 781 (3, 7). δεῖ σκωπτόμενον ἐφ' ἑαυτῷ γελᾶν Nicol. 4, 580 (v. 31). τούτοις-ἀμυχὰς καταμύξαντες- ἅπαντες (ἅπαντας?) γελῶσιν Phryn. 2, 580 (1). μὴ γέλα τεθνηκότα mon. 670. ὅταν πότ' ἀνθρώποισιν ἡ τύχη γελᾷ Philem. 4, 39 (14ª). βούλομαι οὕτω γελᾶσθαι Alexid. 3, 469 (2). *δεῖ ἀποδύρασθαί τι μὴ γελώμενον Men. 4, 236 (13).

γέλως: μὴ γέλων ὄφλων λάθω *(Aristophan.) 2, 1176 (3). *ὑπὸ τοῦ γέλωτος εἰς *Γέλαν ἀφίξομαι Aristophan. 2, 1189 (56). ἐπὶ τῷ ταρίχει τὸν γέλωτα κατέδομαι Aristophan. 2, 1193 (75). ἡμῖν-μετὰ γέλωτος ὁ βίος Antiph. 3, 79 (2, 6). γέλως τὰ σεμνὰ τοῦ βίου mon. 569. ἐπασκαριῶ γέλωτι Men. 4, 288 (243ª). γέλωτι πρὸς τὸν Κύπριον *ἐκθανούμενος Men. 4, 153 (2). [καὶ πρὸς κακοῖσι τοῦτο δὴ μέγας γέλως Men. 4, 226 (1, 17)]. ὁ μὴ γέλωτος ἄξιος-γέλως αὐτοῦ γέλωτος †πέφυκε κατάγελως Men. 4, 274 (181). γέλως ἄκαιρος mon. 88. φορτικὸν γέλωτα anon. 4, 666 (275). ὥσθ' ὑπτίους ὑπὸ τοῦ γέλωτος καταπεσεῖν Philippid. 4, 468 (1).

γεμίζω: δεῦρο δὴ γεμίσω σ' ἐγώ Theop. 2, 804 (1, 4).

γέμω: de eo v. Eubul. 3, 221. πέπλους ἀνθέων γέμοντας Herm. 2, 381 (4). γέμων καπνοῦ *(τε) καὶ μαρίλης anon. 4, 697 (369). θέατρον ἀτυχίας σαφοῦς γέμον Amphid. 3, 308 (1). τὸ πολὺ γῆρας ἐσχάτων πολλῶν γέμει Philem. 4, 60 (87). πολλῶν ψόγων γέμει Men. 4, 269 (155). ὁ-λόγος-συνέσεως πολλῆς γέμει Men. 4, 324 (465). ἰτρίοις (f. -οισι) -γέμουσα Archipp. 2, 717 (4). τράπεζαν-γέμουσαν πέμμασι παντοδαποῖς Antiph. 3, 94 (1, 2). γέμοντ' -*φορτηγικῶν-βρωμάτων ἀγωνίαις Dionys. 3, 549 (v. 41) cf. 5, 93.

†γένα: νεοτρόφοιο γένας (al. γέννας) Cratin. 2, 226 (158).

γενεά: παναγεῖς γενεάν Philonid. 2, 421 (1).

γενειάζω: γεγενείακεν Philem. 4, 7.

γένειον: ἐκλέγει-ἐκ τοῦ γενείου τὰς πολιὰς Aristophan. 2, 1120 (11).

γενητής: οὐδὲ *γενητὴν δύναμαι (f. γεννητὴν δύναμ') εὑρεῖν οὐδένα Men. 4, 155 (7).

γέννα: v. γένα. †γέννα ὁ (f. γενναῖος ἴσθ' ὢ) οὗτος Nicoph. 2, 852 (3).

γενναῖος: v. γέννα. †γενναῖα βοιώτιος Aristophan. 2, 1155 (22). γενναῖον εἶδος Theop. 2, 803 (1). ἀλεκτρυὼν γενναῖος Men. 4, 135 (2, 12). ἄνθρωπος ἂν ᾖ χρηστός, εὐγενής-, γενναῖος, οὐδὲν ὄφελος ib. (2, 15). φίλος γενναῖος ἀσφαλής θ' ἅμα Antiph. 3, 45 (2, 7). μακάριος ὅστις ἔτυχε γενναίου φίλου mon. 357. μακάριος ὅστις εὐτυχεῖ γενναῖος ὤν mon. 614. ὡς γενναῖος ἦν Heraclid. 3, 565. γενναία γυνή Alexandr. 4, 554 (1). γενναίως: τοῖς δὲ γενναίως-διεσπάρακται-χηνίσκων μέλη Eubul. 3, 211. ἐγὼ σέ φημι δεῖν-χρῆσθαί σε γενναίως Men. 4, 107 (2, 10). τὸν ἀληθῶς εὐγενῆ καὶ τἀγαθὰ καὶ τὰ κακὰ δεῖ γενναίως φέρειν Men. 4, 264 (126). τὰ προσπίπτοντα γενναίως φέρειν Men. 4, 293 (283) = mon. 13.

γεννητής: v. γενητής.

γεννικός: *γεννικῇ (legeb. γεννητικῇ) τὸ μέγεθος κοίλῃ λεπάστῃ Antiph. 3, 23. ἀκροκώλιον γεννικόν Eubul. 3, 205 (v. 9). ἐν ταῖς γεννικαῖς εὐωχίαις Eubul. 3, 222. γεννικῶς: τάττειν-γεννικῶς-πλευράν Antiph. 3, 108.

γεννῶ: †πατὴρ οὐχ ὁ γεννήσας mon. 452.

γένος: κρουπεζοφόρον γένος ἀνδρῶν Cratin. 2, 225 (153). τὸ γένος τῶν ἀνθρώπων τῶν νῦν Herm. 2, 399 (3). ἂν ᾖ χρηστός-οὐδὲν ὄφελος ἐν τῷ νῦν γένει Men. 4, 135 (2, 15). γένος μιαρώτατον τοῦτ' ἐστίν Antiph. 3, 86 (8). *οὐ γένος τίς ἂν δύναιτο *παρανομώτερον φράσαι; Anaxil. 3, 347 (1, 2). τίς- εἰς ὑπερβολὴν ἀφῖκται τοῦ καταπτύστου γένους; ib. (1, 6). φιλόμυρον πᾶν τὸ Σάρδεων γένος Alexid. 3, 411 (1). πένης ἔστ'-τοῦτο δέ δέδοιχ' ὁ θάνατος τὸ γένος-μόνον Alexid. 3, 457 (2). οὐδέν ἐστι-χρησιμώτερον γένος (parasitis) Timocl. 3, 595 (v. 3). τὸ τῶν παρασίτων γένος Nicol. 4, 579 (v. 1). τῶν ἰχθυοπωλῶν φιλοσοφώτερον γένος Xenarch. 3, 621 (1, 4). ἐλαφρὸν *τὸ γένος (mulierum) -ἐστι καὶ λίαν κακόν Philem. 4, 58 (78). τὸ τοιοῦτον ἐκκαθαίρομεν γένος Diph. 4, 389 (1, 17). ἔστιν δ' ἁπάντων τῶν γενῶν μοι διαγραφή ‖ οἷον τὸ κατὰ τοὐμπόριον-γένος Diph. 4, 394 (2, 9). τόδε τὸ γένος (piscariorum) ἐπίβουλόν ἐστι τῇ φύσει Diph. 4, 407 (1, 8). τὸ χρυσοῦν-ὀρνίθων γένος Antiph. 3, 96. χαῖρε Νεοκλείδα δίδυμον γένος Men. epigr. 4, 335. πτηνά θ' Ἁρπυιῶν γένη Anaxil. 3, 347 (1, 5). διεχώριζον ζῴων τε βίον δένδρων τε φύσιν λαχάνων τε γένη Epicrat. 3, 370 (1, 15). τὴν κολοκύντην ἐξήταζον τίνος ἐστὶ γένους ib. (1, 17). τίνος γένους εἶναι τὸ φυτόν; ib. (1, 18). ἐπέταξ' αὐτοῖς πάλιν *** ἀφορίζεσθαι τίνος ἐστὶ γένους Epicrat. 3, 371 (1, 38). δύ' ἐστὶ-παρασίτων γένη Alexid. 3, 433 (1, 1). θάτερον ζητῶ γένος ib. νοεῖς *(σὺ) τὸ γένος καὶ τὸ πρᾶγμα; ib. 434 (1, 8). τούτων ἑκατέρου τῶν γενῶν ὁ τύπος τῆς ἐργασίας εἷς ἐστι ib. (1, 11). οὐ τυρὸς οὐδ' ἐλαῶν γένη Alexid. 3, 502 (1, 3). τῶν-ἐλαῶν (?) ἄφελε πάνθ' ὅσ' ἂν βούλῃ γένη Euangeli 4, 572 (v. 5). ἰχθύων γένη περὶ τὴν ἄκραν παίζοντα Henioch. 3, 561. γαλεοὺς καὶ βατίδας ὅσα τε τῶν γενῶν-σκευάζεται Timocl. 3, 591. ὀστρέων γένη παντοδαπά Diph. 4, 394 (1). φακῆς γένη παντοδαπά Hegesipp. 4, 479 (v. 10). τοῖς-θηρίοις ἔδωχ' ἑκάστῳ κατὰ γένος μίαν φύσιν Philem. 4, 32 (3). πόθεν τὸ φῖτυ, τί τὸ γένος-; Aristophan. 2, 1065 (1). Σύρος τὸ γένος ὤν Antiph. 3, 92 (1, 3). ἔστιν δὲ ποδαπὸς τὸ γένος οὗτος; Alexid. 3, 419. καὶ γὰρ αὐτὸς εὔχομαι ἐκεῖθεν εἶναι τὸ γένος Men. 4, 232 (8). ἡ φύσις ἑκάστου τοῦ γένους ἐστὶν πατρίς mon. 210. οὐχ ἡ πόλις σου τὸ γένος *εὐγενὲς *(ποιεῖ) Philem. 4, 60 (89). οὐδὲν γένους γένος διαφέρειν Men. 4, 151 (1). ἀπολεῖ με τὸ γένος· μὴ λέγ'-ἐφ' ἑκάστῳ τὸ γένος Men. 4, 229 (4). καταφεύγουσιν εἰς τὰ μνήματα καὶ τὸ γένος ibid. μέγα φρονούντων ἐπὶ γένει καὶ χρήμασιν Men. 4, 233 (9). οἱ τηλικοῦτοι καὶ τοιοῦτοι τῷ γένει Men. 4, 287 (240). πλούτῳ γένει τε πρῶτοι Eup. 2, 466 (15, 5). Γλαύκωνος ὢν-γένους Plat. 2, 636 (1). ὁμαίμου-κἂν ᾖ τοῦ γένους μακράν Plat. 2, 686 (19).

γεραιός: γεραιοῖς χείλεσιν Alexid. 3, 442 (2). γνῶμαι-ἀμείνους εἰσὶ τῶν γεραιτέρων mon. 101. ἀκούειν τῶν γεραιτέρων mon. 384. ὁμιλίας τὰς γεραιτέρων mon. 421. ἀναθύουσιν αἱ γεραίτεραι Pher. 2, 268 (5). μίαν-τιν' αὐτῶν ἥτις ἦν γεραιτέρα Eup. (?) 2, 577 (v. 10).

γέρανος: βωλοκόπῳ γεράνῳ Cratin. 2, 20 (6). πελεκάν, κίγκλοι, γέρανος Anaxand. 3, 185 (1, 65). ἀνυπόδητος ὄρθρου περιπατεῖν γέρανος (sum) Aristophont. 3, 361 (1, 9).

γέρας: θεοὺς-γέρας λαχεῖν τόδε anon. 4, 613 (41). τὸ τοιοῦτον γέρας τίς οὐκ ἂν αὐτῷ κτῷτο; Alexid. 3, 506 (7, 7). γέρα-ταὐτὰ τοῖς τὠλύμπια νικῶσι δίδοται Timocl. 3, 595 (v. 16).

γεροντάγωγῶ: γεροντάγωγῶν anon. 4, 674 (302).

γερόντειαι (al. γεροντεῖαι) παλαῖστραι Aristophan. 2, 1208 (150). cod. Antiph. 3, 157 (77).

γεροντικός: μὴ καταφρόνει-*ἐθῶν (libr. ἐτῶν) γεροντικῶν Apollod. 4, 452 (1).

γερόντιον: ὡς γὰρ εἰσῆλθε τὰ γερόντια-εὐθὺς ἀνεκλίνετο Eubul. 3, 258 (2). νύσταλον γερόντιον anon. 4, 614 (43).

γέρρον: γέρροις ἀποσταυροῦνται Pher 5, 26 (13). γέρρα Aristophan. 2, 1208 (151). γέρροιν Eup. 2, 576 (140).

γέρων: ἀφήλικα γέροντα Cratin. 2, 208 (95). ἀνὴρ γέρων Cratet. 2, 237 (1, 2). ἀνὴρ γέρων ὢν Pher. 2, 284 (7). ἀνὴρ γέρων ἀνόδοντος Pher. 285 (9). 292 (13, 3). *τηλικουτοσὶ γέρων ἄπαις ἀγύναικος Phryn. 2, 592 (13). γυναῖκ' ἐκίνουν-καὶ παῖδα καὶ γέροντα Eup. 2, 510 (5). προσίεται-καὶ γέροντα καὶ νέον (Lais) Epicrat. 3, 366 (2, 23). τοὺς μὲν γέροντας ὄντας ἐπικαλούμεναι πατρίδια Xenarch. 3, 617 (1, 14). γέρων ἐραστής mon. 90. γέρων-μὴ γάμει νεωτέραν mon. 110. γέρων-μὴ φρόνει νεώτερα Philem. 4, 60 (88). γαμῶ γέρων-καὶ τοῖς γείτοσιν anon. 4, 673 (300). οὐκ ἂν γένοιτ' ἐρῶντος ἀθλιώτερον οὐδὲν γέροντος πλὴν ἕτερος γέρων ἐρῶν Men. 4, 220 (3). δὶς παῖς γέρων Cratin. 5, 16 (13). δὶς παῖδες οἱ γέροντες Theop. 2, 818 (7). σκληρὸς-ἐν νέοις γέρων mon. 693. γέροντι μηδὲν-χρηστὸν ποιεῖν anon. 4, 699 (380). ἐξώλης γέρων Eup. 2, 444 (12). γέρων †ἀπ' ὀργῆς (f. ἀμοργῆς,) Λαομέδων καλούμενος Antiph. 3, 40 (1). γέροντα βούγλωττον Xenarch. (Timocl.) 3, 622 (2). δύ' οἰκίας φηλοῦν γερόντων ἀβελτέρων Men. 4, 77 (11). οὗτός ἐστι γαλεώτης γέρων Men. 4, 124 (3). ὁ μυόχοδος γέρων Men. 4, 199 (6). γέρων-ἄθλιος λέμφος Men. 4, 215 (13). βαρύφωνος γέρων, τηθίδος πατήρ Men. 4, 238 (17). πικροῦ γέροντος αὐθεκάστου Men. 4, 284 (229). πικρόν ἐστι θρέμμ'-γέρων Men. 4, 292 (272). γέρων στύππινος anon. 4, 664 (261). τὸν γέροντα διαβαλοῦμαι τήμερον Archipp. 2, 724 (1). παῦσαι γέρων ὢν τοὺς τρόπους Philetaer. 3, 295 (2, 1). ὁ τρόπος ἐνίων ἐστὶ τῇ φύσει γέρων Men. 4, 258 (92). γέρων τις ἀτυχεῖ, κατέμαθεν τὸν Οἰνέα Timocl. 3, 593 (v. 16). ἐπὰν γέροντ' ἴδῃς ἢ γραῦν τιν'· ἴσθι δ' εὐθὺς ὅτι κακῶς ἔχει Philem. 4, 44 (30). ὦ γέρον, ἐπὰν ἴδῃς γέροντα καὶ μόνον, μηδὲν ἐπερώτα Philem. 4, 47 (37). ὅταν ᾖ γέρων τις ἐνδεής τε τὸν βίον Men. 4, 253 (66). ἐὰν γέρων γένηται πλούσιος γεγιώς || †ἔχει-χειραγωγὸν τὸν πλοῦτον ὁ γέρων Philem. 4, 47 (36). γέροντα δυστυχοῦντα-ἀνέμνησας πάλιν Men 4, 208 (2). μάτην *(ἄρ') οἱ γέροντες εὔχονται θανεῖν Men. 4, 271 (164). τηρεῖν-ἑτέρους οἱ γέροντες δυνάμεθα anon. 4, 692 (351). μέμνησο-ὡς γέρων ἔσῃ ποτέ mon. 354. νυνὶ δ' ὅταν γέροντος ἐκφορὰν ἴδω, κλάω Apollod. 4, 451 (1). τῷ δὲ πατρὶ πρὸς τὸν υἱὸν οὐκ ἔστιν εἰπεῖν, οὐ γέγονας αὐτὸς γέρων; Apollod. 4, 452 (1, 7). ὅταν γέρων γέροντι †γνώμην διδοῖ Men. 4, 271 (165). γνώμη γερόντων mon. 107. γέρων γέροντι γλῶτταν ἡδίστην ἔχει anon. 4, 668 (284). καλὸν καὶ γέροντι μανθάνειν σοφά mon 297. ἱκέτην γέροντα μὴ προδῷς mon. 605. μηδείς-ἐπιθυμησάτω γέρων γενέσθαι (f. γενήσεσθαι) Diocl. 2, 841 (1). οὐδεὶς τὰ πατρῷά πω γέρων κατεδήδοκεν Antiph. 3, 156 (71). μὴ νουθέτει γέρονθ' ἁμαρτάνοντά τι Philem. 4, 54 (54). τὰ τῶν γερόντων στόματα διαφορὰν ἔχει Anaxipp. 4, 460 (v. 43). κολλύραν τοῖσι περῶσιν (an γέρουσιν) Aristophan. 2, 1122 (14). τρίκλινον-συνήγετο καὶ συναυλίαι γέροντι Anaxand. 3, 201 (19). καὶ γραῦς καὶ γέρων καὶ παιδίον-ἀγοράσουσι κατὰ τρόπον Alexid. 3, 439 (3, 9). κατανοεῖς τίς ποτ' ἐστὶν οὑτοσί | ὁ γέρων; Antiph. 3, 17. †ὅτε (εἶτε?) τις γέρων ἔσω Eubul. 3, 224. οἱ *Τήνιοι πολιοὶ γέροντες Euphron. 4, 486 (v. 19). ἡμεῖς-οὐχ οὕτω τέως ᾠκοῦμεν *οἱ γέροντες Eup. 2, 462 (15, 3). γέρον Diph. 4, 420 (11). τὸν γέρονθ' ἱστὸν ποίει Pher. 2, 312 (4). ἂν δὲ γέρων ᾖ, ἄπτερος ὢν κούφως πέτεται Eubul. 3, 254 (1, 17). *ὄστρεια παρὰ Νηρεῖ *τινὰ | - *γέροντα (libr. -τι) Alexid. 3, 429 (1, 2). γέρων γε δαιμονίως (int. οἶνος) Alexid. 3, 460. γέροντα Θάσιον Epinici 4, 505. Λέσβιον γέροντα νεκταροσταγῆ Eubul. 3, 268 (4).

Γέτας: ὦ Γέτα Men. 4, 170 (7). οὐπώποτ' ἠράσθης Γέτα; Men. 4, 170 (8). πάντες μὲν οἱ Θρᾷκες, μάλιστα δ' οἱ Γέται-οὐ σφόδρ' ἐγκρατεῖς ἐσμέν Men. 4, 232 (8). Γέται et Δᾶοι servi fallacissimi Men. 4, 333 (513).

γεῦμα: cf. ad Aristophan. 2, 1072 (6). *γεύματ' οἴνων Ephipp. 3, 337 (3). βαδίζειν εἰς τὰ γεύμαθ' Diph. 4, 376 (1).

γευστήριον: ποτήρια-ἐμφερῆ γευστηρίοις Pher. 2, 324 (1, 3). βύσμα καὶ γευστήριον Aristophan. 2, 1072 (6).

γεύω: *τοὺς Ἕλληνας ἥδιστον ποτὸν ἐλευθερίας γεύσαντες Theop. 2, 819 (13). οἶνον-με Ψίθιον γεύσας Eubul. 3, 264 (6). βούλομαι | ὕδατός σε γεῦσαι Alexid. 3, 468 (2). γεύσω-σὲ τῶν εὑρημένων Anaxipp. 4, 460 (v. 27). γεύομαι: τουδὲ νῦν γεῦσαι λαβὼν Eup. 2, 433 (17). τὸ-ἕψημα-γευόμενος ἔλαθον ἐκροφήσας Plat. 2, 666 (4). γεύσασθαι μύρου Aristophan. 2, 1027 (4). μὴ †γεύεσθ' (f. γεύεσθε δέ) ἅττ' ἂν καταπέσῃ Aristophan. 2, 1070 (2). ἐγευσάμην χορδῆς-τέκνων Aristophan. 2, 1138 (2). κωβιὸν-πέμψαι με δεῖ-ἀλλ' ὅμως οὐ γεύσεται Antiph. 3, 13 (1, 21). γευόμενον τῶν κρατήρων Anaxand. 3, 183 (1, 14). τοῦ-ἐν ἅλμῃ παρεόντος οὐ γεύει-ὄψου Axionici 3, 532 (1, 16). ἕψε καὶ *γεύου πυκνὰ ‖ πάλιν γεύου *σὺ μέχρι ἂν ἡδὺς ᾖ Machon. 4, 497 (v. 6. 8). τούτων ἐγευσάμην καταπλεύσας εὐθέως Phoenicid. 4, 509. ῥητόρων οὐ γεύομαι Theophil. 3, 627.

γέφυρα: *βέφυραν τὴν γέφυραν (Thebani vocant) Stratt. 2, 781 (3, 5).

γεφυρῶ: Δήμητρος ἀκτῇ πᾶν γεφυρώσας ὑγρόν Epinici 4, 505.

γεωμέτρης: psaltae et geometrae Men. 4, 216 (15).

γεωμετρική: ἀστρολογικήν, *γεωμετρικήν, ἰατρικήν Nicomach. 4, 583 (v. 18). γεωμετρικῇ δὲ καὶ σοὶ πρᾶγμα τί; ib. 584 (v. 24).

γεωργία: σοὶ δ' ὄνομα-τί ἐστιν; Α. ὅ τι; Γεωργία Aristophan. 2, 1065 (2). γεωργία praeferenda στρατηγίᾳ Alexid. 3, 518 (32). τὸ πικρὸν τῆς γεωργίας Men. 4, 289 (254). εἰρεσιώνην οὐ γεωργίαν λέγεις Timocl. 3, 613 (5) cf. 5, 96.

γεωργός: τοῖς δικαίοις καὶ γεωργοῖς Aristophan. 2, 1065 (2, 5). εἰρήνη γεωργὸν κἂν πέτραις τρέφει καλῶς Men. 4, 259 (95). ὁ τῶν γεωργῶν ἡδονὴν ἔχει βίος Men. 4, 273 (174). ἀεὶ γεωργὸς εἰς νέωτα πλούσιος Philem. 4, 29 (1). ὁ γεωργὸς ἐν ὅσοις ἐστὶ κινδύνοις Antiph. 3, 79 (2, 4). τὸν-γεωργὸν καὶ τὸν ἔμπορον κακοῖς (philosophe) Baton. 4, 499 (1, 10).

γεωργῶ: ἐθέλω γεωργεῖν Aristophan. 2, 985 (1). παρὰ λίμνην γεωργῶν τυγχάνω Antiph. 3, 71 (2, 8). ἀγρὸν εὐσεβέστερον γεωργεῖν οὐδένα

Men. 4, 97 (4). *γεωργῶ τὸν ἀγρὸν οὐχ ὅπως τρέφῃ αὐτός με anon. 4, 691 (350). τὸ γεωργεῖν ἔργον ἐστὶν οἰκέτου Men. 4, 259 (96).

γῆ: cf. γᾶ. ἔρραζε πρὸς τὴν γῆν Cratin. 2, 33 (4). τὸν αὐχέν' ἐκ γῆς ἀνεκάς Cratet. 2, 245 (3). εἰς τὴν γῆν κύψασα κάτω Aristophan. 2, 1110 (3). *ἐνθυμεῖσθε τῆς γῆς ὡς γλυκὺ ὄζει Cratin. min. 3, 374 (1). κούφως πέτεται καὶ γῆν ἀφανίζει Eubul. 3, 254 (1, 18). γῆ πάντα τίκτει καὶ πάλιν κομίζεται mon. 89. ἡ γῆ δ' ἔφερ' οὐ δέος- Telecl. 2, 361 (1, 3). τοῖς-ἄλλοις-ἡ γῆ θηρίοις ἐκοῦσα παρέχει τὴν καθ' ἡμέραν τροφὴν Philem. 4, 33 (4). ὀλίγος οὑπὶ γῇ χρόνος Amphid. 3, 303. γῆς ἰσόμοιρος ἀὴρ Pher. 2, 357 (82). τοὺς θεοὺς εἶναι-ἀνέμους, ὕδωρ, γῆν Men. 4, 233 (10). γῇ τε κοὐρανῷ λέξαι Philem. 4, 26. γῇ τε κοὐρανῷ λαλῶν Theognet. 4, 549 (v. 9). ὦ γῆ καὶ θεοί Nicostr. (Philetaer.) 3, 279 (2, 3). anon. 4, 608 (27a). μὰ τὴν γῆν Ephipp. 3, 329. Anaxil. 3, 342. Alexid. 3, 436. *Theophil. 3, 627. Straton. 4, 546 (v. 41. 47). μὰ γῆν, μὰ κρήνας- Antiph. 3, 156 (75) = Timocl. 3, 613 (4). ὦ φιλτάτη γῆ μῆτερ Men. 4, 175 (2). χαῖρ' ὦ φίλη γῆ, διὰ χρόνου πολλοῦ σ' ἰδὼν ἀσπάζομαι· τουτὶ γὰρ οὐ πᾶσαν ποιῶ τὴν γῆν Men. 4, 76 (8). τῷ καλῶς πράσσοντι πᾶσα γῆ πατρίς mon. 716. γῆς ἀπ' Ἀτθίδος Kpinici 4, 505. ἐπὶ τέρματα γῆς ἥξεις Cratin. 2, 136 (5). περιτρέχων τὴν γῆν ἁπαξάπασαν Herm. 2, 380 (1). *τῆς γῆς τἀγαθὰ *Men. 4, 334. τὴν-γῆν σκάπτων Philem. 4, 22 (v. 6). ἀγρὸν-ἐλάττω γῆν ἔχοντ' ἐπιστολῆς- anon. 4, 652 (196). τῇ γῇ δανείζειν Philem. 4, 52 (51c). κἂν μυρίων γῆς *κυριεύῃς πήχεων Men. 4, 273 (176). εἴ τις πατρῴαν παραλαβὼν γῆν καταφάγοι-μηδ' ἐπιβαίνειν γῆς Men. 4, 175 (2). κατέδομαι καὶ τοὺς λίθους-οὐ γὰρ οὖν τὴν γῆν μόνον Men. 4, 178 (1). τὴν θάλατταν ἀπὸ τῆς γῆς ὁρᾶν Archipp. 2, 727 (1). ἐν γῇ πένεσθαι Antiph. 3, 53 (2) = mon. 664. ἂν πορεύηταί τις εἰς τὴν γῆν βλέπων Philem. 4, 5 (2). ναυαγὸς ἂν μὴ γῆς λάβηται Philem. 4, 30 (1). πολλῶν κατὰ γῆν καὶ κατὰ θάλατταν θηρίων ὄντων Men. 4, 214 (8). οὐδὲν ἐσθίει, πλὴν τῶν παρὰ γῆν, γόγγρον τιν' ἢ- Antiph. 3, 70 (2). *γῆς στρατιαὶ σιδαρέων Stratt. 2, 775. †ἔσωθεν γῆν Phryn. 2, 581 (2) cf. 5, 40. †κατὰ γῆς ἀναγκοσιτῶ vid. κατάγω. σμηκτρὶς γῆ Eup. 2, 574 (109). al. Cephisod. 2, 885 (4). al. Nicoch. 2, 843. γῆ πλυντρὶς Nicoch. ib. κἀπονίψει εὐώδη λαβὼν τὴν γῆν Antiph. 3, 21.

γηγενής: Καρύστου θρέμμα, γηγενής, ζέων Antiph. 3, 99 (1). γηγενὴς βολβός Xenarch. 3, 614. βῶλος, ἄροτρον, γηγενὴς *ἄνθρωπος Alexid. 3, 428 (2).

γήδιον: οἰκεῖν ἐν ἀγρῷ-ἐν τῷ γηδίῳ Aristophan. 2, 1108 (1, 2) cf. 5, 65. [δίκαιον γήδιον Men. (?) 4, 97].

γηθυλλίς: *ἕψουσαν αὐτὴν καταλαβὼν γηθυλλίδας Eubul. 3, 247 (2).

γήθυον: Phryn 2, 584 (3). τῶν-γηθύων ῥίζας Aristophan. 2, 945 (6).

γηραλέος: πρεσβῦται πάνυ γηραλέοι Cratin. 2, 88 (5).

γῆρας: λιπαρὸν γῆρας εὐωχούμενος Cratin. 2, 15 (1). γῆρας ἕξεις εὐθαλές mon. 388. τῆς ἀπορίας εἰς τὸ γῆρας οὐκ ἔχει σωτηρίαν Philem. 4, 31 (1, 12). οἱ δ' εἰς τὸ γῆρας ἀναβολὰς ποιούμενοι Men. 4, 137 (1). ἂν *δῆ-φείσασθαί τι τοῦ γήρως χάριν Men. 4, 242 (28). ἐφόδιον εἰς τὸ γῆρας-καταιλθου mon. 154. ἔλπιζε πάντα μέχρι γήρως mon. 661. στρατιώτην-ἄχρι γήρως-διευτυχηκότ' Apollod. 4, 450. εἰς τὸ γῆρας ἂν ἔλθῃς Apollod. 4, 452 (1, 2). τὸ γῆρας ἐπαναβὰν anon. 4, 620 (58). ἐξεστηκὼς ὑπὸ γήρως anon. 4, 680 (311b). ἐπὶ *γήρως ὀδῷ Men. 4, 264 (125). γήρως φαύλου-ἐκτροπή mon. 113. γήρως εὑρώς (canon int.) anon. 4, 604 (14). νῦν δ' ἄρτι μοι τὸ γῆρας ἐντίθησι νοῦν Pher. 2, 338 (7, 6). σοφόν γέ τοί τι πρὸς τὸ βουλεύειν ἔχει τὸ γῆρας Antiph. 3, 129. τίμα τὸ γῆρας mon. 491. ὦ γῆρας, ὡς ἅπασιν ἀνθρώποισιν εἶ ποθεινόν Antiph. 3, 51. οὗτοι τὸ γῆράς ἐστιν-τῶν φορτίων μέγιστον Anaxand. 3, 195 (2). οὕτω τὸ γῆρας σωφρονοῦν οὐκ εὐτυχεῖ Antiph. 3, 156 (71). ἅμα μὲν τὸ γῆρας ἅμα δέ μοι *Μέθη δοκεῖ-Cratin. 2, 116 (1, 4). ὠνείδισάς μοι γῆρας Cratet. (Antiph.?) 2, 247 (1). ὦ γῆρας, ὡς ἐπαχθὲς ἀνθρώποισιν εἶ Pher. (?) 2, 359 (88). πρὸς τὸ γῆρας ὥσπερ ἐργαστήριον ἅπαντα προσφοιτᾷ κακά Antiph. 3, 155 (68). τὸ γῆρας ὥσπερ βωμός ἐστι τῶν κακῶν ib. (69). ὦ γῆρας, ὡς- ib. (70). καλὸν τὸ γῆράς ἐστιν ἐπὶ τούτῳ μόνον Philem. 4, 47 (36). ὁ γῆρας αἰτῶν-ἁμαρτάνει· τὸ γὰρ πολὺ γῆρας ἐσχάτων πολλῶν γέμει Philem. 4, 60 (67). ὦ γῆρας ἐχθρὸν σωμάτων ἀνθρωπίνων Men. 4, 239 (21). ὦ γῆρας βαρύ (f. βαθύ,) ὡς οὐδὲν ἀγαθόν-ἔχεις Men. 4, 241 (26). γῆρας ψέγοντες καὶ *πολὺν χρόνον βίου Men. 4, 271 (164). ἅπαντ' ἀφανίζει γῆρας (= mon. 648), ἀκοὴν ὅρασιν κάλλος ad Men. 4, 362. τὸ γῆρας πᾶσαν αἰτίαν φέρον mon. 209. πενίαν φέρειν καὶ γῆρας mon. 461. χαλεπὸν τὸ γῆρας-βάρος mon. 745. τὸ γῆρας νόσημα ex Apollod. Car. 4, 447 (7). παραπλήσιον πρᾶγμ' ἐστὶ γῆρας καὶ γάμος anon. 4, 690 (346).

γηράσκω: ἵππῳ γηράσκοντι Cratet. 2, 245 (2). ὅταν-γηράσκωσιν (aquilae) Epicrat. 3, 365 (2, 11). οὐ πάνυ τι γηράσκουσιν αἱ τέχναι καλῶς Men. 4, 209 (2). μετὰ τὴν δόσιν τάχιστα γηράσκει χάρις mon. 347.

γηροβοσκία: Alexid. 3, 522 (48).

γηροβοσκῶ: γηροβοσκῶν τοὺς γονεῖς mon. 270.

γηρῶ: καλὸν τὸ γηρᾶν καὶ τὸ μὴ γηρᾶν πάλιν mon. 283 cf. 608. κακῶς-γηρῶν ἐνδεής του γίγνεται Men. 4, 212 (2, 14).

γήτειον: πράσα, *γήτειον, κρόμμυα Anaxand. 3, 184 (1, 56). ὀρίγανον, γήτειον, ἄνισον Alexid. 3, 437 (2, 7). οὐ σίραιον, οὐχὶ *γήτιον (libr. γήτειον), οὐ βολβόν Alexid. 3, 465 (3) cf. p. 466.

γήτιον: v. γήτειον.

γίγας: μέγα χρῆμα γιγάντων Telecl. 2, 362 (1, 15).

γιγγραντός: μέλη γιγγραντά Axionici 1, 417.

γίγγρας: τὸν γίγγραντα τὸν σοφώτατον. B. τίς δ' ἔσθ' ὁ γίγγρας; Amphid. 3, 306 (1).

γίγγροι αὐλοί Antiph. 3, 57 (2). Men. 4, 144 (1).

γίγνομαι: cf. νομίζω. Ἰσχομάχου γεγονὼς Cratin. 2, 175 (6). τετράδι γέγονας Plat. 2, 689 (29). Amips. 2, 713 (12). Aristonym. 2, 699 (6). Sannyr. 2, 874 (7). τὸ πρᾶγμα τοῦτ' οὐκ ἔστιν εἴπερ *γίγνεται· οὐδ' ἔστι γάρ πω *γιγνόμενον ὃ γίγνεται, *οὐδ' εἰ πρότερον ἦν, ἔστιν ὅ γε νῦν γίγνεται (libr. γίν.) .... ὃ δὲ μὴ γέγονέ πω οὐκ *ἔστι· πῶς γὰρ γέγονεν ὅ γε μὴ γέγονέ πω; ἐκ τοῦ γὰρ εἶναι γέγονεν· εἰ δ' οὐκ ἦν ὅθεν, πῶς ἐγένετ' ἐξ οὐκ ὄντος; — εἰ δ' αὐτόθεν *πη γέγονεν, οὐκ ἔσται Antiph. 3, 64. εἴ ποθεν γενήσεται †τοὐκ ὂν ib. τις εὐγενὴς γεγώς (al. γεγονώς) Antiph. 3, 96 (1). ἀνὴρ πένης γεγὼς Philem. 4, 30 (1). †ἐὰν γέρων γένηται πλούσιος γεγὼς Philem. 4, 47 (36). θνητοὶ γεγῶτες mon. 243. θνητὸς γεγονὼς μὴ φρόνει μέγα mon. 603. θνητὸς γενόμενος Amphid. 3, 309 (2). οὐχὶ Κερκώπη-ἤδη *γέγον' ἔτη τρισχίλια; Philetaer. 3, 294 (1). Θεολύτην δ' *(οὐδ') οἶδεν οὐδείς, ὅτε τὸ πρῶτον ἐγένετο ib. (1, 3). *δαιμονᾷς γεγονὼς ἔτη τοσαῦθ'; Men. 4, 110 (1). τοὺς ἐκ δυναστῶν γεγονότας (cives) Diodor. 3, 544 (v. 29). ὅταν *γιγνώμεθ', εὐθὺς χὴ τύχη προσγίγνεθ' ἡμῖν Philem. 4, 6. ἅπαντι δαίμων ἀνδρὶ συμπαρίσταται εὐθὺς γενομένῳ Men. 4, 238 (18ᵃ). αὐτὸν οὐδεὶς οἶδε τοῦ ποτ' ἐγένετο Men. 4, 145 (2). εἰ-ἐγένου σύ-μόνος, ὅτ' ἔτικτεν ἡ μήτηρ σ', ἐφ' ᾧ τε διατελεῖν πράττων ἃ βούλει Men. 4, 227 (2, 1). ὃς ἂν εὖ γεγονὼς ᾖ τῇ φύσει Men. 4, 229 (4). τοὺς εὖ γεγονότας καὶ τεθραμμένους καλῶς Men. 4, 262 (118). ἐκ τῆς αὐτῆς ψιάθου γεγονώς anon. 4, 700 (383). ἔχει τελευτὴν ἥσπερ οὕνεκ' ἐγένετο anon. (395) 5, 123. τὸ γενέσθαι μηδέποτ' Plat. (?) 2, 697 (v. 9). τὸ μὴ γενέσθαι μὲν κράτιστόν ἐστ' ἀεί, *ἐπὰν γένηται δ' ὡς τάχιστ' ἔχειν τέλος Alexid. 3, 447 (1, 15 s.). τὸ γίγνεσθαί θ' ἅμα καὶ τὴν τελευτὴν τοῦ βίου συνῆψε Alexid. 3, 452 (1, 17). γενομένοισιν εὐθέως τοῖς παιδίοις Antiph. 3, 85. φύσει-οὐδεὶς δοῦλος ἐγενήθη ποτέ Philem. 4, 47 (39). δούλῳ γενομένῳ-δουλεύειν φοβοῦ Men. 4, 268 (149) cf. mon. 138. σύκῳ-σῦκον οὐδὲ ἓν οὕτως ὅμοιον γέγονεν anon. 4, 610 (31). ᾔδειν πρὶν Θέογνιν γεγονέναι anon. (372) 5, 122. μετὰ *Κάλλια γέγονα καὶ μετ' *Αἰχμία anon. 4, 685 (330). ὤμνυς μὴ γεγονέναι Magnet. 2, 10. σπονδὴ-ἤδη γέγονε Plat. 2, 638 (1, 10). τοὺς Πυθαγοριστὰς *γενομένους Aristophont. 3, 362 (3). πρωτεύων ἁπάντων *(τῶν) τότε, ἀκολασίᾳ τε τῶν γεγονότων διαφέρων Alexid. 3, 400 (1). τῶν σκυτοτόμων κατ' ἐπήρειαν γεγένηται Amips. 2, 703 (1). γεγένηται κἂν Σάμῳ τοιοῦθ' ἕτερον Alexid. 3, 401. *εἰκόν' οὐκ ἔχω-ὁμοίαν τῷ γεγονότι πράγματι Men. 4, 231 (7). κίθαρος γεγενῆσθαι Pher. 2, 270 (2). †ὠκέρας γενοῦ Herm. 2, 389 (1). καὖθις γεγένηται τοῦτο πέντε καὶ δύο Herm. ib. οἶνον γενέσθαι τὴν ἄνοιαν Plat. 2, 674 (2). ἤσθου τὸν Ἄβυδον ὡς ἀνὴρ γεγένηται Herm. 2, 402 (1, 8). *πῶς γὰρ ἐγένου δίκαιος; Eup. 2, 457 (4). ὑπέρου *μοι περιτροπὴ γενήσεται Plat. 2, 616 (2). τὴν οἰκίαν εὗρον-κίστην γεγονυῖαν Theop. 2, 792 (1). τίς (al. τί) ἂν γενόμενος εἰς ὀπὴν ἐνδύσομαι (al. γενήσομαι); φέρ' εἰ γενοίμην-γαλῆ Sannyr. 2, 874 (1). *γίγνεται κἀκκλησιαστὴς οἰκόσιτος Antiph. 3, 115 (2). ὁρᾷς-ὅσα δένδρων-βρέχεται-οἷα *γίγνεται Antiph. 3, 138 (10, 5). ὁ διδοὺς τὸν ὅρκον ἐγένετ' ἐμβρόντητος Antiph. 3, 149 (44). δούλῳ-χρηστὸς γενόμενός ἐστι *δεσπότης πατρίς Antiph. 3, 150 (50). υἱὸς οἰκόσιτος ἡδὺ γίγνεται Anaxand. 3, 171. Εὐριπίδης τις *τήμερον γενήσεται Anaxand. 3, 174. εἴ τινας μᾶλλον φιλῶ-γενοίμην ἔγχελυς Alexid. 3, 449 (3). σὺ μὴ γενηθῇς τῆς δίκης προηγέτης Philem. 4, 57 (73). *γενόμενον (libri γεννωμένων) πατέρα παιδίων ἀποθανεῖν Men. 4, 117 (4). ὁ πάντα βουληθεὶς ἂν πονεῖν *πάντ' ἂν γένοιτο Men. 4, 234 (11). οἷος δὲ καὶ εἶναι φαίνεται, ἀφ' οὗ τοιοῦτος γέγονεν Men. 4, 244 (34). ἐγκρατὴς φέρειν *γενοῦ mon. 60. σύμβουλος εὐθὺς-γίγνου φίλοις mon. 714. πολλῶν μαθητῶν γενομένων ἐμοί-ἄπει γεγονὼς μάγειρος ἐν οὐχ ὅλοις δέκα μησί Euphron. 4, 486 (v. 1. 3). ἀβυρτακοποιὸς παρὰ Σέλευκον ἐγενόμην Demetr. 4, 539. ἔδοξεν αὐτῷ γεγονέναι τἄνω κάτω Nicol. 4, 579 (v. 8). οὐκ ἂν γένοιο μᾶλλον-ξένος anon. 4, 603 (12). εὐθὺς δὲ Φοῖνιξ γίγνομαι anon. 4, 687 (334). μηδεὶς *γένοιτο Μεγαρέων σοφώτερος anon. 4, 700 (382). πολλὰ *γίγνεται μεταλλαγῇ πραγμάτων Eup. 2, 549 (4). μή μ' ἀτιμάσας γένῃ Phryn. 2, 605 (10). ἐπήκοος γενοῦ Phryn. 2, 608 (20). κοὐδὲν ἀφ' ὑὸς γίγνεται πλὴν ὕστριχες- Plat. 2, 624 (1). ἀφ' ὧν γένοιτ' ἂν-ἀριστόδειπνον Alexid. 3, 516 (25). πόθεν ἂν σοι χλαῖνα γένοιτο; Amips. 2, 703 (1). δεῖ διακοσίων δραχμῶν. B. πόθεν οὖν *γένοιντ' ἄν; Aristophan. 2, 979 (18). πόθεν ἂν λάσανα γένοιτο μοι; Aristophan. 2, 1138 (3). τὸν θεὸν ἐξ οὗ τὸ μεθύειν-*γίγνεται Antiph. 3, 102. εἰ γὰρ ἐμοὶ γένοιτο σκάψαι- Aristophan. 2, 967 (8). ἔλαβεν ὡραίαν τις· οὐδὲν γίγνεται μᾶλλόν τι τοῦ γήμαντος ἢ τῶν γειτόνων· ὥστ' οὐδαμῶς κακοῦ γ' ἁμαρτεῖν γίγνεται Antiph. 3, 195 (1, 11. 13). μὴ γένοιτό μοι μόνῳ νύκτωρ ἀπαντῆσαι-ὑμῖν Alexid. 3, 428 (1). τούτου-μοι γένοιτο τοῦ θανάτου τυχεῖν Alexid. 3, 489 (2). ἐμοὶ γένοιτο-ἐλεύθερον πιοῦσαν οἶνον ἀποθανεῖν Xenarch. 3, 620 (2). ἐκ τοῦ φιλοπονεῖν γίγνεθ' ὧν θέλεις κρατεῖν Philem. 4, 62 (102). μετὰ *(τὸ) δεῖπνον αὐτῷ τοῦτο γίγνεται λαβεῖν Demonici 4, 570. ἐκ τοῦ-εἰσορᾶν γίγνετ' ἀνθρώποις ἐρᾶν anon. 4, 645 (164). εὖ γέ σοι *(γένοιθ') ὅτι- Plat. 2, 626 (7). εὖ *δ' ἐγίγνεθ' ὅτι- Antiph. 3, 95 (2). κακὸς κακῶς γένοιθ' ὁ γήμας δεύτερος Aristophont. 3, 359. τί γὰρ ἂν εὖ γένοιτ' ἔτι-; Damox. 4, 531 (v. 40). ὀνησίφορα γένοιτο. Α. τοῦτο γίγνεται anon. 4, 691 (350, 11). εἰς τὸ πλινθεῖον γενόμενος Aristophan. 2, 1060 (6). ἐπεὶ δ' ἐγενόμην οἶπερ ᾗ- Aristophan. 2, 1119 (6). γενόμενος οὗ τὸ πρᾶγμ' ἠβούλετο Alexid. 3, 502 (1). †ἐπὰν-ἐκεὶ κρεῖττον γένῃ Men. 4, 275 (183). ἐπὶ τοῦτ' ἐγένοντο πάντες Men. 4, 293 (281ᵃ). περιχαρὴς εἰς δέκ' ἐπὶ τῇ μνᾷ γεγονέναι καὶ δώδεκα Diph. 4, 395 (2, 20). ὦ Ζεῦ γενέσθαι τῆσδέ μ' ἐξάντην νόσου anon. 4, 623 (72). ἤδη-οἷα γίγνεται, -ἔκαμες-; Plat. 2, 648 (1). ὡς γίγνεται (ut fit) Alexid. 3, 413. οὐ γὰρ ἐμυρίζετ' ἐξ ἀλαβάστου, πρᾶγμά τι γιγνόμενον ἀεί Alexid. 3, 410 (1). οὐκ ἂν γενόμενον οὐδέποτέ γ' *ᾤμην πρᾶγμα λέγειν Antiph. 3, 67 (1, 5). τάρων *βολῶν γένοιτ' ἄν Amphid. 3, 313 (1, 12). τὰ πράγμαθ' ὡς πέφυκεν οὕτως γίγνεται Philem. 4, 38 (13). βούλευσαι κατὰ σαυτὸν γενόμενος Men. 4, 202 (1). τἀργύριον-ὃ πέντε μῆνας ἔνδον οὐ γενήσεται Men. 4, 228 (3). θανὼν γενήσει τάχα τριῶν ἢ τεττάρων (int. πήχεων) Men. 4, 273 (176). τὰ καλὰ τοῦ πονοῦντος γίγνεται anon. 4, 689 (343ᵃ). πανταχοῦ διὰ τὴν τάλαιναν πάντα ταύτην γίγνεται Diph. 4, 403 (1, 12). ζωμὸς μέλας ἐγένετο πρώτῳ Λαμπρίᾳ Euphron. 4, 486 (v. 8). καινόν τι τοῦτο γέγονε νῦν ποτήριον; Steph. 4, 544. κακῶν ὄντων συχνῶν, γενόμενος ἄνθρωπός τις-θύσας ἱερεῖον πρῶτος ὤπτησεν *κρέας Athenion 4, 557 (v. 10). ὡς δ' ἅπαξ-ἐμπειρίαν τίν' ἔλαβον, ἀρχῆς γενομένης, ἐπὶ πλεῖον ηὖξον ib. (v. 15). στρόφοι καὶ πνευμάτια γιγνόμενα τὸν κεκλημένον ἀσχημονεῖν ποιοῦσι Damox. 4, 531 (v. 26).

γιγνώσκω: τὴν-παρασκευὴν-γιγνώσκετε Cratin. 2, 118 (4). ἀφ' οὗ κωμῳδικὸν μορμολυκεῖον ἔγνων Aristophan. 2, 958 (19). ὡς-εἰσὶ νήστιδες γιγνώσκεται (al. τε) Aristophan. 2, 1007 (4). τοῦτο γιγνώσκων ὅτι- Antiph. 3, 15 (1). ἔγνωκα *δ' οὖν οὕτως ἐπισκοπούμενος seq. acc. c. inf. Alexid. 3, 484 (3, 8). ἔπειτα δ' οὐδὲ τοῦτο γιγνώσκεις ὅτι-; Dionys. 3, 555. τοῦτο γιγνώσκων ὅτι- Men. 4, 249 (47). μηδὲν *ὀδύνα τὸν πατέρα γιγνώσκων ὅτι- Men. 4, 262 (113). ὅτι δ' ἦν τὸ πρᾶγμ' ἔνδοξον-ἐντεῦθεν ἂν γνοίη τις ἔτι σαφέστερον Diodor. 3, 544 (v. 22). τοὺς Μέροπας τούτους με γιγνώσκειν δοκεῖς; Straton. 4, 545 (v. 8). ὅστις τῆς ἀκμῆς τῶν σωμάτων ἐρᾷ, τὸν ἄλλον δ' οὐδὲ γιγνώσκει λόγον Alexid. 3, 411. ἔγνωκ' ἐγὼ χαλκίον-ἱστάναι Aristophan. 2, 1038 (18). ἔξω τις δότω ἱμάντα-. Α. †οἷον οὐκ ἔγνων ἴσως (f. ποῖον; Β. οὐκ ἔγνως ἴσως) Antiph. 3, 41 (2, 8). *γίγνωσκε τὸν ἄλεισον Aristophan. 2, 1191 (66). οὐ *γιγνώσκων ψήφων ἀριθμούς Ephipp. 3, 336 (1). *γνώσει λίτρον καὶ κρόμμυον Alexid. 3, 382. γνοίην ἂν εὐθὺς Ἀττικὸν *πίνων ὕδωρ Antiph. 3, 98. γλαῦκον λέγεις. Α. ἔγνωκας Nausicrat. 4, 575 (1). cf. p. 577. πάλαι μέγας εἶ, *γίγνωσκε Euphron. 4, 487 (v. 30). γνούς πως τοῦθ' ὑποδεῖται Pher. 2, 335 (3, 4). εἶθ' ὁ μὲν γνοὺς ταῦτ' ἀπῆλθεν εὐθὺς Anaxil. 3, 348 (1, 27). κοὐδὲ γιγνώσκειν δοκῶν [Pher. 2, 348 (30)]. Eup. 2, 499 (3). ἀκριβῶς ἐγνωκέναι τὸ ῥηθέν Antiph. 3, 112 (1, 15). τοὺς Μελανθίους τῷ γνώσομαι; Calliae 2, 738 (1). χάριεν οἷς γιγνώσκεται τὸ πρᾶγμα τοῦ Παύσωνος Henioch. 3, 562. ἰδὼν τὸ πρόσωπον γνώσομ' οὐ ζητεῖ φαγεῖν Anaxipp. 4, 460 (v. 48). τὰ στόμια γίγνωσκε τῶν κεκλημένων Posidipp. 4, 521 (v. 16). γνώσει σεαυτὸν ἄλλο μηδὲν πλὴν σκιάν Philem. 3, 31 (1, 15). τὸ γνῶθι σαυτόν Philem. 4, 55 (60). τὸ γνῶθι σαυτόν et τὸ γνῶθι τοὺς ἄλλους

Men. 4, 139 (1). ῥῆμα οὐδὲν ἐμφερές-τῷ γνῶθι σαυτόν Men. 4, 142 (1). τὸ γνῶθι σαυτόν ἐστιν ἂν τὰ πράγματα ἴδῃς τὰ σαυτοῦ Men. 4, 156 (2). τὸ γν. σ. πᾶσίν ἐστι χρήσιμον mon. 584 cf. 730. πρὸς ταῦθ' ὁρῶν γίγνωσκε σαυτὸν ὅστις εἶ Men. 4, 233 (9). ἂν γνῷς τί ἐστ' ἄνθρωπος Philem. 4, 41 (22). Diph. 4, 425 (31). ἐκ τοῦ παθεῖν γίγνωσκε καὶ τὸ συμπαθεῖν Philem. 4, 52 (51[b]). γίγνωσκε τῆς ὀργῆς κρατεῖν mon. 20. γίγνωσκε σαυτὸν νουθετεῖν mon. 82. φίλων τρόπους γίγνωσκε mon. 535 cf. 742. αὐτοὶ δ' ἁμαρτάνοντες οὐ γιγνώσκομεν mon. 47 cf. Sosicrat. 4, 592 (2). φοιτῶν καὶ κολακεύων ἔγνω μ' Men. 4. 243 (32).

γλάμων: ὁ γλάμων Eup. 2, 432 (14)

γλάνις: μαιώτας-καὶ γλάνιδας Archipp. 2, 722 (10). θύννου τεμάχη, γλάνιδος (al. γλανίδος), γαλεοῦ Ephipp. 3, 329 (1) = Mnesim. 3, 569 (v. 32).

Γλαυκέτης ἡ ψῆττα Plat. 2, 652 (1).

Γλαυκίας: ὦ Γλαυκία, ταυτὶ ποιήσω Alexid. 3, 440 (5, 13).

γλαυκίδιον: τὸ γλαυκίδιον-ἕψειν ἐν ἅλμῃ Antiph. 3, 130.

γλαυκινίδιον: γλαυκινιδίου κεφάλαια Amphid. 3, 316.

γλαυκίσκος: σκάρον, ἢ 'κ τῆς Ἀττικῆς γλαυκίσκον Philem. 4, 27 (v. 21). δραχμῶν τριῶν γλαυκίσκον Arched. 4, 436 (2, 1). ἐπὰν γλαυκίσκος αὐτοῖς παρατεθῇ-τὴν κεφαλὴν ζητοῦσιν Baton. 4, 502 (v. 16). τίν' ἔχει διαφορὰν-γλαυκίσκος ἐν χειμῶνι καὶ θέρει Damox. 4, 530 (v. 18).

γλαῦκος: θύννος, ὀρφώς, γλαῦκος Cratin. 2, 109 (3). γλαῦκον ἀρτῦσαι Cratin. 2, 178 (12). οὐκ ἔγχελυν Βοιωτίαν, οὐ γλαῦκον, οὐχὶ θύννου ὑπογάστριον Aristophan. 2, 1099 (6). γλαύκου κρανίον Antiph. 3, 43. γλαύκου προτομή Antiph. 3, 72 (1, 4). πολυτελὲς τμητὸν μέγα γλαύκου πρόσωπον Anaxand. 3, 174 (2). [τοῦδε] τοῦ θαλαττίου γλαύκου Eubul. 3, 225 (1). ὅστις κορακῖνον ἐσθίει-γλαύκου παρόντος Amphid. 3, 310 (3). ἐπριάμην γλαῦκον μέγαν Alexid. 3, 429 (1, 8). †γλαυκός τις-γαλεούς (? γλαῦκον τοῖς-γαλεοῖς) σῖτον Axionici 3, 531 (1, 4). γλαύκου τέμαχος ἑφθόν ib. 534 (1, 14). γλαύκου κεφάλαια παμμεγέθη δύο Sotad. 3, 585 (1, 5). γλαῦκον, ἔγχελυν, σπάρον Anaxipp. 4, 460 (v. 40). γλαῦκον-*γαλακτοχρῶτα Nausicrat. 4, 577. ὦ γλαύκων κάρα Sannyr. 2, 873 (2). γλαῦκοι (al. θύννοι) Μεγαρικοί Antiph. 3, 108. γλαῦκοι δ' ὅλοι Amphid. 3, 307.

Γλαύκων: Γλαύκωνος ὢν μεγάλου γένους Plat. 2, 636 (1).

γλαύξ: ἐν Ἀθήναις-γλαῦκας (esse) Antiph 3, 96. ἂν γλαὺξ ἀνακράγῃ δεδοίκαμεν Men. 4, 230 (5).

γλαφυρός: ναυσὶν ἐπὶ γλαφυραῖς Herm 2, 407 (1, 11). ταπεινὰ-καὶ γλαφυρά (pocula) Epigen. 3, 538 (1). τὸ δειπνάριον-γλαφυρὸν σφόδρα Diph. 4, 406. ἐμβαμματίοις γλαφυροῖσι Anaxipp. 4, 460 (v. 35). τι κομψὸν ἢ σοφὸν ἢ γλαφυρὸν-τῶν πραγμάτων Dionys. 3, 551 (1, 2). γλαφυρῶς: ταῦτ' οἰκονομήσω καὶ γλαφυρῶς καὶ ποικίλως Alexid. 3, 430 (1, 20).

γλευκαγωγός: βύρσας γλευκαγωγούς Pher. 2, 259 (10).

γλίσχρος: γλίσχρον τὸ σίαλον Pher. 2, 281 (3). ὡς δὲ καὶ γλίσχρον βλέπει Euphron. 4, 493 (v. 16).

γλίχομαι: ἐγλιξάμην Plat. 2, 695 (70). τί τούτων τῶν κακῶν γλίχει; Aristophan. 2, 987 (7). τοὺς γλιχομένους ζῆν Antiph. 3, 47 (2). γλιχόμεθα-τὴν μᾶζαν ἵνα λευκὴ παρῇ Alexid. 3, 447 (1, 7).

Γλυκέρα: Γλυκέρα τί κλάεις; Men. 4, 248 (46). cf. Γλυκέριον.

Γλυκέριον: χαῖρ' ὦ *Γλυκέριον (vulg. Γλυκέρα) Men. 4, 167 (9).

γλυκερός: γλυκερῷ Σιδωνίῳ anon. 4, 632 (113).

Γλύκη: ὦ Γλύκη Pher. 2, 282 (4).

γλυκύς: ὦ γλυκὺς ἀγκών Plat. 2, 677 (4). τοῦ γλυκυτάτου βασιλέως Antiph. 3, 45 (3, 5). ὁ γλυκύτατος ἥλιος Alexid. 3, 418 (1). *πεφαρμάκευσ' ὦ γλυκύτατ' Men. 4, 129 (4). ἄνδρες γλυκύτατοι Men. 4, 205 (1). *ἐλεεῖθ'-καὶ καλεῖται γλυκύτατος Men. 4, 323 (460). οἶνοι **γλυκὺς αὐθιγενὴς ἡδύς Anaxand. 3, 185 .(1, 70). φέρουσα τὸν γλυκὺν ἐν ἀργυρῷ ποτηρίῳ Alexid. 3, 408 (1). βοτρύδιόν τι, *χόριον, ἐν ποτηρίῳ γλυκύν Alexid. 3, 462 (1, 14). ἀνειλίττοντα βάπτειν εἰς γλυκὺν Antidot. 3, 529 (3). ἐσμὸν μελίσσης-γλυκύν Epinici 4, 505. †ὀσμὴν λέγεις ἀμφοῖν γλυκύς Cratin. min. 3, 374 (1). γλυκεῖα: ὦ γλυκεῖα Alexid. 3, 457 (2). λέγ' αὐτή, γλυκυτάτη Apollod. Car. 4, 442 (v. 13). *γλυκεῖ' ἀνάπαυσις anon. 4, 684 (327). θρυμματίδα γλυκεῖαν Lyncei 4, 433 (v. 8). μέλιτος γλυκυτέρας *μεμβράδας Antiph. 3, 68 (2, 3). *γλυκεῖα ἡ μίμαρκυς Diph. 4, 375 (1). οὐκ ἐσθίω *γλυκεῖαν (fel) οὐδὲ μηρία (vide 5, 83) Eubul. 3, 250 (3). γλυκύ: οὕτω τι τἀλλότρι' ἐσθίειν ἐστὶ γλυκύ Alexid. 3, 480 (2). ἔχει τι τὸ πικρὸν τῆς γεωργίας γλυκύ Men. 4, 289 (254). ἅπανθ' ὁ λιμὸς γλυκέα πλὴν *αὐτοῦ ποιεῖ Antiph. 5, 80 (101). "μεταβολὴ πάντων γλυκύ" anon. 4, 684 (327). ὥστ' οὐχὶ πάντων ἡ μεταβολὴ *δὴ γλυκύ ib. p. 685. οὐδὲν γλυκύτερον ἢ πάντ' εἰδέναι Men. 5, 110 (521). ψυχῆς †ἀρχαίας οὐδὲν-γλυκύτερον mon. 636. ἀτυχίας ἀνθρωπίνης παραμύθιον γλυκύτερον τέχνης Amphid. 3, 302 (1). οὐ πραότερα τὰ φθέγματα οὐδὲ γλυκίονα Polyz. 2, 872 (2). περικομματίῳ γλυκεῖ Athenion. 4, 558 (v. 31). οὐδὲν γλυκύτερον τῶν ἰσχάδων Aristophan. 2, 1180 (16). †ὄζει γλυκύ Pher. 2, 292 (14). ὡς γλυκὺ ὄζει Cratin. min. 3, 374 (1). γλυκύτατον δ' ὦζε Cratet. 2, 234 (2).

γλυκυσίδη: Plat. 2, 635 (5).

γλύμμα: Eup. 2, 574 (113).

γλύξις: οὐ γλύξις, οὐδ' ὑπόχυτος Phryn. 2, 605 (13).

γλύφειν: Cratin. 2, 213 (120).

γλῶττα (γλῶσσα): γλῶσσαν εὐέρων βοτῶν Cratin. 2, 114 (6). πλευρόν, ἢ γλῶτταν, ἢ σπλῆνα Aristophan. 2, 1151 (9, 3). λάμβανε τὴν γλῶτταν ἐν τούτῳ (in sacrificio) Men. 4, 153 (3). †τὴν γλῶτταν εἰς ἀσχήμονας ἐπιθυμίας Posidipp. 4, 513 (v. 5). τοῖς λάλοισιν-ἡ γλῶττα ἐστι τετρυπημένη anon. 4, 653 (197). δεινὸν-κεραυνὸν ἐν γλώττῃ *φέρει anon. 4, 677 (307). ἕτερα δὲ τῇ γλώττῃ λέγει Plat. 2, 668 (2). *ἐπαρίστερ' ἐν τῷ στόματι τὴν γλῶτταν φορεῖς Ephipp. 3, 339 (3). γλῶτταν καλῶν λόγων ἀείνων anon. 4, 608 (27[d]). οἰόμ γέ πού 'στι γλῶσσα κἀνθρώπου λόγος Eup. 2, 554 (12). ἡ γλῶττα δύναμιν τοὺς λόγους ἐκτήσατο Plat. 2, 632 (6). ὅταν τις †ἐπὶ γλώσσῃ φυεὶς γλώσσῃ ματαίους ἐξακοντίσῃ λόγους Men. 4, 257 (87). οὔτ' ἀπὸ γλώσσης λόγον (int. μεθέντα κατασχεῖν ῥᾴον) Men. 4, 257 (88). γλώσσης πειρῶ κρατεῖν mon. 80. κνάπτειν κελεύω γλῶσσαν anon. (? 5, 119) 4, 640 (138). ἡ γλῶσσα πολλοὺς εἰς ὄλεθρον ἤγαγεν mon. 205. ἡ γλ. πολλῶν ἐστιν αἰτία κακῶν mon. 220. εἰ μὴ καθέξεις γλῶσσαν, ἔστι σοι κακά mon. 662. ἡ γλῶσσ' ἁμαρτάνουσα τἀληθῆ λέγει mon. 228. γλῶτταν ἀγαθὴν πέμπετε Plat. 2, 632 (4, 3). γλώττης-ἀγαθῆς οὐκ ἔστ' ἄμεινον ib. (5). γλώσσῃ ματαίᾳ mon. 111. ἀκόλαστον ἔσχε γλῶσσαν Nicol. 4, 579 (v. 4). γέρων γέροντι γλῶτταν ἡδίστην ἔχει, παῖς παιδί anon. 4, 668 (284). ἀπὸ γλώττης φράσω Cratin. 2, 86 (1). ἐπὶ τὴν γλῶτταν τρέχειν Philem. 4, 9 (2). ὦ μεγίστη γλῶττα τῶν Ἑλληνίδων Cratin. 2, 173 (4). μέλαινα δεινὴ γλῶσσα Βρεττία Aristophan. 2, 1193 (74).

λέξον Ὁμήρου-* γλώττας Aristophan. 2, 1031 (15, 1). φορεῖτε * γλῶτταν ἐν ὑποδήμασιν Plat. 2, 632 (4).
γλωττοκομεῖον: † αὐτοῖσιν (f. αὐτοῖς) αὐλοῖς-καὶ γλωττοκομείῳ Lysipp. 2, 745 (4). γλωττοκομεῖον de parte muliebri Eubul. 3, 272 (27). cf. γλωττόκομον.
γλωττόκομον: τὸ * γλωττόκομον (libr. -μεῖον) βαλανεύεται Timocl. 3, 590. μέγα * γλωττόκομον (libr. -μεῖον), οὐκ * ὀφθαλμιᾷ Apollod. Car. 4, 444 (2).
Γνάθαινα: γραῦς μὲν αὕτη, παραπέφυκε δ' ἡ Γνάθαινα πλησίον Anaxil. 3, 348 (1, 13). ἡ ἀνδροφόνος Γνάθαινα Philippid. 4, 468 (1). Γνάθαινα, Φρύνη, Πυθιονίκη Timocl. 3, 608 (1).
Γναθαίνιον: παρὰ Γναθαινίῳ-ἄρτι κατέφαγον Eubul. 3, 247 (2).
γνάθος: τῶν πλακούντων ὠστιζομένων περὶ τὴν γνάθον Telecl. 2, 362 (1, 13). * ὅπως μάσημα ταῖς γνάθοις ἔχω Antiph. 3, 143 (24). τῶν πράσων ποιούμενοι τολύπας, ἔσαττον τὰς γνάθους Eubul. 3, 227 (4). κατασκήπτοντά γ' αὐτοὺς (mensis) τῇ γνάθῳ Anaxipp. 4, 464 (1). γνάθον ἀκίνητον Nicol. 4, 580 (v. 28). ὄνου γνάθος Eup. 2, 572 (85). *(σύων?) γνάθους ἔχουσι (Boeotii) Men. 4, 297 (299). ἕλκουσι γνάθοις ὁλκοῖς ἀπ... οις Antiph. 3, 140 (15). ἐσπάτην γνάθον εὔχρηστον anon. 4, 615 (46). ὅπερ λοιπὸν-ἦν ἐν τῇ γνάθῳ διώβολον Aristophan. 2, 944 (3). ἐγκάψας τὸ κέρμ' εἰς τὴν γνάθον Alexid. 3, 437 (1). φοινικίνῳ (int. μύρῳ λοῦται) τὰς γνάθους καὶ τιτθία Antiph. 3, 56. συκαμίνῳ τὰς γνάθους κεχριμέναι Eubul. 3, 250 (1, 2). ἐκ τῶν γνάθων ἱδρὼς ἐπὶ τὸν τράχηλον ἄλοκα-ποιεῖ ib. (1, 6). ἀλοᾶν-τὰς γνάθους Aristophan. 2, 1199 (96).
γναθῶ: γναθοῖ Phryn. 2, 591 (9).
γνάφαλλον: * ζ...ιαν-οὐ πλέον γναφάλλων Cratin. 2, 74 (3).
γνήσιος: παίδων * ἐπ' ἀρότῳ (cf. 5, 107) γνησίων Men. 4, 275 (185). καὶ γνήσιος ὁ χρηστός ἐστιν Men. 4, 151 (1). ἄδολον γνησίαν τ' ἔχων φύσιν. Philem. 4, 37 (10). ὑπώμνυτο * ὁ μὲν οἶνος ὄξος αὐτὸν εἶναι γνήσιον Eubul. 3, 236. γνησίως: τὰ (cf. 5, 79) τύχης φέρειν-γνησίως (libri ἠπίως) τὸν εὐγενῆ Antiph. 3, 155 (66). τὰ γ' ἀπὸ τῆς τύχης φέρειν-γνησίως Men. 4, 127 (4).
Γνήσιππος: Chionid. 2, 6 (1). Telecl. 2, 370 (3). ὦ Γνήσιππ' Cratin. 2, 74 (2). ὁ δὲ Γνήσιππος ἔστιν ἀκούειν Eup. 2, 481 (3).
γνῶμα: νέα δ' ἔτ' ἐστίν-καὶ γνῶμ' ἔχει anon. 4, 627 (93). *(τὸ) γνῶμα βέβληκεν ib. (94).
γνώμη: δεῦρο τὴν γνώμην * προσίσχετε Eup. 2, 438 (5). παντάπασι παιδαρίου γνώμην ἔχων Men. 4, 249 (49). † τὴν γνώμην (f. τὸν τρόπον) ἀκερδούσιος anon. 4, 621 (63). γνώμην πονηρὰν τῇ γυναικὶ μὴ δίδου Philem. 4, 58 (78). γνώμην ἀρίστην τῇ γυναικὶ μὴ λέγε· γνώμη γὰρ ἰδίᾳ τὸ κακὸν-ποιεῖ Men. 4, 269 (156). ὅταν γέρων γέροντι † γνώμην διδοῖ Men. 4, 271 (165). γνῶμαι-ἀμείνους εἰσὶ τῶν γεραιτέρων mon. 101. γνώμη γερόντων mon. 107. γνώμης ἐσθλῆς mon. 112. γνώμη τῶν κεκτημένων mon. 679.
γνωμίδιον: ἀνασπᾶν γνωμίδιον anon. 4, 662 (246).
γνωμιδιώκτης (rectius γνωμοδιώκτης 5, 24) Cratin. 2, 225 (155).
γνωμοδιώκτης: vide 5, 24.
γνωρίζω: εἴ γε-οἱ λόγοι ὑπὸ τῶν θεατῶν εἰσιν ἐγνωρισμένοι Antiph. 3, 105 (v. 3). ἀνδρὸς χαρακτὴρ ἐκ λόγου γνωρίζεται Men. 4, 91 (8) = 111 (4) = mon. 26.
γνώριμος: γνώριμος-ἅπασιν ὢν Alexid. 3, 493 (1, 5). ἐπρίατο-τις ὁμότεχνός με γνώριμος Posidipp. 4, 520 (1). διὰ τὴν τέχνην γνωρί-

μους ἐκτησάμην πολλούς Posidipp. 4, 526 (6). γνωρίμως: εἰ μὴ γνωρίμως μοι πάνυ φράσεις Antiph. 3, 26 (1, 6).

γόγγρος: τὸν γόγγρον *τουτονὶ τίς λήψεται; Antiph. 3, 13 (1, 12). γόγγρον τιν' ἢ νάρκην τιν' ἢ Antiph. 3, 70 (2, 3). γόγγρου κεφαλὴ Antiph. 3, 72 (1, 4). γόγγρου κεφαλὴν (an κεφάλαιον?) Archedici 4, 436 (2). τὸ δ' *ἐγχέλειον; B. ἅλες, ὀρίγανον, ὕδωρ. A. ὁ γόγγρος; B. ταὐτόν Antiph. 3, 130. γαλεοῦ, ῥίνης, γόγγρου Ephipp. 3, 329 (1) = Mnesim. 3, 569 (v. 32). γόγγρου-σαπρευτὰ-μέλη Alexid. 3, 416. ὁ γόγγρος ἑφθός Alexid. 3, 466 (4). οὐδὲ γόγγρον, οὐδὲ σηπίας Eriphi 3, 558 (8). *γόγγρων-λευκῶν τοῖς κολλώδεσι Clearch. 4, 563 (2). γόγγρον ἐπριάμην παχὺν σφόδρα Sotad. 3, 586 (1, 20). γόγγρος δέκ' ὀβολῶν Alexid. 3, 389 (1, 15). γόγγρου-ὅσον εἵλκυσεν, *τοσοῦτο καταθεὶς ἐπριάμην Diph. 4, 390 (2). ὃν τοῖς θεοῖς φέρει Ποσειδῶν γόγγρον εἰς τὸν οὐρανόν Philem. 4, 27 (v. 23). Νηρεύς-γόγγρον ἧψε τοῖς θεοῖς Euphron. 4, 486 (v. 6).

γογγυλίς: ὀπτήσαιμ' ἂν γογγυλίδα Eubul. 3, 204 (4). γογγυλίδος ὀπτῶν (al. ὀπτῆς) τόμους Alexid. 3, 419 (2). γογγυλίς, ὦχρος, λάθυρος Alexid. 3, 456 (1, 12). ἄφελεῖν λαβὼν γογγυλίδα Euphron. 4, 494 (1, 7). γογγυλίδα μασώμενος ἀφύης ἔλεγε-ἐγκώμιον ib. (1, 13). Κηφισιακαῖσι γογγυλίσιν Cratet. 2, 243 (1). γογγυλίδες, ῥάφανοι, δρυπεπεῖς Calliae 2, 740 (2). κολοκύντας ὁμοῦ ταῖς γογγυλίσιν ἀροῦσιν Aristophan. 2, 1171 (1, 6). γογγυλίδας, χόνδρον, μέλι Antiph. 3, 143 (21). γογγυλίδες ἄπιοι μῆλα Eubul. 3, 241.

γογγυσμός: Anaxand. 3, 174 (2).

γόης: τὸν γόητα Θεόδοτον Alexid. 3, 485 (4).

γόμφιος: τοὺς γομφίους-ἐξέκοψεν Phryn. 2, 603 (2). γομφίους οὐκ ἔχει (Nais) Philetaer. 3, 294 (1, 7).

γονατίζειν: Cratin. 2, 209 (101).

γονεῖς: ὅστις ἐρυθριᾷ-πρὸς τοὺς ἑαυτοῦ γονέας Antiph. 3, 152 (58ª). γονεῖς-ἐν τιμαῖς ἔχειν Philem. 4, 63 (107) = mon. 72. γονεῖς τίμα mon 105. τιμῶν τοὺς γονεῖς πρᾶξαι καλῶς mon. 155. θεὸν προτίμα, δεύτερον τοὺς σοὺς γονεῖς mon. 230. γονεῦσιν ἰσοθέους τιμὰς νέμειν mon. 378. θεοὶ μέγιστοι-οἱ γονεῖς mon. 238. σαυτῷ τοὺς γονεῖς εἶναι θεούς mon. 379. γηροβοσκῶν τοὺς γονεῖς mon. 270. de quadam Atheniensium lege Alexid. 3, 527 (81). δίκας γραφόμενος πρὸς γονεῖς Men. 4, 290 (260).

γονή: αἱ τέκνων γοναί mon. 736. cf. κυνῆ. δημότης.

γόνος: κἀπὸ τηγάνου γόνον Hegemon. 2, 743. παίδων ἀγόνων γόνον ἐξαφανίζων Eubul. 3, 254 (1, 11). πρὶν θηριοῦσθαι τὸν γόνον *καταγνύει ib. (1, 14).

γόνυ: ὕπουλα γόνατα Cratin. 2, 207 (91). ἑρπυλλίνῳ (int. μύρῳ λοῦται) τὸ γόνυ καὶ τὸν αὐχένα Antiph. 3, 56. τοὺς πόδας ἀλείφειν, εἶτα τὰ γόνατα Antiph. 3, 84 (1). μηδ' *ἀγροικικῶς ἄνω *(τοῦ) γόνατος ἀμφιέσει; Philetaer. 3, 300 (1). ἰδ'-πρὸς γονάτων Eup. (?) 2, 577 (v. 8). ἀνδρῶν φορτηγῶν-ὑπὸ γούνατα-ἔλυσαν Metag. 2, 751 (1, 4). Aristag. 2, 761 (1, 4).

Γοργίας: medicus, Alcaei 2, 828 (4). Γοργία Men. 4, 96 (2). ὦ Γοργία. ib. (3).

Γοργόνες: ᾤόμην τὰς Γοργόνας εἶναί τι λογοποίημα Antiph. 3, 91 (1).

Γοργῶπις: Cratin. 2, 115 (11).

γοῦν: cf. ἔνδυτον. τριῶν κακῶν γοῦν (an ἕν?) ἣν ἑλέσθ' αὐτῷ τι-ἀνάγκη Polyz. 2, 867 (1). ἑπτάπους γοῦν ἡ σκιά 'στιν Aristophan. 2, 1202 (109). *(τὸ) γνῶμα γοῦν βέβληκεν anon. 4, 627 (94). ὁ γοῦν Τιθύμαλλος ἀθάνατος περιέρχεται Alexid. 3, 457 (2). ἀμέλει τὸν Τιθύμαλλον γοῦν ἀεί-ἔσθ' ὁρᾶν Dromon. 3, 541 (1). ὁ γοῦν Κόρυδος-ὠψώνει παρ' αὐτόν Timocl. 3, 598. ὁ γοῦν (al. γάρ) Ἐπίκουρός φησιν εἶναι τἀγαθὸν τὴν ἡδονὴν δήπουθεν Baton. 4, 502 (v. 7). τὸ γοῦν κατὰ χειρὸς περιγράφει πᾶς Demonici 4, 570. ἔδεσμα τοῦ καλοῦ Καλλισθένους· κατεσθίει γοῦν ἐπὶ μιᾷ τὴν οὐσίαν Antiph. 3, 12 (1, 11). ἀνίσταμαι γοῦν τέτταρας κεφαλὰς ἔχων Men. 4, 88 (2). ἐμὲ γοῦν ἀγαστήσασα-προάγεται λαλεῖν Men. 4, 116 (1). διπλάσια †γοῦν ἐσθίει μάτην Men. 4, 119 (2). ἐνταῦθα γοῦν ἔστιν τις ὑπερηκοντικώς Diph. 4, 407 (1, 5). παράσιτον αὐτόσιτον· αὐτὸν γοῦν τρέφων-συνερανιστὸς εἰ Crobyli 4, 565 (1). τοὺς μὲν γοῦν ἀτίμους οὐκ ἐᾷ-ἄρχειν-. ἐπὰν δὲ γήμῃς-Alexid. 3, 519 (34). ἐμβλέπων δ' ἐμοί, ὡς *γοῦν ἐδόκει Timocl. 3, 609. καὶ Λαῒς ὀρθῶς γοῦν νομίζοιτ' ἂν τέρας Epicrat. 3, 366 (2, 14). *ἆρ' ὡς ἀληθῶς ἐστι γοῦν ἁπλῆ τις; Anaxil. 3, 350 (2).

γούνατα: vide γόνυ.

γράβια: *Stratt. 2, 783 (6).

γράδιον: †ἄλλων (f. λάλων) γραδίων Philyll. 2, 858 (3).

γραΐζειν: Aristophan. 2, 1131 (4).

γράμμα: οὐκ οἶδ' ἔγωγε γράμματ' Cratin. 2, 88 (1). Maricas nihil se scire nisi litteras confitetur Eup. 2, 499 (2). παρὰ τοῦ βασιλέως γράμμαθ' ἥκει σοι Μάγα. Β. *Μάγας-γράμματ' οὐκ ἐπίσταται Philem. 4, 51 (50). τὸν ἄλεισόν *(τε) καὶ τὰ γράμματα Aristophan. 2, 1191 (66). (ποτήριον) ἔχον κύκλῳ τὰ γράμματ' Alexid. 3, 510 (12). ταὐτὰ δ' ὄντα γράμματα (int. vocab. ἑταίρων et ἑταιρῶν) Men. 4, 183 (1). προσδιατρίβων συλλαβαῖς καὶ γράμμασιν Posidipp. 4, 524 (2). βρέφη δ' ἐν αὐτῇ περιφέρει τὰ γράμματα (epistola) Antiph. 3, 112 (1, 18). τὸ *διορίζεσθ' οὐ βεβαίως-τὰ γράμματα Alexid. 3, 514 (21). Ἐφέσια γράμματα καλά Anaxilae 3, 345 (1). τὰ γράμματα τὴν ἐγγύην ἄτην *(λέγοντ') Cratin. min. 3, 378 (1). ὅ τι κἂν λέγῃ τὰ *γράμμαθ' ἑρμήνευε Philyll. 2, 862 (3). παρεὶς τοσαῦτα γράμματα Σίμου τέχνην ἔλαβες Alexid. 3, 444 (1, 11). ψυχῆς ἰατρὸν κατέλιπεν τὰ γράμματα Philem. 4, 6. διδάσκει γράμματα anon. 4, 698 (375). γυναῖκ' ὁ διδάσκων γράμματ' Men. 4, 269 (154). μισθὸς διδάσκει γράμματ' mon. 337. γράμματα μαθεῖν δεῖ Philonid. (?) 2, 425 = mon. 96. δι' ὃν ἔμαθον γράμματα Theophil. 3, 626. ὁ γράμματ' εἰδὼς καὶ περισσὸν νοῦν ἔχει mon. 408. ὁ γραμμάτων ἄπειρος οὐ βλέπει βλέπων mon. 438. διπλοῦν ὁρῶσιν οἱ μαθόντες γράμματα mon. 657. ἐπαρίστερ' ἔμαθες γράμματα Theognet. 4, 549 (v. 7).

γραμματείδιον-δίθυρον Men. 4, 166 (7).

γραμματεῖον: τὰ γραμματεῖα τούς τε χάρτας Plat. 2, 684 (10). *κυμινοδόκην οὐ γραμματεῖον περιφέρειν Apollod. Gel. 4, 438. τὴν μάλθαν ἐκ τῶν γραμματείων ἤσθιον Aristophan. 2, 1007 (3).

γραμματεύς: Μητρόβιος ὁ γραμματεύς Cratin. 2, 15 (1).

γραμματικός: Plat. 2, 678 (12. Men. 4, 197 (3). γραμματικὸν *ἔκπωμ' Eubul. 3, 239.

γραμμή: γραμμὴν ἐν ταῖσιν ὁδοῖς διαγράψαντες Plat. 2, 664 (2, 1). ἐστᾶσ'-οἱ μὲν ἐκεῖθεν τῆς γραμμῆς- ib. χωρεῖ 'πὶ γραμμὴν Aristophan. 2, 1190 (60). τὸν ἀφ' ἱερᾶς γραμμῆς Men. 4, 147 (4).

γράσος: Eup. 2, 520 (34). πλέω γράσου Aristophan. 2, 1223 (285).

γραῦς: ξένη γυνὴ γραῦς Pher. 2, 315 (11). ἵνα μή με προσπράττωσι γραῦν οἱ φράτορες Aristophan. 2, 1061 (1). καὶ γραῦς καὶ γέρων καὶ παιδίον πεμφθεὶς ἅπαντες ἀγοράσουσι κατὰ τρόπον Alexid. 3, 439 (3, 9). κἀγὼ γραῦς, καὶ θυγάτηρ, καὶ παῖς υἱός Alexid. 3, 456 (1, 2). γραῦς καλοῦσα φίλτατον Men. 4, 238 (17). Προιτίδας ἁγνίζων-καὶ τὸν πατέρ' αὐτῶν-καὶ γραῦν πέμπτην ἐπὶ τοῖσδε Diph. 4, 416 (3). περιπατῶν ἔξω θεὸς μετὰ γραός Men. 4, 127 (2). *(ὦ) γραῦ Plat. 2, 634 (1). γραῦ Θεολύτη, γραῦ Theop. 2, 804 (1, 5). γραῦ Axionici 3, 535 (3). ὦ γραῦ Diph. 4, 379 (1). - ἐπὰν γέροντ' ἴδῃς ἢ γραῦν τιν' · ἴσθι δ' εὐθὺς ὅτι κακῶς ἔχει Philem. 4, 44 (30). φιλῶ αἰσθητικὴν γραῦν Alexid. 3, 409 (1). ἀσπάζομαι γραῦν σφίγγα Alexid. 3, 460. γραῦς τις κακολόγος Men. 4, 144 (5). διάβολος γραῦς Men. 4, 328 (485). χεῖρον ἐρεθίσαι γραῦν ἢ κύνα Men. 4, 290 (258). ὑποπρεσβύτεραι γρᾶες Aristophan. 2, 1094 (7). τὴν γραῦν τὴν ἀσθενοῦσαν-τὴν βρυτικὴν Antiph. 3, 23. παραγεύσεταί σοι ἡ γραῦς Anaxilae 3, 343 (2). κεὐθὺ τοῦ χαρχησίου ἄνελκε τὴν γραῦν Epicrat. 3, 372 (2). ποτήρι' ἡ γραῦς, ἄλλο δ' οὐδὲ ἓν βλέπει Dionys. 3, 554 (1). οὐδεμίαν ἡ γραῦς κύλικα παρῆκεν Men. 4, 188 (5). γραῦς μὲν αὕτη, παραπέφυκε δ' ἡ Γνάθαινα πλησίον Anaxil. 3, 348 (1, 13). περὶ δὲ τὸν πανάθλιον εὕδουσι γρᾶες (meretrices) Timocl. 3, 608 (1, 13).

γραφεύς: ἠγνοηκότας-τοὺς γραφεῖς-ζωγραφεῖν Alexid. 3, 393 (1). οἷον γράφουσιν οἱ γραφεῖς κέρας βοός Philem. 4, 20 (1).

γραφή: κλεψύδραι, νόμοι, γραφαί Eubul. 3, 241. ἐποίσειν σοι γραφὴν κακώσεως Men. 4, 166 (6).

γράφω: γράφ' αὐτὸν ἐν ἐπεισοδίῳ Cratin. 2, 125 (13). Ὑπέρβολον-ἐν τοῖς λύχνοισι γράψον Cratin. 2, 126 (14). οὐδεὶς ἕτερός σοι (coquus) καὶ γραφήσεται (f. κἀγγραφήσεται) Nicomach. 4, 584 (v. 39). εἰς τέφραν γράφω Philonid. 2, 423 (1). εἰς οἶνον γράφω Xenarch. 3, 620 (3). εἰς ὕδωρ γράφε monost. 25. Ἀρχέστρατος γέγραφέ τε καὶ δοξάζεται-ὡς λέγων τι χρήσιμον Dionys. 3, 548 (v. 24). οὗτος (Homerus) -ἡμῖν μυριάδας ἐπῶν γράφει Philem. 4, 37 (11). ἐπ' ἀλφίτου πίνοντα-ἰδὼν-ἔγραψα Epinici 4, 505. τὰ γεγραμμένα κενὰ μᾶλλον †ἢ ὅτ' ἦν οὐδέπω γεγραμμένα Dionys. 3, 548 (v. 28 sq.). τῶν ἱερῶν γεγραμμένων (f. -μένα) τὰ πάτρια διατηροῦντες Athenion. 4, 558 (v. 22). εἰς νέωτά φησι γράψειν κρεμαμένους (vendere debere piscarios) Alexid. 3, 439 (4, 17). στρεβλοῦν γράφουσι τοῦτον Antiph. 3, 141 (17). δίκας γραφόμενος πρὸς γονεῖς Men. 4, 290 (260). τὰ δ' *ἐγχέλεια γράψομαι λιποταξίου Antiph. 3, 71 (2, 9). ὁ γράψας ἢ κηροπλαστήσας Ἔρωθ' ὑπόπτερον Eubul. (s. Arar.) 3, 226 (3). οὐδὲν ᾔδει πλὴν χελιδόνας γράφειν ib. *ἧς καί φασιν Ἀρχάγαθόν ποτε γεγραφέναι ῥοφοῦντ' Ὀρέστην Sophil. 3, 583 (2). οἷον γράφουσιν οἱ γραφεῖς κέρας βοός Philem. 4, 20 (1). προσπεπατταλευμένον γράφουσι τὸν Προμηθέα Men. 4, 231 (6). χρυσίδι σπένδων †γεγραφε Cratin. 2, 90 (7).

Γρίσσων (Γρίσων. Γρισσῶν. Γρισῶν) Aristophan. 2, 1208 (152).

γρῖφος: 'πότερα μοι γρῖφον προβάλλεις τοῦτον εἰπεῖν εἰ ξύνοιδά τι-; Antiph. 3, 41 (2, 5). τοὺς κελεύοντας λέγειν γρίφους Antiph. 3, 66 (1, 2). ἦν ὁ γρῖφος ἐνταῦθα ῥέπων ib. 67 (1, 11). οὐκοῦν ταῦτα καὶ ὁ γρῖφος ἔλεγεν Antiph. 3, 109 (v. 11). τινα εἰπεῖν πρὸς ὑμᾶς βούλομαι γρῖφον ib. (v. 14). Samiarum puellarum γρῖφος Diph. 4, 399 (2).

γρῦ: ὄψου-μηδὲν-εἰσπλεῖν μηδὲ γρῦ Antiph. 3, 104 (v. 13). διαφέρει Χαιρεφῶντος οὐδὲ γρῦ Men. 4, 179 (2). ὑπὲρ μὲν οἴνου μηδὲ γρῦ λέγε Men. 4, 224 (4).

γρύζω: εἴ τι γρύξομαι-πλέον τι γαλαθηνοῦ μυός Alcae. 2, 831 (1).

Γρυλλίων: ὅπερ ποιεῖν εἴωθε Γρυλλίων ἀεί Axionici 3, 531 (2).

γρυμέα: τὴν λοιπὴν γρυμέαν (int. γαλεοῦ) ἕψω Sotad. 3, 585 (1, 3). γρυμέα Diph. 4, 428 (45).

γρυπός: στέφανον- | †γρυπότατον, χαριέστατον Eubul. 3, 252 (3). Νικοστράτην τίν' ἦγαγον-σφόδρα γρυπήν Arched. 4, 435.

γρύψ: γρῦπας ἐξώλεις τινὰς τῶν Περσικῶν Hipparch. 4, 431.

†γρωνον Men. 4, 70 (5).

γύλιος: στρωματέα (l. στρώματά τε 5, 89) καὶ γύλιον Alexid. 3, 433 (4). *γύλιόν (libr. γυλίαν) τιν' ἀργυρωμάτων Philem. 4, 12 (1).

γυμνάζω: τὴν σεαυτοῦ γυμνάσεις δάμαρτα Eup. 2, 494 (18). γύμναζε παῖδας· *ἄνδρας οὐ γὰρ γυμνάσεις mon. 104.

γυμνάσιον: ἰδὼν ἀγέλην μειρακίων *** ἐν γυμνασίοις Ἀκαδημίας Epicrat. 3, 370 (1, 11).

†γυμνατεραν: Men. 4, 71 (10).

γυμνός: γυμνῷ φυλακὴν ἐπιτάττειν Pher. 2, 326 (4). γυμνῷ φυλακὴν ἐπίταττε Philem. 4, 7 (1). τῆς νυκτὸς τοὺς ἀπαντῶντας ποιεῖ γυμνοὺς ἅπαντας Alexid. 3, 414 (1). γυμνὴν ἐποίησε *(τὴν) Ἀθηνᾶν anon. 4, 607 (21b). ἐὰν πένητα γυμνὸν ἐνδύσῃς Philem. 4, 59 (83). γυμνοὺς ὁρῶν τοὺς ὀξυπείνους Diph. 4, 420 (8). ἄρτι γυμνὸν ὀστράκων anon. 4, 646 (167). τῶν ἀνταγωνιστῶν μέ τις ἐδόκει στεφανοῦν γυμνός Alexid. 3, 504 (2, 4). γυμνάς, ἐφεξῆς ἐπὶ κέρως τεταγμένας Eubul. (Philipp.) 3, 237 (v. 4) = 246 cf. Xenarch. 3, 617 (1, 6). ἑστᾶσι γυμναί· μὴ ἐξαπατηθῇς Philem. 4, 4 (1). καλὸν ἔχει τοῦ σώματός τι, τοῦτο γυμνὸν δείκνυται Alexid. 3, 423 (1, 19).

γυμνῶ: γυμνοῦθ' αὑτοὺς θᾶττον (choreutae) Alexid. 3, 491 (1).

γυναικάριον: Diocl. 2, 840 (6). γυναικῶν (f. γυναικαρίων) ἀφήλικες Phryn. 2, 604 (8).

γυναικεῖος: τὸ γυναικεῖον τοδὶ χιτώνιον Aristophan. 2, 1194 (78). φορῶν γυναικείαν στολὴν Arar. 3, 273 (1). γυναικεία ἀγορά Men. 4, 204 (7). κατειδὼς τὴν γυναικείαν φύσιν Eubul. (Arar.) 3, 226 (2). ἄπιστος ἡ γυναικεία φύσις mon. 560. μεστὴν γυναικείας χολῆς Alexid. 3, 450.

†γυναικηρόν (f. γυναικισμόν) Diocl. 2, 838 (3).

γυναικίζειν: Diocl. 2, 838 (3).

γυναικισμός: v. γυναικηρον.

γυναικονόμος: ἐὰν βούληθ' ὁ γυναικονόμος *τὸν ἀριθμὸν λαμβάνειν τῶν ἑστιωμένων Timocl. 3, 611. παρὰ τοῖς γυναικονόμοις — τοὺς ἐν τοῖς γάμοις διακονοῦντας ἀπογεγράφθαι πάντας μαγείρους Men. 4, 147 (1).

γυναικοφιλής: Polyz. 2, 871 (4).

γυναικωνῖτις: εἰς γυναικωνῖτιν εἰσιόνθ' ὅταν ἴδω παράσιτον Men. 4, 223 (2).

γύναιον: *ἑκκαιδεκατάλαντον — γύναιον οὖσαν πήχεως Men. 4, 189 (1, 12). τὰ γύναια τἆλλ' ἠκκίζετο Philippid. 4, 468 (1).

γυνή: μητέρ' εἶναι καὶ γυνήν Pher. 2, 295 (19). ὦ γυνή Alcae. 2, 834 (7). ὡς καλαὶ νῷν αἱ γυναῖ Men. 4, 327 (480). γυναί Philippid. 4, 467 (2). ὁρῶ τὰς γυνάς anon. 4, 622 (68). γύναι Aristophan. 2, 953 (1). Antiph. 3, 69. 101 (5). Eubul. 3, 266 (9). 271 (20). *Dionys. 3, 554 (1). etc. ὦ γύναι Philyll. 2, 865 (2). Aristophan. 2, 944 (2). 1093 (3). 1143 (5). Eubul. 3, 210. al. εἶεν, γυναῖκες, Plat. 2, 674 (2, 1). Eubul. 3, 208 (3). ὦ γυναῖκες Aristophan. 2, 948 (11). ἦσαν — καὶ γυναικῶν (an γυναικαρίων) ἀφήλικες Phryn. 2, 604 (8). ξένη γυνὴ γραῦς Pher. 2, 315 (11). γυναῖκας ἑπτὰ Λεσβίδας Pher. 2, 339 (8). γυναῖκ' Ἀθηναίαν Canth. 2, 836 (1). Ἕλλην γυνή Philem. 4, 17. γυναῖκες εἰλίποδες Eup. 2, 485 (5). σαρκίνη γυνή Eup. 2, 573 (100). πότνια γυνή Phryn. 2, 607 (16). γυνὴ φέρριν ἠμφιεσμένη Eup. 2, 561 (39). καὶ πῶς γυνὴ νῆσον ἀμφιέννυται; Anaxil. 3, 354 (4). αἱ τῶν γυναικῶν παγίδες Aristophan. 2, 1217 (288). μισθώτριαι γυναῖκες Phryn. 2, 608 (24). ταῖς γυναιξὶ ταῖς πρασατρίαις Archipp. 2, 727 (2). γυναῖκες ναυτίδες Theop. 2, 823 (38). ἐπίτοκος ἡ γυνή Antiph. 3, 157 (80). ἥτις ἐστὶ κοσμία γυνή Anaxand. 3, 197 (5).

λάγνης γυναικός ἐστιν-τόδε Anaxand. 3, 199 (9). γυνὴ λινουργός Alexid. 3, 399. σαπρὰν γυναῖκα Philem. 4, 58 (77). γυνὴ δέσποινα Men. 4, 189 (1, 6). ἀνδρεράστρια γυνή anon. 4, 663 (254). κακὸν γυναῖκες Susar. 2, 3 (1, 2). ἀνάγκη γὰρ γυναῖκ' εἶναι κακόν Men. 4, 229 (3, 16). κακοδαίμων-ὅστις γαμεῖ γυναῖκα Antiph. 3, 32. ἀπόλοιθ' ὅστις γυναῖκα δεύτερον ἔγημε Eubul. 3, 260 (1, 2). ὁ δ' οἷον ἦν γυνὴ κακὸν *πεπυσμένος ib. (1, 5). οὔπω-εἰδὼς-οἷον ἦν κακὸν ἐλάμβανεν γυναῖκ' Aristophont. 3, 359. ἄτιμον εἶναι μᾶλλον ἢ γυναῖκ' ἔχειν Alexid. 3, 519 (34, 4). ἀθάνατόν ἐστι κακὸν ἀναγκαῖον γυνή Philem. 4, 62 (103). ἓν ἀγαθὸν πάσχει-, ὅτι οὐχ ὁρᾷ γυναῖκα τοῦτον τὸν χρόνον Antiph. 3, 151 (55). βίον καλὸν ζῇς ἂν γυναῖκα μὴ † ἔχῃς Philem. 4, 62 (106) = mon. 78. ὦ μακάριόν μ' *ὅστις γυναῖκ' οὐ λαμβάνει Men. 4, 69 (1). διὰ τὰς γυναῖκας πάντα τὰ κακὰ γίγνεται mon. 134. ἐκ τῶν γυναικῶν ὄλλυται κόσμος μέγας mon. 181. ζῆν οὐκ ἔδει γυναῖκα mon. 198. μέγιστόν ἐστι θηρίον γυνή Men. 4, 214 (8). θηρῶν ἁπάντων ἀγριωτέρα γυνή mon. 248. θάλασσα καὶ πῦρ καὶ γυνὴ τρίτον κακόν mon. 231. εἰς πῦρ καὶ γυναῖκας ἐμπεσεῖν mon. 675. γυναῖκας ἔπλασεν-ἔθνος μιαρόν Men. 4, 231 (6). κακὸν φυτὸν πέφυκεν-γυνή mon. 304. λύπη παροῦσα πάντοτ' ἐστὶν ἡ γυνή mon. 324. λέοντι συζῆν ἢ γυναικὶ συμβιοῦν mon. 327. μεστὸν κακῶν-φορτίον γυνή mon. 334. οὐδὲν γυναικὸς χεῖρον mon. 413. χωρὶς γυναικὸς-κακὸν οὐ γίγνεται mon. 541. ὅπου γυναῖκές εἰσι πάντ' ἐκεῖ κακά mon. 623 cf. 694. γυναικῶν δυστυχούντων ἕνεκα mon. 700. τὸ Πλάτωνος ἀγαθὸν-ἐστὶ τοῦτο-μὴ λαμβάνειν γυναῖκα Philippid. 4, 468 (2). *ὃς ἔχεις γυναῖκα σχοινίων πωλουμένων anon. 4, 620 (54). μισηταὶ-γυναῖκες ὀλισβοισιν χρήσονται Cratin. 2, 202 (78). αἱ γυναῖκες τὸν δορίαλλον φράγνυνται Aristophan. 2, 1101 (13). πάσαις γυναιξὶν-μοιχὸς ἐσκευασμένος Aristophan. 2, 1016 (3). πᾶσα δ' εὔμορφος γυνὴ ἐρῶσα φοιτᾷ Eubul. 3, 242 (1). οὐκ ἔστιν-δυσφύλακτον οὐδὲν ὡς γυνή Alexid. 3, 521 (40). ἐν-γυναιξὶ πίστιν οὐκ ἔνεστ' ἰδεῖν mon. 161. τρισάθλιος γυναικὶ πιστεύων ἀνήρ mon. 633. ὑπερήφανον πρᾶγμ' ἐστὶν ὡραία γυνή mon. 734. *ἐχθρὸν νέᾳ γυναικὶ πρεσβύτης ἀνήρ Aristophan. 2, 1180 (18). ὅταν ποθεῖν *λέγῃ σε καὶ στέργειν γυνή, φοβοῦ *Sosicrat. 4, 592 (3). δυοῖν γυναικοῖν (dat.) εἷς ἀνὴρ οὐ στέργεται anon. 4, 626 (89). ἀνὴρ ἁπασῶν τῶν γυναικῶν ἐστι νῦν Pher. 2, 342 (5). Ἀλκιβιάδης ἐκ τῶν γυναικῶν ἐξίτω Eup. 2, 494 (18). κεἴσματ' ἐκκαλεῖσθαι γυναῖκας Eup. 2, 481 (3, 4). *γυναῖκ' ἐκίνουν κολλύβου καὶ παῖδα καὶ γέροντα Eup. 2, 510 (5). ἐβίασέ μου τὴν γυναῖκα Alcae. 2, 833 (3). ἀναβῆναι τὴν γυναῖκα Aristophan. 2, 1062 (8). ὁπότε γυναικὸς λαμβάνοι κοινωνίαν Amphid. 3, 308 (1, 3). ἐξὸν γυναῖκ' ἔχοντα κατακεῖσθαι καλήν Baton. 4, 500 (2). τὸ τῶν γυναικῶν σχῆμα διατηρεῖ anon. 4, 691 (350, 10). γυναικὶ τὴν γυναῖκα (int. ἐξελαύνειν) Antiph. 3, 139 (13, 6). στῆσαι γυναῖκας κοινὰς ἅπασι καὶ κατεσκευασμένας Philem. 4, 4 (1). συμπεριπατήσεις-ἐμοί, ὥσπερ Κράτητι τῷ κυνικῷ ποθ' ἡ γυνή Men. 4, 164 (1). γαμεῖ-ἡμῶν οὐδὲ εἷς *εἰ μὴ δέκ' ἢ ἕνδεκα γυναῖκας Men. 4, 232 (8). τερπνὸν κακὸν γυνή mon. 493. μισεῖς τὰς γυναῖκας, πρὸς παιδικὰ δὲ τρέπῃ νῦν Cratin. 2, 105 (5). εἶτ' οὐ γυναικός ἐστιν εὐνοικώτερον γαμετῆς ἑταίρα; Amphid. 3, 301. πρὸς ἑτέραν γυναῖκ' ἔχων τὸν νοῦν Cratin. 2, 116 (1, 2). γυνὴ δ' ἐκείνου πρότερον ἦ ib. 117 (2). ἐπολέμησ' ἔτη δέκα-διὰ γυναῖκα τὴν ὄψιν καλήν Antiph. 3, 25. γυναῖκ' ἔχοντα μάλα καλήν τε κἀγαθήν· αὕτη-ἐπεθύμησέ μου Eup. 2, 472 (26). καλὴν γυναῖκ' ἐὰν ἴδῃς μὴ θαυμάσῃς Men. 4, 269 (155). βλέμμα καὶ φωνὴ γυναικός, τὰ σκέλη δὲ κοψίχου Anaxil. 3, 349 (1, 21). τὴν γυναῖκα-τὴν σώφρον' οὐ δεῖ τὰς τρίχας ξανθὰς ποιεῖν Men. 4, 265 (133).

εὐκαταφρόνητος τῇ στολῇ εἴσειμι καὶ ταῦτ' εἰς γυναῖκας Men. 4, 276 (189). γυναικὶ κόσμος ὁ τρόπος mon. 92. καλὸν γυναικὸς εἰσορᾶν καλοὺς τρόπους mon. 675. γυνὴ δαπανηρὸν φύσει mon. 97. γυνὴ πολυτελής ἐστ' ὀχληρόν Men. 4, 164 (1). γυνὴ καθεύδουσ' ἐστὶν ἀργόν Plat. 2, 629 (1). ἡ τόλμα (Amoris) -ἀνδρός, ἡ δὲ δειλία γυναικός Alexid. 3, 496 (1, 11). ἐν ταῖς γυναιξὶ λαμπρός, οὐκ ἐν ἀνδράσιν Timocl. 3, 592. ἀργοὶ κάθηνταί μοι γυναῖκες τέτταρες anon. 4, 652 (184). βίου σπάνις ἀνδράσιν γυνή mon. 77. ῥᾷον ζῇς, ἂν γυναῖκα μὴ τρέφῃς mon. 468. διώβολον *φέρων ἀνὴρ *τρέφει γυναῖκα Theop. 2, 812 (2). γυναικὸς προῖκα πολλὴν φερομένης Antiph. 3, 151 (53). τὴν γυναῖκα χρήματα λαβὼν ἔχει δέσποιναν, οὐ γυναῖκ' ἔτι Anaxand. 3, 195 (1, 4. 5). γυναιξὶ δοῦλοι ζῶμεν ἀντ' ἐλευθέρων Alexid. 3, 450. φέρειν μύσαντα πολλὴν προῖκα καὶ γυναῖκα δεῖ Men. 4, 226 (1). τὰ μετὰ γυναικὸς εἰσιόντ' εἰς οἰκίαν Men. 4, 250 (54). ὅστις γυναῖκ' ἐπίκληρον ἐπιθυμεῖ λαβεῖν ib. 55. γάμει μὴ τὴν προῖκα, τὴν γυναῖκα δέ mon. 98. μεγάλη τυραννίς ἐστι πλουσία γυνή mon. 363. ῥύπος γυνὴ-ἠργυρωμένος mon. 469. αἰσχρὰν γυναῖκ' ἔγημας, ἀλλὰ πλουσίαν Philippid. 4, 476 (6). ᾔτουν τι τὰς γυναῖκας ἀργυρίδιον Aristophan. 2, 1164 (4). γυνὴ-ἐστὶ-κτημάτων κράτιστον, ἐὰν δ' ἀνῇς, ὑβριστὸν ἐστι χρῆμα Plat. 2, 648 (2) cf. 5, 46. ἡ Θρασυμάχου-γυνὴ καλῶς ἐπιστατήσει Theop. 2, 813 (3). οὐκ ἔστ' ἀναισχυντότερον οὐδὲν εἰσορᾶν γυναικός Alexid. 3, 521 (39). ἀγαθῆς γυναικός ἐστιν-μὴ κρείττον' εἶναι τἀνδρός-γυνὴ δὲ νικῶσ' ἄνδρα κακόν ἐστιν μέγα Philem. 4, 50 (44). γυνὴ κρατεῖ πάντων, ἐπιτάττει, μάχετ' ἀεί Men. 4, 157 (2). τὰ δεύτερ' ἀεὶ τὴν γυναῖκα δεῖ λέγειν Men. 4, 213 (4). γυνὴ *δυσάνιόν ἐστι καὶ πικρόν Men. 4, 290 (259[a]). γυνὴ-οὐδὲν οἶδε πλὴν ὃ βούλεται mon. 87. γυναικὶ δ' ἄρχειν οὐ δίδωσιν ἡ φύσις mon. 100. ἱστοὶ γυναικῶν ἔργα κοὐκ ἐκκλησίαι mon. 260. οὐ πρὸς γυναικὸς ὁ *χορός Philetaer. 3, 296. πρὸς *γυναῖκ' ἄρα ἐρεῖς τὸ πρᾶγμα; Antiph. 3, 151 (57). ἐὰν γυνὴ γυναικὶ-† ὁμιλεῖ (f. συνῇ) Philem. 4, 57 (76). γνώμην πονηρὰν τῇ γυναικὶ μὴ δίδου Philem. 4, 58 (78). γνώμην ἀρίστην τῇ γυναικὶ μὴ λέγε Men. 4, 269 (156). ἀνὴρ γυναικὸς λαμβάνων συμβουλίαν Philem. 4, 59 (85). γυνὴ τὸ συμφέρον οὐ βουλεύεται mon. 106. μήποτε λάβῃς γυναῖκας εἰς συμβουλίαν mon. 355. μηδέν ποτε κοινοῦ τῇ γυναικὶ χρήσιμον mon. 361. τότε τὰς γυναῖκας δεδιέναι-δεῖ, ὅταν τι περιπλάττωσι τοῖς χρηστοῖς λόγοις Men. 4, 260 (108). γυνὴ λέγουσα χρήσθ'-φόβος Men. 4, 278 (197). εἴωθ' ἀληθὲς οὐδὲ ἓν λέγειν γυνή ib. (198). γυναικὸς ἐκ λόγου πίστιν λαβεῖν Men. 4, 289 (256). γυνὴ-κολακεύει σε τοῦ λαβεῖν χάριν mon. 600. *(τί) λογίζομ' ὁ κακοδαίμων προσδοκῶν χάριν παρὰ *γυναικὸς κομιεῖσθαι; Men. 4, 241 (27[a]). οὐκ ἐν γυναικὶ φύεται *πιστὴ χάρις ib. (27[b]). γυναικὶ-ὅρκον ὀμνύων ἀνήρ Men. 4, 325 (469). δειναὶ-αἱ γυναῖκες εὑρίσκειν τέχνας mon. 130. γυναῖχ' ὁ διδάσκων *γράμματ' οὐ καλῶς ποιεῖ Men. 4, 269 (154). γυναιξὶ διαφέρειν οἴει δὲ τί; (utrum ῥάφανος dicatur an κράμβη) Apollod. Car. 4, 449. καθάπερ αἱ γυναῖκες, *κατέφαγεν πάμπολλα καὶ ταχύτατα Antiph. 3, 48. ὧν οὐδὲ λειφθέντων θέμις δούλῳ φαγεῖν, ὥς φασιν αἱ γυναῖκες Antiph. 3, 49 (1) = Epicrat. 3, 368. πότερ' ἔπεμψέ τις; Α. οὐκ ἀλλ' ἔθυσεν ἡ γυνή Ephipp. 3, 334 (1, 12). καὶ δὴ δεδειπνήκασιν αἱ γυναῖκες Philyll. 2, 857 (1). τέτταρας-τραπέζας τῶν γυναικῶν-ἓξ δὲ τῶν ἀνδρῶν Euangeli 4, 572. † τούτων γυναῖκες ἱέρειαι Posidipp. 4, 521 (v. 21). γυναιξὶ *κοπιώσαισιν Aristophan. 2, 1077 (3, 8). γυναιξὶ δ' ἀρκεῖ πάντ' ἐὰν οἶνος παρῇ Alexid. 3, 459. γυναικὶ δὴ πίστευε μὴ πίνειν ὕδωρ Axionici 3, 533. ὅρκον-γυναικὸς εἰς 'οἶνον γράφω Xenarch. 3, 620 (3). ἔγημε θαυμαστὴν γυναῖχ' ὡς σώφρονα Men. 4, 287 (238). φθόνος, μεθ' οὗ ζῇ πάντα τὸν βίον γυνή Men. 4, 231 (6). φιλόνεικος-γυνή εἰς μῆνιν. Men. 4, 330 (499). ζῆλος γυναικὸς-πυρπολεῖ δόμον mon. 195. ἴσον-* ὀργῇ καὶ θάλασσα καὶ γυνή mon. 264. ἴσον λεαίνης καὶ γυναικὸς ὠμότης mon. 267. ἰὸς ἀσπίδος κακὴ γυνή mon. 261. θησαυρός ἐστι τῶν κακῶν κακὴ γυνή mon. 233. μὴ λοιδόρει γυναῖκα μηδὲ νουθέτει mon. 353. χειμὼν κατ' οἴκους-κακὴ γυνή mon. 540. γυναικὶ μὴ πίστευε τὸν βίον mon. 86. ἐγὼ γυναικὶ-ἕν τι πιστεύω μόνον, ἐπὰν ἀποθάνῃ μὴ βιώσεσθαι πάλιν Antiph. 3, 151 (54). γυναῖκα θάπτειν κρεῖσσόν ἐστιν ἢ γαμεῖν mon. 95 = anon. 4, 690 (348). οἱ τέττιγες-εὐδαίμονες, ὧν ταῖς γυναιξὶν οὐδ' ὁτιοῦν φωνῆς ἔνι Xenarch. 3, 625. εἶτ' ἐγὼ *κακῶς ποτε ἐρῶ γυναῖκας; Eubul. 3, 260 (2, 7). εἰ δ' ἐγένετο κακὴ γυνὴ Μήδεια, Πηνελόπεια δὲ μέγα πρᾶγμ' ib. (2, 9). ταχέως γέ μ' αἱ χρησταὶ γυναῖκες ἐπέλιπον ib. 261 (2, 14). γυναικὸς ἐσθλῆς (Diph. ἀγαθῆς) ἐπιτυχεῖν οὐ ῥᾴδιον mon. 94 = Diph. 4, 428 (33). γυναικὸς ἐσθλῆς ἐστι σώζειν οἰκίαν mon. 84. γυνὴ-οἴκῳ πῆμα καὶ σωτηρία mon. 85. γυνὴ δικαία-σωτηρία mon. 98. γυνὴ χρηστὴ πηδάλιόν ἐστ' οἰκίας mon. 99. χρηστὴ γυνὴ κτῆμ' ἐστὶν mon. 634. ταμιεῖον ἀρετῆς ἐστι γενναία γυνή Alexandri 4, 554 (1). γυναικὶ κόσμον ἡ σιγὴ φέρει mon. 83. ἔνεισι καὶ γυναιξὶ σώφρονες τρόποι mon. 160. οὐχ-γυναῖκα λαμβάνει μόνον, ὁμοῦ δὲ-*ἐπεισκομίζεται-καὶ δαίμον' anon. (?) 4, 690 (349). χρήματα, γυναῖκα καὶ τέκνων πολλῶν σποράν Men. 4, 247 (41). τὸ γυναῖκ' ἔχειν εἶναί τε παίδων-πατέρα Men. 4, 260 (103). οἰκεῖον οὕτως οὐδέν ἐστιν-ὡς ἀνήρ τε καὶ γυνή Men. 4, 259 (101). ὑπὲρ γυναικὸς καὶ φίλου πονητέον mon. 735. ἐὰν κακῶς μου τὴν γυναῖχ' οὕτω λέγῃς Men. 4, 254 (73). οὐκ ἄν ποτε Εὐριπίδης γυναῖκα *σώσει' Diph. 4, 411 (1, 4). γυνὴ γυναικὸς οὐδὲν διαφέρει mon. 109. γυναικὶ πρόσφορον γυνή anon. 4, 668 (284). τὴν γυναῖκα δὲ αἰσχύνομαι τώ τ' οὐ φρονοῦντε παιδίω Aristophan. 2, 1175 (1). δίδωμι τήνδ' ἐγὼ γυναῖκα-σοι Aristophan. 2, 1134 (2). ὥσπερ Χαλκιδικὴ τέτοκεν-ἡ γυνή Polyzel. 2, 870 (3). (Ilithyia) ὑπὸ τῶν γυναικῶν οὖσα καταπλὴξ τὴν τέχνην Theop. 2, 815 (2). γυνὴ κυεῖ δεκάμηνος* (;) Men. 4, 192 (3). γυναῖκα ζητοῦντες-ἥκομεν (poesin) Aristophan. 2, 1132 (1). γυναῖκε δ' αὐτὰς δύο ταράττετόν τινε (democratia et aristocratia) Henioch. 3, 563 (v. 15). ἦσαν ἄνθρωποι πέντε καὶ γυναῖκες τρεῖς Alexandr. (?) 4, 555 (2). ταὼνας ὑφιέναι ταῖς γυναιξὶν ex anon. 4, 678 (308). cf. v. Κρόνος.

γύργαθος: δικῶν γύργαθος Aristophan. 2, 1039 (21).

γῦρος: Men. 4, 167 (12).

γωνιαῖος: γωνιαίου ῥήματος Plat. 2, 639 (2).

Δ.

δαί: τί δαί; τί-ἀξιοῖς; Pher. 2, 289 (7). †τιδη (τί δαί;) τὸν ἐνεργμόν Phryn. 2, 582 (1). τί *δαί; κυνίδιον ἐπρίω-; Aristophan. 2, 1030 (12). τί *δαί; Alexid. 3, 479. τί δαί | τοῦτ' ἐστι πρὸς σέ-; Diph. 3, 381 (1).

Δαιδάλειος: πότερα Δαιδάλειος ἦν; Cratin. 2, 62 (2). Δαιδάλεια Aristophan. 2, 1016 (2).

δαιδάλεος: χιτῶνά μοι-δέδωκας *δαιδάλεον Theop. 2, 806 (2). ἑψηταί τινες-δαιδάλεοι Alexid. 3, 392 (3).

Δαίδαλος: Ἑρμῆς-Δαιδάλου φωνὴν ἔχων Plat. 2, 682 (6). de Daedali

quodam ligneo simulacro Veneris *Eubul. 3, 216 (3). εἰδώς σε πάντων διαφέροντα τῇ τέχνῃ-Δαίδαλε (coque) Philostoph. 4, 589.
δαιμονίζομαι: ἄλλος κατ' ἄλλην δαιμονίζεται τύχην Philem. 4, 62 (98).
δαιμόνιος: ὦ δαιμόνιε Pher. 2, 287 (1). Mnesim. 3, 568. ὦ *δαιμόνι' ἀνδρῶν Eup. 2, 554 (15).
δαιμονίως: γέρων γε δαιμονίως (int. οἶνος) Alexid. 3, 460.
δαιμονῶ: *δαιμονᾷς, γεγονὼς ἔτη τοσαῦθ'; Men. 4, 140 (1).
δαίμων: χαίρετε δαίμονες, οἳ Λεβάδειαν Cratin. 2, 142 (3). δύο δ' αὐτὸν δαίμον' *ὀλεῖτον Plat. 2, 615 (1, 3). λύχνων-ὀσμὰς οὐ φιλοῦσι δαίμονες Plat. 2, 675 (2, 15). τὴν κρατίστην δαίμον' (Bendis) Aristophan. 2, 1100 (7). τὴν ἔγχελυν μέγιστον ἡγεῖ δαίμονα Anaxand 3, 181 (v. 5). τὸν-οἶκον στρέφει δαίμων ἑκάστῳ Anaxand. 3, 163 (1). ψάξει σε δαίμων Alexid. (?) 3, 395 (v. 10). ἡ φιλοτιμία (Amoris) δαίμονος Alexid. 3, 496 (1, 13). ὅσοι τοῦ δαίμονος τούτου (Amoris) ποιοῦσιν εἰκόνας Alexid. 3, 495 (1, 5). ἅπαντι δαίμων ἀνδρὶ συμπαρίσταται εὐθὺς γενομένῳ-ἀγαθός, κακὸν γὰρ δαίμον' οὐ νομιστέον εἶναι Men. 4, 238 (18a). *ἐπισκομίζεται καὶ δαίμον' ἤτοι χρηστὸν ἢ τοὐναντίον (cum uxore) anon. (?) 4, 660 (349). δαίμων ἐμαυτῷ γέγονα mon. 132. οἵῳ μ' ὁ δαίμων φιλοσόφῳ συνῴκισεν Theognet. 4, 549 (v. 6). οἶνος-δαιμόνων ὑπέρτατος anon. 4, 694 (363). πρὸς τῶν δαιμόνων Nicol. 4, 579 (v. 17). ἡ στιφρότης, τὸ χρῶμα, πνεῦμα, δαίμονες (vetulae) Timocl. 3, 607. ἀγαθοῦ δαίμονος: cf. ἀγαθῆς τύχης v. τύχη. λεπαστὴ-ἣν ἐκπιοῦσ' ἄκρατον ἀγαθοῦ δαίμονος Theop. 2, 808 (1 et 2). ἀγαθοῦ δαίμονος ἐπιρροφεῖν Theop. 2, 821 (20). δαίμονος ἀγαθοῦ μετάνιπτρον Antiph. 3, 76. ἐγχέασα ἀγαθοῦ δαίμονος Nicostr. 3, 286 (3). ἀγαθοῦ δαίμονος δέχομαι ib. ἀγαθοῦ δαίμονος λαβεῖν Eriphi 3, 558 (4). ἡ τἀγαθοῦ δαίμονος-φιάλη Xenarch. 3, 616 (1). μετανιπτρίδα μεστὴν Διὸς σωτῆρος, ἀγαθοῦ δαίμονος Diph. 4, 409 (1).
δαίνυμαι: πῦον δαινύμενοι Cratin. 2, 95 (4). ἢ δ' εἰς τ' ἐδωδὴν-καὶ πάντα ταῦτ' ἐδαινύμην Eubul. 3, 205 (v. 7). μηδ' ὄψον-μετὰ τούτου-δαίσῃ Cratin. min. 3, 377.
δαίς: κομψὴν ἐπὶ δαῖτα θεατῶν Cratin. 2, 111 (1, 3). δειλὼν ἐπὶ δαῖτας ἴασιν Eup. 2, 542 (14). ἐπὶ δαῖτα θάλειαν Pher. 2, 335 (2). πίνειν ἐν *δαιτὶ θαλείῃ Herm. 2, 410 (2, 11). τά γάρ τ' ἀναθήματα δαιτός Herm. 2, 408 (1, 21). δαιτὸς διαθρυμματίδες Antiph. 3, 49 (2).
Δαισιακός (f. Λαισίας) anon. 4, 632 (112).
Δαισίας: κόνδυλον ἐπριάμην παρὰ Λαισίου Archipp. 2, 728 (13).
δαιτυμών: "οὐδ' ἆρα παρέσται δαιτυμὼν οὐδεὶς ὅλως;" οὐκ οἴομαί γε Δαιτυμών. ἐλογιζόμην ‖ οὐκ ἦν ἐν αὐτοῖς οὐδὲ εἷς μοι Δαιτυμών Straton. 4, 545 (v. 11. 12. 15).
Δάκης τίς ἐστιν Telecl. 2, 368 (1).
δακνάζω: *δακνάζει (libr. δάκνειν) τὴν Εὔβοιαν anon. 4, 677 (306).
δάκνω: cf. δακνάζω. λακπατεῖν ὠθεῖν δάκνειν Pher. 2, 323 (40). δάκνει, δάκνει, ἀπεσθίει μου τὴν ἀκοήν Herm. 2, 405 (7). μῶν *ἔδακέ (legeb. ἔδωκε) *τί σε; Α. ἔδακε· κατὰ μὲν οὖν ἔφαγε Archipp. 2, 725 (2). κεντεῖ κάτωθεν, τοῖς δὲ χείλεσιν δάκνει Eubul. 3, 254 (1, 16). δάκνων τὰ χείλη Eubul. 3, 230 (2). ὁ μὲν λέμμ' *ἐστίν, ὁ δ' ἕτερον δάκνει Anaxil. 3, 353 (1). ὁ μὲν δάκνει γὰρ (senex), ὁ δ' ἱλαροὺς ἡμᾶς ποιεῖ (int. οἶνος) Alexid. 3, 512 (15). ἡ Μυῖα δ' ἔδακνεν αὐτόν anon. 4, 653 (198). δηχθεὶς αἴθωνι Κλέωνι Herm. 2, 395 (1, 7). ὁ λιμὸς τὸν καλὸν τοῦτον δακών Men. 4, 180 (4). τὸ κουφότατόν σε τῶν κακῶν πάντων δάκνει πενία Men. 4, 149 (2). ἀντίτειχος, Ἀργεῖος, δάκνων Eubul. 3, 232 (2).

δάκρυον: ὅμοια πόρνη δάκρυα καὶ ῥήτωρ ἔχει mon. 426. τῶν δικαστῶν καθ' ἕνα δεξιουμένη μετὰ δακρύων Posidipp. 4, 517. εἰ τὰ δάκρυ' ἡμῖν τῶν κακῶν ἦν φάρμακον ‖ ἠλλαττόμεσθ' ἂν δάκρυα Philem. 4, 23 (1). ἡ λύπη-ἔχει καρπὸν τὸ δάκρυον ib. τοῖς παροῦσι δακρύοις ἐμποιεῖ-ἀναβολήν *Men. 4, 237 (16). οὐ γὰρ ὠφελεῖ τὰ δάκρυ' ἀναισθήτῳ-καὶ νεκρῷ Men. 4, 269 (157). δάκρυα-ἀπὸ τῆς τραπέζης-ἀπήγαγον Anaxipp. 4, 459 (v. 14).
δακρυρροῶ: δακρυρροοῦντες Alexid. 3, 523 (50).
δακρύω: ἐποίησα τοὺς δακρύοντας γελᾶν Hegesipp. 4, 479 (v. 14).
δακτύλιος: δακτύλιος φαρμακίτης Eup. 2, 454 (22). παρὰ Φερτάτου δακτύλιός ἐστί μοι Antiph. 3, 97 (2). δακτύλιον ἀπείρονα Aristophan. 2, 1049 (7). σφραγῖδας, ἁλύσεις, δακτυλίους Aristophan. 2, 1079 (6, 12). ἁλύσεις, καθετῆρας, δακτυλίους Nicostr. 3, 289 (7).
δακτυλιουργός: Pher. 2, 356 (77).
δάκτυλος: περιτρώγειν αὐτῶν τοὺς δακτύλους Pher. 2, 255 (2). ἅπαντας ἀπέδομαι τοὺς δακτύλους Herm. 2, 388 (1). κἂν μὴ κατεσθίωσι καὶ τοὺς δακτύλους Aristophont. 3, 362 (3). *προσκατέδει τοὺς δακτύλους Alexid. 3, 462 (1, 5). ἐπὶ τίνα δ' ὧδ' ἄλλην τέχνην-ὠθισμός ἐστι δακτύλων *τοιουτοσί-; Anaxand. 3, 175 (1, 7). πρὸς τὰ θερμὰ ταῦθ'-τοὺς δακτύλους-'Ιδαίους ἔχω Crobyli 4, 568 (1). κηδεμὼν τῶν δακτύλων Alexid. 3, 451. δακτύλου πιάσματι σύρει Eubul. 3, 242 (1, 11). χεὶρ χεῖρα νίπτει, δάκτυλοι δὲ δακτύλους mon. 543. αἴρουσιν ὥσπερ δάκτυλον τὴν μηχανήν Antiph. 3, 106 (v. 15). ἔχουσι-τι κέντρον ἐν τοῖς δακτύλοις Phryn. 2, 580 (1). γυναικὸς ἐπιφερούσης δακτύλους ἁπαλοὺς Alexid. 3, 404 (3) = 429 (1, 10). δακτύλους αὐλητικοὺς Plat. 2, 685 (12). αὐλητικῶς-καρκινοῦν τοὺς δακτύλους Antiph. 3, 30 (1, 15).
δαλός: ἐνέκρυψα-ὥσπερ δαλὸν εἰς πολλὴν τέφραν Sotad 3, 586 (1, 29).
δαμάζω: βολβοὺς-σποδιᾷ δαμάσας Plat. 2, 672 (1, 9). Med. τὰ μὲν διανεκῆ σώματος μέρη δαμάζετ' ἐν *πυρικτάτοισι γᾶς Anaxand. 3, 163. ἥδε γὰρ δαμάζεται (iuvenes) ἐφθοῖς προσώποις ἰχθύων χειρουμένη Anaxand. 3, 175 (1, 15).
δάμαλις: ἐπομνύουσα-ὡς δάμαλις, ὡς παρθένος, ὡς πῶλος ἀδμής Epicrat. 3, 369.
δάμαρ: οὐκ-τὴν σεαυτοῦ γυμνάσεις δάμαρτα; Eup. 2, 494 (18). [ὅστις μοχλοῖς-σώζει δάμαρτα Men. 4, 226].
δαμαρίππεως: Eup. 2, 572 (83).
Δαμασίας: Λαισποδίας καὶ Δαμασίας Eup. 2, 475 (37).
δαμασικόνδυλος: Eup. 2, 572 (84).
Δάματερ: vide Δημήτηρ.
Δάμιππος: ὁρῶ-προσιόντα μοι Δάμιππον Anaxipp. 4, 464 (1).
Δαμόξενος: 'Ρόδιος Δαμόξενος Anaxipp. 4, 459 (v. 1).
Δαναώτατος: Aristophan. 2, 1048 (2).
δανείζω: ὑδρίαν δανείζειν Aristophan. 2, 1080 (15). ὅταν δανείζῃ τις πονηρῷ χρήματα Axionici 3, 536 (1). τῇ γῇ δανείζειν Philem. 4, 52 (51c). διὰ χειρὸς δανεῖσαι Timostrat. 4, 595. τοὺς πλουσίους-οἷς μὴ τὸ δανείζεσθαι πρόσεστιν Men. 4, 149 (1).
δάνειον: τὰ δάνεια δούλους ποιεῖ mon. 514. δάνει' ἐρυγγάνων Diph. 4, 396 (2, 21).
Δᾶος: Δᾶος πάρεστι anon. 4, 600 (2b). Δᾶοι et Γέται fallaces servi Men. 4, 333 (513).
δαπάνη: δαπάνην ματαίαν Antiph. 3, 90 (2, 6). τοῖς ὑπερβάλλουσι-δαπάνη πρόσεστιν Alexid. 3, 502 (1). μεγάλη δαπάνη μίαν εἶλκυσα πέρκην Antiph. 3, 109 (v. 2).

δαπάνημα: διαφέροντα τοῖς καθ' ἡμέραν δαπανήμασιν Philem. 4, 86 (7).
δαπανηρός: γυνὴ-ἐστι δαπανηρόν mon. 97.
δαπανῶ: ὑπὲρ τὴν οὐσίαν δαπανῶν Diph. 4, 389 (1, 7). τὸν βολβόν-σκόπει ὅσα δαπανήσας εὐδοκιμεῖ Philem. 4, 48 (33). τοὺς τὸν ἴδιον δαπανῶντας ἀλογίστως βίον (pecuniam) Men. 4, 255 (79). Med. οὐκ ἂν ἐπεθύμουν, οὐδ' ἂν ἐδαπανῶντο Aristophan. 2, 1171 (1, 10).
δάπεδον: χαῖρε λιπαρὸν δάπεδον Aristophan. 2, 990 (18).
δαπίδιον: δαπίδιον ἐν ἀγαπητὸν ποικίλον Hipparch. 4, 431.
†δαπιθάκνην Plat. 2, 654 (2).
δάπις: ὁ χορὸς-εἶχεν δάπιδας ῥυπαράς Pher. 2, 299 (9). ὠρχεῖτ' ἂν ἐναψάμενος δάπιδας Aristophan. 2, 1052 (12). Καρχηδὼν δάπιδας (praebet) Herm. 2, 408 (1, 23).
δάπτω: *δάπτοντα (libr. δαρδάπτοντα), μυστύλλοντα Aristophan. 2, 1119 (10).
δαρδάπτω: vide δάπτω.
Δαρεικός: *κάξαιρῶν τοὺς Δαρεικοὺς Aristophan. 2, 1153 (13).
δᾴς: δᾷδες Philyll. 2, 866 (7). δᾷδας ἡμμένας-δότω τις *Lysipp. 2, 748 (3). δᾷδα καὶ στεφάνους λαβόντες Antiph. 3, 114 (1). *(στεφάνους)-δύο καὶ δᾷδα χρηστήν Antiph. 3, 145 (29). ὄψον δᾷδας ἡμμένας καταπίνομεν Mnesim. 3, 577 (1). ἁγνίζων-δᾳδὶ μιᾷ σκίλλῃ τε μιᾷ Diph. 4, 416 (3).
δασύπους: Cratin. 2, 210 (108). τοὺς δασύποδας-ἀλεὶ διαπάττειν Alcaei 2, 829 (1). δέλφαξ, δασύπους, ἔριφοι Antiph. 3, 78 (2, 6). *δασύποδας τρεῖς, στρουθάρια δ' Eubul. 3, 268 (14). δασύποδα, ἐὰν περιτύχῃς, ἀγόρασον, καὶ νηττία Nicostr. (Philetaer.) 3, 280 (3). δασύπους *ἂν ἐπέλθῃ τις, φέρε Ephipp. 3, 334 (1, 9). χελιδόνειος ὁ δασύπους Diph. 4, 375 (1). οὐ (in Attica) δασύποδ' εὑρεῖν ἐστιν οὐχὶ ῥᾴδιον Nausicr. 4, 578.
δασύπρωκτος: Κυπρίων ἀνδρῶν δασυπρώκτων Plat. 2, 615 (1).
δασύς: δασὺν ἔχων τὸν πρωκτόν Cratin. 2, 184 (27). δασύς, ἄλλοτε λεῖος Eubul. 3, 254 (1, 2). τρωτός, ἄτρωτος, δασύς, λεῖος ib. (1, 8). οἱ δασεῖς-καὶ προβεβηκότες Baton. 4, 504 (1, 9). ἱμάτιον δασύ Philem. 4, 53 (53).
δατηταί: Aristophan. 2, 1209 (153).
Δαύλιος: Δαυλία κορώνη Aristophan. 2, 1209 (156).
δάφνη: δάφνης κλάδοι Amips. 2, 711 (3). κλῶνας πρὸς καλὸν δάφνης anon. 4, 676 (305). ὅσα θεοῖς ἄνθη καλά, κιττόν, δάφνην Men. 4, 97 (4). ἀγαλματίοις ἀγαλοῦμεν καὶ δάφνῃ Theop. 2, 810 (1).
δαφνοπώλης: (de Apolline) Aristophan. 2, 1209 (154).
δαψιλής: γαστρισμὸς-δαψιλής Sophili 3, 582 (1).
δαψιλῶς βρέχειν (?) Antiph. 3, 147 (35).
δέ: ἆρ' ἀληθῶς-ἐστιν-θοινᾶσθαι καλῶς; ἐν δὲ ταῖς λέσχαισι φῦσκαι κατακρέμανται; Cratin. 2, 107 (1, 8). τίς δὲ σύ; Cratin. 2, 225 (155). *μετὰ δὲ Μέλητα τίς Pher. 2, 257 (4). τίς δ' οὗτος-ἐστι; Pher. 2, 268 (1). τί εἴργασαι; παῖς ὦ κατάρατε *(δ') ἐνέχεας; Pher. 2, 282 (4, 3). τί δ' οἴνου; ib. (4, 4). τίς δ' ἔσθ' ἡμῖν τῶν-καὶ-ἔτι χρεία; Pher. 2, 315 (1). τί δ' ἔπαθες; Pher. 2, 346 (20). ὁ νόθος δέ μοι ζῇ; Eup. 2, 461 (9). οὐ δεινὸν οὖν κριοὺς ἔμ' ἐκγεννᾶν-, ὄρνεις *δ' —; Eup. 2, 463 (10). πεφυτευμένη δ' αὕτη 'στὶν ἤ-; Eup. 2, 509 (8). τί δ' ἔστ' Ἀθηναίοισιἀπώμοτον; Eup. 2, 517 (25). οὐκοῦν περιγράψεις-; Δ. τί δ' ἔστιν; (al. πάρεστιν.) Eup. 2, 525 (1). οὐ δεινὰ ταῦτα †δὲ (? δ' ἐστίν)-; Eup. 2, 532 (2). οὐκ ἐφύσων-ποτε; νῦν δ' *ὀμφακεύουσ'-; Antiph. 3, 63. τίς δ' ἐστιν ὁ-φροντίζων; Phryn. 2, 589 (3). ὁ δ'-Ἡρακλῆς-τί δρᾷ;

Phryn. 2, 590 (5). εὐτυχεῖς- B. τί δ' ἔστι; Plat. 2, 670 (3). B. ἔστι δ', ἀντιβολῶ σε, τοῦτο τί; Plat. 2, 672 (1, 3). τί ἔστι; πῶς ἔχομεν; B. τί δ' ἄλλο γ' ἤ-; Lysipp. 2, 744 (1). ὦ πολῖται- B. τίς πολίτης δ' ἐστὶ *(νῦν)-; Metag. 2, 758 (2) cf. 5, 53. ἡ σφύραινα δ' ἐστὶ τίς;. Stratt. 2, 778 (2). εἰσὶν δὲ πόθεν αἱ παῖδες αὗται καὶ τίνες; Stratt. 2, 774 (5). δεπύρους τε θερμούς. B. οἱ δίπυροι δ' εἰσὶν τίνες; (?) Alcae. 2, 826 (3). Eubul. 3, 214 (2). πῶς δὲ καὶ κεκραμένον πίνειν-δεῖ; Diocl. 2, 839 (2). τὰ δ' ἄλφιθ'-πῶς ἐπώλουν; Stratt. 2, 768 (1). *σὺ δ' οὐκ ἐγήμω; Aristophan. 2, 998 (9). σοὶ δ' ὄνομα δὴ τί ἐστιν; Aristophan. 2, 1065 (2, 4). τί σὺ λέγεις; εἰσὶν δὲ ποῦ; Aristophan. 2, 1109 (2). σὺ δ' ὁμέστιος θεοῖς; πόθεν; Aristophan. 2, 1189 (53). πόθεν δ' ἐγώ σοι συγγενής; Aristophan. 2, 1194 (80). κρέα δὲ τίνος ἥδιστ' ἂν ἐσθίοις; Antiph. 3, 9 (1). ἐν ταῖς σπυρίσι δὲ τί ποτ' ἔνεστι-; B. χόνδρος ἀγαθὸς Μεγαρικός. A. οὐ Θετταλικὸν τὸν χρηστὸν εἶναί φασι δέ; Antiph. 3, 18 (1). τίς δ' *ἐγχέλειον ἂν φάγοι; Antiph. 3, 21. πῶς δ' εἴσεταί τις τοῦτ'; Antiph. 3, 30 (1, 10). λοῦται δ' ἀληθῶς*(;) Antiph. 3, 66. τὸ *δεῖνα δ' ἐσθίεις; Antiph. 3, 70 (2, 6). οἶνον Θάσιον πίνοις ἄν; — πρὸς ἀμυγδάλας δὲ πῶς ἔχεις; — μελίπηκτα δ' εἴ σοι προσφέροι; B.* τρώγοιμι καὶ ᾠὸν δὲ καταπίνοιμ' ἄν (f. τρώγοιμι, ναί. A. ᾠὸν δέ; B. καταπίνοιμ' ἄν) Antiph. 3, 77. οὐκοῦν τὸ μὲν-ἕψειν ἐν ἅλμῃ; -τὸ δὲ-; -τὸν γαλεόν; -τὸ δ' ἐγχέλειον; reliqua asyndetos. Antiph. 3, 130. οὐκοῦν ὑποστορεῖτε-; κάτω μὲν ὑποβαλεῖτε-ἄνωθεν δ' ἐπιβαλεῖτε-κέρα-καὶ ... Eubul. 3, 247 (1). *ἡ σταθμοῦχος δ' ἐστὶ τίς; Antiph. 3, 93. τί δ' ἂν Ἕλληνες-δράσειαν; ὅπου-. παρὰ δ' ἡμετέροις προγόνοισιν-ὤπτων Antiph. 3, 94. κάκκαβον λέγω. σὺ δ' ἴσως ἂν εἴποις λοπάδ'. B. ἐμοὶ δὲ τοὔνομα οἴει διαφέρειν; Antiph. 3, 99 (1). οἷα δ' ἐστὶν οἶσθα σύ-; Antiph. 3, 101 (5). τὸ δέ | ζῆν εἰπέ μοι τί ἐστί; Antiph. 3, 138 (10, 1). τίς δ' οὐχὶ θανάτου *μισθοφόρος-; Antiph. 3, 150 (49). τῶν ζωγράφων μὲν ἡ-χειρουργία-θαυμάζεται. *αὕτη δὲ-ἀρπάζεται ‖ ἐπὶ τίνα δ' *(ὧδ') ἄλλην τέχνην τὰ στόματα *κατακάετ'-; ‖ *ἀλλ' οὐ μόνη γὰρ τὰς συνουσίας ποιεῖ-; τίς δὲ συνδειπνεῖ βροτῶν-; ὡραῖον δὲ μειρακύλλιον ποίαις ἐπῳδαῖς-ἁλίσκεται-; Anaxand. 3, 175 (1). *ἰχθὺν δ' Ὅμηρος ἐσθίοντ' εἴρηκε ποῦ-; κρέα δὲ μόνον ὤπτων Eubul. 3, 262 (2). ἡ ναῦς δὲ *πότερ' εἰκόσορός ἐστιν ἤ-; Nicostr. 3, 282. οὐχὶ Κερκώπη μὲν ἤδη *γέγον' ἔτη τρισχίλια, ἡ δὲ Διοπείθους-Τέλεσις ἕτερα μυρία; Θεολύτην δ' *(οὐδ') οἶδεν οὐδείς-. οὐχὶ Λαῒς μὲν-ἀπέθανεν βινουμένη, Ἰσθμιὰς δὲ καὶ Νέαιρα κατασέσηπε-; Κοσσύφας δὲ καὶ-οὐ λέγω· περὶ δὲ Ναΐδος σιωπῶ Philetaer. 3, 294 (1). οὐ Μενεκράτης μὲν ἔφασκεν εἶναι Ζεύς-; Νικόστρατος δ'- Ἡρακλῆς; Ephipp. 3, 337 (2). ἐγὼ δὲ τὸν γίγγραντα- B. τίς δ' ἔσθ' ὁ γίγγρας; -διὰ τί δ' οὐκ ἄγεις εἰς τὸν ὄχλον αὐτό; Amphid. 3, 306 (1). τάρων *βολῶν γένοιτ' ἄν· ἡ δὲ χέστρα; κτὼ βολῶν Amphid. 3, 318 (1, 12). ποία φροντίς, ποῖος δὲ λόγος διερευνᾶται-; Epicrat. 3, 370 (1, 4). οὐκ ἐξετάζειν μὲν τὰ μηδὲν χρήσιμα τίς ἦν ὁ πάππος- *τήθη δὲ τίς, τὸν δὲ τρόπον-μή τ' *εἰσιδεῖν· ἀλλ'- Men. 4, 228 (3). πόθεν ἐστὶ ταῦτα-; A. τί δέ σοι μέλει; οὐ γὰρ τὸ δρᾶμα τὸν δὲ νοῦν σκοπούμεθα Diph. 4, 411 (1). προσέχεις τι τούτῳ-; *ποῦ δ' ἔχει ἀργύριον οὗτος; Hipparch. 4, 431. ὁ λαβράνιος δ' ἔσθ' οὗτος ὄρνις*(;) ib. 432. γυναιξὶ διαφέρειν οἴει δὲ τί; Apollod. Car. 4, 449. πάλιν-ἴσως ἐθαύμασας- B. ἐγὼ δ' ἐθαύμασ'*(;) Sosip. 4, 483 (v. 38). πῶς δὲ δυνατὸν τοῦτ' ἐστί; Euphron. 4, 494 (1, 6). αὐτὸς εὕρηκας δὲ τί; Baton. 4, 501. ζῆν δ' ἐστὶ τὸ τοιοῦθ'; Baton. 4, 502 (v. 6). πονοῦσι *δ' ἕτεροι. B. σὺ δέ; A. λέγω τὰς αἰτίας Damox. 4, 531 (v. 47). μὴ λάβω; ζῆν δ' ἔστι μοι-; τρέξομαι δ' ὕπνου-; οὐ δώσω δὲ-δίκην-; anon. 4, 668 (282). *(τίς ἐστιν) ὃς δὲ πρῶτος ἐξεῦρεν-; Eup. 2, 547 (2, 3) cf. 5, 39. ὡς *(δὲ) μαλακὸν-τὸ χρωτίδιόν *(ἐστ') ὦ θεοί Cratin. 2, 183 (23). Cratet. (?) 2, 248 (3). ὅσος *(δ') ὁ βρυγμός Eup. 2, 492 (13). ὡς δ' ὀρχοῦνται Metag. 2, 754 (2). ὡς δ' ὀρθοπλήξ Aristophan. 2, 961 (3). οἷα δ' ἡ χώρα φέρει Antiph. 3, 98. ὡς δ' *εὐρύθμως λαβὼν-ἐσχεδίασε Anaxand. 3, 168. ὡς μικρολόγος εἶ. A. σὺ δέ γε λίαν πολυτελής Ephipp. 3, 334 (1, 10). ὅσα δ' ἐστὶν εἴδη θηρικλείων Dionys. 3, 554 (1). ὡς δ' ἀεί ποτε περὶ τοὺς κυάμους ... Enioch. 3, 562. ὡς θύουσι δ' οἱ τοιχωρύχοι κοίτας φέροντες Men. 4, 108 (3). οἷος δὲ καὶ τὴν ὄψιν εἶναι φαίνεται Men. 4, 244 (34). οἷος δ' ἀλαζών ἐστιν *ἀλιτήριος Men. 4, 246 (38). ὡς δὲ καὶ γλίσχρον βλέπει Euphron. 4, 493 (v. 16). οἵων δ' ἐπιθυμεῖ βρωμάτων Dioxipp. 4, 541. ὦ μαλάχας μὲν ἐξερῶν ἀναπνέων δ' ὑάκινθον καὶ .. καὶ .. ὦ φιλῶν μὲν ἀμάρακον, προσκυνῶν δὲ σέλινα, γελῶν δ'-καὶ-ἔγχει- Pher. 2, 318 (2). μάκαρ Σοφοκλέης ὃς-ἀπέθανεν εὐδαίμων-· καλῶς *(δ') ἐτελεύτησ' Phryn. 2, 592 (1). ἀνδρῶν βέλτιστ' ὀλίγων, πολλῶν δὲ ματαιόταθ' Amips. 2, 703 (1). Κηφισοφῶν ἄριστε καὶ μελάντατε· σὺ δὲ *ξυνέζης -*Εὐριπίδῃ Aristophan. 2, 1177 (4). Αἰγίδιον, σὺ δὲ τόνδε φορήσεις- Eubul. 3, 252 (3). ὁ δ' ἀλάστωρ ἐγώ- Men. 4, 186 (5). Λάχης. B. ἐγὼ δὲ πρός σέ Crobyli 4, 567 (1). γελοῖον. *A. ἀγνοεῖς. ἐν τῇ Κύπρῳ δ' οὕτω φιληδεῖ Antiph. 3, 68. Πηλεύς; ὁ Πηλεὺς δ' ἐστὶν ὄνομα κεραμέως Philetaer. 3, 293. πέτου κόμισον δέ μ' εἰς Κύθηρα Pher. 2, 322 (2). σκέψαι δέ μου τὸ μέτωπον Pher. 2, 359 (90). σὺ δὲ-ψάθαλλε Herm. 2, 414 (4). σὺ δ' ὕπαγ' Eup. 2, 447 (2). σὺ δὲ τὰ καλώδια-ἀρκυώρει Eup. 2, 555 (18). περιστέριον δ' αὐτῷ τι λαβέ Phryn. 2, 589 (4). *ἐμφέρεσθε δέ | τὰ ῥάμματα Plat. 2, 628 (11). φέρε τὴν θυείαν, εἶτ' ὕδωρ-παίζωμεν δὲ περὶ φιλημάτων Plat. 2, 630 (1, 5). ἄπερρ'· ἐγὼ δ' ὑμῖν τὸ πρᾶγμα *δὴ φράσω Plat. 2, 670 (4). φείδεσθε τοὐλαίου-· ἐξ ἀγορᾶς δ' ἐγὼ | ὠνήσομαι στίλβην Plat. 2, 685 (15). αὔλει-, σὺ δ' ᾆδε- ἐκπίομαι δ' ἐγώ Amips. 2, 710 (1). *εἶθ' ἃ μὲν σὺ τυγχάνεις αὐλῶν πέραινε. δίξεται δὲ τἄλλα σοι Antiph. 3, 24. *ἐκ τᾶς πινακίδος δ' ἀμπερέως ἑρμήνευε Philyll. 2, 862 (3). ὀσφὺν δ' ἐξ ἄκρων διακιγκλισον-*τελέειν δ' ἀγαθὴν ἐπαοιδήν Aristophan. 2, 955 (8). ἐκδότω δέ τις- Aristophan. 2, 1093 (4). τὸν δὲ κάδον ἔξω-λαβὼν ἀπόφερε τἄλλα πάντα Antiph. 3, 61 (2). σὺ δ' ἀλλὰ πῖθι Antiph. 3, 88 (1). παράδιδου δ' ἑξῆς ἐμοὶ τὸν ἀρκεσίγυιον Antiph. 3, 119 (1, 6). ὑπὲρ σεαυτοῦ πρᾶτθ' *ὁτιοῦν ἄν σοι δοκῇ, ἐγὼ δ' ὑπὲρ ἐμοῦ Anaxand. 3, 199 (11). τί-ἕστηκας-ἔτι, ἀλλ' οὐ βαδίζεις; τοῖς δὲ-πάλαι διεσπάρακται Eubul. 3, 211. τῶν μυρτίνων βουλόμεθα †τούτων σύ τ' (l. τουτωνί· σὺ δέ | τά γ') ἄλλα πώλει Eubul. 3, 252 (4). πέραινε συνθείης δὲ νῦν Men. 4, 88 (1). εἰς τὴν θεοῖς ἐχθρὰν δὲ ταύτην †εἰσφόρει- Diph. 4, 403 (1, 9). ἐν χύτρᾳ δέ μοι ὅπως- ἕψοντα μηδὲν ὀψώμαι· ἐὰν δ' ἄρα στρέφῃ με-δακτύλιός ἐστί μοι Antiph. 3, 97 (2). ὅπως δὲ σπεύσετ' (?) Eubul. 3, 224. ὅπως δὲ τὴν νύμφην-ἐπὶ τὸ ζεῦγος *ἀναθήσεις Arar. 3, 276 (2). οὐκ ἔδωκ' αἰτοῦντι Σοφοκλέει χορόν, τῷ Κλεομάχου δ'- Cratin. 2, 27 (2). τὰ Στησιχόρου-ἀρχαῖον ἀείδειν· ὁ δὲ Γνήσιππος ἔστιν ἀκούειν Eup. 2, 481 (8). ξύνεστι-δεσμῷ-οὐδενί, †τοῖσι δ' ὑπαγωγεῦσι Herm. 1, 97 (3). τήνδε-μή μοι δίδου, ἐκ δὲ τοῦ κέρατος αὐ-δὸς πιεῖν Herm. 2, 400 (5). κακὸς μὲν οὐκ ἦν, φιλοπότης δὲ κἀμελής Eup. 2, 512 (10). καὶ τῶν μὲν ἄλλων οὐκ ἐμέλησέ μοι μελῶν, Εὐριπίδου δὲ δρᾶμα δεξιώτατον διέκναισ' Stratt. 2, 763 (1). μὴ καταφρόνει, μηδ' ἕτερ' ἐπιζήτει καλά, ἐν τοῖς δ' ἐκείνων ἔθεσιν ἴσθ' ἀρχαϊκός Antiph. 3, 22. ἔπειτα τοῦτο ζημίοις μεγ μηδαμῶς· ἅλμης δ' ἐχρῆν τι περιφέρειν ποτήριον Antiph. 3, 41 (2, 10). οὐδεὶς παράσιτος εὔχετ' ἀτυχεῖν τοὺς φίλους, τοὐναντίον δὲ πάντας εὐτυχεῖν ἀεί Antiph. 3, 45 (2, 4). ἔστιν πολυτελής-τις, οὐ φθονεῖ, μετέχειν δὲ τούτων εὔχετ' Antiph. 3, 45 (2, 6). ἐπεχεάμην ἄκρατον οὐχὶ παιδίου, κυάθους θεῶν τε (f. δὲ) καὶ θεαινῶν μυρίους Antiph. 3, 45 (3). εὖ λέγει τέ σε | οὐδείς, κακῶς δε πᾶς τις Antiph. 3, 51. οὐκ ἂν γενόμενον οὐδέποτέ γ' *ᾤμην πρᾶγμα-λέγειν, ἐνέδρας δ' ἕνεκα Antiph. 3, 67 (1, 7). σκατοφαγεῖν ἀπεῖρξε τὸ ζῷον *** τοὺς δὲ βοῦς ἠνάγκασεν Antiph. 3, 68. κοὐ δημοτικόν γε τοῦτο δρᾷ τοιαῦτα φιλῶν. γάμοι δ' *ἐκείνοις-ἦσαν Antiph. 3, 104 (v. 20). ὥστε πρὸς ὃν μέν | ἦν αὐταῖς (f. οὐκ ἦν) ὁ λόγος, πρὸς δ' αὐτὰς Antiph. 3, 109 (v. 18). *(ὄντα) δ' ἄφωνα βοὴν ἵστησι-οἷς ἐθέλει-, τοῖς δ' *οὐδὲ παροῦσιν ἀκούειν ἔξεστιν, κωφὴν δ' ἀκοῆς αἴσθησιν ἔχουσιν Antiph. 3, 112 (1). οὐδ' ἥψεν κρέα, οὐδ'-· ὤπτα δὲ καὶ τὰς κοιλίας Antiph. 3, 144 (27). μὴ χρώμασιν τὸ σῶμα λαμπρύνειν θέλε, ἔργοις δὲ καθαροῖς-τὴν καρδίαν Antiph. 3, 151 (56). τῶν ἀδικημάτων μὴ λαμβάνειν τὰς ἀξίας τιμωρίας, ἑλεῖν δὲ πάντως (?) Antiph. 3, 156 (73). οὐκ ἔστι δούλων πόλις, τύχη δὲ-μεταφέρει τὰ σώματα. πολλοὶ δὲ νῦν μέν εἰσιν οὐκ ἐλεύθεροι, εἰς ταῦριον δὲ Σουνιεῖς, εἶτ' εἰς τρίτην ἀγορᾷ κέχρηνται Anaxand. 3, 162 (1). οὔθ' οἱ τρόποι γὰρ ὁμονοοῦσ', οὔθ' οἱ νόμοι | ἡμῶν, ἀπ' ἀλλήλων δὲ διέχουσιν πολύ Anaxand. 3, 181 (v. 3). κἀγὼ γὰρ οὐ κκυλοῖσιν-ἐμαυτὸν χορτάσων ἐλήλυθα. ἃ δ' εἰς τ' ἐδωδὴν-καὶ-καὶ-, πάντα ταῦτ' ἐδαινύμην Eubul. 3, 205. ἔστιν γὰρ οὔτε κοῦφος οὔτε ῥάδιος-βαρὺς δὲ κομιδῇ Eubul. (Arar.) 3, 226 (3). οὐκ ᾤου *(σύ) με χολὴν ἔχειν, ὡς δ' ἠπάτῳ μοι διελέγου, ἐγὼ δέ γ' εἰμὶ τῶν μελαμπύγων ἔτι Eubul. 3, 234 (1). οὐκ ἔσθ' ὅπως οὐκ εἶ παράσιτος- ὁ δ' Ἰσχόμαχος ὁ διατρέφων σε τυγχάνει Arar. 3, 276 (1). ὃς μέλανα ποιεῖν ζωμὸν οὐκ ἠπίστατο, θρῖον δὲ καὶ κάνδαυλον Nicostr. 3, 284. ὅστις δὲ θνητὸς-μὴ-ζητεῖ τι τερπνὸν προσφέρειν, τὰ δ' ἄλλ' ἐᾷ, μάταιός ἐστιν Amphid. 3, 309 (2). ὅστις γε παρὰ ταύτην μὲν οὐκ εἰσέρχεται, παρὰ δὲ Σινώπη-ἔνδον κάθητ' Amphid. 3, 310 (1). οὐκ ἔνεσθ', αὗται δ' ἁπάντων ὑπερέχουσι τῶν κακῶν Anaxil. 3, 347 (1, 7). καὶ σὺ νῦν οὐχ-πόρνης, ἑταίρας δ' εἰς ἔρωτα τυγχάνεις ἐληλυθώς Anaxil. 3, 350 (2). ποτηρίῳ-οὔτε τρυβλίῳ οὔτε φιάλῃ, μετεῖχε δ' ἀμφοῖν τοῖν ῥυθμοῖν Alexid. 3, 408 (1). κοὔτε-βολβός-δυνατός ἐστ' ἐπαρκέσαι· μάτην δὲ-πουλύπους-πίμπλησι λοπάδος-κύτος Xenarch. 3, 614. οὐ πᾶσαν ποιῶ τὴν γῆν, ὅταν δὲ τοὐμὸν ἐσίδω χωρίον Men. 4, 76 (8). φύλαττε μηδενί | ἄλλῳ μεταδιδούς, αὐτὸς ὢν δὲ κύριος Men. 4, 107 (2, 4). οὐ τῶν ἀναγκαίων καθ' ἡμέραν μόνον-μείζονος δ' ἄλλου τινός Men. 4, 156 (1). οὐχ ὁ σὸς λόγος-ὁ δ' ἴδιος πείθει τρόπος Men. 4, 249 (48). κρεῖττον-ἐστιν-μὴ πόλλ' ἀηδῶς, ὀλίγα δ' ἡδέως ἔχειν Men. 4, 252 (61). μὴ πάντοθεν κέρδαιν', ἐπαισχύνου δέ μοι Men. 4, 256 (80a). σὺ δ' οὐθ' ὑπερβάλλοντα-ἀπώλεσας ἀγαθά, τὰ *νυνὶ δ' ἐστι μέτριά σοι κακά Men. 4, 227 (2, 16. 17). *(οὐ) καλῶς ποιεῖ, ἀσπίδι *(δὲ)-προσπορίζει φάρμακον Men. 4, 269 (154). ἥκιστά γε. ἐκπωμάτων δ' ὀνόματα Diph. 4, 414. μηδέποτε πειρῶ-ὀρθῶσαι-, *φύσιν δ' ἐνεγκεῖν Men. 4, 270 (163) cf. 5, 107. γάμει δὲ μὴ τὴν προῖκα, τὴν γυναῖκα δέ mon. 98. ἐστιν οὐ δειπνητικός, πρὸς τῷ φιλεῖν δὲ τὴν διάνοιάν ἐστ' ἔχων Anaxipp. 4, 460 (v. 37). ἔλεγον ἐγώ σοι μὴ γαμεῖν, ζῆν δ' ἡδέως. τὸ Πλάτωνος ἀγαθὸν δ' ἐστὶ τοῦτο Philippid. 4, 468 (1). ὃ γ' οὐκ ἔχουσιν, ἀγνοοῦσι δέ | οὐδ' ἂν ἑτέρῳ δοίησαν Damox. 4, 532 (v. 67). οὐδέτερον αὐτῶν, προβάτιον δ' Straton. 4, 545 (v. 22). *αὐτοὺς μὲν οὐκ ἐμασῶντο, τὰ

μαι δ' ὕπνου-; οὐ δώσω δὲ-δίκην-; anon. 4, 668 (282). *(τίς ἐστιν) ὃς δὲ πρῶτος ἐξεῦρεν-; Eup. 2, 547 (2, 3) cf. 5, 39. ὡς *(δὲ) μαλακὸν-τὸ χρωτίδιόν *(ἐστ') ὦ θεοί Cratin. 2, 183 (23). Cratet. (?) 2, 248 (3). ὅσος *(δ') ὁ βρυγμός Eup. 2, 492 (13). ὡς δ' ὀρχοῦνται Metag. 2, 754 (2). ὡς δ' ὀρθοπλήξ Aristophan. 2, 961 (3). οἷα δ' ἡ χώρα φέρει Antiph. 3, 98. ὡς δ' *εὐρύθμως λαβὼν-ἐσχεδίασε Anaxand. 3, 168. ὡς μικρολόγος εἶ. A. σὺ δέ γε λίαν πολυτελής Ephipp. 3, 334 (1, 10). ὅσα δ' ἐστὶν εἴδη θηρικλείων Dionys. 3, 554 (1). ὡς δ' ἀεί ποτε περὶ τοὺς κυάμους ... Henioch. 3, 562. ὡς θύουσι δ' οἱ τοιχωρύχοι κοίτας φέροντες Men. 4, 108 (3). οἷος δὲ καὶ τὴν ὄψιν εἶναι φαίνεται Men. 4, 244 (34). οἷος δ' ἀλαζών ἐστιν *ἀλιτήριος Men. 4, 246 (38). ὡς δὲ καὶ γλίσχρον βλέπει Euphron. 4, 493 (v. 16). οἵων δ' ἐπιθυμεῖ βρωμάτων Dioxipp. 4, 541. ὦ μαλάχας μὲν ἐξερῶν ἀνεκπνέων δ' ὑάκινθον καὶ .. καὶ .. ὦ φιλῶν μὲν ἀμάρακον, προσκυνῶν δὲ σέλινα, γελῶν δ'-καὶ-ἐγχεῖ- Pher. 2, 318 (2). μάκαρ Σοφοκλέης ὃς-ἀπέθανεν εὐδαίμων-· καλῶς *(δ') ἐτελεύτησ' Phryn. 2, 592 (1). ἀνδρῶν βέλτιστ' ὀλίγων, πολλῶν δὲ ματαιόταθ' Amips. 2, 703 (1). Κηφισοφῶν ἄριστε καὶ μελάντατε· σὺ δὲ *ξυνέζης -*Εὐριπίδῃ Aristophan. 2, 1177 (4). Αἰγίδιον, σὺ δὲ τόνδε φορήσεις- Eubul. 3, 252 (3). ὁ δ' ἀλάστωρ ἐγώ- Men. 4, 186 (5). Αἴσχης. B. ἐγὼ δὲ πρὸς σέ Crobyli 4, 567 (1). γελοῖον. *A. ἀγνοεῖς. ἐν τῇ Κύπρῳ δ' οὕτω φιληδεῖ Antiph. 3, 68. Πηλεύς; ὁ Πηλεὺς δ' ἐστὶν ὄνομα κεραμέως Philetaer. 3, 293. πέτου κόμισον δέ μ' εἰς Κύθηρα Pher. 2, 322 (2). σκέψαι δέ μου τὸ μέτωπον Pher. 2, 359 (90). σὺ δὲ-ψάθαλλε Herm. 2, 414 (4). σὺ δ' ἔπαγ' Eup. 2, 447 (2). σὺ δὲ τὰ καλώδια-ἀρκυώρει Eup. 2, 555 (18). περιστέριον δ' αὐτῷ τι λαβέ Phryn. 2, 599 (4). *ἐμφέρεσθε δέ | τὰ ῥάμματα Plat. 2, 628 (11). φέρε τὴν θυείαν, αἶρ' ὕδωρ-παίζωμεν δὲ περὶ φιλημάτων Plat. 2, 630 (1, 5). ἄπερρ'· ἐγὼ δ' ὑμῖν τὸ πρᾶγμα *δὴ φράσω Plat. 2, 670 (4). φείδεσθε τοὐλαίου-· ἐξ ἀγορᾶς δ' ἐγὼ | ὠνήσομαι στίλβην Plat. 2, 685 (15). αὔλει-, σὺ δ' ᾆδε- ἐκπίομαι δ' ἐγὼ Amips. 2, 710 (1). *εἶθ' ἃ μὲν σὺ τυγχάνεις αὐλῶν πέραινε. δέξεται δὲ τἄλλα σοι Antiph. 3, 24. *ἐκ τᾶς πινακίδος δ' ἀμπερέως-ἑρμήνευε Philyll. 2, 862 (3). ὀσφὺν δ' ἐξ ἄκρων διακίγκλισον-*τελέειν δ' ἀγαθὴν ἐπαοιδήν Aristophan. 2, 955 (8). ἐκδότω δέ τις-Aristophan. 2, 1093 (4). τὸν δὲ κάδον ἔξω-λαβὼν ἀπόφερε τἄλλα πάντα Antiph. 3, 61 (2). σὺ δ' ἀλλὰ πῖθι Antiph. 3, 88 (1). παραδίδου δ' ἑξῆς ἐμοὶ τὸν ἀρχεσίγυιον Antiph. 3, 119 (1, 6). ὑπὲρ σεαυτοῦ πρᾶτθ' *ὁτιοῦν ἄν σοι δοκῇ, ἐγὼ δ' ὑπὲρ ἐμοῦ Anaxand. 3, 199 (11). τί-ἕστηκας-ἔτι, ἀλλ' οὐ βαδίζεις; τοῖς δὲ-πάλαι διεσπάρακται Eubul. 3, 211. τῶν μυρτίνων βουλόμεθα †τούτων σύ τ' (l. τουτωνί· σὺ δέ | τά γ') ἄλλα πώλει Eubul. 3, 252 (4). πέραινε σωθείης δὲ νῦν Men. 4, 88 (1). εἰς τὴν θεοῖς ἐχθρὰν δὲ ταύτην †εἰσφόρει- Diph. 4, 403 (1, 9). ἐν χύτρᾳ δέ μοι ὅπως- ἕψοντα μηδὲν ὄψομαι· ἐὰν δ' ἄρα στρέφῃ με-δακτύλιός ἐστί μοι Antiph. 3, 97 (2). ὅπως δὲ σπεύσει (?) Eubul. 3, 224. ὅπως δὲ τὴν νύμφην-ἐπὶ τὸ ζεῦγος. *ἀναθήσεις Arar. 3, 276 (2). οὐκ ἔδωκ' αἰτοῦντι Σοφοκλέει χορόν, τῷ Κλεομάχου δ'- Cratin. 2, 27 (2). τὰ Στησιχόρου-ἀρχαῖον ἀείδειν· ὁ δὲ Γνήσιππος ἔστιν ἀκούειν Eup. 2, 481 (9). ξυνεστιδεσμῷ-οὐδενί, †τοῖσι δ' ὑπαγωγεῦσι Herm. 1, 97 (3). τήνδε-μή μοι δίδου, ἐκ δὲ τοῦ κέρατος αὐ-δὸς πιεῖν Herm. 2, 400 (5). κακὸς μὲν οὐκ ἦν, φιλοπότης δὲ κἀμελής Eup. 2, 512 (10). καὶ τῶν μὲν ἄλλων οὐκ ἐμέλησέ μοι μελῶν, Εὐριπίδου δὲ δρᾶμα δεξιώτατον διέπνευσ' Stratt. 2, 768 (1). μὴ καταφρόνει, μηδ' ἕτερ' ἐπιζήτει καλά, ἐν τοῖς δ' ἐκείνων ἔθεσιν ἴσθ' ἀρχαϊκός Antiph. 3, 22. ἔπειτα τοῦτο ζημιοῖς με; μηδαμῶς· ἅλμης δ' ἐχρῆν τι περιφέρειν ποτήριον Antiph. 3, 41 (2, 10). οὐδεὶς παράσιτος εὔχετ' ἀτυχεῖν τοὺς φίλους, τοὐναντίον δὲ πάντας εὐτυχεῖν ἀεί Antiph. 3, 45 (2, 4). ἔστιν πολυτελής-τις, οὐ φθονεῖ, μετέχειν δὲ τούτων εὔχετ' Antiph. 3, 45 (2, 6). ἐπεχεάμην ἄκρατον οὐχὶ παιδίου, κυάθους θεῶν τε (f. δὲ) καὶ θεαινῶν μυρίους Antiph. 3, 45 (3). εὖ λέγει τέ σε | οὐδείς, κακῶς δε πᾶς τις Antiph. 3, 51. οὐκ ἂν γενόμενον οὐδέποτέ γ' *ᾤμην πρᾶγμα-λέγειν, ἐνέδρας δ' ἕνεκα Antiph. 3, 67 (1, 7). σκατοφαγεῖν ἀπεῖρξε τὸ ζῷον *** τοὺς δὲ βοῦς ἠνάγκασεν Antiph. 3, 68. κοὐ δημοτικόν γε τοῦτο δρᾷ τοιαῦτα φιλῶν. γάμοι δ' *ἐκείνοις-ἦσαν Antiph. 3, 104 (v. 20). ὥστε πρὸς ὃν μέν | ἦν αὐταῖς (f. οὐκ ἦν) ὁ λόγος, πρὸς δ' αὐτὰς Antiph. 3, 109 (v. 18). *(ὄντα) δ' ἄφωνα βοὴν ἵστησι-οἷς ἐθέλει-, τοῖς δ' *οὐδὲ παροῦσιν ἀκούειν ἔξεστιν, κωφὴν δ' ἀκοῆς αἴσθησιν ἔχουσιν Antiph. 3, 112 (1). οὐδ' ἥψεν κρέα, οὐδ'-· ὤπτα δὲ καὶ τὰς κοιλίας Antiph. 3, 144 (27). μὴ χρώμασιν τὸ σῶμα λαμπρύνειν θέλε, ἔργοις δὲ καθαροῖς-τὴν καρδίαν Antiph. 3, 151 (56). τῶν ἀδικημάτων μὴ λαμβάνειν τὰς ἀξίας τιμωρίας, ἑλεῖν δὲ πάντως (?) Antiph. 3, 156 (73). οὐκ ἔστι δούλων πόλις, τύχη δὲ-μεταφέρει τὰ σώματα. πολλοὶ δὲ νῦν μέν εἰσιν οὐκ ἐλεύθεροι, εἰς ταὔριον δὲ Σουνιεῖς, εἶτ' εἰς τρίτην ἀγορᾷ κέχρηνται Anaxand. 3, 162 (1). οὔθ' οἱ τρόποι γὰρ ὁμονοοῦσ', οὔθ' οἱ νόμοι | ἡμῶν, ἀπ' ἀλλήλων δὲ διέχουσιν πολύ Anaxand. 3, 181 (v. 3). κἀγὼ γὰρ οὐ καυλοῖσιν-ἐμαυτὸν χορτάσων ἐλήλυθα. ἃ δ' εἴς τ' ἐδωδὴν-καὶ-καὶ-, πάντα ταῦτ' ἐδαινύμην Eubul. 3, 205. ἔστιν γὰρ οὔτε κοῦφος οὔτε ῥάδιος-βαρὺς δὲ κομιδῇ Eubul. (Arar.) 3, 226 (3). οὐκ ᾤου *(σύ) με χολὴν ἔχειν, ὡς δ' ἠπάτῳ μοι διελέγου, ἐγὼ δέ γ' εἰμὶ τῶν μελαμπύγων ἔτι Eubul. 3, 234 (1). οὐκ ἔσθ' ὅπως οὐκ εἶ παράσιτος- ὁ δ' Ἰσχόμαχος ὁ διατρέφων σε τυγχάνει Arar. 3, 276 (1). ὃς μέλανα ποιεῖν ζωμὸν οὐκ ἠπίστατο, θρῖον δὲ καὶ κάνδαυλον Nicostr. 3, 284. ὅστις δὲ θνητὸς-μὴ-ζητεῖ τι τερπνὸν προσφέρειν, τὰ δ' ἄλλ' ἐᾷ, μάταιός ἐστιν Amphid. 3, 309 (2). ὅστις γε παρὰ ταύτην μὲν οὐκ εἰσέρχεται, παρὰ δὲ Σινώπῃ-ἔνδον κάθητ' Amphid. 3, 310 (1). οὐκ ἔνεσθ', αὗται δ' ἁπάντων ὑπερέχουσι τῶν κακῶν Anaxil. 3, 347 (1, 7). καὶ σὺ νῦν οὐχ-πόρνης, ἑταίρας δ' εἰς ἔρωτα τυγχάνεις ἐληλυθώς Anaxil. 3, 350 (2). ποτηρίῳ-οὔτε τρυβλίῳ οὔτε φιάλῃ, μετεῖχε δ' ἀμφοῖν τοῖν ῥυθμοῖν Alexid. 3, 408 (1). κοὔτε-βολβός-δυνατός ἐστ' ἐπαρκέσαι· μάτην δὲ-πουλύπους-πίμπλησι λοπάδος-κύτος Xenarch. 3, 614. οὐ πᾶσαν ποιῶ τὴν γῆν, ὅταν δὲ τοὐμὸν ἐσίδω χωρίον Men. 4, 76 (8). φύλαττε μηδενὶ | ἄλλῳ μεταδιδούς, αὐτὸς ὢν δὲ κύριος Men. 4, 107 (2, 4). οὐ τῶν ἀναγκαίων καθ' ἡμέραν μόνον-μείζονος δ' ἄλλου τινός Men. 4, 156 (1). οὐχ ὁ σὸς λόγος-ὁ δ' ἴδιος πείθει τρόπος Men. 4, 249 (48). κρεῖττον-ἐστιν-μὴ πόλλ' ἀηδῶς, ὀλίγα δ' ἡδέως ἔχειν Men. 4, 252 (61). μὴ πάντοθεν κέρδαιν', ἐπαισχύνου δέ μοι Men. 4, 255 (80ª). σὺ δ' οὐθ' ὑπερβάλλοντα-ἀπώλεσας ἀγαθά, τὰ *νυνὶ δ' ἐστι μέτριά σοι κακά Men. 4, 227 (2, 16. 17). *(οὐ) καλῶς ποιεῖ, ἀσπίδι *(δὲ)-προσπορίζει φάρμακον Men. 4, 269 (154). ἥκιστά γε. ἐκπωμάτων δ' ὀνόματα Diph. 4, 414. μηδέποτε πειρῶ-ὀρθῶσαι-, *φύσιν δ' ἐνεγκεῖν Men. 4, 270 (163) cf. 5, 107. γάμει δὲ μὴ τὴν προῖκα, τὴν γυναῖκα δέ mon. 98. ἔστιν οὐ δειπνητικός, πρὸς τῷ φιλεῖν δὲ τὴν διάνοιαν ἔστ' ἔχων Anaxipp. 4, 460 (v. 37). ἔλεγον ἐγώ σοι μὴ γαμεῖν, ζῆν δ' ἡδέως. τὸ Πλάτωνος ἀγαθὸν δ' ἐστὶ τοῦτο Philippid. 4, 468 (1). ὃ γ' οὐκ ἔχουσιν, ἀγνοοῦσι δέ | οὐδ' ἂν ἑτέρῳ δοίησαν Damox. 4, 532 (v. 67). οὐδέτερον αὐτῶν, προβάτιον δ' Straton. 4, 545 (v. 22). *αὐτοὺς μὲν οὐκ ἐμασῶντο, τὰ δὲ βοσκήματα θύοντες ὤπτων Athenion. 4, 557 (v. 12). τὰ λοιπὰ μὴ λάλει. *Α. περὶ τῆς ἰατρικῆς δέ Nicomach. 4. 584 (v. 30). praeterea δὲ negationem sequentis haec cf. exempla: Alexid. 3, 386. 393 (1, 3). 399 (2). 410 (1). 458 (3). 519 (35, 2). 520 (35, 6). Epigen. 3, 538 (1). Dionys. 3, 547 (v. 9). 552 (1, 14). Mnesim. 3, 568. Theophil 3, 628 (1). Philem. 4, 10 (1), Apollod. 4, 453. ἀδοξότερος, μίαν δὲ πήραν οὐκ ἔχων, πήρας μὲν οὖν τρεῖς Men. 4, 142 (1). ἐδόκουν μὲν ἐφρόνουν δ' οὐδέν, ἀλλὰ πάντα-ἦν-..νῦν δ' ἄρτι μοι τὸ γῆρας ἐντίθησι νοῦν Pher. 2, 338 (7). εἰ μὴ τεθέασαι-, στέλεχος εἶ, εἰ δὲ τεθέασαι μὴ τεθήρευσαι δ', ὄνος, εἰ δ'- ἀποτρέχεις, κανθήλιος Lysipp. 2, 746 (1). γυνὴ δ' ἐκείνου πρότερον ἦ, νῦν δ' οὐκέτι Cratin. 2, 117 (2). ταῖς ῥαφανῖσι δοκεῖ, τοῖς δ' ἄλλοις οὐ λαχάνοισιν Cratin. 2, 177 (10). πολλά-*γίγνεται μεταλλαγῇ πραγμάτων· μένει δὲ χρῆμ' οὐδὲν ἐν ταὐτῷ ῥυθμῷ Eup. 2, 549 (4). ὥς ποτ' ἐκήλησεν-υἷας Ἀχαιῶν-· οἷον δ' οὐ κήλησε-Ῥαδάμανθυν Theop. 2, 802 (1). *λόγῳ-ἠγωνιζόμεσθ', ἔργοισι δ' οὔ Aristophan. 2, 1160 (4). πόλλ' ἐλάλουν, περὶ ὧν δὲ πρὸς ὅν τ' ᾤοντο λέγειν τι | οὐκ ἐλάλουν Antiph 3, 109 (v. 16). *οὐχὶ τοῖς λαμπροῖσι δέ | δείπνοις τὸ πεινῆν παύεται Antiph. 3, 134 (4). δεῖ σκοπεῖν τοῦτ' αὐτό-· εἰς αὔριον δὲ *(μηδὲ) φροντίζειν Philetaer. 3, 295 (2, 8). δείπνου γὰρ-ἀρχήν, τελευτὴν δ' ἔμαθεν οὐδεπώποτε Anaxil. 3, 351 (1) cf. p. 353 ubi δείπνου-ἀρχήν, τελευτὴν δ' οὐκ ἐπίσταται μόνος. δεῖπνον αἰτήσεις με σύ-οὐκ ἔχων δὲ τυγχάνω οὐκ ὄξος, οὐκ ... Alexid. 3, 465 (3). ἔξεστιν δέ μοι καὶ βούλομαι τοῦτ', οὐ ποιῶ δέ Men. 4, 170 (5). εἰ *μὴ δὲ σαυτοῦ, τῆς τύχης δὲ πάντ' ἔχεις, τί- Men. 4, 107 (2, 5). εἰ μὴ λέγειν δ' ἔχουσι Men. 4, 229 (4). ὁ μὴ φέρων δὲ κατὰ φύσιν Men. 4, 247 (43). ἵνα μὴ δὲ πολλὰ μακρολογῶ Timocl. 3, 495 (v. 13). μὴ κατακούσειεν *δέ μου ὁ Κωρυκαῖος Dioxipp. 4, 542. ταύτης μὰ τὸν Δί' οὐχὶ κατέλιπον *δ' ἐγώ οὐδέν Crobyli 4, 568 (3). ὃς ἂν δὲ μὴ πίθητ' Diphil. 4, 389 (1, 9). βασιλεῦ-τί ποτ' οὐκ ἐθέλεις-ἀλλὰ λόγους μὲν-παρέχει, ψυχὴν δὲ Τέλητος ὑπέστης; κἀγχειριδίου δ'-*παραθηγομένου βρύχεις κοπίδας- Herm. 2, 395 (1). καὶ δοκεῖ δέ (?) μοι-μείζων ἔσεσθαι- Herm. 2, 401 (7). καὶ τῆς λοπάδος ἔνεισι δ' (f. ἔνεισιν) ἑψητοί τινες Eup. 2, 430 (6). †καὶ ἡμῶν δὲ πᾶσα δύναμις ὑδάτων ἄρδεται Eubul. 3, 266 (10). οὐ πανταχοῦ-ἁρμόττει-, καὶ συμμανῆναι δ' ἔνια δεῖ Men. 4, 196 (2). ἥρων-·.καὶ νῦν δ' ἐρῶ Men. 4, 333 (512). καὶ νῦν δ' οὐχ ὑγιαίνειν μοι δοκῶ Damox. 4, 536 (v. 12). adde Plat. 2, 637 (1). δ' αὖ: vide αὖ. δέ γε: vide γέ. δὲ δή: vide δή. οἱ δὲ πυππάζουσι-, ὁ δ' ὄνος ὕεται Cratin. 2, 48 (7). ἡμῖν δ' Ἰθάκη πατρίς ἐστιν, πλέομεν δ' ἅμ' Ὀδυσσεῖ θείῳ Cratin. 2, 100 (15). τὸν δ' ἴσον ἴσῳ φέροντ'· ἐγὼ δ' (f. φέροντ' ἔγωγ') ἐκτήκομαι Cratin. 2, 118 (5). φημὶ δὲ-πλεῖστα παρέχειν-ἀγαθά. ταῦτα δ' ἀποδείξομεν Eup. 2, 486 (2). ὄνομα δέ μοὔστι Μονότροπος ... ζῶ δὲ Τίμωνος βίον Phryn. 2, 587 (1). αὕτη δὲ Λαῒς ἀργός ἐστι-πεπονθέναι δὲ ταὐτά μοι δοκεῖ τοῖς ἀετοῖς Epicrat. 3, 365 (2). ὕδωρ δὲ πίνει τὸν δὲ Βίβλινον στυγεῖ anon. 4, 622 (66). λουσάμενοι δὲ πρὸ λαμπρᾶς ἡμέρας ἐν τοῖς στεφανώμασιν, οἱ δ' ἐν τῷ μύρῳ λαλεῖτε Pher. 2, 253 (2). ὁ καδίσκος δέ σοι | ὁ μὲν-ὁ δ' ἀπολλὺς ὁδί Phryn. 2, 593 (2). ὁ δ' (l. μὲν) ἐξυφαίνεθ'-ὁ δὲ διάζεται Nicoph. 2, 849 (1). πρώτιστα δὲ τῶν μυρρινῶν-βούλομαι, ‖ τὰς *φιβάλεως δὲ Apolloph. 2, 880 (1). σανδάλια δὲ τῶν λεπτοσχιδῶν, ‖ νῦν δ'- ἔχω περιβαρίδας Cephisod. 2, 884 (2). ἐγὼ δ' ἀνόητος-ὁ *δ' ἄσωτός ἐστιν Men. 4, 266 (137). ἐγὼ γυναικὶ δ' ἕν τι πιστεύω-‖ τὰ δ' ἄλλ' ἀπιστῶ πάνθ' Antiph. 4, 151 (54). de repetita δὲ haec habeto exempla. Pher. 2, 299 (1) sq. Metag. 2, 753 (1). Herm. 2,

407 (1) sq. 410 (2). 380 (1). Herm. 2, 379 (2) sq. Eup. 2, 494 (17). Stratt. 2, 781 (3). anon. 4, 628 (97). Eup. 2, 588 (2). Plat. 2, 637 (1) sq. Nicoph. 2, 851 (2). Aristophan. 2, 1164 (2). Antiph. 3, 56. 96. 108. 103 sq. 112 (1). Eubul. 3, 254 (1) sq. Anaxil. 3, 347 (1) sq. Epicrat. 3, 365 (1. 2) sq. Epicrat. 3, 371 (1). Antiph. 3, 136 (7). Eubul. 3, 249 (1). Anaxand. 3, 169 (1). 177 (2). Philetaer. 3, 292. anon. 4, 676 (305). *Μητίοχος μὲν γὰρ στρατηγεῖ, Μητίοχος δὲ τὰς ὁδούς, Μητίοχος δ'-Μητίοχος δὲ-Μ. δὲ-Μ. δ'-* anon. 4, 674 (303). *ὄζει ἴων, ὄζει δὲ ῥόδων, ὄζει δ' ὑακίνθου* Herm. 2, 410 (2, 8). *ὁ δέ τις ψυκτῆρ', ὁ δέ τις κύαθον-κοτύλη δ'-* Stratt. 2, 785 (3). *πρῶτος μὲν εἶδεν-, πρῶτον δ'-* Euthycl. 2, 890. *πρῶτα μὲν Σαννυρίων ἀπὸ τῶν-, ἀπὸ δε τῶν-, ἀπὸ δὲ τῶν-* Aristophan. 2, 1005 (1). *ὁρῶν μὲν-ὁρῶν δὲ-* Antiph. 3, 96 (1). *εὖ μὲν-εὖ δ'-εὖ δ'* Ephipp. 3, 332. *καλῶ δ' Ἄρη-καλῶ δὲ Χαιρεφῶντα-* Apollod. Car. 4, 449. *δι' ὃν ἀπέκαυσεν- δι' ὃν ἀσεβοῦντα δ'* Philippid. 4, 475 (2). *ἐὰν δ' ὑπερβάλῃς-ἐὰν δ' ἴσον ἴσῳ-ἐὰν δ' ἄκρατον* anon. 4, 605 (16). cf. Antiph. 3, 64. *λέγεις, ἃ δὲ λέγεις ἕνεκα τοῦ λαβεῖν λέγεις* Men. 4, 294 (284). *ὅτε τοῖς ἄρτοις ἠστραγάλιζον, μᾶζαι δ'- κατεβέβληντο* Cratin. 2, 108 (2). *οἷς ἦν-ὅρκος-κύων, ἔπειτα χήν· θεοὺς δ' ἐσίγων* Cratin. 2, 155 (11). *οὐ μὴ τυχόντι θάνατος-, οὐ πάντες ἐπιθυμοῦμεν· ἂν δ' ἔλθῃ ποτέ, ἀνιώμεθ'* Cratet. (? Antiph.) 2, 247 (1). **ὅτοισι πρῶτα μὲν-ἀκόλουθός ἐστιν ἀλλότριος-, μικρὸν δέ τι *κἀμὸς αὐτοῦ· ἱματίω δέ-ἐκεῖ δ' ἐπειδὰν κατίδω τιν'-ἠλίθιον, πλουτοῦντα δ', εὐθὺς περὶ τοῦτόν εἰμι* Eup. 2, 484 (1). *ὡς δ' ἐδείπνησαν-καὶ Διὸς σωτῆρος ἦλθε-ὄργανον-πλῆρες, ἀφρίζον, ἕκαστος δεξιτερᾷ δ' ἔλαβεν* Antiph. 3, 95 (1). *οὗ δὲ νῦν σ' ἄγω, πορνεῖόν ἐστι* Diph. 4, 395 (2, 38). *κἂν τις τύχῃ πρῶτος δραμὼν-ἀνὴρ δ' ὅταν τις ἀγαθὸς ᾖ* Eup. 2, 467 (16). *τάριχος ἀνταχαῖον εἴ τις βούλετ' ἢ Γαδειρικόν, Βυζαντίας δὲ θυννίδος ὀσμαῖσι χαίρει* Antiph. 3, 43 (1). *ἂν μὲν ἀργὸς *ᾖ, -ἡμεῖς δ'-* Antiph. 3, 66. *ὅταν ἡ μὲν τύχη λίπῃ-τὴν τάξιν, ὁ δὲ τρόπος μένῃ* Antiph. 3, 154 (65). *εἰ δ' ἐγένετο κακὴ γυνὴ Μήδεια, Πηνελόπεια δὲ μέγα πρᾶγμ'* (apodosis). Eubul. 3, 260 (2). ***εἰ δ' ἐστὶν Αἰσχύλου φρόνημ' ἔχων* Telecl. 2, 366 (1). *ποῖ ποῖ γαλῆν; Α. γαλῆν'. Β. ἐγὼ δ' ᾤμην σε γαλῆν λέγειν ὁρῶ* Stratt. 2, 788 (2). cf. Aristophan. 2, 1171 (1, 11). *λαβοῦσα πλήρη-φιάλην· Τελέστης δ' ἄκατον ὠνόμαζέ νιν* Theop. 2, 793 (2). *ναί, τοιοῦτό τι· φιλοτησίαν δὲ-σοι προπίομαι* Theop. 2, 804 (v. 9). *οὐ μὲν ἤμεν ἄρτι-, ἐξ ὀξυβαφίων-ἐπίνομεν· τούτῳ δὲ-πολλὰ κἀγάθ' οἱ θεοὶ τῷ δημιουργῷ δοῖεν* Antiph. 3, 89 (1, 6). *εἰσὶ γὰρ Φαληρικοί. ἄλλοι δ' ἐπώλουν, ὡς ἔοικ' Ὀτρυνικούς* Antiph. 3, 119 (v. 8). *πίνειν μένοντα-κρεῖττον· μάχαι δ' ἄλλοισι-μέλοι* Cratin. min. 3, 375 (1). *εἰ θεὸν καλεῖν σε δεῖ. δεῖ δέ· τὸ-γὰρ-* Men. 4, 144 (2). *ὁ μὲν-ἄδικος· ὁ δὲ-ἀκρατής· ἴσον δέ γ' εἰσὶν ἀμφότεροι *κακοί* Anaxand. 3, 197 (4). *Ζῆθον μὲν ἐλθεῖν-ἐς Θήβης πέδον οἰκεῖν κελεύει·- σὺ δ' ὀξύπεινος· τὸν δὲ μουσικώτατον-Ἀθήνας ἐκπερᾶν Ἀμφίονα* Eubul. 3, 208 (2). *ὡς αὐτὸν ὄντ'-μόνον σωτῆρα, τοὺς ἄλλους δὲ πάντας ζημίαν* Alexid. 3, 407 (1). *δειπνεῖ τε καταδύς-Λακωνικῶς, ὄξους δὲ κοτύλην* Diph. 4, 419 (8). *ὡς ὅμοιον-υἱὸς ᾤχετο ἔχων φιάλιον· τῷ δὲ πολλὰ γίγνεται ὅμοια* Eubul. 3, 239. *ἔκρουσε *πουλύπουν τιν'· ὁ δ'* (idem) *ἐπρήσθη* Amphid. 3, 313 (1, 10). *ἐκυμβάλιζον δ' ἑπτὰ θεράπαιναι-· αἱ δ' ὠλόλυζον* Men. 4, 166 (5). *ἐπομνύουσα-ὡς δάμαλις, ὡς παρθένος-ἡ δ' ἄρ' ἦν μυωνία* Epicrat. 3, 369. *ἀστῆς, ἐρήμου δ' ἐπιτρόπου* Antiph. 3, 124 (1). *πλουτῶν, φιλάργυρος δὲ κἀλιτήριος, ὀψοφάγος, ὀψωνῶν δὲ μέχρι τριωβόλου* Eubul. 3, 247 (1). *φίλος γὰρ ἀνήρ, σωφρονεῖν δέ μοι*

δοκεῖ Telecl. 2, 371 (1). ὁ μὲν οὖν σός, ἐμὸς δ᾽ οὗτος ἀδελφὸς φρασάτω Aristophan. 2, 1031 (15). ἔσθιε-ὄψρα σε λιμὸς ἐχθαίρῃ, Κοννᾶς δὲ-σε φιλήσῃ Cratin. 2, 222 (143). οἶδα δ᾽ Ἀχέστορ᾽ αὐτὸ-παθόντα Eup. 2, 485 (1, 14). τεκμήριον δ᾽ Antiph. 3, 89 (2). μεταξὺ τῶν λόγων δέ Apollod. Gel. 4, 438. ὁ δ᾽ ἄχθεται αὐτὸς ὁ θύων Pher. 2, 335 (3, 6). ταδὶ δὲ τὰ δένδρα Λαισποδίας καὶ-ἀκολουθοῦσί μοι Eup. 2, 475 (37). *ταδὶ δ᾽ ἅμα χοίρων ἀκροκώλια-ταύρου τ᾽-φλογίδες- Archipp. 2, 717 (2). *ὀδμὴ θεσπεσίη κατὰ πᾶν δ᾽ ἔχει ὑψερεφὲς δῶ Herm. 2, 410 (2, 9). ὁπότε παρέλθοι *(δ᾽)- Eup. 2, 458 (6). ἔγνωκ᾽ ἐγὼ δὲ χαλκίον Aristophan. 2, 1038 (18). τοὺς γλιχομένους δὲ ζῆν κατασπᾷ Antiph. 3, 47 (2). ὡς θᾶττον ἡ παῖς *δ᾽ ἥψατ᾽- Antiph. 3, 84 (1). ὅστις ἄνθρωπος δὲ φύς-λογίζεται Antiph. 3, 115 (1). ἐὰν σαπροὺς *κομιδῇ δέ Antiph. 3, 128 (2). ὑπέφαιν᾽ ἐσομένη δ᾽ *Ὤκιμον Anaxand. 3, 165 (1). τὰ κυλικεῖα δέ | ἐξεῦρεν ἡμῖν Eubul. 3, 261. τράγημα δέ | ἔστιν πιθήκου τοῦτο Crobyli 4, 569 (2). τρεῖς μόνους σκώληκας ἔτι τούτους δ᾽ ἔμ᾽ ἔασον καταγαγεῖν Epigen. 3, 540. ἐξὸν ἀποσάττεσθαι δ᾽ ὅλην τὴν ἡμέραν Philem. 4, 21 (2). τῆς διὰ βίου δ᾽ ἔνδον καθεδουμένης ἀεί- Men. 4, 228 (3, 10). εἰ μὴ λέγειν δ᾽ ἔχουσι- Men. 4, 229 (4, 8). ὅταν πέσῃ δέ Men. 4, 227 (2, 15). πάντες εἰς σὲ δέ | ἐλθεῖν-εὐχόμεθα Men. 4, 241 (26). *διαπυτιοῦσ᾽ οἶνον δὲ τοιοῦτον χαμαί Arched. 4, 437 (2, 12). ὅταν ἐγγὺς *ᾖ δ᾽ ὅδ᾽ ὕστερος Anaxipp. 4, 460 (v. 41). ἡ τοῦ δὲ σωτῆρος Διός- Xenarch. 3, 616 (1). ὁ δὲ τάλας ἐγώ | κεστρεὺς ἂν εἴην Diph. 4, 401. ἀπὸ τῶν δὲ τεγῶν Pher. 2, 316 (1, 7). ἐς *τὸν δὲ φαλακρόν- Eup. 2, 537 (4, 5). ἐπὶ τοῖς *(δὲ) βάθροις ὅταν ὦσιν Phryn. 2, 580 (1). παρὰ δ᾽ ἐμοὶ τρέφει τὸ-βρῶμα Damox. 4, 531 (v. 27).

δέδοικα. δέδια: ὁ δεδοικὼς νόμον Philonid. (?) 2, 425. ἵνα δεδοικότες τῆς ἀξίας ἀγαπῶσιν Alexid. 3, 438 (3, 6). τί πολλὰ τηρεῖν πολλὰ δεῖ δεδοικότα; Men. 4, 71 (7). τὴν αὐτοῦ σκιὰν δέδοικεν Aristophan. 2, 981 (24). ῥοφεῖν φακῆν-ἡδὺ μὴ δεδοικότα, μαλακῶς καθεύδειν ἄθλιον δεδοικότα Antiph. 3, 102. *ὀρχεῖ-εὐθύς, *ἂν ἴδῃς δεδοικότα Anaxand. 3, 198 (8). ἂν γλαὺξ ἀνακράγῃ δεδοίκαμεν Men. 4, 230 (5). λαμβάνων συμβουλίαν πεσεῖν δεδοικώς Philem. 4, 59 (85). τοῦτο δὴ δέδοιχ᾽ ὁ θάνατος τὸ γένος-μόνον Alexid. 3, 457 (2). ἀπὸ Θηραμένους δέδοικα τὰ τρία ταυτί Aristophan. 2, 1165 (8). †δεδιότα ἐν τῇ χειρὶ τὴν ψυχὴν ἔχοντα Xenarch. 3, 617 (1, 20). δέδιεν ἐπὶ τὰ πράγματα ὁρμᾶν προχείρως Amphid. 3, 316 (1, 6). δέδιε τὸν κρείττονα (gallus) Men. 4, 135 (2, 13). τότε τὰς γυναῖκας δεδιέναι μάλιστα δεῖ Men. 4, 260 (106). ὃς δ᾽ οὔτ᾽ ἐρυθριᾶν οἶδεν οὔτε δεδιέναι Men. 4, 273 (173) = Diph. 4, 422 (17). δεδιυῖα Eubul. 3, 271 (21).

δεῖ: δεῖ σ᾽ ὅπως εὐσχήμονος ἀλεκτρυόνος μηδὲν διοίσεις Cratin. 2, 82 (2). κἂν *δῇ, τροχάζω στάδια πλείω Σωτάδου Philetaer. 3, 292. ἂν *δῇ (legeb. ᾖ) δὲ φείσασθαί τι Men. 4, 242 (28). κἂν διελθεῖν-διὰ θαλάττης *δῇ τόπον τίν᾽ Men. 4, 246 (39). εἰς τὰς τριήρεις *δεῖν ἀναλοῦν Aristophan. 2, 1040 (22). δεῖν τόδε γενέσθαι anon. 4, 702 (388). ὅμως δ᾽ ἦλθες οὐ πρίν γε δεῖν Cratin. 2, 144 (10, 3). πέμπει-ναῦς-ἄνδρας θ᾽ ὅταν δέῃσῃ Eup. 2, 509 (2). τῶν μυρρινῶν-εἰς διαμασῶμ᾽ ὅταν τι βουλεύειν δέῃ Apolloph. 2, 880 (1). δεῖ τιν᾽ ἐρᾶσθαι μέσον-παλαιστὴν νόμισον *Ἀργεῖόν μ᾽ ὁρᾶν Aristophont. 3, 357 (1, 3). *προσβαλεῖν πρὸς οἰκίαν δεῖ ib. (1, 5). εὐφυεῖς ὀδόντας ἔσχεν, ἐξ ἀνάγκης δεῖ γελᾶν Alexid. 3, 423 (1, 20). κύκλῳ δεήσει περιτρέχειν με-ἄντου δέωμαι Alexid. 3, 465 (3). αὐτὰς ἔδει μοχθεῖν ἅπαντ᾽ Pher. 2, 254 (1, 2). ἠρίσταμεν, δεῖ γὰρ συνάπτειν τὸν λόγον Theop. 2, 799 (2).

τί μακρὰ δεῖ λέγειν; Antiph. 3, 17. ἐὰν ἔχῃ τις ὁπόθεν. ἀλλὰ δεῖ σκοπεῖν τοῦτ' αὐτό, τἀνθρώπει' ὁρῶντα πράγματα Philetaer. 3, 295 (2, 6). τοῦτον ἡμᾶς τὸν τρόπον γαμεῖν ἔδει ‖ οὐκ ἐξετάζειν μὲν τὰ μηδὲν χρήσιμα ‖ τὸν δὲ τρόπον-μήτ' ἐξετάσαι μήτ' *εἰσιδεῖν· ἀλλ'- Men. 4, 228 (3). οὐ παρ' ἑτέρου δεῖ πυθέσθαι, πάντα δ' αὐτόπτης ἐρῶ Euangeli 4, 572 (v. 4). μὴ πολλάκις πρὸς τὸν αὐτὸν *(δεῖ) λίθον παίειν anon. 4, 697 (370). πάλαι δεῖ (imo δή 5, 60) ἡμᾶς ἐκεῖ (l. ἔδει)-σχολάζειν Aristophan. 2, 990 (15). τῶν τετραπόδων οὐδὲν ἀποκτείνειν ἔδει (?) ἡμᾶς τὸ λοιπόν Plat. 2, 624 (1). τὸ νοεῖν μὲν ὅσα δεῖ, μὴ φυλάττεσθαι δ' ἃ δεῖ Men. 4, 255 (76). *λύχνον δίμυξον οἴσω καὶ θρυαλλίδ' ἣν δέῃ Philyll. 5, 57. οὐκ ἂν γένοιο μᾶλλον ἢ σε δεῖ †ξένος ξένος anon. 4, 603 (12). ᾧ δεῖ-δεῖξον νόμῳ. Α. αὐλητικῶς δεῖ καρκινοῦν τοὺς δακτύλους Antiph. 3, 30 (1, 14 sq.). δεῖ-ἠριστηκότας πάσχειν ἐάν τι καὶ παθεῖν ἡμᾶς δέῃ Antiph. 3, 126 (1, 25). τοιαῦτ' ἀκοῦσαι δεῖ τὸν ὀψωνοῦντά τι Amphid. 3, 313 (1, 13). τὴν τράπεζαν πάνθ' ἃ δεῖ ἔχουσαν Diodor. 3, 544 (v. 10). χρῆται-εἰς ἃ δεῖ ταύτῃ καλῶς Men. 4, 108 (2). εἰς τὸ δέον Men. 4, 116 (4). τὰ δέοντ' ἔχειν Alexid. 3, 500 (2). *ἂν δὲ δὴ λάβω τὰ δέοντα, καὶ *τοὐπτάνιον ἁρμόσωμ' ἅπαξ Hegesipp. 4, 479 (v. 19). αὐτόματ' ἦν τὰ δέοντα Telecl. 2, 361 (1). παραδείξας ἐμοὶ τὰ δέοντ' Sosip. 4, 484 (v. 57). τὸν μὴ λέγοντα τῶν δεόντων μηδὲ ἕν Philem. 4, 37 (11). ἐν οὐ δέοντι καιρῷ φιλοσοφῶν anon. 4, 690 (345). τῇ γαστρὶ μᾶλλον τοῦ δέοντος προσαγαγών Alexid. 3, 426. *οὐδὲ τὰ βίου νῷν ἴσως δεῖ φροντίσαι Men. 4, 167 (10). *(κατεσθίοντι) δεῖ-πολλῶν πουλύπων Amips. 2, 703. *ὅτου δοκεῖ σοι δεῖν μάλιστα τῇ πόλει; Aristophan. 2, 988 (9). ἄλλου *δεῖ τινος; Antiph. 3, 77. *ἀλλὰ λέγ' ὅτου δεῖ Alexid. 3, 437 (2). ὀβολῶν *δεουσῶν τεττάρων καὶ τῆς φορᾶς Aristophan. 2, 1072 (7). τρεῖς χοίνικας κοτύλης δεούσας Aristophan. 2, 1139 (7).

δεῖγμα: τὸ δ' ὀξύθυμον-δεῖγμ' ἐστιν-πᾶσι μικροψυχίας Men. 4, 96 (3).

δείκνυμι: φέρε-δεῖξον τὸ κανοῦν-δεῦρο †πῆ μάχαιρ' ἔνι Plat. 2, 647 (2). τουτὶ λαμβάνω. Α. δεῖξον τί ἐστι πρῶτον Alexid. 3, 444 (1, 9). ἀλλὰ δεῖξον χέρνιβα Straton. 4, 546 (v. 39). καινὸν ἐξεύρημά τι-ὃ θεάτρῳ μὲν οὐδεπώποτε *ἔδειξ' Amphid. 3, 306 (1). καλὸν ἔχει τοῦ σώματός τι, τοῦτο γυμνὸν δείκνυται (al. δεικνύει) Alexid. 3, 423 (1, 19). δείξαντ' ἰδεῖν τὸ δεῖπνον Alexid. (Antiph.) 3, 494 (2). θρῖον ἂν δείξω μόνον Dionys. 3, 548 (v. 39). μήτρας δύο κρεμαμένας δείξας Dioxipp. 4, 541. *ἐδείκνυ' ἅμα λέγων τὰ τραύματα Phoenicid. 4, 511 (v. 6). οὓς (panes) *δημόταις Θεαρίων ἔδειξεν Antiph. 3, 96 (1). τῶν ἑπτὰ νήσων ἃς δέδειχεν ἡ φύσις θνητοῖς μεγίστας Alexid. 3, 517 (30). ᾧ δεῖ-δεῖξον νόμῳ Antiph. 3, 30 (1, 14). τὰς σκευάσεις-ἕτοιμός εἰμι δεικνύειν Alexid. 3, 430 (1, 25). αὐτὸς δείξας Aristophan. 2, 1200 (102). αὐτὸ δείξει Cratin. 2, 114 (9). τούτων ἐάν | δείξει τις-φωνήν *τι-ἔχον, ἀδικεῖν ὁμολογῶ Alexid. 3, 397 (1, 8). ἱδρύσαθ' ἱερὸν μητρός, οὐ δείξας σαφῶς ποίας Alexid. 3, 520 (35). βούλομαι δεῖξαι σαφῶς ὡς σεμνόν ἐστι τοῦτο Diodor. 3, 543 (v. 1). ἐγὼ μὲν δεικνύω ἐσπουδακώς, οἱ δὲ-ἐπεμυκτήρισαν Men. 4, 245 (37). Ἔρως-ἰσχὺν ἔχων πλείστην ἐπὶ τούτου δείκνυται Men. 4, 203 (4). δείκνυσιν αὐτοῦ τὸν τρόπον τοῖς ῥήμασιν Men. 4, 324 (466). †πόρνης βουλὴν ἔδειξεν Men. 4, 126 (1). μὴ-αὐτὸν ὀξύθυμον δείκνυε Men. 4, 291 (269). παντελῶς *ἐστραμμένον τἄνω κάτω δεικνύντες Antiph. 3, 140 (15). τυφλοὺς *τοὺς ἐμβλέποντας δεικνύει Men. 4, 93 (1). εἶτα τύπτεσθαι δέδεικται καὶ παροινεῖν Alexid. 3, 454 (1).

δείλαιος: οἴμοι δείλαιος Eubul. 3, 261 (2, 13). ἐν δὲ δειλαίαι (δείλαιαι) φρένες Philem. 4, 8 = Men. 4, 201 (5).
δείλη: δείλης πρωίας Philem. 4, 64 (116).
δειλία: ἡ δειλία γυναικός Alexid. 3, 496 (1, 10). *τραύματ' ἐξόπισθ' ἔχων τῆς δειλίας σημεῖα anon. 4, 687 (335ᵇ).
δειλινός: δειλινὸς-ἤρξατο anon. 4, 688 (336).
δειλοκομπήσας (rect. δειλοκοπήσας) Herm. 2, 416 (10).
δειλός: ἀγαθοὶ δειλῶν ἐπὶ δαῖτας ἴασιν Eup. 2, 542 (14). δειλοὶ-ἑξῆς πάντες εἰσὶν οἱ λαγοί Philem. 4, 32 (3). δειλότερος λαγὼ Φρυγός anon. 4, 652 (ad 196). ὁ μέν γε *δειλός (legeb. δεινός), ὁ δὲ κόλαξ- Phryn. 2, 588 (2). στρατιώτην ἔργον-λαβεῖν ἔστιν διευτυχηκότ', ἂν μὴ δειλὸς ᾖ Apollod. 4, 450. κἂν ᾖ θρασύτατος ἡ σύνεσις αὐτὸν δειλότατον εἶναι ποιεῖ Men. 4, 257 (86). τὸν δειλὸν θρασύν (Bacchus reddit) Diphil. 4, 415 (1). δειλοῦ-ἀνδρὸς δειλὰ καὶ φρονήματα mon. 128. πρὸς ἅπαντα δειλὸν ὁ πένης ἐστί Men. 4, 71 (9). οὐκ ἔστιν οὐδεὶς δειλὸς ὁ δεδοικὼς νόμον Philonid. (?) 2, 425.
δεῖνα: †ὤλεν (f. ὁ δεῖν') Pher. 2, 274 (1). ὁ δεῖν' Ἰάπυξ, κέρασον εὐζωρέστερον Antiph. 3, 77 (2). ἥξει Φιλῖνος, Μοσχίων-ὁ δεῖν' ὁ δεῖνα Straton. 4, 545 (v. 14). †τὸ δεινῆς (f. τὸ δεῖν', vel ὁ δεῖν') ἀκούεις; [Myrt. 2, 418 (1)]. Eup. 2, 521 (2). τὸ *δεῖνα δ' ἐσθίεις; Antiph. 3, 70 (2, 6). καὶ μὴν τὸ δεῖν' Aristophan. 2, 945 (5). Παύσωνι τὸ δεῖνα προσλελαληκέναι Henioch. 3, 562.
Δεινίας Αἰγύπτιος Stratt. 2, 775 (1).
δεῖνος: δείνῳ περὶ κάτω τετραμμένῳ Stratt. 2, 776 (2). δεῖνος μέγας Dionys. 3, 554 (1). δεῖνόν ποτ' ἦρεν ἀργυροῦν- B. δεῖνον καὶ δεινόν (f. δεινόν γε δεῖνον) Arched. 4, 435. †δεῖνος τι δεινος καὶ καλαθίσκος (saltationes) Apolloph. 2, 879 (1).
δεινός: cf. δειλός. δεῖνα. δεῖνος. δεινοῦ φυὴν μελανούρου Cratin. 2, 141 (1). δεινὸν-ὑὸς ῥύγχος Anaxil. 3, 344 (2). λόγους-δεινοὺς παρέχει Herm. 2, 395 (1). δεινὴ γλῶσσα Βρεττία Aristophan. 2, 1193 (74). ὁ-ἐν λόγοισι δεινὸς Ὑπερείδης Timocl. 3, 591. δεινὸν... κεραυνὸν ἐν γλώττῃ φέρει anon. 4, 677 (307). δεινοὶ πατραλοῖαι Philonid. 2, 421 (1). σφακελίζειν τῷ δεινῷ Cratin. 2, 191 (48). οὐ δεινὸν οὖν κριοὺς ἔμ' ἐκγεννᾶν-; Eup. 2, 463 (10). οὐ δεινόν ἐστι-; Antiph. 3, 128 (2). οὐ δεινὰ ταῦτα †δὲ (f. δ' ἐστὶν)- Eup. 2, 532 (2). τέθνηκέ τις, μὴ δεινὸν ἔστω τοῦτό σοι Philem. 4, 41 (22). ὅταν ᾖ γέρων τις ἐνδεὴς τε τὸν βίον, οὐδὲν τὸ θνήσκειν δεινόν Men. 4, 253 (66). ὡς δεινὸν ἡνίκ' ἂν- Diph. 4, 425 (28). οὐδὲν πέπονθας δεινὸν- Men. 4, 122 (8) = mon. 689. δεινὸν-κοὐκ ἀνασχετόν Eup. (?) 2, 577 (v. 14). δεινὰ δεινὰ κοὐκ ἀνασχετὰ-πράττουσιν οἱ νεώτεροι Xenarch. 3, 617 (1, 1). δεινὰ-ἔργα δρῶσαι Aristophan. 2, 948 (11). δεινὰ πάσχω Metag. 2, 758 (2). δεινὸν κακόν mon. 88. δεινότερον οὐδὲν-μητρυιᾶς κακόν mon. 127. θεῷ μάχεσθαι δεινόν ἐστι mon. 247. ὑπόνοια δεινόν-ἀνθρώποις κακόν mon. 732. δεινὸν-ἰδόντα παριππεῦσαι Κυπρίους ἄρτους Eubul. 3, 243 (2). δεινὸν-ἡγοῦμαι ποιεῖν Alexid. 3, 391 (2). λέγειν τὰ φαῦλα μείζω καὶ τὰ δεῖν' ὑπέρφοβα *Men. 4, 217 (3). δεινότερος οὗτος θατέρου μοι κατεφάνη Phoenicid. 4, 511 (v. 14). δεινὸν *φράγμα Men. 4, 298 (205). καὶ τἆλλα δεινούς φασι τοὺς Αἰγυπτίους εἶναι τὸ νομίσαι τ'- Antiph. 3, 80. δεινοὶ-εὑρίσκειν τέχνας mon. 130. δεινὸς ἐκ κοινοῦ φαγεῖν-ἐκ μέσου τὰ θερμὰ δεινὸς ἁρπάσαι Euphron. 4, 492 (v. 4. 5). δεινῶς: δεινῶς πώς εἰμ' ἐπιλήσμων Metag. 2, 752 (3). ἐφερόν τε δεινῶς-πάνυ Antiph. 3, 104 (v. 8). ἤ που δεινῶς ὠργίσθησαν-; Epicrat. 3, 371 (1, 30).

δειπνάριον: τὸ δειπνάριον *ἀνθηρὸν ἦν Diph. 4, 406.

δειπνητικός: ὁ τοιοῦτος ἐστιν οὐ δειπνητικὸς Anaxipp. 4, 460 (v. 36).

δειπνίζω: δειπνίζοντες φίλον ἄνδρα Pher. 2, 335 (3, 10). δειπνίζειν ἄνδρα Θετταλόν Alexid. 3, 480 (1). μάλα συχνοὺς ἐδείπνισεν Χάρης Ἀθηναίων τόθ' Heraclid. 3, 565. τὸ μὴ συνάγειν γυναῖκας μηδὲ δειπνίζειν ὄχλον Men. 4, 202 (1). *δειπνιεῖν μέλλοντα *κωλῦσαί τινα Diph. 4, 405 (3). ὁ θύων *ἔσθ' ὁ δειπνίζων τ' ἐμέ | Ῥόδιος Lync. 4, 433 (v. 1).

δειπνίον: *οὐ γὰρ σαῦς ἀντέλεγες τούτῳ τῷ δειπνίῳ Aristophan. 2, 1144 (11).

δεῖπνον: φοιτᾷς ἐπὶ δεῖπνον ἄνηστις Cratin. 2, 38 (3). ἀνεπαγγέλτων †φοιτήσας (f. φοιτησάντων) ἐπὶ δεῖπνον Cratin. 2, 39 (4). δείπνου φίλων ἀπείργειν Cratin. 2, 43 (1). οὐ-ἀπείργει μὴ φοιτᾶν ἐπὶ δεῖπνον Eup. 2, 487 (3). δεῖπνον αἰτήσεις με σύ Alexid. 3, 465 (3). ἐπὶ δεῖπνον εἰς Κόρινθον ἐλθὼν-ἄκλητος Alexid. 3, 480 (2). πρὸς τὰ δεῖπνα τῶν ἐν τῇ πόλει ἀφορῶσι Antiph. 3, 134 (5, 2). ἀσυμβόλου δείπνου Amphid. 3, 318 (3). πορίζεται τὰ δεῖπν' ἀσύμβολα Alexid. 3, 501. χαίρουσι δείπνων ἡδοναῖς ἀσυμβόλοις Timocl. 3, 595 (v. 10). ἐπὶ δεῖπνον ἐρχόμεσθ'-μᾶζαν ἐπ' ἀλλόφυλον Eup. 2, 485 (1, 11). βάδιζ' ἐπὶ δεῖπνον εἰς τὰ *φιλίτια Antiph. 3, 22. *ἀποδύντ' ἐς τὸ δεῖπνον ἀπιέναι Timoth. 3, 589. *ὡς καλεῖ μ' ἤδη 'πὶ δεῖπνον ὁ χορὸς Aristophan. 2, 1202 (109) cf. 5, 70. ἀμύνεσθαι περὶ δείπνου Metag. 2, 759 (2). ἤν τινά τις καλέσῃ θύων ἐπὶ δεῖπνον Pher. 2, 335 (3, 1). ἐπὶ δεῖπνον ἢ φίλον τιν' ἢ ξένον καλέσας Eubul. 3, 240. τῶν κεκλημένων δύο ἐπὶ δεῖπνον Eubul. 3, 261 (1, 2). κληθέντ' ἐπὶ δεῖπνον ib. (1, 5). ἄν τις ἐπὶ τὸ δεῖπνον ἕνα καλῇ Alexid. 3, 492. ὅταν με καλέσῃ πλούσιος δεῖπνον ποιῶν Diph. 4, 404 (2, 1). "πόσους κέκληκας μέροπας ἐπὶ δεῖπνον;"-ἐγὼ κέκληκα Μέροπας ἐπὶ δεῖπνον; Straton. 4, 545 (v. 6. 7). Μέροπας ἐπὶ δεῖπνον καλεῖν ib. (v. 10). †ὡς παρασκευάζεται τὸ δεῖπνον Pher. 2, 269 (1). δεῖπνον παρασκεύαζε Pher. 2, 300 (91). ἕως ἂν τὸ δεῖπνον ἔνδον σκευάσω Plat. 2, 630 (1, 2). δεῖπνον εὐτρεπές Antiph. 3, 45 (2, 12). ἀπὸ τούτου πᾶν τὸ δεῖπνον εὐτρεπές Anaxipp. 4, 459 (v. 13). συσκευασάμενος δεῖπνον Pher. 2, 274 (3). δείπνου προφήτην λιμόν Antiph. 3, 126 (1, 23). *οὐχὶ τοῖς λαμπροῖσι δὲ | δείπνοις τὸ πεινῆν παύεται Antiph. 3, 134 (4, 7). λαμπροῖς δείπνοις *δεξόμεθ' ὑμᾶς Anaxand. 3, 182 (1, 2). δείπνου πρόδρομον ἄριστον Eubul. 3, 242 (1, 13). προοίμιον δείπνου χαριέντως-πεπρυτανευμένου Alexid. 3, 429 (1, 4). κεφαλὴ δείπνου Alexid. 3, 462 (1, 15). τὸ δεῖπνον εὐτελές Euang. 4, 572 (v. 2). ἀτελὲς δεῖπνον Amphid. 3, 312. πεῖραν-πολυτελῶν πολλῶν τε δείπνων Dionys. 3, 547 (v. 38). ἂν παραθῶ δεῖπνον ὄζον αὔρας ἀττικῆς ib. (v. 40). οὐδέτερος-ἥδεται τοῖς ἀττικοῖς δείπνοις Lyncei 4, 433 (v. 3). τί πρὸς τὰ Λυδῶν δεῖπνα καὶ τὰ Θετταλῶν; Aristophan. 2, 1150 (4). δεῖπνον θὲς ἑκατὸν δραχμάς Eup. 2, 493 (15). δείξαντ' ἰδεῖν τὸ δεῖπνον Alexid. (Antiph.) 3, 494 (2). δεῖπνον παραθεῖναι Pher. 2, 354 (55). εἰδέναι-πρότερον οἷς μέλλει ποιεῖν τὸ δεῖπνον ἢ τὸ δεῖπνον ἐγχειρεῖν ποιεῖν Dionys. 3, 547 (v. 4) τίς ἔσθ' ὁ θύων, ἢ πόθεν συνίσταται τὸ δεῖπνον Diph. 4, 394 (2, 6). τοῦτό μοι τὸ δεῖπνον ἀλλ' οὐδ' αἷμ' ἔχει Diph. 4, 404 (2, 8). πῶς ἔχουσι πρὸς τὸ δεῖπνον Sosip. 4, 484 (v. 51). δείπνων ὅταν πέμπωσι δῶρα ναυτίλοι Nausicrat. 4, 575 (2). ἐστὶ-τὰ πολλὰ τοῦ δείπνου χάριν f. anon. 4, 610 (34). οὐκ ἐρωτᾷ, πηνίκα δεῖπνόν ἐστιν; Men. 4, 179 (3). εἶτα δεῖπνον ἕτερον εἰς τρίτην βλέπει ib. ἐκ πέντε καὶ δέχ' ἡμερῶν προηλπικὼς τὸ δεῖπνον Posidipp. 4, 523 (1, 9). ξένου τὸ δεῖπνόν ἐστιν ὑποδοχῆς (f. -χή) Men. 4, 265 (1). φυλλὰς ἡ δείπνων κατάλυσις Calliae (Diocl.) 2, 737 (4). τὰς πρημνάδας τὰς θυννίδας ἐπὶ δεῖπνον (f. ἐπίδειπνον) ἠκούσας Nicoch. 2, 845 (1). τὸ δειπνόν ἐστι μᾶζα κεχαρακωμένη ἀχύροις καὶ-καὶ Antiph. 3, 133 (1). οὐ κύλικας ἐπὶ τὰ δεῖπνα-φέρει (;) Ephipp. 3, 328 (2). καὶ μετὰ [τὸ] δεῖπνον κόκκος, "ἐρέβινθος" Ephipp. 3, 330 (2). καὶ μετὰ δεῖπνον θαυμαστὸν ὅσ' ἐστ' ἀγαθῶν πλήθη Mnesim. 3, 570 (v. 50). ἐπιφέρει τραγήματα μετὰ δεῖπνον ἀκίδας Κρητικάς Mnesim. 3, 577 (1). μετὰ *(τὸ) δεῖπνον-τοῦτο (i. e. κατὰ χειρός) -λαβεῖν Demonici 4, 570. φάσεις-κατὰ δεῖπνον-μοι λέγοι Ephipp. 3, 335 (2, 3). δείπνου-οὗτος-ἀρχήν, τελευτὴν δ' ἔμαθεν οὐδεπώποτε Anaxil. 3, 351 (1) cf. p. 353. κατακεῖσθαι πρὸ δείπνου Alexid. 3, 511 (13). δεῖπνον (de vespertina coena) anon. 3, 622 (69). παρατάττεταί τις καὶ ποιεῖ νεκρούς | δείπνῳ (an δειπνῶν?) Nicol. 4, 580 (v. 38).

δειπνοπίθηκος: anon. 4, 664 (262).

δειπνῶ: δεδειπνάναι Plat. 2, 663 (7). πρὶν δεδειπνάναι Aristophan. 2, 1051 (10). αὐτοὺς οἴομαι δεδειπνάναι Aristophan. 2, 1139 (6). πρὶν δεδειπνάναι ἡμᾶς Antiph. 3, 79. ὃν χρὴ δεδειπνάναι πάλαι Eubul. 3, 248 (3). δεδειπνάναι-εὐκαίρως πάνυ Epicrat. 3, 365. οὐδέπω δεδείπναμεν Eubul. 3, 248 (2). ἐπεὶ πάλαι δεδείπναμεν Alexid. 3, 429 (3). *ἄνδρες δεδειπνήκασιν ἤδη Plat. 2, 637 (1, 1). καὶ δὴ δεδειπνήκασιν αἱ γυναῖκες Philyll. 2, 857 (1). δεδείπνηκας (an δεδειπνήκασι?) Men. 4, 318 (438). οὗτοι δεδειπνήκασιν Diph. 4, 401. δεδείπνηχ', ὡς ἔοικεν, εἰσπεσών Apollod. Car. 4, 447. χωρεῖ ἄκλητος ἀεὶ δειπνήσων Aristophan. 2, 1067 (5). δειπνεῖν ἄκλητος μυῖα Antiph. 3, 111 (v. 7). παρ' οἷς ἐδείπνει προῖκα Antiph. 3, 122 (1). τἀλλότρια δειπνεῖν Theop. 2, 806 (3). Antiph. 3, 143 (23). ὁ πρῶτος εὑρὼν τἀλλότρια δειπνεῖν Eubul. 3, 240. δειπνοῦσιν ἐσφυδωμένοι τἀλλότρι' Timocl. 3, 610. τἀλλότρια δειπνοῦντα mon. 157. ὅσα περ ἔχειν τἀλλότρια τὸν δειπνοῦντα δεῖ Nicol. 4, 580 (v. 42). δειπνῶν-πᾶς τἀλλότρια γίγνετ' ὀξύχειρ Nicomach. 4, 584 (v. 32). τοὺς ἀσυμβόλους τἀλλότρια δειπνεῖν ἑλομένους Nicol. 4, 579 (v. 16). μέλλων ἀσύμβολος δειπνεῖν Dromon. 3, 541 (1). οὐκ ἐρωτᾷ-τί δειπνεῖν κωλύει τοὺς παρόντας; Men. 4, 179 (3). δειπνεῖ-ἄφωνος Τήλεφος (parasitus) Alexid. 3, 467 (1). δειπνῶν δὶς τῆς ἡμέρας Plat. 2, 692 (41). cf. 5, 51. οὐδὲ *δειπνῶν-*ἐμπίμπλασαι Eubul. 3, 224 (3). οὐ τὴν νύχθ' ὅλην τήν θ' ἡμέραν δειπνοῦσι Eubul. 3, 230 (2). ἦ δειπνοῦσιν ἀμφότεροι συχνά; Anaxil. 3, 353. διαρραγήτω χὤτερος δειπνῶν τις εὖ Anaxil. 3, 351 (1). ἐπειδὰν δειπνῶμέν που, τότε πλεῖστα λαλοῦμεν Metag. 2, 752 (2). Aristag. 2, 761 (2). δειπνῶμεν *(πρῶτον), κἄπειτά με πάντ' ἐπερώτα Metag. 2, 752 (3). μεσημβρία, ἡνίκα γε τοὺς νεωτέρους δειπνεῖν χρεών Aristophan. 2, 1093 (2). βοᾶν καὶ πονεῖν-καὶ δειπνεῖν ἐπιστάμενοι Alexid. 3, 491 (1). χαίρει, παίζει, πηδᾷ, δειπνεῖ Mnesim. 3, 570 (v. 54). τοιαῦθ' ὑθλῶν δειπνεῖ Ephipp. 3, 336 (1). δειπνεῖν δ' ἄνδρας *βουτυροφάγας Anaxand. 3, 183 (1, 8). ὡς δ' ἐδείπνει κοσμίως-ἑκάστου μικρὸν ἂν ἀπεγεύεθ' Eubul. 3, 227 (4). τὸ μοσχίον-αὔριον δειπνήσομεν Ephipp. 3, 334 (1, 13). συνιδεῖν τόπον, ὥραν, τὸν καλοῦντα, τὸν πάλιν δειπνοῦντα Dionys. 3, 548 (v. 20). τοὺς δειπνοῦντας εἰς τὰ βατάνι' ἐμβαλεῖν ποιῶ τοὺς ὀδόντας Alexid. 3, 394 cf. Alexid. 3, 430 (1, 22). δειπνούντων ἅμα ἐπὶ τὸ τάγηνον-φέρω Alexid. 3, 471 (3). τούτων οἱ τρεῖς δειπνοῦμεν, δύο δ' αὐτοῖς συγκοινωνοῦμεν μάζης Alexid. 3, 456 (1, 4). δι' ἡμέρας δειπνοῦσι πέμπτης ἀλφίτων κοτύλην μίαν Alexid. 3, 483 (2, 17). δειπνεῖ δὲ κατακλύς-Λακωνικῶς, ὄξους δὲ κοτύλην Diph. 4, 419 (8). ὥστε τὸν δειπνοῦντ' ἐπαίρειν, ἄν τι βούληται λαβεῖν Euangeli 4, 572 (v. 10). ὡς δ' ἐδείπνησαν-καὶ Διὸς σωτῆρος ἦλθε- Antiph. 3, 95 (1). ἐρριπίζετο ὑπὸ τῶν περιστερῶν-δειπνῶν ὁ βασιλεὺς Antiph. 3, 117 (2, 7). ἔπειθ' ὁ δειπνῶν μὲν τραγηματίζεται, μυρισάμενος δὲ-πάλιν δειπνεῖ †τὰ μελίπηκτα ταῖς κίχλαις (f. μελίπηκτα τὰς κίχλας) Men. 4, 223 (1). δειπνῶν ἀεὶ ἀνακείμενος παρ' αὐτόν Philippid. 4, 477 (10). δειπνῶμεν ἵνα θύωμεν ἵνα λουώμεθα anon. 4, 675 (304). τὰ ξίφη δειπνοῦμεν *ἠκονημένα Mnesim. 3, 577 (1).

δείρω: σφάττε, δεῖρε, κόπτε Cratin. 2, 224 (150).

δέκα: ἐκ δέκα ποδῶν ᾕρει Eup. 2, 458 (6, 3) cf. 5, 36. τέταρτός ἐστιν ἐπὶ δέκα Eup. 2, 537 (4, 2). *ἕκτην ἐπὶ δέκα βοηδρομιῶνος Men. 4, 224 (4). εἰς δέκ' ἐπὶ τῇ μνᾷ γεγονέναι Diph. 4, 395 (2, 20). *ἐπολέμησ' ἔτη δέκα Antiph. 3, 25. ἑαυτοὺς δ' ἔθεφον ἐνιαυτοὺς δέκα Eubul. 3, 262 (2, 5). φέρομεν-*ἄνθρωποι δέκα ἔρανόν τιν' Antiph. 3, 67 (1, 8). πάρεισιν ὀκτωκαίδεκ' ἄλλοι, καὶ δέκα ἅρματα Alexid. 3, 492. *παρεγχέκαπται τ' ἀρνί' ἐννέ' ἢ δέκα Eubul. 3, 212 (v. 9). γαμεῖ-οὐδὲ εἷς *εἰ μὴ δέκ' ἢ ἕνδεκα γυναῖκας Men. 4, 232 (8). ἐν ἡμέραις δέκα εἶναι δοκεῖν Ζήνωνος ἐγκρατέστερον Posidipp. 4, 518 (1).

δεκάκις: ἐθέλω κρέμασθαι δεκάκις Aristophont. 3, 362 (3).

δεκάμηνος: γυνὴ κυεῖ δεκάμηνος*(;) Men. 4, 192 (3).

δεκάπαλαι: κατάκειμαι-δεκάπαλαι Philonid. 2, 423 (2). ὁ βοῦς-ἦν *ἂν ἐφθὸς δεκάπαλαι Henioch. 3, 560.

†δέκας: †ἐκπεπίῃ δέκας Eriphi 3, 558 (4).

δεκατάλαντος: λίθος δεκατάλαντος Aristophan. 2, 1057 (7). δεκατάλαντον (al. δέκα τάλαντα) καταφαγών Men. 4, 183 (6).

δεκατεύω: ἐλλιμενίζεις ἢ δεκατεύεις; Aristophan. 2, 1135 (4). μόνον οὐχὶ δεκατεύουσι γὰρ τὰς οὐσίας Alexid. 3, 475.

δέκατος. δεκάτη: ὁ δ' ἔνατος (crater) χολῆς· δέκατος δὲ μανίας Eubul. 3, 249 (1, 10). ὅπως-ἐν τῇ δεκάτῃ τοῦ παιδίου χορεύσετε Eubul. 3, 203 (3). εἰ δεκάτην ἐλάμβανες αὐτῶν (piscium) ἀπὸ τῆς τιμῆς Diph. 4, 390 (2).

δεκατῶναι: Anaxil. 3, 342.

δεκατώνια: Antiph. 3, 15 (2).

Δεκελικός: ὄξους Δεκελικοῦ (al. Δεκελεικοῦ) Alexid. 4, 514 (20).

δελεάζω: τὴν γραῦν-δελεάσας-*γεννικῇ-κοίλῃ λεπάστῃ Antiph. 3, 23.

δελεάστρα: de Andromeda. Cratin. 2, 140 (12).

δελέαστρα (neutr.) Nicoph. 2, 849 (4).

δελφάκειος: πλευρὰ δελφάκει' Pher. 2, 300 (1, 16). πνικτόν *τι ὄψον δελφάκειον Alexid. 3, 439 (5, 2).

δελφάκιον: δελφακίων ἁπαλῶν κωλαῖ Aristophan. 2, 1026 (1). κρέα δελφακίων Eubul. 3, 234 (1). †ὀπτὰ δελφάκια ἄλίπαστα τρία Eubul. 3, 205 (v. 9).

δέλφαξ: ἤδη δέλφακες, χοῖροι δὲ τοῖσιν ἄλλοις Cratin. 2, 20 (7). δέλφακας μεγάλους Cratin. 2, 109 (12). τὸν δέλφακα | ἀπῆγε σιγῇ Plat. 2, 655 (5) cf. 5, 46. δέλφακα †δὲ ῥαιότατον ib. (6). *ἔθυον δέλφακ' ᾠδὸν-καὶ μάλα καλήν Eup. 2, 540 (11). τὴν ἱερὰν σφάττουσιν-δέλφακα Theop. 2, 810 (2). *κύουσα δέλφαξ Nicoch. 2, 847 (6). τὴν κεφαλὴν τῆς δέλφακος Plat. 2, 634. δέλφακος ὀπωρινῆς ἠτριαίαν Aristophan. 2, 1151 (9, 4). ἠτριαῖον δέλφακος Aristophan. 2, 1077 (3, 6). διερράχισται σεμνὰ δελφάκων κρέα Eubul. 3, 211 (v. 4). δελφάκων-κρέα κάλλιστ' ἠνθισμένα Epicrat. 3, 369. ἡμίκραιρα τακερὰ δέλφακος Crobyli 4, 568 (3). δέλφαξ, δασύπους, ἔριφοι Antiph. 3, 78 (2, 6). μόσχον, δέλφακας, χοίρους, *λαγώς Euangel. 4, 572 (v. 6). *ὀρειονόμους ποιήσει δέλφακας ἠλιβάτους Anaxil. 3, 343 (1).

δελφινοφόρος-κεροῦχος Pher. 2, 258 (6).

δελφίς: ἐξήλλοντο δελφίνων δίκην Arar. 3, 274 (1). ὁ-δελφὶς (navale instrum.) ἐστι μολιβδοῦς Pher. 2, 258 (6).

Δελφοί: ὦ Δελφῶν πλείστας ἀκονῶν Φοῖβε μαχαίρας Aristophan. 2, 1179 (11). *οὔπω τότ' ἐν Δελφοῖσιν ἦν τὰ γράμματα Cratin. min. 3, 378 (1). τὸ γνῶθι σαυτὸν οὐ μάτην-δόξαν ἐν Δελφοῖς ἔχει Philem. 4, 55 (60).

δέμας: τὸ γὰρ δέμας *ἀνέρος ὀρθοῖ Plat. 2, 672 (1, 10). δέμας λεπτὸν Ῥαδάμανθυν Theop. 2, 802 (1). †ἔγχεον εἰς σφέτερον δέμας Aristophan. 2, 1094 (7). τοῦ-*ἀμύμονος δέμας θύννου Anaxand. 3, 174 (3).

δενδαλίς: πλακοῦντας, δενδαλίδας, ταγηνίας Nicoph. 2, 852 (2).

δένδρον: τὰ-δένδρη τὰν τοῖς ὄρεσιν Pher. 2, 316 (1, 9). ὅσα δένδρων ἀεὶ βρέχεται-οἷα γίγνεται Antiph. 3, 138 (10). διεχώριζον ζῴων τε βίον, δένδρων τε φύσιν Epicr. 3, 370 (1, 15). λάχανον στρογγύλον εἶναι (cucurbitam), ποίαν δ' ἄλλος, δένδρον δ' ἕτερος ib. 371 (1, 26). τὴν-Ἀφροδίτην ἐν Κύπρῳ δένδρον φυτεῦσαι τοῦτο ἓν μόνον (int. ῥόας) Eriphi 3, 557 (1, 12). τὸ τῆς ἐλάας δένδρον Posidipp. 4, 527 (15). ταδὶ-τὰ δένδρα Λαισποδίας καὶ Δαμασίας Eup. 2, 475 (37). ἔχει ὥσπερ τὸ δένδρον τοῦτο καρπὸν τὸ δάκρυον Philem. 4, 23 (1, 8). δένδρον παλαιὸν μεταφυτεύειν Philem. 4, 54 (54). οὐκ ἔστιν ἀγαθὸν-φυόμενον ὥσπερ δένδρον ἐκ ῥίζης μιᾶς Men. 4, 194 (8).

δεξιός: τῆς ποιήσεως-ἀριστέρ' αὐτοῦ φαίνεται τὰ δεξιά Pher. 2, 327 (1, 12) vid. 334 (1, 17). τῇδ' †ἐξιόντι δεξιᾷ Herm. 2, 411 (3). ἔταξα δεῦρο πρὸς τὰ δεξιά Antiph. 3, 12 (1, 9). δεξιὸν εἰς *ὑποδήματ' Aristophan. 2, 1188 (55). τὸν ἱμάντα τῆς δεξιᾶς ἐμβάδος Men. 4, 101 (2). τὴν δεξιὰν ἐνέβαλον Diph. 4, 395 (2, 24). εἰκόνα ‖ ἔχουσαν ὀπτὸν κάραβον ἐν τῇ δεξιᾷ Alexid. 3, 407 (1). οὐδ' ἂν-οὕτως εὐρύθμως τῇ δεξιᾷ *ὥρας ἐνώμα Theophil. 3, 627. εὐδαίμων ἀνὴρ καὶ δεξιός Phryn. 2, 592 (1). Εὐριπίδου-δρᾶμα δεξιώτατον-*Ὀρέστην Stratt. 2, 763 (1). δεξιῶς: πέτονται δεξιῶς ἐπὶ *ταῦτ' ἄκλητοι Antiph. 3, 134 (5, 2). δεξιῶς εὑρημένον Alexid. 3, 386.

δεξιοῦμαι: τῶν δικαστῶν καθ' ἕνα δεξιουμένη Posidipp. 4, 517.

δεξιτερός: ἕκαστος δεξιτερᾷ δ' ἔλαβεν Antiph. 3, 95 (1).

Δεξώ: Cratin. 2, 58.

δέομαι: οὐ *δέομαι-προσκεφαλαίου Herm. 2, 404 (5). ὅταν *δέωμαι γωνιαίου ῥήματος Plat. 2, 639 (2). οὐδ' αὐτὸς ἔχων ὧν οὐδὲν ἐδεῖτο Antiph. 3, 109 (v. 8). οὐδενὸς δεῖται νόμου Antiph. 3, 148 (39) = Men. 4, 330 (494). οὐ γὰρ ἄν ποτ' ἐδεήθη νόμου (homo) Philem. 4, 3. οὐδεὶς ἂν ἐδεήθη τύχης Men. 4, 254 (74). ἐὰν-τοῖς δεομένοις τινῶν ὑπουργῇ Anaxil. 3, 350 (2). δεήσει περιτρέχειν με καὶ βοᾶν ἄν του δέωμαι Alexid. 3, 465 (3). σοφιστιᾶς-καὶ Χοῶν δέει Eubulid. 3, 559. ὧν ἡ φύσις δεῖται-ἐπιμελῶς φέρει (ager) Philem. 4, 44 (28). πάντα τὰ ζητούμενα δεῖσθαι μερίμνης Men. 4, 124 (4). βίος βίου δεόμενος mon. 74. φίλος φίλου δεόμενος mon. 590. εἴ τις πρίαιτο δεόμενος βασκάνιον Aristophan. 2, 1185 (39). ἡ χάρις ἣν δεόμενος τότ' ἀθάνατον ἕξειν ἔφη Men. 4, 325 (472). εἰ Φάωνα δεῖσθ' ἰδεῖν Plat. 2, 674 (2, 5). προσάγων τὴν ῥῖν' ἐδεῖτ' *αὐτοῦ φράσαι Diodor. 3, 545 (v. 39). ἐδεῖτο χρῆσαι τὴν-θυγατέρα | ἀντάλλαγον Men. 4, 143 (3).

δέος: μεῖζον τὸ δέος (l. πέος) παλαστῆς Cratin. 2, 90 (9). ἡ γῆ δ' ἔφερ' οὐ δέος οὐδὲ νόσους Telecl. 2, 361 (1, 3). ἐπὶ ξείνης, ἣν

μὲν ἔχῃς τι, δέος Plat. (?) 2, 697 (v. 4). τρεμόντων (int. τῶν ἰχθυδίων) τῷ δέει τί πείσεται Alexid. 3, 429 (1, 6). κατέπεσον ἀχαρὴς τῷ δέει anon. 4, 600 (3).
δέπας: βακχίου-ἀφρῷ σκιασθὲν χρυσοκόλλητον δέπας Antiph. 3, 140 (15).
Δέρκιππος: Δέρκιππε καὶ Μνήσιππε Men. 4, 235 (13).
Δερκύλος: Δερκύλε anon. 4, 608 (24).
δέρμα: δέρμα βόειον Herm. 2, 407 (1, 4). ὑικὸν δέρμα Axionici 3, 536 (2). δέρμα †τοῦ θηρός Theopomp. 2, 809 (2). ἀποκναίσειεν ἄν | -μου λαβόμενος τοῦ δέρματος Antiph. 3, 137 (9). ὑπελήλυθεν-μου νάρκα τις ὅλον τὸ δέρμα Men. 4, 217 (1). Κέλητι δέρμα καὶ θυλήματα Plat. 2, 675 (2, 18).
δέρρις: μέλαιναν δέρριν ἠμφιεσμένη Eup. 2, 561 (39). δέρρις de parapetasmate Plat. 2, 690 (35ᵃ) cf. Myrt. 2, 418 (1).
δέρω: κύνα δέρειν δεδαρμένην Pher. 2, 341 (1). τὸν αἰέλουρον ἤδιστ' ἀποκτείνας δέρω Anaxand. 3, 181 (v. 13). βίᾳ δέρων ῥῖνας-πωλεῖ Archipp. 2, 718 (1). ἑαυτοὺς *δέρειν (libr. λέγειν, f. λέπειν) παρέχοντες ἀθληταῖσιν Timocl. 3, 610. ὁ μὴ δαρεὶς ἄνθρωπος mon. 422. δαρθεὶς Nicoch. 2, 844 (1).
δεσμεύω: vid. ὀνεύω.
δέσμη: θύμου δέσμαι τινές Alexid. 3, 435 (2).
δεσμός: ξύνεστι-δεσμῷ-οὐδενί Herm. 1, 97 (3). φιλίας-δεσμός mon. 736. δεσμά Aristophan. 2, 1013 (28).
δεσμωτήριον: ἀπάγειν-εἰς τὸ δεσμωτήριον Alexid. 3, 415 (1). εἰς τὸ δεσμωτήριον εὐθὺς ἀπάγεσθαι τοῦτον Alexid. 3, 438 (3, 5). δεσμωτηρίου-δίαιταν Alexid. 3, 483 (2, 11).
δεσμώτης: παρὰ τοῖσι δεσμώταισι καταπιττουμένην Cratin. 2, 127 (17).
δέσποινα: τὴν δέσποιναν ἐρείδεις Aristophan. 2, 1178 (7). τὴν γυναῖκα χρήματα λαβὼν ἔχει δέσποιναν Anaxand. 3, 195 (1, 5). γυνή | δέσποινα Men. 4, 189 (1, 7). δέσποινα-νυμφίῳ γυνή mon. 129. Εὐημερία δέσποινα Alexid. 3, 458 (4). δέσποιν', Ἔρωτος οὐδὲν ἰσχύει πλέον Men. 4, 128 (1). δέσποιν', ὅταν- Antiph. 3, 149 (43). ὦ δέσποινα ποντία Κύπρι Xenarch. 3, 617 (1, 21). Ἄρτεμι, φίλη δέσποινα Philem. 4, 21 (1). δέσποιν' Ἑκάτη τριοδῖτι Charíclid. 4, 556. δέσποινα *πόλεων, πότνι' Ἀθηναίων πόλις anon. 4, 616 (49).
δεσπόσυνος: παρὰ δεσποσύνοις τοῖς ἡμετέροις Anaxand. 3, 184 (1, 33).
δεσπότης: cf. ποδαπός. ὦ δέσποτ' Ἀγυιεῦ Pher. 2, 291 (10). ὦ δέσποθ' Ἑρμῆ Telecl. 2, 370 (4). ὦ Βδεῦ δέσποτα anon. 4, 668 (339ᵇ). ὦναξ δέσποτα Aristophan. 2, 1190 (15). ὦ δέσποτ' ὦναξ Men. 4, 272 (170). ὦ δέσποτα (δέσποτ') Eup. 2, 516 (23). Plat. 2, 670 (8). Antiph. 3, 47 (2). 3, 66. Amphid. 3, 302. Alexid. 3, 518 (33). δέσποτα (δέσποτ') Antiph. 3, 41 (2, 5). Nicostr. 3, 284 (1). Amphid. 3, 311. Philem. 4, 8 (2). 9. 34 (5). 50 (45). 23 (1). Philippid. 4, 472. Baton. 4, 502 (v. 5). anon. 4, 684 (327). Χῖος δεσπότην ὠνήσατο Eup. 2, 533 (3). δεσπότου πενέστου (f. δεσποτοπενέστου) Theop. 2, 817 (6). βαδίζειν ἐπὶ τὸν δεσπότην Aristophan. 2, 1139 (6). ᾄδωμεν εἰς τὸν δεσπότην ἐγκώμιον Aristophan. 2, 1150 (5). ὁ δεσπότης-πάντα-ἀπέλαβεν ὥσπερ ἔλαβεν Antiph. 3, 92 (2). ἐμοὶ μὲν ἀρτίως ὁ δεσπότης-τῶν Θηρικλείων-ἀσπίδα ‖ προσφέρων ἔδωκεν Aristophont. 3, 363. ὁ δεσπότης οὑμὸς περὶ λόγους-διέτριψε Alexid. 3, 400 (1). τούτῳ τάλαντον δοὺς μαθητὴς γίγνεται ὁ δεσπότης ib. ὁ δεσπότης προὔπεμψεν-κεράμιον-κομιοῦντ' Alexid. 3, 409 (1). προδοὺς ἀπιέναι τὸν ἀγαπητὸν δεσπότην Theophil. 3, 626. κακῶς ὁ δεσπότης βεβούλευται πάνυ Men. 4, 193 (6). *(εἰ γὰρ) ὁ δεσπότης αὐτὸς ἀπολαύει πάντα Men. 4, 250 (53).

ἐμοὶ πόλις ἐστὶ καὶ καταφυγὴ καὶ νόμος ὁ δεσπότης Men. 4, 250 (58). εὐνόει τῷ δεσπότῃ mon. 116. εἷς ἐστι δοῦλος οἰκίας ὁ δεσπότης mon. 168. διακονοῦντι παρὰ τῷ δεσπότῃ Posidipp. 4, 514 (1). ἐπὶ τοῦτ' ἀπέστειλ' ἐξ ἀγροῦ μ' ὁ δεσπότης Alexandri 4, 554. περὶ πόδ' εἶ τῷ δεσπότῃ Athenion. 4, 558 (v. 39). *συνερανιστὸς εἶ τῷ δεσπότῃ Crobyli 4, 565 (1). δούλῳ χρηστὸς γενόμενός ἐστι *δεσπότης πατρίς Antiph. 3, 150 (50). δοῦλος πρὸ δούλου, δεσπότης πρὸ δεσπότου Philem. 4, 17 (2). κακόν ἐστι δούλῳ δεσπότης πράττων κακῶς Philem. 4, 17. δεσπότου χρηστοῦ τυχεῖν Philem. 4, 55 (63^b) = Men. 4, 274 (179). cf. Philippid. 4, 478. mon 556. εἰς χεῖρα δοῦλον δεσπότῃ μὴ συμβάλῃς Philem 4, 63 (111^b). παραλαβὼν δεσπότην ἀπράγμονα καὶ κοῦφον Men. 4, 187 (1). δυσὶν-δοῦλος (servit), καὶ νόμῳ καὶ δεσπότῃ Men. 4, 268 (150). δοῦλος δεσπότου μεῖζον φρονῶν mon. 323 cf. 4, 289. φυγόντες δεσπότας, ἐλεύθεροι ὄντες Eubul. 3, 270 (17). φεύγειν δεσπότας θυμουμένους mon. 534. ἐμφερεῖς τοὺς οἰκέτας ἔχοντας-τοὺς τρόπους τοῖς δεσπόταις Alexid. 3, 407 (3). φθίνει δόμος ἀσυστάτοισι δεσποτῶν κεχρημένος τύχαις Xenarch. 3, 614. αὐτὴ δ' ἑαυτῆς ἐστι δεσπότης (al. δεσπότις int. μαγειρική) Dionys. 3, 548 (v. 33). [κρίσις ἥνπερ ποιήσει θεὸς ὁ πάντων δεσπότης Philem. 4, 67 (1)]. Davi et Getae nihil se praestitisse queruntur, nisi dominos suos ter deceperint. Men. 4, 333 (513).

δεσπότις: vide δεσπότης.

*δεσποτοπενέστης: vide δεσπότης.

Δευκαλίων: ὦ Δευκαλίων Pher. 2, 311 (2).

δευρί: *δευρὶ δ' ἂν οὐκ ἀπέδραμεν Aristophan. 2, 1155 (24). βλέψον *δευρί Mnesim. 3, 569 (v. 23). ἐμὲ-ἀναστήσασα δευρὶ προάγεται Men. 4, 116 (1).

δεῦρο: δεῦρ' ὅρα Cratin. 2, 189 (40). δεῦρο βλέπε Antiph. 3, 30 (1, 17). τί οὐκ ἐπανεχώρησα δεῦρο κἀπέδραν; Pher. 2, 279 (4). ἔξεισιν *ἄκων δεῦρο Pher. 2, 337 (5). δεῦρ' αὐτὸν ἐφυγάδευσαν εἰς ἡμᾶς κάτω Aristophont. 3, 361 (2). ἴθι *δεῦρ' Eubul. 3, 230. δεῦρο σὺ *ξυνείσιθι ἐμοί Athenion. 4, 558 (v. 45). χώρει σὺ δεῦρο Theop. 2, 803 (1). ἡ δεῦρ' ὁδός anon. 4, 610 (33). ὅσσ' ἀγάθ' ἀνθρώποισι δεῦρ' ἤγαγε Herm. 2, 407 (1, 3). αὐτὴν δεῦρό μοι-ἄγων Eup. 2, 531 (12). πρόσφερε δεῦρο δή- Plat. 2, 634. αἰτούμεθ' αὐτοὺς τὰ καλὰ δεῦρ' ἀνιέναι Aristophan. 2, 1148 (1, 14). ἠτριαίαν φέρετε δεῦρο Aristophan. 2, 1154 (9, 5). τὰς οὐλοχύτας φέρε δεῦρο Straton. 4, 546 (v. 34). δότω τις δεῦρ' ὕδωρ Antiph. 3, 74 (1). ἔταξα δεῦρο πρὸς τὰ δεξιά Antiph. 3, 12 (1, 9). ἀφύας-χωρὶς-*δεῦρ' ἔθηκ' ib. 13 (1, 24). εἰ μὴ-ἠναγκαζόμην στρέψαι δεῦρ' Plat. 2, 647 (1). τοιαυτὶ καὶ τοιαυτὶ καὶ δεῦρο σχηματίσαντας Aristophan. 2, 1177 (6). τοῦ μήτ' ἐκεῖσε μήτε δεῦρο παντελῶς Antiph. 3, 117 (2, 15). ὁ καπνὸς φερόμενος δεῦρο κἀκεῖ Sosip. 4, 483 (v. 42). τἀπὸ Θρᾴκης λήμματα ἕλκουσι δεῦρο Antiph. 3, 112 (1, 10). δεῦρο *δὴ τὴν γνώμην προσίσχετε Eup. 2, 438 (5). δεῖξον τὸ κανοῦν δεῦρο Plat. 2, 647 (2). δεῦρο δὴ γεμίσω σ' ἐγώ Theop. 2, 804 (1, 4). δεῦρο παρ' ἐμὲ Θεολύτη ib. (1, 6). δεῦρ' ἀεί Phryn. 2, 582 (2).

δευσοποιός: δευσοποιῷ χρώζομεν Alexid. 3, 447 (1, 9). δευσοποιὰ τὰ σπάργαν' ἀποδέδειχεν Diph. 4, 410.

δευτερίας: vide δευτέριος. cf. ad Callipp. 4, 561.

δευτέριος (f. δευτερίας) οἶνος Nicoph. 2, 853 (6).

δεύτερος: δεύτερον *(αὐτόν) Nicoph. 2, 850 (4) cf. 5, 56. ἐμοὶ μὲν μετὰ τὰ πλουτεῖν δεύτερον Antiph. 3, 79 (2, 9). δεύτερον δ' εἶναι καλόν Anaxand. 3, 169 (1). *Σικελία μέν-ἐστὶν μεγίστη, δευτέρα Σαρδώ* Alexid. 3, 517 (30). *τὸν μὲν *ὑγιείας ἕνα* (craterem) *-τὸν δὲ δεύτερον ἔρωτος ἡδονῆς τε* Eubul. 3, 249 (1, 3). *πρῶτος ἄρχεται λόγου πατήρ-εἶτα μήτηρ δευτέρα, εἶτα τήθη παραλαλεῖ τις* Men. 4, 237 (17). *ἔθυσαν ἕτερον. τοῦ δὲ δευτέρου πάλιν-εἶδόν σε καταπίνοντ'* Euphron. 4, 487 (v. 28). *τράπεζαν δευτέραν* Antiph. 3, 94 (1). *τὴν δευτέραν τράπεζαν *εὐπρεπῆ ποίει* Nicostr 3, 287. *δεύτερος πλοῦς* Men. 4, 136 (5). 148 (7). 195 (12). cf. *ὁ δεύτερος πλοῦς* Men. 4, 139 (2). *μανικὸν τὸ *πεῖραν* (legeb. *πείρας*) *δευτέρας* (uxoris) *λαβεῖν πάλιν* anon. 4, 618 (50). *κακὸς κακῶς γένοιθ' ὁ γήμας δεύτερος θνητῶν* Aristophont. 3, 359 cf. Men. 4, 114 (1). *ἀπόλοιθ' ὅστις γυναῖκα δεύτερον* (an *δεύτερος*? p. 359) *ἔγημε* Eubul. 3, 260 (1). *θεὸν προτίμα, δεύτερον τοὺς σοὺς γονεῖς* mon. 230. *πράττει δ' ὁ κόλαξ ἄριστα πάντων, δεύτερα ὁ συκοφάντης, ὁ κακοήθης τρίτα λέγει* Men. 4, 135 (2, 16). *τὰ δεύτερ'-λέγειν* Men. 4, 213 (4). *γεγόνασιν ἡμῖν ἑπτὰ δεύτεροι σοφοί* Euphron. 4, 486 (v. 12).

δεύω: *εἰ μὴ κόρη δεύσειε τὸ σταῖς* Eup. 2, 561 (40). *βολβοὺς-καταχύσματι δεύσας* Plat. 2, 672 (1, 9). *χόνδρον αὐτῷ δεύσετε γάλακτι χηνός* Eubul. 3, 247 (1, 4). *μάττω, δεύω, πέττω* Aristophan. 2, 1057 (4). *τίλλει, κόπτει, τέμνει, *δεύει* (libr. *εὕει*) Mnesim. 3, 570 (v. 53).

δέφω: *ἑαυτοὺς δ' ἔδεφον ἐνιαυτοὺς δέκα* Eubul. 3, 262 (2, 5).

δέχομαι: *δέχεσθε φιάλας τάσδε* Cratin. 2, 49 (9). *δέξαι τηνδὶ μετανιπτρίδα* Calliae 2, 736 (3). *δέξαι τήνδε τὴν μετανιπτρίδα* Diph. 4, 409 (1). *τὸ σκύφος δεχόμενος* Epigen. 3, 538 (3). *εἶεν. δέχου καὶ τοῦτο* (poculum) Epinici 4, 506 (v. 11). *μάνην †δ' εἶχε κεραμεοῦν-' ἐδεξάμην* Nicom. 4, 578. *οἶνον-πιεῖν οὐδ' ἂν εἷς δέξαιτο θερμόν* Stratt. 2, 784 (1). *φιλοτησίαν-*(τήνδε) σοι προπίομαι· δέξαι,-* Theop. 2, 804 (1, 10). *ἀγαθοῦ δαίμονος δέχομαι* Nicostr. 3, 286 (3). *χαίρετε πάντες. Α. δεχόμεσθα* Eup. 2, 468 (19). *δίδωμι χιλίας δραχμάς- Β. δεχόμεθα* Aristophan. 2, 985 (1). *ἀγὼν πρόφασιν οὐ δέχεται* Aristophan. 2, 1087 (19). *δέχονται *ἀρχαὶ τὰ πρυτανεῖ'* Aristophan. (?) 2, 1106 (10). *δέχεται-καὶ στατῆρα καὶ τριώβολον* Epicrat. 3, 366 (2, 22). *ὁ μὴ δεχόμενος τῶν θεῶν τὸ σύμφορον αὐτῷ διδόντων* Men. 4, 197 (1). *ὅταν ἕταρός σοι μηδὲ ἓν πλέον διδῷ, δέξαι τὸ μόριον* Men. 4, 248 (45). *ὁ δ' ἐμφρόνως δεξάμενος* (int. *τὸ λυποῦν*) Antiph. 3, 54. **δέξεταί τ' ἐπὶ μισθῷ σῖτον* Cratet. 2, 246 (1). *δεξάμενος-τὴν ἐπίδειξιν* Eup. 2, 552 (9). *δέχου τὴν ψῆφον* Phryn. 2, 593 (2). *πέραινε· δέξεται δὲ τἄλλα σοι* Antiph. 3, 24. *οὐδεὶς ἐδέχετ' οὐδ' *ἀνεῴγει μοι θύραν* Pher. 2, 289 (6). *λαμπροῖς δείπνοις δεξόμεθ' ὑμᾶς* Anaxand. 3, 182 (1, 2). *ἡ Πυθιονίκη δ' ἀσμένως σε δέξεται* Timocl. 3, 600 (2). *τίς δ' ἄν σε νύμφη, τίς δὲ παρθένος-δέξαιτ' ἄν;* anon. 4, 673 (299). *ἐδεξάμην, ἔτικτον* Men. 4, 284 (230). *στρατηγὸς ἕστηκεν, *τὸ πρᾶγμ' ἐδέξατο* Posidipp. 4, 523 (1, 5).

δέω: *πόλεις τὰς μὲν δεῖν τὰς δ' ἀναλύειν* Telecl. 2, 372 (4). *λαβὼν τὸν σκύλακα-κἄπειτα δῆσον αὐτόν* Plat. 2, 622 (5). *Κύων ἐβόα δεδεμένος* Lysipp. 2, 748 (4).

δή: *τἀμὰ δὴ ξυνίετε *(ῥήματ'* 5, 21) Cratin. 2, 123 (11). *ἄγε δή* Cratin. 2, 150 (7). Eup. 2, 548 (3). Cephisod. 2, 886 (1). *δεῦρο *δὴ τὴν γνώμην *προσίσχετε* Eup. 2, 438 (5). *δεῦρο δὴ γεμίσας σ' ἐγώ* Theop. 2, 804 (1, 4). *πρόσφερε δεῦρο δή-* Plat. 2, 634. *ἄκουε δὴ σκεύη τὰ κατὰ τὴν οἰκίαν* Eup. 2, 495 (20). *ἄκουε δή* Plat. 2, 672 (1, 5). 674 (2, 11). *ἴσχε δή* Eup. 2, 537 (4, 5). *ἄναγε *(δή) ἀπὸ τῆς διφροφόρου* Nicoph. 2, 862 (3). *ᾆσον δή μοι σκόλιόν τι λαβὼν* Aristophan. 2, 1080 (13). *ἴθι δή- ἀνακωδώνισον* Aristophan. 2, 1073 (10). *φέρε δὴ τοίνυν-* Aristophan. 2, 1159 (2). *φέρε δή* Pher. 2, 280 (1). *φράζε* δή-ὄψῳ τίνι χαίρεις; Antiph. 3, 36 (1, 4). ἀλλὰ δὴ λέγε Antiph. 3, 112 (1, 16). ταχὺ δὴ λαβὼν ὄπτα μύκητας Antiph. 3, 133 (3, 10). δός δή τὸν *χόα αὐτῷ *σύ- Anaxand. 3, 174. λαβὲ τῆς ὑγιείας δή σύ Nicostr. 3, 285 (2). πρόσεχε δή Amphid. 3, 302. φράζε δή ποτε Ephipp. 3, 334 (1, 2). τὸν νοῦν πρόσεχε δή Alexid. 3, 503 (2). κατὰ τὴν στάσιν δὴ στάντες ἀκροάσασθέ μου Antidot. 3, 528 (1). γυναικὶ δὴ πίστευε μὴ πίνειν ὕδωρ Axionici 3, 533. ὥστ' ἀνὰ μέσον που καὶ τὸ λοιπὸν δή φέρε Men. 4, 227 (2). ἔγχεον σὺ δὴ πιεῖν Diph. 4, 402. ἢ λέγων φαίνου τι *δή καινόν-ἢ μὴ κόπτ' ἐμέ Hegesipp. 4, 479 (v. 3). ἔγειρε δὴ νῦν Μοῦσα-Χαῖρε δὴ Μοῦσα Cratin. 2, 144 (10). στολὴν δὲ δὴ τίν' εἶχε; Cratin. 2, 37 (1). †ἤδη (l. τί δή) σὺ *σεμνοῖ-; Calliae 2, 739 (2). εἰ δή τις ὑμῶν εἶδεν Εὐρύβατον Δία Aristophan. 2, 1015 (1). σοὶ δ' ὄνομα δὴ τί ἐστιν; Aristophan. 2, 1065 (2, 4). *ποῖ δὴ (legeb. τί δὲ)-φέρεις; Aristophan. 2, 1119 (8). ποῖ δή μ' ἄγεις; Alexid. 3, 426. εἶτα δὴ εἰς τὴν πόλιν ἄξεις-; *Aristophan. 2, 1196 (84) = anon. 4, 630 (103). ὡς δὴ σύ τι ποιεῖν δυνάμενος; Antiph. 3, 4 (3). τίνα δὴ παρεσκευασμένοι πίνειν τρόπον *νῦν ἐστε; Anaxand. 3, 161 (1). τί δή ποτ' ἀκούσω; Men. 4, 83 (8). πῶς δὴ τὸ τραῦμα τοῦτ' ἔχεις; Men. 4, 245 (37). ἀλλὰ δὴ τί τοῦτ' ἐμοί; Diph. 4, 389 (1, 18). ἐν Καρὶ τὸν κίνδυνον ἐν ἐμοὶ δὴ δοκεῖ πρώτῳ πειρᾶσθαι Cratin. 2, 30 (4). ἐκεῖ γὰρ ἕξεις ἀγαθὰ πολλὰ δὴ πρῴ Eup. 2, 453 (17). ἦν δὴ θόρυβος Plat. 2, 646 (2). σκευάρια δὴ κλέψας *ἀπεκήρυξ' Plat. 2, 657 (4). εἴξασιν δὴ τοῖς παιδαρίοις Plat. 2, 664 (2, 1). πολλοὺς δὴ μεγάλους τε φάγρους ἐγκάψας Stratt. 2, 771 (2). πάντ' ἀγαθὰ δὴ γέγονεν ἀνδράσιν- Theop. 2, 807 (1). ἀκροκώλια †δέ (l. δή) σοι-ἥψησα Aristophan. 2, 945 (5). καλὰ δὴ πάντ' ἄγεις Aristophan. 2, 994 (24). ἐνταῦθα δὴ-ἐξαυαίνεται Aristophan. 2, 1187 (46). *τοιουτοσί τίς εἰμι (libr. τοιοῦτός εἰμι δή τις) Antiph. 3, 110 (v. 3). σοφόν γέ τοί τι-ἔχει τὸ γῆρας, ὡς δὴ πόλλ' ἰδόν τε καὶ παθόν Antiph. 3, 119. ὡς *δὴ (legeb. δὲ) παχεῖαν τὴν περιζώστραν ἔχει Anaxand. 3, 202 (26). ὡς δὴ καλόν σου φαίνεται τὸ νεώριον anon. 4, 616 (49). πρωκτὸς μὲν οὖν οὗτος. B. σὺ δὴ ληρεῖς ἔχων Eubul. 3, 254 (1, 6). εἶτα τετράπους μοι γένοιτο, φησί,-εἶτα δὴ τρίπους τις, εἶτα, φησί, παιδίσκη Anaxil. 3, 348 (1, 26). νενομοθέτηκε πολλὰ καὶ παντοῖα *δὴ Alexid. 3, 438 (4, 13). τοῦτο δὴ τὸ νῦν ἔθος, ἄκρατον, ἐβόων Men. 4, 220 (2). τὸ δὴ λεγόμενον τοῦτο Men. 4, 263 (221). τοῦτο δὴ τὸ λεγόμενον anon. 4, 601 (8). [δρᾶν τι δὴ δοκῶν σοφόν εἰ καὶ πρὸς κακοῖσι τοῦτο δὴ μέγας γέλως Men. 4, 226]. ἢ δεῖ θεόν *σ' εἶναί τιν' ἢ τάχα δὴ νεκρόν Men. 4, 289 (19). ὦ νύξ, σὺ γὰρ δὴ πλεῖστον-μετέχεις μέρος Men. 4, 278 (199). τὸ δὴ τρέφον με τοῦτ' ἐγὼ λέγω θεόν anon. 490 cf. Men. 4, 76 (8). ταῦτα πάντα δή ἐν τοῖς στρατηγικοῖσιν ἐξετάζεται Sosip. 4, 484 (v. 54). εἰς προὔπτον ἦλθον ἐμπεσοῦσα δὴ κακόν Phoenicid. 4, 511 (v. 18). ἀφῶμεν αὖν τὰ λοιπά. δῆλα δὴ πάλαι Damox. 4, 532 (v. 66). ἐπικάρσια δὴ *προπεσοῦμαι anon. 4, 636 (129). ὥστ' οὐχὶ πάντων ἡ μεταβολὴ *δὴ γλυκύ anon. 4, 685 (327). καὶ *(τἄλλα δὴ) τὰ *τοιαῦτ' anon. 4, 685 (327). καὶ δὴ κύτισος αὐτόματος-ἔρχεται Cratin. 2, 73 (1, 8). καὶ δὴ ποδεῖα Cratet. 2, 247 (4). *νεοκρατά τις ποιείτω. καὶ δὴ κέκραται Plat 2, 638 (1, 8). καὶ δὴ δεδειπνήκασιν-· ἀλλ' ἀφαιρεῖν ὥρα 'στὶν ἤδη Philyll. 2, 857 (1, 1). νυνὶ δὲ *Μάτων συνήρπακεν-καὶ *(δὴ) Διογείτων νὴ Δία-ἀναπέπεικεν Antiph. 3, 104 (v. 17). ἄλλοι δὲ καὶ δὴ-ἕλκουσι Antiph. 3, 140 (15). μὴ σύγε δῶς, ἀλλ' ἀπόδος. B. καὶ δὴ φέρουσ' ἐξέρχομαι Anaxil. 3, 342. κωβίδι' ἄττα καὶ πετραῖα δή τινα ἰχθύδια Sotad. 3, 586 (1, 22). καὶ δή ad Cratin. 2,

174 (5) cf. 5, 23. καὶ τάδε μὲν δὴ ταῦτα Plat. 2, 672 (1, 11). καὶ τοῦτο μὲν δὴ κἄστι συγγνώμην ἔχον· ἀλλ' - Antiph. 3, 67 (1, 11). καὶ δὴ τυχὸν μὲν διὰ τὸ - Philem. 4, 33 (4). ἡ μὲν δὴ πίνησι καὶ ὁμοίη Cratin. 2, 19 (5). τὰ κομψὰ μὲν δὴ (al. δῆτα) ταῦτα νεωγαλεύματα Arar. 3, 274 (1). εἰ μὲν δή τινα-πόρον ἔχεις· εἰ δὲ μὴ Men. 4, 266 (141). ὁ δὲ δὴ δελφὶς ἐστι μολιβδοῦς Pher. 2, 258 (6). τὰ δὲ δὴ δένδρη-φυλλοροήσει Pher. 2, 316 (1, 9). ὅταν δὲ *(δὴ) πίνωσι Eup. 2, 560 (33). δὲ δὴ Phryn. 2, 587 (2). Theop. 2, 799 (1). ἐγὼ δ' ὑμῖν- *δὴ φράσω Plat. 2, 670 (4). δὲ *(δὴ) Stratt. 2, 781 (3, 4). ἡγεῖται *δὲ δή | τούτους μόνους ἐλευθέρους Eubul. 3, 217 (1). *ἂν δὲ δὴ λάβω τὰ δέοντα Hegesipp. 4, 479 (v. 18). ἐπὰν δὴ τὸν γόητα-ἴδω Alexid. 3, 486 (4). οἷς δὴ βασιλεὺς Κρόνος ἦν Cratin. 2, 108 (2). ὃν δὴ κεφαληγερέταν θεοὶ καλοῦσιν Cratin. 2, 147 (3). Θάσιον, τῷ δὴ μήλων ἐπιδέδρομεν ὀδμή Herm. 2, 410 (2, 3). οἶνος, *τὸν δὴ σαπρίαν καλέουσιν. ib. (2, 6). τοιαῦθ' ἃ δὴ δίδωσιν ἡμῖν ὁ τόπος ἄθλι' ἀθλίοις Antiph. 3, 133 (1, 4). ὀρίγανον, ὃς δὴ σεμνύνει τὸ τάριχον Anaxand. 3, 193 (2). εἰς τὸ φῶς τοῦθ' ὃ δὴ ὁρῶμεν Alexid. 3, 484 (3, 13). οἷα δὴ φιλοῦσιν ἰατροὶ λέγειν *Men. 4, 217 (3). διὸ δὴ-πικρῶς ἐπιπλῆξαι βούλομ' Nicol. 4, 579 (v. 12). νῦν δὴ (s. νυνδὴ) μὲν ὤμνυς-νῦν δὲ φῄς Magn. 2, 10. μείζων γὰρ ἢ νῦν δὴ 'στί Herm. 2, 401 (7). νῦν γὰρ δή σοι πάρα μὲν-πάρα δ' ἄλλ'- Cratin. 2, 87 (2). εἰκὸς δή που πρῶτον-ἔφυα φῦναι Aristophan. 2, 1169 (4). Praeterea cf. δεῖ. δημότης. ἤδη. et Antiph. 3, 23. 3, 52 (1). Philem. 4, 36 (9).

δηλαδή: ἔξουσιν-λυχνούχους δηλαδή Plat. 2, 645 (3). σπάθην δηλαδὴ χρυσένδετον Philem. 4, 21 (4). κἂν διελθεῖν δηλαδή | διὰ θαλάττης *δῇ τόπον τίν', οὗτος ἔσται μοι βατός Men. 4, 246 (39). οὐκοῦν τὸ μέσον ἔστω δηλαδή (f. ἔστω. Β. δηλαδή.) Alexid. 3, 464 (2, 6). βασιλέως υἱὸν **λέγεις ἀφῖχθαι; *Α. δηλαδή, Πιξώδαρον Epigen. 3, 539. cf. δῆλος.

Δήλια: ταῦτά σοι καὶ Δήλια καὶ *Πύθι' ἔσται Men. 4, 296 (295) cf. 5, 108.

Δήλιος: Delius (al. cassios) Apollo Men. 4, 83 (10). αὐτοὺς παρασίτους τοῦ θεοῦ τοὺς Δηλίους Criton. 4, 538 (v. 8).

δηλονότι: ἄνθρωπος εἰ δηλονότι Cratin. min. 3, 378 (1). οὐκοῦν ἕκαστος-λαμβάνει-; Β. δηλονότι. Alexid. 3, 398 (1). καὶ κάπνην ἔχει; Β. δηλονότι. Α. μή μοι δῆλον Alexid. 3, 464 (2, 14). cf. δῆλος.

Δῆλος: εἰς Δῆλον ἐλθεῖν ἠθέλησ' ἐκ Πειραιῶς Criton. 4, 538.

δῆλος: πῶς; Π. *ὧν γ' ἂν ἄνθρωπος φάγοι, δῆλον ὅτι. Antiph. 3, 36 (1, 14). δηλονότι. Α. μή μοι δῆλον. Alexid. 3, 464 (2, 14). δῆλα δὴ πάλαι Damox. 4, 532 (v. 68). καὶ τυφλῷ δῆλον Men. 4, 103 (5). 200 (11). †εἰ τῇ δῆλος φιάλην Ἄρεος Antiph. 3, 58.

δηλῶ: ὅταν τις εὕρῃ καινὸν ἐνθύμημά τι, δηλοῦν ἅπασιν Anaxand. 3, 196 (3). δήλωσον, εἰ κάτοισθά τι Epicrat. 3, 370 (1, 19). δηλώσεις οὕτω τὴν φύσιν, ἐπὶ τί μάλισθ' *ὥρμηκε Alexid. 3, 444 (1, 7). ἔδειξεν ὅστις χρηστὸς ἦν-τὰ σῦκα δηλοῦν Alexid. 3, 468 (1). εὐήθεια μοι φαίνεται δηλουμένη vide Φιλουμένη.

δήμαρχος: ὑπέλυσε δήμαρχός τις Pher. 2, 358 (87). de demarchis Aristophan. 2, 1146 (19).

Δημέας: Δημέᾳ Λάχητος Ἐτεοβουτάδῃ Alexid. 3, 476 (1). ὦ Δημέα Men. 4, 105 (1). Δημέα vide ad Men. 4, 165. Δημέας Κράτην (Κράτητα?) aliquem captivum solvit Men. 4, 331 (501).

δημηγόρος: ὅρκος δ' ἑταίρας ταὐτὸ καὶ δημηγόρου Diph. 4, 421 (16). λιθωμόται δημηγόροι anon. 4, 644 (159).

δημηγορῶ: ὁ δ' Ἀχαρνικὸς Τηλέμαχος ἔτι δημηγορεῖ; Timocl. 3, 594 cf. 4, 720 sq.

Δημήτηρ: cf. Δηώ. νὴ τὴν Δήμητρ' Pher. 2, 262 (2). μὰ τὴν Δήμητρα anon. 4, 610 (31). νὴ τὴν φίλην Δήμητρα Antiph. 3, 11. Philippid. 4, 468 (1). ὦ Δάματερ Theop. 2, 799 (1). αὐτὰς ἀμφοτέρας ἡ Δημήτηρ ἐπιτρέψαι (?) Antiph. 3, 109 (v. 19). θῦσαι-κριὸν Χλόῃ Δήμητρι Eup. 2, 502 (7). μεμαγμένη Δήμητρος κόρη Eubul. 3, 242 (1, 10). Δήμητρος ἀκτῇ Epinici 4, 505.

Δημήτριος: πόλλ' ἀγαθὰ δοῖεν οἱ θεοὶ Δημητρίῳ Alexid. 3, 421 (1). τοῦ νεανίσκου κύαθον Δημητρίου Alexid. 3, 432 (3).

δήμιος: οὐ συμποσίαρχος ἦν-ἀλλὰ δήμιος Alexid. 3, 398 (2). ὁ μὴ φυλαχθεὶς (int. νόμος) καὶ νόμος καὶ δήμιος Men. 4, 268 (151). πτωχὸς ἦν καὶ δήμιος (medicus) Phoenicid. 4, 511 (v. 13). τῷ δημίῳ παρέδωκεν αὐτόν Diph. 4, 389 (1, 11).

δημιουργός: τῷ δημιουργῷ-ὅς ἐποίησέ σε (poculum) Antiph. 3, 69 (1, 7). δημιουργὸν maiorem esse τοῦ σκευαζομένου probavit Men. 4, 308 (353). τῶν πολιτῶν ἄνδρας-δημιουργοὺς ἀποφανῶ anon. 4, 649 (183). δεῖ λαβεῖν αὐλητρίδα· τραπεζοποιόν, δημιουργὸν λήψομαι Alexandri 4, 554. ἡ δημιουργὸς-κρεάδι' ὀπτᾷ καὶ κίχλας τραγήματα Men. 4, 222 (1). δημιουργοὶ μέλιτος αἰτοῦσαι σκάφας Antiph. 3, 132 (2).

Δημοκάλλικας (f. Δημοκαλλίας): anon. 4, 633 (114).

Δημοκλεῖδαι: anon. 4, 633 (115).

Δημοκλῆς: λιπαρὸς περιπατεῖ Δημοκλῆς Anaxand. 3, 177 (2, 5).

δημοκρατία: δημοκρατία θατέρᾳ ὄνομ' ἐστί (mulieri) Heniochi. 3, 563 (v. 16).

Δημόκριτος: μὴ Δημόκριτον πάντα διανεγνωκότα Damox. 4, 530 (v. 13). †χυμὸς λέγεις Δημόκριτος ib. 531 (v. 31).

δημός: πουλυποδείων, χολίκων, δημοῦ Anaxand. 3, 184 (1, 30).

†δῆμος: *σπίναι, βατίς, †δῆμος, ἀφύαι Alexid. 3, 416.

Δῆμος: τῷ Πυριλάμπους Δήμῳ (?) Eup. 2, 515 (17).

δῆμος: Σαμίων ὁ δῆμός ἐστιν Aristophan. 2, 972 (2). ἀναπηδᾶν ἐν δήμῳ Cratin. 2, 214 (124). πλησίον αὐτῶν κάθηται-ὁ δῆμος οὐδὲν οὔτ' ἀκούων οὔθ' ὁρῶν Antiph. 3, 112 (1, 12). *Μητρᾶς-ἐστι τῷ δήμῳ φίλος Antiph. 3, 129. ἡγεμὼν δήμου Men. 4, 142 (2). γλῶτταν-διδόασιν ἐν δήμῳ φορεῖν anon. 4, 608 (27[d]). δῆμος ἄστατον κακόν anon. 4, 615 (48). ταῦτα καταλύει δῆμον, οὐ κωμῳδία Philippid. 4, 475 (2). *οὓς ἐκ κοινοῦ-ἔδει τρέφειν τὸν δῆμον Antiph. 3, 134 (5, 5). ἡ πόλις ἐν ἅπασι τοῖς δήμοις θυσίας ποιουμένη Diod. 3, 544 (v. 24). — δήμου δ' Ἁλαιεύς ἐστιν Antiph. 3, 123 (2). προστίθημι-σοί τὸν δῆμον αὐτῶν (piscium)· εἰσὶ γὰρ Φαληρικοί Antiph. 3, 119 (v. 7).

Δημοσθένης: Antiph. 3, 92 (2). Δημοσθένης τάλαντα πεντήκοντ' ἔχει Timocl. 3, 591. σοι παύσεται Δημοσθένης ὀργιζόμενος-ὁ Βριάρεως Timocl. 3, 598 (1). ἔχων Δημοσθένους τὴν *ῥωποπερπερήθραν anon. 4, 618 (51).

δημόσιος: ἐπαίδευσεν-δημοσίοισιν χρήμασιν Cratin. 2, 112 (2). ἄρξαντος ἀνδρὸς δημόσια τὰ χρήματα anon. 4, 624 (79).

δημότης: cf. ad Men. 4, 92 (5). ὦ δημόται Susar. 2, 3. οὓς *δημόταις (vulg. δὴ γοναῖς) Θεαρίων ἔδειξεν Antiph. 3, 96 (1). ξυγγενεῖς καὶ φράτερας καὶ δημότας Cratin. min. 3, 377.

δημοτικός: ὁ πρῶτος εὑρὼν τἀλλότρια δειπνεῖν ἀνὴρ δημοτικὸς ἦν τις-τοὺς τρόπους Eubul. 3, 248. κοὐ δημοτικόν γε τοῦτο δρᾷ Antiph. 3, 104 (v. 19). δημοτικὸν-πρᾶγμα καὶ σωτήριον Philem. 4, 4 (1).

Δημοτίων: ὁ Δημοτίων-παραμενεῖν αὐτῷ δοκῶν τἀργύριόν οὐκ ἐφείδετ' Timocl. 3, 597 (2).
Δημοφῶν: ὁ ῥαχιστὴς Δημοφῶν Theop. 2, 809 (4). Δημοφῶντος ἅττ' ἐποίησεν εἰς *Κότυν Ephipp. 3, 335 (2).
Δημοχάρης: ap. Archedic. 1, 458 s.
Δημύλος: *Δημύλε Sosip. 4, 482 (v. 2).
Δήμων: εἴληφε καὶ Δήμων *τι καὶ Καλλισθένης Timocl. 3, 591.
δήποτε: †βίβλον ἔχων τὴν (al. ἔχοντα) δήποτε Plat. 2, 654 (2).
δήπου: ἀπαρτὶ δήπου προσλαβεῖν-ἐγώγε μᾶλλον Pher. 2, 289 (7). εἰδὲς ποτε-; B. πολλάκις δήπου Alexid. 3, 398 (1). γεγάμηκε δήπου Antiph. 3, 130. ἀπέδωκας, ἐνέχυρον δήπου λαβὼν Alexid. 3, 385. ὁ δεύτερος πλοῦς ἐστι δήπου λεγόμενος, ἂν- Men. 4, 139 (2). *τράγημα δὲ | ἐστιν πιθήκου-δήπου Crobyli 4, 569 (3). φιλεῖς δήπου με; Alexid. 3, 476 (2). βούλεσθε δήπου τὸν *ἐπιδέξι'; Anaxand. 3, 161 (1).
δήπουθεν: Εὐριπίδης γὰρ τοῦτ' ἔφασκεν; B. ἀλλὰ τίς; A. Φιλόξενος δήπουθεν Antiph. 3, 120 (1, 9). πέτεται κοῦφος ὤν, δήπουθεν ὑπὸ τῶν παιδίων φυσώμενος Eubul. 3, 255 (1, 22). ἄνθρωπος εἰ δήπουθεν Philem. 4, 42 (23). ὁ γοῦν Ἐπίκουρός φησιν εἶναι τἀγαθὸν τὴν ἡδονὴν δήπουθεν Baton. 4, 502 (v. 8). μάλιστ' ἐμοὶ δήπουθε κινδυνεύουσιν χολὴν οἱ- Baton. 4, 503 (1, 3). τοὺς δακτύλους δήπουθεν Ἰδαίους ἔχω Crobyli 4, 568 (1). οὐ γὰρ θανὼν δήπουθ' *(ἂν) ἔγχελυν φάγοις Philetaer. 3, 297 (1). οὔτε γὰρ ὕπνος δήπουθεν οὐδὲν ἂν λάβοι Alexid. 4, 511 (13).
δῆτα: τί δῆτα τοῦτ' αὐτοῖς πλέον; Cratet. 2, 237 (1, 4). τί δῆτα λέξεις τἀπίλοιπ' ἥνπερ πύθῃ; Pher. 2, 300 (1, 22). τί δῆτ' ἄν, εἰ μὴ τὸ σκαφίον αὐτῇ παρῆν; Eup. 2, 441 (4). τί δῆτ'; ἀπαιδευτότερος εἶ Φιλωνίδου Nicoch. 2, 843 (2). τί δῆτα τούτων τῶν κακῶν-γλίχει; Aristophan. 2, 987 (7). τί *δῆτα δράσω σ' (legeb. τί δέ σοι δρ.)-; Aristophan. 2, 1189 (57). κακῶς ἀκούσομαι. A. τί δῆτα τοῦτο; Antiph. 3, 128 (2). τίς δῆθ' ὑγιαίνων τολμᾷ ποτε γαμεῖν; Alexid. 3, 519 (34). οὐκ ἀργαλέα δῆτ' ἐστὶ-; Eup. 2, 513 (12). ὡς αὖ (al. οὖν, nam ἂν?) τίν' ἔλθω δῆτά σοι τῶν μάντεων; Eup. 2, 514 (15). βούλεσθε δῆτ' ἐγὼ φράσω-; Philyll. 2, 859. πῶς οὐ δέχονται δῆτα τῇ νουμηνίᾳ-; Aristophan. 2, 1106 (10)? εἶτ' οὐ σοφοὶ δῆτ' εἰσίν-; Antiph. 3, 85. ἀλλ' αὐτὸς αὐτῷ δῆτ' ἀνὴρ γέρων διακονήσει; Cratet. 2, 237 (1). οὐ δῆθ' ib. ὅταν οὗτοί σε κατορύττωσιν. B. οὐ δῆτ'· ἀλλ' ἐγὼ τούτους-Pher. 2, 260 (11). οὐ δῆτ' ἐμοῦ γ' ἄρξει πότ'-οὐδὲ Ναυφάντης γε-οὐ δῆτ' Eup. (?) 2, 577 (v. 16. 18). μὰ τὸν Δί' οὐ δῆτ' Aristophan. 2, 1076 (3, 4). οὐ δῆτ', ἀλλ' ὅτι- Anaxand. 3, 192 (1). ἀτὰρ ἐννοοῦμαι δῆτα τὰς μοχθηρίας Cratin. 2, 123 (9). καὶ δῆθ' ὑπάρχει-Pher. 2, 269 (1, 2). ταυτὶ λάμβανε-τὰ μῆλα. B. καλά γε. A. καλὰ δῆτ', ὦ θεοί Antiph. 3, 33 (1, 3). Eriph. 3, 556 (1, 3). τὰ κομψὰ μὲν δὴ (al. δῆτα) ταῦτα νωγαλεύματα Arar. 3, 274 (1). ὡς δῆτ' ἐχρῆν-πλεῖν τοῦτον ἤδη διὰ τέλους Men. 4, 175 (2). cf. ad Eup. 2, 553 (10).
*δητώμην: vide διαιτῶμαι.
Δηώ: φερέσβιος *Δηὼ (libr. Δημήτηρ) Antiph. 3, 3 (1). ἁγνῆς παρθένου Δηοῦς κόρης Antiph. 3, 27 (1, 9). θεᾶς Δηοῦς σύνοικος Xenarch. 3, 614.
διά: 1) ὗς διὰ ῥόδων Cratet. 2, 234 (6). τὰ θερμὰ λουτρὰ-ἄξω-ὥσπερ διὰ τοῦ παιωνίου Cratet. 2, 238 (2, 3). ποταμοὶ διὰ τῶν στενωπῶν ἔρρεον Pher. 2, 299 (1, 4). διὰ τῶν τριόδων ῥεύσονται Pher. 2, 315 (1, 3). φράσω-τὸ πρᾶγμα διὰ τῶν χωρίων Eup. 2, 467 (18). κύλικας ἤντλουν διὰ χώνης Pher. 2, 300 (1, 31). διὰ κενῆς κινητιᾶν Plat. 2, 675 (2, 21).

*διὰ τετρημένων ἀθέλδεται τύπων Diocl. 2, 839 (1). ζωμὸς διὰ τῶν ὀδῶν κυλινδείτω κρέα Nicoph. 2, 851 (2, 3). καὶ δι' ὀπῆς κἀπὶ τέγους Aristophan. 2, 948 (12). διὰ τῆς ἀγορᾶς *τρέχων Aristophan. 2, 1135 (3). δι' ἀγορᾶς μέσης ἄγεις Alexid. 3, 514 (20). κασιόπνουν αὔραν δι' αἴθρας Antiph. 3, 27 (1, 14). βοὴν ἵστησι γεγωνὸν καὶ διὰ πόντιον οἶδμα καὶ ἠπείρου διὰ πάσης Antiph. 3, 112 (1, 3). διατεταμένη διὰ τοῦ πρωκτοῦ καὶ τῶν πλευρῶν Anaxand. 3, 185 (1, 67). διὰ τῶν μαχαιρῶν τοῦ πυρός τ' ἐλήλυθεν Posidipp. 4, 513 (v. 10).

ἐλάλει δι' ἡμέρας Pher. 2, 276 (1). δι' ἡμέρας Telecl. 2, 369 (9). οὐ παύσεται δι' ἡμέρας ὁσημέραι τροχάζων Herm. 2, 380 (1, 6). λεπαστά *μ'- εὐφρανεῖ δι' ἡμέρας (an ἁμέρας?) Apolloph. 2, 881 (2). ἐσθίειν δι' ἡμέρας Eubul. 3, 222 = 237, ubi δι' ἡμέρας ὅλης. καταιγίζοντα δι' ὅλης ἡμέρας Alexid. 3, 497. πίνουσ' ἑκάστης ἡμέρας *δι' (libr δύ') ἡμέρας Amphid. 3, 319 (7). ἑψητὸν-διὰ δωδεκάτης ἑψόμενον ἡμέρας Eubul. 3, 248. δι' ἡμέρας δειπνοῦσι πέμπτης ἀλφίτων κοτύλην Alexid. 3, 483 (2, 16). ἦν-σὐκὑν τις ἴδῃ διὰ χρόνου νέον ποτέ Pher. 2, 319 (3). ξυγγενέσθαι διὰ χρόνου μ' ἐλιπάρει δρυπεπέσι Telecl. 2, 374 (7). διὰ χρόνου πολλοῦ σ' ἰδών Men. 4, 76 (8). διὰ νυκτός Aristophan. 2, 943 (1). δι' ἐνιαυτοῦ-λαβεῖν Aristophan. 2, 1171 (1, 8). διὰ τέλους Antiph. 3, 75 (2). ἐπὶ τοῦ συντετάχθαι διὰ τέλους Amphid. 3, 316 (1, 4). δειπνεῖν διὰ τέλους τὴν νύχθ' ὅλην Alexid. 3, 491 (1). διὰ βίου-ἔνδον καθεδουμένης ἀεί Men. 4, 228 (3). εἴ τις εὐτύχηκε διὰ βίου Baton. 4, 499. διὰ πάντων ἀγών Cratin. 2, 106 (8). ἀτρεμίζοντες τὰς ἁρμονίας διὰ πασῶν Pher. 2, 265 (10). εἴσαγε διὰ πασῶν *Νικολᾶδας Μυκονίας Machon. 4, 497 (v. 11). ἔστιν-ἃ διὰ τεττάρων ἔχει κοινωνίαν, διὰ πέντε, διὰ πασῶν πάλιν Damox. 4, 532 (v. 55. 56). διὰ μέσου ἠρτυμένοισι anon. 4, 671 (292). εὑρεῖν δι' οὗ τρόπου τις οὐ λυπήσεται Men. 4, 234 (11). θρυλούμενον δι' ἡμετέρων στομάτων-*σόφισμ' Theop. 2, 805 (1). τὰς φλέβας-δι' ὧν ὁ θνητὸς πᾶς κυβερνᾶται βίος Antiph. 3, 20 (1). τρία-ἐστι-δι' ὧν ἅπαντα γίγνετ' Men. 4, 114 (2). δι' ἅλμης-ἑφθὸς ἐν χλόῃ Sotad. 3, 585 (1, 9). διὰ τριῶν ποτηρίων με ματτύης εὐφραινέτω Philem. 4, 7 (1). διὰ-τῶν ἡδυσμάτων ἐπὶ πλεῖον αὔξειν τὴν τέχνην Athenion. 4, 558 (v. 25). τῇ τύχῃ διὰ πλειόνων αὐτὸν παραβάλλειν πραγμάτων Philippid. 4, 468 (2). διὰ τοῦ σιωπᾶν πλεῖστα-λέγει Men. 4, 262 (114). τοῦτ' ἔσθ' ἡ τέχνη, οὐκ ἐξ ἀπογραφῆς οὐδὲ δι' ὑπομνημάτων Sotad. 3, 586 (1, 35). [μοχλοῖς καὶ διὰ σφραγισμάτων σώζει δάμαρτα Men. 4, 226]. τὸ θυγάτριον-*σεσινάπικεν διὰ τῆς ξένης Xenarch. 3, 624 (1). παρηγοροῦσι τὰ κακὰ δι' ἑτέρων κακῶν Philem. 4, 53 (52c) cf. Men. 4, 239 (19). εὐπόρους ποιεῖν διὰ σαυτοῦ Men. 4, 107 (2, 12). δι' ἀνθρώπου-σώζει ἑτέρου τὸν ἕτερον Men. 4, 140 (1). διὰ χειρὸς δανεῖσαι Timostr. 4, 595. 2) διά γε τοῦτο τοὔπος οὐ δύναμαι *φέρειν σκεύη Aristophan. 2, 1084 (2). κολλύραν τοῖσι περῶσιν διὰ τοὺν Μαραθῶνι τροπαῖον Aristophan. 2, 1122 (14). τοῦτον-δι' οἰνοφλυγίαν καὶ πάχος-ἀσκὸν καλοῦσι Antiph. 3, 8 (2). ὁ μὲν Μενέλεως *ἐπολέμησ'-τοῖς Τρωσὶ διὰ γυναῖκα-, Φοινικίδης δὲ Ταυρέα δι' ἔγχελυν Antiph. 3, 25. διὰ τὴν ὀσμὴν-πετόμεναι παρῆσαν Antiph. 3, 117 (2, 11). ὅστις-ἐξεῖπεν, ἄδικός ἐστιν ἢ-· ὁ μὲν διὰ κέρδος ἄδικος Anaxand. 3, 197 (4). ὁ ταὼς διὰ τὸ σπάνιον θαυμάζεται Eubul. 3, 259. μικρὸν ὀψιαίτερον δι' ἀσχολίαν ἥκειν Eubul. 3, 262 (1, 12). τὸ δ' ἀγαθὸν-οὗ σὺ τυγχάνειν μέλλεις διὰ ταύτην Amphid. 3, 302. μόνοισι-τούτοισι-συσσιτεῖν-δι' εὐσέβειαν Aristophont. 3, 363 (4). ἐμοὶ-ὁ δεσπότης δι' ἀρετὴν τῶν θηρικλείων-ἀσπίδα-προσφέρων ἔδωκεν ib. διὰ τὸ λεπτῶς πάντ' ἐξετάζειν δέδιεν ἐπὶ τὰ πράγματα ὁρμᾶν προχείρως, ἡ δὲ διὰ τὸ μὴ σαφῶς-διαλελογίσθαι δρᾷ τι καὶ νεανικόν Amphid. 3, 316 (1, 5. 7). δι' ἃς (int. τρίχας) ἀνὴρ ἕκαστος φαίνεται Alexid. 3, 509 (10, 7). τὸ μὲν (infortunium) διὰ τύχην γίγνεται Men. 4, 198 (2). πολλοὺς δι' ἀνάγκην πονηροὺς οἶδ' ἐγὼ γεγονότας Men. 4, 254 (71). δι' ἐλάχιστ' ὀργίζεται Men. 4, 262 (113). ἔστιν κακόν, διὰ τοῦτο δός μοι, ῥῖψον Phoenicid. 4, 511 (v. 21). ἀλλὰ διὰ τὰς τέτταρας δραχμὰς *ἀποβάλω-τὴν προαίρεσιν; Straton. 4, 546 (v. 32). τὸν δεσπότην-δι' ὃν *εἶδον νόμους Ἕλληνας Theophil. 3, 626. μείζω τὰ κακὰ ποιοῦσι-αὐτοὶ δι' αὐτοὺς Philem. 4, 34 (5). ὅσα διὰ τοὺς πράττοντας αὐτοὺς γίγνεται, οὐδενὶ πρόσεστιν-*τύχη Philem. 4, 54 (57). τούτῳ κακὸν δι' αὐτὸν οὐδὲν γίγνεται Men. 4, 230 (5). Ἥλιε-δι' ὃν θεωρεῖν ἔστι τοὺς ἄλλους θεούς Men. 4, 265 (136). πολλοὺς ὁ πόλεμος δι' ὀλίγους ἀπώλεσεν mon. 443. πέρδικα δ' ἢ κίχλην γε-οὐκ ἔτι ἔστιν δι' ὑμᾶς-ἰδεῖν Diph. 4, 389 (1, 26). δι' ὃν ἀσεβοῦντα *(δ') ὁ πέπλος ἐρράγη Philippid. 4, 475 (2). πότους ἑωθινοὺς πίνει διὰ σὲ νῦν Baton. 4, 502 (v. 4).

διάβαθρον λεπτὸν φορεῖ Alexid. 3, 423 (1, 8).

διαβάλλω: decipere, Cratet. 2, 250 (12). τὸν γέροντα διαβαλοῦμαι Archipp. 2, 721 (1). διεβάλομεν τὸ πέλαγος εἰς Μεσσαπίους Demetr. 2, 876 (1). ὡς ἄν τις ἄλλως-†τοῦ *διαβάλοι (libr. διαλάβοι) τὴν κραιπάλην Antiph. 3, 101 (4).

διαβάτης: Aristophan. 2, 1209 (155).

διαβλέπω: δυνάμενος κἀν πράγμασιν ἀναστραφῆναι καὶ διαβλέψαι τί που Dionys. 3, 548 (v. 13).

διαβολή: παράσχῃς διαβολὴν ἑτέρῳ Διοκλείδᾳ Phryn. 2, 602 (2). οὐ δεῖ διαβολῆς καταφρονεῖν Men. 4, 94 (1). οὐδὲν διαβολῆς ἐστιν ἐπιπονώτερον Men. 4, 249 (50). νικᾷ διαβολὴ τὰ κρείττονα mon. 376. ψευδὴς διαβολή mon. 553. πόλεις ἠφάνισε διαβολὴ κακή mon. 626. δίδωσί μοι ἢ δόξαν ἤτοι διαβολήν Men. 4, 327 (482). διαβολὴν ἔσχε μείζω Men. 4, 289 (250). ὅστις διαβολαῖσι πείθεται ταχύ Men. 4, 249 (49).

διάβολος: διάβολος γραῦς Men. 4, 328 (485).

διαγιγγράζω: περικομματίῳ *διεγίγγρασ' ὑποκρούσας γλυκεῖ Athenion. 4, 558 (v. 31).

διαγίγνομαι: ἀπραγμόνως διαγενοῦ τὴν ἡμέραν Nicomach. 4, 584 (v. 42).

διάγνωσις: ἐν τῷ καλῶς ἑκάτερον τὴν διάγνωσιν φέρει Men. 4, 253 (66).

Διαγόρας: δοκεῖ-μείζων ἔσεσθαι Διαγόρου τοῦ Τερθρέως Herm. 2, 401 (7).

διαγραμμίζω: διαγραμμίζει, κυβεύει Philem. 4, 64 (115).

διαγραφή: ἁπάντων τῶν γενῶν-διαγραφή Diph. 4, 394 (2, 7).

διαγράφω: γραμμὴν ἐν ταῖσιν ὁδοῖς διαγράψαντες Plat. 2, 664 (2, 2).

διαγρυπνῶ: ὁ *διαγρυπνήσας λήψεται τὰ κοττάβια Callipp. 4, 561 cf. 5, 116.

διάγω: ἐν *(τῇ) Κύπρῳ-διήγετε πολὺν χρόνον; Antiph. 3, 116 (2, 1). οὐδεὶς ἀλύπως τὸν βίον διήγαγεν Posidipp. 4, 525 (4). ὑπαίθριος χειμῶνα διάγειν Aristophont. 3, 361 (1, 5). εἰ μεταβαλόντες τὸν βίον διήγομεν Apollod. Car. 4, 442 (v. 18). ἐν φώσσωνι τὴν ἴσην ἔχων μετ' ἐμοῦ διῆγες.. Cratin. 2, 164 (4). ὅστις εὐπορῶν κακῶς διάγει Apollod. 4, 456 (3). πάντες *οὕτως οἱ σοφοὶ διάγουσι Alexid. 3, 483 (2, 13).

διαδίδωμι: cf. δίδωμι. ἐκήλησεν-υἱας Ἀχαιῶν, κέρμα φίλον *διαδούς Theop. 2, 802 (1).
διαδοιδυκίζω: διαδοιδύκισε anon. 4, 634 (119).
διαδοχή: ἐκ διαδοχῆς Antiph. 3, 6 (9).
διάδοχος: ἔχων ἔρημον διαδόχου τὴν οἰκίαν Men. 4, 261 (111).
διαζητῶ: διεζήτηχ' ὁπόθεν-ἐσθίει Eup. (?) 2, 577 (v. 5).
διάζομαι: ὁ δ' ἐξυφαίνεθ' *ἱστόν, ὁ δὲ διάζεται Nicoph. 2, 849 (1).
διάθεσις: τὴν *(νῦν) διάθεσιν ᾠδῆς Eup. 2, 548 (3). τῇ διαθέσει τῶν ἐπῶν Phryn. 2, 601 (8). ὁ μάγειρός ἐσθ' ὁ τέλειος ἑτέρα διάθεσις Nicomach. 4, 583 (v. 11).
διαθρυμματίς: δαιτὸς διαθρυμματίδες Antiph. 3, 49 (2).
διαίνω: *οἴνῳ διαίνων Axionici 3, 535 (2) cf. 5, 93.
διαιρῶ: κόγχη (al. κόγχην) διελεῖν Telecl. 2, 366 (2). ἐπέταξ' αὐτοῖς-ἀφορίζεσθαι τίνος ἐστὶ γένους· οἱ δὲ διῄρουν Epicrat. 3, 371 (1, 39). τοῦτο (i. e. τοὐπτάνιον) διελέσθαι καὶ-μερίσαι κατ' εἶδος Nicomach. 4, 584 (v. 26).
δίαιτα: δίαιταν ἣν ἔχουσ' οἱ κόλακες Eup. 2, 484 (1). δεσμωτηρίου-δίαιταν Alexid. 3, 483 (2, 12). τὸ σῶμ' ὑγιαίνει τινὰ δίαιταν προσφέρων Men. 4, 234 (11). καταβὰς εἰς δίαιταν τῶν νεκρῶν Aristophont. 3, 362 (4).
διαιτητής: εἴ τις δικαστὴς ἢ διαιτητὴς θεῶν Men. 4, 182 (5).
διαιτῶμαι: ὁπότε-χρείη *διῃτώμην λέγειν, ἔφασκε *δῃτώμην Plat. 2, 669 (1) cf. 5, 48. πῶς ἂν διαιτώμεσθα; Antiph. 3, 57 (1).
διακαραδοκεῖν: τὴν νύκτ' ἐκείνην *διεκαραδοκήσαμεν Diph. 4, 391 (4).
διακαρτερῶ: διακαρτερῆσαι τηλικαύτην ἡμέραν Alexid. 3, 489 (4).
διάκειμαι: αὐτοῖς ἀταλαιπώρως ἡ ποίησις διέκειτο Aristophan. 2, 1053 (13). συνύφαινε ῥυπαρῶς διακειμένη Men. 4, 111 (3). τῷ κακῶς διακειμένῳ εἰπεῖν- "μὴ κακῶς ἔχε" Philippid. 4, 471.
διακενής: cf. διά et κενός. διακενῆς δ' ἕστηκ' ἐγὼ ἔχων μάχαιραν Alexid. 3, 465 (3). ἐπένευον διακενῆς Timocl. 3, 609. τί διακενῆς εἶ χρηστός; Men. 4, 250 (53). τοῦ μὴ χανεῖν λύκον διακενῆς Euphron. 4, 487 (v. 31).
διακιγκλίζω: ὀσφὺν-διακίγκλισον ἠύτε *κίγκλος ἀνδρὸς πρεσβύτου Aristophan. 2, 955 (8).
διακινῶ: μικρὰ διακινήσω σε περὶ τοῦ πράγματος Sosip. 4, 483 (v. 22).
διακλιμακίζω: μεταπεττεύσας αὐτὸν *διακλιμακίσας τε Plat. 2, 656 (2).
διακναίω: διακέκναικ' αἴσχιστα (me Musicam) Pher. 2, 327 (1, 20). Εὐριπίδου-δρᾶμα-διέκναισ' *Ὀρέστην Stratt. 2, 763 (1).
διακόλλημα: Eup. 2, 576 (132).
διακονικῶς: διακονικῶς-προελήλυθας Men. 4, 103 (1).
διακόνιον: διακόνιον †ἐπῆσθεν (f. ἐπῆσθε') Pher. 2, 342 (6).
διάκονος: πάντες-τευτάζουσιν οἱ διάκονοι Telecl. 2, 375 (10). διακόνου 'στ' οὐ τοῦ τυχόντος Nicomach. 4, 583 (v. 10).
διακονῶ: ἐδιακόνουν Alcaei 2, 828 (2). τίνι ἐδιακόνεις; Nicostr. 5, 84. οὐδεὶς *δεδιηκόνηκεν ἐπιπονώτερον Archedici 4, 437 (2, 8). αὐτὸς αὑτῷ-γέρων διακονήσει; Cratet 2, 237 (1, 2). τῷ Διὶ | διακονῶ Anaxand. 3, 198 (7). ὅταν ἐρανισταῖς-διακονῇς Euphron. 4, 492. νωτοπλῆγα μὴ ταχέως διακονεῖν Pher. 2, 293 (15). τραπεζοποιός ἐστ' ἐπὶ τοῦ διακονεῖν Philem. 4, 18 (2). ἐμπέπηγα τῷ διακονεῖν Diph. 4, 395 (2, 25). τὴν νύχθ' ὅλην διακονεῖν ib. (2, 33). διακονοῦντι παρὰ τῷ δεσπότῃ (coquo) Posidipp. 4, 514 (1). διακονοῦμεν νῦν γάμους Posidipp. 4, 521 (v. 19). τοὺς ἐν τοῖς γάμοις διακονοῦντας μαγείρους Men. 4, 147 (1). ἐν περιδείπνῳ-διακονῶν Hegesipp. 4, 479 (v. 11).

διακόπτω: διακόψει τοὔδαφος Pher. 2, 258 (6). γέρανος-διακόψειεν τὸ μέτωπον Anaxand. 3, 185 (1, 68).
διακόσιοι: δεῖ διακοσίων δραχμῶν Aristophan. 2, 979 (18). ποτήριον χρυσοῦς διακοσίους ἄγον Hipparch. 4, 432.
διακοσμῶ: τὸν πλακοῦντα κόμμιδι-διεκόσμει Crobyli 4, 569 (3).
διακούω: μικρὰ διάκουσον-κἀμοῦ Nicomach. 4, 584 (v. 40).
διακρίνω: εἰς τὰς οἰκίας εἰσέρχεται | οὐχὶ διακρίνας τὴν πενιχρὰν ἢ πλουσίαν Diodor. 3, 544 (v. 8). διακρινόμενος-πρὸς ἑτέρους ἐλέγχεται anon. 4, 693 (360).
διακυνοφθαλμίζεται: anon. 4, 633 (116).
διακύπτω: διακύψας-διὰ τῆς ὀπαίας κεραμίδος Diph. 4, 415.
διακωλύω: ἔοικεν αἰγίθαλλος διακωλύειν τὸ πρᾶγμα Alcaei 2, 825 (2).
διαλαιμοτομῶ: τόμος ἀλλᾶντος, τόμος ἠνύστρου ‖ διαλαιμοτομεῖθ' ὑπὸ τῶν ἔνδον Mnesim. 3, 569 (v. 16).
διαλαμβάνω: cf. διαβάλλω. ἐρίφιον *ἐταχέρωσε, πνικτῷ (an πνικτὸν) διέλαβεν Athenion. 4, 558 (v. 30).
διάλαος: Cratin. 2, 196 (57).
διαλέγω: διαλέγειν (i. q. διαλέγεσθαι) Herm. 2, 394 (5). διαλέξασθαι (obsceno sensu) Aristophan. 2, 1087 (24). διαλέγομαι: ὡς δ' ἠπάτω μοι διελέγου Eubul. 3, 234 (2). ἁπλῶς μοι διαλέγου Straton. 4, 546 (v. 25).
διαλείχω: διαλείχοντά μου τὸν κάτω σπατάγγην Aristophan. 2, 1119 (10).
διάλεκτος: τὴν διάλεκτον ἀμνίου ἔχειν δοκεῖς Herm. 2, 381 (2). διάλεκτον ἔχοντα μέσην πόλεως Aristophan. 2, 1199 (96). καινὴν-διάλεκτον λαλῶν Antiph. 3, 93.
διάλιθος: διόπας, διάλιθον, πλάστρα Aristophan. 2, 1079 (6, 10). διάλιθοι λαβρώνιοι Men. 4, 219 (1).
διαλλαγή: λυκοφίλιοι διαλλαγαί Men. 4, 279 (203).
διαλλάττω: οὐ ταὐτὸ δ' ἐστὶ τοῦτο· πολὺ διήλλαχεν Dionys. 3, 547 (v. 10).
διαλογίζομαι: διὰ τὸ μὴ σαφῶς τί ποτ'-συμβήσεται διαλελογίσθαι Amphid. 3, 316 (1, 9). διαλογίζεται τοῖς συμπλέουσιν ὁπόσον ἐπιβάλλει μέρος Diph. 4, 395 (2, 15).
διάλυσις: τοὺς τὰς διαλύσεις συντιθεμένους Phoenicid. 4, 509. ἐρεῖ ἐφ' οἷς γεγόνασιν αἱ διαλύσεις anon. (393) 5, 123.
διαλύω: διάλυε-μαχομένους φίλους mon 122.
διαμαρτάνω: σπεύδων ἅμ' εἰσήνεγκα διαμαρτὼν μίαν ἄκων περιφοράν Dionys. 3, 547. ἐπὰν ἡ καθαρὰ τἀσθητήρια οὐκ ἂν διαμάρτοις Machon. 4, 497 (v. 6).
διαμασχαλίζω: ὀρχεῖτ'-διαμασχαλίσας αὐτὸν **σχελίσιν Aristophan. 2, 1052 (12).
διαμασῶμαι: τῶν μυρρινῶν-ἃς διαμασῶμ' Apolloph. 2, 880 (1).
διαμένω: αὐτοῦ διαμένειν εἰωθ' ἀεὶ τὸ χρῶμα ταὐτό Antiph. 3, 152 (60). χρῶμα διαμένον Nicol. 4, 580 (v. 28). οὐδὲ τῷ βίῳ ταὐτὸν διαμένει σχῆμα Alexid. 3, 399 (2).
διαμερίζω: διεμέριζε-ὁ Βορυσθενίτης Men. 4, 329 (491).
διάμεστος: τῶν πολλάκις θρυλουμένων διάμεστον ὄντα Antiph. 3, 140 (14).
διαμίγνυμι: vide μίγνυμι.
†διαμπερέως: vide ἀμπερέως.
διαναγιγνώσκω: μὴ Δημόκριτον-πάντα διανεγνωκότα Damox. 4, 530 (v. 13).
διανεκής: τὰ-διανεκῆ σώματος μέρη Anaxand. 3, 163.
διανέμω: τὸ *θεωρικὸν-*ὑμῖν διανέμειν ἑκάστοτε Theophil. 3, 631 (1). διανειμάμενοι δίχ' ἑαυτοὺς Plat. 2, 664 (2, 2).

διανεύω: ἐμοὶ λαλῶν ἅμα καὶ διανεύων Alexid. 3, 503 (1, 12).
διανθίζω: vide διεξανθίζω.
διανίζω: διάνιζ' ἰοῦσα σαυτήν (i. e. κύλιξ) Cratet. 2, 237 (1, 7). διένιψα-οὐδὲν σκεῦος οὐδεπώποτε Eubul. 3, 220 (2). διανίζειν λοπάδας Damox. 4, 531 (v. 44).
διάνοια: παιδομαθὴς τὴν διάνοιαν ἦν Antidot. 3, 528 (1). οὐχὶ τὴν αὐτὴν *(ἔχει) διάνοιαν αἰτῶν καὶ λαβών Men. 4, 325 (471). πρὸς τῷ φιλεῖν-τὴν διάνοιάν ἐστ' ἔχων Anaxipp. 4, 460 (v. 37).
διανοοῦμαι: διανοεῖ μ' ἀπολλύναι; Straton. 4, 546 (v. 30).
διαπαρθενεύω: διεπαρθένευσε Diocl. 2, 841 (3). διεπαρθένευσα Antiph. 3, 43. διαπεπαρθενευκότα Alexid. 3, 523 (53).
διαπαρθένια δῶρα f. Amphid. 5, 85.
διαπάττω: τοὺς δασύποδας-ἅλσὶ διαπάττειν Alcae. 2, 829 (1). κόκκον λαβοῦσα κνίδιον-διέπαττε τὴν *ὀδόν Eubul. 3, 269 (15b).
διαπειλοῦμαι: διηπειλεῖτό σοι Alexid. 3, 526 (72).
διαπειρῶμαι: διαπειρώμενον τῆς τῶν λόγων ῥώμης Cratin. min. 3, 376.
διαπέμπω: διὰ τῶν νεφέων διάπεμψον Ἀντικύραν Diph. 4, 416 (3, 6).
διαπερδικίσαι: anon. 4, 634 (117).
διαπερῶ: ὕδωρ-ποταμοῦ σῶμα διεπεράσαμεν *Eubul. 3, 266 (10).
διαπηνικίζω: καλῶς διεπηνίκισας λόγον Cratin. 2, 184 (24).
διαπίνω: διαπίνω τ' ἀμβροσίαν Anaxand. 3, 198 (7). διαπίνειν *Epigen. 5, 93.
διαπλάσαι: Aristophan. 2, 1206 (133).
διαπλέκω: ἐπὶ τοῖς παροῦσι τὸν βίον διάπλεκε (ᾱ?) anon. 4, 608 (25).
διαπλέω: ἐκεῖσε *διαπλέω (vulg. δ' ἐκπλέω) ὅθεν διεσπάσθημεν Antiph. 3, 48. ὅστις διαπλεῖ θάλατταν Alexid. 3, 480 (3).
διάπλεως: ὁ τάλαρος-διάπλεως ἔσται γάρου Cratin. 2, 178 (11).
διαπλύνω: *ἐκπλῦναι καὶ διαπλῦναι Aristophan. 2, 1184 (31).
διαπνέω: τρέφει τὸ βρῶμα-ὀρθῶς τε διαπνεῖ Damox. 4, 531 (v. 29).
†διαπονδαρίζει (l. διαπυδαρίζει): anon. 4, 634 (118).
διαπόντιος: ὦ διαπόντιον στράτευμα Herm. 2, 402 (1). τὰ διαπόντια τἀκ τῆς Ἀσίας καὶ τἀπὸ Θρᾴκης λήμματα | ἕλκουσι δεῦρο Antiph. 3, 112 (1, 8). ἤδη πέτεται διαπόντιος Alexid. 3, 480 (2).
διαποροῦμαι: μικρὸν διαπορηθῆναι χρόνον Antiph. 3, 66.
διαπράττομαι: διαπραξάμενος †ἥδιον βίον Alexid. 3, 519 (34). συνειδόθ' αὑτῷ φαῦλα διαπεπραγμένῳ Philem. 4, 53 (51^d) = Diph. 4, 421 (15). οὐκ οἶδ' ὅ τι οὗτος μεγαλεῖόν ἐστι διαπεπραγμένος Men. 4, 187 (1).
διαπρίω: διαπεπρισμένα *ἡμίσε' ἀκριβῶς ὡσπερεὶ τὰ σύμβολα Eubul. 3, 239.
διαπρό: εἰς πόδας-τετρημένον, ὀξὺ *διαπρό (libr. διάτρωτον, al. διάτρες) Eubul. 3, 255 (1, 24).
†διάπτομαι: vide ad Antiph. 3, 84 (1).
διαπτύσσω: διαπτύξας ὅλον (saurum) Alexid. 3, 443.
διάπτωμα: τί-τούτων διάπτωμ' ἐγένετ' ἢ 'μάρτημα τί; Philem. 4, 18 (1).
διαπυδαρίζει: vide διαπονδαρίζει.
διάπυρος: διάπυρος-οὖσ' ἔτι (int. ἡ χύτρα) Alexid. 3, 440 (5, 7). πρὸς Δίωνα τὸν διάπυρον Timocl. 3, 603 (4).
διαπυτίζω: διαπυτιοῦσ' οἶνον-χαμαί Archedici 4, 437 (2, 12).
διαρκής: ἐὰν οἶνος παρῇ πίνειν διαρκής Alexid. 3, 459.
διαρραχίζω: διερράχισται σεμνὰ δελφάκων κρέα Eubul. 3, 211 (v. 4).
διαρρήγνυμι: cf. ἀπορρήγνυμι. διαρραγήτω χἅτερος δειπνῶν τις εὖ Anaxil. 3, 351 (1). εὐδαίμων ἐγώ-ὅτι διαρραγήσομ', ἂν θεὸς θέλῃ

Alexid. 3, 459 (2). ὁ Ζεὺς-, ἂν ἐγὼ διαρραγῶ, οὐδέν *μ' ὀνήσει ib. (3). ἐσθίει μέχρι ἂν διδῷ τις ἢ λάθῃ διαρραγείς Phoenicid. 4, 510.
διαρρικνοῦμαι: ξίφιζε καὶ *πόδιζε καὶ διαρρικνοῦ Cratin. 2, 142 (4).
διάρροια: ὁ τῆς διαρροίας ποταμός Aristophan. 2, 1065 (2).
διαρταμῶ: ἀρτίως διηρτάμηκε Anaxand. 3, 163.
διαρτῶ: διαρτῆσαι (decipere) Men. 4, 309 (356).
διασαυλοῦμαι: ὡς *στόμφακα διασαυλούμενον Aristophan. 2, 1192 (67).
διάσειστος: διάσειστοι ἀστράγαλοι Men. 4, 197 (5).
διασκανδικίζω: †μάζαις καὶ (f. μάζαις, καὶ) διασκανδικίσαι Telecl. 2, 374 (7).
διασκεδάννυμι: διασκεδᾶτε τὸ προσὸν-νέφος ἐπὶ τοῦ προσώπου Anaxand. 3, 197 (6).
διασκοπῶ: τὸν βίον διασκοπεῖν, ποῖός τις ὁ λέγων Apollod. 4, 454 (1, 2). βιβλίον- λαβέ, -πάνυ γε διασκοπῶν ἀπὸ τῶν ἐπιγραμμάτων Alexid. 3, 444 (1, 3).
διασμιλεύω: διεσμιλευμέναι-φροντίδες Alexid. 3, 483 (2, 8).
διασπαράττω: τοῖς δὲ-διεσπάρακται θερμὰ χηνίσκων μέλη Eubul. 3, 211 (v. 3).
διασπῶ: ἐκεῖσε *διαπλέω ὅθεν διεσπάσθημεν Antiph. 3, 48.
διάστατος: ποιείτω τὴν πόλιν διάστατον Men. 4, 221 (2).
διάστημα: προσάγω πρὸς αὐτὰ τὰ διαστήματα Damox. 4, 532 (v. 57). τῶν ἡδονῶν-μεγάλα τὰ διαστήματα Nicomach. 4, 584 (v. 22).
διαστίλβω: διαστίλβονθ' ὁρῶμεν-πάντα τῆς ἐξωμίδος Aristophan. 2, 947 (10).
διαστρέφω: τὴν φύσιν διαστρέφει mon. 203. τῇ κλίμακι διαστρέφονται anon. 4, 622 (67). ἔκτος ὁ διεστραμμένος Eup. 2, 537 (4, 3).
διασύρω: τὸ δ' ὄψον, ἂν μὴ θερμὸν ᾖ, διασύρομεν Alexid. 3, 447 (1, 11). τοῖς διασύρειν ὑμᾶς εἰθισμένοις Alexid. 3, 490 (1). ὅρα | ὡς διασέσυρκε τὴν τέχνην Diph. 4, 412 (3).
διασώζω: διέσωσε τὴν ψυχὴν μόλις Posidipp. 4, 517.
διατείνω: γέρανος-διατειναμένη διὰ τοῦ πρωκτοῦ καὶ τῶν πλευρῶν Anaxand. 3, 185 (1, 66).
διατελῶ: ἡδύν-ἅπασι τοὐπίλοιπον διατελεῖν (hominem et vinum) Alexid. 3, 405 (6). μήτε τὰς ὄψεις ὁμοίας διατελεῖν οὔσας ἔτι Alexid. 3, 422 (1, 6). ἐφ' ᾧ τε διατελεῖν πράττων ἃ βούλει Men. 4, 227 (2). κἂν βροτοῖσι καὶ θεοῖς ἀθάνατος ἀεὶ δόξα διατελεῖ Philem. (?) 4, 17. διατελεῖ τὴν ἡμέραν ἔνδον-ξυλήφιον-ἔχουσα-ἐν τοῖς χείλεσιν Alexid. 3, 423 (1, 22). διατελεῖς τὴν ἡμέραν τραπεζοποιῶν Diph. 4, 394 (2, 2).
διατηρῶ: ὅς γε ταῦτα πάντα διατηρεῖ μόνον Philem. 4, 37 (10). βασιλεὺς-τὰ τοῦ βίου δίκαια διατηρῶν κρίσει Men. 4, 265 (132). τῶν ἱερῶν γεγραμμένων (f. -να) τὰ πάτρια διατηροῦντες Athenion. 4, 558 (v. 23). τὸ τῶν γυναικῶν σχῆμα διατηρεῖ μόνον anon. 4, 691 (350, 10).
διατίθημι: *ἐς μακαρίαν τὸ λουτρόν, ὡς διέθηκέ με Antiph. 3, 137 (9). τῇ ματτύῃ οὕτω διαθήσω τὰ μετὰ ταῦθ' Nicostr. 3, 281. τῷ-τὸ σῶμα διατεθειμένῳ κακῶς Men. 4, 252 (65). τῷ διαθέσθαι πράγματα Men. 4, 141 (1).
διατοιχεῖν (an ἀνατοιχεῖν?) Eubul. 3, 229 (5).
διάτραμις: Stratt. 2, 791 (15).
διατρέφω: βρέφη δ' ἐν αὐτῇ διατρέφει τοὺς ῥήτορας Antiph. 3, 112 (1, 7). ὁ δ' Ἰσχόμαχος *ὁ διατρέφων σε τυγχάνει Arar. 3, 275 (1).
διατρέχω: ἰχθῦς, ἔριφοι, διέτρεχε τούτων σκορπίος Alexid. 3, 502 (1, 9). ἐν αὐτῇ διέτρεχεν νεόττια Diph. 4, 427 (40). ἔνδοθέν τις ἐν τῷ σώματι διέδραμε γαργαλισμός Hegesipp. 4, 479 (v. 16).

διατριβή: εἰς τὴν διατριβὴν εἰς τὸ φῶς τε τοῦθ' ὃ δή | ὁρῶμεν Alexid. 3, 484 (3, 13). τίς ἥρως-ἀποδοκιμάζει τὴν τοιαύτην διατριβήν; Timocl. 3, 595 (v. 12). ὄχλος, ἀγορά, κλέπται, κυβεῖαι, διατριβαί Men. 4, 212 (2, 10). τὸν φρόνιμον ζητοῦντας ἐν τοῖς περιπάτοις καὶ ταῖς διατριβαῖς Baton. 4, 499 (1, 4) cf. 502 (v. 15). †μετὰ δικαίου-διατριβὰς ποίει mon. 367. τοῦ συμποσίου-διατριβὴν ἐξεῦρέ πως Alexid. 3, 469. τὸ καλούμενον ζῆν τοῦτο διατριβῆς χάριν Alexid. 3, 484 (3, 4). διατριβήν-τῷ πότῳ ποιῶμεν Alexid. 3, 487 (1). μάγειρον ὅταν ἴδῃς ἀγράμματον-*μινθώσας ἄφες ὡς ἐκ διατριβῆς Damox. 4, 530 (v. 16).

διατρίβω: διατρίβειν ἡμῶν (f. θἠμῶν) ἄριστον ἔοικεν Aristophan. 2, 1153 (12). ἐμὲ-διέτριψεν ὁ-Χαιρεφῶν Men. 4, 162 (2). ἀπολεῖς μ' ἐνταυθα διατρίβουσ' ἔτι Pher. 2, 300 (1, 20). ἐν ἀγρῷ διατρίβων τήν τε γῆν σκάπτων Philem. 4, 22. περὶ λόγους-ποτε διέτριψε Alexid. 3, 400 (1, 2). πρὸς τίσι *γυνὴ διατρίβουσιν; Epicrat. 3, 370 (1, 3).

διατροφή: εὑρὼν διατροφὴν πτωχῷ τέχνην Men. 4, 75 (5).

διατρώγω: βολβοὺς-ὡς πλείστους διάτρωγε Plat. 2, 672 (1, 10). κἂν-διατράγῃ *θύλακον (mus) anon. 4, 612 (40).

διάττω: ὑψοῦ διάττει anon. 4, 661 (237).

δίαυλος: ὁ-δίαυλός ἐστιν αἰσχύνην ἔχων Anaxand. 3, 197 (5). τὸν-ὕστατον-δίαυλον τοῦ βίου Alexid. 3, 490 (1).

διαφαίνω: ἱμάτια διαφαίνοντα Philem. 4, 29.

διαφανής: διαφανὲς χιτωνάριον ἔχουσα Men. 4, 287 (241).

διαφερόντως: πρᾶγμα τρυφερὸν διαφερόντως Antiph. 3, 117 (2, 4).

διαφέρω: οὐδὲν-ἄγνου διαφέρειν Chionid. 2, 6 (2). δεῖ σ' ὅπως-ἀλεκτρυόνος μηδὲν διοίσεις τοὺς τρόπους Cratin. 2, 82 (2). οὐδὲν διαφέρεις δράκοντος Herm. 2, 381 (2). ἀνδρὸς διαφέρει τοῦτ' ἀνήρ Antiph. 3, 54. ἡ Νάννιον τί-διαφέρειν Σκύλλης δοκεῖ; Anaxil. 3, 348 (1, 15). διαφέρειν-πάμπολυ τοὺς Πυθαγοριστὰς *τῶν νεκρῶν (cf. μόνος) Aristophont. 3, 362 (4). οἴει τι τῶν ἄλλων διαφέρειν θηρίων *(ἄνθρωπον); Philem. 4, 3. πολύ γε διαφέρει σεμνότης εὐμορφίας Philem. 4, 58 (77). οὐδὲν γένους γένος-διαφέρειν Men. 4, 151 (1). διαφέρει Χαιρεφῶντος οὐδὲ γρῦ Men. 4, 179 (2). γυνὴ γυναικὸς-οὐδὲν διαφέρει mon. 109. φίλος με βλάπτων οὐδὲν ἐχθροῦ διαφέρει mon. 530. ἀκμὴ-οὐδὲν ἄνθους διαφέρει mon. 642. οὐδὲν †χονδρεύουσι (f. κιθαριστοῦ) διαφέρω-Ἀσπενδίου Anaxipp. 4, 460 (v. 26). *διαφέρουσ' (me) οὐδὲ ἓν ξιφίου κυνός Anaxipp. 4, 463. οὐδὲν ὁ μάγειρος τοῦ ποιητοῦ διαφέρει Euphron. 4, 494 (1, 15). οὐδὲν ἐλέφαντος-διαφέρεις Epinici 4, 506 (v. 7). ἀγαθοῦ στρατηγοῦ διαφέρειν οὐδὲν δοκεῖ Posidipp. 4, 523 (1, 3). ὅσον *μαγείρου διαφέρει μάγειρος Nicomach. 4, 583 (v. 6). διαφέροντα τοῖς καθ' ἡμέραν δαπανήμασιν-μόνον Philem. 4, 36 (9). ἐμοὶ δὲ τοὔνομα οἴει διαφέρειν, εἴτε-εἴτε-; Antiph. 3, 99 (1). τί τοῦτο διαφέρει ἢ πᾶσι τοῖς κήρυξιν ἐν ἀγορᾷ φράσαι; Antiph. 3, 151 (57). οὐδὲν διαφέρει Antiph. 3, 120 (1, 9). διαφέρει τῷ μαγείρῳ τοῦτο Men. 4, 206 (1). θύομεν ὀκτὼ *ποιήσοντες τραπέζας δ' ἢ μίαν, τί σοι διαφέρει τοῦτο; Men. 4, 222 (1). οἶδ' ὅτι καλοῦμεν ῥάφανον, *ὑμεῖς δ'-κράμβην· γυναιξὶ διαφέρειν οἴει δέ τι; Apollod. Car. 4, 449. οἷα δ' ἡ χώρα φέρει διαφέροντα †πάσης (f. πᾶσιν)-τῆς οἰκουμένης Antiph. 3, 98. ὕδωρ [διαφέρον] ib. ἀκολασίᾳ τῶν γεγονότων διαφέρων Alexid. 3, 400 (1, 6). ὅσῳ διαφέρει σῦκα καρδάμων Henioch. 3, 562. εἰδὼς σε πάντων διαφέροντα τῇ τέχνῃ Philosteph. 4, 589. ὁ διαφέρων ἀργυρίῳ Men. 4, 142 (2). μετὰ τὴν ὑγίειαν-τὸ πλουτεῖν διαφέρει Anaxand. 3, 169 (1). *νικᾷ γὰρ αὕτη τὰς τέχνας πάσας-μετὰ τὴν κολακείαν. ἥδε μὲν γὰρ διαφέρει Anaxand. 3, 193 (1). διενεγκεῖν (oppugnare)

Telecl. 2, 367 (6). διενεχθῆναι (pugnare) Amphid. 3, 315. διαφέρον (conducibile) Antiph. 3, 16.

διαφεύγω: οὐδὲ εἷς-ἀθῷος διέφυγεν Men. 4, 108 (4).

διαφθείρω: λόγον διέφθορεν Cratin. 2, 226 (156). διέφθορας τὸν *ὅρκον Aristophan. 2, 1173 (4). κάμπτων με-δλην διέφθορέν (int. Musicam) Pher. 2, 327 (1, 15). τὴν κόρην διεφθορώς Men. 4, 70 (6). τὸν νεανίσκον-διέφθορεν Eup. 2, 565 (51). τοῦτον-ἢ βιβλίον διέφθορεν ἢ Πρόδικος-Aristophan. 2, 1149 (3). διέφθορεν αὐτὰς ξενίζουσ'-ἀβουλία Henioch. 3, 563 (v. 12). εἴ τις-*διαφθείρει' ὕδωρ Diph. 4, 405 (3). ἐν πήρᾳ φέροις ἄρτους ἄν, ἀλλ' οὐ ζωμόν, ἢ διαφθερεῖς Diph. 4, 403 (1, 6). ἡδέως-πως λάχανόν τι τρώγων-διεφθάρην Eubul. 3, 229 (1). διέφθαρται-τοὔψον παντελῶς Aristophont. 3, 359.

διαφορά: †τίς πόση ἡ διαφορά (al. πόση τὶς ἡ φορά) Eup. 2, 534 (7). ἀτύχημα κἀδίκημα διαφορὰν ἔχει Men. 4, 198 (2). τὰ τῶν γερόντων στόματα διαφορὰν ἔχει Anaxipp. 4, 460 (v. 43). διαφοράν-τοῖς ὄψοισιν ἐμποιεῖν τινα Sosip. 4, 483 (v. 42). τίνα-ἔχει-διαφοράν | ὁ τῶν λείων τρόπος παρ' ὃν οἱ δασεῖς ἔχουσι Baton. 4, 504 (1, 7). τίν' ἔχει διαφορὰν-γλαυκίσκος ἐν χειμῶνι καὶ θέρει Damox. 4, 530 (v. 17).

διάφορος: πελείας διαφόρους Antiph. 3, 96. μεταλλάξαι *διάφορα βρώματα Antiph. 3, 140 (14). ἐνταῦθ' ἀνήρ-ἐστιν ἀνδρὸς διάφορος, ἐν τῷ- Philem. 4, 56 (67). πολύ γ' ἐστὶ πάντων τῶν ποιητῶν διάφορος ὁ Φιλόξενος Antiph. 3, 121.

διαφορῶ: σωρὸν-ἐν ἡμέρᾳ-διαφορῆσαι ῥᾴδιον Diph. 4, 422 (19). διαφορεῖν et διαφορούμενα anon. 4, 627 (90).

διαφροντίζω: κύψαντες χρόνον οὐκ ὀλίγον διεφρόντιζον Epicrat. 3, 371 (1, 22).

διαφυτεύω: ἐν ἀγορᾷ-πλάτανον-διαφυτεύσομεν Aristophan. 2, 990 (14).

διάφωνον ἕλκεις Damox. 4, 532 (v. 61).

διαχαλῶ: τὰς ἁρμονίας-διαχαλᾷ τοῦ σώματος Epicrat. 3, 366 (2, 19).

διαχλιδῶ: βαδίζει διακεχλιδώς Archipp. 2, 728 (3).

διαχρῶμαι: τοῖς βλίτοις διαχρῶ τὸ λοιπόν Theop. 2, 813 (1).

διαχωρίζω: διεχώριζον ζῴων τε βίον δένδρων τε φύσιν Epicrat. 3, 370 (1, 14).

διαψαίρω: λεπτοὺς διαψαίρουσα πέπλους Herm. 2, 381 (4).

διαψάλλω: διαψάλλει τριγώνοις Eup. 2, 447 (1).

διβολία: διβολίαν ἀκοντίων Aristophan. 2, 1144 (7).

δίδαγμα: *χρηστοῦ δίδαγμ' *εὐηθίας anon. 4, 602 (7). ἡ φύσις ἁπάντων τῶν διδαγμάτων κρατεῖ mon. 213.

διδασκαλεῖον: τὸ διδασκαλεῖον ἡμεῖς σῴζομεν τὸ Σίκωνος Sosip. 4, 482 (v. 13).

διδάσκαλος: τραγῳδίας διδάσκαλος Cratin. 2, 163 (2). ὥς φησιν ὁ διδάσκαλος (comoediae) Aristophan. 2, 1086 (16). φανερὸν ποίησον τοῦτο τῷ διδασκάλῳ Dionys. 3, 551 (1, 3). ἐμὸς εἶ μαθητής, σὸς δ' ἐγὼ διδάσκαλος ib. (1, 19). ὁ Σόφων-πᾶσαν τὴν Ἰωνίαν ἔχει, ἐμὸς γενόμενος-διδάσκαλος Anaxipp. 4, 460 (v. 20). οὐκ ἦν ἐκφορὰ Λύκῳ χρεῶν τότ' οὐδὲ τῷ διδασκάλῳ (h. e. mihi) Euphron. 4, 487 (v. 21). οὑμὸς διδάσκαλος-μήτραν σκευάσας ib. 492. τὴν κακκάβην-τοῦ διδασκάλου Aristophan. 2, 1144 (10). διδασκάλους οὐ λέγω βίου τριάκοντ' Alexid. 3, 476 (3). πενία-ἡ τρόπων διδάσκαλος Antiph. 5, 80 (102). ἔρως σοφιστοῦ-διδάσκαλος σκαιοῦ πολὺ κρείττων Anaxand. 3, 199 (10). ὅσαι τέχναι γεγόνασι, ταύτας-ἐδίδασκεν ὁ χρόνος οὐχ ὁ διδάσκαλος Philem. 4, 54 (56). ἀρ' ἐστὶν ἀρετῆς καὶ βίου διδάσκαλος ἐλευθέρου-ἀγρός Men. 4, 194 (7). μισθὸς διδάσκει γράμματ', οὐ δι-

δάσκαλος mon. 387. πολλῶν ὁ καιρὸς-διδάσκαλος mon. 449. *ἐφοιτάτην ἐς διδασκάλου anon. 4, 615 (45).
διδάσκω: ἐμοὶ διδάσκειν-εἰς Ἀδώνια Cratin. 2, 27 (2). πρὶν παροῦσα διδάσκῃ Cratin. 2, 35 (9). ὅσαι τέχναι γεγόνασι, ταύτας-ἐδίδασκεν ὁ χρόνος Philem. 4, 54 (56). χρεία διδάσκει-σοφὸν Καρχηδόνιον Men. 4, 146 (6). γυναῖχ' ὁ διδάσκων γράμματ' Men. 4, 269 (154). μισθὸς διδάσκει γράμματ' mon. 337. διδάσκει γράμματα anon. 4, 698 (375). αὐτά σε διδάσκει-τὰ πράγματα mon. 647. ἐδίδασκε δ' αὐτοὺς Λάβδακος (artem culinariam) Anaxipp. 4, 459 (v. 3). ἐδίδασκεν ἡμᾶς πρῶτον ἀστρολογεῖν *(Σίκων) Sosip. 4, 482 (v. 15). οὐ τουτονὶ-κιθαρίζειν-αὐλεῖν τ' ἐδίδαξας; Phryn. 2, 581 (3). πτισάνην διδάσκεις αὐτὸν ἕψειν-; Aristophan. 2, 1008 (7). φακῆν *ἕψειν μ' ἐδίδασκε Antiph. 3, 95 (2). ἐπίστασαι-ὡς δεῖ σκευάσαι; B. ἀλλ' ἂν διδάσκῃς Alexid. 3, 442. κοτταβιεῖτε τίνα τρόπον; A. ἐγὼ διδάξω (al. 'παιδείξω) Antiph. 3, 29 (1, 5). ἆρά γε διδάσκω; (num perspicue loquor?) Alexid. 3, 434 (1, 14). οἷον-κακόν | ἐστιν ἡ γαστήρ, διδάσκει δ' οἷ' ἀναγκάζει θ' ὅσα Alexid. 3, 479 (1). πεινῆν διδάσκει Philem. 4, 29. πολλά με διδάσκεις ἀφθόνως διὰ φθόνον Philem. 4, 55 (62). τὸ σὸν διδάξας τοὐμὸν οὐ μαθὼν ἔσει Men. 4, 326 (475). ἣν διδάκεσθαι μάθῃς mon. 359.
Διδυμίας (al. Διδυμαχίας) ad Eup. 2, 542 (15).
δίδυμος: χαῖρε Νεοκλείδα δίδυμον γένος Men. epigr. 4, 335. τῶν δὲ (vide 5, 53) διδύμων ἐκγόνων σεμιδάλιδος Stratt. 2, 764 (2). †μητέρα τῶν διδύμων χολέκαν Stratt. 2, 789 (7).
δίδωμι: cf. βία. τοῖς ὄφεσι πιεῖν διδοὺς Cratin. 2, 90 (7). τὴν κύλικα δὸς ἐμπιεῖν Pher. 2, 270 (4). δώσω πιεῖν Pher. 2, 291 (3). τήνδε νῦν μή μοι δίδου, ἐκ δὲ τοῦ κέρατος-δὸς πιεῖν ἅπαξ Herm. 2, 400 (5). *ἆρ' εἰ κάτοπτρον φύσεος ἦν πλῆρες δοθῇς Theop. 2, 804 (1, 3). χόνδρον ἕψων-ἐδίδου ῥοφεῖν ἂν Aristophan. 2, 1029 (10). τοῖς παιδίοις *διδόασιν (libr. διαδιδόασιν) ἵππων-πίνειν γάλα Antiph. 3, 85. ἀκράτῳ κροῦε καὶ δίδου πυκνάς Eubul. 3, 228 (1). *ὥσπερεὶ σπονδὴν διδοὺς Eubul. 3, 235 (4). φιάλην ἑκατέρᾳ | ἔδωκε κεράσας Ephipp. 3, 329 (3). ἐμοὶ-τῶν θηρικλείων-ἀσπίδα ‖ προσφέρων ἔδωκεν Aristophont. 3, 363. μὴ παντελῶς αὐτῷ δίδου ὑδαρῆ Alexid. 3, 488 (1). συνεχὴς ἄκρατος ἐδίδοτ' Sophili 3, 581. σοὶ δ' ἐγὼ δώσω πιεῖν Xenarch. 3, 616 (2). ἂν ἔτι πιεῖν μοι δῷ τις Men. 4, 203 (2). εἰσιοῦσι δός-ἀπὸ θερμοῦ τὴν μεγάλην αὐτοῖς σπάσαι Diph. 4, 381 (1, 7). εὐζωρότερόν γε νὴ *Δί -δός Diph. 4, 402. τροφήν-δίδωσι (int. οἶνος) τοῖσι χρωμένοις anon. 4, 605 (16, 4). ἐὰν τροφὴν δοὺς τὸν λαβόντ' ὀνειδίσῃς Men. 4, 270 (160). ἐσθίει μέχρι ἂν διδῷ τις Phoenicid. 4, 510. δίδου μασᾶσθαι-ἀμυγδάλας Eup. 2, 525 (2). δὸς καταφαγεῖν Hegem. 2, 743. κατὰ χειρῶν ἑκάστῃ καὶ μύρον τι δοῦναι Philyll. 2, 857 (1). τί σοι δῶ τῶν μύρων; Aristophan. 2, 1027 (3). δότω τις δεῦρ' ὕδωρ Antiph. 3, 74 (1). τρύβλιον τούτῳ δότε πτισάνης (de medici praecepto) Alexid. 3, 448 (2). οὐ δώσει τις ἡμῖν ματτύην (h. e. convivium); Alexid. 3, 477 (5). ποιοῦντα καὶ διδόντα ματτύας ἔχει Philem. 4, 21 (2). ἀπονίψασθαι δοτέον Alexid. 3, 498. τράγημα δοτέον ἔτι ib. κατὰ χειρὸς ἐδόθη Alexid. 3, 502 (1, 2). δίδου κατὰ χειρὸς Arched. 4, 435 (1). δότω τὴν κιθάραν τις ἔνδοθεν Plat. 2, 617 (2). δᾷδας-*ἐμοὶ δότω τις ἔνδοθεν *Lysipp. 2, 748 (3). στέφανον-ἑκάστῳ δώσω φέρων τῶν ξυμποτῶν Plat. 2, 638 (1, 8). ἱμάντα μοι δὸς Aristophan. 2, 1118 (2). ἔξω τις δότω ἱμάντα Antiph. 3, 41 (2, 7). τὰς *σηπίας δὸς πρῶτον Antiph. 3, 12 (1, 1). κακόν τί μοι δώσει μέγα θαλάττιον Antiph. 3,

123 (2). δίδου σὺ σπλάγχν' ἀκολουθῶν Men. 4, 153 (3). δίδοται ἱερώσυνα Amips. 2, 705 (3). ἀριθμῷ διδόασι τὰ κρέα Dionys. 3, 551 (1, 6). ὀξυλίπαρον τούτοις (piscibus) ἔδωκα χυμίον Sotad. 3, 585 (1, 19). οὕτως ἁπαλὸν ἔδωκα καὶ πρᾶον τὸ πῦρ Philem. 4, 26 (v. 8). ἅλας δοὺς μουσικῶς Euphron. 4, 494 (1, 10). οὐκ ἔδωκ' αἰτοῦντι Σοφοκλέει χορόν Cratin. 2, 27 (2). μὴ διδοὺς αἰτεῖν δοκῶ Men. 4, 267 (142). μισθὸν διδόντας ὅσον ἂν *αἰτήσῃς Euphron. 4, 493 (v. 8). ἐδίδουν στενάξας ὁπόσον αἰτήσειέ με Diph. 4, 390 (2). δοὺς μισθὸν ὃν *(μ') ᾔτησας Philosteph. 4, 589. σφαῖραν λαβὼν τῷ μὲν διδοὺς ἔχαιρε Antiph. 3, 136 (7). ἢ λαμβάνων τὴν σφαῖραν ἢ διδούς Damox. 4, 536 (v. 5). καὶ τὰς †παλαίστρας σοι (f. παλάθας δώσω. B.) μὰ τὴν γῆν μὴ σύγε δῷς, ἀλλ' ἀπόδος Anaxil. 3, 342. ἐγὼ δέδωκα γάρ τι ταύταις; εἰπέ μοι. B. οὐκ ἀλλ' *ἀπέδωκας Alexid. 3, 385. ἀλλ' ἐδώκατε | ὑμεῖς ἐμοὶ τοῦτ'. B. οὐ δεδώκαμεν (f. οὐκ ἐδώκαμεν 5, 91). A. τί δαί; B. ἀπεδώκαμεν Alexid. 3, 479. ὁ μὲν ἔδωκεν ὡς τοιαῦτ' ὠνούμενος | τιμήν Alexid. 3, 437 (1). μήτε τιμὴν δόντα δεῖ ἑτέρων λαβεῖν Alexid. 3, 506 (7). λαβὼν ἀφείλεθ' ὅσα δεδωκὼς ἦν *πάλιν Alexid. 3, 507 (8). οἷς μὲν δίδωσιν, οἷς δ' ἀφαιρεῖται τύχη mon. 428. ἡ δοῦσα πάντα καὶ κομίζεται φύσις mon. 668. ἠλλαττόμεσθ' ἂν δάκρυα δόντες χρυσίον Philem. 4, 23 (1). κρίσει δικαίᾳ καὶ δίδου καὶ λάμβανε Philem. 4, 63 (111ª). σκάπτω-καὶ πάντα ποιῶ πρὸς τὸ δοῦναι καὶ λαβεῖν anon. 4, 691 (350). τῇ μὲν δίδωμι χειρὶ τῇ δὲ λαμβάνω anon. 4, 687 (334). δοὺς τῇ τύχῃ τὸ μικρὸν ἐκλήψῃ μέγα mon. 124. γαστρὶ δίδου χάριν Cratin. 2, 222 (143). ὁ *(θεὸς) δεδωκὼς τἀγαθά-οἴεται χάριν τινὰ | ἔχειν Alexid. 3, 507 (8). χάριν λαβὼν εὔκαιρον ἐν καιρῷ δίδου mon. 746. χάριτας καὶ δίδου καὶ λάμβανε mon. 748. χάριν δοὺς ἐπιλάθου mon. 749. πολλὰ κἀγάθ' οἱ θεοὶ τῷ δημιουργῷ δοῖεν Antiph. 3, 89 (1, 7). πόλλ' ἀγαθὰ δοῖεν οἱ θεοὶ Δημητρίῳ Alexid. 3, 421 (1). διδόναι σωτηρίαν, ὑγίειαν, ἀγαθὰ πολλά Men. 4, 153 (3). ὁ μὴ δεχόμενος τῶν θεῶν τὸ σύμφορον αὐτῷ διδόντων Men. 4, 197 (1). ἐὰν δὲ μὴ θεὸς διδῷ, *(τοῦ μὴ διδόντος), οὐ *τρόπου 'σθ' ἁμαρτία Men. 4, 198 (1). ἐσθλῷ-ἐσθλὰ καὶ διδοῖ θεός mon. 141. ἡμῖν δοὺς χρόνον τοῦ ζῆν βραχύν Euphron. 4, 490 (2). ὅ τι *προῖκα μόνον ἔδωκαν ἡμῖν οἱ θεοί, τὸν ὕπνον anon. 4, 670 (289). τοιαῦθ' ἃ δὴ δίδωσιν ἡμῖν ὁ τόπος ἄθλι' ἀθλίοις Antiph. 3, 133 (1, 5). σῖτον, οἶνον, ἡδονὴν αὕτη δίδωσι (i. e. pax) Philem. 4, 22 (v. 11). ἃ δ' ἡ φύσις δέδωκεν (mala) *αὐτὰ ταῦτ' ἔχει Men. 4, 230 (5). τοῖς μὲν ἡ τύχη τούτων (i. e. malorum) δίδωσιν ἀφθονίαν Men. 4, 252 (62). κακόν τί σοι δώσοντα Men. 4, 279 (295). τοὺς ἀγαθὸν αὑτοῖς οὐ διδόντας οὐδὲ ἕν Baton. 4, 499 (1, 2). ἡ μωρία δίδωσιν ἀνθρώποις κακά mon. 224. (argentum) ὃ καιρὸς ὁ τυχὼν τοῖς μὲν οὐ κεκτημένοις ἔδωκε Apollod. 4, 456 (4). τῷ Διονύσῳ πάντα τἀμαυτοῦ δίδωμι χρήματα Herm. 2, 400 (6). δίδωμι (offero) χιλίας δραχμὰς Aristophan. 2, 985 (1, 2). τὰ μὲν ὄντα διδοὺς οὐκ οἶδε δεδωκὼς οἷσι δέδωκ' Antiph. 3, 109 (v. 7. 8). διδούς τις οὐκ ἔδωκεν-; ib. (v. 9). οὐκ οἶσθα νῦν, οὐδ' ὅσα δέδωκας ib. (v. 12). μισθωτὸς ἄρδει πεδία τοῦ δεδωκότος Timocl. 3, 602 (3). τόκους δίδωσιν οὐ λυπουμένη (terra) Philem. 4, 52 (51ᶜ). μὴ *λέγ' ὅτι δώσεις· οὐ δίδωσι γὰρ λέγων Philem. 4, 57 (72). ἅπαν διδόμενον δῶρον-μέγιστόν ἐστι †μετ' εὐνοίας διδόμενον Philem. 4, 57 (75). μόνον δίδου· αὐτοὺς γὰρ ἕξεις τοὺς θεοὺς ὑπηρέτας Men. 4, 234 (10). μὴ μόνος ἐπίστασ', ἀλλὰ καὶ δοῦναι φίλοις mon. 613. τὸ μικρόν-ἐν καιρῷ δοθὲν mon. 752. εἰς προὔπτον ἦλθον-κακόν· οὐδὲν ἐδίδου γὰρ Phoenicid. 4, 511 (v. 19). διὰ τοῦτο

δός μοι, ῥῖψον ib. (v. 21). ὅ γ' οὐκ ἔχουσιν, ἀγνοοῦσι δέ, οὐδ' ἂν ἑτέρῳ δοίησαν Damox. 4, 532 (v. 67). *δίδωμι Παλλὰς-τοὔνομα Herm. 2, 382 (6). σοὶ-τήνδ', ἀμφορεῦ, δίδωμι τιμήν Philyll. 2, 859. τί ποτε Προμηθεύς-τοῖς θηρίοις ἔδωχ' ἑκάστῳ-μίαν φύσιν; Philem. 4, 32 (3). ὁ διδοὺς (socer) ἐπιφανής, ἐπιφανὴς ὁ λαμβάνων (gener) Posidipp. 4, 521 (v. 20). δίδωμι τήνδ' ἐγὼ γυναῖκά σοι Aristophan. 2, 1134 (2). ἀλλ' *ἔγωγ'-δίδωμι (filiam) Alexid. 3, 415 (2). ἐπὶ πείρᾳ δοὺς (filiam) τριάκονθ' ἡμέρας Men. 4, 104 (2). ἀντάλλαγόν *γ' ἔξουσα τούτῳ διδομένη Men. 4, 222 (4). δίδωμί σοί γε τὴν-θυγατέρα Men. 4, 275 (185). αὐτὸν δίδωσιν, οὐκ ἐκείνην λαμβάνει Men. 4, 231 (37). μήνυτρα δοῦναι Phryn. 2, 602 (2, 5). ἀπόδειξιν δοῦναι Aristonym. 2, 699 (3). *ἐθέλω δίκην δοῦναι πρόδικον Aristophan. 2, 1056 (1). ἐπὶ Παλλαδίῳ-δώσεις δίκην Aristophan. 2, 1194 (81). οὐ δώσω δὲ κἂν Ἅιδου δίκην-; anon. 4, 668 (282). ὅπου ἀσεβοῦντες οὐ διδόασιν δίκην Timocl. 3, 590. οἵαν δίκην διδόασιν Men. 4, 92 (5). διδόναι-αὐτὸν τῆς νυκτὸς λόγον Ephipp. 3, 338. ἐὰν μὴ καθ' ἓν ἕκαστον πάντα δῷς (?) Alexid. 3, 389 (1, 1). ὁ διδοὺς τὸν ὅρκον τῷ πονηρῷ Antiph. 3, 149 (44). ὁ διδοὺς τὸν ὅρκον ib. ὅρκον οἰκέτῃ δίδως; Apollod. 4, 457 (6). ἄνπερ παρρησίαν μοι δῶτε Nicol. 4, 579 (v. 15). ἔδωκαν τῶν νεκρῶν ἀναίρεσιν τούτῳ (int. pisces) Antiph. 3, 88 (v. 8). τῷ κενῷ χώραν δίδου Posidipp. 4, 521 (v. 15). ὅταν γέρων γέροντι †γνώμην διδοῖ Men. 4, 271 (165). χρησμοὺς *διδόασ' ᾄδειν Διοπείθει Amips. 2, 704 (2). τὰς πτέρυγας-τῇ Νίκῃ φορεῖν ἔδοσαν Aristophont. 3, 361 (2). περὶ τὸν τράχηλον ἀλύσιόν τίς σοι δότω Men. 4, 145 (3). γλῶττάν τέ σοι | δίδωσιν ἐν δήμῳ φορεῖν anon. 4, 608 (27[d]). γεροντagωγῶν *κἀναμισθαρνεῖν διδοὺς anon. 4, 674 (302). γυναικὶ-ἄρχειν οὐ δίδωσιν ἡ φύσις mon. 100. ἐκ τοῦ ζῆν παγκάλως εὔσως ἅπαντας *ἢ τυχὸν δώσεις ἐμοί Baton. 4, 502 (v. 10). ἡ-ἡμέρα δίδωσί μοι ἢ δόξαν ἤτοι διαβολήν Men. 4, 327 (482). γέρα-ταῦτα τοῖς τὠλύμπια νικῶσι δίδοται Timocl. 3, 595 (v. 17). τῷ παιγνίῳ δότε κρότον anon. 4, 694 (362). φίλημα δοῦναι Nicoph. 2, 850 (5). διδοῦσιν (pro διδόασιν) *Antiph. 3, 85. †πῦρ εἰς χρήματα διδοὺς mon. 439.

διεγείρω: τὴν φύσιν ἵνα διεγείρας πνευματῶ τὸν ἀέρα Anaxipp. 4, 460 (v. 47).

†**δίειμαι** vide Ecphant. 2, 12.

δίειμι: Μεγαρικῆς κωμῳδίας ᾆσμ' οὐ δίειμ' (an ᾆσμ' ᾠδὸν 5, 15) Ecphant. 2, 12. ἔτι σοι δίειμι τὰ στρατηγικά Sosip. 4, 483 (v. 44).

διεκπαίω: τὴν στοὰν *διεξέπαιεν Ἀμφικλῆς Dioxipp. 4, 541.

διελκύσαι: διελκύσαι τῆς τρυγός Aristophan. 2, 987 (8) cf. 5, 60.

διεξανθίζω: στεφάνους-τῶν *διεξηνθισμένων (libr. διηνθισμένων) Eubul. 3, 252 (4).

διέξοδος: ἄρτους-ἰπνὸν καταμπέχοντας ἐν πυκναῖς διεξόδοις Antiph. 3, 96 (1). ὥσπερ κίσηρις λήψεται διεξόδους σομφάς (olla) Alexid. 3, 440 (5, 9). πολλὰς φροντίδων *διεξόδους (vulg. δυσεξόδους) Henioch. 3, 562.

διερευνῶ: ποία φροντίς, ποῖος δὲ λόγος διερευνᾶται παρὰ *τοῖσιν; Epicrat. 3, 370 (1, 5).

διέρχομαι: κἂν διελθεῖν-διὰ θαλάττης *δῇ τόπον τιν' Men. 4, 246 (39). οὐδὲ εἷς δυνήσεται ἁπλῶς διελθεῖν τὸν στενωπὸν τουτονί Hegesipp. 4, 480 (v. 23). διελθεῖν βούλομαι τὸ βιβλίον πρὸς ἐμαυτόν Plat. 2, 672 (1, 2). ὀνόματα τῶν δώδεκα θεῶν διελήλυθας Amphid. 3, 303 (1).

διετησίως: Aristophan. 2, 1209 (157).

διευτυχῶ: διατελεῖν πράττων ἃ βούλει καὶ διευτυχεῖν ἀεί Men. 4, 227

(2). *τὸν χρόνον διευτυχηκότες Apollod. Car. 4, 445 (3). στρατιώτην ἄχρι γήρως-διευτυχηκότ' Apollod. 4, 450. τοῦτον τὸν βίον-ζῶν διευτύχησεν ἄν anon. 4, 669 (287).

διεφθος: δίεφθος ἔρχομαι Pher. 2, 281 (3). δίεφθ' ἀκροκώλια Pher. 2, 300 (1, 14). ἀκροκώλια δίεφθα Telecl. 2, 376 (13).

διέχω: ἀπ' ἀλλήλων-διέχουσιν πολύ (mores) Anaxand. 3, 181 (v. 3).

διήγημα: ὁ μὲν διήγημ' ἔλεγεν, ὁ δ' ἐποίει νεκρούς Phoenicid. 4, 511 (v. 15).

διήρης: τὸ διῆρες ὑπερῷον Plat. 2, 655 (4).

διθύραμβος: τῆς ποιήσεως τῶν διθυράμβων Pher. 2, 327 (1, 11).

δίθυρος: γραμματείδιον-δίθυρον Men. 4, 166 (7).

διίημι: cf. ad Men. 4, 129 (5). τὸ τρῖμμ'-εὐρύθμως διειμένον ὄξει Alexid. 3, 471 (2). *ἅλις ἐλαδίῳ διείς (amiam) Sotad. 3, 586 (1, 27).

Διιτρέφης: †Πισίαν, Ὀσφύωνα, Διιτρέφη Cratin. 2, 152 (8). τῆς Διιτρέφους (an Διειτρέφους) τραπέζης Aristophan. 2, 1071 (4).

δίκαιος: *πῶς-ἐγένου δίκαιος; Eup. 2, 457 (4). δίκαιος ἄδικος (pecul.) Archipp. 2, 728 (4). τοῖς δικαίοις καὶ γεωργοῖς Aristophan. 2, 1065 (2, 5). βέβαιον *ἕξεις τὸν βίον δίκαιος ὤν Aristophan. (?) 2, 1181 (19). τοῦ δικαίου-ἀθάνατος δόξα διατελεῖ μόνου Philem. (?) 4, 17. ἀνὴρ δίκαιός ἐστιν οὐχ ὁ μὴ ἀδικῶν Philem. 4, 37 (10) = mon. 638. εἶναι δίκαιος κοὐ δοκεῖν εἶναι θέλει Philem. ib. χρόνος δίκαιον ἄνδρα μηνύει Philem. 4, 61 (96). [μίαν δικαίων χἀτέραν ἀσεβῶν ὁδόν Philem. 4, 67 (1). εἰ δίκαιος κἀσεβὴς ἕξουσιν ἕν ib.]. οὐδεὶς ἐπλούτησεν ταχέως (†ταχὺ mon. 688) δίκαιος ὤν Men. 4, 154 (6). ἀνὴρ δίκαιος πλοῦτον οὐκ ἔχει ποτέ mon. 52. ὅταν τις ὢν ἀνὴρ δίκαιος ἀδίκοις περιπέσῃ συμπτώμασιν Men. 4, 252 (63). ἀνδρὸς δικαίου καρπὸς οὐκ ἀπόλλυται mon. 27. δίκαιος εἶναι μᾶλλον ἢ χρηστός mon. 114. [δίκαιος ἴσθι ἵνα δικαίων τύχῃς †mon. 119]. δίκαιος ἂν ᾖς τῷ τρόπῳ χρήσῃ νόμῳ mon. 135. δικαίους ἄνδρας εὐτυχεῖς ὁρᾶν mon. 218. †μετὰ δικαίου διατριβὰς ποίει mon. 367. δίκαιος ἴσθι καὶ φίλοισι καὶ ξένοις mon. 570. δεῖ δέ-ὅταν μὲν ἔλθῃς εἰς-μισθὸν διδόντας-ἁπλῶς εἶναι δίκαιον Euphron. 4, 493 (v. 8). τὸν δίκαιον δεῖ θεόν οἴκοι μένειν Men. 4, 127 (2). ποῦ θεοὺς οὕτως δικαίους ἐστὶν εὑρεῖν; Men. 4, 170 (7). δίκαιος ὁ λόγος Alexid. 3, 389 (1, 8). πάνυ *δίκαιος ὢν (ager) ἀπέδωχ' ὅσας ἂν καταβάλω Men. 4, 97 (4). τρόπος δίκαιος Antiph. 3, 150 (47). πεῖραν-ἀδίκου τύχης δίκαιος εἰληφὼς τρόπος Men. 4, 264 (125). δίκαιος ἀδικεῖν οὐκ ἐπίσταται τρόπος mon. 136. τρόπος δίκαιος mon. 717. βίου δικαίου-τέλος καλόν mon. 67. ἔρως δίκαιος mon. 140. γυνὴ δικαία mon. 93. εὐχῆς δικαίας mon. 146. φιλίας δικαίας mon. 743. τόλμῃ δικαίᾳ καὶ θεὸς συλλαμβάνει Men. 4, 249 (47). χάριτας δικαίας mon. 748. ὑπὸ τοῦ δικαίου-ἡττᾶσθαι Philonid. (?) 2, 425. τὸ δίκαιον πανταχοῦ φυλακτέον Eup. 2, 457 (3). ἐν παντὶ δεῖ καιρῷ τὸ δίκαιον ἐπικρατεῖν Men. 4, 119 (1). τοῦ δικαίου τοῦ τ' ἀδίκου παντὸς κριτής Men. 4, 250 (56). εὑρεῖν τὸ δίκαιον mon. 178. κρίνειν δίκαιον μὴ τὸ συμφέρον mon. 678. πολλοῦ μὲν οὖν δίκαια (int. πάσχεις) Eup. 2, 451 (13). ὀλίγα μὲν †ἄλλων (f. λαλῶν) δίκαια ταῦτα Mnesim. 3, 567. εὐκαταφρόνητόν ἐστι-πένης, κἂν πάνυ λέγῃ δίκαια Men. 4, 96 (2). τὰ τοῦ βίου δίκαια διατηρεῖν κρίσει Men. 4, 265 (132). δίκαια δράσας mon. 126. συναγαγεῖν ἐκ δικαίων τὸν βίον mon. 196. ἀφεὶς σκοπεῖν τὰ δίκαια Diph. 4, 421 (14, 3). δίκαιον τοὺς ξένους πίνειν ξενικόν Alexid. 3, 488 (1). δίκαιον-μεμνῆσθαι θεοῦ mon. 118. δικαιότατον κτῆμ' ἐστὶν ἀνθρώποις ἀγρός Philem. 4, 44 (28). γένοιτά σοι τέκνων ὄνησις, ὥσπερ καὶ δίκαιόν ἐστί σοι Philem. 4, 55 (64) γυναικὶ δ' ὅστις ὅρκον ὀμνύων

-μηδὲν ποιεῖ δίκαιον, οὗτος εὐσεβής Men. 4, 325 (469). ἤθους δικαίου mon. 214. τὸ κέρδος ἡγοῦ κέρδος ἂν δίκαιον ᾖ mon. 503.
δικαίως: εἶτ' οὐ δικαίως εἰμὶ φιλογύνης-; Antiph. 3, 54. εἶτ' οὐ δικαίως ἔστ' ἀπεψηφισμένος-; Aristophont. 3, 361 (2). εἶτ' οὐ δικαίως προσπεπατταλευμένον γράφουσι τὸν Προμηθέα-; Men. 4, 231 (6). ἐγένετ' ἐμβρόντητος, *(ὡς) οἶμαι δικαίως Antiph. 3, 149 (44). καὶ δικαίως τοῦτό γε Amphid. 3, 313 (1, 7). καὶ μάλα δικαίως Men. 4, 227 (2). Nicol. 4, 579 (v. 10). δικαίως ἀντὶ τῶν τόκων ἔχει λύπας Axionici 3, 536 (1). εἰ δικαίως ἐξετάσεις Men. 4, 151 (1). τὸ μὴ δικαίως εὐτυχεῖν Men. 4, 255 (80ᵃ). ὅρκον-φεῦγε καὶ δικαίως κἀδίκως mon. 439.
δικάσιμος: μὴν δικάσιμος Philetaer. 3, 297. δικάσιμοι ἡμέραι Men. 4, 313 (397).
δικαστής: εἴ τις δικαστὴς ἢ διαιτητὴς θεῶν Men. 4, 182 (5). πάντα σοι γενήσεται ‖ φίλοι, δικασταί, μάρτυρες· μόνον δίδου Men. 4, 234 (10). τῶν δικαστῶν καθ' ἕνα δεξιουμένη Posidipp. 4, 517.
δικαστικόν: fuit triobolum Aristophan. 2, 1174 (10).
δίκελλα: δίκελλαν-πενταστάτηρον Sosicrat. 4, 591.
Δίκη: Δίκης ὀφθαλμὸς ὃς τὰ πάνθ' ὁρᾷ [Philem. 4, 67 (1)] = mon. 179.
δίκη: δίκην δοῦναι πρόδικον Aristophan. 2, 1056 (1). ἐπὶ Παλλαδίῳ-δώσεις δίκην Aristophan. 2, 1194 (81). ὅπου-ἀσεβοῦντες οὐ διδόασιν δίκην Timocl. 3, 590. οἵαν δίκην διδόασιν Men. 4, 92 (5). οὐ δώσω δὲ κἂν ᾍδου δίκην ὡς ἠσεβηκώς-; anon. 4, 668 (282). δίκη τις περιπεσὼν ἀπώλετο Antiph. 3, 116 (1, 4). οὐδὲ θυροκοπῶν ὦφλεν δίκην Antiph. 3, 156 (71). εὑρήσει δίκην· σὺ μὴ γενηθῇς τῆς δίκης προηγέτης Philem. 4, 57 (73). ἄγει τοὺς κακοὺς πρὸς τὴν δίκην mon. 14. ἀλαζονείας δίκην mon. 21. *δίκη δίκην (int. ἐξελαύνειν) Antiph. 3, 139 (13, 6). μέτρῳ-πάντα μανθάνων δίκη ποίει mon. 615. παύσασθε δικῶν ἀλληλοφάγων Telecl. 2, 364 (4). δικῶν γύργαθος Aristophan. 2, 1039 (21). σχαδόνες, ἐρέβινθοι, δίκαι Eubul. 3, 241. ὁ μὴ τίνων ὀρκίων δίκας *Timoth. 3, 589. δίκας γραφόμενος πρὸς γονεῖς Men. 4, 290 (260). μυρίας δίκας scribere, ex Apollod. Car. 4, 447 (9). πυθμὴν δικῶν anon. 4, 668 (275). ἐξήλλοντο δελφίνων δίκην Arar. 3, 274 (1). Μυκονίων δίκην ἐπεισπέπαικεν anon. 4, 696 (367).
*δικόλλυβον: διώβολον *γεγένητ' ἐμοὶ *δικόλλυβον (cod. ἰδικολλοικόν) Aristophan. 2, 944 (3).
δικολύμης: δικολύμης ἄνθρωπος anon. 4, 664 (263).
δικομήτρα: anon. 4, 664 (263).
δικορραφῶ: ψεύδετ', ἐπιορκεῖ, μαρτυρεῖ, δικορραφεῖ Apollod. 4, 454 (1, 12).
δικότυλος: δικότυλος λήκυθος Sotad. 3, 586 (1, 33). δικότυλοι, τρικότυλοι, δεῖνος Dionys. 3, 554 (1).
δίκρουνος: ῥυτὸν δίκρουνον Damox. 4, 529.
δίκρους: δίκρουν ξύλον Timocl. 3, 597 (2).
δίκτυον: ἐξακεῖσθαι-τὸ δίκτυον Men. 4, 267 (242ᵃ). δίκτυον κεκρυμμένον mon. 587.
δίλογχος: de Bendide Cratin. 2, 66 (12).
διμάτωρ: διμάτωρ Βρόμιος Alexid. 3, 512 (16).
διμοιρία: ἐπεχεάμην-τοῦ-βασιλέως διμοιρίαν Antiph. 3, 45 (3, 5).
δίμυξος: οἱ δίμυξοι τῶν λύχνων Philonid. 2, 422 (5). ἕξει λύχνον δίμυξον Plat. 2, 645 (2). δίμυξον, ὡς *ἐγὼ δοκῶ Metag. 2, 758 (3). λύχνον δίμυξον Philyll. 2, 866 (9) cf. 5, 57.
δίνη: πόντου κυανέαις δίναις Xenarch. 3, 614.
διό: διὸ δὴ-πικρῶς ἐπιπλῆξαι βούλομ' Nicol. 4, 579 (v. 12).
Διογείτων: Antiph. 3, 104 (v. 17).

διπλάζω: *διπλάσαι* Alexid. 3, 436 (3). *πῶς οὐχὶ τὸ κακὸν τῶν ἱερῶν διπλάζεται;* Men. 4, 161 (1).
διπλάσιος: **παρέσχε διπλασίαν τὴν ἡδονὴν* Antiph. 3, 140 (14). **ἀπαλλαγεῖσι ταύτης ἐστὶ διπλάσιον κακὸν* Anaxil. 3, 348 (1, 14). *κατέθετο μῖσος διπλάσιον τῆς οὐσίας* Men. 4, 256 (80b). *διπλάσι' ἐγίγνετ' εὐθὺς ἐξ ἀρχῆς πάλιν* Pher. 2, 300 (1, 33). *ἀναπλάσαι διπλάσια τῆς ἀληθείας κακὰ* Philem. 4, 57 (71). *διπλάσια-ἐσθίει μάτην* Men. 4, 119 (2). *τὸ τάριχος τέθεικας διπλασίου* Alexid. 3, 389 (1, 13).
διπλασίως: *διπλασίως ὁ προσιὼν ἁλίσκεται* Men. 4, 259 (99).
διπλοῦς: *τὴν ἐπωμίδα *πτύξας διπλῆν* Apollod. Car. 4, 440. *διπλοῦν ὁρῶσιν* mon. 657.
διποδία: *ἄρξει-διποδία *(καλὴ) καλῶς* Cratin. 2, 109 (5) cf. 5, 20.
δίπους: *παιδίσκη δίπους* Anaxil. 3, 348 (1, 26).
δίπτυχος: *διπτύχῳ κόρῳ* Aristophan. 2, 1167 (1). *μίστυλλα, μοίρας, δίπτυχ'* Staton. 4, 546 (v. 42).
δίπυρος: *διπύρους-θερμοὺς* etc. Alcae. 2, 826 (3). Eubul. 3, 214 (2). *δίπυρον παραθήσεις* Alexid. 3, 462 (1, 10).
δίς: *δειπνῶν δὶς τῆς ἡμέρας* Plat. 2, 692 (44). *μᾶζαν ἠχυρωμένην-εἶχε δὶς τῆς ἡμέρας* Poliochi 4, 590. *ἄρτου δὶς ἢ τρὶς ἀποδακὼν* Aristomen. 2, 734 (1). *δὶς παῖς γέρων* Cratin. 5, 16 (13). *δὶς παῖδες οἱ γέροντες* Theop. 2, 818 (7). *δὶς βιῶναι* Men. 4, 135 (2, 4). *τεθνύμακ-εἰ δὶς πέπλευκεν* Philem. 4, 60 (82). *δὶς ἐξαμαρτεῖν ταὐτὸν* mon. 121.
δισσός: *κρανία δισσὰ φορεῖν* Cratin. 2, 102 (2). *ῥόδοις †δισσὴν (l. ἴσην) εὐωδίαν ἔχουσα* anon. (cf. 5, 52) 2, 746 (v. 4).
δισχίλιαι-εἰσι (int. *δραχμαὶ*) *σὺν ταῖς Νικίου* Aristophan. 2, 985 (1, 4).
διφθέρα: *οὐκ-τὼ χεῖρ' ἀποίσεις-ἀπὸ τοῦ σκυταλίου *(τοῦδε* 5, 56) *καὶ τῆς διφθέρας;* Nicoph. 2, 848 (2).
διφθεροπώλης: *διφθεροπώλαις, ἀλφιτοπώλαις* Nicoph. 2, 852 (1).
δίφορος: *σῦκα τῶν διφόρων* Pher. 2, 291 (11). *τὴν δίφορον συκῆν* Antiph. 3, 114.
δίφρος: *φέρων δίφρον Λυκοῦργος* Cratin 2, 31 (1). *δίφρος Θετταλικὸς τετράπους* Eup. 2, 442 (6). *ἐκάθητ' ἐπὶ δίφρου* Men. 4, 283 (222). *δίφρον εὐθέως ἔθηκε* Apollod. 4, 455 (2). *τοῦτον ἐκτεμεῖν τὸν δίφρον* Philippid. 4, 470 (1). *ἀκουσίῳ* (?) *δίφρῳ περιπεσὼν* Nicol. 4, 579 (v. 5). *δίφροι διωχεῖς* Pher. 2, 254 (4). *ψηφολογεῖον-καὶ δίφρω δύο* Aristophan. 2, 1093 (4).
διφροφόρος: **ἐνέκαψα λανθάνων τὴν διφροφόρον* Herm. 2, 389 (2). *ὀλίγον ἄναγε-ἀπὸ τῆς διφροφόρου* Nicoph. 2, 852 (3). *διφροφόροι* Stratt. 2, 766 (4).
δίχα: *δίχα θυμὸν ἔχουσιν* Herm. 2, 407 (1, 11). *ἄκουσον-θυμοῦ δίχα* Aristophan. 2, 1143 (5). *ὁ μὲν διὰ κέρδος-ὁ δὲ τούτου δίχα* Anaxand. 3, 197 (4). *διανειμάμενοι δίχ' ἑαυτοὺς* Plat. 2, 664 (2, 2).
δίχορδον: *πρὸς τὸ δίχορδον ἐτερέτιζες* Euphron. 4, 487 (v. 34).
διχοστασία: *ἐν διχοστασίῃ* (al. *-σίῃσι*) anon. 4, 698 (374).
δίψα: *οἷστισι *δίψ' ἢ* Pher. 2, 294 (17). *οἱονεὶ δίψαν τινὰ | ἢ ξηρασίαν *σχόντ'* (int. *δένδρα*) Antiph. 3, 138 (10, 6).
διψηρός: *διψηρός-ὁ *μυρίνης* Posidipp. 4, 526 (8).
δίψος: *ἀσκοπυτίνην-δίψους ἀρωγὸν* Antiph. 3, 82.
διψῶ: *ὅταν *ἔλθω ποτὲ | διψῶσα* Antiph. 3, 11. *διψῶντα λαβὼν | ὄξει παίει πρὸς τὰ στήθη* Eubul. 3, 264 (6). *ὅταν πινώμεθ' ἢ διψώμεθα* (pass.) Herm. 2, 389 (1) cf. 5, 32 sq.
διώβολον: *διώβολον *φέρων ἀνὴρ τρέφει γυναῖκα* Theop. 2, 812 (2).

ὅπερ λοιπὸν μόνον-ἦν διώβολον, *γεγένητ' ἐμοὶ δικόλλυβον Aristophan. 2, 944 (3). *διωβόλου τοῦτ' ἐστι Alexid. 3, 470 (1).
διώκω: φεύγειν-τοὺς ἑτέρους δεῖ, τοὺς δὲ διώκειν Plat. 2, 665 (2, 6). περιτρέχει κύκλῳ τηροῦσα τοῦτο-ἕτεραι διώκουσιν δὲ ταύτην Philem. 4, 26 (v. 13). κἄφευγεν κύκλῳ-ἄλλοι δ' ἐδίωκον κατὰ πόδας ib. 27 (v. 16). ἦν-ἐν' ἄνδρ' ἄδικον *σὺ διώκῃς, ἀντιμαρτυροῦσι- Aristophan. 2, 1128 (5). μὴ λαθραίαν κύπριν διώκειν Eubul. (Philipp.) 3, 238 (v. 8). δίωκε *δόξαν κἀρετὴν mon. 137. μὴ δίωκε τἀφανῆ mon. 18.
Δίων: πρὸς Δίωνα τὸν διάπυρον Timocl. 3, 603 (4).
διωχής: δίφροι διωχεῖς Pher. 2, 254 (4).
δόγμα: ἀπὸ τίνων δογμάτων ὁρμώμενος τολμᾷς παρασιτεῖν; Nicol. 4, 579 (v. 21).
δοθιήν: *δοθιῆνος ἔχων τὸ πρόσωπον Telecl. 2, 373 (5). ὥσπερ *πέπονος δοθιῆνος Herm. 2, 390 (3).
δοῖδυξ: δοῖδυξ, θυεία Aristophan. 2, 945 (4).
†δοκηκῶ: vide δοκικῶ.
δοκησιδέξιος: εἴποι τις ἂν τῶν πάνυ δοκησιδεξίων Pher. 2, 340. δοκησιδέξιοι Calliae 2, 741 (8).
δοκησίνους: Calliae 2, 741 (8).
*δοκικῶ: (cod. δοκηκῶ) Herm. 2, 384 (4).
δοκιμάζω: ἀποδοκιμάζειν *(εἶτα δοκιμάζειν) πάλιν (int. ἐπιστάτας) Archipp. 2, 720 (3). τὸν νόμον ἐμαυτῷ τουτονὶ τίθεμαι δοκιμάζων Diodor. 3, 546. *ἂν μὴ δοκιμάσω, τίς ἔσθ' ὁ θύων Diph. 4, 394 (2, 4). οὐδὲ δοκιμάζω τοὺς Κορινθίους κάδους Diph. 4, 404 (2, 3). τῆς διὰ βίου δ' ἔνδον καθευδουμένης ἀεὶ μὴ δοκιμάσασθαι μηδέν Men. 4, 228 (3). [δοκιμαστήριον φιλίας mon. 537].
δοκιμαστής: ἵνα | εἰ τἀργύριον καλόν ἐστι δοκιμαστὴς ἴδῃ Men. 4, 228 (3).
δόκος: Aristophan. 2, 1156 (29).
δοκῶ: ἐδόκουν μὲν ἐφρόνουν δ' οὐδέν Pher. 2, 338 (7). κοὐδὲ γιγνώσκειν δοκῶν [Pher. 2, 348 (30)]. Eup. 2, 499 (3). καταπλήττομαι δοκῶν τοῖσι λόγοισι χαίρειν Eup. 2, 484 (1, 10). οὐδ' οἱ δοκοῦντες πυθαγορίζειν Antiph. 3, 133 (2, 8). ἀπῆλθεν εὐθὺς-οὐδ' ἰδεῖν δόξας ἐκείνην Anaxil. 3, 348 (1, 28). τῷ δ' ἄρα βλέπουσι χωρὶς καὶ δοκοῦσιν αἱ κόραι Timocl. 3, 609. εἶναι δίκαιος κοὐ δοκεῖν εἶναι θέλει Philem. 4, 37 (10). ἦν δ' οὐ πονηρὸς οὐδ' ἐδόκουν Men. 4, 98 (8). ἀπολεῖ τοῦτό σε, τὸ δοκεῖν τιν' (f. τις) εἶναι Men. 4, 114 (3). τὸ δοκεῖν διαβολὴν ἔσχε μείζω τοῦ ποιεῖν Men. 4, 289 (250). παρθένος εἶναι δοκεῖ | ἔχων κροκωτόν Arar. 3, 273 (1). ἐδόκει στεφανοῦν γυμνὸς-(de somnio) Alexid. 3, 504 (2). ἀκούων διότι-τόπος | οὗτος τρία ἀγαθὰ κεκτῆσθαι δοκεῖ Criton. 4, 538 (v. 6). οὐδ' ἀφύην κινεῖν δοκεῖς Herm. 2, 386 (3). *ὅτου δοκεῖ σοι δεῖν μάλιστα τῇ πόλει; Aristophan. 2, 988 (9). σφόδρα λῆρον ὥστε τὰς ῥαφάνους *ὄντως δοκεῖν Amphid. 3, 317 (2). ἡ δὲ Νάννιον τί-διαφέρειν Σκύλλης δοκεῖ; Anaxil. 3, 348 (1, 15). δεδειπνάναι-*ἄνδρες εὐκαίρως-δοκοῦσί μοι Epicrat. 3, 365. οἱ δοκοῦντες εὐτυχεῖν Men. 4, 263 (122). οἶσθα *δ'-ὅτι | ἀγαθοῦ στρατηγοῦ διαφέρειν οὐδὲν δοκεῖ Posidipp. 4, 523 (1, 3). ὥς μοι δοκεῖν εἶναι τὸ πρόθυρον τοῦτο βασανιστήριον Theop. 2, 816 (1). ὡς δοκεῖ Pher. 2, 342 (5). οὐκ ἔστι τούτων οὐδέν, ὡς ἐμοὶ δοκεῖ Aristophont. 3, 362 (3). χήνει' ἐστίν, ὥς γ' ἐμοὶ δοκεῖ Eriphi 3, 557 (2). ὡς ἐμοὶ δοκεῖ Ephipp. 3, 332 (v. 12). Men. 4, 277 (194). Diph. 4, 392 (1). 420 (10). εἰς ἐμὲ σὺ τὴν κραιπάλην μέλλεις ἀφεῖναι πᾶσαν ὡς ἐμοὶ δοκεῖς Eubul. 3, 266 (9). ὁ πατὴρ *(μ') ἄνωθεν-, ἐμοὶ δοκεῖν, -καθεικέναι Lysipp. 2, 744 (1). ἧψέ μοι δοκεῖ (?)

πνικτόν *τι ὄψον *δελφάκειον Alexid. 3, 439 (5). τῶν θεῶν μέγιστος, εἰ ταύτῃ δοκεῖς (f. μέγιστος εἰ ταύτῃ δοκῶν) anon. 4, 671 (293). δίμυξον ὡς *ἐγὼ δοκῶ (al. ἐμοὶ δοκεῖ) Metag. 2, 758 (3). ἐγὼ μὲν ἤδη μοι δοκῶ-ἐμαυτὸν ἐκδεδυκότα ὁρᾶν Men. 4, 125 (1). ἐξακεῖσθαί μοι δοκῶ τὸ δίκτυον Men. 4, 287 (242ᵃ). αὐτὴν ὁρᾶν-τὴν Ἀκαδημίαν δοκῶ Antiph. 3, 17. μύκητας ὠμοὺς ἂν φαγεῖν *(ἐμοὶ) δοκῶ Antiph. 3, 103 (1). εἴ τις-θεῶν λέγοι-‖ εὐθὺς εἰπεῖν ἂν δοκῶ Men. 4, 135 (2, 6). ὅλην ἐπίνομεν τὴν νύκτα-καὶ σφόδρ' ἄκρατόν μοι δοκῶ Men. 4, 88 (2). ὃν αὐτὸς ἐποίησεν ὁ Μάρων *ἐμοὶ δοκῶ Clearch. 4, 564. ἐπὶ Θήβας ἐστράτευσάν μοι δοκῶ anon. 4, 691 (350). ἀπίχθυς βαρβάρους οἰκεῖν δοκῶ Aristophan. 2, 1174 (7). πρᾶγμα μεῖζον ἢ δοκεῖς Antiph. 3, 5 (7). τὸ τῆς Ἀμαλθείας δοκεῖς εἶναι κέρας οἷον-; Philem. 4, 20 (1). ἁρπάσας μόναυλον εὐθύς, πῶς δοκεῖς; Arar. 3, 275 (1). κύλικα-πῶς δοκεῖς *κεραννύει καλῶς Theophil. 3, 627. δειπνεῖ-καταδύς, πῶς δοκεῖς; Λακωνικῶς Diph. 4, 419 (8). θεὸν ἐπιορκῶν μὴ δόκει λεληθέναι mon. 253. λήσειν μὴ δόκει mon. 329. χαρίζου καθ' ὅσον ἰσχύειν δοκεῖς mon. 635. νεῶν κατάλογον δόξεις μ' ἐρεῖν Apollod. 4, 454 (1, 17). τοὺς δὲ Μέροπας τούτους με γιγνώσκειν δοκεῖς; Straton 4, 545 (v. 8). ἅπανθ' ὅσ' ἄν τις καινότητ' ἔχειν δοκῇ Anaxand. 3, 196 (3). [δρᾶν τε δὴ δοκῶν σοφόν, μάταιός ἐστι Men. 4, 226]. τοὺς φρονεῖν δοκοῦντας Men. 4, 263 (119). οἱ φάσκοντες ἐπιεικῶς ἐρᾶν καὶ λανθάνειν δοκοῦντες Baton. 4, 504 (1, 5). περιάγεις τὴν λήκυθον-ὥστε περιφέρειν ὡρολόγιον δόξει τις Baton. 4, 500 (1). οὐχ ὡς δοκεῖ γυναῖκα λαμβάνει μόνον anon. 4, 690 (349). ἄφνω πληγεὶς ἔδοξεν αὐτῷ γεγονέναι τἄνω κάτω Nicol. 4, 579 (v. 8). εἰ δοκεῖ σοι πρόσεχε- Pher. 2, 340. εἰ δοκεῖ, χρὴ ταῦτα δρᾶν Theop. 2, 818 (10). εἰ δοκεῖ, ἴωμεν ὥσπερ ἔχομεν Antiph. 3, 114 (1). τὸν τρόπον ὃν ἂν δοκῇ μοι-αἱρήσομαι Eup. 2, 549 (3). τοιοῦτον (int. τρόπον) οἷον ἂν καὶ σοὶ δοκῇ Anaxand. 3, 161 (1). ταῖς δὲ δόξαι δεινὸν εἶναι τοῦτο Eup. (?) 2, 577 (v. 14). καθῆσθαί μοι *δοκεῖ | εἰς τὸ Θησεῖον πλεούσας ib. (v. 20). δεδογμένον τὸ πρᾶγμ'· ἀνερρίφθω κύβος Men. 4, 88 (1). βλάπτειν δοκοῦσα -* εἰς Ἠλιαίαν ἦλθε Posidipp. 4, 517.

δόλιος: δόλιον-ἄνδρα φεῦγε mon 131.

δολίφονον (?) anon. 4, 634 (121).

δολιχός: cf. δόλιχος. αἱ δολιχαί-κάπρου *σχελίδες Archipp. 2, 717 (2).

δόλιχος: λαθύρων, ὤχρων, δολίχων Anaxand. 3, 184 (1, 43). ἐπεὶ δὲ δόλιχον (legeb. δολιχὸν) τοῖς ἔτεσιν ἤδη τρέχει Epicrat. 3, 366 (2, 18).

δόμος: τί γὰρ ἐκλείπει δόμος ἡμέτερος ποίων ἀγαθῶν; Anaxand. 3, 184 (1, 35). φθίνει δόμος Xenarch. 3, 614. ζῆλος-πάντα πυρπολεῖ δόμον mon. 195. δόμων περίστασις Telecl. 2, 375 (9). ὡς εἰσῆλθε τὰ γερόντια τότ' εἰς δόμους Eubul. 3, 258 (2). τοιάδε δόμους ὁμίχλη κατέχει Mnesim. 3, 570 (v. 64). ῥᾶνον δόμους anon. 4, 605 (17). [φυλάσσειν ἄλοχον ἐν μυχοῖς δόμων Men. 4, 226]. ὅταν-ἄλοχον εἰς δόμους ἄγῃ anon. (?) 4, 690 (349). πλοῦτον ἐν δόμοις ἔχων mon. 616. ἐν-δόμοις φροντίδες Plat. (?) 2, 697 (v. 2).

δονεύω: v. ὀνεύω.

δονῶ: ὀσμὴ-μυκτῆρα δονεῖ Mnesim. 3, 570 (v. 60).

δόξα: ἡσσημένῳ-δόξα νικητήριος Antiph. (?) 3, 152 (58ᶜ). φέρει-τοῖς-χρωμένοις δόξης τιν' ὄγκον Alexid. 3, 506 (7). τοῦ δικαίου-ἀθάνατος-δόξα διατελεῖ *Philem. 4, 17. τὸ γνῶθι σαυτὸν οὐ μάτην-δόξαν ἐν Δελφοῖς ἔχει Philem. 4, 55 (60). δίδωσί μοι | ἢ δόξαν ἤτοι διαβολὴν Men. 4, 327 (482). μέγα φρονούντων ἐπὶ γένει καὶ χρήμασιν αὐτῶν τε δόξῃ Men. 4, 233 (9). δίωκε *δόξαν (vulg. δόξην) χαρετήν mon. 137.

κενῆς δόξης mon. 289. δουλεύομεν δόξαισιν, εὑρόντες νόμους Philem. 4, 36 (8). ἀγωνίαι, δόξαι, φιλοτιμίαι, νόμοι Men. 4, 230 (5).
δοξάζω: δοξάζεται παρά τισιν-ὡς λέγων τι χρήσιμον Dionys. 3, 548 (v. 24).
δοράτιον: δορατίων-λείψανα κατεαγότ' Mnesim. 3, 577 (1).
δορεύς: οἶστρος, ἀνακάμπτων, δορεὺς (iact. talar.) Eubul. 3, 232 (2).
δορίαλλος: τὸν δορίαλλον (al. al.) φράγνυνται Aristophan. 2, 1101 (13).
Δόριλλος: vide ad Aristophan. 2, 1101 (13).
δορίς: δορίδα, κοπίδας τέτταρας Anaxipp. 4, 465 (1).
Δορπία: ἡ τῶν προτενθῶν Δορπία Philyll. 2, 859.
δόρυ: δόρυ βαστάζειν Herm. 2, 395 (1). τὸ μὲν δόρυ μετὰ τῆς ἐπιχάλκου-ἀπέβαλεν Amips. 2, 708 (3). ξιφομαχαίρας καὶ δόρη Theop. 2, 800 (2).
δορυφόνος: Telecl. 2, 369 (6). Aristophan. 2, 1019 (12).
δόσις: φανεράν-τὴν δόσιν τὴν τοῦ θεοῦ ποιεῖν Alexid. 3, 507 (8). τὴν ἀπ' ἄλλων ἐμποδίζεται δόσιν Philem. 4, 57 (72). μετὰ τὴν δόσιν-γηράσκει χάρις mon. 347.
δουλάριον: Metag. 2, 760 (3).
δουλεύω: τούτοις (maioribus) ἀνάγκη ταῦτα δουλεύειν ἀεί Philem. 4, 11. δουλεύομεν δόξαισιν Philem. 4, 36 (8). ἀπαιδεύτῳ τύχῃ δουλεύομεν Apollod. Car. 4, 442 (v. 27). δούλῳ γενομένῳ-δουλεύων φοβοῦ Men. 4, 268 (149). cf. mon. 138. ἐλευθέρως δούλευε Men. 4, 293 (279). ἅπαντα δουλεύειν ὁ δοῦλος μανθάνει, πονηρὸς ἔσται Men. 4, 181 (1).
δούλη: δοῦλον οὐδὲ εἷς κεκτήσετ' οὐδὲ δούλην Cratet. 2, 237 (1, 1).
δουλογενής: vide ad Men. 4, 268 (149).
δουλοπόνηρος: δουλοπόνηρον ῥυπαρὸν *σκόλυθρον Telecl. 2, 364 (5).
δουλοπρέπεια: Theop. 2, 822 (33).
δουλοπρεπέστατα: Cratin. 2, 210 (104).
δοῦλος: Σάκας ἀφικνεῖ-ἐς τε πόλιν δούλων Cratin. 2, 133 (2). δούλων πόλις Eup. 2, 506 (19). οὐκ ἔστι δούλων-οὐδαμοῦ πόλις Anaxand. 3, 163 (1). αἱ Παγασαὶ δούλους καὶ στιγματίας παρέχουσιν Herm. 2, 408 (1, 19). δοῦλον οὐδὲ εἷς κεκτήσετ' οὐδὲ δούλην Cratet. 2, 237 (1, 1). οὐ γὰρ ἦν τότ' οὔτε Μάνης οὔτε σηκὶς οὐδενὶ δοῦλος Pher. 2, 254 (1, 1). καθαρὸς δοῦλος Antiph. 3, 6 (10). κἂν δοῦλος ᾖ τις, οὐθὲν ἧττον-ἄνθρωπος οὗτός ἐστιν Philem. 4, 9. κἂν δοῦλος ᾖ τις, σάρκα τὴν αὐτὴν ἔχει· φύσει γὰρ οὐδεὶς δοῦλος ἐγενήθη ποτέ Philem. 4, 47 (39). ἐγὼ σ' ἔθηκα δοῦλον ὄντ' ἐλεύθερον anon. 4, 604 (13). δοῦλοι βασιλέων εἰσίν Philem. 4, 11. εἰς χεῖρα δοῦλον δεσπότῃ μὴ συμβάλῃς Philem. 4, 63 (111b)· τὸ δ' εὖ κελευόμενον-ἐστιν ἀσφαλέστατον *δοῦλον ποιεῖν Men. 4, 196 (1). φύσιν-δοῦλος (servit) καὶ νόμῳ καὶ δεσπότῃ Men. 4, 268 (150). εὐθυμία τὸν δοῦλον τρέφει Men. 4, 133 (2). ἅπαντα δουλεύειν ὁ δοῦλος μανθάνει, πονηρὸς ἔσται Men. 4, 181 (1). ἐλευθέρως δούλευε· δοῦλος οὐκ ἔσει Men. 4, 293 (279). δοῦλος πεφυκὼς εὐνόει τῷ δεσπότῃ mon. 116. ὡς ἡδὺ δούλῳ δεσπότου χρηστοῦ τυχεῖν mon. 556. κακὸν ἐστι δούλῳ δεσπότης πράττων κακῶς Philem. 4, 17. δούλῳ-πατρίδος ἐστερημένῳ χρηστὸς γενόμενός ἐστι *δεσπότης πατρίς Antiph. 3, 150 (50). ἡγεῖται-τούτους μόνους ἐλευθέρους, κἂν δοῦλος ᾖ Eubul. 3, 217 (1). πονηρὸς ἂν ᾖ δοῦλος Philem. 4, 57 (73). δούλῳ γενομένῳ, δοῦλε, δουλεύων φοβοῦ Men. 4, 268 (149) cf. mon. 138. δοῦλος μεῖζον οἰκέτου φρονῶν Men. 4, 289 (255) cf. δοῦλος δεσπότου μεῖζον φρονῶν mon. 323. δούλου-χεῖρον οὐδέν mon. 133. δοῦλος πρὸ δούλου Philem. 4, 17 (2). ὧν οὐδὲ λειφθέντων θέμις δούλῳ

φυγεῖν Antiph. 3, 49 (1) = Epicrat. 3, 368. δοῦλος οἰκίας ὁ δεσπότης mon. 165. ἔχει δέσποιναν-ἧς ἐστι δοῦλος-. ἣν δ' αὖ λάβῃ μηδὲν φερομένην, δοῦλος αὐτὸς (f. αὖθις) γίγνεται Anaxand. 3, 195 (1). γυναιξὶ δοῦλοι ζῶμεν Alexid. 3, 450. γήμας δοῦλος εἶναι διὰ βίου mon. 382. δοῦλος τοῦ πεπωκέναι Philem. 4, 49 (42). δοῦλον ἡδονῆς Anaxand. 3, 199 (9). mon. 576. ἅπανθ' ὅσα ζῇ-δοῦλα ταῦτ' ἐσθ' ἡδονῆς Men. 4, 266 (139). τῆς ἐπιμελείας δοῦλα πάντα γίγνεται Antiph. 3, 149 (45) = mon. 494. ἅπαντα δοῦλα τοῦ φρονεῖν καθίσταται Men. 4, 292 (276). ὅταν-τοῦ κέρδους δοῦλος ᾖς Diph. 4, 421 (14). δοῦλον εἶναι σκώμματος Nicol. 4, 580 (v. 32). τὰ δάνεια δούλους-ποιεῖ mon. 514.

δουλοσύνα: πατρίδα δουλοσύνας ῥύσασθ' Men. epigr. 4, 335.

δουλῶ: τίνι δεδούλωταί ποτε; ὄψει; Men. 4, 236 (14). *ἐλεύθερος πᾶς ἑνὶ δεδούλωται, νόμῳ Men. 4, 268 (150). ὑπὸ τῆς ἀνάγκης πάντα δουλοῦται ταχύ mon. 733.

Δούλων: de Philoxeno, anon. 4, 634 (122).

Δούρειος: Δούρειον ἐπάγω χῆνα Diph. 4, 419 (7).

Δούριος ἵππος Plat. 2, 688 (24).

δόχμη: Cratin. 2, 208 (87). πλεῖν ἢ δύο δόχμα anon. 4, 627 (92).

δράκαινα: Aristophan. 2, 1209 (158). δράκαιν' ἄμικτος Anaxil. 3, 347 (1, 3).

δρακαινίς: τευθίς, ψῆττα, δρακαινίς Ephipp. 3, 330 (1, 6) = Mnesim. 3, 570 (v. 42).

Δρακόντειος: τῶν Δρακοντείων νόμων Xenarch. 3, 617 (1, 22).

Δρακοντίδης: Plat. 2, 663 (12).

Δράκων: Σόλωνος καὶ Δράκοντος-κύρβεσιν Cratin. 2, 217 (189ᵃ). Δράκων (voc. coqui nomen) Diph. 4, 394 (2, 1).

δράκων: τὰ δ' ἔνδον οὐδὲν διαφέρεις δράκοντος Herm. 2, 381 (2, 3). ὅστις ἂν θώραχ' ἔχῃ φολιδωτὸν ἢ δράκοντα σεσιδηρωμένον Posidipp. 4, 521 (v. 8).

δρᾶμα: τὸ δρᾶμα Μεγαρικὸν ποιεῖν Ecph. 2, 12 (1). *φρύγει τι δρᾶμα καινὸν Teleol. 2, 371 (2). Εὐριπίδου δρᾶμα δεξιώτατον διέκναισ' *Ὀρέστην Stratt. 2, 763 (1). δρᾶμ' ἀκοῦσαι Antiph. 3, 36 (3). ὅταν-*ἐπειρήκωσιν ἐν τοῖς δράμασιν Antiph. 3, 106 (v. 44). Διονυσίου *δ' εἰ δράματ' ἐκμαθεῖν δέοι Ephipp. 3, 335 (2). λέξω τὸν λόγον τοῦ δράματος anon. 4, 654 (203). οὐ γὰρ τὸ δρᾶμα (fabulae nomen), τὸν δὲ νοῦν σκοπούμεθα Diph. 4, 411 (1, 11). ἐκεῖνο δρᾶμα, τοῦτο δ' ἐστὶ παίγνιον Euphron. 4, 487 (v. 35).

δραπέτευμα: Diocl. 2, 840 (7).

δραπέτης: ψωμοκόλαφον δραπέτην Diph. 4, 399 (1).

δραχμή: Λορδῶνι δραχμή Plat. 2, 675 (2, 17). ὑπογάστριον θύννου-κάκροκώλιον δραχμῆς ὕειον Stratt. 2, 766 (2). πάντα ταῦτ' ἐστὶν δραχμῆς Antiph. 3, 35 (3, 5). δακτύλιός ἐστί μοι δραχμῆς Antiph. 3, 97 (2). ἐπριάμην-*τιλτὸν μέγιστον ἄξιον δραχμῆς, δυοῖν ὀβολοῖν Nicostr. (Philetaer.) 3, 280 (2, 5). τὸν ὀπτὸν ἰχθὺν ἐπριάμην δραχμῆς Alexid. 3, 389 (1, 16). δραχμὴν ὑπόθες. Α. κεῖται πάλαι Diph. 4, 411 (1). *σηπίας τόσας δραχμῆς μιᾶς τρεῖς Alexid. 3, 471 (3). παράστασις, μία δραχμή Men. 4, 166 (7). δύο δραχμὰς ἔχει Aristophan. 2, 1187 (48). τἀκπώματα | ἦγεν δύο δραχμάς Alexid. 3, 383 (2). δραχμῶν τριῶν γλαυκίσκον-γόγγρου κεφαλὴν †καὶ-τεμάχια δραχμῶν πάλιν πέντ'-δραχμῆς τραχήλους Archedici 4, 436 (2). διὰ τὰς τέτταρας δραχμὰς *ἀποβάλω τὴν προαίρεσιν; Straton. 4, 546 (v. 38). τεττάρων δραχμῶν μάλιστα τὸν κόφινον Stratt. 2, 768 (1). τεττάρων δραχμῶν ἀπώλεσα κυμβούς Men. 4, 125 (3). ἠγορασμένον δραχμῶν-προβάτιον δέκα Men. 4, 161 (1). δραχμῶν ἀγαθὸν λαβεῖν δέκα ib. δραχμὰς τοὐλάχιστον δώδεκα Antiph. 3, 80. ἁλύσιον τετταράκοντ' ἄγον δραχμάς Philippid. 4, 477 (9). ἐν τρυβλίῳ ἄγοντι πεντήκοντα δραχμὰς ἀργυρῷ Philippid. 4, 469. δραχμῶν ἑκατὸν ἰχθῦς *ἐώνημαι μόνον Eup. 2, 492 (14). δεῖπνον δὶς ἑκατὸν δραχμάς Eup. 2, 493 (15). δεῖ διακοσίων δραχμῶν Aristophan. 2, 979 (18). δίδωμι χιλίας δραχμάς Aristophan. 2, 985 (1, 2). δραχμὴ χαλαζῶσα anon. 4, 635 (123).

δραχμιαῖον: Aristophan. 2, 1125 (23).

δράψ: Aristophan. 2, 1209 (159).

δρεπανουργός: χρεία-δρεπανουργῶν ἢ χαλκοτύπων Pher. 2, 315 (1, 2).

δρεπτόν: Telecl. 2, 366 (3).

Δρίας: Δρία παῖ Men 4, 100 (3).

δριμύς: δριμυτάτην ὀρίγανον Plat. (Canth.) 2, 666 (5). ἡ φυλλὰς ἡ δριμεῖα Diphil. (Sosipp.) 4, 383 (2, 4). δριμέως: ἐσχεδίασε δριμέως-παπαῖ Anaxand. 3, 168.

δριμύτης: αἱ-τῶν παροψίδων-δριμύτητες Arched. 4, 436 (1, 7). χυλοὺς ἐχομένους δριμύτητος Anaxipp. 4, 460 (v. 46).

δρομάς: δρομάδες ὁλκάδες Aristophan. 2, 1126 (28).

δρομεύς: ὥσπερ *ἀγαθοὶ δρομῆς Eup. 2, 458 (6, 2).

δρόμος: τοὺς Ἴβηρας-βοηθῆσαι δρόμῳ Aristophan. 2, 1165 (10). δεδράμηκά σοι δρόμον τοιοῦτον, οἷον οὐδείς- Men. 4, 293 (220). ἡμέρας δρόμῳ κρείττων (poeta) Alexid. 3, 398. πρὸς τέλος [μέρος] δρόμου περῶν Antiph. 3, 125 (1, 11). ἐν εὐσκίοις δρόμοισιν Eup. 2, 437 (3).

Δρόμων: Δρόμων Dionys. 3, 551 (1). παῖ Δρόμων Euang. 4, 572 (v. 8). Δρόμωνα καὶ Κέρδωνα καὶ Σωτηρίδην Euphron. 4, 493 (v. 7).

δρόσος: δρόσον βάλλων-χλιαρὸς τηγηνίας Cratin. 2, 90 (8).

δροσώδης: κύπειρον-δροσώδη Pher. 2, 305 (2). λιβάδα *νυμφαίαν δροσώδη Antiph. 3, 27 (1, 13). ἔγχυλα-καὶ δροσώδη τὴν σχέσιν (int. κρεάδια) Alexid. 3, 440 (5, 12).

δρυμάττω: δρυμάξεις anon. (397) 5, 123.

δρυμίς: δρυμίδες νύμφαι Alexid. 3, 525 (69).

δρυπεπής: δρυπεπεῖς ἐλάας ap. Chion. 2, 8 (4). δρυπεπεῖς-ἐλᾶαι Eup. 2, 583 (48). μᾶζαι-κατεβέβλητο δρυπεπεῖς Cratin. 2, 108 (2). ξυγγενέσθαι-δρυπεπέσι μάζαις (f. δρυπεπέσι, μάζαις) Telecl. 2, 374 (7). ῥάφανοι, δρυπεπεῖς, ἐλατῆρες Calliae 2, 740 (2).

δρυπετής: τὰς δρυπετεῖς ἑταίρας Aristophan. 2, 997 (5).

δρῦς: ἀλίαν δρῦν Eup. 2, 426 (1, 4). δρυὸς πεσούσης mon. 123.

δρῶ: οἴμοι τί δράσω-; Herm. 2, 385 (1). ὁ δ' ὀλιγόσιτος Ἡρακλῆς ἐκεῖ τί δρᾷ; Phryn. 2, 590 (5). τί οὖν ἐνταῦθα δρῶσιν αἱ πόλεις; Henioch. 3, 563 (v. 9). εἰ δοκεῖ, χρὴ ταῦτα δρᾶν Theop. 2, 818 (10). ἐξὸν-μικρὸν διαπορηθῆναι χρόνον, τὸν βίον ἅπαντα τοῦτο δρᾶν αἱρούμεθα Antiph. 3, 66. *μηδὲ ἓν πλέον ὧν βούλεται δρῶν Amphid. 3, 308 (1). δύναται-ἴσον τῷ δρᾶν τὸ νοεῖν Aristophan. 2, 1199 (99). Διοκλείδᾳ βουλομένῳ κακόν τι δρᾶν Phryn. 2, 602 (2). πρόχειρος εἰς τὸ δρᾶν κακά Philem. 4, 58 (69) = anon. 4, 692 (352). δίκαια δράσας mon. 126. δεινὰ-ἔργα δρῶσαι λαμβανόμεσθ' ὑπ' αὐτῶν Aristophan. 2, 948 (11). τἀπόρρητα δρᾶν *ἐπημέλει Aristophan. 2, 1191 (65). πρὶν θανάτου δρᾶν ἄξιον Anaxand. 3, 200 (18). *κοὐδὲν ἂν ἔδρας (an κοὐδὲν ἂν δράσειας) ἄτοπον Aristophan. 2, 1164 (3) cf. 5, 68. οἶδα-ἀρχαῖόν τι δρῶν Aristophan. 2, 958 (18). δρᾷ τι καὶ νεανικὸν καὶ θερμόν Amphid. 3, 316 (1, 9). πάντα τῷ πώγωνι δρᾶν ἐναντία Alexid. 3, 509 (10). τῷ στόματι δράσω τοῦθ' ὅπερ *(χοὶ Λέσβιοι) Stratt. 2, 778. κοὐ δημοτικόν γε τοῦτο δρᾷ τοιαῦτα φλῶν Antiph. 3, 104 (v. 19). τί δ' ἂν Ἕλληνες μικροτράπεζοι-δράσειαν; Antiph. 3, 94. θέαμ' ἦν, νῦν δὲ δρῶσιν οὐδέν Plat. 2, 659 (1). τῶν Φαρσαλίων ἥκει τις; Β. οὐδεὶς πάρεστιν. Α. εὖ γε δρῶντες Mnesim. 3, 578 (2). μόλις πάνυ ὑπεδησάμην ἅπαντα δρῶν τὰς ἐμβάδας Eubul. 3, 220 (1). τί *δῆτα δράσω σ' (legeb. δέ σοι δρ.)-; Aristophan. 2, 1189 (57). ταῖς ἄλλαις πόλεσι *δρῶ ταῦτα Aristophan. 2, 1171 (1, 12). πάνυ γε δράσω τοῦτό σοι Timocl. 3, 596 (1).

†δυαδελφίδην: vide Calliae 2, 741 (7).

δυάκις: Aristophan. 2, 1209 (160).

δύναμαι: τὸν οὐ ψῆφος δύναται δείπνου ἀπείργειν Cratin. 2, 43 (1). οὐ δύνανται πάντα ποιοῦσαι νεωσοίκων λαχεῖν Cratin. 2, 124 (12). οὐκ ἂν δυναίμην-ἀμυγδάλην κατᾶξαι Phryn. 2, 603 (4). οὐκ ἂν δυναίμην ἐμφαγεῖν ἄρτον τινά Eubul. 3, 247 (2). *ἂν μὴ ταχὺ δύνηται καταπιεῖν Anaxand. 3, 175 (1, 8). ὃς μόνος βροτῶν δύναται καταπιεῖν-ἄθρους τεμαχίτας Eubul. 3, 207. σεμνὸν δύναται τοῦθ' ἡ δύναμις ἡ 'μὴ ποιεῖν Epinici 4, 505. κρύψαι-ἅπαντα τἄλλα τις δύναιτ' ἂν Antiph. 3, 139 (12). οὐδ' ἂν εἰπεῖν τὸ μέγεθος δύναιτό τις Anaxand. 3, 167. οὐκ ἂν δυναίμην συμμαχεῖν ὑμῖν ἐγώ Anaxand. 3, 181 (v. 1). οὐκ ἂν δύναιο μὴ γενέσθαι-ἄνθρωπος ὢν ἄνθρωπος Philem. 4, 50 (45). τὸν βδόλον οὐκ *ἔστιν ἥτις ῥὶς ὑποστῆναι *δύναιτ' ἂν anon. 4, 622 (65). *οὐ γένος τίς ἂν δύναιτο *παρανομώτερον φράσαι; Anaxil. 3, 347 (1, 2). τί τῶν κοινῶν κάτω δύναιτ' ἂν ἄνθρωπον φυγεῖν; Alexid. 3, 397 (1). πῶς γὰρ ἄν τις-δύναιτ' ἂν ἐξελθεῖν-; Antiph. 3, 96 (1). ὑπὸ τῆς-ὀσμῆς οὐδὲ εἷς δυνήσεται-διελθεῖν τὸν στενωπὸν Hegesipp. 4, 480 (v. 22). οὐδὲ νῦν ἔτι ἀνεῳγμένην δυνάμεθα τὴν θύραν ἰδεῖν Nicol. 4, 580 (v. 24).
οὐδὲν δυνάμεθ' οὐδ' ἰσχύομεν Pher. (?) 2, 359 (88, 8). οὐ δύναμαι *φέρειν σκεύη Aristophan. 2, 1084 (12). ζῶμεν-οὐχ ὡς θέλομεν, ἀλλ' ὡς δυνάμεθα Men. 4, 84 (13) = mon. 190. βουλόμεθα πλουτεῖν-ἀλλ' οὐ δυνάμεθα mon. 66. θέλομεν καλῶς ζῆν-ἀλλ' οὐ δυνάμεθα mon. 236. δύνασαι σιωπᾶν; Phoenicid. 4, 509. ψυχῆς ἐπιμελοῦ καθὰ δύνῃ mon. 551. δύο λαβεῖν μαγείρους βούλομαι | οὓς ἂν σοφωτάτους δύνωμ' Alexid. 3, 480 (1). εὐπόρους ποιεῖν οὓς ἂν δύνῃ πλείστους Men. 4, 107 (2, 12). τὸ δ' εὖ φέρειν ἐστὶν τοιοῦτον, ἂν δύνῃ μόνος φέρειν Men. 4, 254 (72). ὅταν μηδὲν δύνωντ' εἰπεῖν ἔτι (tragici) Antiph. 3, 106 (v. 13). εἰ μὴ δύναιο βοῦν *(ἐλᾶν), ἔλαυν' ὄνον anon. 4, 698 (376). ἔπειτα φυσᾶν-οὐκ ἠδύνω; Philippid. 4, 472 (1). *εἰ συγκεχρῶσθαι τοῖς νεκροῖς δυνήσεται anon. 4, 686 (338). τοῦ δύνασθαι παραβοηθεῖν τοῖς φίλοις Antiph. 3, 134 (4, 8). τὸ μὴ δύνασθαι καρτερεῖν λυπούμενον Philem. 4, 51 (46b). ὡς δὴ σὺ τί ποιεῖν δυνάμενος; Antiph. 3, 4 (3). οὐκ ἄσκεπτα δυνάμενος λέγειν Ephipp. 3, 332 (v. 5). μετ' Ἀττικιστὶ δυναμένου λαλεῖν Alexid. 3, 474. ὅστις ἀδικεῖν δυνάμενος μὴ βούλεται Philem. 4, 37 (10) = mon. 639. τὸν μὴ δυνάμενον ζῆν ἀλύπως ἀποθανεῖν Men. 4, 75 (5). ὁ μὴ δυνάμενος ζῆν καλῶς οὐ ζῇ κακῶς Men. 4, 265 (135). οὐ δυνάμενος τῇ τέχνῃ χρῆσθαι καλῶς Nicol. 4, 579 (v. 3). πρὸς καππάριον ζῇς δυνάμενος πρὸς ἀνθίαν anon. (389) 5, 122. γνάθον-εὐθὺς δυναμένην πληγὰς φέρειν Nicol. 4, 580 (v. 29). δίφρῳ-δυναμένῳ λιμὸν ποιεῖν Nicol. 4, 579 (v. 5). θεράπευε τὸν δυνάμενον mon. 244. ὦ τοιχωρύχον ἐκεῖνο τῶν δυναμένων Diph. 4, 376 (1).
δύναται παρ' ὑμῖν μυγαλῆ, παρ' ἐμοὶ δέ γ' οὔ Anaxand. 3, 181 (v. 14). †οἴνου κόφινος δυνάμενος τρεῖς χόας Stratt. 2, 768 (1). δύναται-ἴσον τῷ δρᾶν τὸ νοεῖν Aristophan. 2, 1199 (99). τί δύναται τὸ ῥηθέν; An

tiph. 3, 41 (2, 7). ὁ-κανδύταλις οὗτος τί δύναται; Diph. 4, 393. σκοπεῖν ἕκαστα τί δύναται τῶν ῥημάτων; Straton. 4, 546 (v. 44). ἡ δεῦρ' ὁδός σοι τί δύναται νῦν; anon. 4, 610 (33).

δύναμις: πρᾶγμα καλῶς εἰς δύναμιν τίθεσθαι Cratin. 2, 113 (3). σπονδὰς δύναμιν κράτος εἰρήνην Telecl. 2, 372 (4). ἡμῶν πᾶσα δύναμις *ὑδάτων ἄρδεται Eubul. (?) 3, 266 (10). στρατηγὸς πᾶς καλεῖθ' ὃς ἂν λάβῃ δύναμιν Dionys. 3, 548 (v. 12). δύναμις-τὰ χρήματα mon. 658. ἡ γλῶττα δύναμιν τοὺς λόγους ἐκτήσατο Plat. 2, 632 (6). τὰς τῶν λόγων-δυνάμεις Alexid. 3, 421 (1). τὴν τοῦ λόγου-δύναμιν οὐκ ἐπίφθονον-ἔχειν Men. 4, 250 (52). σεμνὸν δύναται τοῦθ' ἡ δύναμις ἡ 'μὴ ποιεῖν Epinici 4, 505. τὴν δύναμιν τὴν ὡς ἀληθῶς συντελοῦσαν τῷ βίῳ Alexid. 3, 518 (31). μάγειρον-τὰς δυνάμεις κατέχοντα (artis) Sosip. 4, 482 (v. 8). δυνάμεις (medicorum) Timostr. 4, 596. τῶν ἰχθύων-τὰς δυνάμεις καὶ τὰς *τύχας Nicomach. 4, 583 (v. 19).

δυνάστης: ἐκλεξαμένη τοὺς ἐκ δυναστῶν γεγονότας (cives) Diodor. 3, 544 (v. 29). καὶ στρατηγὸν καὶ δυνάστην-ἀνατρέπει λόγῳ Diphil. 4, 385 (1).

δυνατός: κόλαζε τὸν πονηρόν, ἄνπερ δυνατὸς ᾖ mon. 278. τὸν †ἐπιμελῆσαι (l. ἐπιμελῆ καὶ) δυνατὸν οἰκονομεῖν ὄχλον πλείω anon. 4, 602 (8). κοὔτε-βολβός-δυνατός ἐστ' ἐπαρκέσαι Xenarch. 3, 614. λοπάς-δυνατὴ †τούτους χωρεῖν ἑκατόν Ephipp. 3, 323 (1, 5). τῶν δυνατῶν τι κέλευ' Telecl. 2, 375 (11). δεῦρο-*προσίσχετε, εἰ δυνατόν Eup. 2, 438 (5). ἀλλ' οὐχὶ δυνατόν ἐστιν Eup. 2, 448 (6). τἀργύριον εἶναι-οὐ τῶν ἀναγκαίων-μόνον τιμὴν παρασχεῖν δυνατόν Men. 4, 156 (1). κἀμοὶ τράχηλον-εἰ λαβεῖν ἦν καὶ πρίασθαι δυνατόν Arched. 4, 437 (2, 6). πῶς δὲ δυνατὸν τοῦτ' ἐστί; Euphron. 4, 494 (1, 6).

δύο: cf. διά. δύο δόχμα anon. 4, 627 (92). πρέσβη δύο Aristophan. 2, 1198 (91). πίννη καὶ τρίγλη φωνὰς *ἰχθῦ δύ' ἔχουσαι Antiph. 3, 109 (v. 15). δυοῖν ἐν ἐτοῖν Cratin. 2, 161 (22). ἐν ἔτεσιν δύο Alexid. 3, 427. ἐν ἔτεσιν *δυσίν (legeb. δυεῖν) Hegesipp. 4, 479 (v. 6). ἐν δύ' ἔτεσιν Damox. 4, 530 (v. 3). παραστάταιν δυοῖν Plat. 2, 674 (2, 13). μακροτέρας δ' οὔσης ἔτι πλεῖν ἢ δυοῖν ποδοῖν τῆς σκιᾶς Eubul. 3, 262 (1, 10). δυοῖν ὀβολοῖν Amips. 2, 702 (4). Nicostr. (Philetaer.) 3, 280 (2, 5). τάριχον-δυοῖν (al. δυεῖν) ὀβολῶν ἔσθοντας Philippid. 4, 469. δυοῖν λυχνιδίοιν Aristophan. 2, 949 (15). στακτὴ δυοῖν μναῖν Antiph. 3, 131. κικίννους ἀξίους δυοῖν λίτραιν Diph. 4, 409 f. Philem. 4, 26. μήτηρ-ταῖν ἀδελφαῖν ταῖν δυοῖν ταύταιν Men. 4, 224 (3). ἐκ δυοῖν Αἰξωνέοιν (nata?) Men. 4, 144 (5). δυοῖν γυναικοῖν (dativ.) εἷς ἀνὴρ οὐ στέργεται anon. 4, 626 (89). δύο φίλων εἶναι κριτής mon. 343. *σύνεστι σαπέρδαις δυσίν Timocl. 3, 600 (2). δυσὶν-δοῦλος (servit) καὶ νόμῳ καὶ δεσπότῃ Men. 4, 268 (150). τοῖνδε δυοῖν ἑνὸς αἵρεσις Plat. (?) 2, 697 (v. 9). τρεῖς χοίνικας ἢ δύ' ἀλεύρων Phryn. 2, 593 (4). κείμενοι δύ' ἡμέρας ἢ τρεῖς Antiph. 3, 87 (v. 6). ἄφωνοι δύο τινὲς ἢ τρεῖς παρεστήκασι Men. 4, 117 (2). κἂν κάραβός τις ᾖ λαβεῖν, εἷς ἀρκέσει *ἢ δύ' ἐπὶ τὴν τράπεζαν Ephipp. 3, 334 (1, 6). δύο κύβω καὶ τέτταρα Eup. 2, 566 (57). πεπωκέναι τὸν κατὰ δύο καὶ τρεῖς ἀκράτου Philetaer. 3, 293 (1). δύ' ὕδατος- B. τί δ' οἴνου; Γ. τέτταρας. Pher. 2, 282 (4). κεκραμένον τὸν οἶνον-τέτταρα καὶ δύο Diocl. 2, 839 (2). γεγένηται πέντε καὶ δύο Herm. 2, 389 (1). μή τι πέντε καὶ δύο; Eup. 2, 429 (4). χαῖρε, πέντε καὶ δύο Nicoch. 2, 842 cf. 2, 845 (2). εἰμὶ πέντε καὶ δύο Amips. 2, 702 (3). τὰ δὲ δύο μόλις ἕν ἐστιν Theop. 2, 796 (2). εἰσὶν ἡμῖν τῶν κεκλημένων δύο-Φιλοκράτης καὶ Φιλοκράτης. ἕνα γὰρ ἐκεῖνον ὄντα δύο λογίζομαι Eubul. 3, 261 (1). ἀνθ' ἑνὸς τρέφειν δύο Anaxand. 3, 195 (1, 8). οὐ δύ' ἀποπνίξασ' ἑταίρους τὸν

τρίτον θηρεύεται ἔτι λαβεῖν; Anaxil. 3, 348 (1, 16). κάλλιστα φέρει δύο Alexid. 3, 393 (1). δύ' ἔσθ' ἃ κρῖναι τὸν γαμεῖν μέλλοντα δεῖ Men. 4, 251 (58). ὑγίεια καὶ νοῦς ἀγαθὰ τῷ βίῳ δύο mon. 519.
δυσάλγητον: Eup. 2, 574 (106).
δυσάνιος: γυνὴ *δυσάνιόν (legeb. δυσήνιόν) ἐστι καὶ πικρόν Men. 4, 290 (259ᵃ).
δυσάρεστος: οὐκ ἔστι *δυσαρεστότερον οὐδὲ ἓν χρόνου Nicostr. 3, 288 (4). ὡς δυσάρεστόν ἐστ' ἀνιώμενος ἄνθρωπος Amphid. 3, 316 (2). οὐ δεῖ παρασιτεῖν ὄντα δυσάρεστον σφόδρα Diph. 4, 406 (4).
δυσβράκανον: Cratin. 2, 197 (58).
δυσγάργαλις: (equus) Aristophan. 2, 961 (3).
δυσγένεια: ἐπισκοτεῖ καὶ *δυσγενείᾳ καὶ τρόπου πονηρίᾳ Men. 4, 214 (5).
δυσγενής: τί τῶν λεγόντων εἰσὶ δυσγενέστεροι; Men. 4, 229 (4, 10). ἀνὴρ ἄριστος οὐκ ἂν εἴη δυσγενής mon. 30.
δυσδαίμων: *Men. 4, 186 (4).
δυσδιάθετος: χαλεπόν-θυγάτηρ κτῆμα καὶ δυσδιάθετον Men. 4, 76 (6) = mon. 750.
†δυσέξοδος vide διέξοδος.
δυσημερεῖν: Pher. 2, 296 (20).
δυσήνιος vide δυσάνιος.
δυσθαλής: Cratin. 2, 197 (59).
δύσθεος: ὦ δύσθεον μίσημα Aristophan. 2, 1012 (19).
δύσις: ἄστρων ἐπιτολάς, δύσεις, τροπάς Alexid. 3, 397 (1). τάς τε τῶν ἄστρων δύσεις καὶ τὰς ἐπιτολάς Sosip. 4, 483 (v. 26). περὶ δύσιν Πλειάδος-ὑπὸ τροπάς τ' Damox. 4, 530 (v. 19).
δύσκολος: ὁ τρόπος τῶν δυσκόλων mon. 588. ἔχει ἐν τοῖς λογισμοῖς τὰς ἐπιδείξεις δυσκόλους Men. 4, 115 (2). ἀκράχολον καὶ δύσκολόν τι φθέγγεται anon. 4, 661 (239). πολλὰ δύσκολα εὕροις ἂν ἐν τοῖς πᾶσιν Men. 4, 94 (2). δένδρον παλαιὸν μεταφυτεύειν δύσκολον Philem. 4, 54 (54). δύσκολον *πρᾶγμ' ἔστι γάρ, ἃ λανθάνειν τις βούλεται ταῦτ' εἰδέναι Men. 4, 248 (44). πενίαν φέρειν καὶ γῆρας ἐστι δύσκολον mon. 461.
δυσκόλως: λύπην (an κοῦφον) -ποιῶν, εἶτι δυσκόλως ἔχει Anaxand. 3, 196 (2, 7).
δύσμορφος εἴην μᾶλλον ἢ κακηλόγος mon. 117.
δυσόμοιος: δυσόμοια Stratt. 2, 791 (13).
δυσπαρακολούθητον πρᾶγμ' Men. 4, 215 (10) = mon. 660.
δύσπεπτος: τῶν βρωμάτων δύσπεπτα-ἐνί' ἐστιν Nicomach. 4, 584 (v. 31).
δύσποτμος: ἆρ' ἐρῶντα δυσποτμώτερον; Men. 4, 170 (6).
δυσπραξία: πράττων καλῶς μέμνησο τῆς δυσπραξίας Men. 4, 270 (159). δυσπραξίᾳ ληφθείς anon. 4, 668 (284).
δύσριγος: Aristophan. 2, 982 (28). Men. 4, 320 (447).
δυσσεβής: ψυχῆς πονηρᾶς δυσσεβὴς παράστασις Men. 4, 235 (12). δυσσεβεῖ τρόπῳ Diph. (?) 4, 424 (24).
δύστηνος: ἐγευσάμην χορδῆς ὁ δύστηνος τέκνων Aristophan. 2, 1138 (2). ὦ δύστην' Diph. 4, 384 (3). ὦ δύστηνε anon. 4, 676 (305). δύστηνος ὅστις ζῇ θαλάττιον βίον Antiph. 3, 52 (1). τυφλόν-καὶ δύστηνον-ἡ τύχη Men. 4, 195. cf. mon. 718. add. 5, 110.
δυστράπελος: καὶ *πρᾶγμά γ' ἠρώτα με δυστράπελον πάνυ Henioch. 3, 562.
δυστύχημα: ἄνοια-δυστύχημ' αὐθαίρετον Men. 4, 262 (116).
δυστυχής: μάταιός ἐστιν-ἐκ θεῶν τε δυστυχής Amphid. 3, 309 (2). ἐγωγ' ὁ δυστυχής-τῆς θύρας ἀπεκλειόμην Timocl. 3, 607 (1). δυστυ-

χὴς ὅταν τύχῃ Men. 4, 205 (2). φυσᾶν δυστυχὴς οὐκ ἠδύνω; Philippid. 4, 472 (1). ὦ δυστυχής, τί οὐ καθεύδεις; Men. 4, 172 (10). δυστυχὴς λυπούμενος mon. 183. τῇ τύχῃ μέμφοιτο διότι δυστυχεῖ συνδυστυχεῖ Apollod. 4, 456 (3) cf. 5, 114. πένητος *οὐδέν ἐστι δυστυχέστερον Men. 4, 247 (40). *τράγημα-πιθήκου δυστυχοῦς Crobyli 4, 569 (2). ὡς δυστυχεῖς ὅσοισι- Antiph. 3, 148 (41). ὦ δυστυχεῖς ἡμεῖς Alexid. 3, 450. τοὺς μὲν εἶναι δυστυχεῖς τοὺς δ' εὐτυχεῖς mon. 125.

δυστυχῶ: ὅταν-*δυστυχῇ τις, οὐδ' εὐφραίνεται Philem. 4, 39 (14[a]). τῶν δυστυχούντων εὐτυχὴς οὐδεὶς φίλος mon. 502. τὸ-ἄφνω δυστυχεῖν μανίαν ποιεῖ mon. 696. ἐπ' ἀνδρὶ δυστυχοῦντι μὴ πλάσῃς κακόν mon. 145. μὴ 'μβαινε δυστυχοῦντι mon. 356. οὐδεὶς ἐπιχειρεῖ τοῖς δεδυστυχηκόσι mon. 431. γέροντα δυστυχοῦντα τῶν αὐτοῦ κακῶν ἐπαγόμενον λήθην Men. 4, 208 (2). ἐξ ἡδονῆς-φύεται τὸ δυστυχεῖν mon. 184. τοῦ δυστυχεῖν-σ' ἀρραβῶν' ἔχειν Men. 4, 268 (148). ἀνὴρ πονηρὸς δυστυχεῖ mon. 19. ἄνθρωπος· ἱκανὴ πρόφασις εἰς τὸ δυστυχεῖν Men. 4, 291 (263). τὸ γαμεῖν ἔσχατον τοῦ δυστυχεῖν Antiph. 3, 151 (52). γυναικῶν δυστυχοῦσιν εἵνεκα mon. 700. ἵν' αὐτὰ τἀναγκαῖα δυστυχῇς μόνον Diph. 4, 376 (2). τὰ τοιαῦτα δυστυχῶ μόνη- Men. 4, 129 (3). καιρῷ πονηρῷ καὶ τὰ θεῖα δυστυχεῖ Philem. 4, 57 (74).

δύσφημος: ὁ λοιδορῶν-*δυσφήμῳ λόγῳ Men. 4, 272 (169).

δυσφορῶ: παύεται-τοῦτον τὸν χρόνον τοῦ δυσφορεῖν Men. 4, 236 (13).

δυσφύλακτος: οὐκ ἔστιν-δυσφύλακτον οὐδὲν ὡς γυνή Alexid. 3, 521 (40).

δυσχερής: *ῥήτορες ἐξορμενικότες δυσχερεῖς Nicostr. 3, 289 (8). δυσχερὴς λάγυνος οὗτος Nicostr. 3, 284 (1). τὰς ῥοδιακὰς-καὶ τοὺς ἐφήβους-τοὺς δυσχερεῖς Steph. 4, 544. τῆς δυσχεροῦς ἀλληλοφαγίας Athenion. 4, 557 (v. 5). τὸ ψεῦδος-*οὐδὲν περιποιεῖσθαι δυσχερές Diph. 4, 399. τῆς πενίας-ἅπαντα τὰ κακὰ καὶ τὰ δυσχερῆ Aristophont. 3, 356. διὰ ταύτην (int. γαστέρα) ἅπαντα *γίγνεται τὰ δυσχερῆ Alexid. 3, 479 (1). τὰ δυσχερῆ-καὶ τὰ λυπήσαντά σε | ὁρᾷς ἐν αὐτῷ Men. 4, 164 (1). δυσχερῆ πόλλ' ἔχεις τοῖς ζῶσι καὶ λυπηρά Men. 4, 241 (26).
δυσχερῶς: ἐφ' ἅπασιν δυσχερῶς ἔχει (f. ἔχων 5, 85) Amphid. 3, 316 (2).

δυσώδης: δυσώδη *Κέφαλον Plat. 2, 681 (5[c]). ὑπό τι δυσώδης οὗτος ἦν (saperda) Diph. 4, 406.

δυσωνῶ: παῦσαι δυσωνῶν Plat. 2, 693 (49).

δύω: *πρὸς πᾶν *** δύσεις ἔχει Timocl. 3, 602 (3).

δῶ: ὑψερεφὲς δῶ Herm. 2, 410 (2, 9).

δώδεκα: ὀνόματα τῶν δώδεκα θεῶν διελήλυθας Amphid. 3, 303 (1). ὑπὸ τῶν θεῶν τῶν δώδεκ' Aristophont. 3, 361 (2). χαλαρωτέραν-ἐποίησε χορδαῖς δώδεκα Pher. 2, 326 (1, 5). κἀνέλυσε χορδαῖς δώδεκα ib. (1, 25). ἐν *ἑπτὰ χορδαῖς δώδεχ' ἁρμονίας ἔχων ib. 327 (1, 16). ἀντιμαρτυροῦσι δώδεκα-ἐπισίτιοι Aristophan. 2, 1128 (5). *δώδεκ' ἢ πλείους τινές (uxores ducunt) Men. 4, 232 (8). εἰς δέκ' ἐπὶ τῇ μνᾷ γεγονέναι καὶ δώδεκα Diph. 4, 395 (2, 20). ἀπὸ θαλάττης-δώδεκα ὁδὸν ἀπέχοντι-ἡμερῶν Euphron. 4, 494 (1, 2). μήκωνος ἐπιπάσας-κόκκους-δώδεκα ib. (1, 11). χρυσόφρυς δώδεκα Eup. 2, 482 (14, 2). λαγῷα δώδεκ' Plat. 2, 674 (2, 10). δραχμὰς τοὐλάχιστον δώδεκα Antiph. 3, 80. μάγειροι δώδεκα Antiph. 3, 132 (2). †ἤδη κατεσθίοντες δώδεκα Nicostr. (Philetaer.) 3, 280 (2, 7). ἡδυπότια δώδεκα Cratin. min. 3, 379 (3).

δωδεκάκλινος: λέβητας-μείζους λάκκων δωδεκακλίνων Anaxand. 3, 183 (1, 11).

δωδεκάκρουνος: δωδεκάκρουνον τὸ στόμα Cratin. 2, 119 (7, 2).

δωδεκαμήχανος: Ξενοκλῆς ὁ δωδεκαμήχανος Plat. 2, 661 (1).
δωδεκάπηχυς: βολβῶν-σιρὸν (l. χύτραν 5, 81) δωδεκάπηχυν Anaxand. 3, 183 (1, 28).
δωδεκάπους: κληθείς-εἰς ἑστίασιν δωδεκάποδος Men. 4, 179 (2).
δωδέκατος: *δωδέκατος ὁ τυφλός Eup. 2, 537 (4, 1). ἑψητὸν-δεκὰ δωδεκάτης ἑψόμενον ἡμέρας Eubul. 3, 248. ναστὸν-ἤδη σχεδὸν δωδέκατον ἠριστηκότα Diph. 4, 397. χαλκοῦ μέρος δωδέκατον οὐκ ἂν ἀπολάβοις Alexid. 3, 389 (1).
*δωδεκέται: Cratin. 2, 227 (161).
Δωδωναῖος: Δωδωναίῳ κυνὶ Cratin. 2, 20 (6). τὸ Δωδωναῖον χαλκίον Men. 4, 89 (3).
δῶμα: Μοῦσαι Ὀλύμπια δώματ' ἔχουσαι Herm. 2, 407 (1, 1). ἀνοιγέτω τις δώματ' Aristophan. 2, 1056 (2). ἔχουσ' ἐν *δώματι (vulg. δωματίῳ) **στρούθιον Eubul. 3, 251 (2).
δωμάτιον: cf. δῶμα. *ἐκ τοῦ δωματίου-φέρε κνέφαλλον Aristophan. 2, 957 (14).
*δωμός τις μάλα ἀδύς Epilyc. 2, 887 (2, 4).
δωρεά: δωρεὰν ἔφη τινά-λαμβάνειν-· διὰ ταύτην-τὴν δωρεάν | ἐνιαυτὸν ἔσχε μ'-δωρεάν Phoenicid. 4, 511 (v. 7. 9. 10).
Δωριάς: Antiph. 3, 12 (1, 4).
Δῶρις: Δῶρι Diph. 4, 402.
Δωρίων: Δωρίων-λοπαδοφυσητής Mnesim. 3, 578 (4).
δωροδόκημα: κατέλαβον-πλεῖστα δωροδοκήματα Plat. 2, 656 (1).
δωροδοκῶ: ὑμῶν εἷς-ἕκαστος ἀλώπηξ δωροδοκεῖται Cratin. 2, 67 (3).
δῶρον: καλόν γε δῶρον ἔπτ' ἔχειν λαικαστρίας Pher. 2, 339 (8). διαπαρθένια δῶρα *Amphid. 5, 85. δείπνων ὅταν πέμπωσι δῶρα ναυτίλοι Nausicr. 4, 575 (2). τί τῷ θανόντι δῶρα λαμπρὰ προσφορεῖς; Men. 4, 270 (158). καυχώμενος τὸ δῶρον ὃ δέδωκας φίλῳ Philem. 4, 40 (18). ἅπαν διδόμενον δῶρον-μέγιστόν ἐστι †μετ' εὐνοίας διδόμενον Philem. 4, 57 (75). κακοῦ-ἀνδρὸς δῶρ' mon. 292. δῶρον-ἐμαυτῇ παρὰ θεῶν *εὑρημένη Diph. 4, 408. θεοῦ δῶρον-εὐγνώμων τρόπος mon. 241. δῶρ' *αἰτῶν Aristophan. 2, 981 (26) cf. 5, 60. σου κατέδεται-ἃ νῦν ἔχεις λαβὼν παρ' ἡμῶν δῶρ' Timocl. 3, 600 (2).
δωροῦμαι: τοὺς Ἱππέας συνεποίησα τῷ φαλακρῷ *(τούτῳ) *κἀδωρησάμην Eup. 2, 453 (16). μᾶζαν, ἣν-*Δηὼ βροτοῖσι χάρμα δωρεῖται Antiph. 3, 3 (1). πλουτοῦντι δωρεῖσθαι φίλῳ Men. 4, 267 (142). πένητα πλουσίῳ δωρούμενον Men. 4, 267 (144) = mon. 360.
Δωρῶ: Δοροῖ συκοπέδιλε Cratin. 2, 57 (2).

E.

ἐάν: cf. ἄν. ὅταν. δίδωμι χιλίας δραχμάς, ἐάν με τῶν ἀρχῶν ἀφῆτε Aristophan. 2, 985 (1, 3). ἐὰν δὲ τοὐργαστήριον ποιῆτε περιβόητον, κατασκεδῶ-τὴν μεγίστην ἀρύταιναν Antiph. 3, 11. *ἐὰν (libr. ἂν) μὲν ἄρα πέπερι φέρῃ τις-στρεβλοῦν γράφουσι τοῦτον Antiph. 3, 141 (17). τούτων ἐάν | δείξῃ τις-φωνήν τι-ἔχον | ἀδικεῖν *ὁμολογῶ Alexid. 3, 397 (1, 7). ἐάν με χρῇ-σαπεῖσ' ἐνταῦθα καταγηράσομαι Eup. (?) 2, 577 (v. 16). δεῖ γὰρ ἠριστηκότας πάσχειν, ἐάν τι καὶ παθεῖν ἡμᾶς δέῃ Antiph. 3, 126 (1, 26). ὅπως δὲ-ἐὰν *(ὁ) καιρὸς ᾖ, -*ἀναθήσεις Arar. 3, 276 (2). δασύποδα, ἐὰν περιτύχῃς, ἀγόρασον Nicostr. (Philetaer.) 3, 290 (3). τουτὶ γὰρ ἐὰν *πύθωμ' ὅ τι, αὐτὸς *περανῶ τὰ πάντ' Nicostr. 3, 282. ταύτην ἐάν τις ἀπολέσῃ, τὴν ἀσπίδ' ἀποβέβληκεν οὗτος τοῦ βίου Nicostr. 3, 289 (5). εἰσιόντ', ἐὰν λυπούμενος τύχῃ τις ἡμῶν, ἐκολάκευσεν Ephipp. 3, 326 (1). ἐὰν δέ τις-ὑπουργῇ πρὸς χάριν, -ἑταίρα-προσηγορεύθη Anaxil. 3, 350 (2). ἐὰν ἐπιορκήσῃ τις, αὐτὸς εὐθέως ὁ διδοὺς τὸν ὅρκον ἐγένετ' ἐμβρόντητος Antiph. 3, 149 (44). μόλις *δ' ἐάν (al. δ' ἄν) ποτ' ὠνητὴν-λάβωσιν, ἔδωκαν Antiph. 3, 88 (v. 7). ἐὰν δ' ἄρα στρέφῃ με-δακτύλιός ἐστί μοι Antiph. 3, 97 (2). ἐὰν δέ γ'-σῦκά τις-τρώγων καθεύδῃ πυρετὸς εὐθέως ἥκει Nicoph. 2, 850 (1). κἂν μὲν σιωπῶ-*ἐὰν δέ γ' (legeb. ἂν δὲ) ἀποκριθῶ, οἴμοι τάλας, φησίν- Pher. 2, 275 (4). εἰ μηδὲ χέσαι γ' αὐτῷ σχολὴ γενήσεται,-μηδ' ἐάν | αὐτῷ ξυναντᾷ τις, λαλῆσαι μηδενί Stratt. 2, 783 (1). προσφάτους μὲν ἂν τύχῃ πωλῶν τις ἰχθῦς-, | ἐὰν σαπροὺς *κομιδῇ δέ Antiph. 3, 128 (2). ἂν μὲν γὰρ ᾖ τις εὐπρεπής,-ἐὰν δὲ μικρὸν παντελῶς ἀνθρώπιον,- Anaxand. 3, 177 (2). ὑφεῖλετ' ἄρνα ποιμένος-ἐὰν δὲ κριὸν -*ἂν (libri ἐὰν) δὲ κῳδάριον- ib. τοῖς μὲν μέτριον πίνουσι-εὐθυμίαν (affert), ἐὰν δ' ὑπερβάλῃς, ὕβριν, ἐὰν δ' ἴσον ἴσῳ προσφέρῃ-ἐὰν δ' ἄκρατον- anon. 4, 605 (16, 11-13). ἐάν τε κλάῃς ἄν τε μή Philem. 4, 23 (1). ἵνα-ὦμεν καταφανεῖς-ἐφοδεύων ἐάν | βούληθ' ὁ γυναικονόμος τὸν ἀριθμὸν λαμβάνειν Timocl. 3, 611. κομψὸς στρατιώτης οὐδ' *ἐὰν πλάττῃ θεός | οὐδεὶς γένοιτ' ἂν Men. 4, 277 (182). ἐὰν πονηροῦ γείτονος γείτων ἔσῃ et ἐὰν ἀγαθοῦ δὲ γείτονος γείτων ἔσῃ (an γένῃ utrobique?) Men. 4, 240 (22).

ἔαρ: μία χελιδὼν ἔαρ οὐ ποιεῖ Cratin. 5, 16 (14). κισσὸς ὅπως καλάμῳ περιφύεται †αὐξόμενος ἔαρος Eubul. 3, 251 (2).

ἑαυτοῦ: cf. αὐτοῦ· 1) ὅστις δ' ἐρυθριᾷ πρὸς τοὺς ἑαυτοῦ γονέας Antiph. 3, 152 (58ᵃ). ἐπείσακτον κακόν | κατὰ τῶν ἑαυτοῦ πραγμάτων πεπορισμένος anon. 4, 618 (50, 6). φιλεῖ δ' ἑαυτοῦ πλεῖον οὐδεὶς οὐδένα mon. 528. ἥττων ἑαυτοῦ πορνιδίῳ-ἑαυτὸν οὕτω παραδέδωκεν anon. 4, 601 (6). πίνακά μοι τούτων παραθήσεις αὐτὸν ἐφ' ἑαυτοῦ μέγαν Lyncei 4, 433 (v. 18). ἐντὸς-ἔχων τὰ †παρ' ἑαυτῷ (l. πάντ' ἐν αὐτῷ) Herm. 2, 380 (1). τοῦτ' ἐστὶ τὸ ζῆν, οὐχ ἑαυτῷ ζῆν μόνον Men. 4, 290 (257). δεῖ σκωπτόμενον ἐφ' ἑαυτῷ γελᾶν Nicol. 4, 580 (v. 31). πλακοῦς ἑαυτὸν ἐσθίειν κελευέτω Nicoph. 2, 851 (2, 4). ἐσ' ἂν-εἰς ἑαυτόν-τις *εἰσαναλίσκων τύχῃ Antiph. 3, 116 (1, 10). μικροῦ κατακαύσας ἔλαθ' ἑαυτὸν Alexid. 3, 426. τυφλοὺς *τοὺς ἐμβλέποντας εἰς ἑαυτὸν δεικνύει Men. 4, 93 (1). ἑαυτὸν οὐδεὶς ὁμολογεῖ κακοῦργος ὤν mon. 158. ἀποστεροῦντα ζῶνθ' ἑαυτὸν τοῦ φρονεῖν Crobyli 4, 566 (2). ὁ καθ' ἑαυτὸν τεχνολογῶν anon. 4, 693 (340). διὰ τὸ παρέχειν πράγματα-*ἑαυτῇ-ταύτην παρ' ἡμῶν λαμβάνει τιμωρίαν Philem. 4, 33 (4). ἐγένονθ' ἑαυτῶν συμμαθηταὶ τῆς τέχνης Anaxipp. 4, 459 (v. 2). *εἰσφορεῖν τὰ πάνθ' (?) ἑαυτοῖς μηδὲν ὁμολογούμενα Diph. 4, 408 (1, 10). οἱ δ' *ἑαυτοῖσιν σοφοί Anaxand. 3, 196 (8). διανειμάμενοι δίχ' ἑαυτοὺς ἑστᾶσ' Plat. 2, 664 (2, 2). ἑαυτοὺς δ' ἔδεφον Eubul. 3, 262 (2, 5). 2) σὺ τὴν ἑαυτοῦ πατρίδα μὴ *σύγκριν' Philem. 4, 40 (17). οἷοι λαλοῦμεν ὄντες (?)-ἅπαντες οἱ φυσῶντες ἐφ' ἑαυτοῖς μέγα Men. 4, 157 (2). δι' ἑαυτοὺς ἐσόμεθ' ἐστερημένοι Philem. 4, 49 (41).

ἕβδομος: βοῦς ἕβδομος Euthycl. 2, 890. ἕκτος δὲ κώμων, ἕβδομος (crater) δ' ὑπωπίων Eubul. 3, 249 (1, 8). Λέσβος-τάξιν ἑβδόμην λαχοῦσ' ἔχει Alexid. 3, 517 (30). septimus dies κρίσιμος Men. 4, 296 (296).

ἐγγελῶ: τοῖς ἐμοῖσιν *ἐγγελῶσι (vulg. ἀγγελοῦσι) πήμασιν Eubul. 3, 218 (3). κυρτοῖς ἐγγελῶσα κύμασιν αὔρα Sosicrat. 4, 591.

ἐγγενής: τοὺς δ' ἐγγενεῖς ἐπιχώριον (bibere vinum) Alexid. 3, 488 (1).

ἔγγονος: δουλεύομεν δόξαισιν-προγόνοισιν, ἐγγόνοισιν (f. ἐκγον.) Philem. 4, 36 (8).

ἐγγράφω: cf. γράφω. πρὶν ἐγγραφῆναι καὶ λαβεῖν τὸ χλαμύδιον Antidot. 3, 528 (1). εἰς τὸ κυλικεῖον ἐνεγράφην Cratin. min. 3, 377. εἰς τοὺς σοφιστὰς τὸν μάγειρον ἐγγράφω Alexid. 3, 452 (1, 14). εἰς τοὺς ἰαλέμους-τοῦτον ἔγγραφε Men. 4, 188 (3). ἱερὰν ἐγγράφων τὴν θυσίαν Alexid. 3, 505 (6).

ἐγγύη: εἰς ἐγγύας τρεῖς εἰσπεσών Cratin. min. 3, 378 (1). τὰ γράμματα τὴν ἐγγύην ἄτην *(λέγοντ') ib. 379.

ἐγγύς: ποῖ κῆχος; ἐγγύς Pher. 2, 349 (33). ἐγγύς εἰσιν Aristophan. 2, 1070 (1). παρόντας ἐγγὺς τοὺς συναλγοῦντας βλέπειν Men. 4, 264 (129). ὡς μακρὰν ἐγγὺς βλέπων mon. 191. ἐπὰν ἐγγὺς θάνατος ἔλθῃ Philem. 4, 47 (37). προσένεγκέ *μοὐγγὺς τὸ στόμ' Eup. 2, 433 (15). ἐγγὺς ἀγαθοῦ παραπέφυκε καὶ κακόν Men. 4, 194 (8). ὅταν ἐγγὺς ᾖ δ' †δδ' ὕστερος Anaxipp. 4, 460 (v. 41). ἐγγύς τ' εἰμὶ τοὐνόματος Alexid. 3, 496 (1, 16). σχεδόν τι μῆνας ἐγγὺς τρεῖς ὅλους φρουρῶ- Alcae. 2, 827 (1).

ἐγείρω: τοὺς εὕδοντας ἐγείρει Eup. 2, 437 (4). κορυκίς, ἥ-τοὺς μάττοντας ἐγείρει Aristophan. 2, 1123 (17). γέροντα-ἐπὶ τάπυχεῖν-ἤγειρας Men. 4, 208 (2). ἔγειρε δὴ νῦν Μοῦσα κρητικὸν μέλος Cratin. 2, 144 (10). ἤμουν-*ἤγειρεν γάρ τοί μ' οἶνος Aristophan. 2, 1094 (6) cf. 5, 64. ῥιπὶς δ' ἐγείρει φύλακας Ἡφαίστου κύνας Eubul. 3, 242 (1, 7). ἐγρηγορυίας-αἱ παροψίδες Plat. 2, 629 (1). ἠγρηγόρειν et ἐγρηγόρειν Men. 4, 309 (359).

ἐγερσικύβηλις: vide ἀγερσικύβηλις.

ἐγκάθημαι: αἰγῶν ἀπόρρουν θρόμβον, ἐγκαθήμενον εἰς πλατὺ στέγαστρον Antiph. 3, 27 (1, 8).

ἐγκαλοσκελεῖς: anon. 4, 635 (124).

ἐγκαλύπτω: ἠπάτιον ἐγκεκαλυμμένον Alexid. 3, 429 (1, 16).

ἐγκαλῶ: εἶτ' εἰ μεμάθηκε-ζῆν ἐγκαλεῖς; Baton. 4, 502 (1, 5).

ἐγκάπτω: ἐγὼ δ' *ἐνέκαψα Herm. 2, 389 (2). πολλοὺς-φάγρους ἐγκάψας Stratt. 2, 771 (2). ἐγκάψας τὸ κέρμ' εἰς τὴν γνάθον Alexid. 3, 437 (1).

ἐγκατακλείω: ἐγκατέκλεισέ θ' αὐτὸν τῷ νεῴ Alexid. 3, 401.

ἐγκαταλείπω: τὸ κέντρον ἐγκατέλειπε τοῖς ἀκροωμένοις Eup. 2, 458 (6, 7).

ἐγκαταστρέφω: βραχεῖαν †ἀπόδοσιν ἐγκαταστρέφει (l. ἀπόδος· ἐγκαταστρέφου) Antiph. 3, 136 (7).

*ἐγκατιλλώπτω: vide κατιλλώπτω.

ἐγκαττύω: φελλὸς ἐν ταῖς βαυκίσιν ἐγκεκάττυται Alexid. 3, 423 (1, 8).

ἔγκαφος: λέλειπται-οὐδ' ἔγκαφος Eup. 2, 565 (53).

ἐγκεντρίδες: Pher. 2, 272 (10). Plat. 2, 628 (14).

ἐγκεραννύω: τρεῖς-μόνους κρατῆρας ἐγκεραννύω τοῖς εὖ φρονοῦσιν Eubul. 3, 248 (1).

ἐγκέφαλος: τὸν ἐγκέφαλον-ἐξαύσας καταπίνει Plat. 2, 627 (9). οὐδ' ἥψεν κρέα, οὐδ' ἐγκέφαλον Antiph. 3, 144 (27). ὀσμὰς ἐγκεφάλῳ χρηστὰς ποιῶν Alexid. 3, 472 (5). ἐγκέφαλος (num ὁ κέφαλος?) ἠλλοίωτο Euphron. 4, 492 (v. 5). θρῖον, ἐγκέφαλος, ὀρίγανον Aristophan. 2, 1009 (17). κόγχαι, χυλός, Διὸς ἐγκέφαλος Ephipp. 3, 330 (2).

ἐγκιλικίζω: ἡμῖν ἐγκιλικίζουσ' οἱ θεοί Pher. 2, 351 (42). cf. *Aristophan. 2, 990 (12) et 5, 60.

ἐγκινοῦμαι: ἀνήρ τις ἡμῖν ἐγκινούμενος Aristophan. 2, 977 (15ᵃ).

ἐγκιρνάναι: ἐν δ' ἐκίρνατο | οἶνος anon. 4, 676 (305).

ἐγκλαστρίδια: anon. (398) 5, 124.

ἐγκομβοῦμαι: ἄνωθεν ἐνεκομβωσάμην Apollod. Car. 4, 440.

ἐγκράτεια: τοὺς ἰατροὺς-ὑπὲρ ἐγκρατείας τοῖς νοσοῦσιν-λαλοῦντας Philem. 4, 24 (1).

ἐγκρατής: τοῦ θέρους-εἶχεν ἱμάτιον δασύ, ἵν' ἐγκρατὴς ᾖ (f. ἐγκρατήσῃ 5, 100) Philem. 4, 53 (53). πάντες-οἱ Θρᾷκες-οὐ σφόδρ' ἐγκρατεῖς ἐσμέν Men. 4, 232 (8). γίγνετ' ὀξύχειρ κοὐκ ἐγκρατὴς Nicomach. 4, 584 (v. 33). ἐγκρατὴς φέρειν *γενοῦ mon. 60. εἶναι δοκεῖν Ζήνωνος ἐγκρατέστερον Posidipp. 4, 518 (1). ἐγκρατῶς: ἀδικεῖσθαι-ἐγκρατῶς Men. 4, 96 (3). ὃς τά *γ' αὑτοῦ πράγματ' ἐγκρατῶς φέρει Men. 4, 242 (29).

ἐγκρατῶ: vide ἐγκρατής.

ἐγκριδοπώλης: ἐγκριδοπώλαις, σπερματοπώλαις Nicoph. 2, 852 (1, 5). cf. p. 854 (8). ἐγκριδοπώλην Aristophan. 2, 1063 (14).

ἐγκρίς: ἁρπαζέτω τὰς ἐγκρίδας Pher. 2, 287 (3). κάρυ' *ἐντραγεῖν, ᾠά, ἐγκρίδας Antiph. 3, 143 (21). ἐγκρίδες Nicoph. 2, 854 (8)?

ἐγκρύπτω: ἐνέκρυψα-ὥσπερ δαλὸν εἰς πολλὴν τέφραν (amiam) Sotad. 3, 586 (1, 29).

ἐγκρυφίας: panis. Nicostr. 3, 283.

ἔγκυκλον: βάραθρον, ἔγκυκλον, *κομμώτριον Aristophan. 2, 1079 (6, 8).

ἐγκυλίω: ἐμαυτὸν ἐγκυλῖσαι πράγμασιν Pher. 2, 339 (7, 2).

ἐγκύμων: ἄμυλος ἐγκύμων Plat. 2, 674 (2, 6).

ἐγκυρῆσαι: Cratin. 2, 36 (12).

ἐγκυσίχωλος: anon. 4, 622 (70).

ἐγκωμιάζω: ἐγκωμιάζων τοῦτον ἀπέλαβον χάριν Axionici 3, 534 (1, 13). †ἐγκωμιάζειν s. ἐγκωμάζειν, vide κωμάζω.

ἐγκώμιον: ᾄδωμεν εἰς τὸν δεσπότην ἐγκώμιον Aristophan. 2, 1150 (5, 8). ὑπὲρ σεαυτοῦ μὴ φράσῃς ἐγκώμιον mon. 516. ἀφυής-ἔλεγε-ἐγκώμιον Euphron. 4, 494 (1, 14). μύρτων λέγουσι καὶ μέλιτος ἐγκώμια Phoenicid. 4, 509. ῥηθεὶς λόγος πατρὸς πρὸς υἱὸν περιέχων ἐγκώμιον Men. 4, 262 (115).

ἐγρηγόρσιον: Pher. 2, 343 (9).

ἔγχαλκος: μαστιγίας ἔγχαλκος mon. 365.

ἐγχάσκω: οὐ γὰρ-ἐγχανεῖται τῇ πόλει Eup. (?) 2, 577 (v. 22).

ἐγχείρημα: ἓν καινὸν ἐγχείρημα Antiph. 3, 16 (1).

ἐγχειρίδιον: κἀγχειριδίου-†παραθηγομένης βρύχεις κοπίδος (f. παραθηγομένου βρύχεις κοπίδας) Herm. 2, 395 (1, 5). χρυσολαβὲς καλὸν πάνυ ἐγχειρίδιον Men. 4, 77 (13). εἰ πάντας ὑπονοοῦσιν-ἐγχειρίδιον ἔχοντας αὑτοῖς προσιέναι Men. 4, 92 (5).

ἐγχειρῶ: τὸ δεῖπνον ἐγχειρεῖν ποιεῖν Dionys. 3, 547 (v. 4).

ἐγχέλειος. ἐγχέλειον. ἐγχέλεια: τέμαχος ἐγχέλειον Pher. 2, 269 (1). τίς δ' *ἐγχέλειον ἂν φάγοι-; Antiph. 3, 21. ἐγχέλειον παρατέθεικε Theophil. 3, 627. τὸ δ' ἐγχέλειον; B. ἅλες, ὀρίγανον, ὕδωρ Antiph. 3, 130. τεύτλοισι-ἐγχέλεια συγκεκαλυμμένα Pher. 2, 300 (1, 12). θύννου-κεφάλαιον-, ἐγχέλεια Calliae (Diocl.) 2, 735 (1). οὐδ' ἐγχέλεια οὐδὲ κάραβον μέγαν Aristophan. 2, 1077 (3, 7). περαίνειν *ἐγχέλεια, καράβους Posidipp. 4, 517. ἐνόμιζεν ἐγχέλεια καὶ θύννους ἔχειν Alexid. 3, 456 (2). *τὰ δ' ἐγχέλεια γράψομαι λιποταξίου Antiph. 3, 71 (2, 9).

ἐγχελύδιον: ἐγχελύδιόν τι καὶ γλαυκινιδίου κεφάλαια Amphid. 3, 316. ἐγχελύδια *Θήβηθεν ἐνίοτ' ἔρχεται Ephipp. 3, 334 (1, 7).

ἔγχελυς: γλαῦκος, ἔγχελυς, κύων Cratin. 2, 109 (3). κἂν λειόβατος, κἂν ἔγχελυς Plat. 2, 662 (4). κεστρεύς, σκορπίος, ἔγχελυς Mnesim. 3, 570 (v. 45). γλαῦκον, ἔγχελυν, σπάρον Anaxipp. 4, 460 (v. 40). λεῖος ὥσπερ ἔγχελυς Aristophan. 2, 1039 (20). τὸ σῶμ' ἔχουσι λεῖον ὥσπερ *ἐγχέλεις Eup. 2, 565 (52). Φοινικίδης-Ταυρέᾳ δι' ἔγχελυν (int. ἐπολέμησεν) Antiph. 3, 25. τὸ νομίσαι τ' ἰσόθεον τὴν ἔγχελυν Antiph. 3, 80. τὴν ἔγχελυν μέγιστον ἡγεῖ δαίμονα, ἡμεῖς δὲ τῶν ὄψων μέγιστον Anaxand. 3, 181 (v. 5). εἰ μὴ καθήγιζέν τις ἅμα τὴν ἔγχελυν Men. 4, 161 (1). νύμφα-λευκόχρως παρέσται, ἔγχελυς Eubul. 3, 222. οὐ γὰρ θανὼν δήπουθ' *(ἂν) ἔγχελυν φάγοις Philetaer. 3, 297 (1). εἴ τινας μᾶλλον φιλῶ-γενοίμην ἔγχελυς Alexid. 3, 449 (3). ἔγχελυν Βοιωτίαν Aristophan. 2, 1099 (6). ἥ τε-συνώνυμος τῆς ἔνδον οὔσης ἔγχελυς Βοιωτία Antiph. 3, 125 (1). *Βοιώτιαι-ἐγχέλεις Antiph. 3, 108. *ἐγχέλεις (vulg. ἐγχέλυς) Βοιώτιαι Antiph. 3, 139 (11). αἱ-*λιμνοσώματοι Βοιώτιαι-ἐγχέλεις θεαί Eubul. 3, 223 (2). ἐγχέλεων ἀνεψιός Stratt. 2, 777 (3). μεγίστας ἐγχέλεις κεκτημένος Antiph. 3, 55. παρὰ Μικίωνος ἐγχέλεις ὠνούμενον Alexid. 3, 415 (1). ἐγχέλεις-θύννεια νάρκας καράβους Timocl. 3, 598. Θάσιον, ἐγχέλεις, τυρόν, μέλι Men. 4, 161 (1).

ἐγχέω: *πῦρ πῦρ ἔγχει Cratin. 2, 26 (1). ἔγχει κύαθε Cratet. 2, 237 (1, 7). ἔγχει-ἐπιθεὶς τὸν ἠθμόν Pher. 2, 270 (4). ἔγχει κἀπιβόα Pher. 2, 318 (2, 5). Θάσιον ἔγχει Antidot. 3, 529. πιεῖν πιεῖν τις *ἐγχεῖ Henioch. 3, 560. μηκέτ' ἔγχει, παιδάριον, εἰς *(τ)ἀργυροῦν-εἰς τὸν κάνθαρον-ἔγχει Xenarch. 3, 623. σπονδή· *φέρ' ὦ παῖ Σωσία σπονδή· καλῶς. *ἔγχει Men. 4, 153 (3). εἰς τὴν ἐμὴν νῦν ἔγχεον Pher. 2, 282 (3, 7). μετανιπτρίδ' αὐτῷ τῆς ὑγιείας ἔγχεον Nicostr. 3, 279=285 (2). ἔγχεον αὐτῷ Διός γε τήνδε σωτῆρος Alexid. 3, 489 (3). *ἔγχεον (libri ἔκχεον) μεστήν Diph. 4, 384 (1). ἔγχεον σὺ δὴ πιεῖν Diph. 4, 402. πιεῖν τις ἡμῖν ἐγχεάτω Philem. 4, 6. κἀκέλευον †ἐγχέασθαι (f. ἐγχέασθε) νῷν-μύρον Pher. 2, 298 (5). φέρ'-τὸν ποδανιπτῆρ' ἐγχέασα θὔδατος Amips. 2, 701 (2). ἐγχέασα θᾶττον ἀγαθοῦ δαίμονος ἀπενεγκάτω μοι τὴν τράπεζαν Nicostr. 3, 286 (3). ὑδαρῆ 'νέχεέν σοι; Pher. 2, 282 (4, 2). πῶς-δ' ἐνέχεας; ib. (4, 3). ὄξος-εἰς λεκάνην τιν' ἐγχέας ψυχρόν Alexid. 3, 440 (5, 5). ὄξος (translate) ἐνέχεαν Theop. 2, 819 (13). οἰνόν τε μικρὸν ἐγχέαι (al. ἐγχέας) Antiph. 3, 30 (1, 16). οἶνον Θάσιον πίνοις ἄν; B. εἴ τις ἐγχέαι Antiph. 3, 77. ὀβολοῦ ἡμῖν-ἐνέχεεν (libri ἐνεχθέν) | καὶ τεττάρων χαλκῶν Philem. 4, 19 (2). οὐκοῦν ἐγχέω-*πολύν; Alexid. 3, 487 (1). ἵνα τοῖς †ἰοῦσιν ἐγχέῃ (f. εἰσιοῦσιν ἐγχέω) Pher. 2, 298 (5). †περιέφερε-λεπαστὴν-παῖς ἐνέχει τε Aristophan. 2, 1010 (12). †ἔγχεον ἐς σφέτερον δέμας Aristophan. 2, 1094 (7).

ἔγχουσα: ἔγχουσα καὶ ψιμύθιον Amips. 2, 702 (4). μίτρας, ἀναδήματα, *ἔγχουσαν (vulg. ἄγχουσαν) Aristophan. 2, 1078 (6, 3).

ἔγχυλος: τὰ *κρεάδι' ἔσται-ἔγχυλα-ἀτρεμεί Alexid. 3, 440 (5, 12).

ἔγχυτος: ὁ μάγειρος-ἐγχύτους ποιεῖ Men. 4, 222 (1). θρῖα, τυρόν, ἐγχύτους Euangeli 4, 572 (v. 7).

ἐγχώριος: ἐγχώριος ἀνήρ. ἐγχώριον πρᾶγμα Eup. 2, 480 (44). νόμοις τοῖς ἐγχωρίοις mon. 372.

ἐγώ: de peculiari eius usu cf. Anaxand. 3, 166 (2). ὅταν οὗτοί σε κατορύττωσιν. B. οὐ δῆτ'· ἀλλ' ἐγώ | τούτους πρότερον Pher. 2, 260 (11). ἀμφότερ' ἐρεῖς, ἐγὼ δ' ἀκούσας-αἱρήσομαι Eup. 2, 549 (3). τί οὐ τρέχων σὺ τὰς τραπέζας ἐκφέρεις; ἐγὼ δὲ λίτρον (νίπτρον?) παραχέων *ἔρχομαι· κἀγὼ δὲ παρακορήσων Plat. 2, 637 (1). αὔλει μοι μέλος, σὺ δ' ᾆδε-ἐκπίομαι δ' ἐγὼ τέως Amips. 2, 710 (1). *γαλῆν'. B. ἐγὼ δ' ᾤμην σε γαλῆν λέγειν ὁρῶ Stratt. 2, 788 (2). Οἰνόμαος οὗτος χαῖρε, πέντε καὶ δύο, κἀγώ τε καὶ *(σὺ) συμπόται γενοίμεθα Nicoch. 2, 842. ἐρείδετον, κἀγὼ-ἕψομαι Aristophan. 2, 1151 (6). πρόσεχε, κἀγώ σοι φράσω Athenion. 4, 557 (v. 8). κοτταβιεῖτε τίνα τρόπον; Α. ἐγὼ διδάξω Antiph. 3, 29 (1, 5). περιπλοκὰς λίαν ἐρωτᾷς. B. ἀλλ' ἐγὼ σαφῶς φράσω Antiph. 3, 41 (2, 2). οἶσθ' οὖν ὅπως δεῖ τοῦτό σ' ἐκπιεῖν; B. ἐγώ | κομιδῇ γε Antiph. 3, 41 (2, 11). τὸ δὲ ζῆν εἰπέ μοι τί ἐστι; B. *τὸ πίνειν φήμ' ἐγώ Antiph. 3, 138 (10) cf. 5, 79. βοῦν προσκυνεῖς, ἐγὼ δὲ θύω τοῖς θεοῖς Anaxand. 3, 181 (v. 4). οὐκ ἐσθίεις ὕει', ἐγὼ δέ γ' ἥδομαι ib. (v. 7). κύνα σέβεις, τύπτω δ' ἐγώ ib. (v. 8). τὸν αἰέλουρον κακὸν ἔχοντ' ἐὰν ἴδῃς, κλάεις, ἐγὼ δ' ἥδιστ' ἀποκτείνας δέρω. δύναται παρ' ὑμῖν μυγαλῆ, παρ' ἐμοὶ δέ γ' οὔ ib. (v. 13. 14). ὑπὲρ σεαυτοῦ πρᾶττ' *ὁτιοῦν ἄν σοι δοκῇ, ἐγὼ δ' ὑπὲρ ἐμοῦ Anaxand. 3, 199 (11). σῶζε σαυτόν, ἐγὼ δ' ἐμέ Philem. 4, 8 (3). οὐκ ᾤου *(σύ) με χολὴν ἔχειν, ὡς δ' ἠπάτῳ μοι διελέγου, ἐγὼ δέ γ' εἰμὶ τῶν μελαμπύγων ἔτι Eubul. 3, 234 (2). ἐγὼ δέ γε στίξω σε Eup. 2, 530 (11). πέπωκας οὗτος; A. *ναὶ μὰ Δία πέπωκ' ἐγώ Eubul. 3, 263 (5). κατεδήδοκεν-Μάτων, ἐγὼ δ' ἀπόλλυμαι Anaxil. 3, 347. ἔστιν ἀνήρ μοι πτωχός, κἀγώ | γραῦς, καὶ θυγάτηρ, καὶ-πένθ' οἱ πάντες Alexid. 3, 456 (1). ἴσως ἐθαύμασας- B. ἐγὼ δ' ἐθαύμασ' *(;) Sosip. 4, 483 (v. 38). "πόσους κέκληκας μέροπας-;" ἐγὼ κέκληκα Μέροπας-; Straton. 4, 545 (v. 7). τίς ἄρ' *ἐρῶντά μ' οἶδεν-ἐγὼ πολλῇ χολῇ (?) Cratin. 2, 74 (2). Λάχης. B. ἐγὼ δὲ πρός σέ Crobyli 4, 567 (1). ὄμοσόν μοι μὴ τεθνάναι τὸ *σῶμ'. B. ἐγώ. Plat. 2, 640 (3) sed cf. 5, 45. τί φῄς; A. ἐγώ Sosip. 4, 482 (v. 13). ὅδ' ἐγὼ πάρα Herm. 2, 405 (8). βούλεσθε δῆτ' ἐγὼ φράσω τίς εἴμ' ἐγώ; Philyll. 2, 859. Σίκων ἐγώ | βεβρεγμένος ἥκω Eubul. 3, 263 (5). εὐδαίμων ἐγώ-ὅτι- Alexid. 3, 469 (2). οἵαν ἀδικῶ γυναῖχ' ὁ δυσδαίμων ἐγώ *Men. 4, 166 (4). ὁ δ' ἀλάστωρ ἐγώ ib. (5). ὁ δὲ τάλας ἐγώ | κεστρεὺς ἂν εἴην Diph. 4, 401. ὦ τάλας ἐγώ Theognet. 4, 549 (v. 5). κἀγὼ γὰρ ηὔχουν Μητρόβιος ὁ γραμματεὺς-συνδιατρίψειν Cratin. 2, 15 (1). ἐγὼ γάρ εἰμι θυννὶς ἤ- Cratin. 2, 109 (3). ἄρχων εἰμὶ νῦν-ἐγώ Cratin. 2, 195 (53). ὀρχηστὴς δ' ἐγώ Cratin. 2, 216 (137[a]). ἐγώ σοι πᾶς ἀνέρριμμαι κύβος Aristophan. 2, 1199 (97). ἐγὼ-μὴ γέλων ὄφλων λάθω-*ἐξήμμεθα (legeb. ἐξῆμμαι) πηνίκην *Aristophan. 2, 1176 (3). *κὰς τοῦ καπήλου 'γὼ φέρω παίζων ἅμα Herm. 2, 369 (1). ἐγὼ 'ζήτουν Eup. 2, 432 (13). γλίσχρον τε *μοὔστι τὸ σίαλον Pher. 2, 281 (3). προσένεγκέ *μοὔγγὺς τὸ στόμ' ὀσφρέσθαι Eup. 2, 433 (15). ὄνομα δέ μοὔστι Μονότροπος Phryn. 2, 587 (1). τὸν πουλύπουν *μοὔθηκε Aristophan. 2, 1018 (7). ὥρα βαδίζειν *μοὐστίν Aristophan. 2, 1139 (6). ὥσπερ ἵππῳ *μοὐπιβαλεῖς προσίππιον Eup. 2, 555 (17). τὰ κάρυά μοὐξέπιπτεν Aristophan. 2, 1185 (38). τελέως *δέ μοὐπῆλθ' ἡ-μαστροπός Epicrat. 3, 369 cf. 4, 27. ὡς ἵμερός *μοὐπῆλθε Philem. 4, 26. παροινεῖς †ἐμὲ (l. ἢ 'μὲ) πρὶν δεδειπνάναι Aristophan. 2, 1051 (10). οὐ δεινὸν οὖν κριοὺς *ἔμ' ἐκγεννᾶν-; Eup. 2, 463 (10). *κοτύλας τέτταρας ἀναγκάσας μεστὰς ἔμ'-σπάσαι Alexid. 3, 514 (20). ἐβίασέ μου τὴν γυναῖκα (f. τὴν γυναῖκά μου) Alcaei 2, 833 (3). ἐὰν κακῶς μου τὴν γυναῖχ' οὕτω λέγῃς Men. 4, 254 (73). *ἐς μακαρίαν τὸ λουτρόν, ὡς διέθηκέ με. -ἀποκναίσειεν ἂν *κἂν ὁστισοῦν μου λαβόμενος τοῦ δέρματος Antiph. 3, 137 (9). πολλούς-οἷ καταβεβρώκασ' ἕνεκ' ἐμοῦ τὰς οὐσίας Hegesipp. 4, 480 (v. 30).

*ποῦ ποτ' εἶδές μοι τὸν ἄνδρα-; Cratin. 2, 97 (8). ἰσχάδας μοι πρόελε Pher. 2, 281 (2). ταῦτα νῦν μέμνησό μου (l. μοι 5, 27) Pher. 2, 291 (10). οἶσθα νῦν ὅ μοι ποίησον; τήνδε νῦν μή μοι δίδου, ἐκ δὲ τοῦ κέρατος αὖ μοι δὸς πιεῖν Herm. 2, 400 (5). μή μοι φακοὺς Pher. 2, 280 (1, 4). βούλει-*κατηγορῆσαι μοι;-ἰχθῦς φρονοῦντας-. μή μοι βρέφη Ephipp. 3, 339 (2). μὴ προφάσεις ἐνταῦθά μοι Alexid. 3, 437 (2, 1). B. δηλονότι. A. μή μοι δῆλον Alexid. 3, 464 (2, 14). τοῦτό μοι τὸ δεῖπνον ἀλλ' οὐδ' αἷμ' ἔχει Diph. 4, 404 (2, 8). ὁ νόθος δέ μοι ζῇ; Eup. 2, 461 (9). ἀλείφεσθαι τὸ σῶμά μοι πρίω μύρον-καὶ τοῖς ποσὶν χωρὶς πρίω μοι βάκχαριν Cephisod. 2, 883 (1). οἴχεταί μοι τυρός-Eup. 2, 562 (42). μαλθακωτέρα σικυοῦ μοι γέγονε Theop. 2, 817 (5). ἔγχελυς, *ὦ μέγα μοι μέγα σοι φῶς **ἐναργές Eubul. 3, 222. τὸ-θειοφανὲς μητρῷον ἐμοὶ μελέδημ' ἰσχάς Alexid. 3, 456 (1, 14). σοί τε γὰρ κλύειν ἐμοί τε λέξαι θυμὸς ἡδονὴν ἔχει. ἐμοὶ γὰρ ἦρξε τῶν κακῶν Μελανιππίδης Pher. 2, 326 (1, 2. 3). μάλιστ' ἐμοὶ ξένος, ἀτὰρ παρ' ἐμοί γ' ὢν εἶχεν οὐδὲ σύμβολον Archipp. 2, 716 (1). ὁ πατήρ *(μ') ἄνωθεν εἰς τὸ φρέαρ, *ἐμοὶ δοκεῖν,-καθεικέναι Lysipp. 2, 744 (1). *ὅτου δοκεῖ σοι δεῖν-τῇ πόλει; B. ἐμοὶ μὲν *αἴνειν μολγόν Aristophan. 2, 988 (9). ἐγὼ γὰρ ἂν *εἰ-φάγοιμι *(τι), μύκητας ὠμοὺς ἂν φαγεῖν *(ἐμοὶ) δοκῶ Antiph. 3, 103 (1). ῥάφανόν με νομίσασ' εἰς ἐμὲ σὺ τὴν κραιπάλην μέλλεις ἀφεῖναι-, ὡς ἐμοὶ δοκεῖς Eubul. 3, 266 (9). οὐχ ἡδύ; ἐμοὶ μὲν μετὰ τὸ πλουτεῖν δεύτερον Antiph. 3, 79 (2, 9). μάταιός ἐστιν *ἕν γ' ἐμοὶ καὶ τοῖς σοφοῖς κριταῖς ἅπασιν Amphid. 3, 309 (2). ἀλλὰ δὴ τί τοῦτ' ἐμοί; Diph. 4, 389 (1, 18). δεῦρο παρ' ἐμὲ Θεολύτη, παρὰ τὸν νέον ξύνδουλον Theop. 2, 804 (1, 6). ὅστις αὐλοῖς-κατατέτριμμαι χρώμενος, εἶτά με σκάπτειν κελεύεις; Aristophan. 2, 1037 (17). †ἀποπνίξεις δέ με καινὴν πρός με διάλεκτον λαλῶν Antiph. 3, 93. πρός με Men. 4, 316 (421). κλάω· πρὸς ἐμὲ γάρ ἐστι τοῦτ', ἐκεῖνο δ' οὔ Apollod. 4, 451 (1). μὴ κόπτε μ', ἀλλὰ τὰ κρέα Alexid. 3, 464 (2, 12). ἐμὲ κατακόψεις, οὐχ ὃ θύειν μέλλομεν Anaxipp. 4, 460 (v. 23). τὴν χλανίδα πάντες-οὐκ ἐμέ | προσηγόρευον Posidipp. 4, 526 (5). ὁ πορνοβοσκὸς γάρ μ'-χορδὴν-σκευάσαι ἐκέλευσε *ταυτηνί με Sophili 3, 582. εὕρηκε-τὸν ἐμὲ τουτονί Men. 4, 210 (4).

ἔγωγε: cf. ἐγώ. τί σαυτὸν ἀποτίνειν τῷδ' ἀξιοῖς;- B. ἀπαρτὶ δή που προσλαβεῖν-ἔγωγε μᾶλλον Pher. 2, 249 (7). ὄρτυγας ἔθρεψας σύ-; B. ἔγωγε μικρά γ' (an μίκρ' ἄττ') ὀρτύγια Eup. 2, 512 (9). ἤδη-ἔκαμες-; B. *ἔγωγε (legeb. ἐγὼ δέ) ὃν δ' ἴσον ἴσῳ φέροντ', ἐγὼ δ' (f. φέροντ' ἔγωγ' 18 (5). τίς εἶ; -B. Ἑρμῆς ἔγωγε Plat. 2, 652 (Aristophan. 2, 954 (5). ἀλλ' οὖν 500 (4). ἀλλ' ναῦν σεσῶσθαί μοι λέγεις ναῦν ἐκείνην- Men. 4, 174 (1). ἀλλ' εὔχομαι τὸν *ζυγόν Aristophan. 2, 1061 (1). ἐγὼ δὲ τοῦτ'- ἄν. A. κἄγωγε ταῖς ἄλλαις πόλεσι *δρῶ ταῦτα Aristophan. 2, 1171 (1, 12). Ἑλλάδος ἔγωγε τῆς ταλαιπώρου στένω Eubul. (Philipp.) 3, 238 (v. 10). ὥστ' ἔγωγ' ηὐαινόμην Aristophan. 2, 1187 (47). οἴμοι τάλας ἔγωγε Men. 4, 244 (35). **ἔγωγε τὸν μάγειρον Sosip. 4, 483 (v. 45). οὐκ οἶδ' ἔγωγε γράμματ' Cratin. 2, 88 (1). ἀλλ' οὖν ὅμως οὗτος μὲν ἦν ἀποχρῶν ἀνὴρ ἔμοιγε et ἀλλ' οὖν ἔμοιγε χοὖτος ἦν ἀποχρῶν ἀνήρ Pher. 2, 326 (1, 7). 327 (1, 17). μὰ Δί' *οὐδέ γ' Ἕλλην· ὅσον ἔμοιγε φαίνεται Aristophan. 2, 1071 (5).

ἔδαφος: διακόψει τοὔδαφος αὐτῶν (navium) Pher. 2, 258 (6). ποτήρια-, τοίχους οὐκ ἔχοντ', ἀλλ' αὐτὸ τοὔδαφος μόνον Pher. 2, 324 (1).

ἔδεσμα: τρίγλας, ἔδεσμα τοῦ καλοῦ Καλλισθένους Antiph. 3, 12 (1, 10). ἀπέλαυσα πολλῶν καὶ καλῶν ἐδεσμάτων Antiph. 3, 44 (1).

ἐδεστής: Μισγόλας-οὐ πάνυ τούτων ἐδεστής Antiph. 3, 13 (1, 15).

ἕδρα: μαχέσθω περὶ ἕδρας παροψίδι Nicoph. 2, 851 (3).

ἔδω: ἔδω δ' ἐμαυτὸν ὥσπερ πουλύπους Alcaei 2, 832 (1). ἵπποι χλωρὰν ψαλάκανθαν ἔδουσιν Eubul. 3, 219 (4).

ἐδωδή: ἃ δ' εἰς τ' ἐδωδὴν-καὶ ῥώμης ἀκμὴν-πάντα ταῦτ' ἐδαινύμην Eubul. 3, 265 (v. 6).
ἐδώλιον: ἀρτοπώλιον-ἵν' ἐστὶ κριβάνων *ἐδώλια Aristophan. 2, 946 (7). 1009 (11).
ἐθέλεχθρον: Cratin. 2, 210 (103).
ἐθελόσυχνος: Cratet. 2, 249 (8).
ἐθέλω: cf. θέλω. μέλλω. ἐθέλω γεωργεῖν Aristophan. 2, 965 (1). ἐθέλω βάψας πρὸς ναυτοδίκας- Aristophan. 2, 1041 (24). *ἐθέλω δίκην δοῦναι πρόδικον Aristophan. 2, 1056 (1). ἐθέλω κρέμασθαι δεκάκις Aristophont. 3, 362 (3). τί ποτ' οὐκ ἐθέλεις δόρυ βαστάζειν-; Herm. 2, 395 (1). τρίγλη δ' οὐκ ἐθέλει νεύρων ἐπιήρανος εἶναι Plat. 2, 673 (1, 19). βοὴν ἵστησι γεγωνόν ‖ οἷς ἐθέλει θνητῶν Antiph. 3, 112 (1, 4). ἐθέλει καταμένειν ἐπισίτιος Eubul. 3, 216 (1). εἰς Δῆλον ἐλθεῖν ἠθέλησ' ἐκ Πειραιῶς Criton. 4, 538 (v. 4). ἆρά γε-ἐθελήσετον Cratin. 2, 223 (145).
ἐθίζω: ψυχὴν ἔθιζε πρὸς τὰ χρηστὰ πράγματα mon. 548. ὁ τὰ γελοῖ' εἰθισμένος λέγειν Alexid. 3, 487 (2). τοῖς διασύρειν ὑμᾶς εἰθισμένοις Alexid. 3, 490 (1). πότους ἑωθινοὺς πίνει διὰ σὲ νῦν πρότερον οὐκ εἰθισμένον (al. -νος) Baton. 4, 502 (v. 4).
ἐθισμός: Posidipp. 4, 521.
ἔθνος: ἔθνος-οὐδέν ἐστιν ἐξωλέστερον Antiph. 3, 86 (11). γυναῖκας ἔπλασεν-ἔθνος μιαρόν Men. 4, 231 (6, 6).
ἔθος: ἔθος ἐστὶν αὐτοῖς-διαπειρώμενον-ταράττειν καὶ κυκᾶν Cratin. min. 3, 376. ξένον προτιμᾶν μᾶλλον ἀνθρώποις ἔθος mon. 680. τοῦτο δὴ τὸ νῦν ἔθος, ἄκρατον, ἐβόων Men. 4, 220 (2). κωμάζειν ἔθος ἐστὶν νόμος τε τὰς ἑταίρας-*(μεθύειν) Alexid. 3, 499 (1). ἢ κατὰ τοὺς νόμους, ἢ ταῖς ἀνάγκαις ἢ *(τὸ) τρίτον ἔθει τινί Men. 4, 114 (2). ἐν τοῖς δ' ἐκείνων ἔθεσιν ἴσθ' ἀρχαϊκός Antiph. 3, 22. μὴ καταφρόνει *ἐθῶν (legeb. ἐτῶν) γεροντικῶν Apollod. 4, 452 (1).
εἰ: 1) condicionalis. εἴ τις προκριθῇ Cratin. 2, 35 (8). εἰ σοφὸς ᾖ Cratet. 2, 234 (7). †εἰ λάβω κυρίσοι Pher. 2, 282 (3, 4). εἶτα καὶ νῦν-τούτων φάγοις ἄν; Φ. κἂν τις (libri κἂν εἴτις, καὶ εἴ τις. f. καὶ εἴ τις) ἄλλος μικρὸς ᾖ Antiph. 3, 36 (1, 10). εἰ (al. σὺ) μὴ μεταλάβῃ τοὐπίπεμπτον Aristophan. 2, 1041 (25). *ἂν (legeb. εἰ) μὲν λάβῃ τοῦτ'- Philem. 4, 34 (5, 5) cf. Philem. 4, 57 (75). εἰ δ' ἤνεγκεν ἂν | -τι τῶν ἀνηκέστων, ἴσως *(ὁ θάνατος)-σοῦ γέγονεν εὐνούστερος anon. 4, 670 (287). τρίγλη δ' εἰ μὲν ἐδηδόκοίη τένθου Cratin. 2, 179 (14). μᾶζαι-ἱκετεύουσαι καταπίνειν, εἴ τι φιλοῖεν τὰς λευκοτάτας Telecl. 2, 361 (1, 6). καὶ νὴ Δί' εἰ Πάμφιλόν γε φαίης κλέπτειν Plat. 2, 618 (1). πλὴν εἴ τις πρίαιτο-βασκάνιον Aristophan. 2, 1185 (39). εἴ τις ὀρχοῖτ' εὖ, θέαμ' ἦν Plat. 2, 659 (1). οἶνον Θάσιον πίνοις ἄν; Β. εἴ τις ἐγχέοι. ‖ Α. μελίπηκτα δ' εἴ σοι προσφέροι;- Antiph. 3, 77. τίς ἂν γενόμενος-ἐνδύσομαι; φέρ' εἰ γενοίμην-γαλῆ. Sannyr. 2, 874 (1). ἐγὼ γὰρ ἂν *εἰ (libr. τι)-φάγοιμί τι, μόκητας-ἂν φαγεῖν *(ἐμοὶ) δοκῶ | καὶ στρυφνὰ μῆλα καί τι πνίγει βρωμά τι Antiph. 3, 103 (1). ἕκαστος, *καὶ σφόδρα *ζῶν ἐχθρὸς ᾖν τις, γίγνεται φίλος Dionys. 3, 555 (2). εἰ γὰρ ἀφέλοι τις τοῦ βίου τὰς ἡδονάς, καταλείπετ' οὐδὲν Antiph. 3, 150 (51) = Theophil. 3, 630 (1). εἰ τοῦ πατρὸς δόξαιμι κρεῖττον-λέγειν, ἐμαυτὸν ἀδικῶ Diph. 4, 422 (18). ὡς εἰ φάγοι τις-στρέφοιθ' ὅλην τὴν νύκτα Amphid. 3, 308 (1). ἡδύ γε πατὴρ τέκνοισιν εἰ στοργὴν ἔχοι Philem. 4, 63 (108). εἰ γὰρ ἐγένου σύ-ἐφ' ᾧ *τε διατελεῖν πράττων ἃ βούλει-καὶ τοῦτο τῶν θεῶν τις ὡμολόγησέ σοι, ὀρθῶς ἀγανακτεῖς Men. 4, 227 (2). εἰ πεύσομαι-*ἀποδαρθόντα σε, αὐτὸς σεαυτὸν αἰτιῶ

ἐγγράφω: cf. γράφω. πρὶν ἐγγραφῆναι καὶ λαβεῖν τὸ χλαμύδιον Antidot. 3, 528 (1). εἰς τὸ κυλικεῖον ἐνεγράφην Cratin. min. 3, 377. εἰς τοὺς σοφιστὰς τὸν μάγειρον ἐγγράφω Alexid. 3, 452 (1, 14). εἰς τοὺς ἰαλέμους-τοῦτον ἔγγραφε Men. 4, 138 (3). ἱερὰν ἐγγράφων τὴν οὐσίαν Alexid. 3, 505 (6).

ἐγγύη: εἰς ἐγγύας τρεῖς εἰσπεσών Cratin. min. 3, 378 (1). τὰ γράμματα τὴν ἐγγύην ἄτην *(λέγοντ') ib. 379.

ἐγγύς: ποῖ κῆχος; ἐγγύς Pher. 2, 349 (33). ἐγγύς εἰσιν Aristophan. 2, 1070 (1). παρόντας ἐγγὺς τοὺς συναλγοῦντας βλέπειν Men. 4, 264 (129). ὡς μακρὰν ἐγγὺς βλέπων mon. 191. ἐπὰν ἐγγὺς θάνατος ἔλθῃ Philem. 4, 47 (37). προσένεγκέ *μοὐγγὺς τὸ στόμ' Eup. 2, 433 (15). ἐγγὺς ἀγαθοῦ παραπέφυκε καὶ κακόν Men. 4, 194 (8). ὅταν ἐγγὺς ᾖ δ' †δδ' ὕστερος Anaxipp. 4, 460 (v. 41). ἐγγύς τ' εἰμὶ τοὐνόματος Alexid. 3, 496 (1, 16). σχεδόν τι μῆνας ἐγγὺς τρεῖς ὅλους φρουρῶ- Alcae. 2, 827 (1).

ἐγείρω: τοὺς εὕδοντας ἐγείρει Eup. 2, 437 (4). κωρυκίς, ἣ-τοὺς μάττοντας ἐγείρει Aristophan. 2, 1123 (17). γέροντα-ἐπὶ τἀτυχεῖν-ἤγειρας Men. 4, 208 (2). ἔγειρε δὴ νῦν Μοῦσα κρητικὸν μέλος Cratin. 2, 144 (10). ἥμουν-*ἤγειρεν γάρ τοί μ' οἶνος Aristophan. 2, 1094 (6) cf. 5, 64. ῥιπὶς δ' ἐγείρει φύλακας Ἡφαίστου κύνας Eubul. 3, 242 (1, 7). ἐγρηγορυίας-αἱ παροιμίδες Plat. 2, 629 (1). ἠγρηγόρειν et ἐγρηγόρειν Men. 4, 309 (359).

ἐγερσικύβηλις: vide ἀγερσικύβηλις.

ἐγκάθημαι: αἰγῶν ἀπόρρουν θρόμβον, ἐγκαθήμενον εἰς πλατὺ στέγαστρον Antiph. 3, 27 (1, 8).

ἐγκαλοσκελεῖς: anon. 4, 635 (124).

ἐγκαλύπτω: ἠπάτιον ἐγκεκαλυμμένον Alexid. 3, 429 (1, 16).

ἐγκαλῶ: εἶτ' εἰ μεμάθηκε-ζῆν ἐγκαλεῖς; Baton. 4, 502 (1, 5).

ἐγκάπτω: ἐγὼ δ' *ἐνέκαψα Herm. 2, 389 (2). πολλοὺς-φάγρους ἐγκάψας Stratt. 2, 771 (2). ἐγκάψας τὸ κέρμ' εἰς τὴν γνάθον Alexid. 3, 437 (1).

ἐγκατακλείω: ἐγκατέκλεισέ θ' αὐτὸν τῷ νεῷ Alexid. 3, 401.

ἐγκαταλείπω: τὸ κέντρον ἐγκατέλειπε τοῖς ἀκροωμένοις Eup. 2, 458 (6, 7).

ἐγκαταστρέφω: βραχεῖαν †ἀπόδοσιν ἐγκαταστρέφει (f. ἀπόδος· ἐγκαταστρέφου) Antiph. 3, 136 (7).

*ἐγκατιλλώπτω: vide κατιλλώπτω.

ἐγκαττύω: φελλὸς ἐν ταῖς βαυκίσιν ἐγκεκάττυται Alexid. 3, 423 (1, 6).

ἔγκαφος: λέλειπται-οὐδ' ἔγκαφος Eup. 2, 565 (53).

ἐγκεντρίδες: Pher. 2, 272 (10). Plat. 2, 628 (14).

ἐγκεραννύω: τρεῖς-μόνους κρατῆρας ἐγκεραννύω τοῖς εὖ φρονοῦσιν Eubul. 3, 248 (1).

ἐγκέφαλος: τὸν ἐγκέφαλον-ἐξαύσας καταπίνει Plat. 2, 627 (9). οὐδ' ἧψεν κρέα, οὐδ' ἐγκέφαλον Antiph. 3, 144 (27). ὀσμὰς ἐγκεφάλῳ χρηστὰς ποιῶν Alexid. 3, 472 (5). ἐγκέφαλος (num ὁ κέφαλος?) ἠλλοίωτο Euphron. 4, 492 (v. 5). θρῖον, ἐγκέφαλος, ὀρίγανον Aristophan. 2, 1009 (17). κόγχαι, χυλός, Διὸς ἐγκέφαλος Ephipp. 3, 330 (2).

ἐγκιλικίζω: ἡμῖν ἐγκιλικίζουσ' οἱ θεοί Pher. 2, 351 (42). cf. *Aristophan. 2, 990 (12) et 5, 60.

ἐγκινοῦμαι: ἀνήρ τις ἡμῖν ἐγκινούμενος Aristophan. 2, 977 (15[a]).

ἐγκιρνάναι: ἐν δ' ἐκίρνατο | οἶνος anon. 4, 676 (305).

ἐγκλαστρίδια: anon. (398) 5, 124.

ἐγκομβοῦμαι: ἄνωθεν ἐνεκομβωσάμην Apollod. Car. 4, 440.

ἐγκράτεια: τοὺς ἰατροὺς-ὑπὲρ ἐγκρατείας τοῖς νοσοῦσιν-λαλοῦντας Philem. 4, 24 (1).

ἐγκρατής: τοῦ θέρους-εἶχεν ἱμάτιον δασύ, ἵν' ἐγκρατὴς ᾖ (f. ἐγκρατήσῃ 5, 100) Philem. 4, 53 (53). πάντες-οἱ Θρᾷκες-οὐ σφόδρ' ἐγκρατεῖς ἐσμέν Men. 4, 232 (8). γίγνετ' ὀξύχειρ κοὐκ ἐγκρατὴς Nicomach. 4, 584 (v. 33). ἐγκρατὴς φέρειν *γενοῦ mon. 60. εἶναι δοκεῖν Ζήνωνος ἐγκρατέστερον Posidipp. 4, 518 (1). ἐγκρατῶς: ἀδικεῖσθαι-ἐγκρατῶς Men. 4, 96 (3). ὅς τά *γ' αὑτοῦ πράγματ' ἐγκρατῶς φέρει Men. 4, 242 (29).

ἐγκρατῶ: vide ἐγκρατής.

ἐγκριδοπώλης: ἐγκριδοπώλαις, σπερματοπώλαις Nicoph. 2, 852 (1, 5). cf. p. 854 (8). ἐγκριδοπώλην Aristophan. 2, 1053 (14).

ἐγκρίς: ἁρπαζέτω τὰς ἐγκρίδας Pher. 2, 287 (3). κάρυ' *ἐντραγεῖν, φ', ἐγκρίδας Antiph. 3, 143 (21). ἐγκρίδες Nicoph. 2, 854 (8)?

ἐγκρύπτω: ἐνέκρυψα-ὥσπερ δαλὸν εἰς πολλὴν τέφραν (amiam) Sotad. 3, 586 (1, 29).

ἐγκρυφίας: panis. Nicostr. 3, 283.

ἔγκυκλον: βάραθρον, ἔγκυκλον, *κομμώτριον Aristophan. 2, 1079 (6, 8).

ἐγκυλίω: ἐμαυτὸν ἐγκυλῖσαι πράγμασιν Pher. 2, 339 (7, 2).

ἐγκύμων: ἄμυλος ἐγκύμων Plat. 2, 674 (2, 8).

ἐγκυρῆσαι: Cratin. 2, 36 (12).

ἐγκυσίχωλος: anon. 4, 622 (70).

ἐγκωμιάζω: ἐγκωμιάζων τοῦτον ἀπέλαβον χάριν Axionici 3, 534 (1, 13). †ἐγκωμιάζειν s. ἐγκωμάζειν, vide κωμάζω.

ἐγκώμιον: ᾄδωμεν εἰς τὸν δεσπότην ἐγκώμιον Aristophan. 2, 1150 (5, 8). ὑπὲρ σεαυτοῦ μὴ φράσῃς ἐγκώμιον mon. 516. ἀφύης-ἔλεγε-ἐγκώμιον Euphron. 4, 494 (1, 14). μύρτων λέγουσι καὶ μέλιτος ἐγκώμια Phoenicid. 4, 509. ῥηθεὶς λόγος πατρὸς πρὸς υἱὸν περιέχων ἐγκώμιον Men. 4, 262 (115).

ἐγρηγόρσιον: Pher. 2, 343 (9).

ἔγχαλκος: μαστιγίας ἔγχαλκος mon. 365.

ἐγχάσκω: οὐ γὰρ-ἐγχανεῖται τῇ πόλει Eup. (?) 2, 577 (v. 22).

ἐγχείρημα: ἓν καινὸν ἐγχείρημα Antiph. 3, 16 (1).

ἐγχειρίδιον: κἀγχειριδίου-†παραθηγομένης βρύχεις κοπίδος (f. παραθηγομένου βρύχεις κοπίδας) Herm. 2, 395 (1, 5). χρυσολαβὲς καλὸν πάνυ ἐγχειρίδιον Men. 4, 77 (13). εἰ πάντας ὑπονοοῦσιν-ἐγχειρίδιον ἔχοντας αὐτοῖς προσιέναι Men. 4, 92 (5).

ἐγχειρῶ: τὸ δεῖπνον ἐγχειρεῖν ποιεῖν Dionys. 3, 547 (v. 4).

ἐγχέλειος. ἐγχέλειον. ἐγχέλεια: τέμαχος ἐγχέλειον Pher. 2, 269 (1). τίς δ' *ἐγχέλειον ἂν φάγοι-; Antiph. 3, 21. ἐγχέλειον παρατέθεικε Theophil. 3, 627. τὸ δ' ἐγχέλειον; B. ἅλες, ὀρίγανον, ὕδωρ Antiph. 3, 130. τεύτλοισι-ἐγχέλεια συγκεκαλυμμένα Pher. 2, 300 (1, 12). θύννου-κεφάλαιον-, ἐγχέλεια Calliae (Diocl.) 2, 735 (1). οὐδ' ἐγχέλεια οὐδὲ κάραβον μέγαν Aristophan. 2, 1077 (3, 7). περαίνειν *ἐγχέλεια, καράβους Posidipp. 4, 517. ἐνόμιζεν ἐγχέλεια καὶ θύννους ἔχειν Alexid. 3, 455 (2). *τὰ δ' ἐγχέλεια γράψομαι λιποταξίου Antiph. 3, 71 (2, 9).

ἐγχελύδιον: ἐγχελύδιόν τι καὶ γλαυκινιδίου κεφάλαια Amphid. 3, 316. ἐγχελύδια *Θήβηθεν ἐνίοτ' ἔρχεται Ephipp. 3, 334 (1, 7).

ἔγχελυς: γλαῦκος, ἔγχελυς, κύων Cratin. 2, 109 (3). κἂν λειόβατος, κἂν ἔγχελυς Plat. 2, 662 (4). κεστρεύς, σκορπίος, ἔγχελυς Mnesim. 3, 570 (v. 45). γλαῦκον, ἔγχελυν, σπάρον Anaxipp. 4, 460 (v. 40). λεῖος ὥσπερ ἔγχελυς Aristophan. 2, 1039 (20). τὸ σῶμ' ἔχουσι λεῖον ὥσπερ *ἐγχέλεις Eup. 2, 565 (52). Φοινικίδης-Ταυρέᾳ δὲ ἔγχελυν (int. ἐπολέμησεν) Antiph. 3, 25. τὸ νομίσαι τ' ἰσόθεον τὴν ἔγχελυν Antiph. 3, 80. τὴν ἔγχελυν μέγιστον ἡγεῖ δαίμονα, ἡμεῖς δὲ τῶν ὄψων μέγιστον Anaxand. 3, 181 (v. 5). εἰ μὴ καθήγιζέν τις ἅμα τὴν ἔγχελυν Men. 4, 161 (1). νύμφα-λευκόχρως παρέσται, ἔγχελυς Eubul. 3, 222. οὐ γὰρ θανὼν δήπουθ' *(ἂν) ἔγχελυν φάγοις Philetaer. 3, 297 (1). εἴ τινας μᾶλλον φιλῶ-γενοίμην ἔγχελυς Alexid. 3, 449 (3). ἔγχελυν Βοιωτίαν Aristophan. 2, 1099 (6). ἥ τε-συνώνυμος τῆς ἔνδον οὔσης ἔγχελυς Βοιωτία Antiph. 3, 125 (1). *Βοιώτιαι-ἐγχέλεις Antiph. 3, 108. *ἐγχέλεις (vulg. ἐγχέλυς) Βοιώτιαι Antiph. 3, 139 (11). αἱ-*λιμνοσώματοι Βοιώτιαι-ἐγχέλεις θεαί Eubul. 3, 223 (2). ἐγχέλεων ἀνεψιός Stratt. 2, 777 (3). μεγίστας ἐγχέλεις κεκτημένος Antiph. 3, 55. παρὰ Μικίωνος ἐγχέλεις ὠνούμενον Alexid. 3, 415 (1). ἐγχέλεις-θύννεια νάρκας καράβους Timocl. 3, 598. Θάσιον, ἐγχέλεις, τυρόν, μέλι Men. 4, 161 (1).

ἐγχέω: *πῦρ πῦρ ἔγχει Cratin. 2, 26 (1). ἔγχει κύαθε Cratet. 2, 237 (1, 7). ἔγχει-ἐπιθεὶς τὸν ἠθμόν Pher. 2, 270 (4). ἔγχει κάπιβόα Pher. 2, 318 (2, 5). Θάσιον ἔγχει Antidot. 3, 529. πιεῖν πιεῖν τις *ἔγχει Henioch. 3, 560. μηκέτ' ἔγχει, παιδάριον, εἰς *(τ)ἀργυροῦν-' εἰς τὸν κάνθαρον-ἔγχει Xenarch. 3, 623. σπονδή· *φέρ' ὦ παῖ Σωσία· σπονδή· καλῶς. *ἔγχει Men. 4, 158 (3). εἰς τὴν ἐμὴν νῦν ἔγχεον Pher. 2, 282 (3, 7). μετανιπτρίδ' αὐτῷ τῆς ὑγιείας ἔγχεον Nicostr. 3, 279 = 285 (2). ἔγχεον αὐτῷ Διός γε τήνδε σωτῆρος Alexid. 3, 489 (3). *ἔγχεον (libri ἔκχεον) μεστήν Diph. 4, 384 (1). ἔγχεον σὺ δὴ πιεῖν Diph. 4, 402. πιεῖν τις ἡμῖν ἐγχεάτω Philem. 4, 6. κἀκέλευον †ἐγχέασθαι (f. ἐγχέασθε) νῷν-μύρον Pher. 2, 298 (5). φέρ'-τὸν ποδανιπτῆρ' ἐγχέασα θὔδατος Amips. 2, 701 (2). ἐγχέασα θᾶττον ἀγαθοῦ δαίμονος ἀπενεγκάτω μοι τὴν τράπεζαν Nicostr. 3, 286 (3). ὑδαρῆ 'νέχεέν σοι; Pher. 2, 282 (4, 2). πῶς-δ' ἐνέχεας; ib. (4, 3). ὄξος-εἰς λεκάνην τιν' ἐγχέας ψυχρόν Alexid. 3, 440 (5, 5). ὄξος (translate) ἐνέχεαν Theop. 2, 819 (13). οἰνόν τε μικρὸν ἐγχέαι (al. ἐγχέας) Antiph. 3, 30 (1, 16). οἶνον Θάσιον πίνοις ἄν; B. εἴ τις ἐγχέαι Antiph. 3, 77. ὀβολοῦ ἡμῖν-ἐνέχεεν (libri ἐνεχθέν) | καὶ τεττάρων χαλκῶν Philem. 4, 19 (2). οὐκοῦν ἐγχέω-*πολύν; Alexid. 3, 487 (1). ἵνα τοῖς †ἰοῦσιν ἐγχέῃ (f. εἰσιοῦσιν ἐγχέω) Pher. 2, 298 (5). †περιέφερε-λεπαστὴν-παῖς ἐνέχει τε Aristophan. 2, 1010 (12). †ἔγχεον ἐς σφέτερον δέμας Aristophan. 2, 1094 (7).

ἔγχουσα: ἔγχουσα καὶ ψιμύθιον Amips. 2, 702 (4). μίτρας, ἀναδήματα, *ἔγχουσαν (vulg. ἄγχουσαν) Aristophan. 2, 1078 (6, 3).

ἔγχυλος: τὰ *κρεάδι' ἔσται-ἔγχυλα-ἀτρεμεί Alexid. 3, 440 (5, 12).

ἔγχυτος: ὁ μάγειρος-ἐγχύτους ποιεῖ Men. 4, 222 (1). θρῖα, τυρόν, ἐγχύτους Euangeli 4, 572 (v. 7).

ἐγχώριος: ἐγχώριος ἀνήρ. ἐγχώριον πρᾶγμα Eup. 2, 480 (44). νόμοις τοῖς ἐγχωρίοις mon. 372.

ἐγώ: de peculiari eius usu cf. Anaxand. 3, 166 (2). ὅταν οὗτοί σε κατορύττωσιν. B. οὐ δῆτ'· ἀλλ' ἐγώ | τούτους πρότερον Pher. 2, 260 (11). ἀμφότερ' ἐρεῖς, ἐγὼ δ' ἀκούσας-αἱρήσομαι Eup. 2, 549 (3). τί οὐ τρέχων σὺ τὰς τραπέζας ἐκφέρεις; ἐγὼ δὲ λίτρον (νίπτρον?) παραχέων *ἔρχομαι· κἀγὼ δὲ παρακορήσων Plat. 2, 637 (1). αὔλει μοι μέλος, σὺ δ' ᾆδε-ἐκπίομαι δ' ἐγὼ τέως Amips. 2, 710 (1). *γαλῆν'. B. ἐγὼ δ' ᾤμην σε γαλῆν λέγειν ὁρῶ Stratt. 2, 788 (2). Οἰνόμαος οὗτος χαῖρε, πέντε καὶ δύο, κἀγώ τε καὶ *(σὺ) συμπόται γενοίμεθα Nicoch. 2, 842. ἐρείδετον, κἀγὼ-ἕψομαι Aristophan. 2, 1151 (6). πρόσεχε, κἀγώ σοι φράσω Athenion. 4, 557 (v. 8). κοτταβιεῖτε τίνα τρόπον; A. ἐγὼ δι-

δάξω Antiph. 3, 29 (1, 5). περιπλοκὰς λίαν ἐρωτᾷς. B. ἀλλ' ἐγὼ σαφῶς φράσω Antiph. 3, 41 (2, 2). οἶσθ' οὖν ὅπως δεῖ τοῦτό σ' ἐκπιεῖν; B. ἐγώ | κομιδῇ γε Antiph. 3, 41 (2, 11). τὸ δὲ ζῆν εἰπέ μοι τί ἐστι; B. *τὸ πίνειν φημ' ἐγώ Antiph. 3, 138 (10) cf. 5, 79. βοῦν προσκυνεῖς, ἐγὼ δὲ θύω τοῖς θεοῖς Anaxand. 3, 181 (v. 4). οὐκ ἐσθίεις ὕει', ἐγὼ δέ γ' ἥδομαι ib. (v. 7). κύνα σέβεις, τύπτω δ' ἐγώ ib. (v. 8). τὸν αἰέλουρον κακὸν ἔχοντ' ἐὰν ἴδῃς, κλάεις, ἐγὼ δ' ἥδιστ' ἀποκτείνας δέρω. δύναται παρ' ὑμῖν μυγαλῆ, παρ' ἐμοὶ δέ γ' οὔ ib. (v. 13. 14). ὑπὲρ σεαυτοῦ πρᾶτθ' *ὁτιοῦν ἄν σοι δοκῇ, ἐγὼ δ' ὑπὲρ ἐμοῦ Anaxand. 3, 199 (11). σῶζε σαυτόν, ἐγὼ δ' ἐμέ Philem. 4, 8 (3). οὐκ ᾤου *(σύ) με χολὴν ἔχειν, ὡς δ' ἠπάτῳ μοι διελέγου, ἐγὼ δέ γ' εἰμὶ τῶν μελαμπύγων ἔτι Eubul. 3, 234 (2). ἐγὼ δέ γε στίξω σε Eup. 2, 530 (11). πέπωκας οὗτος; A. *ναὶ μὰ Δία πέπωκ' ἐγώ Eubul. 3, 263 (5). κατεδήδοκεν-Μάτων, ἐγὼ δ' ἀπόλλυμαι Anaxil. 3, 347. ἔστιν ἀνήρ μοι πτωχός, κἀγώ | γραῦς, καὶ θυγάτηρ, καὶ-πένθ' οἱ πάντες Alexid. 3, 456 (1). ἴσως ἐθαύμασας- B. ἐγὼ δ' ἐθαύμασ' *(;) Sosip. 4, 483 (v. 38). "πόσους κέκληκας μέροπας-;" ἐγὼ κέκληκα Μέροπας-; Straton. 4, 545 (v. 7). τίς ἄρ' *ἐρῶντά μ' οἶδεν-ἐγὼ πολλῇ χολῇ (?) Cratin. 2, 74 (2). Λάχης. B. ἐγὼ δὲ πρὸς σέ Crobyli 4, 567 (1). ὀμοσόν μοι μὴ τεθνάναι τὸ *σῶμ'. B. ἐγώ. Plat. 2, 640 (3) sed cf. 5, 45. τί φῄς; A. ἐγώ Sosip. 4, 492 (v. 13). ὅδ' ἐγὼ πάρα Herm. 2, 405 (8). βούλεσθε δῆτ' ἐγὼ φράσω τίς εἰμ' ἐγώ; Philyll. 2, 859. Σίκων ἐγώ | βεβρεγμένος ἥκω Eubul. 3, 263 (5). εὐδαίμων ἐγώ-ὅτι- Alexid. 3, 489 (2). οἷαν ἀδικῶ γυναῖχ' ὁ δυσδαίμων ἐγώ *Men. 4, 166 (4). ὁ δ' ἀλάστωρ ἐγώ ib. (5). ὁ δὲ τάλας ἐγώ | κεστρεὺς ἂν εἴην Diph. 4, 401. ὦ τάλας ἐγώ Theognet. 4, 549 (v. 5). κἀγὼ γὰρ ηὔχουν Μητρόβιος ὁ γραμματεὺς-συνδιατρίψειν Cratin. 2, 15 (1). ἐγὼ γάρ εἰμι θυννὶς ἤ- Cratin. 2, 109 (3). ἄρχων εἰμὶ νῦν-ἐγώ Cratin. 2, 185 (53). ὀρχηστὴς δ' ἐγώ Cratin. 2, 216 (137ᵃ). ἐγώ σοι πᾶς ἐνέρριμμαι κύβος Aristophan. 2, 1199 (97). ἐγὼ-μὴ γέλων ὄφλων λάθω-*ἐξήμμεθα (legeb. ἐξῆμμαι) πηνίκην *Aristophan. 2, 1176 (3). *κὰς τοῦ καπήλου 'γὼ φέρω παίζων ἅμα Herm. 2, 389 (1). ἐγὼ 'ζήτουν Eup. 2, 432 (13). γλίσχρον τέ *μοὖστὶ τὸ σίαλον Pher. 2, 281 (3). προσένεγκέ *μοὐγγὺς τὸ στόμ' ὀσφρέσθαι Eup. 2, 433 (15). ὄνομα δέ μοὖστι Μονότροπος Phryn. 2, 587 (1). τὸν πουλύπουν *μοὔθηκε Aristophan. 2, 1018 (7). ὥρα βαδίζειν *μοὐστὶν Aristophan. 2, 1139 (6). ὥσπερ ἵππῳ *μοὐπιβαλεῖς τρυσίππιον Eup. 2, 555 (17). τὰ κάρυά μοὐξέπιπτεν Aristophan. 2, 1185 (38). τελέως *δέ μοὐπῆλθ' ἡ-μαστροπός Epicrat. 3, 369 cf. 4, 27. ὡς ἵμερός *μοὐπῆλθε Philem. 4, 26. παροινεῖς †ἐμὲ (l. ἢ 'μὲ) πρὶν δεδειπνάναι Aristophan. 2, 1051 (10). οὐ δεινὸν οὖν κριοὺς *ἔμ' ἐκγεννᾶν-; Eup. 2, 463 (10). *κοτύλας τέτταρας ἀναγκάσας μεστὰς ἔμ'-σπάσαι Alexid. 3, 514 (20). ἐβίασέ μου τὴν γυναῖκα (f. τὴν γυναῖκά μου) Alcaei 2, 833 (3). ἐὰν κακῶς μου τὴν γυναῖχ' οὕτω λέγῃς Men. 4, 254 (73). *ἐς μακαρίαν τὸ λουτρόν, ὡς διέθηκέ με. -ἀποκναίσειεν ἂν *κἂν ὁστισοῦν μου λαβόμενος τοῦ δέρματος Antiph. 3, 137 (9). πολλούς-οἳ καταβεβρώκασ' ἕνεκ' ἐμοῦ τὰς οὐσίας Hegesipp. 4, 480 (v. 30).

*ποῦ ποτ' εἶδές μοι τὸν ἄνδρα-; Cratin. 2, 97 (8). ἰσχάδας μοι πρόελε Pher. 2, 281 (2). ταῦτα νῦν μέμνησό μου (l. μοι 5, 27) Pher. 2, 291 (10). οἶσθα νῦν ὅ μοι ποίησον; τήνδε νῦν μή μοι δίδου, ἐκ δὲ τοῦ κέρατος αὖ μοι δὸς πιεῖν Herm. 2, 400 (5). μή μοι φακούς Pher. 2, 280 (1, 4). βούλει-*κατηγορῆσαι μοι;-ἰχθῦς φρονοῦντας-. μή μοι βρέφη Ephipp. 3, 339 (2). μὴ προφάσεις ἐνταῦθά μοι Alexid. 3, 437 (2, 1). B. δηλονότι. A. μή μοι δῆλον Alexid. 3, 464 (2, 14). τοῦτό μοι τὸ δεῖπνον ἀλλ' οὐδ' αἷμ' ἔχει Diph. 4, 404 (2, 8). ὁ νόθος δέ μοι ζῇ; Eup. 2, 461 (9). ἀλείφεσθαι τὸ σῶμά μοι πρίω μύρον-καὶ τοῖς ποσὶν χωρὶς πρίω μοι βάκχαριν Cephisod. 2, 883 (1). οἴχεταί μοι τυρός-Eup. 2, 562 (42). μαλθακωτέρα σικυοῦ μοι γέγονε Theop. 2, 817 (5). ἔγχελυς, *ὦ μέγα μοι μέγα σοι φῶς **ἐναργές Eubul. 3, 222. τὸ-θειοφανὴς μητρῷον ἐμοὶ μελέδημ' ἰσχάς Alexid. 3, 456 (1, 14). σοί τε γὰρ κλύειν ἐμοί τε λέξαι θυμὸς ἡδονὴν ἔχει. ἐμοὶ γὰρ ἦρξε τῶν κακῶν Μελανιππίδης Pher. 2, 326 (1, 2. 3). μάλιστ' ἐμοὶ ξένος, ἀτὰρ παρ' ἐμοί γ' ὢν εἶχεν οὐδὲ σύμβολον Archipp. 2, 716 (1). ὁ πατήρ *(μ') ἄνωθεν εἰς τὸ φρέαρ, *ἐμοὶ δοκεῖν,-καθεικέναι Lysipp. 2, 744 (1). *ὅτου δοκεῖ σοι δεῖν-τῇ πόλει; B. ἐμοὶ μὲν *αἴνειν μολγόν Aristophan. 2, 988 (9). ἐγὼ γὰρ ἂν *εἰ-φάγοιμί *(τι), μύκητας ὠμοὺς ἂν φαγεῖν *(ἐμοὶ) δοκῶ Antiph. 3, 103 (1). ῥάφανόν με νομίσασ' εἰς ἐμὲ σὺ τὴν κραιπάλην μέλλεις ἀφεῖναι-, ὡς ἐμοὶ δοκεῖς Eubul. 3, 266 (9). οὐχ ἡδύ; ἐμοὶ μὲν μετὰ τὸ πλουτεῖν δεύτερον Antiph. 3, 79 (2, 9). μάταιός ἐστιν *ἕν γ' ἐμοὶ καὶ τοῖς σοφοῖς κριταῖς ἅπασιν Amphid. 3, 309 (2). ἀλλὰ δὴ τί τοῦτ' ἐμοί; Diph. 4, 389 (1, 18). δεῦρο παρ' ἐμὲ Θεολύτη, παρὰ τὸν νέον ξύνδουλον Theop. 2, 804 (1, 6). ὅστις αὐλοῖς-κατατέτριμμαι χρώμενος, εἶτά με σκάπτειν κελεύεις; Aristophan. 2, 1037 (17). †ἀποπνίξεις δέ με καινὴν πρός με διάλεκτον λαλῶν Antiph. 3, 93. πρός με Men. 4, 316 (421). κλάω· πρὸς ἐμὲ γάρ ἐστι τοῦτ', ἐκεῖνο δ' οὔ Apollod. 4, 451 (1). μὴ κόπτε μ', ἀλλὰ τὰ κρέα Alexid. 3, 464 (2, 12). ἐμὲ κατακόψεις, οὐχ ὃ θύειν μέλλομεν Anaxipp. 4, 460 (v. 23). τὴν χλανίδα πάντες-οὐκ ἐμέ | προσηγόρευον Posidipp. 4, 526 (5). ὁ πορνοβοσκὸς γάρ μ'-χορδὴν-σκευάσαι ἐκέλευσε *ταυτηνί με Sophili 3, 582. εὕρηκε-τὸν ἐμὲ τουτονί Men. 4, 210 (4).

ἔγωγε: cf. ἐγώ. τί σαυτὸν ἀποτίνειν τῷδ' ἀξιοῖς;- B. ἀπαρτὶ δή που προσλαβεῖν-ἔγωγε μᾶλλον Pher. 2, 299 (7). ὄρτυγας ἔθρεψας σύ-; B. ἔγωγε μικρά γ' (an μίκρ' ἄττ') ὀρτύγια Eup. 2, 512 (9). ἤδη-ἔκαμες-; B. *ἔγωγε (legeb. ἐγὼ δὲ) Plat. 2, 648 (1, 3). τὸν δ' ἴσον ἴσῳ φέροντ', ἐγὼ δ' (f. φέροντ' ἔγωγ') ἐκτήκομαι Cratin. 2, 118 (5). τίς εἶ; -B. Ἑρμῆς ἔγωγε Plat. 2, 652 (6). Λαμπτρεὺς ἔγωγε Aristophan. 2, 954 (5). ἀλλ' οὖν ἔγωγέ σοι λέγω-μὴ κολάζειν Eup. 2, 500 (4). ἀλλ' *ἔγωγ' (cod. ἐγὼ)-δίδωμι Alexid. 3, 415 (2). τὴν ναῦν σεσῶσθαί μοι λέγεις; A. ἔγωγε μήν | τὴν ναῦν ἐκείνην- Men. 4, 174 (1). ἀλλ' εὔχομαι γωγ' ἑλκύσαι σε τὸν *ζυγόν Aristophan. 2, 1061 (1). ἐγὼ δὲ τοῦτ'-*φύσας ἀφειλόμην ἄν. A. κἄγωγε ταῖς ἄλλαις πόλεσι *δρῶ ταῦτα Aristophan. 2, 1171 (1, 12). Ἑλλάδος ἔγωγε τῆς ταλαιπώρου στένω Eubul. (Philipp.) 3, 238 (v. 10). ὥστ' ἔγωγ' ηὐαινόμην Aristophan. 2, 1187 (47). οἴμοι τάλας ἔγωγε Men. 4, 244 (35). **ἔγωγε τὸν μάγειρον Sosip. 4, 483 (v. 45). οὐκ οἶδ' ἔγωγε γράμματ' Cratin. 2, 86 (1). ἀλλ' οὖν ὅμως οὗτος μὲν ἦν ἀποχρῶν ἀνὴρ ἔμοιγε et ἀλλ' οὖν ἔμοιγε χοὗτος ἦν ἀποχρῶν ἀνήρ Pher. 2, 326 (1, 7). 327 (1, 17). μὰ Δί' *οὐδέ γ' Ἕλλην· ὅσον ἔμοιγε φαίνεται Aristophan. 2, 1071 (5).

ἔδαφος: διακόψει τοὔδαφος αὐτῶν (navium) Pher. 2, 258 (6). ποτήρια-, τοίχους οὐκ ἔχοντ', ἀλλ' αὐτὸ τοὔδαφος μόνον Pher. 2, 324 (1).

ἔδεσμα: τρίγλας, ἔδεσμα τοῦ καλοῦ Καλλισθένους Antiph. 3, 12 (1, 10). ἀπέλαυσα πολλῶν καὶ καλῶν ἐδεσμάτων Antiph. 3, 44 (1).

ἐδεστής: Μισγόλας-οὐ πάνυ τούτων ἐδεστής Antiph. 3, 13 (1, 15).

ἕδρα: μαχέσθω περὶ ἕδρας παρῳδίδι Nicoph. 2, 851 (3).

ἕδω: ἔδω δ' ἐμαυτὸν ὥσπερ πουλύπους Alcaei 2, 832 (1). ἵπποι χλωρὰν ψαλάκανθαν ἔδουσιν Eubul. 3, 219 (4).

ἐδωδή: ἃ δ' εἰς τ' ἐδωδὴν-καὶ ῥώμης ἀκμήν-πάντα ταῦτ' ἐδαινύμην Eubul. 3, 266 (v. 6).

ἐδώλιον: ἀρτοπώλιον-ἵν' ἐστὶ κριβάνων *ἐδώλια Aristophan. 2, 946 (7). 1009 (11).

ἐθέλεχθρον: Cratin. 2, 210 (103).

ἐθελόσυχνος: Cratet. 2, 249 (8).

ἐθέλω: cf. θέλω. μέλλω. ἐθέλω γεωργεῖν Aristophan. 2, 995 (1). ἐθέλω βάψας πρὸς ναυτοδίκας- Aristophan. 2, 1041 (24). *ἐθέλω δίκην δοῦναι πρόδικον Aristophan. 2, 1056 (1). ἐθέλω κρέμασθαι δεκάκις Aristophont. 3, 362 (3). τί ποτ' οὐκ ἐθέλεις δόρυ βαστάζειν-; Herm. 2, 395 (1). τρίγλη δ' οὐκ ἐθέλει νεύρων ἐπιήρανος εἶναι Plat. 2, 673 (1, 19). βοὴν ἵστησι γεγωνόν ‖ οἷς ἐθέλει θνητῶν Antiph. 3, 112 (1, 4). ἐθέλει καταμένειν ἐπισίτιος Eubul. 3, 216 (1). εἰς Δῆλον ἐλθεῖν ἠθέλησ' ἐκ Πειραιῶς Criton. 4, 538 (v. 4). ἀρά γε-ἐθελήσετον Cratin. 2, 223 (145).

ἐθίζω: ψυχὴν ἔθιζε πρὸς τὰ χρηστὰ πράγματα mon. 548. ὁ τὰ γελοῖ' εἰθισμένος λέγειν Alexid. 3, 487 (2). τοῖς διασύρειν ὑμᾶς εἰθισμένοις Alexid. 3, 490 (1). πότους ἑωθινοὺς πίνει διὰ σὲ νῦν πρότερον οὐκ εἰθισμένον (al. -νος) Baton. 4, 502 (v. 4).

ἐθισμός: Posidipp. 4, 521.

ἔθνος: ἔθνος-οὐδέν ἐστιν ἐξωλέστερον Antiph. 3, 86 (11). γυναῖκας ἔπλασεν-ἔθνος μιαρόν Men. 4, 231 (6, 6).

ἔθος: ἔθος ἐστὶν αὐτοῖς-διαπειρώμενον-ταράττειν καὶ κυκᾶν Cratin. min. 3, 376. ξένον προτιμᾶν μᾶλλον ἀνθρώποις ἔθος mon. 686. τοῦτο δὴ τὸ νῦν ἔθος, ἄκρατον, ἐβόων Men. 4, 220 (2). κωμάζειν ἔθος ἐστὶν νόμος τε τῆς ἑταίρας-*(μεθύειν) Alexid. 3, 499 (1). ἢ κατὰ τοὺς νόμους, ἢ ταῖς ἀνάγκαις ἢ *(τὸ) τρίτον ἔθει τινί Men. 4, 114 (2). ἐν τοῖς δ' ἐκείνων ἔθεσιν ἴσθ' ἀρχαϊκός Antiph. 3, 22. μὴ καταφρόνει *ἐθῶν (legeb. ἐτῶν) γεροντικῶν Apollod. 4, 452 (1).

εἰ: 1) condicionalis. εἴ τις προκριθῇ Cratin. 2, 35 (8). εἰ σοφὸς ᾖ Cratet. 2, 234 (7). †εἰ λάβω κυρίσοι Pher. 2, 282 (3, 4). εἶτα καὶ νῦν-τούτων φάγοις ἄν; Φ. κἄν τις (libri κἂν εἴτις, καὶ εἴ τις. f. κεἴ τις) ἄλλος μικρὸς ᾖ Antiph. 3, 36 (1, 10). εἰ (al. οὐ) μὴ μεταλάβῃ τοὐπίπεμπτον Aristophan. 2, 1041 (25). *ἂν (legeb. εἰ) μὲν λάβῃ τοῦτ'- Philem. 4, 34 (5, 5) cf. Philem. 4, 57 (75). εἰ δ' ἤνεγκεν ἄν | -τι τῶν ἀνηκέστων, ἴσως *(ὁ θάνατος)-σοῦ γέγονεν εὐνούστερος anon. 4, 670 (287). τρίγλη δ' εἰ μὲν ἐδηδόκοίη τένθου Cratin. 2, 179 (14). μᾶζαι-ἱκετεύουσαι καταπίνειν, εἴ τι φιλοῖεν τὰς λευκοτάτας Telecl. 2, 362 (1, 6). καὶ νὴ Δί' εἰ Πάμφιλόν γε φαίης κλέπτειν Plat. 2, 618 (1). πλὴν εἴ τις πρίαιτο-βασκάνιον Aristophan. 2, 1185 (39). εἴ τις ὀρχοῖτ' εὖ, θέαμ' ἦν Plat. 2, 659 (1). οἶνον Θάσιον πίνοις ἄν; B. εἴ τις ἐγχέαι. ‖ A. μελίπηκτα δ' εἴ σοι προσφέροι;- Antiph. 3, 77. τίς ἂν γενόμενος-ἐνδύσομαι; φέρ' εἰ γενοίμην-γαλῆ. Sannyr. 2, 874 (1). ἐγὼ γὰρ ἂν *εἰ (libr. τι)-φάγοιμί τι, μύκητας-ἂν φαγεῖν *(ἐμοὶ) δοκῶ | καὶ στρυφνὰ μῆλα κεἴ τι πνίγει βρωμά τι Antiph. 3, 103 (1). ἕκαστος, *κεἰ σφόδρα *ζῶν ἐχθρὸς ἦν τις, γίγνεται φίλος Dionys. 3, 555 (2). εἰ γὰρ ἀφέλοι τις τοῦ βίου τὰς ἡδονάς, καταλείπετ' οὐδὲν Antiph. 3, 150 (51) = Theophil. 3, 630 (1). εἰ τοῦ πατρὸς δόξαιμι κρεῖττον-λέγειν, ἐμαυτὸν ἀδικῶ Diph. 4, 422 (18). ὡς εἰ φάγοι τις-στρέφοιθ' ὅλην τὴν νύκτα Amphid. 3, 308 (1). ἡδύ γε πατὴρ τέκνοισιν εἰ στοργὴν ἔχοι Philem. 4, 63 (106). εἰ γὰρ ἐγένου σύ-ἐφ' ᾧ *τε διατελεῖν πράττων ἃ βούλει-καὶ τοῦτο τῶν θεῶν τις ὡμολόγησέ σοι, ὀρθῶς ἀγανακτεῖς Men. 4, 227 (2). εἰ πεύσομαι-*ἀποδαρθόντα σε, αὐτὸς σεαυτὸν αἰτιῶ

Nicoch. 2, 846 (3). ὥστ' *εἴ τι (libri ἐπεὶ) βούλει τῶν λελειμμένων φαγεῖν, ἔπειγ' ἔπειγε Eubul. 3, 212 (v. 10). εἴ τι γρύξομαι πλέον τι -μυός ... Alcaei 2, 831 (1). τί δῆτ' ἄν, εἰ μὴ τὸ σκαφίον αὐτῇ παρῆν; Eup. 2, 441 (4). τί παθὼν ἂν εἶδεν εἰ μὴ προὐδίδου; Eup. 2, 500 (5, 4). κακὸν-μέγιστον. εἰ μὴ γὰρ ἦν, οὐκ ἂν ἐπεθύμουν Aristophan. 2, 1171 (1, 10). †εἰ μὲν σὺ-ἀποδώσεις-ἑκών, εἰ δὲ μὴ-ἀπολέσω Plat. 2, 621 (2). εἰ μὲν δή τινα-πόρον ἔχεις· εἰ δὲ μή, -μισῶμεν ἀλλήλους Men. 4, 266 (141). φέρεθ' ἡπάτιον, ἢ-· εἰ δὲ μή, πλευρόν, ἢ- Aristophan. 2, 1151 (9, 3). κατασκεδῶ-ἀρύταιναν ὑμῶν-· εἰ δὲ *(μή), μηδέποθ' ὕδωρ πίοιμι | ἐλευθέριον Antiph. 3, 11. δεῖ-ἀντιτάττεσθ'· εἰ δὲ μή,-ὁ βίος λήσει μεταστραφεὶς ὅλος Men. 4, 70 (4). οὐδ' εἶδον, εἰ μὴ *νάγχος Eup. 2, 500 (5, 2). γαμεῖ-οὐδὲ εἷς *εἰ μὴ δέκ' ἢ | ἕνδεκα γυναῖκας Men. 4, 232 (8). γένος μιαρώτατον τοῦτ' ἐστίν, εἰ μὴ νὴ Δία τοὺς-*βούλεταί γέ τις λέγειν Antiph. 3, 86 (v. 9). Κόρυδον-πεφύλαξο, *εἰ μή σοι νομιεῖς-μηδὲν καταλείψειν Cratin. min. 3, 377 cf. 5, 87. *ᾖδον, εἰ μὴ ᾐσχυνόμην Ecphant. 2, 13 cf. 5, 15. ἀλλ' ἔχει κάπνην. Α. ἔχει κακόν, εἰ τύφουσαν Alexid. 3, 464 (2, 15). ὡς ἡδὺ τὸ ζῆν, εἰ μεθ' ὧν *κρίνῃ τις ἄν Men. 4, 220 (5). ὦ μεγίστη τῶν θεῶν-εἰ θεὸν καλεῖν σε δεῖ Men. 4, 144 (2). λῆρος, εἰ *κἄφησέ τις (libr. εἰ κἂν φήσειέ τις) Eubul. (Arar.) 3, 226 (3). καὶ γὰρ εἰ νεωτέρα-εἶ, τόν γ' ἀγῶν' ἀκήκοας Posidipp. 4, 517. εἰ τἄλλ' ἀφαιρεῖν-εἴωθεν-τό γε (an δὲ?) φρονεῖν ἀσφαλέστερον ποιεῖ Men. 4, 264 (130). εἰ δ' οὐχ ἱκανόν σοι, τὸν ἐλέφανθ' ἥκει φέρων Damox. 4, 529. καίτοι τίς οὐκ ἂν-εὖ πράττοι τετρωβολίζων, εἰ νῦν γε διώβολον *φέρων-τρέφει γυναῖκα; Theop. 2, 812 (2). μακάριόν ἐστιν ἡ τραγῳδία ποίημα-, εἴ γε-οἱ λόγοι-εἰσιν ἐγνωρισμένοι Antiph. 3, 105 (v. 2). τίς οὐχὶ φήσει τοὺς ἐρῶντας ζῆν-; *εἰ δεῖ γε πρῶτον- Alexid. 3, 490 (2). αἰσχύνομαι-εἰ δόξω συναριστᾶν-οὕτω προχείρως Alexid. 3, 404 (2). εἶτ' εἰ μεμάθηκε ζῆν ἐγκαλεῖς; Baton. 4, 502 (v. 5). ἠγανάκτησ'-εἰ μὴ κέκληκα Δαιτυμόνας Straton. 4, 545 (v. 18). ἀνόητά γ' εἰ τοῦτ' ἦλθες ἐπιτάξων anon. 4, 661 (242). εἰ παιδαρίοις ἀκολουθεῖν δεῖ Aristophan. 2, 1008 (19). τῷ Πηγάσῳ, ἢ τοῖς Βορεάδαις ἢ εἴ τι θᾶττον ἔτι τρέχει Alexid. 3, 476 (1). ἄριστον-ἐκλελεγμένον, εἴ τι νέον ἢ ποθεινόν Diph. 4, 394 (1).

2) interrogativa: τῆς ἁρπαγῆς-εἰ ξύνοισθά τι, ταχέως λέγειν χρή-. Α. πότερά μοι γρῖφον προβάλλεις-εἰπεῖν-τῆς ἁρπαγῆς-εἰ ξύνοιδά τι-; Antiph. 3, 41 (2). εἰ δή τις-εἶδεν Εὐρύβατον Δία Aristophan. 2, 1015 (1). †εἰ δ' ἐστὶν Αἰσχύλου φρόνημ' ἔχων Telecl. 2, 366 (1). εἰ δὲ νέον ἢ παλαιόν, οὐ πεφρόντικεν Alexid. 3, 481 (2). εἰ μὲν εὖ τις ἢ κακῶς *φήσει με κρίνειν οὐκ ἔχοιμ' ἄν σοι φράσαι Alexid. 3, 484 (3, 6). etc.

εἰδεχθής: Κορυδέως εἰδεχθέστερος anon. 4, 699 (378).

εἶδος: οὐδὲ πρὸς εἶδος-ἦν οὐδὲν προσιδόντι τεκμαρτόν Cratin. 2, 164 (8). Θηρικλέους-τέκνον· γενναῖον εἶδος Theop. 2, 803 (1). οἰνάριον εἶδος (?ἦδος) Antiph. 3, 75 (2, 4). τόπον λαβόνθ' ἕνα μερίσαι κατ' εἶδος Nicomach. 4, 584 (v. 27). ἐνὶ τύπῳ-πόλλ' εἴδη φέρων (Amor) Alexid. 3, 496 (1, 9). νεογενοῦς ποίμνης-πνικτά-*τακεροχρῶτ' εἴδη Antiph. 3, 26 (1, 5). εἴδη Θηρικλείων τῶν καλῶν Dionys. 3, 554 (1). εἴδη λαχάνων ὅσ' ἐστί Hegesipp. 4, 479 (v. 9).

εἶεν: εἶεν. τίς εἶπεν ἀμίδα-πρῶτος-; Eup. 2, 547 (2, 5). εἶεν. τί οὖν ἐνταῦθα δρῶσιν-; Henioch. 3, 563 (v. 9). εἶεν, γυναῖκες, -ὡς-εὔχομαι Plat. 2, 674 (2, 1). εἶεν, γυναῖκες· νῦν ὅπως-χορεύσετε Eubul. 3, 203 (3). εἶεν. δέχου καὶ τοῦτο Epinici 4, 506 (v. 11). εἶεν. καλὸς ὁ καιρός Nicostr. 3, 287.

εἴθε: χρυσοῦν ἐπόρισας· εἴθε λιθοκόλλητον ἦν Men. 4, 181 (3).
εἰκάζω: χιτῶνα-ὃν ἤκασεν-Ὅμηρος *κρομμύου λεπυχάνῳ Theop. 2, 806 (1). ὅστις εἰκάζει καλῶς Men. 4, 288 (243b).
εἰκάς: ἱερὸν γάμον-ποιήσειν δευτέραν μετ' εἰκάδα Men. 4, 162 (2).
εἰκῇ: εἰκῇ-ἐμαυτὸν ἐγκυλῖσαι πράγμασιν Pher. 2, 338 (7). εἰκῇ-ἡμᾶς κυλίνδουσ' (int. τύχη) Apollod. Car. 4, 441 (v. 8). μηδὲν εἰκῇ mon. 728. μὴ δοκιμάσασθαι μηδέν, ἀλλ' εἰκῇ λαβεῖν (uxorem) Men. 4, 228 (3). ἡνίκ' ἂν-εἰκῇ θεατὴν τὸν τυχόντα λαμβάνῃ Diph. 4, 425 (28). εἶτ' οὐδὲν εἰκῇ παρατίθημι-βρῶμ' Damox. 4, 531 (v. 53). εἰκῇ λαλεῖν mon. 417. ὥστε μηδ' ἂν εἰ-εἰσέλθοι τις, ἐξελθεῖν πάλιν εἰκῇ Antiph. 3, 125 (1, 7).
εἰκοβολῶ: εἰκοβολοῦντες καὶ πλάττοντες Aristophan. 2, 1187 (44).
εἰκός: Ἀκέστορα εἰκὸς λαβεῖν πληγάς Cratin. 2, 68 (1). παίζειν-ὥσπερ εἰκός Cratet. 2, 242 (2). οὐκ ἀνεῖχες-ὥσπερ εἰκὸς ἦν Aristophan. 2, 1191 (64). ἐμοὶ μὲν εἰκός ἐστ' ἐρᾶν Pher. 2, 284 (6). εἰκὸς δή που πρῶτον-ἔφυσα φῦναι Aristophan. 2, 1169 (4). τίς οὐκ ἂν εἰκὸς εὖ πράττοι τετρωβολίζων-; Theop. 2, 812 (2). vide εἰκότως.
εἴκοσιν: †πλείστους γέρων-ὅσον οἷον εἴκοσι Alcaei 2, 830 (1) cf. 5, 55. χοίνικας κοτύλης δεούσας εἴκοσ' ἀπολογίζεται Aristophan. 2, 1139 (7). ἔσπειρα-κριθῶν (cod. κριθὴν) μεδίμνους εἴκοσι anon. 4, 691 (350). ὁπηνίκ' ἂν εἴκοσι ποδῶν μετροῦντι τὸ στοιχεῖον ᾖ Eubul. 3, 261 (1, 7). κυάθους προπίνων εἴκοσιν Alexid. 3, 393 (2). ὁ λαβρώνιος χρυσῶν-εἴκοσιν Diph. 4, 414.
εἰκόσορος: ἡ ναῦς δὲ *πότερ' εἰκόσορός ἐστιν ἢ κύκνος, ἢ κάνθαρος; Nicostr. 3, 282.
εἰκότως: ὡς οὖσα θῆλυς εἰκότως οὖθαρ φορῶ Telecl. 2, 369 (1). εἶτ' οὐ γυναικός ἐστιν εὐνοϊκώτερον γαμετῆς ἑταίρα; πολύ γε καὶ μάλ' εἰκότως Amphid. 3, 301. εἶτ' οὐ δικαίως ἔστ' ἀπεψηφισμένος-εἰκότως (τ') Ἔρως; Aristophont. 3, 361 (2). εἰκότως, ὦ φλήναφε Men. 4, 101 (2). καλοῦσι-Κεραυνόν. Α. εἰκότως Anaxipp. 4, 464 (1). ἐφ' οἷς ἅπαντες εἰκότως θορυβούμεθα Baton. 4, 503 (1, 2). παρὰ τὴν φύσιν γάρ-ἦν. μάλ' εἰκότως Anaxipp. 4, 459 (v. 18). ὁ δ' ἀγνοῶν ταῦτ' εἰκότως τονθλάζεται Sosip. 4, 483 (v. 35). *συνιεὶς-οὐδὲν εἰκότως-ὧν ἔλεγεν Timocl. 3, 609.
εἰκών: χαλκῆν Καλλιμέδοντος εἰκόνα στῆσαι Alexid. 3, 407 (1). ὅσοι τοῦ δαίμονος τούτου ποιοῦσιν εἰκόνας Alexid. 3, 495 (1, 5). εἰκὼν ἔμψυχος θεοῦ mon. 79. τῶν μετ' ἐμαυτὸν εἰκόνος καὶ χρημάτων Laon. 4, 574. *εἰκόν' οὐκ ἔχω | *(εὑρεῖν) ὁμοίαν τῷ γεγονότι πράγματι Men. 4, 231 (7).
Εἰλείθυια: ἡ-Εἰλείθυια-ὑπὸ τῶν γυναικῶν οὖσα καταπλὴξ τὴν τέχνην Theop. 2, 815 (2). Diana Ilithyia Men. 4, 82 (5).
εἴλη: πρὸς εἵλην-ὠπτημένων Aristophan. 2, 1192 (70).
εἰληθερῶ: εἰληθερούσας, *στέρν' ἀπημφιεσμένας Xenarch. 3, 617 (1, 5).
εἰλίπους: γυναῖκες εἰλίποδες Eup. 2, 488 (5). cf. 4, 631.
εἰλύω: κῦμα-βατίδων εἰλυομένων αὐτόσε Metag. 2, 753 (1, 4).
εἰλωτίζω: †οὖς ἀνειλωτημένην (f. οὖσαν εἰλωτισμένην) Herm. 1, 98 (5) cf. 5, 3.
εἱμαρμένη. -μένον: θνήσκει κατ' ἰδίαν εἱμαρμένην Philem. 4, 47 (38). εἱμαρμένον τοῦτ' ἐστίν Men. 4, 135 (2, 5).
εἰμί: cf. οἶμαι. γυνὴ δ' ἐκείνου πρότερον ᾖ Cratin. 2, 117 (2). ἡνίκ' ᾖ νεώτερος Pher. 2, 338 (7). ποῦ 'στὶ τὸ Διονύσιον; Aristophan. 2, 1001 (18). ποῦσθ' ἡ κύλιξ; Cratet. 2, 237 (1, 7). ἡ δ' ὑστάτη ποῦ

'σθ'; Eup. 2, 510 (5). οἷόν γέ πού 'στι γλῶσσα Eup. 2, 554 (12). αἰσχρὸν *ἀλογίου 'στ' ὀφλεῖν Eup. 2, 557 (24). ὃ θεοῦ 'στὶν ἔργον Philem. 4, 31 (2). διακόνου 'στ' οὐ τοῦ τυχόντος Nicomach. 4, 583 (v. 10). πανταχοῦ 'στι mon. 728. 730. γλίσχρον-*μοὐστὶ τὸ σίαλον Pher. 2, 281 (3). ὥρα βαδίζειν *μοὐστὶν Aristophan. 2, 1139 (6). ὄνομα δέ μοὔστι Μονότροπος Phryn. 2, 587 (1). κοὐδεὶς σοὐστὶν-*προσομοίως καλλιτράπεζος Amips. 2, 707 (1). μείζων γὰρ ἢ νῦν δὴ 'στί Herm. 2, 401 (7). Ἀθήνησιν δὲ καταχεχρημένον-*ἤδη 'στί Amphid. 3, 306 (1, 5). πάντα νῦν ἤδη 'σθ' ὁμοῦ Men. 4, 206 (5). πεφυτευμένη δ' αὕτη 'στὶν-; Eup. 2, 509 (3). *αὕτη 'σθ' Demetr. 4, 539. *πολλή 'στ' ἀνάγκη Alexid. 3, 405 (6). οὐκ ἔστιν τόπος, οὗ μή 'στιν Ἀήρ Philem. 4, 31 (2). ᾧ μή 'στι τὸ ζῆν εἰδέναι Philem. 4, 49 (42). al. ἀνάγκα 'σθ' Phryn. 2, 606 (14). ἀφαιρεῖν ὥρα 'στὶν ἤδη Philyll. 2, 857 (1, 2). ἑπτάπους-ἡ σκιά 'στιν Aristophan. 2, 1202 (109). al. κἄστίν. κἄστι Antiph. 3, 45 (2, 7). 67 (1). τὰ κάτω κρείττω 'στὶν ὧν ὁ Ζεὺς ἔχει Aristophan. 2, 1147 (1, 3). ἔστω 'ψιάλτης Phryn. 2, 581 (2). *πονηρὸς εἶναι τὴν τέχνην (al. ἐκεῖνον-πονηρὸς εἴν' ἀρνῇ τέχνην, num πονηρὸν εἴν'?) Phryn. 2, 600 (6). φιλόμουσον εἴν' αὐτόν Men. 4, 150 (6).

εἰ δ' ἔστιν Αἰσχύλου φρόνημ' ἔχων Telecl. 2, 366 (1). καὶ τοῦτο μὲν δὴ κἄστι συγγνώμην ἔχον Antiph. 3, 67 (1). ὁ-δίαυλός ἐστιν αἰσχύνην ἔχων Anaxand. 3, 197 (5). τά τε κυμβία *(ἄρ') ἦν πρόσωπ' ἔχοντα χρυσᾶ-; Β. νὴ τὸν Δί' ἦν γάρ Alexid. 3, 422 (3). πρὸς τῷ φιλεῖν-τὴν διάνοιάν ἐστ' ἔχων Anaxipp. 4, 460 (v. 37). ὅστις αὐτῆς ἐστιν ἐμπείρως ἔχων Antiph. 3, 4 (4). Εὐριπίδου †τἄριστον (f. τἄρ' ἐστὶν) οὐ κακῶς ἔχον Theop. 2, 806 (3). ἦν πᾶσιν ἐλθεῖν ἔστ' ἀναγκαίως ἔχον Antiph. 3, 29 (2, 3). ἦν θ' ὁ γρῖφος ἐνταῦθα ῥέπων Antiph. 3, 67 (1). τὸ σὸν διδάξας τοὐμὸν οὐ μαθὼν ἔσει Men. 4, 326 (475). μόνος-ἦν λέγων ἄκουσμα κἀκρόαμα Diph. 4, 428 (43). ἀνήρ τις ἡμῖν ἐστιν ἐγκινούμενος Aristophan. 2, 977 (15[a]). ἀναρίστητος ὢν κοὐδὲν βεβρωκώς Eup. 2, 447 (3). οὐ περιβεβρωκὼς *αὐτόν ἐστι Diph. 4, 391 (3). ἐπὶ τὸ τάριχός ἐστιν ὡρμηκυῖα Antiph. 3, 13 (1, 22). ἐπεὶ-ἦμεν ἠριστηκότες Dromon. 3, 541 (2). ὁ μὲν-ἦν ἄπειρος-τοῦ κακοῦ, ὁ δ' οἷον ἦν γυνὴ κακὸν *πεπυσμένος Eubul. 3, 260 (1, 4. 5). τίς οὐξεγείρας μ' ἐστίν; Eup. 2, 551 (8). τί τὸ ψοφῆσάν *ἐσθ'; Aristophan. 2, 953 (1). τίς ἦν ὁ γράψας πρῶτος-Ἔρωθ' ὑπόπτερον; Eubul. (Arar.) 3, 226 (3). τίς δ' ἐστιν ὁ μετὰ ταῦτα φροντίζων; Phryn. 2, 580 (3). οὐκ ἐθέλει νεύρων ἐπιήρανος εἶναι Plat. 2, 673 (1, 19). οὐκ ἀμέριμνος ἔσσεαι Plat. (?) 2, 697 (v. 6). ὑπὸ τῶν γυναικῶν οὖσα καταπλὴξ τὴν τέχνην Theop. 2, 815 (2). θᾶττον ἢ κεραυνοπλὴξ ἔσει Alcaei 2, 825 (1). *τρεῖς τινες μικροὶ κομῆται καὶ φιλορχικοὶ τότε, παῖδες ὄντες· νῦν δέ γ' εἰσὶ καὶ φιλορχικώτεροι Pher. 2, 258 (7). ἀνὴρ γέρων ὢν Pher. 2, 284 (7). παῦσαι γέρων ὢν τοὺς τρόπους Philetaer. 3, 295 (2). τοὺς μὲν γέροντας ὄντας Xenarch. 3, 617 (1, 14). οὐκ ὢν ἀνὴρ-ἀνὴρ ἁπασῶν τῶν γυναικῶν ἐστι νῦν Pher. 2, 342 (5). ὢν-περιφερὴς τελευτὴν οὐδεμίαν-ἔχει Herm. 2, 380 (1, 4). πέμπειν-Νόθιππον ἔτ' ὄντα· εἷς γὰρ μόνος ὢν κατεβρόχθισεν ἄν- Herm. 2, 399 (3). *(ὢν) ἄγροικος ἵσταται πρὸς τῷ μύρῳ-†ὅτι ἔπλευσε κακὸς ὢν εἴσεται Eup. 2, 513 (11). προνοησάτω-ὅπως *(ἔτι) νέος ὢν-*ὥρᾳ καταλύσει Diocl. 2, 841 (1). ἐψάθαλλε λεῖος ὢν Plat. 2, 635 (4). παῖς ὢν-ἀφικόμην-Σύρος τὸ γένος ὤν· περιτυχὼν δ' ἡμῖν ὁδί | -ὀβολοστάτης ὢν ἐπρίατο Antiph. 3, 91 (1) sq. τῶν ταὼν-ὡς ἅπαξ τις ζεῦγος ἤγαγεν μόνον, σπάνιον ὂν τὸ χρῆμα, πλείους εἰσὶ νῦν τῶν ὀρτύγων Antiph. 3, 117 (3). τὸ μὲν ὑγιαίνειν πρῶτον ὡς ἄριστον ἦν (f. ὂν 5, 80) ὠνόμασεν ὀρθῶς, δεύτερον δ' εἶναι καλόν Anaxand. 3, 169 (1). τοὔνομα βλάπτουσι-ὄντως ὂν καλόν Antiph. 3, 124 (1, 7). οὐκ ἔστιν οὐδὲν βαρύτερον-ὄντως γυναικός Antiph. 3, 151 (53). οἶδ' ἐγὼ ὃς νέος ὢν ἐστὶν βαρύς, ἂν δὲ γέρων ᾖ, ἄπτερος ὢν κούφως πέτεται Eubul. 3, 254 (1, 17. 18). νέος μὲν ὢν ἕστηκεν ἐν τῷ σπέρματι· ὅταν δ' ἀποβάλῃ τοῦτο, πέτεται κοῦφος ὢν ib. 255 (1, 20. 21). ἐγώ σ' ἔθηκα δοῦλον ὄντ' ἐλεύθερον anon. 4, 604 (13). πόσου τοὺς κεστρέας πωλεῖς δύ' ὄντας; Alexid. 3, 391 (2). ὡς τῶν ὄψων ἑφθῶν ὄντων, ὀπτῶν ὄντων, ψυχρῶν ὄντων Mnesim. 3, 569 (v. 27 sq.). οἷος ἦν ζῶν, *κωπτὸς ὢν τοιοῦτος ἦν Philem. 4, 26 (v. 7). οἷοι λαλοῦμεν ὄντες (?) οἱ τρισάθλιοι Men. 4, 157 (2). οὗ (int. βίου) πεῖραν ἔχομεν ὄντος οὐ σωτηρίου Men. 4, 183 (2). οὐδεὶς ἂν ὢν ἄνθρωπος ἐδεήθη τύχης Men. 4, 254 (74). πολλῶν κακῶν ὄντων μέγιστόν ἐστιν ἡ λύπη κακόν Men. 4, 263 (123). πολλῶν-ὄντων χατέρων-μάλιστ' ἐμοὶ κινοῦσιν χολὴν οἱ- Baton. 4, 503 (1). μάστιγος οὔσης ὅρκον-δίδως; Apollod. 4, 457 (6). ἦν δ' οὐ πονηρὸς οὐδ' ἐδόκουν Men. 4, 98 (8). εἶναι δίκαιος κοὐ δοκεῖν εἶναι θέλει Philem. 4, 37 (10). οἷς ὡσπερεὶ θεοῖσιν ηὐχόμεσθα· καὶ γὰρ ἦσαν Eup. 2, 466 (15, 6). τὸ πρᾶγμα τοῦτ' οὐκ ἔστιν εἴπερ *γίγνεται· οὐδ' ἔστι γάρ πω *γιγνόμενον ὃ *γίγνεται, *οὐδ' εἰ πρότερον ἦν, ἔστιν ὃ γε νῦν *γίγνεται· ἔστιν γὰρ οὐκ ὂν οὐδέν· ὃ δὲ μὴ γέγονέ πω, οὐκ ἔστιν.-ἐκ τοῦ γὰρ εἶναι γέγονεν· εἰ δ' οὐκ ἦν ὅθεν, πῶς ἐγένετ' ἐξ οὐκ ὄντος;-εἰ δ' αὐτόθεν *πη γέγονεν, οὐκ ἔσται *πάλιν.-εἴ ποθεν γενήσεται †τοὐκ ὂν εἰς οὐκ ὂν γὰρ οὐ δυνήσεται Antiph. 3, 64. ὥστε πρὸς ὂν μὲν ἦν †αὐτοῖς (f. οὐκ ἦν) ὁ λόγος Antiph. 3, 109 (v. 18). ὡς ὄντα τοῦτον καὶ παρόντ' (deum) ἀεὶ σέβου Philem. 4, 43 (26). οἴκοι μένειν χρὴ-ἢ μηκέτ' εἶναι Men. 4, 111 (6). αὖθις ἐξ ἀρχῆς ἔσει· ἔσει δ' ὅ τι ἂν βούλῃ Men. 4, 134 (2). οὐδέν ἐσμεν Eup. 2, 517 (27a). τοῖς οὐδὲν οὖσιν Dionys. 3, 555 (2). ἀλλ' ἦν ὅτ' ἐν φώσσωνι-διῆγες Cratin. 2, 164 (4). ὅτε τὰν Σάμφ-ἦν Eup. 2, 493 (16). ἕως ἦν ὁ πόλεμος Antiph. 3, 116 (2). ὡς εὐδαίμων-τ' ἦσθα, νῦν τε μᾶλλον ἔσει Eup. 2, 535 (1). τόνδε τὸν τρόπον ὥσπερ τέως ἦν Aristophan. 2, 1159 (3). ὁπηνίκ' ἐστὶ τοὐνιαυτοῦ Aristophan. 2, 1171 (1, 7). ἦν ἐκείνη τις φίλη Ἄντεια. B. καὶ τοῦθ' ἡμέτερον ἦν παίγνιον. A. -τότ' ἦν καὶ Θεολύτη-καλή, ὑπέφαιν' ἐσομένη δ' **Ὤκιμον λαμπρὸν Anaxand. 3, 164 (1) sq. πολὺς δὲ συβαριασμὸς αὐλητῶν *(τότ') ἦν Phryn. 2, 605 (12). πότος ἔσται **σφοδρότερος Antiph. 3, 61 (2). *οὔπω τότ' ἐν Δελφοῖσιν ἦν τὰ γράμματα- A. *(ἦν*) ἀλλ'- Cratin. min. 3, 378 (1). μὴ λέγε *τίς ἦσθα πρότερον, ἀλλὰ νῦν τίς εἶ Philem. 4, 59 (84a). ἤμην πότ' ἤμην-ἐν λόγοις anon. 4, 654 (205). τῶν-προτενθῶν ἐσμεν Pher. 2, 256 (3). τίς δ' οὗτος ὑμῖν ἐστιν; Pher. 2, 266 (1). ῥήτωρ γάρ ἐστι νῦν τις, ὃν γ' ἔστιν λέγειν; Eup. 2, 460 (7). ἀνὴρ ὅταν τις ἀγαθὸς ᾖ-νικᾷ τε *(πάντας) χρηστὸς ὤν, οὐκ ἔστι χειρόνιπτρον Eup. 2, 467 (16). μάντεις εἰσὶ γὰρ θαλάσσιοι; Archipp. 2, 720 (4). ὁ λαβρώνιος δ' ἐσθ' οὗτος ὄρνις*(;) Hipparch. 4, 432. οὐ γάρ τινες παροψίδες εἰσ'-; Plat. 2, 629 (1, 5). ὦ πολῖται- B. τίς πολίτης δ' ἐστὶ *(νῦν)-; Metag. 2, 758 (2). ἡ σφύραινα δ' ἐστὶ τίς; Strattid. 2, 773 (2). εἰσὶν δὲ πόθεν αἱ παῖδες αὗται καὶ τίνες; B. -ἥκουσιν Μεγαρόθεν, εἰσὶ δὲ Κορίνθιαι Stratt. 2, 774 (5). ὁ θύων *ἐσθ' ὁ δειπνίζων τ' ἐμὲ Ῥόδιος Lyncei 4, 433 (v. 1). ὁδὶ γὰρ αὐτός ἐστιν Alcaei 2, 831 (1). τουτὶ τί ἦν τὸ πρᾶγμα; Aristophan. 2, 996 (2). εἰσὶν δὲ *ποῦ; Aristophan. 2, 1109 (2). σαφῶς οὖν ὅ τι φέρων τις μὴ φέρει, τοῦτ' ἔστιν Antiph. 3, 67 (1). *ὡς τἄλλα-δαπάνην ματαίαν οὖσαν Antiph. 3, 90 (2, 6). *ἡ σταθμοῦχος δ' ἐστι τίς; Antiph. 3, 93. ἔστι δέ τις οἶνος, *τὸν δὴ σαπρίαν καλέουσιν Herm. 2, 410 (2, 6). ἔστι δέ τις θήλεια Φιλόξενος Eup. 2, 514 (14). ἔστι τις πονηρὸς ἡμῖν τοξότης Aristophan. 2, 1121 (13). ἔστι τις ὃς Antiph. 3, 109 (v. 7). ἔστιν ἄκμων καὶ σφῦρα νεανίᾳ Cratin. 2, 69 (3). ἔστι φύσις θήλεια-(aenigma) Antiph. 3, 112 (1). ἔστι λαλῶν ἄγλωσσος, ὁμώνυμος ἄρρενι θῆλυς ‖ ἐν δ' ἐστὶν καὶ πολλά, καὶ ἂν τρώσῃ τις ἄτρωτος. B. τί ἐστὶ τοῦτο; Eubul. 3, 254 (1, 1. 4. 5). ἔστιν ἄγαλμα βεβηκὸς ἄνω, τὰ κάτω δὲ κεχηνός Eubul. 3, 255 (1, 23). εἶναι δ' ὑπόλαβε καὶ σὲ τῶν πολλῶν ἕνα Philippid. 4, 472. πάντες σχεδὸν ‖ εἶναι μάγειροί φασιν Sosip. 4, 482 (v. 4). ᾐσθόμην ἐκεῖνο δρᾶμα, τοῦτο δ' ἐστὶ παίγνιον Euphron. 4, 487 (v. 35). ὁ μάγειρός ἐσθ' ὁ τέλειος ἑτέρα διάθεσις Nicomach. 4, 583 (v. 11). μοι κατὰ χειρὸς ἦν τὰ πράγματ' Pher. 2, 338 (7, 5). εἰρήνη-ἦν ὥσπερ ὕδωρ κατὰ χειρός Telecl. 2, 361 (1, 2). ὡς ἔστι μοι τὸ χρῆμα-περὶ πόδα Plat. 2, 687 (21). περὶ πόδ' εἰ τῷ δεσπότῃ Athenion. 4, 558 (v. 39). εἰ δ' ἦν τὸ γένος-τοιόνδε μάχεσθαι Herm. 2, 399 (3). ἀμβροσία καὶ νέκταρ ὁμοῦ *τοῦτ' ἐστί Herm. 2, 410 (2, 10). εὐθὺς περὶ τοῦτον εἰμί Eup. 2, 464 (1, 8). πίνοντές *εἰσι (libri ἤδη) πόρρω Plat. 2, 638 (1, 10). εἴ τις ὀρχοῖτ' εὖ, θέαμ' ἦν Plat. 2, 659 (1). κἂν ᾖ-γένους μακρὰν Plat. 2, 666 (19). πιοῦσα δ' ὁπόσον ἂν σοι θυμὸς ᾖ Theop. 2, 804 (1, 10). τὸ νῦν εἶναι Theop. 2, 820 (18). ἦν φασιν εἶναι παρὰ σέ Aristophan. 2, 1132 (1). *ἔστιν παρ' αὐτὴν τὴν-συχῆν Antiph. 3, 114. καὶ γάρ ἐσθ' ὁμοῦ Aristophan. 2, 1163 (1). *οὐ μὲν ἦμεν ἄρτι γὰρ Antiph. 3, 89 (1, 4). ἀεὶ δὲ πρὸς Μούσαισι-πάρει (f. ἄρ' εἶ) Antiph. 3, 143 (22). ἐπὶ τίνα δ' *(ὡδ') ἄλλην τέχνην-ὡθισμός ἐστι δακτύλων *τοιουτοσί; Anaxand. 3, 175 (1, 7). μάταιός ἐστιν *ἔν γ' ἐμοὶ καὶ τοῖς σοφοῖς κριταῖς ἅπασιν Amphid. 3, 309 (2). τοῦτο δ' ἦν ἵνα μή τι λυπήσειε τὸν ἐραστὴν Alexid. (Antiph.) 3, 494 (3). τὸ γνῶθι σαυτὸν ἐστιν ἂν τὰ πράγματα ἴδῃς τὰ σαυτοῦ Men. 4, 156 (2). οἷον τὸ γενέσθαι πατέρα παίδων ἦν *(ἄρα) Men. 4, 196 (2). χαλεπὴ-καὶ προσάντης-ὁδός ἐστιν, ὡς τὸν πατέρ' ἀπελθεῖν-ἢ τις ἐστὶ κοσμία γυνή Anaxand. 3, 197 (5). ἀγνοεῖς ἐν ταῖς ἀραῖς ὅ τι ἐστίν, εἴ τις-; Diph. 4, 405 (3). μακάριος ὁ βίος-ἂν ᾖ μεθ' ἑτέρων ἀπραγμόνων Apollod. 4, 450. αὐτόματ' ἦν τὰ δέοντα Telecl. 2, 361 (1, 3). τῶν πλακούντων-ἦν ἀλαλητός ib. 2, 362 (1, 13). ὁπόθεν ἔσοιτο μᾶζα Plat. 2, 625 (4). σπαθᾶν τὸν ἱστὸν οὐκ ἔσται σπάθη Philyll. 2, 862 (4). κἂν κάραβός τις ᾖ λαβεῖν Ephipp. 3, 334 (1, 5). τούτων φάγοις ἄν; Φ. *κἂν τις ἄλλος μικρὸς ᾖ Antiph. 3, 36 (1, 10). τὰ μὲν ὄντα διδοὺς οὐκ οἶδε δεδωκὼς- Antiph. 3, 109 (v. 7). τῶν ῥυτῶν τὰ μέγιστα τῶν ὄντων τρία Epinici 4, 506 (v. 1). ἔστι δ' ἐλέφας. ib. (v. 4). ὁ Βελλεροφόντης ἐστιν ib. (v. 9). τούτων δ' ἔσται πολὺ σεμνότερον-παρὰ δεσποσύνοις- Anaxand. 3, 183 (1, 32). εἰς αὔριον-*(μηδὲ) φροντίζειν *ὅ τι ἔσται Philetaer. 3, 295 (2, 9). ἀλλὰ μὴν-ἔσται γ' ὅσον ἂν βουλώμεθ', ἔσται καὶ μάλα ἡδύς γ' Alexid. 3, 460. *ὀπτάνιον ἐστιν; A. ἔστι Alexid. 3, 464 (2, 13). οὐ λάκκον εἶδον, οὐ φρέαρ· οὐ στάμνος ἐστί Alexid. 3, 465 (3). ἦσαν δὲ πληγαί Xenarch. 3, 621 (1, 11). πάντα τἀναντία νῦν ἐστιν Men. 4, 222 (1). οὐ μὴ τυχόντι θάνατός ἐσθ' ἡ ζημία Cratet. (?) 2, 247 (1). τοῦτ' ἐστι σοι τὸ σκῶμμ' ἀσελγές [Myrt. 2, 418 (1)]. Eup. 2, 521 (2). ὁδὶ μὲν-ὀρφὼς ἐστί σοι Plat. 2, 668 (3, 1). ὁ σὸς-τύμβος-τοῖς ἐμπόροις πρόσρησις ἔσται Plat. 2, 679 (1). ἐγὼ-πᾶσιν ὑμῖν εἰμι πέντε καὶ δύο Amips. 2, 702 (3). *Προμηθία (al. Προμηθεύς) ἐστιν ἀνθρώποις ὁ νοῦς Plat. 2, 662 (3). cf. 5, 47. ἡμῖν δὲ ταῦτ' οὐκ ἔστιν, ἀλλὰ πάντα δεῖ εὑρεῖν Antiph. 3, 106 (v. 17). πολλῶν κακῶν-ἐστιν ἀρχὴ τῷ βίῳ (int. τὸ γαμεῖν) Anaxand. 3, 195 (1, 3). τοῦτ' ἔσϑ' ἑκάστῳ μεῖζον ἢ Τροίαν ἑλεῖν Eubul. 3, 205 (v. 2). ὁπηνίκ' ἂν εἴκοσι ποδῶν μετροῦντι τὸ στοιχεῖον ᾖ Eubul. 3, 281 (1, 7). συντεμόντι δ' οὐδὲ ἓν | ἔσϑ' ἑταίρας ὅσα περ ἔστι ϑηρί' ἐξωλέστερον Anaxil. 3, 348 (1, 31). Ζεὺς ἔστι μοι ἑρκεῖος, ἔστι φράτριος Cratin. min. 3, 377. ἔχεις ἐχίνους; B. ἕτερος ἔσται σοι πίναξ Lyncei 4, 433 (v. 19). οὐκ ἦν ἐκφορά | Λύκῳ κρεῶν τότ' Euphron. 4, 487 (v. 20). ἡ τῶν φίλων σοι πίστις ἔστω κεκριμένη anon. 4, 608 (26). ἦν οὐδὲν προσιδόντι τεκμαρτόν Cratin. 2, 164 (3). τῶν μὲν γὰρ εὐξαμένοισίν ἐσϑ' ἡμῖν τυχεῖν Antiph. 3, 80. ἐξ ἀνάγκης ἐστ' ἀποστραφέντι μοι λαλεῖν Antiph. 3, 91 (1, 5). ἔστι τοῖς σοφοῖς χρόνῳ σκοπεῖσϑαι τῆς ἀληϑείας πέρι Men. 4, 272 (170). ζῆν δ' ἔστι μοι τάλαντον ὑπεριδόντι; anon. 4, 669 (282). ἆρ' ἀληϑῶς τοῖς ξένοισιν ἔστιν-ἐκεῖ-ϑοινᾶσϑαι-; Cratin. 2, 107 (1). ὅν γ' ἔστιν λέγειν Eup. 2, 460 (7). ὁ-Γνήσιππος ἔστιν ἀκούειν Eup. 2, 481 (3). ἦν ἄρα τοῖνδε δυοῖν ἑνὸς αἵρεσις Plat. (?) 2, 697 (v. 9). εἴπερ ἔστι δι' ἐνιαυτοῦ-λαβεῖν Aristophan. 2, 1171 (1, 8). πρᾶγμα τρυφερὸν-ἦν ἰδεῖν Antiph. 3, 117 (2, 4). πάντ' ἔστ' ἰδεῖν-καταπεφευγότα Antiph. 3, 155 (69). ἔστι δὲ σκοπεῖν ἀπ' ἀρχῆς-τὴν Πλαγγόνα Anaxil. 3, 347 (1, 8). Σφίγγα πάσας ἔστι τὰς πόρνας καλεῖν Anaxil. 3, 349 (1, 22). τὸν Τιϑύμαλλον-ἀεί | ἐρυϑρότερον-περιπατοῦντ' ἔσϑ' ὁρᾶν Dromon. 3, 541 (1). ὧν ἔστιν ἐκλεξάμενον-μὴ κλίμακα *στησάμενον εἰσβῆναι λάϑρα Xenarch. 3, 617 (1, 7). καὶ τῶνδ' ἑκάστην ἔστιν ἀδεῶς- ib. (1, 16). καλὸν τὸ ϑνῄσκειν ἐστὶν (f. ἔστιν) ἐπὶ τούτῳ λέγειν Philem. 4, 47 (37). ποῦ ϑεοὺς οὕτως δικαίους ἐστὶν εὑρεῖν-; Men. 4, 170 (7). τότ' αὐτόν (f. τόϑ' αὐτόν) ἔστ' ἰδεῖν ὡς ἄϑλιον ζῇ-βίον Men. 4, 198 (5). δι' ὃν ϑεωρεῖν ἔστι τοὺς ἄλλους ϑεούς Men. 4, 265 (136). ἔστιν ϑεωρεῖν-τὴν-εὔνοιαν εὐϑὺς εἰσιόντα Apollod. 4, 455 (2). τὰς-ἄλλας ἔστιν αὐλούσας ἰδεῖν-Ἀπόλλωνος νόμον Epicrat. 3, 365 (1). ἰδεῖν μὲν αὐτὴν ῥᾴδιόν ἐστι καὶ πτύσαι ib. 366 (2, 20). πάντ' ἔστιν ἐξευρεῖν, ἐὰν- Philem. 4, 13. ἔσϑ' *ὑποχέασϑαι πλείονας Diph. 4, 377 (1). οὐκ ἔστιν οἰκεῖν οἰκίαν ἄνευ κακοῦ Susar. 2, 3. ἄνευ κακῶν-οἰκίαν οἰκουμένην οὐκ ἔστιν εὑρεῖν Men. 4, 252 (62). οὐκ ἔσται-*καλεῖν με Aristophan. 2, 1201 (103). ἰχϑῦς οὐκ *ἂν ἦν (libr. ἐνῆν) οὐδενὶ φαγεῖν Alexid. 3, 403 (1). οὐδ' ἔστιν εἰπεῖν περὶ μαγειρικῆς Dionys. 3, 548 (v. 30). οὐκ ἔστιν-τὰ τῶν πονούντων μὴ πονήσαντας λαβεῖν Philisci 3, 580 (1). ἃς δ' οὔτ' ἰδεῖν ἔστ' οὔϑ' ὁρῶντ' ἰδεῖν σαφῶς Xenarch. 3, 617 (1, 18). οὐκ ἔστιν ἕτερον παρ' ἑτέρου λαβεῖν τύχην Philem. 4, 6. οὐκ ἔσϑ' ὅπως οὐκ εἶ παράσιτος Arar. 3, 276 (1). οὐκ ἔσϑ' ὅπως οὐκ ὀλβιογάστωρ εἶ σύ Amphid. 3, 304 (2). οὐκ ἔστ' ἀκούειν οὐδὲν *αὐτὸν οὐδ' ὁρᾶν Philem. 4, 54 (56). οὐκ ἔστιν εὑρεῖν βίον ἄλυπον Men. 4, 195 (10) = mon. 419. οὐδ' ἔστιν εἰπεῖν ζῶντα- Men. 4, 176 (2). ζῆν ἡδέως οὐκ ἔστιν ἀργὸν καὶ κακόν mon. 201. οὐκ ἔστι κανδύλους ποιεῖν Men. 4, 222 (1). τῷ δὲ πατρὶ πρὸς τὸν υἱόν,-οὐκ ἔστιν εἰπεῖν, οὐ γέγονας αὐτὸς γέρων; Apollod. 4, 452 (1, 7). οὐκ ἔστιν "ἐμεϑύσϑην πάτερ" λέγοντα *(σε) -συγγνώμης τυχεῖν Philippid. 4, 475 (4). τἀργύριον εἶναι-τιμὴν παρασχεῖν δυνατόν-ἀϑανασίας δ' οὐκ ἔστιν Men. 4, 156 (1). κἀμοὶ τράχηλον ἕτερον εἴ ποϑεν λαβεῖν ἦν καὶ πρίασϑαι δυνατόν Arched. 4, 437 (2, 6). οὐκ *ἔστιν ἥτις ῥὶς ὑποστῆναι δύναιτ' ἂν anon. 4, 622 (65). οὐκ ἔστιν ὅστις πάντ' ἀνὴρ εὐδαιμονεῖ Nicostr. (ex Euripide) 3, 288 (2) = mon. 697. Philippid. 4, 472. ὡς ἔστ' ἐραστής, ὅστις ὡραίων φίλων τρόπων ἐραστής ἐστιν Amphid. 3, 307 (2). ἐπεὶ δὲ τοῦτ' οὐκ ἔστι- Antiph. 3, 32. οἰόμεϑα-τοὺς Πυϑαγοριστὰς-οὕτως ῥυπᾶν ἑκόντας,-οὐκ ἔστι τούτων οὐδέν Aristophont. 3, 362 (3). σωτηρίας ἐπέτυχον'-

ἐμοὶ δὲ τοῦτ' οὐκ ἔστιν Philem. 4, 10 (1, 9). τὸ ταῦτα διορᾶν ἐστιν εὐψύχου τέχνης, οὐ *τοῦ διανίζειν λοπάδας οὐδ' ὄζειν καπνοῦ Damox. 4, 531 (v. 43). τὸ-ἀτυχῆσαι παντὸς εἶναί μοι δοκεῖ, ἀνδρὸς δ'- Antiph. 3, 155 (67). αὐλὰς θεραπεύειν ἐστίν-ἢ φυγάδος ἢ πεινῶντος ἢ μαστιγίου Diph. 4, 420 (10). δοῦλοι βασιλέων εἰσίν, ὁ βασιλεὺς θεῶν, ὁ θεὸς ἀνάγκης Philem. 4, 11. εἰσὶ τῶν φίλων ἑνός γέ του Pher. 2, 286 (13). †τῶν πονηρῶν μικρόν *ἐστι τοὐβολοῦ Eup. 2, 506 (20) cf. 3, 76. πάντα ταῦτ' ἐστὶν δραχμῆς Antiph. 3, 35 (3, 3). ἔστ' ὠμοτάριχος πέντε χαλκῶν Alexid. 3, 389 (1, 4). ἀρ' ἦν μετὰ ταῦθ' ἡ ῥάφανος; ib. (1, 7). τέθεικας διπλασίου; B. ὁ ταριχοπώλης ἐστίν· ἐλθὼν πυνθάνου ib. (1, 14). τάριχός ἐστι πρῶτον-τοδί. *διωβόλου τοῦτ' ἔστι Alexid. 3, 470 (1). ψυχρά σοι-παραθῶ;-ζέοντα δέ; A. οὐκοῦν τὸ μέσον ἔστω δηλαδή (?) Alexid. 3, 464 (2, 6). ἔφη οὐκ ἀγαθὸν εἶναι τἀργύριον. ἔστω κακόν, διὰ τοῦτο δός μοι Phoenicid. 4, 511 (v. 20). B. ἔστω. γεωμετρικῇ δὲ καὶ σοὶ πρᾶγμα τί; Nicomach. 4, 584 (v. 24). βάπτεται (aliquis) θέλων καλὸς εἶναι-· ἔστω Γανυμήδης οὗτος Nicol. 4, 580 (v. 35). †γέννα ὁ (f. γενναῖος ἴσθ', ὦ) οὗτος-χρηστὸς εἶ καὶ κόσμιος Nicoph. 2, 852 (3). οὐκοῦν περιγράψεις-κύκλον; Δ. τί δ' ἔστιν; (al. πάρεστιν) Eup. 2, 525 (1). εὐτυχεῖς-B. τί δ' ἐστι; Plat. 2, 670 (3). οἴμοι. B. τί **ἐστί; Archipp. 2, 725 (2). Ἕρμων, τί ἐστι, πῶς ἔχομεν; Lysipp. 2, 744 (1). διελθεῖν βούλομαι τὸ βιβλίον-B. ἔστι δ'-τοῦτο τί; Plat. 2, 672 (1, 3). τὸ δὲ ζῆν εἰπέ μοι τί ἐστί; Antiph. 3, 138 (10) cf. 5, 79. ζῆν δ' ἐστὶ τὸ τοιοῦθ'; Baton. 4, 502 (v. 6). καταπυγοσύνη ταῦτ' ἐστὶ πρὸς κρέας μέγα Aristophan. 2, 1000 (17). οὐ ταὐτόν ἐστιν ἁλμάδες καὶ στέμφυλα Aristophan. 2, 1111 (8). θλαστὰς-εἶναι κρεῖττόν *ἐστ' ἢ γ' ἁλμάδας ib. (9). τὸ δεῖπνόν ἐστι μᾶζα-καὶ-καὶ Antiph. 3, 133 (1). ὑπώμνυτο ὁ μὲν οἶνος ὄξος *αὐτὸν εἶναι γνήσιον Eubul. 3, 236. τὰ δὲ χρήματα ταῦτ' ἔστιν ὄψις Antiph. 3, 154 (63) = Alexid. 3, 521 (41) = Men. 4, 273 (175). οἱ ποιηταὶ λῆρός εἰσιν Xenarch. 3, 621 (1). λαμπρός τις ἐξελήλυθ'-ὄλολυς οὗτός ἐστιν (vocatur) ‖ τὰ πόλλ' ἄδειπνος περιπατεῖ, κεστρῖνός ἐστι νῆστις Anaxand. 3, 177 (2). πάνθ' ὅσα νοοῦμεν ἢ λέγομεν-τύχη 'στίν Men. 4, 213 (3, 7). τοῦτ' ἔστιν *Ἀκαδήμεια, τοῦτο Ξενοκράτης; Alexid. 3, 421 (1). *τί ζῆν ὄφελος ᾧ μή 'στι τὸ ζῆν εἰδέναι; B. ἀλλ' οἶνος ἦν.-ὁ πονηρὸς οἶνος οὗτός ἐστι (?) Philem. 4, 49 (42). πειρώμεθ'-*ἐς τὸ δεῖπνον ἀπιέναι· εἰς ἑπτάκλινον δ' ἐστίν Timoth. 3, 589.

εἶμι: εὐθὺ πόλεως εἶμι Eup. 2, 502 (7). εἶμ' ἐπὶ ξύλα Aristophan. 2, 1118 (2). οἶπερ ᾖ' ἐπὶ ξύλα ib. 1119 (6). ᾖσαν εὐθὺ τοῦ Διονυσίου Aristophan. 2, 1012 (22). †ἥεις ἐν Φαινεστίου Antiph. 3, 137 (8). δειλῶν ἐπὶ δαῖτας ἴασιν Eup. 2, 542 (14). αὐτομάτους ἀγαθοὺς ἰέναι-ἐπὶ δαῖτα Cratin. 2, 111 (1). οὐκ *εἶ-ἐς κόρακας *ἐντευθενί Aristophan. 2, 1186 (43). ἄνω μάλ' εἰσι καταφυγών (int. ἀτμός) Alexid. 3, 440 (5, 17). ἐπὶ κῶμον-ἴωμεν Antiph. 3, 114 (1). ἰτητέον Diph. 4, 388. τουτοισὶ δ' ὄπισθεν ἴτω Cratin. 2, 31 (1). ἴτω δὲ καὶ τραγῳδίας ὁ Κλεομάχου διδάσκαλος Cratin. 2, 168 (2). ποῦ Κόρυδος, ἢ Ψωρόμαχος-; ἴτω πρὸς ἡμᾶς Euphron. 4, 492 (v. 7). διάνιζ' ἰοῦσα σαυτήν Cratet. 2, 237 (1, 7). οἱ ἰχθύες οἴκαδ' ἰόντες Tel. 2, 361 (1, 6). ἵνα τοῖς †ἰοῦσιν ἐγχέῃ (f. εἰσιοῦσιν ἐγχέω) Pher. 2, 298 (5). φέρε-ἀγήλαιοῦσ' ἔσω Herm. 2, 383 (1). *ἰὼν πειράσομαι εἰς τὴν ἀγορὰν ἔργον λαβεῖν Amips. 2, 701 (1). ἐγὼ *δ' ἰὼν πέψω πλακοῦντ' Aristophan. 2, 1027 (2). ἐγὼ *δ' ἰὼν ὀψάριον-ἀγοράσω Anaxil. 3, 352 (2). ἴθι *δεῦρ' Eubul. 3, 230. θυμελικὰν ἴθι-εἰς ἔριν anon. 4, 649 (184). ἴθ'

ὦ ἄνα, ἔξελθε Eup. (?) 2, 577 (v. 6). ἀλλ' ἴθι προσαύλησον-πτισμόν Nicoph. 2, 853 (5). ἴθι δὴ ἀνακωδώνισον Aristophan. 2, 1078 (10).
εἶν: εἶν ἀγορῇ-νείκεα Plat. (?) 2, 697 (v. 1).
εἵνεκα: vide οὕνεκα. ἐβάλετ' ἄγκυραν καθάψας ἀσφαλείας εἵνεκα (al. εἵνεκεν. f. οὕνεκα) Philem. 4, 31 (1, 10). γυναικῶν δυστυχοῦσιν εἵνεκα mon. 700.
εἶπα: Alexid. 3, 383 (2). Philem. 4, 52 (51ᵃ). Athenion. 4, 558 (v. 38). *Euang. 4, 572 (v. 1). εἶπας Philem. 4, 14 (2). εἶπον (imper.) f. Calliae (Diocl.) 2, 736 (2). εἶπον-τί ποιεῖν μέλλετε; Men. 4, 297 (360). εἶπον, ἄξιον γὰρ εἰδέναι Nicol. 4, 579 (v. 19). σὺ γὰρ εἶπον Euphron. 4, 489. *ἀνωμάλους εἶπας πιθήκους Phryn. 2, 568 (2).
εἰπεῖν: εἰπέ μοι Magnet. 2, 10. Plat. 2, 641 (1). Antiph. 3, 36 (1, 9). 116 (2, 1). 138 (10). Nicostr. 5, 84. Ephipp. 3, 329. Alexid. 3, 865. Men. 4, 322 (462). Hegesipp. 4, 479 (v. 17). Baton. 4, 502 (v. 11). Damox. 4, 530 (v. 5). Alexandr. 4, 553. τί γὰρ ἡ-'Ιωνία εἴφ' (f. εἶπον) ὅ τι πράσσει Calliae (Diocl.) 2, 736 (2). τί ἂν εἴποιμί σοι; Cratin. 2, 119 (7, 3) cf. 5, 21. εἴποι τις ἄν- Pher. 2, 340. †κεἶποι δέ πω τις Antiph. 3, 64 (1, 13). πειστικὸν λόγος, πρὸς τοῦτ' ἂν εἴποι τις- Men. 4, 209 (1). εἴποις γ' ἂν αὐτοὺς ἀρτίως ἠλωκέναι Xenarch. 3, 621 (1, 17). ἀναπνοὴν ἔχει "Ζεῦ σῶτερ" εἰπεῖν "ἀντέχου τῶν σχοινίων" Men. 4, 232 (7, 7). τῷ κακῶς διακειμένῳ | εἰπεῖν τιν' ἐσθίοντα "μὴ κακῶς ἔχε" Philippid. 4, 471. τίς εἶπεν "ἀμίδα *παῖ" πρῶτος-; Eup. 2, 547 (2, 5). ὁ πρῶτος εἰπὼν "μεταβολὴ πάντων γλυκύ" anon. 4, 684 (327). σκῶμμα-εἶπ' ἀσελγές Eup. 2, 485 (1, 15). κἀγώ τινα εἰπεῖν πρὸς ὑμᾶς βούλομαι γρῖφον Antiph. 3, 109 (v. 14). γρῖφον προβάλλεις τοῦτον εἰπεῖν-εἰ ξύνοιδά τι-; Antiph. 3, 41 (2, 5). ὁπότε *προστάττοιτό τις εἰπεῖν ἐφεξῆς ὅ τι- Antiph. 3, 67 (1, 4). ἀξιώσαντός τινος εἰπεῖν πρὸς αὐτὸν ὅ τι ποτ' ἐστὶ τἀγαθόν,-εἶπεν ἡδονὴν Hegesipp. 4, 481. ἵνα μὴ τὸ παλαιὸν τοῦτο-εἴπω *σόφισμ' Theop. 2, 805 (1). οἶνον εἰπὲ συντεμών Antiph. 3, 27 (1, 12). σμύρναν εἰπέ, *μὴ μακράν ib. (1, 14). εἶτ' οὐκ ἂν εἴποις;- Α. κάκκαβον λέγω. σὺ δ' ἴσως ἂν εἴποις λοπάδ' Antiph. 3, 99 (1). οἱ λόγοι-εἰσιν ἐγνωρισμένοι, πρὶν καί τιν' εἰπεῖν Antiph. 3, 105 (v. 4). ἄν-εἴπῃ τις 'Αλκμαίωνα Antiph. 3, 106 (v. 9). ὅταν μηδὲν δύνωντ' εἰπεῖν ἔτι ib. (v. 13). ὥσπερ *(εἰ) εἴποις ἑορτάς Diph. 4, 393. εἶπέν μ' ὁ κῆρυξ, οὗτος *ἀλφάνει Aristophan. 2, 1084 (13). ὑμῖν ὀρχηστρίδας εἶπον ἑταίρας Metag. 2, 751 (1). Aristag. 2, 761 (1). ῥίσκος ἦν ὃν εἶπεν Antiph. 3, 72. οὐδ' ἂν εἰπεῖν τὸ μέγεθος δύναιτό τις Anaxand. 3, 167. τὴν ὄψιν εἴπω τοῦ ποτηρίου-σοι; Alexid. 3, 510 (12). οὐκ ἄν τις εἴπῃ πολλὰ θαυμασθήσεται, ὁ μικρὰ δ' εἰπὼν μᾶλλον anon. 4, 690 (344). συντομώτατον δ' εἰπεῖν Alexid. 3, 495 (1, 4). κακὰς (an κακῶς? 5, 20) εἴπαι πρὸς ἑτέραν Cratin. 2, 116 (1). ἂν εἴπῃ κακῶς, *ὀργιζόμεσθ' Men. 4, 230 (5). *κλάειν εἴπωμεν ἀθυμμάτι' Eup. 2, 568 (64) cf. 5, 40. εἰπόντος αὐτῷ τοῦ φίλου-ἥκειν Eubul. 3, 261 (1, 6). ἔσπετε νῦν μοι Μοῦσαι Herm. 2, 407 (1, 1). εἴρηκα (εἴρημαι. ῥηθείς) ἐρῶ vide suo loco.
εἴπερ: οὐδὲ Ναυφάντης γε (int. ἄρξει)-, οὐ δῆτ'-, εἴπερ ἐκ πεύκης γε κἀγὼ-ἐπηγνύμην Eup. (?) 2, 577 (v. 19). μέγιστον ἀγαθόν, εἴπερ ἐστι-λαβεῖν Aristophan. 2, 1171 (1, 8). μακάριος, εἴπερ μεταδίδωσι μηδενί Timocl. 3, 591. τὸ πρᾶγμα τοῦτ' οὐκ ἔστιν εἴπερ *γίγνεται Antiph. 3, 64 (v. 5). ὀκτὼ λάβοις ἄν; -εἴπερ ὠνεῖ τὸν ἕτερον Alexid. 3, 391 (2, 10). εἴπερ τὸν ἀδικοῦντ'-ἠμύνετο ἕκαστος-οὐκ ἂν ἐπὶ πλεῖον τὸ κακὸν-ηὔξετο Men. 4, 237 (15).

ἐμοὶ δὲ τοῦτ' οὐκ ἔστιν Philem. 4, 10 (1, 9). τὸ ταῦτα διορᾶν ἐστιν εὐψύχου τέχνης, οὐ *τοῦ διανίζειν λοπάδας οὐδ' ὄζειν καπνοῦ Damox. 4, 531 (v. 43). τὸ-ἀτυχῆσαι παντός εἶναί μοι δοκεῖ, ἀνδρὸς δ'- Antiph. 3, 155 (67). αὐλὰς θεραπεύειν ἐστίν-ἢ φυγάδος ἢ πεινῶντος ἢ μαστιγίου Diph. 4, 420 (10). δοῦλοι βασιλέων εἰσίν, ὁ βασιλεὺς θεῶν, ὁ θεὸς ἀνάγκης Philem. 4, 11. εἰσι τῶν φίλων ἑνός γέ του Pher. 2, 286 (13). †τῶν πονηρῶν μικρόν *ἔστι τοὐβολοῦ Eup. 2, 506 (20) cf. 3, 76. πάντα ταῦτ' ἐστὶν δραχμῆς Antiph. 3, 35 (3, 3). ἔστ' ὠμοτάριχος πέντε χαλκῶν Alexid. 3, 389 (1, 4). ἆρ' ἦν μετὰ ταῦθ' ἡ ῥάφανος; ib. (1, 7). τέθεικας διπλασίου; Β. ὁ ταριχοπώλης ἐστίν· ἐλθὼν πυνθάνου ib. (1, 14). τάριχός ἐστι πρῶτον-τοδί. *διωβόλου τοῦτ' ἔστι Alexid. 3, 470 (1). ψυχρά σοι-παραθῶ;-ζέοντα δέ; Α. οὐκοῦν τὸ μέσον ἔστω δηλαδή (?) Alexid. 3, 464 (2, 6). ἔφη οὐκ ἀγαθὸν εἶναι τἀργύριον. ἔστω κακόν, διὰ τοῦτο δός μοι Phoenicid. 4, 511 (v. 20). Β. ἔστω. γεωμετρικῇ δὲ καὶ σοὶ πρᾶγμα τί; Nicomach. 4, 584 (v. 24). βάπτεται (aliquis) θέλων καλὸς εἶναι-· ἔστω Γανυμήδης οὗτος Nicol. 4, 580 (v. 35). †γέννα ὁ (f. γενναῖος ἴσθ', ὦ) οὗτος-χρηστὸς εἶ καὶ κόσμιος Nicoph. 2, 852 (3). οὐκοῦν περιγράψεις-κύκλον; Δ. τί δ' ἔστιν; (al. πάρεστιν) Eup. 2, 525 (1). εὐτυχεῖς-Β. τί δ' ἔστι; Plat. 2, 670 (3). οἴμοι. Β. τί **ἐστί; Archipp. 2, 725 (2). Ἕρμων, τί ἔστι, πῶς ἔχομεν; Lysipp. 2, 744 (1). διελθεῖν βούλομαι τὸ βιβλίον-Β. ἔστι δ'-τοῦτο τί; Plat. 2, 672 (1, 3). τὸ δὲ ζῆν εἰπέ μοι τί ἐστί; Antiph. 3, 138 (10) cf. 5, 79. ζῆν δ' ἐστὶ τὸ τοιοῦθ'; Baton. 4, 502 (v. 6). καταπυγοσύνη ταῦτ' ἐστὶ πρὸς κρέας μέγα Aristophan. 2, 1000 (17). οὐ ταὐτόν ἐστιν ἁλμάδες καὶ στέμφυλα Aristophan. 2, 1111 (8). θλαστὰς-εἶναι κρεῖττόν *ἐστ' ἢ γ' ἁλμάδας ib. (9). τὸ δεῖπνόν ἐστι μᾶζακαὶ-καὶ Antiph. 3, 133 (1). ὑπώμνυτο ὁ μὲν οἶνος ὄξος *αὐτὸν εἶναι γνήσιον Eubul. 3, 236. τὰ δὲ χρήματα ταῦτ' ἔστιν ὄψις Antiph. 3, 154 (63) = Alexid. 3, 521 (41) = Men. 4, 273 (175). οἱ ποιηταὶ λῆρός εἰσιν Xenarch. 3, 621 (1). λαμπρός τις ἐξελήλυθ'-ὄλολυς οὗτός ἐστιν (vocatur) ‖ τὰ πόλλ' ἄδειπνος περιπατεῖ, κεστρῖνός ἐστι νῆστις Anaxand. 3, 177 (2). πάνθ' ὅσα νοοῦμεν ἢ λέγομεν-τύχη 'στίν Men. 4, 213 (3, 7). τοῦτ' ἔστιν *Ἀκαδήμεια, τοῦτο Ξενοκράτης; Alexid. 3, 421 (1). *τί ζῆν ὄφελος ᾧ μή 'στι τὸ ζῆν εἰδέναι; Β. ἀλλ' οἶνος ἦν.-ὁ πονηρὸς οἶνος οὗτός ἐστι (?) Philem. 4, 49 (42). πειρώμεθ'-*ἐς τὸ δεῖπνον ἀπιέναι· εἰς ἑπτάκλινον δ' ἐστίν Timoth. 3, 589.

-εἶμι: εὐθὺ πόλεως εἶμι Eup. 2, 502 (7). εἶμ' ἐπὶ ξύλα Aristophan. 2, 1118 (2). οἴπερ ᾖ' ἐπὶ ξύλα ib. 1119 (6). ᾖσαν εὐθὺ τοῦ Διονυσίου Aristophan. 2, 1012 (22). †ἤεις ἐν Φαινεστίου Antiph. 3, 137 (8). δειλῶν ἐπὶ δαῖτας ἴασιν Eup. 2, 542 (14). αὐτομάτους ἀγαθοὺς ἰέναι-ἐπὶ δαῖτα Cratin. 2, 111 (1). οὐκ *εἶ-ἐς κόρακας *ἐντευθενί Aristophan. 2, 1186 (43). ἄνω μάλ' εἶσι καταφυγών (int. ἀτμός) Alexid. 3, 440 (5, 17). ἐπὶ κῶμον-ἴωμεν Antiph. 3, 114 (1). ἰτητέον Diph. 4, 388. τούτοισι δ' ὄπισθεν ἴτω Cratin. 2, 31 (1). ἴτω δὲ καὶ τραγῳδίας ὁ Κλεομάχου διδάσκαλος Cratin. 2, 168 (2). ποῦ Κόρυδος, ἢ Φυρόμαχος-; ἴτω πρὸς ἡμᾶς Euphron. 4, 492 (v. 7). διάνιζ' ἰοῦσα σαυτήν Cratet. 2, 237 (1, 7). οἱ ἰχθύες οἴκαδ' ἰόντες Tel. 2, 361 (1, 6). ἵνα τοῖς †ἰοῦσιν ἐγχέῃ (f. εἰσιοῦσιν ἐγχέω) Pher. 2, 298 (5). φέρε-ἀγήλαιοῦσ' ἔσω Herm. 2, 383 (1). *ἰὼν πειράσομαι εἰς τὴν ἀγορὰν ἔργον λαβεῖν Amips. 2, 701 (1). ἐγὼ *δ' ἰὼν πέψω πλακοῦντ' Aristophan. 2, 1027 (2). ἐγὼ *δ' ἰὼν ὀψάριον-ἀγοράσω Anaxil. 3, 352 (2). ἴθι *δεῦρ' Eubul. 3, 230. θυμελικὰν ἴθι-εἰς ἔριν anon. 4, 649 (184). ἴθ' ὦ ἄνα, ἔξελθε Eup. (?) 2, 577 (v. 8). ἀλλ' ἴθι προσαύλησον-πτισμόν Nicoph. 2, 853 (5). ἴθι δὴ ἀνακωδώνισον Aristophan. 2, 1078 (10).

εἰν: εἰν ἀγορῇ-νείκεα Plat. (?) 2, 697 (v. 1).

εἵνεκα: vide οὕνεκα. ἐβάλετ' ἄγκυραν καθάψας ἀσφαλείας εἵνεκα (al. εἵνεκεν. f. οὕνεκα) Philem. 4, 31 (1, 10). γυναικῶν δυστυχοῦσιν εἵνεκα mon. 700.

εἶπα: Alexid. 3, 383 (2). Philem. 4, 52 (51[a]). Athenion. 4, 558 (v. 36). *Euang. 4, 572 (v. 1). εἶπας Philem. 4, 14 (2). εἶπον (imper.) f. Calliae (Diocl.) 2, 736 (2). εἶπον-τί ποιεῖν μέλλετε; Men. 4, 297 (300). εἶπον, ἄξιον γὰρ εἰδέναι Nicol. 4, 579 (v. 19). σὺ γὰρ εἶπον Euphron. 4, 489. *ἀνωμάλους εἶπας πιθήκους Phryn. 2, 588 (2).

εἰπεῖν: εἰπέ μοι Magnet. 2, 10. Plat. 2, 641 (1). Antiph. 3, 36 (1, 9). 116 (2, 1). 138 (10). Nicostr. 5, 84. Ephipp. 3, 329. Alexid. 3, 365. Men. 4, 322 (452). Hegesipp. 4, 479 (v. 17). Baton. 4, 502 (v. 11). Damox. 4, 530 (v. 5). Alexandr. 4, 553. τί γὰρ ἡ-Ἰωνία εἶφ' (f. εἶπον) ὅ τι πράσσει Calliae (Diocl.) 2, 736 (2). τί ἂν εἴποιμί σοι; Cratin. 2, 119 (7, 3) cf. 5, 21. εἴποι τις ἄν- Pher. 2, 340. †κεἴποι δέ πω τις Antiph. 3, 64 (1, 13). πειστικὸν λόγος, πρὸς τοῦτ' ἂν εἴποι τις- Men. 4, 209 (1). εἴποις γ' ἂν αὐτοὺς ἀρτίως ἡλωκέναι Xenarch. 3, 621 (1, 17). ἀναπνοὴν ἔχει "Ζεῦ σῶτερ" εἰπεῖν "ἀντέχου τῶν σχοινίων" Men. 4, 232 (7, 7). τῷ κακῶς διακειμένῳ | εἰπεῖν τιν' ἐσθίοντα "μὴ κακῶς ἔχε" Philippid. 4, 471. τίς εἶπεν "ἀμίδα *παῖ" πρῶτος-; Eup. 2, 547 (2, 5). ὁ πρῶτος εἰπὼν "μεταβολὴ πάντων γλυκύ" anon. 4, 684 (327). σκῶμμα-εἶπ' ἀσελγὲς Eup. 2, 485 (1, 15). κἀγώ τινα εἰπεῖν πρὸς ὑμᾶς βούλομαι γρῖφον Antiph. 3, 109 (v. 14). γρῖφον προβάλλεις τοῦτον εἰπεῖν-εἰ ξύνοιδά τι-; Antiph. 3, 41 (2, 5). ὁπότε *προστάττοιτό τις εἰπεῖν ἐφεξῆς ὅ τι- Antiph. 3, 67 (1, 4). ἀξιώσαντός τινος εἰπεῖν πρὸς αὐτὸν ὅ τι ποτ' ἐστὶ τἀγαθόν,-εἶπεν ἡδονήν Hegesipp. 4, 481. ἵνα μὴ τὸ παλαιὸν τοῦτο-εἴπω *σόφισμ' Theop. 2, 805 (1). οἶνον εἰπὲ συντεμών Antiph. 3, 27 (1, 12). σμύρναν εἰπέ, *μὴ μακράν ib. (1, 14). εἶτ' οὐκ ἂν εἴποις;- A. κάκκαβον λέγω. σὺ δ' ἴσως ἂν εἴποις λοπάδ' Antiph. 3, 99 (1). οἱ λόγοι-εἰσιν ἐγνωρισμένοι, πρὶν καί τιν' εἰπεῖν Antiph. 3, 105 (v. 4). ἄν-εἴπῃ τις Ἀλκμαίωνα Antiph. 3, 106 (v. 9). ὅταν μηδὲν δύνωντ' εἰπεῖν ἔτι ib. (v. 13). ὥσπερ *(εἰ) εἴποις ἑορτάς Diph. 4, 393. εἶπέν μ' ὁ κῆρυξ, οὗτος *ἀλφάνει Aristophan. 2, 1084 (13). ὑμῖν ὀρχηστρίδας εἶπον ἑταίρας Metag. 2, 751 (1). Aristag. 2, 761 (1). ῥίσκος ἦν ὃν εἶπεν Antiph. 3, 72. οὐδ' ἂν εἰπεῖν τὸ μέγεθος δύναιτό τις Anaxand. 3, 167. τὴν ὄψιν εἴπω τοῦ ποτηρίου-σοι; Alexid. 3, 510 (12). οὐκ ἄν τις εἴπῃ πολλὰ θαυμασθήσεται, ὁ μικρὰ δ' εἰπὼν μᾶλλον anon. 4, 690 (344). συντομώτατον δ' εἰπεῖν Alexid. 3, 495 (1, 4). κακὰς (an κακῶς? 5, 20) εἴπαι πρὸς ἑτέραν Cratin. 2, 116 (1). ἂν εἴπῃ κακῶς, *ὀργιζόμεσθ' Men. 4, 230 (5). *κλάειν εἴπωμεν ἀθυρμάτι' Eup. 2, 568 (64) cf. 5, 40. εἰπόντος αὐτῷ τοῦ φίλου-ἥκειν Eubul. 3, 261 (1, 6). ἔσπετε νῦν μοι Μοῦσαι Herm. 2, 407 (1, 1). εἴρηκα (εἴρημαι. ῥηθείς) ἐρῶ vide suo loco.

εἴπερ: οὐδὲ Ναυφάντης γε (int. ἄρξει)-, οὐ δῆτ'-, εἴπερ ἐκ πεύκης γε κἀγὼ-ἐπηγνύμην Eup. (?) 2, 577 (v. 19). μέγιστον ἀγαθόν, εἴπερ ἔστι-λαβεῖν Aristophan. 2, 1171 (1, 8). μακάριος, εἴπερ μεταδίδωσι μηδενί Timocl. 3, 591. τὸ πρᾶγμα τοῦτ' οὐκ ἔστιν εἴπερ *γίγνεται Antiph. 3, 64 (v. 5). ὀκτὼ λάβοις ἄν; -εἴπερ ὠνεῖ τὸν ἕτερον Alexid. 3, 391 (2, 10). εἴπερ τὸν ἀδικοῦντ'-ἠμύνετο ἕκαστος-οὐκ ἂν ἐπὶ πλεῖον τὸ κακὸν-ηὔξετο Men. 4, 237 (15).

εἴργω: οὐ πῦρ-† εἴργει (l. ἀπείργει) μὴ φοιτᾶν Eup. 2, 487 (3).
εἰρεσιώνη: ἀναθῶμεν-τασδὶ τὰς εἰρεσιώνας Eup. 2, 468 (19). σὺ μὲν
εἰρεσιώνην οὐ γεωργίαν λέγεις Timocl. 3, 613 (5) cf. 5, 96.
εἴρηκα. εἴρημαι. ῥηθείς: cf. εὑρίσκω. ἂν-εἴπῃ τις Ἀλκμαίωνα, καὶ
τὰ παιδία πάντ' εὐθὺς εἴρηχ' Antiph. 3, 106 (v. 10). οὐκ εἴρηκά σοι
τοῦτ'; εἶτ' ἄρ' οὐχί; Men. 4, 191 (2). *ἰχθὺν δ' Ὅμηρος ἐσθίοντ' εἴρηκε ποῦ τίνα τῶν Ἀχαιῶν; Eubul. 3, 262 (2). τὰ μέγιστα-οὐκ εἴρηκα
τούτων Aristophan. 2, 1079 (6, 9). τὸ μέγιστον οὐκ εἴρηκα Demetr. 4,
539. σχεδόν τι τὸ κεφάλαιον τῶν κακῶν εἴρηκας Apollod. Gel. 4, 439 (2).
ἀγοράσματ' οὐ συμπόσιον εἴρηκας Alexid. 3, 461. ὅσα εἴρηκέ με κακῶς ὁμολογῶν εὐθέως Axionici 3, 534 (1, 10). τοῖς εἰρημένοις ἡμῶν
ὑπό τινος ἢ πεπονθόσιν κακῶς Men. 4, 235 (13). κατὰ πόλλ'-ἐστιν
οὐ καλῶς εἰρημένον τὸ γνῶθι σαυτόν Men. 4, 139 (1). πολλοῖς πολλὰ
περὶ μαγειρικῆς εἰρημέν' ἐστίν Hegesipp. 4, 479 (v. 2). τὸν νόμον
ἐμαυτῷ τουτονί | τίθεμαι-ὥσπερ εἴρηται ποιεῖν Diodor. 3, 546. καὶ
ταῦτά τε *εἴρητο καὶ παριόντα-ἀπιδὼν-ἐπόππυσεν Timocl. 3, 606.
ῥηθείς: τοὺς ῥηθέντας ἀναθέσθαι λόγους Men. 4, 93 (2). ῥηθεὶς
λόγος πατρὸς πρὸς υἱόν Men. 4, 262 (115). τί δύναται τὸ ῥηθέν; Antiph. 3, 41 (2, 7). ἀκριβῶς ἐγνωκέναι τὸ ῥηθέν Antiph. 3, 112 (1, 16).
εἰρήνη: εἰρήνη-ἦν ὥσπερ ὕδωρ κατὰ χειρός Telecl. 2, 361 (1, 2). δύναμιν κράτος εἰρήνην Telecl. 2, 372 (4, 3). εἰρήνη 'στίν (summum bonum) Philem. 4, 22. εἰρήνη γεωργὸν κἀν πέτραις τρέφει καλῶς Men.
4, 259 (95). Εἰρήνη βαθύπλουτε Aristophan. 2, 987 (8). Εἰρήνης φί-
λης πιστὴ τροφός Aristophan. 2, 1065 (2).
εἰρηνικῶς: πρὸς ἀμυγδάλας-πῶς ἔχεις; Β. εἰρηνικῶς Antiph. 3, 77.
εἴρων: ἀλώπηξ εἴρων τῇ φύσει Philem. 4, 32 (3).
εἰς: cf. ἐς. πρός. εἰς ἅλμην τε καὶ ὀξάλμην κᾆτ' ἐς σκοροδάλμην-ἐμβά-
πτων Cratin. 2, 95 (5). εἰς ὄξος ἐμβαπτόμενος Aristophan. 2, 1009 (9).
κίχλαι εἰς τὸν φάρυγ' εἰσεπέτοντο Telecl. 2, 362 (1, 12). *εἴσειμ' εἰς
ἅμιλλαν Eup. 2, 539 (7). εἰσδυόμενος εἰς πόρκον Antiph. 3, 62 (3).
μηδὲν εἰς τὴν οἰκίαν-εἰσφέρειν Antiph. 3, 92 (1, 6). ὅσ' ἂν-εἰς ἑαυ-
τόν-τις *εἰσαναλίσκων τύχῃ Antiph. 3, 116 (1, 10). εἰς τὰς τριήρεις-
ἀναλοῦν-, εἰς οἷ' ἀνάλουν οἱ πρὸ τοῦ Aristophan. 2, 1040 (22). εἴσο-
δος-εἰς τὴν οἰκίαν Anaxand. 3, 195 (1, 10). εἰς ἄκακον-τρόπον εἰσδύς Anaxil. 3, 353 (1). εἴσειμι-εἰς γυναῖκας Men. 4, 276 (189). ἐμβάλλουσιν-μάραθον εἰς τὰς ἁλμάδας Herm. 2, 413 (2). εἰς ζητρεῖον
ἐμπεσών Eup. 2, 563 (46). εἰς ἔρωτα-ἐμπεσών Antiph 3, 139 (12).
ἑταίρας-εἰς ἔρωτα τυγχάνεις ἐληλυθώς Anaxil. 3, 350 (2). ἑταίρας εἰς
ἔρωτ' ἀφίκετο Antiph. 3, 124 (1, 3). τὸν βίον ἔθηκας εἰς στίχον Nicostr.
3, 258 (2). θρόμβον, ἐγκαθήμενον εἰς πλατὺ στέγαστρον Antiph. 3, 27
(1, 9). *ἐμβαλὼν εἰς τοὔψον (forum) Antiph. 3, 118 (4). τραπόμενον
εἰς τοὔψον Aristophan. 2, 1050 (9). περιῆλθον εἰς τὰ σκόροδα Eup. 2,
550 (5). τρέχ' εἰς τὸν οἶνον Aristophan. 2, 1072 (6). *ἐκεῖθεν εἰς τὴν
Ἰταλίαν διεβάλομεν τὸ πέλαγος εἰς Μεσσαπίους Demetr. 2, 876 (1).
εἰς τὸ κέρδος-ἀποβλέπουσ' Demetr. 2, 878 (2). εἰς Ἀθήνας ἐνθάδε ἀφικόμην Antiph. 3, 91 (1). εἰς ἐμὲ σὺ τὴν κραιπάλην μέλλεις ἀφεῖναι
Eubul. 3, 266 (9). ἐξήλλοντο εἰς σχοινόπλεκτον ἄγγος Arar. 3, 274 (1).
*ἐς τὸ δεῖπνον ἀπιέναι· εἰς ἑπτάκλινον δ' ἐστίν Timothei 3, 589. εἰς
τὸν νεὼν κατέκλεισεν αὐτόν Philem. 4, 46 (35). οὐ νῦν βαδίζομεν, εἰς
τοὺς γάμους Euphron. 4, 493 (v. 10). βάδιζ' ἐπὶ δεῖπνον εἰς τὰ *φιλίτια Antiph. 3, 22. εἰς αὐτοὺς βλέπων Cratet. 2, 236 (3). εἰς τοὺς
καλοὺς δ' ἄν τις βλέπῃ Anaxand. 3, 177 (2, 9). τὸ ῥύγχος εἰς ἡμᾶς
στρέφει Arar. 3, 273 (1). εἰς ὄχλον φέρειν Anaxand. 3, 196 (8). διά

τί δ' οὐκ ἄγεις εἰς τὸν ὄχλον αὐτό; Amphid. 3, 306 (1, 6). ὅταν-ἔλθῃς εἰς τοιοῦτον συρφετόν, Δρόμωνα καὶ Κέρδωνα Euphron. 4, 493 (v. 6). μῦθον εἰς ὑμᾶς-λέξει Pher. 2, 293 (16, 5). ἀνακράγοι τ' ἂν εἰς ἐχθροὺς μέγα Sannyr. 2, 874 (1). ᾄδωμεν εἰς τὸν δεσπότην ἐγκώμιον Aristophan. 2, 1150 (5). εἰς ἥρων τι παρήμαρτον Aristophan. 2, 1200 (100). τοῖς κόλαξι πᾶσι τοῖς σκώπτουσί τε *(εἰς) αὐτόν Eubul. 3, 217 (1). Δημοφῶντος *ἅττ' ἐποίησεν εἰς *Κότυν Ephipp. 3, 335 (2). ὁ-εἰς τὸν ἀσθενῆ βίᾳ τι-ποιῶν Philippid. 4, 476 (4). *χοὖτοι μέν εἰσ' ἑκκαίδεκ' εἰς Ἀρχέστρατον, ἐς *τὸν δὲ φαλακρὸν ἑπτακαίδεκ' Eup. 2, 587 (4, 4. 5). εἰς πόδας ἐκ κεφαλῆς τετρημένον Eubul. 3, 255 (1, 24). εἰς ταύριον. εἰς αὔριον vide αὔριον. εἰς ταύριον δὲ Σουνιεῖς (sunt), εἶτ' εἰς τρίτην ἀγορᾷ κέχρηνται Anaxand. 3, 163 (1). δεῖπνον ἕτερον εἰς τρίτην βλέπει Men. 4, 179 (3). εἰς τὴν ἑσπέραν *χορταζόμεσθα πᾶσιν ἀγαθοῖς Amphid. 3, 312. οὐκ εἰς ἡμέραν χειμάζομαι μίαν-, εἰς τὸ ζῆν δ' ὅλον Philem. 4, 10 (1). [εἰς ὥρας ἐγὼ πλεύσω Philem. 4, 41 (21)]. εἰς *(τοὺς) τέτταρας εἴληφεν *ὑμῖν-τριώβολον Philem. 4, 19 (1). εἰς δέκ' ἐπὶ τῇ μνᾷ γεγονέναι καὶ δώδεκα Diph. 4, 395 (2, 20). τὸν ἐνιαυτὸν συντεμὼν εἰς μῆν' ἕνα Philippid. 4, 474 (1). *ξυνέζης εἰς τὰ πόλλ' *Εὐριπίδῃ Aristophan. 2, 1177 (4). εἰς ὥμιλλαν ἀριστήσομεν; Eup. 2, 525 (1). εἰς θυείαν παιστέον Plat. 2, 630 (1, 3). ἄφωνοι-παρεστήκασι-εἰς τὸν ἀριθμόν Men. 4, 117 (2). ἀμφοτέρων-*εἰς μέσον ἑστὼς Plat. 2, 664 (2, 4). λογισμὸς εἰς μέσον παταξάτω τις Antiph. 3, 119 (1, 2). ἀσκὸν εἰς μέσον-καταθέντες Eubul. 3, 216. ὕπαγ' εἰς τοὔμπροσθεν Eup. 2, 447 (2). ἄγει τὴν τόλμαν εἰς τὸ πρόσθε τῆς εὐβουλίας Antiph. 3, 8 (1). πιεῖν χωρὶς-ὀξύβαφον εἰς τὸ κοινόν Eubul. 3, 236. μήτ' ἂν ἀτυχήσας εἰς τὰ κοινὰ τοῦ βίου | ἐπαμφιάσαι δύναιτο τοῦτο Men. 4, 192 (4). ἐλθὼν εἰς χρόνον (in longum tempus) Men. 4, 212 (2, 16). ὄνος εἰς ἀχυρόν (ἀχυρμόν?) Eup. (?) 2, 545 (22). εἰς ἄχυρα καὶ χνοῦν Aristophan. 2, 960 (23). δεξιὸν εἰς *ὑποδήματ', ἀριστερὸν εἰς ποδάνιπτρα Aristophan. 2, 1189 (55). πέμπειν τοὺς εἰς ἀφορμήν Aristophan. 2, 1206 (136). τὰ τρία τῶν εἰς θάνατον Alexid. 3, 385 = Alexandr. 4, 553. λορδὸς ὡς εἰς ἐμβολήν Aristophan. 2, 1190 (60). ξυνελθεῖν-εἰς λόγον Eup. (?) 2, 577 (v. 9). οὐκ ἂν παρέβην εἰς λέξιν Plat. 2, 647 (1). αἰτεῖσθαι-ἑκατὸν εἰς Καλχηδόνα Eup. (?) 2, 577 (v. 12). Χάριτας βοᾶν εἰς χορόν Aristophan. 2, 1086 (16, 2). πάντ'-εἰς τοῦτο (i. e. γῆρας) καταπεφευγότα Antiph. 3, 155 (69). πάντες εἰς σὲ (i. e. γῆρας) ἐλθεῖν εὐχόμεθα Men. 4, 241 (26). *εἰς Ἡλιαίαν ἦλθεν Posidipp. 4, 517. ἐκ τοῦ πυρὸς εἰς τὰς μαχαίρας ἦλθον Posidipp. 4, 513 (v. 9). κορίαννον †εἶναί τι (f. εἰς τί) λεπτόν; Alcaei 2, 829 (1). ἀγρόθεν φέρων εἰς τὴν ἑορτὴν Alcae. 2, 830 (1). ἀγοράσας εἰς τοὺς γάμους Antiph. 3, 116. κυνίδιον ἐπρίω-εἰς τὰς τριόδους; Aristophan. 2, 1030 (12). εἰς ἀγορὰν ὑφαίνειν Men. 4, 300 (311). εἰς ἀβυρτάκην χλόης Antiph. 3, 78 (1). τούτων τι τῶν εἰς ματτύην Nicostr. 3, 284. εἰς-τὰ κρέα μόσχον ἔλαβες, δέλφακας Euangeli 4, 572 (v. 6). οὐδὲ εἰς τὸν ὀδόντα ἔχει φαγεῖν anon. 4, 666 (272). ἃ δ' εἰς τ' ἐδωδὴν-καὶ ῥώμης ἀκμὴν καὶ πρὸς ὑγίειαν Eubul. 3, 205 (v. 6). τὰ-ἀργυρώματ' ἐστὶν-εἰς τοὺς τραγῳδοὺς εὔθετ', οὐκ εἰς τὸν βίον Philem. 4, 44 (28). ἀκούσματ' εἰς τρυφὴν-παιδεύεσθ' Men. 4, 150 (6). χρῆται-εἰς ἃ δεῖ ταύτῃ (i. e. οὐσίᾳ) καλῶς Men. 4, 103 (2). εἰς τὸ δέον Men. 4, 116 (4). χρόνον εἰς τὰ πράγματ' ἂν λάβῃς Apollod. 4, 457 (7). ἡ δ' ἡμέρα ἀεί τι καινὸν εἰς τὸ φροντίζειν φέρει Posidipp. 4, 519. ἄριστόν ἐστιν εἰς εὐβουλίαν Theop. 2, 813 (1, 4). τοῦτ' ἐγὼ παρεγγυῶ εἰς ἀσφάλειαν τῷ βίῳ πλεῖστον μέρος Men. 4, 214 (7). ἐστὶ κτῆμα τιμιώτατον-εἰς τὸ ζῆν τέχνη Hipparch. 4, 431. μεγάλην χρείαν τιν' εἰς τὸ πρᾶγμ' ἔχει Sosip. 4, 483 (v. 41). τίς γὰρ-εἰς ὑπερβολὴν ἀφῖκται τοῦ καταπτύστου γένους; Anaxil. 3, 347 (1, 6). ἀδηφάγον τὸ ζῷον εἰς ὑπερβολήν | ἔστιν Anaxipp. 4, 460 (v. 39). στρατιώτης ἀγαθὸς εἰς ὑπερβολὴν Antiph. 3, 45 (2, 11). ἀνυπέρβλητος εἰς πονηρίαν Antiph. 3, 92 (1, 5). φιλόνεικος-γυνή | εἰς μῆνιν Men. 4, 330 (499). κρείττους εἰς ἡδονὴν Plat. 2, 629 (1, 3). ἐσμὲν εἰς τὸ νουθετεῖν σοφοί mon. 46. εἰς δύναμιν καλῶς τίθεσθαι Cratin. 2, 113 (3). κρέα δὲ τίνος ἥδιστ' ἂν ἐσθίοις; B. -εἰς εὐτέλειαν. Antiph. 3, 9 (1). †εἰς ἄνω ἐξαίρουσα Autocrat. 2, 891 (1, 8). τὴν γλῶτταν εἰς ἀσχήμονας ἐπιθυμίας Posidipp. 4, 513 (v. 6). †εἰς ὥραν (l. ὥρᾳ) καταλύσει Diocl. 2, 841 (1, 4). Κυδωνίοις μήλοισιν †εἰς (l. ἴσα) τὰ τιτθία Canth. 2, 836 (2). ὥσπερ εἰς (l. ὡσπερεὶ) τὰ σύμβολα Eubul. 3, 239.

εἷς: μία χελιδών Cratin. 5, 16 (14). μὴ 'κπιεῖν ἀλλ' ἢ μίαν· ἡ δὲ κρείττων ἢ μί' ἐστὶ χιλίων ποτηρίων Pher. 2, 324 (1, 9. 10). πέμπειν Νόθιππον ἕν' ὄντα· εἷς γὰρ μόνος ὢν κατεβρόχθισεν ἂν Herm. 2, 399 (3). χρηστὸν ἄνθρωπον-ἐάν τις ἕνα μόνον ζητῶν ἴδῃ Antiph. 3, 118 (3). ἓν ἀγαθὸν πάσχει μόνον Antiph. 3, 151 (55). οἴνου-ἓν μόνον Anaxil. (f. Anaxand. 1, 407) 3, 351. [εἷς πατὴρ ὑπέρτατος Plat. 1, 196 (1)]. εἷς οἰωνὸς ἄριστος Metag. 2, 759 (2). κοιτὼν ἁπάσαις εἷς πύελος δὲ μί' ἀρκέσει Aristophan. 2, 947 (9). προὐτένθευσαν ἡμέρᾳ μιᾷ Aristophan. 2, 1106 (10. 5). ἀπεκινδύνευσεν ἡμέραν μίαν Antiph. 3, 66. ἓν δέ σοι φράσω, ὅσῳ-κρεῖττω 'στὶν Aristophan. 2, 1147 (1, 2). ἓν καινὸν ἐγχείρημα-πολλῶν παλαιῶν ἐστι χρησιμώτερον Antiph. 3, 16 (1). πολὺς-εἰς ἓν μικρὸν ἀγγεῖον χυθεὶς Eubul. 3, 249 (1, 11). ἓν δ' ἐστὶν καὶ πολλά Eubul. 3, 254 (1, 4). ἓν ὄνομα πολλοῖς ib. (1, 8). ἕνα-ἐκεῖνον ὄντα δύο λογίζομαι Eubul. 3, 261 (1, 3). κἂν κάραβός τις ᾖ λαβεῖν, εἷς ἀρκέσει *ἢ δύ' Ephipp. 3, 334 (1, 5). ἕνα καὶ τέτταρας (infundere) Alexid. 3, 487 (1). τούτων τριῶν ἑνός τ' (f. γ') ἀποτυχεῖν τοὐλάχιστον Alexid. 3, 480 (3). Ἐπιχαρίδης-τῶν Πυθαγορείων εἷς Alexid. 3, 483 (1, 5). εἶναι-ὑπόλαβε καὶ σὲ τῶν πολλῶν ἕνα Philippid. 4, 472. *(ἓν) τῶν φίλων-ἑνί Aristophan. 2, 1056 (1). εἷς δ' ἀμφοτέρων-*εἰς μέσον ἑστὼς ἀνίησιν Plat. 2, 664 (2). τοῖνδε δυοῖν ἑνὸς αἵρεσις Plat. (?) 2, 697 (v. 9). ἔρεστι τῶν ὁμοσπόρων μιᾶς πληγεὶς Antiph. 3, 7 (1). τῶν θαλαττίων δ' ἀεί | ὄψων ἓν *ἔχομεν Antiph. 3, 75 (2). δεῖ-ἀνθ' ἑνὸς τρέφειν δύο Anaxand. 3, 195 (1, 8). ἓν ἀγαθὸν ἐπιχέασα τρί' ἐπαντλεῖ κακά Diph. 4, 424 (26). ἦν-ἕν' ἄνδρ' ἀδικῶν-*διώκῃς, ἀντιμαρτυροῦσι δώδεκα τοῖς ἑτέροις Aristophan. 2, 1128 (5). μεγάλῃ δαπάνῃ μίαν εἵλκυσε πέρκην Antiph. 3, 109 (v. 2). *ἡδύ τοι | ἐστὶν μεταβολὴ παντὸς ἔργου πλὴν ἑνός Antiph. 3, 119 (1, 5). ἐλέγχεις μ' ἕνεκα συλλαβῆς μιᾶς Antiph. 3, 129 (1, 10). ἓν γὰρ τοῦτό μοι τὸ λοιπόν ἐστι Antiph. 3, 128 (2). ἓν νόσημα τοῦτ' ἔχει Antiph. 3, 142 (20). ἓν-νομίζω τοῦτο τῶν ἀνελευθέρων εἶναι Alexid. 3, 506 (7). ἓν τοῦτ' ἀπότακτον αὐτὸ τοὺς τυροὺς ποιεῖν καλούς Philem. 4, 25 (2). τοῦθ' ἓν ἐπιεικῶς ποιεῖ Philem. 4, 50 (43). βοηθεῖ τοῦθ' ἓν μόνον Men. 4, 115 (3). *ἂν-ἕν τις τοῦτ' ἐπιβλέψῃ μόνον Dionys. 3, 547 (v. 5). πρὸς τοῦτον ἕνα (int. δεσπότην) δεῖ ζῆν ἐμέ Men. 4, 250 (56). ὢν εἷς οὑτοσὶ διὰ τῶν μαχαιρῶν τοῦ πυρός τ' ἐλήλυθεν Posidipp. 4, 518 (v. 9). μί' ἐστὶν ἀρετὴ τὸν ἄτοπον φεύγειν ἀεί Men. 4, 127 (3) = mon. 339. *ἓν ἔστ' (legeb. ἔνεστ') ἀληθὲς φίλτρον, εὐγνώμων τρόπος Men. 4, 259 (100). *ἐλεύθερος πᾶς ἑνὶ δεδούλωται, νόμῳ Men. 4, 268 (150). οἶδ'-τὴν τύχην ὡς οὐ μία Philem. 4, 6. ἡ φύσις μία πάντων Men. 4, 185 (2). Ἑλλὰς μέν ἐστι μία Posidipp. 4, 524 (2). εἷς ἀνήρ, οὐδεὶς ἀνήρ anon. 4, 698 (383). ἓν καλῶς μεμαθηκέναι Men. 4, 326 (474). τοῦτο διελέσθαι καὶ τόπον λαβόνθ' ἕνα μερίσαι Nicomach. 4, 584 (v. 26). ἁγνίζων-δᾳδὶ μιᾷ σχίλλῃ τε μιᾷ Diph. 4, 416 (3). *ἅλμην-ἐξ ἰχθύων ὑπεναντίων αὐτοῖσι ποιοῦντες μίαν Damox. 4, 531 (v. 37). τὸν μὲν *ὑγιείας ἕνα (int. κρατῆρα)-τὸν δὲ δεύτερον ἔρωτος Eubul. 3, 248 (1, 2). καθεὶς-τὴν χεῖρα τὴν μίαν Euphron. 4, 487 (v. 24). τῶν φίλων ἑνός γέ του Pher. 2, 286 (13). μίαν τιν' αὐτῶν (int. τριήρων) Eup. (?) 2, 577 (v. 10). *ἢν-ἀποθάνῃ | εἷς τις πονηρός Plat. 2, 680 (4). ἕν τι τούτων τῶν τριῶν-κακόν Men. 4, 281 (213). τριῶν κακῶν γοῦν (f. ἓν) ἣν ἑλέσθ' αὐτῷ τι πᾶσ' ἀνάγκη Polyz. 2, 867 (1). πάσαις ἐξ ἑνός γέ του τρόπου Aristophan. 2, 1016 (3). τῶν ἀδολεσχῶν εἷς γέ τις Aristophan. 2, 1149 (3). ἂν ἕν τι τούτων παραλίπῃ Antiph. 3, 106 (v. 20). βολβὸς εἷς τις Antiph. 3, 133 (1). γυναικὶ δ' ἕν τι πιστεύω μόνον Antiph. 3, 151 (54). εἷς μόνος δ' ἱππεύς τις-παρείλετο Anaxil. 3, 348 (1, 10). εἰ δ' ἔστι τὸ φιλέταιρον ἕν τι τῶν καλῶν Timocl. 3, 595 (v. 4). *εἷς τις θεοῖσιν ἐχθρὸς ἄνθρωπος Xenarch. 3, 621 (1, 8). ἕν τι τῶν πάντων ἀδύνατον ἦν-εὑρεῖν Men. 4, 234 (1). τῶν ἐπιχωρίων *τις εἷς Antiph. 3, 95 (2). νεανίας τις ἐσφαίριζεν εἷς Damox. 4, 536 (v. 1). εἷς ἕκαστος Alexid. 3, 412 (1). Men. 4, 325 (471). ὑμῶν εἷς-ἕκαστος-δωροδοκεῖται Cratin. 2, 87 (1). ἀνέχασκον εἷς ἕκαστος Aristophan. 2, 976 (15). ἀνθρώπους τίκτον κατὰ τὴν πυγὴν ἕν' ἕκαστον Eubul. 3, 255 (1, 25). ἕν' ἀφ' ἑκάστης *(τῆς) τέχνης εἰλόμεθα Aristophan. 2, 1095 (1, 2). τοῖς θηρίοις ἔδωχ' ἑκάστῳ μίαν φύσιν Philem. 4, 32 (3). ἄρτος καθαρὸς εἷς ἑκατέρῳ Alexid. 3, 483 (2, 10). ἐὰν μὴ καθ' ἓν ἕκαστον πάντα δῷς Alexid. 3, 389 (1, 1). ἃ δεῖ καθ' ἓν | ἕκαστον-παρατιθέντα Alexid. 3, 480 (1). τὸ καθ' ἕνα πᾶσι-λέγειν Philem. 4, 15. ἡμῶν-ὅσα-τὰ σώματ' ἐστὶ τὸν ἀριθμόν | καθ' ἑνός (f. ἕνα) Philem. 4, 32 (3). τῶν δικαστῶν καθ' ἕνα δεξιουμένη Posidipp. 4, 517. πανταχῇ λυπηρόν, οὐ καθ' ἓν μόνον Pher. (?) 2, 359 (88). ἀλαβαστροθήκας τρεῖς ἔχουσαν ἐκ μιᾶς Aristophan. 2, 1164 (5). κατεσθίει-ἐπὶ μιᾷ (Trigla) τὴν οὐσίαν Antiph. 3, 12 (1, 11). ἅπαντες ἀνδροφόνοι γάρ εἰσιν ἑνὶ λόγῳ Amphid. 3, 313 (1, 8). ἐφρόντιζ' οὐδὲ ἓν Cratin. 2, 183 (23). Cratet. (?) 2, 248 (3). δοῦλον οὐδὲ εἷς κεκτήσετ' Cratet. 2, 237 (1, 1). κοὐκ ἔστιν-ἄλλος οὐδεὶς ἢ βόαξ (f. ἄλλος οὐδὲ εἷς βόαξ) Pher. 2, 311 (3). συνιεὶς οὐδὲ ἓν Philonid. (?) 2, 425. μηδὲ ἓν χεῖρον φρονῶν Eup. 2, 546 (1, 4). ὡς Ἀχιλλεὺς οὐδὲ εἷς (?) Phryn. 2, 600 (5) cf. 5, 41. οὐκ ἔστ' ἄμεινον οὐδὲ ἓν Plat. 2, 632 (5). ἓν γάρ ἐστιν οὐδὲ ἕν, τὰ δὲ δύο μόλις ἕν ἐστιν Theop. 2, 796 (2). τί οὖν ἔνεστιν τοῖς θεοῖσιν; B. οὐδὲ ἓν Antiph. 3, 46 (1). ὥστ' ἐκεῖναι μηδὲ ἓν Eubul. 3, 207. οὐκ ἔστι δυσαρεστότερον οὐδὲ ἓν χρόνου Nicostr. 3, 288 (4). οὐκ ἔστι κρεῖττον τοῦ σιωπᾶν οὐδὲ ἓν Amphid. 3, 319 (9). οὐδὲ ἓν | ἔσθ' ἑταίρας ὅσα περ ἔστι θηρί' ἐξωλέστερον Anaxil. 3, 348 (1, 30). οὐκ ἔχοντες οὐδὲ ἓν Aristophont. 3, 362 (3). *μηδὲ ἓν πλέον ὧν βούλεται δρῶν Amphid. 3, 306 (1). τοῖς ἔχουσι μηδὲ ἓν Aristophont. 3, 358 (2). πρὸς τὸ πεινῆν ἐσθίειν τε μηδὲ ἓν Aristophont. 3, 360 (1). οὐδ' ἂν εἷς δέξαιτο Stratt. 2, 784 (1). ἀλλ' οὐδὲ μίαν ἄλλην ἑταίραν εἶδέ (f. εἶχέ) τις Eubul. 3, 262 (2). πόλιν μίαν (f. βίᾳ) λαβόντες Eubul. 3, 263 (2). φιλόνεικός ἐστι †καὶ μία γυνή Men. 4, 330 (490). λάβρακά θ' ἑφθὸν **ἅλμῃ †μίαν Eubul. 3, 225 (1).

εἰσάγω: *οὐ-τιτθὰς εἰσάγουσι (Scythae) -καὶ παιδαγωγούς Antiph. 3, 66 (v. 4). ὁ τὰς ἑταίρας εἰσαγαγὼν τῇ παρθένῳ Philippid. 4, 474 (1). ἰατρός-εἰσάγων πολλούς τινας ἔτεμν', ἔκαε Phoenicid. 4, 511 (v. 12). εἴσαγε διὰ πασῶν *Νικολᾴδας Μυκονίας Machon. 4, 497 (v. 11). περιγέρια-εἰσάγων καὶ στρουθία Anaxand. 3, 164. τὸν οἶνον εἰσάγουσιν ἐνθάδε Alexid. 3, 505 (6). εἰσήγαγεν τάριχος Alexid. 3, 413. μάγειρον-ὀρθῶς εἰς τὸ πρᾶγμ' εἰσηγμένον Sosip. 4, 482 (v. 7).

εἰσακοντίζω: ὁ Βελλεροφόντης-τὴν-χίμαιραν εἰσηκοντικώς Epinici 4, 506 (v. 10).

εἰσάλλομαι: ἀσκὸν εἰς μέσον-καταθέντες εἰσάλλεσθε Eubul. 3, 216.

εἰσαναλίσκω: ὅσ' ἂν-εἰς ἑαυτὸν ἡδέως τις *εἰσαναλίσκων τύχῃ Antiph. 3, 116 (1, 10).

εἰσβαίνω: ἐλλιμένιον-δοῦναι πρὶν εἰσβῆναι Eup. 2, 441 (3). μὴ κλίμακα *στησάμενον εἰσβῆναι λάθρα Xenarch. 3, 617 (1, 10). εἰσέβαινον ἰαχάδες Alexid. 3, 435 (2).

εἰσβολή: τὰ νῦν παρόντα, τὴν καταστροφήν, τὴν εἰσβολήν Antiph. 3, 106 (v. 19).

εἰσδύομαι: εἰσδυόμενος εἰς πόρκον Antiph. 3, 62 (3). κάτωθεν *εἰσδῦναι (libr. ἐκδῦναι) στέγης Xenarch, 3, 617 (1, 11). ὡς τὸν Ὀφέλαν ἄκλητον εἰσδεδυκέναι Apollod. Car. 4, 447. εἰς-ἄκακον ἀνθρώπου τρόπον εἰσδύς (int. κόλαξ) Anaxil. 3, 353 (1).

εἴσειμι: ἀλλ' εἴσιθ' εἴσω Cratin. 2, 211 (111). ἀλλ' εἴσιθ' Aristophan. 2, 1049 (5). ὥστε γ' εἴσιθι· μὴ μέλλε, χώρει Antiph. 3, 126 (1, 24). εἰσῇμεν Calliae 2, 740 (6). ἵνα τοῖς †ἰοῦσιν ἐγχέῃ (f. εἰσιοῦσιν ἐγχέω) Pher. 2, 298 (5). εἰσιοῦσι δὸς-εὐθὺς-σπάσαι Diph. 4, 381 (1, 7). εἰσιόντ', ἐὰν λυπούμενος τύχῃ τις ἡμῶν, ἐκολάκευσεν Ephipp. 3, 328 (1). εἴσειμι πρὸς ἐκείνην Men. 4, 121 (7). εἰς γυναικωνῖτιν εἰσιόνθ' ὅταν ἴδω παράσιτον Men. 4, 223 (2). -εἴσειμι καὶ ταῦτ' εἰς γυναῖκας Men. 4, 276 (159). τὰ μετὰ γυναικὸς-εἰσιόντ' εἰς οἰκίαν Men. 4, 250 (54). εἰς οἰκίαν ὅταν τις εἰσίῃ φίλου, ἔστιν θεωρεῖν-τὴν τοῦ φίλου εὔνοιαν εὐθὺς εἰσιόντα τὰς θύρας Apollod. 4, 455 (2). ὁ μάγειρος ἂν πρὸς τὸν ἰδιώτην εἰσίῃ Posidipp. 4, 521 (v. 11). *(οἶσ') εἰσιὼν πανόν, λύχνον, λυχνοῦχον Men. 4, 87 (5). *ἔπειτ' εἴσειμ'-εἰς ὤμιλλαν Eup. 2, 539 (7).

εἰσέλκω: αὗται βιάζονται-εἰσέλκουσί τε Xenarch. 3, 617 (1, 13).

εἰσέρχομαι: cf. ἐπέρχομαι. ἔρχομαι. εἰ-τάδε προσοίσετ', εἰσέλθοιτ' ἂν Plat. 2, 675 (2, 20). ὥστε μηδ' ἂν εἰ χαλκοῦς ἔχων μυκτῆρας εἰσέλθοι τις ἐξελθεῖν πάλιν Antiph. 3, 125 (1, 6). ἄν τιν' ἰδιώτην ποθὲν | λάβωσιν εἰσελθόντα Cratin. min. 3, 376. εἰσῆλθεν *ἡ 'ταίρα φέρουσα τὸν γλυκύν Alexid. 3, 408 (1). τῆς θύρας-ἂν ἐπιλάβηται, πρῶτος εἰσελήλυθεν Alexid. 3, 501. εἰσελήλυθεν-προηλικιακῶς τὸ δεῖπνον Posidipp. 4, 523 (1, 7). εἴσελθε κἂν νῦν Men. 4, 172 (11). ὡς εἰσῆλθε γάρ | εὐθύς μ' ἐπηρώτησε Straton. 4, 545 (v. 4). τὴν οἰκίαν-εὗρον εἰσελθὼν-κίστην γεγονυῖαν Theop. 2, 792 (1). †εἰς βαλανεῖον εἰσελθών Eup. 2, 480. εἰσέρχομαι ἐνθάδε σιωπῇ Diodor. 3, 544 (v. 16). παρὰ ταύτην μὲν οὐκ εἰσέρχεται Amphid. 3, 310 (1). ὡς εἰσῆλθε τὰ γερόντια-εἰς δόμους Eubul. 3, 258 (2). οὗτος (i. e. Ζεὺς φίλιος)-εἰς τὰς οἰκίας εἰσέρχεται Diodor. 3, 544 (v. 7). θύραν, δι' ἧς γαλῆ καὶ μοιχὸς οὐκ εἰσέρχεται Apollod. Car. 4, 444 (1). εἰς συμπόσιον εἰσελθὼν ἄφνω Alexid. 3, 485 (4). εἰς *τοὐπτάνιον οὐκ εἰσέρχομαι Damox. 4, 531 (v. 45). τὸ παιδίον δ' εἰσῆλθεν ἑψητοὺς φέρον Men. 4, 188 (6). χόνδρος μετὰ ταῦτ' εἰσῆλθε Ephipp. 3, 327 (1). εἰσῆλθεν ἡμίκραιρα δέλφακος Crobyli 4, 568 (3). λαγώς τις εἰσελήλυθ', εὐθὺς ἥρπακας Diph. 4, 359 (1, 24).

εἰσηγοῦμαι: εἰσηγησάμην νόμον τιν' οὐκ ἄχρηστον Diph. 4, 392 (1).

εἰσκομίζω: vide ἐπεισκομίζω.

εἰσκρούω: τὸν πύνδαχ' εἰσέκρουσεν Pher. 2, 298 (7).

εἴσοδος: κατ' αὐτὴν-τὴν εἴσοδον (orchestrae) Aristophan. 2, 1109 (2).

οὐ βιωτόν ἐστ' ἔτι, οὐδ' εἴσοδος εἰς τὴν οἰκίαν Anaxand. 3, 195 (1, 10). πολλῶν ἰατρῶν εἴσοδός μ' ἀπώλεσεν mon. 699.
εἰσοικίζομαι: εἰς τὰ καθαρὰ λιμὸς εἰσοικίζεται Men. 4, 294 (290).
εἰσορῶ: οὓς ἂν μάλιστα λευκοπρώκτους εἰσίδῃς Calliae 2, 738 (1). ὥστε τὴν εὐπυγίαν ἀναβοᾶν τοὺς εἰσιδόντας Alexid. 3, 423 (1, 12). οὐκ ἔστ' ἀναισχυντότερον οὐδὲν εἰσορᾶν [θηρίον] γυναικός Alexid. 3, 521 (39). τὸν-τρόπον-μήτ' ἐξετάσαι μήτ' *εἰσιδεῖν (libr. ἰδεῖν) Men. 4, 228 (3). καλὸν γυναικὸς εἰσορᾶν καλοὺς τρόπους mon. 675. ἀντὶ *ῥαφανῖδος ὀξυθύμι' εἰσορῶν anon. 4, 647 (174).
εἰσπαίω: ἀλάστωρ εἰσπέπαικε Πελοπιδῶν Xenarch. 3, 614.
εἰσπέτομαι: ὀπταὶ-κίχλαι-εἰς τὸν φάρυγ' εἰσεπέτοντο Telecl. 2, 362 (1, 12).
εἰσπηδῶ: εἰσπηδᾶν ἀκρίς (sum) Antiph. 3, 110 (v. 6). ἡ θύρα 'στ' ἀνεῳγμένη. εἷς ὀβολός. εἰσπήδησον Philem. 4, 4 (1, 13).
εἰσπίπτω: δεδείπνηχ'-εἰσπεσών Apollod. Car. 4, 447. εἰς τρίκλινον συγγενείας εἰσπεσεῖν Men. 4, 237 (17). εἰς ἐγγύας τρεῖς *(εἰσ)πεσών Cratin. min. 3, 378 (1).
εἰσπλέω: τοὺς ἐκπλέοντάς τ' εἰσπλέοντάς τ' ὄψεται Plat. 2, 679 (1). ἕτερος εἰσπέπλευκεν ἐκ Βυζαντίου Diph. 4, 395 (2, 18). ὄψου-μηδὲν εἰσπλεῖν μηδὲ γρῦ Antiph. 3, 104 (v. 13).
εἴσπλους: ἁπαλὸς εἴσπλους λιμένος Cratin. 2, 214 (126).
εἰσπράττομαι: *εἰσπράξεται-μισθὸν-σύλλεξιν συχνήν Antiph. 3, 122 (1). παραγώγιον εἰσπράξομαι Philippid. 4, 472 (2).
εἰστρέχω: εἰστρέχοντα πορνίδια Men. 4, 223 (2).
εἰσφέρω: τράπεζαν *εἴσφερε Pher. 2, 280 (1). τράπεζαν ἡμῖν †φέρε (l. εἴσφερε) Aristophan. 2, 1160 (5). εἰσοίσεις (f. εἶτ' οἴσεις) μόνος ψυκτῆρα, κύαθον Epigen. 3, 539 (2). κύλικα **θηρίκλειον εἰσφέρει Theophil. 3, 630. †εἰσέφερε-ἄρτων-θρύμματα Aristophan. 2, 1010 (13). ἅμ' εἰσήνεγκα διαμαρτὼν μίαν-περιφορὰν τῶν νεκρῶν Dionys. 3, 547. πρὶν εἰσενεγκεῖν ταῦτα δεῦρ' Arched. 4, 437 (2, 7). παρ' Ἀγαθοκλεῖ-εἰσήνεγκ' ἐγώ-τὴν-φακῆν et ἀνάληψιν ἐποίησ' εἰσενέγκας κάππαριν Demetr. 4, 539. μηδὲν εἰς τὴν οἰκίαν-εἰσφέρειν ἔξω θύμου Antiph. 3, 92 (1, 8). *ἐδείκνυ'-τὰ τραύματα, εἰσέφερε δ' οὐδέν Phoenicid. 4, 511 (v. 7). καινὸν εἰσφέρει νόμον τινά Alexid. 3, 439 (4, 14). βίος-οὐδεὶς σκαιὸν ἔργον εἰσφέρει mon. 598. ἑταῖροι ἔρανον εἰσοίσουσιν Philem. 4, 31 (1, 14). γαστρίον τις ὠνθυλευμένον-εἰσηνέγκατ' Athenion. 4, 558 (v. 29). ἥν-ἂν εἰσενέγκηται φύσιν ἕκαστον Philem. 4, 36 (8). ἐν ἀχύροισιν εἰσενεχθῆναι τέχνῃ Xenarch. 3, 617 (1, 12).
εἰσφορά: κατακερεῖ τὴν εἰσφοράν Eup. 2, 539 (6). εἰσφορά τις ἥρπακεν τἄνδοθεν πάντ' Antiph. 3, 116 (1, 3).
εἰσφορῶ: εἰς ταύτην (int. γαστέρα) εἰσφόρει τὰ πάνθ' (f. εἰσφορεῖν πάντ' ἔσθ') Diph. 4, 403 (1, 9).
εἴσω: ἔξιθ' εἴσω Cratin. 2, 211 (111). εἴσω δραμὼν αἴτησον Theop. 2, 818 (8). εἴσω πάραγε Euphron. 4, 493 (v. 15). τὴν τράπεζαν φέροντας εἴσω Alexid. 3, 418 (2). ὁ πληγεὶς δ' †εἴσω δὴ τιτρώσκεται Men. 4, 288 (14).
εἶτα: cf. εἶτε. ἔπειτα. εἰς ἅλμην τε καὶ ὀξάλμην κᾆτ' ἐς σκοροδάλμηνἐμβάπτων Cratin. 2, 95 (5). εἶτα γνούς-ὑποδεῖται, κᾆτά τις εἶπεν Pher. 2, 335 (3, 4). ἀφαιρεῖν ὥρα 'στὶν ἤδη-, εἶτα παρακορῆσαι, ἔπειτα- Philyll. 2, 857 (1, 2). ὀφθαλμιάσας πέρυσιν εἶτ' ἔσχον κακῶς, ἔπειθ' ὑπαλειφόμενος Aristophan. 2, 995 (1). ἀποτῖλαι χρὴ | καὶ-κᾆτ' -καὶ- Aristophan. 2, 1184 (31). ἀλείμματα-λαβοῦσαν εἶτα τοὺς πόδας ἐκέλευ' ἀλείφειν πρῶτον, εἶτα τὰ γόνατα Antiph. 3, 84 (1). νῦν μέν

εἰσὶν οὐκ ἐλεύθεροι, εἰς ταὔριον δὲ Σουνιεῖς, εἶτ' εἰς τρίτην ἀγορᾷ κέχρηνται Anaxand. 3, 163 (1). πρῶτον μὲν οὐκ ἔχουσι τῆς τέχνης κριτήν, εἶτα φθονοῦνται Anaxand. 3, 196 (3). κάτω μὲν ὑποβαλεῖτε-ἄνωθεν δ' ἐπιβαλεῖτε-εἶτα χόνδρον αὐτῷ δεύσετε Kubul. 3, 247 (1, 4). εἶτα τετράπους μοι γένοιτο, φησί-εἶτα δὴ τρίπους τις, εἶτα, φησί, παιδίσκη δίπους. εἶθ' ὁ μὲν γνοὺς ταῦτ' ἀπῆλθεν εὐθύς Anaxil. 3, 348 (1, 25-27). ἐχθὲς ὑπέπινες, εἶτα νυνὶ κραιπαλᾷς. κατανύστασον-εἶτά σοι δότω ῥάφανον Alexid. 3, 515 (22). ὁρῶσι-πρῶτον, εἶτ' ἐθαύμασαν, *ἔπειτ' ἐπεθεώρησαν, εἶτ' εἰς ἐλπίδα *ἐνέπεσον· οὕτω γίγνετ'-ἔρως Philem. 4, 51 (49). αἰτῶ-πρῶτον-εἶτ'-τρίτον δὲ-εἶτ' Philem. 4, 56 (65). ἀπόλοιθ' ὅστις ποτέ | ὁ πρῶτος ἦν γήμας, ἔπειθ' ὁ δεύτερος, εἶθ' ὁ τρίτος, εἶθ' ὁ τέταρτος, εἶθ' ὁ μεταγενής Men. 4, 114 (1). οὐκ ἐρωτᾷ, πηνίκα δεῖπνόν ἐστιν; -καὶ τί δειπνεῖν κωλύει-; εἶτα δεῖπνον ἕτερον-βλέπει-εἶτα περίδειπνον πάλιν Men. 4, 179 (3). πρῶτος ἄρχεται λόγου πατὴρ -εἶτα μήτηρ δευτέρα, εἶτα τηθὴ παραλαλεῖ τις, εἶτα-ἔπειτα- Men. 4, 237 (17) sq. ὦ δαιμόνιε, πύρεττε-καὶ-τρῶγε-, κἀμπιπλάμενος κάθευδε-, κᾆτα σφακέλιζε καὶ πέπρησο καὶ βόα Pher. 2, 287 (1). εἶτ' *ἐκεραμεύσαντο- ‖ εἶθ' ὅταν-αὐτὰς αἰτιώμεθ'-λοιδοροῦνται Pher. 2, 324 (1). ἔχουσι γάρ τι κέντρον-· εἶθ' ἡδυλογοῦσιν-, ἐπὶ τοῖς *(δὲ) βάθροις ὅταν ὦσιν-γελῶσιν Phryn. 2, 580 (1). ἀποδοκιμάζειν *(εἶτα δοκιμάζειν) πάλιν Archipp. 2, 720 (3). προεληλύθασιν. εἶτα χἠμεῖς ὕστερον εἰς ταὐτὸ καταγωγεῖον-ἥξομεν Antiph. 3, 29 (2, 4). εἶθ' ὕστερον Diodor. 3, 544 (v. 31). ὦ γῆρας, ὡς ἅπασιν ἀνθρώποισιν εἶ ποθεινόν-, εἶθ' ὅταν παρῇς, ἀχθηρόν Antiph. 3, 51. νυνί-καινὸν εἰσφέρει νόμον τινά ‖ εἶτ' εἰς νέωτά φησι γράψειν κρεμαμένους Alexid. 3, 439 (4, 17). ἀλλ' ἐν Σάμῳ μὲν-ἠράσθη τις, εἶτ' εἰς τὸν νεὼν | κατέκλεισεν αὑτόν Philem. 4, 46 (35). εἶτ' εἰ μὲν ᾔδεις-ὁ θάνατος οὐκ εὔκαιρος· εἰ δ' ἤνεγκεν ἄν-*(ὁ θάνατος)-σοῦ γέγονεν εὐνούστερος anon. 4, 669 (287). ἑπτάκλινος οἶκος ἦν-, εἶτ' ἐννεάκλινος ἕτερος Phryn. 2, 604 (5). τὸ μύρον ἤδη *παραχέων βαδίζω | Αἰγύπτιον, κᾆτ' ἴρινον· στέφανον δ' ἔπειθ' ἑκάστῳ δώσω Plat. 2, 638 (1). *κύλλην τρίγωνον εἶδον ἔχουσαν. *εἶτ' ᾖδεν ib. (1, 14). ἀκρατιοῦμαι-, εἶθ' ἥξω πάλιν Aristomen. 2, 734 (1). προσφέρων ἔδωκεν-εἶτ' ἐλευθέραν ἀφῆκε βαπτίσας ἐρρωμένως Aristophont. 3, 363. *ἐξ θηρικλείους ἔλαβεν, εἶτα τοὺς δύο ψυκτῆρας Dioxipp. 4, 543 (2). εἶθ' ἥλιος μὲν πείθεται τοῖς παιδίοις Stratt. 2, 781 (2). ὡς δ' *εὐρύθμως λαβὼν τὸ μελετητήριον εἶτ' ἐσχεδίασε Anaxand. 3, 168. ὄξος λαβὼν ἦν-ἐγχέας-εἶτα θερμὴν τὴν χύτραν εἰς τοὖξος *ἐνθῇς Alexid. 3, 440 (5, 6). χειμασθέντες εἶτ'-σωτηρίας ἐπέτυχον Philem. 4, 10 (1). εἶτ' εὐθὺς οὕτω τὰς τραπέζας αἴρετε Men. 4, 147 (2). εἶθ' ὁπόταν ἤδη πάντα συμφωνεῖν δοκῇ, εἴσαγε Machon. 4, 497 (v. 10). εἶτ' ἔρχεται-μετ' ὀλίγον Epigen. 3, 537 (1). εἶτα *φίλ', ὃς ἔχεις γυναῖκα σχοινίων πωλουμένων; anon. 4, 620 (54). οὐ τὼ μηρὼ περιλάψαντες-ἐνέμεθ'-ἡμῖν; εἶτ'-αἰσχυνόμενοι θυλήμασι κρύπτετε-; Pher. 2, 261 (1). κᾆτα μυροπωλεῖν τί-ἐχρῆν-; Pher. 2, 276 (1). κᾆτα τρεῖς μόνους-ἐκόμισας; Eriphi 3, 557 (1, 13). ἐθέλω γεωργεῖν. εἶτα τίς *με κωλύει; Aristophan. 2, 985 (1). πόλος τόδ' ἐστίν; *εἶτα πόστην ἥλιος τέτραπται; Aristophan. 2, 1068 (5). ὅστις αὐλοῖς-κατατέτριμμαι χρώμενος εἶτά με σκάπτειν κελεύεις; Aristophan. 2, 1087 (17). τὰ μέγιστα δ' οὐκ εἴρηκα-. B. εἶτα τί; Aristophan. 2, 1079 (8, 9). εἶτα δὴ εἰς τὴν πόλιν ἄξεις-; anon. 4, 630 (103). Aristophan. (?) 2, 1196 (84). εἶτα καὶ νῦν-τούτων φάγοις ἄν; Antiph. 3, 36 (1, 9). εἶτ' ἔστιν ἢ γένοιτ' ἂν ἡδίων τέχνη-; Antiph. 3, 79 (2, 1). τί φῄς;-ἐνθάδ' οἴσεις-καταφαγεῖν ἐπὶ τὴν θύραν, εἶθ'-ἐνθάδ' ἔδομαι *** καί τις ὄψεται;

Antiph. 3, 146 (31). ὦ Ζεῦ πολυτίμητ', εἶτ' ἐγὼ κακῶς ποτε | ἐρῶ γυναῖκας; Eubul. 3, 260 (2, 6). εἶτα πρὸς θεῶν οἴνου πολίτης ὢν κρατίστου στρυφνὸς εἶ-; Amphid. 3, 317 (1). εἶθ' ἁλιεὺς ὢν (f. εἶτ' ὢν ἁλιεὺς)-εὕρηκα τέχνας, γέροντα δὲ μὴ-συναρπάσομαι; Xenarch. (Timocl.) 3, 622 (2). εἶτα τί ποιήσω; Men. 4, 123 (1). εἶτ' εἰ μεμάθηκε-ζῆν ἐγκαλεῖς; Baton. 4, 502 (v. 5). εἶτ' οὐχ ὑπέρου μοι περιτροπὴ γενήσεται; Plat. 2, 616 (2). εἶτ' οὐ δικαίως εἰμὶ φιλογύνης; Antiph. 3, 54. εἶτ' οὐ σοφοὶ δῆτ' εἰσὶν-; Antiph. 3, 85. εἶτ' οὐκ ἂν εἴποις; Antiph. 3, 99 (1). εἶτ οὐκ ἐπῳδούς φασιν ἰσχύειν τινές; Antiph. 3, 125 (1, 15). εἶτ' οὐ γυναικός ἐστιν εὐοϊκώτερον γαμετῆς ἑταίρα; Amphid. 3, 301. εἶτ' οὐχὶ χρυσοῦν ἐστι πρᾶγμ' ἐρημία; Amphid. 3, 308 (1). εἶτ' οὐ δικαίως ἔστ' ἀπεψηφισμένος-Ἔρως; Aristophont. 3, 361 (2). εἶτ' οὐ μέγιστός ἐστι τῶν θεῶν Ἔρως; Men. 4, 137 (1). εἶτ' οὐχ-ἔστι τὸ μεθύειν κακὸν μέγιστον-; Alexid. 3, 403 (1). εἶτ' οὐ περίεργόν ἐστιν ἄνθρωπος φυτόν-; Alexid. 3, 446 (1). οὐκ εἴρηκά σοι τοῦτ'; εἶτ' ἄρ' οὐχί; Men. 4, 191 (2). εἶτα μαλακὸν ὦ δύστην' ἔχεις-· *οὐκ ἐκδραμεῖ λαβὼν τοδί-; Diph. 4, 384 (3).

εἴτε: ῥιπίδα εἴτε *σκιάδειον Stratt. 2, 786 (6). ὅπως δὲ *πεύσεσθ' εἴτε (legeb. ὅτε) τις γέρων ἔσω Eubul. 3, 224. ταῦτ' ἀξιῶ. †εἶτ' ὀρνιθάριον, τὸ περιστέριον Nicostr. 3, 279 (2). εἶτ' (f. εἴτ') ἐν χάραχι μὲν ταῦτα- Theophil. (codd. Diph.) 3, 630 (2). τῆς τύχης, εἴτ' ἐστὶ τοῦτο πνεῦμα θεῖον εἴτε νοῦς Men. 4, 212 (3). εἴτ' ἐπέτυχες γὰρ-κατάπαυσον· εἴτ' οὐκ ἐπέτυχες,- anon. 4, 619 (50). ἐμοὶ δὲ τοὔνομα | οἴει διαφέρειν, εἴτε κάνναβόν τινες χαίρουσιν ὀνομάζοντες εἴτε σίττυβον; Antiph. 3, 99 (1). εἴτ' ἔστιν εἴτ' οὐκ ἔστι μὴ βούλου μαθεῖν Philem. 4, 43 (26). τοῦτ' εἴτε-Μακεδόνες κατέδειξαν-εἴτε-οἱ θεοί οὐκ οἶδα Machon. 4, 496.

εἶτι: λύπην (an κοῦφον?)-ποιῶν, *εἶτι (libri εἴτις) δυσκόλως ἔχει Anaxand. 3, 196 (2, 7). εὖξαι τί (al. εὖξαι εἴ τι f. εὔξ' εἴ τι) βούλει, πάντα σοι γενήσεται Men. 4, 234 (10).

εἴωθα: παρ' οὗ φέρειν εἴωθα Antiph. 3, 70 (1). ἥδιστα γάρ | ἐκ τῶν τοιούτων-ποτηρίων εἴωθα πίνειν Dioxipp. 4, 542 (1). οὕτω λαλεῖν εἴωθα Straton. 4, 546 (v. 31). ὅπερ ποιεῖν εἴωθε Γρυλλίων ἀεί Axionici 3, 531 (2). οἷα σύ | εἴωθας εἰς ταὐτὸν καρυκεύειν Men. 4, 222 (1). αὐτοῦ διαμένειν εἴωθ' ἀεί | τὸ χρῶμα ταὐτό Antiph. 3, 152 (60). πιθανοὺς ἔχειν εἴωθεν ἡ κλίνη λόγους Philisci 3, 579. εἴωθ' ὑπερηφανίας ποιεῖν Men. 4, 143 (1). τούτῳ κατακρατεῖν ἀνδρὸς εἴωθεν γυνή Men. 4, 259 (100). οὐδέποτ' ἀληθὲς οὐδὲν-υἱῷ πατήρ | *εἴωθ' ἀπειλεῖν Men. 4, 262 (117). εἰ τἄλλ' ἀφαιρεῖν ὁ πολὺς εἴωθεν χρόνος ἡμῶν Men. 4, 264 (130). πολλοὺς τρέφειν εἴωθε τἀδικήματα mon. 445. ὁ καπνὸς-διαφοράν | εἴωθε τοῖς ὄψοισιν ἐμποιεῖν τινα Sosip. 4, 483 (v. 43). ὑμῶν τῶν μόνον ἐν τῷ μετώπῳ νοῦν ἔχειν εἰωθότων Amphid. 3, 316 (1, 3). ὅταν-λάβῃ δίκελλαν *εἰωθὼς τρυφᾶν Sosicrat. 4, 591. εἰωθὸς-κομμάτιον Eup. 2, 559 (31). cf. infra v. ἔωθας.

Ἑκάβη: Ἑκάβην ὀτοτύζουσαν anon. 4, 629 (100).

Ἑκάδημος: vide Ἀκάδημος.

ἕκαστος: εἷς ἕκαστος vide εἷς. μῆλον *(ἕκαστος) ἔχων σκίπωνά τ' ἠγόραζον Cratin. 2, 146 (2). οἰκοῦσι-οἴκημ' ἔχων ἕκαστος Eup. 2, 442 (5). λαμβάνετε κόλλαβον ἕκαστος Aristophan. 2, 1151 (8). οἱ κόλακές εἰσι-σκώληκες. εἰς οὖν ἄκακον-τρόπον εἰσδὺς ἕκαστος ἐσθίει Anaxil. 3, 363 (1). περιστερὰς-ἀποβεβαμμένας εἰς οὐχὶ ταὐτὸν-τὴν αὐτὴν μύρον | ἰδίῳ δ' ἑκάστην Alexid. 3, 410 (1). πρὸς τὸν τελευτήσανθ' ἕκαστος, *κεἰ σφόδρα ζῶν ἐχθρὸς ἦν τις, γίγνεται φίλος Dionys. 3, 555 (2).

τοῖς θηρίοις ἔδωχ' ἑκάστῳ κατὰ γένος μίαν φύσιν Philem. 4, 32 (3). ὁ νοῦς-ἡμῶν ἐστιν ἐν ἑκάστῳ θεός mon. 484. ἂν εἰσίῃ, κυμινοπρίστας πάντας-καλῶν, *ἔπτηξ' ἕκαστος εὐθύς Posidipp. 4, 521 (v. 13). λαβὼν ἕκαστον αὐτῶν κατὰ μέρος προσπαρδέτω Damox. 4, 531 (v. 39). ὡς πολὺ-ἀπεῖχ' ἕκαστος τοῦ φαγεῖν ἂν ἔτι νεκροῦ-ἅπαντες ἠξίουν συζῆν Athenion. 4, 558 (v. 35). ἐσπουδάκει δ' ἕκαστος-τὸ γοῦν κατὰ χειρὸς περιγράφει πᾶς Demonici 4, 570. ἧς ἐχθὲς πιεῖν κυάθους *ἕκαστον ἐβιάσω σὺ δώδεκα Crobyli 4, 567 (1). τῶν ἰχθύων-τὰς δυνάμεις-ἐντεῦθεν εἴσει-, πότ' ἄωρός ἐσθ' ἕκαστος ἢ πόθ' ὥριμος Nicomach. 4, 584 (v. 21). καθ' ἕκαστον λέγε, ἰχθὺν *τίν' ἡδέως φάγοις ἄν; Antiph. 3, 36 (v. 5). τί καθ' ἕκαστον (al. ἕκαστα) δεῖ λέγειν; Epigen. 3, 539. ἐὰν μὴ καθ' ἓν ἕκαστον πάντα δῷς Alexid. 3, 389 (1, 1). καθ' ἓν | ἕκαστον-παρατιθέντα Alexid. 3, 480 (1). ἐγὼ δ' ὄνομα τὸ μὲν καθ' ἑκάστην-λέξω (?) Herioch. 3, 563 (v. 1). ἀκήκοα τὰ τῶν μαγείρων πάντα καθ' *ἕκαστον (legeb. ἑκάστου) κακά Posidipp. 4, 513 (v. 2). καθ' ἕκαστα λέγων Mnesim. 3, 569 (v. 29). *ἀεὶ παρ' ἕκαστον ἐνδελεχῶς τὸ ποτήριον (bibere) Diodor. 3, 543. πάμπολλ' ἀναλίσκων ἐφ' ἑκάστῳ (neutr.) Timocl. 3, 607 (1). μὴ λέγ'-ἐφ' ἑκάστῳ τὸ γένος Men. 4, 229 (4). πολλὰ-ἐφ' ἑκάστου λαλῶν Men. 4, 324 (466). τοῖς μεθυσκομένοις ἑκάστης ἡμέρας Clearch. 4, 563. πίνουσ' ἑκάστης ἡμέρας δι' ἡμέρας Amphid. 3, 319 (7). *ὥστε τὸ κακὸν καὶ τἀγαθὸν καθ' ἡμέραν νέμειν ἑκάστῳ Men. 4, 120 (5). †ἓν ὀνάριον-μοι καταβαίνει καθ' ἕκαστον ἐνιαυτόν Diph. 4, 417 (4). καὶ τῶνδ' ἕκαστος (f. ἑκάστων, an ἑκάστοτ' 5, 27) εἰ φάγοι τις-διπλάσι' ἐγίγνετ' εὐθὺς Pher. 2, 300 (1, 32). πρόσεισιν αὖθ' ἕκαστον τῶν σκευαρίων Cratet. 2, 237 (1, 4). †αὐτὸ δ' ἕκαστος ἔχων αὐτόν Eubul. 3, 255 (1, 27). καταβὰς εἰς δίαιταν τῶν κάτω | ἰδεῖν ἑκάστους Aristophont. 3, 362 (4). συννεύματ' οὐ *προβλήμαθ' οἷς σημαίνεται | ἕκαστα Antiph. 3, 24. ὑπὸ τῆς ἰδίας ἕκαστα κακίας σήπεται Men. 4, 235 (12). ὁ κατέχων τὰ τοιαῦτα-τούτων ἑκάστοις ὡς προσήκει χρήσεται Sosip. 4, 483 (v. 34). τὸ παραθεῖναι κἀφελεῖν τεταγμένως ἕκαστα ib. (v. 49). παρὰ τακτικῆς, ἕκαστα ποῦ τεθήσεται Nicomach. 4, 584 (v. 37). σκοπεῖν ἕκαστα τί δύναται τῶν ῥημάτων Straton. 4, 546 (v. 44).

ἑκάστοτε: cf. ἕκαστος. οὐ μονοσιτῶν ἑκάστοτε Plat. 2, 692 (44) cf. 5, 51. εἰ μὴ *παραμυθεῖ μ' ὀψαρίοις ἑκάστοτε Aristophan. 2, 962 (9). ἐσθίουσ' ἑκάστοτε | ἄνηθα καὶ σέλινα Eubul. 3, 222. οὐ φιλοτραγήμων εἰμί πως ἑκάστοτε Eubul. 3, 228 (5). οὐδὲ τῶν πράσων ἑκάστοτ' ἐπιδειπνεῖ Alexid. (Antiph.) 3, 494 (3). οὐχ ἑτός-πᾶσι κακοῖσιν ἡμᾶς φλῶσιν ἑκάστοτ' Aristophan. 2, 948 (11). σεμνός εἰμ' ἑκάστοτε Ἥρᾳ λαλῶν Anaxand. 3, 198 (7). οὐδὲ ἓν κακόν | ἔχουσι καὶ κάμνειν λέγουσ' ἑκάστοτε Alexid. 3, 450. τὸ *θεωρικόν-*ὑμῖν διανέμειν ἑκάστοτε Theophil. 3, 631 (1). κυάθους ὅσους *ἐκλεπτέτην ἑκάστοτε Plat. 2, 657 (2). τοῖς παιδαρίοις τούτοις, οἳ ἑκάστοτε γραμμήν-διαγράψαντες-ἑστᾶσ' Plat. 2, 664 (2). ὥσπερ τοῖς μαγείροις ἃ παράκειθ' ἑκάστοτε | ἡνίκ' ἂν πωλῶσιν αἰγῶν κρανία Alexid. 3, 423 (1, 23). τί δεῖ λέγειν | τοὺς τὰ σῦχ' ἑκάστοτε-πωλοῦντας; Alexid. 3, 487 (1).

ἑκάτερος: μᾶζαν ἠχυρωμένην ἑκάτερος ἡμῶν εἶχε Poliochi 4, 590. φιάλην ἑκατέρᾳ | ἔδωκε Ephipp. 3, 329 (3). ἄρτος-εἷς ἑκατέρῳ Alexid. 3, 483 (2, 10). ὁ νοῦς-ἐστιν ἑκατέρῳ τούτων τέχνη Euphron. 4, 494 (1, 16). ἑκάτερος αὐτῶν (i. e. πόρνη καὶ ῥήτωρ) ὀμνύει πρὸς ὃν λαλεῖ Diph. 4, 421 (16). ἐν τῷ καλῶς ἑκάτερον αὐτῶν τὴν διάγνωσιν φέρει Men. 4, 253 (66).

Ἑκάτη: Χθονίας Ἑκάτης Aristophan. 2, 1153 (14). τί καλεῖς *(Ἑκάτην)

τὴν Ἔμπουσαν; ib. (15). Ἑκάτης ἄγαλμα φωσφόρου Aristophan. 2, 1195 (82). Ἑλένης (al. Ἑκάτης) βρώματα Antiph. 3, 36 (1, 14). δέσποιν' Ἑκάτη τριοδῖτι τρίγλαις κηλευμένα Charicl. 4, 556.
ἕκατι: ὧν δ' ἕκατι τοῦτ' ἔδωκε-οὐκ ἐρῶ Tel. 2, 371 (1).
ἑκατόμβη: ὅταν-ἑκατόμβας τινές | θύωσιν Antiph. 3, 89 (2). ἑκατόμβην ἐξάγει τοῖς πολεμίοις (imperitus dux) Men. 4, 258 (94). *πουλυπόδων ἑκατόμβην Anaxand. 3, 183 (1, 29). ᾠῶν ἑκατόμβη Ephipp. 3, 328 (1).
ἑκατόν: δραχμῶν ἑκατὸν Eup. 2, 492 (14). δὶς ἑκατὸν δραχμάς ib. 493 (15). κάννας (al. κλίνας) ἑκατόν Eup. 2, 520 (36, 4). ἡμῶν (i. e. triremium) ἑκατὸν Eup. (?) 2, 577 (v. 12). -ἑκατὸν-τῆς ἡμέρας *ἔκπεν οἴνου κανθάρους Phryn. 2, 586 (1). †στάδια ἑκατὸν ἐλθεῖν Antiph. 3, 52 (1). λοπάς ἐστ'-δυνατὴ †τούτους χωρεῖν ἑκατόν Ephipp. 3, 323 (1, 5). τοὺς δ' ἅλας αὐτῷ ζεύγη προσάγειν-ἑκατόν ib. (1, 15). κἂν ἑκατὸν ἔτη *βιῷς Men. 4, 211 (2, 5).
ἐκβαίνω: ἐκβαίνετον τὸν πατέρα τοῖς ὀρχήμασι (?) Aristophan. 2, 1192 (69). ἐκβέβηκε, τρίβεται (al. ἐκβέβληκε, f. ἐκβέβηκ', ἐντρίβεται) Antiph. 3, 61. ὑπὸ τοῦτον ὑπέμυξ (?) εὐθὺς ἐκβεβηκότα Diph. 4, 395 (2, 23) ἐξέβη †ἡμῖν τὸ ἐνύπνιον Alexid. 3, 427. κἀυτὸς ἐκβήσῃ κακός mon. 274. κἀυτὸς ἐκβήσῃ σοφός mon. 475.
ἐκβακχεύω: ἐπὶ ταῖς ἀβυρτάκαισι-ἐκβακχεύομεν Alexid. 3, 447 (1, 13).
ἐκβάλλω: cf. ἐκβαίνω. ἐμβάλλω. ἐκβάλλοντες *τοὺς αἰθεῖς πέπλους (?) Cratin. 2, 69 (4). ἐκ τῆς οἰκίας ἐξέβαλε τὴν λυποῦσαν Men. 4, 169 (1, 4). *σ' ἐκβληθεῖσαν (legeb. σε βληθεῖσαν) εἰς Ἁλμυρίδας Aristophan. 2, 997 (8). ἐν κοπρίᾳ θησαυρὸν ἐκβεβλημένον Stratt. 2, 779 (2). κομίσας δ' ἐξέβαλεν (pisces) Antiph. 3, 88 (v. 9). ἐξέβαλε τὰς σιαγόνας Aristophan. 2, 1062 (2).
ἔκβασις: προπάσχει τοῦ κακοῦ τὴν ἔκβασιν Men. 4, 268 (147).
†ἐκβεβράγει vide κράζω.
ἐκβιβάσαι: Stratt. 2, 791 (20).
ἐκβόλιμος: vide ἐμβόλιμος.
ἐκγεννῶ: κριοὺς-ἐκγεννᾶν τέκνα Eup. 2, 463 (10).
ἐκγλύφω: τυρὸς ἐξεγλυμμένος Eup. 2, 562 (42).
ἔκγονος: διδύμων ἐκγόνων σεμιδάλιδος Stratt. 2, 764 (2) cf. 5, 53. πυρῶν ἐκγόνους-κολλάβους Philyll. 2, 858 (2).
ἐκδέχομαι: διεξόδους σομφάς, δι' ὧν τὴν ὑγρασίαν ἐκδέξεται Alexid. 3, 440 (5, 10). σοφοῦ παρ' ἀνδρὸς ἐκδέχου συμβουλίαν mon. 476.
ἐκδιδάσκω: ἀδολεσχεῖν αὐτὸν ἐκδίδαξον Eup. 2, 553 (10).
ἐκδίδωμι: ἐκδότω-τις-ψηφολογεῖον ὧδε Aristophan. 2, 1093 (4) *ὡς οὐκ ἂν ἐκδοίη γε θυγατέρ' ἄσμενος Men. 4, 99 (1).
ἐκδιώκω: τὸ λυποῦν ἐκδίωκε τοῦ βίου mon. 3 cf. Men. 4, 194 (10).
ἐκδρομάς: ἐς *τοὺς κόλλοπας τοὺς ἐκδρομάδας *Eubul. 3, 209 (3).
ἐκδύω: cf. εἰσδῦναι. ἐπάν τις ἐκδυθῇ (a lopodyta) Alexid. 3, 414 (1). ἐν τοῖς κύκλοις ἐμαυτὸν ἐκδεδυκότα ὁρᾶν Men. 4, 125 (1).
ἐκεῖ: ἐπὶ τοῖς δὲ βάθροις ὅταν ὦσιν, ἐκεῖ-γελῶσιν Phryn. 2, 580 (1). εἰς ἀγρὸν χωρῶμεν· ὡς πάλαι δεῖ ἡμᾶς ἐκεῖ (imo πάλαι δὴ ἡμ. ἔδει 5, 60)-σχολάζειν Aristophan. 2, 990 (15). εἰς τὸ Θησεῖον δραμεῖν, ἐκεῖ δ'-μένειν Aristophan. 2, 1172 (2). πλὴν ἐν τοῖς Σκύθαις· ἐκεῖ μόνον γὰρ *οὐχὶ φύετ' ἄμπελος Antiph. 3, 32. *τηνδὶ δὲ τὴν σκηνὴν ἐκεῖ σκηνὴν ὁρᾶν θεωρικὴν *νομίζετε Henioch. 3, 563 (v. 7). ἐκεῖ γὰρ ὑπό τιν' ἦν τῶν βασιλέων Men. 4, 169 (2). ἐκεῖ γὰρ ἡμῖν ἐστιν ἡ παρεμβολή Criton. 4, 537. τὴν θέαν *ᾤχετ' ἐκεῖ anon. 4, 658 (226). ὁ καπνὸς φερόμενος δεῦρο κἀκεῖ Sosip. 4, 483 (v. 42). τὸ-ἡδὺ πάντως

ἡδύ (iat. εἶναι), κἀκεῖ κἀνθάδε Alexid. 3, 453. ἅπαντ' ἐνῆν τἀκεῖ καλά Alexid. 3, 502 (1, 8). ἀνυμέναιος, ἄθλιος, ἄνυμφος-ἐπικαλεῖ ἐν τοῖς ἐκεῖ Men. 4, 232 (8).

ἐκεῖθεν: ἑστᾶσ'-οἱ μὲν ἐκεῖθεν τῆς γραμμῆς οἱ δ' αὖ ἐκεῖθεν Plat. 2, 664 (2, 3). καὶ γὰρ αὐτὸς εὔχομαι | ἐκεῖθεν εἶναι τὸ γένος Men. 4, 232 (8). *ἐκεῖθεν (libri κἀκεῖθεν) εἰς τὴν Ἰταλίαν-διεβάλομεν Demetr. 2, 876 (1). κἄγειν ἐκεῖθεν κακκάβην Aristophan. 2, 1029 (8). οἶνον κεράμιον-κομιοῦντ' ἐκεῖθεν Alexid. 3, 409 (1) κἄν ποτε πταίσας τύχῃς, ἐκεῖθεν ἔσται ταὐτὸ τοῦτό σοι πάλιν Men. 4, 107 (2, 14). ἐκεῖθεν (ex geometria) ἐνταῦθ' ἐστὶ μετενηνεγμένα Nicomach. 4, 584 (v. 28). τοῖς τοιούτοις βρώμασιν τὰ φάρμακα | εὕρηκ' ἐκεῖθεν ib. (vs. 35). ἐκεῖθεν ἂν γνοίη τις ἔτι σαφέστερον Diodor. 3, 544 (v. 22).

ἐκεῖνος: γυνὴ δ' ἐκείνου πρότερον ἦ Cratin. 2, 117 (2). οὐ τρεῖς ἐκεῖνοί *γ' εἰσίν, ἀλλὰ τέτταρες Pher. 2, 258 (7). πλούτῳ δ' ἐκεῖν' ἦν πάντα συμπεφυρμένα Pher. 2, 299 (1, 1). ἐξ ἐκείνου τοῦ χρόνου Eup. 2, 456 (1). ἐνταῦθα-ἦν ἐκείνοισιν πιθών Eup. 2, 473 (29). ἐκεῖνος ἦν φειδωλός, ὅς- Eup. 2, 493 (16). πρῶτος μὲν εἶδεν εἰ χιών ἐστ' ὠνία, πρῶτον δ' ἐκεῖνον σχαδόνα δεῖ-φαγεῖν Euthycl. 2, 890. χρῶμαι αὐτοῦ-τῷ στρογγύλῳ, τοὺς νοῦς δ' ἀγοραίους ἧττον ἢ 'κεῖνος ποιῶ Aristophan. 2, 1142 (4). ἦν δ' ἐκεῖνα πάνθ' ὁδῷ Aristophan. 2, 1164 (2, 6). γάμοι δ' *ἐκείνοις καὶ πότοι-ἦσαν Antiph. 3, 104 (v. 20). θεὸς ἐν ἀνθρώποισιν ἦν ἐκεῖνος Antiph. 3, 121 (v. 6). τὴν Λαΐδ' οἶσθα-ἦν ἐκείνη τις φίλη Ἄντεια Anaxand. 3, 164 (1). ἀπὸ τῶν ἐκείνου καὶ τὰ κυντατώτατα Eubul. 3, 246 (1). εἰσὶν-δύο-Φιλοκράτης καὶ Φιλοκράτης. ἕνα γὰρ ἐκεῖνον ὄντα δύο λογίζομαι Eubul. 3, 261 (1, 3). ἀπῆλθεν εὐθὺς-οὐδ' ἰδεῖν δόξας ἐκείνην Anaxil. 3, 348 (1, 28). ἐπάραττε κἀκείνους γάρ-ὅτ' ἦν μετ' αὐτῶν Aristophont. 3, 361 (2). τὴν μέλην-λαβὼν ἔνεγκον ἐπὶ τὸ μνῆμ' ἐκείνη Anaxipp. 4, 466. ποῦ *ποθ' αἱ φρένες ἡμῶν ἐκεῖνον ἦσαν ἐν τῷ σώματι χρόνον, *(ὅτ') οὐ ταῦτ' ἀλλ' ἐκεῖν' ᾑρούμεθα Men. 4, 244 (35). ἐν ὅσῳ δ' ἐσθίω, ἕτερος ἐκεῖν', ἐν ὅσῳ δ' ἐκεῖνος τοῦτ' ἐγὼ | ἠφάνισα· βούλομαι δ' ἐγὼ-κἀκεῖνο καὶ τοῦτ' Lyncei 4, 433 (v. 10. 12). κλάω· πρὸς ἐμὲ γάρ ἐστι *τουτί, ἐκεῖνο δ' οὔ Apollod. 4, 451 (1). οὐκ ἐκεῖνος ἀλλ' ἐκείνη κεῖνον ἐνθάδ' ἤγαγεν anon. (394) 5, 123. ἥβης ἐκείνης νοῦ τ' ἐκείνου καὶ φρενῶν Cratin. 2, 56 (1). παῖ' ἐκεῖνον, ἄγχ' ἐκεῖνον Cratet. 2, 244 (1). τέρπου φρένα τέρπε τ' ἐκεῖνον Pher. 2, 335 (2). αὐτὴ δ' ἐκείνη πρότερον ἐξεπίστατο παρὰ τῆς ἐπιτηθῆς Theop. 2, 809 (3). τοῦτ' ἐκεῖν' ἐστιν σαφῶς Amphid. 3, 303 (1). ἐκεῖνος αὐτὸς ἐκμεμαγμένος Cratin. 2, 165 (5). ἐν τοῖς Μαριανδυνοῖς ἐκείνοις βαρβάροις Pher. 2, 281 (2). τοὺς ἐψητοὺς καὶ τοὺς πέρδικας ἐκείνους Nicoph. 2, 853 (4). τοὺς κανθάρους ἐκείνους τοὺς ἁδρούς Epigen. 3, 538 (1). ἐν Λακεδαίμονι γέγονας; ἐκείνων τῶν νόμων μεθεκτέον ἐστίν Antiph. 3, 22. ἐν τοῖς δ' ἐκείνων ἤθεσιν ἴσθ' ἀρχαϊκός ib. ὁ Πυθαγόρας ἐκεῖνος-ὁ τρισμακαρίτης Antiph. 3, 92 (1, 7). ὁ τὸ σκόλιον εὑρὼν ἐκεῖνος, ὅστις ἦν Anaxand. 3, 168 (1). ὦ τοιχωρύχον ἐκεῖνο καὶ τῶν δυναμένων (?) Diph. 4, 376 (1). ἐκεῖνο θράττει μ', ὅτι- Pher. 2, 270 (2). *κἀκείνους τοὺς Ἱππέας συνεποίησα Eup. 2, 453 (16). *Χαμυνίας ἐκεῖνος-κλαύσεται Eup. 2, 513 (11). ὁ βοῦς ἐκεῖνος χὴ μαγίς- Cratin. 2, 31. Μνησίλοχός *ἐστ' ἐκεῖνος, ὅς- Telecl. 2, 371 (2). *(ἡ) τροφαλὶς ἐκείνη (f. ἐκεινηί) ἐφ' ὕδωρ βαδίζει Eup. 2, 538 (5). †ἂν ἐκεῖνον ἢ πονηρὸς (f. ἐὰν ἐκεινονί | πονηρὸν) εἰν' ἀρνῇ Phryn. 2, 600 (6).

ἐκεινοσί: vide ἐκεῖνος. ὁ μαινόμενος ἐκεινοσὶ Διονύσιος Polyz. 2, 871 (1).

ἐκείνως: *ἐπὶ τὸ καινουργεῖν φέρου, οὕτως *ἐκείνως Antiph. 3, 15 (1).

ἐκεῖσε: *οὓς ᾔσμεν ὄντας ᾠδοφοίτας καὶ θαμά | ἐκεῖσε φιλοχωροῦντας Aristophan. 2, 1005 (1, 5). ἐκεῖσε *διαπλέω ὅθεν διεσπάσθημεν Antiph. 3, 48. μήτ' ἐκεῖσε μήτε δεῦρο παντελῶς Antiph. 3, 117 (2, 15). ἕλκει-γραμματείδιον ἐκεῖσε δίθυρον Men. 4, 166 (7). ἐκεῖσε καταφεύγουσιν, εἰς τὰ μνήματα καὶ τὸ γένος Men. 4, 229 (4).

ἐκθνήσκω: ὁρῶντες ἐξέθνησκον ἐπὶ τῷ πράγματι Antiph. 3, 104 (v. 7). γέλωτι-*ἐκθανούμενος (libr. ἐνηθούμενος) Men. 4, 153 (2).

ἐκκαθαίρω: τὸ τοιοῦτον ἐκκαθαίρομεν γένος Diph. 4, 389 (1, 17).

ἑκκαίδεκα: *χοὗτοι μέν εἰσ' ἑκκαίδεκ' εἰς Ἀρχέστρατον Eup. 2, 537 (4, 4). κίχλαι | ἑκκαίδεχ' ὁλόκληροι Plat. 2, 674 (2, 9).

*ἑκκαιδεκατάλαντον-γύναιον Men. 4, 169 (1, 11).

ἐκκαλῶ: εὗρε μοιχοῖς ἀείσματ' ἐκκαλεῖσθαι γυναῖκας Eup. 2, 481 (3). τευθὶς-λιμὸν ἐκκαλουμένη Antiph. 3, 126 (1, 23).

ἐκκανάζω: τήνδ'-ἐκκανάξει Eup. 2, 534 (8).

ἐκκάω: τὸ πῦρ ἐκκάεται Eup. 2, 566 (55).

ἐκκλείω: ἐξέκλαξε σύγκοιτον φίλην anon. 4, 676 (305).

ἐκκλησία: cf. Plat. 2, 690 (30). εἰλόμεθα-γενομένης ἐκκλησίας Aristophan. 2, 1005 (1, 3). ἱστοὶ γυναικῶν ἔργα κοὐκ ἐκκλησίαι mon. 260.

ἐκκλησιαστής: γίγνεται *κἀκκλησιαστὴς οἰκόσιτος Antiph. 3, 115 (2).

ἐκκλίνω: κἂν τέμαχος ἐκκλίνῃς τι Dionys. 3, 552 (1, 10).

*ἔκκλυστος: vide ἔκλυτος.

ἐκκοκκίζω: οὐσίδιον-οὕτω συνεστρογγύλικα (an -σα) κἀξεκόκκισα Nicomach. 4, 587 (1).

ἐκκολυμβῶ: εὖ γ' *ἐξεκολύμβησ' οὑπιβάτης Aristophan. 2, 975 (11).

ἐκκόπτω: τοὺς-γομφίους-ἐξέκοψεν Phryn. 2, 603 (4). ἐκκέκοφθ' ἡ μουσική anon. 4, 699 (377). ἐκκόψαι (i. e. νικῆσαι κύβοις) Alexid. 3, 403 (2).

ἐκκορίζω: τὸν *κύσθον ἐκκορίζειν Eup. 2, 510 (5). τί *μ' ἐξορίζεις (f. ἐκκορίζεις) ὡσπερεὶ κλιντήριον; Aristophan. 2, 1103 (1).

ἐκκορῶ: ἐκκορηθείης σύ γε Men. 4, 303 (328).

ἐκκρούω: †ἐκκρουσαμένους (l. ἐκκεκρουσμένους) τοὺς πύνδακας Aristophan. 2, 1057 (6). παττάλους ἐκκρούειν Aristophan. 2, 1118 (3). σφαῖραν λαβὼν-τοῦ δ' ἐξέκρουσε Antiph. 3, 136 (7, 3).

ἐκκύλιστος: στέφανον ἔχων τῶν ἐκκυλίστων Archipp. 2, 726 (1).

ἐκλακτίζω: ἐκλακτίζειν in saltando Eup. 2, 569 (66). ἐκλελάκτικεν ὁ χρηστὸς ἡμῖν μοιχός Men. 4, 77 (10).

ἐκλαμβάνω: δοὺς τὸ μικρὸν ἐκλήψῃ μέγα mon. 124.

ἐκλέγω: ἐκλέγει-ἐκ τοῦ γενείου τὰς πολιάς Aristophan. 2, 1120 (11). εἰσελήλυθεν-ὁρμῆς μεστός, *ἐκλελεγμένος (libr. ἐκλελυμένος) Posidipp. 4, 523 (1, 9). ἕκαστος ἐκλεγόμενος λαμβάνει-τὴν πεπαιτάτην ἀεί Alexid. 3, 398 (1). ὧν-ἐκλεξάμενον ᾗ τις ἥδεται Xenarch. 3, 617 (1, 7). ἄριστον-ἐκλελεγμένον, εἴ τι νέον ἢ ποθεινόν Diph. 4, 394 (1). ἐκλεξαμένη τοὺς ἐκ δυναστῶν γεγονότας Diodor. 3, 544 (v. 29). οὐχὶ τοὺς χαριεστάτους ἐκλεγόμενοι ib. (v. 34). ἂν-ἐκλέγῃ | ἀεὶ τὸ λυποῦν-ὀδυνήσει διὰ τέλους Men. 4, 164 (1, 14). ἄκουε πάντων, ἐκλέγου δ' ἃ συμφέρει mon. 566.

ἐκλείπω: τί γὰρ ἐκλείπει δόμος-ποίων ἀγαθῶν; Anaxand. 3, 184 (1, 34). *ταῦτα πάντ' ἂν (?) ἐκλίπῃ, τέθνηκε-ὁ-βίος Philem. 4, 22 (v. 11). ἐκλελοιπότες τὸν χάρακα Men. 4, 91 (2).

ἔκλειψις: ἔκλειψιν ἡλίου Alexid. 3, 397 (1).

ἐκλέπω: ὡς ἂν ἐκλέψῃς καλὸν-ἐκ τοῦδ' ὄρνεον Cratin. 2, 82 (2). βροτῶν ἅπαντας ἐκλεπῆναι Aristophan. 2, 1011 (17).

ἔκλυτος: ἵνα-τὸν πνεύμον' *ἔκλυτον (f. ἔκκλυστον) φορῇ Eup. 2, 491 (11). ἰατρὸς ἐκλύτου βουλιμίας Timocl. 3, 599 (2).

ἐκλύω: cf. ἐκλέγω. τοὺς *κάλως ἔκλυε Epicrat. 3, 372 (2).

ἐκμανθάνω: Διονυσίου-δράματ' ἐκμαθεῖν Epicrat. 3, 335 (2). *τἀρωτίκ' ἐκμεμάθηκα-Σαπφοῦς, Μελήτου- Epicrat. 3, 367 (3). τὴν τέχνην-οὐ πάνυ ἐξέμαθε Alexid. 3, 400 (1, 9). τὸ μηδὲν ἀδικεῖν ἐκμαθεῖν Men. 4, 150 (4). πᾶν τοὔργον ὀρθῶς ἐκμαθεῖν Men. 4, 293 (278).

ἐκμάσσω: ἐκεῖνος αὐτὸς ἐκμεμαγμένος Cratin. 2, 165 (5).

ἐκμελετῶ: τὴν εἰς τὸ θεῖον *ἐκμελετᾷ (libr. μελετᾷ) βλασφημίαν Men. 4, 272 (169).

ἐκνεφίας: ἐκνεφίας καταιγίσας-ἐς τὴν ἀγοράν Alexid. 3, 403 (1).

ἐκνίζω: στίλβουσαν, ἀνταυγοῦσαν, ἐκνενιμμένην Eubul. 3, 231 (1).

ἐκνιτρῶ: τἀκπώματ'-ἐκνενιτρωμένα | θεῖναι Alexid. 3, 383 (2).

ἑκουσίως: λυπεῖν τοὺς φίλους ἑκουσίως mon. 9.

ἐκπαίω: *ἐξέπαισε (libr. ἐξέπεσε) πορθμὶς ἐλατίνῳ πλάτῃ Anaxil. 3, 348 (1, 17).

ἐκπέμπω: Ἑλλάδος-ἣ Κυδίαν ναύαρχον ἐξεπέμψατο Eubul. (Philipp.) 3, 238 (v. 11). εὐθὺς ἐξέπεμπέ με *ὄρθριον Diph. 4, 421 (12) cf. 5, 112.

†ἐκπεπίῃ δέκας Eriphi 3, 558 (4).

ἐκπερῶ: κλεινὰς Ἀθήνας ἐκπερᾶν Eubul. 3, 208 (2).

ἐκπετήσιμος: πρὸς ἄνδρας-ἐκπετήσιμοι Aristophan. 2, 1182 (22).

ἐκπηδῶ: ἐξεπήδησ' ἀρτίως πέττουσα τὸν χαρίσιον Eubul. 3, 203 (2). ἐκ τῆς πόλεως-ἐκπήδα Men. 4, 187 (3).

ἐκπίνω: ὅπως-πλεῖστος οἶνος ἐκποθῇ Pher. 2, 324 (1, 7). ὅταν τὸν οἶνον αἰτιώμεθ' ἐκπιεῖν ib. (1, 8). ἐκπιεῖν πολὺν Antiph. 3, 79 (2, 8). πολλὴ-Λεσβία σταγὼν ἐκπίνεται Ephipp. 3, 339 (2). κὠμνύουσι μὴ 'κπιεῖν ἀλλ' ἢ μίαν Pher. 2, 324 (1, 9). χρυσίδ' οἴνου-ἐκπιὼν ὑφείλετο Herm. 2, 393 (2). τήνδε τὴν λεπαστὴν ἐκπιὼν Herm. 2, 400 (6). λεπαστὴ-ἣν ἐκπιοῦσ' ἄκρατον-τέττιξ κελαδεῖ Theop. 2, 808 (1). cf. ib. (2). ὅλην μύσας ἐκπινε Antiph. 3, 4 (4). τὸν μὲν *ὑγιείας ἕνα, ὃν πρῶτον ἐκπίνουσι Eubul. 3, 249 (1, 3). τὸν τρίτον δ' ὕπνου, ὃν ἐκπιόντες οἱ σοφοὶ-οἴκαδε βαδίζουσ' ib. (1, 6). ταύτην ἐκπιὼν **λέγε τι Alexid. 3, 487 (1). ταῦτ' ἀπνευστὶ-ἐκπιὼν Alexid. 3, 494. κόνδυ χρυσοῦν-τρὶς ἐξέπιον μεστόν γ' Men. 4, 152 (1). οὐδ' ἂν ἐλέφας ἐκπίοι. ἐγὼ *δὲ τοῦτό γ' ἐκπέπωκα πολλάκις Epinici 4, 506 (v. 5. 6). λαβὼν ἔκπιθι τοῦτον Men. 4, 129 (6). ἡ τἀγαθοῦ δαίμονος-συνέσεισέ μ' ἐκποθεῖσα φιάλη Xenarch. 3, 616 (1). ἐκπίομαι (ῑ) δ' ἐγὼ τέως Amips. 2, 710 (1). ὅστις αὐτῆς ἐκπίεται (ῐ) τὰ χρήματα Plat. 2, 616 (1). τὴν -γραῦν-ῥιζίον τρίψας τι-τοῦτ' *ἐποίησ' ἐκπιεῖν Antiph. 3, 23. ὅπως δεῖ τοῦτό σ' ἐκπιεῖν (i. e. ἅλμης ποτήριον) Antiph. 3, 41 (2, 11).

ἐκπίπτω: cf. ἐκπαίω. τὰ κάρυά μοὐξέπιπτεν Aristophan. 2, 1165 (38).

ἐκπλέω: cf. διαπλέω. τοὺς ἐκπλέοντάς τ' εἰσπλέοντάς τ' ὄψεται Plat. 2, 679 (1, 3). τὸν υἱὸν ἐκπλέονθ' ὁρῶν Philem. 4, 25 (3).

ἐκπλήττω: μάλιστα δ' ἐκπλήττει με-ὁ χρόνος Antiph. 3, 156 (72). ζητοῦσιν-ὥστ' ἐκπεπλῆχθαι πάντας Baton. 4, 502 (1, 19). ἐξεπλάγη-ἰδὼν στίλβοντα τὰ λάμβδα Eup. 2, 561 (37).

ἐκπλύνω: vide ἐνεκπλύνω. τὸν σαπέρδην ἀποτῖλαι-καὶ καταπλῦναι *κᾆτ' ἐκπλῦναι Aristophan. 2, 1164 (31). κεστρεύς, λεπισθείς, *(ἐκπλυθείς), πασθεὶς Antiph. 3, 125 (1, 10).

ἐκποδών: οὐκ-τὼ χεῖρ' ἀποίσεις ἐκποδὼν ἀπὸ τοῦ σκυταλίου-; Nicoph. 2, 848 (2). ἀνδρὸς κακῶς πράσσοντος ἐκποδὼν φίλοι mon. 32.

ἐκποιῶ: ἀλοάσαντ' εὐθὺς ἐκποιῆσαι Pher. 2, 278 (3).

ἐκπονῶ: ταῦτα δυοῖν ἐν ἔτοιν ἡμῖν μόλις ἐξεπονήθη Cratin. 2, 161 (22).

ἐκπορεύομαι: τὸ δ' ἔργον ἄλλην οἶμον ἐκπορεύεται Men. 4, 324 (467).
ἐκπρεπής: ἐκπρεπεῖς φύσιν αἱ ξανθοχρῶτες Nausicr. 4, 575 (2).
[ἐκπυνθάνεσθαι τἀρσένων ἡμᾶς σέθεν Men. 4, 226.]
ἐκπυτίζω: τὸν-ὀξὺν οἶνον ἐκπυτίζομεν Alexid. 3, 447 (1, 12).
ἔκπωμα: cf. κύλιξ. τοῦ Παάπιδος-τἀκπώματα Leucon. 2, 749 (1). τἀκπώματ' ἐκνενιτρωμένα θεῖναι Alexid. 3, 383 (2). τἀκπώματα | ἦγεν δύο δραχμάς ib. ἐκπωμάτων δ' ὀνόματα Diph. 4, 414. γραμματικὸν *ἔκπωμ' Eubul. 3, 239.
ἐκπωμάτιον: σκευάριον, ἐκπωμάτιον, ἀργυρίδιον Diph. 4, 384 (3).
ἐκρινίζω: ἐξερρίνισα anon. 4, 653 (201).
ἐκρίπτω: ἐν ὅσῳ συστρέφεται, προσέρχεται-ἐξέρριψεν (int. στρόβιλος) Men. 4, 231 (7). φορτί' ἐξέρριψ' ὑπέραντλος γενόμενος Diph. 4, 395 (2, 12).
ἐκροιβδῶ: κρατὴρ ἐξερροίβδητ' οἴνου Mnesim. 3, 569 (v. 17).
ἐκροφῶ: τὸ-ἕψημά σου-ἐλθὸν ἐκροφήσας Plat. 2, 666 (4).
ἐκσοβῶ: ἐξεσόβησε τὰς ὄρνεις μόλις Men. 4, 118 (6).
ἐκσπένδω: οἶνον ἐξέσπενδε κοτύλῳ Eubul. 3, 240.
ἐκσπογγίζω: τὸν ἰὸν ἐκ τῆς χειρὸς ἐξεσπόγγισεν Eubul. 3, 245 (4).
ἔκστασις: τὰ μηδὲ προσδοκώμεν' ἔκστασιν φέρει Men. 4, 112 (1).
ἐκσυρίττω: ἂν ἕν τι-παραλίπῃ Χρέμης τις ἢ Φείδων τις ἐκσυρίττεται Antiph. 3, 106 (v. 21).
ἐκτέμνω: ἐκτεμὼν χορδῆς μεσαῖον Antiph. 3, 40 (3). τοῦτον ἐκτεμεῖν-τὸν δίφρον Philippid. 4, 470 (1).
ἐκτεύς: ἐκτεὺς δέ *(γ') ἐστὶν ἑξαχοίνικον μέτρον Aristophan. 2, 1198 (93). οὐκ ἔστιν ἐκτεὺς *τοῦτο Men. 4, 94 (4).
ἐκτήκομαι: τὸν ἴσον ἴσῳ φέροντ'-ἐκτήκομαι Cratin. 2, 118 (5).
ἐκτίθημι: θυγατέρα δ' ἐκτίθησι (int. πᾶς) κἂν ᾖ πλούσιος Posidipp. 4, 516. expositos infantes quibusdam signis agnosci, anon. 4, 688 (338ᵃ).
ἐκτίνω: μόλις ὥσπερ τὸ κεφάλαιον ἐκτίνει (olim ἐκτίει) | τὸ σπέρμα Philem. 4, 33 (4). μῆνιν ἐκτίνει θεῶν Men. 4, 250 (55).
ἐκτομίας: κάπρος ἐκτομίας Antiph. 3, 73 (2, 5). κριοὺς ἐκτομίας anon. 4, 701 (385).
Ἐκτόρειος: τὴν Ἑκτόρειον τὴν *ἱμερον κόμην Anaxil. 3, 355 (6).
ἕκτος: *δωδέκατος-, ἕκτος (i. e. sextus decimus) ὁ διεστραμμένος Eup. 2, 537 (4, 8). *ἕκτην ἐπὶ δέκα βοηδρομιῶνος-ἕξεις ἀεί Men. 4, 224 (4). ἕκτος (crater) δὲ κώμων Eubul. 3, 249 (1, 8). ἕκτη Κύπρος Alexid. 3, 517 (30).
ἐκτός: ἐκτὸς (f. ἐντὸς) οὐ πολλοῦ χρόνου Cratin. 2, 127 (17).
ἐκτράπελος: ἐκτραπέλους *μυρμηκιὰς ἐξαρμονίους Pher. 2, 327 (1) cf. 334 (v. 23).
ἐκτρέπω: εἰς τὸ πλινθεῖον γενόμενος ἐξέτρεψε Aristophan. 2, 1060 (6).
ἐκτρέφω: σὺ γάρ-ἐξέθρεψας Περικλέα Plat. 2, 683 (7). ἔτικτον, ἐκτρέφω Men. 4, 284 (230). υἱὸς ἐκτεθραμμένος οὐκ ἐξ ὑπαρχόντων Men. 4, 176 (1).
ἐκτρέχω: *οὐκ ἐκδραμεῖ λαβὼν τοδὶ-; Diph. 4, 384 (2).
ἐκτρίβω: ἐν τῷ κυλικείῳ λαμπρὸν ἐκτετριμμένον (?) Eubul. 3, 249 (2).
ἐκτροπή: γήρως-φαύλου-ἐκτροπή mon. 113.
ἐκτύπωμα: κἀκτυπωμάτων πρόσωπα Men. 4, 74 (4).
ἐκτυφλῶ: κονιορτὸν ἐκτυφλοῦντα Aristophan. 2, 1171 (1, 2). ἐκτυφλοῦν τιν' ἀστραπή (sum) Antiph. 3, 110 (v. 4).
ἐκτύφω: ἐξετύφην-κλαίουσα Men. 4, 122 (10). ἐκτυφήσομαι (al. ἐκτυφώσομαι) Men. 4, 220 (4).

Ἕκτωρ: ὥσπερ ὁ Πρίαμος τὸν Ἕκτορα | ὅσον εἵλκυσεν *τοσοῦτο καταθεὶς ἐπριάμην Diph. 4, 390 (2).
ἐκφαίνω: cf. φαίνω. ἰδών τι χρηστὸν μηδὲν ἐκφάνῃς mon. 271.
Ἐκφαντίδης: Cratin. 2, 194 (52). 224 (149). vide Χοιριλεκφαντίδης.
ἐκφέρω: τὸν λυχνοῦχον ἔκφερ' Pher. 2, 271 (5). ἐκφέρετε πεύκας-φωσφόρους Aristophan. 2, 1150 (17). τὰ γραμματεῖα-ἐκφέρων Plat. 2, 684 (10). τί οὐ-τὰς τραπέζας ἐκφέρεις; Plat. 2, 637 (1, 2). σκευάρια-κλέψας *ἀπεκήρυξ' ἐκφέρων Plat. 2, 657 (4). οὐχ ἁλώσομ' ἐκφέρων κρέας Posidipp. 4, 514 (1). παραγώγιον δ', ἂν ἐκφέρῃς, εἰσπράξομαι Philippid. 4, 472 (2). καρῖδας ἢ ζάψ ἐκφέρει Cratin. min. 3, 379 (2). ἐξοίσων ἐπίγειον Aristophan. 2, 975 (11). ἐξενεχθεῖσιν *πότου Antiph. 3, 101 (4).
ἐκφεύγω: ἐκφυγὼν θάνατον Philem. 4, 59 (83). ἐκφυγοῦσα δ' ἣν εἶχεν νόσον Men. 4, 93 (2). λύπην ἐκφυγεῖν Posidipp. 4, 519. ἀλαζονείας οὔτις ἐκφεύγει δίκην mon. 21. cf. ἐκφυγγάνω.
ἐκφορά: ἀλλ' οὐκ ἐκφορά Theop. 2, 818 (8). οὐκ ἦν ἐκφορὰ Λύκῳ κρεῶν τότ' Euphron. 4, 487 (v. 20). ὅταν γέροντος ἐκφορὰν ἴδω, *κλάω Apollod. 4, 451 (1). ἐπὰν τάχιστ' ἔλθωσιν ἐκ τῆς ἐκφορᾶς Hegesipp. 4, 479 (v. 12).
ἐκφυγγάνω: Diph. 4, 378 (3).
ἐκχαρυβδίζω: λεπαστὴν-μεστὴν ἐκχαρυβδίσαι Pher. 2, 294 (17).
ἐκχέω: μήτε *ποδάνιπτρον θύραζ' ἐκχεῖτε Aristophan. 2, 1071 (3). τὸν χοᾶ | ἐκκέχυκας Men. 4, 323 (461). ἥδιστα-ἐκ τῶν τοιούτων *ἐκχέας (libr. αἴσχεα) ποτηρίων εἴωθα πίνειν Dioxipp. 4, 542 (1).
ἐκχοιριλῶ: ἐκκεχοιριλωμένη Cratin. (?) 2, 199 (66).
ἑκών: †εἰ-ἀποδώσεις-ἑκών Plat. 2, 621 (2). *οὔτ' ἂν ἀδικοῖτ' οὐδὲν οὐδεὶς οὔθ' ὑβρίζοιτ' ἂν ἑκών (f. θέλων) Alexid. 3, 479 (1). τοὺς Πυθαγοριστὰς-οὕτως ῥυπᾶν ἑκόντας Aristophont. 3, 362 (3). τοῖς-ἄλλοις πᾶσιν ἡ γῆ θηρίοις ἑκοῦσα παρέχει τὴν-τροφήν Philem. 4, 33 (4). ἑκοῦσα-ποιήσει *τοῦτό σοι Men. 4, 222 (4).
ἐλάα (ἐλαία): ἀπίους, ἀχράδονας, ἐλάας Aristophan. 2, 1171 (1, 3). βοτανίων, ὄξους, ἐλαῶν (al. ἐλαίου) Antiph. 3, 78 (1, 3). κνῆκος, ἐλᾶαι, στέμφυλ', ἄμητες Anaxand. 3, 184 (1, 55). οὐ τυρὸς οὐδ' ἐλάων (an ἐλῶν?) γένη Alexid. 3, 502 (1, 3). τῶν-ἐλαῶν (?) -πάνθ' ὅσ' ἂν βούλῃ γένη Euang. 4, 572 (v. 5). βολβός, ἐλάα, σκόροδον Mnesim. 3, 569 (v. 29). ἀμέργων *(τὰς) ἐλάας anon. (391) 5, 122. τὸ τῆς ἐλάας δένδρον Posidipp. 4, 527 (15). ἁλμάδας ὡς ἐλάας Aristophan. 2, 997 (5). δρυπεπεῖς ἐλᾶαι ap. Chionid. 2, 8 (4). Eup. 2, 563 (48). θλαστὰς-*ἐλάας Aristophan. 2, 1111 (7). θλασταῖς ἐλάαις Diph. 4, 380. θλαστή τ' ἐλάα Polioch. 4, 590. πάγκυφος ἐλαία (ἐλάα) Aristophan. 2, 1217 (234). ἀστῆς ἐλαίας anon. 4, 694 (324).
ἐλάδιον: προσαγαγὼν χλόην, κύμινον,-*ἐλάδιον (legeb. ἔλαιον) Sotad. 3, 585 (1, 7). *ἅλις ἐλαδίῳ δὶς ib. 586 (1, 27). ἐλαδίου κοτύλης Arched. 4, 436 (1, 11).
ἐλαία: vide ἐλάα. †ἐλαίας ἔρεισιν (f. ἐλάσας ἔρεισον) Herm. 2, 384 (5).
ἐλαΐζειν: Aristophan. 2, 987 (5).
ἔλαιον: cf. ἐλάα. ἐλάδιον. τοῦ λευκοτάτου πάντων ἐλαίου Σαμιακοῦ Antiph. 3, 142 (19) = Alexid. 3, 513 (19). ἐν Θουρίοις τοὔλαιον Amphid. 3, 318 (4). ἐλαίῳ Καρικῷ Ophel. 3, 381 (3). ἅλας, ἔλαιον, τρύβλιον Antiph. 3, 39 (2). οὐ θρῖον, οὐκ ἔλαιον, οὐκ *ἀμυγδάλας Alexid. 3, 465 (3). ἔλαιον, ἰσχάδας, μέλι Timocl. 3, 613 (5) = Diph. 4, 417 (4). πυρούς, ἔλαιον, οἶνον, ἰσχάδας Philem. 4, 44 (28). σήσαμον, ἔλαιον, κρόμμυον, ὄξος Philem. 4, 46 (33). ἄρτων, ἀλφίτων, ὄξους,

ἐλαίου Men. 4, 156 (1). ἕψειν ἐλαίῳ ῥάφανον ἠγλαϊσμένην Eubul. 3, 268 (15a) = Ephipp. 3, 325 (2, 6). ἐπεσκέδασα τοὔλαιον Alexid. 3, 470 (1). αὐτοὶ δ' ἔλαιον καὶ λοπάδα καινήν-πῦρ τ' ὀξὺ-ἐποίουν Anaxipp. 4, 459 (v. 11). ἔλαιον ἐπιχέας, ἅλας δούς- Euphron. 4, 494 (1, 9). τοὺς ἄνθρακας ἔρραν' ἐλαίῳ Arched. 4, 435 (1, 5). τυρῷ καὶ μίνθῃ παραλεξάμενος καὶ ἐλαίῳ Cratin. 2, 88 (4). ἐλαίῳ μήτε χρῆσθαι *μήθ' ὁρᾶν Aristophont. 3, 361 (1, 7). oleo aliquis pedes unguit, Antiph. 3, 16 (2). φείδεσθε τοὐλαίου σφόδρ' Plat. 2, 685 (15). περιάγεις τὴν λήκυθον, καταμανθάνων τοὔλαιον Baton. 4, 500 (1). ἀναμενῶ σε πρὸς τοὔλαιον Men. 4, 305 (339). † σὺν ἐλαίῳ ὠτογλυφίδα λαβοῦσ' *ἀνασκαλεύεται Plat. 2, 666 (3).

ἐλάτη: ἐλάτης πρίνου κομάρου τε πτόρθους Eup. 2, 426 (1).

ἐλατήρ: ῥάφανοι, δρυπεπεῖς, ἐλατῆρες Calliae 2, 740 (2).

ἐλάτινος: *ἐξέπαισε πορθμὶς ἐλατίνῳ πλάτῃ Anaxil. 3, 348 (1, 17).

ἐλαττοῦμαι: ῥᾳθυμία-ἐλαττοῦσθαι ποιεῖ mon. 628. μέγα τοῦθ' οἱ πατέρες ἠλαττώμεθα Apollod. 4, 452 (1, 3).

ἐλάττων: ὅστις ἂν-ἰχθὺν ἀποδῶτ' ἐλάττονος ἧς εἶπε τιμῆς Alexid. 3, 438 (3, 4). ἐλάττω γῆν-ἐπιστολῆς Λακωνικῆς anon. 4, 652 (196). τοὺς μὲν ἡ τύχη-μεγάλοις προσένειμε τοὺς δ' ἐλάττοσιν Alexid. 3, 434 (1, 12). ὄντως ὁ Κραναὸς Κτησίου κατεσθίει | ἔλαττον-; Anaxil. 3, 353. Ἀλεξάνδρου πλέον πέπωκας. B. οὐκ ἔλαττον, οὔ Men. 4, 152 (1). τοῦ λαβεῖν-μηδὲ ἕν | τὸ λαβεῖν ἔλαττον πλεῖον ἔσται σοι πολύ Men. 4, 248 (45). εὐφραινόμεσθ' ἔλαττον ἢ λυπούμεθα Philem. 4, 56 (65). ἐλάχιστος suo loco est.

ἐλαύνω: cf. ἐλαία. εἰ μὴ δύναιο βοῦν *(ἐλᾶν) ἔλαυν' ὄνον anon. 4, 698 (376). ἡ μὲν ἐλαυνομένη λαθρίοις ἐρετμοῖς, ὁ δ' ἐλαύνων Plat. 2, 615 (1). cf. ἐλῶ.

ἔλαφος: βοῦς *ὤπτων, σῦς, ἐλάφους, ἄρνας Antiph. 3, 94. ὑπὲρ τὰς ἐλάφους βεβιωκώς anon. 4, 680 (311b).

ἐλαφρός: ἐλαφρὸν παραινεῖν anon. 4, 664 (264). παίζουσι **πρὸς ἐλαφρ' ἐξαλλάγματα Anaxand. 3, 170 (2). ἐλαφρός Philem. 4, 5. cf. ἐλαφρὸν *τὸ γένος-ἐστι καὶ λίαν κακόν 4, 58 (78).

ἐλάχιστος: ὁ ποιῶν-ἐλάχιστον τὸ γεγενημένον *(κακόν) Philem. 4, 42 (23). πάντων ἐλάχιστον τοῦ καλοῦ μετέχων anon. 4, 688 (339). δραχμὰς τοὐλάχιστον δώδεκα | ἢ πλέον Antiph. 3, 80. τούτων τριῶν ἑνός τ' ἀποτυχεῖν τοὐλάχιστον Alexid. 3, 480 (3). ὥστε με | ἐνίοτε τοὐλάχιστον ὀκτὼ τραύματα ἔχειν Axionici 3, 534 (1, 5). ὅστις-μὴ τοὐλάχιστον τρεῖς ἀσυμβόλους τρέφει Diph. 4, 411 (1, 8). δι' ἐλάχιστ' ὀργίζεται Men. 4, 262 (113).

ἐλεγεῖον: εὐθὺς ἔλεξ' ἐλεγεῖα Pher. 2, 335 (3, 7).

Ἔλεγχος-*ὁ φίλος ἀληθείᾳ-θεός Men. 4, 307 (351) cf. 4, 876.

ἔλεγχος: ὅσα *οὔτ' ἀριθμὸν οὔτ' ἔλεγχον ἐφ' ἑαυτῶν ἔχει Dionys. 3, 552 (1, 13). οὔτ' εἰς ἔλεγχον οὐδὲν αὐτῶν ἔρχεται Philem. 4, 36 (8). ἔλεγχός ἐστι τῆς ἀχορτάστου τύχης Men. 4, 267 (144).

ἐλέγχω: ἐλέγχεις μ' ἕνεκα συλλαβῆς μιᾶς Antiph. 3, 120 (1, 10). τὸν κρύπτοντά σε μηδέποτ' ἐλέγξῃς Men. 4, 248 (44). τὸ *πρᾶγμ' ἐλέγξαι (legeb. πρᾶγμα λέξαι) βούλομαι Aristophan. 2, 1049 (5). ἔλεγχε σαυτὸν-πράττων κακῶς mon. 571. τοῦτο μόνον ἐπισκοτεῖ καὶ *δυσγενείᾳ καὶ-τὰ δ' ἄλλ' ἐλέγχεται Men. 4, 214 (5). ἐλέγχεται ὑποβολιμαίαν σύνεσιν ἠμφιεσμένος anon. 4, 693 (360). ἔλεγχ' ἄγροικον οὖσαν ἡμῶν τὴν τύχην Apollod. Car. 4, 442 (v. 14).

ἐλεδώνη: τρίγλας, ἐλεδώνας, σκορπίους Henioch. 3, 561.

ἐλεεινός: ἐλεεινότατον-ἀτυχία φίλου mon. 180.

ἐλεινόν: Eup. 2, 435 (21[b]).
ἐλελίζομαι: *Ἑκάτης *σπείρας ὄφεων ἐλελιζομένης* Aristophan. 2, 1153 (14).
Ἑλένη: de Aspasia, Eup. 2, 524 (6). de Theseo et Helena (libr. *Μελαίνῃ*) Aristophan. 2, 1088 (26) cf. 2, 200 (68). Helena multivora, Heraclit. (f. Heraclid.) 3, 566. *Ἑλένης* (al. *Ἑκάτης*) *βρώματα* Antiph. 3, 38 (1, 14).
ἔλεος: *τὸ μὲν-ἔλεον-φέρει* Antiph. 3, 154 (62). *ἔλεος ἐμπέπτωκέ τίς μοι τῶν ὅλων* Philippid. 4, 469. *ἔλεος ἐπιεικὴς θεός* Timocl. 3, 611.
ἑλέπολις: *Λάμια ἑλέπολις* anon. 4, 678 (309).
Ἐλευθεραί: **Ἐλευθερῶν* (libr. *ἐλευθέρων*) *ἀπῆλθεν εὐθύς* Men. 4, 109 (6).
ἐλευθερία: *ἥδιστον ποτόν* [*τῆς*] *ἐλευθερίας* Theop. 2, 819 (13).
ἐλευθέρια: *ἐλευθέρι'-θύσουσαι* (civitates) Henioch. 3, 563 (v. 10). *τὸ πολὺ μὲν ἀκτή, τοῖς δ' *Ἐλευθερίοις πόλις* (Plataeae) Posidipp. 4, 525 (3).
ἐλευθέριος: *ὕδωρ-ἐλευθέριον* Antiph. 3, 11. *πράγματα *ἐλευθέρι', οὐ τάριχος* Antiph. 3, 101 (5).
Ἐλευθέριος Ζεύς Men. 4, 315 (411). cf. 4, 225 (1).
ἐλεύθερος: cf. *Ἐλευθεραί*. *πονηρῷ καὶ ξένῳ | ἐπέλαχες ἀνδρί, *μηδέπω γὰρ ἐλευθέρῳ* Plat. 2, 670 (3). *πολλοὶ δὲ νῦν μέν εἰσιν οὐκ ἐλεύθεροι, εἰς ταὔριον δὲ Σουνιεῖς* Anaxand. 3, 163 (1). *φυγόντες δεσπότας, ἐλεύθεροι ὄντες πάλιν ζητοῦσι τὴν αὐτὴν φάτνην* Eubul. 3, 270 (17). *ζῆν ταπεινῶς καὶ κακῶς ἐλεύθερον* Philem. 4, 55 (63[b]) = Men. 4, 274 (179). cf. Philippid. 4, 478. *οἴκοι μένειν χρὴ καὶ μένειν ἐλεύθερον* Men. 4, 111 (6). *ζευχθεὶς γάμοισιν οὐκ ἔτ' ἔστ' ἐλεύθερος* mon. 197. *γυναιξὶ δοῦλοι ζῶμεν ἀντ' ἐλευθέρων* Alexid. 3, 450. *γήμαντος αὐτοῦ δ' εὐθὺς ἔσομ' ἐλεύθερος* anon. 4, 601 (4). *ἐγώ σ' ἔθηκα δοῦλον ὄντ' ἐλεύθερον* anon. 4, 604 (13). *τὰ δάνεια δούλους τοὺς ἐλευθέρους ποιεῖ* mon. 514. *στρατιώτης γέγονας ἀντ' ἐλευθέρου* Apollod. 4, 453 (2). **ἐλεύθερος πᾶς ἑνὶ δεδούλωται, νόμῳ* Men. 4, 268 (150). *ἅλμης εἰς ἣν ἂν ἐμβάψαιτο πᾶς ἐλεύθερος* Arched. 4, 436 (1, 10). *ὅταν ἀπορουμένους-ἀνθρώπους ἴδω | ἐλευθέρους* Philippid. 4, 469. *ἡγεῖται *δὲ δὴ τούτοις μόνους ἐλευθέρους* Eubul. 3, 217 (1). *ἐλευθέρῳ τὸ καταγελᾶσθαι-πολὺ | *αἴσχιστόν ἐστι* Men. 4, 120 (3). *ἔργον ἔστ' ἐλευθέρου* Men. 4, 238 (246[b]). *ἐλευθέρου-ἔστι τἀληθῆ λέγειν* mon. 162. *σαυτὸν φύλαττε τοῖς τρόποις ἐλεύθερον* mon. 485. *ἐλεύθερον φύλαττε τὸν τρόπον* mon. 144. *τοῖς παθῶν ἐλευθέροις* mon. 591. *ἱκανὸν τὸ νικᾶν † ἐπὶ τῶν ἐλευθέρων* mon. 262. *ἀρετῆς καὶ βίου διδάσκαλος ἐλευθέρου* Men. 4, 194 (7). *ἐλεύθερον πιοῦσαν οἶνον* Xenarch. 3, 620 (2). *εἶτ' ἐλευθέραν ἀφῆκε βαπτίσας* Aristophont. 3, 363. *ἕτερα* (Aphrodisia) *-χωρίς ἐστι ταῖς ἐλευθέραις* Alexid. 3, 499 (1). **ἐξιὼν γυναικὸς ἐξόπισθ' ἐλευθέρας* Philem. 4, 45 (31). *κόρης ἐλευθέρας εἰς ἔρωθ' ἥκων* Men. 4, 97 (6). **τρέφει-χωρίς, ὡς *ἐλευθέραν πρέπει* Men. 4, 201 (3). *πέρας-αὔλειος θύρα ἐλευθέρᾳ γυναικὶ-οἰκίας* Men. 4, 141 (2). *χαλεπὸν-ἐλευθέρᾳ γυναικὶ πρὸς πόρνην μάχη* Men. 4, 245 (36). *ἔργων πονηρῶν χεῖρ' ἐλευθέραν* mon. 148. *ὅτε τῶν φόρων ἐγένοντ' ἐλεύθεραι* (urbes) *σχεδόν* Henioch. 3, 563 (v. 11). **τοὐλεύθερον-πανταχοῦ φρονεῖν μέγα* Men. 4, 128 (2). *ἐλεύθερόν τι τολμήσει πονεῖν* Men. 4, 296 (297).
ἐλευθέρως δούλευε Men. 4, 293 (279).
ἐλεφάντινος: *τάριχος ἐλεφάντινον* Cratet. 2, 244 (1). Aristophan. 2, 1085 (15). cf. *ἐλέφας*.
ἐλεφαντόκωπος: *ἐλεφαντοκώπους ξιφομαχαίρας* Theop. 2, 800 (2).
ἐλεφαντόπους: *ἐν κλίναις ἐλεφαντόποσιν* Plat. 2, 683 (8).
ἐλέφας: *ἡ Λιβύη δ' ἐλέφαντα πολὺν παρέχει* Herm. 2, 407 (1, 15).

στυππεῖον, *ἐλέφαντ', οἶνον Men. 4, 279 (201). καταβεβρωκὼς σιτία | ἴσως ἐλεφάντων (al. ἐλεφάντινα) τεττάρων Antiph. 3, 44 (1). ἔστι δ' ἐλέφας. B. ἐλέφαντα περιάγει; A. φυτόν-οὐδ' ἂν ἐλέφας ἐκπίοι || B. οὐδὲν ἐλέφαντος διαφέρεις Epinici 4, 506 (v. 4. 5. 7). τὸν ἐλέφανθ' ἥκει φέρων-φυτὸν δίκρουνον Damox. 4, 529.

ἐλεῶ: ἐλεεῖν δ' ἐκεῖνος ἔμαθεν-μόνος Men. 4, 127 (3). ὅτε μειράκιον ἦν τοὺς ἀώρους ἠλέουν Apollod. 4, 451 (1). *ἐλεεῖθ' ὁ ποιμὴν Men. 4, 323 (460). ἅμ' ἠλέηται καὶ τέθνηκεν ἡ χάρις Men. 4, 325 (472) = mon. 645.

ἔλιγμα: ἱμάντων ἰσομέτροις ἐλίγμασιν Ephipp. 3, 332 (v. 9).

ἑλικοβόστρυχος: Μούσας-ἑλικοβοστρύχους Aristophan. 2, 1066 (16).

ἑλικτήρ: *ὑποδερίδας, ἑλικτῆρας Aristophan. 2, 1079 (6, 14).

ἑλικτός: vide Φοινικελίκτην.

ἑλίσσω: πρασοκουρίδες-χοροὺς ἑλίσσουσαι Stratt. 2, 787 (1, 5).

ἑλίχρυσος: ἑλιχρύσου κλάδοις Cratin. 2, 72 (1, 4).

ἑλκετρίβων: τὸν-ῥυποκόνδυλον ἑλκετρίβωνα Plat. 2, 656 (2).

ἕλκος: σπληνίον πρὸς ἕλκος οἰκείως τεθὲν Philem. 4, 42 (25).

ἑλκύσαι: cf. ἕλκω. πλεῖον' ἑλκύσαι σταθμὸν Eup. 2, 458 (1). ἑλκύσαι σε τὸν *ζυγὸν Aristophan. 2, 1061 (1). γόγγρον-ὅσον εἵλκυσεν, *τοσοῦτο καταθεὶς ἐπριάμην Diph. 4, 390 (2). ὁ θάνατος αὐτὴν πᾶσαν (i. e. ὀφρὺν) ἑλκύσει κάτω Philem. 4, 58 (81). μίαν εἵλκυσε πέρκην Antiph. 3, 109 (v. 2).

ἕλκω: cf. ἑλκύσαι. ἕλκων τῆς τρυγὸς Cratin. 2, 164 (4). οἶνον ἕλκειν ἐξ-λεπαστῆς Telecl. 2, 368 (2). Ἑρμῆς, ὃν ἕλκουσ'-ἐκ προχοιδίου Stratt. 2, 771 (1). ἕλκειν ἀπνευστί Antiph. 3, 41 (2, 14). μὴ μεστὰς ἀεὶ | ἕλκωμεν Antiph. 3, 119 (1). δέπας μεστὸν-ἕλκουσι γνάθοις ὁλκοῖς ἀπαύστοις Antiph. 3, 140 (15). μάλ' ἀνδρικὴν τῶν θηρικλείων-εἵλκον Διὸς σωτῆρος Eubul. 3, 231 (1). ἑξῆς πυκνὰς | ἕλκει καταντλεῖ Alexid. 3, 417 (1). ἕλκειν τὸ βέδυ σωτήριον Philyll. 2, 864 (1). τὸ τὸν ἀέρ' ἕλκειν καθαρὸν ib. (1, 3). τὸν αὐτὸν ἀέρα *ἑτέροισιν ἕλκεις (libr. ἑτέροις συνέλκεις) Philem. 4, 43 (27ᵃ). νόμον ἐκ νόμου ἕλκων Eubul. 3, 254 (1, 3). διάφωνον ἕλκεις Damox. 4, 532 (v. 61). διάπυρος-οὐδ' ἔτι (olla) ἕλξει δι' αὐτῆς νοτίδα Alexid. 3, 440 (5, 8). τὸν πέπλον *ἕλκουσ' ὀνεύοντες-εἰς ἄκρον-τὸν ἱστὸν Stratt. 2, 772 (1). †βαδίζει-θοἰμάτιον ἕλκων Archipp. 2, 728 (3). σεμνῶς χλανίδ' ἕλκων Ephipp. 3, 336 (1). χλανίδας ἕλκων Anaxil. 3, 345 (1). μειράκια ἐν *τοῖς σφυροῖς ἕλκοντα τὴν στρατηγίαν Eup. 2, 464 (13). ἕλκε μοιχὸν ἐς μυχὸν Calliae 2, 735. τἀπὸ Θρᾴκης λήμματα | ἕλκουσι δεῦρο Antiph. 3, 112 (1, 10). μαγνῆτις-λίθος ὡς ἕλκει τοὺς πεινῶντας Eubul. 3, 243 (2). εἰ-ἕλκει τὸν θεὸν τοῖς κυμβάλοις ἄνθρωπος εἰς ὃ βούλεται Men. 4, 140 (1). μηδ' εἰς ὄνειδος *ἕλκε (libr. ἕλκυε) τὴν σεμνὴν †πολιὰν Philem. 4, 60 (88). πάντα τὰ σκεύη-ἕλκων ᾤχετ' ἐκ τῆς οἰκίας Anaxil. 3, 348 (1, 10). ἕλκ' εἰς μέσον τὸν φιμὸν Diph. 4, 413 (4). ἕλκει-γραμματείδιον ἐκεῖσε δίθυρον Men. 4, 166 (7).

ἑλκῶ: τοῖσιν ἑλκωθεῖσιν ὠφέλημ' ἔχει (vinum) anon. 4, 605 (16, 8).

Ἑλλάς: Ἑλλάδος-τῆς ταλαιπώρου στένω Eubul. (Philipp.) 3, 238 (v. 10). οὐχὶ γαμετῆς (fanum) οὐδαμοῦ τῆς Ἑλλάδος Philetaer. 3, 293 = 295 (3). Ἑλλὰς μέν ἐστι μία Posidipp. 4, 524 (2).

ἐλλεβοριᾶν: Calliae 2, 742 (10).

ἐλλέβορος: 1) *ἐλλέβορον ἤδη πώποτ' ἔπιες; Men. 4, 90 (5). 2) τρυφοκαλάσιριν, ἐλλέβορον, κεκρύφαλον Aristophan. 2, 1079 (6, 6). ὄφεις, περισκελίδας, ἐλλέβορον Nicostr. 3, 289 (7).

ἐλλείπω: Τιμόκριτος, ἐλλείπων, πυαλίτης (iact. talar.) Eubul. 3, 232 (2).

ἐλλείχω: ἐλλείχοντα τῶν Ἀθηνῶν anon. 4, 636 (125).
Ἕλλην: ἔστ' οὐκ Ἀργόλας. B. -* οὐδέ γ' Ἕλλην Aristophan. 2, 1071 (5). Ἕλλην γυνή Philem. 4, 17. Ἕλλην ἀληθῶς οὖσα (fortuna) Apollod. Car. 4, 442 (v. 10). * τοὺς Ἕλληνας ἥδιστον ποτὸν ἐλευθερίας γεύσαντες Theop. 2, 819 (13). Ἕλληνες μικροτράπεζοι φυλλοτρῶγες Antiph. 3, 94. χρηστῶν-ἔσθ' ἡ Χαλκὶς Ἑλλήνων πόλις Philisci 3, 580 (3). οἱ δ' Ἕλληνες ἑλληνίζομεν Posidipp. 4, 524 (2). Ἕλληνές εἰσιν ἄνδρες οὐκ ἀγνώμονες Men. 4, 291 (287). ἄνδρες Ἑλλήνων ἄκροι Alexid. 3, 410 (1). μετ' ἀνδρῶν Ἑλλήνων ἀεὶ συνάγειν Sophil. 3, 581. νόμους Ἕλληνας Theophil. 3, 626.
ἑλληνίζω: οἱ δ' Ἕλληνες ἑλληνίζομεν Posidipp. 4, 524 (2).
Ἑλληνικός: ἀπὸ τῆς-ὄψεως Ἑλληνικός Antiph. 3, 17. τοῦτ' ἔσθ'-Ἑλληνικὸς πότος Alexid. 3, 386.
ἑλληνικῶς: * διαβάλοι κραιπάλην ἑλληνικῶς Antiph. 3, 101 (4).
Ἑλληνίς: Ἑλληνὶς οὐκ Ἰβηρίς Men. 4, 92 (6). πόλις ἔσθ' Ἑλληνίς anon. (cf. 5, 52) 2, 746 (2, 4). ὦ μεγίστη γλῶττα τῶν Ἑλληνίδων Cratin. 2, 173 (4).
Ἑλλήσποντος: ἐκ δ' Ἑλλησπόντου σκόμβρους καὶ πάντα ταρίχη Herm. 2, 407 (1, 5).
ἐλλιμενίζω: ἐλλιμενίζεις ἢ δεκατεύεις; Aristophan. 2, 1135 (4),
ἐλλιμένιον: ἐλλιμένιον-δοῦναι πρὶν εἰσβῆναι Eup. 2, 441 (3).
ἐλλιπής: τὸ δεῖπνον-ἐντελὲς καὶ * μηδενὶ ἐλλιπές Euangeli 4, 572 (v. 3).
ἐλλόπους: † ἐλλόπιδας (l. ἐλλόποδας) Cratin. 2, 197 (60).
ἐλπίζω: ἔλπιζε δ' αὐτὸν πάλιν * (ἂν) εἶναί σου φίλον Philem. 4, 53 (52[b]) = mon. 406. ἔλπιζε τιμῶν τὸν θεὸν πράξειν καλῶς mon. 142 cf. ἔλπιζε τιμῶν τοὺς γονεῖς πρᾶξαι καλῶς mon. 155. ἔλπιζε πάντα μέχρι γήρως mon. 661. τίς ὧδε μῶρος-ὅστις ἐλπίζει θεοὺς ὀστῶν-χαίρειν * ἀπαρχαῖς; anon. 4, 613 (41).
Ἐλπινίκη: Ἐλπινίκην τήνδε (an τῇδε) καταλιπὼν Eup. 2, 512 (10).
ἐλπίς: εἶτ' εἰς ἐλπίδα * ἐνέπεσον Philem. 4, 51 (49). ἀγαθὴν ἐλπίδα πρόβαλλε σαυτῷ Men. 4, 248 (47). οἷόν ἐστ' ἐλπὶς κακόν Men. 4, 175 (5). ἐπὶ λεπτῶν ἐλπίδων * ὠχεῖσθ' Aristophan. 2, 1005 (2). πεινῶμεν ἐπὶ ταῖς ἐλπίσιν Antiph. 3, 66. κάπτοντες αὔρας, ἐλπίδας σιτούμενοι Eubul. 3, 208 (2). αἱ δ' ἐλπίδες βόσκουσι τοὺς κενοὺς mon. 42. σώζεται ταῖς ἐλπίσιν mon. 643. ταῖς ἐλπίσιν τἀλγεινὰ παραμυθούμενος Men. 4, 273 (174). τὰς ἐλπίδας ἐπὶ τῇ τύχῃ ἔχειν ὧν βούλεταί τις Philem. 4, 16 (1). ἐλπίδας καλὰς ἔχουσιν εἰς σωτηρίαν Philem. (?) 4, 60 (90).
ἔλυμοι αὐλοί Calliae 2, 740 (7). Cypriis usitati, Cratin. min. 3, 375.
ἔλυμος: Aristophan. 2, 1112 (11).
ἐλῶ: cf. ἐλαύνω. ἐλᾶν Canth. 2, 835 (4). τὸν τροχὸν * ἐλᾶν ἀνεκάς (legeb. ἐᾶν κἀνεκάς) Aristophan. 2, 1019 (9).
ἐμαυτοῦ: ἐμαυτός Pher. (?) 2, 309. Plat. 2, 643 (2). πάντα τἀμαυτοῦ δίδωμι χρήματα Herm. 2, 400 (6). πρὸς ταῖς ἐμαυτοῦ-θύραις ἕστηκ' Men. 4, 295 (293). καταλιπεῖν συγγράμματα σπεύδων ἐμαυτοῦ καινὰ τῆς τέχνης Anaxipp. 4, 460 (v. 22). ἔρανον ἐμαυτῷ οἴομαι φέρειν Antiph. 3, 152 (59). δαίμων ἐμαυτῷ γέγονα mon. 132. εἰκῇ μ' ἐπῆρας-ἐμαυτὸν ἐγκυλῖσαι πράγμασιν Pher. 2, 338 (7). ἔδω δ' ἐμαυτὸν Alcae. 2, 832 (1). κοὐχὶ λέληθ' ἐμαυτόν Aristophan. 2, 968 (18). οὐ καυλοῖσιν-ἐμαυτὸν χορτάσων ἐλήλυθα Eubul. 3, 205 (v. 5). διελθεῖν βούλομαι τὸ βιβλίον πρὸς ἐμαυτόν Plat. 2, 672 (1, 3). ζητῶν πρὸς ἐμαυτὸν τί ταχέως ἀπολλύει Men. 4, 231 (7). οἶμαι δ' ἐμαυτὸν εὔθετον γεγονέναι Nicol. 4, 580 (v. 40). τῶν μετ' ἐμαυτὸν εἰκόνος καὶ

μνημάτων Laon. 4, 574. *ἐφ' ᾧ τ' ἐμαυτὴν συγκαθεύδειν τῷ πατρὶ* Cratin. 2, 231 (174).

Ἐμβάδας: de Anyto. Theop. 2, 813 (5).

ἐμβαίνω: *† ἐνέβαινε σιγῇ Πείσανδρος* Herm. 2, 384 (5). *βοῦς ἐμβαίνει μέγας* Stratt. 2, 790 (8). *ἐμβάντες ταχὺ | ἀνηγάγοντο* Men. 4, 76 (9). *μὴ 'μβαινε δυστυχοῦντι* mon. 356.

ἐμβάλλω: 1) *πάντες ἐμβάλλουσιν-μάραθον εἰς τὰς ἁλμάδας* Herm. 2, 413 (2). *χόνδρον ἕψων εἶτα μυῖαν ἐμβαλών* Aristophan. 2, 1029 (10). *ὕδατι *περίρραν' ἐμβαλὼν ἅλας, φακούς* Men. 4, 101 (1). *εἰς τὰ βατάνι' *ἐμβαλεῖν* (libr. *ἐκβ.*) *-τοὺς ὀδόντας* Alexid. 3, 394 cf. 430 (1, 22). *ἄν τις εἰς τὰς λοπάδας ἰχθῦς ἐμβάλῃ* Philem. min. 4, 68 (1). *ἕλκ' εἰς μέσον τὸν φιμὸν ὡς ἂν ἐμβάλῃ* Diph. 4, 413 (4). *τῆς γαστρός, εἰς ἣν πρῶτον* (f. *βρωτὸν*) *ἐμβαλεῖς *(ἅπαν)* Diph. 4, 403 (1, 4). *εἰς σπυρίδα μάζας ἐμβαλεῖς-οἰνάριον εἰς λάγυνον* ib. *τούτοις-τἀπιτήδει' ἐμβαλεῖν* (i. e. curribus) Alexid. 3, 492. *ἐμβαλόντες-εἰς σακκοπήραν αὐτόν* Apollod. Car. 4, 440. *τοὺς ἁλιέας εἰς τὸ βάραθρον ἐμβαλῶ* Alexid. 3, 455 (2). *εἰς πέλαγος αὐτὸν ἐμβαλεῖς-πραγμάτων* Men. 4, 86 (1). *εἰς προὖπτον αὐτὸν ἐνέβαλεν κακόν* Aristophont. 3, 359. *ἐτάραττε κἀκείνους γάρ, ἐμβάλλων στάσεις* Aristophont. 3, 361 (2). *τὴν δεξιὰν ἐνέβαλον* Diph. 4, 395 (2, 24). *ἕτερον-καινὸν ἐμβαλὼν αὐτῷ* (i. e. *δίφρῳ*) *τόνον* Philippid. 4, 470 (1). *Φρῦνις δ' ἴδιον στρόβιλον ἐμβαλών* Pher. 2, 327 (1, 14). 2) **ἐμβαλὼν εἰς τοὔψον* Antiph. 3, 118 (4). *ἐνέβαλεν* (int. *μειράκια*) *εἰς τὸν κέραμον* Diph. 4, 395 (2, 29).

ἔμβαμμα: *τὸ-φενακίζειν προσὸν ἔμβαμμα τοῖς ἄρτοις* Theop. 2, 795 (2).

ἐμβαμμάτιον: *ἐμβαμματίοις γλαφυροῖσι κεχορηγημένα* Anaxipp. 4, 460 (v. 35).

ἐμβάπτω: *εἰς ἅλμην-χλιαρὸν ἐμβάπτων* Cratin. 2, 95 (5). *εἰς ὄξος ἐμβαπτόμενος* (versus) Aristophan. 2, 1009 (9). *ἅλμης-εἰς ἣν ἂν ἐμβάψαιτο πᾶς ἐλεύθερος* Arched. 4, 436 (1, 10).

ἔμβαρος: Men. 4, 219 (2).

ἐμβάς: *μόλις-ὑπεδησάμην-τὰς ἐμβάδας* Eubul. 3, 220 (1). *ἀγκύλην τῆς ἐμβάδος* Alexid. 3, 399 (2). *τὸν ἱμάντα-τῆς δεξιᾶς ἐμβάδος *ἀπέρρηξ'* Men. 4, 101 (2).

ἐμβατεύω: *Πὰν Πελασγικὸν Ἄργος ἐμβατεύων* Cratin. 2, 182 (22).

ἐμβλέπω: *ἔρημον ἐμβλέπειν* (f. *βλέπειν*) Aristophan. 2, 1135 (5). *οἰκειότητα-ἐμβλέπων* anon. 4, 673 (297). *ἐμβλέπων-τοῖς ἰχθυοπώλαις* Antiph. 3, 91 (1, 4). *ἐμβλέπων δ' ἐμοὶ-πρὸς ἕτερον-ἐλάλει* Timocl. 3, 609. *ὃς ἐπεί ποτ' ἐμβλέψειε τοῖς καθημένοις ‖ πάντες ἐβοῶμεν* Damox. 4, 536 (v. 4). *τυφλοὺς *τοὺς ἐμβλέποντας εἰς ἑαυτὸν δεικνύει* Men. 4, 93 (1). *ὅταν-εἰς τρυφῶντα-ἐμβλέψῃ* Men. 4, 193 (5). *ἔμβλεψον εἰς τὰ μνήμαθ'* Men. 4, 233 (9). *ἐμβλέψας-που τὰχ τοῦ χρόνου τοῦ παντὸς εἴσετ'* Philem. 4, 6.

ἐμβολή: *λορδὸς ὡς εἰς ἐμβολήν* Aristophan. 2, 1190 (60). *τριήρους ἐμβολὰς μιμουμένη* Eubul. 3, 242 (1, 12).

ἐμβόλιμος: *παῖδες ἐμβόλιμοί* (f. *ἐκβόλιμοί*) *τινες* Eup. 2, 477 (38).

ἔμβολος: *οἶνος ὅστις *ἐπεγερεῖ τὸν ἔμβολον* Aristophan. 2, 1076 (1).

ἔμβραχυ: *ὅ τι τις εὔξαιτ' ἔμβραχυ* (f. *ἐμβραχύ*) Cratin. 2, 167 (11).

ἐμβρόντητος: *ὁ διδοὺς τὸν ὅρκον ἐγένετ' ἐμβρόντητος* Antiph. 3, 149 (44). *οὐκ οἶδας, ἐμβρόντητε σύ;* Philem. 4, 14. *βιβλίον Πλάτωνος ἐμβρόντητον* Ophel. 3, 381 (2).

ἐμβροντῶ: *ἐμβεβρόντησαι;* Men. 4, 97 (6).

ἐμβρύειον: **χελιδόνεια, τέττιγας, ἐμβρύεια* Aristophan. 2, 1171 (1, 4).

ἔμβρυον: *ἐμβρύων-πλήθη* Cratin. 2, 226 (158).

ἐμίας: Eup. 2, 570 (75).
ἔμμηρος: τὰς τριήρεις ἔλαβον ἐμμήρους, ὅπως- Demetr. 2, 877 (2).
ἔμμητρος: ἔμμητρον *ἂν ᾖ τὸ ξύλον Antiph. 3, 129.
ἐμός: ἀλλότριος τὰ πολλά, μικρὸν δέ τι *κἀμὸς αὐτοῦ Eup. 2, 484 (1, 4). ἐμὸν αὐτῆς ἴδιον Phryn. 2, 596 (5). ἐγὼ-εἰμι *τῶν ἐμῶν ἐμὸς μόνος Apollod. Car. 4, 447 (8). ἐμὸς γενόμενος-διδάσκαλος Anaxipp. 4, 460 (v. 20). ἂν τοῦτ' αἰσθάνῃ, ἐμὸς εἶ μαθητής Euphron. 4, 493 (v. 11). ἐμῆς ἀπὸ συνουσίας Theop. 2, 807 (1). καλῶ δ' Ἄρη Νίκην τ' ἐπ' ἐξόδοις ἐμαῖς Apollod. Car. 4, 449. θαυμαστὸν ἐμὸν εὕρημα Alexid. 3, 462 (1, 4). οὐκ ἐμὸν ἀνοίγειν-ἀτυχίαν ἔστ' Men. 4, 264 (128). τὸ μετὰ νοῦ καὶ τὸ συμμέτρως ἐμόν (?) Nicomach. 4, 584 (v. 36). τὰ θερμὰ λουτρὰ-ἄξω τοῖς ἐμοῖς Cratet. 2, 238 (2, 2). τοῖσιν ἐμοῖσι φίλοις Herm. 2, 410 (2, 12). τοῖσιν ἐμοῖς τρυφεροῖσι τρόποις Plat. 2, 677 (4). ὁ μὲν οὖν σός, ἐμὸς δ' οὗτος ἀδελφὸς φρασάτω Aristophan. 2, 1031 (15). οὑμὸς υἱός Eubul. 3, 239. ὁ δεσπότης οὑμὸς Alexid. 3, 400 (1). ὁ βίος οὑμός Alexid. 3, 488 (3). οὑμὸς διδάσκαλος Euphron. 4, 492. ἡ δύναμις ἡ 'μὴ Epinici 4, 505. τὰς μοχθηρίας τῆς ἠλιθιότητος (?) τῆς ἐμῆς Cratin. 2, 123 (9). μὰ τὴν Μαραθῶνι τὴν ἐμὴν μάχην Eup. 2, 457 (2). τοὐμὸν ἀλγυνεῖ κέαρ Eup. 2, 457 (2). τὸ δ' αἷμα λέλαφας τοὐμόν Aristophan. 2, 1180 (15). τοὐμὸν θυγάτριον Men. 4, 198 (5). τὸ σὸν διδάξας τοὐμὸν οὐ μαθὼν ἔσει Men. 4, 826 (475). τὰ λοιπὰ-ὀξαλείους χωρία συκᾶς φέρει, τοὐμὸν δὲ καὶ τὰς ἀμπέλους Apollod. Car. 4, 448. τἀμὰ δὴ ξυνίετε *(ῥήματ' 5, 21) Cratin. 2, 123 (11). ἀκούετ'-*τἀμὰ καὶ ξυνίετε | *ῥήματ' Eup. 2, 546 (1). λέλειπται τῶν ἐμῶν οὐδ' ἔγκαφος Eup. 2, 565 (53). τοῖς ἐμοῖσιν *ἐγγελῶσι πήμασιν Eubul. 3, 218 (3). τοῖς ἐμοῖς παθημάτοις anon. 4, 625 (84). οὐδὲν τοῖς ἐμοῖς *βλίτοις ὅμοια πράγματ' Diph. 4, 380. †κακὸν ὄζει τἀμά Pher. 2, 292 (14). τὸν πόδ'-τρίψουσι τὸν †ἐμόν Eubul. 3, 257 (2).
ἐμπαίζειν: Aristophan. 2, 1131 (5).
ἔμπαις: ἡ παῖς-ἔμπαις ἐστίν Cratin. 2, 209 (102) cf. p. 1230 not.
ἔμπαλιν: αἱ νεότητες ἄφρονες, αἱ πολιαὶ δ' ἔμπαλιν ἀδρανέες Plat. (?) 2, 697 (v. 8). αὐτὰ *τἄμπαλιν τὰ θερμὰ λουτρὰ-ἄξω Cratet. 2, 238 (2). αὐτὸ τοὔμπαλιν λέγεις anon. 4, 662 (244). μηδὲ *τοιοῦτ' ἄλλο μηδέν, μηδὲ τοὔμπαλιν λέγων, ὅτι- (?) Antiph. 3, 27 (1, 15). ἔδει δὲ τοὔμπαλιν τὰς τῶν ἀδείπνων ἐξετάζειν οἰκίας Timocl. 3, 611. τοῖς μὲν ὀρθῶς χρωμένοις ἀγαθὸν μέγιστον, τοῖς δ' ἀτάκτως τοὔμπαλιν anon. 4, 605 (16, 3).
ἐμπεδορκεῖν: Aristophan. 2, 1210 (162).
ἐμπειρία: ἐμπειρία-τῆς ἀπειρίας κρατεῖ mon. 169. ὡς δ'-τῆς ἡδονῆς ἐμπειρίαν τίν' ἔλαβον Athenion. 4, 557 (v. 15).
ἐμπειρικῶς: Alexid. 3, 494 (4).
ἔμπειρος: τῶν-πραγμάτων οὐ παντελῶς ἔμπειρος Men. 4, 97 (5).
ἐμπείρως: ὅστις αὐτῆς ἐστιν ἐμπείρως ἔχων Antiph. 3, 4 (4).
ἐμπερονῶ: θώρακα-ἅπας ἐμπερονᾶται Herm. 2, 397 (2).
ἐμπήγνυμαι: ἐμπέπηγα τῷ διακονεῖν Diph. 4, 395 (2, 25).
ἐμπηδῶ: ἐς τὴν ναῦν ἐμπηδήσας Herm. 2, 404 (5).
ἐμπίνω: τὴν κύλικα δὸς ἐμπιεῖν Pher. 2, 270 (4). πίνωμεν, ἐμπίνωμεν Alexid. (?) 3, 394. ἐμπεπωκότες Cratin. 2, 198 (63). ἀριστίσας ἑαυτόν, ἐντραγών, *πιών (libr. ἐμπιών) Diod. 3, 544 (v. 12).
ἐμπίπλημι: †κατέπλησα (l. κατέπασα 5, 113) -τὸ χεῖλος, οὐκ ἐνέπλησα δέ Lyncei 4, 433 (v. 16). [τὴν ὄψιν *ἐμπλήσασ' Men. 4, 226]. οὐπώποτ' ἠράσθης-; Γ. οὐ γὰρ ἐνεπλήσθην Men. 4, 170 (8). κἀμπεπλάμενος κάθευδε Pher. 2, 287 (1). συνεχῶς-ἐμπιπλάμενος Antiph.

3, 146 (33). κἀμπιμπλάμενοι πυριάτῃ Cratin. 2, 95 (4). οὐδὲ *δειπνῶν-*ἐμπίμπλαται (vulg. ἐμπίπλ.) Eubul. 3, 224 (3).

ἐμπίπτω: δελφὶς-διακόψει τοὔδαφος-ἐμπίπτων Pher. 2, 258 (6). εἰς ζητρεῖον ἐμπεσών Eup. 2, 563 (46). εἰς προὔπτον ἦλθον ἐμπεσοῦσα δὴ κακόν Phoenicid. 4, 511 (v. 18). ἴσον-εἰς πῦρ καὶ γυναῖκας ἐμπεσεῖν mon. 575. εἰς ἔρωτα-ἐμπεσών Antiph. 3, 139 (12). τοῦ μή ποτ' αὐτὸν ἐμπεσεῖν εἰς Λαΐδα φερόμενον Theophil. 3, 631 (2). εἶτ' εἰς ἐλπίδα *ἐνέπεσον (libr. ἐνέπεσαν) Philem. 4, 51 (49). ὅταν ἐμπέσῃ τις εἰς τὸν νοῦν φόβος Philem. 4, 56 (70). περὶ τοῦ παρασιτεῖν εἴ τις ἐμπέσοι λόγος Antidot. 3, 528 (1). ἔλεος ἐμπέπτωκέ τίς μοι τῶν ὅλων Philippid. 4, 469.

ἐμπλέκω: ἐμπλέκοντες ἀλλότρια μέλη Antiph. 3, 121 (v. 9). τούτων τινά (meretr.), ὧν ἐμπλέκουσι τοῖς λίνοις αἱ μαστροποί Theophil. 3, 631 (2).

ἐμποδίζω: οἶνος-ἐμποδίζει ** mon. 427. τὴν ἀπ' ἄλλων ἐμποδίζεται δόσιν Philem. 4, 57 (72).

ἐμποδών: ἡμῖν-ἐπαμφοτερίζουσ' ἐμποδὼν καθήμενοι Pher. 2, 263 (3).

ἐμποιῶ: τοῖς παροῦσι δακρύοις ἐμποιεῖ-ἀναβολὴν τῷ πάθει *Men. 4, 237 (16). διαφορὰν-τοῖς ὀψοισιν ἐμποιεῖν τινα Sosip. 4, 483 (v. 43).

ἐμπόλημα: ἐμπόλημα τιμηέστατον anon. 4, 611 (36).

ἔμπολις: Eup. 2, 480.

Ἐμπόλῳ Διοσκούρῳ (vel Διοσκόρῳ) Aristophan. 2, 1073 (13).

ἐμπορεύομαι: Λύκων-*ἀγορᾶς ἄγαλμα ξενικὸν ἐμπορεύεται Metag. 2, 755 (1).

ἐμπορίζω: θησαυρὸς ἐπὶ θησαυρὸν ἐμπορίζεται (? ἐκπορ.) Men. 4, 271 (165).

ἐμπόριον: πότερ' Ἀττικοὶ | ἅπαντες ἢ κἀκ τοὐμπορίου τινές; Diph. 4, 381 (1, 3). τὸ κατὰ τοὐμπόριον-γένος Diph. 4, 394 (2, 9). ὥσπερεὶς τἀμπόρια-ἂν εὖ προσδράμῃς πρὸς τὸ στόμα Posidipp. 4, 521 (v. 17).

ἔμπορος: ὁ σὸς-τύμβος-τοῖς ἐμπόροις πρόσρησις ἔσται Plat. 2, 679 (1). πάντας μεθύσους τοὺς ἐμπόρους ποιεῖ τὸ Βυζάντιον Men. 4, 88 (2). ἀχθεὶς ὑπό τινος ἐμπόρου Antiph. 3, 91 (1). ἐπὶ χρήμασιν δ' ὢν ἔμπορος φρονεῖ μέγα Antiph. 3, 83. τὸν γεωργὸν καὶ τὸν ἔμπορον κακοῖς Baton. 4, 499 (1, 10).

Ἔμπουσα: τί καλεῖς *(Ἑκάτην) τὴν Ἔμπουσαν; Aristophan. 2, 1153 (15).

ἔμπροσθε: ἐπὶ τῶν ἔμπροσθε Σειρήνων Hegesipp. 4, 479 (v. 20). †ἔμπροσθε δεῖ ζωγραφίας ἧφθαι Nicomach. 4, 583 (v. 14). cf. ad Philippid. 4, 476 (4).

ἔμπροσθεν: οὔτ' ἀκήκοα | ἔμπροσθεν οὔθ' ἑόρακα τοιαύτην χάριν Damox. 4, 536 (v. 10). λέγων-τι-καινὸν παρὰ τοὺς ἔμπροσθεν Hegesipp. 4, 479 (v. 3). ὕπαγ' εἰς τοὔμπροσθεν Eup. 2, 447 (2).

ἔμπυος: Men. 4, 314 (307).

ἐμφαγεῖν: οὐκ ἂν δυναίμην ἐμφαγεῖν ἄρτον τινά Eubul. 3, 247 (2).

ἐμφανής: κρεῖττόν ἐστιν ἐμφανὴς φίλος ἢ πλοῦτος ἀφανής Men. 4, 107 (2, 15). ἐμφανῶς: ἀδικεῖ τὸν Ἔρωτ' ἐμφανῶς Alexid. 3, 411.

ἐμφερής: ὡς Πριαμίδαισιν (5, 118) ἐμφερὴς ὁ βουκόλος anon. 4, 619 (53). †ἐμφερὴς τῷ πατρί Archipp. 2, 728 (3). ἐμφερεῖς ἔχοντας-τοὺς τρόπους τοῖς δεσπόταις Alexid. 3, 407 (3). *ῥῆμα-οὐδὲν ἐμφερὲς τῷ γνῶθι σαυτόν Men. 4, 142 (1). ποτήρια-ἐμφερῆ γευστηρίοις Pher. 2, 324 (1, 3). *χρυσί'-ἄπεφθα τοῖς Παταικοῖς ἐμφερῆ anon. 4, 695 (364). ὑμᾶς ὁρῶ *πονοῦντας ἡμῖν ἐμφερῆ Men. 4, 149 (1). ἀνέχασκον ἐμφερέστατα | ὀπτωμέναις κόγχαισιν Aristophan. 2, 976 (15).

ἐμφέρω: †ἐμφέρεσθαι (l. ἐμφέρεσθε) δέ | τὰ ῥάμματα Plat. 2, 628 (11).

ἐμφρόνως δεξάμενος (dolorem) Antiph. 3, 54.
ἔμφρων: οὔτ' ἀβέλτερος οὔτ' αὖθις ἔμφρων Alexid. 3, 495 (1, 8). ἔμφρων πατήρ mon. 525. ἔμφρονος λόγου Timocl. 3, 602 (3).
ἐμφῦναι: ἀράχνιόν τι φαίνετ' ἐμπεφυκέναι Nicoph. 2, 849 (3). ἐμφύντ' ἀποθανεῖν anon. 4, 673 (298).
ἔμψυχος: ἐσθίει ἔμψυχον οὐδέν Antiph. 3, 75 (3). ἔμψυχον οὐδὲν ἐσθίει Alexid. 3, 396 (1, 2). ἀγοράσας οὐδὲ ἓν ἔμψυχον ib. οὔτ' ἄλλ' οὐδὲ ἓν ἔμψυχον (edunt) Alexid. 3, 483 (1, 3). κύνας κατεσθίει - B. ἀποκτείνας *μὲν οὖν· οὐκ ἔτι γὰρ ἔστ' ἔμψυχον ib. (1, 6). ἔμψυχον οὐδὲν ἐσθίοντες παντελῶς Mnesim. 3, 567. εἰκὼν ἔμψυχος θεοῦ mon. 79.
ἐμῶ: ἐμοῦμεν Aristophan. 2, 964 (17). ἤμει παρὰ τοὺς ἀρχηγέτας Aristophan. 2, 996 (3). ἤμουν ἄγριον βάρος Aristophan. 2, 1094 (6). ἔμει καταμηλῶν Phryn. 2, 604 (9). ἐμεῖν χολήν Nicoph. 2, 850 (1, 4). χρυσοῦς ἐμῶν Nicomach. 4, 588 (2).
ἐν: cf. ἐγκιρνάναι. εὔχαλκος. ἐν γειτόνων vide γείτων. ἐν Ἄγρας Pher. 2, 267 (3). ῥιγῶντ' ἐν Μεγαβύζου Cratet. 2, 248 (1). ἐν Φαίακος Eup. 2, 429 (3). †βοιώτιος ἐν Ἀγχομενοῦ Aristophan. 2, 1155 (22). †ἥξεις ἐν Φαινεστίου Antiph. 3, 137 (8). ἐν (ἐκ) Παμβωταδῶν Aristophan. 2, 1217 (235). ἐν τοῖς στεφανώμασιν (in foro), οἱ δ' ἐν τῷ μύρῳ Pher. 2, 253 (2). ἐν τῷ μύρῳ-μακαρίζεται Polyz. 2, 871 (1). περιπατεῖ ἐν τοῖς στεφάνοις Antiph. 3, 45 (4). κηρύττουσιν ἐν τοῖς ἰχθύσιν Antiph. 3, 68 (2, 1). ὄνος ἐν μελίτταις Cratet. 2, 247 (6). λάρους-, ἐν οἷσι Λάμπρος ἐναπέθνησκεν Phryn. 2, 601 (1). ξενύδρια ἐν προσφάτοις ἰχθυδίοις τεθραμμένα Men. 4, 206 (1). ἀθάλαττος ἐν (l. ὢν) τοῖς λοπαδίοις ἁλίσκεται ib. ἐν τοῖσι κορήμασιν οὖσαν Herm. 2, 398 (2, 10). ἐν κοπρίᾳ θησαυρὸν ἐκβεβλημένον Strattid. 2, 779 (2). Μίδας *ἐν κύβοισιν εὐβολώτατος Eubul. 3, 233 (4). μάχην *ἐποίησ' ἐν αὐτοῖς (piscibus) Xenarch. 3, 621 (1, 10). ἀναπηδᾶν ἐν δήμῳ Cratin. 2, 214 (124). ἐν τοῖς Μαριανδυνοῖς ἐκείνοις-καλοῦσι Pher. 2, 281 (2). κακοδαίμων-ὅστις γαμεῖ γυναῖκα, πλὴν ἐν τοῖς Σκύθαις Antiph. 3, 32. μάταιός ἐστιν *ἔν γ' (libr. ἔργ') ἐμοὶ καὶ τοῖς σοφοῖς κριταῖς ἅπασιν Amphid. 3, 309 (2). ἐθέλω δίκην δοῦναι-*(ἐν) τῶν φίλων-ἐνί Aristophan. 2, 1056 (1). *βραδύτατος ὢν (legeb. τῶν) ἐν ἀνθρώποις δραμεῖν Aristophan. 2, 1098 (2). οὐκ ἔστι λύπης ἄλγημα μεῖζον τῶν ἐν ἀνθρώποις Men. 4, 263 (121). ἀρχὴ μεγίστη τῶν ἐν ἀνθρώποις κακῶν Men. 4, 275 (184). ὁ μὴ φέρων-εὖ τι τῶν ἐν τῷ βίῳ ἀγαθῶν Men. 4, 255 (77). τί τῶν ἐν τῷ βίῳ ξυνῆκας; Nicol. 4, 579 (v. 18). ἂν ᾖ χρηστός-οὐδὲν ὄφελος ἐν τῷ νῦν γένει Men. 4, 135 (2, 15). ἔστι κρίσις ἄδικος-κἀν θεοῖς Men. 4, 184 (7). ἐν τοῖς πολεμίοις ὑπερέχειν τὸν ἄνδρα δεῖ Men. 4, 259 (96). ἐν πλησμονῇ τοι Κύπρις, ἐν πεινῶσι δ' οὔ mon. 159. ἐν τοῖς λόγοις φρονοῦντας εὑρίσκω μόνον, ἐν τοῖσι δ' ἔργοις ὄντας ἀνοήτους ὁρῶ Anaxipp. 4, 465 (2). ἐν τῇ τέχνῃ τίνες ἐσμέν Nicomach. 4, 583 (v. 3). ἄριστος τἄλλα πλὴν ἐν ἀσπίδι anon. 4, 678 (309b). ἐν ταῖς ἑτέρων-ἀτυχίαις τρυφᾶν Euphron. 4, 495 (2). ἀλλοιώματα ἐν ταῖς τροφαῖς ποιοῦσι Damox. 4, 530 (v. 23). ἤμην-τῶν σφριγώντων ἐν λόγοις anon. 4, 654 (205). ἐν φήμαις βροτῶν-ὠνομασμένος Antiph. 3, 55. ἐν Καρὶ τὸν κίνδυνον ἐν ἐμοὶ δὴ δοκεῖ πρώτῳ πειρᾶσθαι Cratin. 2, 30 (4). ἐν τοῖσι *πρῶτος Pher. 2, 326 (1, 4). τοῦ *ἐν κύκλῳ-λόγου Eup. 2, 467 (18). †περιέφερε-ἐν κύκλῳ λεπαστήν Aristophan. 2, 1010 (12). ἐν δὲ κύκλῳ νιν-τὸν πόδ' -τρίψουσι (?) Eubul. 3, 257 (2). περινάουσιν-ἐν κύκλῳ Metag. 2, 753 (1, 11). ναυλόχιον ἐν τῷ μέσῳ Aristophan. 2, 976 (14). συνάψαι-

*τἀν μέσῳ Antiph. 3, 95 (1). τάριχος ἀνταχαῖον ἐν μέσῳ πῖον- Antiph. 3, 100 (3). κατηλόηται γαστρὸς ἐν μέσῳ κύκλος Eubul. 3, 211 (v. 5). πηδῶσι δ' ἰχθῦς ἐν μέσοισι τηγάνοις Eubul. 3, 259. ἐν μέσοις αὐτοῖσιν ἑστώς Eubul. 3, 240. ἐν τῷ γὰρ αὐτῷ πάνθ' ὁμοῦ πωλήσεται ἐν ταῖς Ἀθήναις Eubul. 3, 241. ἐνταῦθ' ἐν Ἀθήναις, ἐν Πάτραις, ἐν Σικελίᾳ, ἐν ταῖς πόλεσι πάσαισιν, ἐν ταῖς οἰκίαις πάσαις, ἐν ὑμῖν πᾶσιν Philem. 4, 31 (2). ὅτε τἀν Σάμῳ-ἦν Eup. 2, 493 (16). τὴν [ἐν] Μαραθῶνι Eup. 2, 516 (24). τοὐν Μαραθῶνι τροπαῖον Aristophan. 2, 1122 (14). παίζειν ἐν ἀνδρικοῖς χοροῖσιν Cratet. 2, 242 (2). ἐν ταῖς ὁδοῖς ἁρπαζέτω Pher. 2, 287 (3). ἐνουροῦσιν-στρώμασιν ἐν μαλακοῖς Herm. 2, 410 (2, 2). ἀραχνίοις, *ἃν (cf. 5, 42) τοῖσι τοίχοις-ὑφαίνει Plat. 2, 620 (1). τύμβος ἐν καλῷ κεχωσμένος Plat. 2, 679 (1). ὁ σκνὶψ ἐν χώρᾳ Stratt. 2, 790 (12). αἰετὸς ἐν νεφέλῃσι (?) Aristophan. 2, 1044 (31). ἐν πίθῳ τὴν κεραμείαν Aristophan. 2, 1139 (8). ἐν γῇ πένεσθαι Antiph. 3, 53 (2). τρέφω-ἐν ἀγρῷ χωρίον Anaxil. 3, 346 (3).

βρέφη δ' ἐν αὐτῇ διατρέφει τοὺς ῥήτορας Antiph. 3, 112 (1, 7). βρέφη δ' ἐν αὐτῇ περιφέρει τὰ γράμματα ib. (1, 18). ἕστηκεν ἐν τῷ σπέρματι Eubul. 3, 255 (1, 20). ἐνῆν ἄρ'-κἀν οἴνῳ λόγος Amphid. 3, 318 (5). *ἡ | ἐν τοῖσιν αὐλοῖς μουσικὴ κἀν τῇ λύρᾳ Ephipp. 3, 327 (2). ἐν παγούροις-εὕρηκα παντοδαπὰς τέχνας Xenarch. (Timocl.) 3, 622 (2). τὰ δυσχερῆ-ὁρᾷς ἐν αὐτῷ, τὰ δ' ἀγάθ' οὐκέτι βλέπεις Men. 4, 164 (1). οὐκ ἐν γυναικὶ φύεται *πιστὴ χάρις Men. 4, 241 (27b). ποῦ *ποθ' αἱ φρένες-ἦσαν ἐν τῷ σώματι; Men. 4, 244 (35). πίνακα -ἔχοντα-πέντε πινακίσκους *ἐν οἱ Lyncei 4, 433 (v. 6). ἐν αὐτῷ λεπτ' ἔχον καδίσκια κυμινοδόκον Nicoch. 2, 842 (1). ἰχθὺν-ἔχοντα τοὺς | χυμοὺς ἐν αὐτῷ Arched. 4, 435 (1, 9). ἔνεστιν ἐν κιθάρῳ τι κακόν Pher. 2, 270 (2, 4). ὑμῖν-οὐδέν, καθάπερ ἡ παροιμία, ἐν τῷ *καπήλῳ νοῦς ἐνεῖναί μοι δοκεῖ Plat. 2, 674 (2, 4). ταῦτα πάντ' ἐν τῇδ' ἔνι· οἰκεῖν-ἐν ἀγρῷ-ἐν τῷ γηδίῳ Aristophan. 2, 1108 (1, l. 2) cf. 5, 65. ἐν ταῖς σπυρίσι δὲ τί ποτ' ἔνεστι-; B. ἐν ταῖς τρισὶν-χόνδρος- Antiph. 3, 18 (1). ἐν τῷ λαχάνῳ τούτῳ-τὸν Ἄδωνιν ἀποθανόντα προὔθηκεν Κύπρις Eubul. 3, 210. τὸ δ' ἔτνος ἐν (l. τοὐν) ταῖς κυλίχναις Aristophan. 2, 1153 (11). τυρὸς ἐν μέλιτι Pher. 2, 269 (1, 7). κόκκον ἐν χιόνι ῥόας Herm. 2, 394 (3). ἀπίους παρακειμένους ἐν ὕδατι Alexid. 3, 398 (1). βολβὸν ἐν ὑποτρίμματι Nicostr. 3, 278 (1). τὸ γλαυκίδιον-ἕψειν ἐν ἅλμῃ;-τὸν γαλεόν; B. ἐν ὑποτρίμματι *ζέσαι Antiph. 3, 130. ὡς *(ἐν) ἅλμῃ θερμῇ τοῦτο φάγοι γ' ἐφθόν Axionici 3, 532 (1, 12). ἐν ἅλμῃ παρεόντος ὄψου ib. (1, 16). δι' ἅλμης ἑφθὸς ἐν χλόῃ Sotad. 3, 585 (1, 9). κατέπνιξ' ἐν ἅλμῃ τοῦτον ib. (1, 21). ἐν ἅλμῃ-ἀπεβάφθη Aristophan. 2, 1123 (19). ἑψητὸν ἐν τεύτλοις ἑψόμενον Eubul. 3, 248. ἐν τεύτλου-κρύπτεται στεγάσμασιν Antiph. 3, 99. ὅσα ἐν ὀξυλιπάρῳ τρίμματι σκευάζεται Timocl. 3, 591. ἐν πᾶσιν ἀγαθοῖς-εἰργασμένα Pher. 2, 299 (1, 2). ὑμεῖς γὰρ-λάβοιτ' ἂν ἄνδρ' ἄριστον ἐν κακῷ τινι; Eup. 2, 501 (5, 8). τοῦτ' ἐν ἀσφαλεῖ νόμιζε Antiph. 3, 116 (1, 14). ἐν μυρίοισι τὰ καλὰ γίγνεται πόνοις mon. 176. τοὐρανοῦ-ἔστιν ἐν καλῷ anon. 4, 616 (49). κἀν ποίοισίν ἐστι ζῳδίοις (sol) Sosip. 4, 483 (v. 29). μεθυστέρῳ ἐν χρόνῳ Cratin. 2, 86 (14). πολλά γ' ἐν μακρῷ χρόνῳ *γίγνεται Eup. 2, 549 (4). ἐν ᾧ-οὐδὲν δυνάμεθ'-τηνικαῦθ'- Pher. (?) 2, 359 (88). ἐν ὅσῳ δ' ἀκροῶμαί σου- Antiph. 3, 74 (1). ἐν ᾧ αἱ-δριμύτητες εὐφραίνουσι-, ἐφθὸν τὸν ἰχθὺν ἀποδίδωμ' Arched. 4, 435 (1. 6). τὰ-ὄψα-ἐν τῇ περιφορᾷ τῆς-συντάξεως ἑτέραν ἐν *αὐτοῖς λαμβάνει τὴν ἡδονήν Sosip. 4, 483 (v. 31. 32) cf. p. 485. λάμβανε τὴν γλῶτταν ἐν τούτῳ (interea) Men. 4, 153 (3). δυοῖν ἐν ἑτοῖνἐξεπονήθη Cratin. 2, 161 (22). ἐν δυ' ἔτεσιν καὶ μησὶν οὐχ ὅλοις δέκα-κατεπύκνωσα Damox. 4, 530 (v. 3). οὐ-παρέργως ἔμαθον ἐν ἔτεσιν *δυσίν Hegesipp. 4, 479 (v. 6). ἐν ἡμέραις *τρισίν | ἰσχνότερον αὐτὸν ἀποφανῶ- B. οὕτως ἐν ἡμέραις ὀλίγαις νεκροὺς ποιεῖς; Aristophont. 3, 360. ὥστ' ἐν ἡμέραις δέκα | εἶναι δοκεῖν-ἐγκρατέστερον Posidipp. 4, 518 (1). νῦν ὅπως τὴν νύχθ' ὅλην ἐν τῇ δεκάτῃ τοῦ παιδίου χορεύσετε Eubul. 3, 203 (3). ἄρτους-ἰπνὸν καταμπέχοντας ἐν πυκναῖς *διεξόδοις Antiph. 3, 96 (1). ἐν τρισὶν πληγαῖς ἀπηδέσθη Plat. 2, 662 (5). παρῆν στέφανος ἐν τάχει Eubul. 3, 258 (2). διάκουσον ἐν μέρει κἀμοῦ Nicomach. 4, 584 (v. 40). ὥστε μήτ' ἐν ἀνθρώπου μέρει μήτ' ἐν θεοῦ ζῆν Alexid. 3, 493 (1). ἀν-τιθῇς ἐν μηδενί Men. 4, 115 (1). οἷα λογοποιοῦσιν ἐν τῷ πράγματι Antiph. 3, 67 (1, 13). καμπὰς ποιῶν ἐν ταῖς στροφαῖς Pher. 2, 326 (1, 9). ἐν *(θ') ἁρμονίαις χιάζων Aristophan. 2, 1200 (102). ἐν τοῖς-ἐκείνων ἔθεσιν ἴσθ' ἀρχαϊκός Antiph. 3, 22. λαλοῦσ'-ἐν αἰνιγμοῖς τισιν Anaxil. 3, 348 (1, 23). ἔργῳ στρατηγὸς γέγονας, ἐν λόγῳ φονεύς Philem. 4, 40 (18). ὁ σκληρότατος πρὸς υἱὸν ἐν τῷ νουθετεῖν Men. 4, 261 (108). ἐνταῦθ' ἀνήρ-ἐστιν ἀνδρὸς διάφορος, ἐν τῷ- Philem. 4, 56 (67). ἐν τῷ καλῶς ἑκάτερον αὐτῶν τὴν διάγνωσιν φέρει Men. 4, 253 (66). ἐν κώπαισι πλεῖν Men. 4, 139 (2). τὴν πεῖραν ἐν τῇ ῥινὶ τῆς ὀσμῆς λαβών Antiph. 3, 88 (v. 10). διαστίλβονθ' ὁρῶμεν ὥσπερ ἐν *καινῷ λυχνούχῳ πάντα τῆς ἐξωμίδος Aristophan. 2, 947 (10). τῶν ζωγράφων-ἡ-χειρουργία ἐν τοῖς πίναξι κρεμαμένη θαυμάζεται Anaxand. 3, 175 (1, 2). ἐσχάρας κεκαυμένος πλείστας-ἐν τῷ σώματι Plat. 2, 679 (2, 5). ἐν χρῷ κουριῶντας Pher. 2, 355 (69). ἐν *τοῖς σφυροῖς ἕλκοντα τὴν στρατηγίαν Eup. 2, 464 (13). φορεῖτε *γλῶτταν ἐν ὑποδήμασιν Plat. 2, 632 (4). *βιβλί' ἐν ταῖς χερσί Baton. 4, 501. τοὔνομ' αὐτὸ τῆς πατρίδος ἐν τοῖς τρόποις ἔχεις Amphid. 3, 317 (1). φρόνησις ἐν χρηστῷ τρόπῳ Diph. 4, 425 (31). ὁ φθόνος ἐν ἑαυτῷ τοῦθ' ἓν ἐπιεικῶς ποιεῖ (?) Philem. 4, 50 (43). ἐν ἑαυτῷ τοῦτ' ἐὰν σκοπῇ Philem. 4, 34 (5). εὖ δ' ἐν πεδίλῳ πόδα τιθεὶς ὑπὸ ξυρόν (?) Ephipp. 3, 332 (v. 8).

ἐν (dor.): *ποττὰν κοπίδ'-σῶμαι ἐν Ἀμυκλαῖον Epilyci 2, 887 (2).

ἕν: κακὴ μὲν ὄψις, ἓν δὲ δειλαῖαι φρένες Philem. 4, 8 = Men. 4, 201 (5).

ἐνάγισμα: θύομεν-αὐτοῖσι (mortuis) τοῖς ἐναγίσμασιν Aristophan. 2, 1148 (1, 12).

ἔναγχος: οὐδ' εἶδον, εἰ μὴ 'ναγχος Eup. 2, 500 (5). ἔγημ' ἔναγχος Men 4, 300 (312).

ἐναλείφω: ἐναλείφεται τὰς ῥῖνας Alexid. 3, 472 (5).

ἐναντίον: πολὺ τοὐναντίον Stratt. 2, 784 (1). οὐδεὶς παράσιτος εὔχετ' ἀτυχεῖν τοὺς φίλους, τοὐναντίον δὲ- Antiph. 3, 45 (2, 4). ἐπὶ τὸ συμφέρον ῥεῖ-ἢ πάλιν τοὐναντίον Men. 4, 205 (2). Ἀρκαδικὸς τοὐναντίον-ἐν τοῖς λοπαδίοις ἁλίσκεται Men. 4, 206 (1). δαίμον' ἤτοι χρηστὸν ἢ τοὐναντίον anon. (?) 4, 690 (349). τοὐναντίον δὲ πᾶν ἔδει τούτους ποιεῖν Antiph. 3, 128 (2, 5). τοὐναντίον-νῦν ποιοῦσιν οἱ θεοί Antiph. 3, 149 (44). πάντα τἀναντία νῦν ἐστιν Men. 4, 222 (1). κρέας ἐρίφειον; B. ὀπτόν. A. θἄτερον; B. τἀναντία Antiph. 3, 130. πάντα τῷ πώγωνι δρᾶν ἐναντία Alexid. 3, 509 (10).

ἐναποθνήσκω: λάρους-ἐν οἷσι Λάμπρος ἐναπέθνησκεν Phryn. 2, 601 (1).

ἐναπονίζω: λεκανίῳ-*ἐναπονίψεις (libr. ἀπονίψεις) Polyz. 2, 868 (4).

ἐναποπατῶ: λεκανίῳ-*ἐνεκπλυνεῖς, ἐναποπατήσεις (libr. ἐν ἀποβάσεις) Polyz. 2, 868 (4).

ἐνάπτομαι: ἰτέαν ἐνημμένος Aristophan. 2, 974 (6). ὁ χορὸς-ἐναψάμενος δάπιδας καὶ στρωματόδεσμα Aristophan. 2, 1052 (12).

ἐναργής: *ὦ μέγα μοι μέγα σοι φῶς **ἐναργές Eubul. 3, 222.

ἐναριστῶ: περιγράψεις ὅσον ἐναριστὰν κύκλον Eup. 2, 525 (1).

ἔνατος: ὁ δ' *ἔνατος (crater) χολῆς Eubul. 3, 249 (1, 9).

ἐναύλιος: τὴν-ἐναύλιον ὠθῶν anon. 4, 676 (305) cf. 5, 121.

ἐναύω: εἴ τις μὴ *φράσει' ὀρθῶς ὁδόν, ἢ πῦρ *ἐναύσει' Diph. 4, 405 (3). ἐναύεσθαι (int. πῦρ) Cratin. 2, 214 (128).

ἐνδεής: κακῶς-γηρῶν ἐνδεής του γίγνεται Men. 4, 212 (2, 14). ὅταν ᾖ γέρων τις ἐνδεής τε τὸν βίον Men. 4, 253 (66).

ἕνδεκα: ἕνδεκα χρυσᾶ (int. γράμματα) Διὸς σωτῆρος Alexid. 3, 510 (12). γαμεῖ-οὐδὲ εἰς *εἰ μὴ δέκ' ἢ ἕνδεκα γυναῖκας Men. 4, 232 (8).

ἑνδεκάκλινος: ἐκ κεφαλῆς ἑνδεκακλίνου Tel. 2, 373 (6).

ἐνδελέχεια: πάντα-ταῖς ἐνδελεχείαις (vulg. ἐντ.) καταπονεῖται πράγματα Men. 4, 276 (191).

ἐνδελεχῶς: *ἀεὶ παρ' ἕκαστον ἐνδελεχῶς τὸ ποτήριον (bibere) Diodor. 3, 543. τὸ-ἐνδελεχῶς μεθύειν Crobyli 4, 566 (2). *ἕκτην ἐπὶ δέκα βοηδρομιῶνος ἐνδελεχῶς ἕξεις ἀεί Men. 4, 224 (4).

ἐνδέχομαι: οὐκ ἐνδέχεται ζῆν ἄνευ κακοῦ τινος τοῦτον Diph. 4, 359 (1, 12).

ἔνδοθεν: δότω τὴν κιθάραν τις ἔνδοθεν Plat. 2, 617 (2). δᾷδας-*ἐμοὶ δότω τις ἔνδοθεν *Lysipp. 2, 748 (3). προὔπεμψεν-τῶν ἔνδοθεν κομιοῦντ' Alexid. 3, 409 (1). ἀμφορέα-λαβὼν τῶν ἔνδοθεν Aristophan. 2, 1072 (6). εἰσφορά τις ἥρπακεν τἄνδοθεν πάντ' Antiph. 3, 116 (1, 4). κατακήκοα †κατακολουθῶν ἔνδοθέν σου Dioxipp. 4, 542. τοιοῦτος ἔνδοθέν τις ἐν τῷ σώματι διέδραμε γαργαλισμός Hegesipp. 4, 479 (v. 15). ἔνδοθεν-πρίεται Men. 4, 303 (326). πάντα τὰ †λυμαινόμεν' ἐστιν ἔνδοθεν Men. 4, 235 (12). ποιῶν-μεστὴν-ἔνδοθεν τὴν χεῖρα Antiph. 3, 48.

ἔνδοθι: ἔνδοθι-ἐστι Πρωταγόρας Eup. 2, 490 (10). ἔνδοθι προνομεύειν ὅρμενα Posidipp. 4, 520 (2).

ἔνδον: *ἄμοργιν ἔνδον-ἠθεῖν Cratin. 2, 76 (4). ἔνδον τὰς ἀλεκτρυόνας σοβεῖ Plat. 2, 619 (2). περιστερὰς ἔνδον τρέφων Alexid. 3, 408 (2). ἕως ἂν-τὸ δεῖπνον *(ἔνδον) σκευάσω Plat. 2, 630 (1). ἔνδον-ἐστιν ἀνδρῶν γάργαρα Aristomen. 2, 730 (1). ἆρ' ἔνδον ἀνδρῶν κεστρέων ἀποικία; Aristophan. 2, 1007 (4). πάντες δ' ἔνδον πεταχνοῦνται Aristophan. 2, 1062 (3). ἥ τε-συνώνυμος τῆς ἔνδον οὔσης ἔγχελυς Βοιωτία Antiph. 3, 125 (1, 2). τοσαῦτ' ἔχουσα βρώμαθ' ὅσα-οὐδ' ἔνδον ὄντ' ᾔδειν ἐγώ Anaxand. 3, 162 (3). ἀποκεῖσθαι ἕωλον ἔνδον ἀργύριον Philetaer. 3, 295 (2, 10). ὃ (argentum) πέντε μῆνας ἔνδον οὐ γενήσεται Men. 4, 228 (3). παρὰ Σινώπῃ καὶ-ἔνδον κάθητ' ἀπόπληκτος Amphid. 3, 310 (1). ἡ μὲν νόμφ-ἔνδον μένει Amphid. 3, 301. διατελεῖ τὴν ἡμέραν ἔνδον Alexid. 3, 423 (1, 22). λάβ' ἐλθὼν σήσαμα. B. ἀλλ' ἔστιν ἔνδον Alexid. 3, 437 (2, 4). πρᾶγμα δ' ἐστί μοι φρέατος ἔνδον Alexid. 3, 468 (2). χόνδρος ἔνδον ἐστὶ Θετταλικός Alexid. 3, 473 (6). ἔστιν ἔνδον *ὄξος ὀξὺ σοι; Diphil. (Sosipp.) 4, 383 (2). τά τ' ἔνδον *εὐτρεπῆ ποίει λαβών Athenion. 4, 558 (v. 46). καὶ τοῦτ' ἔστι σόν, ἕως ἂν ἔνδον ὦμεν· ὅταν ἔξω δ', ἐμόν Dionys. 3, 552 (1, 11). διαλαιμοτομεῖθ' ὑπὸ τῶν ἔνδον Mnesim. 3, 569 (v. 16). πάντες ἔνδον τὰ κάτωθεν ἄνω ib. (v. 20). καὶ τῆς νυκτός ἐστι Δωρίων ἔνδον παρ' ἡμῖν Mnesim. 3, 578 (4). τοῖς μένουσιν ἔνδον ἐν ταῖς οἰκίαις Philem. 4, 10 (1). παρ' ἐμοὶ γάρ ἐστιν ἔνδον Men. 4, 170 (5). τῆς διὰ βίου δ' ἔνδον καθεδουμένης ἀεί (uxoris) Men. 4, 228 (3). οἰκετῶν εἶναι στάσιν ἔνδον παρ' *αὐτῷ Men. 4, 242 (30). οὐκ ἔστιν οὔτε διάβολος γραῦς ἔνδον Men. 4, 328 (485). τὰ-ἔνδον οὐδὲν διαφέρεις δράκοντος Herm.

2, 381 (2). ἔξωθέν εἰσιν-*(λαμπροί,) τὰ δ' ἔνδον πᾶσιν ἀνθρώποις ἴσοι Men. 4, 263 (122).

ἔνδοξος: ὅτι-ἦν τὸ πρᾶγμ' ἔνδοξον-καὶ καλόν Diod. 3, 544 (v. 21). τέχνας ἐνδόξους πάνυ Nicomach. 4, 583 (v. 12). ἐνδόξῳ βίῳ πάρεστιν (int. λύπη) Men. 4, 149 (1).

Ἐνδυμίων: φρουρῶ τὸν Ἐνδυμίωνα Alcaei 2, 827 (1).

ἔνδυο: παρέσομαι-*ἔνδυο Men. 4, 126 (4).

ἔνδυτον: †προσθεῖσαι τοιαῦτα τοὔνδυτον (al. γοῦν αὐτῶν) τῆς κοιλίας Alexid. 3, 423 (1, 14).

ἐνδυτός: ταῖς δ' *ἐνδυταῖς (al. *ἐνδύτοις) στολαῖσι Antiph. 3, 19 (2).

ἐνδύω: ἐὰν πένητα γυμνὸν ἐνδύσῃς Philem. 4, 59 (83). ἐνδὺς τὸ χιτώνιον Aristophan. 2, 1194 (78). ἔνδυθι (int. ἐξωμίδα) anon. 4, 636 (128). σχιστὸν χιτωνίσκον τίν' ἐνδέδυκας Apollod. 4, 453. σαράβαρα καὶ χιτῶνας-ἐνδεδυκότες (al. -τας) Antiph. 3, 115 (3). τὴν τροφὸν ζῶμ' ἐνδεδυμένην Men. 4, 199 (9). τίς ἂν γενόμενος εἰς ὀπὴν ἐνδύσομαι (al. γενήσομαι); Sannyr. 2, 874 (1). εἰς τὴν σάρκα δ' οὐκ ἐνδύεται (int. πῦρ ὀξύ) Philem. min. 4, 68 (1).

ἐνέδρα: λέγειν ἐνέδρας-ἕνεκα Antiph. 3, 67 (1, 7).

ἐνεδρεύω: ὁ δὲ τὸν-τηροῦντ' ἐνεδρεύσας Men. 4, 155 (6).

ἔνειμι: cf. εἰμί. εἰς. ἔνεισί δ' ἐνταυθοῖ μάχαιραι Cratin. 2, 38 (2). τῆς λοπάδος (?) ἔνεισι δ' (f. ἔνεισιν) ἑψητοί τινες Eup. 2, 430 (6). τῷ Πυριλάμπους-†ἆρα κυψέλη ἔνεστιν; Eup. 2, 515 (17). ἐν ταῖς σπυρίσι δὲ τί ποτ' ἔνεστι-; Antiph. 3, 18 (1). καταπιεῖν ἀθρόους τεμαχίτας, ὥστ' ἐνεῖναι μηδὲ ἕν Eubul. 3, 207. ἅπαντ' ἐνῆν τἀκεῖ-ἐν ταύτῃ (patina) καλά Alexid. 3, 502 (1, 8). οἶνος οὐκ ἔνεστι | αὐτοῖς Axionici 3, 531 (2). τί οὖν ἐνέσται τοῖς θεοῖσιν; Antiph. 3, 46 (1). Ὀρφεὺς ἔνεστιν, Ἡσίοδος, τραγῳδία Alexid. 3, 444 (1, 5). ἐν τοῖς βαλανείοις μήτε πῦρ ταῖς ἐσχάραις ἐνόν (f. ἐνῆν 5, 88) Alexid. 3, 426. ἐνταῦθ' *ἔνεστ' ὀστᾶ τε καὶ κούφη κόνις Men. 4, 233 (9). τῶν ἀποδέσμων, οἷς ἐνῆν τιτθίδια Aristophan. 2, 1084 (14). ἔνεστιν ἐν κιθάρῳ τι κακόν Pher. 2, 270 (2, 4). ὑμῖν-οὐδέν, καθάπερ ἡ παροιμία, ἐν τῷ καπήλῳ νοῦς ἐνεῖναί μοι δοκεῖ Plat. 2, 674 (2, 4). τὸν τρόπον-οἶσθά μου | ὅτι τῦφος οὐκ ἔνεστιν Antiph. 3, 110 (v. 2). ἐνῆν ἄρ'-κἀν οἴνῳ λόγος Amphid. 3, 318 (5). τοῖς ὑπερβάλλουσι τέρψις μὲν οὐκ ἔνεστι πολυτέλεια δέ Alexid. 3, 509 (2). βίου δ' ἔνεστιν ἀσφάλει' ἐν ταῖς τέχναις Men. 4, 90 (4). ὀργῇ-πόλλ' ἔνεστ' ἀσχήμονα mon. 687. εἰ πλείονα τὰ συμφέροντ' ἔνεστι (int. ἐν τοῖς πᾶσιν) Men. 4, 94 (2). ἔνεισι καὶ γυναιξὶ σώφρονες τρόποι mon. 160. ἀγαθὸς βαφεὺς ἔνεστιν ἐν τῷ παιδίῳ Diph. 4, 410. ἔνεστί (an ἔν ἐστί 5, 104) τι ἀγαθὸν ἀπ' αὐτῆς, παῖδες Men. 4, 164 (1). ἐν γυναιξὶ πίστιν οὐκ ἔνεστ' ἰδεῖν mon. 161. ἀμελοῦντα τοῦ ζῆν οὐκ ἔνεστ' εὐσχημονεῖν mon. 646. χαίρωμεν, ἕως ἔνεστι τὴν ψυχὴν τρέφειν Alexid. (?) 3, 394 (v. 5). τίς γὰρ-εἰς ὑπερβολὴν ἀφῖκται-; οὐκ ἔνεσθ' Anaxil. 3, 347 (1, 7).

ἕνεκα: †θεῶν ἕνεκ' ἔπλευσε Eup. 2, 513 (11). θύουσι-οὐχὶ τῶν θεῶν ἕνεκ', ἀλλ' ἑαυτῶν Men. 4, 108 (3). καταβεβρώκασ' ἕνεκ' ἐμοῦ τὰς οὐσίας Hegesipp. 4, 480 (v. 30). θαρρεῖν κελεύσας ἕνεκ' ἐμοῦ ταῦτ' Alexid. 3, 429 (1, 7). κεστρεὺς ἂν εἴην ἕνεκα νηστείας ἄκρας Diph. 4, 401. ἐλέγχεις μ' ἕνεκα συλλαβῆς μιᾶς Antiph. 3, 120 (1, 10). οὓς βόσκεθ'-ἕνεκα τῶν ὠκυπτέρων Stratt. 2, 774 (7). μὴ πολυτελῶς, ἀλλὰ *καθαρείως-ὁσίας ἕνεκα Eubul. 3, 258 (1). cf. Ephipp. 3, 334 (1, 4). λέγειν | ἐνέδρας ἕνεκα Antiph. 3, 67 (1, 7). τούτου γὰρ αὐτὴν *ἕνεκα πρὸς σὲ κατεθέμην anon. 4, 679 (311). ἕνεκα τοῦ ζῆν ἔρχετ' ἀποθανούμενος Antiph. 3, 150 (49). τῶν θεῶν τὸ σύμφερον αὐτῷ διθόντων ἕνεκα τοῦ ζῆν Men. 4, 197 (1). ἃ δὲ λέγεις ἕνεκα τοῦ λαβεῖν λέγεις Men. 4, 294 (284). τούτου-λέγειν ἕνεκα μόνου-τοῦ λαβεῖν Men. 4, 96 (2). cf. Dionys. 3, 548 (v. 28).

ἐνεκπλύνω: λεκανίῳ-*ἐνεξεμεῖς, ἐνεκπλυνεῖς (libr. ἐν ἐκπλύνεις) Polyz. 2, 868 (4).

ἐνεμῶ: vide ad Aristophan. 2, 964 (17).

ἐνεξεμῶ: λεκανίῳ-*ἐναπονίψεις, ἐνεξεμεῖς (libr. ἐν ἐξεμεῖς) Polyz. 2, 868 (4).

ἐνεότης: τὰς μοχθηρίας τῆς †ἠλιθιότητος (f. ἐνεότητος) τῆς ἐμῆς Cratin. 2, 123 (9).

ἐνέπω: τίνα τῷδ' ἐνέπω τὴν σκευασίαν; Axionici 3, 531 (1, 7).

ἐνεργμός: τὸν ἐνεργμόν Phryn. 2, 582 (1).

ἐνεργῶ: Ἀργείας φέρειν σχιστὰς †ἐνεργεῖν Eup. 2, 532 (2).

ἐνέχυρον: τόν τε κότυλον-*ἤνεγκ' ἐνέχυρον τῶν γειτόνων Herm. 2, 390 (4). ἐνέχυρον ἀποφέροντά *σου (int. τὸ ποτήριον) Antiph. 3, 41 (2, 12). *ἀπέδωκας, ἐνέχυρον-λαβών Alexid. 3, 385.

ἔνη: ἕνῃ τε καὶ νέᾳ Aristophan. (?) 2, 1106 (10).

ἐνηβῶ: *νάπαισι δ' ἀνθέρικος ἐνηβᾷ Cratin. 2, 215 (135, 2).

ἔνθα: cf. ὅθεν. ἔνθα Διὸς-θᾶκος (θᾶκοι) πεσσοί τε καλοῦνται Cratin. 2, 18 (4). ἔνθ' ὄνων ἵππων [τε] στάσεις Ephipp. 3, 337 (3). Μήδων γαῖαν, ἔνθα-ποιεῖται-ἀβυρτάκη Theop. 2, 798 (1). *Ἦλις, ἔνθα δελφάκων-κρέα | κάλλιστ' ὄπωπα-ἠνθισμένα Epicrat. 3, 369. κακὴ-αἰδὼς ἔνθα *τἀναιδὲς κρατεῖ Diph. 4, 425 (29). ἔνθα *σταθεὶς φρές μ'-anon. 4, 651 (188).

ἐνθάδε: οἰκοῦσι-ἐνθάδ' ἐν τρισὶν καλιδίοις Eup. 2, 442 (5). ἐνθάδε μείνας Eup. 2, 539 (7). ἐνθάδ' ἐν τῇ 'ρημίᾳ Plat. 2, 672 (1, 1). σικύους *ἐνθάδε (legeb. ἐνταῦθα) πη φυομένους Aristophan. 2, 1200 (101). τὸ-ἡδὺ πάντως ἡδύ, κἀκεῖ κἀνθάδε Alexid. 3, 453. ἐνθάδε γάρ εἰσιν (Musae et Gratiae) Aristophan. 2, 1086 (16, 3). τοὺς ἱερέας ἐνθάδε ὁλοκλήρους νόμος εἶναι Anaxand. 3, 181 (v. 10). νόμιμον τοῦτ' ἐστὶ-ἐνθάδε Κορινθίοισιν Diph. 4, 398 (1). ὁρῶ κιναίδους ἐνθάδε πολλοὺς ἐν ἄστει anon. 4, 611 (38). τις τῶν ἐνθάδ' αὐτοῦ Eup. 2, 546 (1, 4). ἐνθάδ' οἴσεις-καταφαγεῖν ἐπὶ τὴν θύραν, εἶθ'-χαμαὶ ἐνθάδ' ἔδομαι-; Antiph. 3, 146 (31). γυναῖκα-ζητοῦντες ἐνθάδ' ἥκομεν Aristophan. 2, 1132 (1). εἰς Ἀθήνας ἐνθάδε ἀφικόμην Antiph. 3, 91 (1). *ἐνθάδ' ἥξομεν Men. 4, 293 (281a). τὸν οἶνον εἰσάγουσιν ἐνθάδε Alexid. 3, 505 (6). ἐκείνη κεῖνον ἐνθάδ' ἤγαγεν anon. (394) 5, 123. εἰσέρχομαι ἐνθάδε σιωπῇ Diod. 3, 544 (v. 17). *παράστηθ' ἐνθάδε Anaxipp. 4, 466 (2).

ἐνθαδί: ἐνθαδὶ καθήμενος *(Eup.) 2, 430 (9b). καθίζωμεν (f. καθίζωμ') ἐνθαδί Archipp. 2, 729 (9). καθεδοῦμαι-ἐνθαδί Men. 4, 280 (267).

ἔνθεν: vide ἐνθένδε.

ἐνθένδε: ἐς Συρίαν δ' ἐνθένδ' ἀφικνεῖ Cratin. 2, 132 (1). κἀνθένδ' ἐπὶ τέρματα γῆς ἥξεις Cratin. 2, 136 (5). τοὐνθένδεν (?) ἀπίχθυς βαρβάρους οἰκεῖν Aristophan. 2, 1174 (7). *ἐνθένδ' ἀποφυγὼν οὐκ ἂν ἀπολοίμην ποτέ Men. 4, 83 (9). *ἰὼν ἐνθένδ' ὁ παῖς (libr. ἰδὼν ἔνθεν γε πᾶς)-ἀπῆλθεν Men. 4, 109 (6).

ἐνθεσίδουλος: anon. 4, 636 (128).

ἔνθεσις: τὴν ἔνθεσιν χωρεῖν-κατὰ τοῦ λάρυγγος Pher. 2, 299 (1, 6). τὴν ἔνθεσιν-ἄρδονθ' ἁπαλὴν καταπίνειν Telecl. 2, 361 (1, 10). μύων ξυνέπλαττε Θετταλικὴν τὴν ἔνθεσιν Herm. 2, 399 (4). τὴν ἔνθεσιν δ' ἄκολον (vocatis) Stratt. 2, 781 (3, 7). ποιῶν τὴν ἔνθεσιν μικρὰν μὲν ἐκ τοῦ *πρόσθε Antiph. 3, 48. τὴν ἔνθεσιν-κατεσπακώς Antiph. 3, 116 (1, 12).

ἐνθετταλίζω: *ἐντεθετταλίσμεθα* Eup. 2, 507 (24).
ἐνθέως: *πάντα πράξεις ἐνθέως* mon. 229.
ἐνθρυμματίς: *ἐνθρυμματίδων, πτισάνης, ἀθάρης* Anaxand. 3, 184 (1, 42).
ἔνθρυσκον: *ἐνθρύσκοισι καὶ βρακάνοις-ζῆν* Pher. 2, 255 (2).
ἐνθύμημα: *ὅταν τις εὕρῃ καινὸν ἐνθύμημά τι* Anaxand. 3, 196 (3).
ἐνθυμοῦμαι: *μοι κατὰ χειρὸς ἦν τὰ πράγματ' ἐνθυμουμένῳ* Pher. 2, 335 (7, 5). *πρὸς ἐμαυτὸν ἐνθυμούμενος-ὅσῳ διαφέρει-* Knioch. 3, 562. **ἐνθυμεῖσθε τῆς γῆς ὡς γλυκὺ ὄζει* Cratin. min. 3, 374 (1). *ὁ Ζεὺς -τούτων οὐδὲν ἐνθυμούμενος* Herm. 2, 399 (4). *ζῆτε τερπνῶς οὐδὲν ἐνθυμούμενοι* Plat. 2, 652 (1). *ἐνθυμούμενος ὅτι δεῖ-ὑπ' ἀκάνθης μηδὲ ἓν τούτους παθεῖν* Alexid. 3, 404 (3) = 429 (1, 9).
ἔνι: *δεῖξον τὸ κανοῦν-†πῆ μάχαιρ' ἔνι* Plat. 2, 647 (2). *τῶν προβάτων -οἷς ἔνι μήτ' ἔρια μήτε τυρός* Antiph. 3, 9 (1). *ὧν ταῖς γυναιξὶν οὐδ' ὁτιοῦν φωνῆς ἔνι* Xenarch. 3, 625. *ταῦτα πάντ' ἐν τῇδ' ἔνι* Aristophan. 2, 1108 (1, 1). *ἐν φιλαργυρίᾳ-πάντ' ἔνι* Apollod. Gel. 4, 439 (2). *ἑνός τ' (f. γ') ἀποτυχεῖν οὐκ ἔνι* Alexid. 3, 480 (3). *πληγὰς-*ἔνι προσλαμβάνειν* Diph. 4, 395 (2, 32). *τὸν μαθεῖν βουλόμενον-οὐκ ἔνι ταύταις προσελθεῖν εὐθύς* Nicomach. 4, 583 (v. 13).
ἐνιαυτίζομαι: **ἐνιαυτίζομἀπλάκουντος* Plat. 2, 654 (1).
ἐνιαυτός: *ὀνομάζεται δ' ἐνιαυτός* Herm. 2, 380 (1, 4). *ὁπηνίκ' ἐστὶ τοὐνιαυτοῦ* Aristophan. 2, 1171 (1, 7). *δι' ἐνιαυτοῦ ὅτου τις ἐπιθυμεῖ λαβεῖν* ib. (1, 9). *ὁ τὸν ἐνιαυτὸν συντεμὼν εἰς μῆν' ἕνα* Philippid. 4, 474 (1). *ἐνιαυτὸν ἔσχε μ'-δωρεάν* Phoenicid 4, 511 (v. 10). *ἀεί τι καινὸν κατ' ἐνιαυτὸν *θηρίον τίκτει* Anaxil. 3, 352 (1). *κατ' ἐνιαυτὸν ἕνα λίθον* Diph. 4, 392 (1). *†ἓν ὀνάριον-μοι καταβαίνει καθ' ἕκαστον ἐνιαυτόν* Diph. 4, 417 (4). *ἑαυτοὺς δ' ἔδεφον ἐνιαυτοὺς δέκα* Eubul. 3, 262 (2, 5). *κἂν ἑκατὸν ἔτη *βιῷς-, κἂν ἐνιαυτοὺς σφόδρ' ὀλίγους* Men. 4, 211 (2, 6).
ἔνιοι: cf. 1, 409. 3, 354 (1). *ἔνιοι δ' ὕδωρ πίνοντές εἰσ' ἀβέλτεροι* Amphid. 3, 318 (5). *λαμπρῶς-ἔνιοι *ζῶσιν, οἷς-* Men. 4, 272 (172) = Diph. 4, 422 (20). *ἔνιοι κακῶς φρονοῦσι* mon. 163. *ἔνιοι-καὶ μισοῦσι τοὺς εὐεργέτας* mon. 171. *ὁ τρόπος ἐνίων ἐστὶ τῇ φύσει γέρων* Men. 4, 258 (92). *ἀσχημοσύνης-γίγνετ' ἐνίοις αἴτιος* (i. e. *πλοῦτος*) Men. 4, 163 (1). *ἔνιά τε* (?) *τῶν ἡδυσμάτων* Posidipp. 4, 513 (v. 6). *τῶν βρωμάτων πνευματικὰ καὶ-καὶ τιμωρίαν ἔχοντ' ἔνι' ἔστιν* Nicomachi 4, 584 (v. 32). *καὶ *συμμανῆναι δ' ἔνια* (h. e. *ἐνίοτε*) *δεῖ* Men. 4, 196 (2). *ἔστι καὶ ταὐτόματον ἔνια χρήσιμον* Men. 4, 214 (6).
ἐνίοτε: *†ἐνίοτε* (? *εὖ ἴστε* 5, 42) *πολλαὶ-ὑπηνέμια τίκτουσιν ᾠὰ πολλάκις* Plat. 2, 619 (1) cf. Aristophan. 2, 1016 (5). *πολλοὺς ἐνίοθ' ἡ πενία βιάζεται* Timocl. 3, 609. *κἀνίοτ' *(ἂν) ἀπεκοιμᾶτ' ἂν ἐν Λακεδαίμονι* Eup. 2, 512 (10). *κἀνίοτε δειπνῶν* (5, 51) *δὶς τῆς ἡμέρας* Plat. 2, 692 (44). *ὧν ἐστι-ἐνίοτ' ἄνεμος κύριος* Antiph. 3, 83. **ἂν δ' εὐκόλως, ἐνίοτε *κοιμίζειν ποιεῖ* Anaxand. 3, 196 (2, 4). *ἐγχελύδια *Θήβηθεν ἐνίοτ' ἔρχεται* Ephipp. 3, 334 (1, 7). *τοὺς δειπνοῦντας-ἐμβαλεῖν ποιῶ ἐνίοτε τοὺς ὀδόντας* Alexid. 3, 394 cf. 3, 430 (1, 23). *ὥστε με | ἐνίοτε τοὐλάχιστον ὀκτὼ τραύματα ἔχειν* Axionici 3, 534 (1, 5). *ὥστ' ἐνίοτ' ἂν ποιῶν ματτύην σπεύδων ἅμ' εἰσήνεγκα-* Dionys. 3, 547. *μύκης τις ἐνίοτ' ἂν | ὠπτᾶτο* Polioch. 4, 590. *χοἱ μὲν πλέοντες ἐνίοθ'-χειμασθέντες εἶτ'-σωτηρίας ἐπέτυχον* Philem. 4, 10 (1). *ἔρχεται τἀληθὲς εἰς φῶς ἐνίοτ' οὐ ζητούμενον* Men. 4, 198 (3). *τὸ *ψεῦδος ἰσχὺν τῆς ἀληθείας ἔχει ἐνίοτε μείζω* Men. 4, 255 (78). *καθιζάνει μὲν ἐνίοτ' εἰς τὰ σήσαμα* Men. 4, 328 (486). *ἐνίοθ' ἡμῖν ἡ τύχη ἓν ἀγαθὸν ἐπιχέασα τρί' ἐπαντλεῖ κακά* Diph. 4, 424 (26). *μαστιγίας δ' ἐπ' ἀργυ-*

ροῦ πίνακος τάριχον ἐνίοτε δυοῖν ὀβολῶν ἔσθοντας Philippid. 4, 469. ἐνίοτε δ' (f. ἐνίοτ') ἀφεστὼς παρακελεύομαι Damox. 4, 532 (v. 59). ἐνίοτε κρείττων γίγνεται θύννου βόαξ Nicomach. 4, 584 (v. 23).

ἐνίσταμαι: ἔνσταθι vide ἵσταμαι.

ἐννέα: ἐν ἐννέ' ἂν χορδαῖς- Chionid. 2, 6 (1). φιλήματ' ἐννέα Eubul. 3, 203 (3). *παρεγκέκαπται τ' ἀρνί' ἐννέ' ἢ δέκα Eubul. 3, 212 (v. 9).

ἐννεάκλινος: ἐννεάκλινος-οἶκος Phryn. 2, 604 (5).

ἐννεάκρουνος: ἐννεάκρουνον †ἔνυδρον τόπον (f. εὔυδρον ποτόν) Polyz. 2, 868 (3).

ἐννεύω: ἐννεύει με φεύγειν Aristophan. 2, 980 (21).

ἔννομος: οὐδ' ἐν Τριβαλλοῖς-ἔννομα Alexid. (Antiph.) 3, 494 (2).

ἐννοοῦμαι: ἐννοοῦμαι-τὰς μοχθηρίας τῆς †ἠλιθιότητος τῆς ἐμῆς Cratin. 2, 123 (9). ἅπαντα-τὰ μείζον'-ἀτυχήματ' ἄλλοις γεγονότ' ἐννοούμενος Timocl. 3, 593 (v. 18). χρηστοῦ πρὸς ἀνδρὸς μηδὲν ἐννοεῖν κακόν var. lect. Men. 5, 108.

ἔννους: γενόμενος ἔννους μόλις ᾔτησε κύλικα Alexid. 3, 417 (1).

ἐννύχιος: ἐννυχίαισιν φροντίσι Eup. (?) 2, 577 (v. 3).

ἐνοικῶ: οἱ δ' ἐνοικοῦντες (Argis) λύκοι Diph. 4, 426 (39).

ἐνόρχης: πλακοῦς ἐνόρχης Plat. 2, 674 (2, 8).

ἐνουρῶ: †Μενδαίῳ-ἐνουροῦσιν-θεοὶ αὐτοί | στρώμασιν ἐν μαλακοῖς Herm. 2, 410 (2, 1). ἆρα σφόδρ' *ἐνεούρησεν (legeb. ἀνεούρησεν) -γέρων Eup. 2, 444 (12).

ἐνόχλησις: πράγματά τε πολλὰ *κἀνοχλήσεις μυρίας Philem. 4, 35 (7).

ἐνοχλῶ: πένης ἄνθρωπος ἐνοχλῶν πολλάκις τοῖς εὐποροῦσιν Amphid. 3, 307 (2). ὥστε μὴ 'νοχλεῖν τὸν συμπότην Diod. 3, 544 (v. 18). σὺ μηδὲν ἐνόχλει μήτε σαυτὸν μήτ' ἐμέ Nicomach. 4, 584 (v. 41). γυμνὴν ἐποίησε *(τὴν) Ἀθηνᾶν-οὐδὲν ἐνοχλοῦσαν anon. 4, 607 (21b).

ἔνοχος: *ἐθῶν γεροντικῶν, οἷς ἔνοχος-ἔσει Apollod. 4, 452 (1).

†ἐνποδιλονίων Aristophan. 2, 964 (17).

ἐνσείω: ἐνέσεισε μεστὴν-μετανιπτρίδα Philetaer. 3, 292 (1). ἐνσεσεισμένη anon. 4, 665 (265).

ἔνστροφον: anon. (398) 5, 124.

ἐνταῦθα: cf. ἐνθάδε. ἀπολεῖς μ' ἐνταῦθα διατρίβουσ' Pher. 2, 300 (1, 20). ἐνταῦθα τοίνυν ἦν-πιθών Eup. 2, 473 (29). ἐνταῦθα καταγηράσομαι Eup. (?) 2, 577 (v. 17). Λύκων ἐνταῦθά που-*ἀγορᾶς ἄγαλμα-ἐμπορεύεται Metag. 2, 755 (1). ἐνταῦθα δὴ παιδάριον ἐξαυαίνεται Aristophan. 2, 1187 (46). ἐνταῦθ' ἀναρίστητος-κιθαριεῖ Antiph. 3, 78 (2). ἐνταῦθα γοῦν ἔστιν τις ὑπερηκοντικῶς Diph. 4, 407 (1, 5). ἐνταῦθ' ἐπ' ἄκρων τῶν κροτάφων ἕξει- Plat. 2, 645 (2). ἐνταῦθα περὶ τὴν ἐσχάτην-κερκίδα-καθιζούσας Alexid. 3, 402 (1). εἰς Πακτωλὸν (?) ἐστρατεύετο, κἀνταῦθα-κάκιστος ἦν Eup. 2, 435 (1). *ἐνταῦθα δ' ἐτυράννευεν-Θόας Aristophan. 2, 1098 (2). Κόρινθον ἦλθον· ἡδέως ἐνταῦθά πως-διεφθάρην. κἀνταῦθα κατελήρησα τὴν ἐξωμίδα Eubul. 3, 229 (1). ἐγὼ δέ, καὶ γὰρ ἔτυχεν ὂν κατ' ἀντικρύ-καπηλεῖον-, ἐνταῦθ' ἐπετήρουν Eubul. 3, 245 (1). μὴ προφάσεις ἐνταῦθά μοι Alexid. 3, 437 (2, 1). εἰς κύαθος ἐνταῦθ' ὕδατος ἐπιχυθεὶς πολύ Sotad. 3, 586 (1, 31). ἐνταῦθ' ἀνὴρ-ἐστιν ἀνδρὸς διάφορος, ἐν τῷ Philem. 4, 56 (67). ἦν ὁ γρῖφος ἐνταῦθα ῥέπων Antiph. 3, 67 (1, 11). ἐνταῦθ' ἀπόστα Men. 4, 182 (6). ἐκεῖθεν ἐνταῦθ' ἐστὶ μετενηνεγμένα Nicomach. 4, 584 (v. 28).

ἐνταυθί: *ἐνταυθὶ τετάχθαι τάξεως Plat. 2, 672 (1, 8).

ἐνταυθοῖ: ἔνεισι δ' ἐνταυθοῖ (an ἐνταυθὶ) μάχαιραι- Cratin. 2, 38 (2). τοὺς σώφρονας ἐνταυθοῖ καλῶ Baton. 4, 499 (1).

ἐντείνω: τὸ παναρμόνιον τὸ καινὸν ἔντεινον Alexid. 3, 524 (62).
ἐντελής: τὸ δεῖπνον-ἐντελές Euangeli 4, 572 (v. 2).
ἐντερεύω: τοὺς λάβρακας ἐντερεύων Archipp. 2, 718 (1, 3).
ἐντερίδιον: ἀφύαι, κρεάδι', ἐντερίδι' Alexid. 3, 416.
ἔντερον: *ἔντερ' ἀλλ καὶ σιλφίῳ σφενδονῶν Axionici 3, 536 (2).
ἐντευθενί: cf. ἐντεῦθεν. *ἐνμεντευθενί | ῥεῖ τευθίσιν-, ἐντευθενὶ δ' ἀλλᾶσι Metag. 2, 753 (1, 5. 7). οὐκ *εἰ-ἐς κόρακας *ἐντευθενί (libr ἐντεῦθεν); Aristophan. 2, 1186 (43).
ἐντεῦθεν: ταῦτα μὲν (f. μὲν οὖν) ἐντεῦθεν. ἐκ δ' Αἰγύπτου- Herm. 2, 407 (1, 12). βιβλίον ἐντεῦθεν ὅ τι βούλει-λαβέ Alexid. 3, 443 (1). †ἐντεῦθεν (f. ἐντευθενὶ) δίδοται μάλισθ' ἱερώσυνα Amips. 2, 705 (3). τῶν ἰχθύων-τὰς δυνάμεις-ἐντεῦθεν εἴσει Nicomach. 4, 583 (v. 20). ἐντεῦθεν εὐθὺς ἐπιφέρει τραγήματα-μετὰ δεῖπνον ἀκίδας Mnesim. 3, 577 (1). λευκή με θρὶξ ἀπόμισθον ἐντεῦθεν ποιεῖ anon. 4, 674 (301).
ἐντίθημι: τὸν λυχνοῦχον ἔκφερ' ἐνθεὶς τὸν λύχνον Pher. 2, 271 (5). μάχαιραν ἐφ' ἐνέθηκας; Pher. 2, 292 (13). *ἦν-θερμὴν τὴν χύτραν εἰς τοὔξος ἐνθῇς Alexid. 3, 440 (5, 7). εἰς λοπάδιον-ἐνθεὶς τὸ τέμαχος Alexid. 3, 470 (1, 8). μοι τὸ γῆρας ἐντίθησι νοῦν Pher. 2, 338 (7, 6).
ἔντιμος: ἐντιμότερος εἰ τοῦ κακοῦ κυνὸς πολύ Men. 4, 135 (2, 11).
ἔντοπος: vide τόπος.
ἐντός: cf. ἐκτός. καταπέσῃ τῆς τραπέζης ἐντός Aristophan. 2, 1070 (2). ἐντὸς πυλῶν-*μένων Posidipp. 4, 520 (1). ἐντὸς-ἔχων τὰ παρ' ἑαυτῷ (l. πάντ' ἐν αὑτῷ) Herm. 2, 380 (1). ἰχθὺς ἁδρὸς πάρεστι· τἀντός ἐστι σά Dionys. 3, 552 (1, 9). τὴν ἔνθεσιν ἐντὸς-τῶν ὀδόντων-κατεσπακώς Antiph. 3, 116 (1, 13). ὡς εἰ φάγοι τις ἐντὸς ἑξήκοντ' ἐτῶν Amphid. 3, 308 (1). πᾶς ὁ φύσεως ἐντός Damox. 4, 531 (v. 34).
ἐντρέπομαι: τὴν-πολιὰν οὐκ †ἐντρέπεται Alexid. 3, 412 (1).
ἐντρίβομαι: cf. τρίβω. λευκοῖσιν ἀλφίτοισιν ἐντετριμμένοις (f. -μένος) Herm. 2, 389 (2). παιδέρωτ' ἐντρίβεται Alexid. 3, 423 (1, 18).
ἐντρυφῶ: γαμηλίῳ λέχει-μοιχὸς ἐντρυφῶν Men. 4, 231 (6).
ἐντρώγω: τράπεζαν *εἴσφερε, καὶ κύλικα κἀντραγεῖν Pher. 2, 290 (1). ἐντραγεῖν, σπονδή, κρότος Antiph. 3, 76. ἀριστίσας ἑαυτόν, ἐντραγών, *πιών Diod. 3, 544 (v. 12). παλαιὸν (?) ἐντραγεῖν Men. 4, 299 (307) cf. 5, 108. κἀντραγεῖν σικύδιον Phryn. 2, 590 (7). κάρυ' *ἐντραγεῖν (vulg. ἐντρώγειν) Antiph. 3, 143 (21). ἔντραγε τὴν σηπίαν τηνδί Theop. 2, 794 (2). στρουθάριά θ' οἷον ἐντραγεῖν Eubul. 3, 268 (14). σωρόν τε κυάμων καταλαβὼν-τούτων ἐνέτραγον Timocl. 3, 603 (4). ἐὰν-ῥάφανον-πολλὴν *ἐντράγητε Anaxand. 3, 197 (6).
ἐντυγχάνω: κἂν ἐντύχῃ πού μοι βαδιζούσῃ μόνῃ Pher. 2, 327 (1, 24). τὴν-ἀφύην (f. Ἀφύην) καταπέπωκεν ἐντυχών Archipp. 2, 721 (8). ἐντυχόντα πρὸς τὸ σιμὸν ἀνατρέχειν Dionys. 3, 553 (2).
ἐντυλίξαι: Diocl. 2, 840 (8).
ἔνυδρος: ἐννεάκρουνον †ἔνυδρον τόπον (f. εὔυδρον ποτόν) Polyz. 2, 868 (3).
ἐνύπνιον: *θράττει με τὸ ἐνύπνιον (f. τοὐνύπνιον) Cratin. 2, 227 (160). ἐξέβη †ἡμῖν τὸ ἐνύπνιον Alexid. 3, 427. *ἐνύπνιον-ἑορακέναι νικητικόν Alexid. 3, 503 (2). *ἐὰν ἴδῃ τις ἐνύπνιον φοβούμεθ' Men. 4, 230 (5). ἀπόλλυμ' ὑπὸ τῶν ἐνυπνίων anon. 4, 669 (286).
ἐνυφαίνω: τῆς σκιᾶς τὴν πορφύραν πρῶτον ἐνυφαίνουσ' Men. 4, 244 (33).
ἕξ: cf. ἐξ. ἢ τρὶς ἓξ ἢ τρεῖς κύβοι Pher. 2, 315 (13). ἓξ θρόνους Eup. 2, 520 (36). χρυσοῦς ἓξ ἔχων (i. e. talenta duo) Philem. 4, 60 (91).
ἐξ (ἐκ): βαλάνων-τῶν ἐκ *Φελλέως (?) Cratin. 2, 69 (2). Φιλόξενος ἐκ Διομείων Eup. 2, 514 (14). ἢ 'ξ Ἀρκαδίας-δριμυτάτην ὀρίγανον Plat. (Canth.) 2, 666 (5). εἰ δ' ἔλαβον-σκάρον, ἢ 'κ τῆς Ἀττικῆς γλαυκίσκον-

ἢ 'ξ Ἄργους κάπρον, ἢ 'κ τῆς Σικυῶνος γόγγρον Philem. 4, 27 (v. 20 sqq.). *ἐκ Μενωνιδῶν anon. 4, 645 (161). ἐν (ἐκ) Παμβωταδῶν Aristophan. 2, 1217 (235). τὰκ τῆς Ἀσίας καὶ τἀπὸ Θρᾴκης λήμματα ἕλκουσι δεῦρο Antiph. 3, 112 (1, 9). ἠλείφετο | ἐκ τῆς Συρίας ἥκοντι τοιούτῳ μύρῳ Antiph. 3, 117 (2, 9). τὴν ἐκ Κορίνθου Λαΐδ' οἶσθα; Anaxand. 3, 164 (1). παρ' Ἀλεξάνδρου-ἐκ Θετταλίας κόλλικα φαγών Ephipp. 3, 322. νεανίας, τῶν ἐξ Ἀκαδημίας τις Ephipp. 3, 332 (v. 2). τῶν-ἐκ τῆς στοᾶς λογαρίων Theognet. 4, 549. ἐκρέματο-ἐξ οὐδενὸς πεφυκότα Pher. 2, 300 (1, 27). ἔφυ τῇ μητρὶ-ἐκ βαλαντίου Telecl. 2, 371 (1, 2). †Εὐαγόρου παῖς ἐκ πλευρίτιδος (f. παῖς Εὐαγόρου 'κ Πλευρίτιδος) Plat. 2, 679 (2). ἐκ τοῦ γὰρ εἶναι γέγονεν et πῶς ἐγένετ' ἐξ οὐκ ὄντος; Antiph. 3, 64 (1, 10. 11). ἐκ-τοῦ λέγειν τε καὶ | ἑτέρων ἀκούειν-φύονται φρένες Philem. 4, 35 (6). ἐκ τοῦ-ἐσορᾶν γίγνετ'-ἐρᾶν anon. 4, 645 (164). τὸν θεόν | ἐξ οὗ τὸ μεθύειν πᾶσιν-*γίγνεται Antiph. 3, 102. μάταιός ἐστιν-ἐκ θεῶν τε δυστυχής Amphid. 3, 309 (2). γραῦς-ἐκ δυοῖν Αἰξωνέοιν Men. 4, 144 (5). τινα τῶν ἐξ ἑαυτοῦ Men. 4, 261 (109). ἐκ τῆς αὐτῆς ψιάθου γεγονώς anon. 4, 700 (383). ἦσαν-ἐκ τῶν μεγίστων οἰκιῶν Eup. 2, 466 (15, 5). ἐκ γειτόνων vide γείτων. τἀξ Αἰγύπτου χρυσία κλέπτοντας Cratin. 2, 63 (3). ἅπαντα τὰκ τῆς οἰκίας ἀπώλεσεν Philem. 4, 44 (29^b). τὰ χρώματα-ἀφανίζουσιν ἐκ τοῦ σώματος Antiph. 3, 52 (1). ἐκ τῶν ὀρῶν πρόβατ' ἐσθίουσι-μετέωρ' ἀναρπάζοντες Epicrat. 3, 365 (2, 9). οὐδ' ἐξ ἀγορᾶς οὐδὲ τάκωνας ποιησόμεθ'-; Cratet. 2, 239 (3, 4). ἐξ ἀγορᾶς ὠνήσομαι Herm. 2, 392 (8). ἐξ ἀγορᾶς-ὠνήσομαι στίλβην Plat. 2, 685 (15). περιμένειν ἐξ ἀγορᾶς ἰχθύδια Aristophan. 2, 1108 (1, 8). *τὰκ τοῦ νίτρου Anaxipp. 4, 465 (1). ἦν τοῖς ἐξ ἀγροῦ βουσὶ σταθμός Antiph. 3, 10 (2). τά τ' ἄλλα βρώματ' ἐξ ὑγρᾶς ἁλός Anaxand. 3, 174 (1). τὸν αὐχέν' ἐκ γῆς ἀνεκάς Cratet. 2, 235 (3). [κἀκ βυθοῦ πλάνης εἰς φῶς ἀνέλκων ἐκ μακρᾶς ἀταξίας Plat. 1, 196 (v. 3. 4)]. ἡμᾶς-ἔσωσας ἐκ τῶν σῖγμα Plat. 2, 626 (7). *ἀναβιῶν ἐκ τῆς νόσου Plat. 2, 660 (4). ἐκ τῶν πολεμίων οἴκαδ' ἥκων Cratin. min. 3, 377. ἐκ τῶν γυναικῶν ἐξίτω Eup. 2, 494 (18). †ἐπὰν ἐκ μεταβολῆς ἐπὶ κρεῖττον γένῃ Men. 4, 275 (183). ἐκ τοῦ πυρός | εἰς τὰς μαχαίρας ἦλθον Posidipp. 4, 513 (v. 8). ἐκ-κόπου *γλυκεῖ' ἀνάπαυσις, ἐξ ἀλουσίας δ' ὕδωρ-ἐὰν δ' ἐκ πλουσίου πτωχὸς γένηται anon. 4, 684 (327). ἐκ τοῦ κακοῦ σωτηρίας ἐπέτυχον Philem. 4, 10 (1). ἐκ κεφαλῆς-θόρυβον-ἐξανατέλλει Tel. 2, 373 (6). ἐκ κυμάτων-γαλῆν ὁρῶ Sannyr. 2, 874 (1) cf. Stratt. 2, 788 (2). ἐκ τῶν γνάθων ἱδρὼς ἐπὶ τὸν τράχηλον ἄλοκα-ποιεῖ Eubul. 3, 250 (1, 5). εἰς πόδας ἐκ κεφαλῆς τετρημένον Eubul. 3, 255 (1, 24). ἐξ ἄκρου ἡ γλῶττα-ἐστὶ τετρυπημένη anon. 4, 653 (197). ὀσφὺν δ' ἐξ ἄκρων διακίγκλισον Aristophan. 2, 955 (8). ἐκ χερὸς μεθέντα καρτερὸν λίθον Men. 4, 257 (88). ἐκ τῶν τοιούτων *ἐκχέας (?) ποτηρίων εἴωθα πίνειν Dioxipp. 4, 542 (1). τὴν μάλθαν ἐκ τῶν γραμματείων ἤσθιον Aristophan. 2, 1007 (3). *ἐκ τᾶς πινακίδος-ἑρμήνευε Philyll. 2, 862 (3). ἀρύταιναν-ἐκ μέσου βάψασα τοῦ λέβητος Antiph. 3, 11. ἐκ μέσου τὰ θερμὰ δεινὸς ἁρπάσαι Euphron. 4, 492 (v. 5). τὰ δ' ἐκ μέσου τριπόδια Men. 4, 143 (2). σεμνοπαράσιτον ἐκ μέσου (?) καλούμενον Alexid. 3, 434 (1, 5). *αὕτη (piscatoria ars) -ἐκ λοπάδος ἁρπάζεται Anaxand. 3, 175 (1, 3). δύναται καταπιεῖν ἐκ ζεόντων λοπαδίων ἄθρους τεμαχίτας Eubul. 3, 207. ἔπιον ἐκ τοιαύτης φάρμακον Pher. 2, 282 (3, 6). ἕλκουσ' οἱ μὲν ἐκ προχοιδίου, οἱ δ' ἐκ καδίσκου Stratt. 2, 771 (1). cf. Cratin. 2, 127 (16). νόμον ἐκ νόμου ἕλκων Eubul. 3, 254 (1, 3). κώθωνος ἐκ στρειψαύχενος πίοιμι

Theop. 2, 812 (1). Χῖον ἐκ Λακαινᾶν Aristophan. 2, 1038 (19). λοῦται-ἐκ χρυσοκολλήτου κάλπιδος μύρῳ Αἰγυπτίῳ- Antiph. 3, 56. κἀξ οἴνου βότρυς Pher. 2, 338 (6). βότρυς τρώγειν-ἐξ οἴνου συχνοὺς Eubul. 3, 228 (1). ἐκ-ἀχύρων *σῖτον τετρύγηκας anon. 4, 699 (379). ἐκ τῶν λόγων-ἅττ'-ἐπιθυμεῖς ἔχεις Plat. 2, 632 (6). ἐκ τῶν λόγων μὴ κρῖνε-σοφόν | ἢ χρηστὸν ἄνδρα Philem. 4, 48 (40ᶜ). γυναικὸς ἐκ λόγου πίστιν λαβεῖν Men. 4, 289 (256). *εἰσπράξεται-μισθὸν ἐκ τοῦ σοῦ λόγου-σύλλεξιν συχνήν Antiph. 3, 122 (1). ἐξ ἀνάγκης vide ἀνάγκη. adde πάντ' ἐξ ἀνάγκης οἶδε Philem. 4, 31 (2). *οὓς ἐκ κοινοῦ-ἔδει τρέφειν τὸν δῆμον Antiph. 3, 134 (5, 4). δεινὸς ἐκ κοινοῦ φαγεῖν Euphron. 4, 492 (v. 4). ἐκτεθραμμένος οὐκ ἐξ ὑπαρχόντων Men. 4, 176 (1). ὁ μὴ τρέφων-ἐκ τέχνης Men. 4, 274 (182). βίον πορίζου-πλὴν ἐκ κακῶν mon. 63. συναγαγεῖν ἐκ δικαίων τὸν βίον mon. 196. οὐκ ἐκ πότων ζητοῦμεν ᾧ πιστεύσομεν τὰ τοῦ βίου Men. 4, 240 (24). ἐκ τῶν ὄχλων-ζῆλος Men. 4, 207 (1). ἐκ τῶν γυναικῶν ὄλλυται κόσμος μέγας mon. 181. ἐκ τοῦ ζῆν παγκάλως εὔσως ἅπαντας-δώσεις ἐμοί Baton. 4, 502 (v. 9). ἀπειρίαν πέπονθεν ἐξ ἀπληστίας anon. 4, 621 (59). τὰς κεφαλὰς ὑγιεῖς ἔχειν ἐκ κραιπάλης Alexid. 3, 386. ἐκ τῆς ἑταιρίας ἑταίρα προσηγορεύθη Anaxil. 3, 350 (2). ἐκ φειδωλίας κατέθετο μῖσος Men. 4, 256 (80ᵇ). ἐκ δέκα ποδῶν ἥρει Eup. 2, 458 (6, 3) cf. 5, 36. ὅταν ἐκ πιτύλων ῥοθιάζῃ Aristophan. 2, 975 (10). πάσαις ἐξ ἑνός γέ του τρόπου Aristophan. 2, 1016 (3). ἀλαβαστροθήκας τρεῖς ἔχουσαν ἐκ μιᾶς Aristophan. 2, 1164 (5). ἐκ διαδοχῆς Antiph. 3, 6 (9). νεῖν ἐξ ὑπτίας Aristophan. 2, 1216 (223). ποιῶν τὴν ἔνθεσιν μικρὰν μὲν ἐκ τοῦ *πρόσθε Antiph. 3, 48. ἀπενεγκάτω μοι τὴν τράπεζαν ἐκ ποδῶν Nicostr. 3, 286 (3). λαβοῦσ' ἀπένεγκε ταύτην ἐκ ποδῶν ib. τοῦτ' ἔσθ' ἡ τέχνη, οὐκ ἐξ ἀπογραφῆς Sotad. 3, 586 (1, 35). ἐξ αὐτῆς (i. e. statim) Cratin. 2, 36 (11). ἐξ ὅτου ἦλθον Cratet. 2, 247 (7). στιβάδος ἐξ ὅτου ᾿φαγον Eup. 2, 526 (4). ἐξ οὗπερ ἔπιον ἐκ τοιαύτης φάρμακον Pher. 2, 282 (3, 6). περιέρρων ἐξ ἑωθινοῦ Pher. 2, 295 (18). ἐξ ἀρχῆς Pher. 2, 300 (1, 33). Telecl. 2, 361 (1, 1). ἐξ ἐκείνου τοῦ χρόνου Eup. 2, 456 (1). τὰχ τοῦ χρόνου τοῦ παντὸς εἴσετ' Philem. 4, 6. ἐκ μακροῦ χρόνου ἄνοιαν Men. 4, 146 (3). ἐκ νυκτὸς ἕτερον λιμέν' ἔχουσ' Theophil. 3, 628 (1). ἐκ παιδὸς αὐτοῦ Apollod. 4, 454 (1, 4). ἐκ πέντε καὶ δέχ' ἡμερῶν προηλικιακῶς Posidipp. 4, 523 (1, 8). ἠριστηκότων ἡμῶν ἐξ (f. ἐξ) ἀκροκωλίου τινός Alexid. 3, 435.

ἐξάγω: αὐτὸν ὁ παῖς θύραζε ἐξαγαγὼν Eup. 2, 485 (1, 16). ἑκατόμβην ἐξάγει τοῖς πολεμίοις Men. 4, 258 (94). ἵνα νῷν *ἐξάγῃ (legeb. ἐξάρῃ) τὴν κραιπάλην Nicoch. 2, 846 (1).

ἐξαίρεσις: ἐξαιρέσεις καὶ τἄλλα τἀκόλουθ' Dionys. 3, 552 (1, 12).

ἐξαιρῶ: *κἀξαιρῶν (legeb. κἀξαίρων) τοὺς Δαρεικοὺς Aristophan. 2, 1153 (13). ἐξελὼν ἐκ τοῦ λυχνούχου τὸν λύχνον Alexid. 3, 426. θύραν ἔξελε Men. 4, 184 (11). ἐξελὼν τὰ βραγχία (sauri) Alexid. 3, 442. κρέας ἐξ ἅλμης ἐξῄρηται Mnesim. 3, 569 (v. 13).

ἐξαίρω: cf. ἐξαιρῶ. τοῖν ἰσχίοιν †τὸ μὲν κάτω τὸ δ' αὖ εἰς ἄνω ἐξαίρουσα Autocr. 2, 891. ἐξάρας πρόχουν ‖ κατέχει Xenarch. 3, 621 (1, 14). ἐξάραντες ἐπικροτήσατε Men. 4, 298 (304). τὸ-ἀθάνατον (corpus) *ἐξῆρε πρὸς τὸν ἀέρα Alexid. 3, 455.

ἐξαίφνης: ἀνέμου *'ξαίφνης ἀσελγοῦς γενομένου Eup. 2, 558 (25). †ξένην ἐξαίφνης Aristophan. 2, 1041 (24). *κἆτ' ἐξαίφνης (libr. κἀξαίφνης) ἔτι κυπτόντων-λάχανόν τις ἔφη-εἶναι Epicrat. 3, 371 (1, 23).

ἐξακοντίζω: τοσαύτην ἐξακοντίζει πνοὴν Antiph. 3, 125 (1, 7). ὅταν γλώσσῃ ματαίους ἐξακοντίσῃ λόγους Men. 4, 257 (87).

ἐξακοῦμαι: ἐξακεῖσθαι-τὸ δίκτυον Men. 4, 287 (242ᵃ).
ἐξάλειπτρον: *λουτηρίοισιν, ἐξαλείπτροις, κυλιχνίσιν Antiph. 3, 120 (2).
ἐξαλείφω: τὰ-παλαιὰ-ἀρτύματ' ἐξήλειψαν ἐκ τῶν βιβλίων Anaxipp. 4, 459 (v. 5).
ἐξάλλαγμα: παίζουσι **πρὸς ἔλαφρ' ἐξαλλάγματα Anaxand. 3, 170 (2).
ἐξαλλάττω: ἐξαλλάξαι (i. e. τέρψαι) Philippid. 4, 478 (13). cf. ἄνθρωπον ἐξαλλάξομεν Men. 4, 279 (205).
ἐξάλλομαι: καρῖδες ἐξήλλοντο δελφίνων δίκην Arar. 3, 274 (1).
ἐξαμαρτάνω: εἰ γάρ τι κἀξήμαρτεν- Pher. 2, 327 (1, 18). *(ὅσ') ἂν ὁ μάγειρος ἐξαμάρτῃ, τύπτεται-*αὐλητής Eubul. 3, 235 (3). οὐδεὶς ξύνοιδεν ἐξαμαρτάνων πόσον ἁμαρτάνει Men. 4, 202 (2). τοιαῦτ'-ἐξαμαρτάνειν, ἃ καὶ λέγειν ὀκνοῦμεν Men. 4, 254 (75). δὶς ἐξαμαρτεῖν ταὐτόν mon. 121. ὁ μηδὲν εἰδὼς οὐδὲν ἐξαμαρτάνει mon. 430.
ἐξαμυστίζω: ἄκρατον-ἔπινε κἀξημύστισεν Plat. 2, 684 (9, 4).
ἐξαναλίσκω: τὰ-ἀλλότρι'-ἐξανάλωται ταχύ Plat. 2, 676 (3).
ἐξανατέλλω: ἐκ κεφαλῆς-θόρυβον-ἐξανατέλλει Telecl. 2, 373 (6).
ἐξανέψιοι et ἐξανέψιαι: Men. 4, 314 (406).
ἐξανθίζω: οὐδ' ἄνωθεν ἐξηνθισμένον (piscem) Philem. 4, 26 (v. 6).
ἐξανθῶ: ὦχρος ἐξήνθηκέ τις Antiph. 3, 148 (37).
ἐξανίσταμαι: Diph. 4, 400 (1).
ἐξάντης: γενέσθαι τῆσδέ μ' ἐξάντην νόσου anon. 4, 623 (72).
ἐξαντλῶ: βίον ὡς οἰκτρὸν ἐξαντλοῦσιν Men. 4, 92 (5).
ἐξαπατῶ: πηνικίζων ἐξαπατᾷ Cratin. 2, 191 (49). ὅστις-δεσπότην ἀπράγμονα καὶ κοῦφον ἐξαπατᾷ Men. 4, 187 (1). ἑστᾶσι γυμναί· μὴ 'ξαπατηθῇς Philem. 4, 4 (1).
ἐξαπίνης: ἀπὸ τῆς τραπέζης ἐξαπίνης ἀπεστράφη Nicol. 4, 579 (v. 6).
ἐξάπτομαι: περὶ τὴν κεφαλὴν *ἐξήμμεθα πηνίκην *Aristophan. 2, 1176 (3).
ἐξαρμόνιος: ἐξαρμονίους καμπὰς ποιῶν Pher. 2, 326 (1, 9). *ᾄδων ἐκτραπέλους μυρμηκιὰς ἐξαρμονίους ib. (1, 23) vide 2, 334 (1, 24).
ἐξαρτύω: ἐγὼ δὲ βαρβίτους-πηκτίδας-*σκινδαψὸν ἐξηρτυόμην (libr. -μαν. f. ἐξήρτυον ἄν) Anaxil. 3, 345 (2).
ἐξασκῶ: πώλους Κύπριδος ἐξησκημένας Eubul. 3, 245.
ἐξαττῶ: σεμίδαλις, ἐκ πολλῆς σφόδρ' ἐξηττημένη Antiph. 3, 18 (1).
ἐξαυαίνω: παιδάριον ἐξαυαίνεται Aristophan. 2, 1187 (46).
ἐξαύω: τὸν ἐγκέφαλον-ἐξαύσας καταπίνει Plat. 2, 627 (9).
ἐξαφανίζω: παίδων ἀγόνων γόνον ἐξαφανίζων Eubul. 3, 254 (1, 11).
ἐξαχοίνικος: ἐξαχοίνικον μέτρον Aristophan. 2, 1198 (93).
ἐξεγείρω: τίς οὑξεγείρας μ' ἐστίν; Eup. 2, 551 (8). κιθαρῳδὸν ἐξηγείρατ' Ἀράβιον χορόν Canth. 2, 835 (1).
ἔξειμι (exeo): ἔξεισιν ἄκων δεῦρο Pher. 2, 337 (5). ἐψόφηκε τὴν θύραν τις ἐξιών Men. 4, 280 (208ᵇ). †τῇδ' ἐξιόντι δεξιᾷ Herm. 2, 411 (3). συνέτυχεν ἐξιόντι μοι- Eup. 2, 557 (22). ἐξιόντι-ἁλιεὺς ἀπήντησεν φέρων μοι Plat. 2, 625 (3). *ἐξιὼν γυναικὸς ἐξόπισθ' ἐλευθέρας Philem. 4, 45 (31). κἂν ἐξίητε τοῦ θέρους Eubul. 3, 250 (1, 3). εἰς τὸν ἀγρὸν ἐξιὼν Philem. (?) 4, 41 (21). ὑμεῖς-ἔξιτ' ἐπὶ τὸ Πύθιον Stratt. 2, 776 (1). πίνειν Ἀθηναίους ἅπαντας-ἐξιέναι Apollod. Car. 4, 442 (v. 20). ἐκ τῶν γυναικῶν ἐξίτω Eup. 2, 494 (18). ὅθεν ἔξω-οὐ ῥᾳδίως ἔξειμι τὴν αὐτὴν ὁδόν Antiph. 3, 62 (3).
ἐξεῖναι: vide ἔξεστιν.
ἐξειπεῖν: ὅστις λόγους παρακαταθήκην-λαβὼν ἐξεῖπεν Anaxand. 3, 197 (4).
ἐξελαύνω: οἴνῳ **τὸν οἶνον ἐξελαύνειν κτλ. Antiph. 3, 139 (13). οὐ-

τως ἐξελαύνει γὰρ *(ταχύ. int. μέθην λύπη) Amphid. 3, 317 (2). ἐξελαύνω εἰς ἀγοράν Eup. 2, 484 (1, 6).

ἐξελέγχω: ὁ-χρόνος πάντ' ἐξελέγχει anon. 4, 693 (359). χρυσὸς-οἶδεν ἐξελέγχεσθαι πυρί Men. 4, 267 (143). ἐν ἀγρῷ-οἰκῶν οὐ σφόδρ' ἐξηλέγχετο τῆς μερίδος ὢν τῆς οὐδαμοῦ τεταγμένης Men. 4, 193 (6).

ἐξεμῶ: vide ἐνεξεμῶ. οἶνον πολὺν-πίνεις-κοὐκ ἐξεμεῖς; Alexid. 3, 450. πίνει-, τοὺς λογισμοὺς *δ' ἐξεμεῖ Diod. 3, 543.

ἐξεπίσταμαι: αὐτὴ-πρότερον ἐξηπίστατο παρὰ τῆς ἐπιτηθῆς Theop. 2, 809 (3).

ἐξεπίτηδες: μάχην ἐποίησ'-ἐξεπίτηδες εὖ πάνυ Xenarch. 3, 621 (1, 10).

ἐξεργάζομαι: ἅπαντα σιγῶν ὁ θεὸς ἐξεργάζεται Men. 4, 293 (280). μῖσος ἐξεργάζεται mon. 690.

ἐξέρχομαι: ἔνδον κάθητ' ἀπόπληκτος οὐδ' ἐξέρχεται Amphid. 3, 310 (1). καὶ δὴ φέρουσ' ἐξέρχομαι Anaxil. 3, 342. κἀκ τοῦ καθεύδειν οὗτος (i. e. φόβος) οὐκ ἐξέρχεται Philem. 4, 56 (70). καπνὸς-ἐξέρχετ' Cratin. min. 3, 374 (1). ἐξέρχεται-πανταχόσ' ἤδη πιομένη Epicrat. 3, 366 (2, 21). τὴν-κεφαλὴν ἐπὶ τὸν ὦμον καταβαλοῦσ' ἐξέρχεται Alexid. 3, 423 (1, 9). θύρας ἐξελθεῖν βουλόμεθ' αὐτόν Pher. 2, 335 (3, 3). ἐξελθεῖν ἀπὸ τῆς σιπύης Eup. (?) 2, 577 (v. 7). ἔξελθε καὶ σύγγνωθι τῇ τραπέζῃ ib. (v. 8). ἐξελθεῖν-*ἐκ τῆσδε στέγης Antiph. 3, 96 (1). μὴ 'ξελθεῖν φρέαρ (sum) Antiph. 3, 111 (v. 7). ὥστε μηδ' ἂν εἰ χαλκοῦς ἔχων μυκτῆρας εἰσέλθοι τις, ἐξελθεῖν πάλιν Antiph. 3, 125 (1, 6). ἐξῆλθες· οἰμώζειν λέγ' Philem. 4, 4 (1, 16). ἄνυσόν ποτ' ἐξελθών Pher. 2, 271 (5). λαβόντας εἰς Ὑμηττὸν ἐξελθεῖν ὅπλα Eubul. 3, 215 (2). λαμπρός τις ἐξελήλυθ'-ὄλολυς οὗτός ἐστιν Anaxand. 3, 177 (2, 4). ὡς ῥαγδαῖος ἐξελήλυθεν Diph. 4, 408 (2).

ἐξερῶ: ἐξερᾶν τὰ τεῦτλα Cratet. 2, 237 (1, 8). μαλάχας ἐξερῶν (evomens) Pher. 2, 318 (2).

ἔξεστιν: *τί δὴ σὺ σεμνοῖ-; B. ἔξεστι γάρ μοι Calliae 2, 739 (2). οὐκ ἔτι ἔξεστι κυαθίζειν Antiph. 3, 61 (2). Πηλεῖ-ταῦτ' ἔξεστι καὶ Τεύκρῳ ποιεῖν Antiph. 3, 106 (v. 22). οὐδὲ σαυτοῦ κύριον ἔξεστιν εἶναι Alexid. 3, 519 (34, 8). πλείους τις ὢν ἔξεστιν ἑστιῶν Men. 4, 147 (1). παρ' ἐμοὶ γάρ ἐστιν ἔνδον, ἔξεστιν δέ μοι- Men. 4, 170 (5). *ἀλλὰ χρὴ κἄξεστιν Men. 4, 302 (323). ἵν' ἔξεστιν πάνυ λεπτῷ- Eup. 2, 536 (3, 2). ἔξεστιν ὑμῖν διὰ κενῆς κινητιᾶν Plat. 2, 675 (2, 21). τοῖς δ' *οὐδὲ παροῦσιν ἀκούειν ἔξεστιν Antiph. 3, 112 (1, 5). παρ' ὧν-ἔξεστί σοι μικροῦ πρίασθαι κέρματος τὴν ἡδονήν Eubul. 3, 246 (v. 6). cf. Eubul. (Philipp.) 3, 237 (v. 3). τὸν ὄνον ὁρᾶν ἔξεστι πρῶτα τουτονί. οὗτος- Men. 4, 230 (5). καὶ μάλα ἐξῆν δ' *βούλοιτ'-αὐτῷ λέγειν Straton. 4, 546 (v. 27). κἀξῆν ὅλην τὴν ἡμέραν-ἐκκορίζειν Eup. 2, 510 (5). ἐξῆν ὀλολύζειν Philem. 4, 27 (v. 17). ἐξὸν-μικρὸν διαπορηθῆναι χρόνον,-αἱρούμεθα Antiph. 3, 66. ἐξὸν τοσουτουὶ δύ' ἀγάλματ' ἀγοράσαι Anaxand. 3, 173 (1). ἐξὸν ἀπολαύειν ἰχθύων ἀληθινῶν, ῥαφανῖδας ἐπιθυμεῖ πρίασθαι Amphid. 3, 311. τὸ βαδίζειν ἀρρύθμως-ἐξὸν καλῶς Alexid. 3, 506 (7). λεπομένους ὁρᾶν-ἐξὸν ἱλαρούς- Apollod. Car. 4, 442 (v. 12). ἐξὸν γυναῖκ' ἔχοντα κατακεῖσθαι καλήν Baton. 4, 500 (2). ἐξὸν καθεύδειν τὴν ἐρωμένην ἔχων anon. 4, 625 (83).

ἐξετάζω: διὰ τὸ λεπτῶς καὶ πυκνῶς πάντ' ἐξετάζειν Amphid. 3, 316 (1, 6). τὴν κολοκύντην ἐξήταζον τίνος ἐστὶ γένους Epicrat. 3, 370 (1, 17). τὸν βίον ἐξέταζ' ἀεί Philem. 4, 48 (40c). οὐκ ἐξετάζειν μὲν τὰ μηδὲν χρήσιμα-τὸν δὲ τρόπον αὐτῆς τῆς γαμουμένης-μήτ' ἐξετάσαι μήτ' *εἰσιδεῖν Men. 4, 228 (3). τὰς τῶν ἀδείπνων ἐξετάζειν οἰκίας Timocl. 3, 611. εἴ τις ἐξετάζοι κατὰ τρόπον Philem. 4, 33 (4). εἰ δικαίως ἐξετάσεις, καὶ γνήσιος ὁ χρηστός ἐστιν Men. 4, 151 (1). μὴ 'ξετάζων πῶς ἔχει (int. τὸ θεῖον) mon. 474. ἐν τῇ τέχνῃ τίνες ἐσμὲν οὐκ ἐξήτακας Nicomach. 4, 583 (v. 3). ἅπαντα τὸν βίον-τὴν τέχνην ἐξήτακα Hegesipp. 4, 479 (v. 8). ταῦτα πάντα δὴ ἐν τοῖς στρατηγικοῖσιν ἐξετάζεται μαθήμασιν Sosip. 4, 494 (v. 55). ὅπου-σοφίας ἔργον ἐξετάζεται Antiph. 3, 143 (22).

ἐξεύρημα: ἐξευρήματι καινῷ Pher. 2, 283 (5). καινὸν ἐξεύρημά τι ἡμέτερον Amphid. 3, 306 (1, 2). Παλαμηδικόν-τοῦτο τοὐξεύρημα Eup. 2, 547 (2, 6). ὑπερβέβληκε-στρατηγίας πλήθει τε *κἀξευρήμασιν (libr. καὶ εὑρήμασιν) Phryn. 2, 589 (4).

ἐξευρίσκω: πρῶτος ἐξεῦρεν τὸ *πρῷ 'πιπίνειν Eup. 2, 547 (2, 3). τοῦ συμποσίου-διατριβὴν ἐξεῦρέ πως, κάργοὺς ἔχειν μηδέποτε τὰς σιαγόνας Alexid. 3, 469. τὸ τῶν παρασίτων-ἐξεῦρεν (?) γένος-Τάνταλος Nicol. 4, 579 (v. 1). τὰ κυλικεῖα-ἐξεῦρεν ἡμῖν Eubul. 3, 261. πρόφασιν-ἀεί τιν' ἐξευρίσκομεν Philem. 4, 36 (8). *κατ' Ἀγάθων' ἀντίθετον ἐξευρημένον Aristophan. 2, 1082 (7). οὐ γὰρ ἦσαν-εἰς τὴν τοιαύτην χρῆσιν ἐξευρημένοι (int. ἅλες) Athenion. 4, 558 (v. 20). ἧς (i. e. ἐρημίας) χωρὶς οὐδὲν σεμνὸν *ἐξευρίσκεται (libr. εὑρίσκεται) anon. 4, 624 (78). πάντ' ἐστιν ἐξευρεῖν, ἐὰν- Philem. 4, 13. πάντα τὰ ζητούμεν' ἐξευρίσκεται Alexid. 3, 397 (1). τόθ' ἡ μεγίστη τέρψις ἐξευρίσκεται Ephipp. 3, 327 (2). διδασκάλους ἐξεῦρον οὐ λέγω βίου ἴσως τριάκοντ' Alexid. 3, 476 (3). Ἀράβιον ἐξεύρηκα σύμβουλον Men. 4, 331 (502). οἰκόσιτον νυμφίον ἐξευρήκαμεν Men. 4, 99 (2). περιττὸν οἴετ' ἐξευρηκέναι ἀγαθόν Men. 4, 240 (24). ἕτερον λιμέν' ἔχουσ' ἐξευρέθη Theophil. 3, 628 (1). ἀπροσδόκητον τὴν τέχνην ἐξηύρατο (ἐξηύρετο?) Men. 4, 115 (2).

ἐξέχω: ἔξεχ' ὦ φίλ' ἥλιε Stratt. 2, 781 (2). Aristophan. 2, 1110 (4).

ἐξηγητής: Λάμπων οὐξηγητής Eup. 2, 545 (23).

ἐξηγοῦμαι: ὁ τὸν Ἡράκλειτον πᾶσιν ἐξηγούμενος Antiph. 3, 59.

Ἐξηκεστιδαλκίδαι: anon. 4, 636 (127).

Ἐξηκεστίδης: Πείσανδρον, Ἐξηκεστίδην Phryn. 2, 588 (2). *(Ἐξηκεστίδης) ἔχων λύραν *Aristophan. 2, 1189 (59).

Ἐξήκεστοι: anon. 4, 636 (127).

ἐξήκοντα: ὥς εἰ φάγοι τις ἐντὸς ἐξήκοντ' ἐτῶν Amphid. 3, 308 (1). ὁμοῦ γάρ ἐστιν ἐξήκοντά σοι (int. ἔτη) Men. 4, 110 (1).

ἑξῆς: †Philippid. 4, 472 (2). παραδίδου δ' ἑξῆς ἐμοὶ *τὸν ἀρκεσίγυιον Antiph. 3, 119 (1, 6). ἑξῆς πυκνὰς ἕλκει καταντλεῖ Alexid. 3, 417 (1). *Λάχητί τ' οἰκήσαιμι τὴν ἑξῆς θύραν Ephipp. 3, 335 (2, 4). δειλοὶ-ἑξῆς πάντες εἰσὶν οἱ λαγοί Philem. 4, 32 (3).

ἐξιδιάσασθαι: Diph. 4, 393.

ἐξιλάσκομαι: τὴν θεόν | ἐξιλάσαντο Men. 4, 102 (4).

ἐξινῶ: ἐξινωμένος anon. 4, 682 (318).

ἕξιππα καὶ τέθριππα anon. 4, 629 (98).

ἐξίσταμαι: ἐξέστην ἰδών Philippid. 4, 476 (5). ἐξεστηκὼς ὑπὸ γήρως anon. 4, 690 (311b).

ἐξόδιος: ἐξοδίους-νόμους Cratin. 2, 230 (170).

ἔξοδος: καλῶ δ' Ἄρη Νίκην τ' ἐπ' ἐξόδοις ἐμαῖς Apollod. Car. 4, 449.

ἐξοίγνυμι: φήμης ἱερᾶς ἐξοιγνυμένης Herm. 2, 390 (3).

ἐξοικοδομῶ: τέχνην μεγάλην ἐξοικοδομήσας Pher. 2, 289 (8).

ἔξοινος ἐποίει Alexid. 3, 411 (3).

ἐξοίχομαι: κότταβος-ἐξοίχεται θύραζε Plat. 2, 638 (1, 11). cf. οἴχομαι.

ἐξοκέλλω: ὁ-πλοῦτος ἐξώκειλε τὸν κεκτημένον εἰς ἕτερον ἦθος Men. 4, 251 (60).

ἐξόλλυμι: ἀλλ' *ἐξολεῖς (al. ἀπολεῖς) με Eup. 2, 449 (7). Κερκυραίους ὁ Ποσειδῶν ἐξολέσειεν Herm. 2, 407 (1, 10). ἐξολοίμην, *φασὶ λέγω Aristophan. 2, 990 (12). ἐξόλοι'. ἀτὰρ πόσους φέρεις; Alexid. 3, 436 (1).

ἐξόπισθεν (-σθε): μεθύουσά τ' ἐξόπισθεν-πορεύεται Axionici 3, 536 (1). *ἐξιὼν γυναικὸς ἐξόπισθ' ἐλευθέρας Philem. 4, 45 (31). *τραύματ' ἐξόπισθ' ἔχων anon. 4, 687 (335b).

ἐξοπλίζω: ξιφηφόροισι χερσὶν ἐξωπλισμένη τευθίς Antiph. 3, 126 (1, 19). μᾶζα-πρὸς εὐτέλειαν ἐξωπλισμένη Antiph. 3, 133 (1, 2).

ἐξοπτῶ: οἱ-ἰχθύες-ἐξοπτῶντες σφᾶς αὐτούς Telecl. 2, 361 (1, 7). τεμάχη-ἐξωπτημένα Pher. 2, 299 (1, 10). παρεντέτρωκται τευθὶς ἐξωπτημένη Eubul. 3, 212 (v. 8).

ἐξορίζω: vide ἐκκορίζω.

ἐξορμενίζω: *ῥήτορες ἐξωρμενικότες Nicostr. 3, 289 (8).

ἐξορύσσω: μεγάλων κακῶν θησαυρὸς ἐξορύσσεται Philem. 4, 57 (76).

ἐξοστρακίζω: ἀμφορεὺς ἐξοστρακισθείς Aristophan. 2, 1189 (57).

ἐξούλης: Phryn. 2, 596 (4).

ἐξουσία: τούτοις-μόνοις ἐξουσία | ἀφροδισιάζειν ἐστίν Philetaer. 3, 294. τραγῳδοί-οἷς ἐξουσία ἔστιν λέγειν ἅπαντα-μόνοις Diph. 4, 388. ἐπεὶ-αὐτοῖς οὐκέτ' ἔστ' ἐξουσία ῥαίνειν Xenarch. 3, 621 (1, 6). πλοῦτος ἀλόγιστος προσλαβὼν ἐξουσίαν Men. 4, 263 (119). τὴν τῶν κρατούντων -ἐξουσίαν mon. 727.

ἔξπουν: Plat. 2, 690 (35b).

ἐξυβρίζω: *ἐξυβρίσας πειθαρχεῖν οὐκέτι τολμᾷ anon. 4, 677 (306).

ἐξυφαίνομαι: ἐξυφαίνεθ' †ἱστούς (l. ἱστόν) Nicoph. 2, 849 (1).

ἔξω: †ἄξει τις ἔξω τὴν-μητέρα Stratt. 2, 789 (7). ἔξω τις δότω ἱμάντα Antiph. 3, 41 (2, 7). βαῖν' ἐκ θαλάμων-ἔξω Mnesim. 3, 569 (v. 1 s.). ἐβάδιζες ἔξω τῶν πυλῶν-; Posidipp. 4, 520 (1). τὸν-κάδον ἔξω-λαβών Antiph. 3, 61 (2). ὅθεν ἔξω πάλιν οὐ ῥᾳδίως ἔξειμι Antiph. 3, 62 (3). οὐ σοβήσετ' ἔξω-τὰς ὄρνιθας ἀφ' ἡμῶν Men. 4, 118 (5). ἔξω, μακράν, παρ' αὐτόν Antiph. 3, 136 (7). ἕως ἂν ἔνδον ὦμεν, ὅταν ἔξω δ' Dionys. 3, 552 (1, 11). περιπατῶν ἔξω θεός Men. 4, 127 (2). κατακάει γὰρ (ignis acer) ὅσ' ἂν ἔξω λάβῃ Philem. min. 4, 68 (1). πῶς οὗτος ἂν σώσειε τῶν ἔξω τινά; Euphron. 4, 490 (1). τὸ σὸν ταπεινὸν ἂν σὺ *σεμνύνῃς, καλὸν ἔξω φανεῖται Men. 4, 115 (1). μηδὲν-εἰσφέρειν ἔξω θύμου Antiph. 3, 92 (1, 8).

ἔξωθεν: ἔξωθέν εἰσιν-*(λαμπροί,) τὰ δ' ἔνδον- Men. 4, 263 (122).

ἐξώλης: ἐξώλης γέρων Eup. 2, 444 (12). ἐξώλης ἀπόλοιθ' Men. 4, 114 (1). γρῦπας ἐξώλεις τινάς Hipparch. 4, 431. ἔθνος τούτου (i. e. τραπεζιτῶν) οὐδέν ἐστιν ἐξωλέστερον Antiph. 3, 86 (v. 12). οὐδὲ ἓν | ἐσθ' ἑταίρας ὅσα περ ἔστι θηρί' ἐξωλέστερον Anaxil. 3, 348 (1, 31). οὐκ ἔστιν οὐδὲν τέχνιον ἐξωλέστερον τοῦ πορνοβοσκοῦ Diph. 4, 415 (2).

ἐξωμίς: διαστίλβονθ' ὁρῶμεν-πάντα τῆς ἐξωμίδος Aristophan. 2, 947 (10). κατελήρησα τὴν ἐξωμίδα Eubul. 3, 229 (1). ἐξωμίδα ἔνδυθι et περιβαλοῦ anon. 4, 636 (128).

ἔοικα (εἴξασιν): Συρακόσιος-ἔοικεν-τοῖς *κυνιδίοισι Eup. 2, 511 (8). αὐτὸν κόλλοπι ἐοικέναι Aristophan. 2, 1193 (72). οὐδέν γ' ἔοικ' ἄνθρωπος οἴνῳ τὴν φύσιν Alexid. 3, 512 (15). αὐτόκακον ἔοικε τῷδε anon. 4, 662 (247). *εἴξασιν (libr. ἐοίκασιν) ἡμῖν οἱ νόμοι τούτοισι τοῖσι λεπτοῖς ἀραχνίοις Plat. 2, 620 (1). εἴξασιν-τοῖς παιδαρίοις τούτοις Plat. 2, 664 (2, 1). τοῖς βιβλίοις εἴξασι anon. 4, 651 (189). ἐπὶ τῷ προσώπῳ δ' αἱ τρίχες-εἴξασι πολιαῖς Eubul. 3, 250 (1, 8). οὐ παρὰ κωφὸν ὁ τυφλὸς ἔοικε λαλῆσαι Cratin. 2, 17 (3). *παύσειν ἔοιχ' ἡ παυσικάπη κάπτοντά σε Aristophan. 2, 1072 (9). ἐπὶ πῦρ δὲ πῦρ ἔοιχ' ἥξειν ἄγων Aristophan. 2, 1134 (2). ὡς οὐψώνης διατρίβειν-ἄριστον ἔοικεν Aristophan. 2, 1153 (12). ἔοικεν αἰγίθαλλος διακωλύειν Alcaei 2, 825 (2). τοῖς-μεριμνῶσιν-ἅπασα νὺξ ἔοικε φαίνεσθαι μακρά Apollod. 4, 451. *πολλῷ γ' ἀμείνων, ὡς ἔοικας, ἦσθ' ἄρα λογογράφος Alexid. 3, 440 (5, 18). ὡς ἔοιχ' (ironice) Antiph. 3, 119 (v. 8). εὐλοιδόρητον, ὡς ἔοικε, φαίνεται Men. 4, 200 (1). ταὐτόματόν ἐστιν ὡς ἔοικέ που θεός Men. 4, 151 (2). ἐστιν ὡς ἔοικέ μοι (f. που) περιοιστέα Men. 4, 172 (12). ὡς ἔοικεν (ἔοικε, ἔοιχ') passim.

ἑορτή: ἀγρόθεν †πλείστους φέρων εἰς τὴν ἑορτὴν Alcae. 2, 830 (1). †ἦν τὸ πρᾶγμ' ἑορτή Aristophan. 2, 1010 (12). τὸ σχῆμα-τῆς κύλικος -ἄξιον-τοῦ κλέους τοῦ τῆς ἑορτῆς Antiph. 3, 89 (1, 4). ἀεί-τινα | ἄγειν ἑορτήν ἐστ' ἀνάγκη Men. 4, 165 (4). *πορδὴν (πορδῶν?) ἑορτὴν ἦγε anon. 4, 607 (21ᵃ). ἄγουσιν ἑορτὴν οἱ κλέπται anon. 4, 608 (27ᶜ). γάμους, ἑορτάς-αὕτη δίδωσιν (int. pax) Philem. 4, 22 (v. 9).

ἐπαβελτερῶ: ἐπαβελτερώσας τόν *ποτ' ὄντ' ἀβέλτερον Men. 4, 187 (1).

ἐπαγλαΐζω: ἵν' ἐπαγλαΐσῃ τὸ παλημάτιον Aristophan. 2, 1184 (33). ἀσπάραγος *ἐπηγλαΐζετ' (libr. ἠγλάιζεν) Antiph. 3, 148 (37). ἐπηγλαϊσμέναι-φαιδραὶ τράπεζαι Cratin. 2, 177 (9).

ἐπάγω: λίμνην δ' ἐπάγειν-εἰς τὴν ἅλμην Ephipp. 3, 323 (1, 12). Δούρειον ἐπάγω χῆνα Diph. 4, 419 (7). πότε δεῖ πυκνότερον ἐπαγαγεῖν καὶ πότε βάδην Sosip. 4, 484 (v. 50). ὀπτῶν ἐπῆγε (?) σωρός Diph. 4, 394 (1). ἡ τράπεζ' ἐπήγετο Anaxand. 3, 162 (3). Med. τῶν αὑτοῦ κακῶν ἐπαγόμενον λήθην Men. 4, 208 (2). ἀλλ' ἡδονή τις τοὺς ἐρῶντας ἐπάγεται συνουσίας; Men. 4, 236 (14).

ἐπαγωγός: ἐπαγωγόν-τὸ σχῆμα-τῆς κυλικός ἐστιν Antiph. 3, 88 (1, 2). ὄψον χρηστόν, ἐπαγωγὸν πάνυ Antiph. 3, 144 (28).

ἐπαινέτης θαυμαστὸς οἷος τῶν φίλων Timocl. 3, 595 (v. 9).

ἔπαινος: ἔπαινον ἕξεις mon. 139. φίλων ἔπαινον μᾶλλον ἢ σαυτοῦ λέγε mon. 744.

ἐπαινῶ: *κάλλιστ' ἐπαινῶ Eup. 2, 498 (30). πάνυ τοῦτ' ἐπαινῶ Eup. 2, 484 (1, 9). κολακεύειν καὶ πάντ' ἐπαινεῖν Diod. 3, 544 (v. 35). οὔτε μᾶλλον οὔτε διὰ μέσου ἠρτυμένοισι χαίρων (f. ἠρτυμένοις ἔχαιρεν) ὥστ' ἐπαινέσαι anon. 4, 671 (292). κατὰ πόλλ' ἐπαινῶ μᾶλλον ἡμῶν τὸν βίον-ἤπερ- Amphid. 3, 316 (1). ἐπαινῶν Αἰσχύλον Aristophan. 2, 1009 (10). ἂν σ' ἐπαινῶ μᾶλλον Alexid. 3, 434 (1, 15). σαυτὴν ἐπαινεῖς Philem. 4, 61 (95).

ἐπαίρω: ἀνεκὰς τ' ἐπαίρω (?) -τὸ σκέλος Eup. 2, 443 (9). ὥσπερ κοχλίας σεμνῶς ἐπηρκὼς τὰς ὀφρῦς Amphid. 3, 305. οἱ-τὰς ὀφρῦς ἐπηρκότες Baton. 4, 502 (v. 13). εἰκῇ μ' ἐπῆρας-ἐμαυτὸν ἐγκυλῖσαι πράγμασιν Pher. 2, 338 (7). ἐπαίρουσαι δὲ μικρόν-οὕτως ἀνερρίπιζον Antiph. 3, 117 (2, 14). ὥστε τὸν δειπνοῦντ' ἐπαίρειν, ἄν τι βούληται λαβεῖν Euang. 4, 572 (v. 10). βουβὼν ἐπήρθη τῷ γέροντι Men. 4, 98 (7).

ἐπαισχύνομαι: μὴ πάντοθεν κέρδαιν', ἐπαισχύνου δέ μοι Men. 4, 255 (80ᵃ).

ἐπακολουθῶ: ἐπηκολούθουν κὴντιβόλουν Aristophan. 2, 1163 (2).

Ἐπάκριος: Ἐπακρίου Διός Polyz. 2, 869 (1).

ἐπακροῶμαι: γελῶν ἐπηκροώμην *(σου) πάλαι Plat. 2, 618 (2).

ἐπακτός: ἀνδρῶν ἐπακτῶν Aristophan. 2, 1099 (4). κακὸν ἐπακτὸν Philem. 4, 36 (8, 5).

ἐπαμφιάζω: μήτ' ἂν ἀτυχήσας-ἐπαμφιάσαι δύναιτο τοῦτο χρήμασιν Men. 4, 192 (4).

ἐπαμφοτερίζω: ἡμῖν-*ἐπαμφοτερίζουσ' ἐμποδὼν καθήμενοι Pher. 2, 283 (3).

ἐπάν: ἐπὰν ἀποθάνῃ μὴ βιώσεσθαι πάλιν Antiph. 3, 151 (54). ἐπὰν ἀποθάνῃς, αὖθις ἐξ ἀρχῆς ἔσει Men. 4, 134 (2). ἐπὰν γένηται-(optimum est) ὡς τάχιστ' ἔχειν τέλος Alexid. 3, 447 (1, 16). ἐπὰν δὲ γήμῃς, οὐδὲ σαυτοῦ κύριον ἔξεστιν εἶναι Alexid. 3, 519 (34, 7). τὰς ὀφρῦς ἐπὰν ἴδω ἀνεσπακότας Alexid. 3, 391 (2). ἐπὰν ἴδω κάτω βλέποντας ib. ἐπὰν δὴ τὸν γόητα-ἴδω Alexid. 3, 485 (4). ἐπὰν ἰδιώτῃ-μονοσιτοῦντ' ἴδῃς Alexid. 3, 509 (11). ἐπὰν κλίνας ἴδω ἐστρωμένας-εἰσέρχομαι Diodor. 3, 544 (v. 14). μηδέποτ' ἐρώτα τοῦτ', ἐπὰν γέροντ' ἴδῃς ἢ γραῦν τιν' Philem. 4, 44 (30). ἐπὰν ἴδῃς γέροντα καὶ μόνον, μηδὲν ἐπερώτα Philem. 4, 47 (37). ἐπὰν ἐγγὺς θάνατος ἔλθῃ Philem. 4, 47 (38). θρηνοῦμεν, ἐπὰν μηδὲν ἔχωμεν Alexid. 3, 456 (1). ἐπάν τις τυγχάνῃ λυπούμενος, ἧττον ὀδυνᾶται, φίλον ἐὰν παρόντ' ἴδῃ; Philem. 4, 42 (24). ἐπὰν (al. ἐὰν) πταίσωσί τι, αὐτοὺς ποιοῦντας πάνθ' Philem. 4, 24 (1). αὐτούς-ἀνῃρήκασι διὰ λύπην τινές, ἐπὰν τὸ λυποῦν πλεῖον ᾖ τὸ σῷζον ᾖ Philem. 4, 44 (27b). ἐπὰν δ' ἀνοίξῃ τὰς θύρας τρισάθλιος (int. νομίζεται) Men. 4, 157 (2). ἐπὰν ὁ νοῦς ᾖ μὴ καθεστηκώς τινι Philem. 4, 54 (58). ἐπὰν-ζητῇ τι κρεῖττον ὧν ἔχει, ζητεῖ κακά Men. 4, 272 (171). ἐπὰν-ἐκνεφίας καταιγίσας τύχῃ-οἴχεται φέρων Alexid. 3, 403 (1). αὐτοί τ' ἐπὰν ληφθῶσιν-ἐπιτρίβουσι τοὺς ὠνουμένους Alexid. 3, 413. εἶτ' ἐπάν τις ἐκδυθῇ, τηρεῖν ἔξωθεν Alexid. 3, 414 (1). †ἐπὰν-ἐπὶ κρεῖττον γένῃ Men. 4, 275 (188). ἐπὰν κυάθους πίνῃ τις-δέκα- Diodor. 3, 543. ἐπὰν γλαυκίσκος-παρατεθῇ, ἴσασιν- Baton. 4, 502 (v. 16). ἔπειτ' ἐπὰν ᾖ καθαρὰ τἀσθητήρια, οὐκ ἂν διαμάρτοις Machon. 4, 497 (v. 5). ἐπὰν τάχιστ' ἔλθωσιν ἐκ τῆς ἐκφορᾶς Hegesipp. 4, 479 (v. 12). ἐπὰν-καλέσῃ ψυγέα τὸν ψυκτηρίαν-τί δεῖ ποιεῖν; Euphron. 4, 489. ἐπὰν ... Alexid. 3, 462 (1, 8).

ἐπαναβαίνω: ἵνα μὴ τὸ γῆρας ἐπαναβὰν (βᾶν) αὐτὸν λάθῃ anon. 4, 620 (58).

ἐπάναγκες: *δεῖ μέμψιν ἰδίαν-ἐπάναγκες λαβεῖν Men. 4, 249 (50).

ἐπανάγω: λαβὼν ἐπανάξω σύαγρον εἰς τὴν οἰκίαν Antiph. 3, 21. praeterea cf. ad Xenarch. 3, 623.

ἐπανακάμψαι: Philippid. 4, 470.

ἐπαναπλάττω: θερμὸν ἰχθὺν ἐπαναπλάττων Axionici 3, 535 (2).

ἐπανατρέπω: *ἐπανατρέψαι (legeb. ἐπαναστρέψαι) †βούλομαι εἰς τὸν λόγον Cratin. 2, 116 (1).

ἐπαναχωρῶ: τί οὐκ ἐπανεχώρησα δεῦρο-; Pher. 2, 279 (4).

ἐπάνειμι: τὸν ἥλιον πότε | ἐπὶ τὴν μακράν τε καὶ βραχεῖαν ἡμέραν ἐπάνεισι Sosip. 4, 483 (v. 29).

ἐπανήκω: ψυχὴν δ' †αὖ ἥκειν (al. ἀπὸ νίκης, f. ἐπανήκειν?) ὥσπερ Αἰσώπου ποτέ Plat. 2, 640 (3).

ἐπανθρακίζω: vide ἀνθρακιά.

ἐπανίημι: τὰ μὲν θερμὰ παραθεῖναι, τὰ δ' ἐπανέντα Sosip. 4, 484 (v. 53).

ἐπανορθώσασθαι: Aristophan. 2, 1088 (25).

ἐπαντλῶ: ἓν ἀγαθὸν ἐπιχέασα τρί' ἐπαντλεῖ κακά Diph. 4, 424 (26).

ἐπάνω: κἂν-πίπτησι τὰ λεύκ' ἐπάνω Plat. 2, 665 (2, 5). τὰς ὀφρῦς ἔχοντας ἐπάνω τῆς κορυφῆς Alexid. 3, 391 (2).

ἐπάξιος: δεῖ καὶ ποιεῖν τῶν σιτίων ἐπάξιόν τι Alexid. 3, 520 (36).

ἐπαοιδή: *τελέειν δ' ἀγαθὴν ἐπαοιδήν Aristophan. 2, 955 (8).

ἐπαργυρῶ: ἐπίταττέ μοι μὴ πόλλ' ἄγαν-μηδ' ἐπηργυρωμένα Mnesim. 3, 568.

ἐπαρίστερα: *ἐπαρίστερ' ἐν τῷ στόματι τὴν γλῶτταν φορεῖς Ephipp. 3, 339 (3). ἐπαρίστερ' ἔμαθες-γράμματα Theognet. 4, 549 (v. 7).

ἐπαριστερῶς-αὐτὸ λαμβάνεις Men. 4, 164 (1).

ἐπαρκῶ: κοὔτε-βολβός-δυνατός ἐστ' ἐπαρκέσαι Xenarch. 3, 614. ξένοις ἐπαρκῶν mon. 391. ἀλλ' οὐδὲν αὐτῶν (f. αὐτοῖς) τῶνδ' ἐπήρκεσεν χρόνος (f. χρόνον) Men. 4, 233 (9, 7).

ἐπαυρέσθαι: μικροῦ-βιότου-ἐπαυρέσθαι anon. 4, 607 (20b).

ἐπαφρόδιτος: τῆς ἐπαφροδίτου καὶ φιλανθρώπου θεοῦ Philem. 4, 22 (v. 6).

ἐπαχθής: ὦ γῆρας, ὡς ἐπαχθὲς ἀνθρώποισιν εἶ Pher. (?) 2, 359 (86).

ἐπεγείρω: μηθ' εὕδοντ' ἐπέγειρε Pher. 2, 335 (3, 9). οἶνον-ὅστις *ἐπεγερεῖ τὸν ἔμβολον Aristophan. 2, 1076 (1).

ἐπεί: cf. ἔπειτα. πόδας *ἐπεὶ δέοι-καταφαγεῖν-ὑός Ecphant. 2, 12. ὅς ἐπεί ποτ' ἐμβλέψειε ποῖς καθημένοις-πάντες ἐβοῶμεν Damox. 4, 536 (v. 4). ἐπεὶ δ' ἐγενόμην οἵπερ ᾖ' Aristophan. 2, 1119 (6). ὀσμὴ δέ, τοὐπίβλημ' ἐπεὶ περιῃρέθη, ἐβάδιζ' ἄνω Nicostr. 3, 284 (1). ἐπεὶ δὲ *δόλιχον τοῖς ἔτεσιν ἤδη τρέχει,-ἰδεῖν-αὐτὴν ῥᾷόν ἐστι Epicrat. 3, 366 (2, 18). ἐπεὶ δὲ τοῦτ' οὐκ ἔστι, κακοδαίμων-ὅστις Antiph. 3, 82. ἐπεὶ γὰρ ἀποθνήσκειν ἀνάγκη γίγνεται,- Antiph. 3, 150 (48). οὐκ ἀσκίφ-*ἐμορμολύττετο-, ἐπεὶ ταδ' ἔστ' ἀληθῆ Cratet. 2. 235 (1). κρέα δὲ μόνον ὤπτων, ἐπεί | ἕψοντά γ' οὐ πεποίηκεν αὐτῶν οὐδένα Eubul. 3, 262 (2). τεθαύμακ', οὐκ ἐπεί | πέπλευκεν, ἀλλ' εἰ δὶς πέπλευκεν Philem. 4, 60 (92). ἄφροσιν μὴ χρῶ φίλοις, ἐπεὶ *κεκλήσῃ καὶ σὺ-ἄφρων Men. 4, 271 (167). ἐπεὶ μάγειρον ἂν λάβῃς ἀληθινὸν-ἕτερόν σοι-φανήσεται τὸ πρᾶγμα Sosip. 4, 482 (v. 6). ἐπεὶ κατὰ μέρος τὰς πόλεις-σκόπει Apollod. 4, 454 (1, 15). ἐπεὶ παράθες αὐτοῖσιν ἰχθῦς-, κἂν μὴ κατεσθίωσι καὶ τοὺς δακτύλους, ἐθέλω κρέμασθαι δεκάκις Aristophont. 3, 362 (3). τίς *με κωλύει; B. *ἡμεῖς. *A. ἐπεὶ δίδωμι χιλίας δραχμάς Aristophan. 2, 985 (1).

ἐπείγω: *εἴ τι βούλει τῶν λελειμμένων φαγεῖν, ἔπειγ' ἔπειγε Eubul. 3, 212 (v. 11).

ἐπειδάν: ἐπειδὰν κατίδω τιν' ἄνδρα-εὐθὺς περὶ τοῦτον εἰμί Eup. 2, 484 (1, 7). ἐπειδὰν δειπνῶμέν που, τότε-λαλοῦμεν Metag. 2, 752 (2) = Aristag. 2, 761 (2). ἔπειτ' ἐπειδὰν τὸν λύχνον κατακοιμίσῃ Phryn. 2, 590 (6). ἐπειδὰν δ' εὐπορήσωσίν ποτε, ἀνέλαβον καινὰς ἑταίρας Alexid. 3, 422 (1, 8). ἐπειδὰν ἀσχολουμένους λάβω, ἀνέκραγον Alexid. 3, 477 (5).

ἐπειδή: ἐπειδὴ τοὺς πρυτάνεις προσήλθομεν Aristomen. 2, 731 (4). Παναθήναι' *ἐπειδὴ-πέμποντά σε-μήτηρ ἑώρα Men. 4, 211 (1). ἐπειδὴ δ' ἔλαχον, οὐκ ἂν ἐβουλόμην anon. 4, 650 (187). οἷς ἐπειδὴ προσερύγοι-ἴα καὶ ῥόδ' ἔφασαν-ἠριστηκέναι Diodor. 3, 544 (v. 35). τῴδεῖον ἐπὶ τοῦ κρανίου ἔχων, ἐπειδὴ τοὔστρακον παροίχεται Cratin. 2, 61 (1). τούτοις δ' ὑπάρχει ταῦτ', ἐπειδὴ τοὺς θεοὺς σέβουσιν Aristophan. 2, 1171 (1, 13).

ἐπεῖναι: πιεῖν-οἶνον ἢν ὕδωρ ἐπῇ Cratin. 2, 179 (16). σανδάλια-, ἐφ' οἷς τὰ χρυσᾶ-ἔπεστιν ἄνθεμα Cephisod. 2, 884 (2). τοῖς-ἀγενείοις-ἔπεστί τις χάρις Alexid. 3, 485 (4).

ἐπειπεῖν: ἐνέσεισε-μετανιπτρίδα-*ἐπειπὼν (libr. ὑπειπὼν) τῆς Ὑγιείας τοὔνομα Philetaer. 3, 292 (1).

ἐπεισάγω: ἐπεισῆγεν χορείαν Antiph. 3, 94 (1). ὁ παισὶν αὑτοῦ μητρυιὰν ἐπεισάγων anon. 4, 618 (50, 3).

ἐπείσακτος: ἐπείσακτον κακόν-πεπορισμένος anon. 4, 618 (50, 5).

ἐπεισιών: vide ἐπισείω.

ἐπεισκομίζομαι: ὁμοῦ δὲ *τῇδ' ἐπεισκομίζεται (legeb. τῇδέ τ' εἰσκομίζεται) - καὶ δαίμον' anon. 4, 690 (349).
ἐπεισόδιον: γράφ' αὐτόν | ἐν ἐπεισοδίῳ Cratin. 2, 125 (13). κατ' ἐπεισόδιον μεταβάλλω τὸν λόγον Metag. 2, 756 (1).
ἐπεισπαίω: ἐπεισπέπαικεν εἰς τὰ συμπόσια anon. 4, 696 (367).
ἐπεισπλέω: θύννων - ἐπεισέπλει ὑπογάστρι' Eubul. 3, 223 (2).
ἔπειτα: cf. εἶτα. οἷς ἦν μέγιστος ὅρκος - κύων, ἔπειτα χήν· θεοὺς δ' ἐσίγων Cratin. 2, 155 (11). τὰ θερμὰ λουτρὰ πρῶτον ἄξω -. ἐρεῖ δὲ -. ἔπειτ' ἀλάβαστος - ἥξει - Cratet. 2, 238 (2). δειπνῶμεν *(πρῶτον), κἄπειτά με - ἐπερώτα Metag. 2, 752 (3). ἀφαιρεῖν ὥρα 'στὶν ἤδη τὰς τραπέζας, εἶτα παρακορῆσαι, ἔπειτα κατὰ χειρῶν ἑκάστῃ - δοῦναι Phyll. 2, 857 (1, 3). ὀφθαλμιάσας - εἶτ' ἔσχον κακῶς, ἔπειθ' ὑπαλειφόμενος - Aristophan. 2, 995 (1). πίνειν, ἔπειτ' ᾄδειν κακῶς Aristophan. 2, 1038 (19). καὶ πρῶτα μὲν αἴρω - μᾶζαν - ἔπειτα - Antiph. 3, 3 (1). μακάριόν ἐστιν - ποίημα -, εἴ γε πρῶτον κτλ. ‖ ἔπειθ' ὅταν μηδὲν δύνωντ' εἰπεῖν ἔτι - αἴρουσιν - τὴν μηχανὴν Antiph. 3, 106 (v. 13). *πρώτιστα μὲν γάρ -' ἔπειτα *(τὰ) μέλη - ὡς εὖ κέκραται Antiph. 3, 121. πρῶτον - εἶτ' - *ἔπειτ' (vulg. εἶτ') - εἶτ' - Philem. 4, 51 (49). ἐδίδασκεν - πρῶτον ἀστρολογεῖν -, ἔπειτα μετὰ ταῦτ' εὐθὺς ἀρχιτεκτονεῖν Sosip. 4, 482 (v. 16). τὰς μὲν ἡδονὰς ἔχει μικράς, ἔπειτα δ' ὕστερον λύπας μακράς Antiph. 3, 148 (40). συμφορὰς πολλὰς ἔχει -. *ἔπειτα (libr. εἶτα) μετὰ ταῦτ' εὐθὺς εὑρέθη θανών Philem. 4, 35 (7). ἔπειτ' ἐπὶ τούτοις πᾶσιν ἦκ' ὄρχεις φέρων Philippid. 4, 468 (1). ἐπευξάμην - χυάθους θεῶν - καὶ θεαινῶν μυρίους· *ἔπειτ' (libr. εἶτ') ἐπὶ τούτοις πᾶσι τῆς σεμνῆς θεᾶς Antiph. 3, 45 (3, 4). κἄπειτ' ἀπ' ἐκείνης τῆς θυσίας διέφθορεν αὐτὰς - ἀβουλία Henioch. 3, 563 (v. 12). ἡ μὲν φύσις τὸ μέγιστόν *(ἐστ'), ἔπειτα δέ | κἀγὼ - συνελάμβανον Eup. 2, 457 (4). οἰκεῖν μὲν ἐν ἀγρῷ *πρῶτον (vide 5, 65) ἐν τῷ γηδίῳ - ἔπειτ' ἀκούειν - *ὄψῳ δὲ χρῆσθαι - Aristophan. 2, 1108 (1). ὄψει δὲ -. *αὐτὸς δ' ἀνήρ -, *ὑριχοὺς δ' ἴδοις ἄν -. ἔπειτα - Aristophan. 2, 1171 (1). ἀλιτελὴς εἶ - πίνων ὕδωρ ‖ ἔπειθ' ἕωθεν περιάγεις τὴν λήκυθον Baton. 4, 500 (1). τρεῖς *(ἀργυροῦς) στήσειν ἔφη -, ἔπειτ' ἔθηκεν ἕνα μολύβδινον *Cratin. 2, 232 cf. 1230. ἁλιευόμενός ποτ' αὐτὸν εἶδον - κἄπειτ' ἀφῆκεν Plat. 2, 629 (2). ἄφωνος ἐγένετο, ἔπειτα μέντοι πάλιν ἀνηνέχθη Theop. 2, 819 (12). κατέτριβεν ἱμάτια κἄπειτά πως ψώδας τοσαύτας εἶχε Aristophan. 2, 1092 (1). τὸν γόνον *καταγνύει, ἔπειτ' ἀφανίζει Eubul. 3, 254 (1, 15). ὅν φασί ποτε κληθέντ' - παρεῖναι -, ἔπειτα †φάναι Eubul. 3, 262 (1). ἐσθίει - ἕως ἂν - ἀποδείξῃ κενόν. ἔπειθ' ὁ μὲν λέμμ' ἐστὶν Anaxil. 3, 353 (1). ἐπὶ τοὺς νεὼς ἵζουσι -' κἄπειτα τοῦτ' εἶναι νομίζεται τέρας Epicrat. 3, 366 (2, 13). βούλει - πλεκτὴν κάθω, κἄπειτ' ἀνελκύσω σε; Plat. 2, 622 (4). τρέχ' - ἀμφορέα λαβὼν ‖ κἄπειτα μίσθου σαυτὸν Aristophan. 2, 1072 (6). τὸν ᾠδὸν λάμβανε. ἔπειτα μηδὲν - τούτων περάνῃς Antiph. 3, 46 (1). ἔπειτ' ἐπειδὰν τὸν λύχνον κατακοιμίσῃ Phryn. 2, 590 (6). ἔπειτ' ἐπὰν ᾖ καθαρὰ τᾀσθητήρια, οὐκ ἂν διαμάρτοις Machon. 4, 497 (v. 5). *ἔπειθ' ἕτερα ποιοῦντα πολλὰ κυντερώτερα Pher. 2, 297 (2). ἔπειτα δ' οὐδείς ἐστ' ἀνὴρ γαστρίστερος Plat. 2, 685 (11). λαβὼν οὖν τὸν σχύλακα - κἄπειτα δῆσον αὐτόν Plat. 2, 622 (5). δεῖ καρκινοῦν τοὺς δακτύλους, οἰνόν τε μικρὸν ἐγχέαι (al. -έας) καὶ μὴ πολύν· (f. et πολὺν) ἔπειτ' ἀφήσεις Antiph. 3, 30 (1, 17). ὅστις δ' ἐπὶ δεῖπνον - ξένον καλέσας ἔπειτα συμβολὰς ἐπράξατο - Eubul. 3, 240. καὶ τοῦτον ἀσπασάμενος - ἔπειτα - φησὶ Timocl. 3, 606. *κἄπειθ' ἵνα μὴ - βωμολόχοι καλώμεθα, ἐποίησεν ὁ Ζεὺς καπνοδόχην Pher. 2, 325 (2). ἔπειθ' ὅσοι παρῆσαν -

ἐπηκολούθουν Aristophan. 2, 1163 (2). κἄπειτα τί; Eup. 2, 512 (9). ἔπειτα τοῦτο ζημιοῖς με; Antiph. 3, 41 (2, 9). ἔπειτα πῶς οὐ στέφανος οὐδείς ἐστι πρόσθε τῶν θυρῶν; Ephipp. 3, 325 (2). ἔπειτα πῶς ἦλθες; Alexid. 3, 436 (1). ἔπειτα φυσᾶν-οὐκ ἠδύνω; Philippid. 4, 472 (1). ἔπειτα δ' οὐδὲ τοῦτο γιγνώσκεις ὅτι-; Dionys. 3, 555.

ἐπενδύτης: χιτῶνα-ἐπενδύτην Nicoch. 2, 843 (1).

ἐπεξαπατῶ: σύντεμνε καί | ἐπεξαπάτα με Mnesim. 3, 568.

ἐπέρχομαι: cf. ἀπέρχομαι. ὑπέρχομαι. ἀγὼν-ἐπέρχεται Plat. 2, 630 (1, 10). πορευομένῳ-φιλοσοφεῖν ἐπῆλθέ μοι Alexid. 3, 495 (1). δασύπους *ἂν ἐπέλθῃ τις (libr. ἐάν τις ἐπέλθῃ, f. ἄν τις εἰσέλθῃ), φέρε Ephipp. 3, 334 (1, 9).

ἐπερωτῶ: κἄπειτά με πάντ' ἐπερώτα Metag. 2, 752 (3). λαβεῖν ἀπόκρισιν *(ὧν) ἂν ἐπερωτᾷ τις Amphid. 3, 312 (1, 3). οὓς ἂν ἐπερωτήσῃ τις ib. 313 (1, 5). νεύων μόνον πρὸς τοὺς ἐπερωτῶντάς τι Alexid. 3, 467 (1). ἐπὰν ἴδῃς γέροντα-μηδὲν ἐπερώτα Philem. 4, 47 (37). εὐθύς μ' ἐπηρώτησε-" πόσους κέκληκας-;" Straton. 4, 545 (v. 5).

ἐπεσθίω: διακόνιον ἐπησθεν (f. ἐπῆσθι') Pher. 2, 342 (6). ὀστακόν-ἐπεσθίειν Aristomen. 2, 732 (2). ἐπιφαγεῖν μηδὲν ἄλλ' ἢ κρόμμυον *λέποντα Eup. 2, 526 (3). τυρίον ἐπεσθίοντα Telecl. 2, 368 (3). κάπικνῆν κἀπεσθίειν anon. 4, 658 (221).

ἐπέσθω: v. ἐπεσθίω.

ἐπέχω: ἐπίσχες αὐτοῦ Cratin. 2, 60 (6).

ἐπήβολος: χρημάτων ἐπήβολος Archipp. 2, 725 (3).

ἐπήκοος: ἐπήκοος (al. εὐήκοος) γενοῦ Phryn. 2, 608 (20).

ἐπηλίς (scr. ἔπηλις): Posidipp. 4, 527 (12).

ἐπηρεαστικόν: anon. 4, 693 (357).

ἐπήρεια: τῶν σκυτοτόμων κατ' ἐπήρειαν γεγένηται Amips. 2, 703 (1, 3). φθόνον τ' *ἐπήρειάν τε καὶ μῖσος πολύ Philem. 4, 35 (7).

ἔπι: καρῖδες ἀνθράκων ἔπι πηδῶσι Ophel. 3, 380.

ἐπί: 1) c. gen. τῴδεῖον ἐπὶ τοῦ κρανίου ἔχων Cratin. 2, 61 (1). τὰ θερμὰ λουτρὰ-ἄξω-ἐπὶ κιόνων ὥσπερ διὰ τοῦ παιωνίου ἐπὶ τῆς θαλάττης Cratet. 2, 238 (2, 3. 4). ἐπὶ τοῦ κορήματος καθέζομαι χαμαί Aristophan. 2, 1145 (15). κἂν ἐπὶ ῥιπὸς πλέοις mon. 671. ἐπὶ λεπτῶν ἐλπίδων *ὠχεῖσθ' Aristophan. 2, 1005 (2). ἐπὶ τοῦ μαθήματος-ἑστηκὼς ὁ νοῦς Amphid. 3, 302 (1). ἡ μὲν-ἐπὶ τοῦ συντετάχθαι διὰ τέλους φρόνησις οὖσα Amphid. 3, 316 (1, 4). τραπεζοποιός ἐστ' ἐπὶ τοῦ διακονεῖν Philem. 4, 18 (2). ὥσπερ λύχνος ὁμοιότατα *καθηῦδ' ἐπὶ τοῦ λυχνιδίου Aristophan. 2, 1059 (5). νεναυάγηκεν ἐπὶ τοῦ τηγάνου Eubul. 3, 244 (3). οὑπὶ τῶν ξύλων Herm. 2, 384 (5). ὀπτωμέναις κόγχαισιν ἐπὶ τῶν ἀνθράκων Aristophan. 2, 976 (15). διασκεδᾶτε τὸ προσὸν-νέφος ἐπὶ τοῦ προσώπου Anaxand. 3, 197 (6). εἰς τὸ Θησεῖον πλεούσας ἢ 'πὶ τῶν σεμνῶν θεῶν Eup. (?) 2, 577 (v. 21). ἐπὶ κέρως τεταγμένας Eubul. (Philipp.) 3, 237 (v. 4) = 246 = Xenarch. 3, 617 (1, 6). ὥσπερ ἐπὶ τῶν βίων-τοὺς μὲν ἡ τύχη μεγάλοις προσένειμε τοὺς δ' ἐλάττοσιν Alexid. 3, 434 (1, 12). ὅσα *οὔτ' ἀριθμὸν οὔτ' ἔλεγχον ἐφ' ἑαυτῶν ἔχει Dionys. 3, 552 (1, 13). αὐτὸς δ' ἐφ' *αὑτοῦ 'στιν πονηρός (int. βολβός) Philem. 4, 46 (33). πίνακά μοι-παραθήσεις αὐτὸν ἐφ' ἑαυτοῦ μέγαν Lyncei 4, 433 (v. 18). τὸ κακόν-ἐφ' ἑτέρων ἰδεῖν Sosicrat. 4, 592 (1). οὐδεὶς *ἐφ' αὑτοῦ τὰ κακὰ συνορᾷ Men. 4, 256 (85). φοβούμενοι τὸ θεῖον ἐπὶ τοῦ σοῦ πάθους Men. 4, 291 (268). ἰσχὺν ἔχων πλείστην ἐπὶ τούτου δείκνυται Men. 4, 203 (4). ἄριστ' ἀπαλλάττεις ἐπὶ τούτου τοῦ κύβου Diph. 4, 411 (1). πολλὰ-ἐφ' ἑκάστου λαλῶν Men. 4, 324 (466). †ἐπὶ τοῦδ' αὖθις κακοδαίμων ἔφη

Men. 4, 99 (1). ἱκανὸν τὸ νικᾶν † ἐπὶ τῶν ἐλευθέρων mon. 262. ἐπὶ
καινοτέρας ἰδέας-* βίον-ἔτριβες Eup. 2, 440 (1). ἐπ' ἀλφίτου πίνοντε
Epinici 4, 505. ἐπὶ * Μανδροβόλου Plat. 2, 633 (9) cf. 5, 44. οἱ
τἀπὶ Χαριξένης Cratin. 2, 98 (9). Theop. 2, 811 (2). ἐφ' οὗ ποτ' ἦ
ὁ πυρὸς ἄξιος Pher. 2, 279 (6). ἐπὶ Φαληνίου Aristophan. 2, 1166 (15).
ἐπὶ τοῦ βίου-τριχίδας ὠψώνησ' ἅπαξ Eup. 2, 493 (16). ἐπὶ καιροῦ τινος λαβὼν ἀφείλεθ' ὅσα- Alexid. 3, 507 (8). ὅπερ ἐπὶ τῶν Σειρήνων
-ἐγένετο, καὶ νῦν ταὐτὸ τοῦτ' ὄψει πάλιν Hegesipp. 4, 479 (v. 20).
* ἐφ' ἑσπέρας Calliae 2, 738 (8) cf. 5, 52. anon. 4, 612 (40, 3).
2) c. dat. ἐπὶ τῷδ' ἐπῴζουσ' Cratin. 2, 82 (2). ἐπὶ πιναχίσκοις-πε-
ρέχειτ' Pher. 2, 300 (1, 14). παρέχειντ' ἐπὶ ταῖσι τραπέζαις Telecl. 2,
361 (1, 7). περιπλεῖν δ' ἐπὶ τοῖς ἄμβωσιν ἄνω πέντε κέλητας Ephipp.
3, 323 (1, 16). βουνὸν ἐπὶ ταύτῃ καταλαβὼν ἄνω τινα Philem. 4,
46 (34ᵃ). ὁλκεῖον ἐπὶ τραπέζῃ κείμενον Philem. 4, 8 (1). ἀλυσι-
ζουσιν ἐπὶ (f. ὑπὸ) ταῖς κλινίσιν Cratin. 2, 99 (10). πλευρὰ-ἐπ'
ἀμύλοις καθήμενα Pher. 2, 300 (1, 17). λαγῴοις ἐπ' ἀμύλῳ καθημένοις Telecl. 2, 370 (2). ἐπεκάθιζεν ἐπὶ τοῖς χείλεσιν Eup. 2, 458 (4,
5). κατακείμενοι-ἐπὶ τρικλινίῳ Theop. 2, 816 (2). Κερκυραίους ὁ
Ποσειδῶν ἐξολέσειεν ναυσὶν ἐπὶ γλαφυραῖς Herm. 2, 407 (1, 11). ἐπὶ
τοῖς-βάθροις ὅταν ὦσιν Phryn. 2, 580 (1, 5). σανδάλια-ἐφ' οἷς τε
χρυσᾶ ταῦτ' ἔπεστιν ἄνθεμα Cephisod. 2, 884 (2). ἰχθύδια-βεβασανισμένα ἐπ' ἰχθυοπώλου χειρὶ Aristophan. 2, 1108 (1, 10). στίλβη δ'
ἡ-φλόγ' ἀνασειράζεις ἐπὶ τῷ * λυχνείῳ Aristophan. 2, 1168 (2). ἐπὶ
τῷ προσώπῳ δ' αἱ τρίχες-εἴξασι πολιαῖς Eubul. 3, 250 (1, 7). ὀλίγος
οὑπὶ γῇ χρόνος Amphid. 3, 303. ἐν (l. ἐπ') ἀλιπέδῳ Aristophan. 2,
1045 (34). οὐσῶν (?) μειράκων-ἐπὶ τοῖσι πορνείοισιν Xenarch. 3, 617
(1, 4). ἐπὶ τηγάνοις καθίσανθ' Pher. 2, 320 (4). ἐπὶ Παλλαδίῳ-δώσεις δίκην Aristophan. 2, 1194 (81). * κοπρῶν' ἔχει ἐπὶ ταῖς θύραις
ἕκαστος Eubul. 3, 230 (2). κατεσθίει-ἐπὶ μιᾷ (Trigla) τὴν οὐσίαν
Antiph. 3, 12 (1, 11). ἐπὶ τῷ ταρίχει τῷδε-κόπτετον Chionid. (an
Men. 5, 14?) 2, 7 (3). ἐπὶ τῷ ταρίχει τὸν γέλωτα κατέδομαι Aristophan. 2, 1198 (75). ἐπ' οἴνοις τοιαυτὶ λέγομεν Pher. 2, 335 (3, 9).
οὕτως ἐφ' ἡμῖν σκευάσαι-ἢ τεμεῖν ἥδυσμαθ'-ὁ τυχὼν δύναιτ' ἂν Dionys. 3, 548 (v. 15). *'Αμυνίαν-πτωχὸν ὄντ' ἐφ' ἡμῖν anon. 4, 649
(182). λέγειν ἐπὶ τῷ πίνοντι τὸν ἐπιδέξια Anaxand. 3, 161 (1).
καλὸν τὸ θνήσκειν ἐστὶν (f. ἔστιν) ἐπὶ τούτῳ λέγειν Philem. 4, 47 (37).
μὴ λέγ'-ἐφ' ἑκάστῳ τὸ γένος Men. 4, 229 (4). cf. ἕκαστος. δεῖ σκωπτόμενον
ἐφ' ἑαυτῷ γελᾶν Nicol. 4, 580 (v. 31). * καχάζετε ἐπὶ τοῖς καταρρέουσι
Eubul. 3, 216. κταμένοις ἐπ' αἰζηοῖσι καυχᾶσθαι Cratin. (?) 2, 72.
ἐπ' ἀνδρὶ δυστυχοῦντι μὴ πλάσῃς κακόν mon. 145. καλῶ δ' Ἄρη Νίκην τ' ἐπ' ἐξόδοις ἐμαῖς Apollod. Car. 4, 449. τὸν καιρὸν ἐπὶ τούτοις
ἰδεῖν Sosip. 4, 483 (v. 49). μάττειν ἐπὶ τοῖς ἱεροῖς Herm. 2, 405 (6).
ἐπ' ἀρίστῳ λαβὼν ὀψάριον Men. 4, 125 (2). ἐπὶ τοῖσδ' ἐγὼ μάγειρος
Epicrat. 3, 369. καλόν τὸ γῆράς ἐστιν ἐπὶ τούτῳ μόνον Philem. 4, 47
(36). πεινῶμεν ἐπὶ ταῖς ἐλπίσιν Antiph. 3, 66. τὰς ἐλπίδας ἐπὶ τῇ
τύχῃ-ἔχειν Philem. 4, 16 (1). ἀπαλλαχθέντας * ἐπ' (libr. ἐν) ἀγαθαῖς
τύχαις Theop. 2, 794 (1). Μαραθῶνος-ἐπ' ἀγαθῷ μεμνημένοι Herm.
2, 413 (2). ἐπὶ τοῖς παροῦσι τὸν βίον διάπλεκε anon. 4, 606 (25). ἐπὶ
χρήμασιν-φρονεῖ μέγα Antiph. 3, 83. πνίγομαι οὕτως ἐπ' αὐτοῖς anon.
(cf. 5, 52) 2, 746 (2, 10). ἐξέθνησκον ἐπὶ τῷ πράγματι Antiph. 3, 104
(v. 7). ἐφ' ἅπασιν δυσχερῶς ἔχει Amphid. 3, 316 (2). ἐπὶ τούτοις-
οἷς λέγεις κηλούμενον Baton. 4, 502 (1, 12). πολλῶν-ὄντων-ἐφ' οἷς-
εἰκότως θορυβούμεθα Baton. 4, 503 (1, 3). μαίνεται ἐπὶ τῷ Διονύσῳ

Alexid. 3, 498 (5). οὕτω-ἐπὶ τοῖς μέλεσι-ἀμφω νοσοῦσι Axionici 1, 417. ἐφ' ᾧ τ' ἐμαυτὴν συγκαθεύδειν- Cratin. 2, 231 (174). εἰ γὰρ ἐγένου σύ-ἐφ' ᾧ *τε διατελεῖν πράττων ἃ βούλει- Men. 4, 227 (2). εἰ δ' ἐπὶ τοῖς αὐτοῖς νόμοις ἐφ' οἷσπερ ἡμεῖς ἐσπείσαμεν τὸν ἀέρα- ib. ἐρεῖ | ἐφ' οἷς γεγόνασιν αἱ διαλύσεις anon. (393) 3, 123. δύς-σπείσαι, -ἐφ' ᾧ χαριεῖ πολὺ μᾶλλον ἤ- (?) Diph. 4, 391 (1, 9). δέξεται-ἐπὶ μισθῷ σῖτον Cratet. 2, 246 (1). ἄγω-ἐπὶ μισθῷ ξένον Pher. 2, 266 (1). τὸν ἐπὶ κακῷ γιγνόμενον-ἀγαπησμόν Men. 4, 203 (3). ἐχθροὺς ἀμύνου μὴ 'πὶ τῇ σαυτοῦ βλάβῃ mon. 182. τὸ ψεῦδος ἐπὶ σωτηρίᾳ λεγόμενον Diph. 4, 399. πρὸς χάριν ὁμιλεῖ τοῦ τρέφοντος ἐπ' ὀλέθρῳ Nicol. 4, 580 (v. 36) cf. 5, 117. παίδων *ἐπ' ἀρότῳ-δίδωμί σοί γε τὴν-θυγατέρα Men. 4, 275 (185). ὀπταὶ κίχλαι δ' ἐπὶ *τοῖσδ'-περὶ τὸ στόμ' ἐπέτοντ' Pher. 2, 300 (1, 23). *ἔπειτ' ἐπὶ τούτοις πᾶσι- Antiph. 3, 45 (3, 4). ἔπειτ' ἐπὶ τούτοις πᾶσιν ἧκ' ὄρχεις φέρων Philippid. 4, 468 (1). ἐπὶ δὲ τούτοις πίνομεν- Antiph. 3, 75 (2, 3). ἐπὶ τούτοις ἅπασιν *ὕστατον-ἐπετέθη Antiph. 3, 69 (2, 3). ἐπὶ πᾶσι τούτοις ἔλεγε τὰ στρατηγικά Sosip. 4, 482 (v. 18). ἐσθίουσι-λάχανά τε καὶ πίνουσιν ἐπὶ τούτοις ὕδωρ Aristophont. 3, 363 (5). γόγγρον ἐπὶ τούτοις ἐπριάμην Sotad. 3, 586 (1, 20). ἄλλος ἐπὶ τούτῳ μέγας ἥξει Antiph. 3, 99 (1). καὶ πρὸς ἐπὶ τούτοις-ταώς Anaxil. 3, 351. ἰατρὸς ἀδόλεσχος ἐπὶ νόσῳ νόσος mon. 268. Προιτίδας ἁγνίζων-καὶ τὸν πατέρ'-καὶ γραῦν πέμπτην ἐπὶ τοῖσδε Diph. 4, 416 (3). ἐπὶ ταύτῃ-ἐπεχόρευσε σαπέρδης Diph. 4, 406. εἰς δέκ' ἐπὶ τῇ μνᾷ γεγονέναι Diph. 4, 395 (2, 20). τέταρτός ἐστιν ἐπὶ δέκα Eup. 2, 587 (4). 3) c. accus. ἐπὶ βόεια νοστήσω κρέα Pher. 2, 292 (18). *(ἡ) τροφαλὶς-ἐφ' ὕδωρ βαδίζει Eup. 2, 538 (5). ἐπ' αὐτὸν ἥκεις τὸν βατῆρα Amips. 2, 711 (5). θυννίδας *ἐπὶ δεῖπνον (f. ἐπίδειπνον) ἠκούσας Nicoch. 2, 845 (1). βάδιζ' ἐπὶ δεῖπνον εἰς τὰ *φιλίτια Antiph. 3, 22 cf. de καλεῖν Aristophan. 2, 1202 (109) et 5, 70. πλέομεν ὦ κόρη 'πὶ ναῦς Nicoch. 2, 845 (3). βαδίζειν-ἐπὶ τὸν δεσπότην Aristophan. 2, 1189 (6). ἐπὶ τοὔψον ἧκε Aristophan. 2, 1165 (6). χωρεῖ 'πὶ γραμμήν Aristophan. 2, 1190 (60). εἰς Ὑμηττὸν ἐξελθεῖν-ἐπὶ μύρμηκας Eubul. 3, 215 (2). ἐφ' ὅσον βαδίζεις, ἐφ' ὅσον ἥξειν μοι δοκεῖς Men. 4, 144 (2). τελευτήσαι δ' ἐπὶ θύννον. B. ἐπὶ θύννον; Plat. 2, 672 (1, 6. 7). ἐκ-τῶν γνάθων ἱδρὼς ἐπὶ τὸν τράχηλον ἅλοκα-ποιεῖ Eubul. 3, 250 (1, 6). τῶν μυρρινῶν ἐπὶ τὴν τράπεζαν βούλομαι Apolloph. 2, 880 (1). μὴ παρατίθει θριδακίνας-ἐπὶ τὴν τράπεζαν Eubul. 3, 210. εἰς ἀρκέσει *ἢ δύ' ἐπὶ τὴν τράπεζαν Ephipp. 3, 334 (1, 6). εἴ τις πρίαιτο-βασκάνιον ἐπὶ κάμινον Aristophan. 2, 1185 (39). ἐπὶ πῦρ-πῦρ-ἄγων Aristophan. 2, 1184 (2). θησαυρὸς ἐπὶ θησαυρὸν ἐμπορίζεται Men. 4, 271 (165). ἐπὶ κακότροπον ἐμόλετον βίον Aristophan. 2, 1201 (104). ἐπὶ τὸ τάριχός ἐστιν ὡρμηκυῖα Antiph. 3, 13 (1, 22). ἐπὶ τίνα δ' *(ὧδ') ἄλλην τέχνην-τὰ στόματα-κατακάει-; Anaxand. 3, 175 (1, 5). *ἐπὶ τὸ καινουργεῖν *φέρου Antiph. 3, 15 (1). δέδιεν ἐπὶ τὰ πράγματα ὁρμᾶν προχείρως Amphid. 3, 316 (1, 6). †ἐπάν-ἐπὶ κρεῖττον γένη Men. 4, 275 (183). μεταπλάττων πάντας ἐπὶ τὰ χείρονα Diph. 4, 414. τὴν ἐπὶ τὸ χεῖρον μεταβολήν Diph. 4, 423 (23). ἐπὶ τοῦτ' ἀπέστειλ'-μ' ὁ δεσπότης Alexand. 4, 554. οὐ μὴ παραλάβω σ' οὐδαμοῦ-ἐπ' ἔργον Diph. 4, 394 (2). ἵστασθ'-ἐπὶ τρεῖς ἀσπίδας Aristophan. 2, 975 (5). *ὡς ἐπὶ τὸ πλῆθος Alexid. 3, 467 (3). ὡς ἐπὶ τὰ πολλά Alexid. 3, 469. τηρῶν πότ' ἐπὶ τὰς χεῖρας οἴσει τις Posidipp. 4, 526 (1, 10). ὀνόματος οὐδὲν ἐπὶ χεῖρας φέρων Cratin. 2, 185 (29). *ἐπ' ἀριστερὸ -τὴν ὄρχιν ἔχων Cratin. 2, 94 (3). οὐδέπω 'πὶ θάτερ' ὀπτός εἰμι

Cratet. 2, 237 (1, 9). ἔχειτ' ἐπὶ στόμα Men. 4, 74 (1). ἐπ' *ἀμφότερα-μέλλει καθευδήσειν Men. 4, 169 (1). ναυκληρεῖ Διόνυσος ἐπ' οἴνοπα πόντον Herm. 2, 407 (1, 2). †πρόφασιν ἐπὶ κῶμον Axionici 3, 531 (2). ἐπὶ κλίμακα (an -κος vel -κι?) πρὸς τεῖχος ἀναβαίνων Men. 4, 245 (37).

†ἐπιαλάς vide ἐπιάλλω.

ἐπιάλλω: †ἔτι ἐπιαλὰς χρηστὰ λε (f. ὅτιὴ 'πιήλας χρηστὰ λέγειν) ἀπωλόμην Phryn. 2, 581 (2). †οὐδ' ἀνεπιηλαι μὲν (f. οὐδ' ἂν ἐπιήλαιμεν ἄν 5, 68) Aristophan. 2, 1164 (3).

ἐπιβαίνω: πλεῖν-διὰ τέλους καὶ μηδ' ἐπιβαίνειν γῆς Men. 4, 175 (2).

ἐπιβακχεύω: Βυζάντιον-τέμαχος ἐπιβακχευσάτω Nicostr. (Philetaer.) 3, 279 (1).

ἐπιβάλλω: *ἔρειξον ἐπιβαλοῦσ' ὁμοῦ *πίσοις Aristophan. 2, 958 (2). χλαῖναν *(δέ) σοι-ἐπιβαλῶ Theop. 2, 798 (5). ἄνωθεν δ' ἐπιβαλεῖτε ξυστίδα Kubul. 3, 247 (1, 3). λάσιον ἐπιβεβλημένος Theop. 2, 806 (4). ἵππῳ γηράσκοντι τὰ μείονα κύκλ' ἐπίβαλλε Cratet. 2, 245 (2). *μοἐπιβαλεῖς τρυσίππιον Eup. 2, 555 (17). ἰχθύσιν ἀμφίβληστρον-ἐπιβάλλων Antiph. 3, 109 (v. 1). τὴν χεῖρα μὴ 'πίβαλλε Cratin. 2, 231 (176). ἐπεβάλομεν τὰς χεῖρας Alexid. 3, 503 (1, 11). ὀφθαλμὸν ἐπιβάλλειν Alexid. 3, 492 (3). ἐπέβαλον ζημίαν Diph. 4, 389 (1, 9). τοῖς συμπλέουσιν ὁπόσον ἐπιβάλλει μέρος, τιθεὶς Diph. 4, 395 (2, 16). οὐδὲν **ἐπιβάλλουσιν μάστιγες Phryn. 2, 587 (2).

ἐπιβάτης: εὖ γ' *ἐξεκολύμβησ' οὑπιβάτης Aristophan. 2, 975 (11).

ἐπίβδα: χαῖρ'-ὅμιλε ταῖς ἐπίβδαις Cratin. 2, 192 (51).

ἐπιβλέπω: cf. ἀποβλέπω. *ἄν-τις τοῦτ' ἐπιβλέψῃ μόνον, τοὔψον ποιῆσαι πῶς δεῖ Dionys. 3, 547 (v. 5).

ἐπίβλημα: τοὐπίβλημ' ἐπεὶ περιῃρέθη (int. τοῦ κανοῦ) Nicostr. 3, 284 (1).

ἐπιβλύξ: κοχυδοῦντες ἐπιβλὺξ Pher. 2, 316 (1, 4).

ἐπιβουλεύω: ἐπεβουλεύθη ποθέν Men. 4, 212 (2, 15).

ἐπιβουλή: ῥάπτουσι-πᾶσιν ἐπιβουλάς Alexid. 3, 422 (1, 3).

ἐπίβουλος: πίθηκον, ἐπίβουλον κακόν Kubul. 3, 260. τὸ γένος-ἐπίβουλόν ἐστι τῇ φύσει Diph. 4, 407 (1, 4).

ἐπιβοῶ: ἔγχει *κἀπιβόα τρίτον παιῶν' Pher. 2, 318 (2, 5).

ἐπιβρύκω: κατὰ μὲν οὖν ἔφαγε κἀπέβρυξέ *τις Archipp. 2, 725 (2).

ἐπιβύω: εἰ μὴ-ἐπιβύσει τις αὐτοῦ τὸ στόμα Cratin. 2, 119 (7).

ἐπίγαμος: θυγάτηρ ἐπίγαμος Men. 4, 262 (114).

ἐπιγανῶ: ἐπιγανώσας σιλφίῳ (int. τὸ τάριχος) Alexid. 3, 470 (1, 10).

ἐπίγειον: ἐξοίσων ἐπίγειον Aristophan. 2, 975 (11). ἐπίγειον (vulg. ἐπίγυον) Aristophan. 2, 1125 (24).

ἐπίγραμμα: πάνυ γε διασκοπῶν ἀπὸ τῶν ἐπιγραμμάτων (libros) Alexid. 3, 444 (1, 4). ὀψαρτυσία, ὥς φησι τοὐπίγραμμα ib. (1, 10). ἀποθανεῖν κἀπιγράμματος τυχεῖν anon. 4, 673 (298).

ἐπιγράφω: *πάνθ' ὅσα νοοῦμεν-τύχη 'στίν, ἡμεῖς δ' ἐσμὲν ἐπιγεγραμμένοι Men. 4, 213 (3, 8).

ἐπίγυον: vide ἐπίγειον.

ἐπιδείκνυμι: ὀψαρτυσία. *B.* ἐπίδειξον αὐτὴν ἥτις ἐστίν Plat. 2, 672 (1, 5). ῥήματά τε κομψὰ καὶ παίγνι' ἐπιδεικνύναι Aristophan. 2, 1201 (106). cf. διδάσκω.

ἐπίδειξις: δεξάμενος-τὴν ἐπίδειξιν Eup. 2, 552 (9). ἔχει ἐν τοῖς λογισμοῖς τὰς ἐπιδείξεις δυσκόλους Men. 4, 115 (2).

ἐπίδειπνον: cf. δεῖπνον. †φοιτητῆς μανίας ἐπιδείπνων anon. 4, 610 (34).

ἐπιδειπνῶ: οὐδὲ τῶν πράσων-ἐπιδειπνεῖ Alexid. (Antiph.) 3, 494 (3).

ἐπιδέξια: πίνωσι τὴν ἐπιδέξια Eup. 2, 560 (33). βούλεσθε δήπου τὸν *ἐπιδέξι'; *B.* ὦ πάτερ, λέγειν ἐπὶ τῷ πίνοντι τὸν ἐπιδέξια-ὥσπερεὶ τεθνηκότι; Anaxand. 3, 161 (1). *μεταλαμβάνων ἐπιδέξι' αὐτοῦ τὸν τρόπον* Anaxand. 3, 196 (2, 5). *μερίσαι κατ' εἶδος τῆς τέχνης ἐπιδέξια* Nicomach. 4, 584 (v. 27).

ἐπιδέομαι: *(ἔτ') ἐπιδεῖταί τινος ἑτέρου, πάλιν γεύου *σύ* Machon. 4, 497 (v. 7).

ἐπιδέχομαι: *ὅταν-τὰ μετὰ γυναικὸς ἐπιδέχηται χρήματα* Men. 4, 251 (57).

ἐπίδηλος: *ἂν-μὴ 'πίδηλον τὴν τύχην πολλοῖς ποιῇς* Men. 4, 254 (72).

ἐπιδημία: *πανήγυριν νόμισόν τιν' εἶναι τὸν χρόνον-*ἣ 'πιδημίαν* Men. 4, 211 (2, 9).

ἐπίδημος: *οὐ τυγχάνει | ἐπίδημος ὤν* (Neptunus) Aristophan. 2, 1110 (5). *ἐπίδημος* (i. q. *ἔνδημος*) Antiph. 3, 5 (8).

ἐπιδίδωμι: *ἐπέδωκε βαλάνων ἄβακα* Cratin. 2, 69 (2). *ἐὰν *τοσοῦτον ἐπιδιδῷ τῆς ἡμέρας* Herm. 2, 401 (7). vide et Plat. 2, 692 (41) cf. 5, 50.

ἐπιδιώκω: *τὸ δ' ἐπιδιώκειν εἴς τε τὴν ὁδὸν τρέχειν* Men. 4, 141 (2).

ἐπιδονῶ: *τυρὸς ἐπεδόνει πολύς* Antiph. 3, 100 (2).

ἐπιδορπίζομαι: *ἵν'-ἐπιδορπίσηται τὰς ὀνείας ματτύας* Sophili 3, 581. *ταῦθ' ἥδιστά γ' ἐπιδορπίζομαι* Diph. 4, 413.

ἐπιδόρπισμα: *ἐπιδορπίσματ', ᾠά, σήσαμα* Philippid. 4, 473.

ἐπιδόσιμος: *ἐπιδόσιμον παρὰ τἄλλα τοῦτ' ἔσται* Alexid. 3, 409 (1). *παρ' ᾗ τἀπιδόσιμ' ἡμῖν ἔστιν* Crobyli 4, 567 (1).

ἐπιεικής: *τοῖς-τεθνεῶσιν ἔλεος ἐπιεικὴς θεός* Timocl. 3, 611. ἐπιεικῶς: *τὰ δ' ἄλλ' ἐπιεικῶς τοῖς ἔχουσι παραμένει* Alexid. 3, 520 (37). *τοῦθ' ἓν ἐπιεικῶς ποιεῖ* Philem. 4, 50 (43). *τῶν τρόπων-ἐπιεικῶς ἐρᾶν* Baton. 4, 503 (1, 4).

ἐπιζητῶ: *μηδ' ἕτερ' ἐπιζήτει καλά* Antiph. 3, 22.

ἐπιήρανος: *νεύρων ἐπιήρανος* Plat. 2, 673 (1, 19).

ἐπιθεάζω (ἐπιθειάζω): *ἀρᾶται κἀπιθεάζει* (al. *κἀπιθειάζει* cf. 5, 28) *τῷ πατρί* Pher. 2, 314 (10).

ἐπίθετος: *ἐλλείπων, πυαλίτης, ἐπίθετος* Eubul. 3, 232 (2). *ἅπαντα ταῦτ' ἐπίθετα τῇ φύσει κακά* Men. 4, 230 (5, 13).

ἐπιθεωρῶ: *ὁρῶσι-πρῶτον, εἶτ' ἐθαύμασαν, *ἔπειτ' ἐπεθεώρησαν* Philem. 4, 51 (49).

ἐπίθημα: *ἀσπίδα | ἐπίθημα τῷ φρέατι παράθες* Aristophan. 2, 1066 (3). *τοὐπίθημα τῆς χύτρας ἀφελών* Hegesipp. 4, 479 (v. 13).

ἐπιθυμήματα: Philyll. 2, 866 (8).

ἐπιθυμία: *θυμοῦ κρατῆσαι κἀπιθυμίας* mon. 254. *γαστρὸς κἀπιθυμίας κρατεῖν* mon. 607. *ἔπαυσε τὴν ἐπιθυμίαν* (apuae) Euphron. 4, 494 (1, 12). *τὴν γλῶτταν εἰς ἀσχήμονας ἐπιθυμίας* (?) Posidipp. 4, 518 (v. 6). *λάθριοι *(τὸ) λοιπὸν-ἐπιθυμίαι κακαί* (?) Men. 4, 231 (6, 7).

ἐπιθυμιῶ: *ἐπιθυμιάσας τῷ Βορέᾳ λιβανίδιον* Men. 4, 145 (1).

ἐπιθυμῶ: *νεανικοῦντος ἐπεθύμησέ μου* Eup. 2, 472 (26). *καὶ *(κ') ἐπιθυμήσειε νέος νῆς ἀμφιπόλοιο* Aristophan. 2, 947 (8). *λιθίνης ἐπεθύμησεν κόρης ἄνθρωπος* Alexid. 3, 401. *οὗ* (i. e. *γήρως*) *πάντες ἐπιθυμοῦμεν* Cratet. (?) 2, 247 (1). *τὸν ἀμελῆ-ἐπιθυμοῦντα δὲ σχολῆς* anon. 4, 602 (8). *λέγ' ὅτου 'πιθυμεῖς* Eup. 2, 472 (25). *ἔστι-ὅτου τις ἐπιθυμεῖ λαβεῖν* Aristophan. 2, 1171 (1, 9). *εἰ μὴ γὰρ ἦν, οὐκ ἂν ἐπεθύμουν* ib. (1, 10). *χολίκων ἐπιθυμῶν* Aristophan. 2, 962 (27). *ἀφύης ἐπιθυμήσαντι χειμῶνος μέσου* Euphron. 4, 494 (1, 4). *οἵων δ' ἐπιθυμεῖ βρωμάτων* Dioxipp. 4, 541. *ἅττ' αὐτὸς ἐπιθυμεῖς ἔχεις* Plat. 2, 632 (6). *ἴδιον ἐπιθυμῶν μόνος μοι θάνατος οὗτος φαίνεται | εὐθάνατος* Men. 4, 74 (3). *κωμῳδεῖν οὓς ἐπεθύμουν* Phryn. 2, 590 (8). *μηδεὶς ποθ'-ἐπιθυμησάτω γέρων γενέσθαι* (f. et *γενήσεσθαι*) Diocl. 2, 841 (1). *πεῖραν ἐπεθύμουν θατέρου βίου λαβεῖν* Alexid. 3, 476 (3).

ἐπινοῶ: τὸν στήμονα ἄττεσθ' *ἐπινοῶ Herm. 2, 382 (5). στρατεύειν ἐπινοεῖν μοι φαίνεται Alexid. 3, 509 (10). cf. ὑπονοῶ.

ἐπινωτίζω: ἐπενώτισεν Archipp. 2, 716 (4).

ἐπιξανθίζω: πλευρὰ-ἐπεξανθισμένα Pher. 2, 300 (1, 16).

ἐπιορκῶ: μὴ 'πιορκεῖν μηδ' ἀδίκως κρίνειν Pher. 2, 293 (16). ᾧ μὴ σύνοιδε πρότερον *ἐπιωρκηκότι Antiph. 3, 149 (43). πρότερον ὀμόσας αὐτὸς *ἐπιωρκηκέναι ib. ἐὰν ἐπιορκήσῃ τις ib. (44). αὐτὸς ἐπιορκεῖν ῥαδίως ἐπίσταται Amphid. 3, 319 (8). ψεύδετ', ἐπιορκεῖ, μαρτυρεῖ Apollod. 4, 454 (1, 12). ἐπιορκοῦσιν, οὐδὲ ἓν κακὸν ἔχουσι καὶ κάμνειν λέγουσ' Alexid. 3, 450 (v. 10). θεὸν ἐπιορκῶν μὴ δόκει λεληθέναι mon. 253. διὰ τοῦτον ἐπιορκοῦσι τοὺς ἄλλους θεούς Men. 4, 203 (4). ἵνα τοὺς παλαιοὺς (deos) μὴ 'πιορκῇς πολλάκις Euphron. 4, 491.

ἐπιπαίζω: τὸ τοιοῦτον ἀεί-μέρος ἐπιπαίζεται- Β. ἄνθρωπ' ἐπίπαιζ' Alexid. 3, 462 (1, 15. 16).

ἐπιπακτῶ: *κἀπιπακτοῦν τὰς θύρας Aristophan. 2, 1210 (161).

ἐπίπαστα: ποταμοὶ λιπαροῖς ἐπιπάστοις-κοχυδοῦντες Pher. 2, 316 (1, 3).

ἐπιπάττω: ἐπέπασα ἐπὶ τὸ τάριχος ἅλας Men. 4, 121 (6). μήκωνος ἐπιπάσας ἄνω κόκκους-δώδεκα Euphron. 4, 494 (1, 10).

ἐπίπεμπτον: Eup. 2, 446 (23). εἰ μὴ μεταλάβῃ τοὐπίπεμπτον Aristophan. 2, 1041 (25).

ἐπιπέμπω: τοὺς-ὄφεις, οὓς ἐπιπέμπεις Aristophan. 2, 956 (11).

ἐπιπηδῶ: ταῖς νήσοις *ἐπιπηδᾷ anon. 4, 677 (306).

ἐπιπίνω: τὸ †πρῶτ' ἐπιπίνειν (l. πρῴ 'πιπίνειν) Eup. 2, 547 (2, 3). *ἐπέπιες (libr. ἔπιες) δὲ πόσον; Theophil. 3, 629 (1). ὄψον ἰσχάς, ἐπιπιεῖν ὕδωρ Philem. 4, 29.

ἐπιπίπτω: πυρετὸς-ἐπιπεσὼν ἐμεῖν ποιεῖ χολήν Nicoph. 2, 850 (1).

ἔπιπλα: †τεσσυγέγραπται τοῖς τὰ ἔπιπλα Eup. 2, 495 (20).

ἐπιπληρῶ: συναγώγιμον συμπόσιον *ἐπιπληροῦσιν (libr. ἐπικληροῦσιν) Ephipp. 3, 326 (3).

ἐπιπλήττω: πικρῶς ἐπιπλῆξαι-τοὺς-τἀλλότρια δειπνεῖν ἑλομένους Nicol. 4, 579 (v. 14).

ἐπίπλοιον: (an ἐπίπλοον) Philetaer. 3, 298 (2).

ἐπίπλοον: vide 3, 250. 299 sed cf. 5, 83.

ἐπιπολάζω: τὴν ἄνω ταύτην ἄνοιαν ἐπιπολάζουσαν Alexid. 3, 405 (6, 7).

ἐπιπόλαιον: μὴ καρδίαν μηδ' ἐπιπόλαιον (5, 83) Eubul. 3, 250 (3).

ἐπιπολῆς: κάτωθε μέν-ἐπιπολῆς δέ Alexid. 3, 437 (1). τὸ τρῖμμ' ἐπιπολῆς-διειμένον ὄξει Alexid. 3, 471 (2).

ἐπίπονος: ἄνθρωπός ἐστι ζῷον ἐπίπονον Timocl. 3, 592 (v. 2). ἐπιπονώτερον *(ἔργον)-οὐκ εἴληφ' ἐγώ Alexid. 3, 474. οὕτω τι πρᾶγμ' ἔστ' ἐπίπονον τὸ προσδοκᾶν Men. 4, 150 (7). οὐδὲν διαβολῆς ἐστιν ἐπιπονώτερον Men. 4, 249 (50). οὐδεὶς *δεδιηκόνηκεν ἐπιπονώτερον Archedici 4, 437 (2, 8).

ἐπιπόρπαμα: τὴν κιθάραν-καὶ *τοὐπιπόρπαμα (an -πημα? 5, 42) Plat. 2, 617 (2).

ἐπίπροσθε τἀἰσχρὰ-εἶναι τῶν καλῶν Antiph. 3, 148 (41).

ἐπιπταίσματα: Aristophan. 2, 1210 (163).

ἐπιρραίνω: vide ἀπορραίω.

ἐπίρραμμα: vide ἐπίρρημα.

†ἐπιρρασας vide ἀπορραίω.

ἐπίρρημα: (f. ἐπίρραμμα) anon. 4, 683 (323).

ἐπιρροφῶ: ἀγαθοῦ δαίμονος ἐπιρροφεῖν Theop. 2, 821 (20). πιὼν *δ' ἐρῶ- Β. ἀλλ' ἐπιρρόφει Clearch. 4, 562 (1).

ἐπισείω: μὴ 'πίσειέ μοι τὸν Μισγόλαν Alexid. 3, 383 (1). τὸ δ' ἄλλο σῶμα-ἐπὶ τὸ τάγηνον σίζον *ἐπισείων (libr. ἐπεισιὼν) φέρω Alexid. 3, 471 (3).
ἐπισέληνος: λαγῷα δώδεκ' ἐπισέληνα (?) Plat. 2, 674 (2, 10).
ἐπισεύομαι: τίς ὄρεα-τάδ' ἐπέσυτο-; Aristophan. 2, 1201 (105).
ἐπισημαίνω: σημαίνειν et ἐπισημαίνειν (de tibicine) Men. 4, 312 (384). *ἐπισημαίνεσθ' ἐὰν ἡ σκευασία καθάριος ᾖ Men. 4, 218 (1).
ἐπίσημον: ἐπίσημον-τὴν ἀσπίδ'-ἀνέθηκαν Men. 4, 225 (1).
ἐπίσημος: ἐπίσημοι ξένοι Aristophan. 2, 1163 (2).
ἐπισιτίζομαι: σὺ δ'-Σμικυθίων, ἐπισιτιεῖ Pher. 2, 266 (1).
ἐπισίτιος: ἀντιμαρτυροῦσι δώδεκα-ἐπισίτιοι Aristophan. 2, 1128 (5). ἐθέλει δ' ἄνευ μισθοῦ-καταμένειν ἐπισίτιος Eubul. 3, 216 (1). εὑρήσεις-τῶν ἐπισιτίων τούτων τινάς, οἷ- Timocl. 3, 610.
ἐπίσιτος: ποιμαίνει δ' ἐπίσιτον Cratet. 2, 246 (1).
ἐπισκεδάννυμι: ἐπεσκέδασα τοὔλαιον Alexid. 3, 470 (1, 9).
ἐπισκέπτομαι: τὰ σαυτοῦ- ἐπισκέπτου κακά Men. 4, 270 (162).
ἐπισκοπῶ: ἡ τὰ θνητῶν καὶ τὰ θεῖα-*ἐπισκοποῦσ'-τύχη anon. 4, 693 (358). ἔγνωκα-οὕτως ἐπισκοπούμενος Alexid. 3, 484 (3, 8). πᾶσι τοῖς ἐπισκοπουμένοις-τὸν κακῶς ἔχοντα πῶς ἔχει λέγειν Philem. 4, 15.
ἐπισκοτῶ: ἐπισκοτεῖ-τοῖς κακοῖσι πανταχοῦ (nox) Aristophont. 3, 364 (1). τοῦτο μόνον ἐπισκοτεῖ καὶ *δυσγενείᾳ καὶ-τὸ πολλὰ κεκτῆσθαι Men. 4, 214 (5). τὸ δ' ἐρᾶν ἐπισκοτεῖ ἅπασιν Men. 4, 81 (1). ἐπισκοτεῖ-τῷ φρονεῖν τὸ λαμβάνειν Antiph. 3, 148 (41). *τὸν οἶνον τῷ φρονεῖν ἐπισκοτεῖν Eubul. 3, 267 (11) = Ophel. 3, 380 (1).
ἐπισμῶ: Cratin. 2, 71 (9).
ἐπισοβῶ: τετρακότυλον ἐπεσόβει κώθωνά μοι Alexid. 3, 466 (5).
ἐπίσταμαι: cf. στόμα. οὐκ οἶδ' ἔγωγε γράμματ' οὐδ' ἐπίσταμαι Cratin. 2, 86 (1). *Μάγας-γράμματ' οὐκ *ἐπίσταται Philem. 4, 51 (50). οὐδ' ὅσον ἀκαρῆ τῆς *τέχνης ἐπίσταμαι anon. 4, 600 (3). πάντ' ἐπίστασθαι καλά mon. 33. ποίαν-ἦδε τὴν συναυλίαν-; ἐπίσταται γάρ Antiph. 3, 24. ἐπίσταμαι-αἰπολεῖν- Eup. 2, 430 (9ᵃ). αἱμασιολογεῖν ἄριστ' ἠπίστατο Theop. 2, 819 (11). βοᾶν καὶ πονεῖν καὶ δειπνεῖν ἐπιστάμενοι Alexid. 3, 491 (1). ἐπίσταμαι ῥινᾶν Men. 4, 303 (327). ἐπιορκεῖν ῥᾳδίως ἐπίσταται Amphid. 3, 319 (8). ἐπίσταντ' αὐξάνειν αὐτήν (i. e. διαβολήν) τινες Men. 4, 94 (1). τὸ δ' ὅλον οὐκ ἐπίσταμαι ἐγὼ ψιθυρίζειν anon. 4, 611 (38). οὐκ ἐπίστασαι ζῆν Alexid. 3, 464 (2, 4). ἄλλως-οὐκ ἐπίσταμαι χρηστῶς ἀγοράζειν Antiph. 3, 36 (v. 3). ὃς μέλανα ποιεῖν ζωμὸν οὐκ ἠπίστατο, θρῖον δὲ καὶ κάνδαυλον Nicostr. 3, 284. ἐπίστασαι τὸν σαῦρον ὡς δεῖ σκευάσαι; Alexid. 3, 442. δείπνου-οὗτος-ἀρχήν, τελευτὴν δ' οὐκ ἐπίσταται μόνος Anaxil. 3, 353. πενίαν-συγκρύπτειν ἐπίσταται μόνος (ager) Amphid. 3, 308 (1). μόνος ἐπίσταται φιλεῖν φίλους Apollod. Car. 4, 447 (6). ἀτυχεῖν-ἐπίστασο Diph. 4, 376 (2). ὅστις ἀδικεῖσθαι πλεῖστ' ἐπίστατ' ἐγκρατῶς Men. 4, 96 (3). μὴ μόνος ἐπίστασ' ἀλλὰ καὶ δοῦναι φίλοις mon. 613. οὐδεὶς τὸ μέλλον ἀσφαλῶς ἐπίσταται mon. 412. πολλήν γε λακκοπρωκτίαν *ἐπίστασ' εὑρὼν Eup. 2, 547 (2, 4).
ἐπιστάτης: πραγμάτων ἐπιστάτας ἀποδοκιμάζειν Archipp. 2, 720 (3). ἐπιστάτης (de magistro) Antiph. 3, 158 (51).
ἐπιστατῶ: ἡ Θρασυμάχου-ὑμῶν γυνὴ καλῶς ἐπιστατήσει Theop. 2, 813 (3). πότερα-ἐπιστατεῖ τις τοῦ βίου τύχη ἄγροικος ἡμῶν-; Apollod Car. 4, 441 (v. 4).
ἐπιστολή: θήλεια-ἐστι φύσις ἐπιστολή Antiph. 3, 112 (1, 17). ἐλάττω

(18). εἷς κύαθος ἐνταῦθ' ὕδατος ἐπιχυθεὶς πολύ Sotad. 3, 586 (1, 31). νίμματα ἐπέχει τις, ἀπενιζόμεθα Dromon. 3, 541 (2). τὴν μεγάλην δός, *ἐπιχέας (libr. ὑποχέας) φιλίας κυάθους-τέτταρας- Alexid. 3, 432 (3). ἐπεχεάμην ἄκρατον, οὐχὶ *παιδίου, κυάθους θεῶν τε (f. δὲ) καὶ θεαινῶν μυρίους- Antiph. 3, 45 (3). ἓν ἀγαθὸν ἐπιχέασα (fortuna) τρί' ἐπαντλεῖ κακά Diph. 4, 424 (26).

ἐπιχορεύω: ἄριστον ἐπεχόρευσεν Diph. 4, 394 (1). εἰς τὸ μέσον ἐπεχόρευσε σαπέρδης μέγας Diph. 4, 406.

ἐπίχρυσος: ἐπίχρυσοι σανδαλοθῆκαι Men. 4, 165 (3).

ἐπίχυσις: ἐπίχυσις τοῦ χαλκίου Aristophan. 2, 1028 (7). ἤδη δ' ἐπίχυσις Men. 4, 219 (1).

ἐπίχυτος: ὀβελίαν, μελιτοῦτταν, ἐπιχύτους Nicoph. 2, 852 (2).

ἐπιχώριος: ἐπιχώριος δ' *ἔστ' ἢ ξένης ἀπὸ χθονός Eup. 2, 453 (18) cf. 5, 35. ἐπιχώριος ἰατρός Alexid. 3, 448 (2). τῶν ἐπιχωρίων *τις εἷς Antiph. 3, 95 (2). ἀσκὸν καλοῦσι πάντες *οὑπιχώριοι Antiph. 3, 8 (2). τοῦτο-νῦν ἐστί σοι ἐν ταῖς Ἀθήναις-ἐπιχώριον Alexid. 3, 465 (4). ἀκολούθει τοῖς ἐπιχωρίοις νόμοις mon. 394. τοὺς-ἐγγενεῖς ἐπιχώριον (bibere vinum) Alexid. 3, 488 (1).

ἕπομαι: ἕπεται κἀκολουθεῖ (int. οἰνίσκῳ) Cratin. 2, 117 (3). βουλομένη δ' ἕπεται πέρκη μελανούρῳ Antiph. 3, 109 (v. 4). κατόπιν σφῷν ἕψομαι Aristophan. 2, 1151 (6). Νίκη μεθ' ἡμῶν εὐμενὴς ἕποιτ' ἀεί Men. 4, 282 (218). νόμοις ἕπεσθαι τοῖς ἐγχωρίοις mon. 372. νόμοις ἕπεσθαι-δεῖ mon. 580. cf. 380.

ἐπόμνυμι: ἐπομνύουσα τὰν Κόραν, τὰν Ἄρτεμιν-ὡς δάμαλις Epicrat. 3, 369.

ἐπονομάζω: πίνουσ'-ἐπονομάζουσα (f. -ζουσ' ἀεί) ἵησι λάταγας Cratin. 2, 179 (16). τήνδ'-ἐπονομάσας προπίομαι συγγενέσι Clearch. 4, 562 (1).

ἐποπτεύω: ὦ τόνδ' ἐποπτεύουσα καὶ κεκτημένη-τόπον Diph. 4, 388.

ἐποπτῶ: Μητίοχος δὲ τὰς ὁδούς, Μ. δ' ἄρτους ἐποπτᾷ (?), Μ. δὲ τἄλφιτα anon. 4, 674 (303).

ἔπος: διά γε τοῦτο τοὔπος οὐ δύναμαι *φέρειν σκεύη Aristophan. 2, 1064 (12). ἀκροτελεύτιον ἔπος Phryn. (?) 1, 160. ἔπη τριπήχη Cratet. 2, 241 (2). *σκανδάληθρ' ἱστὰς ἐπῶν Cratin. 2, 206 (86). τῶν ἐπῶν τῶν ῥευμάτων Cratin. 2, 119 (7). τῇ διαθέσει τῶν ἐπῶν Phryn. 2, 601 (8). οὐκ ἂν παρέβην εἰς λέξιν τοιάνδ' ἐπῶν Plat. 2, 647 (1). Ἡγέλοχον-μισθωσάμενος τὰ πρῶτα τῶν ἐπῶν λέγειν Stratt. 2, 763 (1). οὗτος (Homerus) -ἡμῖν μυριάδας ἐπῶν γράφει Philem. 4, 37 (11).

ἐπουρίζω: τὴν νέαν τ' ἐπουρίσας πλήρωσον Epicrat. 3, 372 (2).

ἑπτά: cf. χορδή. γυναῖκας ἑπτὰ Λεσβίδας Pher. 2, 339 (8). ἕπτ' ἔχειν λαικαστρίας ib. ἐκυμβάλιζον δ' ἑπτὰ θεράπαιναι κύκλῳ Men. 4, 166 (5). ἐχθὲς μετὰ πέντ' ἔπινον, ἡμέραν τρίτην μεθ' ἑπτά Antiph. 3, 156 (74). κύλικα-πλέον ἢ κοτύλας χωροῦσαν ἑπτ' Theophil. 3, 630. ἐν ἡμέραισιν *αὐτὸν ἑπτά-θέλω παρασχεῖν- Diph. 4, 420 (11). τῶν ἑπτὰ νήσων ἃς δέδειχεν ἡ φύσις-μεγίστας Alexid. 3, 517 (30). οὗτοι-γεγόνασιν ἡμῶν ἑπτὰ δεύτεροι σοφοί Euphron. 4, 486 (v. 12). οἱ δ' ἑπτ' (int. μέδιμνοι) ἐπὶ Θήβας ἐστράτευσαν anon. 4, 691 (350).

ἑπτακαίδεκα: Eup. 2, 537 (4, 5). Damox. 4, 536 (v. 2).

ἑπτάκλινος: ἑπτάκλινος οἶκος Phryn. 2, 604 (5). θὲς ἑπτάκλινον. B. ἑπτάκλινος οὑτοσί Eubul. 3, 267 (12). *ἐς τὸ δεῖπνον ἀπιέναι· εἰς ἑπτάκλινον δ' ἐστίν Timoth. 3, 589.

ἑπτακότυλος: λήκυθον τὴν ἑπτακότυλον Aristophan. 2, 1141 (1).

ἑπτάπους-ἡ σκιά 'στιν Aristophan. 2, 1202 (109).

ἑπτάπυλος: Θήβας τὰς ἑπταπύλους Anaxand. 3, 183 (1, 21).

ἐπτέτης: Chionid. 2, 6 (3). *(τὸ) γνῶμα-βέβληκεν ὡς οὐδ' ἐπτέτης anon. 4, 627 (94).

ἐπῳδή: ὡραῖον δὲ μειρακύλλιον ποίαις ἐπῳδαῖς-ἁλίσκεται-; Anaxand. 3, 175 (1, 13).

ἐπῳδός: εἶτ' οὐκ ἐπῳδούς φασιν ἰσχύειν τινές; Antiph. 3, 125 (1, 15). δυσπραξίᾳ ληφθεὶς ἐπῳδός ἐστι τῷ πειρωμένῳ anon. 4, 668 (284).

ἐπῴζω: ἐπὶ τῷδ' *ἐπῴζουσ' Cratin. 2, 82 (2).

ἐπωμίς: τὴν ἐπωμίδα *πτύξας διπλῆν Apollod. Car. 4, 440.

ἐπώνυμος: σοῦ-ἐπώνυμός τις-ποταμός Antiph. 3, 55.

ἔραμαι: *ἔραμαι (libr. ἐρῶ) τέττιγα φαγεῖν Aristophan. 2, 961 (7).

ἐρανιστής: ἐρανιστὰς ἑστιῶν Aristophan. 2, 1118 (1). ὅταν ἐρανισταῖς διακονῇς Euphron. 4, 492.

ἔρανος: †μέχρι ἂν ὥσπερ ἐν ἐράνῳ εἷς λοιπὸς ᾖ κάπηλος Diph. 4, 376 (1). ὃς ἂν-τύχῃ-ἐράνου τινός (?) Alexid. 3, 485 (3, 16). φέρομεν *ἄνθρωποι δέκα ἔρανόν τιν' Antiph. 3, 67 (1, 9). ἐράνους φέροντες οὐ φέρομεν ἀλλ' ἢ κακῶς Alexid. 3, 446 (1, 5). ἑταῖροι καὶ φίλοι σοι -ἔρανον εἰσοίσουσιν Philem. 4, 31 (1, 14). ἔρανον ἐμαυτῷ τοῦτον οἴομαι φέρειν Antiph. 3, 152 (59). μέγιστος ἔρανός ἐστί μοι τὸ σέ | θρέψαι κατὰ τρόπον Alexid. 3, 522 (47).

Ἐρασμονίδης: Ἐρασμονίδη Βάθιππε Cratin. 2, 22 (9).

ἐραστής: ὡς ἔστ' ἐραστής, ὅστις ὡραίων φίλων (ὡραῖον φιλῶν 5, 86) τρόπων ἐραστής ἐστι Amphid 3, 307 (2). ἵνα μή τι λυπήσειε τὸν ἐραστὴν φιλῶν Alexid. (Antiph.) 3, 494 (3). γέρων ἐραστής mon. 90. *ὀλίγαις ἐραστὴς-ἑταίραις-βέβαιος Apollod. Car. 4, 444 (1).

ἐράστριαι: Eup. 2, 574 (102).

ἐργάζομαι: ἅπαντα μοχθεῖ κἀγρυπνεῖ κἀργάζεται Men. 4, 247 (40). κατ' ἀγορὰν ἐργάζομαι (coquus) Posidipp. 4, 520 (1). καθαρώτερον-τὸν κέραμον εἰργαζόμην ἢ- Eubul. 3, 220 (2). ἅπαντα-ἐργαζόμενος ἀσθενέστερα Cratet. 2, 248 (2). τὰ-αἰσχρὰ κέρδη συμφορὰς ἐργάζεται mon. 586 = 719. τί εἰργάσω; Pher. 2, 282 (4). τί μ' εἴργασαι (εἰργάσω?); Pher. 2, 292 (13). ὑβριστον ἔργον-εἰργάσω Pher. 2, 347 (23). ὅσον ἀπὸ ταύτης τῆς τέχνης εἴργασμ' ἐγώ, οὐδεὶς ὑποκριτὴς ἔσθ' -εἰργασμένος Demetr. 4, 539. βοηθὸς-τοῖς καλῶς εἰργασμένοις mon. 73. ποιεῖν εὖ τοῖς καλῶς εἰργασμένοις mon. 601. ἐν πᾶσιν ἀγαθοῖς-εἰργασμένα (pass.) Pher. 2, 299 (1, 2). *σοφαῖσι παλάμαις εἰργασμένον-κυμινοδόκον Nicoch. 2, 842 (1).

ἐργασία: τῶν λυχνείων ἡ 'ργασία Pher. 2, 288 (5). τούτων-τῶν γενῶν (parasitorum) ὁ μὲν τύπος τῆς ἐργασίας εἷς ἐστι Alexid. 3, 434 (1, 10).

ἐργαστήριον: †εἰ γὰρ δι' ἐργαστήριον Antiph. 3, 10 (2). τὸ κλισίον-πεποίηκεν ἐργαστήριον ib. ἐὰν δὲ τοὐργαστήριον ποιῆτε περιβόητον ib. 11. πρὸς-τὸ γῆρας ὥσπερ ἐργαστήριον ἅπαντα τἀνθρώπεια προσφοιτᾷ κακά Antiph. 3, 155 (68). διδασκάλους-οὐ λέγω βίου | τριάκοντ' ἀφ' ἑνὸς ἐργαστηρίου Alexid. 3, 476 (3).

ἐργάτης: ἀγροῖκος, ἐργάτης, σκυθρός Men. 4, 72 (13).

ἐργοδοτῶ: ἐργοδοτῶν Apollod. 4, 457 (8).

ἐργολῆπται Telecl. 2, 378 (26).

ἔργον: cf. ἐν. πειράσομαι-ἔργον λαβεῖν Amips. 2, 701 (1). οὐ μὴ παραλάβω σ' οὐδαμοῦ-ἐπ' ἔργον οὐ- Diph. 4, 394 (2). ἐπιπονώτερον *(ἔργον) -οὐκ εἴληφ' ἐγὼ Alexid. 3, 474. οὐ-τὸ μέγιστον ἔργον ἐστὶ παιδιά Antiph. 3, 79 (2, 7). ἡμέρα δ' ἔργον ποιεῖ mon. 385. Λήδα, σὸν ἔργον- Cratin. 2, 82 (2). τὸ συνεχὲς ἔργον (f. ἔργου 5, 81) παντὸς εὑρίσκει τέλος Anaxand. 3, 199 (12). ἱστοὶ γυναικῶν ἔργα mon. 260. ἔργον τυράννων, οὐκ ἀγορανόμων Alexid. 3, 497. ἐγὼ δ', ὃ θεοῦ 'στιν ἔργον, εἰμὶ πανταχοῦ Philem. 4, 31 (2). τὸ δ' ἐπιδικάζειν-κυνός ἐστ' ἔργον Men. 4, 141 (2). πεποιήκατ' ἔργον οὐχ ἑταίρων Men. 4, 163 (1). τὸ χρηστὰ πράττειν ἔργον ἐστ' ἐλευθέρου Men. 4, 258 (246[b]). ὑποσοφίας ἔργον ἐξετάζεται Antiph. 3, 143 (22). γνώμης-ἐσθλῆς ἔργα χρηστά mon. 112. λύραν, ἔργον Εὐδόξου *(Aristophan.) 2, 1169 (59). φυτόν-Ἄλκωνος ἔργον Damox. 4, 529. δοκεῖ τοῦτ' ἔργον εἶναι μεῖζον-Antiph. 3, 27 (1, 16). ἔργον εὑρεῖν συγγενῆ πένητός ἐστιν Men. 4, 71 (8). στρατιώτην-σωτηρίας ἐστ' ἔργον εὑρεῖν πρόφασιν Men. 4, 94 (3). στρατιώτην ἔργον-λαβεῖν ἐστιν διευτυχηκότ' Apollod. 4, 450. ἔργον-ἄνοιαν ἡμέρᾳ μεταστῆσαι μιᾷ Men. 4, 148 (3). ἔργον ἐστί-μακρὰν συνήθειαν-λῦσαι Men. 4, 277 (193). ἔργον-ἐκ λόγου πίστιν λαβεῖν Men. 4, 289 (256). ἔργον συναγαγεῖν σωρὸν Diph. 4, 422 (19). ἔργον γε λύπην ἐκφυγεῖν Posidipp. 4, 519. οὐκ ἔργον ἐστὶν εὖ λέγειν, ἀλλ' εὖ ποιεῖν Posidipp. 4, 526 (7). ἔργον *(ἐστὶν) εἰς τρίκλινον συγγενείας εἰσπεσεῖν Men. 4, 237 (17). οὐδὲν ἔργον μαχομένῳ Philippid. 4, 471. λόγοισι προάγει-, ἔργοισι δ' οὐδὲ κινεῖ Cratin. 2, 218 (139[b]). *λόγῳ-ἠγωνιζόμεσθ', ἔργοισι δ' οὔ Aristophan. 2, 1160 (4). ἔργοισι χρηστὸς οὐ λόγοις ἔφυν μόνον Antiph. 3, 111 (v. 18). ἔργοις φιλόπονος ἴσθι μὴ λόγοις μόνον mon. 177. ἔργῳ στρατηγὸς γέγονας, ἐν λόγῳ φονεύς Philem. 4, 40 (18[b]). cf. (18). τοῖς μὲν λόγοις πικρός ἐστι, τοῖς δ' ἔργοις πατήρ Men. 4, 261 (108). πολλοὶ γὰρ εὖ λέγουσιν-, τὰ δ' ἔργ' ἔχουσι φαῦλα Philem. 4, 48 (40[c]). τὸ δ' ἔργον (oppos. λόγῳ) ἀλλ' ὅτι οἶμον ἐκπορεύεται Men. 4, 324 (467). ὁ μὲν λόγος-, τὰ δ' ἔργα συνεσιν οὐκ ἔχοντα φαίνεται ib. (465). ἐν τοῖς λόγοις φρονοῦντας-, ἐν τοῖσι δ' ἔργοις ὄντας ἀνοήτους Anaxipp. 4, 465 (2). μὴ χρώμασιν-, ἔργοις δὲ καθαροῖς καὶ τρόποις Antiph. 3, 151 (56). †τῶν χειρῶν ἔργα μνοῦς ἐστιν Aristophan. 2, 1054 (16).

ἐργώδης: θυγάτηρ κτῆμ' ἐστὶν ἐργῶδες πατρί Men. 4, 86 (2). Ἀπολλον, ἐργῶδές *(γ') Sosip. 4, 483 (v. 24). φιάλην ἣν ἀνακειμένην ἰδεῖν ἐργῶδες Philippid. 4, 468. ἐργῶδές ἐστιν-τοὺς τῶν φθονούντων-ὀφθαλμοὺς λαθεῖν Nicomach. 4, 587.

ἐρέβινθος: τακεροὺς ποιῆσαι τοὺς ἐρεβίνθους Pher. 2, 287 (2). τρώγων ἐρεβίνθους-πεφρυγμένους Pher. 2, 341 (2). κόκκος-, ἐρέβινθος, κύαμος Ephipp. 3, 330 (2). βολβός, τέττιξ, ἐρέβινθος, ἀχράς Alexid. 3, 456 (1, 13). σχαδόνες, ἐρέβινθοι, δίκαι Eubul. 3, 241. χλωρὸν ἐρέβινθόν τινα-κενὸν ὅλως Crobyl. 4, 569 (2). ἐπιφέρει τραγήματα-ἀκίδας Κρητικάς, ὥσπερ ἐρεβίνθους Mnesim. 3, 577 (1). ὁ πατὴρ-μέγιστός ἐστι-*κριὸς ἐρέβινθος Sophil. 3, 583 (1).

ἐρεείνω: ὅτε συμμαχίαν ἐρέεινεν Theop. 2, 802 (1).

ἐρεθίζω: χεῖρον ἐρεθίσαι γραῦν ἢ κύνα Men. 4, 290 (258). μηδὲν ἠρεθισμένος πράξῃς προπετῶς Men. 4, 241 (25). ἀνθοῦσι τοῖς νέοισιν ἠρεθισμένος Timocl. 3, 610. ἐπίσχετ' ὀργῇ χεῖρας ἠρεθισμένας Euphron. 4, 492 (v. 3). ὀσμὴ πρὸς μυκτῆρας ἠρεθισμένη ᾄσσει Eubul. 3, 242 (1, 9).

ἐρείδω: cf. ad Herm. 2, 384 (5). μέσην ἔρειδε Aristophan. 2, 960 (21). τὴν δέσποιναν ἐρείδεις Aristophan. 2, 1178 (7). ἐρείδετον Aristophan. 2, 1151 (6).

ἐρείκη: ἀλίαν δρῦν, κιττόν, ἐρείκην (cod. reet. ἐρίκην 5, 34. al. μυρίκην) Eup. 2, 426 (1, 4).

ἐρείκω: *ἔρειξον ἐπιβυλοῦσ' ὁμοῦ *πίσους Aristophan. 2, 953 (2).

ἐρείπια: *ἐν τοῖς Κιμωνίοις-ἐρειπίοις Cratin. 2, 104 (4) cf. 5, 20.

†ἔρεισιν: †ἐλάτας ἔρεισιν Herm. 2, 384 (5).

Ἐρεμβός: Σιδονίους καὶ Ἐρεμβοὺς Cratin. 2, 133 (2).

ἐρέπτομαι: 1) κεφαλὴν ἀνθέμοις ἐρέπτομαι Cratin. 2, 72 (1). 2) ἐρεπτόμενον τὰ τῶν ἐχόντων Eup. (?) 2, 577 (v. 6).
ἐρέσθαι: κομψός τις ἔροιτο θεατής Cratin. 2, 225 (155). ταῦτα πάντα ἤρετο ὁπόσου Timocl. 3, 598 (v. 8). ἐρήσομαί σε τοῦτο Antiph. 3, 117 (2, 8).
ἐρετμά: vide ἐρετμία,
*__ἐρετμία__ (legeb. ἐρετμὰ) καὶ σκαλμίδια anon. 4, 696 (366).
ἐρετμός: ἐλαυνομένη λαθρίοις ἐρετμοῖς Plat. 2, 615 (1, 4).
Ἐρετρικός: φάγροι-Ἐρετρικοί Antiph. 3, 108.
ἐρέφω: ὡς εὖ καλυμματίοις τὸν οἶκον ἤρεφεν Aristophan. 2, 979 (20).
Ἐρεχθεύς: τὸν Ἐρεχθέα μοι-κάλει Aristophan. 2, 1042 (27).
ἐρημία: ἐνθάδ' ἐν τῇ 'ρημίᾳ-διελθεῖν βούλομαι τὸ βιβλίον Plat. 2, 672 (1, 1). *εὑρετικὸν εἶναί φασι τὴν ἐρημίαν Men. 4, 82 (4). cf. anon. 4, 624 (78). εἶτ' οὐχὶ χρυσοῦν ἐστι πρᾶγμ' ἐρημία; Amphid. 3, 308 (1). εἶχεν-παραπέτασμα τὴν ἐρημίαν Men. 4, 194 (6). ὡς ἡδὺ τῷ μισοῦντι τοὺς φαύλους τρόπους ἐρημία Men. 4, 207 (1). ἐρημία μεγάλη 'στὶν anon. 4, 693 (361). διά τινα τόπου μεταβολὴν ἢ φίλων ἐρημίαν Men. 4, 229 (4).
ἔρημος: ζῇς ἔτ' ἐρημότερος Plat. (?) 2, 697 (v. 6). ἔρημος-ἄνθρωπος ἠπορημένος anon. 4, 692 (353). ἀστῆς, ἐρήμου δ' ἐπιτρόπου καὶ συγγενῶν Antiph. 3, 124 (1, 4). ἔχειν ἔρημον διαδόχου τὴν οἰκίαν Men. 4, 261 (111). ἔρημον ἐμβλέπειν (f. βλέπειν) Aristophan. 2, 1135 (5).
ἔρια: τῶν προβάτων-οἷς ἔνι μήτ' ἔρια μήτε τυρός Antiph. 3, 9 (1). βοσκήματ', ἔρια, μύρτα Antiph. 3, 98. ἐρίων πιναρῶν πόκον Cratin. 2, 212 (115). ἔξαινε τῶν ἐρίων Aristophan. 2, 1216 (226). τῶν ἐρίων -κατάγωμεν Pher. 2, 271 (7). ὑποβαλεῖτε τῶν Μιλησίων ἐρίων Eubul. 3, 247 (1). ἐρίοισι-Μιλησίοις Amphid. 3, 311. ἱμάτιον-ἐρίων Σικελικῶν anon. 4, 684 (326). ἔρια-ποιήσομεν (?) Alexid. 3, 462 (1, 6).
ἐριβῶλαξ: πόλεως τῆς ἐριβώλακος Cratin. 2, 44 (3).
ἐρίζω: ἅπαντ' ἐρίζεις Philonid. (?) 2, 425.
ἐρίηρες: ἐρίηρας ἑταίρους Cratin. 2, 95 (5).
ἐρίκη: vide ἐρείκη.
ἐρινόν: ἐρίν' ἀπέδοτο σῦκα πωλεῖν ὀμνύων Alexid. 3, 437 (1).
ἐρινός: ἐρινὸν (libr. ἔρινον) -τιν' αὐτῆς πλησίον νενόηκας-; Stratt. 2, 779 (2).
ἔρις: θυμελικὰν-ἔριν anon. 4, 649 (184). cf. ἐρῶ (dicam).
ἐριστικός: οὐριστικὸς-Εὐβουλίδης anon. 4, 618 (51).
ἐρίφειος: χορδαῖς ὀπταῖς ἐριφείοις Pher. 2, 316 (1, 9). κρέας ἐρίφειον; B. ὀπτόν Antiph. 3, 130.
ἐρίφιον: ἐρίφιον *ἐτακέρωσε Athenion. 4, 558 (v. 30).
ἔριφος: τῶν δ' *αἰγιδίων-ἃ μὴ τυρὸν ποιεῖ. A. ἐρίφου Antiph. 3, 9 (1). κωλῆνες *εὐθύτου 'ρίφου Eup. 2, 441 (2). κωλᾶς-ἐρίφων Aristophan. 2, 1128 (6). χορδαί τ' ἐρίφων-νῆστίς τ' ἐρίφου Eubul. 3, 234 (1). *(ἤδη) σὺ-ἔθυσας τὸν ἔριφον; Alexid. 3, 464 (2, 11). ἔθυον-λεπτὸν ἔριφον καὶ μικρόν.-ἑτέρους πορίσασθαι δύ' ἐρίφους ἠνάγκασας Euphron. 4, 487 (v. 20. 22). δέλφαξ, δασύπους, ἔριφοι Antiph. 3, 73 (2, 6). ἰχθῦς, ἔριφοι Alexid. 3, 502 (1, 9).
ἑρκεῖος: Ζηνὸς ἑρκείου (al. ἑρκίου) χύτρας Aristophan. 2, 1048 (4). Ζεὺς ἔστι μοι | ἑρκεῖος (al. ἕρκειος) Cratin. min. 3, 377.
ἕρκη: (rete) Pher. 2, 356 (74) cf. 4, 629.
*__ἕρμα__: Aristophan. 2, 1013 (26).
Ἕρμαιος: Αἰγύπτιος μιαρώτατος τῶν ἰχθύων κάπηλος, Ἕρμαιος Archipp 2, 718 (1).

Ἑρμαΐσκος: ὁρῶ τὸν Ἑρμαΐσκον-κάνθαρον καταστρέφοντα Alexid. 3, 433 (4).
ἑρμηνεύς: vide ἑρμηνεύω.
ἑρμηνεύω: ὅ τι κἂν (f. κα) *λέγῃ τὰ γράμμαθ', ἑρμήνευε (libr. ἑρμηνεύς) Philyll. 2, 862 (3).
Ἑρμῆς: ὦ δέσποθ' Ἑρμῆ Telecl. 2, 370 (4). Ἑρμῆ θεῶν (inferorum) προπομπέ Alexid. 3, 419. Ἑρμῆς ἔγωγε Δαιδάλου-ξύλινος Plat. 2, 682 (6). ὦ φίλταθ' Ἑρμῆ Phryn. 2, 602 (2). Ἑρμῆς τρικέφαλος Aristophan. 2, 1166 (11). Ἱππάρχειοι Ἑρμαῖ anon. 4, 651 (191). στεῖχ' εἰς ἀγορὰν πρὸς τοὺς Ἑρμᾶς Mnesim. 3, 568 (v. 3). Ἑρμῆς ὁ Μαίας λίθινος Eubul. 3, 249 (2). Ἑρμῆς, ὃν ἕλκουσ'-ἐκ προχοιδίου Stratt. 2, 771 (1).
Ἑρμιών: ἀνθ' *Ἑρμιόνος (libr. Ἑρμίωνος) Aristophan. 2, 981 (25).
Ἕρμων: Ἕρμων, τί ἐστι-; Lysipp. 2, 744 (1).
ἑρπύλλινος: μύρῳ-ἑρπυλλίνῳ Antiph. 3, 56. στεφάνους ἴσως βούλεσθε· *πότερ' ἑρπυλλίνους-; Eubul. 3, 252 (4).
ἕρπυλλος: ἑρπύλλῳ, κρόκοις, ὑακίνθοις Cratin. 2, 72 (1, 4). ῥόαι, ἕρπυλλος, μήκων, ἀχράδες Anaxand. 3, 184 (1, 54).
ἕρπω: ὁ δ' ἡλιαστὴς εἷρπε πρὸς τὴν κιγκλίδα Aristophan. 2, 1042 (26). ἕρπ' (f. ἔρρ') ἀπ' οἴκων τῶνδε Men. 4, 265 (133).
ἔρρω: ἔρρ' ἐς κόρακας Pher. 2, 282 (4, 5). Amips. 2, 711 (2). ἐς κόρακας ἔρρειν-ἐκ τῆς Ἀττικῆς Alexid. 3, 421 (1). ἐπὶ τὴν Λύκωνος ἔρρει πᾶς ἀνήρ Eup. 2, 515 (18). cf. ἕρπω.
ἐρρωμένως: εἶτ' ἐλευθέραν ἀφῆκε βαπτίσας ἐρρωμένως Aristophont. 3, 363. ἔνεγκε λύπην-ἐρρωμένως mon. 151.
ἐρυγγάνω: νῦν δ' αὖθις ἐρυγγάνει Cratin. 2, 43 (2). σάγδαν (al. ψάγδαν) ἐρυγγάνοντα Eup. 2, 505 (14). δάνει' ἐρυγγάνων Diph. 4, 395 (2, 21).
ἐρυθῖνος: ψῆττας, ἐρυθίνους, κεστρέας Henioch. 3, 561.
ἐρυθριῶ: ὅστις ἐρυθριᾷ-πρὸς τοὺς ἑαυτοῦ γονέας Antiph. 3, 152 (58ᵃ). οὕτως ἐρυθριᾷ συμβολὰς οὐ κατατιθεὶς Dromon. 3, 541 (1). *ἅπας ἐρυθριῶν χρηστὸς εἶναί μοι δοκεῖ Men. 4, 178 (1). ὅς-οὔτ' ἐρυθριᾶν οἶδεν οὔτε δεδιέναι Men. 4, 273 (173) = Diph. 4, 422 (17). ἐρυθριῷ δ' οὐδεὶς ἔτι Men. 4, 294 (287).
ἐρυθρός: ἐρυθρότερον καρῖδος ὀπτῆς σ' ἀποφανῶ Anaxand. 3, 171. ἐρυθρότερον κόκκου περιπατοῦντ' Dromon. 3, 541 (1).
ἐρυθρόχρως: Αἰξωνίδ' ἐρυθρόχρων-τρίγλην Cratin. 2, 141 (1).
ἐρυσίχθων: οὐδ' ἄρα θύεις ἐρυσίχθον'; Straton. 4, 545 (v. 19).
ἔρχομαι: κύτισος αὐτόματος παρὰ Μέδοντος ἔρχεται Cratin. 2, 73 (1, 8). ἐγχελύδια *Θήβηθεν ἐνίοτ' ἔρχεται Ephipp. 3, 334 (1, 7). ἔρχεται *χελιδονείων-πινακίσκος Epigen. 3, 537 (1). Διὸς σωτῆρος ἦλθε θηρίκλειον ὄργανον Antiph. 3, 95 (1). αἰγὶς αἰγὶς ἔρχεται Pher. 2, 314 (9) cf. 5, 28. αὐτὸς ἔρχεται (al. †ἄρχεται) Aristophan. 2, 1056 (2). ἔρχεται, μετέρχεθ' αὕτη Antiph. 3, 81. τίμα τὸ γῆρας, οὐ γὰρ ἔρχεται μόνον mon. 491. *ἂν δ' ἔλθῃ ποτέ (int. γῆρας), ἀνιώμεθ' Cratet. (?) 2, 247 (1). ταῦθ' ὅταν ἔλθῃ, τί ποιεῖν χρή μ'-; Aristophan. 2, 1159 (2). τοὺς βόακας, ἂν ποτ' ἔλθῃ, λευκομαινίδας καλεῖν Polioch. 4, 589. ἀχθόμεθ' ἢν ἔλθῃ Pher. 2, 335 (3, 2). ἆρ' ἀληθῶς τοῖς ξένοισιν ἔστιν-πᾶσι τοῖς ἐλθοῦσιν-θοινᾶσθαι-; Cratin. 2, 107 (1). ὅταν-ἀλλότριον *ἐλθὼν (libr. εἰσελθὼν) ὄψον ἐσθίειν μάθῃ Ephipp. 3, 338. ἅπαντα μοχθεῖ-ἵν' ἄλλος ἐλθὼν μεταλάβῃ Men. 4, 247 (40). †λίτρον (f. νίπτρον) παραχέων *ἔρχομαι (libr. εἰσέρχομαι) Plat. 2, 637 (1, 3). ἕνεκα τοῦ ζῆν ἔρχετ' ἀποθανούμενος Antiph. 3, 150 (49). ὅταν-ἀπορῆταί τις-ἐλθὼν ἀπεκινδύνευσεν ἡμέραν μίαν Antiph. 3, 66. οὐ καυλοῖσιν οὐδὲ σιλφίῳ-ἐμαυτὸν χορτάσων ἐλήλυθα Eubul. 3, 205 (v. 5). εἰ τοῦτ'

ἦλθες ἐπιτάξων ἐμοί anon. 4, 661 (242). *συλλυσόμενοι τὸν παῖδ' ἤλθον Aristophan. 2, 1177 (6). τριτημόρου | ἕκαστος ὑμῶν ἦλθεν Philem. 4, 19 (1). ἐπὶ δεῖπνον ἐρχόμεσθ' Eup. 2, 485 (1, 11). ὡς-τίν' ἔλθω -σοι τῶν μάντεων; Eup. 2, 514 (15). ἱερεὺς-ἦλθ' αὐτοῖσιν ὀρφώς Archipp. 2, 722 (9). ὅταν *ἔλθω ποτέ | διψῶσα Antiph. 3, 11. ἐλθὼν πυνθάνου Alexid. 3, 359 (1, 14). Ζῆθον-ἐλθεῖν (f. ἐνθένδ')-ἐς Θήβης πέδον οἰκεῖν κελεύει Eubul. 3, 208 (2). πρὸς *Ἀερόπην ἐλθοῦσα πέμψαι *στρώματα αὐτὴν κέλευε καὶ παρ' Ὤκιμον χαλκώματα Nicostr. 3, 285 (1). ὅταν-ἔλθῃς εἰς τοιοῦτον συρφετόν, Δρόμωνα καὶ Κέρδωνα-Euphron. 4, 493 (v. 6). τίς γὰρ *(ἂν)-*ὀξυθύμι' εἰσορῶν ἔλθοι πρὸς ἡμᾶς; anon. 4, 647 (174). ἀνδρὸς ἆσσον οὐκ ἐληλύθει Eup. (?) 2, 577 (v. 15). πρὸς αὐλὸν ἦλθες Antiph. 3, 69. ἑταίρας-εἰς ἔρωτα τυγχάνεις ἐληλυθώς Anaxil. 3, 350 (2). εἰς προὔπτον ἦλθον ἐμπεσοῦσα δὴ κακόν Phoenicid. 4, 511 (v. 18). πέπεικας ἐλθεῖν εἰς βίον ἀλλότριον αὐτοῦ Baton. 4, 502 (v. 2). ἐλθόντ' εἰς νόσον-ἐθεράπευσεν Men. 4, 164 (1). εἰς τὸν ἴσον *ὄγκον (οἶκον?) τῷ σφόδρ' ἔρχετ' εὐτελεῖ Men. 4, 187 (2). πάντες εἰς σὲ (int. γῆρας) ἐλθεῖν-εὐχόμεθα Men. 4, 241 (26). εἰς τὸ γῆρας ἂν ἔλθῃς Apollod. 4, 452 (1, 2). οὔτ' εἰς ἔλεγχον οὐδὲν αὐτῶν ἔρχεται Philem. 4, 36 (8). *εἰς Ἠλιαίαν ἦλθε περὶ τοῦ σώματος Posidipp. 4, 517. ἔρχεται τἀληθὲς εἰς φῶς Men. 4, 198 (3). ἐκ τοῦ πυρὸς εἰς τὰς μαχαίρας ἦλθον· ὢν εἰς οὑτοσὶ διὰ τῶν μαχαιρῶν τοῦ πυρός γ' ἐλήλυθεν Posidipp. 4, 513 (v. 9. 10). ὅστις-ἀπῆλθεν, ὅθεν ἦλθεν, ταχὺ Men. 4, 211 (2, 3). ἐπὰν τάχιστ' ἔλθωσιν ἐκ τῆς ἐκφορᾶς Hegesipp. 4, 479 (v. 12). *(ἀθῷος) ἦλθες καββαλὼν τριώβολον Amips. 2, 708 (1). ἔπειτα πῶς ἦλθες; B. μόλις ὀπτωμένους κατέλαβον Alexid. 3, 438 (1). Ἑρμῆς-ξύλινος βαδίζων *αὐτόματος (cf. 5, 49) ἐλήλυθα Plat. 2, 682 (6). ὄρνεις φέρων ἐλήλυθα Men. 4, 104 (3). Χείρωνες ἐλήλυμεν Cratin. 2, 153 (9). τὴν αὐτὴν ὁδόν, ἣν πᾶσιν ἐλθεῖν ἔστ' ἀναγκαίως ἔχον Antiph. 3, 29 (2, 3). †στάδια ἑκατὸν ἐλθεῖν Antiph. 3, 52 (1).

ἐρῶ (amo): cf. ἔραμαι. τίς ἄρ' ἐρῶντά μ' οἶδεν Cratin. 2, 74 (2). ἐμοὶ μὲν εἰκός ἐστ' ἐρᾶν Pher. 2, 2?4 (6). οἴμοι κακοδαίμων, ὡς ἐρῶ Timocl. 3, 596 (1). ἤρων-καὶ νῦν δ' ἐρῶ Men. 4, 333 (512). ἐρᾶν καὶ κατεσθίειν Amips. 2, 710 (1, 5). οὐπώποτ' ἠράσθης Γέτα; Γ. οὐ γὰρ ἐνεπλήσθην Men. 4, 170 (8). ἕτερ' ἐστὶ (int. βρώματα) τοῖς ἐρῶσι καὶ τοῖς φιλοσόφοις Anaxipp. 4, 460 (v. 30). *ἐρῶντι-τί μᾶλλον συμφέρει ὧν νῦν φέρων πάρειμι; Alexid. 3, 461 (1). τούτων *ἄν τις εὕροι φάρμακα | ἐρῶντι (an ἐρῶν) ἑταίρας-χρησιμώτερα*(;) Alexid. 3, 513 (18). μειράκιον ἐρῶν-τὰ πατρῷα βρύκει καὶ σπαθᾷ Diph. 4, 395 (2, 26). μειράκιον ἐρωμένην ἔχον πατρῴαν οὐσίαν κατεσθίει Anaxipp. 4, 460 (v. 31). πᾶσα δ' εὔμορφος γυνή | ἐρῶσα φοιτᾷ- Eubul. 3, 242 (1). τοὺς ἐρῶντας οὐχὶ νοῦν ἔχειν Antiph. 3, 150 (51) = Theophil. 3, 630 (1). ὅταν ἐρῶντα νοῦν ἔχειν τις ἀξιοῖ Men. 4, 93 (1). τὸ δ' ἐρᾶν ἐπισκοτεῖ ἅπασιν Men. 4, 81 (1). ἀληθὲς οὐδὲν-*εἴωθ' ἀπειλεῖν-ἐρῶν ἐρωμένῃ Men. 4, 262 (117). ὅταν δ' ἐρῶντος τόλμαν ἀφέλῃς οἴχεται Men. 4, 138 (3). ἐρῶντα δυσποτμώτερον Men. 4, 170 (6). τοὺς ἐρῶντας ζῆν μόνους Alexid. 3, 490 (2). εὐάγωγόν ἐστι πᾶς ἀνὴρ ἐρῶν Men. 4, 175 (4). μὴ πέτεσθαι-τὸν Ἔρωτα, τοὺς δ' ἐρῶντας Alexid. 3, 393 (1). ὡς ἐρῶσι καὶ φιλοῦσι καὶ σύνεισιν ἡδέως Anaxil. 3, 348 (1, 24). οἱ δ' ἐρᾶσθαι προσδοκῶντες εὐθύς εἰσιν ἠρμένοι ib. (1, 29). μηδενὸς ἐρῶσαν, προσποιουμένην δ' ἀεί Men. 4, 131 (1). τῆς γὰρ αὐτῆς πάντες ἂν ἤρων Men. 4, 236 (14). ἀλλ' ἡδονή τις τοὺς ἐρῶντας ἐπάγεται συνουσίας; ib. [ἐρᾷ-ὄψις τῆς θύραθεν ἡδονῆς Men. 4, 226]. ἐρᾷς, συνἐραστής-γίγνεται (parasitus) Timocl. 3, 595 (v. 6). Φρύνης ἐρασθείς, ἡνίκ' ἔτι τὴν κάππαριν συνέλεγεν Timocl. 3, 607 (1). κιθαριστρίας *ἐρῶν Theophil. 3, 631 (1). ἄβραν ἀνταγωνούμενος ἐρωμένην Men. 4, 201 (3). καθεύδειν τὴν ἐρωμένην ἔχων anon. 4, 625 (83). ἐκ τοῦ-ἐσοφῶν γίγνετ' ἀνθρώποις ἐρᾶν anon. 4, 645 (164). οὐκ ἂν γένοιτ' ἐρῶντος ἀθλιώτερον οὐδὲν γέροντος πλὴν ἕτερος γέρων ἐρῶν Men. 4, 220 (3). ἐρῶμεν ἀλλοτρίων, παρορῶμεν συγγενεῖς Alexid. 3, 446 (1, 3). ὅστι, αὐτῆς *(τῆς) ἀκμῆς τῶν σωμάτων ἐρᾷ Alexid. 3, 411. τῶν τρόπων φάσκοντες ἐπιεικῶς ἐρᾶν Baton. 4, 503 (1, 4). τοῦ λιθίνου ζῴου-ἄνθρωπος ἠράσθη τις Philem. 4, 46 (35). οὐδὲν-ἐρῶ λοπάδος ἑψητῶν Aristophan. 2, 1059 (2). ὄξος ἠράσθη πιεῖν Eup. 2, 560 (34). ὅτι τοῦ παρασιτεῖν πρῶτον ἠράσθην Axionici 3, 534 (1). Τιθύμαλλος οὐδεπώποτ' ἠράσθη φαγεῖν οὕτω σφόδρ' Timocl. 3, 596 (1). ἐρᾷ-ὄμβρων γαῖα Men. (?) 4, 319 (440).

ἐρῶ (dicam): ὧν δ' ἕκατι τοῦτ' ἔδωκε-οὐκ ἐρῶ Telecl. 2, 371 (1, 5). πάντα δ' αὐτόπτης ἐρῶ Euangeli 4, 572 (v. 4). ἀμφότερ' ἐρεῖς, ἐγὼ δ' ἀκούσας-αἱρήσομαι Eup. 2, 549 (3, 3). τί σιγᾷς; οὐκ ἐρεῖς; Plat. 2, 682 (6). οὐχὶ-ἐρεῖς σαφέστερον-δ' βούλει μοι λέγειν; Straton. 4, 546 (v. 37). τί ποτε τὸ σπουδαῖον; ἀκολουθεῖν *ἐρεῖς (libr. ἔρις)-Antiph. 3, 64 (v. 2). *οὐδ' ἐρεῖς ὅτῳ | οὐκ εἰσὶ πάπποι Men. 4, 229 (4, 6). εὐθέως ἐρεῖ-πρίω μοι σελάχιον Eup. 2, 428 (2). ἐρεῖ δέ, θύδωρ *ἀνέχεται Cratet. 2, 238 (2, 5). εἶτά μοι-ἐρεῖ | ἐφ' οἷς γεγόνασιν αἱ διαλύσεις anon. (393) 5, 123. ἐρεῖ τις ὡς Κλυταιμνήστρα κακή-Eubul. 3, 260 (2, 10). Φαίδραν ἐρεῖ κακῶς τις ib. 261 (2, 12). τὸν γὰρ πρῶτον οὐκ ἐρῶ κακῶς ib. 260 (1, 3). εἶτ' ἐγὼ *κακῶς ποτε | ἐρῶ γυναῖκας; ib. (2, 7).

ἔρως: ἔρωτι τῶν ὁμοσπόρων μιᾶς πληγείς Antiph. 3, 7 (1). ἑταίρας-εἰς ἔρωτ' ἀφίκετο Antiph. 3, 124 (1, 3). οὐχ-πόρνης, ἑταίρας δ' εἰς ἔρωτα τυγχάνεις ἐληλυθώς Anaxil. 3, 350 (2). κόρης ἐλευθέρας εἰς ἔρωθ' ἥκων Men. 4, 97 (6). εἰς ἔρωτά τ' ἐμπεσών Antiph. 3, 139 (12). οὕτω γίγνετ' ἐκ τούτων ἔρως Philem. 4, 51 (49). amoris initium admirabile quid esse, Men. 4, 236 (14). ἔρως σοφιστοῦ-διδάσκαλος σκαιοῦ πολὺ κρείττων Anaxand. 3, 199 (10). οὐκ ἔστι παιδαγωγὸς-ἔρωτος-ἐπιμελέστερος Alexid. 3, 520 (88). φύσει-ἔστ' ἔρως τοῦ νουθετοῦντος κωφόν Men. 4, 86 (1). μόνος ἔστ' ἀπαρηγόρητον-ἔρως Men. 4, 277 (196). ἔρως δίκαιος καρπὸν-φέρει mon. 140. ὑπέκκαυμ'-ἔρωτος μουσική Men. 4, 138 (2). ἔρωτα παύει λιμός mon. 156. τὸν-δεύτερον (int. κρατῆρα) ἔρωτος ἡδονῆς τε Eubul. 3, 249 (1, 4). τοὺς τρεῖς δ' ἔρωτος (libr. ἔρωτας) προσαποδώσεις ὕστερον (int. κυάθους) Alexid. 3, 432 (3). σωμάτων ἔρως mon. 593. ὁμονοίας ἔρως Men. 4, 290 (262). κισσὸς-ὀλολυγόνος ἔρωτι κατατετηκώς Eubul. 3, 251 (2). βλαύτης δ' οὐδεὶς ἔτ' ἔρως λευκῆς Herm. 2, 397 (2). †ἔρωτι βιαζόμεναι-ἀκράτου Aristophan. 2, 1094 (7).

Ἔρως: ἔστ' ἀπεψηφισμένος ὑπὸ τῶν θεῶν τῶν δώδεκ'-Ἔρως Aristophont. 3, 361 (2). εἶτ' οὐ μέγιστός ἐστι τῶν θεῶν Ἔρως; Men. 4, 137 (1). Ἔρωτος οὐδὲν ἰσχύει πλέον Men. 4, 128 (1). Ἔρως-τῶν θεῶν ἰσχὺν ἔχων πλείστην Men. 4, 203 (4). ὁ πτερωτὸς ἰξὸς ὀμμάτων Ἔρως *Timoth. 3, 589. ὁ γράψας-ἢ κηροπλαστήσας Ἔρωθ' ὑπόπτερον Eubul. (Arar.) 3, 226 (3). δοκοῦσιν ἀγνοεῖν οἱ ζωγράφοι τὸν Ἔρωτα Alexid. 3, 495 (1, 4). μὴ πέτεσθαι τὸν θεὸν τὸν Ἔρωτα Alexid. 3, 393 (1). ἀδικεῖ τὸν Ἔρωτ'-θνητὸς θεόν Alexid. 3, 411.

ἐρωτικός: ἐρωτικός, γελοῖος, ἱλαρὸς τῷ τρόπῳ Antiph. 3, 45 (2, 10). *τἀρωτίκ' ἐκμεμάθηκα ταῦτα-Σαπφοῦς, *Μελήτου Epicrat. 3, 367 (3).

ἐρωτῶ: *τοὔνομά μ' εὐθὺς ἠρώτα* Cratin. 2, 98 (6). *καὶ *πρᾶγμά γ' ἠρώτα με δυστράπελον πάνυ* Henioch. 3, 562. *οὐκ ἐτὸς *ἐρωτῶσίν με-* Anaxil. 3, 353. *ἐὰν-ἐρωτήσῃς, πόσου-πωλεῖς-; -φησίν* Alexid. 3, 391 (2). *οὗτος ἀποκρίνετ', ἂν ἐρωτήσῃς πόσου | ὁ λάβραξ, δέκ' ὀβολῶν* Diph. 4, 407 (1, 9). *οὐκ ἐρωτᾷ, πηνίκα δεῖπνόν ἐστιν;* Men. 4, 179 (2). *πόσας τραπέζας μέλλομεν ποιεῖν, τρίτον ἤδη μ' ἐρωτᾷς* Men. 4, 222 (1). *ποῖ; Α. *ὅποι μ' ἐρωτᾷς;* Crobyli 4, 567 (1). *περιπλοκὰς λίαν ἐρωτᾷς* Antiph. 3, 41 (2). *κερατίνας ἐρωτῶν* anon. 4, 618 (51).

ἐς: *ἐς κόρακας* vide *κόραξ*. *ἐς* (vulg. *εἰς*) *μακαρίαν τὸ λουτρόν* Antiph. 3, 137 (9). *πουλύπους ἐς τοὺς τρόπους* Eup. 2, 471 (23). *ὡς ἐς* (l. *εἰς* 5, 104) *καλὸν τὸν υἱὸν εὐτυχοῦντα-λέγω σοι* Men. 4, 174 (1). *ἕλκ' ἐς* (al. *εἰς*) *μέσον* Diph. 4, 418 (4) cf. annot. *παρατίθημ' ἄρν' ἐς μέσον* Diph. 4, 419 (7). *ἕλκε μοιχὸν ἐς μυχόν* Calliae 2, 735. *ἐς τὸ πᾶν* anon. 4, 658 (220). **ἦ μήποτ'-ἐς ταὐτὸν μόλῃς* Stratt. 2, 778 (1). *θαλάσσης δ' ἐς τέκν' ἄνειμι* Plat. 2, 672 (1, 11). *ἐς τὸ φρέαρ-καθεικέναι* Lysipp. 2, 744 (1). *ἐς τὸν λιμένα* Aristophan. 2, 976 (12). **πέψω πλακοῦντ' *(ἐς) ἑσπέραν* Aristophan. 2, 1027 (2). **ἐς τὴν* (Phot. *ἐστὶν*) *Πάρνηθ'-φροῦδαι* Aristophan. 2, 1104 (1). *ἐς τὴν γῆν κύψασα κάτω* Aristophan. 2, 1110 (3). *ἐς Οἰδίπου-*παῖδε-Ἄρης κατέσκηψ', *(ἐς) τε-ἀγῶνα-ἑστᾶσιν* Aristophan. 2, 1167 (1). *τοῦτον *καταλεκτέ' ἐστὶν ἐς τοὺς κόλλοπας* *Eubul. 3, 209 (3). *λάμπει μέν, ἐς δ' ὀλίγον χρόνον* Men. 4, 207 (1). *ἅττ' ἔχω ταῦτ' ἐς* (legeb. *ἐστί* cf. 5, 44) *ταρίχους ἀπολέσω* Plat. 2, 633 (7). **ὅκως-τὸν παῖδα πωλήσει 'ς Χίον, ἕτερος δ' ὅκως ἐς Κλαζομενάς, ἕτερος δ' ὅκως εἰς Ἔφεσον-οἱ δ' εἰς Ἄβυδον* Aristophan. 2, 1164 (2). *ἁγνὸν ἐς Θήβης πέδον οἰκεῖν κελεύει* Eubul. 3, 208 (2). **κἀς τοῦ καπήλου 'γὼ φέρω* Herm. 2, 389 (1). *†ἔγχεον ἐς σφέτερον δέμας* Aristophan. 2, 1094 (7). cf. Aristophan. 2, 1038 (18). **ἀποδύντ' ἐς* (libr. *ἀποδόντες*) *τὸ δεῖπνον ἀπιέναι* Timoth. 3, 589. *†ἐς τὴν χλαμύδα κατεθέμην* Philem. 4, 12. *τρέχ' εἰς* (al. *ἐς*) *τὸν οἶνον* Aristophan. 2, 1072 (6).

ἐσθίω: cf. *ἔδω. ἔσθω. ἑστιῶ. κατεσθίω.* *ἔσθιε καὶ σῇ γαστρὶ δίδου χάριν* Cratin. 2, 222 (143). *τοῦ πιεῖν καὶ φαγεῖν τὰς ἡδονάς* Antiph. 3, 134 (4, 5). *†πονεῖν μὲν ἄμμες καὶ φαγεῖν μὲν ἀνδρικοί,-τοὶ δ' Ἀθηναῖοι λέγειν καὶ μικρὰ φαγέμεν, τοὶ δὲ Θηβαῖοι μέγα* Eubul. 3, 208 (1). *εἰμὶ γὰρ Βοιώτιος-πολλὰ-ἐσθίων* Mnesim. 3, 567. *οἷος ἐσθίειν πρὸ ἡμέρας ἀρξάμενος-πρὸς ἡμέραν* Diphil. 4, 385. *ἀνδρῶν ἀρίστων ἐσθίειν* Eubul. 3, 222 cf. 237. *χεζητιῶν μακρὰν βαδίζων, πολλὰ δ' ἐσθίων* (?) *ἀνήρ* Eubul. 3, 230 (2). *τὸν Κτησίαν τῷ φαγεῖν ὑπερδραμῶ* Philetaer. 3, 292. *ἀνδρῶν ἁπάντων πλεῖστα δυνάμενος φαγεῖν* Theophil. 3, 627. *τὸ καθ' ἡμέραν ὁρῶσα πίνειν κἀσθίειν μόνον* Epicrat. 3, 365 (2, 6). *ἕξεις-ὅσ' ἂν φάγῃς τε καὶ πίῃς μόνα* *Alexid. 3, 395 (v. 11). *τὸ πιεῖν, τὸ φαγεῖν, τὸ τῆς Ἀφροδίτης τυγχάνειν* Alexid. 3, 518 (31). *ὅστις ἥδεται-ἐσθίων ὁσημέραι* Alexid. 3, 520 (36). *ἐσθίοντα καὶ λέγοντα "σήπομ' ὑπὸ τῆς ἡδονῆς"* Men. 4, 74 (3). *ἐσθίει μέχρι ἂν διδῷ τις ἢ λάθῃ διαρραγείς* Phoenicid. 4, 510. *διπλάσια-ἐσθίει μάτην* Men. 4, 119 (2). *ἀλλότριον ὄψον ἐσθίειν* Ephipp. 3, 338. *εἰς-ἄκακον-τρόπον εἰσδὺς ἕκαστος ἐσθίει καθήμενος* Anaxil. 3, 353 (1). *τἀλλότρι' ἐσθίειν* Alexid. 3, 480 (2). *δεινὸς ἐκ κοινοῦ φαγεῖν* Euphron. 4, 492 (v. 4). *τὰ *χαμᾶθεν ἐσθίει* Eup. 2, 490 (10). cf. Aristophan. 2, 1190 (61) et 5, 37. *ὥσπερ οἱ πτωχοὶ χαμαί | ἐνθάδ' ἔδομαι-;* Antiph. 3, 146 (31). *ἐσθίει ἔμψυχον οὐδέν* Antiph. 3, 75 (3). *μηδὲν-μηδ' ὢν ὁ Πυθαγόρας-ἤσθιεν* Antiph. 3, 92 (1, 7). *ἐσθίουσι-λάχανα καὶ πίνουσιν-ὕδωρ* Aristophont. 3, 363 (5). *πρὸς-τὸ πεινῆν* (al. *†πίνειν*) ἐσθίειν τε μηδὲ ἓν Aristophont. 3, 360 (1). οὐκ ἄρ' *ἔτ' οὐδὲν κρέας-ἐδόμεσθα-; Cratet. 2, 239 (3). ταῦτ' ἐσθίων τὰ φαῦλ' ἀνέχομαι Antiph. 3, 9 (1). φαύλως ἐσθίει Eup. (?) 2, 577 (v. 5). θαλάττιον *(ὄψον?) οὗτος οὐδὲν ἐσθίει Antiph. 3, 70 (2, 2). οὐδεὶς κρέως παρόντος ἐσθίει θύμον Antiph. 3, 133 (2, 7). ὅστις κορακῖνον ἐσθίει-γλαύκου παρόντος Amphid. 3, 310 (3). ἐσθίουσ' ἑκάστοτε ἄνηθα καὶ σέλινα καὶ φλυαρίας Eubul. 3, 222. οὐκ ἐσθίω *γλυκεῖαν οὐδὲ μηρία Eubul. 3, 250 (3) cf. 5, 83. *ἰχθὺν δ' Ὅμηρος ἐσθίοντ' εἴρηκε ποῦ τίνα τῶν Ἀχαιῶν; Eubul. 3, 262 (2). οὐ γὰρ θανὼν δήπουθ' *(ἂν) ἔγχελυν φάγοις Philetaer. 3, 297 (1). ἰχθῦς οὐκ ἂν ἦν οὐδενὶ φαγεῖν Alexid. 3, 403 (1). οὐδὲ εἰς τὸν ὀδόντα ἔχει φαγεῖν anon. 4, 666 (272). τῷ κακῶς διακειμένῳ εἰπεῖν τιν' ἐσθίοντα (?) "μὴ κακῶς ἔχε." Philippid. 4, 471. ἄμητας-ὀρνίθειά τε, ὧν οὐδὲ λειφθέντων θέμις δούλῳ φαγεῖν Antiph. 3, 49 (1) = Epicrat. 3, 368. γάστριν καλοῦσι-ὃς ἂν φάγῃ ἡμῶν τι τούτων ibid. οὐκ ἐδήδοκα *(κάνδαυλον) οὐδ' ἀκήκο' *οὐδεπώποτε Alexid. 3, 462 (1, 2). τῶν ἐδομένων τὰ στόματα προειδέναι Diph. 4, 381 (1, 6). γνώσομ' οὗ ζητεῖ φαγεῖν ἕκαστος ὑμῶν Anaxipp. 4, 460 (v. 48). τό-νωκαρῶδες-ἐσκέδασε κἀποίησεν ἡδέως φαγεῖν Diphil. (Sosipp.) 4, 383 (2). τῶν-ἐσθιόντων ἀνεκάθηραν τοὺς πόρους Anaxipp. 4, 459 (v. 16). κἀσθίονθ' ἅμα (int μήτραν) ἐποίησε πηδᾶν Euphron. 4, 492. ἐν ὅσῳ δ' ἐσθίω, ἕτερος ἐκεῖν', ἐν ὅσῳ δ' ἐκεῖνος, τοῦτ' ἐγὼ | ἠφάνισα Lync. 4, 433 (v. 9). ἀπεῖχ' ἕκαστος τοῦ φαγεῖν ἂν ἔτι νεκροῦ Athenion. 4, 558 (v. 35). τά θ' αὑτοῦ σπλάγχν' ἕκαστος ἐσθίει Diph. 4, 395 (2, 17). οὐδ' Αἰξωνίδ'-ἐσθίειν ἔτι τρίγλην, οὐδὲ τρυγόνος- Cratin. 2, 141 (1). τῶνδ'-εἰ φάγοι τις Pher. 2, 300 (1, 32). εἶτα καὶ νῦν-τούτων φάγοις ἄν; Antiph. 3, 36 (1, 10). ἀνθρωποφάγους; πῶς; Π. *ὧν γ' ἂν ἄνθρωπος φάγοι (int. pisces) Antiph. 3, 36 (1, 13). τρίγλη δ' εἰ-ἐδηδοκοίη (cf. 5, 21) τένθου- Cratin. 2, 179 (14). ἰχθῦς ποταμίους ἐσθίοντας βόρβορον Philem. 4, 27 (v. 21). πρόβατ' ἐσθίουσι καὶ λαγώς (int. aquilae) Epicrat. 3, 365 (2, 9). πλακοῦς ἑαυτὸν ἐσθίειν κελευέτω Nicoph. 2, 851 (2). κυρήβι' ἐσθίων Cratin. 2, 184 (27). σκώληκας ἐσθίοντε Aristophan. 2, 1183 (25). τὸ νέκταρ *ἐσθίω Anaxand. 3, 198 (7). τὴν μάλθαν-ἤσθιον Aristophan. 2, 1007 (3). πῶς-Σθενέλου φάγοιμ' ἂν ῥήματα; Aristophan. 2, 1009 (9). στιβάδος ἐξ ὅτου ˝φαγον Eup. 2, 526 (4). ὁ τοὺς καταπέλτας τάς τε λόγχας ἐσθίων Timocl. 3, 598 (1).

ἐσθλός: ἐσθλῷ-ἀνδρὶ ἐσθλὰ καὶ διδοῖ θεός mon. 141. ζήλου τὸν ἐσθλὸν ἄνδρα mon. 192. σύμβουλος ἐσθλὸς-γίγνου mon. 714 γυναικὸς ἐσθλῆς mon. 84. 94. cf. Diph. 4, 426 (33). γνώμης-ἐσθλῆς mon. 112. οὔτε κακὸν *οὔτ' ἄρ' ἐσθλόν ad Philem. 4, 32.

ἔσθω: ὅτε δ' *ἤσθες ἀμίας Archipp. 2, 721 (7). μαστιγίας τάριχον δυοῖν ὀβολῶν ἔσθοντας Philippid. 4, 469.

ἑσμός: ἑσμὸν μελίσσης-γλυκύν Epinici 4, 505.

ἐσορῶ: πῶς ἐσίδω ῥύγχος-; (?) Aristophan. 2, 1138 (2) cf. 5, 66. ὅταν-τοὐμὸν ἐσίδω χωρίον Men. 4, 76 (9). ἐκ τοῦ-ἐσορᾶν γίγνετ'-ἐρᾶν anon. 4, 645 (164).

ἑσπέρα: ἄδειπνος ἑσπέρας *ηὐλιζόμην Eup. 2, 558 (28). τῆς ἑσπέρας σαπροὺς *ἅπαντας (int. pisces) ἀποφέρωσιν οἴκαδε Alexid. 3, 438 (3, 8). *ἐφ' ἑσπέρας Calliae 2, 738 (8) cf. 5, 52. ἀλεκτρυὼν-*ἂν ἀφ' (l. ἐφ') ἑσπέρας ᾄσῃ anon. 4, 612 (40). *πέψω πλακοῦντ' *(ἐς) ἑσπέραν Aristophan. 2, 1027 (2). εἰς τὴν ἑσπέραν *χορταζόμεσθα- Amphid. 3, 312. μεθ' ἡμέραν, πρὸς ἑσπέραν, πάντας τρόπους Xenarch. 3, 617 (1, 17). ὁ βίος-ἑσπέραν ἄγει Alexid. 3, 488 (3).

Ἑσπερίδες: τὸ σπέρμα τοῦτ' (int. μῆλα) ἀφιγμένον-ἐστὶ-Β. παρ' Ἑσπερίδων, φῄμην γε Antiph. 3, 33 (1, 6). Eriphi 3, 557 (1, 6).

ἑστία: πᾶσα *γάργαρ' ἑστία Aristophan. 2, 1099 (4).

Ἑστία: *ἔθυον δέλφακ'-θῆστία Eup. 2, 540 (11). Ἑστίᾳ (al. Ἱστίᾳ) θύει Theop. 2, 801 (4). *ἀφ' Ἑστίας vide Cratet. 2, 251 (17). νὴ τὴν Ἑστίαν Antiph. 3, 100 (2). Eubul. 3, 235 (3). διὰ τί, πρὸς τῆς Ἑστίας; Anaxand. 3, 191 (1). ἐκπωμάτων δ' ὀνόματα. *(Β) πρὸς τῆς Ἑστίας *(;) Diph. 4, 414. τί πρὸς ἡμᾶς τοῦτο πρὸς τῆς Ἑστίας; Straton. 4, 546 (v. 28).

ἑστίασις: κἂν ἴδῃ μισθούμενον εἰς ἑστίασιν Alexid. 3, 501. κληθείς ποτε εἰς ἑστίασιν δωδεκάποδος Men. 4, 179 (2). ἡ δ' ἑστίασις ἰσχάδες καὶ στέμφυλα-ἔσται Alexid. 3, 474 (2).

ἑστιῶ: dativo iunctum? Eup. 2, 444 (15). μειαγωγὸς ἑστιῶν** Eup. 2, 456 (1) cf. 5, 36. ἐρανιστὰς ἑστιῶν Aristophan. 2, 1118 (1). ἑστιάσω τήμερον ὑμᾶς ἐγώ Antiph. 3, 36 (1, 1). κυμβία-παρέχοιμ' ἑστιῶν *Εὐριπίδῃ Ephipp. 3, 335 (2, 5). ἄν τις ἑστιᾷ, πάρειμι πρῶτος Aristophont. 3, 357 (1, 2). τοῦ μαγείρου πυθόμενος τὸν ἑστιῶντα Alexid. 3, 501. Λαχάρους-ἑστιῶντος τοὺς φίλους Demetr. 4, 539. ὡς ἂν *ἑστιῶν (vulg. ἐσθίων)-ὀξύπεινον ἄνδρα Demonici 4, 570. τοῖσιν ἑστιωμένοις τὸν καιρὸν ἀποδίδωμι τῆς συγκράσεως Alexid. 3, 464 (2, 9). *τὸν ἀριθμὸν λαμβάνειν τῶν ἑστιωμένων Timocl. 3, 611. ἐὰν πλείους τις ὢν ἔξεστιν ἑστιῶν τύχῃ Men. 4, 147 (1). πότερον ἀνδριάντας εἱστία; Philippid. 4, 477 (10). *(πότερον) ἀνδριάντας ἑστιᾷς; anon. 4, 650 (186). ἑστιᾶν (f. ἑστιάσω) τοὺς φίλους (de prandio) Men. 4, 333 (511).

ἐσχάρα: 1) θυμαλώπων-μεστὴν ἐσχάραν (afferat) Stratt. 2, 788 (5). τυρόκνηστις, ἐσχάρα Aristophan. 2, 945 (4). ἐν τῷ βαλανείῳ μήτε πῦρ ταῖς ἐσχάραις ἐνόν Alexid. 3, 426. ἐσχάραν *κλίνην κάδον Diph. 4, 401. 2) ἐσχάρας κεκαυμένος πλείστας-ἐν τῷ σώματι Plat. 2, 679 (2, 4). 3) λεπάσιν, ἐχίνοις, ἐσχάραις Archipp. 2, 721 (5).

ἐσχάρια: Aristophan. 2, 1156 (30).

ἐσχαρίς: σπονδή, λιβανωτός, ἐσχαρίς Alexid. 3, 498.

ἐσχαρίτης: λαβόντα θερμοὺς ἐσχαρίτας Antidot. 3, 529 (2). τῶν ἐσχαριτῶν τῶν καθαρῶν Crobyl. 4, 565 (2).

ἔσχαρος: κάραβος, ἔσχαρος, ἀφύαι Mnesim. 3, 570 (v. 44).

ἔσχατος: περὶ τὴν ἐσχάτην-κερκίδα Alexid. 3, 402 (1). ἄφωνοι-παρεστήκασι πάντων ἔσχατοι Men. 4, 117 (2). Ταινάρου πρὸς ἐσχάτοις Men. 4, 287 (239). ὁ Μυσῶν ἔσχατος Magnet. 2, 11. Μυσῶν ἔσχατος πολέμιος Men. 4, 86 (7). ἔσχατον νόμιζέ με Μυσῶν Men. 4, 327 (481). τὸ λεγόμενον Μυσῶν ἔσχατον- Philem. 4, 25 (3). ἐσχάτη κακὴ τύχη mon. 90. ἔστι-ἔσχατον τοῦ δυστυχεῖν Antiph. 3, 151 (52). τὸ πολὺ γῆρας ἐσχάτων πολλῶν γέμει Philem. 4, 60 (87). φοβοῦμαί σ' ἐσχάτως Men. 4, 301 (318).

ἔσω: ἰοὺσ' ἔσω Herm. 2, 383 (1). *εἴτε τις γέρων ἔσω Eubul. 3, 224.

ἔσωθεν: †ἔσωθεν γῆν Phryn. 2, 581 (2) cf. 5, 40.

ἑταίρα: ἑταίρας εἰς ἔρωτ' ἀφίκετο-ἦθός τι χρυσοῦν πρὸς ἀρετὴν κεκτημένης, ὄντως ἑταίρας Antiph. 3, 124 (1). ἐκ τῆς ἑταιρίας ἑταίρα τοὔνομα προσηγορεύθη Anaxil. 3, 350 (2). καὶ σὺ νῦν οὐχ-πόρνης, ἑταίρας δ' εἰς ἔρωτα τυγχάνεις ἐληλυθώς ib. εἶτ' οὐ γυναικός ἐστιν εὐνοϊκώτερον γαμετῆς ἑταίρα; Amphid. 3, 301. τὰς ἑταίρας ἡδέως-ἔχω Antiph. 3, 54. ἔστιν δ' ἑταίρα τῷ τρέφοντι συμφορά Antiph. 3, 4 (2). ὅστις ἀνθρώπων ἑταίραν ἠγάπησε πώποτε Anaxil. 3, 347 (1, 1). οὐδὲ ἕν | ἴσθ' ἑταίρας ὅσα περ ἔστι θηρί' ἐξωλέστερον ib. 348 (1, 31). οὐδέποτ' ἑταίρα τοῦ καλῶς πεφρόντικεν Men. 4, 260 (107). ὅρκος *(δ') ἑταίρας ταὐτὸ καὶ δημηγόρου Diph. 4, 421 (16). αἱ τῶν ἑταιρῶν διοπετεῖς οἰκίαι Aristophont. 3, 358 (2). *ὀλίγαις ἐραστὴς γέγον' ἑταίραις βέβαιος Apollod. Car. 4, 444 (1). ἀνέλαβον καινὰς ἑταίρας Alexid. 3, 422 (1, 4). τῶν ἑταιρῶν τὰς μέσας Theop. 2, 800 (3). ὀρχηστρίδας-ἑταίρας-νῦν δ'-ἀγορεύω ἄρτι χνοαζούσας αὐλητρίδας Metag. 2, 751 (1). Aristag. 2, 761 (1). τὰς δρυπετεῖς ἑταίρας ἢ-τὰς ὑποπαρθένους Aristophan. 2, 997 (5). τὰς ἑταίρας εἰσαγαγὼν τῇ παρθένῳ Philippid. 4, 474 (1). Φρύνη-γέγονεν ἐπιφανεστάτη πολὺ τῶν ἑταιρῶν Posidipp. 4, 517. Philemonis ἑταίρα χρηστή (an Χρήστη?) 4, 65 (119) cf. Men. 4, 334 (516). οὐδὲ μίαν ἄλλην ἑταίραν εἶδέ τις αὐτῶν (heroum) Eubul. 3, 262 (2, 4). Ἀφροδίσι' ἦγε ταῖς ἑταίραις ἡ πόλις Alexid. 3, 499 (1). τὰς ἑταίρας ἐνθάδε *(μεθύειν) μεθ' ἡμῶν Alexid. 3, 499 (1). οὐκ ἐτὸς ἑταίρας ἱερόν ἐστι πανταχοῦ Philetaer. 3, 293 = 295 (3). πολυτελῶς Ἀδώνια ἄγουσ' ἑταίρα Diph. 4, 395 (2, 40). τὸν-οἶνον εὐδοκιμεῖν-παρὰ ταῖς ἑταίραις τὸν παλαιόν Eubul. 3, 263 (3) = Alexid. 3, 512 (14). εἰσῆλθεν *ἡ 'ταίρα φέρουσα τὸν γλυκύν Alexid. 3, 408 (1). τούτων ἂν *τίς εὕροι φάρμακα ἐρῶντι ἑταίρας-χρησιμώτερα; Alexid. 3, 513 (18). κατ' αὐτὸν ἴσα βαίνουσ' ἑταίρα Men. 4, 284 (228).

ἑταιρεῖος: ταῦτα-Διὸς ἑταιρείου Diph. 4, 384 (1).

ἑταιρία: ἐκ τῆς ἑταιρίας (f. ἑταιρείας) ἑταίρα τοὔνομα προσηγορεύθη Anaxil. 3, 350 (2).

ἑταῖρος: Μελανιππίδης ἑταῖρός ἐστι καὶ Φάων καὶ- Alexid. 3, 483 (2, 15). τοῦθ' ἑταῖρός ἐστιν ὄντως Men. 4, 179 (3). μὴ φεῦγ' ἑταῖρον ἐν κακοῖσι κείμενον mon. 341. ὀργὴν ἑταίρου-φέρειν mon. 442. κέρδαιν' ἑταῖρε anon. 4, 689 (340). ἐρίηρας ἑταίρους Cratin. 2, 95 (5). ἄνδρες ἑταῖροι Eup. 2, 438 (5). δύ' ἀποπνίξασ' ἑταίρους τὸν τρίτον θηρεύεται ἔτι λαβεῖν Anaxil. 3, 348 (1, 16). †οἶνος οὐκ ἔνεστι-αὐτοῖς πρὸς ἑταίρους Axionici 3, 531 (2). ἑταῖροι καὶ φίλοι σοι καὶ συνήθεις-ἔρανον εἰσοίσουσιν Philem. 4, 31 (1, 13). πεποιήκατ' ἔργον οὐχ ἑταίρων Men. 4, 183 (1).

ἑταιρῶ: οὐκ ἂν ὑπομείναιμ' ἔτι-ἑταιρεῖν Phoenicid. 4, 511 (v. 2).

Ἐτεοβουτάδης: Δημέᾳ Λάχητος Ἐτεοβουτάδῃ Alexid. 3, 476 (1).

ἑτερεγκεφαλᾶν: Aristophan. 2, 1210 (165).

ἕτερος: ἕτερος de pluribus Pher. 2, 351 (37). ἕτερος σεμνὸς λόγος ἄλλος Cratet. 2, 242 (1). ἄλλα τε τοιαῦθ' ἕτερα μυρί' Aristophan. 2, 1085 (15). οὐκ *ἀλλ' ὁ τιοῦν ἕτερον Men. 4, 163 (3). *γέγον' ἔτη τρισχίλια, ἡ δὲ-Τέλεσις ἕτερα μυρία Philetaer. 3, 294 (1). ἕτερα μυρία τοιαῦτα καταλέξαιμ' ἄν Diphil. 4, 395 (2, 37). πολλῶν ὄντων χαλεπῶν-ἐφ' οἷς θορυβούμεθα Baton. 4, 503 (1). *εἶθ' ἕτερα-πολλὰ κυντερώτερα Pher. 2, 297 (2). τούτων *ἂν τίς εὕροι φάρμακα-ἕτερα χρησιμώτερα; Alexid. 3, 513 (18). κακὰ πρὸς τοῖς κακοῖσιν ἕτερα συλλέγει Philem. 4, 34 (5). μηδὲ προσάγου τῷ πράγματι χειμῶνας ἑτέρους Men. 4, 123 (2). *θηρίκλεια καὶ τορευτὰ-ποτήρια ἕτερα Apollod. Gel. 4, 439 (1). μῦθον ἕτερον λέξει-κακηγορίστερον Pher. 2, 293 (16). ῥόας, φοίνικας, ἕτερα νώγαλα Antiph. 3, 35 (1). Ephipp. 3, 340 (3). φάρια, τοιαῦθ' ἕτερα πολλὰ παίγνια Ephipp. ib. παρὰ Σινώπῃ καὶ Λύκᾳ καὶ Ναννίῳ ἑτέραις τε τοιαύταισι παγίσι Amphid. 3, 310 (1). γεγένηται-κἂν Σάμῳ τοιοῦθ' ἕτερον Alexid. 3, 401. τίς εἶδε λέοντας ἢ τοιοῦτον ἕτερον θηρίον-; Nausicrat. 4, 578. ἕτερος δ' ἂν τύχῃ τις πλησίον ἑστὼς Antiph. 3, 112 (1, 20). διαρραγήτω χἄτερος δειπνῶν τις εὖ, μὴ Κτησίας μόνος Anaxil. 3, 351 (1). Φειδιππος ἕτερός τις-ξένος Alexid. 3, 482. πρὸς ἕτερον ἄνθρωπόν τινα | ἐλάλει Timocl. 3, 609. εἴ τινας μᾶλλον φιλῶ ξένους ἑτέρους ὑμῶν Alexid. 3, 449 (3). ἄχρι ἂν τῶν φίλων-ἕτερός τις-ἀποσπάσῃ Hegesipp. 4, 480 (v. 27). *(ἔτ') ἐπιδεῖταί τινος ἑτέρου, πάλιν γεύου Machon. 4, 497 (v. 8). πιθήκους *οἶδ' ἑτέρους τινὰς λέγειν Phryn. 2,

588 (2). τὸν πορνοβοσκὸν καὶ δύο ἑτέρους Nicostr. 3, 287. ἑτέρους πορίσασθαι δύ' ἐρίφους ἠνάγκασας Euphron. 4, 487 (v. 22). ἑτέρᾳ Διοκλείδᾳ Phryn. 2, 602 (2). ἕτερος Ἡρακλῆς Ephipp. 3, 337 (2). οἶνον θὲς ἑτέραν μνᾶν Eup. 2, 493 (15). χιτὼν ἀμόργινος, ἕτερος δὲ περιηγητός ἐστιν Antiph. 3, 84. ἔχεις ἐχίνους; B. ἕτερος ἔσται σοι πίναξ Lync. 4, 433 (v. 19). εἶτ' ἐννεάκλινος ἕτερος οἶκος Phryn. 2, 604 (5). προσκεφάλαια πέντε. *(B. λέγ' ἕτερον) Eubul. 3, 267 (12). λέγ' ἕτερον Alexid. 3, 389 (1, 4. 15). Theophil. 3, 629 (1). Ἀφροδίσι' ἦγε ταῖς ἑταίραις-· ἕτερα δὲ χωρίς ἐστι Alexid. 3, 499 (1). τὸν οἶκον ἄρας εἰς ἕτερον πορεύεται Philem. 4, 41 (19). ναύκληρος ἀποθύει τις-ἀφῆκα -ἀλλ' ἕτερος εἰσπέπλευκεν Diph. 4, 395 (2, 18). μειράκιον-σπαθᾷ, πορεύομαι. -ἕτερά που ἐνέβαλεν-ἐῶ βοᾶν ib. (2, 28). ἔστι δ' ἐλέφας (rhytum) -ἕτερον τριήρης-ὁ Βελλεροφόντης ἐστὶν Epinici 4, 506 (v. 8). κἠντιβόλουν-*ὅπως-πωλήσει 'ς Χίον, ἕτερος δ' ὅπως ἐς Κλαζομενάς, ἕτερος δ' ὅπως εἰς Ἔφεσον,-οἱ δ' εἰς Ἄβυδον Aristophan. 2, 1164 (2). λάχανόν τις ἔφη-εἶναι, ποίαν δ' ἄλλος, δένδρον δ' ἕτερος Epicrat. 3, 371 (1, 26). τόμος ἀλλᾶντος, τόμος ἠνύστρου, χορδῆς ἕτερος, φύσκης ἕτερος Mnesim. 3, 569 (v. 15). τούτων δὲ καὶ σοῦ μυρίων τ' ἄλλων νόμος, ἑτέρων τύραννος Philem. 4, 11. ἑτέρου λυχνοῦχός *(ἐστιν), ἑτέρου λήκυθος Men. 4, 176. ὁ μὲν λέμμ' ἐστίν, ὁ δ' *ἕτερον δάκνει Anaxil. 3, 353 (1). ὃς ἂν εἰς ἑτέραν ληφθῇ δ' ἀποστέλλων πόλιν Alexid. 3, 505 (6). ἰχθύδιον· ὄψον δ' ἂν λέγῃς ἕτερον, κάλει ὀψάριον Mnesim. 3, 568. πλοῦτον μεταλήψεθ' ἕτερον οὐχὶ τὸν τρόπον Philem. 4, 64 (113). ἀλεκτρυὼν γενναῖος ἐν ἑτέρᾳ τροφῇ ἐστίν Men. 4, 135 (2, 12). ἐξώκειλε-εἰς ἕτερον ἦθος, οὐκ ἐν ᾧ τὸ πρόσθεν ἦν Men. 4, 251 (60). ἐν ὅσῳ δ' ἐσθίω, ἕτερος ἐκεῖν', ἐν ὅσῳ δ' ἐκεῖνος, τοῦτ' ἐγὼ ἠφάνισα Lync. 4, 433 (v. 10). ἵνα ταὐτὰ πάντες, μὴ τὸ μὲν ἐγώ, τὸ δ' ἕτερος ib. (v. 22). κἀμοὶ τράχηλον ἕτερον εἴ ποθεν λαβεῖν ἦν-δυνατόν Arched. 4, 437 (2, 5). ἂν γὰρ ἀναθῇ τις, εὐθὺς ἕτερος ἥρπασεν Philippid. 4, 469. ἕτερον-καινὸν ἐμβαλεῖν αὐτῷ τόνον Philippid. 4, 470 (1). τῆς ἰδιότητος πρὸς ἑτέραν μεμιγμένης Damox. 4, 531 (v. 41). μαγειρικῆς πρότερον μαθεῖν δεῖ-τέχνης ἑτέρας τέχνας Nicomach. 4, 583 (v. 16). ἕτεροι δὲ-μετὰ Καράβου σύνεισιν Eubul. 3, 207. τιμὴν δόντα -ἑτέρων λαβεῖν Alexid. 3, 506 (7). πάντα-ὅλως ἑτέρων πέφυκεν *ἧττον' Philem. 4, 11. ἐὰν μεθ' ἑτέρου τοῦτο, μὴ μόνη, ποιῇ Philem. 4, 17 (1). ἐκ τοῦ λέγειν τε καὶ ἑτέρων ἀκούειν Philem. 4, 35 (6). αὔριον ἐπλούτησ' ὥστε χἀτέρους τρέφειν Philem. 4, 44 (29ᵃ). οὐδεὶς *ἐφ' αὑτοῦ-συνορᾷ-ἑτέρου δ' ἀσχημονοῦντος ὄψεται Men. 4, 256 (85). ἑτέρων γαμούντων αὐτὸς ἀπεχέσθω γάμου Men. 4, 260 (104). ὁ-ἀδίκως *τι καθ' ἑτέρου ζητῶν κακόν Men. 4, 268 (147). μακάριος βίος-ἂν ᾖ μεθ' ἑτέρων ἀπραγμόνων Apollod. 4, 450. ἐν ταῖς-ἑτέρων-ἀτυχίαις τρυφᾶν Euphron. 4, 495 (2). τὸ κακόν-ἐφ' ἑτέρων ἰδεῖν Sosicrat. 4, 592 (1). ὅταν ἕτερός σοι μηδὲ ἓν πλέον διδῷ, δέξαι τὸ μόριον Men. 4, 248 (45). οὐκ ἔστιν οὐδὲν ἀθλιώτερον πατρός, πλὴν ἕτερος Men. 4, 261 (110). ἕτερόν σοι τυχὸν φανήσεται τὸ πρᾶγμα Sosip. 4, 482 (v. 9). τὰ ὄψα-ἐν τῇ περιφορᾷ-ἑτέραν ἐν *αὐτοῖς λαμβάνει τὴν ἡδονήν Sosip. 4, 483 (v. 32) cf. p. 485. ὁ μάγειρός ἐσθ' ὁ τέλειος ἑτέρα διάθεσις Nicomach. 4, 583 (v. 11). περιπατεῖν, ὥσπερ ἑτέρους ὁρῶ κιναίδους anon. 4, 611 (38). τὴν-αἰσχύνην-ἀπολωλέκασι καθ' ἑτέρας θύρας (de parte postica) Apollod. 4, 454 (1, 9). νοεῖ μὲν ἕτερ', ἕτερα δὲ-λέγει Plat. 2, 668 (2). τρυφῶσιν ἕτεροι πρὸς ἑτέρους Alexid. 3, 483 (2, 14). κοὐκ ἔστιν ἕτερον παρ' ἑτέρου λαβεῖν τύχην Philem. 4, 6. οὐδεὶς δι' ἀνθρώπου θεὸς σῴζει-ἑτέρου τὸν ἕτερον Men. 4, 140 (1). *ἑτέ-

ραν περιμεῖναι χἀτέραν τρικυμίαν Men. 4, 232 (7). ἕτερ' ἐστὶ (int. βρώματα) τοῖς ἐρῶσι καὶ τοῖς φιλοσόφοις καὶ τοῖς τελώναις Anaxipp. 4, 460 (v. 30). ἕτερόν τι *τὸ λέγειν ἐστὶ τοῦ πεπονθέναι Philippid. 4, 471. ἕτερον τό τ' ἀλγεῖν καὶ θεωρεῖν ἐστ' ἴσως Philem. 4, 24 (1). ὡς οὐχ ἕτερον ἄνδρα σάρκινον Aristophan. 2, 1183 (26). οὐ παρ' ἑτέρου δεῖ πυθέσθαι Euang. 4, 572 (v. 4). καταλείπετ' οὐδὲν ἕτερον ἢ τεθνηκέναι Antiph. 3, 150 (51) cf. Theophil. 3, 630 (1). οὐδεὶς ἕτερός σοι πρὸς ἐμὲ καὶ γραφήσεται (?) Nicomach. 4, 584 (v. 39). τοὺς βοστρακας μὴ καταφρόνει, μηδ' ἕτερ' ἐπιζήτει καλά Antiph. 3, 22. θρῖον δὲ καὶ κάνδαυλον (callebat) -*οὐδ' ἕτερον (vulg. οὐδέτερον) εἶδε πώποτε Nicostr. 3, 284. ὅ γ' οὐκ ἔχουσιν-οὐδ' ἂν ἑτέρῳ δοίησαν Damox. 4, 532 (v. 67). τοὔθ' ἕτερος οὐδεὶς τῶν ὁμοτέχνων μου ποιεῖ Alexid. 3, 464 (2, 7). ὁ μὲν ποταμὸς ὁ Κρᾶθις-ὁ δ' ἕτερος Metag. 2, 753 (1). ἡ μὲν-ἡ δ' ἑτέρα Alexid. 3, 445 (1). φεύγειν τοὺς ἑτέρους δεῖ, τοὺς δὲ διώκειν Plat. 2, 665 (2, 5). τὸν μὲν γελᾶν, τὸν δ' ἕτερον οἰμώζειν μακρά Antiph. 3, 128 (2, 6). ἣν ἕν' ἄνδρ' ἄδικον-*διώκῃς, ἀντιμαρτυροῦσι δώδεκα τοῖς ἑτέροις Aristophan. 2, 1128 (5). τοῦτ' ἐστ' Ἑλληνικὸς πότος-τὸ μὲν γὰρ ἕτερον λουτρόν ἐστιν Alexid. 3, 386. χωλὸς τὴν ἑτέραν χεῖρ' Eup. 2, 567 (61). τὸν ἕτερον βραχίονα Antiph. 3, 56. πόσου τοὺς κεστρέας πωλεῖς δύ' ὄντας; — εἴπερ ὠνεῖ τὸν ἕτερον Alexid. 3, 391 (2). λελουμένη-*ἡ 'τέρα (legeb. ἡ ἑταίρα) Men. 4, 287 (241). τὸ δ' ὄξος οἶνον *αὐτὸ μᾶλλον θατέρου Eubul. 3, 236. πεῖραν θατέρου βίου Alexid. 3, 476 (3). δεινότερος οὗτος θατέρου Phoenicid. 4, 511 (v. 14). πλέον-θατέρου βλέποντας Antiph. 3, 153 (61[b]) cf. 5, 79. ἱματίω-οἷν μεταλαμβάνων ἀεὶ θάτερον Eup. 2, 484 (1, 6). κρέας ἐρίφειον; Β. ὀπτόν. Α. θάτερον; Β. τἀναντία Antiph. 3, 130. στρατηγός ἐστιν, ἡγεμὼν δὲ θάτερον Dionys. 3, 548 (v. 14). ἐπὶ θάτερ' ὀπτός Cratet. 2, 237 (1, 9). ὁ θάτερος τοῖν δυοῖν Διοσκόροιν Men. 4, 278 (200). δημοκρατία θατέρα ὄνομ' ἐστί, τῇ δ' ἀριστοκρατίᾳ θατέρᾳ Henioch. 3, 563 (v. 16 sq.). τούτων ἔχει τι θάτερον Alexid. 3, 508 (10). †πρὸς ἑτέραν γυναῖκ' ἔχων τὸν νοῦν κακῶς εἴποι πρὸς ἑτέραν Cratin. 2, 116 (1). ἁλμυρόν θ' ὕδωρ, ἕτερόν (f. πίτρον an κέγχρον) τε λεπτόν Stratt. 2, 768 (2). τοῖς ζῶσι δ' ἕτερον (?) ἀνοσιώτατον φθόνος Timocl. 3, 611. εὕρηκε †τὸν ἕτερον, τὸν σέ Men. 4, 210 (4). Praeterea v. 5, 104.

ἑτέρωθεν: οὐκ ἔστιν δ' ἔχειν ταύτην ἑτέρωθεν Baton. 4, 502 (v. 9).

ἐτήσιος: ἐτήσιοι πρόσιτ' ἀεί Cratin. 2, 35 (6).

ἔτι: cf. νῦν. οὐκέτι. τί-ἕστηκας ἐν πύλαις ἔτι; Eubul. 3, 211. ἀγνεύεις ἔτι Alexid. 3, 389 (1, 6). τοῦτο μὲν καὶ νῦν ἔτι Philippid. 4, 469. ἔτι καὶ νῦν τὰ σπλάγχνα-ὀπτῶσιν Athenion. 4, 558 (v. 17). καὶ νῦν ἔτι ἀποίητα πάμπολλ' ἐστὶν ἡμῖν Men. 4, 103 (1). οὐδὲ νῦν ἔτι ἀνεῳγμένην δυνάμεθα τὴν θύραν ἰδεῖν Nicol. 4, 579 (v. 23). *(ἔτ') ἄβολός ἐστιν Stratt. 2, 783 (2). νέα δ' ἔτ' ἐστίν anon. 4, 627 (93). ἀπολεῖς μ' ἐνταῦθα διατρίβουσ' ἔτι Pher. 2, 300 (1, 20). Λαγίσκαν-συκάζουσαν εὐναίαν ἔτι var. l. Stratt. 2, 764 (1, 2). *(ἔτι) νέος ὢν Diocl. 2, 841 (1). κωβιὸν πηδῶντ' ἔτι-πέμψαι με δεῖ Antiph. 3, 13 (1, 19). ὅστις ἐρυθριᾷ τηλικοῦτος ὢν ἔτι Antiph. 3, 152 (58[a]). νέοις ἔτ' οὖσι τοῦτο προστάττει ποιεῖν Men. 4, 137 (1). εἰς τὴν ὁδὸν τρέχειν ἔτι λοιδορουμένην Men. 4, 141 (2). μακροτέρας οὔσης ἔτι-παρεῖναι τῆς σκιᾶς Eubul. 3, 262 (1, 9). ἔτι χυπτόντων καὶ ζητούντων-τις ἔφη- Epicrat. 3, 371 (1, 23). ὡς πολὺ-ἀπεῖχ' ἕκαστος τοῦ φαγεῖν ἂν ἔτι νεκροῦ Athenion. 4, 558 (v. 35). *ἦν μέγα τι χρῆμ' ἔτι τρυγῳδοποιομουσική Aristophan. 2, 1085 (15). ηὔλουν ἔτι μαθόντες Antiph. 3, 24. ἔτι γὰρ θερμὸς ἦν Nicostr. 3, 284 (1). ἔτι γὰρ τὴν θέαν *ᾤκεῖτ' ἐκεῖ anon. 4, 658 (226). ἀπεῖπον αὐτῷ τοῦτο μὴ ποιεῖν ἔτι Diph. 4, 389 (1, 8). ἔτι σοι δίειμι τὰ στρατηγικά Sosip. 4, 483 (v. 44). οὐδὲν ἔτι γέ μοι δοκῶ ἄγνου διαφέρειν Chionid. 2, 6 (2). οὐδ' ὀστοῦν ἔτι ὁρῶ Cratin. 2, 129 (19). οὐδ' Αἰξωνίδ'-ἐσθίειν ἔτι τρίγλην Cratin. 2, 141 (1). τίς δ' ἔσθ' ἡμῖν τῶν σῶν ἀροτῶν-ἔτι χρεία-; Pher. 2, 315 (1, 1). οὐκ ἄρ' *ἔτ'-ἐδόμεσθα-; Cratet. 2, 239 (3). βλαύτης οὐδεὶς ἔτ' ἔρως Herm. 2, 397 (2). οὔτ' ἀφύη νῦν ἐστι (al. ἔστιν ἔτι et ἐστὶ ἔτι) σαφῶς Aristonym. 2, 699 (2). οὐκ ἔτ' οὐδεὶς οἶδ' Aristophan. 2, 1171 (1, 7). οὐκ ἔτι | ἔξεστι κυαθίζειν Antiph. 3, 61 (2). ζευχθεὶς γάμοισιν οὐκ ἔτ' ἔστ' ἐλεύθερος monost. 197. ἔχει δέσποιναν, οὐ γυναῖκ' ἔτι Anaxand. 3, 195 (1, 5). ἀλλ' ἔλαβεν αἰσχράν, οὐ βιωτόν ἐστ' ἔτι ib. (1, 9). ὁ δὲ τέταρτος οὐκ ἔτι | ἡμέτερός ἐστ' Eubul. 3, 249 (1, 6). οἴομαι | οὐδ' αὐτὸν ἡμῖν τοῦτον ἀντερεῖν ἔτι Nicostr. 3, 281. οὐκ ἔτι γάρ ἐστ' ἔμψυχον Alexid. 3, 483 (1, 6). κίχλην-οὐκ ἔτι | ἔστιν-οὐδὲ πετομένην ἰδεῖν Diph. 4, 389 (1, 25). κοὐδ' ὀξύβαφον-ἔτι κεκτήσεται Cratin. 2, 122 (6, 6). ὅπερ-λοιπὸν μόνον *(ἔτ') ἦν-διώβολον Aristophan. 2, 944 (3). ἐγὼ δέ γ' εἰμὶ τῶν μελαμπύγων ἔτι Eubul. 3, 234 (2). τρεῖς ἡμεῖς μόνοι—ἐσμὲν ἔτι λοιποί Sosip. 4, 482 (v. 11). τῶν δ' αὖ πονηρῶν ἔτι λέγειν πολλὰς ἔχω Eubul. 3, 261 (2, 15). τὸν τρίτον θηρεύεται ἔτι λαβεῖν Anaxil. 3, 348 (1, 16). ὅταν μηδὲν δύνωντ' εἰπεῖν ἔτι Antiph. 3, 106 (v. 13). ἔτι *ταῦτα προσετίθην Philem. 4, 25 (2). τρεῖς μόνους-ἔτι-καταγαγεῖν Epigen. 3, 540. ἂν ἔτι πιεῖν μοι δῷ τις Men. 4, 203 (2). τράγημα δοτέον ἔτι, πλακοῦντος ἁπτέον Alexid. 3, 498. *(ἔτ') ἐπιδεῖταί τινος-πάλιν γεύου *σύ Machon. 4, 497 (v. 7). ἀδικοῦσι καὶ προσεγκαλοῦσ' ἔτι Alexid. 3, 450. ἔτι δέ-παρὰ τοῦτο κάνδαυλόν τινα παραθήσομεν Alexid. 3, 462 (1). εἴ τι θᾶττον ἔτι τρέχει Alexid. 3, 476 (1). ζῇς ἔτ' ἐρημότερος Plat. (?) 2, 697 (v. 6). Praeterea v. Eup. 2, 426 (1, 2). Phryn. 2, 581 (2). Timocl. 3, 597 (2). *Aristophan. 5, 66.

ἐτνήρυσις pecul. Aristophan. 2, 1210 (166).

ἔτνος: ἔτνος, †πῦρ (f. πυριάτης), γογγυλίδες Calliae 2, 740 (2). τὸ δ' ἔτνος *τοὐν ταῖς κυλίχναις Aristophan. 2, 1153 (1). κολοκύντη, ἔτνος, θρῖον, φυλλάς Mnesim. 3, 569 (v. 30). τὸ-ἁλιακὸν †ἔτος (f. ἔτνος) anon. (vide 5, 52) 2, 746 (2, 7). ἔτνος κυάμινονEnioch. 3, 562 (v. 7). ἔτνος πίσινον Antiph. 3, 101 (5, 7). ἥψησ' ἔτνος Aristophan. 2, 1128 (2). ἔτνους τρύβλιον Cratet. 2, 235 (2). θερμῷ σὺν ἔτνει Pher. 2, 316 (1, 8). ὕετω δ' ἔτνει Nicoph. 2, 851 (2).

ἑτοιμάζω: τραπεζοποιόν, ὃς λύχνους ἑτοιμάσει Antiph. 3, 83. μύρα, στεφάνους ἑτοίμασον Men. 4, 147 (2).

ἑτοιμοκόλλιξ: anon. 4, 645 (163).

ἕτοιμος: τὰς σκευάσεις-ἕτοιμός εἰμι δεικνύειν Alexid. 3, 430 (1, 25). τὸ μὴ σφόδρ' εἶναι πάνθ' ἕτοιμα Timocl. 3, 607.

ἔτος: cf. ἔθος. ἔτνος. πότε σύ-ἤκουσας-; B. πρωπέρυσιν ἔτος τρίτον Pher. 2, 360 (93). μετὰ *Κάλλα γέγονα-καὶ τρίτον ἔτος μετὰ Κινησία anon. 4, 685 (330) cf. 5, 121. τρίτῳ καὶ τετάρτῳ ἔτει Antiph. 3, 159 (91). πολλοστῷ ἔτει-οἴκαδ' ἥκων Cratin. min. 3, 377. ὡς εἰ φάγοι τις ἐντὸς ἑξήκοντ' ἐτῶν Amphid. 3, 308 (1). Ἀθηναίους ἅπαντας τοὺς μέχρι ἐτῶν τριάκοντ' Apollod. Car. 4, 442 (v. 20). νεανίας-ἐτῶν ἴσως-ἑπτακαίδεκα Damox. 4, 536 (v. 2). ἀπὸ τῶν ἐτῶν κλέπτει τις Nicol. 4, 580 (v. 33). δυοῖν ἐν ἐτοῖν-ἐξεπονήθη Cratin. 2, 161 (22). ἐν ἔτεσιν δύο Alexid. 3, 427. ἔμαθον ἐν ἔτεσιν *δυσίν Hegesipp. 4, 479 (v. 6). ἐν δυ' ἔτεσιν καὶ μησὶν οὐχ ὅλοις δέκα Damox. 4, 530 (v. 3). *δόλιχον τοῖς ἔτεσιν ἤδη τρέχει Epicrat. 3, 366 (2, 18). *ἐπολέμησ' ἔτη δέκα Antiph. 3, 25. ἤδη *γέγον' ἔτη τρισχίλια Philetaer. 3,

294 (1). *δαιμονῷς, γεγονὼς ἔτη τοσαῦθ'; Men. 4, 110 (1). κἂν ἑκατὸν ἔτη *βιῷς-κἂν ἐνιαυτοὺς σφόδρ' ὀλίγους Men. 4, 211 (2, 5).

ἐτός: οὐκ ἐτός-φλῶσιν; Aristophan. 2, 948 (11). οὐκ ἐτὸς ἑταίρας ἱερὸν ἐστι πανταχοῦ Philetaer. 3, 293 = 295 (3). οὐκ ἐτὸς *ἐρωτῶσίν με προσιόντες τινές Anaxil. 3, 353.

†ἐττημένα (l. ἡττημένα 5, 29) Pher. 2, 351 (38).

εὖ: *ἥνπερ φρονῇς εὖ Pher. 2, 343 (7). ἡμᾶς *προδιδάσκεις εὖ φρονεῖν *Pher. 2, 359 (38). τοῖς εὖ φρονοῦσι Eubul. 3, 245 (1, 2). cf. φρονῶ. πολλοὶ μὲν εὖ λέγουσιν-τὰ δ' ἔργ' ἔχουσι φαῦλα κοὐ φρονοῦσιν εὖ Philem. 4, 48 (40c). οὐκ ἔργον ἐστὶν εὖ λέγειν, ἀλλ' εὖ ποιεῖν· πολλοὶ γὰρ εὖ λέγοντες οὐκ ἔχουσι νοῦν Posidipp. 4, 526 (7). χρηστά με λέγοντ' οὐκ εὖ ποιήσειν Men. 4, 275 (186). εὖ παθὼν anon. 4, 679 (311). εὖ πάνυ λέγεις Theop. 2, 797 (3). εὖ λέγεις Antiph. 3, 27 (1, 7). τί οὖν-λαλοῦντας εὖ βδελύττομαι; Men. 4, 209 (1). ὑπὲρ ἐγκρατείας-εὖ σφόδρα πάντας λαλοῦντας Philem. 4, 24 (1). εὖ λέγει τέ σε οὐδείς Antiph. 3, 51. εὖ ἔχειν στόμα Eup. 2, 575 (117). εὖ εἰδὼς Telecl. 2, 371 (1, 4). ὡς εὖ οἶδ' ἐγὼ Phryn. 2, 603 (3). εὖ οἶδ' ὅτι καὶ καταχέσονται Aristophan. 2, 1011 (16). εὖ ἴσθ' ἀκριβῶς Men. 4, 249 (48). εὖ οἶδα in respons. Dioxipp. 4, 542 (1). εὖ γέ σοι *(γένοιθ') Plat. 2, 626 (7). εὖ *δ' ἐγίγνεθ' ὅτι- Antiph. 3, 95 (2). εὖ γεγονὼς πρὸς τἀγαθά Men. 4, 229 (4). τοὺς εὖ γεγονότας καὶ τεθραμμένους καλῶς Men. 4, 262 (118). τί γὰρ ἂν εὖ γένοιτ' ἔτι-; Damox. 4, 531 (v. 40). τὸν εὖ πονοῦνθ' Men. 4, 109 (5a). ἂν λάβῃ τὸν καιρὸν εὖ Men. 4, 115 (2). ἂν τὸν καιρὸν εὖ λάβῃ ib. (3). τὸ δ' εὖ φέρειν ἔστιν τοιοῦτον, ἂν δύνῃ μόνος φέρειν Men. 4, 254 (72). ὁ μὴ φέρων-εὖ τι τῶν-ἀγαθῶν Men. 4, 255 (77). τὴν τοῦ τρέφοντος εὖ φέρειν παρρησίαν Nicol 4, 579 (v. 11). ὅταν-εὖ συναρμόσῃ τις τοῖς συνοῦσι τὸν τρόπον Ephipp. 3, 327 (2). ὑποκρινόμενον εὖ τοῖς βίοις Alexid. 3, 434 (1, 6). τὸ-εὖ κελευόμενον-ποιεῖν Men. 4, 196 (1). εἰ-εὖ τις ἢ κακῶς *φήσει με κρίνειν Alexid. 3, 484 (3, 6). εἴ τις ὀρχοῖτ'-εὖ Plat. 2, 659 (1). πλάτανον εὖ διαφυτεύσομεν Aristophan. 2, 990 (14). ὡς εὖ-ἀπετίσατο Cratin. 2, 17 (3). ὡς *εὖ (libr. οὐ)-τὸν οἶκον ἤρεφεν Aristophan. 2, 979 (20). *(τὰ) μέλη μεταβολαῖς-ὡς εὖ κέκραται Antiph. 3, 121 (v. 5). ὡς εὖ νενανάγηκεν ἐπὶ τοῦ τηγάνου Eubul. 3, 244 (3). κνάψειν εὖ μάλα Cratin. 2, 212 (116). χειμέρια βροντᾷ μάλ' εὖ (an αὖ 5, 59) Aristophan. 2, 963 (18). εὖ σφόδρα var. Eup. 2, 567 (61). εὖ πάνυ Alexid. (Antidot.) 3, 458. Xenarch. 3, 621 (1, 10). εὖ *γ' ἄνδρες, εὖ σφόδρ' Nicostr. 3, 281. εὖ γ' *ἐξεκολύμβησ' Aristophan. 2, 975 (11). εὖ γ', ὦ κράτιστ' ἄνθρωπε Hegesipp. 4, 481. εὖ γ' ὦ Σιβύνη, τὰς νύκτας οὐ καθεύδομεν Baton. 4, 501. εὖ γ' οὖν ὡς γαμεῖν ἔχεις anon. 4, 673 (290). ἡγούμεσθ' εὖ κἀνδρείως Plat. 2, 653 (3). *(εὖ κ)ἀνδρείως φῴζειν *σαυτόν Stratt. 2, 789 (6). εὖ *τε καὶ καλῶς Alexid. 3, 443. εὖ μὲν μαχαίρᾳ ξύστ' ἔχων τριχώματα, εὖ δ' *ὑποκαθιεὶς-πώγωνος βάθη, εὖ δ' ἐν πεδίλῳ *πόδα τιθεὶς-ὄγκῳ τε χλανίδος εὖ τεθωρακισμένος Ephipp. 3, 332 (v. 6–10). εὖ μὲν ἀσκὸς εὖ δὲ θύλακος Alexid. 3, 417 (1). εὖ γὰρ εὖ πράττειν σε βούλομαι Aristomen. 2, 730 (2). τίς οὐκ ἂν -εὖ πράττοι τετρωβολίζων-; Theop. 2, 812 (2). "εὖ βίον κεκτημένος" Diph. 4, 411 (1, 7). *εὖ βίου βεβηκότα Nicomach. 4, 587 cf. 5, 117. δειπνῶν εὖ Anaxil. 3, 351 (1).

εὐαγγελίζομαι seq. dat. Phryn. 2, 596 (1).

Εὐαγόρας: Εὐαγόρου παῖς-Κινησίας Plat. 2, 679 (2).

εὐάγωγος: εὐάγωγόν ἐστι πᾶς ἀνὴρ ἐρῶν Men. 4, 175 (4).

Εὔαθλος: Cratin. 2, 67 (14). Plat. 2, 651 (9). ὥσπερ Εὔαθλος παρ' *ὑμῖν Aristophan. 2, 1121 (13).

εὐαὶ σαβαῖ: Eup. 2, 450 (10).
εὐάλωτος: σφόδρ' εὐάλωτόν ἐστιν ἡ πονηρία Demetr. 2, 878 (2).
εὐανθής: ἐν ἅλμῃ-εὐανθεστέρᾳ Sotad. 3, 586 (1, 21).
εὐαρεστῶ: εἰ δ' εὐαρεστῶν ἀποτρέχεις Lysipp. 2, 746 (1).
Εὐβοῆς: κεραννύναι τὸν οἶνον Εὐβοῆς Apollod. Car. 4, 442 (v. 25).
Εὔβοια: ἀπ' Εὐβοίας ἀπίους καὶ ἴφια μῆλα Herm. 2, 408 (1, 17). Εὔβοια πέμπτη στενοφυής Alexid. 3, 517 (30). *δακνάζει τὴν Εὔβοιαν anon. 4, 677 (306).
Εὐβοϊκός: Εὐβοϊκὸν οἶνον Alexid. 3, 516 (27).
εὔβολος: Μίδας ἐν κύβοισιν εὐβολώτατος Eubul. 3, 233 (4).
εὐβουλία: ἡ τρὺξ ἄριστόν ἐστιν εἰς εὐβουλίαν Theop. 2, 813 (1, 4). οἶνον-ὃς θνητοῖς ἄγει τὴν τόλμαν εἰς τὸ πρόσθε τῆς εὐβουλίας Antiph. 3, 8 (1). τύχη τὰ θνητῶν πράγματ', οὐκ εὐβουλία mon. 725.
Εὐβουλίδης: οὐριστικὸς Εὐβουλίδης anon. 4, 618 (51).
εὖγε: δεδειπνήκασιν ἤδη-Β. εὖγε. Plat. 2, 637 (1, 1).
εὐγενής: τις εὐγενὴς γεγὼς Antiph. 3, 96 (1). Θρᾷξ εὐγενὴς εἰ Men. 4, 281 (214). οὐχ ἡ πόλις σου τὸ γένος *εὐγενὲς *(ποιεῖ) Philem. 4, 60 (89). de nobilium pugnandi studio Philem. 4, 66 (127). τὰ (cf. 5, 79) τύχης φέρειν δεῖ *γνησίως τὸν εὐγενῆ Antiph. 3, 155 (66). sim. Men. 4, 127 (4). *ἄνδρα τὸν ἀληθῶς εὐγενῆ Men. 4, 284 (126). στερρῶς φέρειν-συμφορὰς τὸν εὐγενῆ mon. 480. ὃς ἂν εὖ γεγονὼς ᾖ-πρὸς τἀγαθὰ-ἐστιν εὐγενής Men. 4, 229 (4). τούτους (i. e. divites) πάντες φασὶν εὐγενεστάτους εἶναι Alexid. 3, 419. πενία δ' ἄτιμον καὶ τὸν εὐγενῆ ποιεῖ mon. 455. ἐχρῆν-εἶναι τὸ καλὸν εὐγενέστατον Men. 4, 128 (2). ἄνθρωπος ἂν ᾖ χρηστός, εὐγενὴς σφόδρα, γενναῖος Men. 4, 135 (2, 14). αἰγέρων-εὐγενέστεραι anon. 4, 621 (61). ἥξει τις ἰσοτράπεζος εὐγενής Antiph. 3, 99 (1). λοπάδα τοῦ θαλαττίου γλαύκου φέρουσαν εὐγενέστερον** Eubul. 3, 225 (1). αὗται δὲ ῥόαι. Β. ὡς εὐγενεῖς Eriphi 3, 557 (1, 11).
εὐγενίζω: σὺ-εὐγενίζεις τὴν πόλιν Philem. 4, 60 (89).
εὐγνώμων τρόπος Men. 4, 259 (100). mon. 241.
εὔγνωστος: †ἦ γ' εὔγνωστος εἶχέ με γυνή Men. 4, 189 (1, 6) cf. 5, 104.
εὐδαιμονία: πλοῦτόν τ' εὐδαιμονίαν τε Telecl. 2, 372 (4). *εὐδαιμονία τοῦτ' ἔστιν υἱὸς νοῦν ἔχων Men. 4, 86 (2). μὴ *πονήσαντας τυχεῖν (an πονήσαντ' εὐτυχεῖν) εὐδαιμονίας Men. 4, 143 (1) cf. 5, 103.
εὐδαιμονῶ: οὐκ ἔστιν ὅστις πάντ' ἀνὴρ εὐδαιμονεῖ Nicostr. (ex Euripide) 3, 288 (2)=mon. 697. Philippid. 4, 472. οὐκ ἐπικαλεῖται τὴν τύχην εὐδαιμονῶν Men. 4, 239 (20). θεοῦ †ὄνειδος τοὺς κακοὺς εὐδαιμονεῖν mon. 255.
εὐδαίμων: εὐδαίμων ἀνὴρ καὶ δεξιός Phryn. 2, 592 (1). κατέδαρθεν, εὐδαίμων, ὅτι οὐκ ἀνιάσεται Aristophan. 2, 1148 (1, 11). τἀλλότρια δειπνεῖν τὸν καλῶς εὐδαίμονα Theop. 2, 806 (3). πίνειν μένοντα τὸν καλῶς εὐδαίμονα Cratin. min. 3, 375 (1). οἴκοι μένειν χρὴ τὸν καλῶς εὐδαίμονα Men. 4, 111 (6). πατρῷ' ἔχειν δεῖ τὸν καλῶς εὐδαίμονα Men. 4, 250 (54). †νῦν (cf. 5, 46) γὰρ εὐδαίμων ἔφυς Plat. 2, 652 (1). *ἂν γνῷς τί ἐστ' ἄνθρωπος, εὐδαίμων ἔσει Philem. 4, 41 (22). ἂν εὖ φρονῇς, τὰ πάντα γ' εὐδαίμων ἔσῃ mon. 649. φύλακα-χρημάτων εὐδαίμονα Philem. 4, 49 (41). εὐδαίμων ἐγὼ-ὅτι διαρραγήσομ' Alexid. 3, 489 (2). εὐδαίμων Πολίαγρος anon. 4, 667 (261). εὐδαίμον' ἔτικτέ σε (?) μήτηρ Cratin. 2, 192 (51). ὡς εὐδαίμων-ἦσθα (int. πόλι) Eupol. 2, 535 (1). ὦ γῆρας, ὡς-εἶ ποθεινόν, ὡς εὔδαιμον Antiph. 3, 51. εὔδαιμον λύχνε anon. 4, 671 (293). εἶτ' εἰσὶν οἱ τέττιγες οὐκ εὐδαίμο-

νες-; Xenarch. 3, 625. κήρυνος, εὐδαίμων, † κυνῶπας (iact. tal.) Eubul. 3, 232 (2). θανεῖν εὐδαιμόνως monost. 202.
εὔδηλος: φιλόσοφός τις εἶ | εὔδηλον Alexid. 3, 444 (1, 11) cf. 5, 89.
Εὔδημος (al. Εὔδαμος): Amips. 2, 712 (7). † μετ' εὐδήμου τρέχω Cratin. 2, 226 (157).
εὐδία: χειμὼν μεταβάλλει ῥᾳδίως εἰς εὐδίαν mon. 751.
εὐδοκιμῶ: τὸν οἶνον εὐδοκιμεῖν ἀεί (Alex. σφόδρα) | παρὰ ταῖς ἑταίραις τὸν παλαιόν Eubul. 3, 263 (3) = Alexid. 3, 512 (14). τὸν βολβόν-σκόπει | ὅσα δαπανήσας εὐδοκιμεῖ Philem. 4, 46 (33). μήτ' εὐδοκιμείσθω μήτε μετεχέτω λόγου anon. 4, 618 (50, 4).
εὐδοξία: *σεαυτῷ καταλιπεῖν εὐδοξίαν mon. 187.
Εὔδοξος: λύραν, ἔργον Εὐδόξου *Aristophan. 2, 1189 (59).
εὔδουλος: Pher. 2, 356 (72).
εὐδρομῶ: ὁ-λόγος-κατ' ὀρθὸν εὐδρομεῖ Men. 4, 324 (467).
εὕδω: εὕδοντι δ' αἱρεῖ πρωκτός Cratin. 2, 23 (10). μηδένα-εὕδοντ' ἐπέγειρε Pher. 2, 335 (3, 9). τοὺς εὕδοντας ἐγείρει Eup. 2, 437 (4). περὶ -τὸν πανάθλιον εὕδουσι γρᾶες Timocl. 3, 608 (1).
*εὔειλος: Aristophan. 2, 1210 (167).
εὐειματεῖν: Antiph. 3, 29 (3).
εὐεργέτης: ἔνιοι-μισοῦσι τοὺς εὐεργέτας monost. 171.
εὐεργετῶ: φίλους εὐεργέτει mon. 105 cf. 147.
εὐερία: τοσοῦτον εὐερίας *ἀπολέλαυχ' Plat. 2, 671 (5).
εὔερος: γλῶσσαν εὐέρων βοτῶν Cratin. 2, 114 (6).
εὔζωρος: εὔζωρον κέρασον et εὐζωρότερον Cratin. 2, 216 (136). Eup. 2, 573 (89). εὐζωρότερον-*ὦ παῖ δός Diph. 4, 402. κέρασον εὐζωρέστερον Antiph. 3, 77 (2). πίνειν-πολλὰς κύλικας *εὐζωρεστέρας Eubul. 3, 268 (15ª) = Ephipp. 3, 325 (2, 11).
εὐήγορος: ὁ δ' ἱερεὺς εὐήγορος (l. εὐηγορῶν 5, 82) -οἶνον ἐξέσπενδε κοτύλῳ Eubul. 3, 240.
εὐηγορῶ: vide εὐήγορος.
εὐήθης: ψίθυρον εὐήθη νόμον *Aristophan. 2, 1189 (59).
εὐηθία: εὐηθία μοι φαίνεται-τὸ- Men. 4, 255 (76). *χρηστοῦ δίδαγμ' εὐηθίας anon. 4, 602 (7).
†εὐήκοος (l. ἐπήκοος) γενοῦ Phryn. 2, 608 (20).
εὐημερία Pher. 2, 351 (39). εὐημερία δέσποινα Alexid. 3, 458 (4).
εὐημερῶ: ἡδύ γ' ἔστ' εὐημερεῖν ἐν ἅπασιν Philem. 4, 26 (v. 3). εὐημερῶν κατάπαυσον (f. κατάλυσον) anon. 4, 618 (50).
Εὔηνος: eum sapientem vocavit Men. 4, 306 (342).
εὐθαλής: γῆρας εὐθαλές mon. 388.
εὐθανασία: τῆς εὐθανασίας κρεῖττον οὐδὲν εὔχεται Posidipp. 4, 519 (1).
εὐθάνατος: θάνατος-εὐθάνατος Men. 4, 74 (3). εὐθανάτως: Cratin. 2, 210 (106). οὐκ εὐθανάτως ἀπῆλθεν ἐλθὼν εἰς χρόνον Men. 4, 212 (2, 16).
εὐθαρσής: οὐκ ἔστ' ἀναιδοῦς ζῷον εὐθαρσέστερον Diph. 4, 425 (29).
εὐθεῖα: βάδιζε τὴν εὐθεῖαν mon. 62.
εὐθενῶ: ἡνίκ' εὐθένει Cratin. 2, 231 (173).
εὔθετος: τὰ δ' ἀργυρώματ' ἐστὶν-εἰς τοὺς τραγῳδοὺς εὔθετ' (al. χρήσιμ') οὐκ εἰς τὸν βίον Philem. 4, 44 (28). ἐμαυτὸν εὔθετον τῷ πράγματι-γεγονέναι Nicol. 4, 580 (v. 40).
εὐθετῶ: εὐθετῆσαι Aristophan. 2, 1210 (168).
εὐθέως: v. εὐθύς.
εὔθριξ: νεανίᾳ εὔτριχι πώλῳ Cratin. 2, 69 (3). *περὶ νυμφίον εὔτριχα Eubul. 3, 251 (2).

εὐθύ: cf. εὐθύς. *εὐθὺ (libr. εὐθὺς) Σικελίας Aristophan. 2, 1193 (73). εὐθὺ πόλεως εἰμι Kup. 2, 502 (7). περιῆλθον-κεὐθὺ τῶν ἀρωμάτων Kup. 2, 550 (5). εὐθὺ τῆς στοᾶς anon. 4, 601 (4). ἦσαν εὐθὺ τοῦ Διονυσίου Aristophan. 2, 1012 (22). κεὐθὺ τοῦ καρχησίου | ἄνελκε τὴν γραῦν Epicrat. 3, 372 (2).

εὐθυμία: τῶν πλουσίων-τὸν βίον φέρειν εὐθυμίαν Philem. 4, 36 (9). τοῖς μέτριον πίνουσι-εὐθυμίαν (affert vinum) anon. 4, 605 (16, 11). εὐθυμία τὸν δοῦλον τρέφει Men. 4, 133 (2).

εὔθυνα: τὰς εὐθύνας-τὰς τοῦ βίου Alexid. 3, 519 (34).

Εὔθυνος: κἂν οὕτω τύχῃ | Εὔθυνος-*ἀπολοπίζων Antiph. 3, 70 (1). Εὔθυνος δ' ἔχων *σανδάλια καὶ σφραγῖδα καὶ μεμυρισμένος Antiph. 3, 103 (v. 1). Εὔθυνος φακῆν (repperit vel sim.) Euphron. 4, 486 (v. 9).

εὐθύς (εὐθέως): cf. εὐθύ. εὐθεῖα. εὐθὺς (legeb. εὐθὺ) Λυκείου Pher. 2, 306 (3). *Ἐλευθερῶν ἀπῆλθεν εὐθύς Men. 4, 109 (6). τοὔνομά μ' εὐθὺς ἐρώτα Cratin. 2, 96 (6). κινεῖται γάρ εὐθύς μοι χολή Pher. 2, 282 (3, 5). ἐπειδὰν κατίδω-εὐθὺς περὶ τοῦτόν εἰμι Kup. 2, 484 (1, 8). εὐθύς, ὅταν *ἔλθω ποτέ | διψῶσα,-οἶδ'- Antiph. 3, 11. λαμπρός τις ἐξελήλυθ', *(εὐθὺς) ὄλολυς οὗτός ἐστιν Anaxand. 3, 177 (2, 4). *ὀρχεῖ-εὐθύς, *ἂν ἴδῃς δεδοικότα Anaxand. 3, 198 (8). ὀρχοῦντ' εὐθὺς ἂν οἴνου μόνον ὀσμὴν ἴδωσιν Alexid. 3, 485 (4). οἱ δ' ἐρᾶσθαι προσδοκῶντες εὐθύς εἰσιν ἠρμένοι Anaxil. 3, 348 (1, 29). ὁ πριάμενος πτωχὸς εὐθὺς ἀποτρέχει Alexid. 3, 413. ἀνέλαβον καινὰς ἑταίρας-. εὐθὺς ἀναπλάττουσι ταύτας Alexid. 3, 422 (1, 5). ἄχθεται-καὶ εὐθὺς ἔλεξ' Pher. 2, 335 (3, 7). ἂν-εἴπῃ τις Ἀλκμαίωνα, καὶ τὰ παιδία πάντ' εὐθὺς εἴρηχ' Antiph. 3, 106 (v. 10). κατηδέσθημεν ἂν | καὶ κατεκόπημεν εὐθὺς Plat. 2, 627 (8). ὡς-εἰσῆλθε-εὐθὺς ἀνεκλίνετο Eubul. 3, 258 (2). εὐθὺς-ὡς ἐβαδίζομεν (f. ἐκαθιζόμην) Pher. 2, 287 (3). εἰ φάγοι τις-διπλάσι' ἐγίγνετ' εὐθὺς ἐξ ἀρχῆς πάλιν Pher. 2, 300 (1, 33). ἂν (f. ἢν) δ' εἴπῃς ἅπαξ, εὐθὺς ἀντήκουσας Alexid. 3, 454 (1). ἂν-ἀναθῇ τις, εὐθὺς ἕτερος ἥρπασεν Philippid. 4, 469. ἂν εἰσίῃ-πάντας-λιμοὺς καλῶν, *ἔπτηξ' ἕκαστος εὐθύς Posidipp. 4, 521 (v. 13). εὐθὺς ἦν ἄνω κάτω anon. 4, 601 (4). οἱ δ' εὐθὺς ἠλάλαξαν anon. 4, 676 (305). ἀναρίστητος εὐθὺς κιθαριεῖ Antiph. 3, 78 (2). γήμαντος αὐτοῦ δ' εὐθὺς ἔσομ' ἐλεύθερος anon. 4, 601 (4). εὐθὺς ἠγορασμένην ἅβραν ἔσεσθαι Men. 4, 87. ἀλοάσαντ' εὐθὺς ἐκποιῆσαι Pher. 2, 278 (3). *λύσασα δ' ἄρτι (cf. 5, 49) στάμνον-ἵησιν εὐθὺς-εἰς κύτος Plat. 2, 664 (9). ἁρπάσας μόναυλον εὐθύς-κούφως ἀνήλλετο Arar. 3, 275 (1). παιδευθεὶς-εὖ τὸν καρπὸν εὐθὺς ἀπεδίδου χάριτος Men. 4, 176 (1). οἷον ἔπνευσεν-εὐθὺς *λυόμενος Aristophan. 2, 1078 (4). ἐμβλέπων-λίθινος εὐθὺς *γίγνομαι Antiph. 3, 91 (1, 4). γνοίην ἂν εὐθὺς Ἀττικὸν *πίνων ὕδωρ Antiph. 3, 98. συμπαρίσταται εὐθὺς γενομένῳ Men. 4, 238 (18[a]). εἰσιοῦσι δός | εὐθὺς-σπάσαι Diph. 4, 381 (1, 8). ἔστιν θεωρεῖν-τὴν εὔνοιαν εὐθὺς εἰσιόντα Apollod. 4, 455 (2). εἶτα κατεδηδεσμένοις εὐθὺς ταφῆναι Antiph. 3, 87 (v. 4). εἶθ' ὁ μὲν γνοὺς ταῦτ' ἀπῆλθεν εὐθύς Anaxil. 3, 348 (1, 27). εἶτ' εὐθὺς οὕτω τὰς τραπέζας αἴρετε Men. 4, 147 (2). *ἔπειτα μετὰ ταῦτ' εὐθὺς εὑρέθη θανών Philem. 4, 35 (7). ἔπειτα μετὰ ταῦτ' εὐθὺς ἀρχιτεκτονεῖν Sosip. 4, 482 (v. 16). ἐντεῦθεν εὐθὺς ἐπιφέρει-μετὰ δεῖπνον Mnesim. 3, 577 (1). εὐθὺς ἐξέπεμπέ με | *ὄρθριον Diph. 4, 421 (12) cf. 5, 112. ἕωθεν εὐθὺς ἡλίου μετρεῖν ἀνέχοντος Eubul. 3, 261 (1, 8). τηρεῖν ἕωθεν εὐθὺς ἐν τοῖς ἰχθύσιν Alexid. 3, 414 (1). *εὐθὺς (libri εὐθέως) ἐξ ἑωθινοῦ | ἕστηκεν Alexid. 3, 501. ἀρραβῶνα-εὐθὺς καταβαλεῖν Men. 4, 283 (223). μηδέποτ' ἐρώτα τοῦτ'-ἴσθι δ' εὐθὺς ὅτι- Philem. 4, 44 (30). *εὐθὺς (legeb.

εὐθὺ) γὰρ πρὸς ὑμᾶς πρῶτον ἀπολογήσομαι Eupol. 2, 546 (1, 2) cf. 5, 39. τεταγμέν' εὐθύς ἐστί μοι πρὸς τὸν βίον Anaxipp. 4, 460 (v. 29) τὸν μαθεῖν βουλόμενον οὐκ ἔνι ταύταις προσελθεῖν εὐθὺς Nicomach. 4, 583 (v. 14). οὐκ ἔστ'-ἀκκισμός-ἀλλ' εὐθύς, ὡς βούλει σύ Philem. 4, 4 (1, 15). τὸ δ' ὀξύθυμον τοῦτο-δεῖγμ' ἐστιν εὐθὺς πᾶσι μικροψυχίας Men. 4, 96 (3). εὐθὺς δὲ Φοῖνιξ γίγνομαι anon. 4, 687 (334). γνάθον εὐθὺς δυναμένην πληγὰς φέρειν Nicol. 4, 580 (v. 29). εὐθέως; δεῖ χαρίεντα-εὐθέως λέγειν Eup. 2, 484 (1, 13). πυρετὸς εὐθέως ἧκε τρέχων Nicoph. 2, 850 (1, 2). αὕτη (piscatoria ars) ἀπὸ τοῦ ταγήνου-εὐθέως ἀφανίζεται Anaxand. 3, 175 (1, 4). ἐὰν ἐπιχώριος ἰατρὸς εἴπῃ -καταφρονοῦμεν εὐθέως Alexid. 3, 448 (2). καρπὸν εὐθέως φέρει mon. 140. εὐθέως νοῶ, ὅτι- Diph. 4, 404 (2, 7). παράθες εὐθέως Aristophan. 2, 1066 (3). εὐθέως ἐρεῖ Eup. 2, 428 (2). ἔπειτ' ἀλάβαστος εὐθέως ἥξει Cratet. 2, 238 (2, 6). Ἄδραστος εὐθέως ἥξει Antiph. 3, 106 (v. 11). ὁ-παριὼν πᾶς εὐθέως πρὸς τὴν θύραν ἐστήξετ' Hegesipp. 4, 480 (v. 24). ἐὰν ἐπιορκήσῃ τις, αὐτὸς εὐθέως ὁ διδοὺς τὸν ὅρκον ἐγένετ' ἐμβρόντητος Antiph. 3, 149 (44). τρίκλινον-εὐθέως συνήγετο Anaxand. 3, 201 (19). εὐθέως τ' ἀφεῖλε πᾶν-τὸ λυποῦν Ephipp. 3, 326 (1). ἐὰν ληφθῇ νέων τις, καταπεπώκασ' εὐθέως Alexid. 3, 413. *ὑπαντήσας δέ τις δίφρον εὐθέως ἔθηκε Apollod. 4, 455 (2). εἰ μὴ καταβάντας εὐθέως πίνειν ἔδει Aristophan. 2, 1148 (1, 8). τούτων ἐγευσάμην καταπλεύσας εὐθέως Phoenicid. 4, 509. γενομένοισιν εὐθέως-*διδόασιν ἵππων-γάλα Antiph. 3, 85. ἅμα-λαβοῦσ' ἠφάνικε-καὶ ξηρὸν ἐποίησ' εὐθέως Eubul. 3, 245 (3). πωλοῦσι-ἐν ταῖς ἁμάξαις εὐθέως κεκραμένον Alexid. 3, 386. ὅσα-εἴρηκέ με κακῶς ὁμολογῶν εὐθέως Axion. 3, 534 (1, 11). ὅπου-ἀσεβοῦντες οὐ διδόασιν εὐθέως δίκην Timocl. 3, 590.

εὔθυτος: *εὐθύτου ῥίφου Eup. 2, 441 (2).

εὔιος: εὔιε κισσοχαῖτ' ἄναξ Ecphant. 2, 13 (2). Cratin. 2, 194 (52).

εὔκαιρος: λόγος εὔκαιρος εἰς τὰ σπλάγχνα κολληθείς Philem. 4, 42 (25). χάριν λαβὼν ευκαιρον mon. 746. ὁ θάνατος οὐκ εὔκαιρος anon. 4, 670 (287). ἵνα τῷ λαλεῖν λάβωμεν εὔκαιρον χρόνον Sosip. 4, 483 (v. 23). πότε | εὔκαιρον-ἐστι-τὰ μὲν θερμὰ παραθεῖναι, τὰ δ'- Sosip. 4, 484 (v. 52). εὐκαίρως: δεδειπνάναι-εὐκαίρως πάνυ Epicrat. 3, 365. πάνυ τις εὐκαίρως προπίνων φησί Nicon. 4, 578.

εὐκαρπεῖν: Aristophan. 2, 1156 (31).

εὐκαταφρόνητος: εὐκαταφρόνητος τῇ στολῇ | εἴσειμι Men. 4, 276 (180). εὐκαταφρόνητός ἐστι σιγηρὸς τρόπος mon. 167. οὐ παντελῶς εὐκαταφρόνητος ἡ τέχνη Sosip. 4, 482 (v. 1). εὐκαταφρόνητός (an -τόν) ἐστι πενία anon. 4, 608 (24). εὐκαταφρόνητόν ἐστι-πένης Men. 4, 96 (2).

εὐκερματεῖν Eubul. 3, 271 (23).

εὔκηλος: μάλ' εὔκηλος τέρπου φρένα Pher. 2, 335 (2, 3).

εὔκλεια: anon. 4, 655 (210).

Εὐκλείδης: Εὐκλείδην τὸν ἄρξαντα Archipp. 2, 719 (2).

εὐκλήρωμα (l. εὐκλήρημα): Antiph. 3, 6 (1).

εὔκολος: Μουσῶν εὐκόλων anon. 4, 655 (209). εὐκόλως: *ἂν δ' εὐκόλως (int. φέρῃ τὸ γῆρας), ἐνίοτε κοιμίζειν ποιεῖ Anaxand. 3, 196 (2, 4). εὐκόλως πίπτουσιν αἱ-τύχαι mon. 755.

εὐκολῶ: vide εὐκυβῶ.

εὐκόπως: Aristophan. 2, 1210 (169).

Εὐκράτης: κυρηβιοπώλα | Εὔκρατες *στύππαξ Aristophan. 2, 1197 (87).

εὐκταῖος: εὐκταῖον κακόν monost. 102.

εὐκτός: εὐκτότατον γάμον Eup. 2, 576 (142). ὁ καιρὸς εὐκτός Euphron. 4, 493 (v. 12).

εὐκυβῶ: *εὐκυβεῖν (vulg. εὐκολεῖν) Amphid. 3, 305 (3).
εὐκύκλωτος: μάλ' ἀνδρικὴν | τῶν Θηρικλείων-εὐκύκλωτον Eubul. 3, 231 (1). τῶν Θηρικλείων εὐκύκλωτον ἀσπίδα Aristophont. 3, 363.
εὐλαβοῦμαι: θάνατον εὐλαβούμενος mon. 512. μὴ εὐλαβοῦ τεθνηκέναι Diph. 4, 426 (35).
†εὐλάμπροις vide εὔχαλκος.
εὔλογος: πρόχειρον ἐπὶ τὴν γλῶτταν εὐλόγῳ τρέχειν Philem. 4, 9 (2). εὐλόγως: *οὐδὲ εἰς ἂν εὐλόγως ἡμῖν φθονῆσαι Alexid. 3, 494 (3). ἐπισκοτεῖ-καὶ τοῖς εὐλόγως καὶ τοῖς *κακῶς ἔχουσι Men. 4, 81 (1).
εὐλοιδόρητος: εὐλοιδόρητον-σχῆμα Men. 4, 200 (1).
εὐμαρής: ὥστ' εὐμαρῆ-τὴν ἔνθεσιν χωρεῖν Pher. 2, 299 (1, 6).
εὐμεγέθης: λάβρακος κρανίον εὐμέγεθες Eubul. 3, 258 (1).
εὐμενής: Νίκη μεθ' ἡμῶν εὐμενὴς ἕποιτ' Men. 4, 282 (218).
Εὐμενίδες: diversae a σεμναῖς θεαῖς Philem. 4, 66 (131).
εὐμετάβολος: *(ὡς) εὐμετάβολός ἐστιν-βίος Diph. 4, 426 (37).
εὐμορφία: πολὺ *(γε) διαφέρει σεμνότης εὐμορφίας Philem. 4, 58 (77). ἅπαντα συλῶν *(τὰ) καλὰ τῆς εὐμορφίας Men. 4, 239 (21).
εὔμορφος: εὔμορφος γυνή Eubul. 3, 242 (1). σαπρὰν γυναῖκα-ὁ τρόπος εὔμορφον ποιεῖ Philem. 4, 58 (77).
εὐναῖος: Λαγίσκαν-ἰδεῖν με συκάζουσαν εὐναίαν ἔτι var. lect. Stratt. 2, 764 (1, 2).
εὐνητήρ: χιτὼν εὐνητὴρ anon. 4, 684 (325).
εὔνοια: †μετ' εὐνοίας διδόμενον (donum) Philem. 4, 57 (75). ὅταν μετ' εὐνοίας (f. ἀγνοίας cf. 5, 101) *τι μὴ πονηρίᾳ πταίσωσιν Men. 4, 102 (3). ἡ-ἐν φίλοις εὔνοια καιρῷ κρίνεται Men. 4, 267 (143). υἱὸς δ' ἀμείνων ἐστὶν εὐνοίᾳ πατρός Men. 4, 290 (261).
εὐνοϊκός: εἶτ' οὐ γυναικός ἐστιν εὐνοϊκώτερον γαμετῆς ἑταίρα; Amphid. 3, 301.
εὔνους: οἱ εὔνους Philem. 4, 65 (122). θεὸς-ἔδωκεν εὔνους γενόμενος Men. 4, 126 (1). τούτῳ λαλήσας εὔνους ἐγὼ νῦν εἰμι Men. 4, 209 (1). μηδέποτε γήμῃ μηδὲ εἰς εὔνους ἐμοί mon. 684. λύπην-εὔνους οἶδε θεραπεύειν *λόγος (vulg. φίλος) Men. 4, 252 (65) cf. mon. 319. ἴσως *(ὁ θάνατος) αὐτὸς σοῦ γέγονεν εὐνούστερος anon. 4, 670 (287). τὴν πάροδον ἵν' ἔχῃς-εὐνουστέραν Dionys. 3, 552 (1, 17).
εὐνουχίας: σικυοῦ πέπονος εὐνουχίου Plat. 2, 636 (1, 4).
εὐνοῦχος: εὐνοῦχος-θηρίον mon. 185.
εὐνοῶ: εὐνοοῦντος οἰκέτου Men. 4, 259 (98). εὐνόει τῷ δεσπότῃ mon. 116. οὐχὶ παρακληθέντας ὑμᾶς δεῖ-ἡμῖν εὐνοεῖν Men. 4, 286 (236). ἐν ἀγαθοῖς εὐνοούμενός τις ὢν Men. 4, 272 (171).
εὐοδῶ: εὐοδεῖν (-δῶν?) πορεύομαι Theop. 2, 818 (10).
εὐόργητος: ἐστι-τοῖς κόλαξι πᾶσι-εὐόργητος Eubul. 3, 217 (1).
εὐορχησία: Alexand. 4, 553.
εὔοσμος: εὐόσμων-σελίνων Stratt. 2, 787 (1, 7).
εὐοψία: Alexid. 3, 401 (3).
εὔοψος ἀγορά Anaxand. 3, 175 (1, 10). ἀγορὰν ἰδεῖν εὔοψον Timocl. 3, 597. εὔοψον ἀγοράν (Deliorum) Criton. 4, 538 (v. 7).
εὐπαθής: εὐπαθῆ βίον Cratet. 2, 240 (4).
εὐπαιδευσία: βραβεῖον ἀρετῆς ἐστιν εὐπαιδευσία mon. 653.
εὐπάλαμος: εὐπαλάμων ὕμνων Cratin. 2, 57 (3).
εὐπάρυφος: ψυκτήριον τῆς εὐπαρύφου λεπτότερον Nicostr. 3, 282.
εὐπάτειρα: ἡ-εὐπάτειρα-παρθένος Νίκη Men. 4, 282 (218).
εὐπατρίδης: πένητας-εὐπατρίδας *οὐδεὶς ὁρᾷ Alexid. 3, 419.
εὔπειστος: vide εὔπιστος.

εὐπινής: Cratin. 2, 213 (118). var. εὐπίνης. εὐπηνής.
εὔπιστος: εὔπιστον ἀτυχῶν ἐστιν ἄνθρωπος Men. 4, 183 (4). †εὔπιστον ἀνὴρ (f. εὔπιστόν ἐστι 5, 110) δυστυχής mon. 183. τίς ὧδε μωρὸς καὶ λίαν ἀνειμένος (an -νως) εὔπιστος (f. εὐπειστος) ἀνδρῶν-; anon. 4, 613 (41).
Εὔπολις: Cratin. 2, 123 (10). ab Aristophane tangitur, Eup. 2, 567 (58). soluta oratione interdum usus, ib. (59).
εὐπορία: †πόρνης βουλὴν ἔδειξεν εὐπορίας τινός Men. 4, 126 (1).
εὔπορος: ἰταμούς, προθύμους, εὐπόρους ἐν τοῖς ἀπόροις (cf. 5, 91) Alexid. 3, 490 (2). ὀλέθρου δ' εὔπορον (int. στρατιώτην εὑρεῖν πρόφασιν) Men. 4, 91 (3). τῶν εὐπόρων τινὲς παρασίτους ἐλόμενοι Diod. 3, 544 (v. 32). τὸν εὔπορον τίθησι πτωχὸν εἰς τὴν αὔριον Philem. 4, 31 (1, 8). εὐπόρους ποιεῖν οὓς ἂν δύνῃ πλείστους Men. 4, 107 (1, 11). εὐπόρως: ταρίχους εὐπόρως ἔχουσα Timocl. 3, 600 (2).
εὐπορῶ: ὅταν εὐπορῶν *(τις) αἰσχρὰ πράττῃ πράγματα Antiph. 3, 153 (60, 6). πένης ἄνθρωπος ἐνοχλῶν-τοῖς εὐποροῦσιν Amphid. 3, 307 (2). ἀγορὰν ἰδεῖν εὔοψον εὐποροῦντι-ἥδιστον Timocl. 3, 597. τὸν εὐποροῦνθ' ἕκαστος ἡδέως ὁρᾷ mon. 501. ὅστις εὐπορῶν κακῶς διάγει Apollod. 4, 456 (3). εἰσπέπλευκεν-ἀπαθής, εὐπορηκώς Diph. 4, 395 (2, 19). ἐπειδὰν δ' εὐπορήσωσίν ποτε, ἀνέλαβον καινὰς ἑταίρας Alexid. 3, 422 (1, 3). εἰ καὶ σφόδρ' εὐπορεῖ γάρ, ἀβεβαίως τρυφᾷ Men. 4, 96 (1). *εὐποροῦμεν, οὐδὲ μετρίως Men. 4, 74 (4). μηδ' αὐτὸς εἰ σφόδρ' εὐπορεῖς πίστευε τούτῳ Men. 4, 156 (1). οἱ μὲν εὐποροῦμεν οἱ δ' ἀλύομεν Alexid. 3, 434 (1, 13). ὅστις-ἀπορούμενος τἄλλα πρὸς τοῦτ' εὐπορεῖ Alexid. 3, 414 (1). εὐπορεῖν χρημάτων Antiph. 3, 133 (4, 2). οὐδὲν εὐποροῦμεν τοῖς πέλας Alexid. 3, 446 (1, 4). τὰ μαθήματ' εὐπορεῖ τὰ χρήματα Philem. 4, 53 (52ᵃ).
εὐπραξία: αἰτῶ-ὑγίειαν πρῶτον, εἶτ' εὐπραξίαν Philem. 4, 56 (66). εὐπραξία anon. 4, 656 (211).
εὐπρεπής: cf. εὐτρεπής. vulg. pro ἀπρεπές Epicrat. 3, 371. ἄν-ἦ τις εὐπρεπής, ἱερὸν γάμον καλεῖτε Anaxand. 3, 177 (2, 2). μειράκιον μάλ' εὐπρεπῶν Xenarch. 3, 617 (1, 3). τεμάχη-καταχυσματίοισι-εὐπρεπῆ Pher. 2, 299 (1, 11).
εὐπροσήγορος: παθητός-πᾶς τις εὐπροσήγορος mon. 457. ἐν-εὐπροσηγόροισίν ἐστί τις χάρις mon. 663.
εὐπρόσωπος: εὐπρόσωπος ἦσθ' Cratin. 2, 185 (29). Θεολύτη μάλ' εὐπρόσωπος καὶ καλή Anaxand. 3, 165 (1). τήν-εὐπρόσωπον λοπάδα Eubul. 3, 225 (1).
εὐπυγία: ὥστε τὴν εὐπυγίαν ἀναβοᾶν τοὺς εἰσιδόντας Alexid. 3, 423 (1, 11).
εὑρετής: (deum) ἀγαθῶν τοσούτων εὑρετὴν καὶ κτίστορα Diph. (?) 4, 429 (52).
εὑρετικός: εὑρετικοὺς fieri homines aquae potione, Eubul. 3, 267 (11) = Ophel. 3, 380 (1). *εὑρετικὸν (vulg. -κήν) εἶναι τὴν ἐρημίαν Men. 4, 82 (4).
εὕρημα: μύρον εὕρημα Μετάλλου Aristophan. 2, 1161 (8). θαυμαστὸν ἐμὸν εὕρημα Alexid. 3, 462 (1, 4). ὡς σεμνόν ἐστι τοῦτο καὶ τῶν θεῶν εὕρημα Diod. 3, 543 (v. 3). Φρυγίας *εὑρήματα συκῆς Alexid. 3, 456 (1).
εὐριπιδαριστοφανίζων: Cratin. 2, 225 (155).
Εὐριπίδης: 1) poeta: *φρύγει τι δρᾶμα καινὸν Εὐριπίδῃ Telecl. 2, 371 (2). Εὐριπίδης ὁ τὰς τραγῳδίας ποιῶν Telecl. 2, 372 (3) cf. Aristophan. 2, 1106 (8). Κηφισοφῶν-σὺ δὲ *ξυνέζης-Εὐριπίδῃ Aristophan. 2, 1177 (4). ἔσωσας ἐκ τῶν σίγμα τῶν Εὐριπίδου Plat. 2, 626 (7). **Εὐριπίδου δ' ἔσωσας- Eubul. 3, 218 (2). *στρεψίμαλλος τὴν

τέχνην Εὐριπίδης Aristophan. 2, 1197 (89). *Εὐριπίδου δρᾶμα δεξιώτατον-*"*Ορέστην* Stratt. 2, 763 (1). Euripides in Proagone exagitatus, Aristophan. 2, 1137. de versu quodam Euripidis Aristophan. 2, 1073 (11). *Εὐριπίδου †τ' ἄριστον* (f. *τἄρ' ἐστὶν*) *οὐ κακῶς ἔχον* Theop. 2, 806 (3). **τὸν ἀρχεσίγυιον, ὡς ἔφασκ' Εὐριπίδης. Α. Εὐριπίδης γὰρ τοῦτ' ἔφασκεν;* Antiph. 3, 120 (1, 7. 8). *συντόμως γε, φίλτατε | Εὐριπίδη, τὸν βίον ἔθηκας εἰς στίχον* Nicostr. 3, 288 (2). *εὖ γ' ὁ κατάχρυσος εἶπε πόλλ' Εὐριπίδης* Diph. 4, 402 (1). *Εὐριπίδου μνήσθητι καὶ ῥᾴων ἔσει* Philippid. 4, 472. *οὐκ ἄν ποτε | Εὐριπίδης γυναῖκα *σώσει* Diph. 4, 411 (1). *οὕτω-ἐπὶ τοῖς μέλεσι τοῖς Εὐριπίδου-νοσοῦσιν* Axionici 1, 417. *ἀπηγξάμην ἂν ὥστ' ἰδεῖν Εὐριπίδην* Philem. 4, 48 (40^a^). *ὁ τὰ κεφάλαια συγγράφων Εὐριπίδῃ* Antiph. 3, 59. suam Euripidis imitationem ipse testatur Men. 4, 321 (453^b^). Euripidis quae mater fuerit, Alexand. 4, 555 (3). 2) potator: *Εὐριπίδης τις τήμερον γενήσεται* Anaxand. 3, 174. *οὐ κυμβίοισι πεπολέμηκ' Εὐριπίδης **(;) Ephipp. 3, 328 (2). *κυμβία παρέχοιμ' ἑστιῶν *Εὐριπίδῃ* Ephipp. 3, 335 (2). 3) iact. tal. *πῶς ἂν βάλοιμ' Εὐριπίδην;* Diph. 4, 411 (1).

εὑρίσκω: *τὸν Κερκυόνα-ἀποπατοῦντ'-εὑρών* Cratin. 2, 48 (8). *τὴν Λαγίσκαν-εὑρεῖν* (al. *ἰδεῖν*) *με συκάζουσαν* Stratt. 2, 764 (1). *τὴν οἰκίαν-εὗρον-κίστην γεγονυῖαν* Theop. 2, 792 (1). *εὑρήσεις-τῶν ἐπισιτίων τούτων τινάς, οἳ-* Timocl. 3, 610. *πολλὰ δύσκολα εὕροις ἂν ἐν τοῖς πᾶσιν* Men. 4, 94 (2). *εὕροις δ' ἂν οὐδὲν-ἀγαθόν, ὅπου τι μὴ πρόσεστι καὶ κακὸν* Men. 4, 164 (1). *ἐν τοῖς λόγοις φρονοῦντας εὑρίσκω μόνον* Anaxipp. 4, 465 (2). *εὐθὺς εὑρέθη θανών* Philem. 4, 35 (7). *οὐδὲν *κενὸν τρύπημ'-ἂν *εὕροις* Eup. 2, 562 (44). *ξυγγενεῖς καὶ φράτερας-εὑρὼν μόλις-ἐνεγράφην* Cratin. min. 3, 377. *εὑρεῖν συγγενῆ πένητος* Men. 4, 71 (8). *οὐδὲ †γενητὴν δύναμαι εὑρεῖν οὐδένα* Men. 4, 155 (7). *νῦν δὲ κατὰ πόλιν εὕρηκε-τὸν ἐμὲ τουτονί* Men. 4, 210 (4). *ποῦ θεοὺς οὕτως δικαίους ἔστιν εὑρεῖν;* Men. 4, 170 (7). *οὐκ ἔστιν εὑρεῖν βίον ἄλυπον* Men. 4, 195 (10) = mon. 419. **εἰκόν' οὐκ ἔχω **(*εὑρεῖν*) *ὁμοίαν τῷ-πράγματι* Men. 4, 231 (7). *εὑρεῖν τὸ δίκαιον-οὐ ῥᾴδιον* mon. 178. *οὐ δασύποδ' εὑρεῖν ἔστιν οὐχὶ ῥᾴδιον* Nausicrat. 4, 578. *στρατιώτην-σωτηρίας εὑρεῖν πρόφασιν* Men. 4, 91 (3). *τῆς εὐτελείας πρόφασιν εὑρόντες καλήν* Aristophont. 3, 362 (3). *ἅπανθ' ὁ τοῦ ζητοῦντος εὑρίσκει *πόνος* anon. 4, 689 (343^b^). *ὅπου-εὑρήκασιν-μέρος τι τῶν θείων* Alexid. 3, 397 (1). *σοφὸν οὐδὲν εὕρηκ'* Alexid. 3, 451. *κοὐδὲ εἷς εὕρηκέ πω | τί ἐστιν* (bonum)- *ἐν ἀγρῷ διατρίβων-ἐγὼ νῦν εὗρον* Philem. 4, 22. *τἀληθὲς-οὐχ εὑρίσκεται* mon. 511. *νυκτερίν' εὗρε μοιχοῖς ἀείσματ'* Eup. 2, 481 (3). *πολλὴν-λακκοπρωκτίαν-εὑρὼν* Eup. 2, 547 (2). **σόφισμ', ὅ φασι παῖδας Λεσβίων εὑρεῖν* Theop. 2, 805 (1). *μέγιστον εὗρεν ἀνθρώποις κακόν* Antiph. 3, 66. *ὅταν τις εὕρῃ καινὸν ἐνθύμημά τι* Anaxand. 3, 196 (3). *ἀεί γ'-τιν' εὑρίσκει τέχνην* Alexid. 3, 501. *ἐν παγούροις-καὶ | ἰχθυδίοις εὕρηκα παντοδαπὰς τέχνας* Xenarch. (Timocl.) 3, 622 (2). *†εὑρηκὼς* (f. *εὕρηκα*) *κἀγὼ †τούτου τέχνην* Men. 4, 109 (7). *δειναὶ-εὑρίσκειν τέχνας* mon. 130. *τοῦ μὴ χανεῖν λύκον διακενῆς-εὕρηκας τέχνην* Euphron. 4, 487 (v. 31). *ὁ πρῶτος εὑρὼν πολυτελὲς τμητὸν-γλαύκου πρόσωπον* Anaxand. 3, 174 (1). *ὁ πρῶτος εὑρὼν-τραγήματα* Alexid. 3, 469. *ὁ πρῶτος εὑρὼν διατροφὴν πτωχῷ τέχνην* Men. 4, 75 (5). *ὁ πρῶτος εὑρὼν τἀλλότρια δειπνεῖν* Eubul. 3, 240. *ὁ πρῶτος εὑρὼν μετὰ λυχνούχου περιπατεῖν* Alexid. 3, 451. *τὸν ἀσύμβολον εὗρε γελοῖα λέγειν* Anaxand. 3, 165 (2). *τὸ παρασιτεῖν εὗρεν ὁ Ζεὺς ὁ φίλιος* Diodor. 3, 543 (v. 5). *ἐγὼ-εὗρον* τὸ κλέπτειν πρῶτος Euphron. 4, 486 (v. 14). τὸ πέρας τῆς μαγειρικῆς *εὑρηκέναι Hegesipp. 4, 479 (v. 5). αὐτὸς εὕρηκας δὲ τί; Baton. 4, 501. διὰ τὸ ταῦθ' εὑρηκέναι τὰ μάλιστα συντείνοντα πρὸς τὸ ζῆν καλῶς Athenion. 4, 558 (v. 42). ὀβολὸν εὗρε anon. 4, 700 (384). δεῖ μ' ἀεὶ καινὸν πόρον *εὑρεῖν ὅπως (libri εὑρίσκειν ὡς)- Antiph. 3, 143 (24). τούτων *ἂν τίς εὕροι φάρμακα-χρησιμώτερα; Alexid. 3, 513 (18). τὸ φάρμακον εὕρηκας κενόν Men. 4, 101 (1). τοῖς-τοιούτοις βρώμασι τὰ φάρμακα | εὕρητ' ἐκεῖθεν Nicomach. 4, 584 (v. 35). πάντα δεῖ εὑρεῖν, ὀνόματα καινά- Antiph. 3, 106 (v. 18). οὐδὲ ἓν | καινὸν-εὑρίσκουσιν (poetae) Xenarch. 3, 621 (1, 2). ὁ τὸ σκόλιον εὑρὼν ἐκεῖνος, ὅστις ἦν Anaxand. 3, 169 (1). σοφῷ παρ' ἀνδρὶ πρῶτος εὑρέθη λόγος mon. 487. ἀθανασίαν εὕρηκα Philem. 4, 27 (v. 25). δουλεύομεν δόξαισιν, εὑρόντες νόμους Philem. 4, 86 (8). οὐχὶ μόνον εὗρε πῶς λαλήσομεν *αὐτοῖς Philem. 4, 6. σὺ δ' εἰς ἅπαντας εὗρες ἀνθρώπους Philem. 4, 4 (1). οὐ-τοιούτων *οὕνεκ' ὄστραχ' εὑρέθη Plat. 2, 669 (2). κομψόν-δεξιῶς θ' εὑρημένον Alexid. 3, 386. τόλμης καὶ βίου-ὄργανον | εὑρημέν' ἀνθρώποις ἀναιδέσιν Men. 4, 140 (1). γεύσω-σὲ τῶν εὑρημένων Anaxipp. 4, 460 (v. 27). πρόφασις καλῶς *εὑρημένη (legeb. εἰρημένη Archipp. 2, 724 (1). σκῆψις εὑρεθήσεται anon. 4, 664 (296). πάντων ἀφορμὴ τῶν καλῶν εὑρίσκεται Philem. 4, 89 (14ª). ἕως ἂν *πρᾶσιν εὕρωμεν Aristophan. 2, 1172 (2). τὸ συνεχὲς ἔργον (f. ἔργου 5, 81) παντὸς εὑρίσκει τέλος Anaxand. 3, 199 (12). εὑρήσει δίκην Philem. 4, 57 (73). ῥεμβόμενος ἐχθροὺς εὕρ' Men. 4, 212 (2, 15). τὰ χρήματ' ἀνθρώποισιν εὑρίσκει φίλους mon. 500. med. εὑρεῖν δ' ἐμαυτῇ-*εὑρημένη (legeb. -νον) Diph. 4, 408.

Εὐρύβατος: Εὐρύβατον Δία Aristophan. 2, 1015 (1). Εὐρύβατος f. Cratin. 2, 24 cf. 5, 15. Εὐρύβατε κνισολοιχέ Amphid. 3, 304 (2).

εὐρυθμία: ἥ *τ' εὐρυθμία τό τ' ἦθος *ἡ τάξις θ' Damox. 4, 536 (v. 7).

εὔρυθμος: Timocl. 3, 597 (2). εὔρυθμος βακτηρία Antiph. 3, 17. εὐρύθμως διειμένον ὄξει Alexid. 3, 471 (2). οὕτως-εὐρύθμως-*ἆρας ἐνώμα (poculum) Theophil. 3, 627. *πέμπειν εὐρύθμως τὸν κότταβον Plat. 5, 44. ὡς δ' *εὐρύθμως (vulg. εὔρυθμος) λαβὼν τὸ μελετητήριον εἶτ' ἐσχεδίασε Anaxand. 3, 168.

εὐρυμέτωπος: βοῦν εὐρυμέτωπον Straton. 4, 545 (v. 29).

εὐρύνω: κοίλης λαγόνος εὐρύνας βάθος Eubul. (Arar.) 3, 226 (2).

εὐρύπρωκτος: f. Aristophan. 2, 1121 (13), sed cf. 5, 66. εὐρυπρωκτότεροι πολὺ-ἀπεχώρησαν Eubul. 3, 263 (2).

Εὐρυφῶν: ἐσχάρας κεκαυμένος-ὑπ' Εὐρυφῶντος Plat. 2, 679 (2).

εὐρύχορος: Σπάρτην τὴν εὐρύχορον Anaxandr. 3, 183 (1, 20).

εὐρώς: γήρως εὐρώς (cani) anon. 4, 604 (14).

εὔσαρκος: ῥαχιστὰ κρανίων μέλη | εὔσαρκα Amphid. 3, 307.

εὐσέβεια: μόνοισι-τούτοισι-συσσιτεῖν δι' εὐσέβειαν Aristophont. 3, 363 (4). ὑπὲρ εὐσεβείας καὶ λάλει καὶ μάνθανε mon. 521. ἡ μαγειρικὴ πρὸς εὐσέβειαν πλεῖστα προσενήνεχθ' Athenion. 4, 557 (v. 2). ὑπὲρ εὐσεβείας-*ἀφεὶς παῦσαι λέγων ib. 558 (v. 44).

εὐσεβής: cf. θεοσεβής. γυναικὶ δ' ὅστις ὅρκον ὀμνύων-μηδὲν ποιεῖ δίκαιον οὗτος εὐσεβής Men. 4, 325 (469). ἀγρὸν εὐσεβέστερον γεωργεῖν οὐδένα Men. 4, 97 (4). ὁ λιβανωτὸς εὐσεβές (al. -βής) Men. 4, 106 (3).

εὐσεβῶ: θυσία μεγίστη τῷ θεῷ τὸ † εὐσεβεῖν mon. 246. τὸ πρῶτον εὐσεβεῖν πρὸς τὸν θεόν mon. 567.

εὔσημος: τὴν προσαγόρευσιν οὐ σφόδρ' εὔσημον (an εὔφημον) ποιεῖ Men. 4, 183 (1).

εὔσκιος: ἐν εὐσκίοις δρόμοισιν Eup. 2, 437 (3).

εὐσταλής: ποιήσας εὐσταλῆ | ἐμαυτόν Diod. 3, 544 (v. 17).
εὔστοχος: εὔστοχος νεανίας Ephipp. 3, 332. εὔστοχον-βουλευτήριον anon. 4, 693 (356).
εὐσχημονῶ: ἀμελοῦντα τοῦ ζῆν οὐκ ἔνεστ' εὐσχημονεῖν mon. 646.
εὐσχήμων: εὐσχήμονος ἀλεκτρυόνος Cratin. 2, 82 (2). εὐσχημόνως: ἔνεγκ' ἀτυχίαν-εὐσχημόνως Men. 4, 242 (29).
εὔσως: εὔσως ἅπαντας-δώσεις ἐμοί Baton. 4, 502 (v. 10).
εὔτακτος: εὔτακτον εἶναι τἀλλότρια δειπνοῦντα mon. 157. υἱὸν εὔτακτον mon. 342. εὔτακτος βίος mon. 298.
εὐτειχής: *εὐτειχῆ (libr. εὐτυχῆ) ναίων Πάρον Alexid. 3, 393 (1).
εὐτέλεια: χρέα δὲ τίνος ἥδιστ' ἂν ἐσθίοις; B. -εἰς εὐτέλειαν Antiph. 3, 9 (1). μᾶζα πρὸς εὐτέλειαν ἐξωπλισμένη Antiph. 3, 133 (1). τῆς εὐτελείας πρόφασιν εὑρόντες καλήν Aristophont. 3, 362 (3). ὁ σοφὸς εὐτελείας ἀνέχεται mon. 458. ταῖς εὐτελείαις οἱ θεοὶ χαίρουσι Antiph. 3, 89 (2).
εὐτελής: cf. ἀτελής. ὅστις-αὐτῶν *(ἐστιν) εὐτελέστατος Eup. 2, 504 (9). εἰς τὸν ἴσον *οἶκον τῷ σφόδρ' ἔρχετ' εὐτελεῖ Men. 4, 187 (2). τἄλλα δέ | ἤδη-εὐτελέστατ' Plat. 2, 674 (2, 11). καὶ σφόδρ' εὐτελὲς λέγω Diph. 4, 392 (1). κἂν τὸ τυχὸν ᾖ πραγμάτιον ἢ σφόδρ' εὐτελές Epinici 4, 505. παιδισκάριον εὐτελές Men. 4, 169 (3). ἐγὼ δ' ἀνόητος, εὐτελὴς ὑπερβολῇ Men. 4, 266 (137). εὐτελῶς: ἀλλ' ἀγόρασον εὐτελῶς Ephipp. 3, 334 (1). τῶνδ' ἑκάστην ἐστιν ἀδεῶς εὐτελῶς Xenarch. 3, 617 (1, 16).
εὔτολμος εἶναι κρῖνε mon. 153.
εὔτονος: τῷ-παρόντι γίγνετ' εὐτονώτερον (f. εὐπορώτερον) Men. 4, 267 (146).
εὐτράπεζος: εὐτραπέζων Θετταλῶν ξένων Eriph. 3, 559.
εὐτραπελία: τί-τὴν εὐτραπελίαν εἰς ἀηδίαν ἄγεις; Posidipp. 4, 524 (2).
εὐτρεπής: εὐτρεπῆ τε τὸν κοντὸν ποιοῦ Epicrat. 3, 372 (2). τὴν δευτέραν τράπεζαν *εὐτρεπῆ (libr. εὐπρεπῆ) ποίει Nicostr. 3, 287. τὰς τραπέζας εὐτρεπεῖς Diod. 3, 544 (v. 15). εὐτρεπεῖς τὰς ἱμονιὰς *πεποίηκα Apollod. Gel. 4, 438. δεῖπνον εὐτρεπές Antiph. 3, 45 (2, 12). πᾶν τὸ δεῖπνον εὐτρεπές Anaxipp. 4, 459 (v. 13). τά τ' ἔνδον *εὐτρεπῆ ποίει λαβών Athenion. 4, 558 (v. 46).
εὐτρεπίζω: εὐτρέπιζε-ψυκτῆρα, λεκάνην, τριπόδιον Antiph. 3, 146 (32).
Εὐτρηΐους Telecl. 2, 378 (25).
Εὐτρήσιος: Eup. 2, 445 (17).
εὐτυχής: cf. εὐτειχής. *ἆρ' ἦν εὐτυχής τις Antiph. 3, 67 (1, 15). ἀνόητος ὁ διδούς, εὐτυχὴς δ' ὁ λαμβάνων Timocl. 3, 591. εὐτυχὴς ἴσθ' ὁ μετριώτατον λαβών (malum) Men. 4, 229 (3, 17). τῶν δυστυχούντων εὐτυχὴς οὐδεὶς φίλος mon. 302. τὸ ζῆν ἀλύπως ἀνδρός ἐστιν εὐτυχοῦς mon. 509=731. τοὺς μὲν εἶναι δυστυχεῖς τοὺς δ' εὐτυχεῖς mon. 125. δικαίους ἄνδρας εὐτυχεῖς ὁρᾶν mon. 218. πένητος ἀνδρὸς οὐδὲν εὐτυχέστερον Diph. 4, 423 (23). τοῦτον εὐτυχέστατον λέγω, ὅστις- Men. 4, 211 (2). ὦ πόλις-ὡς εὐτυχὴς εἶ μᾶλλον- Eup. 2, 510 (7).
εὐτυχῶ: cf. ἀτυχῶ. εὐτυχεῖς ὦ δέσποτα Plat. 2, 670 (3). εὔχετ'-πάντας εὐτυχεῖν ἀεί (parasitus) Antiph. 3, 45 (2, 4). χαιρῷ *τὸν εὐτυχοῦντα κολακεύων φίλος Men. 4, 267 (145). τῶν εὐτυχούντων πάντες-φίλοι mon. 507. τῶν εὐτυχούντων πάντες-συγγενεῖς mon. 510. τὸν υἱὸν εὐτυχοῦντα καὶ σεσωσμένον-λέγω σοι Men. 4, 174 (1). τοὺς εὐτυχοῦντας ἐπιφανῶς δεῖ ζῆν Alexid. 3, 507 (8). εὐτυχῶν καὶ βίον κεκτημένος Philem. 4, 49 (41). ἐλεεῖν δ' ἐκεῖνος ἔμαθεν εὐτυχῶν μόνος Men. 4, 127 (3). δι' *εὐτυχεῖς μέμνησο τῆς προτέρας τύχης Men. 4, 275 (183).

σὺν τοῖς φίλοισιν εὐτυχεῖν mon. 488. εὐτυχοῦντα τῷ βίῳ | ἔχειν ἔτοιμον διαδόχου τὴν οἰκίαν Men. 4, 261 (111). ἀμφότερον οὗτος εὐτυχεῖ τε καὶ φρονεῖ Philem. 4, 42 (23). cf. ad Men. 4, 261 (109). εὐτυχοῦντα νοῦν ἔχειν mon. 207. εὐτυχοῦσιν, οὐ φρονοῦσι δέ mon. 447. τὸν εὐτυχοῦντα καὶ φρονεῖν mon. 497. τοῦ-εὐτυχεῖν ἀεὶ πάρεχε σεαυτὸν ἄξιον Men. 4, 156 (1). μακάριος ὅστις εὐτυχεῖ γενναῖος ὢν mon. 614 χρηστὸς εὐτυχῶν mon. 681. εὐτυχῶν μαστιγίας anon. 4, 614 (42) ἀνὴρ πονηρὸς δυστυχεῖ κἂν εὐτυχῇ mon. 19. τὸ μὴ δικαίως εὐτυχεῖν ἔχει φόβον Men. 4, 265 (80ᵃ). κἂν εὐτυχῇ τις-προσδοκᾶν ἀεί τι δεῖ Alexid. 3, 521 (42). τέρας ἐστὶν εἴ τις εὐτύχηκε διὰ βίου Baton. 4, 499 δεῖ εὐτυχεῖς μάλιστα μὴ φρόνει μέγα mon. 432. θεοῦ-χωρὶς οὐδεὶς εὐτυχεῖ mon. 250. μοχθεῖν-τοὺς θέλοντας εὐτυχεῖν mon. 338. ἔξωθεν εἰσιν οἱ δοκοῦντες εὐτυχεῖν *(λαμπροί) Men. 4, 263 (122). κατὰ τὴν ἰδίαν φρόνησιν οὐδεὶς εὐτυχεῖ mon. 306. οὕτω τὸ γῆρας σωφρονοῦν οὐκ εὐτυχεῖ Antiph. 3, 156 (71). ἀδίκως εὐτυχεῖ κακῶς τε πράττει (homo) Men. 4, 135 (2, 7). τὸ προθύμως μὴ *πονήσαντ' εὐτυχῶ (an πονήσαντας τυχεῖν 5, 103) εὐδαιμονίας Men. 4, 143 (1).

εὔυδρος: cf. ἔνυδρος.

εὐφημία: κἀν τοῖς κακοῖς δεῖ λόγον ἔχειν εὐφημίας Men. 4, 282 (118).

εὔφημος: v. εὔσημος.

εὐφημῶ: εὐφημείσθω τέμενος Men. 4, 158 (1).

εὐφραίνω: cf. εὐφροσύνη. εὐφρανῶ δὲ νῷ Eup. 2, 532 (1). εὐφράνας ἡμᾶς ἀπόπεμπ' anon. 4, 650 (185). λεπαστά *μ' ἀδύοινος εὐφραν. Apolloph. 2, 881 (2). εἰς αὔριον σὲ κἀμὲ ταὖτ' *εὐφρανάτω Dionys. 3, 552 (1, 15). διὰ τριῶν ποτηρίων με ματτύης εὐφραινέτω Philem. 4, ? (1). ἐν ᾧ-αἱ τῶν παροψίδων τὸν ἄνδρα δριμύτητες εὐφραίνουσί *με Arched. 4, 436 (1, 7). εὐφραίνομαι: εὐφραίνεται-κακὸν ἔχων μέγα Antiph. 3, 4 (2). ὅταν *δυστυχῇ τις, οὐδ' εὐφραίνεται Philem. 4, 39 (14ᵃ). εἰ μὴ τότ' ἐπόνουν, νῦν ἂν οὐκ εὐφραινόμην Philem. 4, 55 (61). εὐφραινόμεσθ' ἔλαττον ἢ λυπούμεθα Philem. 4, 56 (65).

Εὐφράνωρ-Θούριος Men. 4, 174 (1).

εὐφροσύνη: εἴ τις-Βυζαντίας θυννίδος *ὀσμαῖσι χαίρει (al. εὐφροσύναισι χαίρει, f. εὐφραίνετ' ὀσμαῖς) Antiph. 3, 43 (1).

εὐφυΐα: Alexid. 3, 526 (78).

εὐφυής: ε'φυεῖς ὀδόντας ἔσχεν Alexid. 3, 423 (1, 20). ὁ μὲν γὰρ εὐφυής τις εἶναι φαίνεται Anaxand. 3, 168. Ἀρίστιππος, σοφιστὴς εὐφυής Alexid. 3, 400 (1, 4). ὁ Σῖμος δ' ἐστὶ τίς; Α. μάλ' εὐφυὴς ἄνθρωπος Alexid. 3, 444 (1, 13). ὡς εὐφυὲς ζῷον κοχλίας Philem. 4, ? (19). εὐφυῶς: κολακεύειν εὐφυῶς Antiph. 3, 79 (2, 2). ὀψοποιῶ εὐφυῶς Alexid. 3, 394.

εὔχαλκος: *εὐχάλκοις (libri εὐλάμπροις, ἐν λαμπροῖς, ἐν χαλκοῖς)-*λουτηρίοισιν Antiph. 3, 120 (2).

εὐχαριστία: ἄποντι μᾶλλον εὐχαριστίαν ποίει Men. 4, 267 (146).

εὐχάριστος: λόγος εὐχάριστος mon. 330. 611.

εὐχερής: εὐχερῆ θεὸν λέγεις Aristophont. 3, 363 (4). οὕτως ἐκεῖνος ἐστιν εὐχερὴς ἀνήρ Alexid. 3, 507 (9). ἦν (f. πᾶν) τ' εὐχερὲς τὸ πρᾶγμα τῷ- Damox. 4, 530 (v. 10). εὐχερῶς φέρειν mon. 707.

εὐχή: κατ' εὐχὴν σὴν-εὐφημείσθω τέμενος Men. 4, 158 (1). εὐχῆς δικαίας οὐκ ἀνήκοος θεός mon. 146. ναύκληρος ἀποθύει τις εὐχὴν Diph. 4, 394 (2, 10).

εὔχομαι: οἷς ὥσπερεὶ θεοῖσιν ηὐχόμεσθα Eup. 2, 466 (15, 6). εὔχει τ' ἀεί με ζῆν *(; Σ.) ἅπασι τοῖς θεοῖς Alexid. 3, 476 (2). αὐτὸν ὁ κεκληκὼς τὰ Σαμοθρᾴκι' (f. τοῖς Σαμοθρᾳξὶν) εὔχεται | λῆξαι- Alexid. 3,

Ἔφεσος: ἕτερος δ' *ὅπως εἰς Ἔφεσον Aristophan. 2, 1164 (2, 5).

ἐφετίνδα: Cratin. 2, 184 (25) f. Cratet. 1, 65.

ἐφευρίσκω: ἕως *ἂν ἐφεύρῃς Cratin. 2, 94 (3). ἴδιον ἐφεύρηκε Euphron. 4, 486 (v. 17).

ἔφηβος: τὰς *ῥοδιακὰς-καὶ τοὺς ἐφήβους-τοὺς δυσχερεῖς Stephan. 4, 544

ἐφημερινός: τὰς-εὐθύνας-ἐφημερινὰς κεκτήμεθα Alexid. 3, 519 (34)

ἐφήμερος: cf. ἐφίμερος. ἐφήμερον-καὶ προπετῆ βίον Men. 4, 183 ἐφημέρους τὰς τύχας κεκτήμεθα Diph. 4, 397 (3). τοὐφήμερον ἡδέως anon. 4, 607 (20b).

ἐφθοπώλιον: Posidipp. 4, 519.

ἐφθός: πόδας ἐφθοὺς ὑός Kephant. 2, 12. πους ἐφθός Pher. 2, 269 (1, ἐφθὸς τυρός Antiph. 3, 100 (2). βολβός, φίλοις (?) ἐφθὸς βοηθῶν Xenarch. 3, 614. ὁ βοῦς *(ὁ) χαλκοῦς ἦν *ἂν ἐφθός (libr. ἄνεφθος) κάπαλαι Henioch. 3, 560. ἰχθὺς τί σοι ἐφαίνεθ' *οὔφθός (libr. ἐφθ Philem. 4, 13 (1). ἐφθὸν τὸν ἰχθὺν ἀποδίδωμ' Arched. 4, 436 (1, πουλύπους ἐν βαταν(ίοισιν ἐφθός Antiph. 3, 51 (1). λάβρακά θ' ἐφθ **ἅλμῃ Eubul. 3, 225 (1). δι' ἅλμης-ἐφθὸς ἐν χλόῃ (int. λάβραξ) Sotad. 3, 585 (1, 9). ὁ γόγγρος ἐφθός, τὰ δ' ἀκροκώλι' οὐδέπω Alexid. 3, 466 (4). κεστρεὺς ἐφθός, σηπίαι ἐφθαί, μύραιν' ἐφθή, κωβιοὶ ἐφθοί θυννίδες ὀπταί, φυκίδες ἐφθαί Anaxand. 3, 184 (1, 46-49). *ἐφθή Plat. (Canth.) 2, 667 (7). ἐφθὴ (int. πουλύποδος πλεκτή) ὀπτῆς-πολὺ κρείττων, ἢν ὀπταὶ δὲ δύ' ὦσ', ἐφθῇ κλαίειν ἀγορεύω Phil 2, 673 (1, 17. 18). τὰς πλεκτάνας καὶ τὰ πτερύγια συντεμὼν *ἐφθ ποιῶ Alexid. 3, 471 (3). *ἐφθὴ τευθὶς ὠνθυλευμένη Sotad. 3, (1, 15). ἐφθῶν βατίδων Metag. 2, 753 (1, 4). ὑπὲρ μήτρας ἐφθ ἀποθανεῖν Alexid. 3, 473. ῥάφανον-ἐφθήν Alexid. 3, 515 (22). κραμβίδιον ἐφθόν Antiph. 3, 5 (6). κρέας βόειον ἐφθόν Eubul. 3, (v. 8). ἐφθοῖς προσώποις ἰχθύων Anaxand. 3, 175 (1, 16). γλαύκου τέμαχος ἐφθόν Axionici 3, 534 (1, 14). τὸ-τοιοῦτ' (int. πῦρ) οὐκ ὀπτ ἀλλ' ἐφθὸν ποιεῖ Philem. iun. 4, 68 (1). οὔτ' ἄγαν ὀπτοῖσιν οὔτ ἐφθοῖς ἄγαν-χαίρων anon. 4, 671 (292). ὡς τῶν ὄψων ἐφθῶν ὄντων ὀπτῶν ὄντων Mnesim. 3, 569 (v. 27). ὡς *(ἐν) ἅλμῃ θερμῇ τοῦτο φ γοι-ἐφθόν Axionici 3, 532 (1, 13). ἐφθῶν-σχεδὸν τρεῖς μνᾶς Theophil. 3, 629 (1). ἐφθὸν κομιδῇ πεποίηκεν (int. με) Antiph. 3, 137 (9

Ἐφιάλτης: ὄνομα-ἔστω *φιάλτης Phryn. 2, 581 (2).

ἐφικνοῦμαι: ἀλλ' ἐγὼ-σφενδόνῃ | οὐκ ἂν ἐφικοίμην αὐτόσ' Antiph. 3, 30 (1, 20).

ἐφίμερος: τὴν Ἑκτόρειον τὴν *ἐφίμερον (libr. ἐφήμ.) κόμην Anaxil. 3, 355 (6). ἡ δ' *ἐφίμερος (legeb. ἐφήμερος. int. Βοιωτία) Laon. 4, 574

ἐφιππάσασθαι λόγοις Cratin. 2, 215 (131).

ἐφίππιον: τὸ-ἐφίππιον στρῶμ' ἐστὶν ἡμῖν Antiph. 3, 57 (1).

ἔφιππον: Eup. 2, 434 (20).

ἐφίσταμαι: τὴν βουλὴν (f. τῆς βουλῆς) ἐφεστώς Cratin. 2, 64 (6). καὶ δ' ἐφέστηκε *ῥανῶν ὄξει Antiph. 3, 125 (1, 12). πάντες ἀναυδεῖς τῷ ἐπέστησαν Epicrat. 3, 371 (1, 21).

ἐφοδεύω: ἐφοδεύων ἐὰν βούληθ' ὁ γυναικονόμος *τὸν ἀριθμὸν λαμβάνειν Timocl. 3, 611.

ἐφόδιον: ἐφόδιον ἀσφαλές | εἰς πάντα καιρόν Men. 4, 178 (2). ἡ χρηστότης-θαυμαστὸν ἐφόδιον βίῳ Men. 4, 209 (1). τόλμης ἐφόδιον μεῖζον Men. 4, 289 (251). ἐφόδιον εἰς τὸ γῆρας-κατατίθου mon. 154. βελτίονα | ἐφόδι' ἔχων ἀπῆλθες Men. 4, 212 (2, 12).. οὐ φεισόμεσθ' ἐφόδια περιποιούμενοι; Men. 4, 242 (28).

ἐφορῶ: καλλίστη-πόλι πασῶν, ὅσας Κλέων ἐφορᾷ Eup. 2, 535 (1). εἰ γὰρ ἐπίδοιμι τοῦτο Men. 4, 170 (7).

ἐχθαίρω: ὄφρα σὲ λιμὸς ἐχθαίρῃ Cratin. 2, 222 (143).

ἐχθές: ἐχθὲς μετὰ πέντ' ἔπινον Antiph. 3, 156 (74). ἐχθὲς ὑπέπινες Alexid. 3, 515 (22). ἧς ἐχθὲς πιεῖν κυάθους *ἕκαστον ἐβιάσω σὺ δώδεκα Crobyli 4, 567 (1). χορδῆς ὀβελίσκους-δῦ' ἐχθὲς εἰς τὸ πῦρ ἀποσβέσας Euphron. 4, 487 (v. 33). ἐχθὲς κεκινδύνευκας Euphron. 4, 492 (v. 3). μύρφ-οὗπερ ἀπέδοτο ἐχθὲς Μελανώπῳ Anaxand. 3, 190 (2).

ἐχθιζινόν: μένω-ἐξ ἐχθιζινοῦ Men. 4, 158 (3).

ἐχθοδοπός: ἀνακογχυλίαστον ἐχθοδοπόν τι Plat. 2, 685 (13).

ἔχθρα: ἀθάνατον ἔχθραν μὴ φύλαττε monost. 4.

ἐχθρός: ὁ θεοῖσιν ἐχθρός Plat. 2, 641 (1, 3). ὁ θεοῖσιν ἐχθρὸς *Μυρτίλος Eubul. 3, 244 (3). *εἴς τις θεοῖσιν ἐχθρὸς ἄνθρωπος Xenarch. 3, 621 (1, 8). θεοῖσιν ἐχθρός Men. 4, 300 (309). θεοῖσιν ἐχθρὲ σύ Anaxipp. 4, 465 (1). ἐν παγούροις *(τοῖς) θεοῖς ἐχθροῖσι Xenarch. (Timocl.) 3, 622 (2). εἰς τὴν θεοῖς ἐχθρὰν-ταύτην (int. γαστέρα) Diph. 4, 403 (1, 9). *κεἰ σφόδρα *ζῶν ἐχθρὸς ἦν τις, γίγνεται φίλος Dionys. 3, 555 (2). ἀπῆλθες ἐχθρὸς οὐδενί Men. 4, 212 (2, 12). μυστήριόν σου μὴ κατείπῃς τῷ φίλῳ, *κοὐ μὴ φοβηθῇς αὐτὸν ἐχθρὸν γενόμενον Men. 4, 272 (168). ἐχθροῦ παρ' ἀνδρὸς οὐδέν ἐστι χρήσιμον mon. 166. λόγον παρ' ἐχθροῦ μήποθ' ἡγήσῃ φίλον mon. 325=683. φίλος με βλάπτων οὐδὲν ἐχθροῦ διαφέρει mon. 530. ἐχθροὺς ποιοῦσι τοὺς φίλους αἱ συγκρίσεις Philem. 4, 40 (17). ῥεμβόμενος ἐχθροὺς εὗρ' Men. 4, 212 (2, 15). ἐχθροὺς ἀμύνου mon. 152. ἐχθροῖς ἀπιστῶν mon. 164. παρέχειν πίνειν-τοῖς-ἐχθροῖς ἐκ Πεπαρήθου Herm. 2, 410 (2, 12). *ἀνακράγοι τ' ἂν εἰς ἐχθροὺς μέγα Sannyr. 2, 874 (1). τὸ σῦκον ἐχθρόν ἐστι καὶ τυραννικόν Aristophan. 2, 986 (2). *ἐχθρὸν (legeb. αἰσχρὸν) νέᾳ γυναικὶ πρεσβύτης ἀνήρ Aristophan. 2, 1180 (18). γῆρας ἐχθρὸν σωμάτων ἀνθρωπίνων Men. 4, 239 (21). τί γὰρ ἔχθιον *(ἢ) "παῖ, παῖ" καλεῖσθαι Epicrat. 3, 368. ἔχθιστον τέγος Plat. 2, 662 (2).

ἔχιδνα: Σφίγξ, ὕδρα, λέαιν', ἔχιδνα Anaxil. 3, 347 (1, 5).

ἐχῖνος: 1) vas: Eup. 2, 497 (23). Philem. 4, 15. Men. 4, 122 (11). Aristophan. 2, 1054 (17). 2) ostrea: λεπάσιν, ἐχίνοις, ἐσχάραις Archipp. 2, 721 (5). ὄστρεια-ἔλαβον ἐχίνους τ' Alexid. 3, 429 (1, 8). κόγχας, ἐχίνους προσφάτους Posidipp. 4, 517. τῶν ἐχίνων ὀβολός Alexid. 3, 389 (1, 6). πίναξ ἔχων ἐχῖνον, ὠμοτάριχον, κάππαριν Nicostr. 3, 278 (1). ὁ μὲν (int. πινακίσκος) ἔχει σκόροδον, ὁ δ' ἐχίνους δύο Lyncei 4, 433 (v. 7). ἔχεις ἐχίνους; B. ἕτερος ἔσται σοι πίναξ ib. (v. 19). †ἐχίνου (ĭ) κεφαλὴν (leg. σχίνου κεφ.) κατορύττειν Aristophan. 2, 1050 (8).

ἔχω: cf. ἥκω. ὁρῶ. χέω. τῴδεῖον ἐπὶ τοῦ κρανίου ἔχων Cratin. 2, 61 (1). ἐπ' ἄκρων τῶν κροτάφων ἕξει λύχνον Plat. 2, 645 (2). ἕξουσιν οἱ πομπῆς λυχνούχους ib. (3). μῆλον-ἔχων σκίπωνά τ' Cratin. 2, 146 (2). σκυτάλην ἔχουσ' Cratet. 2, 240 (1). ἔχοντες-ἀσπίδιον Herm. 2, 386 (2). ἔχων *τὸ κήθιον Herm. 2, 391 (6). ἔχοντας ἰαμβύκην Eup. 2, 481 (3). αὐλοὺς ἔχουσά τις κορίσκη-μελίζεται Plat. 2, 638 (1, 12). *κἄλλην τρίγωνον εἶδον ἔχουσαν ib. (1, 14). ἔχων λύραν *Aristophan. 2, 1159 (59). ὧδ' ἔχων τὴν ἀσπίδα Eup. 2, 528 (5). πύελον ἥκεις ἔχων Eup. 2, 529 (8). μάστιγα-ἐν *χεροῖν ἔχων Phryn. 2, 594 (1). τραχεῖαν ἔχων *(f. μάστιγα) Plat. 2, 617 (5). κεράτινον εἶχον σκευοφορεῖον Plat. 2, 633 (8). τὸν ἱμάντα μου | ἔχουσι καὶ τἀνάφορον Aristophan. 2, 1168 (3). ἀκολουθεῖν-σφαῖραν καὶ στλεγγίδ' ἔχοντα Aristophan. 2, 1002 (19). ὁμοιον-ᾤχετο ἔχων φιάλιον Eubul. 3, 239.

στῆσαί τινας ἀγκαλίδας ἔχοντας Nicostr. 3, 287. τρίπους πλακοῦντα-ἔχων Antiph. 3, 79 (1). ἡ τράπεζ' ἐπήγετο τοσαῦτ' ἔχουσα βρώματ' Anaxand. 3, 162 (3). πίναξ ἔχων ἐχῖνον, ὠμοτάριχον Nicostr. 3, 27- (1). τὴν τράπεζαν πάνθ' ἃ δεῖ ἔχουσαν Diod. 3, 544 (v. 11). ἐν αὐτῷ-ἔχον καδίσκια κυμινοδόκον Nicoch. 2, 842 (1). πίνακα-ἔχοντα πέντε πινακίσκους *ἐν οἷ· τούτων ὁ μὲν ἔχει σκόροδον, ὁ δ'- Lync. 4, 433 (v. 6..7). ἑφθὸν τὸν ἰχθὺν-ἔχοντα τοὺς χυμοὺς ἐν αὑτῷ Arched. 4, 436 (1, 8). ἐντὸς-ἔχων τὰ †παρ' ἑαυτῷ (l. πάντ' ἐν αὑτῷ) Herm. 2, 380 (1, 2). ἐν τῷ στόματι τριημιωβόλιον ἔχων Aristophan. 2, 963 (15). ἔχων-ἐν τῇ χειρὶ μῶλυ anon. 4, 624 (76b). ἔχουσι-τι κέντρον ἐν τοῖς δακτύλοις Phryn. 2, 580 (1). †βίβλον ἔχων τὴν (al. ἔχοντα) δήπου Plat. 2, 654 (2). ἔχων καλάσιριν Cratin. 2, 31 (1). στολὴν-τίν' εἶχε; Cratin. 2, 37 (1). πιναρὸν ἔχοντ'-κάρα τε καὶ τρίβων' Eup. 2, 529 (7). ὁ τὸ τριβώνιον ἔχων Eup. 2, 537 (4, 6). Men. 4, 96 (2). τρίβων' ἔχουσ' Men. 4, 104 (1). χλαμύδα καὶ λόγχην ἔχων Antiph. 3, 7. τὴν καλὴν σκευὴν ἔχων Eubul. 3, 240. ἐὰν ἱππίσκον-ἔχητε Cratin. min. 3, 376 (2). τοῦ θέρους-εἶχεν ἱμάτιον δασύ-τοῦ δὲ χειμῶνος ῥάκος Philem. 4, 53 (53). οὐδὲ χλανίδ' εἶχον· ἀλλὰ νῦν. οὐδὲ μύρον εἶχον ἀλλὰ νῦν Men. 4, 178 (1). λευκοὺς ἔχων πίλους Cratin. 2, 77 (5). νῦν δ' ἔχω περιβαρίδας Cephisod. 2, 884 (2, 3). ὁ χορὸς-εἶχεν δάπιδας Pher. 2, 290 (9). αὐτὸν-ἐξαγαγὼν ἔχοντα κλοιόν Eup. 2, 485 (1, 16). σφραγῖδας εἶχε (f. σφραγῖδ' ἔχει) Eup. 2, 504 (9). χρυσοῦν ἔχων *χλίδωνα Polyz. 2, 871 (1). ἔχων *σανδάλια καὶ σφραγῖδα Antiph. 3, 108 (v. 1). στέφανον ἔχων τῶν ἐκκυλίστων Archipp. 2, 726 (1). ἔχουσ' ἐν *δώματι **στρούθιον Eubul. 3, 251 (2). στέφανον ἔχων Eup. 2, 447 (3). cf. Alexid. 3, 384 (3). 3, 421 (2). Apollod. Car. 4, 442 (v. 22). τὴν *κυνῆν ἔχειν με κυρβασίαν Aristophan. 2, 1165 (7). *ὁμηρεύουσ' ἔχοντες πορφυροῦς κεκρυφάλους Antiph. 3, 63. παχεῖαν τὴν περιζώστραν ἔχει Anaxand. 3, 202 (26). δαπίδιον-Πέρσας (?) *ἔχον καὶ γρῦπας Hipparch. 4, 431. ἐπὰν ἔλθωσιν ἐκ τῆς ἐκφορᾶς τὰ βάπτ' ἔχοντες Hegesipp. 4, 479 (v. 13). ἐν τῷ κύφωνι τὸν αὐχέν' ἔχεις Cratin. 2, 84 (8). μαρίλης τὴν φάρυγα πλέαν ἔχων Cratin. 2, 167 (9). ξηρὰν ἔχουσα τὴν φάρυγα Pher. 2, 281 (3). ἔχων τὸ πρόσωπον καρίδος Cratin. 2, 184 (26). Eup. 2, 470 (21). *δοθιῆνος ἔχων τὸ πρόσωπον Telecl. 2, 373 (5). ἔχων τὸ ῥύγχος-μακρόν Archipp. 2, 715 (1). δεινὸν ἔχονθ' ὑὸς ῥύγχος Anaxil. 3, 344 (2). κοιλίαν σκληρὰν ἔχεις Theop. 2, 813 (1). κοιλίαν ἁδρὰν ἔχει Alexid. 3, 423 (1, 12). οὐκ ἔχει τις ἰσχία ib. (1, 10). adde ib. (vs. 16. 19. 20). γομφίους-οὐκ ἔχει Philetaer. 3, 294 (1, 7). δασὺν ἔχων τὸν πρωκτόν Cratin. 2, 184 (27). πανικτὸν ἔχων τὸν πρωκτόν Herm. 2, 404 (5). πυγὴν μεγάλην *εἶχ'- καὶ καλήν *Eubul. 3, 209 (3). ὁ τὴν καλὴν (κωλῆν?) ἔχων Eup. 2, 537 (4, 1). τὴν κεφαλὴν [ὅσην] ἔχει ὅσην κολοκύντην Herm. 2, 415 (6). κατάχυτλον τὴν ῥῖν' ἔχεις Eup. 2, 541 (13). τὸ σῶμ' ἔχουσι λεῖον Eup. 2, 565 (52). περιέρχεται σικυοῦ-κνήμας ἔχων Plat. 2, 636 (1). φωνὴν οὐκ ἔχειν ἰχθύν Pher. 2, 311 (3). πίννη καὶ τρίγλη φωνὰς-ἔχουσαι Antiph. 3, 109 (v. 15). Ἑρμῆς-φωνὴν ἔχων Plat. 2, 682 (6). ἔχει δακτύλους αὐλητικούς Plat. 2, 685 (12). χρυσοῦς ἔχων κικίννους Aristophan. 2, 1039 (20). εὖ μαχαίρᾳ ξύστ' ἔχων τριχώματα Ephipp. 3, 332 (v. 6). χαλκοῦς ἔχων μυκτῆρας Antiph. 3, 125 (1, 5). ἔχει χεῖρα κραταιάν, χαλκῆν Cratin. min. 3, 377. τοὺς δακτύλους Ἰδαίους ἔχω Crobyli 4, 568 (1). τῆς *κυφονώτου σῶμ' (f. σχῆμ') ἔχουσα σηπίας-τευθίς Antiph. 3, 126 (1, 18). τὸν τράχηλον ὡς ἔχω Antiph. 3, 135 (6). οὐκ ᾤου *(σύ) με χολὴν ἔχειν Eubul. 3, 234 (2). εἰ μὴ σὺ χηνὸς ἧπαρ ἢ ψυχὴν ἔχεις Eubul. 3, 253 (5). ὡς τακερόν-καὶ μαλακὸν τὸ βλέμμ' ἔχει Philetaer. 3, 293. πῶς ἂν οὖν ἔχοι πτερὰ τοιοῦτο πρᾶγμα; Eubul. (Arar.) 3, 226 (3). τὰς πτέγυρας ἃς εἶχε Aristophont. 3, 361 (2). ἔχοντα πτέγυρας αὐτὸν ζωγραφεῖν Alexid. 3, 393 (1). τὰς ὀφρῦς ἔχοντας ἐπάνω τῆς κορυφῆς Alexid. 3, 391 (2). κάργους ἔχειν μηδέποτε τὰς σιαγόνας Alexid. 3, 469. ἀραχνίων μεστὴν ἔχεις τὴν γαστέρα Cratin. 2, 129 (18). ἔχουσα γαστέρα μεστὴν βοάκων Aristophan. 2, 1143 (6). τὸν γόγγρον παχυτέρας ἔχοντ' ἀκάνθας Antiph. 3, 13 (1, 13). εἰ θέρμην ἔχουσα τυγχάνω Pher. 2, 359 (90). *ἔχων θέρμα καὶ πῦρ Aristophan. 2, 1191 (63). βίος ἀπύρετος, φλέγμ' οὐκ ἔχων Antiph. 3, 133 (1, 6). φῷδας τοσαύτας εἶχε Aristophan. 2, 1092 (1). οἱονεὶ δίψαν τινά | ἢ ξηρασίαν *σχόντ' (vulg. ἔχοντ'. int. δένδρα) Antiph. 3, 138 (10, 7). ἓν νόσημα τοῦτ' ἔχει Antiph. 3, 142 (20). τὸν ἔχοντα ταύτην (i. e. νόσον) Men. 4, 164 (1). ὥστε με | ἐνίοτε-ὀκτὼ τραύματα | ἔχειν Axionic. 3, 534 (1, 6). *τραύματ' ἐξόπισθ' ἔχων anon. 4, 687 (335b). πῶς δὴ τὸ τραῦμα τοῦτ' ἔχεις; Men. 4, 245 (37). πληγὴν ἔχων Anaxand. 3, 201 (23). ἔχοντα πολλὰς *χολλάδας κεῖσθαι παχὺν-τὸ πνεῦμ' ἔχοντ' ἄνω Men. 4, 74 (3). κωφὴν ἀκοῆς αἴσθησιν ἔχουσιν Antiph. 3, 112 (1, 5). τὴν αἰτίαν ἔχουσ' ἀπό- Pher. 2, 336 (4). αἰτίαν ἔχει πονηρὸς εἶναι- Phryn. 2, 600 (6). αἰτίαν ἔχειν ἄλλως Alexid. 3, 393 (1). κακὸν ἔχων οἴκοι Antiph. 3, 4 (2). οὐ γὰρ κακὸν ἔχω μηδ' ἔχοιμ' Antiph. 3, 97 (2). τὸν αἰέλουρον κακὸν ἔχοντ' Anaxand. 3, 181 (v. 12). ἄσμενος ἔχοις ἂν-ἃ νῦν ἔχεις (int. κακά) Philem. 4, 13 (1). οὐδὲ ἓν κακὸν ἔχουσι Alexid. 3, 450. ἔχει κακὸν εἰ τύφουσαν Alexid. 3, 464 (2, 15). εἰ-τι κακὸν ἀληθὲς εἶχες-νῦν δ' οὐκ ἔχεις Men. 4, 100 (1). ἐπισκοτεῖ-πᾶσιν οἷς ἔσχηκεν ἄνθρωπος κακοῖς Men. 4, 214 (5). ἃ δ' ἡ φύσις δέδωκεν αὐτὰ ταῦτ' ἔχει (mala) Men. 4, 230 (5). ἕν-τι τούτων τῶν τριῶν ἔχει κακόν Men. 4, 261 (213). τούτων (malorum) ὁ θάνατος ἀνέπαυσε τοὺς ἔχοντας Diph. 4, 418 (5). ἂν δ' *ἔχῃ τι (si quid displicet) ἀπάγχεται Antiph. 3, 81. ἀντὶ τῶν τόκων ἔχει λύπας Axionici 3, 536 (1). λύπας ἔχοντας μείζονας τοὺς μείζονας Philem. 4, 36 (9). πενία-τοῖς ἔχουσιν οὐ σμικρὰ νόσος *Diph. 4, 424. ἔχειν-ἀδοξίαν-πενίαν τ' anon. 4, 619 (52).

θυμὸς ἡδονὴν ἔχει Pher. 2, 326 (1, 2). τοῦ πιεῖν καὶ φαγεῖν τὰς ἡδονὰς ἔχομεν ὁμοίας Antiph. 3, 134 (4, 6). ὧν-*πεπόρικεν οἴεται χάριν τινά | ἔχειν ἑαυτῷ Alexid. 3, 507 (8). οὐκ ἀεὶ-τὴν τούτων *χάριν ἔχεις ὁμοίαν, οὐδ' ἴσην τὴν ἡδονήν Dionys. 3, 548 (v. 22). οὐκ ἔστιν δ' ἔχειν ταύτην (i. e. ἡδονὴν) ἑτέρωθεν Baton. 4, 502 (v. 8). *ἕξεις ἀγαθὰ πολλά Eup. 2, 458 (17). πάντ' ἔχοντας ἀφθόνως Antiph. 3, 47 (2). ἀγαθὸν *μέγ' ἕξεις (vulg. μεθέξεις) ἂν λάβῃς μικρὸν κακόν Men. 4, 260 (102). τί δ' ἂν ἔχοι νεκρὸς | ἀγαθόν, ὅπου-ἔχομεν οὐδὲ ἕν; Men. 4, 117 (3). ἔπαινον ἕξεις mon. 139. ὁ πρὸ τοῦ βίος-ὃν εἶχον ἄνδρες- Cratin. 2, 145 (1). ἔχοντες εὐπαθῆ-βίον παρουσίαν τε χρημάτων Cratet. 2, 240 (4). ἔχομεν παρουσίας Plat. 2, 677 (6). βέβαιον ἕξεις (f. ἄξεις) τὸν βίον *Aristophan. 2, 1181 (19). †ὅταν ἀμέριμνον ἔχῃ τὸν βίον Men. 4, 239 (20). τὴν ἴσην ἔχων Cratin. 2, 164 (4). δίαιταν ἣν ἔχουσ' Eup. 2, 484 (1, 1). τέτταρες αὐλητρίδες ἔχουσι μισθόν Antiph. 3, 132 (2). ζῶν ἔχειν τι βούλομαι Laon. 4, 574. πρῶτον ἀποπυρίαν ἔχω Cratin, 2, 74 (3). ταῦτ' ἔχων ἁρπαζέτω Pher. 2, 287 (8). ἀμφιφῶντ' ἔχων Pher. 2, 342 (6). καὶ ταῦτ' ἔχοντα πουλύπους Aristophan. 2, 1018 (6). τῶν θαλαττίων δ' ἀεὶ | ὄψων ἓν *ἔχομεν Antiph. 3, 75 (2). ἔχειν καθαρίως ἐγχελύδιον Amphid. 3, 316. adde Alexid. 3, 455 (2). *ἐμασώμεθ' οὕτως ἀνδρικῶς ὅσ' εἴχομεν Ephipp. 3, 328 (1). ᾠὰ κολάπτων, κήρυκας ἔχων Anaxil. 3, 345 (1). μεμβράδας μοι κρεῖττον ἦν ἔχειν Alexid. 3, 474. θύριον ἔωλον τοῦτ' ἔχων (int. τέμαχος) οὐκ ἄχθομαι Axionici 3, 534 (1, 15). ὥστ' ἔχειν οὐδὲν παρ' ἡμῖν Timocl. 3, 603 (4). οὐδ' ἐκεῖνος οὐδὲν εἶχε ib. (4, 5). *ἕκτην ἐπὶ δέκα βοηδρομιῶνος-ἕξεις ἀεὶ (vinum) Men. 4, 224 (4). μικρὰν-μᾶζαν ἑκάτερος εἶχε δὶς τῆς ἡμέρας Polioch. 4, 590. κἂν μηδὲν ἄλλ' ἔχων διατράγῃ *θύλακον (mus) anon. 4, 612 (40). cf. Alexid. 3, 456 (1). *ὅπως μάσημα ταῖς γνάθοις ἔχω Antiph. 3, 143 (24). τί οὖν ἔχεις; B. ὄστρεια πολλά (f. τί οὖν; ἔχεις ὄστρεια; B. πολλά) -ἔχεις ἐχίνους; Lync. 4, 433 (v. 17. 19). μέλιτος γλυκυτέρας *μεμβράδας φάσκων ἔχειν Antiph. 3, 68 (2). ποτήρια, τοίχους οὐκ ἔχοντ' Pher. 2, 324 (1). τράπεζαν-*εἴσφερε τρεῖς πόδας ἔχουσαν, τέτταρας δὲ μὴ 'χέτω Aristophan. 2, 1160 (5). τρῆμας ἔχει Aristophan. 2, 1221 (266). καὶ κάπνην ἔχει; -B. ἀλλ' ἔχει κάπνην Alexid. 3, 464 (2, 13). τὰ καταχύσματα-ὄξος οὐκ ἔχει Philonid. 2, 424 (3). ὄξος ἡ φακῆ | οὐκ εἶχε Diph. 4, 395 (2, 30). τὸ δεῖπνον ἀλλ' οὐδ' αἷμ' ἔχει Diph. 4, 404 (2, 8). τὰ κρέα | ἥδιστ' ἔχουσι (sues) Plat. 2, 624 (1). οὐδεὶς εἶχέ σοι κωβιὸς ὅλως-ἧπαρ Euphron. 4, 492 (v. 3). Τῆνος-πολλοὺς ἔχουσα σκορπίους Eup. 2, 508 (1). ἡ Κύπρος ἔχει πελείας Antiph. 3, 96. ἡ λύπη-ἔχει-καρπὸν τὸ δάκρυον Philem. 4, 23 (1). πόλις ἔσθ'-ἡ ῥόδοις *ἴσην εὐωδίαν ἔχουσα anon. (vid. 5, 52) 2, 746 (2, 5). πόσους ἔχει στρωτῆρας *ἀνδρὼν-; Aristophan. 2, 979 (19). ὁ-δίαυλός ἐστιν αἰσχύνην ἔχων Anaxand. 3, 197 (5). πρᾶγμα *ἔχον πολλὰς φροντίδας *διεξόδους Henioch. 3, 562. οὐ γὰρ τὸ μὴ πράττειν κατὰ νοῦν ἔχει μόνον λύπην Men. 4, 234 (11). τὸ πολλὰ πράττειν *κωδύνας πολλὰς ἔχει mon. 723. τὰ πονηρὰ κέρδη τὰς ἡδονὰς ἔχει μικράς Antiph. 3, 148 (40). ἡδονὴν πολλὴν ἔχει Antiph. 3, 149 (42b). ἡδονὴν ἔχει, ὅταν τις εὕρῃ-δηλοῦν ἅπασιν Anaxand. 3, 196 (3). τὸ-ἐνδελεχῶς μεθύειν τίν' ἡδονὴν ἔχει; Crobyli 4, 566 (2). ἀστοργίαν ἔχει τίν' ὁ σκληρὸς βίος Men. 4, 224 (5). τέκνοισιν εἰ στοργὴν ἔχοι Philem. 4, 63 (108). κρίσιν-τὸ βλέπειν ἴσην ἔχει Men. 4, 236 (14). ψυχῆς-οὗτος (i. e. λόγος) μόνος ἔχει θελκτήρια (al. κουφίσματα) Men. 4, 240 (23). τὰ μετὰ γυναικὸς εἰσιόντ'-οὔτ' ἀσφαλῆ τὴν κτῆσιν οὔθ' ἱλαρὰν ἔχει Men. 4, 250 (54). τὸ μὴ δικαίως εὐτυχεῖν ἔχει φόβον Men. 4, 255 (80a). πόλλ' ἔχει σιγὴ καλά Men. 4, 280 (209). τὸ δοκεῖν διαβολὴν ἔσχε μείζω Men. 4, 289 (250). ἔχει τι τὸ πικρὸν τῆς γεωργίας γλυκύ ib. (254). πίστιν, οὐ λόγους ἔχειν mon. 115. ὄνησιν οὐκ ἔχει mon. 292. ὄψον-ἔχει-ποικίλην Lync. 4, 433 (v. 14). μεγάλην χρείαν τίν' εἰς τὸ πρᾶγμ' ἔχει Sosip. 4, 483 (v. 41). τῶν βρωμάτων-τιμωρίαν ἔχοντ' ἐνί' ἐστιν, οὐ τροφήν Nicomach. 4, 584 (v. 32). τοῖσιν ἑλκωθεῖσιν ὠφέλημ' ἔχει (vinum) anon. 4, 606 (16, 8). γέρων γέροντι γλῶτταν ἡδίστην ἔχει anon. 4, 668 (284). ἡ-Εἰλείθυια συγγνώμην ἔχει Theop. 2, 815 (2). cf. συγγνώμη. καιρῷ χάριν ἔχει τρυγώμενα mon. 7. ἕξεις μοι χάριν Eubul. 3, 218 (3). ἡ χάρις, ἣν ἀθάνατον ἕξειν ἔφη Men. 4, 325 (472). ὅσα | *οὔτ' ἀριθμὸν οὔτ' ἔλεγχον ἐφ' ἑαυτῶν ἔχει Dionys. 3, 552 (1, 13).

σιγάν νυν ἅπας ἔχε σιγάν Cratin. 2, 100 (15). σιγὴν ἔχε mon. 208. adde Men. 4, 274 (180). πρὸς ἑτέραν γυναῖκ' ἔχων τὸν νοῦν Cratin. 2, 116 (1). πρὸς τῷ φιλεῖν-τὴν διάνοιάν ἐστ' ἔχων Anaxipp. 4, 460 (v. 37). [ἥτις καρδίαν θύραζ' ἔχει Men. 4, 226]. δίχα θυμὸν ἔχουσιν Herm. 2, 407 (1, 11). οὐδὲ λόγον ὑμῶν οὐδ' ἐπιστροφὴν ἔχω Men. 4, 284 (225). ἐπ' ἀριστέρ' ἀεὶ τὴν ἄρκτον ἔχων λάμπουσαν Cratin. 2, 94 (3). ἐν *ἑπτὰ χορδαῖς δώδεχ' ἁρμονίας ἔχων Pher. 2, 327 (1, 16) cf. 334 (1, 10). τὰς κεφαλὰς ὑγιεῖς ἔχειν ἐκ κραιπάλης Alexid. 3, 396. γονεῖς-ἐν τιμαῖς ἔχειν Philem. 4, 63 (107) = mon. 72. χεῖρ' ἐλευθέραν ἔχε mon. 148. ἔσχεν i. q. ἐπέσχεν Men. 4, 309 (358). μῶν βδελυγμία σ' ἔχει; Cratin. 2, 165 (6). † ψῶρ' ἔχε Συρακόσιον Phryn. 2, 590 (8). ὁ Σόφων-πᾶσαν τὴν Ἰωνίαν ἔχει Anaxipp. 4, 459 (v. 19). τὰ κάτω κρείττω 'στὶν ὧν ὁ Ζεὺς ἔχει Aristophan. 2, 1147 (1, 3). παρατιλτριῶν ἔχων χορόν Cratin. 2, 163 (2). ἕπτ' ἔχειν λαικαστρίας Pher. 2, 339 (8). τὴν πανδοκεύτριαν-ἔχει Eup. 2, 482 (14). γυναῖκ' ἔχοντα Eup. 2, 472 (26). βίον καλὸν ζῇς ἂν γυναῖκα μὴ † ἔχῃς Philem. 4, 62 (106) = mon. 78. ἐξὸν γυναῖκ' ἔχοντα κατακεῖσθαι καλήν Baton. 4, 500 (2). καθεύδειν τὴν ἐρωμένην ἔχων anon. 4, 625 (83). ἔχεις γάμον Plat. (?) 2, 697 (v. 5). τὰς ἑταίρας ἡδέως-ἔχω Antiph. 3, 54. *τί γάρ; αὐτὸν ἔχουσα φιλήσει (f. -σεις) Eubul. 3, 252 (3). ἕτερον λιμέν' ἔχουσ' (mulier) Theophil. 3, 628 (1). Ἰσχάδα καὶ Ναννάριον ἔσχηκας Men. 4, 154 (4). πῶς οὖν ἕτερος ταύτην ἔχων οὐδὲν πέπονθεν-; Men. 4, 236 (14). ὁ νῦν ἔχων *Ἀβροτόνιον τὴν ψάλτριαν Men. 4, 300 (312). ἐνιαυτὸν ἔσχε μ'-δωρεάν Phoenicid. 4, 511 (v. 10). *ὅπως ἔχων τὸν παῖδα πωλήσει Aristophan. 2, 1164 (2). ἅβραν-*ταύτῃ-οὐ παρέδωκ' ἔχειν Men. 4, 201 (3). ἀντάλλαγόν *γ' ἕξουσα τούτῳ διδομένη Men. 4, 222 (4). οὓς οὐκ ἂν εἵλεσθ'-οἰνόπτας-νυνὶ στρατηγοὺς *(ἔχομεν) Eup. 2, 510 (7). κεστρεῖς ἔχων ἄλλους (f. ἀλλ' οὐ) στρατιώτας Antiph. 3, 76 (1). τὴν γυναῖκα-ἔχει δέσποιναν, οὐ γυναῖκ' ἔτι Anaxand. 3, 195 (1, 5). φάτνην ἔχειν alios Men. (?) 4, 303 (327). οὐκ ἔχουσι τῆς τέχνης κριτήν Anaxand. 3, 196 (3). ὅρον-οὐκ ἔσχηκεν *οὐδὲ κύριον (ars culinaria) Dionys. 3, 548 (v. 32). πλείους τοὺς μαθητὰς ἕξειν Philetaer. 3, 298 (3). αὐτοὺς-ἕξεις τοὺς θεοὺς ὑπηρέτας Men. 4, 234 (10). πλουτεῖν, ὅπως μὴ μάρτυρας-ἔχειν Men. 4, 282 (219). λήκυθον-ἣν ἐφερόμην, ἵν' ἔχοιμι συνθεάτριαν Aristophan. 2, 1141 (1).

εὔχου δ' ἔχειν τι, κἂν ἔχῃς ἕξεις φίλους mon. 176 cf. 165. ἅπτ' ἔχω ταῦτ'-ἀπολέσω Plat. 2, 633 (7) cf. 5, 44. ἢν-ἔχῃς τι Plat. (?) 2, 697 (v. 4). οὐ χρὴ πόλλ' ἔχειν Amips. 2, 710 (1). εἶχεν οὐδὲ σύμβολον Archipp. 2, 716 (1). δύο δραχμὰς ἕξει μόνας Aristophan. 2, 1187 (48). ἔχων στατῆρας Eup. 2, 473 (32). ἔχοντες ἀρραβῶνα τὴν τέχνην τοῦ ζῆν Antiph. 3, 66. τοῦ δυστυχεῖν-ἀρραβῶν' ἔχειν Men. 4, 268 (148). οὐδ' αὐτὸς ἔχων ὧν οὐδὲν ἐδεῖτο Antiph. 3, 109 (v. 8). διδούς τις οὐκ ἔδωκεν οὐδ' ἔχων ἔχει; ib. (v. 9). οὐδ' ὅσ' ἀντ' αὐτῶν ἔχεις ib. (v. 12). ἀπολαύοντα μηδὲν ὧν ἔχει Antiph. 3, 153 (61ª) = Men. 4, 256 (81). ἂν ἔχῃ βίον Eubul. 3, 260. ἔχοντες ἄφθονον βίον Philetaer. 3, 297 (1). τῶν ἐχόντων οὐσίας Anaxil. 3, 353 (1). ἔχοντας οὐσίας Diodor. 3, 544 (v. 30). γεγόνασιν ἄβατοι τοῖς ἔχουσι μηδὲ ἓν Aristophont. 3, 358 (2). οὐκ ἔχοντες οὐδὲ ἓν Aristophont. 3, 362 (3). μὴ προφάσεις ἐνταῦθά μοι, μηδ' "οὐκ ἔχω" Alexid. 3, 437 (2). ἔχειν προῖκ' οὐχὶ τιμὴν *φάσκομεν; Alexid. 3, 450. τὰ δέοντ' ἔχειν Alexid. 3, 500 (2). Δημοσθένης τάλαντα πεντήκοντ' ἔχει-ὅ τ' ἐν λόγοισι δεινὸς Ὑπερείδης ἔχει Timocl. 3, 591. οὔπω-εἶχεν ὅσαπερ νῦν ἔχει Timocl. 3, 607 (1). ἀγοράζειν πάντα μηδὲ ἓν δ' ἔχειν Diph. 4, 409 (f. Philem. 4, 26). ἔχειν-μέτρια Philem. 4, 35 (7). πλοῦτος ἀφανής, ὃν σὺ κατορύξας ἔχεις Men. 4, 107 (2, 16). ᾐσχύνετο τὸν πατέρα μικρ' ἔχοντα Men. 4, 176 (1). πατρῷ' ἔχειν δεῖ Men. 4, 250 (54). μὴ πόλλ' ἀηδῶς, ὀλίγα δ' ἡδέως ἔχειν Men. 4, 252 (61). κατ' ἀμφότερα-τὴν καταλλαγὴν ἔχει Diph. 4, 407 (1, 14). συμβολὰς ἔχων νήφεις Baton. 4, 499 (1, 5). οὐδὲ εἰς τὸν ὀδόντα ἔχει φαγεῖν anon. 4, 666 (272). *ὑμεῖς δ' ἀπολαύετ', ὧν ἔχουσιν (senes), οἱ νέοι anon. 4, 692 (351). τὰς κοίτας-ἔχουσι-σεσαγμένας Eup. 2, 450 (12). τὰ τῶν ἐχόντων ἀνέρων (?) Eup. (?) 2, 577 (v. 6). ἔχοντες (divitiis abundantes) οὐδὲν εὐποροῦμεν τοῖς πέλας Alexid. 3, 446 (1, 4). τοῖς ἔχουσι μὴ φθόνει Dionys. 3, 555 (v. 5). mon. 43. τὸ *θεωρικὸν ἔχουσιν *ὑμῖν διανέμειν Theophil. 3, 631 (1). ὡς τῶν ἐχόντων πάντες ἄνθρωποι φίλοι mon. 558.

ἐκ τῶν λόγων ἅττ᾽-ἐπιθυμεῖς ἔχεις Plat. 2, 632 (6). ὁ διαφέρων λογισμῷ πάντ᾽ ἔχει Men. 4, 142 (2). τὸν πάλαι τηροῦντ᾽ ἐνεδρεύσας πάντ᾽ ἔχει Men. 4, 155 (6). οὐδὲν δ᾽ ἔχουσι πλεῖον Men. 4, 229 (4).

ἀποδοῦναι ὅσα ἔχομεν ἀλλήλων Archipp. 2, 719 (2). Μοῦσαι Ὀλύμπια δώματ᾽ ἔχουσαι Herm. 2, 407 (1). ὅς τόνδ᾽ ἔχεις τὸν σηκὸν anon. 4, 680 (101). οἴκημ᾽ ἔχων ἕκαστος Eup. 2, 442 (4). *κοπρῶν᾽ ἔχει ἐπὶ ταῖς θύραις ἕκαστος Eubul. 3, 230 (2). τὸν Δία τὸν κτήσιον ἔχοντα τὸ ταμιεῖον οὐ κεκλεισμένον Men. 4, 223 (2). κοινὸν τὸν ᾅδην ἔσχον οἱ πάντες βροτοί Men. 4, 233 (9). ἄλση-τίς πω τοιάδ᾽ ἔσχ᾽ ἄλλη *πόλις; anon. 4, 616 (49). ἀγρὸν ἔσχ᾽ ἐλάττω γῆν ἔχοντ᾽ ἐπιστολῆς- anon. 4, 652 (196). Αἰσχύλου φρόνημ᾽ ἔχων Telecl. 2, 366 (1). νοῦν ἔχειν Philonid. (?) 2, 425. ἢν νοῦν ἔχῃς. B. πῶς *ἢν ἔχω νοῦν; Plat. 2, 670 (3). ὅταν πίνειν δέῃ νοῦν ἔχειν Antiph. 3, 20 (1). τοὺς ἐρῶντας οὐχὶ νοῦν ἔχειν Antiph. 3, 150 (51) = Theoph. 3, 630 (1). τῶν μόνον ἐν τῷ μετώπῳ νοῦν ἔχειν εἰωθότων Amphid. 3, 316 (1). νοῦν πουλύποδος ἔχειν Alcae. 2, 824. σοφόν-τι-ἔχει τὸ γῆρας Antiph. 3, 129. οὐκ ἔχει φρένας Amphid. 3, 310 (3). διὰ τὸ νοεῖν-καὶ ψυχὴν ἔχειν Euphron. 4, 486 (v. 2). ὀρτυγίου ψυχὴν ἔχων Antiph. 3, 4 (3). ψυχὴν ἔχειν δεῖ πλουσίαν Antiph. 3, 154 (63) = Alexid. 3, 521 (41) = Men. 4, 273 (175). βλοσυράν γε τὴν ψυχὴν ἔχεις Nicostr. 3, 290 (9). ψυχὴν ἔχεις;- οὐκ οἶδ᾽, ὑπονοῶ δ᾽ *(ὧδ᾽) ἔχειν Cratin. min. 3, 378 (1). ῥίζας ἐχούσας *σκοροδομίμητον φύσιν Aristophan. 2, 945 (6). τίς οὖν τοσαύτην παῖς ἔχων ἔσται φύσιν; Alexid. 3, 493 (1). τὰ δ᾽ ἔργ᾽ ἔχουσι φαῦλα Philem. 4, 48 (40c). ὃν (i. e. τρόπον) οἱ δασεῖς ἔχουσι Baton. 4, 504 (1, 9). οἱ-τοὺς τρόπους ῥυπαροὺς ἔχοντες Philetaer. 3, 299. φιλέταιρον εἶχον *ἦθος Cratin. min. 3, 379 (1). τοὔνομ᾽ αὐτὸ τῆς πατρίδος ἐν τοῖς τρόποις ἔχεις, τὰ δ᾽ ἤθη τῶν πολιτῶν οὐκ ἔχεις Amphid. 3, 317 (1). τοῦτ᾽ αὔτ᾽ ἔχειν ὄνομα μετρητήν Phillyl. 2, 859. νόσος ὀνόματ᾽ ἔχουσα πολλά Antiph. 3, 57 (1). τὸ-κολακεύειν-*ἀρέσκειν ὄνομ᾽ ἔχει Anaxand. 3, 191. οὐ μάτην-δόξαν ἐν Δελφοῖς ἔχει Philem. 4, 55 (60). Λέσβος τάξιν ἑβδόμην λαχοῦσ᾽ ἔχει Alexid. 3, 517 (30). ἀκόλαστον ἔσχε γλῶσσαν Nicol. 4, 579 (v. 4). τὴν διάλεκτον ἀμνίου ἔχειν δοκεῖς Herm. 2, 381 (2). διάλεκτον ἔχοντα μέσην πόλεως Aristophan. 2, 1199 (98). ἡλικίαν ἔχεις ἀποχρῶσαν Aristophan. 2, 1149 (2). τελευτὴν οὐδεμίαν οὐδ᾽ ἀρχὴν ἔχει Herm. 2, 380 (1, 5). ἔχει τελευτὴν anon. (394) 5, 123. ὡς τάχιστ᾽ ἔχειν τέλος Alexid. 3, 447 (1, 16). ἔχοντα καιρὸν ὁμολογούμενον anon. 4, 697 (370). ἀναπνοὴν ἔχει "Ζεῦ σῶτερ" εἰπεῖν "ἀντέχου- Men. 4, 231 (7). ἔμμητρον *ἂν ᾖ τὸ ξύλον, βλάστην ἔχει Antiph. 3, 129. τὴν πάροδον ἵν᾽ ἔχῃς εὐνουστέραν Dionys. 3, 552 (1, 17). καὶ τοῦτο μὲν δὴ κἄστι συγγνώμην ἔχον Antiph. 3, 67 (1, 12). εἰ δίκαιος κἀσεβὴς ἕξουσιν ἕν Philem. (?) 4, 67 (1). μανίας κοινωνίαν ἔχει Alexid. 3, 522 (45). ἔστιν *αὐτοῖς ἃ διὰ τεττάρων ἔχει κοινωνίαν Damox. 4, 532 (v. 55). τὰ τῶν γερόντων στόματα διαφορὰν ἔχει Anaxipp. 4, 460 (v. 43). τίνα-ἔχει-διαφοράν | ὁ τῶν λείων τρόπος-; Baton. 4, 504 (1, 7). οὐ θνητὸς οὐδ᾽ ἀθάνατος, ἀλλ᾽ ἔχων τινά | σύγκρασιν Alexid. 3, 493 (1). ἅπανθ᾽ ὅσ᾽ ἄν τις καινότητ᾽ ἔχειν δοκῇ Anaxand. 3, 196 (3). ὃ μέγιστον ἡμῶν ἀγαθὸν ἔσχεν ἡ φύσις Crobyli 4, 566 (2). μόνον ἄν τις τοῦτ᾽ *ἔχῃ Antiph. 3, 156 (73). ἔχει γέ τι τοιοῦτον Alexid. 3, 496 (1, 15). τούτων ἔχει τι θάτερον Alexid. 3, 508 (10). τὰ πρῶτα πάσης τῆς ἀναιδείας ἔχει Men. 4, 273 (173) =

Diph. 4, 422 (17). ἔχει-τὰς ἐπιδείξεις δυσκόλους Men. 4, 115 (2). τοῦ λόγου τριβὴν ἔχοντι τούτου Damox. 4, 530 (v. 11). ὅσα περ ἔχειν τἀλλότρια τὸν δειπνοῦντα δεῖ Nicol. 4, 580 (v. 42). εἰ μὲν δή τινα-πόρον ἔχεις Men. 4, 266 (141). ὅ γ' οὐκ ἔχουσιν, ἀγνοοῦσι δέ, οὐδ' ἂν ἑτέρῳ δοίησαν Damox. 4, 532 (v. 66). πάντ' ἔχεις Aristophan. 2, 1005 (1, 7). οὐκ ἔχω τί λέξω Eup. 2, 466 (15). τῶν-πονηρῶν ἔτι λέγειν πολλὰς ἔχω Eubul. 3, 261 (2, 15). οὐκ ἔχοιμ' ἂν σοι φράσαι Alexid. 3, 484 (3, 7). οὐκ ἔσχε τοὺς ῥηθέντας ἀναθέσθαι λόγους Men. 4, 93 (2). εἰ μὴ λέγειν δ' ἔχουσι τούτους Men. 4, 229 (4). ὁπόθεν-καταφαγεῖν ἔχοι Eup. 2, 553 (10). ὅταν ἔχῃς ποθὲν τἀλλότρια δειπνεῖν Antiph. 3, 143 (23). συνακρατίσασθαι *πῶς ἔχεις μετ' ἐμοῦ; Antiph. 3, 144 (26). ἡδέως ζῆν τὸν βίον-ἐὰν ἔχῃ τις ὁπόθεν Philetaer. 3, 295 (2, 6). οὐκ ἔχοντες ἀγοράσαι | ὑπογάστριον Eriphi 3, 558 (3). ἵνα τοὺς δασύποδας-ἁλσὶ διαπάττειν ἔχῃς Alcae. 2, 829 (1). ληρεῖς ἔχων Cratin. 2, 125 (13). σὺ δὴ ληρεῖς ἔχων Eubul. 3, 254 (1, 6). ἔχ' ἀτρέμ', ἐγᾦδα Pher. 2, 257 (4). κολυμβῶν ὡς ἔχετ' εἰς τὸν Τάρταρον Pher. 2, 300 (1, 21). ἴωμεν ὥσπερ ἔχομεν Antiph. 3, 114 (1). πῶς ἔχεις; ὡς *ἰσχνὸς εἶ Anaxil. 3, 346 (3). πῶς ἔχομεν; Lysipp. 2, 744 (1). πρὸς ἀμυγδάλας-πῶς ἔχεις; Antiph. 3, 77. πῶς ἔχεις πρὸς κάραβον; Theophil. 3, 627. πῶς ἔχουσι πρὸς τὸ δεῖπνον Sosip. 4, 484 (v. 51). πρὸς ὄψιν μαλακῶς ἔχειν Herm. 2, 402 (1, 4). εὖ ἔχειν στόμα (i. e. εὐφημεῖν) Eup. 2, 575 (117). εὖ γ' οὖν ὡς γαμεῖν ἔχεις anon. 4, 673 (299). ἀνακῶς ἔχων (al. ἔχειν) Plat. 2, 687 (23). Εὐριπίδου †τ' ἄριστον (f. τἄρ' ἐστὶν) οὐ κακῶς ἔχον- Theop. 2, 806 (3). λόγος-ἀρχαῖος οὐ κακῶς ἔχων Eriphi 3, 556. ὀφθαλμιάσας-εἶτ' ἔσχον κακῶς Aristophan. 2, 996 (1). κακῶς *ἔχεις Alexid. 3, 449 (5). πολὺ μεῖζον-τοῦ κακῶς ἔχειν κακόν Philem. 4, 15. τὸν κακῶς ἔχοντα πῶς ἔχει λέγειν ib. καὶ τοῖς εὐλόγως καὶ τοῖς κακῶς ἔχουσι Men. 4, 81 (1). πρὸς τὸ πρᾶγμ' ἔχω κακῶς Men. 4, 164 (1). *εἶτι δυσκόλως ἔχει (int. τὸ γῆρας) Anaxand. 3, 196 (2, 7). ἐφ' ἅπασιν-δυσχερῶς ἔχει (f. ἔχων 5, 85) Amphid. 3, 316 (2). οὐκ ἀπαιδεύτως ἔχων Alexid. 3, 520 (35). ὅστις αὐτῆς ἐστιν ἐμπείρως ἔχων Antiph. 3, 4 (4). ἣν πᾶσιν ἐλθεῖν ἔστ' ἀναγκαίως ἔχον Antiph. 3, 29 (2). τοιαῦτα-ἀναγκαίως ἔχει πάσχειν anon. 4, 657 (216). τοῖς θεωμένοισιν ἀποχρώντως ἔχει Antiph. 3, 106 (v. 16). θερμότερον ἢ κραυρότερον ἢ μέσως ἔχον Eubul. 3, 205 (v. 1). ἡδέως ἔχων ἐμαυτοῦ Alexid. 3, 481. ταρίχους εὐπόρως ἔχουσα Timocl. 3, 600 (2). οὐκ εὖ σεαυτοῦ τυγχάνεις ἔχων Philem. 4, 4 (1, 11). ἔχεις *(ἐστυκότως) πως ib. πένεσθαι μᾶλλον ἡδέως ἔχω Philem. 4, 35 (7). ὅσοις πρᾴως ἔχει (Amor) Men. 4, 137 (1). τὰ τῆς θεοῦ πανταχῶς ἔχειν καλῶς Men. 4, 162 (2). μηδαμῶς. καλῶς ἔχει Clearchi 4, 563. εἰ δὲ πᾶν ἔχει καλῶς, τῷ παιγνίῳ δότε κρότον anon. 4, 694 (362). ἔχομαι: τῆς (l. τῆσδ' 5, 70) ὑπαντὰξ εἰχόμην Aristophan. 2, 1187 (50). ἄλλο μηδὲν ἐχόμενον Φιλυλλίου Stratt. 2, 776 (1). νόμων ἔχεσθαι mon. 380. χυλοὺς ἐχομένους δριμύτητος Anaxipp. 4, 460 (v. 46). †τὴν λοιπὴν ἔχει τῷ στεφάνῳ Cratin. 2, 226 (157). κρόκης πέντε στατῆρας εἶχε (f. ἦγε) Eup. 2, 529 (7, 4). καλῶς ἔχοιμι (f. ἔχει μοι 5, 77) Antiph. 3, 90 (3). †αὐτὸ δ' ἕκαστος ἔχων αὐτόν Eubul. 3, 255 (1, 27) cf. 5, 83. [ἐν τῇ χειρὶ τὴν ψυχὴν ἔχοντα Xenarch. 3, 617 (1, 20)]. †ἥ γ' εὔγνωστος εἶχέ με γυνή Men. 4, 189 (1, 6) cf. 5, 104. τύχην ἔχεις et εἰ δ' οὐκ ἔχεις Men. (?) 5, 109 (518). ἄχρηστα παντελῶς *τὰ σπαρτία (legeb. οὕτως ἔχει τὰ σπάρτα) Philippid. 4, 470 (1). Κέσχον †οὐκ ἔχειν (an οἰκεῖν?) anon. 4, 656 (214). adde Alexid. 3, 436.

ἑψανόν: Platon. (?) 2, 695 (70).

ἕψημα: τὸ-ἕψημά σου-ἔλαθον ἐκροφήσας Plat. 2, 666 (4).

ἑψητός: ἑψητὸν ἐν τεύτλοις ἕνα-ἑψόμενον Eubul. 3, 248. βεμβράδ', ἀφύην, ἑψητόν Nicostr. 3, 283. ἑψητὸν δὲ μετὰ ταύτας τινά Sotad. 3, 585 (1, 18). ἑψητὸν ἀγοράζειν τινά Posidipp. 4, 515 (2). ἑψητοί τινες δαιδάλεοι Alexid. 3, 392 (3). οὐδ' οἷον ἑψητῶν τινῶν (int. πεῖραν λαμβάνεις) ib. (4). ἑψητοί τινες Eup. 2, 430 (6). αἴσι (f. αἷς) μέλουσιν ἑψητοί ib. (8). ἑψητῶν λοπάς Aristophan. 2, 962 (8). λοπάδος ἑψητῶν Aristophan. 2, 1059 (2). παιδίον-ἑψητοὺς φέρον Men. 4, 188 (6). τοὺς ἑψητοὺς καὶ τοὺς πέρδικας ἐκείνους Nicoph. 2, 853 (4). καταπέπωκεν *ἐντυχὼν ἑψητός (f. Ἑψητός) Archipp. 2, 721 (8).

ἕψω: τῶν ῥαφάνων ἕψειν χρή Cratet. 2, 239 (3). ῥαφάνους ἕψουσι λιπαράς Antiph. 3, 101 (5, 6). ἕψειν ἐλαίῳ ῥάφανον ἠγλαϊσμένην Eubul. 3, 268 (15ᵃ)=Ephipp. 3, 325 (2, 6). τοὺς τὴν ῥάφανον πωλοῦντας ἕψειν Μεγαρέων Apollod. Car. 4, 442 (v. 23). ἧψε χύτραν ῥαφάνων Alcaei. 2, 831 (3). ἀδράφαξυν ἕψουσ' Pher. 2, 285 (10). *ἕψουσαν αὐτὴν καταλαβὼν γηθυλλίδας Eubul. 3, 247 (2). λέκιθον ἕψουσ' ἢ φακῆν Pher. 2, 268 (4). ὅταν φακῆν ἕψητε μὴ 'πιχεῖν μύρον Stratt. 2, 780 (1). φακῆν *ἕψειν Antiph. 3, 95 (2). ἑψήσω φακῆν Men. 4, 145 (1). πτισάνην διδάσκεις ἕψειν (vulg. ἑψεῖν) ἢ φακῆν; Aristophan. 2, 1008 (7). εἰς αὔριον ἑψήσομεν βαλάνιον Nicoch. 2, 846 (1). ἥψησ' ἔτνος Aristophan. 2, 1118 (1). τὰς χύτρας, ἐν *αἷσιν ἧψες (legeb. αἷς συνῆψας) τοὺς κυάμους Timocl. 3, 606. χόνδρον ἕψων (vulg. ἑψῶν) Aristophan. 2, 1029 (10). χόνδρον ἕψει καὶ φέρει μετὰ τὸ τάριχος Men. 4, 222 (1). πολφοὺς δ' οὐχ ἧψον ὁμοῦ βολβοῖς Aristophan. 2, 1184 (33). ἐν χύτρᾳ-ὕδωρ ἕψοντα Antiph. 3, 97 (2). μύρον-οἷον οὐ Μέγαλλος ἥψησεν Stratt. 2, 775 (1). ἥδιστον ἕψειν κρέας Aristophan. 2, 1127 (2). ἐν ᾗ τὰ κρεάδι' *ἧψες ἐζωμευμένα Aristophan. 2, 1185 (36). οὐδ' ἧψεν κρέα, | οὐδ' ἐγκέφαλον Antiph. 3, 144 (27). ἕψοντα (int. carnem)-οὐ πεποίηκεν αὐτῶν οὐδένα (Homerus) Eubul. 3, 262 (2). ἀκροκώλια | ἥψησα ταχερά Aristophan. 2, 945 (5). ἀκροκώλι' *ἕψειν (vulg. ἑψεῖν) Anaxil. 3, 346. ἧψε πνικτόν *τι ὄψον δελφάκειον Alexid. 3, 439 (5). οὐκοῦν τὸ γλαυκίδιον ἕψειν ἐν ἅλμῃ Antiph. 3, 130. ὅταν βασιλεὺς ἕψῃ τὸν μέγαν ἰχθύν Ephipp. 3, 323 (1, 9). πότερον-τὴν βατίδα τεμάχη κατατεμὼν ἕψω; Ephipp. 3, 338 (1). Νηρεὺς-γόγγρον ἧψε τοῖς θεοῖς Euphron. 4, 486 (v. 6). ἕψων ποιῶ μυελόν Alexid. 3, 470 (1, 9). σκευάσαι μὲν ἢ τεμεῖν ἡδύσμαθ' ἑψῆσαί τε Dionys. 3, 548 (v. 16). ὤπτησα τὰ μέσα, τὴν δὲ λοιπὴν γρυμέαν ἕψω Sotad. 3, 585 (1, 4). ἕψε, καὶ γεύου πυκνά Machon. 4, 497 (v. 6). τάριχος ἐλεφάντινον ἧψε-χελώνη Cratet. 2, 244 (1). φρύξας, ἑψήσας *κἀπ' ἀνθρακιᾶς ὀπτήσας (homines) Cratin. 2, 95 (5). σφονδυλὸν ἐν χύτραισι-ἑψόμενον Aristophan. 2, 1198 (92). χλιαίνετ', αἴρεθ', ἕψεται (int. ἔγχελυς) Antiph. 3, 125 (1, 4). ἑψητὸν διὰ δωδεκάτης ἑψόμενον ἡμέρας Eubul. 3, 248. τὴν κόμην ἡψήσατο anon. 4, 680 (312).

ἐῶ: cf. ἐλῶ. σκώληκας τούτους *δ' ἔμ' (f. μ') ἔασον καταγαγεῖν Epigen. 3, 540. ἐᾶν ἀπολαύειν τοῦτον-τὸν βίον Diph. 4, 388 (1, 6). ἔα μ' ἀπολέσθαι anon. 4, 670 (290). μηκέτ'-ἐάσατ' ἄρχειν μειράκια Eup. 2, 464 (13). τοὺς ἀτίμους οὐκ ἐᾷ | -ὁ νόμος ἄρχειν Alexid. 3, 519 (34). ἐγὼ-ὧν *γ' ὁ θεὸς οὐκ εἴασα τὴν | ὀσφὺν ἂν ἐπιθεῖναί ποτε Men. 4, 161 (1). ὦ Ζεῦ, τί ποθ'-πλέκειν ἀλύπως τοῦτον (i. e. χρόνον) ἡμᾶς οὐκ ἐᾷς; Euphron. 4, 490 (2). οὐδ' ἐᾷ (mulier) ζῆν τὸν λαβόνθ' ὡς βούλετ' Men. 4, 164 (1). ἀγεννῶς οὐκ ἐῶ παίζειν Plat. 2, 630 (1, 6). Χῖος-Κῷον οὐκ ἐᾷ λέγειν Stratt. 2, 771 (3). οἶνον-πίνειν οὐκ ἐάσω Πράμνιον Aristophan. 2, 1076 (1). οὔκουν μ' ἐάσεις ἀναμετρήσασθαι;

Aristophan. 2, 1198 (51). αὐτοὺς ποιοῦντας πάνθ' ὅσ' οὐκ εἴων τότε Philem. 4, 24 (1). οὐ δείξας σαφῶς-ἐάσας δ' ὑπονοεῖν Alexid. 3, 520 (35). ἐάσαθ' οὕτως *ὡς ἔχει Philem. min. 4, 68 (1). παραδοὺς τοῖς Λεσβίοις χαίρειν ἐᾷ Stratt. 2, 778 (1). ἐῶ βοᾶν Diph. 4, 395 (2, 32). τοὺς σπόγγους ἐᾶν Aristophan. 2, 965 (19). ἐάσας τἄλλα γάρ | ἐρήσομαί σε τοῦτο Antiph. 3, 117 (2, 7). ὅστις μὴ τῷ βίῳ ζητεῖ τι τερπνὸν προσφέρειν, τὰ δ' ἄλλ' ἐᾷ Amphid. 3, 309 (2). ἄ-εἴασε κοὐκ ἐχρήσατο Men. 4, 270 (158).

ἐωθας Arar. 3, 277 (2). ἐωθώς Archipp. 2, 729 (10).

ἕωθεν: δρόσον βάλλων ἕωθεν (f. ἄνωθεν)-ταγηνίας Cratin. 2, 90 (8). ἕωθεν ἀποπατοῦντ'-εὑρών Cratin. 2, 48 (8). ἕωθεν εὐθὺς ἡλίου μετρεῖν ἀνέχοντος Eubul. 3, 261 (1, 8). τηρεῖν ἕωθεν εὐθὺς ἐν τοῖς ἰχθύσιν Alexid. 3, 414 (1). τρύβλιον τούτῳ δότε πτισάνης ἕωθεν Alexid. 3, 448 (2). ἕωθεν περιάγεις τὴν λήκυθον Baton. 4, 500 (1).

ἑωθινός: πότους ἑωθινοὺς πίνει Baton. 4, 502 (v. 8). περιέρρων ἐξ ἑωθινοῦ Pher. 2, 295 (18). *εὐθὺς ἐξ ἑωθινοῦ ἕστηκεν Alexid. 3, 501.

ἕωλος: ἕωλοι κείμενοι (pisces) δύ' ἡμέρας ἢ τρεῖς Antiph. 3, 87 (v. 6). αὔριον ἕωλον τοῦτ' ἔχων (int. τέμαχος) Axionici 3, 534 (1, 15). ἀποκεῖσθαι-ἕωλον ἔνδον ἀργύριον Philetaer. 3, 295 (2, 10). τῶν γάμων κρείττω-τὴν ἕωλον ἡμέραν Axionici 3, 535 (2).

ἕως: πρὸς ἕω-ἴστω Cratin. 2, 150 (7).

ἕως: ἕως νεαλὴς ἐστιν Aristophan. 2, 1190 (10). χαίρωμεν, ἕως ἔνεστι τὴν ψυχὴν τρέφειν *Alexid. 3, 394 (v. 5). διήγετε πολὺν χρόνον; Β. τὸν πάνθ' ἕως ἦν ὁ πόλεμος Antiph. 3, 116 (2). οὐκ ἀνῆχ' ἕως-ἀποδέδειχα κόσκινον Alexid. 3, 506 (1, 13). ἐσθίει καθήμενος ἕως ἂν-ἀποδείξῃ κενόν Anaxil. 3, 358 (1). ἕως ἂν ἐφεύρῃς Cratin. 2, 94 (3). παίζειν, ἕως ἂν-τὸ δεῖπνον-σκευάσω,-βούλομαι Plat. 2, 630 (1, 1). ἕως ἂν *πρᾶσιν εὕρωμεν μένειν Aristophan. 2, 1172 (2). τὰ δ' ἄλλ' ἀπιστῶ πάνθ' ἕως ἂν ἀποθάνῃ Antiph. 3, 151 (54). καὶ τοῦτ' ἔστι σόν, ἕως ἂν ἔνδον ὦμεν· ὅταν ἔξω δ' ἐμόν Dionys. 3, 552 (1, 11). ὥσπερ λύραν *ἐπίτειν' ἕως ἂν ἁρμόσῃ Machon. 4, 497 (v. 9). ἕως μέν τινος ἀνεκείμην Diph. 4, 427 (41).

Ζ.

ζάγρα et ζάγριον (f. ζατρεῖον) Timostr. 4, 595.

ζάκορος: οὐ Μεγάβυζος ἦν, ὅστις γένοιτο ζάκορος Men. 4, 105 (3). ἐπίθες τὸ πῦρ ἡ ζάκορος Men. 4, 160 (4).

ζάψ: καρίδας ἡ ζὰψ ἐκφέρει Cratin. min. 3, 379 (2).

ζειά: ζειάς, αἴρας, σεμίδαλιν Aristophan. 2, 1122 (15). ζείας αἴρας ἀκεάνους Pher. 2, 345 (17). cf. 5, 29.

ζευγάριον *βοεικόν Aristophan. 2, 987 (8). ζευγάριον οἰκεῖον βοεῖν Aristophan. 2, 1108 (1, 4).

ζεύγνυμι: ζευχθεὶς γάμοισιν mon. 197.

ζεῦγος: πωλικὸν ζεῦγος βοῶν Alcae. 2, 828 (1). βοιδαρίων ζεῦγος Aristophan. 2, 982 (27). τῶν ταῶν-ζεῦγος μόνον Antiph. 3, 117 (3). ζεῦγος *τρίδουλον Aristophan. 2, 1174 (11). ὅπως-τὴν νύμφην-μετέωρον ἐπὶ τὸ ζεῦγος *ἀναθήσεις φέρων Arar. 3, 276 (2). ζεύγη, καμήλους, στρώματ' Antiph. 3, 131 (1, 3). τοὺς δ' ἅλας αὐτῷ ζεύγη προσάγειν-ἑκατόν Ephipp. 3, 328 (1, 14).

Ζεύς: ἡ Διὸς Κρήτη τροφός Alexid. 3, 517 (30). τὰ κάτω κρείττω 'στὶν ὧν ὁ Ζεὺς ἔχει Aristophan. 2, 1147 (1, 3). κάτω βαδίζει, τὸ δὲ κενὸν πρὸς τὸν *Δία* ib. 1148 (1, 5). ὁ *Ζεὺς* *διδωμι Παλλάς, φησί, τοὔνομα Herm. 2, 382 (6). *μὰ τὸν Δία τὸν Ὀλύμπιον καὶ τὴν Ἀθηνᾶν* Alexid. 3, 429 (2). Men. 4, 189 (1, 13). *ὀμνύω σοι τὸν Δία τὸν Ὀλύμπιον καὶ τὴν Ἀθηνᾶν* Men. 4, 248 (46). *Παλλάδα-παῖδα Διὸς μεγάλου* Phryn. 5, 42 *Διὸς μεγάλου θᾶκος* (al. *θᾶκοι*) Cratin. 2, 18. *νὴ τὸν Δία τὸν μέγιστον* Timocl. 3, 607. Philem. 4, 36 (9). Men. 4, 220 (4). *ὦ Ζεῦ πολυτίμητ'* Pher. 2, 285 (8). Aristophan. 2, 1078 (4). Eubul. 3, 260 (2, 5). Men. 4, 175 (5). 327 (450). *ὦ Ζεῦ,-ὡς καλόν* Aristophan. 2, 972 (1). *ὦ Ζεῦ τίς ποτε-σε* *κατέδεται ἄρα-;* Antiph. 3, 12 (1, 6). *στέφανον πολυποίκιλον-χαριέστατον, ὦ Ζεῦ* Eubul. 3, 252 (3). *ὡς τακερόν, ὦ Ζεῦ, καὶ μαλακὸν τὸ βλέμμ' ἔχει* Philetaer. 3, 293. *ὦ Ζεῦ, καλόν γ'* *ἔστ' ἀποθανεῖν αὐλούμενον* Philetaer. 3, 299. *δημοτικὸν ὁ Ζεῦ πρᾶγμα καὶ σωτήριον* Philem. 4, 4 (1). *ὦ Ζεῦ, τί ποθ'-πλέκειν ἀλύπως τοῦτον* (i. e. *χρόνον*) *ἡμᾶς οὐκ ἐᾷς;* Euphron. 4, 490 (2). *ὦ Ζεῦ γενέσθαι τῆσδέ μ' ἐξάντην νόσου* anon. 4, 623 (72). *ὦ Ζεῦ* men. 637. *ὦ φίλε Ζεῦ* Eup. 2, 541 (13). *ὦ Ζεῦ φίλτατε,* | *τῆς ἐπαφροδίτου-θεοῦ* Philem. 4, 22 (v. 7). *ὦ Ζεῦ σῶτερ* Philem. 4, 27 (v. 21). Men. 4, 228 (3). *Ζεῦ σῶτερ-ἀντέχου τῶν σχοινίων* Men. 4, 232 (7). *Διὸς σωτῆρος ἄκατον* Antiph. 3, 5 (5). *μετανιπτρίδα μεστὴν Διὸς σωτῆρος* Diph. 4, 409 (1). *μάλ' ἀνδρικὴν τῶν θηρικλείων-εἷλκον Διὸς σωτῆρος* Eubul. 3, 231 (1). *Διὸς σωτῆρος-θηρίκλειον ὄργανον* Antiph. 3, 95 (1). *ἔγχεον-Διός-τήνδε σωτῆρος* Alexid. 3, 489 (3). *ὁ Ζεὺς ὁ σωτὴρ-οὐδὲν* *μ' ὀνήσει* ib. *ἔνδεκα* (int. *γράμματα*) *χρυσᾶ Διὸς σωτῆρος* Alexid. 3, 510 (12). *λαβεῖν-Διὸς σωτῆρος* Eriphi 3, 558 (4). *ἡ τοῦ-σωτῆρος Διός* (int. *φιάλη*) Xenarch. 3, 616 (1). *ἐμνήσθην Διὸς σωτῆρος* Diph. 4, 395 (2, 24). *μαρτύρομαι τὸν φίλιον-Δία* Men. 4, 65 (6). cf. *φίλιος*. *τὸ-παρασιτεῖν εὗρεν ὁ Ζεὺς ὁ φίλιος* Diod. 3, 543 (v. 5). *ἀπέρχομ' οἴκαδ' ὥσπερ ὁ Ζεὺς ὁ φίλιος* ib. 544 (v. 20). *ἐποίησεν ὁ Ζεὺς καπνοδόκην* Pher. 2, 325 (2). *Καπαῖον Δία* *Antiph. 3, 58 (3). *ταῦτα-Διὸς ἑταιρείου* Diph. 4, 384 (1). *Ζηνὸς ἑρκείου χύτρας* Aristophan. 2, 1048 (4). *Ζεὺς ἔστι μοι ἑρκεῖος, ἔστι φράτριος* Cratin. min. 3, 377. *τὸν Δία τὸν κτήσιον* Men. 4, 223 (2). *τὴν ἀσπίδ' εἰς τὴν τοῦ Διὸς στοὰν ἀνέθηκαν* Men. 4, 225 (1). cf. *Ἐλευθέριος Ζεύς* 4, 315 (411). *Καππαρίου Διός* Polyz. 2, 869 (1). *Ἀήρ, ὃν ἄν τις ὀνομάσειε καὶ Δία* [Plat. (?) 2, 698. cf. 4, 875] Philem. 4, 31 (2). *πῶς ἐπινεφεῖ τὸ πρῶτον ὁ Ζεὺς ἡσυχῆ-* Alexid. 3, 397 (2). *τὸν Δία* | *ὕοντα* *πολλῷ* Men. 4, 299 (306). *τὸν Δία-πῶς ὕοντα;* anon. 4, 672 (295b). *ὁ Ζεὺς ὀστρακίνοισιν ὕσει* Cratin. 2, 92 (11). *ὁ Ζεὺς ὕων οἴνῳ* Pher. 2, 316 (1, 6).

Ἔρωτος οὐδὲν ἰσχύει πλέον, οὐδ' αὐτὸς-Ζεύς Men. 4, 128 (1). *παιδέρως Ζεύς* Telecl. 2, 378 (26b). de love sub Dianae specie Callistonem comprimente Amphid. 3, 320 (11). *Λητοῦς Διός τε-παρθένε* Diph. 4, 388. *ὦ παῖ Ζηνός* Stratt. 2, 778 (1). *Διὸς πεφυκὼς-Τάνταλος* Nicol. 4, 579 (2). *πόλεων-ὁπόσας ὁ Ζεὺς ἀναφαίνει* anon. 4, 604 (15). *τὰς Διὸς βαλάνους* Herm. 2, 408 (1, 20). *κόγχαι, χυλός,* | *Διὸς ἐγκέφαλος* Ephipp. 3, 330 (2). *τοῦ Διὸς τὸ σάνδαλον* Eup. 2, 545 (20). *Διὸς Κόρινθος* Aristophan. 2, 1156 (28). *Εὐρύβατον Δία* Aristophan. 2, 1015 (1). *Διὶ Συκασίῳ* anon. 4, 634 (120). *Διὸς νόμον* Epicrat. 3, 365 (1, 3). *τῷ Διὶ* | *διακονῶ* Anaxand. 3, 198 (7). *Μενεκράτης ἔφασκεν εἶναι Ζεὺς θεός* Ephipp. 3, 337 (2). *ὁ σχινοκέφαλος Ζεύς* (Pericles) Cratin. 2, 61 (1). *ὦ Ζεῦ ξένιε καὶ μακάριε* (*καραιέ?*) Cratin. 2, 85 (10). *ὁ Ζεὺς-ξυνέπλαττε-τὴν ἔνθεσιν* Herm. 2, 399 (4). de formulis *μὰ τὸν Δία, μὰ Δία, ναὶ μὰ τὸν Δία, νὴ μὰ Δί', νὴ τὸν Δία, νὴ Δία* sim. vide s. v. *μά, ναί, νή*. *νὴ Δί* fort. anon. 4, 685 (390) cf. 5, 121. ἐκλέγει-τὰς πολιὰς †τοῦ Διός (f. τουδὶ 5, 65) Aristophan. 2, 1120 (11).

ζέω: κατασκεδῶ-τὴν μεγίστην ἀρύταιναν-ζέοντος ὕδατος Antiph. 3, 11. ζέοντες ἀλλάντων τόμοι Pher. 2, 299 (1, 8). ψυχρά σοι-παραθῶ; B. μηδαμῶς. A. ζέοντα δέ; Alexid. 3, 464 (2, 5). τὰ τήγανα σίζοντα (al. ζέοντα)-μολύνεται Telecl. 2, 365 (1) cf. 5, 30. Καρύστου θρέμμα, γηγενής, ζέων Antiph. 3, 99 (1). καταπιεῖν ἐκ ζεόντων λοπαδίων ἄθρους τεμαχίτας Eubul. 3, 207. μεστὴν ζέουσαν λοπάδα Νηρείων τέκνων Euphron. 4, 491. ἡ πρώτη λοπὰς ζεῖ ταῖς ἐφεξῆς οὐχὶ συμφώνως Damox. 4, 531 (v. 51). κύλικα-*κεραννύει-ἀφρῷ ζέουσαν Theophil. 3, 627. ἐὰν ποιήσῃς τὴν χολὴν-ὥσπερ καλλιωνύμου ζέσαι Anaxipp. 4, 463. τὸν γαλεόν; B. ἐν ὑποτρίμματι | *ζέσαι Antiph. 3, 130. *τακερὰ ποιήσας-καὶ ζέσας σφόδρα Dionys. 3, 551 (1, 7).

Ζῆθος: Ζῆθον-ἁγνὸν ἐς Θήβης πέδον | οἰκεῖν κελεύει Eubul. 3, 208 (2).

ζῆλος: ἐκ τῶν ὄχλων-ζῆλος Men. 4, 207 (1). ζῆλος γυναικός mon. 195.

ζηλότυπος: ἀλάστωρ-καὶ ζηλότυπος ἄνθρωπος Men. 4, 186 (5).

ζηλοτυπῶ: †μὴ ζηλοτυπήσῃς τὸν συμβαίνοντα Eup. 2, 480.

ζηλῶ: ζήλου τὸν ἐσθλὸν ἄνδρα mon. 192. οὐπώποτ' ἐζήλωσα πλουτοῦντα σφόδρα | ἄνθρωπον Antiph. 3, 153 (61ᵃ) = Men. 4, 256 (81). οὐπώποτ' ἐζήλωσα πολυτελῆ νεκρόν Men. 4, 187 (2) = mon. 411. τοιαύτης παντελῶς καχεξίας-παρὰ πᾶσιν ἐζηλωμένης Nicol. 4, 579 (v. 13). αἵρεσιν τίνα *ζηλοῖς; Nicol. 4, 579 (v. 21).

ζημία: θάνατός ἐσθ' ἡ ζημία Cratet. (Antiph.?) 2, 247 (1). τὸ προῖκ' ἀποθανεῖν ἐστι φανερὰ ζημία Antiph. 3, 150 (48). τούτων *ἀνελεῖν (?) τὴν ζημίαν Men. 4, 161 (1). γλώσσῃ ματαίᾳ ζημία προστρίβεται mon. 111. κέρδος πονηρὸν ζημίαν-φέρει mon. 301. τὰ μικρὰ κέρδη ζημίας μεγάλας φέρει mon. 496. ζημίαν πρᾴως φέρειν mon. 739. ὃς ἂν δὲ μὴ πίθηται, ἐπέβαλον ζημίαν Diph. 4, 389 (1, 9). ὡς αὐτὸν ὄντ'-σωτῆρα, τοὺς ἄλλους δὲ πάντας ζημίαν Alexid. 3, 407 (1).

ζημιῶ: ἔπειτα τοῦτο ζημιοῖς με; Antiph. 3, 41 (2, 9). ζημιώσασθαι v. ζυμήσασθαι.

Ζήνων: Ζήνωνος ἐγκρατέστερον Posidipp. 4, 518 (1). adde Philem. 4, 29.

ζητητής: de Andocide Plat. 2, 658 (5).

ζητρεῖον: cf. ζάγριον. εἰς ζητρεῖον ἐμπεσών Eup. 2, 563 (46). τὴν-οἰκίαν ζήτρειον ἢ κακὸν μέγα Theop. 2, 816 (1).

ζητῶ: ζητῶ περιέρρων αὐτόν Pher. 2, 295 (18). γυναῖκα-ζητοῦντες-ἥκομεν Aristophan. 2, 1132 (1). δεῖ *περιόντα πέπερι καὶ καρπὸν βλίτου ζητεῖν Antiph. 3, 141 (17). πάλιν ζητοῦσι τὴν αὐτὴν φάτνην Eubul. 3, 270 (17). λυχνεῖον ἐζητοῦμεν Diph. 4, 376 (2). χορδῆς ὀβελίσκους ἡμέρας ζητουμένους Euphron. 4, 487 (v. 32). τοὺς τὸν φρόνιμον ζητοῦντας ὥσπερ ἀποδεδρακότα Baton. 4, 499 (1, 4). cf. ib. 502 (v. 14). τὴν κεφαλὴν (int. γλαυκίσκου) ζητοῦσιν ὥσπερ πράγματος Baton. 4, 502 (v. 18). ἐγὼ 'ζήτουν τὴν ἁρμογήν Eup. 2, 432 (13). ἔτι κυπτόντων καὶ ζητούντων τῶν μειρακίων Epicrat. 3, 371 (1, 24). θάτερον ζητῶ γένος Alexid. 3, 433 (1, 3). ζητοῦντα τὰ κατὰ τὴν τέχνην Anaxipp. 4, 460 (v. 25). ζητῶν κατὰ μέρη τὴν τέχνην ἐξήτακα Hegesipp. 4, 479 (v. 8). ἅπανθ' ὁ τοῦ ζητοῦντος εὑρίσκει *πόνος anon. 4, 689 (343ᵇ). τὸν πόνον, ὃς πρόσεστι τοῖς ζητουμένοις Philem. 4, 13. πάντα τὰ ζητούμεν' ἐξευρίσκεται Alexid. 3, 397 (1). πάντα τὰ ζητούμενα δεῖσθαι μερίμνης Men. 4, 124 (4). ἔρχεται τἀληθὲς εἰς φῶς ἐνίοτ' οὐ ζητούμενον Men. 4, 198 (3). οἱ φιλόσοφοι ζητοῦσιν-*τί ἐστιν ἀγαθόν (f. τί τἀγαθόν ἐστι) Philem. 4, 22. ὅ τι ποτ' ἐστὶ τἀγαθόν, ὅ διὰ τέλο ζητοῦσιν Hegesipp. 4, 481. οἱ δ' ἐν τῇ στοᾷ ζητοῦσι συνεχῶς (bonum Damox. 4, 532 (v. 65). ζητῶν πρὸς ἐμαυτὸν τί ταχέως ἀπολλύει Men. 4, 231 (7). θεὸν νόμιζε-ζήτει δὲ μή· πλεῖον γὰρ οὐδὲν ἄλλο τοῦ ζη- τεῖν ἔχεις Philem. 4, 43 (26). χρηστὸν ἄνθρωπον-ἐάν τις ἕνα μόνο ζητῶν ἴδῃ Antiph. 3, 118 (3, 3). κἂν ζητῶ τινα, | αὐτόματος οὗτος πε- ρίεσται Men. 4, 246 (39). οὐκ ἐκ πότων ζητοῦμεν ᾧ πιστεύσομεν τ. τοῦ βίου Men. 4, 240 (24). ζήτει *σεαυτῷ σύμμαχον mon. 188 cf. ζή τει γυναῖκα σύμμαχον mon. 190. *ζητεῖν ἀληθὲς φάρμακον τούτου ἰδεῖ Men. 4, 100 (1). ἂν-ἃ-οὐκ ἔχομεν ζητῶμεν Philem. 4, 49 (41 ἐπὰν-ζητῇ τι κρεῖττον ὧν ἔχει, ζητεῖ κακά Men. 4, 272 (171). γνώσ οὐ ζητεῖ φαγεῖν ἕκαστος ὑμῶν Anaxipp. 4, 460 (v. 48). ὁ-ἀδίκως καθ' ἑτέρου ζητῶν κακόν Men. 4, 288 (147). λαθεῖν ζητῶν τι Antiph. 3, 151 (57). ἅπασι τοῖς ζητοῦσί σε ψέγειν Antiph. 3, 155 (70). ὅσ δὲ-μὴ τῷ βίῳ ζητεῖ τι τερπνὸν προσφέρειν Amphid. 3, 309 (2). μη σὺ ζήτει *[τι] πυθέσθαι anon. 4, 656 (212). ζήτει *σεαυτῷ καταλιπεῖ εὐδοξίαν mon. 187. ζήτει συναγαγεῖν ἐκ δικαίων τὸν βίον mon. 196 †τῶν γὰρ πλεόντων ζητεῖν Antiph. 3, 52 (1) cf. p. 53.

ζιγγοῦν (al. ζιγοῦν): Nicostr. 3, 290 (10).

ζμινύη: ἱμάντα μοι δὸς καὶ ζμινύην Aristophan. 2, 1118 (2).

ζυγομαχῶ: τῇ σαυτοῦ ζυγομάχει μαλακίᾳ Men. 4, 126 (1). πρὸς τὴν τύχην-ζυγομαχεῖν Men. 4, 264 (127). Φιλάμμων ζυγομαχῶν τῷ *Κο- ρύκῳ anon. 4, 603 (10) cf. 5, 118.

ζυγόν: πηδᾷ-πῶλος ὡς ἀπὸ ζυγοῦ Eubul. 3, 242 (1, 6). ἀμνημον ταῦρος ἀργήσας ζυγοῦ Men. 4, 266 (140). ζυγὰ τοῦ χοροῦ ex Cratin. 2, 114 (5). Ζωπύρου τάλαντα καὶ ζυγά Cratin. 2, 115 (12). Cf. ζυγός.

ζυγοποιός: ζυγοποιῶν χρεία Pher. 2, 315 (1, 1).

ζυγός: ἑλκύσαι σε τὸν *ζυγόν (legeb. σφυγμόν) Aristophan. 2, 1081 (1 ῥοπή 'στιν-ὁ βίος, ὥσπερ ὁ ζυγός mon. 465.

†ζυμήσασθαι (f. ζημιώσασθαι) Aristophan. 2, 1106 (5).

†ζυμιταμιάδου vide ζυμίτας.

ζυμίτας: ἀποπυρίαν ἔχω †ζυμιταμιάδου (f. ζυμίταν μὰ Δί' οὔ)- Cratin. 2, 74 (3).

ζυμῶ: ζυμουμένη (int. olla)-λήψεται διεξόδους σομφάς Alexid. 3, 440 (5, 8).

ζῶ: ὁ νόθος δέ μοι ζῇ; Eup. 2, 461 (9). εὔχει τ' ἀεί με ζῆν; Alexid. 3, 476 (1). τοὺς ἤδη νεκρούς-ποιῶ ζῆν πάλιν Philem. 4, 27 (v. 26). ἅπανθ' ὅσα ζῇ καὶ τὸν ἥλιον βλέπει Men. 4, 266 (139). τοὺς γλιχο- μένους-ζῆν Antiph. 3, 47 (2). ζῆν βουλόμενος μὴ πρᾶττε θανάτου ἄξια mon. 194. ζῆν οὐκ ἔδει γυναῖκα mon. 198. ζῆν δ' ἔστι μοι τάλαινα ὑπεριδόντι; anon. 4, 668 (282). στενὸν ζῶμεν χρόνον Men. 4, 194 (10). δοὺς χρόνον τοῦ ζῆν βραχύν Euphron. 4, 490 (2). εἰς τὸ ζῆν ὅλον Philem. 4, 10 (1). δεῖ τοὺς πενομένους †μέχρι ἂν ζῶσιν πονεῖ Men. 4, 258 (93). λέγεις μάγειρον ζῶντα; Antiph. 3, 125 (1, 8). ὃν ἐγὼ ζῶντα περιπατοῦντά τε κατέλιπον Antiph. 3, 130. ἀλλ' ἔχαιρε καὶ ζῶν τοῖς τοιούτοις Alexid. 3, 384 (3). *κεἰ σφόδρα ζῶν ἐχθρὸς ἦν τι γίγνεται φίλος τότε Dionys. 3, 555 (2). μετὰ ζώντων τεθνηκὼς περι- πατεῖ Timocl. 3, 612 (2). ἐμοὶ γένοιτο σοῦ ζώσης- Xenarch. 3, 620 (2). †ζῶν-ἀσκοῦ σαυτῷ στεφάνων καὶ μύρα Philem. 4, 58 (80). οὐδ' ἔστιν εἰπεῖν ζῶντα ταῦτ' οὐ πείσομαι Men. 4, 176 (2). πολλὰ ποικίλ- λει χρόνος παράδοξα-καὶ ζώντων τρόποι Men. 4, 247 (42). καὶ ζῶν καὶ θανὼν κολάζεται mon. 294. ζῶν ἔχειν τι βούλομαι Laon 4, 574. μικροῦ βιότου ζῶντ' ἐπαυρέσθαι χρεών anon. 4, 607 (20b). τοῦτον τὸν βίον-ζῶν διευτύχησιν ἂν anon. 4, 669 (287). ἀρνὸς πίονος οὐ ζῶντος Alexid. 3, 396 (1, 6). καὶ ζῶντ' ἐστὶ καὶ τεθνηκότα *τὰν τῇ θαλάττῃ πολέμι' ἡμῖν θηρία Alexid. 3, 413. οἷος ἦν ζῶν (piscis), *καὶ πτὸς ὢν τοιοῦτος ἦν Philem. 4, 26 (v. 7). ἀποδημίας-τυγχάνειν ἡμᾶς ἀεὶ | τοὺς ζῶντας Alexid. 3, 484 (3, 11). τοῖς ζῶσι-ἕτερον (?) ἀνοσιώτατον φθόνος Timocl. 3, 611. τέθνηκε πᾶς ὁ τῶν ζώντων βίος Philem. 4, 22 (v. 12). τὸν ζῶντ' ἀνάγκη πόλλ' ἔχειν ἐστὶν κακά Philem. 4, 50 (45). ὅπου γ' οἱ (f. χοἱ 5, 102) ζῶντες ἔχομεν οὐδὲ ἓν Men. 4, 117 (3). δυσχερῆ πόλλ' ἔχεις τοῖς ζῶσι καὶ λυπηρά Men. 4, 241 (26). τοιοῦτο τὸ ζῆν ἐστιν ὥσπερ οἱ κύβοι Alexid. 3, 399 (2). τὸ καλούμενον ζῆν τοῦτο Alexid. 3, 484 (3, 4). τῷ ζῆν πολεμιώτατον κακόν Alexid. 3, 520 (36). *τί ζῆν ὄφελος ᾧ μή 'στι τὸ ζῆν εἰδέναι; Philem. 4, 49 (42). τὸ ζῆν τὸ σαυτοῦ *στεφάνοις παρηγόρει Philem. 4, 58 (79). πολλῶν μεστόν ἐστι τὸ ζῆν φροντίδων Men. 4, 203 (6). τὸ δὲ ζῆν εἰπέ μοι τί ἐστι; Antiph. 3, 138 (10). ὧν ἐστι τὸ ζῆν οὐδὲν ἄλλ' ἢ κραιπάλη anon. 4, 611 (35). ὡς ἡδὺ τὸ ζῆν Men. 4, 220 (5). τοῦτ' ἐστὶ τὸ ζῆν, οὐχ ἑαυτῷ ζῆν μόνον Men. 4, 290 (257). cf. mon. 585. καλὸν-τὸ ζῆν, ἂν τις ὡς δεῖ ζῆν μάθῃ anon. 4, 599 (2a). ὡς ἡδὺ τὸ ζῆν μὴ φθονούσης τῆς τύχης mon. 563. ζῆν αἰσχρόν, οἷς ζῆν ἐφθόνησεν ἡ τύχη mon. 666. τοῦ ζῆν ἣν ὁρῶ κρεῖττον τὸ μὴ ζῆν Apollod. 4, 451. κρεῖττον τὸ μὴ ζῆν (Philem. 4, 63: θανεῖν ἄριστον) ἐστιν ἢ ζῆν ἀθλίως mon. 296. τῶν θεῶν τὸ σύμφορον αὐτῷ δεδόντων ἕνεκα τοῦ ζῆν Men. 4, 197 (1). οἷς ὕβριν τὸ ζῆν φέρει mon. 291. οὕτω παρέζων †χρησταῖς οὐκ (f. Χρηστέ, κοὐκ) ἔζων τότε Anaxand. 3, 162 (3). οὐκ ἐπίστασαι ζῆν Alexid. 3, 464 (2, 4). ζῆν βούλομαι Alexid. 3, 490 (1). τοὺς ἐρῶντας ζῆν μόνους Alexid. 3, 490 (2). ζῶσι δ' ἀμφότεροι μόλις Alexid. 3, 510 (11). χώραν κατέχουσι, ζῶσι δ' οἷς ἔστιν βίος Men. 4, 117 (2). ἀμελοῦντα τοῦ ζῆν mon. 648. εἰ μεμάθηκε ζῆν ἐγκαλεῖς; *A*. ζῆν δ' ἐστὶ τὸ τοιοῦθ'; Baton. 4, 502 (v. 5. 6). πολύ γ' ἐστὶ-κτῆμα τιμιώτατον-εἰς τὸ ζῆν τέχνη Hipparch. 4, 431. ἔχοντες ἀρραβῶνα τὴν τέχνην τοῦ ζῆν Antiph. 3, 66. ὅς ἕνεκα τοῦ ζῆν ἔρχετ' ἀποθανούμενος Antiph. 3, 150 (49). ὁ πατήρ γε τοῦ ζῆν ἐστιν ἀνθρώποις ἀγρός Amphid. 3, 308 (1).

μήτ' ἐν ἀνθρώπου μέρει μήτ' ἐν θεοῦ ζῆν Alexid. 3, 493 (1). οὐ τοῦτο τὸ ζῆν ἐστι *τὸν καλούμενον θεῶν-βίον Apollod. Car. 4, 442 (v. 15). ζῶ-Τίμωνος βίον Phryn. 2, 587 (1). ὅστις ζῇ θαλάττιον βίον Antiph. 3, 52 (1). τοῦτον ζῆν τὸν βίον Antiph. 3, 102. εἰ τοῦτον ἔζων πάντες ὃν ἐγὼ ζῶ βίον Baton. 4, 500 (2). τουτονὶ περιῆψεν ὃν νυνὶ βίον ζῶμεν Athenion. 4, 557 (v. 8). ἡδέως ζῆν τὸν βίον καθ' ἡμέραν Philetaer. 3, 295 (2, 5). ἀσφαλῶς ζῆν τὸν βίον Philem. 4, 30 (1). *κἀμέριμνον ζῆν βίον Philem. 4, 35 (7). ζήσεις βίον κράτιστον mon. 186. ῥᾷον βίον ζῇς mon. 468. βίον-καλὸν ζῇς- Philem. 4, 62 (106) = mon. 78. ἀβίωτον ζῶμεν βίον Philem. 4, 36 (8). add. Philem. 4, 36 (9). Men. 4, 192 (4, 7). 193 (5). δειπνεῖ καὶ ζῇ θαυμαζόμενος μετὰ μειρακίων Ephipp. 3, 336 (1). γυναιξὶ δοῦλοι ζῶμεν ἀντ' ἐλευθέρων Alexid. 3, 450. ἢ δεῖ ζῆν μόνον ἤ- Men. 4, 117 (4). φθόνος μεθ' οὗ ζῇ πάντα τὸν βίον γυνή Men. 4, 231 (6). ἀποστεροῦντα ζῶνθ' ἑαυτὸν τοῦ φρονεῖν Crobyli 4, 566 (2). ζῶμεν-οὐχ ὡς θέλομεν, ἀλλ' ὡς δυνάμεθα Men. 4, 84 (13) = mon. 190. οὐδ' ἐᾷ ζῆν τὸν λαβόνθ' ὡς βούλετ' Men. 4, 164 (1). ὅτῳ ζῆν μὴ πάρεσθ' ὡς βούλεται Men. 4, 268 (245). πρὸς τοῦτον ἕνα (int. δεσπότην)-ζῆν Men. 4, 250 (56). ζῶμεν πρὸς αὐτὴν τὴν τύχην mon. 189. πρὸς καππάριον ζῇς anon. (369) 5, 122. ἀνθρύσκοισι καὶ βρακάνοις-ζῆν Pher. 2, 255 (2). πένης ὢν ζῆν παρ' ὃ ζῆν (f. ζῇ) βούλεται Philem. 4, 56 (69). πόθεν ζῇ καὶ τί ποιῶν Diph. 4, 388 (1, 4). ζῆν ἄνευ κακοῦ τινος ib. 38 (1, 12). ζῆν ἄνευ κακοῦ mon. 692. ζῆν ἀλύπως mon. 202. cf. mon. 509=731. ζῇς ἔτ' ἐρημότερος Plat. (?) 2, 697 (v. 6). ζῆν ταπεινῶ καὶ κακῶς ἐλεύθερον Philem. 4, 55 (63[b])=Men. 4, 274 (179). cf. Philippid. 4, 478. ὁ μὴ δυνάμενος ζῆν καλῶς οὐ ζῇ κακῶς Men. 4, 265 (13. cf. 4, 75 (5). λεπτῶς ζῆν κρεῖσσον ἢ λαμπρῶς κακῶς mon. 662. ὅσοι ζῶσι κακῶς ἔχοντες ἄφθονον βίον Philetaer. 3, 297 (1). *λύπη-καὶ τὸ ζῆ κακῶς Antiph. 3, 52 (1). ἀνελευθέρως ζῶντας Alexid. 3, 507 (8). ζῶ μεν ἀλογίστως mon. 200. ζῆτε τερπνῶς (al. τερπνόν) Plat. 2, 652 (1. χωρὶς θορύβου-ζήσεις καλῶς *Aristophan. 2, 1181 (19). ἀπραγμόνως ζῆν ἡδύ Apollod. 4, 450. ἐπιφανῶς δεῖ ζῆν Alexid. 3, 507 (8). το χείρονας ὁρᾶν ἑαυτοῦ ζῶντας ἐπιφανέστερον Men. 4, 135 (2, 19). λαμ πρῶς-ἔνιοι *ζῶσιν (vulg. σώζειν) Men. 4, 272 (172)=Diph. 4, 422 (20 ἐὰν δὲ μηδ' ὁτιοῦν ἔχων ζῇ πολυτελῶς Diph. 4, 389 (1, 10). ἐκ τ ζῆν παγκάλως Baton. 4, 502 (v. 9). τὰ μάλιστα συντείνοντα πρὸς ζῆν καλῶς Athenion. 4, 558 (v. 43). ὡς αἰσχρὸν εὖ ζῆν ἐν πονηροῖ ἤθεσιν mon. 564. ὅστις *πενόμενος βούλεται ζῆν ἡδέως Men. 4, 2 (104). ζῆν ἡδέως mon. 201. τὸ ζῆν ἡδέως παρέντες Apollod. Car. 4, 441 (v. 1). ὅστις παρὸν ζῆν ἡδέως κακῶς διάγει Apollod. 4, 456 (3 ἔλεγον ἐγώ σοι μὴ γαμεῖν, ζῆν δ' ἡδέως Philippid. 4, 468 (2). τοὐφ μερον ζῆν ἡδέως anon. 4, 607 (20[b]). ζῆθι προσεχόντως mon. 19 †[καὶ ζῆν] μαθόντι μηδὲ τάγυρι- Eup. 2, 431 (10).

ζωγραφία: †ζωγραφίας ἡφθαι Nicomach. 4, 583 (v. 15).

ζωγράφος: ὥσπερ *πονηρῷ ζωγράφῳ τὰ χρώματα-ἀφανίζουσιν Antiph. 3, 52 (1). δοκοῦσιν ἀγνοεῖν οἱ ζωγράφοι τὸν Ἔρωτα Alexid. 3, 49 (1, 4). ὁ ζωγράφος πονεῖ τι καὶ πικραίνεται Antiph. 3, 79 (2, 3). τῶν ζωγράφων ἡ καλὴ χειρουργία Anaxand. 3, 175 (1, 1). οὔτε ζω γράφος-οὔτ' ἀνδριαντοποιός Philem. 4, 22.

ζωγραφῶ: ἔχοντα πτέρυγας αὐτὸν ζωγραφεῖν Alexid. 3, 393 (1). τὰ ὀφρῦς-ζωγραφοῦσιν ἀσβόλῳ Alexid. 3, 423 (1, 16). τῶν φίλων-το τρόπους οὐδέποθ' ὁμοίως ζωγραφοῦσιν αἱ τύχαι Antiph. 3, 152 (60, 4

ζωδάριον: Alexid. 3, 446 (2).

ζωή: ζωῆς πονηρᾶς mon. 193.

ζῶμα: *ζῶμ', ἀμπέχονον, τρύφημα Aristophan. 2, 1079 (6, 7). τὴν τρο φὸν ζῶμ' ἐνδεδυμένην Men. 4, 199 (9).

ζωμεύω: τὰ κρεάδι' *ἥψες ἐζωμευμένα Aristophan. 2, 1165 (36).

ζωμήρυσις: θυεῖαν, κάκκαβον, ζωμήρυσιν Antiph. 3, 146 (32). μάγει ρός ἐστιν οὐκ ἐὰν ζωμήρυσιν ἔχων τις ἔλθῃ Philem. min. 4, 68 (1). ζωμήρυσιν *φέρ' Anaxipp. 4, 465 (1).

ζωμός: cf. δωμός. ζωμοῦ δ' ἔρρει-ποταμός Telecl. 2, 361 (1, 8). ποταμοὶ-μέλανος ζωμοῦ πλέῳ Pher. 2, 299 (1, 3). ποταμοὶ-ζωμοῦ μέλανος Pher. 2, 316 (1, 4). μέλανα ποιεῖν ζωμόν Nicostr. 3, 284. ζωμὸν μέλανα μηχανώμεθα Alexid. 3, 447 (1, 8). ζωμὸς μέλας ἐγένετο πρώτῳ Λαμπρίᾳ Euphron. 4, 486 (v. 8). ἀπόλαυε τοῦ ζωμοῦ, *ῥόφει Antiph. 3, 22. †ζωμὸν οὐκ ἐποίει Ὅμηρος Antiph. 3, 144 (27). ζωμὸν ποιῶ Axionici 3, 535 (2). ἐν πήρᾳ φέροις ἄρτους ἄν, ἀλλ' οὐ ζωμόν Diph. 4, 403 (1, 6). ζωμὸς -κυλινδείτω κρέα Nicoph. 2, 851 (2, 3). καρύων, ζωμοῦ, πολφῶν Metag. 2, 759 (1). ζωμὸν-φέρειν ἐν χοῒ χρυσῇ Anaxand. 3, 183 (1, 13). φυσκῶν, ζωμοῦ, τεύτλων, θρίων Anaxand. 3, 184 (1, 40). φύσκαι, πάσται, ζωμοί Aristophan. 2, 1184 (32). τοῖς-κεκαρυκευμένοις ὄψοισι καὶ ζωμοῖσιν Alexid. (Antidot.) 3, 458. γαστέρας-καλῶν ζωμῶν πλέας anon. 4, 606 (19[b]). †ζωμῶν ἀλφίτων μέτρα (f. ζωμὸς ἀλφίτων μέτα) Eup. 2, 574 (108[a]). λιπαρὸν ψωμὸν (al. ζωμὸν) καταπίνειν Amips. 2,

707 (1). λιπαρὸς περιπατεῖ Δημοκλῆς, ζωμὸς κατωνόμασται Anaxand. 3, 177 (2, 5). ὥστ' ἤδη πάλαι *** ζωμὸς καλοῦμαι Aristophont. 3, 357 (1, 3).

ζωμοτάριχος: ὁ ζωμοτάριχος ὑποκριτής Alexid. 3, 402 (2).

ζῷον: ἄνθρωπός ἐστι ζῷον ἐπίπονον φύσει Timocl. 3, 592 (v. 2). πάντων ζῷον ἀθλιώτατον ἄνθρωπος Philem. 4, 38 (4). ἀδίκως εὐτυχεῖ κακῶς τε πράττει τοῦτο τὸ ζῷον μόνον (i. e. homo) Men. 4, 135 (2, 8). ἄνθρωπος εἶ, | οὐ μεταβολὴν θᾶττον-ζῷον οὐδὲν λαμβάνει Men. 4, 227 (2). ἅπαντα τὰ ζῷ' ἐστι *μακαριώτερα-ἀνθρώπου Men. 4, 230 (5). οὐκ ἔστ' ἀναιδοῦς ζῷον εὐθαρσέστερον Diph. 4, 425 (29). ἀδηφάγον τὸ ζῷον- | ἐστιν (int. philosophus) Anaxipp. 4, 460 (v. 39). οὕτω φιληδεῖ ταῖς ὑσίν, - ὥστε σκατοφαγεῖν ἀπεῖρξε τὸ ζῷον Antiph. 3, 68. ὡς εὐφυὲς ζῷον κοχλίας Philem. 4, 41 (19). διεχώριζον ζῴων τε βίον δένδρων τε φύσιν Epicrat. 3, 370 (1, 14). Προμηθεύς, ὃν λέγουσ' ἡμᾶς πλάσαι καὶ τἄλλα πάντα ζῷα Philem. 4, 32 (3). τοῦ λιθίνου ζῴου-ἠράσθη τις Philem. 4, 46 (35).

Ζωπύρα: Alexid. 3, 407.

*Ζωπυρῖνος: Baton. 4, 501.

Ζώπυρος: Ζωπύρου τάλαντα Cratin. 2, 115 (12).

ζωπυρῶ: ζωπύρει τοὺς ἄνθρακας Men. 4, 90 (7).

ζωρός: ζωροτέρῳ χρώμενον οἰνοχόῳ Antiph. 3, 82. κεράσας ζωρότερον Ὁμηρικῶς Ephipp. 3, 329 (3).

ζώστειον: Aristophan. 2, 983 (31).

H.

ἦ δ' ὅς Cratin. 2, 126 (15).

ἦ: *ἦ πολλά-γίγνεται- Eup. 2, 549 (4). ἦ πολλάκις-φροντίσι συγγεγένημαι Eup. (?) 2, 577 (v. 3). ἦ μὴν σὺ σαυτὸν μακαριεῖς Pher. 2, 280 (11). ἦ μὴν ἴσως-οὐκ οἶσθ' Nicomach. 4, 583 (v. 6). ὄμνυμι-*ἦ μὴν (libri ἡμῖν) ἐλέσθαι-ἄν-ἢ Antiph. 3, 102. ὄμνυμί σοι-ἦ μὴν ἀποίσειν σοι γραφὴν κακώσεως Men. 4, 166 (6). ἦ που κεκράξονται- Aristophan. 2, 974 (7). ἦ πού τίς ἐστι τοὺς τρόπους ἀβέλτερος Antiph. 3, 150 (51) = Theophil. 3, 630 (1). τίς σε Θηρικλῆς-ἔτευξε-; ἦ που κατειδὼς Eubul. (Arar.) 3, 226 (2). ἦ που δεινῶς ὠργίσθησαν χλευάζεσθαί τ' ἐβόησαν Epicrat. 3, 371 (1, 30). ἦ πού τι χαλεπόν ἐστι Men. 4, 292 (271). *ἦ τυχὸν δώσεις ἐμοί Baton. 4, 502 (v. 10). *ἀλλ' εἰ (f. ἦ) σορέλλη Aristophan. 2, 1093 (16, 1). †ἦ (f. ὦ) πρεσβῦται πάνυ γηραλέοι Cratin. 2, 88 (5). †ἂν ἐκεῖνον ἢ πονηρὸς (f. ἐὰν ἐκεινονὶ πονηρὸν) εἰν' ἀρνῇ Phryn. 2, 600 (6). †ἢ (l. ἦ) μήποτ'-ἐς *ταὐτὸν μόλῃς Stratt. 2, 778 (1). *ἦν μέγα τι χρῆμ' ἔτι (legitur ἦ μέγα τι βρῶμ' ἐστιν ἢ) τρυγῳδοποιομουσικὴ Aristophan. 2, 1085 (15). ἀλλ' ἦ παραφρονεῖς; Aristophan. 2, 996 (2). ἀλλ' ἦ κοκκύμηλ' ἠκρατίσω; Aristophan. 2, 1183 (29). πότερος ἀμείνων ἀμφοτέρων; ἦ (an ἢ?) Στιλβίδης; Eup. 2, 514 (15). ἥτις (an ἤ τις) κάμηλος ἔτεκε-; Philyll. 2, 865 (5). *(ἦ) λοιδορία τις ἐγένεθ' ὑμῖν; Aristophan. 2, 1093 (3). *ἦ καρδιώττεις: Aristophan. 2, 1101 (11). *ἦ (libr. ἢ) σταθμοῦχος δ' ἐστι τίς; Antiph. 3, 93. Δάμιππον. Β. *(ἦ) τοῦτον λέγεις τὸν πέτρινον; Anaxipp. 4, 464 (1).

ἤ: cf. ἦ. 1) vel, aut. ἐγὼ γάρ εἰμι θυννὶς ἢ μελανὶς ἢ | καὶ θύννος, ὀρφώς- Cratin. 2, 109 (3). σισύμβριον ἢ κρίνον ἢ ῥόδον Cratin. 2, 146

(2). τεῦχος ἢ κόικ' ἢ κωρύχους Pher. 2, 286 (12). ὑδρία τις ἢ χαλκοῦς ποδανιπτὴρ *(ἢ) λέβης Diocl. 2, 838 (1). φέρεθ' ἠπάτιον ἤ- δὲ μή, πλευρόν, ἤ-ἤ | -ἤ-ἤ-φέρετε Aristophan. 2, 1151 (9). πλὴν τι- παρὰ γῆν, γόγγρον τιν' ἢ νάρκην τιν' ἢ | θύννης τὰ πρὸς τῇ- Antiph. 3, 70 (2, 3). θρᾷτταν ἢ ψῆττάν τιν' ἢ | μύραιναν ἢ κακόν τί μοι δώσει μέγα Antiph. 3, 123 (2). θερμότερον ἢ χραυρότερον ἢ μέσως ἔχ- Eubul. 3, 205 (v. 1). Θάσιον ἢ Χῖον λαβὼν ἢ Λέσβιον γέροντα Eub. 3, 268 (4). σόγγος τις ἢ μύκης τις ἢ τοιαῦθ' Antiph. 3, 133 (1, 4 θρῖον δὲ καὶ κάνδαυλον ἢ τούτων τι τῶν εἰς ματτύην Nicostr. 3, 28- νομίζ' ὁρᾶν Τιθύμαλλον ἢ Φιλιππίδην Aristophont. 3, 360 (1). σησα- μίδας ἢ μελίπηκτα ἢ (f. μελίπηκτα; B. ναί,) τοιοῦτό τι Antiph. 3, 4- (2). ἂν ἕν τι τούτων παραλίπῃ Χρέμης τις ἢ Φείδων τις Antiph. 3, 106 (v. 21). τάριχος ἀντακαῖον-ἢ | Γαδειρικόν Antiph. 3, 43 (1). Οἰ- νοπίων τις ἢ | Μάρων τις ἢ Κάπηλος ἢ *(καὶ) Τιμοκλῆς Alexid. 3, 4- (2). παρασιτεῖν-τῷ Πηγάσῳ | ἢ τοῖς Βορεάδαις ἢ εἴ τι θᾶττον ἔτι τρέ- χει Alexid. 3, 476 (1). εἰς Ἅιδα-ἢ-ἢ-ἢ-ἢ-ἢ τούτων τινά | ὧν ἐμπί- κουσι-ἢ-ἢ Theophil. 3, 631 (2). εἴ τις μὴ *φράσει ὀρθῶς ὁδόν, πῦρ *ἐναύσει, ἢ *διαφθείρει ὕδωρ Diph. 4, 405 (3). φροντίζομεν *Σόφων καταλέλοιπ' ἢ τί *Σημωνακτίδης-ἢ *Τυνδάριχος-ἢ *Ζωπυρίων Baton. 4, 501. τίς δ' ἔσθ'-ἀροτῶν ἢ ζυγοποιῶν ἔτι χρεία | ἢ δρεπα- νουργῶν ἢ χαλκοτύπων ἢ σπέρματος ἢ χαρακισμοῦ; Pher. 2, 315 (1, 1.2) *ἰχθὺς ἐώνηταί τις ἢ σηπίδιον ἢ τῶν-καρίδων ἤ-, ἢ νῆστις ὀπτᾶτ', ἢ-; Aristophan. 2, 1076 (3). ἐπὶ τίνα δ' *(ὧδ') ἄλλην τέχνην-τὰ σώ- ματα-*κατακάετ' ἢ | ὠθισμός ἐστι δακτύλων *τοιουτοσί | ἢ πνιγμός- Anaxand. 3, 175 (1, 6. 8). τίς δὲ συνδειπνεῖ-, φρυκτοὺς καταλαβὼν κορακίνους-ἢ μαινίδ'; ib. (1, 11. 12). ποῦ Κόρυδος, ἢ Φυρόμαχος, Νείλου βία; Euphron. 4, 492 (v. 6). εἰτ' ἔστιν ἢ γένοιτ' ἂν ἡδίων τέ- χνη, | ἢ πρόσοδος ἄλλη-; Antiph. 3, 79 (2, 1. 2). τίς γὰρ ἢ δράκαιν'-, ἢ Χίμαιρα-ἢ Χάρυβδις ἢ τρίκρανος Σκύλλα-, Σφίγξ, ὕδρα,-εἰς ὑπερ- βολὴν ἀφῖκται-; Anaxil. 3, 347 (1). ποίαις ἐπῳδαῖς ἢ λόγοις ἀλίσκε- ται τίσιν-; Anaxand. 3, 175 (1, 13). οἰόμεθα-οὕτως ῥυπᾶν ἔχοντες ἢ φορεῖν τρίβωνας ἡδέως; Aristophont. 3, 362 (3). τίνα τρόπον παρα- θεῖναι *δ' ἢ πότ' ἢ πῶς σκευάσαι δεῖ Dionys. 3, 547 (v. 7). ἐπὶ δεῖ- πνον ἢ φίλον τιν' ἢ ξένον καλέσας Eubul. 3, 240. εἰς τὸ Θησεῖον-ἢ 'πὶ τῶν σεμνῶν θεῶν Eup. (?) 2, 577 (v. 21). ἢ 'ξ Ἀρκαδίας-ὀρίγανον Plat. (Canth.) 2, 666 (5). κόκκον λαβοῦσα κνίδιον ἢ τοῦ *πεπέριδος Eubul. 3, 269 (15b). τρεῖς χοίνικας ἢ δύ' ἀλεύρων Phryn. 2, 593 (4). δὶς ἢ τρὶς ἀποδακών Aristomen. 2, 734 (1). πιὼν-προπόσεις τρεῖς ἴσως ἢ τέτταρας Antiph. 3, 44 (1). δύ' ἡμέρας ἢ τρεῖς Antiph. 3, 87 (v. 6). εἷς ἀρκέσει *ἢ δύ' ἐπὶ τὴν τράπεζαν Ephipp. 3, 334 (1, 6). περδίκια- τέτταρ' ἢ καὶ πέντε Eubul. 3, 268 (14). ὑδρίαν πεντέχουν ἢ μείζονα Aristophan. 2, 1000 (15). δραχμὰς τοὐλάχιστον δώδεκα | ἢ πλέον Antiph. 3, 80. *παρεγκέκαπταί τ' ἀρνί' ἐννέ' ἢ δέκα Eubul. 3, 212 (v. 10).

ἦν-τοῖνδε δυοῖν ἑνὸς αἵρεσις, ἢ τὸ-ἢ τὸ- Plat. (?) 2, 697 (v. 9. 10). τριῶν κακῶν γοῦν (f. ἓν) ἦν ἑλέσθ'-ἀνάγκη, | ἢ ξύλον ἐφέλκειν, ἢ πιεῖν κώνειον ἤ- Polyz. 2, 867 (1). ἢ μετάδος ἢ μέτρησον ἢ τιμὴν λάβ' Theop. 2, 801 (3). ἢ σῦκον ἢ φάσηλον ἢ τοιοῦτό τι Demetr. 2, 877 (1). τοῦτον-ἢ βιβλίον διέφθορεν ἤ-ἤ- Aristophan. 2, 1149 (3). ὡσεὶ ἢ γεγονέναι λαμπρὸν ἢ τεθνηκέναι Antiph. 3, 66. ἢ γὰρ-ἢ septies repetitum Antiph. 3, 116 (1). ἀναγκαίως ἔχει | ἢ λωποδυτεῖν-ἢ quater. Diph. 4, 389 (1, 14-16). οἶδεν ὅτι ἢ τοῖς τρόποις ὠνητέος ἄνθρωπός ἐστιν ἢ πρὸς ἄλλον ἀπιτέον Amphid. 3, 301. ἢ τὸ πνεῦμα γάρ |- *ἧκεν ἢ 'φάνη λιμήν Philem. 4, 10 (1). ἢ δεῖ θεόν *σ' εἶναί τιν' ἢ τάχα δὴ νεκρόν Men. 4, 239 (19). ἢ πλουσίους τοὺς πλέοντας ἢ νεκροὺς ποιεῖ Men. 4, 259 (97). ἢ λέγων φαίνου τι δή | καινὸν-ἢ μὴ κόπτ' ἐμέ Hegesipp. 4, 479 (v. 2). ἀλλ' ἢ τρίορχος ἢ *πτέρων ἢ στρουθίας anon. 4, 647 (172). ἢ τρὶς ἓξ ἢ τρεῖς κύβοι Pher. 2, 315 (13). ἤτοι-ἢ- et ἢ-ἤτοι: vide ἤτοι. ἢ γὰρ πένης ὢν-χρήματα λαβὼν ἔχει δέσποιναν-· ἢν δ' αὖ λάβῃ μηδὲν φερομένην- Anaxand. 3, 195 (1, 4). ἢ μὴ γαμεῖν γάρ, ἂν δ' ἅπαξ λάβῃς, φέρειν Men. 4, 226 (1). ἢ λαβών τι-ἔκυψεν-(nihil respondet) Amphid. 3, 313 (1, 15). δεῖ γὰρ ἢ πλουτεῖν-(periit responsio) Men. 4, 282 (219). δεῖ χαρίεντα-τὸν κόλακ' εὐθέως λέγειν, ἢ φέρεται θύραζε Eup. 2, 485 (1, 13). λέγω, μὴ 'πιορκεῖν-, ἢ-Φερεκράτης λέξει- Pher. 2, 293 (16). θᾶσσον ἢ κεραυνοπλὴξ ἔθει Alcae. 2, 825 (1). μή μοι Ἀθηναίους αἴνεις', *ἢ μολγοὶ ἔσονται Aristophan. 2, 1066 (4). μὴ παρατίθει μοι-ἢ σεαυτὴν αἰτιῶ Eubul. 3, 210. ἐν πήρᾳ φέροις ἄρτους ἄν, ἀλλ' οὐ ζωμόν, ἢ διαφθερεῖς Diph. 4, 403 (1, 6). οἴκοι μένειν χρὴ-ἢ μηκέτ' εἶναι τὸν-εὐδαίμονα Men. 4, 111 (6). θᾶττον ἢ βάδην Men. 4, 283 (221). τὴν οἰκίαν ζήτρειον ἢ κακὸν μέγα Theop. 2, 816 (1). ἐπεισῆγεν χορείαν ἢ τράπεζαν δευτέραν Antiph. 3, 94 (1). ἐὰν στρέφῃ-περὶ τὴν γαστέρ' ἢ τὸν ὀμφαλόν Antiph. 3, 97 (2). ἄδικός ἐστιν ἢ ἀκρατὴς ἄγαν Anaxand. 3, 197 (4). ᾧ μὴ κακόν τι γέγονεν ἢ γενήσεται Philem. 4, 42 (23). 2) an. πότερ' ἦν τὸ τάριχος Φρύγιον ἢ Γαδειρικόν; Eup. 2, 506 (23). *πότερ'-*(χύτραν) λέγω, ἢ-κύτος-;-ἀπόρρουν θρόμβον-*τρυφῶντα-; ἢ σαφῶς πλακοῦντα φράζω σοι; Antiph. 3, 26 (1). πότερά μοι γρῖφον προβάλλεις-*(ἢ) τί δύναται τὸ ῥηθέν; Antiph. 3, 41 (2, 7). στεφάνους-βούλεσθε· *πότερ' ἑρπυλλίνους ἢ μυρτίνους ἢ τῶν διεξηνθισμένων; Eubul. 3, 252 (4). ἡ ναῦς δὲ *πότερ' εἰκόσορός ἐστιν ἢ κύκνος, ἢ κάνθαρος; Nicostr. 3, 282. cf. πότερος. εἰς ἅμιλλαν ἀριστήσομεν; ἢ κόψομεν-; Eup. 2, 525 (1). πόθεν οἰκήτωρ; ἢ τις (al. οἰκήτωρ εἶ; τίς) Ἰώνων-ὄχλος ὥρμηται; Antiph. 3, 50. *τὸ δὲ τυραννεῖν ἐστιν **ἢ τί ποτε τὸ σπουδαῖον; Antiph. 3, 64. τί ποτ' ἐστὶν ἄρα-; ἢ-ἧττον ὀδυνᾶται-; Philem. 4, 42 (24).

3) quam. ἧττόν τ' ἀποσταίην ἂν-ἢ Καλλιμέδων γλαύκου πρόοιτ' ἂν κρανίον Antiph. 3, 43. ὡς εὐτυχὴς εἶ μᾶλλον ἢ καλῶς φρονεῖς Eup. 2, 510 (7). add. Alexid. 3, 454 (1, 3). ὥστε μᾶλλον ἂν θέλειν ἀποκαρτερεῖν ἢ ταῦτ' ἀκούων καρτερεῖν anon. (cf. 5, 52) 2, 746 (2, 11). θλαστὰς-εἶναι κρεῖττόν ἐστιν ἁλμάδος (l. ἐστ' ἢ γ' ἁλμάδας) Aristophan. 2, 1111 (9). τοὺς νοῦς ἀγοραίους ἧττον ἢ 'κεῖνος ποιῶ Aristophan. 2, 1142 (4). πρᾶγμα μεῖζον *ἢ δοκεῖς Antiph. 3, 5 (7). ὅστις μεῖζον ἢ κατ' ἄνθρωπον φρονεῖ Antiph. 3, 20 (1). τὰ μείζον' ἢ πέπονθέ τις ἀτυχήματ' ἄλλοις γεγονότ' Timocl. 3, 593 (v. 17). οὐκ ἔστι μείζων ἡδονὴ ταύτης πατρί, | ἢ-ἰδεῖν- Men. 4, 261 (109). θερμότερον ἢ κραυρότερον ἢ-τοῦτ' ἔσθ' ἑκάστῳ μεῖζον ἢ Τροίαν ἑλεῖν Eubul. 3, 205 (v. 1. 2). τί τἀργύριον-τιμιώτερον αὑτοῦ τέθεικας ἢ πέφυκε τῇ φύσει; Baton. 4, 499 (1, 6). πόσῳ κάλλιον-τρέφειν-ἔστ' ἄνθρωπον-ἢ χῆνα-, ἢ στρουθόν, ἢ πίθηκον Eubul. 3, 260. πρὸς τοὺς στρατηγοὺς ῥᾷόν ἐστι-προσελθόντ' ἀξιωθῆναι λόγου -ἢ | πρὸς τοὺς-ἰχθυοπώλας Amphid. 3, 312 (1, 3). τί γὰρ ἔχθιον *(ἢ) "παῖ παῖ" καλεῖσθαι-ἢ τὴν ἀμίδα φέρειν ὁρᾶν τε- Epicrat. 3, 368. ἐμοὶ παρασιτεῖν κρεῖττον ἦν τῷ-ἢ-ἢ-ἢ Δημέᾳ Alexid. 3, 476 (1).

ἑλέσθαι τοῦτον ἂν ζῆν τὸν βίον ἢ τὴν-ὑπεροχήν Antiph. 3, 102. θέλω τύχης σταλαγμὸν ἢ φρενῶν πίθον mon. 240. λέοντι συζῆν ἢ γυναικὶ συμβιοῦν mon. 327. καλὸν τὸ νήφειν ἢ τὸ-κραιπαλᾶν mon. 680. †ἡδὺ σιωπᾶν ἢ λαλεῖν ἃ μὴ πρέπει mon. 221. θανεῖν ἄριστόν ἐστιν ἢ ζῆν ἀθλίως Philem. 4, 63 (109) cf. mon. 296. τί τοῦτο διαφέρει | ἢ πᾶσι τοῖς κήρυξιν-φράσαι; Antiph. 3, 151 (57). *ὅσον τὸ μεταξὺ μετὰ κο-

ρίσκης ἢ μετὰ χαμαιτύπης-κοιμᾶσθαι Timocl. 3, 607. οὐχὶ διακρίνει τὴν πενιχρὰν ἢ πλουσίαν Diod. 3, 544 (v. 8). μηδὲν ἄλλ' ἢ κρόμμυον Eup. 2, 526 (3). τοῦ γάρ τις ἄλλου-οὕνεκα (f. οὕνεκ' ἂν) | εὔξαιτο πλουτεῖν-ἤ-; Antiph. 3, 134 (4). τί δ' ἄλλο γ' ἢ | - Lysipp. 2, 744 (1). cf. ἄλλος. καταλείπετ' οὐδὲν ἕτερον ἢ τεθνηκέναι Antiph. 3, 150 (51). cf. Theophil. 3, 630 (1). νόμος φυλαχθεὶς οὐδέν ἐστιν ἢ νόμος Men. 4, 268 (151). οὐκ-φροντίζει τις ἡμῶν ἢ-θεός Men. 4, 276 (187). 'κπιεῖν ἀλλ' ἢ μίαν Pher. 2, 324 (1, 9). ἔχει-οὐδαμόθεν-ἀλλ' ἢ δαιδιον ἕν- Hipparch. 4, 431. τίς πολίτης δ' ἐστὶ-πλὴν *ἄρ' ἢ Σάκας- Metag. 2, 758 (2). †ἐμὲ (ἢ 'μὲ ?) πρὶν δεδειπνάναι Aristophan. 2, 1051 (10). ἢ 'μάρτημα Philem. 4, 18 (1). ἢ ἀληθές Men. 4, 292 (278). ἢ πόθεν (ποθέν 5, 71) Aristophan. 2, 1211 (171). de corruptis et dubiis cf. Cratin. 2, 212 (116). Stratt. 2, 768 (1). Aristophan. 2, 1072 (8). Ephipp. 3, 327 (2). Diph. 4, 385.

ἦ: †ἦ Διονυσίοις ἀκύλοις παίζουσ' Cratin. 2, 113 (4).

ἦα: τὴν γαστέρ' ἤων κἀχύρων σεσαγμένος Pher. 2, 344 (14).

ἥβη: ἐπαίδευσεν ἔθρεψέ τε-εἰς ἥβην Cratin. 2, 112 (2). μισάνθρωπον ἄνθος ἥβης Phryn. 2, 580 (1, 3). κάλυξ νεαρᾶς ἥβης Aristophan. 2, 1137 (1). ᾠὰν λουτρίδα κατάδεσμον ἥβης Theop. 2, 807 (2). ἥβης ἐκείνης νοῦ τ' ἐκείνου Cratin. 2, 56 (1).

ἡβυλλιῶ: κόραι-ἀρτίως ἡβυλλιῶσαι Pher. 2, 300 (1, 29).

ἡβῶ: Μενδαῖον ἡβῶντ' ἀρτίως οἰνίσκον Cratin. 2, 117 (3).

Ἡγέλοχος: Plat. 2, 690 (32). Ἡγέλοχον τὸν *Κιννάρου μισθωσάμενος -λέγειν Stratt. 2, 763 (1). Ἡγέλοχος *οὗτός με μηνύσειεν ἂν | ὁ τραγικός Sannyr. 2, 874 (1).

ἡγεμονία: τὴν ἡγεμονίαν τῶν ὅλων τὸν ἄνδρ' ἔχειν Men. 4, 213 (4). τῆς τέχνης ἡγεμονία τίς ἐστιν-τὸ προειδέναι Diph. 4, 381 (1, 5).

ἡγεμών: στρατηγός ἐστιν, ἡγεμὼν δὲ θάτερον Dionys. 3, 548 (v. 14). ἄρχων, στρατηγός, ἡγεμὼν δήμου Men. 4, 142 (2). νοῦς πάντων ἡγεμὼν τῶν χρησίμων mon. 579.

ἡγοῦμαι: 1) ὅστις τῆς ὁδοῦ ἡγήσεταί σοι τὴν ἐπιτάξ anon. 4, 623 (71). ἡγούμεσθ' εὖ κἀνδρείως Plat. 2, 653 (3). πίναξ ὁ πρῶτος τῶν μεγάλων ἡγήσεται Nicostr. 3, 278 (1). εἰ-βατὶς αὐτῶν ἡγεῖτ' ὀπτή Herm. 2, 399 (3). ἀρετῆς ἁπάσης σεμνὸς ἡγεῖται λόγος mon. 594. τῶν τεχνῶν -*πάντα τοῦθ' ἡγούμενον Posidipp. 4, 521 (v. 6). ἡ τάξις-ἐν τῇ καθ' ἡμᾶς (int. τέχνῃ)-ὥσπερ ἡγεῖται σχεδόν Sosip. 4, 483 (v. 47).
2) ἡγούμεθα-εἶναι ταύτας σωτῆρας Pher. 2, 345 (16). δεινὸν ἡγοῦμαι ποιεῖν (int. στρατηγούς) Alexid. 3, 391 (2). τὴν ἔγχελυν μέγιστον ἡγεῖ δαίμονα Anaxand. 3, 181 (v. 5). ἡγεῖται *δὲ δὴ τούτους μόνους ἐλευθέρους Eubul. 3, 217 (1). ἡγεῖταί *μ' ὅλως ἐπικόπανόν τι Men. 4, 79 (3). σύ με παντάπασιν *ἡγεῖ λίθον Apollod. Car. 4, 445 (2). λόγον παρ' ἐχθροῦ μήποθ' ἡγήσῃ φίλον mon. 325=683. τὸ κέρδος ἡγοῦ κέρδος mon. 503. τὴν ἐπιμέλειαν παντὸς ἡγοῦ κυρίαν mon. 632.

ἠδέ: κύτισόν τ' ἠδὲ *σφάκον Eup. 2, 426 (1). ἅλσί τ' ἠδ' ὀριγάνῳ Alexid. 3, 443.

†ἤδει: †οὐκ ἤδει θεοί Damox. 4, 530 (v. 6).

ἤδη: cf. ἡδύς. ἤδη τεθέασαι-; Magnet. 2, 10 (2). Herm. 2, 394 (3). ὄρτυγας ἔθρεψας-ἤδη πώποτε; Eup. 2, 512 (9). ἤδη-πώποτε-εἶδες; Eup. 2, 551 (7). ἤδη-πώποθ'-ἔκαμες-; Plat. 2, 648 (1). ἤδη πότ' ἤκουσας βίον ἀληλεμένον; Amphid. 3, 303 (1). ἀκήκοας σὺ *δέσποτ' ἤδη (libr. δέσποτα δὴ) πώποτε-; Amphid. 3, 311. *Ἐλλέβορον ἤδη πώποτ' ἔπιες-; Men. 4, 90 (5). ὥστ' ἤδη πάλαι** ζωμὸς καλοῦμαι Aristophont. 3, 357 (1). πολλῶν ἤδη λοπάδων-περιλείξας Eup. 2, 440 (1).

πολλοὺς δὴ (l. ἤδη)-φάγρους ἐγκάψας Stratt. 2, 771 (2). αἱ νῦν ἀνοηταίνουσι πολὺν ἤδη χρόνον Henioch. 3, 563 (v. 8). ἀβουλία κατέχουσα πολὺν ἤδη χρόνον ib. (v. 14). δι' ἃς πεπαρῳνήκασιν ἤδη πολλάκις ib. (v. 18). ὁμωμοκὼς καὶ πρότερον ἤδη πολλάκις Men. 4, 248 (46). τοῦ-πολλάκις ἤδη φανέντος Nausicr. 4, 575 (1). κατακεχρημένον-*ἤδη 'στί (libr. ἥδιστον) Amphid. 3, 306 (1, 5). ἡλικίαν ἔχεις ἀποχρῶσαν ἤδη Aristophan. 2, 1149 (2). τὸν Σινώπης γόγγρον ἤδη παχυτέρας ἔχοντ' ἀκάνθας Antiph. 3, 13 (1, 12). ἐγὼ γὰρ ἤδη τρεῖς ὁρῶ μασωμένους Antiph. 3, 126 (1, 16). οὐχὶ Κερκώπη μὲν ἤδη *γέγον' ἔτη τρισχίλια-; Philetaer. 3, 294 (1). ἤδη σχεδόν τι πάντα σοι Anaxil. 3, 353. ἐξέρχεται-*πανταχόσ' ἤδη (f. -χόσε δὴ) πιομένη Epicrat. 3, 366 (2, 21). ὅταν δὲ γηράσκωσιν ἤδη Epicrat. 3, 365 (2, 11). ἐπεὶ-*δόλιχον τοῖς ἔτεσιν ἤδη τρέχει Epicrat. 3, 366 (2, 18). τρίτον ἤδη μ' ἐρωτᾷς Men. 4, 222 (1). πεπωκότα ἤδη τ' ἀκροθώραχ' ὄντα-τονδὶ δὲ νᾳστὸν-ἤδη σχεδὸν δωδέκατον ἠριστηκότα Diph. 4, 397. πεπέρακεν μὲν-ἤδη Μαρικᾶς Eup. 2, 499 (1). δεδειπνήκασιν ἤδη Plat. 2, 637 (1, 1). σπονδὴ-ἤδη γέγονε καὶ πίνοντες †ἤδη (l.-εἰσι) πόρρω ib. 638 (1, 10). ἤδη-αὐτοὺς οἴομαι δεδειπνάναι Aristophan. 2, 1139 (6). ὅταν τὴν ἔνθεσιν ἐντὸς ἤδη τῶν ὀδόντων τυγχάνῃς κατεσπακώς Antiph. 3, 116 (1, 13). πάντα νῦν ἤδη 'σθ' ὁμοῦ Men. 4, 208 (5). ὁπόταν ἤδη πάντα συμφωνεῖν δοκῇ Machon. 4, 497 (v. 10). ὁπόταν ἤδη πεινῶσι σφόδρα Pher. 2, 255 (2). τοὺς αὐλοὺς ἐχρῆν ἤδη *πρὸ χειρὸς εἶναι Plat. 2, 638 (1, 5). ἤδη παροινεῖς-πρὶν δεδειπνάναι Aristophan. 2, 1051 (10). ἤδη μὲν-προζώννυται Pher. 2, 279 (7). μάττει γὰρ ἤδη Eup. 2, 566 (55). ἤδη δ' ἧψε χύτραν ῥαφάνων Alcae. 2, 831 (3). τὸ μύρον ἤδη †παράχεον βαδίζων (f. παραχέων βαδίζω) Plat. 2, 638 (1, 6). ἀφαιρεῖν ὥρα 'στὶν ἤδη τὰς τραπέζας Philyll. 2, 857 (1, 2). κατ' ἐκεῖνον ἤδη πρόσεχε καὶ τὰ λοιπά μοι Straton. 4, 546 (v. 29). τῇ νῦν τόδε πῖθι λαβὼν ἤδη Cratin. 2, 96 (6). ἤδη σύ; Pher. 2, 335 (3, 5). δεῖπνον αἰτήσεις με σὺ | ἤδη παρελθών Alexid. 3, 465 (3). ἤδη δέλφακες Cratin. 2, 20 (7). ἤδη-Ἀρίσταρχον στρατηγοῦντ' ἄχθομαι Eup. 2, 442 (7). μονοφαγεῖς ἤδη τι Antiph. 5, 80 (100). ἤδη-εἰμὶ μουσικώτερος τρύχνου anon. 4, 660 (235). ἤδη γὰρ καὶ λέξομεν Pher. 2, 349 (31). ἤδη-λέξω τὸν λόγον anon. 4, 654 (203). *ἱκέτευον αὐτὸν ἤδη μεταβαλεῖν Straton. 4, 546 (v. 45). *οὐκ ἠρέσαμεν αὐτοῖσιν, ἤδη δ' εἰμὶ σῶς Men. 4, 301 (316). οἶσι νῦν φρύγουσιν ἤδη τὰς κάχρυς Cratin. 2, 217 (139ᵃ). †νῦν-ἀνάπηρα-θύουσιν ἤδη βοΐδια Herm. 2, 393 (1). τἀργύριον ἐκ τῆς χειρὸς ἤδη λαμβάνει Epicr. 3, 366 (2, 25). ὡς δ' ἤρεσ' αὐτοῖς ὕστερον, καὶ τοὺς ἅλας προσάγουσιν ἤδη Athenion. 4, 558 (v. 22). γαστρίον τις-προϊόντος εἰσηνέγκατ' ἤδη τοῦ χρόνου ib. (v. 29). ἂν (f. ἂν)-εἴπῃς ἅπαξ, εὐθὺς ἀντήκουσας· ἤδη λοιδορεῖσθαι λείπεται Alexid. 3, 454 (1). *μηκέτ' αἰτιῶ θεόν, ἤδη δὲ τῇ σαυτοῦ ζυγομάχει μαλακίᾳ Men. 4, 126 (1). ἐχρῆν, εἴ τις πατρῴαν-γῆν καταφάγοι, πλεῖν τοῦτον ἤδη διὰ τέλους Men. 4, 175 (2). κἂν μὲν οὐσίαν ἔχῃ-ἐᾶν ἀπολαύειν-ἤδη τὸν βίον Diph. 4, 388 (1, 6). οὗ δ' ἂν-κλίνην ἴδῃ-ἤδη *συγκατακλιθεὶς-ἀριστίσας ἑαυτὸν-ἀπέρχετ' οἴκαδ' Diod. 3, 544 (v. 11). πτωχότερον αὑτοῦ καταμαθὼν τὸν Τήλεφον γενόμενον ἤδη (al. οὕτω) τὴν πενίαν ῥᾷον φέρει Timocl. 3, 593 (v. 11). τἄλλα δέ | ἤδη *τάδ' εὐτελέστατ' Plat. 2, 674 (2, 11) cf. 5, 48. ἤδη δ' ἐπίχυσις, διάλιθοι λαβρώνιοι Men. 4, 219 (1). ὡς Ἀλεξανδρεῖδες ἤδη τοῦτο Men. 4, 246 (39). *ἀνδραπόδι' ἤδη ταῦθ', ὁρᾷς; Diph. 4, 414.

†δεῦρ' ἤδη (l. δεῦρο δή) Eup. 2, 438 (5). †ἤδη (leg. τί δή) σὺ *σεμνοῖ-; Calliae 2, 739 (2). †ὡς ἤδη καλεῖ μ' ὁ *χορός Aristophan. 2,

1202 (109) cf. 5, 70. †ἤδη κατεσθίοντες δώδεκα Nicostr. (Philetaer.) 3, 280 (2, 7). †ἤδη τὸ μετὰ νοῦ καὶ τὸ συμμέτρως ἐμόν Nicomach. 4, 584 (v. 36). †ἤδη ἀλεαίνῃ Men. 4, 286 (235).

ἥδομαι: ἥδω suo loco est. τοῖς σιτίοις ἥδομαι Cratin. 2, 82 (5). οὐκ ἐσθίεις ὗει', ἐγὼ δέ γ' ἥδομαι μάλιστα τούτοις Anaxand. 3, 181 (v. 7). τοῖς δὲ κεκαρυκευμένοις ὄψοισι καὶ ζωμοῖσιν †ἥδομ' (l. ἥδομ' 5, 90)-: Alexid. (Antidot.) 3, 458. οὐδέτερος ἡμῶν ἥδεται τοῖς ἀττικοῖς δείπνοις Lync. 4, 433 (v. 3). οὐχὶ μικροῖς ἥδεται ποτηρίοις Eubul. (Arar.) 3, 226 (2). ᾧπερ ἥδεσθον βίῳ Aristophan. 2, 1183 (25). †οὔτε ποιηταῖς ἥδεσθαι σκληροῖς-οὔτε Πραμνίοις οἴνοις Aristophan. 2, 1202 (108) cf. ib. 1076. ὧν ἐκλεξάμενον ᾗ τις ἥδεται Xenarch. 3, 617 (1, 7). μή μοι φακούς-οὐ γὰρ ἥδομαι Pher. 2, 280 (1, 4). *ἃ τόθ' ἥσθην, ταῦτα νῦν *ἀνήδομαι Herm. 2, 415 (5). ἥκιστα τούτοις (locis) πλησιάζων ἥδεται Amphid. 3, 302 (2). εἰ τοῖς ῥύπου μεστοῖσιν ἥδεται ξυνών Aristophont. 3, 363 (4). ὅστις ἥδεται-ἐσθίων ὁσημέραι Alexid. 3, 520 (36). [ὅστις δ' ὁμιλῶν ἥδεται Men. 4, 195 (11)]. τιμώμενοι-ἥδονται βροτοί mon. 513. †ὁπόταν τοὺς δύο σκόμβρους ξενίσῃ μεγάλους ἡδομένη Timocl. 3, 600 (1).

ἡδονή: κλύειν-θυμὸς ἡδονὴν ἔχει Pher. 2, 326 (1, 2). τὸ μὴ συνειδέναι -ἀδίκημα μηδὲν ἡδονὴν πολλὴν ἔχει Antiph. 3, 149 (42[b]). ἡδονὴν ἔχει-καινὸν ἐνθύμημά τι δηλοῦν ἅπασιν Anaxand. 3, 196 (3). φέρει τοῖς ὁρῶσιν ἡδονήν Alexid. 3, 506 (7). ὁ νοῦς μεθ' ἡδονῆς ἀπῆλθε παιδευθεὶς ἅμα Timocl. 3, 593 (v. 7). χρήσῃ-αὐτοῖς *αἰσθόμενος μεθ' ἡδονῆς Philem. 4, 58 (80). οὐκ ἔστι μείζων ἡδονὴ ταύτης πατρί Men. 4, 261 (109). ὁ τῶν γεωργῶν ἡδονὴν ἔχει βίος Men. 4, 273 (174). (summum bonum) εἶπεν ἡδονήν. — πρόσεστιν *ἡδονῇ γὰρ τἀγαθόν Hegesipp. 4, 481. ὁ-Ἐπίκουρός φησιν εἶναι τἀγαθὸν τὴν ἡδονήν Baton. 4, 502 (v. 8). Ἐπίκουρος οὕτω κατεπύκνου τὴν ἡδονήν Damox. 4, 532 (v. 62). χωρὶς-*οἰκοῦσ' ἀρεταὶ τῶν ἡδονῶν anon. 4, 667 (280). λύπην τ' ἀφαιρῶν ἡδονήν τε προστιθεὶς Anaxand. 3, 196 (2, 6). ἅπαντ' ἀφανίζει γῆρας-οὐκέθ' ἡδονὴ | ἐστίν ad Men. 4, 362. οὐκ ἀρχιτέκτων κύριος τῆς ἡδονῆς μόνος Alexid. 3, 451 (1, 2). φεῦγ' ἡδονὴν φέρουσαν-βλάβην Alexid. 3, 522 (44) = mon. 532. ἐξ ἡδονῆς-φύεται τὸ δυστυχεῖν mon. 184. ἡ παράκαιρος ἡδονή mon. 217. ὑφ' ἡδονῆς-οὐχ ἁλίσκεται mon. 518. ὡς πολλὰ διὰ τὰς ἡδονὰς λυπούμεθα mon. 754. τὰ πονηρὰ κέρδη τὰς-ἡδονὰς ἔχει μικράς Antiph. 3, 149 (40). κἀν κακοῖσιν ἡδονῆς-μέτρον mon. 182. ἅλλεται δ' ὑφ' ἡδονῆς κεστρεύς Diocl. 2, 839. τὰς ἡδονὰς δεῖ συλλέγειν Alexid. 3, 518 (31). τοῦ πιεῖν καὶ φαγεῖν τὰς ἡδονάς | ἔχομεν ὁμοίας Antiph. 3, 134 (4, 5). *παρέσχε διπλασίαν τὴν ἡδονήν Antiph. 3, 140 (14). τοὺς δειπνοῦντας εἰς τὰ βατάνι' ἐμβαλεῖν-τοὺς ὀδόντας ὑπὸ τῆς ἡδονῆς Alexid. 3, 394. cf. 3, 430 (1, 23). ἀπεστέρησε τῆς τέχνης τὴν ἡδονήν Alexid. 3, 451 (1, 13). πᾶσαν *(ἀφανιεῖς) τὴν ἡδονήν Alexid. 3, 462 (1, 18). οὐκ ἀεὶ-τὴν τούτων *χάριν ἔχεις ὁμοίαν, οὐδ' ἴσην τὴν ἡδονήν Dionys. 3, 548 (v. 23). τὰ-ὄψα-ἑτέραν ἐν *αὐτοῖς λαμβάνει τὴν ἡδονήν Sosip. 4, 483 (v. 32) cf. 485. τῶν ἡδονῶν-μεγάλα τὰ διαστήματα Nicomach. 4, 584 (v. 22). τοῖς ὑπερβάλλουσι-πρόσεστιν-ἡδονὴ-οὐδ' ἡτισοῦν Alexid. 3, 502 (1). ἥττων εἰμὶ-τῆς ἡδονῆς Axionici 3, 534 (1, 7). δείπνων ἡδοναῖς ἀσυμβόλοις Timocl. 3, 595 (v. 10). τὴν ἡδονὴν-καταμαθὼν τῆς λοπάδος Philem. 4, 26 (v. 14). σήπομ' ὑπὸ τῆς ἡδονῆς Men. 4, 74 (3). πρότερον τοῦ πόνου τὴν ἡδονὴν προλαμβάνοντες Clearch. 4, 563. τὸ μεθύειν τίν' ἡδονὴν ἔχει; Crobyli 4, 566 (2). ὡς δ' ἅπαξ τῆς ἡδονῆς ἐμπειρίαν τιν' ἔλαβον Athenion. 4, 557 (v. 14). διὰ τὰς ἡδονὰς ἃς νῦν λέγω ib. 558 (v. 34). ἡδοναῖς θηρεύεται mon. 55. δοῦλον ἡδονῆς Anaxand. 3, 199 (9, 1). mon. 578. ἅπανθ' ὅσα ζῇ-δοῦλα ταῦτ' ἔσθ' ἡδονῆς Men. 4, 266 (139). εἰσὶν αἱ παροψίδες-κρείττους-εἰς ἡδονήν Plat. 2, 629 (1, 3). εἰ-ἀφέλοι τις τοῦ βίου τὰς ἡδονάς Antiph. 3, 150 (51) = Theophil. 3, 630 (1). μικροῦ πρίασθαι κέρματος τὴν ἡδονήν Eubul. (Philipp.) 3, 237 (v. 7) = 246 (v. 7). τὸν-δεύτερον (int. κρατῆρα) ἔρωτος ἡδονῆς τε Eubul. 3, 249 (1, 4). τῆς ἡδονῆς ἐστ', οὐχὶ τῶν φίλων φίλος Alexid. 3, 411. ἡδονή τις τοὺς ἐρῶντας ἐπάγεται συνουσίας; Men. 4, 236 (14). [ἐρᾷ ὄψις τῆς θύραθεν ἡδονῆς Men. 4, 226]. σῖτον, οἶνον, ἡδονήν | αὕτη δίδωσι Philem. 4, 22 (v. 10).

ἧδος: πίνομεν οἰνάριον † εἶδος (l. ἧδος) Antiph. 3, 75 (2, 4).

ἡδυλίζειν: Men. 4, 78 (16).

ἡδυλόγος: ἡδυλόγῳ σοφίᾳ Cratin. 2, 145 (1).

ἡδυλογῶ: ἡδυλογοῦσιν ἅπασιν ἀεί Phryn. 2, 580 (1). τούτοις, οἷς ἡδυλογοῦσιν ib. (1, 5).

ἡδύνω: Σικελῶν-τέχναις ἡδυνθεῖσαι-διαθρυμματίδες Antiph. 3, 49 (2). ἡδυντέον-πῶς ἕκαστόν ἐστί μοι Alexid. 3, 470 (1, 4). ὁ κόλαξ-ἀνατρέπει-μικρὸν ἡδύνας χρόνον Diph. 4, 385 (1).

ἡδύοινος v. ἀδύοινος.

ἡδυόνειρος: ἰσχάδας ἡδυονείρους Herm. 2, 407 (1, 16).

ἡδύοσμος: ἐν ἡδυόσμοις στρώμασι Aristophan. 2, 1178 (7).

ἡδυπαθής: Ἰώνων τρυφεραμπεχόνων ἁβρὸς ἡδυπαθὴς ὄχλος Antiph. 3, 50.

ἡδύπνους: ἐξ ἡδύπνου λεπαστῆς Telecl. 2, 368 (2).

ἡδυπότατος: † ἡδυπότατον (f. ἡδύτατον) *περὶ νυμφίον εὔτριχα Eubul. 3, 251 (2).

ἡδυποτίδες: ἡδυποτίδας τρεῖς Epigen. 3, 539 (2). cf. ἡδυπότιον

ἡδυπότιον: ἡδυπότια (f. rect. ἡδυποτίδας) δώδεκα Cratin. min. 3, 379 (3).

ἡδύς. ἡδέως: cf. ἀδύς. ἥδη. ἡδυπότατος. ἡδύς γε πίνειν οἶνος Aristophan. 2, 1179 (13). οἶνος ἡδύς Amphid. 3, 303 (1). οἶνοι **γλυκὺς αὐθιγενὴς ἡδὺς καπνίας Anaxand. 3, 185 (1, 70). οἶνον-με Ψίθιον γεύσας ἡδὺν ἄκρατον Eubul. 3, 264 (6). Λεσβίου-οὐκ ἔστιν ἄλλος οἶνος ἡδίων πιεῖν Alexid. 3, 505 (4). τὸν ἥδιστον κέρα anon. 4, 605 (17). ἡδὺν-ἅπασι τοὐπίλοιπον διατελεῖν (de vino et homine) Alexid. 3, 405 (6). ἂν γνῷς τί ἐστ' ἄνθρωπος, ἡδίων ἔσει Diph. 4, 425 (31). ὅστις χρηστὸς ἦν ἡδύς τ' ἀνήρ-τὸν τρόπον Alexid. 3, 468 (1). ἡδὺς *(γ') ὁ Βρόμιος Alexid. 3, 505 (6). Διόνυσε-ὡς ἡδύς τις εἶ Diph. 4, 415 (1). γεύου σὺ *μέχρι ἂν ἡδὺς ᾖ Machon. 4, 497 (v. 8). ἡδὺν καὶ πρᾶόν τινα | ὕπνον καθεύδειν Men. 4, 149 (1). ὄνειδος αἰσχρὸς βίος-κἂν ἡδὺς ᾖ Men. 4, 282 (217). εἶτ' ἔστιν-ἡδίων τέχνη-τοῦ κολακεύειν-; Antiph. 3, 79 (2, 1). γέρων γέροντι γλῶτταν ἡδίστην ἔχει anon. 4, 668 (284). τῆς ἀφύης τῆς ἡδίστης Calliae 2, 737 (5). Χάριτος ἡδίστης θεῶν Antiph. 3, 134 (4, 4). ὑπογάστριά θ' ἡδέα θύννων Stratt. 2, 773 (3). τὰ κρέα | ἥδιστ' ἔχουσι Plat. 2, 624 (1, 3). ἀτταγᾶς ἥδιστον ἕψειν-κρέας Aristophan. 2, 1127 (2). μήτραν-πωλοῦσιν ἥδιστον κρέας Antiph. 3, 129. *ὡς δ' ἦν τὸ κρέας ἥδιον ἀνθρώπου κρεῶν Athenion. 4, 557 (v. 12). φακῆν ἥδιστον ὄψων Aristophan. 2, 953 (3). ἥδιστον ποτόν [τῆς] ἐλευθερίας Theop. 2, 819 (13). ἡδύ γε τὸ πῶμα Alexid. 3, 488 (1). ἡδὺ τὸ μύρον-; Β. ἡδύ· πῶς γὰρ οὔ; Men. 4, 148 (3). ὁ μὲν ἄρτος ἡδύ Theop. 2, 795 (2). υἱὸς-οἰκόσιτος ἡδὺ (al. ἤδη) γίγνεται Anaxand. 3, 171. πρὸς μοχθηρὸν ἡδὺ προστεθέν Alexid. 3, 468 (1). τὸ δ' ἡδὺ πάντως ἡδύ, κἀκεῖ κἀνθάδε

Alexid. 3, 453. ἡδύ γε πατήρ Philem. 4, 63 (166). *ἡδύ γ' ἐν ἀδελφοῖς ἐστιν ὁμονοίας ἔρως Men. 4, 290 (262). ἡδύ γε φίλου λόγος ἐστί Men. 4, 291 (266). ὡς ἡδὺ συνέσει χρηστότης κεκραμένη Men. 4, 293 (274). *ἡδύ τοι | ἐστὶν μεταβολὴ παντὸς ἔργου πλὴν ἑνός Antiph. 3, 119 (1). μεταβολὴ μὲν ἡδὺ δ' οὔ anon. 4, 685 (827). ἡδύ τι *(τὸ?) κοινόν ἐστιν Antiph. 3, 24. ὡς ἡδὺ πᾶν τὸ μέτριον Alexid. 3, 481. οὐ γὰρ τὸ μέγιστον ἔργον ἐστὶ παιδιά, ‖ οὐχ ἡδύ; Antiph. 3, 79 (2, 9). ἥψε-ὄψον δελφάκειον. B. ἡδύ γε Alexid. 3, 489 (5). ἡδύ γε νὴ τὸν Δία τὸν μέγιστον Timocl. 3, 607. ἡδὺ δ' ἀποτηγανίζειν Phryn. 2, 599 (1). ὡς ἡδὺ τὴν θάλατταν-ὁρᾶν-ἐστι Archipp. 2, 727 (1). ῥοφεῖν φακῆν ἔσθ' ἡδὺ μὴ δεδοικότα Antiph. 3, 102. μεταλλάξαι *διάφορα βρώματα | ἔσθ' ἡδύ Antiph. 3, 140 (14). ἡδύ γε μετ' ἀνδρῶν ἐστιν Ἑλλήνων ἀεί | συνάγειν Sophili 3, 581. ἡδύ γ' ἔστ' εὐημερεῖν ἐν ἅπασιν Philem. 4, 26 (v. 3). ἀπραγμόνως ζῆν ἡδύ Apollod. 4, 450. ἡδύ τ'(?) ἀποθνήσκειν ὅτῳ- Men. 4, 288 (245). ὡς ἡδὺ τὸ ζῆν Men. 4, 220 (5). οὐδὲν οὕτως ἡδὺ τοῖς ἀνθρώποις ὡς τὸ λαλεῖν τἀλλότρια ex Men. 4, 330 (496). †ἡδὺ σιωπᾶν ἢ λαλεῖν ἃ μὴ πρέπει mon. 221. καί τοι πολύ γ' ἔσθ' ἥδιον Anaxil. (f. Anaxand. 1, 407) 3, 351. γαστρὸς οὐδὲν ἥδιον *Alexid. 3, 395 (v. 6). ἥδιον Alexid. 3, 454. διαπραξάμενος †ἥδιον βίον Alexid. 3, 519 (34). ἣν *ἔστ' ἰδεῖν ἥδιον ἢ τὸ *θεωρικὸν-ὑμῖν διανέμειν Theophil. 3, 631 (1). ἥδιον οὐδὲν οὐδὲ μουσικώτερον ἔστ' ἡ- Philem. 4, 9 (1). ἄκουσμ' ἥδιον Men. 4, 262 (115). ἥδιον οὐδέν ἐστί μοι τῆς ματτύης Machon. 4, 496. ὅσῳ δ' ἡδίονα τὰ πράγματ' ἦν ἂν ἢ τὰ νῦν Apollod. Car. 4, 442 (v. 16). *ἥδιστόν ἐστιν ἀποθανεῖν βινοῦνθ' ἅμα Philetaer. 3, 295 (2, 2). ἥδιστον ἀτμίζοντα Pher. 2, 300 (1, 15). ἡδέως: ὅσ' ἂν-εἰς ἑαυτὸν ἡδέως τις *εἰσαναλίσκων τύχῃ Antiph. 3, 116 (1, 10). ἡδέως πως-διεφθάρην Kubul. 3, 229 (1). ἥδιον-ἀπολοῦμαι πολύ Mnesimach. 3, 568. ἡδέως ζῆν τὸν βίον καθ' ἡμέραν Philetaer. 3, 295 (2, 5). τὸ ζῆν ἡδέως παρέντες Apollod. Car. 4, 441. ὅστις παρὸν ζῆν ἡδέως κακῶς διάγει Apollod. 4, 456 (3). ἔλεγον ἐγώ σοι μὴ γαμεῖν, ζῆν δ' ἡδέως Philippid. 4, 469 (2). τοὐφήμερον ζῆν ἡδέως anon. 4, 607 (20[b]). μὴ πόλλ' ἀηδῶς, ὀλίγα δ' ἡδέως ἔχειν Men. 4, 252 (61). κάθευδ' ἀηδῶς ἡδέως μασώμενος Philippid. 4, 476 (6). ἵν' ἥδιον πίω Pher. 2, 280 (1). ἐπ' ἀλφίτου πίνοντα-Σέλευκον ἡδέως Epinici 4, 505. κἀποίησεν ἡδέως φαγεῖν Diph. (Sosipp.) 4, 383 (2). λαλεῖν τι καὶ ληρεῖν-ἡδέως Alexid. 3, 386. ἐκολάκευσεν ἡδέως Ephipp. 3, 326 (1). τοῦτον ἀσπασάμενος ἡδέως πάνυ Timocl. 3, 606. ἥδιστ' ἀπῆλθεν οἴκαδε Alexid. 3, 485 (3, 17). ἀπνευστί-ἐκπιών | ὡς ἄν τις ἥδιστ' ἴσον ἴσῳ κεκραμένον Alexid. 3, 495. ἡδέως ἔχων ἐμαυτοῦ Alexid. 3, 481. ὡς ἡδέως μοι γέγονε τὰ πρότερον κακά Philem. 4, 55 (61). ἰχθὺν *τίν' ἡδέως φάγοις ἄν; Antiph. 3, 36 (1, 6). κρέα-τίνος ἥδιστ' ἂν ἐσθίοις; Antiph. 3, 9 (1). ταῦθ' ἥδιστά γ' ἐπιδορπίζομαι Diph. 4, 413. ἥδιστα -ἐκ τῶν τοιούτων-ποτηρίων εἴωθα πίνειν Dioxipp. 4, 542 (1). τὸν λάρυγγ' ἥδιστα πυριῶ τεμαχίοις Crobyli 4, 568 (1). ἐγὼ δ' ἥδιστ' ἀποκτείνας δέρω Anaxand. 3, 181 (v. 13). ἥδιστα *πρὸς τοὺς ὁμοπαθεῖς ὀδύρεται Apollod. 4, 452 (2). τὰ δ' Ἴσθμι' ἀποδοίμην ἂν ἡδέως- anon. 4, 673 (296). τὰς ἑταίρας ἡδέως-ἔχω Antiph. 3, 54. πένεσθαι μᾶλλον ἡδέως ἔχω Philem. 4, 35 (7). ἐρῶσι καὶ φιλοῦσι καὶ σύνεισιν ἡδέως Anaxil. 3, 348 (1, 24). οὐδὲν ἡδέως ποιεῖ-οὗτος Diph. 4, 395 (2, 13). φορεῖν τρίβωνας ἡδέως Aristophont. 3, 362 (3). οὐδεὶς ἀμελεῖθ' ἡδέως Men. 4, 282 (215). τὸν εὐποροῦνθ' ἕκαστος ἡδέως ὁρᾷ mon. 501.

ἥδυσμα: ἡδύσματα Eup. 2, 484. Men. 4, 100 (2). ὥσπερ αἱ παροιμίδες τὴν αἰτίαν ἔχουσ' ἀπὸ τῶν ἡδυσμάτων Pher. 2, 336 (4). σκευάσαι-ἢ τεμεῖν ἡδύσμαθ' Dionys. 3, 548 (v. 16). ταῦτα τῶν ἡδυσμάτων ἀναστομοῖ-*τἀσθητήρια Diph. (Sosipp.) 4, 383 (2). ἔνιά τε(?) τῶν ἡδυσμάτων Posidipp. 4, 513 (v. 6). διά-τῶν ἡδυσμάτων ἐπὶ πλεῖον αὔξειν τὴν μαγειρικὴν τέχνην Athenion. 4, 558 (v. 25). ἡδύσμασιν *ἄρνεια καταπεπλησμέν' Antiph. 3, 101 (5, 3). περιπάσας ἡδύσμασιν *λεπτοῖσι χλωροῖς Alexid. 3, 416. ὑποπάσας ἡδύσματα Alexid. 3, 470 (1, 7). κοὐχὶ λοπάδος προσῶζεν οὐδ' ἡδυσμάτων Philem. 4, 13 (1). τῶν ἡδυσμάτων πάντων κράτιστόν ἐστιν ἀλαζονεία Posidipp. 4, 521 (v. 3).

ἡδυσμάτιον: *ψαιστὰ-ἡδυσματίοις κατάπαστα Telecl. 2, 362 (1, 11).

ἥδω: cf. ἥδομαι. εὖ πράττοντες ἥδομεν φίλους mon. 38. τοῖσι στρουθίοις χαυνοῦσ' (?) ὁμοίως *ἧσε, παρεμυθήσατο Ephipp. 3, 326 (1).

ἤθεος: κόρη-ἤθεος Eup. 2, 561 (40).

ἠθμός: ἐπιθεὶς τὸν *ἠθμόν (vulg. ἠθμόν) Pher. 2, 270 (4). ἠθμὸν (f. ἠθμὸν) ἀργυροῦν Epigen. 3, 539 (2). σχοίνινος *ἠθμός (legitur ἠθμός) i. q. κημός Cratin. 2, 92 (13).

ἦθος: ἠθός τι χρυσοῦν-κεκτημένης Antiph. 3, 124 (1, 5). φιλέταιρον *ἦθος (lib. ἔθος) Cratin. min. 3, 379 (1). λόγου δύναμιν-ἤθει-χρηστῷ συγκεκραμένην ἔχειν Men. 4, 250 (52). ὁ-πλοῦτος ἐξώκειλε-εἰς ἕτερον ἦθος Men. 4, 251 (60). ἦθος προκρίνειν χρημάτων mon. 211. ἦθος πονηρὸν φεῦγε mon. 204. ἦθος πανοῦργον mon. 572. ἤθους δικαίου φαῦλος οὐ ψαύει λόγος mon. 214. ἤθους-βάσανος-χρόνος mon. 219. cf. 573. ἥ*τ' εὐρυθμία τό τ' ἦθος *ἡ τάξις θ' Damox. 4, 536 (v. 7). ἦθος ἀστεῖον πάνυ καὶ πρᾷον Nicomach. 4, 583 (v. 1). ἤθη: Antiph. 3, 158 (82). τὰ δ' ἤθη τῶν πολιτῶν οὐκ ἔχεις Amphid. 3, 317 (1). τοῖς ἤθεσιν-τούτοις ἡ φύσις (servorum) κεράννυται Alexid. 3, 407 (3). φθείρουσιν ἤθη χρήσθ' Men. 4, 182 (2) = mon. 738. ἤθη πονηρά mon. 203. ὡς αἰσχρὸν εὖ ζῆν ἐν πονηροῖς ἤθεσιν mon. 564. ἤθη-ἐν χρόνῳ πειράζεται mon. 573.

ἠθῶ: *ἀμοργιν-βρυτίνην ἠθεῖν (legeb. ἀμοργὸν-ἠθεῖν) Cratin. 2, 75 (4) cf. ad Eup. 2, 556 (19). Χῖος καὶ Θάσιος ἠθημένος Epilyc. 2, 889 (1).

ἥκιστα: ἔπειτ' ἐγὼ-ἐπιτρέψω τινί-; ἥκιστά γ' Timocl. 3, 594. ὁρᾷς; Α. ἥκιστά γε Diph. 4, 414. ἥκιστα τούτοις πλησιάζων ἥδεται Amphid. 3, 302 (2).

ἥκω: ἥκω-ἀρτοπώλιον λιπὼν Aristophan. 2, 946 (7). 1009 (11). ἥκω πολυτελῶς ἀγοράσας Antiph. 3, 118. βεβρεγμένος ἥκω καὶ κεκωθωνισμένος Eubul. 3, 263 (5). ἥκω νῦν ἀγοράσας οὐδὲ ἓν ἔμψυχον Alexid. 3, 398 (1, 3). τἀργυρώματα ἥκω λαβεῖν βουλόμενος Men. 4, 210 (3). add. Philost. 4, 589. χρονία μὲν ἥκεις Cratin. 2, 144 (10). πόθεν ἦλθες (al. ἥκεις); Pher. 2, 321 (2). πύελον ἥκεις ἔχων Eup. 2, 529 (8). ἥκεις καὶ σὺ πρὸς ἡμᾶς-; Amips. 2, 703 (1). ἐπ' αὐτὸν ἥκεις τὸν βατῆρα Amips. 2, 711 (5). εἴ τι κατειδὼς ἥκεις, λέξον Epicr. 3, 370 (1, 7). εἰς καιρὸν ἥκεις Alexid. 3, 451. οἷον πατάγημ' ἥκεις Men. 4, 301 (314). πυρετὸς εὐθέως ἥκει τρέχων Nicoph. 2, 850 (1). ἥκει, πάρεστι Antiph. 3, 81. ἥκει λιπὼν-ἁλμυρὸν βάθος Θεόφιλος ἡμῖν Men. 4, 174 (1). ἥκει *φερόμεν' αὐτόματα πάντα τἀγαθά Diph. 4, 380. γράμμαθ' ἥκει Philem. 4, 51 (50). ἄλλον δ' ἰχθὺν ‖ ἥκει κομίσας Axionici 3, 531 (1). τῶν Φαρσαλίων ἥκει τις-; Mnesim. 3, 578 (2). τὸν ἐλέφανθ' ἥκει φέρων Damox. 4, 529. ἐκ τῶν ἀγρῶν ἥκουσιν Eup. 2, 561 (41). *γυνὴ-ἥκουσιν Μεγαρόθεν Stratt. 2, 774 (5). *γυναῖκα-ζητοῦντες ἐνθάδ' ἥκομεν Aristophan. 2, 1132 (1). ἥκετον πρέσβη δύο Aristophan. 2, 1198 (91). εἶθ' ἥκειν ταχὺ τὸν αὐλοτρύπην Stratt. 2, 764 (1). εἰπόντος αὐτῷ τοῦ φίλου, ὁπηνίκ' ἄν-, ἥκειν Eubul. 3, 261 (1, 8). μικρὸν ὀψιαίτερον δι' ἀσχολίαν ἥκειν ib. 262 (1, 12). ἥκειν ἤδη καὶ μὴ μέλλειν Mnesim. 3, 569 (v. 25). ἀκούσας ἥκειν Men.

4, 305 (338). φάσκων παρὰ τῆς νύμφης ὁ τὰς ὄρνεις φέρων ἥκειν Apollod. Car. 4, 447. ἀγαθὰ μεγάλα ἥκειν φέροντας Aristophan. 2, 1088 (11). ἔχοντα πεῖραν ἥκειν-δείπνων Dionys. 3, 548 (v. 37). οἴνου Χίου στάμνον ἥκειν Aristophan. 2, 1160 (6). τὰς πρημνάδας-*ἐπὶ δεῖπνον (f. et ἐπίδειπνον) ἡκούσας Nicoch. 2, 845 (1). ἐκ τῆς Συρίας ἥκοντι-μύρῳ Antiph. 3, 117 (2, 9). ἐκ τῶν πολεμίων οἴκαδ' *ἥκειν Cratin. min. 3, 377. ἐξ ἀντλίας *ἥκοντα Dionys. 3, 549 (v. 41). κόρης ἐλευθέρας εἰς ἔρωθ' ἥκων Men. 4, 97 (6). ἧκεν ἄρτους πριάμενος Plat. 2, 644 (1). ἐπὶ τούτοις πᾶσιν ἧκ' ὄρχεις φέρων Philippid. 4, 466 (1). τὴν τράπεζαν ἧκ' ἔχων Alexid. 3, 502 (1, 2). ἐπὶ τοὔψον ἧκε Aristophan. 2, 1165 (6). ὁ δ' *ἔχων θέρμα καὶ πῦρ ἧκε Aristophan. 2, 1191 (63). ἴτρια *τραγήμαθ' ἧκε (libr. τραγήματα θῆκε), πυραμοῦς, ἄμης Ephipp. 3, 327 (1). χορδαρίου τόμος *ἧκε Alexid. 3, 442 (1). τὸ πνεῦμα-τὸ σῷζον *ἧκεν Philem. 4, 10 (1). εἶθ' ἥξω πάλιν Aristomen. 2, 734 (1). ἥξω φέρων δεῦρο τὸν Πάρνηθ' *Antiph. 3, 111. ἥξω φέρουσα συμβολὰς-ἅμα Alexid. 3, 449 (4). ἐπὶ τέρματα γῆς ἥξεις Cratin. 2, 136 (5). ἥξει (al. ἥξῃ. f. ἥξεις)-Μήδων γαῖαν Theop. 2, 798 (1). †ἥξει ***(f. ἥξεις ἐπ') ἐννεάκρουνον Polyz. 2, 868 (3). ἐπεγνακτῶν-Ἄδραστος εὐθέως ἥξει Antiph. 3, 106 (v. 12). ἄκλητος ἥξει Apollod. Car. 4, 449. ἥξει Φιλῖνος, Μοσχίων- Straton. 4, 545 (v. 13). ἥξει τὸ γῆρας mon. 209. ἀλάβαστος εὐθέως ἥξει Cratet. 2, 238 (2, 6). τῶν χερσαίων δ' ὑμῖν ἥξει παρ' ἐμοῦ ταυτί Antiph. 3, 73 (2). ἀλλὰ ἐπὶ τούτῳ μέγας ἥξει τις- Antiph. 3, 99 (1). πῦρ' ἔοιχ' ἥξειν ἄγων Aristophan. 2, 1134 (2). τὴν τιμωρίαν οὐ προσδοκῶντες τῆς μέθης ἥξειν Alexid. 3, 500 (1). ἐφ' ὅσον ἥξειν μοι δοκεῖς Men. 4, 144 (2). εἰς ταὐτὸ *καταγωγεῖον αὐτοῖς ἥξομεν Antiph. 3, 29 (2, 5). *ἐνθάδ' ἥξομεν Men. 4, 293 (281[a]). αὖ ἥκειν vide ἐνανήκειν.

ἠλακατῆν: θυννίς, κωβιός, ἠλακατῆνες Mnesim. 3, 569 (v. 35). κωβιός, ἠλακατῆνες Men. 4, 154 (5).

ἡλιάζομαι: *τριωβόλων ὅσων †ὑπερηλιάζομαι (l. ὕπερ ἡλιάζομαι) Phryn. 2, 605 (11).

Ἡλιαία: *εἰς Ἡλιαίαν ἦλθε (libr. τὴν Ἡλιαίαν εἷλε) περὶ τοῦ σώματος Posidipp. 4, 517.

ἡλιαστής: ὁ δ' ἡλιαστὴς εἷρπε πρὸς τὴν κιγκλίδα Aristophan. 2, 1042 (26).

ἠλιβάτας: τράγος ἠλιβάτας Antiph. 3, 73 (2, 3). *ὀρειονόμους-δέλφακας *ἠλιβάτους (f. et-βάτας. libr. ὑλιβάτους,-τας) Anaxil. 3, 343 (1).

ἠλίβατος: κακὸν ἠλίβατον Damox. 4, 530 (v. 22). Cf. et ἠλιβάτας.

ἠλίθιος: ὁ δ' ἠλίθιος ὥσπερ πρόβατον-βαδίζει Cratin. 2, 40 (5). *ἀβελτεροκόκκυξ ἠλίθιος περιέρχεται Plat. 2, 636 (1). ἄνδρα | ἠλίθιον, πλουτοῦντα δ' Eup. 2, 484 (1, 8). ἠλίθιον εἶναι νοῦν τε πουλύποδος ἔχειν Alcae. 2, 824. καὶ περὶ μὲν ὄψου γ' ἠλίθιον τὸ καὶ λέγειν Antiph. 3, 88 (1) = Eriphi 3, 556 (1).

ἠλιθιότης: vid. ἐνεότης.

ἡλικία: ἡλικίαν ἔχεις ἀποχρῶσαν Aristophan. 2, 1149 (2). παρακεκινηκὼς ὑφ' ἡλικίας anon. 4, 680 (311[b]). ὁ παρ' ἡλικίαν νοῦς mon. 690. παρ' ἡλικίαν νοσεῖ Nicol. 4, 580 (v. 34).

ἡλικιώτης: τὰ-μειράκια χαρίζεται τοῖς ἡλικιώταις Theop. 2, 803 (2).

ἡλίκος: ἂν ἴδω-ἡλίκον ἰχθὺν ὅσου τιμῶσι Antiph. 3, 91 (1, 6). ὁ δ' ἡλίκον-ἡ φύσις φέρει λαλῶν Philem. 4, 5 (2). *τοσοῦτο γέγονε τὸ κακὸν ἡλίκον περ ἦν Philem. 4, 34 (5). φυτόν-ἡλίκον τι τρεῖς *χωρεῖν χόας Damox. 4, 529.

Ἥλιος: Ἥλιε, σὲ γὰρ δεῖ προσκυνεῖν πρῶτον θεῶν Men. 4, 265 (186). ἐν Ἡλίου πόλει Antiph. 3, 96.

ἥλιος: τὰ σεμνὰ ταῦτ'–, τὸν ἥλιον τὸν κοινόν, *ἄστρ', ὕδωρ, νέφη Men. 4, 211 (2, 4). τοὺς θεοὺς εἶναι λέγει | ἀνέμους, ὕδωρ, γῆν, ἥλιον Men. 4, 213 (10). ὅσα ζῇ καὶ τὸν ἥλιον βλέπει τὸν κοινὸν ἡμῖν Men. 4, 266 (139). ἥλιος-πείθεται τοῖς παιδίοις ὅταν λέγωσιν "ἔξεχ' ὦ φίλ' ἥλιε" Stratt. 2, 781 (2). ἔξεχ' ὦ φίλ' ἥλιε Aristophan. 2, 1110 (4). χαῖρε φέγγος ἡλίου Aristophan. 2, 1019 (9). ὁ γλυκύτατος ἥλιος Alexid. 3, 418 (1). νὴ τὸν ἥλιον Alexid. 3, 496 (2). Arched. 4, 436 (2, 4). ὄμνυμί σοι τὸν ἥλιον Men. 4, 166 (6). *πόστην ἥλιος τέτραπται; Aristophan. 2, 1006 (5). ἔκλειψιν ἡλίου Alexid. 3, 397 (1). τὸν ἥλιον πότε | ἐπὶ τὴν μακράν τε καὶ βραχεῖαν ἡμέραν ἐπάνεισι Sosip. 4, 483 (v. 27). ἥλιος λάμπων φλογὶ anon. 4, 628 (95[b]). λούσησθε-πρὸς τὸν ἥλιον Aristophan. 2, 1182 (23). θεωρήσαντι πρὸς τὸν ἥλιον γυμνάς Eubul. (Philipp). 3, 237 (v. 3).

Ἦλις: ἐξ Ἤλιδος μάγειρος Antiph. 3, 138 (11). οὔτε Σικελία καυχήσεται τρέφειν τοιοῦτον ἄρταμον- *οὐχ Ἦλις Epicrat. 3, 369.

ἡλίσκος: Aristophan. 2, 1074 (16).

ἧμαι: ἧσθε πανημέριοι Cratin. 2, 95 (4).

ἡμεῖς: cf. ὑμεῖς. οἱ δ' αὖθ' ἡμεῖς Cratin. 2, 111 (1) cf. 5, 20. ἡμεῖς -οὐχ οὕτω τέως ᾠκοῦμεν *οἱ γέροντες Eup. 2, 466 (15, 3). πέλανον καλοῦμεν ἡμεῖς οἱ θεοί Sannyr. 2, 873 (1). ἓν μὲν τὸ κοινὸν (int. γένος)-οἱ μέλανες ἡμεῖς Alexid. 3, 433 (1, 3). *εἶτα τίς *με κωλύει; B. *ἡμεῖς (legeb. ὑμεῖς) Aristophan. 2, 985 (1). τίνα δὴ παρεσκευασμένοι πίνειν τρόπον *νῦν ἐστε; λέγετε. B. τίνα τρόπον; ἡμεῖς τοιοῦτον οἷον ἂν καὶ σοὶ δοκῇ Anaxand. 3, 161 (1). ἀναθῶμεν νῦν χἠμεῖς-τὰς εἰρεσιώνας Eup. 2, 468 (19). εἶτα χἠμεῖς ὕστερον εἰς ταὐτὸ *καταγωγεῖον αὐτοῖς ἥξομεν Antiph. 3, 29 (2, 4). τὴν ἔγχελυν μέγιστον ἡγεῖ δαίμονα, ἡμεῖς δὲ τῶν ὄψων μέγιστον Anaxand. 3, 181 (v. 6). ἡμεῖς δέ γε κτενίζομεν Τελέσιππον Anaxil. 3, 355 (7). τρεῖς ἡμεῖς μόνοι | ἐσμὲν ἔτι λοιποί Sosip. 4, 482 (v. 10). ὥσπερ Σέλευκος δεῦρ' ἔπεμψε τὴν τίγριν, ἣν εἴδομεν ἡμεῖς,-πάλιν ἔδει | ἡμᾶς τι παρ' ἡμῶν ἀντιπέμψαι θηρίον Philem. 4, 15. ἡμῶν ἄπο χεῖρας ἔχεσθαι Cratet. 2, 234 (3). ἣν δ' ἡμῶν-τις ἴδῃ–, περιμάττομεν Pher. 2, 319 (3). ἡμῶν-ἤν τινά τις καλέσῃ-, ἀχθόμεθ' Pher. 2, 335 (3). ἐπὶ δεῖπνον ἐρχόμεσθ' ἄλλυδις ἄλλος ἡμῶν Eup. 2, 485 (1, 11). ὅταν τις *ἡμῶν μουσικῇ χαίρῃ νέων Eup. 2, 546 (1, 8). τὴν ἱερὰν *σφάττουσιν ἡμῶν δέλφακα Theop. 2, 810 (2). Λακεδαιμόνιοι θ' ἡμῶν τὰ τείχη κατέβαλον Demetr. 2, 877 (2). ἡμῶν-*καταπληγήσει τῷ *χορῷ Aristophan. 2, 1033 (16, 3). τὸν λαγὼν ξυναρπάσειεν ἡμῶν Aristophan. 2, 1051 (11). ἡμῶν [τὸ] ἄριστον (f. θἠμῶν ἄρ.) Aristophan. 2, 1153 (12). διέφθορας τὸν ὄρχον ἡμῶν Aristophan. 2, 1173 (4). κιρνάντες-τὴν πόλιν ἡμῶν κοτυλίζετε Aristophan. 2, 1186 (42). τίς γὰρ οἶδ' ἡμῶν τὸ μέλλον-; Antiph. 3, 133 (3, 9). *σφόδρ' ἐστὶν ἡμῶν ὁ βίος οἴνῳ προσφερής Antiph. 3, 155 (68). οὔθ' οἱ τρόποι-ὁμονοοῦσ', οὔθ' οἱ νόμοι | ἡμῶν Anaxand. 3, 181 (v. 3). *καὶ ἡμῶν δὲ πᾶσα δύναμις ὑδάτων ἄρδεται *Eubul. 3, 266 (10). *τὸν οἶνον ἡμῶν τῷ φρονεῖν ἐπισκοτεῖν Eubul. 3, 267 (11)=Ophel. 3, 380 (1). ἡμῶν τὸν βίον τὸν τῶν φιλοποτῶν Amphid. 3, 316 (1). γάστριν καλοῦσι-ὃς ἂν φάγῃ | ἡμῶν τι τούτων Epicrat. 3, 368. τοὺς λέγειν ἡμῶν ὀκνοῦντας τὰς ἀληθείας Men. 4, 266 (138). ἐπιστατεῖ τις τοῦ βίου τύχη | ἄγροικος ἡμῶν Apollod. Car. 4, 441 (v. 5). οὐ παντελῶς εὐκαταφρόνητος ἡ τέχνη, ἂν κατανοήσῃς, ἐστὶν ἡμῶν Sosip. 4, 482 (v. 2). οὗτοι-γεγόνασιν ἡμῶν (coquorum) ἑπτὰ δεύτεροι σοφοί Euphron. 4, 486 (v. 12). τούτοις-τρέφεται τὸ πνεῦμα καὶ | τὸ φωνάριον ἡμῶν *περίσαρκον γίγνεται Clearch. 4, 563 (2). ἡμῶν οὐδὲ εἷς ἔπινεν ἂν Clearch.

4, 548. μετὰ τῶν σωμάτων ἡμῶν-εὐθὺς *χἠ τύχη προσγίγνεθ' ἡμῖν Philem. 4, 6. εἴ τις ἀφέλοι τοῦτ' ἀφ' (ἄρ'?) ἡμῶν τὸ μέρος ἀπὸ τοῦ σώματος Alexid. 3, 479 (1). †ἐνέμεθ' ὥσπερ καὶ τοῖς κυσὶν ἡμῖν Pher. 2, 261 (1, 5). ἃ δὴ δίδωσιν ἡμῖν ὁ τόπος ἄθλι' ἀθλίοις Antiph. 3, 133 (1, 5). ἦσαν ἡμῖν τῇ πόλει-οἱ στρατηγοὶ | ἐκ τῶν μεγίστων οἰκιῶν Eup. 2, 466 (15, 4). *εἴξασιν ἡμῖν οἱ νόμοι τούτοισι τοῖσι-ἀραχνίοις Plat. 2, 620 (1). οὕτω *γὰρ (libr. παρ') ἡμῖν ἡ πόλις-σῶς ἂν εἴη Aristophan. 2, 1194 (76). ὡς ἂν ἐκλέψης καλόν ἡμῖν τε καὶ θαυμαστὸν-ὄρνεον Cratin. 2, 82 (2, 4). ὥσπερ Χαλκιδικὴ τέτοκεν ἡμῖν ἡ γυνή Polyz. 2, 870 (3). πῶς ἡμῖν ἔχεις; Philem. 4, 44 (30). ἦκε Θεόφιλος ἡμῖν Men. 4, 174 (1). κοὐδὲν ἀφ' ὑὸς γίγνεται πλὴν ὕστριχες καὶ πηλὸς *ἡμῖν καὶ βοή Plat. 2, 624 (1). οὐδεὶς-*ἡμῖν (libr. ἡμῶν) Ἰόλεως ἐν τῇ πόλει Plat. 2, 660 (4). ἔστι τις πονηρὸς ἡμῖν τοξότης συνήγορος-ὥσπερ Εὔαθλος παρ' †ἡμῖν (l. ὑμῖν) Aristophan. 2, 1121 (13). adde Aristophan. 2, 977 (15ª). ἡμῖν-μετὰ γέλωτος ὁ βίος Antiph. 3, 79 (2, 6). ἡμῖν δὲ τοῖς θνητοῖς ἐπριάμην κωβιούς Antiph. 3, 118 (v. 4). εἰσὶν ἡμῖν τῶν κεκλημένων δύο-ἄμαχοι Eubul. 3, 261 (1). τοῦτο δ' ἐστὶ τῆς τέχνης θεμέλιος ἡμῖν Machon. 4, 496. εἴτε-Μακεδόνες τοῖς Ἀττικοῖς κατέδειξαν ἡμῖν ib. εἴπαθ' ἡμῖν Pher. 2, 269 (1). ὡς λέγουσιν ἡμῖν Archipp. 2, 718 (1). τὰς προσφόρους ἡμῖν (al. ὑμῖν) τροφάς Antiph. 3, 35 (3). περιτυχὼν δ' ἡμῖν ὁδί | ἐπρίατο Antiph. 3, 92 (1). οἴομαι | οὐδ' αὐτὸν ἡμῖν τοῦτον ἀντερεῖν ἔτι Nicostr. 3, 281. ταῦτα -ἡμῖν-ἐξεπονήθη Cratin. 2, 161 (22). λακκοπρωκτίαν †ἐπίστασ' ἡμῖν (f. ἐπίστασ' ἡμιν) εὑρών Eup. 2, 547 (2). †ἡμῖν (l. ἡ μὴν) Antiph. 3, 102. τί ποθ' ἡμῖν δοὺς χρόνον-πλέκειν ἀλύπως τοῦτον ἡμᾶς οὐκ ἐᾷς; Euphron. 4, 490 (2). ἡμᾶς τίκτει Herm. 2, 380 (1, 3). κοφίνους-ἐκέλευες ἡμᾶς *(ἱμᾶν) Aristophan. 2, 1093 (5). τί πρὸς ἡμᾶς τοῦτο πρὸς τῆς Ἑστίας; Straton. 4, 546 (v. 28). δεῖ ἠριστηκότας πάσχειν, ἐάν τι καὶ παθεῖν ἡμᾶς δέῃ Antiph. 3, 126 (1, 26). δεῦρ' αὐτὸν ἐφυγάδευσαν ὡς ἡμᾶς κάτω Aristophont. 3, 361 (2). ἐπιτρίβουσιν ἡμᾶς οἱ θεοί | μάλιστα τοὺς γήμαντας Men. 4, 165 (4). ἐν τῇ καθ' ἡμᾶς (int. τέχνῃ) δ' ὥσπερ ἡγεῖται σχεδόν Sosip. 4, 483 (v. 47).

ἡμέρα: πρὸ λαμπρᾶς ἡμέρας Pher. 2, 253 (2). στεφάνους ἔχοντας-πρὸ ἡμέρας Apollod. Car. 4, 442 (v. 22). ἐσθίειν πρὸ ἡμέρας ἀρξάμενος-πρὸς ἡμέραν Diph. 4, 385. παρόνθ' ἅμ' ἡμέρᾳ Eubul. 3, 262 (1, 12). παρῆν ἅμ' ἡμέρᾳ Men. 4, 179 (2). *ἑκάστην ἔστιν ἀδεῶς, εὐτελῶς, μεθ' ἡμέραν, πρὸς ἑσπέραν Xenarch. 3, 617 (1, 17). οὔτε νύκτωρ-οὐθ' ἡμέραν Aristophan. 2, 1197 (90). ἄσιτος ἡμέραν καὶ νύχθ' ὅλην κεστρεύς Antiph. 3, 125 (1, 9). ὅσα δένδρων ἀεὶ τὴν νύκτα καὶ τὴν ἡμέραν βρέχεται Antiph. 3, 138 (10, 4). οὐ τὴν νύχθ' ὅλην τήν θ' ἡμέραν δειπνοῦσι Eubul. 3, 230 (2). ἀπραγμόνως-διαγενοῦ τὴν ἡμέραν Nicomach. 4, 584 (v. 42). διατελεῖ τὴν ἡμέραν ἔνδον-ξυλήφιον-ἔχουσα Alexid. 3, 423 (1, 22). διατελεῖς τὴν ἡμέραν τραπεζοποιῶν Diph. 4, 394 (2, 2). διακαρτερῆσαι τηλικαύτην ἡμέραν Alexid. 3, 489 (4). *ὅλην τὴν ἡμέραν-ἐκκορίζειν Eup. 2, 510 (5). ἀποσάττεσθαι-ὅλην τὴν ἡμέραν Philem. 4, 21 (2). τὸ Δωδωναῖον-χαλκίον, ὃ λέγουσιν ἠχεῖν-τὴν ἡμέραν ὅλην Men. 4, 89 (3). ὅλην *λέγοντ' ἂν μ' ἐπιλίποι τὴν ἡμέραν Philippid. 4, 473. †ἐλάλει (f. λαλεῖν) δι' ἡμέρας Pher. 2, 276 (1, 3). δι' ἡμέρας Telecl. 2, 369 (9). δι' ἡμέρας ὁσημέραι τροχάζων Herm. 2, 380 (1, 6). *εὐφρανεῖ δι' ἡμέρας (an ἁμέρας?) Apollod. 2, 881 (2). ἐσθίειν δι' ἡμέρας Eubul. 3, 222 = δι' ἡμέρας ὅλης 237. πίνουσ' ἑκάστης ἡμέρας δι' ἡμέρας Amphid. 3, 319 (7). ἵνα μὴ-πολλὰ μακρολογῶ δι' ἡμέρας Timocl. 3, 595 (v. 13). εἰς τοὔψον-κατακυβεύοντα δι' ὅλης ἡμέρας Alexid. 3, 497. τῆς ἡμέρας τὸ λοιπὸν ὑποβρέχει μέρος Alexid. 3, 505 (5). λαλήσας ἡμέρας σμικρὸν μέρος Men. 4, 209 (1). κατεσθίω τῆς ἡμέρας πένθ' ἡμιμέδιμν' Pher. 2, 252 (1). ὃς κατεσθίεις τῆς ἡμέρας ib. (1, 4). ἐὰν *τοσοῦτον ἐπιδιδῷ τῆς ἡμέρας Herm. 2, 401 (7). ἑκατὸν *(ἂν) τῆς ἡμέρας *ἔκαεν Phryn. 2, 588 (1). τέτταρας τῆς ἡμέρας ὀβολοὺς φέρων Men. 4, 177 (3). δειπνῶν δὶς τῆς ἡμέρας Plat. 2, 692 (44) cf. 5, 51. μανάκις τῆς ἡμέρας Plat. 2, 696 (71). μικρὰν-μᾶζαν-ἑκάτερος ἡμῶν εἶχε δὶς τῆς ἡμέρας Polioch. 4, 590. ἐθύομεν πεντάκις τῆς ἡμέρας Men. 4, 166 (5). adde 4, 178 (1, 2). ὀψωνοῦνθ' ἑκάστης ἡμέρας οὐχὶ μετρίως Diph. 4, 389 (1, 19). εἰ δεκάτην ἐλάμβανες αὐτῶν ἀπὸ τῆς τιμῆς ἑκάστης ἡμέρας Diph. 4, 390 (2). τοῖς μεθυσκομένοις ἑκάστης ἡμέρας Clearch. 4, 563. ξενίζουσ' ἡμέραν ἐξ ἡμέρας Henioch. 3, 563 (v. 13). ὅσ' ἂν καθ' ἡμέραν-*εἰσαναλίσκων τύχῃ Antiph. 3, 116 (1, 9). ἡδέως ζῆν τὸν βίον καθ' ἡμέραν Philetaer. 3, 295 (2, 5). τὸ καθ' ἡμέραν ὁρῶσα πίνειν κἀσθίειν μόνον Epicrat. 3, 365 (2, 6). *τακτῆς τροφῆς τῆς καθ' ἡμέραν Alexid. 3, 446 (1, 6). τὰ συμπόσια τὰ πολλὰ καὶ καθ' ἡμέραν Alexid. 3, 454 (1). τὰ δὲ καθ' ἡμέραν (int. τρέφοντα) τάδε Alexid. 3, 483 (2, 9). παρέχει τὴν καθ' ἡμέραν τροφήν Philem. 4, 33 (4). τοῖς καθ' ἡμέραν δαπανήμασιν Philem. 4, 36 (9). τὸ κακὸν καὶ τἀγαθὸν καθ' ἡμέραν νέμειν ἑκάστῳ Men. 4, 120 (5). τῶν ἀναγκαίων καθ' ἡμέραν Men. 4, 156 (1). ὅταν λυπῇ τι τῶν καθ' ἡμέραν Men. 4, 164 (1). τῆς καθ' ἡμέραν τρυφῆς Men. 4, 240 (24). ἐν ταῖς συνουσίαις-ταῖς καθ' ἡμέραν anon. 4, 605 (16, 9). ὅλας δ' ἀφαιροῦνται (int. τὰς οὐσίας) καθ' ἑκάστην ἡμέραν Alexid. 3, 475. ἀπεκινδύνευσεν ἡμέραν μίαν Antiph. 3, 66. ἡμέραν μίαν ἢ νύκτα χειμασθέντες Philem. 4, 10 (1, 5). οὐχ εἰς ἡμέραν χειμάζομαι μίαν ib. (1, 9). ἐκ μακροῦ χρόνου ἄνοιαν ἡμέρᾳ μεταστῆσαι μιᾷ Men. 4, 146 (3). ἐν ἡμέρᾳ διαφορῆσαι ῥᾴδιον Diph. 4, 422 (19). ὀβελίσκους ἡμέρας ζητουμένους Euphron. 4, 487 (v. 32). κείμενοι δύ' ἡμέρας ἢ τρεῖς Antiph. 3, 67 (v. 6). τρεῖς-περιπατήσας ἡμέρας Alexid. 3, 476 (3). ἐπὶ πεῖρᾳ δοὺς τριάκονθ' ἡμέρας Men. 4, 104 (2). ἐξιέναι-ἐπὶ κῶμον ἡμέρας δέκα Apollod. Car. 4, 442 (v. 21). σιτί'-ἡμερῶν τριῶν Eubul. 3, 215 (2). ὃν οὐκ ἂν καταφάγοιμεν ἡμερῶν τριῶν Nicostr. (Philetaer.) 3, 280 (2, 6). ἐὰν πλέωμεν ἡμερῶν που τεττάρων, σκεπτόμεθα τἀναγκαῖ' ἑκάστης ἡμέρας Men. 4, 242 (28). ἀπὸ θαλάττης-δώδεκα | ὁδὸν ἀπέχοντι-ἡμερῶν Euphron. 4, 494 (1, 8). ποῖ κῆχος; B. ἐγγύς, ἡμερῶν γε τεττάρων Pher. 2, 349 (33). ἡμέρας δρόμῳ κρείττων Alexid. 3, 388. ἐν ἡμέραις *τρισὶν ἰσχνότερον-ἀποφανῶ-B. οὕτως ἐν ἡμέραις ὀλίγαις νεκροὺς ποιεῖς; Aristophont. 3, 360. ἐν ἡμέραισιν ἑπτά Diph. 4, 420 (11). ἐν ἡμέραις δέκα Posidipp. 4, 518 (1). ἐν πένθ' ἡμέραις Alexid. 3, 496 (2). ἐκ πέντε καὶ δέχ' ἡμερῶν προηλπικώς Posidipp. 4, 523 (1, 8). προὐτένθευσαν ἡμέρᾳ μιᾷ *Aristophan. 2, 1106 (10, 5). *σὺ δ' οὐκ ἐγήμω; B. νὴ Δί', ὀλίγας ἡμέρας Aristophan. 2, 998 (9). νῦν τετάρτην ἡμέραν βαπτίζεται Eubul. 3, 238. θεραπεύω-ἤδη τετάρτην ἡμέραν Alexid. 3, 431 (2). ἑψητὸν-ἕνα διὰ δωδεκάτης ἑψόμενον ἡμέρας Eubul. 3, 248. δι' ἡμέρας δειπνοῦσι πέμπτης-κοτύλην μίαν Alexid. 3, 483 (2, 16). ἡμέραν τρίτην (nudius tertius) Antiph. 3, 158 (74). Men. 4, 288 (234). παρ' οὗ τὸ χερνίον τρίτην ταύτην ἐπριάμεθ' ἡμέραν Men. 4, 253 (69). πέμπτην ἔθυον ἡμέραν οἱ *Τήνιοι Euphron. 4, 486 (v. 18). ἐν Κέῳ τίς ἡμέρα;* Cratet. 2, 244 (1, 5). οἴμοι-τῆς τόθ' ἡμέρας Aristophan. 2, 1084 (13). ἡ νῦν ἡμέρα δίδωσί μοι | ἢ δόξαν ἤτοι διαβολήν Men. 4,

327 (482). λευκὴ ἡμέρα Eup. 2, 498 (29). Men. 4, 169 (6). ἀ πο-θεινὴ τοῖς δικαίοις-ἡμέρα Aristophan. 2, 1065 (2, 5). τῶν γάμων κρείττω-τὴν ἕωλον ἡμέραν Axionici 3, 535 (2). ταῖς ἡμέραις ταύταις κωμάζειν ἔθος Alexid. 3, 499 (1). προκέλευθος ἡμέρα Strattid. 2, 775 δικάσιμοι ἡμέραι Men. 4, 313 (397). κρίσιμος dies Men. 4, 296 (...). τὸν ἥλιον ποτε | ἐπὶ τὴν μακράν τε καὶ βραχεῖαν ἡμέραν ἐπάνεισι Sosip. 4, 483 (v. 28). ἡ δ' ἡμέρα | ἀεί τι καινὸν εἰς τὸ φροντίζειν φέρει Posidipp. 4, 519. ἡμέρα-ἔργον ποιεῖ mon. 385.

ἡμέριος: ἰχθύν τιν'-οὐχ ἡμέριον (f. οὐ δὴ μέτριον 5, 85) Ephipp. 3, 323 (1, 4).

ἡμεροκαλλές: ἡμεροκαλλεῖ-τῷ φιλουμένῳ Cratin. 2, 73 (1, 5).

ἥμερος: ἡ παίδευσις ἡμέρους τελεῖ mon. 41. ἥμερος τρόπος mon. 478=68

ἡμετέρειος: τὴν ἐκ Κορίνθου Λαΐδ-; B.-τὴν *ἡμετέρειον Anaxand. 3, 164 (1).

ἡμέτερος: δόμος ἡμέτερος Anaxand. 3, 184 (1, 35). ὁ δὲ τέταρτος (sc. κρατὴρ) οὐκ ἔτι | ἡμέτερός ἐστ', ἀλλ' *ὕβρεος Eubul. 3, 249 (1, 7). ἡμέτερος ὁ πλοῦς anon. 4, 609 (19). τῆς ἡμετέρας σοφίας κριτής Cratin. 2, 192 (51). τὴν ἡμετέραν-προκατέλαβες ὄρασιν Men. 4, 165 (1). καὶ τοῦθ' ἡμέτερον ἦν παίγνιον Anaxand. 3, 164 (1). καινὸν ἐξεύρημά τι | ἡμέτερον Amphid. 3, 306 (1, 3). οὐκ ἀρέσκει σοι τρέφειν; A. οὐκ ἔστι γὰρ ἡμέτερον. B. οὐδ' ἡμέτερον Alexid. 3, 479. θεσμοὶ τῶν ἡμετέρων Cratin. 2, 87 (2). παρὰ δ' ἡμετέροις προγόνοισιν Antiph. 3, 14 παρὰ δεσποσύνοις τοῖς ἡμετέροις Anaxand. 3, 184 (1, 34). θρυλούμενον δι' ἡμετέρων στομάτων Theop. 2, 805 (1). τοῖς ἡμετέροισι παιγνίοις Ephipp. 3, 327 (2). †τῶν κοτταβίων τὰ πολλὰ ἡμέτερα ἦν anon. 4, 623 (75).

ἠμί: ὁ Ζεὺς *δίδωμι Παλλάς, *ἠσί, τοὔνομα Herm. 2, 382 (6). οὐκ ... βατίς; B. *οὐδ' ἠμ' (libr. οὐδέ φημ') ἐγὼ Aristophan. 2, 1076 (3). ἦν δ' ἐγώ Aristophan. 2, 1181 (6). ἦ δ' ὅς Cratin. 2, 126 (15).

'ἡμιβρώς: ἄμητας ἡμιβρῶτας (al. ἡμιβρώτους) Antiph. 3, 49 (1)=Epicr. 3, 388.

ἡμίβρωτος: ἡμίβρωτα λείψανα Axionici 3, 535 (2). cf. ἡμιβρώς.

ἡμίγραφον: Men. 4, 318 (395).

ἡμιεκτέον: βολβῶν-τρί' ἡμιεκτέα Plat. 2, 674 (2, 12).

ἡμίεκτον-χρυσοῦ Cratet. 2, 241 (3).

ἡμίκακον: Alexid. 3, 387.

ἡμίκραιρα: ἡμίκραιρ' ἀριστερά Amips. 2, 705 (3). ἡμίκραιρα ταχεῖ δέλφακος Crobyli 4, 568 (3).

ἡμιλάσταυρον Men. (?) 4, 313 (395).

ἡμίλουτοι Cratin. 2, 212 (113).

ἡμιμάσητοι Cratet. 2, 251 (14).

ἡμιμέδιμνον: κατεσθίω-πένθ' ἡμιμέδιμν' Pher. 2, 262 (1).

ἡμίοπτος: ἡμίοπτα-τὰ κρεάδι' ἐστί Alexid. 3, 466 (4).

ἡμίπλεκτον Philyll. 2, 866 (10).

†ἡμισκάφης Aristophan. 2, 964 (17).

ἥμισυς: τοῦ βίου τὸν ἥμισυν Alexid. 3, 509 (11). τῆς τέχνης τὴν ἡμίσειαν ib. 510. ἅπαντα διαπεπρισμένα *ἡμίσε' (libr. ἡμίσεως) ἀκριβῶς Eubul. 3, 239.

ἡμισφαίριον: τὸ τοῦ πόλου τοῦ παντὸς ἡμισφαίριον Alexid. 3, 502 (1, 7).

ἡμίτομος: ᾠῶν ἡμίτομα Alexid. 3, 502 (1, 10).

ἡμιφυές Men. 4, 318 (395).

ἡμιφωσσώνιον: Aristophan. 2, 1210 (170).

ἡμιχρύσους Anaxand. 3, 163 (2).

ἡμιωβόλιον: ἡμιωβολίου κρέα Eup. 2, 493 (16). καὶ μάλα *τρί' ἡμιωβόλι' ἐστί Philem. 4, 19 (2).
ἡμιώριον Men. 4, 314 (400).
ἤν (en): *ἤν Antiph. 3, 84. ἀλλ' *ἤν χιτών σοι Men. 4, 112 (8). νῦν ἀφύβρισον. *B. ἤν ἀφύβρικα Men. 4, 182 (4).
ἤν condicionalis: ἤν τινά τις καλέσῃ-ἀχθόμεθ' ἢν ἔλθῃ Pher. 2, 335 (3). τί δ' ἢν λύκον; Eup. 2, 428 (2). *ἤν τε σωθῶ γ' ἤν τε μή Phryn. 2, 581 (2) cf. 5, 40. ὅμως ἔλαχες, ἢν νοῦν ἔχῃς. B. πῶς *ἢν ἔχω νοῦν; Plat. 2, 670 (3). ἐφθὴ τῆς ὀπτῆς, ἢν ᾖ μείζων, πολὺ κρείττων, ἢν ὀπταὶ δὲ δύ' ὦσ', ἐφθῇ κλαίειν ἀγορεύω Plat. 2, 673 (1, 17. 18). ἐπὶ ξείνης δ', ἢν μὲν ἔχῃς τι, δέος, ἢν δ' ἀπορῇς, ἀνιηρόν Plat. (?) 2, 697 (v. 4. 5). νεασπάτωτον (vocatis)-ἢν τι *νεοκάττυτον ᾖ Stratt. 2, 781 (3, 8). *ἀρ' εἰ κάτοπτρον φύσεος ἢν πλῆρες δοθῇς Theop. 2, 804 (v. 8). πῶς γὰρ γένοιτ' ἂν-ῥήτωρ-ἄφωνος, ἢν μὴ **ἁλῷ τρὶς παρανόμων Antiph. 3, 112 (1, 14). ἢ (vulg. ἢν)-πένης ὢν τὴν γυναῖκα-ἔχει δέσποιναν. ἢν δ' αὖ λάβῃ μηδὲν φερομένην- Anaxand. 3, 195 (1). πεφύλαξο, | †ἢν (l. εἰ 5, 87) μή-νομιεῖς-μηδὲν καταλείψειν Cratin. min. 3, 377. τῷ τρόπῳ; B. ὄξος λαβὼν ἢν-ἐγχέας-εἶτα θερμὴν τὴν χύτραν εἰς τοὔξος ἐνθῇς Alexid. 3, 440 (5, 5). τοῦ ζῆν ἢν (num ἂν?) ὁρῶ κρεῖττον τὸ μὴ ζῆν, χρήσομαι τῷ κρείττονι Apollod. 4, 451. Ceterum cf. Cratin. 2, 179 (16). *Cratet. 2, 247 (1). Pher. 2, 280 (1, 5). 311 (2). 319 (3). Herm. 2, 400 (6). Eup. 2, 428 (2). 528 (5). 546 (1, 4). Eup. (?) 2, 577 (v. 20). Plat. 2, 648 (2). 680 (4). Archipp. 2, 720 (3). Theop. 2, 813 (1, 5). Aristophan. 2, 1005 (2). ἄκουσον ἢν (f. ἂν) τί σοι μέλλω λέγειν Timocl. 3, 592.
ἡνία: γαστρὸς-πᾶσαν ἡνίαν κρατεῖν mon. 81.
ἡνίκα: ἐστὶν-μεσημβρία, ἡνίκα *γε-δειπνεῖν χρεών Aristophan. 2, 1093 (2). ἡνίκ' εὐθένει Cratin. 2, 231 (173). ἡνίκ' ᾖ νεώτερος Pher. 2, 338 (7, 3). Θηρικλῆς-, ἡνίκ' ἦν νέος Eubul. 3, 220 (2). *ἦν μέγα τι χρῆμ' ἔτι-*ἡνίκα Κράτητι-λαμπρὸν ἐνομίζετ' Aristophan. 2, 1085 (15). Φρύνης ἐρασθεὶς ἡνίκ' ἔτι τὴν κάππαριν συνέλεγεν Timocl. 3, 607 (1). ἔοικεν, ἡνίκ' ἂν λέγῃ, τοῖς *κονιδίοισι Eup. 2, 511 (8). τύπτω-τοὔψον κατεσθίουσαν ἡνίκ' ἂν λάβω Anaxand. 3, 181 (v. 9). ἃ παράκειθ' ἑκάστοτε, | ἡνίκ' ἂν πωλῶσιν αἰγῶν κρανία Alexid. 3, 423 (1, 24). ὡς δεινὸν ἡνίκ' ἄν τις-θεατὴν τὸν τυχόντα λαμβάνῃ Diph. 4, 425 (28). σὺ μὲν ἀττικίζεις, ἡνίκ' ἂν φωνὴν λέγῃς αὐτοῦ τιν' Posidipp. 4, 524 (2).
ἥνπερ: ἥνπερ πύθῃ Pher. 2, 300 (1, 22). *ἥνπερ (vulg. ἄνπερ) φρονῇς εὖ Pher. 2, 343 (7).
ἤνυστρον: ἤνυστρον ἐσκευασμένον Alexid. 3, 504 (3, 8). τόμος ἠνύστρου Mnesim. 3, 569 (v. 14). ἤνυστρα, μήτρας, χόλικας Dioxipp. 4, 541.
ἧπαρ: ποὺς ἑφθός, ἧπαρ, πλευρόν Pher. 2, 269 (1, 5). ἧπαρ κάπρου Aristophan. 2, 1077 (3, 5). ἧπάρ τε κάπρου Eubul. 3, 234 (1). αἰσχυνόμενον ἧπαρ *καπρίσκου Crobyli 4, 567 (2). τὸ ἧπαρ (int. ἐρίφου)-πολλάκις *σκοπουμένων Euphron. 4, 487 (v. 23). χηνὸς ἧπαρ Eubul. 3, 253 (5). οὐδεὶς εἶχέ σοι κωβιὸς ὅλως-ἧπαρ Euphron. 4, 492 (v. 4).
ἡπάτιον: Alcae. 2, 832 (4). φέρεθ' ἡπάτιον Aristophan. 2, 1151 (9). ἡπάτιον ὀπτὸν προσέλαβον Alexid. 3, 397 (1, 7). ἡπάτιον ἐγκεκαλυμμένον Alexid. 3, 429 (1, 16). ἡπάτια, νῆστις, πλεύμονες Eubul. 3, 217. ἡπάτια καὶ νῆστίν τινα προσέθηκεν Aristophont. 3, 356.
ἧπατος: ὡς δ' ἡπάτῳ μοι διελέγου Eubul. 3, 234 (2).
ἤπειρος: καὶ διὰ πόντιον οἶδμα καὶ ἠπείρου διὰ πάσης Antiph. 3, 112 (1, 3).

4, 250 (55). ἤτοι *προσηνῆ γ' ὄψιν ἢ χρηστὸν τρόπον Men. 4, 251 (58). ἤτοι κρίνον ἢ κολοκύντην Men. 4, 331 (504). δαίμον' ἤτοι χρηστὸν ἢ τοὐναντίον anon. (?) 4, 690 (349). ἤτοι τέθνηκεν ἢ διδάσκει- anon. 4, 698 (375). δίδωσί μοι | ἢ δόξαν ἤτοι διαβολήν Men. 4, 327 (482). Καπαῖον [ἤτοι φάλτον] Δία *Antiph. 3, 58 (3).

ἠτριαία: δέλφακος ὀπωρινῆς ἠτριαίαν (al. ἠτριαῖον) φέρετε Aristophan. 2, 1161 (9, 5).

ἠτριαῖον: cf. ἠτριαία. ἠτριαῖον δέλφακος Aristophan. 2, 1077 (3, 6). ἠτριαῖα anon. 4, 681 (316).

† ἠτταλαβεῖν Plat. 2, 629 (1, 4).

ἡττῶμαι: ὑπὸ τοῦ δικαίου-ἡττᾶσθαι Philonid. (?) 2, 425. ὅταν δ' ἁμαρτάνῃς τι χαῖρ' ἡττώμενος Philippid. 4, 469 (3). ἡσσημένῳ-δόξα νικητήριος Antiph. (?) 3, 152 (58c).

ἥττων: ἥττων εἰμὶ-τῆς ἡδονῆς Axionici 3, 534 (1, 6). ἥττων ἑαυτοῦ anon. 4, 601 (6). πάντα-ὅλως ἑτέρων πέφυκεν *ἧττον' Philem. 4, 11. ἧττον-ἀκολουθήσεις ἐμοί Amips. 2, 701 (1). τὰς αὐτὸς αὑτοῦ συμφορὰς ἧττον στένει (al. ῥᾷον φέρει) Timocl. 3, 593 (v. 19). ἧττον ὀδυνᾶται-; Philem. 4, 42 (24). οὔθ' ἧττον οὔτε μᾶλλον-ἠρτυμένοισι χαίρων anon. 4, 671 (292). τοὺς νοῦς ἀγοραίους ἧττον ἢ 'κεῖνος ποιῶ Aristophan. 2, 1142 (4). ἧττόν τ' ἀποσταίην ἂν-ἢ Καλλιμέδων γλαύκου πρόοιτ' ἂν κρανίον Antiph. 3, 43. ἧττον οἶδα τοῦτ' ἐγώ-ἢ τὸ Πλάτωνος ἀγαθόν Amphid. 3, 302. μεθύει οὐδὲν *ἧττον (libr. ἕτερον) Alexid. 3, 428 (2). κἂν δοῦλος ᾖ τις, οὐδὲν ἧττον-ἄνθρωπος-ἐστιν Philem. 4, 9. Cf. ἥκιστα.

ἠΰτε: ὀσφὺν-διακίγκλισον ἠΰτε *κίγκλος (libr. κίγκλου) Aristophan. 2, 955 (8).

Ἥφαιστος: φύλακας Ἡφαίστου κύνας Eubul. 3, 242 (1, 7). πυκνολάττουσιν Ἡφαίστου κύνες Alexid. 3, 452 (1, 16). μὰ τὸν Ἥφαιστον Amips. 2, 707 (1).

ἠχώ: ἠχὼ πετραίαν anon. 4, 637 (130b).

ἠχῶ: τὸ Δωδωναῖον-χαλκίον, ὃ λέγουσιν ἠχεῖν-τὴν ἡμέραν ὅλην Men. 4, 89 (3).

† ἠχῷ] γαληνὸς † ἔντ' ἠχῷ anon. 4, 616 (49).

Θ.

θᾶκος: Διὸς μεγάλου θᾶκος (al. θᾶκοι) πεσσοί τε Cratin. 2, 18 (4).

θακῶ: σισύμβριον-ἢ ῥόδον παρ' οὓς ἐθάκει Cratin. 2, 146 (2).

θάλαμος: ἐν θαλάμῳ μαλακῶς κατακείμενον Eubul. 3, 257 (2). βαῖν' ἐκ θαλάμων *κυπαρισσορόφων Mnesim. 3, 569.

Θάλασσα: Κῆρυξ *Θαλάσσης (libr. θαλ.) τρόφιμος Archipp. 2, 721 (6).

θάλασσα (θάλαττα): ἐπὶ τῆς θαλάττης Cratet. 2, 238 (2, 4). ἀπὸ τῆς θαλάττης (libr. σσ)-δώδεκα | ὁδὸν ἀπέχοντι-ἡμερῶν Euphron. 4, 494 (1, 2). θαλάσσης-τέκν' Plat. 2, 672 (1, 11). *θάλαττα (vulg. σσ) βορβορώδης Men. 4, 77 (12). εἰ πνεύσειε βορρᾶς ἢ νότος ἐν τῇ θαλάττῃ λαμπρός Alexid. 3, 403 (1). οὐ βαλεῖς πάλιν εἰς τὴν θάλατταν-; Antiph. 3, 12 (1, 3). καὶ ζῶντ' ἐστὶ καὶ τεθνηκότα *τάν τῇ θαλάττῃ πολέμι' ἡμῖν θηρία Alexid. 3, 413. πολλῶν κατὰ γῆν καὶ κατὰ θάλατταν θηρίων ὄντων Men. 4, 214 (8). ἀκύμων θάλασσα Aristophan. 2, 1204 (123). θείῳ τ' ἀσφάλτῳ τε πολυφλοίσβοιο θαλάσσης (f. πολυφλοίσβῳ τε θαλάσσῃ) Diph. 4, 416 (3, 4). καὶ πῶς γυνή | ὥσπερ *θάλαττα (libr. θάλατταν) νῆσον ἀμφιέννυται; Anaxil. 3, 354 (4). κἂν διελθεῖν διὰ θαλάττης *δῇ τόπον τίν' Men. 4, 246 (39). † εἰ-τὴν θάλασσαν ἀποδώσεις ταύτην Plat. 2, 621 (2). τῆς θαλάττης ἀντιποι-σθαί τινας ὑμῶν Antiph. 3, 104 (v. 11). ἐν-θαλάσσῃ τάρβος Plat. 2, 697 (v. 3). ἡδὺ τὴν θάλατταν ἀπὸ τῆς γῆς ὁρᾶν Archipp. 2, 727 (1). πλεῖς τὴν θάλατταν-; Antiph. 3, 52 (1). οὐ τοῖς πλέουσι τὴν θάλατ-ταν γίγνεται μόνοισι χειμών Philem. 4, 10 (1). ὅστις διαπλεῖ θάλατ-ταν- Alexid. 3, 480 (3). θάλασσα καὶ πῦρ καὶ γυνὴ τρίτον κα-mon. 231. ἴσον ἐστὶν ὀργὴ καὶ θάλασσα καὶ γυνὴ mon. 264. ... θαλάσσης ὁ τρόπος τῶν δυσκόλων mon. 588. δῆμος ἄστατον κακὸν ... *θαλάττῃ (vulg. σσ) πάνθ' ὅμοιον anon. 4, 615 (48). θάλασσα ... (de theatro) anon. 4, 628 (95[a]).

θαλάσσιος (θαλάττιος): Καρκίνου-τοῦ θαλαττίου Plat. 2, 661 (1). τοῦ θαλαττίου γλαύκου Eubul. 3, 225 (1). κορακῖνον-θαλάττιον Amphid. 3, 310 (3). θαλάττιον *(f. ὄψον) οὗτος οὐδὲν ἐσθίει Antiph. 3, 70 (2, 1). τῶν θαλαττίων-ὄψων Antiph. 3, 75 (2). κακόν τί μοι δώσει μέγα θα-λάττιον Antiph. 3, 123 (2). λαγὸν-τὸν θαλάσσιον Amips. 2, 708 (2). βεμβράδες θαλάσσιαι Phryn. 2, 599 (2). μάντεις εἰσὶ γὰρ θαλάσσιαι Archipp. 2, 720 (4). θαλάττιον βίον Antiph. 3, 52 (1).

θαλαττοκρατῶ: ὅπως μηκέτι θαλαττοκρατοῖντο Πελοποννήσιοι Demetr. 2, 877 (2).

θάλεια: ἐπὶ δαῖτα θάλειαν Pher. 2, 335 (2, 1). ἐν δαιτὶ θαλείῃ Herm. 2, 410 (2, 11).

Θάλλουσα: ἐμπεσεῖν εἰς Λαΐδα ‖ ἢ Βάραθρον ἢ Θάλλουσαν Theophil. 3, 631 (2).

θαλλοφορεῖν: ap. Cratin. 2, 33 (2). Pher. 2, 276 (6).

θαμά: θαμά | ἐκεῖσε φιλοχωροῦντας Aristophan. 2, 1005 (1, 5).

θάμνος: ἰδὼν ἀσφάραγον ἐν θάμνῳ τινί Theop. 2, 817 (4).

†θανατηγός v. θάργηλος.

θάνατος: *ἀθάνατος ὁ θάνατός ἐστιν Amphid. 3, 308. ἐπὰν ἐγγὺς θά-νατος ἔλθῃ Philem. 4, 47 (38). ὁ θάνατος αὐτὴν (int. ὀφρύν) κάτω ἑλκύσει κάτω Philem. 4, 58 (81). ζωῆς πονηρᾶς θάνατος αἱρετώτερος mon. 193. μηδέποτε πλούτει, θάνατον εὐλαβούμενος mon. 612. πάν-των (int. malorum) ὁ θάνατος καθάπερ ἰατρὸς φανεὶς ἀνέπαυσε Diph. 4, 418 (5). ὁ θάνατος οὐκ εὔκαιρος et ἴσως *(ὁ θάνατος) αὐτὸς ... γέγονεν εὐνούστερος anon. 4, 670 (287). τὸ-φοβεῖσθαι τὸν θάνατον Aristophan. 2, 1133 (1). ἀφειμένους ἐκ τοῦ θανάτου καὶ τοῦ σκότους Alexid. 3, 484 (3, 12). ἐκφυγὼν θάνατον Philem. 4, 59 (82). ὑπὲρ τὰ μικρὰ τοῦ θανάτου μυστήρια Mnesim. 3, 579. τοῦτο-δέδοιχ' ὁ θά-νατος τὸ γένος-μόνον (int. pauperes) Alexid. 3, 457 (2). θάνατος *μισθοφόρος Antiph. 3, 150 (49). πιεῖν δὲ θάνατος- Cratin. 2, 17 (16). λουτρόν ἐστιν, οὐ πότος-θάνατος μὲν οὖν Alexid. 3, 386. θάνατός ἐσθ' ἡ ζημία *Cratet. 2, 247 (1). πρὶν θανάτου δρᾶν ἄξια Anaxandr. 3, 200 (18). μὴ πρᾶττε θανάτου ἄξια mon. 194. τὰ πρὸ τῶν εἰς θάνατον Alexid. 3, 385 = Alexand. 4, 553. θανάτου-ἐστὶ ὤνιον (int. πρᾶγμα ὁ μοιχός) Men. 4, 180 (5). τούτου-μοι γένοιτο τοῦ θανάτου τυχεῖν Alexid. 3, 489 (2). μόνος μοι θάνατος οὗτος φαί-νεται εὐθάνατος Men. 4, 74 (3). †ἀωρὶ θανάτῳ (f. ἀωροθάνατος) ἀπέθανεν Aristophan. 2, 1207 (139).

θανατῶ: μελαγχολᾷ | ἢ πτωχός ἐστιν ἢ θανατᾷ Alexid. 3, 480 (3).

θάπτω: ἀποθανόντα τε | ἔθαψε Men. 4, 164 (1). γυναῖκα θάπτειν mon. 95 = anon. 4, 699 (348). κατεδηδεσμένοις (int. piscibus) εὐθὺς τα-φῆναι Antiph. 3, 87 (v. 4).

θάργηλος: *θάργηλον (libr. θανατηγὸν)-χύτραν φέρει Timocl. 3, 594 cf. 4, 720 sq.

θαρρῶ: θαρρεῖν κελεύσας ἕνεκ' ἐμοῦ ταῦτ' (int. ἰχθύδια) Alexid. 3, 429 (1, 7). *πῖθι θαρρῶν Alexid. 3, 489 (3). θαρρῶν κατάτρεχε Dionys. 3, 551 (1, 5).

Θάσιος: τὴν Θασίαν ἅλμην Cratin. 2, 17 (3). Θάσιον, τῷ δὴ μήλων ἐπιδέδρομεν ὀδμή Herm. 2, 410 (2, 3). † Θάσιον, Βίβλινον, Μενδαῖον Philyll. 2, 865 (6). Χῖος καὶ Θάσιος ἠθημένος Epilyc. 2, 889 (1). οὐ Χῖον, *οὐδὲ Θάσιον, οὐ Πεπαρήθιον Aristophan. 2, 1076 (1). Θάσιον ἢ Χῖον λαβών Eubul. 3, 263 (4). † Μενδαῖον, Θάσιον, ἐγχέλεις Men. 4, 161 (1). γέροντα Θάσιον Kpinici 4, 505. † Θασίου μέλανος Aristophan. 2, 1094 (7). Θάσιον ἔγχει Antidot. 3, 529. Θασίοις οἰναρίοις καὶ Λεσβίοις Alexid. 3, 506 (5). οἶνον Θάσιον πίνοις ἄν; Antiph. 3, 77. οἶνος-Θάσιος Antiph. 3, 144 (28). ποδαπὸς ὁ Βρόμιος-; Τ. Θάσιος Alexid. 3, 488 (1).

θαῦμα: ὁρῶ-θαῦμ' ἄπιστον Henioch. 3, 561. θαύματα μώροις anon. 4, 606 (20ᵃ). ἄξιον θαύματος esse amoris initium Men. 4, 236 (14). † θαῦμ' (l. θ' ἅμ') Antiph. 3, 101 (5, 7).

θαυμάζω: μὴ θαυμάσῃς Pher. 2, 256 (3). οὐ πάνυ τι θαυμάζω-*μεῖζόν τι τῶν ἄλλων φρονεῖν Alexid. 3, 391 (2). τὸ περὶ τῆς ἀρχιτεκτονικῆς ἴσως ἐθαύμασας τί τῇ τέχνῃ συμβάλλεται. Β. ἐγὼ δ' ἐθαύμασ'; Sosip. 4, 483 (v. 37 sq.). τεθαύμακ', οὐκ ἐπεὶ πέπλευκεν, ἀλλ' εἰ δὶς πέπλευκεν Philem. 4, 60 (92). τεθαύμακα τοὺς ἰχθυοπώλας, πῶς ποτ'-Alexid. 3, 475. καλὴν γυναῖκ' ἐὰν ἴδῃς μὴ θαυμάσῃς Men. 4, 269 (155). ὁρῶσι πρῶτον, εἶτ' ἐθαύμασαν, *ἔπειτ' ἐπεθεώρησαν Philem. 4, 51 (49). *ἂν δὲ "πτισάναν καὶ τρύβλιον" (int. ἰατρὸς εἴπῃ), θαυμάζομεν Alexid. 3, 448 (2). ζῇ θαυμαζόμενος μετὰ μειρακίων Ephipp. 3, 336 (1). πᾶς ὁ καθ' ἑαυτὸν τεχνολογῶν θαυμάζεται anon. 4, 693 (360). οὐκ ἄν τις εἴπῃ πολλὰ θαυμασθήσεται anon. 4, 690 (344). τῶν ζωγράφων ἡ-χειρουργία | ἐν τοῖς πίναξι κρεμαμένη θαυμάζεται Anaxand. 3, 175 (1, 2). ὁ ταὼς διὰ τὸ σπάνιον θαυμάζεται Eubul. 3, 259. †θαυμάζω τὸν τὴν δαπιδάκνην Plat. 2, 654 (2).

θαυμαστός: παῖς-κάλλιστος-θαυμαστότατός τε Plat. 2, 615 (1). καλόν τι καὶ θαυμαστὸν-ὄρνεον Cratin. 2, 82 (2). θαυμαστὸν ἐμὸν εὕρημα Alexid. 3, 462 (1, 4). θαυμαστὸν ἐφόδιον βίῳ Men. 4, 209 (1). πολλὰ ποικίλλει χρόνος παράδοξα καὶ θαυμαστά Men. 4, 247 (42). ἐπαινέτης θαυμαστὸς οἷος τῶν φίλων Timocl. 3, 595 (v. 9). θαυμαστὴν γυναῖκ' ὡς σώφρονα Men. 4, 287 (238). μετὰ δεῖπνον θαυμαστὸν ὅσ' ἔστ' ἀγαθῶν πλήθη Mnesim. 3, 570 (v. 50).

θέα: αἰγείρου θέα et sim. Cratin. 2, 189 (38). τὴν θέαν *ᾤκεῖτ' ἐκεῖ anon. 4, 658 (226).

θεά: τῆς σεμνῆς θεᾶς Antiph. 3, 45 (3, 4). θεᾶς Δηοῦς Xenarch. 3, 614. αἷς-θεὰν τιμῶσι φωσφόρον Κόρην Nausier. 4, 575 (2). κυνίδιον ἐπρίω τῇ θεᾷ | εἰς τὰς τριόδους; Aristophan. 2, 1030 (12). ἐμοὶ-ἄειδε τοιαύτην, θεά Men. 4, 131 (1). παρθένου Βοιωτίας Κωπᾴδος· ὀνομάζειν γὰρ αἰδοῦμαι θεάν Eubul. 3, 236. αἱ-*λιμνοσώματοι Βοιώτιαι-ἐγχέλεις θεαί Eubul. 3, 223 (2). λιβανωτὸν ὀβολοῦ τοῖς θεοῖς καὶ ταῖς θεαῖς πάσαισι Antiph. 3, 118. μὰ τοὺς θεοὺς καὶ τὰς θεάς Anaxand. 3, 162 (3). †τούτων γυναῖκες ἱέρειαι τῇ θεᾷ θεοί Posidipp. 4, 521 (v. 21).

θέαινα: κυάθους θεῶν-καὶ θεαινῶν μυρίους Antiph. 3, 46 (3, 3).

θέαμα: εἴ τις ὀρχοῖτ' εὖ, θέαμ' ἦν Plat. 2, 659 (1).

Θεανώ: ἀφύας-λεπτὰς-Θεανοῖ-ἀντιρρόπους Antiph. 3, 13 (1, 24). ἡ Θεανὼ δ' οὐχὶ Σειρήν ἐστιν ἀποτετιλμένη; Anaxil. 3, 348 (1, 20).

Θεαρίων: Θεαρίωνος ἀρτοπώλιον Aristophan. 2, 946 (7). 1009 (11). οὓς *δημόταις Θεαρίων ἔδειξεν Antiph. 3, 96 (1).

θεατής: ἀφυπνίζεσθαι-πάντα θεατὴν Cratin. 2, 174 (5). ὦ θεαταί Eu. 2, 546 (1, 1). τῶν θεατῶν *οἴστισι δίψ' ἢ Pher. 2, 294 (17). παλαιῶν ἀνδρῶν θεατῶν ξύλλογε Plat. 2, 646 (1). κομψῶν ἐπὶ δαῖτα θε- τῶν Cratin. 2, 111 (1, 3). κομψός τις-θεατής Cratin. 2, 225 (15) Λέρνη θεατῶν Cratin. 2, 201 (73). θεατὰς ψαμμακοσίους Eup. 2, 54 (16). εἴ γε-οἱ λόγοι | ὑπὸ τῶν θεατῶν εἰσιν ἐγνωρισμένοι Antiph. 3, 105 (v. 3). ἡνίκ' ἄν τις ὢν ἐν φροντίσιν εἰκῇ θεατὴν τὸν τυχόντα λαμβάνῃ Diph. 4, 425 (28).

θέατρον: τῷ θεάτρῳ *νόσησαν αἱ φρένες (?) Cratin. 2, 172 (1). κι- ρωψίσι-εὐωχήσω τὸ θέατρον Metag. 2, 756 (1). ἐξεύρημά τι-ὃ θεάτρῳ οὐδεπώποτε *ἔδειξ' Amphid. 3, 306 (1, 4). ἄστυ-θέατρον ἀτεχ- σαφοῦς γέμον Amphid. 3, 308 (1).

θεατροποιός: καινὸς θεατροποιός (?) Anaxand. 3, 177 (2, 9).

θεατροπώλης: Aristophan. 2, 1169 (6).

θεῖον: ἁγνίζων-θείῳ τ' ἀσφάλτῳ τε Diph. 4, 416 (3).

θεῖος: ἐπίταττέ μοι μὴ πόλλ' ἄγαν-μέτρια δέ, τῷ θείῳ σεαυτοῦ Mnesim. 3, 568.

θεῖος: cf. πορθμεῖον. σὺν ἀνδρὶ θείῳ Cratin. 2, 15 (1). ἅμ' Ὀδυσσ. θείῳ Cratin. 2, 100 (15). ὦ θεῖε Μόρυχε Plat. 2, 652 (1). ἐψη- σμένος ἀκτῖσι θείαις Antiph. 3, 125 (1, 14). πνεῦμα θεῖον Men. 4, 212 (3). τὴν εἰς τὸ θεῖον-βλασφημίαν Men. 4, 272 (169). φοβούμε- νοι τὸ θεῖον Men. 4, 291 (268). ἄγει τὸ θεῖον-πρὸς τὴν δίκην mon. 14. σέβου τὸ θεῖον mon. 474. [πάντ' εἰς χρόνον πεφευγέναι τὸ θεῖον Philem. 4, 67 (1)]. ἡ τὰ θνητῶν καὶ τὰ θεῖα πάντ' ἐπισκοποῦσ'-τύχη anon. 4, 693 (358). καιρῷ πονηρῷ καὶ τὰ θεῖα δυστυχεῖ Philem. 4, 3 (74). ἅπαντές ἐσμεν πρὸς τὰ θεῖ' ἀβέλτεροι Anaxand. 3, 171. τοῖς ὀρθῶς εἰδόσιν τὰ θεῖα Alexid. 3, 519 (35). εὑρήκασιν-μέρος τι τῶν θείων Alexid. 3, 397 (1).

θειοφανής: θειοφανὲς (al. θειοπαγὲς) μητρῷον ἐμοὶ μελέδημ' ἰσχ. Alexid. 3, 456 (1, 14).

θειῶ: ἀνακνάψας καὶ θειώσας τὰς ἀλλοτρίας ἐπινοίας Lysipp. 2, 745 (3).

θελκτήριον: ψυχῆς-ἔχει θελκτήρια (al. κουφίσματα) Men. 4, 240 (23).

θέλω: ἐν ἡμέραισιν-ἑπτὰ-θέλω παρασχεῖν ἢ-ἢ- Diph. 4, 420 (11). κα- ταλῦσαι θέλω Phoenicid. 4, 511 (v. 3). ἂν θέλῃ τις μανθάνειν Alexid. 3, 430 (1, 26). ὅταν εἰδέναι θέλῃς *σεαυτὸν ὅστις εἶ Men. 4, 233 (4). *ἂν ἀγνοῶν τι παρά τινος θέλῃς μαθεῖν Men. 4, 274 (180). ὑπὲρ πα- τρας-πᾶς τις ἀποθνήσκειν θέλει Alexid. 3, 473. εἶναι δίκαιος καὶ δο- κεῖν εἶναι θέλει Philem. 4, 37 (10). ὅταν γὰρ ἄλυπος-εἶναι θέλῃς, δεῖ θεόν *σ' εἶναι- Men. 4, 238 (19). ζῶμεν-οὐχ ὡς θέλομεν, ἀλλ' ὡς δυνάμεθα Men. 4, 84 (13)=mon. 190. θέλομεν καλῶς ζῆν-ἀλλ' οὐ δυνάμεθα mon. 236. θέλων καλῶς ζῆν μὴ τὰ τῶν φαύλων φρόνει mon. 232. γίγνεθ' ὧν θέλεις κρατεῖν Philem. 4, 62 (102). τῶν πα- ρουσῶν ἣν θέλει φιλήσει Callipp. 4, 561 cf. 5, 116. †οὐδεὶς ἑαυτῷ θέλει βουλεύεται Philem. 4, 47 (38). ἂν θεὸς θέλῃ Alexid. 3, 489 (2). ἂν θεοὶ θέλωσι Alexid. 3, 497. θεοῦ θέλοντος mon. 671. τί ἐστι θεὸς οὐ θέλει σε μανθάνειν· ἀσεβεῖς τὸν οὐ θέλοντα μανθάνειν θέλων Philem. 4, 59 (86). οἶνον-τοὺς γέροντας-πείθειν χορεύειν οὐ θέλοντας (f. κοὐ θ.) Eriphi 3, 556. σὺ δὲ μικρολόγος *(ἄρ') οὐ θέλων (libr. οὐχ ἐθέλων) καινὰς πρίασθαι Men. 4, 101 (2). οἱ-θέλοντες προσλαβεῖν -ἀποτυγχάνουσι πολλάκις Men. 4, 243 (31). μοχθεῖν-τοὺς θέλοντας εὐτυχεῖν mon. 338. βάπτεται θέλων καλὸς εἶναι Nicol. 4, 580 (v. 34). μὴ *χρώμασιν τὸ σῶμα λαμπρύνειν θέλε Antiph. 3, 151 (56). δίκαιος εἶναι μᾶλλον ἢ χρηστὸς θέλε mon. 114. καλῶς ἀκούειν μᾶλλον ἢ πλουτεῖν θέλε mon. 265. κρίνειν δίκαιον-θέλε mon. 678. σύμβουλος ἀγαθῶν-εἶναι θέλε mon. 631. ἀκούειν τῶν γεραιτέρων θέλε mon. 384. ἴσον θεῷ σου τοὺς φίλους τιμᾶν θέλε mon. 269. σὺν τοῖς φίλοισιν εὐτυχεῖν-θέλε mon. 458. ὥστε μᾶλλον ἂν θέλειν ἀποκαρτερεῖν ἤ- anon. (cf. 5, 52) 2, 746 (2, 10). θέλω τύχης σταλαγμὸν ἢ φρενῶν πίθον mon. 240. ἡ σιωπὴ μαρτυρεῖ τὸ μὴ θέλειν mon. 223. θέλων cf. ἑκών.

θεμέλιος: τοῦτο δ' ἐστὶ τῆς τέχνης θεμέλιος ἡμῖν Machon. 4, 496 (v. 2).

θέμις: ὧν οὐδὲ λειφθέντων θέμις δούλῳ φαγεῖν Antiph. 3, 49 (1) = Epicrat. 3, 368. οὐ θέμις ζῆν πλὴν θεοῖς ἄνευ κακοῦ mon. 692.

Θεμιστοκλῆς: Telecl. 2, 369 (5). Herm. 1, 99 (6). de eius filia Diph. 4, 378.

Θεογένης: *Telecl. 2, 367 (5). Aristophan. 2, 1174 (12). Καπνὸς vocatus Eup. 2, 474 (35).

Θέογνις: ᾔδειν πρὶν Θέογνιν γεγονέναι anon. (372) 5, 122.

Θεοδέκτης: τὴν Θεοδέκτου-τέχνην Antiph. 3, 59.

Θεοδοτίδης σάννας Cratin. 2, 187 (33ᵃ).

Θεόδοτος: τὸν γόητα Θεόδοτον Alexid. 3, 485 (4).

Θεόδωρος: εἰ-ῥήσεις-κατὰ δεῖπνον *Θεόδωρός (legeb. Θεωρός) μοι λέγοι Ephipp. 3, 335 (2, 3). Θεόδωροι anon. 4, 637 (131ᵃ).

θεοεχθρία vide θεοσεχθρία.

θεόθεν: μή-νέμεσις θεόθεν καταπνεύσῃ Plat. 2, 673 (1, 14).

θεόθυτα Cratin. 2, 215 (182).

Θεολύτη: γραῦ Θεολύτη, γραῦ Theop. 2, 804 (v. 5). δεῦρο παρ' ἐμὲ Θεολύτη ib. (v. 6). *τότ' ἦν καὶ Θεολύτη μάλ' εὐπρόσωπος καὶ καλὴ Anaxand. 3, 165 (1). Θεολύτην δ' *(οὐδ') οἶδεν οὐδείς, ὅτε τὸ πρῶτον ἐγένετο Philetaer. 3, 294 (1, 3).

θεομαχῶ: μὴ θεομάχει Men. 4, 123 (2).

†θεοξενίης Polyz. 2, 868 (2).

θεοπλάσται: Aristophan. 2, 1211 (172).

θεοπρόπος: θεοπρόπε anon. 4, 610 (33).

θεός (ὁ, ἡ): Ζεὺς θεός Ephipp. 3, 337 (2). ὁ Ζεὺς ὁ φίλιος, ὁ τῶν θεῶν μέγιστος Diod. 3, 544 (v. 6). αὐτὸς ὁ κρατῶν τῶν ἐν οὐρανῷ θεῶν Ζεύς Men. 4, 128 (1). Διός-σωτῆρος, θεῶν-ἁπάντων *χρησιμωτάτου Alexid. 3, 489 (3). ὀνόματα τῶν δώδεκα θεῶν Amphid. 3, 303 (1). ἔστ' ἀπεψηφισμένος ὑπὸ τῶν θεῶν τῶν δώδεκ'-Ἔρως Aristophont. 3, 361 (2). ἀδικεῖ-τὸν Ἔρωτ'-θνητὸς θεόν Alexid. 3, 411. ἦν ἄπειρος τῶν τρόπων τῶν τοῦ θεοῦ Eubul. (Arar.) 3, 226 (3). μὴ πέτεσθαι τὸν θεὸν τὸν Ἔρωτα Alexid. 3, 392 (1). οὐ ῥᾴδιον νεότητα νικᾶν ἐστι καὶ θεὸν λόγῳ Men. 4, 86 (1). οὔτε θεὸς οὔτ' ἄνθρωπος (Amor) Alexid. 3, 495 (1, 7). εἶτ' οὐ μέγιστός ἐστι τῶν θεῶν Ἔρως-; οὐδεὶς-ὃς οὐχὶ τούτῳ μερίδα τῷ θεῷ νέμει- Men. 4, 137 (1). Ἔρως-τῶν θεῶν ἰσχὺν ἔχων πλείστην- Men. 4, 203 (4). διὰ τοῦτον ἐπιορκοῦσι τοὺς ἄλλους θεούς ib. πολὺ τῶν θεῶν ἂν ἦσθα *πλουσιώτατος (Neptune) Diph. 4, 390 (2). Ἑρμῆ θεῶν (i. e. χθονίων) προπομπέ Alexid. 3, 419. ὃν δὴ κεφαληγερέταν θεοὶ καλοῦσιν Cratin. 2, 147 (3). χαλκίδα κικλήσκουσι θεοί Cratin. 2, 198 (62). πέλανον καλοῦμεν ἡμεῖς οἱ θεοί Sannyr. 2, 873 (1). βίος θεῶν γάρ ἐστιν Antiph. 3, 143 (23). τὸ ζῆν τὸν καλούμενον θεῶν-βίον Apollod. Car. 4, 442 (v. 16). οὐ-θέμις ζῆν πλὴν θεοῖς ἄνευ κακοῦ mon. 692. μήτ' ἐν ἀνθρώπου μέρει μήτ' ἐν θεοῦ ζῆν Alexid. 3, 493 (1). singularis deorum felicitas Men. 4, 125 (7). † Μενδαίῳ-ἐνουροῦσιν θεοὶ αὐτοί Herm. 2, 410 (2, 1) cf. 5, 33. ὃν τοῖς θεοῖς φέρει Ποσειδῶν γόγγρον εἰς τὸν οὐρανόν Philem. 4,

27 (v. 22). ἅπαντες οἱ φαγόντες ἐγένοντ' ἂν θεοί-ib. (v. 24). εὐχο θεὸν λέγεις (int. Πλούτωνα) Aristophont. 3, 363 (4). ὥς οὐδὲ μάτ ὑπεροράν οἶμαι θεοὺς Kriphi 3, 558 (3). τίς ἥρως ἢ θεὸς ἀποδοκιμ- ζει τὴν τοιαύτην διατριβήν; Timocl. 3, 595 (v. 11). ὅτε τοῖσι θε θύετε Pher. 2, 261 (1). θύομεν αὐτοῖσι-ὥσπερ θεοῖσι Aristophan. 1148 (1, 13). ταῖς εὐτελείαις οἱ θεοὶ χαίρουσι Antiph. 3, 89 (2). π- μικρὸν αὐτὸ τοῦτ' ἀρεστὸν τοῖς θεοῖς ib. 90 (2, 7). λιβανωτὸν ὁμοί τοῖς θεοῖς καὶ ταῖς θεαῖς πάσαισι Antiph. 3, 118. βοῦν προσκυνε ἐγὼ δὲ θύω τοῖς θεοῖς Anaxand. 3, 181 (v. 4). αὐτοῖς δὲ τοῖς θεοῖ -ὥσπερ παιδεραστaῖς θύετε Eubul. 3, 270 (18). ὡς θύουσι δ' οἱ τ- χωρύχοι-οὐχὶ τῶν θεῶν ἕνεκ' ἀλλ' ἑαυτῶν Men. 4, 108 (3). τὸ πύπ- νον τοῦτ' ἔλαβεν ὁ θεὸς-ἐπιτεθέν ib. τὴν ὀσφὺν ἄκραν καὶ τὴν χολ -τοῖς θεοῖς ἐπιθέντες ib. ἐγὼ-ὤν *γ' ὁ θεὸς οὐκ εἴασα τὴν | ὀσφῦν -ἐπιθεῖναί ποτε Men. 4, 161 (1, 11). add. ib. (1, 2. 8). ἔθυον προσέχουσιν οὐδέν μοι θεοῖς Men. 4, 279 (202). ἐπιτρίβουσιν ἡμ οἱ θεοὶ μάλιστα τοὺς γήμαντας Men. 4, 165 (4). θύομεν-τῷ μάλιστ τοὺς θεοὺς ἡμῖν (coquis) ὑπακούειν Athenion. 4, 558 (v. 41). σπλάγχνα τοῖς θεοῖσιν ὀπτῶσιν- ib. (v. 16). θεοὺς ὀστῶν-καὶ χολ χαίρειν *ἀπαρχαῖς anon. 4, 613 (41). οὐ τοῖς φίλοις θύω-ἀλλὰ τοῖς θεο anon. 4, 679 (310). Νηρεὺς-γόγγρον ἧψε τοῖς θεοῖς Euphron. 4, 486 (v. 6) θεῷ σπείσαντ' Cratin. 2, 225 (154). ἐπεχεάμην-κυάθους θεῶν-καὶ θε- νῶν μυρίους Antiph. 3, 46 (3, 8). μέχρι-τριῶν-τιμᾶν τοὺς θεούς An- tiph. 3, 90 (3). φέρε-ἀγήλω τοὺς θεούς Herm. 2, 393 (1). κυπαρ- τον τοῖσι θεοῖσιν Herm. 2, 407 (1, 14). φέρει (ager)-ὅσα θεοῖς ὡ καλά Men. 4, 97 (4). κόμην τρέφων ἱερὰν τοῦ θεοῦ Diph. 4, 407 (1, 6). τί οὖν ἐνέσται τοῖς θεοῖσιν Antiph. 3, 46 (1). τὰς τῶν θεῶν τιμ ποιοῦντ' ἀνθρωπίνας Philippid. 4, 475 (2). ἱερεὺς-ἦλθ'-ὀρφὼς τοῦ θε (al. τῶν θεῶν) Archipp. 2, 722 (9). †τούτων γυναῖκες ἱέρειαι τῇ θεῷ θε Posidipp. 4, 521 (v. 21). *βάπτειν τὰ κάλλη-τῇ θεῷ Eup. 2, 563 (45). παντευχίαν-τοῦ θεοῦ Aristomen. 2, 732 (1). ἦσαν περινομαὶ τῇ θε Men. 4, 302 (321). ἢ 'πὶ τῶν σεμνῶν θεῶν Eup. (?) 2, 577 (v. 21) †θεῶν ἕνεκ' ἔπλευσε Eup. 2, 513 (11). σὺ δ' ὁμέστιος θεοῖς; Aristo- phan. 2, 1189 (58). παρασίτους τῷ θεῷ (i. e. Herculi) οὐ πώποτ' ἀπ- κλήρωσεν Diod. 3, 544 (v. 25). αὐτοὺς παρασίτους τοῦ θεοῦ τοὺς ἄλ- λους Criton. 4, 538 (v. 8). θεοῖσι συμπεπλεγμένοι Eubul. 3, 26 ἐμυήθην θεοῖς Theophil. 3, 626. τὴν θεὸν ἐξιλάσαντο (Syri) τῷ τα- ταπεινῶσθαι σφόδρα Men. 4, 102 (4). σιωπῇ τούτῳ τῷ θεῷ (Pani) οὐ δεῖν προσιέναι Men. 4, 109 (8). εἰ-ἕλκει τὸν θεὸν τοῖς κυμβάλοις ἄν- θρωπος εἰς ὃ βούλεται Men. 4, 140 (1). τὰ τοῦ θεοῦ καλά Phryn. 2, 583 (1). τὰ τῆς θεοῦ πανταχῶς ἔχειν καλῶς Men. 4, 162 (2). θυσία μεγίστη τῷ θεῷ- mon. 246. οἷς ὡσπερεὶ θεοῖσιν ηὐχόμεσθα Eup. 2, 466 (15, 6). θεοῖς Ὀλυμπίοις εὐχώμεθα | Ὀλυμπίαισι πᾶσι πάσαις Men. 4, 153 (3). εὔχει τ' ἀεί με ζῆν; Σ. ἅπασι τοῖς θεοῖς Alexid. 3, 476 (2, 7). Ἥλιε, σὲ γὰρ δεῖ προσκυνεῖν πρῶτον θεῶν, δι' ὃν θεωρεῖν ἔστι τοὺς ἄλλους θεούς Men. 4, 285 (136). ὧν τοῖς θεοῖς ἄνθρωπος εὔχεται τυχεῖν Posidipp. 4, 519 (1). μηδέποτε τὴν ἀλυπίαν αἰτοῦ παρὰ θεῶν-. ὅταν γὰρ ἄλυπος διὰ τέλους εἶναι θέλῃς, ἢ δεῖ θεόν *σ' εἶναί τιν' ἢ-νεκρόν Men. 4, 238 (19). μηδέποτε πεῖραν τοῖς θεοῖς εὔχου λα- βεῖν-τοιούτου anon. 4, 692 (354). ὁ γῆρας αἰτῶν παρὰ θεῶν ἁμαρτάνει Philem. 4, 60 (87). εὐχῆς δικαίας οὐκ ἀνήκοος θεός mon. 146. ὦ θεοί Chionid. 2, 7 (2). Alexid. (Antid.) 3, 456 cf. 5, 90. Eup. (?) 2, 577 (v. 18). Men. 4, 169 (1, 11). Arched. 4, 435. Cratin. 2, 183 (23)= Cratet. 2, 246 (8). Antiph. 3, 38 (1, 3) = Eriph. 3, 556 (1, 3). Ar-

tiph. 3, 88 (1, 2). 101 (5). ὦ γῆ καὶ θεοί Nicostr. (Philetaer.) 3, 279 (2, 3). anon. 4, 608 (27a). ἀλλ' Ἡρακλεῖδαι (?) καὶ θεοί Men. 4, 301 (319). ὦ φίλοι θεοί Men. 4, 199 (7). ὦ πολυτίμητοι θεοί Antiph. 3, 79 (1). Men. 4, 231 (6). πολύτιμοι θεοί Men. 4, 101 (2). θεοὺς δ' ἐσίγων (iurantes) Cratin. 2, 155 (11). καινοὺς πορίζου †πρός με (f. πρὸς σὲ τῶν) θεῶν θεούς Euphron. 4, 491. καταφρονεῖν τῶν θεῶν ἐμοὶ δοκεῖ Antiph. 3, 149 (43). τοὐναντίον-νῦν ποιοῦσιν οἱ θεοί ib. (44). ὁ μὴ τίνων θεοῖσιν ὁρκίων δίκας (Amor) Timoth. 3, 589. adde mon. 253. μὰ τοὺς θεούς, νὴ τοὺς θεούς sim. vid. μά, νή. πρὸς τῶν θεῶν, πρὸς θεῶν etc. infra sunt v. πρός. νὴ τὼ θεώ Pher. 2, 281 (3, 3). 311 (3, 2). Alexid. 3, 459. μὰ τοὺς θεοὺς καὶ τὰς θεάς Anaxand. 3, 162 (3). μὰ τὴν Ἀθηνᾶν καὶ θεούς Alexid. 3, 496 (1, 14). αὐτόματα-θεὸς ἀνίει τἀγαθά Cratin. 2, 110 (6). [πωλοῦσιν-οἱ θεοὶ τἀγαθά Plat. 2, 696]. πολλὰ κἀγάθ' οἱ θεοὶ-δοῖεν Antiph. 3, 89 (1, 6). πόλλ' ἀγαθὰ δοῖεν οἱ θεοὶ Δημητρίῳ Alexid. 3, 421 (1). θεὸς οὐδεὶς εἰς *τὸ προκόλπιον φέρει | ἀργύριον Men. 4, 128 (1). ὁ μὴ δεχόμενος τῶν θεῶν τὸ σύμφορον-διδόντων-· *ἐὰν δὲ μὴ θεὸς διδῷ- Men. 4, 197 (1). φανεράν -τὴν δόσιν τὴν τοῦ θεοῦ ποιεῖν· ὁ γὰρ *(θεὸς) δεδωκὼς τἀγαθά- Alexid. 3, 507 (8). δῶρον-παρὰ θεῶν *εὑρημένη Diph. 4, 408. τὸν οἶνον τοὺς θεοὺς θνητοῖς καταδεῖξαι-ἀγαθὸν μέγιστον- anon. 4, 604 (16). αὐτὸν τὸν θεόν, ἐξ οὗ τὸ μεθύειν-γίγνεται Antiph. 3, 102. ὅ τι προῖκα μόνον ἔδωκαν ἡμῖν οἱ θεοί, τὸν ὕπνον anon. 4, 670 (289). ὅστις τέχνην κατέδειξε πρῶτος τῶν θεῶν Antiph. 3, 66. σεμνόν-καὶ νενομισμένον καὶ τῶν θεῶν εὕρημα (int. parasitorum ars), τὰς δ' ἄλλας τέχνας οὐδεὶς θεῶν κατέδειξεν Diod. 3, 543 (v. 3. 4). εἴτε πρῶτοι Μακεδόνες-κατέδειξαν (int. ματτύην)-εἴτε πάντες οἱ θεοί | οὐκ οἶδα Machon. 4, 496. οὐδ' *ἐὰν πλάττῃ θεός Men. 4, 277 (192). εἴ τις προσελθών μοι θεῶν λέγοι- Men. 4, 134 (2). εἰ-τοῦτο τῶν θεῶν τις ὡμολόγησέ σοι Men. 4, 227 (2). ἀπὸ μηχανῆς παιοῦντες ὥσπερ οἱ θεοί Alexid. 3, 439 (4, 19). ἀπὸ μηχανῆς θεὸς ἐπεφάνης Men. 4, 136 (6). 148 (8). τῆς ἐπαφροδίτου καὶ φιλανθρώπου θεοῦ (i. e. Pacis) Philem. 4, 22 (v. 8). ἔλεος ἐπιεικὴς θεός Timocl. 3, 611. Χάριτος ἡδίστης θεῶν Antiph. 3, 134 (4, 4). ὃν οἱ θεοὶ φιλοῦσιν ἀποθνήσκει νέος Men. 4, 105 (4). cf. mon. 425. νομίζονθ' οἱ πένητες τῶν θεῶν Men. 4, 160 (3). τῶν χρηστῶν ἔχει τιν' ἐπιμέλειαν καὶ θεός Men. 4, 182 (2). ἅπαντα δ' ἀγαθὸν εἶναι τὸν θεόν Men. 4, 238 (16b). οὐκ -φροντίζει τις ἡμῶν ἢ μόνος θεός Men. 4, 276 (187). τοσαύτην τοὺς θεοὺς ἄγειν σχολήν Men. 4, 120 (5). τόλμῃ δικαίᾳ καὶ θεὸς συλλαμβάνει Men. 4, 249 (47). adde mon. 126. 242. 252. 118. 141. 241. θεὸς συνεργός mon. 237. θεοῦ θέλοντος mon. 671. ἂν θεὸς θέλῃ Alexid. 3, 489 (2). ἂν θεοὶ θέλωσι Alexid. 3, 497. σὺν θεοῖς Men. 4, 188 (7).

ἡμῖν ἐγκιλικίζουσ' οἱ θεοί Pher. 2, 351 (42). ποῦ θεοὺς οὕτως δικαίους ἐστὶν εὑρεῖν-; Men. 4, 170 (7). μάταιός ἐστιν-ἐκ θεῶν τε δυστυχής Amphid. 3, 309 (2). πρὸς θεῶν πράττων κακῶς Men. 4, 155 (1). ὃ μισεῖν οἴμ' ἅπαντας τοὺς θεούς, γυναῖκας ἔπλασεν Men. 4, 231 (6). ὅστις γυναῖκ' ἐπίκληρον ἐπιθυμεῖ λαβεῖν-μῆνιν ἐκτίνει θεῶν Men. 4, 250 (55). θεοῖσιν ἐχθρός sim. cf. v. ἐχθρός. πάντων ἂν-*κατεφρόνησε τῶν θεῶν Antiph. 3, 152 (58b). εἰς τοὺς ὁμολογουμένους θεοὺς ἀσεβοῦντες Timocl. 3, 590. μὴ καταφρονήσῃς *(τῶν) θεῶν Men. 4, 119 (1). ἣν ἂν *παρίῃς μηκέτ' αἰτιῶ θεόν Men. 4, 126 (1). μὴ φρονεῖθ' ὑπὲρ θεούς mon. 243. τί τηλικοῦτον ἀδικεῖς τοὺς θεούς; Baton. 4, 499 (1, 6). θεῷ μάχεσθαι δεινόν ἐστι mon. 247. θεοῦ-πληγήν mon. 251. τοὺς θεοὺς σέβουσιν Aristophan. 2, 1171 (1, 13). θεὸν σέβου καὶ πάντα πράξεις ἐνθέως mon. 229. ἔλπιζε τιμῶν τὸν θεὸν πράξειν καλῶς mon. 1[…] τὸ πρῶτον εὐσεβεῖν πρὸς τὸν θεόν mon. 567. πρὸς θεὸν βλέπειν mon. 5[…] θεὸν προτίμα, δεύτερον τοὺς σοὺς γονεῖς mon. 280. θεοὶ μέγιστοι-οἱ γον[…] mon. 238. νόμιζε σαυτῷ τοὺς γονεῖς εἶναι θεούς mon. 379. cf. 269. […] θεὸν σέβοντες Philem. (?) 4, 60 (90). θεὸν νόμιζε καὶ σέβου, ζήτει δὲ μ[…] Philem. 4, 43 (28). τί ἐστιν ὁ θεὸς οὐ θέλει σε μανθάνειν Philem. 4, 59 (88). [θεὸν-ποῖον-νοητέον; Philem. 4, 67 (2). θεὸς ὁ πάντων δε-σπότης ib. (1, 11). †ἀρχὴν νόμιζε τὸν θεὸν φοβεῖσθαι mon. 53. θεὸς ἐστιν εἷς πατὴρ- Plat. 1, 196]. ἅπαντα σιγῶν ὁ θεὸς ἐξεργάζεται Men. 4, 293 (280). θεοῦ-οὐδεὶς χωρὶς εὐτυχεῖ mon. 250. οὐδεὶς ποιῶν πο-νηρὰ λανθάνει θεόν mon. 592. †μακρὰν οἰκίζει θεοῦ mon. 572. τ[…] θνητὸν περικάλυπτε τῷ θεῷ Diph. 4, 384 (1). ὀξὺς θεῶν ὀφθαλμ[…] mon. 695. πάντη-ἐστι πάντα τε βλέπει θεός mon. 698. ὃν οὐδὲ ε[…] λέληθεν οὐδὲ ἓν ποιῶν ‖ οὔτε θεὸς οὔτ' ἄνθρωπος (Aer) Philem. 4, 31 (2). ἐγὼ δ', ὃ θεοῦ 'στιν ἔργον, εἰμὶ πανταχοῦ ib. ὁ βασιλεὺς θεῶν, ὁ θε[…] ἀνάγκης Philem. 4, 11. ὁ μὲν Ἐπίχαρμος τοὺς θεοὺς εἶναι λέγει ἀνέμους, ὕδωρ, γῆν-ἐγὼ δ' ὑπέλαβον χρησίμους εἶναι θεοὺς τἀργύρι[…] ἡμῖν καὶ τὸ χρυσίον- ‖ -μόνον δίδου· αὐτοὺς γὰρ ἕξεις τοὺς θεοὺς ὑπη-ρέτας Men. 4, 233. 234 (10). οὐκ ἔστιν ἡμῖν οὐδεμία τύχη θεός Philem. 4, 51 (48). ταὐτόματόν ἐστιν-θεός Men. 4, 151 (2). καιρὸς voca[…] θεός Men. 4, 331 (500). οὐδέποτ' ἀρέσκει ταὐτὰ τούτῳ τῷ θεῷ (i[…] χρόνῳ) Nicostr. 3, 288 (4). ταύτην (i. e. τύχην) καὶ φρένας δεῖ τ[…] πρόνοιαν τὴν θεὸν (f. θεῶν) καλεῖν μόνην Men. 4, 213 (3, 10). θεὸς ἔστι τοῖς χρηστοῖς-ὁ νοῦς Men. 4, 72 (14). ὁ νοῦς-ἐστιν ὁ λαλήσων θεός Men. 4, 90 (6). ὁ νοῦς-ἐν ἑκάστῳ θεός mon. 434. ἅπασιν-[…] συνείδησις θεός mon. 597 cf. 654. βασίλεια-εἰκών-θεοῦ mon. 79. τ[…] γὰρ τρέφον με τοῦτ' ἐγὼ κρίνω θεόν Men. 4, 76 (8) cf. mon. 490. ὦ μεγίστη τῶν θεῶν νῦν οὖσ' ἀναίδει', εἰ θεὸν καλεῖν σε δεῖ· δεῖ δ'· τὸ κρατοῦν γὰρ νῦν νομίζεται θεός Men. 4, 144 (2). οὐκ ἔστι τόλμης ἐπιφανεστέρα θεός Men. 4, 289 (252b). τοῦ-δικαίου κἂν βροτοῖσι καὶ θεοῖς ἀθάνατος-δόξα-μόνου Philem. 4, 17. εἴ τις δικαστής ἢ διαι-τητὴς θεῶν Men. 4, 182 (5). ἔστι κρίσις ἄδικος κἂν θεοῖς Men. 4, 154 (7). †θεοῦ ὄνειδος τοὺς κακοὺς εὐδαιμονεῖν mon. 255. οὐδεὶς δι' ἀν-θρώπου θεὸς σώζει-ἑτέρου τὸν ἕτερον et ὁ τοῦτο ποιῶν (cf. v. 3) ἐστι μείζων τοῦ θεοῦ Men. 4, 140 (1). θεὸς πέφυκεν ὅστις οὐδὲν δρᾷ κα-κόν mon. 234. οὐδείς μ' ἀρέσκει περιπατῶν ἔξω θεὸς μετὰ γραός· τὸν δίκαιον δεῖ θεόν | οἴκοι μένειν Men. 4, 127 (2). νύξ, σὺ-πλεῖστον Ἀφροδίτης θεῶν μετέχεις μέρος Men. 4, 278 (199). θεόν σ' ἐνόμισεν, εὐδαῖμον λύχνε· καὶ τῶν θεῶν μέγιστος anon. 4, 671 (293). φόβος πάντων ἐλάχιστον τοῦ καλοῦ μετέχων θεός anon. 4, 688 (339). Ἔλεγ-χος-θεός Men. 4, 367 (351) cf. 4, 876. ἀλείμματα παρὰ τῆς θεοῦ λα-βοῦσαν Antiph. 3, 84 (1). ὁ θεὸς (f. Mars transformatus) τὸ ῥύγχος εἰς ἡμᾶς στρέφει Arar. 3, 273 (1). θεοὶ ξενικοί ap. Apolloph. 2, 881 (3). μεγάλην θεόν (i. e. Bendin) Aristophan. 2, 1100 (8). πολὺ τῶν θεῶν-ἐστι τιμιωτέρα (int. ἔγχελυς sacra Aegyptiis) Antiph. 3, 80. Ἀκαδήμου (al. Ἑκαδήμου) θεοῦ Eup. 2, 437 (3). θεὸς ἐν ἀνθρώποισιν ἦν ἐκεῖνος (Philoxenus) Antiph. 3, 121 (v. 5). θεοὺς φαί-νεθ' ἡ νῆσος φέρειν (int. Cos) Damox. 4, 536 (v. 3). †οὐκ ἤδη θεοί Damox. 4, 530 (v. 6).

θεοσεβής: ἐμαυτὸν ἀδικῶ κοὐκέτ' εἰμὶ * θεοσεβής (legeb. εὐσεβής) Diph. 4, 422 (18).

θεοσεχθρία: πανουργία τε καὶ θεοσεχθρία (f. θεοεχθρία cf. 5, 52) Archipp. 2, 725 (2).

ϑεοφιλής: *πόλιν-ϑεοφιλεστάτην* Eup. 2, 554 (13). *Βραυρῶνος ἱεροῦ ϑεοφιλέστατον τόπον* Diph. 4, 388.

Θεόφιλος: *ἥκει-Θεόφιλος ἡμῖν* Men. 4, 174 (1).

ϑεράπαινα: *ὥσπερ ἡ* (f. *ὡσπερεὶ*) *ϑεράπαιν᾽ ἔχω περιβαρίδας* Cephisod. 2, 884 (2). *°μόνην ϑεράπαιναν κατόπιν ἀκολουϑεῖν καλήν* Philem. 4, 45 (31). *ϑεράπαιναν εὐϑὺς ἠγορασμένην ἅβραν ἔσεσϑαι* Men. 4, 87. *λουτρὸν ϑεραπαίνας ἀργυρώματα* Men. 4, 111 (2). *ἐκυμβάλιζον δ᾽ ἑπτὰ ϑεράπαιναι κύκλῳ* Men. 4, 166 (5). Phrygia serva a Menandro exhibita Men. 4, 308 (352).

ϑεραπαινίς: *ϑεραπαινὶς ἦν μία* Men. 4, 111 (3).

ϑεραπεία: *ὁ κράτιστος ἵππος ἐπιμελεστέραν ἔχει ἑτέρου ϑεραπείαν* Men. 4, 135 (2, 10).

ϑεραπευτικός: *παιδισκάριον ϑεραπευτικὸν-λόγου* Men. 4, 189 (1, 15).

ϑεραπεύω: *ϑεράπευε καὶ χόρταζε-* Aristophan. 2, 1008 (8). *ἐλϑόντ᾽ εἰς νόσον-ἐϑεράπευσεν ἐπιμελῶς* Men. 4, 164 (1). *ὁ κοινὸς ἰατρός σε ϑεραπεύσει χρόνος* Philippid. 4, 477 (8). *λύπην-εὔνους οἶδε ϑεραπεύειν °λόγος* Men. 4, 252 (65) cf. mon. 319. *τῷ Καλλιμέδοντι-ϑεραπεύω τὰς κόρας* Alexid. 3, 431 (2). *αὐλὰς ϑεραπεύειν* Men. 4, 307 (348). Diph. 4, 420 (10). *ϑεράπευε τὸν δυνάμενον* mon. 244.

ϑεράπων: *ὀστακὸν-τὸν ϑεράποντ᾽ ἐπεσϑίειν* Aristomen. 2, 732 (2). *ὅστις παραλαβὼν δεσπότην ἀπράγμονα-ἐξαπατᾷ ϑεράπων* Men. 4, 187 (1). *ἀγρός, οἰκίαι, ϑεράποντες* Men. 4, 234 (10).

ϑερισμός: Eup. 2, 504 (11).

ϑερίστρια: Aristophan. 2, 1211 (173).

θερίστριον: *εὔχρων τι κιλλὸν-ϑερίστριον* Eubul. 3, 254 (8).

ϑέρμα: *°ἔχων ϑέρμα* (f. et *ϑέρμην*) *καὶ πῦρ* Aristophan. 2, 1191 (63). *ϑέρμα-ἐπέλαβεν αὐτόν* Men. 4, 98 (7).

ϑερμαίνω: *τὸ χαλκίον ϑέρμαινε* Eup. 2, 470 (22). *τὸ χαλκίον ϑερμαίνεται* Aristophan. 2, 1086 (18).

ϑέρμαυστρις: *°κνέφαλλά τε καὶ ϑέρμαυστριν* Eup. 2, 520 (36, 3).

ϑερμερύνεσϑαι (?) anon. 4, 683 (321).

ϑέρμη: cf. *ϑέρμα*. *σκέψαι-εἰ ϑέρμην ἔχουσα τυγχάνω* Pher. 2, 359 (90).

ϑερμοκύαμος: *ῥαφανῖδας, ϑερμοκυάμους, στέμφυλα* Diph. 4, 416 (2).

ϑερμολουσία: *°ϑερμολουσίαις ἁπαλοί* anon. 4, 661 (241).

ϑερμολουτεῖν: Herm. 2, 413 (1). Alexid. 3, 412 (2).

ϑέρμος: *κύαμος, ϑέρμος, λάχανον* (?) Alexid. 3, 456 (1, 11). *ὁ τοὺς ϑέρμους φαγών* Alexid. 3, 507 (9). *τῶν °ἀν᾽ ὀκτὼ τοὐβολοῦ ϑέρμους μαλάξας* Timocl. 3, 604.

ϑερμός: *φιλῶ πλακοῦντα ϑερμόν* Telecl. 2, 370 (2). *διπύρους ϑερμούς* Alcae. 2, 826 (3). Eubul. 3, 214 (3). *γαλακτοχρῶτας κολλάβους ϑερμούς* Philyll. 2, 858 (2). *ϑερμούς, ὦ τέκνον* Aristophan. 2, 996 (2). *ϑερμοὺς ἐσχαρίτας* Antidot. 3, 529 (2). *ἔτι γὰρ ϑερμὸς ἦν* (int. *γαστός*) Nicostr. 3, 284 (1). *°ϑερμὴν* (f. *πλήρη*) *σκάφην ϑερμῶν ἰπνιτῶν* Timocl. 3, 612. *ϑερμῷ σὺν ἔτνει* Pher. 2, 316 (1, 8). *τὸ δ᾽ ἔτνος-τουτὶ ϑερμόν* Aristophan. 2, 1153 (11). *κρέα ϑερμὰ* Telecl. 2, 361 (1, 8). *ϑερμάς-κάπρου φλογίδας* Stratt. 2, 767 (1). *ϑερμὴν παρέϑηκε κάμηλον* Antiph. 3, 94. *ϑερμὰ χηνίσκων μέλη* Eubul. 3, 211 (v. 3). *ὀπτὸν ϑερμὸν °εὔχυλον τέρεν ὅταν ᾖ* (de suilla int.) Alexid. 3, 472 (4). *τὸ-ὄψον ἂν μὴ ϑερμὸν ᾖ διασύρομεν* Alexid. 3, 447 (1, 11). *τῶν ὄψων τὰ μὲν ϑερμὰ παραϑεῖναι, τὰ δ᾽ ἐπανέντα* Sosip. 4, 484 (v. 53). *ἐκ μέσου τὰ ϑερμὰ-ἁρπάσαι* Euphron. 4, 492 (v. 5). *πρὸς τὰ ϑερμὰ ταῦϑ᾽ ὑπερβολῇ* Crobyli 4, 568 (1). *°κἂν μὴ παραϑῶσι ϑερμά* Alexid. 3, 453. *ϑερμὸν ἰχϑὺν ἐπαναπλάττων* Axionici 3, 535.

(2). τάριχος ἀνταχαῖον-θερμόν Antiph. 3, 100 (3). ἅλμη θερμῇ-ἑφθά Axionici 3, 532 (1, 12). οἶνον πιεῖν θερμόν Stratt. 2, 784 (1). ψυχρὸν τοὔψον, τὸ ποτὸν θερμόν Mnesim. 3, 569 (v. 10). χαλκεῖ θερμὸν ἦν Philem. 4, 19 (2). δὸς ἀπὸ θερμοῦ τὴν μεγάλην αὐτῷς σπάσαι Diph. 4, 381 (1, 8). ὕδωρ ἐνεγκεῖν θερμόν Amphid. 3, 301. ἡ μὲν τὸ θερμόν, ἡ δ' ἑτέρα *(τὸ) μετάκερας Alexid. 3, 445 (1). τὰ θερμὰ λουτρὰ Cratet. 2, 288 (2). θερμὰ λουτρὰ Pher. 2, 341 (1). οὕτω στερεόν *(τι) πρᾶγμα θερμόν ἐσθ' ὕδωρ Antiph. 3, 137 (9). θερμὴν-χύτραν Diocl. 2, 840 (3). θερμὴν τὴν χύτραν Alexid. 3, 440 (5, 6). θερμῇ παροξύνουσα τηγάνου (scr. τηγάνων cf. 5, 82) πνοῇ (f. θερμὴν-πνοήν) Eubul. 3, 242 (1, 8). ἧς νῦν θερμός ἐσθ' ὁ βωμός Aristophan. 2, 1100 (7). δρᾷ τι καὶ νεανικὸν καὶ θερμὸν Amphid. 3, 316 (1, 10). θερμότερον ἢ κραυρότερον ἢ μέσως ἔχον Eubul. 3, 205 (v. 1). θερμοτέροις χαίρεις-τοῖς ὀψαρίοις-; Alexid. 3, 464 (2, 1).

θέρος: κάμνοντα-τοῦ θέρους ἰδών ποτε Aristophan. 2, 1138 (4). ἐκ ἀλφίτου πίνοντα τοῦ θέρους ποτέ | ἰδών Epinici 4, 505. ἐς τὸ φρέαρ ὥσπερ τὸν οἶνον τοῦ θέρους καθεικέναι Lysipp. 2, 744 (1). τρώγε σικύων τοῦ θέρους Pher. 2, 287 (1). κἂν ἐξίητε τοῦ θέρους Eubul. 3, 264 (1, 3). τοῦ θέρους εἶχεν ἱμάτιον δασύ Philem. 4, 53 (53). κέρδος -καὶ θέρους καὶ χειμῶνος anon. 4, 689 (349). τίν' ἔχει διαφορὰν-γλαυκίσκος ἐν χειμῶνι καὶ θέρει Damox. 4, 530 (v. 18). ἡ-χελιδὼν *τὸ θέρος-λαλεῖ Philem. 4, 64 (114).

θέσις: περικόμματος-τάξιν ἢ θέσιν φέρει Dionys. 3, 552 (v. 14).

θεσμός: πάρα μὲν θεσμοὶ τῶν ἡμετέρων Cratin. 2, 87 (2). ἀνάγκης θεσμὸς οὐχ ὁρώμενος Alexid. 3, 452 (1, 19).

θεσπέσιος: *ὀδμὴ θεσπεσίη Herm. 2, 410 (2, 9).

Θετταλία: παρ' Ἀλεξάνδρου-ἐκ Θετταλίας Ephipp. 3, 322.

Θετταλικός: χόνδρος Μεγαρικός. B. οὐ Θετταλικὸν τὸν χρηστὸν εἶναί φασι δέ; Antiph. 3, 18 (1). χόνδρος Θετταλικὸς πολύς Alexid. 3, 471 (6). δίφρος Θετταλικός Eup. 2, 442 (6). τὰ Θετταλικὰ (int. δεῖπνα)-καπανικώτερα Aristophan. 2, 1150 (4). Θετταλικὴν τὴν ἔνθεσιν Herm. 2, 399 (4). **Θετταλικῶς**: ἔπη-Θετταλικῶς τετμημένα Cratet. 2, 241 (2).

Θετταλίς: κοθόρνῳ, Θετταλίδι Lysipp. 2, 744 (2).

Θετταλός: Θετταλός τις, ἄνθρωπος βαρύς Eubul. 3, 247 (1). Θετταλὸν λέγεις κομιδῇ τὸν ἄνδρα Antiph. 3, 142 (20). δειπνίζειν ἄνδρα Θετταλόν Alexid. 3, 480 (1). τὰ Λυδῶν δεῖπνα καὶ τὰ Θετταλῶν Aristophan. 2, 1150 (4). εὐτραπέζων Θετταλῶν ξένων τροφαί Eriphi 3, 558. καπάνας Θετταλοὶ πάντες καλοῦσι τὰς ἀπήνας Xenarch. 3, 624 (2).

θετταλότμητον κρέας Philetaer. 3, 296.

θεῶ: θεώσειν et θεῶσαι Arar. 3, 275 (4).

θεῶμαι: ταγηνίας ἤδη τεθέασαι χλιαρούς σίζοντας-; Magn. 2, 10 (2). ἤδη τεθέασαι κόκκον-; Herm. 2, 394 (3). *θεῶ νῦν τήνδε Μαριανδυνίαν Eup. 2, 540 (10). εἰ μὴ τεθέασαι τὰς Ἀθήνας-, εἰ δὲ τεθέασαι Lysipp. 2, 746 (1). ηὐφραινόμην θεώμενος Aristophan. 2, 1187 (47). τοῖς θεωμένοισιν ἀποχρώντως ἔχει Antiph. 3, 106 (v. 16). χώπότων *ἅμιλλ' ἡ-θεάσεται Plat. 2, 679 (1, 4). cf. θέων.

θέων: ὦ φίλε *θέων (libr. θεῶ) Apollod. 4, 454 (1, 15).

θεωρικός: σκηνὴν-θεωρικὴν Henioch. 3, 563 (v. 8). τὸ *θεωρικὸν (libr. θεωρητικὸν) ἔχουσιν *ὑμῖν διανέμειν Theophil. 3, 631 (1).

θεωρός: v. Θεόδωρος.

θεωρῶ: ὀχευομένους-τοὺς κάπρους-θεωροῦσ' ἄσμενοι Anaxand. 3, 199 (3).

θεωρήσαντι πρὸς τὸν ἥλιον γυμνάς Eubul. (Philipp.) 3, 237 (v. 3) = 246. ἵνα θεωρῶσ' οἱ παρόντες τὸ στόμ' ὡς κομψὸν φορεῖ Alexid. 3, 423 (1, 21). θεωρῶ πλησίον καθήμενος, πονοῦσι δ' *ἕτεροι Damox. 4, 531 (v. 46). ἕτερον τό τ' ἀλγεῖν καὶ θεωρεῖν ἐστ' ἴσως Philem. 4, 24 (1). ἐκ-τοῦ λέγειν τε καί | ἑτέρων ἀκούειν καὶ θεωρῆσαί *(τί που) Philem. 4, 35 (6). ἔστιν θεωρεῖν-τὴν τοῦ φίλου | εὔνοιαν εὐθὺς- Apollod. 4, 455 (2). δι' ὃν (i. e. Solem) θεωρεῖν ἔστι τοὺς ἄλλους θεούς Men. 4, 265 (136). θεωρήσας ἀλύπως-τὰ σεμνὰ ταῦτ' Men. 4, 211 (2). τοὺς Φρύγας οἶδα θεωρῶν-πολλὰ-σχηματίσαντας Aristophan. 2, 1177 (6). περὶ τὴν ἐσχάτην-κερκίδα-καθεζούσας θεωρεῖν Alexid. 3, 402 (1). ταύτας (i. e. ψύας) ἐπιτεμὼν πρὶν θεωρῆσαι Euphron. 4, 491.

Θήβαζε: v. Θῆβαι.

Θῆβαι: cf. Θήβη. Θήβας τὰς ἑπταπύλους Anaxand. 3, 183 (1, 21). μετὰ ταῦτα Θήβας (al. Θήβαζ') ἦλθον Eubul. 3, 230 (2). οἱ δ' ἐπ' (int. μέδιμνοι) ἐπὶ Θήβας ἐστράτευσαν anon. 4, 691 (350).

Θηβαῖος: πᾶσα Θηβαίων πόλις Stratt. 2, 781 (3). τοὶ δ' Ἀθηναῖοι-μικρὰ φαγέμεν, τοὶ δὲ Θηβαῖοι μέγα Eubul. 3, 208 (1). Σφίγγα Θηβαίαν Anaxil. 3, 348 (1, 22).

Θήβη: cf. Θῆβαι. Θήβηθεν. ἁγνὸν ἐς Θήβης πέδον Eubul. 3, 208 (2). τὸ Θήβης-πέδον λιπών Eubul. 3, 237.

Θήβηθεν: ἐγχελύδια *Θήβηθεν (legeb. Θήβη μὲν) ἐνίοτ' ἔρχεται Ephipp. 3, 334 (1, 7).

Θήβησιν: †ἵνα Θήβησιν (f. Θ. ὅπως) ἥρως γένῃ Plat. 2, 642 (2).

Θηλάζω: θηλάζει Phryn. 2, 591 (10).

Θηλάστρια: Cratin. 2, 200 (67). Eup. 2, 574 (101).

Θῆλυς: λαλῶν ἄγλωσσος, ὁμώνυμος ἄρρενι θῆλυς Eubul. 3, 254 (1, 1). ἔστιν-οὔτε θῆλυς οὔτ' ἄρρην Alexid. 4, 495 (1, 6). ὡς οὖσα θῆλυς Telecl. 2, 369 (1). ἔστι-τις θήλεια Φιλόξενος Eup. 2, 514 (14). ὅτι | ἄρρην ὑπὸ θηλειῶν κατεκόπης Anaxand. 3, 192 (1). ἔστι φύσις θήλεια Antiph. 3, 112 (1, 1). θήλεια μέν νυν ἐστι φύσις ἐπιστολή ib. (1, 17). ὄρνις θήλεια Antiph. 3, 145 (30). θήλειαν λαβὼν γογγυλίδα Euphron. 4, 494 (1, 6). τὸ θῆλυ τῆς ψυχῆς *Men. 4, 237 (16).

Θήρ: †ὤνητο δέρμα τοῦ (f. ὠνεῖτο δέρμα) θηρός Theop. 2, 809 (2). ἡ σφοδρότης (Amoris) δὲ θηρός Alexid. 3, 496 (1, 12). θηρῶν ἁπάντων ἀγριωτέρα γυνή mon. 248.

Θηραμένης: Eup. 2, 516 (19). τρία Θηραμένους Polyz. 2, 867 (1). ἀπὸ Θηραμένους δέδοικα τὰ τρία Aristophan. 2, 1165 (8). Θηράμενης (voc.) Philonid. 2, 423 (6).

Θηρεύω: ἀπελευθέρων ὀψάρια θηρεύουσί μοι Alexid. 3, 456 (2). κερκώπην θηρευσαμένη καλάμῳ λεπτῷ Aristophan. 2, 961 (7). τὸν τρίτον (int. ἑταῖρον) θηρεύεται | ἔτι λαβεῖν Anaxil. 3, 348 (1, 16). ἡδοναῖς θηρεύεται mon. 55. εἰ δὲ τεθέασαι (Athenas) μὴ τεθήρευσαι δ' Lysipp. 2, 746 (1).

Θηρίκλειος: κρατὴρ Θηρίκλειος Alexid. 3, 485. Θηρικλειός τις κύλιξ Alexid. 3, 421 (2). κύλικα-Θηρίκλειον Theophil. 3, 630. μεστὴν ἀκράτου Θηρίκλειον Alexid. 3, 385 (4). τὴν Θηρίκλειον-καὶ τὰ Ῥοδιακὰ κόμισον Epigen. 3, 539 (2). τὴν Θηρίκλειον (an Θηρικλείων 5, 103) ἔσπασεν Men. 4, 136 (4). Θηρίκλειον (Θηρικλείων 5, 103) τρικότυλον Men. 4, 163 (2). τῆς *Θηρικλείας (legeb. Θηρικλείου cf. 5, 116) τῆς μεγάλης Dioxipp. 4, 542 (1). μάλ' ἀνδρικὴν τῶν Θηρικλείων ‖ κύλικα Διὸς σωτῆρος Eubul. 3, 231 (1). τῶν Θηρικλείων εὐκύκλωτον ἀσπίδα Aristophont. 3, 363. κύλικα κεραμέαν τινά | τῶν Θηρικλείων Theophil.

3, 627. Θηρικλείους ἔλαβεν *ἓξ Dioxipp. 4, 543 (2). εἴδη Θηρικλείων τῶν καλῶν Dionys. 3, 554 (1). Διὸς σωτῆρος-Θηρίκλειον ὄργανον Antiph. 3, 95 (1). *Θηρίκλεια καὶ τορευτὰ πολυτελῆ ποτήρια Apollod. Gel. 4, 439 (1).

Θηρικλῆς: καθαρώτερον-τὸν κέραμον εἰργαζόμην ἢ Θηρικλῆς τὰς κύλικας Eubul. 3, 220 (2). *τίς σε Θηρικλῆς ποτε | ἔτευξε-; Eubul. (Arar.) 3, 226 (2). Θηρικλέους πιστὸν τέκνον Theop. 2, 803 (v. 1).

Θηρίον: cf. εἰσορῶ. Θηρία Eup. 2, 480 (46) cf. 5, 37. οὕτως †ἐσθ' (f. τι) ἅγιον-τὸ θηρίον (int. ἔγχελυς) Antiph. 3, 80. ἀμίαν-χήραν, θηρίον καλὸν σφόδρα Sotad. 3, 586 (1, 26). οὐκ ἔστιν οὐδὲν θηρίον τῶν ἰχθύων ἀτυχέστερον Antiph. 3, 87 (v. 1). ἀεὶ-καὶ ζῶντ' ἐστὶ καὶ τεθνηκότα *τὰν τῇ θαλάττῃ πολέμι' ἡμῖν θηρία Alexid. 3, 413. τῷ Σελεύκῳ-τι παρ' ἡμῶν ἀντιπέμψαι θηρίον Philem. 4, 15. τίς εἶδε λέοντας ἢ τοιοῦτον ἕτερον θηρίον-; Nausicr. 4, 578. ἐν θηρίοις-καὶ πιθήκοις ὄντα δεῖ | εἶναι πίθηκον Apollod. 4, 450. ὦ τρισμακάρια πάντα καὶ τρισόλβια τὰ θηρί' Philem. 4, 36 (8). τοῖς μὲν θηρίοις ἰδίαν ἑκάστῳ κατὰ γένος μίαν φύσιν Philem. 4, 32 (3). τοῖς-ἄλλοις ἡ γῆ θηρίοις-παρέχει τὴν-τροφήν Philem. 4, 83 (4). οἴει τι τῶν ἄλλων διαφέρειν θηρίων *(ἄνθρωπον); -πλάγι' ἐστὶ τἄλλα, τοῦτο δ' ὀρθὸν θηρίον Philem. 4, 3. οὐδὲ ἓν | ἐσθ' ἑταίρας ὅσα περ ἔστι θηρί' ἐξωλέστερον Anaxil. 3, 348 (1, 31). πολλῶν-θηρίων ὄντων, μέγιστόν ἐστι θηρίον γυνή Men. 4, 214 (6). τόδε-τὸ γένος ὥσπερ θηρίον ἐπίβουλόν ἐστι τῇ φύσει Diph. 4, 407 (1, 3). καλὸς-πεινῶν ἐστιν αἰσχρὸν θηρίον Anaxand. 3, 169 (1). οἷος δὲ καὶ τὴν ὄψιν εἶναι φαίνεται-οἷον θηρίον Men. 4, 244 (34). εὐνοῦχος-θηρίον mon. 185. paupertas βαρύτατον θηρίον ex Men. 4, 330 (497). ἀεί τι καινὸν-*θηρίον τίκτει (musica) Anaxil. 3, 352 (1).

Θηριοῦσθαι: πρὶν θηριοῦσθαι τὸν γόνον *καταγνύει Eubul. 3, 254 (1, 14).

Θηριώδης: τοῦ θηριώδους καὶ παρασπόνδου βίου Athenion. 4, 557 (v. 4).

Θηρῶ: *θηρᾶν λέοντας Men. 4, 296 (297). Σαπφὼ τὸν ὑπέρκομπον θηρῶσα Φάων' Men. 4, 158 (1).

Θησαύρισμα: καλὸν τὸ θησαύρισμα mon. 296.

Θησαυρός: θησαυρὸν ἐκβεβλημένον Stratt. 2, 779 (2). θησαυρὸν εὑρὼν σήμερόν τις Philem. 4, 44 (29b). θησαυρὸς ἐπὶ θησαυρὸν ἐμπορίζεται Men. 4, 271 (165). μέγας θησαυρός ἐστι-μουσική Theophil. 3, 628. θησαυρός-τοῦ βίου mon. 235. μεγάλων κακῶν θησαυρός Philem. 4, 57 (76). adde mon. 233. φίλους ἔχων νόμιζε θησαυροὺς ἔχειν mon. 526.

*Θησειομύζειν v. θησομύζειν.

Θησεῖον: εἰς τὸ Θησεῖον πλεούσας Eup. (?) 2, 577 (v. 21). εἰς τὸ Θησεῖον δραμεῖν Aristophan. 2, 1172 (2).

Θησειότριψ: Aristophan. 2, 1136 (6).

Θησεύς: Aristophan. 2, 1068 (26).

Θησέω Pher. 2, 273 (11).

Θησομύζειν (f. θησειομύζειν) Aristophan. 2, 1136 (7).

Θῆσσαι epicleri Posidipp. 4, 527 (10).

Θῆτες: vid. Aristophan. 2, 1047 (46).

Θίβρων: μετὰ *Θίβρωνα (legeb. Θίμβρωνα)-τὸν ἐξ Ἀθηνῶν, τὸν καλούμενον Ἥρας Philosteph. 4, 589.

Θιγγάνω: θιγγανουσῶν τὰς μύλας Pher. 2, 254 (1, 4). ἐὰν *θίγῃ (libr. τύχῃ) μόνον αὐτῆς, ἐπὶ τὸν μάνην πεσεῖται Antiph. 3, 30 (10).

Θλαστή τ' ἐλάα Polioch. 4, 590. θλαστὰς-*ἐλάας Aristophan. 2, 1111 (7). θλαστὰς-εἶναι κρεῖττόν *ἐστ'- ib. (9). θλασταῖς ἐλάαις Diph. 4, 360.

Θλίβω: τὸν ὦμον θλίβομαι Aristophan. 2, 1084 (12).

Θνήσκω: θνήσκει δ' ὁ θνήσκων κατ' ἰδίαν εἱμαρμένην Philem. 4, 47 (38). καλὸν τὸ θνήσκειν οἷς ὕβριν τὸ ζῆν φέρει mon. 291. καλὸν τὸ θνήσκειν Philem. 4, 47 (37). οὐδὲν τὸ θνήσκειν δεινόν Men. 4, 253 (66). τὸ θανεῖν αὐτίκα τικτόμενον Plat. (?) 2, 697 (v. 10). θανεῖν ἄριστόν ἐστιν ἢ ζῆν ἀθλίως Philem. 4, 68 (109) cf. mon. 298. μάτην ›εὔχονται θανεῖν Men. 4, 271 (164). ζῶμεν-προσδοκῶντες μὴ θανεῖν mon. 200. θανεῖν εὐδαιμόνως mon. 202. τὸ-θανεῖν οὐκ αἰσχρόν, ἀλλ' αἰσχρῶς θανεῖν mon. 504. εὐθὺς εὑρέθη θανών Philem. 4, 35 (7). θανὼν γενήσει τάχα τριῶν ἢ τεττάρων (int. πήχεων) Men. 4, 273 (176). οὐ γὰρ θανὼν-*(ἂν) ἔγχελυν φάγοις Philetaer. 3, 297 (1). καὶ ζῶν ὁ φαῦλος καὶ θανὼν κολάζεται mon. 294. τί τῷ θανόντι δῶρα λαμπρὰ προσφορεῖς-; Men. 4, 270 (158). ὁ-θανὼν τὸ μηδέν ἐστι anon. 4, 607 (20b). εἰ-θανοῦσίν ἐστί τις *(κάτω τρύφη) Amips. 2, 712 (6). †θανόντων-λόγοι φίλοι προδόται Men. (?) 4, 292 (275). [οἴει σὺ τοὺς θανόντας-καὶ γῆν καλύψειν-; Philem. 4, 67 (1)]. μὴ κλᾶε τοὺς θανόντας Men. 4, 269 (157). τέθνηκέ τῳ παῖς, ἡ Νιόβη κεκούφικεν Timocl. 3, 593 (v. 14). τέθνηκεν υἱὸς ἢ μήτηρ τινί Philem. 4, 34 (5). τέθνηκέ τις, μὴ δεινὸν ἔστω τοῦτό σοι Philem. 4, 41 (22). μήτηρ τέθνηκε ταῖν ἀδελφαῖν ταῖν δυοῖν ταύταιν Men. 4, 224 (3). ἤτοι τέθνηκεν ἢ διδάσκει- anon. 4, 698 (375). πενθεῖν-μετρίως τοὺς-φίλους· οὐ γὰρ τεθνᾶσιν Antiph. 3, 29 (2). ὀμοσόν μοι μὴ τεθνάναι Plat. 2, 640 (3) cf. 5, 45. ὥστ' ἢ γεγονέναι λαμπρὸν ἢ τεθνηκέναι Antiph. 3, 66. καταλείπετ' οὐδὲν ἕτερον ἢ τεθνηκέναι Antiph. 3, 150 (51) cf. Theophil. 3, 630 (1). μὴ εὐλαβοῦ τεθνηκέναι Diph. 4, 426 (35). συλλυσόμενος τὸν παῖδ'-τεθνεῶτα Aristophan. 2, 1177 (6). λέγειν ἐπὶ τῷ πίνοντι τὸν ἐπιδέξια-ὥσπερεὶ τεθνηκότι Anaxand. 3, 161 (1). μὴ γέλα τεθνηκότα mon. 670. τοῖς τεθνεῶσιν ἔλεος ἐπιεικὴς θεός Timocl. 3, 611. εἰ-οἱ τεθνηκότες αἴσθησιν εἶχον Philem. 4, 48 (40a). αὐτὸς εὕρηκας δὲ τί; A. τὰ μέγιστα.-τοὺς τεθνηκότας** Baton. 4, 501. οὕτως ἀνεβίω κομιδῇ τεθνηκώς Timocl. 3, 604. *ὅσον οὐ τέθνηκα Alexid. 3, 449 (5). μετὰ ζώντων τεθνηκὼς περιπατεῖ Timocl. 3, 612 (2). τέθνηκε πᾶς ὁ τῶν ζώντων βίος Philem. 4, 22 (v. 12). τέθνηκεν ἡ χάρις Men. 4, 325 (472) = mon. 645. cf. 498. αἱ δ' ἀλεκτρυόνες-καὶ τὰ χοιρίδια τέθνηκε καὶ- Strattt. 2, 784 (2). ὁ λαγὼς με βασκαίνει τεθνηκὼς Pher. 2, 343 (8). ἰχθῦς τεθνηκότας Alexid. 3, 396 (1, 4). καὶ ζῶντ' ἐστὶ καὶ τεθνηκότα *τὰν τῇ θαλάττῃ πολέμι' ἡμῖν θηρία Alexid. 3, 413. αὐτοί (pisces) τ' ἐπὰν ληφθῶσιν-τεθνεῶτες ἐπιτρίβουσι τοὺς ὠνουμένους ib.

Θνητός: θνητὸν ἄνθρωπον Amips. 2, 710 (1). ὅστις-θνητὸς γενόμενος μὴ τῷ βίῳ ζητεῖ τι τερπνὸν προσφέρειν Amphid. 3, 309 (2). τί δεῖ γὰρ ὄντα θνητόν-ποιεῖν, πλὴν ἡδέως ζῆν τὸν βίον-; Philetaer. 3, 295 (2, 4). βιοῦν ἀλύπως θνητὸν ὄντ' mon. 58 = 509. θνητὸς πεφυκὼς τοὔπισω πειρῶ βλέπειν mon. 249. θνητὸς πεφυκὼς μὴ γέλα τεθνηκότα mon. 670. θνητὸς πεφυκὼς μὴ εὐλαβοῦ τεθνηκέναι Diph. 4, 426 (35). θνητὸς γεγονὼς-μὴ φρόνει μέγα mon. 666. ἀθάνατον ἔχθραν μὴ φύλαττε θνητὸς ὤν mon. 4. θνητὸς ὁ βίος Amphid. 3, 306. σῶμα μὲν ἐμοῦ τὸ θνητὸν αὖον ἐγένετο Alexid. 3, 455. οὐ θνητὸς οὐδ' ἀθάνατος Alexid. 3, 493 (1). τὰς φλέβας-δι' ὧν ὁ θνητὸς πᾶς κυβερνᾶται βίος Antiph. 3, 20 (1). οὐκ ἔστ' ἄπιστον οὐδὲν ἐν θνητῷ βίῳ Men. 4, 247 (42). βέβαιον οὐδέν ἐστιν ἐν θνητῷ βίῳ mon. 57 = Diph. 4, 424 (27a). ἡ πρόνοια-ἡ θνητή Men. 4, 212 (3, 5). τὸ θνητὸν περικάλυπτε τῷ θεῷ Diph. 4, 384 (1). τὰ θνητὰ πάντα μεταβολὰς-ἔχει mon. 490.

εἰ θνητὸς εἶ-θνητὰ καὶ φρόνει Antiph. 3, 148 (42ª) = mon. 178. Πάντ-
πάντα-θνητὸς ὤν mon. 661. φέρειν ἀνάγκη θνητὸν ὄντα τὴν τύχ-
mon. 740. ἀτυχεῖν θνητὸς ὢν ἐπίστασο Diph. 4, 376 (2). τύχη τ-
θνητῶν * πράγμαθ' Nicostr. 3, 285 (2). cf. mon. 725. ἄνοια θνητ-
θνητῶν δυστύχημ' αὐθαίρετον Men. 4, 262 (116). τὰ πλεῖστα θνητοῖς τῶν κ-
κῶν αὐθαίρετα mon. 499. θνητῶν ὅσοι ζῶσιν κακῶς Philetaer. 3, 2-
(1). κακῶς γένοιθ' ὁ γήμας δεύτερος θνητῶν Aristophont. 3, 3-
πᾶσιν-θνητοῖς βούλομαι παραινέσαι anon. 4, 607 (20ᵇ). λέξω-βίο-
ὃν ἐγὼ θνητοῖσι παρεῖχον Telecl. 2, 361 (1, 1). θνητοῖς ἄγει τὴν π-
μαν εἰς τὸ πρόσθε τῆς εὐβουλίας Antiph. 3, 8 (1). βοὴν ἔστησε γεγ-
νὸν ‖ οἷς ἐθέλει θνητῶν Antiph. 3, 112 (1, 4). τὰ θνητῶν ἀγγέλ-
πάθη Nausicr. 4, 575 (1). τῶν ἑπτὰ νήσων, ἃς δέδειχεν ἡ φύσις θ-
τοῖς μεγίστας Alexid. 3, 517 (30). τὸν οἶνον τοὺς θεοὺς θνητοῖς -
ταδεῖξαι-ἀγαθὸν μέγιστον anon. 4, 604 (16). ἀδικεῖ-τὸν Ἔρωτ'-θνη-
θεὸν Alexid. 3, 411. θεῶν θνητοῖς ἁπάντων * χρησιμωτάτου Alexid.
489 (3). ἡμῖν δὲ τοῖς θνητοῖς ἐπριάμην κωβιούς Antiph. 3, 118 (v.
μακάρεσσι λίθον, θνητοῖς δὲ πλακοῦντας Alexid. 3, 393 (1). χαίρ-
δείπνων ἡδοναῖς-· τίς δ' οὐχὶ θνητῶν*(;) Timocl. 3, 595 (v. 11).
τὰ θνητῶν καὶ τὰ θεῖα πάντ' * ἐπισκοποῦσ'-τύχη anon. 4, 693 (3-
θνητοὶ γεγῶτες μὴ φρονεῖθ' ὑπὲρ θεούς mon. 243.
Θόας: Ὑψιπύλης πατὴρ Θόας Aristophan. 2, 1098 (2).
θοινῶμαι: ἐν τῇ κοπίδι θοινᾶσθαι καλῶς Cratin. 2, 107 (1).
θολερῶς προβαίνει anon. 4, 638 (131ᵇ).
θόλος: Alexand. 4, 555 (5).
θολῶ: ἅπαντα τεθολώκασιν Antiph. 3, 12 (1, 2). τὸν ἀέρ' ἕλκειν
θαρὸν οὐ τεθολωμένον Philyll. 2, 864 (1, 3). χαίροντα καὶ τε-
λωμένον Pher. 2, 813 (7).
θόρυβος: θόρυβον πολὺν ἐξανατέλλει Telecl. 2, 378 (6). πολὺν ἐπ-
σας θόρυβον Euphron. 4, 487 (v. 26). ἦν-θόρυβος τευταζόντων -
2, 648 (2). χωρίς-θορύβου καὶ φόβου ζήσεις *Aristophan. 2, 1181 (
θορύβους ὀχλώδεις φεῦγε mon. 239.
θορυβοῦμαι: πολλῶν-ὄντων-ἐφ' οἷς ἅπαντες εἰκότως θορυβοῦ-
Baton. 4, 503 (1).
Θούδιππος †ὁ λέων (f. βδέων) Timocl. 3, 603 (4).
Θούμαντις: ἀνάπηρα-βοίδια Λεωτροφίδου λεπτότερα καὶ Θουμάν-
Herm. 2, 393 (1).
Θουρία: κώμη-τίς ἐστι περὶ τὴν Θουρίαν Steph. 4, 544.
Θούριοι: ἐν Θουρίοις τοὔλαιον Amphid. 3, 318 (4).
Θούριος: Εὐφράνωρ δ' ἐκυβέρνα Θούριος Men. 4, 174 (1).
Θράκη: τἀκ τῆς Ἀσίας καὶ τἀπὸ Θράκης λήμματα Antiph. 3, 112 (
δείπνοις-τοῖς Ἰφικράτους τοῖς ἐν Θράκῃ Anaxand. 3, 183 (1, 4). τ-
-ποιῆσαι Κότυν ἐν Θράκῃ ib. (1, 31). Cf. Θρῄκη.
Θρᾳκοφοίτης: ὥσπερ Θρᾳκοφοῖται*(;) Aristophan. 2, 1005 (1, 7).
θρανίδια Aristophan. 2, 1112 (12).
Θρᾷξ: Meletus Thrax, Aristophan. 2, 1126 (1). Θρᾷξ-πρὸς ἅλας ἠ-
σμένος Men. 4, 281 (214). Thraces ψιθύρας inventores, Canth. 2,
(3). οἱ Θρᾷκες Λιβύτρωες καλοῦνται Men. 4, 206 (5). πάντες-οἱ
κες-οὐ σφόδρ' ἐγκρατεῖς | ἐσμέν Men. 4, 232 (8).
θράσος: * μὴ χρῶ-συντόνως θράσει mon. 604. τῆς δειλίας σ-
* κοὐχὶ τοῦ θράσους anon. 4, 687 (335ᵇ).
Θρασύβουλος: Strat. 2, 770 (7).
Θρασύμαχος: ἡ Θρασυμάχου-γυνή Theop. 2, 813 (3). * οἴμ', ὦ Θρ-
μαχε Aristophan. 2, 1033 (16, 8).

θρασύς: ὡς δὲ λίαν ἦν θρασὺς καὶ σοβαρός (Amor) Aristophont. 3, 361 (2). ὁ *δ᾽ ἀσωτός ἐστι, πολυτελής, θρασὺς σφόδρα Men. 4, 266 (137). πρὸς-πάντ᾽ | ἐστὶν θρασύς Apollod. 4, 454 (1, 11). τὸν δειλὸν θρασύν (reddit Bacchus) Diph. 4, 415 (1). κἂν ἡ θρασύτατος, ἡ σύνεσις αὐτὸν δειλότατον εἶναι ποιεῖ Men. 4, 257 (86). θρασεῖαν, ὡραίαν δὲ καὶ πιθανὴν ἅμα Men. 4, 131 (1). θρασεῖα γυνή Philem. 4, 8 (4).

Θράσων: *μισοῦσι μὲν Θράσων᾽ Men. 4, 173 (13).

Θρᾶττα: Θρᾶττα ταινιόπωλις Eup. 2, 521 (1). ἀποδοῦναι-ἡμᾶς-τὰς *Θράττας (legeb. θράττας) Archipp. 2, 719 (2).

θρᾶττα: cf. Θρᾶττα. θρᾶττα, χελιδών, καρίς, τευθίς Mnesim. 3, 570 (v. 41). θρᾶτταν ἢ ψῆττάν τιν᾽ ἢ μύραιναν Antiph. 3, 123 (2).

θραττίδιον: μετὰ περκιδίων καὶ θραττιδίων Anaxand. 3, 172 cf. annot.

θράττω: *θράττει με τοὐνύπνιον Cratin. 2, 227 (160). ἐκεῖνο θράττει μ᾽, ὅτι- Pher. 2, 270 (2). μολπὰ κλαγγὰ θράττει Mnesim. 3, 570 (v. 57).

θρέμμα: Καρύστου θρέμμα Antiph. 3, 99 (1). πικρόν-θρέμμ᾽-γέρων Men. 4, 292 (272).

θρεπτή: Μανίαν θρεπτήν Pher. 2, 315 (12).

Θρῄκη: Θρῄκης (f. -κην) κατάρδων ποταμός Antiph. 3, 55.

θρηνῶ: λύρους θρηνεῖν Phryn. 2, 601 (1). φθόγγους ἀλύρους θρηνοῦμεν Alexid. 3, 456 (1, 7).

θρίαμβος: τοὺς καλοὺς θριάμβους ἀναρύτουσ᾽ Cratin. 2, 36.

Θριάσιος: Οἰδίπους Θριάσιος Men. 4, 303 (329).

θριδακίνη: de vocalium quantitate v. 3, 309. ἐν καλαῖς θριδακίναις Cratin. 2, 178 (13). μὴ (f. μὴ μή) παρατίθει μοι θριδακίνας Eubul. 3, 210. ἐν ταῖς θριδακίναις ταῖς κάκιστ᾽ ἀπολουμέναις Amphid. 3, 308 (1).

θριδακινίς: παρ᾽ ὠκίμων πέταλα καὶ θριδακινίδων Stratt. 2, 787 (1, 6).

θρίξ: λευκή-θρίξ anon. 4, 674 (301). οὐχ αἱ τρίχες ποιοῦσιν αἱ λευκαὶ φρονεῖν Men. 4, 258 (92). ἐπὶ τῷ προσώπῳ δ᾽ αἱ τρίχες φορούμεναι | εἴξασι πολιαῖς Eubul. 3, 250 (1, 7). τὰς τρίχας ξανθὰς ποιεῖν Men. 4, 265 (133). τί γὰρ αἱ τρίχες λυποῦσιν ἡμᾶς-; Alexid. 3, 509 (10). ἀφαιρεῖ τρίχας Aristophan. 2, 1158 (54).

θρῖον: *ὑπότριμμα, θρῖον, ἐγκέφαλος Aristophan. 2, 1080 (17). οὐ θρῖον, οὐκ ἔλαιον, οὐκ *ἀμυγδάλας Alexid. 3, 465 (3). ἔτνος, θρῖον, φυλλάς Mnesim. 3, 569 (v. 31). καρδάμων, θρίων, ὀποῦ Antiph. 3, 78 (1, 4). ζωμοῦ, τεύτλων, θρίων Anaxand. 3, 184 (1, 40). θρίοισι ταύτην (int. ἀμίαν)-ἐλαδίῳ διείς | ἐσπαργάνωσα Sotad. 3, 586 (1, 27). φύσκην ποιῶ, κάνδαυλον, ᾠά, θρῖον Philem. 4, 16 (1). θρῖον δὲ καὶ κάνδαυλον ἢ τούτων τι τῶν εἰς ματτύην Nicostr. 3, 284. ἐγχύτους ποιεῖ, | πλακοῦντας ὀπτᾷ, χόνδρον ἕψει καὶ φέρει | -εἶτα θρῖον καὶ βότρυς Men. 4, 222 (1, 11). θρῖα, τυρόν, ἐγχύτους-κάνδυλον, ᾠά- Euang. 4, 572 (v. 7). θρῖον ἂν δείξω μόνον Dionys. 3, 548 (v. 39). *θρῖον τὸ λευκόν-Χαριάδης Euphron. 4, 486 (v. 7).

θρῖσσαι κόκκυξ, θρῖσσαι, νάρκαι Anaxand. 3, 184 (1, 51). αἰολίας, θρίττα, χελιδών Ephipp. 3, 330 (1, 5).

θρίττα: v. θρῖσσαι.

θρίψ: ὁ-θρὶψ τὸ ξύλον Men. 4, 235 (12).

θρόμβος: μηκάδων αἰγῶν ἀπόρρουν θρόμβον Antiph. 3, 27 (1, 8).

θρόνος: ἐξ θρόνου Eup. 2, 520 (36). τετράπους μοι γένοιτο-†τήνπρος (al. σκίμπους) ἢ θρόνος Anaxil. 3, 348 (1, 25) cf. 5, 86.

θρυαλλίς: 1) μίλῳ τε καὶ θρυαλλίδι f. Cratin. 5, 17. 2) *λύχνον δίμυξον-καὶ θρυαλλίδ᾽ Phillyll. 2, 866 (2) cf. 5, 57.

θρυλῶ: τὸ παλαιὸν τοῦτο καὶ θρυλούμενον δι' ἡμετέρων στομάτων-'ἀ φασμ' Theop. 2, 805 (1). τὰ παλαιὰ καὶ θρυλούμενα | ἀρτύματ' Anaxipp. 4, 459 (v. 4). τῶν πολλάκις θρυλουμένων διάμεστον ὄντα Antiph. 3, 140 (14).

θρύμμα: † ἄρτων περίλοιπα θρύμματα Aristophan. 2, 1040 (13).

θρυμματίς: θρυμματὶς τεταραγμένη Antiph. 3, 101 (5, 4). θρυμματίδα [illegible] τέμαχος, βολβόν Nicostr. 3, 278 (1). θρυμματίδα γλυκεῖαν Lync. 3, 433 (v. 8).

θρύπτομαι: ὡραζομένη καὶ θρυπτομένη Eup. 2, 557 (23).

θυγάτηρ: ἡ σὴ θυγάτηρ, δι' ἐκεῖνος αὐτὴν ἐπελέκα Arar. 3, 274 (1). κἀγὼ γραῦς, καὶ θυγάτηρ, καὶ παῖς υἱός Alexid. 3, 456 (1). ἅπασι [illegible] ἀργαλέα 'στιν-υἱῷ, πολὺ μᾶλλον θυγατρί Men. 4, 191 (2). χρῆσαι τῇ σεαυτῆς θυγατέρα | ἀντάλλαγον Men. 4, 143 (3). παίδων 'ἐπ' ἀρότῳ -δίδωμί σοί γε τὴν ἐμαυτοῦ θυγατέρα Men. 4, 275 (185). ὦ θύγατερ, *ἔλεξ' Ἰασοῖ Aristophan. 2, 954 (7). κόραι θυγατέρες Alexid. 3, 431 (1). μήτηρ Ἰοκάστη, θυγατέρες, παῖδες τίνες Antiph. 3, 106 (v. 7). χαλεπόν γε θυγάτηρ κτῆμα Men. 4, 76 (6) = mon. 750. θυγάτηρ κτῆμ' ἐστὶν ἐργῶδες πατρί Men. 4, 86 (2). θυγάτηρ ἐπίγαμος Men. 4, [illegible] (114). *ὡς οὐκ ἂν ἐκδοίη γε θυγατέρ' ἄσμενος Men. 4, 99 (1). προικιῶ τὴν ἐμαυτοῦ θυγατέρα τὴν πόλιν ὅλην Men. 4, 228 (3). θυγατέρα δ' ἐκτίθησι (int. πᾶς) κἂν ᾖ πλούσιος Posidipp. 4, 516. Εἰρήνης-θυγάτηρ, ἀδελφή Aristophan. 2, 1065 (2, 3).

θυγατριδεῖν (f. θυγατρίζειν) Arar. 3, 274 (3).

θυγάτριον: τὸ θυγάτριον-μου *σεσινάπικε Xenarch. 3, 624 (1). τοὐμὸν θυγάτριον Men. 4, 198 (5). θυγάτριον (voc.) Men. 4, 327 (492). τὰ θυγάτρια | περὶ τὴν λεκάνην ἅπαντα περιπεπλιγμένα Stratt. 2, 788 (5).

θυεία (θυῖα): φρυγεύς, θυεία, λήκυθος Theop. 2, 811 (4). δοῖδυξ, θυεία, τυρόκνηστις Aristophan. 2, 945 (4). κρεάγραν, θυείαν, τυρόκνηστιν Anaxipp. 4, 465 (1). χύτραν, θυείαν, κάκκαβον Antiph. 3, 146 (32). λεκάνη, θυεία, κάνθαρος Axionici 3, 535 (3). τὴν θυείαν ἠφάνισαν ἐκ τοῦ μέσου Anaxipp. 4, 459 (v. 6). τριμμάτια-ἐν θυείαις ἀργυραῖς Diph. 4, 394 (1). ὀρχήσει-†τὴν ἴγδιν. *(B. τίν' ἴγδιν; A.) τὴν θυείαν ἀγνοεῖς; Antiph. 3, 69 cf. 70. ἀλλ' εἰς θυείαν παιστέον Plat. 2, 630 (1, 3). φέρε τὴν θυείαν ib. (1, 4).

θυλακίσκος: θυλακίσκος Aristophan. 2, 1046 (37). τὴν σπυρίδα λαβὼν καὶ θυλακίσκον Aristophan. 2, 1165 (6). μάττε θυλακίσκε Cratet. 2, 237 (1, 6).

θύλακος: θύλακον-μεστόν Diph. 4, 379 (1). *σίγυνον, ἀσκοπήραν, θύλακον Diph. 4, 401. κἂν-διατράγῃ *θύλακον (legeb. λημύθιον) anon. 4, 612 (40). *ἀλτῆρσι θυλάκοισι χρῆται Cratet. 2, 236 (4). σὺ μὲν ἀσκὸς σὺ δὲ θύλακος | ἄνθρωπός ἐστι Alexid. 3, 417 (1).

θυλακοφορεῖν: Aristophan. 2, 1211 (175).

θυλήματα: *θυλήμασι κρύπτετε πολλοῖς Pher. 2, 261 (1, 4). μεστὴ τῶν θυλημάτων Telecl. 2, 370 (4). Κίλητι δέρμα καὶ θυλήματα Plat. 2, 675 (2, 18).

θῦμα: τὸ θῦμα βοῦς Posidipp. 4, 521 (v. 19). Cf. θύμον.

θυμάγροικος: Aristophan. 2, 1211 (176).

θυμαίνω: θυμήνας τοῖς στρατιώταις Eup. 2, 506 (21).

θυμάλωψ: θυμαλώπων-μεστὴν ἐσχάραν Stratt. 2, 786 (5).

θύμβρα: θύμα, θύμβραν Eup. 2, 426 (1, 5).

θυμέλη: Pher. 2, 354 (63).

θυμελικός: θυμελικὰν-εἰς ἔριν anon. 4, 649 (184).

θυμηδία: πολλὴ θυμηδία Eup. 2, 498 (5).

θυμίαμα: cf. θύμον. ἀκήκοας-ἤδη πώποτε τὸ θυμίαμα τοῦτο; Amphid. 3, 311. Λιβυκόν-πέπερι, θυμίαμα Ophel. 3, 381 (2). πόθεν τὸ θυμίαμα τοῦτο λαμβάνεις; Diod. 3, 545 (v. 40).

θυμιῶ: φέρε νῦν ἀγήλω τοὺς θεοὺς-καὶ θυμιάσω Herm. 2, 388 (1). τὴν βασιλικὴν θυμιᾶτε μίνδακα Amphid. 3, 311. λίθος-τεθυμιαμένος Aristophan. 2, 1196 (85).

θύμον: cf. θύμος. θύμα, θύμβραν Eup. 2, 426 (1, 5). μύρτα, *θύμα (libr. θύματα. al.* θυμιάματα), πυρούς Antiph. 3, 98.

θύμος: cf. θύμον. οὐδὲ φύεται-νοῦς ὥσπερ ἐν ἀγρῷ θύμος (an θύμ'?) Philem. 4, 35 (6). σιλφίου, τυροῦ, θύμου Antiph. 3, 78 (1). θύμου δέσμαι τινές Alexid. 3, 485 (2). θύμον τῶν Ὑμηττίων Eubul. 3, 214 (1) al. Antiph. 3, 141 (16). κάππαριν, βληχώ, θύμον Aristophont. 3, 364 (2). κάππαριν, θύμον, ἀσπάραγον Philem. 4, 38 (12). γήτειον, ἄνισον, θύμον Alexid. 3, 437 (2, 7). θύμου δύο Pher. 2, 353 (51). ἀπολαῦσαι θύμων λαχάνων τε Aristophont. 3, 361 (1, 3). μηδὲν-εἰσφέρειν ἔξω θύμου Antiph. 3, 99 (1, 8). οὐδεὶς κρέως παρόντος ἐσθίει θύμον Antiph. 3, 133 (2, 7).

θυμός: δίχα θυμὸν ἔχουσιν Herm. 2, 407 (1, 11). θυμὸς ἡδονὴν ἔχει Pher. 2, 326 (1, 2). πιοῦσα-ὁπόσον ἂν σοι θυμὸς ᾖ Theop. 2, 804 (1, 10). ἄκουσον-θυμοῦ δίχα Aristophan. 2, 1143 (5). θυμοῦ φάρμακον-λόγος mon. 37. θυμὸς εἰς ὀργὴν πεσών mon. 71. ἂν θυμοῦ κρατῇς mon. 186. θυμοῦ κρατῆσαι κἀπιθυμίας mon. 254. θυμὸν φυλάττου mon. 574. θυμῷ χαρίζου μηδέν mon. 245.

θυμοῦμαι: δεσπότας θυμουμένους mon. 534. κόλαζε-μὴ θυμούμενος mon. 576. πεπωκότα | ἤδη τ' ἀκροθώρακ' ὄντα καὶ θυμούμενον (?) Diph. 4, 397.

θύνναξ: ὑπογάστριον θύνναχος Eriphi 3, 558 (3).

θυννάς: τῆς-βελτίστης-θυννάδος Βυζαντίας Antiph. 3, 89.

θύννειον: ἐγχέλεις ὁρῶν θύννεια νάρκας καράβους Timocl. 3, 598.

θύννη: θύννης τὰ πρὸς τῇ- (suppl. οὐρᾷ) Antiph. 3, 70 (2, 4).

θυννίς: ἐγὼ γάρ εἰμι θυννὶς ἢ- Cratin. 2, 109 (3). θυννίς, κωβιός, ἠλακατῆνες Mnesim. 3, 569 (v. 36). Βυζαντίας θυννίδος ὀσμαῖσι Antiph. 3, 43 (1). θυννίδες Stratt. 2, 768 (2). μύλλοι, σαπέρδαι, θυννίδες Aristophan. 2, 1123 (18). θυννίδες ὀπταί Anaxand. 3, 184 (1, 48). τὰς πρημνάδας τὰς θυννίδας Nicoch. 2, 845 (1).

θύννος: cf. γλαῦκος. ἐγὼ γάρ εἰμι θυννὶς ἢ-ἢ καὶ θύννος Cratin. 2, 109 (3). θύννου-κεφάλαιον τοδί Calliae (Diocl.) 2, 735 (1). εἰ κεφαλὴν θύννου λάβοι, ἐνόμιζεν ἐγχέλεια καὶ θύννους ἔχειν Alexid. 3, 456 (2) cf. 5, 99. ὑπογάστριον θύννου τι Stratt. 2, 766 (2). θύννου | ὑπογάστριον Aristophan. 2, 1099 (6). ὑπογάστριά θ' ἡδέα θύννων Stratt. 2, 773 (3). θύννων μεγαλόπλουτ'-ὑπογάστρι' ὀπτῶν Eubul. 3, 223 (2). θύννου λαγόνες Antiph. 3, 72 (1, 5). πρόσεστι θύννου τέμαχος. B. ὀπτήσεις Antiph. 3, 130. θύννου τέμαχος Eubul. 3, 234 (1). θύννου τεμάχη, γλάνιδος, γαλεοῦ Ephipp. 3, 329 (1) = Mnesim. 3, 569 (v. 31). κλεῖδες ὀπταὶ δύο-θύννου Aristophont. 3, 359. τοῦ-*ἀμύμονος δέμας θύννου Anaxand. 3, 174 (1). ἐνίοτε κρείττων γίγνεται θύννου βόαξ Nicomach. 4, 584 (v. 23). τελευτήσω δ' ἐπὶ θύννον. B. ἐπὶ θύννον; Plat. 2, 672 (1, 6. 7). θάλαττα βορβορώδης ἢ τρέφει θύννον μέγαν Men. 4, 77 (12). θύννους, μελανούρους, σηπίας Henioch. 3, 561.

θύος: θύη πέττειν τινά | κέλευ' Eup. 2, 470 (22).

θύρα: οὐδεὶς-*ἀνέῳγε μοι θύραν Pher. 2, 289 (6). οὐδὲ νῦν ἔτι | ἀνεῳγμένην δυνάμεθα τὴν θύραν ἰδεῖν Nicol. 4, 580 (v. 24). ἐπὰν-ἴδω-τὰς τραπέζας εὐτρεπεῖς καὶ τὴν θύραν ἀνεῳγμένην Diod. 3, 544 (v. 16).

ἡ θύρα 'στ' ἀνεῳγμένη Philem. 4, 4 (1, 12). ἄνοιγ' ἄνοιγε τὴν θύραν Alexid. 3, 477 (4). ἀνοίγετ' ἤδη τὰς θύρας Timocl. 3, 611. ἀνέῳ[γε] τὴν θύραν Men. 4, 140 (5). ἐὰν δ' ἀνοίξῃ τὰς θύρας, τρεσάν[τ]… (int. νομίζεται) Men. 4, 157 (2). τῆς θύρας χασμωμένης ἂν ἐπιλάβοι… Alexid. 3, 501. *κοὐδέποτέ γ' ἴαχει θύρα Eup. 2, 535 (9). ἔστιν θυ[ρ]εῖν-τὴν-εὔνοιαν εὐθὺς εἰσιόντα τὰς θύρας Apollod. 4, 455 (2). τ[ὴν] θύραν κόψας Men. 4, 105 (2). κόψω τὴν θύραν Men. 4, 260 (205)… κόρακι κρούεθ' (al. κλείεθ') ἡ θύρα Posidipp. 4, 515 (1). θύρας μ… χλεύειν σεισμός Antiph. 3, 110 (v. 6). θύραν ἔξελε Men. 4, 164 (1)… τὴν θύραν ἀναζυγώσας Aristophan. 2, 1205 (127). ἐπ' αὐτὸν ἥκεις τὸ[ν] βατῆρα τῆς θύρας Amips. 2, 711 (5). ἐπ' αὐτὴν τὴν θύραν ἀφιγμέν[ος] Aristophan. 5, 62. ὁ δέ μ' ἠκολούθησεν μέχρι τοῦ πρὸς τὴν θύραν Men. 4, 248 (32). πρὸς τὴν θύραν ἐστήξετ' ἀχανὴς Hegesipp. 4, 4… (v. 24). ἕστηκας ἔτι πρὸς ταῖς θύραις Men. 4, 196 (1). πρὸς ταῖ[ς] ἐμαυτοῦ-θύραις ἕστηκ' Men. 4, 285 (293). ἐνθάδ' οἴσεις καταφαγεῖν ἐπ[ὶ] τὴν θύραν-; Antiph. 3, 146 (31). κλείεθ' ἡ θύρα μοχλοῖς· ἀλλ' οὐ… εἰς-ὀχυρὰν οὕτως ἐποίησεν θύραν, δι' ἧς γαλῆ καὶ μοιχὸς οὐκ εἰσέρ[χεται] χεται Apollod. Car. 4, 444 (1). adde Posidipp. 4, 515 (1). κλειδ[ί]… αἷς τὰς θύρας κλείουσιν Aristophont. 3, 359. τὰς (f. τῆς) θύρας ἀνε[ῳ]κτῶς ἔχων (ἔχειν) Plat. 2, 687 (23). βεβαλάνωκε τὴν θύραν Aristophan. 2, 1064 (20). μόχλωσον τὴν θύραν Aristophan. 2, 1103 (18). *κατα[ρ]πακτοῦν τὰς θύρας Aristophan. 2, 1209 (161). τῆς θύρας ἀποκλεισθεί[ς] Timocl. 3, 607 (1). θύρας ἐξελθεῖν Pher. 2, 335 (3, 3). ἐψόφηκε τ[ὴν] θύραν τις ἐξιών Men. 4, 280 (208b). τὴν πάροδον-τῶν θυρῶν Dion[ys.] 3, 552 (1, 17). πῶς οὐ στέφανος οὐδείς ἐστι πρόσθε τῶν θυρῶν; Ephipp. 3, 325 (2, 2). μαρτύρομαι-τὸν Ἀπόλλω *τουτονὶ καὶ τὰς θύρας Men. 4, 281 (212). *Λάχητί τ' οἰκήσαιμι τὴν ἑξῆς θύραν Ephipp. 3, 33… (2, 4). αὔλιος θύρα Men. 4, 141 (2). τὴν αἰσχύνην-ἀπολωλέκασι καθ' ἑτέρας θύρας Apollod. 4, 454 (1, 9).

θύραζε: φέρεται θύραζε Eup. 2, 485 (1, 13). θύραζε | ἐξαγαγών ib. (1, 15). κότταβος-ἐξοίχεται θύραζε Plat. 2, 638 (1, 11). θύραζ' *ἐκ[χ]χεῖτε Aristophan. 2, 1071 (3). λαβὼν θύραζε τὰ ψηφίσματα Aristophan. 2, 1186 (43). θύραζε Κᾶρες ad anon. 4, 676. [ἥτις καρδίαν θύραζ' ἔχει Men. 4, 226].

θύραθεν: [τῆς θύραθεν ἡδονῆς Men. 4, 226].

θυραία Men. (?) 4, 184 (11).

θυρίς: κόρακι κλῦε τὰς θυρίδας v. ad Posidipp. 4, 516 (1).

θυροκοπία: Diph. 4, 429 (47).

θυροκοπῶ: οὐδὲ θυροκοπῶν ὦφλεν δίκην Antiph. 3, 156 (71). θυροκοπεῖν Diph. 4, 429 (46).

θύρσος: θύρσον, κροκωτόν Cratin. 2, 37 (1). θύρσου κυνῆ (f. γοσ…) Aristophan. 2, 1112 (13). θύρσος (i. q. ὅπλον) *Philem. 4, 66 (125). Cf. Θύρσος.

Θύρσος: *Σηπίαν τὴν *Θύρσου (legeb. θύρσου) Archipp. 2, 719 (2). Cf. 2, 1112 sq.

θυρωρός: ὁ θυρωρὸς ἱλαρὸς πρῶτόν ἐστιν Apollod. 4, 455 (2).

θυσία: ἐν ἅπασι τοῖς δήμοις θυσίας ποιουμένη, εἰς τὰς θυσίας ταύτας παρασίτους-οὐ πώποτ' ἀπεκλήρωσεν Diod. 3, 544 (v. 24 sqq.). ἀπ' ἐκείνης τῆς θυσίας διέφθορεν αὐτοὺς-ἀβουλία Henioch. 3, 563 (v. 12). θυσία μεγίστη-τὸ †εὐσεβεῖν mon. 246.

θυσιάζω: μῆλα θυσιάζεις ἄρα; Straton. 4, 545 (v. 21).

†θύτην μέλλει Aristophan. 2, 1201 (107).

θύω: 1) ὅτε τοῖσι θεοῖς θύετε Pher. 2, 261 (1, 1). ἀνάπηρά σοι θύουσινβοΐδια Herm. 2, 393 (1). κενέβρειον ὅταν *θύσῃς (libr. θύσῃ, θύῃς) τι Aristophan. 2, 1201 (103). ὅταν ἐμοί τι θύωσίν τινες Eubul. 3, 250 (3). τὴν κέρκον μόνην καὶ μηρὸν ὥσπερ παιδεραστῖς θύετε Eubul. 3, 270 (18). ὡς θύουσι-οὐχὶ θεῶν ἕνεκ', ἀλλ' ἑαυτῶν Men. 4, 108 (3). εἶτ' οὐχ ὅμοια πράττομεν καὶ θύομεν; Men. 4, 161 (1). ἔθυον οὐ προσέχουσιν οὐδέν μοι θεοῖς Men. 4, 279 (202). θῦσαι-κριὸν Χλόῃ Δήμητρι Eup. 2, 502 (7). γαλαθηνὸν-ὖν-θύειν Pher. 2, 263 (6). ὁ δ' ἴσως γαλαθηνὸν τέθυκε τὸν χοῖρον λαβών Henioch. 3, 560. ὅταν-ἑκατόμβας-θύωσιν Antiph. 3, 89 (2, 3). βοῦν προσκυνεῖς, ἐγὼ δὲ θύω τοῖς θεοῖς Anaxand. 3, 181 (v. 4). ἐθύομεν πεντάκις τῆς ἡμέρας Men. 4, 166 (5). καὶ τοῦτο θύων οὐδεπώποτ' εὐξάμην Men. 4, 242 (30). ἐλευθέρι' ἀφίκοντο θύσουσαί ποτε Henioch. 3, 563 (v. 10). πέμπτην ἔθυον ἡμέραν-λεπτὸν ἔριφον Euphron. 4, 486 (v. 18). οὐκ ἔχει νεφρὸν ἔλεγον-ἔθυσαν ἕτερον ib. 487 (v. 28). οὐδ' ἄρα θύεις (ῠ) ἐρυσίχθον';-οὐ θύω (ῠ) βοῦν Straton. 4, 545 (v. 19. 20). "δεῖξον χέρνιβα." παρῆν. ἔθυεν ib. (v. 40). θύσας ἱερεῖον πρῶτος ὤπτησεν *κρέας Athenion. 4, 557 (v. 11). τὰ δὲ βοσκήματα θύοντες ὤπτων ib. (v. 14). καταρχόμεθ' ἡμεῖς οἱ μάγειροι, θύομεν, σπονδὰς ποιοῦμεν ib. 558 (v. 40) †ζωμὸν οὐκ ἐποίει Ὅμηρος θύων βοῦς Antiph. 3, 144 (27). σιτούμενε | *ὥσπερ ἱερεῖον, ἵν' ὅταν ᾖ καιρὸς τυθῇς Philem. 4, 55 (63ᵃ). ἐμὲ κατακόψεις, οὐχ ὃ θύειν μέλλομεν Anaxipp. 4, 460 (v. 23). *ἔθυον δέλφακ'-θῆστίᾳ Eup. 2, 540 (11). *Ἑστίᾳ θύει (proverb.) Theop. 2, 801 (4). αὐτοὶ θύομεν Aristophan. 2, 1012 (23). οὐ τοῖς φίλοις θύω-ἀλλὰ τοῖς θεοῖς anon. 4, 679 (310). δειπνῶμεν ἵνα θύωμεν anon. 4, 675 (304). ἤν τινά τις καλέσῃ θύων ἐπὶ δεῖπνον Pher. 2, 335 (3, 1). ἄχθεται αὐτὸς ὁ θύων ib. (3, 6). τὸν θύοντα τοῖς κεκλημένοις δεῖξαντ' ἰδεῖν τὸ δεῖπνον Alexid. (Antiph.) 3, 494 (2). τίς ἔσθ' ὁ θύων, ἢ πόθεν συνίσταται τὸ δεῖπνον Diph. 4, 394 (2, 5). ὁ θύων *ἔσθ' ὁ δειπνίζων τ' ἐμὲ Ῥόδιος Lync. 4, 433 (v. 1). ἔθυσεν ἡ γυνή Ephipp. 3, 334 (1, 12). *(ἤδη) σὺ-ἔθυσας τὸν ἔριφον; Alexid. 3, 464 (2, 11). χοιρίδιον ἐν θύομεν Men. 4, 222 (1). ταῦτα-θύειν νόμος τοῖς Πυθαγορείοις Alexid. 3, 474 (2). ὡς Πυθαγοριστῇ θύομεν τῷ Λοξίᾳ Mnesim. 3, 567. θύομεν-αὐτοῖσι (mortuis) τοῖς ἐναγίσμασιν Aristophan. 2, 1148 (1, 12). 2) θῦε τοὺς κέδρους anon. 4, 601 (5).

θωμός: Aristophan. 2, 983 (32). ψηφισμάτων-θωμός Aristophan. 2, 1039 (21).

θωρακίζω: ὄγκῳ-χλανίδος εὖ τεθωρακισμένος Ephipp. 3, 332 (v. 10).

θώραξ: θώρακα-ἅπας ἐμπερονᾶται Herm. 2, 397 (2). ἀσπίδας-προσκεφάλαια καὶ θώρακας ἔχομεν Mnesim. 3, 577 (1). θώρακ'-φολιδωτόν Posidipp. 4, 521 (v. 7).

I.

ἰάλεμος: εἰς τοὺς ἰαλέμους-τοῦτον ἔγγραφε Men. 4, 138 (3).

ἰαμβύκη: ἔχοντας ἰαμβύκην τε καὶ τρίγωνον Eup. 2, 481 (3).

Ἴαονες: *Aristophan. 2, 1211 (179) cf. 5, 71.

Ἰᾶπυξ: ὁ δεῖν' Ἰᾶπυξ Antiph. 3, 77 (2).

ἰάσιμος: ἰάσιμον-τὸ πάθος ἐστί Alexid. 3, 440 (5, 4). νοσήματ' οὐκ ἰάσιμα Philem. 4, 43 (27ᵇ).

Ἰασώ: Herm. 1, 96 (1). ὦ θύγατερ, *ἕλεξ' Ἰασοῖ Aristophan. 2, 954 (7).

Ἰάσων: *ἂν δὲ κωδάριον (int. ὠφέληται), Ἰάσων (vocatur) Anaxand. 3, 177 (2, 11).

ἰατρεῖον: κατεσκευασμένος λαμπρότατον ἰατρεῖον Antiph. 3, 120 (2).

ἰάτρια: Alexid. 3, 527 (80).

ἰατρική: τῆς ἰατρικῆς τι μετέχειν Damox. 4, 531 (v. 33). *γεωμετρικήν, ἰατρικήν Nicomach. 4, 583 (v. 18). περὶ τῆς ἰατρικῆς δέ (dicam) ib. 584 (v. 30). εἰς τὴν ἰατρικήν τε χρησιμώτατον (int. οἶνος) anon. 4, 605 (16, 6).

ἰατρικῶς: Ἄπολλον, ὡς ἰατρικῶς Alexid. 3, 440 (5, 13).

ἰατρός: †τὸν ἰατρὸν-σάκταν (vocatis) Stratt. 2, 781 (3, 4). ἰατρός τις Σικελᾶς ἀπὸ γᾶς Epicrat. 3, 371 (1, 27). ἐπιχώριος ἰατρός Alexid. 3, 448 (2). ὑπαλειφόμενος παρ' ἰατρῷ Aristophan. 2, 995 (1). τὰ τῶν ἰατρῶν τοῦ βίου τεκμήρια Antiph. 3, 20 (1). τοὺς ἰατροὺς-ὑπὲρ ἐγκρατείας-εὖ σφόδρα πάντας λαλοῦντας Philem. 4, 24 (1). ἰατρὸς οὐδὲ εἷς-τοὺς αὐτὸς αὑτοῦ βούλεθ' ὑγιαίνειν φίλους Philem. 4, 50 (46ᵃ). τίς οὗτός 'εστ'; B. ἰατρός. A. ὡς κακῶς ἔχει | ἅπας ἰατρός, ἂν κακῶς μηδεὶς ἔχῃ Philem. min. 4, 68 (2). μόνῳ δ' ἰατρῷ τοῦτο καὶ συνηγόρῳ | *ἔξεστ' ib. (3). λαμβάνω-ἰατρόν. οὗτος-ἔτεμν', ἔκαε, πτωχὸς ἦν καὶ δήμιος Phoenicid. 4, 511 (v. 12). οἷα δὴ φιλοῦσιν ἰατροὶ λέγειν-παρηγοροῦντες αὐτούς *Men. 4, 217 (3). ἰατρὸς ἀδόλεσχος mon. 268. πολλῶν ἰατρῶν εἴσοδός μ' ἀπώλεσεν mon. 699. καθάπερ ἰατρὸς κακός (int. πλοῦτος) Antiph. 3, 153 (61ᵇ). τὸν ἰατρὸν ἂν ἴδωσιν οὐκ ἀλγοῦσ' ἔτι Philem. 4, 42 (24). τῷ-τὸ σῶμα διατεθειμένῳ κακῶς χρεία 'στ' ἰατροῦ Men. 4, 252 (65). ὁ θάνατος καθάπερ ἰατρὸς φανεὶς ἀνέπαυσε Diph. 4, 418 (5). πάντων ἰατρὸς τῶν ἀναγκαίων κακῶν χρόνος ἐστίν Men. 4, 264 (131). ὁ κοινὸς ἰατρός σε θεραπεύσει χρόνος Philippid. 4, 477 (8). λύπης-ἰατρὸς χρόνος Diph. 4, 426 (36). λύπης ἰατρός ἐστιν-λόγος (al. ἰατρός ἐστιν ὁ λόγος-νόσων) Men. 4, 240 (23) = mon. 326. cf. mon. 622. 674. λύπης ἰατρός ἐστιν-φίλος mon. 577. τῆς (i. e. πενίας) γένοιτ' ἂν εἷς φίλος βοηθήσας ἰατρός Men. 4, 149 (2). ψυχῆς ἰατρὸν κατέλιπεν τὰ γράμματα Philem. 4, 6. τὸν ἀγρὸν ἰατρὸν-ἔχων Philem. 4, 38 (12). ἰατρὸς ἐκλύτου βουλιμίας, τράπεζα Timocl. 3, 599 (2).

Ἴβηρες: τοὺς Ἴβηρας, τοὺς Ἀριστάρχου Aristophan. 2, 1165 (9). τοὺς Ἴβηρας, οὓς χορηγεῖς μοι ib. (10).

Ἰβηρίς: Ἑλληνὶς οὐκ Ἰβηρίς Men. 4, 92 (6).

Ἴβηρος: Ἴβηρος τραγοπώγων Cratin. 2, 78 (8).

ἶβις: πῶς ἂν-σώσειεν ἶβις ἢ κύων; Timocl. 3, 590.

ἰβύ: *Telecl. 2, 377 (19).

ἴγδις: ὀρχήσει-†τὴν ἴγδιν. *(B. τίν' ἴγδιν; A.) τὴν θυείαν ἀγνοεῖς; *(τοῦτ' ἔστιν ἴγδις) Antiph. 3, 69 cf. p. 70.

Ἰδαῖος: τοὺς δακτύλους-Ἰδαίους ἔχω Crobyli 4, 568 (1).

ἰδέα: ἐπὶ καινοτέρας ἰδέας-βίον-ἔτριβες Eup. 2, 440 (1). κακῷ-τὴν ἰδέαν Eup. 2, 536 (3).

†ἰδικολλοικόν v. δικόλλυβον.

ἰδιογνώμων: βίον-ἰδιογνώμονα Phryn. 2, 587 (1).

ἴδιος: ἐμὸν αὐτῆς ἴδιον Phryn. 2, 596 (5). σοφία δ' ἴδιον, κρύσταλλος Theognet. 4, 549 (v. 4). τὰ δ' ἴδια προστιθέασι τοῖς †ἀλλοτρίοις Men. 4, 243 (31). τἀλλότριον-κακὸν ὀξυδορκεῖς, τὸ δ' ἴδιον παραβλέπεις anon. 4, 671 (291). ὁ-νοῦς τῶν ἰδίων λήθην λαβὼν πρὸς ἀλλοτρίῳ τε ψυχαγωγηθεὶς πάθει Timocl. 3, 592 (v. 5). ἐμὲ-οὐχ ὁ σὸς λόγος, ὁ δ' ἴδιος πείθει τρόπος Men. 4, 249 (48). ἰδίας νόμιζε τῶν φίλων τὰς συμφοράς mon. 263 = 673. νομίζων ἴδιον εἶναι τὸ γεγονὸς | ἀδίκημα Men. 4, 237 (15). βοᾷ δ' ὄνειδος ἴδιον Axionici 3, 532 (1, 14). ὁ τοῖς λογισμοῖς τοῖς ἰδίοις πταίων ἀεί Men. 4, 183 (4). ὁ-τὸν ἴδιον οἰκονομῶν πικρῶς βίον Euphron. 4, 490 (1). τοὺς τὸν ἴδιον δαπανῶντας ἀλογίστως βίον Men. 4, 253 (79). γνώμῃ-ἰδίᾳ-ποιεῖ Men. 4, 269 (158). κατὰ τὴν ἰδίαν φρόνησιν mon. 306. ὑπὸ τῆς ἰδίας ἕκαστα κακίας σήπεται Men. 4, 235 (12). θνήσκει δ' ὁ θνήσκων κατ' ἰδίαν εἱμαρμένην Philem. 4, 47 (39). ἀποβεβαμμένας εἰς οὐχὶ ταὐτὸν τὴν αὐτὴν μύρον, ἰδίῳ δ' ἑκάστην Alexid. 3, 410 (1). ἴδιον ἐπιθυμῶν (int. θάνατον) Men. 4, 74 (3). ἴδιον ἐφευρηκώς τι Euphron. 4, 486 (v. 17). ἰδίαν τιν' *αὐτῷ θέμενος ἀδολεσχίαν Theognet. 4, 550. ἴδιον στρόβιλον ἐμβαλών τινα Pher. 2, 327 (1, 14) cf. p. 334. οὐκ *ἴδι' ἄττα (libri ἰδίᾳ τάδ') Cratin. 2, 98 (9). ὀνόμασιν *ἰδίοισι καὶ καινοῖσι χρῆται Antiph. 3, 121 (v. 3). ἐὰν γυνὴ γυναικὶ κατ' ἰδίαν † ὁμιλῇ (f. συνῇ) Philem. 4, 57 (76). ἰδίᾳ τε καὶ κοινῇ προπίομαι Alexid. 3, 515 (24).

ἰδιότης: τῆς ἰδιότητος πρὸς ἑτέραν μεμιγμένης Damox. 4, 531 (v. 41).

ἰδιώτης: ἐπὰν ἰδιώτην ἄνδρα μονοσιτοῦντ' ἴδῃς-τὸν-ἰδιώτην τοῦ βίου τὸν ἥμισυν ἀπολωλεκέναι νόμιζε Alexid. 3, 509 (11). ἄν τιν' ἰδιώτην-λάβωσιν εἰσελθόντα Cratin. min. 3, 378. ὁ μάγειρος ἂν πρὸς τὸν ἰδιώτην-εἰσίῃ Posidipp. 4, 521 (v. 11). ἰδιώτης μέγας αὐτοῖς ὁ Σεύθης Posidipp. 4, 523 (1).

ἴδριδες *Phryn. 1, 159.

ἱδρύω: χύτρας, μεθ' ὧν ὁ βωμὸς-ἱδρύθη (al. ἱδρύνθη, ἱδρύσθη) Aristophan. 2, 1048 (4). ἱδρύσατο θ' ἱερὸν μητρός Alexid. 3, 520 (35). ἱδρυσάμενος τούτους-εἰς τὴν οἰκίαν (int. aurum et argentum deos) Men. 4, 234 (10). θεὸν-σῴζοντα τοὺς ἱδρυμένους Men. 4, 127 (2).

ἱδρώς: τὸν ἱδρῶτα-ἀπ' ἐμοῦ σπόγγισον Pher. 2, 276 (7). ἐκ τῶν γνάθων ἱδρὼς ἐπὶ τὸν τράχηλον ἄλοκα μιλτώδη ποιεῖ Eubul. 3, 250 (1, 5). βρομιάδος-ἱδρῶτα πηγῆς Antiph. 3, 27 (1, 12).

ἰδυῖοι: τί καλοῦσιν *ἰδυίους; Aristophan. 2, 1031 (15, 3).

Ἱέραξ: Ἱέρακος νόμον Epicrat. 3, 365 (1).

ἱέρεια: τούτων γυναῖκες ἱέρειαι (?) Posidipp. 4, 521 (21).

ἱερεῖον: ἱερεῖον-ὁποῖον ἂν κάλλιστον-ἔχῃ Alexid. 3, 474 (2). θύσας ἱερεῖον πρῶτος ὤπτησεν *κρέας Athenion. 4, 557 (v. 11). σφαττόμενε, *ὥσπερ ἱερεῖον Philem. 4, 55 (63ᵃ). cf. 4, 66 (127).

ἱερεύς: ἱερεὺς Διονύσου Eup. 2, 483 (19). ἱερεὺς-ὀρφανὸς τοῦ θεοῦ Archipp. 2, 722 (9). ἱερεὺς-τῆς Κολαινίδος Metag. 2, 752 (4). ἱερὸν (f. ἱερεὺς) -Ἐπακρίου Διός Polyz. 2, 869 (1). ὁ δ' ἱερεὺς εὐήγορος (l. εὐηγορῶν 5, 52)-οἶνον ἐξέσπενδε κοτύλῃ Eubul. 3, 240. ἃ δ' *ἀνάγκα 'σθ' ἱερεῦσιν καθαρεύειν Phryn. 2, 606 (14). τοὺς ἱερέας-ὁλοκλήρους νόμος εἶναι (Aegyptiis) Anaxand. 3, 181 (v. 10).

*Ἱερόκλεια: Κοναλλίς, Ἱερόκλεια (al. Ἡράκλεια), Λοπάδιον Timocl. 3, 608 (1).

*Ἱεροκλείδης: Herm. 2, 394 (6). Phryn. 2, 587 (4).

*Ἱεροκλῆς: Ἱερόκλεες Eup. 2, 515 (16).

ἱερομνήμων: τοὺς Πυλαγόρας-καὶ τὸν ἱερομνήμονα Aristophan. 2, 1083 (11).

ἱερόν: v. ἱερός.

ἱεροπρεπής-τέχνη Men. 4, 108 (4).

ἱερός: τὴν ἱερὰν σφάττουσιν-δέλφακα Theop. 2, 810 (2). ἱεροὺς Ἀφροδίτης χρυσόφρυς Archipp. 2, 722 (12). κόμην τρέφων-ἱερὰν τοῦ θεοῦ Diph. 4, 407 (1, 6). τὸ ἱερὸν πῦρ φυσᾶν ex Arched. 1, 459. Βραυρῶνος ἱεροῦ θεοφιλέστατον τόπον Diph. 4, 388. ἱερὰ ὁδός Cratin. 2, 53 (15). τὸν ἀφ' ἱερᾶς γραμμῆς Men. 4, 147 (4). κεντρωτός, ἱερός, ἄρμ' ὑπερβάλλον πόδας (iact. tal.) Eubul. 3, 232 (2). φήμης ἱερᾶς ἐξοιγνυμένης Herm. 2, 390 (3). ἱερὰν ἐγγράψαν τὴν οὐσίαν Alexid. 3, 505 (6). ἱερὸν γάμον καλεῖτε Anaxand. 3, 177 (2, 2). ἱερὸν γάμεν-ποιῆσειν-καθ' αὐτόν Men. 4, 162 (2). ἱερόν: cf. ἱερεύς. ... ἱερόν Aristophan. 2, 1174 (8). ἑταίρας ἱερόν ἐστι πανταχοῦ Philetaer. 3, 293=295 (3). ἱδρύσαθ' ἱερὸν μητρός Alexid. 3, 520 (35). ... ἐστὶ (f. πάντη 'στὶ) τῷ καλῷ λόγῳ | ἱερόν Men. 4, 90 (6). ἱερὸν ... βουλή Aristophan. 2, 959 (22). ἱερὸν-ἐστιν ἡ συμβουλία mon. ... μάτων ἐπὶ τοῖς ἱεροῖς Herm. 2, 405 (6). πῶς οὐχὶ τὸ ... ἱερῶν ... ; Men. 4, 161 (1). τῶν ἱερῶν γεγραμμένων (f. -μένη) τὰ πάτρια διατηροῦντες Athenion. 4, 558 (v. 22).

ἱερόσυλος: ἱερόσυλ' Men. 4, 133 (3). πιεῖν ἀναγκάσω τὴν ἱερόσυλον πρῶτα Men. 4, 113 (3). ἱεροσύλοις καὶ πικραῖς παροψίσι Kubal. 3, 206 (v. 4).

ἱερώσυνα: *ἐντεῦθεν δίδοται μάλισθ' ἱερώσυνα Ameips. 2, 705 (3).

ἵζω: ἐπὶ τοὺς νεὼς ἵζουσι Epicr. 3, 366 (2, 12).

ἵημι: ἐς βέθυνον ἱέναι Cratin. 2, 137 (7). ἵησι λάταγας Cratin. 2, 1.. (16). *λύσασα-στάμνον-ποτοῦ | ἵησιν-εἰς κοῖλον κύτος Plat. 2, 684 (.. cf. 5, 49. κυνὸς φωνὴν *ἱείς (ἱ) anon. 4, 652 (195). εἰς Κοίλην ... ἱέμην (al. ᾠχόμην) Pher. 2, 321 (1).

Ἰθάκη: ἡμῖν δ' Ἰθάκη πατρίς ἐστιν Cratin. 2, 100 (15).

Ἰθακησία ὀρτυγομήτρα Cratin. 2, 158 (15).

ἰθύφαλλος: Cratin. 2, 24 (12).

ἱκανός: ἱκανὴ πρόφασις εἰς- Philem. 4, 62 (100). Men. 4, 291 (... ἀγόρασον εὐτελῶς· *ἅπαν γὰρ ἱκανόν ἐστι Ephipp. 3, 334 (1). ... οὐχ ἱκανόν σοι, τὸν ἐλέφανθ' ἥκει φέρων Damox. 4, 529. ἱκανὸν ... ἀγρὸς τρέφων καλῶς Men. 4, 207 (1). ἱκανὸν τὸ νικᾶν † ἐπὶ τῶν ... θέρων mon. 262. οὐχ ἱκανὸς ἦν-εὖ φέρειν παρρησίαν Nicol. 4, ... (v. 11). ἱκανῶς: ἱκανῶς κεχόρτασμαι γάρ Nicostr. 3, 286 (... ἱκανῶς βιώσεις mon. 270.

Ἰκάριος οἶνος Amphid. 3, 318 (4).

ἱκετεύω: μᾶζαι-ἱκετεύουσαι καταπίνειν Telecl. 2, 361 (1, 5). ἱκετεύω σε, μὴ 'πίσεις μοι- Alexid. 3, 383 (1). *ἱκέτευον αὐτὸν ἤδη μεταβαλεῖν Straton. 4, 546 (v. 45). πόσῳ κάλλιον, ἱκετεύω, τρέφειν- Kubal. 3, 260. τί δεῖ γὰρ ὄντα θνητόν, ἱκετεύω, ποιεῖν-; Philetaer. 3, 295 (2, 4).

ἱκέτης: οὐ δεῖ-ἀδικεῖν τοὺς ἱκέτας Men. 4, 102 (3). ἱκέτην γέροντα ... πένητα mon. 605.

ἱκνοῦμαι: cf. ἥκω. μὴ ὥρασι-ἵκοιθ' Alexid. 3, 507 (9).

Ἰκόνιον: (ἴκ) Men. 4, 319 (443).

ἴκρια: ἰκρίων ψόφησις Cratin. 2, 192 (51).

ἴκτινος: ἵνα παρ' ἡμῶν-καὶ τὸν ἴκτινον λάβῃς Men. 4, 329 (493). ἴκτινα Plat. 2, 695 (69). ἴκτινα παντόφθαλμον ἅρπαγα Aristophan. 2, 1192 (71).

Ἰλάονες de phaletibus Aristophan. 2, 1166 (14).

ἱλαρός: ἐρωτικός, γελοῖος, ἱλαρὸς τῷ τρόπῳ Antiph. 3, 45. ἐποίησε ... ἱλαρὸν-κἀπέδειξεν ἵλεων Ephipp. 3, 326 (1). ὁ δ' ἱλαροὺς ἡμᾶς ποιεῖ (int. οἶνος) Alexid. 3, 512 (15). ἱλαροὺς παίζοντας ὑποπεπωκότας Apollod. Car. 4, 442 (v. 12). τῶν πλουσίων-τὸν βίον ἱλαρὸν ... εἶναι Philem. 4, 36 (9). οὔτ' ἀσφαλῆ τὴν κτῆσιν οὔθ' ἱλαρὰν ἔχει Men. 4, 259 (54). ὁ θυρωρὸς ἱλαρὸς πρῶτόν ἐστιν Apollod. 4, 455 (2).

ἵλεως: ἵλεως γενοῦ anon. 4, 630 (101). τὸν καιρὸν-πάντοθ' ἵλεων ἔχειν mon. 720. ἀφεῖλε πᾶν αὐτοῦ τὸ λυποῦν κἀπέδειξεν ἵλεων Ephipp. 3, 326 (1).

Ἰλισσός: Ἰλισσὸς ἐν τῇ φάρυγι Cratin. 2, 119 (7).

ἰλλώπτειν anon. 5, 121.

ἰλύς (vulg. ὕλη) Aristophan. 2, 1222 (274).

ἱμάς: ἱμάντας (velorum) Aristag. 2, 762 (6). ἱμάντα-δὸς καὶ ζωνὴν Aristophan. 2, 1118 (2). τὸν ἱμάντα-καὶ τὸν ἀνάφορον (baiulorum) Aristophan. 2, 1168 (3). κνήμης ἱμάντων ἰσομέτροις ἑλίγμασιν (?) Ephipp. 3, 332 (v. 9). ὑποδούμενος τὸν ἱμάντα- τῆς-ἐμβάδος *ἀπέρρηξ' Men. 4, 101 (2). ἔξω τις δότω | ἱμάντα (caedentis) Antiph. 3, 41 (2, 8). de ampullae unguentariae loro cf. Men. 4, 207 (4).

ἱματιδάριον: Aristophan. 2, 962 (30).

ἱμάτιον: οὐδὲ Κόρμος ἱμάτιον λαβεῖν (int. ita cupiebat) Timocl. 3, 596 (1). τὸ-ἱμάτιον οἱ σῆτες Men. 4, 235 (12). ἱμάτιον ἀκούμεθα Men. 4, 287 (242[b]). αὐτόποκον ἱμάτιον anon. 4, 683 (322). ἱμάτιον μοχθηρόν (i. e. Syria) Cratin. 2, 132 (1). τοῦ θέρους-εἶχεν ἱμάτιον δασύ Philem. 4, 53 (53). ἱμάτιον μαλακὸν ἐρίων Σικελικῶν anon. 4, 684 (326). ἱμάτια ποικίλ'-Σικελικά Philem. 4, 25 (2). περιπόρφυρα ἱμάτια Cratet. 2, 246 (3). πλατυπόρφυρα ἱμάτια Archipp. 2, 726 (5). ἱμάτια *χρυσᾶ παρασχὼν τῷ χορῷ Antiph. 3, 116 (1, 6). ἱμάτια διαφαίνοντα Philem. 4, 29. κατέτριβεν ἱμάτια Aristophan. 2, 1099 (1). λόγχῃ, ἀορτήν, ἱμάτια Men. 4, 167 (11). ἱματίω-δύ' ἑατὸν χαρίεντε τούτω Eup. 2, 484 (1, 5). ἀποδούς (v. d. ἀποδύς) θοἰμάτιον Archipp. 2, 726 (1). †θοἰμάτιον ἕλκων Archipp. 2, 728 (3). οὐ γὰρ ἄν ποτε θοἰμάτιον ἀπενέγκαιμι Alexid. 3, 428 (1). θοἰμάτιον ἠφάλωσέ μου Philem. 4, 18 (2). ἔρραινον ἡμῶν θαἰμάτια καὶ στρώματα Alexid. 3, 410 (1).

ἵμερος: ὡς ἵμερός *μοὐπῆλθε-λέξαι Philem. 4, 26.

ἱμονιά: οὐχ ἱμονιάν, οὐ λάκκον εἶδον Alexid. 3, 465 (3). εὐτρεπεῖς τὰς ἱμονιὰς *πεποίηκα Apollod. Gel. 4, 438.

ἱμῶ: κοφίνους λίθων-*(ἱμᾶν) ἐπὶ τὸν κέραμον Aristophan. 2, 1089 (5).

ἵνα (adv.): ἵνα πάρα-κάραβοι καὶ- Eup. 2, 488 (5). ἀρτοπώλιον-, ἵν' ἐστὶ κριβάνων *ἐδώλια Aristophan. 2, 946 (7). 1009 (11). τοιᾷδε πόλει, ἵν' ἔξεστιν- Eup. 2, 536 (8).

ἵνα (coni.): τοὺς ἐξόδους-ἵν' αὐλῶ Cratin. 2, 230 (170). ἵν' ἀπαλλαγῶμεν ἀνδρός- Plat. 2, 634 (2). ἵνα μὴ κατεαγῇς τὸ σκάφιον Aristophan. 2, 1182 (24). ἵνα ξυνῶσιν ᾧπερ ἥδεσθον βίῳ Aristophan. 2, 1168 (25). ἵν'-ἀποπνίξαιμί σε Ephipp. 3, 340 (5). ἵν' οὐχ *αὐτῷ παρετράφη, ἀλλὰ σοί Men. 4, 285 (233). ἵνα μὴ τὸ παλαιὸν-εἴπω *σόφισμ'- Theop. 2, 805 (1). ἵνα σοι καὶ τραγικώτερον λαλῶ Men. 4, 227 (2). τίς ἐσθ' ὁ βουνός; ἵνα σαφῶς σου μανθάνω Philem. 4, 46 (34[a]). ἵνα μὴ ξυνέχῃ τοῖσι Λυκούργου πατριώταις Pher. 2, 257 (5). ἵνα μὴ βωμολόχοι καλώμεθα, ἐποίησεν- Pher. 2, 325 (2). ἔδωκε μνᾶν, ἵν'-μὴ λέγῃ Telecl. 2, 371 (1). ἑλκύσαι σε τὸν *ζυγόν, ἵνα μή με προσπαίτωσι γραῦν Aristophan. 2, 1061 (1). ἵνα μὴ πέτηται πρὸς τὸν οὐρανόν-, δεῦρ' αὐτὸν ἐφυγάδευσαν Aristophont. 3, 361 (2). τί οὐκ ἀπήγξω †ἵνα Θήβησιν (f. Θήβησιν ὅπως) ἥρως γένῃ; Plat. 2, 642 (2). ἐψήσομεν βαλάνιον, ἵνα νῷν *ἐξάγῃ τὴν κραιπάλην Nicoch. 2, 846 (1). οὐχ ἥψον ἐμοῦ βολβοὺς*** ἵν' ἐπαγλαΐσῃ τὸ παλημάτιον Aristophan. 2, 1184 (33). βούλομαι πέμψαι σ' ἀγωνιούμενον, ἵνα καὶ σὺ νικᾷς τοὺς σοφιστάς Anaxand. 3, 169. εἶχεν ἱμάτιον δασύ, | ἵν' ἐγκρατὴς ᾖ Philem. 4, 53 (53). ἅπαντα μοχθεῖ-ἵν' ἄλλος ἐλθὼν μεταλάβῃ καὶ †κτήσηται Men. 4, 247 (40).
ἆψαι-ἵνα σοι πατήσω τὸν Σθένελον Plat. 2, 669 (2). νέφον, ἵνα-συγκατακαλυφθῇ Pher. 2, 264 (8). εἴσφερε-ἵν' ἥδιον πίω Pher. 2, 280 (1). ἐγχέασθε-ἵνα τοῖς †ἰοῦσιν ἐγχέῃ (f. εἰσιοῦσιν ἐγχέω) Pher. 2, 298 (5). ἵν' ἀφυπνισθῆτ' οὖν ἀκροᾶσθ' Pher. 2, 340 (31). δειπνῶμεν ἵνα θύωμεν ἵνα λουώμεθα anon. 4, 675 (304). ὥρα χωρεῖν-λαβόντα-ἵν'-ῥᾳθυμῇς Herm. 2, 404 (5). πέττειν κέλευ', ἵνα

σπλάγχνοισι συγγενώμεθα Eup. 2, 470 (22). πίνειν-*ἐκέλευσ', ἵνα-τὸν πνεύμον' ἔκλυτον (f. ἔκκλυστον) φορῇ Eup. 2, 491 (11). τούτῳ *πρόπιθ', ἵνα *καὐτὸς ἄλλῳ Alexid. 3, 406 (1). διφρίον-τοῦτο παραθήσεις μόνον, ἵνα ταὐτὰ πάντες, μὴ τὸ μὲν ἐγώ, τὸ δ' ἕτερος Lync. 4, 433 (v. 22). βάδιζε τὴν εὐθεῖαν ἵνα δίκαιος ᾖς mon. 62. [† δίκαιος ἴσθ' ἵνα δικαίων τύχῃς mon. 119]. τί με καλεῖς σύ-; A. ἵν' ἀσπάσωμαι Theop. 2, 804 (v. 6). κορίαννον *εἰς τί (vel ἵνα τί) λεπτόν; B. ἵνα τοὺς δασύποδας-ἁλσὶ διαπάττειν ἔχῃς Alcae. 2, 829 (1). ' ἐπαιδευσα-ἵνα οἱ ποτε-*ἀμύναιντ' Cratin. 2, 112 (2). ἵν' ὡς τάχιστα-ὠφελοῖτο, διὰ τοῦτο προὐπένθευσαν *Aristophan. 2, 1106 (10). ἔτρωγ', ἵνα κινοῖ, σῦκα Aristophan. 2, 1138 (4). λήκυθον-ἣν ἐφερόμην, ἵν' ἔχοιμι συνθεάτριαν Aristophan. 2, 1144 (1). ἐχρῆν-πλεῖν-ἤδη διὰ τέλους ἵν' οὕτως ᾔσθετο- Men. 4, 175 (2).

Ἰνδός: Ἰνδούς (an Σινδούς, Σιντούς?), Λυκίους, Μυγδονιώτας Ephipp. 3, 323 (1, 7).

*Ἶννος Plat. 2, 669 (1) v. annot.

ἰξός: ἰξοὶ ῥυποκόνδυλοι Aristophan. 2, 1211 (177). ἰξὸς ὀρμάτων Ἔρως *Timoth. 3, 589.

Ἰοκάστη: ὁ πατὴρ Λάιος, μήτηρ Ἰοκάστη Antiph. 3, 106 (v. 7).

Ἰόλεως: οὐδεὶς-*ἡμῖν Ἰόλεως ἐν τῇ πόλει Plat. 2, 680 (4).

ἴον: κοσμοσανδάλοις, ἴοις Cratin. 2, 72 (1). κἀνθρύσκου μαλακῶν τ' ἴων λείμακα Pher. 2, 305 (2). στεφάνους ἴων Aristophan. 2, 1171 (1, 2). ὄζει ἴων, ὄζει δὲ ῥόδων Herm. 2, 410 (2, 8). ἴα καὶ ῥόδ' - ἠρεστημένα Diod. 3, 545 (v. 37).

ἰός: παραλαβὼν *τῷ χαλκίῳ τὸν ἰὸν ἐκ τῆς χειρὸς ἐξεσπόγγισεν Eubul. 3, 246 (4). ὁ μὲν ἰός-τὸ *σιδήριον Men. 4, 235 (12). ἰὸς ἀσπίδος mon. 261.

Ἰουλίας (cf. 5, 24): ὁ Ἰουλίου Cratin. 2, 222 (144).

ἰπνίτης: σκάφην θερμῶν ἰπνιτῶν Timocl. 3, 612.

ἰπνός: ἄρτους ἰπνὸν καταμπέχοντας Antiph. 3, 96 (1). ἰπνός i. q. κοπρών Aristophan. 2, 1095 (9).

Ἱππάρχειος Ἑρμαῖ anon. 4, 651 (191).

ἱππεύς: εἷς μόνος δ' ἱππεύς τις αὐτῆς τὸν βίον παρείλετο Anaxil. 3, 348 (1, 10). ἱππεῖς προκαλεῖσθαι εἰς πεδίον Men. 4, 147 (3). τοὺς δ' ἱππέας ἐπὶ κῶμον εἰς Κόρινθον (int. ἐξιέναι) Apollod. Car. 4, 449 (v. 20). Κολωνὸν τὸν τῶν ἱππέων Pher. 2, 321 (1). *κἀκείνους τοὺς Ἱππέας συνεποίησα τῷ φαλακρῷ Eup. 2, 453 (16).

ἱππεύω: ναὶ-οὐχ ἱππεύομεν Eup. 2, 505 (13).

ἱππική: μαθεῖν τὴν ἱππικήν Eup. 2, 533 (4).

ἱππίσκος: ἱππίσκον ἢ τρίμιτον Cratin. min. 3, 376 (2).

ἱππόδρομος: ἱππόδρομος-μαγειρικῆς Posidipp. 4, 521 (v. 23).

ἱπποκάμπια: anon. (396) 5, 124.

ἱππόκαμπος: *ἱππόκαμπος-ἐν αἰθέρι Men. 4, 281 (211).

Ἱπποκλείδης: οὐ φροντὶς Ἱπποκλείδῃ Herm. 2, 387 (6). Ἱπποκλείδης de parte muliebri Aristophan. 2, 1211 (180).

Ἱπποκλῆς: ὁ δὲ Κίλιξ ὁδ' Ἱπποκλῆς Alexid. 3, 402 (2).

Ἱπποκράτης: Ἱπποκράτους-παῖδες Eup. 2, 477 (38). cf. Aristophan. 2, 992 (17). 1187 (15).

Ἱππονίκη: τὰς Ἱππονίκας τάσδε καὶ-καὶ Ναυσινίκας Philem. 4, 29 (2).

Ἱππόνικος: 1) Calliae pater, Cratin. 2, 24 (13). 2) σκυθικός, Cratin. 2, 109 (65). ἱερεὺς Διονύσου Eup. 2, 433 (19). 3) Ἱππόνικε Antiph. 3, 98.

ἵππος: Ἀχαρνικοὶ ἵπποι Pher. 2, 260 (12). ἵπποις (Cyrenens.), σιλφίῳ, συνωρίσιν Antiph. 3, 48. δύο-ξανθῶν ἵππων (Thrac.) ἀγέλας Anaxand. 3, 183 (1, 24). χαὶ Προκλέους ἵππει- Eubul. 3, 219 (4). ἔνθ' ὄνων ἵππων [τε] στάσεις Ephipp. 3, 337 (3). τὸ μὲν Ἄργος ἵππος (f. ἱππεύον?) Diph. 4, 426 (30). ἵππων καὶ βοῶν-γάλα Antiph. 3, 85 (v. 3). οὖς-ἰδὼν ἐπὶ τῶν ἵππων Alexid. 3, 418. ἀναβαίνειν ἐπὶ τοὺς ἵππους-καὶ καταβαίνειν Mnesim. 3, 568 (v. 6). ἵππον κέλητ' ἀσκοῦντα Eup. 2, 497 (25b). ἔσει δ' ὅ τι ἂν βούλῃ, κύων, πρόβατον-ἄνθρωπος, ἵππος Men. 4, 135 (2, 4). ὁ κράτιστος ἵππος ἐπιμελεστέραν ἔχει | ἑτέρου θεραπείαν ib. (2, 9). ἵππῳ γηράσκοντι τὰ μείονα κύκλ'- Cratet. 2, 245 (2). ὥσπερ ἵππῳ *μοὐπιβαλεῖς τρυσίππιον Eup. 2, 555 (17). ἄπληστος ὥσπερ ἵππος Eup. 2, 509 (2). ἵππος με φέρει anon. 4, 699 (481). τίς τρόπος ἵππων; Metag. 2, 754 (2). Δούριος ἵππος Plat. 2, 658 (24). περιπατῶν ποτάμιος ἵππος Alexid. 3, 477 (4).

ἱπποσέλινον: γελῶν-ἱπποσέλινα Pher. 2, 318 (2, 4).

ἱπποτραγέλαφοι: Philem. 4, 30.

Ἱππῶναξ et Archilochus Sapphonis amatores Diph. 4, 409 (2).

ἰπῶ: *ἰποῦμεν Cratin. 2, 71 (10).

ἴρινος: μύρον-Αἰγύπτιον, κᾆτ' ἴρινον Plat. 2, 638 (1, 7). μύρον-ἴρινον καὶ ῥόδινον Cephisod. 2, 883 (1). ἠλειφόμην-*ἰρίνῳ μύρῳ Alexid. 3, 410 (1). τοὺς στεφάνους *τοὺς ἰρίνους Dromon. 3, 541 (2).

Ἰσαῖος: Theop. 2, 799 (3).

ἰσάργυρος: τἀργύριόν ἐστ' *ἰσάργυρον Ephipp. 3, 339 (2).

ἰσηγορία: πάντων ἰσηγορίαν Eup. 2, 536 (2).

ἰσῆλιξ: ταῖς νύμφαις ἰσῆλιξ anon. 4, 680 (311b).

Ἴσθμια: περὶ τῶν σελίνων μαχόμεθ' ὥσπερ Ἰσθμίοις Diph. 4, 369 (1, 23). τὰ δ' Ἴσθμι' ἀποδοίμην ἂν-ὅσου | ὁ τῶν σελίνων στέφανός ἐστιν ὤνιος anon. 4, 678 (296).

ἰσθμιακόν: ἰσθμιακὰ λαβόντες Aristophan. 2, 1150 (5, 2).

Ἰσθμιάς: μείζων ἀγὼν τῆς Ἰσθμιάδος Plat. 2, 630 (1, 10). Ἰσθμιὰς-καὶ Νέαιρα κατασέσηπε καὶ Φίλα Philetaer. 3, 294 (1, 5).

Ἰσθμοῖ: v. Ἰσθμός.

Ἰσθμός: [ἐν] Ἰσθμῷ (scr. Ἰσθμοῖ 5, 56)-ἀριστήσομεν Canth. 2, 836 (1). Cf. Aristophan. 2, 1110 (5).

Ἶσις: *Ophel. 3, 381 (4).

ἰσόθεος: τὸ νομίσαι τ' ἰσόθεον τὴν ἔγχελυν Antiph. 3, 80. γονεῦσιν ἰσοθέους τιμὰς νέμειν mon. 378.

Ἰσοκράτης: Λαγίσκαν τὴν Ἰσοκράτους παλλακήν Strattid. 2, 784 (1). de Isocrate Aristophan. 2, 1202 (111).

ἰσόμετρος: ἱμάντων ἰσομέτροις ἑλίγμασιν Ephipp. 3, 332 (v. 9).

ἰσόμοιρος: ὦ γῆς ἰσόμοιρος ἀήρ Pher. 2, 357 (82).

ἴσος: ἴσως suo loco est. τὰ δ' ἔνδον πᾶσιν ἀνθρώποις ἴσοι (felices) Men. 4, 263 (122). εἰς τὸν ἴσον ὄγκον (οἶκον?) τῷ σφόδρ' ἔρχετ' εὐτελεῖ Men. 4, 187 (2). πόλις-ἡ ῥόδοις *ἴσην (vulg. διοσφὴν) | εὐωδίαν ἔχουσα anon. (5, 52) 2, 746 (2, 4). ἴσον ἀσπίδιον ὀγκίᾳ Herm. 2, 386 (2). Κυδωνίοις μήλοισιν εἰς (f. ἴσα) τὰ τιτθία Canth. 2, 836 (2). τὸν ἴσον χρόνον Pher. 2, 262 (2). λευκοὺς μὲν ὀκτώ, τῶν δὲ φαιῶν τοὺς ἴσους (panes) Alexid. 3, 436 (1). τὴν ἴσην ἔχειν- Cratin. 2, 164 (4). οὐχ αἰεὶ-τὴν-*χάριν ἔχεις ὁμοίαν, οὐδ' ἴσην τὴν ἡδονήν Dionys. 3, 548 (v. 23). κρίσιν-τὸ βλέπειν ἴσην ἔχει Men. 4, 236 (14). τὰς δᾶς ἴσας ἐποιήσατο Aristophan. 2, 1044 (43). ἴσος ἴσθι κρίνων καὶ φίλους καὶ μὴ φίλους mon. 266. ἴσος ἴσθι πᾶσι mon. 257. ἴσον δέ γ' εἰσὶν ἀμφότεροι *κακοί Anaxand. 3, 197 (4). ἴσον ἐστὶν ὀργὴ καὶ θάλασσα καὶ γυνή mon. 264. ἴσον λεαίνης καὶ γυναικὸς ὠμότης mon. 267.

δύναται-ἴσον τῷ δρᾶν τὸ νοεῖν Aristophan. 2, 1199 (99). ἴσον δεσου τοὺς φίλους τιμᾶν mon. 269. τὸν ἴσον ἴσῳ φέροντ' Cratin. 2, 118 (5). ἐὰν δ' ἴσον ἴσῳ προσφέρῃ, μανίαν ποιεῖ anon. 4, 605 (16, 12). Διόνυσον, *(ὃν) σὺ κάπτεις ἴσον ἴσῳ Xenarch. (Timocl.) 3, 623 (3). ἴσον ἴσῳ μικροῦ (da) Alexid. 3, 485 (1). ἴσον ἴσῳ μάλιστ' ἀκράτου δύο χόας Cratin. 2, 179 (16). ἄκρατος ἐδίδοτ' ἴσον ἴσῳ Sophili 3, 581. τίς ἐκέρασε-ἴσον ἴσῳ; Archipp. 2, 715 (2). ἴσον ἴσῳ κεκραμένον Stratt. 2, 771 (1). Alexid. 3, 495. ἴσον ἴσῳ κεκραμένος Stratt. 2, 789 (3). τῶν θηρικλείων-ἀσπίδα-ἴσον ἴσῳ κεκραμένην Aristophont. 3, 363. τῆς φιλοτησίας-μεστὰς-ἴσον ἴσῳ κεκραμένας Alexid. 3, 409 (3). ἐνέσεισε μεστὴν ἴσον ἴσῳ μετανιπτρίδα Philetaer. 3, 292 (1). ἴσον ἴσῳ ποτηρίοις μεγάλοις Timocl. 3, 606. ξένοις ἐπαρκῶν τῶν ἴσων τεύξῃ ποτε mon. 391. Corrupt. Antiph. 3, 109 (v. 3).

ἰσότης: ἰσότητα τίμα mon. 259. ἰσότητα δ' αἱροῦ mon. 672.

ἰσοτράπεζος: ἥξει τις ἰσοτράπεζος εὐγενής Antiph. 3, 90 (1).

ἰσόχρυσον Archipp. 2, 720 (8).

ἴσσα: Plat. 2, 637 (4). Men. 4, 80 (6).

ἰστάριον: ἐξ ἰσταρίου *δ' ἐχρέματο- Men. 4, 111 (3).

ἵστημι: *τροχιλέαισι ταῦτα-ἱστᾶσιν Archipp. 2, 724 (1). χαλκέον-ἱστάναι καὶ μυρρίνας Aristophan. 2, 1038 (18). ἀσφαλῆ βάσιν (crateris) στήσας Alexid. 3, 435. Καλλιμέδοντος εἰκόνα στῆσαι-ἐν τοῖς ἰχθύσιν Alexid. 3, 407 (1). στήσειν τρίποδας *Cratin. 2, 232 cf. 1230. στενωπὸν εἰς στενὸν στῆσαί τινας- Nicostr. 3, 287. στῆσαι πριάμενον-γυναῖκας κατὰ τόπους Philem. 4, 4 (1, 8). τοῖς ἄρτοις ὅσας ἱστᾶσι παγίδας Alexid. 3, 409 (2). σκανδάληθρ' ἱστὰς ἐπῶν Cratin. 2, 206 (86). βοὴν ἵστησι γεγωνόν-οἷς ἐθέλει Antiph. 3, 112 (1, 2). [τὰ πάντα στήσας-ὀλισθαίνοντα Plat. 1, 196]. πρὸς ἕω-ἵστω Cratin. 2, 151 (7). ἕστατε πρὸς τῷ μύρῳ Eup. 2, 513 (11). πρὸς κύβοις ἕστηκ' Herm. 2, 391 (6). ὅπου γάρ ἐστιν ὁ κέραμος μισθώσιμος-εὐθὺς ἐξ ἑωθινοῦ ἕστηκεν ἐλθὼν Alexid. 3, 501. ἔνθα *σταθεὶς (cod. ταθεὶς) φρές μ' anon. 4, 651 (188). ὁ δὲ παριὼν πᾶς εὐθέως πρὸς τὴν θύραν ἐστήξετ' ἀχανής Hegesipp. 4, 480 (v. 25). ἕστηκας ἔτι πρὸς ταῖς θύραις-; Men. 4, 196 (1). πρὸς ταῖς ἐμαυτοῦ-θύραις ἕστηκ' ἐγώ Men. 4, 295 (293). τί-ἕστηκας ἐν πύλαις ἔτι-; Eubul. 3, 211. ἑστῶτ' ἐν ἀγορᾷ Eup. 2, 500 (5). ἐπὶ τοῦ περιδρόμου στᾶσα Aristophan. 2, 996 (4). πλησίον ἑστὼς *ἀναγιγνώσκοντος Antiph. 3, 112 (1, 21). ἐν μέσοις *αὐτοῖσιν ἑστὼς Eubul. 3, 240. ἕστηκεν ἐν τῷ σπέρματι Eubul. 3, 253 (1, 20). ἀμφοτέρων-εἰς μέσον ἑστὼς- Plat. 2, 664 (2, 4). στῆτ' ἐφεξῆς κεστρέων-χορός Theop. 2, 796 (1). ἵστασθ' ἐφεξῆς-ἐπὶ τρεῖς ἀσπίδας Aristophan. 2, 975 (8). κατὰ τὴν στάσιν-στάντες Antidot. 3, 528 (1). ἑστήκαθ' ὑμεῖς, κάεται δέ μοι τὸ πῦρ Alexid. 3, 452 (1, 15). ὁ λαβὼν *ἕσταθι (legeb. ἔνσταθι) Aristomen. 2, 732 (1). διανειμάμενοι δίχ' ἑαυτοὺς ἑστᾶσ' Plat. 2, 664 (2, 3). ἐν λεπτοπήνοις *ὕφεσιν ἑστώσας Eubul. (Philipp.) 3, 237 (v. 5) =248. ἑστᾶσι γυμναί Philem. 4, 4 (1, 10). στάδην ἑστῶτες Plat. 2, 659 (1). ἑστῶτας-ἄθρους Aristophan. 2, 1194 (79). διακενῆς δ' ἕστηκ' ἐγὼ | ἔχων μάχαιραν Alexid. 3, 465 (3, 10). ὁλκὴν ταλάντου-σοι-ἕστηκα τηρῶν (cod. ἕστη κατηγορῶν) Men. 4, 181 (5). ἔχοντες μυιοσόβας ἑστήκεσαν Men. 4, 219 (1). ὁ στρατηγὸς ἕστηκεν; *τὸ πρᾶγμ' ἐδέξατο Posidipp. 4, 528 (1, 5). ἕστην δὲ κἀκέλευον Pher. 2, 298 (5). τὴν πίτυν ἐκάμπτεν ἑστὼς Cratin. 2, 217 (183). τὸ μὴ πωλεῖν καθημένους ἔτι-διὰ τέλους δ' ἑστηκότας Alexid. 3, 439 (4, 16). καθόσον πόλεως ἕστηκεν ὅρος Ephipp. 3, 323 (1, 11). ἐπὶ τοῦ μαθήματος ἑστηκὼς ὁ νοῦς Amphid. 3, 302 (1). ἔς τε-πάλην ἀγῶνα-ἱστᾶσιν Aristophan. 2,

ἴσχω: *οὐδέποτέ γ' ἴσχει θύρα Eup. 2, 585 (9). ἴσχε δή Eup. 2, 337 (4, 5). ἴσχε, τὸν ᾠδὸν λάμβανε Antiph. 3, 46 (1).

ἴσως: εἴπερ τὸν ἀδικοῦντ'-ἠμύνετο ‖ ἴσως νομίζων ἴδιον εἶναι τὸ γεγονὸς ἀδίκημα Men. 4, 237 (15). ἴσως ἂν τὸν λαγὼν ξυναρπάσειεν Aristophan. 2, 1051 (11). σὺ δ' ἴσως ἂν εἴποις λοπάδ' Antiph. 3, 99 (1). ἀλλ' ἴσως Φαίδραν ἐρεῖ κακῶς τις Eubul. 3, 260 (2, 11). ὑπὲρ-μήτρας -ἑφθῆς ἴσως *προσεῖτ' ἂν ἄλλως ἀποθανεῖν Alexid. 3, 478. σου κατέδεται τυχὸν ἴσως ἃ νῦν ἔχεις Timocl. 3, 600 (2). ἴσως γιγνώσκετε Cratin. 2, 118 (4). *ἦ μὴν ἴσως ὅσον-διαφέρει-οὐκ οἶσθ' Nicomach. 4, 584 (v. 6). †οἷον οὐκ ἔγνων ἴσως (f. ποῖον; B. οὐκ ἔγνως ἴσως) Antiph. 3, 41 (2, 8). τὸ περὶ τῆς ἀρχιτεκτονικῆς ἴσως ἐθαύμασας Sosip. 4, 483 (v. 26). μεγάλ' ἴσως ποτήρια-ἐκάρωσεν ὑμᾶς Anaxand. 3, 162 (2). στεφάνους ἴσως βούλεσθε Eubul. 3, 252 (4). ὁ δ' ἴσως γαλαθηνὸν τέθυκε τὸν χοῖρον Henioch. 3, 560. ἴσως τὸ λακκαῖόν γ' ὕδωρ ἀπόλωλε Anaxil. 3, 341 (2). καὶ γὰρ οὐκ ἀγέλοιόν ἐστ' ἴσως Henioch. 3, 562. ἴσως γὰρ ἀγαθοῦ τοῦτο πρόφασις γίγνεται Men. 4, 155 (1). ὀκνεῖ νοῦν ἔχουσ' ἴσως *Men. 4, 237 (16). εἰ δ' ἤνεγκεν ἂν-ἴσως *(ὁ θάνατος)-σοῦ γέγονεν εὐνούστερος anon. 4, 676 (287). τοῖς-ἀγενείοις ἴσως ἔνεστί τις χάρις Alexid. 3, 455 (4). ἕτερον τό τ' ἀλγεῖν καὶ θεωρεῖν ἐστ' ἴσως Philem. 4, 24 (1). *οὐδὲ τὰ βίου νῦν ἴσως δεῖ φροντίσαι Men. 4, 167 (1). ἡμῶν ἴσως σὺ *καταπλιγήσει τῷ *χορῷ Aristophan. 2, 1038 (16, 3). ἅπερ ἐσθίει-τὰ πόνηρ' ὀρνίθια, σέρφους ἴσως, σκώληκας- Nicoph. 2, 848 (1). περιφέρειν ματτύην καὶ-καὶ-καὶ μήτρας ἴσως anon. 4, 608 (27[b]). πιών-προπόσεις τρεῖς ἴσως ἢ τέτταρας Antiph. 3, 44 (1, 2). καταβεβρωκὼς σιτία | ἴσως ἐλεφάντων τεττάρων ib. (1, 4). ψιάθιον ἴσως παλαιστῆς Philem. 4, 10 (1). ἐξεῦρον-ἴσως τριάκοντ'- Alexid. 3, 476 (3). *σέσωκά μοι τρίκλινα πεντήκοντ' ἴσως Archedi. 4, 436 (1, 12). ἕτερον τριήρης· τοῦτ' ἴσως χωρεῖ χόα Epinici 4, 506 (v. 8). μάνην-χωροῦντα κοτύλας πέντ' ἴσως Nicon. 4, 578. νεανίας-ἐτῶν ἴσως-ἑπτακαίδεκα Damox. 4, 536 (v. 2). ἴσως (?) πυρραγές Cratin. 2, 167 (10). ὅστις ὠψώνηκ' ἴσως-(?) Antiph. 3, 108. †δ' ἴσως (l. δεουσῶν) Aristophan. 2, 1072 (7). *οὐ γὰρ σῶς (legeb. οὐδ' ἴσως) ἀντέλεγες- Aristophan. 2, 1144 (11).

Ἰταλία: ἐκ δ' αὖ Ἰταλίας χόνδρον καὶ πλευρὰ βόεια Herm. 2, 407 (1, 6). εἰς τὴν Ἰταλίαν-διεβάλομεν τὸ πέλαγος εἰς Μεσσαπίους Demetr. 2, 876 (1).

Ἰταλιώτης: οὐδ' Ἰταλιώτης, οὐδ' ἀλαζὼν anon. 4, 638 (132).

ἰταμός: ποιητικούς, ἰταμούς, προθύμους Alexid. 3, 496 (2). πρόσωπον ἰταμόν Nicol. 4, 580 (v. 28). **ἰταμῶς**: οὕτως ἰταμῶς ἅπαντα κατεμασήσατο Alexid. 3, 427. οὕτω συνεστρόγγυλεν ἰταμῶς καὶ ταχύ Alexid. 3, 496 (3). ἔρριψας εἰς τὸν λάκκον ἰταμῶς τὸν νεφρόν Euphron. 4, 487 (v. 25).

ἰτέαι ἰτέαν ἐνημμένος Aristophan. 2, 974 (6).

ἴτριον: †ἰτρίοις ἐπιφορήμασί τ' (f. ἰτρίοισι κἀπιφορήμασιν) ἄλλοις Archipp. 2, 717 (4). ἴτρια *τραγήμαθ' ἧκε, πυραμοῦς, ἄμης Ephipp. 3, 327 (1). ἀμφιφῶντας ἴτρια anon. 4, 621 (62).

ἴφια μῆλα Herm. 2, 408 (1, 17).

Ἰφικράτης: δειπνοις-οὐδὲν *ὁμοίοις τοῖς Ἰφικράτους τοῖς ἐν Θρᾴκῃ Anaxand. 3, 183 (1, 3). ταῦτα-ποιῆσαι Κότυν ἐν Θρᾴκῃ, γάμον Ἰφικράτει ib. (1, 31).

ἴφυα-καὶ τὰς κρανιὰς ἀναλήψεις Aristophan. 2, 1169 (4).

ἰχθύδιον: cf. ἰχθύς. τὰ πετραῖα τῶν ἰχθυδίων Theop. 2, 818 (1, 3). πετραῖα-τινα | ἰχθύδια Sotad. 3, 586 (1, 23). ἰχθύδι' ὀπτᾶν. B. τί σὺ λέγεις; ἰχθύδια; Anaxil. 3, 346. ἰχθύδια τριταῖα Aristophan. 2, 1108 (1, 8). ἐν προσφάτοις ἰχθυδίοις-καὶ παντοδαποῖς Men. 4, 206 (1). χαρίδας- *κἰχθύδια Cratin. min. 3, 379 (2). ἐν παγούροις-καὶ | ἰχθυδίοις Xenarch. (Timocl.) 3, 622 (2). κειμένων ἰχθυδίων μικρῶν Alexid. 3, 429 (1, 5). τοὺς μὲν ἰχθῦς μοι κάλει | ἰχθύδιον Mnesim. 3, 568.

ἰχθυηρός: πινακίσκον ἄπυρον ἰχθυηρὸν Aristophan. 2, 1160 (7). οὐκ ἔστιν ἰχθυηρὸν ὑπὸ σοῦ μεταλαβεῖν Diph. 4, 389 (1, 21).

ἰχθυοπώλαινα: ἰχθυοπώλαιναν Pher. 2, 277 (1, 5).

ἰχθυοπώλης: ἦλθεν φέρων ποτ' ἰχθυοπώλης μαινίδας Antiph. 3, 36 (v. 7). τοῖς ἰχθυοπώλαις ἐστὶν ἐψηφισμένον- Alexid. 3, 407 (1). τῶν ἰχθυοπωλῶν ὅστις ἄν- ἰχθὺν-ἀποδῶτ' ἐλάττονος- τιμῆς Alexid. 3, 438 (3, 3). τὸ μὴ πωλεῖν καθημένους ἔτι τοὺς ἰχθυοπώλας Alexid. 3, 439 (4, 16). ἰχθυοπώλου χειρὶ παρανομωτάτῃ Aristophan. 2, 1108 (1, 10). εἰ μὴ-τοὺς ἰχθυοπώλας βούλεταί *γέ τις λέγειν Antiph. 3, 86 (v. 10). τοῖς ἰχθυοπώλαις τοῖς κακῶς ἀπολουμένοις Antiph. 3, 87 (v. 5). τοὺς ἰχθυοπώλας τοὺς κάκιστ' ἀπολουμένους Alexid. 3, 391 (2, 5). τὸν τοιχωρύχον, τὸν ἰχθυοπώλην Antiph. 3, 119 (v. 6). πρὸς τοὺς καταράτους ἰχθυοπώλας Amphid. 3, 313 (1, 4). ἐμβλέπων-τοῖς ἰχθυοπώλαις λίθινος εὐθὺς γίγνομαι Antiph. 3, 91 (1, 4). τεθαύμακα τοὺς ἰχθυοπώλας, πῶς ποτ' οὐχὶ πλούσιοι | ἅπαντές εἰσι Alexid. 3, 475. τοὺς ἰχθυοπώλας οὗτος ἡμῖν πλουτιεῖ Timocl. 3, 591. τῶν ἰχθυοπωλῶν-τις τεττάρων δραχμῶν ἐπώλει κωβιούς Men. 4, 125 (3). τῶν ἰχθυοπωλῶν φιλοσοφώτερον γένος οὐκ ἔστιν οὐδὲν οὐδὲ μᾶλλον ἀνόσιον Xenarch. 3, 621 (1, 4). τοὺς ἰχθυοπώλας-εἶναι πονηροὺς τοὺς Ἀθήνησιν μόνους Diph. 4, 407 (1).

ἰχθυόρρους: τόν τ' ἰχθυόρρουν ποταμὸν Ὑπερείδην Timocl. 3, 602 (3).

ἰχθύς: φωνὴν οὐκ ἔχειν ἰχθὺν et κοὐκ ἔστιν ἰχθὺς ἄλλος οὐδεὶς ἢ (f. οὐδὲ εἷς) βόαξ Pher. 2, 311 (3). πίννη καὶ τρίγλη φωνὰς *ἰχθῦ δύ' (libr. ἰχθύδι') ἔχουσαι πόλλ' ἐλάλουν Antiph. 3, 109 (v. 15). ἰχθὺ βάδιζ' Cratet. 2, 237 (1, 9). οἱ- ἰχθύες οἴκαδ' ἰόντες — παρέχειντ' — Telecl. 2, 361 (1, 6). ἄνδρες ἰχθύες Archipp. 2, 723 (14). λάβραξ ὁ πάντων ἰχθύων σοφώτατος Aristophan. 2, 1179 (12). νενόμικα | ἀνθρωποφάγους ἰχθῦς Antiph. 3, 36 (v. 12) = 70 (2, 6). ἰχθῦς φρονοῦντας-. μή μοι βρέφη Ephipp. 3, 339 (2). ἰχθύων γένη περὶ τὴν ἄκραν παίζοντα Henioch. 3, 561. παραπομπὴν ποιεῖν τῶν ἰχθύων Antiph. 3, 104 (v. 16). ἰχθύσιν ἀμφίβληστρον-πολλοῖς ἐπιβάλλων- Antiph. 3, 109 (v. 1). ὁπόταν-ἰχθύν τιν' *ἕλωσ' οὐχ ἡμέριον (f. οὐ δὴ μέτριον 5, 85) Ephipp. 3, 323 (1, 2). ἄλλον δ' ἰχθὺν | μεγέθει πίσυνόν τινα- ἥκει κομίσας Axionic. 3, 531 (1). ἰχθῦς ἀσίτους καὶ [τοὺς] πονηροὺς ἦγε (int. ἁλιεύς) Plat. 2, 625 (3). ἰχθῦς Σικυῶνος Antiph. 3, 138 (11). οὐκ ἔστιν οὐδὲν θηρίον τῶν ἰχθύων ἀτυχέστερον Antiph. 3, 87 (v. 1). μιαρώτατος τῶν ἰχθύων κάπηλος Archipp. 2, 718 (1). κηρύττουσιν ἐν τοῖς ἰχθύσιν Antiph. 3, 68 (2, 1). Καλλιμέδοντος εἰκόνα στῆσαι- ἐν τοῖς ἰχθύσιν Alexid. 3, 407 (1). τηρεῖν ἕωθεν εὐθὺς ἐν τοῖς ἰχθύσιν Alexid. 3, 414 (1) ξηραινομένους ὡς εἶδε τοὺς ἰχθῦς, μάχην *ἐποίησ' ἐν αὐτοῖς Xenarch. 3, 621 (1, 9). ἔκειτο μετὰ τῶν ἰχθύων ib. (1, 13). κατὰ τῶν ἰχθύων δ' *ἀπαξάπαν (int. κατέχεε) ib. (1, 16). ἠλίκον | ἰχθὺν ὅσου τιμῶσι Antiph. 3, 91 (1, 7). ὅστις ἂν πωλῶν τινι | ἰχθὺν-ἀποδῶτ' ἐλάττονος- τιμῆς Alexid. 3, 438 (3, 4). προσφάτους μὲν ἂν τύχῃ πωλῶν τις ἰχθῦς-ἐὰν σαπροὺς *κομιδῇ δέ- Antiph. 3, 128 (2). τὸν ὀπτὸν ἰχθὺν ἐπριάμην δραχμῆς Alexid. 3, 389 (1, 16). οὐ πώποτ' ἰχθῦς οἶδα τιμιωτέρους ἰδὼν Diph. 4, 390 (2). δραχμαῖν ἑκατὸν ἰχθῦς *ἐώνημαι μόνον- Kup. 2, 492 (14). *ἰχθῦς ἐώνηταί τις-; Aristophan. 2, 1076 (3).

ἰχθῦς ἐπριάμην τεθνηκότας Alexid. 3, 398 (1, 4). τοὺς μὲν ἰχθῦς μοι κάλει | ἰχθύδιον Mnesim. 3, 568. πότε δεῖ καὶ τίν' ἰχθὺν ἀγοράσαι Dionys. 3, 548 (v. 20). ποῖος περὶ δύσιν Πλειάδος-ἰχθὺς ὑπὸ τροπάς τ' ἐστὶ χρησιμώτατος Damox. 4, 530 (v. 20). τῶν ἰχθύων-τὰς δυνάμεις καὶ τὰς *τύχας Nicomach. 4, 583 (v. 19). ἰχθῦς ἁδρούς (amatoribus gratos) Alexid. 3, 461 (1). τρέφειν τοιοῦτον ἄρταμον κατ' ἰχθύων Epicrat. 3, 369. μάγειρός ἐστιν- οὐδ' ἄν τις εἰς τὰς λοπάδας ἰχθῦς ἐμβάλῃ Philem. min. 4, 68 (1). Ἄγις-ὤπτηκεν ἰχθὺν μόνος ἄκρως Euphron. 4, 486 (v. 5). θερμὸν ἰχθὺν ἐπαναπλάττων Axionici 3, 535 (2). ὠμῶν κειμένων τῶν ἰχθύων et ἑφθὸν τὸν ἰχθὺν ἀποδίδωμ' Arched. 4, 435 sq. (1, 2. 8). ἰχθὺς ἁδρὸς πάρεστι Dionys. 3, 552 (1, 9). πηδῶσι δ' ἰχθῦς ἐν μέσοισι τηγάνοις Eubul. 3, 259. ἰχθύων πλύμα Plat. 2, 644 (4). *ἅλμην-ἐξ ἰχθύων ὑπεναντίων *αὐτοῖσι ποιοῦντας μίαν Damox. 4, 531 (v. 36). ἰχθὺς τί σοι ἐφαίνεθ' *οὐφθός; Philem. 4, 13 (1). ὁπόταν βασιλεὺς ἕψῃ τὸν μέγαν ἰχθύν Ephipp. 3, 323 (1, 10). ἰχθὺς ἁπαλὸς οἷος γέγονέ μοι- Philem. 4, 26 (v. 4). ὀπτῶν τὸν ἰχθύν ib. (v. 9). καί τοι παρέλαβον | ἰχθῦς ποταμίους ἐσθίοντας βόρβορον ib. 27 (v. 19). ἰχθὺν παρεισεκύκλησεν οὐδ' ὁρώμενον Athenion. 4, 558 (v. 32). *ταγηνιστοὶ ἰχθύες ex Alexid. 3, 404 (4). ἰχθῦς-ὀπτᾶν Cratet. 2, 239 (3). τῶν πρὸς εἵλην ἰχθύων ὠπτημένων Aristophan. 2, 1192 (70). μηδέποτ' ἰχθύν- παραθῇς μοι Pher. 2, 311 (2). παράθες *αὐτοῖσιν ἰχθῦς ἢ κρέας Aristophont. 3, 362 (3). τούτῳ παρέθηκα σηπίας-καὶ τῶν πετραίων ἰχθύων τῶν ποικίλων Anaxipp. 4, 460 (v. 34). ἀπὸ τῶν κοινῶν ταρίχους ἰχθύων, κρεῶν βατανίων- Alexid. 3, 462 (1, 8). ἰχθῦς, κωλᾶς, φύσκας Plat. 2, 619 (3). ἰχθῦς, ἔριφοι Alexid. 3, 502 (1, 9). *ἰχθὺν δ' Ὅμηρος ἐσθίοντ' εἴρηκε ποῦ τίνα τῶν Ἀχαιῶν; Eubul. 3, 262 (2). ἰχθῦς οὐκ ἂν ἦν οὐδενὶ φαγεῖν Alexid. 3, 403 (1). ὅταν *φάγωσ' ἰχθὺν ἐκεῖνοι (Syri) -οἰδοῦσιν Men. 4, 102 (4). διὰ-τὸ πλῆθος τῶν-ἰχθύων πάντες βλιχανώδεις εἰσί (Byzantii) Diph. 4, 381 (1, 14). ἰχθὺν τίν' ἡδέως φάγοις ἄν; Antiph. 3, 36 (v. 8). ἀπολαύειν ἰχθύων ἀληθινῶν Amphid. 3, 311. ἰχθύων ὑπογάστρι' Theop. 2, 799 (1). ἑφθοῖς προσώποις ἰχθύων Anaxand. 3, 175 (1, 16). ὀφθαλμὸν ὤρυττέν τις ὥσπερ ἰχθύος Μάτων Antiph. 3, 62 (2).

Ἰχθύων: Telecl. 2, 365 (7).

[ἰχνεύμων Αἰγύπτιος Eubul. 3, 254 (1, 12)].

ἴχνος: πεντήκοντα ποδῶν ἴχνεσι βαίνετ' Stratt. 2, 787 (1, 3). ἑταιρικὰ ἴχνη anon. 4, 612 (39).

ἰώ: ἰὼ Λακεδαίμων Aristoph. 2, 1068 (5). ἰὼ Λακεδαῖμον ib. 1124 (20).

ἰῶμαι: λόγος- ἀνθρώποισιν ἰᾶται νόσους ad Men. 4, 240 (23). λύπην-εὔνους οἶδεν ἰᾶσθαι λόγος mon. 349 cf. Men. 4, 252 (65). οὗτος (int. χρόνος) καὶ σὲ νῦν ἰάσεται Men. 4, 264 (131).

Ἴωνες: Ἰώνων τρυφεραμπεχόνων Antiph. 3, 50.

Ἰωνία: λεχὼ *στρατιῶτις ἐξ Ἰωνίας Eup. 2, 529 (8). ἡ τρυφερὰ καὶ καλλιτράπεζος Ἰωνία Calliae (Diocl.) 2, 736 (2). ὁ Σόφων-πᾶσαν τὴν Ἰωνίαν ἔχει Anaxipp. 4, 459 (v. 19).

Ἰωνικός: Ἰωνικὸς πλούταξ Men. 4, 206 (1). *ᾖδεν-μέλος Ἰωνικόν τι Plat. 2, 639 (1, 14).

Ἰωνόκυσος: Cratin. 2, 200 (68).

Lightning Source UK Ltd.
Milton Keynes UK
UKHW012133180219
337529UK00012B/1389/P

9 780332 446646